LYHENNE

adj	adjektiivi
adv	adverbi
alat	alatyyliä
anat	anatomia
ark	arkityyliä
biol	biologia
ent	entinen
erit	erityisesti
euf	eufemismi, kiertoilmaus, kaunisteleva ilmaus
filos	filosofia
fys	fysiikka
halv	halventava
hist	historiassa
interj	interjektio
itr	intransitiivinen verbi
kans	kansanomainen
kem	kemia
kiel	kieliopissa
kirj	kirjallisuus
konj	konjunktio
ks	katso
kuv	kuvaannollinen
lak	lakikieli
leik	leikillinen merkitys
liik	liike-elämä
lukus	lukusana
lyh	lyhenne
lääk	lääketiede
mon	monikko
mus	musiikki
nyk	nykyisin, nykyinen
pol	politiikka
postp	postpositio
prep	prepositio
pron	pronomini
psyk	psykologia
raam	Raamatun kieli
ransk	ranskasta
refl	refleksiiviverbi
run	runokielessä
s	substantiivi
sl	slangia
sot	sotilaskielessä
tal	talous
tav	tavallisesti
tekn	tekniikka
tietok	tietokonealalla
tr	transitiiviverbi
UK	brittienglantia, Isossa-Britanniassa
urh	urheilu
US	amerikanenglantia, Yhdysvalloissa
usk	uskonnollisessa merkityksessä
v	verbi
vanh	vanhahtava
vars	varsinkin
yl	yleensä
ylat	ylätyyliä

LYHENNELUETTELO

adj	adjektiivi
adv	adverbi
alat	alatyyliä
anat	anatomia
ark	arkityyliä
biol	biologia
ent	entinen
erit	erityisesti
euf	eufemismi, kiertoilmaus, kaunisteleva ilmaus
filos	filosofia
fys	fysiikka
halv	halventava
hist	historiassa
interj	interjektio
itr	intransitiivinen verbi
kans	kansanomainen
kem	kemia
kiel	kieliopissa
kirj	kirjallisuus
konj	konjunktio
ks	katso
kuv	kuvaannollinen
lak	lakikieli
leik	leikillinen merkitys
liik	liike-elämä
lukus	lukusana
lyh	lyhenne
lääk	lääketiede
mon	monikko
mus	musiikki
nyk	nykyisin, nykyinen
pol	politiikka
postp	postpositio
prep	prepositio
pron	pronomini
psyk	psykologia
raam	Raamatun kieli
ransk	ranskasta
refl	refleksiiviverbi
run	runokielessä
s	substantiivi
sl	slangia
sot	sotilaskielessä
tal	talous
tav	tavallisesti
tekn	tekniikka
tietok	tietokonealalla
tr	transitiiviverbi
UK	brittienglantia, Isossa-Britanniassa
urh	urheilu
US	amerikanenglantia, Yhdysvalloissa
usk	uskonnollisessa merkityksessä
v	verbi
vanh	vanhahtava
vars	varsinkin
yl	yleensä
ylat	ylätyyliä

ENGLANTI–SUOMI-OPAS

päähakusanat esitetään lihavoituina

hakusanan ääntämisohje hakasulkeissa

sanaluokkatiedot

suomenkieliset vastineet

kirjoitusasultaan ja ääntämykseltään samahahmoiset substantiivit ja verbit esitetään erikseen, etunumeroilla erotettuna

merkitysryhmät on numeroitu

sulkeissa päähakusanan käyttöä kuvaavia täsmennyksiä

1 fly [flaɪ] s kärpänen
2 fly v flew, flown **1** lentää (myös kuv), lennättää *we flew Delta* me lensimme Deltalla/Deltan koneella *he flew passengers in his plane* hän lennätti/kuljetti koneellaan matkustajia *how time flies!* miten aika lentääkään! *fly a kite* lennättää leijaa *go fly a kite!* (kuv) haivy!, ala nostella! *the door flew open* ovi lennähti auki **2** paeta, karata **3** nostaa (lippu) salkoon **4** (ark) onnistua, mennä täydestä *that won't fly* se ei onnistu, se ei mene läpi
fly-by s ohilento, ylilento
fly-by-night adj **1** epäluotettava, hutiloitu, hätiköity **2** hetkellinen, ohimenevä
fly in the face of fr uhmata, rikkoa (sääntöjä), ei piittaa
fly in the ointment fr haitta, harmi, puute

muita kielioppitietoja, mm. epäsäännöllisten verbien aikamuodot

englanninkieliset esimerkkilauseet esitetään kursivoituina, suomennokset normaalityylillä

yhdyssanat, fraasit ja idiomit tarvittaessa omina hakusanoinaan

OIKEINKIRJOITUSEROJA

Amerikanenglannin ja brittienglannin (merkitty tässä kirjassa UK) välillä on muun muassa seuraavat oikeinkirjoituserot:

1 -our/-or abstrakteissa sanoissa. Tekijännimissä **-or** on käytössä sekä amerikan- että brittienglannissa (esim. author, sailor, warrior).

UK	US
colour	color
harbour	harbor
humour	humor
rumour	rumor

2 -re/-er. Tekijännimissä -er on kuitenkin käytössä sekä amerikan- että brittienglannissa (esim. *dancer, leader, member*).

UK	US
centre	center
litre	liter
kilometre	kilometer
theatre	theater

3 Loppukonsonantin kahdentuminen päätteiden **-ing, -or, -er** ja **-ed** edellä sekä eräissä muissa sanoissa.

UK	US
travelling	traveling
councillor	councilor
jeweller	jeweler
cancelled	canceled
marvellous	marvelous

4 -ence/-ense, joskaan ero ei ole järjestelmällinen.

UK	US
defence	defense
offence	offense
pretence	pretense

5 -ogue/-og

UK	US
dialogue	dialog
catalogue	catalog
travelogue	travelog

6 -ae- → e, -oe- → e

UK	US
anaemia	anemia
amoeba	ameba
anaesthesia	anesthesia
encyclopaedia	encyclopedia

7 Muita eroja

UK	US
aluminium	aluminum
analyse	analyze
cheque	check
draught	draft
grey	gray
mould	mold
moustache	mustache
plough	plow
programme	program
sulphur	sulfur
tyre	tire

SUOMI–ENGLANTI–SUOMI
–SANAKIRJA

Ilkka Rekiaro ■ Douglas Robinson

SUOMI-
ENGLANTI-
SUOMI

—SANAKIRJA ■ GUMMERUS

Sanakirja perustuu tekijöiden laatimaan suomi–englanti–suomi-hakusanastoon, jonka ensimmäinen painos ilmestyi vuonna 1989. Sanakirjan toinen, laajennettu ja uudistettu laitos ilmestyi vuonna 1995 ja kolmas, uudistettu laitos vuonna 1999. Hakusanasto on vuonna 2003 koottu tietokannaksi Gummerus Kustannuksen hallinnoimaan sanakirjojen toimitus- ja julkaisujärjestelmään.

Neljäs, laajennettu ja uudistettu laitos 2005,
sen kuudes, tarkistettu painos

© Ilkka Rekiaro, Douglas Robinson ja Gummerus Kustannus Oy 2004

ISBN 978-951-20-6722-0

WS Bookwell Oy
Juva 2010

ALKUSANAT

Suomalainen englannin kielen käyttäjä joutuu usein tekemisiin myös amerikanenglannin kanssa. Amerikanenglannilla on merkittävä osuus niin perinteisissä kuin elektronisissa viestimissä. Tämä teos on tehty täyttämään tältä pohjalta syntyvää kaksikielisen perussanakirjan tarvetta. Se on tarkoitettu suomea äidinkielenään puhuville perustason englannin opiskelijoille. Englannin kielen ääntämisohjeet, oikeinkirjoitus, esimerkkilauseet ja merkitykset ovat amerikanenglannin mukaiset. Kirjassa on yli 67 000 nyky-yleiskielen sanaa ja sanontaa. Erikoisalojen sanastoa on mukana vain siltä osin kuin sillä on katsottu olevan merkitystä yleiskielisessä viestinnässä.

Sanakirjan käytön helpottamiseksi hakusana-artikkelit on laadittu mahdollisimman lyhyiksi. Esimerkiksi fraasit on esitetty omina hakusanoinaan. Artikkelien selkeän rakenteen ja sanakirjan ulkoasun toivotaan nopeuttavan halutun tiedon löytymistä.

Tämä amerikanenglannin sanakirja on erinomainen tietolähde myös esimerkiksi brittienglannin käyttäjälle. Oikeinkirjoituksen säännönmukaiset erot on lueteltu kirjan esilehdillä ja tarvittaessa artikkeleissa on huomautettu brittienglannin ja amerikanenglannin merkityseroista.

Käsillä olevaan neljänteen, uudistettuun laitokseen on tehty lukuisia muutoksia, joilla on pyritty ottamaan huomioon suomen ja englannin kielen viimeaikaista kehitystä, korjattu havaitut virheet, jäsennetty pitkiä hakusana-artikkeleita helppokäyttöisempään muotoon ja lisätty uusia hakusanoja. Hakusanastoa on kartutettu kaikkiaan yli 7 500 sanalla.

Ilkka Rekiaro on toimittanut englanti–suomi-osan ja Douglas Robinson suomi–englanti-osan sekä ääntämisohjeet.

Toukokuussa 2005

Ilkka Rekiaro ja Douglas Robinson

ÄÄNTÄMISOHJEISTA

Amerikanenglantia puhutaan eri tavalla eri puolilla Yhdysvaltoja. Neljästä päämurrealueesta – Uusi-Englanti, Keskilänsi, etelä ja länsi – vain länsi, siis Kalliovuorten länsipuolinen alue – on ns. yleisen amerikanenglannin aluetta. Tässä kuten kaikissa vastaavissa amerikanenglannin sanakirjoissa ääntämisohjeet on annettu nimenomaan lännen puhetavan mukaan.

Vokaalien "pituuseroa" ei ole merkitty, vaan pari [i]–[ɪ] on osoitettu laatueron tähdentämiseksi omilla merkeillään eikä samoilla merkeillä, joiden perään "pituus" on merkitty kaksoispisteellä (esim. [i]–[iː]). Suomalainen kuulee äänteiden [i]–[ɪ] eron väärin samastaen sen suomen äänteiden [i]–[ii] eroon. Englantia äidinkielenään puhuvat sen sijaan eivät kuule vokaalien pituuseroja paitsi silloin, kun niitä käytetään sanan lopussa olevan konsonantin soinnillisuuden tai soinnittomuuden osoittamiseen. Englannin kielen puhuja kuulee äänteiden [i]–[ɪ] eron puhtaasti laatuerona. Englannin kielen kirjoitustapa on kuitenkin saanut useimmat englantia vieraana kielenään opettelevat kuulemaan ääntenn [i] äänteen [ɪ] varianttina. Äidinkielen puhujat ovat hyvin herkkiä tulkitsemaan merkityksen väärin, jos puhuja sekoittaa nämä äänteet. Kirjan ääntämisohjeissa on haluttu laatueromerkinnällä ohjata lukijaa oikeaan ääntämiseen. Vastaavasti on menetelty vokaalien [u]–[ʊ] kohdalla, joskaan niissä ei suomalaisella ole samanlaista väärinymmärretyksi tulemisen riskiä.

Ääntämisohjeissa on pysytty mahdollisimman lähellä amerikanenglannin tavallista puhetta. Brittienglannin ääntämisohjeisiin tottunut voi ensi näkemältä yllättyä ohjeista: *talk* lausutaan [tɑk], *laboratory* [ˈlæbrəˌtɔri] ja niin edelleen. Yhdysvalloissa käytetään myös švaa-äännettä [ə] runsaammin kuin Isossa-Britanniassa. Esimerkiksi sanassa *associated* lopputavu -ed merkitään brittienglannin ääntämisohjeissa usein [ɪd], amerikanenglannin ohjeissa taas [əd]. Amerikkalainen ääntämisohje on tässä tapauksessa hyödyllinen suomalaiselle lukijalle, joka kuulee usein lyhyessä [ɪ]-äänteessä pitkän suomalaisen i:n ja lausuu sanan *associated* [əˈsoʊssiˌeɪttid].

Muutamiin kompromisseihin on kuitenkin päädytty. Amerikkalainen lausuu esimerkiksi sanan *train* [tʃreɪn] ja sanan *drain* [dʒreɪn], joskin luulee kirjoitusasun vuoksi sanovansa [treɪn] ja [dreɪn]. Koska tällaiset todellisuutta kuvastavat ääntämisohjeet ovat kuitenkin amerikanenglannin sanakirjoissa harvinaisia ja sen vuoksi pistävät tavallisen käyttäjän silmään, on päätetty jättää mainituissa asemissa esiintyvät suhuäänteet ääntämisohjeista pois. Samoin vokaalien välissä esiintyvä [t] muuttuu amerikanenglannissa usein [d]:ksi – itse asiassa aina paitsi painollisen tavun alussa. Edelleenkin tuntuu kuitenkin sovinnaisemmalta kirjoittaa esimerkiksi sana *atom* [ætəm] kuin amerikkalaisittain oikein eli [ædəm].

Amerikanenglannin ääntämisohjeet on laadittu tuttuja International Phonetic Associationin symboleja käyttäen ja muutamia poikkeuksia lukuun ottamatta *Oxford Student's Dictionary of American Englishin* mukaan. Esimerkiksi sanojen *learn* ja *urge* vokaali merkitään joissakin sanakirjoissa [ɜ] – [lɜrn] ja [ɜrdʒ]. Oxfordin käytäntöä seuraten tässä sanakirjassa äänne merkitään [ə] – [lərn] ja [ərdʒ]. Samoin joissakin amerikanenglannin sanakirjoissa kirjoitetaan tumma taka-l ilman [ə]-äännettä esimerkiksi sanassa *sail* [seɪl]. Tässä kirjassa pysytään Oxfordin tavoin lähempänä amerikanenglannin todellista ääntämistä [seɪəl], mikä on samalla myös muistuttamassa kirjan suomalaista käyttäjää siitä, että amerikanenglannin ääntämistapa poikkeaa suomalaisesta.

Toisaalta Oxfordissa on korvattu [ʌ]-äänne [ə]-äänteellä, vaikka kyseessä on Yhdysvalloissakin selvä ja merkitsevä ääntämisero. Tässä sanakirjassa on seurattu tuttua IPA:n perinnettä. [ɔ]-äännettä voidaan pitää lähinnä brittienglannin ominaisuutena (sitä käytetään Yhdysvalloissa vain Uudessa-Englannissa). Tässä kirjassa se esiintyy ainoastaan äänteen [r] edellä. Esimerkiksi *horse* on siten merkitty Oxfordin tapaan [hɔrs], Oxfordin *talk* [tɔk] sen sijaan [tak].

Lähes kaikki erot tämän sanakirjan ja Oxfordin ääntämisohjeiden välillä liittyvät vokaaleihin. Yleensäkin vokaaleissa brittienglannin ja amerikanenglannin erot ovat selvimmät. Tämän kirjan foneettisen tarkekirjoituksen ainoa järjestelmällinen konsonanttiero Oxfordin merkintätapaan on [j]-äänne, joka on Oxfordissa ja eräissä muissa amerikanenglannin ääntämisen esityksissä merkitty [y].

Seuraavassa on lueteltu vain yleisimpiä brittienglannin ja amerikanenglannin ääntämiseroja. Brittienglannilla tarkoitetaan tässä RP (Received Pronunciation) -varianttia.

1 [ɑ] – [æ]

	UK	US
after	[ɑftə]	[æftər]

2 Vokaalin jälkeinen **r** ääntyy amerikanenglannissa. Brittienglannissa vokaalin jälkeinen r ääntyy ainoastaan, jos seuraava sana alkaa vokaalilla.

	UK	US
car	[kɑ]	[kar]
the <u>car is</u> over there [kɑrɪz]		

3 Vokaalien välinen **t/tt** ääntyy amerikanenglannissa kuten d, ei tosin painollisen tavun alussa. Ero on systemaattinen, eikä sitä ole merkitty tämän kirjan ääntämisohjeisiin.

	UK	US
metal	[metəl]	[medəl]
medal	[medəl]	[medəl]
atom	[ætəm]	[ædəm]
Adam	[ædəm]	[ædəm]

4 [ju] – [u] painollisessa tavussa:

	UK	US
news	[njuz]	[nuz]
tune	[tjun]	[tun]
Tuesday	[tjuzdɪ]	['tuz,deɪ, tuzdɪ]

5 Amerikanenglannissa **o** äännetään [a] ja brittienglannissa [ɑ].

	UK	US
dollar	[dɑlə]	[dalər]
pot	[pɑt]	[pat]

6 Amerikanenglannissa on sivupaino eräissä nelitavuisissa ja sitä pitemmissä sanoissa, joista se puuttuu brittienglannissa.

	UK	US
secretary	['sekrətrɪ]	['sekrə,terɪ]
laboratory	[lə'borɪtrɪ]	['læbrə,tɔrɪ]

7 Lisäksi muun muassa seuraavien sanojen ääntämys eroaa:

	UK	US
ate	[et]	[eɪt]
address (substantiivi)	[ə'dres]	['ædres, ə'dres]
tomato	[tə'mɑtəʊ]	[tə'meɪdoʊ]*
potato	[pə'tɑtəʊ]	[pə'teɪdoʊ]*
futile	[fjutaɪl]	[fjudəl]*

*[t] – [d]: ks kohdan 3 huomautus

FONEETTISET MERKIT

[p]	pea	[i]	beat
[b]	bee	[ɪ]	bit
[t]	tie	[e]	bet
[d]	die	[æ]	bat
[k]	kangaroo, car	[u]	boot
[g]	gun	[ʊ]	put
[h]	he	[a]	cot, father, caught
[m]	mad	[ʌ]	but
[n]	no	[ə]	girl, word
[ŋ]	sing		

[θ]	thin	[ɪə]	fear, here
[ð]	then	[eə]	fair, there
[f]	fine	[ʊə]	cure, pool
[v]	very	[eɪ]	day
[s]	sun	[aɪ]	die
[z]	zoo, rose	[aʊ]	house
[ʃ]	she	[oʊ]	go
[ʒ]	measure, usual, vision	[oɪ]	boy
[tʃ]	cheap, much	[ɔr]	horse
[dʒ]	justice, hedge	[']	pääpaino (jos ei merkitty, se on ensimmäisellä tavulla)
[l]	long		
[r]	river	[ˌ]	sivupaino
[w]	west		
[j]	yes		

SUOMI–ENGLANTI

A, a

à @ (lausutaan [æt])
aakkonen letter of the alphabet
aakkosellinen alphabetical
aakkoset alphabet
aakkosjärjestys alphabetical order
aakkoskoko case
aakkoskoosta riippumaton case-insensitive
aakkoskoosta riippuva case-sensitive
aakkosnumeerinen alphanumeric
aakkostaa alphabetize
AA-liike AA [eɪ eɪ], Alcoholics Anonymous
aallokko waves, swell, chop
aallonharja crest (of a wave); (kuv) climax, peak, culmination
aallonmurtaja breakwater
aallonpituus wavelength
aallonpohja trough (of a wave); (kuv) lowest point, the worst (moment of a) depression, rock bottom *Silloin elämäni oli aallonpohjassa* That's when I hit rock bottom
aaloe aloe
aalto wave
aaltoenergia wave energy
aaltoileva wavy, rolling, swelling, undulating
aaltopahvi corrugated cardboard
aaltopelti corrugated iron
aaltopituus wavelength
aaltosulkeet curly brackets { }
aaltoviiva tilde (~)
aamen amen
aamiainen breakfast
aamiaismajoitus bed and breakfast, B and B
aamiaistelevisio breakfast/morning television
aamiaistunti lunch hour
aamu morning
aamuaskareet morning chores
aamuateria breakfast, morning meal
aamuhartaus morning prayer/devotion(s)
aamuhetki the morning hour, early in the morning
aamuhetki kullan kallis the early bird gets the worm
aamuisin mornings, in the morning
aamujumppa morning exercise
aamukahvi morning coffee
aamulähetys morning show
aamulämpö morning temperature
aamunavaus (usk) morning prayers/devotions, (ei-usk) morning announcements
aamunkoitto dawn, break of day, sunrise
aamunsarastus dawn, daybreak, break of day, (run) aurora
aamupahoinvointi morning sickness
aamupala breakfast, breakfast snack, morning snack
aamupäivisin mornings, in the morning
aamupäivä morning *Tule 9:n maissa aamupäivällä* Come around 9 in the morning
aamurusko sunrise, (run) rosy-fingered dawn
aamusella in the morning, mornings
aamusta päivin first thing in the morning
aamusta päivään first thing in the morning, bright and early
aamutakki bathrobe
aamutorkku late riser, evening person

aamutuimaan

aamutuimaan first thing in the morning, at the crack of dawn
aamu-uutiset morning news
aamuvarhain early in the morning
aamuvarhainen 1 early riser, morning person **2** early in the morning, first thing in the morning
aamuvirkku early riser, morning person
aamuvuoro 1 (junan) the morning train, (lentokoneen) the morning plane, (bussin) the morning bus **2** (työn) day shift
aamuyö after midnight, the wee hours
aapa string marsh
aapinen primer, ABC-book
aapiskirja primer, ABC-book
aapiskukko the rooster pictured on some Finnish primers
aaria aria
aarni treasure
aarnialue protected marsh/forest
aarnihauta 1 (aarre) buried treasure **2** (paikka) treasure trove/hoard/cache
aarniometsä untouched/virgin forest; tropical rain forest, jungle
aarnipuu ancient tree
aarre treasure
aarreaitta treasure house
aarrearkku treasure chest
aarrekammio treasury, vault
aarresaari treasure island
aarteenetsijä treasure-hunter/-seeker
aarteenmetsästäjä treasure-hunter
aasi ass, donkey
Aasia Asia
aasialainen Asian
aasinsilta awkward transition
aataminaikainen ancient, as old as Adam, old-fashioned
aataminomena Adam's apple
aataminpuvussa in your birthday suit
aate 1 ideal, cause, ideology **2** idea, thought
aatehistoria intellectual history, the history of ideas, ideological history
aatehistoriallinen intellectual-historical, pertaining to the history of ideas
aatejärjestelmä ideology
aateli the nobility, the aristocracy, the peerage
aatelinen noble, aristocratic
aatelisarvo noble rank, title; knighthood, peerage
aatelismies nobleman, gentleman, peer
aatelisnainen noblewoman, lady
aatelisto the nobility, the aristocracy, the peerage
aateliton commoner, not of noble birth
aateloida raise to the nobility/peerage
aateluus nobility (myös kuv)
aateluus velvoittaa noblesse oblige (ranskasta)
aatetoveri 1 (sukulaissielu) congenial spirit **2** (saman aatesuunnan kannattaja) ideological/political comrade, brother/sister
aatonaatto Eve Eve (leik) *joulun aatonaatto* Christmas Eve Eve, the day before Christmas Eve
aatteellinen ideological, political
aatto eve, day before a holiday
aattopäivä day before a holiday
aava s (wide-open) expanse *meren aava* the open sea adj broad, wide, open, spacious, expansive
aave ghost, spook, phantom, specter, apparition
aavikko desert, prairie, plain
aavikkogofferikilpikonna desert tortoise
aavikkoilves caracal
aavikkojuoksija courser
aavikkokettu fennec fox
aavikkokulkusirkka desert locust
aavikkorotta jerboa
aavikoituminen desertification
aavistaa suspect, anticipate, expect; have a bad feeling about something, be full of forebodings about something *Hän ei aavista mitään* She doesn't have a clue (about it)
aavistamaton 1 (asia) unexpected, unsuspected, unthought-of *ennen aavistamatonta onnea* more happiness than I ever dreamed of **2** (ihminen) unsuspecting, unaware, unwitting *vaaraa aavistamaton* with no hint/suspicion/intimation of danger
aavistamatta unsuspectingly, without a clue of what was going to happen

aavistuksenomainen 1 (aavistava) premonitory **2** (hämärä) vague, fuzzy, hazy **3** (pieni) slight, tiny, infinitesimal

aavistus sense, feeling, suspicion, idea, inkling *Minulla on paha aavistus tästä* I have a bad feeling about this *Minulla ei ole aavistustakaan siitä, mistä puhut* I haven't the faintest idea what you're talking about

aavistuslähtö false start

AB (aktiebolag) Inc., Co., (UK) PLC (private limited company), plc, Ltd.

abbedissa abbess, mother superior

abdikaatio (kruunusta luopuminen) abdication

abdikoida (luopua kruunusta) abdicate

aberraatio (poikkeama normaalista) aberration

aberrantti (normaalista poikkeava) aberrant

abessiivi (sijamuoto, esim. juomatta) abessive (case)

abi graduating senior, matriculant

abioottinen (eloton) abiotic

abiturientti graduating senior, matriculant

ablatiivi (sijamuoto, esim. pöydältä) ablative

ablaut (vartalonvokaalin vaihtelu) ablaut

abnormi (poikkeava) abnormal

abnormius (poikkeavuus) abnormality

abo aboriginal, aborigine, abo (halv)

abolitionismi (orjuuden vastustus) abolitionism

abolitionisti abolitionist

aboriginaali (Australian asukas) aboriginal, aborigine

abortoida (aiheuttaa/saada keskenmeno) abort

abortti abortion

aborttipilleri abortion pill

abrakadabra abracadabra

absentismi (poissaolo työpaikalta) absenteeism

absessi (paise) abscess

absintti absinthe

ABS-jarrut anti-locking brakes, ABS brakes

absolutismi 1 (alkoholin vastaisuus) teetotalism **2** (relativismin vastaisuus) absolutism

absolutisti 1 (joka ei juo) teetotaler **2** (joka ei hyväksy relativismia) absolutist

absoluutio (synninpäästö) absolution

absoluutti (ehdoton) absolute

absoluuttinen absolute

absoluuttinen korva perfect pitch

absoluuttinen nollapiste absolute zero

absorboida (imeä itseensä) absorb

absorbointi (itseensä imeminen) absorption

absorboitua (imeytyä) be absorbed

absorptio absorption

abstrahoida (muodostaa yleiskäsite) abstract (out)

abstrahointi (yleiskäsitteen muodostus) abstraction

abstrahoitua be abstracted (out)

abstrakti (käsitteellinen, vaikeaselkoinen, abstraktinen) abstract

abstraktinen abstract

abstraktio abstraction

abstraktistaa abstract(ify)

abstraktistua be(come) abstract/abstractified

abstrakti taide abstract art

abstraktius (käsitteellisyys) abstractness

absurdi absurd

absurdismi 1 (mielettömyyksiin perustuva taiteen suunta) absurdism, the absurd **2** theater of the absurd

absurdisti (absurdismin kannattaja) absurdist

absurdi teatteri theater of the absurd

adaptaatio (sopeutuminen) adaptation

adapteri (sovitin) adapter, adaptor

adaptiivinen (mukautuva) adaptive

adaptoida (mukauttaa) adapt

adaptoitua (mukautua) adapt (to)

adaptoituminen (mukautuminen) adaption (to)

addiktio (aineriippuvuus) addiction

additiivinen additive

additio additon

adekvaatti (riittävä) adequate

adessiivi (sijamuoto, esim. maalla) adessive (case)
ADI-arvo ADI, acceptable daily intake
adjektiivi (laatusana) adjective
adjutantti (komentajan/johtajan upseeriapulainen) aide-de-camp, adjutant
adonis Adonis, Greek god, stud, charmer
adoptio (ottolapsen ottaminen) adoption
adoptoida (ottaa ottolapseksi) adopt
adrenaliini (eräs stressihormoni) adrenalin, epinephrine
adressi card of condolence
adventismi (1844 USA:ssa perustettu Kristuksen tulemista odottava lahko) Adventism
adventisti Adventist *seitsemännen päivän adventisti* Seventh Day Adventist
adventti (Kristuksen tuleminen) Advent
adventtiaika the Advent season
adventtikalenteri Advent calendar
adventtikirkko (Seventh-Day) Adventist Church
adventtisunnuntai Advent Sunday
adverbi (seikkasana) adverb
adverbiaali (adverbilause) adverbial (phrase)
adverbiaalinen adverbial
adversatiivinen (vastustusta ilmaiseva) adversive, adversative
adversatiivinen konjunktio (vastustusta ilmaiseva sidesana, esim. mutta) adversative conjunction
aerobic (hapen tuottoon perustuva voimistelu) aerobics *Menetkö tänään aerobiciin?* Are you going to aerobics today?
aerobikki (hapen tuottoon perustuva voimistelu) aerobics
aerobinen (happieloinen) aerobic
aerobiologia aerobiology
aerodynaaminen (ilman liikkeitä myötäilevä) aerodynamic, streamlined
aerodynaamisesti (ilman liikkeitä myötäillen) aerodynamically
aerodynamiikka (oppi ilman liikkeistä) aerodynamics
aerofobia (raittiin ilman kammo, lentämisen pelko) aerophobia
aerofobinen (raitista ilmaa tai lentämistä pelkäävä) aerophobic
aerologia (eräs ilmatieteen haara) aerology
aerosoli (sumute) aerosol, (säiliö) aerosol bottle/can
afaatikko (afasiaa poteva) aphasic, aphasiac *Hän on afaatikko* He is aphasic, He is an aphasic/aphasiac
afaattinen (afasiaa poteva) aphasic
afasia (puheen tuottamis- ja ymmärtämishäiriö) aphasia
affekti (tunne) affect, emotion, feeling
affektiivinen (tunnepitoinen) affective
affiksi (liite) affix
affrikaatta (klusiilin ja frikatiivin muodostama konsonantti, esim. ts) affricative (consonant)
afgaani 1 (asukas) Afghan **2** (kieli) Afghan, Pashto
Afganistan Afghanistan
afganistanilainen Afghan, Afghani
aforismi (mietelause) aphorism
aforistikko aphorist, epigrammatist
aforistinen (mietelauseen kaltainen) aphoristic, epigrammatic
afrikaans Afrikaans
afrikandi Afrikander
afrikanistiikka African studies
afrikanmarabu (lintu) marabou stork
afrikannorsu African elephant
afrikansivettikissa African civet
afro Afro
afroamerikkalainen African-American, black
after ski aprés-ski *Jordacen kaunis after ski -asu* a beautiful aprés-ski outfit by Jordache
afääri (liiketoimi) affair, (business) deal
agaave (trooppinen kasvi) agave
agapee (puhdas rakkaus) agape
agentti 1 (pol) agent, spy **2** (kiel) agent **3** (tal) agent, representative, dealer
agentuuri (asiamiestoimi) agency
aggressiivinen (hyökkäävä) aggressive
aggressiivisuus (hyökkäävyys) aggression, aggressiveness
aggressio (hyökkäävyys) aggression
agitaatio (yllytys) agitation

ahkio

agitaattori (poliittinen kiihottaja) agitator, (kielteisessä mielessä) rabble-rouser, fomentor, instigator, (myönteisessä mielessä) activist, organizer
agitatorinen (yllyttävä) agitatorial
agitoida (yllyttää) agitate, foment, instigate
agitointi (yllyttäminen) instigation, activism
agnostikko (joka uskoo ettei Jumalan olemassaolosta voida saada tietoa) agnostic
agnostinen agnostic
agnostisismi (oppi jonka mukaan Jumalan olemassaolosta ei voida saada tietoa) agnosticism
agorafobia (avoimien paikkojen kammo) agoraphobia
agraari- (maataloutta koskeva) agrarian, rural
agraariyhteiskunta agrarian society
agrologi agrologist
agrologia (maatalousmaaoppi) agrology
agronomi county agent, agricultural agent
agronomia (maataloustiede) agronomics
aguti (eläin) agouti
ah ah, oh
ahaa aha
ahaa-elämys sudden understanding/recognition
ahava 1 (tuuli) March wind **2** (rohtuma) dry/chapped skin **3** *kasvojen ahava* weather-beaten skin
ahavoittaa chap, dry
ahavoitua chap, get chapped, dry
ahdas narrow, tight, cramped, crowded
ahdaskatseinen narrow-minded, closed-minded, strait-laced, straight-laced
ahdasmielinen narrow-minded, closed-minded
ahdata (lasti) stow, load; (laiva) stevedore
ahdin supercharger
ahdinko 1 distress, trouble, hard times **2** (kärsimys) suffering, tribulation **3** (koettelemus) ordeal, trial **4** (vastoinkäyminen) adversity, disaster

ahdistaa 1 (kiusata) harass, pester, badger **2** (ärsyttää) irritate, vex, annoy **3** (ajaa takaa) chase, pursue **4** (painostaa) (op)press, push, pressure **5** (vaivata mieltä) worry, distress, bother **6** (herjata) bait, heckle, hector **7** (tehdä ahtaaksi) constrict, strangle, (kenkä) pinch *minua ahdistaa* I'm afraid, I'm nervous, I feel anxious *henkeäni ahdistaa* I can't breathe, I can't get my breath, I feel like I'm strangling, my throat is constricted
ahdistella 1 (kiusata) harass, pester, bother, annoy **2** (lähennellä) accost, make advances to, (ark) come on to; (kosketella) molest, assault
ahdistua get nervous/anxious about something, start feeling disturbed/uneasy, give in to your fears, give your anxieties full rein
ahdistuneisuus anxiety, (the state of) feeling anxious, apprehension, agitation
ahdistuneisuushäiriö anxiety disorder
ahdistunut 1 (tilapäisesti) upset, distressed, agitated **2** (jatkuvasti) anxious, anxiety-ridden
ahdistus 1 (pelko) anxiety, dread, angst **2** (huolestuneisuus) worry, apprehension, concern **3** (likistys) constriction, tightness
aherrus work, labor, effort; (ark) sweat, elbow grease *arkinen aherrus* the daily grind
ahertaa work hard, apply yourself (to a task), hustle
ahjo 1 (tulisija) forge, furnace **2** (tyyssija) seat, hub, core, center *opinahjo* place of learning *Wittenberg, uskonpuhdistuksen ahjo* Wittenberg, home of the Reformation
ahkera busy, hard-working, industrious *ahkerassa käytössä* in heavy use
ahkeraliisa busy Lizzie, impatiens
ahkeroida work hard, bustle about (doing something)
ahkeruus hard work, industry
ahkeruus kovankin onnen voittaa idle hands are the devil's playground
ahkio Sami sledge, pulka

ahma

ahma wolverine
ahmaista wold/scarf down, gobble up
ahmatti glutton, pig, hog
ahmia gulp, gobble, stuff yourself with, hog
ahmia silmillään devour someone with your eyes, feast your eyes on
ahmimishäiriö bulimia
ahnas ravenous, voracious, greedy, hungry; (kuv) eager, avid, keen, raring, hungering
ahne 1 greedy, grasping **2** (kuv) eager, avid, keen
ahneesti greedily, eagerly, avidly, keenly
ahnehtia hoard, hog, snatch up, gobble up
ahneus greed, avarice, eagerness (ks ahne)
aho meadow, clearing
ahomansikka wild strawberry
ahrain fish spear/gig
ahtaa 1 stuff, fill, pack full, cram *ahtaa tietoja päähänsä* cram your head with facts, (tenttiin) cram for a test *ahtaa mahansa täyteen* stuff/gorge yourself *ahtaa sali täyteen väkeä* pack 'em, fill the house **2** *ahtaa purjeet tuuleen* closehaul
ahtaaja stevedore
ahtaalla 1 (taloudellisesti) hard-pressed, (ark) hard up, *joutua ahtaalle* fall on hard times **2** (pulassa) in a fix/jam, *joutua ahtaalle* get in a jam/bind, get in trouble, *panna ahtaalle* press, pursue, harass
ahtauma constriction, stricture
ahtaus 1 (kapeus) narrowness, (puvun) tightness, tight fit **2** (tilan) crowdedness, crowding, lack of space/room, (väkijoukon) press, crush, congetion **3** (laivan tms) loading, stowage, stevedoring
ahtaustyö loading, stowage, stevedoring
ahtauttaa 1 (paikkaa tms) narrow, tighten, crowd **2** (laivaa tms) have the ship loaded/stevedored, have the cargo stowed
ahtautua pack/crowd into

ahteri 1 (laivan) stern **2** (ihmisen, leik) stern, hindquarters, rear end
ahti (usk) day in Easter week
ahtojää pack ice
ahven perch
Ahvenanmaa Åland Islands
ahventen valtakunta (meri) fishy/finny kingdom
ai oh, ow, ouch *aijaijai!* oh no!
AI Amnesty International, (ark) Amnesty
ai-ai (sormieläin) aye-aye
aidata 1 (rakentaa aita) fence (in), build a fence around, enclose with a fence **2** (tehdä aitaus) corral, hedge, pen
aidonnus (tietok) authentication
aids AIDS (acquired immune deficiency syndrome)
aie plan(s), intention(s), purpose
aiemmin before, earlier, previously
aiempi previous, earlier
aientaa move something up, bring something forward
aihe 1 (keskustelun tms) topic, subject matter *ajattelun aihetta* food for thought *poiketa aiheesta* digress, get off the subject, stray from the point *pysyä aiheessa* stick to the point **2** (taideteoksen) motif, theme **3** (seurauksen) motive, reason, cause, ground(s) *antaa aihetta* warrant, give (someone) cause/grounds (to do something) *täysin aiheetta* utterly/totally/wholly without cause, for no reason at all **4** (kasvin) germ, embryo
aiheellinen justified, well-founded, well-grounded
aiheeton unjustified, unfounded, groundless, false
aihekokonaisuus thematic whole, (thematically organized) group of ideas
aihepiiri subject matter, topic, theme
aihetodiste circumstantial evidence
aiheuttaa 1 (saada aikaan) cause, bring about, bring to pass **2** (johtaa johonkin) lead to, result in **3** (tuottaa) produce, make, create **4** (herättää) give rise to, inspire, induce, call forth **5** (nostattaa) arouse, awaken, stir up
aiheuttaja prime mover, instigator, originator; (eloton) cause, source, factor

aikakytkin

aiheutua 1 (johtua jostakin) be caused by, be brought about by, lead/follow/result from, be due to **2** (saada alkunsa jostakin) grow/arise/flow out of, originate in/from, derive from **3** (koitua) accrue (to *jollekulle*, from *jostakin*)
aihio preform, (avaimen) blank
aika s **1** time *koko ajan* all the time, constantly *siihen aikaan* back then *Se oli siihen aikaan!* That was then (this is now) *vanhaan hyvää aikaan* in the good old days *sopimattomaan aikaan* at a bad time *oikeaan aikaan* at the right time *oikeassa paikassa oikeaan aikaan* at the right place at the right time *mihin aikaan?* what time? *mihin aikaan vain* any time *paikallista aikaa* local time *sikäläistä aikaa* (teikä-) your time, (heikä-) their time *vähään aikaan* for a (little) while *yhteen aikaan* at one time *aivan viime aikoihin asti* until very/just recently *ennen aikojaan* too soon/early *kaikki ajallaan* all in good time *pysyä ajassa* (kello) keep good time *siirtyä ajasta ikuisuuteen* enter eternal life **2** (aikakausi) age, period, epoch *vanha aika* the ancient era, (antiikki) antiquity, (ark) the olden days *uusi aika* the modern era, modernity *ajat olivat silloin toiset* things/times were different (back) then, those were different times *kaikkien aikojen* all-time, world-class, world's greatest *kautta aikojen* through the ages/centuries *aikojen kuluessa* with/in time, with the passage of time, in the course of time *ajastaan edellä* ahead of his/her time *ajastaan jäljessä* behind the times *iät ja ajat* forever, for ages *Odotimme siellä iät ja ajat* We waited in there forever *ikuisiksi ajoiksi* forever (and ever) *pitkiksi ajoiksi* for a long, long time *ammoisista ajoista* from time immemorial adj quite *Aika poika!* That's quite some boy! He's quite a boy! adv quite, pretty, rather, fairly *Eikö se ole aika uskaliasta?* Isn't that pretty risky? *aika lailla* quite (a bit/lot)
aika aikaa kutakin (sanoi pässi kun päätä leikattiin) there's a time for everything, all things in their season

aika ajoin from time to time, intermittently, (every) now and then, at odd intervals
aikaa myöten in (due) time, in the course of time
aikaansaada 1 (saavuttaa) achieve, accomplish, attain **2** (aiheuttaa) bring about, create, produce
aikaansaamaton 1 (tehoton) inefficient, unproductive **2** (saamaton) shiftless, worthless, no-count
aikaansaannos achievement, accomplishment, attainment
aikaansaapa productive, prolific; (tehokas) effective, efficient; (pätevä) competent
aikaansa edellä ahead of her/his time
aikaa sitten long ago, ages ago, eons ago
aikaero time difference
aikaeroväsymys jet lag *toipua aikaeroväsymyksestä* get over jet lag
aikaihminen adult, grownup
aikailla dawdle, procrastinate
aikainen 1 early **2** of the time of, of the period of *lapsuuden aikainen trauma* a trauma suffered during childhood *Se oli Kekkosen aikainen käytäntö* That was common practice during Kekkonen's presidency, in Kekkonen's time/era, under Kekkonen
aikaisin adj earliest adv early
aikaisintaan at the earliest *aikaisintaan huomenna* tomorrow at the earliest
aikaistaa move forward, move up, make earlier *Pitäisikö kokous aikaistaa?* Should we hold the meeting earlier?
aika ja paikka time and place, (kirjeessä tms) date and place
aikakatkaisu (tietok) time-out
aikakausi period, era, epoch, age, eon
aikakausjulkaisu periodical
aikakauslehti periodical, magazine, journal
aikakirjat 1 chronicles *Vanhan testamentin aikakirjat* The Old Testament Chronicles **2** (historia) history, (run) annals
aikakone time machine
aikakytkin timer

aika lailla

aika lailla 1 (jokseenkin) pretty, fairly *aika lailla kännissä* pretty wasted **2** (paljon) a lot (of) *aika lailla lunta* a lot of snow
aikalainen contemporary
aika lentää time flies
aikalisä time-out *pyytää aikalisä* call time(-out)
aikaluokka tense
aikamies man, grown(-up) man *aikamiesten työtä* a man's job
aikamoinen quite a big, large, considerable *aikamoinen työ* a lot of work, a big job
aikamuoto (kielioppi) tense
aikanaan 1 (oikeaan aikaan) on time **2** (menneenä aikana) once *Taisit olla aikanasi melkoinen hurmuri* You must have been quite some charmer in your day **3** (tulevana aikana) some day
aikansa elänyt outdated, old-fashioned, outmoded, obsolete; (loppuunkulunut) worn out, it's seen better days
aikansa kutakin everything in its time
aika on rahaa time is money
aikapalkka hourly wage(s)/pay *saada aikapalkka* get paid by the hour
aika parantaa haavat time heals all wounds
aikapommi time bomb (myös kuv)
aika päiviä sitten days/months/years/long ago
aikaraja time limit, deadline
aikasytytys time fuse
aikataulu schedule, timetable
aikatauluttaa schedule
aikatiedotus Time *soittaa aikatiedotukseen* call Time
aikavalotus time exposure
aikavyöhyke time zone
aikayksikkö unit of time, time measurement *alta aikayksikön* in a split second, in zero seconds flat
aikido (japanilainen itsepuolustustaito) aikido
aikoa plan to, intend to, aim to *Aiotko mennä Liisan synttäreille?* Were you thinking of going to Liisa's birthday party?

aikoihin on eletty (johan on kumma) now I've seen everything!, (kylläpäs keksivät) what'll they think of next, (kaikki vanhat arvot on tallattu) *o tempore, o mores*
aikoinaan once
aikojaan 1 (oman aikataulun mukaan) *tule sitten omia aikojasi* come when(ever) you have time, when you get a chance, when you have a spare/free moment *hän saapuu aina omia aikojaan* he always comes whenever he feels like it, whenever he gets around to it *haava parani omia aikojaan* the wound healed in its own good time **2** (sovitun aikataulun mukaan) *älä sitten tule ennen aikojasi* don't come early
aikoja sitten long ago, long since, ages ago
aikomus intent(ion), plan, design, aim, resolve, determination
aikuinen adult, grownup
aikuisikä adulthood, maturity
aikuiskoulutus adult education
aikuisopetus adult education
aikuistua grow up, mature, reach maturity, become an adult, come of age
ailahdella 1 (fyysisesti) shift, move about, rise and fall, come and go, rock from side to side **2** (henkisesti) waver, vacillate, have mood shifts
ailahteleva 1 (muuttuva) shifting, changing, fluctuating **2** (mieltä muuttava) wavering, vacillating, irresolute **3** (levoton) inconstant, unsettled, restless
ailahtelu fluctuation, undulation, alternation, shifting, changing, wavering, vacillation, inconstancy (ks ailahdella)
aimo quite a good, good-sized
aina 1 always, inevitably, invariably; all the time, constantly, every time **2** still, yet *aina parempi* still better, better yet
ainainen 1 (alituinen) constant, continuous, incessant **2** (ikuinen) eternal, perennial *ainainen kysymys* the eternal/perennial question
ainakin at least, at the very least, anyhow, at any rate

aivastuttaa

aina roiskuu kun rapataan you can't make an omelet without breaking eggs; get out of the kitchen if you can't stand the heat

aina valmiina (partiolaisten tunnuslause) be prepared

ainavihanta perennial

aine 1 (materia) matter **2** (materiaali) material, substance *raaka-aine* raw material(s) *vaikuttava aine* active ingredient *lisäaine* additive **3** (huume) substance, (ark) junk, dope **4** (oppiaine) subject **5** (kirjoitelma) essay, composition

aineellinen material, physical, earthly

aineellistaa 1 (tehdä aineeksi) concretize, give substance to **2** (filosofiassa pitää aatetta totena) reify, hypostatize, objectify

aineellistua 1 materialize, take on substance, become embodied **2** (filosofiassa) be reified/hypostatized/objectified

aineenopettaja subject teacher

aineenvaihdunta metabolism

aineeton immaterial, incorporeal, insubstantial

aineeton omaisuus intellectual property

aineisto material; (tiede) research material, data

aineriippuvainen s (drug) addict adj addicted

aineriippuvaisuus (drug) addiction

aines element, component, ingredient; material, stuff, substance

ainesana (substantiivi) noun

ainesosa ingredient, component

ainevalinta choice of (school) subjects

aineväärinkäyttö substance abuse, drug abuse

aineyhdistelmä 1 (kem) compound **2** (yliopistossa) major and minor

ainiaaksi forever, for all eternity

ainoa only, single, solitary, sole

ainoalaatuinen unique, one of a kind

ainoastaan only, merely, solely

ainut only, single, solitary, sole

ainutkertainen single, one-time-only *ainutkertainen tilaisuus* the chance of a lifetime

ainutlaatuinen unique, one of a kind, the only one of its kind

airbag (auton turvatyyny) airbag

airo oar, paddle, scull

airut messenger, harbinger, omen

aisa shaft, pole *Pidähän mielikuvituksesi aisoissa* Try and keep your imagination in check/on a leash/under control

aisapari sidekick, partner

aisti sense, (kuv) taste

aistia 1 (havaita) sense, be aware of, feel **2** (erottaa) recognize, detect, discern

aistiharha hallucination

aistihavainto sense/sensory perception

aistikas stylish, elegant, tasteful *Siinä on aistikas mies* There's a man with style

aistillinen 1 (henkisesti nautittava) sensuous, gratifying, delightful **2** (seksuaalisesti nautittava) sensual, erotic, voluptuous

aistimus sensation

aistin sense/sensory organ

aistinsolu sense/sensory neuron

aistivammainen sense-impaired (person)

aita 1 (rail/picket/chainlink jne) fence, barrier, enclosure, paling, railing, (kuv) wall **2** (urh) hurdle *100 m:n aidat* the 100 meter hurdle race/hurdles

aitajuoksu hurdles

aitaus pen, yard, fenced-in area

aito real, authentic, genuine, original *aitoamerikkalainen* all-American *aito asia* the real thing

aitovieri the area alongside a fence *kävellä aitoviertä* walk (along next to) the fence

aitta shed, shack, storehouse, outbuilding, (vilja-) granary

aivan quite, right, just (so) *aivan alusta* right from the beginning *Aivan!* Exactly! Precisely! That's just it! That's the point! That's what I'm getting at!

aivastaa sneeze

aivastus sneeze

aivastusrefleksi sneeze reflex

aivastuttaa make you sneeze *Minua aivastuttaa* I've got to sneeze, I'm going

aivofilmi

to sneeze *Pöly aivastuttaa minua* Dust makes me sneeze
aivofilmi EEG, electroencephalogram
aivohalvaus stroke, (lääk) apoplexy, apoplectic seizure, cerebrovascular accident
aivoitus idea, thought, plan, intention
aivokalvo (cerebral) membrane, (lääk) meninx (mon meninges)
aivokalvontulehdus (cerebral) meningitis
aivokasvain brain tumor, (lääk) encephaloma
aivokirurgi brain surgeon
aivokoppa cranium, brain-pan *Onko aivokoppasi ihan tyhjä?* Do you have a brain in that head?
aivokoralli brain coral
aivokudos brain tissue
aivokuollut (lääk) cerebrally dead, (leik) brain-dead *Se on ollut aivokuollut jo pitkään* He's been brain-dead for ages
aivokuori cortex *aivokuoren* cortical
aivokäyrä EEG, electroencephalogram
aivopestä brainwash
aivopesu brainwashing
aivopuolisko hemisphere/half of the brain *vasen aivopuolisko* left brain
aivoriihi brainstorm
aivosolu neuron in the brain, brain cell *aivosolujen* neural
aivosähkökäyrä electroencephalogram (EEG)
aivot brain
aivotoiminta cerebration
aivoton brainless, idiotic, senseless, stupid, moronic, harebrained
aivotyö 1 (ajattelu) thinking, thought; (psykologiassa) cognition, cerebration **2** (henkinen työ) intellectual work
aivotärähdys concussion
aivovamma brain damage
aivovammainen brain-damaged
aivovaurio brain damage
aivoverenvuoto cerebral hemorrhage
aivovienti brain drain
aivovoimistelu mental exercise/gymnastics
aivovuoto brain drain

ajaa 1 (autoa) drive, (polkupyörää) ride, (kuormaa) haul, (konetta/elokuvaa) run **2** (pakottaa) force (a point, a person to do something), compel, make (someone do something)
ajaa asiaa promote, work for, work to achieve, strive to gain recognition for, champion, espouse
ajaa hajalle scatter, disperse, smash up
ajaa karille run aground, run on the rocks
ajaa kilpaa race, compete
ajaa kuin viimeistä päivää drive like a maniac
ajaa maanpakoon banish, exile
ajaa nasta laudassa put the pedal to the metal
ajaa päälle crash (into), ram (into), smash (into)
ajaa sama asia come to the same thing (in the end)
ajaa sisään (uusi auto) break in
ajaa takaa chase, hunt, pursue, hound, (kuv) get at, mean, insinuate
ajaa tiehensä run out, drive off, send packing, expel
ajaa ulos henkiä exorcise/drive out evil spirits
ajaja driver, chauffeur, coachman, teamster; (jonkin asian) spokesperson, promoter, champion
ajallaan (oikeaan aikaan) on time
ajallinen temporal, earthly
ajan henki the spirit of the times, Zeitgeist
ajanhukka waste of time, lost cause, throwing good money after bad
ajanjakso period, era, epoch, eon, age
ajankohta time, point in time, moment, juncture
ajankohtainen timely, topical, current, contemporary *ajankohtaiset tapahtumat* current events
ajankohtaistaa update
ajankohtaistua become timely/topical; (ark) become hot, become the going thing, be on everybody's lips
ajankohtaisuus timeliness, topicality, currency, contemporaneity

ajatteluttaa

ajanlasku calendar, chronology *ennen ajanlaskumme alkua* B.C.
ajan mittaan in (due) time, in the course of time
ajanmukainen up-to-date, modern, contemporary
ajanmukaistaa modernize
ajanottaja timer, timekeeper
ajanotto timing, clocking
ajantasainen up-to-date
ajantasaistaa update
ajantasajärjestelmä real-time system
ajan tasalla up-to-date
ajanvaraus appointment
ajanviete pastime, amusement, (light) entertainment, way of passing/killing time
ajanvieteohjelma entertainment program
ajanvieteohjelmisto entertainment programming
ajanvietto entertainment
a ja o 1 *kaiken a ja o* the key, the crucial/main/indispensable thing/point 2 (raam) the Alpha and the Omega
ajassa(an) on time *Onko tuo kello oikeassa ajassa?* Is that clock right? Is that really the time?
ajastaa time, preset
ajastaan edellä ahead of his/her time
ajastaan jäljessä behind the times
ajastin (kameran) self-timer, (kuvanauhurin ym) timer
ajatella 1 think, cogitate 2 (pohtia) reflect/meditate (on), ponder, turn over in the mind, contemplate 3 (käyttää aivoja) use your mind/wits, apply the mind 4 (harkita) deliberate 5 (hautoa) dwell on, brood on/over 6 (ottaa huomioon) consider, take into consideration, take into account 7 (pitää mielessä) bear in mind 8 (muistella) call to mind, remember, reminisce about 9 (suunnitella) plan (on doing), conceive (of doing) *Mitä ajattelit tehdä huomenna?* What were you thinking of/planning on doing tomorrow? 10 (kuvitella) imagine *Ajatella!* Just think! Imagine! Gosh!
ajatelma aphorism, maxim, adage
ajateltava s food for thought, something that bears thinking about adj (jota on pakko ajatella) not to be forgotten/ignored; (jota kannattaa ajatella) worth thinking about, worth considering; (jota voi ajatella) imaginable, conceivable, thinkable
ajatollah (shiiamuslimien johtaja) Ayatollah
ajaton (ajan ulkopuolella) timeless, eternal, immortal; (pitkäikäinen) enduring, durable, lasting, abiding; (loputon) never-ending, endless, unending, everlasting, ceaseless; (iätön) ageless, dateless
ajattelematon 1 (harkitsematon) thoughtless, heedless, rash, reckless 2 (kevytmielinen) imprudent, unwise 3 (epäkohtelias) inconsiderate, unkind, mean, cruel
ajattelemattomasti 1 (harkitsemattomasti) thoughtlessly, heedlessly, rashly, recklessly, without thinking, without considering possible dangers, without stopping to think 2 (kevytmielisesti) imprudently, unwisely, without thinking, without a thought (for consequences) 3 (tahdittomasti) inconsiderately, unkindly, cruelly, without thinking of others, without consideration, without a thought for others/others' feelings
ajattelemisen aihe food for thought, something to think about
ajattelija thinker, (wo)man of thought, intellect(ual)
ajattelu thought, thinking 1 (älyllinen toiminta) deliberation, cogitation, intellection, reflection 2 (mietiskely) meditation, contemplation, introspection
ajattelukyky mental capacity, intellectual ability
ajattelutapa way of thinking, approach, attitude
ajatteluttaa 1 (panna ajattelemaan) make someone (stop and) think 2 (arveluttaa) cause doubts/hesitation, give someone second thoughts *Lähtömme ajatteluttaa* I'm having second thoughts about us going there

ajatuksellinen

ajatuksellinen 1 (ajatteluun liittyvä) mental, intellectual **2** (käsitteellinen) conceptual, abstract, ideal, theoretical
ajatuksenjuoksu (train of thought) *Ajatuksenjuoksu meni metsään* I lost my train of thought
ajatuksensiirto telepathy
ajatuksenvaihto exchange of ideas/opinions/thoughts
ajatukseton mindless *ajatuksetonta höpötystä* mindless chatter/blather
ajatuksissa lost in thought, deep in thought, daydreaming, woolgathering *Olin ihan ajatuksissani, en huomannut mitä tein* I did it without thinking
ajatus 1 thought, idea, notion **2** (mielipide) belief, opinion, view *Minkälaisia ajatuksia sinulla on liennytyksestä?* What do you think about, what are your views on detente? **3** (aikomus) plan, intention **4** (käsitys) conception **5** (merkitys) meaning, sense *Minusta tässä lauseessa ei ole mitään ajatusta* To me, this sentence doesn't make any sense/is meaningless/devoid of meaning
ajatuskatko blackout, (ark) brain fart, blonde moment *Minulle tuli ajatuskatko* I went blank, I had a blonde moment, brain fart!
ajatusmaailma way of thinking, set of beliefs, philosophy, ideology
ajatustapa way of thinking, way of looking at things, approach, attitude
ajatustenlukija mind-reader
ajatustenluku mind reading
ajatustensiirto (mental) telepathy
ajatustoiminta mental activity, thought process
ajatusviiva dash
ajautua drift, be driven, be borne along, be carried (by a current); (seikkailusta toiseen) wander, amble, ramble, rove
ajelehtia drift (myös kuv)
ajella drive around, ride around
ajettavuus (auton, kaarteen) drivability
ajettua swell (up), get swollen
ajettuma (turvonnut alue) swelling
ajo (kuorman) hauling, carting, transporting, carrying; (takaa-) chase, hunt, pursuit, tracking, trailing
ajoissa in time, in plenty of time, (aikaisin) early, (täsmälleen ajoissa) on time
ajoittaa time, (päivätä) date
ajoittain once in a while, from time to time, at times, occasionally, periodically
ajoittainen occasional, periodical, (occurring) at odd/irregular intervals
ajojahti 1 (metsästys) hunt, chase; (ihmisjahti) manhunt **2** (vaino) witch-hunt, smear campaign
ajojää drift-ice
ajokaista lane
ajokilometri a kilometer driven on a trip; (mon) mileage
ajokki draft horse, draft animal
ajokortti driver's license, (UK) licence
ajometsästys hunt, chase
ajoneuvo (motor) vehicle, conveyance
ajonopeus driving speed *suurin sallittu ajonopeus* speed limit
ajo-ominaisuudet road-handling, maneuverability, ride
ajopiirturi tachograph
ajopuu driftwood
ajopuuteoria driftwood theory/hypothesis
ajopäiväkirja driver's/travel log(book)
ajorata road(way)
ajos abscess, (paise) boil
ajosuunta direction, way *väärä ajosuunta* wrong way
ajotie roadway; back road, country road, wagon road
ajuri 1 driver, teamster **2** (tietok) driver
akan käppänä little old lady
akateemikko Academy member
akateeminen academic *akateeminen maailma* the academy, academia, academe *akateeminen ihminen* academic, (UK) academician
akatemia academy, academia, academe *akatemian lehdot* the groves of academe *Suomen Akatemia* the Finnish Academy
akilleenkantapää Achilles' heel (myös kuv)
akillesjänne Achilles' tendon
akk. (akkusatiivi) acc. (accusative)
akka (old) woman, old lady, hag, witch
akkamainen womanish, old-lady-like, like an old lady

akkavalta petticoat government *akkavallan alla* (aviomies) henpecked
akkommodaatio (mukautuminen) accommodation
akkommodoitua (mukautua) accomodate yourself to
akkomodaatio accommodation
akku battery
akkumulaatio (kasaantuminen) accumulation
akkumulaattori (energianvarauslaite) (storage) battery, (tekn) accumulator
akkumuloida accumulate
akkusatiivi (tekemisen kohdetta ilmaiseva sijamuoto) accusative
akne acne
akrobaatti (taitovoimistelija) acrobat
akrobaattinen acrobatic
akrobatia (taitovoimistelu) acrobatics
akroninen (ajasta riippumaton) achronic
akronyymi (kirjainsana) acronym
akryyli- (läpinäkyvä muovi) acrylic
akryylimuovi vinyl
akseli axle, shaft, spindle, (mat) axis
akselipaino axle weight
akselivallat (hist) the Axis Powers (Germany, Italy, Japan)
aksentti (paino, korostus) accent
akti 1 (teko) act **2** (testi) act, document **3** (juhlatoimitus) ceremony **4** (alastonmalli/kuva) nude
aktiivi s **1** (yksi verbin pääluokista) active (voice) **2** (jäsen tms) active member *seurakunta-aktiivi* (active) church volunteer adj active
aktiivinen (toimiva) active
aktiivinen hyökkäys (tietok) active attack
aktiivinen sanavarasto active vocabulary
aktiivinen tase active balance *aktiivinen kauppatase* active/surplus balance of trade
aktiivistaa (tehdä toimeliaammaksi) activate, motivate
aktiivisuus (toimeliaisuus) activity
aktiivisynnytys natural childbirth/delivery
aktiiviurheilija active athlete

aktivismi (välittömän toiminnan politiikka) activism
aktivisti (toiminnan kannattaja) activist
aktiviteetti (toiminta, osallistuminen) activity
aktivoida (tehostaa) activate
aktivointi (tehostus) activation
aktivoitua (tehostua) be activated, become active
aktuaali 1 (fil) actual, real **2** (ajankohtainen, todellinen) current, pressing, burning; (ark) hot
aktuaalinen (ajankohtainen, todellinen) ks aktuaali
aktuaalistaa 1 (fil) actualize, realize **2** (ajankohtaistaa) bring (an issue) to the fore, place (an issue) at the center of public debate, draw national attention to
aktuaalistua 1 (fil) be actualize **2** (ajankohtaistua) become pressing/hot
aktuaalius 1 (fil) actuality **2** (ajankohtaisuus) topicality, current interest; (päivänpolttavuus) urgency
akupunktio (neulahoito) acupuncture
akupunktuuri (neulahoito) acupuncture
akustiikka (ääntä tutkiva tiede, ääniolot) acoustics
akustikko (äänen tutkija) acoustic engineer
akustinen (ääntä koskeva) acoustic
akustinen modeemi acoustic coupler
akuutti (äkillinen) acute
akvaario (kalojen vesisäiliö) aquarium
akvarelli (vesivärimaalaus) water color
ala 1 (pinta-ala, alue) area, space, region *Koetahan lapsi pysyä aloillasi* Would you sit still! **2** (ammattiala) business, trade, profession
ala-arvoinen inferior, poor, substandard, low-quality, low-grade, secondrate, mediocre, cheap, shoddy, looked-down-upon
ala-aste 1 low(er) degree/grade/stage **2** (koulu) elementary school, primary school, grade school
aladobi (naudanlihasta ja kalasta) aspic; (vasikanlihasta tai kanasta) galantine
alahuone lower house; (US) House of Representatives, (UK) House of Commons

alaikäinen

alaikäinen minor, underaged person, child
alaikäraja minimum age
alainen s subordinate, employee *minun alaiseni* the people who work for me, the people who report to me, the people under me adj **1** (alisteinen) dependent on, under, subordinate(d) to **2** (kohde) target of, butt of *Hannu joutui aina naurun alaiseksi* Hannu was always being made fun of, was always being ridiculed, was always the butt of everybody's humor
alajakso subphylum
alajuoksu lower course *alajuoksun* downriver, downstream
alakantti low *arvata jonkun ikä alakanttiin* guess someone's age on the low side *Hinta on ehkä hieman alakantissa* The price may be a bit low
alakarppaus low-carb diet
alakautta underneath
alakerta downstairs, bottom/ground floor
alakierre bottom spin, (ark) backspin
alakuloinen depressed, despondent, dejected, downcast; (ark) blue, down in the mouth/dumps
alakuloisuus depression, despondency, dejection; (ark) the blues
alakulttuuri subculture
alakuntoinen 1 (huonossa kunnossa) in bad shape, out of shape **2** (sairas) sickly, under the weather
alakynnessä *olla alakynnessä* be getting the worst of it, be on the losing end *joutua alakynteen* lose, be defeated/overwhelmed
alalaji subspecies
ala laputtaa take a hike (Mike), push off, beat it, scram
alaleuka lower jaw
alamaailma underworld
alamainen s subject adj subservient, submissive, obedient, deferential; (uskollinen) loyal
alamittainen undersize(d)
alamäki (downhill) slope *laskea pyörällä alamäkeä* coast downhill on your bike *luisua henkisesti alamäkeen* gradually fall apart emotionally, be trapped in an emotional downward spiral
alanko lowland(s), bottom (land)
alankomaalainen s Netherlander, Dutch(wo)man adj Dutch
Alankomaat Netherlands, Holland
alaosa lower part, bottom part, lower section, base, (kirjan sivun) foot
ala painua push/buzz off, take a hike
alapesu genital hygiene
alapuoli (puolikas) bottom half, lower half; (sivu) underside, bottom side *alapuolella* below
alapää 1 (alapuoli) lower/bottom end **2** (sukupuolielimet jne) privates, (vauvan) diaper region, (leik) naughty bits
alapään huumori dirty jokes, obscene/toilet humor
alapään vitsi dirty joke
alaraaja lower limb, leg
alareuna bottom edge; (kirjan sivun) foot
alaryhmä subgroup
alas down, downward(s)
alasajo (tietok) shutdown
alasaksa Low German
alasin anvil *vasaran ja alasimen välissä* between a rock and a hard place
alaspäin downward(s)
alassuin upside-down
alasti naked, nude, bare, unclothed, undressed, stripped (to the skin)
alastomuus 1 (ihmisen) nakedness, nudity, bareness **2** (maiseman) barrenness, austerity, desolation **3** (lausuman) plainness, baldness, bluntness
alastomuuskulttuuri naturalism, nudism
alaston 1 (ihminen) naked, nude, bare, unclothed, undressed, stripped (to the skin) **2** (maisema) barren, austere, waste, desolate **3** (esine: peittämätön) undraped, uncovered **4** (esine: koristamaton) unadorned, unembellished, undecorated **5** (lausuma) plain, bald, blunt
alastulo landing
alasänky bottom bunk
alati always, constantly, continuously, continually, (for)ever, perpetually

alipaine

alatiesynnytys vaginal delivery
alatyyli vulgar style
alava low, low-lying, depressed
alaviite footnote
alavuode bottom bunk
alaääni low tone
alba alb, robe
albaani Albanian
albania Albanian
Albania Albania
albanialainen Albanian
albatrossi albatross
Alberta Alberta
albiino (pigmentin täydellisen puuttumisen vuoksi valkea yksilö) albino
albumi album
ale sale, discount
alekkain one on top of the other, one below the other
alemmuudentunne feeling of inferiority
alemmuus inferiority
alemmuuskompleksi inferiority complex
alempana lower (down), farther down; (kirjassa) below, in what follows
alempi lower, under, nether, inferior
alennus 1 (myynti) sale, discount 2 (vähennys) lowering, reduction, decrease 3 (henkinen tila) degradation, abasement, humiliation
alennushinta discount price, sale price, bargain (price), slashed price, cut rate
alennusmyynti (discount/bargain) sale
alentaa 1 (vähentää yleensä) lower, decrease, reduce, diminish 2 (vähentää hintoja) slash, mark down, bring down 3 (nöyryyttää) degrade, abase, humiliate
alentava 1 (nöyryyttävä) humiliating, degrading, disgraceful, shameful 2 (vähentävä) lowering, decreasing, diminishing
alentua 1 (nöyrtyä) stoop, condescend, lower yourself *Miten voit alentua hänen tasolleen!* How could you stoop to his level! 2 (aleta) descend, sink, come/go down, move downward
aleta 1 (laskeutua) sink, settle 2 (vähentyä) decrease

alfa ja omega the Alpha and the Omega
algebra algebra
algebrallinen algebraic
Algeria Algeria
algerialainen Algerian
algoritmi (vaiheittainen laskumenetelmä) algorithm
alhaalla down below, below, down there, down here, at the bottom
alhainen low 1 (aateliton) common, humble, lowly 2 (halveksittu) base, mean, vile, contemptible
alhaisesti 1 humbly 2 basely, contemptibly
alhaisuus 1 (sääty) commonness, low/humble birth 2 (luonteenlaatu) baseness, meanness, contemptibility
aliarvioida underestimate, undervalue, underrate, rate too low; (ark) sell short
aliarviointi underestimation, undervaluation, underrating
aliarvostaa 1 underestimate, underrate 2 (tavaraa) undervalue
aliarvostus underestimation, undervaluation (ks aliarvostaa)
aliasilmiö (tietok) aliasing
aliasnimi alias
alibi 1 (rikostutkimuksessa) alibi 2 (veruke) excuse
alienaatio alienation
alihankkija supplier
alijäämä deficit, (verojen) short-fall
alikehittynyt underdeveloped
alikersantti (lowest ranking) sergeant (in the Finnish Army)
alikulkutunneli underpass
aliluutnantti ensign
alimentaatio (ravitseminen) alimentation
alimmainen (alempi) lower, (alin) lowest
alin lowest, minimum
alinomaa constantly, continuously, continually, always, ever
alinomainen constant, unceasing, incessant
aliohjautuva under-steering
aliohjautuvuus under-steering
alioikeus inferior court, lower court
alipaine negative pressure, vacuum

alipaino

alipaino (kuorman) short weight, (ruumiin) underweight
alipalkattu underpaid
alipalkkainen underpaid
aliravitsemus malnutrition
aliravittu malnourished
alistaa dominate, subject, subjugate, subordinate
alistaminen domination, subjection, subjugation, subordination
alisteinen subordinate
alistua 1 (antautua) submit (to a person or situation), give in, yield, surrender **2** (nöyristellä) defer, truckle **3** (mukautua: mielellään) accommodate yourself, (vastahakoisesti) resign yourself
alistuneesti submissively, yieldingly, deferentially, resignedly, humbly, without a trace of pride
alistunut resigned, submissive
alistuvainen submissive, docile
alitajunta subconscious
alitse beneath, under(neath)
alittaa 1 pass underneath, go under something **2** (urh) beat (a record)
alittua decrease, be less
alituinen constant, continuous, continual, incessant
alituisesti constantly, continuously, continually, incessantly
aliupseeri noncommissioned officer (NCO)
aliurakoitsija subcontractor
alivalottaa underexpose
alivalotus underexposure
alivaltiosihteeri assistant secretary of state
alivuokralainen subtenant, sublessee, (US) roomer, boarder, (UK) lodger
alkaa tr **1** start, begin *alkaa sataa* start to rain, start raining *alkaa tulla kylmä* (start to) get cold *alkaa tuulla* (start to) get windy *Sitten alkoi tuulla* Then the wind picked up *alkaa kuulua* start being audible *Hälytysääniä alkoi kuulua kaukaa* We started hearing sirens from a long ways off *Kun sinua ei alkanut kuulua, me lähdimme* When you didn't show, we took off **2** (panna liikkeelle) set in motion, start the wheels/ball rolling, commence, get going/started on, set about **3** (ottaa tehtäväksi) undertake, embark/venture on **4** (ryhtyä tekemään) take something up **5** (syöksyä tekemään) plunge into (doing something) **6** (avata) open *alkaa ampua* open fire **7** (puhjeta) burst out *alkaa nauraa/itkeä* burst out laughing/crying **8** (alkaa uudestaan) begin anew, recommence, resume itr **1** (saada alkunsa) initiate, be initiated, originate, be originated, take its origin (from) **2** (tulla perustetuksi) be instituted, be founded
alkajaiset opening ceremony *alkajaisiksi* for starters, first of all, first off
alkamispäivä (kurssin tms) first day (of class), (metsätyskauden tms) opening day
alkeellinen primitive, elementary, rudimentary, undeveloped, unrefined, crude
alkeellisesti primitively, rudimentarily, crudely
alkeellisuus primitiveness, lack of civilization, rudimentariness
alkeet rudiments, first steps in learning a subject, the ABC's
alkeishiukkanen elementary particle
alkemia (taito valmistaa epäjaloista metalleista kultaa) alchemy
alkemisti alchemist
alkemistinen alchemical
alkio embryo, (kasv) spore
alkionsiirto embryo transfer/transplant
alkkari (ark) (alkkarit: alusvaatteet) underwear, underclothing, undergarments, underthings; (miesten alushousut) underpants, undershorts, skivvies; (alushame) petticoat, slip
alkoholi alcohol
alkoholipitoinen alcoholic, containing alcohol
alkoholismi alcoholism
alkoholisoitua become an alcoholic
alkoholisti alcoholic
alkoholiton nonalcoholic, alcohol-free
alkovi (seinäsyvennys) alcove
alku 1 beginning, start, commencement *lasku lankeaa maksettavaksi ensi kuun alussa* the bill will fall due early next month *alussa* at/in the beginning, at first

alkutekijä

80-luvun alussa in the early eighties *vuoden alussa* early in the year **2** (lähtöpiste) starting point, onset *ensi alkuun* at first *olla alkuna jollekin* inaugurate something, mark the beginning of something, a new era *Hänen puheessaan ei ole alkua eikä loppua* I can't make hide nor hair out of what she says *Herran pelko on viisauden alku* the fear of the Lord is the beginning of wisdom *ei alkua pitemmällä* hardly started *lopun alku* the beginning of the end *päättyä alkuunsa* grind to a halt/reach a dead end before you've/it's even gotten started *hyvällä alulla* off to a good start *aloittaa alusta* start over (from/at the beginning), start from scratch, make a new/fresh beginning *aikojen alusta* since the beginning of time **3** (lähde) origin, source, (well)spring **4** (syy) root, cause *Tuli sai alkunsa öljylampusta* The fire was caused/started by an oil lamp **5** *kirjailijan alku* future writer

alkuaan (alkuperältään) originally, (alussa) at first, initially

alkuaika first/early period/phase/stage(s) *alkuaikana* early on, in the beginning, when we were first getting started

alku aina hankala, lopussa kiitos seisoo if at first you don't succeed, try again

alkuaine element

alkuasennus (tietok) setup

alkuaste beginning phase/stage, first step

alkuasukas native, aborigine; (mon) indigenous people

alkueliö protist

alkueliökunta protists

alkueläimet simple animals

alkueläin protozoan (mon protozoa)

alkuerä (urh) first/qualifying heat

alkuihminen prehuman; prehistoric man; (mon) Adam and Eve, the first people

alkuilta early evening *alkuillasta* early in the evening

alkujaan originally

alku ja juuri root *Raha on kaiken pahan alku ja juuri* Money is the root of all evil

alku ja loppu the beginning and the end

alkujuoma apéritif

alkukantainen primitive, native, indigenous

alkukesä early summer

alkukieli (käännöksen) source/original language *alkukielellä* in the original language

alkukirjain initial, first letter

alkukirkko the early (Christian) church

alkulause preface, foreword

alkulima protoplasm, bioplasm

alkumuoto 1 (alkuperäinen) original (form) **2** (aikaisempi muoto) prototype

alkuopetus primary education

alkuosa first part/section; (kirjassa) part one; (kirjasarjassa) volume one, first volume; (musiikkikappaleessa) first movement

alkupalat hors d'oeuvre(s), appetizers

alkupalkka starting salary/pay

alkuperä origin, birth, parentage, nationality, source

alkuperäinen original

alkuperäiskansa indigenous people/population

alkuperämaa country of origin

alkupuoli first half/part/section, beginning *ensi vuoden alkupuolella* early next year

alkupuolisko first half

alkupää beginning, head, front (of the line)

alkuruoka first course

alkuräjähdys Big Bang

alkusanat foreword, preface, introduction, opening remarks

alkusointu alliteration

alkusoitto (pitkän sävellyksen, myös kuv) overture; (itsenäinen sävellys, myös kuv) prelude

alkusysäys impulse, impetus, incentice; (ark) push, boost

alkutalvi early winter

alkutekijä (mat) prime factor; (mon) basics, fundamentals *hajota alkutekijöihinsä* go to pieces *Asia on vielä ihan*

alkuteksti

alkutekijöissään We're just getting started, we're hardly off the ground yet
alkuteksti (käännöksen) original (text), source-language text
alkuunkaan *ei alkuunkaan* not at all, not in the slightest/least *Se ei riitä alkuunkaan* That's nowhere near enough
alkuunpanija (toiminnan) instigator, prime mover; (idean) originator, author; (suunnitelman tms) initiator, promoter
alkuvaihe first/beginning/early stage/phase *alkuvaiheessa* early on, right at the start
alkuviikko early in the week, the beginning of the week
alkuvoima 1 (maailmankaikkeuden) primal/primordial force; elemental force **2** (ihmisen fyysinen) brute strength, (henkinen) life force
alkuvuosi early in the year, the first part (few months) of the year
alla below, beneath, under(neath)
allakka calendar
alla mainittu the below-mentioned, the person mentioned below/hereinafter *alla mainituista syistä* for the following reasons
allapäin depressed, despondent, dejected, downhearted, heavyhearted, downcast, sad, low, blue, down in the mouth/dumps, unhappy, with a hangdog look
allas 1 sink, basin, tub, pool, cistern **2** (geol) trough, basin
allaskaappi sink cabinet
allastelakka dry dock
allatiivi (sijamuoto, esim. perille) allatiivi
alle below, beneath, under(neath) *Älä jää auton alle* Don't get run over by a car *Älä jätä sormeasi sen alle* Watch out your finger doesn't get caught under there
allegoria allegory
allegorinen allegorical
allekirjoittaa sign
allekirjoitus signature
allekirjoituttaa have/get something signed
allergia (yliherkkyys) allergy

allergiahuone (hotellissa) nonsmoking room
allergikko (yliherkkä ihminen) allergetic
allerginen (yliherkkä) allergic
alleviivata underline, (myös kuv) underscore
allianssi (valtioliitto) alliance
alligaattori alligator, (ark) gator
alliteraatio (alkusointu) alliteration
allokaatio (määrärahojen kohdennus) allocation
allokoida (kohdentaa) allocate
almanakka calendar
almu alms
aloillaan *pysy aloillasi* stay where you are *asettua aloilleen* settle down
aloite initiative
aloitekykyinen enterprising, venturesome, self-reliant, with initiative, (person) of great initiative
aloitekyvytön (person) without initiative, unenterprising, indolent, lazy
aloitella get started, take the first steps (in something)
aloittaa 1 start, begin, commence **2** (panna alulle) set in motion, set the wheels/ball rolling **3** (ryhtyä tekemään) get going/started on, set about *Eikö sinun kannattaisi aloittaa jo läksyjen teko?* Hadn't you better get started on your homework? **4** (syöksyä tekemään) fall to (doing something), plunge into (doing something) **5** (ottaa tehtäväksi) undertake, embark/venture on
aloittaa alusta start over (from/at the beginning)
aloittaa puhtain paperein start with a clean slate
aloitteellisuus initiative, enterprise
aloitteentekijä initiator, proposer
aloittelija beginner, novice; (ark) tenderfoot, greenhorn
aloitus start, beginning, commencement, onset, (alkusiirto) first move
aloitussivu (kotisivu) homepage
alokas 1 beginner, novice; (ark) tenderfoot, greenhorn **2** (sot) recruit
alokasmurtautuja (tietok) ankle-biter
alpinismi (vuorikiipeily) alpinism

amatööri

alpinisti (vuorikiipeilijä) alpinist
Alpit the Alps
alppiaurinkolamppu ultraviolet/sun lamp
alppihiihto downhill/slalom skiing
alppikauris Alpine ibex
alppikiitäjä Alpine swift
alppimaisema Alpine scene/landscape
alppivaris Alpine chough
alppiyhdistetty alpine combined
alta from under(neath), from beneath
alta aikayksikön in a split second, in no time, lickety-split
altavastaaja 1 (vastaaja) respondent 2 (heikompi) underdog
alteraatio (muutos, muunnos) alteration
alternaatio (vuorottelu) alternation
alternatiivi (vaihtoehto) alternative
alternoida (vuorotella) alternate
alteroida alter
altistaa expose to, subject to
altistua be exposed to, be subjected to
altistus exposure
altruismi (epäitsekkyys) altruism
altruisti (epäitsekkyyden harjoittaja) altruist
altruistinen (epäitsekkyyttä harjoittava) altruistic
alttari (uhripöytä) altar
alttaritaulu altar painting
alttaritoimitus liturgy
alttarivaatteet altar cloths
altto (matala naisen tai lapsen ääni) alto
alue area, region, territory
alueellinen regional, territorial
aluehallinto regional government
aluejako regional/territorial division, dividing an area up into districts; (politiikassa oman edun mukaan) gerrymandering
aluepolitiikka regional policy
aluesairaala general/regional hospital
aluesuunnittelu regional planning
alueteatteri regional/local theater
aluevaltaus territorial conquest; (kuv) new area of expertise, new skill *Pianonsoitto on sinulle uusi aluevaltaus* You've broken new ground with that pianoplaying of yours
aluevesi territorial waters

aluksi at first
alullaan under way, on the way, just getting started, in its incipiency, in its infancy
alumiini aluminum, (UK) aluminium
alun alkaen (right) from the start
alun perin originally
alus 1 boat, vessel, ship, craft 2 base, bottom; (tuki) support, (perusta) foundation; (jalusta) stand, pedestal; (alarakenne) underpinning, substructure, chassis
alusastia bedpan
alusasu underwear, undergarments
aluskasvillisuus undergrowth, underbrush
alusta s base, bottom; (tuki) support, (perusta) foundation; (jalusta) stand, pedestal; (alarakenne) underpinning, substructure, chassis adv from the beginning/start
alustaa 1 (esitelmöidä) give a talk (as a basis for discussion), present an outline/brief 2 (valmistaa) mix, prime, prepare 3 (tietok) format
alusta loppuun from beginning to end, straight through
alusta pitäen from the start
alustava preliminary, preparatory, tentative, provisional
alustavasti tentatively, provisionally
alustus 1 (esitelmä) talk, lecture, introductory remarks 2 (valmistus) preparation, preparatory stage in a process
alusvaate piece of underclothing, undergarment
alusvaatteet underwear, undergarments, underclothing; (naisten) lingerie
alusviikko *joulunalusviikko* the week before Christmas
alv (arvonlisävero) VAT (value-added tax)
alvariinsa constantly, continuously, continually, unceasingly, all the time, day in day out
amalgaami (metalliseos) amalgam
amanuenssi (alempi toimihenkilö) amanuensis
amatsoni (voimakas nainen) amazon
amatööri amateur

amatöörimäinen

amatöörimäinen amateurish
amazonindelfiini bouto
ambitio (kunnianhimo) ambition
ambivalenssi (empiminen) ambivalence
ambivalentti (empivä) ambivalent
ambulanssi (sairasauto) ambulance
ambulanssinkuljettaja ambulance driver, paramedic
amerikanenglanti American English
amerikanhummeri American lobster
amerikanhömötiainen black-capped chickadee
amerikanismi Americanism
amerikanisolepinkäinen loggerhead shrike
amerikanmolukkirapu horseshoe crab
amerikannäätä North American marten
amerikanrauta big/fat American car, (iso ja vanha) dinosaur, (isoruokainen) gas-guzzler
amerikansalaatti green salad
Amerikan Samoa American Samoa
amerikansuomalainen Finnish-American
amerikansuomi American Finnish, (halv) Finglish
amerikantylli (lintu) killdeer
Amerikka America
amerikkalainen s, adj American
amerikkalainen jalkapallo football, (UK) American football
amerikkalaisittain (in) the American way, in the American spirit
amerikkalaismallinen American-style, American-type, of the/an American model
amerikkalaistaa Americanize
amerikkalaistua become Ameticanized
amfetamiini (huume) amphetamine
amfiteatteri (pyöreä näyttämö) amphitheater
aminohappo amino acid
amiraali (laivaston komentaja) admiral
amiraaliperhonen admiral butterfly
amis (ark) (ammattikoulu) voc-tech *Käyn amista* I'm studying at the voc-tech
ammatillinen professional, vocational

ammatillinen koulutus vocational training
ammatillinen kuntoutus vocational rehabilitation
ammatillinen oppilaitos vocational(-technical, voc-tech) school
ammatillistaa professionalize
ammatillistua become professionalized
ammatinkuva 1 (käsitys) professional image **2** (vastuualue) job description
ammatinvalinnan ohjaus career counseling
ammatti profession, vocation, trade, craft, business, occupation, calling, job, line of work
ammattiala profession, trade, craft, field, job, line of work
ammattietiikka professional ethics
ammatti-ihminen professional
ammattijärjestö professional organization, labor union, (UK) trades union
ammattikasvatus vocational education
ammattikieli jargon
ammattikorkeakoulu professional college
ammattikoulu vocational(-technical, voc-tech) school
ammattikoululainen vocational student
ammattikoulutus vocational training
ammattikunta profession, craft, trade; (keskiajalla) trade guild
ammattilainen professional
ammattilehti professional/trade journal
ammattiliitto labor union, (UK) trades union
ammattimainen professional
ammattimies skilled craftsman *Eikö sinun kannattaisi kutsua ammattimies korjaamaan tuota putkea?* Don't you think you ought to get somebody who knows what he's doing out to fix that pipe/plumbing? Don't you think you ought to have a plumber in?
ammattioppilaitos vocational (-technical, voc-tech) school
ammattiryhmä professional group, segment of the work force
ammattislangi jargon
ammattitaidoton unskilled

ammattitaito professional skills, craftmanship
ammattitaitoinen skilled, professional
ammattitauti occupational disease, (kuv) occupational hazard *Munkkiriippuvuus on poliisien ammattitauti* Doughnut addiction is an occupational hazard for cops
ammattiyhdistys labor union, (UK) trades union
ammattiyhdistysliike labor union movement, (UK) trades union movement
amme (bath)tub, vat
ammentaa dip (out of), scoop, ladle (from); (kuv) draw on, access *Voit oppia vain ammentamalla omasta kokemuksestasi* You can only learn by drawing on your own experiences
ammoin long ago, once upon a time
ammoisina aikoina in ancient times, in the olden days
ammolla wide open, agape, gaping, yawning
ammoniakki (veden ja typen yhdiste) ammonia
ammottaa gape, yawn, open wide
ammu moo-cow
ammua moo, low
ammunta 1 shooting, firing **2** mooing, lowing
ammus shell, charge, projectile; (mon) ammunition, ammo
ammuskella spray (bullets), let fly, pepper, pelt, riddle, open fire
ammuskelu shooting, shootout, fire fight
amnesia (muistinmenetys) amnesia
amnestia (yleinen armahdus) amnesty
Amor Cupid
amoraalinen (moraalisääntöjen ulkopuolella oleva) amoral
amoralismi (riippumattomuus moraalista) amoralism
amorfinen (muodoton) amorphous
ampaista shoot (out of, into), dash, fly out/in like a shot
ampeeri (sähkövirran yksikkö) ampere, (ark) amp
ampiainen (honey)bee

ampiaispesä beehive
ampiaisvyötärö wasp-like waist
amplitudi (värähdyslaajuus) amplitudi
amppari bee
ampu explosion *Ampu tulee!* It's gonna blow!
ampua 1 (aseella) shoot, fire, discharge **2** (eläin) shoot, kill, drop, fell **3** (ihminen) shoot, kill; (ark) waste, gun down; (teloittaa) execute (by firing squad)
ampua alas shoot (a plane) down
ampua harhaan miss
ampua itsensä shoot yourself
ampua kovilla (kuv) hit 'em hard, pull out your big guns
ampua kuoliaaksi shoot (someone) dead, gun (someone) down; (ark) ice, waste, blow (someone) away
ampua yli overshoot; (kuv) overdo it, get carried away
ampuja rifleman, marksman, sharpshooter
ampujakala archerfish
ampulli (suljettu lääkesäiliö) ampule, ampoule
ampuma-ase firearm, gun
ampumaetäisyys firing distance
ampumahaava bullet/gunshot wound
ampumahauta trench
amputaatio (raajan poisto leikkauksella) amputation
amputoida (leikata raaja pois) amputate
amuletti (maaginen suojaesine) amulet
anaalinen (peräaukkoa koskeva) anal
anaalivaihe anal stage/phase
anabolinen (anabolismiin liittyvä) anabolic
anaboliset steroidit (lihasvoimaa kasvattavat hormonit) anabolic steroids
anabolismi (kudoksia rakentava aineenvaihdunta) anabolism
anaerobinen (ei käytä tai tarvitse happea) anaerobic
anafora (toistoa käyttävä tyylikeino) anaphora
anaforinen (anaforaa käyttävä) anaphoric
anakoluutti (rakenteellisesti epälooginen virke) anacoluthon

anakoluuttinen

anakoluuttinen anacoluthic
anakronismi (aikavirhe) anachronism
anakronistinen (jossa on aikavirhe) anachronistic
analogia (samankaltaisuus) analogy
analoginen (samankaltainen) analogical, analogous
analysaattori (erittelevä tutkimuslaite) analyzer
analysoida (eritellä, jäsennellä) analyze
analysointi (erittely, jäsentely) analysis
analytiikka (analyysien teko) analytics
analyysi (erittely, jäsentely) analysis
analyytikko (erittelevä henkilö) analyst
analyyttinen (erittelevä, jäsentelevä) analytic(al)
ananas pineapple
anarkia (yhteiskunnallinen sekasorto) anarchy
anarkismi (aate/liike joka vaatii täydellistä vapautta ja valtion purkamista) anarchism
anarkisti (anarkismin kannattaja) anarchist
anarkistinen (anarkismiin liittyvä) anarchistic
anastaa 1 seize, grab **2** (varastaa) steal **3** (vangita) capture **4** (valta) usurp **5** (naapurimaa) annex
anastaja usurper
anastus seizure, theft, capture, usurpation (ks anastaa)
anatomia (ihmisruumiin rakenne) anatomy
anatominen (rakenne-) anatomical
andienkondori (lintu) Andean condor
Andorra Andorra
andorralainen Andorran
androfobia (mieskammo) androphobia
androgynia (kaksineuvoisuus) androgyny
androgyyni (kaksineuvoinen yksilö) androgyne
androgyyninen (kaksineuvoinen) androgynous
androidi (ihmisen kaltainen laite) android, (ark) droid
androidinen (ihmisen kaltainen) adroid
ane indulgence
aneeminen (vähäverinen) an(a)emic
aneemisuus (vähäverisyys) an(a)emia
anekauppa sale of indulgences
anekdootti (lyhyt tarina) anecdote
anella implore, entreat, beg, plead; (surkeasti) wheedle
anemia (vähäverisyys) an(a)emia
anesteetti (puudutus/nukutusaine) anesthetic
anesteettinen (puuduttava, nukuttava) anesthetic
anestesia (puudutus, nukutus) anesthesia
anestesialääkäri (puudutus/nukutuslääkäri) anesthesiologist
anestesiologi (puudutus/nukutuslääkäri) anesthesiologist
anestesiologia anesthesiology
aneurysma (valtimonpullistuma) aneurysm
angiina (kurkkutulehdus) angina; tonsillitis
angina pectoris (rasitusrintakipu) angina pectoris; pressure in the chest
angiografi (verisuonten röntgenkuva) angiograph
angiografia (verisuonten röntgenkuvaaminen) angiography
angioplastia (verisuonten korjausleikkaus) angioplasty
anglikaaninen Anglican; (US) Episcopal(ian)
anglismi Anglicism
anglisti student/scholar of English
anglistiikka English studies
anglit Angles
angloamerikkalainen Anglo-American
anglosaksi Anglo-Saxon
anglosaksinen Anglo-Saxon
Angola Angola
angolalainen Angolan
angorakaniini Angora rabitt
angorakissa Angora cat
angoravilla Angora wool
ani very, extremely *ani harvoin* hardly ever
animaatio (yl piirretyn elokuvan teko) animation *savianimaatio* Claymation
animismi (sielu-usko) animism
animisti animist

ansioton

animistinen (sielu-uskoinen) animistic
anis anise
anjovis anchovy
ankara 1 (tinkimätön) severe, harsh, strict, rigid **2** (vaativa) rigorous, taxing, demanding **3** (ilma) inclement (weather), (sade) driving/pounding, (tuuli) strong/powerful/buffeting/sharp/fierce, (kylmä) bitter **4** (talvi) severe, harsh, hard **5** (maisema) barren, waste, austere, desolate
ankaruus 1 (kovat otteet) severity, harshness, strictness, rigidity **2** (vaativuus) rigor, vigor, intensity **3** (ilman) inclemency, intensity, bitterness, severity, harshness **4** (maiseman) barrenness, austerity, desolation
ankea 1 (ilma, aika) gloomy, dull, dismal, dreary **2** (mielentila) cheerless, glum, gloomy, morose
ankerias eel
ankeus 1 (ilman, ajan) gloom, dreariness **2** (mielentilan) depression, heaviness, anxiety
ankka duck
ankkuri anchor
ankkuripaikka anchorage
ankkuroida anchor, set anchor; (kuv) tie, link, lock, ground in *Romaanin tulkinta on ankkuroitava yhteiskunnalliseen todellisuuteen* The interpretation of novels must be tied to/grounded in social reality
anna pirulle pikkusormesi, se ottaa koko käden give him an inch and he'll take a mile
anniskella serve, dispense
anniskelu service, provision, distribution, sale, retailing, giving out
anniskeluoikeudet liquor license, tavern license
annoksittain by portions, (ravintolassa) à la carte
annos 1 (ruoka) portion, helping **2** (lääke) dose, dosage **3** (sot) ration
annostella portion out, serve, dole out, ration
annuiteetti (samansuuruinen maksu) annuity
annulaatio (mitätöinti) annulment
annuloida annul
annuloida (mitätöidä) annul
anoa (asiaa) ask, request, plea, beg, implore, entreat, petition; (virkaa) apply for
anoja petitioner, supplicant
anomus request, petition, application
anonyymi (nimetön) anonymous
anoppi mother-in-law, 'mother-in-love'
anorakki parka
anoreksia (ruokahaluttomuus) anorexia
anorektikko (ruokahaluton) anorectic
ansa (myös kuv) snare, trap *virittää ansa* set a trap (for someone) *mennä ansaan* be trapped, (kuv) fall for a trick, fall for it hook, like, and sinker, (ark) be suckered, take a suker punch *mennä omaan ansaan* be hoist with your own petard
ansaita 1 (rahaa) earn, make, win, gain; (nettona) net/clear, (bruttona) gross **2** (kiitosta) deserve, merit, be entitled to, be worthy of
ansaita kannuksensa win your spurs
ansaittu (well-)earned, (well-)deserved, merited
ansio (earned) income, earnings; (just) deserts *Hän sai ansionsa mukaan* She got what was coming to her
ansioitua win merit/credit/honors; serve (your country/company) with distinction
ansiokas meritorious, distinguished, worthy, deserving
ansiokkaasti meritoriously, with distinction
ansioluettelo résumé; (yliopistossa) curriculum vitae, vita, CV; (nimikirjanote) dossier
ansiomahdollisuus job opportunity, money-making opportunity
ansiomerkki medal (of honor), decoration, medalion, ribbon, award (of honor)
ansionmenetys loss of income
ansiosta 1 (täydestä syystä) with good reason **2** (johdosta) because of, thanks to *Sinun ansiostasi sain työn* Thanks to you I got the job
ansiotaso level of income
ansioton undeserved, unmerited

ansiottomasti undeservedly, without deserving/meriting it
ansiotulo (earned) income
ansiotyö gainful employment; job
antaa tr **1** (lahjoittaa) give, present, donate **2** (jättää perinnöksi) leave, bequest **3** (jaella) distribute, hand/pass out **4** (myöntää) award, confer, grant **5** (tuottaa) produce, bear, yield **6** (suoda) let, allow, give permission, suffer *Antaa mennä!* Let 'er rip! Go ahead **7** (teettää) have, get *antaa leikata tukka* have/get your hair cut *itr* face, front *ikkunat antavat etelään* the windows face south, have a southern exposure *huone antaa kadulle päin* the room fronts the street
antaa aihetta give cause *Hänen käytöksensä ei antanut aihetta kritiikkiin* His behavior gave no cause for criticism *Puhelinsoitto antoi aihetta juhlimiseen* The phone call was (a good) reason to celebrate
antaa ajattelemisen aihetta give food for thought
antaa anteeksi forgive, pardon, excuse
antaa armon käydä oikeudesta temper justice with mercy, give someone the benefit of the doubt
antaa heittää get a move on, take a hike
antaa huutia give someone a piece of your mind, chew someone out
antaa ilmi reveal, give away, inform on, turn in; (ark) squeal on
antaa isän kädestä give a child a thrashing/spanking
antaa kaikkensa give your all
antaa kenkää fire, give someone the boot
antaa kuulla kunniansa give someone a piece of your mind, tell someone off
antaa kyytiä 1 (ajaa pois) give someone the bum's rush **2** (hakata) give someone a good drubbing **3** (sättiä) give someone a piece of your mind
antaa kättä shake (hands), shake on it
antaa lähtöpassit give someone his/her walking papers, send someone on his/her way

antaa myöten give way, yield, accommodate yourself to, compromise
antaa neniin give someone a bloody nose, bloody someone's nose for him, hit someone upside (ark) the head
antaa nyrkistä give someone a knuckle sandwich
antaa palttua (not) give a damn/shit/fuck (alat)
antaa periksi give up/in, yield, surrender, submit; (ark) cry uncle
antaa potkut fire, give someone the boot
antaa rukkaset break up with someone
antaa selkään beat up, (lapselle) spank, paddle
antaa takaisin samalla mitalla give as good as you get
antaa vetää buzz/push off
antaa ylen throw up, vomit; (ark) puke, barf, upchuck, toss your cookies
antagonismi (vihamielisyys) antagonism
antagonisti (vihamies) antagonist
antaja person who has given something; giver, grantor, issuer, donor
Antarktis Antarctica
antaumuksellinen enthusiastic, devoted, dedicated
antaumus enthusiasm, devotion, dedication
antautua 1 (antaa periksi) give up/in, yield, surrender, submit **2** (ryhtyä) throw yourself into, take up/to, embark on, enter into, (kielteisessä mielessä) stoop to **3** (omistautua) devote yourself to, dedicate yourself to
antautuminen surrender, submission, capitulation
anteeksi sorry, excuse me, pardon me
anteeksiantamaton (ei anna) unforgiving, unyielding, merciless; (ei saa) unforgivable, unpardonable, inexcusable, unjustifiable, unwarrantable
anteeksiantamus forgiveness, pardon
anteeksianto forgiveness, pardon, (yleinen) amnesty, (velan) cancellation
anteeksipyyntö apology
anteeksi saaminen forgiveness, being forgiven

antropometrinen mittaus

antenni antenna
antenniliitäntä antenna connection
antero (ark) homer, gomer, waldo, dweeb
anti gift, present; issue (myös osake-), yield, crop
antibiootti (pieneliöitä tuhoava lääke) antibiotic(s)
antibioottikuuri 1 (lääkehoito) antibiotic treatment **2** (lääkemääräys) a prescription for antibiotics
antidepressiivi (masennusta hoitava lääke) antidepressant
antielitismi (pienen hallitsevan piirin tai ylimielisyyden vastustus) antielitism
antifasismi (fasismin vastustus) antifascism
Antigua ja Barbuda Antigua and Barbuda
antihistamiini antihistamine
antihiukkanen (vastahiukkanen) antiparticle
antiikki 1 (esine) antique **2** (aika) Classical Antiquity, ancient Rome and Greece
antiikkiesine antique
antiikkihuutokauppa antique auction
antiikkikauppa antique store/shop
antiikkikauppias antique dealer, antiquarian
antiikkinen 1 antique, old, ancient **2** Classical, of Classical Antiquity
antikliimaksi (jännityksen hiipuminen) anticlimax
antikommunismi (kommunismin vastustus) anticommunism
antikristillinen (kristinuskon vastainen) anti-Christian
antikristus (kristinuskon vastaisten voimien henkilöitymä) Antichrist
antikvaari 1 (kauppa) used bookstore, second-hand bookstore **2** (kauppias) antiquarian, used bookstore owner
antikvariaatti used-book store, second-hand bookstore, (UK) second-hand bookshop
antilooppi antelope
anti mennä (ark) buzz off!

antimet bountiful gifts, bounty, yield
pöydän antimet delicacies, (rukouksessa) what we are about to receive
antimilitarismi (sodan vastustus) antimilitarism
antimilitaristi (sodan vastustaja) antimilitarist
antipaattinen (vastenmielinen) antipathetic
antipatia (vastenmielisyys) antipathy
antiperspirantti (hikoilua estävä aine) antiperspirant
antisankari antihero
antiseerumi (vasta-aineita sisältävä verihera) antiserum
antisemiitti (juutalaisvihaaja) anti-Semite
antisemitismi (juutalaisviha) anti-Semitism
antiseptiikka (tulehtumisen estäminen) antiseptics
antiseptinen (pieneliöitä tuhoava) antiseptic
antisipaatio (ennakointi) anticipation
antisipoida (ennakoida) anticipate
antisosiaalinen (yhteiskunnanvastainen) antisocial
antiteesi (käsitteen vastakohta) antithesis
antoisa 1 (kokemus) rewarding, satisfying, gratifying **2** (maaperä) rich, fertile, productive
antokela supply reel
antologia (kirjallisuuskokoelma) anthology
antonymia (merkityksen vastakkaisuus) antonymy
antonyymi (sanan vastakohtaa merkitsevä sana) antonym
antropofobia (ihmiskammo) anthropophobia
antropologi (ihmistieteilijä) anthropologist
antropologia (ihmistiede) anthropology, (ark) anthro
antropologinen (ihmistieteellinen) anthropological
antropometrinen mittaus (ruumiin mittaaminen) anthrophometric measurement

antropomorfismi

antropomorfismi (ihmisen ominaisuuksien ulottaminen ei-ihmisiin) anthropomorphism
antroposofi (antroposofian kannattaja) anthroposophist
antroposofia (Rudolf Steinerin kehittämä aate) anthroposophy
antroposofinen (antroposofiaan liittyvä) anthroposophical
antura 1 (kengän, jalan) sole **2** (jarrun) shore, (reen) runner **3** (tien) footing
anturi sensor
ao. proper, appropriate
A-oikeudet Alcoholic Beverages Permit, AB-permit, (ark) liquor licence
aortta (päävaltimo) aorta
aorttaläppä aortic valve
apaattinen apathetic
apaja 1 (saalis, myös kuv) catch, haul **2** (voitto) haul, return **3** (nuotanvetopaikka) fishing ground
aparaatti (laite) apparatus, (ark) gadget, widget
apartheid (Etelä-Afrikan 1948-1991 harjoittama rotuerottelupolitiikka) apartheid
apassi Apache
apatia (välinpitämättömyys) apathy
ape (horse) feed, mash
apea down(cast/-hearted), sad, depressed
apeissaan down(cast/-hearted), down in the dumps
aperitiivi (alkujuoma) apéritif
apeus sadness, depression, dejection
apeutua get depressed, get down in the mouth/dumps
APEX-lento APEX ticket
apila clover, (Irlannin tunnuksena) shamrock
apina monkey, ape
apinoida 1 (matkia) ape, mimic, parrot, imitate, copy **2** (pilkata) mock, parody, caricature, burlesque, travesty
apinoija mimic, parodist, impersonator
aplari orange
aplodeerata applaud, clap
aplodit applause
apnea (hengitystauko) apnea
apokalypsi 1 (maailmanloppu) apocalypse **2** (ilmestys) apocalypse, revelation **3** (Raamatussa Johanneksen ilmestyksestä) Apocalypse of St. John, the Book of Revelation
apokalyptiikka (ilmestyskirjallisuus) apocalyptics
apokalyptinen (maailmanloppuun liittyvä) apocalyptic
apokryfinen (ei sisälly Raamatun kaanoniin) apocryphal
apolloperhonen apollo butterfly
apologia (puolustuspuhe) apologia, apology
apostoli (evankeliumin julistaja) apostle
apostolinen apostolic
apostolinen uskontunnustus Apostolic Creed
apostolinkyyti shank's mare *mennä apostolinkyydillä* ride shank's mare, go afoot
apostrofi (heittomerkki) apostrophe
apotti (luostarin esimies) abbot
appelsiini orange
appelsiinimehu orange juice
appi father-in-law, 'father-in-love'
appiukko father-in-law, Pops
appivanhemmat parents-in-law, in-laws
apposen alasti bare naked, buck naked, naked as a jaybird, stark staring naked, in the buff, in your birthday suit
apposen auki wide open
appositio (selityslisä) apposition
approbatur 1 (arvosana) approbatur, pass **2** (oppimäärä) undergraduate minor
approksimaatio (likiarvo) approximation
approksimatiivinen (likiarvoinen) approximate
aprikoida think over, mull over, turn over in your mind, ponder, meditate
aprikoosi apricot
aprillata pull an April Fool's joke (on someone)
aprilli 1 (jekku) April Fool's joke *Aprillia, syö silliä, juo kuravettä päälle!* April Fool's! **2** (päivä) April Fool's (Day)
aprillipäivä April Fool's Day

aritmetiikka

apro (undergraduate) minor *Mistä teet/luet aproa?* What are you minoring in?
apropoo (muuten, siitä puheen ollen) à propos
apteekkari pharmacist, druggist, (UK) chemist
apteekki pharmacy, drug store, (UK) chemist's
apteekkilääke prescription drug
apu help, assistance, aid, support, relief, remedy, rescue, service, helping hand *Ei siitä ole mitään apua* That's no use at all
apuhoitaja assistant nurse, nurse's aide
apukeittiö utility room
apukoulu remedial elementary school
apukoululainen remedial student (at the elementary level)
apulainen helper, assistant, aid; (koti-) domestic help, nanny
apulaisjohtaja assistant director, vice president
apulaislääkäri resident (physician), (UK) intern
apulaisprofessori (alemman palkkaluokan) assistant professor, (ylemmän palkkaluokan) associate professor
apulaisrehtori vice principal, (UK) deputy headmaster
apulanta fertilizer
apuneuvo aid, means, resource, remedy, (mon) resources
apuohjelma utility (program, soft-ware)
apuraha grant, stipend, scholarship
apuri helper, assistant, aid(e), (ark) right-hand man, helping hand, sidekick; (alamaailmassa) henchman, strong-arm man, hatchet man, hireling, minion, flunky, lackey
apusana particle
apuverbi auxiliary/helping verb
apuväline instrument, implement, tool, device, utensil, appliance, apparatus
ara (lintu) macaw *puna-ara* scarlet macaw
arabeski (islamilainen koristekuvio) arabesque
arabi Arab, Arabian
arabia (kieli) Arabic
Arabia Arabia
arabialainen s, adj Arab, Arabian

arabimaat Arab countries
aramea Aramaic
arastaa 1 (ihmistä) be shy (around/with), be timid (of) **2** (jalkaa tms) favor *Jalkaa arastaa* My foot feels sore/tender
arastella (ihmistä) be shy (around/with), be timid (of), (puheenaihetta) shy away (from)
arava 1 (laina) government-subsidized mortgage **2** (talo) low-income house; (osake) low-income apartment, (UK) council flat
aravalaina government-financed mortgage or construction loan
aravatalo low-income house, urban homestead; (kerrostalo) (urban renewal) project
arbitraarinen arbitrary
arbitraasi arbitrage
arbuusi watermelon
areena arena, stadium
aresti arrest, custody, (myös koulussa) detention
Argentiina Argentina
argentiinalainen Argentinean, Argentine
argumentaatio argumentation
argumentatiivinen argumentative
argumentoida argue
argumentointi argumentation
argumentti argument
arina grate *arinat* (tekn) fire bars
aristaa favor *Jalkaa aristaa* My foot feels sore/tender
aristella 1 (ihmistä) be shy (around/with), be timid (of) **2** (jalkaa tms) favor
aristokraatti (aatelinen) aristocrat
aristokraattinen (aatelinen) aristocratic
aristokratia (valtiomuoto jossa aatelisto hallitsee) aristocracy
aristua 1 (henkisesti) turn shy/timid **2** (jalka tms) turn/get sore/tender
aritmeetikko (laskuoppinut) arithmetician
aritmeettinen (laskuoppiin perustuva) arithmetic
aritmeettinen keskiarvo arithmetic mean
aritmetiikka (laskuoppi) arithmetic

arjalainen

arjalainen Aryan
ark. 1 (arkityyliä) coll., colloquial **2** (arkisin) weekdays
arka 1 (kipeä) sensitive (to the touch), sore, tender, painful **2** (särkyvä jne) easily broken/torn/soiled, delicate, fragile, vulnerable **3** (herkkä) sensitive, easily offended/hurt/affected, touchy, thin-skinned **4** (ujo) shy, bashful, timid
arkaainen (ikivanha) archaic
arkailematon 1 (ujostelematon) forward, brash, brazen **2** (harkitsematon) rash, reckless, careless
arkailla draw/hang back, shy (away from), withdraw, retire
arkaismi (vanhentunut kielellinen ilmaus) archaism
arkaisoiva (menneisyyden tyyliä matkiva) archaizing
arkaistinen (menneisyyden tyyliä matkiva) archaistic
arkajalka tenderfoot, greenhorn, babe in the woods
arkaluonteinen 1 (asia) delicate, sensitive, touchy, ticklish **2** (ihminen: ujo) shy, bashful, timid **3** (ihminen: herkkä) sensitive, easily offended/hurt/affected, touchy, thin-skinned
arkaluontoinen 1 (ihminen: ujo) shy, bashful, timid **2** (ihminen: herkkä) sensitive, easily offended/hurt/affected, touchy, thin-skinned **3** (asia) delicate, touchy, ticklish, sensitive
arkanahkainen thin-skinned
arkeologi (muinaistutkija) archeologist
arkeologia (muinaistiede) acheology
arkeologinen (muinaistieteellinen) archeological
Arkhimedeen ruuvi Archimedes' screw
arki weekday, working day, workday, business day
arkiaskareet everyday chores, day-to-day routines, ordinary tasks, daily toil
arkielämä everyday life, ordinary life, day-to-day life
arkikieli ordinary language, colloquial speech, slang
arkinen everyday, common(place), ordinary, routine

arkipuhe colloquial speech, vernacular, the way ordinary people talk
arkipyhä national holiday celebrated on a weekday, immovable feast
arkipäivä weekday, working day, workday, business day
arkipäiväinen everyday, common(place), ordinary, routine
arkipäiväistyä settle into a routine, become ordinary/prosaic/humdrum, go flat
arkipäiväistää routinize, habitualize
arkisin weekdays
arkisto archives
arkistoaineisto archival material
arkistoida store/place in the archives, file
arkistokaappi file cabinet, filing cabinet
arkistokansio (archive) file
arkistokappale archive copy
arkistonhoitaja archivist
arkistua go flat, become ordinary/humdrum/everyday
arkivaatteet everyday/workaday clothes, street clothes
arkki 1 (usk) ark *Nooan arkki* Noah's ark *liitonarkki* the ark of the covenant **2** (paperiliuska) sheet, (yksi taitettu painoarkki) signature, (24 taitettua painoarkkia) quire, gathering
arkkiatri (hist) archiater, chief physician of the monarch; (lähin vastine) doctor of the year
arkkienkeli archangel
arkkiherttua archduke
arkkihiippakunta archdiocese
arkkipelagi archipelago
arkkipiispa archbishop
arkkiroisto archvillain
arkkitehti architect
arkkitehtitoimisto architectural firm
arkkitehtoninen architectonic
arkkitehtuuri architecture
arkkitehtuurikilpailu architectural competition
arkkityyppi archetype
arkkityyppinen archetypal
arkkivihollinen archenemy

arkku 1 trunk, chest, box, coffer, locker **2** (ruumis-) coffin, casket
arkkuhauta grave
arkkuhautaus earth burial
arkkupakastin chest freezer
arktinen arctic
Arktis Arctic
arkuus 1 (kipu) sensitivity, soreness, tenderness **2** (särkyvyys) delicacy, fragility, vulnerability **3** (herkkyys) touchiness, thin skin, irritability **4** (ujous) shyness, bashfulness, timidity
armahdus pardon, reprieve, (yleinen) amnesty
armahtaa 1 (sääliä) have mercy/pity on **2** (vapauttaa) pardon, reprieve, grant amnesty
armas 1 (rakas) dear, beloved, cherished, darling **2** (rakastava) loving, affectionate, fond, caring, kind **3** (rakastettava) lovable, adorable, engaging, enchanting, charming
armeija army
armeliaisuus 1 (armollisuus) mercy, generosity, charity, compassion **2** (hyvä sydän) good nature, kind(li)ness, tenderness, tender/warm/big heart, affection **3** (huomaavaisuus) consideration (for others), thoughtfulness **4** (ystävällisyys) amiability, graciousness
armelias 1 (armollinen) merciful, generous, charitable, compassionate **2** (hyväsydäminen) good-hearted/-natured, kind(ly), tender(hearted), affectionate, warm-/bighearted **3** (huomaavainen) considerate, thoughtful **4** (ystävällinen) amiable, gracious
Armenia Armenia
armenia Armenian
armias merciful, gracious *Auta armias!* Good gracious!
armo 1 grace, mercy *Teidän Armonne* Your Grace **2** (lauhkeus) clemency **3** (armahdus) pardon
armoitettu 1 (siunattu) blessed **2** (lahjakas) gifted, inspired
armokuolema euthanasia, mercy killing
armolahja 1 (usk) gift of (God's) grace **2** (hyväntekeväisyyslahja) charity, alms, (charitable) gift, benefaction; (kielteisessä mielessä) handout
armollinen gracious, merciful, charitable, compassionate, full of compassion, kind, kindly, tender, considerate
armollisuus graciousness, compassion, kindliness
armomurha euthanasia, mercy killing
armonaika grace period *Hän antoi viikon armonaikaa* She gave me a week's grace, she gave me a one-week grace period, she let me have a week (to get the money tms)
armonisku coup de grace, merciful blow *antaa armonisku* finish someone off, put someone out of his/her misery
armon vuosi the Year of our Lord, Anno Domini, A.D.
armopala charity, alms, (ark) a crumb *Heittäkää minulle edes jokin armopala!* Throw me a bone here, people!
armoton merciless, unmerciful, pitiless, unpitying, unrelenting, relentless, unsparing
armottomuus mercilessness, pitilessness, ruthlessness, relentlessness
aro (Aasiassa) steppe, (Alaskassa) tundra, (USA:n keskilännessä) prairie, plains, (USA:n etelävaltioissa) savannah
aromaattinen (voimakastuoksuinen) aromatic
aromaterapia (kasviuutteisiin perustuva hoito) aroma therapy
aromi aroma
aromirikas aromatic
arpa lot, die (mon dice); raffle ticket *arpa on heitetty* the die is cast
arpajaiset lottery, raffle, drawing
arpakuutio die (mon dice)
arpa on heitetty the die is cast, (latinaksi) alea jacta est
arpeuttaa cicatrize
arpeutua cicatrize
arpeutuma scar tissue, cicatrix
arpi scar, (rokon) pit
arpikudos scar tissue
arpinen scarred, pitted
arpoa draw/cast lots, raffle something off

arri

arri (mus) arrangement
arroganssi (ylimielisyys) arrogance
arrogantti (ylimielinen) arrogant
arsenaali (asevarasto) arsenal
arsenikki (arseenimyrkky) arsenic
arteria (valtimo) artery
arteriitti (valtimontulehdus) arteriosclerosis
artikkeli (kirjoitus, apusana) article
artikla (lain/sopimuksen osa) article
artikulaatio (ääntäminen) articulation
artikulatorinen (ääntämystä koskeva) articulatory
artikuloida (ääntää) articulate
artikulointi (ääntäminen) articulation
artisokka artichoke
artisti (viihdetaiteilija) artiste, performing artist
artistinen (taiteellinen) artistic, (taiteellisuutta liiaksi korostava) artsy-fartsy
arvaamaton 1 (yllättävä) unexpected, unanticipated, unlooked-for **2** (mahdoton arvioida) incalculable, inestimable, beyond counting/calculation
arvailla guess at, estimate, speculate, conjecture, surmise; (ark) make a stab at
arvailu guess(work), speculation, supposition, conjecture, prediction
arvata 1 (umpimähkään) guess (at), speculate, conjecture, hazard a guess about; (ark) make a stab at **2** (oikein) divine, figure out, answer/estimate/judge correctly **3** (etukäteen) anticipate, foresee **4** dare, venture, have the courage/nerve, feel up to
arvatenkin very likely, most likely, as like(ly) as not, probably
arvattavasti probably, presumably, supposedly, as like as not, in all probability
arvaus guess, estimate, (leik) guesstimate
arvella 1 (otaksua) presume, suppose, surmise *Arvelen, että olet jättänyt sen tekemättä* My guess is you forgot to do it, I bet you still haven't done it **2** (olettaa) assume, take for granted, believe, think likely, suspect *Mitä arvelet, tuleeko Hanna vai ei?* What do you think, is Hanna coming or not?
3 (empiä) hesitate, stop to think **4** (ei

osata päättää) be undecided/uncertain/unsure/irresolute, waver, vacillate
arveluttava 1 (kyseenalainen) dubious, questionable, suspicious, suspect, shady **2** (epäluotettava) unreliable, untrustworthy, undependable
arvio 1 (laskelma) estimate, estimation, assessment, appraisal **2** (mielipide) opinion, judgment, reckoning
arvioida estimate, appraise, assess; (laskea) calculate, figure
arviointi 1 estimation, evaluation, assessment, appraisal **2** (koul) grade, grading, (UK) mark, marking
arvioitu estimated
arvioitu saapumisaika estimated time of arrival, ETA
arviokaupalla 1 (arvaamalla) by guesswork, by eye(ing it), by ear, by feel, by taking a stab at it 2 **2** (umpimähkään) at random, haphazardly, by accident, accidentally *Hän löysi oikean tien viimein arviokaupalla* He finally hit on the right road by accident
arviolta roughly, at a rough estimate, approximately, about, somewhere in the vicinity of
arviovero estimated tax
arvioverotus estimated withholding (of taxes)
arvo 1 (arvovalta) prestige, prominence, (pre)eminence **2** (arvonanto) reputation, repute, esteem, regard **3** (kunnia) distinction, honor, merit, worth *Jätän tuon huomautuksen omaan arvoonsa* I'm going to ignore that remark, it's not worth (it doesn't merit) a reply **4** (arvoasema) rank, social standing, position, class, standing, status, estate *arvon rouva* gracious lady **5** (arvoaste) rank, (professional) grade, classification **6** (käyttöarvo) use(fulness), benefit, advantage, utility **7** (raha-arvo) (face) value, (monetary) worth **8** (hinta) price, amŽount, cost, charge **9** (luku) value, figure, (mittarilukema) reading **10** ks arvot
arvoarvostelma value judgment
arvoesine prize possession, treasure(d article), (mon) valuables

arvoton

arvohenkilö dignitary, notable, worthy; (ark) pillar of society, very important person (VIP)

arvohuoneisto luxury/expensive/plush/ritzy apartment/ (UK) flat

arvoinen *Tuo ei ole minkään arvoinen* That isn't worth a cent, that's worthless *Hän on firmalle kullan arvoinen* He's worth his weight in gold to this company *Marketta teki huomattavan arvoisen keksinnön* Marketta made a discovery that is/will be worth a lot of money *Heidän talonsa on 300 000 euron arvoinen* Their house is valued at/worth 300, 000 euros

arvoisa esteemed, honored *Arvoisat vieraamme!* Honored guests!

arvoituksellinen 1 (salaperäinen) mysterious, secretive **2** (vaikea ratkaista) puzzling, enigmatic, cryptic **3** (vaikea ottaa selvää) inscrutable, elusive, ambiguous

arvoitus enigma, puzzle, riddle, conundrum

arvojärjestys 1 order of precedence, ranking order **2** (etiikka) moral hierarchy

arvokas 1 (kallisarvoinen) (in)valuable, worthwhile, precious, priceless **2** (arvossa pidetty: esine) treasured, prized, valued, esteemed **3** (arvossa pidetty: ihminen) respected, esteemed, venerated, admired **4** (arvokkuutta osoittava) dignified, decorous, distinguished **5** (arvollinen) worthy, trustworthy, good (enough)

arvokkuus 1 (ihmisen) dignity **2** (esineen) value, worth

arvomaailma (set of) values *Hänen arvomaailmansa on ylösalaisin* His values are all backwards

arvonalennus (esineen) loss of value, decrease in value; (ihmisen) loss of status/face

arvonanto respect, regard, esteem, appreciation, admiration

arvonimi title

arvonlasku depreciation/decrease (in price/value)

arvonlisävero (lyhennetään alv) value-added tax

arvonnousu appreciation/increase (in price/value)

arvonta drawing, lottery, raffle

arvonvähennys depreciation

arvoon arvaamattomaan *nousta arvoon arvaamattomaan* (raha-arvo) become priceless, skyrocket in value; (arvostus) become invaluable/indispensable

arvopaperi valuable document, important paper, (mon) stocks and bonds

arvopaperimarkkinat stock market

arvopaperipörssi stock exchange

arvopaperisalkku stock portfolio

arvopaperistua issue a public stock offering, (ark) go public

arvopaperivälittäjä brokerage firm

arvosana grade, (UK) mark

arvossa pidetty esteemed, respected

arvostaa 1 (esinettä) value, prize; (ark) set store by **2** (ihmistä) revere, cherish, (hold in high) esteem, honor *Arvostan tekoasi* I appreciate what you did

arvostelija 1 (kriitikko) critic, reviewer, commentator **2** (tuomari) judge, evaluator, analyst, arbiter **3** (moitiskelija) carper, detractor, fault-finder

arvostella 1 (kirjoittaa lehtiarvostelu) review, criticize **2** (arvioida) evaluate, appraise, assess, judge **3** (moittia) attack, criticize, disparage, fault

arvostelu 1 (kritiikki) critique, review, analysis, critical essay **2** (arviointi) appraisal, (e)valuation, assessment; (koul) grading, (mon) report card **3** (moite) attack, censure, criticism

arvosteluperuste standard(s) of judgement/criticism, evaluatory criterion

arvostelutuomari referee, umpire, judge

arvostus respect, regard, esteem, appreciation, admiration

arvot 1 values **2** (tavat) customs, practices, conventions **3** (periaatteet) standards, principles, beliefs, ideals **4** (säännöstö) moral code, code of ethics

arvoton worthless

arvottaa

arvottaa assess, appraise, evaluate; (panna arvoasteikkoon) rank
arvottomuus worthlessness
arvovalta 1 (arvonanto) prestige, prominence, (pre)eminence, 2 (kunnia) distinction, esteem, regard, honor 3 (valta) authority, influence
arvovaltainen 1 (arvostettu) prestigious, prominent, (pre)eminent 2 (kunnioitettu) distinguished, esteemed, highly regarded, honored *arvovaltainen nainen* woman of consequence 3 (valtaa käyttävä) authoritative, influential
arvovaltakysymys matter of prestige, issue you stake your reputation on, make-or-break issue, (ark) deal-breaker
arvuutella 1 make others guess at something, play guessing games 2 (puhua arvoituksellisesti) talk in riddles/enigmas, perplex, puzzle, stump, baffle 3 guess, speculate, conjecture, surmise; (ark) make a stab at
arytmia (rytmittömyys, sydämen rytmihäiriö) arrhythmia
arytminen (rytmitön, rytmihäiriöllinen) arrhythmical
asbesti (kuumuutta kestävä mineraali) asbestos
asbestoosi (asbestipölykeuhko) asbestosis
ASCII ASCII, American Standard Code for Information Interchange
ase 1 gun, weapon, firearm, (mon) arms 2 (työkalu) tool, instrument, implement
aseellinen armed
aseenkantolupa gun permit
aseidenriisunta disarmament
aseidenvienti arms exports
aseistaa arm, supply/equip/furnish with weapons
aseistakieltäytyjä conscientious objector
aseistariisunta disarmament
aseistariisuva disarming, winning, charming, captivating
aseistautua arm yourself, supply/equip yourself with weapons
aseistus armament, weaponry

asekauppa 1 (toiminta) arms trade, (laiton) gun-running/-smuggling 2 (myymälä) gun shop
aseksuaalinen (sukupuoleton) asexual
aselaji warfare area/specilty, branch of the service
aselepo cease-fire
asema 1 (paikka) position, place, situation, site, location *pysyä asemissaan* (sot) hold the line 2 (toimi) post, position 3 (tila) condition, state, status *Olet saattanut minut vaikeaan asemaan* You've put me in a difficult position *mahdottomassa asemassa* in an impossible situation, in dire straits 4 (arvo) (social) status, standing (in society) *Sinun asemassasi olevan naisen ei sovi käyttäytyä noin* It is not proper for a woman in your position/of your social standing to act like that 5 (rautatie-, linja-auto-) station, depot, (lento-) airport 6 (sija) stead *Etkö voisi mennä minun asemestani?* Couldn't you go in my stead?
asemahalli station building
asemakaava zoning map, city plan
asemarakennus station building
asemesta instead (of)
asemosana pronoun
asenne 1 (suhtautuminen) attitude, stance, stand, outlook 2 (teatraalinen) affectation, histrionic stance, false air
asennoitua take a stand/stance (on), assume a position/attitude (on)
asennoituminen attitude, way of looking at things, stance, (taking a) stand
asennus installation, mounting, fitting
asennusohjelma installation program
asennustyö installation (job/work)
asentaa install, mount, fit, emplace
asentaja mounter, fitter; (kokoaja) assembler
asenteellinen 1 (ennakkoluuloinen) biased, prejudiced 2 (teatraalinen) affected, theatrical, histrionic, put on
asento position, posture, pose, stance, (sot) *Asento!* Attention!
asepalvelus military service
aseriisuntaneuvottelut disarmament talks

asessori (tuomiokapitulin jäsen, lainoppinut) assessor, advisory associate, (lak) assistant judge
asete 1 (tratta) draft **2** (huuliote) lip(ping)
asetella 1 (järjestää) arrange, organize, coordinate **2** (pystyttää) set up **3** (laittaa riviin) align, line up, lay out **4** (sovittaa) adjust, shift
asetelma 1 setting, composition **2** (maalaus) still-life (painting) **3** (esitys) arrangement, tableau vivant **4** (taulukko) tabulation
asetoni acetone
asettaa 1 (panna) put, place, set, (move into) position, locate **2** (perustaa) set up, found, institute **3** (järjestää) arrange, compose, organize, coordinate **4** (saada asettumaan) pacify, appease, calm, quiet (down), soothe, placate
asettaa ehdokas put up/forward a candidate
asettaa ehdoksi stipulate, make it a condition (that)
asettaa ensi sijalle prefer, give preference to
asettaa esikuvaksi hold up as a role model/for emulation
asettaa kyseenalaiseksi question, place under question
asettaa päällekkäin superimpose, put on top of
asettaa rinnakkain juxtapose, put next to
asettaa sanansa choose/pick your words, express yourself, articulate your meaning, say what you're trying to say *Asetin sanani väärin* I expressed myself badly, I put it wrong
asettaa syytteeseen (laki) sue, file suit against, prosecute
asettaa vakuus (tal) offer security
asettaa virkaan install (in office), (presidentistä) inaugurate
asettaja drawer, (oman vekselin) maker
asettautua set(tle) yourself
asettelu 1 (asetelma) arrangement, adjustment, setting **2** (asetteleminen) arranging, organizing, putting things up, setting up, laying things out

asettua 1 (seisomaan) take up a position, take a stand/stance, go (stand before, beside, etc.), move (to, in front of); ks myös hakusanoja **2** (asumaan) settle down (to live somewhere) **3** (tyyntyä: ihmisestä) calm/quiet/simmer/settle down, compose/collect yourself, cool off **4** (tyyntyä: luonnonvoimasta) abate, subside, dwindle (down), weaken **5** (tyrehtyä: verenvuodosta) stop (bleeding), coagulate, clot, dry up
asettua aloilleen settle down (and get married)
asettua jonkun puolelle take sides
asettua makuulle lie down (on)
asettua riviin line up
asettua taloksi settle in (for a long stay), make yourself at home
asettua vastarintaan fight back
asetus law, statute, ordinance, bylaw, act, bill, regulation, rule; (erikois-) decree, edict, commandment
asetusnappi (tietok) check box
asetyleeni acetylene
asetyylisalisyylihappo acetylsalicylic acid, aspirin
asevarustelu (re)armament
aseveli companion in arms
aseveljeys brotherhood in arms
asevelvollinen 1 (kutsuntakelpoinen) conscriptable man, draftable man, man of draft age **2** (varusmies) conscript, draftee
asevelvollisuus compulsory military service, conscription
asevoima military force/strength, force of arms *asevoimat* armed forces
asfaltoida lay asphalt, surface (with asphalt), blacktop
asfaltti asphalt, blacktop
asfaltti-ihottuma asphalt burn
asia 1 it, this, that *Hän oli jo tietoinen asiasta* He already knew all about it *Voit ilmaista asian noinkin* That's one way of putting it *Sitä asiaa ei voida enää auttaa* There's nothing we can do about that now, no use crying over spilled milk *Asiassa on kaksi puolta* There are two sides to that *varma asiastaan* confident *asiaa harrastavat* everyone interested

asia-aine

2 (aihe) matter, theme, topic, subject *asiaan vaikuttava* having a bearing on the matter/case *Se on kokonaan toinen asia* That's a whole different matter, that's a different story altogether *asia josta voidaan olla eri mieltä* a matter of opinion **3** (seikka) thing *Se ei muuta asiaa* That makes no difference, that doesn't change a thing *sama asia* same thing, same difference *Miten ovat asiasi?* How are things with you? *Niin on asian laita* That's the way things are, that's how things stand, that's the fact **4** (tosiasia) fact **5** (jollekin kuuluva) affair, concern, business, errand *Asia ei kuulu sinulle* It's none of your business/concern/affair *Se ei ole minun asiani* That doesn't concern me, that's got nothing to do with me **6** (kysymys) question, issue, point *Koeta pysyä asiassa* Try to stick to the point *asiasta toiseen* by the way, incidentally, this is completely off the subject but *Millä asialla liikut?* What brings you here? **7** (juttu) case, cause, suit, action **8** *käydä asiaan* get to the point, cut to the chase **9** *naurun asia* laughing matter *Se ei ole naurun asia* It's nothing to laugh about, It's no laughing matter *asia on niin että* the fact of the matter is (that) *tehdä asiaa* go on some pretext, make up some excuse to go **10** *käydä asioilla* run (some) errands

asia-aine factual/expository essay
asiaankuulumaton irrelevant, inappropriate, beside the point
asiaankuuluva relevant, pertinent, (having a) bearing on, concerning, connected (with), tied in (with), applicable, suitable, to the point/purpose
asiakas customer, client, patron
asiakas on aina oikeassa the customer is always right
asiakaspalvelu customer service
asiakassuhteet customer relations
asiakastuki customer support
asiakirja document, instrument, deed
asiakirjasalkku briefcase, attaché case
asialinja matter-of-fact policy
asialinjalla businesslike, matter-of-fact, straightforward

asialla on kaksi puolta there's another side to the story
asiallinen 1 (asianmukainen) businesslike, matter-of-fact, objective **2** (järjellinen) rational, reasonable, calm, composed, collected, unemotional
asiallisesti 1 (asiaakuuluvasti) to the point/purpose, pertinently, relevantly **2** (asianmukaisesti) in a businesslike manner, in a matter-of-fact way, objectively **3** (järjellisesti) reasonably, rationally, calmly, unemotionally
asiallisuus 1 (asiaankuuluvuus) pertinence, relevance **2** (asianmukaisuus) a businesslike manner, matter-of-factness, sticking to the facts, not getting sidetracked, not digressing from the point **3** (maltillisuus) staying calm/rational, being reasonable, not losing your temper, not getting emotional
asiamies agent, proxy, attorney, representative
asianajaja lawyer, attorney (at law), (oikeudessa) counsel(lor); (UK) solicitor, barrister
asianajotoimisto law firm/office, (UK) barrister's office
asianhaara factor, consideration *asianhaarat* circumstances
asianlaita the way things are, as things stand
asianmukainen proper, appropriate, right, correct, due, suitable, fitting
asianomainen s the party/person/individual/thing/object concerned/in question adj proper, appropriate, relevant
asianomistaja (kärsinyt) injured party; (haastanut) plaintiff
asianosainen (lak) party, the party/person concerned
asiantila state of affairs, status, situation, the way things are *Asiantila on tämä: paperit puuttuvat* Here's the situation: the documents/papers are missing
asiantuntemus expertise, (special) skill, knowhow, savvy
asiantunteva 1 (tietävä) expert, authoritative, professional, skilled, knowledgeable, in the know **2** (kokenut) experienced, accomplished, practiced,

proficient 3 (pätevä) qualified, competent, capable, able, adept
asiantuntija expert, authority, specialist, professional
asiantuntijajärjestelmä expert system
asia on pihvi gotcha
asiasta toiseen by the way, incidentally, this is off the subject but
asiaton 1 (asiaankuulumaton) irrelevant, inappropriate, beside the point **2** (aiheeton) unjustified, unfounded, groundless, false, uncalled-for **3** *Asiaton oleskelu kielletty* No trespassing, Keep out *Asiattomilta pääsy kielletty* Authorized personnel only, Keep out
asiattomasti 1 (asian ohi) irrelevantly, with no relevance (to the matter at hand), without bearing (on the facts) beside the point **2** (aiheettomasti) without justification, without foundation, groundlessly, falsely, without due reason/cause
asiayhteys context
asidofiluspiimä acidophilus buttermilk
asioida 1 transact/do business **2** (toisen puolesta) act as an agent/on commission **3** (tavallisissa asioissa) take care of pressing matters, run errands, be busy *asioida pankissa* handle your business at the bank, do your banking
asioimisliike agency
askare chore, (household) task, job around the house, duty, errand
askarrella 1 (puuhailla) busy yourself, occupy yourself, bustle about (doing odd jobs), be active/busy **2** (miettiä) dwell/brood/work on, linger over, keep thinking about, obsess about, have your mind on
askarruttaa 1 (ajatteluttaa) occupy your thoughts/mind/imagination, engage, busy, engross, absorb **2** (huolestuttaa) concern, worry, trouble, bother *Minua askarruttaa ensi tiistai* I'm worried about next Tuesday
askartelu 1 activity, keeping busy, busying about, pottering about **2** (lasten johdettu) arts and crafts

askeesi (ruumiin tarpeiden tyydyttämisestä pidättäytyminen) ascesis *elää askeesissa* live ascetically
askeetti (askeesin harjoittaja) ascetic
askeettinen (askeesiin liittyvä) ascetic
askeettisuus asceticism
askel step, stride, footstep, pace *kymmenen askeleen päässä* ten paces away *seurata isänsä askelia* follow in one's father's footsteps *harppoa pitkin askelin* gallop along with giant strides *seurata jonkun askelia* follow in someone's footsteps
askel askeleelta step by step
askelma 1 (porras) step, stair **2** (puola, myös kuv) rung
askelpalautin backspace (key)
askeltaa pace off
askelvirhe (koripallossa) traveling
asketismi (askeesin aate) asceticism
aski box
askorbiinihappo ascorbic acid
asosiaalinen (epäsosiaalinen) asocial
aspartaami aspartame
aspekti (asian puoli) aspect
aspiraatio (henkäysloppu, henkeenvetäminen) aspiration
aspirantti (viran tai aseman tavoittelija) aspirant
aspiriini aspirin
assimilaatio (yhteen sulautuminen) assimilation
assimiloida (yhtäläistää, mukauttaa) assimilate
assimiloitua (sulautua, mukautua) assimilate
assistentti assistant; (yliopistossa) TA, teaching assistant
assistentuuri (teaching) assistant-ship, TA-ship
assistoida (avustaa) assist
assosiaatio (mielleyhtymä) association
assosiatiivinen (assosiaatioon liittyvä) associative
assosioida (yhdistää toisiinsa) associate
assosioitua (yhdistyä) become associated (with)
assyrialainen Assyrian

aste

aste 1 degree *Helsinki sijaitsee noin 60. pohjoisella leveysasteella* Helsinki is at about sixty degrees north latitude (the sixtieth parallel) *Nousisipa ilma vaihteeksi 30 pakkasasteen yläpuolelle!* I wish it would rise above thirty (degrees) below (zero) for a change! **2** (taso) grade, level, rank **3** (vaihe) phase, stage
aste-ero difference in degree
asteikko 1 (asteiden) (graduated) scale **2** (mus) scale **3** (tunteiden tms) range, gamut
asteittain gradually, by degrees, a little at a time, one step at a time
asteittainen gradual, progressive, successive, graduated; step-by-step, little-by-little, inch-by-inch
astella 1 step, stride, pace **2** (kävellä) walk, stroll, saunter
asteroidi asteroid
astevaihtelu consonantal gradation
asti 1 (aikaan tai paikkaan) (up/down) till/to, until *Tähän asti en ole tiennyt mitä teen täällä* Until now (up till/to now) I haven't had a clue what I was doing here *Vähennä lämpöä 150 asteeseen* Turn heat down (reduce heat) to 150 degrees *Vie perille asti* Take it all the way (there) **2** (määrään) as many as, as much as, as far as (to) *Sitä voi olla jopa kahteen tonniin asti* There could even be as much as two tons of it
astia 1 (yleinen nimitys) vessel, container, receptacle, (raam) *heikompi astia* weaker vessel **2** (ruoka-) dish, bowl, plate, cup, glass, pitcher, mug; (mon) dishes *pestä astiat* wash the dishes **3** (valmistus- ja säilytys-) pot, kettle, jug, crock, jar, (mixing) bowl, vase **4** (iso säilytys-) tub, vat, barrel, keg, cask, butt **5** (WC) toilet, (potta) potty seat, (ankka) bedpan
astiakaappi cupboard, kitchen cabinet
astianpesuaine dishwasher detergent
astianpesukone dishwasher
astiasto set of dishes, dinner set
astma asthma
astmaatikko asthmatic
astmaattinen asthmatic

astrofotografia (tähtien valokuvaus) astrophotography
astrologi (tähdistä ennustaja) astrologist
astrologia (tähdistä ennustaminen) astrology
astrologinen (tähdistä ennustamiseen liittävä) astrological
astronautiikka (avaruusmatkailu ja sitä tutkiva tiede) astronautics
astronautti (amerikkalainen avaruuslentäjä) astronaut
astronomi (tähtitieteilijä) astronomer
astronomia astronomy
astronominen (tähtitieteeseen liittyvä) astronomical
astua 1 step (out/on), tread, pace, stride *astuit varpailleni!* you stepped/trod/trampled on my toes! **2** (kävellä) walk, go, move
astua jalallaan set foot *Et astu jalallasikaan tänne* I forbid you to set foot here
astua jonkun jälkiä follow/walk in someone's footsteps
astua jonkun varpaille step on someone's toes
astua julkisuuteen enter public life
astua laivaan (go on) board a ship
astua maihin go ashore
astua pois (bussista/junasta) get off a bus/train, (pyörän selästä) dismount from a bike
astua remmiin take charge
astua sisään go in, enter
astua virkaan enter office, be installed in office, assume your duties
astua voimaan take effect, become valid
astua yli (urh) overstep the line, (tennisessä) commit a footfault
astunta 1 (kävely) walk, stride, step, pace, tread **2** (ryhti) carriage, bearing, deportment **3** (kotieläimistä) covering, mounting, breeding; (hevosista) stud service
asu 1 (vaatetus) dress, outfit, clothes, clothing; (ark) get-up **2** (ulkonäkö) (outward) appearance, looks *Kirjan asu on äärimmäisen tärkeä* It's essential that the book look good *asultaan* in appearance **3** (ulkomuoto) form, figure, shape,

asymmetria

build, structure **4** (mainonnassa) package/packaging **5** (sanamuoto) wording, phrasing, discursive form **6** (varustus) equipment, gear, outfit(ting); (ark) stuff, get-up

asua 1 live, reside, dwell, abide **2** (vuokralla) room, rent **3** (olla yötä) stay, stop, lodge **4** (talossa) occupy, inhabit

asua yhdessä live with (someone); (lak) cohabit; (halv) shack up with (someone)

asuinpaikka place of residence, dwelling (place), abode

asuinrakennus 1 dwelling, residence **2** (maatalon) farmhouse, main house **3** (kartanon) manor/main/big house

asuinsija (place of) residence, dwelling (place), abode, place to live

asukas 1 (kaupungin) resident, inhabitant; (mon) population *asukasta kohden* per capita **2** (vuokrahuoneiston) tenant, roomer, boarder, lodger **3** (omakotitalon) member of the household; (hoidokas) inmate; (metsän, ilman jne) denizen, dweller

asukasluku population

asukasmäärä number of people living in the building, occupancy

asukastiheys population density

asukki 1 (asukas) dweller, occupant, inhabitant **2** (alivuokralainen) subtenant, roomer **3** (täysihoitolainen) boarder **4** (laitoksen) inmate

asumaton 1 (talo) uninhabited, unoccupied, unlived-in, vacant **2** (alue) uninhabited, unpopulated, unsettled, deserted

asumislisä housing allowance (in financial aid)

asumismuoto form of dwelling

asumistiheys population density *Los Angelesin alueella asumistiheys ei ole kovin suuri* L.A. is pretty spread out

asumistuki housing allowance

asumus 1 dwelling, residence, abode **2** (tilapäinen) lodgings, quarters **3** (alkukantainen) hut, shack, tepee

asumusero (legal) separation *Olemme mieheni kanssa asumuserossa* My husband and I are separated

asunnonhaltija tenant, occupant

asunnonvaltaus (housing) takeover

asunnonvälittäjä real estate agent, realtor

asunnottomuus homelessness

asunto 1 dwelling, residence, abode **2** (tilapäinen) lodgings, quarters **3** (tyypit) house, apartment/flat, condo(minium)

asuntoalue residential area, neighborhood, (saman liikkeen rakentama) housing tract

asuntoauto mobile home

asuntoetu company house/apartment

asuntohallitus National Housing Board

asuntokysymys the housing question/issue

asuntola 1 (oppilas-, opiskelija-) dormitory **2** (opettaja-) faculty house/apartments **3** (sotilas-) barracks **4** (työntekijä-) workers' quarters **5** (sairaala-) nurses' housing

asuntomessut home fair

asunto-osakeyhtiö (apartment/condo(minium)) owner's organization, co-op(erative), co-operative apartment

asuntopolitiikka housing policy

asuntosäästäjä person who is saving up to buy a house or condominium

asuntotuotanto house construction

asuntovaunu house trailer (mobile home = matkailuauto), (UK) caravan

asuntovähennys housing deduction

asustaa 1 vrt asua **2** dress, outfit, equip, clothe, costume, accoutre

asuste 1 (vaate) dress, outfit; (ark) get-up; (mon) clothing, clothes **2** (varuste) outfit, gear; (mon) equipment, gear; (ark) stuff

asustemikro (tietok) wearable computer

asuttaa 1 (kansoittaa) inhabit, people, populate, settle, colonize **2** (sijoittaa asumaan) (re)locate

asutus 1 settlement, community of settlers, colony **2** (asuttaminen) colonizing, colonization, settling

asutuskeskus center of population

asymmetria (toispuolisuus) asymmetry

asymmetrinen

asymmetrinen (toispuolinen) asymmetrical
asynkroninen (epätahtinen) asynchronous
atavismi (tietyn perinnöllisen ominaisuuden ilmeneminen välisukupolvien jälkeen) atavism
atavistinen (kantamuotoon palautuva) atavistic
ateismi (jumalankieltäminen) atheism
ateisti (jumalankieltäjä) atheist
ateistinen (ateistinen) atheistic
ateljee studio, atelier
ateria 1 meal, repast; (ark) eats, grub, chow *upean näköinen ateria!* What a spread! **2** (juhla-ateria) feast, banquet
ateriapalvelu 1 (yritys) caterer, catering firm **2** (palvelu) catering
aterimet silver(ware)
aterioida 1 eat (a meal), take a meal, take nourishment/sustenance; (ark) chow down *aterioidessa(an)* while eating, while at table, during the meal **2** (aamulla) breakfast **3** (lounasaikaan) lunch, dine **4** (illalla) dine, sup
ATK ADP, automated data processing
atk-laitteisto (computer) hardware
atk-rikollisuus computer crime
atk-rikos computer crime
atk-sabotaasi computer sabotage
atk-vakoilu computer espionage
Atlantti Atlantic (Ocean)
atlanttinen Atlantic
atleetti 1 s (urheilija) athlete **2** adj (urheileva) athletic
atleettinen (urheilullinen) athletic
atmosfääri (ilmakehä) atmosphere
atomi atom
atomienergia atomic energy
atomifysiikka nuclea physics
atomikello atomic clock
atomipommi atom bomb
atomismi atomism
atomisti atomist
atomistiikka nuclear physics
atomistinen atomistic
atomivoimala nuclear power plant
atonaalinen (sävellajiton) atonal
atonaalisuus (sävellajittomuus, 12-säveljärjestelmän mukainen musiikki) atonality
atrappi (malli) model, dummy, mockup; (houkutuslintu tms) decoy
atriumtalo house with a courtyard
atsalea azalea
atsteekki Aztec
attasea attaché
attaseasalkku attaché case
attentaatti (poliittinen murha) assassination (attempt)
attentaattori (poliittinen murhaaja) assassin, (ark) hitman
attrahoida (vetää puoleensa) attract, be attractive (to)
attraktiivinen (puoleensavetävä) attractive
attraktio (vetovoima) attraction
attribuutti (tunnuspiirre, ominaisuus) attribute
atulat tweezers
atypia (epätavallisuus) atypicality
atyyppinen (epätavallinen) atypical
au 1 (avioliiton ulkopuolinen) illegitimate **2** (aliupseeri) NCO (non-commissioned officer)
audienssi (pääsy korkea-arvoisen henkilön puheille) audience
audioajastin audio timer
audiofiili (hifiharrastelija) audiophile
audiovisuaalinen (kuulo- ja näköaistiin perustuva) audiovisual
auditiivinen (kuuloaistiin liittyvä) auditory
auditorio auditorium
aueta 1 (come) open **2** (puhjeta) unfold, burst open **3** (puhjeta kukkaan) open, bloom, blossom, flower **4** (levitä) spread, widen, expand **5** (siteestä) come undone/untied/unfastened **6** (paidasta) come unbuttoned **7** (vetoketjusta) come unzipped **8** (järvestä) melt *järvi aukeni* the ice broke up **9** (virasta) be vacated *Odotan kunnes historian professuuri aukeaa* I'll wait till a professorship in history opens up/is vacated/becomes available
aueta yleisölle open to the public, become available for use, permit access,

auringonpistos

afford entrance, receive customers, start business

aukaista 1 open, throw open *Voisiko joku aukaista ikkunaa?* Could somebody crack a window please? **2** (lukko, side jne) unlock, unbar, unseal, unfasten, untie, undo

aukea s **1** open place/space, opening **2** (metsässä) clearing, glade, meadow **3** (kaupungissa) plaza, square **4** (tasangolla) plain, plateau adj **1** open **2** (laaja) wide, vast, unbounded, unfenced **3** (puuton) flat, treeless, clear

aukeama 1 open place/space, opening **2** (metsässä) clearing, glade, meadow **3** (kaupungissa) plaza, square **4** (rako) gap, hole, crack, fissure, slit, rift, cavity **5** (kirjassa, lehdessä) the place turned open, the pages you've opened to; (keskiaukeama) centerfold

auki 1 open, not shut/closed, ajar **2** (ammottava) agape, gaping, yawning **3** (peittämätön) not covered, uncovered, coverless, unenclosed **4** (lukitsematon jne) unlocked, unfastened, untied, unsealed **5** (TV, radio, vesihana) (turned) on **6** (rahaton) broke, strapped (for funds), wiped out, penniless

aukinainen open

aukio 1 (kaupungissa) plaza, square **2** (metsässä) clearing, glade, meadow

aukioloaika open hours, business hours, (pankissa) banking hours

aukko 1 (reikä) hole, gap, slit, crack, slot **2** (syvennys) depression, cavity, indentation **3** (tulivuoren) crater **4** (väli) hiatus, gap, discontinuity *aukkoja tarinassa* (unexplained) gaps in a story **5** (tyhjiö) void **6** (puute) flaw, defect, omission, lack, gap, shortcoming *aukkoja esityksessä* flaws in your presentation

aukko sivistyksessä a gap in your education

aukoa 1 open, throw open, set ajar **2** (lukko, side jne) unlock, unbar, unseal, unfasten, untie, undo **3** (ark) (päätä) blurt out something *Älä sä auo päätäs* You shut your face/trap

aukoton 1 (kokonainen) complete, entire, intact **2** (sileä) smooth, uncut, unbroken, seamless **3** (täysin onnistunut) perfect, without a hitch, flawless, faultless, errorless, impeccable *Hänen verukkeensa oli aukoton* His alibi was unshakable

auktorisoida (valtuuttaa) authorize

auktoritatiivinen authoritative

auktoriteetti authority

auktoroida authorize

aula 1 (eteinen) hall(way), entrance hall, entry(way) **2** (lämpiö) lobby, foyer, waiting/reception room, anteroom **3** (sali) hall, (juhlasali) auditorium, (kokoussali) assembly room, (konserttisali) concert hall, (ruokasali) dining/banquet hall

au-lapsi illegitimate child, (vanh) bastard

auliisti 1 (anteliaasti) generously, open-handedly, lavishly, liberally **2** (avuliaasti) helpfully, in a neighborly way, like a good neighbor **3** (halukkaasti) willingly, obligingly, readily, eagerly *Hän auttoi auliisti aina kun tarvittiin* Whenever we needed help he pitched right in

aulis 1 (antelias) generous, open-/free-handed, lavish, liberal, **2** (avulias) helpful, neighborly, friendly **3** (halukas) willing, obliging, ready, eager

auma (vilja-auma) stack, (juurikasauma) pit

aumakatto hipped roof

aunukselainen Olonetsian

Aunus Olonets

au pair au pair

aura 1 (kyntö-) plow, (UK) plough **2** (astraaliprojektio) aura

aurakäännös snowplow turn

aurata 1 (tietä, peltoa) plow **2** (suksilla) snowplow

auringonkukka sunflower

auringonpaiste sunshine

auringonpalvonta sun worship

auringonpilkku sunspot

auringonpimennys (full) eclipse of the sun

auringonpistos sunstroke

aurinko

aurinko sun *auringon noustessa* at sunrise, at (the break of) dawn *auringon laskiessa* at sunset, at dusk
aurinkoaika solar time
aurinkoenergia solar energy
aurinkokello sundial
aurinkokenno solar cell
aurinkokeskinen heliocentric
aurinkokunta solar system
aurinkolasit sunglasses, (ark) shades
aurinkopaneeli solar panel
aurinkopeili solar reflector
aurinkotalo solar house, house heated by solar power
aurinkotuuli solar wind
aurinkovoimala solar power plant
auskultantti 1 (opetusharjoittelija) student teacher **2** (lakitupaharjoittelija) court trainee
auskultoida 1 (opettajaksi) do/complete your student teaching, be a student teacher **2** (laki) do your court training **3** (tutkia stetoskoopilla) auscultate
auskultointi 1 (opetusharjoittelu) student teaching **2** (lakitupaharjoittelu) court training **3** (stetoskooppitutkimus) auscultation
Australia Australia
australialainen Australian
auta armias heaven help us! oh no!
autenttinen (aito) authentic
autenttisuus (aitous) authenticity
autio adj **1** (maa) barren, waste, desolate, uninhabited **2** (talo) abandoned, deserted, uninhabited, empty
autioitua be(come) deserted/desolate/abandoned, empty out
autiokylä ghost town, abandoned town/village
autiomaa wilderness, wasteland, desert
autiotupa wilderness cabin/hut
autismi (yl sulkeutuneisuutena ilmenevä kehityshäiriö) autism
autistinen (autismia poteva) autistic
autistinen nero idiot savant
auto car, automobile
autobahn (saksalainen moottoritie) autobahn
autobiografia (omaelämäkerta) autobiography
autobiografinen autobiographic(al)
autodynaaminen (omavoimainen) autodynamic
autoetu (right to use a) company car
autografi (nimikirjoitus) autograph
autoilija driver, motorist, truckdriver
autoilla drive, travel by car
autoistaa motorize
autoistua to become motorized
autokoulu driving school; (lukiossa) driver's training/education, (ark) driver's ed
autokraatti (itsevaltias) autocrat
autokraattinen (itsevaltainen) autocratic
autokratia (itsevaltius) autocracy
autokritiikki (itsekritiikki) self-criticism
autolautta auto/car ferry
autolehti car magazine
autoliikenne automobile/car traffic
automaatio (koneistaminen) automation
automaatti automaton
automaattinen automatic
automaattinen suunnanvaihto (kasettinauhurin) autoreverse
automaattinen tietojenkäsittely automated data processing, ADP
automaattisesti automatically
automaattitarkennus autofocus
automaattivaihteisto automatic transmission
automaattivalotus autoexposure
automatia automatism, (ark) tic
automatismi (tiedostamaton toiminto) automatism, (ark) tic
automatisoida automate
automatisointi automation
automatka trip in a car, (ajelu) drive, ride
automerkki make (of car)
autonkuljettaja driver, chauffeur
autonomia autonomy
autonominen 1 (maa, ihminen) autonomous **2** (liike) autonomic (response)
autonominen hermosto autonomic nervous system
autopankki drive-in bank
autopankkipalvelu drive-in banking
autopsia (ruumiinavaus) autopsy

avarakatseinen

autopuhelin car phone
autoradio car radio
autoritaarinen (määräävä) authoritarian
autoritatiivinen (arvovaltainen) authoritative
autostereot car stereo
autosuggestio (itsesuggestio) autosuggestion, self-hypnosis
autotalli garage
autotehdas automobile factory
autourheilu automobile sports, car-racing
autovero automobile tax
autovuokraamo car rental (agency)
auttaa 1 help, (give) assist(ance to), aid, lend/give a helping hand **2** (olla mukana tekemässä) cooperate/collaborate with, contribute to **3** (tukea rahallisesti) (give financial) support (to), back **4** (tukea henkisesti) befriend, advise, give moral support to **5** (kannattaa) endorse, take the part of; (ark) go to bat for, stick up for **6** (helpottaa) relieve, make easier for **7** (lievittää) relieve, alleviate, cure; (ark) do a world of good for **8** (edistää) further, advance, promote, help along **9** (parantaa) improve, make improvements on, make better, better, enhance **10** (pelastaa) save, rescue, aid, come to the aid/rescue of **11** (hyödyttää) benefit, be of use, be useful, do good for, profit *Mitä se auttaa?* What good will that do? *Paljon se minua auttaa* A lot of good that will do me *Ei auta muu kuin alistua* There's nothing to do but resign ourselves **12** (vaikuttaa) conduce, be conducive to, contribute, influence *Ei se mitään auta* That won't make any difference, that'll have no effect at all, that won't do any good
auttaa alkuun give someone a start, help someone get started, get someone up on his/her feet
auttaja helper, aid(e), assistant, supporter, right-hand man, helping hand
auttamattomasti irreversibly *auttamattomasti vanhentunut* hopelessly antiquated
auttava satisfactory, adequate
auttavasti adequately, well enough (to get by) *Puhun auttavasti espanjaa* I speak enough Spanish to get by, I can get by in Spanish
autuaaksitekevä saving *ihan kuin se olisi maailman ainoa autuaaksitekevä asia* as if that were the only good thing in the world
autuaallinen 1 (usk) blessed **2** (ylen onnellinen) blissful, joyful, happy, rapturous; (ark) in seventh heaven
autuaammat metsästysmaat the happy hunting ground
autuaampi on antaa kuin ottaa it's more blessed to give than to receive
autuaita ovat rauhantekijät blessed are the peacemakers
autuas blessed
autuus 1 (usk ja tav) bliss, blessedness, beatitude **2** (vain tav: onnellinen) happiness, rapture, joy
au-äiti single mother
avaimenperä keychain
avaimenreikä keyhole
avain 1 key **2** (avaaja) (can) opener **3** (tekn) wrench **4** (mus) clef
avainasemassa in a key position, well-placed
avainkortti key card
avainlapsi latchkey child
avainromaani roman à clef
avainsana keyword
avajaiset opening ceremony (myymälän) grand opening
avajaistilaisuus opening ceremony
avanne (lääk) fistula
avannepotilas fistula patient
avantgarde (kokeellinen taiteellinen suuntaus) avant-garde
avanto hole in the ice
avantouimari person who swims in a hole in the ice
avantouinti swimming in a hole in the ice
avara 1 (laaja) wide(-open), broad, expansive, immense, vast **2** (tilava) spacious, large, ample, roomy
avarakatseinen broadminded, open-minded, unprejudiced, liberal

avartaa open (up), widen, broaden, expand, extend *Yritin avartaa hänen maailmaansa* I tried to broaden his horizons, open him up a little, expand/raise his consciousness

avartava 1 broadening, enlarging, expanding, improving **2** (kehittävä) educational, instructive, edifying, informative

avartua open (up), be opened, widen, be widened, broaden, be broadened, expand, be expanded, extend, be extended *Hän alkoi viimein avartua elämän kirjolle* She finally began to open up to life's diversity

avaruuden valloitus the conquest of space

avaruus 1 (ulkoavaruus) (outer) space **2** (laajuus) wide open space, expanse, immensity, vastness **3** (tilavuus) spaciousness, amplitude, size, roominess

avaruusaika 1 (aikakausi) the space age **2** (fysiikassa) space-time continuum

avaruusalus spaceship

avaruusaseet space weaponry

avaruusasema space station

avaruuslento space flight

avaruusluotain space probe

avaruusmatka space voyage

avaruusohjelma space program

avaruussukkula space shuttle

avata 1 open, throw/break/crack/lay/rip/cut/dig jne open *avata ruumis* perform an autopsy **2** (raivata) clear, free, unblock **3** (saattaa nähtäville) expose, disclose **4** (lukko, side jne) unlock, unbar, unseal, unfasten, untie, undo, uncover **5** (tilaisuus) open, begin, commence, start, declare open **6** (kokous) call to order, declare open **7** (laitos) institute, found, create, declare open **8** (sateenvarjo) put up, open **9** (TV, radio, vesihana) turn on **10** (pullo) uncork **11** (oja, hauta) dig (up)

avata silmänsä open your eyes (myös kuv)

avata suunsa open your mouth

avata suunsa väärään aikaan open your big fat mouth, put your foot in your mouth

avata sydämensä bare your soul

avata tili open an account

avata tuli open fire, commence firing

avata ääni warm up (for singing)

avaus opening, beginning, commencement (ks avata) *pelin avaus* opening move, first move

avautua 1 (come) open, open out/up **2** (side) come undone/untied/unfastened **3** (nuppu) open, unfold **4** (liikkeen ovet) open to the public, become available for use, permit access, afford entrance, receive customers, start business **5** (maisema, näköala) spread out (before your eyes) **6** (ihminen) (puhua) open up, open your heart, pour out your innermost feelings, be forthcoming/frank/direct/candid/straightforward, speak your mind, bring others into your confidence

aversio (vastenmielisyys) aversion

avioehto prenuptial agreement, (ark) prenup

avioero divorce

avioerolapsi child of divorced parents, child from a broken home

avioitua marry, get married, exchange wedding vows; (ark) get spliced, tie the knot

avioliitto marriage, matrimony, wedlock, marital state

avioliittokuulutus (wedding) banns

avioliittoneuvoja marital/marriage counselor

aviollinen marital, conjugal, wedded, matrimonial, nuptial

aviomies husband

aviopari married couple

aviopuoliso spouse

aviorikos adultery, (ark) cheating (on your husband/wife)

aviovaimo wife, spouse

avoauto convertible

avohakkuu clearcut(ting)

avohoito outpatient care

avohuolto noninstitutional social care

avoimien ovien päivä open house

avoin 1 open, not shut/closed, ajar *avoinna* open **2** (ammottava) agape, gaping, yawning **3** (peittämätön) not

avuton

covered, uncovered, coverless **4** (lukitsematon jne) unlocked, unfastened, untied, unsealed **5** (esteetön) open, clear, unblocked, unobstructed **6** (suojaton) open to attack, vulnerable, exposed, unprotected **7** (täyttämätön) vacant *hakea avointa virkaa* apply for a vacant/an open position **8** (rajoittamaton) unlimited **9** (vilpitön) open(hearted), forthright, sincere, straightforward, candid, frank
avoin kaula low neckline
avoin kauppa purchase/sale on approval *avoimella kaupalla* on approval
avoin kaupunki open city
avoin kirje open letter
avoin luotto unlimited credit
avoin puhevalta free(dom of) speech
avointen ovien politiikka open-door policy
avoin valtakirja carte blanche
avoin vihamielisyys overt hostility
avoin yhtiö general partnership
avoin yliopisto open university
avojaloin barefoot(ed)
avokelanauhuri reel-to-reel deck, open-reel deck
avokkaat pumps
avokätinen generous
avolava flatbed
avolavapakettiauto pick-up (truck)
avoliitto common-law (companionate) marriage *elää avoliitossa* live together, (laki) cohabit, (ark) shack up
avolouhos open pit/quarry
avomeri open sea, (run) the high seas, the (open) main
avomerikalastus deep-sea fishing
avomerilaivasto ocean-going fleet
avomerisatama open-water port
avomielinen (rehellinen) open, frank, honest; (suvaitseva) tolerant
avonainen 1 open, not shut, not closed, ajar **2** (peittämätön) open, not covered, uncovered, coverless *avonainen kaulaaukko* low neckline **3** (esteetön) open, clear, unblocked, unobstructed **4** (suojaton) open to attack, vulnerable, exposed, unprotected **5** (täyttämätön) vacant

6 (vilpitön) open(-hearted), forthright, sincere, straightforward, candid, frank
avosetti (lintu) avocet
avosuinen 1 (avonainen) open **2** (suulas) garrulous, (ark) blabbermouthed, motormouthed
avosylin with open arms
avotakka fireplace
avovesi (sula) open water *ensi avovedellä* (liik) per first open water, (lyh) f.o.w.
avu 1 (ansio) merit, virtue; (hyvä puoli) good side/quality **2** (lahja) talent, gift, natural ability; (ark) knack
avulias helpful, obliging, willing/ready to help, neighborly
avulias aatu Helpy Helperton, Helpful Harry
avunanto (giving) help, (rendering) aid/assistance, (giving/offering) support, lending a helping hand, pitching in (and helping)
avustaa 1 help, (give) assist(ance to), aid, lend/give a helping hand **2** (olla mukana tekemässä) cooperate/collaborate with, contribute to **3** (tukea) (give financial) support (to), back; (ark) go to bat for, stick up for **4** (helpottaa) relieve, make easier for **5** (edistää) further, advance, promote, help along; (hyödyttää) benefit, be of use, be useful, do good for **6** (vaikuttaa) contribute, influence
avustaja 1 (auttaja) helper, right-hand man, helping hand **2** (apulainen) assistant, associate, aid(e) **3** (tukija) backer, patron, benefactor (ks myös apuri)
avustus 1 help, aid, helping hand **2** (yhteistyö) cooperation, collaboration **3** (hyväntekeväisyys) charity, relief, financial support
avustusjärjestö charitable/relief organization
avustustyö charitable/relief work
avuton 1 (heikko) helpless, feeble, weak, unable (to do anything for yourself) **2** (vanhuuden heikko) infirm, frail, decrepit, **3** (voimaton) powerless, impotent, forceless **4** (kömpelö) hapless, hopeless, futile, sorry *Kylläpä sinä sit-*

ten olet avuton What a loser! What a baby! *Hän huitoi avuttomana* He flailed about helplessly
avuttomasti helplessly, hopelessly, miserably, fruitlessly, in vain, futilely *Hän huitoi avuttomasti* He flailed about helplessly
avuttomuus 1 (heikkous) helplessness, feebleness, weakness, (vanhuuden heikkous) infirmity, fraility, decrepitude **2** (voimattomuus) powerlessness, impotence, forcelessness **3** (kömpelyys) haplessness, hopelessness, lucklessness
av-väline AV device (useimmin) *avvälineet* AV equipment
ay-liike labor movement

B,b

Baabelin torni Tower of Babel
baari (kapakka) bar, pub, tavern; (kahvila) cafe(teria)
baarikaappi liquor cabinet
baarimestari bartender
baarimikko bartender
bagatelli (pikkuseikka, pieni sävellys) bagatelle
bagelrinkeli bagel
bahai (bahaismin kannattaja) Baha'i
bahaismi (panteistinen lahko) Baha'ism
bahaisti (bahaismin kannattaja) Baha'i
bahamalainen s, adj Bahamian
Bahamasaaret Bahamas
Bahrain Bahrain
bahrainilainen s, adj Bahraini
Baijeri Bavaria
baijerilainen Bavarian
bailata party
bailut (ark) party
bajonettikiinnitys (kameran objektiivin) bayonet mount
bakkanaalit (hurjat juomingit) bacchanal
bakteeri germ, microbe; (mon) bacteria
bakteriologi (bakteerien tutkija) bacteriologist
bakteriologia (bakteereja tutkiva tiede) bacteriology
balalaikka balalaika
balansoida (tasapainotella) balance
balanssi (tasapaino, liipotin) balance
Baleaarit the Balearic Islands
baletti ballet
Balkan the Balkans
balkanilainen Balkan
balladi ballad
ballerina (balettitanssijatar) ballerina
ballistiikka (ammusten ja ohjusten liikerataan vaikuttavia fysikaalisia lakeja tutkiva tiede) ballistics
ballistinen (ballistiikkaan liittyvä) ballistic
Baltian maat the Baltics, the Baltic countries
baltti Balt
balttilainen adj Baltic s Balt
bambu bamboo
banaali (lattea) banal
banaalistaa (latistaa) banalize
banaalistua (latistua) become banal
banaalius (latteus) banality
banaani banana
banaanikärpänen vinegar-fly
banaanitasavalta banana republic
banaliteetti banality
banderolli (juliste, nauha) banderol(e), banner
bandiitti (rosvo) bandit
Bangladesh Bangladesh
bangladeshiläinen s, adj Bangladeshi
banjo banjo
baptismi Baptism, the Baptist Church
baptisti Baptist
barbaari barbarian
barbaarimainen barbarian

biodynaaminen viljely

barbaarinen barbarian
barbaarius barbarity
Barbados Barbados
barbadoslainen s, adj Barbadian
barbequejuhlat (grillausjuhlat) barbeque, cookout
barbituraatti barbiturate
bardi (runonlaulaja) bard
baribali American black bear
baritoni baritone
barokki baroque
barokkinen baroque
barometri barometer
barreli (tynnyri) barrel
barrikadi (katusulku) barricade
basaari (tori) bazaar
basilika (kirkko) basilica, (mauste) basil
basilli germ, microbe; bacillus; (ark) bug
basisti (bassoviulun tai -kitaran soittaja) bassist
baski Basque
Baskimaa the Basque Country
basmatiriisi basmati rice
bassokaiutin woofer
bassosäädin bass control
beatnikit the Beatniks, the Beats
beesi (vaaleanruskea) beige
beetaversio (tietok) beta version
behaviorismi (pelkästään ulkoisesti havaittavaa käyttäytymistä tutkiva psykologian haara) behaviorism
behavioristi (behaviorismin kannattaja) behaviorist
behavioristinen (behaviorismin mukainen) behaviorist
Belgia Belgium
belgialainen s, adj Belgian
Belize Belize
belizeläinen s, adj Belizean
beluga beluga, white whale
benigni (hyvälaatuinen) benign
Benin Benin
beniniläinen s, adj Beninese
benji-hyppy bungee jump
bensa gas
bensiini gas(oline), (UK) petrol; benzine
bensiiniasema gas station, (UK) petrol station
bensiinimittari gas gauge, (UK) petrol gauge
bensiinitankki gas(oline)/fuel/petrol tank
bensiinivero gasoline/petrol tax
Berliini Berlin
berliiniläinen Berliner
berliininmunkki Bismarck (doughnut)
bermudasortsit Bermuda shorts
bermudat Bermuda shorts
besoaariantilooppi blackbuck
bestis (ark) best friend
bestseller best-seller
betasalpaaja (sydänlääke) beta-blocker
betoni concrete
betonielementti (rak) concrete element
betonitalo concrete building
Bhutan Bhutan
bhutanilainen s, adj Bhutanese
bibliofiili (kirjojen kerääjä) bibliophile
bibliografi (lähdeluetteloiden laatija) bibliographer
bibliografia (lähdeluettelo, kirjallisuustieteen haara) bibliography
bibliografinen (bibliografiaan liittyvä) bibliographical
biennaali (joka toinen vuosi järjestettävä festivaali) biennial
bigaaminen (kaksiavioinen) bigamous
bigamia (kaksiavioisuus) bigamy
bigamisti (kaksiavioinen ihminen) bigamist
biisi (ark) piece
biisoni bison
biitsi (ark) (uimaranta) beach
biitti (ark) beat
bikinit bikini; (alushousut) bikini panties, bikini briefs (miesten)
bilateraalinen (kahdenvälinen) bilateral
biljardi billiards
binaari- (lukuun kaksi perustuva) binary
bingo bingo
bingota play bingo
binokkeli pince-nez
binomi (kahden lausekkeen summa) binomial
binominen (kaksiniminen) binomial
biodiversiteetti (luonnon monimuotoisuus) biodiversity
biodynaaminen viljely (orgaaninen viljely) biodynamic farming

biodynamiikka (orgaaninen viljely, oppi elintoiminnoista) biodynamics
bioenergetiikka (luontaishoitomenetelmä) bioenergetics
bioenergia (biopolttoaineesta saatava energia) bioenergy
bioetiikka (biologisia kysymyksiä pohtiva etiikan haara) bioethics
biofysiikka (fysiikan periaatteita soveltava biologian haara) biophysics
biografi (elämäkerran kirjoittaja) biographer
biografia (elämäkerta) biography
biojäte (eloperäinen jäte) biowaste
biojäteastia biowaste container
biokemia (oppi eliöiden kemiallisesta koostumuksesta) biochemistry
biokemiallinen biochemical
biokemisti biochemist
biologi biologist
biologia biology
biologinen biological
biologinen kello biological clock
biologiset aseet biological weapons
bioluminesenssi bioluminescence
biomekaniikka (biologisten tapahtumien mekaanisen puolen tutkimus) biomechanics
biopalaute (oman elimistön toiminnasta saatava palaute) biofeedback
biopesuaine biodetergent
biopolttoaine biofuel
biopsia (koepalan ottaminen) biopsy
biorytmi (fysiologisten toimintojen jaksollisuus) biorhythm
biotekniikka biotechnology
bioteknologia (biologisten periaatteiden käyttö tekniikassa) biotechnology
biotieteet biological sciences
biseksuaalinen (kaksisukuinen, miehiin ja naisiin seksuaalista vetoa tunteva) bisexual, (ark) bi
bisnes (kaupankäynti) business
bitti (tietoyksikkö) bit
bittikartta (tietok) bitmap
bittinikkari (tietokoneharrastaja) computer geek
blanko (tyhjä) blank
blankoluotto open credit
blankopaperi carte blanche
bleiseri (pikkutakki) blazer
blini (venäläinen ohukainen) blintz
blogi (nettipäiväkirja) blog
blokadi (saarto) blockade
blokata (koripallossa estää pallon koriin meno) block
blokeerata (estää) block
blokki 1 (itäblokki) blok **2** (lehtiö) notepad
blokkiutua get blocked up
blondi (vaaleaverikkö) blonde
blondivitsi blonde joke
bluffata (ark) (hämätä) bluff
bluffi (ark) (hämäys) bluff
BMX BMX, bicycle moto-cross
bodaaja body-builder
bodaus body-building
bofori Beaufort, unit on the Beaufort scale
boheemi Bohemian
boikotoida boycott
boikotti boycott
boileri (kuumavesi-) hot-water heater, (höyry-) (steam) boiler
boksi (ark) (asunto) crib
Bolivia Bolivia
bolivialainen s, adj Bolivian
bolsevikki (bolsevismin kannattaja) Bolshevist
bolsevismi (leniniläinen kommunismi) Bolshevism
bolsevistinen (bolsevismin mukainen) Bolshevist
boltsi (ark) (pallo) ball, (pää) head
bombaaja hip-hopper
bonjata (sl) (tajuta) get it
bonus bonus
Boolen algebra Boolean algebra
booli (juomaseos) punch
bootsit (saappaat) boots
bordelli bordello, brothel, whorehouse
borssi (venäläinen keitto) borscht
botaanikko (kasvitieteilijä) botanist
botaaninen (kasveihin liittyvä) botanical
botaniikka (kasvitiede) botany
botanisti (kasvitieteilijä) botanist
Botswana Botswana
braatvursti bratwurst, (ark) brat
Brasilia Brazil
brasilialainen s, adj Brazilian

BRD FRG, Federal Republic of Germany
breikata (ark) **1** (tanssia) break-dance *Koko yön ne siellä breikkas* They were break-dancing all night **2** (tehdä musiikkiesityksellä läpimurto) get your big break *Jo eka levy breikkas* We made it with our first CD **3** (katketa kerran) break off, get cut off, (monta kertaa) break up *Yhteys breikkas heti kymmenen minuutin jälkeen* We got cut off after ten minutes, the connection broke off after ten minutes *Yhteys breikkas vähän väliä* The connection kept breaking up
breikki (ark) **1** (tauko) break *pidetään breikki* let's take a break **2** (läpimurto) break *Se oli meille mahtava breikki* It was a fantastic break for us **3** (tanssi) break dance
breikkitanssi break dance
bretoni Breton
bretonilainen Breton
bridge (korttipeli) bridge
briketti (puriste) briquet
briljantti adj (loistava) brilliant s (jalokivi) brilliant
briljeerata show off (your knowledge)
Britteinsaaret British Isles
britti Brit
brittiläinen s Brit, Britisher, Briton adj British
Brittiläinen Columbia British Columbia
broidi brother
broileri broiler
brosyyri (lehtinen) brochure
Brunei Brunei
bruneilainen s, adj Bruneian
brunssi (lounasaamiainen) brunch
brutaali brutal
brutaalius (raakuus) brutality
brutto gross
bruttohinta gross/undiscounted price
bruttokansantuote Gross National Product (GNP)
bruttopaino gross weight
bruttopalkka gross wages
bruttotulot gross income, pretax earnings
bruttotuotto gross proceeds
brysselinkaali (ruusukaali) Brussel's sprout
bryssä (leik halv) (EU virkamies) bureaucrat
buddhalainen Buddhist
buddhalaisuus Buddhism
budjetoida budget
budjetointi budgeting
budjetti budget
budjettiesitys budget proposal, proposed budget
bufetti buffet, (pöytä) buffet table
buketti (ark) (kukkakimppu) bouquet
bulevardi (puistokatu) boulevard
bulgaari Bulgarian, (hist) Bulgar
Bulgaria Bulgaria
bulgarialainen s, adj Bulgarian
buliimikko (bulimiaa poteva) bulimic
bulimia (ahmimishäiriö) bulimia
bumerangi boomerang
bunkkeri bunker, pillbox
Burkina Faso Burkina Faso
Burma Burma
burmalainen s, adj Burmese
burnout burnout
Burundi Burundi
burundilainen s, adj Burundian
bussi bus, (UK pitkän matkan) coach
bussinkuljettaja bus driver
bussipysäkki bus stop
buttress *flying buttress* (goottilaisessa rakennustaiteessa) ulkoinen tukikaari
buuata boo
buukata (ark) book
buukkaus (ark) booking
buumi boom
buutsit (saappaat) boots
byrokraatti bureaucrat
byrokraattisuus bureaucracy
byrokratia bureaucracy
byrokratisoitua become bureaucratized
byroo (konttori, kirjoituspöytä) bureau
byte (tietok: tavu) byte
bändi band
bänksit (ark) break-up *panna bänksit* break up *Meille tuli bänksit ekana vuosipäivänä* We broke up on our first anniversary

C, c

calmetterokote BCG vaccine
calmetterokotus BCG vaccination
cavy (eläin) cavy
Caymansaaret Cayman Islands
cd-levy CD
cd-poltin CD-burner
cd-rom CD-ROM
cd-rom-asema CD-ROM drive
cd-soitin CD player
celsiusaste degree Celsius/centigrade
charmi (viehätysvoima) charm
charmikas (viehättävä) charming
charterlento (tilauslento) charter flight
chattailla (keskustella tietokoneen kautta) chat
chattailu (keskustelu tietokoneen kautta) chat
chic (tyylikäs) chic
Chile Chile
chileläinen s, adj Chilean
chili (mauste, ruoka) chili
chipata (lyödä chippi) chip
chippi (golfissa matala viheriötä lähestyvä lyönti) chip
C-kasetti compact cassette
cocktail (alkoholijuomaseos) cocktail
college 1 (korkeakoulu) college **2** (trikoopusero) sweatshirt
come-back (paluu julkisuuteen) comeback
Cooperin testi Cooper test
Costa Rica Costa Rica
costaricalainen s, adj Costa Rican

D, d

daami (hieno nainen) lady, (seuralainen) date
dadaismi (järjenvastaisuutta korostava taiteen suunta) Dadaism
dadaisti (dadaismin kannattaja) Dadaist
darvinismi (Charles Darwinin valintateoria) Darwinism
darvinisti (darvinismin kannattaja) Darwinist
darvinistinen (darvinismin mukainen) Darwinistic
datiivi (verbin epäsuoran objektin ilmaiseva sijamuoto) dative
dat-nauhuri DAT recorder, DAT deck
datša (kesäasunto) dacha
DDR GDR, German Democratic Republic
deadline (määräaika) deadline
debatti (väittely) debate
debentuurilaina (verollinen vakuudeton joukkovelkakirja) debenture (loan)
debet 1 (velat) debts **2** (tililtäveloitus) debit
debiili adj (vajaamielinen) debilitated, feeble-minded, (ark) stupid, idiotic s (ark) moron

debytantti (ensi kertaa julkisuudessa esiintyvä nuori) debutante
debytoida (esiintyä ensi kertaa julkisuudessa) debut *Bändin uusi cd debytoi heti ykkösenä* The band's new CD debuted at number one
debyytti (ensimmäinen julkisuudessa esiintyminen) debut
dedikaatio (omistuskirjoitus) dedication
deduktiivinen (yleisestä yksityiseen johtava) deductive
deduktio (yksityisen päätelmän tekeminen yleisistä periaatteista) deduction
dedusoida (päätellä deduktiivisesti) deduce
deejii DJ, deejay, disc jockey
deekiksellä (ark) on the skids, down and out
deeku (ark) drunk, down-and-outer, skidrow bum, human train wreck
defekti (vika) defect
defektiivinen (viallinen) defective
defensiivi (puolustus) defensive
defensiivinen (puolustava) defensive
defibrillaatio (kammiovärinän rytmihäiriön korjaaminen sähköiskulla) defibrillation
definiittinen (määrätty, määräinen) definite
definitiivinen (lopullinen) definitive
definitio (määritelmä) definition
definoida (määritellä) define
deflaatio (yleisen hintatason lasku) deflation
deflatorinen (deflaatioon johtava) deflatory
deformaatio (epämuotoisuus) deformation
deformoida (muuttaa huonompaan muotoon) deform
defragmentoida (poistaa pirstoutuneisuus) defragment, (ark) defrag
degeneraatio (rappeutuminen) degeneration
degeneratiivinen (rappeutuva) degenerative
degeneroitua (rappeutua) degenerate
dehydraatio (kuivuminen) dehydration
dehydratointi (veden poisto) dehydration

deismi (maailmankatsomus, jonka mukaan Jumala on luonut maailman muttei enää puutu sen tapahtumiin) Deism
deisti (deismin kannattaja) Deist
déjà-vu-ilmiö déjà vu
dekaani dean
dekadenssi (kulttuurin rappio) decadence
dekadentti (rappeutunut) decadent
dekkari detective/mystery novel
dekki (nauhuri) tape deck
deklamaatio (runonlausunta) declamation
deklamoida (lausua runo, puhua mahtipontisesti) declaim
deklaraatio (selvitys) declaration
deklaratiivinen (selittävä) declarative
deklaroida (ilmoittaa) declare
deklinaatio (taivutus) declination
deklinoida (taivuttaa) decline
dekoltee adj (avokaulainen) décolleté s (avoin kaula) décolletage
dekompositio (hajoaminen) decomposition
dekoodata (selvätä) decode, decipher
dekooderi (dekoodaava laite) decoder
dekoraatio (koristaminen, ritarimerkki) decoration
dekoratiivinen (koristeellinen) decorative
dekriminalisoida (lakkauttaa kielto) decriminalize
dekriminalisointi (kiellon lakkauttaminen) decriminalization
delegaatio (valtuuskunta) delegation
delegaatti (valtuutettu) delegate
delegoida (valtuuttaa) delegate
delegointi (valtuuttaminen) delegation
delfinaario (delfiinien vesiallas) dolphinarium
delikaatti 1 (arkaluontoinen) delicate **2** (herkullinen) delicious
delikatessi (herkku, hienotunteisuus) delicacy
deluusio (harhakuvitelma) delusion
demagogi (poliittinen yllyttäjä) demagogue
demari Social Democrat

dementia

dementia 1 (sairaus) dementia **2** (huhun tms kieltäminen) denial
dementoida (kieltää) deny
dementoitua (tylsistyä dementian vaikutuksesta) sink into dementia
dementti (dementian vaikutuksesta tylsistynyt) demented
demilitarisoida (poistaa sotavoimat) demilitarize
demilitarisointi (sotavoimien poisto) demilitarization
demilitarisoitu vyöhyke demilitarized zone, DMZ
deminutiivi (pienempään viittaava johdos) diminutive
demo (ark) demo *tehtiin demo-cd* we cut a demo CD
demografia (väestötiede) demography
demografinen (väestöä koskeva) demographic
demokraatti (demokratian kannattaja) democrat; (USA:n demokraattisen puolueen kannattaja) Democrat
demokraattinen democratic, Democratic
demokratia democracy
demokratiavaje (kansalaisten heikkoja vaikutusmahdollisuuksia EU:ssa) democratic deficit
demokratisoida (tehdä demokraattisemmaksi) democratize
demoni demon
demoninen (saatanallinen) demonic
demonismi (usko pahoihin voimiin) demonism
demonstraatio (havaintoesitys) demonstration
demonstratiivinen (mielenosoituksellinen, osoittava) demonstrative
demonstratiivipronomini (esim. tämä, tuo) demonstrative pronoun
demonstroida (näyttää, osoittaa mieltään) demonstrate
dendriitti (hermosolun tuojahaarake) dendrite
denotaatio (ulkoiseen maailmaan viittaava merkitys) denotation
deodorantti deodorant
dependenssi (riippuvuus) dependence
dependentti (riippuvainen) dependent
deportaatio (karkotus) deportation
deportoida (karkottaa maasta) deport
depravaatio (tapainturmelus) depravation
depressiivinen (masentunut) depressive
depressio depression
deprivaatio (puute, perustarpeiden tyydyttämättä jääminen) deprivation
deprivoida (riistää, olla antamatta) deprive
derivaatio (toisesta muodostaminen) derivation
derivaatta (johdannaisyhdiste) derivative, differential coefficient
derivoida (muodostaa toisesta) derive
dermatologi (ihotautilääkäri) dermatologist
dermatologia (ihotautioppi) dermatology
dervissi (sufi-lahkon islamilainen munkki) dervish
desentralisaatio (hajautus) decentralization
desentralisoida (hajauttaa) decentralize
desibeli (äänenvoimakkuuden mittayksikkö) decibel
design (muotoilu) design
designata (muotoilla) design
designer (muotoilija) designer
desilitra deciliter, (UK) decilitre
desilluusio (harhakuvitelmien raukeaminen) disillusionment
desimaali decimal
desimaalijärjestelmä decimal system
desimaaliluku decimal (fraction)
desimaalipilkku decimal point
desinfektio disinfection
deskriptiivinen (kuvaileva) descriptive
deskriptio (kuvaus) description
despootti (yksinvaltias) despot, dictator
destinaatio (määräpaikka) destination
destruktiivinen (tuhoava) destructive
destruktio (tuho) destruction
detalji (yksityiskohta) detail
detaljoitu (yksityiskohtainen) detailed
detektiivi (salapoliisi) detective
detektio (selville saaminen) detection
detektori (ilmaisin) detector

determinaatio (määrääminen) determination
determinantti (neliömäinen lukukaavio) determinant
determinatiivinen (rajoittava) determinative
determinismi (näkemys jonka mukaan kaikki on ennalta määrätty) determinism
deterministi (determinismin kannattaja) determinist
deterministinen (determinismiin liittyvä) deterministic
determinoida (määrätä ennalta) determine
devalvaatio (kotimaan valuutan arvonalennus) devaluation
devalvoida (alentaa kotimaan valuutan arvoa) devaluate
devalvointi devaluation
deviaatio (poikkeama) deviation
deviantti (poikkeava) deviant
dia slide, transparency *väridia* (ammattikielessä myös) chrome
diaari (päiväkirja) diary
diabeetikko (sokeritautinen) diabetic
diabeettinen (sokeritautiin liittyvä) diabetic
diabetes (sokeritauti) diabetes
diabolinen (pirullinen) diabolic(al)
diagnoosi diagnosis
diagnosoida diagnose
diagnostikko (taudin määrittäjä) diagnostician
diagnostinen diagnostic
diagonaali (lävistäjä) diagonal
diagonaalinen (lävistäjän suuntainen) diagonal
diakehys slide mount
diakoni church social worker
diakonia church social work
diakonissa (female) church social worker
dialekti (murre) dialect
dialektiikka (vastakohtien rinnastamiseen perustuva filosofinen menetelmä) dialectic
dialektinen (dialektiikkaan liittyvä) dialectical

dialektologi (murteen tutkija) dialectologist
dialektologia (murteen tutkimus) dialectology
dialipas slide tray
dialogi dialogue
dianetiikka (L. Ron Hubbardin skientologian perusoppi) Dianetics
diaprojektori slide projector
diaspora (kansainhajaannus) diaspora
diastole (sydänlihaksen supistuksen välinen lepovaihe) diastole
diatsepaami Valium
didaktiikka (opetusoppi) didactics
didaktikko (opetusopin asiantuntija) didactician
didaktinen (opettava, didaktiikkaan liittyvä) didactic
dieetti diet *Atkinsin dieetti* the Atkins diet
diesel diesel (engine, car)
dieselmoottori diesel engine
dieselpolttoaine diesel fuel
dieselvero diesel tax
dieselveturi diesel locomotive
dieteetikko (ravinto-opin asiantuntija) dietician
differenssi (erilaisuus) difference
differentiaalilaskenta (matematiikan haara) differential calculus
differentiaalinen (jakava) differential
differentiaatio (eriyttäminen, eriytyminen) differentiation
differentioida (eriyttää) differentiate
differentiointi (eriyttäminen) differentiation
differentioitua (eriytyä) differentiate, diverge
differentti (erilainen) different
differointi (erilaiseksi tekeminen) differentiation *tuotedifferointi* product differentiation
diffuusi (epätarkka) diffuse
diffuusio (sekoittuminen, leviäminen) diffusion
difteria (kurkkumätä) diphtheria
diftongi (kaksoisääntiö) diphthong
digata (ark) dig *Diggasin hirveesti sun biisiäs* I really dug your song
digestio (ruoansulatus) digestion

digitaali-

digitaali- (numeerinen) digital
digitaalikamera (myös digikamera) digital camera
digitaalinen (numeerinen) digital
digitaalinen allekirjoitus digital signature
digitaaliradio digital radio
digitaalitelevisio digital television
digitalisoida (tietok) (muuntaa digitaaliseksi) digitize
digitalisointi (digitaaliseksi muuntaminen) digitization
digitoida (muuntaa digitaaliseksi) digitize
diileri (arvopaperi- tms. kauppias) dealer
diili (kauppa) deal
diiva prima donna, diva
diivailla play the prima donna, put on airs
diktaattori (yksinvaltias) dictator
diktatorinen (omavaltainen) dictatorial
diktatuuri (diktatorinen maa tai virka) dictatorship
dilemma (vaikea valinta) dilemma
diletantismi (aloittelijamaisuus) dilettantism
diletantti (aloittelija) dilettante
dimensio (ulottuvuus) dimension
dingo (eläin) dingo
dinosaurus (hirmulisko) dinosaur
dipata (kastaa esim sipsejä dippiin) dip
diplomaatti diplomat
diplomaattinen diplomatic, tactful
diplomaattisuhteet diplomatic relations
diplomatia (valtioiden keskinäisten suhteiden virallinen hoito) diplomacy
diplomi diploma, certificate
diplomi-insinööri engineer *Anja on diplomi-insinööri* Anja is an engineer/has her M.S. in engineering *dipl.ins. Anja Rekonen* Anja Rekonen, M.S.
dippi (dippauskastike) dip
directio (hallinto) direction
direktiivi (ohjesääntö) directive
direktiivinen (johtava) directive
direktoraatti (johtoelin) board of directors
disipliini (tieteenhaara, kurinpito) discipline

disiplinaarinen (kurinpidollinen) disciplinary
diskanttikaiutin tweeter
diskanttisäädin treble control
diskata disqualify
disketti diskette, disk, floppy disk, floppy
disko disco(theque)
diskreditoida (saattaa huonoon maineeseen) discredit
diskreetio (tahdikkuus) discretion
diskreetti 1 (tahdikas) discreet **2** (erillinen) discrete
diskrepanssi (poikkeama) discrepancy
diskriminaatio (erottelu) discrimination
diskriminoida (erotella) discriminate
diskriminointi (erottelu) discrimination
diskursiivinen (erittelevä) discursive
diskurssi (puhe tai kirjoitus) discourse
diskvalifioida (hylätä kilpailukelvottomana) disqualify
dispanssi (erivapaus) (special) dispensation
dispensaatio (erivapauden myöntäminen) granting a (special) dispensation
display (näyttöruutu) display
dissata (ark: puhua epäkunnioittavasti) diss, disrespect
dissertaatio (väitöskirja) dissertation
dissidentti (toisinajattelija) dissident
dissonanssi (riitasointu) dissonance
distanssi (etäisyys) distance
distinkti (selvä) distinct
distinktiivi (selvästi erottuva) distinctive
distinktio (eronteko) distinction
distraktio (hajamielisyys) distraction
divari (ark) **1** (antikvariaatti) used bookstore **2** (osto- ja myyntiliike) secondhand store, flea market, pawn shop
diversiteetti (monimuotoisuus) diversity
divisioona division
Djibouti Djibouti, Jibuti
djiboutilainen s, adj Djiboutian, Jibutian
dogmaatikko 1 (dogmatiikan tutkija) dogmatician **2** (ahdasmielinen ihminen) dogmatist

dogmaattinen (dogmien mukainen) dogmatic
dogmaattisuus (dogmien mukaisuus) dogmatism
dogmi (opinkappale) dogma
dokumentaarinen documentary
dokumentoida (todistaa oikeaksi asiapapereilla) document, verify, substantiate
dokumentti (asiapaperi) document
dokumenttiohjelma documentary (movie/film)
Dolby-kohinanvaimennus Dolby noise reduction
dollari dollar
dollarihymy big American car, (iso ja vanha) dinosaur, (isoruokainen) gas-guzzler
Dominikaaninen tasavalta Dominican Republic
dominoida (hallita) dominate
dominoiminen (hallitseminen) domination
dominoiva (hallitseva, kontrolloiva) domineering
donkata (koripallossa) dunk/stuff (it)
donkki dunk
donna (sl) broad
dorka (ark) adj dorky s dork
DOS (tietok) DOS, disk operating system
dosentti (väitellyt tiedekuntaan kuulumaton opettaja) docent
dosentuuri (dosentin virka) docentship
Downin oireyhtymä (ent. mongolismi) Down's syndrome
draama drama, play
draiveri (golfissa pisin maila) driver
dramaattinen dramatic
dramatiikka dramatic literature
dramaturgi dramaturge, dramaturgist
dramaturginen dramaturgic (to do with dramatic art)
drastinen (äkillinen) drastic

dromedaari (eläin) dromedary
duaalinen (kaksinainen) dual
dualismi (käsitys jonka mukaan kaikkea hallitsee kaksi vastakkaista perustekijää) dualism
dualisti (dualismin kannattaja) dualist
dualistinen (dualismin kaltainen) dualistic
dubata (jälkiäänittää) dub, (huulten liikkeiden mukaan) lip-synch(ronize)
dubbaus (jälkiäänitys) dubbing, (huulten liikkeiden mukaan) lip-synch(roniz)ing
duetto duet
dumpata (ark) (hylätä, myydä polkuhintaan) dump
dumppaus (polkumyynti) dumping
duplikaatio (kahdentaminen) duplication
duplikaatti (kaksoiskappale) duplicate, (ark valokuvista) dupe
duuma (Venäjän parlamentin alahuone) Duma
duuni (ark) (työ, työpaikka) job, work *Ootsä menossa duuniin?* You on your way to work? *paskaduuni* shit job
duuri (mus) major (key) *cis-duuri* C sharp major
dvd-levy DVD
dvd-soitin DVD player
dynaaminen (voimia tai dynamiikkaa koskeva) dynamic
dynamiikka (mekaniikan haara, äänenvoimakkuuden vaihtelu) dynamics
dynamiitti dynamite
dynamismi (voimiin viittaava filosofinen selitysmalli) dynamism
dynastia (hallitsija- tai ruhtinassuku) dynasty
dyyni (lentohiekkakinos) (sand) dune
džihad (islamilainen pyhä sota) jihad
dödö (ark; deodorantti) BO-chaser
dösä (ark; bussi) bus

E, e

Ecuador Ecuador
ecuadorilainen s, adj Ecuadorian
edelleen 1 (eteenpäin) on(ward(s)), ahead **2** (vielä) further(more), also
edellinen previous, preceding; (aikaisempi) former, previous, earlier *edellisellä kerralla* last time, the previous time *Kumman otat, edellisen vai jälkimmäisen?* Which will it be, the former or the latter?
edellisvuonna last year
edellisvuosi the previous/preceding year, last year
edellisvuotinen last year's, of the previous/preceding year *Edellisvuotinen tappio oli vielä suurempi* The previous year our losses were even greater
edellyttää 1 (vaatia hallinnollisesti) require, oblige, call for, demand, make imperative **2** (vaatia loogisesti) presuppose, necessitate, entail, imply *Rothin uusi romaani edellyttää lukijalta paljon* Roth's new novel places great demands on the reader *Pankki edellyttää, että opintolainan saanut opiskelija suorittaa 30 opintoviikkoa vuodessa* The bank requires recipients of student loans to complete 30 study weeks per year **3** (olettaa) presume, assume, suppose, take it (for granted) *Pääsette sisälle edellyttäen että teillä on vaadittavat paperit* Providing you have the proper papers, you will be allowed to enter
edellytys 1 (ehto) condition, provision, proviso, stipulation, (pre)requisite, necessity, must; (mon) the requisite abilities/aptitude, the right stuff, the needed skill(s)/talent, the necessary resources/knowhow *Hänellä ei ole edellytyksiä onnistua* He's got no chance of success **2** (oletus) assumption, presumption, (pre)supposition, postulation, premise
edellä before, ahead (of), in advance/front (of); (ensin) first; (yllä) above *Mene sinä vain edellä* You go on ahead/before *pää edellä* head first *kuten edellä todettiin* as we noted above
edelläkävijä pioneer
edellä mainittu abovementioned
edeltävä previous, preceding
edeltä ahead, in advance, beforehand
edeltäjä predecessor, precursor, forerunner
edeltäkäsin in advance, beforehand, (ark) up front
edeltäpäin in advance, beforehand, before the fact/event
edeltää precede, go before, go ahead of, come before, take place before, antedate, antecede
edempänä farther on/off, later (on); (kirjassa) below
edes (toiveikkaassa yhteydessä) at least, (lähes epätoivoisessa yhteydessä) even *Kunpa olisi koulussa edes yksi mielenkiintoinen tunti!* I wish we had even a single interesting class at school! *Opettajat voisivat edes yrittää olla inhimillisiä* The teachers could at least try to act human, the least they could do is try to act human
edesottamukset 1 (teot) doing, carryings-on **2** (möhläykset) screwups, foulups, fuckups
edessä in front of, ahead of, before; (tiellä) in the way

edessäpäin in the future, somewhere down the line/road, in times to come, somewhere farther on

edestakainen 1 (lippu) round-trip, (UK) return **2** (liike) back-and-forth, backward-and-forward, to-and-fro, up-and-down, see-saw, (heiluri-) pendulum *Heilurin edestakainen liike alkoi hypnotisoida minua* The pendulum's swing started to hypnotize me

edestakaisin back and forth, backward and forward, to and fro, up and down, there and back

edestä 1 (-päin) from the front, (etuosasta) at/in the front, up front, (jonkin paikan edestä) from in front of, from before **2** (tieltä) out of the way **3** (puolesta) for, instead of, in place of, on behalf of

edesvastuu responsibility *vetää edesvastuuseen* hold someone responsible (for)

edesvastuuton irresponsible

edetä 1 (kulkea eteenpäin) advance, proceed, make headway, move/go ahead/forward, make strides, gain ground **2** (edistyä) progress, make progress, advance, get ahead, get on **3** (kehittyä) develop, improve, become/get better

edistyksellinen (edistykseen uskova ja pyrkivä) progressive, forward-looking, reformist, advanced, modern; (suvaitsevainen) liberal, open-minded, free-thinking

edistyksellisyys (edistysmieli) progressive thinking/thought, reformism, reform ideology, modernism; (suvaitsevaisuus) liberalism, open-mindedness, free thinking/thought

edistyminen (making) progress, headway, improvement, advance(s), making strides

edistys progress, advance(s), advancement, strides, development, reform *Edistys on tärkein tuotteemme* Progress is our most important product *Syöpätutkimuksessa on tapahtunut huomattavaa edistystä* Great strides/advances have been made in cancer research

edistysaskel advance(ment), step (forward), stride, breakthrough

edistysmielinen ks edistyksellinen

edistysmielisyys ks edistyksellisyys

edistyä 1 (edetä) advance, proceed, make headway, move/go ahead/forward, make strides, gain ground **2** (tehostua) progress, make progress, advance, get ahead, get on **3** (kehittyä) develop, improve, become/get better

edistäjä promoter, publicist, advertiser, advocate

edistää 1 advance, further, (help/urge) forward, help the progress of, work for/toward, expedite, improve (on), enhance, aid, assist **2** (puhua puolesta) promote, speak for, foster, encourage, support **3** (kello) run/be fast *Kelloni edistää viisi minuuttia* My watch is five minutes fast

editoida edit

editointi editing

editori 1 (tietok: tekstinmuokkausohjelma) editor **2** (toimittaja) editor

editse in front, across/through the front of

edullinen 1 (rahallista hyötyä tuottava) profitable, remunerative, lucrative **2** (otollinen) favorable, advantageous, beneficial **3** (halpa) economical, reasonable, cheap, inexpensive

edullisesti 1 (hyödyllisesti) profitably, at (great/some) profit **2** (otollisesti) favorably, advantageously, to (one's) (best/greater) advantage, to (one's) benefit **3** (halvalla) economically, reasonably, cheaply, inexpensively, at a discount/bargain, on sale, for a song, at this low price

edullisuus 1 (hyödyllisyys) profit(ability), advantage(ousness), benefit **2** (halpa hinta) reasonable/low/sale/discount price/cost, inexpensiveness, economy

edunsaaja beneficiary

eduskunnan jäsen member of parliament

eduskunnan kanslia secretariat of parliament

eduskunnan puhemies speaker of parliament
eduskunnan sihteeri secretary of parliament
eduskunta (Suomi/UK) parliament, (US) congress/legislature, (muut) diet
eduskuntaryhmä party representation (in Parliament)
eduskuntatalo Parliament building
eduskuntavaalit parliamentary election
edusta front, the area in front of
edustaa 1 (toimia jonkun nimissä) represent, be (someone's) representative, act on behalf of (someone) *edustaa kannattajiaan neuvotteluissa* represent your backers in the negotiations *Muista että ulkomailla edustat maatasi* Remember that you'll be your country's ambassador when you go abroad *edustaa emoyhtiötä ulkomailla* be the parent company's agent abroad **2** (ilmentää) symbolize, represent, signify, stand for **3** (olla näyte jostakin) be, be a(n) example/sample/case of *Tämä mekko edustaa kevään kokoelmaamme* This dress is part of our spring collection **4** (kannattaa) advocate, support, be an advocate/supporter of **5** (järjestää juhlia tms) entertain
edusta-ajo (tietok) foreground run
edustaja representative **1** (kansanedustaja) Member of Parliament (Suomi/UK), member of Congress (USA:n kongressin jäsen), Representative/Congressperson (USA:n edustajainhuoneen jäsen), Senator (USA:n senaatin jäsen) **2** (valtuutettu) deputy, delegate, proxy, substitute, surrogate, proctor; (lähettiläs) emissary, envoi, spokesman; (liik) agent, procurator, commissioner; (lak) attorney, counsel *toimia jonkun edustajana oikeudessa* represent someone in court; (kuv) proponent, exponent, advocate, upholder, believer
edustajainkokous meeting of delegates/representatives, representative assembly
edustajanpaikka a seat (in parliament)
edustava 1 (kokonaisuutta edustava) representative, representing the whole, typical/typifying, illustrative **2** (jonkun arvovaltaa edustava) elegant, stylish, sumptuous, tasteful, exquisite, handsome, well-proportioned, well-appointed, attractive, distinguished, impressive, imposing
edusteilla represented
edustus representation, agency; (edustaminen) (business/diplomatic jne) entertainment
edustusasu uniform, livery
edustusasunto company-bought/-owned house/apartment
edustushuoneisto reception room(s)
edustuskelopoisuus representativeness
edustuskelpoinen representative
edustuslounas expense-account lunch; (kun edustaa virkaansa) official lunch, (valtiota) state luncheon, (firmaansa) company lunch, (ark) power lunch
edustustilaisuus (official/state/social) reception
edustustili expense account
e-duuri E major
Edvard (kuninkaan nimenä) Edward
eebenholtsi ebony
eebenpuu ebony
eeden Eden
eepos epic
eeppinen epic
Eesti Estonia
eesti Estonian
eestiläinen Estonian
eetos (luonne, asenne, asennoituminen) ethos
eetteri ether
eettinen (etiikan mukainen) ethical
eettisyys (etiikan mukaisuus) ethicality
eetvartti (ark) *se teki eetvarttia* that hit the spot
eevan puvussa in her birthday suit
efekti (teho, tehoste) effect
efektiivinen (tehokas, todellinen) effective
efektiivisyys (tehokkuus) effectiveness
Efesolaiskirje (Paul's letter/epistle to the) Ephesians
egalitaari egalitarian(ist)
egalitaarinen egalitarian

egalitarismi egalitarianism
ego (psykologiassa minä) ego
egoismi (itsekkyys) egoism
egoisti (itsekäs ihminen) egotist, egoist
egoistinen (itsekäs) egoistic, (itsepönkitykseen perustuva) egotistic
egosentrikko (itsekeskeinen ihminen) egocentric
egosentrinen (itsekeskeinen) egocentric
egotismi (omahyväisyys) egotism
egotisti (omahyväinen ihminen) egotist
egotistinen (itsekeskeinen) egotistic(al)
Egypti Egypt
egyptiläinen s, adj Egyptian
ehdoin tahdoin deliberately, intentionally, on purpose
ehdokas candidate; (nimetty) nominee *olla eduskuntaehdokkaana* run/stand for Parliament *asettua ehdokkaaksi* enter/announce your candidacy
ehdokkuus candidacy
ehdollepano (yhden hakijan) nomination, (useamman) ranking
ehdollinen conditional, (ehdollistettu) conditioned
ehdollinen refleksi conditioned reflex
ehdollinen tuomio suspended/conditional sentence *saada ehdollinen tuomio* be put on probation
ehdollisesti conditionally
ehdollistaa condition
ehdollistua become conditioned/reflex, become second nature
ehdollistuminen conditioning, conditioned learning
ehdonalainen s parole *päästä ehdonalaiseen* get out on parole, be/get paroled adj conditional
ehdot conditions, terms; (koulussa) (vanh) conditions *saada ehdot* get moved up to the next grade on condition that you improve your marks in summer school *suorittaa ehdot* go to summer school to improve your marks in order to get moved up to the next grade
ehdoton 1 unconditional, absolute, complete, supreme, pure, full *ehdottoman luottamuksellinen* strictly confidential, top-secret *ehdottoman tarpeellinen* absolutely necessary, an absolute must **2** (rajoittamaton) unrestricted, unlimited, unbounded, unqualified **3** (taipumaton) unbending, unyielding, inflexible **4** (varma) categorical, positive, definite **5** (kiistämätön) unquestioned, undisputed **6** (ark: erinomainen) the greatest, awesome, fantastic, super
ehdoton aikaraja deadline
ehdoton edellytys essential condition, sine qua non
ehdoton enemmistö absolute majority
ehdoton raittius total abstinence, teetotalism
ehdoton refleksi unconditioned reflex
ehdoton vankeusrangaistus prison sentence without chance of parole
ehdottaa 1 (esittää) suggest, submit, advance (the proposition that), move, make a suggestion, come forward with a proposal **2** (suosittaa) recommend, urge, advise, propose, counsel; (ark) vote *Ehdotan että syödään* I vote we eat **3** (panna ehdolle) put forward, nominate
ehdottomasti absolutely, positively, definitely, without question, unquestionably, beyond a shadow of a doubt, necessarily *Sinun on ehdottomasti mentävä!* You must go, it's imperative that you go!
ehdotus 1 (esitys) suggestion, proposal, proposition, (kokouksessa) motion **2** (suositus) recommendation, (piece of) advice, counsel **3** (luonnos) draft, outline **4** (suunnitelma) plan, project, scheme
eheyttävä unifying, unificatory, integrative, consolidative, harmonizing
eheyttää 1 unify, integrate, consolidate, harmonize, bring (peace and) harmony to, bring unity to, (work to) make (more) harmonious **2** (tietok) defragment, (ark) defrag
eheytys unification, integration, consolidation, harmonizing
eheä ks ehjä
ehjin nahoin in one piece
ehjä 1 whole, entire, complete, full, total, perfect, pure **2** (osittamaton) in one

ehkä

piece, undivided, uncut, unbroken, intact, undiminished **3** (vahingoittumaton: esine) undamaged, unbroken, in one piece **4** (vahingoittumaton: ihminen) healthy, well, unharmed, uninjured, unhurt, in one piece, safe and sound, unscathed **5** (yhtenäinen) unified, integrated, consolidated, one, coherent, cohesive

ehkä maybe, perhaps, possibly *Etkö sinä ehkä menekään?* Is it possible that you won't be going? Is there some likelihood that you won't be going? *Ehkä en menekään* I may/might not be going (after all)

ehkäistä 1 (estää) prevent, keep from occurring, avert, block, bar **2** (pidättää) stop, halt, check, keep/hold back, hold up, stave/ward off **3** (torjua) thwart, frustrate, foil, arrest, nip in the bud, forestall; intercept, defend against, counteract, fend off **4** (tyrehdyttää) suppress, repress, stanch, stop

ehkäisy prevention, contraception

ehkäisyväline contraceptive (device), (erityisesti kondomi) prophylactic

ehostaa (kasvoja) make-up; (paikkoja) spruce/fix things up

ehoste cosmetic

ehostus (kasvojen) make-up; (paikkojen) improvement *talon ehostus* home improvement

ehta real, authentic *Tässä on ehtaa tavaraa, juo!* Drink up, this is the real stuff

ehtivä 1 (nopea) fast, quick (to act), prompt **2** (kätevä) skillful, able, dexterous, adroit, deft, adept **3** (tehokas) efficient, effective, effectual **4** (aikaansaapa) productive, prolific, busy, vigorous, active, dynamic, accomplishing much, on the ball

ehtiä 1 (keritä) have/find time (to do something), make it (on time), get there (on time), reach (a place on time) *En ehdi nyt jutella* I don't have time to talk *En millään ehdi kuudeksi* I'll never make it/get there by six **2** (saavuttaa) reach; (edetä) advance *Ehtinet Helsinkiin aamuksi* You'll probably reach Helsinki by morning *Pappa on ehtinyt 80 vuoden ikään* Grandpa's (reached) 80 *Tauti on ehtinyt jo melko pitkälle* The disease has already advanced pretty far, is already quite far along

ehto condition; (lak) stipulation, provision, proviso, clause (mon ks ehdot); (edellytys) condition, (pre)requisite, necessity, must *päästä/tulla ehdolle* to place/rank (in a competition), to make the final cut, to make the shortlist *panna/asettaa ehdolle* to place/rank (candidates in a race/competition/recruitment process), to (draw up a) shortlist

ehtolause conditional clause

ehtoo evening, (run) eve(n)

ehtoollinen (Holy) Communion, Lord's Supper, the Eucharist, the Holy/Blessed Sacrament; (kans) dinner, evening meal

ehtoolliskirkko Communion service

ehtoollisleipä (consecrated/sacramental/eucharistic) bread/wafer, the Host, the Eucharist

ehtoollisviini (Communion/sacramental) wine

ehtymätön inexhaustible, unflagging, unfailing; (loputon) bottomless, endless, boundless

ehtyä 1 (loppua: nesteestä) run dry, dry up **2** (loppua: muusta aineesta) be depleted, be exhausted, be used up, run short **3** (heiketä) ebb, decline, fade away, abate, subside

ehyt ks ehjä

ehättää hasten, hurry, rush, make haste, lose no time *ehättää ennen* get there first, beat somebody to the punch *ehättää tehdä jotakin* hasten/hurry/rush to do something, lose no time in doing something *ehättää väliin* cut in, interrupt, interject

ei no, not, (ark) nope, (run, myös ei-ääni) nay

ei ainoastaan leivästä (man cannot live) by bread alone

ei ajatella nenäänsä pitemmälle not (be able to) think past your own nose

ei alkuunkaan not at all, (ark) no way

ei asia puhumalla parane talking's not going to get us anywhere

ei auta itku markkinoilla no use crying over spilled milk
eideettinen (aistimusvoimainen) eidetic
ei enempää eikä vähempää no more, no less
ei halaistua sanaa not a word *hän ei sanonut halaistua sanaa* she didn't say a word, we didn't get even a peep out of her
ei hassumpaa not bad, not too shabby
ei haukkuva koira pure his bark is worse than his bite
ei hosuen hyvää synny slow and steady wins the race
ei hullumpaa not bad
ei hätä ole tämän näköinen it's not as bad as it looks
ei kaikki kultaa, mikä kiiltää everything that glitters is not gold
ei kaksi kolmannetta it never rains but it pours
ei kasvaa joka oksalla doesn't grow on trees
ei kenenkään maa No Man's Land
ei kestää päivänvaloa not (be able to) stand the light of day
ei kirveelläkään no way, under no circumstances, absolutely not, over my dead body *et ota sitä multa kirveelläkään* you'll have to rip it from my cold dead fingers
ei kukaan ole profeetta omalla maallaan no man is a prophet in his own land
ei kukaan ole seppä syntyessään practice makes perfect
ei kukko käskien laula you can drag a horse to water but you can't make him drink
ei kuuna päivänä not in a million years
ei lahjahevosen suuhun katsota don't look a gift horse in the mouth
eilen yesterday
ei liikuttaa eväänsäkään not move a finger
eilinen s yesterday adj yesterday's
eilisen teeren poika born yesterday *En ole mikään eilisen teeren poika* I wasn't born yesterday

eilisilta yesterday evening, (ark) last night
eilisiltainen yesterday evening's, last night's *Unohda se eilisiltainen kysymykseni* Forget what I asked you last night
ei Luojakaan laiskoja elätä the Lord helps those who help themselves
ei mailla eikä halmeilla nowhere to be found *häntä ei näkynyt mailla eikä halmeilla* we found neither hide nor hair of him
ei maksaa vaivaa not be worth it, not be worth the candle
ei mennä virran mukana not go with the flow
ei mikään ruudinkeksijä no Einstein, no rocket scientist
ei missään nimessä no way, under no circumstances
ei mitään muttia no buts
einekset deli(catessen) food
ei niin pahaa ettei jotain hyvääkin every cloud has a silver lining
ei nähdä metsää puilta not see the forest for the trees
ei nähdä nenäänsä pitemmälle not see past your nose
ei olla ensi kertaa pappia kyydissä not be born yesterday, not be wet behind the ears
ei olla kaksinen not be anything to shout about, not be anything to write home about
ei olla koiraa karvoihin katsominen beauty's skin deep
ei olla köyhä eikä kipeä (hiprakassa) be feeling no pain
ei olla millänsäkään not let something affect you, be cool
ei olla mistään kotoisin be worthless, useless *Tuo arvostelu ei ole mistään kotoisin* That review isn't worth the paper it was printed on *Koko mies ei ole mistään kotoisin* The man is a waste of air
ei olla moksiskaan not care/worry, be cool
ei olla naurun asia be no laughing matter

ei omena kauas puusta...

ei omena kauas puusta putoa the apple falls not far from the tree
ei onni potkaise kahdesti opportunity only knocks once
ei oppi ojaan kaada a little learning never hurt anybody, a little learning won't kill you
ei ottaa kuuleviin korviinsa be deaf to
ei panna tikkua ristiin not lift a finger (to help)
ei pennin hyrrää not a red cent, not a plug nickel
ei pidä mennä merta edemmäs kalaan what you're looking for is right under your nose
ei pisara meressä tunnu it's a drop in the bucket/in the ocean
ei päästä puusta pitkään still be stuck at square one
ei rakkautta ilman kärsimystä no pain no gain
ei Roomaa rakennettu yhdessä päivässä Rome wasn't built in a day
ei saa antaa auringon laskea vihansa ylle don't let the sun set on your anger
ei savua ilman tulta where there's smoke, there's fire
ei se pelaa joka pelkää get out of the kitchen if you can't stand the heat
ei-sepitteinen non-fictional
ei siitä paljon parta pauku it's like farting in the wind
ei sitä ole kirkossa kuulutettu it ain't over till the fat lady sings
ei sääntöä ilman poikkeusta the exception proves the rule
eittämättä without question/doubt, beyond a shadow of a doubt
ei tulla kuuloonkaan be out of the question
ei-tupakka nonsmoking *Tupakka vai ei-tupakka?* Will that be smoking or nonsmoking?
ei vanha koira istumaan opi you can't teach an old dog new tricks
ei vara venettä kaada better safe than sorry
ei vierivä kivi sammaloidu a rolling stone gathers no moss
ei yksi pääsky kesää tee a single/one swallow does not make a summer
ei yrittänyttä laiteta if at first you don't succeed, try again
ejakulaatio (siemensyöksy) ejaculation
eka (ark) first
ekaluokkalainen (ark) first-grader
eklektikko (eklektisismin harjoittaja) eclectic
eklektinen (valikoiva) eclectic
eklektisismi (toisten kehittämien ajatusten ja tyylien valikointi ja yhdistely) eclecticism
eklipsi (auringon/kuunpimennys) eclipse
ekologi (ekologian tutkija) ecologist
ekologia (oppi eliöiden ja niiden luonnonympäristön välisistä suhteista) ecology
ekologinen (ekologiaan liittyvä) ecological
ekonomi someone who majored in business, business graduate; B.A./B.S. in business (huom: economist = taloustieteilijä)
ekonomia (talous, säästäväisyys) economy
ekonominen 1 (talouteen liittyvä) economic **2** (säästäväinen) economical
ekonomisti economist
ekosfääri (koko planeetan ekosysteemi) ecosphere
ekosysteemi (eliöiden ja niiden luonnonympäristön muodostama kokonaisuus) ecosystem
ekotalo (ympäristöystävällinen asuintalo) ecohouse, ecohome, (muu rakennus) ecobuilding
ekoturismi (ympäristöaiheinen matkailu) ecotourism
ekotyyppi ecotype
eksakti (tarkka) exact *eksaktit tieteet* the exact sciences
eksaktius (tarkkuus) exactitude
eksaltaatio (hurmio) exaltation
eksaltoitua (hurmioitua) be exalted
ekseema (rohtuma) eczema
eksegeesi (raamatunselitys) exegesis

eksegetiikka (raamatunselitysoppi) exegetics
eksekuutio (teloitus, täytäntöönpano) execution
eksellenssi 1 (erinomaisuus) excellence **2** (arvonimi) Your/His Excellency
eksellentti (erinomainen) excellent
eksemplaari (esimerkki) exemplar
eksemplaarinen (esimerkillinen) exemplary
eksemptio (erivapaus) exemption
eksentrikko (omaperäinen ihminen) eccentric
eksentrinen (epäkeskinen, omaperäinen) eccentric
eksentrisyys (epäkeskisyys, omaperäisyys) eccentricity
ekseptio (poikkeus) exception
ekseptionaalinen (poikkeuksellinen) exceptional
eksessi (liikamäärä) excess
eksessiivinen (liiallinen) excessive
ekshibitio (näyttely) exhibition
ekshibitionismi (itsensä paljastaminen tai esille tuominen tai sen tarve) exhibitionism
ekshibitionisti (itsensäpaljastaja tai henkilö, jolla on tarve tuoda itseään esille) exhibitionist
ekshibitionistinen (ekshibitionismin mukainen) exhibitionistic
eksiili (maanpako) exile
eksisteerata (olla olemassa) exist
eksistenssi 1 (olemassaolo) existence, subsistence **2** (toimeentulo) subsistence, livelihood
eksistentiaalinen (olemassaoloon liittyvä) existential
eksistentialismi (filosofian suunta jonka mukaan ihminen itse luo olemustaan vapailla valinnoillaan) existentialism
eksistentialisti (eksistentialismin kannattaja) existentialist
eksistentti (olemassa oleva) existent
eksistoida (olla olemassa) exist
eksitaatio (kiihtymys, virittyminen) excitation
eksklamaatio (huudahdus) exclamation
eksklusiivinen (pois sulkeva, valikoiva) exclusive
ekskluusio (poissulkeminen) exclusion
ekskommunikaatio (seurakunnasta erottaminen) excommunication
ekskrementti (uloste) excrement
ekskursio (retki) excursion
eksoottinen (kiehtovan erilainen) exotic
eksosfääri (ilmakehän uloin kerros) exosphere
eksoteerinen (helppotajuinen) exoteric
eksotiikka (kiehtova erilaisuus) exoticism
eksotismi (eksoottisten asioiden ihailu) exoticism
ekspansiivinen (laajenemaan pyrkivä) expansive
ekspansio (laajeneminen, laajentaminen) expansion
ekspansiopolitiikka (aluelaajennuspolitiikka) expansionism, expansionist (foreign) policy
ekspatriaatti (ulkomailla asuva) expatriate, (ark) expat
ekspensiivinen (kallis) expensive
eksperimentaalinen (kokeellinen) experimental
eksperimentaatio (kokeilu) experimentation
eksperimentoida (kokeilla) experiment
eksperimentti (koe) experiment
ekspertti expert
eksplanaatio (selitys) explanation
eksplikaatio (tulkinta) explication
eksplikoida (tulkita) explicate
eksplisiitti(nen) (suoraan ilmaistu) explicit
eksplisoida (ilmaista suoraan) make explicit, (fil) explicitate
eksploatoida (käyttää hyväkseen) exploit
eksplodoida (räjähtää) explode
eksploitaatio (hyväksikäyttö) exploitation
eksploosio (räjähdys) explosion
eksploraatio (tutkimus) exploration
eksploraattori (tutkija, tutkimusmatkailija) explorer

eksploratiivinen

eksploratiivinen (tutkiva) exploratory
exploratiivinen leikkaus exploratory surgery
eksplosiivinen (räjähdysaltis) explosive
eksponentiaalinen (eksponenttifunktion mukainen) exponential
eksponentti 1 (potenssin ilmaiseva luku) exponent, power **2** (ilmentymä) index
eksponoida (asettaa näytteille) exhibit
eksportoida (viedä maasta) export
eksportti (vienti) export
ekspositio (näytteillepano, esittelyjakso) exposition
ekspressi (pikalähetys, pikajuna) express
ekspressiivinen (ilmaisuvoimainen) expressive
ekspressionismi (taiteen suuntaus jossa todellisuus pyritään kuvaamaan tunteen mukaisesti) expressionism
ekspressionisti (ekspressionismin kannattaja) expressionist
ekspressionistinen expressionist(ic)
ekspressiviteetti (ilmaisuvoima) expressivity
ekspropriaatio (pakkolunastus) expropriation
ekspulsio (poistyöntäminen) expulsion
ekstaasi (hurmio) ecstasy
ekstaatikko (hurmiotilaan hakeva ihminen) ecstatic
ekstaattinen (ekstaasiin liittyvä) ecstatic
ekstensiivinen (laaja) extensive
ekstensio (laajentaminen, ojentaminen) extension
ekstensionaalinen (ekstensioon perustuva) extensional
eksteriööri (ulkopuoli) exterior, (ulkokuva) exterior (shot)
ekstinktio (sukupuutto) extinction
ekstra (ylimääräinen) extra
ekstraditio (syytetyn luovuttaminen maasta toiseen) extradition
ekstrahoida (erottaa, uuttaa) extract
ekstrakti (ote, uute) extract
ekstraktio (poistaminen, uuttaminen) extraction

ekstrasensorinen perseptio (aistien ulkopuolinen havainnointi) extra-sensory perception, ESP
ekstravaganssi (liioittelu, kohtuuton ylellisyys) extravagance
ekstravagantti (liioitteleva, tuhlaileva) extravagant
ekstreemi adj (liiallinen) extreme s (ääriarvo) extreme
ekstremismi (taipumus äärimmäisyyksiin) extremism
ekstremisti (äärimmäisyyksiin taipuvainen ihminen) extremist
ekstremiteetti (äärimmäisyys, raaja) extremity
ekstroversio (ulospäin suuntautuneisuus) extroversion
ekstrovertti (ulospäin suuntautunut) adj extroverted s extrovert
eksyksissä lost *joutua eksyksiin* get lost *selvitä eksyksistä* find your way again
eksyttää 1 (karistaa kannoilta) lose, shake off, ditch **2** (johtaa harhaan) mislead, misguide, lead astray **3** (harhauttaa) deceive, delude, pull the wool over someone's eyes
eksyä 1 get lost, go astray, lose your way **2** (poiketa) stray, wander, deviate **3** (erehtyä) err
ekumeeninen (yleiskirkollinen) ecumenical
ekumenia (yleiskirkollisuus) ecumenia
ekumeniikka (kristittyjen ja kirkkojen yhteistyön tutkimus) ecumenics
ekvaattori (päiväntasaaja) the Equator
ekvalisaattori (äänentoistolaitteistossa) equalizer
ekvatoriaalinen (päiväntasaajan) equatorial
ekvilibrium (tasapaino) equilibrium
ekvivalenssi (vastaavuus) equivalence
ekvivalentti (vastaava) equivalent
elaatio (riemu) elation
elastinen (kimmoisa) elastic
elastisuus (kimmoisuus) elasticity
elatiivi (sijamuoto, esim. sarvesta) elative
elatus 1 (toimeentulo) living, livelihood, income, subsistence, means of support **2** (ylläpito) maintenance, support,

elintarviketeollisuus

(up)keep **3** (elanto) bread (and butter), food on the table *hankkia elatus* make a(n honest) living (by), put food on the table

elatusapu (aviopuolisolle) alimony, (avopuolisolle) palimony; (muu elatusmaksu) maintenance allowance

ele gesture (myös kuv); gesticulation, bodily/hand/arm movement *Se oli kaunis ele, sovinnon ele* That was a nice/conciliatory gesture

elefantti elephant

eleganssi (tyylikkyys) elegance

elegantti (tyylikäs) elegant

elekieli (viittomakieli) sign language; (ark) gestures, hand signs *viestiä elekielellä* (viittoa) sign, (elehtiä) communicate with gestures/hand signs, point to what you want

elektrodi electrode

elektroni electron

elektroniikka electronics

elektronimikroskooppi electron microscope

elektroninen electronic

elektroninen valokuvaus still video, electronic photography

elektronisalamalaite electronic flashlight, electronic flash

elektronisäde electron beam

elektronitykki electron gun

elellä live (from day to day), get by (somehow), get along

elementaarinen (alkeellinen) elementary

elementti element

elementtitalo prefab(ricated) house

eli or, in other words, that is (to say)

elimellinen organic

eliminoida (poistaa) eliminate

eliminointi elimination

elimistö system, body; (biol) organism *Maitorasvat ovat pahoja elimistölle* Milk fats are bad for the system/body *Sinun elimistösi ei kestä yhtään alkoholia* Your body can't take any alcohol at all, even a drop of alcohol would be disastrous for your system

elin 1 (ruumillinen) organ (mon) system (ks elimistö) *ruuansulatuselimet* the digestive system **2** (poliittinen) body, organ; agency, committee, commission, board

elinaika lifetime, lifespan, life; your time on earth, your three score and ten *kaiken elinaikani* as long as I live, all my life, while I'm here on earth *keskimääräinen elinaika* average life expectancy

elinalue territory

elinehto 1 (olemisen edellytys) vital/absolute necessity, prerequisite, lifeblood **2** (toimeentulon edellytys, usein mon) (bare) necessities, exigency/exigencies, (minimal) living conditions

elinikä lifetime, lifespan

elinikäinen lifelong

elinkautinen s life (sentence) *Hän sai elinkautisen* He got life, he was sentenced to life imprisonment adj (tuomio) life (sentence); (elinikäinen) lifelong

elinkeino 1 (source/means of) livelihood, means of support, source of income **2** (työ) occupation, vocation, calling, (line of) business/work, trade, profession, career **3** (toimiala) industry

elinkeinoelämä business, the business world, commerce, commercial life, industry (and commerce), the economy, economic life, trade (and commerce), the private sector *elinkeinoelämän edustajat* representatives of the business world/the private sector, (-valtuuskunta) commercial delegation

elinkeinorakenne economic/commercial structure

elinkelpoinen viable, capable of living/surviving *elinkelpoinen idea* viable/feasible idea

elinkelpoisuus viability, feasibility

elinkustannukset cost of living

elinkustannusindeksi cost-of-living index, consumer price index

elinsiirto organ transplant

elintarvikekauppa grocery store; (toimiala) grocery business

elintarvikelisäaine (food) additive

elintarviketeollisuus food (manufacturing/production) industry

elintarvikkeet

elintarvikkeet food(stuffs), staples, groceries
elintaso standard of living
elintasokilpailu the rat race
elintasopakolainen standard of living refugee
elintärkeä vitally important, essential, absolutely necessary, indispensable *elintärkeä asia* a matter of life and death
elinvoima vitality, vigor, stamina, energy; (filos) life/vital force *pursuta elinvoimaa* to bubble over with energy, effervesce
elinvoimainen vital, vigorous, energetic, effervescent
elinympäristö environment, environs, setting, surroundings, locale; (eläimen) habitat
Elisabet (kuningattaren nimenä) Elizabeth
elitismi (eliitin valta-asema tai sitä kannattava suuntaus, ylimielisyys) elitism
elitistinen (elitismiin liittyvä) elitist
eliö (living) organism/creature/being
elkeet (kujeet) tricks, pranks, (tavat) ways
ellei 1 (jos ei, kielteinen ehto) if not *Olisimme ehtineet ellei Marja olisi viivyttänyt meitä* We would have made it if Marja hadn't slowed us down *Koulussa on 400 oppilasta, ellei enemmänkin* There are 400 students at this school, if not more **2** (paitsi jos, myönteinen ehto) unless *Minä lähden, ellet estä* I'm leaving unless you stop me
ellei vuori tule Muhammedin luo, on Muhammedin mentävä vuoren luo if the mountain won't come to Mohammed, Mohammed will have to go to the mountain
ellipsi 1 (sanomatta tai kirjoittamatta jättäminen) ellipsis **2** (soikio) ellipse
elliptinen (lyhentynyt ellipsin kautta, soikea) elliptic(al)
ellottaa make you sick (to your stomach), make you want to throw up/vomit, nauseate
elo 1 (elämä, henki) life, living *herättää eloon* revive, revivify, resuscitate, resurrect *jäädä eloon* live, survive *jättää eloon* let someone live, spare someone's life *saada väsyneeseen moottoriin eloa* get some life into the tired engine *sortua elon tiellä* fall by the wayside **2** (vilja) grain, (Br) corn, (mon) crops
elohiiri tic
elohopea mercury, (vanh ja kuv) quicksilver *Sinä olet vilkas kuin elohopea!* You move like quicksilver!
eloisa vibrant, vivacious
eloisuus vibrancy, vivacity
elo ja olo way of life
elojuhla harvest festival
elokuu August
elokuva (ark, US) movie, motion/moving picture, flick; (hieno, UK) film; (kokoillan) feature film, full-length feature; (lyhyt-) short *mennä elokuviin* (ark, US) go to the movies, go to/see a movie; (hieno, UK) go to the cinema *olla elokuvissa* (ark, US) be at the movies, at the picture show; (hieno, UK) be at the cinema *esiintyä elokuvissa* (ark, US) star in movies, be in (the) pictures, be a movie star/actor/actress; (hieno, UK) be in films, be a film star/actor/actress
elokuva-ala (ark, US) the movies; (hieno, UK) film, cinema
elokuva-arvostelu movie/film review
elokuvafilmi movie/cinema film
elokuvajuhla film festival
elokuvakamera movie/film camera
elokuvamusiikki movie/film music, theme music; (äänitteenä) sound track
elokuvaprojektori movie/film projector
elokuvasensuuri motion picture/movie/film censorship
elokuvasovitus screen adaptation, adaptation for motion pictures, cinematization
elokuvastudio movie/film studio
elokuvata make/shoot a movie/film
elokuvataide cinema(tic art)
elokuvateatteri (US) movie theater, (UK) cinema
elokuvateollisuus movie/film/motion-picture industry

eläinlääketiede

elokuvaus filming, making a movie/film, motion picture photography, cinematography
elokuvayhtiö motion-picture corporation, (ark) (movie) studio
elollinen living, organic
elollistaa personify
elonkorjuu harvest(ing), reaping, (crop) gathering
elonmerkit signs of life
elonpäivät days/years of life
eloonjääneet survivors
elopaino weight on the hoof
eloperäinen organic, of organic origin
eloperäinen aine organic matter
eloperäinen jäte organic waste
elosalama sheet/heat/summer lightning
elossa alive *elossa oleva* living
elostelija 1 (naistenmies) rake(hell), seducer, womanizer, Don Juan, Lothario, Casanova 2 (irstailija) roué, lecher, debauchee, immoralist, sensualist, voluptuary, libertine, profligate, loose liver, man of loose morals
elostella lead a loose/fast/dissolute/dissipate life, lead a life of debauchery/excess/lechery/immorality/profligacy/indecency, have no care for the morrow
elostelu dissolution, dissipation, debauchery
eloton 1 lifeless, inanimate, dead, inert 2 (tylsä) dull, boring, colorless, spiritless, unspirited 3 (ilmeetön) unexpressive, expressionless, unanimated, flat, blank, vacant
elottomuus 1 lifelessness 2 (tylsyys) dullness, lack of life/spirit 3 (ilmeettömyys) expressionlessness, lack of expression, flat/blank/vacant stare
elpyminen recovery; return to strength/health/good condition/prosperity, improvement, turn for the better, economic upturn, boom
elpyä 1 (toipua) recover, revive, recuperate, return to strength/health/good condition, get your strength back, take a turn for the better, get better, rally, come around 2 (vilkastua) pick up, look up, catch/take fire, (start to) take off, get livelier, improve 3 (vaurastua jälleen) (begin to) flourish/prosper/thrive (again) *Firma alkaa elpyä* Things are looking up again for the company, business is picking up again, the company is ready to take off (again)
El Salvador El Salvador
eltaantua spoil, go/turn bad/rancid/sour, putrefy
elukka animal, beast, creature, critter *Senkin elukka mä vihaan sua!* You beast, I hate you!
elvyke stimulus, incentive, (ark) shot in the arm
elvyttää 1 (virvoittaa) revive, resuscitate, bring back to life, restore to life 2 (virkistyttää) revive, resuscitate, infuse new life into, refresh, freshen, renew, enliven, improve, quicken
elvytys 1 (henkiinherättäminen) resuscitation 2 (vilkastuttaminen) renewal, revival, resuscitation, improvement, reanimation, stimulation
elähdyttävä invigorating, stimulating, enlivening, inspiring
elähdyttää invigorate, stimulate, (sisustusta tms) spruce/liven up, (juhlia) liven up
elähtäneen näköinen looking worn-out, looking the worse for wear
elähtänyt past your prime, faded, (pettynyt) jaded, world-weary *elähtänyt kaunotar* fading/aging beauty
eläimellinen 1 (eläimeen liittyvä) animal 2 (eläimen kaltainen) bestial, beastly, brutal, brutish 3 (raaka) cruel, ruthless, barbaric, barbarous, savage, inhumane
eläimistö animal kingdom/world, (jonkin paikan kaikki eläimet) fauna
eläin animal, brute, beast, creature; (villi-) dumb/wild animal/beast; (koti-) domestic/farm animal, pet *tehdä työtä kuin pieni eläin* work like a dog/horse
eläinjalostus animal husbandry, livestock breeding
eläinkanta animal population, fauna
eläinkoe animal experiment, animal test
eläinkunta animal kingdom
eläinlaji animal species
eläinlääketiede veterinary medicine

eläinlääketieteellinen veterinary
eläinlääkäri vet(erinarian), (UK) veterinary (surgeon)
eläinmaantiede zoogeography
eläinmaantieteellinen zoogeographical
eläinnäyttely livestock fair, (hist) menagerie
eläinoppi zoology
eläinpsykologia animal psychology, etology
eläinpuisto wildlife park
eläinrasva animal fat
eläinrata zodiac *eläinradan merkit* signs of the zodiac
eläinrääkkäys cruelty to animals
eläinsairaala veterinary hospital
eläinsuojelu prevention of cruelty to animals
eläinsuojelulaki Prevention of Cruelty to Animals Act
eläintarha zoo(logical gardens)
eläintenkesyttäjä animal trainer/tamer
eläintenpalvonta animal worship, zoolatry
eläintentäyttäminen taxidermy
eläintiede zoology
eläintieteellinen zoological
eläjä creature, living being *metsän eläjät* denizens of the woods, forest creatures/animals *omillaan eläjä* self-supporter
eläke pension, retirement pay, annuity
eläkeikä retirement age
eläkeikäinen of retirement/pensionable age; superannuated, senior citizen
eläkeläinen pensioner, retired person, senior citizen
eläkemaksu contribution to the retirement/pension fund/plan
eläketurva retirement plan
eläkevakuutus retirement/pension insurance
eläkevuosi year of retirement
eläkkeensaaja pensioner
eläköön s (eläköön-huuto) cheer **interj** hooray! hurrah! *Eläköön päivänsankari!* Let's hear it for the birthday boy! Three cheers for the birthday girl! *Eläköön kuningatar!* Long live the queen!

eläköön se pieni ero! vive la différence!
elämyksellinen memorable, powerful, moving, stunning
elämys memorable/powerful/moving experience, emotional response
elämä 1 life (mon lives); (elinaika) life(time); (elämäntapa) living, way of life, lifestyle **2** (ark) noise, racket, din, clamor, uproar *Ulkona pidettiin kovaa elämää koko yö* There was a terrible racket outside our windows all night
elämä ei ole ruusuilla tanssimista life isn't a bed of roses
elämä hymyilee life smiles (on) *kovien vuosien jälkeen taas elämä hymyilee* after the hard years life is smiling again
elämäkerrallinen biographical
elämäkerta biography
elämänarvot values, priorities, the important things in life
elämänasenne philosophy, attitude (toward life), outlook (on life)
elämänfilosofia philosophy (of life), outlook on life
elämänilo joie de vivre, joy of life; zest (for living), zeal, gusto, enjoyment, enthusiasm, verve, passion (for life/living)
elämäniloinen exuberant, enthusiastic, passionate, lively, spirited, animated, eager, energetic, zestful
elämän ilta the evening of life, the autumnal years, the declining years
elämänjano thirst for life; ks myös elämänilo
elämänkaari (course of) life
elämänkatsomuksellinen philosophical, ideological, doctrinal
elämänkatsomus world view, view of life, philosophy, outlook (on life)
elämänkatsomustieto (koulussa) ethics
elämänkielteinen pessimistic, nihilistic, negative
elämänkokemus (life) experience, experience of life
elämän kova koulu school of hard knocks
elämänlaatu quality of life

elävänä tai kuolleena

elämänlanka 1 (elämä) the thread of life *hoikka kuin elämänlanka* slender as a thread/reed, thin as a rail/fence pole **2** (kasvi) morning glory

elämänmeno life, pace/course of life *nopea elämänmeno* life in the fast lane

elämänmyönteinen optimistic, positive, hopeful

elämänohje maxim, rule of conduct, (guiding) principle; (mon) code (of ethics)

elämän saatossa in the course of life

elämänsisältö *Perhe on elämäni sisältö* My family is my whole life, I live (only) for my family

elämänsä kunnossa/vireessä in the best shape ever

elämänsä mies Mr. Right

elämänsä nainen Ms. Right

elämäntahti pace/rhythm of life

elämäntaipale course of life

elämäntaiteilija bon viveur, someone who really knows how to live

elämäntaiteilija bon viveur, someone who really knows how to live

elämäntapa way of life, lifestyle

elämän taso standard of living

elämäntehtävä mission/aim in life, calling, life's work

elämäntoveri companion (for life), (life) partner, (life) mate

elämäntuska existential anguish/suffering

elämäntyyli lifestyle

elämäntyö life's work, calling

elämänura career, calling, profession, vocation, occupation

elämänusko life-sustaining faith, belief in life

elämänvaihe stage/phase of life

elämän vesi (raam) water of life, (kuv) elixir of life, aqua vitae (alkoholi)

elämänväsymys ennui, apathy, weariness, indifference, jadedness, exhaustion

elämöidä make a racket, (huutaa) yell and scream, whoop and holler

elätellä nurse (hopes/a grudge), nurture (great thoughts), harbor (bitterness/a grudge), cherish (a fond hope), keep (your hopes/anger) alive, cling to

elätti pet *pitää siiliä elättinä* keep a hedgehog as a pet

elättäjä supporter, breadwinner, provider

elättää 1 (hankkia elatus) support, maintain, provide for, provide food for, put food on the table for, keep, pay for **2** (ruokkia) feed, nourish, nurture, sustain, keep alive **3** (ihminen elättää tunnetta) nurse (hopes/a grudge), nurture (great thoughts), harbor (bitterness/a grudge), cherish (a fond hope), keep (your hopes/anger) alive, cling to **4** (tunne elättää ihmistä) carry, support, sustain, prop up, give you a lift, lift up, hold up, feed, nourish, provide spiritual sustenance *Toivo köyhän elättää, pelko rikkaan kuolettaa* Hope feeds the poor, fear devours the rich

elättää käärmettä povellaan harbor a viper in your bosom

elättää toivoa hold out hope, keep your hope alive

elävien kirjoissa alive, in the land of the living

elävyys liveliness, life, spirit(edness), vivacity, animation

elävä s (eliö) living being, creature; (ihminen) living person, real person; (mon) the living, people on earth, people this side of the grave, (usk) the quick *tulee tuomitsemaan eläviä ja kuolleita* will come to judge the quick and the dead adj **1** (elossa) living, alive, breathing, quick, animate *On ihmeellistä nähdä tv-sankari elävänä* It's incredible to meet one of your TV heroes in the flesh, in person, in real life **2** (eloisa) lively, spirited, vivacious, animated, full of life/spirit

elävä elämä real life

elävä kieli a living language

elävältä *nylkeä/keittää elävältä* skin/boil alive

elävä musiikki live music

elävän näköinen life-like

elävänä tai kuolleena dead or alive

elävä tietosanakirja

elävä tietosanakirja walking encyclopedia

elävöittää 1 (tehdä eloisaksi) enliven, liven up, animate, cheer up, brighten (up), quicken, pep up, inspire, excite, quicken, vitalize; (uudelleen) renew, rejuvenate **2** (herättää henkiin) give life, breathe life into, bring (back) to life, resuscitate, revive **3** (taiteessa) make (a character/scene) come to life, feel alive, feel real, bring to life

elävöityä 1 (tulla eloisaksi) come alive, liven up, become animated, cheer up, brighten (up), become/get inspired/excited, perk up, light up **2** (saada eloa) be(come) invigorated, get your strength/energy back, shake off depression/despair/the doldrums

elää itr **1** (olla elossa) live, be alive, have life, draw breath, breathe, have being, exist, be, be animate **2** (asua, elellä jossakin) live, reside, dwell, abide, make your abode/home (somewhere), pass your life (somewhere) **3** (saada elatus) subsist, survive, get on/along/by, support yourself, make ends meet, keep body and soul together *Miten sinä pystyt elämään (kun rahaa on niin vähän)?* How do you get by, how do you survive? *Hän eli kituuttaen* She eked out a meager existence **4** (saada elantonsa jostakin) live on/off/by, subsist on, support yourself by, earn your living/livelihood by **5** (saada hengenravintoa jostakin) live by/on/off, take nurture/heart from, draw strength/power/fortitude/sustenance from **6** (liikehtiä) move, stir, bustle, be active, come to life, be lively, be full of life *Satama alkaa elää jo ennen aamua* The waterfront begins to stir before sunup **7** (jäädä eloon) survive, last, live on, persist, endure, abide, prevail, stand (the tests of time), stay/remain alive tr **8** (viettää) live, pass, spend, while away, use, fill, occupy *Hän eli mukavaa elämää* He lived a life of ease **9** (joutua kestämään) undergo, go/live through, endure, suffer, withstand **10** (kokea) experience, feel, respond to, be touched/stirred/moved by *elää*

yhteistä hetkeä share an experience **11** (asua) live in, inhabit, reside in, dwell in, occupy, take up residence in

elää herroksi live large, live like a king, live like the Rockefellers

elää ihmisiksi behave yourself

elää kituuttaa eke out a meager existence

elää kuin pellossa live like barnyard animals

elää kuin viimeistä päivää live fast, die young, leave a beautiful corpse

elää kädestä suuhun live (from) hand to mouth

elää leveästi live high on the hog, live the life of Riley; (tuhlata) go through money like water, drink champagne on a beer budget

elää omaa elämäänsä live your own life

elää puutteessa live in need/want

elää tohvelin alla be (pussy-)whipped

elää yli varojensa live beyond your means

e-mail (sähköposti) e-mail

emakko sow

emali enamel

emaloida enamel

emalointi enameling

emansipaatio (vapautus) emancipation *naisten emansipaatio* women's liberation

emansipoida (vapauttaa) emancipate

emansipoitua (vapautua) be emancipated

emansipoitunut (vapautunut) emancipated

embleemi (tunnus-/vertauskuva) emblem

emblemaattinen (vertauskuvallinen) emblematic

emblematiikka (tunnuskuvia käsittelevä tiede/käyttävä taide) emblematics

emergenssi 1 (uuden äkillinen esilletulo) emergence **2** (hätä) emergency **3** (solukkokarva) emergence, enation

emfaattinen (ponnekas) emphatic

emi (kasv) carpel, pistil

emigraatio (maastamuutto) emigration

emigrantti (maastamuuttaja) emigrant

englantilainen

emigroida (muuttaa maasta) emigrate
eminenssi (arvonimi) Eminence *harmaa eminenssi* gray eminence
emissio emission
emmentaljuusto Emmenthal(er) cheese, (US) Swiss cheese
emo mother, dam
emokortti (tietokoneen) motherboard
emolevy (tietok) motherboard
emootio emotion
emotionaalinen emotional
emoyhtiö parent company, main office
empaattinen (eläytyvä) empathetic
empatia (eläytymiskyky) empathy
empiirinen empirical
empiretyyli Empire style
empirismi empiricism
empiristi empiricist
empivä hesitant, uncertain, unsure, irresolute, wavering, vacillating, doubtful
empiä hesitate, be hesitant/uncertain/unsure/irresolute, waver, vacillate, shilly-shally, dillydally, straddle the fence
emu (lintu) emu
emulointi emulation
emäalus mother ship
emäjoki main river
emäkarhu she-bear
emäkirkko mother church
emäksinen alkaline, basic
emäksisyys alkalinity, basicity
emämunaus (ark) royal foulup/fuckup, fiasco
emännöidä 1 run/manage a house(hold), keep house **2** (toimia emäntänä) act as hostess, preside (over a party, at table)
emäntä 1 (vihitty) (house)wife, the lady of the house **2** (palkattu) housekeeper; (juhlan) hostess **3** (laitoksen) matron, mistress, manageress
emäpuolue main party
emäpurje mailsail
emäs base, alkali
emätin vagina
emävale (ark) big fat lie, dirty rotten lie
emäyhtiö parent company
endorfiinihumala endorphin high
endorfiinit (keskushermoston peptidejä jotka nostavat kipukynnystä) endorphin
enemmistö majority
enemmistödiktatuuri dictatorship of the majority
enemmistöhallitus majority government
enemmistöpuolue majority party
enemmistövaalit election by simple majority
enemmittä puheitta without further ado
enemmän 1 more, a greater number/amount/quantity *pitää enemmän* prefer, favor *enemmän kuin vaikea tehtävä* extremely/unbelievably difficult task *Siellä on enemmän kuin 100 ihmistä* There's upwards of 100 people in there **2** (pikemmin(kin)) rather, more *Minusta se on enemmän beesi kuin valkoinen* I'd say it's more beige than white, beige rather than white *Martta on enemmän laulaja kuin pianisti* Martta is more of a singer than a pianist
enemmän tai vähemmän more or less
enempi ks enemmän
enentää increase, enlarge, expand, augment, add to, make greater/larger
energia 1 (sähkö- jne) energy, power, force **2** (tarmo) energy, vitality, vigor, zest, zeal, enterprise, drive, hustle
energialaji energy type, type of power
energian kulutus energy/power consumption
energiapolitiikka energy policy
energinen energetic, active, vigorous, enterprising, forceful, dynamic, go-getting, high-powered, hard-working, industrious
enetä grow, increase
englanninkielinen English, in English, English-language
englanninnos English translation
englannintaa translate into English
englanti (kieli) English, the English language
Englanti England
englantilainen s Englishman, Englishwoman *englantilaiset* the English adj English

enigma

enigma (arvoitus) enigma
enigmaattinen (arvotuksellinen) enigmatic
enimmäishinta maximum/fixed/top/ceiling price
enimmäismäärä maximum (amount), highest amount; (lakisääteinen) legal maximum
enimmäkseen mostly, primarily, chiefly, for the most part, largely, mainly, principally; (useimmiten) in most cases, as a rule, most often, generally
enimmät most, almost all
enin the greatest, (the) most *enin mitä voi sanoa* the most you can say *enin osa* the greater (greatest) part, most of it
enintään at (the) most, not more/higher/longer/bigger jne than *enintään kaksi viikkoa* at most two weeks, two weeks at (the) most, (ark) two weeks tops, not more than two weeks, no longer than two weeks
eniten (the) most (of all) *eniten tarjoava* the highest bidder *eniten myyty* bestselling, topselling
enkeli angel (myös kuv), (lapsesta myös) cherub
enkelimäinen angelic, cherubic
enkku (ark) English
enkulttuuraatio (sosiaalistuminen) enculturation
ennakko advance (payment), down payment, money down, prepayment
ennakkoaavistus premonition, foreboding, presentiment, apprehension
ennakkoarvio estimate, forecast, prognosis, prediction
ennakkohoito prophylaxis, preventive medicine
ennakkolaskelma estimate, forecast, prognosis
ennakkoluulo 1 (ennakkokäsitys) prejudice, preconception, prejudgment, predisposition **2** (puolueellinen käsitys) bias, slant
ennakkoluuloinen prejudiced, biased, bigoted, partial, narrow-minded, intolerant, discriminatory
ennakkoluuloisuus prejudice, bias, bigotry, partiality, narrow mindedness, intolerance, discrimination
ennakkoluuloton unprejudiced, unbiased, impartial, open-minded, broad minded, tolerant, non-discriminatory, liberal
ennakkoluulottomuus 1 (ennakkoluulon puute) impartiality, lack of prejudice, freedom from bigotry **2** (avarakatseisuus) open-mindedness, broad mindedness, tolerance, fairness, live-and-let-live attitude
ennakkomyynti advance sale(s)/booking, reservation
ennakko-oire symptom
ennakkoon in advance
ennakkopäätös precedent
ennakkosuosikki favorite, person/horse jne favored to win, front-runner
ennakkosuunnitelma plan, scheme, blueprint
ennakkotapaus precedent
ennakkotieto advance notice/information, foreknowledge
ennakkotilaaja subscriber
ennakkotilaus subscription
ennakkotoimenpide preventive measure, precaution
ennakkotorjunta prevention
ennakkoäänestys absentee vote/ballot
ennakkoääni absentee vote/ballot
ennakoida 1 (valmistautua ennakolta) anticipate, prepare (yourself) for, expect, look for(ward to), count on **2** (ennustaa) foretell, foresee, forecast, predict, prognosticate
ennakointi 1 anticipation, (advance) preparation, expectation **2** (ennustaminen) forecast, prediction, prognostication
ennakolta 1 in advance, beforehand, (maksaa, ark) up front **2** (filos) a priori
ennakonpidätys withholding
ennallaan as it was, as they/things were, like before *pysyä ennallaan* stay the same, stay as it is/they are, remain unchanged/unaltered, not change *Kaikki on taas ennallaan* Everything's the same again, as it was before, back to normal

ennalta in advance, beforehand *Hän oli minulle ennalta tuttu* I knew him from before

enne omen, sign, token, portent, auspice *Se on hyvä enne* It bodes well (for the future)

ennemmin 1 (aikaisemmin) earlier, before, sooner *ennemmin tai myöhemmin* sooner or later **2** (mieluummin) rather, sooner, preferably

ennen adv before, earlier, previously, formerly, once, in the past, in the olden days *Tämä oli ennen hieno talo* This used to be a fancy house prep before, prior to, previous to, in advance of, ahead of *ennen lounasta* before lunch *ennen sovittua päivää* prior to the agreed-upon date, in advance of the specified date

ennenaikainen premature, untimely, precipitate, inopportune, abortive

ennenaikaisesti too soon, too early, prematurely, abortively

ennen aikojaan early *lähteä/saapua ennen aikojaan* leave/arrive early

ennen kaikkea above all

ennen kuin before

ennenkuulumaton unheard-of, unprecedented *Sä teit ennenkuulumattoman typerästi* That was the stupidest thing anyone has ever done *Ennenkuulumatonta!* That's unheard-of!

ennen muinoin way back when, back in the day

ennen muuta above all, especially

ennennäkemätön unprecedented, unparalleled *ennennäkemättömän hirmuinen myrsky* a storm of unprecedented fury

ennen pitkää before long

ennen vanhaan long ago, way back when, back in the day

ennen virsta väärää kuin vaaksa vaaraa an ounce of prevention is worth a pound of cure, look before you leap

ennestään already *Tunsin hänet ennestään* I knew him from before, I already knew him, we'd (already) met

ennustaa 1 (profetoida) predict, prophesy, foretell, foresee, divine, tell the future, tell fortunes, read the signs **2** (sää) forecast the weather, draw up a weather forecast, read the weather report; (tauti) prognosticate **3** (otaksua) presume, assume, think likely, suspect **4** (olla enteenä) herald, augur/bode (well/ill), presage, portend

ennustaja 1 (profeetta) prophet, seer, soothsayer, oracle, sage, foreteller, prognosticator; (povaaja) fortune-teller, crystal-gazer, geomancer, palmist, palm-reader, astrologer **2** (meteorologi) weather forecaster

ennuste 1 (sää-) (weather) forecast **2** (lääk) prognosis

ennusteellinen predictive, prognostic

ennustettava predictable

ennustus (profetia) prediction, prophecy, prognostication, forecast

ennättää 1 (keritä) have/find time (to do something), make it (on time), get there (on time), take it (there on time, around to everybody), reach (a place on time) *Ennätätkö katsoa tätä?* Do you have time to take a look at this? **2** (saavuttaa) reach, get as far as, (sl) make *En millään ennätä kuudeksi* I'll never make it/get there by six **3** (kohdata) catch (up with/to), (take by) surprise

ennätyksellinen record, unprecedented, unheard-of, exceptional

ennätyksellisesti exceptionally, extraordinarily; (lyhyessä ajassa) in record time, (korkealle) to an all-time high

ennätys record

eno (maternal) uncle, mother's brother

enofiili (viinin ystävä) oenophile

enologi (viinin tuntija) oenologist

enologia (viinioppi) oenology

enormi (suunnaton) enormous

ensi 1 (ensimmäinen) first **2** (seuraava) next

ensi alkuun at first, in the beginning

ensiapu first aid

ensiapukurssi first-aid course/class

ensiapulaatikko first-aid kit

ensiarvoinen of primary/greatest/vital importance

ensiesiintyminen debut

ensiesittää

ensiesittää premier
ensiesitys premiere, (elokuva) first run/showing
ensihoito first/prompt care
ensi hätään first, (all) at once, off the top of my head
ensi-ilta premiere, first/opening night
ensikertainen adj first(-time) *ensikertainen rikos* first offense *ensikertainen rikoksen tekijä* first-time offender s first-timer, novice
ensikertalainen first-timer; (oik) first offender; (aloittelija) beginner, novice, neophyte, rookie
ensikoti home for unwed mothers
ensiksi 1 first **2** (aluksi) at first, to begin with, for a start, straight/right off, initially, at the outset **3** (ensinnäkin) firstly, first off/of all, in the first place, for one thing **4** (ennen kaikkea) first of all, first and foremost, above all
ensikäden tieto first-hand information
ensi kädessä above all, first and foremost
ensiluokkainen first-class, first-rate, topnotch, top-quality; (ruoka) prime, choice, select, best, finest
ensiluokkalainen first-grader
ensimmäinen first; (johtava) leading, principal, chief, foremost
ensimmäinen ja viimeinen kerta the first and the last time *Tulit tänne kyllä ensimmäisen ja viimeisen kerran!* You came here for the first and last time!
ensimmäinen palkinto first prize
ensimmäinen pilari (EU:n yhteisöpilari) the first pillar
ensimmäiseksi ks ensiksi
ensimmäisen asteen murha first degree murder
ensimmäisen asteen palovamma first degree burn
ensin ks ensiksi
ensinkään at all, in the least *Hän ei aikonut ensinkään tulla* She wasn't planning to come at all, she hadn't the slightest intention of coming *Se ei vaivaa minua ensinkään* That doesn't bother me in the least
ensinnäkin ks ensiksi

ensipainos first edition, first run
ensisijainen primary, main, chief, principal, most important
ensisijaisesti primarily, mainly, chiefly, principally, most importantly, first and foremost, in the first place
ensisijaistaa (ajassa) prioritize, give priority to, expedite, (arvoasteikossa) prioritize, give priority to, rank/place number one, favor
ensisuoja shelter
ensisynnyttäjä primapara
ensitanssija prima ballerina
ensi tilassa at your earliest convenience, at the first opportunity
ensi töikseen first off
ensivaikutelma first impression
ensiviulu first violin *soittaa ensiviulua* play first violin, (kuv) be top dog
ensyklopedia encyclopedia
enteellinen 1 prophetic **2** (pahaa enteilevä) ominous, portentous, (sää) forbidding
enteillä herald, augur/bode (well/ill), presage, portend, forebode, foretoken
entinen 1 (aikaisempi) former, ex-, onetime; (edellinen) previous, earlier *entistä enemmän* more/greater than before *Hän on vain varjo entisestään* He's a mere shadow of his former self **2** (muinainen) ancient, past, olden, bygone *muistella entisiä* reminisce, recall past times, think about the good old days *sanoi entinen mies* (as) the man said
entisaika the olden days, the good old days, ancient times, times gone by, days of yore/old, bygone days/times
entisaikainen 1 (muinainen) ancient **2** (muinaistyyppinen) antique, old-fashioned, (ark) old-timey
entisellä(än) (just) like/as before *asiat jäivät entiselleen* things stayed as they were *ihan niin kuin olisit entiselläsi* it feels like you're your old self again
entisestään ks ennestään
entistä ehompi better than before
entistää restore, renovate
entisöidä restore, renovate
entiteetti (olio, olemus) entity

epäasiallinen

entomofobia (hyönteisten pelko) entomophobia

entomologia (hyönteistiede) entomology

entropia (haje) entropy

entsyymi (valkuaisaine) enzyme

entusiasmi (innostus) enthusiasm

entusiasti (asiasta innostunut ihminen) enthusiast

entuudestaan ks ennestään

entä *Entä minä?* What about me? *Entä jos hän ei tulekaan?* What if he doesn't come? Supposing he doesn't come? What'll happen/we do if he doesn't come? *Entä sitten?* So what? Who cares? Big deal *Miten pyyhkii? Ihan hyvin, entä itselläsi?* How's it going? Fine, how about you(rself)? Fine, and you?

enumeraatio (määrän yksitellen laskeminen) enumeration

enumeratiivinen (luetteleva) enumerative

environmentalismi (ympäristönsuojeluaate) environmentalism

environmentalisti (ympäristönsuojelija) environmentalist

enää 1 (kielteisessä yhteydessä: enempää) (any) more; (kauemmin) any more, any longer *Ruokaa ei ole enää* There's no more food *En ole enää lapsi* I'm no longer a child, I'm not a child any more/longer **2** (myönteisessä yhteydessä) only *Enää on yksi nakki jäljellä* There's only one wiener left *Vain meidän Anna on enää koulussa* Anna's our only child still in school

epideeminen (kulkutautiin liittyvä) epidemic

epidemia (kulkutauti) epidemic

epidemiologi (kulkutautien tutkija) epidemiologist

epidemiologia (kulkutautioppi) epidemiology

epidermi (ihon uloin kerros) epidermis

epiduraalipuudutus epidural (anesthesia)

epigoni (jäljittelijä) epigone

epigrafi (mietelause) epigraph

epigrammaattinen (ytimekkäästi sanottu) epigrammatic

epigrammi (pureva runo) epigram

epiikka (pitkä kertova runokirjallisuus) epic (literature)

epilepsia (ent. kaatumatauti) epilepsy

epileptikko (epilepsiaa poteva ihminen) epileptic

epileptinen (epilepsiaan liittyvä) epileptic

e-pilleri the Pill

epilogi (jälkinäytös) epilogue

episentrumi (maanjäristyskeskus) epicenter

episkopaalinen (piispallinen) episcopal

episkopaalinen kirkko 1 (piispallinen kirkko) episcopal church **2** (anglikaaninen kirkko) Episcopal(ian) Church

episodi episode

episteeminen (tietoa koskeva) epistemic

epistemologi (epistemologian tutkija) epistemologist

epistemologia (tietoteoria) epistemology

epistemologinen (tietoteoriaan liittyvä) epistemological

epistola 1 (uuden testamentin kirje) epistle **2** (niistä jumalanpalveluksessa luettava teksti) epistolary lesson/reading **3** (leik: nuhdesaarna) sermon

epistolaarinen (kirjeen muotoinen) epistolary

epistolateksti epistolary scripture (reading)

epitafi (hautakirjoitus) epitaph

epiteetti (liikanimi, esim. Iivana Julma) epithet

epitomi (lyhennelmä) epitome

epoksiliima epoxy

epoksimaali acrylic paint

epoletti (sotilaan olkakoriste) epaulette

epookki (aikakausi) epoch

epäaito inauthentic, pretend, (ark) fake, phony *Se käyttäytyy niin epäaidosti* She's so fake/phony

epäasiallinen 1 (huomautuksesta: asiaankuulumaton) irrelevant, unrelated, unconnected, beside the point, neither

epäedullinen

here nor there, not germane **2** (huomautuksesta: perusteeton) groundless, ungrounded, unjustified, uncalled-for **3** (käytöksestä, pukeutumisesta jne: sopimaton) unbusinesslike, unsuitable, inappropriate, unbefitting, improper, unbecoming, unseemly, unacceptable, incongruous **4** (käytöksestä jne: järjetön) irrational, unreasonable, emotional

epäedullinen 1 (teosta: kannattamaton) unprofitable, disadvantageous **2** (teosta: vahingollinen) harmful, injurious, dangerous, detrimental **3** (tilanteesta: epäsuotuisa) disadvantageous, adverse, unfavorable, unpropitious, unfelicitous, unfriendly

epäesteettinen (mauton) tasteless, in bad taste, (proosallinen) prosaic, (ruma) ugly

epähenkilö nonperson

epähieno 1 (liian suora) tactless, undiplomatic, unsubtle, indiscreet, indelicate **2** (liian karkea) indecorous, unrefined, rude, gauche

epähistoriallinen ahistorical, anachronistic

epähuomiossa by accident, accidentally, unintentionally, without thinking, inadvertently, by mistake, by/through an oversight

epähygieeninen unsanitary, unclean, dirty, filthy

epäidenttiset kaksoset nonidentical twins, fraternal twins

epäilemättä doubtless(ly), undoubtedly, no doubt, without doubt, indubitably, unquestionably, unmistakably, certainly

epäilijä doubter, skeptic, disbeliever, doubting Thomas

epäillä 1 (uumoilla, luulla) think, suspect, guess, imagine, conjecture, surmise, hypothesize, believe, suppose *Epäilen, ettei hän puhu totta* I suspect he isn't telling the truth **2** (pitää epävarmana) doubt, question, wonder, be skeptical about/concerning, have doubts about, be doubtful; (olla epävarma) feel uncertain, lack conviction, be indecisive, waver; (olla epäluuloinen) suspect someone, mistrust, distrust, be distrustful (of), be suspicious (of), harbor suspicions (about), be apprehensive (about), believe guilty *En yhtään epäile, etteikö hän puhu totta* I have no doubt but that he's telling the truth

epäily (epäileminen) doubting, questioning, wavering; (epäilevyys) mistrust, suspiciousness, skepticism; (paha aavistus) misgiving(s), apprehension; (epäluulo) doubt, suspicion *Hänen puhetapansa herätti minussa epäilyä* The way he talked aroused my suspicions, raised a doubt in my mind *täynnä epäilyä* full of misgivings

epäilys (epäluulo) doubt, suspicion; (paha aavistus) misgiving(s), apprehension *Hänellä oli omat epäilyksensä* She had her doubts *kaiken epäilyksen ulkopuolella* beyond a shadow of a doubt, above suspicion

epäilyttävä 1 (asiasta: aveluttava) suspicious, questionable, shady, fishy, dubious, suspect, open to doubt **2** (asiasta: epätodennäköinen) doubtful, questionable, unlikely **3** (ihmisestä: aveluttava) suspicious, questionable, shady, suspect **4** (ihmisestä: epäluotettava) untrustworthy

epäilyttää *Minua epäilyttää tämä asia* This business looks suspicious/shady/fishy to me

epäinhimillinen 1 (ei-ihmismuotoinen) inhuman, unhuman, nonhuman, nonhumanoid, alien **2** (julma) inhuman, inhumane, cruel, merciless, pitiless, heartless, cold/hard-hearted

epäisänmaallinen unpatriotic

epäitsekkyys unselfishness, selflessness, self-sacrifice, altruism

epäitsekkäästi unselfishly, selflessly, self-sacrificingly, altruistically, without a thought for him/herself

epäitsekäs unselfish, selfless, self-sacrificing, altruistic

epäitsenäinen dependent

epäjumala idol, heathen/pagan god

epäjumalanpalvelija idolater

epäjärjestys disorder, chaos, disarray, disorderliness, confusion

epäkelpo worthless, good-for-nothing, no-account
epäkeskinen eccentric
epäkesko eccentric
epäkiitollinen 1 (epämiellyttävä) thankless, awkward, unpleasant 2 (sopimaton) unsuited *kuivattavaksi epäkiitollinen kasvi* a plant not well suited for drying
epäkohta 1 (heikko kohta) flaw, fault, defect, blemish, imperfection, weakness, weak spot, shortcoming 2 (huono puoli) drawback, disadvantage, bad side, problem 3 (parannettava asia, valituksen aihe) grievance, injustice, wrong, hurt, iniquity, outrage, injury 4 (mon) ills, (social) evils, grievances, grievous/ unjust/inequitable/outrageous/injurious/ bad situation/conditions/circumstances
epäkohtelias 1 impolite, discourteous, unmannerly, uncivil 2 (epäystävällinen) unfriendly, hasty, cold 3 (epäkunnioittava) disrespectful, impertinent, insolent 4 (töykeä) rude, boorish, ill-bred
epäkunnioittava (arvoa loukkaava) disrespectful, impertinent, insolent, impudent, presumptuous, brazen; (tunteita loukkaava) insulting, offensive, abusive, derogatory, defamatory; (hyviä tapoja loukkaava) impolite, discourteous, unmannerly, uncivil
epäkunnossa out of order, broken, (ark) on the fritz/blink *mennä epäkuntoon* break, stop working
epäkypsä 1 (raaka: hedelmä) raw, unripe, green; (leivonnainen) not done (yet), uncooked, still gooey (in the middle); (liha) not done (yet), uncooked, still red/tough 2 (lapsellinen) immature, childish, puerile, juvenile
epäkäs (geom) trapezoid
epäkäslihas (anat) trapezius
epäkäytännöllinen 1 impractical, unpractical 2 (ihmisestä: ei tajua käytäntöä) unrealistic, unwise, out of touch, dreamy, starry-eyed, romantic, intellectual 3 (ihmisestä: ei hallitse käytäntöä) disorganized, clumsy, butterfingered, inept, bungling, maladroit, no good with his/her hands 4 (asiasta tai esineestä) poorly built/planned/designed, awkward/impossible to use, unusable, inconvenient
epäkäytännöllisyys impracticality
epälojaali disloyal, untrue, unfaithful, faithless; (petturimainen) seditious, traitorous, treasonous, subversive
epälukuinen innumerable, numberless, numerous, countless, incalculable
epäluonnollinen unnatural
epäluotettava 1 unreliable, untrustworthy, undependable, not to be trusted 2 (ihminen, myös: vastuuton) irresponsible, not conscientious; (petollinen) deceitful; (epävakaa) unstable, changeable, fickle, unpredictable, erratic 3 (väite, myös: kyseenalainen) questionable, dubious, uncertain, unlikely; (virheellinen) erroneous, mistaken, inaccurate, false
epäluottamus lack of confidence, distrust, mistrust, doubt, misgiving, apprehension, disbelief
epäluottamuslause vote of censure/ no-confidence
epäluulo suspicion, ks myös epäily(s)
epäluuloinen suspicious, ks myös epäilevä
epämetalli metalloid, nonmetal
epämiehekäs 1 unmanly, unmasculine, emasculated 2 (naismainen) effeminate, womanish, sissyish 3 (pelokas) cowardly, timid, fainthearted
epämiellyttävä 1 unpleasant, disagreeable, displeasing, distasteful 2 (epäsympaattinen) unlikable, unattractive 3 (epäkohtelias) ill-natured, churlish, ill-humored, ks myös epäkohtelias 4 (inhottava) nasty, offensive, repulsive, repugnant, obnoxious, objectionable
epämieluisa unpleasant *epämieluisa vieras* unwelcome guest *kaikenlaista epämieluisaa* all sorts of unpleasant things
epämukava 1 (ruumiiseen sopimaton) uncomfortable; hard (chair, couch, bed), tight/pinching (shoes), tight/binding (pants, shirt, coat) 2 (mielialaan sopimaton) uncomfortable, uneasy, awkward,

epämukavuus

embarrassing, unpleasant, trying, difficult, ticklish *Minulla on täällä erittäin epämukava olo* I am very ill at ease here, I feel out of place, I feel like I have two heads/left feet **3** (toimintaan sopimaton) inconvenient, awkward, inopportune, untimely, bothersome, troublesome *Hän tuli epämukavaan aikaan* He came at an inopportune/inconvenient time, at a bad time, at the wrong time
epämukavuus 1 (tunne) discomfort, uneasiness, awkwardness, embarrassment **2** (esineen ominaisuus) hardness, tightness jne, ks epämukava **3** (tilanteen ominaisuus) unpleasantness, difficulty, ticklishness **4** (toiminnan ominaisuus) inconvenience, inopportuneness, untimeliness
epämuodollinen informal, casual, natural, offhand
epämuodostuma deformity, deformation, malformation, disfiguration
epämuodostunut deformed, malformed, misshapen, disfigured
epämusikaalinen unmusical *Riitta on täysin epämusikaalinen* Riitta has no ear for music
epämusikaalisuus lack of musical talent
epämääräinen 1 (määrittämätön) indefinite, undefined, unspecified, undetermined, indeterminate, inexact, imprecise, inexplicit, unclear, unstated **2** (mielivaltainen) arbitrary, unrestrained, unlimited, uncontrolled **3** (hämärä) vague, indistinct, dim, ill-defined, obscure, unclear *epämääräiset tiedot* vague/ambiguous information **4** (arvoituksellinen) ambiguous, enigmatic *epämääräinen hymy* enigmatic smile **5** (muodoton) amorphous, shapeless, chaotic, messy *epämääräinen röykkiö tavaroita* messy/chaotic pile of things/stuff *epämääräinen hahmo* a vague/amorphous figure/shape
epämääräisesti 1 (määrittämättä) indefinitely, inexactly, inexplicitly, without being clearly stated, without being spelled out **2** (mielivaltaisesti) arbitrarily, uncontrollably, without limits **3** (hämärästi) vaguely, indistinctly, dimly, obscurely **4** (arvoituksellisesti) ambiguously, enigmatically **5** (muodottomana) without form/shape, chaotically, messily
epämääräisyys 1 (määrittämättömyys) indefiniteness, lack of definition, indeterminacy, inexactitude, inexplicitness, lack of clarity **2** (mielivaltaisuus) arbitrariness, lack of restraint, capriciousness **3** (hämärä asia/olotila) vagueness, obscurity, lack of clarity, ambiguity **4** (muodottomuus) shapelessness, formlessness, chaos, mess(iness)
epänaisellinen 1 unwomanly, unfeminine **2** (miesmäinen) mannish **3** (kova) hard, unfeeling, cold, unsympathetic, bitchy
epänormaali abnormal
epänormaalius abnormality
epäoikeudenmukainen 1 unfair, unjust, inequitable **2** (puolueellinen) partial, biased, one-sided **3** (epärehellinen) dishonorable, dishonest, unprincipled, unethical **4** (häikäilemätön) unscrupulous, underhand(ed), corrupt, dirty, foul
epäoikeudenmukaisesti 1 unfairly, unjustly, inequitably **2** (puolueellisesti) partially, with bias, one-sidedly **3** (epärehellisesti) dishonorably, dishonestly, unethically **4** (häikäilemätön) unscrupulously, underhandedly, corruptly
epäoikeudenmukaisuus 1 unfairness, injustice, inequity **2** (puolueellisuus) partiality, bias, one-sidedness **3** (epärehellisyys) dishonesty, lack of principles, unethical behavior **4** (häikäilemättömyys) corruption, dirty play/pool, foul play
epäoikeutettu unjustified, unfounded
epäolennainen inessential, immaterial, irrelevant, incidental, secondary, minor, trivial, superfluous
epäonni 1 bad luck, ill luck, hard luck, misfortune, ill fortune **2** (vastoinkäyminen) calamity, mishap, catastrophe, disaster **3** (vaikeat ajat) adversity, hardship, tribulation

epäselvä

epäonnistua 1 fail, not succeed, be unsuccessful **2** (olla onnistumatta) come to nothing/naught, abort, fall through **3** (onnistua huonosti) miss the mark, turn out badly, founder **4** (kärsiä tappio) be defeated, meet your Waterloo, meet with disaster, come to grief **5** (mennä myttyyn) go up in smoke, bomb, flop, fizzle out
epäonnistuminen 1 failure, lack of success, ill success, vain attempt **2** (huono menestys) misfire, mishap, washout, botch, fizzle **3** (täydellinen fiasko) defeat, disaster, catastrophe, calamity, fiasco
epäonnistunut 1 failed, unsuccessful; (myttyyn mennyt) abortive, washed out, fizzled out, bombed, flopped *epäonnistunut ihminen* failure, loser, washout, flop
epäorgaaninen inorganic
epäorgaaninen kemia inorganic chemistry
epäpoliittinen apolitical, unpolitical, nonpolitical
epäpuhdas 1 unclean, impure; (saastunut) polluted, foul **2** (epäsiveä) impure, unchaste, filthy, dirty **3** (mus) discordant, off-key, out-of-tune
epäpuhtaus 1 unclean(li)ness, impurity **2** (mus) discordance
epäpyhä 1 unholy **2** (jumalaton) ungodly, profane, wicked, evil, diabolic(al) **3** (siunaamaton) unhallowed, unconsecrated
epäpätevä 1 (ihmisestä: kykenemätön) incompetent, inept, incapable; (kouluttamaton) untrained, inexpert; (virkaan) unqualified *julistaa epäpäteväksi* declare unqualified, disqualify **2** (väitteestä) groundless, ungrounded, false, erroneous, mistaken
epärealistinen unrealistic
epärehellinen dishonest; (petollinen) crooked, unscrupulous, deceitful, dishonorable, unprincipled, fraudulent, underhanded; (kaksinaamainen) disingenuous, insincere, twofaced, double-dealing
epärehellisyys dishonesty; (petollisuus) crookedness, deceit, lack of principles/honor, fraud(ulence), underhandedness; (kaksinaamaisuus) disingenuity, insincerity, twofacedness
epäreilu unfair
epäröidä hesitate, doubt, be in doubt, be of two minds, be hesitant/doubtful/uncertain/unsure/irresolute/undecided; (ark) shilly-shally, dillydally, straddle the fence
epäröimätön unhesitating, unwavering, certain, sure, resolute, decided, definite, confident
epäröinti hesitation, doubt(ing), uncertainty, wavering, vacillation, fence-straddling
epäselvyys 1 (hämäryys) lack of clarity, vagueness, obscurity, opacity, ambiguity *tekstin epäselvyys* the opacity/ambiguity/vagueness of a text, the obscure meaning of a text **2** (määrittämättömyys) indefiniteness, lack of (clear) definition, (glittering) generality, imprecision, inexplicitness **3** (epävarmuus) uncertainty, ambiguity *Firmassa vallitsi täydellinen epäselvyys siitä, miten pelastautua konkurssilta* Nobody in the company had any idea how to stave off bankruptcy **4** (kyseenalaisuus) dubiousness, suspiciousness, shadiness, fishiness
epäselvä 1 (hämärä) unclear, vague, indistinct, dim *epäselvä hahmo* indistinct/dim shape/form *epäselvä tehtävä* vague/ill-defined task *epäselvää puhetta* unclear/indistinct/slurred speech *jostain epäselvästä syystä* for some obscure reason *epäselvä viite* obscure reference *epäselvä runo* obscure/opaque/ambiguous poem *epäselviä muistoja* vague/dim/indistinct/obscure memories **2** (määrittämätön) unclear, indefinite, undefined, unspecified, unstated *Se jäi epäselväksi* That wasn't spelled out, that wasn't made clear/explicit *Minulla on vieläkin epäselvä kuva siitä mitä minun pitää tehdä* I'm still not clear on what I have to do, you still haven't given me any clear/def-

epäselvästi

inite/exact/precise picture of what I'm supposed to do **3** (epävarma) uncertain, unsure, ambiguous *on epäselvää milloin...* it's uncertain when..., I'm not sure when..., nobody knows when... **4** (kyseenalainen) dubious, suspicious, shady, fishy *Hän on sekaantunut epäselviin puuhiin* He's involved in some shady deals

epäselvästi vaguely, indistinctly, dimly, obscurely, imprecisely, ambiguously *puhua epäselvästi* mumble, mutter, talk into your beard *näkyä epäselvästi* be dimly/barely visible *muistaa epäselvästi* have a vague memory that *lausua sana epäselvästi* pronounce a word imprecisely

epäsiisti untidy, messy, disorderly; (ihminen) unkempt, slovenly, sloppy, disheveled, mussed (up), rumpled, tousled, bedraggled; (paikka) littered, cluttered, chaotic, helter-skelter

epäsikiö monster, monstrosity

epäsiveellinen indecent, immoral, (irstas) libidinous, lubricious, ruttish, (ark) dirty, sleazy, sluttish

epäsointu dissonance, discord(ance), disharmony

epäsointuinen dissonant, discordant, disharmonious

epäsopu conflict, discord, disharmony

epäsopuinen discordant, disharmonious, divided, riven

epäsosiaalinen asocial, antisocial

epäsovinnainen unconventional

epäsuhde disproportion, disparity

epäsuhta disproportion, disparity

epäsuhtainen disproportionate, disparate

epäsuomalainen un-Finnish

epäsuopea unfriendly, unfavorable, (vihamielinen) hostile, cold *epäsuopea kohtalo* adverse fortune

epäsuora 1 (välillinen) indirect, mediated *epäsuora esitys* (kielessä) indirect/reported speech/discourse *epäsuora sanajärjestys* (runossa) inversion **2** (kiertävä) indirect, roundabout, circuitous, oblique *epäsuora tie* roundabout way, circuitous road/path **3** (välttelevä) evasive, not straightforward, hedging *epäsuora vastaus* evasive reply **4** (vihjaava) insinuating, hinting, suggestive

epäsuorasti 1 (välillisesti) indirectly **2** (kiertäen) indirectly, in a roundabout way/manner, circuitously, obliquely **3** (vältellen) evasively, not straightforwardly, without being straightforward/open/upfront *Poliitikko vastasi epäsuorasti* The politician hedged, evaded the question, replied evasively/indirectly, In his reply the politician was not entirely straightforward **4** (vihjaten) insinuatingly, suggestively *viitata epäsuorasti* imply, insinuate, hint at, get at, suggest

epäsuosio disfavor; (häpeällinen) disgrace, (lievä) disapproval *joutua jonkun epäsuosioon* incur someone's disfavor/disapproval, fall out of favor with someone, fall from someone's good graces *olla epäsuosiossa* be in disfavor/disgrace, be unpopular, be in the doghouse

epäsuotuisa 1 (epäedullinen) unfavorable, ill-favored, unfortunate **2** (onneton) unhappy, infelicitous **3** (huonosti ajoitettu) inauspicious, untimely, inopportune **4** (ei lupaava) unpropitious, unpromising

epäsymmetria asymmetry

epäsymmetrinen asymmetrical

epäsäädyllinen 1 (säädylle sopimaton) indecent, unseemly, improper, unbecoming, indiscreet, vulgar, in bad taste, immodest **2** (irstas) immoral, obscene, unwholesome, dirty, filthy, smutty

epäsäännöllinen 1 (tavallisuudesta poikkeava) irregular, unusual, eccentric, abnormal, aberrant, anomalous *epäsäännöllinen verbi* irregular verb **2** (outo) peculiar, queer, odd, singular **3** (epäjärjestelmällinen) irregular, unsystematic, unmethodical, haphazard *epäsäännölliset työtavat* unmethodical/unsystematic work habits *epäsäännölliset työajat* irregular/varying/odd working hours **4** (epäsuora) uneven, out of line, crooked, unaligned **5** (epätasainen) rough, broken, bumpy, not smooth **6** (epäsymmetrinen) asymmetrical, malformed

epäusko

epäsäännöllisyys irregularity, eccentricity, singularity, haphazardness, unevenness, asymmetry, malformation (ks epäsäännöllinen)
epätahdissa out of step *joutua epätahtiin* get/fall out of step
epätaloudellinen 1 (epäedullinen) uneconomic(al), unprofitable, wasteful **2** (tuhlaileva) prodigal, spendthrift, wasteful, improvident
epätarkka inexact, inaccurate, incorrect *epätarkka käännös* loose translation
epätarkoituksenmukainen counterproductive
epätasainen 1 (ei sileä) uneven, unsmooth, bumpy, lumpy, jagged, rough, rugged, coarse **2** (epäsäännöllinen) uneven, irregular, out of line, out of sync, varying *Elokuva oli taiteellisesti epätasainen* The movie was artistically uneven, the movie didn't hold together artistically **3** (epäsuhtainen) unequal, onesided, unbalanced, lopsided, illmatched, unfair *Nyrkkeilyottelu oli epätasainen* The boxing match was onesided, the boxers were ill-matched
epätasapaino imbalance *epätasapainossa* unbalanced
epätavallinen 1 (tavallisuudesta poikkeava) unusual, out of the ordinary, rare, atypical, untypical, uncommon **2** (tavallista parempi) extraordinary, remarkable, noteworthy **3** (ainutlaatuinen) unique, one of a kind, singular **4** (outo) strange, curious, peculiar
epäterve unhealthy, sick
epäterveellinen 1 unhealthy, unwholesome **2** (vahingollinen) harmful/detrimental/deleterious/dangerous/hazardous to your health, bad for your health, bad for you, not good for you **3** (epähygieeninen) unsanitary, unhygienic
epätieteellinen unscientific, unscholarly
epätietoinen 1 (tietämätön yleensä) unaware, unknowing, unknowledgeable, ignorant, uninformed **2** (tietämätön tulevasta uhasta) unsuspecting, unwarned, unmindful, off your guard, in the dark about, unalerted **3** (epävarma ihminen) uncertain, unsure, doubtful *Olen edelleenkin epätietoinen siitä, mitä tarkoitat* I still don't know what you mean, I'm still not sure/certain what you're driving at
epätietoisuus 1 (tietämättömyys) unawareness, ignorance **2** (ihmisen epävarmuus) uncertainty, doubt **3** (asian epävarmuus) uncertainty, indefiniteness
epätodellinen 1 unreal **2** (sepitteinen) not real, make-believe, fictitious, legendary **3** (kuviteltu) imagined, imaginary, fantastic, illusory, phantasmagorical, nonexistent, (olo) unreal, surreal, dreamlike, dreamy *Minulla on epätodellinen olo* Everything feels unreal, like a dream
epätodennäköinen improbable, unlikely
epätoivo despair, desperation, despondency, depression *joutua epätoivoon* (fall into) despair, become despondent/depressed *Joskus sinun vastuuttomuutesi saattaa minut epätoivoon* Sometimes your irresponsibility drives me crazy, drives me to despair, makes me want to climb the walls
epätoivoinen 1 (masentunut) despairing, despondent, depressed, wretched **2** (vimmattu) desperate, wild, frantic **3** (toivoton) hopeless, impossible, beyond help, lost, futile
epätosi untrue, untruthful, false, incorrect
epätyydyttävä unsatisfactory, unacceptable, inadequate, below par
epätyypillinen atypical, untypical
epätäydellinen 1 (viallinen) imperfect, less than perfect, defective, faulty, flawed, blemished, impaired, impure **2** (vajavainen) incomplete, unfinished, partial, broken, fragmentary *epätäydellinen lause* incomplete sentence
epätäydellisyys imperfection; incompleteness, fragmentariness
epäusko 1 (uskonpuute) disbelief, (raam) unbelief, skepticism, incredulity, lack of credence **2** (epäily) doubt(fulness), dubiety, distrust, mistrust

epäuskoinen

epäuskoinen 1 (ei-uskova) disbelieving, skeptical, incredulous **2** (epäilevä) doubting, doubtful, dubious, distrustful, mistrustful
epäuskottava 1 (epäluotettava) unbelievable, not believable, untrustworthy, dubious **2** (epätodennäköinen) unlikely, improbable *epäuskottava juttu* cockamamie story, fairy tale
epävakaa 1 (horjuva) unstable, shaky, wobbly, tottering **2** (vaihteleva) fluctuating, not constant, variable, unsteady, changing, changeable, vacillating, shifting **3** (epävarma) fitful, unsettled **4** (henkisesti) erratic, volatile, mercurial, unpredictable
epävakaisuus instability, shakiness, inconstancy, variability, unsteadiness, changeability, volatility
epävarma 1 (tietämätön) uncertain, not certain, unsure, not sure, doubtful, dubious **2** (empivä) not confident, lacking confidence, hesitant, timid **3** (vahvistamaton) unconfirmed, undecided, undetermined, unsettled, up in the air, in question **4** (epämääräinen) indefinite, indeterminate, hazy, nebulous **5** (epävakaa) unsteady, changing, vacillating, unpredictable
epävarmuus 1 uncertainty **2** (empivyys) lack of confidence, hesitancy, timidity **3** (epämääräisyys) indefiniteness, indeterminateness, haziness, nebulousness **4** (epävakaisuus) unsteadiness, changeability, unpredictability
epävieraanvarainen inhospitable, unwelcoming
epävieraanvaraisuus inhospitality
epäviihtyisä uncomfortable, unpleasant
epäviisas unwise
epävirallinen unofficial, informal
epävirallisesti unofficially, informally, off the cuff/record
epävirallisuus informality
epävireessä 1 out of tune, off key **2** (kuv) downcast, down in the dumps, off your feed
epävireinen 1 off-key, untuned **2** (kuv) discordant, jangly
epäys denial, refusal

epäystävällinen unfriendly, disagreeable, unkind, unsociable
epääminen denial, refusal
epäämätön undeniable, indubitable
erakko hermit, recluse, solitary
erakkorapu hermit crab
erakoitua isolate yourself, withdraw from other people, become a hermit, hole up
erehdys error, mistake, blunder; (epähuomiosta johtuva) oversight, slip(up); (ark) booboo *yritys ja erehdys* trial and error *Hän sanoi sen erehdyksessä* He let it slip, it was a slip of the lip/tongue, he blurted it out, he let it out accidentally
erehdyttää mislead, misguide, misdirect, lead astray, lead into error, deceive
erehtyminen on inhimillistä to err is human
erehtymätön infallible, unerring
erehtyväinen fallible, errant
erehtyä 1 (tehdä virhe) err, make a mistake, slip up, commit an error, be in error, be mistaken; (ark) mess up, screw up, blow it *erehtyä ovesta* mistake the door, get/open/pick the wrong door **2** (langeta) lapse (from virtue), go astray, sin, transgress, misbehave **3** (haksahtaa) lapse, do mistakenly/accidentally/unintentionally/inadvertently, do by mistake *Hän erehtyi hymyilemään vaikka yritti olla vihainen* She cracked a smile despite her attempts to stay angry
erektio (seksuaalinen jäykistyminen) erection
ergonomia (laitteiden/työympäristön sovittaminen ihmisen fyysisiin edellytyksiin) ergonomy
ergonominen (ergonomian mukainen) ergonomic
erhe (ylät) error, mistake
erheellinen erroneous, mistaken
eri 1 (erilainen) different, another *Se on ihan eri asia* That's completely different, that's another matter altogether *olla eri mieltä* disagree *Kenkäsi ovat eri paria* Your shoes don't match **2** (erillinen) separate, different *Meidät pantiin eri huoneisiin* We were put in separate rooms *eri tilauksesta* on special order

erilaisuus

3 (moni) various, varying, different *eri syistä* for various reasons

eriarvoinen 1 (raha-arvo) of different value *eriarvoinen seteli* a bill of a different denomination **2** (sotilasarvo) of different rank **3** (tasa-arvo) inequal

eriarvoisuus inequality

eriasteinen of/at a different degree/level

eri-ikäinen not the same age, older/younger

erikoinen 1 (poikkeuksellinen) special, exceptional, out of the ordinary *erikoisen hyvä hiihtäjä* an exceptionally/especially good skier **2** (omituinen) peculiar, odd, strange *aika erikoinen tyyppi* what a weirdo, quite an odd fish, what a bizarre guy **3** (luonteenomainen) distinctive, characteristic, particular, typical *Kullakin on oma erikoinen kirjoitustapansa* Everyone has his/her own distinctive (style of) writing **4** (vartavastinen) specific, especial, certain, own

erikoisala special field/line/subject, (area of) specialization, specialty

erikoisasema special/unique position, (etuoikeutettu) privileged status

erikoisjoukot Special Forces

erikoisjärjestely special arrangement

erikoiskieli jargon

erikoiskirjeenvaihtaja special correspondent

erikoiskoulutus special training

erikoiskäsittely special treatment/handling

erikoislaatuinen special, unique *erikoislaatuinen ongelma* a problem of a particular kind, a special sort of problem

erikoislaite special equipment/instrument

erikoisliike specialized/specialty store/shop

erikoisluonne unique character

erikoislääkäri specialist

erikoismääräys (käsky) special decree; (laki) special regulation

erikoisolot unique/characteristic conditions

erikoisominaisuus special feature/characteristic/quality, singularity; (mon) special strengths and weaknesses

erikoispiirre special/characteristic/distinctive feature

erikoispikajuna special express (train)

erikoistapaus exception, special case/situation

erikoistarjous special, sale price, bargain, discount *Jauheliha on erikoistarjouksessa* There's a special on hamburger at the supermarket

erikoistehtävä special task/assignment/mission/duty

erikoistilanne special situation

erikoistua specialize

erikoistuntomerkki distinguishing feature

erikoistutkija special investigator/researcher

erikoistutkimus special investigation/research

erikoisuus special(i)ty, special/unique distinctive feature; (harvinaisuus) curiosity *Hannu tavoittelee kiihkeästi erikoisuutta* Hannu tries so hard to be different

erikoisvaatimus special requirement, (lak) special claim; (mon) special qualifications

erikoisvaliokunta select committee

erikokoinen different-sized *Me ollaan Paulan kanssa erikokoisia* Paula and I are different sizes

erikseen 1 (erillään, yksi kerrallaan) individually, separately, one at a time **2** (erilleen) aside

erilainen (erikaltainen) different, unlike, dissimilar; (poikkeava) divergent *Heillä on erilaiset käsitykset siitä* They have divergent ideas/views on it, they disagree on it

erilaistaa make different, differentiate

erilaistua become different, differentiate

erilaisuus 1 (erikaltaisuus) difference, unlikeness, dissimilarity **2** (poikkeavuus) divergence, deviation **3** (ero) disparity, discrepancy

erilleen

erilleen apart *muuttaa erilleen* split up, separate, move into different houses
erillinen 1 (erossa oleva) separate, not joined/connected, (talo) detached **2** (yksittäinen) single, individual **3** (eri) separate, different, distinct **4** (tietok) standalone
erillisosasto task force; (sot) detachment
erillisrauha separate peace *solmia erillisrauha* make a separate peace
erillistää (sot) detach
erillään separate, apart, in isolation
erimielinen disagreeing, opposed
erimielisyys 1 disagreement, difference of opinion **2** (riita) dispute, argument, clash (of opinions) **3** (riitaantuneisuus) dissension
erimunainen dizygotic *erimunaiset kaksoset* dizygotic/fraternal twins
erinomainen excellent, outstanding, first-class, great; (ark) super, awesome
erinomaisuus excellence, distinction, (high) quality, brilliance
erinäiset 1 (tietyt) certain *erinäiset seikat* certain facts/details/points **2** (ark lukuisat) several, quite a few *Sain pulittaa siitä erinäisiä tonneja* I had to blow several thousand marks on it *erinäisiä kertoja* over and over again
erioikeus privilege
eripuraisuus dissension, disagreement, discord
eriskummallinen strange, peculiar, odd, eccentric, bizarre
erisnimi proper noun, name
eriste insulation, insulating material
eristekerros insulating layer
eristin insulator, nonconductor, insulating body, dielectric
eristyneisyys isolation, seclusion
eristys 1 (eristyneisyys) isolation, seclusion **2** (sähkö) insulation
eristysaine insulating/nonconducting material
eristysnauha insulation tape
eristäytyneisyys withdrawal, isolation
eristäytyä withdraw (into isolation/seclusion, isolate/seclude yourself, cut yourself off (from friends, from the world)
eristää 1 (erottaa) split up, separate, segregate **2** (pitää erossa muista) isolate, seclude, sequester; (pitää karanteenissa) quarantine **3** (sulkea alue) block/rope/wall/cut off **4** (sähkö, rak) insulate
erisuuntainen divergent, going in different directions *Minulla on hieman erisuuntaisia ajatuksia siitä kuin sinulla* I was thinking along slightly different lines than you
erisuuruinen different in size, larger/smaller
eritasoliittymä cloverleaf (intersection)
erite secretion, (kuona-) excretion
eritellä 1 (osittella) analyze **2** (luokitella) classify, categorize **3** (luetella) specify, itemize
eritoten particularly, in particular, especially
erittely 1 (osittelu) analysis **2** (luokittelu) classification, categorization **3** (luettelo) specification, breakdown
erittelykyky analytic(al) ability
erittyä ooze (out), seep (out)
erittäin very, highly, most, extremely
erittää secrete, (kuona-aineita) excrete
erityinen special, especial, particular, (nimenomainen) specific
erityiselin (biol) special(ized) organ
erityisen especially, particularly
erityisesti especially, particularly, (nimenomaan) specifically
erityisjärjestö special-interest organization
erityiskoulu (erillinen laitos) school for handicapped children; (koulun sisäinen) special-education program
erityislainsäädäntö special legislation
erityislaitteisto (tietok) dedicated equipment
erityisluokanopettaja special-education teacher
erityisluonne special character, uniqueness
erityisopettaja special-education teacher; (tukiopettaja) remedial teacher
erityisopetus special education; (tukiopetus) remedial instruction

erottaa

eritystoiminta (biol) secretion
erityyppinen different, of a different type/sort
eriuskoinen of a different faith
erivapaus (lak, kirk) dispensation; (vapautus) exemption; (yl) special permission (not to do something, not to go somewhere)
erivärinen of a different color *eriväriset sukat* unmatched socks
eriyttää differentiate; (koulu) stream, divide into tracks
eriytyminen differentiation, specialization
eriytyä differentiate; (koulu) specialize
eriävä differing, divergent, dissenting
eriävä mielipide (lak) dissenting opinion
erkaantua 1 (erota) separate, go your separate ways, part, break/split up 2 (poiketa) split off, diverge *Tiestä erkaantui pieni polku* A narrow path broke/veered off of the road
erkkeri bay window
ero 1 (erotus) difference, disparity, discrepancy, gap 2 (lähtö toisen luota) parting, departure, saying goodbye 3 (lähtö työpaikasta: eläkeikään) retirement; (ennen eläkeikää) resignation, quitting 4 (avioero) divorce 5 (erilläänolo) separation, estrangement, split, break
eroa kuin yöllä ja päivällä be as different as night and day
eroamisikä retirement age
eroanomus resignation *jättää eroanomus* submit/tender your resignation, resign, quit
eroavaisuus difference, divergence, discrepancy
eroavuus difference, disparity, discrepancy, gap
erogeeninen (sukupuoliselle kiihotukselle herkkä) erogenous
erogeeniset vyöhykkeet erogenous zones
erojaiset retirement party
erokirja 1 certificate of resignation; (ark) work certificate, letter of recommendation 2 bill/certificate of divorce
erokirje Dear John letter

eronhetki moment of parting, time to say goodbye/farewell
eroosio (veden/tuulen/jään aiheuttama maapinnan kuluminen) erosion
eroottinen erotic
eroraha severance pay
erossa apart, separate *pysyä erossa jostakin* stay/keep away from something *päästä eroon jostakin* get rid of something, get away from something *päästä eroon viinasta* get off the booze/sauce, get clean/sober, get on the water wagon *asua erossa* live apart (from someone), be separated *Pidä likaiset sormesi erossa siitä pojasta* Keep your filthy fingers off that boy!
erota 1 (olla erilainen) differ, be different from/than, deviate/diverge from *Heidän näkemyksensä eroavat liikaa toisistaan* They are too far apart in their thinking, there is too great a disparity in their views 2 (toisen luota) part, depart, say goodbye 3 (työpaikasta: eläkeiässä) retire; (ennen eläkeikää) resign, quit 4 (puolisosta: lopullisesti) divorce; (väliaikaisesti) separate, move out 5 (poika-/tyttöystävästä) break up, split up
erota edukseen stand out from the crowd/rest, be head and shoulders above the others
erota elämästä slough off this mortal coil, leave this world
erota vihamiehinä part enemies
erota vihassa part in anger
erota ystävinä part as friends
erotella 1 (lajitella) sort out, separate 2 (valita joukosta) pick out, cull out, single out, isolate
erotiikka eroticism; (eroottiset kuvat, tavarat) erotica
erotodistus 1 (työpaikasta) certificate of resignation, work certificate 2 (avioliitosta) bill/certificate of divorce 3 (koulusta) diploma, (UK) leaving certificate
erottaa 1 (tehdä erilaisiksi) make different, distinguish *Miehen erottaa naisesta paitsi anatomia myös kasvatus* The differences between men and women are

both biological and social, what makes men differ(ent) from women is not only nature but also nurture **2** (havaita erilaisiksi) differentiate, distinguish, tell apart *En osaa erottaa teitä toisistanne* I can't tell you two apart **3** (havaita) distinguish, discern, make out *Kuulin puhetta mutten erottanut sanoja* I heard someone talking but couldn't make out the words **4** (saattaa erilleen) split up, separate, divide *erottaa tappelupukarit* separate two scufflers, break up a fight *erottaa lampaat vuohista* separate the sheep from the goats **5** (eristää) isolate, segregate **6** (luokittaa) divide up (into groups) **7** (työpaikasta) dismiss, discharge, let go, (sanoa irti) give notice; (ark) fire, sack, can **8** (koulusta: lopullisesti) expel, (ark) boot out, send down; (määräajaksi) suspend **9** (kirkosta: katolisesta) excommunicate, (muusta) revoke your church membership
erottaa jyvät akanoista separate the wheat from the chaff
erottaja separator
erottamaton 1 (ystävistä) inseparable *He ovat erottamattomat* They are bosom buddies **2** (virkamiehestä) irremovable
erottelu 1 (rotuerottelu: henkinen) discrimination, (fyysinen) segregation **2** (muu) sorting
erottua 1 (olla erilainen) differ, be/act/feel different *erottua edukseen* stand out (from the crowd) **2** (olla havaittavissa) be distinguishable/discernable, be distinguished/discerned *Tähdet erottuivat heikosti* You could just barely make out the stars
erotuomari referee, umpire
erotus 1 (ero) difference, discrepancy, gap; (mat) remainder **2** (erottaminen) separation **3** (eronteko) discrimination, distinction *tehdä erotus* make a distinction, discriminate, distinguish
erotuskyky (tekn) resolution
erraattinen (säännötön) erratic
eruptiivinen (purkautumalla muodostunut) eruptive
eruptio (purkaus) eruption

erä 1 (määrä) amount, quantity; (osamäärä) portion, part *Lisää sokeri kolmessa erässä* Add sugar in three portions **2** (tavaraerä) lot, batch, consignment, quantity **3** (osamaksu) installment **4** (urheilu) game, (välierä) (qualifying) heat, (nyrkkeilyssä) round, (tenniksessä) set, (jääkiekossa) period, (koripallossa jne) quarter
erämaa 1 (takamaa) wilderness, the wild(s) *erämaan kutsu* the call of the wild **2** (autiomaa) wasteland, desert
erämaja wilderness hut/cabin
eränkävijä hunter, (turkismetsästäjä) trapper, backwoodsman
eräpallo (kun pelissä on yksi erä) game/match point; (tenniksessä) set point
eräpäivä due date
eräretkeilijä hunter, trapper, backwoodsman
eräretki hunt(ing trip)
eräs s, adj one, a certain person, someone, somebody *eräs tuttavani* a friend of mine *Tämä on eräs niistä joista olen puhunut* This is one of the ones I've been talking about *En näköjään tiedä yhtä paljon kuin eräät* I don't seem to know as much as some people (I could name)
erätalous (hist) hunting and fishing economy
erään kerran many times, over and over, (leik) a time or three
eräänlainen a/one sort/kind/type of *eräänlaiset ihmiset* a certain type/kind/sort of people, people of a certain kind
erääntymispäivä due date
erääntyä fall/be(come) due, be payable, mature
esanssi (hajua tai makua antava neste) essence
esiaste preliminary stage/phase/level
esihistoria prehistory
esihistoriallinen prehistoric(al)
esiin 1 (piilosta) out (of hiding, in the open) *vetää ase esiin* pull out a gun, draw *tuoda esiin* (paljastaa) bring out in the open, disclose, reveal **2** (julkisuuteen) forward, forth *astua esiin* step forward/forth *kutsua esiin* call out/forth, (lak) call to the stand *tuoda esiin* (ottaa

esimerkki

puheeksi) bring up, (ottaa esille) take out

esiintyjä performer; (näyttelijä) actor, (laulaja) singer, (tanssija) dancer *illan esiintyjä* tonight's guest (star/performer)

esiintymiskuume stage fright, performance anxiety

esiintymiskyky gift/talent for singing/acting/dancing/performing; stage presence

esiintymispelko stage fright

esiintymisvuoro *Olet seuraavana esiintymisvuorossa* You're up/on next

esiintymä occurrence; (geol) deposit, accumulation

esiintyä 1 (näyttäytyä) appear, put in/make an appearance, show up/yourself *esiintyä ilman paitaa* show/turn up with no shirt on, walk in/arrive/appear without a shirt **2** (käyttäytyä) behave, act, conduct yourself *esiintyä edukseen* make a good impression *esiintyä arvokkaasti* conduct yourself with dignity, act in a dignified manner **3** (csittää, olla esiintyjänä) perform; (näyttelijänä) act, play (the part of); (laulajana) sing *Martti Talvela esiintyi Sarastrona* Martti Talvela sang the part of Sarastro **4** (esittää, teeskennellä olevansa) pose as, play the part/role of *esiintyä miljonäärinä* pose as a millionaire, pretend to be a millionaire **5** (toimia jossakin kapasiteetissa) serve, act *esiintyä syyttäjänä* act as prosecutor *esiintyä todistajana* appear as a witness **6** (ilmetä) occur, appear *sana esiintyy keskimäärin 10 kertaa jokaisella sivulla* the word occurs an average of 10 times on each page, there are 10 occurrences of the word per page **7** (olla löydettävissä) be found, (geol) be traces/deposits of *Kuhaa ei juuri esiinny Pyhäjärvessä* Virtually no pike perch is to be found in Lake Pyhäjärvi

esiintyä edukseen put your best foot forward

esi-isä ancestor, forefather

esikartano (fore)court *helvetin esikartano* Limbo

esikaupungin asukas suburbanite

esikaupunki suburb, (ark) the burbs

esikaupunkialue suburban area

esikoinen first-born, oldest/eldest (child)

esikoisromaani first novel

esikoisteos first work

esikoulu preschool, nursery school

esikoululainen preschooler

esikunta staff

esikuntapäällikkö chief of staff

esikuntaupseeri staff officer

esikuulustelu (lak) preliminary hearing

esikuva (role) model, exemplar, example; (prototyyppi) prototype *kauneuden esikuva* paragon of beauty

esikuvallinen exemplary, perfect *esikuvallinen aviomies* model husband

esikäsitellä pretreat

esikäsittely (aineen) pretreatment, (papereiden) preliminary processing, (lak) pretrial proceeding(s)

esilehti flyleaf

esileikki foreplay

esiliina 1 (vaate) apron **2** (ihminen) chaperone

esillepano (liik) display, exhibit(ion), show

esilletulo *Rahoituskysymyksen esilletulo voi aiheuttaa hankaluuksia* If the question of funding comes up, it may cause difficulty

esillä 1 (fyysisesti) out (in the open), visible, showing **2** (näytillä) on view/show/display *pitää itseään esillä* promote yourself, get your name in the papers, keep your face before the public **3** (saatavissa) ready, on/at hand, within easy reach **4** (käsiteltävänä) under discussion, up for discussion/consideration

esillä oleva asia the matter at hand/in question/under discussion

esilukija reader

esimaku foretaste

esimerkillinen exemplary

esimerkki 1 (näyte, todiste) example, illustration, sample *esimerkiksi* for example/instance, e.g. *Minä en esimerkiksi aio lähteä* I for one am planning to stay right here **2** (tapaus) instance **3** (esikuva) model, example, exemplar *näyt-*

esimerkkiaineisto

tää hyvää esimerkkiä set a good example
esimerkkiaineisto illustrative material/data
esimerkkilause sample sentence
esimies 1 superior, (ark) boss **2** (liik, hallinnossa) supervisor, chief **3** (työnjohtaja) foreman **4** (koul) principal, headmaster **5** (yliopiston laitoksen johtaja: määräaikainen nimitys) chair(person), (vakinainen nimitys) head **6** (museossa) curator
esinahka foreskin
esinainen (female) boss
esine object, article, thing
esineellinen concrete, material, factual *esineellinen todiste* material/concrete evidence *esineellinen kulttuuri* material culture
esineellistää objectify, concretize, reify
esineistö collection/set (of objects/articles)
esinäytös prologue
esiopetus preschooling, preacademic schooling, teaching of preacademic skills
esipestä prewash
esipuhe foreword, preface, introduction
esirippu curtain *rautainen esirippu* Iron Curtain
esirukous prayer of intercession
esitanssijatar prima ballerina
esite brochure; (kirjanen) leaflet, booklet
esitellä 1 (tutustuttaa) introduce **2** (selostaa) present, explain, expound (upon) **3** (näyttää: paikkaa) show (around), give a tour of; (koneen toimintaa) demonstrate; (pitää näytteillä) display
esitelmä lecture, talk, discourse, presentation; (konferenssiesitelmä) paper *pitää esitelmä* give a lecture/talk on, (konferenssissa) read a paper on
esitelmäkiertue lecture tour
esitelmätilaisuus lecture *Oletko menossa esitelmätilaisuuteen?* Are you going to go to the lecture?
esitelmöidä lecture, speak (on), present (on), give a presentation/lecture/talk, read a paper, be a speaker
esitelmöijä lecturer, speaker, presenter
esitteillä on display
esittelijä 1 introducer, presenter **2** (kokouskäytännössä) rapporteur **3** (hallinnossa) Assistant Junior Secretary
esittely 1 introduction, presentation **2** (ehdotus) suggestion, (esitys) proposal **3** (tasavallan presidentin) Cabinet meeting **4** (havaintoesitys) demonstration **5** (näyttely) show, display, exhibition
esittäjä 1 (lakiesityksen) introducer, proposer **2** (laskun) presenter, (sekin) bearer **3** (runon) (oral) interpreter **4** (näytelmäosan) actor, performer **5** (laulun, oopperaosan) singer, performer **6** (valeroolin) impostor
esittäytyä 1 (esitellä itsensä) introduce/present yourself **2** (näyttäytyä) appear, come into view
esittää 1 (ilmaista) express, offer, set/put forth, state *Älä esitä!* Would you shut up **2** (selostaen näyttää) show **3** (vetää näkyviin) present, produce, show *Esittäkää passinne olkaa hyvä* Please show (me) your passport *esittää lasku* present a bill **4** (ehdottaa) submit, suggest, propose; (tehdä esitys) move, make a motion; (nimitettäväksi) nominate, put forward; (ratkaistavaksi) refer **5** (näytellä tms) perform, do; (näyttelijänä) act, play (the part of); (laulajana) sing *esittää korttitemppuja* perform/do card tricks **6** (teeskennellä olevansa) pose as, play the part/role of *esittää miljonääriä* pose as a millionaire, pretend to be a millionaire *Mitä sinä oikein esität?* What are you trying to pull? **7** (kuvastaa) portray, represent, render *Maalaus esitti taiteilijan äitiä* The painting portrayed the artist's mother
esitys 1 (näytös) performance **2** (esittäminen) presentation **3** (ehdotus) proposal
esitysehdotus (legislative) bill
esityskelpoinen presentable
esityslista agenda

esitystapa (taiteilijan) representational/expressive mode/style; (puhujan) discursive/rhetorical mode/style
esityö preliminary/preparatory work
esivahvistin preamp(lifier)
esivaihe preliminary/early phase/stage
esivalta the authorities, the powers-that-be
esivanhemmat ancestors, forebears, forefathers
eskalaatio (sodan laajentaminen) escalation
eskaloida (laajentaa sotaa) escalate
eskapismi (pako todellisuudesta) escapism
eskapisti (todellisuudesta pakenija) escapist
eskapistinen (eskapismiin liittyvä) escapist
eskatologia eschatology
eskortti (kunniasaattue) escort
esoteerinen (suppealle piirille tarkoitettu) esoteric
Espanja Spain
espanja Spanish, the Spanish language, (Espanjassa) Castilian
espanjalainen s Spaniard adj Spanish
esplanadi (puistokatu) esplanade
espresso espresso
espressokeitin espresso-maker
essee essay
esseisti essayist
essentia (olemus) essence
essentiaalinen (olennainen) essential
essiivi (sijamuoto, esim. sinuna) essive
essu (ark) apron
este 1 obstacle, barrier, obstruction **2** (kuv) hindrance, impediment; (ark) snag, catch *En voi tulla, minulle tuli este* Sorry, I won't be able to make it after all, something just came up **3** (urh) hurdle, (ratsastuksessa) obstacle, jump
esteellinen (jäävi) disqualified, (estynyt) prevented
esteellisyys incapacity, disqualification
esteetikko (estetiikan/taiteen tuntija) (a)esthetician, (a)esthete
esteetti (estetiikkaa korostava ihminen) aesthete

esteettinen (estetiikkaan/taiteeseen liittyvä) (a)esthetic
esteettömyystodistus 1 (avioliittoa varten) certificate of nonimpediment **2** (passia varten) clearance certificate
esteetön 1 (vapaa) free, clear, unobstructed **2** (lak) competent, qualified, allowable; (avioliittoon) free (to marry), unimpeded; (jäävitön) unchallenged
estejuoksu steeplechase
esteratsastus showjumping
estetiikka (kauneutta tutkiva tiede) (a)esthetics
estetismi (taiteellisten arvojen ylikorostus) aestheticism
estimaatio (arviointi) estimation
estimaatti (arvio) estimate
estimoida (arvioida) estimate
esto 1 (psyk) inhibition **2** (urh) interference
estoinen inhibited
estoton uninhibited, unselfconscious, spontaneous, free
estradi (esiintymislava) estrade, (muotinäytöksessä) runway
estrogeeni estrogen
estuaari (joensuu) estuary
estynyt 1 (estetty) incapacitated, unable, prevented, hindered **2** (estoinen) inhibited, selfconscious
estyä be unable to do something, be prevented/hindered from
estää 1 (ehkäistä) prevent, forestall, preclude, avert **2** (jotakuta tekemästä jotakin) prevent/stop/keep someone from doing something, something from happening
etabloida (perustaa) establish
etabloitua (vakiintua) be established
etabloitunut (vakiintunut) established
etana (kuorellinen) snail, (kuoreton) slug, (syötynä) escargot *Liikettä kinttuihin senkin etana!* Would you get a move on? You're slow as a snail!
etananvauhti snail's pace *kulkea etananvauhtia* go at a snail's pace
etanoli (etyylialkoholi) ethanol
eteen adv (etupuolelle) forward, (up) (to the) front postp **1** in front of, before *joutua kuoleman eteen* face death

eteeni

2 (puolesta) for, on behalf of *Saan tehdä lujasti töitä sinun eteesi* I've got to work my butt off to keep you happy/ to make enough money for you
eteeni (hiilivety) ethylene
eteenpäin forward, onwards, ahead, on *lue eteenpäin* read on *jatka eteenpäin* go ahead *tästä hetkestä eteenpäin* from now on, from this day forward, from this moment onwards
eteerinen (ilmava, haihtuva) ethereal
eteerinen öljy (kasviuute) essential oil
eteinen 1 (ulkoeteinen) outer hall(way), entry(way), vestibule **2** (pitkä eteinen) hall, corridor, aisle, passage(way) **3** (anat: sydämen) atrium, auricle; (kurkunpään) vestibule
eteisaula lobby, foyer
eteislepatus (sydämen rytmihäiriö) atrial fibrillation
etelä south, the South
Etelä-Afrikka South Africa
eteläafrikkalainen s, adj South African
Etelä-Carolina South Carolina
Etelä-Dakota South Dakota
eteläinen southern, southerly
Etelä-Jemen People's Democratic Republic of Yemen
Etelä-Korea South Korea
eteläkorealainen s, adj South Korean
etelämaa Southern Europe, the Mediterranean countries
etelämaalainen Southern European, Mediterranean
etelämainen Southern, Mediterranean
etelänapa South Pole
etelänmatka vacation in the sun, in southern climes
etelänmatkailu Mediterranean tourism
eteläpuoli south(ern) end/side
etelärinne south(ern) slope
eteläslaavi Southern Slav, Jugoslav
eteläsuomalainen Southern Finn
Etelä-Suomi Southern Finland
etelätuuli southerly (wind)
etelävaltalainen (US) Southerner
etelävaltiot (US) the southern states, the South
etenkin especially, particularly

etenkään especially/particularly (not)
etevyys 1 (taito) competence, ability, talent **2** (huomattava asema) (pre-)eminence, prominence **3** (loisto) brilliance, excellence, genius **4** (lupaus) promise, precocity
etevä 1 (taitava) competent, able, talented, brilliant **2** (huomattava) (pre)eminent, prominent, distinguished **3** (loistava) brilliant, excellent **4** (lupaava) promising, up-and-coming, precocious
etevämmyys superiority, (ark) being better, having an edge/advantage
etiikka (oikeaa käyttäytymistä tutkiva filosofian haara) ethics
etiketti 1 (lappu) (product) label **2** (käyttäytymisnormisto) etiquette
etikettivirhe faux pas, (social) gaffe
etiketöidä label
etikka vinegar
etinen front
etiologia (oppi tautien syistä) etiology
etiologinen (tautien syitä koskeva) etiological
Etiopia Ethiopia
etiopialainen s, adj Ethiopian
et-merkki ampersand (&)
etninen (kansaa tai heimoa koskeva) ethnic
etnografi (kuvailevan kansatieteen tutkija) ethnographer
etnografia (kuvaileva kansantiede) ethnography
etnografinen (kansatieteellinen) ethnographic
etnologi (kansatieteilijä) ethnologist
etnologia (kansatiede) ethnology
etnologinen (kansatieteellinen) ethnological
etnosentrinen (ryhmäkeskeinen) ethnocentric
etoa *Minua etoo tuommoinen* That sort of thing makes me puke, makes me want to throw up, makes me sick to my stomach, turns my stomach
etova disgusting, nauseating; (ark) gross
etsata (syövyttää metalli kuvan painamiseksi) etch

etsaus (etsaaminen tai etsaten tehty kuva) etching
etsijä 1 seeker, searcher, hunter 2 (etsin) viewfinder
etsin (kameran) viewfinder
etsintä search, hunt, pursuit, quest; (poliisietsintä) dragnet
etsintäkuuluttaa put out an all-points bulletin
etsintäkuulutus all-points bulletin, (ark) APB
etsivä detective; (ark) dick, shamus, gumshoe; (yksityinen) private investigator/eye, P.I.
etsiytyä gravitate toward, be drawn to, get sucked into
etsiä 1 (jotakin) search/look for, go looking for, go in search of, hunt for, track (down), seek 2 (jokin, hakea) (look around until you) find *Voisitko etsiä minulle kynän?* Could you scrounge me up a pen? Could you find me a pen somewhere? 3 (jostakin jotakin) search (through), scour *etsiä koko kaupungista pähkinävoita* scour the city in search of peanut butter 4 (hakuteoksesta) look up *etsiä sanakirjasta* look up in the dictionary
etsiä kissojen ja koirien kanssa leave no stone unturned
etsiä käsiinsä get your hands on
etsiä neulaa heinäsuovasta look for a needle in a haystack
ettei 1 that ... not *Satoi niin rankasti, etten nähnyt eteeni* It rained so hard that I couldn't see in front of me 2 (jottei) so (that) ... not, so as not to *Pannaan töpinäksi, ettei myöhästytä* Let's get a move on, so we aren't late
että 1 that, so that *Hän sanoi että hän tulee* He said that he's coming 2 (interj) boy!, how... *Että mua sapettaa!* Boy does that burn me up! *Että sinä jaksat!* How do you do it? *Että se kehtaa!* How dare he!
etu 1 (hyöty) advantage, benefit, favor *Minulle olisi eduksi, jos voisit tehdä sen* It would be highly advantageous/beneficial for me/ it would be greatly to my advantage, if you could do it *Marjalle luettiin eduksi* It was counted in Marja's favor/ to Marja's advantage *esiintyä edukseen* make a good impression *Mitä etua siitä on minulle?* What good will that do me, how will that benefit me? 2 (oma etu) interest *Se on sinun oman etusi mukaista* It's in your own best interests *oman edun tavoittelu* self-interest, looking after number one 3 (etuoikeus) perquisite, (ark) perk *autoetu* company car 4 (tenniksessä) ad(vantage)
etuajo-oikeus (auto) right of way, (UK) priority
etuala 1 foreground (myös kuv) *tulla etualalle* come to the fore 2 (näyttämön) stagefront *tulla etualalle* go (to) stage front, go downstage
etuilla cut in line *Älä yritäkään etuilla!* Don't you dare cut in line!
etujalka 1 (eläimen) foreleg, forefoot 2 (tuolin tms) front leg
etujärjestö special-interest group
etukautta by way of the front, across the front *koukata etukautta* cut across the front
etukenossa leaning forward
etukäteen in advance, beforehand, (ark) up front
etulokasuoja front fender
etulyöntiasema advantage *olla etulyöntiasemassa* have the advantage
etumatka lead, (head)start
etunenässä in charge, at the head of *Bussiin oli tungosta, Mari etunenässä* There was a whole crowd of people trying to get onto the bus, Mari at their head
etunimi first/Christian name
etuoikealla ahead and to your right
etuoikeus 1 privilege 2 (etusija) preferential claim, priority, prior claim 3 (hallitsijan) prerogative
etuoikeutettu privileged, favored; (liik) preferential; (lak) preferred
etuosa front (part/section)
etupenkki (auton) front seat, (kirkon) front/first pew
etuperin head/front first
etupiiri (pol) sphere of interest

etupuoli

etupuoli front; (talon) face, facade; (kolikon) obverse
etupää front, (suippo) nose
etupäässä mainly, mostly, chiefly, primarily; for the most part, in the main
eturauhanen prostate
eturivi front row; (kuv) vanguard, forefront
eturyhmä 1 vanguard, forerunners **2** (special) interest group, pressure group
etusija priority, precedence, preference *olla etusijalla muihin nähden* take precedence/priority over the others
etusivu front page
etusormi index finger, (ark) pointer finger
etuvasemmalla ahead and to the left
etuveto front-wheel drive
etuvetoinen front-wheel drive
etydi (mus) etude
ETYK *Euroopan turvallisuus- ja yhteistyökokous* CSCE, Conference for Security and Cooperation in Europe
etymologi (sanojen alkuperän tutkija) etymologist
etymologia (sanojen alkuperä tai sitä tutkiva tiede) etymology
etymologinen (sanojen alkuperään liittyvä) etymological
etyylialkoholi ethyl alcohol, ethanol
etäinen 1 distant, far-off/-away, remote, (far) removed **2** (kuv) distant, cool, aloof *Sinä olet niin pelottavan etäinen!* You're so far away/ you're a million miles away, it frightens me!
etäisyys 1 distance, remoteness **2** (kuv) distance, coolness, aloofness
etäkauppa Internet business/trade
etäkäyttö (tietok) remote login
etäopetus distance education
etäopiskelu distance learning
etätyö telecommuting, telework, remote work
etäyhteys (tietok) remote connection
etäällä far (away/off), (off) in the distance, a long way(s) away
etäännyttää distance, isolate, alienate
etääntyä 1 (siirtyä kauemmas) go/draw away, withdraw, move farther away **2** (vieraantua) grow/drift away, lose touch, become estranged
EU European Union
eufemismi (kiertoilmaus) euphemism
eufemistinen (kaunisteleva) euphemistic
eukko old lady/woman/girl; (halv: noita) hag, witch, bag
eulogia (ylistys) eulogy
euro euro
euroaika Central European time
eurodollari Eurodollar
euroinsinööri euroengineer
eurokansanedustaja Member of the European Parliament, MEP
eurokraatti eurocrat
eurolaki EU directive
euromarkkinat euromarket
euronormi euronorm
Euroopan parlamentti (EU:n kansanedustuselin) European parliament
Euroopan yhteisö(t) (EY) European Communities, EC
Eurooppa Europe
eurooppalainen European
Eurooppa-neuvosto (EU:n valtionpäämiesten kokous) European Commission
europarlamentaarikko Member of the European Parliament, MEP
europarlamentti EU parliament
euroskeptikko euroskeptic
euroslangi euroslang, eurojargon
eurovaalit euroelections
eurovaluutta eurocurrency
euroviisu Eurovision entry; (mon) Eurovision song contest
eutanasia euthanasia
evakko evacuee
evakuoida (tyhjentää, viedä ihmiset vaarasta) evacuate
evakuointi (tyhjentäminen, ihmisten vieminen vaarasta) evacuation
evaluaatio (arviointi) evaluation
evaluoida (arvioida) evaluate
evankelinen evangelical
evankelis-luterilainen Lutheran *Suomen evankelis-luterilainen kirkko* the Evangelical Lutheran Church of Finland
evankelista evangelist

evankeliumi gospel *Matteuksen evankeliumi* The Gospel According to Matthew
evankeliumiteksti Gospel scripture/reading
evankeloida evangelize, proselytize
evankelointi evangelizing, proselytizing
evaporaatio (haihtuminen) evaporation
evasiivinen (vältteleva) evasive
eventualiteetti (mahdollisuus) eventuality
eventuelli (mahdollinen) eventual
eversti colonel
everstiluutnantti lieutenant colonel
evidenssi (varmuus, todiste) evidence
evidentti (ilmeinen) evident
evokaatio (esille kutsuminen) evocative
evolutiivinen (kehitykseen kuuluva) evolutionary
evolutionismi (kehitysoppi) evolution(ism)
evolutionist (kehitys, kehitysoppi) evolution
evolutionisti (kehitysopin kannattaja) evolutionist
evoluutio evolution
evoluutioteoria the theory of evolution
eväslaukku lunch box/pail
eväste (tietok) cookie
evästää 1 (ruoalla) provision **2** (tiedolla tms) brief, advise, counsel
eväät 1 bag/sack/box lunch; (ark) drinks, booze *omat eväät mukaan* bring your own bottle (BYOB) **2** (opastus) advice, guidance; (edellytykset) assets, resources

F, f

faarao pharaoh
faasi (vaihe) phase
faija (ark) dad, pop
faint s pyörtymiskohtaus, hetkellinen tajuttomuus
fakiiri fakir
fakki-idiootti (ark) (vrt. friikki) geek *elokuvafakki-idiootti* movie geek *musiikkifakki-idiootti* music geek
fakkiintua (ark) become geekified
fakkiutua (ark) become geekified
faksata fax
faksi fax
faksimodeemi fax-modem
fakta fact
faktinen factual
faktori factor
faktuaalinen factual
Falklandinsaaret Falkland Islands
fallinen vaihe phallic stage
fallos phallus
falsetti falsetto
falsifikaatio (vääräksi osoittaminen) falsification
falsifioida (todeta/todistaa vääräksi, väärentää) falsify
falskata (mittaus tms) be off, (sauma) leak
falski 1 (virheellinen) false, erroneous, (ark) off **2** (teennäinen) fake, phony
familiaalinen (suvuittain esiintyvä) familial
familiaari (tuttu) familiar
fanaatikko (kiihkoilija) fanatic
fanaattinen (kiihkomielinen) fanatic
fanaattisuus (kiihkomieli) fanaticism
fani fan
fanklubi fan club
fantasia fantasy; (psyk) phantasy
fantastinen fantastic
fantisoida (kuvitella) fantasize
fantomi-ilmiö (valejäsenilmiö) phantom-limb phenomenon

fantomisärky

fantomisärky (haamusärky) phantom pain
fariinisokeri brown sugar
fariseus Pharisee
farkut jeans
farmakologi (farmakologian tuntija) pharmacologist
farmakologia (lääkeaineoppi) pharmacology
farmakologinen (farmakologiaan liittyvä) pharmacological
farmari 1 (mies) farmer **2** (auto) station wagon **3** (mon) (blue) jeans, Levis
farmariauto station wagon, (UK) estate car
farmarihousut (blue) jeans, Levis
farmaseuttinen (lääkkeiden valmistusta koskeva) pharmaceutical
farmata (viljellä) farm
farmi farm
farmijoukkue farm team
farmiliiga farm league
farsi (nykypersia) Farsi
farssi farce
fasaani pheasant
fasismi fascism
fasisti fascist
fasistinen fascist(ic)
fataalinen (kohtalokas) fatal
fatalismi (kohtalousko) fatalism
fatalisti (kohtaloon uskova) fatalist
fatalistinen (fatalismin mukainen) fatalistic
F-avain bass clef
favoriitti (suosikki) favorite
fax fax, facsimile, telefax
F-duuri F major
federaalinen (liittoa koskeva) federal
federaatio (liitto) federation
federatiivinen (liittoa koskeva) federal
feeniks-lintu phoenix
fellaatio (siittimen kiihottaminen suulla) fellatio
felonia (törkeä rikos) felony
feminiininen feminine
feminismi feminism
feministi feminist
feministinen feminist
fennekki (eläin) fennec fox
fennisti student/scholar of Finland
fennistiikka Finnish studies
fennomaani Fennomaniac
fennomania Fennomania
fennougristi scholar of Fenno-Ugric languages
fennougristiikka study of Fenno-Ugric languages
fenomeeni (ilmiö) phenomenon
fenomenaalinen (ilmiömäinen) phenomenal
fenomenologia (ilmiöitä tutkiva filosofian suunta) phenomenology
feodaalinen feudal
feodalismi feudalism
fermaatti (musiikissa) hold, pause
feromoni (kaukohormoni) pheromone
fertiili (hedelmällinen) fertile
fertilisaatio (hedelmöitys) fertilization
fertiliteetti (hedelmällisyys) fertility
fes F flat
festari (ark) festival
festivaalit festival
fetaalinen (sikiötä koskeva) fetal
fetisisti fetishist, (UK) fetichist
fetissi fetish
fiasko fiasco
fibata (sl) mess/screw up, screw the pooch
fibaus (sl) screw-up
Fidži Fiji
fidziläinen s, adj Fijian
figuratiivinen (vertauskuvallinen) figurative
figuuri (hahmo) figure
fiilinki (ark) feeling, (tunnelma) mood
fiilis (ark) feeling, (tunnelma) mood
fiini (ark) elegant, stylish
fiivi (lintu) phoebe
fiksaamo (autojen) body shop
fiksaatio (voimakkaan tunteellinen takertuminen johonkin) fixation
fiksata 1 (kiinnittää) attach **2** (lyödä lukkoon) make a deal **3** (korjata) fix
fiksu (ark) smart
fiksu ja filmaattinen smart and good-looking *Tyttö on fiksu ja filmaattinen* The girl's got brains and looks
fiksusti correctly, appropriately *tehdä fiksusti* play it smart

fragmentoitua

fiktiivinen (kuvitteellinen) fictive, fictitious, fictional
fiktio (kuvitelma) fiction
filatelia philately, stamp-collecting
filatelisti philatelist, stamp-collector
file (tiedosto) file
filee filet
fileoida filet
fileointiveitsi filet knife
filharmoninen filharmonic
filiaali (haarakonttori) branch office
filippiiniläinen s Filipino adj Philippine
Filippiinit Philippines
filisteri (poroporvari) philistine
fillari bike
filmaattinen cinematic
filmata 1 (elokuvata) film, make/shoot a movie/film *filmata Sotaa ja rauhaa* make a movie of *War and Peace* **2** (teeskennellä) put on (an act, airs), be affected
filmatisoida adapt for the movies
filmatisointi (movie/film) adaptation
filmi 1 (valokuvafilmi) film **2** (elokuva) movie, (UK) film **3** (kuv) *filmi katkesi* everything went black, I blacked out
filmikasetti film pack
filminherkkyys film speed
filologi philologist
filologia philology
filosofi philosopher
filosofia philosophy
filosofinen philosophical
filosofoida philosophize
filtraatio (suodatus) filtration
filtraatti (suodos) filtrate
filtrata (suodattaa) filter
filtraus (suodatus) filtration
filtteri filter
filtterisavuke filter cigarette
filtti (ark) blanket
finaali 1 (urh) finals, final heat **2** (mus) finale
finalisti (loppukilpailuun selvinnyt) finalist
finansioida (rahoittaa) finance
finanssimies financier
fingliska Finglish
finis (sl) the end
finni pimple, (euf) blemish, (ark) zit; (mon) acne
finninen pimply, (kakara) pimple-faced
firma firm, company
fis F sharp
flaami 1 (asukas) Fleming, (mon) the Flemish **2** (kieli) Flemish
flaamilainen Flemish
flikka (ark) chick
flipperi pinball (machine)
flirttailla flirt
flirttailu flirting
flirtti flirting
floppi 1 (korkeushyppytyyli) Fosbury flip **2** (munaus) flop **3** (disketti) floppy
flunssa the flu, a cold
flunssainen fluey
fluorata fluoridate
fluoraus fluoridation
flyygeli grand piano
fobia (kammo) phobia
fobinen (fobiaan liittyvä, fobiasta kärsivä) phobic
foinikialainen Phoenician
fondyy fondue
foneemi phoneme
fonetiikka phonetics
fonologia phonology
fonologinen phonological
fontti (kirjasinlaji) font
formaali (muodollinen) formal
formaalistaa (muodollistaa) formalize
formatoida format
formula ykkönen Formula 1
formuloida formulate
fosfori phosphorus
fossiili fossil (myös kuv: vanhus)
fotogeeninen (valokuvauksellinen) photogenic
fotojournalismi photojournalism
fotojournalisti photojournalist
fotomontaasi (eri valokuvista koostettu kuva) photomontage
fraasi phrase
fragmentaarinen (pirstoutunut) fragmentary
fragmentaatio (pirstoutuneisuus) fragmentation
fragmentoitua (pirstoutua) fragment, become fragmented

frakki

frakki frock coat
fraktaali (epäsäännöllinen geometrinen kuvio) fractal
fraktaaligeometria fractal geometry
frangi franc
frankit Franks
fransiisi (toimilupa) franchise
fransiskaanit Franciscans, the Franciscan Order
frapeerata (jäähdyttää jäissä ennen tarjoilua) frappé
fregatti frigate
fregattilintu frigatebird
frekvenssi (yleisyys, taajuus) frequency
frekventoida (käydä usein, käyttää paljon) frequent
freudilainen Freudian
freudilainen lipsahdus Freudian slip
freudilaisuus Freudianism
friikki (ark) (asiasta innostunut) freak
friisi 1 (koristepinta) frieze 2 (Frieslandin tai Friisein saarten asukas tai kieli) Frisian
frikatiivi (hankausäänne) fricative
fritsu (ark) 1 (postimerkki) stamp 2 (imujälki) hickey
fudut (ark) *saada fudut* get fired/shitcanned
fuksi (ark) freshman
fundamentaalinen (olennainen) fundamental
fundamentalismi (pyhän kirjan kirjaimellista tulkintaa vaativa uskonnollinen suuntaus) fundamentalism
fundamentalisti (fundamentalismin kannattaja) fundamentalist
funkis functionalism
funktio function

funktionaalinen functional
funktionalismi functionalism
funtsata (ark) think
funtsia (ark) think *Funtsi nyt!* Come on, think!
fuskata (ark) 1 (huijata) cheat, cut corners 2 (hutiloida) bungle, botch
fusku (ark) cheat, hoax *pelkkää fuskua* all a big hoax
futata (ark) 1 (potkaista) kick 2 (pelata futista) play football
futis (ark) football, soccer
futismatsi (ark) football/soccer match
futurologi futurologist
futurologia futurology
fuuga fugue
fuusio fusion
FWIW (tekstiviestissä, sähköpostissa) for what it's worth
fysiikka physics
fysikaalinen physical
fysiologia physiology
fysiologinen physiological
fysioterapia physical therapy, physiotherapy
fyysikko physicist
fyysinen physical
färingi (Färsaarten asukas) Faeroese
Färsaaret Faeroe Islands
fääri (kieli) Faeroese
förskotti (ark) (maksu) advance payment, a little something in advance, foretaste, (ruoka) taste *ottaa vähän förskottia* taste a little out of the kettle
föönata blow-dry
föönaus blow-drying
fööni blow-drier

G, g

gaeli (kieli) Gaelic
galleria gallery
gallona gallon
gallup (opinion) poll, Gallup poll
gallupoida poll
Gambia Gambia
gambialainen s, adj Gambian
gangsteri gangster
gaselli gazelle
G-avain treble clef
gaviaali (eläin) gavial
geeni gene
geenikartta gene map
geenimanipulaatio genetic manipulation/engineering
geenipankki gene pool
geenitekniikka genetic engineering
geisha geisha
genealogi genealogist
genealogia genealogy
geneerinen generic
geneetikko genetist
geneettinen genetic
genetiikka genetics
genetti (eläin) genet
gentlemanni (herrasmies) gentleman
geologi geologist
geologinen geological
geometria geometry
geometrinen geometric(al)
geosentrinen (maakeskeinen) geocentric
geostationaarinen geostationary
geotieteet (maapalloa tutkivat luonnontieteen alat) geosciences
gepardi cheetah
gerbiili (eläin) gerbil
gerenukki (eläin) gerenuk
gerillasota (sissisota) guerilla war(fare)

germaaninen Germanic
germaaniset kielet Germanic languages
germanisti student/scholar of German
gerundi gerund
Ghana Ghana
ghanalainen s, adj Ghanaian
Gibraltar Gibraltar
gigatavu gigabyte, GB
gilalisko (lisko) gila monster
giljotiini guillotine
glasnost glasnost
globaali (maapalloa koskeva) global
globaalinen (maapalloa koskeva) global
globaalistaa (tehdä maailmanlaajuiseksi) globalize
globaalistua (muuttua maailmanlaajuiseksi) globalize, go global
globalisaatio (maanlaajuiseksi tekeminen) globalization
golf golf
golfaaja (golfin pelaaja) golfer
golfaaminen golfing, playing golf
golfari golfer
golfata golf, go golfing, play a round of golf
golfi (merenlahti) gulf
Golfvirta Gulf Stream
gouldinvaraani (lisko) goanna
graafikko graphic artist/designer
graafinen graphic
graafinen esitys graphic illustration/presentation
graafinen käyttöliittymä graphic interface
graduoida (antaa oppiarvo) graduate
graffiti graffiti

grafiikkaohjelma (tietokoneen) graphics program, graphics package
grafiikkatabletti graphics tablet
grafiitti graphite
gramma gram
grammaatikko grammarian
granaattiomena pomegranate
graniitti granite
gratifikaatio 1 (rahalahja) gratuity **2** (tyydytys) gratification
greippi grapefruit
Grenada Grenada
grenadalainen s, adj Grenadian
griini (viheriö) green
grillaaminen barbeque, grilling
grillata barbeque, grill
grilli (parila, ravintola) grill
groteski s (kirjapainossa) sans serif adj grotesque
Gruusia Georgia
gruusialainen Georgian

grönlanninhylje harp seal
Grönlanti Greenland
grönlantilainen s Greenlander adj Greenlandic
Guam Guam
Guatemala Guatemala
guatemalalainen s, adj Guatemalan
Guinea Guinea
Guinea-Bissau Guinea-Bissau
guinealainen s, adj Guinean
gurmandi (syömäri) gourmand
gurmee (herkuttelija) gourmet
Guyana Guyana
guyanalainen s, adj Guyanese
gynekologi (naistentautien lääkäri) gynecologist
gynekologia (naistentautioppi) gynecology
gynekologinen (naistentautioppiin liittyvä) gynecological

H,h

ha! ha(h)!
Haag the Hague
haaksirikko shipwreck; (kuv) disaster, calamity
haaksirikkoinen shipwrecked
haalarit overalls
haalea 1 (lämpö) lukewarm, tepid **2** (väri) pale, faded
haalentaa cool (off/down)
haaleta cool (off/down)
haalia gather, assemble, bring together; (ark) scrape/rake/drum up
haalistaa fade
haalistua fade
haamilainen s Hamite adj Hamitic
haamu 1 (aave) ghost, phantom, specter, apparition; (ark) spook **2** (varjokuva) shadow, shade, ghost(ly image)
haamuasiakas phantom customer

haamukirjoittaja ghostwriter
haamumaili (urh) phantom mile
haamuraja (urh) magic barrier/limit
haamusärky phantom pain
haapa aspen
haara 1 (puun) branch, bough, limb **2** (joen) fork, leg, tributary, feeder **3** (ihmisen) leg, (mon) crotch **4** (asian) implication, ramification **5** (toimintapiirin) branch
haarakiila (sukkahousujen) gusset, (housujen) crotch
haarautua branch (off/out), fork, divide
haaremi harem
haarniska (suit/coat of) armor
haarukka 1 fork **2** (sot) bracket **3** (mer) gaff
haaska 1 carcass (myös kuv), (mon) carrion *Missä haaska siinä korpit* Where

there's shit there's bound to be flies **2** (hylkiö) trash, garbage, junk **3** (ruma nainen) dog, hag

haaskaeläin carrion(-devouring) animal, scavenger, (eläintieteessä myös) necrophagous animal

haaskalintu carrion bird, (kuv) vulture *kerääntyä kuolevan isän ympärille kuin haaskalinnut* gather around your dying father like vultures

haaskata 1 (tuhlata) waste, fritter/throw away **2** (turmella) waste, demolish, ruin; (ark) trash *Jos haluat haaskata oman elämäsi, siitä vaan* If you want to waste/ruin/throw away/trash your life, go right ahead

haaskaus waste *Se on hirveätä rahan haaskausta* That's a terrible waste of money

haastaa 1 (kutsua mukaan) invite (to compete), (issue a) challenge, call *Lukion toinen luokka haastaa ensimmäisen mukaan limsapullon hinnalla* The sophomore class challenges the freshman class to contribute the price of a bottle of soda pop **2** (todistajaksi) call as a witness, call to the stand **3** (kertoa, puhua) talk, chat, shoot the breeze

haastaa oikeuteen sue, file suit against, take to court, bring an action against

haastaa riitaa pick a fight, look/ask for a fight, be quarrelsome

haastatella interview
haastateltava interviewee
haastattelija interviewer
haastattelu interview

haastava 1 challenging **2** (vaikea) difficult, trying, taxing **3** (kiinnostava) stimulating, interesting, thought-provoking

haaste 1 (kutsu kilpailemaan) challenge, dare **2** (vaikea ja kiinnostava tehtävä) challenge, challenging job/task **3** (lak) subpoena, writ, summons

haastella talk, chat, shoot the breeze
haastemies writ-server
haava wound, cut, (palohaava) burn; (kuv) wound, trauma

haavanlehti *väristä kuin haavanlehti* tremble/quake like a(n aspen) leaf

haave (day)dream, wish, hope, fantasy
haaveellinen dreamy
haaveilija dreamer
haaveilla (day)dream, wish/hope for, fantasize
haaveksia (day)dream, wish/hope for, fantasize
haavemaailma utopia, El Dorado, Shangri-la; (pilkkaava) Cloud-Cuckoo-Land, dream world
haaveri accident
haavi 1 (landing) net; (perhoshaavi) butterfly net **2** (kolehtihaavi) offertory bag
haavi auki (ark) mouth open/agape *seisoa haavi auki* stand there gaping, stand there with your tonsils hanging out
haavikko aspen grove/copse/stand
haavoittaa 1 (fyysisesti tai henkisesti) wound, injure, hurt **2** (vain henkisesti) offend, hurt someone's feelings
haavoittua 1 (fyysisesti tai henkisesti) be wounded/injured/hurt **2** (vain henkisesti) take offense, be offended, have your feelings hurt
haavoittunut s wounded person, (mon) the wounded adj **1** (fyysisesti tai henkisesti) wounded, injured, hurt **2** (vain henkisesti) offended
haavoittuvainen vulnerable, easily hurt/wounded, thin-skinned
habitaatio (asuminen) habitation
habitaatti (eläimen asuinpaikka) habitat
habituaalinen (tavanomainen) habitual
habituaatio (tottuminen) habituation
haeskella look around for
haettaa have someone get something *haetti luokseen lääkärin* sent for a doctor
hagiografia hagiography
hah! ha(h)!
hahmo 1 (hämärä olento) figure, shape, form, outline **2** (romaanihenkilö) character, figure **3** (psyk) gestalt, configuration, structure
hahmotella 1 (piirtää) sketch (in/out), outline, flesh out **2** (selostaa) set forth (briefly), outline, summarize **3** (luoda

hahmotelma

henkilöhahmo) characterize (with a few details), sketch/flesh out a character

hahmotelma 1 (luonnos) sketch, draft, rough-in **2** (pintapuolinen suunnitelma) rough idea

hahmoteoria (psyk) Gestalt theory

hahmottaa 1 ks hahmotella **2** give form/shape/structure to, flesh out, embody

hahmotteilla in the planning stages

hahmottua take shape/form, take on definition

hai shark (myös kuv)

haihatella (day)dream, build castles in the air, be off on some other planet, have your head up in the clouds

haihatteleva impractical, utopian

haihattelija (day)dreamer

haihdutin evaporator, vaporizer

haihduttaa evaporate, vaporize, dissipate

haihtua 1 (neste) evaporate, vaporize **2** (hävitä: olio) dissipate, disperse, disappear **3** (hävitä: tunne) fade, die out/away, evaporate, be dispelled, pass

haihtuva 1 (kem) volatile, ethereal **2** (kuv) fleeting, evanescent, momentary

haihtuva muisti (elektroniikassa) volatile memory

haikailla 1 (kaihota) long/yearn/hanker/sigh/pine for **2** (valitella) whine, sigh, complain, grumble

haikala shark

haikara stork *Hän uskoo vielä haikaraan* He still thinks babies are brought by the stork

haikea sad, bittersweet, wistful, nostalgic

haikeus (sweet) sadness, nostalgia

haiku 1 (savu) smoke **2** (japanilainen runo) haiku

hailee *Se on yks hailee* It's all the same to me, I could/couldn't care less

haima pancreas

hairahdus 1 (fyysinen) slip, fall, loss of balance, misstep, false step **2** (moraalinen) slip, indiscretion, imprudence, lapse

hairahtaa 1 (fyysisesti) slip, fall, lose your balance, take a wrong step **2** (moraalisesti) slip, stray (from the strait and narrow (path)), commit an indiscretion

haiseva smelly, stinky, reeking

haiskahtaa (myös kuv) smell, reek; (vain kuv) smack (of)

haista 1 (joltakin) smell (like), have a smell/scent/odor *Täällä haisee hyvältä/pahalta* This place smells good/bad **2** (kuv) smell, stink, reek *Täällä haisee raha* This town reeks of money, This place is full of the stink/smell of money

haistaa 1 (havaita hajuaistilla) smell, sniff, get a whiff of, be windward of **2** (vainuta) scent, smell/nose (out), get wind/scent of **3** (epäillä) smell, suspect, sense, feel

haistaa palaneen käryä smell a rat

haistatella tell someone where to go, where to get off, what to do with it

haistattaa pitkät tell someone where to shove it, tell someone where to get off

haistella tuulta see which way the wind is blowing

haisu smell, reek, stench

haisukäki (hoatsin) hoatzin

haisunäätä skunk

haitallinen harmful, injurious, hazardous (to your health) *haitallinen vaikutus lapseen* a bad/detrimental influence on a child

haitari 1 (soitin) accordion **2** (asteikko) scale

haitata 1 (estää) hinder, hamper, impede *haitata työntekoa* interfere with (your) work, make it hard to (get your) work (done) **2** (vaivata) bother, irritate, bug *Haittaako tämä sinua?* Does this bother/bug you? *Ei se haittaa* I don't mind, it doesn't bother me, it doesn't matter, it doesn't make any difference

haitek(ki) (ark) (huipputekniikka) high tech

Haiti Haiti

haitilainen s, adj Haitian

haitta 1 (huono puoli) drawback, disadvantage, negative side *markkinatalouden haitat* the drawbacks of a market economy **2** (vaiva) bother, inconvenience, nuisance, hindrance, impediment;

haju

(ark) headache, pain in the ass/neck *Sinusta ei ole muuta kuin haittaa!* What a pain in the ass you are! You're nothing but trouble! **3** (lak) prejudice *kenellekään haittaa tuottamatta* with prejudice to none

haittatekijä problem, bothersome/troublesome consideration, inconvenience, impediment

haittavaikutus adverse effect, (lääkkeen) side effect

haituva down, fluff

haiven 1 (karva) (thin/wispy) hair, (pojan partahaiventa) (peach)fuzz, (untuvaa) down **2** (savun tms) wisp, trace, speck

hajaannus 1 (hajallaan olo) dispersion, disintegration, scattering *juutalaisten hajaannus* the Diaspora *kielten hajaannus* (Baabelissa) the scattering of tongues (at Babel) **2** (eripuraisuus) disaffection, disunion, division; (jakautuminen) schism, split

hajaantua 1 (umpimähkään) disperse, scatter, break up, run in all directions **2** (virallisesti: sot) disband; (toimikunta) dissolve; (väliaikaisesti) recess; (kahtia) split/divide up **3** (kem) decompose

hajalla 1 (hujan hajan) (scattered/strewn) here and there, all over (the place), (all) spread out **2** (palasina) broken/smashed (into pieces), in pieces, fallen apart **3** (henkisesti murtunut) all broken/smashed up

hajamielinen absent-minded

hajamielisyys absent-mindedness

hajanainen 1 (siellä täällä esiintyvä) dispersed, scattered *Siellä oli muutama hajanainen talo* There were only a few houses here and there **2** (yksittäinen) stray, random, odd, sporadic *hajanaisia laukauksia* random/stray shots *hajanaisia huomioita* stray remarks **3** (rikkinäinen: esine) broken, smashed; (perhe-elämä) broken, split; (psyyke) disintegrated **4** (epäyhtenäinen) disconnected, unconnected, incoherent, disjointed *hajanainen koulutus* desultory education

hajanaisuus 1 (esineiden tms) dispersion **2** (kokouksen tms) disunity, divisiveness, discord **3** (tarinan tms) incoherence, disjointedness, unintelligibility, confusion

hajareisin astride, astraddle, with legs spread *istua tuolissa/hevosen selässä hajareisin* straddle a chair/horse

hajasijoittaa decentralize

hajasijoitus decentralization

hajasoitto (CD-soittimessa tms) random play

hajataittoinen astigmatic

hajataittoisuus astigmatism

hajauttaa decentralize, deconcentrate

haje entropy

hajoamaisillaan falling down/apart

hajoita ja hallitse divide and conquer

hajonta 1 (sot) dispersion **2** (tilastossa) distribution **3** (fys) scattering

hajota 1 ks hajaantua **2** (mennä rikki, myös kuv) break (up/open/into pieces), shatter, fall to pieces, fall/come apart (at the seams), crack up **3** (haihtua) dissolve, disperse, dissipate, (be) scatter(ed)

hajota kappaleiksi fall/go into pieces

hajota käsiin fall apart in your hands, at a touch

hajottaa 1 (hajaannuttaa) scatter, disperse, break up, dissipate, drive off (in all directions), send scurrying **2** (levittää) spread (out), scatter, strew (about/around) **3** (virallisesti) dissolve, dismiss, (sot) disband *hajottaa eduskunta* dissolve Parliament **4** (purkaa rakennus) tear/knock down, demolish **5** (purkaa kone osiinsa) take apart, dismantle **6** (rikkoa) break, smash *Jussi hajotti mun junan!* Jussi busted my train!

hajottaa ainesosiinsa resolve something into its constituent parts

hajottaa maan tasolle raze, level

hajottamo junk yard

hajotus demolition

haju smell **1** (hyvä) aroma, scent, fragrance, perfume **2** (paha) reek, stink, stench, fetor, odor **3** (käsitys) idea, clue, conception *Minulla ei ole hajuakaan siitä, mistä puhut* I haven't the foggiest

hajuaisti

idea of what you're talking about *saada hajua jostakin* get wind/scent of something
hajuaisti sense of smell; (eläimen) scent
hajuhermo olfactory nerve, (ark) nose, sense of smell
hajuherne sweet pea
hajuinen -smelling *pahanhajuinen* bad-smelling, stinking, reeking *hyvänhajuinen* good-smelling, scented
hajulukko (drain) trap
hajupommi stink bomb
hajurako safe distance *pitää hajurakoa kaveriin* keep your distance from a guy
hajustaa scent, perfume
hajusuola smelling-salts
hajuton odorless, odorfree; (hajustamaton) unscented
hajuvesi perfume
haka 1 (koukku, salpa) hook, catch, clasp **2** (aitaus) paddock, fenced pasture **3** (ark) whiz, wizard, shark, expert
hakanen 1 koukku (hook) *päästää hakasista* unhook **2** (hakasulje, [ ]) bracket
hakaneula safety pin
hakaristi swastika
hakasulkeet brackets
hakata 1 (lyödä vasaralla tms) rap, tap, bang, hammer *Lakkaa hakkaamasta siellä!* Will you stop that banging/hammering in there! *hakata lihaa* tenderize meat **2** (lyödä kirveellä tms) chop/cut (down), hew (up) *hakata metsää* chop down trees **3** (sade, sydän yms) beat, pound **4** (lyödä nyrkillä: ovea tms) beat/bang/pound on; (ihmistä) hit, strike, punch, smack *hakata pianoa* pound on the piano **5** (piestä) beat (up), thrash, batter, trounce; (sl) beat the shit out of **6** (voittaa) beat, lick, clobber *Hakkasin hänet kunnolla* I cleaned his clock, I took him to the cleaners
hakauksessa 1 (fyysisesti) stuck, caught **2** (neuvottelut) deadlocked, (ark) all balled/snarled up
hakautua 1 (fyysisesti) get stuck/caught **2** (neuvottelut) become deadlocked, (ark) get all balled/snarled up
hake chip, shaving

hakea 1 (noutaa) get, fetch, bring, pick up *Voisitko hakea minut neljältä?* Could you pick me up at four? *Hae keppi, Musti!* Go get/fetch the stick, Blackie! *kaukaa haettu* far-fetched **2** (etsiä) look/search/hunt (around) for, seek (out); (ilmoituksella) advertise (for), put an ad in the paper *Haimme hänelle kenkiä kolmesta kaupasta* We had to go to three stores to find her some shoes
hakea korvausta sue for damages (divorce jne)
hakea muutosta appeal (a decision)
hakea tanssiin ask someone to dance
hakea virkaa apply for a job
hakemisto 1 (luettelo) index (mon indices), (tietok) directory **2** (hakuteos) reference book
hakemus (virkaa varten) (letter of) application, (anomus) petition
haketin chipper
hakettaa chip
haketus chipping
hakeutua 1 (mennä) seek/find your way, go, move *hakeutua talveksi kaupunkiin* move to town for the winter *hakeutua asianomaisen viranomaisen puheille* seek out the proper authority, find the right person and make an appointment to see him/her **2** (olla taipuvainen menemään) gravitate toward, be drawn to, turn to *ajatukseni hakeutuivat jatkuvasti siihen kesään* My thoughts constantly (re)turned/gravitated to that summer
hakija 1 (viranhakija) applicant, candidate **2** (esim. korvauksen) petitioner
hakkailla 1 ks hakata **2** (liehitellä) flirt with, hit on, come on to
hakkelus hash, minced/chopped meat *Teen sinusta hakkelusta!* I'll make mincemeat of you!
hakkeri (computer) hacker
hakkeroida 1 (murtautua tietokoneisiin) hack **2** (harrastaa tietokoneita) be a computer geek
hakkerointi hacking
hakkuu logging
hakoteillä on the wrong track, barking up the wrong tree

haksahdus screwup, blunder
haksahtaa screw up
haku 1 (hakeminen) getting, fetching *mennä joulukuusen hakuun* go get a Christmas tree **2** (etsiminen) search, lookup *Internet-haku* web search *viranhaku* job application *panna virka hakuun* advertize a job in the paper *pojalla on haku päällä* he's looking (for a girlfriend/ to get laid)
hakuaika application period
hakuammunta (kuv) a shot in the dark, hit or miss, trial and error *harjoittaa hakuammuntaa* take a shot in the dark, proceed by trial and error *hänen syytöksensä ovat pelkkää hakuammuntaa* he's just fishing with those accusations, he's on a fishing trip
hakuilmoitus job announcement/advertisement
hakukone (tietok) search engine
hakulaite beeper, pager
hakuohjelma (tietok) search engine
hakupaperit application dossier
hakurobotti (tietok) searchbot
hakusana entry
hakuteos reference book
halailla hug, give each other hugs
halaistu *ei sanoa halaistua sanaa* not utter a word, not make a peep/sound
halata 1 (syleillä) hug **2** (vanh: haluta) want, long for, pine for
halaus hug
halia (ark) hug
halitoosi (pahanhajuinen hengitys) halitosis
haljeta 1 (revetä) rip, tear, split **2** (halkeilla) crack, (be) fracture(d) *haljennut pääkallo* fractured skull **3** (puhjeta) burst, break, pop *nauraa haljetakseen* split/burst your sides with laughter *Ei kiitos enempää, minä halkean!* Thanks, but if I eat another bite I'll burst/pop!
halju lousy, crummy
halkaisija 1 (mat) diameter **2** (šakissa) diagonal **3** (purje) jib
halkaista split, halve, cleave (in half/ twain), cut (in two) *Ei suuret sanat suuta halkaise* Put your money where your mouth is *halkaista hiuksia* split hairs
halkaisu split(ting), cleavage
halkeama 1 crack, fracture, (lääk, geol) fissure **2** (syvä) crevice, crevasse, chasm, rift
halkeilla 1 crack, split, fracture **2** (lohkeilla) peel (off) **3** (rohtua) chap, blister
halki adv in two, (run) in twain *mennä halki* split, crack *puhua asiat halki* talk things out, get everything off your chest, clear the air postp ja prep (läpi) through(out), (yli, poikki) across *halki maiden ja mantereiden* over hill and dale
halkileikkaus cross-section(al drawing)
halkinainen broken, split
halko log, piece/stick of firewood, (mon) firewood
halkoa 1 (puita) cut/split/chop (firewood) **2** (jakaa) cut/split/divide up, cut in two
halkoa hiuksia split hairs, chop logic
halkopino stack of firewood
halla 1 frost; (pers) Jack Frost **2** *tehdä hallaa* cause damage/harm, have an adverse effect
hallava light gray, grayish
hallelujaa Alleluia, Hallelujah
halli 1 hall; (eteishalli) lobby, anteroom, waiting/reception room; (kauppahalli) market hall; (näyttelyhalli) gallery, exhibition hall **2** (hylje) grey seal **3** (run) dog
hallinnollinen administrative, bureaucratic
hallinta 1 (valtakunnan) rule, reign, control **2** (talon, liikkeen) control; (hallussapito) possession, occupancy, occupation **3** (lihasten) control, command **4** (tunteiden) control, possession *saada tunteet hallintaan* control your emotions, collect yourself, pull yourself together **5** (kielen) command/mastery (of), proficiency (in)
hallinto (valtion) administration, (liikkeen) management, (ryhmän) leadership
hallintoelin administrative/governing organ/agency/body

hallintoneuvosto (kunnan) supervisory/advisory board, board of commissioners/supervisors; (julkisen yliopiston) administrative council, (yksityisen yliopiston) board of trustees; (keskuspankin) board of governors

hallintorakennus administration building

hallita 1 (käyttää ylintä valtaa) rule (over), govern, reign (over) **2** (johtaa) manage, run, direct, supervise, administrate **3** (pitää hallussaan) possess, be in possession of, hold, occupy **4** (pitää kurissa) control, master, discipline, command **5** (osata) master, have a command of, be good at

hallitsija 1 (ylimmän valtiovallan haltija) ruler, sovereign, monarch; (valtionpäämies) head of state **2** (johtaja) manager, governor, head, boss

hallitus 1 (valtioneuvosto) the (Finnish/U.S.) Government, the (Clinton) Administration; the Cabinet; (ministeriöstö) the bureaucracy, (UK) the Ministry **2** (yrityksen) board

hallituskausi (kuninkaallinen) reign, rule; (demokraattinen) term of office

hallitusmuoto 1 (valtiomuoto) form of government **2** (perustuslaki) Constitution

hallituspuolue governing party, party in power

hallitussihteeri Senior/ministerial Secretary

hallusinaatio (aistiharha) hallucination

hallusinatorinen (hallusinaation kaltainen) hallucinatory

hallusinogeeni (aistiharhoja synnyttävä aine) hallucinogen

hallusinogeeninen (aistiharhoja synnyttävä) hallucinogenic

hallussa 1 *henkilön hallussa* in a person's possession **2** *vieraan vallan hallussa* occupied by a foreign power

hallussapito 1 (henkilön) possession, proprietorship, occupancy, control, tenancy *huumeen hallussapito* possession of a controlled substance **2** (vieraan vallan) occupation

halo halo

halogeeni halogen

haloilmiö halo effect

haloo interj (puhelimessa) hello? (rannalta toiselle tms) yoohoo! s hubbub, fuss *Asiasta nousi suuri haloo* Then they made this big deal out of it, it caused a huge uproar

halpa 1 (huokea) cheap, inexpensive, low-priced *halvat hinnat* reasonable/moderate/affordable prices *saada halvalla* get a good deal on *ostaa/myydä halvalla* buy/sell low **2** (mitätön) worthless, insignificant, modest, simple, trivial *halpa huvi* cheap thrills **3** (alhaissyntyinen) low-bred, common **4** (halpamainen) contemptible, low, mean, base, sordid **5** *mennä halpaan* be taken in/fooled/duped, be taken for a ride, be snookered *Menitpä halpaan!* Gotcha! Fooled you! **6** *panna halvalla* ridicule, put someone down

halpa-arvoinen cheap

halpahalli bargain/discount store

halpa-hintainen cheap

halpakorkoinen laina loan at a low interest rate, low-interest loan

halpamainen contemptible, low, mean, base, sordid

halpatuonti cheap imports

haltija 1 (omistaja) holder, owner, possessor, (sekin) bearer **2** (käyttäjä: talon) occupant, occupier, tenant; (auton) driver **3** (herra) lord *kaiken näkemänsä haltija* lord of all he beheld **4** (henki) spirit, sprite, genie; (hyvä) fairy, elf, brownie, pixie; (paha) troll, gnome, gremlin, (hob)goblin

haltijatar 1 (naispuolinen omistaja jne) mistress, matron, lady (of the house) **2** (naispuolinen henki) fairy, brownie, pixie, elf *hyvä haltijatar* fairy godmother

haltioissaan delighted, enraptured, enthralled, enchanted, ecstatic

haltioitua be overwhelmed (with joy), be carried away, be entranced

halu 1 (mielteko) desire, craving, wish; (kaipaus) yearning, longing; (taipumus) inclination, penchant, liking; (pyrkimys) aspiration; (ark) itch, yen *hyvällä*

hammasrata

halulla with pleasure, willingly *omasta halustani* of my own free will *palaa halusta tehdä jotakin* be dying to do something **2** (himo) lust, desire, passion; (into) ardor, fervor *vastustamaton halu* irresistible urge

halukas 1 (aulis) willing, ready, eager **2** (taipuvainen) inclined, (pre)disposed **3** (kiihkoinen) ardent, impassioned, passionate **4** (himokas) greedy, covetous; (seksin tarpeessa) lustful, horny

halukkaasti 1 (auliisti) willingly, eagerly, with pleasure **2** (kiihkoisesti) ardently, passionately **3** (himokkaasti) greedily, covetously; lustfully

halukkuus 1 (aulius) willingness, readiness, eagerness **2** (innokkuus) ardor, passion **3** (himokkuus) greed(iness), lust

haluta 1 (tahtoa) want, (toivoa) wish *Kumman haluaisit?* Which would you like? *En halunnut loukata sinua* I didn't mean to hurt you *Haluaisitko karamellin?* Would you care for/like a piece of candy? *niin halutessasi* if you wish/like **2** (haluta kovasti) desire, want desperately, be dying to **3** (himoita) desire, covet, crave, want to have, want for your own

haluton 1 (vastahakoinen) unwilling, undisposed, disinclined, reluctant **2** (välinpitämätön) apathetic, listless, lethargic, indifferent

haluttaa *Minua haluttaa jo lähteä* I want to go now, I feel like leaving already, I'm inclined/disposed to leave now

haluttomasti apathetically, listlessly, lethargically, without much enthusiasm

haluttomuus 1 (vastahakoisuus) unwillingness, disinclination, reluctance **2** (välinpitämättömyys) apathy, listlessness, lethargy, indifference

haluttu 1 (pyydetty) reequested, desired **2** (suosittu) desired, popular, in demand; (ark) hot *Tämä on haluttua tavaraa* This stuff's popular/hot

halva (turkkilainen makeinen) halvah
halvaannutta paralyze
halvaantua be(come) paralyzed
halvaantuminen paralysis

halvattu darn *Voihan halvattu!* Darn it! *Ota sitten, jos haluat sitä niin halvatun paljon* Take it then if you want it so darn much

halvaus 1 (halvaantuminen) paralysis **2** (kohtaus) stroke, apoplexy *saada halvaus* (ark) have a stroke/fit/cow, hit the roof, blow your top

halveerata run (something) down

halveksia despise, scorn, look down on, sneer at, disdain *halveksien* contemptfully, contemptuously, scornfully, disdainfully *Rahaa ei pidä halveksia* Money's nothing to sneeze at

halveksua ks halveksia

halveksunta scorn, contempt, disdain

halventaa 1 (tehdä huokeammaksi) lower/cut/slash costs/prices **2** (tehdä vähempiarvoiseksi) cheapen, lower your esteem (for someone), bring someone/thing down in your eyes **3** (pistää halvalla) disparage, defame, belittle, ridicule

hamassa tulevaisuudessa in the distant/remote future

hame skirt; (kiltti) kilt; (leninki) dress

hameenhelma hem *olla äidin hameenhelmoissa* be tied to mommy's apronstrings

hameväki (halv) skirts *Pitäisi kai ilmoittaa hameväelle* Guess we'd better say something about it to the skirts

hammas 1 (anat) tooth (mon teeth) *pitkin hampain* reluctantly *kynsin hampain* tooth and nail **2** (tekn) (rattaan) cog, (sahan) tooth

hammasharja toothbrush
hammashoitaja dental hygienist/assistant
hammaskiille (dental) enamel
hammaskivi tartar
hammaslanka dental floss
hammaslääketiede dentistry, odontology
hammaslääkäri dentist
hammasmätä caries, tooth decay
hammasproteesi denture(s), dental plate
hammaspyörä cog/toothed/gear wheel
hammasrata cog railway

hammassärky toothache
hammastahna toothpaste
hammasteknikko dental technician
hammastus 1 (tekn) toothing, cogging; (sahan) serration; (hammastuminen) gearing, mesh; (hampaat) teeth, cogs **2** (postimerkin) perforation
hampaankolo *Jos sinulla on jotain hampaankolossa, kakista ulos* If you've got a problem/ if something's bothering you, spit it out
hampaat irvessä 1 (vastoin tahtoaan) gritting your teeth, (sanomatta mitään) biting your tongue **2** (ponnistellen) with your jaw set
hampaaton toothless
hampaidenhoito dental care
hampaiden oikominen orthodontia
hamppari bum
hampparoida bum around
Hampuri Hamburg
hampurilainen 1 (ihminen) Hamburger **2** (ruoka) (ham)burger (juustohampurilainen) cheese burger, (kerroshampurilainen) double burger
hamsteri hamster
hamstrata hoard
hamuilla grope/fumble for
hamuta 1 (hapuilla) grope/fumble for **2** (tavoitella) grasp at
hana 1 (vesijohdon) faucet, tap **2** (aseen) hammer, cock *virittää hana* to cock a gun/weapon
hanakka eager, enthusiastic *käydä hanakasti käsiksi johonkin* jump into something with both feet
hanakkuus enthusiasm, eagerness; (intohimo) passion; (sinnikkyys) perseverance
hanaolut draft beer
handu (sl: käsi) hand
hangaari hangar
hangata 1 (hinkata) rub (out/off/up); (jynssätä) scour, scrub *hangata kiiltäväksi* polish, buff (up), (hopeaa) burnish **2** (hiertää) rub (on/against), chafe; (kuv: ärsyttää) irritate, exasperate, rankle *hangata vastaan* chafe against, resist, protest (against)

hangoitella vastaan chafe against, resist, protest (against)
hanhenmaksa (pâté de) foie gras
hanhenmarssi single file *mennä hanhenmarssia* march single file
hanhi goose (mon geese) (myös kuv); (koirashanhi) gander
Hanhiemo Mother Goose
hankala 1 (vaikea tulla toimeen) difficult, troublesome, hard to manage/please/satisfy **2** (vaikea käyttää) cumbersome, clumsy, inconvenient, unwieldy **3** (vaikea kestää) awkward, embarrassing, difficult *hankala tilanne* unpleasant/awkward situation
hankaloittaa make (something) (more) difficult; (olla esteenä) obstruct, impede, hamper
hankaluus difficulty, trouble, inconvenience, awkwardness; (ark) snag, hitch
hankaus rubbing, chafing
hankausjauhe cleanser
hankausneste liquid cleanser
hanke 1 (yritys) project, undertaking, enterprise *Hanke kaatui rahavaikeuksiin* The project had to be abandoned due to financial difficulties **2** (aie) plan, intent(ion), design
hanki snow; (kantohanki) crusted snow *hanki kantaa* the snow is hard enough to walk on
hankinnainen (sairaus, ominaisuus) acquired
hankinnaisominaisuus acquired characteristic
hankinnaissairaus acquired disease
hankinta 1 acquisition, procurement; (osto) purchase, buying **2** (toimitus) delivery, supply
hankintahinta purchase/original price *hankintahintaan* at cost
hankintakustannukset initial outlay, first/acquisition/prime costs
hankkia 1 (saada) get, obtain, acquire, find **2** (ostaa) buy, purchase, procure **3** (toimittaa) provide, furnish, supply **4** (ansaita) earn, make (money, a living) **5** (valmistella) prepare (for), look for *hankkia riitaa* look/ask for a fight *Jos*

happihölkkä

haluat rauhaa, hanki sotaa If you want peace, prepare for war
hankkia lapsia have children
hankkia rahaa (ansaita) earn money, (kerätä) raise money
hankkija 1 (hankkeesta sopinut) contractor **2** (tavaran toimittaja) supplier, deliverer **3** (muonan) caterer, purveyor, provisioner **4** (ilmoitusten tms) agent, canvasser
hankkiutua 1 (valmistautua) prepare for, get ready for, dress up for **2** (järjestää itsensä jonnekin) see your way clear to (going, doing, getting) *hankkiutua valtaan* connive/scheme your way into power *hankkiutua jonkun suosioon* angle your way into someone's favor *hankkiutua irti ikävästä tilanteesta* weasel your way out of a sticky situation *hankkiutua eroon ihailijoistaan* break free of your admirers
hanko (pitch)fork
hansa the Hansa, the Hanse, the Hanseatic League
hansakaupunki Hanseatic town, Hanse town
hansaliitto the Hanseatic League
hansikas glove *heittää jollekulle hansikas* throw down the gauntlet to
hansikaslokero glove compartment
hanska glove
hanslankari helper, assistant
hanttihomma menial job/chore; (sl) shitty job, (mon) scutwork, shitwork *Olen kyllästynyt siihen, että saan tehdä kaikki hanttihommat täällä* I'm sick of having to do all the shitwork around here
hanttiin *panna hanttiin* resist, fight back, get/put your back up, dig your heels in
hanttimies odd-job man
hanukka Hanukkah, Chanukkah
hanumaani (eläin) langur
hanuri accordion; (pieni) concertina
hanuristi accordionist
hapan 1 (maku) sour, tart *Happamia, sanoi kettu pihlajanmarjoista* Sour grapes **2** (ilme) sour, sullen (murjottava), surly (vihainen) **3** (kem) acid(ic)
hapanimelä sweet-and-sour
hapankaali sauerkraut
hapankerma (lähin vastine) sour cream
hapankorppu finncrisp
hapanleipä black bread; (raam) leavened bread
hapannaama sourpuss, grouch
hapan sade acid rain
hapantua (turn/go) sour
haparoida grope, fumble, feel about
haparointi groping, fumbling
haparoiva groping, hesitant, uncertain, lacking confidence
hapata (maito) sour, go sour
hapate (maidon) souring agent, (leivän) leaven
hapatin (maidon) souring agent, (leivän) leaven
hapattaa (maitoa) sour, (leipää) leaven
hapattamaton unleavened
hapatus leaven (myös kuv) *vanha hapatus* the old leaven
hapenpuute oxygen deficiency, (lääk) anoxia, anoxemia *Te kärsitte täällä hapenpuutetta, ulos joka sorkka!* You guys need a little fresh air, everybody out
hapeton oxygen-free
hapettaa (kem) oxidize, oxydate, oxygenate
hapettomuus lack of oxygen, (lääk) aoxemia
hapettua (kem) (become) oxidize(d)
hapettuma oxide
hapetus oxidization, oxygenation
hapokas acidic
haponkestävä acid-proof
hapoton acid-free
hapottaa acidify, acidize
hapottua acifidy, acidize
hapotus acidization, acidulation
happamaton unleavened *happamattoman leivän juhla* the feast of the unleavened bread
happamia, sanoi kettu pihlajanmarjoista sour grapes, those grapes were probably sour anyway
happamuus sourness, acidity
happi oxygen
happihoito oxygen treatment
happihölkkä jog

happikaappi

happikaappi incubator
happikaasu oxygen
happilaite oxygen apparatus, respirator, (ark) breathing machine
happinaamari oxygen mask, gas mask
happipitoisuus oxygen content
happipullo oxygen bottle/tank
happiteltta oxygen tent
happo acid
happoisuus acidity
happokoe acid test
happokylpy acid bath
happomarja barberry
happomyrkytys acid intoxication, (lääk) acidosis
happopitoinen acid(ic), acidiferous
happosade acid rain
happy end happy ending
hapset hair, (pitkät) tresses, (kiharaiset) curls
hapuilla grope, fumble, feel (your way)
hapuilla pimeässä grope in the dark
hapuillen gropingly, feeling your way
harakanpesä 1 magpie's nest **2** (höskä) falling-down shack
harakanvarvas 1 (käsiala) scrawl, (mon) chicken scratches **2** (käsityö) feather stitch
harakka black-billed magpie
harallaan every which way
harata 1 (karhita) harrow **2** (naarata) drag **3** (hangata) resist, fight back, struggle against
harava rake
haravoida 1 rake (up) **2** (etsiä) comb, scour
hard rock hard rock
harha 1 (kuvitelma) (optical) illusion, delusion, hallucination, chimera, mirage **2** (erehdys) misconception, mistake, false belief/idea, fallacy
harhaan *joutua harhaan* go astray *ajaa harhaan* lose your way, make a wrong turn *johtaa harhaan* mislead, deceive, lead astray *osua harhaan* miss (the target)
harhaanjohtava misleading
harhailla wander, roam, ramble, meander, rove (about aimlessly)
harhakuva illusion

harhakuvitelma illusion
harhakuvitelmasta herääminen disillusionment
harhakäsitys misconception, false belief/idea/notion
harhalaukaus stray shot, (kuv) mistake
harhaluulo misconception, (looginen) fallacy; (psyk) delusion
harhama (eliö jossa on poikkeavia soluja) chimera
harhanäky optical illusion, mirage, hallucination
harhaoppi heresy
harhaoppinen adj heretical s heretic
harharetki 1 (hämäräperäinen seikkailu) misadventure *harharetkillä oleva aviomies* cheating/straying husband **2** (olemattoman perässä) wild goose chase
harhassa astray, (eksyksissä) lost, (väärässä) on the wrong track *joutua harhaan* get lost *arvata harhaan* guess wrong *Ei meitä kukaan täältä harhasta löydä* No one will find us, we're ten miles from nowhere
harhateillä on the wrong track, on the wide path that leads to Hell
harhauttaa 1 mislead, deceive, fool **2** (urh) fake, feint, bluff
harhautua 1 (eksyä) lose your way, get lost **2** (joutua harhateille) stray/deviate (from the strait and narrow), be led/go astray **3** (harhailla) wander, drift, roam
harhautus fake, feint, bluff, (sot) diversion
harittaa 1 (saha) set **2** (harottaa) stick out, protrude, go every which way, deviate *hänellä hiukset harittavat* his hair stuck out everywhere **3** (olla kohteeton) *hänellä katse harittaa* he stares/is staring vacantly
harittavat silmät deviating/lazy eye, strabismus
harja 1 (siivousharja) brush, (lattiaharja) broom **2** (hevosen ym) mane, (kukon) crest, comb **3** (talon) rooftop, ridge **4** (muurin) cap, coping **5** (aallon) crest **6** (vuoren) peak, summit
harjaannus training, practice, experience

harjaannuttaa train, familiarize (with)
harjaantua 1 (harjoitella tekemään) train for, get practice in 2 (kehittyä) get better at, improve
harjalintu hoopoe
harjanne ridge
harjata brush (off); (lattiaa) sweep
harjoitella 1 practice, train 2 (sot) drill 3 (teatt) rehearse, practice 4 (oppia) learn
harjoitelma (luonnos) sketch, study, (mon) apprentice work
harjoittaa 1 (opettaa) practice, train, drill, rehearse 2 (käyttää) use, exercise, practice *harjoittaa väkivaltaa* indulge in violence, resort to violence, use violence *harjoittaa julmuutta* commit atrocities *harjoittaa haureutta* fornicate, commit fornication *harjoittaa sananvapautta* exercise freedom of speech 3 (ammattia) practice, ply, follow, pursue 4 (opintoja) engage in, carry on, perform 5 (liiketoimintaa) engage in, conduct, do (business), transact
harjoittaja 1 (valmentaja) trainer, instructor 2 practitioner *tieteen harjoittaja* student of science *taiteen harjoittaja* artist *haureuden harjoittaja* fornicator
harjoittelija trainee, learner; (oppipoika) apprentice
harjoittelu 1 (näytelmän tms) rehearsal, practice 2 (työharjoittelu) (practical) training
harjoittelukoulu teacher training school
harjoitus 1 (harjoittelu) practice, exercise, training; (harjoite) exercise *Harjoitus tekee mestarin* Practice makes perfect 2 (harjoituskerta, usein mon) practice, practice/training session, workout (session), (jazztanssin, judon yms) class, (näytelmän) rehearsal *Lähden jalkapalloharjoituksiin* I'm going to football practice 3 (harjoitustehtävä) exercise *Nyt teemme näitä kielioppiharjoituksia* I'm going to pass these grammar exercises out to you 4 (toiminnan harjoittaminen) practice, pursuit
harjus (kala) grayling

harkinnanvarainen discretionary *harkinnanvarainen kysymys* judgment call, matter of discretion
harkinta 1 (punnitseminen) deliberation, consideration *tehdä päätös tarkan harkinnan jälkeen* base a decision on careful deliberation 2 (päättäminen) (good/sound) judgment, discretion *Jätän sen sinun harkintasi varaan* I'll leave it to your discretion, I'll let you judge for yourself, I'll leave it up to you(r better judgment)
harkintakyky (good/sound) judgment
harkita 1 (jotakin) deliberate, consider, reflect upon, ponder, think about/over *Harkitsen asiaa* I'll think it over, I'll think about it *Harkitsen juuri uudelleen sinun lähtöäsi sinne leirille* I'm reconsidering letting you go to that camp 2 (joksikin) think, consider, regard, find *Harkitsin parhaaksi vaieta* I thought it best to keep quiet *Olen asian niin harkinnut, että...* The way I see it is...
harkitsematon reckless, heedless, imprudent, incautious, rash
harkitsemattomasti recklessly jne (ks harkitsematon); without thinking, without considering the consequences/results
harkitseva deliberate, careful, cautious, thoughtful
harkittu 1 (tahallinen) studied, deliberate, intentional 2 (punnittu) well thought out, considered *huonosti harkittu* ill-advised 3 (rikoksesta) premeditated *harkittu murha* premeditated murder/homicide, murder in cold blood
harkitusti 1 (tahallaan) deliberately, intentionally, on purpose 2 (harkiten) with care, knowing exactly what you are doing (and why) 3 (harkinnan jälkeen) after careful consideration/deliberation
harkko bar, ingot
harlekiini (narri) harlequin
harmaa 1 (US) gray, (UK) grey; (hiuksista) grizzled 2 (taivas) cloudy, overcast 3 (elämä) blah, drab
harmaa alue gray area
harmaa eminenssi gray/grey eminence

harmaafiivi (lintu) eastern phoebe
harmaahapsinen grayhaired, whitehaired
harmaakettu grey fox
harmaannuttaa give someone gray hairs
harmaantua (go/grow/turn) gray
harmaat hiukset gray hairs *saan noista lapsista harmaat hiukset* those kids are giving me gray hairs
harmaavalas grey whale
harmahtava grayish, (hiuksista) grizzled
harmi trouble, irritation, annoyance, problem, bother *Sinusta ei ole muuta kuin harmia* You're nothing but trouble, you're a pest *Ei hänestä ole harmia* He won't bother/trouble us, he'll be no trouble/bother/problem *jatkuvaa harmia* constant irritation/vexation
harmillinen troublesome, irritating, annoying, bothersome, vexing *Onpas harmillinen juttu, sepäs harmillista* What a drag/nuisance/hassle
harmin paikka *Mikä harmin paikka!* What a shame/nuisance, Oh bother!
harmissaan irritated, annoyed, vexed
harmistua be/get irritated/annoyed/vexed/upset, be/get worked up *Nyt sinä harmistuit ihan turhaan* You've gotten (yourself) (all) worked up for/about nothing
harmistuksissaan upset, worked up
harmitella complain, grumble, grouse, gripe
harmiton harmless, inoffensive, innocent *Hän on täysin harmiton ihminen* He wouldn't hurt a fly, he's harmless *harmiton pila* innocent/innocuous joke/gag
harmittaa irritate, annoy, vex *Epäjärjestys harmittaa* Disorder drives me crazy/around the bend/up the wall *Minua harmittaa tuollainen leväperäisyys* That kind of irresponsibility really gets my goat, gets my back up, makes me see red *Kaikki asiat harmittavat häntä* Everything makes him mad/irritates him *Tyttöä harmitti, että hän oli purskahtanut itkuun* The girl was annoyed with herself, kicked herself, for bursting into tears
harmittava irritating, annoying, vexatious *harmittava takaisku* unfortunate setback
harmoni (mus) harmonium
harmonia harmony
harmoniikka (sointuoppi, soinnutustapa) harmonics
harmonikka (soitin) accordion
harmoninen 1 (mus ja mat) harmonic **2** (sopusointuinen) harmonious
harmonioida harmonize
harmonisoida harmonize
haroa 1 (sukia) stroke *haroa hiuksiaan* run your fingers through your hair **2** (etsiä) grope
harpata stride, (hypätä) jump *harpata portaat ylös* bound up the stairs, take the stairs two at a time *harpata romaanissa tylsien kohtien yli* skip the boring parts of a novel
harpisti harpist
harppaus 1 (kävelyaskel) stride, long step *Hän ylitti ojan yhdellä harppauksella* He cleared the ditch in one great step **2** (kehitysaskel) stride, leap *Harri on edistynyt pitkin harppauksin* Harri is making/taking great strides forward *Keskiajasta oli iso harppaus porvarilliseen elämäntapaan* It was a great leap from the Middle Ages to a bourgeois lifestyle
harppi compass, (usein mon) a pair of compasses
harppoa stride (along/up and down/back and forth)
harppu harp
harppunoida harpoon
harppuuna harpoon
harpunsoittaja harpist
harpyija (lintu) American harpy eagle
harras 1 (usk) devout, pious, religious **2** (omistautunut) devoted, dedicated, committed **3** (uskollinen) faithful, loyal, steadfast **4** (innokas) ardent, passionate **5** (sydämellinen) heartfelt, sincere *hartaat kiitokset* heartfelt thanks
harrastaa 1 (olla kiinnostunut jostakin) be interested in, take an interest in, go in

for, be into *Harrastan joogaa* I'm into yoga **2** (harjoittaa) study, pursue, practice, do *Harrastan kieliä* I enjoy studying languages, languages are a hobby of mine *Harrastan paljon ompelua* I do a lot of sewing, I like to sew *Hän taitaa harrastaa lähinnä huumeita* His main hobby seems to be drugs, all he ever seems to do is smoke dope
harrastaja devotee, aficionado
harrastajateatteri amateur theater
harraste hobby
harrastelija amateur, dabbler; (halveksiva) dilettante
harrastelijamainen amateurish
harrastus 1 (harraste) hobby **2** (kiinnostus) interest (in), liking (for), pursuit (of)
harsia 1 (käsityö) baste, tack together **2** (metsänhoito) cut/fell selectively
hartaus 1 (usk) devotion, piety, reverence **2** (hartaustilaisuus) devotion(al), devotions *aamuhartaus* morning devotions/prayer (omistautuneisuus) devotion, dedication, commitment *heittäytyä hartaudella johonkin* devote yourself to something, pour your whole soul into it, delve into it wholeheartedly **3** (into) ardor, passion **4** (sydämellisyys) sincerity
hartia shoulder
hartiahuivi shawl
hartiapankki (ark) sweat equity *rakentaa hartiapankilla* build up sweat equity
hartiavoimin with elbow grease
hartsi resin
harva 1 *harva ihminen* (only a) few people, the odd person, (only) one in a hundred/thousand *ani harvat* very few *harva se päivä* almost every day, pretty much daily **2** (hajanainen) scattered, sparse *harva asutus* scattered (spread-out) houses **3** (ohut) thin *harvat hiukset* thin hair **4** (vähäinen) scanty **5** (karkea) coarse, loose *harva kudos* loose/coarse weave *harva verkko* coarse-meshed net **6** (isot välit) wide-spaced, gapped, gaping *Minnalla on harvat hampaat* Minna is gap-toothed **7** (hidas) slow, measured *kellon harva tikitys* slow/measured ticking of the clock
harvainvalta oligarchy
harvakseen few, spaced far apart *puhua harvakseen* not say much
harvakseltaan few, spaced far apart *puhua harvakseltaan* not say much
harvalukuinen few/small in number
harvapuheinen untalkative, taciturn, reticent, reserved *harvapuheinen mies* a man of few words
harvassa sparse, few and far between
harvat ja valitut the chosen few, a select few
harvennus 1 thinning (out) **2** (kirjapainossa) spacing
harvennushakkuu thinning
harventaa thin (out) *harventaa ruokinta-aikoja* feed less often, at wider intervals *harventaa tahtia* slow down
harventua thin (out)
harveta thin (out), become thinner
harvinainen 1 (jota on niukalti) rare, exceptional, unusual, unique *harvinainen lahja* exceptional talent *harvinainen kirja* rare book *harvinaisen paljon* an unusually large amount *Sellaiset ihmiset ovat harvinaisia* People like that are rare/unusual/few and far between **2** (joka sattuu harvoin) rare, infrequent *harvinainen vieras* infrequent visitor
harvinaisen very, extremely, exceptionally, unusually
harvinaistua become rare
harvinaisuus 1 (esine) rarity, curiosity **2** (ominaisuus) rareness *hänen käyntiensä harvinaisuus* the rareness of her visits **3** (tapahtuma) rare event/occurrence
harvoin rarely, seldom, infrequently, hardly ever, (ark) once in a blue moon
hasis hasish
hassahtaa 1 (tulla hassuksi) go nuts **2** (pihkaantua) get a crush on someone, fall for someone, go nuts/crazy over someone, lose your head over someone
hassahtanut 1 (hassuksi tullut) touched (in the head), cracked **2** (pihkaantunut) infatuated

hassata

hassata (ark) (menettää tilaisuus) miss, (tuhlata) waste
hassi (epäonnistuminen) screwup
hassu 1 (höperö) silly, foolish, ridiculous; (ark) nuts, wacko, bananas *Älä ole hassu!* Don't be silly/ridiculous *hassuna (ilosta)* silly/giddy (with happiness) **2** (huvittava) funny, ludicrous, absurd, ridiculous *hassu nenä* funny nose **3** *Muutama hassu peruna* A few lousy potatoes **4** *ei hassumpi* not bad *Meille kävi hassusti* Things went badly (for us), we had a bit of bad luck, we had an unpleasant surprise
hassutella be/get silly
hassutus silliness, (kuje) prank, joke
hatara 1 (heikko) flimsy (myös kuv), fragile, creaky; (kuv) tenuous, insubstantial **2** (aukkoinen) leaky, gaping *Hänen verukkeensa oli aika hatara* His excuse was full of holes **3** (ränsistynyt) dilapidated, ramshackle **4** (huono) bad, poor *hatara muisti* poor memory
hatkat *ottaa hatkat* get the hell out of there, make yourself scarce
hattu 1 hat, (lakki) cap *nostaa hattua* raise/tip your hat (to), take off your hat to (myös kuv) *syödä hattunsa* eat your hat **2** (pullon, sienen yms) cap; (tekn) hood, cowl
haudata bury *Tässä täytyy olla koira haudattuna* There must be a catch to this somewhere
haudata sotakirves bury the hatchet
haudonta 1 (haavan yms) bathing, soaking, (lääk) fomentation **2** (munien) brooding, (esille) hatching, (koneessa) incubation
haukata bite (off) *haukata liian suuri pala* bite off more than you can chew, have eyes bigger than your stomach *haukata raitista ilmaa* have a breath/bite of fresh air *haukata välipalaa* have a bite to eat, have a snack
haukata happea go out for a bite of fresh air
haukata liian iso pala bite off more than you can chew
haukata paskaa fuck up
haukata tyhjää screw up

haukattava a bite to eat
hauki pike, northern trout
hauki on kala is the Pope Catholic?
haukka hawk, falcon
haukkakehrääjä (lintu) nighthawk
haukkoa henkeään gasp/gulp (with surprise)
haukku 1 (ark koira) doggie **2** *haukut* nagging, bitching **3** (haukattava) a bite to eat
haukkua 1 bark (at), (pieni koira) yip, yap, yelp, (iso koira) bay **2** (moittia) criticize, attack, abuse, (huutaa) yell/shout at, (nimitellä) call someone names
haukkua maanrakoon tell someone off
haukkua pataluhaksi haul someone over the coals
haukkua penkin alle tear someone a new asshole
haukkua pystyyn chew someone's tail/ass off
haukkua suut ja silmät täyteen fly into a purple rage, tell someone where to get off
haukkua väärää puuta bark up the wrong tree
haukotella yawn
haukotus yawn
haukotuttaa *minua haukotuttaa* I can't stop yawning
haulikko shotgun *kaksipiippuinen haulikko* double-barreled shotgun
hauras 1 (fyysisesti) fragile, (easily) breakable, brittle **2** (henkisesti) delicate, frail
haureellinen dissolute, debauched, licentious
haureus 1 unchastity, immorality **2** (haureuden harjoitus) fornication
hauska 1 (miellyttävä) enjoyable, pleasant, nice *Hauskaa joulua!* Merry/Happy Christmas *Meillä oli hauskaa* We had fun, we had a good/nice time, we enjoyed ourselves *hauskan näköinen tyttö* good-/nice-/pleasant-looking girl *Hauska kuulla* I'm happy/pleased to hear that *pitää hauskaa* have fun, have a good time **2** (huvittava) funny, amusing

hauska veikko funny guy/chap, laugh a minute, life of the party
hauskannäköinen good-looking, not hard on the eyes
hauskasti 1 (miellyttävästi) enjoyably, pleasantly, nicely **2** (huvittavasti) funnily, amusingly
hauskuttaa amuse, make people laugh, keep them in stitches, get a laugh
hauskutus entertainment, amusement
hauskuus fun, enjoyment
hauta 1 grave; (hautakammio) tomb, sepulchre *kääntyä haudassaan* turn/spin in one's grave *Hänellä on jo toinen jalka haudassa* She's already got one foot in the grave **2** (kuoppa) pit, ditch; (taisteluhauta) trench **3** (urh: vesihauta) water jump
hautajaiset funeral, memorial service; (hautajaiskahvit) wake
hautakivi tombstone
hautaristi memorial cross
hautaus funeral, burial
hautausmaa graveyard, cemetary
hautaustoimisto funeral parlor/home
hautautua 1 be buried *hautautua elävältä* be buried alive *Auto hautautui lumeen* The snow completely buried/covered the car **2** (kuv) bury yourself *hautautua työhön* bury yourself in your work
hautoa 1 (ruokaa: vedessä) simmer, braise, (höyryssä) steam, (uunissa) bake; (kuv) bake, toast, warm *hautoa jäseniään saunan lämmössä* bake yourself in the sauna *hautoa jalkapohjia nuotiolla* toast your feet by the fire **2** (haavaa tms: vedellä) bathe, soak, (lääk) foment; (jääpussilla) press with an ice pack; (lämpötyynyllä) heat with a heating pad **3** (munia) brood, (esille) hatch, (koneessa) incubate **4** (pohtia) brood (on), dwell on, contemplate *hautoa epäonnistumistaan* brood/dwell on your failure *hautoa itsemurhaa* contemplate suicide *hautoa kostoa* harbor thoughts of revenge
hautua 1 (kypsyä: vihannes vedessä) simmer, (liha vedessä) stew, (höyryssä) steam, (tee) steep **2** (kuv) get hot, roast, broil, boil *Jalkani hautuvat näissä kumppareissa* My feet are sweating to death in these rubber boots **3** (kypsyä: mielessä) incubate, take shape/form, be turned around in your mind *Suunnitelma hautui mielessäni* My plan started to take on definition, I started to have a clearer idea of what I wanted to do
hauva (ark) doggie
havahtua awaken, wake up with a start/jolt *havahtua todellisuuteen* stop dreaming, come back down to earth, wake up to reality *havahtua näkemään ongelma* suddenly become aware of a problem, suddenly realize there's a problem, all of a sudden stumble onto a problem
Hawaiji Hawaii
havaijilainen Hawaiian
havainnoida observe
havainnollinen illustrative, graphic; (selkeä) clear, good *havainnollinen esimerkki* good example
havainnollisesti graphically, clearly
havainnollistaa illustrate, clarify, exemplify
havainnollistava illustrative, clarifying, exemplifying
havainnollistus illustration, demonstration
havainnollisuus illustrativeness, graphicness, perspicuity
havainto 1 (huomio) observation, (tieteessä mon) findings, data **2** (aistihavainto) (sense/sensory) perception **3** (ark: käsitys) sense *Onko sinulla havaintoa siitä, miten tämän pitäisi toimia?* Do you have any sense/idea/notion of how this is supposed to work?
havaintoesitys demonstration
havaintoharha hallucination, delusion
havaintopaikka (sot) observation post
havaita 1 (nähdä) perceive, see; (huomata) notice, detect; (erottaa) make out, discern *havaita savua taivaanrannalla* see/notice/make out smoke on the horizon *tuskin havaittava* barely perceptible **2** (oivaltaa) understand, gather, realize **3** (joksikin) find *havaita hyväksi* find something good

havu branch of an evergreen tree *kuusen havuja* spruce/fir branches *männyn havuja* pine branches
havumetsä coniferous/evergreen forest/woods
havupuu coniferous/evergreen tree
HDTV HDTV, high-definition television
h-duuri (mus) B major
he they *heidät, heitä* them *heille, heiltä* to/from them *heidän* their(s)
heavy rock heavy rock
hedelmä fruit (myös kuv)
hedelmällinen 1 (hedelmää tuottava) fecund, fruitful, productive, rich **2** (jälkeläisiä tuottava) fertile **3** (tuloksia tuottava) fruitful, profitable, productive
hedelmällisyys 1 (kyky tuottaa hedelmää) fecundity, fruitfulness **2** (kyky tuottaa jälkeläisiä) fertility **3** (kyky tuottaa tuloksia) fruitfulness, usefulness, efficacity
hedelmäsokeri fructose
hedelmättömyys 1 (kyvyttömyys tuottaa hedelmää) barrenness **2** (kyvyttömyys tuottaa jälkeläisiä) sterility, barrenness **3** (turhuus) fruitlessness, futility
hedelmättömästi without bearing fruit, without issue, with no effect, fruitlessly
hedelmätön 1 (hedelmää tuottamaton) unfruitful, unproductive, barren **2** (jälkeläisiä tuottamaton) sterile, barren **3** (tulokseton) unfruitful, fruitless, unprofitable, unproductive, futile
hedelmöittää 1 (lannoittaa) fertilize **2** (siittää) fertilize, impregnate, inseminate; (kasv) pollinate **3** (innoittaa) inspire, stimulate, enliven
hedelmöitys 1 (siittäminen) fertilization, impregnation, insemination *keinotekoinen hedelmöitys* artificial insemination **2** (sikiäminen) conception *hedelmöityksen ehkäisy* contraception
hegemonia (johtoasema) hegemony
hehkeä bright, animated, lively, vivacious
hehku glow
hehkua glow, burn red
hehkulamppu incandescent/filament bulb
hehkulanka filament (wire)

hehkuttaa 1 (lasia, tiiliä) anneal, (terästä) temper **2** (ark vaahdota) go on (and on), gush, prattle *Mitä se kaveri hehkuttaa?* What is that guy going on about?
hehtaari hectare
hehtaarihalli huge warehouse-style store
hei! 1 (saapuessa) hi! hello! **2** (lähtiessä) (good)bye! **3** (varoittaessa yms) hey!
heijastaa 1 reflect **2** (kuv) reflect, mirror, show, express *Hänen katseensa heijasti pelkoa* His look was full of fear *Kieli heijastaa yhteiskunnan arvoja* Language reflects/mirrors the society's values **3** (valkokankaalle) project
heijastamaton nonreflecting, antiglare
heijaste 1 (ruumiissa) reflex **2** (näkökentässä) reflection
heijastin reflector
heijastua (be) reflect(ed)
heijastus reflection, mirror-image
heijata sway, swing, (myös kehtoa) rock, (vauvaa) soothe, talk softly/sweetly to
heikentyminen weakening, worsening, deterioration, decreasing, diminishment (ks heikentyä)
heikentyä 1 weaken, grow/become weak(er) **2** (huonontua) get worse, deteriorate, (start to) fail **3** (vähetä) decrease, diminish, drop off
heikentäminen weakening, impairment, debilitation, enfeeblement, reduction, diminishment (ks heikentää)
heikentää weaken **1** (vähentää kestävyyttä) impair, undermine **2** (vähentää voimaa) debilitate, enfeeble **3** (vähentää laatua) water down **4** (vähentää määrää) reduce, diminish, lessen
heikko weak **1** (kestämätön, hento) weak, fragile, frail, delicate *heikko lasi* fragile/brittle glass *heikko jää* thin ice *heikko lapsi* frail/delicate child *Henki on altis mutta liha on heikko* The spirit is willing but the flesh is weak *heikoissa kantimissa* in bad shape, in trouble **2** (voimaton, veltto) weak, feeble, faint flabby, ineffectual, not strong *tehdä heikkoja vastaväitteitä* protest feebly, faintly, ineffectually *näkyä heikosti* be

faintly visible *heikko kahvi* weak coffee *heikko lihas* flabby muscle *heikko päätöksentekijä* namby-pamby, wishy-washy **3** (kyvytön, kehno) bad, low-quality, poor, substandard *heikot arvosanat* bad/substandard grades/marks *heikko selitys* flimsy explanation, lame excuse *heikko kielissä* bad/no good at languages **4** (riittämätön, pieni) scanty, meager, low, insufficient *heikko sato* scanty/meager crop *heikot palkat* low/insufficient wages *heikko toivo* small/slight hope *heikot mahdollisuudet* slim/small chances, meager opportunities **5** *heikkona* fond of *olla heikkona lapsiin* have a soft spot for children, love children *olla heikkona viinaan* have a weakness for liquor *olla heikkona makeisiin* have a sweet tooth **6** (liik: valuutta) weak, unstable **7** (kiel: verbi) weak

heikkohermoinen high-strung; (psyk) neurotic, (lääk) neurasthenic

heikkokasvuinen stunted, slow-growing

heikkokuntoinen 1 in bad shape/condition **2** (ihminen) frail, infirm **3** (talo) dilapidated, ramshackle **4** (auto) (ark) clunky

heikkolaatuinen of weak quality, badly made, cheap

heikkolahjainen slow, backward, of below-average intelligence; (kehitysvammainen) retarded, educationally handicapped

heikkoluonteinen weak, soft, timorous

heikkomielinen feeble-minded, retarded, (euf) intellectually handicapped

heikkonäköinen weak-sighted, myopic

heikkopäinen soft in the head, soft-headed

heikkorakenteinen frail, slight

heikkotahtoinen weak-willed, spineless, namby-pamby, wishy-washy

heikkotasoinen poor, substandard, not up to par

heikkotehoinen underpowered

heikkous 1 weakness **2** (hentous) fragility, frailty **3** (velttous) feebleness, flabbiness, debility **4** (kehnous) low quality/level, lameness **5** (pienuus) smallness, insufficiency **6** (heikko kohta) weakness, weak/vulnerable spot/point **7** (mieltymys) fondness, penchant, soft spot (in your heart) *heikkous lapsiin* soft spot for children *heikkous makeisiin* sweet tooth

heikkouskoinen (raam)...of little faith *Te heikkouskoiset* O ye of little faith

heikkoälyinen simple-minded

heikohko weakish, on the weak side

heikoissa kantimissa shaky, on shaky ground

heikompi astia (raam) the weaker vessel

heikottaa *Minua heikottaa* I feel faint/woozy/light-headed

heila boyfriend, (ark) boo; girlfriend

heilahdella 1 rock/roll (back and forth), swing/sway (to and fro), undulate **2** (liik) fluctuate **3** (fys) oscillate

heilahdus 1 rocking/rolling movement, swaying, swinging, undulation **2** (liik) fluctuation **3** (fys) oscillation

heilahtaa (keinahtaa) swing

heilastella go steady

heilauttaa (kättä) wave, (häntää) wag, (kirvestä, säkkiä selkään) swing, (lattiaharjaa) whisk *Ei se minua paljon heilauta* It makes no difference to me, I don't give a damn

heilua 1 swing/sway/rock/roll (back and forth, to and fro) **2** (ahertaa) work hard, work like a mad(wo)man, (ark) work your butt/ass off, (practically) kill yourself working/with work **3** (tal) fluctuate **4** (fys) oscillate

heilua hiki hatussa work like a fiend

heilua kuin heikkopäinen work like crazy, like a crazy person

heilua kuin heinämies work your ass off

heiluri pendulum

heilutella (kättä) wave, (häntää) wag, (kirvestä) swing, (lattiaharjaa) whisk, (nyrkkiä, miekkaa) brandish, (setelinippua) flourish, (lanteita) roll, (kehtoa) rock

heiluttaa ks heilutella

heimo

heimo 1 tribe, clan, kin **2** (biol ym) family
heinikko grass
heinä hay, (ruoho) grass *tehdä heinää* make hay *olla heinässä* be working in the hay fields, be hay-making *Se ei ole minun heiniäni* That's none of my affair/business, that's out of my jurisdiction/bailiwick, I've got nothing to do with that
heinäkuinen July *heinäkuinen ilta* a July evening, an evening in July
heinäkuu July
heinämies haymaker
heinänteko hay-making
heinänuha hay fever
heinäpaalu bale of hay, hay bale
heinäpelto hay field
heinäseiväs hay pole
heinäsirkka grasshopper
heinäsuova haystack
heinäturpiaali (lintu) bobolink
heipparallaa zippity-doodah
heitellä throw (around), fling, sling, let fly *heitellä jotakuta lumipalloilla* pelt/bombard someone with snowballs *Sillä voit nyt heittää vesilintua* You can chuck/pitch/heave that now
heitteillejättö abandonment
heittelehtiä 1 (sängyssä) toss and turn, toss about *Heittelehdin levottomana koko yön* I tossed and turned restlessly all night **2** (tuuli) gust, blow this way and that
heittiö scoundrel
heitto 1 throw, toss jne (ks heittää) **2** (ehdotus) suggestion, trial balloon; (huuli) joke, witticism, bon mot *Se oli vain heitto* It was just a thought
heittoistuin ejection seat
heittomerkki apostrophe
heittopussi pushover
heittäytyä 1 throw/hurl/cast/fling yourself *heittäytyä jonkun jalkoihin* throw yourself/fall at someone's feet *heittäytyä veteen* plunge into the water *heittäytyä pallon perään* leap/jump after the ball **2** (omistautua johonkin) throw yourself into something, get caught up in something, get swept/carried away by something *heittäytyä seuraelämän pyörteisiin* rush headlong into the hurlyburly of high society, get caught up in social life *heittäytyä epätoivoon* plunge into despair, give yourself over to despair **3** (antautua) surrender, yield, give up *heittäytyä turvallisuuden tunteeseen* be lulled into a false sense of security **4** (tekeytyä joksikin) pretend to be, play *heittäytyä tyhmäksi* play dumb, pretend to be stupid/not to understand anything
heittäytyä hankalaksi be difficult
heittää 1 throw, hurl, toss *heittää palloa* (edestakaisin) play catch *heittää jollekulle hansikas* (haastaa taisteluun) throw down the gauntlet **2** (pois) throw out/away; (ark) chuck, pitch, heave *heittää lapsi pesuveden mukana* throw out the baby with the bathwater **3** (luoda) cast, throw (out) *Hän heitti minuun vihaisen katseen* She cast me an angry glance, gave me a dirty look *heittää syytöksiä* cast aspersions *heittää ajatus* throw out an idea, make a suggestion **4** (olla väärin) be off, be mistaken, vary *Tulokset voivat heittää enintään 3 mm* The results may be 3 mm off at most, there is a 3 mm margin of error *Mielipiteet heittivät jonkin verran* The(ir) views/opinions were slightly different
heittää ensimmäinen kivi throw the first stone
heittää helmiä sioille cast pearls before swine
heittää helttaan (ark) eat, gag down
heittää henkensä die, pass away, give up the ghost
heittää herja crack a joke, (heittää herjaa) joke around
heittää hukkaan (ark) piss away
heittää huulta (ark) joke around
heittää hyvästit say goodbye, say your goodbyes, bid farewell, take leave of
heittää kirveensä kaivoon hang up your gloves, hang up the towel
heittää kruunua ja klaavaa toss a coin
heittää lapsi pois pesuveden mukana throw the baby out with the bathwater
heittää leipää skip rocks

hellitä

heittää menemään throw out/away

heittää päästä *häntä heittää päästä* he's got a screw loose, he's missing a few marbles

heittää sikseen blow off *heitti kotityöt sikseen ja meni ulos* blew off his chores and went out

heittää veivinsä kick the bucket

heittää vesilintua chuck, pitch *tuolla vanhalla tietokoneella voisi heittää vesilintua* you might as well chuck/pitch that old computer

heittää vettä urinate, make/pass water, piss

heivata haul, schlep

heiveröinen 1 (ihminen) frail, slight, slender **2** (valo) faint, dim **3** (talo, perustus tms) shaky

hekotella chuckle, chortle

hekottaa chuckle, chortle

hekotus chuckle, chuckling, chortle, chortling

heksadesimaali (lukuun 16 perustuva merkintätapa) hexadecimal

heksadesimaalinen hexadecimal

heksagoni (kuusikulmio) hexagon

heksagoninen (kuusikulmainen) hexagonal

hektinen (kiireinen) hectic

hekuma sensuality, sensual pleasure

hekumallinen sensual, (irstas) lecherous, lascivious

hekumoida indulge, wallow (in), revel (in)

hela 1 fitting, mounting, bushing; (mon) fittings, mountings; (erit oven/ikkunan) furniture (locks, hinges, and handles) **2** (puukon) ferrule

hela hoito (ark) the whole kit and caboodle

helatorstai Ascension Day

heleä bright, cheerful, buoyant *heleä ääni* melodious voice *heleä nauru* bright/cheerful/ringing laughter

heleästi brightly, cheerfully, gaily

helikopteri helicopter; (kans) chopper, whirlibird

heliosentrinen (aurinkokeskeinen) heliocentric

helistin rattle

helistää rattle

helkatti heck

helkkari heck

helkkarinmoinen one heck of a

hella stove, range

hellapoliisi harridan, (ark) the ball and chain, the boss

helle heat (myös kuv), hot weather

helleaalto heat wave

helleeni (muinaiskreikkalainen) Hellene

helleeninen Hellenic

hellenismi (antiikin Kreikan kulttuuri) Hellenism

hellenisti Hellenist, Greek scholar

hellien lovingly, caringly, gently

hellitellä 1 (vauvaa) cuddle, caress, (lemmikkiä) pet, stroke **2** (köyttä) loosen, slacken

hellittelysana term of endearment, pet name

hellittämättä incessantly, constantly, without a break

hellittää tr **1** (löysätä) loosen, slack(en), relax *hellittää otettaan* loosen/relax your grip *hellittää köyttä* loosen/slacken a rope, let the rope go slack **2** (päästää irti) let go, let loose of, release, free *hellittää otteensa* let go, release your grip *hellittää köydestä* let go of the rope **3** (jättää kesken) stop/quit (doing something) *En malttanut hellittää lukemistani* I couldn't put the book down itr **4** (laantua) slacken, abate, ease off *tuuli hellittää* the wind abates/subsides *pakkanen hellittää* the cold snap breaks, the weather warms up *kuume hellittää* the fever breaks/abates, the temperature comes down **5** (ottaa rennommin) loosen/lighten up, slack off, take it easy, slow down *Hellitä vähän!* Hey, lighten up! Take a break!

hellitä 1 (ote) loosen, (esine) come loose, slip *Viimeinkin hänen otteensa heltisi* Finally he began to let loose, loosen his grip *vauhti heltisi* the speed dropped, we/they slowed down **2** (kuv) *Ei heltiä penniäkään!* You won't get a penny out of me! *Häneltä ei hellinnyt sanaakaan* You couldn't get a word out of him *Nauru heltisi* Everybody was laughing

helliä

helliä cuddle, caress *helliä nuoruuden muistoja* cherish memories of your youth
helluntai Pentecost
helluntaiseurakunta Pentecostal church
hellurei (hip-hip) hooray!
hellyttää touch, move *hellyttää sydän* touch/soften someone's heart *hellyttää itkemään* move someone to tears
hellyydenkipeä starved for affection
hellyydenosoitus token of your affection
hellyys tenderness, loving kindness, affection
hellä 1 (kosketukselle arka) tender, sore, sensitive **2** (rakastava) tender, loving, kind, affectionate
helläkätinen gentle
hellästi tenderly, lovingly, kindly, affectionately
hellässydäminen warm, soft-hearted, kind, loving
hellävarainen careful, gentle; (tahdikas) tactful, discreet
hellävaraisesti carefully, gently
hellävaroen carefully, gently
hellävaroin carefully, gently
helma 1 (lieve) hem *pyöriä äidin helmoissa* be underfoot, rush around under/at mommy's feet *roikkua äidin helmoissa* be tied to your mother's apronstrings **2** (kuv) bosom *riistää lapsi äitinsä helmasta* tear a child from its mother's arms *päästä Aabrahamin helmaan* be taken into the bosom of Abraham
helmapelti (auton) rocker panel
helmasynti weakness *Jäätelö on minun helmasyntini* My weakness is ice cream, I have a weakness for ice cream
helmeilevä sparkling, bubbly, effervescent
helmeillä sparkle, bubble, effervesce
helmi 1 pearl; (mon: helminauha) pearls, pearl necklace, (kaulanauha) necklace *heittää helmiä sioille* cast pearls before swine **2** (kuv) gem, jewel, treasure *Teidän kotiapulaisenne on todellinen helmi* Your nanny is a real gem/treasure *Itämeren helmi* Jewel of the Baltic
helmikana helmeted guineafowl
helmikuinen February *helmikuinen aurinko* the February sun, the sun in February
helmikuu February
helminauha pearls, pearl necklace
helmivene (merieläin) chambered nautilus
helpolla easily *Pääsit siitä helpolla* You got off easy
helpommin sanottu kuin tehty easier said than done
helposti easily, with ease, without difficulty
helpottaa 1 (tehdä helpommaksi) make something easier, facilitate *helpottaa läpikulkuliikennettä* facilitate through traffic **2** (keventää) lighten, take (some of) the burden off *helpottaa työtaakkaansa* lighten your work load **3** (lievittää) ease, relieve, assuage, alleviate *Tämä lääke helpottaa sinun kipuasi* This medicine will help ease your pain, will make it hurt less, make some of the pain go away *Joko helpotti?* Feel better? **4** (vähetä) ease (off), abate, slacken *Sade taisi vähän helpottaa* I think the rain has eased off a little, I don't think it's raining so hard any more
helpottua 1 (tulla helpommaksi) become easier, be facilitated **2** (keventä) lighten, ease up **3** (lievittyä) get/feel better, ease off **4** (vähetä) ease (off), abate, slacken
helpotus 1 relief **2** *myöntää helpotuksia* make concessions/allowances, waive fees
helppo easy *mennä helppoon* be duped/fooled, be taken in *Menitpä helppoon!* Gotcha!
helppoa rahaa easy money
helppoheikki street/fair barker, 'cheap Jack'
helppokäyttöinen easy to use, user-friendly
helppolukuinen easy to read, easily understandable (fontti, käsiala) easily legible

hengityselimet

helppo nakki piece of cake, no sweat, duck soup
helppotajuinen easy to understand, easily understandable/comprehensible, accessible
helsinkiläinen Helsinkian, Helsinki man/woman
heltyä be moved, soften, (antaa periksi) relent
helvetillinen hellish, infernal
helvetin kuusi *Missä helvetin kuusessa sä oot luuhannut koko illan?* Where the hell have you been all evening? *Se asuu jossain helvetin kuusessa* She lives way out in the sticks somewhere
helvetinmoinen one hell of a
helvetisti *juosta helvetisti* run like hell, run hellbent for leather *helvetisti ihmisiä* a hell of a lot of people
helvetti hell *Painu helvettiin!* Go to hell! *Painu helvettiin siitä!* Get the hell out of there! *Mitä helvettiä* What the hell
hematologia (verta tutkiva tiede) hematology
hemisfääri (pallon- tai aivopuolisko) hemisphere
hemmetti heck *Mene hemmettiin siitä* Get the heck out of there *Mitä hemmettiä* What the heck
hemmotella 1 (kohdella hyvin) indulge, pamper, coddle *näky hemmottelee silmiä* the sight gratifies/pleases the eye **2** (hemmotella pilalle) spoil
hemmoteltu spoiled
hemmotteleva indulgent
hemmottelu 1 (hyvä kohtelu) indulgence, pampering, coddling **2** (pilalle) spoiling
hemofiilia (verenvuototauti) hemophilia
hemorragia (verenvuoto) hemorrhage
hempeillä be emotional/sentimental/maudlin
hempeys sentimentality
hempeä sentimental, emotional, maudlin, (ark) mushy
hengailla (ark) hang out
hengata (ark) hang out
hengellinen spiritual, devotional, religious *hengellinen musiikki* sacred music

hengenahdistus difficulty breathing, shortness of breath
hengenheimolainen spiritual kins(wo)man, soulmate
hengenheimolainen kindred spirit
hengenhätä a matter of life and death *Rauhoitu, eihän tässä mikään hengenhätä ole!* Come on, calm down, where's the fire?
hengenlahjat gifts of the spirit, charisms
hengenmeno death
hengenmies man of the cloth
hengenpelastaja lifeguard, lifesaver
hengenpelastus life-saving
hengenpidin something to keep body and soul together *Täytyyhän sinun jotain hengenpitimiksi syödä!* You can't live on air!
hengenravinto food for the mind, spiritual nourishment
hengentuote product of the mind, (mon) intellectual work/labor
hengenvaara danger to life, peril
hengenvaarallinen extremely dangerous, perilous *hengenvaarallinen haava* fatal/mortal wound
hengenveto breath, inhalation *viimeiseen hengenvetoon asti* to the last breath *samaan hengenvetoon* in the same breath
hengessä mukana there in spirit, with someone in spirit
hengetön lifeless *hengetön esitys* lifeless/dull performance
hengissä alive *selvitä hengissä, jäädä henkiin* survive, make it through alive, (ark) make it in one piece *herättää henkiin* revive, resuscitate, (usk) bring back to life
hengittää breathe (myös kuv) *hengittää sisään* inhale, breathe in *hengittää ulos* exhale, breathe out
hengittää jonkun niskaan breathe down somebody's neck
hengitys 1 (hengittäminen) breathing, (lääk) respiration **2** (henki) breath *Sinun hengityksesi haisee* You've got bad breath
hengityselimet respiratory organs

hengityslaite

hengityslaite respirator, (ark) breathing machine
hengityssuojain respirator mask, particulate filter, (ark) mask
hengähdys breath
hengähdystauko breather, break (to catch your breath)
hengähtää 1 breathe, take a breath **2** (levätä) take a breather/break
hengästys windedness, breathlessness
hengästyä get out of breath, get winded
henkari hanger
henkeen ja vereen heart and soul
henkensä edestä for your life, for dear life
henkevä spirited, full of spirit/life, lively, animated
henkevästi with spirit/animation
henkeäsalpaava breath-taking
henki 1 (hengitys) breath *vetää henkeä* breathe in *haukkoa henkeä* gasp *Sinun henkesi haisee* You have bad breath *henkeä salpaava* breath-taking **2** (henkäys) breath, puff **3** (tuoksu tms) air *kesäyön viileä henki* the cool summer night air **4** (elämä) (the spirit/breath of) life *Rahat tai henki!* Your money or your life! *Sinulta voisi mennä henki* You could get killed, you could die *Niin kauan kuin henki minussa pihisee* As long as there's a breath of life in my body, as long as I'm still kicking **5** (usk, filos) spirit, (sielu) soul, (ajattelu) mind, (tunne) feeling *hengessä mukana* with you in spirit, there in spirit *täysissä ruumiin ja hengen voimissa* sound in mind and body *Hän on laitoksen henki* She's the soul of that department **6** (mieliala) spirit, mood, atmosphere *ajan henki* spirit of the times, Zeitgeist *kodin henki* atmosphere at home *kumouksellinen henki* revolutionary mood/spirit **7** (aave) spirit, ghost, sprite *metsän henki* forest spirit/sprite *isoisän henki* grandpa's spirit/ghost *manata ulos henkiä* cast out spirits, exorcise demons *Pyhä Henki* Holy Spirit/Ghost **8** (henkilö) person *10 euroa per henki* 10 euros per person, 10 euros each *kahden hengen huone* double (room)
henkihieverissä at death's door *hakata henkihievariin* beat someone to within an inch of his/her life
henki kurkussa with your heart in your throat
henkilö 1 (ihminen) person, (huomattava) personage **2** (romaanihahmo) character
henkilöauto (passenger) car, sedan
henkilöidä 1 (elollistaa) personify **2** (tunnistaa) identify
henkilöitymä personification
henkilöityä be personified/incarnated *tarinan sankarissa henkilöityivät rohkeus ja henkevyys* the story's hero was courage and spirit incarnate, was the very personification/incarnation of courage and spirit
henkilöjuna passenger train, (joka pysähtyy pienillä paikkakunnilla) local train
henkilökohtainen personal, individual, (yksityinen) private
henkilökohtainen tietokone personal computer, PC
henkilökohtaisesti personally
henkilökohtaisuus *mennä henkilökohtaisuuksiin* get personal
henkilökunta staff, personnel
henkilökuva (patsas) figure, (maalaus) portrait, (romaanihahmo) character(ization), (imago) image
henkilökuvaus portrait, portrayal, characterization
henkilöllisyys identity
henkilöllisyystodistus identification card, I.D.
henkilöpalvonta personality cult
henkilöpuhelu person-to-person call
henkilörekisteri civil register
henkilöstö staff, personnel
henkilöstöhallinto human relations, HR
henkilöstöpäällikkö human relations (HR) director/manager, personnel manager
henkilötunnus social security number
henkilövahinko bodily injury, casualty
henkilövaunu passenger car
henkimaailma spirit world

herjaus

henkimaailman asia *Se on henkimaailman asioita* That's too abstract/theoretical for me
henkinen 1 emotional *henkinen kasvu/kypsyys/kärsimys/tasapaino* emotional growth/maturity/pain/stability **2** (älyllinen) mental, intellectual *henkiset lahjat* intellectual/mental abilities **3** (psyykkinen) psychological, mental, emotional *henkinen sairaus* mental illness, psychological/emotional disorder
henki on altis mutta liha on heikko the spirit is willing but the flesh is weak
henkiparannus spirit healing
henkipatto outlaw
henki päällä motivated, inspired, psyched *paras kirjoittaa silloin kun on henki päällä* best to write when you're feeling inspired
henkireikä air hole, (kuv) hobby, pastime, spare-time activity, what you do for fun/amusement/relaxation
henkirikos capital crime/offense, homicide
henkisavut *vetää henkisavut* inhale
henkisesti emotionally, psychologically, mentally, intellectually (ks henkinen) *henkisesti kuollut* emotionally dead *henkisesti sairas* mentally ill
henkitiede humanities, (liberal) arts
henkitoreissaan at death's door, breathing your last
henkivakuutus life insurance, (UK) assurance
henkivartija bodyguard
henkiystävä best friend, bosom buddy
henkkari (ark) ID
henkselit 1 (housunkannattimet) suspenders **2** (X:n muotoinen yliviivaus) *vetää henkselit sivun yli* X out the page
henkäistä breathe (out all your air at once) *henkäistä helpotuksesta* sigh with relief *Älä henkäise tästä kenellekään!* Don't breathe a word of this to anybody!
henkäys breath *Ei käynyt tuulen henkäystäkään* There wasn't even a breath of wind
henna (väriaine) henna
hennata (värjätä hennalla) henna

hennoa stand, bear *tästä en henno luopua* I can't bear to part with this
Henrik (kuninkaan nimenä) Henry
hento frail, slight, slender; (kosketus) gentle
hepatiitti (maksatulehdus) hepatitis, (ark) hep
hepeneet (us halv) finery, frippery, frills
hepo horse, steed
heppa (ark) horsie
heppu (ark) guy, dude
heprea Hebrew *Se on minulle hepreaa* That's Greek to me
heprealainen s, adj Hebrew
hepuli (ark) fit, hissy fit, cow *saada hepuli* throw a (hissy) fit, have a cow
hera 1 whey **2** (verihera) blood serum
herahtaa 1 (kyynel silmiin) spring, (poskelle) trickle down *ruoan tuoksusta vesi herahti kielelle* the smell of the food made my mouth water **2** (purskahtaa) burst out/into *herahtaa itkuun/nauruun* burst out crying/laughing, burst into tears/laughter
heraldiikka (vaakunaoppi) heraldics
heraldinen (heraldiikkaan kuuluva) heraldic
hereditaarinen (perinnöllinen) hereditary
herediteetti (perinnöllisyys) heredity
hereetikko (kerettiläinen) heretic
hereettinen (kerettiläinen) heretic
hereillä awake *ravistella hereille* shake someone awake *Ihmiset on saatava hereille ympäristön suhteen* We have to wake people up about the environment
heresia (harhaoppi) heresy
herja *heittää herjaa* joke around, hurl (affectionate) insults (at each other) *herjan heitto* banter, good-natured raillery
herjasota (tietok) flame war
herjata 1 revile, rail against, abuse **2** (lak: puheessa) slander, (kirjoituksessa) libel **3** (usk) blaspheme **4** (tietok) flame
herjaus 1 invective, abuse, raillery **2** (lak: suullinen) slander, (kirjoitettu) libel, calumny, (yleinen) defamation of character

herjaviesti (tietok) flame
herjetä 1 (lakata) stop, quit, cease *keskustelu herkesi* the conversation broke off, everyone fell silent **2** (ryhtyä) start, become, fall to, go *herjetä kitsaaksi* become cheap/stingy *herjetä kinastelemaan* start bickering *herjetä villiksi* go wild
herkeämättä without a break, incessantly
herkeämätön incessant, unceasing, ceaseless, persistent
herkistymä oversensitivity
herkistyä 1 become more sensitive, be sensitized, be moved *herkistyä kyyneliin asti* be moved to tears **2** (lääk) become allergic *herkistyä antibiooteille* become allergic/sensitive to antibiotics
herkistää 1 (aisteja) strain, sensitize *herkistää korvansa* strain/cock your ears *herkistää joku luonnon kauneudelle* sensitize someone to nature's beauty **2** (tunnetta) move, warm *Sinfonia herkisti meidät täysin* The symphony filled us with a warm sensitivity, moved us **3** (mittaria) sensitize
herkku delicacy, (mon ark) goodies *Ei tämä ole mitään herkkua minullekaan* This is no fun/picnic for me either
herkkukauppa deli(catessen)
herkkupala 1 treat, (myös kuv) tidbit *presidentin munaus oli herkkupala kriitikoille* the President's gaffe was a choice tidbit for the critics **2** (hyvännäköinen nainen) babe
herkkusuu gourmet
herkkyys ks. herkkä **1** sensitivity **2** susceptibility **3** thin skin **4** tenderness, sentimentality **5** delicacy, shyness **6** tenderness, soreness, sensitivity **7** sensitivity, keenness **8** sensitivity
herkkä 1 sensitive **2** (vastaanottavainen) susceptible, impressionable, responsive **3** (nopea reagoimaan) *herkkä suuttumaan* quick to take offense, easily offended *herkkä auttamaan* ready to help *herkkä vilustumaan* susceptible to cold **4** (tunteikas) tender, emotional, easily moved; (hempeä) sentimental, sweet **5** (arka seurassa) delicate, shy, private **6** (arka kosketukselle) tender, sore, sensitive (to the touch) **7** (tarkka) sensitive, keen, sharp **8** (tekn) sensitive *herkkä filmi/laite* sensitive film/instrument
herkkähermoinen high-strung
herkkäpiirteinen finely chiseled
herkkätunteinen tender, emotional, easily moved
herkkäuninen *herkkäuninen ihminen* light sleeper
herkkäuskoinen gullible
herkullinen delicious; (ark) yummy, scrumptious, finger-licking good
herkullisesti deliciously
herkutella enjoy (a meal), feast (on delicacies); (kuv) revel, take delight (in)
herkuttelija gourmet
hermafrodiitti (kaksineuvoinen eliö) hermaphrodite
hermafrodiittinen (kaksineuvoinen) hermaphroditic
hermeettinen hermetic
hermeettisesti hermetically
hermeneutiikka (tulkinnan tutkimus) hermeneutics
hermeneuttinen (hermeneutiikkaan liittyvä) hermeneutical
hermo nerve, (biol) neuron *ajan hermolla* with it, attuned to the times
hermoille käypä irritating *Tuo käy minun hermoilleni* You're getting on my nerves
hermoimpulssi nerve impulse
hermoja raastava nerve-wracking
hermokaasu nerve gas
hermokeskus nerve center (myös kuv)
hermona nervous
hermopeli game of nerves, psychological game
hermoraunio nervous wreck
hermoromahdus nervous breakdown
hermosolu nerve cell
hermosota war of nerves
hermosto nervous system
hermostollinen nervous
hermostua get mad/angry/irritated/upset/excited/nervous, lose your temper; (ark) blow your top, blow a fuse, have a fit/cow

herättää

hermostuksissaan nervous, a bundle of nerves
hermostuneesti nervously, (hevosesta) skittishly; (ärtyisästi) irritably
hermostuneisuus nervousness, (lääk) neurasthenia
hermostunut nervous, jumpy, jittery; (ärtyisä) irritable, peevish
hermostuttaa *minua hermostuttaa* I'm nervous/anxious/worried *Tuo hermostuttaa minua hirveästi* That makes me nervous, that irritates me, that drives me crazy
hermotauti neurological disorder
hermotautioppi neurology
hermot kireällä nervous, frazzled, a bundle of nerves
hermottaa innervate
herne pea; (kuv) lump
hernekeitto pea soup
hernerokkasumu fog as thick as pea soup
heroiini heroine
heroinisti heroin addict
heroismi (sankarillisuus) heroism
herooinen (sankarillinen) heroic
herpaannuksissa enervated, paralyzed, numb
herpaannus enervation, paralysis, numbness
herpaantua 1 (ote) relax, loosen, come loose **2** (ihminen) be unnerved/enervated, come unglued, be unable to do anything/move (a muscle) **3** (mielenkiinto, voima) flag
herpaantumaton unflagging, persistent
herra 1 (mies) man *Eräs herra kyseli sinua* There was a man asking for you **2** (herrasmies) gentleman **3** (isäntä) master, lord **4** (usk) the Lord **5** (sortaja) oppressor *herrat* the ruling class, (tehtaan johto) management, the bosses **6** *Kyllä herra* Yes sir **7** *herra Puntila* Mr./Mister Puntila
herra ja hidalgo *kävellä kuin herra ja hidalgo* strut like a cock of the walk, like the king of creation
herrajestas sweet Jesus!
herranen aika! My goodness! Heavens!

herran kukkarossa in God's back pocket, in the palm of God's hand
herraskartano manor (house)
herrasmies gentleman
herrasmiessopimus gentlemen's agreement
herrastella 1 (kävellä) strut, parade, walk pretty (ks herra ja hidalgo) **2** (elää) live like a lord
herrasväki 1 gentry, (kans) gentlefolks **2** *Mitäs herrasväki juo tänä iltana?* What can I get you folks to drink tonight?
herraviha class hatred
herroitella 1 address formally, say 'Mr.' **2** ks herrastella
herruus dominion, domination, control, mastery, (ylivalta) supremacy
hersyvä bubbly, exuberant, boisterous *hersyvä nauru* ringing laughter
hersyä flow freely *Minulta ei hersy enää penniäkään* You won't get another cent out of me
hertsi (taajuuden yksikkö) Hertz
hertta heart
herttainen sweet
herttua duke
herttuatar duchess
herua (tihkua) trickle, ooze *Häneltä ei heru penniäkään* You won't get a cent out of him *Tietoja herui vähitellen julkisuuteen* Information gradually leaked out *Ei herunut juuri ollenkaan tietoa* No information was forthcoming
herukka currant
hervota (ote) loosen, let go, (lihas) relax, go slack
hervoton 1 (herpaantunut) limp, slack, numb, paralyzed **2** (holtiton) exuberant, boisterous, over the top
herännyt awake(ned), wide awake
heränNäinen Pietist
heräte impulse
heräteostos impulse purchase
herättää 1 (ihminen unesta) wake (up), awake(n) *Herätä veljesi* Go wake your brother up, go wake up your brother **2** (ihminen välinpitämättömyydestä) awaken, stir (up), rouse *herättää kansa toimimaan* stir/rouse the people into

herättää henkiin

action *herättää seurakunta synnin yöstä* awaken the congregation from the sleep of sin *herättää seksuaalisesti* arouse/excite (sexually) **3** (tunne) (a)rouse, revive, bring (back) to life *Se herätti epäilykseni* That aroused my suspicions *herättää vanhoja muistoja* revive/reawaken old memories **4** (reaktio) arouse, provoke, call forth *herättää kohua* raise a furor *herättää närkästystä* arouse/provoke indignation *herättää tyytymättömyyttä* stir up discontent
herättää henkiin revive, resuscitate, (usk) bring back to life
herättää huomiota draw attention, make a scene
herätys 1 awakening **2** (herätyssoitto) wake-up call (hotellissa:) *Saisinko herätyksen klo 6* Could you wake me at 6, please? **3** (sot) reveille **4** (usk) awakening, revival *tulla herätykseen* see the light, be born again
herätyskello alarm clock
herätyssoitto wake-up call
herätä 1 wake (up), awake(n) **2** (alkaa) begin, bud, burgeon *lapsen heräävä elämä* the child's budding/burgeoning life *päivä herää* the day dawns/begins/breaks *heräävä rakkaus* new love **3** (virittä) arise, be aroused, (be) revive(d), come to life *Epäilykseni heräsivät* My suspicions were aroused *vanhat muistot heräävät* old memories revive, return, come back to life
herääminen awakening
heräämö recovery room
hesalainen (ark) Helsinkian
heterogeeninen (epäyhtenäinen) heterogeneous
heterogeenisyys (epäyhtenäisyys) heterogeneity
heteroseksuaali heterosexual, (ark) straight
heteroseksuaalinen heterosexual, (ark) straight, hetero
heteroseksuaalisuus heterosexuality, (ark) straightness
heti 1 (ajasta) immediately, at once, right away, promptly **2** (paikasta) just, right, immediately *heti oven ulkopuolella* right/just outside the door
heti kättelyssä right off the bat
hetimmiten immediately, this instant *Haluan sen hetimmiten* I want it *now*, (leikillisesti) I want it yesterday
heti paikalla right away, this instant *Se tulee heti paikalla* Coming right up
hetkauttaa 1 (ruumista) jerk, twitch, shake **2** (mielipidettä) move, affect *Se ei minua pahemmin hetkauta* That doesn't move/affect me one way or the other
hetkellinen momentary, brief, fleeting
hetkellisesti briefly, fleetingly
hetken mielijohteesta on a whim, on impulse
hetki 1 (tuokio) moment, second, minute *Hetki pieni/vain* Just a moment/second/minute, hold/hang on *Tulen hetken päästä* Be back in a flash/jiffy **2** (ajankohta) time, while *lyhyeksi hetkeksi, hetken aikaa* for a short time/while **3** (raam) hour *yhdennellätoista hetkellä* at the eleventh hour
hetkinen moment, second, minute *Hetkinen!* Just a moment/second/minute
hetkittäin intermittently, occasionally, at times, now and then
hetkittäinen intermittent, occasional
hevari metalhead
hevi heavy metal
hevibändi (heavy) metal band
hevillä easily *En hevillä luovu* I won't give up easily, without a fight
hevin easily *Sitä ei hevin unohda* It would be hard to forget that, I won't forget that easily
hevonen horse
hevonen karkaa (leik) your barn door's open (your cow will get out)
hevosajoneuvo horse-drawn vehicle
hevosenkenkä horseshoe
hevosenleikki horseplay
hevosenliha horsemeat
hevoshullu horse-crazy (girl)
hevosmies horseman
hevosnaama (halv) horseface
hevosnaamainen (halv) horse-faced
hevostalli horse stall, stable

hierarkkisesti

hevostella (isotella) act high and mighty, throw your weight around, boss people around
hevosurheilu (laukkaurheilu) horse racing, (mon) equestrian sports
hevosvoima horsepower
H-hetki H-hour, zero hour
hibernaatio (talvehtiminen) hibernation
hibernoida (talvehtia) hibernate
hidas slow
hidasjärkinen slow-witted
hidaskasvuinen slow-growing
hidaskulkuinen slow-moving
hidasluonteinen phlegmatic
hidas sytytys slow uptake *hänellä on hidas sytytys!* he's slow on the uptake
hidastaa slow (down/up), slacken/reduce/cut speed, retard; (viivästyttää) delay, hold up
hidastua slow (down/up), slacken/reduce/cut speed; (viivästyä) be delayed, be held up
hidastuslakko slow-down strike
hiekka sand; (hiekkamaa) sands
hiekkainen sandy
hiekkakasa sandpile
hiekkakuoppa sand pit
hiekkalaatikko sandbox
hiekkamaa sands
hiekkapaperi sandpaper
hiekkapuhaltaa sandblast
hiekkaranta sandy beach
hiekoittaa sand
hiekoitus sanding
hieman a little/bit, slightly
hienhaju body odor, B.O.
hieno **1** (parasta laatua) fine, excellent, exquisite, flawless; (ark) posh, spiffy *hieno viini* fine/choice wine *hieno timantti* flawless diamond *hieno maku* exquisite taste *hieno puku* elegant dress *hieno hotelli* posh hotel **2** (hienostunut) polished, refined, sophisticated *hienot tavat* polished/refined manners *hieno maku* sophisticated taste **3** (ylevä) noble *hieno teko* noble deed **4** (oivallinen) great, good, super *hieno päivä* beautiful day *hieno saavutus* great achievement *Hienoa että tulit* I'm so glad you came, it's good you came *hieno vartalo* great body, (ark) nifty figure *Se on hienoa!* That's great! (huom: *ei* fine) **5** (hienoinen) subtle, slight, vague *hieno ero* slight difference *hieno ironia/vivahde* fine/subtle irony/nuance *hieno aavistus* vague inkling/premonition **6** (ohut) thin *hieno lanka* thin thread **7** (hienorakeinen tms) fine *hieno sumu/pöly* fine mist/dust *hieno sokeri* granulated sugar **8** (hienorakenteinen) delicate *hieno hipiä/koneisto* delicate skin/machinery
hienohipiäinen **1** (pehmeäihoinen) soft-skinned **2** (helposti loukkaantuva) thin-skinned
hienoinen subtle (ks hieno 5)
hienoisesti subtly, slightly, vaguely
hienokseltaan slightly, imperceptibly, just a little/tiny bit
hienomotoriikka fine-motor skills
hienopesu delicate cycle
hienosto high society, the rich and famous, the elite
hienostua be(come) refined
hienostunut refined, polished, sophisticated
hienosäätää fine-tune
hienosäätö fine-tuning
hienotunteinen tactful, discreet
hienous **1** (ominaisuus) fineness, excellence, elegance jne (ks hieno) *värien hienous* the fineness/elegance/beauty of the colors **2** (erikoisuus) good/best/nice thing *asian hienous on* the good/best/nice thing about it is **3** (valiokappale) collector's item, exquisite piece, (mon) the cream of the crop *Emme halua hienouksia vaan hyvää tavaraa* We don't want anything fancy, just good quality, (vivahdus) subtlety, nicety, (mon) the finer points *shakin hienoudet* the finer points of chess
hienovarainen **1** (hienotunteinen) tactful, discreet **2** (hellävarainen) gentle, careful
hienovirittää (tietok) tweak
hierarkia (arvoasteikko) hierarchy
hierarkkinen (arvoasteikon mukainen) hierarchical
hierarkkisesti hierarchically

hieroa

hieroa 1 (lihasta) rub, massage, knead *hieroa älynystyröitä* put on your thinking cap **2** (kuv) ks hakusanoja
hieroa kauppaa dicker (over prices), bargain
hieroa rauhaa negotiate for peace
hieroa sovintoa (try to) make up, work toward a reconciliation
hieroa tuttavuutta make friendly overtures toward, get to know
hieroa älynystyröitään put your thinking cap on
hieroja (mies) masseur, (nainen) masseuse
hieromalaitos massage parlor
hieromasauva dildo
hieronta massage, rub(bing) *selkähieronta* backrub, back massage
hiertyä be rubbed, be chafed *hiertyä rikki* be rubbed raw *hiertyä sileäksi* be worn smooth
hiertää rub, chafe *Tämä kenkä hiertää* This shoe is rubbing me raw, is chafing my foot
hieta (geol) fine sand
hietakiitäjäinen (kovakuoriainen) tiger beetle
hietakissa sand cat
hietakyyhky sandgrouse
hietamaa fine sand(y soil)
hietamato lugworm
hievahdus tiny movement *Ei hievahdustakaan!* Don't move a muscle!
hievahtaa move slightly
hievahtamatta unmoving, without moving a muscle, perfectly still
hiffata (sl) get
hifi (äänentoisto) hi-fi
hiha sleeve *kääriä hihat* roll up your sleeves *pudistaa hihastaan* pull out of a hat
hihaton sleeveless
hihhuli (ark) holy roller
hihittää giggle, titter
hihitys giggle, giggling, titter, tittering
hihkaista squeal *Hihkaise kun olet valmis* Gimme a holler/shout when you're ready
hihkaisu squeal
hihkua squeal

hihna 1 (tekn) belt *tuulettimen hihna* fanbelt *liukuhihna* conveyor belt **2** (koiran) leash, **3** (kengän) strap
hiihto skiing
hiihtoakrobatia freestyle
hiihtohissi skilift
hiihtokeli snow conditions
hiihtokeskus ski resort, ski area
hiihtokilpailu skiing competition
hiihtoloma skiing holiday/vacation
hiihtomaasto skiing terrain
hiihtoseura skiing club
hiihtäjä skier
hiihtää ski
hiilari carb *vähähiilarinen* low-carb *hyvähiilarinen* good-carb
hiili 1 (kivihiili) coal, (puuhiili) charcoal **2** (kem) carbon
hiilidioksidi carbon dioxide
hiilihanko poker
hiilihappo carbonic acid *Onko tässä hiilihappoa?* Is this carbonated?
hiilihappopitoinen carbonated
hiilihydraatti carbohydrate
hiilikaivos coal mine
hiilimonoksidi carbon monoxide
hiilipaperi carbon paper
hiilivety hydrocarbon
hiillos coals, embers
hiillostaa grill *hiillostettuja muikkuja* fried whitefish *hiillostaa oppilaita vaikeilla kysymyksillä* grill students with difficult questions
hiillostua 1 (kala) be grilled **2** (ihminen) get steamed, get pissed off
hiiltyä 1 (palaa hiileksi) be charred, burn to a crisp **2** (ark) blow a fuse, blow your top, have a fit, get steamed
hiipivä creeping, sneaking *hiipivä epäluulo* sneaking suspicion *hiipivä sosialismi* creeping socialism
hiipiä creep, sneak, steal, walk silently *epäluulo hiipii mieleen* suspicion steals into your heart, creeps up on you
hiippailla slink, sneak *Missä sinä olet hiippaillut?* Where've you been keeping yourself?
hiippakunta bishopric, diocese
hiippari (ark) weirdo
hiipua die down

hiljentää

hiirenharmaa mouse-gray/-colored *hiirenharmaa tukka* mousy hair
hiirenhiljaa quiet/mum as a mouse
hiirenloukku mousetrap
hiiri 1 mouse (mon mice) (myös kuv) *leikkiä kissaa ja hiirtä* play cat and mouse **2** (tietok) mouse (mon myös mouses)
hiirimatto (tietok) mouse mat
hiirulainen mouse *Arja on sellainen hiirulainen* You know Arja, the mousey one
hiiskahtaa 1 (äännähtää) make a sound, breathe a word *Kukaan ei uskaltanut hiiskahtaakaan* Nobody dared make a sound/breathe a word **2** (liikahtaa) move a muscle
hiiskua breathe a word *Älä hiisku tästä sanaakaan* Don't breathe a word of this
hiiva yeast
hiivaleipä sourdough bread
hiivassa (ark) kännissä smashed, plastered, wasted
hiivatinmoinen (ark) a heck of a
hiiviskellä sneak, slink, lurk
hikeentyä 1 (hiostua) get sweaty **2** (kiihtyä) get steamed, get pissed off
hiki 1 (erite) sweat, (euf) perspiration **2** (huuru) fog, steam, mist *ikkuna käy hikeen* the window is fogging/steaming/misting up
hiki hatussa *tehdä työtä hiki hatussa* (ark) work your butt/ass off, kill yourself with work, slave away
hikinauha sweatband
hikinen sweaty
hikipinko teacher's pet, apple-polisher
hikipäissään 1 hiessä sweaty, with your head sweaty *tehdä hikipäissään työtä* work your ass off **2** (peloissaan) frantically
hikka the hiccups
hikoilla sweat, perspire
hikoilu sweating, perspiration
hilata drag, haul, shlep
hilautua drag yourself
hiljaa 1 (pienellä äänellä) quietly, softly *puhua hiljaa* speak quietly/softly, talk in a low voice, speak sotto voce **2** (ääneti) silently *kävellä hiljaa* walk silently, without making a sound/noise **3** (hitaasti) slowly *ajaa hiljaa* drive slowly **4** (liikkumatta) still, without moving *istua hiljaa* sit still
hiljaa hyvää tulee slow and steady wins the race
hiljainen 1 (vähä-ääninen) quiet, soft(-spoken) *hiljainen mies* quiet/soft-spoken/untalkative man, man of few words **2** (äänetön) silent, soundless; (sanaton) unspoken, tacit *hiljainen kuin kala* mum as a mouse *hiljainen toivo* unspoken hope *hiljainen sopimus* tacit agreement **3** (hidas) slow, measured *hiljainen kävely* measured step *keittää hiljaisella tulella* boil over a low flame, at low temperature
hiljainen enemmistö silent majority
hiljainen viikko Passion Week
hiljaiselo the quiet life
hiljaisesti 1 (vähällä äänellä) quietly, softly **2** (hitaasti) slowly
hiljaista kuin haudassa quiet as the grave
hiljaisuus quiet, silence, hush *siunattu hiljaisuus* blessed quiet/silence *pyhä hiljaisuus* holy hush
hiljakseen 1 (vähällä äänellä) quietly, softly *puhella hiljakseen* talk in a soft/low voice **2** (hitaasti) slowly, carefully *edetä hiljakseen* move ahead slowly, take it easy/slow, take your time
hiljalleen 1 (hitaasti) slowly, peacefully *Lunta satoi hiljalleen* The snow fell peacefully *hiihtää hiljalleen* ski along slowly **2** (vähitellen) gradually, a little bit at a time, a step at a time, bit by bit, little by little
hiljattain recently, not long ago
hiljentyminen silent prayer
hiljentyä 1 (usk) calm/compose yourself *Hiljentykäämme rukoukseen* Let us bow our heads in prayer **2** (laantua) calm/slow down, ease off
hiljentää 1 (ääntä) turn down (the volume), lower (your voice) *Voisitko hiljentää ääntäsi hieman?* Could you lower your voice please, could you speak more quietly? **2** (ääni) silence, shut up *Kyllä mä sut hiljennän* I'll shut

hiljetä

you up, I'll shut that mouth for you **3** (mieli, usk) calm, compose *rukous hiljentää mielen* prayer brings peace of mind **4** (vauhtia) slow (down), slacken *Voisitko hiljentää vauhtiasi hieman? Could you slow down a little, could you walk more slowly?*

hiljetä 1 (äänestä) quiet/calm (down), (vaimeta) die down/away *Koko sali hiljeni* The whole hall went/fell quiet, a hush fell over the whole hall **2** (liikkeestä) slow (down), slack(en) off; (laantua) die down, abate, ease off

hilkulla a little short/shy *Olipa hilkulla, etten suuttunut hänelle* I was on the dirty edge of getting mad at him, I was this close to losing my temper at him

hilla cloudberry

hillitty 1 restrained jne (ks hillitä) **2** *hillitty väriyhdistelmä/tyyli/maku* understated color combination/style/taste

hillittömästi uncontrollably, excessively, extravagantly, immoderately

hillitysti showing/with restraint, moderately *Olen oppinut syömään hillitysti* I've learned to eat less, to exercise more restraint when I eat, not to eat to excess, to eat moderately *Hän käyttäytyi hillitysti* He was composed/calm

hillitä control, restrain, check *hillitä itsensä* control/restrain yourself *hillitä vihansa* keep your anger in check, suppress/repress your anger *hillitä kielensä* curb your tongue *hillitä hintojen nousua* control/check rising prices

hillitä hilunsa (ark) chill (out), take a chill pill

hillitön 1 uncontrolled, out of control, unrestrained, unchecked **2** (liiallinen) excessive, extravagant, immoderate

hillo jam, preserve(s)

hillua 1 (rellestää) make a racket, (tehdä energisesti) thrash around **2** (hengailla) be, hang around/out

hilpeys glee, hilarity, (good) cheer, gaiety

hilpeä lighthearted, gleeful, hilarious, cheery *Juhlissa oli hilpeä tunnelma* Everybody at the party was feeling good/happy, was full of good cheer, the party sparkled with gaiety

hilse (päänahassa) dandruff; (muualla) scurf

hilseillä peel/flake (off)

hilut (ark) **1** (kolikot) coins **2** (juhlat) party

hilut kintuissa (ark kahleissa) in chains

hima (sl) home

himmennetty (tietok) grayed

himmennin 1 (tekn) dimmer (switch) **2** (valok) diaphragm **3** (mus) mute

himmentää 1 (valoja) dim; (valotusta) stop down; (huonetta) darken; (värejä) fade; (kuvaa) blur **2** (ääntä) mute, muffle **3** (metallia, mainetta) tarnish

himmeä 1 (valo yms) dim *himmeä valaistus* dim/soft lighting *himmeät värit* soft/quiet/understated colors *himmeä kirjoitus* faint/faded/hard-to-read writing **2** (pinta: paperi) mat(te), non-glossy, antiglare; (lasi) frosted; (metalli) tarnished

himmeästi dimly, softly

himo lust, desire, passion, craving *alkoholin himo* craving for alcohol *lihan himot* carnal/sexual lust/desire *elämän himo* passion/lust for life

himoita desire, crave, lust after *himoita kuuluisuutta* have a hankering for fame *himoita jotakuta* lust after someone, (ark) have the hots for someone *himoita jäätelöä* crave, have a craving for ice cream *Älä himoitse* (raam) Thou shalt not covet

himokas 1 (seksistä) lustful, lecherous, (ark) horny **2** (intohimoinen) passionate, (aistillinen) sensuous, sensual **3** (ahne) greedy, (raam) covetous

himomurha sex murder

himomurhaaja sex murderer

himopeluri compulsive gambler

himopolttaja chain smoker

himoruoka favorite food/dish

himota want, long for, lust after

himottaa *Minua himottaa lähteä* I want to go *Minua himottaa raha/valta/tuo mies* I've got to have money/power/that man

hirsimökki

himphamppu (ark) twaddle, fiddle-faddle, flapdoodle
himpun (ark) a little, a bit
hinaaja tug(boat) *huutaa kuin hinaaja* scream like a banshee
hinata tow
hinaus tow(ing)
hinausauto tow truck
hinauttaa have (your car) towed
hinautua (kulkea) drag yourself, (olla vedettävänä) be dragged
hindi Hindi
hindu Hindu
hindulainen Hindu
hindulaisuus Hinduism
hinkata (ark) scrub
hinku (ark) itch, yen, hankering
hinkua (ark) whine (for/about)
hinkuyskä whooping cough
hinnalla millä hyvänsä at any cost
hinnasto price list
hinnoitella (set/fix the) price, set/fix prices
hinnoittelu pricing
hinta 1 price, cost *omaan hintaan* at cost *matkalipun hinta* fare *hintansa arvoinen* a good value/buy **2** (kurssi) rate *päivän hinta* daily rate
hintaero price difference
hintahaarukka price range
hintahaitari price spread
hintaindeksi price index
hintainen *minkä hintainen se on?* how much is it, how much does it cost? *kymmenen euron hintainen* costing ten euros
hintakilpailu price war
hintapyyntö asking price
hintasäännöstely price control
hintataso price level
hintatietoinen price-/cost-conscious
hintelä slight, spindly, frail
hintti (halv) fag, queer
hioa grind **1** (teroittaa) sharpen, whet, hone **2** (silottaa) grind, polish, (hiekkapaperilla) sand, (himmeäksi) frost **3** (poraamalla) bore, (sorvaamalla) turn **4** (puumassaksi) pulp **5** (viimeistellä) polish, hone, refine *hioa käsikirjoitusta* polish a manuscript *hioa tyyliään* refine/hone your style *hioa puhetta* work on/practice a speech
hiomaton 1 (fyysisesti) unpolished, unground, uncut **2** (henkisesti) rough, crude, boorish
hionta grinding
hiostaa make someone sweat (myös kuv) *Saappaat hiostavat* The boots don't breathe, don't let air through
hiostava *hiostava ilma* sweltering/sultry/humid weather *hiostavat vaatteet/saappaat* hot clothes/boots
hiostua get sweaty, (ikkuna) get fogged up
hiottu polished, honed
hipaista touch on/lightly (myös kuv), skim, graze
hipat (ark) party
hipiä skin, complexion
hipoa touch, graze, (kuv) approach *hipoa täydellisyyttä* approach perfection *hipoa naurettavuutta* border on the ludicrous
hippa 1 (leikki) (game of) tag *leikkiä hippaa* play tag **2** (ihminen) it *olla hippa* to be it
hippasilla *olla hippasilla* play tag
hippi hippie
hippu nugget
hippula *mennä niin että hippulat vinkuvat* go hell-bent for leather
hiprakka (ark) drunk, high *ottaa pieni hiprakka* get a little drunk *aika hiprakassa* pretty drunk/smashed/plastered
hirmu s monster *vauhtihirmu* speed demon adv real *meillä oli hirmu hauskaa* we had a real good time
hirmuinen 1 (pelottava) terrifying, horrifying **2** (iso) enormous, monstrous
hirmulisko dinosaur
hirmumyrsky hurricane; cyclone, typhoon
hirmustua lose your temper, blow your top
hirmuvaltias tyrant, despot
hirnua (hevonen) whinny, (ihminen) laugh
hirsi timber, log *vetää hirsiä* catch some Z's, saw logs
hirsimökki log cabin

hirsipuu gallows
hirsirakennus log house
hirsisauna log sauna
hirtehishuumori gallows/black humor
hirttyä get hung up
hirttäytyä hang yourself
hirttää (ihminen) hang, (ruuvi tms) hang up, get stuck/caught
hirvenmetsästys moose/elk hunt(ing)/shoot
hirvenmetsästäjä moose/elk hunter
hirvensarvi antler
hirvetä dare, have the courage/nerve/guts to *En hirvennyt lähteä sinne yksin* I was too scared to go in there alone, I didn't dare go in there alone
hirveä (myös ark) horrible, terrible, awful
hirveästi horribly, terribly, awfully *Pidän hänestä hirveästi* I'm terribly fond of him
hirvi (pohjois-Amerikassa) moose, (Euroopassa) elk
hirvieläin deer, (mon) the deer family
hirvittävä horrifying, terrifying
hirvittävästi horribly, terribly
hirvittää frighten *Minua hirvittää mennä* I dread going, I'm scared/afraid to go
hirviö monster
hirviömäinen monstrous
hissi elevator, (UK) lift
hissikuilu elevator shaft
hissukseen 1 (hitaasti) slowly *Hiihtelin hissukseni* I just skied along slowly, taking my time, not pushing myself **2** (vähin äänin) quietly, softly *naureskella hissukseen* laugh quietly/softly, chuckle into your beard, to yourself
hissun kissun slowly, little by little, bit by bit, taking your time, not being in a rush
historia history *tehdä historiaa* make history *siirtyä historiaan* go down in history
historiallinen historical
historiallisesti historically
historiankirjoittaja historian
historiankirjoitus historiography
historian lehti *uusi historian lehti* new era

historiantutkija historian
historiantutkimus 1 (ala) historical research **2** (teos) historical treatise/monograph/study
historiikki chronicle, (short) history
historioitsija historian
historismi historicism
hitaahko slowish, on the slow side
hitaasti slowly; (mus) lento, largo, adagio *Kiiruhda hitaasti* Hasten slowly, (lat) festina lente
hitaus slowness, (fys) inertia
hi-tec (huipputekniikka) high-tech
hitsaaja welder
hitsata weld
hitsi 1 weld(ing point) **2** (ark) heck, darn
hitti hit
hittilista hit parade, top ten/twenty/forty jne
hitto hell *hiton hyvä pelaaja* hell of a good player, damn good player *hitosti autoja* a hell of a lot of cars
hitu 1 potato peel **2** little bit, grain (ks hitunen)
hitunen little bit, grain *hitunen kultaa* a grain of gold *hitunen suolaa* pinch of salt *hitunen tervettä järkeä* a little common sense *viimeinen voiman hitunen* last ounce of strength *hitusen parempi* a little/bit better
hiukan a little, a bit *hiukan aikaa* a little while *hiukan toisin* a bit different *hiukan vettä* a little water, a drop of water
hiukka small amount: bit, particle, grain, iota jne *ei hiukkaakaan vettä* not a drop of water *ei hiukkaakaan myötätuntoa* not a bit of sympathy, not one iota of compassion
hiukkanen (fys) particle, grain; (kuv) bit *hiekkahiukkanen* grain of sand *hiukkasen hiekkaa* a little sand
hiukkaskiihdytin particle accelerator
hius hair; (mon: tukka) hair *halkoa hiuksia* split hairs
hiushalkeama hairline crack
hiuskarvan varassa hanging by a hair/thread
hiuskiinne hairspray
hiuslisäke hairpiece; (naisten) wig; (miesten) toupee, (ark) rug

hoiva

hiusneula hairpin
hiuspohja scalp
hiussuoni capillary
hiusten halkoja hairsplitter
hiusten halkominen splitting hairs
hiustenhoito hair care
hiustenkuivain hair-drier, blow-drier
hiustenleikkuu haircut
hiutale flake *lumihiutale* snowflake *maissihiutale* cornflake
hivellä caress *hivellä jonkun turhamaisuutta* appeal to someone's vanity *hivellä silmiä* be pleasing to the eyes, not be too hard on the eyes
hiven small amount: particle, grain; (kuv) little, bit *hivenen parempi* a bit better
hivenaine trace
hivenen a little
HIV-infektio HIV infection
HI-virus HIV
HIV-negatiivinen HIV-negative
HIV-positiivinen HIV-positive
HIV-tartunta HIV infection
hivuttaa 1 (siirtää hitaasti) edge, ease 2 (jäytää) gnaw (at)
hivuttautua edge, ease
H-molli B minor
hodari (ark) hot dog
hohde glow, glimmer, gleam
hohdokas glorious, splendid
hohoi hello! ahoy!
hohtaa (paistaa) glow, shine, glimmer, gleam *Tähdet hohtavat* Stars sparkle/shine *Hopea hohtaa* Silver gleams, light glints off silver *Lumi hohtaa* Snow glistens
hohtava glowing, shining, glimmering, gleaming
hohtimet pincers, tongs *hukkui kuin hohtimet* sank like a stone
hohto 1 (valo) glow, shine, glimmer, gleam 2 (loisto) glamor
hoidokki inmate, (holhokki) ward
hoikistaa slim (down)
hoikistua slim (down)
hoikka thin, slender, slim
hoilata sing at the top of your lungs
hoiperrella stagger, stumble
hoippua sway, wobble

hoitaa 1 (huolehtia kunnosta) take care of, care for, minister to *hoitaa haavaa* tend to/dress a wound *hoitaa tautia* treat (someone for) a disease *hoitaa taloa* keep house, do the housekeeping *hoitaa lapsia* mind/watch over/babysit children *hoitaa potilasta* nurse a patient 2 (huolehtia suorittamisesta) take care of, see to, do, handle *hoitaa liikeasioita* do business, see to (your) business (affairs) *hoitaa virkaa* do a job, fill a post *Mitä/Kenen virkaa hoidat?* What/Whose post are you in/filling? What do you do? *hoitaa opettajan viransijaisuutta* be a substitute teacher, stand in/substitute for the regular teacher *Minä hoidan tämän* I'll deal with/handle this 3 (johtaa) manage, administer, run *hoitaa liikeyritystä* run/manage a business *hoitaa myymälää* tend a shop 4 (pitää) keep *hoitaa karjaa* keep cattle, be a cattlerancher *hoitaa mehiläisiä* keep bees, be a beekeeper
hoitaja 1 (sairaanhoitaja) nurse 2 (liikkeenhoitaja) manager
hoito 1 (huolehtiminen) care *hammashoito* dental care *terveydenhoito* health care *sairaiden hoito* patient care, nursing *sairauden hoito* medical care/treatment *fysikaalinen hoito* physiotherapy *kuittien hoito* seeing/attention to receipts 2 (parantaminen) cure, remedy 3 (johtaminen) management, administration *varojen hoito* administration of funds, money management
hoitopaikka 1 (päivähoito) daycare center, family daycare *Ensin täytyy hakea tyttö hoitopaikasta* First I have to pick up my daughter at (the) daycare (center)/ at the Smiths'/ at the babysitter's 2 (sairaanhoito) bed *Sairaalassa on 550 hoitopaikkaa* The hospital has 550 beds
hoitovapaa family leave
hoitua get taken care of
hoituri nurse
hoiva care; (suoja) protection, shelter *äidin hoivissa* in mother's care *jäädä omiin hoiviin* be left to your own devices, be on your own

hoivata

hoivata care for; (suojata) protect, shelter *hoivata loukkaantuneita* care for/tend to/nurse the wounded
hokea repeat, reiterate, say/chant over and over again
hokema (laulu) jingle, (sana) buzzword
hokkari hockey-player
hokkuspokus hocus pocus
hoksata (ark) get, understand *hoksata heti* get it immediately *Enpä hoksannut tarjota kyytiä* It never occurred to me to offer her a ride
hoksottimet (leik) brain *Hänellä on hyvät hoksottimet* She's got a good head on her shoulders
holding-yhtiö holding company
holhoava 1 (suojeleva) protective **2** (tekee liian paljon päätöksiä ihmisten puolesta) paternalistic
holhooja guardian
holhous 1 (lapsen) guardianship, wardship **2** (kansakunnan) paternalism
holhousyhteiskunta paternalistic society
hollannikkaat clogs
hollanti (kieli) Dutch
Hollanti Holland
hollantilainen s Dutchman, Dutchwoman, Dutch person adj Dutch
holtiton 1 hervoton limp **2** (vastuuton) reckless, irresponsible
home mold *Haista home!* Forget you!
homehtua 1 (leipä) mold **2** (ihminen) rot *En aio jäädä tänne homehtumaan* I'm not going to sit around here and rot
homeinen moldy
homeopaatti (homeopatian harrastaja) homeopath
homeopaattinen (homeopatian mukainen) homeopathic
homeopatia (lääkintämuoto, jossa potilasta hoidetaan pienin annoksin sitä ainetta, joka aiheutti sairauden) homeopathy
homma (ark) **1** (työ) job, work *Missä hommissa sinä olet?* What do you do (for a living), what line of work are you in? *Täytyy lähteä hommiin* I have to go to work **2** (puuha) activity, task, chore, thing to do *Minulla on kaikenlaista hommaa tänään* I've got all kinds of things to do today *Mikä on homman nimi?* What's up? What do we (have to) do? What's the deal?
homma on hanskassa (ark) it's cool, everything's under control
hommata (ark) **1** (hankkia) get **2** (touhuta) do, work (at)
hommeli (ark) thing to do
homo homo, (halv) fag, queer
homofobia (homoseksualismin pelko tai viha) homophobia
homogeeninen (tasalaatuinen) homogeneous
homogeenisuus (tasalaatu) homogeneousness
homogeenisyys homogeneity
homoliitto gay civil union
homopari gay couple
homoseksuaali homosexual
homoseksuaalinen homosexual
homoseksuaalisuus homosexuality
homous homosexuality, gayness
hompsottaa (ark) fuss
homssantuu (ark) slattern
Honduras Honduras
hondurasilainen s, adj Honduran
hongankolistaja (leik) beanstalk, lamppost
hongikko pine woods
Hongkong Hong Kong
honka 1 (kasvava puu) big/tall/old pine tree, (punahonka) redwood *mennä päin honkia* (ark) get all balled/screwed/fucked up **2** (puuaines) pine, (punahonka) redwood
honottaa talk through your nose, speak nasally
hontelo (ihminen) tall and thin, lanky, (käsi tms) long and thin *hontelo olo* feeling punk/bad/weak, feeling under the weather
hoopo (ark) s goofball adj goofy
hoopoilla (ark) act goofy, (möhlätä) goof up, (hassutella) goof around
hoosianna Hosanna
hopea silver
hopeahapsi grayhair
hopeahäät silver wedding anniversary

housupuku

hopealusikka silver spoon *syntyä hopealusikka suussa* be born with a silver spoon in your mouth
hopeamitali silver medal
hopearaha silver coin
hopeaseppä silversmith
hopeinen silver
hopeoida silver(-plate)
hoppu hurry, rush
hoputtaa hurry, rush *Älä hoputa!* Don't rush me!
horisontaali (vaakasuora) horizontal
horisontti (taivaanranta) horizon
horjahdus fall, slip, lurch; (kuv) lapse
horjahtaa stagger, totter, lose your balance (for a second)
horjahteleva staggering, tottering, reeling
horjua 1 (heilahdella, myös kuv) stagger, totter, lurch 2 (järkkyä) totter, become shaky *diktaattorin valta horjuu* the dictator's power is increasingly shaky, the dictator is tottering 3 (häilyä) waver, falter *horjua kahden vaiheilla* waver/vacillate between two possibilities, be undecided, shilly-shally *horjua uskossaan* waver/falter in your faith
horjumaton (askel tms) steady, (usko tms) unwavering, unshakeable, unfaltering
horjuttaa shake, undermine
horjuva shaky
horkka 1 ague *vapista kuin horkassa* have the shivers 2 (kylmän tunne) numbness *sormet horkassa* numb fingers
horkka 1 (tauti) malaria, ague 2 *olla horkassa* be shivering, have the shivers
hormonaalinen (hormoneihin liittyvä) hormonal
hormoni (elimistön toimintaa säätelevä aine) hormone
horna hell, damnation, perdition
hornankattila sheer chaos
hornan tuutti *manata hornan tuuttiin* tell someone to go to hell
horros 1 (ihminen: kevyt) lethargy, torpor, (raskas) coma *horroksessa* lethargic, torpid, drowsy, dazed *kulkea kuin horroksessa* walk around in a daze, walk around like a zombie 2 (eläin) hibernation 3 (liike tai tila) dormancy *Yhdistys oli ollut jo vuosia horroksessa* The association had been dormant for years
horteinen lethargic, torpid, drowsy, dazed
hortoilla stagger around dazed
hosua 1 rush, (hutiloida) bungle 2 (huitoa) wave (around)
hotaista rush, do a rush job on, bang something out quickly
hoteissa in someone's care/charge/keeping, under someone's supervision
hotelli hotel
hotellihuone hotel room
hotelliketju hotel chain
hotellipoika bellhop/-boy
hotellivaraus hotel reservation
hotkaista devour, wolf down
hotkia devour, wolf down
hotsittaa (ark) feel like *Ei mua hotsita* I don't feel like it
houkutella 1 (viekoitella) tempt, entice, lure *houkutella mies naimisiin* lure a man into marriage *houkutella sänkyyn* seduce *houkutella jotakuta syntiin* lead/tempt someone into sin *Älä houkuttele minua!* Don't tempt me! 2 (suostutella) coax, persuade, talk into *houkutella lapsia sisälle syömään* coax the kids in for dinner *houkutella miestään ulos kävelylle* talk your husband into going out for a walk with you 3 (keplotella) cheat, con, trick
houkutin lure, bait; (kuv) enticement, inducement, attraction
houkutteleva tempting, enticing, seductive, attractive
houkuttelu temptation, enticement, seduction
houkutus temptation, enticement, attraction
houkutuslintu decoy
hourailla (olla hourailussa) be delirious, (puhua sekavia) rave
hourailu delirium
houre delirium; (mon) ravings, delirium
houreinen delirious, raving
housuhame skort
housupuku pantsuit, (UK) trouser suit

housusillaan

housusillaan in his/her pants, (UK) trousers
housut pants, (UK) trousers *Enpä haluaisi olla sinun housuissasi!* I wouldn't want to be in your shoes!
hovi 1 court **2** (hovioikeus) Court of Appeals, Appellate Court **3** (hovimestari) maître d'hôtel **4** (julkkiksen lähipiiri) entourage
hovimestari 1 (kotona) butler **2** (ravintolassa) maître d'hôtel, headwaiter, (nainen) hostess
hovinarri jester, court fool
hovioikeus Court of Appeals, Appellate Court
huh! *huh miten kylmää!* brr, it's cold! *huh miten kuumaa!* boy is it hot! *huh mikä urakka!* whew, what a job! *huh mikä paikka!* yuck/Ick, what a disgusting place!
huhhei! Yippee!
huhkia work like a dog/horse, slave/slog/grind away (at something)
huhkija (ark) eager beaver
huhmare mortar *huhmare ja petkele* mortar and pestle
huhtikuinen April *huhtikuinen hanki* the snow in April
huhtikuu April
huhu rumor *huhu kertoo* rumor has it, rumor says
huhuilla 1 (huutaa) shout, holler, call **2** *huhuillaan että* rumor has it that
huhupuhe rumor *kuulla huhupuheena* hear something on the grapevine
huhuta *Heidän huhutaan menevän pian naimisiin* I hear/rumor has it they're going to be married soon
hui! Ooh! Ick! Whew!
huihai oh well, c'est la guerre/vie
huijari 1 (joka ammatikseen petkuttaa toisia) con(fidence)-man, swindler, cheat **2** (joka esittää jonkin ammatin jäsentä) impostor *Hän ei ollut oikea lääkäri vaan huijari* He was no real doctor, he was an impostor
huijata con, swindle, cheat, trick
huijaus con(fidence trick), swindle, cheat, trick, scam
huikaista dazzle

huikea huge, enormous, (dazzlingly/astonishingly) large
huikeasti hugely, enormously
huikennella live extravagantly/frivolously
huikenteleva (tuhlaileva) extravagant, (kevytmielinen) frivolous
huikentelu extravagant/frivolous lifestyle
huikka (ark) shot, swig, pull *ottaa huikat* knock back a few
huilata take a break, take it easy, rest up
huilu flute
huilunsoittaja fl(a)utist
huima rash, reckless, daring, wild *huimaa vauhtia* at a dizzying/breathtaking/breakneck speed, (kuv) at an incredible rate, unbelievably rapidly
huimaava 1 dizzy(ing), giddy, reeling **2** ks huima
huimapäinen (uhkarohkea) daring, bold, fearless, adventurous, (hullunrohkea) foolhardy
huimapää daredevil
huimata (make you feel) dizzy *minua/päätäni huimaa* I feel dizzy, my head is swimming, (heikottaa) I feel faint/lightheaded, I feel like I'm going to faint
huimaus (fit of) dizziness, dizzy spell
huipata (ark) make dizzy *minua huippaa päästä* I feel dizzy
huipennus climax, culmination
huipentua climax, culminate, come to a head, (reach its) peak *Hänen uransa huipentui Nobelin palkintoon* Her career reached its peak/zenith, peaked in the awarding of the Nobel prize
huipentuma climax, culmination, peak, zenith
huippu 1 (mäen) top, crest; (vuoren) peak, summit, mountaintop **2** (kolmion tms) apex **3** (uran tms) peak, zenith, climax, height *Hinnat saavuttivat huippunsa huhtikuussa* Prices peaked (out) in April *uransa huipulla* at the height of your career *Tässä on tyhmyys huipussaan* This is the height of stupidity *Tämä on kaiken huippu* This beats/tops everything **4** (paras) star, major figure/name *Hän on nykysäveltaiteen huippuja*

hulina

He is one of the greatest contemporary composers
huippuarvo peak/maximum value
huippuhinta peak/top price
huippukokous summit (meeting)
huippukunto top (physical) condition
huippuluokka top grade/quality *huippuluokan pianisti* top-flight/-ranked pianist *Jännärinä romaani on huippuluokkaa* As a thriller the novel is first-rate/excellent
huippunopeus top/maximum speed
huippusaavutus crowning achievement/accomplishment
huippusuoritus top performance
huipputaso ks huippuluokka
huipputekniikka high tech(nology)
huippu-urheilija top athlete
huippu-urheilu world-class sports
huipulla tuulee it's windy at the top
huiputtaa cheat, swindle, con, trick
huiputtaja cheater, swindler, con-artist, trickster
huiska duster *vappuhuiska* May Day pompom
huiskahtaa swish
huiske swish *huisketta ja hyörinää* hustle and bustle
huiskin haiskin topsy-turvy
huiskuttaa (häntää) wag, (kättä) wave
huiskutus swish, wave
huitaista 1 (hotaista) rush, do a rush job on **2** (heilauttaa) swipe, flail
huitaisu 1 (hotaisu) rush job **2** (heilautus) wave, flail
huithapeli (ark) ne'er-do-well
huit helvettiin (ark) to hell *viedä huit helvettiin täältä* get something the hell out of here
huitoa flail **1** (heilutella) wave your arms (about), flail (about), gesticulate **2** (lyödä) flail, lay about
huitsin nevadassa (ark) in the middle of nowhere, thirteen miles from the middle of nowhere
huivi (hartiahuivi) shawl, (kaulahuivi) scarf
hujahtaa whiz (by)
hujan hajan topsy-turvy
hukassa lost

hukata 1 (kadottaa) lose, misplace *Olen hukannut kelloni* I've lost/misplaced my watch, I can't find my watch **2** (haaskata) waste, squander *hukata aikaa* waste/kill time
huki (ark) turn
hukka 1 (häviö) loss *veren hukka* loss of blood, blood loss **2** (haaskaus) waste *ajan hukka* waste of time **3** (kadotus) destruction, ruin *Nyt hukka minut perii!* Now I've had it! I'm a goner! I'm ruined!
hukka-aika dead/delay time, (tietok) down time
hukkaan lost, wasted *mennä/valua hukkaan* be wasted/lost, be in vain; (ark) go down the toilet, go out the window *joutua hukkaan* get lost/misplaced
hukkaan heitetty wasted, squandered, misspent
hukkaan mennyt wasted, lost, vain
hukkalämpö waste heat
hukkareissu *tehdä hukkareissu* go in vain, come back emptyhanded, go on a wild-goose chase
hukkateillä 1 (hukassa) lost, misplaced **2** (harhateillä) misguided *joutua hukkateille* go bad, pick up bad habits
hukkua 1 (kuolla veteen) (be) drown(ed) **2** (hautautua) be swamped *hukkua onnittelukortteihin* be swamped with birthday cards **3** (usk: joutua kadotukseen) perish *ettei yksikään, joka Häneen uskoo, hukkuisi* that no one who believed in Him would perish **4** (kadota) get/be lost *Minulta on hukkunut kynä* I've lost my pen
hukkuminen drowning
hukkunut s drowned person, (mon) the drowned adj drowned
hukuttaa drown (myös kuv) *hukuttaa kissanpentu* drown a kitten *hukuttaa surunsa viinaan* drown your sorrows in booze
hukuttautua drown yourself
huligaani hooligan
huliganismi hooliganism
hulina riot, pandemonium, hubbub *mennä hulinaksi* collapse/descend into chaos *panna hulinaksi* kick up a row/riot

hulinoida

hulinoida kick up a row, (start a) riot
hulinointi rioting
hulinoitsija rioter
hulivili madcap
hullaannuttaa make someone crazy
hullaantua go crazy *hullaantua poikaan* go crazy for a boy
hullu s **1** (mielisairas ihminen) mad(-wo)man, lunatic, psychopath; (ark) loony, nut, psycho *tehdä työtä kuin hullu* work like mad/crazy *hullun teko* the work of a madman *hulluna sinuun* crazy/mad about you **2** (ihminen joka on toiminut tyhmästi) fool, idiot, moron; (ark) ninny, bonehead *Minä hullu uskoin sinua* What a fool I was to believe you **3** (harrastaja) fan, devotee, buff *filmihullu* movie fan/buff adj **1** (mielisairas) mad, insane, crazy; (ark) loony, nutty, out of your mind/head *tulla hulluksi* go mad/crazy/insane, go off your rocker, lose your marbles **2** (tyhmästi toiminut) foolish, idiotic, witless; (ark) silly, boneheaded *Hullu olin kun tämän ostin!* How stupid/foolish I was to buy this, it was crazy/silly of me to buy this!
hullua hurskaammaksi *tästä ei tule hullua hurskaammaksi* I can't make heads or tails out of this
hulluja ei kynnetä eikä kylvetä there's a sucker born every minute
hullujenhuone insane asylum, nuthouse
hullunkurinen crazy
hullun lailla like crazy
hullunmylly insanity, chaos
hullunrohkea foolhardy
hullusti 1 (olla) (all) wrong, all screwed/messed/balled up **2** (tehdä) stupidly, foolishly, witlessly **3** (mennä, käydä) badly *Olisi voinut mennä hullumminkin* Things could have been worse **4** (sattua) coincidentally, (un)luckily, (un)fortunately *Sattuipas hullusti kun...* What a stroke of (bad) luck/fortune that...
hullutella clown around, play the fool, (tehdä kepposia) play practical jokes
hulluttelija clown, (practical) joker, prankster
hulluttelu clowning, (tom)foolery, horseplay
hullutus 1 (muoti) craze **2** (kepponen) prank, practical joke
hulluus madness, insanity, lunacy, craziness
hulmaani (eläin) langur
hulmuta 1 (liehua) flutter, flap, wave **2** (leimuta) blaze, flame
hulvaton out of control, over the top *hulvaton huumori* hilarity
humaani humane
humala 1 (kasvi) hop **2** (olotila) inebriation, intoxication, state of drunkenness
humalainen drunk(ard), (ark) wino
humalapäissä drunk, (ark) soused, stewed to the gills
humalluttaa 1 (alkoholi) intoxicate, make you high **2** (menestys tms) transport, elate, exhilarate
humaltua 1 (alkoholista) get drunk **2** (riemusta tms) feel giddy/dizzy, get high (on life)
humanismi (ihmiskeskeinen elämänkatsomus) humanism
humanisti (ihmistieteilijä) humanist
humanistinen humanistic *humanistinen tiedekunta* College of the Humanities
humanitaarinen (hyvää tekevä) humanitarian
humina hum, murmur, whirr(ing)
humista hum, murmur, whirr
humma (leik) horsey
hummailla celebrate, kick over the traces, paint the town red
hummeri lobster
humoristi humorist
humoristinen humorous
humpuuki (huijaus) humbug, hoax
humu (kaupungin) hustle and bustle, (juhlien) whirl
hunaja honey
hunajainen 1 (hunajasta tehty) honey, made from honey **2** (makeileva) honeyed, sugary, saccharine, sentimental
hunajakenno honeycomb
hunajameloni honeydew melon
hunajapupu babe, hot chick

huolia

hunningolla badly, bad off, in a state of disrepair, in chaos *joutua hunningolle* go to wrack and ruin, fall apart, degenerate, fall into disrepair *jättää hunningolle* neglect *olla hunningolla* (ihminen) be down and out, be on the bum
hunnutettu veiled
hunnuttaa veil
hunnuttautua don the veil
huntu veil
huoata (heave a) sigh; (valittaa) moan, groan
huohottaa pant, huff and puff
huohottaa niskaan breathe down someone's neck
huohotus panting, huffing and puffing
huojahtaa sway, lurch
huojennus relief *tuntea huojennusta* feel relieved
huojentaa lighten, ease; (hintaa) lower, reduce
huojentaa mieltään/sydäntään get something off your chest, let down your hair, unburden yourself
huojentua 1 (tulla helpommaksi) lighten, ease off **2** (tulla halvemmaksi) abate, fall **3** (helpottua) feel relieved
huojua 1 (heilua) sway, rock, shake **2** (hoiperrella) stagger, totter
huojunta (äänentoistossa) wow and flutter
huokailla sigh
huokaista (heave a) sigh
huokaus sigh
huokea cheap, inexpensive
huokeasti cheaply, inexpensively, at a low price
huokoinen porous
huokoisuus porosity
huokua radiate, give off
huolehtia 1 (pitää huolta kunnosta) care/provide for, take care of, look after *huolehtia vanhasta äidistään* care for, take care of your aging mother (= hoivata), provide for your aging mother (= elättää) *huolehtia pari päivää naapurin lapsesta* look after (babysit) the neighbor kid for a few days **2** (pitää huolta tekemisestä) see/attend to, be responsible for *huolehtia kirje postiin* see that a letter gets mailed *huolehtia kirjeenvaihdosta* see/attend to the correspondence **3** (olla huolissaan) worry about *huolehtia poikansa syömisestä* worry about your son's eating, worry that your son isn't getting enough to eat
huolehtivainen solicitous, attentive
huolellinen conscientious, thorough, painstaking
huolellisuus conscientiousness, thoroughness
huolenpito care *jonkun huolenpidon varassa* in someone's care/charge
huolestua get worried/concerned/anxious
huolestuneesti anxiously, worriedly
huolestuneisuus anxiety, concern
huolestunut worried, concerned, anxious
huolestuttaa bother, trouble, cause you to worry, make you feel anxious/worried
huolestuttava worrisome, alarming, disturbing
huoleti without a care *ole huoleti* don't worry
huoleton 1 (ei ole huolia) carefree, happy-go-lucky, easygoing **2** (ei pidä huolta) careless, lax, offhand
huolettomasti without a care/worry in the world, as if you didn't have a care/worry in the world
huolettomuus 1 (ei ole huolia) freedom from care **2** (ei pidä huolta) carelessness
huoli 1 (murhe toisen puolesta) concern, worry, anxiety *kantaa huolta, olla huolissaan jostakusta* be concerned/worried/anxious about **2** (vaikeus) trouble, (ark) hassle *paljon huolia* plenty of trouble(s), (ark) lots of hassles *huolet painavat häntä* he's overburdened with cares
huolia 1 (haluta) want *En huoli sitä* I don't want it *En huoli sinulta penniäkään* I won't take a cent off (of) you **2** (viitsiä) want/care to (do), (ark) feel like (doing) *En huolinut kertoa sinulle* I didn't want/ care to tell you, I didn't feel like telling you *Hän ei edes huolinut kertoa minulle* He didn't even bother to

huolimaton

tell me 3 *Tätä ei huoli kertoa isälle ja äidille* There's no need to tell Mom and Dad about this, please don't tell Mom and Dad about this 4 (piitata) care *Mitäs minä siitä huolin!* What do I care (about that)? What does that matter to me? What's that to me?

huolimaton careless, irresponsible, negligent; (ark) slapdash

huolimatta *ongelmistaan huolimatta hän* in spite of all his problems he, despite his problems he, his problems notwithstanding he *siitä huolimatta hän* even so, he *siitä huolimatta että hän* even though/although he *siitä huolimatta että* apart from/despite the fact that

huolimattomuus carelessness, irresponsibility, negligence

huolinta (freight) forwarding

huolintaliike (freight) forwarding agent, freight forwarder

huolissaan worried, anxious, nervous

huolitella tidy up, neaten (up)

huoliteltu (ulkoasu) trim, (ihminen) well-groomed, (kieli) polished, refined

huoltaa 1 (autoa) service 2 (lapsia: hoivata) take care of, care for; (elättää) provide for, support 3 (joukkoja) maintain

huoltaja 1 (hoitaja) caretaker *yksinhuoltaja* single parent *ensisijainen huoltaja* primary caretaker 2 (elättäjä) supporter, provider, (ark) breadwinner

huoltamo repair shop *autohuoltamo* car repair shop, garage

huolto 1 (auto, tietokoneen yms) service, maintenance *viedä auto huoltoon* take your care in for service, into the shop *Auto on huollossa* The car's in the shop 2 (teiden, joukkojen) maintenance 3 (lapsen tms) care *vanhempiensa huollossa* in the care/custody of their parents 4 (työttömien tms) welfare

huoltoasema service station; filling/gas station, (UK) petrol station, garage

huom. note, N.B. (nota bene)

huomaamaton 1 (joka ei huomaa) unobservant, oblivious, unaware 2 (jota ei huomaa) imperceptible, inconspicuous

huomaamatta 1 *tulla huoneeseen* (muiden) *huomaamatta* enter the room unnoticed, without the others' noticing 2 (vahingossa) inadvertently, accidentally

huomaamattomasti imperceptibly, inconspicuously

huomaavainen thoughtful, considerate

huomaavaisuus thoughtfulness, considerateness

huomata 1 (panna merkille) notice, note, see *Huomasitko sen mustatakkisen miehen?* Did you notice/see the man in the black coat? 2 (oivaltaa) realize, become aware of *huomata virheensä* become aware of/realize/detect your mistake 3 (keksiä) find, discover *huomata että on tehnyt virheen* find/discover/realize that you've made a mistake 4 (kiinnittää huomiota) pay attention to *Mies oli harmissaan kun häntä ei huomattu tarpeeksi* The man was upset because people weren't paying enough attention to him

huomattava notable 1 (suuri) considerable, remarkable, notable *huomattava määrä ihmisiä* a remarkable number of people, quite a few people 2 (tärkeä) prominent, respected, notable *suuri määrä huomattavia ihmisiä* quite a few prominent/notable people, a remarkable number of notables

huomattavasti considerably, remarkably, notably

huomauttaa 1 (sanoa) remark/comment (on), observe, note, say *Hän huomautti että Julia oli myöhässä* He remarked/observed/noted that Julia was late 2 (tähdentää) point out, stress, emphasize *Hän huomautti että Henry James oli amerikkalainen, ei englantilainen* She pointed out that Henry James was an American, not an Englishman 3 (muistuttaa) remind *Hän huomautti, että heidän piti siirtää kelloa tuntia taaksepäin* He reminded them to set the clock back an hour 4 (valittaa) complain, object *Hän huomautti liikkeen omistajalle mädäntyneistä banaaneista*

huono

She complained to the shopkeeper about the rotten bananas
huomautus 1 (lausuma) remark, comment, observation *ohimennen esitetty huomautus* passing remark **2** (muistutus) reminder *huomautus maksamattomasta laskusta* reminder about an unpaid bill **3** (valitus) complaint, objection *huomautus kuljetusvaurioista* complaint about shipping damage **4** (ojennus) reprimand *huomautus huonosta käytöksestä* reprimand for bad behavior **5** (viite) note *suom huom* translator's note *reunahuomautuksia* marginalia
huomen morning *huomenta!* good morning!
huomenna tomorrow
huominen s tomorrow, morrow, (kuv) the future adj tomorrow's
huomio 1 (tarkkaavaisuus) attention *kiinnittää huomiota johonkin* pay attention to *kiinnittää jonkun huomio johonkin* draw someone's attention to *ottaa huomioon* pay attention to, take into consideration (ks myös huomioida) *herättää huomiota* attract/draw attention, make a scene *Huomio, huomio!* Your attention, please! (sot) Attention! *olla huomion keskipisteenä* be the center of attention **2** (havainto) observation *tehdä huomio* notice, observe
huomioida 1 (kiinnittää huomiota) pay attention to, take notice of, notice *huomioida välillä lapsiakin* pay a little attention to the children too **2** (ottaa huomioon) take into consideration, consider *kaikki hakemukset huomioidaan* all applications welcome, all applications will be considered *huomioida Juhan huono jalka* take Juha's bad leg into consideration, remember Juha's bad leg, bear/keep Juha's bad leg in mind **3** (ottaa lukuun) take into account *huomioida terveydelliset näkökohdat* take health-related points into account/consideration *jättää huomioimatta* disregard, take no account of **4** (tehdä huomioita) observe, make observations
huomiokyky power(s) of observation
huomiokykyinen observant

huomion arvoinen noteworthy, worthy of note
huomionosoitus distinction, honor
huomioon otettava essential
huomioon ottaen considering *ottaen huomioon että sinä olet naimaton* considering you're single
huomiota herättävä 1 (massasta erottuva) conspicuous, (pröystäilevä) ostentatious **2** (sensaatiomainen) sensational, spectacular *huomiota herättävän kaunis* stunning, spectacularly/strikingly beautiful
huomisaamu tomorrow morning
huomisaamuinen *huomisaamuinen kokous* tomorrow morning's meeting, the meeting tomorrow morning
huomisilta tomorrow evening/night
huomisiltainen *huomisiltainen juhla* the party tomorrow evening/night
huomispäivä tomorrow, (kuv) the future *huomispäivän tekniikka* tomorrow's technology, the technology of the future
huomispäiväinen *huomispäiväinen vieras* tomorrow's guest, the guest who'll be arriving tomorrow
huone room *yhden/kahden hengen huone* single/double (room)
huoneenlämpö *säilytettävä huoneenlämmössä* keep at roomtemperature
huonehämähäkki house spider
huoneisto apartment, (UK) flat
huonejärjestys floor plan
huonekalu piece of furniture (mon furniture)
huonekalukauppa furniture store
huonekalukauppias furniture dealer
huonekalumyymälä furniture store
huonekalutehdas furniture factory
huonekasvi house plant
huonekärpänen housefly
huonepalvelu room service
huoneteatteri chamber theater
huonetoveri roommate
huono 1 bad (worse/worst) *huono tapa/onni/nainen* bad habit/luck/woman *mennä huonosti* go badly *huonolla tuulella* in a bad mood **2** (kehno) poor, inferior *huono oppilas/valikoima/sato*

huonohko

poor student/selection/harvest *huonoa tavaraa* inferior goods *huono palkka* low pay **3** (heikko) weak, bad *huonot silmät* weak eyes *huono jalka* bad leg *huono sydän* weak heart, bad ticker *huonona* poorly, in a bad way, bad off
huonohko not so/too good
huonoissa väleissä not on good/speaking terms (with)
huonokuntoinen 1 (ihminen: fyysisesti: sairas) poorly, not feeling too good, in poor/bad condition; (fyysisesti: veltto) in bad/terrible condition/shape, out of condition/shape; (henkisesti) in bad shape, in a bad way **2** (rakennus) dilapidated, ramshackle **3** (auto) beat-up
huonokuuloinen hard-of-hearing, hearing-impaired
huonolaatuinen inferior, second-rate *huonolaatuinen villapaita* a sweater of inferior quality
huonolla menestyksellä with poor/little success, without much success
huonolla tuulella in a bad mood
huonomaineinen notorious, disreputable, of ill-repute
huonommuudentunne feeling of inferiority
huonommuus inferiority
huonommuuskompleksi inferiority complex
huonona (ark) sick, ill, in a bad way
huononlainen on the bad/weak side
huononnäköinen bad-looking
huonontaa 1 worsen, make something worse **2** (aisteja, terveyttä) impair
huonontua 1 worsen, get/grow worse, deteriorate **2** (muisti tms) (start to) fail/ go *Hänen muistinsa alkaa huonontua* Her memory is failing, is starting to go, she's losing her memory
huononnäköinen short-sighted, myopic *huononnäköinen ihminen* a person with poor vision
huono omatunto bad/guilty conscience
huono-osaiset the have-nots
huonopalkkainen poorly paid, (liian vähän) underpaid
huono puoli drawback, disadvantage

huonossa huudossa (have a) bad reputation
huonossa valossa in a bad light
huonosti badly, poorly, ill- *käyttäytyä huonosti* behave badly, misbehave *huonosti ajoitettu* ill-timed
huonotuulinen cranky, in a bad mood
huonouninen insomniac *olla huonouninen* be a light/bad sleeper
huonous badness, poorness, inferiority
huonovointinen unwell, ill, indisposed
huopa 1 (kangas) felt **2** (peitto) blanket
huopatossu felt shoe/boot
huora whore, hooker
huorahtava whorish
huorata whore; (raam) commit adultery, fornicate
huorintekijä adulterer, fornicator
huorinteko adultery, fornication
huoripukki whoremonger
huoruus adultery, fornication
huostaanotto intervention
huostassa in the care/charge/custody of, in someone's care/charge/custody
huovata back water, back the oars *soutaa ja huovata* shilly-shally
hupaisa amusing, humorous
hupi fun, pleasure, amusement
huppari hooded sweater/sweatshirt, (ark) hoody
huppelissa (ark) tipsy
huppu (takin) hood, (munkin) cowl
huppu silmillä 1 (sokeana) with blinders on **2** (humalassa) blind-drunk
hupputakki hooded jacket
hupsia (ark) babble *Älä hupsi kaikenlaista!* Don't be ridiculous
hupsis oops, whoops
hupsu s fool *vanha hupsu* silly old fool adj silly, foolish
hupullinen hooded
hurja 1 (hillitön) wild, unrestrained **2** (raivokas) furious, violent **3** (ark: valtava) terrible, awful *hurjan jännittävä* awfully exciting, exciting as hell *hurjat hinnat* horrible prices *hurjan hyvännäköinen poika/tyttö* hunk/doll
hurjapäinen 1 (huimapäinen) daring, reckless **2** (hurja) violent

huutaa

hurjastella 1 (elää) live wildly, live a wild/fast life **2** (ajaa) drive recklessly/wildly, drive like a madman
hurjasti 1 (villisti) wildly, furiously, violently **2** (paljon) a(n awful) lot, loads, piles
hurlumhei (ark) piffle, flapdoodle, fiddle-faddle
hurma (ihmisen) charm, (tapahtuman) thrill, magic
hurmaava charming, enchanting
hurmahenkinen charismatic
hurmata charm, enchant
hurmio ecstasy, rapture
hurmuri charmer
hurraa hooray, (vanh) hurrah
hurrata cheer, shout hooray *eipä siinä ole hurraamista* it's nothing to brag about
hurskaasti piously
hurskas pious, devout, religious
hurskasteleva sanctimonious
hurskastella be holier than thou
hurskastelu sanctimony
hurtti rambunctious, boisterous
hutaista rush, do a rush job on
hutera shaky, flimsy *hutera olo* feeling bad/poorly/weak
hutiloida botch, fuck up
hutsu (halv) slut
huudahdus exclamation, shout, cry
huudahtaa exclaim, shout, cry (out)
huudattaa (vauvaa) let a baby cry, (itsensä joksikin) let yourself be named/appointed
huuhaa claptrap, hogwash
huuhdella 1 rinse/wash (out) **2** (lääk: silmiä) wash out, (haavaa) irrigate, (vatsaa) pump, (emätintä) douche **3** (WC) flush
huuhkaja eagle owl
huuhtelu rinse, rinsing, wash, washing, irrigation, pumping, douching, flushing (ks huuhdella)
huuhteluaine rinse
huuhtoa rinse, wash
huulenheitto joking (around), (affectionate) banter
huuli 1 lip *Hymyä huuleen!* Smile! *puraista huultaan* bite your tongue **2** (vitsi) joke, gag, quip *heittää huulta* joke around
huulihalkio hairlip
huuliharppu Jew's harp
huulikala wrass
huulikarhu sloth bear
huulikiille lip gloss
huuliltaluku lip-reading
huulipuna lipstick
huuli pyöreänä with your mouth open wide, gaping open, agape
huulirasva lip balm, chapstick
huuliveikko joker, jokester
huuma ecstacy, thrill
huumaantua (alkoholista) get drunk/intoxicated, (kauneudesta tms) get intoxicated/overwhelmed, be stunned, (iskusta) be stunned
huumata 1 (iskulla) stun, daze **2** (huumeella) drug, dope
huumausaine drug, narcotic; (lak) controlled substance
huume 1 drug, narcotic; (lak) controlled substance **2** (houre) fever, daze
huumekauppa drug/narcotics traffic
huumekauppias drug dealer
huumekoira drugs dog, drug-detector dog, drug-sniffer dog
huumekuriiri drug courier
huumepoliisi narcotics police officer, narcotics cop, (ark) narc
huumori humor
huumorimies humorist
huumorintaju sense of humor
huumorintajuinen (person) with a sense of humor
huumorintajuton *täysin huumorintajuton ihminen* a person with absolutely no sense of humor
huurre frost
huurteinen adj frosty s (kalja) cold one
huurtua frost up/over
huuru fog
huuruinen fogged up
huuruta steam
huusholli household
huussi (ark) outhouse
huutaa 1 (karjua) shout, yell, holler *huutaa täyttä kurkkua* shout at the top of your lungs *huutaa kuin syötävä* scream

huutaa apua

bloody murder **2** (kiljua) scream, shriek **3** (itkeä) cry, wail, bawl **4** (valittaa) moan, groan **5** (kutsua) call out *huutaa Herran nimeä* call on the name of the Lord **6** (vaatia) cry out *Rikos huutaa kostoa* The crime cries out for vengeance **7** (huutokaupassa: tarjota) bid, (ostaa) buy (at an auction) **8** (pilli) blow, shriek, (sireeni) sound, (summeri) buzz **9** (eläin: susi) howl, (leijona) roar (elefantti) trumpet
huutaa apua call for help
huutaa esiin *Näyttelijät huudettiin esiin kolmesti* The actors took three curtain-calls
huutaa kuin viimeistä päivää scream like a banshee
huutaa täyttä kurkkua yell at the top of your lungs
huuto 1 (karjunta) shout, yell, holler **2** (itku) cry, wail **3** (valitus) moan, groan **4** (maine) reputation *olla huonossa huudossa* have a bad rep(utation) **5** (huutokaupassa) bid **6** (pilli) blow, shriek, (sireeni) sound, (summeri) buzz **7** (eläin: susi) howl, (leijona) roar, (elefantti) trumpet
huutoetäisyys shouting distance
huutokaupata auction (off)
huutokauppa auction
huutokauppias auctioneer
huutomatka shouting distance
huutomerkki exclamation point
huutosakki cheerleading squad, cheerleaders
huutoäänestys voice vote
huveta dwindle (away), shrink
huvi amusement, entertainment, fun
huvikseen (just) for fun
huvila summer house/cottage
huvimaja gazebo
huvinsa kullakin to each his own
huvin vuoksi 1 (huvikseen) for fun **2** (turhaan) for your health *En minä huvin vuoksi tässä seiso!* I'm not just standing here for my health!
huvinäytelmä comedy
huvipuisto amusement park
huvipursi yacht

huviretki excursion, outing, (eväs-retki) picnic
huvitella amuse yourself *käydä huvittelemassa* go out on the town
huvitilaisuus entertainment
huvittaa amuse, entertain, make someone laugh *Ota vain, jos sinua huvittaa* Go ahead and take one, if you want to, if you feel like it
huvittava amusing, entertaining, humorous
huvittelu having fun, amusing yourself
huvittua be amused
huvitukset amusements, delights
huvitus amusement, entertainment
huvitutti pacifier, (UK) dummy
huvivene pleasure boat
huviveneily boating
huvivero amusement tax
hv (hevosvoimaa) HP (horse power)
hyasintti hyacinth
hybridi (risteymä) hybrid
hybris (ylimielisyys) hubris
hydrauliikka (virtausoppi) hydraulics
hydraulinen hydraulic
hydraulisesti hydraulically
hydrobikki (vedessä harjoitettava aerobikki) hydrobics
hydrobiologia (vesieliöitä tutkiva biologian haara) hydrobiology
hydrodynaaminen (nesteiden liikkeisiin liittyvä) hydrodynamic
hydrodynamiikka (nesteiden liikkeitä tutkiva mekaniikan haara) hydrodynamics
hydroelektrinen (sähköenergiaan liittyvä) hydroelectric
hydrofobia (vesikammo) hydrophobia
hydrofobinen (vettä pelkäävä) hydrophobic
hydroplaani (vesitaso) hydroplane
hyeena hyena
hyeenakoira African wild dog
hygieenikko hygienist
hygieeninen hygienic
hygienia hygiene
hyh ick, peeyuu
hyi ick, peeyuu
hyinen icy

hykerrellä 1 (nauraa) chuckle **2** (käsiä) rub
hykerrellä rub your hands with pleasure/joy/anticipation/amusement
hykerryttävä deeply satisfying, thrilling, delicious
hykertely rubbing your hands with pleasure/joy/anticipation/amusement
hykertää 1 (nauraa) chuckle **2** (käsiä) rub
hylje seal
hyljeksiä despise, scorn; (ark) turn up your nose at, look down your nose at
hylkeenmetsästys seal-hunting
hylkiä 1 (vettä tms) repel **2** (siirrännäistä) reject **3** (ihmistä) despise, scorn
hylky 1 (laiva) wreck, (ihmisestä halventavasti) derelict **2** (hylkyaine) refuse, waste **3** (tavara) junk
hylkäys rejection
hylkäyspäätös rejection
hylkäystuomio condemnation, refusal, rejection
hylly shelf, (hyllykkö) shelves, (kirjahylly) bookcase (hattuhylly) hatrack *panna hyllylle* shelve *apteekin hyllyltä* (kuv) off the top of your head, off the cuff
hyllykkö shelves, shelving, (kirjoille) bookcase
hyllytila shelf space
hyllyttää shelve *hyllyttää ehdotus* shelve a suggestion
hyllyvä jiggly, wobbly, (läski) flabby
hyllyä jiggle, wobble, shake
hylsy case, shell
hylsyavain socket wrench
hylätä 1 (suunnitelma tms) reject, turn down **2** (kosija tms) refuse, turn away **3** (puoliso/lapsi tms) abandon, desert, leave **4** (periaatteet tms) abandon, forsake **5** (ajatus tms) give up, dismiss **6** (kokeessa) fail, flunk **7** (syyte tms) dismiss, disallow, throw out, (vastalause) overrule **8** (lakiehdotus) defeat **9** (urheilusuoritus) disqualify
hymistä 1 (mumista) mumble **2** (hyräillä) hum
hymiö smiley

hymni hymn, anthem *kansallishymni* national anthem
hymy smile, grin *Joko hymy hyytyi?* I bet you're laughing out of the other side of your mouth now!
hymy hyytyy laugh out of the other side of your face
hymyilevä smiling
hymyillä smile
hymyilyttää make you smile, bring a smile to your lips
hymykuoppa dimple
hymynhäive a (fleeting) trace/hint of a smile
hymynväre a (fleeting) trace/hint of a smile
hymysuin smiling
hymähdellä 1 (hymyillä) smirk, sneer, (hymyillä alentuvasti) smile condescendingly/patronizingly **2** (äännähtää) snort
hymähdys 1 (hymy) smirk, sneer **2** (ääni) snort
hymähtää 1 (hymyillä) smirk, sneer (hymyillä alentuvasti) smile condescendingly/patronizingly **2** (äännähtää) snort
hynttyyt (ark) stuff, junk, duds, togs, rags, threads *vetää hynttyyt päälleen* throw on some rags
hyperbola (liioittelu) hyperbole
hyperbolinen (liioiteltu) hyperbolic
hyperkorrekti (liioitellun korrekti) hypercorrect
hyperkriittinen (liian kriittinen) hypercritical
hyperlinkki (web-sivun virtuaaliyhteys toiseen sivuun) hyperlink
hypersensitiivinen (epätavallisen herkkä) hypersensitive
hyperteksti (tietok: teksti jossa päästään linkkien avulla siirtymään toisiin teksteihin) hypertext
hypistellä finger, fumble/fiddle (about/around) with
hypnoosi hypnosis
hypnoottinen hypnotic
hypnotismi hypnotism
hypnotisoida hypnotize
hypnotisoija hypnotist

hypoderminen (ihonalainen) hypodermic
hypoteesi (oletus) hypothesis
hypoteettinen (oletettu) hypothetic(al)
hypotenuusa hypotenuse
hypotenuusi (suorakulmaisen kolmion pisin sivu) hypotenuse
hypotermia (ruumiin vajaalämpöisyys) hypothermia
hyppiä jump, hop, skip, leap
hyppiä nenille get in someone's face
hyppiä seinille climb the walls
hyppiä silmille get in someone's face
hyppy 1 jump, hop, leap, bound **2** (linnun) hop, (kissaeläimen) spring, (vuohen) skip, caper **3** (pää edellä veteen) dive **4** (seiväshypyssä, voimistelussa) vault
hyppyjänis spring hare
hyppylauta diving board, springboard
hyppymyyrä sand rat
hyppynaru jumprope, skipping rope
hyppynen 1 fingertip *puristaa hyppyset tiukasti yhteen* pinch your fingertips together **2** (hyppysellinen) pinch *hyppynen suolaa* a pinch of salt
hyppyri ski jump, (vesihiihdossa) ramp
hyppyrimäki ski jump
hyppysellinen pinch *hyppysellinen suolaa* a pinch of salt
hyppyset fingers
hyppäys jump, leap
hyppääjä jumper *korkeushyppääjä* high jumper *laskuvarjohyppääjä* sky-jumper, parachutist
hypähtää jump, skip, bound, leap *Hänen sydämensä hypähti ilosta* Her heart leaped/bounded with joy
hypätä jump, skip, bound, leap, hop
hypätä asiasta toiseen jump/skip from one thing to another, jump around
hypätä jonkun kaulaan throw your arms around someone's neck, throw yourself into someone's arms
hypätä pituutta do/jump the long jump
hypätä ruutua play hopscotch
hyrinä hum, buzz, drone, (kissan) purr, (hyttysen) whine
hyrrä top, (tekn) gyroscope *ei pennin hyrrää* not a red cent, not a plug nickel
hyrrätä buzz
hyrskyn myrskyn (ark) topsy-turvy
hyräillä hum
hys! shh!
hyssytellä (aikuisia) shush, (vauvaa) lull
hysteerikko hysteric
hysteerinen hysteric(al)
hysteerisesti hysterically
hysteria (neuroottinen tila) hysteria
hytinä shivering, the shivers
hytistä shiver
hytkyttää (jalkaa) jiggle, (lautoja tms) shake, (venettä) rock
hytkyä shake, wobble, shimmy *hytkyä naurusta* shake with laughter
hytkähdyttää (säpsähdyttää) startle
hytkähtää (ihminen) start, (juna tms) (give a) jerk/jolt
hytti cabin, (lentokoneen) cockpit
hyttipaikka (peti) berth, (huone) cabin
hyttynen mosquito
hyttysenpurema mosquito bite
hyttysmyrkky mosquito repellent
hyttysparvi swarm of mosquitoes
hyttysverkko mosquito net(ting)
hyve virtue
hyveellinen virtuous
hyveellisesti virtuously
hyvike 1 (hyvitys) compensation, recompense *vaatia hyvikettä* demand compensation, (ark) demand something in return **2** (välityspalkkio) commission
hyvillään pleased, happy, glad
hyvin 1 well *hyvin säilynyt* well preserved *nukkua hyvin* sleep soundly *Se sopii minulle hyvin* That suits me fine, that's fine with me *Se koskee yhtä hyvin sinua kuin minuakin* This applies to you as well as me, both you and me, you and me alike **2** (sangen) very, extremely, greatly *hyvin vihainen* very angry, furious
hyvinkin very well *Jospas se hyvinkin tärppäisi* It might very well work!
hyvinvointi 1 well-being, welfare **2** (terveys) health **3** (vauraus) affluence, prosperity
hyvinvointivaltio welfare state

hyvänsä

hyvinvointiyhteiskunta affluent society

hyvinvoipa well, healthy, affluent, prosperous (ks hyvinvointi)

hyvissä ajoin in good time, in plenty of time

hyvite refund

hyvittää 1 (maksaa takaisin) compensate, recompense, reimburse 2 (siirtää/laittaa tilille) credit 3 (sovittaa) make up for something, make amends *Miten voin hyvittää sen sinulle?* How can I make it up to you? How can I make amends?

hyvitys compensation, recompense, reimbursement, credit, amends (ks hyvittää) *vaatia hyvitystä* demand compensation/reimbursement, (sovitusta) demand satisfaction

hyvyys goodness, kindness, benevolence *Hän teki sen hyvää hyvyyttään* She did it out of the kindness of her heart

hyvä s good *ottaa vastaan sekä hyvää että pahaa* take the good with the bad *toivottaa kaikkea hyvää* wish someone well, all the best *tehdä hyvää* feel good, be good for you *ei tietää hyvää* be a bad sign *tarkoittaa hyvää* mean well *Kyllä siitä vielä hyvä tulee* It'll turn out all right (ks hyväksi) adj 1 good *hyvää iltaa* good evening *hyvää joulua* Merry Christmas *hyvää matkaa* have a nice trip *hyvää ruokahalua* bon appetit *hyvän sään aikana* while the going is good 2 (ystävällinen) kind *Ole hyvä ja mene pois* Please go away 3 (hyvänmakuinen) delicious, (ark) yummy, scrumptious 4 *pitää hyvänä* (helliä) fondle, caress, cuddle; (kohdella hyvin) treat well, pamper, coddle 5 *Pidä hyvänäsi!* Keep it! You're welcome to it! 6 *Mistä hyvästä?* What for? For what? 7 *tulla hyvällä* come peacefully/willingly/voluntarily

hyväillä caress, fondle, stroke

hyväily caress

hyväksi for (the good/benefit of), (lak, urh) in favor of *Tein sen sinun hyväksesi* I did it for you(r own good) *ratkaista asia jonkun hyväksi* decide in someone's favor *Tilanne on 9-5 kotijoukkueen hyväksi* The score is 9-5 in favor of the home team *käyttää hyväkseen* use, take advantage of, exploit *nähdä/katsoa hyväksi* see fit *kääntyä jonkun hyväksi* turn to someone's advantage

hyväksikäyttö (paheksuttava) exploitation; (hyväksyttävä) use, employment; (luonnonvarojen) development of resources

hyväksyntä acceptance, approval, agreement, consent, ratification

hyväksyttävä acceptable

hyväksyä 1 accept *En voi hyväksyä tarjoustasi* I can't accept your offer 2 (pitää sopivana) approve of *En hyväksy elämäntapaasi* I don't approve of your lifestyle 3 (suostua johonkin) agree/consent to *En hyväksy ehtojasi* I can't agree to your terms 4 (äänestää jonkin puolesta) approve, pass, ratify *ehdotus hyväksyttiin* the motion was approved/passed *lakiehdotus hyväksyttiin* the bill was passed *perustuslain muutos hyväksyttiin* the Constitutional amendment was ratified 5 (päästää läpi kokeessa) pass 6 (päästää sisään/jäseneksi) admit

hyväkuntoinen in good shape/condition

hyvä käsistään good/clever with your hands

hyvälaatuinen quality, of good quality

hyvällä tai pahalla one way or another *Nyt lähdet siitä, hyvällä tai pahalla!* You're leaving, one way or another!

hyvämaineinen respected, reputable

hyvänen aika! good heavens!

hyvä niin, hyvä näin (it's) six of one, half a dozen of the other

hyvänkokoinen good-sized, sizable

hyvänlaatuinen (ark ja lääk) benign

hyvänmakuinen tasty, delicious

hyvännäköinen good-looking

hyvänpäiväntuttu someone to say hello to, acquaintance

hyvänsä any *mitä hyvänsä* anything *milloin hyvänsä* any time *keinolla millä hyvänsä* by hook or by crook, by any means fair or foul

hyvän sään aikana while the getting is good *lähteä hyvän sään aikana* get out while the getting is good
hyväntahdonlähettiläs good-will ambassador
hyväntahtoinen well-wishing, kind, benevolent
hyväntekeväisyys charity, philanthropy
hyväntekeväisyysjärjestö charitable organization
hyväntekeväisyyskonsertti benefit concert
hyväntekijä philanthropist
hyväntuulinen good-humored, in a good mood
hyväntuulisesti cheerfully
hyvänyönsuukko good-night kiss
hyvässä lykyssä with luck
hyvässä uskossa in good faith
hyvästellä say goodbye (to), (run) bid farewell/adieu
hyvästi farewell, adieu
hyvä suustaan (have) a way with words
hyväsydäminen kind-/warm-hearted
hyvätuloinen well-paid
hyvät välit good terms *hyvissä väleissä* on good terms
hyväuskoinen credulous, gullible
hyvää hyvyyttään out of the goodness of your heart
hyvää tarkoittava well-meaning
hyydyke sorbet
hyydyttää 1 (verta) coagulate, clot, (kuv) curdle 2 (rasvaa tms) congeal
hyypiö creep
hyysätä pamper, coddle, baby
hyytelö jelly, Jell-O
hyytyä 1 (veri) coagulate, clot, (kuv) clot 2 (rasva tms) congeal 3 (hymy) freeze *Silloin häneltä hyytyi hymy* That wiped the smile off his face
hyytävä freezing, icy *verta hyytävä* blood-curdling
hyytää freeze, (verta) curdle *Kiljaisu hyyti sydäntäni* The scream made my blood run cold
hyödyke commodity
hyödyllinen useful, of use

hyödyllisyys usefulness
hyödyntää employ, put to (good) use
hyödyttää benefit, profit, be of use *Mitä se minua hyödyttää?* What good is that to me? What's in it for me? *Mitä se hyödyttää?* What's the use/point?
hyödyttömyys uselessness
hyödytön useless, of no use
hyökkäys 1 attack, assault, charge, invasion 2 dash, rush (ks hyökätä)
hyökkäys on paras puolustus an offense is the best defense
hyökkääjä 1 attacker; (ryöstössä tms) assailant, (sodassa) aggressor, invader 2 (urh) attacker, (jalkapallossa) forward
hyökkäämättömyyssopimus non-aggression pact
hyökkäävyys aggressiveness, aggression
hyökkäävä aggressive
hyökyaalto breaker; (valtava) tidal wave, (maanjäristyksen aiheuttama) tsunami
hyökätä 1 (käydä kimppuun) attack; (jotakin) assault, charge; (maahan) invade 2 (rynnätä) dash, rush
hyönteinen insect
hyönteismyrkky insecticide
hyönteissuoja insect repellent
hyöriä swarm/hover/bustle around/about
hyöty use, benefit, profit, advantage *Onko tästä sinulle mitään hyötyä?* Can you use this? Is this any use/good to you? Can you get any benefit/profit out of this? *Ei siitä ole mitään hyötyä* No use/point in that at all
hyötynäkökohta utilitarian consideration/viewpoint
hyötysuhde 1 (tekn) efficiency 2 (tilastossa) utility function
hyötyä benefit, profit, gain *Paljonko hyödyit kaupasta?* How much did you make on the deal?
hyötöreaktori breeder reactor
hädin tuskin just barely, by the skin of your teeth
hädissään in a panic, panicking, (ark) freaking out
hädänalainen distressed

hälytysajoneuvo

hädän hetkellä in your hour/time of need
hädässä ystävä tutaan a friend in need is a friend indeed
häh? whuh? hunhh?
häijy mean, nasty, cruel, malicious
häikkä (ark) glitch
häikäilemättömästi unscrupulously, ruthlessly, remorselessly
häikäilemätön unscrupulous, ruthless, remorseless
häikäillä hesitate *ei häikäillä* to have no scruples (about doing something)
häikäisevä (hyvällä tavalla) dazzling, brilliant; (häiritsevästi) blinding
häikäistä dazzle, blind
häikäisy glare
häilyvä 1 (horjuva) wavering, vacillating, irresolute 2 (väreilevä) glimmering, shimmering, flickering
häilyä 1 (horjua) hover, waver *häilyä kahden vaiheilla* be irresolute, not be able to make up your mind, be torn *häilyä elämän ja kuoleman rajalla* hover between life and death, linger at death's door 2 (väreillä) glimmer, shimmer, flicker
häippästä (ark) shove off, beat it, split
häipyminen disappearance, disappearing, fading (ks häipyä)
häipyä 1 (hävitä: näkymättömiin) disappear, vanish; (kuulumattomiin, myös radiossa) fade out/away 2 (unohtua) be forgotten, fade 3 (jarrut) fade 4 (ark: lähteä) take off, clear out, take to your heels, make tracks, skedaddle
häiriintynyt disturbed
häiriintyä be disturbed
häirikkö troublemaker
häirikköpuhelu prank (phone) call
häirintä 1 disturbance 2 (radio/TV) jamming
häiritä 1 disturb, interrupt, annoy, bother *Häiritsenkö?* Am I disturbing you? *En halua häiritä* I don't want to disturb/bother you, intrude (on you) *Ei se häiritse minua yhtään* It's no bother/trouble at all, it doesn't bother/annoy me in the slightest *häiritä puhujaa* disrupt/interrupt a speaker 2 (radio/TV) jam, interfere
häiriö 1 disturbance 2 (lääk) disorder 3 (mek) failure, malfunction, breakdown 4 (radio/TV) static, interference 5 (fys) perturbation
häiriöaika (tietok) downtime
häiriötekijä disturbance
häiriötön undisturbed, smooth, trouble-free; (radio/TV) static/interference-free
häive trace
häivyttää 1 (värejä, kuvia) fade, dissolve, (radio/TV/valok) fade out 2 (muistoa, eroa tms) banish, dispel
häivä trace, hint *ei hymyn häivääkään* not even a hint of a smile
häivähtää flicker, play *Heikko hymy häivähti hänen kasvoillaan* A thin smile played across his face
häkellyksissään confused, mixed up, muddled
häkeltyneesti with embarrassment, in (a state of) confusion, confusedly
häkeltynyt embarrassed, confused, mixed up, muddled
häkeltyä get/be(come) embarrassed/confused/mixed up/muddled
häkki 1 (säleseinäinen) cage, (kanahäkki) coop, (aitaus) pen 2 (ristikko) rack, grating 3 (urh: verkko) net
häkä carbon monoxide
häkämyrkytys carbon monoxide poisoning
hälinä 1 (melu) noise, clamor, hubbub 2 (kohu) stir, fuss, hullabaloo *nostaa hälinä* raise a hullabaloo, make a fuss
hällä väliä who cares, big deal
hällä väliä –asenne apathy, indifference
hälventää (pelkoja) dispel, banish; (sumua) disperse
häly 1 (melu) noise 2 (kohu) stir, fuss, hullabaloo *herättää hälyä* raise a hullabaloo, make a fuss
hälytin alarm (bell/buzzer jne)
hälyttävä alarming
hälyttää sound the alarm, (poliisia tms) call *puhelin hälyttää* the phone rings
hälytys alarm
hälytysajoneuvo emergency vehicle

hälytysvalmis on the alert, ready (for action)
hälytysvalmius alert, readiness
hämillään embarrassed
hämmennys 1 (sekaisin olo) confusion, bewilderment, perplexity 2 (hämillään olo) embarrassment
hämmentynyt 1 (sekaisin) confused, bewildered, perplexed 2 (hämillään) embarrassed
hämmentyä 1 (joutua sekaisin) get/be(come) confused, bewildered, perplexed 2 (joutua hämilleen) get/be(come) embarrassed
hämmentää 1 (saattaa sekaisin) confuse, bewilder, perplex 2 (saattaa hämilleen) embarrass 3 (sekoittaa ruokaa) stir
hämminki confusion, (lievä) distress, (valtava) pandemonium; (ark) mess, mixup
hämmästellä wonder/marvel at, express surprise/astonishment at
hämmästys surprise, astonishment, amazement
hämmästyttävä surprising, astonishing, startling
hämmästyttää surprise, astonish, amaze
hämmästyä be surprised/astonished/amazed
hämy dusk, twilight
hämyisä dusky, twilit; (kuv) dim, shadowy, pale
hämähäkinseitti spider web, cobweb
hämähäkinverkko spider web, cobweb
hämähäkki spider
hämähäkkikieläimet arachnids
hämäläinen s person from Häme, resident of Häme adj (of) Häme
hämärtyä 1 (ilta) get/grow dim/dusky/dark 2 (näkö) dim, blur; (ajatus) get confused/diffused, lose your train of thought
hämärtää 1 (hämärtyä) get/grow dim/dusky/dark 2 (hämärryttää) dim, cloud, obscure
hämäryys (yön) darkness, (kohteen) dimness, (asian) obscurity
hämärä s dusk, twilight, (pimeys) dark adj 1 (puolipimeä) dim, dusky, shadowy, dark 2 (sumea) dim, indistinct, obscure(d) *näkyä hämärästi* be dimly/indistinctly visible, be partially obscured 3 (epäselvä) dim, vague, obscure mysterious, unknown *muistaa hämärästi* remember dimly/vaguely, have a dim/vague/obscure memory 4 (epäilyttävä) shady, fishy, suspicious *hämärä tulonlähde* mysterious source of income *hämärä tyyppi* shady character
hämärän peitossa under cover of darkness
hämäränäkö dusk vision
hämäräperäinen 1 (epäilyttävä) shady, fishy, suspicious 2 (hämärän peitossa) mysterious, unknown
hämäräsokeus day blindness, (lääk) hemeralopia
hämärästi dimly, vaguely
hämätä 1 (harhauttaa) bluff, fake, feint 2 (hämmentää) confuse
hämäys bluff; (urh) fake, feint
hämäännyttää perplex, confuse
hämääntyä get/be(come) perplexed/confused
hän (poika/mies) he, (tyttö/nainen) she *hänen* his/her(s) *hänet, häntä* him/her
hänen (pojan/miehen) his, (tytön/naisen) her(s)
hänenlaisensa his/her type/sort, a guy like him, a girl/woman like her
hännillä at the tail end, bringing up the rear
hännystakki frock coat, (ark) tails
hännystelijä flatterer, toady, (ark) suckup, asskisser
hännystellä flatter, fawn, toady; (ark) suck up, kiss ass
hännänhuippu the last *olla hännänhuippuna* bring up the rear
häntä tail *Tässä ei ole päätä eikä häntää* I can't make heads or tails of this
häntä koipien välissä with your tail between your legs
häntäluu tail bone
häpeissään in shame, ashamed
häpeä shame
häpeällinen shameful
häpeämättömyys shamelessness

hätäännyksissään

häpeämätön shameless
häpeäntunne (sense/feeling of) shame
häpeäpilkku blot, stain, stigma
häpy 1 (anat) vulva, (raam) shame
 2 (häpeä) shame
häpyhuulet labia
häpykarvat pubic hair, (ark) pubes
häpykieli clitoris
häpykukkula mons veneris
häpäistä 1 (tuottaa häpeää omaisilleen tai itselleen) disgrace, dishonor **2** (herjata) defame, (pyhää esinettä) desecrate, (pyhää paikkaa) violate
häpäisy defamation, profanation, violation
härkä 1 (kuohittu sonni) ox, steer **2** (nautauros) bull *ottaa härkää sarvista* take the bull by the horns **3** (horoskoopissa) Taurus
härkänen *tehdä kärpäsestä härkänen* make a mountain out of a molehill
härkäpäinen bull-headed
härkäsammakko bullfrog
härnätä tease, goad, torment
härski 1 rancid, sour **2** (ark) dirty, off-color, smutty
härskiintyä spoil, go bad
härveli gadget, contraption, thingamajig
häränpylly somersault *heittää häränpyllyä* turn a somersault
hässiä (ark) fuck, screw, bone, poke
hässäkkä (ark) hassle
häthätää 1 (hätäisesti) hastily, precipitately, in a great rush **2** (hädin tuskin) just barely
hätiköidä 1 rush (into) things **2** (pilata) bungle, botch, screw up
hätiköimätön unhurried, unflustered, collected, calm
hätiköity 1 rash, precipitate **2** bungled, botched
hätistellä shoo (out/away off), chase/drive out/away
hätistää ks hätistellä
hätyytellä 1 (ahdistella: puhuttelemalla) accost, (käymällä kimppuun) molest, (kiusaamalla) harass **2** (ajaa takaa) chase, pursue
hätyyttää ks hätyytellä

hätä 1 (ahdinko) distress, danger, trouble **2** (ahdistus) distress, anxiety, worry *hätä siitä että äiti jättää* fear of Mommy leaving/abandoning you **3** (kiire) rush, hurry *Mikä hätä sinulla muka on?* What's your rush/hurry? (ark) Where's the fire? (puute) need *Hädässä ystävä tutaan* A friend in need is a friend indeed **4** *Äiti mulla on hätä!* Mommy I gotta go (to the bathroom)! *Iso hätä* number two *Pieni hätä* number one
hätäapu emergency aid
hätä ei lue lakia any port in a storm
hätä ei ole tämän näköinen there's nothing to worry about
hätähousu worrywart, nervous Nelly
hätähuuto call/cry for help
hätäilemätön unhurried, unflustered, collected, calm
hätäilevä panicky, flustered
hätäillä 1 (huolehtia) worry, fret, fuss, be anxious **2** (kiirehtiä) hurry, rush
hätäinen 1 (huolissaan) worried, anxious **2** (nopea) hasty, hurried
hätäisesti hastily, in haste, in a hurry
hätäjarru emergency brake
hätäkeino emergency measure
hätä keinon keksii necessity is the mother of invention
hätälasku emergency landing
hätämerkki distress signal, SOS/Mayday call
hätäpuhelin emergency telephone
hätäpuhelu emergency (phone) call
hätäpäissään in a panic, flustered, (ark) in a blue funk
hätäraketti flare
hätäratkaisu expedient
hätätila state of emergency
hätätilanne emergency
hätävalaistus emergency lighting
hätävalhe white lie
hätävara reserve, emergency stash, provisions for a rainy day
hätävarjelu self-defense, justifiable defense
hätävarjelun liioittelu excess of justifiable defense
hätäännyksissään alarmed, panicked, panicky

hätääntyä

hätääntyä get/grow/be(come) alarmed/anxious; (valtavasti) panic
häveliäisyys modesty, bashfulness
häveliäs modest, bashful
häveliäästi modestly, bashfully
hävettää shame *Minua hävettää* I'm ashamed
hävetä be ashamed of
hävetä silmät päästään want to die with shame
hävittäjä 1 (laiva) destroyer **2** (lentokone) fighter (plane)
hävittäjälentokone fighter plane
hävittäjälentäjä fighter pilot
hävittää 1 (tuhota) destroy, demolish, wipe out *hävittää epäilykset* wipe out doubts **2** (tappaa: yksittäisiä olentoja) kill, liquidate, (ark) rub out, bump off; (eläin) put down, put to sleep **3** (tappaa: kokonaisia väestöjä) exterminate, annihilate, commit genocide **4** (autioittaa) devastate, lay waste, ravage **5** (hukata) lose, misplace *Olen hävittänyt silmälasini* I can't find my glasses **6** (tuhlata) waste, squander, (ark) blow *hävittää koko perintönsä* throw away/run through your entire inheritance
hävitys destruction, devastation
hävitä 1 (kadota) disappear, vanish **2** (joutua hukkaan) get lost *Minulta on hävinnyt matikan kirja* I've lost my math book **3** (haihtua) disperse, dissipate *Sumu häviää* The fog clears **4** (väistyä) die/fade/pass out/away, become extinct *Vanhat tavat häviävät jatkuvasti* The old customs are passing away, dying out, becoming extinct **5** (kärsiä tappio) lose
hävitä kuin pieru Saharaan disappear like a fart in the wind
häviävä 1 (katoava) disappearing, vanishing *häviävän pieni määrä* an infinitesimal amount **2** (häviölle jäävä) losing
hävyttömyys shamelessness, impudence
hävyttömästi shamelessly
hävytön shameless
häväistys 1 (häpeä) humiliation, mortification **2** (loukkaus) insult, affront
häväistyskirjoitus lampoon, satire; (lak) libel, libelous/defamatory text
häväistä 1 (tuottaa häpeää omaisilleen tai itselleen) disgrace, dishonor **2** (loata toista: nimeä) defame, (pyhää esinettä) desecrate, (pyhää paikkaa) violate
hääjuhla wedding reception/celebration
häämatka honeymoon
häämenot wedding/marriage ceremony
häämöttää gleam/loom (in the distance, on the horizon), be dimly/vaguely visible
hääpari wedding/bridal couple, the bride and groom
hääppöinen *Ei se kovin hääppöinen ole* It's nothing special/great, nothing to write home about, nothing to tell your grandchildren about
hääpäivä (wedding) anniversary
hääriä bustle/putter about
häät wedding
häätää evict, turn out
häätö eviction
häävalmistelut wedding preparations
häävi *Ei se häävi ollut* It was nothing special/great, nothing to write home about, nothing to tell your grandchildren about
hääveras wedding guest
hö! pshaw! fiddlesticks! what nonsense!
höhlä (ark) silly, goofy, ditsy
hökkeli shack
hökötys (ark) gadget, thingumabob, doohickey
hölkkä jogging
hölkkäsen pöläys (ark) a clue, clue one *Et siis tiedä koko asiasta hölkkäsen pöläystäkään!* So you don't have clue one about the thing!
hölkätä jog
höllentää loosen, slacken, (kuv) relax
höllä loose, slack, (kuv) lax
hölläkätinen lackadaisical, (lasten kanssa) permissive, (rahan kanssa) spendthrift, (lupausten kanssa) negligent, neglectful
hölläluonteinen slack, lackadaisical, lax, lethargic
höllässä loose

höystää

hölmistyä be amazed/astonished, be struck dumb/speechless
hölmö s fool, idiot, moron, dummy adj foolish, silly, idiotic, stupid
hölmöillä 1 (tahattomasti) act foolish/silly jne, be a fool/idiot jne 2 (tahallaan) fool/mess/(ark) fart around
hölmöläinen moron
hölmöläisvitsi moron joke
hölskyttää shake, slosh
hölskyä slosh
hölynpöly nonsense, rubbish
hölö (ark) motormouth, Chatty Cathy
hölösuu (ark) motormouth, Chatty Cathy
hölöttää (ark) 1 (puhella) talk, chatter, gab, chitchat 2 (laverrella) blab
hömppä 1 (tavara) junk 2 (höperö) fool, ass, moron, nitwit
hömppäsivu (ark) gossip page
hömpsy (ark) swig, shot
höntti stupid
höperö foolish, silly, (vanhuudenhöperö) senile
höpinä muttering, mumbling
höpistä mutter, mumble
höppänä (ark) fool
höpsis (ark) nonsense
höpsiä (ark) babble, gabble, jabber, prattle
höpö höpö (ark) what a bunch of baloney/hooey/hogwash
höpöpuhe (ark) baloney, hooey, baloney
hörinä 1 (surina) buzz 2 (löpinä) prattle
höristä 1 (surista) buzz 2 (löpistä) prattle
höristää korviaan prick up your ears
hörppiä gulp, guzzle, (ryystäen) slurp
hörppy swig
hörpätä gulp, guzzle, (ryystäen) slurp

hörökorvat big ears, ears that stick out, Dumbo ears, jug ears
hörönauru belly laugh, guffaw
höskä (ark) 1 (hökkeli) shack, hut 2 (kama) crap, junk
höyhen feather
höyhenenkevyt light as a feather
höyhensaaret slumberland
höyhensarja featherweight (class)
höyhentyyny down pillow
höyhentää 1 (lintua) pluck 2 (ihmistä) beat up, whoop, open a whole can of whoop-ass on
höylä plane
höyläpenkki planing/joiner's bench
höylätä plane (lanata) scrape (kuv) wear down, ride, haze *Oppilaitoksessa kaikki höylättiin samaan malliin* All the students got the same rough treatment, were hazed along the same lines
höyläämätön unplaned
höyläämö planer
höyry 1 (vedestä) steam 2 (muista aineista, kaasu) fume, vapor
höyrykattila boiler
höyrykiharrin steam curling iron
höyrykone steam engine
höyrylaiva steamship
höyryrauta steam iron
höyrystyä vaporize, evaporate
höyrystää vaporize, evaporate
höyryttää steam
höyrytä steam
höyryveturi steam locomotive
höyryvoima steam power
höyste 1 (lisäke) condiment, relish, sauce *Nälkä on paras höyste* Hunger is the best sauce 2 (mauste) seasoning, flavoring
höystää season, spice (myös kuv)

I, i

iankaiken always, forever and ever, forever and a day
iankaikkinen eternal, everlasting *iankaikkisesta iankaikkiseen* from everlasting to everlasting
iankaikkisesti eternally, in eternity *nyt ja iankaikkisesti* now and forevermore
iankaikkisuus eternity
idea idea *Eihän siinä ole mitään ideaa* There's no point to that, that doesn't make sense
ideaali (ihanne) ideal
ideaalinen (ihanteellinen) ideal
ideaaliside ace bandage
ideaalistaa (ihannoida) idealize
ideaalisuus (ihanteellisuus) ideality
ideaatio (käsitteen muodostaminen) ideation
idealismi (ihannepohjainen maailmankatsomus) idealism
idealisoida (ihannoida) idealize
idealisti (ihanteiden tavoittelija, haaveilija) idealist
idealistinen (ihannoiva) idealistic
idemmäksi further/father east
idempänä further/farther east
identifikaatio identification
identifioida identify
identifioitua identify (with)
identiteetti identity
identiteettikriisi identity crisis
identiteettivarkaus identity theft
identtinen identical
identtisyys identity
ideografia (kuva- tai käsitekirjoitus) ideography
ideoida think up/of, come up with (ideas), brainstorm, (filos) ideate
ideointi ideation, (ark) brainstorming

ideologi (ideologian esittäjä) ideologue, ideologist
ideologia (aatejärjestelmä) ideology
ideologinen (aatteellinen) ideological
ideologisesti ideologically
idiolekti (yksilömurre) idiolect
idiolektinen idiolectal
idiomaattinen (tietyn kielen sääntöjen mukainen) idiomatic
idiomi (ilmaus, puhetapa) idiom
idiootti idiot
idioottivarma foolproof
idiosynkrasia (yksilöllinen käyttäytymistapa) idiosyncracy
idis idea
idolatria (epäjumalanpalvonta) idolatry
idoli idol
idylli (rauhaisan tunnelmallinen tila tai paikka) idyll
idyllinen (rauhaisan tunnelmallinen) idyllic
idänkauppa trade with Russia and Eastern Europe
idänpolitiikka foreign policy on Russia
ien gum, (mon) gums *ikenet irvessä* grimacing
ientulehdus gingivitis
ies yoke *ikeen alla* under/beneath the yoke (of)
iestää yoke (up)
iglu igloo
ignoranssi (tietämättömyys) ignorance
ignorantti (tietämätön) ignorant
ignoroida (ei piitata jostakin) ignore
iguaani iguana
ihailija admirer, (julkkiksen) fan
ihailijakerho fan club
ihailla (laimeammin) admire, (kiihkeämmin) adore

ihmeemmin

ihailtava admirable
ihailu admiration
ihan 1 (hyvin, juuri) quite, right, just *ihan tavallinen mies* just an ordinary man *ihan helposti* quite easily *ihan heti* right away *Ei se ihan niin ollut* That's not exactly the way it was *Olin ihan unohtanut sen* I'd completely/quite forgotten that 2 (kovin) so, very, all that *ei ihan kaukana* not so/very far away, not all that far away 3 *Ihan tuli vedet silmiin* It even brought tears to my eyes *Ihan täytyy nauraa* You really have to laugh
ihana 1 (luonne) wonderful, sweet *Kyllä sinä olet ihana!* You're wonderful! You're so sweet! I love you! You're such a dear! 2 (ulkonäkö) lovely, beautiful, gorgeous
ihanasti wonderfully, sweetly, beautifully
ihanne ideal
ihannepaino ideal weight
ihannoida idealize; (palvoa) adore, idolize
ihannointi idealization; (palvonta) adoration, idolization
ihanteellinen 1 (idealistinen) idealistic, high-/noble-minded 2 (ideaalinen) ideal, perfect
ihanteellisuus idealism; ideality
ihanuus 1 (luonteen) sweetness 2 (ulkonäön) loveliness, beauty
ihastella admire, wonder/marvel at
ihastua 1 (jostakin) be pleased/delighted/excited/thrilled about/with (something) 2 (johonkuhun) fall for, fall in love with, become infatuated with; (nuori) get a crush on
ihastua ikihyviksi fall head over heels in love with (myös esineistä)
ihastuksissaan delighted, excited, enthusiastic
ihastuneena with pleasure/delight, delightedly, excitedly
ihastus 1 (ilo) delight, excitement, high spirits 2 (rakkaus) infatuation; (nuoren) crush, puppy love 3 (ilon aihe) pride and joy, apple of your eye 4 (rakkauden kohde) love, sweetheart *ensi-ihastus* first love

ihastuttaa 1 (ilostuttaa) delight, please, make you happy 2 (lumota) charm, engage, fascinate
ihastuttava 1 (ilostuttava) delightful, pleasing, pleasurable 2 (lumoava) charming, engaging, fascinating
ihka *ihka uusi* brand new *ihka aito asia* the genuine article, the real McCoy
ihme s 1 (vaikeasti selitettävä asia) miracle *Hän parani ihmeen kautta* Her recovery was a miracle *Jeesus teki paljon ihmeitä* Jesus worked many miracles 2 (ihmetystä herättävä asia) wonder, marvel *maailman seitsemän ihmettä* the seven wonders of the world *luonnon/tieteen ihmeet* the marvels of nature/science *Ei ollut ihme ettet halunnut jatkaa* No wonder you didn't want to go on 3 (ihmetys) surprise, astonishment, amazement *suureksi ihmeeksemme* to our great surprise/astonishment/amazement 4 (pula) bafflement *Oltiin ihmeessä rikkaruohojen kanssa* We didn't know what to do with the weeds, the weeds had us completely baffled/bamboozled, we had run out of tricks with the weeds 5 *miten/mitä ihmeessä* how/what on earth/in the world 6 *Mene ihmeessä!* For heaven's sake, go! adj (ark: ihmeellinen) odd, strange, weird *joku ihme vempain* some oddball/incredible contraption
ihmeellinen 1 (yliluonnollinen) miraculous 2 (yllättävä) surprising, astonishing, amazing 3 (ilmiömäinen) phenomenal, prodigious 4 (ihana) wonderful, marvelous; (ark) great, super 5 (outo) odd, strange, weird; (ark) funny *ihmeelliset vaatteet* funny-looking clothes
ihmeellisesti miraculously; surprisingly, astonishingly, amazingly; phenomenally, prodigiously; wonderfully, marvelously; oddly, strangely, weirdly (ks ihmeellinen)
ihmeemmin much *eipä ihmeemmin* not much *Tuskin sinne ihmeemmin väkeä saapuu* I doubt there'll be much of a crowd there, many people there

ihmeen

ihmeen surprisingly, astonishingly, amazingly *ihmeen vahva* remarkably/surprisingly strong
ihmeesti a lot
ihmeissään 1 (yllättynyt) surprised, astonished, in surprise/amazement **2** (kummissaan) baffled, puzzled, nonplused
ihmeitten aika ei ole ohi wonders never cease
ihme kyllä 1 (yllätys) surprisingly/astonishingly/amazingly enough **2** (kumma) strangely/oddly enough
ihmekös is it any wonder (that), no wonder
ihmelapsi child prodigy, wunderkind
ihmelääke miracle drug
ihmeparannus faith-healing, (parantuminen) miraculous recovery
ihmeparantaja miracle-/faith-healer
ihmesaavutus great achievements *tieteen ihmesaavutukset* the marvels of science
ihmetapaus wonder, prodigy, surprising/miraculous event
ihmeteko (ihme) miracle, (uskomaton suoritus) prodigious feat
ihmetellä wonder/marvel at, be surprised at
ihmeteltävä surprising, remarkable
ihmetyttää make (someone) wonder *Pikkuisen ihmetyttää tuommoinen käytös* Kinda makes you wonder, a person acting like that *Minua ihmetytti siinä se että* What I wondered about in it was that
ihmetyö miracle
ihminen 1 human (being), (vanha seksistinen nimitys) man **2** (ihmiskunta) humanity, the human race, (vanha seksistinen nimitys) man(kind) **3** (henkilö) person (mon people) *ihmisten kuullen* within earshot, so people can hear *ihmisten nähden* before all the world, publicly *ihmisten ilmoilla* in public *Hyvä ihminen sentään!* You didn't! You're kidding! Good heavens! Man alive! *uusi ihminen* new man/woman **4** *olla ihmisiksi* behave yourself, act your age *käyttäytyä ihmisten lailla/tavalla* behave in a civilized manner, like a decent human being, like respectable people, respectably *ihmisten aikoihin* at a decent/respectable hour
ihminen on ihmiselle susi man is a wolf to man, (latinaksi) homo homini lupus
ihmisapina anthropoid (ape)
ihmisarvoinen elämä a life worth living, a life fit for a human being
Ihmisen Poika (raam) the Son of Man
ihmishenki 1 (elämä) (human) life *Eikö ihmishenki merkitse sinulle mitään?* Do you have no respect for human life? **2** (sielu) the human spirit *ihmishengen pimeät sopukat* the dark corners of the human spirit
ihmisjoukko crowd/mob (of people)
ihmisjärki (human) reason/intellect/mind
ihmiskeskeinen anthropocentric
ihmiskunta humanity, the human race; (vanha seksistinen nimitys) mankind
ihmislapsi 1 (lapsi) manchild **2** (ihminen) human being, mortal
ihmisluonto human nature/character
ihmisläheinen warm, personal
ihmismeri a mass of people
ihmismieli human spirit/imagination
ihmismäinen 1 (ihmiselle sopiva) decent, tolerable, humane **2** (ihmiselle tyypillinen) human, anthropoid
ihmismäistyä 1 (ihminen) (more) become humane/decent **2** (ei-ihminen) become (more) human, be humanized
ihmisoikeudet human rights
ihmisoikeuksien julistus Declaration of Human Rights
ihmisolento human being
ihmisparka poor soul/thing/creature jne
ihmisrakas 1 (ystävällinen ihminen) kind(ly), benevolent, humanitarian **2** (ystävällinen eläin) friendly, fond of people
ihmisrakkaus kindness, benevolence, humanitarianism; friendliness (ks ihmisrakas)
ihmisryöstö abduction, kidnapping
ihmissielu human soul/spirit
ihmissuhde (human) relation(ship)

ikuinen uni

ihmissuku the human race
ihmissusi werewolf
ihmissydän human heart
ihmissyöjä cannibal
ihmissyönti cannibalism
ihmisten aikoihin at a decent time
ihmisten ilmoilla with people, in company/society/civilization *Monen tunnin patikoinnin jälkeen tultiin jälleen ihmisten ilmoille* After hiking for many hours we finally got back to civilization
ihmistuntemus knowledge/experience of people, of human nature
ihmistyö human labor
ihmisviha misanthropy
ihmisyhteisö human community
ihmisystävä philantrophist, humanitarian
ihmisystävällinen 1 (ihminen) philantrophic, humanitarian, charitable **2** (koira tms) friendly **3** (ympäristö) friendly, decent
ihmisystävällisyys philantrophy, humanitarianism, charity; friendlines (ks ihmisystävällinen)
ihmisyys humanity
ihmisäly human intelligence
iho skin, (hipiä) complexion
ihokarva hair
ihonalainen (lääk) subcutaneous, hypodermic
ihonalaiskudos subcutaneous tissue
ihonhoito skin care
ihosyöpä skin cancer
ihotautilääkäri dermatologist
ihotautioppi dermatology
ihottuma rash
ihra lard (myös kuv)
ihramaha paunch, beerbelly
iikka kuin iikka (ark) every Tom, Dick, and Harry
iilimato leech
iiris iris
iisi (ark) (helppo) easy *Ota iisisti* Take it easy
ikajoiksi forever (and ever)
iki-ihana absolutely wonderful, divine
ikikiitollinen forever grateful/in your debt
ikiliikkuja perpetual motion machine, perpetuum mobile
ikimaailmassa never (in a million years)
ikimuistoinen 1 (ikuisesti muistettava) memorable, unforgettable *ikimuistoinen ilta/huhtikuu* memorable/unforgettable evening/April **2** (ikivanha) immemorial *ikimuistoisista ajoista* from time immemorial
ikinen and every *joka ikinen* each and every (one)
ikinuori ageless, unageing, eternally youthful
ikinä ever *ei ikinä* never, not ever *mitä ikinä haluat/teet* whatever you want/do
ikioma (your) very own
ikionnellinen overjoyed, blissfully happy
ikipäiviksi forever (and ever)
ikipäivinä ever *ei ikipäivinä* never in a million years, not on your life
ikirouta permafrost
ikivanha ancient, primeval, (ark) as old as Moses/Adam/the hills
ikivihreä evergreen *ikivihreä sävelmä* evergreen tune, an oldie but goodie
ikkuna window *kolminkertainen ikkuna* triple-glazed window
ikkuna-aukko window opening
ikkunalasi window pane
ikkunalauta (sisäpuolella) window sill, (ulkopuolella) window ledge
ikkunanpesijä window washer
ikkunanpesu window washing
ikkunapaikka window seat
ikkunaton windowless *ikkunaton seinä* blind wall
ikkunaverho curtain; (mon) drapes, draperies
ikkunointi (tietok) windowing
ikoni (kuvake) icon
ikoninsärkijä iconoclast
ikuinen eternal, everlasting, perpetual; (loputon) unending, unceasing *ikuiset totuudet* the eternal verities, the eternities
ikuinen kaupunki (Rooma) the Eternal City
ikuinen uni (kuolema) eternal sleep

ikuisesti

ikuisesti eternally, perpetually, in eternity; (loputtomasti) without end, endlessly, ceaselessly
ikuistaa immortalize
ikuisuus eternity, perpetuity
ikä 1 age **2** (elämä) life(time) *koko ikäni* all my life
ikäihminen elderly person
ikäinen *Minkä ikäinen hän on?* How old is he? *20 vuoden ikäinen* 20 years old, aged 20
ikäisekseen for your age *nuorekas/kypsä ikäisekseen* youthful/mature for her age *ikäisekseen viisas* wise beyond her years
ikäjärjestyksessä (elinvuosittain) by age; (palvelusvuosittain) by seniority
ikäkausi age, stage/period of life
ikälisä (salary/pay) increment
ikäloppu old and tired, worn-out
ikäluokka age class/group *suuret ikäluokat* baby boom (generation)
ikämies mature man; (urh) senior
ikäneito old maid
ikänä ever *ei ikänä* never, not ever
ikäraja age limit
ikärakenne age(-class) distribution, age breakdown
ikäryhmä age group
ikäsorto ageism
ikäsyrjintä age discrimination
ikätoveri peer
ikävissään (yksinäinen) lonely, (ikävystynyt) bored
ikävuosi year of life *jo toisella ikävuodellaan* already one year old, in his second year, going on two
ikävystyttää bore, tire, weary, exhaust
ikävystyä get bored; (kyllästyä) get tired/sick of, get fed up with
ikävyys 1 (pitkäveteisyys) boredom, tedium **2** (apeus) sadness, depression, melancholy **3** (vaikeus) trouble *kaikenlaisia ikävyyksiä* all kinds of trouble
ikävä s **1** (ikävyys) boredom, tedium *kuolla ikävään* be bored to death **2** (kaihomieli) longing, yearning *Onko sinulla ikävä kotiin/Juhaa?* Do you miss home/Juha? *olla ikävissään* feel lonely, dispirited, down in the mouth/dumps adj **1** (ikävystyttävä) dull, boring, tedious *ikävä ihminen* bore **2** (apea) sad, downcast *Tuntuu ikävältä kun lähdet* It makes me sad that you're leaving, I feel bad about you leaving, I'm going to miss you when you've gone **3** (valitettava) unfortunate, regrettable, deplorable *Kuinka ikävää!* What a shame/pity! How unfortunate! *asian ikävin puoli on* the worst (part) of it is, the unfortunate thing is *ikävä välikohtaus* unfortunate/regrettable/deplorable incident **4** (hankala) difficult, irritating, annoying *ikävällä päällä* in a difficult/nasty/bitchy mood *ikävä tapaus* a bother, nothing but trouble, a mess *ikävä tilanne* an awkward situation
ikävä asema *joutua ikävään asemaan* be put/find yourself in an awkward/embarrassing situation
ikävä juttu! too bad!
ikävä kotiin homesickness *Minulla on ikävä kotiin* I'm homesick, I miss home
ikäväkseni I regret/am sorry (to inform you), to my regret
ikävä kuulla sorry to hear (that)
ikävä kyllä unfortunately, I'm afraid (that), I'm sorry (but)
ikävä uutinen bad news
ikävöidä miss, long/yearn for
ikävöinti longing, yearning
ikäys (iänmääritys) dating
ikään kuin as if/though
ikääntyä age, get/grow older, get on in years
ilahduttaa make someone happy, give someone pleasure, gratify, delight *minua ilahduttaa että* I'm happy/pleased/glad/gratified/delighted that
ilahtua be happy/pleased/glad/gratified/delighted (at/with), take pleasure/delight (in)
ilakoida romp, frolic, caper, run and jump and play happily
iljettävä disgusting, repulsive, revolting, sickening, nauseating
iljettää 1 (inhottaa) disgust, repel, revolt, repulse **2** (oksettaa) sicken, nauseate, make you sick to your stomach

ilmaista

iljetä 1 (kehdata) have the nerve/impudence (to do something), dare (to do something) *Miten ilkeät tulla tänne kaiken sen jälkeen mitä olet tehnyt?* How dare you come here after all you've done, you've got some nerve showing up here after everything you did **2** (viitsiä) stand (to do something), stomach (something) *En iljennyt koskea siihen* I couldn't stand to touch it *En iljennyt edes ajatella sitä* I couldn't stomach even thinking about it, I couldn't even stand to think about it

ilkamoida 1 (kiusoitella) tease, taunt, make fun of, have fun at someone's expense **2** (kujeilla) trick, play tricks (on someone), pull a practical joke (on someone)

ilkamointi 1 (kiusoittelu) teasing, taunting, ridiculing **2** (kujeilu) trickery

ilkeys 1 (luonteenpiirre) nastiness, cruelty, malice *silkkaa ilkeyttään* out of sheer spite, just to be mean/nasty **2** (teko) dirty/nasty/mean trick, (moraalisesti närkästyttävä) outrage **3** (puhe, tms) sneer, jeer, taunt, gibe

ilkeä 1 (ihminen, temppu) nasty, mean, cruel, vicious **2** (olo tms) bad, unpleasant (ks myös iljettävä) *Minulla on ilkeä olo* I feel bad, I feel sick to my stomach *Minusta tuntuu ilkeältä, minun tekee ilkeää katsoa* I can't stand to watch

ilkeämielinen malicious, malevolent

ilkeästi nastily, cruelly, viciously, badly, unpleasantly *nauraa ilkeästi* laugh nastily *viiltää ilkeästi ihoa auki* give you a nasty/bad cut

ilki alasti buck-naked

ilki alaston buck-naked

ilkikurinen mischievous, impish, prankish, playful

ilkimys rogue, rascal, rotter, scoundrel; (ark) snake in the grass

ilkityö dirty/nasty/mean trick, evil deed, misdeed; (moraalisesti närkästyttävä) outrage

ilkivalta vandalism

ilkkua 1 (härnätä) taunt, tease, gibe **2** (pilkata) mock, ridicule, laugh at, make fun of

ilkosillaan buck/stark naked

illallinen dinner, supper, the evening meal

illalliskutsu dinner invitation

illallisvieras dinner guest

illan suussa late afternoon, getting on toward evening

illantorkku morning person

illan torkku, aamun virkku early to bed, early to rise

illastaa eat dinner/supper, (hienommin) dine, (arkisemmin) sup

illatiivi (sijamuoto, esim. maahan) illative

illempana closer to the evening, later on in the day

illuminaatio (valaistus) illumination

illuminoida (valaista) illuminate

illusorinen (epätodellinen) illusory

illustraatio (selitys, kuvitus) illustration

illustratiivinen (selittävä, kuvallinen) illustrative

illustroida (selittää, kuvittaa) illustrate

illuusio (harha) illusion

ilma 1 air *puhdistaa ilmaa* clear the air *kohdella kuin ilmaa* look right through, give someone the cold shoulder **2** (sää) weather **3** (keuhkossa) wind *laskea ilmat jostakusta pihalle* (ark) bump somebody off, rub somebody out, put a hole in somebody; (vatsassa) gas *päästää ilmaa* break wind, (ark) fart, gas **4** (mieliala tai -pide) mood *oli kahdenlaista ilmaa* differing/contradictory opinions were aired

ilma-alus aircraft

ilmaantua 1 (ilmestyä paikalle) appear, make your/an appearance, show/turn up, (ark) show **2** (tulla näkyviin) become visible/manifest, show (up) **3** (ilmetä) arise

ilmailu aviation, (ark) flying

ilmainen free (of charge/cost)

ilmaiseksi free (of charge/cost), gratis, for nothing

ilmaisin indicator; (radiossa) detector

ilmaisohjelma freeware (program)

ilmaista 1 (ilmoittaa) express, state, declare, convey *ilmaista kiitollisuutensa* proffer your thanks, express/convey

your gratitude *ilmaista osanottonsa* express your sympathies/condolences **2** (pukea sanoiksi) express, give expression/utterance/voice to, articulate, put (an idea/a feeling) into words **3** (pukea kuviksi) give visual form to, image, flesh/sketch out **4** (paljastaa) disclose, reveal, give away *ilmaista jonkun piilopaikka* give away/betray someone's hiding place **5** (ilmentää) indicate, signify, demonstrate *Hintojen nousu ilmaistaan tuhansissa euroissa* Increases in prices are given/indicated in thousands of euros *adjektiivi ilmaisee laatua* adjectives express/signify quality **6** (osoittaa) show, display, exhibit *Hänen katseensa ilmaisi myötätuntoa* His sympathy showed in his eyes, he showed his sympathy with his eyes
ilmaisu expression
ilmaisukyky (ihmisen) expressive talent, articulacy; (kielen) expressiveness
ilmaisukykyinen expressive, articulate
ilmaisuvoima expressive power
ilmaisuvoimainen powerfully expressive
ilmajarru pneumatic brake, (ark) air brake
ilmajäähdytteinen air-cooled
ilmajäähdytys air-cooling
ilmakehä atmosphere
ilmakivääri BB-gun
ilmalaiva airship, blimp, dirigible
ilman 1 without *tulla toimeen/olla ilman* get by/do without *Tulen toimeen ilmankin* I'll manage anyway *Menen ilman sinua* I'm going without you, I'll go without you, on my own *Menen ilman että sinä saat tietää* I'm going to go without you knowing, without letting you know *päästä sisään ilman maksua* be admitted free of charge, get in without paying **2** (lukuun ottamatta) not including/counting, excluding *hinta ilman paristoja 69 euroa* priced at 69 euros excluding/not including batteries, 69 euros (batteries not included) *Ilman tämän päivän maksua olemme saaneet yhteensä 5000 euroa* Not counting/including today's payment we have received a total of 5000 euros **3** (muuten kuin) except/but for, if it weren't for *Ilman sinua olisimme olleet pahassa pulassa* If it hadn't been for you, we would have been in big trouble
ilman aikoja(an) for no particular reason, because you felt like it
ilmanala climate
ilman epäilyksen häivää without a shadow of a doubt
ilman että *ilman että hän saa tietää* without him/his finding out
ilmankin anyway, in any case
ilman kosteus humidity
ilmankostutin humidifier
ilman muuta 1 (tietysti) of course, naturally *hyväksyä ilman muuta* accept without question *Ilman muuta hyväksyn* It goes without saying that I accept **2** (suoraa päätä) right away **3** (selvästi) easily, by far
ilmanpaine (renkaissa tms) air pressure; (ilmatieteessä) barometric/atmospheric pressure
ilmanpitävä airtight
ilmanraikaste air-freshener
ilman saastuminen air pollution
ilman sarvia ja hampaita without frills/embellishments, matter-of-factly, plainly, in plain English
ilmansuunta direction, point of the compass
ilman syytä for/with no reason
ilmanvastus air resistance, (aerodynamic) drag
ilmapallo balloon
ilmapiiri atmosphere, mood *poliittinen ilmapiiri* political climate
ilmapuntari barometer
ilmapuolustus air defense
ilmarengas pneumatic tire
ilmasilta airlift
ilmasota the war in the air, air warfare
ilmassa in the air *roikkua ilmassa* be up in the air, be undecided *oli sähköä ilmassa* the atmosphere was tense, there was tension in the air
ilmasto climate *tottua ilmastoon* acclimate yourself, become acclimatized

ilmastoida (säätää huoneilma sopivaksi) air-condition, climate-control
ilmastointi (huoneilman säätäminen sopivaksi) air-conditioning, AC, climate-control
ilmastointilaite air-conditioner
ilmastollinen climatic
ilmasto-oppi climatology
ilmastovyöhyke climatic zone
ilmata vent, bleed, let the air out
ilmateitse by air
ilmatiede meteorology
ilmatieteellinen meteorological
ilmatieteilijä meteorologist
ilmatiivis airtight
ilmatila air space
ilmatorjunta anti-aircraft (defense)
ilmatorjuntaohjus surface-to-air/anti-aircraft missile
ilmatyyny air cushion
ilmatyynyalus hovercraft
ilmaus 1 (ilmaisu) expression, (lausuma) utterance, (sanonta) idiom 2 (ilmentymä) sign, token, indication *arvostukseni ilmaus* token of my esteem
ilmava 1 (asunto) spacious, roomy, airy, open 2 (maaperä) loose, (pakkaslumi) light, (tyyny) fluffy
ilmavaiva gas pains, flatulence
ilmavalvonta aircraft warning service; (UK) air defence warning service
ilmavirtaus air current/stream/flow
ilmavoimat (sot) air force
ilme 1 (kasvojen) (facial) expression, face, look 2 (esitystavan tms) expression, style; (ilmeikkyys) expressiveness, liveliness 3 (ulkonäkö) look, appearance
ilmeetön expressionless, flat, blank
ilmehtiä make faces, communicate through facial expressions *ilmehtiä paheksuvasti/kivuliaasti* grimace
ilmeikäs 1 (puhutteleva) expressive, eloquent 2 (eloisa) lively, animated
ilmeinen 1 (menneestä tapahtumasta: selvä) obvious, apparent, evident *On aivan ilmeistä, että varas ei tullut ikkunasta* It's clear/obvious/apparent/evident that the burglar didn't enter through the window *ilmeisen hämmästynyt* visibly/obviously surprised 2 (tulevasta tapahtumasta: todennäköinen) likely, probable *On erittäin ilmeistä, että Pekka saapuu myöhässä* In all probability Pekka is coming late, it looks pretty likely that Pekka is going to be late
ilmeisesti 1 (kaikesta päätellen) apparently, evidently *Pekka ei ilmeisesti tulekaan* Apparently Pekka isn't coming after all, it looks to me like Pekka isn't coming 2 (silminnähtävästi, ilmeisen) visibly, obviously *aivan ilmeisesti juovuksissa* clearly/visibly drunk
ilmeneminen manifestation
ilmenemismuoto manifestation, the form something takes
ilmentymä manifestation
ilmentyä 1 (näkyä) show, be revealed/manifested/displayed 2 (tulla esiin) appear, manifest itself
ilmentää 1 (osoittaa) show, display, exhibit *Hänen katseensa ilmensi osanottoa* His sympathy showed in his eyes 2 (pukea sanoiksi) express, give expression/utterance/voice to, articulate, put (an idea/a feeling) into words *runo joka ilmentää ihmissydämen pohjatonta yksinäisyyttä* a poem that captures/expresses the vast loneliness of the human heart 3 (pukea kuviksi) express, give visual form to, image, flesh/sketch out 4 (symboloida) symbolize, betoken *kaikki se mitä lippu ilmentää* everything the flag stands for/symbolizes
ilmestys 1 (usk: ilmoitus) revelation, (näky) vision, (henkiolento) apparition, manifestation *saada ilmestys* receive a revelation/vision *Marian ilmestys* the Annunciation *Johanneksen ilmestys* the Revelation/Apocalypse of St. John 2 (nähtävyys) phenomenon, spectacle, sight *Oletpa upea ilmestys!* You're a sight for sore eyes!
Ilmestyskirja the Book of Revelation, the Revelation/Apocalypse of St. John
ilmestyskirjallisuus apocalyptic books/literature
ilmestyä 1 (saapua paikalle) appear, make your/an appearance, show/turn up, (ark) show 2 (tulla näkyviin)

ilmetty

become visible/manifest, show (up) **3** (ilmetä) arise, occur **4** (tulla julkaistuksi: kirja) be published/released, come out, appear; (sanomalehti) be printed, (ark) hit the newsstands *Romaanini ilmestyy ensi kuussa* My novel will be coming out next month *Paikkakunnan lehti ilmestyy neljä kertaa viikossa* The local paper appears four times a week

ilmetty 1 *Sinä olet ilmetty äitisi!* You're the living/spitting image of your mother, you look just like your mother, you're the very picture of your mother **2** (ilmeinen) obvious *Sinun ilmetty ja ilkeä tarkoituksesi oli viivytellä minua* Your obvious and malicious intent was to delay me

ilmetä 1 (tulla esille) arise, appear, show (up) *jos tarvetta ilmenee* if the need arises *viime päivinä ilmenneet oireet* the symptoms that have been appearing over the last few days **2** (tulla ilmaistuksi) take the form of, find expression in/as, be expressed/manifested as, manifest itself *Kiehuminen ilmenee poreiluna* Boiling takes the form of bubbling, is manifested as bubbling *Hänen ironinen luonteensa ilmeni näytelmissä lempeänä huumorina* His irony found expression in his plays as a gentle humor **3** (tulla selville) turn out, be(come) clear/evident/obvious/apparent, transpire *Pian ilmeni, että flunssa olikin keuhkokuume* It soon became evident that the cold was pneumonia, the cold turned out/proved to be pneumonia

ilmi adj (ilmeinen) open, obvious, clear *ilmi kapina* open rebellion *ilmi loukkaus suvun kunniaa kohtaan* obvious/clear insult to the family's honor *ilmi liekeissä* blazing adv **1** (julki) out, to light *käydä ilmi* turn out, be(come) clear/evident/obvious/apparent, transpire (ks ilmetä) *saada ilmi* find out, discover, uncover *tulla ilmi* come to light, come out, be discovered/uncovered/revealed *tuoda ilmi* bring (new facts) to light, present (a new idea), offer (a new perspective) *antaa ilmi* reveal (a secret), inform on (a criminal), report (a crime, a criminal); (ark) rat, squeal (ks ilmiantaa) *joutua ilmi* be found out, be discovered, be caught **2** (erittäin) very, quite, perfectly *ilmi selvä* quite/perfectly clear

ilmiantaa report, inform on, denounce; (ark) rat, squeal, sing like a canary *ilmiantaa rikos poliisille* report a crime to the police *ilmiantaa joku poliisille* inform on/report someone to the police *ilmiantaa korkea virkamies virkarikoksesta* denounce a high official for malfeasance

ilmiantaja informer; (poliisin palkkaama) police informer, (ark) snitch; (vapautettava osasyyllinen) witness who turns state's evidence, (ark) rat, fink, squealer, blabber, doublecrosser, stool pigeon

ilmiselvä 1 (ilmeinen) quite/perfectly clear **2** (itsestään selvä) obvious, undeniable

ilmiteksti (tietok) plaintext

ilmiö phenomenon (myös kuv)

ilmiömäinen phenomenal

ilmoilla *ihmisten ilmoilla* in public *päästää kiukkunsa ilmoille* give vent to your anger/rage

ilmoittaa 1 (kertoa) tell, inform, let someone know, make something known *Ilmoitan sinulle ajoissa tulostani* I'll tell you/let you know in plenty of time when I'll be arriving *ilmoittaa kuolonuhrin lähisukulaiselle* inform the next of kin of the death *minulle ilmoitettiin että* I was told/informed that, I received information (to the effect) that *ilmoittaa uutinen* break the (good/bad) news to someone **2** (tehdä ilmoitus) report, notify, give/serve notice *ilmoittaa näkemänsä poliisille* report what you saw to the police *ilmoittaa poliisille/lehdelle osoitteenmuutoksesta* notify the police/a magazine of a change of address *ilmoittaa työntekijälle erottamisesta* serve an employee notice (of dismissal) *ennalta ilmoittamatta* without prior notice *ilmoittaa kadonneeksi* report missing/lost **3** (tiedottaa) announce *ilmoittaa kihlauksensa* announce your engagement *Kenet saan ilmoittaa?* Who shall I say is calling? What was the name, please? **4** (julkistaa) publicize, make public *ilmoittaa päätöksestä julkiselle sanalle* inform the news media of the decision, make the decision public **5** (usk) reveal *Jeesus ilmoitti itsensä opetuslapsille* Jesus revealed himself to the disciples **6** (laittaa ilmoitustaululle) post *tenttitulokset ilmoitetaan ilmoitustaululla* the exam results will be posted on the bulletin/notice board **7** (laittaa ilmoitus lehteen) advertise, put an ad in the paper *ilmoittaa talo myytäväksi* put an ad for your house in the paper, advertise your house in the paper **8** (tehdä selkoa) disclose, give declaration of *ilmoittaa myyntivoitto veroilmoituksessa* disclose/declare your capital gains on the tax form **9** (tullissa) declare *ilmoittaa ylimääräiset viinat* declare your extra alcohol **10** (antaa hintatiedot) quote **11** (kouluun) register (someone), (näyttelyyn) enter (something), (tenttiin) sign (someone) up

ilmoittaja 1 (lehdessä) advertiser **2** (lak) informant

ilmoittautua 1 (kouluun, kurssille) enroll, register **2** (tenttiin) sign up (for) **3** (kilpailuun) enter **4** (palvelukseen) report (for duty)

ilmoittautua ehdokkaaksi run/stand for office, announce your candidacy

ilmoittautua jäseneksi apply for membership

ilmoittautua vapaaehtoiseksi
1 (sotaväkeen) enlist **2** (tehtävään) volunteer

ilmoittautuminen enrollment, registration, entry, enlistment (ks ilmoittautua)

ilmoitus 1 (tieto) information **2** (tiedonanto) report, notice, notification **3** (julkinen tiedotus) announcement **4** (lausunto) statement **5** (lehti-ilmoitus) advertisement, (ark) ad, (UK) advert; (pikkuilmoitus) want-ads, classified ad; (mon) want-ads, classifieds **6** (juliste) bill, notice, poster *Ilmoituksia ei saa kiinnittää* Keep this wall free, No bills/posters **7** (usk) revelation, (divine) message **8** (tulli- tai veroilmoitus) declaration

ilmoitusluonteinen informative *ilmoitusluonteinen asia* announcement

ilmoitustaulu bulletin/announcement board

ilo 1 joy, delight, happiness, pleasure *On ilo nähdä sinua* it's nice to see you, I'm happy to see you, it's a pleasure to see you *Minulla on ilo ilmoittaa* It gives me great pleasure to announce *ilossa ja surussa* in joy and in sorrow *avioliiton ilot* the joys of marriage *elämäni suurin ilo* my greatest joy/delight/pleasure, the joy of my life, (varsinkin lapsi tai rakastettu) the apple of my eye *tuottaa iloa* make someone happy, bring/give someone great happiness **2** (ilonpito) merriment, merrymaking, good fun/times/spirits/cheer, gaiety, laughter; (mon) amusements, entertainments *yhtyä iloon* join in the fun/merriment **3** *Mitä iloa siitä sinulle on?* What good is that to you?

iloinen 1 (iloissaan) happy, joyful, delighted, gay, merry *Iloista Joulua* Merry/Happy Christmas **2** (mielissään) pleased, happy, glad **3** (ark: hiprakassa) (feeling) happy, tipsy, giddy

iloisesti 1 (iloissaan) happily, joyfully, delightedly, with delight, gaily, merrily **2** (mielellään) with pleasure, gladly, willingly

iloissaan ks iloinen

iloita 1 (olla iloinen) rejoice (over/at), be happy/glad/pleased (with/to) **2** (pitää iloa) make merry, revel, celebrate

ilokaasu laughing gas

iloksi *jonkun iloksi* for someone's pleasure, to please someone *olla iloksi jollekulle* be a source of pleasure/joy/happiness/delight to someone *ilokseni* to my delight

ilomielin with pleasure, gladly *Tulen ilomielin* I'd be happy to come, I'd love to come

ilonaihe cause for rejoicing

ilonlähde source of joy

ilonpilaaja party-pooper, spoilsport, killjoy; (ark) wet blanket

ilonpito fun, merrymaking
ilosanoma good news, (raam) glad tidings
ilo silmälle a sight for sore eyes, eye candy
ilosta for/with joy *itkeä/hyppiä ilosta* weep/jump for/with joy
ilotalo whorehouse, brothel, bordello
iloton joyless, cheerless **1** (ikävä) dull, boring, lifeless **2** (synkkä) bleak, gloomy
ilotulitus fireworks (display)
ilotyttö prostitute, whore, hooker; (katutyttö) streetwalker, (puhelintyttö) callgirl
ilta evening, (ark) night; (run) eve(ntide), (usk) vesper *Hyvää iltaa!* Good evening! *illalla* in the evening, at night *eilen illalla* yesterday evening, last night *iltaan mennessä* by evening, before nightfall *ensi-ilta* opening night, premiere *aamusta iltaan* from morning till night *myöhään iltaan* until late (at night, in the evening)
ilta-ateria dinner, supper, evening meal
iltahartaus vespers, evening prayers/devotions
iltahämärä dusk, twilight
iltainen evening's *eilisiltainen juhla* the party yesterday evening
iltaisin in the evening, evenings
iltajumalanpalvelus evening church service, vespers
iltakirkko evening church service, vespers
iltakoulu 1 night school, evening classes **2** (hallituksen) evening session
iltalehti evening paper
iltalukio night school, evening classes (at the high school level)
iltamat social evening, evening entertainment
iltamyöhä late at night, late in the evening
iltamyöhäinen late-night/-evening
iltanumero evening edition
iltapala evening snack, supper
iltapimeä dusk, twilight
iltapuku evening gown

iltapuolella in the late afternoon, towards evening
iltapäivisin in the afternoon, afternoons
iltapäivä afternoon
iltarukous evening/bedside prayer *lukea iltarukous* say your prayers
iltarusko sunset
iltasella in the evening
iltasoitto 1 (työpäivän päättyessä) evening bell/whistle, (maatilalla) dinner bell **2** (sot) taps
iltatorkku morning person
iltatyö evening work *olla iltatyössä* (be) work(ing) late
iltatähti 1 (tähti) evening star **2** (kuopus) baby (of the family), (pitkällä ikäerolla) afterthought, P.S.
iltauutiset evening news
iltavirkku evening person
iltavuoro swing/evening shift
ilve joke, prank, trick, jest *ei millään ilveellä* no way, by no means *jollakin ilveellä* somehow or other, by hook or by crook
ilveilijä jokester, prankster, trickster; (narri) jester, clown, fool
ilveillä 1 (kujeilla) play/pull jokes/pranks/tricks **2** (vitsailla) joke (around), jest **3** (pelleillä) clown/fool/horse around **4** (pilkata) make fun (of someone), joke (at someone's expense), mock, ridicule
ilveily 1 (pelleily) joking/clowning/fooling/horsing around **2** (näytelmä) farce, burlesque; (parodia) parody, spoof
ilves lynx
imaami (islamilainen hengellinen johtaja) imam
imago (kuva, käsitys) image, (psyk) imago
imarrella 1 (ylistää) flatter, compliment; (ark) butter up, soft-soap, suck up to **2** (mielistellä) coax, cajole, beguile **3** (hännystellä) toady/truckle to, curry favor with; (ark) brownnose, lick/kiss someone's ass/boots
imartelija flatterer, toady, brownnoser, ass-/bootlicker/-kisser
imartelu flattery
imbesilli (vajaamielinen) imbecile

imelä 1 (makea) sweet **2** (sentimentaalinen) sentimental, saccharine; (ark) mushy, slushy, corny **3** (lipevä) flattering, ingratiating, oily
imelästi sweetly, sentimentally, ingratiatingly
imemisaika nursing period
imeskellä suck (on)
imettäjä wet-nurse
imettämisaika breastfeeding/nursing period
imettää nurse, breastfeed; (eläin) suckle
imeväinen infant, (run) suckling, babe *lasten ja imeväisten suusta* from the mouths of babes
imeväisikä infancy
imeyttää saturate, impregnate
imeytyä be absorbed, soak (in)
imeä 1 (suulla) suck, (rintaa) nurse **2** (muulla) absorb *imeä ennakkoasenteita jo äidinmaidossa* learn/absorb prejudices at your mother's breast, drink in biases with your mother's milk *imeä itseensä maiseman kauneutta* drink in the beauty of the landscape **3** (tekn ja lääk) aspirate
imitaatio imitation, copy; (ark) fake
imitaattori (matkija) imitator, (ihmisen) impersonator
imitatiivinen imitative
imitoida imitate
immanenssi (läsnäolo) immanence
immanentti (läsnä oleva) immanent
immateriaalinen (aineeton) immaterial
immaturiteetti (kypsymättömyys) immaturity
immenkalvo hymen
immensiteetti (suunnattomuus) immensity
immigraatio (maahanmuutto) immigration
immigrantti (maahanmuuttaja) immigrant
immigroida (muuttaa maahan) immigrate
imminentti (pian odotettavissa oleva) imminent
immobiili (liikkumaton) immobile
immobilia (kiinteä omaisuus) real estate

immobilisaatio (liikkumattomaksi tekeminen) immobilization
immoraalinen (moraaliton) immoral
immoralismi (moraalisista säännöistä piittaamattomuus) immoralism
immoraliteetti (moraalittomuus) immorality
immunisaatio (rokotus) immunization
immunisoida (rokottaa) immunize
immuniteetti (vastustuskyky, diplomaatin koskemattomuus) immunity
immuuni (vastustuskykyinen) immune
impakti (isku, vaikutus) impact
impartiaalinen (puolueeton) impartial
imperatiivi imperative
imperfekti past tense
imperialismi (pyrkimys laajentaa valtaansa) imperialism
imperialisti imperialist
imperialistinen imperialistic
imperiumi (maailmanvalta) empire
imperkfekti (menneen ajan aikaluokka) past/imperfect tense
impersonaatio (toiseksi ihmiseksi tekeytyminen) impersonation
impersonoida (tekeytyä toiseksi ihmiseksi) impersonate
impertinenssi (nenäkkyys) impertinence
impertinentti (epäolennainen, nenäkäs) impertinent
implantaatio (kudoksen tai kojeen istuttaminen ihon alle) implantation
implantaatti (istute) implant
implantabletti (ihon alle istutettu lääketabletti) implant
implantoida (istuttaa ihon alle) implant
implausiibeli (epäuskottava) implausible
implikaatio (vihjaus, seuraus) implication
implikoida (vihjata, johtaa loogisesti johonkin) imply
implisiittinen (epäsuorasti ilmaistu) implicit
imploosio (räjähdys sisäänpäin) implosion
imponoida (tehdä voimakas vaikutus) impress, make an impression (on)
importoida (tuoda maahan) import

importti (maahantuonti) import
imposiibeli (mahdoton) impossible
impotenssi (miehen yhdyntäkyvyttömyys) impotence
impotentti impotent
impregnoida (kyllästää) impregnate
impressaari (taiteilijan agentti) impressario
impressiivinen (vaikuttava) impressive
impressionismi (taiteen suuntaus, jossa pyritään välittämään subjektiivista vaikutelmaa) impressionism
impressionisti impressionist
improvisaatio (valmistelematta tekeminen) improvisation, (ark, varsinkin teatteri) improv
improvisatorinen (valmistelematon) improvisational, improvised
improvisoida improvise
improvisoija improviser
impudenssi (röyhkeys) impudence
impulsiivinen (hetken mielijohdetta noudattava) impulsive
impulssi (yllyke) impulse
imu suction
imuke mouthpiece, cigar(ette)-holder
imukuppi suction cup
imukärsä sucker
imupaperi blotting paper
imupilli straw
imuri 1 (pölynimuri) vacuum cleaner, (UK) Hoover **2** (musteenkuivain) blotter **3** (tekn) suction apparatus, (myös lääk) aspirator; (tuuletin) exhaust fan/ventilator
imuroida 1 (lattiaa) vacuum **2** (netistä) download
imurointi (tietok) downloading
imusolmuke lymph nod(ul)e/gland
imusuoni lymph(atic) vessel/duct
inadekvaatti (riittämätön) inadequate
inadvertenssi (huomaamattomuus) inadvertency
inahtaa 1 (valitella) whimper **2** (liikahtaa) budge *ovi ei inahtanutkaan* the door wouldn't budge (an inch)
inakkuraatti (epätarkka) inaccurate
inaktiivinen (toimeton) inactive
inaktiivisuus (toimettomuus) inactivity
inaktivaatio (tehottomaksi tekeminen) inactivation
indefiniittinen (epämääräinen) indefinite
indefinittipronomini indefinite pronoun
indeksi (osoitin) index; (mon) indices, indexes
indeksikorotus cost-of-living raise
indeksoida (varustaa viitenumerolla) index
indifferenssi (välinpitämättömyys) indifference
indifferentti (välinpitämätön) indifferent
indigestio (ruoansulatushäiriö) indigestion
indignaatio (moraalinen närkästys) indignation
indigo (tummansininen väriaine) indigo
indigonsininen indigo-blue
indiisi (aihetodiste) circumstantial evidence
indikaatio (osoitus) indication
indikaattori (osoitin) indicator
indikatiivi (kielen tapaluokka) indicative
indiskreetio (tahdittomuus) indiscretion
indiskreetti (tahditon) indiscreet
indispositio (huonokuntoisuus) indisposition
individuaalistaa (yksilöllistää) individualize
individuaalius (yksilöllisyys) individuality
individualismi (yksilön arvoa korostava aate) individualism
individualisti (individualismin kannattaja, yksinäinen susi) individualist
indoeurooppalainen Indo-European
indogermaaninen Indo-Germanic
indoktrinaatio (aatteen iskostaminen mieleen) indoctrination
indoktrinoida (iskostaa aate mieleen) indoctrinate
indolenssi (velttous) indolence
Indonesia Indonesia
indonesialainen s, adj Indonesian
indri (eläin) indri

induktiivinen (induktion mukainen) inductive
induktio (päättely yksittäisistä seikoista yleiseen) induction
indulgenssi (suvaitsevaisuus, ane) indulgence
indulgentti (suvaitseva) indulgent
industria (teollisuus, ahkeruus) industry
industrialismi (teollistuminen) industrialism
inertia (aineen pyrkimys säilyttää lepotilansa) inertia
inertti (kem: reagoimaton) inert
inessiivi (sijamuoto, esim. kaupungissa) inessive
infamia (huono maine) infamy
infanteristi (jalkaväen sotilas) infantryman
infantiili (lapsellinen) infantile
infarkti (verenkiertohäiriön aiheuttama kudoskuolio) infarct
infektio (tartunta) infection
infektoida (tartuttaa) infect
infektoitua (saada tartunta) get/be(come) infected
inferenssi (päätelmä) inference
inferiorinen (huonompi) inferior
inferioriteetti (huonommuus) inferiority
infernaalinen (helvetillinen) infernal
inferno (helvetti, sietämätön olotila) inferno
infertiliteetti (hedelmättömyys) infertility
infiltraatio (tunkeutuminen) infiltration
infiniittinen (ääretön) infinite
infiniteetti (äärettömyys) infinity
infinitiivi (verbin nominaalimuoto) infinitive
inflaatio (yleisen hintatason nousu) inflation
inflaatiokierre inflation(ary) spiral
inflammaatio (tulehdus) inflammation
inflatorinen (hintatasoa nostava) inflationary
influenssa influenza, (ark) flu
influenssaepidemia (in)flu(enza) epidemic
influenssi (vaikutus) influence
influoida (vaikuttaa) influence

info 1 (tieto) info **2** (tiedotustilaisuus) briefing, (informational) meeting
infokratia (tiedottajien valta) infocracy
informaali (rento) informal
informaatio (tieto) information
informaatioyhteiskunta information society
informantti (kielentutkimuksessa koehenkilö) informant
informatiikka (tietojenkäsittelyoppi, tietotekniikka) informatics, information technology, IT
informatiivinen (tietoja antava) informative
informoida (tiedottaa, antaa tietoja) inform, apprize
infrapunakauko-ohjain infrared remote (control)
infrastruktuuri (perusedellytykset) infrastructure
infuusio (nesteensiirto) infusion
ingressi (alku) ingress, (lehtikirjoituksen) lead, introduction
inhalaatio (sisäänhengittäminen) inhalation
inhalaattori (lääkesumutin) inhalator
inherenssi (sisältyminen johonkin) inherence
inherentti (kiinteästi johonkin kuuluva) inherent
inheritanssi (perinnöllisyys, perintö) inheritance
inhibiittori (estävä tai hidastava aine) inhibitor
inhibitio (estäminen, esto) inhibition
inhibitorinen (estävä) inhibitory
inhimillinen 1 (ihmiseen liittyvä) human **2** (ihmisystävällinen) humane, humanitarian **3** (siedettävä) reasonable, decent *soittaa inhimilliseen aikaan* call at a decent hour
inhimillisesti human(e)ly
inhimillisyys humanity, humaneness; reasonableness, decency
inho disgust, revulsion, loathing
inhota loathe, detest, abhor
inhoten with disgust/loathing/revulsion
inhottaa disgust, revolt, repel
inhottava disgusting, revolting, repulsive, loathesome, abhorrent

inhotushoito aversion therapy
ininä whine, whining
inistä whine
inka Inca
inkivääri ginger
inkkari (ark) Injun
inklinaatio (taipumus) inclination
inkluusio (sisällyttäminen) inclusion
inkognito (tuntemattomana) incognito
inkoherenssi (epäyhtenäisyys) incoherence
inkoherentti (epäyhtenäinen) incoherent
inkomparaabeli (ei-verrattavissa oleva) incomparable
inkompatibiliteetti (yhteensopimattomuus) incompatibility
inkompatiibeli (yhteensopimaton) incompatible
inkompetenssi (epäpätevyys) incompetence
inkompetentti (epäpätevä) incompetent
inkongruenssi (taivutuksen mukautumattomuus) incongruence
inkongruentti (taivutukseltaan mukautumaton) incongruent
inkonsekvenssi (epäjohdonmukaisuus) inconsequence
inkonsekventti (epäjohdonmukainen) inconsequent
inkonsistenssi (epäyhtenäisyys) inconsistency
inkonsistentti (epäyhtenäinen) inconsistent
inkontinenssi (virtsan pidätyskyvyttömyys) incontinence
inkoordinaatio (yhteistoiminnan häiriö) incoordination
inkorporaatio (yhdistäminen) incorporation
inkorporoida (yhdistää) incorporate
inkorrekti (epähieno, virheellinen) incorrect
inkriminaatio (rikoksesta syyttäminen) incrimination
inkubaattori (keskoskaappi) incubator
inkvisitio (roomalaiskatolisen kirkon tuomioistuin) Inquisition
inkvisitorinen (ankarasti tutkiva) inquisitorial

in-line-rullaluistimet in-line skates, (ark) roller blades
innoissaan enthusiastic, full of enthusiasm/passion
innoite inspiration
innoittaa inspire
innoittua get/be inspired
innoitus inspiration
innokas 1 eager, keen, enthusiastic 2 (intohimoinen) passionate, fervent, ardent 3 (kiihkomielinen) zealous, fanatic
innokkaasti eagerly, keenly, enthusiastically, with enthusiasm, passionately, with passion, fervently, with fervor, ardently, with ardor, zealously, fanatically (ks innokas)
innostaa inspire, encourage, motivate
innostava inspiring, stirring, rousing
innostua get/feel/be(come) excited/inspired/enthusiastic (about); (ark) enthuse (over); (liikaa) get carried away
innostuksissaan enthusiastic, full of enthusiasm/passion
innostunut enthusiastic, eager, passionate
innostus excitement, inspiration, enthusiasm
innota enthuse, effuse, gush
innoton listless, apathetic, indifferent
innovaatio (uudistus) innovation
innovaattori (uudistaja) innovator
innovoida (uudistaa) innovate
inorgaaninen (epäorgaaninen) inorganic
insania (mielisairaus) insanity
inseminaatio (siitos) insemination
insesti (sukurutsaus) incest
insidenssi (tapaus) incidence
insinuaatio (vihjaus) insinuation
insinööri engineer
insinööriajo driving test
insinööritoimisto engineering firm
insolvenssi (maksukyvyttömyys) insolvency
insolventti (maksukyvytön) insolvent
inspektio (tarkastus) inspection
inspiraatio inspiration
inspiroida inspire
inspiroitua be inspired

installaatio (asennus, asennettu taideteos) installation
installoida (asentaa) install
instanssi (oikeusistuin) court, (viranomainen) authority *vedota korkeampaan instanssiin* appeal to a court of higher instance
instantti (pikainen) instant
institutionaalinen (laitostunut) institutional
institutionaalistua (laitostua) be(come) institutionalized
instituutio (yhteiskunnallinen laitos) institution
instituutti oppi-/tutkimuslaitos institute
instruktiivi (sijamuoto, esim. sormin) instructive
instruktiivinen (opettavainen) instructive
instruktio (ohje) instruction
instrumentaalimusiikki instrumental music
instrumentaalinen (välineeseen tai soittimeen liittyvä) instrumental
instrumentointi (soitinnus, kojeistus) instrumentation
instrumentti (väline, soitin) instrument
insuffisienssi (riittämättömyys) insufficiency
insuffisientti (riittämätön) insufficient
insulaarinen (eristynyt) insular
insulaatio (eristys) insulation
insuliini (haiman erittämä hormoni) insulin
insultoida (loukata) insult
intakti (ehjä) intact
integraalinen (yhtenäinen) integral
integratiivinen (yhdentävä) integrative
integriteetti (aitous, eheys) integrity
integroida (yhdentää) integrate
integrointi integration
integroitua (yhdentyä) integrate
integroitu piiri integrated circuit, IC
integroitu vahvistin integrated amplifier
intellekti (äly) intellect
intellektuaalinen (älyllinen) intellectual
intellektualismi (älyn korostaminen) intellectualism
intellektuelli (älykkö) intellectual; (ark) brain, egghead
intelligenssi 1 (äly) intelligence 2 (älymystö) intelligentsia
intelligentsija (älymystö) intelligentsia
intelligentti (älykäs) intelligent
intendentti 1 (esimies, tiede-/taidelaitoksen johtaja) supervisor, superintendent 2 (museossa) curator 3 (laivassa) purser
intensiivinen (voimakas) intensive
intensiteetti (voimakkuus) intensity
intentio (tarkoitus) intention
intentionaalinen (tarkoituksellinen) intentional
interaktiivinen interactive
interaktio interaction
interferenssi (häiriö, häiritsevä vaikutus) interference
interferoni (vastustuskykyä lisäävä valkuaisaine) interferon
interiööri (sisäpuoli) interior
interjektio (huudahdus) interjection
interkontinentaalinen (mannertenvälinen) intercontinental
interludi (välisoitto) interlude
intermissio (väliaika) intermission
internaatti 1 (sisäoppilaitos) boarding school 2 (oppilasasunto) dormitory
internationaali 1 (järjestö) International 2 (laulu) the Internationale
internationaalinen (kansainvälinen) international
Internet the Internet, the web
Internetin käyttäjä netizen
Internet-kahvila Internet cafe
Internet-yritys dotcom
internisti (sisätautilääkäri) internist
internoida (sulkea sodan ajaksi eristysleiriin) intern
interpolaatio (puuttuvan tiedon päätteleminen) interpolation
interpoloida (päätellä puuttuva tieto) interpolate
interpreetti (tulkki) interpreter
interpretaatio (tulkinta) interpretation
interpretatiivinen (tulkitseva) interpretive
interrailkortti Interrail/Eurail pass
interreilaaja Interrail/Eurail traveler

interreilata travel around Europe on an Interrail/Eurrail pass
interrogatiivinen (kysyvä) interrogative
intersektio (leikkauspiste) intersection
interstellaarinen (tähtien välinen) interstellar
intersubjektiivinen (yksilöiden välinen) intersubjective
intervalli (kahden sävelkorkeuden väli, väliaika) interval
intervenoida (sekaantua toisen asioihin) intervene
interventio (sekaantuminen toisen asioihin) intervention
Intia India
intiaani (American) Indian, Amerindian, Native American
intiaaniheimo Indian tribe
intiaanikesä Indian summer
intiaanipäällikkö Indian chief
intiaanitanssi Indian (war) dance; (kuv) wild dancing
intiaaniteltta tepee
intialainen s, adj Indian
intianlentäväkoira (lepakko) 1 flying fox 2 giant fruit bat
intianmakaki (eläin) bonnet macaque
intiimi intimate; (läheinen) close, cozy
intiimisuhde intimate relations
intimiteetti (läheisyys) intimacy
intimiteettisuoja privacy *loukata intimiteettisuojaa* invade someone's privacy
into 1 eagerness, enthusiasm *innoissaan* excited, enthusiastic, bursting with enthusiasm 2 (intohimo) passion, fervor, ardor 3 (kiihko) zeal, fanaticism
intohimo passion; (into) fervor, zeal; (äärimmäinen) mania
intohimoinen passionate
intoilija enthusiast, (harrastaja) devotee, (kiihkoilija) fanatic
intoilla enthuse (over), get excited/enthusiastic (about), get carried away (by)
intoilu enthusiasm; (kiihkoilu) zealotry, fanaticism
intoleranssi (suvaitsemattomuus) intolerance
intolerantti (suvaitsematon) intolerant
intomielinen enthusiastic, eager, keen
intonaatio (puhemelodia) intonation
intransitiivinen (ilman objektia esiintyvä) intransitive
intresantti (mielenkiintoinen) interesting
intressi (etu, pyyde) interest *Yhdysvaltain intressit Lähi-idässä* US interests in the Middle East
intrigantti (juonittelija) intriguer, conniver
intrigi (juonittelu) intrigue
intrigoida (juonitella) intrigue
intrikaatti (mutkikas) intricate
intrinsinen (johonkin olennaisesti liittyvä) intrinsic
introduktio (johdanto) introduction
introdusoida (johdattaa, esitellä) introduce
introspektiivinen (itseään havaitseva) introspective
introspektio (itsehavainnointi) introspection
introversio (sulkeutuneisuus) introversion
introvertti (sisäänpäin kääntynyt) introvert
intti (ark) army
inttää 1 insist, assert (dogmatically), refuse to back down/compromise 2 (väittää vastaan) argue/answer back; (ark) backtalk, give someone lip
intuitiivinen (vaistonvarainen) intuitive
intuitio (vaistonvarainen tajuaminen) intuition
invaasio (hyökkäys) invasion
invalidi (vammainen) invalid, disabled person (mon) the disabled
invalidisoida disable
invalidisoitua become disabled
invaliditeetti disability
invarianssi (muuttumattomuus) invariance
invariantti (muuttumaton) invariant
invasiivinen (ympäristöönsä tunkeutuva) invasive
invataksi disabled taxi, taxi for disabled
inventaari inventory
inventio (keksintö) invention

inventoida (tehdä inventaari) make/take inventory, take stock
inversio (toisinpäin kääntäminen) inversion
invertoida (kääntää toisinpäin) invert
investigaatio (tutkimus) investigation
investoida invest
investoija investor
investointi investment
investointipankki investment bank
investointirahasto investment fund
invitaatio (kutsu) invitation
invokaatio (avuksi huutaminen) invocation
ioni (sähköisesti varautunut atomi) ion, (negatiivinen) anion
ipana kid, brat
Irak Iraq
irakilainen s, adj Iraqi
Iran Iran
iranilainen s, adj Iranian
Irlanti Ireland
irlantilainen s Irishman, Irishwoman *irlantilaiset* the Irish
ironia (epäsuora iva) irony, (pilkka) sarcasm
ironikko ironist
ironinen (epäsuoran ivallinen) ironic, (pilkkaava) sarcastic
ironisoida speak/write ironically
irradiaatio (säteily) irradiation
irrallaan 1 (irti) loose, free *Hän pitää hiuksiaan irrallaan* She wears her hair loose, lets her hair hang loose/down, leaves her hair undone/unfastened 2 (muista erillään) separate(ly), apart, in isolation *käsitellä aihetta muista irrallaan* deal with a matter separately, apart from the others, in isolation
irrallinen 1 (irtonainen) loose, free, detached, unfastened 2 (irrotettava) detachable, (liikkuva) moving, movable *irrallinen pääoma* floating capital 3 (erillinen) separate, isolate(d), discrete 4 (hajanainen) scattered, fragmented, un-/disconnected 5 (vakiintumaton) loose, easy, unattached *irrallisia sukupuolisuhteita* promiscuous/loose sexual relations, casual sex *irrallisia ihmisiä* drifters, outsiders

irrationaalinen (järjetön) irrational
irreaalinen (epätodellinen) unreal
irregulaarinen (epäsäännöllinen) irregular
irregulaarius (epäsäännöllisyys) irregularity
irrelevanssi (epäolennaisuus) irrelevance
irrelevantti (epäolennainen) irrelevant
irreparaabeli (korjaamaton, korvaamaton) irreparable
irrigaatio (kastelu, huuhtelu) irrigation
irritaabeli (ärtynyt) irritable
irritaatio (ärtymys) irritation
irritabiliteetti (ärtyvyys) irritability
irritamentti (ärsyke) irritant
irrota come loose/free/off/open/out/undone/unfastened/unstuck jne. *Tuo tuoli irtoaa varmasti satasella* I bet you can get that chair for a C-note
irrotella 1 (irrottaa) loosen, let loose, free, unfasten, undo 2 (huvitella) let/cut loose, throw off your chains/yoke, live it up, turn over the traces
irrottaa 1 loosen, free, detach, unfasten, undo *En voinut irrottaa katsettani sinusta* I couldn't take my eyes off you 2 (jarru) release, (kytkin) disengage, (puhelin seinästä) disconnect
irrottaa ote let go of, loosen/break your grip on
irrottautua break loose/free/away, free/release/liberate/disengage yourself
irrotus detachment
irstailla live a loose/dissolute life, live a life of debauchery
irstailu debauch(ery), lechery
irstas 1 (elosteleva) debauched, dissolute, dissipate 2 (hillitön) profligate, libertine, licentious 3 (himokas) lustful, lewd, wanton
irstaus dissolution, debauchery
irtaimisto movable(good)s, personal property
irtain loose *irtain omaisuus* movable/personal property
irtautua 1 (irrota) come/get/break loose, come off/out 2 withdraw, retreat (erota) break away/off, split off *irtautua hanka-*

lasta suhteesta get out of a difficult relationship
irtautuminen loosening, detachment, withdrawal, retreat, separation, liberation
irti 1 (irronnut) off, unfastened/-done/-screwed jne *Tämä nappi lähti irti* This button came off *päästää irti* (hellittää) let go (of something) **2** (erillään, erilleen) off, out *Pidä sormesi irti tästä!* Keep your mitts off this, you stay out of this! *En saanut katsettani irti hänestä* I couldn't take my eyes off him **3** (irtoamaisillaan) loose *Minulla on yksi hammas irti* I've got a loose tooth **4** (valloillaan) on the loose, at large *Nyt on piru irti!* All hell has broken loose! Now the fat's on the fire! *päästää irti* (vapauttaa) (set) free, liberate, let (someone) go *päästä irti* break/get free/loose/away **5** (vapaana) free, clear, away *pysytellä irti jostakusta* stay/keep clear/away from someone *irti maasta* carefree **6** *ottaa ruuvi irti* take off, detach, unscrew *ottaa kaikki irti jostakin* get whatever you can (out of something), make the most/best of something **7** *saada naula irti* get a nail out *saada tekstistä/aiheesta jotain irti* get something out of a text/subject *Saatko tästä mitään irti?* Can you make anything of this? *saada itsestään niin paljon irti että* find the energy to do something, get around to doing something *ei saada miehestään mitään irti* not get your husband to tell you something, not get a word out of him **8** *sanoa irti* (työntekijä) dismiss, give notice to; (ark) fire, sack; (sopimus) cancel, discontinue; (ystävyys) break off relations (with someone) **9** *sanoutua irti* (työstä) resign, hand in your resignation; (ark) quit; (vastuusta) disclaim (all responsibility), dissociate yourself (from a bad situation) **10** *Irti tupakasta/viinasta!* Kick the (smoking/drinking) habit! *Irti ennakkoluuloista!* Away with prejudices!

irtisanoa 1 (työntekijä) dismiss, give notice to; (ark) fire, sack **2** (sopimus) cancel
irtisanominen 1 (työntekijän) dismissal, notice; (ark) the sack **2** (sopimuksen) cancellation
irtisanoutua quit
irtohiekka loose sand
irtokirjake (single) type
irtokivi loose/broken rock, pebble
irtolainen vagrant, drifter, tramp
irtolaisuus vagrancy
irtolaisväestö drifters
irtonainen loose *irtonainen nappi* loose button *irtonaiset lihakset* loose/relaxed muscles *irtonaisia kolikoita* loose/small change *irtonaisia sukupuolisuhteita* loose/promiscuous sexual relations, casual sex
irtonumero newsstand copy
irtonumeromyynti newsstand sales
irtotakki sport(s) jacket, (UK) blazer
irtovalikko (tietok) tear-off menu
irvailla 1 (irvistellä) jeer, sneer **2** (ivailla) mock, scoff
irvailu jeering, sneering, mocking, scoffing
irvessä *hampaat irvessä* with/through clenched teeth, clenching your teeth, with set jaw, with your jaw set *suu irvessä* with a smirk/sneer
irvikuva (ihmisen) caricature, (aatteen tms) travesty
irvileuka s **1** (pilkkaaja) scoffer, mocker **2** (vitsiniekka) joker, jokester, comedian; (ark) wag, cutup adj **1** (pilkkaava) scoffing, mocking **2** (vitsaileva) joking, comic
irvistellä 1 (irvistää) grimace, make faces/a face **2** (irvailla) mock, scoff, sneer, jeer
irvistys grimace
irvistää 1 (ihminen) grimace, make faces/a face **2** (koira) bare its teeth **3** (kenkä tms) gape
irvokas grotesque
isi (ark) Dad, Daddy, Papa, Pops
iskelmä hit (song), pop song/tune
iskelmälaulaja pop singer
iskelmämusiikki pop music

iskevä 1 (ytimekäs) pithy, trenchant, (lyhytsanainen) concise **2** (sattuva) apt, apposite, to the point **3** (tehokas) effective, powerful, striking **4** (sanavalmis) articulate

iskevästi pithily, trenchantly, concisely, aptly, appositely, effectively, powerfully, strikingly, articulately (ks iskevä)

iskeytyä hit/strike/smash (against/on), (törmätä) crash (into) *iskeytyä kiinni johonkin* grab (onto), seize, snatch (up)

iskeä hit, strike; (nyrkillä) punch, slug; (kämmenellä) slap; (veitsellä) stab; (vasaralla) hammer *Flunssaepidemia iski keväällä* The flu epidemic struck in spring *Häneen iski kauhea epäluulo* He was assailed by mind-numbing doubts *iskeä päänsä* hit/bump/bang your head (on something) *iskeä sääriluunsa* bark your shin *iskeä säpäleiksi* smash into (a million) pieces, into smithereens *iskeä tietoa päähän* drum something into your head *iskeä suoraan asiaan* get right to the point

iskeä hampaansa johonkin sink your teeth into something

iskeä kiinni johonkin snatch/grab at, (tilaisuuteen) jump at

iskeä kipinää strike a spark

iskeä kirvestä kiveen miss the mark, spit into the wind

iskeä kyntensä johonkin seize, snatch, grab, snap up; pounce on

iskeä kätensä paskaan step in shit, fuck/foul/mess up

iskeä naulan kantaan hit the nail on the head

iskeä päätään seinään keep beating your head against the wall

iskeä silmänsä johonkin have your eyes on, set your heart on

iskeä silmää jollekulle wink at someone

iskeä tarinaa (ark) shoot the breeze/bull

iskeä tulta strike a light

iskeä tyttö pick up a girl

iskeä yhteen 1 (suullisesti: huutaen) have a shouting match, scream at each other, (väitellen) clash **2** (fyysisesti) come to blows, have at each other **3** (kilpailla) have it out *Maailman kaksi huippujuoksijaa iskivät yhteen 1500 metrillä* The world's two greatest runners had it out in the 1500 meter race **4** (autoilla) crash, collide

iskostaa din/drum (something into your head) *iskostaa kansaan uusi oppi* indoctrinate the populace

iskostua (jäädä mieleen) be engraved/imprinted/stamped (on your mind/memory), impress itself (on you)

isku 1 blow, stroke; (nyrkillä) punch; (kämmenellä) slap; (veitsellä) stab; (viilto) cut *salaman/kohtalon isku* stroke of lightning/fate *Vaimon kuolema oli hirvittävä isku* His wife's death was a terrible blow *lyödä kaksi kärpästä yhdellä iskulla* kill two birds with one stone **2** (männän isku) stroke, (sähköisku) (electric) shock (myös kuv) **3** (sot) attack, strike **4** (lentopallossa) spike **5** (mus) accent, (run) stress **6** *silmän isku* wink

iskujoukko strike force, commando unit; (hist) storm troops; (mon) commandos, (hist) storm troopers

iskulause motto, slogan

iskunkestävä shock-resistant/-proof

iskunvaimennin shock absorber

iskuri (tekn) striking/firing pin

iskusana slogan, catchword

iskutilavuus displacement

isku vyön alle a blow below the belt

iskä (ark) Dad, Daddy, Papa, Pops

islam Islam

islamilainen s Islamite adj Islamic

islaminuskoinen s Islamite adj Islamic

Islanti Iceland

islantilainen s Icelander adj Icelandic

iso 1 big, large *iso nainen* (pitkä ja tukeva) big/big-boned/large woman *iso joukko miehiä* a lot of men, a whole bunch of men **2** (suuri, suurenmoinen) great, (suurellinen) grand *iso pamppu* (ark) big cheese *isot eleet* grand gestures **3** (pitkä) tall, long *iso nainen* (pitkä ja sopusuhtainen) tall woman *isoon aikaan* for a long time **4** (kirjain) capital *kirjal-*

lisuus isolla K:lla Literature with a capital L
Iso-Britannia Great Britain, United Kingdom
isohaukkakehrääjä common nighthawk
isoisä grandfather; (ark) grandpa(pa), gramps
isokenkäinen (ark) big shot, bigwig, VIP; (sot, mon) the brass
isokihu (lintu) great skua
iso kirjain capital letter
isokokoinen big, large(-sized), (pitkä) tall
isolaatio (eristys) isolation
isolaatti (eristäytynyt ryhmä/henkilö) isolate
isolationismi (eristäytymispolitiikka) isolationism
isolepinkäinen northern shrike
isoloida (eristää) isolate
isomahainen pot-/beer-bellied
Ison-Britannian ja Pohjois-Irlannin yhdistynyt kuningaskunta United Kingdom of Great Britain and Northern Ireland
isonlainen on the big/large size, biggish, largish, sizable
isonpuoleinen on the big/large size, biggish, largish, sizable
isontaa 1 enlarge, make bigger/larger **2** (paisuttamalla) expand, swell **3** (lisäämällä) augment, amplify **4** (pituussuunnassa) lengthen, elongate **5** (leveyssuunnassa) widen, broaden
isopihtihäntä (eläin) earwig
isorokko smallpox
isorokkoepidemia smallpox epidemic
isosetä great-uncle
isosisko big/older sister
isotaskurapu edible crab
isotella talk big, boast; (ark) brag, crow
isotäti great-aunt
iso vaihde päällä in high gear
isovanhemmat grandparents
isovarvas big toe
isoveli big/older brother *Isoveli valvoo* Big Brother is watching you
isoveli valvoo Big Brother is watching
isoverenimijä (lepakko) vampire bat

isoäiti grandmother; (ark) grandma(ma), gran(ny)
Israel Israel
israelilainen s, adj Israeli, (hist/raam) Israelite
istahtaa sit down (for a moment/second), (ark) plop/plump down (suddenly)
istua 1 (olla istumassa) sit *istua suorassa* sit up (straight) **2** (istua alas) sit down *Istu!* (ihmiselle) Have a seat! Sit down! (koiralle) Sit! **3** (olla vankilassa) do time **4** (vaatteet) sit, fit **5** (lintu) perch **6** (eduskunta) be in session
istua iltaa spend the evening
istua kahdella tuolilla straddle the fence
istua kuin valettu fit like a glove
istua kädet ristissä sit on your hands, twiddle your thumbs
istualla (in a) sitting (position)
istualla(an) sitting, (while) seated
istua tulisilla hiilillä be on tenterhooks, be on pins and needles
istuin 1 seat *lapsen turvaistuin* child's car seat **2** (korkea virka) chair, (valtaistuin) throne, (paavin istuin) Papal/Holy See
istuja *yksin istuja* a person sitting alone *puussa istuja* a person sitting in a tree
istukka 1 (kohdussa) placenta **2** (porakoneessa) chuck, (ventiilissä) conduit, sleeve
istumajärjestys seating arrangement
istumalakko sit-down strike; sit-in
istumalihas (leik) sitting muscle
istumatyö sedentary work
istunnon kaappaus (tietok) session hijacking
istunto 1 (eduskunnan tms) session **2** (spiritistinen) seance, sitting **3** (kokous) meeting, assembly
istuntokausi session, (US ja lak) term
istuntosali 1 (eduskunnan tms) chamber **2** (kokoussali) meeting/assembly hall/room
istuttaa 1 (kasvi) plant, (ruukkuun) pot *istuttaa epäluulo jonkun päähän* plant suspicion in someone's mind **2** (lääk: elin) implant, (siirtää) transplant; (iho) graft; (tauti) inoculate **3** (timantti tms)

itsari

set, fix **4** (panna istumaan) seat, set **5** (koul: jälki-istunnossa) detain, keep (a child) after school, give (a child) detention
istutus 1 planting, potting, sowing **2** *istutukset* plantation; (kukkaistutukset ruukussa) flower arrangements, (maassa) flower bed
istutuslapio planting spade
istuutua sit down, take a seat, be seated; (ark) take a load off (your feet)
istuva 1 (asento) sitting, sedentary **2** (takki tms) well-fitting **3** (viranhaltija) sitting, incumbent, (hallitus) current
isyys fatherhood, paternity
isyysloma paternity leave
isä 1 (lapsen) father; (isi) dad(dy), pa *mennä isiensä tykö* (raam) be gathered to one's fathers **2** (usk) Father *Taivaan Isä* our Father in Heaven *Hyvä isä sentään!* Good Lord! **3** (eläimen) sire **4** (aatteen, hankkeen tms) father, inventor, originator
isähahmo father figure
isällinen fatherly, paternal
isältä pojalle from father to son
isämeidän rukous the Lord's Prayer, (vars katolinen) Paternoster
isänisä paternal grandfather
isänmaa fatherland, native land/country
isänmaallinen patriotic
isänmaallisesti patriotically
isänmaallisuus patriotism
isänmaan puolesta (latinaksi) pro patria
isännöidä manage, run, govern
isännöitsijä manager, superintendent; (ark) super
isänpäivä Father's Day
isäntä 1 (talon, koiran) master, (perheen) head, (maatalon) farmer **2** (liikkeen) owner, proprietor, (hotellin) hotelier, (ravintolan) restauranteur, (majatalon) innkeeper **3** (kutsujen) host **4** (biol: isäntäelimistö) host (organism)
isäntäeliö host (organism)
isäntäkasvi host
isäntämaa host country
isänäiti paternal grandmother
isäpappa daddy, pa, pops

isäpuoli stepfather, stepdad
isätön fatherless
isäukko daddy, pa, pops
italia (kieli) Italian
Italia Italy
italialainen s, adj Italian
italowestern spaghetti Western
iteraatio (toisto) iteration
iteratiivinen (toistava) iterative
iteroida (toistaa) iterate
itikka 1 (hyttynen) mosquito **2** (hyönteinen) insect, (ark) bug
itiö spore
itkeskellä cry, weep, be tearful/weepy
itkettää make you cry, move/drive you to tears *minua itkettää* I feel like crying
itkeä 1 cry, weep; (kyynelehtiä) shed tears; (ulvoa) wail, bawl; (nyyhkyttää) sob; (vetistellä) blubber *Ei asia itkemällä parane* No use crying over spilled milk **2** (surra) grieve/mourn (for) **3** (valitella) lament, bemoan, bewail **4** *laulaa itkuvirttä* wail, keen **5** (tihkua) ooze, drip, weep
itkijä weeper; (itkijänainen) wailer, wailing woman
itku 1 (itkeminen) crying, weeping, wailing, bawling, sobbing, blubbering (ks itkeä) **2** *Kunnon itku auttaa* A good cry will do you good *Itku ei tepsi minuun nyt* Your tears won't sway me this time *Ei auta itku markkinoilla* No use crying over spilled milk *purskahtaa itkuun* burst into tears *Voi itku!* What a shame! **3** (itkuvirsi) lament, dirge
itku ja hammasten kiristys weeping and gnashing of teeth
itkujen kevät *Voi itkujen kevät!* Oh no!
itku kurkussa choked up (with tears), on the verge of tears/crying
itkunpuuska fit of crying/weeping, crying jag
itkunsekainen tearful
itkupaju weeping willow
itkupilli crybaby
itkussa silmin with tearful eyes, with eyes teared up, with tears in your eyes, eyes brimming with tears
itkuvirsi lament(ation), dirge
itsari (ark) suicide

itse

itse s self *sisäinen itse* inner self *näyttää omalta itseltään* look like your old/real/true self *mennä itseensä* take a good/close look at yourself *ottaa itseensä* take offense, take it personally *täynnä itseään* full of himself, conceited, (ark) stuck up pron **1** *minä/sinä/hän/se/me/te/he itse* myself, yourself, himself, herself, itself, ourselves, yourselves, themselves *Pidähän huolta itsestäsi!* Take care of yourself! *Olen tehnyt sen itse* I made it myself **2** *Hän on itse huomaavaisuus* He's the very soul of thoughtfulness, thoughtfulness personified **3** *juosta itsensä väsyksiin* run till you drop *riisua itsensä* undress (yourself) *nauraa itsensä kipeäksi* bust a gut, split your sides, laugh till it hurts, laugh yourself silly **4** *paikalla itse* there in person

itse asiassa as a matter of fact, in fact, actually
itsehallinto self-government
itsehedelmöitys self-fertilization
itsehillintä self-control
itseihailu self-admiration
itseinho self-hatred/-loathing/-disgust
itseisarvo 1 its own justification, its own raison d'etre, end in itself **2** (mat) absolute value
itseiva self-irony
itsekannattava self-supporting
itsekeskeinen self-centered, egocentric, egotistic
itsekeskeisyys self-centeredness, egocentricity, egotism
itsekidutus self-torture
itsekkyys selfishness
itsekkäästi selfishly
itsekorostus self-assertion
itsekritiikki self-criticism
itsekseen to yourself
itse kukin each of us/them, each (and every) one
itsekunnioitus self-respect
itsekuri self-discipline
itsekustanne self-published book, vanity edition
itsekäs selfish
itselataava ohjelma (tietok) bootstrap program
itselleen porsas kiusaa tekee, kun purtilonsa kaataa that's cutting off your nose to spite your face
itsellinen self-sufficient, (työssä) self-employed, freelance
itseluottamus self-confidence
itsemurha suicide
itsemurhayritys suicide attempt
itsemääräämisoikeus autonomy
itsensäpaljastaja exhibitionist
itsensäpaljastaminen exhibitionism
itsensä tähden for your own sake
itsenäinen 1 (maa) independent, autonomous, sovereign **2** (ihminen taloudellisesti) financially independent, self-supporting **3** (tutkimus tms) original
itsenäistyä become independent; (lapsi) mature, grow up, (kerralla) break away (from your parents); (maa) gain independence, be liberated
itsenäisyys independence
itsenäisyysjuhla independence celebration
itsenäisyysliike independence movement
itsenäisyyspäivä (US) Fourth of July, Independence Day
itsenäisyystaistelu battle for/war of independence
itseohjautuva self-guided
itseoikeutettu (jäsen) ex officio, (vallan ottanut johtaja) self-appointed, (vallan saanut) natural
itseoppinut self-taught
itsepalvelu self-service
itsepalvelukahvila self-service cafeteria
itsepalvelumyymälä self-service store
itsepetos self-deception/-delusion
itsepintainen ks itsepäinen
itsepoiminta U-pick
itsepuolustus self-defense
itsepuolustusvaisto instinct to defend yourself
itsepäinen stubborn, obstinate; (moite) pig-/bull-headed, mulish; (ylistys) determined, uncompromising
itsepäisesti stubbornly, obstinately, pig-/bull-headedly, like a mule, full of

iätön

determination, uncompromisingly
itserakas vain, conceited
itseriittoinen self-sufficient
itsesensuuri self-censorship
itsessään in (and of) itself, as such
itsestään by itself, on its own, of its own accord
itsestäänselvyys matter of course, self-evident truth; (latteus) truism
itsestään selvä self-evident *Se on itsestään selvää* That goes without saying, that's obvious/self-evident
itsesuggestio autosuggestion
itsesuojeluvaisto instinct to protect yourself
itsesääli self-pity
itsetarkoitus end in itself
itsetehostus self-assertion
itsetietoinen 1 (ylimielinen) self-important, conceited **2** (määrätietoinen) self-assertive, self-confident **3** (tietoinen) aware, conscious
itsetietoisuus self-importance, conceit, self-assertiveness, selfconfidence, awareness, consciousness (ks itsetietoinen)
itsetoimiva automatic
itsetuntemus self-knowledge
itsetunto self-esteem
itsetutkistelu introspection, self-examination
itsetyydytys masturbation
itsetyytyväinen self-satisfied, smug
itsetyytyväisyys smugness, self-satisfaction
itsevaltainen autocratic, despotic, dictatorial
itsevaltias s despot, dictator, absolute ruler adj autocratic
itsevaltius autocracy, despotism
itsevarma (hyvänä pidetty) self-confident; (pahana) cocky, cocksure
itsevarmasti (ylistää) self-confidently, (moittia) cockily
itseään täynnä full of yourself
itu 1 (kasv) shoot, (perunan) sprout **2** (lääk taudinaiheuttaja) germ **3** (kuv) germ, bud *ajatuksen itu* the germ of an idea *taiteilijan itu* a budding artist
itä 1 east *Helsingistä itään* east of Helsinki **2** (itäryhmä) the Eastern bloc **3** (Aasia) the East, the Orient *Kaukoitä* the Far East *Lähi-itä* the Middle East
itäauto car made in the Eastern bloc
Itä-Berliini East-Berlin
Itä-Eurooppa eastern Europe
itäeurooppalainen eastern European
itäinen east(ern), (tuuli, ranta) easterly
itämaalainen Oriental
itämaat the Orient
itämainen Oriental, Eastern
itämerenmaat the Baltic countries
Itämeri the Baltic (Sea)
itäminen germination, sprouting
itämisaika 1 (kasv) germination period **2** (lääk) incubation period
itäosa eastern end/part/section *kaupungin itäosa* the East End
itärannikko East Coast
itäryhmä Eastern Bloc
itäsakalainen s, adj East German
Itä-Saksa East Germany
itäsuomalainen s Eastern Finn adj Eastern Finnish
itätuuli east(erly) wind
Itävalta Austria
itävaltalainen s, adj Austrian
itää 1 (siemen) germinate, (peruna) sprout **2** (kuv) develop, grow, take shape/form *Kauneimmat laulut ovat itäneet surusta* The most beautiful songs grow out of sorrow, are nourished by sadness
iva sarcasm, ridicule, mockery *joutua ivan kohteeksi* be made a laughing-stock *kohtalon iva* the irony of fate
ivallinen sarcastic, mocking
ivata ridicule, mock, jeer, satirize
iäinen eternal, everlasting
iäisyys eternity
iäisyyskysymys eternal/ultimate question
iäkäs aged, elderly
iänikuinen 1 (muinainen) ancient **2** (iäinen) eternal
iäti (for)ever, eternally
iät ja ajat ages and ages, eons
iät kaiket forever (and ever)
iät päivät forever (and ever)
iätön ageless

J, j

ja and
jaa 1 hmm, let's see *Jaa, en tiedä* Hmm, I don't know about that **2** (jaa-ääni) yea, (UK) aye *äänestää jaata* cast a yea vote
Jaakko (kuninkaan nimenä) James
jaakobinpaini inner struggle
Jaakobin tikapuut Jacob's ladder
jaardi yard
jaaritella ramble/drone on (and on about nothing)
jaarittelija (puhuu paljon) big talker, (ei lopeta) motormouth, (tylsä) bore
jaarittelu yarn-spinning
jaarli earl
jaava (kieli) Javanese
Jaava Java
jaavalainen Javanese
jae 1 (raam) verse **2** (mat) fraction
jaella distribute, dispense, pass/hand/dole out
jaha so, is that so, is that a fact
jahdata hunt, chase, pursue (myös kuv)
jahka as soon as, (kun) when
jahkailla hesitate, waver, vacillate; (ark) shillyshally
jahti 1 (metsästys) hunt *lähteä sorsajahtiin* go duck hunting **2** (laiva) yacht
jakaa 1 (osiin, ryhmiin, luokkiin) divide (up), split *jakaa neljä kahdella* divide four by two *Jakakaa tämä kakku kristillisesti teidän kaikkien kesken* Divide this cake (up) evenly (so that each of you gets a fair share), share this cake evenly (ks seuraavaa) **2** (jonkun kanssa) share *jakaa ilot ja surut jonkun kanssa* share your joys and sorrows with someone *jakaa hytti jonkun kanssa* share a cabin with someone **3** (kaikille) distribute, dispense, pass/hand/dole out; (kortteja) deal; (postia) deliver *jakaa tietoa* dispense knowledge/wisdom *jakaa palkintoja* give/hand out awards *jakaa köyhille* distribute (money/goods) to the poor
jakaa arvalla allot
jakaa ehtoollinen give communion, administer the sacrament
jakaa kahtia divide/split/cut in half, halve
jakaa kortit deal
jakaa käskyjä give orders, hand out orders
jakaa neuvoja hand out (free) advice, advise
jakaa oikeutta dispense justice
jakaa osiin divide (something) up
jakaa osinkoa pay dividends
jakaa sana (rivin lopussa) hyphenate
jakaa tasan divide (up) equally/fairly, share and share alike
jakaja 1 (huoneen) divider, partition **2** (jakelija) distributor **3** (korttipelissä) dealer **4** (mat) divisor
jakamaton 1 (ei ole jaettu) undivided, undistributed *jakamatonta huomiota* undivided attention **2** (ei voi jakaa) indivisible
jakauma distribution
jakaus part, (UK) parting
jakautua 1 divide (up), be divided (up), separate, split (up) **2** (haarautua) branch (off), fork **3** (koostua) be composed of, comprise **4** (levitä eri puolille) be distributed *Kapitalistisessa yhteiskunnassa omaisuus ei jakaudu tasaisesti* In capitalist society property is not distributed evenly **5** (kem) decompose, (fys) disintegrate
jakelu distribution, (postin) delivery

jalkalamppu

jakelukustannukset distribution costs
jakelulista (tietok) mailing list
jakeluporras distributor(ship)
jakkara (foot)stool
jakki 1 (eläin) yak **2** (liitin) jack
jakku jacket
jakkupuku (jacket) suit
jako division, distribution *roolien jako* (teatt) casting *pesän jako perillisille* apportionment of the estate to the heirs
jakoavain monkey wrench
jakojäännös remainder
jakolasku division
jakomielinen schizophrenic, (ark) schizo
jakomielisyys schizophrenia
jakomielitauti schizophrenia; (kun mieli on jakautunut useisiin persooniin) multiple personality disorder, MPD
jakorasia switch box
jaksaa 1 (pystyä) have the strength/energy to, be able to; (syömisessä) have room for *jaksaa loppuun asti* stick it out to the end *Koeta jaksaa* Try to keep your end up, try to hang on, keep your chin up *En jaksa enää* I can't go on, I can't take it any longer *En jaksa syödä enempää* I can't eat another bite, I'm stuffed *Hän juoksi minkä jaksoi* He ran as fast/far as he could **2** (jaksella) feel *Miten jaksat?* How do you feel? how are you feeling? how are you getting along?
jaksella feel *Miten olet jaksellut?* How have you been feeling? how have you been getting along/doing?
jakso 1 (kausi) period, time, (ark) spell *tärkeä jakso elämässäni* an important period/time in my life *pitkä poutajakso* long sunny spell **2** (vaihe) phase, stage *tärkeä jakso lapsen kehityksessä* an important stage/phase in a child's development **3** (astr) cycle **4** (osa) part, episode *Tämä Star Trekin jakso on jo nähty* We've already seen this Star Trek episode **5** (tekstin tms paikka) passage, sequence *vaikuttava jakso romaanissa* a powerful passage in/from a novel *huvittava jakso elokuvassa* a funny sequence in a movie **6** (sarja) series, succession

jaksoittain periodically, in periods; (vaiheittain) in stages/phases; (sarjassa) serially; (syklisesti) cyclically
jaksoittainen periodic(al), serial, cyclical
jaksollinen periodic(al), serial, cyclical; (mat) recurring
jaksottaa divide (something) into periods/blocks/phases, periodize *jaksottaa aikansa* chart/map out your time
jaksottua fall into periods/phases
jakutsi (poreallas) jacuzzi
jalan on/by foot, afoot
jalanjälki footprint
jalankulkija pedestrian
jalankulkusilta pedestrian crossing
jalansija footing, foothold
jalat edellä feet first
jalat maassa with both feet on the ground
jalka 1 (jalkaterä) foot *seistä omilla jaloillaan* stand on your own two feet *lähteä jostakin jalat edellä* be carried out (of a place) feet first *olla jalat maassa* have your feet on the ground *vapaalla jalalla* free *nousta väärällä jalalla* get out of bed on the wrong side *toinen jalka haudassa* one foot in the grave *paljain jaloin* barefoot(ed) *laittaa kengät jalkaan* put on your shoes **2** (reisi ja sääri) leg *jalat ristissä* crosslegged, with your legs crossed *ojentaa jalkansa* stretch out your legs *saada jalat alleen* take to your heels **3** (mitta) foot *Jalka on n. 30 cm* A foot is about 30 cm
jalkahiki foot sweat, (lääk) hyper(h)idrosis
jalkahoitaja podiatrist, (UK) chiropodist
jalkahoito (yleensä) foot crare, podiatry, (UK) chiropody; (tietty toimenpide) pedicure
jalkaisin on/by foot, afoot
jalkajakkara footstool
jalkakyykky (kuntoliikkeissä) deep knee-bend, (voimannostossa) squat
jalkakäytävä sidewalk
jalkalamppu floor lamp, (UK) standard lamp

jalkalista

jalkalista base molding
jalkapallo 1 football *eurooppalainen jalkapallo* soccer, (UK) (association) football *amerikkalainen jalkapallo* football, (UK) American football **2** (pallo) football, soccer ball
jalkapalloilija football (soccer) player
jalkapallojoukkue (eurooppalainen) soccer team, (UK) football team, (amerikkalainen) football team
jalkapallo-ottelu football game, (UK) football match
jalkapallopeli football, soccer (ks jalkapallo)
jalkapatikka *mennä jalkapatikassa* walk, go on foot
jalkapeli 1 (pöydän alla) playing footsies **2** (jalkapatikka) *mennä jalkapelillä* go on foot
jalkapohja sole
jalkaprässi leg press
jalkapuu stocks
jalkaterä foot
jalkavaimo mistress, (hist) concubine
jalkavirhe foot fault
jalkaväki infantry
jalkeilla up on your feet (again), up and about, up out of bed
jalkine shoe, (mon) footwear
jalkio pedal(s)
jalkopää foot (of the bed)
jallittaa 1 (petkuttaa) hoodwink, bamboozle, gull, con **2** (harhauttaa) fake
jallitus 1 (petkutus) sting, con, rip-off **2** (harhautus) fake
jalo 1 (uljas) noble, great, illustrious *jalo ritari* noble/glorious knight **2** (ylevä) lofty, elevated, sublime *jalo ajatus* sublime thought **3** (siveellisesti ihailtava) virtuous, upright, high-principled/-minded *jalo teko* virtuous/noble deed **4** (epäitsekäs) selfless, altruistic *jaloa työtä* unstinting/self-sacrificing/noble work **5** (laadultaan arvokas) precious *jalot metallit* precious metals
jaloissa underfoot, in the way
jaloitella stretch your legs, walk around; (hevosta tms) exercise
jalokaasu inert gas
jalokivi jewel, gem, precious stone
jalokiviseppä jeweler
jaloluonteinen noble, great-hearted
jalometalli precious metal
jalomielinen noble, high-minded
jalontaa graft
jalopeura lion
jalorotuinen purebred, (hevonen) thoroughbred, (koira) pedigreed
jalostaa 1 (aineita) refine **2** (eläimiä) breed **3** (kasveja) cultivate, (puita oksastamalla) graft **4** (ihmisen henkistä olemusta) refine, cultivate
jalostamaton unrefined, raw
jalostamo refinery
jaloste finished/processed product
jalostua become (more) refined/cultured/cultivated
jalostus refinement, breeding, cultivation
jalosukuinen noble, high-born
jalus sheet
jalusta 1 (kanta: patsaan) pedestal, (lampun tms) base *nostaa jalustalle* put on a pedestal *laskeutua alas jalustalta* come down off your high horse **2** (kivijalka) (concrete/stone) basement/foundation **3** (jalka: lampun) holder, (kynttilän) candlestick **4** (teline: taulun) easel, (kameran kolmijalkainen) tripod
jalustin 1 (satulassa) stirrup **2** (korvassa) stirrup-bone
Jamaika Jamaica
jamaikalainen s, adj Jamaican
jamassa *hyvässä jamassa* looking good, shaping up well, in good shape *huonossa jamassa* looking bad, taking a turn for the worse, in bad shape
jambi iamb
jamit jam (session)
jammata jam
jamssi yam, sweet potato
jana (line) segment
jang ja jin yin and yang
ja niin edelleen and so on (ei lyhennetä), et cetera (etc.)
ja niin poispäin and so on, and so forth
jankata harp on, go on about
jankuttaa harp on, go on about *Älä aina jankuta samaa asiaa!* Would you stop harping on that same subject, you're

always going on and on about the same thing, would you lay off that subject for a change?

jankutus harping, nagging; (ark) yackety-yak, blah blah blah

jannu guy, fella

jano thirst (myös kuv) *Minä kuolen janoon!* I'm dying of thirst! *juoda janoonsa* (try to) quench your thirst

janoinen thirsty

janoissaan thirsty *Joi janoissaan suovettä* He was so thirsty he drank from the swamp

janota thirst/hunger after/for

janottaa make thirsty *Helteellä aina janottaa* Hot weather makes you thirsty *Minua janottaa* I'm thirsty

jaollinen divisible

jaosto division, section, department

jaotella divide (up), (luokitella) classify, (ryhmitellä) group

jaoton indivisible *jaoton luku* prime (number)

jaottelu division, (luokittelu) classification, (ryhmittely) grouping

japani Japanese

Japani Japan

japanilainen s, adj Japanese

japsi (halv) Jap

jarmulke (juutalainen kalottipäähine) yarmulke

jarru brake, (kuv) drag, check *lyödä jarrut pohjaan* hit the brakes, slam on the brakes *painaa jarrua* put on the brakes

jarrukenkä brake shoe

jarrupala brake pad

jarrupoljin brake pedal

jarrutehostin power brakes

jarruttaa brake, put/slam on the brakes, hit the brakes

jarrutus 1 (auton) braking, (hidastus) deceleration **2** (hankkeen: viivytys) procrastination, stalling, (hidastuslakko) slowdown strike

jarrutuslakko slow-down strike

jarrutusmatka braking/stopping distance

jarruvalo brake light

ja sillä siisti and that's that, and that's all there is to it

jassoo is that so, is that a fact, really?

jatkaa 1 (tehdä edelleen) continue (doing), keep/go on (doing, with your work) **2** (aloittaa uudelleen) resume, take/pick up (where you left off) *jatkaa keskeytynyttä keskustelua* pick up/resume an interrupted conversation **3** (lisätä toisen puheeseen) add (to), finish (a sentence for someone), pick up (a topic/sentence where someone else left off) **4** (lisätä seokseen) stretch *jatkaa jauhelihaa* stretch hamburger with hamburger helper *jatkaa vedellä* dilute **5** (pidentää) length, extend *jatkaa ihmisikää 50 vuodella* extend human life by 50 years

jatkaa eteenpäin press/push on

jatkaa lukemista read on

jatkaa matkaa proceed on (your way)

jatkaa opintojaan continue your studies, go for a higher degree, stay in school

jatkaa perinnettä carry on a tradition

jatkaa sukua procreate, reproduce, continue the species

jatkaa vedellä dilute

jatkaja successor *Hänestä tuli isänsä työn jatkaja* He continued his father's work, he took over the business from his father (when his father retired), he became his father's successor

Jatkakaa! Go right ahead! Don't let me stop you! (sot) As you were

jatke (talon, tikapuiden) extension, (tien) continuation, (ruoan) stretcher, extender, (hameen) lengthening-piece *jauhelihajatke* hamburger helper

jatko 1 (jatko-osa) sequel, continuation *jatkossa* in the sequel *jatkoa sivulta 37* continued from page 37 **2** (pidennys) extension, prolongation **3** (jatke: hameen) lengthening-piece, (palkan) addition **4** (tuleva elämä) future *Hyvää jatkoa!* All the best! Keep up the good work! *jatkossa* in (the) future, next time **5** *pyrkiä jatkoon* (jatko-opiskelu) apply to continue your education (at the next level) *pyrkiä lukiosta jatkoon* apply for the university *pyrkiä yliopistossa jatkoon* apply for graduate school **6** *lähteä*

jatkoaika

jatkoille go out for another drink, go find another bar *Mennään meille jatkoille* Why don't we all go over to our place for (a few more) drinks?
jatkoaika (urh) (sudden-death) overtime
jatkokappale extension
jatkokertomus serial (story) *julkaista jatkokertomuksena* serialize
jatkokoulutus continuing education, (UK) university extension
jatkokurssi extension course
jatko-opintokelpoisuus graduate school qualifications
jatko-opiskelija grad(uate) student *päästä jatko-opiskelijaksi* get (admitted) into grad(uate) school
jatko-opiskelu (post)graduate education/studies
jatko-osa sequel
jatkosota Continuation War
jatkossa in future
jatkotutkimus follow-up research
jatkovarsi extension
jatkua 1 (kestää) continue, go on, last *Kuinka kauan tämä jatkuu vielä?* How much longer is this going to go on/last? *Näin ei voi jatkua!* We can't go on like this! *Jos tätä menoa jatkuu* If things keep on like this **2** (alkaa uudelleen) (be) continue(d), start again/over *jatkuu* (sarjakuvassa, TV:ssä) (to be) continued *MTV jatkuu hetken kuluttua* MTV will be right back (after these messages) **3** (ulottua) extend, stretch, continue, (joki, katu) run
jatkumo continuum, (jaksotettu) cline
jatkuva 1 (yhtäjaksoinen) continuous, continual, constant *Tuo jatkuva hakkaaminen häiritsee minua* That constant hammering bugs me *jatkuva tilaus* (liik) standing order **2** (pitkitetty) prolonged, extended **3** (ikuinen) perpetual
jatkuvalämmitteinen kiuas continuously heated (sauna) stove
jatkuvasti continuously, continually, constantly, perpetually
jatkuvuus continuity
jatsi jazz
jatsiorkesteri jazz orchestra/band

jauhaa 1 grind, (myllyssä) mill, (murskaamalla) pulverize **2** (syödä) chew *Sinä olet jauhanut tuota purukumia tuntikaupalla* You've been working on that gum for hours now **3** (puhua) harp on, go on about *Älä jauha paskaa* Don't give me that shit
jauhattaa have something ground
jauhatus 1 (jauhaminen) grinding, milling, pulverizing **2** (jauhattu aine) grind
jauhautua be ground (up), (kuv) be chewed up
jauhe powder, flour, (pöly) dust *leivinjauhe* baking powder *puujauhe* wood flour *hiilijauhe* coal dust
jauheliha ground meat/beef/pork/round, (ark) hamburger
jauhesammutin dry power extinguisher
jauho flour, (karkea) meal *Hänellä meni jauhot suuhun* He was speechless, he was struck dumb, he couldn't get a word out
jauhottaa (sprinkle with) flour
jazz jazz
jazzorkesteri jazz orchestra/band
jeeppi Jeep™
jeesata help (out), lend a hand
jeesmies yes-man
Jeesus Jesus
Jeesus-lapsi Baby Jesus, the Christ Child
jeesustella act holier than thou
jeeveli gee, jeez
Jehovan todistajat Jehovah's Witnesses
jehu (ark) boss
jekku trick, gag, practical joke
jekkuilla play tricks, pull a practical joke
jelpata help (out), lend a hand
jelppiä (ark) help (out), lend a hand
Jemen Yemen
jemeniläinen s, adj Yemeni
Jemenin arabitasavalta Yemen Arab Republic
Jemenin demokraattinen kansantasavalta People's Democratic Republic of Yemen
jemma stash
jemmata stash

johtaa

jengi gang, (ystävien) group, crew, posse
jenginuoriso juvenile delinquents, gang-affiliated adolescents
jengitappelu gang war, rumble
jeni yen
jenka thread *Nyt meni jengat* That stripped the threads
jenkeissä in the States, Stateside
jenkka Schottische
jenkki 1 Yank(ee) **2** American car
jenkkilä (ark) the States
jenkkirauta American car
jenkkitukka crew cut
jepari cop, fuzz, pig
jepulis yep, you betcha
jesuiitta Jesuit
jetsulleen (ark) precisely, on the nose/money
jippo (ark) trick, prank, stunt
jKr. A.D. (Anno Domini)
jne etc. (et cetera)
jo 1 already *Tein sen jo* I did that already *Kello on jo 3* It's already 3 o'clock **2** (jo silloin) even, as early as, as far back as *jo silloin* even then *jo eilen* as early as yesterday *jo 1400-luvulla* as far back as the 15th century **3** (jo siellä: jää kääntämättä) *Hän tuli minua vastaan jo pihalla* He met me out in the yard **4** (heti) very, right *jo seuraavana päivänä* the very next day *jo nyt* right now **5** (pelkkä) even, just, very *jo ajatuskin* even/just the thought of it, the very thought of it **6** (painotus: ilmaistaan äänensävyllä) *Jo on ihme ja kumma!* Well this is a fine kettle of fish! *Jo liippasi läheltä!* That was close!
jobinposti bad news
jodi iodine
jodlata yodel
joenhaara fork of a river
joenranta river bank
joensuu river delta
joenuoma river bed
jogurtti yogurt
Johanneksen evankeliumi the Gospel according to John
johdannainen s derivative adj derivative

johdanto 1 (kirjan) introduction, preface, foreword *johdannoksi* by way of introduction **2** (lakitekstin) preamble **3** (musiikkiteoksen) overture
johdatella lead, guide, show
johdattaa lead, guide, conduct *johdattaa keskustelu muihin aiheisiin* change the subject
johdatteleva kysymys leading question
johdatus 1 (johdanto) introduction **2** (sallimus) (divine) dispensation, Providence
johdin 1 (sähkö) conductor, (conducting) wire, cable **2** (anat) tube, duct **3** (kiel) affix, (etuliite) prefix, (johtopääte) suffix
johdonmukainen consistent, coherent, logical
johdonmukaisesti consistently, coherently, logically
johdonmukaistaa make consistent, (yhtenäistää) standardize
johdonmukaisuus consistency, coherence
johdosta *jonkin johdosta* **1** (koska) because of, on account of, due to *onnittelut syntymäpäivän johdosta* congratulations on your birthday *uusien tietojen johdosta* due/owing to new information **2** (viitaten) with reference to, in regard to *kirjeenne/hakemuksenne johdosta* with reference to your letter/application
johdoton cordless
johdoton puhelin cordless (tele)phone
johtaa tr **1** (viedä) lead, take, show someone the way *johtaa vieraat olohuoneeseen* take/show the guests into the living room **2** (opastaa, saattaa) guide, conduct, usher *johtaa turistiryhmä tuomiokirkkoon* guide/conduct the tour group to the cathedral **3** (saada tekemään) lead, make, get, induce *johtaa joku harkitsemaan uudelleen* get/induce someone to reconsider **4** (ohjata toimintaa) lead, direct, supervise, superintend *johtaa keskustelua* direct the conversation *johtaa puhetta* chair (the session/meeting) *johtaa työntekoa* supervise the job **5** (sotajoukkoja) lead, command, be

johtaa harhaan

in command of **6** (orkesteria) conduct **7** (liik) manage, run, be in charge of *johtaa firmaa* manage/run the company/business **8** (sähkö) conduct **9** (jostakin: sana) trace, derive; (johtopäätös) deduce, conclude; (mat) prove *johtaa sana latinasta* derive a word from Latin, trace a word back to its Latin origins *johtaa päätelmä todistusaineistosta* draw/reach a conclusion based on the evidence, deduce from the evidence itr **10** (paikkaan) lead to *johtaa kellariin* lead to the cellar **11** (seuraukseen) lead to, result/end in *johtaa onnettomuuteen* lead to an accident, result/end in an accident

johtaa harhaan mislead, misguide, misdirect

johtaa puhetta chair (a session/meeting)

johtaa toimenpiteisiin require (that appropriate) measures (be taken) *Tämä ei johda toimenpiteisiin* No measures/action will be taken on this

johtaja 1 (ryhmän tms) leader **2** (firman) manager, (managing) director, chief executive offiser (C.E.O.) (ark) boss **3** (osaston) head, chief, manager; (ark) boss **4** (työn) foreman, chief **5** (vankilan tms) warden **6** (sotajoukon) commanding officer (C.O.) **7** (yliopiston laitoksen) head, chair **8** (orkesterin) conductor, (kuoron) director **9** (sähkö: johdin) conductor

johtajanvaihdos change of management

johtajatar 1 (hist) manageress, (koulun) headmistress, (sairaalan tms) matron **2** (nykyään) leader, manager, director jne (ks johtaja)

johtajatyyppi manager(ial)/director(ial) type; (luonnostaan) born leader

johtajisto 1 (yhtiön) management, directors, executives **2** (puolueen) leaders(hip)

johtava 1 (paras) leading *johtava nimi kemian alalla* the leading name in chemistry, a leader in the field of chemistry **2** (hallitseva) governing (myös kuv) *kirjan johtava ajatus* the books's governing/main/central theme

johto 1 (johtaminen) leadership, guidance, direction, supervision, management; (mus, sähkö) conducting (ks johtaa) *jonkun johdolla* under the leadership/direction/management of **2** (johtajisto: liik) management, board of directors; (yliop) board of trustees; (pol) political leadership, administration; (sot) command **3** (urh) lead *olla johdossa* (be in the) lead, have the lead *päästä johtoon* take the lead **4** (sähkö) wire, cord, cable; (putki) pipe, (viemärijohto) drainpipe, conduit

johtoajatus main idea/point, thesis

johtoasema leading position, (urh) lead

johtokunta board (of directors/managers/trustees/governors); (yhdistyksen) executive committee; (koulun) school board

johtolanka clue

johtopaikka 1 leading position, position of leadership/influence *pyrkiä johtopaikoille* shoot/aim for the top **2** (urh) lead

johtoporras (liik) management, (pol ym) leadership

johtopäätös conclusion *tehdä johtopäätös* conclude, arrive at/reach a conclusion, draw a conclusion (from) *tehdä hätiköityjä johtopäätöksiä* jump into conclusions

johtosääntö regulations

johtua 1 (aiheutua) be due to, be caused by, result/stem/follow from *mistä se johtuu?* why? how come? what's the reason? **2** (olla peräisin) derive/stem from, be traceable to, originate in **3** *johtua mieleen* occur to you, come to mind, (ark) pop into your head

joiku Lapp chant

joikua chant

jojo yoyo

jojolaihdutus yo-yo dieting

joka indef pron each, every *joka ainoa/ikinen* each and every one, every last/blessed one *joka paikassa* everywhere *joka toinen päivä* every other day, every two days, on alternating days rel pron **1** (ihminen) who, that *jota, jonka* (akk)

jolloin

whom, that, (ark) who *jonka* (gen) whose *jolla on* who/that has *mies josta puhuin* the man (that) I was talking about **2** (esine) which, that, of which *jota, jonka* (akk) which, that *jonka* (gen) of which, (ark) whose *traktori josta sanottiin että* the tractor of which it was said that **3** (ken) whoever *Joka haluaa nähdä kauniin auringonlaskun, tulkoon tänne* Whoever wants to see a beautiful sunset should come over here

joka ainoa (each and) every one

joka iikka (ark) every Tom, Dick, and Harry, every last one

jokainen s everyone, everybody adj each, every, (joka ikinen) every single/last

jokakuukautinen monthly

jokamies (kirj ja filos) everyman; (ark) the man on the street, the average/ordinary man

jokapaikan tietotekniikka pervasive/ubiquitous computing

jokapyöräveto (esim. autossa neliveto) all-wheel drive

jokapäiväinen daily

jokapäiväinen leipämme our daily bread

joka tapauksessa in any case/event, anyway, anyhow

jokaviikkoinen weekly

jokavuotinen yearly, annual

jokeltaa babble, gurgle

jokeri joker

jokerihaku (tietok) wildcard search

jokerikysymys bonus question

jokerimerkki (tietok) wildcard character

joki river, (pieni) stream, creek

jokiliikenne river traffic

jokin s something, (kysymyslauseessa) anything *syödä jotain* eat something, have a bite to eat *Oliko sinulla jotain lisättävää?* Did you have anything to add? *olla jotakin, tulla joksikin* be(come) somebody/something, make something of yourself adj **1** some, a, (kysymyslauseessa, mikä tahansa) any *joitakin ihmisiä* some people, a few people *Ota jokin näistä* Take (any) one of these *Taisin ottaa jonkin ryypyn* I might have had a drink or two **2** *Jokin niistä oli hävinnyt, jokin mennyt rikki* One of them was missing, another was broken **3** (noin) around, something like *jotain kaksi kuukautta sitten* something like two months ago

joko 1 yet *Joko posti on tullut?* Has the mail come yet? **2** (ihmetellen) already, so soon *Joko sinä tulit!* You're here already, so soon! **3** *joko – tai* either – or

jokseenkin pretty, quite, fairly, rather *Tunsin jokseenkin kaikki* I knew just about everybody there/pretty much everyone *Tunnen hänet jokseenkin hyvin* I know her pretty/fairly well *jokseenkin outo mies* a somewhat/rather strange man

joku s someone, somebody, (kysymyslauseessa) anyone, anybody *Joku kysyi sinua* Someone was asking for/after you *Onko joku kysynyt minua?* Has anybody been asking for me? *Hän luulee olevansa joku* He thinks he's somebody (special) adj **1** some, a(n), (kysymyslauseessa) any **2** (muutama) a few *joku hassu lantti* a couple lousy coins *jonkun euron arvoinen* worth a few euros **3** (noin) around, something like *joku kaksi kuukautta sitten* something like two months ago

jokunen some, a few *sanoa jokunen sana* say a few words

jolla 1 ks joka **2** (vene) jolly(boat), dinghy

jollainen *sade, jollaista ei ollut koskaan ennen nähty* (ylätyyli) a rainfall the likes of which had never been seen before, (ark) a rainfall like no one had ever seen

jollei if not, unless *En tule, jollet ensin kerro* I won't come unless you tell me first; if you don't tell me first, I'm not coming *Kukapa muu olisi voinut sen tehdä jollei Pekka?* Who else could have done it if not Pekka?

jolloin when, at which point/time; (kirj) whereupon *jolloin yhtäkkiä* when all of a sudden *ensi maanantaihin saakka, jolloin* until next Monday, at which time, on which day

joltinenkin 1 (kohtalainen) fair, reasonable *joltisellakin varmuudella* with a fair amount of certainty, pretty confidently **2** (jommoinenkin) some (kind/sort of) *On kai sillä vielä joltinenkin järki päässä* I guess he's got some small grain of sense left, I don't think he's entirely lost his marbles **3** (melkoinen) considerable, quite a *joltinenkin rahamäärä noin pienelle pojalle* quite a lot of money for so small a boy
jomottaa pound, throb *päätäni jomottaa* my head is pounding/throbbing
jomottava pounding, throbbing *jomottava kipu* a pounding/throbbing ache
jomotus pounding, throbbing
jompikumpi 1 either one (of us/them), either, one or the other *Ota jompikumpi* Take either one, take whichever one you like **2** (toinen) one *jompikumpi heistä on syyllinen* one of them is guilty
jonakin kauniina päivänä one fine day
jongleerata juggle
jonglööri juggler
jonkinlainen some sort/kind of *Hän on jonkinlainen finanssimies* He's some sort of financier, he's something of a financier *Siellä oli jos jonkinlaista tavaraa* They had all sorts of things there
jonkinmoinen ks jonkinlainen
jonkin verran a little, somewhat *jonkin verran rahaa* a little money *jonkin verran yllättynyt* somewhat surprised
jonne where, (run) whither *paikka jonne olit menossa* the place where you were headed, (ark) the place you were going to
jonnekin somewhere, (minne tahansa) anywhere
jonninjoutava 1 (tarpeeton) trifling, useless *kaikenlaista jonninjoutavaa kamaa* all kinds of useless junk **2** (arvoton) sorry, paltry *jonninjoutava palkka* poor excuse for a salary, lousy pay **3** (tyhjäätoimittava) idling, lazy *jonninjoutava kerskuri* idling/lazy braggart, boasting idler
jono 1 (jonotusjono) line, (UK) queue *seisoa jonossa* (New Yorkissa) stand on line, (muu US) stand in line, (UK) stand in a queue *muodostaa jono* line up, (UK) queue up **2** (sot) file *marssia yhdessä jonossa* march single-file **3** (vuorijono) range, chain **4** (taksijono) (taxi) rank **5** (sarja) series, succession *pitkä jono ihania vuosia* a long succession of wonderful years **6** (tietok: komentojen) string, (tulostettavien tiedostojen jono) print/job list
jonotapa (tietok) first in first out
jonottaa 1 wait in line, line up, (UK) queue up **2** (olla jonotuslistalla) be on the waiting list
jonotus waiting in line, (UK) queuing
jonotuslista waiting list
joo yeah
jooga yoga
jopa 1 (peräti) even *Jopa pääministeri oli paikalla* Even the Prime Minister was there *Se voi kestää jopa viisi päivää* It may take as long as five days **2** (johan: ilmaistaan äänensävyllä) *Jopas piti sattua!* That's all we needed!
Jordania Jordan
jordanialainen s, adj Jordanian
jo rupesi Lyyti kirjoittamaan! now we're talking!
jos konj **1** (mikäli) if *Tulen jos kerkiän* I'll come if I have time *jos ja kun* if and when *Täällä jos missään on kaunista* If any place is beautiful, this is **2** (vaikka) even if/though **3** (siltä varalta) in case **4** (entä jos) supposing, suppose, what if *Jos se menee mönkään, mitä sitten?* What if it doesn't work? Suppose/supposing it doesn't work? **5** (pitäisiköhän) I wonder whether, maybe I/you should *Jos soittaisin kotiin* Maybe I should call home, I wonder whether I should(n't) phone home **6** (tokko) whether, (ark) if *Kysyn jos saan lähteä* I'll see whether/if I can go **7** (jospa) I wish, if only *Jospa olisit täällä!* I wish you were here! If only you were here! **8** (jos kohta) but, and *Ruokaa on jos syöjiäkin* There's plenty of food, but plenty of eaters too *hieman tätä jos hieman tuotakin* a little of this and a little of that **9** (en tiedä) I don't know *Hän on soittanut jos kuinka*

joukoittain

monesti I don't know how many times he's called, he's called over and over, time after time

jos jonkinlainen every kind imaginable *Siellä oli jos jonkinlaista ruokaa* You can't imagine what kinds of food they had there, there were all kinds of food there

joskin but, though *iso joskin kallis* big but expensive *Hän tuli, joskin vain hetkeksi* He came, though/but only for a moment

joskus 1 (silloin tällöin) sometimes, occasionally *Joskus käyn kuntosalilla* Sometimes I use the gym 2 (jonakin päivänä) sometime, someday *Joskus käyn vielä Havaijilla* Someday I'm going to visit Hawaii *joskus kun sinulle käy* whenever it suits you 3 (kerran) some time ago, once

jospa what if

jossitella dither, shilly-shally, wonder what to do

jossittelu dithering, shilly-shallying *Ei mitään jossittelua!* No ifs, ands, or buts!

jotakuinkin pretty, quite, fairly, rather *Tunsin jotakuinkin kaikki* I knew just about everybody there/pretty much everyone *Tunnen hänet jotakuinkin hyvin* I know her pretty/fairly well *jotakuinkin outo mies* a somewhat/rather strange man

joten so (that); (ylätyyli) thus, therefore *Et tullut ajoissa, joten minäkin myöhästyin* You didn't come on time, so I was late too

jotenkin somehow

jotenkuten somehow *Kai me jotenkuten toimeen tulemme* I suppose we'll get by somehow, with difficulty

jotensakin more or less, pretty much *jotensakin sama kuin ennen* pretty much the same as before, more or less the same as before

jotta so (that), in order (to/that) *Olen koko ikäni raatanut, jotta teillä lapsilla olisi kaikki mitä tarvisette* I've slaved my whole life so (that) you kids would have everything you need, (in order) to give you kids everything you need

jouduttaa facilitate, expedite, speed up

jouhi (horse)hair

joukkio bunch, crowd, mob, gang

joukko 1 (ryhmä) group, (väkijoukko) crowd *erottua joukosta* stand out from the crowd, be different *valiojoukko* elite, select group 2 (määrä) number, quantity, multitude; (ark) bunch, lot, mass *iso joukko leluja* a large number of toys, a great many toys, (ark) a lot of toys *koko joukon parempi* a whole lot better *lisätä joukkoon* add to, mix in(to) 3 (porukka) bunch, lot, crowd, set *outo joukko* a strange bunch/crowd *joukolla* in a body, in force *joukon paras* the best of the lot 4 (kansanjoukot) the masses, the multitude, the herd 5 (sotajoukko) troop, force 6 (mat) set

joukkoadressi collection *kerätä joukkoadressi* take up a collection, (ark) pass the hat

joukkohenki camaraderie, fellowship, solidarity, (joukkueen) team spirit, (koulun) school spirit

joukkohysteria mass hysteria

joukkoirtisanominen wholesale dismissals

joukkokanne class-action suit

joukkokuolema widespread mortality; (joukkotuho) mass destruction

joukkoliikenne mass transport(ation)

joukko-osasto detachment, unit

joukkopsykoosi mass psychosis

joukkotiedotus mass communications

joukkotiedotusväline (mon) mass media

joukkotuhoase (WMD) weapon of mass destruction

joukkotuhonta genocide

joukkovelkakirjalaina bond

joukkue 1 team, side *valita joukkueet* choose up sides 2 (sot) platoon, (UK) troop

joukkuekilpailu team competition; (soudussa) crew race

joukoittain 1 (joukolla) in flocks/hordes/masses, in great numbers, en masse *Väkeä on tullut messuille joukoittain* People have been flocking to the fair 2 (paljon) lots, heaps, loads, galore

jouli

joukoittain leluja toys galore, lots/loads/heaps of toys
jouli joule
joulu Christmas *Hyvää joulua!* Merry Christmas! *joulun aika* the Christmas season, (vanh) Christmastide, (run) Yuletide
jouluaatto Christmas Eve
jouluevankeliumi the Christmas gospel
jouluinen Christmassy
joulujuhla Christmas celebration
joulukalenteri Advent calendar
joulukirkko Christmas morning church service
joulukortti Christmas card
joulukuu December
joulukuusenjalka Christmas tree stand
joulukuusi Christmas tree
joululahja Christmas present
joululaulu Christmas carol
joululoma Christmas vacation; (ark) the holidays
joulunpyhät the (Christmas) holidays
jouluposti Christmas mail, (UK) post
joulupukki Santa Claus, (ark) Santa; (UK) Father Christmas; (run) St. Nick
joulupäivä Christmas day
joulupöytä Christmas dinner, (ark) Christmas spread
joulurauha 'Christmas peace,' the official Finnish injunction against disturbing the peace during Christmas, proclaimed at noon Christmas Eve
joulutonttu Christmas elf
joulutorttu Christmas tart
joulutunnelma Christmas spirit
joulutähti 1 (kukka) poinsettia **2** (latvatähti) Christmas tree star **3** (Jeesuksen syntyessä) star of Bethlehem
journalismi journalism
journalisti journalist
jousi 1 (ase) bow **2** (viulun) bow; (mon) string(instrument)s **3** (tekn) spring
jousiammunta archery
jousikvartetti string quartet
jousimies 1 (ihminen) archer **2** (horoskoopissa) Sagittarius
jousiorkesteri string orchestra
jousisoitin string instrument

jousitus 1 (autossa) suspension **2** (mus) bowing
joustaa 1 (fyysisesti) bend, give; (olla joustava) be elastic/resilient **2** (henkisesti) bend, yield; (olla joustava) be flexible *Sinun täytyy oppia joustamaan vähän* You have to learn to bend a little, to be more flexible
joustamaton unbending; (fyysisesti) inelastic, rigid; (henkisesti) inflexible, set in your ways
joustava (fyysisesti) elastic, resilient; (henkisesti) flexible
joustavasti flexibly
joustin elastic spring
joustinpatja spring mattress
joustotyö flexiwork
joustovara flexibility, leeway
joutaa 1 (keritä) have time, make it *En jouda sinne nyt* I can't make it now **2** (kuuluu jonnekin) be ready/fit (for) *Tuo paita joutaa roskikseen* You ought to throw that shirt away *Tuo mies joutaisi lukkojen taa* That man ought to be (put) behind bars
joutaa kaatopaikalle be ready for the dump
joutaa tunkiolle be ready for the dungheap
joutava 1 (toimeton) idle *viettää joutavaa aikaa* catch up on your doing nothing **2** (tarpeeton) unnecessary, useless *surra joutavia* worry unnecessarily *kaikenlaista joutavaa kamaa* all kinds of useless junk **3** (päätön) senseless *puhua joutavia* talk garbage/rubbish *Mitä joutavia!* What nonsense!
joutavanpäiväinen useless, pointless
jouten idle *olla jouten* idle, do nothing
joutenolo leisure (time), free time
joutilas 1 (toimeton) idle, free *joutilasta aikaa* free time *joutilas hetki* idle moment **2** (liikenevä) spare *joutilasta rahaa/aikaa* spare money/time *Olisiko sinulla joutilasta aikaa?* Could you spare a moment?
joutohetki spare moment
joutokäynti idling
joutonäyttö (tietok) screensaver
joutsen swan

juhlallisuus

joutsenlaulu swan song
joutua 1 (tekemään) have to *joutua lähtemään aikaisin* have to leave early **2** (johonkin vastoin tahtoaan) get/go/fly into, get caught in, end/wind up in, land in *joutua vaikeuksiin* get into trouble, land in trouble *joutua köyhäintaloon* end/wind up in the poor house **3** (edistyä) progress, gain ground, get on *Työ ei ole sinulta yhtään joutunut* You haven't made any progress at all on that **4** (lähestyä) approach, get nearer *jo joulu joutuu* Christmas is almost here
joutua ahtaalle be hard-pressed, be in dire straits
joutua alakynteen get the worst of it, take a beating
joutua epäkuntoon break, go out of order
joutua epätoivoon (sink into) despair
joutua hukkaan get lost
joutua huonoille teille stray off the strait and narrow, pick up bad habits
joutua hyllylle be shelved
joutua ikävyyksiin get into trouble
joutua jonkun hampaisiin be singled out, be criticized/attacked
joutua joron jäljille go to the dogs
joutua kahden tulen väliin be caught between a rock and a hard place
joutua kaltevalle pinnalle find yourself on a slippery slope
joutua kiikkiin get caught, (ark) get busted
joutua kiinni itse teosta get caught red-handed
joutua leivättömän pöydän ääreen be taken before the judge
joutua lujille go through tough times, have it tough
joutua maantielle be put out in the street
joutua nalkkiin get caught/busted
joutua nesteeseen get into hot water
joutua ojasta allikkoon be out of the fat and into the fire
joutua perikatoon be ruined
joutua piinapenkkiin get put in the hot seat
joutua pinteeseen get in a pinch
joutua puille paljaille be in the poorhouse
joutua rappiolle go to ruin, (ark) go into the toilet
joutua temppelin harjalle be stretched on the horns of a dilemma
joutua turpeen alle be put six feet under
joutua umpikujaan reach a deadend/deadlock
joutua unholaan be gone and forgotten
joutua vararikkoon go bankrupt, declare bankruptcy, (liiketoimi) go belly-up
joutua ymmälle be confused/befuddled
joutuin quickly, fast, in a hurry/rush
joutuisa quick, fast
joviaali (hyväntuulinen) jovial
joystick (sauvaohjain) joystick
judaismi Judaism
judo judo
jugendtyyli Jugend (style), (ransk) Art Nouveau
Jugoslavia Yugoslavia
jugoslavialainen s Yugoslav adj Yugoslavian
juhannus Midsummer
juhannusaatto Midsummer Eve
juhannusjuhla Midsummer celebration
juhannuskokko Midsummer bonfire
juhannuspäivä Midsummer (Day)
juhla 1 (juhlinta) celebration, festivities, gala, fete; (hipat) party; (juhlapäivän kunniaksi) festival, (espanjalainen) fiesta; (ruokailu) feast (suurellinen) *viettää juhlaa* celebrate **2** (juhlapäivä) festival, (vuosipäivä) anniversary, (riemujuhla) jubilee, (muistojuhla) commemoration
juhla-ateria festive meal, feast, banquet
juhlaesitelmä keynote address
juhlaisa festive, festal, gala
juhlallinen 1 (harras) solemn, ceremonious, formal **2** (vaikuttava) imposing, impressive *Onpas tuolla miehellä juhlallinen nenä* Wow, look at the nose on that man!
juhlallisuus 1 (hartaus) solemnity, formality, dignity **2** (mon) festivities, pomp and circumstance

juhlamieli festive spirit/mood, conviviality
juhlapuhe keynote address
juhlapäivä 1 (virallinen) festival (day), (vars kirk) feast/festal day, (pyhäpäivä) holiday **2** (epävirallinen) red-letter day
juhlasali auditorium, assembly/lecture/concert hall
juhlatilaisuus celebration, (mon) festivities
juhlatunnelma festive spirit
juhlava festive, festal, gala
juhlaviikko festival
juhlavuosi jubilee year
juhlia 1 (jotakuta) celebrate, honor, fete **2** (ark) celebrate, party, carouse
juhlinta celebration
juhlistaa solemnize
juhta beast of burden, (vetojuhta) draft animal
juippi (ark) guy, dude
juju trick, catch *Tässä täytyy olla joku juju* There's got to be a catch here somewhere *Mikä tässä on jujuna?* What's the name of the game? What's this all about? What's the point to all this?
jujuttaa trick, cheat
jukoliste gosh darn it!
jukra (ark) gosh, golly
juksata fool, josh, kid, pull someone's leg *Mä vaan juksasin* I was just fooling/joshing/kidding (you), I was just pulling your leg
jukstapositio (rinnakkainasettelu) juxtaposition
juku (ark) gosh, golly
jukupätkä (ark) gol darn it
jukuripäinen mulish, bullheaded, stubborn
jukuripää s mule, bullheaded/stubborn person *Senkin jukuripää!* You're stubborn as a mule! adj mulish, bullheaded, stubborn
julistaa proclaim, announce, declare, pronounce, (julkistaa) make public
julistaa epäpäteväksi declare someone unqualified, disqualify
julistaa evankeliumia preach the gospel
julistaa hälytystila declare a state of emergency
julistaa lakko call a strike
julistaa mieheksi ja vaimoksi proclaim you man and wife
julistaa mitättömäksi annul, nullify
julistaa pannaan (erottaa katolisesta kirkosta) excommunicate, (kieltää) ban
julistaa pyhimykseksi canonize, raise to sainthood
julistaa sota declare war (on a country)
julistaa syylliseksi find guilty
julistaa tuomio pass sentence
julistaa vaalin tulokset announce the election results
julistaa virka haettavaksi advertise a post
julistaa voittajaksi proclaim someone the winner
julistaja proclaimer, proponent; (evankeliumin) preacher
julistautua declare/proclaim yourself *julistautua itsenäiseksi* declare/proclaim your independence
juliste poster, (kannettava) placard, (kiinnitettävä) bill
julistetaide poster art
julistus 1 (kuulutus) proclamation, declaration, announcement; (käsky) edict, decree **2** (julistaminen) propagation, (evankeliumin) preaching, spreading
juljeta dare, have the nerve/cheek/impudence (to do something) *Kuinka julkeat!* How dare you!
julkaisija publisher, (toimittaja) editor, (painaja) printer
julkaista publish, (toimittaa) edit, (painaa) print, (laskea julkisuuteen) release, issue
julkaisu publication; (mon) proceedings, transactions
julkaisukelpoinen publishable, (sanomalehdessä) printable
julkaisukelvoton unpublishable, (sanomalehdessä) unprintable
julkaisuohjelma (tietok) desktop-publishing (DTP) program
julkaisutoiminta publishing
julkea 1 (röyhkeä) impudent, insolent *Miten julkeaa!* The nerve of some

junalippu

people! **2** (hävytön) shameless, brazen, bold *julkea vale* barefaced lie
julkeasti impudently, insolently, shamelessly, brazenly, boldly
julki *tulla julki* become known, come out *tuoda julki* bring out, make public, disclose
julkijumalaton (brazenly) sacrilegious, blasphemous
julkilausua declare, proclaim, decree
julkilausuma declaration, proclamation, decree
julkimo (ark) celeb
julkinen public, in the public domain, (avoin) open
julkinen notaari notary public
julkinen sana the press
julkisesti publicly, openly
julkisivu facade, front
julkistaa make public, release (information), announce
julkistus release, announcement
julkisuus publicity *esiintyä julkisuudessa* appear in public *kylpeä julkisuudessa* bask in the limelight *päästä julkisuuteen* come out, be revealed, (vuotaa) leak out
julkisuusperiaate right-of-access principle, (US laki) freedom of information act
julkituoda reveal, expose, bring out
julkkis (ark) celeb(rity)
julkku (ark) celeb
julma cruel, brutal, savage
julmettu fierce, terrific *julmettu meteli* godawful noise
julmistua become furious, get hopping mad
julmuus cruelty, brutality, savagery
jumala 1 god, deity **2** (Jumala) God *rukoilla Jumalaa* pray to God *Jumalan tähden* for God's sake(s) *Jumalan selän takana* way out in the sticks/boonies *olla Jumalan onni* to be a godsend
jumalaapelkäävä God-fearing
jumalaapelkääväinen God-fearing (person)
jumalainen divine (myös kuv)
jumalakäsite concept of God
jumalallinen divine, godlike

jumalankieltäjä atheist
jumalanpalvelus church/worship service, (ark) church; (UK) divine service
jumalanpelko the fear of God
jumalanpilkka blasphemy
jumalanpilkkaaja blasphemer
jumalansana God's word, the word of God
jumalan selän takana in the middle of nowhere, in the boondocks
jumalasuhde relationship with God
jumalatar goddess
jumalaton 1 (ateistinen) godless **2** (tavaton) ungodly, terrible, horrible
jumalattomasti terribly, horribly
jumalauta goddammit
jumalinen godly, pious, devout
jumaliste goshdarnit
jumaloida worship, adore, idolize
jumaluus deity, divinity, godhead
jumaluusolento god, deity
jumaluusopillinen theological
jumaluusoppi theology, divinity
jumbo 1 (viimeinen) the last **2** (lentokone) jumbo jet
jumbojetti jumbo jet
jumiintua (lukko tms) get stuck, (liikenne) get jammed/balled/snarled up, (neuvottelut) be deadlocked
jumissa stuck *mennä jumiin* get stuck
jumiuttaa jam, deadlock
jumpata (do your) exercise(s), work out
jumppa exercise(s), workout *jazzjumppa* jazzercise
jumppasali gym(nasium)
jumpperi jumper
jumputtaa thump
juna train *mennä kuuden junalla* take the six o'clock train *mennä junaa vastaan* go meet someone at the station, go meet a train *Meitä on joka junaan* It takes all kinds
junailija 1 conductor **2** *Hän on melkoinen junailija* He's a mover and a shaker
junailla organize, arrange, fix things up (pakolla) ram, railroad
junalautta train ferry
junaliikenne railroad traffic (UK railway)
junalippu train ticket

junamatka

junamatka train trip
junanlähettäjä train dispatcher
junansuorittaja train dispatcher
junanvaihto change of trains *Meillä on junanvaihto Riihimäellä* We have to change trains in Riihimäki
junanvaunu (train/railroad) car, (osasto) compartment; (UK) railway carriage, (matkustajavaunu) coach
junaonnettomuus railroad accident, (ark) train crash
junayhteys train connection
junnata be stalled
juntata 1 (juntalla) drive, tamp, ram **2** (päähän) cram, ram
juntta 1 (pol) junta **2** (tekn) ram(mer), tamper, tamping bar
juntti hick, yokel, hayseed, clodhopper
juoda drink, (vähän) sip; (run) imbibe; (ryypätä) booze, tipple *juoda malja jollekulle* drink to someone('s health), toast someone
juoda itsensä pöydän alle drink yourself under the table
juoja drinker
juoksennella run around/about
juokseva 1 (juoksussa) running, (hevonen) galloping **2** (virtaava) running, flowing **3** (nestemäinen) liquid **4** *juoksevat menot* (liik) overhead **5** *juoksevat asiat* day-to-day business **6** *juoksevat numerot* consecutive numbers
juokseva vesi running water
juoksija 1 (ihminen) runner **2** (hevonen) racing horse, racer, trotter
juoksu 1 run(ning) *5000 metrin juoksu* 5000 meter run *asioilla juoksu* running errands **2** (virtaaminen) flow(ing), course *ajatusten juoksu* stream/chain of thought **3** (rak) runner
juoksuhiekka quicksand
juoksujalkaa at a run
juoksujalkainen centipede
juoksulenkki run, jog
juoksumatto treadmill
juoksumetri running/linear meter, (puutavarassa) board meter
juoksupoika errand boy
juoksuttaa 1 (nestettä) (let) run, (olutta tynnyristä) draw *Täytyy juoksuttaa vettä vähän aikaa* You have to let it run for a while **2** (hevosta tms) run, exercise **3** (ihmistä) run (someone) all over, have (someone) run errands for you
juoksutyttö errand girl
juolahtaa mieleen occur to you *Se ei juolahtanut mieleenikään!* It never even occurred to me!
juoma drink, beverage, (taikajuoma) potion
juomakierre binge, bender
juomalasi drinking glass
juomalaulu drinking song
juomaraha tip
juomavesi drinking water
juominen drinking *Saisinko jotain juomista?* Could I get something to drink?
juomingit booze bash, (oluttynnyrin kera) kegger, beer bash
juomu groove, stripe, streak
juomukondomi ribbed condom
juoni s **1** plot, intrigue, scheme; (mon) trickery, machinations *saada juonen päästä kiinni* catch on *yhdessä juonessa* in collusion **2** (romaanin) plot **3** (geol) vein adj (juonikas) scheming, cunning, shrewd
juonia plot, intrigue, scheme
juonikas 1 scheming, cunning, shrewd **2** (oikukas: lapsi) difficult, (rakastaja) fickle; (ailahteleva) capricious, flighty
juonitella 1 (juonia) plot, intrigue, scheme **2** (be troublesome, find fault with)
juonittelu machination(s), plotting, scheming
juonnelma (tietok) scriptlet
juontaa 1 (olla juontajana) emcee (M.C. = master of ceremonies) *Kuka juontaa juhlia tänään?* Who's going to be emceeing the festivities tonight? **2** *juontaa alkunsa jostakin* originate in, derive from
juontaja master of ceremonies, emcee
juonti drinking *Hänen koulunkäyntinsä on kuin tervanjuontia* Getting him to go to school is like pulling teeth
juonto MCing, hosting
juontua 1 (olla alkuisin) originate in, derive from, be traceable to *nimi juon-*

tuu kreikasta the name is Greek in origin, derives from the Greek, can be traced back to a Greek root **2** (johtua) be due to, stem/derive from, be caused by *Siitä juontuu tämä ajattelemattomuus* Hence this thoughtlessness, that's the reason for/cause of my inconsiderate behavior **3** (johtaa, viedä) lead *Reitti juontuu pitkin Leppävettä* The way there leads down alongside Lake Leppävesi **4** (juolahtaa) come, occur *juontua mieleen* come to mind, occur to you **5** (kääntyä) turn *puhe juontuu toiseen aiheeseen* talk turns to another topic

juopa gap, gulf, chasm *sukupolvien välinen juopa* generation gap

juoponnappi missed button

juopotella booze (it up)

juopottelu boozing, heavy drinking

juoppo drunk, wino, sot

juoppohulluus delirium tremens, (ark) the DTs

juoppolalli drunk, sot, souse, lush, wino

juopua get drunk (on), become intoxicated/inebriated; (kuv) get carried away

juopumus intoxication, inebriation; (kuv) rapture

juoputella drink; (ark) booze, tipple

juoputtelija boozer, boozehound, heavy drinker

juoru 1 gossip **2** (kasv) wandering Jew

juoruilla gossip

juorulehti gossip sheet

juorupalsta gossip column

juoruta gossip *Et saa juoruta kenellekään!* Not a word of this to anyone! Don't tell a soul about this!

juorutoimittaja gossip columnist

juosta run; (virrata) run, flow *Kyyneleet juoksevat pitkin poskia* Tears roll/run down your cheeks *juosta vessassa* keep running to the toilet

juosta asioilla run errands

juosta henkensä edestä run for your life

juosta päänsä seinään (keep) run(ing)/bump(ing) your head into a brick wall

juosta uusi ennätys set a new record (in a running race)

juosta verta bleed

juoste (anat) tract

juosten kustu bungled, botched, foozled

juotava drink *jotain juotavaa* something to drink

juote solder

juotin soldering iron

juotos (soldering) seam

juotoskolvi soldering iron

juotostina solder

juottaa 1 (antaa juoda: lasta) give (a child) something to drink; (eläintä) water **2** (kiinnittää juotteella) solder

juottokolvi soldering iron

juova (värijuova) stripe, (valojuova) streak, (savujuova) wisp, (marmorin/puun juova) vein

juovagnu (eläin) wildebeest

juovakoodi bar code

juovikas striped, streaked, streaky, wispy, veined, veiny

juovittaa stripe

juovitus stripes, striping

juovuksissa drunk, intoxicated, (ark) shitfaced

juovuspäissään drunk, intoxicated, (ark) hammered, tanked

juovuttaa intoxicate, inebriate, make someone drunk *onnen juovuttama* drunk with happiness

jupakka 1 (riita) dispute, controversy, quarrel; (ark) squabble, row **2** (skandaali) scandal, fiasco

jupina 1 (mutina) mumbling, murmuring **2** (nurina) grumbling, grousing

jupista 1 (mutista) mumble, murmur **2** (nurista) grumble, grouse

juppi yuppie

juridinen judicial, juridical

juridisesti judicially, juridically

jurisdiktio (tuomiovalta) jurisdiction

juristi lawyer

juro 1 (vähäpuheinen) quiet, silent, taciturn **2** (vetäytyvä) reserved, reticent, withdrawn **3** (jäykkä) stiff, awkward, uncomfortable

jury 1 (valamiehistö) jury **2** (raati) panel (of judges)

justeerata (ark) adjust, fine-tune

justiin

justiin exactly, precisely
jutella talk, chat, converse; (ark) shoot the breeze/bull
juttu 1 (juttelu) talk, chat, conversation *pitää juttua* make conversation **2** (tarina) story, (pötypuhe) nonsense, tall tale, fish story, shaggy dog story *etusivun juttu* front-page story **3** (asia) thing *kumma juttu* funny/strange thing *vielä yksi juttu* one more thing *ikävä juttu* a shame/pity **4** (lak: tapaus) case *Markkasen juttu* the Markkanen case **5** *tulla juttuun* get along
juttulinja (tietok) chat line
jutturyhmä (tietok) chat forum
juttusilla chatting, talking, in the middle of a conversation *käydä jonkun juttusilla* go talk to someone
juttutori (tietok) chat room
juttutuuli talkative mood *olla juttutuulella* be in a talkative mood, feel like talking
jutustin (tietok) chatbot
jututtaa chat somebody up, bend somebody's ear
juu yes, yeah *Juu, nyt muistan* Oh yeah, now I remember *Hän ei sanonut juuta eikä jaata* He didn't say boo *juu juu* (ilmaisee epäilyä) sure
juureton rootless (myös kuv)
juuri s **1** root (myös kuv) *kaiken pahan juuri* the root of all evil *palata juurilleen* get back to your roots *suomalaista juurta* of Finnish origin/extraction *löytää jutun juurta* find something to talk about *juurta jaksain* thoroughly, root and branch **2** (pohja) bottom, base, foot *puun juuressa* at the base/foot of the tree, under the tree *jalkojen juuressa* at someone's feet adv **1** just *juuri se mies jota etsin* just the man I was looking for *juuri tullut* just/newly arrived **2** (aivan) quite, exactly, precisely *Ei se nyt juuri noin ollut* That's not quite/exactly how it was *Juuri noin!* Exactly! Just like that! You've got it!
juuria root out (myös kuv)
juuri ja juuri just barely, by the skin of your teeth
juurikaan hardly at all

juurikas 1 (juurikasvi) root vegetable **2** (punajuuri) beet
juurikasvi root vegetable
juurruttaa 1 (panna juurtumaan) root **2** (painaa mieleen) imprint, implant *Yhteiskunnan normistot on juurrutettu meihin jo lapsina* Society's norms were imprinted on/implanted in us as children
juurta jaksain root and branch
juurtua take root (myös kuv), (asettua) settle down
juusto cheese
juutalainen s Jew adj Jewish
juutalaisuus Jewishness
juutalaisvaino pogrom; persecution of Jews, Jew-baiting
juutalaisviha anti-Semitism
juutalaisvihainen anti-Semitic
juuttua get stuck/caught/jammed *juuttua karille* go around *juuttua omiin ajatuksiinsa* get lost in thought
juveniili (nuori) juvenile
jydätä (ark) rock *jytäävää musaa* rockin' music *sit ruvettiin jytäämään* then we started rockin'
jykevä 1 (painava) heavy, ponderous **2** (iso) massive **3** (vahva) strong, sturdy, robust
jylhä 1 (mahtavapiirteinen) rugged, craggy **2** (autio) desolate, barren **3** (kolkko) hollow, melancholy
jylinä rumble, rumbling, roll(ing), boom(ing) *Kaukaa kuului ukkosen jylinää* We could hear thunder rumbling/rolling in the distance
jylistä rumble, roll, boom
jyllätä 1 (temmeltää) romp, rollick, play/dance wildly **2** *antaa tunteidensa jyllätä* give your feelings free play/rein, let your feelings loose
jymyjuttu sensation, (sanomalehdessä) scoop
jymysovellus (tietok) killer application
jymyutinen scoop
jynssätä (ark) scrub, rub
jynssäys (ark) scrubbing, rubbing
jyrinä (ukkosen) rumble, roar, crash; (tykkien) thunder
jyristä rumble, roar, crash, thunder
jyrkentyä become/get steeper/sharper

jyrkentää 1 steepen, sharpen **2** (kannanottoa tms) intensify *jyrkentää kantaansa verouudistuksessa* take a more uncompromising stand, come down harder on tax reform *jyrkentää luokkaeroja* increase the differences between the classes, drive the classes further apart

jyrkkä 1 (melkein pystysuorassa) steep, precipitous *jyrkät portaat* steep stairs **2** (voimakkaasti kaartuva) sharp **3** (selvä) sharp *jyrkkä väriero* sharp color demarcation **4** (äkillinen) sudden, abrupt, unexpected *jyrkkä elintapojen muutos* sudden change in lifestyle **5** (huima) sharp, striking, remarkable *jyrkkä hintojen nousu* sudden/sharp/striking increase in prices **6** (ehdoton) uncompromising, rigid, rigorous **7** (ankara) strict, severe, stern *jyrkkä kasvatus* strict upbringing

jyrkästi steeply, precipitously, sharply, suddenly, abruptly, unexpectedly, remarkably, without compromise, rigidly, rigorously, strictly, severely, sternly (ks jyrkkä) *kaartua jyrkästi* curve sharply *vastustaa jyrkästi* take an uncompromising stand against (something)

jyrsijä 1 (eläin) rodent **2** (ihminen) milling-machine operator

jyrsin 1 (puutarhajyrsin) rototiller **2** (tekn) (milling) cutter

jyrsiä 1 gnaw, nibble **2** (tekn: puuta) shape, mold, (metallia) mill, cut **3** (maata) rototill

jyrä (field) roller, (ark) clod crusher *olla jyrän alla* be at someone's beck and call

jyrätä roll *jyrätä vastustajansa alleen* crush the opposition, take your opponents to the cleaners, walk all over them

jyske thump(ing), pound(ing), boom(ing); (meteli) noise, din

jyskyttää thump, pound, boom

jysähtää thump, thud *jysähtää lattialle* fall to the floor with a thud

jytä beat, swing *jytä päällä* in full swing

jytäjumppa aerobics, jazzercize

jyvä 1 (viljakasvin siemen) kernel, grain, seed **2** (hiekkajyvä) grain (of sand) **3** (aseessa) bead, sight *tähdätä jyvällä* draw a bead, take sight

jyväskyläläinen s person from Jyväskylä, thing made in (associated with) Jyväskylä adj from (associated with) Jyväskylä

jähmettyminen hardening, solidification, setting, jelling, stiffening, congealing (ks jähmettyä)

jähmettyä 1 (rasva, liima) harden, solidify; (laasti) set; (hyytelö) jell; (lihas) stiffen; (öljy, veri) congeal **2** (henkisesti) freeze (up), stiffen *jähmettyä paikalleen* freeze, stop dead *Hänen hymynsä jähmettyi* Her smile froze on her face *Kosketin häntä, mutta hän jähmettyi ja kääntyi pois* I touched him, but he stiffened and turned away

jähmeä stiff

jäiden lähtö breaking up of the ice

jäinen 1 icy, ice-covered/-glazed **2** (kylmä) freezing *Minä olen aivan jäinen* I'm freezing, I'm frozen solid **3** (jäätävä) chilly, frosty, glacial *jäinen hymy* icy/chilly/frosty smile

jäitse across the ice

jäkälä lichen

jäkättää nag, scold, badger

jäkätys nagging, scolding, badgering

jäljekkäin one after another/the other

jäljelle *jäädä jäljelle* be left (over) (ks jäljellä)

jäljellä left (over) *Onko jätskiä jäljellä?* Is there any ice cream left? Was there any ice cream left over? *Kuinka monta laskua sinulla on jäljellä?* How many problems do you have left (to do)? *Osa käsikirjoituksesta on vielä jäljellä* Part of the manuscript is still extant *Jäljellä on 1000 dollarin jäännös* $1000 are outstanding

jäljeltä after, because of, due to *Kaikki on vielä rempallaan edellisen johtajan jäljeltä* Everything is still a mess, thanks to the previous director *Tämä huone on kuin pyörremyrskyn jäljeltä!* This room looks like a hurricane hit it!

jäljemmäksi further behind/back *jäädä vielä jäljemmäksi* fall even further behind/back

jäljempänä 1 further behind/back *jäljempänä jonossa* further back in line

jäljennös

2 (myöhemmin) later (on) (alempana) below, (tästä lähtien) hereafter *Tähän ongelmakenttään palataan jäljempänä* I will return to this question below *jäljempänä 'kustantaja'* hereafter 'the publisher'
jäljennös copy, reproduction, (kaksoiskappale) duplicate, (näköispainos) facsimile *oikeaksi todistettu jäljennös* certified copy
jäljentyä be copied/traced
jäljentää (make a) copy, reproduce, duplicate
jäljessä behind, after *aikaansa jäljessä* behind the times *kävellä jonkun jäljessä* follow someone, walk behind someone *kehityksessään jäljessä* slow, backward, (falling) behind; (kehitysvammainen) (mentally) retarded *Toista minun jäljessäni* Repeat after me
jäljestä after *Ovi suljettiin minun jäljestäni* The door was closed after me
jäljestäpäin afterwards
jäljettömiin *kadota jäljettömiin* disappear without a trace
jäljettömissä untraceable
jäljitellä copy, mimic, imitate; (ark) ape
jäljitelmä copy, imitation, fake
jäljittelemätön inimitable
jäljittely imitation
jäljittää 1 track (down), trace, trail **2** (tietok) trace, retrieve
jälkeen after *ensi maanantain jälkeen* after next Monday *viime maanantain jälkeen* since last Monday *juosta jonkun jälkeen* run after someone, (ajaa takaa) chase (after) someone *ennen ja jälkeen* before and after *jättää jälkeensä* leave behind *jäädä jälkeen* fall behind *sen jälkeen kun hän lähti* after he left *kerran toisensa jälkeen* time and again, time after time
jälkeenjääneisyys 1 (maan) underdevelopment, backwardness **2** (lapsen) retardation
jälkeenjäänyt 1 (maa) underdeveloped, backward **2** (lapsi) retarded
jälkeenpäin afterwards, after the fact, subsequently

jälkeinen after *juhannuksen jälkeiset kolme päivää* the three days after Midsummer
jälkeläinen 1 descendant, (perijä) heir, (vesa) scion **2** *jälkeläiset* (lapset) offspring, progeny; (tulevat sukupolvet) posterity
jälki 1 track, trace, (jalanjälki) footprint, (merkki) mark *ei jälkeäkään heistä* not a sign/trace of them *jättää jälkensä johonkin* leave your mark on something **2** *jäljet* track, trail *eksyttää joku jäljiltään* throw someone off the scent, lose/outdistance someone *oikeilla/väärillä jäljillä* on the right/wrong track *siivota omat jälkensä* clean up your own mess **3** *tehdä hyvää jälkeä* do good work
jälkiehkäisytabletti (katumuspilleri) the morning-after pill
jälkihuomautus postscript, P.S.
jälki-istunto (koulurangaistus) detention *jäädä jälki-istuntoon* (have to) stay after school *pitää jälki-istunnossa* keep after school **2** (näyttelijöiden juhla näytelmän jälkeen) cast party, (laulajien) choir dinner/party jne
jälkijuna *tulla jälkijunassa* be/lag way behind (the others), bring up the rear
jälkijättöinen backward
jälkikaiku 1 (jälkikaiunta) echo fade **2** (reaktiot) aftermath, response
jälkikaiunta echo fade
jälkikasvu the next generation, (työpaikalla) young Turks, (muksut) the kids
jälkikirjoitus afterword, epilogue
jälkikuva afterimage
jälkikäteen afterward(s)
jälkikäynti dieseling
jälkimaailma posterity, future generations
jälkimaku aftertaste
jälkimarkkinat aftermarket
jälkimmäinen the latter *Pidän edellisestä mutten jälkimmäisestä* I like the former but not the latter, the first but not the second
jälkinäytös epilogue; (kuv) aftermath
jälkipeli second-guessing
jälkipuhe second-guessing
jälkiruoka dessert, (UK) sweet

jälkiseuraus repercussion(s)
jälkiteollinen post-industrial
jälkivaatimuksella C.O.D. (cash on delivery)
jälkiviisas wise in hindsight *Sinäpä olet aina niin jälkiviisas* You've always got 20–20 hindsight
jälkiviisaus hindsight
jälkiäänittää dub
jälkiäänitys dubbing
jälkkäri (ark) **1** (jälkiruoka) dessert **2** (jälki-istunto) detention **3** (jälkiuunileipä) dark bread
jälleen (once) again, once more *jälleen yhdessä* together again/once more
jälleenmyyjä dealer
jälleennäkeminen reunion, meeting again
jälleenrakennus reconstruction
jälleensyntyminen rebirth
jälleenvakuutus reinsurance
jämerä 1 (vahva) strong, sturdy, robust **2** (päättäväinen) decisive, resolute, determined
jämpti (raha) exact, (ihminen) exacting
jänis hare, (ark) rabbit *Ei tässä jäniksen selässä olla* Hold your horses! Where's the fire?
jänishousu chicken, scaredy-cat
jänistää chicken out
jänne 1 (anat) tendon, sinew **2** (jousen tms) string **3** (kasv) strand, fiber **4** (mat) chord **5** (jänneväli) span
jänneväli span
jännite 1 (sähköinen tms) tension, voltage **2** (henkinen) tension, suspense
jännittyä 1 (köysi tms) be strained/stretched, tighten, tauten, (lihas) tense (up) **2** (tilanne) get/become tense/strained **3** (hermostua) tense up, get nervous (about something), worry (about something)
jännittävä exciting, thrilling
jännittää 1 (tiukentaa) tense, stretch, tighten, tauten, pull tight/taut **2** (olla hermona jostakin) feel tense about, feel/be nervous about *Jännitän huomista kokousta* I feel so nervous about tomorrow's meeting *Älä jännitä, se menee ihan hyvin* Don't worry, never mind, rest your mind, relax, it'll go fine **3** (olla/odottaa innoissaan) be excited about, look forward to *Minua jännittää meidän matkamme* I can hardly wait for our trip, I'm so excited about our trip
jännitys 1 (köyden tms) tension, strain, tightness, tautness **2** (innostunut odotus) excitement, (eager) expectation **3** (hermoileva odotus) tension, nervousness **4** (pelkäävä odotus) suspense *Jännitys oli melkein kestämätöntä* The suspense was almost unbearable
jännityselokuva thriller, adventure movie
jännityspäänsärky tension headache
jännitysromaani thriller, adventure novel
jännä (ark) **1** (jännittävä) exciting, thrilling **2** (mielenkiintoinen) cool
jännäri thriller
jännätä (ark) **1** (olla epävarma) be in suspense (about the outcome), be on tenterhooks **2** (olla innoissaan) be excited (about something) **3** (olla hermona) be nervous (about something) **4** (pitää peukkuja) keep your fingers crossed
jänskä (ark) **1** (jännittävä) exciting, thrilling **2** (mielenkiintoinen) cool
jäntevyys suppleness, muscularity, tightness (ks jäntevä)
jäntevä 1 (notkea) limber, supple **2** (vahva) strong, muscular **3** (tiivis) tight *jäntevä tyyli* a tight style
jänö 1 bunny (rabbit) **2** (jänishousu) chicken, scaredy-cat
järeä 1 (vahva) sturdy, strong, stout **2** (iso) large, massive **3** (raskas) heavy *järeä tykistö* heavy artillery **4** (miehekäs) virile, manly **5** (koruton) plain, bare, unvarnished, unadorned *järeä totuus* plain/bare/unvarnished truth
järin very *ei järin vahva* not very strong, not all that strong
järistys earthquake
järistä shake, quake, tremble
järisyttävä (kuv) earthshaking, shocking
järisyttää 1 shake, rock **2** (pelottaa) make (you) quake in your boots

järjellinen

järjellinen rational
järjenjuoksu intelligence, wits *Jaanalla on terävä järjenjuoksu* Jaana is sharp/quick-witted, quick on the uptake
järjenvastainen unreasonable, irrational
järjestelijä organizer, arranger
järjestellä 1 (kukkia tms) arrange **2** (asioita) take care of, see to, run errands **3** (tukkaansa) straighten, pat into shape, primp, do **4** (kirjoja, astioita, vaatteita tms) sort (out), put away, put in their proper places, arrange **5** (huonetta) pick/clean/straighten up
järjestelmä 1 system **2** (hallinnollinen) administration, organization, establishment, the System
järjestelmäkamera (yksisilmäinen peiliheijastuskamera) single-lens reflex camera, SLR, (yl) system camera
järjestelmällinen systematic
järjestelmällisesti systematically
järjestely 1 arrangement; (mon) measures **2** (sot) disposition (of troops)
järjestelykysymys *Se on vain järjestelykysymys* It's just a matter of arranging it
järjestys order *Kaikki on järjestyksessä* It's all set, everything's in order *panna asiat järjestykseen* put things in order, settle things *panna paikat järjestykseen* straighten/tidy up *aakkosjärjestyksessä* in alphabetical order *laki ja järjestys* law and order
järjestysluku ordinal number
järjestyssäännöt (rules and) regulations
järjestyä 1 (jonoon, riviin) form a line/row, line up **2** (ammattiliittoon) organize, unionize **3** (tulla järjestetyksi) be arranged *Pojalle järjestyi hoitopaikka naapurista* We were able to find/arrange family daycare for our son at the neighbor's **4** (kuntoon) work/turn out, be all right, (be) settle(d) *Kaikki järjestyy aikanaan* Everything will work/turn out in the end, it'll be all right *Jupakka järjestyi neuvotellen* The dispute was settled in negotiations
järjestäjä 1 (henkilö tai taho) organizer **2** (oppilas) monitor
järjestäytymätön unorganized
järjestäytynyt rikollisuus organized crime
järjestäytyä (get) organize(d), (ammattiliittoon) unionize
järjestää 1 (kokousta tms) organize **2** (avioliittoa, häitä, konserttia tms) arrange, make arrangements for; (ark) fix (things up for) *järjestää niin että* arrange to (go somewhere, be free, do something), fix things so (you/someone can do something) **3** (asioita) take care of, see to **4** (ihmiset ulos) get/run/usher (people) out, clear the room *Voisitko järjestää nuo ihmiset pois?* Could you get rid of those people for me? **5** (ihmiset yhteen) fix (people) up (with each other) *järjestää kaverille seuralainen* fix a friend up with a date **6** (kirjoja, astioita, vaatteita tms) sort (out), put away, put in their proper places, arrange **7** (huonetta) pick/clean/straighten up **8** (tukkaansa) straighten, pat into shape, primp
järjestää arkistoon file
järjestää asiansa settle your affairs
järjestää elämänsä put your life in order, (sl) get your shit together
järjestää jonoon form a line, get people to line up
järjestään 1 (jokainen vuoron perään) one at a time, systematically **2** (kaikki) all *Miehet ovat järjestään suomalaisia* Every last one of them is a Finn, they're Finns to a man *Heidän lähetyksensä ovat järjestään päivän myöhässä* Their shipments are always/consistently/regularly a day late
järjestää riviin form rows, line people up in rows
järjestää ryhmiin group
järjestö organization
järjettömyys senselessness, foolishness, absurdity
järjetön senseless, mindless, absurd, stupid, foolish *tehdä järjettömiä* act foolishly *puhua järjettömiä* talk nonsense

jäsentää

järkeenkäypä reasonable, plausible *Se on järkeenkäypä* That stands to reason

järkeillä (mietiskellä) speculate/reflect/meditate on, ponder, philosophize about

järkeily (mietiskely) speculation, reflection, meditation

järkeisusko rationalism

järkevyys reasonableness, sensibleness

järkevä reasonable, sensible *kuka tahansa järkevä mies* any man in his right mind

järkevöityä come to your senses, wise/smarten up

järki 1 (ajattelukyky) reason, mind, (äly) intellect, (älykkyys) intelligence *Käytä järkeäsi!* Use your head/noodle/noggin **2** (järkevyys) sense *terve järki, maalaisjärki* common sense *Tässä ei ole mitään järkeä* This doesn't make sense, this is senseless/stupid/ridiculous/absurd *puhua järkeä jollekulle* try to talk some sense into someone, try to reason with someone *saada joku järkiinsä* bring someone to his/her senses *olla järjiltään* be out of your mind, off the deep end, around the bend

järkiavioliitto marriage of convenience

järki-ihminen 1 (järkevä) sensible/reasonable/realistic person **2** (järkeen uskova) rationalist

järkiintyä come to your senses, wise/smarten up

järkiperäinen 1 (järjellinen) rational **2** (järjestelmällinen) systematic, methodic(al)

järkiperäistää systematize, reduce (something) to a system/method

järkipuhe reasonable/sensible talk

järkky shocking, sick, heinous

järkkymätön unflinching, unswerving; (pysyvä) steadfast, (joustamaton) inflexible

järkkyä 1 (maa tms) shake, quake, tremble **2** (talous tms) be shaken, receive a severe shock/blow, teeter **3** (mieli) be traumatized, suffer a severe shock/blow (to your sanity/peace of mind/mental stability)

järkyttyä be shocked/upset/scandalized (by)

järkyttävä shocking, scandalous

järkyttää 1 (rakennusta tms) shake, rock **2** (mieltä) shock, upset **3** (seurapiiriä) scandalize

järkytys shock

järkähtämättä firmly, decisively, resolutely, uncompromisingly, without bending an inch

järkähtämätön 1 (päättäväinen) firm, decisive, resolute **2** (joustamaton) inflexible, uncompromising, rigid **3** (horjumaton) unshakable, unwavering

järkähtää budge *Se ei järkähtänytkään* It wouldn't budge

järkäle boulder *miehen järkäle* a mountain of a man

järvenjää the ice on a lake

järvenpohja lake bottom

järvenranta lake shore

järvi lake

järvialue lake district

järvimaisema lake scene(ry)

järvinen *järvinen tasanko* a lake-filled plain, a prairie rich in lakes

järviseutu lake district

järvivesi lake water

jäsen 1 (ruumiin) (body) part, limb, member *tuntea eilinen työ jäsenissään* feel the effects of yesterday's work in your muscles **2** (järjestön) member **3** (lauseen) part

jäsenalennus member discount

jäsenhinta member price

jäsenistö members(hip)

jäsenkortti membership card

jäsenmaa member country

jäsenmaksu membership fee, dues (mon)

jäsenmäärä membership, number of members

jäsentymätön unclear, inarticulate, inchoate

jäsentyä break down (into), divide up (into), be divided (into)

jäsentää 1 (hahmotella) outline, sketch out; (luetella) list, tick off (on your fingers) **2** (eritellä) analyze, do a breakdown (analysis) of *jäsentää lause* (kiel) analyze a sentence, (vanh) parse a sentence

jäsenäänestys

jäsenäänestys vote (among the membership) *alistaa jäsenäänestykseen* put to a vote (among the membership)
jäte (roska) trash, garbage, refuse, waste
jäteauto garbage truck
jätehuolto garbage collection
jätemylly garbage disposal
jätepaperi scrap/waste paper
jätevedenpuhdistamo sewage treatment plant
jätevesi sewage
jätevesipäästö effluent
jätkä 1 (jäbä) dude, man; (UK) bloke, chap (tukkijätkä) lumberjack **3** (kortti) Jack
jätski (ark) ice cream
jätti giant
jättikoko giant size
jättiläinen giant
jättiläismäinen gigantic
jättiläisvyötiäinen giant armadillo
jättimäinen gigantic
jättäytyä leave/submit/surrender/resign yourself (to)
jättää 1 leave *Jätin auton kotiin* I left my car at home *Mari on jättänyt miehensä* Mari's left her husband *Jätän tämän kylän ja menen kaupunkiin* I'm leaving this burg and going to town *jättää lautaselle/tähteeksi* leave food on your plate/uneaten *jättää jollekulle perinnöksi* leave someone something (in your will) **2** (luovuttaa) take, drop off, deliver *jättää paketti postiin* drop a package off at the post office **3** (lähteä ilman) leave behind *Juna jätti* I missed the train **4** (mennä edelle) go/pull ahead of, leave behind *jättää kilpailijaansa sekunnilla* be a second ahead of your competitor **5** (antaa) leave (up) to *Jätä se minulle* Leave that (up) to me (ks hakusanoja) **6** (hylätä, luopua) leave, give up, quit *jättää opintonsa* quit school, have to leave school **7** *jättää sormensa oven väliin* get your fingers caught in the door
jättää asia sikseen drop the matter, leave it at that
jättää hakemus hand in/submit an application, apply
jättää huomiotta disregard, ignore

jättää hyvästi bid someone farewell, say goodbye, take your leave
jättää joku oman onnensa nojaan leave someone to his/her own devices
jättää joku siihen uskoon että give someone to believe that
jättää jonkun huoleksi leave something to *Jätä se minun huolekseni* Leave that to me
jättää jonkun huostaan deliver/hand over (a child) into someone's custody/care
jättää jonkun päätettäväksi leave something up to *Jätä se minun päätettäväkseni* Leave that up to me
jättää jälkeensä leave someone/-thing behind, outdistance, outstrip; (ark) leave someone in the dust
jättää kesken not finish/complete, leave unfinished/uncompleted
jättää menemättä not go, decline/refuse to go, stay away
jättää omaan arvoonsa just ignore somebody, pay no attention to somebody
jättää oman onnensa nojaan leave someone to fend for him/herself
jättää pois laskuista leave (something/-one) out of your plans/calculations, not take something/-one into account
jättää pulaan not go to someone's rescue, not extend a helping hand, abandon someone in need/distress, let someone down
jättää rauhaan leave someone alone, in peace
jättää sana leave word, leave (someone) a message
jättää sanomatta leave (something) unsaid, omit/fail to mention
jättää sisään submit
jättää tekemättä leave undone, fail/neglect to do
jättää tieto leave word (of where you'll be, of what's happening)
jättää tulematta not come, stay away, fail to show up/arrive
jättää valitus lodge a complaint, file an appeal

jäädä luokalle

jättää varjoonsa overshadow, leave someone in your shadow
jättää virka (eläkeiässä) retire, (ennen eläkeikää) resign
jättää väliin skip, pass (on/up)
jättö 1 leaving, delivery (ks jättää) **2** (tekn) lag, slip **3** (urh) miss
jättöpäivä due date, deadline
jätättää run slow
jätökset 1 (eläimen) spoor **2** (ihmisen) mess, litter
jäykiste stiffener, hardener
jäykistyä stiffen, (kovettua) harden; (penis) erect, tumesce
jäykistää stiffen, (kovettaa) harden, set
jäykkä 1 stiff, hard; (penis) erect, tumescent **2** (keskustelu tms) stiff, awkward, forced **3** (ihminen) inflexible, uncompromising, rigid
jäykkäkouristus lockjaw, tetanus
jäykkäkouristusrokotus tetanus shot
jäykähkö on the stiff side, rather stiff (ks myös jäykkä)
jäytävä gnawing
jäytää 1 gnaw/eat (away) at **2** (kuluttaa) tax, consume, wear away/down
jää ice *jäät* (juomassa) ice cubes, (järvessä) the ice (floes) *jäässä* (jäätynyt) frozen, (kylmä) freezing, (jään peitossa) iced over/up, (ikkuna) frosted over/up, (poissa käytöstä) on ice
jäädyttää freeze (myös kuv)
jäädä 1 (olla lähtemättä) stay, remain *jäädä kotiin* stay home *jäädä yöksi* spend/stay the night, (UK) stop for the night **2** (olla pääsemättä) miss, not make *jäädä junasta* miss the train *jäädä pois kokouksesta* skip the meeting **3** (olla pääsemättä pois) get caught/stuck/trapped *Sormeni jäivät oven väliin* I got my fingers caught in the door *jäädä auton alle* get run over by a car **4** (unohtua) get left behind/forgotten *Minulta jäi hanskat kotiin* I fotgot/left my gloves at home **5** (säilyä) be/get left (over) *Jäi vähän spagettia huomiseksi* There was enough spaghetti left over for tomorrow's dinner **6** (perinnöksi) be left (to someone in a will) *Kauppiaalta jäi iso perintö* The merchant left a large inheritance/estate **7** *Häneltä jäi vaimo ja kaksi lasta* He was/is survived by a wife and two children, he left a wife and two children **8** (jälki) be left (on) *Sormuksesta jäi naarmu lasiin* The ring scratched the glass **9** (lykkääntyä) be delayed/postponed/put off *Asia jäi ja jäi* There was one delay after another, somehow they/I never got around to doing it
jäädä alakynteen take the worst of it, get a beating
jäädä arvattavaksi be (left) up in the air *Arvattavaksi jää, tuleeko hän ollenkaan* Who knows whether he'll come at all, it'll be interesting to see whether he comes at all
jäädä auki (ovi tms) be left open, (ihminen) be in debt
jäädä eloon live (through something), survive
jäädä henkiin survive
jäädä historiaan go down in history
jäädä huomaamatta be unnoticed by someone
jäädä johonkin käsitykseen be left with an impression *Sellaiseen käsitykseen jäin* That was the impression I got, that was how I understood you/him jne
jäädä jäljelle be left (over)
jäädä jälkeen be left behind
jäädä jälkijunaan be left behind, be left in the dust
jäädä kaipaamaan miss
jäädä kesken remain unfinished/uncompleted/undone
jäädä kiikkiin get caught/busted
jäädä kiitollisuudenvelkaan be obliged (to someone), be left in a debt of gratitude (to someone)
jäädä kuin nalli kalliolle be left all alone
jäädä käytöstä fall into disuse, be taken out of use/circulation
jäädä lehdellä soittelemaan draw the short straw
jäädä luokalle fail/flunk a grade, be held back (one year), have to repeat a grade

jäädä muodista

jäädä muodista become unfashionable, go out of style
jäädä nähtäväksi *Se jää nähtäväksi* It remains to be seen
jäädä näppejään nuolemaan be left with nothing
jäädä oman onnensa nojaan be left to your own devices
jäädä orvoksi be orphaned
jäädä paha maku suuhun leave a bad taste in your mouth
jäädä pahoille mielin be left with a bad taste in your mouth, walk away hurt/angry/resentful jne
jäädä pimentoon be left/kept in the dark
jäädä pois laskuista be omitted/forgotten/neglected, not be taken into account/consideration
jäädä puille paljaille be put out into the street
jäädä pöydälle be tabled
jäädä sanomatta *Minulta jäi sanomatta* I forgot to say
jäädä sille tielle never be seen again, disappear for good
jäädä suustaan kiinni get caught up/lost talking/in conversation
jäädä taakse 1 (matkanteossa) fall behind, drop back/behind *Katsoin kun kylä jäi taakse* I watched the village dwindle into the distance **2** (ajassa) be left behind *Ne ajat ovat jo jääneet taakse!* That's old history!
jäädä tappiolle lose (out), be losing, be getting the worst of it; (ark) get a trouncing, get taken to the cleaners
jäädä toiseksi come in/place second; (muu) lose (out), get beaten out; (ark) play second fiddle *jäädä 100 metrillä toiseksi* come in/place second in the 100-meter dash *Kun Martti löysi sen kaunottaren, minä jäin toiseksi* When Martti found that bathing beauty, I had to play second fiddle
jäädä tyhjin käsin be left empty-handed
jäädä unhoon be forgotten

jäädä varjoon be in someone else's shadow, be overshadowed/outdone, have someone steal your thunder
jäädä velkaa owe someone (money/a favor), be (left) in debt to someone *Jäin sinulle kympin velkaa* I owe you a tenner
jäädä voimaan remain in effect
jäähalli indoor skating rink, ice stadium
jäähdytin cooler, cooling/refrigerating machine/plant, (auton) radiator
jäähdyttää cool (off/down) (myös kuv)
jäähdytysneste coolant
jäähtyä cool (off/down) (myös kuv)
jäähy 1 (jääkiekossa) penalty *saada jäähy* be sent to the penalty box **2** *olla jäähyllä* be cooling off
jäähyaitio penalty box
jäähyväiset farewell, adieu, leave-taking *sanoa jäähyväiset* bid farewell
jääkaappi refrigerator
jääkaappipakastin refrigerator-freezer
jääkarhu polar bear
jääkausi Ice Age
jääkiekko ice hockey
jääkiekkoilija (ice) hockey player
jääkiekkokaukalo ice hockey rink
jääkiekkomaila (ice) hockey stick
jääkiekko-ottelu (ice) hockey match
jääkuutio ice cube
jääkäri 1 rifleman, light infantryman **2** (hist) Jäger
jäälautta ice floe
jäämeri polar sea *Pohjoinen Jäämeri* the Arctic Ocean *Eteläinen Jäämeri* the Antarctic Ocean
jäämistö estate, property, (earthly) remains
jäämurska crushed ice
jäänesto deicing
jäänestoaine (fuel-line) deicer
jäänmurtaja icebreaker
jäänne 1 (esine) relic, (tapa) survival **2** *jäänteet* remains
jäännös 1 (tähde: mat, ark) remainder, (kem) residue, (liik) balance **2** *jäännökset* remains, (ruoasta) leftovers
jäännöserä 1 (lähetyksestä) remainder *myydä kirjapainoksen jäännöserä* remainder a book **2** (maksusta) outstanding amount

jääpala ice cube
jääpallo bandy
jääpingviini Adélie penguin
jääräpäinen bullheaded, mulish
jääräpää bullhead, mule
jääshow icecapades
jäätanssi ice dancing
jäätee iced tea
jäätelökakku ice cream cake
jäätelö ice cream
jäätelökone ice cream maker
jäätelöpuikko ice cream bar
jäätelötuutti ice cream cone
jäätie ice road
jäätikkö 1 (geol) glacier 2 (liukas tie) sheer ice
jäätyminen freezing
jäätymispiste freezing point
jäätynyt frozen
jäätyä freeze/ice (up/over)
jäätävä icy, frozen, freezing; (kuv) icy, frosty, glacial
jäätää freeze/ice up/over
jäävesi ice water
jäävi s (lak) challenge adj 1 (lak) challengeable, disqualified 2 (ark) unqualified *Minä olen jäävi sanomaan tuosta yhtään mitään* I'm the wrong person to ask about that
jäävuori iceberg
jäävuorisalaatti iceberg lettuce
jäävätä challenge, disquality *jäävätä itsensä* recuse yourself
jököttää *istua jököttää* just sit there
jörö laconic, taciturn, stolid
jöröjukka glum Gus
jöö *pitää jöötä* keep order, maintain discipline

K, k

kaaderi cadre
kaadin pitcher
kaahari speed demon
kaahata drive recklessly; (ark) blast along, drive like a maniac
kaakao cocoa; (ark: kuuma) hot chocolate, (kylmä) chocolate milk
kaakattaa cackle (myös kuv)
kaakeli ceramic tile
kaakeliuuni tiled/glazed stove
kaakki hack, nag
kaakko southeast
kaakkoinen southeast(ern)
kaakkoistuuli southeasterly wind
kaali 1 cabbage 2 (sl) head *Tää ei mahdu mun kaaliin* I can't figure this out, this doesn't make sense to me, this is over my head
kaalikeitto cabbage soup
kaalikääryle stuffed cabbage roll
kaalirapi (kyssäkaali) kohlrabi
kaamea horrible, terrible, awful (myös kuv)
kaamos polar night
kaani Khan
kaanon 1 (Raamatun kirjat) canon 2 (sävellys) canon, (ark) round *laulaa kaanonissa* sing (something) in a round
kaaos chaos
kaaosmainen chaotic
kaaosteoria chaos theory
kaapata 1 (kulkuneuvo) hijack, (lentokone) skyjack 2 (valta) seize, usurp, take over, overthrow 3 (ihminen) kidnap 4 (käsilaukku tms) grab, snatch
kaapeli cable
kaapelimodeemi cable modem
kaapelitelevisio cable television
kaapia scrape, scratch, pare
kaappari 1 (kulkuneuvon) hijacker, (lentokoneen) skyjacker 2 (vallan) usurper, revolutionary 3 (ihmisen) kid-

kaappaus

napper 4 (käsilaukun) pursesnatcher, (lompakon) pickpocket jne
kaappaus 1 (kulkuneuvon) hijacking **2** (vallan) coup (d'état) **3** (ihmisen) kidnapping **4** (tavaran) robbery, petty thievery
kaappausyritys attempted hijacking/coup
kaappi cabinet; (astiakaappi) cupboard, (kirjakaappi) bookcase, (vaatekaappi) wardrobe, closet *sanoa missä kaappi seisoo* wear the pants in the family
kaappijuoppo closet/afternoon drinker, secret lush
kaappikello grandfather clock
kaappipapakastin upright freezer
kaappisänky Murphy bed
kaapu robe; (tuomarin) gown, (munkin) cowl
kaara car, (ark) wheels
kaareutua 1 (tie) curve, bend **2** (holvi) vault, arch
kaareva 1 curved **2** (holvi) vaulted, arched **3** (kovera) concave, (kupera) convex **4** (heitetyn tai ammutun esineen liikkeestä) parabolic
kaarevuus curve, curvature
kaari 1 curve, (kaarevuus) curvature **2** (arkkit) arch, (holvi) vault, (sillan) span **3** (mat) arc **4** (auringon) arc **5** (liike) curve, sweep; (heitetyn tai ammutun esineen kaariliike) parabola, trajectory **6** *elämän kaari* the course of life
kaarihitsaus arc welding
kaari-ikkuna arched window
kaarikäytävä 1 (rakennuksessa) arcade **2** (korvassa) semicircular canal
kaarilamppu arc lamp
kaarisaha bucksaw, bow saw
kaarisilta arch(ed) bridge
kaarisulkeet parenthesis
Kaarle (kuninkaan nimenä) Charles, (Ruotsissa) Carl
Kaarlen aikainen Carolongian
Kaarle Suuri Charlemagne
kaarna bark
kaarre curve, bend, turn
kaarrella 1 (tie, joki tms) curve, bend, wind, meander **2** (ajatukset, keskustelu tms) meander, wander **3** (lintu tms) wheel, sweep, soar **4** *kierrellä ja kaarrella* hem and haw, evade/dodge the question, circle around a subject/question, beat around the bush
kaarros 1 (tien tms) bend, curve, turn, (leveä) sweep **2** (putken) elbow
kaartaa 1 (tie, joki tms) curve, bend, turn **2** (ympäri) circle, go around, (kokonaan ympäri) encircle, surround *kaartaa kaukaa* give a wide berth to, keep your distance from **3** (tehdä kaarevaksi) arch **4** (lintu tms) wheel, sweep, soar **5** *kiertää ja kaartaa* hem and haw, evade/dodge the question, circle around a subject/question, beat around the bush *kiertäen kaartaen* in a roundabout way, indirectly
kaarti guards *vanha kaarti* the old guard
kaartua 1 (tie tms) curve, bend **2** (holvi) vault, arch
kaasu gas *Anna kaasua, paina kaasu pohjaan!* Step on the gas, step on it! *lisätä kaasua* speed up *täydellä kaasulla* (at) full speed/throttle *vähentää kaasua* slow down
kaasujalka foot on the gas pedal *Sillä on raskas kaasujalka* He's got a lead foot
kaasujohto gas pipe, (kaupungin) gas main
kaasukammio gas chamber
kaasulamppu kerosene lantern, (hist) gaslight
kaasuliesi gas range/stove
kaasumyrkytys gas poisoning *saada kaasumyrkytys* be gassed
kaasupoljin gas pedal
kaasus case
kaasutin carburetor
kaasuttaa 1 (myrkyttää kaasulla: ihmisiä) gas, (torakoita tms) fumigate **2** (muuttaa kaasuksi) gasify **3** (painaa kaasua) step on the gas, give it some gas
kaasuuntua gasify, (höyry) vaporize
kaasuvuoto gas leak
kaasuöljy diesel fuel/oil
kaataa 1 (nestettä) pour (out), (vahingossa) spill *sataa kaatamalla* be raining cats and dogs, be pouring *kaataa kylmää vettä jonkun niskaan* pour cold water on

kadehdittava

someone's enthusiasm, on an idea rain on someone's party, be a wet blanket **2** (astiaa, huonekalua) knock/tip/turn over, overturn *kaataa ylösalaisin* turn upside down **3** (vene) capsize **4** (kuorma: kipata) dump, tip **5** (puu) fell, cut/chop down, (heinää) cut, (koneella) mow **6** (riista) shoot, kill, down **7** (ihminen: tauti) knock your feet out from under you, lay you up in bed; (nyrkki tms) knock down, fell; (tappaa) kill, (esim konekiväärillä) mow down **8** (lakiesitys) kill **9** (hallitus) overthrow **10** (suunnitelma) upset, ruin **11** (ennätys) break

kaataa kylmää vettä jonkun niskaan pour cold water on someone's enthusiasm, rain on someone's parade

kaataa vettä hanhen selkään pour something down the drain/toilet

kaato 1 (kaataminen) pouring, spilling, felling jne (ks kaataa) **2** (painissa) takedown **3** (keilailussa) strike

kaatolupa hunting permit

kaatopaikka dump

kaatosade downpour, cloudburst

kaatua 1 (ihminen: vahingossa) fall (down/over); (kompastua) trip, stumble *kaatua väsymyksestä* drop with fatigue, (ark) crash **2** (ihminen: sot) be shot/killed, be mortally wounded, fall in battle **3** (puu) fall, (maahan) crash to the ground *Puu kaatuu!* Timber! **4** (seinä tms) fall, crash, collapse **5** (hallitus) collapse, be overthrown **6** (lakiesitys) be killed **7** (suunnitelma) come to nothing *kaatua omaan mahdottomuuteensa* fail of its own accord, fly like a lead balloon **8** (ennätys) be broken **9** (neste) spill **10** (tietok) crash, go down

kaatua kuolleena maahan drop dead

kaatua pitkin pituuttaan fall flat on your face

kaatua sänkyyn crash (in bed)

kaatua väsymyksestä drop with exhaustion

kaatumatauti epilepsy

kaatumatautinen epileptic

kaatunut 1 (puu tms) fallen **2** (sodassa) killed in action (KIA) *sodassa kaatuneet* the war dead, (euf) military casualties **3** (tietok) down

kaava 1 (ompelu- tms) pattern **2** (malli) model, (muotti) mold, form **3** (suunnitelma) design, scheme **4** (mat, kem) formula **5** (kaavio) diagram, chart **6** (asemakaava) zoning map **7** (mittakaava) scale *kaavaan 1:1000* on a scale of 1 to 1000 **8** (jumalanpalveluskaava) liturgy *vihkikaava* wedding liturgy **9** (tapa toimia) custom, habit, routine *kaavoihin kangistunut* (toiminta) routinized, ritualized, stereotyped; (ihminen) rigid, hidebound, set in your ways *toimia kaavan mukaan* follow precedent, obey the rules, do it by the book, go according to Hoyle

kaavailla sketch out, outline, plan

kaavake form

kaavamainen 1 (kaavan muodossa) schematic, formulaic, diagrammatic; (ark) sketchy **2** (jäykkä) routine, routinized, ritualized, stereotyped, formulaic

kaavamaisesti routinely, ritualistically, as a matter of course/routine

kaavin scraper

kaavinta scraping, (kohdun) curettage

kaavio diagram, chart, figure

kaaviokuva diagram, chart, figure

kaavoittaa 1 (tehdä asemakaava) zone **2** (kaavailla) sketch out, outline, plan **3** (jäykistää) fix in a set pattern, routinize

kaavoittua fall into a rut, get set in your ways; (kirjoitustapa tms) become predictable

kabaree cabaret, floor/variety show; (strip-tease) strip tease

kabbala Kabbalah

kabbalistinen Kabbalistic

kabinetti 1 (ravintolan) private room, (hotellin) meeting room **2** (hallitus) cabinet

kabinettipolitiikka backroom politics

kade envy *Ei käy kateeksi* I don't envy you, I'm glad I'm not in your shoes *kateisaan* envious, green with envy, eating your heart out (with envy)

kadehdittava enviable

kadehtia

kadehtia envy, be envious (of), be green with envy, eat your heart out (with envy) *kadehtia jonkun omaisuutta* be envious of someone's money/wealth, envy someone his/her money/wealth, wish you had someone's money/wealth
kademieli envy, (ark) jealousy
kadenssi cadence
kadetti cadet; (laivastossa) navel cadet, midshipman
kadmium cadmium
kadoksissa lost, missing
kadonnut lammas lost lamb (myös kuv)
kadota 1 (hävitä näkyvistä) disappear, vanish *kadota kuin tuhka tuuleen* vanish into thin air *kadota jäljettömiin* vanish/disappear without a trace 2 (joutua kadoksiin) get/be lost, be missing *kadota muistista* slip your mind 3 (haalistua) fade *kauneus katoaa* beauty fades
kadotettu (usk) damned *Kadotettu paratiisi* Paradise Lost
kadottaa lose
kadotus (usk) damnation, perdition; (kuv) doom
kadunkulma street corner *neljän kadunkulman päässä* four blocks from here
kadunmies the man on the street
kafeteria cafeteria
kafferi (halv: Etelä-Afrikan musta asukas) kaffir
kaftaani caftan
kaguaani (eläin) flying lemur
kahakka fight, scuffle, scrap; (sot) skirmish
kahakoida (get into a) fight/scuffle/scrap, (sot) skirmish
kahdeksan eight *puoli kahdeksan* seven thirty
kahdeksankulmio octagon
kahdeksankymmenluku the eighties
kahdeksankymmentä eighty
kahdeksansataa eight-hundred
kahdeksansylinterinen eight-cylinder
kahdeksantoista eighteen
kahdeksanvuotias eight-year-old
kahdeksas eighth
kahdeksaskymmenes eightieth
kahdeksasosa (one-)eighth
kahdeksassadas eigth hundredth
kahdeksastoista eighteenth
kahdeksastuhannes eighth thousandth
kahdeksikko 1 number/figure eight 2 (soudussa) eight(-man crew)
kahden *olla kahden* be alone (with a lover)
kahden kesken in private, confidentially *vain meidän kahden kesken* just between the two of us
kahdenkeskinen private, confidential
kahden puolen on both sides (of)
kahden vaiheilla wavering, vacillating, undecided, wondering which way to go, which alternative to take
kahdeskymmenes twentieth
kahdessadas two hundredth
kahdestaan the two of us/you/them *Me haluamme olla kahdestaan* We want to be (left) alone
kahdesti twice
kahdestoista twelfth
kahdestuhannes two thousandth
kaheli s loony, crackpot, nut adj loony, cracked, nutty
kahina 1 (ääni) rustle, swish 2 (tappelu) fight, scuffle, scrap
kahinoida fight, scuffle, scrap
kahista rustle, swish
kahle 1 fetter; (mon) chains, shackles *vapauttaa kahleista* unchain, unshackle 2 (kuv) bond, (ark) ball and chain
kahlehtia 1 chain, shackle, (koiraa) leash 2 (kuv) constrain, restrict, confine; (ark) tie up, keep on a leash
kahlekuningas escape artist
kahlita chain, shackle (ks myös kahlehtia)
kahmaista grab, snatch (up), seize (upon)
kahmia grab, snatch (up), seize (upon)
kahnata 1 (hiertää) rub, chafe 2 (riidellä) bicker, squabble
kahnaus friction (myös kuv); (riita) bickering, squabbling
kahtaalla on two sides, in two directions
kahta innokkaammin with renewed/redoubled zeal

kaiken päivää

kahta mieltä of two opinions, divided, torn
kahtena kappaleena in duplicate
kahtia in half, in two parts; (run) in twain
kahva handle, grip; (oven) knob; (puukon) haft; (miekan) hilt *vallan kahvassa* in power
kahvi coffee
kahviaamiainen continental breakfast
kahviautomaatti coffee machine
kahvihammas *Kahvihammasta pakottaa* Gotta have some coffee, I'm about ready for a cuppa
kahviherne chick-pea
kahvijauhot ground coffee
kahvikalusto coffee service
kahvikerma (coffee) cream
kahvikupillinen a cup of coffee
kahvikuppi coffee cup
kahvila 1 (hotellin tm yhteydessä toimiva) coffee shop/room 2 (erillinen pikkuravintola) cafe, coffee house 3 (ruokala) cafeteria
kahvinkeitin coffee maker, (vanh) percolator
kahvinkeitto making coffee
kahvio ks kahvila
kahvipannu coffee pot
kahvipapu coffee bean
kahvipöytä coffee table
kahvitauko coffe break
kahvittaa 1 serve (someone) coffee 2 *minua kahvittaa* I feel like a cup of coffee
kai 1 (luulisi) I/you guess/think/suppose *Ei kai hän nyt tule?* You don't think/suppose he's coming now, do you? *Et kai menisi ilman minua?* You wouldn't go without me, would you? 2 (luultavasti) probably, presumably, very likely *Hän tulee kai huomenna* I think he's coming tomorrow, he's probably coming tomorrow 3 *totta kai* of course
kaide railing, handrail, (sillan) parapet
kaihdin shade, blind; (sälekaihdin) Venetian blind(s)
kaihi (harmaa) cataract, (viher) glaucoma
kaiho longing, yearning; (menneisyyteen) nostalgia
kaihoilla long/yearn (for)
kaihoisa longing, yearning, wistful
kaihoisasti longingly, yearningly, wistfully, filled with/full of longing/yearning
kaihomielinen wistful, pensive; (melankolinen) melancholic, doleful
kaihota miss, long/yearn (for)
kaihtaa avoid, shun *keinoja kaihtamatta* stopping at nothing
kaikeksi onneksi by good luck/fortune, as luck would have it
kaikeksi onnettomuudeksi unluckily, unfortunately, as ill luck would have it
kaiken aikaa constantly *Sitähän minä teen kaiken aikaa* Can't you see that's what I'm doing?
kaiken A ja O the core/heart/crux of the matter, the very sum and substance of the thing
kaikenikäiset of all ages *kaikenikäisille* for people of all ages
kaiken kaikkiaan (all) in all, in sum
kaikenkarvainen of all kinds/sorts, of all shapes and sizes *kaikenkarvaista väkeä* motley crew
kaiken kukkuraksi to boot, to top it off, if that weren't enough *Siellä tehtiin kaiken kukkuraksi poliisiratsia* And if that weren't enough, the place was raided by the cops, and to top it all off, the cops raided the place
kaikenlainen all kinds/sorts of, of all kinds/sorts, diverse, various *kaikenlaista ruokaa* (monenlaista) food of every description, of all kinds/sorts; (paljon) all kinds/sorts of food *jutella kaikenlaista* talk about everything under the sun
kaiken maailman all sorts of *Siellä oli kaiken maailman hiippareita* The place was crawling with bums and creeps
kaiken matkaa 1 (koko matkan) the whole way (there) 2 (koko ajan) the whole time, constantly
kaiken pahan alku ja juuri the root of all evil
kaiken päivää all day, the whole blessed day, the livelong day

kaiken todennäköisyyden...

kaiken todennäköisyyden mukaan in all probability
kaiken uhalla no matter what comes, braving everything, at all hazards
kaiken varalta (just) in case
kaikessa hiljaisuudessa in all secrecy, on the quiet/Q.T.
kaikessa kiireessä in a rush, frantically
kaiketi no doubt, surely; (luultavasti) probably, presumably, very likely
kaiket päivät day after day, for days on end
kaikin mokomin by all means, go right ahead, be my guest
kaikin puolin in every way/respect; (läpeensä) throughout; (täysin) completely, wholly, fully
kaikinpuolinen 1 (perusteellinen) thorough(going), exhaustive, comprehensive **2** (yleinen) general, universal **3** (täydellinen) complete, whole, full
kaikkea muuta kuin anything but
kaikkea sitä kuuleekin now I've heard everything! this takes the cake!
kaikkea vielä! what a load of nonesense/horseshit!
kaikkein of all *kaikkein paras* the best of all, the very best *kaikkein kaunein mekko* (by far) the most beautiful dress
kaikkein pyhin the holy of holies
kaikki s **1** (ihmiset) everybody/-one, all *Tulkaa kaikki!* Everybody come over here! Come on in, everyone! Come one come all! **2** (muut) everything, all *valmiina kaikkeen* ready for anything *ennen kaikkea* above all *kaikesta huolimatta* in spite of everything *kesken kaiken* right in the middle of everything, unexpectedly, suddenly *Siinä on stereot ja kaikki* It's got a tape deck and everything *yhtä kaikki* (silti) still, (samantekevää) all the same, all one, a matter of indifference *tehdä kaikkensa* do your best, do everything in your power adj **1** all, (jokainen) every *kaikki naiset* all the women, every woman **2** (koko) all (of) (the), the whole *kaikki toivo* all hope *kaikki omaisuus* the whole property/estate, all (of) his/her wealth *Oppia ikä kaikki* Live and learn *kaikkea hyvää* all the best *kaikkea muuta kuin* anything but *kaikki muut* everyone else
kaikki aikanaan all in due time
kaikkialla everywhere, all over, throughout *kaikkialla Suomessa* all over/throughout Finland
kaikkien aikojen paras the best/greatest ever, the world's best/greatest
kaikki kaikessa everything, the whole world *Sinä olet minulle kaikki kaikessa* You're my whole world, you're the whole world to me, you're my everything, you're everything to me *Raha ei ole kaikki kaikessa* Money isn't everything
kaikki kynnelle kykenevät every able-bodied soul
kaikki muut everybody else, all the others/rest
kaikkinainen all kinds/sorts of, of all kinds/sorts
kaikkineen *Hän lähti kamppeineen kaikkineen* She took everything and left, she didn't leave a trace of her behind
kaikkiruokainen omnivorous *Minä olen kaikkiruokainen* I'll eat anything (that won't eat me), I'm not particular
kaikki tiet vievät Roomaan all roads lead to Rome
kaikkitietävä omniscient
kaikkitietäväinen know-it-all
kaikkivaltias s the Almighty adj almighty
kaikkiviisas all-wise, all-knowing
kaikkivoipa omnipotent, all-powerful
kaikota 1 leave, go away *Häneltä oli yleisö kaikonnut* He'd lost his audience, his audience had deserted him **2** (kadota) disappear, vanish **3** (paeta) flee, escape **4** (häipyä) fade (away)
kaiku 1 echo (myös kuv) **2** (äänen väri) sound, ring *outo kaiku äänessä* strange ring to a voice
kaikua 1 echo *Täällä kaikuu* There's an echo here **2** (raikua) resound, ring *naurun kaikuessa* amid(st) peals of laughter *kaikua korvissa* ring in your ears *kaikua kuuroille korville* fall on deaf ears
kaikukardiografia echocardiography

kaivaa jonkun hautaa

kaikukuvaus 1 (kuva) echogram, (ultra)sonogram **2** (kuvaaminen) echography, (ultra)sonography, ultrasound examination
kaikuluotain depth finder, echograph
kaikuluotaus echography, echo sounding, echolocation
kaikupohja sounding board (myös kuv)
kaima namesake
kaimaani cayman, caiman
kainalo armpit *nukkua isän kainalossa* sleep in your father's arms *hattu kainalossa* with your hat under your arm *kulkea jonkun kainalossa* (käsikynkkää) walk on someone's arm, (käsi ympärillä) walk with someone's arm around you
kainalohiki body odor (B.O.), (leik) armpits juice
kainalokuoppa armpit
kainalosauvat crutches
kaino 1 (arka) shy, bashful, timid, demure **2** (kainosteleva, laskelmoivan kaino) coy **3** (häpeilevä) modest, prudish
kainostelematon 1 (punastelematon) unblushing, unashamed **2** (häpeämätön) brazen, bold **3** (arkailematon) unhesitating, decisive, quick-witted **4** (kursailematon) unceremonious, direct, straightforward
kainostelematta 1 (punastelematta) unblushingly, unashamedly, with a straight face **2** (häpeämättä) brazenly, boldly **3** (arkailematta) unhestitatingly, without hesitation **4** (kursailematta) without ceremony, plainly, directly *sanoa kainostelematta* say it right/straight to his/her face
kainostella 1 (arastella) be shy/bashful/timid **2** (laskelmoivasti) play coy, play the coquette **3** (häpeillä) be modest/prudish **4** (hävetä) be ashamed/afraid to/of *Hän ei kainostele huonoa kielitaitoaan* She's not ashamed of her poor command of the language, she's not afraid of using her English, no matter how bad it is
kaipaus 1 (kaipaaminen) longing, yearning, pining *jättää kaipauksetta kotiseutunsa* leave your home town without a backward glance *kaipaus kotiin* homesickness **2** (halu) longing, wish, desire *paremman elämän kaipaus* wish for a better life **3** (suru) grief, sense of loss *Hän lähti suureksi kaipaukseksemme* We miss him terribly
kaipuu longing, yearning, pining
kaira 1 (pora) auger **2** (korpi) the backwoods/wilds of Lapland
kairata drill, bore
kaisla reed, bulrush
kaislamatto rush mat
kaislikko reeds, bulrushes
kaista 1 (maan, kankaan, paperin tms) strip **2** (vyöhyke) belt, (sot: lohko) sector **3** (taajuusalue) band **4** (ajokaista) lane **5** (kaistapäinen) off his/her rocker, out of his/her tree
kaistale strip, band, belt
kaistanleveys (tietok) bandwidth
kaistapäinen off your rocker, out of your tree
kaistapää nut case
kaita v tend, shepherd adj narrow, (vanh: ahdas) strait *kaita tie* (raam) the strait and narrow (path)
kaitafilmi (filmi) movie film, (elokuva) home movies
kaitakasvoinen thin-/narrow-faced
kaitselmus providence
kaitsija 1 (hoitaja) caretaker, guardian **2** (lauman, seurakunnan) shepherd **3** (lapsen) babysitter
kaiutin (loud)speaker
kaiutinpuhelin speaker phone
kaivaa 1 dig *kaivaa esiin* dig up/out, excavate (ks myös hakusana) *kaivaa maahan* dig in(to) **2** (sika) root, grub, (myyrä tms) burrow **3** (lapiolla) shovel, spade, scoop (out) **4** (tunneli) cut, blast **5** (kaivo) drill, sink **6** (nenää, hampaita) pick **7** (puuhun) carve *kaivaa nimikirjaimensa puuhun* carve your initials in a tree **8** (tavaroitaan) dig/rummage/plow (through) **9** (mieltä) gnaw/nag at, bother
kaivaa esiin dig up/out, excavate; (ruumis) disinter, exhume; (salaisuus) dig/dredge up
kaivaa jonkun hautaa dig someone's grave (myös kuv)

kaivaa juurineen root up/out, uproot
kaivaa kuvettaan dig deep in your pocket
kaivaa maata jonkun jalkojen alta undermine someone
kaivaa muististaan dredge up out of (the depths of) your memory
kaivaa salat julki dig up dirt (on someone)
kaivaa sotakirveensä maahan bury the hatchet
kaivaa verta nenästään be spoiling for a fight, be asking for it/trouble
kaivaja digger, excavator
kaivannainen mineral(s)
kaivannaisvarat mineral resources
kaivanto 1 excavation, pit *rakennuskaivanto* building pit **2** (vallihauta) moat, (vesihauta) trench, ditch **3** (kanaali) canal
kaivata 1 (ikävöidä) long/yearn/pine for, miss *Kaipaan häntä niin kovasti!* I yearn for him tragically, I pine for him inconsolably, I miss him sorely **2** (haluta) want, wish, desire *En kaipaa kuin hetken rauhaa* All I want is a little peace and quiet **3** (kysyä) ask/look for, ask after *Joku kaipasi sinua tänään* Someone was looking for you today, asking after you today **4** (tarvita) need, lack, miss, require *En kaipaa sinulta yhtään mitään* I don't need zip from you *Tämä paita kaipaa nappia* This shirt is missing a button, there's a button missing on this shirt *Asia ei kaipaa enempiä selityksiä* The matter requires no further explanations
kaivaus excavation, (ark) dig
kaivautua 1 (sisään) dig (yourself) in (myös sot); (ulos) dig your way out **2** (myyrä tms) burrow (in)
kaivella 1 dig **2** (nenää, hampaita) pick **3** (tavaroitaan) dig/rummage/plow (through) **4** (mieltä) gnaw/nag at, bother
kaiverrin graver, chisel; (puikko) stylus
kaiverrus engraving
kaiverruttaa have (an inscription) engraved (on)
kaivertaa 1 (kirjoitusta: metalliin) engrave, (puuhun) carve **2** (reikää) dig, scoop, gouge
kaivinkone excavator, power shovel, backhoe
kaivo well *kaivaa kaivo* dig/sink a well *porata kaivo* drill a well *heittää rahaa Kankkulan kaivoon* throw money down the drain, down a well, out the window
kaivos mine
kaivoskaasu methane/marsh (gas)
kaivoskuilu mine shaft
kaivoslamppu miner's/pit lamp
kaivosmies miner, pitman
kaivosoikeudet mineral rights
kaivosonnettomuus mine disaster
kaivossortuma cave-in
kaivostyöläinen miner, mine worker; (hiilikaivoksessa) coalminer, pitman, (UK) collier
kaivovesi well water
kaivuri excavator, power shovel, backhoe
kajahtaa echo, ring, (re)sound; (kirkas kellon ääni) peal; (metallinen kellon ääni) clang; (laukaus) crack *kajahtaa tutulta* have a familiar ring (to it), sound familiar
kajakki kayak
kajari (ark) speaker
kajastaa 1 (aamu) break, dawn (myös kuv) **2** (valo) gleam, glimmer, show/shine/glow dimly/faintly
kajastus 1 (auringonnousu) dawn, (run) dawn's early light; first rays of the morning sun **2** (kajaste) gleam, glimmer, glow, faint/dim shine
kajauttaa belt out
kaje 1 (valon) gleam, glimmer, glow **2** (ääni) resonance
kajo gleam, glimmer, glow, faint/dim shine
kajota 1 (koske(tta)a) touch, lay a hand/finger on *Tähän laatikkoon et saa kajota* This box is off limits, don't you dare lay a finger/hand on this box **2** (käsitellä: esinettä) handle, (aihetta) touch upon, deal with, broach *Enkö kieltänyt sinua kajoamasta siihen?* Didn't I ask you never to broach/raise/mention that sub-

kaksinnaiminen

ject? *En halua kajota koko asiaan* I want to have nothing to do with that whole affair **3** (sekaantua) interfere (with), (tunkeutua) trespass (on), (lak) encroach (on)
kajottaa holler, bellow
kajuutta cabin
kakara kid, (tuhma) brat *kauhukakara* infant terrible
kakata poop, make poopoo/doodoo
kakattaa 1 *Minua kakattaa* I have to go poop **2** *Voitko kakattaa Jussia?* Could you take Jussi to go poop?
kakistaa *kakistaa kurkkuaan* clear your throat *Kakista ulos!* Spit it out!
kakistelematta straight out, without hemming and hawing, without beating around the bush
kakistella hawk; (kuv) hem and haw
kakka poop, poopoo, doodoo
kakkahätä *Minulla on kakkahätä* I have to go poop
kakkamainen poopy; (kuv) icky, yucky
kakkara (leivän) biscuit; (hevosen) turd
kakkia poop
kakkonen 1 number/figure two **2** (kakkosvaihde, toiselle sijalle kilpaillut) second *vaihtaa kakkoselle* put it/shift into second *olla kakkosena* come in (a good) second, be the runner-up **3** (korteissa) deuce
kakkosvaihde second
kakku 1 (täyte- tai kuivakakku) cake *Moni kakku päältä kaunis* All that glitters is not gold **2** (pikkukakku) cookie, (UK) biscuit **3** *istua kolmen vuoden kakku* do three years (in jail)
kakkulapio cake server
kakkuvuoka cake pan
kako gonzo, bananas, nutsoid
kakofonia cacophony
kakofoninen cacophonous
kaksi two *kahdet kengät* two pair(s) of shoes *me/te kaksi* the two of us/you *kaksi kertaa viikossa/kuussa/vuodessa* (ilmestyvä/tapahtuva) biweekly/bimonthly/biannual(ly) *kaksi kertaa* twice, two times *Kaksi kertaa kaksi on neljä* Two times two is four *kaksi–kolme kertaa* two or three times, a couple-three times
kaksikamarinen bicameral
kaksikerroksinen (talo) two-story, (bussi) double-decker
kaksikielinen bilingual
kaksikielisyys bilingualism
kaksikymmentä twenty
kaksikymmenvuotias twenty-year-old
kaksikymmenvuotinen twenty-year-old *kaksikymmenvuotinen ongelma* a twenty-year-old problem, a problem we've had for twenty years
kaksikyttyräinen two-humped
kaksikyttyräinen kameli Bactrian camel
kaksimielinen 1 (kaksiselitteinen) ambiguous **2** (rivo) suggestive, off-color, dirty
kaksimielisyys 1 (kaksiselitteisyys) ambiguity **2** (kaksiselitteinen sana tai ilmaus) double entendre **3** (rivous) off-color/suggestive remark/story
kaksimoottorinen twin-/two-engined
kaksin by ourselves/yourselves/themselves, just the two of us/you/them
kaksinaamainen two-faced, hypocritical, duplicitous
kaksinainen (kaksinkertainen) twofold, double; (kahdenlainen) of two sorts/kinds
kaksinaismoraali double standard
kaksinen *Ei se kovin kaksinen ollut* It wasn't too hot, it was nothing to write home about, it was no great shakes, it wasn't worth much
kaksineuvoinen 1 (fyysisesti: eläin) hermaphroditic; (kasvi) androgynous **2** (henkisesti: bisexuaali) bisexual, (ark) AC/DC; (perinteisten sukupuoliroolien jälkeinen) androgynous
kaksin kerroin folded, twofold
kaksinkertainen twofold, double; (WC-paperi) two-ply; (ikkuna) double-glazed
kaksinkertaisesti doubly
kaksinkertaistaa double
kaksinkertaistua (be) double(d)
kaksinlaulu duet
kaksinnaiminen bigamy

kaksinpeli (tenniksessä) singles, (golfissa) twosome
kaksintaistelu duel
kaksinumeroinen two-digit
kaksin verroin doubly, twice as much/good jne
kaksio one-bedroom apartment, two-room aparment
kaksipesäinen dekki double-well (cassette) deck
kaksipiippuinen double-barreled *Se on kaksipiippuinen juttu* That sword cuts both ways
kaksipuolinen 1 two-sided **2** (taitettu) folio **3** (nurjaton) reversible **4** (lak ja pol) bilateral, bipartite
kaksipyöräinen two-wheeled
kaksisataa two hundred
kaksisataavuotisjuhla bicentennial
kaksiselitteinen ambiguous
kaksisoutuinen two-oared
kaksistaan (alone) together, just the two of them/us
kaksisuuntainen kanava (tietok) (full) duplex channel
kaksisylinterinen two-cylinder
kaksitahtinen two-stroke, (auto) two-cycle
kaksitaso biplane
kaksiteholasit bifocals
kaksitellen two by two
kaksiteräinen double-bladed, double-/two-edged *Se on kaksiteräinen miekka* That sword cuts both ways
kaksitoista twelve
kaksitoistasävelmusiikki dodecaphonic/twelve-tone music
kaksittain two by two, two at a time, in pairs
kaksituhatta two thousand
kaksivaiheinen two-phase
kaksivuotias s, adj two-year-old
kaksivuotinen two-year
kaksoisjalkainen millipede
kaksoiskansalaisuus dual citizenship
kaksoiskappale duplicate, (ark valokuvista) dupe
kaksoisleuka double chin
kaksoislevyasema dual disk drive
kaksoisolento double, alter ego, doppelganger
kaksoispiste colon
kaksoissisar twin sister
kaksoisvalotus double exposure
kaksoisveli twin brother
kaksoisvirhe double fault
kaksonen twin
kaksoset 1 twins **2** (horoskoopissa) Gemini
kaktus cactus
kaktuspöllö elf owl
kala fish *kuin kala kuivalla maalla* like a fish out of water *Onko hän lintu vai kala?* Is he friend or foe? *mennä kalaan* go fishing *kalassa* (out) fishing *kala liikkuu* the fish are biting *pyytää kalaa* fish *tyynessä vedessä isot kalat kutevat* still waters run deep *kylmä kuin kala* cold as ice *mennä merta edemmäs kalaan* carry coals to Newcastle *mykkä kuin kala* mum as a mouse *olla kuin kala vedessä* feel right at home, feel like a pig in shit
kalaisa well-stocked, full of fish
kalajuttu fishing story, tall tale
kalakeitto fish soup
kalakukko Finnish fish pasty
kalalokki seagull
kalanhaju fish smell
kalanmaksaöljy codliver oil
kalanruoto fishbone
kalansilmä fish eye, (objektiivi) fisheye lens
kalansilmäobjektiivi fisheye lens
kalanviljely fish farming/hatching/breeding, pisciculture
kalanviljelylaitos fish hatchery
kalaonni fisherman's luck
kalaporras fish ladder
kalapuikko fishstick, (UK) fish finger
kalaretki fishing trip/expedition
kalaruoka fish; (ruokalaji) fish course
kalastaa 1 fish (for), go fishing **2** (kuv) fish/hunt (for), drum up
kalastaja fisherman
kalastella fish/hunt (for), drum up *kalastella kohteliaisuuksia* fish for compliments
kalastus fishing

kallis

kalastusaika fishing season
kalastuslupa fishing licence/permit
kalatalous fishing industry
kalauttaa smack, whack, thwack
kaleeri galley
kaleeriorja galley slave
kaleidoskooppi kaleidoscope
kalendaarinen calendrical
kalenteri calendar
kalenterikuukausi calendar month
kalenterivuosi calendar year
kalenterivuosittain by/each calendar year
Kalevala Kalevala
kalevalamitta Kalevala meter, trochaic tetrameter
kalibroida calibrate
kalibrointi calibration
Kalifornia California
kalifornialainen s, adj Californian
kalifornianjuoksukäki greater roadrunner
kaliiperi caliber (myös kuv)
kalista (hampaat) chatter; (kattilat tms) clatter, rattle; (soivasti) jangle
kalistaa (kattiloita tms) clatter, rattle; (ketjuja tms) clank *Lakkaa kalistamasta niitä kattiloita!* Would you stop making such a racket with those pots and pans in there?
kalistella clatter, rattle, clank (ks kalistaa)
kalja beer, (kotikalja) near/small beer *lähteä kaljalle* go out for a few beers
kalju s baldie adj **1** (pää) bald(-headed) **2** (vuorenhuippu) bare, treeless
kaljupäinen bald(-headed)
kaljuuna 1 (laiva) galleon **2** (keulaparvi) cutwater
kaljuunakuva figurehead
kaljuuntua go bald, lose your hair
kaljuuntuminen balding
kalkioida take/make a carbon copy of
kalkiopaperi carbon paper
kalkita 1 (maalata) whitewash, limewash **2** (lannoittaa) lime
kalkkarokäärme rattlesnake
kalkkeutua 1 calcify **2** (ark) get old and set in your ways, go senile

kalkkeutunut 1 calcified **2** (ark) doddering, senile
kalkki 1 (lääk) calcium **2** (kem) lime **3** (malja) cup, chalice *tyhjentää kalkkinsa viimeiseen pisaraan* drain the bitter cup of sorrow to the last drop **4** (ark) old fart
kalkkikivi limestone, chalk
kalkkimaalaus fresco
kalkkis s old fart
kalkkiutua 1 calcify **2** (ark) get old and set in your ways, go senile
kalkkiviiva white/chalk line
kalkkuna wild turkey
kalkyyli calculus
kallellaan 1 tilted, tilting, leaning/listing (to one side), slanting, aslant *pää kallellaan* with your head tilted (to one side) *lakki kallellaan* with cocked hat **2** *olla kallellaan vasemmalle* have leftist leanings
kalleus 1 (kallis hinta) high price, expensiveness **2** (arvoesine) valuable, treasure; (koru) jewel; (mon) valuables *perhekalleudet* (tav ja leik) family jewels
kalligrafia calligraphy
kalligrafinen calligraphic
kalliinpaikanlisä local (cost-of-living) allowance
kallio rock, (jyrkänne) cliff
kallioinen s (kasv) fleabane adj rocky
kalliojyrkänne cliff, precipice
kalliokiipijä (lintu) wallcreeper
kallioleikkaus rock cutting, excavation
kallioniemeke promontory
kallionlohkare boulder
kallioperä bedrock
kalliopiirros rock/cave painting, petroglyph
kallis 1 (hinta) expensive, costly, high-priced *kallis hinta* high price *Se käy sinulle kalliiksi* This is going to cost you (dearly) **2** (arvo) precious, (in)valuable, priceless *kuluttaa jonkun kallista aikaa* waste someone's valuable/precious time **3** (rakas) dear, precious, beloved *kallis synnyinmaa* beloved land of my birth

kallisarvoinen

kallisarvoinen precious, (in)valuable, priceless, not to be had for love or money
kallistaa 1 (hintaa) raise/increase the price **2** (astiaa tms) tip, (kumoon) tip over **3** (pöytää tms) tilt **4** (askelmia tms) incline, cant **5** (laivaa: vähän, vahingossa) list, (kyljelleen korjausta varten) careen, heave down **6** (lentokonetta) bank **7** (päänsä: lepoon) lay down, (päätään) incline **8** *kallistaa vaakaa* (myös kuv) tip the scales, tilt the balance
kallistaa korvansa bend/lend an ear (to)
kallistella (lasia) hit the bottle, tipple; (venettä) rock (the boat)
kallistua 1 (hinta) rise/go up/increase in price **2** (taipua johonkin suuntaan) lean, tilt, incline, cant, list, careen, heave (ks kallistaa) **3** (olla taipuvainen jollekin kannalle) lean, tend, be inclined *Alan kallistua sille kannalle, että rahat pitää saada takaisin* I'm beginning to think/feel that we ought to get the money back
kallistuma tilt, slant; (laivan) list, heel
kallistus lean, tilt, inclination, cant, list
kallistuskulma heeling/banking angle
kallo skull; (ark) noodle, bean, nut *Se ei mahdu mun kalloon* I can't make head or tail of it, I can't figure it out, it's over my head *kova kallo* thick skull
kallonkutistaja (head)shrink(er)
kalmankalpea deathly pale, white as a ghost/sheet
kalmetoida vaccinate for BCG
kalmisto graveyard, cemetery
kalmo corpse, (ark) stiff
kalori calorie
kalorimetri calorimeter
kalorimetria calorimetry
kalossi galosh (mon galoshes)
kalotti 1 (kappale) calotte **2** (päälaki) crown, (lääk) calva(rium) **3** (lakki) skullcap, (katolinen) zucchetto **4** (kalottialue) the polar/arctic region, the Arctic
kalottialue the polar/arctic region, the Artic
kalpea 1 pale, white **2** (kuv) faint, dim, vague

kalsarit undies, shorts *pitkät kalsarit* long johns
kalsea 1 (ilma tms) cold *kalsea tuuli* a wind that goes right through you, that freezes you to the bone **2** (tunne tms) bleak, cheerless
kalsifikaatio calcification
kalsium calcium
kalskahtaa 1 (miekat) clash, (kaviot) clatter **2** (kuv) ring, sound *kalskahtaa tutulta* have a familiar ring to it, sound familiar *kalskahtaa epäilyttävältä* smell fishy
kalske clatter, clash
kaltainen like *sinun kaltaisesi ihmiset* people like you, (halv) the likes of you *Seura tekee kaltaisekseen* Like breeds like
kalterit bars *joutua kalterien taakse* wind up behind bars
kalteva inclined, leaning, slanting, sloping, (katto) pitched
kaltevalla pinnalla on the decline, on a downward slope, (ark) on the skids *joutua kaltevalle pinnalle* hit the skids
kaltevuus 1 inclination, cant, pitch **2** (tien) gradient, grade, incline, slope
kaltoin *kohdella jotakuta kaltoin* treat someone badly, mistreat/abuse someone
kalu 1 thing, object *Ei siitä enää kalua tule* It's had it, it's beyond repair/fixing, its days are over **2** (käyttökalu) tool, utensil, instrument **3** (siitin: lääk) penis, (euf) organ, (ark) tool
kalustaa furnish
kalustamaton unfurnished
kaluste 1 piece of furniture **2** *kalusteet* (huonekalut) furniture, (kaapit) cabinets, (tekn: varusteet, laitteet) fittings, mountings
kalustettu furnished
kalusto 1 (välineet) equipment, gear; (varusteet) fittings; (työkalut) tools **2** (irtaimisto) stock, inventory; (autot) fleet, (junat) rolling stock, (karja) deadstock **3** (huonekalut) *olohuoneen/ruokasalin kalusto* living/dining room suite **4** (astiasto) *kahvi/teekalusto* coffee/tea service **5** (leik: hammasproteesi) teeth

kamppaus

6 *Hän kuuluu kalustoon* She's part of the family
kalustus 1 (kalustaminen) furnishing **2** *kalustukset* furnishings, furniture; (tekn) fittings, fixtures
kaluta gnaw on
kalvaa 1 (nakertaa) gnaw (at) **2** (hiertää) chafe, rub **3** (vaivata) gnaw/nag at, bother, gall
kalvakka pale
kalveta 1 turn pale, go white **2** (haalistua) fade
kalvinilainen Calvinist
kalvinisti Calvinist
kalvo 1 (muovikalvo piirtoheitintä varten) transparency **2** (kelmu) film, foil, sheet; (tekn) diaphragm **3** (anat) membrane **4** (pinta) surface
kalvosin (shirt) cuff
kalvosinnappi cufflink
kama 1 (roju ja huumeet) stuff, junk, (sl) shit **2** (kamat) things
kamala horrible, terrible, awful (myös kuv ja ark)
kamalasti horribly, terribly, awfully (myös kuv ja ark)
kamara 1 (maankuori) (earth's) crust *päästä takaisin maan kamaralle* (lento- tai laivamatkan jälkeen) feel the earth beneath your feet again, get back to solid ground **2** (nahka) rind *paistettu (sian)kamara* cracklin's
kamari 1 (huone) (bed)room, chamber **2** (parlamentissa) chamber, house **3** (poliisiasema) (police) station, precinct
kamarimusiikki chamber music
kamariorkesteri chamber orchestra
Kambodža Cambodia
kambodžalainen Cambodian
kambrikausi Cambrian (period)
kamee cameo
kameleontti chameleon
kameli camel
kamelia camelia, japonica
kamera camera
kameraalinen cameral
kamerakulma camera angle
kameramies cameraman
kameranauhuri camcorder
kamerataide (valokuvataide) photographic art, (elokuvataide) cinematic art
Kamerun Cameroon
kamerunilainen s, adj Cameroonian
kamferi camphor
kamiina iron stove/heater
kamikazelentäjä Kamikaze pilot
kammata comb
kammeta 1 (vääntää kammella irti) pry, wrench **2** (kääntyä) turn, swerve
kammio 1 (huone) chamber; (munkin) cell; (tutkijan) carrel, cubicle **2** (hauta) tomb **3** (sydämen) chamber, ventricle **4** (tekn) chamber, casing
kammo dread, (psyk) phobia
kammoa 1 (pelätä) dread, fear, be afraid of **2** (inhota) abhor, loathe
kammoksua 1 (pelätä) dread, fear, be afraid of **2** (inhota) abhor, loathe
kammota 1 (pelätä) dread, fear, be afraid of **2** (inhota) abhor, loathe
kammottaa fill (someone) with dread, terrify, horrify *En voi mennä sinne, minua kammottaa* I can't go in there, I'm scared
kammottava dreadful, horrible, terrible, awful (myös kuv)
kampa comb *panna kampoihin* resist, take a stand against
kampaaja hairdresser
kampaamaton uncombed, unkempt
kampaamo hairdresser, hair salon
kampanja campaign
kampanjoida campaign *lähteä kampanjoimaan* hit the campaign trail
kampasarvinen (kovakuoriainen) stag beetle
kampata trip (up)
kampaus 1 (prosessi) combing, hairdressing **2** (lopputulos) hairdo
kampela flounder
kampelakalat flatfish
kampi (auto) crank; handle
kampiakseli crankshaft
kamppailla 1 (tapella) fight/struggle (wth), do battle with **2** (kilpailla) compete (with)
kamppailu 1 (tappelu) fight, struggle, battle **2** (kilpailu) contest, competition
kamppaus tripping

kamppeet

kamppeet 1 (vaatteet) clothes, threads, duds **2** (tavarat) stuff, junk, (sl) shit
kampsut stuff, shit *kimpsuineen ja kampsuineen* with the whole kit and kaboodle
kampusverkko campus-wide information system
Kamputsea Kampuchea, (nyk) Cambodia
kamputsealainen s, adj Kampuchean, Cambodian
kamreeri (liik) chief accountant; (yhdistys) treasurer; (yliop) bursar
kamu pal, buddy, mate
kana 1 (yl ja keitt) chicken; (emo) hen *kanan muisti* a memory like a sieve *katketa kuin kananlento* go over like a lead balloon *juoksennella kuin päätön kana* run around like a chicken with its head cut/chopped off **2** (kana-aivo) birdbrain, (silly) goose **3** *kuin Ellun kana* without a care in the world *täynnä kuin Ellun kana* stuffed to the gills *päissään kuin Ellun kana* drunk as a skunk
kanaali canal, (iso) channel
Kanaalisaaret Channel Islands
kanaalitunneli (Englannin kanaalin ali) Chunnel, Channel Tunnel, Eurotunnel
Kanada Canada
kanadalainen s, adj Canadian
kanadanpyy spruce grouse
kanaemo (mother) hen
kanahaukka chicken hawk
kana kynimättä *Minulla on kanssasi kana kynimättä* I've got a bone to pick with you
kana kynittävänä ks kana kynimättä
kanala (talo) poultry farm/ranch, (rakennus) henhouse
kanaliemi chicken broth
kanalintu fowl, (mon) poultry
kanalisaatio canalization
kanalisoida canalize
kananliha gooseflesh *olla kananlihalla* have gooseflesh, goose bumps
kananmuna (chicken) egg
kananpoika chick
kanapee canapé
kanarialintu canary (bird)
Kanarian saaret the Canary Islands

kanava 1 (maant ja anat) canal **2** (TV, tietok ja kuv) channel
kanavavalitsin channel selector, (ark) dial
kanavoida (lääk) canalize, (muu) channel
kandela candlepower, candle, candela
kandi BA (hum. kand.), (US) BS/ (UK) BSc (luonnontiet. kand.), (sairaalassa) intern
kandidaatti 1 (hakija) candidate **2** (oppiarvo) bachelor, college grad(uate), (lääk kand) intern
kaneli cinnamon
kanerva heather
kanervikko heathland
kangas 1 (tekstiili) fabric, cloth **2** (maalattava tai maalattu) canvas **3** (metsämaa) a dry peaty forest with heavy moss and lichen cover
kangaskauppa fabric store
kangaskenkä cloth/canvas shoe
kangasmalli fabric sample
kangasmetsä a dry peaty forest with heavy moss and lichen cover
kangaspakka roll (of fabric/cloth)
kangaspala piece of fabric
kangaspuut loom
kangastaa shimmer (like a mirage), (siintää) loom *kangastaa saavuttamattomissa* hover just out of reach, loom just over the horizon, be waiting just around the corner
kangastus 1 (näköharha) mirage **2** (unelma) (pipe-/day)dream, fantasy
kangerrella stumble/trip/limp along *kangerrella puheessaan* stumble/trip over words
kangertaa 1 stumble/trip/limp along **2** (kalvaa) gnaw/nag at, bother, gall
kangeta 1 (nostaa kangella) pry/prize (up/loose) **2** (kangistua) stiffen (up)
kangistaa stiffen
kangistua stiffen (up) *kangistua kaavoihinsa* get set in your ways, fall into a routine/rut
kani 1 (eläin) rabbit **2** (panttilainaamo) pawnshop, (ark) hock *TV on kanissa* My TV's in hock, I pawned my TV
kaniini rabbit

kannel

kanisteri canister
kanjoni canyon
kankainen cloth, canvas *farkkukankainen* denim
kankea stiff (myös kuv) *kauhusta kankea* paralyzed/stiff/rigid with fear *kankea hymy* stiff/awkward/wooden smile
kankeakielinen slow of speech
kankealiikkeinen stiff
kankeasti stiffly
kanki 1 (rautakanki) pry bar 2 (harkko) bar, ingot
kankku buttock, cheek *leveät kankut* fat ass, wide butt
kankkunen hangover
kannanotto stance, stand, position *virallinen kannanotto* (julkilausuma) resolution
kannas 1 (maant) isthmus 2 (reen) runner end *Hyppää kannaksille!* Jump on (the runners)!
kannatella support, hold up
kannatin 1 (yl ja kuv tuki) support, stay, prop, brace 2 (tukipilari) stud, (alusta) rest, (konsoli) bracket, (kelkka) saddle
kannattaa 1 (kantaa fyysisesti) support, bear/hold/prop (up), carry *Tuo pöytä ei kannata sinua* That table won't bear your weight 2 (kantaa henkisesti) support, uphold, sustain *Sotainen kansa ei voi kannattaa rakkauslyriikkaa* A warlike people cannot sustain a tradition of love poetry 3 (tukea taloudellisesti) support, patronize, maintain 4 (tukea henkisesti) support, back, champion, stand up for 5 (puoltaa: ehdotusta) second; (mielipidettä) espouse, go along with, agree with; (ryhmää) adhere to *A: Kannatetaanko? B: Kannatetaan* A: Do I hear a second? B: Second! *Kyllä minä periaatteessa kannatan tuota ajattelutapaa, en vain usko että se tepsii tähän* I agree with you in principle, but in this case I don't think it'll work 6 (hyödyttää) be worth(while) *Ei sinun kannata tulla* There's no need for you to come, don't bother coming, it's not worth your while to come *Kyllä sinne kannattaa mennä* Sure, it's worth going there, it's a worthwhile trip *Ei kannata kiittää* Don't mention it *Ei siitä kannata puhua* It's not worth talking about, no point talking about it 7 (olla tuottavaa) be profitable, pay *Rikos ei kannata* Crime doesn't pay *Isän ravintola ei enää kannata* Dad's restaurant isn't profitable any more, isn't bringing in a profit any more 8 (antaa kantaa) get someone to carry, have someone carry *kannattaa kuormansa aasilla* have the load hauled by donkey
kannattaja 1 (tukija) supporter, backer, benefactor 2 (seuraaja) adherent, follower, disciple 3 (liittolainen) ally, sympathizer, partisan 4 (puolestapuhuja) advocate, proponent
kannattamaton unprofitable *Liike alkaa olla kannattamaton* The business is hardly profitable any more, is bringing in smaller and smaller profits, is verging on unprofitability
kannattamattomuus unprofitability
kannattava 1 (rahallisesti) profitable, paying *Onko se kannattavaa puuhaa?* Does it pay? 2 (henkisesti) worthwhile *Olisiko se kannattava menettely?* Do you think the course would be worthwhile/helpful/useful, would help me, would be of some use to me? 3 (fyysisesti) supporting, bearing
kannattavuus profitability, worthwhileness
kannatus 1 (tuki) support, backing *Voinko luottaa sinun kannatukseesi?* Can I count on your support? 2 (suostumus) acceptance, approval, endorsement *Onko tämä saanut johtokunnan kannatuksen?* Has this been approved by the board? 3 (apu) assistance, aid *Ilman sukulaisten kannatusta emme olisi pärjänneet* Without help from relatives we never would have made it 4 (liittyminen) adherence *puolueen kannatus* adherence to a party
kanne (law)suit, (legal) action *nostaa kanne jotakuta vastaan* sue someone, file a (law)suit against someone, bring (legal) action against someone *ajaa kannetta jotakuta vastaan* prosecute someone
kannel kantele

kannella 1 (lapsi) tattle/rat on, squeal *Sä kantelit!* You tattled/ratted on me! You squealed! **2** (lak) file/lodge a (formal) complaint
kannellinen 1 (astia) covered, with a lid *kannellinen purkki* a jar with a lid **2** (laiva) decked
kannettava puhelin portable telephone; cellular phone
kannibaali cannibal
kannibalismi cannibalism
kannikka heel (of bread)
kannin handle, strap *heikoissa kantimissa* in bad shape, on shaky ground, skating on thin ice
kanniskella carry/lug/haul around/about *Olen kanniskellut näitä kasseja koko päivän* I've been lugging these bags around all day
kannnike (kahva) handle, (hihna) strap
kannu (maitokannu) pitcher, (tee/kahvikannu) tea/coffee pot, (viinikannu) flagon, (kastelukannu) watering can
kannunvalanta pronouncing on politics
kannus spur *ansaita kannuksensa* win your spurs
kannustaa 1 (hevosta) spur (on) **2** (ihmistä) encourage, support, urge/egg/spur (on)
kannuste incentive
kannustin spur, incentive
kanoninen canonical
kanonistaa canonize
kanootti canoe
kansa 1 (ryhmittymä: yl) the people, the public, the populace; (halventava) the masses, the rabble; (geopoliittinen) the nation; (henkinen) a culture **2** (ihmiset) people; (murt) folks; (kuluttajat) consumers, the consumer
Kansainliitto (hist) League of Nations
kansainvaellus (hist) migration, exodus *suuret kansainvaellukset* the Great Migrations, the Germanic Invasions (raam) *Israelin kansainvaellus* the Exodus
kansainvälinen s Internationale adj international
kansainvälisesti internationally

kansainvälistyä internationalize, go international
kansainvälisyys internationalism
kansainvälisyyskasvatus multicultural education
kansainyhteisö international community *brittiläinen kansainyhteisö* the British Commonwealth (of Nations)
kansakoulu elementary/grade school; (US/UK yl) primary school
kansakunta nation
kansalainen citizen
kansalaisoikeudet civil rights
kansalaisopisto folk college
kansalaissota civil war
kansalaistottelemattomuus civil disobedience
kansalaisuus citizenship, nationality
kansalaisvelvollisuus civil duty/responsibility
kansallinen 1 national **2** ethnic
kansalliseepos national epic
kansalliseläin national animal
kansalliskaarti national guard
kansalliskiihko chauvinism, nationalism, patriotism
kansalliskiihkoilija nationalist
kansalliskiihkoilu nationalism
kansalliskokous (hist) the National Assembly
kansallislaulu national anthem
kansallismielisyys nationalism
kansallispuisto national park
kansallispuku national costume
kansallisromantiikka national romanticism
kansallisruoka national/ethnic food
kansallissosialismi (hist) National Socialism, Nazism
kansallissosialisti (hist) National Socialist, Nazi
kansallistaa nationalize, socialize
kansallisuus 1 (kansalaisuus) nationality **2** (kansakunta) nation
kansallisuusaate nationalism
kansandemokraatti People's Democrat
kansandemokratia People's Democracy

kanssa

kansanedustaja (US) member of Congress; (UK/Suomi) member of Parliament
kansanedustuslaitos (US) Congress, (UK/Suomi) Parliament
kansaneläke national pension; (US) Social Security pension, (UK) National Insurance pension
kansaneläkelaitos (Suomi) National Pension Institute; (US) Social Security; (UK) National Insurance Fund
kansanlaulu folk song
kansanluonne national character
kansanmeno national expenditure
kansanmurha genocide
kansanomainen 1 popular, (ark) folksy **2** (kansankielinen) vernacular **3** (yleistajuinen) easily/generally accessible/intelligible **4** (alentuva) democratic, liberal
kansanomaistaa popularize
kansanopisto folk high school
kansanravitsemus public nutrition
kansanrintama popular front
kansanrunous folk poetry, folklore
kansansatu folk tale
kansansoitin folk instrument
kansansävelmä folk tune
kansantajuinen (easily) assessible/comprehensible, easy to read
kansantajuistaa popularize
kansantaloudellinen pertaining to the national economy *Onko meillä varaa moiseen kansantaloudelliseen tuhlaukseen?* Can the national economy, can the country afford such waste?
kansantalous national economy
kansantasavalta people's republic
kansantauti major disease
kansanterveys public health
kansantulo national income
kansantuote national product
kansanvalta democracy
kansanvaltainen democratic
kansanäänestys popular election
kansatiede ethnology
kansatieteellinen ehtonological
kansatieteilijä ethnologist
kansi 1 (astian tms) lid, (laatikon tms) cover, (taskun) flap, (kierrekorkki) cap, (tekn) hood, (kirjan) cover, (pöydän) top *lukea kirja kannesta kanteen* read a book from cover to cover **2** (laivan) deck *kannen alla* below decks *kannella on deck Kaikki miehet kannelle!* All hands on deck! **3** (taivaan) vault (of heaven)
kansikko folder
kansikuva cover photo/picture
kansikuvatyttö cover girl
kansio 1 folder, notebook **2** (tietok) folder
kansipaikka deck chair *Minulla oli kansipaikka* I took deck passage, I slept on deck, in a deck chair
kansituoli deck chair
kansleri chancellor
kanslia 1 (toimisto) office, bureau **2** (hist UK) chancery, chancellery; (kansainvälisen yhdistyksen) secretariat
kanslisti 1 (toimistovirkailija) secretary **2** (pol, diplomatiassa) government/chancery clerk
kansoittaa 1 (asuttaa) settle, colonize, populate **2** (tulla joukoittain) throng, crowd, fill; (ark) jam, pack *Turku on viime päivinä ollut ylioppilaiden kansoittama* For the last few days Turku has been jammed/packed/crowded with high school graduates
kansoittua 1 be(come) colonized/settled/populated **2** fill up, be crowded/jammed/packed
kanssa 1 (yhdessä jonkun kanssa) with, and *tehdä työtä jonkun kanssa* work with someone *Minä menin Ritvan kanssa* Ritva and I went *Minä tulen hulluksi sinun kanssasi!* You're driving me crazy! *yhtä tyhjän kanssa* a waste of time, a pointless exercise *mennä ajan kanssa* take your time, leave yourself plenty of time **2** (suhteessa johonkuhun) to *naimisissa jonkun kanssa* married to someone *sukua jonkun kanssa* related to someone, someone's relative *minun kanssani samanikäinen* the same age as me **3** (jotakuta vastaan) against *joutua sotaan Libyan kanssa* go to war against Libya *joutua vastakkain jonkun kanssa* come up against someone, confront

kanssaihminen

someone **4** (myös) too, also *Ei kun sinä tulet kanssa!* No, you're coming too! **5** (kyllä) sure, really *Se on kanssa outo tyyppi* He sure/really is a weirdo
kanssaihminen fellow human being
kanssakäyminen relations, intercourse *sosiaalinen kanssakäyminen* social relations/intercourse *seksuaalinen kanssakäyminen* sexual relations/intercourse
kanssamatkustaja fellow passenger
kanta 1 (tekn) support, saddle, stock; (lampun) base; (lasin) foot, stem; (jalokiven) setting; (reen kannas) runner end; (naulan) head *Osuit naulan kantaan* You hit the nail on the head **2** (jalan kantapää, kengän kanta) heel *ihan kannoilla* right on someone's heels **3** (geom, tietok) base *tietokanta* database *kolmion kanta* the base of a triangle **4** (kasv: lehden) stem, (mansikan) hull; (sienen) stipe *poistaa mansikan kanta* hull a strawberry **5** (biol: bakteerikanta) strain; (eläinkanta) population, stock **6** (lipun) stub **7** (kiel: sanan) stem, root **8** (mielipide) opinion, position, stance *asettua jollekin kannalle* take a position (on an issue) *asettua kielteiselle kannalle* decide against something *asettua odottavalle kannalle* decide to wait (and see) *minun kannaltani* from my point of view, from where I stand, as I see it **9** (tila) state, condition *Sinun asiasi ovat nyt suhteellisen hyvällä kannalla* You're pretty well set, things are looking fairly good for you right now
kantaa tr **1** (kuljettaa) carry *kantaa säkkiä olalla* carry a sack on your shoulder *vene kantaa kahdeksan henkeä* the boat carries eight (people) **2** (kannattaa; kantaa hedelmää; kuv: kestää) bear *Hanki ei kanna* The snow won't bear your weight, you can't walk on the snow crust *kantava seinä* load-bearing wall *kantaa hedelmää* bear fruit (myös kuv) *kantaa ristinsä* bear your cross(es) **3** (kuljettaa jonnekin) take; (jostakin) bring, fetch *kantaa roskia ulos* take out the trash *kantaa puita sisään* bring/carry in some firewood **4** (olla raskaana: nainen) be pregnant, be with child; (emo) be with young, (lehmä) be with calf, (tamma) be with foal *jne* **5** (poikia) drop *kantaa sonnivasikka* drop a bull calf **6** (tuottaa) bear, yield, produce *kantaa runsas sato* yield/produce an abundant crop **7** (posti) deliver **8** (vero) levy **9** (vastuu) carry, bear, shoulder itr (sinkoutua, ulottua) carry, (paitsi silmä:) see, reach *Keihäs/ääni kantoi pitkälle* The javelin/voice carried a long way *niin pitkälle kuin silmä kantoi* as far as the eye could see
kantaa kaunaa hold/nurse a grudge
kantaa kortensa kekoon add your two bits (to something), do your part/share, contribute
kantaa ottava polemical, argumentative
kantaa posti deliver the mail
kantaa seuraukset suffer the consequences
kanta-asiakas regular (customer)
kantaatti cantata
kantaa vastuu carry/bear/shoulder your responsibility
kantaesitys premiere
kantaisä p(rim)ogenitor
kantaja 1 (postin) carrier, (sanomalehtien) delivery boy/girl **2** (matkatavaroiden: hotellissa) bellhop, (lentokentällä) porter, skycap **3** (lipun) bearer **4** (ruumisarkun) pallbearer **5** (veron) collector **6** (syytteen nostaja) plaintiff **7** (valituksen tekijä) complainant
kantama range, -shot *kuulon kantaman päässä/ulkopuolella* within/out of earshot *silmän kantaman päässä/ulkopuolella* within/out of sight *kiväärin kantaman päässä/ulkopuolella* within/out of gunshot/firing range
kantamus load, burden
kantaohjelmisto basic repertoire
kantaosake common share, (UK) ordinary share; (mon) common stock, equities
kantapaikka (our) favorite place
kantapää heel *kiireestä kantapäähän* from top/head to toe *oppia kantapään kautta* learn the hard way
kantarelli chantarelle

kantasuomalainen s Proto-Finn adj Proto-Finnic
kantatila ancestral estate, (lohkottu maatila) original farm
kantautua 1 (kantaa) carry, be carried, reach *Kaukainen ukkosen jyrinä kantautui korviimme* We heard the faint rumbling of distant thunder *ääni kantautuu pitkälle* the sound carries far *Tietooni on kantautunut että* It's come to my knowledge that, word has reached me that 2 (ajautua) drift, wash (up) *rannalle kantautunut airo* an oar that washed up on the beach *Lika kantautuu jaloissa sisälle* Dirt is tracked in(to the house) on people's shoes
kantavanhemmat progenitors, (Aatami ja Eeva) first parents
kantavuus 1 (tien, sillan tms) maximum load 2 (palkkien tms) loadbearing capacity 3 (jään tms) carrying capacity *Mikä on jään kantavuus?* How much (weight) will the ice carry? 4 *kokeilla siipiensä kantavuutta* test/try your wings 5 (äänen, tykin) range 6 (merkitys) significance, bearing
kantaväestö original/indigenous population
kantele kantele
kanteleensoittaja kantele player
kantelu 1 (lapsen) tattling, squealing 2 (lak) complaint
kantelupukki tattletale
kanto 1 (kaadetun puun alaosa) stump 2 (kantaminen) carrying, bearing 3 (veron) collection
kantoaalto carrier (wave)
kantokyky 1 (tien, sillan tms) maximum load 2 (palkkien tms) load-bearing capacity 3 (laivan) tonnage 4 (jään tms) carrying capacity *Mikä on jään kantokyky?* How much (weight) will the ice carry? 5 (maksukyky) solvency
kantomatka range
kantoni canton
kantosiipialus hydrofoil
kantotuoli litter, sedan (chair)
kantri country (and western) (music)
kantrilaulaja country singer
kantrimusiikki country (and western) (music)
kantti 1 (reunus) edge, border *katsoa asiaa joka kantilta* consider something from all sides 2 (rohkeus) the nerve *Ei kantti kestänyt* He lost his nerve, he chickened out *Minulla ei ole kanttia mennä sinne* I'm too chicken/scared to go in there *Miten sinulla voi olla kanttia sanoa noin?* How dare you say that? 3 (tila) *huonolla kantilla* bad off, on shaky ground
kanttiini canteen, PX
kanttori cantor, choir-director; (ark) organist
kanuuna 1 (sot) cannon 2 (urh) crack shot
kanyloida cannulate
kanylointi cannulation
kanyyli cannula, canule
kapakka bar, tavern; (UK) pub *kiertää kapakoita* go bar-hopping
kapaloida wrap in swaddling clothes
kapalot swaddling clothes
kapasitanssi capacitance
kapasiteetti capacity
kapea 1 (ahdas) narrow 2 (solakka) thin, slender 3 (niukka) meager, scanty
kapea-alainen narrow (in range/scope)
kapeakasvoinen thin-faced
kapealierinen narrow-brimmed
kapearaitainen (liituraitainen) pin-striped
kapeikko 1 (maalla) pass, defile, gap 2 (merellä) strait(s)
kapellimestari conductor
kapeus narrowness, thinness, slenderness, scantiness (ks kapea)
kapillaari capillary
kapillaari-ilmiö capillarity, capillary action
kapillaarinen capillary
kapillaariputki capillary (tube)
kapillaarisuus capillarity
kapina 1 (hallitusta vastaan) rebellion, revolt, insurgency *nousta kapinaan* rise up in rebellion/revolt (against), rebel/revolt (against) 2 (laivan kapteenia tai sotilasjohtoa vastaan) mutiny 3 (tiettyä

kapinahanke

käytäntöä tms vastaan) rebellion, protest, resistance
kapinahanke planned uprising/rebellion/revolt, (laivassa) mutiny
kapinahenki rebellious spirit, spirit of rebellion
kapinallinen s **1** (hallitusta vastaan) rebel, insurgent **2** (laivassa ja armeijassa) mutineer adj **1** (hallitusta vastaan) rebellious, rebelling, insurgent **2** (laivassa ja armeijassa) mutinous
kapine 1 (esine) thing (myös kuv); (mon) things, stuff *Kylläpäs sinä olet outo kapine!* You sure are a strange thing **2** (väline) tool, instrument
kapinoida 1 rebel, revolt, rise (up in rebellion/revolt against) **2** (laivassa ja armeijassa) (rise up in) mutiny **3** (vastustaa) rebel against, protest (against), resist
kapinoitsija rebel, revolutionary, insurgent
kapinoiva rebellious
kapioarkku hope chest
kapiot trousseau
kapistus thing (myös kuv); (mon) things, stuff
kapitaali capital
kapitaalinen capital
kapitalismi capitalism
kapitalisoida capitalize
kapitalisointi capitalizartion
kapitalisti capitalist
kapitalistinen capitalist(ic)
kapitaloida capitalize
kapitalointi capitalization
kapiteeli 1 (pylvään pää) capital **2** (kirjain) small cap(ital)
kapitoli capitol (building)
kapituli capitular body, chapter; (tuomiokapituli) bishop's council
kappa 1 (kirjain) kappa **2** (tilavuusmitta, 4,58 l) halpf a peck, (lähin vastine) gallon **3** (takki) cloak, coat; (alba) robe, gown
kappalainen associate pastor, (UK) assistant vicar, curate
kappale 1 (pieni pala) piece, bit; (puun, kiven) piece, chunk; (kakun tms) piece, slice; (appelsiinin) piece, slice, section; (lihan) piece, slice, cut; (paperin) scrap; (rikotun astian tms) fragment, piece *kappale elämää* a slice of life *vaatekappale* a piece/article of clothing *kiusankappale* nuisance, pain in the neck/ass **2** (taideteos tai essee: ark) piece *musiikkikappale* piece of music *Joko olet nähnyt Turkan uuden kappaleen?* Have you seen Turkka's new piece/play yet? **3** (kirjan tms osa: sisennetty) paragraph, (epämääräinen jakso) passage **4** (myytävä kappale) item, unit, (kirja/lehti) copy *9 euroa/kpl* 9 euros each/apiece *Otan 20 kappaletta kananmunia* I'll take 20 eggs **5** (jäljennös) copy *kahtena/kolmena kappaleena* in duplicate/triplicate *Saanko oman kappaleeni?* Do I get my own copy? *alkuperäinen kappale* original **6** (taivaankappale) (heavenly) body
kappaleen matkaa a ways away, (murt) a far piece
kappalehinta item price
kappaleiksi *leikata kappaleiksi* cut up in(to) pieces/sections/segments, segment *hajottaa kappaleiksi* smash into (a million) pieces, into smithereens
kappaleittain piecemeal, one (unit/item) at a time
kappalejako division into paragraphs
kappale kappaleelta one by one
kappaletavara 1 (kaupan hyllyssä) single-item merchandise, commodities sold by the item/unit **2** (rahtina: junassa) less-than-carload lot (LCL), partload traffic; (UK) parcelled freight; (laivassa) general cargo
kappas vain well what do you know, what do we have here, lokee here
kappeli chapel
kapsaa click, clack, clatter
kapsahdus (kavioiden) clatter (of hooves)
kapsahtaa jonkun kaulaan throw yourself into someone's arms
kapsahtaa pystyyn jump up
kapse clatter
kapseli 1 (pilleri, avaruuskapseli) capsule **2** (kierrekorkki) (bottle)cap **3** (tekn: vaippa) jacket, casing, guard

karies

kapsäkki suitcase *pakata kapsäkkinsä ja lähteä* pack your bags and go
kapteeni captain
kapula 1 stick *heitellä kapuloita rattaisiin* throw a wrench in the works **2** (suukapula) gag **3** (viestijuoksussa) baton
kapulakieli bureaucratese *kapulakielinen sana* buzzword
kapustahaikara white spoonbill
Kap Verde Cape Verde
kapybara (vesisika) capybara
kara 1 (tekn) spindle, shaft, pin, tongue; (pultin) shank, (kellon) arbor **2** (hedelmän) stem
karaatti carat
karabiini carbine
karabinieeri 1 (vanh: sotilas) carbineer **2** (italialainen poliisi) carabinieri
karahtaa (rasahtaa) crunch, grate
karahtaa kimppuun attack someone (suddenly)
karahtaa korvaan grate on your ear
karahtaa punaiseksi flush bright red
karahtaa pystyyn jump up
karahvi carafe
karaista 1 (terästä) temper **2** (itseään) toughen, strengthen, steel **3** (kurkkuaan) clear your throat
karaistua be(come) inured (to)
karakali (aavikkoilves) caracal
karakterisoida characterize
karakteristiikka 1 (piirteet) characteristics **2** (kuvaus) charazterization
karakteristika charazteristics, (fys) characteristic (curve/line)
karakteristinen characteristic
karakterologia characterology
karamelli 1 (makeinen) candy, (UK) sweet; (mon) sweets **2** (poltettu sokeri) caramel
karamellipussi bag of candy
karanteeni quarantine *karanteenissa* quarantined
karata 1 escape, run away, flee, fly **2** (rakastettunsa kanssa naimisiin) elope **3** (sotaväestä) desert, go AWOL (absent without leave) **4** (varastettujen varojen tms kanssa) abscond, run/make off (with the goods/proceeds/money)
karate karate
karavaani caravan
karavaaniseraiji caracansary, caravanserai
karbidi carbide
karbiini carbine
karbonaatti carbonate
karboni carbon
karbonointi carbonation
karbunkkeli carbuncle
kardaaniakseli universal shaft
kardaaninivel universal joint, U-joint
kardemumma cardemom, cardemum, cardemon
kardinaali cardinal
kardinaaliluku cardinal number
kardiogrammi cardiogram
kardiologi cardiologist
kardiologia cardiology
kardiologinen cardiological
kardiovaskulaarinen cardiovascular
kare (veden) ripple, (tuulen) breath *hymyn kare* a faint trace of a smile
karehtia (vesi) ripple; (hymy) flicker, play
karenssiaika waiting period
karhea 1 rough, coarse (myös kuv) **2** (ääni) husky, gruff **3** (kurkku: käheä) hoarse, (kuiva) dry, parched
karheikko rough
karhentaa coarsen, roughen
karhi harrow
karhu 1 (eläin) (grizzly, brown) bear *Älä herätä nukkuvaa karhua* Let sleeping dogs lie *väkevä kuin karhu* strong as an ox **2** (muistutus) reminder
karhukirje reminder
karhukissa binturong
karhunajo bear hunt(ing)
karhunpalvelus backhanded favor, disservice
karhunpeijaiset bearhunt feast
karhunpoikanen bear cub
karhuta (asiakasta laskusta) send a reminder, (velkojaa velasta) dun
kari 1 rock **2** (vedenalainen: riutta) reef, (särkkä) shoal *ajaa karille* run aground **3** (vaara) danger, hazard, pitfall *ajautua karille* founder, miscarry *Avioliittomme on karilla* Our marriage is on the rocks
karies caries, tooth decay

karikatyristi

karikatyristi caricaturist
karikatyyri caricazture
karikko rocks, reef, shoal (ks kari)
karilleajo running aground
karisma charisma
karismaattinen charismatic
karista fall/drop (off); (kuv) fall/drop away
karistaa 1 (puu lehtiään) drop, lose 2 (saada karisemaan) shake down/off, knock off 3 (kannoiltaan) shake off, lose, outdistance *karistaa vastuu harteiltaan* shrug off responsibility, shirk your resposibility 4 (siemenet kävyistä) extract
karitsa lamb *Jumalan Karitsa* Lamb of God
kariuttaa sabotage, torpedo
kariutua go on the rocks (myös kuv), founder
karja 1 (eläimet) (live)stock, (nautakarja) cattle 2 (ihmiset) the masses, the rabble, the common run of mankind
karjahtaa bellow, roar
karjaista bellow, roar
karjakko dairymaid
Karjala Karelia
karjala (kieli) Karelian
karjalainen Karelian
karjalanpiirakka Karelian pie
karjanhoito animal husbandry, cattle-raising/-breeding/-tending
karjanomistaja cattle rancher, cattleman
karjanäyttely livestock exhibition, cattle show
karjapaimen cowboy
karjatalous animal husbandry
karjatila cattle ranch
karju boar
karjua bellow, shout, holler
karkaisematon untempered
karkaista 1 (terästä) temper 2 (karaista) bellow
karkaistu tempered
karkaisu tempering
karkauspäivä leap(-year) day
karkausvuosi leap-year
karkea 1 (karhea) coarse, rough 2 (töykeä) coarse, rude, gross 3 (summittainen) rough, ballpark 4 (iso, paha) big, serious, grave *karkea virhe* serious mistake
karkea arvio guesstimate, rough estimate, ballpark figure
karkeasti roughly
karkeloida dance, frolic, cavort
karkelot wild happy party
karkki candy
karkota vanish, go away *ei saada ajatusta karkkoamaan mielestä* not be able to get a thought out of your head *Ystävätkin karkkosivat hänen luotaan* Even his friends left him, drifted away
karkottaa 1 banish, drive/send out/away 2 (maasta) deport, (maanpakoon) exile, (rangaistussiirtolaan) (sentence to) transport(ation) 3 (pelkoja tms) dispel
karkotus 1 banishment 2 (maasta) deportation 3 (rangaistussiirtolaan) transportation
karkumatka flight *karkumatkalla* on the run
karkuri 1 escapee, (vars lapsi) runaway *vankikarkuri* escaped convict 2 (sot) deserter
karkuteillä on the run *olla karkuteillä* be a fugitive (from justice)
karkuun away *päästä karkuun* get away, escape
karma karma
karmea gruesome, grotesque; (myös kuv) horrible, terrible, awful
karmeasti grotesquely, horribly, terribly, awfully
karmi (door/window) frame
karmia *Selkäpiitäni karmii kun ajattelenkin sitä* The very thought gives me the chills/creeps, sends chills up and down my spine
karmiva (spine-)chilling, creepy
karnevaali carnival
karonkka Ph.D. party, celebration after a concert
karpalo 1 (marja) cranberry 2 (pisara) bead, drop
karri curry
karrieeri career
karrieerinainen career woman
karrieristi careerist

karsastaa squint
karsia 1 (puuta tms) prune, trim **2** (tekstiä) cut, delete, excise **3** (hakijoita) screen, narrow down (the field), winnow out **4** (urh) eliminate
karsina pen, (pilttuu) stall, crib
karsinogeeni carcinogen
karsinta 1 (puun) pruning, trimming **2** (tekstin) cutting, deletion, excision **3** (hakijoiden) screening **4** (urh) elimination
karsintakilpailu (qualifying/elimination) trials
karsintaottelu playoff(s)
karsiutua 1 (oksa tms) drop/fall off **2** (hakija, urheilija) be eliminated
karsta 1 (karsi) (en)crust(ation); (kuona) slag; (noki) soot; (sytytystulpan) carbon deposit **2** (kehruussa) card
karstata 1 (get) clog(ged) with slag/soot *Tulpat ovat karstoittuneet* The plugs are clogged **2** card
kartanlukija (ralliautossa) co-driver
kartano 1 (tila) manor, estate **2** (talo) manor house, (kaupungissa) mansion
kartanonherra lord (of the manor)
kartanonomistaja country gentleman, estate owner
kartanonrouva lady of the manor/house
kartanpiirtäjä cartographer
kartasto atlas
kartelli cartel
kartio cone
kartoittaa 1 map, (merialuetta) chart, (mitata) survey **2** (kuv) map/plan/chart (out)
kartoitus mapping, charting, planning, surveying
kartonki 1 (kova paperi) paperboard, pasteboard **2** (pakkaus) carton
kartta map, (merialueen) chart
karttaa avoid, stay away from, shun
karttakeppi pointer
karttapallo globe
karttua 1 grow, increase *Hänelle karttuu ikää* He's growing up **2** (korko) accrue **3** (omaisuutta) accumulate, (ark) pile up
kartuttaa 1 (suurentaa) add to, augment, increase, enlarge *kartuttaa tietojaan* expand/broaden your knowledge **2** (nostaa, parantaa) enhance **3** (kasata) accumulate, amass
karu 1 (maasto: autio) barren, desolate; (vaikeakulkuinen) rough, rugged **2** (maaperä: hedelmätön) barren, infertile; (niukka) poor, meager; (kuiva) arid **3** (elämäntapa: askeettinen) austere, ascetic; (säästäväinen) frugal, pennypinching; (yksinkertainen) simple, plain **4** (ihminen: jäyhä) brusque, gruff
karuselli carousel, merry-go-round
karva 1 hair; (mon) hair, (eläimen) fur *Se vasta nosti karvani pystyyn* That really raised my hackles *silittää vastakarvaan* rub/go against the grain **2** (luonne) character, colors *näyttää todelliset karvansa* show your true colors
karvainen hairy, furry
karvan varassa hanging by a thread
karvan verran *mennä karvan verran ohi* miss something by a hair('s breadth)
karvas bitter
karvas kalkki bitter cup, cup of bitterness
karvas pala bitter pill to swallow
karvas totuus the bitter/painful truth
karvaton hairless
karvat pystyssä horrified, aghast
karvaturri shaggy dog
karviainen gooseberry
karviaismarja gooseberry
kas so, (I/you) see *Kas juttu on näin* See, here's the deal
kasa pile, heap *heittää kasaan* throw (things) in a pile *lysähtää kasaan* collapse (in a heap) *yhdessä kasassa* all scrambled/mixed/jumbled up together (in one pile)
kasaantua pile/build up, accumulate; (lumi) (pile up in) drift(s)
kasaantuma 1 (geol ym) buildup, conglomeration, accumulation **2** (töiden tms) backlog
kasakka Cossack
kasapäin piles, heaps *Hänellä on kasapäin rahaa* He has piles/loads of money, he's loaded
kasarmi barracks
kasarmialue barrack area

kasassa

kasassa (pinossa) in a pile/heap; (valmiina) laid out, ready; (koossa: jää kääntämättä) *Minulla on rahat kasassa* I've got the dough
kasata 1 (tehdä läjä) pile, heap; (pinota siististi) stack **2** (kerätä) accumulate, amass, pile up **3** (ark koota) assemble, put together *kasata polkupyörä* assemble a bike
kasauma 1 (geol ym) buildup, conglomeration, accumulation **2** (töiden tms) backlog
kasetti (äänikasetti) cassette, (filmikasetti) cartridge
kasettidekki tape deck
kasettinauhuri cassette/tape recorder
kasettipesä cassette well
kasettisoitin cassette player
kasino casino
kasinotalous casino economy
kas kas! well well!
kaskas (hyönteinen) cicada
kaskelotti sperm whale
kasketa burn-clear
kaski 1 (kaskenpoltto) burn-clearing **2** (hist) casque
kasku anecdote, story
kas noin! there!
kasoittain piles, heaps, loads *Hänellä on kasoittain rahaa* He/she has piles/loads of money, she's loaded
kassa 1 (maksupaikka: kaupassa) cashier, check-out counter; (teatterissa) box office; (pankissa) teller('s desk); (yhtiön) pay/cashier's office **2** (käteisvarat) cash (on hand) *päivän kassa* the day's receipts
kassakone cash register
kassakuitti cash receipt
kassamenestys box-office hit
kassanhoitaja cashier, (ark ruokakaupassa) check-out person
kassapääte teller terminal
kastaa 1 (upottaa nesteeseen) dip/dunk/immerse (in) *kastaa munkkinsa kahviin* dunk your doughnut in coffee **2** (kirk) baptize, (ristiä) christen **3** (ark kastella) water
kastaa kaulaansa wet your whistle
kastaa laiva christen a ship
kastanja chestnut
kastanjetit castanets
kaste 1 (aamukaste) dew **2** (kirk) baptism *upotuskaste* full-immersion baptism
kastehelmi dewdrop
kastella (kukkia) water, (rätti tms) wet, (viljapeltoa) irrigate
kastella vuoteensa wet your bed
kastelu (kukkien) watering, (peltojen) irrigation, (vuoteen) bedwetting
kastemalja baptismal font
kastemato earthworm
kastetilaisuus baptism(al ceremony), christening
kastetoimitus baptism(al ceremony), christening
kastevesi (kirk) baptismal water
kasti 1 (Intiassa) caste **2** (kirjapainossa) case
kastike sauce: (lihakastike) gravy, (salaatinkastike) dressing
kastraatio castration
kastroida castrate
kastua 1 get wet, (läpimäräksi) get drenched/soaked (to the skin) **2** (painissa) touch the mat
kas tässä here you are/go
kasuaari (lintu) cassowary
kasvaa tr **1** (tuottaa) produce, yield, bear, bring forth *kasvaa heinää* produce hay **2** (korkoa) accrue **3** (pituutta) grow taller itr **4** (joksikin) grow (up/into) *kasvaa isoksi* grow up *kasvaa kauniiksi naiseksi* grow up to be a beautiful woman, grow into beautiful womanhood **5** (lisääntyä) grow, increase *jännitys kasvaa* the suspense builds **6** (laajeta) expand; (kuu) wax
kasvaa korkoa accrue interest
kas vain! imagine! think of that! well I never!
kasvain 1 (lääk) tumor **2** (biol) shoot
kasvattaa 1 (partaa, tukkaa) (let) grow *kasvattaa parta* grow a beard *kasvattaa pitkä tukka* let your hair grow long **2** (eläimiä, viljaa tms) grow, raise; (hevosia) breed **3** (lapsia) rear, bring up, raise **4** (kouluttaa) educate, school, (tiettyyn tehtävään) train **5** (lisätä) increase

katkaista

kasvattaa etumatkaa increase your lead, pull out further in front
kasvattaja 1 (viljan tms) grower, (karjan) breeder **2** (kouluttaja) educator, pedagogue
kasvatti 1 foster child; (holhokki) ward **2** (opetuslapsi) disciple, pupil
kasvatti-isä foster father
kasvattilapsi foster child
kasvattivanhemmat foster parents
kasvattiäiti foster mother
kasvatuksellinen educational, pedagogical
kasvatus 1 (viljan tms) cultivation, growing; (karjan) breeding **2** (lasten) childrearing, parenting, upbringing; (hyviin tapoihin) breeding **3** (koulutus) education, schooling; (tiettyyn tehtävään) training
kasvatusneuvola parental guidance clinic
kasvatusopillinen pedagogic(al)
kasvatusopillisesti pedagogically
kasvatusoppi pedagogy
kasvatuspsykologia educational psychology
kasvatustavoitteet educational objectives
kasvatustiede education(al science)
kasvatustieteellinen pertaining to (the science of) education
kasvi plant
kasvihuone greenhouse
kasvihuoneilmiö greenhouse effect
kasvillisuus vegetation, flora; (aluskasvillisuus) underbrush
kasvinjalostus horticulture
kasvinsyöjä vegetarian
kasvioppi botany
kasvis vegetable
kasvisruoka vegetarian food/diet
kasvisto 1 (kasvit) flora **2** (kokoelma) herbarium
kasvitarha vegetable garden
kasvitiede botany
kasvitieteellinen botanical
kasvot face *menettää kasvonsa* lose face *lyödä vasten kasvoja* hit a person in the face *sanoa vasten kasvoja* tell a person (something) to his/her face *valehdella*

jollekulle vasten kasvoja tell a barefaced lie
kasvotusten face to face
kasvu 1 growth, growing **2** (kuv) increase, expansion
kasvukausi (ihmisen) growth period, (kasvin) growing season
kasvukipu growing pain
kasvun vara room to grow (into)
kasvupaikka habitat
kasvusto 1 (kasv) population **2** (lääk) organisms
kasvuvauhti growth rate
kataja juniper
katala treacherous, devious, deceitful
katalysaattori catalyst
katamaraani catamaran
katastrofaalinen catastrophic
katastrofi catastrophe
kate 1 (peite) covering, roofing **2** (sekin) funds, (setelin) backing, coverage *Sekki palautettiin, kun tilillä ei ollut katetta* The check was returned due to insufficient funds, (ark) the check bounced *huolehtia sekkiensä katteesta* cover your checks **3** (kuv) reliability, trustworthiness *Sinun lupauksillasi ei ole enää minkäänlaista katetta* Your promises are worthless, I wouldn't trust you as far as I could throw you **4** (kattamus) place setting
katedraali cathedral
kateellinen envious, eating your heart out with envy; (ark) jealous
kateellisesti enviously
kategoria category
kateissa lost, missing
katekismus catechism
kateus envy *vihreänä kateudesta* green with envy
katinkulta fool's gold; (kuv) sham
katiska (fish) trap
katka (eläin) sandhopper
katkaisin (valon) switch, (pääkatkaisin) (circuit-)breaker, (automaattinen) cut-out
katkaista 1 cut (off), sever, split **2** (keskeyttää) interrupt, cut short, break off *Puhelumme katkaistiin* We got/were cut off **3** (poikkaista) break (off) *katkaista*

katkaista diplomaattisuhteet

jalkansa break your leg **4** (karsia) prune/trim/lop off **5** (amputoida) amputate **6** (matkata) do, make *katkaista taival kahdessa tunnissa* make the trip in two hours, do it in two hours

katkaista diplomaattisuhteet break off/sever diplomatic relations

katkaista hävyltä häntä cut up, let loose

katkaista ivalta kärki take the edge off the sarcasm

katkaista liikenne cut off/stop/block traffic, (pystyttää tiesulku) throw up a roadblock

katkaista neuvottelut break off negotiations

katkaista sopimussuhde terminate a contract

katkaista välit break up (with someone)

katkaisu 1 cutting/breaking (off) **2** (keskeytys) interruption

katkaisuhoito detox(ification)

katkarapu prawn, shrimp

katkeamaton unbroken, uninterrupted

katkelma 1 (epämääräinen osa) fragment; (mon) snatches, bits and pieces *En kuullut kuin katkelmia heidän keskustelustaan* I only heard snatches of their conversation **2** (esitetty osa) excerpt, extract

katkera 1 (maku) bitter **2** (tunne) bitter, acrimonious, resentful

katkeraan loppuun saakka to the bitter end

katkera pala nieltäväksi a bitter pill to swallow

katkero 1 (juoma) bitters **2** (kasv) gentian

katkeroitunut embittered

katkerokala bitterling

katketa 1 break/snap/split off/in two *nauraa katketakseen* split your sides with laughter, bust a gut laughing *Minulta katkesi verisuoni* I burst/ruptured a blood vessel *Minun käteni katkesi* I broke an arm **2** (loppua lyhyeen) be cut/broken off, be interrupted, break down *neuvottelut katkesivat* the negotiations broke down *puhelu katkesi* the call was cut off *Hänen äänensä katkesi*

His voice broke **3** (romahtaa henkisesti) crack (up), break down, fall apart/to pieces **4** (mennä) go, pass *Matka katkesi nopeasti* The trip went fast, passed quickly *Matka katkesi tunnissa* We were there in an hour, we did it in an hour, we made it there in an hour

katko 1 (katkaistu paikka/aika) break, cut, interruption **2** (aukko) gap, discontinuity, aporia **3** (kasv) hemlock

katkonainen broken, discontinuous

katkoviiva broken line

katku (bensan tms) fumes, (savun) smell

kato 1 (sadon) crop failure **2** (kuv) disappearance, absence **3** (kiel) elision *alkuh:n kato cockney-murteessa* elision of initial h in the Cockney dialect

katoamaton (ikuinen) everlasting, eternal; (häviämätön) imperishable, unfading; (kuolematon) undying, immortal

katoavainen (kuolevainen) perishable, impermanent, mortal; (ohikiitävä) evanescent, fleeting, transient

katodisädeputki cathode ray tube, CRT

katolilainen Catholic

katolinen Catholic

katolisuus Catholicism

katos 1 (kyhätty) shelter, lean-to **2** (vuoteen) canopy **3** (autokatos) carport

katovuosi famine year

katsahtaa (vilkaista) glance/look (around) (at)

katsastaa 1 (tarkastaa) inspect, examine, (varastojaan) inventory *katsastaa auto* inspect a car, conduct a car inspection **2** (sot) inspect, review **3** (katsella) take a look around (at things), check things out

katsastus (yl) inspection; (auton) motor vehicle inspection

katsatusasema inspection station

katsaus 1 look, glance *jo ensi katsauksella* even at first sight **2** (yleisesitys) survey, overview, review

katse look, glance *irrottaa katseensa jostakin* take your eyes off something *luoda katse johonkin* cast a glance at, take a look at, fix your eyes on *Jos katse*

kattavasti

voisi tappaa If looks could kill *luoda katse tulevaisuuteen* look to the future
katselija (urh) spectator; (tarkkailija) observer; (satunnainen); onlooker, beholder
katsella 1 (katsoa) look (at), (seurata) watch, (nähdä) see, (tuijottaa) stare (at) *katsella jotakuta pitkin nenänvarttaan* look down your nose at someone *katsella kaupunkia* see the (sights in) town, go sightseeing in town, do the t own **2** (etsiä) look/hunt for, try to find, (tarkistaa) check (around) *katsella itselleen asuntoa* look/hunt for an apartment **3** (miettiä) wait and see, consider *Täytyy katsella, tuleeko siitä mitään* We'll have to wait and see whether anything comes of it
katselu viewing
katseluaika *paras katseluaika* prime time
katsoa 1 look (at), (seurata) watch, (nähdä) see, (tuijottaa) stare (at) *Katso nyt kun selitän* Look, I'll explain *Katsohan, asia on näin* See, this is the deal *Katso minua ja tee sitten perässä* Watch me and do what I do **2** (tarkistaa) check, look up *katsoa sana sanakirjasta* look a word up in the dictionary *katsoa aika kellosta* check the time **3** (tarkastella) check (around), see whether/if *katsoa, onko ovi lukossa* check/see whether the door's locked *katsoa, onko mitään jäänyt* check around to see if you're leaving anything behind **4** (huolehtia) look after, take care of, mind *katsoa lapsia* look after/take care of/mind children *Katso että hän ei unohda* See that he doesn't forget, make sure that he doesn't forget *Katso ettet rasita itseäsi liikaa* Be careful/mind you don't tire yourself overmuch **5** (miettiä) (wait and) see, think about it, consider *Katsotaan* We'll (have to (wait and)) see **6** (pitää jonakin) consider, think, regard, look upon *katsoa päteväksi* consider someone qualified *katsoa tarpeelliseksi* think it necessary *katsoa asiakseen tehdä jotakin* take it upon yourself to do something, look upon it as your business to step in (and do something) **7** (korttipelissä) call *Minä katson* I call
katsoa eteensä look out for number one
katsoa hyväksi see fit (to)
katsoa kieroon squint (at); (kuv) frown on
katsoa kuolemaa/totuutta silmästä silmään stare death/the truth in the face, look death/the truth in the eye
katsoa läpi sormien wink at something, look the other way
katsoa peiliin look (at yourself) in the mirror
katsoa toisella silmällä keep one eye on
katsoa ylen look down on, scorn
katsoen in view/consideration of, in regard to, regarding, considering *inhimillisesti katsoen* in human terms, from a human point of view, humanly speaking *käytännöllisesti katsoen* practically speaking *olosuhteisiin katsoen* considering/in the circumstances *asiaa tarkemmin katsoen* upon closer scrutiny *päältä katsoen* on the surface, viewed superficially *opettajasta katsoen seuraava vasemmalla* the one to the left of the teacher
katsoja (urh) spectator; (TV:n) viewer; (katselija) onlooker, beholder
katsojamäärä (urheilutapahtuman) attendance; (TV:n) number of viewers
katsomatta johonkin without regard to, regardless of, irrespective of *sukupuoleen katsomatta* without regard to sex
katsomo 1 (istumapaikat) seats, stands, (urheilukentän) bleachers **2** (katsojat: esityksen) audience, (urheilutapahtuman) spectators
katsomus (point of) view, opinion, standpoint
katsos poikaa! attaboy! (*tyttöä* attagirl)
kattaa 1 (talo) roof **2** (pää tms) cover **3** (pöytä) set **4** (kulut tms) cover, defray
kattava comprehensive
kattavasti comprehensively

katteeton 1 (shekki tms) uncovered *katteeton sekki* bad check, a check that's going to bounce **2** (lupaus tms) empty
kattila 1 (keittiössä) kettle, pot, saucepan *panna kattila tulelle* put the kettle on *pata kattilaa soimaa* the pot calling the kettle black **2** (tehtaassa) boiler
katto 1 (ulkopinta) roof *katolla* on the roof **2** (sisäpinta) ceiling *katossa* on the ceiling *syljeskellä kattoon* put your feet up, take it easy, get caught up on your doing nothing *hypätä raivosta kattoon* hit the ceiling/roof **3** (suoja) shelter, (peite) cover *päästä myrskyä pakoon katon alle* take shelter from the storm, get under cover out of the storm
kattohaikara white stork
kattoikkuna skylight, (vinokaton pystyikkuna) dormer (window)
katu street, road, avenue *heittää kadulle* throw someone out (on his/her ear/ass)
katua 1 (toivoa että olisi tehnyt toisin) regret, (ark) feel/be sorry, (run) rue *Tätä saat vielä katua* You'll live to regret this *Et ikinä kadu tätä* You'll never regret this *katua sitä päivää jolloin* rue the day on which **2** (usk) repent
katulähetys inner-city mission
katumapäällä *olla katumapäällä* regret doing something, kick yourself for doing something *tulla katumapäälle* (tulla toisiin aatoksiin) have second thoughts; (muuttaa mielensä) change your mind
katumus repentance, contrition; (katumusharjoitus) penitence, penance *tehdä katumusta* do penance, perform an act of contrition
katve 1 (varjopaikka) shade *vanhan tammen katveessa* in the shade of an old oak tree **2** (sot) dead zone
kauaksi far
kauaksi aikaa for a long time
kauan (for a) long (time) *Voitko istua tässä niin kauan kun* (=kunnes) *minä tulen takaisin?* Could you sit here until I come back? *Voitko istua tässä niin kauan* (=samaan aikaan) *kuin minä näitä paitoja silitän?* Could you sit here as long as I'm ironing these shirts, while I iron these shirts? *Älä viivy kauan!* Don't be long! *Missä olet näin kauan viipynyt?* Where have you been all this time? *aika kauan* quite a while
kauan aikaa for a long time
kauas far (away/off), a long way *niin kauas kuin silmä kantaa* as far as the eye can see *näkyä/kuulua kauas* be visible/audible from a long way away/off
kauaskantoinen far-reaching
kauemmaksi further, farther (away/off)
kauemmas further, farther (away/off)
kauemmin longer
kauempaa from further/farther away/off
kauempana further, farther (away/off), at a greater distance
kauha 1 (ruokapöydässä) ladle, scoop, dipper **2** (kaivinkoneessa) scoop
kauhea horrible, terrible, awful (myös kuv)
kauheasti horribly, terribly, awfully (myös kuv)
kauhistella shudder at, be horrified at, be terrified by
kauhistus 1 horror, terror, fear **2** (usk) abomination *huorinteko on Herralle kauhistus* fornication is an abomination unto the Lord
kauhistuttaa horrify, terrify, frighten
kauhistuttava horrific, horrifying, terrifying, frightening
kauhoa 1 (ruokapöydässä) ladle **2** (kaivinkoneella) scoop **3** (uida) do the crawl
kauhu horror, terror, dread
kauhuelokuva horror movie
kauhujuttu horror story
kauhukakara (ransk) infant terrible
kauhun tasapaino balance of terror
kauhuromaani horror novel
kauimmainen the furthest/farthest (away), the remotest, the most distant
kauimmas the furthest/farthest
kauimpana the furthest/farthest (away), the remotest, the most distant
kaukaa from far away/off, from a long way away, (run) from afar
kaukaa haettu far-fetched
kaukainen distant, remote, far-off
kaukaisuus distance, remoteness

kaupantekiäiset

kaukalo 1 (syöttökaukalo) trough **2** (jääkiekkokaukalo) rink
kaukana far away, a long ways/distance away
kaukohakulaite pager
kaukokaipuu longing for faraway places, wanderlust
kaukokirjoitin telex, (laite) teleprinter
kaukolämmitys district heating
kaukonäköinen 1 (näkee hyvin) farsighted **2** (ajattelee tulevaisuutta) foresighted, prudent
kauko-objektiivi telephoto lens
kauko-ohjain remote control, remote
kaukopuhelu long-distance (phone) call
kaukoputki telescope
kaukosäädin remote control, remote
kaukovalot high beam(s)
kaula 1 (ihmisen, pullon ym) neck *heittäytyä jonkun kaulaan* throw your arms around someone's neck *joltakin menee sisu kaulaan* chicken out **2** (urh) gap, lead *juosta kaula kiinni* close the gap, narrow the lead
kaula-aukko neckline, decolletage
kaulakoru necklace, pendant
kaulatusten embracing/hugging (each other), in each other's arms
kaulia roll (dough)
kaulin rolling pin
kaulus 1 (paidan) collar **2** (housujen) waist(band)
kauluslisko frilled lizard
kauna grudge *kantaa kaunaa* bear someone a grudge, carry a grudge against someone, resent someone (for doing something), something someone did
kauneudenhoito beauty care
kauneus beauty
kauneushoitola beauty salon
kaunis 1 (ihminen) beautiful, lovely; (sievä) pretty, (komea) handsome, (söpö) cute, (hyvännäköinen) goodlooking **2** (päivä) beautiful, lovely, gorgeous *eräänä kauniina päivänä löydät* one fine day you'll find **3** (lupaus: ironiaa) fine-sounding, pretty, fancy *Kylläpäs osasit järjestää meidät taas kauniiseen soppaan, Stanley!* This is another fine mess you've gotten us into, Stanley! *luvata yhdeksän hyvää ja kymmenen kaunista* promise the moon
kaunis kiitos high praise
kaunis kuin kesäpäivä lovely as a day in June
kaunistaa beautify, increase/enhance/improve/embellish your beauty *Vaatimattomuus kaunistaa* Modesty becomes one
kaunistelematon unadorned, unvarnished, unembellished
kaunistella 1 (itseään) beautify, (ark) do up **2** (totuutta) embellish, paint (something) in rosy colors, color (ark) doll up
kaunistus 1 beautification **2** adornment, decoration
kaunokirjailija writer, belletrist
kaunokirjallisuus literature, belles lettres
kaunokirjoitus cursive (writing)
kaunotar beauty
kaupalla 1 by *ihmeen kaupalla* by a miracle, miraculously *sattuman kaupalla* by chance, fortuitously *taistella henkensä kaupalla* fight for your life *juosta henkensä kaupalla* run for your/dear life *pelastaa toveri henkensä kaupalla* risk your life to save your buddy's *kilokaupalla* by the kilo *tunti-/päivä-/viikko-/kuukausikaupalla* for hours/days/weeks/months on end **2** *käydä torilla marjan/marjoja kaupalla* sell berries at the marketplace **3** *vain sillä kaupalla että* only on the condition that
kaupallinen commercial
kaupallistua become commercial(ized)
kaupallisuus commercialism
kaupan for sale, on the market
kaupankäyntiajat (tal) trading hours
kaupanpäälliksi 1 (myös kuv) into the bargain, to boot *Jos toimit heti, saat kaupanpäälliksi tämän upean veitsisarjan!* Plus, if you act now, we'll send you this elegant knife set, absolutely free! **2** (kuv) to crown it all, on top of everything else *Hän oli kaupanpäälliksi vielä tyhmä* To crown it all, he was stupid
kaupantekiäiset ks kaupanpäälliksi

kaupanteko 1 (kauppa) business, commerce, trade **2** (kaupankäynti) buying and selling, trading, dealing **3** (tietyn kaupan teko) closing (a deal), transaction, sale **4** (kaupanhieronta) haggling, dickering, bargaining
kaupata (try to) sell, offer for sale, put on the market *kaupata taloaan* put your house up for sale
kaupitella peddle, hawk
kauppa 1 business, commerce, trade, (vars laiton) traffic *kauppa-alalla* in business/commerce/trade *kangaskauppa* the fabric business, trade in fabrics *Miten kaupat sujuvat?* How's business? *kauppa käy* business is good *käydä kauppaa* do business *käydä kauppaa jonkun kanssa* deal/trade with *käydä kauppaa jollakin* deal in, (loukkaavaa) traffic in *ulkomaankauppa* foreign trade *huumekauppa* drug traffic **2** (kaupankäynti) buying and selling, trading, dealing *olla/laskea kaupan* ks kaupan **3** (kaupanteko) deal, transaction, sale *edullinen kauppa* a good deal/bargain/buy *hieroa kauppaa* haggle, dicker, bargain, negotiate *lyödä kaupat lukkoon* close/cinch a deal *purkaa kauppa* cancel a deal *saada tuttavan kauppa* get a good deal through a friend **4** (myymälä) store, shop *käydä kaupassa* go shopping *pitää kauppaa* own/keep/run a store **5** *mennä/käydä kaupaksi, tehdä kauppansa* sell (well), be a hot item, go like hotcakes **6** *kaupalla* by (ks hakusana)
kauppakamari chamber of commerce
kauppakorkeakoulu School of Economics, business/commercial college
kauppala township
kauppaoikeus 1 (oikeusala) commercial law **2** (tuomioistuin) commercial court
kauppaopisto commercial/business institute
kauppapolitiikka trade/commercial policy
kaupparatsu traveling salesman
kauppasaarto (trade) embargo
kauppatavara commodity, (mon) merchandise
kauppatiede commercial science
kauppias 1 (kaupan pitäjä) store-/shopkeeper, merchant **2** (kaupan tekijä) trader, trades(wo)man, dealer *tukkukauppias* wholesaler *vähittäiskauppias* retailer *arvopaperikauppias* bond dealer **3** (kaupittelija) vendor, peddler *katukauppias* street vendor
kaupungilla out on the town
kaupunginjohtaja city manager
kaupunginkamreeri city treasurer
kaupunginkirkko city church
kaupunginorkesteri city orchestra
kaupunginosa district, part of a town
kaupunginteatteri city theater
kaupunginvaltuusto city council
kaupunginvaltuutettu city council(wo)man
kaupungistua (alue) become urbanized, (ihminen) become urbane, (halv) become citified
kaupunki city, (pikkukaupunki) town, (suurkaupunkialue) (greater) metropolitan area, (kaupunkikunta) municipality
kaupunkialue metropolitan area
kaupunkilainen s urbanite, city dweller adj urban, citified, municipal
kaupunkiseurakunta city parish
kaupustelija peddler, hawker
kaupustelu peddling, hawking
kaura oat(s)
kaurakeksi oatmeal cookie, (UK) biscuit
kaurapuuro oatmeal (porridge)
kaurikotilo tiger cowrie
kauris 1 mountain goat **2** (horoskoopissa) Capricorn
kausaalinen (syytä ilmaiseva) causal
kausi 1 age, era, epoch, period *pronssikausi* the Bronze Age *barokkikausi* the Baroque Era *lepokausi* rest period **2** (vaihe) stage, phase, period *Meidän viisivuotiaalla on vaikea kausi menossa* Our 5-year-old is going through a difficult time/stage/period **3** (sesonki) season *sienikausi* mushroom season *hiljainen kausi* the off season **4** (virkakausi) term of office *Kekkosen kaudella* during

Kekkonen's presidency, during Kekkonen's term of office, while Kekkonen was president **5** *tuntikausia* for hours on end
kausijuoppo dipsomaniac
kausittain periodically, seasonally
kausittainen periodical, seasonal
kausityöttömyys seasonal unemployment
kautio security, collateral
kautta s way *tätä kautta* this way *Mitä kautta mennään?* Which way do we go? *toista kautta* another way, by another route postp **1** (läpi) through, via, by (way of) *Tie miehen sydämeen käy vatsan kautta* The way to a man's heart is through his stomach *Juna kulkee Jämsän ja Jyväskylän kautta Pieksämäelle* The train goes via Jämsä and Jyväskylä to Pieksämäki *Tulen kaupan kautta* I'll be coming by way of the store *suun kautta annettava lääke* orally administered medicine **2** (kuv) by (means of), through *Hän on minulle sukua äitini kautta* I'm related to him through my mother *yrityksen ja erehdyksen kautta* by trial and error *kuolla oman käden kautta* die at your own hands, commit suicide *vannoa kaiken pyhän kautta* swear by all that's holy *vannoa Luojan kautta* swear to God *vannoa äidin haudan kautta* swear on your mother's grave prep through(out) *kautta maan* throughout the country, all over the country *kautta aikojen* all (down) through the centuries, throughout history
kauttaaltaan throughout, through and through
kauttakulku transit, passage *Kauttakulku kielletty* No through traffic, No trespassing
kautta linjan throughout, all down the line
kautta rantain in a roundabout way, indirectly *puhua kautta rantain* beat around the bush
kavahtaa 1 (säikähtää) start, jump *kavahtaen* with a start *kavahtaa pystyyn* jump to your feet, spring up with a start *kavahtaa istualleen* sit bolt upright **2** (varoa) beware (of) *He eivät kavahda mitään keinoja* They will stop at nothing
kavala 1 (vilpillinen) deceitful, two-faced, double-dealing, treacherous **2** (luihu) wily, sly, cunning, crafty
kavallus embezzlement
kavaltaa 1 (ihminen, maa tms) betray, sell (your country, vital secrets) out (to the enemy) **2** (rahaa tms) embezzle
kavaltaja 1 (ihmisen, maan tms) traitor **2** (rahan tms) embezzler
kavaluus deceit(fulness), double-dealing, treachery; wiliness, cunning, craftiness (ks kavala)
kaventaa 1 narrow, (suipentaa) taper *kaventaa maalieroa* narrow the lead **2** (ompelussa) take in (the seam) *kaventaa housuja takaa* take in a pair of pants in the back **3** (rajoittaa) restrict, curtail *kaventaa kansalaisoikeuksia* place restrictions on civil rights
kaventua 1 narrow, (suipentua) taper *kärkeä kohden kaventuva lehti* a leaf that tapers toward the tip **2** (tulla rajoitetuksi) be restricted/curtailed *Kansalaisoikeutemme ovat nykyisen hallituksen aikana jatkuvasti kaventuneet* Under the current administration our civil rights have been systematically curtailed
kaveri 1 (ystävä) pal, buddy, friend, mate *paras kaveri* best friend, (musta sl) main man *hyvä kaveri* good buddy/friend *tosi kaveri* real pal **2** (mies) guy, fellow *yksi kaveri* this guy I know *joku kaveri* some guy *Hei kaveri, annas euro!* Hey buddy, you gotta a euro?
kaverukset (ark) pals, buddies *erottamattomat kaverukset* inseparable pals, bosom buddies
kaveta narrow (down), taper (off)
kavio hoof
kavuta climb *kavuta ylös virkahierarkiaa* climb up the ladder of promotion
kea (lintu) kea
kehdata 1 (kun kyse on kohteliaisuudesta ja röhkeydestä) *En kehtaa ottaa enempää* I wouldn't think of having any more, I've had enough already, I don't want to make a pig of myself, I've

kehdosta hautaan

already had my share *En kehtaa mennä sinne sisälle* They don't want me in there, I don't belong in there, I'll just be in the way in there *Ettäs kehtaat puhua minulle noin!* How dare you talk to me that way! *Hän kehtaa mitä vain* He'll do anything, he's brassy/brazen enough to do anything **2** (kun kyse on ylpeydestä ja häveliäisyydestä) *Talo, jota kehtaa näyttää* A house you're proud to show off, a house you don't have to be ashamed of *En kehtaa mennä saunaan miesten kanssa!* I'm too embarrassed/shy to take a sauna with men *Mitä, etkö kehtaa näyttää vartaloasi?* What, are you too modest to let people see you naked? **3** (kun kyse on omantunnon vaivoista) *Miten kehtaat heittää hyvää ruokaa pois kun maailmassa nähdään nälkää?* Don't you feel (at all) guilty/bad throwing good food away when people are starving in the world? Doesn't it bother you? How does your conscience let you do it? *Ettäs kehtasitkin pettää minua!* How could you cheat on me! How could you bring yourself to do it? **4** (murt) (kun kyse on viitseliäisyydestä ja laiskuudesta) *En minä kehtaa sinne lähteä* I don't feel like going, I'm too tired to go

kehdosta hautaan from cradle to grave

kehikko frame

kehite (valok) developer, developing bath (liuos)/agent (aine)

kehitellä 1 develop **2** (ajatusrakennelmaa: mielessään) evolve, work out/up; (muille) expound/elaborate (on), explicate

kehitteillä being developed, in the research/prototype stage

kehittely development

kehittymätön undeveloped **1** (maa) underdeveloped, backward, primitive **2** (ihminen: henkisesti) immature, childish; (fyysisesti) underdeveloped **3** (teoria tms) rudimentary, sketchy

kehittynyt 1 developed, advanced *pitkälle/korkealle kehittynyt* highly developed **2** (kypsä) mature *täysin kehittynyt* fully developed, full-grown

kehittyvä maa developing country

kehittyä 1 (kehiytyä: alkup merkitys) unravel, unwind **2** (tulla joksikin) develop/evolve/be transformed/mature/turn (into), become, grow up to become *Hänestä on kehittynyt hyvä laulaja* She's become a good singer, her voice lessons have transformed her into a good singer **3** (kypsyä, kasvaa) mature, grow, develop *kehittyä fyysisesti* mature/develop physically **4** (tulla paremmaksi) (make) progress, improve, get better *Soittotaitosi kehittyy päivä päivältä* You play better and better every day **5** (kehkeytyä) arise, ensue, come *Mitä siitä kehittyykään?* Whatever will come of it? *Siitä kehittyi riita* It provoked a quarrel, turned into an argument

kehittää 1 (parantaa) develop, improve, advance **2** (kouluttaa) train, educate, cultivate *kehittävä tv-ohjelma* educational program on TV **3** (valok) develop **4** (fys: tuottaa) develop, generate *kehittää lämpöä* generate heat **5** (kuv: synnyttää) engender, breed *kehittää vika* develop a problem

kehityksellinen developmental

kehitys 1 (edistys) development, advancement, progress *jäädä kehityksessä jälkeen* lag behind in technological development **2** (kasvu) development, growth, maturation **3** (valok) developing *Valokuvien kehitys tunnissa!* One-hour photo service!

kehitysapu developmental aid

kehitysmaa developing country

kehitystankki (valokuvauksessa) developing tank

kehitysvammainen s (mentally/educationally/emotionally/developmentally) handicapped person; (ark halv) retard adj (mentally/educationally/emotionally/developmentally) handicapped; (ark halv) retarded

kehkeytyä 1 develop (into/out of), come (out) of, turn into **2** (alkaa) arise, ensue *Kadulla kehkeytyi tappelu* A fight broke out on the street

kehno bad, poor, inferior; (ark) lousy, crummy
kehnosti badly, poorly
keho body, physical frame
kehonrakennus body-building
kehote (tietok) prompt
kehottaa 1 (pyytää) request/invite (someone to do something) **2** (ehdottaa) suggest/recommend (that someone do something) **3** (suostutella) prompt/urge/exhort (someone to do something) **4** (neuvoa) advise/counsel (someone to do something) **5** (käskeä) order/command (someone to do something)
kehotus 1 (pyyntö) request, invitation **2** (ehdotus) suggestion, recommendation **3** (suostuttelu: keskeisintä merkitysaluetta) prompting, urging, exhortation **4** (neuvo) advice, counsel **5** (käsky) order, command
kehruu spinning
kehrätä 1 (kehruukone, toukka) spin **2** (kissa) purr **3** (kirjailija) weave, put/pull together *kehrätä romaanin juoni* weave a plot for your novel
kehrääjä 1 spinner **2** (lintu) European nightjar **3** (perhonen) spinner moth
kehto 1 cradle (myös kuv) **2** (kasv) calycle, involucre
kehu *Oma kehu haisee* Stop blowing your own horn *kehuja ja moitteita* praise and blame
kehua 1 (toistaa) praise **2** (itseään) boast/brag (of/about) *A: Miten menee? B: Ei ole kehumista* A: How's it going? B: Not so hot, could be better, I've felt better *Ei kannata kehua* It's nothing to brag about, nothing to write home about *kehua jotakuta maasta taivaaseen* praise a person to the skies
kehuskella boast, brag, (isotella) swagger
kehuttava *Eipä ole kehuttava* It's not too good
kehys frame *muodostaa jollekin kehykset* provide a setting for (something)
kehyskertomus frame tale
kehystys framing
kehystämö picture-frame shop

kehystää frame *kehystää tarinaa* provide a setting for a story, frame a story
kehä 1 circle, ring *kiertää kehää* run in a circle, (kuv) go around in circles **2** (geom: ympärys) periphery, circumference **3** (geom ja rak: ulkoraja, aitaus) perimeter **4** (kehikko) frame, casing **5** (leikkikehä) playpen **6** (nyrkkeilykehä) ring **7** (heittokehä) circle **8** (päätä tai taivaankappaletta ympäröivä valoilmiö) halo **9** (ilmakehä) atmosphere **10** (isoa kaupunkia kiertävä tie) beltway **11** (kela) coil, spool
kehäpäätelmä circular reasoning
keidas oasis (mon oases)
keihäs 1 (hist) spear, (pistokeihäs) lance **2** (urh) javelin
keihästää spear, lance, stab/pierce (with a spear/lance)
keihäänheitto (lajina) javelin, (tekona) javelin throw
keihäänheittäjä javelin-thrower
keijukainen fairy, elf, pixie, sprite
keikahdella tip, tilt, rock (this way and that)
keikahtaa fall/tumble (down), tip/tilt/topple (over); (vene) capsize *Firma keikahti nurin* The business went belly-up
keikailla strut, swank, play the dandy/fop
keikari dandy, fop
keikaroida strut, swank, play the dandy/fop
keikauttaa 1 (nurin) tip/tilt/topple/knock over, knock down **2** (edes takaisin) tip, tilt, rock, swing
keikka 1 (bändin tms) gig **2** (varkaan tms) job **3** (taksikuskin) fare
keikkua 1 (kävellä keikkuen) swing your hips/butt/ass **2** (keinua vedessä: hiljaa) rock, sway; (kovaa) toss, pitch and yaw **3** (heilua) rock, tilt, wobble *keikkuva pöytä* wobbly table *keikkua tuolillaan* tip/lean back in your chair **4** (tasapainotella) balance **5** (tanssia tms) dance, kick up your heels
keikuttaa (pyllyä) swing, (päätä) toss, (venettä) rock, (tuolia) tip, (pöytää) tilt, (pyrstöä) wag

keila

keila 1 (keilailussa) (bowling) pin **2** (tekn) cone, taper **3** (kala) torsk
keilaaja bowler
keilahalli bowling alley
keilailu bowling
keilapallo bowling ball
keimailija flirt, coquette
keimailla flirt, coquet
keino 1 (menettelytapa) means, method, measure *Tarkoitus pyhittää keinot* The end justifies the means *varma keino* surefire method, tried and true expedient *äärimmäiset keinot* extreme measures *viimeinen keino* last resort *yrittää kaikkia keinoja* leave no stone unturned *Hän ei kaihda mitään keinoja* He'll stop at nothing *Hätä keinon keksii* Necessity is the mother of invention, where there's a will there's a way **2** (tapa) way *Millä keinolla* how, in what way *jollakin keinolla* somehow, in some way *sillä keinoin* thus, in this/that way
keinohedelmöitys artificial insemination
keinolla millä hyvänsä by hook or by crook
keinomunuainen kidney machine
keinosiemennys artificial insemination
keinotekoinen artificial
keinotella 1 (pörssissä) speculate (on the stock market), play the (stock) market **2** (keplotella) wheel and deal, connive, scheme
keinot ovat monet there's more than one way to skin a cat
keinottelija speculator, operator; (ark) wheeler and dealer
keinottelu (stock market) speculation
keinovalo artificial light
keinu (riippukeinu) swing, (keinutuoli) rocking chair, (keinulauta) seesaw, (ark) teetertotter
keinua 1 (riippukeinussa) swing, (keinutuolissa) rock, (keinulaudalla) seesaw, teetertotter **2** (tuulessa) sway, wave; (aalloilla) rock, sway, toss, pitch and yaw; (juopuneena) sway, totter, stagger; (maanjäristyksessä) shake, quake
keinutuoli rocking chair

keisari emperor *Rooman keisari* Caesar *Venäjän keisari* Czar *Saksan keisari* Kaiser *pikkukeisari* little Caesar
keisarikala emperor angelfish
keisarikunta empire
keisarileikkaus cesarean section
keisarillinen imperial
keisarinna empress *Venäjän keisarinna* Czarina
keisarin uudet vaatteet the Emperor's new clothes
keisaripingviini emperor penguin
keisariturako great blue turaco
keittiö 1 (huone) kitchen **2** (ruoanlaittotapa) cuisine *ranskalainen keittiö* French cuisine
keittiöremontti remodeling your kitchen
keitto 1 (soppa) soup, (lihakeitto) stew, (liemi) broth **2** (keittäminen) cooking, making, boiling *ruveta teen keittoon* brew up some tea
keittokirja cookbook, (UK) cookery book
keittokomero kitchenette
keittola (school) kitchen
keittotaito cooking, cookery
keittäjä cook, (kone) cooker *pontikan keittäjä* moonshiner
keittää 1 (vettä tai vedessä) boil, (teetä) brew **2** (pontikkaa) brew **3** (ruokaa) cook *keittää hiljaisella tulella* simmer **4** (kuv: soppaa, suunnitelmaa) cook up *Minkä sopan sä nyt olet keittänyt?* What mess have you gotten yourself into this time? What trouble have you cooked up now? *Mitä sinä olet nyt keittänyt kokoon?* What plans have you cooked up this time? **5** (kuv: räjähtää) seethe, stew *Mulla kohta keittää sun kanssas* You're driving me crazy *Hänellä keitti koko ajan* He was seething **6** (jäähdytin) boil over
kekata 1 (keksiä) think up, hit (up)on *Nyt mä kekkasin!* Now I've got it! **2** (huomata) see, spot *Kekkasin sut!* I see you!
kekkerit party *kahvikekkerit* coffee klatch

kelmeä

keko *muurahaiskeko* anthill *heinäkeko* haystack *kantaa kortensa kekoon* add your two bits
kekomuurahainen wood ant
kekseliäisyys inventiveness, ingenuity, resourcefulness
kekseliäs inventive, ingenious, resourceful
keksi 1 (suolainen) cracker, (makea) (US) cookie, (UK) biscuit **2** (koukku) boathook, gaff
keksijä inventor
keksintö 1 (uusi esine) invention **2** (löytö) discovery, finding **3** idea *Tämä oli sinun keksintösi* This was your idea
keksiä 1 (sepittää) think/make up, invent, fabricate, (ark) cook up *Oletko itse keksinyt tuon?* Did you make/think that up yourself? *Se on keksitty juttu* It's a made-up story, a fabrication *Täytyisi keksiä joku juju* We ought to think/cook up some gag, come up with some practical joke **2** (tehdä keksintö) invent *Höyrykattila keksittiin vasta 1680* The steam boiler wasn't invented until 1680 **3** (havaita) see, spot, espy *Nyt hän keksi meidät* Now she's spotted us **4** (ymmärtää) realize, figure out, (come to) understand, get it *Nyt minä keksin sen* (= tajusin vitsin) Now I get it! **5** (löytää) find, discover *keksiä uusi kyky* discover a new talent
kekäle (fire)brand, (mon) embers
kela 1 (nauhurin tai heittouistimen) reel, (filmin) spool, (ompelukoneen) bobbin **2** (käämi) coil, (valssi) drum, cylinder, roll(er) **3** (vintturi) winch, winder; (mer) capstan, windlass
kelanauhuri reel-to-reel tape recorder
kelata reel (in/out), spool, coil, winch, wind (in) (ks kela)
keli 1 (ajokeli) road conditions *liukas keli* slippery road **2** (hiihtokeli) snow conditions *hyvä hiihtokeli* good snow for skiing
kelivaroitus traffic advisory (report)
kelju s beast, swine adj beastly, nasty, mean, rotten
keljuilla be beastly/nasty/mean/rotten (to someone), pull nasty/mean/rotten/dirty tricks (on someone)
keljuttaa *Minua keljuttaa tuollainen* That really annoys me, that really gets my goat, really gets my dander up
kelkka 1 sled; (ohjaskelkka) bobsled, toboggan; (potkukelkka) kicksled *kääntää kelkkansa* do a complete aboutface/turnabout, change your colors, take another tack *pudota kelkasta* lose track, fall behind, get lost *pysyä kelkassa* keep up (the pace) **2** (tekn) carriage
kelkkailija sledder; (urh) bobsledder, tobogganer
kelkkailu sledding, bobsledding, tobogganing
kellari cellar, (kellarikerros) basement
kellastua (turn/become) yellow
kellertävä yellowish
kello 1 (ajastin) clock, (tasku-/rannekello) watch *Kelloni edistää/jätättää* My watch runs/is fast/slow *Kello on kaksitoista* It's twelve (o'clock), (yöllä) it's midnight, (päivällä) it's noon *Mitä kello on?* What time is it? Do you have the time? *Kello on jo paljon* It's getting late **2** (soitin) bell *Nyt on toinen ääni kellossa* Now he has changed his tune, now he's laughing out of the other side of his mouth **3** (rakkula) blister
kellokortti time card *leimata kellokortti* punch a time card
kello käy time's ticking away, you're wasting precious time/seconds *Kello käy neljää* It's past three, going on four *Kelloni käy perunoita* My watch is way off
kellonaika time
kellonlyönti stroke of the clock
kelloseppä clocksmith/-maker, watchmaker
kellotaajuus (tietokoneen suorittimen) clock speed
kellua float (myös kuv)
kelluke (laiturin tms) pontoon, (lapsen) float
kelluva floating
kelmeä pallid, pale, wan

kelmi

kelmi villain, scoundrel, knave; (run) varlet, blackguard; (ark) snake in the grass
kelo snag
kelpo 1 (kunnollinen) good, fine, decent *kelpo mies* good man, good lad, (US etelässä) good old boy **2** (kunnon) good(ly), considerable *kelpo summa rahaa* a good/hefty/considerable amount of money *kelpo löylytys* a good/sound thrashing
kelpoinen 1 (sopiva) good, fit, suited, suitable **2** (pätevä) competent, qualified
kelpoisuus 1 (sopivuus) fitness, suitability **2** (pätevyys) competence, qualifications **3** (voimassaolo) validity
kelpoisuusehto condition of competence
kelpoisuustodistus certificate of competence
kelpuuttaa 1 (ark) accept, allow *Kyllä sinut meidän joukkueeseen kelpuutetaan* Sure, we'll take you on our team, we'll let you play on our side **2** (julistaa kelpaavaksi) declare (someone) qualified/competent; (tunnustaa kelpaavaksi) acknowledge *kelpuuttaa joku seuraajakseen* acknowledge someone as your successor **3** (vahvistaa) legitimate, (saattaa voimaan) validate **4** (valtuuttaa) empower, authorize
keltainen yellow
keltajuovamullo red mullet
keltakerttuli (lintu) yellow warbler
keltapäähaukka lanner falcon
kelteisillään undressed, in the altogether/buff
keltuainen yolk
kelvata 1 (sopia) do, be fit/suitable/good enough/acceptable (for someone) *Tämä ei kelpaa* This simply will not do, is not acceptable *Ainakin se minulle kelpaa* It's good enough for me, anyhow *Kelpaako se syötäväksi?* Is it fit to eat, is it edible? **2** (tuntua hyvältä) *Nyt tätä taloa kelpaa katsella* Now the house is something to look at *Kyllä meille nauru kelpasi* We all had a good laugh *Kyllä sinun kelpaa!* Lucky you! You've got it so easy! **3** (olla voimassa) be valid *Alennuskortti ei kelpaa tällä viikolla* The discount card isn't valid this week
kelvollinen 1 (sopiva) fit (for), suitable (for), proper **2** (käyttökelpoinen) good enough (for), serviceable **3** (arvollinen) worthy (of doing something), fit (to do something) **4** (pystyvä) capable (of doing something), able (to do something)
kelvoton 1 (sopimaton) unfit, unsuited, unsuitable **2** (ala-arvoinen) unworthy, base, mean **3** (kykenemätön) incapable, unable; (tehoton) ineffective **4** (hyödytön) useless, good-for-nothing **5** (kehno) bad, poor, inferior, lousy
kemia chemistry
kemiallinen chemical
kemialliset aseet chemical weaponry
kemikaali chemical
kemisti chemist
kemoterapia chemotherapy
ken ks kuka
kengittää shoe
kenguru kangaroo
kengururotta kangaroo rat
kengänkärki toe/tip of a shoe
kengännauha shoelace
kengännumero shoe size
Kenia Kenya
kenialainen s, adj Kenyan
kenkku 1 (kelju) (ark) beastly, nasty, mean, rotten **2** (ikävä) troublesome, bothersome, difficult, awkward
kenkkumainen ks kenkku
kenkuttaa (ark) *Minua kenkuttaa tuollainen* That really annoys me, that really gets my goat, really gets my dander up
kenkä shoe, (varrellinen) boot, (hevosen) (horse)shoe, (jarrukenkä) brake shoe *Sano mistä kenkä puristaa* Tell me where the shoe pinches, what the problem is, what's eating you *kahdet kengät* two pair(s) of shoes
kenkäharja shoebrush
kenkäpari pair of shoes
kenkäraja beat-up/worn-out/broken-down shoe
kenkään ks kukaan

kerrata

kenno 1 (mehiläiskenno) honeycomb **2** (tekn) element, cell *aurinkokenno* solar cell
kenossa tilted backwards *niska kenossa* (kuv) stiff-necked
kenoviiva backslash
kenraali general
kenraaliharjoitus dress rehearsal
kenties maybe, perhaps *Kenties et pannutkaan ovea lukkoon* Maybe you didn't lock the door after all, you may not have locked the door after all
kenttä 1 field **2** (eur jalkapallokenttä) ground, (US jalkapallokenttä) field, (baseballkenttä) diamond, (tenniskenttä) court **3** (taistelukenttä) battlefield **4** (tietok) array
kenttämikro rugged computer
kepeä light
keplotella wheel and deal, connive, scheme *keplotella itselleen palkankorotus* scheme/connive your way to a raise
keppi stick; (kävelykeppi) cane; (kurituskeppi) stick, cane, rod *antaa jollekulle keppiä* paddle someone with a stick, (UK koulu) give someone a caning, (euf) apply the rod to someone *kokeilla kepillä jäätä* test the water
keppihevonen hobby horse
kepponen prank, practical joke, gag, trick; (mon) mischief
kepulikonstilla by hook or by crook
kera with *teetä keksien kera* tea with/and cookies
keraaminen ceramic
keraamit high-tech ceramics
keramiikka ceramics, pottery
kerettiläinen s heretic adj heretical
kerettiläisyys heresy
kerho club
keritä 1 (ehtiä tehdä) have/find (the) time (to), (ehtiä perille) make it/get somewhere on time, (kiirehtiä) hurry, make haste *Tulen kun kerkiän* I'll come when I can *Miten tuo lapsi kerkiää joka paikkaan!* How does that child manage to keep getting into everything at once? **2** (lammasta) shear
keriä 1 (kerälle) wind, (auki) unwind **2** (uimahypyssä) tuck (your legs in) *kerien* with a tuck **3** *keriä peukaloitaan* twiddle your thumbs
kerjuu begging
kerjäläinen beggar
kerjätä 1 beg *kerjätä leipää* beg for bread *kerjätä armoa* beg for mercy **2** *kerjätä turpiinsa* ask for a knuckle sandwich *kerjätä hankaluuksia* look/ask for trouble, ask for it *Sinä kerjäät selkääsi!* You're cruising for a bruising!
kerma cream (myös kuv) *kuoria kerma* skim off the cream
kermakko creamer
kernaasti gladly *Saat kernaasti tulla* We'd love to have you come, I'd be happy to have you come *A: Ulos! B: Kernaasti!* A: Out! B: Gladly!
kerrakseen 1 (tarpeeksi) plenty, (more than) enough *Siinäpä ihmettelemistä kerrakseen* That's plenty to wonder at **2** (täksi kerraksi) for now, for the time being, for the present *Se riittääkin kerrakseen* That'll do for now, for the time being
kerrallaan at a time *vähän kerrallaan* little at a time, little by little *yksi kerrallaan* one at a time, one by one
kerran once *kerran vuodessa* once a year, annually *Hän kävi kerran, ei sen jälkeen* He came once, never again *jos kerran haluat* if you insist, if you really want (to) *kun kerran* since *sen kerran* just that once, only then *toisen kerran* again *vain tämän kerran* just this once
kerrankin for once *Sano kerrankin suoraan, mitä tarkoitat* For once tell me exactly what you want to say
kerrankos *Kerrankos sellaista sattuu* It happens
kerrassaan absolutely, positively, simply *kerrassaan mainio* absolutely wonderful *kerrassaan mahdotonta* utterly impossible
kerrasto set of underwear
kerrata 1 (lankaa) twine, twist **2** (eilistä läksyä) review, (UK) revise, (päivän tapahtumia) go over/through **3** (kysymystä) repeat

kerroin

kerroin 1 (mat) coefficient, (fys) factor, (ark) rate **2** *kaksin kerroin* twice (as much)
kerroksittain layered, in layers; (geol) stratified, in strata
kerronta narration *suora/epäsuora kerronta* (kiel) direct/indirect speech
kerros 1 layer, (taso) level **2** (talossa) floor, story *toisessa kerroksessa* on the second floor (UK first floor) **3** (geol ja sos) stratum *eri yhteiskuntakerroksissa* in various social strata
kerrosala square footage per floor
kerroskuvaus (lääk) tomography, CAT scan
kerrostua stratify, be(come) stratified
kerrostuma layer, stratum
kerrotaan että it's said that
kerro terveisiä send my regards/greetings (to), say hello (to)
kersantti sergeant
kerskailija boaster, braggart
kerskailla boast, brag, (isotella) swagger
kerskailu boasting, bragging, braggadocio
kerskata boast, brag
kerta time *kaksi kertaa parempi* twice as good, two times better *kaksi kertaa kaksi on neljä* two times two is four, (UK) twice two is four *Älä enää kertaakaan sano noin* Never say that again *Kerta se on ensimmäinenkin* There's always a first time *Kolmas kerta toden sanoo* The third time's the charm *panna kerrasta poikki* make a clean break
kertaalleen once *soittaa kappale kertaalleen läpi* play the piece through once
kertaheitolla in one (shot/try) *Osuin kertaheitolla* I made it in one (shot/try)
kerta kaikkiaan 1 (kerrassaan) absolutely, positively, simply **2** (lopullisesti) once and for all
kertakaikkinen 1 (täydellinen) absolute, complete, total *Hän on kertakaikkinen tomppeli* He's a total idiot **2** (yhden kerran tapahtuva) once-off, once-for-all
kerta kerralta each/every time *Hinta nousee kerta kerralta* Each time the price goes up

kerta kerran perään each time, every time, time after time, time and time again
kertakäyttöinen disposable
kertakäyttötavara disposable item/goods/merchandise
kerta toisensa jälkeen time and again, time after time, over and over, one time after another
kertaus repetition; (koululäksyjen) review, (UK) revision; (mus) repeat
kertausharjoitus (sot) (military) refresher course
kertaus on opintojen äiti repetition is the mother of learning
kertautua recur, be repeated
kertoa 1 (asia) tell/inform (someone) *Kerro!* Tell me! *Huhu kertoo että* Rumor has it that, the word on the street is that *Älä kerro kenellekään* Don't tell a soul (about this), don't breathe a word (of it) to anyone **2** (tarina) tell, narrate, relate **3** (mat) multiply *Kerro seitsemän viidellä* Multiply seven by five
kertoa juttuja spin yarns, tell tall tales
kertoja 1 narrator, storyteller **2** (mat) multiplier
kertomakirjallisuus narrative literature
kertomus 1 narration, tale, story **2** (selonteko) report
kertosäe chorus, refrain
kerttuli (lintu) warbler
kertynyt korko accrued interest
kertyä (työtä) pile up, (rahaa) accumulate, (korkoa) accrue
kerubi cherub
kerä ball *purkaa kerältä* unwind *käpertyä keräksi* roll up in a ball
keräilijä collector
keräkaali (head) cabbage
keräsalaatti head lettuce
kerätä gather, collect *kerätä postimerkkejä/ajatuksiaan* collect stamps/your thoughts *kerätä pölyä/palasia* gather dust/the pieces
keräys collection, (fund-raising) drive *panna pystyyn keräys* start a collection (for), start raising funds (for); (ark) pass the hat (for)

keskiamerikkalainen

kerääntyä 1 (ihmiset) get/come/gather together, meet, assemble **2** (sotku tms) pile/build up, accumulate

kesanto fallow *jättää kesannolle* (pelto) leave lying fallow, (kuv) neglect

kesiä peel

keskeinen central

keskeytyksettä uninterrupted(ly)

keskellä adv in the middle, (keskipisteessä tai keskustassa) in the center *Tule sinä keskelle* You come sit in the middle/center, we want you to sit between us postp ja prep in the middle of, (keskipisteessä tai keskustassa) in the center of, (keskuudessa) in their/our midst, (kahden keskellä) between them *joutua keskelle mellakkaa* find yourself right in the midst of the riot(ing) *keskellä vuoristoa* in the mountains *keskellä talvea* in mid-winter *keskellä merta* in mid-ocean

keskellä kirkasta päivää in broad daylight

keskellä kirkon mäkeä in front of God and everybody

keskemmällä closer to the middle/center

keskempänä closer to the middle/center

kesken adv **1** *Työ on vielä kesken* The job isn't finished/done yet, we've still got more to do **2** *He lähtivät kesken pois* They left in the middle, before the end, before they finished *loppua kesken* run out (of) **3** *Sari meni kolmannella kuulla kesken* Sari miscarried in the third month, lost her baby in the third month postp ja prep **1** (välillä, keskuudessa: kahden) between, (useamman) among *Jääköön tämä meidän kahden kesken* Let's let this be our secret, this is just between you and me, between you, me, and the lamppost *ystävien kesken* among friends **2** (ennen loppua) in the middle (of) *kesken iloisinta leikkiä* right when we were having the most fun

kesken aikojaan before your time, too early/young, prematurely *kuolla kesken aikojaan* die young, die before your time

keskeneräinen (loppuunsuorittamaton) unfinished, uncompleted; half-finished, half-done *Tämä työ jäi sinulta keskeneräiseksi!* You didn't finish this (up)!

kesken kaiken 1 right in the middle (of everything) **2** (yllättäen) suddenly, abruptly, without warning, out of the clear blue sky **3** (asiasta toiseen) by the way, while I remember

keskenkasvuinen half-grown

keskenmeno miscarriage

keskenään *jakaa keskenään* divide (something up) between the two of us/them, among the three/four/jne of us/them *vaihtaa keskenään* trade with each other, interchange (something)

keskeyttää 1 interrupt *keskeyttää keskustelu* interrupt a conversation, cut/break in on a conversation, cut the conversation short **2** (urh: juoksu) drop out, quit **3** (matka) break *keskeyttää matkansa Denverissä* stop over in Denver **4** (raskaus) abort **5** (oma toiminta) discontinue *keskeyttää ydinkokeet* discontinue nuclear testing **6** (oikeudenkäynti) stay **7** (opintonsa) drop out (of school)

keskeyttää työt 1 (tehdäkseen jotain muuta) stop/quit working, leave off working, take a break (from work) **2** (lakolla) go on strike, walk out

keskeytyksissä stopped, at a halt/standstill

keskeytymätön uninterrupted, continuous, continual

keskeytys 1 interruption **2** (tauko) break **3** (pysähtyminen) stoppage, standstill, cessation *sotatoimien keskeytys* cessation of hostilities *työn keskeytys* work stoppage **4** (raskauden) abortion **5** (matkan) stopover

keskeytyä 1 be interrupted/discontinued, stop, cease, break off **2** (jäädä kesken) be left undone/unfinished/incomplete

Keski-Afrikan tasavalta Central African Republic

keskiaika the Middle Ages

keskiaikainen medieval

keskiamerikkalainen s, adj Central American

keskiansio average income
keskiaste secondary level
keskiasteen koulutus secondary education
keskieurooppalainen s, adj Central European
keski-ikä middle age
keski-ikäinen middle-aged
keskijohto (yrityksessä) middle management
keskikokoinen midsize(d), medium-sized
keskikulutus (auton) average mileage
keskiluokka 1 (yhteiskuntaluokka) middle class, bourgeoisie **2** (laatuluokka) medium-level/-grade
keskiluokkainen middle-class, bourgeois
keskimmäinen middle, the one in the middle *keskimmäinen lapsi* middle child *keskimmäinen talo* the house in the middle
keskimäärin on average *maksaa keskimäärin 1000 euroa* cost an average of 1000 euros *ampua keskimäärin 20 maalia vuodessa* average 20 goals a year
keskimääräinen average, mean
keskinkertainen 1 (halv) mediocre, second-rate **2** (tavallinen) average, ordinary
keskinopeus average speed
keskinäinen mutual; (sopimus) reciprocal, bilateral *keskinäinen ihailu* mutual admiration *keskinäinen riippuvuus* mutual dependence, interdependence, codependency
keskipakovoima centrifugal force
keskipiste center (point), focus *olla huomion keskipisteenä* be the center of attention, be in the limelight
keskipäivä midday, noon
keskisarja middleweight
keskisormi middle finger *näyttää keskisormea* give someone the finger, flip someone the bird
keskisuomalainen s Central Finn adj Central Finnish
keskitaso medium-level/-grade, average *keskitason oppilas* average student *keskitasoa parempi/huonompi oppilas* above/below-average student
keskitasoinen medium-level/-grade, average
keskitetty 1 (pol) centralized **2** (sot ym) concentrated
keskitetty tuloratkaisu centralized incomes policy agreemet
keskitetysti (yhteen kohteeseen) focally, (yhdessä) concertedly, (keskittyneesti) with concentration
keskitie middle of the road (myös kuv) *kultainen keskitie* happy medium *keskitien kulkija* the (very) soul of moderation
keskittyminen concentration, centralization
keskittymiskyky (power of) concentration *Sinulla on hyvä keskittymiskyky* You've got good concentration
keskittyä 1 (syventyä) concentrate **2** (kohdistua) (be) concentrate(d), center, focus **3** (pol) centralize
keskittää 1 (huomio tms) concentrate, focus, direct **2** (pol) centralize *keskittää terveydenhoito* centralize health care *keskittää valta omiin käsiinsä* hold the reins of power in your own hands **3** (sot: tulitusta) concentrate, (joukkoja) mass **4** *keskittää peli tietyn pelaajan ympärille* center/build a play around a particular player
keskitys 1 (sot ym) concentration **2** (pol) centralization
keskitysleiri concentration camp
keskiviikko Wednesday
keskiviikkoinen Wednesday('s)
keskiviikkoisin Wednesdays, on Wednesday
keskiviiva center/median line
keskiyö midnight
keskiäänikaiutin midrange driver
keskiö center, core
keskonen premature baby, (ark) preemie
keskoskaappi incubator
keskus 1 (keskiosa) center, (maali) bull's eye **2** (sisus) heart, kernel, core **3** (keskusta) (city/town) center, downtown, (slummiutunut) inner city **4** (kes-

kestää

kuspaikka) (cultural/industrial/financial jne) center **5** (puhelinkeskus) switchboard **6** (ark: keskuksenhoitaja) (switchboard) operator
keskusantenni communal antenna (system)
keskushermosto central nervous system
keskushyökkääjä center (forward)
keskusjärjestö central organization
keskuskone (tietok) mainframe
keskuslämmitteinen centrally heated
keskuslämmitys central heating
keskusrikospoliisi Central Criminal Police
keskussairaala central/general hospital
keskusta 1 (kaupungin) (city/town) center, downtown, (slummiutunut) inner city **2** (sisus) heart, kernel, core **3** (puolue) Center Party
keskustapuolue Center Party
keskustella 1 talk (about/over), converse (on), discuss, have a conversation/discussion *Siitä asiasta emme keskustele* That subject is off-limits/taboo, that subject is not open to discussion *keskustella jostakin* discuss something, talk something over **2** (neuvotella) confer, consult, negotiate, (pohtia) deliberate **3** (väitellä) debate, argue
keskustelu 1 talk, conversation, discussion **2** (neuvottelu) conference, consultation, negotiation, deliberation **3** (väittely) debate, argument
keskusteluketju (tietok) discussion thread
keskusteluryhmä (tietok) newsgroup
keskustietokone mainframe, mainframe computer
keskusyksikkö (tietokoneen) central processing unit, CPU
keskuudessa among, amid, with, in (someone's) midst *suosittu eläkeläisten keskuudessa* popular with the geriatric set
kestikievari inn, hostel
kestit party; (juhla-ateria) banquet, feast
kestittää ks kestitä
kestitä 1 (viihdyttää) entertain **2** (huolehtia) take (good) care of, see to **3** (olla vieraanvarainen) extend your hospitality to, be a good host to
kesto 1 (aika) duration, length of time **2** (mus) quantity **3** ks kestävyys
kestomuovi thermoplastic
kestävyys 1 (lujuus) endurance, durability, strength *rakkauden kestävyys* the strength/durability of love, the staying power of love **2** (peräänantamattomuus) persistence, pertinacity, tenacity, stamina *Vuorikiipeily vaatii kestävyyttä* Mountain-climbing requires persistence/stamina, takes patience
kestävä 1 (järkkymätön) lasting, steadfast, abiding *kestävä luottamus* steadfast trust *kestävä rauha* lasting peace *kestävä rakkaus* abiding love **2** (kestää tietyn ajan) long *viikon kestävä seminaari* week-long seminar *kaksi päivää kestävä inventaari* two-day inventory **3** (vahva) strong, durable, long-lasting, hardy *kestävät housut* strong/durable pants **4** (kestää jotakin) *kylmää/lämpöä kestävä* cold-/heat-resistant *toimia arvostelua kestävällä tavalla* act in a way that will withstand criticism, not leave yourself open to criticism *pesunkestävä liberaali* died-in-the-wool liberal
kestää 1 (kannattaa) carry, bear *Se ei kestä sinua* That won't hold you, won't bear your weight **2** (olla murtumatta) bear, (with)stand, stand up under *Se ei kestä vertailua* (tämän kanssa) It doesn't compare (with this), it can't beat this, can't match up to this *Se ei kestä lähempää tarkastelua* It won't stand up to closer scrutiny/inspection **3** (sietää) bear, stand, stomach *En kestä* (nähdä) *tuota miestä* I can't stand/bear/stomach (the sight of) that man **4** (pysyä lujana) bear up, put up with, take *kestää kiusaus(ta)* resist temptation *Miten olet kaiken kestänyt?* How did you put up with all of that? *En kestä enää* I can't take it any more, I can't go on *kestää kuin mies* take it like a man *Mies kyllä kestää* A man can take it **5** (kärsiä) suffer, go through *Hän on saanut kestää paljon* He's had to go through a lot, he's suffered a lot, it's been a tough time for him

kestää kiittää

6 (selviytyä: ihminen) survive, endure, manage, last (out), (linnake tms) hold out *Kestänköhän näitä juhlia iltaan saakka?* How am I going to survive this party till evening? How will I ever make it through this party till evening? *Täytyy kestää loppuun saakka* We've got to endure it till the end, stick it out till the end, see it through to the end *Kestävätkö uudisasukkaat siihen asti kunnes ratsuväki saapuu?* Can the settlers hold out until the cavalry arrives? **7** (jatkua) last, continue, (viedä) take *Kuinka kauan tämä vielä kestää?* How much longer is this going to last/go on/continue/take? *ohjelman kestäessä* during the program *Sadetta kesti koko viikon* The rain came down all week, didn't let up all week **8** (pysyä käyttökelpoisena) (out)last *Se kestää minun aikani* It will outlast me
kestää kiittää *Ei kestä kiittää!* Don't mention it! Not at all! You're welcome! It was nothing!
kestää kritiikkiä 1 *Hän ei kestä kritiikkiä* (ei salli) He won't put up with criticism, (masentuu siitä) he can't bear to be criticized **2** *Se ei kestä kritiikkiä* It won't stand up under criticism, withstand criticism
kestää tulikoe withstand/survive an ordeal
kestää vertailua compare (with), (with)stand comparison (with)
kesy tame, domestic(ated)
kesyttää tame, domesticate; (kuv) tame, subdue, break (someone's spirit)
kesyyntyä become tame
kesä summer
kesäaika daylight saving time *siirtyä kesäaikaan* go on daylight saving time
kesäapulainen summer hire
kesäasunto summer place/house/cottage
kesähuvila summer cottage
kesäinen summer(y)
kesäkuu June
kesälaidun (kuv) summer stamping grounds
kesäloma summer vacation, (UK) holidays; (parlamentin) summer recess
kesälukukausi summer term: (kun se on vuoden kolmas) summer semester, (kun se on vuoden neljäs) summer quarter
kesämökki summer cottage
kesänvietto spending the summer
kesänviettopaikka summer place
kesäpäivä summer('s) day
kesärengas summer tire
kesäsiirtola country summer camp
kesäteatteri summer theater
kesät talvet all year round
kesäyliopisto summer university
kesäyö summer('s) night
ketarat legs *maata ketarat ojossa* lie flat on your back
ketju 1 chain (myös kuv) *muodostaa ketju* form a chain, (käsistä pitämällä) join/link hands **2** (tapahtumien) series, (järvien) string, (vuorten) range **3** (kaulaketju) necklace **4** (tietok) chain(ed list)
ketjukolari multi-car collision, (ark) pile-up
ketjumakro (tietok) chained macro
ketjupolttaja chain smoker
ketjureaktio chain reaction
ketjuveto chain tow
ketsuppi ketchup, catsup
ketterä 1 nimble, quick **2** (notkea) agile, limber **3** (kätevä) handy
kettinki chain
kettiökone kitchen appliance
kettu red fox (myös kuv)
kettukusu (eläin) brush-tailed possum
keuhko lung *huutaa keuhkojen täydeltä* shout at the top of your lungs
keuhkokuume pneumonia
keuhkopussi pleura(l membrane)
keuhkorakkula air-cell
keuhkosyöpä lung cancer, cancer of the lung(s)
keuhkotauti tuberculosis
keula 1 (veneen) bow **2** (kuv: jonon tms) head, front
kevennys (kuorman) lightening, (mielen) relief
keventyä 1 (kuorma) become lighter **2** (mieli) (be put at) ease, be relieved/reassured **3** (ilmapiiri) lighten/liven up

kieli

keventää 1 (kuormaa) lighten 2 (mieltä) relieve, ease, soothe 3 (ilmapiiriä) lighten up, enliven
keveä light *keveällä mielin* light-hearted(ly), in buoyant spirits, feeling happy/light-hearted
kevyt 1 light *kevyt ruokavalio/ateria* light diet/meal *kevyt tykistö/joukko* light artillery/brigade *kevyt takki* lightweight jacket 2 (hento) frail 3 (hellä) gentle 4 (ketterä) nimble, agile 5 (helppo) light, easy 6 (vähäkalorinen) light *kevyt jogurtti/margariini* light yogurt/margarine *kevytmaito* two-percent milk
kevytkenkäinen loose, fast, wanton, promiscuous
kevyt kuin höyhen light as a feather
kevytmetalli light alloy
kevytmielinen 1 (huikenteleva) frivolous, (kevytkenkäinen) loose, fast 2 (leväperäinen) irresponsible, careless, thoughtless
keväinen spring
kevät spring
kevätaurinko spring sun(shine)
kevätilma spring air
kevätjuhla end-of-the-school-year celebration
kevätkylvö spring sowing/planting
kevätkyntö spring plowing
kevätlukukausi spring term: (kun se on toinen kahdesta) spring semester, (kun se on kolmas kolmesta) spring quarter
kevättalvi late winter
kevättalvinen late-winter
kevättulva spring flood(ing)
kevätvilja spring grain
kevätväsymys spring fever
keväämmällä closer to spring, later in the winter
kg kilogram, kg
kide crystal
kidesokeri granulated sugar
kidukset gills
kiduttaa torture, (piinata) torment
kidutus torture, (piina) torment
kiehahtaa (vesi) come to a boil, (veri) boil
kiehauttaa bring to a boil

kiehkura 1 (kutri) curl, lock 2 (savun) wisp, wreath 3 (seppele) wreath, (vanh) garland
kiehtoa 1 (kiinnostaa) fascinate, captivate *Kieli kiehtoo minua* I'm fascinated by language, language fascinates me 2 (lumota) charm, bewitch, enchant
kiehtova 1 (kiinnostava) fascinating, captivating 2 (lumoava) charming, enchanting *kiehtova nainen* charming/enchanting woman
kiehua omassa liemessään stew in your own juice
kiehumispiste boiling point
kiekko 1 (yl ja tekn) disk, disc *soittaa 60-luvun kiekkoja* (ark) play some of those golden discs/platters/oldies from the 60s 2 (urh) discus, (jääkiekko) puck, (savikiekko) clay pigeon *pitkä kiekko* icing 3 (kirjoittimen tai kirjoituskoneen) daisy wheel
kiekkokirjoitin daisy-wheel printer
kiekonheitto (laji) discus, (teko) throwing the discus
kiekonheittäjä discus thrower
kiekua crow, (kuv) screech, holler
kieleke 1 (vaatteen repeytynyt) flap 2 (maan) jut, (kallion) promontory 3 (kasv) ligule
kielellinen linguistic
kielellinen vähemmistö linguistic minority
kielellisesti linguistically; (sanallisesti) verbally, in words
kielenhuolto language hygiene, concern for the purity of the (a) language
kielen kostuketta something to wet your whistle
kielenkääntäjä translator *valantehnyt kielenkääntäjä* sworn/certified translator
kielenopetus language teaching
kieli 1 language, tongue *puhuttu/kirjoitettu kieli* spoken/written language *äidinkieli* native language/tongue, mother tongue *ammattikieli, erikoiskieli* jargon *puhua kielillä* speak in tongues *opiskella vieraita kieliä* study foreign languages *tietokonekieli* computer language, programming language 2 (puhe-

tapa) (manner of) speech, style, accent; (kuv) tongue *liukas kieli* glib tongue *terävä kieli* sharp tongue **3** (anat) tongue *Vesi herahtaa jo kielelleni* My mouth is watering already *purra kieltä* bite your tongue *hillitä kielensä* hold your tongue *sulaa kielellä* melt in your mouth *piestä kieltään* wag your tongue, beat your gums *olla/pyöriä kielen päällä* be on the tip of your tongue *näyttää jollekulle kieltään* stick out your tongue at someone *olla kieli pitkällä jonkun perään* pant after someone *naudan kieli* beef tongue **4** (ääni) voice *kuulla sorakieliä* hear grumbling, hear mutters/voices of disagreement *Pahat kielet kertovat* Rumor has it **5** (viulun tms) string *koskettaa ihmissielun herkimpiä kieliä* pluck at your heartstrings **6** (kellon) striker, clapper **7** (vaa'an) needle, pointer *olla vaa'ankielenä* tip the balance **8** (lukon) bolt **9** (kengän) flap **10** (tulen) tongue, flame *olla kuoleman kielissä* be at death's door
kielialue speech region
kielikello (kantelija) tattletale, (juoruilija) gossip
kielikorva ear for languages
kielikuva 1 (metafora) figure of speech, trope, metaphor **2** (kuvallinen ilmaisu) (verbal) image
kielilläpuhuja speaker in tongues, glossolalist
kieliopillinen grammatical, syntactic
kielioppi grammar, syntax
kielipää *Hänellä on hyvä kielipää* He learns foreign languages quickly/easily, he's got a good head for languages
kieliryhmä language family
kielitaidoton ignorant of a language *Hän on täysin kielitaidoton* He can't speak a word of the language
kielitaito language ability/proficiency, command of a language
kielitaitoinen proficient/good at a language
kielitiede linguistics
kielitieteilijä linguist
kielivoimistelu verbal gymnastics

kieli vyön alla puffing and blowing *juosta kieli vyön alla* run like the devil
kieliä 1 (kannella) tattle, snitch, squeal **2** (ilmaista) show, reveal *Yrität esittää huoletonta, mutta kasvosi kielivät jotain muuta* You're trying to make us think you haven't a care in the world, but your face tells a different story
kielteinen negative
kielteisesti negatively
kielteisyys negativity; (nurja asenne) bad attitude
kieltenopettaja language teacher
kieltenopetus language teaching
kielto 1 (kieltäminen) refusal, denial **2** (kieltomääräys) prohibition, ban **3** (kiel ja filos) negation
kieltolaki Prohibition
kieltomuoto negative form
kieltämättä undoubtedly, unquestionably, no/without doubt/question
kieltäymys self-denial, renunciation; asceticism
kieltäytyä 1 (torjua) refuse, reject, decline *kieltäytyä avusta* refuse someone's (offer of) help *kieltäytyä auttamasta* refuse to help (someone) *kieltäytyä tarjouksesta* reject/decline an offer *kieltäytyä ehdokkuudesta* decline a nomination **2** (luopua) do without, renounce, abstain (from)
kieltää 1 (olla sallimatta) forbid *Kiellän sinua lähtemästä tästä talosta!* I forbid you to leave this house! **2** (sensuroida) ban **3** (olla antamatta) refuse, deny *kieltää joltakulta apunsa* refuse/deny someone your help, refuse to help someone *Enhän pysty kieltämään sinulta mitään!* I can't deny you anything, I can't hold anything back from you, I can't say no to you, (run) I cannot say you nay **4** (olla tunnustamatta) deny *Et voi kieltää, etteikö se olisi käynyt mielessä* You can't deny that it occurred to you, don't tell me it never even crossed your mind **5** (usko) renounce **6** (velka) repudiate, (velvoite) decline **7** (kiistää: väite) dispute, controvert; (testamentti) contest
kieltää syyllisyytensä plead not guilty

kierros

kiemura 1 (tukan) curl, lock **2** (savun) wisp, wreath **3** (tien, joen tms) bend, curve **4** *politiikan kiemurat* the ins and outs of politics

kiemurrella 1 (koukerrella) meander, twist and turn, wind, weave *Joki virtaa kiemurrellen tasangon läpi* The river meanders (its way) across the plain **2** (kiipeillä) wind, twine, climb *Köynnökset kiemurtelivat kuistikon pylväissä* The vines wound around the columns on the veranda **3** (luikerrella) wind, wriggle *Käärme kiemurtelee heinikossa* The snake winds its way through the tall grass **4** (rimpuilla) wriggle, writhe, squirm *kiemurrella tuskissaan* writhe in agony *kiemurrella häpeissään* squirm with embarrassment **5** (pyrkiä kierrellen johonkin) wriggle/worm your way/ yourself (into/out of something) *Turha kiemurrella velvollisuuksistasi!* It's no use trying to wriggle/worm your way out of your responsibilities! *kiemurrella jonkun suosioon* worm your way into someone's heart/favor *Älä kiemurtele vaan sano totuus!* Don't hem and haw, just tell me the truth! Don't try to wriggle out of it, tell me the truth!

kiero 1 (vääntynyt) deformed, warped, twisted, crooked *katsoa kieroon* look crosseyed, cross your eyes; (pysyvästi) be cockeyed **2** (epärehellinen) crooked, corrupt, fraudulent *umpikiero* crooked as a three-dollar bill *kieroa peliä* foul play, dirty pool **3** (ovela) cunning, sly, foxy **4** (vääristynyt) false, distorted *katsoa kieroon lasten temppuja* frown on the kids' pranks **5** (epäoikeudenmukainen) unfair, unequitable *kierot maanomistussuhteet* unfair ownership of land

kieroontunut 1 (fyysisesti) deformed, warped, twisted, crooked **2** (henkisesti) twisted, perverted, warped

kierosilmäinen crosseyed, cockeyed

kieroutua 1 (fyysisesti) be twisted/ warped/crooked **2** (henkisesti) get/ become twisted/perverted/warped

kierre 1 (ruuvin tms) thread(s) *Tästä ruuvista on mennyt kierre* This screw's got stripped threads **2** (langan tms) tist, twine **3** (syöksykierre) nosedive, (down)spin, vicious circle, catch-22 *joutua velkakierteeseen* get trapped in the vicious circle of debt *joutua viinakierteeseen* shuttle back and forth between drunkenness and the sober shakes, plunge into the nosedive of alcoholism **4** (urh) spin *sivukierre* sidespin *takakierre* backspin *kierresyöttö* (baseballissa) curveball **5** (tal) spiral *inflaatiokierre* inflationary spiral

kierrellä 1 (kulkea ympyrää) circle (around), (lintu) wheel **2** (kulkea sinne tänne) wind, meander **3** (kulkea paikasta toiseen) roam, wander *kierrellä maita ja mantereita* roam far and wide, follow your footsteps **4** (kulkea ympäri) circle, go/step around, avoid *kierrellä saarta* circle/go around the island *kierrellä lätäköitä* go around/avoid puddles **5** (karttaa) avoid, tay out of (someone's) way *kierrellä kaukaa* give a wide berth to, keep your distance from **6** (vältellä) evade, dodge *kierrellä ja kaarrella* hem and haw, beat around the bush *vastata kiertelemättä* give a straight answer *vastata kierrellen* answer evasively, give an evasive answer, evade the question **7** (olla liikkeellä) circulate, make the rounds *Kierteli sellainen huhu että* There was a rumor making the rounds to the effect that, Rumor had it that

kierros 1 (ajelu) spin *Lähdetkö pienelle kierrokselle?* Do you want to go out for a little spin, take a little spin? **2** (kävely) walk, turn, stroll *tehdä kierros puistossa* take a turn/stroll in the park **3** (ratakierros) lap *ohittaa joku kierroksella* lap someone **4** (poliisin) beat **5** (lääkärin/ postinkantajan tms) round *Tohtori on kierroksella* The doctor is making his rounds **6** (tarjoilu-/neuvottelukierros, kierros golfia/kortteja) round *Minä tarjoan seuraavan kierroksen* The next round is on me *Miltä tuntuisi kierros golfia?* Are you up to a round of golf? **7** (ympyrä) circle, cycle *tehdä täysi kierros* come full circle *viiden vuoden kierros* five-year cycle **8** (kiertotie) circuit(ous route), roundabout way, detour

kierrosaika

tehdä kierroksia epätasaisen maaston vuoksi make detours due to the uneven terrain **9** (kierto: radalla) orbit, (ympäri) rotation **10** (moottorin) revolution, (ark) rev *Kyllä tästä moottorista kierroksia löytyy* This engine's got power to burn *lisätä kierroksia* rev it up *kierrosta minuutissa* revolutions per minute, rpm's
kierrosaika (urh) lap time
kierrosluku number of revolutions; (ark) revs
kierroslukumittari (autossa) tachometer, (ark) tach
kierrättää 1 (vierasta) take (someone) all over, show him/her the sights **2** (estettä) send/direct (someone) around (an obstacle, the long way) **3** (turhaan) send someone on a wild goose chase **4** (vaatteita/sanomalehtiä/lasia jne) recycle
kierrätys (jätteiden) recycling
kierteinen 1 (ruuvi) threaded **2** (kierukkamainen) spiral, helical, helicoid, voluted **3** (kiertynyt: lanka tms) twisted, (sarvi) whorled
kierto 1 (pyöritys) turn(ing), twist(ing), screw(ing) *vartalon kierto* twisting the body **2** (fys: vääntö) torsion, (vääntömomentti) torque **3** (pyörintä ympäri) rotation, gyration, spin(ing), whirl(ing) *maapallon kierto* the earth's rotation **4** (kulku radalla) orbit **5** (veren, veden, rahan, kirjeen tms) circulation **6** (kaarros, kiertotie) detour *Meille tuli nyt kilometrin kierto* We're going to have to go a kilometer out of our way, make a detour of about a kilometer **7** (samoilu) roaming/roving/rambling (around) *kierto Lapissa* backpacking/hiking across Lapland **8** round *Lääkäri on kierrolla* The doctor is making his/her rounds **9** (välttely) evasion, avoidance *kysymyksen kierto* evading the question, evasive answer, evasion
kiertoilmaus 1 (lievempi ilmaus) euphemism **2** (laajempi ilmaus) periphrase, circumlocution
kiertokirje circular (letter)
kiertokulku 1 circuit, circle, circular motion **2** (rahan tms) circulation **3** (vuodenaikojen) cycle **4** (elämän) course
kiertorata orbit
kiertoteitse circuitously, in a roundabout way/manner, indirectly
kiertotie detour
kiertue 1 (matka) tour **2** (seurue) touring company
kiertyä turn, twist, wind *kiertyä vasemmalle* turn/veer to the left *kiertyä liian tiukalle* wind/twist too tight
kiertäen kaartaen indirectly, in a roundabout way, beating around the bush, with a lot of hemming and hawing
kiertää tr **1** (pyörittää) turn, twist, screw *kiertää avainta lukossa* turn a key in a lock *kiertää kansi auki* unscrew a lid *kiertää veitsi lapsen kädestä* wrest a knife out of a child's hands **2** (kierittää, kääriä) roll (up) *kiertää tukkansa nutturaan* do your hair up in a bun *kiertää lumipalloja* roll snowballs *kiertää kaihdin kokoon* roll up a blind **3** (kietoa ympärille) wind, wrap *kiertää kätensä jonkun kaulaan* wrap your arms around someone's neck *Köynnös kiertää vartensa pylvään ympäri* The vine winds around the column **4** (kulkea ympäri: ihminen pysyvää objektia) circle, go around, circumvent *kiertää taloa* circle the house, go around the house **5** (kulkea ympäriinsä: ihminen maailmaa) roam, rove, wander *Taidan lähteä vuodeksi kiertämään maailmaa* I think I'll take a year and see the world, (maapallon ympäri) and travel around the world **6** (kulkea ympäri: satelliitti tms) orbit **7** (kulkea ympäri: seinä tms) encircle, be surrounded by *Taloa kiertää tiheä metsikkö* A dense thicket encircles the house, the house is surrounded (on all sides) by a dense thicket **8** (kulkea ympäritse) round *kiertää Hyväntoivonniemi* round the Cape of Good Hope **9** *Ajatukseni kiertävät alituisesti sinua* I can't get you out of my mind, I can't take my mind off of you **10** (vältellä) circumvent, evade, dodge, avoid *kiertää todelliset ongelmat* circumvent/ignore

kiihkeä

the real problems *kiertää todelliset kysymykset* evade the real questions *kiertää toimittajan kysymys* duck out of/dodge a reporter's question **11** (ohittaa) circumvent, get around/past *kiertää suunnitteluvirhe* get around a planning mistake, circumvent an error that was made in the planning stages *kiertää verotusta* find a tax loophole itr **12** (pyöriä) spin, turn, revolve *Pyörä kiertää vastapäivään* The wheel spins/turns counterclockwise *Maa kiertää akselinsa ympäri* The earth spins/revolves around its axis **13** (veri suonissa) **14** (ihmiseltä toiselle) go around *panna pullo/hattu kiertämään* pass the bottle/hat

kiertää auki (purkkia) unscrew the lid, (hanaa) turn on, (karttaa) unfold, unroll

kiertää hihansa ylös roll up your sleeves

kiertää hiuksia curl your hair, (laittaa papiljotit) put your hair up in rollers

kiertää irti unscrew

kiertää joku (pikku)sormensa ympäri wrap someone around your (little) finger

kiertää kaukaa give a wide berth to, keep your distance from, steer clear of, stay away from

kiertää kehää go around and around, go around in circles *Me olemme liian kauan kiertäneet kehää tässä asiassa, mentäisiinkö eteenpäin?* We've been going around and around on this too long, shall we move on?

kiertää kuin kissa kuumaa puuroa beat around the bush

kiertää lakia get around the law, dodge the law

kierukka 1 (ehkäisyväline) coil, IUD (intrauterine device) **2** (geom) spiral, helix

kietoa 1 (kääriä) wrap, throw *kietoa huivi jonkun olkapäille* wrap a shawl around someone's shoulders *kietoa kätensä jonkun kaulaan/vyötärölle* throw your arms around someone's neck/waist *kietoa vaatetta ympärilleen* throw something on **2** (kiertää) wind *kietoa nuora jonkin/jonkun ympärille* wind a rope around something/someone, tie something/someone up tight **3** (punoa) twist *kietoa kukista seppele* wind flowers into a wreath **4** (sotkea) entangle, tie up *kietoa joku valheisiin* entangle someone in a skein of lies

kietoa pauloihinsa get someone in your clutches

kietoa vaippaansa *Sumu kietoi kukkulat pehmeään vaippaansa* The fog wrapped the hills in its soft blanket, blanketed the hills gently

kietoa yhteen intertwine, interlace

kievari inn, hostel(ry)

kihara s curl, (kutri) lock, (tiukka) kihara) frizz adj curly, (tiukka) frizzy

kiharapäinen curly-headed

kiharatukkainen curly-haired

kiharrin curler

kihelmöidä 1 (kirvellä) sting **2** (raavittaa) itch (jännittää) tingle

kihjalaiset engagement party

kihlakumppani (mies) fiancé, (nainen) fiancée

kihlakunnanoikeus (Suomi) Rural District Court, (US) Circuit Court, (UK) Crown Court

kihlakunta jurisdictional district

kihlata get engaged to

kihlaus engagement

kihloissa engaged (to be married)

kihu (lintu) skua

kiidättää speed (something/someone) on (its/their way), rush *Lähetti kiidätti sanan kaupunkiin* The messenger rushed word into town

kiihdyttää 1 (mieltä: yleensä) upset, get (someone/yourself) all worked up; (jännitystä) excite, fill (someone) with suspense; (vihaa) anger, provoke, infuriate; (ahdistusta) fill (someone) with anxiety; (pelkoa) frighten, fill (someone) with fear **2** (prosessia tms) accelerate, speed up *kiihdyttää vauhtia* pick up speed, step up your pace, walk/drive/jne faster *kiihdyttää hiukkasta* accelerate a particle

kiihdytys acceleration

kiihkeä 1 (innokas) eager, enthusiastic **2** (intohimoinen) ardent, fervent, pas-

kiihko

sionate, hot-blooded/-headed *kiihkeä pyyntö* fervent/urgent request **3** (intensiivinen) fierce, furious, hot, intense *kiihkeä mieliala* inflamed/excited state of mind **4** (kiihkomielinen) fanatic(al), zealous

kiihko 1 (into) eagerness, enthusiasm **2** (intohimo) ardor, fervor, passion **3** (intensiivisyys) fury, heat, intensity **4** (vimma) frenzy, mania **5** (kiihkomieli) fanaticism, zeal

kiihkoilija fanatic, zealot, bigot

kiihkoilla be fanatic about, (ajaa kiihkeästi) pursue fanatically/zealously/passionately, (puhua kiihkeästi) fulminate (about)

kiihkoisänmaallinen fanatic patriot/chauvinist

kiihkoisänmaallisuus patriotic fervor, (national) chauvinism

kiihkomielinen fanatic(al)

kiihkouskonnollinen fanatically religious

kiihoke 1 (kimmoke) stimulus, spur, motivation *olla kiihokkeena johonkin* be the motivating factor behind something, motivate/push/drive people in a certain direction, to take a certain course **2** (houkutin) incitement, incentive, enticement **3** (ärsyke) irritant **4** (piriste) stimulant

kiihottaa 1 (vaikuttaa aisteihin, hermostoon tms) stimulate, (ruokahalua) whet, sharpen **2** (vaikuttaa tunteisiin, mielikuvitukseen tms) excite, stir, arouse (ks myös kiihdyttää) *kiihottaa mielenkiintoa* excite/arouse/spark someone's interest *kiihottaa joku raivoon* stir up someone's anger/rage, provoke/inflame/goad a person to anger *kiihottaa jotakuta seksuaalisesti* arouse someone, turn someone on (sexually) **3** (kannustaa) spur, motivate, (houkutella) entice *Katsojat kiihottivat juoksijoita huudoillaan* The spectators cheered the runners on **4** (yllyttää) spur/urge/egg (someone) on, agitate for *kiihottaa kapinaan* incite/instigate/stir up/foment (a) rebellion

kiihottua get excited/upset, get worked/tensed up

kiihottuneisuus excited state of mind, mental/emotional upset, nervous tension

kiihotus 1 (yl ja pol) incitement, agitation **2** (lääk) stimulation

kiihtyvyys acceleration

kiihtyä 1 (henkisesti: yleensä) get upset, get all worked up, have a fit; (jännittyä) get excited, be in suspense; (vihastua) get angry/furious, fly off the handle; (ahdistua) get/feel anxious; (pelästyä) get scared, panic **2** (fyysisesti: yleensä) speed up, quicken, increase; (fys) accelerate *Vauhti kiihtyy* The pace picks up, the speed/velocity increases/accelerates

kiikari binoculars *olla kiikarissa* have your eye on (something), be aiming for (something)

kiikastaa *Mistä se kiikastaa?* What's the hitch/problem? Where's the hang-up?

kiikkerä unstable, unsteady *kiikkerä tuoli* rickety chair *kiikkerä vene* tipsy/rocky boat

kiikki gambrel *olla kiikissä* (kiinni) be caught/trapped, (pulassa) in a spot/pinch/fix *joutua kiikkiin* (kiinni) get caught (red-handed), (pulaan) get into a fix

kiikku swing

kiikkua 1 (roikkuen) swing *kiikkua kuistilla* (sit and) swing on the porch *kiikkua hirressä* swing from the gallows, from a tree (jne) **2** (keinutuolissa) rock **3** (heilahdellen) tip, teeter; (keinulaudalla) seesaw

kiikkulauta seesaw, teetertotter

kiikuttaa 1 (keinua) swing, (kehtoa, vauvaa) rock, (pöytää tms) tilt, tip **2** (ark: kantaa) carry, haul, lug

kiila 1 (yl) wedge **2** (pyörän alle) block, chock **3** (sot) spearhead

kiilata 1 wedge in/apart, cleave **2** (etuilla) cut in (front/line)

kiilautua 1 (juuttua) be(come)/get wedged/jammed in **2** (tunkeutua) wedge/elbow/push your way into

kiille 1 (kivi) mica **2** (kiilto) shine, luster **3** (kiillotus) polish, gloss **4** (lasitus) enamel, glaze

kiinteäkorkoinen

kiillottaa 1 shine, polish (up) *kiillottaa kenkiä* shine shoes **2** (lattiaa: vahata) wax, (hangata) buff; (puuta: lakata) lacquer, varnish; (metallia: hioa) grind, (hangata) burnish, polish
kiillottaa kilpensä polish (up) your halo, clear your reputation
kiillotus 1 shine, shining, polish(ing) *kengän kiillotus* shoeshine **2** wax(ing), buffing, lacquering, varnish(ing), grinding, burnish(ing) (ks kiillottaa)
kiilto 1 (kiiltävyys) shine, luster **2** (kiilletty pinta) polish, finish, gloss **3** (välke) gleam, glitter, glint, glow, shimmer (ks kiiltää)
kiiltokuva glossy picture
kiiltomato glow-worm
kiiltävä shiny, gleaming, glittering, glinting, glowing, glimmering, glistening, shimmering (ks kiiltää); (valokuvan tms pinta) glossy
kiiltää shine; (pehmeän kirkkaasti) gleam, (kylmän kirkkaasti) glitter, glint, (lämpimän himmeästi) glow, (himmeästi) glimmer, (märkänä) glisten, (häilyen) shimmer *Ei kaikki ole kultaa mikä kiiltää* All that glitters is not gold
Kiina China
Kiina-ilmiö the China Syndrome
kiinalainen s, adj Chinese
kiinni 1 (suljettuna) shut, closed; (lukittuna) locked **2** (TV, radio, hana) off, (jarrut) on **3** (sidottuna) tied up, fastened **4** (juuttunut) jammed, stuck (fast) **5** (kiintynyt) close/attached (to someone) *toisiinsa kiinni liimautuneina* entwined together *kylki kyljessä kiinni* side by side, shoulder to shoulder, flank to shank **6** (kiikissä) caught, trapped **7** (järvi, meri) frozen **8** *olla kiinni jostakin* depend on *Se on sinusta kiinni* It's up to you *Se on rahasta kiinni* It's a question/matter of money **9** *olla kiinni jossakin* have your hands on *olla kiinni voitossa* have practically won, virtually have the prize in your hands *päästä kiinni omaan kotiin* land a house of your own, get your hands on a house of your own
kiinnitin fastener, clip, clasp
kiinnittyä (be) fastene(d), attach, adhere *Huomioni kiinnittyi erityisesti kolmanteen pykälään* I was particularly interested in/concerned about/troubled by/pleased with the third paragraph
kiinnittää 1 tie (myös kuv), fasten, attach; (naulalla) nail, (liimalla) glue, stick, (puristimella) clamp, (hakasilla) hook *En halua kiinnittää sinua itseeni* I don't want to tie you down **2** (palkata) engage, hire, employ **3** (sijoittaa) invest **4** (talo lainan vakuudeksi) mortgage **5** (kuv) fix, pin, fasten
kiinnittää jonkun huomio johonkin call/direct someone's attention to something, call something to someone's attention
kiinnittää katseensa johonkin fasten/fix your eyes on
kiinnittää suuria toiveita johonkuhun set/place high hopes on someone, have great expectations for someone
kiinnittää toiveensa johonkin pin your hopes on something
kiinnitys 1 (kiinnittäminen) fastening, attachment, adhesion **2** (nappien) buttoning, (jalokivien) mounting, (laivan) mooring **3** (kiinnelaina) mortgage **4** (palkkaus) appointment
kiinnostaa interest *Kiinnostaako tämä sinua ollenkaan?* Are you at all interested in this, does this interest you at all? *Ketä se muka kiinnostaa?* Who cares? Who gives a damn/rip?
kiinteistö real estate
kiinteistönvälittäjä real estate agent, realtor
kiinteä 1 (kiinni oleva) stationary, fixed, immobile *kiinteä omaisuus* real estate **2** (jähmeä: voi tms) solid, (hyytelö tms) firm **3** (tiivis: maa) compact, (peite) hard, (tomaatti tms) firm **4** (kireä) tight *vetää side kiinteäksi* pull a bandage tight *kiinteä ote* firm grip **5** (läheinen) close *kiinteät perhesuhteet* close(-knit) family relations **6** (yhtenäinen) coherent, cohesive *romaanin kiinteä rakenne* the novel's coherent/tight structure **7** (muuttumaton: hinta) fixed, firm
kiinteäkorkoinen (liik) fixed-rate

kiintiö

kiintiö quota *Onko meillä kiintiö?* Do we have a quorum?
kiintoisa interesting
kiintojää solid ice
kiintolevy hard disk
kiintymys affection, attachment, devotion
kiintyä 1 (kiinnittyä) stick to *Huomioni kiintyi häneen* She caught/attracted my attention, I couldn't take my eyes off her **2** (mieltyä) become attached to (myös kuv)
kiipeillä 1 (ihminen tai eläin) climb **2** (kasvi) creep up
kiipijä 1 (ihminen) (social) climber, (halv) upstart **2** (kasvi) (tree)creeper
kiirastorstai Maundy Thursday
kiire s **1** hurry, rush *työskennellä kovassa kiireessä* work under immense pressure/stress *asialla on kiire* it's urgent/pressing *Miksi sellainen kiire?* Where's the fire? What's the rush? *Pidä kiirettä!* Hurry up! **2** (päälaki) crown (of the head) *kiireestä kantapäähän* from head/top to toe adj **1** (kiireinen) busy, rushed, hectic *kiire päivä* hectic day, one of those days **2** (nopea) quick, hasty *Hänelle tuli kiire lähtö* He took off in a hurry, he made tracks *kiireimmän kaupalla* in record time, lickety-split
kiireellinen 1 (asia) urgent, rush *kiireellinen kirje/asia* urgent/pressing letter/matter *kiireellinen tulostustyö* rush (print) job **2** (tarve) instant, (apu) prompt
kiireellisyys urgency
kiireen kaupalla hurriedly, in record time
kiireen vilkkaa lickety-split, before you can say Jack Robinson
kiireesti quickly, hurriedly, in a rush/hurry
kiirehtiä 1 (kiiruhtaa) hurry (up), rush (around); (ark) get hopping/cracking, go like the wind, go like a shot, go like sixty **2** (hoputtaa: ihmistä) rush, push/press (someone) to hurry up *kiirehtiä jotakuta ulos* (ark) give someone the bum's rush **3** (jouduttaa: asiaa) rush, expedite, speed up *kiirehtiä kirjettä postiin* rush a letter to the post office
kiireimmiten as soon as possible (ASAP), posthaste
kiireinen 1 (ihminen) hurried, rushed, busy, pressed (for time) **2** (päätös, vastaus tms: liian nopea) hasty, precipitate, rash; (sopivan nopea) quick, prompt *kiireinen vastaus* prompt reply *kiireinen päätös* rash/precipitate decision **3** (asia) urgent, rush *kiireinen kirje/asia* urgent letter/matter *kiireinen tulostustyö* rush (print) job
kiireisyys 1 (kiire) hurry, haste **2** (kiireellisyys) urgency **3** (hätiköinti) rashness
kiiruhtaa hurry (up), rush; (ark) make tracks *Kiiruhda hitaasti* Haste makes waste, easy does it; (lat) festina lente
kiiruna (lintu) ptarmigan
kiisseli fruit soup
kiista 1 (sanaharkka) dispute, argument; (ark) shouting match **2** (julkinen väittely) debate **3** (polemiikki) polemic, controversy
kiistakapula bone of contention
kiistanaihe controversial subject
kiistaton undisputable, unquestionable
kiistatta indisputably, unquestionably
kiistellä 1 (väitellä) argue, debate, dispute *Makuasioista ei kannata kiistellä* There's no accounting for tastes, (lat) de gustibus non est disputandum **2** (olla eri mieltä) disagree (on/over)
kiistämättä undoubtedly, indisputably, unquestionably
kiistää 1 (kieltää) deny, contradict *kiistää vastuunsa* disclaim responsibility *Ei voida kiistää, etteikö* It can't be denied that **2** (asettaa kyseenalaiseksi) contest, controvert, dispute, challenge *kiistää testamentti* contest a will
kiitellä 1 (kiittää) thank **2** (ylistellä) praise, commend
kiitettävä excellent
kiitettävästi excellently
kiitoksen kipeä begging for thanks
kiitoksia paljon thank you very much; (ark) thanks a lot

kiitollinen 1 (ihminen) thankful, grateful, appreciative *Olisin erittäin kiitollinen jos* I'd be much obliged if, I'd really appreciate it if *Olisin kiitollinen jos et sekaantuisi minun asioihini* (ironisesti) I'll thank you to mind your own business **2** (tehtävä tms) rewarding, profitable, fruitful **3** (aine: kestävä) durable, (sopiva) suitable
kiitollisesti thankfully, gratefully (ks myös kiitollinen)
kiitollisuudenosoitus token of (my/our) gratitude
kiitollisuus 1 (ihmisen) gratitude, appreciation **2** (tehtävän tms) profitability, fruitfulness
kiitos 1 thanks *A: Mitä kuuluu? B: Kiitos hyvää* A: How's it going? B: Fine thanks *tuhannet kiitokset* thanks a million *Kiitos itsellesi!* Thank you! *kiitokseksi jostakin* by way of thanks (for) *Sen sain kiitokseksi* That's the thanks I get *A: Otatko lisää? B: Kyllä kiitos* Yes please *A: Oletko saanut perunoita? B: Kyllä kiitos* Yes thanks *sydämelliset kiitokset* heartfelt thanks **2** (ylistys) praise, commendation *saada kiitosta* be praised/commended, receive praise/positive feedback/acknowledgement for your work *Hänen kiitoksekseen on sanottava että* To his credit it must be said that
kiitospuhe speech of thanks
kiitos riittää please stop; that'll do nicely, thank you
kiitos ruoasta it was delicious
kiitos sinun thanks to you
kiitosta ansaitseva praiseworthy, laudable
kiitos viimeisestä thanks again, we really had a good time, that was fun last/the other night/day
kiitosvirsi hymn of thanksgiving
kiittämätön ungrateful
kiittää 1 thank, express your gratitude to *En voi kiittää sinua kylliksi* I can't thank you enough, I don't know how to express my gratitude *kiittää onneaan* thank your lucky stars *Saamme kiittää sinua tästä* If it hadn't been for you, we'd; (hyvästä asiasta) thanks to you, we now have...; (katastrofista) this is all your doing *Hän saa kiittää sinua hengestään* He owes you his life **2** (ylistää) praise, commend *kiittää Herraa* praise the Lord *kiittää itseään* blow your own horn, pat yourself on the back

kiitää speed, race, fly, dash, run/fly/go like the wind *kiitää ohi* shoot/dash past *ohi kiitävä hetki* fleeting/evanescent moment *kiitävät pilvet* racing/scudding clouds
kiivaasti 1 (vihaisesti) fiercely, violently **2** (intohimoisesti) intensely, passionately
kiivas 1 (tuittupäinen) hot-headed/-tempered/-blooded, quick-tempered, quick to lose your temper *Tuo mies on hirvittävän kiivas* That guy's got a terrible temper **2** (intohimoinen) intense, passionate, ardent, zealous **3** (kuumentunut: keskustelu tms) fierce, violent, vehement, heated **4** (mus: nopea) fast, allegro
kiivasluontoinen hot-headed/-tempered/-blooded, quick-tempered, quick to lose your temper
kiivastua lose your temper, fly into a (purple) rage/passion; (ark) fly off the handle, have a fit
kiivetä 1 climb; (vaikeasti) clamber, scramble; (pitkin seinää, vuoren huipulle) scale *Kiinteistöjen arvot kiipeävät koko ajan ylöspäin* Real estate values keep on climbing/rising **2** (hevosen selkään) mount
kiivi kiwi
kikattaa giggle
kikatus giggling
kikkeli peepee, weewee, willie
kilipukki billy goat
kilistä 1 (kulkuset) jingle, tinkle; (lasit, pullot) clink **2** (ovikello) ring
kiljahtaa 1 shout, cry out **2** (kimeällä äänellä) scream, squeal, shriek; (liitu taululla) screech **3** (syvällä äänellä) howl, holler, whoop
kiljumerikotka African fish eagle
kilo (ark: ruoka tms) kilo, (kilotavu) K, (huumeet) key
kilogramma kilogram

kilohaili (kala) sprat
kilohinta kilo price
kiloittain by the kilo
kilokalori kilocalorie
kilokirja book sold by the kilo
kilometri kilometer
kilotavu kilobyte (KB); (ark) K *360 kilotavun levykeasema* 360 K(B) (floppy) disk drive
kilowatti kilowatt
kilpaa *juosta/ajaa kilpaa* race *Juostaan kilpaa tästä kouluun* Race you to the school!
kilpa-ajaja race driver
kilpa-auto race car
kilpailija competitor, rival; (kilpailun osallistuja) contestant
kilpailla 1 compete, take part in (a) competition/race/event/jne **2** (jonkun suosiosta) contend, vie (for someone's favor) **3** (vetää vertoja jollekin) rival, stand up to, stand comparison with
kilpailu 1 (urh) competition, contest, meet, tournament **2** (liik) competition **3** (kilpa: kahden hakijan/kosijan välillä) rivalry
kilpailuhenki rivalry, contention
kilpailukelpoinen competitive
kilpailukielto (urh) suspension
kilpajuoksija runner; (hevonen) racehorse
kilpajuoksu race (myös kuv)
kilpakosija rival (suitor)
kilpakumppani rival (competitor)
kilpapyöräilijä racing cyclist
kilpaurheilija competing athlete
kilpi 1 (sot) shield *käyttää jotakuta kilpenään* hide behind someone, use someone as your cover/shield **2** (kilpikonnan) shell **3** (nimikilpi: rintapielessä) name tag, (ulko-ovessa) nameplate, (liikkeen edessä) shingle **4** (rekisterikilpi) license plate
kilpikonna turtle, tortoise *hidas kuin kilpikonna* slow as the seven-day itch
kilpistyä 1 ricochet/bounce (off), rebound (from) **2** (kuv) fail (to touch, to have an effect) *Pilkka kilpistyi aina hänestä* Ridicule could never touch her
kilta (hist) guild

kiltisti nicely *Syö kiltisti nyt!* Now be a good boy/girl and eat *Se oli kiltisti tehty* That was nice/kind/thoughtful of you
kiltteys niceness, good behavior
kiltti s kilt adj **1** (tottelevainen) good, well-behaved *Koeta nyt olla kiltti* Try to behave yourself, be on your best behavior, be a good boy/girl *Hanna kiltti, sulkisitko ikkunan?* Hanna (dear), could you please close the window? **2** (ystävällinen) nice, kind, thoughtful *Ole kiltti ja sido minun kengännauhani* Could you tie my shoes, please? Could you please tie my shoes?
kilvan in competition with *kiittää kilvan* fall over yourself to thank someone
kilvoitella 1 (pyrkiä) strive (for/after), struggle (to attain) **2** (kilpailla) contend, vie
kimakka 1 (kimeä) shrill, high-pitched **2** (vihlova) sharp, piercing
kimalainen bumblebee
kimalaiskolibri bee hummingbird
kimallella glitter
kimallus glitter(ing)
kimaltaa glitter
kimeä 1 (kimakka) shrill, high-pitched **2** (vihlova) sharp, piercing
kimittää shrill
kimmahtaa bounce *kimmahtaa takaisin* rebound off, bounce back off; (luoti) ricochet *kimmahtaa pystyyn* spring/bound to your feet
kimmoinen elastic, springy
kimmoisa elastic, springy, resilient
kimmoke 1 (sot) ricochet **2** (mieliteko) (sudden) impulse/notion/whim/urge (to do something) **3** (kiihoke) incitement, provocation, enticement
kimmota 1 (olla kimmoisa) be elastic/springy/resilient *kimmoava nahka* resilient leather **2** (palautua entiseen muotoon) snap/spring back **3** (ponnahtaa) bounce back/off, rebound; (luoti) ricochet **4** (hypähtää, ampaista tms) spring, shoot, fly, hurl yourself *Pojat kimposivat ovesta* The boys burst/rushed/flew out the door, were out the door like a shot *kimmota jonkun kaulaan* hurl yourself around someone's neck

kipeä

kimpaantua lose your temper (at), lose your patience (with), flare up (at); (ark) get fed up (with), get sick (of)
kimpale 1 (leivän tms) piece, hunk, chunk **2** (kultakimpale) nugget
kimppu 1 bunch, bundle, package *kokonainen kimppu ongelmia* a whole bunch/bundle of problems **2** (kukkia) bouquet **3** (nuolia) sheaf **4** (heinää) truss
kimppuun *käydä jonkun kimppuun* attack/assault someone *käydä työn kimppuun* get to work on, get down to business, get cracking on *käydä ongelman kimppuun* tackle a problem, face a problem head-on *käydä ruoan kimppuun* pitch in and start eating
kimpsuineen kampsuineen with the whole kit and kaboodle *lähteä kimpsuineen kampsuineen* (myös) clean your closets and go
kimpussa *olla jonkun kimpussa* be all over someone, be working someone over *olla työn kimpussa* be hard at work, hard at it *olla ongelman kimpussa* have your thinking cap on *olla ruoan kimpussa* be eating like it was going out of style
-kin 1 too, also, as well *Minäkin olen käyttänyt tuota sanakirjaa* I've used that dictionary too *Kävin kotonakin* I went home too/as well, I also stopped by home **2** (jopa) even *Hullukin sen ymmärtää* Even a fool would understand that *Niinkin iso kuin 5 metriä?* As big as that, 5 meters? *Yksikin sana niin lähden* Just one word and I'm out of here, a single word out of you and I'm leaving **3** (joka tapauksessa) anyway, anyhow, at any rate *Se olikin vitsi* I was just joking anyway *Hän pääsi kuin pääsikin perille* He made it after all, he actually got there **4** (todellakin) yes, that's right *Niin sanoinkin* Yes, that's (just) what I said **5** *olisikin kesä* I wish it were summer **6** (tahansa) ever *Mitä teetkin* Whatever you do *Kuka lieneekin* Whoever she may be *Hän tekee mitä milloinkin* She does whatever she feels like

kina (kiista) argument, dispute, quarrel; (ark) wrangle, squabble, bickering
kinastella argue, quarrel; (ark) wrangle, squabble, bicker
kinata argue, quarrel; (ark) wrangle, squabble, bicker
kineettinen kinetic
kinkku ham (myös kuv)
kinnas mitten *lyödä kintaat pöytään* throw in the towel, hang up your gloves *viitata kintaalle jollekin* not give a damn about something, shrug your shoulders at something
kinopää (kamerajalustan) panoramic head
kinos (lunta) (snow)drift, (hiekkaa) (sand) dune
kintsi (eläin) genet
kinttu leg *niin kovaa kuin kintuistaan pääsi* as fast as his legs would carry him *housut kintuissaan* with your pants down around your ankles
kinuski butterscotch
kioski kiosk, newsstand
kioskikirjallisuus 1 (hist) penny dreadfuls, dimestore/two-bit novels/literature **2** (nykyään) drugstore/grocery store/airport novels/literature; mass-market paperbacks/literature
kioskiruoka junk food
kipaista dash (off) *Kipaisepas kauppaan!* Could you run to the store?
kiperä 1 (kiverä) crooked, bent, twisting, twisted **2** (täpärä) narrow, (tiukka) tight, (tukala) awkward, (vaikea) difficult *kiperät paikat* (oli) close call, (on) tight spot
kipeytyä start hurting, get sore/painful
kipeä 1 (särkevä) painful, sore, hurting, aching, tender *tehdä kipeää* hurt, (kirvellä) sting, (särkeä) ache, (aristaa) be tender/sore *maksaa itsensä kipeäksi* pay through the nose, pay till it hurts **2** (sairas) sick *kipeä lapsi* sick child *Mulla on lapsi kipeänä* My kid's home sick *lemmenkipeä* lovesick **3** (kuv: arka) sore, (arkaluonteinen) delicate, (tuskallinen) painful *kipeä aihe* sore/delicate subject *kipeä muisto* painful memory **4** (kiireellinen) pressing, urgent *kipeä tarve*

pressing/urgent need *Lääkkeitä tarvitaan kipeästi* We're badly/sorely in need of medicine *tulla kipeään tarpeeseen* (esim lääkkeet) fill a pressing need, (ihminen) arrive just in the nick of time
kipin kapin lickety-split, hippityhop
kipinä spark (myös kuv) *Ei ole toivon kipinää* We don't have a ray of hope
kipinöidä spark *Hänen silmänsä kipinöivät vihaa* Her eyes flashed with anger
kipittää scamper, scoot
kippari skipper, captain
kippo scoop, ladle, dipper
kipristellä (varpaita) curl *Vatsaani kipristelee* I've got a pain in my gut
kipsi plaster (of Paris)
kipsissä 1 (fyysisesti) in a cast *Hänellä on jalka kipsissä* He has his leg in a cast, a cast on his leg 2 (henkisesti: pelokas) scared of your own shadow, timid; (ujo) shy, withdrawn (into your shell)
kipu pain, ache
kipuaisti sense of pain
kipukohtaus attack of pain
kirahtaa 1 (portti, ovi tms) creak, squeak 2 (vauva) whimper
kirahvi giraffe
kireä tight (myös kuv); (naru tms) taut; (hermot tms) strained *kireä pusero/hymy/aikataulu* tight blouse/smile/schedule *kireä ääni* strained voice *kireä kilpailu* tough competition *kireä poliittinen tilanne* explosive political situation, political crisis
kireällä tight, strained *Raha on kireällä* Money's tight *kireät välit* strained relations *hermot kireällä* under a lot of strain, on edge, frazzled
kiri sprint, spurt
Kiribati Kiribati
kiristin clamp, tightener
kiristyä 1 (köysi tms) tighten, pull/draw tight/taut 2 (ilmapiiri tms) become strained/awkward 3 (rahatilanne) get tight/worse/critical 4 (kilpailu, vauhti) pick/step up, increase 5 *Pakkanen kiristyy* The temperature/mercury is dropping 6 (arvostelu) intensify

kiristää 1 (köyttä, kontrollia tms) tighten *kiristää köyttä* tighten/tauten a rope, pull a rope tight *kiristää hampaitaan* clench your teeth *kiristää (nälkä)vyötä* tighten/cinch up your belt 2 (olla kireä: kaulus tms) be too tight 3 (hankkia uhkauksella) blackmail, extort; (ark) (put the) squeeze (on)
kiriä sprint, pour on the speed
kirja book (ks myös kirjat) *lukea jotakuta kuin avointa kirjaa* read someone like an open book *Hän on hyvin kirjansa lukenut* He knows his stuff
kirjaamo registrar's office
kirja-arvostelu book review
kirjahylly bookshelf, (hyllykkö) bookcase
kirjailija writer, author; (romaanien) novelist
kirjailla 1 (kirjoa) embroider 2 (harrastaa kirjallista toimintaa) scribble
kirjaimellinen literal *kirjaimellinen ihminen* literalist
kirjaimellisesti literally
kirjain letter (myös kuv) *isot kirjaimet* capital letters *pienet kirjaimet* small letters *toimia lain kirjaimen mukaan* follow the letter of the law
kirjakauppa bookstore
kirjakieli standard language *suomen kirjakieli* standard Finnish
kirjakielinen standard
kirjallinen 1 (kirjoitettu) written *kirjallisena* in writing 2 (kaunokirjallinen) literary *kirjallinen maailma* the literary world, the world/republic of letters
kirjallisesti in writing
kirjallisuus literature, letters
kirjallisuuspalkinto literary prize/award
kirjanen booklet, leaflet, brochure, pamphlet
kirjanpito 1 (teko) bookkeeping, accounting *kahdenkertainen kirjanpito* double-entry bookkeeping 2 (kirjat) the books
kirjanpitoarvo (liik) book value
kirjanpitäjä accountant, bookkeeper
kirjapaino printer, printing house
kirjasin font, type

kirjasinlaji font, typeface
kirjasto (julkinen tai oma) library
kirjat 1 (asiakirjat) papers, documents, records, (tilit) accounts; (ark) the books *Jo on maailman kirjat sekaisin!* Everything's all topsy-turvy **2** (henkikirjat) (civil) register *olla kirjoilla Jyväskylässä* be registered in Jyväskylä **3** (maine) rep(utation) *Minulla on siellä vähän huonot kirjat* I've got a bad name there *olla elävien kirjoissa* be in the land of the living **4** (poliisin) (police) records *olla poliisin kirjoissa* have a police record, (ark) have a rap-sheet (a mile long)
kirjatoukka bookworm
kirjautua sisään (tietok) log in, sign on
kirjautua ulos (tietok) log out/off, sign off
kirjauutuus newly released book, book hot off the presses
kirjava 1 (monivärinen: yl) many-/multi-colored; (hevonen) dappled, piebald; (kivi tms) mottled, spotted, speckled **2** *kirjavat* (kirjopyykki) colored wash, (ark) coloreds **3** (korea) bright(-ly colored), (räikeä) gaudy **4** (sekalainen) mixed, varied, miscellaneous *kirjava menneisyys* spotty past *iso kasa kirjavia tavaroita* a big pile of miscellaneous stuff *arkkitehtonisesti kirjava kaupunki* architecturally eclectic city
kirje 1 letter; (ark) note, a few lines *kirjoittaa jollekulle kirje* write someone a letter; (ark) drop someone a note/line **2** (raam) epistle
kirjeenvaihtaja correspondent
kirjeenvaihto correspondence
kirjekuori envelope
kirjepaperi letter/note/writing paper, stationery
kirjo 1 (fys) spectrum **2** (värikylläisyys) splash of colors *kukkaniitty koko kirjossaan* a meadow full of brightly colored wildflowers, wildflowers in all their colors **3** (kirjavuus) variety *hyväksyä asian koko kirjo* embrace a thing in all its complexity

kirjoa embroider *lukemattomien tähtien kirjoma taivas* the night-time sky speckled/spotted/dotted by countless stars
kirjoitin printer
kirjoittaa 1 write *kirjoittaa romaani* write/author/pen a novel *kirjoittaa lappu* write a note, scribble/jot down a note *Miten kirjoitat sen?* How do you spell that? **2** (ylioppilaaksi) take/pass the matriculation exam *Kirjoitatko tänä vuonna?* Do you graduate this year?
kirjoittaa koneella type
kirjoittaa muistiin write down
kirjoittaa toisilleen correspond (with each other)
kirjoittaa uudelleen rewrite
kirjoittaa ylös write down
kirjoittamaton sääntö unwritten rule/law
kirjoittautua 1 (kouluun, kurssille) register, enroll, sign up **2** (hotelliin) check in
kirjoitus 1 writing *opetella kirjoitusta* learn to write/spell **2** (artikkeli) article, essay; (ark) piece **3** (kouluaine) composition, essay **4** (ylioppilaskirjoitus) exam *lähteä pois kesken kirjoituksen* leave in the middle of the exam **5** (raam) scripture *pyhät kirjoitukset* Holy Scripture/Writ
kirjoituskone typewriter *kirjoittaa kirjoituskoneella* type
kirjoituspöytä desk
kirjopyykki colored wash, (ark) coloreds
kirjuri 1 (hist) scribe, scrivener **2** (vanh: pöytäkirjanpitäjä) scretary, minute-keeper
kirkaista scream, shriek, cry out
kirkas 1 (valoa säteilevä) bright, brilliant *kirkkaat silmät* bright eyes *keskellä kirkasta päivää* (right out) in broad daylight **2** (valoa läpipäästävä) clear *kirkas vesi/lasi* clear water/glass *kirkas ääni* clear/pure sound/voice *pullo kirkasta* a bottle of the hard stuff *kuin salama kirkkaalta taivaalta* out of the blue, like a bolt out of the clear blue sky **3** (valoa heijasteleva) shiny, sparkling *kirkas kuin peili* smooth as glass **4** (kuv:

kirkastaa

terävä) lucid, (selvä) obvious *kirkas voitto* an obvious victory, a hands-down win *kirkas ajatuksenjuoksu* lucid intellect *kirkas äly* sharp/quick wit
kirkastaa 1 (vettä) clear, clarify **2** (hopeaesineitä tms) polish, burnish, shine **3** (ajatuksia) clarify, elucidate, (mainettaan) polish (your reputation/halo) **4** (kasvoja) brighten, transfigure *ilon kirkastamat kasvot* a countenance transfigured by joy **5** (raam) glorify *kirkastettu Kristus* Christ in all his glory
kirkastua 1 (sää, vesi tms) clear (up), clarify **2** (hopeaesine tms) get shiny; (ark) polish/buff up *Nuo lusikat kirkastuivat ihan kivasti* Those spoons polished up just fine **3** (ajatus) get/become clear *Minulle alkoi kirkastua juonen tarkoitus* The point of the whole scheme began to be clear to me, began to dawn on me, I began to see what was afoot/up, the scales began to drop from my eyes **4** (kasvot, elämä tms) brighten, light up *Hänen kasvonsa kirkastuivat* Her face lit up, her eyes brightened **5** (raam) be glorified
kirkkaus 1 (valon säteily) brightness, brilliance, lightness, radiance *TV:n kirkkauden säätö* brightness adjustment on the TV **2** (valon läpipäästävyys) clarity **3** (valon heijastelu) shininess, sparkle **4** (kuv: terävyys) lucidity **5** (raam) glory
kirkko 1 church; (instituutiona) the Church *kirkon ero valtiosta* the disestablishment of the Church **2** (kirkonkylä) village *kirkolla* in the village (center)
kirkkohautajaiset church funeral
kirkkoherra vicar; (US lähin vastine: protestantti) head pastor, (katolinen) (parish) priest
kirkkoherranvirasto parish office
kirkkohistoria church history
kirkkohistoriallinen church-historical, pertaining to church history
kirkkohäät church wedding
kirkkokuoro church choir
kirkkorakennus church (building)
kirkkovaltuusto (Suomi, UK) parish council; (US protestanttinen) board of deacons
kirkollinen church, ecclesiastical *kirkolliset ilmoitukset* church announcements
kirkolliskokous synod, church assembly
kirkonkello church bell
kirkonkylä village
kirkonmenot church/worship service
kirkossakävijä church-goer
kirkossakäynti church attendance
kirkua scream, shriek, cry out
kirmaista dash, dart, fly, scoot, shoot
kirnu churn
kirnuta churn
kiroilla swear, use bad language, use profanity; (ylät) curse, (murt) cuss *kiroilla kuin turkkilainen* swear like a Turk
kiroilu swearing, bad language, profanity; (ylät) cursing, (murt) cussing
kirosana swear word, (ylät) expletive, (murt) cussword
kirot curse, evils *viinan kirot* the evils of liquor, the curse of demon gin
kirota 1 (usk) curse, damn, (virallisesti) anathematize **2** (kiroilla) swear, use bad language, use profanity; (ylät) curse, (murt) cuss
kirottu 1 (usk) cursed, damned *ikuisesti kirotut* eternally damned **2** (ark) (god)damn(ed), (gol)durn(ed)
kirous 1 (usk) curse, malediction **2** (vitsaus) curse, bane, scourge
kirpaista 1 (aiheuttaa kipua) smart, sting (myös kuv) **2** (tuntua kylmältä) bite *kirpaiseva kylmyys* biting cold **3** (maistua väkevältä) burn, be hot *kirpaisevaa ruokaa* hot/spicy food
kirpeä 1 (terävä) sharp, tart *kirpeä huomautus/maku* sharp/tart remark/flavor **2** (repivä) cutting, biting **3** (väkevä) pungent, caustic *kirpeä arvostelu/lemu* pungent criticism/stench
kirppu flea
kirsikka cherry
kirskua 1 (lumi) crunch **2** (ovi) creak, squeak **3** (jarrut) squeal, screech **4** (pyörä, ratas) grate

kirstu 1 (säilytyslaatikko) chest, trunk **2** (rahakirstu) coffer *istua rahakirstun päällä* hold tight to the pursestrings **3** (ruumisarkku) coffin, casket
kirurgi surgeon
kirurgia surgery
kirurginen surgical
kirvelevä burning, smarting, stinging
kirvellä burn, smart, sting *Kurkkuani kirvelee* My throat is burning *Tämä voide kirvelee hiukan* This lotion will sting a little *Nuhteet kirvelivät hänen mieltään* He was smarting under the scolding
kirvely burning, smarting, stinging
kirves ax(e), (lyhytvartinen) hatchet *En lähde kirveelläkään sinne* You couldn't pay me enough to go there, wild horses couldn't drag me there
kirvesvarsi ax(e) handle
kirvoittaa (ote) relax, release; (kieli) loosen *kirvoittaa kielet* set the tongues wagging *kirvoittaa nauru* get a laugh
kirvota get/come loose *kirvota kädestä* slip/drop out of your hands
kisailla play (rough-and-tumble games), wrestle
kisat games
kiskaista jerk, yank, pull, wrench, tug *kiskaista itsensä irti jostakin* tear yourself away from something
kiskaisu jerk, yank, pull, wrench, tug
kisko 1 (rautatie) rail, track *suistua kiskoilta* be derailed, jump the track **2** (sähkökisko) conductor
kiskoa 1 (kiskaista) pull, wrench, tug, tear *kiskoa totuus irti jostakusta* beat the truth out of someone **2** (vetää perässään) drag, lug, haul **3** (ottaa ylihintaa) overcharge, (ark) stiff, fleece *kiskoa korkoa* loanshark
kiskonta overcharging, (koron) loansharking
kiskuri 1 (koron) loanshark **2** (hylsyn) ejector
kismittää irk, annoy; (ark) piss off *Minua kismittää* It really pisses me off, gets my goat, gets my back/dander up
kissa cat *Kukas kissan hännän nostaa, jos ei kissa itse?* Who's going to blow your horn if you don't do it yourself?

Kissalla on yhdeksän henkeä A cat has nine lives *kissan päivät* easy street *leikkiä kissaa ja hiirtä* play cat and mouse (with) *sanoa kissaa kissaksi* call a spade a spade
kissaeläin feline, cat *isot kissaeläimet* the big cats
kissakettu kit fox
kissamaki (eläin) ring-tailed lemur
kissanhännänveto tug-of-war
kissanpentu kitten
kissanristiäiset *kulkea kaiken maailman kissanristiäisissä* go to every minor function in the county
kisu kitty
kita 1 (anat) throat **2** (tekn) jaw, chap, cheek **3** (kuv: suu) mouth, (nielu) maw, (leuat) jaws *helvetin kita* the maw/abyss of hell *kuoleman kita* the jaws of death
Kita kiinni! Shut your yap!
kitalaki palate, (ark) the roof of your mouth
kitara guitar
kitarisa adenoid
kitata 1 (saumaa) putty **2** (kaljaa) guzzle
kiteyttää crystallize (myös kuv)
kiteytyä crystallize (myös kuv) *Suunnitelmani alkoi kiteytyä* My plans started to crystallize/take shape
kitinä (saranan) creaking, squeaking **2** (vauvan) whining, whimpering
kitistä 1 (sarana) creak, squeak **2** (vauva) whine, whimper
kitka friction (myös kuv)
kitkerä 1 (maku) bitter, (euf) tart **2** (haju) acrid **3** (puhe) tart, sharp **4** (mielenlaatu) (em)bitter(ed), acrimonious
kitkeä (kukkapenkkiä) weed, (rikkaruohoa) pull up, (yhteiskunnan ongelmia) root out
kitsas 1 (rahan suhteen) stingy, tight(fisted), miserly, penny-pinching, cheap **2** (sanojen suhteen) sparing (of words/praise) **3** (kasvillisuuden suhteen) spare, barren
kitsastella 1 (säästellä) stint, scrimp, be frugal/sparing **2** (säästellä liikaa) pinch pennies
kitti 1 putty **2** *Kittiä kanssa!* Don't give me that!

kitua 1 (riutua) linger (on), languish, pine (away) **2** (elää puutteessa) eke out a meager existence **3** (jäädä lyhyeksi) be stunted
kitukasvuinen stunted
kitupiikki miser; (ark) skinflint, tightwad, cheapskate
kituuttaa *elää kituuttaa* eke out a meager living/existence, barely get/scrape by, barely hold body and soul together
kiuas sauna heater
kiukku anger, fury, rage *olla kiukuissaan* be angry/furious, be wild with rage, be pissed/browned off, be fuming *purkaa kiukkuaan johonkuhun* vent your anger/rage on someone
kiukkuinen angry, furious, wild with rage, pissed/browned off, fuming
kiukkuisesti angrily, furiously
kiukunpurkaus fit/burst of anger/rage
kiukutella 1 (lapsi: saada raivokohtaus) throw a temper tantrum **2** (aikuinen: purnata, olla hankala) bitch and moan
kiukuttaa irk, annoy; (ark) piss off *Minua kiukuttaa* It really pisses me off, gets my goat, gets my back/dander up
kiukuttelu (temper) tantrum
kiulu bucket, pail
kiuru (sky)lark
kiusa (riesa) bother, nuisance; (ark) hassle, pain in the neck/ass *tehdä kiusaa* bother, bug, drive (someone) up the wall, around the bend, to distraction *tehdä jotain ihan kiusallaan* do something out of spite, to spite someone, do something out of sheer orneriness *Siitä on ollut minulle pelkkää kiusaa* It's been nothing but trouble to me, it's been more of a hindrance than a help
kiusaantua get irritated/annoyed (with), reach the end of your rope (with), get ticked/pissed/browned off (at)
kiusaantunut irritated, annoyed, at the end of your rope, /pissed/browned off
kiusallinen 1 (ärsyttävä) irritating, annoying, aggravating, exasperating **2** (hankala) awkward, embarrassing, difficult *herättää kiusallista huomiota* attract unwanted attention *kiusallinen hiljaisuus* embarrassed/awkward silence
kiusanhalu (ilkeä) spite, (leikkisä) mischievousness
kiusanhaluinen (ilkeän) spiteful, (leikkisän) mischievous
kiusankappale pest, nuisance, pain in the neck/ass
kiusantekijä trouble-/mischief-maker
kiusanteko trouble, mischief *ruveta tosissaan kiusantekoon* do your best to make trouble/mischief, put your heart into jamming up the works
kiusata 1 (ahdistella: leikillä) tease, (vaivaksi) pester, (vaatimuksilla) badger, (pienempiä) bully, pick on **2** (harmittaa) irritate, bother, trouble, nag at, bug *Minua kiusaa huominen* Tomorrow bothers me **3** (usk) tempt
kiusaus temptation *johdattaa kiusaukseen* lead (someone) into temptation, tempt (someone) *joutua kiusaukseen* be tempted (to do something, by something) *Kestän mitä tahansa paitsi kiusausta* I can stand anything but temptation
kiusoitella tease
kiva 1 (mukava) nice *kiva poika* nice boy **2** (hyvä) good, great, fine *Se olisi ihan kivaa* That would be just fine **3** (hauska) fun *kiva peli* fun game *Meillä oli kivaa* We had fun
kivenheitto stone's throw *kivenheiton päässä* a stone's throw away
kivenjärkäle boulder
kivenkovaan *väittää kivenkovaan* (että) swear up and down (that)
kivennäisaine mineral
kiven takana almost impossible to get ahold of, get your hands on
kives testicle; (sl) ball, nut
kivettyä be petrified (myös kuv), petrify, fossilize
kiwi kiwi
kivi 1 rock, (iso) boulder, (pieni) pebble; (kuv ja ylät) stone *heittää jotakuta kivellä* throw a rock at someone *Kivi putosi sydämeltäni* That took a load off my chest *painua pohjaan kuin kivi* sink like a rock *kuollut kuin kivi* stone dead *viisasten kivi* the philosophers' stone

kohahtaa

2 (piikivi) flint **3** (siemen) pit, stone, seed *poistaa luumujen kivet* pit the plums **4** (lääk) stone **5** (hautakivi) gravestone **6** (jalokivi) gem, jewel, stone, (ark) rock *kalliit kivet* precious stones **7** (kellon kivi) ruby
kivihiili coal
kivijalka 1 (perusta) stone foundation **2** (kellarikerros) basement
kivikausi Stone Age
kivikautinen Stone-Age (myös kuv)
kivikko 1 (maaperä) rocky soil/ground **2** (rykelmä) rockery
kivinen rocky (myös kuv)
kivipaino 1 (kivipainanta) lithography **2** (kivipainaja) lithographer
kiviseinä brick wall
kivistys ache, pain
kivistää ache *Sydäntäni kivistää* I've got a pain in my chest
kivitalo brick house
kivulias painful (myös kuv)
kivuta climb (up) (myös kuv)
kivuton painless
kivääri rifle, gun
kk 1 (kirkonkylä) village **2** (konekivääri) machine gun **3** (kuukausi) month
klaava *kruunu ja klaava* heads and tails
klarinetti clarinet
klassikko classic
klassinen classical
klassinen musiikki classical music
kliininen clinical
klinikka clinic
klisee cliché
klo o'clock
klovni clown
klubi club
km km
ko the (thing) in question
koaksiaalikaapeli coaxial cable
kodikas homey
kodinhoitaja housekeeper
kodinhoito housekeeping
kodinonni (kasv) baby's tears
koditon homeless
koe 1 (laboratoriossa) test, experiment *suorittaa koe* carry out an experiment *suorittaa kokeita* do/run tests **2** (koulussa) test, exam(ination) *lukea kokeeseen* study for a test, an exam
koeaika test/probationary period
koe-eläin laboratory animal; (ark) guinea pig
koekappale sample, specimen
koekäyttö trial run
koelähetys 1 (tavaran) consignment on approval, sample packet **2** (ohjelman) test broadcast
koeputki testtube
koeputkilapsi testtube baby
koetella 1 (tunnustella) feel, touch **2** (kokeilla) try, test *koetella onneaan* try your luck *koetella housuja päälleen* try on a pair of pants **3** (panna koetukselle) try, tax, strain *koetella kärsivällisyyttä* try your patience *koetella voimia* tax your strength
koetinkivi touchstone, acid test
koettaa 1 (tunnustella) feel, touch *koettaa kuumetta* (mittarilla) take someone's temperature, (kädellä) check someone for fever **2** (kokeilla) try, test, check *Koeta olla ihmisiksi!* Try to/and behave! *koettaa housuja päälleen* try on a pair of pants **3** (yrittää) try, attempt *koettaa kaikkensa* do your best, give it your best effort/shot **4** (tutkia) test, sample *koettaa uutta tuotetta* try out a new product *koettaa kepillä jäätä* test the water, see how the land lies, put out a feeler
koettelemus trial, tribulation, ordeal *Elämä on täynnä koettelemuksia* Life is full of trials and tribulations *Olipas se koettelemus!* What an ordeal!
koetulos test result
kofeiini caffein
kofeiiniton decaf(feinated)
kohahdus 1 (veden) rush, flood **2** (tuulen) puff, gust **3** (hämmästyksen, kuiskinnan tms) stir, buzz, murmur *Innostuksen kohahdus kävi läpi katsomon* A buzz of excitement swept the stands
kohahtaa 1 (vesi, veri tms) rush *Veri kohahti päähän* The blood rushed to my head **2** *Huoneessa kohahti* The room was astir/abuzz (with excitement, with the news)

kohauttaa

kohauttaa (kulmakarvojaan) raise, (olkapäitään) shrug

kohautus shrug

kohdakkain *asettaa kohdakkain* juxtapose, line/match up

kohdakkoin soon, in the near future

kohdalla 1 (vieressä) by, next to *Jää Finnoilin kohdalla pois* Get off at the Finnoil station *kaupan kohdalla* by the store, in front of the store, near the store 2 (urh) mark *10 km kohdalla* at the 10 km mark 3 *kohdallaan* all right, in order *Kaikki ei ole nyt aivan kohdallaan* Something's fishy about this, something's not right

kohdalle *tulla kohdalle kun onnettomuus sattuu* happen to be right there when an accident happens/occurs *osua kohdalleen* hit the mark, strike home *kirjoittaa nimensä loppusumman kohdalle* sign (your name) against the sums

kohdalta *hänen kohdaltaan* as far as he's concerned *omalta kohdaltani* as far as I'm concerned, as I see it, from my point of view

kohdata 1 (ihminen) meet (with), encounter *kohdata ohimennen* run/bump into someone *kohdata syvällisesti* connect up with someone *kohdata kuolema* meet with death, die *kohdata kuolema rohkeasti* face/confront death bravely *kohdata koettelemuksia* undergo trials/tribulations, an ordeal *Tiemme kohtasivat* Our paths crossed *kohdata jonkun katse* meet someone's eye, look someone in the eye 2 (tapahtuma) befall, happen, occur *Häntä kohtasi hirvittävä onnettomuus* The most horrible thing happened to him, a terrible accident befell him, he met with a ghastly accident

kohdatusten ks kohdakkain

kohde 1 (maali) target 2 (tavoite) objective, (matkan) destination 3 (tunteen) object *pilkan kohde* laughingstock, the butt of everyone's jokes *huomion kohde* the center of attention 4 (tutkimuksen) subject

kohde-etuus (liik) underlying (instrument)

kohdella treat, deal with *kohdella hyvin/halveksien* treat someone well/with contempt *kohdella oikeudenmukaisesti* deal with/treat someone fairly

kohden adv: *tässä kohden* right here postp ja prep 1 (kohti) towards *kääntyä jotakuta kohden* turn towards someone, turn to face someone, turn in someone's direction 2 (kultakin) per *puoli kiloa henkeä ja kuukautta kohden* half a kilo per person per month

kohdentaa direct, point *kohdentaa varoja maantienrakentamiseen* earmark funds for highway construction

kohdistaa direct, aim *Hoito on kohdistettava tautiin, ei sen oireisiin* Treatment must be aimed at the disease itself, not its symptoms

kohdistaa huomionsa johonkin concentrate on, direct your attention towards

kohdistaa katseensa johonkuhun fix your eyes on someone, (palavasti) bore/burn your eyes into someone

kohdistaa sanansa jollekulle address (your remarks to) someone

kohdistin (tietokoneen) cursor

kohdistua be directed/aimed at/towards, be concentrated/focused on *kohdistua kaikkiin työntekijöihin* apply to all employees *Kaikkien katse kohdistui minuun* Everybody turned to (look at) me

kohennus improvement, betterment *kaivata kohennusta* need a little fixing/touching up

kohentaa 1 (korjata asentoa tai järjestystä) straighten (up); (housuja) hike up, (hiuksia) pat into place, (tyynyä) fluff up, (takkatulta) poke up 2 (korjata kuntoa) repair, fix up *kohentaa taloa* fix up a house 3 (korjata olotilaa, taitoa tms) improve, brush up, polish *kohentaa englannin taitoaan* brush up (on) your English

kohentua improve, rise (to a higher level/standard) *Elämä alkaa kohentua* Life is looking up

kohina 1 (veden) rush(ing), (aaltojen) crash(ing) 2 (tuulen) rushing, roar(ing)

kohteliaisuuskäynti

3 (sateen) pounding **4** (liikenteen) noise **5** (radion) static
kohinanvaimennus (nauhurin) noise reduction
kohista rush, crash, roar, pound (ks kohina)
kohme numbness, stiffness *kohmeessa* numb/stiff with cold
kohmeissaan numb/stiff with cold
kohmettua go/get numb/stiff with cold, freeze stiff
koho float, bobber
kohokohta highlight, high point
koholla raised *käsi koholla* with your arm raised, up in the air *pitää koholla* hold up (in the air)
kohopaino embossing, die stamping
kohopistekirjoitus Braille
kohota 1 (nousta) rise *Leija kohosi korkealle* The kite rose/flew/climbed high in the sky *Pekan suuttuessa hänen äänensä kohosi aina vain korkeammalle* The madder Pekka got, the higher his voice rose *Elintaso on huomattavasti kohonnut sen jälkeen* The standard of living has noticeably risen since then, has gone/shot up **2** (seistä korkealla) stand, tower over *Iso kuusi kohosi talon yläpuolelle* A tall spruce towered over the house
kohottaa lift, raise, elevate *kohottaa kätensä* lift/raise your arm (up) *kohottaa lasiaan/päätään/kulmakarvojaan/mielialaansa* raise your glass/head/eyebrows/spirits *kohottaa hattuaan jollekulle* take your hat off to someone *kohottaa joku jalustalle* put someone up on a pedestal *kohottaa sivistystä/moraalia* raise the level of culture/morality *kohottaa aatelistoon* raise/elevate a person to the nobility
kohottautua 1 (seisomaan) stand up straight, straighten up **2** (istumaan) sit up straight, sit bolt upright
kohouma bump
kohta s **1** (paikka) spot, place, point *tässä kohdassa* right here *arka kohta* sore/tender spot *heikko kohta* weakness, weak point/link *tekstin kohta* (yleensä) passage, place; (lakitekstin) paragraph, clause, article **2** (luettelon) item, entry
adv **1** (pian) soon, shortly, in a minute/second/jiffy *heti kohta* directly, in a flash *Siitä on kohta vuosi* It's (been) almost a year (since then) **2** (juuri) just *kohta kulman takana* just around the corner *kohta ruoan jälkeen* just after dinner
kohtaaminen meeting, encounter, confrontation
kohtaan to(wards), for *rakkaus/viha jotakuta kohtaan* love/hatred for someone *hyvä tahto ihmisiä kohtaan* good will towards men
kohta kohdalta point by point, item by item
kohtalainen 1 (keskitasoa) moderate, medium, middling, mediocre **2** (ei hassumpi) passable, tolerable; (ark) pretty good, not bad, not too shabby
kohtalaisesti moderately, passably, tolerably
kohtalo fate, lot, destiny *kova kohtalo* hard fate/lot *kohtaloonsa tyytymätön* dissatisfied/discontented with your lot *Kohtalo on ollut minulle suopea* Fortune has smiled on me, I've had it good
kohtalokas fateful, (kuolemaan johtava) fatal
kohtalon iva irony of fate
kohtalon oikku quirk of fate
kohtapuoliin in a minute, before too long
kohtaus 1 (tapaaminen) meeting; (run) tryst, rendezvous **2** (äkillinen sairastuminen) fit, attack *pyörtymiskoh taus* fit/spell of fainting **3** (metakka) fit, scene *panna pystyyn kohtaus* have a fit, make a scene **4** (näytelmässä) scene, (romaanissa) episode
kohteliaasti politely, courteously
kohteliaisuudenosoitus courtesy, compliment
kohteliaisuus 1 (kohtelias käyttäytyminen) politeness, courtesy **2** (kohtelias sana) compliment *Se ei ole kohteliaisuus, vaan se on totta* It's not a compliment, it's the truth
kohteliaisuuskäynti courtesy visit/call

kohtelias polite, courteous *Tiedän että hän on mahdoton, mutta koeta olla kohtelias* I know she's impossible, but please try to be nice (ystävällinen), polite (hyväkäytöksinen), civil (ei aivan töykeä)

kohtelu treatment; (esineiden) handling; (eläinten, alaisten) management

kohti adv right/straight at someone *katsoa kohti* stare (right/straight) at someone *postp ja prep* **1** (suuntaan) to(wards), at *loppua kohti* towards the end *katsoa jotakuta kohti* look towards/at someone, in someone's direction *etelää kohti* southwards, towards the south *matkata kohti menestystä* set a course for success **2** (kultakin) per *elintaso henkeä kohti* per capita standard of living

kohtisuora s (geom) perpendicular adj **1** (geom) perpendicular, (pystysuora) vertical **2** (jyrkkä) sheer

kohtisuorasti perpendicularly, vertically

kohtu (lääk) uterus, (vanh ja kuv) womb *kohdun poisto* hysterectomy

kohtuuhinta reasonable price

kohtuullinen reasonable, moderate, medium *kohtuulliset hinnat/ehdot* reasonable prices/terms *kohtuullinen alkoholin käyttö* moderate consumption of alcohol *paistaa kohtuullisessa lämmössä* bake at medium heat *kohtuullinen korvaus* reasonable/adequate compensation *kohtuullisissa rajoissa* within reason

kohtuullisesti reasonably, moderately *juoda kohtuullisesti alkoholia* drink alcohol in moderation, never drink to excess

kohtuus **1** (kohtuullisuus) moderation *Kohtuus kaikessa!* Nothing to excess! Let's not get carried away! **2** (oikeudenmukaisuus) fairness, rightness, justice *Ei voi kohtuudella vaatia että* In all fairness, you can't demand; you can't reasonably expect

kohtuuton unreasonable, immoderate, excessive *kohtuuton vaatimus* unreasonable/excessive/exorbitant demand *kohtuuton juominen* immoderate/excessive drinking

kohtuuttomasti immoderately, excessively, to excess

kohu **1** (humu) fuss, bustle, to-do *kaupungin kohu* the (hustle and) bustle of the city *paljon kohua tyhjästä* much ado about nothing **2** (sensaatio) sensation **3** (erimielisyys) controversy *kohua herättävä, herättänyt* controversial

koi **1** (perhonen) moth *koin syömä* moth-eaten **2** (koitto) dawn

koillinen s northeast adj northeast(ern), (tuuli) northeasterly

koillistuuli northeasterly (wind)

koillisväylä northeast passage

koipi leg *kanan koipi* (elävänä) chicken leg, (syötävänä) drumstick *lampaan koipi* (elävänä) sheep's leg, (syötävänä) leg of mutton *häntä koipien välissä* with your tail between your legs *juosta minkä koivistansa pääsee* run as fast as your legs will carry you

koira dog (myös kuv) *Tässä täytyy olla koira haudattuna* There's got to be a catch to this *Ei vanha koira uusia temppuja opi* You can't teach an old dog new tricks *Senkin koira!* You dirty dog! You pig! You louse!

koirankoppi doghouse

koiranpentu puppy

koiranruoka dog food

koiranäyttely dog show

koiras male (animal)

koiratarha kennel

koiravero dog tax

koiruus prank, trick, practical joke *tehdä koiruus jollekulle* pull a prank on someone, play a trick/practical joke on someone

koittaa (aamu) break, dawn **2** (aika) begin, come

koitua **1** *Se koitui hänen kohtalokseen* That was his undoing, that ruined/undid him, that brought him down *Siitä koitui hänelle onnettomuutta, se koitui hänen onnettomuudekseen* That brought him (much) unhappiness, that stole/spoiled his joy, that blighted his life *Siitä koituu hänelle pelkkää etua* It will be all to his

kokoelma

advantage *Se koituu vielä parhaaksesi* It will all turn out for the best **2** *Sinulle koituu tästä valtavasti ylimääräisiä kustannuksia* You're going to incur huge amounts of additional expense over this, this is going to cost you plenty extra
koivikko birch wood/grove/stand/copse
koivu birch (tree/wood)
koivuhalko birch log
koivuinen birch
koivulattia birch floor(ing)
koivumetsä birch forest
koivumittari (perhonen) peppered moth
koje instrument; (mon) equipment, apparatus; (ark) contraption, gadget
kojelauta (autossa) dash(board)
koju 1 (suojus) shed, shelter **2** (myyntikoju) booth, stall
kokaiini cocaine, (ark) coke, (sl) nose candy
kokea experience, undergo, (kärsiä) suffer *Miten koet tämän tilanteen?* How do you feel about all this? How does this situation make you feel? *kokea monta kovaa* undergo/experience much hardship, suffer many hard/cruel blows (of fate)
kokeeksi tentatively, provisionally *Panin kokeeksi Maijan ja Minnan istumaan vierekkäin* Just to see what would happen I put Maija and Minna next to each other, I tried having Maija and Minna sit side by side
kokeellinen experimental
kokeellisesti experimentally
kokeile ja osta –ohjelma shareware (program)
kokeilija experimentalist
kokeilla 1 (koettaa) try (out/on) *kokeilla onneaan* try your luck *kokeilla vaatteita* try on clothes **2** (tehdä kokeita) experiment with *kokeilla huumeita* experiment with drugs **3** (tutkia) test, sample *kokeilla viiniä* take a sip/taste of wine, taste the wine
kokeilu trial, experiment(ation), test, sampling (ks kokeilla)
kokeilumielessä tentatively, to try it out, to see what it's like

kokeilunhalu inquisitiveness, desire to experiment
kokelas 1 (pyrkijä) aspirant, candidate **2** (harjoittelija) trainee **3** (kadetti) cadet
kokematon 1 (jolla ei ole kokemusta) inexperienced, unexperienced **2** (jota ei ole koettu) never (before) experienced *Se oli minulle ennen kokematon nautinto* It was a pleasure (such as) I'd never before experienced
kokemattomuus inexperience, lack of experience
kokemus experience *Mikä kokemus!* (jännittävä) What a thrill! (koetteleva) What an ordeal! *Siitä minulla on huonoja kokemuksia* My experience with that isn't all that promising, I wouldn't recommend that one *oppia/tietää kokemuksesta* learn/know from experience
kokemusperäinen experiential, (tiet) empirical
kokenut experienced, veteran *kokenut opettaja* experienced/veteran teacher *kovia kokenut mies* a man who's been through a lot, who seen a lot of hard times
kokkare (maan) clod, (jauhon tms) lump *Tässä perunamuhennoksessa on kokkareita* These mashed potatoes are lumpy
kokki cook, (ravintolassa) chef
kokko bonfire
koko s size *useampia eri kokoja* various sizes *kooltaan vähäinen* small in size/stature *luonnollista kokoa* life-size *kirjan koko* (book) format *yhden koon* one size fits all adj **1** (kokonainen) all (of), (the/a) whole *koko ajan* all the time, the whole time, constantly, continuously *työntää koko voimallaan* push with all your strength, with everything you've got *koko päivän* all day *koko perhe/kaupunki* the whole family/town **2** (täydellinen) full, complete, total *koko summa* the full/total amount, the total *koko sarja* the complete set **3** (ollenkaan) at all *En tunne koko miestä* I don't know him at all, I've never set eyes on him
kokoava (tietok) bottom-up
kokoelma collection

kokoillan elokuva full-length feature (movie)
kokoinen sized *isokokoinen* big, large; (vaatekappale) outsize *pienikokoinen* small, (nainen) petite
kokojyväleipä whole wheat bread
koko lailla/joukon quite a *koko lailla/joukon väkeä* quite a few people *koko lailla vaikea tehtävä* pretty difficult task, quite a difficult task
kokolattiamatto wall-to-wall carpet(-ing)
kokomaito whole milk
kokonaan 1 (täysin) completely, totally, entirely, all *Nyt se meni kokonaan sekaisin* Now it's totally/entirely/all fouled up *Se on kokonaan eri asia* That's a completely different matter/story/thing **2** (kokonaisuudessaan) wholly, in full *maksaa kokonaan* pay in full
kokonainen s (mat) integer, whole number adj **1** whole, entire, complete, full *viisi kokonaista päivää* five whole days *kokonainen liuta ihmisiä* a whole string of people **2** (mat) integral
kokonaiskustannukset total/overall costs
kokonaiskäsitys overall impression
kokonaislevikki total circulation
kokonaisluku (mat) integer, whole number
kokonaismäärä total amount
kokonaisratkaisu (ongelmaan) comprehensive solution; (kanteeseen/vaateeseen) general settlement
kokonaistilavuus total volume
kokonaisuudessaan 1 (lyhentämättä) in its entirety/totality, in full *julkaista kirja kokonaisuudessaan* publish a book in full, in its entirety, unabridged **2** (kokonaan) in the aggregate, all of (something), the whole (thing) *ostaa tavaralähetys kokonaisuudessaan* buy up a whole shipment, buy the shipment lock stock and barrel
kokonaisuus 1 (yksikkö) whole, unity, entity *Kokonaisuus on enemmän kuin osiensa summa* A whole is more than the sum of its parts **2** (eheys) wholeness, completeness, entirety

kokonaisvaikutus overall impression
kokonaisvaltainen comprehensive, integrated, holistic
kokonaisvaltaisesti comprehensively, holistically
kokoomateos anthology, compilation
kokoomus 1 (koostumus) composition, (ark) make-up **2** (pol) coalition *Kansallinen Kokoomus* the National Coalition Party
kokoomuslainen member of the Coalition Party
kokoon 1 (yhteen) together *tulla kokoon* meet, come together *kutsua kokoon* convene, convoke *haalia kokoon* dredge up **2** (vähäisempään tilaan) up, down *kuivua kokoon* dry up (myös kuv) *taittaa kokoon* fold up *keittää kokoon* cook up (myös kuv) *kiehua kokoon* boil down
kokoonkutsuja convener
kokoonpano 1 (kokoaminen) assembly **2** (rakenne) structure, composition, make-up *koripallojoukkueen kokoonpano* line-up of a basketball team
kokoontua 1 (ryhmittyä) gather (together) **2** (tavata) get together, meet *Milloin kokoonnumme seuraavan kerran?* When shall we get together again? **3** (pitää kokous) assemble, convene
kokopäivätyö full-time job
kokous 1 meeting *henkilökunnan kokous* staff meeting *avata kokous* bring a meeting to order *päättää kokous* adjourn a meeting **2** (epävirallinen) get-together **3** (valtuuston tms) session **4** (konferenssi) conference, convention, congress
kokouskutsu invitation/summons to a meeting
kokousmenettely parliamentary procedure
kokouspöytäkirja minutes
kokovuosikerta (tilaus) full-year's subscription; (lehdet) annual volume
koksi coke
-ko, -kö 1 *Onko jo aika lähteä?* Is it time to go already? **2** (painollisena) was it *Tämänkö halusit?* Was this the one you wanted? *Sinunko autosi se sittenkin oli?* Was it your car after all? **3** (sivulau-

kolmikerroksinen

seessa) whether *Kysy äidiltä, onko pukeutumisella väliä* Ask Mom whether it matters what we wear **4** (kuinka) how *Monesko kerta tämä nyt on?* How many times/takes is this now? *Kauanko aiot viipyä siellä?* How long do you think you'll be there? **5** (kohteliaissa lauseissa) please, I wonder whether, do you think *Voisitko auttaa minua?* Could you please give me a hand? I wonder if you could help me? Do you think you could help me out?
kola snow pusher
kolahdus noise; (oven) slam, (putoavan esineen) thud, bump, crash
kolahtaa 1 (ääni) slam, bang, thud, bump *Ovi kolahti kiinni* The door slammed shut **2** (isku) hit, strike, knock *Pää kolahti kaapin oveen* I hit/banged my head on the cupboard door **3** (kuv) *Se kolahti pahasti* It really got me
kolari (car) crash, accident, collision *ajaa kolari* hit somebody (with your car), have an accident *joutua kolariin* get in an accident
kolaroida crash; (lommolle) ding, dent; (käyttökelvottomaksi) total
kolaus 1 (ääni) noise; (oven) slam, (putoavan esineen) thud, bump, crash, thump **2** (isku) bang, crack; (kuv) blow *Petrin lähtö oli aikamoinen kolaus* Petri quitting was quite a blow
kolauttaa hit, whack, thwack, smack
kolea 1 (ilma) cold and damp **2** (nauru tms) hollow
kolehti collection, offering
kolera cholera
kolhia 1 (kovaa: seinää, autoa) dent, scrape, ding, (lautasta) chip **2** (pehmeää: hedelmiä, itseään) bruise **3** (runnella) mangle, batter
kolhiintua get dented/scraped/dinged/chipped/bruised (ks kolhia)
kolhoosi commune; (NL:ssa) kolkhoz
kolibri hummingbird
kolista rattle, bang, clatter, clank
kolistella rattle, bang, clatter, clank
kolkata 1 (iskeä) knock, crack, smack, thwack *kolkata kuoliaaksi* knock/bump someone off **2** (kolista) bang, clank, knock
kolkka corner, part *maailman joka kolkalta* from every corner/part of the world, from all over the world
kolkko 1 (synkkä) dreary, dismal, cheerless, bleak **2** (kolea) raw, chilly **3** (autio) desolate **4** (karmiva) gruesome, ghastly, hair-raising
kolkuttaa 1 (ovelle) knock, (lujaa) pound **2** (kolista) (be) bang(ing), rattle, be rattling **3** (omatunto) prick *Omatuntoni kolkuttaa* I know this isn't right, I know I shouldn't be doing this
kollega colleague
kollektiivinen collective
kollektiivisesti collectively
kolli 1 (paketti) package, parcel *Kuinka monta kollia matkatavaraa?* How many pieces of luggage? **2** (kissa) tomcat
kollikissa tomcat
kolmannes one-third
kolmas third
kolmas kerta toden sanoo third time's the charm
kolmaskymmenes thirtieth
kolmas maailma Third World
kolmasosa third
kolmas pilari (EU:n hallitustenvälinen yhteistyö) the third pillar
kolmas pyörä (kuv) fifth wheel
kolmassadas three-hundredth
kolmastoista thirteenth
kolme three
kolmekymmentä thirty
kolmena kappaleena in triplicate
kolmenkeskinen tripartite
kolmenlainen three kinds of, of three kinds
kolme pistettä ellipsis (...)
kolmesataa three hundred
kolmestaan just the three of us
kolmesti three times; (vanh) thrice
kolmetoista thirteen
kolmetuhatta three thousand
kolmijako 1 (ark) division into three parts **2** (rak ym) tripartition **3** (filos) trichotomy
kolmijalka tripod
kolmikerroksinen three-story

kolmiloikka triple jump
kolminainen triple, threefold; (usk) triune
kolminaisuus (usk) trinity
kolminkertainen triple, (ikkuna) triple-glazed, (paperi) three-ply
kolminkertaistaa triple
kolminkertaistua triple
kolmio 1 triangle **2** (liikennemerkki) yield sign
kolmiosainen three-part, tripartite
kolmiottelija triathloner
kolmiottelu triathlon
kolmipaikkainen three-seater
kolmipyöräinen s tricycle adj three-wheeled
kolmisointu triad
kolmivaihteinen three-speed
kolmivarvaslaiskiainen three-toed sloth
kolmonen (the number) three
kolmoset triplets
kolo hole
kolonialismi colonialism
koloradonkuoriainen Colorado beetle
kolossaalinen colossal
kolpakko (beer) stein/mug, tankard
kolugo (eläin) flying lemur
Kolumbia Colombia
kolumbialainen s, adj Colombian
koluta 1 (kolistella) clump, stomp *koluta portaissa* clump/stomp up/down the stairs **2** (etsiä) rummage (through), ransack *koluta laatikoita* rummage through (the chest of) drawers, ransack the drawers **3** (vaellella) roam, ramble *Olen kolunnut kaikki maailman rannat* I've roamed the seven seas
komea 1 (hyvännäköinen) handsome, good-looking, beautiful *komea pari* handsome/good-looking couple *komea talo* handsome/lovely house *komeat maisemat* beautiful scenery **2** (iso, muhkea) impressive, striking *komea rakennus* striking/imposing/impressive building *Onpas pojalla komea kroppa!* Look at that guy's build! **3** (suurellinen) fancy, showy, ostentatious

komeasti handsomely, impressively, strikingly, showily, ostentatiously (ks komea) *elää komeasti* live in style
komedia comedy
komeetta comet
komeilija 1 (keikari) dandy, fop, dude **2** (kerskuri) boaster, strutter, showoff
komennus 1 (määräys) order, command *saada komennus tehdä jotakin* be ordered to do something *tehdä jonkun komennuksesta jotakin* do something at someone's command **2** (palvelustehtävä) mission, detail *olla komennuksella* be on a mission, on detail
komennuskunta (sot) detachment, (pieni) detail, (iso) task force
komentaa order, command *komentaa joukkuetta* command a team *komentaa joku erikoistehtävään* detail someone (to do something), put someone on a detail, assign someone to a special mission *Älä minua komenna!* Don't order/boss me around! *Äiti on kova komentamaan* Mom's pretty bossy, Mom's always yelling at everyone *komentaa asento* call 'Attention!'
komento order, command *Ryhmä kuuluu minun komentooni* The group's under my command *Voitko pitää täällä komentoa?* (ark) Could you try to keep order here? Could you run herd over these kids?
komero closet
komeus 1 (hyvä näkö) good looks **2** (upeus) magnificence, grandeur *vuoristo koko komeudessaan* the mountain range in all its grandeur **3** (hienous) finery *kenraali kaikessa komeudessaan* the General in full dress attire
komiikka comedy
komisario lieutenant (of police)
komistaa adorn; (ark) deck out
komitea committee
kommari Commie
kommellus mishap, misadventure; (ark) screw-up, foul-up *kommelluksitta* without a hitch, smoothly
kommentoida comment (on), provide a commentary on *En halua kommentoida* No comment

konsti

kommentti comment
kommunismi Communism
kommunisti Communist
kommunistinen communist(ic)
kommunistipuolue Communist Party
Komorien saaret Comoros
Komorit Comoros
kompa witticism, bon mot, epigram
kompaktikamera point-and-shoot camera
kompakysymys riddle
komparatiivi comparative
kompassi compass
kompastella stumble/stagger (along)
kompastuskivi stumbling block
kompensaatio compensation
kompensoida compensate (for)
kompensoitua compensate
kompleksi complex
komplikaatio complication
komponentti component
komposti compost
komppania company *koko komppania* (ark) the whole bunch/crowd
kompressori compressor
kompuroida stumble/stagger (along)
kondensaattori capacitor, condenser
kondensoitua condense
kondensori condenser
konditionaali conditional
konditoria bakery/coffeeshop
kondomi condom
konduktööri conductor
kone machine *Myöhästyt vielä koneesta* You're going to miss your plane *Osaatko kirjoittaa koneella?* Do you know how to type? *Vian täytyy olla koneessa* (auto) It's got to be something in the engine
kone-eliö (kyborgi) cyborg
koneellinen mechanical, machine
koneenrakennus mechanical engineering
konehuone engine room
koneistaa 1 (koneellistaa) mechanize **2** (työstää koneellisesti) machine
koneisto machinery, apparatus *kellon koneisto* clockwork *valtion koneisto* bureaucracy
konekaappaus hijacking, skyjacking
konekirjoitus typing
konekirjoituspaperi typing paper
konekirjoitustaito ability to type
konekivääri machine gun
konekoodinen machine-/computer-readable
konepelti hood, (UK) bonnet
konferenssi conference *konferenssissa* (tieteellisessä) at a conference; (kokouksessa) in conference, in a meeting
konflikti conflict
Kongo Congo
kongolainen s, adj Congolese
kongressi congress
kongressivaalit congressional election
koni nag, hack
konjunktio conjunction
konkari *vanha konkari* old hand
konkreettinen concrete
konkretisoida concretize
konkurssi bankruptcy *joutua konkurssiin* go bankrupt, declare bankruptcy; (ark) go belly-up
konkurssikypsä insolvent
konkurssipesä bankrupt's estate
konna crook, thug
konnankoukku dirty trick; (mon) dirty pool
konsanaan 1 (koskaan) ever *Sitä en voi konsanaan unhoittaa* I can't get rid of the memory **2** (ihan) *kuin kenraali konsanaan* like a veritable general
konsertoija concert performer, performing artist
konsertti concert
konserttikiertue concert tour
konserttisali concert hall
konservatorio conservatory, music school/academy
konsistori 1 (yliopistossa: suuri) senate, (pieni) council **2** (kirkossa) consistory
konsonantti consonant
konstaapeli police officer
konstailla 1 (kujeilla) play/pull tricks **2** (vikuroida) be difficult, cause problems, make trouble
konstailu 1 (kujeilu) trickery **2** (vikurointi) refractoriness
konsti trick *Opin tämän konstin Pekalta* I learned this trick from Pekka *Konstit*

konstikas

on monet There's more than one way to skin a cat *Yritin avata sitä jos jollakin konstilla* I tried everything, but it wouldn't open
konstikas tricky (myös kuv)
konstruoida construe, construct
konsulaatti consulate
konsuli consul
konsultaatio consultation
konsultoida 1 (neuvotella) consult (with) **2** (käyttää konsulttina) use (someone) as a consultant **3** (toimia konsulttina) be a consultant for (someone)
konsultti consultant
kontakti contact *solmia hyödyllisiä kontakteja* make useful contacts
konteksti context
kontrasti contrast
kontrolli control; (valvontapiste) checkpoint *menettää kontrolli* lose control
kontrolloida control
kontti 1 (reppu) (birchbark) backpack *pukin kontti* Santa's sack *katsoa jotakuta kuin lehmä uutta konttia* look at someone like he had two heads **2** (tavarasäiliö) container **3** leg *juosta minkä kontistansa pääsee* run as fast as your legs will carry you *Katin kontit!* In a cat's whiskers!
konttori office
konttorikoneet office/business machines
konttoritarvikkeet office/business supplies
konvehti candy; (mon) assorted chocolates
konvehtirasia box of chocolates
konventionaalinen conventional
konvergenssi (lähentyminen) convergence
koodekki (tietok) (kuvapakkausalgoritmi) codec
koodi code
koodinvaihtomerkki (tietok) escape key, ESC
kookas big, large, hefty; (ark) sizy
kookospähkinä coconut
koollekutsuminen convocation, convening

koomikko comedian
koominen comic(al), amusing, funny
koommin *Häntä ei ole sen koommin näkynyt* That's the last anybody ever saw of him, he hasn't been heard of since
koordinaatti coordinate
koordinoida coordinate
koordinointi coordination
koossa together *pitää koossa* hold together, shore up *pysyä koossa* hang together
koossapitävä binding, cohesive *Marja on meidän porukkamme koossapitävä voima* Marja is the soul of our group, the binding force, the one who holds us all together
koostaa compile
koostua consist of, be composed of
koostumus consistency, composition
koota 1 (kerätä) collect, gather/store (up) *koota ajatuksensa* collect your thoughts *koota rahaa johonkin* scrape up money for something, (keräyksellä) raise money for something **2** (kutsua koolle) convene, assemble *koota armeija* raise an army **3** (panna kokoon) assemble, put together **4** (yhdistää) unite, unify
kopata (ottaa koppi) catch, (ottaa syliin) snatch up
kopauttaa rap, tap, knock
kopea haughty, imperious, superior
kopeilla act/be haughty/imperious, look down on others, lord it over others
kopeloida 1 (hapuilla) fumble/grope (around for something) **2** (kähmiä: ark) cop a feel
kopio 1 copy, duplicate *ottaa kopioita jostakin* take copies of something, run something off on the copier **2** (taideteoksesta) print, reproduction
kopioida copy, duplicate
kopioida palvelimeen (tietok) upload
kopiokone copying/duplicating machine
kopioviesti (tietok) CC (carbon copy)
kopistaa knock, rap, tap
kopistella rattle *kopistella lunta kengistään* stamp the snow off your boots
kop kop! knock knock!

korkea

kopla gang *neljän kopla* the gang of four
koppa 1 (kori) basket, (vauvan) bassinet **2** (tekn) shell, cover, cage **3** (hatun) crown *Kylläpäs ottaa koppaan!* That really burns me up! **4** (piipun) bowl
koppakuoriainen beetle
koppava haughty, arrogant, snobbish; (ark) stuck-up, snooty
koppi 1 (vartio-/puhelinkoppi tms) booth **2** (koirankoppi) doghouse **3** *Ota koppi!* Catch!
koputtaa knock
koputtaa puuta knock on wood
koputtaminen *sinulla ei ole siinä asiassa nokan koputtamista* It's none of your business/concern
koputus knock
koraali chorale
koraani Koran
koralli coral
koralliriutta coral reef
korea 1 (värikäs) bright(ly colored), gaudy **2** (kaunis) gorgeous, lovely *Oletpas korea!* Look at you! You're all dressed up! **3** (koreankieli) Korean
Korea Korea
korealainen s, adj Korean
koreasti brightly, gaudily
koreilla show off, strut, parade *koreilla uusilla vaatteilla* show off your new clothes, overdress *Pöydällä koreili upea kukkakimppu* A stunning flower arrangement adorned the table
koreilu showiness, ostentation, showing off
koreografi choreographer
koreografia choreography
koreus beauty, color, brightness, show(iness)
kori 1 basket *eväskori* picnic basket *pyykkikori* hamper *tehdä kori* (urh) make a basket/hoop **2** (juomakori) case, crate **3** (auton kori) body
korihuonekalu piece of wicker furniture; (mon) wicker furniture
korista wheeze
koristaa 1 (tehdä koreaksi) decorate; (ruokaa) garnish **2** (olla kaunis) adorn, beautify *Hymy koristi hänen kasvojaan* A smile lit up her face

koriste ornament, decoration *joulukuusen koristeet* Christmas tree decorations
koristeellinen decorative, ornamental
koriste-esine ornament; (halv) trinket, knickknack
koristella decorate *koristella joulukuusta* decorate a/the Christmas tree
koristelu decoration, ornamentation
korituoli wicker chair
korjaaja repairman, repairperson
korjaamo (repair) shop *Se on korjaamossa* It's in the shop
korjailla 1 (valokuvaa) retouch **2** (kirjoitusta) polish, touch up **3** (taloa) fix up **4** (astioita pöydästä) clear
korjata 1 fix **2** (konetta tai rakennusta) repair **3** (vaatetta tms) mend, (sukkaa) darn, (tehdä muutoksia) alter **4** (julkaisua) revise *korjattu laitos* revised edition **5** (koepapereita) grade, correct **6** (epäkohtia) rectify, remedy *korjaamisen varaa* room for improvement **7** (jonkin asentoa) adjust, straighten **8** (astiat pöydältä) clear *Voisitko korjata astiat?* Could you clear the table? Could you clear off the (dinner) plates? **9** (sato) reap (myös kuv)
korjata entiselleen renovate, restore
korjata luunsa jostakin get your carcass out of (somewhere) *Korjaa luusi!* Beat it! Scram! Skedaddle!
korjaus 1 (virheiden, koepapereiden) correction **2** (parannus) improvement **3** *korjaukset* repairs *Talo on korjauksen tarpeessa* The house needs fixing up
korjausehdotus suggested revision
korjauskustannukset cost of repair *Mitä luokkaa korjauskustannukset ovat?* Can you give me a ballpark figure for the repairs? What are the repairs going to come to?
korjauttaa have/get (something) fixed/repaired
korjautua improve *Sillä se asia korjautuu* That'll take care of it, that'll fix it
korjuu harvest(ing)
korkata uncork
korkea high *korkeat ihanteet* high/lofty ideals *korkea vuori* high/tall mountain

korkea-arvoinen

On korkea aika It's high time *korkea ikä* old/advanced age
korkea-arvoinen high-ranking
korkeakorkoinen 1 (laina) at a high interest rate **2** (kenkä) high-heeled
korkeakoulu institute of higher education; college, university
korkeakoulu-uudistus university reform
korkealentoinen high-flown
korkealla high (up/above) *korkealla meidän yläpuolellamme* way/far above us
korkealuokkainen high-class
korkeaotsainen highbrow
korkeapaine high pressure
korkeasuhdanne boom
korkeatasoinen high-quality
korkeimmillaan at its highest/peak (level)
korkeintaan at most, maximum; (ark) max *Siitä voi sanoa korkeintaan sen, että* The most you can say about that is
korkeus 1 height, (vuoren) elevation, (lentokoneen) altitude *merenpinnan korkeus* sea level **2** (korkeusaste) latitude *Helsingin korkeudella* at the same latitude as Helsinki **3** (sävelkorkeus) pitch **4** *Teidän Korkeutenne* Your Highness
korkeusennätys record height
korkeushyppy high jump
korkeushyppääjä high-jumper
korkittaa cork
korkkaus uncorking
korkki (aine, ja siitä aineesta tehty pullon korkki) cork; (muu pullon sulkija) stopper, top
korkkiruuvi corkscrew
korko 1 (lainan) interest *korkoa korolle* compound interest **2** (kengän) heel
korkokanta interest rate
korkotaso interest level
korkuinen *jonkun korkuinen* at the height of, as tall/high as *polven korkuinen* knee high, up to my knees
kornetti cornet
koroillaaneläjä rentier; independently wealthy person

koroke stage, (raised) platform, stand *nostaa korokkeelle* (kuv) put (someone) up on a pedestal
koronkiskonta loansharking
koronkiskuri loanshark
korostaa 1 (tehostaa) highlight, spotlight, accentuate *Sininen solmio korosti puvun valkoisuutta* The blue tie highlighted the whiteness of the suit **2** (tähdentää) emphasize, stress, place/lay emphasis/stress on *Haluan tässä erityisesti korostaa että* I want to place particular stress on the fact that, I particularly want to emphasize that **3** *puhua englantia vierasperäisesti korostaen* speak English with a foreign accent
korostetusti emphatically
korostua be stressed/emphasized *korostunut itsetunto* increasingly obvious self-esteem
korostus 1 (paino) stress, emphasis **2** (puhetapa) accent *vieras korostus* foreign accent
koroton 1 (laina) interest-free **2** (tavu) unstressed, unaccented
korottaa 1 raise *korottaa aitaa* raise/heighten the fence, build the fence higher *korottaa päätään* raise/lift your head *korottaa ääntään* raise your voice *korottaa joku valtaistuimelle* raise/elevate someone to the throne *korottaa hintoja/veroja* raise/increase prices/taxes **2** *korottaa säveltä* raise a note a half-step, sharp a note *korotettu F* F sharp
korotus 1 (palkan) raise; (verojen tms) increase **2** (sävelen) sharp
korpi woods, wilds, wilderness *Hän asuu korvessa* She lives somewhere out in the sticks/out in the wilds
korpilakko wildcat strike
korpiroju moonshine
korppi raven
korppu 1 rusk **2** (ark tietokoneen levyke) three-and-a-half-inch disk
korpraali corporal
korrekti correct, proper
korrelaatio correlation
korrelaatti correlate
korreloida correlate
korruptio corruption

koskea

korsetti corset
korsi straw *kantaa kortensa kekoon* add your two bits *tarttua oljenkorsiin* grasp at straws *vetää lyhyempi korsi* get the short end of the stick
korsu dugout
kortilla rationed
kortinlävistin card punch
kortisto 1 (laatikko) card file 2 (arkisto) file, record *pitää kortistoa jostakin* keep a record of *laittaa kortistoon* (ark: *heittää pois*) put in the circular file
kortistoida file
kortteli 1 (neljän kadun rajoittama) block 2 (kaupunginosa) quarter *ranskalaiskortteli* the French Quarter
kortteliralli cruising the loop *ajaa kortteliralli* cruise the loop
kortti 1 card *jakaa kortit* deal *panna kortit pöydälle* lay your cards on the table 2 (merikortti) chart
korttipakka deck of cards
korttipeli card game
korttipeluri card-player; (uhkapeluri) gambler; (ark) cardsharp, cardshark
koru (piece of) jewel(ry)
koruesine ornament, decoration
koruommel embroidery
korusähke greetings telegram
koruton plain, simple *korutonta puhetta* plain/straight talk *koruton ihminen* unpretentious/unaffected/natural person
koruttomasti plainly, without adornment, unpretentiously
korva ear *Onko sinulla vikaa korvien välissä* You got something wrong between your ears, upstairs? *musiikkia korvilleni* music to my ears *ei ottaa kuuleviin korviinsa* turn a deaf ear to something *Korviini on kulkeutunut tieto että* A little bird told me that
korvaamaton irreplaceable, indispensable
korvakoru earring
korvakuulokeliitäntä headphone jack
korvakuulokkeet headphones, earphones
korvakuulolta by ear
korvakäytävä auditory canal
korvalappustereot Walkman
korvalehti ear (flap)
korvapuusti (leivonnainen) cinnamon roll
korvarengas earring
korvata 1 (olla käytössä jonkin sijasta) replace, take someone's/something's place *Kukaan ei voisi korvata sinua sydämessäni* No one could ever take your place in my heart 2 (olla vastapainona) compensate/reimburse for; (ark) make up for *Korvaako tämä kustannuksesi?* Will this cover your expenses? Will this be enough reimbursement?
korvatulehdus ear infection
korvaus compensation, reimbursement *vahingonkorvaus* damages
korvausperuste grounds for compensation
korvausvaatimus claim (for damages)
korvautua be compensated (for) *Minuutin häviö korvautui loppukirillä* He made up the minute he was behind in the last spurt
korventaa singe, scorch; (ark) broil, grill *Se sitten korventaa minua* That really burns me up
korviaan myöten up to your ears *korviaan myöten velassa* up to your ears in debt *korviaan myöten rakastunut* head over heels in love
korviahuumaava deafening
korvike surrogate, substitute
kosia propose (marriage), ask someone to marry you; (ark) pop the question
kosinta proposal (of marriage)
kosiskella court, woo
koska adv when *Koska se tapahtui?* When did it happen? *Voit tulla koska tahansa* You can come whenever you like, come any time (you like) **konj** because, since, as *En voinut tulla, koska auto ei lähtenyt käyntiin* I couldn't come because my car wouldn't start *Ota vain, koska kerran haluat* Go ahead and take it, since you want it (so badly)
koskaan ever *ei koskaan* never
koskea 1 touch *En ole koskenut siihen sormellanikaan* I never touched it! I never laid a finger/hand on it! 2 (satuttaa) hurt *Tämä voi koskea hiukan* This

koskematon

may hurt/sting a little **3** (vaikuttaa) affect, have an effect (on) *Asia ei koske sinua* It's got nothing to do with you, it's none of your business **4** (tarkoittaa) apply (to) *Tämä koskee teitä kaikkia* This applies to all of you, I mean everybody
koskematon untouched, unspoiled *koskematon korpi* virgin wilderness
koskemattomuus inviolability *alueellinen koskemattomuus* territorial inviolability/integrity *diplomaattinen koskemattomuus* diplomatic immunity
koskenlaskija rapids shooter
koskenlasku shooting (the) rapids
kosketin 1 (sähkö) contact **2** (mus) key, (mon) keyboard
kosketinsoitin keyboard instrument
koskettaa touch; (kuv) touch upon, deal with, discuss
koskettimisto keyboard
kosketus touch, contact *kevyt kosketus* light touch *säilyttää kosketus* (johonkuhun) stay in touch/contact with, (johonkin) keep your hand in
kosketusaisti sense of touch
kosketusnäyttö (tietok) touch screen
koski rapids
koskiara (lintu) dipper
koskiensuojelu rapids conservation
koskikorento stonefly
kosmeettinen cosmetic
kosmetologi beautician
kosmos cosmos, universe
kosolti lots, tons, scads, piles
kostaa avenge, take revenge on
kostaja avenger
kostautua take/be its own revenge *Tuo kostautuu ennen pitkää* You're going to have to pay for that sooner or later, those chickens are going to come home to roost sooner or later
kostea 1 damp *kylmän kostea* dank **2** (ilma) humid
kosteikko oasis
kosteus 1 dampness, dankness **2** (ilman) humidity
kosteusmittari hygrometer
kosto revenge, vengeance

kostonhalu vindictiveness, desire/lust for vengeance/revenge
kostonhaluinen vindictive, vengeful
kostonhimo vindictiveness, thirst/lust for vengeance/revenge
kostonhimoinen vindictive, vengeful
kostua 1 (kastua) get damp/wet **2** (voittaa) gain, get (something) out of *Mitä sinä siitä kostut?* What will that get you, what good will that do you?
kostuttaa dampen, moisten, wet
kota 1 (lappalaiskota) hut, teepee **2** (siemenkota) capsule
kotelo 1 cover, casing, case, box **2** (perhosen: vaihe) pupa, chrysalis; (suojus) cocoon
koteloida cover, encase
koti home *olla hyvästä kodista* come from a good family (background) *Oma koti kullan kallis* Home sweet home
kotiapulainen domestic (help)
kotiaresti 1 (sot) house arrest *määrätä kotiarestiin* place under house arrest **2** (perhe) grounding *laittaa kotiarestiin* ground *kotiarestissa* grounded
kotiaskareet household chores
kotieläin farm animal; (sisällä pidettävä) domestic animal, pet
kotietsintä house search
koti-ikävä homesickness
kotiinkanto (home) delivery
kotiinkuljetus (home) delivery *Onko teillä kotiinkuljetus?* Do you deliver?
kotijoukot 1 (kotiväki) family *Mitä kotijoukoille kuuluu?* How's your family? **2** (sot) home guard/troops
kotikasvatus childrearing, upbringing
kotikenttäetu home-court advantage
kotikissa homebody
kotikunta home county
kotikutoinen homespun
kotilaina house mortgage
kotileipuri local baker
kotiliesi hearth
kotilohaukka snail kite
kotilot gastropods
kotiläksyt homework
kotilääkäri family doctor
kotimaa homeland, native country *kotimaan* domestic

kotimainen domestic
kotimatka the drive/trip/walk/way home
kotimikro home computer
kotiolot things at home *Kyllä tämä kotiolot voittaa* Sure beats being at home
kotiopettaja (private) tutor
kotiopettajatar governess
kotiopetus private tutoring
kotiosoite home address
kotipaikka hometown
kotipaikkakunta hometown
kotipuhelin(numero) home phone (number)
kotirouva housewife
kotiseutu native region
kotisivu homepage
kotitalouden opettaja home ec(onomics) teacher
kotitalous home economics; (ark) home ec
kotitehtävä school/homework assignment; (mon) homework
kotiteollisuus 1 (käsityö) handicrafts 2 (teollisuus) cottage industry
kotitila family farm
kotiuttaa 1 (armeijasta) demobilize, (ark) demob 2 (uuteen ympäristöön) naturalize, acculturate, accustom, domesticate
kotiutua 1 (tulla kotiin) come home 2 (alkaa tuntea olevansa kotona) become/get acclimated, begin to feel at home, settle in *Joko te olette kotiutuneet?* Have you settled in yet? 3 (uuteen ympäristöön) become naturalized/acculturated/domesticated
kotiutus (armeijasta) demobilization, (ark) demobbing
kotka eagle
kotkannenä (hieno) aquiline nose; (halv) beak
kotkottaa cluck, cackle
kotkotus clucking, cackling; (ark) gab(bing), gab fest
kotoa from home *kaukana kotoa* far from home
kotoinen 1 (kotoisa) homey, cozy, familiar 2 (kotimainen) domestic
kotoisa homey, cozy, familiar

kouluhallinto

kotoisesti cozily, familiarly, in a homey /familiar way
kotoisin *Mistä olet kotoisin?* Where are you from? *ei mistään kotoisin* (ihminen) good-for-nothing, no-account (asia) wrong, unfair (esine) worthless, a piece of junk
kotona at home *Ole kuin kotonasi!* Make yourself at home!
kotosalla at home
kottarainen starling
kottikärryt wheelbarrow
kotva *kotvan aikaa* (for) a spell *kotvan hiljaisuus* a moment's silence
koukata 1 (urh ja yl) hook *Voisitko koukata meidän kautta?* Could you swing by our place? 2 (sot) outflank
koukero 1 (kiemura) curlicue, (nimikirjoituksessa) flourish *Eihän sinun koukeroistasi saa mitään selvää* I can't make out these chicken scratchings of yours 2 (mutka) bend, curve 3 (kuv) ins and outs *politiikan koukerot* the ins and outs of politics
koukeroinen 1 (kirjoitus) fancy, swirly, twirly 2 (tie) winding, curving 3 (asia) tricky, complex, convoluted
koukistaa bend, flex
koukistua bend; (selkä) stoop, crook
koukistus bending
koukkaus (tietok) leapfrog attack
koukkia bend down *koukkia ylös* bend down and pick something up
koukku 1 hook, (puinen) peg 2 (metku) trick, prank, gag
koukussa 1 (kiinni) hooked, snagged *Seijalla on mies koukussa* Seija's hooked/snagged a man 2 (taipunut) bent, crooked *polvet koukussa* (with your) knees bent
koulia train, drill, school
koulu school *käydä kova koulu* go to/ study at the school of hard knocks *kouluja käynyt* educated *pinnata koulusta* cut/skip school, play hooky *olla poissa koulusta* be absent *päättää koulunsa* graduate (from high school)
kouluateria school lunch
kouluauto driver's training car
kouluhallinto school administration

kouluhallitus

kouluhallitus National Board of Education
kouluhammashoito school dental care
kouluikä school age
kouluikäinen of school age, school-aged
koulujenvälinen interscholastic
koulujuhla school celebration
koulukasvatus education, schooling
koulukeittola school kitchen
koulukirja schoolbook
koulukirjasto school library
koulukokeilu educational experiment
koulukoti reform school
koulukypsä ready for school
koululainen schoolchild
koululaiskuljetus (school) bus transportation
koululaitos educational system
koululaukku school bag/pack
koululautakunta school board
koululuokka classroom
koulumainen like (at) school *koulumainen nimenhuuto* rollcall just like at school
koulumatka the way/walk/drive/ride to school
koulumenestys scholastic achievement
koulun ja kodin yhteistyö parent-teacher cooperation
koulun johtaja principal
koulunkäynti school attendance
koulunkäyntioikeus the right to attend school
koulun ulkopuolinen toiminta extracurricular activities
koulupiiri school district
koulupoika schoolboy
koulurakennus school (building)
kouluruokailu school meals
koulusuunnittelu educational planning
koulutarvikkeet school supplies
koulutehtävä assignment
koulutehtävät homework
koulutelevisio educational television
kouluterveydenhuolto school health care
koulutodistus school report

koulutoimenjohtaja superintendent (of schools)
koulutoimentarkastaja school inspector
koulutoveri classmate, schoolmate, friend from school
kouluttaa 1 educate, put (someone) through school 2 (opettaa) train, instruct, teach
kouluttaja educator; (opettaja) trainer, instructor, teacher
koulutuksellinen educational
koulutunti class
koulutus education, training, instruction
koulutusjärjestelmä educational system
koulutussuunnitelma educational program
koulutyttö schoolgirl
koulutyö schoolwork
kouluvelvollisuus mandatory education
kouluyhteistyö scholastic cooperation
koura palm (of your hand) *kohdella kovin kourin* deal harshly with, be rough on *jonkin kourissa* in the grip/clutches of
kouraantuntuva tangible, concrete
kouraista grab, snatch
kourallinen handful (myös kuv)
kouriintuntuva tangible, concrete
kouristuksenomainen convulsive, spasmodic
kouristus convulsion, spasm, cramp
kouru 1 channel 2 (laskukouru) spout, chute 3 (kattokouru) rain gutter
kova 1 (kiinteä) hard *kova kuin kivi* hard as a rock, rock-hard 2 (ankara) hard, harsh, severe, strict *kohdella kovin kourin* treat harshly, be rough on *kova sydän* hard heart *kovaa puhetta* hard/harsh words *kovat ajat* hard times *panna kova kovaa vastaan* fight fire with fire *kova valaistus* harsh lighting *kova homma* tough job *kovan paikan tullen* when the going gets tough *kova kunto* excellent condition 3 (intensiivinen) intense, strong *kova kilpailu* tough competition *kova työnteko* hard work *olla kovassa käytössä* get lots of hard wear

kritiikki

kova ääni loud noise/sound/voice *olla kova tekemään jotakin* be crazy about (doing) something, love to do something *silmä kovana* with your eyes peeled
kovaa 1 (kuuluvasti) loud(ly) *Puhu kovempaa!* Speak up! 2 (tuntuvasti) hard *lyödä kovaa* hit hard 3 (nopeasti) fast *ajaa kovaa* drive fast
kovakorvainen deaf
kovakuoriainen beetle
kovalevy 1 (tietok) hard disk 2 (rak) hardboard
kovalevyasema hard disk drive, hard disk, hard drive
kovalevykortti (tietokoneen) hard card
kovanaama tough guy, hardnose
kovan paikan tullen if/when the going gets tough
kova onni tough/hard/bad luck *kovan onnen* unfortunate
kovaonninen 1 (aina) unlucky 2 (väliaikaisesti) down on your luck
kovaotteinen rough, harsh
kova pähkinä purtavaksi tough pill to swallow
kovapäinen thick-headed
kovassa stuck tight
kovasti 1 (lujasti) hard *sataa kovasti* pour, come down in buckets 2 (paljon) a lot *Teki kovasti mieli maistaa* I really felt like tasting one
kovasydäminen hardhearted
kovaääninen (loud)speaker
kovemmin 1 (lujemmin) harder 2 (enemmän) more
koventaa 1 (kovettaa) harden, stiffen 2 (tiukentaa) tighten *koventaa kuria* tighten discipline 3 (lisätä) increase *koventaa vauhtia* speed up, pick up speed *koventaa ääntä* shout louder
kovera concave
koverrus concavity
kovertaa scoop/hollow (out)
kovettaa harden *kovettaa vatsaa* constipate
kovettua harden, set
kovilla (rahallisesti) (ark) strapped *joutua koville* fall on hard times, (kokeeseen) be put to the test *Olin hetken aika kovilla* I was hard put for a second
kovimmillaan at its hardest/worst
kovin very *Se oli kovin ystävällistä teiltä* That was very nice, most neighborly of you *ei kovinkaan* not very/particularly/ especially
kovistaa 1 (panna koville) be rough/ tough on, come down hard on 2 (nuhdella) yell/holler at, chew/bawl out 3 (vaatia) force, press(ure), put pressure on (someone to do something) *Kovistin häneltä koko totuuden* I beat/shook the truth out of him
kovistella yell/holler at, chew/bawl out
kovuus (aineen) hardness, (ihmisen) harshness, (äänen) loudness
kpl ea(ch), pc (piece)
kraatteri crater
kranaatinheitin grenade-launcher
kranaatti grenade
krapula hangover
krapulainen s person suffering from a hangover adj hungover
kreikka (kieli) Greek
Kreikka Greece
kreikkalainen s, adj Greek
kreikkalaiskatolinen Greek Orthodox
kreivi count
kreivikunta (UK) county
kreppi crepe
kriisi crisis
kriisitilanne crisis (situation)
kriitikko critic, reviewer
kriittinen critical
krillihylje crabeater seal
krilliäyriäinen krill
kristalli crystal
kristallikruunu (crystal) chandelier
kristikunta Christendom
kristillinen Christian
kristillisesti fairly, evenly; like a good Christian
kristillisyys Christianity
kristinoppi Christianity
kristinusko Christianity
kristitty Christian
Kristus Christ
kriteeri criterion
kritiikki criticism

kritisoida criticize
Kroisos Croesus
krokotiili crocodile; (ark) crock
krokotiilinkyyneleet crocodile tears
kromaattinen chromatic
kromata chrome-plate
kromi chrome
kronikka chronicle
kronografi chronograph
kronologia chronology
kronologinen järjestys chronological order
krooninen chronic
krouvi inn
krs floor
kruunaamaton uncrowned
kruunajaiset coronation
kruunata crown (myös kuv)
kruunaus crowning, coronation
kruunu 1 crown, the Crown *kaiken kruunuksi* to crown everything *olla kruunun leivissä* work for Uncle Sam **2** (kattokruunu) chandelier
kruunu ja klaava heads or tails
kruununprinssi crown prince
ks see, (lat) vide
kude 1 woof **2** *kuteet* (ark) threads
kudonta weaving
kudos 1 fabric, texture, weave **2** (anat) tissue
kuha pike perch
kuherrella bill and coo
kuherruskuukausi honeymoon
kuhertaa coo
kuhilas shock, stook
kuhista swarm, seethe *Siellä kuhisi ihmisiä* The place was swarming/crawling with people
kuihtua wither/fade/pine away
kuilu 1 (luonnossa) chasm, gorge **2** (kaivoksessa tms) shaft **3** (ihmissuhteissa) gap, gulf, chasm *sukupolvien välinen kuilu* generation gap
kuin 1 *sama kuin* the same as *yhtä vanha kuin* (just) as old as **2** *samanlainen kuin* like *kuin salama kirkkaalta taivaalta* like a bolt out of the blue **3** *erilainen kuin* different than *nuorempi kuin minä* younger than me

kuinka 1 (miten) how *Kuinka jakselet?* How are you doing/feeling? *Kuinka saatoit tehdä tämän minulle?* How could you do this to me? *kävi kuinka kävi* no matter what, come what may **2** (miksi) why, how so *Kuinka nyt jo tulit?* What are you doing here already?
kuinkaan *Ei siinä käynyt kuinkaan* Nothing (bad) happened
kuinka hyvänsä however (you like)
kuinka kulloinkin all different ways, now this way now that
kuinka niin how so? what do you mean?
kuinka ollakaan what do you know, guess what
kuinkas muuten of course, (so) what else (is new)
kuinka tahansa however (you like)
kuinka vain however (you like)
kuiskaaja prompter
kuiskailla whisper
kuiskata 1 whisper **2** (teatterissa) prompt
kuiskaus whisper(ing)
kuiske whisper
kuisti porch, veranda
kuitata 1 (ostos) (give a) receipt (for); (lähetys) sign for **2** (ark) dismiss, shrug off
kuitenkaan ks kuitenkin
kuitenkin 1 (kaikesta huolimatta) however **2** (mutta, silti) but, yet, still *onneton ja kuitenkin onnellinen* miserable yet somehow happy too **3** (sittenkin) anyway, anyhow, after all *Jos tulisit kuitenkin* Why don't you come anyway? *Päätin tulla kuitenkin* I decided to come after all *Ei hän kuitenkaan tule* You know he isn't coming anyway **4** (joka tapauksessa) in any case *Kun tämä on kuitenkin laillinen maksuväline* Since this is legal tender in any case, since no matter how you look at it this is legal tender
kuitenkin kaikitenkin in any case
kuittaus receipt, signature
kuitti s 1 receipt **2** (tietok) cookie adj (ark) **1** *olla kuitit jonkun kanssa* be quits with someone **2** dead beat *Olen aivan kuitti!* I'm dead beat!

kuitu fiber
kuitupitoinen high in fiber
kuiva 1 (ei märkä) dry, dried up, (maaperä) arid **2** (tylsä) dry, dull, boring *kuiva huumorintaju* dry sense of humor
kuivaaja drier
kuivapesu dry-cleaning
kuivasti dryly
kuivata dry (off/out) *kuivata astioita* dry the dishes *Kurkkuani kuivaa* My throat feels dry/parched
kuivatella dry (yourself)
kuivattaa 1 (kuivata) dry **2** (suomaata) drain
kuivaus 1 drying **2** (veden poisto) dehydration
kuiviin *kiehua kuiviin* boil dry *vuotaa kuiviin* (astia) run out, (ihminen) bled to death *haihduttaa kuiviin* evaporate
kuivilla (kuivalla maalla) on dry land; (ei ole juonut) on the wagon; (selvinnyt pahimmasta) out of the woods; (vapautettu syytöksistä) in the clear
kuiviltaan without water
kuivua dry (out/off/up) *kuivua kokoon* dry up (myös kuv)
kuivuri drier
kuivuus 1 dryness **2** (maaperän) aridity **3** (kuivakausi) drought
kuja alley, lane
kujanjuoksu running the gauntlet
kuje trick, prank, gag, practical joke
kujeilla (play) trick(s), pull pranks, joke around
kuka who *kenen, keiden* whose *kuka heistä* which of them *Kuka tykkää, kuka ei* Some like it, some don't
kukaan anyone, anybody *ei kukaan* no one, nobody *ei kukaan muu* no one else, nobody else, no other person
kuka hyvänsä anyone, anybody *Tekipä sen kuka hyvänsä* Whoever did/does it *kuka hyvänsä joka* anyone who
kuka kulloinkin different people at different times
kukallinen flowery
kuka milloinkin different people at different times

kuka tahansa anyone, anybody *Tekipä sen kuka tahansa* Whoever did/does it *kuka tahansa joka* anyone who
kukaties maybe
kukikas flowery
kukin each, every one, everyone, everybody *kukin meistä* each of us, every one of us *Kukin menköön kotiinsa!* Everybody go home! *Se oli hyvä opetus itse kullekin meistä* It was a good lesson for all of us
kukinta blooming, flowering
kukinto inflorescence
kukistaa 1 (kaataa) topple, overthrow **2** (taltuttaa) quell, subdue, suppress
kukistua fall, topple, be overthrown
kukittaa give (someone) flowers, present flowers (to someone)
kukka flower, (puussa) blossom
kukkakaali cauliflower
kukkakauppa florist's, florist's shop
kukkakauppias florist
kukkakimppu bouquet
kukkalaatikko flower box
kukkamajakko (flower) vase
kukkanen flower
kukkaro coinpurse, pocketbook *sopia joka kukkarolle* suit every pocketbook *elää kuin Herran kukkarossa* have it good, be in clover
kukkia blossom, bloom, be in flower/bloom
kukko rooster *olla kukko tunkiolla* rule the roost *Hänelle ei kunnian kukko laula* He may get into trouble, he'll come to grief/no good
kukkoilla boast, brag, strut
kukkokiekuu! cock-a-doodle-doo!
kukkua 1 (käki) call 'cuckoo' **2** (ihminen: valvoa) stay up (late)
kukkula hill *kukkulan kuningas* king of the hill *onnensa kukkuloilla* on top of the world, in seventh heaven *maineensa kukkuloilla* in your glory, at the height of your fame
kukkulainen hilly
kukkura heaping *kaiken kukkuraksi* to crown/top it all, to boot *kukkura lusikallinen* heaping spoonful

kukkurakaupalla

kukkurakaupalla by the armload, loads, tons, heaps
kukkurallaan heaping, piled high
kukkuramitalla heaping
kukoistaa 1 (kukka) blossom, bloom **2** (ihminen) flourish, thrive, prosper
kukoistava 1 (kukka) blooming **2** (ihminen: hyvin toimeentuleva) flourishing, thriving, prosperous; (terve) ruddy with health
kukoistus bloom, flush *nuoruuden kukoistus* the prime of your life
kukoistuskausi golden age
kulaus swallow, swig, gulp
kulauttaa guzzle, (ark) chug(-a-lug)
kulho bowl
kulissien takainen behind-the-scenes
kulissit wings *kulissien takana* behind the scenes, backstage
kuljeksia 1 (ajelehtia) drift **2** (vaellella) roam, ramble, wander **3** (maleksia) idle, loaf, laze around
kuljettaa 1 (tavaroita) transport, ship, convey **2** (ihmisiä: autolla) drive; (kädestä pitäen) usher, lead, see, guide **3** (autoa, konetta) drive, run, operate **4** (kiekkoa) dribble
kuljettaja 1 (auton) driver, chauffeur **2** (koneen) operator
kuljetus transportation
kulkea 1 (käydä) go, walk, travel, run *kulkea junalla* take the train, go/travel by train *kulkea huoneesta toiseen* walk from room to room *kulkea lyijyttömällä bensiinillä* run on unleaded gas, take unleaded gas **2** (kuljeksia) roam, ramble, wander **3** (ajelehtia) drift *Henki ei kulje* He can't breathe *Suksi ei kulje* My ski keeps sticking, won't slide
kulkea kohti approach something
kulkea ohi pass by
kulkea perintönä be handed/passed down
kulkea yli cross
kulkeutua drift *kulkeutua tuulen mukana* drift with the wind, let the wind carry you *Sisälle kulkeutunut hiekka* Sand that had been tracked into the house *tarinoiden kulkeutuminen suusta suuhun* passing stories on from one person to another
kulkija 1 (kulkuri) vagabond, tramp, man of the road **2** (vaeltaja) wanderer, rover
kulku 1 (liike) motion; (eteenpäin) (forward) progress; (koneen) running, operation *hätistää hevosta kulkuun* start the horse walking, prod the horse into motion *Juna on kulussa vain lauantaisin* The train only runs on Saturday *poistaa kulusta* take (something) out of service *ajatusten kulku* train/chain of thoughts **2** (pääsy) access *vaivalloinen kulku huvilalle* difficult access to the summer house, a summer house that's hard to get to **3** (kehitys) course, development, progress *historian/ajan/elämän kulku* the course of history/time/life *taudin kulku* the progress/course of the disease *tapahtumien kulku* the chain/course of events *kehityksen kulku* progress
kulkue parade, processional
kulkukelvoton impassable
kulkukissa stray cat
kulkulaitos communication system
kulkulupa pass
kulkunen (sleigh/jingle) bell
kulkuneuvo vehicle *yleiset kulkuneuvot* public transportation
kulkuri tramp, hobo, vagabond, drifter
kulkusuunta direction, (laivan) course *istua kulkusuuntaan* sit facing forward
kulkutauti infectious/contagious disease; epidemic
kulkuväline vehicle
kulkuyhteys connection *Onko täältä kulkuyhteys Tampereelle?* Is there any way for me to get to Tampere from here?
kullankaivaja gold-digger, prospector
kullata gild (myös kuv)
kulloinenkin relevant, respective, in question *sanan kulloinenkin merkitys* the contextually relevant meaning of the word
kulloinkin at any given time *kuka kulloinkin on kotona* whoever's home (at a given time)

kuluttaa

kulma 1 (nurkka) corner *kääntyä toisesta kulmasta vasemmalle* take the second left *meidän kulmilla* in our neighborhood **2** (mat) angle *suorassa kulmassa johonkin* at right angles to, perpendicular to **3** (kulmakarva) eyebrow
kulmahammas eyetooth
kulmakarvat eyebrows
kulmikas 1 (muoto) angular **2** (käytös) awkward, clumsy **3** (ihminen) difficult
kulmittain diagonally; (ark) kittycorner, cattycorner
kulottaa burn off/over
kulovalkea brushfire *levitä kuin kulovalkea* spread like wildfire
kulta 1 gold *Ei kaikki ole kultaa mikä kiiltää* All that glitters is not gold *olla kullan arvoinen* be worth your weight in gold **2** (rakas) dear, honey, sweetie; (rakastettu) darling, sweetheart *Tulisitko kulta tänne?* Could you come here please honey?
kulta-aratti (lintu) golden conure
kultahamsteri golden hamster
kultaharkko gold ingot; (mon) (gold) bullion
kultahääpari couple celebrating their golden wedding anniversary
kultahäät golden wedding anniversary
kultainen 1 gold(en), (kullattu) gilded **2** (onnellinen) wonderful, wondrous *kultaiset ajat* halcyon days **3** (suloinen) sweet, charming
kultainen keskitie happy medium
kultainen laskuvarjo golden parachute
kultainen leikkaus golden section
kultainen sääntö golden rule
kultajänis agouti
kultakaivos goldmine (myös kuv)
kultakuume gold fever
kultalevy gold record
kultaseppä goldsmith; (liikkeen pitäjä) jeweler
kultasepänliike jeweler('s store)
kultasormus gold ring
kultaus (kultaaminen) gilding, (kultasilaus) gilt
kultivoitunut cultivated
kulttuuri culture
kulttuurielämä cultural life, culture

kulttuurihistoria cultural history
kulttuuri-imperialismi cultural imperialism
kulttuuriperinne cultural tradition
kulttuuriperintö cultural heritage
kulttuuripolitiikka cultural (and educational) policy
kulttuurirahasto cultural fund
kulttuuritoiminta cultural endeavor
kulttuurivaikutus cultural influence
kulttuurivallankumous cultural revolution
kulua 1 (vaat tms) wear (out/thin/down jne) **2** (raha) get spent, go; (ruoka) get eaten/consumed *Meiltä kului sillä viikolla valtavasti rahaa/ruokaa* We went through an enormous amount of money/food that week **3** (aika) pass/go (by) *Minulta kului koko päivä siihen* I worked on it the whole day, it took me the whole day to do it *En saa aikaa kulumaan* I'm bored *kuluva viikko/vuosi* this week/year
kulua hukkaan be wasted/squandered
kulua umpeen expire, be up *Aikasi on kulunut umpeen* Your time's up, it's time
kulua vähiin (be) run(ning) out
kuluessa during, (with)in *muutaman päivän kuluessa* (with)in a few days, in the next few days *vuosien kuluessa* over the years
kulumaton 1 (ei kulu) long-wearing, tough **2** (käyttämätön) unworn
kulunut 1 (vaate tms) (well-)worn, (loppuun) worn-out, threadbare **2** (fraasi tms) clichéd, trite, hackneyed **3** (vuosi tms) last, the past *kuluneena vuonna* last year, during the past year
kulut expense(s), cost(s) *kulujen peittämiseksi* to cover (your own) costs/expenses
kuluttaa 1 (vaatetta) wear out **2** (rahaa) spend, (ark) blow **3** (aikaa) spend *kuluttaa hankkeeseen kokonainen viikko* spend a whole week doing a project, take a whole week to do a project **4** (voimia) tax, tire; (hermoja) strain, wear on **5** (ruokaa) eat, consume **6** (kulutustavaroita, sähköä tms) consume *Paljonko se kuluttaa (bensiiniä)?*

kuluttaa loppuun

What kind of mileage does it get? *Se kuluttaa 10 litraa sadalla kilometrillä* It gets 25 miles to the gallon
kuluttaa loppuun use up, (luonnonvaroja) deplete
kuluttaa pois wear off/away
kuluttaja consumer
kuluttaja-asiamies consumer ombudsman
kuluttajahintaindeksi consumer price index
kuluttajansuoja consumer protection
kuluttajansuojalaki consumer projection act/law
kulutus 1 (vaatteen tms) wear (and tear) **2** (tavaroiden tms) consumption *bensiinin kulutus* mileage
kulutushysteria (wild/unrestrained) consumerism
kulutustavarat consumer goods
kumahtaa boom, resound, echo; (iso kello) toll *saada kumahtava isku päähän* get your bell(s) rung
kumara bent/hunched (over), stooped
kumarrus bow (myös kuv)
kumartaa (take a) bow, bow (down) (myös kuv) *kumartaa jollekulle* bow down to/before someone, pay your respects to someone *kumartaa kuvia* worship appearances
kumartelija yes-man, toady, flatterer; (sl) asslicker
kumartua (nostamaan tms) bend down, (lukemaan tms) bend over
kumaus crack, bang *saada kunnon kumaus takaraivoon* get smacked good in the back of the head
kumea dull, hollow
kumi 1 rubber (myös kondomi) **2** (koulukumi) eraser **3** (sisäkumi) inner tube *Meillä on kumi puhki* We've got a flat (tire)
kumina 1 (ääni) boom(ing) **2** (kasvi) caraway (seed)
kuminauha elastic (band); (kumilenkki) rubber band
kuminen rubber; (kumimainen) rubbery
kumisaapas rubber boot
kumista boom, resound, echo

kumma 1 (omituinen) strange, odd, weird *joku kumma tyyppi* some weirdo/oddball **2** (hämmästyttävä) surprising *katsoa kummissaan* watch in astonishment **3** (ihme) wonder *Kuka kumma tuo mies on?* I wonder who that guy is? Who on earth could that be? *Mitä kummaa sinä teet?* What on earth are you doing? *Ihme ja kumma!* What do you know! Will wonders never cease! Surprise surprise! **4** *ei mitään sen kummempaa* nothing much *Ei se kummia maksa* It doesn't cost an arm and a leg *Ei siinä käynyt sen kummemmin* That's all that happened, nothing more than that happened
kummakseni kuulin much to my surprise they told me, I heard
kumma kyllä surprisingly/strangely enough
kummallinen strange, odd, weird
kummastella wonder/marvel (at), find (something) strange/odd
kummasti surprisingly, amazingly, astonishingly *Saatiin kummasti aikaan lyhyessä ajassa* We got an amazing amount done in a short time
kummastus surprise, amazement, astonishment
kummastuttaa surprise, amaze, astonish
kummeliturska hake
kummi godparent
kummilapsi godchild
kumminkin ks kuitenkin
kummipoika godson
kummisetä godfather
kummitella (be) haunt(ed) *Talossa kummittelee* The house is haunted *Se kummitteli vielä pitkään hänen mielessään* It bothered/troubled him for a long time afterwards, he couldn't get his mind off it, get it out of his mind
kummitus ghost, (ark) spook *pelotella ihmisiä sodan kummituksella* scare people with the bogeyman of war
kummitusjuttu ghost story
kummitustalo haunted house
kummityttö goddaughter
kummitäti godmother

kummivanhemmat godparents
kumollaan overturned, upside-down; (vene vedessä) capsized
kumoon (lasi tms) over, (ihminen tms) down *kaataa pöytä kumoon* tip the table over *mennä kumoon* (kuv) fall through/short, collapse; (ark) flop
kumossa upside-down, bottomside-up, turned over
kumota 1 (lasi tms) tip/turn/tilt over; (vene vedessä) capsize **2** (laki) repeal, (vaalit) invalidate, (avioliitto) annul, (tuomio) reverse, (määräys) overrule, (teoria) disprove, (huhu) deny **3** (hallitsija) overthrow **4** (toisensa) cancel (each other) out **5** (tietok) abort
kumouksellinen s revolutionary, rebel adj revolutionary, subversive
kumouksellisuus subversiveness, revolutionary spirit
kumous (vallankaappaus) coup (d'etat); (vallankumous) revolution; (kapina) revolt, rebellion; (kansannousu) popular uprising
kumoushanke revolutionary/subversive plot, plot to overthrow the government
kumpare mound
kumpi which (one (of us/you/them))
kumpikaan either (one (of us/you/them)) *ei kumpikaan* neither (one (of us/you/them))
kumpikin (molemmille) both (of us/you/them), (erikseen) each (of us/you/them) *Siitä riitti meille kummallekin* There was enough for both of us *Riitti yksi meille kummallekin* There were enough so that each of us got one
kumpi tahansa whichever *Ota kumpi tahansa* Take whichever (one) you want/like
kumppani (elämän) companion, (liikekumppani) partner
kumpu mound
kumpuilla 1 (kummuta) well/spring up/forth **2** (olla kumpuinen) be rolling/hilly
kumulatiivinen cumulative
kun 1 (silloin kun) when *Tööttää kun tulet* Honk when you come **2** (samalla kun) as, while *Seija lähti, kun sinä olit puhelimessa* While you were on the phone, Seija left *Kun selitit sitä, muistin että* As/while you were explaining all that, I remembered that **3** (kun taas) while, where(as) *Vaimoni syö mielellään ruisleipää, kun minä taas vehnäleipää* My wife likes rye bread, while I prefer wheat **4** (siksi kun) because, as, since *No kun kerran kysyt* Well, since you ask *Tulin jo nyt, kun ajattelin että* I came early because I thought that **5** (jos) if *Kun ei niin ei* If that's the way you want it, fine **6** (kun vain) if only *Kun Mikko olisi täällä* If only Mikko were here **7** *ei kun* no *A: Sinäkö tämän teit? B: Ei kun Hannu* A: Did you do this? B: No, Hannu did

kuningas king, monarch *kukkulan kuningas* king of the hill *elää kuin kuningas* live like a king *kuningas alkoholi* demon gin
kuningaskalastaja (lintu) kingfisher
kuningaskotilo whelk
kuningaskunta kingdom, monarchy
kuningastukaani toco toucan
kuningatar queen *juhlien kuningatar* belle of the ball
kuninkaallinen 1 royal, regal, kingly **2** (ylenpalttinen) princely *kuninkaalliset pidot* a feast fit for a king
kuninkuus kingship, royalty
kunnallinen (hallinto) local; (kaupunki-) municipal, (maalais-) county
kunnallishallinto local government
kunnallisoikeus municipal/county law
kunnallispolitiikka local/municipal/county politics
kunnallistaa bring (something) under municipal/county ownership
kunnallistalous municipal/county finances
kunnallistekniikka (municipal/county) utilities
kunnallisvaalit local elections
kunnallisvero city/country tax
kunnallisverotus local taxation
kunnanhallitus local government
kunnanjohtaja city/county manager
kunnanvaltuusto city/county council

kunnanvaltuutettu city/county council member
kunnes until, til
kunnia honor, glory *kunnian kentällä* on the field of honor/glory *Jumalan kunniaksi* to the (greater) glory of God *ottaa jostakin kaikki kunnia* take full credit for something *Minulla on kunnia esitellä* I have the honor/privilege to introduce *kuulla kunniansa* get chewed out, told off *käydä kunnialle* wound your pride *Sen kunniaksi!* Let's/I'll drink to that! *tehdä kunniaa* (sot) salute *olla kunniaksi jollekulle* be a credit to someone
kunniakas 1 (kunnioitettava) honorable, creditable **2** (loistava) glorious, illustrious
kunniakirja certificate of honor
kunniallinen honorable, respectable, honest, fair *kunniallinen mies* honorable/respectable/honest man *kunniallinen hinta* honest/fair price
kunniallisesti honorably, honestly, fairly
kunniamaininta honorary mention
kunniamerkki medal (of honor), decoration
kunnianimi honorary title
kunnianloukkaus defamation (of character); (kirjallinen) libel, (suullinen) slander
kunnianosoitus honor, homage, tribute; (aplodit) ovation
kunniapaikka place of honor
kunniapalkinto special prize
kunniasanalla on my word of honor
kunniatohtori honorary doctor
kunniaton disreputable, dishonorable
kunnioitettava 1 (kunnioitettu) respected, esteemed, honored **2** (kunnioituksen arvoinen) respectable, estimable **3** (huomattava) respectable, considerable, good-sized
kunnioittaa (have) respect (for), (hold in) esteem, honor *kunnioittaa vainajaa* honor the deceased, pay your respects to the deceased, pay homage/tribute to the deceased *kunnioittaa ylenpalttisesti* venerate, revere
kunnioittaen sincerely, respectfully

kunnioitus respect, esteem, veneration, reverence *kaikella kunnioituksella* with all due respect *kunnioitusta herättävä* awe-inspiring, imposing
kunnittain by city/county
kunnolla right, properly *tehdä jokin kunnolla* do something right/properly/well, (loppuun) finish the job *olla kunnolla* behave (yourself)
kunnollinen 1 (kunniallinen) respectable, decent, good *kunnollinen tyttö* good/respectable girl *päättää ruveta viettämään kunnollista elämää* decide to go straight **2** (pätevä) capable, competent, good; (todellinen, oikea) real, proper *Kutsuisit kunnollisen putkimiehen* I wish you'd call a real/proper plumber, somebody who knew what he was doing **3** (perusteellinen) thorough, proper, sound *kunnollinen pesu* thorough scrubbing
kunnollisesti properly, well *Juhlat eivät olleet edes kunnollisesti alkaneet* The party had hardly even properly gotten started
kunnon good, decent, proper *kunnon kaveri* good old boy, real pal *vanhat kunnon ajat* good old days *kunnon tyttö* good/decent girl *kunnon ateria* decent/proper meal
kunnon kansalainen good citizen
kunnossapito maintenance, upkeep
kunnostaa 1 (taloa) fix up, repair, renovate **2** (maantietä) resurface **3** (konetta, autoa) overhaul **4** (laivaa) refit
kunnostautua earn distinction, distinguish yourself, make your mark; (ark) win your spurs
kunnostus repair(s), renovation, resurfacing, overhaul(ing), refitting (ks kunnostaa)
kunnoton good-for-nothing, no-account
kunta 1 (kaupunkikunta) municipality, city **2** (maalaiskunta) county **3** (kunnallishallinto) local government
kuntainliitos merger of counties/municipalities, (kaupunki- ja maalaiskunnan myös) city-county merger
kuntainliitto federation of municipalities

kuolinilmoitus

kuntasuunnitelma municipal/county plan/program
kuntasuunnittelu municipal/county planning
kuntauudistus local government reform
kunto condition, shape *hyvässä kunnossa* in good shape/condition *huonossa kunnossa* in bad/terrible shape/condition, (urh) out of shape *Kaikki on kunnossa* Everything's in order, all set, arranged *panna kuntoon* (lelu tms) fix, (talo) fix up, (koti) straighten up, (asiat) (put things in) order *kunnolla, kunnon* ks hakusanat
kuntopyörä exercise bike
kuntourheilija exerciser
kuntourheilu exercise, conditioning
kuntouttaa rehabilitate
kuntoutua get into shape
kuntoutus rehabilitation
kuohahtaa 1 (kahvi tms) boil over 2 (tunteet) boil, seethe
kuohita castrate; (hevonen) geld; (koira tms) spay
kuohkea (maaperä) loose, (munakas tms) light, (kakku) springy, spongy
kuohu 1 (vaahto) froth, foam, (saippuan) lather 2 (kuohunta) surge
kuohua (vaahdota) froth, foam; (hyrskytä) surge, boil; (kuplia) bubble *kuohua vihaa* fume, rage *Lähi-idässä kuohuu* There is unrest in the Middle East, the Middle East is in a state of unrest
kuohukerma whipping cream
kuokka hoe
kuokkavieras gate-crasher
kuokkia 1 hoe 2 gate-crash
kuola drool, slobber
kuolaimet bit
kuolata drool, slobber
kuolema death (myös kuv); (euf) decease, demise *En kuolemaksenikaan muista* For the life of me I can't remember *tuomita kuolemaan* sentence/condemn (a person) to death, pronounce the death sentence
kuolemaantuomittu condemned, (person) sentenced to death

kuolemaisillaan at death's door, dying, near death
kuolemanhiljainen deathly quiet, quiet as the grave
kuoleman kielissä at death's door
kuoleman oma *Olet kuoleman oma!* You're dead meat! You die! You're a dead man!
kuolemanpelko fear of death/dying
kuolemansairas deathly/fatally/terminally ill, at death's door
kuolemantuomio death sentence
kuolemanväsynyt dead tired/beat
kuolematon immortal
kuolemattomuus immortality
kuolettaa 1 (tappaa) kill *kuolettaa nälkään* starve (someone) to death 2 (tukahduttaa) suppress, repress, kill; (usk: lihaa) mortify *kuolettaa elämänilo* repress your joie de vivre *Sillä kirjain kuolettaa, mutta henki tekee eläväksi* For the letter killeth, but the spirit bringeth life *kuolettaa liha* mortify the flesh 3 (lääk) deaden, numb 4 (lainaa) amortize, (velkaa) liquidate; (ark) pay off
kuolettava 1 (tappava) lethal, mortal, fatal, deadly 2 (tylsä) deadly (boring/dull)
kuoletus 1 (tukahduttaminen) suppression, repression, mortification 2 (lääk) deadening, (vanh) anesthesia 3 (lainan) amortization, (lyhennys) mortgage/loan payment, (osamaksu) instalment
kuoleutua 1 (kasvi) die *kuoleutunut puu* dead tree 2 (lihas: surkastua) atrophy, waste (away) *kuoleutunut käsi* wasted hand 3 (lihas: puutua) go numb, (ark) fall asleep *Jalkani on kuoleutunut* My leg fell asleep 4 (laina) be amortized, be paid off
kuolevainen s, adj mortal
kuolevaisuus mortality
kuoliaaksi to death *hakata kuoliaaksi* beat (someone) to death *ampua kuoliaaksi* shoot (someone) dead
kuoliaana dead *maata kuoliaana* lie (there) dead
kuolinilmoitus obituary, (ark) obit

kuolio

kuolio 1 (käden tms) gangrene **2** (lentokoneen) stall *joutua kuolioon* (go into a) stall

kuolla 1 die (myös kuv); (euf) pass away; (leik) kick the bucket *kuolla nälkään* die of starvation, starve to death; (olla kuolemassa, myös leik) be starving **2** (urh) be out

kuollakseen *nauraa kuollakseen* split your sides laughing, bust a gut with laughter *pelätä kuollakseen* be scared to death

kuolla kupsahtaa kick the bucket

kuolleisuus mortality, death rate

kuollut s dead person; (euf) the deceased, the departed; (mon) the dead adj dead (myös urh) *kuollut pallo* dead ball

kuollut ja kuopattu dead and buried/gone

kuomu (konepelti) hood, (kokoonpantava katto) (convertible) top

kuona dross, (kivihiilen) cinder, (metallin) slag *yhteiskunnan kuona* the dregs of society

kuona-aine waste product; (mon) waste matter

kuono 1 (eläimen) snout, (koiran) muzzle **2** (ark) nose *saada kuonoon* get punched in the nose/mouth/face, get a knuckle sandwich *antaa jollekulle kuonoon* knock someone's block off, help someone swallow their lunch *Kuono kiinni!* Shut your face/trap!

kuonokoppa muzzle

kuopata bury

kuopia paw (at)

kuopiolainen person from Kuopio

kuoppa 1 pit, hole; (tien pinnassa) pothole, bump; (pommin tekemä) crater **2** (silmän) socket, pit; (hymykuoppa) dimple **3** (urh: lähtökuoppa) block **4** (ilmakuoppa) (air) pocket **5** (usk: synnin tms) pit **6** (palkkakuoppa) salary lag

kuoppainen potholed, bumpy, pitted

kuoppakorotus catch-up raise

kuopus youngest, (ark) baby (of the family)

kuori 1 (sipulin, perunan, makkaran, keitetyn maidon ym) skin **2** (banaanin, appelsiinin, omenan yms) peel **3** (munan, etanan, pähkinän ym) shell **4** (siemenen, maissin ym) husk **5** (puun) bark **6** (maapallon, leivän) crust **7** (kirjekuori) envelope **8** (lukon tms) case, casing, cover **9** (kirkon) chancel **10** (henkinen) shell *tulla ulos kuorestaan* come out of your shell

kuoria 1 (hedelmää, perunaa tms) peel **2** (sipulia tms) skin **3** (maitoa) skim **4** (munaa, pähkinää tms) shell **5** (siementä, maissintähkää) husk **6** (puuta) strip, peel

kuoriutua 1 (iho, maali tms) peel/flake (off) **2** (munasta) hatch **3** (vaatteistaan) peel, strip

kuorma load (myös kuv), (vain kuv) burden

kuorma-auto truck

kuormata 1 (lastata) load **2** (ottaa kuormaa) hold, carry

kuormittaa 1 (kuormata) load **2** (rasittaa) load down, burden, strain *kuormittaa keuhkoja* put a strain on your lungs

kuormitus load, stress, strain *suurin sallittu kuormitus* maximum load

kuoro choir, chorus *huutaa kuorossa* shout with one voice

kuorolaulaja singer in a choir

kuorolaulu choir/choral singing

kuoromusiikki choir/choral music

kuorruttaa (kakkua) ice, frost; (munkkia sokeriliemellä) glaze

kuorrutus icing, frosting, glaze

kuorsata snore

kuorsaus (yksi) snore, (kuorsaaminen) snoring

kuosi 1 (kankaan) pattern **2** (muoto) shape, style **3** (koristekuvio) design, pattern

kuovi (lintu) Eurasian curlew

kupari copper

kuparikaivos copper mine

kuparikausi Copper Age

kuparinen copper

kupera convex

kuperkeikka somersault *heittää kuperkeikkaa* turn a somersault; (ihminen vahingossa) fly/fall head over heels; (auto) flip/turn over (and over); (hanke) fall to pieces, get all screwed/fouled up

kupillinen cup(ful) *kupillinen kahvia* a cup of coffee
kupla 1 bubble **2** (leik: folkkari) beetle, bug
kuplamuisti bubble memory
kuplia bubble; (shampanja tms) effervesce, sparkle; (maali) blister
kupoli cupola, dome
kuponki coupon
kuponkitarjous coupon discount
kuppa syphilis, (ark) syph
kuppi cup *kahvikuppi* coffee cup/mug *teekuppi* teacup *C-kupin rintaliivit* C(-cupsize) bra
kuppila cafe(teria), coffee house/shop
kupru blister
kupsahtaa topple, tumble *kuolla kupsahtaa* kick the bucket
kupu 1 (kupoli) dome, cupola **2** (liesikupu) hood **3** (juustokupu) cover **4** (lampun) bulb **5** (hatun) crown **6** (kumpare) mound **7** (tunturin laki) crest, top **8** (kaalin kerä) head **9** (linnun ruokatorven laajentuma) craw **10** (ihmisen vatsa) belly, gut *pistää kupuunsa* stuff your face (with something)
kura mud *olla vatsa kuralla* have diarrhea, (ark) have the trots/runs
kuraantua get muddy
kuraattori 1 (valvova opettaja) faculty adviser **2** (museon) curator **3** (kuolinpesän toimitsija) executor
kurainen muddy
kuralätäkkö mud puddle
kurata (get something) muddy
kuri discipline *pitää kurissa* (lapsia) keep (kids) in line; (hintakehitystä tms) keep under control, curb, keep a tight rein on
kuriiri courier, messenger
kurimus whirlpool, vortex, maelstrom
kurinpidollinen disciplinary *ryhtyä kurinpidollisiin toimenpiteisiin* take disciplinary measures/action
kurinpito discipline
kurinpitoasia disciplinary matter
kuriositeetti curiosity
kuristaa strangle, choke, throttle
kuristaja strangler
kuristin choke
kuriton undisciplined, unruly

kurittaa discipline; (rangaista) punish, penalize; (torua) chastise, correct; (antaa selkään) spank *kurittaa ruumistaan* mortify the flesh
kurittomasti in a disorderly/undisciplined/unruly way
kuritus punishment, penance, chastisement, correction, spanking, mortification (ks kurittaa)
kuritushuone penitentiary, (ark) the pen *viisi vuotta kuritushuonetta* five years of hard labor
kurja 1 (huono) squalid, sordid; (ark) lousy, crummy, godawful **2** (raukkamainen) cowardly, (sl) chickenshit **3** (katala) lousy, no-good, dirty, doubledealing **4** (run: poloinen) wretched, miserable *maan kurjat* the wretched of the earth
kurjistaa make (someone) wretched/miserable, force/drive (someone) into poverty, impoverish
kurjistua sink into misery/wretchedness/poverty
kurjuus misery, wretchedness, poverty
kurki 1 (lintu tai nosturi) crane **2** (auran) handle, plowtail
kurkiaura V of cranes
kurkistaa peek/peep (in/out)
kurkistelija Peeping Tom
kurkistella peek/peep (in/out)
kurkistelu peeking, peeping
kurkkia peek/peep (in/out)
kurkku 1 (ruoka) cucumber **2** (ihmisen) throat *olla kurkku kipeä* have a sore throat *kostuttaa kurkkuaan* wet your whistle *olla kurkkua myöten täynnä jotakuta* have had it up to here with someone, be fed up with someone *huutaa täyttä kurkkua* shout at the top of your lungs
kurkkutauti throat disease
kurkkuun *käydä jonkun kurkkuun* hurl yourself/jump at someone's throat *työntää jollekulle luu kurkkuun* shut someone up *Minulle meni luu kurkkuun* I couldn't think of a thing to say (to that) *mennä väärään kurkkuun* go down the wrong way/hatch
kurkotella stretch/reach (out for)

kurkottaa

kurkottaa stretch/reach (out for)
kurkottautua stretch/reach (out for)
kurkussa *olla itku kurkussa* choke back the tears, choke down the sobs *olla pala kurkussa* have a lump in your throat *olla sydän kurkussa* have your heart in your mouth *juosta henki kurkussa* run for your life
kurlata gargle
kurlausvesi mouthwash
kurnuttaa croak
kuroa close (up), pull (at) *Nälkä kuroo suolia* My stomach's rumbling with hunger, hunger's pulling at my stomach
kuroa kiinni tighten, pull/draw tight (with a drawstring)
kuroa umpeen 1 (reikä) stitch/sew up, darn **2** (johto) cut, reduce (the lead), catch up (to)
kurottaa stretch/reach (out for) *Puut kurottavat runkojaan veden ylitse* The trees were leaning out over the water
kurpitsa (laji) cucurbit; (iso) pumpkin, (pieni) squash
kursailematon unhesitating, unceremonious, informal, casual, offhand
kursailematta without hesitation, without standing on ceremony, casually, offhand
kursailla hesitate, hang back *Älkääs nyt kursailko!* Don't be shy, don't stand on ceremony, make yourselves at home
kursiivi (kirjassa) italics, (kauno) cursive
kursivoida italicize
kursori (tietok) cursor
kursorinen cursory
kurssi 1 (laivan tms suunta) course, tack *ottaa kurssi suoraan pohjoiseen* set a course due north, set a northerly course *kurssissaan* on course *muuttaa kurssiaan* change course, (vars kuv) take a new tack **2** (oppimäärä, opintojakso) course (of study), class *suorittaa neljän vuoden taloustieteen kurssi* complete a four-year course of studies in economics, earn a four-year degree in economics *käydä englannin kurssilla* take a course/class in English, an English course/class **3** (vuosikurssi) class *vuoden 1992 kurssi* the class of 1992 **4** (vaihtokurssi tms) rate *huonossa/hyvässä kurssissa* at a discount/premium
kurssilainen participant (in a course)
kurttu wrinkle *kurtussa* wrinkled, wrinkly *laittaa kulmat kurttuun* knit your brows
kurttuinen wrinkled, wrinkly
kurvata curve, swerve, (take a) corner
kurvi curve
kusettaa 1 *Minua kusettaa* I gotta take a leak **2** (huiputtaa) cheat, con, take someone for a ride
kusi urine, (sl) piss
kusipää (sl) shithead, asshole
kuskata (ihminen) drive, take; (tavaraa) haul, take
kuski driver
kusta (sl) piss
kustannus 1 (maksaminen) paying, funding **2** (kulu) cost, expense, expenditure *tehdä jotain jonkun kustannuksella* do something at someone's expense *pitää hauskaa jonkun kustannuksella* make fun of someone, poke fun at someone, laugh at someone **3** (julkaiseminen) publishing, publication
kustannusarvio cost estimate
kustannusliike publishing house/firm, publisher
kustannussopimus publishing contract
kustannustaso level of expenditure
kustantaa 1 (maksaa) pay (for), cover the cost/expense (of) **2** (julkaista) publish
kustantaja publisher
kustos (kokoelman tms) custodian; (väitöstilaisuuden) presiding official
kutakuinkin 1 (verrattain) fairly, reasonably, pretty **2** (likimain) almost, just about **3** (jotenkuten) more or less
kuta...sitä the...the *kuta enemmän, sitä parempi* the more the better
kutea 1 spawn **2** (sl: rakastella) fuck
kuteet (ark) threads
kuten 1 (niin kuin) as *Kuten me kaikki tiedämme* As we all know *Kuten sanottu* As I was saying **2** (jonkin/jonkun

tavoin) like *kuten hullu* like a madman **3** (kuten myös) as well as *tytöt kuten pojatkin* the girls as well as the boys **4** (kuten esimerkiksi) such as, for example, e.g. *nilviäiset, kuten etanat* molluscs, such as/for example/e.g. snails/slugs

kuti 1 (interj) *Kuti kuti!* Coochie coochie coo! **2** *pitää kutinsa* (aikataulu) be accurate, not be off; (väite) hold water, be true

kutiaa 1 (on herkkä kutitukselle) tickles, is ticklish **2** (kutisee) itches, is itchy/scratchy

kutina tickle, itch

kutista itch, be itchy/scratchy

kutistaa 1 shrink, (lääk ja tekn) contract **2** (tietok) (ikkunaa) minimize

kutistua shrink, (lääk ja tekn) contract

kutistumaton unshrinkable, shrink-proof, non-shrink

kutistuminen shrinkage, contraction

kutittaa 1 (panna nauramaan) tickle **2** (raavittaa) itch

kutkuttaa tickle, titillate

kutkutus titillation

kutoa 1 (kangaspuilla) weave **2** (puikoilla) knit **3** (verkkoa, myös kuv) spin *kutoa unelmia tulevaisuudesta* spin out fantasies about the future *kutoa juonen säikeet yhteen* tie up the loose ends of the plot

kutoja weaver, knitter, spinner

kutojamuurahainen weaver ant

kutomo textile mill

kutrit curls, locks

kutsu 1 invitation, call, subpoena *kutsu juhliin* an invitation to a party *kaukomaiden kutsu* the call of faraway places *saada kutsu isiensä tykö* (raam) be gathered up to your fathers *noudattaa Jumalan kutsua* heed God's call *kutsu saapua oikeuteen todistajaksi* subpoena to appear as a witness **2** *kutsut* party

kutsua invite, call *kutsua juhliin/luennoimaan* invite to a party, to give a lecture *kutsua kissaa syömään* call a cat to dinner *Liikeasiat kutsuivat hänet Tampereelle* He was called to Tampere on business *Tulit kuin kutsuttuna* Speak of the devil *kutsua lääkäri* call (for) a doctor, send for a doctor *kutsua palolaitos* call the fire department

kutsua aseisiin/palvelukseen draft

kutsua järjestykseen call for order

kutsua koolle/kokoon convene

kutsua kotiin (dipl) recall

kutsua oikeuteen todistajaksi subpoena

kutsua seuraavaksi todistajaksi call as your next witness

kutsua tekijä esiin (teatterissa) call for the author

kutsua virkaan hire (someone) by invitation, offer (someone) a job

kutsumaton uninvited

kutsumattomasti without an invitation, without being invited

kutsumus calling, vocation

kutsunnat draft

kutsut party

kutsuvieras (invited) guest, guest of honor

kutu spawn

kutupaikka spawning ground(s)

kuu 1 moon *tavoitella kuuta taivaalta* reach for the stars *kävellä kuussa* walk on the moon, moonwalk **2** (kuukausi) month *viime kuussa* last month

Kuuba Cuba

kuubalainen s, adj Cuban

kuudes sixth

kuudeskymmenes sixtieth

kuudesosa sixth

kuudessadas six-hundredth

kuudesti six times

kuudestoista sixteenth

kuukahtaa tumble/topple/fall down/over; (uneen) drop off, (ark) crash

kuukausi month *Hän on seitsemännellä kuukaudella* She in her seventh month, she's six months pregnant

kuukausipalkka monthly salary *olla kuukausipalkalla* be salaried, be paid by the month

kuukausittain monthly, by the month

kuukautiset menstrual period, menstruation; (ark) period *saada ensimmäiset kuukautiset* begin to menstruate, get your first period, enter menarch

kuula

kuula 1 ball **2** (luoti) bullet; (hist) ball, (kanuunan kuula) cannonball *ampua kuula kalloon* put a bullet in your/someone's head **3** (urh) shot *työntää kuulaa* put the shot
kuulakynä ballpoint pen
kuulakärkikynä ballpoint pen
kuulantyöntö shotput
kuulas 1 (ilma) bright, clear **2** (vesi) clear, transparent, limpid **3** (tyyli) lucid
Kuule(han)! Listen! Look (here)! Hey! *Kuules nyt* Oh come now, come on
kuulemiin (good)bye
kuulemma (so) I hear *Nyt on kuulemma minun vuoroni* They tell me it's my turn *Niin, kuulemma* Yes, so I hear, so they say, so they tell me
kuulento moonflight
kuulevinaan *ei olla kuulevinaan* pretend not to hear *olla kuulevinaan* think you hear
kuuliainen obedient, dutiful
kuuliaisesti obediently, dutifully
kuulija listener, hearer; (mon) audience *Arvoiset kuulijat!* Ladies and gentlemen!
kuulijakunta audience
kuulla hear *Kuulin, että olet lähdössä* I hear you're leaving (us), somebody told me you're leaving *kuulla todistajaa* hear/question a witness *Kaikkea sitä kuuleekin!* (pötyä) What a load of garbage/nonsense! (ihmeellistä) That's incredible/unbelievable! You've got to be kidding/joking! I can't believe it! *Onkos moista kuultu!* Have you ever heard the likes of it? Can you believe it? *Siinäs kuulit!* I guess (s)he told you! There, you see?
kuullen *jonkun kuullen* within earshot of someone, in someone's hearing *lasten kuullen* in front of the children *kaikkien kuullen* publicly, (leik) in front of God and everybody
kuulo hearing *Se ei tule kuuloonkaan* No way, under no circumstances, it's out of the question *olla kuulolla* keep your ears to the ground *teroittaa kuuloaan* prick up your ears
kuuloaisti sense of hearing

kuuloke 1 (puhelimen) handset, receiver *pistää kuuloke kiinni* hang up **2** (stereoiden tms, yl mon) earphone(s), headphone(s)
kuulopuhe hearsay
kuulostaa sound (like) *Tuo kuulostaa hauskalta* That sounds nice, that sounds like fun
kuulostella 1 (kuunnella) listen (for) **2** (tiedustella) ask (for/around about), try to find
kuulovamma hearing impairment
kuulovammainen s hearing-impaired person adj hearing-impaired
kuultaa show, gleam, shine, be dimly visible
kuulu famous, famed, celebrated, well-known
kuulua 1 (kantautua korviin) carry, be heard/audible *Huuto kuului kauas* The shout carried a long way, could be heard a long ways off *Kuuluu askelia* I hear footsteps *Ei kuulu!* I can't hear you! *Annahan kuulua!* Out with it! Spit it out! Cough it up! **2** *Mitä kuuluu?* How are you doing? What's new? *Kerro mitä kaupunkiin kuuluu* What's new in town? **3** *Poikaa ei näy, ei kuulu* We've had no word from him *Tyttöä ei kuulunut ulos saunasta* There was no sign of her from the sauna, she was still in the sauna *Annahan kuulua itsestäsi* Let us hear from you, don't be a stranger **4** *Kuinka kuuluu genetiivi sanasta hevonen?* What's the genitive for 'hevonen'? *Vastaus kuuluu näin* Here's the reply, the reply goes (something like) this **5** (kuulostaa) sound *Tuo alkaa joltain kuuluа!* That's more like it! *Äänestä kuului, että* You could tell from his voice that **6** (olla jonkun oma) belong *kuulua toisilleen* belong to each other *kuulua puolueeseen* belong to the party, be a party member *Kenelle nuo viljelykset kuuluvat?* Whose fields are those? *Mitä se sulle kuuluu?* It's none of your business! *Kunnia sille jolle kunnia kuuluu* (Let's give) credit where credit is due **7** (olla oikea paikka) belong, go *Mihin juomalasit kuuluvat?* Where do the glasses go/

kuumuus

belong? Where do you keep your glasses? **8** (sisältyä) be included *Tarjoilupalkkio kuuluu hintaan* Price includes tip/gratuity *Pakettimatkaan kuuluu neljä hotelliyötä* The package deal includes four nights in a hotel **9** (olla yksi joukosta) be one of, be among *Kirjakokoelma kuuluu maailman hienoimpiin* It's one of the world's finest collections (of books), this collection is one of the finest in the world *Se kuuluu tehtäviini* That's what I'm paid for, that's one of my jobs, one of the things this job entails **10** (täytyä) be supposed/expected/oblig(at)ed to, have to *Se kuuluu laittaa näin* It's supposed to go like this *Sinun kuuluisi kyllä olla vieraiden kanssa* You should be out with your guests, you really ought to be with your guests *Sehän kuuluu asiaan* It's only right (that you do it), that's part of the deal *asiaan kuuluva* appropriate, proper, relevant

kuuluisa 1 (hyvistä asioista) famous, famed, celebrated, renowned **2** (pahoista asioista) infamous, notorious

kuuluisuus 1 fame, celebrity, renown **2** (ihminen) celebrity

kuulumaton inaudible *ennen kuulumaton* unheard-of

kuulumattomiin *häipyä kuulumattomiin* (ääni) fade (out, into the distance), die out; (ihminen) disappear without a trace, take off without leaving word (of where he can be reached), without even a card *kuulumattomissa* out of earshot

kuulustelija 1 (kokeen pitäjä) examiner **2** (poliisi tms) interrogator

kuulustella 1 (antaa koe) examine **2** (kysellä) interrogate, question, (todistajaa oikeudessa) cross-examine

kuulustelu 1 (koe) examination **2** (poliisien tms) interrogation, questioning, (todistajan, oikeudessa) cross-examination

kuuluttaa announce *Heidät kuulutettiin sunnuntaina* (hist) Their wedding banns were published Sunday; (nyk) their wedding was announced in church Sunday *kuuluttaa jalkapallo-ottelu* sportscast/announce a football game, be the sportscaster/announcer at a football game

kuuluttaja announcer, (urh) sportscaster

kuulutus announcement; (hist: avioliittokuulutus) wedding banns

kuuluvasti audibly, (kovaa) loudly, (selvästi) clearly

kuuluvilla within hearing/earshot

kuuluvuus (äänen) audibility, (radiosignaalin) reception

kuuma hot *kuuma keskustelu* heated discussion *juoda kuumaa* drink hot liquids *käydä kuumana* rage/storm around, fume, be furious, be hot under the collar *Hänelle tuli kuumat paikat* He was on the hot seat

kuuma linja hotline

kuuma peruna hot potato (myös kuv)

kuumasti hotly, with heat

kuuma vesi hot water

kuumavesihana hot water faucet

kuume fever, temperature *mitata kuume* take someone's temperature *40 asteen kuume* a 104-degree temperature *olla kuumeessa* run a fever/temperature

kuumeilu (running a) fever

kuumeinen feverish

kuumeisesti feverishly

kuumemittari thermometer

kuumennus heating

kuumentaa heat (up) *liikaa kuumennettu* overheated

kuumentua heat up *kuumentunut tilanne* inflamed/explosive situation

kuumetauti fever

kuumiltaan (while you're/it's/we're/they're) hot *tarjoilla piirasta kuumiltaan* serve the pie (piping) hot *kirjoittaa sana muistiin kuumiltaan* write a word down while it's fresh in your memory

kuumissaan (lämmöstä) hot, sweltering, dying with/of/in the heat; (innosta) burning/feverish/glowing with excitement

kuumottaa glimmer, gleam, shimmer

kuumuudenkestävä heat-resistant

kuumuus heat

kuuna päivänä *ei kuuna päivänä* never in a blue moon
kuunari schooner
kuunnella listen, pay attention to *kuunnella toisella korvalla* listen with half an ear *kuunnella mielellään omaa ääntään* like the sound of your own voice *Kuuntelen!* I'm listening! (radiossa) Over!
kuunnella keuhkoja (lääk) auscultate/stethoscope the lungs
kuunnella luentoja attend lectures
kuunnella salaa (kuuntelulaitteella) tap (someone's phone), bug (someone's apartment); (korvalla) eavesdrop
kuunnelma radio play
kuuntelija listener
kuunteluoppilas auditor
kuuraketti moon rocket
kuuro s 1 (kuulovammainen) deaf person 2 (sadekuuro) shower adj deaf *kaikua kuuroille korville* fall on deaf ears
kuuroittain in showers
kuuromykkä deafmute
kuusi 1 six 2 spruce, fir *Sitä kuusta kuuleminen jonka juurella asunto* Don't bite the hand that feeds you
kuusikulmio hexagon
kuusikymmenluku the sixties
kuusikymmentä sixty
kuusikymmenvuotias s sixty-year-old, sexagenarian adj sixty (years old)
kuusimetsä fir/spruce forest
kuusinkertainen sixfold
kuusinumeroinen six-digit
kuusiosainen six-part
kuusipeura fallow deer
kuusisataa six hundred
kuusisylinterinen six-cylinder
kuusitoista sixteen
kuusitoistavuotias s sixteen-year-old adj sixteen (years old)
kuusituhatta six thousand
kuusivuotias s six-year-old adj six (years old)
kuutamo moonlight, moonshine
kuutio 1 cube *leikata kuutioiksi* dice 2 (ark) cubic meter
kuutiometri cubic meter
kuutiotilavuus cubic volume
kuutonen (the number) six
kuutoset sextuplets
kuutosmaat (Euroopan yhteisön perustajamaat) the six countries
kuva 1 picture *Tässä on kuva minusta 10-vuotiaana* Here's a picture of me when I was ten *TV-kuva* TV picture *Yksi kuva puhuu enemmän kuin tuhat sanaa* A picture's worth a thousand words *olla kuvassa mukana* be in the picture 2 (havainnollistava) illustration 3 (kuvio) figure, (kaavio) diagram 4 (valokuva) photograph, (ark) photo, snapshot *Käydäänpäs kuvassa!* Let's get our picture taken! 5 (ark: elokuva) picture, flick *Käydäänpäs kuvissa!* Let's go to the pictures! 6 (peilissä) reflection, image *katsoa omaa kuvaansa peilistä* look at your reflection in the mirror 7 (mieli-/kieli-/muistikuva) image *parantaa Suomi-kuvaa* improve the world's image of Finland *Jumala loi miehen ja naisen omaksi kuvakseen* God created man and woman in his own image *onnellisia tulevaisuuden kuvia* happy images/thoughts of the future *käyttää runoissaan runsaasti raamatullisia kuvia* use lots of Biblical imagery in your poems 8 (ilmetty kuva) spittin' image *Hän on äitinsä kuva* She's the spittin' image of her mother 9 (epäjumala) image, idol *kumarrella kuvia* worship appearances 10 (näkymä) scene *Tulijoita kohtasi kotoinen kuva* The newcomers stepped into a homey scene 11 (käsitys) impression, conception, idea, picture *saada väärä kuva* get the wrong impression/idea *Minulla ei ole minkäänlaista kuvaa Australiasta* I have no conception of Australia, no idea what Australia is like *Minusta Krokotiilimies antoi hyvän kuvan Australiasta* I thought *Crocodile Dundee* gave a pretty good picture of Australia 12 (-tus) *ontuva hevosen kuva* lame excuse for a horse *vanha äijän kuva* (sl) old fart
kuvaaja 1 (valokuvaaja) photographer 2 (elokuvaaja) cinematographer, camera operator 3 (kuvailija) describer, depictor
kuva-alkio (tietok) pixel

kuvaamataide the visual/pictorial arts
kuvaamataito art (class)
kuvaannollinen figurative *kuvaannollinen ilmaisu* figure of speech
kuvaannollisesti figuratively
kuvaava 1 (kirjoitustyyppi) descriptive, expository **2** (tyypillinen) typical, characteristic
kuvailla describe, depict, portray
kuvailu description, depiction, portrayal
kuvake icon
kuvalevy videodisc
kuvalevysoitin videodisc player, video disc player
kuvallinen 1 (kuvitettu) illustrated **2** (kuvaannollinen) figurative
kuvanauha videotape
kuvanauhuri (kasetti) videocassette recorder, VCR, (kelanauha) videotape recorder, VTR
kuvanlukija (tietok, myös skanneri) scanner
kuvanveistotaide sculpture
kuvanveistäjä sculptor
kuvapuhelin videophone
kuvaputki picture tube
kuvaruudunsäästäjä screensaver
kuvastaa reflect, mirror *Järvi kuvastaa pilviä* You can see the reflections of the clouds on the lake *Se vain kuvastaa heidän halukkuuttaan* It just reflects/shows their willingness
kuvastin mirror, (run) looking glass *Kerro, kerro, kuvastin, ken on maassa kaunehin* Mirror, mirror, on the wall, who's the fairest of them all?
kuvasto picture book, illustrated work; (postimyyntiluettelo) (illustrated) catalog
kuvastua 1 be reflected *Patsas kuvastui lammen pintaan* The statue was reflected on the pond's surface *Silmistä kuvastui viha* You could see the anger in his eyes, his eyes blazed with anger **2** (näkyä, häämöttää) show, be visible *Kasvot kuvastuivat heikosti takan valossa* Her face was dimly visible in the firelight, glowed dimly in the firelight *Talo kuvastui iltataivasta vastaan* The house was silhouetted against the evening sky
kuvata 1 (esittää) picture, portray, represent *Romaani kuvaa viime vuosisadan oloja* The novel shows how things were last century, is about life in the last century, is a portrait/representation of life in the last century **2** (kuvailla) describe, depict, portray *Kuvaapa äidille mitä näit* Describe what you saw to Mom **3** (valokuvata) photograph **4** (elokuvata) film, shoot *Punaiset kuvattiin Suomessa Reds* was shot/filmed in Finland
kuvataide the pictorial/visual arts
kuvataiteellinen pictorial, artistic, pertaining to the pictorial/visual arts
kuvateos picture book, illustrated work
kuvatus scarecrow *Minäkö naisin hänet, tuon kuvatuksen!* Me marry him, that scarecrow? *mökin kuvatus* dilapidated shack *miehen kuvatus* poor excuse for a man
kuvaus 1 depiction, description, portrayal, portrait **2** (elokuvaus) filming, shooting **3** (valokuvaus) photographing; (istunto) sitting
kuve 1 loin, flank *vyöttää kupeensa* (vanh) gird your loins **2** (kylki) side *jonkin kupeella* beside, alongside, near/close (to/by)
kuvernööri governor
kuvio 1 (piirros) figure, diagram **2** (koristeellinen) design, pattern **3** (ark) practice, routine *tavalliset kuviot* the way things usually go, standard operating procedure *olla kuvioissa mukana* be in the picture
kuviointi pattern(ing)
kuvitella imagine *Et voi kuvitellakaan, miten raskasta minulla on ollut* You can't (even begin to) imagine how tough things have been for me *Kuvittele!* (Just) imagine/think! *kuvitella mielessään* imagine, picture (to yourself) *kuvitella liikoja/suuria itsestään* have an inflated opinion of yourself
kuvittaa illustrate
kuvittaja illustrator
kuvitteellinen imaginary, imagined, fictional, fictitious

kuvittelu

kuvittelu imagination, fiction, fantasy
kuvitus illustration
kuvottaa disgust, make (someone) sick (to their stomach), turn (someone's) stomach *Sinä kuvotat minua* You make me sick, you make me want to throw up
kW kW (kilowatts)
kvalitatiivinen qualitative
kvalitatiivisesti qualitatively
kvantitatiivinen quantitative
kvantitatiivisesti quantitatively
kvantti quantum, (mon) quanta
kvanttifysiikka quantum physics
kvanttiteoria quantum theory
kvartetti quartet
kvartsi quartz
kvartsikello quartz watch
kvartsikide quartz crystal
kveekari Quaker
kWh kWh (kilowatt hours)
kyetä be able to (do something), be capable of (doing something), be competent/skilled at (something); (seksuaalisesti) get it up *Näytä mihin kykenet!* Show them your stuff!
kyhmy (näkyvä) bump, (tuntuva) lump *kyhmy rinnassa* a lump in your breast
kyhätä kokoon 1 (kirjoitelma) dash off **2** (rakennelma) knock/put together **3** (ateria) throw together
kykenemätön incapable, unable, incompetent
kykenevä capable, able, competent
kykkiä crouch, squat
kyklooppi Cyclops
kyky 1 (edellytys) (cap)ability, capacity *henkiset kyvyt* mental abilities/faculties *kyky ajatella johdonmukaisesti* capacity for logical reasoning *kyky iloita muiden kanssa* the ability to share other people's joy **2** (lahja) gift, talent *osoittaa selvää taiteellista/hallinnollista kykyä* show a real talent/gift for art/administration, have clear/obvious artistic/administrative talents/gifts **3** (lahjakas ihminen) talent *katsella uusia kykyjä* have a look at the new talent
kyljellään on its side
kyljys chop

kylki 1 rib (myös ruokana) **2** side *kääntyä kyljelleen* turn (over) on your side
kylkiluu rib
kylliksi enough *kylliksi iso* big enough *kylliksi rahaa* enough money
kyllin enough *kyllin iso poika* a big enough boy
kyllä 1 yes, (ark) yeah *A: Ajahan varovasti B: Kyllä kyllä* A: Drive carefully B: Yeah yeah **2** (tosin) true *Hän on kyllä ahkera, mutta tyhmä* He's industrious all right, but stupid; he works hard enough, he's just plain dumb; true, he's a hard worker, but that doesn't make him any smarter *En kylläkään tiedä, mutta oletan niin* I don't really know, but I assume so; true, you're right, I don't know, I just think so **3** enough *kumma kyllä* strangely/surprisingly enough **4** (kyllähän) do too *Kyllä sinä tiedät* You do too know *Osaat kyllä, jos vain haluat* You can too do it, if you want to *Saattaa kyllä olla* Could be *Kyllähän siitä oli puhetta* We did talk about it *Minä en kyllä mene!* Well I'm not going! *Kyllä sinun kelpaa!* You're so lucky! *Kyllä meidän poika osaa!* That's our boy! *Kylläpä täällä on kaunista!* It's so beautiful here! *Kyllä minä vielä näytän* I'll show you yet *syystä kyllä* rightly so, with good reason
kylläinen (täynnä) full; (ark) stuffed; (ylät) sated, replete *Ovatko kaikki kylläisiä?* Did everyone get enough? *purkaa kylläistä sydäntään* unburden your overflowing heart
kyllä kai (vastauksena) I guess/suppose (so) *Kyllä kai sinä tulet?* You're coming, aren't you?
kyllä kiitos 1 (otatko?) yes please **2** (oletko saanut?) yes thanks
kyllästynyt tired/sick (of), fed up/bored (with) *elämään kyllästynyt* tired of life, jaded, world-weary
kyllästys 1 tiredness, weariness, boredom *kyllästyksiin saakka* till you're sick of it, till you hate the very sight/sound of it, ad nauseum **2** (fys) saturation, (puun ja paperin) impregnation
kyllästyttää bore, tire, weary

kyllästyä 1 (johonkin) get tired/sick of, get fed up/bored with *Olen kyllästynyt tähän peliin* I'm tired/sick of (playing) this game, this game bores me **2** (jollakin) be saturated (with)
kyllästää (kem, sähk ja kuv) saturate; (puu, pap ja kuv) impregnate *ahdistuksen kyllästämä elokuva* a movie permeated by existential anxiety, fraught with dread, shot through and through with angst, saturated with the director's fears
kyllä vain sure, why not, of course
kylmentää cool (off), chill, make (something) colder/cooler
kylmettyminen catching a cold, getting chilled
kylmettyä catch cold, get chilled
kylmetys cold, chill
kylmetä cool (off/down)
kylmiltään cold *soittaa Chopinin etydi kylmiltään* play Chopin's etude (straight through) cold, without practicing *pitää puhe kylmiltään* give an extempore/impromptu speech, speak ex tempore *syödä ruokansa kylmiltään* eat your dinner cold
kylmiö cooler, (iso) cold-storage room
kylmä s cold(ness) *Kylmä menee luihin ja ytimiin* This cold (weather) chills me to the bone *Ikkunasta tulee kylmää* Cold air is coming in through that window *hohkaa kylmää* give off coldness *säilyttää kylmässä* refrigerate, store in a cold place adj cold, chilly, frigid *pitää päänsä kylmänä* keep a cool head *jättää kylmäksi* leave (someone) cold *kohdella kylmästi* give (someone) the cold shoulder
kylmäfysiikka cryogenics
kylmähoito cryotherapy
kylmäkiskoinen cool, indifferent
kylmäkiskoisesti coolly, indifferently
kylmänarka sensitive to cold
kylmänpuoleinen on the cold side
kylmä rintama cold front
kylmä sota Cold War
kylmäsydäminen coldhearted
kylmäverinen coldblooded
kylmä vesi cold water
kylmävesihana cold-water faucet

kymmenvuotisjuhla

kylpeä 1 (pestä) bathe, take a bath, wash yourself *kylpeä saunassa* take a sauna **2** (nauttia) bask *kylpeä auringossa/ihailussa* bask in the sunshine, in people's admiration
kylpijä bather
kylpy bath
kylpyamme bathtub
kylpylä baths
kyltymätön unquenchable, insatiable
kylvettää 1 bathe, give (someone) a bath **2** (ark voittaa) take (someone) to the cleaner's, clean (someone's) clock
kylvää 1 (siementä) sow *Mitä ihminen kylvää, sitä hän myös niittää* As ye sow, so shall ye reap **2** (hiekkaa, vihaa) strew, spread *kylvää tuhoa* spread destruction
kylvö sowing, sown area
kylä village *käydä kylässä* visit someone
kyläilijä visitor, guest
kyläillä visit
kyläily visiting
kyläkutoja (lintu) village weaver
kyläläinen 1 (kylässä asuva) villager **2** (vieras) visitor, (house)guest
kylässä käynti (going) visiting
kymmen decade *vuosisadan ensimmäisillä kymmenillä* in the first decades of the century *muutamia kymmeniä* twenty or thirty *Hän on nelissäkymmenissä* She's in her forties
kymmenen ten
kymmenen käskyä the Ten Commandments
kymmenentuhatta ten thousand *kymmeniä tuhansia* tens of thousands (of)
kymmenes tenth
kymmenesosa tenth
kymmenisen around ten
kymmenittäin tens of, ... by/in the tens
kymmenjärjestelmä decimal system
kymmenkertainen tenfold
kymmenluku decade
kymmenottelija decathoner, decathlete
kymmenottelu decathlon
kymmenvuotias s ten-year-old adj ten years old
kymmenvuotisjuhla decennary, (lapsen) tenth birthday, (avioparin) tenth anniversary

kymmenykset

kymmenykset tithes
kymppi (the number) ten; (seteli) tenner
kymri (kieli) Welsh
kymrinkielinen Welsh
kyniä 1 (hanhi tms) pluck *kana kynimättä jonkun kanssa* a bone to pick with someone 2 (ihminen) fleece
kynnys threshold *Et enää koskaan saa astua tämän kynnyksen yli* You are never to set foot in this house again *sodan kynnyksellä* on the eve/verge of war *uuden ajan kynnyksellä* at the threshold of a new era
kynsi (finger-/toe)nail
kynsiä claw, scratch *kynsiä silmät päästä* claw (someone's) eyes out
kynttilä candle *polttaa kynttiläänsä molemmista päistä* burn your candle at both ends
kynttilänjalka candlestick
kynttilänvalo candlelight *kynttilänvalossa* by candlelight
kyntäjä plowman
kyntämätön unplowed
kyntää plow *Laiva kyntää merta* The ship cuts through the waves, plows the deep
kyntö plowing
kynä (kuulakärkikynä) (ballpoint) pen; (lyijykynä) pencil
kynäillä pen, scribble
kynämikro (tietok) pen computer
Kypros Cyprus
kyproslainen s, adj Cypriot, Cyprian
kypsentää cook, bake, roast
kypsyys 1 (hedelmän) ripeness 2 (ihmisen) maturity
kypsyä 1 (liha) cook 2 (hedelmä) ripen 3 (ihminen: valmistua) get ready, mature, grow up; (väsyä) get sick/tired (of) *Pekka on kypsynyt aika paljon tänä vuonna* Pekka's matured a lot this past year, done a lot of growing up this year *Alan kypsyä sinun vitseihisi* I've had about enough of your jokes, I've had it up to here with your jokes
kypsä 1 (liha) done, cooked, ready 2 (hedelmä) ripe 3 (ihminen: valmis) ripe, mature, ready; (väsynyt) tired, sick *kypsä muutokselle* ripe/ready for a change *kypsä avioliittoon* ready to get married, mature enough for marriage *Minä olen aivan kypsä* I'm dead beat
kypärä helmet
kyrillinen Cyrillic
kyrilliset aakkoset Cyrillic alphabet
kyräillä glare
kyse question *Mistä on kyse?* What's this all about? What's up? *Kyse ei ole siitä, haluatko mennä, vaan siitä, menetkö* What I want to know isn't whether you want to go but whether you will go *Juuri siitä on kyse* That is precisely the question/point
kyseenalainen dubious, questionable *kyseenalainen kauppa* shady deal *asettaa jokin kyseenalaiseksi* open something to question
kyseeseen *tulla kyseeseen* be possible, be considered *Silloin Matti voisi tulla kyseeseen* In that case Matti might be a possible/serious candidate, might be worth considering *Ei tule kyseeseenkään* No way, that's completely out of the question, not a chance *panna kyseeseen onko* question whether
kyseessä in question *Nyt on henki kyseessä* This is a matter of life and death *Nyt on tosi kyseessä* This is the real thing, this is serious business, we're not kidding/joking around
kyseessä oleva (the thing) we're talking about/concerned with, (the matter) under consideration/in question
kyseinen (the thing) we're talking about/concerned with, (the matter) under consideration/in question
kysellä 1 ask (questions), inquire (of/about) *Mitä sinä aina kyselet!* Stop asking so many questions! 2 (etsiä) ask/look around (for) *kysellä työtä* look for a job
kysely 1 questioning, inquiry 2 (tutkimus) questionnaire *tutkia asenteita kyselyillä ja haastatteluilla* study attitudes through questionnaires and interviews
kysyjä inquirer
kysymys 1 question *tehdä/asettaa kysymys jollekulle* ask someone a question, ask a question of someone *Ei tule kysy-*

mykseenkään että sinä lähdet nyt No way can you leave now, your leaving now is completely out of the question **2** (asia) question, issue *keskustella päivänpolttavista kysymyksistä* discuss the pressing/hot issues of the day *Kysymys on nyt siitä, onko* The question/point/issue here is whether, what we're trying to decide here is whether
kysynnän ja tarjonnan laki the law of supply and demand
kysyntä demand *Kysyntä ylittää tarjonnan* The demand exceeds the supply
kysyä 1 ask (about/for), inquire (of/about) *Kysyisin sitä teidän myytävänä olevaa taloa* I'd like to ask/inquire about the house you have for sale *Kaikkea sinä kysytkin!* What a thing to ask! *Tätä kirjaa kysytään paljon* We get a lot of requests for this book, there's a huge demand for this book **2** (vaatia) take, require, call for *Se kysyy luonnetta* You've got to have (a strong) character (to do this), this takes character
kysäistä ask (in passing) *käydä kysäisemässä junien aikataulua* go ask about the train schedule
kyteä smolder (myös kuv)
kytke ja käytä (tietok) plug and play
kytkentä connection, coupling, linkage
kytkentäkaavio circuit diagram
kytkeytyä connect/link (up with), be tied to, tie in with *Tämä kytkeytyy jollakin lailla sinuun* This has something to do with you, somehow this traces back to you
kytkeä 1 connect, make a connection, link (up), (junan vaunu) couple *kytkeä kondensaattorit sarjaan/rinnan* connect the capacitors in series/parallel *kytkeä tieteenkehitys ideologisesti keskiaikaiseen teologiaan* make/draw an ideological connection between scientific development and medieval theology, link the two ideologically *kytkeä irti* (johto tms) disconnect, (vaunu) uncouple **2** (panna päälle) switch/turn on *kytkeä irti* (panna pois päältä) switch/turn off **3** (sitoa) tie (up), fasten

kyynisyys

kytkin 1 (katkaisija) switch **2** (auton) clutch
kyttyrä hump *tykätä kyttyrää* be displeased/upset (with), be unhappy (about)
kyttä cop, fuzz, pig
kytätä 1 (väijyä) lie in wait/ambush (for) **2** (tuijottaa) stare *Mitä nuo pojat kyttäävät?* What are those boys staring at? **3** (vakoilla, tarkkailla) spy on, keep an eye on *Aina sä mua kyttäät, anna mä teen mitä haluan!* You've always got your eye on me, you're always spying on me, let me do what I want!
kyvykkyys skill, ability
kyvykäs able, capable, skillful; (ark: nopea) quick, (hyvä) good, (terävä) sharp
kyvyttömyys inability, incapacity, incompetence, impotence (ks kyvytön)
kyvytön 1 (tekemään) unable (to do), incapable (of doing); incompetent *kyvytön lakimies* incompetent lawyer **2** (seksuaalisesti) impotent
kyy adder, viper
kyyditys 1 transportation, (linja-autolla) bussing **2** (karkotus) expulsion
kyyditä 1 drive (someone some-where), give (someone) a lift/ride (somewhere) **2** (karkottaa) drive/run out (of town (on a rail), of the country)
kyyhky (kyyhkynen, pulu) pigeon
kyyhkynen dove, (puistossa) pigeon
kyykistyä crouch/squat (down)
kyykky (voimistelussa) kneebend *mennä kyykkyyn* crouch/squat down *olla kyykyssä* crouch, squat
kyykkyasento crouch
kyykyssä crouching
kyykäärme viper
kyynel tear *liikuttua kyyneliin* be moved to tears *vuodattaa katkeria kyyneliä* shed bitter tears
kyynelehtiä shed tears
kyynelkaasu tear gas
kyynelsilmin with tears in your eyes, through teary eyes, teary-eyed
kyynikko cynic
kyyninen cynical
kyynisyys cynicism

kyynärpää

kyynärpää elbow
kyynärpäätaktiikka using your elbows
kyyryssä (hartiat) hunched, (selkä) stooped
kyyti ride, lift *antaa kyyti, ottaa kyytiin* give (someone) a ride/lift *antaa jollekulle kyytiä* (nuhdella) tear into someone, chew someone out, give someone a piece of your mind *aikamoista kyytiä* at a pretty good clip *yhtä kyytiä* without a break, straight through *En ole ensi kertaa pappia kyydissä* I wasn't born yesterday
käden käänteessä in a jiffy, in the twinkling of an eye
kädestä käteen from hand to hand
kädestä pitäen *kiittää kädestä pitäen* shake (someone's) hand in thanks *näyttää kädestä pitäen* walk (someone) through (something), show it step by step, lead (someone) through (something) by the hand
kädestä suuhun from hand to mouth
kädet vapauttava (matkapuhelimen lisälaitteesta) hands-free
kädet ylös! hands up! stick 'em up!
käheä hoarse
käheästi hoarsely
käki cuckoo *olla äimän käkenä* be dumbfounded
käkikello cuckoo clock
kämmen palm
kämmenmikro (tietok) palmtop computer
kämppä pad
kämppäkaveri roommate
kännissä (ark) smashed, plastered, wasted
kännykkä (ark) (US) cell phone, (UK) mobile (phone)
känsä callus
käpertyä curl/shrivel up *käpertyä jonkun kainaloon* cuddle up under someone's arm
käpristyä curl/shrivel up *käpristyä kokoon* curl up in a little ball
käpy cone
käpylintu crossbill
käpälä paw
käpälämäki *lähteä käpälämäkeen* hotfoot it out of there
käristä sizzle
käristää fry, brown
kärjistyä come to a head, reach a critical point, peak, culminate
kärjistää 1 (johtaa kriittiseen vaiheeseen) bring (something) to a head, crystalize, catalyze **2** (karrikoida) exaggerate, overstate, state pointedly/ironically
kärkevä 1 (suora) pointed **2** (terävä) sharp, cutting
kärkevästi pointedly, sharply
kärki 1 point **2** (kolmion) apex **3** (kulman/kartion) vertex **4** (nuolen) head **5** (kielen, kengän, siiven) tip **6** (kengän, sukan) toe **7** (niemen) end **8** (listan) top **9** (joukon) front, head, lead *kulkea kulkueen kärjessä* head up/lead the parade *juosta porukan kärjessä* lead the pack **10** (huomautuksen) point, edge, sting (vitsin) punchline *taittaa arvostelulta kärki* take the edge off the criticism
kärkipäässa (jonon) at the front/head; (luokan) one of the best
kärkiryhmä leading group
kärkitulos top time/score/distance jne
kärkkyä lie/hover (around) in wait (for), be ready to take something (if it's offered/available), have your eye on (something)
kärkäs quick, eager *kärkäs syyttelemään* quick to assign blame
kärmeissään browned off
kärpänen fly *tehdä kärpäsestä härkänen* make a mountain out of a molehill
kärpäslätkä flyswatter
kärpässarja flyweight
kärry 1 cart *ostoskärry* shopping cart **2** (auto) car *kärryt* cart
kärrätä haul, cart
kärsimys suffering(s) *lopettaa eläimen kärsimykset* put an animal out of its misery
kärsimättömästi impatiently
kärsimätön impatient
kärsivällinen patient, long-suffering
kärsivällisesti patiently
kärsivällisyys patience

käsittää

kärsiä tr **1** suffer, be (ks esim) *kärsiä tappio* suffer defeat, sustain a loss, be defeated *kärsiä vääryyttä* be wronged *kärsiä nälkää* be hungry/starving **2** (kestää) take, bear, endure *Hän ei kärsi arvostelua* He can't take criticism *En kärsi nähdä sinun itkevän* I can't bear to see you cry, I can't take/handle/endure your tears **3** (rangaistus) serve *kärsiä vankeustuomio* serve a prison sentence itr suffer, be the worse (for) *Kansa on jo kärsinyt tarpeeksi* The people have already suffered enough *Housuni eivät juuri kärsineet kaatumisestani* My pants were hardly the worse for the fall I took *kärsiä puutetta* be needy *Tästä saat vielä kärsiä!* I'll make you pay for this!

kärsä snout, (norsun) trunk
kärttyisä irritable, grumpy, grouchy
käry the smell of smoke, of something burning *haistaa palaneen käryä* (kuv) smell a rat *haistella skandaalin käryä* sniff out a scandal
käryttää 1 (polttaa sikaria tms) puff away (on a noxious/smelly cigar/pipe) **2** (hävittää tuholaisia) fumigate **3** (kärytä) (smell of) smoke **4** (kannella) inform on; (ark) rat on
kärähtää 1 (palaa) burn, be singed/scorched **2** (ark) get caught (redhanded, with the goods)
käräjäoikeus city/municipal court
käräjät district court session
käräjöidä litigate
käräjöinti litigation
käsi hand, (käsivarsi) arm *ottaa järki käteen* use your head *jakaa oman käden oikeutta* take the law into your own hands *suoralta kädeltä* right off (the top of your head) *saada käsiinsä* (löytää) get ahold of, reach; (käydä käsiksi) get your hands on
käsiala handwriting
käsialantutkimus graphology, handwriting analysis
käsikauppalääke nonprescription drug
käsikirja handbook, manual
käsikirjoitus manuscript
käsikkäin hand in hand

käsiksi *käydä käsiksi* (ihmiseen) attack someone, get physical/violent (with someone); (työhön) get busy doing it, get down to business
käsi käden pesee you scratch my back and I'll scratch yours
käsi kädessä hand in hand
käsikähmä brawl, fight, rumble *joutua käsikähmään jonkun kanssa* duke it out with someone
käsikäyttöinen manual
käsilaukku purse, (hand)bag
käsillä (ajallisesti/fyysisesti lähellä) at hand; (odottamassa) on hand; (esillä) in hand
käsimatkatavara carry-on/hand luggage; (ark) carry-on(s)
käsin by hand, manually
käsine glove, (lapanen) mitten
käsi sydämellä *luvata käsi sydämellä* promise, cross your heart (and hope to die)
käsite concept
käsitellä handle, deal with; (kohdella ja tekn) treat; (keskustella) discuss *käsiteltävänä oleva asia* the matter under consideration
käsitellä juttua try/hear a case
käsitellä loppuun settle
käsiteltävä varoen! handle with care!
käsitteellinen conceptual
käsitteellisyys conceptuality
käsitteenmuodostus conceptualization
käsittely 1 handling, treatment **2** (oikeusjutun) hearing **3** (lakiesityksen) debate, discussion **4** (tietok) processing *tekstinkäsittely* wordprocessing
käsittämätön inconceivable, incomprehensible, unimaginable
käsittää 1 (sisältää) comprise, consist of, comprehend *Talo käsitti 8 huonetta* The house had/comprised 8 rooms **2** (koskea) cover, embrace, deal with *Tutkimus käsitti vuosien 1955-1985 välisen ajan* The research dealt with/covered the period from 1955 to 1985 **3** (tajuta) understand, figure out, comprehend, get *Hän ei käsittänyt,*

käsitys

missä oli He couldn't figure out/tell where he was *Hän ei käsittänyt sanaakaan kuulemastaan* He didn't understand/couldn't comprehend a word of what they said *Älä käsitä minua väärin!* Don't misunderstand me, don't get me wrong *Kyllä, käsitän* Yes, I got you, I get it **4** (pitää jonakin, ymmärtää joksikin) take (something to be), conceive/imagine (something as) *Miten käsität sielunvaelluksen?* How do you conceive/imagine reincarnation? What's your conception/image/idea of reincarnation? **5** (tarkoittaa) mean, take (to be) *Valistusajalla käsitän lähinnä 1700-lukua* By the Enlightenment I mean roughly the eighteenth century, I take the Enlightenment to cover roughly the eighteenth century

käsitys 1 (kuva) image, picture *Minulla ei ole minkäänlaista käsitystä siitä, miltä tämä tulee näyttämään* I can't picture it **2** (mielipide) opinion, idea, impression *Minkälainen käsitys sinulla on minusta* What do you think of me? What kind of impression/idea do you have of me? *muodostaa käsitys jostakin* form an opinion of/about something *Käsitykseni mukaan* As I see it, as far as I can tell, in my opinion/view *Minulla on sellainen käsitys että* My sense is that, I'm under the impression that *Sain sellaisen käsityksen että* I got the idea that, I understood you/him/them to be saying that, I thought that

käsityskyky comprehension *Se ylittää minun käsityskykyni* It's beyond me, beyond my comprehension, (ark) it's over my head

käsitysten hand in hand, arm in arm

käsityö handicrafts, handiwork; (ommeltu) needlecraft, needlework

käsityöaineet handicrafts

käsityöläinen craftsman, artisan

käsivarsi arm

käskeä 1 (antaa käsky) order, command, tell *käskeä jonkun tehdä jotakin* order/command/tell someone to do something *Älä viitsi käskeä koko aikaa!* Stop ordering/bossing me around! *Mitä käskette,*

herra kapteeni? What are your orders, sir? *Käske hänen mennä* Tell him to go away, send him away *tehdä työtä käskettyä* get down to business *Kapteeni käskee* (leikki) Simon says **2** (olla johdossa) rule, run *käskeä talossa* rule the roost, run the household **3** (kutsua) invite *käskeä häihin/juhliin* invite someone to a wedding/party *Tulet kuin käskettynä* Perfect timing, we were just wishing you were here, we were just talking/thinking about you

käsky order, command(ment), bidding *kymmenen käskyä* the Ten Commandments *Käskystä herra vääpeli!* Yes sir! *tehdä käskystä* do someone's bidding *Keisari Augustukselta kävi käsky* A decree went out from Caesar Augustus

käskyläinen hireling

käteinen cash *muuttaa/vaihtaa sekki käteiseksi* cash a check

käteisalennus cash discount

käteisellä asiakirjoja vastaan cash against documents, CAD

käteisellä tilattaessa cash with order, CWO

käteiskauppa cash sale

käteisosto cash purchase

kätellä shake hands (with)

kätevyys handiness, deftness, convenience

kätevä handy *Hän on hirveän kätevä* She's awfully good with her hands, she's extremely deft/handy *Juna on erittäin kätevä tapa matkustaa* The train's such a convenient way to travel, it's so handy

kätilö midwife

kätinen handed *vasenkätinen* left-handed

kätisyys handedness

kätketty hidden, concealed *kätketty merkitys* hidden/subtle/un(der)stated/implied meaning

kätkeytyä hide, hide/conceal yourself, be hidden/concealed *kätkeytyä takaa-ajajilta* hide from your pursuers *Seinään kätkeytyy salalokero* There's a hidden compartment in this wall

kätkeä 1 (piilottaa) hide, conceal; (tavaraa) stash/tuck (away) *kätkeä tunteensa*

käydä sääliksi

hide/conceal your feelings **2** (pitää sisällään) hold, contain *Kirja kätkee sisäänsä valtavat määrät hyödyllistä tietoa* The book is a treasure trove of useful information *Nykyhetki kätkee itseensä tulevaisuuden* The present contains (within itself) the future **3** (säilyttää) store (up), put away *Leipä kätkettiin hyvään talteen hiiriltä* We put the bread up where the mice couldn't get to it
kätkö cache, hiding place; (ark) stash
kättely handshake, shaking hands
kättä pitempi *tarttua kättä pitempään* snatch up any weapon that's handy
kätyri henchman, minion
kävelijä walker, (jalankulkija) pedestrian
kävellä walk *lähteä kävelemään* take off, hit the road
kävely walk *lähteä kävelylle* go for a walk
kävelyetäisyys walking distance *Yliopisto on kävelyetäisyydellä* The university is a short walk away, you can walk to the university
kävelymatka walk *puolen tunnin kävelymatkan päässä* a half-hour's walk away
käväistä drop/stop in (on), call (on) *käväistä mielessä* occur (to you), strike (you)
käydä 1 go, come, be *Käytkö siellä usein?* Do you go there often? *Käytkö täällä usein?* Do you come here often? *Kävitkö siellä/täällä eilen?* Were you (t)here yesterday? *Kävin jo lääkärillä* I went to the doctor already **2** (sattua) happen, go *Miten kävi?* How did it go? *Miten sinun housuillesi on käynyt?* What happened to your pants? *Kävi miten kävi* No matter what (happens), come what may, come hell or high water **3** (sopia, soveltua) go, suit, fit, be fine/okay/all right with *Nuo housut eivät käy tuon paidan kanssa* Those pants don't go with that shirt, your pants and shirt clash *Avain ei käy lukkoon* This key doesn't fit the lock *Käykö että haen teidät neljältä?* Is it okay if I pick you up at four? *Se käy minulle mainiosti* That's fine with me, that suits me fine *Ei käy!* No way! Not a chance! **4** (jostakin) pass for *Hullu käy viisaasta, jos vaiti on* Better to keep your mouth shut and let the world think you a fool, than open it and remove all doubt **5** (toimia) run, operate, work *Millä bensalla ruohonleikkuri käy?* What gas does a lawnmower run on? **6** (tulla joksikin) get, grow, become *käydä vanhaksi* get/grow old **7** (kem) ferment *Tämä mehu on käynyttä* This juice is fermented, has gone bad
käydä hermoille get on (someone's) nerves, drive (someone) crazy
käydä jonkun luona go see/visit someone, pay someone a visit
käydä jostakin pass for something *Hän käy oppineesta miehestä* He can pass for a learned man
käydä kalassa go fishing
käydä kaljalla go out for a beer, stop in for a few beers, go (out) drinking
käydä kateeksi envy, be envious of *Minun käy sinua kateeksi* I envy you, I'm eating my heart out with envy
käydä kiinni grab/latch onto, clutch at, seize on; (käsiksi) grab ahold of, take (someone) by the (throat/hand/jne)
käydä kunnialle hurt/wound someone's pride/ego
käydä kuumana rage/storm (about), wax hot with rage, be hot under the collar
käydä käsiksi jump on, attack, lay a hand on
käydä laatuun do *Se ei käy laatuun* That won't do, I can't accept that, that's out of the question
käydä läpi go through *käydä uudelleen läpi* relive, reenact
käydä makuulle go lie down, (ark) take a load off
käydä päinsä do *Se ei käy päinsä* That won't do, I can't accept that, that's out of the question
käydä sydämeen strike home, touch (you deep down)
käydä sääliksi have pity on, feel sorry for *Minun käy sinua sääliksi* I feel sorry for you

käydä tasan be evenly distributed *Äänet kävivät tasan* It was a tie *Onnen lahjat ei käy tasan* Some people are just lucky, I guess; looks like you're plumb out of luck
käydä vieraissa cheat on your spouse
käydä voimille tire you out, wear you down, exhaust
käydä yksiin jibe, match (up)
käyminen fermentation
käymälä toilet, lavatory; (ulkohuone) outhouse; (leirillä) latrine
käynnissä (kone) be running/working, be in operation; (kokous tms) be under way, be in session/progress *Työ on täydessä käynnissä* The work is in full swing
käynnistys start(ing)
käynnistyä start (up), get started *Auto ei käynnisty* The car won't start *Minä käynnistyn aamulla hitaasti* I'm a slow starter in the morning, I wake up slowly
käynnistää start *käynnistää keskustelu* start/strike up a conversation, (julkinen) open/initiate a dialogue *käynnistää kampanja* start/launch a campaign
käynti 1 (kylässä, ulkomailla tms) visit, trip *Meillä on tässä ensin käynti kaupassa* We have to go to the store first *tehdä käynti Ruotsiin* make/take a trip to Sweden, go to Sweden 2 (kävelytyyli) walk, gait, bearing *Käynti kiihtyy juoksuksi* A walk breaks into a run *arvokas käynti* dignified bearing *Käyntiin - mars!* Forward - march! 3 (koneen) running, working, operation; (tyhjäkäynti) idling *olla käynnissä* be running, be in operation *panna käyntiin* start (up) 4 (sisäänkäynti) entrance *Käynti pihan puolelta* Entrance in back 5 (tietok) hit
käyntinopeus operating speed
käyntitiheys (tietok) hit rate
käypä 1 (yleinen) current, going *käypään hintaan* at the going/current rate/price 2 (voimassa oleva) valid *käypä postimerkki* valid stamp *käypää rahaa* good money, legal tender 3 (kaupaksi menevä) hot, popular *Emmental on aina käypä juusto* Swiss is always a popular cheese *Tähän aikaan vuodesta sadetakit ovat käypää tavaraa* Raincoats are a hot item this time of year 4 (sopiva) suitable, fitting, right *Hän on sinulle käypä mies* He's the right (sort of) man for you
käyrä s 1 curve *kellokäyrä* Bell curve *käyrä korkealla* (ark kuv) tensed up, stressed out, about to blow your top 2 (viulun) bow adj curved
käyttäjä user, (koneen) operator
käyttäjäystävällinen user-friendly
käyttäytyminen behavior, conduct
käyttäytyä behave/conduct (yourself), act *Yritä nyt käyttäytyä ihmisiksi* Can you please try to behave (yourself)? *käyttäytyä arvokkaasti* conduct/comport yourself with dignity *käyttäytyä lapsellisesti* act childish, like a child/kid *Auto käyttäytyy hyvin kurvissa* The car handles nicely on curves
käyttää 1 (viedä) take *käyttää kylvyssä/saunassa* give (someone) a bath, take (someone) to the sauna *käyttää vieras kaikissa turistikohteissa* show a visitor the sights, take a guest around to see the sights 2 (kem) ferment 3 (moottoria) run, (konetta) operate, work *Osaatko käyttää tätä trukkia?* Do you know how to operate/run this forklift? 4 (tehdä jollakin jotakin) use, put (something) to use *käyttää työkalua* use/wield/employ a tool *Mihin käytät vapaa-aikasi?* What do you do with your free time? How do you put your free time to use? *käyttää tietojaan* put your knowledge to use *käyttää junaa* take the train 5 (kuluttaa) use (up), spend, expend, consume *käyttää liikaa vettä* waste water, use too much water *En käytä ollenkaan alkoholia* I don't drink 6 (pitää päällään) wear *Miksi käytät aina niin nuhruisia vaatteita?* Why do you always wear such grubby clothes?
käyttää hyväkseen 1 (hyväksyttävästi) make use of, use, utilize, put to good use, take advantage of *käyttää tilaisuutta hyväkseen* seize the opportunity, make good use of the opportunity *käyttää tietojaan hyväkseen* put your knowledge to good use, draw on your information 2 (paheksuttavasti) exploit, use,

take (unfair/undue) advantage of *Hän käytti minua hyväkseen!* He used/exploited me! He took advantage of me!
käyttää loppuun use/finish up, exhaust; (luonnonvarat) deplete
käyttää oikeutta deal out/dispense justice *käyttää oikeuttaan* exercise your right (to do something)
käyttää väärin abuse, misuse
käyttö 1 use *Tällä on monta käyttöä* This can be used in many ways, this is a versatile instrument *ottaa käyttöön* put (something) to use, bring (something) into circulation; (auto) register **2** (kulutus) use, consumption *veden käyttö* water use/consumption **3** (moottorin) running, (koneen) operation **4** (vaatteiden) wear(ing) *tehty kestämään jatkuvaa käyttöä* made to withstand constant wear, (made) for continous use **5** (sanan, fraasin) use, usage *Tiedän mitä se merkitsee, mutta anna esimerkki sen käytöstä* I know what it means, but give me an example of how it's used, of its usage **6** (sovellutus) application *tietokoneiden käyttö opetustarkoituksiin* educational applications/use of computers
käyttöjärjestelmä (tietokoneen) operating system
käyttökelpoinen usable, feasible, viable
käyttökelvoton unusable, useless, worthless
käyttökustannukset operating/running costs
käyttöliittymä (tietokoneen ym) user interface
käyttöohje instruction/user's manual
käyttötarkoitus use
käyttövoima operating/driving power; (kuv) driving force
käyttöönotto (menetelmän tms) introduction; (auton) registration
käytännöllinen practical
käytäntö 1 practice, procedure *normaali käytäntö* normal/usual/standard practice, standard operating procedure (SOP) *käytännön sovellutus* practical application **2** (tietok) protocol

käytävä 1 (eteinen) hall, corridor **2** (lentokoneessa, kirkossa tms) aisle **3** (puistossa tms) walk(way), path **4** (anat) canal, duct
käytös behavior, manners, conduct
käytöstavat manners *hyvät/huonot käytöstavat* good/bad manners
käänne 1 (vaatteen) cuff **2** (tien) bend, curve, turn *joka käänteessä* at every turn **3** (tilanteen) turn, change *käänne parempaan* a turn for the better **4** (sanan) (turn of) phrase *puhujan hienot käänteet* the speaker's fancy phrases
käännynnäinen convert
käännyttää 1 (uskoon: onnistuneesti) convert, (yrittää) proselytize **2** (pois) turn (back/away) *Minut käännytettiin ovelta takaisin* They turned me away at the door, they wouldn't let me in
käännättää have (something) translated
käännös 1 turn *käännös vasempaan* left turn; (sot) left face **2** (kielen) translation, version *uusi raamatunkäännös* a new translation of the Bible
käännöskieli translatorese
käännöskirjallisuus translated literature
käännösvirhe translation error
käänteentekevä epochal
käänteinen inverse, reverse *käänteinen sanajärjestys* inverse/inverted word order *käänteinen reaktio* the reverse reaction
käänteistekniikka (tietok) reverse engineering
kääntyä 1 turn (over/out) *kääntyä katsomaan jotakin* turn to look at something *olla kääntyneenä johonkin* be facing something, be looking at something *Kaikki kääntyy vielä parhaaksesi* Everything will turn out for the best *Tuuli kääntyy* The wind is shifting (direction) *Beethoven kääntyisi haudassaan jos tietäisi* Beethoven would roll over in his grave if he knew *Paperi kääntyi hieman kulmasta* The paper got folded over a little at the corner **2** (uskoon) convert *kääntyä juutalaiseksi* convert to Judaism

kääntyä haudassaan roll over in his/her grave

kääntyä jonkun puoleen turn/appeal to someone, go ask someone for help

kääntäen conversely, on the converse/contrary *kääntäen verrannollinen* inverse(ly proportional), in inverse proportion/relation (to)

kääntää 1 (autoa, maata jne) turn *kääntää historian kulku* change/redirect/reverse the course of history *kääntää jonkun pää* turn someone's head *kääntää huomio pois jostakin* distract (someone's) attention away from something **2** (kielestä toiseen) translate **3** (sanajärjestys, mat: suhde) invert **4** (tietok) assemble

kääntää jonkun taskut pick someone's pocket

kääntää kelkkansa do an aboutface

kääntötakki reversible jacket/coat

kääpiö dwarf, midget, (euf) little person

käärinliina winding sheet, shroud *Kristuksen käärinliina* the Shroud of Turin

kääriytyä (peittoon) wrap/roll yourself (up in), (jonkin ympärille) wind yourself (around), (salaperäisyyteen) shroud yourself (in)

kääriä (paperiin) wrap, (kelalle) wind, (tupakka) roll *kääriä joululahjat* wrap Christmas presents *kääriä hihansa ylös* roll up your sleeves *kääriä isot rahat* rake in big bucks

käärme snake, serpent

käärmekaula (lintu) anhinga

käärö 1 roll, scroll **2** (paketti) bundle *kehdossa jokelteleva käärö* little bundle (of joy) babbling in the cradle

köhiä cough, hack

köli keel

Köln Cologne

kömmähdys mishap, screw-/foul-/fuckup; (sanallinen) howler

kömpelyys awkwardness, clumsiness

kömpelö awkward, clumsy

kömpelösti awkwardly, clumsily

kömpiä climb, clamber, crawl

könttäsumma lump sum

köntys oaf

körötellä bounce/bump along

köydenveto tug-of-war (myös kuv)

köyhdyttää impoverish, reduce to poverty

köyhtyä get poorer, sink into poverty

köyhyys poverty

köyhä s poor person/man/woman/child, (hist) pauper; (mon) the poor adj poor, poverty-stricken, indigent

köyhälistö the poor, the underclass

köykäinen 1 (kevyt) light *köykäinen kuorma* light load *köykäinen olo* light heart, feeling of relief **2** (kehno) scanty, flimsy, slight *köykäinen lohdutus* small consolation *tehdä työ köykäisesti* do superficial/inadequate work

köynnös 1 vine, climber **2** (koriste) garland, festoon

köysi rope *antaa jollekulle köyttä* give someone plenty of rope/slack *vetää köyttä* have a tug-of-war

köyttää rope, tie up (with a rope)

Kööpenhamina Copenhagen

L, l

laadinta preparation, composition
laadukas (high) quality
laadullinen qualitative
laadunvalvonta quality control, QC
laadunvarmistus quality assurance, QA
laahata drag, trail (something behind you) *laahata jalkojaan* drag your feet, scuff your heels, shuffle
laahus train
laahusankkuri drag anchor
laaja 1 (avara) wide, broad, expansive, large, ample 2 (kattava) comprehensive, exhaustive
laaja-alainen broad *laaja-alainen talous* diversified economy
laajakaistainen (tietok) broadband
laajakaistakanava (tietok) broadband channel
laajakaistalähiverkko (tietok) broadband LAN
laajakaistaverkko (tietok) broadband network
laajakangaselokuva wide-screen movie, wide-screen motion picture, Cinemascope movie
laajakantoinen far-reaching
laajakulmaobjektiivi wide-angle lens
laajalti widely, broadly, extensively *laajalti levinnyt* wide-spread
laajamittainen broad/large-scale, extensive
laajapohjainen broad-base(d)
laajaulotteinen wide-ranging, far-reaching
laajennos expansion, addition, new wing
laajennus expansion; (tien) widening; (talon) extension, wing
laajennuspaikka (tietok) expansion slot
laajentaa 1 expand, broaden, widen; (pidentää) extend, (suurentaa) enlarge, (lisätä) increase *laajentaa näköpiiriään* expand/broaden your horizons 2 (lääk: verisuonia) distend, (pupillia) dilate
laajentua 1 expand/broaden/widen (out(wards)); (pidentyä) extend, (suurentua) enlarge, (lisääntyä) increase 2 (lääk: verisuoni) (become) distend(ed), (pupilli) dilate
laajeta ks laajentua
laajuinen wide *maailmanlaajuinen* world-wide *200 sivun laajuinen* 200 pages long
laajuus 1 breadth, broadness, width, wideness; (pituus) extent, (suuruus) size *koko laajuudessaan* to its full extent 2 (iso alue) expanse, immensity, vastness 3 (rajat) scope, range *toimivallan laajuus* the scope of (someone's) authority *äänialan laajuus* vocal range 4 (kattavuus) comprehensiveness 5 (fys, fon) amplitude
laaka line drive
laakamadot flatworms
laakea flat, level *laakea lautanen* plate
laakeri 1 (kasvi) laurel *levätä laakereillaan* rest on your laurels 2 (tekn) bearing
laakeriseppele laurel wreath
laakso valley *Vaikka minä vaeltaisin pimeässä laaksossa* Though I walk through the valley of the shadow of death
laama llama
laannuttaa pacify, placate, calm
laantua 1 (ihminen) calm/quiet down 2 (myrsky tms) subside, abate

laari bin
laastari bandaid
laastaroida bandage, put a bandaid on (a cut); (vanh) dress (a wound)
laasti mortar, (kipsilaasti) plaster, (saumauslaasti) grout
laatia 1 (kirjoittaa) write/draw up, write/make out *laatia viesti jäätävään sävyyn* couch a note in an icy tone **2** (koota) put together, compile **3** (keksiä) make up, compose **4** (valmistella) prepare **5** (kehitellä) work out, formulate **6** (luonnostella) draft
laatikko box
laatikoittain boxes and boxes of, by the boxload
laatikollinen boxful
laatta 1 (betoni-) slab, (kivi-) flagstone, (metalli-) plate, (kaakeli-) tile **2** (muistolaatta) plaque
laattatektoniikka plate tectonics
laatu 1 quality, grade *korkeaa laatua* high quality *Minkä laadun seosta meidän pitäisi tehdä?* What grade mixture do they/you want? **2** (luonne) character, nature *Novelli on laadultaan draamallisempi kuin romaani* The short story is more dramatic in character than the novel **3** (tyyppi) sort, kind, brand, type *Palkka vaihtelee työn laadun mukaan* Pay will vary with the sort/type of work done **4** (mat) denomination
laatuinen kind (of) *sen laatuinen työ* work like that *kaiken laatuista tavaraa* all kinds/sorts of goods, goods of every shape and size *Pekka on aina laatuisensa* Pekka is always Pekka, always himself
laatusana adjective
laatutavara quality product/goods
laatuvaatimus quality specifications
laava lava
labiaali labial
labiaalinen labial
labiili labile, unstable
labiilius lability, instability
laboraatti lab(oratory) supervisor
laborantti lab(oratory) technician
laboratorio laboratory, (ark) lab
Labrador Labrador

labradorinnoutaja Labrador retriever, (ark) Lab
ladata 1 (ase, tietokoneohjelma) load **2** (akku) (re)charge *ladata itsensä täyteen vihaa* work yourself up to a fury *ladata akkujaan* (kuv) recharge your batteries
ladonta 1 (halkojen tms) stacking (up) **2** (kirjan) composition, type-setting
lafka outfit *Se on vähän hämärä lafka* It's some fly-by-night outfit
laguuni lagoon
lahdata (eläimiä, ihmisiä) butcher, slaughter
lahja 1 gift, present; (lahjoitus) donation, endowment; (testamentissa) bequest *saada lahjaksi* get (something) as a gift/present *antaa lahjaksi* give (someone) something **2** (kyky) gift, talent *puhumisen lahja* the gift of gab
lahjahevonen *Ei lahjahevosen suuhun katsota* Never look a gift horse in the mouth
lahjakas gifted, talented
lahjakkuus talent *katsella uusia lahjakkuuksia* look over the new talent
lahjakortti gift certificate
lahjapaperi wrapping paper
lahjatavara gifts, presents
lahje pantleg
lahjoa bribe
lahjoittaa 1 (antaa) present (someone) with (something), give (someone something, something to someone) **2** (tehdä lahjoitus) donate, contribute *lahjoittaa yliopistolle* endow a university
lahjoitus gift, donation, contribution; (testamentissa) bequest; (koululle tms) endowment
lahjoma bribe *ottaa vastaan lahjoma* accept a bribe
lahjomaton unbribable, incorruptible, honest
lahjonta bribery
lahjus bribe
lahko sect, denomination
lahkolainen sectarian, member of a religious sect
lahna bream

lainata

laho s rot, decay adj **1** rotten, rotting, decayed, decaying **2** (kuv) decadent
lahota rot, decay
lahtelainen person/thing from Lahti
laide 1 (sivu) side, (reuna) edge; (veneen tms) gunwale **2** *kaupungin laiteilla* on the outskirts of town
laidun pasture *ajaa karjaa laitumelle* drive the stock/cattle out to pasture *laitumella* grazing (in the pasture)
laidunmaa pasture/grazing land(s)
laiduntaa pasture *laiduntaa karjaa* put stock/cattle out to pasture
laiha 1 (ihminen) thin, slim, skinny *laiha kuin luuranko* nothing but skin and bones **2** (keitto) thin, watery; (kahvi) weak; (seos) watery, diluted **3** (varasto tms) spare, sparse, scanty, meager **4** *laiha lohtu* slim/small consolation, cold comfort *laihat vuodet* lean years *laiha leipä* (kuv) meager living *nakertaa laihaa leipää I just get/squeak by, eke out a meager existence* **5** (maaperä) barren, poor
laihduttaa 1 (ihminen) diet, lose weight **2** (maaperää) deplete, impoverish
laihdutuskuuri diet
laiheliini beanpole, toothpick
laiho (field of standing) grain *laiho laaksossa* valley of waving grain
laihtua lose weight, slim (down) *Oletko laihtunut?* Have you lost weight?
laikallinen splotchy
laikka 1 (täplä) splotch, blotch **2** (kiekko) wheel, disk
laikku splotch, blob
laikukas splotchy
lailla *millä lailla* how, in what way *millään lailla* in some/any way *sillä lailla* like that, so that; (interj) way to go! attaboy/-girl! that's the ticket/stuff! *Voit auttaa sillä lailla, että pysyt poissa tieltä* You can help by staying out of the way *aika lailla* pretty, quite (a lot/bit/few) *Se on aika lailla täynnä* It's pretty full *Siellä on aika lailla väkeä* It's pretty crowded, there are quite a few people there
laillinen legal, lawful *laillista tietä* by legal means, by recourse to the courts *laillinen avioliitto* valid marriage *tulla lailliseen ikään* come of age, reach (the age of) legal majority
laillisesti legally, lawfully
laillistaa legalize, make (something) legal *marihuanan laillistaminen* the legalization of marijuana
laillistus legalization
laillisuus legality, lawfulness
laimea 1 (kahvi) weak, (keitto) thin, (viini) bland, (mehu) watery, diluted **2** (väri) pale, dull **3** (haju) faint **4** (kaupankäynti) slow, slack, sluggish **5** (osanotto) unenthusiastic **6** (tunne) lukewarm, halfhearted **7** (yritys) feeble, lackluster, listless **8** (keskustelu) dull, flat, boring **9** (kokemus) tame, unexciting
laimenne diluent, (maalin) thinner
laimentaa 1 (nestettä) thin, dilute, water down **2** (värin voimakkuutta) dull **3** (huumetta) cut **4** (innostusta) calm/cool (down), (ark) throw a wet blanket on (something)
laiminlyödä 1 neglect, be neglectful/negligent *laiminlyödä velvollisuutensa* shirk your responsibility **2** (jättää tekemättä: velvollisuus) fail (to do something), (tilaisuus) miss out (on a chance to do something) **3** (lak ja liik) default (on) *laiminlyödä lainanlyhennys* default on a loan (payment)
laiminlyönti neglect, negligence; failure; default, non-payment (ks laiminlyödä)
laina loan *antaa lainaksi* loan/lend (someone something) *saada lainaksi* borrow (something from someone) *olla lainassa* (kirja) be checked out, (muu) be out on loan
laina-aika loan period
lainahöyhen *koreilla lainahöyhenillä* parade someone else's ideas as your own
lainakirjasto lending library
lainanantaja lender
lainanottaja borrower
lainasana loan word
lainata 1 (jollekulle) loan, lend **2** (joltakulta, myös mat) borrow **3** (jotakuta)

lainaus

quote (from), cite *lainata väärin* misquote
lainaus 1 (lainaksiotto) borrowing (lainaksi anto) lending **2** (sitaatti) quote, quotation
lainausmerkki quotation mark, inverted comma (") *lainausmerkeissä* in quotation marks, (ark) in quotes
laine (yl) wave; (pieni: vedessä) ripple, (hiuksissa) curl
lainehtia wave, ripple, curl
lainelauta surfboard
lainelautailu surfing
lainen 1 (asukas) native/inhabitant of, (person) from, someone living in *amerikkalainen* American **2** (kaltainen) like *tällainen vekotin* a gadget like this *Hän on entisenlainen* He's himself again **3** (tyyppinen) kind, sort *monenlaisia leivonnaisia* many kinds of bakery goods **4** (puoleinen) on the ...side, -ish *laihanlainen* thinnish, on the thin side
lainhuudatus title registration
lainhuudatustodistus certificate of title registration, (ark) title
lainhuuto title
lainkaan at all *Sitä en tarkoittanut lainkaan* That's not what I meant at all
lain kirjain the letter of the law
lain koura the (long) arm of the law
lainkuuliainen law-abiding
lainoittaa 1 (pantata) mortgage *Talo on lainoitettu sadastatuhannesta eurosta* The house is mortgaged for hundred thousand euros **2** (rahoittaa) finance *Jouduttiin lainoittamaan talo pankin kautta* We had to finance our house through the bank
lainopillinen legal, juridical
lainoppi jurisprudence, (ark) law
lainrikkoja offender, (rikkeentekijä) perpetrator, (ark) perp
lainsäädäntö legislation
lain taulut the table of the law
lainvastainen illegal
lainvoima legal force, force of law, validity *saada lainvoima* come into effect, become valid
laipio (sisäkatto) ceiling, (laivassa) bulkhead

laiska s detention *jäädä laiskaan* have to stay after school adj **1** lazy **2** (tyhjäntoimittaja) idle, indolent **3** (hidas) slow, slack, sluggish
laiskamato (ihminen) lazy-bones Jones *Minua on purrut laiskamato* I don't feel like doing anything, I just want to laze around
laiskankipeä *olla laiskankipeä* (työssä) loaf, slack (off), goldbrick; (jäädä pois työstä) have the intentional flu
laiskanlinna easy chair
laiskanpäivät the life of Riley
laiskasti lazily, idly, indolently, slowly, slackly, sluggishly (ks laiska)
laiskiainen 1 (eläin) sloth **2** (ihminen) sloth, slacker
laiskimus lazy-bones Jones, slacker
laiskistua get (fat and) lazy, slack off
laiskotella (viettää vapaa-aikaa) laze around, take it easy; (työssä) loaf, slack (off), goldbrick
laiskuri slacker, idler, dawdler, loafer, lazy-bones (Jones)
laiskuus laziness, idleness, indolence, slackness (ks laiska)
laita s **1** (astian tms) rim, brim **2** (uima-altaan, tien, laivan) side *kävellä tien vasenta laitaa* walk (along) the left side of the road *mennä laivan oikeaan laitaan* go to the starboard rail **3** (jääkiekkokaukalon) boards **4** (veneen) gunwale **5** (painetun sivun) margin, (tyhjän sivun) edge **6** (alueen) edge, border, boundary, periphery **7** (kaupungin) outskirts, edge **8** (puolueen) wing *oikea laita* right wing **9** *laidasta laitaan* (kaikenlaista) of all kinds, of every shape and size; (poliittisesti) of every political stripe, from left to right, across the whole political spectrum **10** (tila) state, situation *Asian laita on tämä* This is the situation, here's what we're dealing with *Näin on asian laita* That's the way it is, things stand *Olipa asian laita mikä tahansa* No matter what (the situation), regardless of how things are/stand *Nythän asian laita on niin että* The fact of the matter is that **11** *Tuo ei ole laitaa* That's not fair

laitahyökkääjä (wing) forward, wing
laitakaupunki (the) outskirts (of town)
laitamilla at/on the edge/border/periphery; (kaupungin) in the outskirts
laitapuolustaja right/left back
laite device, instrument; (ark) gadget *laitteet* apparatus, equipment, instruments; (kiinnikkeet) fittings, mountings *sotalaitteet* (hist) engines of war
laitehullu gadget freak
laitimmainen (the one) on the (far) edge *laitimmainen kerta* the last time
laiton illegal, unlawful, against the law
laitos 1 (teollisuuslaitos) plant, factory, mill **2** (liike) establishment, business, company **3** (koululaitos) institution *korkeakoululaitos* institution of higher learning **4** (tutkimus/opetuslaitos: yliopiston yhteydessä) department, (erillinen) institute **5** (yhteiskuntalaitos) institution **6** (painos) edition, printing
laitoshoito institutional care
laitostua become institutionalized
laittaa 1 (ruokaa) make, cook, prepare, fix **2** (häitä tms) (make) arrange(ments for), get ready for **3** (taloa: rakentaa) build, construct; (korjata) fix (up), mend, repair **4** (lapsi jollekulle) get (a child on someone, someone pregnant) **5** (kuntoon) get (something) ready; (siivota) tidy (up), clean
laittaa kärryt hevosen eteen (kuv) put the cart before the horse
laittaa lappu luukulle close up shop, go out of business, (tehdä konkurssi) go belly-up
laittautua get ready, (hienoksi) get dressed/fancied/gussied up
laitteisto apparatus, equipment, instruments
laittomasti illegally, unlawfully, against the law
laittomuus illegality
laituri 1 (vedessä) dock, pier **2** (rautatieasemalla) platform
laiva ship, (valtameriristeilijä) ocean liner *laivassa* on board/aboard ship *mennä laivaan* go on board/aboard *poistua laivasta* go ashore
laivaliikenne shipping, maritime/marine trade/traffic
laivanrakennus shipbuilding
laivanrakennusteollisuus shipbuilding industry
laivanvarustaja shipper, ship owner
laivanvarustamo shipping company
laivasto 1 (sot) navy **2** (laivue) fleet, flotilla
laivastotukikohta naval base/station
laivata 1 (kujettaa) ship **2** (lastata) load, stevedore
laivaus 1 (kuljetus) shipping; (lasti) shipment, consignment **2** (lastaaminen) loading
laivue flotilla, squadron
laji 1 kind, sort, type *ainoa lajiaan* the only one of its kind **2** (eläinlaji) species **3** (urheilun) sport, (uinti/yleisurheilukisojen tms) event **4** (kirjallisuuden) genre
lajinkehitys phylogeny
lajitella sort (out), classify, (valokopiosivuja) collate
lajittamo sorting room/department/plant
lajittelu sorting, classification, (valokopiosivujen) collation
lakaista sweep *lakaista maton alle* sweep under the rug/mat (myös kuv)
lakana sheet *vaihtaa lakanat* change the sheets/(bed)linen
lakastua wither, fade
lakata 1 (loppua, lopettaa) stop, cease *lakata satamasta* stop raining *Sade lakkasi* The rain stopped **2** (maalata lakalla) varnish, lacquer
lakeija lackey
laki 1 law *noudattaa lakia* obey the law *laki ja järjestys* law and order *saada lain voima* take (legal) effect *tupakkalaki* the Tobacco Act *rikoslaki* criminal law/code *Suomen laki* Finnish legal code *lain kirjain/käsi* the letter/arm of the law *lain mukaan* by law, according to law *lukea lakia* study law, be in law school *lukea lakia jollekulle* read the riot act, chew someone out, dress someone down **2** (mäen) top, summit, peak; (pään, holvin) crown
lakialoite bill
lakiasäätävä legislative

lakimies

lakimies lawyer, attorney (-at-law)
lakipiste peak *vuoren/mäen lakipiste* highest point of a mountain/hill *uran lakipiste* culmination/high point/climax of a career *taivaan lakipiste* zenith
lakitiede jurisprudence, (ark) law
lakitieteellinen jurisprudential *lakitieteellinen tiedekunta* law school
lakitieteen tohtori Doctor of Jurisprudence, J.D.
lakka 1 (marja) cloudberry **2** (liuos) varnish, lacquer
lakkaamaton continuous, continual, incessant
lakkaamatta continuously, continually, incessantly
lakkauttaa close (down), abolish, discontinue, do away with; (laki) repeal
lakkautus shutdown, abolition, discontinuance, repeal
lakkautuspalkka severance pay
lakki cap
lakkiaiset high school graduation
lakko strike *mennä lakkoon, olla lakossa* go/be on strike *tehdä lakko* (auto tms) stop dead, die, quit (running)
lakkoilla 1 (työläiset) (go/be on) strike **2** (auto) keep stopping/quitting, (TV) be on the blink, (sydän) fibrillate, (muisti) be patchy, let you down
lakkolainen striker
lakkovahti picket
lakkovartio picket line
lako *mennä lakoon, olla laossa* be flattened, beaten down (by the rain)
lakoninen laconic
lakonmurtaja stikebreaker, (ark) scab
lakonrikkoja strikebreaker, (ark) scab
lakritsi licorice
lakritsipatukka licorice stick
laksatiivi laxative
laktaasi lactase
laktaatio lactation
laktoosi lactose
laktoosi-intoleranssi lactose intolerance
lama depression (myös kuv) *taloudellinen lama* economic depression; (väliaikainen) economic recession/slump/downswing *olla lamassa* be depressed, be out of it, be down in the dumps/mouth
lamaannus 1 (masennus) depression, dejection **2** (pysähdys: taloudellinen) stagnation, (fyysinen) paralysis, (henkinen) torpor
lamaannuttaa 1 (masentaa) depress, deject, discourage **2** (pysäyttää) paralyze, cripple *Tieto vallankaappauksesta lamaannutti pörssin* News of the coup paralyzed/crippled (trading on) the stock exchange *Tieto äidin kuolemasta lamaannutti hänet* The news of his mother's death paralyzed/stunned him
lamaantua 1 (masentua) become depressed/dejected/discouraged **2** (pysähtyä) be paralyzed/crippled, stagnate
lamakausi depression
lamalainen s Lamaist adj Lamaistic
lamalaisuus Lamaism
lamantiini (eläin) American manatee
laminaatti laminate
laminoida laminate
laminointi lamination
lammas (elävä) sheep, (syötävä) mutton *suvun musta lammas* the black sheep of the family *erottaa lampaat vuohista* separate the sheep from the goats *lauhkea kuin lammas* gentle as a lamb
lammikko (pieni järvi) pond, (läiskä) pool, (lätäkkö) puddle
lampaanliha mutton
lampaanpaisti roast mutton
lampi pond
lamppu 1 (valaisin) light (fixture), lamp **2** (hehkulamppu) (light) bulb
lampsia trudge, clump, shamble
lande (maaseutu) the sticks, the boondocks, the boonies
landelainen (maalainen) hick, hayseed, (country) bumpkin
langaton cordless, wireless
langaton puhelin cordless (tele)phone
langeta fall *langeta maahan* fall to the ground, hurl yourself to the ground, prostrate yourself *Vastuu siitä lankeaa nyt sinulle* It's your responsibility/duty/job now, responsibility for it falls to you
langeta loveen fall/go into a trance

lapsivesitutkimus

langeta luonnostaan be a matter of course, go without saying
langeta maksettavaksi fall due, mature
langeta syntiin fall/lapse/sink into sin
langettaa tuomio pronounce/pass judgment/a verdict
lanka 1 thread, (naru) string *punainen lanka* scarlet thread *saada langan päästä kiinni* catch the drift (of speech), figure out what's going on 2 (sytytyslanka) fuse, (hehkulanka) filament, (pyydyslanka) wire 3 *saada langan päähän* (puhelimeen) get someone on the line *hakea joku langan päähän* call someone to the phone
lankalaukaisin cable release
lankata polish
lankeemus fall *Ylpeys käy lankeemuksen edelle* Pride goes before a fall
lankku board, plank
lanko brother-in-law
lannistaa 1 (vastustaja) put down, subdue, suppress 2 (mieltä) depress, dishearten, discourage, knock the legs/props out from under (a person)
lannistua 1 (tappelussa) give up (the fight), give in/way, yield 2 (henkisesti) lose heart, get depressed/disheartened/discouraged
lannistumaton persevering, resolute, unflagging
lannoite fertilizer
lannoittaa fertilize
lannoitus fertilization
lanseerata introduce
lanta manure, dung; (apulanta) fertilizer
lantio pelvis
lantti coin
lanttu rutabaga, swede
lanttulaatikko rutabaga casserole
lapa shoulder
lapaluu shoulder blade
lapanen mitten
lape (miekan) flat, (mäen/katon) slope *tulla alas lappeelleen* (keihäänheitossa) land flat
lapinkielinen Sami
lapintiira (lintu) Arctic tern
lapio shovel, (pieni) spade

lappaa (köyttä ulos) pull, (köyttä sisään) feed, (vettä veneestä) bail, (tavaroita taskusta) haul out, (ruokaa lautaselleen) pile (up), (ruokaa suuhun) stuff, (väkeä ulos/sisään) pour, stream
lappalainen s Lapp adj Lappish
Lappi Lapland, (par) Samiland
lappi (saamen kieli) Sami
lappu 1 (silmälappu: ihmisen) (eye)patch, (hevosen) blinker *kulkea laput silmillään* look at the world with blinkers on 2 (paperinpala) piece/scrap of paper 3 (hintalappu) (price) tag 4 (viesti) note *panna lappu luukulle* close (up shop)
lappuliisa meter maid
lapsellinen childish, puerile
lapsellisuus childishness, puerility
lapsenkengissä in its infancy
lapsenlapsi grandchild
lapsenomainen childlike
lapsenvahti babysitter
lapseton childless
lapsettaa *Henryä lapsettaa* Henry wants to be a baby
lapsettomuus childlessness
lapsi child, (ark) kid, (kakara) brat, (vauva) baby, (alaikäinen) minor *heittää lapsi pesuveden mukana* throw the baby out with the bathwater *lapsilta kielletty elokuva* adult movie, R-/X-rated movie *lapsille sallittu elokuva* children's movie, P(G)-rated movie *kuin lasten suusta* out of the mouths of babes *odottaa lasta* be pregnant, be expecting (a baby) *aikansa lapsi* a product/child of your times *lapsesta saakka* since you were a child, since childhood
lapsihalvaus polio(myelithis)
lapsikaste infant baptism
lapsikatras the kids
lapsikuolleisuus infant mortality
lapsilisä child benefit
lapsilukko child lock
lapsiperhe family with children at home
lapsityövoima child labor
lapsivesi amniotic fluid, (ark) water *Sitten lapsivesi tuli* Then my/her water broke
lapsivesitutkimus amniocentesis

lapsivuode *olla lapsivuoteessa* (vanh) be confined *kuolla lapsivuoteeseen* die in childbirth
lapsivähennys child/dependent deduction
lapsiystävällinen *lapsiystävällinen perhe* a family that likes children, where children feel welcome, at home *lapsiystävällinen ympäristö* (turvallinen) a child-safe environment, (ystävällinen) a place where children are welcome
lapsukainen child, baby
lapsus slip, lapsus, (ark) goof, boo-boo
lapsuus childhood
laputtaa traipse, tramp *Alahan laputtaa! Get a move on! laputtaa tiehensä* beat a hasty retreat, (ark) beat it
laser laser
laserkirjoitin laser printer
laserlevy CD, Compact Disc; (kuvalevy) LaserDisc, laserdisc
lasersoitin CD player, compact disc player, (kuvalevysoitin) laserdisc player
lasi 1 (juomalasi) glass (myös aine) *lasista tehty hevonen* glass horse *kilistää lasia* clink glasses *lasin liikaa ottanut* who's had one too many *kilistää lasia jonkun kanssa* (juoda malja) clink glasses (with someone) **2** (ikkunalasi) (window) pane **3** *(silmä)lasit* glasses
lasikaappi glass cabinet
lasikuitu fiberglass
lasileuka (nyrkkeilyssä) glass jaw
lasillinen glassful *Otetaanko pari lasillista?* Shall we have a drink/round or two?
lasimaalaus stained-glass painting/window
lasinpuhallus glass-blowing
lasinpuhaltaja glass-blower
lasinsiru piece of glass, (pieni) sliver of glass, shard of glass
lasiovi French door
lasipullo glass bottle
lasitavara glassware
lasitehdas glassworks
lasittaa glaze
lasittua glaze *lasittuneet silmät* glazed/glassy eyes
lasivilla glass wool

laskea tr **1** (alemmas) lower, drop *laskea kätensä oven kahvalle* put your hand on the doorknob **2** (kädestään tms) put/set/lay down **3** (perusta tms) lay **4** (päästää) let *laskea sisään/ulos/karkuun/menemään/irti* let someone in/out/escape/go/loose **5** (saattaa) *laskea seteleitä liikkeeseen* put bills into circulation, issue currency *laskea kirja julkisuuteen* release a book **6** (vuodattaa, virrata) (let) run/flow *laskea vettä* (hanasta) run water (virtsata) urinate *laskea olutta tynnyristä* draw beer from a keg *laskea verta haavasta* let a wound bleed *Älä laske housuihisi!* Don't go in your pants! **7** *laskea leikkiä* joke around (ks hakusana) **8** (lukumäärä) count *Ne voi sormin laskea* You could count them on one hand *kolmas vasemmalta laskien* the third from the left **9** (laskelmoida) calculate, figure *laskea mahdollisuuksiaan* figure/calculate your chances **10** (luottaa) count on *Pojat laskivat niin, ettei äiti huomaa* The boys counted on their mother not noticing *laskea jonkin varaan* count on it *Älä laske sen varaan, että minä olen siellä* Don't count on my being there **11** (pitää jonakin, sisällyttää johonkin) consider, count *minut mukaan laskettuna* counting/including me *Itse laskisin sen eduksi Me*, I'd consider it an advantage itr **1** (alas) fall, drop *nousta ja laskea* rise and fall *Kuume/lämpö laskee* The fever/temperature is dropping *Painoni on laskenut* I've lost weight **2** (viettää: tie) slope down, descend, (jyrkänne) drop off **3** (liukua) *laskea kelkalla/suksilla* sled/ski down (the hill) **4** (virrata) flow *Mississippijoki laskee Meksikonlahteen* The Mississippi River flows into the Gulf of Mexico **5** (aurinko) set *Aurinko laskee* The sun is setting
laskea alleen wet your bed
laskea housuihinsa do it in your pants
laskea kuin lehmän häntä drop like a shot
laskea lampaita count sheep (myös kuv)

laskea leikkiä joke (around), be witty/funny, make/crack jokes/a joke
laskea mukaan include *mukaan laskettuna* including, counting
laskea mäkeä go sledding
laskea päässä count/calculate in your head, do mental arithmetic
laskea silmistään let someone out of your sight
laskea tahtia count/beat time
laskea takaperin 1 (lukuja) count down/backwards **2** (mäkeä) go down backwards
laskea vesille launch (a ship)
laskelma calculation, computation, (arvio) estimate
laskelmointi calculation
laskelmoiva calculating
laskennallinen computational
laskenta 1 (vars tietok) computation **2** (mat) calculus *differentiaalilaskenta* differential calculus **3** (lähtölaskenta) countdown
laskento arithmetic
laskettelu downhill/slalom skiing
laskeutua 1 (mennä alas) go down (into), descend *laskeutua vuoteelle* lie down *laskeutua polvilleen* kneel down **2** (laskea, pudota) fall, drop *Yö laskeutuu* Night is falling *Pöly laskeutuu* The dust is settling **3** (viettää) slope/go down **4** (roikkua) hang (down) **5** (lentokone) land
laskeutuminen descent, landing
laskiainen Shrovetide
laskiaispulla Shrove bun
laskiaistiistai Shrove Tuesday
laskien *15. päivästä laskien* starting the 15th *sinut mukaan laskien* counting/including you
laskin calculator
laskos pleat, fold
lasku 1 (laskutehtävä) (math) problem, sum **2** (laskelma) calculation, (kuv) account *minun laskujeni mukaan* according to my calculations, as I figure it *ottaa laskuun* take into account/consideration **3** (tili) account *Tuleeko tämä käteisellä vai laskuun?* Will that be cash or charge? *Tämä tulee laskuun* I'll put this on my account; charge, please *talon laskuun* on the house **4** (laskutus: sähköstä tms) bill, (tavaralähetyksestä) invoice, (ravintolassa) (US) check, (UK) bill *Saisimmeko laskun?* Could we have the check please? *erääntynyt lasku* overdue bill **5** (laskeutuminen) fall, drop, (tien) downgrade *auton arvon lasku* depreciation in a car's value **6** (laskettelukerta) (ski) run
laskutoimitus mathematical/arithmetic operation, calculation
laskuttaa bill, (lähetyksestä) invoice
laskutus billing, (lähetyksestä) invoicing
laskuvarjo parachute
lasso lassoo, lariat
lasta 1 (keittiölasta) spatula; (kumilasta: ikkunoita varten) squeegee, (liimausta varten) (rubber) applicator; (muurauslasta) trowel; (kittilasta) putty knife **2** (lääk) splint
lastenhoitaja (päiväkodissa) (pre-school) aide; (kotona) nanny
lastenhoito child care
lastenleikki children's game(s), child's play (myös kuv) *Se on lastenleikkiä* (helppoa) That's a piece of cake, no sweat
lastentarha preschool; (ennen kouluikää) day care center; (viimeisenä vuonna ennen ensimmäistä luokkaa, kuuluu USA:ssa koulujärjestelmään) kindergarten
lastenvahti babysitter
lastenvaunut baby carriage
lasti load, (laivan) cargo, (lentokoneen/junan) freight
lastoittaa (lääk) (put someone's arm/leg/jne in a) splint
lastu 1 (puun, metallin) chip; (saippuan, perunan) flake; (höylän) (wood) shaving **2** (mikrolastu) (micro)chip **3** (tarina) story, anecdote
lastulevy chipboard
lataaminen charging
lataus (lataaminen) charging, (ladattu) charge

latautua

latautua 1 (akku) charge (up), get charged **2** (ihminen) get charged/psyched up for, get ready for
latina Latin
latinankielinen Latin
latistaa banalize, trivialize, make/render prosaic/bathetic
latistua fall off (in excitement), flag, turn boring/tedious/banal/trivial
lato barn, shed
latoa 1 (vierekkäin) line up; (päällekkäin) pile up, stack **2** (puhetta) let fly, (tunnetta) repress **3** (kirjapainossa) compose
latoja compositor
latomo composing room
lattanäyttö (tietok) flat-screen display
lattea 1 (litteä) flat **2** (proosallinen) boring, banal, trivial, trite
lattia floor *mittailla lattiaa* pace the floor, pace up and down, to and fro
lattialämmitys underfloor heating
latu (ski) track *Latua!* Track! *antaa latua* give way *avata uusia latuja* blaze new trails, break new ground *kulkea vanhaa latua* stay in the old rut, keep to the beaten path
latva 1 (puun) top **2** (joen) upper course
Latvia Latvia
latvia (kieli) Latvian, Lettish, Lett
latvialainen s Latvian, Lett adj Latvian, Lettish
lauantai Saturday
lauantai-ilta Saturday night/evening
lauantaimakkara bologna, (ark) baloney
lauantainen (something) on Saturday, Saturday('s) *joka lauantainen kauppareissu* our Saturday shopping spree, the shopping we do every Saturday
lauantaisin (on) Saturdays
laudatur honors *saada laudatur englannin ylioppilaskirjoituksesta* graduate (from high school) with honors in English
laudoittaa (paneloida) panel, (tehdä ponttilautalattia) put in tongue-and-groove flooring, (peittää laudoilla) board up/over

laueta 1 go off, (pyssy) fire, (räjähde) explode **2** ease off, (jännitys) relax, break *Sitten hän nauroi ja jännitys laukesi* Then she laughed and they relaxed, her sudden laughter broke the tension **3** (saada orgasmi) come, go off
lauha (ilma) warm, balmy, mild; (ilmasto) mild, temperate
lauhdutin condenser
lauhduttaa 1 (ilmastoa) warm up *Meri lauhduttaa Helsingin talvea* The winter in Helsinki is warmer/milder than further inland thanks to the Gulf of Finland **2** (mielialaa) calm, soothe, pacify **3** (tekn) condense
lauhkea 1 (ilma) warm, balmy, mild; (ilmasto) mild, temperate **2** (mielenlaatu) mild, meek, gentle *lauhkea kuin lammas* gentle as a lamb
lauhtua 1 (ilma) grow milder *Pakkanen on lauhtunut* The cold snap has broken **2** (mieliala) calm (down), cool off, relax **3** (tekn) condense
laukaista 1 (pyssy) fire, discharge, shoot off **2** (jousi) loose, release **3** (ansa) spring **4** (kamera) shoot/snap (a picture) **5** (ohjus tms) launch **6** (kiekko, pallo tms) shoot, fire, let fly **7** (kysymys tms) fire off, let fly **8** (orgasmi) bring (someone) to climax, make (someone) come, get (someone) off; (suulla: miestä) suck (someone) off, (naista) lick (someone) off
laukata gallop, (hitaasti) canter, lope
laukaus (gun)shot *650 laukausta minuutissa* 650 rounds per minute
laukka gallop, (lyhyt) canter, lope *täyttä laukkaa* at a full gallop; (kuv) hellbent for leather, like a bat out of hell
laukku bag, (käsilaukku) purse, (koululaukku = reppu) pack
laulaa sing *Mikä laulaen tulee se viheltäen menee* Easy come, easy go
laulaa nuoteista sight-read
laulaa poliisille sing (to the cops) like a bird
laulaja singer
laulella sing (a little ditty/to yourself)
laulu 1 song, tune, melody; (joululaulu) (Christmas) carol; (gregoriaaninen tms)

lehti

chant 2 (laulaminen) singing, song *panna lauluksi* burst into song, burst out singing 3 (linnun) (bird)song, singing, chirping, warbling

laulurastas song thrush

lauma 1 herd (myös kuv), crowd *kulkea lauman mukana* go with the herd (myös ihmisistä), be a sheep 2 (lampaita, lintuja) flock 3 (koiraeläimiä) pack 4 (hanhia) gaggle 5 (hyönteisiä, lapsia) swarm

laumaeläin gregarious animal; (ihmisestä) sheep

laupeus compassion, kindness, mercy, caring

laupias compassionate, kind, merciful, caring *laupias samarialainen* good Samaritan

lause 1 sentence, (sivulause) clause 2 (mat) theorem 3 (tietok) statement

lauseke 1 (mus) period 2 (mat) expression 3 (tietok) statement 4 (lak ym) clause 5 (kieliopissa) phrase

lausua 1 (sana) say, speak, utter; (ääntää) pronounce *Miten lausutaan Lech Walesa?* How do you say/pronounce Lech Walesa? 2 (mielipide) state, express *lausua lämpimät kiitokset* express your gratitude, thank (someone) warmly 3 (ajatus) articulate, put into words 4 (runo) recite, interpret (orally), do/give a reading of 5 (tervetulleeksi) wish/bid (someone a warm welcome)

lausuma utterance

lausunta (poetry) reading, (oral) interpretation

lausunto 1 statement 2 (todistajan: kirjattu) deposition, (oikeudessa) testimony 3 (asiantuntijan) (expert) opinion; (professorin, käsikirjoituksesta) (reader's) report 4 (ilmoitus) pronouncement, announcement

lauta board *panna nasta lautaan* (ark) floor it

lautakunta 1 (päättävä) board 2 (tutkiva) commission 3 (oikeudessa) jury

lautamies juror, jury member

lautanen 1 (matala) plate, (syvä) bowl, (kupin alla) saucer *lentävä lautanen* flying saucer 2 (mus) cymbal

lautasellinen plateful, bowlful

lautasliina napkin

lautatavara lumber

lautta 1 (tukkilautta) raft 2 (autolautta tms) ferry

lava 1 (koroke) stand, platform, (näyttämö) stage *tanssilava* dance floor 2 (kuorma-auton) bed

lavastaa 1 (näytelmä tms) stage, build the set for (a play/movie/jne) 2 (tapahtuma) stage, fake; (viaton ihminen syylliseksi) frame, set up

lavastus 1 (näytelmän tms: lavastaminen) staging, set-building; (rekvisiitta) set 2 (tapahtuman) staging; (viattoman) frame(-up), set-up

lavea wide, broad *lavea tie joka johtaa kadotukseen* the broad path that leads to hell *lain lavea tulkinta* loose/broad interpretation of a law *lavea vokaali* broad vowel

laveasti at great length, in great detail

LED LED, light-emitting diode

legenda legend *legenda jo eläessään* a legend in his/her own time

legioona legion

leguaani (lisko) American fringe-toed lizard

lehdenjakaja (nuori) paperboy/-girl, (aikuinen) (newspaper) deliverer

lehdenleikkaajamuurahainen leaf-cutter ant

lehdistö press *lehdistön vapaus* freedom of the press

lehdistösihteeri press secretary

lehdistötiedote press release

lehdistötilaisuus press conference

lehmus linden

lehmä cow *oma lehmä ojassa* an axe to grind

lehmäkauppa (pol) horse-trade *hieroa lehmäkauppoja* do a little horse-trading, make a few deals

lehti 1 (puun) leaf *jäädä lehdellä soittelemaan* be left with nothing, empty-handed 2 (paperin) sheet, (kirjan tms) page, (vanh) leaf *kääntää uusi lehti* turn over a new leaf *Lehti on kääntynyt* The tide has turned 3 (sanomalehti)

lehtikioski 322

(news)paper; (aikakauslehti) magazine, periodical, journal
lehtikioski newsstand
lehtikirjoitus (newspaper) article
lehtikuva press/news(paper) photo(graph)
lehtimetsä leafy/deciduous forest
lehtimies journalist, reporter
lehtipuu deciduous tree
lehtisammakko green tree frog
lehtitilaus (news)paper/magazine subscription
lehtiö (muistiinpanoja varten) notebook/-pad, (piirtämistä varten) sketchbook/-pad
lehto grove
lehtori lecturer
leija kite
leijailla float; (eteenpäin) glide, soar; (ylösalaisin) bob (up and down)
leijona 1 lion **2** (horoskoopissa) Leo
leijonankesyttäjä liontamer
leijonanosa the lion's share
leijua float, glide, soar; (haju, uhka) hang (in the air)
leikata 1 cut; (viilto) slash; (siistiksi) trim; (leike, kynsi) clip; (viipale) slice; (kinkkua tms) carve; (kuutioiksi) dice, chop; (puuta: sahalla) saw, cut, (puukolla) whittle, carve; (nurmikkoa) mow, cut **2** (lääk: tehdä leikkaus) operate (on); (rikkoa iho) make an incision; (poistaa) remove; (mies, uros) castrate, (naaras tms) spay *Minulta leikattiin umpisuoli* I had my appendix (taken) out, I had an operation on my appendix, I had an appendectomy **3** (hintoja, veroja, sosiaalipalveluja) cut, slash, reduce, decrease **4** (alkoholijuomaa) cut, dilute **5** (elokuvaa) cut, edit **6** (järki) *Sinullapa leikkaa hyvin* You're sharp/quick, you catch on fast **7** (moottori) *Moottori taisi leikata kiinni* I think the engine threw a rod
leike 1 (lehtileike) clipping **2** (lihaleike) cutlet **3** (geom) segment
leikealue (tietok) clipboard
leikekuva (tietok) clip art
leikepöytä clipboard
leikikäs playful

leikillään in play/fun/sport *Sanoin sen leikilläni* I was just kidding/joking/being funny
leikin asia *Tämä ei ole leikin asia* This is no joke, no joking matter, nothing to kid/joke/laugh about
leikinlasku joking/kidding (around), affectionate banter/ribbing
leikitellä play/trifle/toy (with someone) *Olet koko ajan leikitellyt tunteillani!* This whole time you've been toying/playing with my feelings!
leikkaus 1 (lääk) operation *joutua leikkaukseen* go in for/have to have surgery/an operation **2** (puuleikkaus) carving **3** (kallion tms) excavation, blasting **4** (takin tms) cut **5** (elokuvan) cut(ting), editing **6** (leikkauskuva) (cross-)section **7** (geom) (inter)section
leikkaussali operating room, OR
leikkeleet cold cuts
leikki 1 play, (peli) game *lastenleikki* ks hakusana **2** (vitsi) joke *leikillään, leikin asia, leikinlasku* ks hakusanat
leikkiauto toy car/truck/bus
leikkikalu toy, (vars kuv) plaything
leikkikenttä playground
leikkisä playful; (vitsikäs) jocular
leikkiä 1 play *Lapsi on terve kun se leikkii* Children will be children, boys will be boys *leikkiä leikkiä* play a game *leikkiä tulella* play with fire *Et saa leikkiä hänen sydämellään!* Don't toy with her, don't play games with her, don't use her **2** (olla leikisti) pretend, make believe *Leikitään, että sinä olet isä ja minä olen äiti* Let's pretend that you're daddy and I'm mommy **3** (laskea leikkiä) joke/play around
leikkokukka cut flower
leikkuu 1 cut(ting) *hiusten leikkuu* haircut **2** (elonkorjuu) harvest(ing)
leikkuuttaa have (something) cut
leili skin, bottle *uutta viiniä vanhoissa leileissä* new wine in old skins
leima stamp, mark, brand *postileima* postmark *saada leima passiinsa* get your passport stamped *Jyväskylällä oli silloin vielä pikkukaupungin leima*

lennokas

Jyväskylä was still thought of as a small town then
leimaa-antava characteristic, typical, distinguishing
leimaantua be(come)/get branded/labeled/categorized/typecast (as/for something), get a reputation (for being/doing something), get lumped together (with a certain crowd)
leimahtaa flash, flare (up)
leimasin stamp
leimata 1 (passi tms) stamp; (postimerkki) postmark, cancel **2** (ihminen) label, brand
leimavero stamp tax
leipoa 1 (leipä tms) bake, make *kotona leivottu* homemade/baked **2** (taikinaa) knead **3** (ihmistä) pummel, clobber, maul **4** (jokin jostakusta) train (someone to be), make (something of someone) *leipoa maailmanmestari* train someone to be a world champion
leipoja baker
leipomo bakery
leipä 1 (yleensä) bread *jokapäiväinen leipämme* our daily bread *Ihminen ei elä yksin leivästä* Man cannot live by bread alone *murtaa leipää* break bread **2** (kokonainen limppu) loaf *ostaa kolme ruisleipää* buy three loaves of rye bread **3** (voileipä) sandwich *ostaa kolme kinkkuleipää* buy three ham sandwiches **4** (toimeentulo) pay *ansaita leipänsä kääntäjänä* put food on the table by translating, translate for a living *olla jonkun leivissä* work for someone *ei lyö leiville* it doesn't pay **5** *heittää leipiä* skip rocks
leipäteksti (tietok) body text
leipätyö (ark) bread-and-butter (job)
leipäveitsi bread knife
leipää ja sirkushuveja bread and circuses
leiri camp (myös kuv) *pystyttää leiri* pitch camp, set up an encampment, bivouac *jakautua leireihin* splinter into separate camps
leiriläinen camper
leirintäalue campground
leirinuotio campfire

leiriytyä (en)camp, bivouac
leivinjauhe baking powder
leivinuuni wood-burning oven
leivonnainen bakery product, pastry; (mon) bakery goods
leivos pastry
leivänkannikka heel
leivänmuru (bread)crumb
leivänpaahdin toaster
lekotella lie/laze around, sprawl (out somewhere)
lekottelu lying/lazing around, taking it easy
lekuri (saw)bones
lelu toy
lelukauppa toy store
lemmikki favorite, pet
lemmikkieläin pet
lempeys meekness, mildness, fondness, affectionateness, gentleness, tenderness, sweetness, leniency (ks lempeä)
lempeä 1 (ei aggressiivinen) meek, mild **2** (ei vihamielinen) fond, affectionate, loving **3** (ei väkivaltainen) gentle, tender, sweet **4** (ei ankara) lenient
lempeästi meekly, mildly, fondly, affectionately, lovingly, gently, tenderly, sweetly, leniently (ks lempeä)
lempikirjailija (your) favorite writer
lempimusiikki (your) favorite music
lempinimi nickname
lempiruoka (your) favorite food/dish
lempiyhtye (your) favorite group/band
lemu smell, stench, reek, stink
lemuta smell, stench, reek, stink
leninki dress, (hieno) gown
lenkkeillä (go) jog(ging)/run(ning)
lenkki 1 link, loop *Ketju on yhtä vahva kuin sen heikoin lenkki* A chain is only as strong as its weakest link **2** (juoksu) run, (kävely) walk *lähteä lenkille* go jogging/running *Hän on lenkillä* She's out running/jogging **3** (makkara) bologna
lenkkimakkara bologna, (ark) baloney
lennellä fly/blow (all over, everywhere, every which way)
lennokas 1 (juoksu tms) fluid, supple, sinuous *juosta lennokkaasti* run like the wind **2** (keskustelu: innokas) lively,

lennokki

spirited; (korkealentoinen) lofty, high-flown
lennokki toy/model (air)plane; (paperista tehty) paper airplane
lennonjohto air-traffic/flight/ground control
lennähtää fly *Hattu lennähti päästä* My hat flew off my head
lennätin telegraph (office)
lennättää 1 (lennokkia, leijaa) fly **2** (tuuli lehtiä tms) blow (around) **3** (räjäyttää) blow up **4** (ihminen palloa tms) throw, hurl, sling **5** (kiidättää) rush, speed
lento flight *suora lento* direct/nonstop flight *lähteä lentoon* take /wing off: take flight off *saada taksi lennosta* flag down a taxi *loppua lyhyeen kuin kanan lento* go over like a lead balloon, flop
lentoaika flight/flying time
lentoasema airport, (pieni) airfield
lentoemäntä (nyk) flight attendant, (vanh) stewardess
lentokenttä airport, (pieni) airfield
lentokone airplane, aircraft
lentokonekaappaus skyjacking, hijacking
lentokorkeus flight/flying altitude
lentoliikenne air traffic
lento-onnettomuus plane crash, aviation accident
lentopallo volleyball
lentoperämies copilot
lentoposti airmail
lentäjä flier; (lentokoneen ohjaaja) pilot; (ark) flyboy
lentävä lautanen flying saucer
lentää fly (myös kuv) *Aika lentää* Time flies *tehdä työtä niin että hiki lentää* work till the sweat runs off you
lentää hajalle blow up, blow sky high, explode
lentää jonkun kaulaan hurl/throw yourself in someone's arms, around someone's neck
lentää selälleen fall over, (ark) fall on your can/ass
lepakko bat
lepattaa flap, flutter, (liekki) flicker

lepo rest *Lepo!* (sot) At ease! *seisoa levossa* stand at ease *saattaa haudan lepoon* lay (someone) to rest *mennä levolle* go to bed
lepoasento *olla lepoasennossa* (sot) be at ease, (yl) be resting/relaxing, lie/sit comfortably
lepohetki (a moment's) rest/break, breather; (päiväuni) nap, (euf: aikuinen lapselle) rest time
lepopäivä 1 (yl) day off, day of rest **2** (usk) sabbath *Muista pyhittää lepopäivä* Remember the sabbath day and keep it holy
leppoisa gentle, peaceful, restful
leppyä calm down, relent, be placated/mollified/appeased
leppä alder
leppäkerttu ladybug
lepuuttaa rest
lepyttää placate, mollify, appease, conciliate
lerppu (tietok) floppy(disk)
lesbo lesbian
lesbolainen lesbian
leseet bran
leskeneläke widow's pension
leski widow, (mies) widower *jäädä leskeksi* be widowed
leskirouva widow; (aateli) dowager
leskiäiti widowed mother
Lesotho Lesotho
lestadiolainen Lestadian
lestadiolaisuus Lestadianism
letku hose, tube
letti braid
lettu pancake
leuattomat jawless fish
leuhka conceited, vain, boastful, (ark) stuck-up
leuhkasti arrogantly, superciliously
leuhkia boast, brag
leuka 1 (leuanpää) chin, (leukapieli) jaw *vetää leukaa* do chin-ups *vetää leukaan* bust someone on the chin/chops **2** (tekn) jaw
leukakoukulliset chelicerates
leukemia leukemia
leuto mild, temperate
leveillä brag, boast, shoot off your mouth

leveys width, breadth
leveysaste (degree of) latitude *50. leveysasteella* at 50 degrees north latitude
leveä wide, broad *Se nyt on yhtä pitkää kuin leveääkin* That's not going to get us anywhere, that's hopeless/useless/worthless/pointless, I can't make heads or tails of that *pitää leveää suuta* brag, boast, shoot off your mouth
leveä elämä 1 (helppo) life of ease, easy living **2** (tuhlaileva, irstas) fast/dissolute life(style)
leveä leipä good money/pay/income, chance to make a lot of money *muuttaa Amerikkaan leveämmän leivän toivossa* move to America in hopes of a better life, to make big bucks
leveästi broadly *hymyillä leveästi* smile broadly, give someone a big smile, smile from ear to ear *ääntää leveästi* speak in a broad drawl
leveästi ja laveasti *jaaritella leveästi ja laveasti* drone on and on, tell an endless story *kertoa leveästi ja laveasti heidän tekemisensä* give you a blow-by-blow account of their doings, tell you what they've been doing down to the last detail
leveä suu *pitää leveää suuta* brag, boast, shoot off your mouth *suu leveänä* smiling broadly
levikki (tavaran) distribution, (lehden tms) circulation
levinneisyys distribution
levitellä spread (out) *levitellä käsiään* throw up your hands
levittäytyä spread/fan out
levittää spread *levittää voita leivälle* spread butter on (a slice of) bread *levittää paperit keittiön pöydälle* spread your papers (out) on the kitchen table *levittää vallankumousaatetta* spread/propagate/disseminate revolutionary ideas
levitys spreading
levitä 1 spread (myös kuv) *Huhu levisi kuin kulovalkea* The rumor spread like wildfire *helposti leviävä margariini* easy-to-spread margarine **2** (ark: moottori) die, break down
levoton 1 (rauhaton) restless, unsettled **2** (ahdistunut) uneasy, nervous, anxious **3** (huolissaan) worried, anxious **4** *puhua levottomia* run off at the mouth, talk nonsense, say the first thing that comes into your head, talk wildly, rave
levottomasti restlessly, uneasily, nervously, anxiously (ks levoton)
levottomuus 1 (rauhattomuus) unrest, restlessness, disquiet **2** (ahdistuneisuus) uneasiness, nervousness, anxiety **3** (huolestuneisuus) worry, anxiety
levottomuutta herättävä unsettling, alarming, disquieting
levy 1 (laatta tms) slab, sheet, plate; (pyöreä) disk **2** (puinen) board, sheet *lastulevy* chipboard *vanerilevy* sheet of plywood **3** (äänilevy) record **4** (keittolevy: irrallinen) (hot) plate, (liedessä) burner **5** (tietok) disk *kovalevy* hard disk **6** (valok) plate
levyasema (tietokoneen) disk drive
levyhiiri (tietok) touch pad
levyinen *talon levyinen* as wide/broad as a house *metrin levyinen* a meter wide, meter-wide *saman levyinen* as wide as, of the same width
levykauppa record store, music store
levyke 1 (tietok) floppy disk, floppy, diskette, disk **2** (plaketti) placque
levykeasema disk drive
levyrikko (tietok) disk crash
levysoitin turntable
levyttää 1 (äänilevy) record, cut a record **2** (seinä) surface (a wall with chipboard, with paneling sheets)
levytys 1 (äänilevyn) recording (session) **2** (seinän) surfacing
levytyssopimus recording contract
levy-yhtiö record company
levähdys (a moment's) rest/break/breather
levähtää rest (for a moment), take a (short) break/breather
levätköön rauhassa! (may he/she) rest in peace, (lat) requiescat in pace, R.I.P.
levätä 1 rest, take a break/breather *tuntea itsensä levänneeksi* feel rested

levätä laakereillaan

2 (maata) lie (down), sleep **3** (olla haudassa) rest, repose, lie, be buried **4** (olla käyttämättömänä) lie (unused), not be used, be out of use; (pelto) lie fallow *panna lakiesitys lepäämään yli vaalien* table/shelf a bill until after the election
levätä laakereillaan rest on your laurels
liata dirty, soil, begrime; (kuv) tarnish, sully *liata itsensä* get (all) dirty *liata maineensa* ruin/soil/tarnish your reputation
liberaali liberal
liberaalinen liberal
Liberia Liberia
liberialainen s, adj Liberian
Libya Libya
libyalainen s, adj Libyan
lie *mikä lie* I wonder what (kind of), some (sort of)
Liechtenstein Liechtenstein
liechtensteinilainen s Liechtensteiner
liehua 1 (lippu tms) wave, fly, flutter **2** (jonkun ympärillä) flutter/flit/swarm (around)
liejukana moorhen
liejuryömijä (kala) mudskipper
liekehtiä blaze, flare (up)
liekinheitin flamethrower
liekki flame *hulmahtaa liekkeihin* burst into flames
liemi 1 (lihaliemi: keitossa) broth, bouillon, consommé; (lihan tms päälle) gravy **2** (hedelmäliemi) juice *kiehua omassa liemessään* stew in your own juice **3** (ark) trouble *joutua liemeen* get into trouble *olla kurkkua myöten liemessä* be in it up to your neck
liemikulho soup bowl/tureen
lienee *Lieneekö se totta* Could it be true? I wonder if that's true *missä se lienee ollutkin* wherever it's been *Lienet oikeassa* I guess you're right, you're probably right
liennytys détente
lientyä ease (off), abate
liepeillä around, near, close to/by, on the borders/fringes/outskirts of
lieri brim
lieriö cylinder

liesi stove
liete silt, sludge
lietsoa 1 (tulta) blow on **2** (kapinaa tms) stir up, foment
liettua Lithuanian
Liettua Lithuania
liettualainen s, adj Lithuanian
lieve border, edge, (hameen) hem *liepeillä* around, near, close to/by, on the borders/fringes/outskirts of
lieveilmiö side effect
lieventää 1 (kipua tms) ease, relieve, alleviate, soothe **2** (määräyksiä tms) lighten, soften, ease **3** (tuomiota tms) commutate, mitigate *lieventää kuolemanrangaistus elinkautiseksi* commutate the death sentence to life *lieventävät asianhaarat* mitigating/extenuating circumstances **4** (kritiikkiä tms) tone down
lievittää ease, relieve, alleviate, soothe *lievittää päänsärkyä nopeasti* bring fast relief to headache pain(s)
lievitys relief
lievä mild, light, slight *lievä rangaistus* light/lenient punishment *lievä voimasana* mild swearword
lievästi mildly, slightly *lievästi sanottuna* to put it mildly
liha 1 (syötävä) meat **2** (elävä) flesh *omaa lihaa ja verta* your own flesh and blood (myös kuv) *lihan himot* the lusts of the flesh *tulla yhdeksi lihaksi* become one flesh
lihaksikas muscular
lihakärpänen bluebottle
lihaliemi broth, bouillon
lihaliemikuutio bouillon cube
lihallinen 1 (ruumiillinen) physical, bodily, corporeal **2** (syntinen) fleshly, carnal, sensual **3** (todellista sukua oleva) natural(born), by birth *Jukka on lihallinen veljeni, Antti adoptoitiin* Jukka's my brother by birth, Antti was adopted
lihansyöjä carnivore, meat-/flesh-eater
lihapiirakka meat pie
lihapulla meatball
lihapyörykkä meatball

liikennesäännöt

liharuoka (yleensä) meat; (yksi laitettu) meat dish; (aterian ruokalaji) meat course

lihas muscle

lihasvoima muscle, (ark) elbow grease

lihava 1 fat (myös kuv), overweight, heavy, plump, (erittäin) obese **2** (kirjasinlaji) bold

lihoa put on/gain weight/pounds, get fat(ter) *lihoa kaksi kiloa* put on/gain five pounds

lihottaa (eläintä) fatten, (ruoka ihmistä) be fattening

liiaksi 1 overly/too much, excessively, to too great a degree *Hän on liiaksi riippuvainen äidistään* He is overly/excessively/too dependent on his mother, his attachment to his mother is too great, too much of a strain for him **2** ks liian, liikaa

liiallinen 1 (liian suuri) excessive, immoderate *liiallinen alkoholinkäyttö* excessive/immoderate drinking **2** (liika) excess, extra(neous) *karsia kaikki liiallinen lavertelu pois* cut all excess verbiage **3** (kohtuuton) extreme, inordinate *liialliset vaatimukset* extreme/inordinate demands **4** (liioiteltu) exaggerated *liiallinen kohteliaisuus* exaggerated politeness, excessive flattery

liian (all/far/much) too, overly, excessively

liian kanssa excessively, to excess *Sitten kun tulee, tulee liian kanssa* It never rains but it pours

liiankin even too *Se voi olla liiankin suuri* It may even be too big

liidellä glide, soar

liidokki glider

liiemmälti *ei liiemmälti* not overmuch, not excessively, not too much

liietä *Liikenisikö sinulta pari minuuttia/euroa?* Could you spare a few minutes/euros, could I trouble you for a few minutes (of your time)/euros?

liiga 1 (urh, hist) league **2** (kopla) gang

liika s excess, surplus, surfeit, the rest *kuoria liika pois* skim the excess *liikoja* ks hakusana adj excess(ive), too much, surplus, extra(neous), unnecessary *riisua liiat vaatteet pois* take off your outer layers (of clothing), strip down (to what feels comfortable)

liikaa (liian paljon jotain ainetta tai muuta yksilöimätöntä) too much, (liian monta yksilöä/yksikköä) too many

liikahdella stir, shift (your weight)

liikaherkkä oversensitive

liikahtaa stir, move (slightly) *Älä liikahdakaan!* Don't move a muscle!

liikalihava overweight, obese

liikalihavuus obesity

liikanainen ks liiallinen

liika on aina liikaa enough is enough (and too much is too much)

liikasanaisuus verbosity, prolixity, wordiness

liikatarjonta oversupply, glut

liike 1 (liikkuminen) move(ment), motion (ks myös liikkeellä, liikkeessä) *naisliike* the women's movement *Yksikin liike ja olette kaikki kuoleman omat!* One move and I'll drill you *presidentin liikkeet* the President's movements *sotajoukkojen liikkeet* troop movements, army maneuvers *pyörivä liike* circular motion *saada liikettä niveliin* get someone/yourself going *Liikettä!* Get going! Look alive! Wake up! **2** (yritys) business, firm, company, (kauppa) store *perustaa oma liike* start your own company, go into business for yourself

liike-elämä business

liikehtiä 1 move, stir, shift (your weight) **2** (sot) maneuver

liikekannallepano mobilization

liikemies businessman

liikenainen businesswoman

liikenevä available, spare; (money/time) at hand/to spare

liikenne traffic

liikennejuoppous drinking and driving, intoxication at the wheel

liikennemerkki traffic sign

liikenneonnettomuus car crash, traffic accident

liikenneruuhka traffic jam

liikennesäännöt traffic laws/rules/regulations

liikenneturvallisuus

liikenneturvallisuus traffic/driving safety
liikennevakuutus automobile insurance
liikennevalot traffic lights
liikennevalvonta traffic warden
liikenneympyrä traffic circle
liikennöidä run, operate *liikennöidä Tampereen ja Jyväskylän välillä* run/operate/maintain a regular line/service between Tampere and Jyväskylä
liikepankki commercial bank
liiketaloudellinen commercial, financial, economical *liiketaloudellisesti kannattamaton* commercially/financially/economically unfeasible/unprofitable
liiketalous business
liiketoiminta business, trade
liikevaihto sales, turnover
liikevaihtovero sales tax
liikeyritys business, firm, company
liikkeelle paneva voima prime mover
liikkeellä 1 (ihminen) up and about, out and around, on your feet, on the go 2 (auto tms) going, running, working *saada liikkeelle* get (a car) started, start 3 (huhu) going around, making the rounds, circulating *Huhu lähti liikkeelle siitä, että* What started the rumor was
liikkeessä 1 (liikkuva) in motion *panna liikkeeseen* set in motion 2 (seteli) in circulation *panna liikkeeseen* put into circulation, float *poistaa liikkeestä* withdraw from circulation, take out of circulation 3 (kaupassa) in the store *tulla liikkeeseen* enter the/a store, step into the/a store
liikkua 1 move, stir 2 (kulkea) travel, go *Millä liikut?* How did you get here? Did you drive? *Millä asialla liikut?* (kohteliaasti) What can I do for you? (töykeästi) What do you want? (tuttavallisesti) What's up? 3 (saada liikuntaa) exercise, be physically active 4 (raha) circulate, flow *Raveissa liikkuu paljon rahaa* There's big money in the races 5 *Mitä sinun päässäsi oikein liikkuu?* What goes through your head? Whatever can you be thinking of?

liikkumatila room/space (to move), elbowroom *antaa mielikuvitukselle liikkumatilaa* give your imagination free play/rein
liikkumaton immobile, motionless
liikkuva (liikkumiskykyinen) mobile, (liikkeessä oleva) moving
liikoja *kuvitella liikoja itsestään* have an inflated opinion of yourself *En luota häneen liikoja* I trust him about as far as I could throw him
liikunta 1 (liikkuminen) (physical) exercise 2 (koulussa) physical education, phys. ed., P.E.
liikuntakasvatus physical education
liikuntamuoto form of (physical) education/movement
liikuskella move around
liikutella 1 move *Osaatko liikutella korviasi?* Can you wiggle your ears? 2 (hämmentää) stir 3 (käsitellä) handle *liikutella suuria rahasummia* handle/deal with/move large sums of money *liikutella kirvestä* handle/swing an ax
liikuttaa 1 (fyysisesti) move 2 (emotionaalisesti) move, touch *Minua liikutti syvästi kun hän lauloi* I was deeply moved by her singing 3 (ark) concern *Mitä se teitä liikuttaa?* What do you care? What concern/business is it of yours? What does that have to do with you?
liikuttava moving, touching, poignant
liikuttua be moved/touched
liikuttunut moved, touched
liikutus emotion, feeling
liima glue, adhesive
liimata glue, stick, paste
liimautua 1 stick/adhere (to) *olla* (katse) *liimautuneena televisioon* be glued to the television set 2 (tarrautua ihmiseen) cling/clutch/cleave (close to)
liina 1 (pöytäliina) tablecloth, (kaulaliina) scarf 2 (mer = nuora) line
liinavaatteet linen(s)
liioin 1 (hevin) exactly *Ei se liioin lyö leiville* It doesn't exactly pay, it's not exactly what you'd call a money-maker 2 (-kään) neither, nor *ei hyvä eikä liioin*

likeltä liippasi

huono neither good nor bad *En minäkään liioin* Neither/nor do I
liioitella 1 (asiaa) exaggerate, (ark) blow (things) (way) out of proportion **2** (liikettä) overdo, overact **3** (jonkun tyyliä) parody, caricature
liioittelematta without exaggerating *Se oli liioittelematta kolmekiloinen!* I kid you not, it weighed three kilos!
liioittelu exaggeration
liipaisin trigger
liisteri 1 paste **2** (ark) trouble *joutua liisteriin* get into trouble
liite 1 ((asia)kirjan) appendix **2** (lehden viikonloppu/kuukausiliite) supplement **3** (kirjeen) enclosure
liitetiedosto (tietok) attachment, attached file
liitettävyys (tietok) connectivity
liitin 1 (klemmari) paperclip **2** (tekn) coupler
liitos 1 joint *natista liitoksissaan* have creaky joints, be creaky in the joints *hajota liitoksistaan* burst at the seams **2** (kuntain tms) annexation, incorporation
liitto 1 (kahdenkeskinen sopimus) pact, agreement **2** (raam) covenant **3** (avioliitto) marriage, union, (marital) bond **4** (salaliitto) conspiracy *olla liitossa johdon kanssa* be in cohorts/league with management, conspire with management **5** (ammattiliitto) union *liittyä liittoon* join the union **6** (kattojärjestö) federation, organization **7** (liittoutuma) alliance, league, union, confederation
liittokansleri Federal Chancellor
liittolainen confederate, ally
liittotasavalta federal republic
liittovaltio federal government
liittovaltuusto central council
liittymä 1 (liitos) joint **2** (tieliittymä) junction, intersection **3** (puhelinliittymä) extension, hookup **4** (kartelli) combine, consortium, cartel **5** (liitto) organization, association, union; (pol) coalition **6** (tietok) interface
liittymäkohta 1 junction, juncture **2** (kuv) connection *Kivellä on oikeastaan hyvin vähän liittymäkohtia oman aikansa suomenkieliseen kirjallisuuteen* Kivi really had very little in common with the Finnish literature of his time
liittyä 1 (sulautua) unite, combine/join (together) **2** (kiinnittyä) be joined/connected/fastened/attached **3** (jäseneksi) join, become a member (of) **4** (kytkeytyä) be connected/linked/associated with, be related/linked to, connect up, tie in *siihen liittyen* apropos of that, in connection with that, while we're on that, that reminds me, incidentally, by the way **5** (kuulua johonkin) accompany, go (hand in hand/glove) with, follow *Tautiin liittyy väsymystä ja unettomuutta* The disease usually brings on tiredness and insomnia, is usually accompanied by tiredness and insomnia *Onnettomuuteen ei liittynyt henkilövahinkoja* No one was hurt in the accident
liittää 1 join, connect, attach, fasten *liittää liimalla* glue (together) *liittää nauloilla* nail (together) **2** (oheistaa) attach, append, enclose *Oheen liitän nimikirjanotteeni* Enclosed please find a copy of my placement file **3** (alue toiseen) annex, incorporate **4** (kuv) associate, link, connect *En olisi osannut liittää sinua Henrikiin* I never would have made the connection between you and Henrik
liitu (piece of) chalk *väriliitu* crayon
liituraitapuku pinstriped suit
liitutaulu black/chalkboard
liityntä interface
liitäntä connection, interface
liitää glide
liivit 1 (takkipuvun) vest, (hihaton villapaita) sweatervest **2** (kureliivit) girdle, corset; (rintaliivit) bra(ssiere)
lika dirt, filth
likainen dirty, filthy, (ark) grubby
likainen mielikuvitus dirty mind
likaista peliä dirty pool
likapyykki dirty wash
likavesi sewage
likaviemäri (talon) drainpipe, (kaupungin) sewerpipe
likellä close to, near
likeltä liippasi that was a close call/one

likempänä

likempänä closer to, nearer
liki nearly, almost, close to
likiarvo approximation, rough/ballpark figure/estimate
likimain nearly, almost, close to
likimääräinen approximate, rough, (ark) ballpark
likinäköinen nearsighted, myopic
likipitäen nearly, almost, close to
likka lass
liko *panna likoon* (kattila tms veteen) put a kettle in water to soak, fill a kettle with water to soak; (rahaa tms yritykseen) sink (all your money) in a venture, stake (your money/reputation) on something *olla liossa* (kattila tms) be soaking; (rahaa tms) tied up, invested (in a project)
likööri liqueur
lilja 1 (kukka) lily **2** (heraldiikassa) fleur-de-lis
lima 1 (ihmisen erittämä) phlegm, mucus; (ihmisen sylkemä) expectorant, (ark) loogie **2** (eläimen/kasvin erittämä) slime, mucus, mucilage
limakalvo mucous membrane
limaneritys mucus/phlegm secretion
limonadi (soda) pop, soft drink
limsa (soda) pop, soft drink
lineaarinen linear
lingota 1 (kivi tms) hurl, sling, fling **2** (pyykki) spin-dry **3** (tekn) (spin in a) centrifuge
linja 1 line *kautta linjan* right down the line **2** (liikennelinja) route **3** (politiikka) policy *Paasikiven-Kekkosen linja* the Paasikivi-Kekkonen policy *ulkopoliittinen linja* foreign policy **4** (tyyli, imago tms) style, image, look
linja-auto bus
linja-autoasema bus station, bus depot
linja-autoliikenne bus traffic
linkki link
linkku latch *mennä linkkuun* fold up, bend in two, (perävaunu) jackknife
linkkuveitsi (yksiteräinen) pocket knife; (moniteräinen) jacknife; (automaattinen) switchblade
linko 1 (tekn) centrifuge **2** (lapsen) slingshot **3** (pyykkilinko) spinner

linna 1 castle *presidentinlinna* Presidential residence/palace **2** (ark) jail, the slammer, the clink *joutua viideksi vuodeksi linnaan* get (put away for) five years
linnake fort(ress), (kuv) bastion
linnatuomio prison sentence
linnoittaa fortify
linnoittautua (kuv) entrench yourself, build up your defenses
linnoitus 1 fortress **2** (šakissa) castling
linnunpelätin scarecrow
linnunpesä bird's nest (myös kampauksesta)
linnunpoikanen chick, (vielä pesässä) nestling, (lentämään oppinut) fledgling
linnunrata 1 galaxy **2** *Linnunrata* the Milky Way
linnusto bird population, avifauna
linssi lens *sahata linssiin* trip someone up, (ark) fuck someone over, give someone the shaft
lintassa down at the heels *astua kenkänsä linttaan* scuff your heels
lintata smack, crack, whack
lintu 1 bird **2** (syötävä tai riista) fowl
lintuhämähäkki bird-eating spider
lintu vai kala fish or fowl
liota soak
liottaa soak
liotus soaking
lipas 1 box, case, (iso) chest **2** (aseen) magazine, clip
lipasto chest of drawers
lipevä smooth, slick, oily, unctuous
lipeväkielinen glib
lipeäkala lutefisk
lipoa lick *lipoa huuliaan/kieltään* lick your lips/chops *lipoa maitoa* (esim kissa) lap (up) milk
lippa 1 visor *panna jotakuta alta lipan* (ark) poke fun at someone **2** (uistin) spinner
lippalakki cap
lippu 1 (matkalippu tms) ticket *liput rockkonserttiin* tickets to/for the/a rock concert **2** (maan tms lippu) flag, (kuv) banner *tervehtiä lippua* salute the flag/colors *pitää lippu korkealla* fly your

liukastua

flag high *nostaa lippu* (tankoon) raise/hoist a flag
lippulaiva flagship
lippuluukku ticket window
lipputanko flagpole
lipsahdus slip
lipsahtaa slip
lipsu slip (of the tongue)
lipsua slide backwards
lipua glide, float
lipuke label, tag
lipunkantaja flagbearer
lipunmyynti ticket sales
liputtaa 1 (liputuspäivänä) fly a flag **2** (urh) throw down a flag **3** (viestiä lipuilla) flag, semaphore
lirinä ripple
liristä ripple
lisensiaatin tutkinto Licentiate degree
lisensiaatti Licentiate
lisenssi license
lisko lizard
lista 1 list **2** (rak) molding
lisukkeet trimmings, side dishes
lisä 1 extra, addition **2** bonus, allowance, benefit *lapsilisä* child benefit **3** *lisä-* extra, additional, supplementary
lisäaika 1 extra/additional/more time, extension **2** (urh) timeout
lisäaine additive
lisäbudjetti supplementary budget
lisäillä add *lisäillä kertomukseen omiaan* embellish the story as you go along
lisäke 1 (lisämuodoste) appendage **2** (lisäaine) additive **3** (lak: lisäpykälä tms) rider **4** (hiuslisäke) hairpiece, toupee
lisäkortti (tietokoneen) add-on board
lisäksi adv **1** (sitä paitsi) besides (that), in addition, into the bargain *Lisäksi siitä maksetaan hyvin* Besides that, they pay well; and the pay is good into the bargain **2** (myös) also, too, as well *fiksu ja lisäksi kaunis* bright and beautiful too/as well **3** (vielä) further(more), what's more *Lisäksi vaadin* Furthermore/what's more/in addition I demand postp in addition to, besides, apart from *Kuka tulee teidän lisäksi?* Who else is coming besides/in addition to/apart from you? *kaiken lisäksi* on top of everything else, to crown/top it all
lisäkustannus additional/extra expense/cost
lisämaksu additional fee/charge, surcharge, extra *50 mk lisämaksusta* for an additional/extra 50 marks
lisäopetus additional/further education/schooling
lisäselvitys supplementary report/explanation
lisätä 1 (jotakin johonkin) add (something) to *lisätä tekstiä kirjeeseen* add/attach/append a message to the letter *lisätä puita pesään* put more wood on the fire, stoke up the fire **2** (jotakin) add to (something) *lisätä hintaa* raise/increase the price *lisätä talon arvoa* enhance the house's value
lisävaatimus additional demand
lisävalaistus additional lighting
lisäys 1 addition **2** (hinnan, tuotannon tms) increase **3** (kirjan) addendum (mon addenda) **4** (perustuslain) amendment
lisäyskohta (tietok) insertion point
lisää more *Saisiko olla lisää kahvia?* Would you like some more coffee?
lisääntyä 1 (tulla lisää) increase, grow **2** (biol) reproduce, multiply, breed
litania litany (myös kuv)
litistyä flatten (out), get flattened
litistää flatten
litra liter
litrakaupalla by the liter, liters and liters (of)
litroittain by the liter, liters and liters (of)
litteä flat
liturgia liturgy
liturginen liturgical
liueta dissolve *liueta paikalta* (ark) slip away
liukas 1 (tie) slippery **2** (kieli) smooth, glib **3** (juoksu tms) quick, agile
liukastella 1 slip (and slide) (all over the place) **2** (mielistellä) fawn (all over someone)
liukastua slip

liukua

liukua 1 slide, glide **2** (keskustelu tms) shift, range
liukumäki slide
liukuobjektiivi zoom lens
liuos solution
liuottaa dissolve
liuska 1 (kirjoitettua paperia) sheet, (printti) printout **2** (kaistale) strip **3** (kasv) lobe, (anat) lobule
liuske slate, shale
liuta swarm, crowd, bunch
liu'uttaa slide
livahtaa slip, slide, sidle; (salaa) steal, slink
liverrellä (bill and) coo
livertää warble, trill
livetä slip
livohka *lähteä livohkaan* take off, beat it, scram
lobbaus (vaikuttaminen päätöksentekoon) lobbying
logaritmi logarithm
logiikka logic
lohduton 1 (ihminen) unconsolable, disconsolate, desperate, despairing **2** (tilanne) hopeless, bleak, impossible, desperate
lohduttaa comfort, console
lohdutus comfort, consolation
lohdutuspalkinto consolation prize
lohenpyrstö dovetail
lohi salmon; (ark= kirjolohi) (rainbow) trout
lohikäärme dragon
lohjeta split/break/chip (off)
lohkaista split, chop, lop, break *lohkaista pari sekuntia 100 m ajastaan* knock a couple of seconds off your time for the 100 meters
lohkare boulder, (esim jäätä) block, chunk
lohkeama split, crack
lohkeilla peel (off)
lohko 1 segment, section, sector *appelsiinin lohko* slice/segment of an orange **2** (tietok) block **3** (maapalsta) parcel **4** (anat) lobe **5** (urh) division
lohtu comfort, consolation *laiha lohtu* slim/small consolation

loihtia conjure (up) (myös kuv); (kuv) invoke *loihtia prinssi sammakoksi* turn a prince into a frog
loikata 1 (hypätä) leap, jump, hop **2** (toiseen maahan/puolueeseen) defect
loikkari defector
loimi 1 (kankaan) warp **2** (hevosen) blanket *antaa loimeen* spank, thrash, whip
loimuta blaze, flare
loinen parasite
loiseläin parasite
loiskahdus splash
loiskahtaa splash
loiskasvi parasite
loiskia splash
loiskua splash
loistaa shine, (pehmeästi) glow, (häikäisevästi) glare, (terävästi) sparkle *loistaa poissaolollaan* be conspicuously absent
loistava 1 (valo) shining, bright, brilliant **2** (asia tms) brilliant, excellent, splendid, magnificent, glorious
loistavasti *selviytyä loistavasti* come up smelling like roses, pull (something) off brilliantly
loiste 1 (kiilto) shine, luster **2** (valo) light, shining
loisto s **1** (kiilto) shine, luster, brilliance **2** (hienous) brilliance, excellence, splendor, magnificence, glory adj great, super, fantastic
loistoasunto luxury/deluxe/posh apartment
loistoauto luxury car
loistohotelli plush/ritzy/fancy hotel
loistokausi golden age, (time of) glory, heyday
loitolla at a distance *pitää loitolla* keep (someone/something) at bay, at arm's length, keep/maintain your distance from *pysyä loitolla* stay away (from), stand aloof (from)
loitontaa 1 (fyysisesti) remove, move (something further) away, put distance between yourself and (something) **2** (henkisesti) distance, push (someone) away
loitontua 1 (fyysisesti) move away (from), move apart **2** (henkisesti) grow

loppuhuomautus

apart, grow away from each other, become estranged
loitota ks loitontua
loitsu spell, charm
loittorengas (valok) extension tube
loiva gentle
loivasti gently
lojaali loyal
lojua lie around; (laiskasta ihmisestä) laze/lounge around; (vankilassa) languish
loka mud *heittää lokaa jonkun silmille* (kuv) sling mud at someone, smear someone *vetää jonkun nimi lokaan* drag someone's (good) name through the mire/mud
lokakaivo septic tank
lokakuinen October
lokakuu October
lokalisoida (verkkoympäristöä) localize, (konetta) domesticate
lokasuoja fender
lokero 1 (postilokero tms) box **2** (laatikon osa) compartment **3** (lukittava) locker **4** (anat) cell
lokeroida pigeonhole
loki log
lokikirja logbook
lokki (sea)gull
loksahdus bang
loksahtaa bang, snap, click
loma 1 vacation, holiday(s) **2** (sot ja työ) leave *äitiysloma* maternity leave **3** (eduskunta tms) recess **4** (väli) gap *lomassa* between *muiden töiden lomassa* in between everything else you have to do *pilvien lomasta* from between the clouds
lomahotelli resort hotel
lomailija vacationer, tourist
lomailla (go on) vacation
lomakeskus vacation resort
lomakylä vacation village
lomamatka vacation trip
lomauttaa lay off
lomautus layoff
lomittaa 1 (asioita) intersperse **2** (työntekijää) replace during the holidays
lomittain interlocked
lommo dent

lompakko wallet
lompsa wallet
lonkero 1 (eläimen) tentacle (myös kuv), arm **2** (kasvin) tendril, runner, vine
lonkka hip *ampua lonkalta* shoot from the hip *vastata lonkalta* answer off the cuff
lonksua rattle, clatter
Lontoo London
lontoolainen (ihminen) Londoner, (asia) (from) London
loogikko logician
looginen logical
loogisesti logically
lopen very, completely, utterly *lopen väsynyt* dead tired/beat
lopetella wrap/finish up
lopettaa 1 (tehdä loppuun) finish, complete, conclude, wrap up, (put an) end (to) **2** (lakata tekemästä) stop, quit, give up, leave of *Lopeta jo!* Stop/quit it! Gimme a break! *Tehdas lopettaa ensi kuussa* The factory will be closing down next month **3** (tappaa) finish off, (vesikauhuinen tms) destroy, (kotieläin) put down, (lemmikkieläin) put to sleep
lopetus finishing *koulun lopetus* finishing school
loppiainen Epiphany
loppiaisaatto Twelfth Night
loppu 1 end(ing) *onnellinen loppu* happy ending *alusta loppuun* from beginning to end, through and through (katkeraan) *loppuun saakka* right to the (bitter) end, to the last *lopuillaan* drawing to its/a close *ajaa/raataa itsensä loppuun* wear yourself out *ajatella asia loppuun* think a thing through *loppuunmyyty* sold out **2** (jäljelle jäävä osa) the rest *Saat pitää loput* You can keep the rest *lopuksi iäkseen* for the rest of your life
loppua 1 end, finish, get over **2** (lakata) stop *Sade loppui jo* It already stopped/quit raining **3** (huveta) run out *Minulta loppui raha* I ran out of money *Sokeri on loppunut* We're out of sugar
loppua lyhyeen kuin kanan lento go over like a lead balloon, flop
loppuhuomautus afterword

loppu hyvin kaikki hyvin all's well that ends well
loppujen lopuksi all in all, in the final analysis, in the end, finally, ultimately
loppukesä late summer
loppukilpailu the finals
loppumaton endless, unending, ceaseless
loppumattomiin endlessly, ceaselessly
loppuosa 1 (loppupää) end, latter part **2** (loput) the rest, the remainder
loppuottelu the finals
loppupuoli the last/latter part *ensi kuun loppupuolella* late next month
loppupuolisko the latter half
loppupää the (tail) end
loppuratkaisu (näytelmän tms) denouement
loppurynnistys lastditch effort
loppuselvitys 1 (lak) final report/account(ing) **2** (näytelmän) denouement
loppusointu rhyme
loppusumma 1 (lopullinen) (sum) total **2** (loput) the balance
loppusuora home stretch (myös kuv)
lopputili *antaa jollekulle lopputili* give someone notice, fire/sack/can someone *saada lopputili* get fired/sacked/canned
lopputulos end result
loppututkinto university/college degree
loppuunmyynti clearance sale
loppuunmyyty sold out
loppuunpalaminen burnout
loppuunväsynyt dead tired
loppuvaihe final/concluding stage/phase
lopuksi finally, in conclusion, to sum up *loppujen lopuksi* ks hakusana
lopullinen final, ultimate
lopullisesti conclusively, definitively, once and for all
lopulta 1 (lopuksi) in the end, eventually *Lopulta päätettiin myöntää apuraha* We eventually decided to grant the stipend **2** (vihdoinkin) finally, at last *Tulithan sinä lopulta!* At last, you came! **3** (pohjimmiltaan) fundamentally, basically, ultimately *En lopultakaan saanut selville, mitä hän halusi* I never did figure out what he wanted
lopussa finished, out *Aika on lopussa* Time's up! Time! *Riisi on lopussa* We're (almost) out of rice *Olen aivan lopussa* I'm beat/dead/exhausted, I've had it *kuun lopussa* at the end of the month
loputon endless, unending, ceaseless, interminable
loputtomasti endlessly, ceaselessly, interminably
lorina gurgle, burble
lorista gurgle, burble
lorottaa run (water, your mouth)
loru 1 (lasten runo) nursery rhyme **2** (pötypuhe) nonsense, rubbish *Se oli sen lorun loppu* That was the end of that
lorvailla (seisoskella) hang around, (maata) laze around
lorvia (seisoskella) hang around, (maata) laze around
loska slush
loskakeli slushy road/sidewalk/day
lotota buy a lottery ticket, enter the lottery
lotta member of the women's auxiliary services
lotto lottery
louhia (kiviä) quarry, (tunnelia) dig; (räjäyttämällä) blast
louhos quarry
loukata 1 (ihmistä: fyysisesti tai henkisesti) hurt, wound, injure; (vain henkisesti) offend, insult **2** (oikeuksia, ilmatilaa tms) violate, infringe/encroach (upon)
loukkaantua (fyysisesti tai henkisesti) get/be hurt; (vain fyysisesti) hurt/injure yourself; (vain henkisesti) take offense
loukkaantunut (myös henkisesti) hurt; (vain henkisesti) offended
loukkaava hurtful, offensive, insulting
loukkaus 1 (ihmiselle) insult, affront **2** (oikeuksien, ilmatilan tms) violation, infringement
loukko nook, cranny
lounaissuomalainen s a Finn from the southwest adj Southwest-Finnish
Lounais-Suomi Southwestern Finland
lounas 1 (ateria) lunch; (virallinen, hienompi) luncheon **2** (ilmansuunta) southwest

lukien

lounasseteli meal ticket
lovi nick, notch, dent *langeta loveen* fall into a trance
luennoida lecture
luennoija lecturer
luento lecture
luentosali lecture hall
lueskella read cursorily, glance/flip/browse through
luetella list, itemize, enumerate; (ark) tick off *luetella Yhdysvaltain presidentit* name the American presidents
luettelo list, directory, catalogue
luetteloida list, catalogue
luetuttaa have someone read something, have something read by someone
luhistua collapse, be crushed/shattered
luhtakana water rail
luhti loft
luihu sly, sneaky, crafty, devious
luikerrella wriggle, twist, slip *luikerrella pois kiperästä tilanteesta* wriggle out of a difficult situation *luikerrella jonkun suosioon* worm your way into someone's favor
luikkia scurry *luikkia tiehensä* (ihmisestä) slink/slouch off
luinen 1 (tehty luusta) bone 2 (luiseva) bony
luiseva bony
luiska ramp
luistaa 1 (fyysisesti) slide, slip, glide 2 (henkisesti) progress *Miten luistaa?* How's it going?
luistelija skater
luistella (ice-/roller-)skate
luistelu skating
luistin (ice-/roller-)skate
luisua slip, slide *antaa luisua* let something slide/ride *luisua käsistä* slip through your fingers
luja 1 (vahva) strong, sturdy, tough, resistant, firm 2 (vakaa) stable, solid
lujaa 1 (nopeasti) fast 2 (kovasti) hard 3 (kuuluvasti) loudly
lujassa (stuck) tight/fast *Raha on lujassa* Money is tight *Työ on lujassa* Jobs are scarce, work is hard to come by
lujasti 1 (lujassa) tight/fast *lujasti kiinni* stuck tight 2 (kovasti) hard *paiskia lujasti töitä* (ark) work your ass off, bust your buns
lujilla hard put/pressed *Se otti lujille* It hit me hard, it was tough *panna joku lujille* (työteolla) push/drive someone hard; (kysymyksillä tms) press someone hard, put someone on the spot
lujittaa firm up, reinforce, strengthen; (kuv) consolidate *lujittaa ystävyyttään* cement your friendship
lujittua firm up, strengthen, consolidate
lujuus strength, sturdiness, toughness, firmness, stability, solidity (ks luja)
lukaista skim/scan (quickly), breeze/browse/glance through
lukea 1 (kirjaa tms) read 2 (olla kirjoitettuna) say *Mitä siinä lukee?* What does it say? 3 (opiskella) study 4 (katsoa johonkin kuuluvaksi) consider, regard (as) *lukea parhaiksi oppilaikseen* consider (someone) one of your best students 5 (laskea) count *Päiväsi ovat luetut* Your days are numbered *lukien* ks hakusana
lukea ajatukset read someone's mind
lukea huulilta read lips
lukea lakia lay down the law *Hätä ei lue lakia* Beggars can't be choosers
lukea nuotteja read music
lukea rivien välistä read between the lines
lukea tenttiin study/cram for an exam
lukea ulkoa recite from memory
lukema reading *mittarilukema* meter reading *ensi lukemalta* on a first reading
lukematon 1 (suuri määrä) innumerable, numberless, countless 2 (ei ole luettu) unread *Hyllyssäni on lukemattomia kirjoja* I have countless (merkitys 1) /unread (merkitys 2) books on my shelf
lukeminen 1 reading 2 (opiskelu) study(ing)
lukemisto reader, anthology
lukenut well-read, learned, erudite
lukeutua be one of, be among; (muiden mielestä) be classed/counted one of/among
lukien 1 (jostakin) from, starting, beginning *ensi vuoden alusta lukien* beginning/starting the first of next year

lukija

2 *mukaan lukien* including, counting *Meitä on kymmenen minut mukaan lukien* There are ten of us including/counting me
lukija reader, (dokumenttielokuvan) narrator
lukijakunta readership
lukio high school
lukiolainen high school student
lukioluokka high school class
lukita lock
lukittua (be) lock(ed)
lukitus (tietok) interlock
lukkari 1 (seurakunnassa: hist) bellringer/organist/clerk **2** (pesäpallossa) pitcher-catcher
lukkarinrakkaus itch, hankering
lukki harvestman
lukko lock; (munalukko) padlock *lukkoon, lukossa* ks hakusanat
lukkoon *panna/mennä lukkoon* lock (up) *lyödä lukkoon* clinch (a deal)
lukkoseppä locksmith
lukossa locked; (korvat) plugged/stopped (up)
luku 1 (mat) number, figure **2** (kirjan) chapter **3** (vuosisata) *1700-luvulla* in the 18th century
lukuisa numerous
lukujärjestys class schedule
lukukausi (school) term; (kun niitä on kaksi + kesälukukausi) semester, (kun niitä on kolme + kesälukukausi) quarter
lukukausimaksu semester/quarter tuition
lukukynä (tietok) wand, pen reader
lukumuisti read-only memory, ROM
lukumäärä number, quantity, amount
lukumääräinen numerical
lukusana numeral
lukutaidoton illiterate
lukutaidottomuus illiteracy
lukutaito literacy
lukutaitoinen literate
lukuvuosi school/academic year
lume *Se on pelkkää silmänlumetta* It's all (for) show
lumenajo snow removal
lumenluonti snow shoveling
lumen saartama snowbound

lumetodellisuus (tietok, myös virtuaalitodellisuus) virtual reality
lumeympäristö (tietok, myös virtuaaliympäristö) virtual environment
lumi snow
lumiaura snowplow
lumihanhi snow goose
lumihanki snowdrift
lumihiutale snowflake
lumikenkä snowshoe
lumikenkäjänis snowshoe hare
lumilapio snow shovel
lumileopardi snow leopard
lumimies abominable snowman, bigfoot
lumimyrsky snow storm
lumipallo snowball
lumipeite covering of snow
lumipyry snow flurry
lumisade snowfall
lumisohjo slush
lumisota snowball fight
lumityöt snow shoveling
lumiukko snowman
lumivalkoinen snow white
lumivuohi American mountain goat
lumme water lily
lumoava enchanting, charming, bewitching
lumota enchant, charm, bewitch
lumous enchantment, charm, bewitchment, spell
lunastaa 1 (maksaa: pantti) redeem, (sekki) cash, (asete) honor, (vekseli) meet **2** (hakea: paketti) claim, (liput) pick up **3** (täyttää: lupaus, vars usk) redeem, (toive) fulfill
lunastus honoring, (vars usk) redemption, claiming (ks lunastaa)
lunnaat ransom
lunni (lintu) Atlantic puffin
luo to *Mennään Hannun luo* Let's go to Hannu's (place), let's go see Hannu *mennä jonkun luo vierailulle* go visit someone *istuutua oven luo* sit down by the door *jäädä veräjän luo* stay at the gate
luoda 1 create, make *Hän on kuin luotu mäkihyppääjäksi* He's a born skijumper *olla luodut toisilleen* be made for each other **2** (lunta) shovel **3** (nahkansa)

luonnonkauneus

shed, slough (off) **4** (valoa) cast, give off **5** (katse) cast, hurl *luoda vihainen katse johonkuhun* glance angrily at someone
luoda pohja lay the foundation (for)
luoda puitteet provide a setting for, create an atmosphere for
luodata sound, (kuv) plumb, probe
luode 1 (ilmansuunta) northwest **2** (pakovesi) ebb (tide) *vuoksi ja luode* ebb and flow
luodikko rifle
luodinkestävä bullet-proof
luodinkestävät liivit bullet-proof vest
luoja creator *Luoja* Creator *Luojan kiitos!* Thank God/the Lord/heaven! *Luojan lykky* sheer luck *Luoja ties* God knows
luokalle jääminen flunking/failing a grade, being held back a year, retention
luokanopettaja classroom teacher
luokanvalvoja homeroom teacher
luokaton yhteiskunta classless society
luokitella classify, categorize; (ihmisiä) pigeonhole, stereotype, typecast; (myyntitavaroita) grade
luokittelu classification, categorization
luokitus classification, grading
luokka 1 (tasoryhmä) class *ensimmäisen luokan hytti* first-class cabin *olla omaa luokkaansa* be in a class by yourself, stand alone, be unique *suuren luokan projekti* big/major project *toisen luokan kansalainen* second-class citizen *ylä-/keski-/työväenluokka* upper/middle/working class **2** (luokkahuone) class(room) **3** (kouluvuosi) grade *toisella luokalla* in the second grade **4** (likiarvo) *Hinta oli tonnin luokkaa* It cost around a grand
luokkahuone classroom
luokkajako class division
luokkalainen grader *neljäsluokkalainen* fourth-grader
luokkaraja class boundary
luokkaretki field trip
luokkataistelu class struggle
luokkatietoisuus class consciousness
luokkatoveri classmate
luokkayhteiskunta class society

luokse to *Mennään Hannun luokse* Let's go to Hannu's (place), let's go see Hannu *mennä jonkun luokse vierailulle* go visit someone *istuutua oven luokse* sit down by the door *jäädä veräjän luokse* stay at the gate
luoksepääsemätön 1 (paikka) inaccessible **2** (ihminen) unapproachable
luola 1 cave(rn) **2** (ketun) den (myös kuv), (karhun) lair
luolamaalaus cave painting
luomakunta creation
luomi 1 (silmäluomi) (eye)lid **2** (ihotäplä) mole
luominen creation
luomus creation
luona 1 at *Hannun luona oli hauskaa* We had a good time at Hannu's (place/party) *Asun Hannun luona* I live with Hannu **2** (vieressä) by, near, close to *Tavattiin aseman luona* We bumped into each other by/in front of/outside the station
luonne character, nature, disposition *Se kysyy luonnetta* It takes character *Hankkeen luonteeseen kuuluu että* It's of the nature of this project that *iloinen luonne* cheerful disposition *olla luonteeltaan iloinen* be happy by nature *näyttää todellinen luonteensa* show your true colors/character
luonnehtia characterize, describe
luonnevikainen s psychopath adj psychopathic
luonnistua succeed, turn out, work *Se näyttää jo luonnistuvan sinulta* You've got the hang of it already
luonnollinen natural *Ole ihan luonnollinen* Just act natural, just be yourself *luonnollista tietä* by natural means *luonnollista kokoa* life-size
luonnollinen henkilö (lak) natural person
luonnollinen valinta natural selection
luonnollisesti naturally
luonnollista kokoa life-size
luonnollista tietä by natural means
luonnollisuus naturalness
luonnonihme natural wonder
luonnonkauneus natural beauty

luonnonkaunis naturally beautiful, of great natural beauty
luonnonlahjat natural/innate/inborn talent/gift
luonnonlaki natural law, law of nature
luonnonlääkintä natural healing, naturopathy
luonnonsuojelija conservationist
luonnonsuojelu conservation of nature, environmental protection
luonnonsäästiö natural preserve
luonnontiede natural science
luonnontieteellinen scientific
luonnontieteilijä natural scientist
luonnontila state of nature
luonnontutkija naturalist
luonnonvarainen virgin, primeval, wild
luonnonvarat natural resources
luonnonvoimat the elements, the forces of nature
luonnos 1 (piirros) sketch, outline **2** (kirjoitus) draft
luonnostaan by nature, naturally, inherently, innately *luonnostaan musikaalinen* musically gifted
luonnostella sketch (out), outline, draft
luonnoton unnatural, abnormal
luontainen natural, innate, inborn
luonteenlaatu character, disposition, temperament
luonteenomainen characteristic, typical, distinctive
luonteenpiirre characteristic, (character) trait/feature
luonteinen *vahvaluonteinen ihminen* a strong person, a person strong in character *arkaluonteinen asia* a delicate matter, a matter of some delicacy *tilapäisluonteinen järjestely* a temporary arrangement *Asia on sen luonteinen että meidän täytyy* The nature of the matter requires that we (do something)
luonteva natural, uncontrived, unaffected *Koeta olla luonteva* Try to act natural, act as if nothing were wrong *luonteva selitys* plausible explanation
luontevasti naturally, plausibly
luonto nature *takaisin luontoon* back to nature *Suomen luonto* the Finnish landscape/countryside/wilderness *Kävi luonnolle kuunnella* It tore me up just to listen to it *maksaa luonnossa* pay in kind
luontoinen ks luonteinen
luontoisetu perquisite, (ark) perk
luontua 1 (luonnistua) succeed, turn out, work **2** (sopia) fit, suit
luopio (usk) apostate, (pol) defector, (lainsuojaton) renegade *Julianus Luopio* Julian the Apostate
luopua give up, renounce, forsake, relinquish, abdicate (ks hakusanat) *Luopuisit jo siitä* Why don't you give up on that/him already, why don't you just declare that a lost cause
luopua aikeesta decide against a course, decide not to, drop/abandon a plan
luopua asemastaan resign your position
luopua kilpailusta withdraw from the competition
luopua kruunusta abdicate the throne
luopua leikistä give up the game
luopua maailmasta renounce/forsake the world
luopua oikeudesta waive a right
luopua suvustaan renounce/forsake your family
luopua toivosta give up hope
luopua vallasta relinquish control
luostari abbey; (munkeille) monastery, (nunnille) convent
luostarilaitos monasticism
luota from *Tule pois sen koneen luota!* Get away from that machine! *lähteä jonkun luota* leave someone's house
luotaantyöntävä off-putting, repellent, repulsive
luotain (kaikuluotain) (echo) sounder; (avaruusluotain) (space) probe
luotaus sounding
luoteinen s northwest adj northwest(ern/-erly)
Luoteisterritoriot (Kanadan) Northwest Territories
luoteistuuli northwesterly (wind)
luoteisväylä Northwest Passage

luotettava trustworthy, reliable, dependable
luotettavasti reliably, dependably
luoti 1 (ammuttava) bullet **2** (luotaimen lyijy) lead **3** (rak) plumb(bob) **4** (seinäkello) weight
luoto (small rocky island)
luotonanto credit, granting of loans
luotsi pilot
luottaa (place your) trust (in), rely/depend on, have confidence in *Voit luottaa siihen, että teen sen ajoissa* You can count/depend on me finishing it on time
luottamuksellinen confidential
luottamuksellisesti confidentially
luottamus confidence *herättää luottamusta* inspire confidence *luottamuksella* confidentially
luottamushenkilö elected official
luottamuslause vote of confidence
luottamusmies shop steward
luottamusoppilas student elected to a position of trust
luottamuspula crisis of confidence
luottamustehtävä responsible position
luottavainen trusting
luotto credit
luottokortti credit card
luovia 1 (karien välistä) navigate (myös kuv), steer; (vastatuuleen) tack, beat against the wind **2** (kuivalla maalla) weave (your way), zigzag
luovuttaa 1 hand over, surrender, give up, deliver (up) (ks hakusanat) *luovuttaa paikkansa vanhukselle* stand up and let an elderly person have your seat, give up your seat to an elderly passenger **2** (jakaa) present, hand out *luovuttaa palkinto tämän vuoden voittajalle* present this year's winner with the award/prize **3** (rikollinen) extradite **4** (elin) donate **5** (peli) give up, forfeit *Älä luovuta!* Don't give up! **6** (kem = päästää) emit, give off, release
luovuttaa elin donate an organ
luovuttaa hotellihuoneensa check out of your room/the hotel
luovuttaa maata (toiselle valtiolle) cede, (luonnolliselle henkilölle) convey

luovuttaa omaisuutensa jollekulle relinquish/assign/deed your property to someone
luovuttaa omistusoikeus transfer (your right of) ownership
luovuttaa rikollinen extradite a criminal
luovuttaja (elimen) donor
luovuttamaton (oikeus) inalienable
luovutus surrender, delivery, extradition, donation, forfeit, emission, cession, conveyal, assignation, transfer (ks luovuttaa)
lupa 1 (suostumus) permission *omin luvin* without permission *Saanko luvan?* May I have this dance? *Saanko luvan esittäytyä?* Let me introduce myself **2** (lupakirja) permit, license **3** (ennuste) prediction *Huomenna on luvassa sadetta* It's supposed to rain tomorrow **4** (koulusta) day off *Meillä on tänään koulusta lupaa* We don't have any school today
lupaava promising
lupaavasti promisingly, with (great) promise
lupakirja permit, license
lupamaksu license fee
lupaus 1 promise (myös kuv) **2** (vala) vow **3** (lupaava ihminen) (likely) prospect
lupsakka funny, droll, genial, jovial
luritella warble, trill
lurjus scoundrel, rascal, rogue
lusikallinen spoonful
lusikka spoon *pistää lusikkansa soppaan* add your two bits, put your oar in *syöttää lusikalla* spoonfeed *ottaa lusikka kauniiseen käteen* swallow your pride (and do as you're told)
lusikoida spoon (up/out)
luterilainen Lutheran
luterilaisuus Lutheranism
luu 1 bone *pelkkää luuta ja nahkaa* all skin and bones *Häneltä meni luu kurkkuun* He couldn't get a word out, he was speechless/struck dumb **2** (kivi) pit, stone
luuhauki garpike
luukalat bony fish

luukku

luukku door, hatch; (lattialuukku) trapdoor, (ikkunaluukku) shutter, (lippuluukku) ticket window
luulla 1 (uskoa) think, believe *Luulen niin* I think so *Etköhän luule nyt liikoja itsestäsi* Don't you think you might have an inflated opinion of yourself? **2** (arvella) suppose, guess *Mitä luulisit hänen sanovan?* What do you suppose she'll say? **3** (kuvitella) imagine **4** (pitää) take, think *Miksi minua oikein luulet?* What do you take me for?
luulo belief, supposition, imagination; (harhaluulo) delusion, illusion *Luulitko että pelastaisin sinut pinteestä? Turha luulo* Did you think I'd save your sorry neck? Think again *ottaa joltakulta turhat luulot pois* pop someone's balloon, deflate someone's ego, cut someone down to size *olla siinä luulossa että* be under the (false, mistaken) impression that *suuret luulot itsestään* an inflated opinion of yourself
luulo ei ole tiedon väärti thinking isn't knowing
luulotella 1 (itselleen) imagine, delude yourself (into thinking/believing) **2** (toiselle) get someone to believe something, string someone along
luultava probable, (highly) likely
luultavasti probably
luunmurtuma fracture
luuranko skeleton (myös kuv) *luuranko kaapissa* a skeleton in the closet
luuri (puhelimen) handset *lyödä luuri korvaan* hang up on someone
luusto bones, skeleton, skeletal structure
luuta broom
luutnantti lieutenant
luuton boneless
luuydin (bone) marrow
luvallinen permitted, permissible, allowable, admissible
luvanvarainen subject to license
luvata 1 promise *Huomiseksi luvattiin lämmintä* It's supposed to be warm tomorrow **2** (vannoa) vow **3** (enteillä) bode *Tämä ei lupaa hyvää* This bodes ill, this is not a good sign/omen

luvaton 1 (kielletty) forbidden **2** (laiton) illegal, unlawful, illicit **3** (ilman lupakirjaa tai virallista lupaa) unlicensed, unauthorized **4** (anteeksiantamaton) inexcusable, unconscionable
luvaton poissaolo palveluksesta absence without leave, AWOL
luvattomasti illegally, unlawfully, illicitly, without permission/a license/authorization, inexcusably, unconscionably (ks luvaton)
luvattu maa the Promised Land
Luxemburg Luxembourg
luxemburgilainen s Luxembourger adj Luxembourgian
lyhde sheaf
lyhenne abbreviation
lyhennelmä 1 (hiukan lyhennetty) abridgement, abridged version **2** (paljon lyhennetty = tiivistelmä) abstract, summary
lyhennys 1 (housujen tms) shortening, taking up **2** (lainan) amortization, payment (on principal); (osamaksusopimuksen) installment **3** (lyhenne) abbreviation
lyhentyä shorten, be reduced
lyhentää 1 (housuja tms) shorten, take up **2** (lomaa tms) cut short, break off **3** (työaikaa) cut, reduce **4** (lainaa) amortize, make a payment on (the principal) **5** (sanaa) abbreviate **6** (kirjaa) abridge
lyhetä shorten, be reduced
lyhty 1 lantern **2** (auton) (head)light
lyhyeen short *lopettaa/päättää lyhyeen* cut short *loppua lyhyeen kuin kananlento* go over like a lead balloon
lyhyesti briefly *puhua lyhyesti* be brief *lyhyesti sanottuna* in brief/short, in a word/nutshell
lyhyestä virsi kaunis short and sweet
lyh(y)käinen short (ks lyhyt)
lyhyt short, brief *lyhyeen, lyhyesti* ks hakusanat *jäädä lyhyeksi* fall short
lyhytaalto- shortwave
lyhytaikainen short, brief, short-term/-range/-lived
lyhyt ajatusviiva en-dash (–)
lyhytelokuva short (film)

lyödä yksiin

lyhytnäköinen 1 (likinäköinen) near-sighted **2** (lyhyen tähtäimen) short-sighted
lyhytnäköisyys near-/short-sightedness
lyhytsanainen curt, taciturn
lyijy lead
lyijykynä pencil
lyijymyrkytys lead poisoning
lyijytön bensiini unleaded gas(oline), lead-free gas(oline)
lykky luck *hyvässä lykyssä* with any luck, if I'm/we're lucky
lykkyä tykö good luck
lykkäys postponement, deferral, delay
lykkääntyä be postponed/deferred/delayed
lykätä 1 (työntää) push, shove *lykätä rahaa jonkun käteen* stuff some money in someone's hand **2** (tuottaa) dash off, churn out *lykätä kirje kolmessa minuutissa* dash off a letter in three minutes **3** (vierittää) pass *lykätä syy toisen niskoille* pass the buck **4** (siirtää myöhemmäksi) postpone, defer, delay, put off *Älä tee tänään minkä voit lykätä huomiseen* Never do today what you can put off until tomorrow
lykätä kokous adjourn a meeting (until a later date)
lyly 1 compression wood **2** (vanh.) the longer ski
lylyn lykky (leik) skiing
lymytä hide (out), lurk (about)
lynkata lynch
lynkkaus lynching, necktie party
lypsy milking
lypsykarja milk cattle/cows
lypsykone milking machine
lypsylehmä milk cow; (kuv) money-maker, meal ticket
lypsää milk (myös kuv)
lyriikka (lyric) poetry/poem
lyseo lyseum, lycée
lysti 1 fun *pitää lystiä jonkun kustannuksella* poke fun at someone, have fun at someone's expense *Se oli kallista lystiä* That cost a pretty penny **2** *koko lysti* (ark) the whole shebang, the whole kit and caboodle **3** *yksi lysti* matter of indifference *Se on minulle yksi lysti* (ark) I don't give a damn/shit/hoot one way or the other, it's all the same to me
lystikäs funny, droll, humorous, amusing
lystätä like, want *Tee niin kuin lystäät* Do whatever you like/want
lysähtää collapse, sink, slump, drop
lyyhistyä collapse, sink, slump, drop
Lyypekki Lübeck
lyyra lyre
lyyrikko (lyric) poet, lyricist
lyyrinen lyric(al)
lyödä 1 hit, strike, knock; (ark) biff, smack, crack, poke *lyödä varpaansa* stub your toe **2** (hakata, myös kuv) beat *lyödä rumpua/vastustaja* beat a drum/an opponent *löylyn lyömä* silly, dizzy, goofy **3** (heittää lujaa) hurl, chuck, pitch, heave *lyödä puita takkaan* pitch logs into the fireplace **4** (itr: aallot) crash; (purjeet) flap; (polvet) knock; (hampaat) chatter; (sydän, sade) pound, beat; (valtimo) beat; (salama) strike *kello lyö* (aikaa) strike, (ääntä) ring
lyödä ennätys break a record
lyödä hajalle scatter
lyödä hätärumpua hit the panic button
lyödä itsensä läpi make a breakthrough, get your big break
lyödä kasaan throw together
lyödä kintaat pöytään hang up your gloves, throw in the towel
lyödä korttia play cards
lyödä kättä shake (hands), (ark) put 'er there
lyödä laimin neglect
lyödä laudalta (ark) beat the pants off (someone), take (someone) to the cleaners
lyödä leikkiä joke around, crack a joke
lyödä leiville pay (off)
lyödä lyötyä hit a man when he's down
lyödä löylyä throw water on the rocks
lyödä puulla päähän flabbergast, dumbfound
lyödä rahaa mint/coin money
lyödä rikki break, smash
lyödä tahtia beat time
lyödä vetoa (make a) bet/wager
lyödä yksiin match (up), jibe

lyödä ällikällä

lyödä ällikällä flabbergast, dumbfound
lyömäsoitin percussion instrument
lyömätön unbeaten, unbeatable
lyönti 1 hit, knock, blow; (ark) biff, smack, crack, poke **2** (sydämen) (heart)beat, (kellon) stroke
lyöty beaten
lähde 1 (veden) spring, source **2** (ideoiden tms) source
lähdeaineisto sources, secondary literature
lähdeluettelo bibliography, works cited
lähdeteksti (kääntämisessä) source(-language) text, original (text)
lähdevesi springwater
lähdössä leaving, going, (de)parting, setting out, coming out/off, falling out, shedding (ks lähteä) *Olen juuri lähdössä* I'm just leaving
läheinen (fyysisesti ja henkisesti) close, near(by) *läheinen kylä* neighboring/nearby village *läheiset suhteet* intimate/close relations
läheisesti closely
läheisyys 1 (fyysinen) nearness, neighborhood, vicinity *kirkon läheisyydessä* near/close to the church, in the neighborhood/vicinity of the church **2** (henkinen) closeness, intimacy
lähekkäin close together, near/close to each other
lähellä adv close (by), near(by); (uhkaavan lähellä) imminent *kuolema on lähellä* death is imminent *Minulla oli itku lähellä* I was on the verge of tears, I was just about to burst into tears *läheltä* ks hakusanat postp, prep close/near (to) *Marja on kipeä, et saa mennä liian lähelle häntä* Marja's sick, don't get too close to her *kirkon lähellä* near the church
läheltä from up close, from nearby *sivuta läheltä* touch closely upon *seurata läheltä* watch (something) from close up *läheltä piti* ks hakusana
läheltä piti that was a close call/one/shave
lähemmin more closely
lähemmäs closer
lähempi closer

lähempiä tietoja further details
lähempänä adv closer (up), nearer (in), more closely postp, prep closer/nearer to
lähempää from closer up/in, from nearer in
lähennellä 1 (ihmistä) make advances (to), make a pass at **2** (totuutta tms) come close to, (absurdiutta tms) verge/border on *Hän lähentelee 80:tä* He's pushing 80
lähentely advances
lähentyminen rapprochement
lähentyä come closer
lähentää bring (something/someone) closer
lähes almost, nearly, close to
läheskään nowhere near
lähestulkoonkaan *ei lähestulkoonkaan oikein* not even close (to being right)
lähestymistapa approach, method
lähestymisyritys attempted approach
lähestyä approach, come near(er)/close(r)
lähete 1 (saatekirje) cover-letter **2** (lääkärin antama) referral **3** (liik) remissal **4** (lähettimen) signal
lähetin transmitter
lähetti 1 messenger (boy/girl), envoy **2** (lähetyssaarnaaja) missionary **3** (šakissa) bishop
lähettiläs envoy, (suurlähettiläs) ambassador (myös kuv)
lähettyvillä adv in the vicinity/neighborhood, close at hand, nearby postp, prep near/close to *Pysy vain minun lähettyvilläni niin sinun ei käy kuinkaan* Just stick close to me and nothing will happen
lähettäjä 1 (postin) sender *palauttaa lähettäjälle* return to sender **2** (kauppatavaran) consigner, forwarder **3** (junan tms) dispatcher
lähettämö dispatch department
lähettää 1 send (off), (edelleen) send on, forward **2** (kauppatavaraa tms) forward, ship **3** (radio-/TV-ohjelma) broadcast **4** (signaali) transmit **5** (junaa, paloautoa tms) dispatch

läiske

lähetys 1 (tavaran) shipment, consignment **2** (ohjelman) broadcast, transmission
lähetysaika broadcast time
lähetyskenttä mission field
lähetyssaarnaaja missionary
lähetystyö mission work
lähetystyöntekijä mission worker
lähetystö 1 (valtuuskunta) delegation, deputation **2** (dipl) legation, (suurlähetystö) embassy
lähetä approach, draw near(er)/close(r)
lähi the next few, the near
lähiaikoina in the near future
lähialue vicinity, neighborhood
lähietäisyys close range
Lähi-itä Mideast, Middle East
lähikaupunki nearby city
lähikuvauslinssi close-up lens
lähimailla ks lähettyvillä, lähes(kään)
lähimain almost, nearly, close to
lähimainkaan *ei lähimainkaan* not even close
lähimmäinen neighbor *Rakasta lähimmäistäsi niin kuin itseäsi* Love your neighbor as yourself
lähimmäisenrakkaus brotherly love; charity
lähimpänä closest, nearest
lähin adj closest, nearest adv: *tästä lähin* from now on, *siitä lähin* from then on, from that time on
lähinnä 1 (suurin piirtein) roughly **2** (enimmäkseen) mainly, largely, chiefly **3** (ensisijaisesti) primarily, first (and foremost) **4** (lähimpänä) the closest/nearest *lähinnä seuraavaa* the next
lähiseutu vicinity, neighborhood
lähistö vicinity, neighborhood
lähistöllä in the vicinity/neighborhood/area
lähisukuinen closely related
lähisukulainen close relative
lähitse close by
lähitulevaisuus near future
lähitunnit the next few hours
lähivalot lowbeams
lähiverkko (tietokoneiden) local area network, LAN
lähiviikot the next few weeks
lähivuodet the next few years
lähiympäristö vicinity, neighborhood
lähiö suburb, housing development, subdivision
lähtemätön indelible
lähteä 1 (jostakin) leave; (ark) split *Lähdetään jo pois* Let's get out of here, I want to go/leave *Lähdemme tässä koko hankkeessa siitä että* Our fundamental assumption in this project is that **2** (matkaan) start (out), start/set/take off; (mennä) go; (juna) depart, (lentokone) take off, (laiva) sail *lähteä ostoksille* go shopping **3** (erkaantua) separate from, split/turn/veer/branch off (of) *Meiltä lähtee tie sinnepäin* There's a road from here to there **4** (olla lähtöisin) come/stem from *Ajatus lähti meistä* We thought of it, it was our idea (originally) **5** (irrota: tahra) come out, (nappi) come off, (karvat) shed, (tukka) fall out *Siitä lähtee outo lemu* It gives off a strange smell *juosta minkä jaloista lähtee* run for dear life, run as fast as you can *huutaa minkä kurkusta lähtee* shout at the top of your lungs
lähtö leaving, parting, departure; (urh) start *antaa jollekulle liukas lähtö* give someone the bum's rush *saada työstä äkillinen lähtö* get booted/kicked out of your job *lähdössä* ks hakusana
lähtöaika departure time
lähtöasema station/point of departure
lähtökohta point of departure
lähtölaukaus parting shot (myös kuv)
lähtölokero (tietok) outbox
lähtöpassit *antaa/saada lähtöpassit* give someone his/get your walking papers
läikkyä 1 (holkkua: sangossa) slosh/slop (around); (yli) spill; (järvessä) ripple **2** (häilähdellä: veri) churn, boil; (nauru) cascade; (silmät) flash **3** (välkkyä) flash, glint, glisten
läikyttää 1 (vettä) spill, slop **2** (ovea) slam
läimäyttää slam, slap, smack
läimäytys slam, slap, smack
läiske (ruoskan) crack, (vastan) swish, (korttien) snap, (siipien) beating

läiskä

läiskä splash, blotch
läjä pile, heap
läksiäiset going-away/farewell party
läksiäisjuhla going-away/farewell party
läksy lesson; (koululäksyt) homework *Enköhän ole läksyni oppinut* I guess I've learned my lesson
läksyttää (vanhempi lasta) lecture; (pomo työntekijää) dress down; give someone a piece of your mind, chew out
läkähdyksissä out of breath, gasping for air
läkähtyä not be able to breathe, not get any air, suffocate *läkähtyä nauruun* split your sides with laughter
lämmetä warm (up)
lämmin 1 warm *pysytellä sisällä lämpimässä* stay indoors where it's warm **2** (ei pakkasta) above zero *2 astetta lämmintä* 2 degrees above zero
lämminhenkinen warm
lämminsydäminen warmhearted
lämminverihevonen thoroughbred (horse)
lämminverinen warmblooded
lämmin vesi warm/hot water
lämminvesihana hot-water faucet
lämmitellä warm (yourself) (up) *lämmitellä takan ääressä* warm yourself by the fire *lämmitellä ennen juoksua* warm up before a race
lämmitin heater
lämmittää warm/heat (up) *lämmittää sydäntä/mieltä* make someone feel good
lämmitys heating
lämmityskustannukset heating costs
lämmityslaite heater
lämmitä warm up
lämpimikseen to keep warm, to warm yourself up *Luuletko että minä puhun lämpimikseni?* You think I'm talking for my health?
lämpimyys 1 (lämpö) heat, warmth **2** (lämpötila) temperature
lämpimältään while it's hot
lämpiö lobby, foyer
lämpö 1 warmth, heat **2** (lämpötila) temperature **3** (kuume) temperature, fever *Sinulla on pikkuisen lämpöä* You feel a little hot/feverish, do you have a fever/temperature? *mitata lämpöä* take someone's temperature
lämpöinen warm
lämpömittari thermometer
lämpötila temperature
lämpötilaero difference in temperature; (ajallisesti katsottuna) change/drop/rise in temperature
länsi 1 west **2** (läntinen maailma) the West(ern world)
Länsi-Berliini West Berlin
Länsi-Eurooppa Western Europe
länsimaalainen Westerner
länsimaat the West(ern world)
länsimainen Western
länsiosa (maan) western part/area/region, (kaupungin) west side
länsirannikko west coast; (USA:n) the (West) Coast
länsiranta west bank
Länsi-Saksa West Germany, FRG
länsisaksalainen s, adj West German
länsisuomalainen s Western Finn adj West Finnish
Länsi-Suomi Western Finland
länsituuli westerly (wind)
länsivallat the Western nations/countries/powers
Länsi-Virginia West Virginia
läntinen western
läpeensä through and through *läpeensä mätä* rotten to the core
läpi s hole *Pidä läpesi pienempänä!* (ark) Shut your hole/face! *puhua läpiä päähänsä* talk through your hat, make it up as you go along *jäädä maailman läpeen* not make it, fall by the wayside **adv** through *mennä läpi* (ahtaasta paikasta) make it/get through, (ehdotus) pass, be approved *päästä/ä läpi* (ahtaasta paikasta) make it/let someone through, (tentistä) pass (someone in) an exam *lukaista läpi* skim/browse/breeze through *viedä läpi* carry out **prep** through *läpi yön* (all) through the night, all night *läpi talven* all winter *läpi vuoden* year-round
läpihuutojuttu 1 (lak) postponement **2** (ark) open-and-shut case

lääninsairaala

läpikotaisin thoroughly, through and through, to the core
läpikuultava translucent
läpileikkaus cross-section
läpimenoaika (tietok) turnaround time
läpimitta diameter
läpimurto breakthrough
läpimärkä soaking/dripping wet, drenched
läpinäkyvä transparent; (pusero tms) sheer
läpitunkema *jonkin läpitunkema* permeated/shot through and through with
läpitunkeva strong, piercing, penetrating
läppä 1 (kirjekuoren, taskun tms) flap **2** (kellon) clapper **3** (sydämen, koneen, trumpetin) valve
läpäistä 1 (fyysisesti) penetrate, pierce **2** (koe) pass
läpäisy penetration
läpättää flutter
läski 1 (ruoassa ja ihmisessä) fat **2** (lihava ihminen) (ark) fatso
läsnä present *jonkun läsnä ollessa* while someone is present, in someone's presence
läsnäoleva present
läsnäolija (some)one (who is) present, (mon) those/people present
läsnäolo presence
läsnäolo-oikeus right to be present
lässyttää 1 (puhua veltosti) slur (your speech/words), speak mushily **2** (puhua joutavia) shoot off your mouth *Älä lässytä* Aw shut up
lässytys 1 (veltto puhe) slurred/mushy/mushmouthed talk/speech **2** (pötypuhe) garbage, rubbish *Älä huoli, se on pelkkää lässytystä* Never mind him, he's just running his mouth
lätkä 1 (jääkiekko) ice hockey **2** (80:n) 80-km-an-hour sticker **3** *olla lätkässä johonkuhun* have a crush on someone
lätsä cap
lättäkalat hatchetfish
lävistäjä (mat) diagonal
lävistää 1 pierce, penetrate, (rengas) puncture, (lippu) punch **2** (ulottua jonkin läpi) cross

lävitse ks läpi (adv/prep)
lääke 1 medicine, drug; (mon) medication *antaa jonkun maistaa omaa lääkettään* give someone a taste of his own medicine **2** (kuv) cure, remedy
lääkeaine drug
lääkeaineriippuvuus medicinal drug addiction
lääkehoito medical care
lääkekaappi medicine chest
lääkekasvi medicinal plant
lääkemääräys prescription
lääketehdas pharmaceutical company
lääketiede medicine, medical science
lääketieteellinen medical *lääketieteellinen tiedekunta* medical school, (ark) med school
lääketieteen lisensiaatti Licentiate of Medicine
lääketieteen tohtori Doctor of Medicine, M.D.
lääkintä medication, medical treatment/care
lääkintäupseeri medical officer
lääkintävoimistelija physical therapist, physiotherapist
lääkintävoimistelu physiotherapy
lääkintöhallitus National Board of Health
lääkitys medication
lääkitä medicate
lääkäri doctor, physician
lääkärikoulutus medical training/school
lääkärintarkastus doctor's checkup, physical (examination) *mennä lääkärintarkastukseen* go in for a full physical/checkup
lääkärintodistus doctor's certificate
lääkäripula shortage of doctors
lääni 1 province **2** (hist) fief(dom) **3** (ark) elbow room, space *Onpas teillä lääniä!* What a spacious/roomy place you've got!
lääninhallinto provincial government, administration
lääninhallitus provincial government, administrative board
lääninoikeus provincial court/law
lääninsairaala provincial hospital

läänintaiteilija provincial artist laureate
lääninvaakuna provincial coat of arms
lääninvankila provincial prison
lääninverovirasto provincial tax office
läänitys (hist) fief(dom)
läänityslaitos feudalism
lääppiä paw *Älä lääpi minua!* Get your hands off me! Keep your mitts to yourself!
löyhkä stench, reek, stink
löyhkätä stench, reek, stink
löyhä loose, slack, lax
löyly steam (in the sauna) *heittää löylyä* throw water on the rocks *hyvät/kovat löylyt* a good hot sauna *lisätä löylyä* (kuv) pour oil on the flames
löylynlyömä silly, dizzy, nutty *Hän on vähän löylynlyömä* He's not all there, he's missing a few marbles
löylyttää (antaa selkään) give someone a good spanking; (antaa kuulla kunniansa) give someone a piece of your mind
löystyä come loose, loosen, slacken
löysä 1 (höllä) loose, slack **2** (juokseva) runny *Minulla on vatsa löysällä* I've got the trots/runs
löytyä turn up, be found *Mistä se löytyi?* Where did you find it?
löytää find, (keksiä) discover *löytää viitonen* find a five-mark coin *löytää kultaa* discover gold
löytää itsensä find yourself, (ark) get your shit together
löytää jonnekin find your way somewhere, get where you're going (okay), not get lost *Ei tänne kukaan löydä* Nobody will ever find us here
löytää tiensä find your way
löytö find, discovery *Tämä leipomo on todellinen löytö* This bakery is a real find *tehdä tieteellinen löytö* make a scientific discovery
löytöretkeilijä explorer
löytöretki (voyage of) exploration
löytötavara lost/found article
löytötavaratoimisto lost and found office/counter/desk
lööperi nonsense, rubbish, lies *puhua lööperiä* shoot off your mouth *Älä puhu lööperiä* Blow it out your ear

M, m

maa 1 (maapallo) earth *Alussa Jumala loi taivaan ja maan* In the beginning God created heaven and earth *ylistää maasta taivaaseen* praise a person to the skies **2** (maanpinta) earth, ground *maan alla* underground *jalat* (tukevasti) *maan pinnalla* with your feet firmly (planted) on the ground, down to earth *korkealla maan yläpuolella* high above the earth, off the ground *luoda katseensa maahan* look down (at the ground, at your feet) **3** (sähkö) ground **4** (maaperä) soil, dirt *hedelmällistä maata* fertile soil *maalattia* dirt floor *vaivainen maan matonen* a lowly worm *kaivaa maata jonkun jalkojen alta* undermine/subvert someone **5** (kuiva maa, us mon) land, shore *ajautua maihin* drift up on(to) the bank/shore, run aground *Miehistö oli jo maissa* The crew was already ashore **6** (maa-alue) land *ostaa lisää maata* buy more land *viljellä maata* till the soil, cultivate the land **7** (valtakunta) land, country, state *kuolla maansa puolesta* die for your country *ei kenenkään maa* no man's land *tuoda maahan* import *Maassa maan tavalla* (tai *maasta pois*) When in Rome, do as the Romans do;

America – love it or leave it *luvattu maa* promised land *pyhä maa* Holy Land **8** (maaseutu) country(side) *maalla* in the country *mennä kesäksi maalle* go to your summer/country home/cottage for the summer **9** (tienoo) vicinity, neighborhood *ei mailla eikä mantereilla* nowhere to be found *näillä main* around here *kahdeksan maissa* around eight **10** (korteissa) suit
maa-ala area
maa alkaa polttaa jalkojen alla get itchy feet
maa-alue area, territory, region
maadoittaa (run a wire to) ground
maadoitus grounding
maagikko magician
maaginen magic(al)
maahanmuuttaja immigrant
maahanmuutto immigration
maahantuoja importer
maahantuonti import(s)
maaherra provincial governer
maahinen gnome
maailma world *Ei se nyt maailmaa kaada* It's not the end of the world *Sellainen on maailman meno* That's life, That's the way the cookie crumbles *muissa maailmoissa* in a world of your own *Kyllä maailma on pieni!* Small world! *suuressa maailmassa* out in the big wide world
maailmaa nähnyt worldly(wise) *Olen kyllä maailmaa nähnyt* I've been around
maailmanennätys world record
maailmanhistoria world history
maailmankaikkeus universe
maailmankansalainen citizen of the world, cosmopolitan
maailmankatsomuksellinen philosophical, ideological
maailmankatsomus world view
maailmankieli lingua franca
maailmankiertäjä globe-trotter
maailmankirjallisuus world literature
maailmankolkka (every) corner of the world
maailmankuulu world-famous
maailmankuva world view
maailmanlaajuinen worldwide

maali

maailmanloppu the end of the world
maailmanmarkkinahinta world-market price
maailmanmarkkinat the world market
maailmanmestari world champion
maailmanmestaruus world championship
maailmannäyttely world fair
maailmanparantaja reformer, utopian
maailman paras the best (whatever) in the world
maailmanrauha world peace
maailman sivu *kautta maailman sivun* always, inevitably
maailmansota World War (I/II)
maailmantaloudellinen world-economic
maailmantalous world/international economy
maailmanvalta world power
maailmanympärimatka trip around the world
maajoukkue national team
maajussi farmer
maakarhu brown bear, grizzly bear
maakrapu landlubber
maakunta province
maalaamo (yritys) paintshop, (osasto) painting deparment
maalailla paint
maalainen 1 person from the country; (ark halv) hick, hayseed **2** *Minkä maalainen hän on?* What country is she from?
maalaiskunta county
maalaistalo farmhouse
maalaji soil (type)
maalari painter
maalarinteippi masking tape
maalata 1 paint (myös sanoilla) *Maalattu!* Wet paint! **2** (meikata) make up
maalata piruja seinille predict doom and destruction, expect the worst
maalaus painting
maalaustaide (the art of) painting
maalauttaa have (something) painted
maali 1 (maalausaine) paint **2** (urh: jääkiekossa, jalkapallossa) goal, (am jalkapallossa) end zone, (juoksussa, hiihdossa) finish line **3** (kohde) target

maaliikenne

ampua yli maalin overshoot (myös kuv), overdo it
maaliikenne overland traffic
maalikamera photo-finish camera
maalinauha tape
maaliruisku paint sprayer
maaliskuinen March *maaliskuinen viima* a March wind
maaliskuu March
maalisuora home stretch
maalitaulu target
maalivahti goalkeeper, (ark) goalie
maalla in the country *mennä kesäksi maalle* go to your summer/country home/cottage for the summer
maallemuutto move/migration to the country(side)/rural areas
maallikko lay person/member/speaker/jne; (mies) layman, (nainen) laywoman); (mon) the laity
maallikkosaarnaaja lay preacher
maallinen 1 earthly, worldly *maallinen omaisuus* earthly/worldly possessions **2** (maanpäällinen) temporal *maallinen valta* temporal power **3** (ei hengellinen) secular, worldly, profane
maallistua become secularized
maaltamuutto rural depopulation
maaltapako rural depopulation
maamies 1 (maanviljelijä) farmer **2** (saman maan kansalainen) (fellow) countryman, compatriot
maamieskoulu farm/agricultural school
maamiesseura farmers' association
Maamme-laulu the Finnish national anthem
maan *maan mainio* just great, absolutely wonderful, positively splendid *maan kamala* godawful
maanalainen s subway, (UK) underground, (UK ark) tube adj underground
maan alla underground *mennä maan alle* go underground
maanantai Monday
maanantainen Monday
maanantaipäivä Monday
maanantaisin Mondays
maanikko maniac (myös kuv)
maaninen manic (myös kuv)

maanis-depressiivinen manic-depressive
maan isä beloved leader, the father of your country
maanitella coax, wheedle
maanjäristys earthquake
maankiertäjä tramp
maankäyttö land use
maan matonen lowly worm
maanmittaus surveying
maanomistus land ownership
maanosa continent
maanpako exile *maanpaossa* in exile, exiled
maanparannus soil improvement
maanpetos (high) treason
maanpetturi traitor
maan povi the bosom of the earth *kätkeä maan poveen* put someone in the soil, bury someone
maanpuolustus national defense
maanpäällinen worldly, temporal
maansuru national mourning *Ei se mikään maansuru ole* Come on, it's not the end of the world, it's not that big a deal
maantie highway *maantien värinen tukka* dishwater blonde (hair)
maantiede (yliopistossa) geography
maantieliikenne highway traffic
maantieteellinen geographical
maantieto (koulussa) geography
maanvaiva pest
maanvieremä landslide
maanviljelijä farmer
maanviljely farming, soil cultivation
maanvuokra ground/land rent
maan ääret the ends of the earth
maaorava chipmunk
maaorja serf
maaorjuus serfdom
maaottelu international match
maapallo globe
maaperä soil, dirt
maapähkinä peanut, (Kaakkois-Yhdysvalloissa myös) groundnut
maaseutu country(side), rural area
maaseutuväestö rural population, (ark) country folks

maassa 1 (maapallossa) on earth
2 (maanpinnalla) on the ground, (henkisesti) down to earth **3** (masentunut) down(cast/-hearted), depressed
maassa maan tavalla When in Rome, do as the Romans do, America – love it or leave it
maastamuuttaja emigrant
maastamuutto emigration
maasto terrain
maastoauto all-terrain vehicle, ATV
maastohiihto cross-country skiing
maastojuoksu cross-country running
maastopolkupyörä mountain bike
maastosuksi cross-country ski
maastoutua take cover
maasturi all-terrain vehicle, ATV
maasusi aardwolf
maata 1 (olla makuuasennossa) lie (down) **2** (nukkua) sleep *mennä maata* go to sleep, go lie down, go have a rest **3** (naida) sleep with; (lak) have (sexual) intercourse with; (ark) get laid *maata väkisin* rape **4** (sairaana) be laid up (with a fever)
maataide earth art
maatalo farmhouse
maatalous agriculture
maatalouskone agricultural/farm machine
maatalouslautakunta agricultural board
maatalouslomittaja farmer's locum
maatalousministeri Minister of Agriculture, (US) Secretary of Agriculture
maatalousministeriö Ministry of Agriculture, (US) Department of Agriculture
maatalousoppilaitos agricultural college
maataloustuotanto agricultural production
maataloustuottaja agricultural producer
maatila farm
maatilatalous farm/agricultural economy
maat ja mantereet *kulkea maita ja mantereita* roam the woods, hike up hill and down dale *kiertää maat ja mantereet* bum around the world, see the world, sail the seven seas
maattaa (sähkölaite) ground
maatua 1 (kompostissa) decompose **2** (joki tms) silt up
maatunnus (tietok) country domain name
maaöljy petroleum, (mineral) oil
macho macho
machoilla act (real) macho/tough
machoilu a macho act, playing the tough guy
Madagaskar Madagascar
madagaskarilainen s, adj Madagascan
madaltaa lower (myös ääntä)
madaltua lower, drop
made (kala) burbot
madeira Madeira
madella (myös kuv) crawl, creep
madjaari Magyar, Hungarian
madonna Madonna
madonsyömä worm-eaten
madrigaali madrigal
mafia mafia, the Mob
mafioso mafioso, mobster
magia magic
magma magma
magmaattinen magmatic
magnaatti magnate
magneetti magnet
magneettikortti magnetic card
magneettinauha magnetic tape
magneettinen magnetic
magneettinen pohjoinen magnetic north
magnetismi magnetism
magnetofoni tape recorder
magnetoida magnetize
magnetointi Magnetization
magnetosfääri magnetosphere
magnitudi magnitude
maha stomach; (ark ja kuv: sisäinen tila) belly, (tunne) gut; (lasten kielellä) tummy *syödä mahansa täyteen* stuff yourself *Maha murisee* My stomach is rumbling
mahahaava (gastric) ulcer
mahakipu stomach ache/pains
mahalasku (myös kuv) belly-landing

mahalaukku stomach
mahatauti intestinal/stomach flu
mahdollinen possible *erittäin mahdollista* very likely, probable *Olisiko sinun mahdollista mennä minun sijastani?* Could you possibly go in my stead? *mahdollinen asiakas* prospective customer *Meillä on mahdollisesti yksi ongelma* We may have a problem, we have a potential problem *Minä hoidan mahdolliset ongelmat* I'll handle any problems that arise *mahdollisten vaikeuksien varalta* in case of difficulties
mahdollisimman as... as possible *mahdollisimman korkealle* as high as possible
mahdollistaa make (something) possible, facilitate
mahdollisuus 1 possibility *On pieni mahdollisuus etten pääse tulemaan* There's a slight possibility that I might not make it *Meillä on huomisen ohjelmaksi kaksi mahdollisuutta* We've got two alternatives/possibilities for tomorrow **2** (tilaisuus, edellytykset) chance, opportunity *Ei ollut mahdollisuutta soittaa* I didn't get a chance to call, I couldn't call *elämäni mahdollisuus* the chance of a lifetime *Älä päästä käsistäsi tätä mahdollisuutta!* Don't miss this opportunity!
mahdoton impossible *Sinä olet mahdoton!* You're impossible! *vaatia mahdottomia* demand the impossible
mahdottoman impossibly, terribly *mahdottoman iso* enormous
mahdottomuus impossibility *mennä mahdottomuuksiin* go too far, go overboard, get out of hand, get carried away
mahduttaa squeeze/fit/work in
mahis chance *hyvät mahikset saada työpaikka* a good chance at a job
mahla sap
maho barren, sterile
mahonki mahogany
mahtaa 1 (taitaa) must *Mahdat olla aika nälkäinen* I bet you're hungry, you must be pretty hungry **2** (voida) be done *Minkä sille mahtaa?* What's there to be done about it now? Nothing you can do about it now
mahtailla talk big, act tough, throw your weight around, play the big shot
mahtava 1 (jolla on mahtia) mighty, powerful, potent **2** (mahtaileva) domineering, bossy, tyrannical, high and mighty **3** (mahtipontinen) pompous, grand, supercilious **4** (vaikuttava) impressive, imposing **5** (iso) enormous, tremendous, huge, mighty **6** (ark) fantastic, awesome, outrageous
mahtavuus 1 (valta) might(iness), power **2** (mahtipontisuus) pomposity, grandeur, superciliousness
mahti might, power
mahtiasema position of power
mahtihenkilö powerful/influential person; (ark) a mover and a shaker
mahtipontinen 1 (tylsä) pompous, stuffy, stodgy **2** (ylimielinen) arrogant, supercilious **3** (hienosteleva) grand(iloquent), pretentious
mahtua 1 fit **2** *Kuinka paljon siihen mahtuu?* How much/many will it take: (astiaan tms) hold; (autoon, pöytään tms) seat; (hotelliin tms) accommodate; (vene: istumaan) seat, (nukkumaan) sleep
maidontuotanto milk production
maidontuottaja milk producer
maihinnousu invasion (myös kuv), landing
maija *mustamaija* Black Maria
maikka teacher
maila (tennis tms) racket, (jääkiekko) stick, (pesäpallo) bat, (golf) club
maili mile
mailienkeruuohjelma frequent flyer program
main *niillä main* around there *lähimain* almost, nearly, close to
mainari miner
maine reputation, name, (ark) rep; (kuuluisuus) fame *olla hiihtohullun maineessa* be known as a fanatic skier *niittää mainetta* make a name for yourself, carve out a reputation for yourself
maineikas famous, illustrious, renowned

maito

mainen earthly
mainingit 1 swell, wave, surge (myös kuv) **2** (jälkimainingit) repercussions, aftermath
maininta mention
mainio excellent, splendid *Mainiota!* Great!
mainita mention *Et maininnut minua sanallakaan* You didn't say anything about me, you forgot to mention me *Voisitko mainita muutamia esimerkkejä?* Could you give me/list/cite some examples? *Hän mainitsi erityisesti kolme nimeä* He listed/gave three names in particular, he expressly mentioned three names *mainittakoon* let it be noted *kuten edellä mainittiin* as was noted/indicated earlier/above
mainitsematon unmentioned, unstated *nimeltä mainitsematon* unnamed
mainitsematta *muita mainitsematta* to say nothing about the others, not to mention the others *jättää mainitsematta* ignore, omit, skip/pass (something) over in silence *nimeltä mainitsematta* without naming names
mainittava appreciable, perceptible *ei mitään mainittavaa* nothing worth mentioning, nothing to write home about
mainittu the said *mainittu henkilö* the said party *nimeltä mainittu* (the) named/specified (person) *edellä mainittu* the above-/afore-/before-mentioned
mainonta advertising, publicity
mainos advertisement, (ark) ad; (TV:ssä) commercial *hyvää mainosta* good advertising/publicity
mainosgraafikko commercial artist
mainosgrafiikka commercial graphics
mainoskampanja ad(vertising) campaign
mainoskatko commercial break
mainosmielessä (merkityksessä) in a commercial sense, (tarkoitukseen) for commercial/advertising purposes
mainosrahoitteinen ohjelma (tietok) adware
mainostaa 1 (kaupallisesti) advertise, publicize **2** (kehua) vaunt, tout, (kirjaa) puff

mainostaja advertiser
mainostoimisto ad(vertising) agency
mainostoimittaja (advertising) copywriter
mainosvalo neon sign
mairea gushing, sugary, affected
mairitella flatter; (ark) suck up (to someone), butter (someone) up
maisema (maa sinänsä, myös maalattuna) landscape, (maa nähtynä) scenery, (näköala) view
maisemakonttori open-plan office
maisemamaalari landscape artist
maisemamaalaus landscape
maisemointi landscaping
maiskahtaa taste (a little like)
maiskauttaa smack (your lips)
maiskis smack
maissa 1 *kahden maissa* around two **2** (ei laivassa) ashore
maissi corn
maissihiutale corn flake
maissiöljy corn oil
maistaa taste; (kokeilumielessä) try, sample
maistajaiset *viinin maistajaiset* wine-tasting party
maistella taste; (kauan) savor *maistella sanaa* roll a word around on your tongue
maisteri *filosofian maisteri* Master of Arts, M.A. *kasvatustieteen maisteri* Master of Education, M.Ed. *luonnontieteiden maisteri* Master of Science, (US) M.S., (UK) MSc *maisteri Koikkalainen* Mr. Koikkalainen
maisterin paperit 1 (tutkinto) Master's degree **2** (todistus) M.A./M.Ed./M.S./jne diploma
maisterin tutkinto Master's degree
maistiaiset (kaupassa) sample *Anna maistiaiset!* (anna kun maistan) give me a bite/taste
maistraatti magistrate
maistua taste *Miltä se maistuu?* (kelpaako) How does it taste? (mikä on maku) What does it taste like? *Se alkaa maistua puulta* I'm getting sick/tired of it
maito milk

maitohammas

maitohammas baby tooth, milk tooth, (lääk) deciduous tooth
maitohappo lactic acid
maitohorsma fireweed
maitojauhe powdered milk
maitokaakao chocolate milk
maitokahvi coffee with milk, (ransk) café au lait
maitokauppa (meijerin myymälä) dairy, (ruokakauppa) grocery store
maitoparta milquetoast
maitopullo milk bottle
maitopurkki milk carton
maitorahka (lähin vastine) sour cream
maitorasva milk fat
maitosokeri lactose
maitosuklaa milk chocolate
maitotalous dairy farming
maitotiiviste condensed milk
maitovalas beluga, white whale
maitovalmiste dairy product
maitse by land, overland
maittaa *Minulle ei ruoka maita* I don't feel like eating, I have no appetite, I'm feeling a little off my feed
maittain by country
maittava delicious, tasty
maja hut, cabin, lodge; (suoja) shelter; (lasten tilapäinen leikkipaikka) fort, clubhouse
majailla room/board/stay (at/with)
majakka lighthouse
majapaikka a place to stay/sleep
majatalo boarding house, (hist) inn
majava beaver
majavannahka beaver pelt
majavapato beaver dam
majesteetillinen majestic
majesteetti majesty
majoittaa 1 accommodate, board, (ark) put up 2 (sot) quarter, billet
majoittua take a room (at a hotel), move in (somewhere, with someone)
majoitus accommodation(s)
majoneesi mayonnaise
majuri major
makaaberi macabre
makaroni macaroni, pasta, noodle(s)
makaronilaatikko macaroni casserole
makasiini 1 (varasto) storehouse **2** (aseen) magazine
makea 1 (maku) sweet **2** (puhe) sugary(sweet), saccharine, cloying **3** (elämä, uni tms) good *viettää makeaa elämää* lead a life of ease **4** (vesi) fresh **5** (ark) cool, hot
makeasti sweetly *nukkua makeasti* sleep soundly, get a good night's sleep *nauraa makeasti* laugh heartily, have a good laugh
makeilla flatter, toady (to); (ark) suck up (to)
makeiset candy
makeute sweetener
makeutusaine sweetener
makkara sausage *katsoa kuin halpaa makkaraa* look down your nose at (someone/something), not want to touch something with a ten-foot pole
makkarakeitto sausage soup
makrilli mackerel
makro macro
makrobioottinen macrobiotic
makrobiotiikka macrobiotics
makrokosmos macrocosmos
makroskooppinen macroscopic
makrotaloustiede macroeconomics
maksa liver
maksaa 1 (antaa rahaa) pay (for/off) *Maksaisitko minutkin?* Could you pay for me too? Could you pay my way too? *maksaa lasku* pay a bill, settle an account *maksaa varomattomuutensa hengellään* pay for your carelessness with your life *Tästä saat maksaa!* You'll pay for this! (myös kuv), I'll get you for this! **2** (kostaa) pay (someone) back (ks hakusanat) **3** (olla jonkin arvoinen) cost *Paljonko tämä maksaa?* How much is this?
maksaa hyvä pahalla repay kindness with evil
maksaa itsensä kipeäksi pay through the nose
maksaa pitkä penni cost a pretty penny
maksaa potut pottuina give someone as good as you got, repay someone in kind

maksaa samalla mitalla give someone as good as you got, repay someone in kind
maksaa vaivaa be worth it *Ei maksa vaivaa kääntyä nyt takaisin* It's not worth turning back now
maksaa vanhoja kalavelkoja get your own back
maksaa viulut pay the piper
maksakirroosi cirrhosis of the liver
maksalaatikko liver casserole
maksamakkara liverwurst
maksamaton unpaid, (lasku) outstanding
maksattaa have (someone) pay (something for you), get someone else to pick up the tab
maksi maxi
maksiimi maxim
maksimaalinen maximum, maximal, optimal
maksimi maximum
maksimoida maximize
maksimointi maximization
maksoi mitä maksoi come what may, no matter what it takes, damn the consequences
maksu 1 (maksaminen) payment, settlement 2 (hinta tms) payment, price, fee, charge
maksuaika repayment/amortization period *Saisimmeko vähän maksuaikaa?* Could we pay you (back) gradually, over time?
maksua vastaan for a fee/charge
maksuehdot terms (of payment)
maksuksi in payment for
maksukyky solvency
maksukykyinen solvent
maksukyvytön insolvent
maksullinen pay, paid
maksumääräys payment order
maksunlykkäys extension
maksuosoitus payment order
maksupalvelu automatic withdrawal
maksusta for a fee/charge, for pay
maksutase balance of payments
maksutelevisio pay(-per-view) TV
maksuton free (of charge)
maksutta free (of charge), gratis

maku taste (myös kuv) *Siitä jäi paha maku suuhun* It left a bad taste in my mouth *päästä jonkin makuun* acquire/develop a taste for something *kukin makunsa mukaan* every man to his taste
makuaisti (sense of) taste
makuasia a matter of taste
makuasioista ei pidä kiistellä there's no accounting for tastes
makuinen flavored
makuja on monenlaisia different strokes for different folks
makuuhuone bedroom
makuupaikka berth
makuupussi sleeping bag
makuuvaunu Pullman (car)
malaijikarhu sun bear
malaria malaria
Malawi Malawi
malawilainen s, adj Malawian
Malediivit Maldives
Malesia Malaysia
malesialainen s, adj Malaysian
Mali Mali
malilainen s, adj Malian
malja 1 (boolimalja tms) bowl 2 (jollekulle) toast *juoda malja jonkun kunniaksi* drink to someone('s health) *ehdottaa malja jollekulle* propose a toast to 3 (raam ja kuv) cup *Minun maljani on ylitsevuotavainen* My cup runneth over
maljakko vase
maljakotilo limpet
malka (raam) beam
mallas malt
mallata try on, (mannekiinina) model
malleekana mallee fowl
malli 1 model, pattern *istua mallina* (maalarille) sit for a painter, (maalauskurssilaisille) model/pose for an art class 2 (tyyppi) model, type, design *auton merkki ja malli* a car's make and model *Minkä mallisen halusit?* What kind did you want? 3 (esimerkki) example *näyttää muille mallia* set a good example for others 4 (kunto, asianlaita) state *hyvällä/huonolla mallilla* in good/bad shape, looking good/in a bad way *entiseen malliin* as before/usual *amerikkalaiseen malliin* American-style

malliesimerkki perfect/textbook example, epitome
mallikappale model, display piece, (näytekappale) sample
mallikas model, exemplary
mallikelpoinen model, exemplary
mallinen *saman mallinen auto* same (make/kind of) car *Minkä mallista etsit?* What kind/style/shape/jne are you looking for?
mallioppilas model student
malmi ore
malminetsijä prospector
malminetsintä prospecting
malmipitoinen ore-bearing
Malta Malta
maltaat malt
maltalainen s, adj Maltese
maltillinen 1 (pol) moderate, middle-of-the-road 2 (tyyni) calm, composed, reasonable
maltillisuus moderation, calm(ness), composure
malto pulp
malttaa 1 (hillitä) control *malttaa mielensä* control yourself, keep your temper, keep a lid on (your temper), hold (yourself) back, rein in your feelings *En malttanut olla sanomatta että* I couldn't help saying that, I blurted out that 2 (odottaa) wait *Malta hetki!* Wait a second! Hold on/up! 3 (olla kärsivällinen) be patient, have the patience to *En malttanut jäädä odottamaan häntä* I was too impatient to wait for her 4 (jaksaa) stand, bear *Tuskin maltan odottaa* I can hardly wait
malttamaton impatient
malttamattomasti impatiently
maltti patience, (self-)control, self-possession, presence of mind, composure *menettää malttinsa* lose your temper, (ark) lose your cool *mielenmaltti* patience
mamma momma, mama
mammanpoika mama's boy
mammona (raam ja kuv) Mammon; (tav) lucre
mammutti mammoth
mammuttimainen mammoth

manaaja exorcist
manaatti (eläin) American manatee
manageri manager
manata 1 (usk) exorcise, drive out (evil spirits/demons) 2 (kirota) damn, curse, (lausua kirosana) swear *manata pahaa onneaan* curse your bad luck 3 (loihtia esiin) invoke, call/dredge up 4 (kehottaa) urge, (ark) egg on
mangusti (eläin) mongoose
mania mania
manifesti s manifesto adj (lääk) manifest
manipuloida manipulate
manipulointi manipulation
Manitoba Manitoba
mankeli mangle
mankeloida mangle
manna manna (myös kuv)
mannapuuro cream of wheat
mannaryyni farina
manner 1 (maanosa) continent 2 (saarelta katsottuna) mainland
mannerjalusta continental shelf
mannerlaatta continental plate
mannermaa 1 (maanosa) continent 2 (saarelta katsottuna) mainland
mannermainen continental
mannertenvälinen intercontinental
Mansaari Isle of Man
mansikanpoimija strawberry picker
mansikka strawberry *Oma maa mansikka, muu maa mustikka* East, west, home is best
mansikka-aika strawberry season
mansikkahillo strawberry jam
mansikkajäätelö strawberry ice cream
manteli almond
mantereinen continental
manttelinperijä successor
marginaali margin
marginaaliverotus marginal taxation
Maria (Jeesuksen äidin, kuningattaren nimenä) Mary, (muuten) Maria *Neitsyt Maria* the Virgin Mary *Magdalan Maria* Mary Magdalene
Mariaanit Mariana Islands
marista whine/complain/grumble (about)

marja berry *mennä marjaan* go berry(pick)ing
marjapensas berry bush
marjastaa pick berries
markiisi 1 marquis **2** (ulkokaihdin) awning
markka mark
markkamäärä amount (in marks)
markkamääräinen (amount) in marks
markkina-alue market
markkinat market *turhuuden markkinat* vanity fair *Johan on markkinat!* Goddamn! Doesn't that beat all!
markkinatalous market economy
markkinatunnelma carnival atmosphere
markkinatutkimus market study
markkinoida market
marksilainen Marxist, Marxian
marksilaisuus Marxism
marksismi Marxism
marliini (kala) marlin
marmeladi marmalade
marmori marble
marmorinen marble
Marokko Morocco
marokkolainen s, adj Moroccan
marraskesi scarfskin
marraskuinen November
marraskuu November
mars! march!
marsalkka (field) marshal
Marshallinsaaret Marshall Islands
marssi march
marssia march
marssittaa march
marsu guinea pig
marttyyri martyr (myös kuv)
marxilainen Marxist, Marxian
marxilaisuus Marxism
marxismi Marxism
masennus depression
masentaa depress, discourage, dishearten *Minua masentaa tuollainen* That's so depressing
masentua be/get depressed/discouraged/disheartened
masentunut depressed, discouraged, disheartened
masiina machine

maskotti mascot
maskuliini (kiel) masculine
maskuliininen masculine
masokisti masochist
masokistinen masochistic
massa 1 (fys tm) mass **2** (mon = ihmisjoukot) the masses **3** (paper) pulp, substance, paste
massiivinen (iso) massive, (tukeva) solid
massoittain tons/heaps/piles of
masto mast
masturbaatio masturbation
masturboida masturbate
masu tummy
matala s **1** (lammikon) shallows **2** (matalapainealue) low (pressure area) adj **1** (ei korkea) low, squat, short *mennä yli siitä, missä aita on matalin* take the path of least resistance **2** (surullinen) low, down(cast) *mieli matalana* down in the mouth **3** (vähävarvoinen) lowly, base, humble *matala maja* humble abode **4** (ei syvä) shallow *matala lautanen* plate
matalalla low
matalikko shallows
mataluus lowness, (veden) shallowness
matelija 1 (eläin) reptile **2** (kuv) toady
matelu 1 crawling, creeping (myös kuv) **2** (hännystely) fawning
matemaatikko mathematician
matemaattinen mathematical
matematiikka mathematics, (ark) math
materia matter
materiaali material
materialisti materialist
materialistinen materialistic
matikka math
matka 1 trip, journey, voyage; (autolla) drive, (lentäen) flight *lähteä matkaan* set out (on a journey/trip) *matkalla, matkassa, matkoilla* ks hakusanat *Mene matkoihisi!* Beat it! Scram! Get out of my face! *Tuli vähän mutkia matkaan* We got hung up, we had some problems *kulkea samaa matkaa* walk along together *parin tunnin matka* a couple of hours' journey/drive/flight *Minne matka?* Where are you going? **2** (etäi-

matka-apuraha

syys) distance *Kevääseen on vielä matkaa* Spring is still a ways off
matka-apuraha travel grant/stipend
matkailija traveler, tourist
matkailla travel (around), tour
matkailu (matkustaminen) travel(ing), (turismi) tourism
matkailukeskus tourist center/agency/office
matkailutase balance of tourist payments
matkalaukku suitcase; (mon) luggage
matkalippu (plane/train) ticket *edestakainen matkalippu* round-trip ticket
matkalla on the/your way, on the road, en route, (liik) in transit
matkan päässä 1 (perillä) at your destination **2** *pienen/pitkän matkan päässä* a short/long way(s) off/away *pysytellä matkan päässä* keep your distance (from) *pitää matkan päässä* keep (someone) at arm's length
matkanteko travel(ing)
matkaopas tour guide
matkapahoinvointi motion sickness, (laivassa) seasickness, (lentokoneessa) airsickness, (autossa) carsickness
matkapuhelin portable phone, (US) cellphone, cellular phone, (UK) mobile phone
matkasekki traveler's check
matkassa along, with you *Onko sinulla nyt varmasti liput matkassa?* Are you sure you've got the tickets (with you)?
matkatavarat (matkalaukut) luggage, (kaikki) baggage
matkatavaravakuutus luggage insurance
matkatoimisto travel agency
matkatoveri fellow traveler
matkavakuutus travel insurance
matkavaluutta foreign currency
matkoilla (kotimaassa) out of town, (ulkomailla) abroad
matkustaa travel *matkustaa lentäen* fly, take the plane, travel/go by air *matkustaa Aasiaan* take a trip to Asia, visit Asia, fly to Asia
matkustaja (kulkuneuvon) passenger, (matkalla oleva) traveler

matkustajakoti boarding house
matkustajalaiva passenger ship/liner
matkustajaliikenne passenger traffic
matkustamo cabin
mato 1 worm **2** (haka) whiz
matonkude rug rag
matriisi matrix
matriisikirjoitin dot matrix printer
matruusi 1 (arvo) able-bodied seaman **2** (ark) sailor, seaman
matsi match, game
matti checkmate
matti kukkarossa (flat) broke
matto (irtomatto) rug, (kokolattiamatto) (wall-to-wall) carpet(ing), (pieni matto jalkojen pyyhkimistä varten: kynnyksellä tai kylvyn vieressä) mat, (porrasmatto) (stair)runner
maukas tasty, savory, delicious
Mauritania Mauritania
mauritanialainen s, adj Mauritanian
Mauritius Mauritius
mauritiuslainen s, adj Mauritian
maustaa season, spice (myös kuv)
maustamaton unseasoned, unspiced
mauste spice, seasoning; (makuaine) (artificial) flavoring
mauton flavorless, tasteless (myös kuv) *mauton vitsi* a joke in bad taste, a tasteless joke
mauttomuus tastelessness
maya Maya
me we *me kaksi* the two of us *meidän* our(s) *meidät, meitä* us *Mennään meille* Let's go over to our place *meillä on* we have *meillä Suomessa* here in Finland
media media
mediapuhelin media phone
meduusa 1 jellyfish **2** *Meduusa* (myt) Medusa
meedio medium
megatavu megabyte, MB *40 megatavun kovalevy* 40-megabyte hard disk
mehevä juicy (myös kuv) *mehevä juttu* juicy/spicy/racy story
mehiläinen (honey-)bee
mehiläisen pisto bee sting
mehiläishoitaja beekeeper
mehiläiskuningatar queen bee
mehiläispesä beehive

mehu juice (myös kuv) *puristaa kaikki mehut jostakusta* squeeze all the juices out of someone, take the fight/sass out of someone
mehukas juicy, succulent
mehustaa render into juice
meijeri dairy
meikäläinen s **1** (yksi meistä) one of us, someone like us *Matti Meikäläinen* John Doe **2** (minä) yours truly, this (here) boy/girl
meikäläisittäin our way, local style
meinata 1 (aikoa) plan, intend, mean; (murt) be fixin' to *Meinaan tästä kohta lähteä* I'll be leaving soon, I mean to leave soon, I'm fixin' to be off in a jiffy **2** (tarkoittaa) mean, be about *Mitä tämä meinaa?* What's going on here? What is this all about? What is the meaning of this? *Se on meinaan pitkä matka* I mean, (like,) that's a long way **3** *Meinasin mennä hukkaan* I almost/nearly lost my way
meininki 1 (aikomus) plan, intention **2** (meno) goings-on **3** (fiilinki) atmosphere, spirit
mekaanikko mechanic
mekaaninen mechanical
mekaniikka mechanics
mekanismi mechanism
mekastaa kick up a racket, be loud, make (lots of) noise
mekastus racket, noise, din
mekko dress, frock, shift
meklari 1 (pörssimeklari) (stock)broker **2** (huutokauppameklari) auctioneer
Meksiko Mexico
meksikolainen s, adj Mexican
mela paddle
melankolia melancholy
melankolinen melancholic
melkein almost, nearly, practically; (ark) pretty near/well/much
melko pretty, fairly, reasonably, quite
melkoinen quite a, considerable, substantial
melkoisesti quite a lot of, considerably, substantially
mellakka riot
mellakoida riot

menettelytapa

mellakointi rioting
mellastaa kick up a racket/ruckus
meloa paddle
melodia melody, tune
melodraama melodrama
meloja canoeist
meloni melon
melske (meteli) noise, racket; (levottomuus) tumult,
melskeinen tumultuous, tempestuous
melu noise, racket, hubbub
meluisa noisy, tumultuous
meluntorjunta noise control/abatement
meluta make (lots of) noise, be noisy
menehtyä succumb (to), perish/die (of)
meneillä going on, in progress
mene ja tiedä who knows
menekki sale(s), consumption; (valmistajan näkökulmasta) market *Sillä on varmasti hyvä menekki Itä-Euroopassa* It's sure to sell well in Eastern Europe
menekkivaikeus *Heillä on menekkivaikeuksia* They're having some difficulties in moving their stock, their products aren't selling well
menemään out, away *heittää menemään* throw out/away
menestyksekäs successful, prosperous, flourishing, thriving
menestymätön unsuccessful
menestys success
menestysteos a success, a hit
menestyä succeed, be successful, be a success; prosper, flourish, thrive
menetellä 1 (tehdä) do, (toimia) act, (edetä) proceed *Miten tässä menetellään?* What should we do? How should we act/proceed? *menetellä ohjeiden mukaisesti* follow the instructions **2** (välttää) do *Kyllä se menettelee* It'll do
menetelmä method
menetetty lost *menetetty terveys* ruined health
menettely proceeding, procedure
menettelytapa procedure, course of action *Kaikkihan kävi lopuksi hyvin, mutta emme voi hyväksyä menettelytapaasi* Everything turned out all right in the end, but we cannot condone the way you proceeded/acted

menettää

menettää lose, (tilaisuus) miss *Ethän sinä siinä mitään menetä!* What have you got to lose?
menettää kasvonsa lose face
menettää malttinsa lose your temper, fly into a rage
menettää merkityksensä lose (all) importance/significance, become pointless/meaningless/insignificant/unimportant
menettää mielenkiintonsa johonkin lose interest in something
menettää oikeutensa forfeit your rights
menettää otteensa lose your grip on, let go of, let (something) slip through your fingers
menettää rohkeutensa lose your nerve
menettää tasapainonsa lose your balance
menettää uskonsa johonkin lose faith in something
menetys loss
menevä 1 (energinen) energetic, enterprising *menevä ihminen* a (wo)man on the go, a comer, a mover and a shaker **2** *viinaan/naisiin menevä mies* boozer/womanizer **3** *etelään menevä juna* the southbound train
menneeksi *olkoon menneeksi* sure, why not, what the hell
menneisyys past
mennen tullen coming and going
mennessä by *Mihin mennessä tarvitset sen?* When do you need it at the latest? *Tarvitsen sen viiteen mennessä* I need it by five *siihen mennessä* by then
menninkäinen sprite, gnome
mennyt gone, past; (kuollut) deceased, departed, the late *menneellä viikolla* last week
mennä 1 go *Minne menet?* Where are you going? *Miten menee?* How's it going? How are you doing? **2** (lähteä) leave, depart; (ark) take off, beat it, scram *Meneekö tämä kirje 2 eurolla?* Can I send this letter for 2 euros? **3** (kulkea: bussi) go, run; (jonkin yli) cross *Miten usein viitonen menee?* How often does bus number 5 run? *Meneekö tämä kirkkopuiston ohi?* Do you go by the church park? *Arpi meni suupielestä korvaan* The scar ran from the corner of his mouth all the way to his cheek **4** (sopia johonkin) fit, (sopia jonakin) do *Ei mene ovesta* It won't fit through the door *Kyllä hän muuten miehenä menisi mutta* He'd do as a husband, I suppose, except that **5** (hävitä) be lost, get thrown away *Minulta meni sodassa terveys* The war ruined my health *Rahaa tuli, virka meni* I made big bucks but lost my job **6** (kulua) pass, be spent *Koko päivä meni tähän* I spent the whole day doing this *Korjaustöihin menee puoli vuotta* It'll take half a year to repair it **7** (olla esitettävänä: elokuva) be showing, (näytelmä) be playing, (TV-ohjelma) be on **8** *Mitäs menit valehtelemaan!* Why did you have to go and lie about it?
mennä asiaan get to the point, get down to business
mennä eteenpäin proceed, progress, move right along
mennä halpaan get fooled/taken (for a ride)/played for a patsy/duped, fall for (something) (hook, line, and sinker)
mennä halvalla get sold cheap, sell for a song
mennä itseensä stop and take a (good) look at yourself, pause to examine your own motives
mennä kalaan go fishing
mennä kalpeaksi turn pale, blanch, go white (in the face)
mennä kaupaksi sell
mennä kihloihin get engaged
mennä liiallisuuksiin go to extremes, go overboard, get carried away
mennä läpi (ehdotus) pass, be accepted; (hyökkäys tms) drive/burst/break/go through
mennä läskiksi not work, fail, get all fouled/fucked up
mennä maata go lie down, go take a nap/rest, go to bed/sleep
mennä marjaan go berrying

mennä menojaan go on your merry way, be on your way *antaa asioiden mennä menojaan* let things take/run their course
mennä naimisiin get married
mennä ohi pass, miss *antaa tilaisuuden mennä ohi* let an opportunity slip away, pass up/miss an opportunity
mennä perille (paketti tms) reach its destination, arrive; (saarna tms) strike home
mennä pieleen not work, fail, get all fouled/fucked up *Sehän menee kuitenkin pieleen* You know it's not going to work
mennä pitkälle go far *mennä liian pitkälle* go too far, overstep your limits, exceed your authority, go to extremes
mennä päähän (viina, kehu) go to your head
mennä sanomaan say *Vaikea mennä yks kaks sanomaan* Hard to say right off the bat
mennä sisu kaulaan lose your nerve, chicken out, your heart drops into your boots
mennä takuuseen guarantee (something) (myös kuv) *En mene takuuseen siitä* I can't promise/guarantee (you) anything, I can't be sure of it, I can't say for sure
mennä tiehensä leave, be on your way, (ark) take off, beat it
mennä täydestä fool everybody, work, not get caught
mennä väärään kurkkuun go down the wrong way/tube
meno 1 going, doing *Kaikki menee tavallista menoaan* Business as usual *aina menossa* always on the go/run, always out doing something, active *Se on sitten menoa!* This is it! There's no turning back now! **2** (vauhti) speed, pace **3** (kulku) course *elämän meno* the course of life *maailman meno* the way of the world **4** (meininki) goings-on, activity *täysi meno päällä* in full swing, going strong **5** (häviö) downfall *suunnitella jotakin jonkun pään menoksi* plot/scheme to bring someone down, (leik) plan something behind someone's back **6** (menolippu) one-way ticket **7** *menot* (rahamenot) expenditures, costs **8** *menot* (juhlamenot) festivities, ceremonies
menoarvio cost estimate; (tulo- ja menoarvio) budget
menolippu one-way ticket
menomatka the way/trip/journey there
menoon *yhteen menoon* straight through, without stopping
menopaluulippu round-trip ticket
menopäällä in the mood to go out (on the town, for a beer/dance/movie/jne)
menossa 1 (lähdössä) (just) leaving, on your way out **2** (tien päällä) on the run/go **3** (kulussa) underway *Vuosi 1776 oli menossa* It was (the year) 1776
menosuunta direction of travel *istua selkä menosuuntaan* sit facing backwards *Laituri on menosuuntaan nähden vasemmalla* The platform will be on your left
mentoli menthol
mentävä s errand (to run), thing to do v *Minun on mentävä* I've got to go
merenkulkija mariner, sailor, (vanh) seafarer
merenkulku navigation, shipping, (vanh) seafaring
meri sea, (valtameri) ocean *Siellä oli miestä kuin meren mutaa* The place was swarming with people
merietana sea slug
merihanhi greylag goose
meriharakka Eurasian oystercatcher
meriitti merit, credit
merikapteeni sea-captain
merikarhu 1 (merimies) old salt, sea dog **2** (hylje) fur seal
merikartta (navigational/nautical) chart
merikihu (lintu) Arctic skua
merikrotti European anglerfish
merileopardi leopard seal
merililja sea lily
merilokki black-backed gull
merilukit sea spiders
merilukki pycnogonid, sea spider
merimakkara (eläin) sea cucumber
merimetso great cormorant

merimies

merimies sailor
merinorsu elephant seal
merinäköala seascape
meripelastus lifesaving (at sea), sea rescue
meripeninkulma nautical mile
merirokko (äyriäiseläin) rock barnacle
merirosvo pirate
merirosvous piracy
merisaukko sea otter
merisiili sea urchin
meritse by sea/water
merituppi (eläin) sea squirt
meritähti starfish
merivartiosto coast guard
merivesi seawater
merivirta ocean/underwater current
merkantilismi mercantalism
merkeissä 1 (olosuhteissa) *Toivottavasti tapaamme onnellisemmissa/ paremmissa merkeissä* I hope we meet again in happier/better circumstances 2 (yhteydessä) *Kokoonnuttiin Pekan syntymäpäivän merkeissä* We got together for Pekka's birthday 3 (hengessä) *yhteistyön merkeissä* in a spirit of cooperation
merkille pantava noteworthy, remarkable
merkillinen strange, odd, peculiar
merkinantolaite signaling device
merkintä 1 (merkitseminen) marking, labeling, (leimalla) stamping, (kuumalla raudalla) branding 2 (osakkeen) subscription 3 (kirjoitus) note, record *tehdä merkintöjä* (muistiinpanoja) take/make notes, (kirjanpidossa) enter sums (in the books)
merkitsevä 1 (tärkeä) significant, meaning(ful) 2 (merkittävä) remarkable, notable
merkittävä remarkable, notable, noteworthy, prominent, (pre)eminent
merkityksetön insignificant, unimportant
merkitys 1 (sanan tms) meaning, sense, denotation *sanan varsinaisessa merkityksessä* in the strict/literal sense of the word 2 (asian) importance, significance *Ei sillä enää ole mitään merkitystä* It doesn't matter any more, it's a moot point now, it's all academic now, that's neither here nor there any more 3 (merkitseminen) signification, semiosis
merkitä 1 mark, label, indicate, (rastilla) check/tick off, (leimalla) stamp, (kuumalla raudalla) brand 2 (osake) subscribe (for) 3 (muistiin) write/mark/note down, make a note/record (of) 4 (kirjanpitoon) enter (a record), list, book 5 (tarkoittaa) mean, denote 6 (olla merkkinä) indicate, mark, be a sign of, signify, symbolize
merkitä kirjoihin record, enter in the books/record
merkitä luetteloon list
merkitä muistiin write/note/jot down, make a note (of)
merkitä pöytäkirjaan record in the minutes
merkkauskieli (tietok) markup language
merkki 1 mark, sign(al), trace *Heistä ei jäänyt merkkiäkään* There wasn't a sign/ trace of them (left behind) *Jos vanhat merkit paikkansa pitävät* If I'm not mistaken, if things go the way they usually do *jonkun puumerkki* someone's mark (myös kuv) *plusmerkki* the plus sign *merkeissä* ks hakusana 2 (kirjoitusmerkki) character 3 (tavaramerkki) brand, make *auton merkki ja malli* the make and model of a car 4 (merkkilappu) label 5 (postimerkki) stamp 6 (rintamerkki) badge 7 *näyttää jollekulle taivaan merkit* give someone a piece of your mind *olla kuin myrskyn merkki* be fit to be tied, be raging/hopping mad
merkkihenkilö notable (personage), person of note, very important person, VIP
merkkijono (tietok) character string
merkkipäivä red-letter day
merkkiteos landmark work
merkkitiheys (tietok) character pitch
merkkivalo 1 (kaasulieden) pilot light 2 (majakan tms) beacon, signal light 3 (ravintolan) dimming the lights to

metsänkäyttö

indicate that the restaurant is about to close
merta trap *Nyt on piru merrassa* Now the fat's on the fire, now the shit's hit the fan
mesi nectar, honey
mesikämmen bear
mesimäyrä (rateli) ratel, honey badger
messi mess(room)
messingillä *suu messingillä* with a big contented smile
messinki brass
messu 1 (kirkonmeno) Mass **2** (kuoroteos) mass, missa **3** *messut* exhibition, fair
messuhalli exhibition hall
messut exhibition, fair
messuta 1 (luterilaisessa kirkossa = laulaa liturgia) sing/chant (the liturgy) **2** (katolisessa kirkossa) say Mass
mesta (paikka) place *se on hyvä mesta* it's a nice joint
mestari 1 master *Harjoitus tekee mestarin* Practice makes perfect **2** (mus) maestro, virtuoso **3** (urh) champion
mestarillinen masterful, masterly
mestaroida 1 (toisten asioita) interfere with, stick your nose into, butt into, meddle in **2** (konetta tms) fiddle/tamper with
mestaruus 1 mastery **2** (urh) championship
mestata execute, behead, decapitate, guillotine
mestaus execution, beheading
metafora metaphor
metafysiikka metaphysics
metafyysinen metaphysical
metakieli metalanguage
metalli 1 metal **2** (ark) the Metalworkers' Union
metallilevy metal plate
metallinen metal(lic)
metallinilmaisin metal-finder/-detector
metallioppi metallurgy
metalliteollisuus the metal industry
metallurgia metallurgy
meteli noise, racket, hubbub
metelöidä make (lots of) noise, kick up a racket/ruckus, raise hell
meteori meteor
meteoriitti meteorite
meteorologi meteorologist
meteorologia meteorology
metka 1 (hauska) funny, amusing **2** (mukava) nice, friendly
metku prank, trick, (practical) joke, gag
metodi method
metodiikka methodology
metodisti Methodist
metodologia methodology
metri meter
metrijärjestelmä metric system
metrikaupalla by the meter, (ark) yards and yards of (something)
metrimitta metric measure
metronomi metronome
metsikkö wood(s), grove
metsistyä revert to type
metso wood grouse
metsä forest, woods *ei nähdä metsää puilta* not see the forest for the trees *mennä pahasti metsään* be way off, be wide of the mark *lähteä metsälle* go hunting
metsäala 1 (alue) wooded/forested area **2** (oppiala) forestry
metsäalue wooded/forested area
metsähallitus National Board of Forestry
metsäinen wooded, forested; (ark) woodsy
metsäjänis Arctic hare
metsäkasvillisuus underbrush
metsäkissa Eurasian wild cat
metsäkoulu forestry school
metsäläinen forest-dweller, (run) denizen of the woods; (alkukantainen) primitive
metsämaa woodland, forest land
metsämaasto wooded terrain
metsänhaaskaus deforestation
metsänhakkaaja woodcutter
metsänhakkuu cutting/felling (of trees/forest)
metsänhoidollinen silvicultural
metsänhoito forestry, silviculture
metsänistutus forest (re)planting, afforestation
metsänkävijä woodsman, hunter
metsänkäyttö forest use

metsänomistaja

metsänomistaja forest/woodland owner
metsänparannus forest improvement
metsänriista game
metsänsuojelu forest protection/conservation
metsänvartija forest ranger
metsänviljely forest cultivation, seeding and planting
metsäopisto forest ranger school
metsäpalo forest fire
metsäpolitiikka forest (use) policy
metsästys hunting
metsästysaika hunting season
metsästyskausi hunting season
metsästyskivääri hunting rifle
metsästyskoira hunting dog
metsästysoikeus hunting right(s)/privilege
metsästysseura gun club
metsästäjä hunter
metsästää hunt
metsätaloudellinen pertaining to forestry (economy/management)
metsätalous forestry (economy/management)
metsäteknikko forest ranger
metsäteollisuus lumber industry
metsätieteet forestry (sciences)
metsävahinko forest damage
metsävero forest tax
miau meow
Midwaysaaret Midway Islands
miedontaa dilute
miedosti mildly
mieheen 1 *kolme mieheen* three each **2** *viimeiseen mieheen* to the last man
miehekäs manly, masculine, virile
miehelä *mennä miehelään* get married
miehenalku little man
miehenkipeä sex-starved, man-hungry
miehennielijä man-eater
miehiin menevä loose
miehinen 1 (ihminen) masculine, manly **2** (eläin) male **3** *-miehinen* -man
miehissä all together, in force/concert/unison
miehistö crew
miehitetty 1 (avaruuslento tms) manned **2** (maa) occupied

miehittämätön unmanned
miehittää 1 (pelastusvene tms) man **2** (maa) occupy, take possession of
miehitys 1 (miehittäminen) manning, occupation **2** (miehistö) crew, (ark) the men
miehuus 1 (miehen aikuisuus) manhood **2** (miesmäinen käyttäytyminen) manliness
miehuusikä manhood
miekka sword *kaksiteräinen miekka* double-edged sword
miekkailija swordsman, fencer
miekkailla fence
miekkailu fencing
miekkavalas orca
miekkonen little man
mieleen *olla mieleen* please you, be to your liking *juolahtaa mieleen* occur to you, strike you *painua mieleen* impress you, be memorable/unforgettable *palauttaa mieleen* (itselleen) recall, (toiselle) remind someone of *tuoda mieleen* bring to mind, recall
mieleenpainuva memorable, unforgettable, impressive
mielekkyys meaning, sense
mielekäs meaningful, sensible
mielellään 1 gladly, willingly, with pleasure *Teen sen mielelläni* I'd be happy to **2** (mieluummin) preferably, rather *Se saisi olla mielellään pikkuisen pienempi* Maybe it ought to be a little smaller
mieleltään at heart
mielenkiinto interest
mielenkiintoinen interesting
mielenlaatu disposition, nature, temperament
mielenliikutus emotion
mielenosoittaja demonstrator, protestor
mielenosoituksellinen protest
mielenosoituksellisesti in protest
mielenosoitus demonstration
mielenrauha peace of mind
mielenterveydellinen pertaining to mental health
mielenterveydellinen ongelma mental (health) problem

mieluinen

mielenterveyden häiriö mental disturbance
mielenterveys mental health
mielenterveysasema psychiatric clinic
mielessä 1 (ajattelussa) in mind *Hänellä on pahat mielessä* She's up to no good *ajatella mielessään* think to yourself **2** (merkityksessä) in a sense *jossain mielessä* in some sense *monessa mielessä* in many senses/ways
mielestä 1 (ajatuksista) out of (your) mind *sulkea pois mielestä* dismiss something, put something out of your mind **2** (mukaan) according to (someone), in (someone's) opinion *Onko se sinun mielestäsi nyt hyvä* Do you like it now? Are you satisfied now? Do you think it's good now?
mieletön 1 mindless, senseless, pointless, absurd **2** (upea, valtava) tremendous, tubulous *mielettömän iso* humongous
mieli 1 mind *muuttaa mielensä* change your mind *pitää mielessä* bear in mind *malttaa mielensä* be patient *olla samaa mieltä* (jonkun kanssa) agree (with someone) *mielessä, mieleen, mielestä, mielellään, mieleltään, mieliksi* ks hakusanat **2** (sydän, tunteet) heart, feelings *pahoittaa mielensä* get hurt, take offense, be offended *Siitä tuli paha mieli* I was really hurt by that **3** (mieliala) mood *Millä mielellä lähdet?* How do you feel about going? *hyvällä mielellä* in a good mood, in high spirits **4** (merkitys) meaning, sense *Koko tässä hommassa ei ole mitään mieltä* This whole thing is pointless *Missä mielessä?* In what sense?
mielihyvin gladly, willingly, with pleasure
mielihyvä pleasure
mielijohde whim, impulse *hetken mielijohteesta* on the spur of the moment
mielikirjailija favorite writer
mieliksi *yrittää olla jollekulle mieliksi* try to please someone *tehdä jotakin jonkun mieliksi* humor someone
mielikuva (mental) image

mielikuvituksellinen imaginative
mielikuvitukseton unimaginative
mielikuvitus imagination
mielinen -minded *ahdasmielinen* narrow-minded *kansallismielinen* nationalistic, chauvinistic
mielipaha 1 (ärsytys) displeasure, annoyance **2** (paha mieli) hurt, offense **3** (suru) sorrow, grief
mielipide opinion
mielipide-ero difference of opinion
mielipidekysymys a matter of opinion
mielipidetiedustelu opinion poll
mielipuoli madman, lunatic
mielipuolinen insane, mad, out of his/her mind, (ark) loony
mieliruoka favorite food
mielisairaala mental institution/hospital, insane asylum
mielisairaanhoitaja psychiatric nurse
mielisairaanhoito psychiatric treatment
mielistellä flatter, fawn (on), toady (to), ingratiate yourself (with); (ark) butter (someone) up; (sl) kiss/lick (someone's) boots/ass
mielistely flattery, fawning, ass-kissing/licking
mielistyä take a liking (to), be pleased (with)
mielitietty sweetheart, (ark) sweetie
mieliä want, wish, desire
mielle mental image
miellyttävä pleasing, pleasant, appealing, attractive, agreeable
miellyttää please, appeal (to) *Bach ei miellytä minua enää* I don't enjoy Bach any more, Bach doesn't do anything for me any more
mieltymys liking, fancy, attraction
mieltyä take a liking (to), be pleased (with)
mieltä kohottava uplifting, stirring, elevating
mieltä kuohuttava stirring, rousing, provocative
mieltä liikuttava moving, touching
mieltä ylentävä uplifting, heartening
mieltää perceive/conceive (as)
mieluinen pleasant, agreeable

mieluisa

mieluisa pleasant, agreeable
mieluiten preferably *Mieluiten menisin nukkumaan* My first choice would be to go to bed, what I'd most like to do is sleep
mieluummin preferably, rather *Mene mieluummin hiukan myöhässä* It would be better for you to be a little late
mies 1 man, (herrasmies) gentleman, (kaveri) guy *puhua kuin mies miehelle* have a man-to-man talk *Mikä hän on miehiään?* What sort of man is he? *Ei nimi miestä pahenna* Sticks and stones will break my bones but names will never hurt me *mieheen, miehissä* ks hakusanat **2** (aviomies) husband **3** *muina miehinä* casually, nonchalantly, (huomaamattomasti) inconspicuously
mies ja ääni -periaate (the principle of) one man, one vote
miesjoukko a group/crowd/bunch of men
mieskuoro men's choir
miesmuisti living memory *Tuollaista ei ole ollut miesmuistiin* There's been nothing like that in ages, in a coon's age
miesmäinen mannish
miesopettaja male teacher
mies paikallaan the right man for the job
miespääosa male lead
miessukupuoli (biologinen) male sex, (sosiaalinen) masculine gender
miestyöpäivä man-day
miestyötunti man-hour
miestyövuosi man-year
miesvaltainen male-dominated
miesvoittoinen male-dominated
miesväki the men(folk(s))
mies yli laidan! man overboard!
miete idea, thought; (mon) reflections, meditations *olla mietteissään* be lost in thought/reverie, be daydreaming
mietelause aphorism
mietelmä aphorism; (mon) reflections, meditations
mietintäaika time for consideration
mietintö report

mietiskellä meditate, ponder, reflect (on)
mietityttää make you (pause to) think, get you thinking, give you something to think about, give you food for thought
mieto mild, weak
mietteliäs thoughtful, meditative, contemplative, lost in thought
miettimisaika time to think things/it over
miettiä think (about), ponder, meditate, contemplate, consider, reflect (on),
miettiä päänsä puhki wrack your brains
migreeni migraine (headache)
mihin where (to) *Mihin menet?* Where are you going? *En mihinkään* Nowhere *Sinusta ei ole mihinkään* You're good for nothing, you'll never amount to anything
miina mine
miinoittaa mine
miinus minus *laskea jollekulle miinukseksi* hold (something) against someone, count (something) (as a strike) against someone *mennä miinuksen puolelle* (lämpötila) fall below zero, (pankkitili) be overdrawn, (yrityksen talous) go into the red
miinusaste degree below zero
miinusmerkki minus sign
mikin each/every (one)
mikro 1 (tietokone) PC **2** (mikroaaltouuni) micro(wave) **3** *mikro-* micro-
mikroaaltouuni microwave oven
mikrofoni microphone, (ark) mike
Mikronesia Micronesia
mikro-ohjelmisto (tietok) firmware
mikroprosessori microprocessor
mikroskooppi microscope
mikroskooppinen microscopic
mikrosuoritin microprocessor
mikrotietokone microcomputer; personal computer, PC
miksi 1 (mitä varten) why, what for **2** *Miksi minua luulet?* What do you take me for?
mikä what, which *Mitä otat?* What'll you have? *Minkä otat?* Which do you want? *Jäin viimeiseksi, mikä koituikin onnek-*

minä

seni I was the last to leave, which was lucky for me *se mitä/mikä* what *Tiedätkö mitä?* You know what? *Vielä mitä!* Are you kidding! Don't make me laugh!
mikä ettei why not
mikä hyvänsä (niistä) any (one), (kahdesta) whichever, whatever
mikäkin some kind of *niin kuin mikäkin herra* like some kind of swell
mikäli 1 (jos) if, providing (that) **2** (siinä tapauksessa että) in the event that, in case **3** (sikäli kuin) as far as, insofar as
mikä pahinta what's worst, worst of all
mikäpäs siinä sure, why not, thanks
mikä sinun on? what's the matter? what's bothering you?
mikä tahansa (niistä) any (one), (kahdesta) whichever, whatever
mikään s anything *ei mikään* nothing, not anything *Hän ei pitänyt sitä minään* She thought it was worthless, she held it in contempt; she thought nothing of it *Ei siitä tule mitään* It's no good, it's hopeless, it'll never work *Sille ei nyt voi mitään* It can't be helped now, there's nothing we can do about it now adj any *ei mikään* no *ei millään muotoa* no way
miliisi 1 (armeija) militia **2** (sotilas, poliisimies) militiaman
militarismi militarism
militaristi militarist, (ark) hawk
miljardi billion
miljonääri millionaire
miljoona million
miljoonakaupalla by the million, millions of
miljoonakutoja (lintu) red-billed quelea
miljoonas millionth
miljoonavahinko million-mark/-dollar damage(s)
miljoonittain by the million, millions of
miljöö milieu, (romaanissa) setting
millainen what kind/sort of *Millainen isäntä, sellainen renki* Like father, like son
milli million
millimetri millimeter
milloin when, at what time (aina) *milloin sinä teet noin* whenever you do that
milloinkaan ever *ei milloinkaan* never, not ever
milloinkin *mitä milloinkin* sometimes this sometimes that, if it's not one thing it's another *missä milloinkin* now here now there
milloin missäkin now here now there
milloin mitäkin if it's not one thing it's another
milloin tahansa any time, whenever
millänsäkään *Hän ei ollut millänsäkään* It didn't bother her in the least, it never fazed her, she pretended nothing had happened
millään possibly *Voisitko millään tulla auttamaan?* Any chance of you helping me? Is there any way I could get you to come give me a hand? *ei millään* no way
miltei almost, nearly, close to
mimiikka facial expressions and gestures, body language
mimmoinen ks millainen
mineraali mineral
minimaalinen minimal
minimi minimum
ministeri minister, (US) Secretary
ministerin salkku ministerial portfolio
ministeriö ministry, (US) Department
minitietokone minicomputer
miniä daughter-in-law
minkki mink
minkälainen ks millainen
minkäänlainen any (kind of) *ei minkäänlaista kunnioitusta* no respect at all/whatever
minne where (to), in what direction *Minne menet?* Where are you going? (minnepäin) Which way are you headed/going?
minnekin *milloin minnekin* now here, now there
minnekään *ei minnekään* nowhere
minttu mint
minuutti minute *kymmenen minuutin kävelymatka* a ten-minute walk *millä minuutilla tahansa* any minute (now)
minä s the self, the ego pron I, (ark) me *Se olin minä* It was me *minun* mine

mirri

minun omani my own *minun kanssani* with me *minut, minua* me *minun/minulla on kylmä* I'm cold *Pidätkö minusta?* Do you like me? *Taidat pitää minusta* I think you do like me, I'm the one you like *Mitä minuun tulee* As far as I'm concerned, for my part *Mitä tekisit minuna?* What you do if you were in my shoes, if you were me?
mirri pussy (cat)
missi Miss Finland
missä where *Talo missä nyt asumme* The house we live in now *Siellä missä nyt asumme* Where we live now
missä ihmeessä where on earth, where in the world
missä milloinkin now here, now there
missäpäin where(abouts)
missä tahansa *Missä tahansa oletkin* Wherever you are *Voisin asua missä tahansa* I could live anywhere
missään anywhere *ei missään* nowhere
mitali medal *mitalin toinen puoli* the other side of the coin
mitata measure (off/out), gauge *mitata kuume* take someone's temperature
mitellä 1 (mitata) measure **2** (otella) fight, contend
mitellä voimiaan pit yourself (against someone), fight/contend (with)
miten how *Miten saatoit!* How could you!
mitenkäs muuten what else (can you expect)?
mitenkään possibly *Etkö voisi mitenkään tulla?* Couldn't you find some way to come? couldn't you see your way clear to coming? *ei mitenkään* no way
miten milloinkin in different ways at different times
miten missäkin in different ways in different contexts
miten niin what do you mean? how so?
miten ollakaan guess what, you'll never guess, surprise surprise
miten tahansa *Tee se miten tahansa, kunhan teet* Do it any way you like, just do it *Miten tahansa teetkin, tee se kunnolla* No matter how you do it, however you do it, do it well

miten vain however, (ark) whatever *mieluummin miten vain* I don't care how you do it
mitoittaa dimension
mitta 1 measure(ment) *leveysmitta* measure of width *talon ulkomitat* the exterior measurements of the house *vaikka millä mitalla* tons/piles/scads of *maksaa samalla mitalla* give as good as you got, pay someone back in his/her own coin **2** (pituus) height *kasvaa täyteen mittaansa* grow to your full height *Onpas tytöllä mittaa!* This girl's shooting up like a beanstalk **3** *vuosien/päivän mittaan* in the course of the years/day, as the years/day went on *yhtä mittaa* constantly **4** (runomitta) meter *kalevalamitta* trochaic tetrameter
mittaamaton immeasurable *mittaamattoman suuri* enormous
mittaetsin rangefinder
mittaetsinkamera rangefinder (camera)
mittajärjestelmä system of measurement
mittakaava scale
mittanauha tape measure
mittani on täysi that does it, now I've had it/enough
mittapuu yardstick, (kuv) standard(s)
mittari 1 meter, gauge **2** (empiirisessä tutkimuksessa) measuring instrument
mittarilento instrument flying/flight
mittaus measuring, measurement
mittava great, outstanding, excellent
mittojen mukaan tehty custom-/tailor-made
mitä 1 what (ks mikä) **2** *mitä jännittävin* a most exciting **3** *mitä pikemmin sitä parempi* the sooner the better *mitä kuuluu?* how are you doing? how's it going?
mitähän I wonder what
mitä ihmettä! what in the world!, (ark) hunhh!
mitäpä siitä never mind
mitäpä turhia forget it
mitätöidä invalidate, cancel, (declare null and) void

mitätön 1 (mitäänsanomaton) insignificant, worthless, pointless **2** (mitätöity) invalid(ated), canceled, void
mitäänsanomaton trite, trivial, pointless, meaningless, insignificant
mm among other things, (lat) inter alia
modeemi modem, (akustinen) acoustic coupler
modeemihyökkäys (tietok) war dialing
moderni modern
modulaatio modulation
moduuli module
moinen (something) like that *Mistähän moinen käsitys on tullut?* I wonder where that idea came from *En ole moista ikinä nähnyt* I've never seen the likes of that before
moite criticism, reproach, rebuke, complaint
moitteeton irreproachable, impeccable, flawless
moitteettomasti irreproachably, impeccably, flawlessly
moittia criticize, reproach, rebuke, complain about/of, find fault with
mojova (juttu) hot, juicy; (isku) walloping; (valhe) big fat
mokoma anything like that, the likes of that *Onko mokomaa kuultu!* Did you ever hear the likes of that? *Suuttua nyt mokomasta!* What a thing to get mad about! *kaikin mokomin* go right ahead, be my guest, help yourself, by all means *mokomakin pentu* the little brat
moksiskaan *Ei ollut moksiskaan* It didn't bother/faze her in the slightest, she pretended nothing had happened
molekyyli molecule
molemmat both (of them/us) *molempi parempi* (ark) same difference
molemminpuolinen bilateral, mutual, reciprocal
molli minor (key)
Molotovin cocktail Molotov cocktail
molskahdus splash
molskahtaa splash
molskis splash
molva (kala) ling

momentti 1 (vaihe, seikka) moment, phase, point, element **2** (fys) moment **3** (lak) paragraph, clause, subsection
Monaco Monaco
monacolainen s, adj Monegasque, Monacan
monarkia monarchy
monarkki monarch
monenlainen many kinds of, (things) of all kinds
monenmoinen many kinds of, (things) of all kinds
mones *Monesko päivä tänään on?* What's the date today? *Monesko kerta tämä on kun pyydän sinua siivoamaan huoneesi?* How many times do I have to tell you to clean your room? *Monenneksiko hän sijoittui?* How did he place?
monesti many times, frequently, often
mongoli Mongol
Mongolia Mongolia
mongolialainen s, adj Mongolian
mongolianhyppymyyrä gerbil
mongolismi Down's syndrome, mongolism
mongoloidi Mongoloid
moni many *monet ystäväni* many of my friends *monta kertaa* many times *moni nainen* many a woman
moniajo (tietok) multiprocessing, multiprogramming
moniarvoinen pluralistic
monijäseninen 1 (toimikunta) consisting of many members **2** (mat = lauseke) multinomial
monikansallinen multinational
monikko plural
monikollinen plural
monikymmeninen (yleisö) large, many-headed
monikäyttöinen multipurpose
monilapsinen large
monilukuinen numerous
monimedia multimedia
monimutkainen complex, complicated
monimutkaisuus complexity, complication
moninainen various, multiple, multifarious

monin kerroin many times more, far more
moninkertainen multiple, manifold *moninkertainen voittaja* a winner many times over
moniosainen (kirjasarja) multivolume, (muu) divided into many parts
monipostitus (tietok) cross-posting
monipuolinen multifaceted, many-sided, diverse; (monitaitoinen) versatile
monipuolistaa diversify
monipuolistua diversify, be(come) diversified
monisanainen wordy, verbose, prolix
moniselitteinen ambiguous, polysemous
monisivuinen running to many pages, long
monistaa 1 (koneella) (photo)copy, duplicate, (ark) run off; (hist) mimeograph 2 (kasveja) propagate
moniste handout
monistus 1 (koneella) (photo)copying, duplication 2 (kasvien) propagation
monistuskone copier, copying machine; (hist) mimeograph machine
monitahoinen complex
monitahokas polyhedron
monitoimitalo multipurpose building
monitori monitor
monituhantinen running to the thousands, in the thousands
monituista kertaa many times over, over and over again
monityydyttymätön (rasvahappo) polyunsaturated
moniulotteinen multidimensional
monivaiheinen multiphase, polyphasic *monivaiheinen elämä* rich/full/eventful life
monivuotinen (kukka) perennial *monivuotinen ystävyys* long-standing friendship *monivuotinen vakuutus* long-term insurance
monni wels
monnikalat catfish
mono ski boot
monopoli monopoly
monopolisoida monopolize (myös kuv)

monumentaalinen monumental
monumentti monument
moottori motor, engine
moottoriajoneuvo motor vehicle
moottorikelkka snowmobile
moottoriliikenne motor traffic
moottoripolkupyörä motorbike, moped
moottoripyörä motorcycle
moottoritie freeway
moottorivene motorboat
mopo moped
moppi mop
moraali 1 (yleiset siveellisyyskäsitykset) morals 2 (opetus) moral 3 (kyky säilyttää rohkeus) morale
moraalinen moral
moraalinen krapula moral hangover
moraaliton (moraalin vastainen) immoral, (ilman tietoa moraalista) amoral
moralisti moralist
morfiini morphine
morkata find fault with, criticize, complain about
morseaakkoset Morse code
morsian 1 (kihloissa oleva) fiancée 2 (häissä) bride
morsiusneito bridesmaid
morsiuspuku wedding dress
morsiusvihko wedding bouquet
mosaiikki mosaic
Mosambik Mozambique
moska trash, garbage, (sl) shit
moskiittokala gambusia fish
Moskova Moscow
motata whack, crack, smack, punch
motiivi 1 (syy) motive 2 (taiteessa) motif
motivaatio motivation
motivoida motivate
motivoitunut motivated
motti 1 encirclement *motissa* surrounded 2 (halkomotti) a cubic meter of firewood 3 (patti) bump, lump, (ark) goose-egg
motto motto, slogan
moukari (sledge)hammer *heittää moukaria* throw the hammer
moukarinheitto hammer-throw

mukaan

moukka boor, cad, lout *moukan tuuri* beginner's luck
muhamettilainen Mohammedan
muhamettilaisuus Mohammedanism, Islam
muhennos stew
muhentaa stew, (nuijalla) mash
muheva light, porous *muheva juttu*
muhia 1 (kastike) simmer 2 (rakastavaiset) roll in the hay
muhinoida flirt/play around
muhkea massive, stately, grand(iose)
muhkura bump, lump, (ark päässä) goose-egg
muhvi muff
muija old lady *Mitä sinun muijasi siitä sanoo?* What's your old lady going to say about that?
muikku (järvessä) vendace, (paistinpannussa) whitefish
muilla mailla abroad
muinainen ancient
muinaisesine ancient relic
muinaisjäännös ancient relic
muinaislöytö archeological find
muina miehinä casually, nonchalantly, offhand; (huomaamattomasti) inconspicuously
muinoin long ago, back in the olden days
muissa maailmoissa off in a world of his/her own
muistaa remember, recall, (murt) recollect *Mikäli muistan* As far as I can recall *Siitä muistankin että* That reminds me *En ikinä muista nimiä* I have a bad memory for names
muistavinaan *olla muistavinaan* pretend to remember (someone/something) *Olen muistavinani että* I seem to recall that
muistella remember, recall, reminisce about *Eipäs muistella menneitä!* Let bygones be bygones, what's done is done
muistelmat memoirs
muistelmateos memoir
muisti memory *merkitä muistiin* write/jot/note (something) down, make a note of *vielä tuoreessa muistissa* still fresh in your memory *muistin virkistämiseksi* to refresh your memory *viisi muistiin* (mat) carry five *RAM-muisti* RAM (memory)
muistiinpano note
muistiinpanovihko notebook/pad
muistijälki memory trace
muistikas mnemonic
muistikortti smart card
muistilehtiö notebook/pad
muistinmenetys amnesia
muistio memo(randum)
muistisiru memory chip
muistitikku memory stick
muisto 1 (muistikuva) memory, remembrance, reminiscence 2 (muistoesine) memento, keepsake, souvenir
muistokirjoitus obit(uary)
muistomerkki monument
muistotilaisuus memorial service
muistua be remembered *muistua mieleen* come to mind *Siitä muistuikin mieleeni* That reminds me
muistuttaa 1 (palauttaa muistiin) remind (someone of) 2 (tuoda mieleen, näyttää joltain) remind (someone of), resemble 3 (huomauttaa) point out, note, comment on 4 (moittia) complain (about/of)
muistutus 1 reminder (myös laskusta) 2 (huomautus) note, comment 3 (moite) rebuke, reproof, reproach, reprimand
muitta mutkitta without further ado
muka 1 they say, it's said, rumor has it, supposedly *Vuorella asuu muka peikko* They say there's a goblin living in the mountain *Enkö muka pärjää yksinkin?* You think I can't make it on my own? *Etkö muka tule!* What do you mean, you're not coming? *Hän käveli katua muka ikkunoita katsellen* She walked along the street pretending to look in the windows 2 *sitä mukaa* as (fast/soon) as, along with it *Romaanit ostan yhden kerrallaan sitä mukaa kun ne ilmestyvät* I buy the novels one at a time as soon as they appear
mukaan adv along *Tulehan mukaan!* Come on, come with us, come along!
postp 1 along with *Tule meidän mukaamme!* Come with us! *lukea*

mukaan luettuna

mukaan include *temmata mukaansa* catch/sweep (someone) up (in your enthusiasm) **2** according to, in (someone's) opinion *Hänen mukaansa* According to him, in his opinion, as he sees it, to his mind *tehdä ohjeiden mukaan* do something as instructed/directed, follow the instructions *toivon mukaan* I hope, hopefully *tapansa mukaan* as (per) usual *sen mukaan kuin* as far as *sopimuksen mukaan* by agreement *kaiken todennäköisyyden mukaan* in all probability/likelihood *tarpeen mukaan* as needed *lain mukaan* by law
mukaan luettuna including
mukaansatempaava stirring, compelling, gripping
mukaelma adaptation, variation
mukailla adapt
mukailu adaptation
mukainen *jonkin mukainen* in conformance/accordance with *olla jonkin mukainen* conform to, correspond/agree/jibe with, match *jonkun mielen mukainen* to someone's liking
mukamas ks muka
mukana with (me/you/jne) *olla mukana jossakin* participate/take part in something, be present at something, be a member of something *olla monessa mukana* be involved in a range of things, have many irons in the fire *iän mukana* with the years, as you grow older, with maturity *pysyä* (kehityksessä) *mukana* keep up with (developments/changes)
mukauttaa adjust, accommodate, adapt
mukautua 1 adjust, accommodate, adapt **2** (kiel) agree (with), be congruent (with)
mukava 1 comfortable *löytää mukava asento* find a comfortable position *elää mukavissa oloissa* live comfortably *mukava rahasumma* a tidy sum of money **2** (sopiva) convenient *mukavat kulkuyhteydet* convenient connections **3** (ystävällinen) nice, friendly, easygoing
mukavasti 1 comfortably *istua mukavasti* sit comfortably **2** (sopivasti) conveniently *saapua mukavasti ennen viittä* arrive conveniently just before five
mukavuudenhaluinen comfort-loving; (kielteisesti) indolent, lazy
mukavuus comfort, convenience, niceness (ks mukava)
mukavuuslippulaiva ship sailing under a flag of convenience
muki mug, cup
mukiinmenevä not (half) bad, pretty good/nice, quite tolerable
mukillinen mugful, cupful
mukiloida mug, beat (up) *Hannu mukiloitiin kaupungilla eilen illalla* Hannu got mugged downtown last night
mukisematta without a complaint/grumble, willingly
mukista grumble, grouse, gripe
mukkelis makkelis head over heels, ass over teakettle
muksu kid
mukula 1 (perunan) tuber **2** (muksu) kid
mulkku (sl) cock, prick (myös kuv), dick
mulkoilla glower, glare, roll your eyes
mulkosilmä bugeyed, goggle-eyed
mullin mallin topsy-turvy, helter-skelter, upside-down
mullistaa 1 (kaupunkia tms) wreck, destroy, devastate **2** (tieteen alaa tms) revolutionize
mullistus 1 (fyysinen) destruction, devastation **2** (poliittinen, tieteellinen) upheaval, breakthrough, revolution
mullo (kala) goatfish, mullet
multa (top)soil, earth
multippeli skleroosi multiple sclerosis, MS
mummo 1 grandma, granny, gran **2** (täti) old lady
mummu grandma, granny, gran
muna 1 (kananmuna) egg, (munasolu) ovum **2** (kives) ball, nut
munakas omelet(te), soufflé
munakokkeli scrambled eggs
munanjohdin Fallopian tube
munasarja ovary
munata blow it, foul/screw/fuck (something) up
munaus blunder, boner, foul-up, fuck-up, snafu

murentua

München Munich
munia 1 lay (an egg) **2** (munata) blow it, foul/screw/fuck (something) up
munkki 1 (luostarissa) monk **2** (kahvin kanssa: rinkelimunkki) doughnut, (hillomunkki) jelly doughnut, (possumunkki) bear's claw
munuainen kidney
muodikas fashionable, trendy, stylish
muodikkaasti fashionably
muodin mukainen in style/fashion
muodollinen formal
muodollisesti formally
muodollisuus formality
muodoltaan in shape/form
muodonmuutos metamorphosis, transformation
muodonvaihdos metamorphosis
muodostaa 1 form(ulate) **2** (muotoilla) shape **3** (perustaa) establish, found **4** (koostua) make up, constitute, consist of, be *Rakennuksen pääosan muodosti iso torni* The building was almost entirely made up of a large tower, consisted almost entirely of a large tower
muodostelma formation
muodostua be (trans)formed (into), become *Se muodostui ongelmaksi hänelle, siitä muodostui hänelle ongelma* It became a problem for her
muodostuma formation
muodostus formation
muodoton formless, shapeless
muokata 1 (maata) till, plow, cultivate, turn **2** (taikinaa) knead, (kermaa voiksi) churn, (villaa) card, (nahkaa) dress, (puuta) sand, (metallia) treat **3** (alokkaita tms) shape (up), beat/push/kick (someone) into shape **4** (tekstiä) edit, revise, polish, rewrite
muokkaamaton untilled, unplowed, uncultivated, unedited, unpolished (ks muokata)
muokkaus tilling, plowing, cultivation, kneading, churning, carding, dressing, sanding, treatment, editing, revision, polishing, rewriting (ks muokata)
muokkautua develop (into)
muona food, (ark) grub; (mon) provisions, victuals, (ark) vittles

muonitus provisioning
muori grandma (myös kuv)
muoti fashion, style, vogue
muotilehti fashion magazine
muotinukke 1 (nukke) mannikin, (department-store) dummy **2** (ihminen) fashion plate
muotisuunnittelija fashion designer
muotitietoinen fashion-conscious
muotivirtaus (fashion) trend
muoto form, shape *niin muodoin* thus, therefore *ei millään muotoa* no way *muodon vuoksi* for form's sake, as a pure formality, (lat) pro forma
muotoilija designer
muotoilla 1 (muovata) shape, form **2** (tehdä) make, fashion **3** (suunnitella) design **4** (laatia) formulate **5** (formatoida) format
muotoilu design *teollisuusmuotoilu* industrial design
muotoinen -shaped *V:n muotoinen* V-shaped
muotokuva portrait
muotoseikka formality, a matter of form
muotoutua take shape
muotti mold
muovailla mold, model, shape, fashion; (oppimateriaalia tms) adapt
muovailu modeling
muovailusavi modeling clay
muovailuvaha Play-Doh
muovata mold, model, shape
muovautua take shape
muovi plastic
muoviesine plastic article/item
muovinen plastic
murahdus growl, snarl
murahtaa growl, snarl
muratti ivy
murea (kakku) crumby, (liha) tender
mureena (kala) moray eel
murehtia 1 worry, be anxious (about) **2** (surra) grieve (for)
mureke (lihamureke) meatloaf, (vehnämureke) wheat biscuit
murentaa 1 crumble **2** (toiveita) crush, (luottamusta) undermine
murentua crumble (myös kuv)

murha

murha murder, homicide, slaying; (salamurha) assassination
murhaaja murderer
murha-ase the murder weapon
murhaava murderous (myös katseesta)
murhanhimo bloodthirstiness
murhanhimoinen bloodthirsty
murhata murder, slay, kill, assassination
murhatutkimus murder/homicide investigation
murhayritys attempted murder/homicide
murhe 1 (huoli) trouble, care, distress; (raam) cross (to bear) **2** (suru) sorrow, grief
murheellinen troubled, careworn, distressed; sorrowful, griefstricken
murheenkryyni nuisance, bother
murikka piece of rock
murina growl(ing), snarl(ing)
murista growl, snarl *murista partaansa* mutter under your breath, grumble/mumble to yourself *Vatsani murisee* My stomach is rumbling
murjoa pound to a pulp, manhandle, beat someone till he's black and blue
murjottaa pout, sulk, mope (about)
murjotus pout, sulk
murju dump, hole (in the wall)
murkina grub, chow
murkinoida chow down, dig in
murot (breakfast) cereal
murotaikina short crust dough
Murphyn laki Murphy's Law
murre dialect
murros 1 (geol) rupture **2** breakthrough, crisis, revolution, upheaval
murrosikä puberty, adolescence, teenage
murrosikäinen s pubescent, adolescent, teenager adj pubescent, adolescent, teenaged
murrostila transitional/critical stage, crisis
murrosvaihe transitional/critical phase, crisis
murska (kivi/tomaattimurska) crushed rocks/tomatoes/jne *lyödä murskaksi* smash to smithereens/pieces, crush *mennä murskaksi* go/fall to pieces
murskaavasti (arvostella) scathingly, (voittaa) overwhelmingly
murskata crush, shatter, smash, pulverize; (sydämiä) break
murskautua be crushed/shattered/smashed/dashed to pieces
mursu walrus
murtaa 1 break *surun murtama* griefstricken **2** (vierasta kieltä) speak with an accent *puhua englantia suomeksi murtaen* speak English with a Finnish accent **3** (tietok) crack
murtautua 1 break in/out *murtautua taloon* burgle a house **2** (tietok) crack
murtautuja (tietok) cracker
murteellinen dialectal
murto burglary, breaking and entering (B and E)
murtoluku fraction
murtomaahiihto cross-country skiing
murto-osa fraction, small part
murtovaras (cat) burglar
murtovarkaus burglary
murtua 1 (fyysisesti) break, crack, collapse *Minulta murtui jalka* I broke my leg **2** (henkisesti) break (down), crack (up)
murtuma break, fracture
muru 1 (ruoan) morsel, (leivän) crumb **2** (kulta) dear, darling, sweetheart, honey, love
murunen (ruoan) morsel, (leivän) crumb
musa music
museo museum
museotavara museum piece, exhibit *Syökää pois, ei se mitään museotavaraa ole* Eat up, I didn't make it for the museum
musertaa crush, smash
musiikillinen musical
musiikinopettaja music teacher
musiikki music
musiikkielokuva musical
musiikkikasvatus music education
musikaali musical
musikaalinen musical
musikaalisuus musical talent
musisoida make music
musketti musket

muumio

muskettisotilas musketeer
musta s black (person/man/woman/child) adj black *Maailma meni mustaksi* Everything went black
musta aukko black hole
mustaa valkoisella in black and white
musta hevonen black horse
musta huumori black humor
mustahäntäjänis black-tailed jackrabbit
mustajoutsen black swan
mustakarhu American black bear
musta laatikko black box
mustalainen Gypsy
mustalaismusiikki gypsy music
musta lammas black sheep
mustaleski (eläin) black widow spider
musta lista black list *laittaa joku mustalle listalle* blacklist someone *joutua mustalle listalle* be blacklisted
mustamaalata defame, denigrate, slander, calumniate
mustamaija Black Maria
mustanaan black/swarming (with people)
mustanpuhuva black, dark
musta pörssi black market
mustasukkainen jealous
mustasukkaisuus jealousy
musta surma the Black Plague/Death
mustata smear, defame, denigrate
mustavalkoinen black-and-white
muste ink
mustekynä pen
mustelma bruise *mustelmilla* (all) black and blue
mustepullo inkbottle/-well
mustesuihkukirjoitin ink jet printer
mustetahra ink spot/stain
mustikassa *käydä mustikassa* go blueberrying
mustikka blueberry *Oma maa mansikka, muu maa mustikka* East, west, home is best
mustikkapiirakka blueberry pie
mustuainen pupil
muta mud
mutaatio mutation
mutantti mutant, (ark) sport, freak
mutina muttering, mumbling, grumbling

mutista mutter, mumble, grumble
mutka 1 curve, bend, turn 2 (ongelma) hitch, snag *Tuli mutka matkaan* We've got a problem *muitta mutkitta* without further ado, without beating around the bush
mutkainen curving, bending, winding
mutkaton 1 (ihminen) straightforward, direct, frank, candid 2 (asia) simple, unproblematic
mutkattomasti 1 (puhua) straightforwardly, directly, without beating around the bush 2 (sujua) smoothly
mutkikas 1 (mutkainen) curving, bending, winding 2 (monimutkainen) complicated, complex, intricate
mutkikkaasti complexly, intricately
mutkistaa complicate
mutkistua get/be(come) complicated/tangled up
mutkitella meander, wind (around)
mutrussa puckered (up)
mutsi ma, mom
mutta s but *Ei mitään muttia* No (ifs, ands, or) buts (about it) konj but, yet, still, however *En halua mennä, mutta kai minun täytyy* I don't want to go, but I suppose I have to; however, I suppose I have to
mutteri nut
mutu (kala) European minnow
mutustella munch (on)
muu s else *Ei muuta* (tällä kertaa) That's all/it (for now) *ennen muuta* above all *ilman muuta* of course, naturally *ynnä muuta* etc., and the like *Älä muuta sano!* You can say that again! adj other *muut ihmiset* the others *muut tavarat* the rest (of the things) *muissa maailmoissa* in a world of his/her own
muualla elsewhere, somewhere else
muuan a (certain) *muuan Virtanen* a man named Virtanen, a certain Virtanen
muukalainen s 1 (outo) stranger 2 (ulkomaalainen) alien, foreigner adj strange, alien, foreign
muukalaislegioona (French) Foreign Legion
muuli mule
muumio mummy

muunkielinen (in a) foreign (language)
muunlainen another kind of, different
muun muassa among other things, (lat) inter alia
muunnelma variation, version
muunnin *D/A-muunnin* D/A converter
muunnos 1 (muunnelma) variant, version, modification 2 (biol) variety 3 (mat, tekn) transformation
muuntaa 1 (muuttaa) convert, transform, change 2 (sähkö, tekn) transform 3 (lak) commute
muuntaja transformer
muurahainen ant
muurahaiskarhu anteater
muurahaiskeko anthill
muurahaiskäpy pangolin
muurahaispesä anthill
muurain cloudberry
muurari mason, bricklayer
muurata brick in/up, lay brickwork, lay bricks, do masonry
muuraus brickwork, masonry
muurauslaasti mortar
muuri wall (myös henkinen)
muusa Muse
muussa tapauksessa otherwise
muutama some, a few *muutamissa tapauksissa* in some cases *muutama euro* a few euros *tässä päivänä muutamana* the other day, a few days ago
muutattaa have (something) changed
muutella change, alter
muuten 1 (ohimennen) by the way, incidentally *Muistitko muuten hakea kuvat?* By the way/incidentally, did you remember to pick up the pictures? 2 (muutoin) otherwise *Muistin, muuten en olisi uskaltanut tulla kotiin* Of course, otherwise I wouldn't have dared come home *Tee se äkkiä, muuten minä suutun* Do it now before I get mad, or else I'm going to lose my temper
muutenkin already, as it is, in any case *Ikään kuin minulla ei olisi muutenkin tarpeeksi töitä!* As if I weren't already swamped with work, as if I didn't have too much work as it is!
muuten vain just because, because I feel like it, for no particular reason

muutoin otherwise (ks muuten)
muutoksenhakija appellant
muutoksenhaku appeal
muutoksenhakutuomioistuin appellate court
muutos change, alteration, modification *esittää lain muutosta* propose an amendment (to a law) *hakea muutosta päätökseen* appeal a decision
muutosesitys proposed amendment
muuttaa 1 change, alter, modify, convert *muuttaa autotalli makuuhuoneeksi* convert the garage into a bedroom *Se muuttaa asian* That's different, that's a horse of a different color 2 (lakia tms) amend, revise 3 (tuomiota: alentaa) commute, (kaataa) reverse 4 (asuinsijaa) move, (ulkomaille) emigrate, (linnut) migrate
muuttaa kantaansa change your position, take (up) a different stance
muuttaa mielensä change your mind
muuttaa muotoaan transform yourself, be transformed, shift shape(s), change shape, undergo metamorphosis
muuttaa suuntaa change course, take a different tack
muutto moving, migration
muuttohaukka peregrine falcon
muuttokustannukset moving costs/expenditures
muuttoliike 1 (väestön) migration 2 (firma) moving company
muuttotappio net emigration
muuttua 1 (toisenlaiseksi) change, alter 2 (tulla joksikin) become, turn, grow 3 (vaihdella) vary
muuttuja variable *riippuva/riippumaton muuttuja* dependent/independent variable
muuttumaton constant, unchanging, invariable, immutable
myhäillä smile contentedly/benevolently
mykerökukkainen composite
mykistyä be dumbfounded, fall silent/speechless
mykistää silence, strike dumb, dumbfound
mykiö lens

mykkä dumb, mute; (puhelin) dead; (elokuva) silent
mykkäfilmi silent movie
mykkäkoulu *leikkiä mykkäkoulua* give someone the silent treatment
myllerrys tumult, turmoil
myllertää (kuohuttaa) churn/stir (up), (etsiä) poke/rummage around (in), (kääntää ylösalaisin) turn upside-down
mylly mill
myllynkivi millstone
mylläkkä upheaval, rumble, riot, confusion, tumult
mylläri miller
mylviä howl, bellow
myntti coin *lyödä mynttiä jollakin* put something to good use, take advantage of something, make hay out of something
myriadi myriad
myrkky poison; (käärmeen) venom, (bakteerimyrkky) toxin
myrkkyhammas poison fang
myrkkysieni poisonous mushroom
myrkyllinen poisonous
myrkynvihreä bright green
myrkyttää poison
myrkytys poisoning
myrsky storm, tempest *tyyntä myrskyn edellä* calm before the storm *myrsky vesilasissa* a tempest in a teacup
myrskyinen stormy, tempestuous (myös kuv)
myrskyisä stormy, tempestuous (myös kuv)
myrskyliitäjä (lintu) giant petrel
myrskylintu northern fulmar
myrskylyhty hurricane lamp/lantern
myrskypilvi storm cloud
myrskytuuli storm/gale wind
myrskytä storm, rage
myrskyvahinko storm damage
myrskyvaroitus gale warning
myrtyä get depressed, feel dejected/downcast/dispirited
myssy cap, (nauhalla kiinnittyvä) bonnet
mystiikka mysticism
mystikko mystic
mystinen mystical

mytologi mythologist
mytologia mythology
mytologinen mythological
myydä sell
myydä loppuun have a clearance sale, sell everything
myyjä 1 (kaupassa) sales(wo)man, sales clerk 2 (kaupanteossa) seller
myyjäiset rummage sale
myymälä store, shop
myymäläetsivä store detective
myymäläketju chain of stores
myymälävarkaus shoplifting
myymätön unsold
myynti 1 sale(s) 2 (liikevaihto) turnover
myyntiedustaja sales representative
myyntihinta price
myyntikielto sales ban
myyntipiste outlet
myyntipäällikkö sales manager
myyrä mole *tehdä myyräntyötä* undermine someone
myyskennellä peddle
myytti myth
myyttinen mythic
myyty mies a goner
myytävänä for sale
myöhemmin later
myöhä late
myöhäinen belated, late
myöhäiskeskiaika the late Middle Ages
myöhässä late
myöhästyskorko overdue interest
myöhästyä be/come/arrive late
myöhäsyntyinen belated
myöhään late *myöhään illalla* late at night/in the evening
myönnytys concession, admission
myönteinen (asenne tms) positive, (vastaus) affirmative
myönteisesti *suhtautua myönteisesti* take a positive attitude toward, be sympathetic toward
myöntymätön intractable, unyielding, inflexible
myöntyä agree/consent (to), go along (with)
myöntämispäivä date of issue

myöntävä

myöntävä affirmative *vastata myöntävästi* answer/reply in the affirmative, say yes
myöntää 1 admit, acknowledge, confess, agree; (murt) own up (to) *Kyllä sinun täytyy myöntää, että suutuit ihan turhasta* You've got to admit that you lost your temper over nothing 2 (tappio) concede 3 (suoda, antaa) grant, award, give *myöntää tohtorin arvo/matka-apuraha* grant (someone) a doctorate/travel stipend
myös too, also, as well *Minä tulen myös* I'll be coming too/as well, I'll also be coming *ei ainoastaan vaan myös* not only but also
myöskään *ei myöskään* not either *Et sinä saa sitä eikä myöskään hän* Neither you nor she will get it
myöten adv: *antaa myöten* 1 (antautua) give up/in, surrender, yield 2 (taipua) bend, give way 3 (hellittää) abate, ease off 4 (sallia) allow *Jos aikatauluni antaa myöten* If my schedule allows postp 1 (pitkin) along *kävellä jokea myöten* walk along the river 2 (jossakin asti) as far as *Hän on matkustellut Aasiaa myöten* He's traveled all over, all the way to Asia 3 (jostakin asti) all the way from *Siellä oli vieraita Ruotsia ja Tanskaa myöten* Some of the guests had come all the way from Sweden and Denmark 4 (johonkin asti) (all the way) to *korvia myöten velassa* up to your ears in debt *ääriään myöten täynnä* full to the brim *pienintä yksityiskohtaa myöten* (right) down to the tiniest detail *koko Suomi Lappia myöten* all of Finland, including Lapland *palaa perustuksia myöten* burn to the ground
myötä *ajan myötä* as time passes/goes by, in the course of time *myötä tai vastaan* for or against
myötäillä 1 (tie maisemia) follow, run along 2 (vaate linjoja) cling tightly to, fit tightly/snugly 3 (jonkun mielipiteitä) adopt (someone's position), accommodate yourself to (someone's opinions)
myötäinen 1 (tuuli tms) favorable *purjehtia myötäiseen* sail before the wind *Onni oli myötäinen* Luck was with us 2 (vaate) tight-/close-fitting, snug
myötäjäiset dowry
myötäkarvaan with the fur/grain
myötämielinen sympathetic (to), favorably disposed (to)
myötämielisesti sympathetically
myötäpäivään clockwise
myötäsyntyinen inborn
myötätunto sympathy, compassion
myötätuntoinen sympathetic, compassionate
myötätuntolakko sympathy strike
myötätuuli fair/leading wind
myötävaikuttaa play a part (in doing something), assist (in), (tekijä) be conducive to
mä I *Mäkö se olin* Was it me?
mädäntyä rot, decay
mäenlaskija ski jumper
mäenlasku ski jumping
mähihyppy ski jumping
mäki 1 hill, slope *laskea mäkeä* (go) sled(ding) *kiivetä mäkeä ylös* climb a hill 2 (urh) ski jump
mäkihyppääjä ski jumper
mäkinen hilly
mäkitupa cabin
mäkärä black-fly
mälli 1 (tupakka) gob 2 (tälli) blow
mämmi Finnish Easter pudding
mämmikoura butterfingers *Sinä olet oikea mämmikoura* You're all thumbs
männikkö pine wood(s)/grove
männynhavu pine needle
männynkäpy pine cone
männyntaimi pine sapling
mänty pine
mäntymetsä pine wood(s)/forest
mäntysuopa pine soap
mäntä piston
märehtijä ruminant
märehtijät ruminants
märehtiä 1 ruminate, (ark) chew the/its cud 2 (miettiä) ruminate, ponder, chew/hash over
märkiä fester, suppurate; (ark) ooze pus
märkä s pus adj wet *läpimärkä* soaking/dripping wet, drenched
märkäpaise boil

mörinä

mässäillä (ark) chow down, pig/pork out, stuff yourself, eat yourself into a stupor
mässäily overeating
mäsä *mäsänä* broken, busted *lyödä mäsäksi* smash (up), break, bust
mätkäyttää slap *Minua mätkäytettiin 2000 euron lisäverolla* I got slapped with 2000 euros in back taxes
mätkäytys slap, thump; (vero) additional/back tax
mätä s rot, decay, (lääk) pus adj **1** (ruoka tms) rotten, decayed **2** (yhteiskunta tms) rotten, corrupt, sick, decadent *läpeensä mätä* rotten to the core
mätäkuu dog days
mätäneminen rotting, decay(ing)
mätäs hummock
määkiä baa, maa
määrin *jossain määrin* to some extent
määrite qualifier, modifier
määritellä define
määritelmä definition *määritelmän mukaisesti* by definition
määrittelemätön undefined, indeterminate
määrittely definition
määrittää **1** specify, determine, define, set *määrittää tauti* diagnose a disease **2** (kiel) qualify, modify
määritys determination
määrä **1** (paljous) amount, quantity *suuret määrät lunta* great/vast quantities of snow, lots of snow **2** (lukumäärä) number *suuret määrät ihmisiä* great numbers/crowds of people, lots of people
määräaika deadline, time limit; (umpeen menevä ajanjakso) term
määräaikainen regular, periodic, (something done/held) at regular intervals
määräasema terminus, (ark) last stop
määräenemmistö (yl) two-thirds majority
määräilevä domineering, bossy
määräillä give orders, boss (people) around
määräinen **1** (kiel) definite *määräinen artikkeli* the definite article (*the*) **2** *jonkin määräinen* (sekki) (a check) in the amount of
määrältään in number(s), numerically
määrämatka a certain distance *pysytellä määrämatkan päässä jostakin* stay arm's length away from something
määrämitta *sahata määrämittaan* cut to size
määränpää destination
määräpäivä the specified/agreed upon/appointed day
määräraha allocation, appropriation, funds
määrätä **1** specify, determine, set, fix *määrätä jonkin arvo* appraise *määrätä pidettäväksi* schedule **2** (lak: vero) levy, assess; (sakko) impose, inflict **3** (virkaan tms) appoint, assign **4** (käskeä) order, command, instruct *kunnes toisin määrätään* until further notice **5** (säätää) (fore)ordain, decree, decide **6** (lääkkeitä) prescribe
määrävähemmistö proportionate minority
määräys **1** specification **2** (virkaan) appointment **3** order, command, instruction **4** (säädökset) ordinance, decree, regulation **5** (lääkemääräys) prescription
määräytyä (jonkin mukaan, jostakin) be determined by
määrääjä little tyrant, bossy person
määräämätön unspecified
määräävänen domineering, bossy
möhkäle piece of rock
möhlätä blunder (ark), goof/screw/foul/fuck up
mökki cottage, cabin
mökkihöperö claustrophobic *tulla mökkihöperöksi* be climbing the walls
mökkiläinen cottager
mökä racket, ruckus
mököttää pout, sulk
möly bellow(ing), roar(ing), howl(ing)
mölyapina howler monkey
mölytä bellow, roar, howl
möläyttää blurt (something) out, put your foot in your mouth
mönjä goo
mörinä growl(ing)

möristä growl
mörkö boogeyman
mörskä dump
mörökölli grouch
mössö glop, (gooey) mess
möyhentää loosen
möyheä loose, light, porous

möyhiä (maata) loosen, (tyynyä) plump up
möykky lump *möykky kurkussa* a lump in your throat
möyriä 1 (myyrä maata) burrow **2** (vaatekomeroa) rummage about (in) **3** (mylviä) bellow, roar

N,n

naakka jackdaw
naali Arctic fox
naama face *hapan naama* sour face/puss *päin naamaa* (sanoa) to his/her face, (sylkäistä) in his/her face, (ampua) point-blank *vetää naamaansa* stuff your face (with) (pitää) *naama peruslukemissa* (keep a) straight face
naamari mask
naamataulu face, (ark) mug
naamiaisasu costume
naamiaiset costume party, masquerade
naamio 1 (naamari) mask (myös kuv:) disguise **2** (pesukarhun) face mask **3** (meikkinaamio) face pack/mask
naamioida 1 mask (myös kuv:) disguise **2** (sot) camouflage **3** (meikata) make (someone) up
naamiointi masking, camouflage, makeup
naamioitua mask/disguise/camouflage yourself, masquerade (as), make yourself up
naapuri neighbor *naapurin tyttö* the girl next door
naapurikaupunki neighboring city/town
naapurimaa neighboring country *itäinen naapurimaamme* our eastern neighbor
naapurukset neighbors
naapurusto neighborhood
naapuruus neighborhood

naara grappling iron, drag
naaras female
naarata drag, dredge *naarata ruumista joesta* drag the river for the body
naaraus dragging, dredging
naarmu scratch
naarmuttaa scratch
naarmuuntua get scratched
naatti 1 (nauriin) tops **2** (ark) bushed
naava beard lichen
nahina squabble
nahista squabble (about)
nahistella squabble (about)
nahistua wilt
nahjus loafer, do-nothing, good-for-nothing
nahjustella loaf/laze around
nahka 1 (elävänä) skin, hide, (karvainen) pelt *Käärme luo nahkansa* The snake sheds its slough *polttaa nahkansa auringossa* get a sunburn, get burned **2** *selvitä ehjin nahoin* escape in one piece *Pysy nahoissasi!* Keep your shirt on, hold your horses! *saada tuntea nahoissaan* bear the brunt of it, suffer the consequences *pelastaa nahkansa* save your skin/hide/ass *pelkkää luuta ja nahkaa* all but skin and bones **3** (kuolleena) leather
nahkainen leather
nahkakantinen leather-bound
nahkasohva leather couch/sofa
nahkatakki leather coat/jacket

nakutus

nahkea 1 (lehti) leathery **2** (maali) tacky
nahkiainen river lamprey
nahkoa skin
nahkuri tanner
naida 1 (joku) marry, wed *parempi naida kuin palaa* better to marry than to burn **2** (jotakuta) fuck
naiivi naive
naiivisti naively
naiivius naiveté, naivety
naikkonen broad, skirt, (mustien kesken) bitch
nailon nylon
naimakauppa arranged marriage, match
naimaton single, unmarried *naimaton mies* bachelor *naimaton nainen* (nuori) bachelorette, (vanha(piika), lak) spinster, unmarried woman
naimattomuus being single/unmarried
naiminen 1 getting married, (ark) tying the knot **2** (sl) fucking
naimisiinmeno getting married
naimisissa married *mennä uusiin naimisiin* remarry, get married again *mennä rikkaisiin naimisiin* marry money
nainen woman, female *Hyvät naiset ja herrat* Ladies and gentlemen
nainen vaietkoon seurakunnassa let your women keep silence in the churches
nainut s married person adj married
naisasialiike the women's movement
naisellinen womanly, feminine
naisellisuus womanliness, femininity
naishenkilö woman
naisihminen woman
naisiin menevä mies ladykiller, lady's man, lover boy, Casanova, Don Juan
naisistua 1 (ryhmä)(become feminized **2** (mies) become effeminate
naiskuoro women's choir
naisliike the women's mowement, women's lib
naislääkäri woman doctor
naismainen womanish, effeminate
naismaisuus effeminacy
naisopettaja woman teacher

naispalkkaratkaisu equity raise for women
naispappeus ordination of women
naispappi female minister/pastor
naispuolinen female
naissankari lady-killer, lady's/ladies' man
naisseura 1 (seuralainen) date **2** (seura) the company of women *olla naisseurassa* be in the company of women, be with women
naisten mies ladies' man
naistenpäivä Women's Day
naistentanssit ladies' choice
naistentaudit gynecological diseases, (ark: oppiala) gynecology
naistenvihaaja misogynist
naistyövoima female labor
naisvaltainen female-dominated
naisviha misogyny
naisvoittoinen female-dominated
naittaa 1 (tyttärensä) marry (off) **2** (ark) staple
naivismi naivism, primitivism
naivistinen naivist, primitivist
nakata toss, throw
nakata niskojaan toss your head (defiantly)
nakella toss, throw
nakertaa gnaw (on/at)
nakki 1 wiener, frankfurter, hot dog; (ark) weenie **2** *helppo nakki* a piece of cake, no sweat
nakkimakkara wiener, frankfurter; (ark) weenie, frank
nakkisämpylä hot dog
naksahtaa click
naksua crack
naku naked
nakukuva dirty picture; (mon) porn, cheesecake, T and A (tits and ass)
nakutettu *sopia kuin nakutettu* (osa, vaate) fit perfectly, (sopia mainiosti) be fine (and dandy)
nakuttaa (moottori) ping, knock; (muu) tap, rap, click, clack
nakutus pinging, knocking, tapping, rapping, clicking, clacking (ks nakuttaa)

naljailla

naljailla 1 (ystävällisesti) kid, rib, rag **2** (pilkallisesti) taunt, mock, tease, needle
naljailu kidding, ribbing, ragging; taunting, mocking, teasing (ks naljailla)
nalkki *jäädä nalkkiin* get caught redhanded
nalkuttaa nag
nalkuttaja nag
nalkutus nagging
nalle teddy-bear *Nalle Puh* Winnie the Pooh
nalli 1 (räjähdyspanoksen tms) blasting cap **2** (leikkipyssyn) cap **3** *jäädä kuin nalli kalliolle* be left high and dry, be left hanging in the wind, get left out in the cold
nallipyssy cap gun
nami s goody, candy adj yummy *nami nami* nummy nummy, yum yum
Namibia Namibia
namibialainen Namibian
namu 1 (makeinen) goody, candy **2** (aikuisen lelu) toy **3** (nainen) babe
nandu (lintu) greater rhea
napa 1 (anat) navel, (ark) belly-button *tuijottaa omaan napaansa* be all wrapped up in yourself **2** (keskus) hub, center *maailman napa* hub of the universe **3** (pyörän tms) hub **4** (magneetin, maapallon, akun tms) pole
napaisuus polarity
napakettu Arctic fox
napakka (ihminen) brisk, efficient; (tuuli) brisk, stiff
napanuora umbilical cord
napapiiri polar circle
naparetkeilijä polar explorer
naparetki polar exploration/expedition
napaseutu polar region
napasiiseli (eläin) Arctic ground squirrel
napata grab, snatch
napata kultamitali land a gold medal
napatanssi belly dance
napata onkeen bite (myös ihmisestä)
napata valokuva snap a photo/picture, take a snapshot
napata varas catch a thief

napaus 1 (isku) snap **2** (läksy) slap on the wrist
napauttaa snap
napero baby
napinreikä buttonhole
napista grumble, grouse, gripe
napittaa 1 button **2** (tuijottaa) stare, goggle
napostella munch
nappi 1 button *avata nappi* undo a button *avata paidan napit* unbutton a shirt *panna napit kiinni* button (up) a button *panna paidan napit kiinni* button (up) a shirt *Se ei onnistu nappia painamalla* You can't just push a button (and everything will be perfect) *Ei me napeilla pelata* We're not playing for peanuts **2** (kuv) *osua nappiin* hit the bull's eye, hit the nail on the head **3** *töllöttää silmät napilla* stare (at something) goggle-eyed, goggle (at something)
nappikauppa (kuv) small-time store, mom-and-pop business
nappikauppias small-time business(wo)man
nappisilmäinen beady-eyed
nappula 1 (painike) button, (katkaisija) switch **2** (tappi) peg, pin **3** (pelinappula) piece, player; (kuv) pawn **4** (raha) dough, bread **5** (lapsi) kid
nappulaliiga junior league; (baseballissa) Little League, (jalkapallossa) Pop Warner football
naprapaatti naprapath
naprapatia naprapathy
napsahtaa snap
napsauttaa 1 snap **2** (tietok) click
napsautus snap, (tietok) click
napsija (kala) snapper
naputella tap *naputella kirje koneella* pound/bang out a letter on the typewriter
naputtaa tap
naputus tapping
narahdus creak
narahtaa creak
narina 1 (portaan tms) creaking **2** (ihmisen) grumbling, griping
narista 1 (porras tms) creak **2** (ihminen) grumble, gripe

nauraa

narkkari drug addict, dope fiend, junkie
narkolepsia narcolepsy
narkoleptikko narcoleptic
narkomaani drug addict, (ark) junkie
narkomania drug addiction
narkoosi narcosis
narkoottinen narcotic
narrata 1 (vitsailla) kid, pull some-one's leg *Älä narraa!* Don't kid a kidder, don't try that stuff on me, you can't fool me! **2** (petkuttaa) fool, con, dupe, trick *narrata joltakulta rahat* con someone out of his/her money
narrattava dupe, mark
narri 1 (hist) (court) jester, fool **2** (ark) fool *pitää narrinaan* make a fool of someone
narsismi narcissism
narsissi narcissus, (keltanarsissi) daffodil
narsisti narcissist
narsistinen narcissistic
narske crunching (noise)
narskua crunch
narskuttaa (hampaitaan) grit/grind (your teeth)
narttu bitch (myös naisesta)
naru 1 string, twine, cord *vetää oikeasta narusta* pull the right strings **2** (pyykkinaru) clothesline **3** (hyppynaru) jump-rope *hypätä narua* jump rope
naruttaa string (someone) along
nasaali nasal
nasaalinen nasal
nasaalistua nasalize
nasalisaatio nazalization
nasaretilainen Nazarene *Jeesus Nasaretilainen* Jesus of Nazareth
naseva 1 (sopiva) apt, apposite, apropos **2** (sukkela) witty, aphoristic
naskali awl
nasta s **1** (painonasta) thumbtack **2** (talvirenkaan) stud **3** (ark kaasupoljin) pedal *Nasta lautaan!* Put the pedal to the metal! Floor it! Step on it! **4** (tekn) pin, peg adj (ark) great, cool, rad(ical), awes(ome)
nastarengas studded snow tire
nastoittaa stud

natiivi s **1** (alkuperäisasukas) native **2** (äidinkieltään puhuva) native speaker adj native
nationalismi nationalism
nationalisti nationalist
natista creak
nativismi nativism
nativisti nativist
nato sister-in-law, husband's sister
Nato NATO
natrium sodium
natriumglutamaatti monosodium glutamate, MSG
natriumkloridi sodium chloride, salt
natsa 1 (tupakan) stub, (sikarin) butt **2** (sotilaan) stripe
natsi Nazi
natsismi nazism
naturalismi naturalism
nauha 1 (koriste/kirjoitusnauha) ribbon **2** (kengännauha) (shoe)lace **3** (ääni/eristysnauha) tape *ottaa nauhalle* tape(-record) **4** (fys) string
nauhalaskuri tape counter
nauhamainen ribbonlike
nauhateoria (fys) string theory
nauhoite (tape) recording
nauhoittaa tape, (tape-)record
nauhoitus 1 (nauhoittaminen) recording (session) **2** (nauhoite) (tape)recording
nauhuri tape recorder
naukua 1 (kissa) meow **2** (ihminen) whine
naula 1 nail **2** (naulakon) peg **3** (pauna) pound
naulakko coat-/hatrack
naulan kanta *osua naulan kantaan* hit the nail on the head
naulata (drive a) nail
naulita nail *naulita katseensa johonkin* rivet your eyes on *seisoa kuin naulittuna paikallaan* stand riveted to the spot
nauraa laugh *yrittää olla nauramatta* try to keep a straight face *nauraa katketakseen* split/bust your sides with laughter, die laughing, laugh your head off *nauraa partaansa* laugh up your sleeve *valmiiksi naurettu* (a show) with a laugh track, with canned laughter

naurahtaa

naurahtaa bark with laughter
naurattaa make (someone) laugh *Minua ei nyt naurata* I'm not in the mood for jokes, I don't feel much like laughing *Älä naurata* Don't make me laugh
naurattaja *naisten naurattaja* charmer
naureskella laugh and laugh
naurettava ridiculous, laughable, absurd
nauris turnip
naurisperhonen white butterfly
Nauru Nauru
nauru laugh(ter) *Minulla oli naurussa pitelemistä* I could hardly keep from laughing, keep a straight face, I had to bite my tongue to keep from laughing *Se ei ole mikään naurun asia* It's no laughing matter *kuitata naurulla* laugh (something) off *purskahtaa nauruun* burst out laughing
naurulainen s, adj Nauruan
naurulintu kookaburra
naurunaihe laughingstock
naurunpuuska burst of laughter
nauta 1 (eläinlaji) bovine 2 (karja) cattle, (ark) beef *500 nautaa* 500 head of cattle/beef 3 (liha) beef 4 (ihminen) dunderhead
nautinnollinen pleasureable, enjoyable
nautinnonhalu (myönteinen) love of pleasure, (kielteinen) self-indulgence
nautinnonhaluinen pleasure-loving, self-indulgent
nautinto pleasure, enjoyment
nautintoaine stimulant
nautiskelija pleasure-lover, hedonist, epicurean
nautiskella enjoy, bask (in), luxuriate (in)
nautittava enjoyable, pleasureable
nauttia 1 (jostakin) enjoy, take pleasure in, delight in 2 (jotakin: panna suusta alas) take, have, consume; (syödä) eat, (juoda) drink 3 (jotakin: saada osakseen) receive, enjoy
navakka brisk, fresh, sharp
navetta cowbarn/shed
navigoida navigate
navigointi navigation

ne they, (nuo) those, (nämä) these, (akkusatiivissa) them *niitä* them *Oletko niitä ihmisiä?* Are you one of them, that kind of person? *niiden* of them *ne* (ihmiset) *jotka* those who, the people who *niitä näitä* this and that
neekeri Negro
negatiivi negative
negatiivinen negative
neilikka 1 (kukka) carnation 2 (mauste) clove(s)
neiti miss
Neiti Aika Time *soittaa Neiti Ajalle* call Time
neiti-ihminen young lady
neito maid(en)
neitokakadu (lintu) cockatiel
neitoperhonen peacock butterfly
neitseellinen virginal, (vanh) maidenly *neitseellinen lisääntyminen* parthenogenesis
neitsyt 1 virgin *Neitsyt Maria* the Virgin Mary 2 (horoskoopissa) Virgo
Neitsytsaaret Virgin Islands
neitsyys virginity, (vanh) maidenhead
neliapila four-leaf clover
nelikulmainen four-cornered, quadrangular
nelikulmio quadrangle
nelikätinen four-handed
nelikätisesti four-handedly
nelin kontin on all fours
nelinpeli (tennis ym) doubles
nelinumeroinen four-digit
nelipyöräohjaus four-wheel steering
nelipyöräveto four-wheel drive
nelisenkymmentä around forty
neliskulmainen square, (suorakulmainen) rectangular
nelisormimangusti (eläin) meerkat
nelisylinterinen four-cylinder
nelitahtimoottori four-stroke engine
nelitahtinen four-stroke
neliö 1 square 2 (neliömetri) square meter *200 neliön talo* 2000-square-foot house 3 (neliöjuuri) *2 korotettuna neliöön on 4* 2 squared is 4
neliöjuuri square (root) *4:n neliöjuuri on 2* the square root of 4 is 2
neliökilometri square kilometer

neliömetri square meter
neliösenttimetri square centimeter
neljä four
neljäkymmentä forty
neljännes fourth, quarter
neljänneskilo quarter (of a) kilo, (noin) half a pound
neljännesvuosisata quarter (of a) century
neljän tuulen lakki fourcornered hat
neljäs fourth
neljäsataa four hundred
neljäskymmenes fortieth
neljäsluokkalainen fourth-grader
neljässadas four-hundredth
neljästi four times
neljästoista fourteenth
neljätoista fourteen
neljätuhatta four thousand
neljä vapautta (oikeus tavaroiden, pääomien, palveluiden ja työvoiman vapaaseen liikkuvuuteen EU-maasta toiseen) four freedoms
nelonen (the number) four
neloset quadruplets
nelostie Highway 4
neniin (ark) *saada neniin* get the stuffing/shit beat out of you
nenä 1 nose *nenä kiinni kirjassa* with your nose in a book *nenä tukossa* stuffed-up nose *nenä vuotaa* have a runny nose *nenä vuotaa verta* have a bloody nose, have a nosebleed *kaivaa nenäänsä* pick your nose *nyrpistää nenäänsä* turn up your nose at *niistää nenänsä* blow your nose *pidellä nenäänsä* hold your nose *pistää nenänsä johonkin* stick your nose into something, butt into something *antaa jotakuta nenälle* show someone what's what, teach someone a lesson *saada nenälleen* get your nose put out of joint *näyttää pitkää nenää* thumb your nose (at someone) *saada pitkä nenä* laugh out of the other side of your face *vetää jotakuta nenästä* pull someone's leg *per nenä* per head, each 2 (kepin tms) tip, end
nenäkäs impertinent; (ark) smart-alecky

nenäliina (kankaasta) handkerchief, (paperista) kleenex
nenäontelo nasal cavity
nenä pystyssä with your nose in the air
nenät vastakkain face to face
nenäänsä pitemmälle *ei nähdä nenäänsä pitemmälle* not be able to see further than your nose
neonvalo neon light
Nepal Nepal
nepalilainen s, adj Nepalese
nero 1 genius 2 (hist) Nero
nerokas ingenious, brilliant
nerokkaasti ingeniously, brilliantly
neronleimaus flash of genius
nerous genius
neste liquid, fluid
nestehukka dehydration
nestejäähdytys water-cooling
nestekaasu liquefied petroleum (LP) gas, bottled gas
nestekaasuliesi gas stove
nestekidenäyttö liquid crystal display, LCD
nestemäinen liquid
netiketti (tietok) netiquette
netota net
nettiradio (tietok) net radio
netto net
nettopalkka take-home pay
neula needle *kuin etsisi neulaa heinäsuovasta* like looking for a needle in a haystack *istua kuin neuloilla* be on pins and needles
neulanen (pine/fir/spruce) needle
neulatyyny pincushion
neule 1 (kangas) knit 2 *neuleet* knitwear 3 (kudin) knitting
neuloa 1 (kutoa) knit 2 (ommella) sew
neulonta knitting
neuroosi neurosis
neurootikko neurotic
neuroverkko (tietok) neural network
neutraali neutral
neutralisoida neutralize
neutri neuter
neutriino neutrino
neutronipommi neutron bomb
neuvo 1 piece of advice, (mon) advice *Annan sinulle ilmaisen neuvon* Let me

neuvoa

give you some free advice **2** (konsti) plan, device, solution *Mikä nyt neuvoksi?* What are we going to do now?
neuvoa 1 (antaa neuvoja) advise, counsel **2** (näyttää) show *Voisitko neuvoa, miten tätä käytetään?* Could you show me how to work this? **3** (kertoa) tell, direct *Voisitteko neuvoa, miten pääsen yliopistolle?* Could you please direct me to the university?
neuvoa antava advisory
neuvoja advisor, counselor
neuvokas resourceful
neuvola clinic
neuvonantaja advisor
neuvonpito consultation, deliberation
neuvonta 1 (tiski/toimisto) information (desk/office) **2** (terapia) guidance, counseling
neuvos counsel(or)
neuvosto 1 council **2** (NL: ssä) soviet
Neuvostoliitto Soviet Union *Sosialististen neuvostotasavaltojen liitto, SNTL* Union of Soviet SocialistRepublics, USSR
neuvostoliittolainen s, adj Soviet
neuvostoupseeri Soviet officer
neuvostovalta the Soviet state
neuvostovastainen anti-Soviet
neuvotella negotiate, confer, consult, discuss
neuvottelija negotiator
neuvottelu negotiation, conference, consultation, discussion
neuvotteluteitse at the negotiating table
neuvottelutilaisuus negotiation
neuvot vähissä nonplused, baffled, stumped
neva open bog
New Brunswick New Brunswick
Newfoundland Newfoundland
Nicaragua Nicaragua
nicaragualainen s, adj Nicaraguan
nide volume
nidos 1 (sidos) binding **2** (kirja) volume
niekka artist
nielaista swallow
niellä swallow (myös kuv)

nielu 1 (anat) throat **2** (tulivuoren) crater **3** (kuv) chasm, abyss, maw
nielurisa tonsil
niemeke spit
niemenkärki the tip of a cape
niemi cape, (iso) peninsula, (pieni) spit
niemimaa peninsula
Niger Niger
Nigeria Nigeria
nigerialainen s, adj Nigerian
nigeriläinen s, adj Nigerian
nihilismi nihilism
nihilisti nihilist
nihilistinen nihilistic
niiata curtsey
niiaus curtsey
niin adv **1** so *Niin sinä sanot* So you say *niin iso* so big **2** such (a) *niin hyvät ystävät* such good friends *niin hyvä ystävä* such a good friend, (vanh) so good a friend **3** *niin... kuin* as... as *niin paljon kuin mahdollista* as much as possible **4** (sillä tavalla) like that *Niin ei saa puhua* You're not supposed to talk like that *Niin ei saa sanoa* You're not supposed to say that konj **1** then (tai jää kääntämättä) *Jos hän ei tule, niin olemme lirissä* If she doesn't come, (then) we're in trouble **2** and *Tule tänne niin annan sinulle haukun suklaastani* Come here and I'll give you a bite of my chocolate interj yes, that's right, exactly, precisely *Niinpä niin!* You're so right! I couldn't have said it better myself *niin niin* yes yes, right right, sure sure
niin että so that *ei niin että* not that
niini bast
niin ikään similarly, likewise
niin ja niin adj so, this *niin ja niin iso* about this big adv so (and so) *Se piti tehdä just niin ja niin* They wanted me to do it just so
niin ja näin up in the air, up to question, doubtful, so-so
niin kai I suppose (so)
niin kauan kuin as long as, while *Istun tässä niin kauan kuin sinä olet poissa* I'll sit here as long as you're gone
niinku (ark) like *Se oli niinku hirveen iso tieksä* It was like humongous ya know?

niin kuin (ennen substantiivia) like, (ennen verbiä) as
niin kuin ei mitään just like that, like nothing (at all), no sweat/problem
niin... kuin... -kin both... and, as well as *niin miehet kuin naisetkin* both (the) men and (the) women *miehet niin kuin naisetkin* the men as well as the women
niinkään *Ei ihan niinkään* That's not it either *Ei niinkään iso* Not even that big
niinkö? is that so/right/true?
niin muodoin similarly, in like fashion
niin no 1 (empien) hmm, let's see, I don't know **2** (suostuen) okay, all right, sure
niin ollen thus, therefore
niin pian kuin as soon as *niin pian kuin mahdollista* as soon as possible, A.S.A.P.
niin sanoakseni so to speak
niin sanottu so-called
niin sitä pitää attaboy, attagirl, that's the ticket/stuff
niin tai näin one way or the other
niin vain just like that
niisi heddle
niistää 1 (nenää) blow **2** (kynttilä) snuff
niitata rivet, (ark nitoa) staple
niittaus riveting, (ark) stapling
niitti rivet, (ark) staple
niitto mowing, cutting, (raam) reaping
niittokone mower
niitty meadow
niittää 1 (viljaa) mow, cut, (raam) reap *Mitä ihminen kylvää, sitä hän myös niittää* As ye sow, so shall ye reap **2** (mainetta) win, achieve
nikama vertebra
nikkari 1 joiner **2** (ark) handyman
nikkaroida 1 do joinery **2** (ark) fix things up (around the house)
nikkeli nickel
nikotella 1 hiccup **2** (takellella) stammer, stutter *Sano äläkä nikottele!* Spit it out!
nikotiini nicotine
nikotiinimyrkytys nicotine poisoning
nikottaa *Minua nikottaa* I've got the hiccups
nikotus the hiccups

niksi trick, (helpful) hint *Siinä on omat niksinsä* (työ) You've got to know the tricks of the trade, (kone) It's got its little quirks *Siinä se niksi onkin* That's the whole point
nila bast, inner bark, sieve tissue
niljakas (inhottavan) slimy, (liukas) slippery
nilkka ankle *housut nilkoissa* with your pants (down) around your ankles
nilkkaimet spats
nilkkuri ankle boot
nilkuttaa limp
nilviäinen mollusk, (UK) mollusc
nimeen *vannoa jonkun/jonkin nimeen* swear by someone/something
nimeksi 1 *antaa nimeksi* name **2** scarcely/hardly (any) *Täällä on ruokaa vain nimeksi* There's hardly enough food to feed a mouse here
nimekäs well-known, renowned, famous, noted
nimellinen nominal
nimellisarvo face value
nimellisesti in name, nominally
nimellä under/in a/the name (of) *kirjoittaa taiteilijanimellä* write under a pseudonym, use a pen/assumed name *Ainakin se kulkee sillä nimellä* That's what it's called anyway *Meillä oli pöytä varattuna Virtasen nimellä* We have a reservation for Virtanen
nimeltä mainitsematon henkilö a person who shall be/remain nameless
nimenomaan 1 (erityisesti) explicitly, expressly **2** (tarkalleen) precisely, exactly **3** (varsinkin) particularly, in particular, especially
nimenomainen 1 (erityinen) explicit, express **2** (juuri se) the precise/exact **3** (nimetty) particular
nimenvaltaus (tietok) cybersquatting
nimessä in the name of *lain nimessä* in the name of the law *Jumalan nimessä on tehty paljon hirveitä asioita* Many atrocities have been committed in God's name *ei missään nimessä* under no circumstances, on no condition

nimetä

nimetä 1 (sanoa nimeltä) name **2** (ehdottaa) nominate **3** (määrätä) appoint, name
nimetön s **1** (sormi) ring finger **2** *nimettömät* (vaatteet) unmentionables adj nameless, unnamed, anonymous
nimi 1 (ihmisen, eläimen tms) name **2** (kirjan tms) title, heading, name **3** (maine) reputation, name *Ei nimi miestä pahenna, jos ei mies nimeä* A reputation never hurt anyone, as long as it's a good one *hankkia nimeä itselleen* make a name for yourself
nimike 1 (kustantajan) title **2** (tullinimike) tariff heading/number/item
nimikirja 1 (toimiston tms) register **2** (yliopiston) placement file, dossier
nimikirjain initial *allekirjoittaa nimikirjaimin* initial
nimikirjoitus signature
nimimuisti memory for names
niminen *Ei täällä asu sen nimistä henkilöä* No one by that name lives here *Hanna-niminen tyttö* a girl named/called Hanna
nimi on enne (lat) nomen est omen
nimipäivä name day
nimismies sheriff
nimistö nomenclature
nimitellä call (someone) names
nimittäin 1 (ennen luetteloa): *Kaikki kolme havupuulajiamme, nimittäin kuusi, mänty ja kataja* All three of our evergreen species: spruce, pine, and juniper **2** (toisin sanoen) that is (to say), namely, i.e., (vanh) viz. *Hän, nimittäin Henry, oli tullut myöhässä* He - that is, Henry - had arrived late **3** (tarkalleen ottaen) to be specific **4** (sillä) because, you see *En voi tulla, olen nimittäin sairaana* I can't come, you see I'm sick (in bed)
nimittäjä denominator
nimittäminen naming, nomination, designation, appointment (ks nimittää)
nimittää 1 (kutsua) call **2** (antaa nimeksi) name **3** (virkaan tms: ehdottaa) nominate; (nimetä) name, designate; (määrätä) appoint

nimitys 1 (nimi) name, appellation; (lempinimi) nickname **2** (virkaan) appointment
nimiö 1 (kirjan) title (page) **2** (tietok) label
nipistys pinch
nipistää pinch
nippu (seteleitä) wad; (nuolia, vehnää, kirjeitä) sheaf; (risuja, kirjeitä, vuotia) bundle; (kukkia, avaimia) bunch
nipukka tip
niputtaa bundle/bunch (up)
nirri *ottaa joltakulta nirri pois* let the air out of someone, wring someone's neck
nirso particular; (ylät) fastidious; (ark) picky, choosy
nirsoilla be particular/picky, pick and choose, turn your nose up at the things you don't like
nirvana nirvana
niska nape of the neck *hengittää jonkun niskaan* breathe down someone's neck *silmät niskassa(kin)* eyes in the back of your head *saada jonkun niska taipumaan* bring someone to his/her knees *tarttua itseään niskasta* pull yourself together
niska limassa *tehdä töitä niska limassa* work your butt/ass off, work like a dog, keep your nose to the grindstone
niskan päällä *olla niskan päällä* have the upper hand
niskasärky neckache, neck pain
niskat nurin *Häneltä meni niskat nurin* She broke her neck *vääntää joltakulta niskat nurin* wring someone's neck
niskoille *ottaa syy niskoilleen* take full blame/responsibility (for something) *lykätä syy jonkun niskoille* blame someone else (for something), put the blame on someone else's shoulders
niskoitella be recalcitrant/refractory/insubordinate/impertinent; (ark) talk back, sass
niskuri rebel, nonconformist, dissenter, malcontent
nisu wheat
nisä (anat) mammary (gland), (ark) teat, tit; (naisen) breast; (lehmän) udder
nisäkäs mammal

nokka

nitistää 1 (tappaa) snuff out, bump off **2** (voittaa) clean (someone's) clock, wipe (someone) out
nitoa 1 (kirjan sidos) sew, stitch **2** (sitoa) bind **3** (nitojalla) staple
nitro heart medicine, nitro (tablet)
nitroglyseriini nitroglycerin, (ark) nitro
nitroglyseroli nitroglycerin, (ark) nitro
niukalti little, few *Ruokaa on niukalti* We're running low on food, the cupboard is (almost) bare *Aikaa on niukalti* We're pressed for time, we're running late
niukin naukin nip and tuck, just barely, by the skin of your teeth
niukka 1 (vähäinen) meager, scanty, bare **2** (askeettinen) ascetic, frugal **3** (täpärä) narrow, close
niukkaeleinen economical, spare
nivaska bundle, bunch
nivel joint
nivelauto articulated bus
niveljalkaiset arthropods
nivelmadot segmented worms
nivelreuma rheumatoid arthritis
nivelside ligament
niveltyä 1 (luu tms) be articulated, be connected by joints **2** (asiat) fit/go together, be interrelated/-locked/-linked
niveltää 1 (akseli tms) articulate, connect with joints **2** (asiat) connect up, link together
nivoutua fit/go together, be interrelated/-locked/-linked
nivuset groin
no well *niin no* okay, all right
Nobelin palkinto Nobel prize (for literature/chemistry/jne) *Nobelin rauhanpalkinto* Nobel peace prize
noidannuoli lumbago
noin 1 (tuolla tavalla) like that *Ei noin saa puhua!* You're not supposed to talk like that! *Ei noin saa tehdä/sanoa!* You're not supposed to do/say that! **2** *noin iso* that/so big *noin iso talo* such a big house, so big a house, as big a house as that **3** *tuolla noin* over there **4** (suunnilleen) around, about; (jotain) something like, some *Tule noin klo 8* Come around 8 *noin v. 1850* in around 1850, circa/ca 1850 *noin 60 vuotta sitten* some(thing like) 60 years ago
noin niin kuin sort/kind of (like) *Me noin niin kuin koputettiin ovelle* We just sort of knocked on the door
noin vain just like that
noita witch; (mies) warlock, sorcerer
noita-akka witch
noitua 1 (taikoa) cast a spell on (someone), bewitch (someone), turn (someone) into (something) **2** (kiroilla) swear (up a storm), curse (a blue streak)
noja rest, support
no jaa yeah well, aw hell
nojaan *jäädä oman onnensa nojaan* be left to your own devices, be left to fend for yourself *En halua jättää tätä yhden neuvon nojaan* I want a second opinion on this
nojalla *jonkin nojalla* (perusteella) on the basis/grounds of, by virtue of
nojalleen leaning (against) *panna jokin nojalleen jotakin vasten* lean something against something
nojapuut parallel bars
nojassa *jonkin nojassa* **1** (fyysisesti) resting on *istua pää käden nojassa* with with your head (propped up) on your hand **2** (rahallisesti tms) dependent on *Koko perhe elää minun pienen palkkani nojassa* The whole family depends on my tiny take-home pay
nojata 1 (fyysisesti: jonkin päälle) rest (on), (jotakin vasten) lean (against) **2** (nojautua: ihminen) base (your actions) on, (asia) be based on **3** (riippua jostakin) (be) depend(ent) on, revolve around
nojautua (ihminen) base (your actions) on, (asia) be based on
nokare (savea) chunk, (voita) pat
noki 1 soot **2** (kasv) blight
nokikolari (chimney)sweep
nokittaa raise *Nokitan viidellä* I'll raise you five
nokka 1 beak (myös kuv:) nose *Kenelläkään ei pitäisi olla nokan koputtamista* This shouldn't concern anybody (but me), this is nobody's business (but my own) *omin nokkineen* on your own

nokkakolari

(authority), all by yourself *ottaa nokkiinsa* take offense (at), get hurt **2** (auton) nose, (laivan, veneen) bow **3** (teekannun) spout, (maitokan nun) lip **4** (tekn) cam **5** (kärki, nenä) tip
nokkakolari head-on collision/crash
nokkava impertinent; (ark) smart-alecky
nokkela 1 (suunnitelma tms) clever, ingenious, imaginative **2** (repliikki) clever, witty, deft
nokkelasti cleverly, ingeniously, imaginatively, wittily, deftly (ks nokkela)
nokkia peck
nokkimisjärjestys pecking order
nokkonen nettle
nokkosperhonen tortoiseshell butterfly
nokoset nap, snooze *ottaa nokoset* grab forty winks
no kun but, 'cause
nolata embarrass, humiliate, mortify *Nolattuna luikin tieheni* Red with embarrassment I beat a hasty retreat
nolla zero; (ark) zilch, zip; (puhelinnumerossa) 0 /ou/ *X johtaa 15-0* (tenniksessä) X is leading fifteen to love; (muissa lajeissa) X is leading fifteen to nothing/zero *Sami on täysi nolla* Sami's a total nothing/nobody *Äiti, reikiä nolla!* Look mommy, no cavities! *aloittaa nollasta* start from scratch *viisi astetta nollan alapuolella* five degrees below zero
nollakasvu zero growth
nollata 1 (mittari) (reset to) zero **2** (sähköpiiri) zero-ground **3** (tietok) clear, zero
nollaus zero(-ground)ing (ks nollata)
nollauspainike reset button
nolo 1 (asia) embarrassing, humiliating, mortifying **2** (olo) embarrassed, humiliated, mortified *Tunsin itseni niin noloksi* I was so embarrassed/ashamed
nolostua get embarrassed
nolottaa *Minua nolottaa* I'm embarrassed/ashamed
nomadi nomad
nominatiivi nominative
no niin 1 (alistuen tosiasioihin) oh well, okay, sure **2** (aloittaen innolla uutta) okay, all right, great, let's get started **3** (teinpäs sen!) there (we/you go)! got it!
no no! 1 (lopeta mekastus tms) come come! now now! stop it! snap out of it! **2** (lopeta itkeminen tms) there there! so so! it'll be all right! everything will turn out all right in the end!
nootti note
noottikriisi (the Finnish) note crisis (of 1961)
nopanheitto dice-rolling
nopea fast, quick, rapid, speedy; (run) swift
nopeakasvuinen fast-growing
nopeasti fast, quickly, rapidly, speedily, swiftly
nopeatempoinen upbeat
nopeus speed, velocity
nopeusmittari speedometer
nopeusrajoitus speed limit
nopeuttaa speed up, pick up the pace
nopeutua speed up, (vauhti=pace) pick up
noppa die, (mon) dice
nopsa fast, quick (on your feet), nimble
Norja Norway
norja adj **1** (taipuisa) flexible, pliable **2** (notkea) supple, lithe **s** (norjan kieli) Norwegian
norjalainen s, adj Norwegian
norjankielinen Norwegian(-language)
norjistaa loosen up
norjistua loosen up
norkko catkin
norkoilla 1 (oleskella) hang around **2** (kärkkyä) lie/hang (around) in wait for, have your eye on
normaali s **1** (kohtisuora) perpendicular **2** (tangentin) normal adj normal, standard
normaalikoulu (hist) normal school; teachers' training school
normaaliobjektiivi standard lens
normaalisti normally
normaalitapaus normal/standard case
normalisoida normalize
normalisointi normalization
normatiivinen normative
normi norm, (vaatimus) standard
normittaa standardize

nousta

noro trickle *Kyyneleet valuivat noroina hänen poskillaan* The tears were running/trickling down his cheeks
norssi 1 (kala) smelt **2** (ark koulu) Normal High
norsu elephant
norsunluinen ivory
norsunluu ivory
Norsunluurannikko Ivory Coast
nostaa 1 lift (something) up, raise, elevate, (maasta) pick (something) up *nostaa kirja alas hyllyltä* lift a book down off a shelf **2** (rahaa pankista) withdraw, take/draw out
nostaa ankkuri weigh anchor
nostaa eläkettä receive a pension
nostaa jalustalle put someone up on a pedestal
nostaa katseensa look up (from/at)
nostaa kysymys esiin raise a question
nostaa laatua improve something's quality, the quality of something
nostaa meteli raise hell (about), make a stink (about)
nostaa perunoita dig up potatoes
nostaa syyte file suit (against), sue (someone)
nostaa vettä kaivosta draw water from a well
nostattaa 1 (pölyt tms) raise **2** (protestit tms) provoke, stir up, call forth **3** (taikinaa) let (the dough) rise
nostin hoist, lift(er)
nosto 1 lifting, raising, elevation **2** (pankista) withdrawal **3** (lak) retrial, review
nostokurki crane
nosturi crane
notaari notary *julkinen notaari* notary public *notaarin vahvistama* notarized
notariaatti 1 (notaarin virka) notaryship **2** (pankin osasto) credit department
notariaattiosasto credit department
noteerata 1 (osakkeita) quote **2** (ark arvostaa) pay attention to, notice, rate *Sitä ei noteerattu miksikään* It was completely ignored
notkahtaa buckle
notkea 1 (ihminen) supple, lithe, limber **2** (tanko tms) pliable, flexible **3** (taikina) soft, easy to knead **4** (voi) soft, easy to spread **5** (neste) viscous, (ark) runny
notkelma hollow, depression
notkeus suppleness, litheness, limberness, pliability, flexibility, softness, viscosity (ks notkea)
notkistaa 1 (taivuttaa) bend **2** (tehdä notkeammaksi) loosen up **3** (voita) cream
notkistua loosen up
notko hollow, glen; (maassa) depression; (katossa) sag *notkollaan* sagging *painua notkolle* sag
notkoselkäinen swaybacked
notkua 1 (taipua) bend **2** (keinua) sway
noudatella follow
noudattaa 1 obey, observe, comply with, follow *noudattaa lakia* obey/comply with/observe the law **2** (pitää kiinni jostakin) adhere/conform/keep to *Elokuva noudattaa melko uskollisesti romaanin juonta* The movie is pretty faithful to the novel's plot **3** (kiel) agree with, be congruent with *Verbin täytyy noudattaa subjektin lukua* The verb must be numerically congruent with the subject
noudattaa hetken mielijohdetta act on a whim, do something on the spur of the moment
noudattaa kohtuutta be moderate, show moderation
noudattaa kutsua accept an invitation
noudattaa puolueettomuuspolitiikkaa pursue a policy of neutrality
noudattaa varovaisuutta exercise caution
nougat nougat
noukkia pick up
nousta 1 rise, climb, ascend, go up **2** (kulkuneuvoon) get/climb on (ks myös hakusanat) **3** (pois kulkuneuvosta) get/climb off/out **4** (kasvit maasta) sprout, spring/come up **5** (kysymys esille) come up, be raised **6** (vuoteesta) get up, (ylät) rise **7** (olla yhteensä) total, reach, amount/come to, add up to

nousta hevosen selkään mount a horse *nousta hevosen selästä* dismount (off the horse)
nousta jaloilleen stand up, (ylät) rise to your feet
nousta jotakuta vastaan rise (up) against
nousta kapinaan rise up in revolt/arms
nousta kuolleista rise from the dead
nousta laivaan go on board ship
nousta lentokoneeseen board an airplane/the aircraft
nousta maineeseen become famous
nousta pintaan rise/float up to the surface, (kuv) become famous
nousta pöydästä (get up and) leave the table, excuse yourself from the table
nousta rakkuloille blister
nousta seisomaan stand up
nousta takajaloilleen (fyysisesti) rear up on its hind legs, (suuttua) get your hackles up
nousta tilanteen tasalle rise to the occasion
nousta urallaan get ahead in your career
nousta valtaan rise/ascend to power
nousta valtaistuimelle ascend to the throne
nousta väärällä jalalla get up on the wrong side of the bed
nousu 1 (fyysinen ja kuv) rise, climb, ascent **2** (määrällinen) increase **3** (sängystä) getting up (out of bed) *Minulla on aikainen nousu huomenna* I've got an early morning (ahead of me) tomorrow **4** (lentokoneen) take-off, (raketin) lift-off **5** (kierteen) pitch **6** (askelman) riser
nousukas upstart
nousukausi boom, upswing
noususuhdanne boom, upswing
noutaa 1 (tavarat, lapset) pick up **2** (koira keppiä) fetch, (ammuttu riistaa) retrieve
noutaja 1 (koira) retriever **2** (kuolema) the (Grim) Reaper
nouto pickup
noutopiha pickup yard
noutoposti general delivery
Nova Scotia Nova Scotia

novelli short story
nudismi nudism
nudisti nudist
nuha (head/chest/throat) cold
nuhainen sniffly
nuhakuume common cold
nuhde 1 (perheessä tms) scolding **2** (virallinen) reprimand
nuhdella 1 (perheessä) scold, upbraid, take to task, rake over the coals **2** (virallisesti) reprimand
nuhraantua wear out, get (vaatteet) shabby, (kengät) scuffed
nuhteeton impeccable, irreproachable, blameless
nuija 1 club **2** (puheenjohtajan) gavel *heilutella nuijaa* chair (the meeting/session) **3** (tuntosarven pää) club **4** (ark) dolt, fartface, turkey
nuijia 1 (lyödä) club **2** (lihaa) pound **3** (kokouksessa, huutokaupassa) bring the hammer/gavel down on
nuiva 1 dry **2** (ilme) sour **3** (asenne) sullen, dour
nuivasti dryly, sourly, sullenly, dourly
nujertaa 1 (tuhota) crush, smash **2** (tukahduttaa) suppress **3** (lannistaa) beat down, discourage, dishearten
nujertua 1 (jäädä häviölle) be beaten **2** (tuntea jäävänsä häviölle) feel crushed/discouraged/beaten, lose heart
nukahtaa fall asleep
nukka 1 (nöyhtä) lint **2** (lehden, posken) down, (ark) fuzz **3** (maton) nap, (ryijyn) tuft
nukke 1 doll **2** (nukketeatterissa) puppet (myös kuv), (sätkynukke) marionette
nukkekoti dollhouse
nukketeatteri puppet show
nukkua sleep, (olla unessa) be asleep/sleeping *mennä nukkumaan* go to sleep/bed
nukkua hyvin/huonosti get a good/bad night's sleep
nukkua kuin tukki sleep like a log
nukkua myöhään sleep in/late
nukkua pommiin oversleep
nukkua päänsä selväksi sleep it off
nukkua taivasalla sleep outside, out of doors, out under the stars

nuorempi

nukkua vanhurskasten unta sleep the sleep of the just
nukkumaanmeno going to bed
nukkumaanmenoaika bedtime
nukkuma-asento sleeping position, the position you sleep in
nukkumapaikka place to sleep *Voisitko näyttää minun nukkumapaikkani?* Could you show me where I'm going to sleep?
nukkumatti sandman
nukkuvien puolue non-voters, Silent Majority
nukkuvinaan *olla nukkuvinaan* pretend to be asleep
nukuksissa asleep
nukute anesthetic
nukutella rock/lull/sing someone to sleep
nukuttaa 1 (nukutella) rock/lull/sing someone to sleep **2** (lääk) anesthetize, (ark) knock (someone) out, put (someone) under **3** *Minua nukuttaa* I'm sleepy
nukutus anesthesia
nukutusaine anesthetic
nukutuslääkäri anesthesiologist
nulikka scamp, imp, rapscalion, scallawag
nuljahdus slip
nuljahtaa slip
numeerinen numerical
numero 1 number, numeral, figure; (luvun yksittäinen numero) digit *Luvussa 100 000 on kuusi numeroa* 100,000 is a six-digit number *soittaa väärään numeroon* dial/call/punch the wrong number *arabialaiset/roomalaiset numerot* Arabian/Roman numerals **2** (koko) size *Mitä numeroa etsitte?* What size did you want that in? **3** (ohjelmanumero) number, piece, act *Seuraava numeroni on* For my next number I'd like to do **4** (lehden) issue, number *vanhat numerot* back issues **5** (koulunumero) grade *Minun numeroissani on kuulemma toivomisen varaa* My parents say I have to bring my grades up **6** (vouhotus) deal *tehdä iso numero jostakin* make a big deal about something
numeroida number, (sivut) paginate
numeroinen -digit/-figure
numerointi numbering, (sivujen) pagination
numeroittain numerically, by the numbers
numeroitu numbered
numerojärjestys numerical order
numerolukko combination lock
numeronmurskaus number-crunching
numeronäppäimistö (tietokoneen) numeric keypad
numismaatikko numismat(olog)ist
nummi heath, moor
nunna nun
nunnaluostari convent, nunnery
nuohota 1 sweep (the chimneys) **2** (siivota) sweep, scour, scrub **3** (etsiä) comb
nuokkua (ihminen) nod (off), (kukka) droop
nuolaista lick *Älä nuolaise ennen kuin tipahtaa* Don't count your chickens before they're hatched
nuoleksia lick
nuolenheitto darts
nuoleskella lick
nuoli 1 arrow **2** (tikka) dart **3** (tähtikuvio) the Arrow
nuolimyrkkysammakko arrow-poison frog
nuolla lick
nuoltu (kuv) slick, sleek
nuora 1 string, twine, cord **2** (pyykkinuora) clothesline **3** (sirkuksessa) tightrope *tanssia nuoralla* walk the tightrope
nuorallatanssija tightrope-walker
nuorehko youngish
nuorekas youthful
nuoremmakseen *Mene sinä nuoremmaksesi* You're so young and spry, you go
nuoremmiten when (you're) young
nuoremmuuttaan *tarjoutua nuoremmuuttaan lähtemään* offer to go because you're younger
nuorempi 1 younger **2** (samannimisen isän poika) junior, (ranskalaisista) fils, (muinaisroomalaisista) the Younger *Kurt Vonnegut, Jr.; Alexandre Dumas fils; Pliny the Younger* **3** (virkamies, lehtori tms) junior

nuorennusleikkaus rejuvenation operation
nuorenpuoleinen on the young side
nuorentaa 1 (ihmistä) rejuvenate, make you (look/feel) younger **2** (metsää) restock, regenerate
nuorentua grow younger *On kuin olisin nuorentunut 20 vuotta!* I feel 20 years younger!
nuori s adolescent, teenager adj **1** young *näyttää nuorelta ikäisekseen* look young for your age **2** (murrosikäinen) adolescent, teenaged
nuorimies young man
nuorimmainen the youngest
nuoriso youth, the young, young people
nuorisojärjestö youth organization
nuorisokirjallisuus juvenile literature
nuoriso-ohjaaja youth leader
nuorisorikollinen juvenile delinquent, (ark) juvie
nuorisorikollisuus juvenile delinquency
nuorisotyö youth work
nuori sukupolvi the younger generation
nuortua grow/become younger, be rejuvenated; (johtokunta tms) get a transfusion of younger blood
nuorukainen youth, young man, lad
nuoruudenaikainen from your youth *nuoruudenaikainen valokuvakansio* a photo album from your youth
nuoruus youth(fulness) *Järjestön nuoruutta ei voida laskea haitaksi* The fact that the organization is so young can't be held against it
nuoruusikä youth
nuoruusvuodet early years
nuoska s warm spring weather just below zero
nuoskalumi wet (and sticky, but not melting) snow, good snowball/snowman snow
nuotinlukija (ralliautoilussa) co-driver
nuotio campfire
nuotiotuli campfire
nuotta seine, net
nuotti 1 (mus) note, (mon) music **2** (puheessa) intonation, lilt, (ruotsalaisten) singsong; (äänensävy) tone (of voice)
nuottikirjoitus (musical) notation
nuottivihko music book
nuottiviiva (staff) line
nuppi knob
nuppineula pin
nuppu (flower) bud *nupussa* budding, in bud
nurin 1 (ylösalaisin) upside-down **2** (nurja puoli ulospäin) inside-out
nurinajo (autossa) roll, (pyörällä) spill
nurin kurin ass-backwards, all mixed up, helter skelter, topsy-turvy
nurinkurinen backwards, inside-out
nurin narin topsy-turvy
nurin niskoin head over heels, ass over teakettle
nurin päin 1 (ylösalaisin) upside-down **2** (nurja puoli ulospäin) inside-out **3** (takapuoli eteenpäin) backwards
nurista grumble, grouse, gripe
nurja 1 (piilopuoli) reverse, back *neuloa nurjaa* purl **2** (varjopuoli) adverse, unpleasant **3** (mieliala) surly, morose, glum
nurjamielinen prejudiced/jaundiced/predisposed against (something)
nurkka corner *nurkan takana* around the corner (myös kuv) *nuuskia joka nurkkaa* search every nook and cranny *viiden nurkilla* around five
nurkkakapakka corner bar
nurkkakunta clique, faction
nurkkakuntainen cliquish, factional
nurkkaus corner, nook
nurmi grass, (nurmikko) lawn
nurmikko lawn
nussia (sl) fuck, pork, screw
nussija fucker
nussiminen fucking, fuck, screwing
nuttu jacket
nuttura bun
nuuka 1 (saita) stingy, miserly, tight **2** (niukka) small, skimpy, meager **3** (nirso) finicky, picky
nuukailla be stingy/tight, skimp
nuukuus stinginess, skimpiness

nyökätä

nuuska snuff, (murt) snoose *lyödä tuusan nuuskaksi* smash (something) to pieces/smithereens
nuuskia 1 (haistella) sniff (at/around) 2 (etsiä) search, (ark) snoop (around)
nuuskija snoop(er)
nyanssi nuance
nyhtää pull/pluck/weed (out) (myös kuv) *nyhtää isot rahat* make big bucks
nykiä jerk, tug, pull, yank; (suupielestä) twitch
nykyaika modern times
nykyaikainen modern, up-to-date
nykyaikaistaa modernize
nykyhetki the present moment, right now
nykyinen current, present
nykyisin nowadays, currently, at present
nykyisyys contemporaneity
nykykirjailija contemporary/living author/writer
nykykirjallisuus contemporary literature
nykymaailma the present-day/contemporary world
nykymusiikki contemporary music
nykynuoriso present-day adolescents; (halv) kids these days
nykypäivä the present, today
nykypäiväinen present-day
nykysuomalainen s present-day Finn(ish)
nykysuomi contemporary Finnish
nykytaide contemporary art
nykytila the current state of affairs
nykytilanne the current situation
nykytodellisuus present(-day)/contemporary reality
nykyvaihe current/present stage/phase
nykyään nowadays, currently, at present, these days
nykäistä 1 jerk/tug/pull/yank (at) 2 (urh) spurt
nykäisy jerk, tug, pull, yank, spurt
nykäyksittäin in jerks, jerkily
nykäys jerk, tug, pull, yank
nylkeä 1 (eläintä) skin, flay 2 (puuta) strip, debark 3 (kuv ihminen) fleece, con, rob (someone blind)
nylkyhinta scalper's price

nymfi nymph
nymfomaani nymphomaniac
nynny wimp, nerd, dork
nyplätä 1 fumble/fiddle with, twiddle 2 (pitsiä) make lace
nyppiä (ihokarvoja) pluck (out), (nukkaa vaatteista) pick (off)
nyreys moodiness, sullenness
nyreä morose, moody, glum, sullen
nyreästi morosely, moodily, glumly, sullenly
nyrjähdys sprain(ed/twisted/pulled muscle)
nyrjähtää get sprained/twisted
nyrjäyttää sprain, (lievästi) twist
nyrjäytys sprain, twist
nyrkkeilijä boxer
nyrkkeily boxing
nyrkkeilykäsine boxing glove
nyrkki fist *kädet nyrkissä* with your fists clenched *Se sopii kuin nyrkki silmään* That suits me perfectly
nyrkkisääntö rule of thumb
nyrpeä ks nyreä
nyrpistää nenäänsä jollekin turn up your nose at something
nysty papilla
nystyrä bump, lump, knot, protuberance
nysä 1 short-stemmed/cutty pipe 2 (tekn) stub pipe 3 (kynän) stub
nyt now *vasta nyt* only now *juuri nyt* right now, this instant
nythän on niin että the fact is that
nyt jo? already? this instant?
nytkiä jerk, jolt
nytkähdellä jerk, shake, quiver
nyt tai ei koskaan now or never
nyttemmin more recently, nowadays
nyyhkiä sob, blubber
nyyhkyelokuva tearjerker
nyyhkyttää sob, sniffle, blubber
nyyhkäys sob
nyytti bundle
nyyttikestit potluck (dinner/party)
nyökkiä nod
nyökkäys nod
nyökytellä bob (your head)
nyökyttää nod
nyökätä nod

nyöri string, twine, cord; (kengännyörit) (shoe)laces *pitää kukkaron nyörit tiukalla* hold tight to the purse strings
nyörittää tie (up) with a string/cord
näemmä it seems *Se on näemmä valmis* I see it's finished, it looks finished to me
näennäinen apparent, ostensible, seeming
näennäisesti apparently, ostensibly, seemingly
näennäismuisti (tietok) virtual memory
näennäistodellisuus virtual reality
näes you see
näet you see
nähden *siihen nähden* in that sense/context/connection, in those terms *kaikkien nähden* in front of (God and) everyone, in public
nähdä 1 see *mahdoton nähdä* invisible *Mitä sinä näet hänessä?* What do you see in him? **2** (erottaa) spot, make out, discern
nähdä hyväksi see fit
nähdäkseni as I see it, as far as I can see
nähdä maailmaa see the world, see a little of life
nähdä omin silmin see (something) with your own eyes
nähdä punaista see red
nähdä tarpeelliseksi find it necessary (to)
nähdään sitten! see you (around/later)!
nähkääs you see
nähtävillä on display *panna nähtäville* display, exhibit
nähtävyys sight, tourist attraction *katsella kaupungin nähtävyyksiä* go sightseeing in town
nähtävä sight *paljon nähtävää* lots to see *Näin se on nähtävä* That's the way it is
nähtäväksi jää it remains to be seen
nähtävästi apparently, it seems/appears
näin 1 (tällä tavalla) like this *Tee näin* Do this, go like this, do it this way **2** *näin paljon* this/so much **3** *näin iso talo* such a big house (as this), this big a house **4** *tämä näin* this one (here), (murt) this here one *täällä/tänne näin* over here
näin ikään like this
näin meidän kesken just between you and me (and the doorknob/lamppost)
näin muodoin similarly, in like fashion
näin ollen therefore, thus, this being the case
näivettynyt withered, wilted, faded, shriveled, wrinkly, crackly, atrophied, wasted, dead (ks näivettyä)
näivettyä 1 (kukka tms) wither, wilt, fade **2** (hedelmä) shrivel (up) **3** (iho) grow wrinkly/crackly **4** (lihas) atrophy **5** (ihminen: fyysisesti) waste away, (henkisesti) die inside
näivetys atrophy
näkemiin goodbye; (ylät) farewell, adieu
näkeminen seeing, sight *pelkkä sen näkeminen* just seeing it, the mere sight of it *jälleennäkeminen* reunion
näkemyksellinen ideological, philosophical, doctrinal
näkemys 1 (käsitys) view, opinion, conception *Sinulla on täysi oikeus omiin näkemyksiisi* You have a right to your own opinions **2** (maailmankatsomus) worldview, outlook, philosophy **3** (visio) vision *näkemyksellä ohjattu näytelmä* a play directed with vision
näkemä 1 sight distance, the distance you can see **2** *viime näkemästä* since the last time I saw you/him/her/them *ensi näkemältä* at first sight
näkevinäänkään *ei olla näkevinäänkään* pretend not to see, turn a blind eye on
näkijä seer
näkinkenkä mussel (shell)
näky 1 sight, spectacle **2** (näkymä) prospect **3** (ilmestys) vision
näkymä 1 (näköala) view **2** (tulevaisuuden) prospect *näillä näkymin* as things look now
näkymättömyys invisibility
näkymätön invisible
näkyvyys visibility

näkyvä 1 visible, perceptible, obvious; (korostetun) conspicuous 2 (huomattava) prominent
näkyvästi visibly, perceptibly, obviously, conspicuously, prominently (ks näkyvä)
näkyä 1 be visible/seen, show *Ikkunasta näkyy järvelle* There's a view of the lake out the window, you can see the lake from the window *En tykkää kun rintsikat näkyy läpi* I don't like my bra to show through (my blouse) 2 (olla paikalla/maisemissa) be around *Onko Viljoa näkynyt?* Seen Viljo around? *Mekin odotimme häntä muttei häntä ole näkynyt* We were waiting for him too but he never showed (up) 3 (näyttää) appear, seem *Hän näkyy olevan* He seems/appears to be
näkö 1 (eye)sight, vision *Näköni on heikentynyt* My vision has deteriorated *niin nälkä että näköä haittaa* so hungry I can hardly see 2 (ulkonäkö) appearance, looks *Sinussa on vähän äitisi näköä* You look a little like your mother, You resemble your mother a little *näön vuoksi* for appearances' sake, to look good *Sinussa on sekä kokoa että näköä* You've got both size and looks
näköaisti (sense of) sight
näköala 1 view 2 (tulevaisuuteen tms) prospect(s)
näköalapaikka 1 (tiellä) lookout spot 2 (kuv) prominent position
näköharha optical illusion, hallucination
näköhavainto visual perception
näköhermo optic nerve
näköinen 1 (näkee) -sighted *likinäköinen* near-sighted 2 (näyttää) -looking *epäilyttävän näköinen* shady-looking
näköisnäyttö (tietok) WYSIWYG (sanoista what you see is what you get)
näköjään apparently, it seems/appears
näkökanta position, stance, point of view
näkökenttä field of vision
näkökeskus visual center
näkökohta point, factor, consideration

näkökulma 1 (näkökanta) perspective, viewpoint, standpoint 2 (kulma) visual angle
näkömuisti visual memory
näköpiiri range of vision, (kuv) horizon *näköpiirissä* on the horizon, within view, in sight
näkösällä in view, visible
näkötorni view tower
näkövinkkeli point, factor, consideration
nälissään starving, famished
nälkiintyä starve, become emaciated
nälkä hunger *Onko sinulla nälkä?* Are you hungry? *nähdä nälkää* starve *syödä jotain pahimpaan nälkäänsä* eat something to tide you over till dinner, to take the edge off your hunger
nälkäinen 1 hungry, starving, famished 2 (kuv) hungry, greedy
nälkäisesti hungrily, greedily
nälkäkuolema (death by) starvation
nälkälakko hunger strike
nälkä on paras kokki hunger is the best sauce
nälvintä needling, gibing, carping
nälviä needle, gibe, carp
nälänhätä famine
nänni nipple
näpelöidä finger, fiddle with, twiddle
näperrellä fiddle/tinker with
näpertää fiddle/tinker with
näpistelijä petty thief, shoplifter
näpistellä steal, swipe, filch
näpistää steal, swipe, filch, get a five-finger discount
näppi finger(tip) *Näpit irti!* Get your mitts off (that)! Don't touch it! *jäädä nuolemaan näppejään* come up empty-handed
näppylä pimple, (ark) zit; (mon) acne
näppäimistö keyboard
näppäin 1 key 2 (TV:n tms) (push)button
näppäinpuhelin push-button (tele)phone
näppäryys dexterity, handiness, wit
näppärä 1 (käsistään) clever/good with your hands, deft, dexterous 2 (puheessaan) quick-witted, witty

näppärästi deftly, handily, wittily
näpäys 1 rap, flick **2** (pesäpallossa) bunt **3** *Se oli hänelle terveellinen näpäys* She had it coming, she deserved it
näpäyttää rap, flick
näre young spruce *Näin on näreet* That's the way it is
närhi jay
närkästys irritation
närkästyä get irritated (at), (ark) get pissed off
närä grudge, bitterness, rancor
närästys heartburn
närästää *Minua närästää* I have heartburn
nätisti nicely *Mene nyt nätisti sänkyyn* Be a good girl and go to bed, toddle off to bed like a good boy now
nätti pretty
näykkiä 1 (nyppiä) nip, nibble, bite **2** (nälviä) needle, gibe, carp
näyte 1 (tavara-/virtsanäyte tms) sample, specimen **2** (taidonnäyte tms) demonstration **3** (opinnäyte) scholarly thesis
näyteikkuna display window
näytellä 1 (näytelmässä) act, (tiettyä hahmoa) play **2** (esittää) pretend (to be), play (at), put on a show (of being), feign *Älä viitsi näytellä viatonta* Stop trying to feign innocence **3** (näyttää) show (off), display
näytelmä play, (ark) spectacle
näytteenotto sampling, taking (of) samples
näytteilleasettaja exhibitor
näytteillä on display
näytteitys sampling
näyttelijä actor
näyttely exhibition
näyttelytilat exhibition space
näyttelyvieras visitor to an exhibition
näyttämö stage
näyttämöllepano staging
näyttäytyä show yourself/up, put in an appearance
näyttää 1 (jotakin) show *Näytä!* Show me! *Aika näyttää* Time will tell *näyttää valoa* shine a light *Vielä näytän!* I'll show you yet! **2** (osoittaa) point to, indicate *näyttää sormella* point a finger at **3** (joltakin) look, appear, seem *Hän näyttää minusta epäillyttävältä* He looks suspicious to me *Näyttää tulevan kaunis päivä* It looks like it's going to be a nice day *näyttää vihreää valoa* give somebody the green light
näyttää vihreää valoa give some-body the green light
näyttö 1 (lak) evidence, (ark) proof *Onko sinulla mitään näyttöä siitä?* Do you have any evidence/proof of that? Can you back that up with evidence/proof? **2** (tietok) monitor, video display unit (VDU)
näyttölaite monitor, (tietokoneen myös) computer monitor
näyttöpääte terminal, video display terminal, VDT, computer terminal
näytäntö (elokuvan) showing, (näytelmän) performance
näytönsäästäjä screensaver
näytös 1 (näytelmän) act **2** (esitys) performance, demonstration, act
näännyksissä exhausted, at the end of your rope/tether
nääntyä be exhausted, exhaust yourself, wear/tire yourself out
näärännäppy sty
nääs you see
näätä weasel
näätäeläimet mustelids
näön vuoksi for appearances' sake, to look good
nöyhtä fluff
nöyristellä cringe, cower (before), truckle (to)
nöyristely cringing, cowering, truckling
nöyrtyä humble/submit yourself
nöyryytys humiliation
nöyrä humble; (alistuvainen) submissive, docile
nöyrästi humbly, submissively, docilely

O, o

obduktio autopsy, postmortem
obdusoida perform an autopsy on
obeesi obese
obeliski obelisk
obesiteetti obesity
obituaari obituary
objekti object
objektiivi lens
objektiivin aukko aperture
objektiivinen objective
objektiivin suojus lens cap
objektiivisuus objectivity
objektivismi objectivism
obligaatio 1 (liik) bond **2** (lak) obligation
obligaatiolaina bond loan
oboe oboe
observatorio observatory
observoida observe
observointi observation
obsessiivinen obsessive
obsessio obsession
obsidiaani obsidian
obstetriikka obstetrics
obstetrikko obstetrician
Occamin partaveitsi Occam's razor
odontologi odontologist
odontologia odontology
odontologinen odontological
odotella wait around (for)
odotettavissa to be expected *Odotettavissa huomisaamuun mennessä; sadekuuroja ja kovaa lounaistuulta* By tomorrow morning we should see some showers accompanied by a stiff wind from the southwest
odotettu expected
odotetusti as might be expected, predictably

odottaa 1 (varrota) wait (for) *Saimme odottaa kauan* We had a long wait *Linja on varattu - odotatteko?* That line is busy - will you hold? *antaa odottaa* keep (someone) waiting (for you) *odottaa turhaan* wait in vain *odottaa vuoroaan* wait your turn **2** (otaksua) expect (someone to do something, something to happen) *Odotan sinulta suuria* I expect great things from you **3** (toivoa, odottaa innolla) anticipate, look forward to (expectantly, with anticipation) *Tuskin maltan odottaa lauantaita* I can hardly wait till Saturday **4** (vauvaa) be expecting (a baby), be pregnant *odottaa toista lasta* expect your second (child)
odottamaton unexpected
odottamatta unexpectedly
odottamattomasti unexpectedly
odottavan aika on pitkä a watched pot never boils
odotuksenmukainen (as) expected/anticipated *odotustenmukainen tulos* the expected result, the result we expected/anticipated
odotuksenvastainen (yllättävä) unexpected, (huonompi) disappointing
odotus 1 wait(ing) **2** expectation, expectancy, anticipation, hope *asettaa suuria odotuksia johonkin* have great hopes for something, have high expectations about something *vastata odotuksia* meet (all) expectations *yli odotusten* beyond your wildest dreams/hopes, beyond all expectations *odotuksen vallassa* expectantly, with great anticipation, in great suspense **3** (raskaus) pregnancy

odotusaika 1 waiting period **2** (raskaus) term of pregnancy
odotushuone waiting room
odotusten mukaisesti as expected
odotusten vastaisesti contrary to (all) expectations
odotuttaa make (someone) wait, keep (someone) waiting
odysseia (matka) odyssey, (eepos) Odyssey
offensiivi offensive
offensiivinen offensive
offline off-line
offset offset
offsetpaino offset printing/copying
oftalminen ophthalmic
oftalmologi ophthalmologist
oftalmologia ophthalmology
oftalmoskooppi ophthalmoscope
oh oh (lausutaan [oʊ])
ohdake thistle
ohdakkeinen thistly, (kuv) thorny
oheinen enclosed, attached
oheislaite (tietok) peripheral device
oheislukemisto (supplementary) reading (list)
oheistaa enclose, attach
ohella in addition to, on top of, along with *Tähän ohelle voisin ottaa jotain juotavaa* I could drink something with this *toimia päivätyönsä ohella yövartijana* moonlight as a night watchman
ohenne 1 (maalin) thinner **2** (kem) diluent
ohennus (tukan, maalin) thinning, (nesteen) dilution
ohentaa (tukkaa, maalia) thin (out/down), (nestettä) dilute
ohentamaton undiluted
ohentua thin (out) *Harrin tukka on alkanut ohentua edestä* Harri's hair is getting thin in front
ohessa enclosed, attached
oheta ks ohentua
ohhoh (mukava yllätys) my my, (nyt meni överiksi) what the hell, (taasko) oh no
ohi 1 (loppunut) over, past *Meidän välillämme kaikki on ohi* It's all over between us *Vaara/se aika on ohi* The danger/that time is past **2** (ohitse) by, past *Kuka tuo oli, joka juuri käveli ohi?* Who was that who just walked by/past? **3** *mennä ohi* (kulua loppuun) pass *olla mennyt ohi* be over/past **4** (ajaa edelle) pass up, outstrip, beat *olla mennyt ohi* be (way) ahead (of the others), be in the lead, be head and shoulders above the others **5** (ei osua) miss, go wide *olla mennyt ohi* be a miss
ohiajo drive-by
ohi kiitävä (juna tms) passing, (hetki) fleeting
ohi kulkeva adj passing
ohikulkeva s passerby (mon passersby)
ohikulkija passerby (mon passersby)
ohikulku (kaupungin, autolla) bypass, (tähden) transit
ohikulkuliikenne bypass traffic
ohikulkumatka *ohikulkumatkalla* on the way (there) *Se oli ohikulkumatkallani, poikkesin sinne vain hetkeksi* It was on my way, I just stopped in for a second
ohikulkutie bypass
ohilaukaus miss
ohilyönti miss
ohimarssi match-past
ohi menevä passing *katsella ohi meneviä autoja* watch the cars go by, watch the passing cars
ohimenevä passing, fleeting, transient *Älä huoli, se on ohimenevä vaihe* Don't worry, it's just a phase (he's going through), it's a passing thing, it'll pass
ohimennen in passing *Ohimennen sanoen* incidentally, by the way
ohimo temple
ohi on 330 I've done my gig (in the army)
ohitse ks ohi
ohittaa pass *Tässä osavaltiossa ei saa ohittaa oikealta* In this state you're not allowed to pass on the right
ohitus passing
ohituskaista passing lane
ohituskielto (merkki) no passing sign
ohitusleikkaus bypass operation/surgery
ohivalintanumero direct number

ohrainen

ohjaaja 1 (auton) driver **2** (lentokoneen) pilot **3** (moottoripyörän) rider **4** (laivan) helmsman **5** (työmaakoneen) operator **6** (näytelmän, elokuvan) director **7** (opinto-ohjaaja) (guidance) counselor
ohjaajantuoli director's chair
ohjaamo 1 (lentokoneen: pienen) cockpit (myös ison ark), (ison) flight deck **2** (laivan) bridge **3** (rekan, työmaakoneen) cab
ohjailla 1 guide, direct, instruct, counsel **2** (kielteisenä) manipulate, control **3** (laivaa) maneuver, steer
ohjain 1 (kovalevyn) controller **2** (poran) jig, (hihnan) guide **3** *ohjaimet* (lentokoneen) controls **4** (ahdin) brace
ohjas 1 (linnun) lore, mastax **2** *ohjakset* reins *antaa hevoselle vapaat ohjakset* give a horse its head *ottaa ohjakset käsiinsä* take the reins/helm *olla ohjaksissa* be at the helm
ohjata 1 (neuvoa) guide, instruct, counsel **2** (opastaa) lead, show, conduct, direct **3** (suunnata) direct, channel, steer **4** (elokuvaa, näytelmää) direct **5** (autoa) steer, (lentokonetta) pilot **6** (tietok) control
ohjaus 1 (neuvonta) guidance, instruction, counsel(ing) **2** (opastus) guiding, directing **3** (suuntaus) directing, channeling, steering **4** (elokuvan, näytelmän) direction **5** (auton) steering, (lentokoneen: ohjaajan) piloting, (koneen) control *automaattinen ohjaus* automatic pilot
ohjauslaitteet controls, (auton) steering, (ohjuksen tms) guidance system
ohjauslukko steering lock
ohjauspyörä steering wheel
ohjaussauva control stick, (ark) joystick
ohjaustanko handlebar(s)
ohjautua be directed/guided (toward/away from) *Askeleeni ohjautuivat kirkkoon* My feet instinctively took me to the church
ohjautuvuus steerability
ohje 1 (ohjenuora) guiding principle, rule, motto, precept **2** *ohjeet* instructions, directions *Jos et saa konetta muuten toimimaan, lue käyttöohjeet* If all else fails, read the instructions/directions
ohjeellinen normative
ohjehinta list price
ohjeisto technical documentation, user's manual
ohjekirja instruction/user's manual, (tekn) documentation
ohjelma 1 (TV:n, tietokoneen, konsertin/urheilutapahtuman painettu) program *Onko teidän juhlissanne mitään ohjelmaa?* Are there going to be any speeches or skits at your party? Is anyone going to be performing anything, putting on anything, at your party? (ohjelma merkityksessä 'järjestetty esittäminen' ei käänny englanniksi) **2** (poliittinen) platform **3** (tekemisen suunnitelma) schedule *Miltä ensi viikon ohjelma näyttää?* What does the schedule for next week look like?
ohjelmajaosto programming section
ohjelmajulistus platform, manifesto
ohjelmallinen programmatic
ohjelmanumero number
ohjelmasarja (TV: ssä) (mini)series, (luentosarja muussa kuin oppilaitoksessa) series of lectures
ohjelmisto 1 (teatterin) repertoire **2** (tietokoneen) software
ohjelmoida program
ohjelmoija programmer
ohjelmointi programming
ohjelmointikieli (tietokoneen) programming language, computer language
ohjesääntö regulation
ohjevähittäishinta suggested retail price, list price
ohjus missile
ohjussiilo missile silo
ohjustukikohta missile base
ohkainen thin, (takista) light
ohmi (sähkövastuksen yksikkö) ohm
oho oho, (vai niin) aha, (hupsista) (wh)oops, (anteeksi) excuse me
ohra barley
ohrainen barley, (kuv) difficult, awkward *käydä ohraisesti* go badly, get fouled/fucked up

ohrajauhot barley flour
ohraleipä barley bread *Nyt otti ohraleipä* Now we've done it, we're up shit creek without a paddle
ohranjyvä barleycorn
ohranjyvä silmässä drunk as a skunk
ohrapelto barley field
ohrapuuro barley porridge
ohuehko thinnish
ohuelti thinly *ohuelti lunta* a thin covering of snow
ohuenlainen on the thin side
ohukainen 1 (lettu) pancake **2** *Ohukainen* Stan Laurel *Ohukainen ja Paksukainen* Laurel and Hardy
ohut thin, (tukka) fine, (vyötärö) slender
ohutsuoli small intestine
oi oh, O (lausutaan [oʊ])
oidipaalinen Oedipal
oidipuskompleksi Oedipus complex
oieta straighten (up/out) *oieta vuoteeseen* stretch out in bed
oijoi oh no
oikaista 1 (oi'istaa) straighten **2** (mennä oikotietä) cut (through/across), take a shortcut **3** (ojentaa: jalkoja) stretch (out) **4** (ojentaa: lasta) scold **5** (korjata) correct **6** (lentokonetta) level off
oikaista koipensa (kuolla) kick the bucket
oikaisu 1 (korjaus) correction **2** (lentokoneen) pullout **3** (mat) rectification
oikaisuluku proofreading
oikaisuvedos galley proof, (ark) galley; (sivuvedos) page proof
oikea s **1** (nyrkkeilyssä) right *aloittaa oikealla leukaan* lead with a right to the jaw **2** (suunnasta) right *Mene toisesta kulmasta oikealle* Take the second right *osua oikeaan* hit the nail on the head adj **1** (ei vasen) right **2** (ei väärä) right, correct *oikea nainen oikeaan aikaan* the right woman at the right time *oikea omistaja* rightful owner *se oikea* (mies) Mr. Right, (nainen) the right woman **3** (sopiva) appropriate, proper, fitting **4** (todellinen) real, true *Sinä olet oikea kiusankappale* You're a real pain in the ass, you know that? **5** (oikeudenmukainen) just, fair *oikealla asialla* on/for a just/good cause **6** (silmukka) knit *neuloa oikeaa* knit
oikeakielisyys linguistic/grammatical correctness
oikeakätinen right-handed
oikeakätisyys right-handedness
oikeamielinen right-minded/-thinking
oikeamielisyys right-mindedness
oikeanpuolinen right(-hand)
oikeaoppinen orthodox
oikeaoppisesti in the prescribed/orthodox manner/fashion
oikeaoppisuus orthodoxy
oikeastaan 1 (itse asiassa) actually, really, in fact, as a matter of fact **2** (loppujen lopuksi) in the end, ultimately
oikeasti really, truly *Sano nyt ihan oikeasti* Come on, stop joking around, tell me really
oikea tola *saattaa asiat oikealle tolalle* put/set things right
oikeellinen 1 (asiakirja) legally valid, authentic **2** (ihminen) competent
oikeellisuus validity, authenticity, competence
oikein 1 (ei väärin) right, correctly *Oikein!* Right! *kirjoittaa oikein* write/spell (something) correctly **2** (sopivasti) properly, suitably, appropriately *Olenko sinun mielestäsi pukeutunut oikein?* Do you think I'm appropriately dressed? **3** (oikeudenmukaisesti) fairly *Heille pitää nyt tehdä oikein* We have to do the right thing by them **4** (täsmälleen) exactly, precisely *Mitä sinä oikein ajat takaa?* What exactly are you getting at/trying to say? **5** (erittäin) very, really, (ark) real *Se on oikein hyvä paikka It's a real(ly) good spot* **6** (täysin) quite *En oikein ymmärrä mitä tarkoitat* I don't quite catch your meaning **7** (oikeastaan) anyway, anyhow *Mitä siellä oikein tapahtui?* What happened in there, anyway? **8** (kovasti) hard *Jos oikein yrität, saat varmasti sen tehdyksi* I know you can do it, if you try really hard, if you put your mind to it **9** *kaksi oikein kaksi nurin* knit two purl two
oikeinkirjoitus spelling
oikeinkirjoitussääntö spelling rule

oireilla

oikeinkirjoitusvirhe spelling mistake
oikein päin the right way, right-side up/out/forward/jne
oikeisto the Right, the right wing
oikeistoenemmistö right-wing majority, majority on the right
oikeistohallitus right-wing government/administration/Cabinet
oikeistolainen s rightist, right-winger adj rightist, right-wing
oikeudellinen judicial, juridical, legal
oikeudenkäynti trial, court case; (mon) legal proceedings, litigation
oikeudenmukainen just, fair
oikeudenmukaisesti justly, fairly
oikeudenmukaisuus justice, fairness
oikeus 1 (oikeellisuus) rightness, fairness, (asiakirjan) authenticity **2** (oikeutus) right *pitää kiinni oikeuksistaan* stand up for your rights, insist on/demand your rights *Millä oikeudella sinä noin teet?* What gives you the right to do that? **3** (virallinen lupa, tav mon) license *A-oikeudet* liquor license **4** (oikeusjärjestys) law *jakaa oman käden oikeutta* take the law into your own hands **5** (oikeudenmukaisuus) justice *oikeuden nimessä* in the name of the law, of justice *Oikeus tapahtui tänään* Justice was served today **6** (tuomioistuin) court (of law) *käydä oikeutta* litigate
oikeuskansleri Attorney General
oikeuskäsitys concept of justice
oikeuskäytäntö legal praxis, case law
oikeuslaitos judicial/legal system, judiciary
oikeuslääketiede forensic medicine
oikeusministeri (Suomi) Ministry of Justice, (US) Attorney General
oikeusministeriö (Suomi) Ministry of Justice, (US) Department of Justice
oikeusneuvos Justice of the Supreme Court
oikeustaistelija civil rights defender
oikeustaistelu civil rights struggle
oikeustapaus legal case
oikeustoimi legal/judicial act/transaction
oikeusturva protection under the law
oikeutettu 1 (oikea) well-founded, reasonable, legitimate, rightful **2** (oikeuden hyväksymä poikkeama laista) justified, justifiable *oikeutettu kuoleman tuottaminen* justifiable homicide **3** (johonkin) entitled *oikeutettu asumaan talossa niin kauan kuin haluaa* entitled to dwell in the house so long as (s)he desires
oikeutetusti with good reason, on good grounds, rightfully, legitimately, justifiably
oikeuttaa 1 (jälkikäteen) justify **2** (etukäteen: sallia) entitle; (valtuuttaa) authorize, empower
oikeutus justification, entitlement, authorization, empowerment (ks oikeuttaa)
oikku whim, caprice
oikkuilla 1 (ihminen) be capricious/flighty/unpredictable/difficult **2** (kone tms) act up
oikoa 1 straighten (up), put (things) straight/right *oikoa jalkansa* stretch your legs *oikoa laskokset* smooth out the folds **2** (mennä oikotietä) cut (across/through) **3** (korjata) correct, put (things) right
oikoilla ks oikoa
oikolukea proofread
oikoluku proofreading
oikopäätä straightaway, right away, immediately, this instant
oikosulku short circuit
oikoteitse by a shortcut
oikotie shortcut
oikovalinta direct dialing
oikovedos (galley-/page-)proof
oikukas capricious
oikullinen capricious
oikutella 1 (ihminen) be capricious/flighty/unpredictable/difficult **2** (kone tms) act up
oikuttelu capriciousness
oinas 1 (eläin) wether **2** (tähtikuvio) the Ram **3** (horoskoopissa) Aries
oire symptom
oireellinen symptomatic
oireeton symptomless
oireilla show symptoms

oitis

oitis immediately, pronto, at once, as soon as possible (ASAP)
oiva excellent, splendid
oivallinen excellent, splendid
oivallisesti excellently, splendidly
oivallus insight, understanding, realization; (oivalluskyky) acumen
oivaltaa understand, realize, become aware of
oja ditch *salaoja* irrigation/drain ditch
ojaanajo driving off the road (into the ditch)
ojanvarsi the edge of a ditch
ojasta allikkoon out of the frying pan and into the fire
ojennella stretch
ojennus 1 (jalan tms) straightening, stretching **2** (järjestys) order *pitää taloa hyvässä ojennuksessa* keep the house in good order **3** (lapsen) scolding *panna lapset ojennukseen* get the kids to behave, calm/quiet the children down *saada joltakulta ojennusta* get chewed out/yelled at by someone
ojentaa 1 (jalkaa tms) straighten/stretch/reach (out) **2** (palkintoa tms) hand/give/present (someone something, something to someone) *Ojentaisitko minulle ketsupin?* Could you reach/pass/hand me the catsup? **3** (asetta) point (at) **4** (lasta) scold, (ark) chew out, yell at **5** (sotajoukkoja) dress
ojentautua (makuulle) stretch out, (pystyyn) straighten up
ojentua straighten out
ojitus (drainage) ditching
ojossa extended, out *kädet ojossa* with outstretched arms *käsi ojossa* with his/her hand out
oka thorn, prickle
okainen thorny (myös kuv)
okkultismi occultism
oksa 1 branch, bough, limb, (pieni) twig *Sellaisia naisia ei kasva joka oksalla* You're not going to find women like that growing on every tree **2** (oksakohta laudassa) knot
oksainen knotty
oksaisuus knottiness
oksanhaara crotch

oksastaa graft (onto)
oksastus grafting
oksat pois *Nyt on oksat poissa* It's not funny, it's no laughing matter
oksennella be vomiting (all day)
oksennus vomit; (ark) throw-up, barf, puke
oksentaa vomit; (ark) throw up, barf, puke, ralph, flash the hash, toss your cookies, blow lunch
oksettaa *Minua oksettaa* I feel sick (to my stomach), I feel nauseous
oksia prune, (ark) lop off
oksidi oxide
oksisto branches
oktaani octane
oktaaniluku octane rating
oktaavi octave
olalle vie! shoulder arms!
olankohautus shrug (of the shoulders)
olan takaa with everything you've got, with all your might
oleilla be, spend your time, (asua) stay *vain oleilla* hang/laze around, veg(etate), kill time
ole kiltti please
olemassaolo existence
olemassaolon taistelu struggle for survival/existence
olemassaolon tarkoitus raison d'eltre
olematon 1 (kokonaan) nonexistent *hävitä olemattomiin* disappear into thin air **2** (melkein) infinitesimal, minuscule
oleminen being
olemus 1 (luonne) being, (inner/essential) nature, essence **2** (käytös) manner, bearing, behavior **3** (ulkonäkö) appearance, looks
olennainen essential, fundamental
olennaisesti essentially, fundamentally
olennaisuus essentiality
olento being, creature
oleskella be, stay, live; (loikoilla) hang around *Tiedätkö, missä hän nykyään oleskelee?* Do you know where I could find her/where she hangs out nowadays, do you have any idea as to her whereabouts?

olla

oleskelu stay, (ylät) sojourn *Asiaton oleskelu kielletty* Unauthorized persons keep out
oleskeluhuone lounge
oleskelulupa residence visa/permit
oletettavasti presumably
olettaa 1 suppose, assume; (ark) take it; (ylät) presume *Oletan että lukitset paikat lähtiessäsi* I assume you'll lock up when you leave **2** (logiikassa) premise, postulate *Oletetaan että A on x* Let A be x **3** (empiirisessä tutkimuksessa) hypothesize
olettamus 1 supposition, assumption, presumption **2** (logiikassa) premise, postulate **3** (empiirisessä tutkimuksessa) hypothesis
oletus 1 ks olettamus **2** (mat) lemma
oletusarvo default
oleutua adjust/adapt/conform (to), get used to, fall into the habit of
oleva existent
olevainen being, entity
olevaisuus being(ness)
olevinaan *Mitä tämä on olevinaan?* What's this supposed to be/mean? *olla olevinaan* pretend to be, put on airs (of being), affect
oliivi olive
oliiviöljy olive oil
olija *paikalla-/läsnäolija* someone (who is/was) present
oli miten oli be that as it may
olinpaikka 1 whereabouts **2** (asuinpaikka: ihmisen) residence, domicile; (eläimen) habitat
olio being, creature
olipa kerran once upon a time there was
olipa se whoever/whatever it was, no matter who/what it was
olisipa I wish, if only *Olisinpa vielä nuori* If only I were still young, I wish I was young still *Olisipa jo huominen* I wish it was tomorrow already
oljenkorsi *viimeinen oljenkorsi* the last straw, the straw that broke the camel's back
olka shoulder *katsoa jotakuta olkansa yli* look down on someone, look down your nose at someone

olkain shoulder strap, (univormussa) epaulette
olkapää shoulder
olki straw
olkihattu straw hat
olkoon 1 (sallittakoon) let it be *Olkoon ensin sinun vuorosi* Let's have it be your turn first *olkoon menneeksi* (let him/her/them) go ahead **2** (olipa) whoever/whatever it was, no matter who/what it was *Olkoon puoliso miten komea tahansa, avioliittoa ei voi rakentaa ulkonäön varaan* I don't care how handsome (s)he is, you can't build a marriage on looks
olkoonkin never mind that
olkoon menneeksi sure, go ahead, why not, what the hell
olla pääv ks myös olla-alkuisia hakusanoja **1** be (there/it is) *Milloin teidän konserttinne on?* When will your concert be (held)/take place? *Missä te olette pääsiäislomalla?* Where are you going to be (staying) during/over Easter vacation? *On liian myöhäistä* It's too late *Tuossa on lisää* There's more (right) there **2** (sijaita) be (located/situated), stand, sit, lie *Se iso kaappi on nyt toisessa nurkassa* That old cabinet is (standing)/stands in the other corner now *Missä teidän mökkinne on?* Where is your summer cottage (located/situated)? **3** (olla jollakulla) *minulla on* I have/own/possess **4** (ruumiillisesta tai henkisestä tilasta) *Mikä sinulla on?* What's the matter? What's bothering you? *Onko teillä nälkä?* Are you hungry? *Minun on kylmä* I'm cold **5** (pakosta yms) *minun on* I have to/must *Onko sinun tosiaankin lähdettävä?* Do you really have to go? Must you go so soon? **6** *Ei minusta taida olla siihen* I don't think I'm cut out for that, I don't think I'm the right person for that *Ei hänestä ole mihinkään* He's no use, he's no good for anything **7** (tulla, olla peräisin) come from, (leik) hail from *Mistäpäin sinä olet?* Where do you come/hail from? **8** (lukea) say *Mitä siinä kirjeessä oli?* What did the letter say? **apuv** have *Hän on tullut* She has come, she's here

olla ihmisiksi

olla ihmisiksi behave yourself
olla (jo) aikaa jostakin be a while since something, something happened a while ago *Leikkauksestani on jo kuukausi* It's already been a month since my operation
ollako vai eikö olla to be or not to be
ollakseen for a *Ollakseen suomalainen hän on oikea suupaltti* For a Finn he's a regular blabbermouth
olla olemassa exist, be *On olemassa pieni mahdollisuus että* There's a slight chance that *Anteeksi että olen olemassa* Pardon me for living
olla omiaan 1 (sopiva) be perfect/ideal(ly) suited/suitable for *Meidän talomme on omiaan kesäjuhliin* Our house lends itself perfectly to summer parties **2** (taipuvainen) be likely/liable/inclined to, tend to *Se on omiaan lisäämään ihmisten riippuvaisuutta valtiovallasta* That's likely to have the effect of increasing people's dependence on government
olla otsaa have the nerve (to) *Onpas hänellä otsaa!* (He's got) some nerve!
olla saatavilla ks olla tarjolla
olla sanomattakin selvää *on sanomattakin selvää että* it goes without saying that
olla tarjolla be available, come *Tätä paitaa on vain valkoisena* This shirt only comes in white, is only available in white
olla tekemäisillään be about to *Olin koko ajan purskahtamaisillani nauruun* The whole time I was just about to burst out laughing
olla tekemättä stop *Oletkos kiljumatta!* Would you please stop screaming! *En voinut olla nauramatta* I couldn't help laughing
olla tekevinään 1 (leikkiä) pretend to do something *olla kuuntelevinaan/katselevinaan* pretend to be listening/watching **2** (luulla) think you did something *olla kuulevinaan/näkevinään* think you heard/saw something
olla tekevä (am/are/is/was) to do something (in the future) *Hän ei ollut koskaan enää näkevä vaimoaan elävänä* He was never again to see his wife alive
olla (vielä) aikaa johonkin be a while until something, something is still a while off *Syntymäpäivääsi on vielä kuukausi* It's still a month till your birthday
olla (vähällä) tehdä almost/nearly do something *Olin (vähällä) kaatua* I almost/nearly fell/slipped
olla yhtä kuin (be) equal (to), be, make 2 + 2 = 4 Two plus two is/equals/makes four
ollenkaan at all *ei ollenkaan* not at all
olo 1 (oleminen) being *Mitä minun siellä oloni vaikuttaa neuvotteluihin?* What effect will my being there have on the negotiations? **2** (tunne, tuntu) feeling *Minulla on hyvä/huono olo* I feel good/bad, happy/sad *Onko sinulla paha olo?* Aren't you feeling very well/good? Are you sick? *Tee olosi kotoiseksi* Make yourself at home **3** *olot* conditions, circumstances *ahtaat olot* straitened circumstances *olla oikeissa oloissaan* be in your element *pysytellä omissa oloissaan* keep to yourself, keep your own company *jättää joku omiin oloihinsa* leave someone alone
olohuone living room
olosuhteet circumstances, conditions *Olen pärjäillyt olosuhteisiin nähden ihan hyvin* I've been doing all right, considering, under the circumstances
olotila 1 (asianlaita) state of affairs **2** (olomuoto: aineen) state, (ihmisen) condition
oltavat condition, state *Ei teilläkään ole helpot oltavat* It's tough for you too *Pojille tuli kuumat oltavat* The boys got into hot water *Meillä on tässä ihan hyvät oltavat* We like it here just fine
oltermanni alderman
oluenpanija brewer
olut beer
olutkori case of beer
olutpanimo brewery
olutpullo (täysi) bottle of beer, (tyhjä) beer bottle
oluttölkki (täysi) can of beer, (tyhjä) beer can

olvi (vanh, leik) brew
olympiaennätys Olympic record
olympiajoukkue Olympic team
olympiakaupunki host city for the Olympics
olympiakisat Olympic games
olympiakomitea International Olympic Committee, IOC
olympiakulta gold medal in the Olympics
olympiakylä Olympic village
olympialaiset the Olympics
olympiapalkinto Olympic medal
olympiaurheilija Olympic athlete
oma adj **1** (of) your) own *omistaa oma talo* own your own house, own a house of your own *ajaa omaa etuaan* look out for number one, protect your (own best) interests **2** (henkilökohtainen) private, (erillinen) separate *oma sisäänkäynti* private/separate entrance pron **1** mine, yours, his, hers, its, ours, theirs *Tämä on minun kirjani, missä sinun omasi?* This is my book, where's yours? **2** *vuoteenoma* bed-ridden
oma-aloitteinen spontaneous, unprompted, (something) done on your own initiative
oma-aloitteisesti on your own initiative
oma-aloitteisuus initiative, enterprising spirit
omaa sukua née *Virve Antikainen o.s. Ripatti* Virve Antikainen née Ripatti
omaehtoinen 1 independent **2** (kasv) autonomic
omaehtoisesti independently
omaelämäkerta autobiography
omahyväinen smug, complacent; (itserakas) conceited, (ark) stuck up
omahyväisesti smugly, complacently, conceitedly
omahyväisyys smugness, complacency, conceit
omainen (close) relative/relation *omaiset* the (immediate) family *lähin omainen* next of kin, closest relation/relative
omaisuus 1 property, possessions, assets; (testamentissa) estate *kiinteä omaisuus* real estate *irtain omaisuus* personal property *yhteinen omaisuus* joint property **2** (rikkaus) fortune, wealth *koota itselleen valtava omaisuus* make/amass a huge fortune
omaisuusrikos crime involving property
omaisuusvero property tax
oma itsensä *olla oma itsensä* be yourself
oma kehu haisee stop blowing your own horn
omakohtainen personal, (henkilökohtainen) private, (subjektiivinen) subjective
omakotitalo house, (ark) home
omakotitaloalue residential neighborhood
omakseen *ottaa asia omakseen* take a matter to heart, make a matter your personal crusade
omaksua 1 (oppia) take in, learn *omaksua nopeasti vieras kieli* learn a foreign language quickly **2** (ottaa omakseen) adopt, embrace
omakustanne vanity press edition, author's edition
omakustannushintaan at cost
omakuva self-portrait
omalaatuinen peculiar, eccentric
omalaatuisuus peculiarity, eccentricity
omaleimainen distinctive, characteristic, individual
omalla vastuulla at your own risk
omaloki (tietok) (we)blog
omalta osaltani for my part
omalääkäri family doctor
oma maa mansikka, muu maa mustikka East, west, home is best
Oman Oman
omanarvontunto self-esteem
omanilainen s, adj Omani
omankädenoikeus vigilante law
omanlaisensa one of a kind
omantunnonasia matter of conscience
omantunnonkysymys matter of conscience
omantunnonvapaus freedom of conscience

omaperäinen

omaperäinen 1 (omaleimainen) distinctive, characteristic, individual **2** (alkuperäinen) native, indigenous

omaperäisyys 1 (omaleimaisuus) distinctiveness, individuality **2** (alkuperäisyys) native/indigenous origin

omasta takaa of your own *Meillä on perunaa omasta takaa* We grow our own potatoes

omata have, possess

omataitto (tietok) desktop publishing, DTP

omatekoinen home-/hand-made

omatoiminen self-motivated/-driven

omatoimisesti on your own

omatoimisuus self-motivation

omatunto conscience *Minulla on huono omatunto siitä* I feel guilty about that *Hyvä omatunto on paras päänalunen* A quiet conscience sleeps through thunder *Omatuntoni soimaa* My conscience won't leave me alone

omavalintainen optional *omavalintainen aine* elective

omavaltainen arbitrary

omavaltaisesti arbitrarily

omavaltaisuus arbitrariness

omavarainen 1 (maa, perhe) self-sufficient **2** (kasvi) autophytic

omavaraisuus 1 (maan, perheen) self-sufficiency **2** (kasvin) autophysis

omaverkko (tietok, myös sisäinen verkko/sisäverkko) intranet

omaviestintä (tietok) personal communications

omena apple *Ei omena kauas puusta putoa* Like father like son, he's a chip off the old block, the acorn doesn't fall far from the oak tree

omenamehu apple cider

omenapiirakka apple pie

omenapuu apple tree

omenavarkaissa stealing apples

omia take, (ark) help yourself to

omiaan 1 (sopiva) perfect/ideal(ly suited/suitable) for *Meidän talomme on omiaan kesäjuhliin* Our house lends itself perfectly to summer parties **2** (taipuvainen) likely/liable/inclined to *Se on omiaan lisäämään ihmisten riippuvaisuutta valtiovallasta* That's likely to have the effect of increasing people's dependence on government **3** *puhua omiaan* talk through your hat

omilleen *päästä omilleen* break even

ominainen distinctive, characteristic

ominaisesti distinctively, characteristically

ominaishaju distinctive smell

ominaisluonne characteristic

ominaispiirre characteristic (feature/trait)

ominaisuus 1 characteristic, feature, trait, quality **2** (peritty) character

omin päin on your own

omin sanoin in your own words *sanoa omin sanoin* paraphrase

omintakeinen 1 (itsenäinen) independent **2** (omaperäinen) individual, idiosyncratic

omintakeisesti independently, idiosyncratically

omintakeisuus independence, idiosyncracy

omissa maailmoissaan off in a world of his/her own

omistaa 1 (omaisuutta) own, possess, have **2** (kirja) dedicate, inscribe; (elämä) devote

omistaja owner, (liikkeen) proprietor

omistautua dedicate/devote yourself/your life (to)

omistus 1 (omaisuuden) ownership, possession, (liikkeen) proprietorship **2** (kirjan) dedication, inscription

omistuskirjoitus dedication, inscription

omituinen peculiar, odd, strange, eccentric

omituisesti peculiarly, oddly, strangely, eccentrically

omituisuus peculiarity, oddity, strangeness, eccentricity

ommel (käsityössä, lääk ark) stitch; (lääk) suture

ommella sew (up) *ommella omat vaatteet* make/sew your own clothes

ompelija seamstress, (pukujen) dressmaker

ompelu sewing

onni onnettomuudessa

ompelukone sewing machine
onania onanism, masturbation
ongelma problem
ongelmalapsi problem child
ongelmallinen problematic
ongelmallisuus difficulty
ongelmanuori problem teenager/adolescent
ongelmatapaus problem/difficult case
ongenkoho float, bobber
ongenkoukku fishhook
ongensiima fishline
ongenvapa fishing pole/rod
onginta fishing
onkalo cave, cavity, hollow
onki rod/hook and line *lähteä ongelle* go fishing *Kala käy onkeen* The fish are biting *ottaa onkeensa* keep/bear (something) in mind *tarttua onkeen* (kuv) fall for (something) hook, line, and sinker
onkia fish, (kuv) fish/dig out *onkia tietoonsa* scrounge/dig up (information about)
onkija fisher(wo)man, (vanh) angler
onkimato fishworm
online on-line
onnahtaa limp
onnekas 1 (hyvää onnea tuottava/saava) lucky, fortunate 2 (onnellinen) happy, felicitous
onnekkaasti luckily, fortunately, happily, felicitously
onnekkuus luck, fortune, happiness, felicity
onnela paradise, utopia, El Dorado, Happy Isles, Shangri-La
onnellinen 1 (iloinen) happy, glad, joyful; (valinta) felicitous *onnellinen loppu* happy ending *elää onnellisina elämänsä loppuun asti* live happily ever after 2 (onnekas) lucky, fortunate
onnellisesti happily, felicitously, luckily, fortunately; (hyvin) well, for the best
onnellisuus happiness, felicity, good luck/fortune
onnenetsijä seeker after happiness
onnenkauppa stroke of good fortune, piece of (good) luck *onnenkaupalla* by sheer luck, by a fluke, by a freak accident
onnenlahjat *Tasan ei käy onnenlahjat* Luck is blind
onnenonkija (rikkaisiin naimisiin haluava) fortune-hunter, adventurer; (tilaisuuden käyttäjä) opportunist
onnenpekka lucky devil
onnenpoika lucky devil
onnenpotku stroke of (good) fortune, piece of (good) luck
onnenpyörä wheel of fortune
onnentoivotus best wishes, congratulations
onnetar Lady Luck, (Dame) Fortune, (lat) Fortuna
onneton 1 (kurja) miserable, unhappy, wretched 2 (huono-onninen) unlucky, unfortunate 3 (epäonnistunut) ill-fated/-omened/-starred, luckless, blighted
onnettomasti miserably, unhappily, unluckily, unfortunately, lucklessly (ks onneton) *Siinä käy vielä onnettomasti, sano minun sanoneen* It's going to flop, it's going to turn out badly, mark my words
onnettomuus accident, disaster, catastrophe *Onnettomuus ei tule yksin* It never rains but it pours, misery loves company *onnettomuudeksi* unfortunately, as (ill) luck would have it
onnettomuuspaikka the scene of the accident
onni 1 (onnellisuus) happiness, joy, bliss, delight *onnensa kukkuloilla* at the height of your happiness 2 (onnekkuus) luck, fortune; (personoituna) Lady Luck, (Dame) Fortune *hyvä/huono onni* good/bad luck/fortune *Silloin onneni kääntyi* That was when my luck/fortunes changed/turned *jättää joku oman onnensa nojaan* leave someone to his/her own devices *Onnea matkaan!* Have a good trip! Good luck on your trip! 3 *Onnea!* (yleisonnittelut) Congratulations! (synttärisankarille) Happy birthday! (hääpäivänä) Happy anniversary!
onni onnettomuudessa every cloud has a silver lining, look on the bright side

onnistaa

onnistaa *Minua onnisti* I did/made it, my (whatever) was a success *Häntä aina onnistaa* He has all the luck
onnistua succeed (in doing something), be successful/a success (in/at); (ark) work, come out (all right)
onnistuneesti successfully
onnistunut successful
onnitella congratulate
onnittelu congratulations
onomatopoeettinen onomatopoeic
onpa what a *Onpa valtava työ!* What a (huge) job! *Onpas* Is too/so *Eipäs* Is not
Ontario Ontario
ontelo cavity
ontto hollow (myös kuv)
ontua limp *Vertaus hieman ontuu* The conceit doesn't quite work, the analogy falls a bit short
oodi ode
oopiumi opium *Uskonto on kansan oopiumi* Religion is the opiate of the people
ooppera opera
oopperalaulaja opera singer
oopperamusiikki opera(tic) music
oopperatalo opera hall
opas (ihminen) guide, (kirja) guide(-book)
opastaa guide, lead, conduct
opaste (tieviitta) roadsign, (rautatiellä) signal
opastin signal
opastus 1 guidance *kartan opastuksella* with the help/aid of a map, following a map **2** (neuvonta) information
opastuspuhelin helpdesk, hotline
operaatio operation
operaattori operator
operetti operetta
operoida operate
opetella learn
opettaa 1 teach, instruct **2** (kouluttaa) train, (harjoituttaa) drill
opettaja teacher, instructor, trainer, drill-master; (mon) faculty, teaching staff
opettajainhuone teachers' room
opettajakunta faculty, teaching staff
opettajankoulutus teacher training
opettajan virka teacher's position
opettajapula shortage of teachers
opettajatoveri colleague, fellow teacher
opettajisto faculty, teaching staff
opettavainen educational, instructive, didactic
opettavaisesti pedantically
opettavaisuus pedantry
opettelija learner, beginner
opettelu learning
opetuksellinen educational, instructional
opetus 1 (opettaminen) teaching, instruction **2** (opetettu/opittu asia) lesson, (tarinan) moral *antaa jollekulle pieni opetus* teach someone a lesson
opetuselokuva educational movie
opetusharjoittelija student teacher
opetusharjoittelu student teaching
opetuskieli language of instruction
opetuslaitos educational system
opetuslapsi disciple
opetusmenetelmä teaching method
opetusministeri (SF) Minister of Education, (US) Secretary of Health, Education, and Welfare (HEW)
opetusministeriö (SF) Ministry of Education, (US) Department of Health, Education, and Welfare (HEW)
opetusnäyte demonstration lesson
opetusohjelmisto (tietok) courseware
opetusoppi pedagogics
opetussairaala teaching hospital
opetussuunnitelma curriculum
opetustoiminta teaching
opetustyö teaching
opetusviihde edutainment
opillinen doctrinal
opinahjo seat of learning
opinkappale tenet (of your faith), doctrine
opinnot studies
opinnäyte scholarly thesis
opinnäytetyö scholarly thesis
opintie *lähteä opintielle* begin school
opintoasiaintoimisto student advisor's office
opintolaina student loan
opintoneuvonta student guidance

opinto-ohjaaja (koulussa) guidance counselor, (yliopistossa) student advisor
opinto-ohjelma curriculum
opintopäivät seminar, conference
opintoretki field trip
opintosuunnitelma curriculum
opintovaatimukset course requirements
opintovapaa study leave
opintovelka student loan
opiskelija (college/university/undergraduate) student *jatko-opiskelija* grad(uate) student
opiskelijalevottomuudet student unrest
opiskella study
opiskelu study(ing)
opiskelutoveri friend from college
opisto institute, college
oppi 1 (oppineisuus) learning, erudition *ottaa oppia* (jostakin) learn from, (jostakusta) follow (someone's) example *Ei oppi ojaan kaada* A little learning never hurt anybody **2** (opinnot) education *olla jonkun opissa* be apprenticed to **3** (opinkappale) doctrine, dogma **4** (opetus) lesson, teaching *Olkoon tämä sinulle opiksi* I hope you've learned your lesson
oppia learn, (ark) pick up
oppia ikä kaikki live and learn, you learn something new every day
oppiaine subject
oppiarvo degree
oppia tuntemaan get to know (someone)
oppi-isä master, (spiritual) father, teacher; (ark) guru
oppikirja textbook
oppikoulu secondary school
oppilaanohjaus student guidance/counseling
oppilaitos school
oppilas 1 (koulun, yliopiston) student **2** (ammattioppilas) trainee **3** (opetuslapsi) disciple, follower
oppilasarvostelu student evaluation
oppilashuolto student welfare
oppilaskerho student club
oppilaskunta student body
oppilasluettelo student register

oppilasmäärä enrollment
oppiminen learning
oppimäärä course (of study)
oppineisuus learning, erudition
oppinut s learned person, (ark halv) egghead adj learned, erudite
oppipoika 1 apprentice **2** (aloittelija) beginner
oppirahat *maksaa oppirahat* pay your dues
oppisopimus indenture
oppisuunta school (of thought)
oppitunti class, lesson
oppivainen quick to learn, apt
oppivelvollinen (someone) of school age
oppivelvollisuus compulsory education
oppivelvollisuusikä school age
opponentti opponent
opportunismi opportunism
opportunisti opportunist
opportunistinen opportunistic
oppositio opposition
optiikka optics
optikko optician
optimaalinen optimal
optimi optimum
optimismi optimism
optimisti optimist
optimistinen optimistic
optinen optical
optio (pörssissä) option
optiolaina option loan
optisesti optically
opus opus
oraakkeli oracle
oranssi orange
oranssinvärinen orange
orapihlaja hawthorn
oras new crop
orastaa 1 (vilja tms) sprout, spring up, germinate **2** (kuv) take shape, develop
orastava budding, nascent, beginning
orastus dawn(ing)
oratorio oratorio
orava squirrel
oravannahka squirrel skin
ordinaaliluku ordinal number
orgaaninen organic

organisaatio

organisaatio organization
organisatorinen organizational
organismi organism
organisoija organizer
organisointi organization
orgasmi orgasm
orgiat orgy
ori stallion, stud
orientaatio orientation
orientoitua get oriented, orient yourself
orientoituminen orientation
originaali original
originelli original
orja slave, (maaorja) serf *tapojensa orja* creature of habit
orjallinen slavish
orjallisesti slavishly
orjamainen slavish
orjamaisesti slavishly
orjamarkkinat slave market
orjantappura thorn, thistle
orjatalous slave economy
orjuus slavery
orjuuttaa enslave
orjuutus enslavement
orkesteri orchestra
orkesterimusiikki orchestra(l) music
orkesterinjohtaja conductor
orkesterisyvennys orchestra pit
orkesterisävellys orchestral composition
orkestroida orchestrate
orkidea orchid
ornamentaalinen ornamental
ornamentiikka ornamental/decorative art
ornamentti ornament
ornitologi ornithologist
ornitologia ornithology
ornitologinen ornithological
orpo orphan *jäädä orvoksi* be orphaned *orpo olo* forlorn/desolate feeling
orpokoti orphanage
orpolapsi orphan(ed child)
orpous orphanhood
orsi 1 (talon) beam, rafter **2** (linnun) perch, roost *kuin kanat orrella* cheek by jowl, shank to flank
ortodoksi orthodox
ortodoksinen orthodox
ortodoksisuus orthodoxy
orvaskesi epidermis
orvokki violet
osa 1 part *jakaa samansuuruisiin osiin* divide up into equal parts: (kangasta) cut up into equal lengths, (kakkua) cut into equal-sized pieces/slices, (rahaa) divide up into equal shares *esittää Hamletin osaa* play the part/role of Hamlet *ostaa osia stereoihinsa* buy parts/components for your stereo *teoksen ensimmäinen osa* (kirjan) first part/book, (kirjasarjan) first volume, (sinfonian) first movement, (lyhyemmän musiikkiteoksen) first part *kolmasosa* third *neljäsosa* fourth, quarter **2** (jotkut) some *Osa on miehille, osa naisille* Some are for men, some for women **3** (kohtalo) fate, lot *alistua osaansa* resign yourself to your fate/lot
osaa eikä arpaa *Minulla ei ole siihen osaa eikä arpaa* I had/have nothing to do with it
osa-aikainen part-time
osa-aikatyö part-time job
osaamaton unskilled, incompetent
osaava skilled, competent
osainen *neliosainen* (artikkeli, saarna tms) four-part (article), (sermon) in four parts; (kirjasarja) four-volume (series), (series) in four volumes; (sinfonia) in four movements
osajako (näytelmän) casting
osakas (yhtiökumppani) partner, (osakeyhtiön) shareholder
osake 1 (paperi) share, (mon) stock **2** (huoneisto) condo(minium)
osakeanti (stock) issue
osake-enemmistö controlling interest (in a company)
osakemarkkinat stock market
osakesalkku stock portfolio
osakeyhtiö corporation, incorporated company (Inc.)
osakkuus partnership
osakseen 1 (itselleen) jää kääntämättä *saada osakseen* receive *saada osakseen runsaasti kiitosta* be thanked profusely, have praise lavished upon you *saada osakseen pilkkaa* be met with scorn/rid-

osoitus

icule, be made a laughingstock **2** (kohtalokseen) to your lot *Minun osakseni tuli* It fell to my lot (to), it became my responsibility (to), it devolved upon me (to)

osaksi part(ly) *osaksi puuvillaa, osaksi polyesteriä* part cotton, part polyester *suureksi osaksi* mostly, in large part, for the most part

osakunta (regional) students' club

osallinen part of, party to *päästä osalliseksi/olla osallisena jostakin* get involved in something, be included in something, take part/participate in something

osallistua 1 take part (in), participate (in), be involved/included (in) **2** (kurssiin tms) attend **3** (kustannuksiin) share

osallisuus 1 part, share, involvement **2** (lak rikokseen) complicity

osaltaan for your part *Omalta osaltani voin sanoa että* For my part, let me say that; personally I'd like to say that *olla osaltaan vaikuttamassa siihen että* play a part in (getting someone to do something), contribute to

osamäärä quotient *älykkyysosamäärä* intelligence quotient, IQ

osanottaja 1 participant **2** (urh) contestant, competitor, entrant

osanotto 1 (kurssiin tms) participation, attendance **2** (suruun) (expression of) sympathy, condolences

osapuilleen approximately, roughly

osapuoli party

osasto 1 (liikkeen) department, division **2** (junavaunun, kaapin) compartment **3** (sanomalehden) section, page(s) **4** (sairaalan, vankilan) ward **5** (sot) detachment

osastonhoitaja 1 (liikkeen) department head **2** (sairaalan) head nurse

osastopäällikkö department(al) head

osata pääv **1** (jo(ta)kin) know (how to do), have a command of *Osaatko italiaa?* Do you speak Italian? **2** (jonnekin) know how to get somewhere, be able to find your way somewhere *Osaatko meille?* Do you know where we live? Can you get here all right (or do you

need directions)? apuv can, be able to, know how to *Osaatko viheltää?* Can you whistle? Do you know how to whistle? *Että osaakin olla lujassa* How can it be stuck so tight?

osatavoite part objective

osaton *jäädä osattomaksi* be left high and dry, be left out, be left without a share *yhteiskunnan osattomat* the have-nots

osavaltio state

oselotti (eläin) ocelot

osin part(ly) (ks osaksi) *joiltakin/kaikilta osin* in some/all respects

osinko dividend

osittaa divide; (perintöä) partition; (maapalstaa) parcel (out)

osittain part(ial)ly, in part

osittainen partial

osittava (tietok) top-down

ositus division, partition, parceling (ks osittaa)

osituskäyttö time sharing

oskillaatio oscillation

oskillaattori oscillator

oskilloskooppi oscilloscope

Oslo Oslo

osmankäämi cattail

osmoosi osmosis

osoite address

osoitella point (a finger) (at); (kuv) point fingers (at)

osoitetarra address/mail label

osoitin pointer, indicator; (kellon) hand; (kuv) index

osoittaa 1 (sormella) point (at/to/out) **2** (näyttää) show, display, indicate, demonstrate **3** (todistaa) demonstrate, prove **4** (suunnata) direct, address **5** (varata) allocate, assign, allot

osoittautua prove (yourself) (to be) *osoittautua erinomaiseksi ruoanlaittajaksi* prove (to be) an excellent cook *Osoittautui että hän olikin oikeassa* He turned out/proved to be right after all

osoitteenmuutos change of address

osoitus 1 (merkki) sign, indication, token, symbol **2** (maksumääräys) assignment

ostaa

ostaa buy, purchase *ostaa sika säkissä* buy a pig in a poke
ostaja buyer, purchaser
osteri oyster
osto purchase
osto- ja myyntiliike second-hand shop
ostopakko obligation to buy
ostopäällikkö head buyer
ostos purchase *mennä ostoksille* go shopping
ostoskeskus shopping mall/center
ostosmatka shopping trip
ostosopimus contract of purchase
ostovoima buying/purchasing power
osua hit, strike *Osuin häntä selkään* I got him in the back
osua ohi miss
osua oikeaan hit the nail on the head, hit the bull's eye
osua vastakkain bump/run into each other
osuma hit *saada osuma käteen* get hit in/on the hand, (ark) get/take it in/on the hand
osumatarkkuus accuracy
osuus 1 share, part *suhteellinen osuus* proportion 2 (yhtiöstä) interest 3 (tieosuus) section, segment 4 (viestijuoksun) stage
osuuskauppa cooperative store, (ark) co-op
osuuskunta cooperative, (ark) co-op
osuusohjelma (tietok) shareware
osuuspankki cooperative bank, savings and loan association
osuustoiminta cooperation, (liik) cooperative
osuva apt, appropriate *osuva kommentti* telling remark
osuvasti aptly *sanoa osuvasti* (hyvin) hit the nail on the head, capture the situation perfectly; (loukkaavasti) hurt someone to the quick, hit a sore spot
osuvuus aptness
osviitta clue, hint
ota (raam) sting *Kuolema, missä on sinun otasi?* Death, where is thy sting?
otaksua suppose, assume, (ylät) presume

otaksuma supposition, assumption, presumption
otaksuttavasti presumably
otanta sampling *satunnaisotanta* random sampling
otattaa have (something) taken *otattaa perheestään kuva* have someone take a picture of your family
otava Ursa Major, the Big Dipper
ote 1 (kädellä) grip, grasp, hold (myös kuv) *Inflaatio kiristää otettaan* Inflation is tightening its grip/stranglehold
2 *kovat otteet* severe/drastic/harsh measures *käyttää kovia otteita* come down hard (on people), play hardball
3 (tekstin ote) extract, passage 4 (tiliote) (bank) statement, (nimikirjanote) dossier 5 (kerta) time, occasion *pariin otteeseen* several times, on several occasions
otelauta fingerboard
otella contend, compete, fight
otettu pleased, touched, moved *Olin hyvin otettu teidän huomaavaisuudestanne* Your thoughtfulness really pleased me, really made me happy
otollinen opportune, favorable, (erittäin hyvä) perfect
otos 1 (valokuva) (snap)shot 2 (elokuvassa) take 3 (empiirisessä tutkimuksessa) sample
otsa 1 forehead *otsa rypyssä* knit-browed, with a frown *kirkkain otsin* with a straight face/innocent look
2 nerve *Onpa sinulla otsaa!* You've got some nerve!
otsatukka bangs
otsikko 1 (kirjassa tms) title, heading 2 (sanomalehdessä) headline
otsikoida (en)title, head
otsikointi titling, heading
ottaa 1 take (ks myös hakusanat) *Ota tai jätä!* Take it or leave it! *Otahan lisää!* Take/have some more! 2 (juoda) drink *Oletko ottanut?* Have you been drinking? 3 (koskettaa) touch, reach down to *Hame ottaa lattiaan* The skirt hangs down to the floor
ottaa aika time, clock

oudoksua

ottaa asiakseen make it your business (to)
ottaa esille bring up, mention
ottaa haltuunsa seize, confiscate
ottaa hampaisiinsa chew (someone) out
ottaa huomioon take (something) into consideration/account
ottaa irti remove, dismantle *ottaa elämästä kaikki ilo irti* let loose, paint the town red *ottaa työläisistä kaikki irti* work your employees to the bone, till they drop
ottaa ja up and *Hän otti ja lähti* He up and left
ottaa jalat alleen take to your heels, beat a hasty retreat
ottaa kantaa take a stance (on)
ottaa kiinni 1 catch (a ball, a criminal) **2** (etumatkaa) catch up with **3** (tarttua) take hold of, grab *ottaa jotakuta kädestä* take someone by the hand, take someone's hand
ottaa koville hit (you) hard, be hard/tough to take
ottaa kunnia jostakin take credit for something
ottaa käsiteltäväksi 1 take under consideration, raise for discussion, bring up **2** (hakata) work (someone) over
ottaa käyttöön introduce, (auto) register
ottaa lainaa take out a loan, borrow money
ottaa lujille hit (you) hard, be hard/tough to take
ottaa mukaansa 1 (matkalle tms) take (something/someone) along (with you) **2** (laskuihin tms) include
ottaa nokkiinsa take offense, take (something) personally, get hurt (by)
ottaa onkeensa heed, pay attention to, take (something) seriously, tuck (something) away for later reference
ottaa opiksi learn (your/a lesson)
ottaa oppia learn (your/a lesson), follow someone's example
ottaa osaa 1 (osallistua) take part (in), participate (in), (seminaariin, konferenssiin tms) attend **2** (tuntea samaa) share, sympathize with *Otan osaa* (suruunne) My condolences/sympathies
ottaa pois 1 (joltakulta) take away **2** (päältä) take off, remove **3** (sisältä) take out **4** (lapsi koulusta tms) pull out, withdraw
ottaa puheeksi bring up, mention
ottaa päähän irritate, make (you) mad, (sl) piss/brown (you) off
ottaa selvää find out (about)
ottaa sisään admit
ottaa sydämelleen take (something) to heart
ottaa syyt niskoilleen take the blame (for something)
ottaa tavakseen make a habit (of doing)
ottaa tehtäväkseen undertake (to)
ottaa todesta take (someone/something) seriously
ottaa (täysi) vastuu take (full) responsibility (for)
ottaa töihin employ, hire, take on
ottaa vaarin heed, pay attention to, take (something) seriously, tuck (something) away for later reference
ottaa vapaus take the liberty (of doing something)
ottaa vastaan receive, meet, (kutsu) accept *Meinasin kaatua, mutta kaide otti vastaan* I almost fell, but (fortunately) the railing caught me
ottaa vastuu accept responsibility for (doing something)
ottaa vauhtia get a run at it
ottaa voimille be tiring, wear you out/down
ottaa yhteen clash
ottaa yhteys contact, get in touch (with)
ottelu match, game, (nyrkkeilyssä) fight
otto 1 (pankissa) withdrawal **2** (elokuvauksessa) take
ottokela take-up reel
ottolainaus deposits
ottolapsi adopted child
otus creature
oudokseltaan because of its unfamiliarity
oudoksua find it strange/odd/peculiar

oudoksuttaa find it strange/odd/peculiar
oululainen s person from Oulu adj from Oulu, pertaining to Oulu
ounastella have a hunch/suspicion/feeling (that), suspect
outo strange, odd, peculiar
ovaali oval
ovela clever, crafty, cunning
ovelasti cleverly, craftily, cunningly
ovella 1 (oven edessä) at the door **2** (lähellä) near, just around the corner
ovellinen (hut) with a door
ovelta ovelle (from) door to door
oveluus cleverness, craftiness, cunning
ovenavaaja door-opener
ovenkarmi door frame
ovenpieli doorjamb *seisoa ovenpielessä* stand in the doorway
ovensulkijahämähäkki trapdoor spider
ovensuu *seisoa ovensuussa* stand in the doorway
oveton doorless
ovh list price, suggested retail (price)
ovi door; (kuv) door/gateway *Ovi auki!* Open up! *osoittaa jollekulle ovea* show someone the door *Avain on ovessa* The key is in the lock *Jätin sormeni oven väliin* I pinched my finger in the door, my finger got caught in the door *olla oven ja saranan välissä* be between a rock and a hard place, between the devil and the deep blue sea
oviaukko door opening
ovikello doorbell
ovimies doorman
oy. Inc.

P,p

paaduttaa harden
paaduttaa sydämensä harden your heart
paahde heat *lämmitellä nuotion paahteessa* warm up by the fire *auringon paahteessa* in the (scorching) heat of the sun
paahdin *leivänpaahdin* toaster *kahvinpaahdin* coffee roaster
paahtaa 1 (aurinko) scorch, burn **2** (leipää) toast **3** (kahvia) roast **4** (tehdä työtä) grind (away)
paahtimo roasting house/plant
paahtoleipä 1 (paahdettuna) toast **2** (paahtamattomana) sliced bread
paahtopaisti roast (beef/pork)
paahtua (leipä, iho) toast, (kahvi, iho) roast
paakku (maan) clod, (veren) clot, (lumen) cake
paakkuinen (kastike tms) lumpy, (maa) cloddy
paakkuuntua clod, clot, cake (up)
paalata bale
paali bale
paalittaa bale
paalu 1 post, pole, stake, (kroketissa) peg, (perustuspaalu) pile
paalupaikka pole position
paalusolmu bowline (hitch)
paalutus (merkitseminen) staking, (tukipilareiden laitto) pile-driving, (pilarit) pilework
paanu shingle
paanukatto shingle roof
paapuuri port
paaria pariah
paarit 1 (sairaspaarit) stretcher **2** (ruumispaarit) bier
paarma horsefly
paasata trumpet, spout, rant (and rave)

paasi rock bench, flagstone
Paasikiven-Kekkosen linja the Paasikivi-Kekkonen foreign policy line
paasto fast
paastonaika Lent
paastonaikainen Lenten
paastota fast
paatoksellinen pompous
paatos pathos, (äänessä) pomposity
paatti boat
paatua become hardened
paatumus obduracy, unrepentance
paatunut hardened, obdurate, unrepentant
Paavali Paul
paavi pope *paavin* papal
paavinistuin Apostolic/Holy See
paavinkirje (papal) bull/brief
paavius Papacy
padota 1 (jokea) dam (up) **2** (tunteet) suppress, contain, hold back/in
paella paella
paeta 1 (juosta pakoon) flee (from), run away (from) *paeta johonkin* (paikkaan) flee to; (työhön tms) take/seek refuge in; (pulloon tms) escape into *paeta onnettomuuspaikalta* leave the scene of an accident, hit and run *paeta maasta* flee/skip the country **2** (päästä pakoon) escape, get away **3** (kadota) vanish, disappear
pagodi pagoda
pah bah, pshaw
paha s **1** evil *välttämätön paha* necessary evil *pienempi paha* the lesser of two evils *pahat mielessä* up to some mischief **2** (paholainen) the Devil *Siinä paha missä mainitaan* Speak of the devil adj **1** (usk) bad, evil, wicked, malicious *puhua pahaa jostakusta* malign someone, say malicious things about something *pahassa tarkoituksessa* maliciously, with malicious intent **2** (pahannäköinen/-makuinen) bad, nasty, ugly, severe, serious *paha haava* a bad/nasty/serious cut/wound *Jäi paha maku suuhun* It left me with a bad taste in my mouth *Ei niin pahaa ettei jotain hyvääkin* Every cloud has a silver lining **3** (tuhma) bad, naughty *olla paha suustaan* have a sharp tongue **4** (vahingollinen) bad, harmful, insidious, pernicious *pahaksi onneksi* unfortunately *tehdä jollekulle pahaa* hurt/harm someone **5** *paha mieli* hurt, insulted, offended, feeling bad *ei millään pahalla* no offense *Älä pane pahaksesi* Don't take this wrong, don't get me wrong *Älä muistele pahalla* No hard feelings *tykätä pahaa* be upset/angry/hurt **6** (vaikea) hard, difficult *Mäki on paha nousta* It's a hard hill to climb, it's not much fun walking up that hill
pahaa aavistamaton unsuspecting, unaware
pahaa aavistamatta unsuspectingly, unawares
pahaenteinen foreboding, ominous, ill-omened
paha haltija evil fairy/spirit
paha henki evil spirit
paha hyvällä *maksaa paha hyvällä* return good for evil, turn the other cheek
pahamaineinen infamous, notorious
pahanen *mökkipahanen* miserable shack/hovel, ramshackle old cabin
pahanhajuinen smelly, foul
pahanilmanlintu pessimist
pahan kerran *erehtyä pahan kerran* be dead wrong
pahankurinen unruly, wild, misbehaved
pahanlainen pretty bad
pahanmakuinen bad-tasting, acrid
pahannäköinen bad-/nasty-looking, (haava) ugly
pahanolontunne sick feeling
pahanpäiväinen 1 (kurja) shabby, sordid, sorry **2** (paha) serious, disastrous, dreadful
pahanpäiväisesti badly *pelästyttää pahanpäiväisesti* scare/frighten the daylights out of (someone) *haukkua pahanpäiväisesti* chew (someone) out, rake (someone) over the coals
pahansisuinen vicious, ill-tempered, mean
pahansuopa malicious, malign, spiteful

pahantapainen

pahantapainen 1 (huonot tavat) misbehaving, ill-mannered, unmanageable **2** (paheet) corrupt, immoral, dissolute

pahantekijä malefactor; (rikollinen) wrongdoer, transgressor, lawbreaker; (lapsi) troublemaker, mischief-maker, (little) devil

pahanteko mischief, (ilkivalta) vandalism *olla pahanteossa* be up to no good *pitää poissa pahanteosta* keep (someone) out of mischief

pahantuulinen 1 (aina) ill-humored, sullen, crabby **2** (nyt) crabby, out of sorts, snappish

pahassa pinteessä in a jam, in trouble, in it up to your neck, up shit creek without a paddle

pahastella take offense (at), be upset (about)

pahasti 1 (pahalla tavalla) badly, terribly *pahasti sanottu* a nasty/terrible thing to say **2** (paljon) much, greatly, to a large extent, far *pahasti jäljessä* far/way behind

pahastua 1 (loukkaantua) take offense (at), be upset (about) **2** (vihastua) be angry (about), resent

pahastus resentment, indignation

pahastuttaa *pahastuttaa jonkun mieli* make (someone) feel bad, hur (someone's) feelings

pahat kielet kertovat wicked rumor has it (that)

pahaääninen loud, earsplitting

pahe vice, (lievempi) bad habit

paheellinen vicious, depraved, wicked, dissolute

paheksua 1 (pitää pahana) disapprove (of), reprehend **2** (torua) censure, find fault with, reproach

paheksunta disapproval, reprehension, censure, fault-finding, reproach

pahemmanpuoleinen pretty bad *Heräsi aamulla pahemmanpuoleisessa kankkusessa* (s)he woke up in the morning with a pretty serious/bad hangover

pahempi worse *Ei ollut Pekkaa pahempi* He was not to be bested, he had to go one better *Sitä pahempi!* So much the worse! Worse luck! *ei pahemmasta väliä* bad enough

pahennus 1 offense *pahennusta herättävä* offensive, objectionable, scandalous **2** (raam) stumbling block *Älköön puheenne olko kenellekään pahennukseksi* Let not your words be a stumbling block to any

pahentaa 1 make (things) worse, worsen, aggravate **2** (loukata) hurt *Ei nimi miestä pahenna, jos ei mies nimeä* A reputation never hurt anyone, so long as it's a good one

pahentua 1 get worse, go from bad to worse, worsen, be aggravated **2** (mennä pilalle) spoil, rot, mold, go bad

paheta get worse, worsen, be aggravated

pahimmillaan at worst

pahimmoiksi (pahalla hetkellä) at the worst possible time; (tunne on luontevinta ilmaista lyhyellä pessimistisellä tokaisulla kuten:) of course, it figures, I/it would have to

pahimmoillaan at the worst possible time (ks pahimmoiksi) *Pahimmoilleen tuli vielä rankkasade* Of course, on top of everything else it started to pour

pahiten worst *pahiten loukkaantuneet* the worst injured, the most seriously injured, those with the worst injuries

pahitteeksi *ei olisi pahitteeksi jos* I wouldn't mind if, it wouldn't hurt you/me/them to (do something) *Kalja ei olisi pahitteeksi* I wouldn't mind a beer, I wouldn't protest if you brought me a beer

pahka burl

pahna 1 (sikala tms) pigsty, crib **2** *pahnat* straw; (leik putka) jail, the slammer

pahoillaan sorry, upset, (surullinen) sad *Olen pahoillani* I'm sorry

pahoin 1 (pahasti) badly *kohdella pahoin* mistreat, treat badly **2** *pelkään pahoin* I'm afraid **3** *voida pahoin* feel sick (to your stomach), feel nauseous

pahoinpidellä 1 (ihmistä) maul, manhandle, beat (up); (vaimoa) batter, be physically abusive; (lasta) abuse **2** (eläintä, konetta, huonekalua tms) abuse, mistreat, maltreat

paikata

pahoinpitelijä assaulter
pahoinpitely 1 (physical) abuse, rough handling **2** (lak) assault (and battery)
pahoinvointi 1 (vatsassa) nausea **2** (huonovointisuus) sickness, indisposition
pahoinvointinen nauseous, sick to your stomach
pahoinvoiva nauseous, sick to your stomach
pahoitella be sorry (about/for), regret, bemoan, bewail
pahoittaa *pahoittaa jonkun mieli* offend/hurt someone, make someone sad *pahoittaa mielensä* take offense (at), get hurt/sad, get/feel distressed/upset
pahoittelu regret, sorrow, grief, remorse
pahoittua get hurt, take offense
paholainen devil, demon
paholaisrausku (kala) manta ray
pahuksenmoinen heck of a, hell of a
pahus (euf) heck, darn, gosh *Voi pahus!* Oh darn/gosh!
pahuus 1 (usk) evil **2** (ilkeys) malice, malevolence, spite
pahvi 1 cardboard **2** (ark todistus) paper, diploma, sheepskin
pahvilaatikko cardboard box
paidanhelma shirttail
paidanhiha shirt sleeve
paidankaulus shirt collar
paidannappi shirt button
paidaton shirtless, bare-chested
paijata love, stroke, pet
paikalla 1 there, present, on the spot, where the action is *Onko lääkäriä paikalla?* Is there a doctor here/in the house/present? **2** (tilalla) in place of, in (something's/someone's) stead *Sinun paikallasi minä* If I were you I **3** *heti paikalla* at once, immediately, right away
paikallaan 1 in order, appropriate *Muutama sana voisi olla paikallaan* A few words might be in order **2** in place *mies/nainen paikallaan* the right (wo)man in the right place *pitää paikallaan* hold in place *poissa paikaltaan* out of place
paikallaan olo standing still, immobility

paikallaan polkeva stagnant, in a rut
paikallajuoksu running in place
paikallakäynti marching in place
paikallinen local
paikallisesti locally
paikallishallinto local government
paikallishistoria local history
paikallisjuna local train
paikallisjärjestö local organization
paikallislehti local paper
paikallisliikenne local traffic/transportation
paikallisluonteinen local
paikallislähetys local broadcast
paikallismurre local dialect
paikallisosasto local branch
paikallispuudutus local anesthesia
paikallisradio local radio (station)
paikallistaa 1 (rajoittaa yhteen paikkaan) localize **2** (paikantaa) locate, pinpoint
paikallistelevisio local television
paikallisuus local orientation
paikallisvaalit local election
paikallisverkko (tietokoneiden) local area network, LAN
paikallisväestö local population, (ark) the locals
paikallisväri local color
paikanhakija applicant (for a job)
paikanhaku application for a job
paikannimi place name
paikannimistö place names
paikan päällä on the spot, there, present
paikantaa 1 (paikantaa) locate, pinpoint **2** (rajoittaa yhteen paikkaan) localize
paikantua be pinpointed/located
paikantuntemus knowledge of the area
paikanvaihdos (työpaikan) change of jobs, job change; (asuinpaikan) move to another city, change of domicile; (olinpaikan) change of scenery
paikanvaraus (seat) reservation *tehdä paikanvaraus* (asiakas) reserve a seat, make a reservation, (virkailija) book a seat
paikata 1 (paitaa) patch, mend, sew (up) **2** (kenkiä) fix, repair **3** (hammasta) put in a filling **4** (aukkoja tiedoissa) fill (the gaps) **5** (ihmissuhdetta) patch up **6** (teat-

paikata taskujaan

terissa) be someone's understudy, take someone's place **7** (keilailussa) roll a spare
paikata taskujaan (kuv: varastaa) fill your pockets
paikka 1 place, location, spot, site *vaihtaa paikkaa* change places *Tämä olisi mukava paikka talolle* This would be a nice spot/site for a house *osoittaa jollekulle paikkansa* put someone in his/her place *osua arkaan paikkaan* hit a sore spot *määrätä kaapin paikka* wear the pants in the family *kuolla siihen paikkaan* die on the spot **2** (alue) area, region, locality, neighborhood **3** (tilaa) space, room *Ei taida olla paikkaa sille* I don't think there's room for it *paikat sekaisin* (in) a mess **4** (tapahtumapaikka) scene *paeta onnettomuuspaikalta* leave the scene of an accident **5** (istumapaikka) seat (myös eduskuntapaikka) *vaihtaa paikkaa* change places (with someone) **6** (makuupaikka) berth **7** (työpaikka) job, post, position *Mitä paikkaa hait?* Which job did you apply for? **8** (korjauspaikka) patch **9** (hammaspaikka) filling **10** *pitää paikkansa* be/hold true *puolustaa paikkaansa* serve a purpose, be useful/valuable **11** (ark tilanne) situation *kovan paikan tullen* when the going gets tough *tiukan paikan tullen* when it comes right down to it, when push comes to shove *Tulee kuumat paikat* The heat's gonna be on **12** (ark jäsenet) parts, bones *Minulla on paikat kipeät* I'm sore all over
paikka auringossa a place in the sun
paikkailla fill (the gaps in your knowledge)
paikkainen *4-paikkainen* 4-seater
paikkakunnallinen local
paikkakunnittain by region/locality/town
paikkakunta (kunta) town, (asumaalue) neighborhood, (alue) region, locality
paikkakuntalainen local (resident)
paikkalippu reserved seat
paikkansapitämätön 1 (väärä) untrue, false, erroneous **2** (harhaanjohtava) misleading, unreliable **3** (pohjaton) unfounded, ungrounded, unsound, invalid
paikkansapitävä true, valid, sound
paikka paikoin here and there
paikkapuolustus zone defense
paikkaus 1 (vaatteiden tms) patching, mending, sewing up **2** (hampaan) filling
paikkauttaa have (something) fixed; (vaate) have (a shirt tms) mended/sewn/patched, (hammas) get a filling
paikkavaraus (seat) reservation, (paikka) reserved seat
paikkeilla around, about, approximately *Tule kolmen paikkeilla* Come around three *jossain näillä paikkeilla* around here somewhere
paikko spare
paikoillaan 1 (oikeassa paikassa) in place *Lapset keräsivät lelut paikoilleen* The children put their toys away *Paikoillenne, valmiina, nyt!* On your mark, set, go! **2** (sopiva) appropriate, fitting
paikoin here and there
paikoitellen here and there
paikoittaa park
paikoittain here and there
paikoittainen (something that occurs) here and there
paikoitusalue parking lot
paikoitusruutu parking place/slot
paikoitustalo parking garage
paimen shepherd, (pappi) pastor
paimenhuilu pan pipe
paimenkirje pastoral (letter)
paimenkoira German shepherd
paimentaa herd, tend; (ihmisiä) (shep)herd
paimentolainen nomad
paimentolaisheimo nomadic tribe
paimentolaiskansa nomadic people
painaa tr **1** (alas tms) push, press *painaa nappia* push a/the button **2** impress, imprint *painaa suukko jonkun otsaan* kiss someone on the forehead, imprint a kiss on someone's forehead **3** (paperiin) print *Montako kappaletta painettiin?* How large was the print run? **4** (laskea) *painaa katseensa alas* lower your eyes, cast your eyes down (to the ground) *pai-

painiskella

naa päänsä alas bow your head itr **5** (kiloja) weigh, be heavy *Paljonko painat?* How much do you weigh? *painaa enemmän vaakakupissa* outweigh (something in your estimation), have more/greater significance, take precedence over **6** (vaivata) weigh upon, bother, trouble *Mikä mieltäsi painaa?* What's on your mind? What's bothering/troubling you? **7** (painella) go, walk, run *painaa vihaisesti sisälle* storm/stomp inside *painaa karkuun* make good your escape, take off

painaa litteäksi flatten, squash, (ark) squish

painaa lokaan drag (someone) (down) in(to) the gutter/mud

painaa lusikka pohjaan put the pedal to the metal

painaa mieleen impress (something) on someone, insist on something *Paina se mieleesi!* Don't forget it!

painaa mieltä trouble/bother you, be on your mind

painaa nasta lautaan push/put the pedal to the metal, step on it

painaa puuta sit down, have a seat

painaa päähänsä memorize, drum into your head

painaa päälle not give up, not relent *kytät painaa päälle* (sl) the heat is on

painaa päänsä pensaaseen hide your head in the sand

painaa töitä (lujasti) work hard, work your ass off

painaa villaisella downplay, soft-pedal

painajainen nightmare, bad dream

painajaismainen nightmarish

painajaisuni nightmare

painallus 1 push *napin painallus* the push of a button **2** print *jalan painallus* footprint

painama 1 (painallus) push **2** (jälki) (im)print, impression

painamaton (lähde tms) unprinted, unpublished; (liuska) blank

painamo (liike) print(ing) shop, printer('s); (osasto) print(ing) room/department/division

painanta printing, (käsin) screening

painate publication *painatteet* printed matter

painattaa (have something) print(ed)

painatus 1 (painattaminen) printing **2** (painos) print run, edition **3** (jälki) print, impression

painatuskelpoinen printable, fit to print, (kirja) publishable

painatuskulut printing/pubication costs

painauma depression, impression, (lommo) dent

painautua press (against/close (to)) *painautua toisiinsa kiinni* huddle together

painava 1 (esine, ihminen) heavy *painava kirja* heavy/thick/fat book **2** (sana, asia) weighty *sanoa muutama painava sana* say a few well-chosen words *painava teos* important/significant work

paine (fys ja kuv) pressure *työskennellä kovan paineen alla* work under immense pressure/stress

paineaalto blast, pressure wave

paine-ero pressure difference

paineilma compressed air

paineinen 1 (ilma) -pressure *korkea-/matalapaineinen* high-/low-pressure **2** (ihminen) stressed-out, under a lot of pressure/stress

paineistaa pressurize

painekattila pressure cooker

painekeitin pressure cooker

painekyllästää weatherproof, weatherize

painella 1 push **2** (puristella) squeeze **3** (ark) go, run *painella tiehensä* make off, beat a hasty retreat, take to your heels

painepakkaus pressure-sealed package

painesäiliö pressure tank

paini wrestling

painia 1 (urh) wrestle (myös kuv) **2** (kuv) struggle/grapple (with)

painija wrestler

painike button

painimatto (wrestling) mat

painiskella 1 (fyysisesti) wrestle, wrassle, tussle, (piehtaroida) roll around on the floor **2** (henkisesti) struggle/grapple (with)

paino

paino 1 (fys ja kuv) weight, (taakka) load *nostaa painoja* lift weights *nojata koko painollaan* lean with your whole weight *Oletko pudottanut painoa?* Have you lost (some) weight? *painon mukaan* by weight **2** (merkitsevyys) weight, importance, significance, stress *panna suurta painoa jonkun neuvoille* lay great store by someone's advice *omalla painollaan* on its own, by/of itself *panna painoa jollekin* stress/emphasize something, place (a good deal of) emphasis/stress on something **3** (kiel) stress, accent **4** (kirjapaino) (printing) press *olla painossa* be in press *mennä painoon* go to press *valmis painoon* ready to go into press/production *juuri painosta tullut* hot off the presses

painoala 1 (kirjapainoala) the printing business **2** (painopiste) specialty, (area of) specialization, focus area

painoasu (kirjainten) typeface; (kirjan) appearance, how the book looks in print

painoinen *10 kg:n painoinen* weighing (in at) 10 kg, (noin) 20-pounder

painokas emphatic, insistent

painokelpoinen printable, fit to print, publishable

painokelpoisuus printability

painokkaasti emphatically, insistence

painokone printing press

painolasti 1 (laivan) ballast **2** (rasite) burden, strain, onus

painollinen 1 (olomuoto) weighted **2** (tavu) stressed, accented **3** (kehotus) pointed, weighty

painoluokka weight class

painomitta unit of weight

painonappi 1 (neppari) snap **2** (painonappi) pushbutton

painonnostaja weight-lifter

painonnosto weight-lifting

painopaikka place of publication

painopiiri printed circuit

painopiirikortti printed circuit board

painopiirilevy printed circuit board

painopiste 1 (fys) center of gravity **2** (hankkeen) emphasis, focus

painoprosentti percent(age) by weight

painorajoitus weight limit

painos 1 (laitos) edition *uusi painos* reprint, second edition **2** (painatus) print run *10 000 kappaleen painos* a print run of 10, 000 (copies)

painosmäärä (print) run

painostaa 1 (jotakuta) press(ure), put pressure on, bring pressure to bear on; (ark) breathe down (someone's) neck *Älä painosta minua!* Don't rush me! Stop breathing down my neck! **2** (eteenpäin) push/press on

painostava oppressive

painostus pressure

painostuskeino strong-arm tactics *Tiedän painostuskeinon joka tepsii häneen* I know a way to squeeze him, I know an angle that'll work on her

painosuhde weight ratio

painotarkastus 1 (julkaisusensuuri) censorship of the press **2** (rekkojen) weight inspection

painotekniikka print(ing) technology

painoton 1 (esine) weightless **2** (tavu) unstressed

painottaa 1 (tavua) accent, stress **2** (asiaa) stress, emphasize, insist on, place/put (special) emphasis/stress on

painotuore hot off the presses

painotuote printed matter

painotus 1 (tavun) accent, stress **2** (asian) stress, emphasis

painotyö 1 (painamistyö) print job **2** (kirja) publication

painovapaus freedom of the press

painovirhe printer's error, misprint, typographical error, (ark) typo

painovirhepaholainen printer's devil

painovoima 1 (maan) gravity, gravitation **2** (laitteen) pressure

painovuosi year of publication

painua 1 sink, sag, dro(o)p, fall, descend *painua veden alle* submerge, go underwater **2** (antaa myöten) give way, yield *painua kumaraan* bend, bow, stoop, (pää) droop *painua kokoon* collapse, (kutistua) shrink, be compressed **3** (kulkeutua) drift, be driven **4** (ääni: olla painuksissa) be hoarse **5** (painella) go, walk, run *painua tiehensä* beat it, get the hell out of somewhere *painua maata* go

pajunkissa

to bed, hit the sack/hay *Painu helvettiin!* Go to hell! *Painu vittuun!* Go fuck yourself! *Painu kuuseen/suolle!* Get lost! Get out of here! Go jump in a lake!
painua mieleen be imprinted on your memory *painua helposti mieleen* be easy to remember
painua pehkuihin hit the sack
painua pohjaan fall/drop to your knees
painua tiehensä take to your heels, take off, beat it
painua upoksiin sink, (be) submerge(d)
painuksissa 1 (pää tms) lowered, bowed **2** (ääni) hoarse
painuma depression
paise 1 boil, ulcer **2** (yhteiskunnan) festering sore
paiskata toss, hurl, fling, sling, pitch; (ark) chuck *paiskata menemään* throw away, chuck, pitch, heave *paiskata rikki* smash *paiskata seinään* smash (something) against the wall *paiskata totuus vasten kasvoja* hurl the truth in (someone's) face
paiskata kättä pump (someone's) hand
paiskautua 1 (heittäytyä) throw/hurl yourself (down/on the ground) **2** (viskautua) fly, sail, (jotakin vasten) be dashed/thrown/hurled against
paiskella toss, hurl, fling, sling *paiskella ovia* slam/bang doors
paiskia toss, hurl, fling, sling *paiskia töitä* put/keep your nose to the grindstone, work your ass off
paistaa tr **1** (paistinpannussa) fry **2** (avotulella) grill, barbecue **3** (padassa) braise **4** (uunissa) bake, roast itr **1** (aurinko tms) shine *Satoi tai paistoi* Rain or shine **2** (tuli) blaze **3** (kasvot) beam **4** (näkyä) show *Se paistoi hänestä* You could tell just by looking at her
paistaa silmään 1 (valo) shine in your eye, be glary, be too bright **2** (asia) stare you in the face, be right under your nose, be as plain as day
paistaa särkeä 1 fry (up some) fish **2** (tuijottaa) have a staredown, try to stare each other down
paistatella bask (in)

paistattaa bask (in)
paiste 1 (auringon) shine **2** (tulen) light, heat, flickering
paisti roast
paistinkastike brown gravy
paistinpannu frying pan
paistinperuna baked potato
paistinrasva frying grease
paistokelmu oven wrap
paistopussi roasting bag
paistos 1 (paistannainen) baked dish, (mon) bakery goods **2** (laatikko) casserole **3** (piiras) (deep-dish) pie
paistovarras spit
paistua 1 (paistinpannussa) fry **2** (uunissa) bake **3** (auringossa) bake, roast
paisua 1 swell (up), expand (myös abstraktisti), inflate, (muodottomaksi) bulge **2** (kohota) rise, increase *antaa taikinan paisua* let the dough rise
paisuntasäiliö expansion/overflow tank
paisutella magnify, exaggerate, blow (something) up out of all proportion *paisutella pikkuasiaa* make a mountain out of a molehill
paisutin 1 (tekn) expander, (muovin) inflating agent **2** (mus) swell
paisuttaa 1 swell, expand, inflate **2** (asiaa) magnify, exaggerate, blow (something) up out of all proportion
paita shirt, (naisen) blouse
paitahihasillaan in your shirt sleeves
paita ja peppu two peas in a pod
paitapusero shirtwaist
paitsi 1 except (that/for) *Se on totta, paitsi että* Yes, that's true, except that **2** (muttei) but *Kaikki muut paitsi minä* Everyone but me **3** (sen lisäksi) in addition to, besides, not only... but also *Paitsi nopea hän on tarkka* She's not only fast, she's accurate
paitsio offside *paitsiossa* (urh) offside; (kuv) in the doghouse
paja 1 workshop **2** (sepän) smithy, forge
pajatso 1 (hist ilveilijä) clown, buffoon, jester **2** (raha-automaatti) slot machine
paju willow (tree)
pajunkissa pussy willow

pajunköysi

pajunköysi *syöttää jollekulle pajunköyttä* feed someone a line
pajupilli willow whistle
pakaasi baggage, luggage
pakahduttaa burst *Sydäntä pakahduttaa riemu* My heart is bursting with joy
pakahtua burst (with) *Sydämeni oli pakahtua (surusta)* I thought my heart would break, *(ilosta)* I thought my heart would burst *nauraa pakahtuakseen* split your sides laughing
pakana 1 pagan, heathen **2** (ark) damn *pakanan kallis* damn expensive
pakanallinen 1 pagan, heathen **2** (säädytön) indecent, unchristian, godless, shocking **3** (hillitön) boundless, wild, extravagant, bacchanalian
pakanuus paganism
pakara buttock
pakastaa 1 (ulkona) freeze, drop down to freezing, get cold, feel like winter **2** (pakastimessa) (deep-)freeze, put in the freezer
pakaste frozen food
pakastearkku freezer chest
pakastekaappi (upright) freezer
pakastelokero freezer compartment
pakastin freezer
pakastua freeze, drop down to freezing, get cold, feel like winter
pakastus freezing
pakata tr pack *Joko olet pakannut matkaan?* Are you packed for your trip yet? *pakata väkeä pikku huoneeseen* pack/cram/stuff/jam the little room full of people *pakata laukkunsa ja lähteä* pack up and walk out, take your stuff and go itr **1** (tupata) crowd (into), flock (to) *Kaupunkeihin pakkaa aina vaan lisää väkeä* People keep crowding into/flocking to the cities **2** (ark) be in the habit of *Se pakkaa aina myöhästymään* He's always late *Minua pakkasi nourattamaan* I could hardly keep from laughing
paketoida 1 pack(age), wrap up; (lahjapaperiin) giftwrap **2** (pelto) let (a field) lie fallow
paketointi 1 pack(ag)ing, (gift)wrapping **2** (pellon) letting lie fallow

paketti package, parcel *jalka paketissa* your leg in a cast
pakettiauto van *avolavapakettiauto* pick-up (truck)
pakettihinta package price
pakettikortti (contents declaration) tag
pakettimatka package tour
pakettiratkaisu package deal
pakina (humorous) column, causerie
pakinatyyli conversational style
pakinoida 1 write a (humorous) column **2** (rupatella) tell humorous stories/anecdotes, chat lightly
pakinoitsija (humorous) columnist
pakista chat (lightly), shoot the breeze/bull, gab
Pakistan Pakistan
pakistanilainen s, adj Pakistani
pakka 1 pack(age), bundle, (kangaspakka) roll, (korttipakka) deck **2** (paperia) 10 reams **3** (laivan) fo'c'sle
pakkaaja 1 (tehtaassa) packer, packaging worker **2** (ruokakaupassa) bagger, bagboy/-girl **3** (tavaratalossa) (gift)wrapper
pakkaamo 1 (tehtaan) pack(ag)ing department/line **2** (tavaratalon) (gift)wrapping department/desk
pakkanen 1 subzero/freezing weather, weather below zero *35 astetta pakkasta* 35 (degrees) below zero **2** (halla) frost, freeze, (personoituna) Jack Frost *Pakkanen puree* Jack Frost's nipping at my nose *pakkasen purema* frost-bitten **3** (kylmä) cold *Onpa siellä kova pakkanen!* Man is it cold out there! It's colder than the brass balls on a monkey out there! **4** (ark) freezer *panna pakkaseen* put (something) in the freezer
pakkasaamu frosty morning
pakkasenkestävä frost-proof
pakkasilma subzero weather/temperatures
pakkasneste antifreeze
pakkastalvi (unusually) cold winter
pakkasvahinko frost-damage
pakkasvoide (suksien) cold-weather wax

pakkaus 1 package, wrapping **2** (sot) pack *täysi pakkaus selässä* in full marching kit **3** (ark tyyppi) character
pakkausaine packing material
pakkauskulut packing costs
pakkausluettelo packing list
pakkaustarvikkeet pack(ag)ing materials/supplies/equipment
pakkausteippi packing/strapping tape
pakkautua 1 (maa, lumi tms) pack **2** (ihmiset) pack/crowd/jam in, throng
pakkeli spackle
pakki 1 (peruutusvaihde) reverse *ottaa pakkia* (autossa) throw it into reverse, back up; (kuv) back-pedal, retreat **2** (työkalupakki) toolkit **3** (kenttäpakki) mess kit **4** (urh) back **5** *saada pakit* get turned down *antaa pakit* turn (someone) down
pakko 1 (välttämättömyys) necessity, must *Onko mun ihan pakko?* Do I have to? *Ei ole mitään pakkoa mennä sinne* Nobody's holding a gun to your head, you don't have to go if you don't want to *Meidän on pakko ostaa jätskit nyt heti* We insist that you buy us some ice cream right this instant *Pakko ei ole muuta kuin kuolla* You don't have to do anything except die (and pay taxes) **2** (pakkokeino) force, coercion, compulsion *suosiolla tai pakolla* willingly or by force
pakkoajatus obsession
pakkoavioliitto shotgun marriage
pakkohoito committal (to institutional care)
pakkohuutokaupata (talo) foreclose (on), put up for execution sale, auction off by the sheriff
pakkohuutokauppa foreclosure, sheriff's/execution sale
pakkokeino force, compulsion, coercion; (mon) coercive means
pakkolaitos maximum security prison/wing
pakkolasku emergency landing
pakkoliike tic
pakkoloma lay-off
pakkolomauttaa lay off
pakkolunastaa expropriate, seize/condemn (a house) by eminent domain
pakkolunastus expropriation, eminent-domain condemnation
pakkomielle obsession
pakkonukahtelu narcolepsy
pakkopaita straitjacket
pakkopeli power play
pakkopulla 1 (vehnäleipä) dry bread **2** (tylsä tehtävä) chore *Näytelmä alkoi maistua pakkopullalta* (näyttelijöille tai kirjailijalle) The play began to feel forced/contrived, (yleisölle) Just sitting through the play became something of a chore
pakkosiirtolainen displaced person, DP, deportee
pakkosyöttää force-feed
pakkosyöttö 1 (vauvan ja kuv) force-feeding **2** (tekn) forced feed
pakkosäännöstely rationing
pakkotilanne *Tämä on pakkotilanne* We've got no choice in the matter, our hands are tied, this is out of our hands
pakkotoimenpide coercive/emergency measure *ryhtyä pakkotoimenpiteisiin* resort to force
pakkotoiminta compulsion
pakkotyö hard labor, (ark) chain gang
pakkotyölaitos workhouse, penitentiary, (ark) pen
pakkovaatimus ultimatum
pakkovalta dictatorship, tyranny
paklata spackle
pako 1 escape, flight *pötkiä/lähteä pakoon* take to your heels *ajaa pakoon* put (someone) to flight, (sot) rout *maanpako* exile **2** (sekasortoinen: sot) rout, (karjalauman) stampede **3** (silmukkapako) run (in your stocking)
pakokaasu exhaust fumes
pakokauhu panic *joutua pakokauhuun* panic
pakolainen refugee
pakolaishallitus government in exile
pakolaislaiva refugee ship
pakolaisleiri refugee camp
pakolaistulva influx/flood of refugees
pakolaisvirta flow/flood of refugees

pakollinen

pakollinen 1 compulsory, mandatory, required **2** (pakko-) (en)forced, involuntary **3** (välttämätön) necessary, unavoidable
pakolliset kuviot 1 (urh) obligatory routine **2** (ark) the usual routine
pakomatka escape, flight; (vankilasta) jailbreak
pakonalainen forced *pakonalaisena* (lak) under duress
pakon edessä when there's no choice/alternative/out *joutua myöntymään pakon edessä* have no choice but to give in
pakonopeus escape velocity
pakon sanelema necessary, unavoidable
pakopaikka refuge, hiding place
pakoputki exhaust pipe
pakoputkisto exhaust (system)
pakosalla on the run
pakosarja exhaust manifold
pakosta *jonkin pakosta* under the pressure of, by force of *välttämättömyyden pakosta* by necessity
pakostakin unavoidably, unescapably, inexorably, by necessity
pakote sanction *käyttää pakotteita jotakuta vastaan* impose sanctions on someone
pakotie escape (route)
pakoton 1 (luonnollinen) natural, spontaneous; (käytös) unaffected, (juoni) uncontrived **2** (vapaa) free, unconstrained; (vapaaehtoinen) voluntary
pakottaa 1 force, make, compel, coerce, oblige *pakottaa joku tunnustamaan* extort a confession out of someone, get a forced confession **2** (jomottaa) ache, pound, throb *Päätäni pakottaa* My head is pounding/throbbing
pakotus 1 force, compulsion, coercion, obligation **2** (jomotus) ache
pakoventtiili escape valve (myös kuv)
paksu 1 thick, (syvä) deep **2** (lihava) fat, stout, plump **3** *paksuna* pregnant, in a family way **4** *paksulla painettu* (in) bold(face) **5** *paksuna savusta* thick with smoke

paksuinen *metrin paksuinen* meter-thick, (lumipeite) meter-deep
paksulti thickly
paksuna pregnant, knocked-up, in a family way
paksunahkainen thick-skinned
paksunema bulge, swelling
paksunnos thickening, bulge, swelling
paksuntaa thicken, swell
paksuntua thicken, swell
paksupäinen thick-headed, thick-witted
paksupää bonehead
paksusti *Voihan paksusti* Keep your end up, hang in there
paksuus 1 thickness, (läpimitta) diameter, (numero) gage **2** (lihavuus) fatness
pala 1 piece, scrap, fragment **2** (sokeripala) (sugar) cube **3** (leivän, kakun) slice **4** (suupala) bite, mouthful **5** (kuv) *Minulla nousi katkera pala kurkkuun* I had a bitter lump in my throat *karvas pala* a bitter pill to swallow *Se on sinulle liian iso pala purtavaksi* You've bitten off more than you can chew
palaa 1 burn (up/down/out/away), combust *panna tupakka palamaan* light up (a cigarette) **2** (liekehtiä) blaze, flame, flare (up), glow *Hänen silmänsä paloivat vihasta* Her eyes blazed with anger **3** (kärventyä) be scorched/singed/charred **4** *palaa halusta* long, burn with longing/desire *palaa innosta* shine/be flushed with enthusiasm **5** (valaista) be on *Vieläkö kuistin valo palaa?* Is the porch light still on? **6** *olla palanut* (lamppu) burn out, (sulake) blow (out) *Sulake on palanut* We blew a fuse **7** (komposti) decompose **8** (jäädä kiinni) get/be caught **9** (pesäpallossa) be out **10** *istu ja pala!* I'll be damned (if it isn't...)
palaa karrelle burn to a crisp
palaa loppuun burn out
palaa pohjaan burn on the bottom
palaa poroksi burn to the ground
palaa päreet lose your temper, fly off the handle
pala kakkua a piece of cake (myös kuv)

palamaton 1 (ei ole palanut) unburned **2** (ei voi palaa) nonflammable, noncombustible

palanen piece, bit, shard, fragment *palanen elämää/historiaa* a slice of life/history *hajottaa palasiksi* smash into pieces/smithereens

pala nieltäväksi *karvas pala nieltäväksi* a bitter pill to swallow

palan pain(ikk)eeksi (a sip of water) to wash it down with

palanut burnt(-out) *haistaa palaneen käryä* (kirjaimellisesti) smell something burning, (kuv) smell a rat

palapaisti beef stroganoff

pala palalta piece by piece, piecemeal, bit by bit

palapeli (jig-saw) puzzle

pala purtavaksi *Hän otti liian ison palan purtavaksi* She bit off more than she could chew

palasittain in bits and pieces

palasokeri cube sugar

palata return, come/turn/get back *aika palata töihin* time to get back to work *palata aiheeseen* return/revert to a topic, get back to a subject *palata ajassa taaksepäin* (matkustaa ajassa) go back in time, (katsoa taaksepäin) cast a backward glance (at) *palata kotiin* go/come/return home *palata lähtökohtaansa* come full circle

palataali palatal

palataalinen palatal

palataalistaa palatalize

palata asiaan get back to the matter at hand

palata ennalleen return to normal, revert to the status quo

palata mieleen come to mind, (vaivaamaan) come back to haunt you

palata päiväjärjestykseen get pack to normalcy, return to business as usual

palata tajuihinsa regain/recover consciousness

palatessaan (up)on your return

palatsi palace

palatsivallankumous palace coup

palattuaan when you come back, (up)on your return

palaute feedback

palautella (muistikuvia tms) recover/remember gradually, (kirjoja tms) return over a period of time

palautin reset/return mechanism *rivinpalautin* carriage return

palauttaa 1 return, restore, bring/take/send/give back *Joko palautit kirjaston kirjan?* Did you return that library book? *palautetut tavarat* returns **2** (raha) repay, reimburse, refund **3** (syytetty) remand (into custody) **4** (mat) reduce **5** (tekn, tietok) reset

palauttaa entiselleen restore (something) to its previous/earlier/former state/conditon, to normal, to the status quo

palauttaa juttu alempaan oikeusasteeseen remand a case

palauttaa järjestys restore law and order

palauttaa kotimaahan repatriate/deport (a foreign national)

palauttaa lähettäjälle return to sender

palauttaa maanpinnalle bring (someone) back down to earth

palauttaa mieleen(sä) recall, dredge up from (your) memory

palauttaa todellisuuteen bring (someone) back to reality

palautua 1 (be) return(ed), be restored, revert, resume **2** (tointua) recover **3** (sana, olla jostakin peräisin) derive (from)

palautusnäppäin backspace key

palautuspullo returnable bottle

palava 1 (tulessa) burning (myös kuv), on fire; (tulinen) passionate, fervent *palavan kuuma* burning hot *palava katse* (intohimoinen) hot/steamy/burning/gaze/look, (vihainen) fiery/fierce look *palava kiire* terrible hurry *Mihin sinulla on niin palava kiire?* Where's the fire? **2** (tulenarka) combustible, inflammable

palavahenkinen ardent, fervent, (halv) fanatical

palavasieluinen passionate, ardent, (halv) fanatical

palaveri

palaveri meeting, discussion, talk *pitää palaveri* hold/have a meeting
palella be freezing, shiver with cold *Minua palelee* I'm cold/freezing
palelluksissa freezing (cold)
palelluttaa get frostbite (in), get (your fingers) frostbitten
paleltaa *Minua paleltaa* I'm cold/freezing *Sormiani paleltaa* My fingers are cold/freezing
paleltua get frostbite, freeze *paleltua kuoliaaksi* freeze to death *Minähän pallellun tänne!* I'm freezing to death out here! *Toinen omenapuu paleltui viime talvena* Frost killed the other apple tree last winter
paleltuma frostbite
paleogeografia paleogeography
paleografia paleography
paleoliittinen paleolithic
paleontologi paleontologist
paleontologia paleontology
paleotsooinen paleozoic
Palestiina Palestine
palestiinalainen s, adj Palestinian
paletti palette
palikka 1 (rumpupalikka) (drum)stick **2** (rakennuspalikka) (building) block
palindromi palindrome
paliskunta reindeer owners' association
paljaaltaan (viina) straight, (leipä tms) with nothing on it
paljakka bare/treeless area, (vuoren huipulla) above the treeline
paljas 1 bare, naked *paljain päin* hatless *paljain jaloin* bare-footed *paljain säärin* bare-legged *paljain käsin* with your bare hands, bare-handed(ly) *paljain varpain* bare-foot(ed) *yläruumis paljaana* stripped to the waist *paljaan taivaan alla* under the stars, in the out-of-doors **2** (kasv) hairless **3** (höyhenetön) callow, unfledged **4** (pelkkä) mere, sheer, pure, plain *paljasta hulluutta* sheer madness
paljasihoinen bare-skinned
paljasjalkainen 1 bare-footed **2** (paikkakuntalainen) native-born
paljaskuonovompatti (eläin) common wombat

paljastaa 1 (fyysisesti) reveal, expose, uncover **2** (tuoda julki) reveal, expose, unveil, bring to light **3** (antaa ilmi) betray, give (something/someone) away, turn (someone) in; (ark) rat on **4** (keksiä, löytää) discover, detect, find out, learn
paljastaa itsensä 1 (ekshibitionisti) expose yourself, flash **2** (kuv) reveal yourself/your intentions/motives
paljastaa korttinsa show your hand *pakottaa joku paljastamaan korttinsa* call someone's bluff
paljastaa kyntensä show your claws
paljastin detector *tutkanpaljastin* fuzzbuster *valheenpaljastin* lie-detector, polygraph
paljastua 1 (fyysisesti) be revealed/exposed, appear **2** (tulla julki) be revealed/exposed/unveiled, come to light, come out **3** (joutua kiinni) be betrayed/caught, get turned in **4** (löytyä) be discovered/detected, show up
paljastustilaisuus unveiling ceremony
palje 1 (palkeet, tulen puhallin, myös kameran tai haitarin) bellows *painaa/polkea paljetta* work the bellows **2** (keuhkot) lungs *huutaa täysin palkein* shout/bellow at the top of your lungs
paljeovi folding door
paljetti sequin
paljo *Saan kiittää sinua paljosta* I have a lot to thank you for *Me olemme paljossa samanlaisia* We're a lot alike *Emme saaneet hänestä irti paljoakaan* We didn't get much out of him
paljoksua think (of something) as high/expensive/large
paljolti largely, mainly, basically, fundamentally *Kyse on paljolti siitä että* The main thing is that
paljon 1 (runsaasti eriytymätöntä) a lot of, lots of, large/great quantities/amounts of, plenty of; (partisiipin kanssa) much *paljon parjattu* much abused/criticized *paljon väkeä/rahaa* lots of people/money *paljon näkemistä* a lot to see, many things to see *aika paljon* quite a lot **2** (suuri lukumäärä) many, a (large) number of, a lot of, lots of, large/

palkkio

great quantities/amounts of, plenty of *Miten sinulla voi olla näin paljon kirjoja?* How can you possibly have so many books? *aika paljon* quite a few **3** *paljon suurempi* much/far bigger/greater *paljon enemmän* (rahaa) much more, (ihmisiä) many more *paljon ennen* long before *paljon lukenut* well-read

paljon kiitoksia thanks a lot
paljonko kello on? what time is it?
paljon mahdollista quite possible
paljon melua tyhjästä much ado about nothing
paljonpuhuva eloquent, significant, pregnant with meaning
paljon puuttunut *Ei paljon puuttunut etten itkenyt* I was on the verge of tears, I could hardly hold/choke back the tears
paljous (large) quantity/amount, plenitude; (lukumäärä) number *väen paljous* press/crowd/throng of people
paljousalennus bulk discount
PAL-järjestelmä PAL system
palkallinen paid
palkanalennus cut in pay, pay cut
palkankorotus raise
palkankorotusvaatimus demand for higher pay
palkanlisä bonus
palkannousu raise
palkansaaja wage-earner
palkata hire, employ, sign/take on
palkaton unpaid
palkattu 1 (työ) paid, salaried; (ihminen) hired **2** (hyväpalkkainen) *hyvin palkattu* well-paid
palkeenkieli (torn/ripped) flap
palkeet bellows (ks myös palje)
palkinto 1 prize, award **2** (palkkio) reward
palkintoehdokas candidate for an award/a prize
palkintojenjako award ceremony
palkintojenjakotilaisuus award ceremony
palkintokoroke victor's stand
palkintosija one of the top three *päästä palkintosijoille* place
palkintosumma prize money

palkita reward, repay
palkka 1 pay, (tuntipalkka) (hourly) wages, (kuukausipalkka) (monthly) salary **2** (palkkio: kertasuoritus) fee, (luentopalkka) honorarium, (tekijänpalkkio) royalty, (palveluksesta) reward, (vaivannäöstä) recompense *saada palkkansa* get your just desserts, receive your just reward **3** (kiitos) thanks *Se on minun palkkani 30 vuoden raatamisesta!* That's the thanks I get for 30 years of working my fingers to the bone
palkka-armeija wage army
palkka-asteikko pay/salary scale
palkkaedut salary
palkkahaitari wage/salary spread *liian pieni palkkahaitari* salary compression
palkkakehitys wage/salary trend
palkkakuoppa salary lag
palkkalainen hired man/hand
palkkalista payroll *olla Fazerin palkkalistoilla* be on the payroll at Fazer, work for Fazer
palkkaluokka pay/salary bracket, (valtion työssä) GS-level (GS, Government Service)
palkkamenot labor costs, wages and salaries
palkkamurhaaja contract killer, (ark) hitman
palkkaorja wage-slave
palkkapolitiikka wage policy
palkkasotilas mercenary (soldier)
palkkasoturi mercenary (soldier)
palkkasulku wage freeze
palkkasäännöstely wage controls
palkkataistelu wage dispute
palkkataso wage/salary level
palkkatulo earned income
palkkatyö paid labor
palkkatyöläinen paid laborer, wage-earner
palkkaus 1 (palkkaaminen) hiring, employment **2** (palkkaedut) salary
palkkavaatimus desired salary
palkki beam, (lattiapalkki) joist, (kattopalkki) rafter, (teräspalkki) girder
palkkikamera view camera
palkkio 1 (kertasuoritus) fee **2** (luentopalkka) honorarium **3** (tekijänpalkkio)

palkkiotalletus

royalty **4** (välityspalkkio) commission **5** (palveluksesta) reward **6** (vaivannäöstä) recompense
palkkiotalletus premium deposit
palko pod, legume
palkollinen hired hand, (palvelija) servant, (halv) menial
pallas halibut
pallea diaphragm
pallero 1 (lapsi) tot, toddler **2** (pallo) ball
palleroinen s tot, toddler adj round, ball-shaped
palli 1 (jalkatuoli) hassock, (foot)stool **2** (koroke: urh) winner's stand, (liik) executive chair **3** (kives) ball
palliatiivinen palliative
pallinaama moonface *ihan tavallinen pallinaama* ordinary Joe
pallo 1 ball *Pallo on nyt teillä* The ball's in your court, it's your turn/move, the floor is yours **2** (geom) sphere
pallo hallussa on top of the eight-ball
pallo hukassa clueless *Hänellä on pallo hukassa* He's lost it, he's out of it, he's got a screw loose, he doesn't have a clue (of what's going on)
palloilla 1 (pelata palloa) play ball/catch, throw a ball around **2** (hengailla) hang/laze/bum around
palloilu playing ball, hanging/lazing/bumming around
palloiluhalli gymnasium
pallo jalassa wearing a ball and chain (englanniksi viittaa myös naimisisaaloon; mies voi käyttää vaimosta nimitystä *my ball and chain*)
pallojuusto (baby) Edam
pallokas s (purje) spinnaker adj round, spherical
pallokenttä ball court
pallomeri ball sea
pallonivel ball(-and-socket)/swivel joint
pallonkäsittely ball-handling
pallonmuotoinen round, spherical
pallonpuolisko hemisphere
pallopeli ball game
pallopoika ball boy
pallopullo roll-on (bottle/dispenser)
pallosalama ball/globe lightning
pallosilla *olla pallosilla* play catch

pallotykki (baseballissaa) pitching machine, (tenniksessä) automatic server
pallotyttö ball girl
palloventtiili globe valve
palmikko 1 (hiuspalmikko) braid **2** (muu) twist, plait
palmikoida braid, twist, plait
palmu palm (tree)
palmusunnuntai Palm Sunday
palo 1 fire, burning **2** (huuhta) burned(over) clearing **3** (pesäpallossa) out
paloasema fire station
paloauto fire truck
palohälytys fire alarm
paloilmoitus fire report
paloitella 1 cut/chop/slice up **2** (osittaa) divide up, (maata) parcel out
palokirjoitus inflammatory article/piece
palokunta fire department
palolaitos fire department
paloletku fire hose
palomies fireman
palomuuri (tietok) firewall
palonkestävä fireproof, (melkein) flame-resistant/-retardant
palontorjunta fire protection
palo-ovi fire door
palopaikka scene of the fire
palopesäke seat of fire, (kuv) trouble spot
palopommi fire bomb
paloposti fire hydrant
palopuhe inflammatory speech
palopäällikkö fire chief
palorakko (burn) blister
palosireeni fire alarm, (paloautossa) siren
palotarkastus fire (safety) inspection
palotorvi klaxon (horn) *huusi lapsilleen kuin palotorvi* screeched at her children like a banshee
paloturvallisuus fire safety
palovaara fire hazard
palovahinko fire damage
palovakuuttaa insure (a house tms) for fire, buy fire insurance
palovakuutus fire insurance
palovamma burn

paloviina hard liquor, (pontikka) moonshine
palsami balsam, (kuv) balm
palsta 1 (maapalsta) lot, plot **2** (vihannesmaa) patch **3** (sanomalehdessä) column
palstatila 1 (maatila) small farm **2** (sanomalehden) column space/inches
palstoittaa parcel (out)
palttina 1 (kangas) thin linen **2** (sidos) plain weave
palttu blood pudding *antaa palttua jollekin* not give a damn/hoot/fart about something
palturi *puhua palturia* blow it out your ear, tell fairy-tales, make up stories
paluu 1 (paluumatka) return, homecoming **2** (palautuminen) reversion (to) *Ei ole paluuta entiseen* There's no turning back now, you can't go home, you can't turn the clock back
paluumatka home journey, return trip *paluumatkalla* on your way home
palveleva puhelin crisis (intervention) hotline
palvelija 1 servant, domestic; (halv) menial; (mon) the help **2** (palvoja) worshipper
palvelin server
palvella 1 serve, give/render (a) service to *valmis palvelemaan* at your service *palvella aikansa loppuun* serve/do your time *palvella Pattonin joukoissa* serve under Patton *palvella uskollisesti* serve faithfully, render/give loyal/faithful service to **2** (kaupassa) help, wait on, attend to *Voinko palvella teitä?* Can I help you? **3** (olla palvelijana) work for, be in service with **4** (tarkoitusta) serve, meet, satisfy **5** (palvoa) worship
palvelu 1 service **2** *palvelut* (kaupat yms) conveniences, (rakennukset) facilities **3** (palvonta) worship
palvelualtis helpful, friendly, willing to serve
palveluammatti service occupation
palveluelinkeino service industry
palveluksessa 1 (päivystämässä) on duty **2** (armeijassa) in the service **3** (jonkun) working for someone, in someone's employ *Palveluksessanne* At your service
palveluntuottaja (tietok) service provider
palvelupiste service center, outlet
palvelus 1 service *kutsua palvelukseen* draft, call up *ilmoittautua palvelukseen* report for duty *tarjota palveluksiaan* offer your services (to someone) **2** (ystävälle) favor *Voisitko tehdä minulle palveluksen?* Could you do me a favor?
palvelusaika term of service, tour of duty
palvoa 1 worship **2** (ihannoida) worship the ground (s)he walks on, adore, idolize, idealize
palvoja worshipper
palvonta worship
pamahdus bang, slam, (iso) crash, (pieni) pop
pamahtaa bang, slam, crash, pop; (räjähtää) explode, go bang/pow
pamaus bang, slam, crash, pop; (pyssyn) report, (räjähdys) explosion, detonation *suuri pamaus -teoria* the big bang theory
pamauttaa bang, slam, crack, whack, pop *pamauttaa päähän* crack/whack (somebody) over/upside the head *pamauttaa leukaan* pop/poke (somebody) in the jaw
pamfletti pamphlet
pampajänis mara
pamppu 1 (nuija) billy club, nightstick **2** (iso kiho) bigshot, bigwig, (mon) the brass
Panama Panama
panamalainen s, adj Panaman
Panaman kanavavyöhyke Panama Canal Zone
panamerikkalainen pan-American
panda panda
paneeli panel
paneelikeskustelu panel discussion
paneerata bread
paneloida panel
panetella slander, vilify, smear, defame
panettaa have (somebody) put (something somewhere/in order/jne)

panettelija slanderer, backbiter
panettelu slander, backbiting
paneutua (johonkin) delve into something, take up something *paneutua asiaan* delve/go into something (closely), familiarize yourself with something (in detail) *paneutua jonkun asemaan* put yourself in another person's place *paneutua juhlakuntoon* get all dressed/spiffed/gussied/dolled up, get all decked out *paneutua pitkälleen* lie down, stretch out (on the bed/couch) *paneutua polvilleen* drop to your knees, kneel down
paniikki panic *joutua paniikkiin* panic
paniikkitunnelma (feeling of) panic
panimo brewery
pankinjohtaja bank manager
pankki bank
pankkiautomaatti cash machine, automated teller machine, ATM
pankkiholvi vault
pankkikirja bank book
pankkikortti bank card
pankkilaitos banking (system)
pankkiryöstö bank robbery
pankkisiirto bank transfer
pankkitili bank account
pankkitoiminta banking
pankkivirkailija bank teller
panna s ban, interdict; (pannaanjulistus) excommunication, anathema *julistaa pannaan* (ihminen) excommunicate, anathematize; (asia) ban *päästä pannasta* be(come) allowed/legal again v **1** put, place, set, lay, stick *hän pani kirjan hyllyyn* he put the book in the shelf *hän pani kirjan pöydälle* he put/lay the book on the table *panna kello oikeaan aikaan* set the clock **2** (kiinnittää) fasten, fix, attach **3** (saada tekemään) get (you to do), set (you to doing), make (you do) **4** (naida) fuck, poke, pork
panna ajattelemaan make you/someone think
panna ehdolle rank (a candidate for a job)
panna hanttiin resist, fight back, get/put your back up, dig your heels in

panna hihat heilumaan put your nose to the grindstone
panna jalkaan put on
panna kahtia split in half, halve, divide into two parts
panna kampoihin resist, fight back, get/put your back up, dig your heels in
panna kiinni 1 (kiinnittää) fasten, fix, attach **2** (sulkea) shut, close; (TV, radio, hana) turn off; (napeilla) button; (vetoketjulla) zip up **3** (sijoittaa) invest in, sink into
panna kokoon assemble, put together
panna koville give (someone) a hard time, breathe down their necks, ride them, make life tough for them
panna kumoon turn over, overturn
panna kädet ristiin cross/fold your hands
panna leikiksi (hyvänä asiana) have some fun, play some games; (pahana asiana) make a mockery out of (something)
panna liikkeelle start, initiate, get (someone/something) going
panna likoon stake (all your money)
panna lujille give (someone) a hard time, breathe down their necks, ride them, make life tough for them
panna matalaksi criticize, find fault with
panna merkille notice, remark, pay attention to
panna muistiin write/note/jot down
panna mustaa valkoiselle put in black and white
panna nimensä alle sign
panna näkyville 1 put/set (something) out (where everybody can see it) **2** (julkistaa) post
panna näytille (put on) display
panna olutta brew beer
panna omiaan tell fairy-tales, make/cook up stories
panna pahakseen take offense (at), get hurt/offended/upset (at)
panna paikoilleen put (something) away, where it goes
panna parastaan do your best
panna piipuksi light up (a pipe)

paperikone

panna pilalle ruin, spoil
panna pitkäkseen lie down
panna pois put (something) away, lay (something) down
panna pois päiviltä knock/bump off, put away
panna pois päiväjärjestyksestä get (something) out of the way, get it over with
panna pystyyn organize, arrange
panna päälleen/päähän put on
panna pää pyörälle make (someone's) head spin
panna rahaa menemään blow money, throw money away
panna ranttaliksi disrupt/disturb (something), interfere in (something), make a mockery out of (something)
panna sekaisin mix/screw up, confuse, scramble
panna sivuun set/put aside
panna syrjään set/put aside
panna toimeen initiate, execute, carry out
panna toisen syyksi blame (something) on someone else, (ark) pass the buck
panna tuleen light a fire, set fire to
panna tupakaksi light up (a cigarette)
panna vastaan resist, fight back, get/put your back up, dig your heels in
panna vauhtiin get (something) going, build up some momentum, give (something/someone) a push/shove
panna viralta fire, suspend (someone from the performance of his/her duties)
pannu 1 pan, pot, kettle **2** (höyrykattila) boiler **3** *Tuo ottaa minua pannuun* That really browns me off
pannukakku 1 (lettu) pancake, (uunipannukakku) Yorkshire pudding **2** (kuv) flop, fiasco
pannulappu hotpad
pannupihvi panfried steak
pano 1 putting, setting **2** (tilille) deposit **3** (nainti) fuck *pikapano* quickie
panos 1 (lataus) charge **2** (patruuna) cartridge, round **3** (korteissa) stake, bet *pelata korkein panoksin* play for high stakes **4** (sijoitus) investment **5** (kuv) contribution *antaa merkittävä panos johonkin* contribute significantly to, make a significant contribution to
panostaa 1 (ladata) load **2** (sijoittaa) invest in, sink your money into **3** (korteissa) place your bets, stake your money on
panostus 1 (lataus) charge **2** (korteissa) bet
panssari 1 (vaunun tms) armor, (hist) (suit of) armor **2** (panssarivaunu) tank **3** (luodin tms) metal jacket **4** (kilpikonnan) carapace, (krokotiilin) cuirass **5** (ihmisen henkinen) wall, defense(s), (protective) armor
panssarintorjunta antitank defense
panssarivaunu tank
panssaroida armor(-plate)
panta 1 (nauha) band, ribbon **2** (hiuspanta) hairband **3** (kaulapanta) choker
pantata 1 (panttilainaamoon) pawn, hock **2** (vakuutena: osakkeet) pledge, (talo) mortgage **3** (ark pidättää) hold back, withhold
panteismi pantheism
pantteri panther
pantti 1 (vakuus) collateral, security; (osakkeet) pledge; (talo) mortgage, lien *lunastaa pantti* redeem a pledge, pay off a mortgage *ottaa pantiksi* accept as collateral/security *Panen maineeni pantiksi* I'll stake my reputation on it *tyhjän panttina* useless **2** (pullosta) deposit **3** (rakkauden) token, sign, symbol **4** (pelissä) forfeit
panttilainaamo pawnshop
panttivanki hostage
paperi 1 paper **2** (asiakirja) paper, document; (henkilöllisyystodistus) ID *Kysyttiinkö sinulta papereita?* (kapakassa, Alkossa) Were you carded? *puhtaat paperit* clean record/slate: (poliisista) no police record; (sairaalasta) completely cured, no disease *panna paperinsa vetämään* apply, send in your application **3** (kirjoitettu puhe) written speech *puhua ilman paperia* speak freely, without reading/notes *maistua paperilta* sound/talk like a book
paperikone paper machine

paperikori waste(paper) basket, (leik) the circular file
paperinen paper
paperinenäliina kleenex
paperinjalostus paper manufacture
paperinjalostusteollisuus paper industry
paperiraha paper money, (mon) bills
paperisota red tape
paperitehdas paper factory/mill
paperiteollisuus paper industry
paperiveitsi paper/letter knife
paperoida (seinä) (wall)paper, (laatikko) line (with paper)
papinkaapu (clergyman's) robe/gown
papinkaulus (clerical) collar
papinvirka (protestanttinen) ministry, (katolinen) priesthood
papisto clergy
papitar priestess
pappa 1 (isä) papa, pops **2** (isoisä) gramps
pappeus ministry, priesthood
pappi pastor, clergyman; (protestanttinen) minister; (anglikaani, katolinen) priest, father
pappila vicarage, manse
pappismies clergyman
pappisseminaari seminary, divinity school
pappisvaltainen clergy-dominated
paprika (mauste) paprika, (vihannes) red pepper
papu bean
papualainen s, adj Papuan
Papua-Uusi-Guinea Papua New Guinea
papukaija parrot
papukaijakala parrot fish
papupata (suupaltti) blabbermouth, chatterbox, motormouth
papyrus papyrus
-pa, -pä 1 sure, certainly *Olipa/kylläpä oli kiva että tulit* It sure/certainly was nice that you came **2** what a *Onpa hieno talo* What a nice house **3** what a thing to do *Mennäpä nyt sanomaan tuollaista* What a thing to do, saying something like that **4** it was *Anttipa se olikin* It was Antti all along/after all **5** I think I'll *Minäpä lähdenkin tästä kaupunkiin* I think I'll head into town **6** precisely, exactly *Siksipä menenkin* That's exactly why I'm going **7** I wish, if only *Olisinpa rikas* I wish I were rich, if only I were rich *Kunpa tietäisin!* If only I knew, I wish I knew **8** no matter what/who, whoever/whatever *Olipa se mikä/kuka/miten tahansa* No matter what/who/how it is/was, whatever/whoever/however it is/was **9** too, (painollinen) not *Saapas* Can too/so *Eipäs* Can not **10** just *Olipahan vain joku tuttavani* It was just somebody I met somewhere **11** jää kääntämättä *Sinäpä sen sanoit* You said it *Kukapa ei muistaisi* Who wouldn't remember

paraati parade, procession
paraboliantenni parabolic antenna
parabolinen parabolic
paraboloidi paraboloid
paradoksaalinen paradoxical
paradoksi paradox
parafiini parafin
parafraasi paraphrase
Paraguay Paraguay
paraguaylainen s, adj Paraguayan
parahiksi just right/enough, perfectly *tulla parahiksi syömään* be just in time for dinner
parahin dear
parahtaa cry out
paraikaa right now, at this moment
parallaksi parallax
paranematon incurable, (krooninen) chronic
parannus 1 improvement, betterment, reform **2** (usk) repentance *Tehkää parannus!* Repent! **3** (lääk) cure
parannusehdotus reform proposal, suggested improvement
parannussuunitelma plan for reform/improvement/betterment
parantaa 1 improve, (make something) better, reform *parantamisen varaa* room for improvement **2** (lääk) heal, cure *Aika parantaa haavat* Time heals all wounds
parantaa tapansa mend your ways, see the error of your ways

parittaa

parantaja healer
parantola sanatorium
parantua 1 improve, get better **2** (lääk) heal, mend, get well/better, (toipua) recover **3** *Ei sitä parane syödä* You'd better not eat that
parantumaton 1 (tauti) incurable, (krooninen) chronic **2** (romantikko tms) incorrigible, hopeless, inveterate
parapsykologia parapsychology
parapsykologinen parapsychological
paras the best *tehdä parhaansa* do your best *panna parastaan* put your best foot forward *On parasta olla hiljaa* It's better not to say anything
paraskin *kuin paraskin asiantuntija* like some kind of expert
paras mahdollinen the best possible
parastaikaa right now/then, at this/that (very) moment
parasta tarkoittaen *tehdä jotakin parasta tarkoittaen* mean well, have good intentions
parata ks parantua
paratiisi paradise
paratiisillinen paradis(iac)al
paratkoon *Herra paratkoon!* God forbid!
pareittain by/in pairs, by couple, two by two
paremman puutteessa for lack/want of anything better
paremmin 1 better *Meni paremmin kuin osattiin odottaa* We did better than we dared hope **2** (pikemminkin) rather, more *Se on paremmin(kin) poikkeus kuin sääntö* It's (almost) more/rather the exception than the rule *tai paremmin sanottuna* or rather
paremmuus superiority, better quality/performance/jne
parempi better, superior *Sitä sattuu paremmissakin piireissä* It happens even in the best families/homes *ei paremmasta väliä* good enough for government work *pitää parempana* prefer (something to)
parempi katsoa kuin katua look before you leap
parempi myöhään kuin ei milloinkaan better late than never
parempiosainen s fortunate one, wealthy person, a 'have'; (mon) the well-to-do/well-off adj better/well off, well to do
parfyymi perfume
parhaaksi *jonkun parhaaksi* for his/her good, in his/her own best interests
parhaalla tahdollakaan with the best will in the world (I can't...)
parhaassa iässään in his/her prime
parhaillaan currently, at present, right now, at this (very) moment
parhaimmillaan at its/your best
parhaimmisto the best/elite, the cream of the crop, the pick of the litter
parhain best
parhain päin *kääntyä parhain päin* turn out for the best *selittää asiat parhain päin* put a good face on it
parhaiten best
pari s **1** pair **2** (pariskunta) couple **3** (kumppani) partner, (aviosiippa) mate, spouse *hansikkaan pari* the other/missing glove adj a pair/couple (of), a few *pari kolme* two or three, a couple three
pariisilainen Parisian, (nainen) Parisienne
parikymmentä (around) twenty
parikymmenvuotias twenty-year-old
parila gridiron, grill
parillinen even
pariloida grill, broil
pariluistelu pair skating
parisataa a couple hundred
parisen two or three, a couple, a few
pariskunta couple
parissa with, among, in the midst of *viettää aikaa lasten parissa* spend time with (the) children
paristo battery
parisänky double bed
pariteetti parity
paritella copulate
pariton odd
parittaa 1 (eläimiä) mate **2** pimp/procure (for), pander (to)

parittain

parittain by couple(s), in pairs, two by two
parittaja pimp, panderer
parittelu copulation
parituhantinen joukko a crowd a couple of thousand strong
parituhatta couple of thousand
parivaljakko carriage and pair, team (of horses)
parjata slander, malign, defame, smear
parka poor *miesparka* poor man
parkaista cry out
parkaisu cry
parketin partaveitsi highstepper
parketti 1 parquet(ry) 2 (tanssilattia) dance floor
parkettilattia parquet floor
parkita 1 (nahkaa) tan 2 (luonnetta) toughen, harden
parkita jonkun selkänahka tan someone's hide
parkitus tanning
parkkeerata park
parkkeeraus parking
parkkiintunut hardened, toughened, weathered
parkkipaikka 1 (yhden auton) parking place/spot 2 (parkkialue) parking lot
parkua bawl, blubber
parlamentaarinen parliamentary
parlamentarismi parliamentarism
parlamentti parliament
parodia parody
parodinen parodic
parodioida parody
paroni baron
paronitar baroness
parrakas bearded, hirsute
parranajo shaving
parranajokone razor, shaver
parranalku peachfuzz
parrankasvu growth of beard
parras 1 (reuna) edge, brink (myös kuv:) verge 2 (teatterin) apron, (mon) footlights 3 (laivan) gunwale
parrasvalot footlights
parraton beardless, cleanshaven
parru beam, (kattoparru) rafter, (laivassa) spar
parsa asparagus

parsi 1 beam, pole, spar 2 (karsina) stall, pen 3 (tapa) manner *puheenparsi* manner of speaking
parsia (sukkaa) darn, (muuta) mend, patch; (kuv) fill in the gaps (in)
parsinneula darning needle
parta beard
partakarva bristle
partakone razor, shaver
partakorppikotka lammergeier
partavaahto shaving cream
partavesi aftershave
partikkeli particle
partio 1 (sot) patrol 2 (partioliike) scouting, the Boy Scout movement *lähteä partioon* go to a scout meeting
partioida patrol, (go out) scout(ing), reconnoitre
partiojohtaja scoutmaster
partiojärjestö the Boy Scout organization
partiolainen scout
partio-osasto scout troop
partiopoika Boy Scout
partiotoiminta scout activities
partiotyttö Girl Scout
partisiippi participle
partitiivi partitive
partituuri (musical) score
partneri partner, (ark) sidekick, pard
parturi barber
parturi-kampaamo barber/hairdresser
parturoida barber, shave
parveilla (hyönteiset) swarm, (linnut) flock, (kalat) shoal
parveke 1 balcony 2 (lehteri) gallery
parvekekasvi balcony flower/plant
parvi 1 (hyönteisiä, ihmisiä) swarm, (lintuja) flock, (kaloja) school; (ihmisiä) crowd, horde, group, troop 2 (parveke: ylinen) loft, (lehteri) loft, gallery, balcony
pasifismi pacifism
pasifisti pacifist
paska shit, crap *Ja paskat!* Bullshit! *Haista paska!* Fuck you! Eat my shit! *Et tiedä siitä paskaakaan* You don't know shit about it
paska jäykkänä *olla paska jäykkänä* to be scared shitless

paskamainen shitty, crappy *paskamainen temppu* a shitty thing to do
paskantaa take a shit/dump
paskantärkeä self-important, full of shit
passata 1 wait on (someone hand and foot) **2** (sopia) suit, be perfect (for) **3** (urh) pass
passi 1 passport **2** (vahti) guard, duty *passissa* on guard/duty **3** (urh) pass
passiivi passive
passiivinen passive
passiivisuus passivity
passikuva passport photo
passintarkastus passport control
passittaa send *passittaa kotiin* (sotilas) demob(ilize), (sairaalasta) release *passittaa sairaalaan* hospitalize *passittaa takaisin kotimaahansa* deport, repatriate *passittaa tutkintavankeuteen* remand (someone) into custody *passittaa rikollinen vankilaan* commit/send (a criminal) to prison
passitus demobilization, release, hospitalization, deportation, repatriation, remandment, imprisonment (ks hakusanat)
passivoida 1 passivize **2** (tietok) disable
pasta pasta
pasteija 1 (lihapiirakka) meat pie/past(r)y **2** (tahna) pâté
pastilli lozenge
pastori (protestanttinen) pastor, minister; (anglikaani) curate, vicar *pastori Jones* Rev. Jones
pastöroida pasteurize
pastörointi pasteurization
pasuuna 1 (orkesterin) trombone **2** (Ilmestyskirjan) trump
pata kettle *hyvää pataa* bosom buddies, close, intimate
pata kattilaa soimaa The pot calling the kettle black
pataljoona battalion
pataluhaksi *haukkua joku pataluhaksi* chew someone out, give someone a piece of your mind, really tear into someone
patapaisti pot roast

paukama

patarumpu tympani, kettle drum
patavanhoillinen ultraconservative
patentoida patent
patentti patent
patenttiasiamies patent attorney
patenttihakemus patent application
patentti- ja rekisterihallitus National Board of Patents and Registration of Trademarks
patenttilainsäädäntö patent legislation
patenttilääke patent medicine/drug
patikoida hike, backpack
patikointi hike, hiking, backpack(ing) (trip)
patistaa push, prod, hustle, urge
patistella push, prod, hustle, urge
patja 1 mattress **2** (tien patja) blanket **3** (geol) bed, stratum
pato 1 dam **2** (rantapato) dyke, embankment
patologi pathologist
patologia pathology
patologinen pathological
patoutua 1 (vesi) be dammed/backed up; (jäät) be blocked, piled up **2** (tunteet) be bottled/dammed/pent up
patoutuma repression
patriarkka patriarch
patruuna 1 (aseen) cartridge **2** (hist) squire *ruukin patruuna* iron foundry owner
patsas 1 (kuvapatsas) statue **2** (pylväs) column, pillar *savupatsas* a pillar of smoke
patteri 1 battery (myös ark paristo) **2** (lämpöpatteri: sähkö) register, (öljy) radiator
patteristo artillery battalion
patti 1 (kuhmu) bump, lump, knot **2** (pahka) burl **3** (šakissa) stalemate
patukka 1 billy club, nightstick **2** (suklaapatukka) (chocolate/candy) bar
pauhata 1 rumble, roar **2** (ihminen) rant (and rave), bluster
pauhu rumble, roar, thunder
paukahdella bang, slam, crash, crack
paukahdus bang, slam, crash, crack
paukahtaa bang, slam, crash, crack
paukama lump, swelling

pauke

pauke banging, slamming, crashing, cracking
paukku 1 (räjähdys) blast, explosion **2** (räjähde) charge **3** (isku) blow, setback, trauma **4** (ryyppy) (stiff) shot, bracer **5** (pieru) fart
paukkua bang, slam, crash, crack *paukkuva pakkanen* bitter/crackling cold *Se tuli takaisin niin että paukkui* They returned it so fast I hardly noticed it was gone
paukkupatruuna blank cartridge
paukkurauta firearm
paula 1 string, cord, twine; (koristenauha) ribbon; (kengännauha) (shoe)lace **2** (ansa, myös kuv) snare, trap, net *saada pauloihinsa* get (someone) in your clutches
paviaani baboon
paviljonki pavilion
PC PC, personal computer
pedaali pedal
pedagogi pedagogue
pedagoginen pedagogical
pedagogisesti pedagogically
pedantti pedant
peesata 1 (urh) pace **2** (liikenne) tailgate **3** (tietok) piggyback, tailgate
peeveli *Voi peeveli!* Goddamn it!
pehkut *painua pehkuihin* hit the hay/sack
pehmennys 1 softening **2** (permanentti) perm(anent)
pehmentyä soften, mellow out
pehmentää soften, (luonnetta) mellow
pehmetä soften
pehmeys softness, silkiness, smoothness, tenderness, gentleness, mellowness (ks pehmeä)
pehmeä soft; (hiukset) silky, (iho) smooth, (liha) tender, (luonne) gentle, mellow
pehmeäkantinen paperback
pehmeä lasku soft landing
pehmeästi softly
pehmike pad(ding), cushion
pehmittää 1 soften (up), (sydäntä) melt **2** (piestä) tenderize
pehmitä soften
pehmoinen soft
pehmoisesti softly
pehmoradio (tietok) software radio
pehmustaa pad, cushion
pehmuste pad(ding), cushion; (mon) upholstery
pehmustus padding, cushioning
pehmyt soft
pehmytjäätelö soft ice cream
pehtori (farm/ranch) foreman
peijaiset funeral feast
peijakas the dickens
peikko 1 goblin, troll, ogre **2** (kuv: turhaan pelätty) bugbear, (aavemainen) spectre
peilailla 1 (itseään peilistä) gaze at yourself in the mirror **2** (kuvastua) be reflected
peilata 1 (itseään peilistä) look at yourself in the mirror **2** (heijastaa) reflect (myös kuv) *Romaani peilaa oman aikansa yhteiskuntaa* The novel holds a mirror up to contemporary society, reflects the social reality of its time **3** (mer suuntia) take your bearings, get a fix on your position **4** (luodata) sound (out) the depth of the water
peili mirror *katsoa peiliin* look in the mirror
peiliheijastuskamera (mirror) reflex camera, single-lens reflex
peililamppu parabolic spot (light/lamp)
peiliovi panel door
peilityyni smooth as glass, glassy
peippo (chaf)finch
peipponen (chaf)finch *iloinen kuin peipponen* happy as a lark
peite 1 covering *ohut lumipeite* light covering of snow **2** (peitto) blanket **3** (pressu) tarp(aulin)
peitellä 1 (sänkyyn) tuck (a child) in, kiss (a child) goodnight **2** cover (something) up (myös kuv:) conceal, hide, mask, disguise *Mitä sinä peittelet?* What are you keeping from me?
peitetysti 1 (kiertäen) indirectly, evasively **2** (salamyhkäisesti) secretively, under wraps/cover
peitota beat the pants off

pelkistetty

peitsi lance *taittaa peistä* (jonkun kanssa) tilt against, take up arms against; (jonkun puolesta) go to bat for

peitteinen (maasto) wooded, (kieli) furred *lumipeitteinen* covered with snow

peitto 1 (huopa) blanket, (vuodevaatteet) covers *panna pää peiton alle* hide your head under the covers 2 covering *jonkin peitossa* covered with something, have something all over *pölyn peitossa* all dusty *punaisten täplien peitossa* all spotty, covered with red spots

peittyä be covered (up by, in) *Aurinko peittyi pilveen* The sun went behind a cloud

peittää 1 cover *peittää lapset* tuck the kids into bed *peittää kustannukset lainalla* take out a loan to cover costs 2 cover up, hide, conceal *peittää pöytäliinan tahra maljakolla* cover up/hide the stain on the tablecloth with a vase

peittää jälkensä cover your tracks

pekka *Ei ollut pekkaa pahempi* He was not to be bested, he had to go one better

pekoni bacon

pelargoni geranium

pelastaa 1 save (myös usk), rescue, salvage, redeem (myös usk) *Ole kiltti ja pelasta Keith Abbyn kynsistä* Be a good boy and go save/rescue Keith from Abby *Royn tulo pelasti illan* Roy showing up when he did salvaged/saved the evening, the evening was redeemed by Roy's arrival *tulla pelastamaan joku* come to someone's rescue 2 (varjella) protect, preserve, keep (something from harm)

pelastaja savior, (ihmisen) rescuer, (kansan) deliverer *Pelastaja* (usk) the Savior

pelastautua save yourself, be rescued/delivered, (selvitä hengissä) survive/escape (a disaster)

pelastua 1 be saved/rescued/delivered, make it (out of somewhere, to safety) 2 (usk) be saved/delivered/redeemed, find salvation

pelastus 1 salvation, saving, rescue *Nopsat jalkasi koituvat vielä sinun pelastukseksesi* Those quick feet will be the saving of you yet 2 (usk) salvation, deliverance, redemption, saving grace 3 (pelastuskeino) escape, way out *Ainoa pelastus oli nopea perääntyminen* The only way to save their skins was to retreat quickly 4 (tavaran) salvage

pelastusarmeija Salvation Army

pelastustoimi 1 (ihmisten) rescue operation 2 (tavaran) salvage operation

pelastusyritys rescue/salvage attempt

pelata 1 (peliä) play *Osaatko pelata bridgeä?* Do you know how to play bridge? 2 (toimia) work *Eihän tämä pelaa* This doesn't work

pelata aikaa play for time

pelata häitä (vanh) play a wedding

pelata joku pussiin get someone right where you want him/her

pelata korkein panoksin play for high stakes

pelata uhkapeliä gamble

pelehtiä 1 (hyppelehtiä) frolic, gambol, caper 2 (leikitellä) play/fool around, play games *pelehtiä tyttöjen kanssa* fool around (with girls) 3 (pelleillä) play the fool, clown around

peli 1 game, play(ing) *Mitä peliä tämä on olevinaan?* What (game) are you playing at? *likaista peliä* foul play, dirty pool *reilu peli* fair play 2 (keino) way, means *Millä pelillä aiot maksaa laskusi?* How are you planning to pay your bills? 3 (vempain) gadget, contraption, (auto) machine

peliaika playing time

pelialue playing field

pelihimo passion for gambling

pelikaani pelican

pelikortti (playing) card

pelimerkki chip

pelinavaus opening move/gambit (myös kuv)

peliohjain (tietokoneen ym.) joystick

pelit ja vehkeet *Hänellä on kaikki pelit ja vehkeet* He's got a house full of gadgets and gizmos

pelkistetty 1 reduced, simplified 2 (sisustustyyli) bare, ascetic, uncluttered *pelkistetty taide* minimalist art

pelkistää

pelkistää reduce, simplify
pelkkä just/only a, pure, mere, sheer, nothing but *pelkkä muodollisuus* a mere/sheer formality *Hän kuittasi sen pelkällä kiitoksella* He just passed it off with a thank you
pelko 1 fear, dread, terror, fright *Ei ole pelkoa, että epäonnistumme* We have no fear of failing, there's no chance of not succeeding **2** (ahdistus) worry, anxiety, apprehension *Martta tunsi pelkoa poikansa puolesta* Martta wracked herself with worry for her son
pelkuri coward, (ark) chicken, scaredy-cat
pelkurimainen cowardly, (ark) chicken
pelkuruus cowardice
pelkästään just, only, purely, merely, solely *Tämä ei voi olla pelkästään hänen syytään* This can't just be her fault
pelkäänpä pahoin I'm afraid (that)
pellava 1 (kasvi) flax **2** (kangas) linen
pelle clown, fool *Minusta hän on täysi pelle* I think he is a complete fool
pelleillä play/fool/mess/clown around
pelleily tomfoolery, horseplay
peloissaan 1 afraid, terrified, frightened **2** (ahdistus) worried, anxious, apprehensive *Martta oli peloissaan poikansa puolesta, kun tämä joutui ajamaan yötä myöten* Martta worried about her son driving all night
pelokas 1 (yleensä) timid, fearful, timorous **2** (vaaran läheisyydessä) frightened, scared, afraid, terrified; (ark) spooked
pelokkaasti timidly, fearfully, timorously
pelote deterrent *ydinpelote* nuclear deterrent
pelotella frighten, scare, intimidate; (ark) spook
peloton fearless, bold, daring
pelottaa 1 *Minua pelottaa* I'm afraid/scared/frightened *Tuo pelottaa minua* That scares/frightens me, it makes me afraid **2** (pelotella) scare, frighten *pelottaa tiehensä* scare (someone) off
pelottava scary, frightening, terrifying
pelottavasti alarmingly
pelotus intimidation
pelti 1 (metallilevy) sheet metal *aaltopelti* corrugated iron **2** (savupelti) damper *pellit kiinni* dead drunk *pellit auki* full tilt **3** (konepelti) hood **4** (leivinpelti) cookie sheet
peltiseppä 1 (hist) tinsmith, tinker **2** (nyk) sheet iron worker
pelto field, (viljelysmaa) arable land *ajaa pellolle* throw (someone) out on his/her ear, show (someone) the door
peltoala acreage under cultivation, arable area
peltomyyrä vole
peltotyö farm work, work in the fields
peluu playing
pelästys sudden fright
pelästyttää startle, (ark) spook
pelästyä start, be startled/frightened
pelätin scarecrow, (kuv) fright
pelätä 1 fear, be afraid/frightened/scared of *pelätä henkeään* fear for your life *pelätä lentämistä* be afraid/scared of flying **2** (kantaa huolta) worry, be anxious/apprehensive about
pelätä kuollakseen be scared to death
penger 1 (parras) edge, brink *ojan penkereellä* on the edge of the ditch **2** (joen) embankment, dike **3** (tasanne) terrace
pengermä embankment, terrace
pengertää embank, bank up; terrace
penikka 1 pup(py) **2** (kuv halv) whelp, spawn **3** (muksu) brat
peninkulma league
penisilliini penicillin
penkka (em)bank(ment), (reuna) edge
penkki 1 (istuin: pitkä) bench, (auton) seat, (kirkon) pew *koulun penkillä* at school *istua syytetyn penkillä* be (the) accused *mennä penkin alle* flop **2** (työpenkki) workbench **3** (kukkapenkki tms) bed
penkkiurheilija armchair quarterback, sports fan
penkkiurheilu armchair/spectator sports
penkoa rummage through, (kuv) dredge up

penni penny *ei penninkään arvoinen* not worth a plug nickel/red cent *Minulla ei ole penniäkään* I haven't got a red cent *venyttää joka penniä* pinch pennies *pitkä penni* pretty penny
pensaikko bushes, (omakotipihassa) shrubbery, (tiheikkö) thicket
pensas bush, shrub
pensasaita hedge
pensaskoira bush dog
pensassakset garden shears
penseys halfheartedness, lukewarmth, indifference
penseä halfhearted, lukewarm; (välinpitämätön) indifferent, cool
penseästi halfheartedly, indifferently, coolly
penska kid
pensseli (paint) brush
pentaprisma pentaprism
pentele the dickens
pentu 1 (koiran) pup(py), (kissan) kitten, (suden, ketun, karhun tms) cub; (mon) young 2 (lapsi) kid
pentue litter
penätä 1 (vaatia) demand, lay claim to, insist on 2 (inttää) insist, be stubborn/obstinate/pigheaded (about), refuse to budge
peppu bottom, rear end, fanny *kuin paita ja peppu* inseparable, like two peas in a pod
per 1 (per nuppi) per (person) 2 (per tietty päivämäärä) as per
perata 1 (kaloja) clean 2 (marjoja) pick the leaves and branches out 3 (vihannesmaata) weed 4 (metsää) clear 5 (tietok) debug
perehdyttää familiarize (someone with something), teach/show (someone) the ropes, break (someone) in, give (someone) training/orientation (in)
perehdytys familiarization, training, orientation
perehtyä familiarize (yourself with something), learn the ropes, get oriented (in), find out/learn (all about)
peremmällä further/farther in/back *Käykää peremmälle!* Come on in!
perestroika perestroika

perfekti (kiel) present perfect (tense) *pluskvamperfekti* past perfect (tense)
performanssitaide performing art(s)
pergamentti parchment
perhana damn *perhanan* damn(ed)
perhe family *viisihenkinen perhe* a family of five
perheauto family car
perhe-eläke dependent's pension
perhe-elämä family life
perheenemäntä housewife, homemaker
perheenisä father
perheenjäsen family member
perheenlisäys *odottaa perheenlisäystä* be in a/the family way
perheenäiti mother
perheittäin by family
perhekalleudet the family jewels (myös ark, kuv)
perhekasvatus family education
perhekohtainen family-specific
perhepiiri family circle
perhesalaisuus family secret
perhesuhteet family relations
perhetuttava friend of the family('s)
perheväki the family *Sano perheväellesikin terveisiä* Say hello to the family
perho 1 butterfly, (yöperho) moth 2 (kalastusperho) fly
perhokalastus fly-fishing
perhonen buterfly, (yöperhonen) moth
perhostutkija lepidopterist
periaate principle *pitää periaatteenaan* make a point of (doing something)
periaatteellinen (ihminen) principled, (person) of principle; (keskustelu) hypothetical
periaatteellisesti 1 (pohjimmiltaan) fundamentally, basically 2 (hypoteettisesti) hypothetically, in theory
periaatteen mies/nainen a man/woman of principle
periaatteessa 1 (teoriassa) in principle/theory, theoretically 2 (pääpiirteissään) essentially, in essence 3 *pysyä periaatteessaan* stick to your principles, refuse to deviate/swerve/budge (an inch) from your principles
periaatteesta on principle

periaatteeton unprincipled, unscrupulous
perijä (mies) heir, (nainen) heiress
periksi *antaa periksi* **1** (antautua) give in/up, surrender, throw up your hands, throw in the towel **2** (joustaa) give way, yield, settle for less
perikunta 1 (perilliset) the heirs **2** (kuolinpesä) estate
perikuva 1 (asian) the epitome, a model *nöyryyden perikuva* the epitome of humility, a model of humility **2** (ihmisen) the very image *hyvän aviomiehen perikuva* the very image of a good husband
perillemeno getting through (to someone), being heard/understood *Kyllä minä sen hänelle sanoin, mutta perillemenosta en tiedä* I told him, but I don't know if he heard me
perillepääsy getting there, reaching your destination
perilletulo getting there, reaching your destination
perillinen heir, scion
perillä 1 (matkanpäässä) at your destination, there *Milloin olemme perillä?* When are we going to be/get there? **2** (selvillä) aware of, familiar with, well-informed on *asiasta hyvin perillä olevien lähteiden mukaan* according to well-informed sources, those in the know
perimmäinen 1 (kauimmainen) farthest, furthest, remotest; (reunimmainen) outermost; (takimmainen) back **2** (viimeinen) ultimate *elämän perimmäinen merkitys* the (ultimate) meaning of life *perimmäiset kysymykset* the big/ultimate questions **3** (pohjimmainen) fundamental, basic **4** (sisimmäinen) innermost, deepest *perimmäinen minä* the innermost/real me
perimmältään 1 (ihmisen luonteesta) basically, fundamentally, at heart, deep down **2** (tapahtumasta) finally, ultimately, in the last analysis, when all's said and done
perimys succession
perimysjärjestys order of succession

perimä genotype; genome
perimätieto (oral) tradition
perin 1 (takimmainen) back **2** (erittäin) very, extremely, exceedingly; (täysin) utterly
perin juurin thoroughly, utterly, completely, root and branch
perinne tradition
perinnäinen traditional, customary
perinnäisesti traditionally, customarily
perinnäiskäsitys traditional conception
perinnäistapa custom
perinnäisyys traditionality, traditionalism
perinnöllinen (lak ja biol) hereditary *Se on perinnöllistä* It runs in the family
perinnöllisesti by heredity
perinnöllisyys heredity
perinnöllisyystiede genetics
perinnöllisyystutkija geneticist
perinnönjako distribution of an estate
perinnöttömyys disinheritance
perinnötön disinherited *jättää perinnöttömäksi* disinherit
perinpohjainen thorough(going), complete, exhaustive, full
perinpohjaisesti thoroughly, completely, exhaustively, fully
perinpohjaisuus thoroughness
perinteinen traditional
perinteisesti traditionally
perintä collection
perintö 1 (omaisuus) inheritance, estate, legacy *jättää jollekulle perinnöksi* leave (something) to someone *kulkea perintönä* be handed down (from generation to generation) *Olen saanut sen perintönä isoisältäni* My grandfather left/bequeathed it to me **2** (perinne) heritage, legacy *kulttuuriperintö* cultural heritage
perintöesine heirloom
perintöhopeat the family silver
perintöprinsessa crown princess; (missikisoissa) runner-up
perintöprinssi crown prince
perintötekijä gene, hereditary factor
perintötila family estate
perintövero estate/inheritance tax

peruna

perintöverotus estate/inheritance taxation
periodi period, (opetuksessa) block
periodiopetus block teaching
periskooppi periscope
perisuomalainen typically Finnish
perisynti original sin
perivihollinen bitter enemy, archenemy
periytymätön uninheritable
periytyvä inheritable, hereditary
periä 1 (saada perintönä, myös biol) inherit *periä vanhempansa* be your parents' heir, receive an inheritance from your parents, inherit money/property from your parents *periä isoomaisuus* inherit a fortune, come into a fortune 2 (saada maksuna) collect, (ottaa maksuna) charge 3 (tapahtua, käydä) become of, happen to *Mikä meidät nyt perii?* What will become of us now? *Hukka sinut vielä perii* You're heading for a fall *Paha minut perii jos minä* I'll be damned if I'm going to
periä voitto win out, be victorious/triumphant, come out on top
perjantai Friday
perjantaiaamu Friday morning
perjantai-ilta Friday night/evening
perjantainen Friday('s)
perjantaipäivä Friday (during the day)
perjantaisin Fridays
perkain (tietok) debugger, debugging program
perkaus 1 (kalojen) cleaning 2 (marjojen) picking the leaves and branches out 3 (vihannesmaan) weeding 4 (metsää) clearing 5 (tietok) debugging
perkele devil, demon *perkeleen* (god)damn(ed), fucking *Perkele!* (God)dammit
perkeleenmoinen helluva
perkeleesti a helluva lot (of) *Miksi kiroilet niin perkeleesti?* Why do you swear so goddamn much?
perkuu ks perkaus
permanentti permanent, (ark) perm
permanto 1 (lattia) floor 2 (teatterissa) parquet circle 3 *Voi permanto!* Gosh darn it! Oh shoot/heck!

permantopaikka a seat in the parquet circle
perna spleen
perse ass *lentää perseelleen* fall flat on your ass (myös kuv) *nuolla jonkun persettä* lick/kiss someone's ass *olla perse auki* to be flat broke
perseennuolija asskisser, asslicker
persikka peach
persikkaiho peaches-and-cream complexion
persilja parsley
perso crazy/nuts (about) *olla perso makealle* have a sweet tooth
persoona 1 (henkilö) person, individual; (persoonallisuus) personality *olla läsnä/saapua omassa persoonassaan* show up in person, put in a personal appearance, be there/come personally 2 (psyk) persona 3 (kiel) person *puhua itsestään kolmannessa persoonassa* refer to yourself in the third person
persoonallinen 1 (henkilökohtainen) personal 2 (ystävällinen) personable, warm, friendly, intimate 3 (omaleimainen) distinctive, different *persoonallinen talo* a house with personality/character
persoonallisuus 1 personality, (psyk) persona 2 (ystävällisyys) personability, warmth, friendliness, intimacy 3 (omaleimaisuus) distinctiveness, character
perspektiivi perspective
perspektiivipiirustus perspective drawing
persreikä asshole (myös kuv)
Peru Peru
peru *olla jotakin perua* come/stem/derive from *olla vanhaa perua* be very old
perua 1 (sanat) withdraw, renege on, retract; (ark) take back, go back on, bum out on 2 (ark peruuttaa) cancel
perukirja estate inventory deed
perukka out-of-the-way corner *Pohjan perukoilla* in the far north
perulainen s, adj Peruvian
peruna potato *ranskalaiset perunat* (French) fries *kuuma peruna* (kuv) hot potato

perunajauho potato flour
perunakeitto potato soup
perunalaatikko potato casserole
perunamaa potato patch
perunanenä potato-nose
perunanistutus potato planting
perunankuori potato peel/jacket
perunannosto potato harvest
perunasalaatti potato salad
perunasose mashed potatoes
perunasäkki sack of potatoes, (tyhjänä) gunny sack
perunkirjoitus estate inventory
perus- basic, fundamental
perusajatus main/leading idea
perusasento 1 (sot) attention *perusasennossa* at attention 2 (koneen tms) off position
perusero basic/fundamental difference
perusjoukko 1 (empiirisessä tutkimuksessa) population 2 (mat) fundamental set
peruskallio bedrock
peruskoulu comprehensive school
peruskoululainen student in the comprehensive school
peruskoulun ala-aste elementary school
peruskoulun johtaja comprehensive school superintendant
peruskoulun johtokunta comprehensive school board
peruskoulun opettaja comprehensive school teacher
peruskoulun yläaste junior high (school), middle school
peruskouluopetus comprehensive school instruction
peruskoulutaso comprehensive school level
peruskoulutus comprehensive education
peruskysymys main question/point, central issue
peruskäyttäjä (tietok) end-user
peruslinjat outline(s)
perusluku cardinal/base number
perusluonne fundamental character
perusluonteinen fundamental

perusmerkitys base/dictionary meaning, denotation
perusmuoto basic form; (verbin) infinitive
perusmuuri foundation wall
perusnopeus basic speed
perusolettamus fundamental assumption/presupposition/premise
perusominaisuus essential quality
perusopetusryhmä basic training group, elementary instruction group
peruspalkka base pay/salary
perusparannus 1 (maalla) land improvement 2 (talossa) fundamental improvement
perusperiaate basic/fundamental principles
peruspiirre basic/essential feature
peruspyrkimys main intent
perusta 1 (pohja) ground, base, (foundation) bed 2 (kuv) foundation, basis, fundament
perustaa 1 (rakennus) lay the foundation for 2 (liike tms) found, establish, form, institute; (ark) start, set up, open 3 (väite tms) base (something on) 4 (ark välittää) care *En perusta kaiken maailman kursseista* I don't believe in all these courses they give, I wouldn't give you a plug nickel for all the courses in the world
perustaja founder
perustajajäsen founding member
perustaminen foundation-laying, founding, establishment, formation, institution (ks perustaa)
perustarkoitus basic purpose/intent
peruste 1 ground(s), cause, justification *Millä perusteella teit sen?* On what grounds did you do it, what cause/justification did you have for doing it, how do you justify doing/having done it? 2 (perustelu) argument 3 (syy) reason, motive *millä perusteella* why 4 (pohja) basis, foundation *millä perusteella* on what basis
perusteellinen 1 (perinpohjainen) thorough(going), complete, exhaustive, full 2 (perustavaa laatua) fundamental, radical

perusteellisesti thoroughly, completely, exhaustively, fully; fundamentally, radically (ks perusteellinen)
perusteellisuus thoroughness
perusteeton unfounded, ungrounded, groundless, false, erroneous
perusteettomasti groundlessly, falsely, erroneously, without foundation
perustekijä major factor
perustella defend, justify, give/state reasons (for), argue (on behalf of), provide arguments (for)
perustellusti justifiably, with good reason; (ark) quite right(ly)
perustelu defense, justification, reason, argument
perusteos major work
perustiedot basic/fundamental/elementary knowledge, the rudiments
perustosiasia basic fact
perustua be based/founded (on), be grounded (in), rest (on)
perustus foundation *palaa perustuksia myöten* burn to the ground *laskea perustus jollekin* lay the foundation/groundwork for something
perustuslaillinen constitutional
perustuslaillisesti constitutionally
perustuslaillisuus constitutionality
perustuslaki constitution
perusvaatimus basic demand
peruukki wig
peruukkipäinen bewigged
peruuttaa 1 (auto tms) back, (tietok) backspace 2 (palauttaa) return 3 (ottaa takaisin) withdraw, retract, rescind, recant, renege; (ark) take back, go back on 4 (mitätöidä) revoke, cancel, invalidate
peruuttaa avioliitto annul a marriage
peruuttaa kokous cancel a meeting; (toistaiseksi) postpone a meeting
peruuttaa käsky countermand an order
peruuttaa sopimus nullify a contract
peruuttamaton irreversible, irrevocable
peruuttamattomasti 1 irreversibly, irrevocably 2 (varmasti) absolutely, positively

peruuttaminen backing (up), returning, withdrawal, retraction, rescindment, recanting, reneging, revocation, cancellation, invalidation (ks peruuttaa)
peruutus 1 (auton) backing (up) 2 cancellation (ks myös peruuttaminen)
peruutuspaikka cancellation
peruutuspeili rear-view mirror
peruutusvaihde reverse
peruutusvalo backing light
perverssi perverse
perä 1 (takapää) rear/back/tail/butt (end) *pitää perää* bring up the rear *mennä pihan perälle* go to the outhouse *huoneen perä* the rear/far end of the room 2 (laivan) stern *pitää perää* steer, take/hold the tiller/helm *keulasta perään* from stem to stern 3 *perät* (kellonvitjat) chain 4 (pohja) foundation, grounds *perää vailla* unfounded, ungrounded, without foundation *Hänen puheessaan ei ollut mitään perää* There was nothing to his claims, what he said was totally without foundation 5 (alkuperä) origin, extraction *amerikkalaista perää* of American extraction/origins
peräaukko anus, rectum, (sl) asshole
peräisin *olla peräisin* 1 come/stem from, originate in *Mistä olet peräisin?* Where are you from? 2 (kiel) (be) derive(d) from *Sana 'kioski' on peräisin persian kielestä* The word 'kioski' is derived from the Persian
peräkkäin 1 (tapahtumia tms) consecutively, in succession, one after another/the other *neljä kertaa peräkkäin* four times in a row 2 (ihmisiä) one behind the other, in a line, single-file
peräkkäinen consecutive, successive
perälämpö rectal temperature
perämies 1 (laivan) mate 2 (soutuveneen) cox(swain) 3 (purjeveneen) helmsman, steersman 4 (lentokoneen) copilot
perämoottori outboard motor
perämoottorivene outboard motorboat
peränpitäjä 1 (laivan) helmsman 2 (kuv) straggler, slowpoke *olla peränpitäjänä* bring/wipe up the rear, be engaged in a rearguard action

Peräpohjola southern Lapland; (mytologiassa) deep north
peräpuikko suppository
peräpukama hemorrhoid
peräpää 1 (laivan, veneen) stern **2** (jonon, käytävän) end
peräruiske enema
peräsin rudder, (peräsimen varsi) tiller, (kuv ruori) helm *hoitaa peräsintä* steer
perässä 1 (jäljempänä) behind *kävellä pari askelta perässä* walk a few steps behind someone *juosta jonkun perässä* chase/pursue someone (myös rakkausasioissa), (pysytellä kannoilla) dog someone's heels *sulkea ovi perässä* close the door behind you *Pysytkö perässä?* Are you keeping up (with me)? (myös kuv) Are you with me? **2** (perällä) at/in the rear/back; (laivassa) aft, astern, abaft (the beam) **3** (maksuissa) behind, in arrears
perästä 1 (takaa) from behind, (takaosasta) from the rear, (peräpäästä) from astern **2** (kuluttua) after, in *muutaman päivän perästä* in/after a few days *jonka perästä* after which
perästä kuuluu (sanoi torventekijä) you'll find out, you'll see
perästä päin afterwards, after the fact, subsequently
peräsuoli rectum
peräti 1 (jopa) even, as much as, actually *Olisiko hän matkoilla, peräti ulkomailla?* Could she be traveling, even abroad? *Kas kun ei sano itseään peräti tilanomistajaksi* I'm just astonished he didn't go right ahead and call himself a landowner **2** (erittäin) very, extremely, (ark) pretty *He asuvat peräti niukoissa oloissa* They're pretty strapped
perätila breech position *syntyä perätilassa* be born/delivered in the breech position
perättäin ks peräkkäin
perättäinen ks peräkkäinen
perättömyys falsity
perättömästi falsely, erroneously, without grounds
perätysten ks peräkkäin

perätä 1 (asiaa) ask/inquire about, try to find out about **2** (saataviaan) dun, try to get your money, demand what's coming to you **3** (oikeuksiaan) demand your rights
perätön unfounded, ungrounded, groundless, false, erroneous *perättömiä väitteitä* lies
perävaunu trailer
perään 1 (laivan) aft, astern **2** (jälkeen) after *antaa perään* give in/up/way, yield *juosta perään* run after (someone), follow *heti perään* immediately after/following *toinen toisensa perään* one after another
peräänantamaton 1 unyielding, persistent, tenacious **2** (tinkimätön) uncompromising, implacable **3** (jäykkä) inflexible, unbending
peräänantamattomasti persistently, tenaciously, uncompromisingly, implacably, inflexibly, unbendingly (ks peräänantamaton)
perääntyä 1 (sot) retreat **2** (pakittaa) move back(wards), take a few steps back **3** (antaa periksi) give in/up/way, yield, withdraw, back out of
pesemätön unwashed
peseytyä wash up
pesijä washer(woman)
pesiytyä take hold, find a foothold, become established/entrenched (in)
pesiä 1 (lintu) nest **2** (tauti tms) breed
pessaari diaphragm, (vanh) pessary
pessimismi pessimism
pessimisti pessimist
pessimistinen pessimistic
pessimistisesti pessimistically
pestata 1 (sot) recruit, (väkisin, hist) impress **2** (palkata) hire, engage
pestautua enlist, sign up/on, join up
pesti *ottaa pesti* (armeijaan) enlist, sign up/on, join up, (työpaikkaan) hire on, join the firm *saada pesti* get a job
pestä 1 wash (up/off/down/out), scrub; (hangata) scour *pestä hiukset* wash/shampoo your hair *pestä kemiallisesti* dry-clean **2** (ark voittaa) clean (someone's) clock, take (someone) to the cleaners

pettää

pestä astiat do/wash the dishes
pestä kätensä jostakin wash your hands of something
pestä pyykkiä wash clothes, do the laundry
pesu wash(ing); (hiusten) shampoo; (pyykki) laundry *Väri lähtee pesussa* That (color) will run in the wash
pesuaine detergent *pyykinpesuaine* laundry detergent *astianpesuaine* dishwasher detergent
pesue litter *koko pesue* (kuv perhe) the whole gang/bunch/tribe/clan
pesuhuone (kylpyhuone) bathroom, (suihkuhuone) shower room, (pyykkihuone) laundry room
pesukone washing machine
pesula laundry, (dry-)cleaner's
pesunkestävä 1 washable **2** (aito) dyed-in-the-wool *pesunkestävä konservatiivi* dyed-in-the-wool conservative
pesuvesi (ammeessa) bathwater, (altaassa, vadissa) dishwater *heittää lapsi pois pesuveden mukana* throw the baby out with the bathwater
pesä 1 (linnun) nest *liata oma pesänsä* foul your own nest *lähteä pesästä* leave the nest (myös lapsista) **2** (mehiläisen) hive **3** (muurahaisen) anthill **4** (villieläimen) lair; (ketun) den; (jäniksen) burrow, hole *ajaa pesäänsä* run (an animal) to ground *paheiden pesä* den of iniquity **5** (leikeissä) home, safety; (pesäpallossa) base **6** (tulipesä) hearth, fire pot; (uuni) stove, (takka) fireplace, (liesi) grate *lisätä puita pesään* put more wood on the fire *lisätä pökköä pesään* (kuv) pour oil on the fire **7** (tekn) case, casing, housing **8** (lusikan, piipun) bowl **9** (kuolinpesä) estate
pesäero separation *tehdä selvä pesäero* make a clean break
pesäke 1 (sot konekiväärinpesäke) nest **2** (lääk) seat, focus **3** (kuv) hotbed, center *vallankumousaatteen pesäke* a hotbed of revolution
pesäkekovettumatauti (keskushermoston) multiple sclerosis
petkel spudder, chopper, stamper

petkuttaa deceive, cheat, con, swindle; (ark) take (someone for a ride)
petkuttaja 1 (rahoja tms vievä) deceiver, cheat, con-artist/-man, swindler **2** (muuna esiintyvä) impostor
petkutus 1 deceit, con, swindle, sting **2** imposture
peto 1 (wild) beast, wild animal, predator **2** (ihmisestä) beast, brute, animal **3** (mato) whiz, demon, animal *Juha on oikea peto jalkapallossa* Juha is a real animal in football
petoeläin predator, beast of prey
petollinen 1 (ihminen) treacherous, deceitful, cheating, untrustworthy, fraudulent **2** (tilanne tms) deceptive, misleading, illusory, delusory
petollisesti treacherously, deceitfully; deceptively
petomainen bestial, beastly
petos 1 treachery, treason, deceit, deception, fraud **2** (petkutus) swindle, con, sting **3** (muuna esiintyminen) imposture, impersonation
petrata fix/touch up, improve
petroli petroleum oil, kerosene
petsata stain
petturi traitor
petturuus treason, betrayal
pettymys disappointment
pettyä be disappointed (in)
pettäjä deceiver, cheat, (aviopuolison) unfaithful/cheating husband/wife
pettämättömästi reliably, trustworthily, solidly
pettämätön reliable, trustworthy, solid, (ark) trusty
pettää 1 (petkuttaa) cheat, con, swindle, defraud **2** (johtaa harhaan) deceive, delude, mislead *Elleivät silmäni petä* If my eyes don't deceive me, if I can believe my eyes **3** (kavaltaa) betray **4** (olla uskoton) cheat on (your spouse), be unfaithful to **5** (sortua) give way, break (down), fall/tumble down **6** (jättää pulaan) let (someone) down, disappoint, desert, fail *Jos muistini ei petä* If my memory serves me correctly, if memory serves, if I remember (a)right

pettää jonkun toiveet

pettää jonkun toiveet let someone down, disappoint someone('s hopes), puncture someone's dreams
pettää lupauksensa break your promise, go back/renege on your promise
petäjä (Scots) pine
peuhata roughhouse, be wild/noisy/rambunctious
peuhtoa thrash (around wildly)
peukalo thumb
peukaloida 1 (sormeilla) finger, feel **2** (korjailla) fiddle/meddle/tamper/monkey with, doctor
peukaloinen (lintu) northern wren
peukalo keskellä kämmentä all thumbs
peukku *pitää peukkua* keep your fingers crossed (for someone) *Peukut pystyyn!* Knock on wood!
peura caribou
piakkoin soon, shortly
pian soon, shortly
pianisti pianist, piano-player
piano piano
pianomusiikki piano music
pianonvirittäjä piano tuner
pidellä 1 (pitää) hold; (sormeilla) finger, feel **2** (pidätellä) hold (someone/something) back, restrain, hinder, curb **3** (hoidella) care for, take care of
pidennys 1 (hameen tms) lengthening, extension **2** (lainan tms) extension, (lykkäys) postponement, (uusiminen) renewal
pidentyä lengthen, get longer
pidentää 1 (hametta tms) lengthen, extend **2** (lainaa tms) extend, postpone, renew
pidetä lengthen, get/grow longer
pidike retainer, holder, clamp
pidin retainer, holder, clamp *tehdä työtä vain henkensä pitimiksi* only work to keep body and soul together
pidot party
pidäke 1 restrainer, restraint, check, drag, hold **2** (mus) hold, fermata
pidätellä 1 hold (someone/something) back, restrain, hinder, curb; (nauruna tms) suppress *yrittää pidätellä itkua* try to hold back the tears **2** (viivytellä) delay, detain, slow (someone) down, hold (someone) up
pidättyneisyys reserve, reticence, inhibition
pidättynyt reserved, reticent, inhibited
pidättyvä(inen) 1 (pidättynyt) reserved, reticent, inhibited **2** (vetäytyvä) retiring, withdrawn, aloof, standoffish, distant **3** (alkoholin suhteen) abstemious, temperate, moderate **4** (sukupuoliyhteyden suhteen) continent, celibate
pidättyv(äis)yys reserve, reticence, inhibition, withdrawal, aloofness, standoffishness, distance, abstention, temperance, moderation, continence, celibacy (ks pidättyvä(inen))
pidättyä 1 (tekemästä) refrain (from) **2** (alkoholista) abstain (from) **3** (fys) be absorbed
pidättäminen restraining, hindrance, suppression, delaying, detention, withholding, deduction, arresting, reservation, absorption (ks pidättää hakusanat)
pidättää 1 hold (someone/something) back, restrain, hinder, curb; (nauruna tms) suppress **2** (viivytellä) delay, detain, slow (someone) down, hold (someone) up **3** (ennakkoveroa) withhold, deduct **4** (rikoksentekijä) arrest, book, lock (someone) up **5** (fys) absorb
pidättää ennakkovero withhold taxes
pidättää oikeus reserve the right (to) *Kaikki oikeudet pidätetään* All rights reserved
pidättää virantoimituksesta suspend (someone from office)
pidätys 1 (rikoksentekijän) arrest, (vankeudessa pitäminen) detention **2** (veron) withholding **3** (palkan) garnishing
pidätysmääräys warrant for (someone's) arrest
piehtaroida roll around, roll/tumble over and over *piehtaroida itsesäälissä* wallow in self-pity
pieleen *mennä pieleen* go wrong/badly, get all fouled up, bomb, flop *laulaa pieleen* sing off key, out of tune
pielessä 1 (pilalla) ruined *Tänään kaikki on pielessä* This is just one of those days **2** (vieressä) next to *oven pie-*

piikittely

lessä by the door **3** *Suun pielessä alkoi näkyä hymyn häivä* The corners of her mouth began to twitch into a smile
pieli 1 (paalu) post **2** (kuv) *pieleen, pielessä* ks hakusanat **3** (reuna) edge, corner *jonkin pielessä* next to/by something *oven pielessä* by the door *suun pielet* the corners of your mouth
pielus 1 (tyyny) pillow **2** ks pieli
piena 1 (lista) molding, batten, cleat **2** (puola) rung
pienaakkonen lower-case letter, (ark) small letter
pienehkö smallish
pieneliö microbe, micro-organism
pienennys reduction
pienen pieni miniscule, infinitesimal, minute, diminutive, tiny; (ark) tee-niney
pienenpuoleinen on the small side
pienentyä 1 shrink, become smaller, be reduced **2** decrease, diminish, lessen
pienentäminen reduction, dicing, mincing, decreasing, diminishing, lessening, lowering (ks pienentää)
pienentää 1 reduce, shrink, make (something) smaller **2** (pieniä) chop/cut (something) up, dice, mince **3** (vähentää) decrease, diminish, lessen, cut/turn down, lower
pieni 1 (pienikokoinen) little, small; (pienen pieni) diminutive, tiny, minute; (poika) runty, stubby; (tyttö) petite, dainty; (ark) pint-sized *häviävän pieni* infinitesimal **2** (lyhyt) short, squat, (ark) stubby **3** (vähäinen) slight *pienessä humalassa* slightly drunk **4** (vähäpätöinen) petty, minor *pieni asia* petty thing, minor matter *Mitä pienistä!* Never mind!
pienikokoinen little, small; (pienen pieni) diminutive, tiny, minute; (poika) runty, stubby; (tyttö) petite, dainty; (ark) pint-sized
pienilukuinen few in number(s)
pienimuotoinen small-scale
pienipalkkainen poorly paid, underpaid
pienitehoinen underpowered
piennar edge, (tien) shoulder
pienois- miniature, model, toy, baby
pienoiskivääri small-bore rifle
pienoismalli model
pienoisrautatie electric train set
pienokainen baby, little one
pienryhmä small group
pienteollisuus small industry
pienuus smallness, small size, littleness
pienviljelijä small farmer
pieraista fart
pieru fart
piestä beat, thrash, whip, lash
pietismi Pietism
piha yard; (koulun) schoolyard, (maatalon) farmyard, (sisäpiha) courtyard (ajopiha) driveway *mennä pihan perälle* go to the outhouse
pihahtaa 1 hiss **2** (puhua) make a sound
pihamaa courtyard
piharakennus outbuilding
pihatyranni (lintu) eastern kingbird
pihdit 1 pliers, (ottimet) tongs **2** (lääk) forceps **3** (kuv) clutches *pitää jotakuta pihdeissään* have someone in your clutches
pihi stingy, tight(-fisted)
pihinä fizzing, hissing
pihistä fizz, hiss *niin kauan kuin henki vielä pihisee* as long as I have a breath left in my body
pihistää 1 (puristaa) tighten **2** (näpistää) swipe, pinch **3** (kitsastella) pinch pennies, skimp **4** (välttää velvollisuutta) shirk
pihka resin
pihkainen resinous
pihkassa *olla pihkassa johonkuhun* have a crush on someone
pihlaja rowan (tree)
pihti forked stick, crotch *joutua pihteihin* get into a bind
pihvi steak *Asia on pihvi* It's a deal
pii 1 (piikivi) flint **2** (aine) silicon **3** (geom) pi **4** (piikki) tooth, (haarukan) tine **5** (linnun ääni) peep
piika maid, hired girl
piikikäs 1 (piikkinen) stickery, prickly **2** (ivallinen) sarcastic, stinging, caustic
piikitellä jeer at, mock, tease, rag
piikittely jeering, mocking, teasing, ragging

piikivi

piikivi flint
piikkarit (urh) spikes
piikki 1 (ruusun) thorn, prickle **2** (piikkisian) quill, (siilin) spine, (ampiaisen) stinger **3** (kamman) tooth, (haarukan) tine, (piikkarin) spike **4** (rakennustyökalu) spike, (sot hist) pike, (mer) peak **5** (pistos) shot, injection; (huumepiikki) fix **6** (pistosana) taunt, gibe, jeer, jab
piikkilanka barbed wire, barbwire
piikkilanka-aita barbwire fence
piikkinahkaiset echinoderms
piikkipiru thorny devil
piikkisika crested porcupine
piileskellä hide out
piileskely hiding
piilevä hidden, concealed; (psyk) latent, dormant
piillä 1 be/lie hidden **2** (olla) be, lie *Missä vika piilee?* Where does the problem/fault lie? What's the problem?
piilo hiding place
piilokamera candid camera
piilolasit contact lenses, (ark) contacts
piilopaikka hiding place; (kätkö) cache, (ark) stash
piilopirtti safehouse
piilosilla *olla piilosilla* play hide and seek
piilossa hidden, concealed *mennä piiloon* hide
piilotajuinen unconscious
piilotajunta unconscious
piilotella hide (out)
piilottaa hide, conceal
piilottautua hide (yourself away)
piiloutua hide (yourself)
piimä buttermilk
piina suffering, pain, anguish, agony, torture
piinallinen 1 (kivulias) painful, agonizing, torturous **2** (kiusallinen) painful, embarrassing, difficult, awkward
piinapenkki (hist) rack *joutua piinapenkkiin* (kuv) be put on the spot, be raked over the coals
piinata pain, torture, torment
piintyä 1 (lika tms) get encrusted/embedded **2** (ihminen) get stuck in your ways, fall into a rut

piipahtaa stop/drop by (for a brief visit)
piipittää peep
piipitys peeping
piippo wood rush
piippu 1 pipe **2** (pyssyn) barrel **3** (savupiippu: talon) chimney, (tehtaan) smokestack (ks myös piipussa)
piipussa 1 (uuvuksissa) exhausted, worn out, dead tired **2** (jumissa) stuck, jammed, (lauluääni) blocked **3** (pielessä) all balled up
piiputtaa act up, cause problems; (auto) stall, kill
piirakka pie
piiras pie
piiri 1 circle, ring *tanssia piirissä* dance in a ring/round **2** (ympyrän kehä) circumference, (aitauksen tms) perimeter **3** (ihmisryhmä) circle *asiasta hyvin perillä olevat piirit* well-informed circles **4** (toimiala) sphere, field *Se ei oikein kuulu tutkimukseni piiriin* I think that's a bit outside the compass of my research **5** (hallinnollinen) district, (kaupungin) ward, (poliisin) precinct, (tuomiopiiri) circuit **6** (sähköpiiri) circuit
piirihallinto distinct government
piirijako division into districts, (omaan pussiin) gerrymandering
piirikonttori district office
piirikunta (administrative) district
piirileikki round game
piiripäällikkö district manager
piirittää 1 circle, surround **2** (saartaa) besiege, lay siege to, blockade
piiritys siege
piironki chest of drawers, bureau, dresser
piirre characteristic, feature, trait, aspect
piirrellä draw, doodle
piirros 1 drawing, sketch, design **2** (luonnos) outline, draft **3** (kuvio) diagram, figure
piirrättää have your picture drawn/sketched
piirto stroke *viimeistä piirtoa myöten* right down to the last/tiniest detail
piirtoheitin overhead projector
piirturi plotter, recorder

pikkurihkama

piirtyä be drawn *piirtyä muistiin* be inscribed/engraved/etched on your memory
piirtää 1 draw, sketch, make (pictures) *piirtää viiva* draw/trace a line *piirtää läpi* trace **2** (arkkitehti taloa tms) design **3** (luonnostella) outline, draft *piirtää vapaalla kädellä* draw freehand **4** (mat) describe **5** *piirtää nimensä* (alle) your name/signature scrawl
piiru 1 (piirto) mark, scratch, score **2** (mer) point *Suunta muutettiin neljä piirua oikealle* They changed course four points to starboard *ei piiruakaan* not one iota **3** (sot) mil **4** (sahalla) flitch
piirustaa draw, sketch, make (pictures)
piirustus drawing, sketch, outline, draft (ks myös piirros)
piirustuslehtiö sketchpad
piisami muskrat
piisata be enough *Se piisaa kyllä* That will be quite enough thank you
piiska whip, lash, switch, rod *saada piiskaa* get whipped
piiskata 1 whip, lash, flog *piiskata mattoja* beat rugs **2** (antaa selkään) spank **3** (hoputtaa) drive/urge (on)
piiskujänis pika
piiskuri 1 (pol) whip **2** (ark) slavedriver
piispa bishop *piispan* episcopal
piitata care *En piittaa heidän mielipiteistään* I couldn't care less about what they think *kustannuksista piittaamatta* regardless of expense
piittaamaton 1 unconcerned, indifferent, unmoved **2** (ajattelematon) heedless, careless, thoughtless
piittamattomuus unconcern, indifference, heedlessness, carelessness, thoughtlessness (ks piittaamaton)
pikaa *tuota pikaa* quickly, in short order, in no time (at all)
pikainen 1 (nopea) quick, speedy *luoda pikainen silmäys* glance quickly (at) **2** (yhtäkkinen) sudden, abrupt *saada pikainen loppu* come to a sudden end **3** (viivyttelemätön) prompt *toimittaa tavarat pikaisesti* make prompt delivery
pikajuna express (train)

pikakelaus fast forward *kelata eteenpäin pikakelauksella* fast-forward
pikakirjoitus shorthand
pikakuva instant/Polaroid photo
pikakuvakamera instant camera, Polaroid camera
pikakuvake (tietok) shortcut (icon)
pikalinja express bus (line)
pikaluistelija speed skater
pikaluistelu speed skating
pikaluistin speed skate
pikamatka sprint *pikamatkojen juoksija* sprinter
pikapuoliin quickly, shortly, in a jiffy
pikari (wine) glass, cup, goblet
pikaruoka fast food
pikemmin 1 (nopeammin) sooner *Mitä pikemmin sitä parempi* The sooner the better **2** *pikemmin(kin)* rather, better *pikemmin(kin) liian paljon kuin liian vähän* better too much than too little
piki pitch
pikimmiten as soon as possible, ASAP
pikimusta pitch-black
pikkasen a little
pikkelsi pickle relish
pikku 1 little, small, slight *pikku hiprakassa* a little happy **2** (vähäpätöinen) minor, insignificant, trivial, petty *pikkuasia* a trifling matter
pikkuaivot cerebellum
pikkuauto car
pikkuhousut underpants, (naisen) panties
pikkuinen little one
pikkuisen a little
pikkujoulu Christmas party
pikkujoulujuhla Christmas party
pikkukaupunki small town
pikkukaupunkilainen person from a small town, provincial
pikkukirjain lower-case/small letter
pikkulapsi (vauva) baby, (leikki-ikäinen) toddler, small child
pikkumainen 1 (pikkusieluinen) petty **2** (turhantarkka) pedantic
pikkumaisesti pettily, pedantically
pikkupaketti small packet
pikkurihkama knickknacks, bric-a-brac

pikkuriikkinen

pikkuriikkinen teeny-weeny, eensy-weensy, teeniney
pikkurilli pinkie, baby finger
pikkurumpu side drum
pikkuseikka minor detail
pikkuserkku second cousin
pikkusielu petty person
pikkusieluinen petty
pikkusormi pinkie, baby finger
pikkutakki jacket
pikku-ukko little man, (mon) the little people *nähdä pikku-ukkoja* see pink elephants
pikkuvaltio small country
pila (practical) joke, prank, gag *tehdä pilaa* make fun (of) *Sehän oli vain pilaa* I was only joking
pilaantua 1 (mädäntyä) spoil, rot **2** (tärveltyä) be ruined
pilaantumaton good
pilailla joke (around)
pilailu 1 joking, tomfoolery, fun **2** (näytelmä) farce, burlesque
pilanpäiten in jest/fun/sport
pilanteko 1 (pilailu) joking, tomfoolery, fun **2** (pilkka) mockery, ridicule
pilapiirros 1 (ihmisen päästä) caricature **2** (sanomalehdessä) (political) cartoon
pilapiirtäjä caricaturist, cartoonist
pilari pillar (myös kuv), column
pilata 1 (tärvellä) ruin, spoil, damage **2** (saastuttaa) pollute, contaminate
pilkahdus flicker, trace, glimmer
pilkahtaa peep/peek out
pilkallinen sarcastic, mocking, derisive
pilkallisesti sarcastically, mockingly, derisively
pilkata mock, deride, ridicule, jeer at, make fun of *pilkata Jumalaa* blaspheme
pilke 1 (silmässä) gleam, glint, twinkle **2** *pilkkeet* (chopped) firewood
pilkistää peep/peek out *Aurinko pilkisti hetken pilvistä* The sun peeked out from behind the clouds for just a second
pilkka 1 mockery, derision, ridicule *pitää pilkkanaan* hold (someone) up to ridicule, make fun/sport of (someone) **2** *Jumalan pilkka* blasphemy **3** (maalitaulu) target

pilkkaaja mocker, scoffer, (Jumalan) blasphemer
pilkkahinta absurdly low price *ostaa pilkkahintaan* get a great bargain, buy (something) for a song
pilkka sattui omaan nilkkaan the joke backfired, he/she was hoist with his/her own petard
pilkki jig *pilkillä* ice-fishing
pilkkiä ice-fish
pilkkoa chop, split
pilkkopimeä pitch-dark
pilkku 1 (läiskä) speck, spot, stain; (kuv) blot **2** (välimerkki) comma (,), (desimaalipilkku) point (.) *nolla pilkku viisi* point five
pilkkusääntö punctuation rule
pilkulleen to a T
pilkunnussija hairsplitter, pedant
pilleri pill, (e-pilleri) the Pill
pillerihumalassa (ark) high, stoned, on drugs/something
pillerinpyörittäjä (kovakuoriainen) dung beetle
pilli 1 pipe (myös urkupilli), tube *pistää pillit pussiin* take your ball and go home **2** (mehupilli) straw **3** (vihellyspilli) whistle (myös tehtaan); (ark sireeni) siren **4** (soitin: pikkuhuilu) fife, (ruokopilli) reed pipe *tanssia jonkun pillin mukaan* dance to someone's tune, march to someone's drum
pillittää bawl, blubber
pillu (sl) pussy
pilotti pilot
pilttuu stall, crib
pilvessä 1 (taivas) cloudy, clouded over **2** (ark ihminen) high, stoned
pilvetön cloudless
pilvi 1 cloud *Aurinko meni pilveen* The sun went behind a cloud *ylistää jotakuta pilviin asti* praise someone to the skies **2** *polttaa pilveä* smoke dope
pilvilinna castle in the air
pilvinen cloudy
pilvisyys cloudiness
pimahtaa (suuttua) blow up, blow a gasket, hit the roof *Kieli pimahti poikki* The string snapped

pintapuolisesti

pimennys 1 (valojen) blackout **2** (auringon/kuun) eclipse
pimento darkness *pitää pimennossa* keep (someone) in the dark
pimentyä 1 get/dark dark, darken, (grow) dim *Taivas pimeni* The sky grew dark *Silmissäni pimeni* Everything went black, I blacked out **2** (aurinko/kuu) be eclipsed
pimentää 1 darken, obscure **2** (valot) black out **3** (järki) cloud (someone's mind)
pimetä ks pimentyä
pimeys darkness *Pimeyden Ruhtinas* the Prince of Darkness
pimeä s dark *pimeän tullen* at/come nightfall adj **1** (myös kuv) dark, black **2** (laiton: puuha) shady, (kauppa) illicit, (palkka) under-the-table, (tulot) unreported
pimittää 1 (piilottaa) hide, conceal; (tietoja) withhold, hold back **2** (pimentää) darken, obscure
pimitys concealment, obfuscation
pimiö (valok) darkroom
pimiövalo (valok) safelight
pinaatti spinach
pingotin temple
pingottaa 1 (kiristää) tighten, tauten, stretch, (lihaksia) tense *Ihoani pingottaa* My skin feels (too) tight **2** (jännittää) tense up, be high-strung/uptight (rehkiä) push yourself, overdo (things) *pingottaa tenttiin* cram for a test
pingottua 1 tighten, tauten, stretch, (lihas) tense up **2** (hermot) be on edge, be keyed up
pingottunut 1 (stretched) tight, taut, tense **2** (hermot) on edge, keyed up
pingotus 1 tightness, tautness, tension **2** (tenttiin) cramming
pingviini penguin
pinkka pile, stack
pinko grind
pinna 1 (puola) spoke, bar **2** (piste) point **3** (hermot) nerves *pinna kireällä* uptight *Minulta katkesi pinna* I blew up, I hit the roof
pinnakkaislaite (valok) contact printer
pinnakkaisvedos contact print

pinnallinen superficial, shallow
pinnallisesti superficially
pinnallisuus superficiality, shallowness
pinnanmuodot contours, topography
pinnari 1 (velvollisuuksista) shirker, slacker **2** (koulusta) truant
pinnata 1 (velvollisuuksista) shirk, slack off **2** (koulusta) play truant; (ark) play hooky, skip, cut **3** (pinnoittaa) retread
pinne clip *olla pinteessä* be in a jam/tight spot/fix
pinnistellä strain/exert yourself, do your best, huff and puff
pinnistely (self-)exertion
pinnistää strain/exert yourself, do your best, huff and puff
pinnoite (paperin tms) coating, (renkaan) retread
pinnoitettu rengas retread
pinnoittaa (paperia tms) coat, (rengasta) retread
pinnoitus coating, retreading
pino pile, (siisti) stack, (sekava) heap
pinota stack/pile (up)
pinotapa (tietok) last in first out
pinotavara firewood sold by the cord
pinsetit tweezers
pinta 1 surface *pinnalta katsoen* superficially, to outward appearances *pysytellä pinnalla* keep your head above water **2** (taso) level *300 m meren pinnan yläpuolella* 300 meters above sea level **3** (maalikerros) coat, (lakkapinta) finish **4** (iho) skin *paljas pinta* bare skin **5** *pinnassa* near, close to *rajan pinnassa* near the border *juosta maili neljän minuutin pintaan* do the mile in right around four minutes **6** *pitää pintansa* hold your own, stick to your guns, not give in, not fold up **7** *pinnalla* (julkisuudessa) in the public eye *pysytellä pinnalla* stay in the public eye, stay on top *päästä pinnalle* make it, make a name for yourself, become famous/known, become a celebrity
pinta-ala (geom) surface area, (tontin) acreage
pintakiilto veneer
pintapuolinen superficial, shallow
pintapuolisesti superficially

pinttyä

pinttyä 1 (lika tms) get encrusted/embedded **2** (ihminen) get stuck in your ways, fall into a rut *pinttynyt käsitys* (ransk) idée fixe, fixed idea, fixation
pioneeri pioneer
pioni peony
pipari cookie
piparjuuri horseradish
piparkakku gingerbread cookie
piparminttu peppermint
pipetti dropper
pipi s hurtie, owie adj sick, feeling bad
pipo skicap
pippuri pepper *Painu sinne missä pippuri kasvaa!* Go jump in a lake!
pippurinen 1 (ruoka) peppery, spicy, hot **2** (luonne) fiery, passionate, spunky
pirahtaa 1 (pisara) squeeze out *Silmästä pirahti kyynel* A tear squeezed out of her eye **2** (kello) ring
piratismi piracy
pirauttaa 1 (itkeä) shed a few tears **2** (kelloa) ring; (puhelimella) ring (someone up), give (someone) a ring
pirinä ring(ing)
piripintaan *tulla/täyttää piripintaan* fill to the brim
piriste (aine) stimulant *kutsua päivän piristeeksi vieraita* have some people over to brighten up the day
piristysaine stimulant, (ark) pick-me-up
piristyä pick/cheer up, feel better/refeshed
piristä ring
piristää 1 (virkistää) refresh, enliven, stimulate **2** (ilahduttaa) cheer (someone) up, bring some cheer into (someone's) day
pirskahdus spurt
pirskahtaa spurt, spray
pirskeet party, (ark) shindig
pirssi car, (ark) wheels
pirstale piece, fragment, splinter *lyödä pirstaleiksi* smash to pieces/smithereens *mennä pirstaleiksi* go/fall to pieces (myös kuv)
pirstoa 1 smash (something) to pieces, bust/break/smash up **2** (puolue tms) split/break up, splinter

pirstoutua fall to pieces, shatter, splinter
pirtelö (milk)shake
pirteys liveliness, perkiness, peppiness, buoyancy, sprightliness, youthfulness (ks pirteä)
pirteä 1 (virkeä) lively, perky, peppy, buoyant; (vanhus) sprightly, youthful **2** (virkku) awake
pirtti 1 (talo) (log) cabin **2** (huone) greatroom
pirtu moonshine
piru devil *piru tappelemaan* a scrapper *pirun hyvä* damn(ed) good *maalata piruja seinille* be a prophet of doom, be an alarmist/pessimist/doomsayer
piruetti pirouette
piruilla have a little fun (with someone, at someone's expense)
pirullinen 1 (tilanne) diabolical **2** (ihminen) nasty, mean; (ivallinen) sardonic, sarcastic *pirullinen hymy* sardonic/sarcastic smile **3** (temppu) rotten, dirty
pirunmoinen helluva, (one) hell of a *hän on pirunmoinen mies* he's one hell of a guy/man
pisama freckle
pisara drop *pisara meressä* a drop in the bucket/ocean
pisaratartunta airborne/droplet infection
pisaroida 1 (muodostaa pisaroita, vars hiki) bead (up) **2** (juoksennella pisaroina) trickle/run (down) **3** (vuodattaa pisaroita) drip, (sade) sprinkle
piski mutt, pooch
piskuinen a slip of a *piskuinen tyttö* a slip of a girl
pissa pee; (lasten) potty, peepee, weewee; (vahvempi) piss *käydä pissalla* (lapsi) go pee/potty/weewee, (vahv) take a piss, (euf) go to the bathroom
pissahätä *Mulla on pissahätä* I gotta go pee/number one
pissata (lapsi) go pee/potty/weewee, (vahv) take a piss, (euf) go to the bathroom
pissattaa *Mua pissattaa* I gotta go pee/number one

pistää väliin

piste 1 (kohta) point *kriittinen piste* critical point *kuollut piste* dead center *Olemme siis vieläkin samassa pisteessä* So we're back at square one, so we haven't made any progress at all 2 (arvoasteikon) point *saada hyvät pisteet kokeista* get a high score on the test 3 (i:n päällä, myös sähkötyksessä) dot 4 (lauseen lopussa) period *panna jollekin piste* put a stop to something 5 (täplä) spot, dot 6 (myyntipiste) outlet, branch

piste-ero point spread
piste i:n päällä (kuv) icing on the cake
pistekirjoitus Braille
pisteliäs sarcastic, cutting
pisteliäästi sarcastically, cuttingly
pistellä 1 (reikiä) poke, prick, puncture 2 (kirvellä) sting, burn, smart 3 (piikitellä) needle, ridicule, mock, jeer at 4 (kävellä, juosta) pump your legs, hump it
pistellä poskeensa stuff/feed your face
pistely 1 (kirvely) stinging, burning, smarting 2 (piikittely) needling, ridicule, mocking, jeering, sarcasm
pistemittari (valok) spot meter
pistemittaus (valok) spot metering
pistesaalis total points, final score
pistesija ranking (in points)
pistetilanne score
pisteviiva dotted line
pistevoitto win (in points)
pistin bayonet
pisto 1 (mehiläisen) (bee)sting 2 (puukon) stab, (neulan) prick, (renkaassa) puncture 3 (harhakuvitelmiin) puncture, (sydämeen) pang, (omantunnon) prick 4 (miekkailussa) hit
pistoke plug
pistooli pistol, handgun, (pieni) derringer
pistorasia socket
pistos 1 sting, stab, prick, puncture (ks pisto) 2 (lääk) shot, injection 3 (vihlova kipu) stab(bing pain), stitch, twinge
pistosaha keyhole/compass/stab saw
pistäytyä stop/drop in (for a brief visit)

pistää 1 (terävä) stab, poke, prick, jab; (ampiainen) sting *Minua pistää rinnasta* I have a stabbing pain in my chest 2 (sana, muisto tms) sting, rankle, burn *pistävä haju* sharp smell 3 (työntää) put, push, insert, stick 4 (antaa) give, hand, slip (something into someone's hand) 5 (työntyä esiin) stick/jut/hang/peep out, protrude 6 (jää kääntämättä, ks hakusanat) *pistää kone käyntiin* start the engine

pistää esiin stick/jut/hang/peep out, protrude
pistää korvaan sound funny/odd
pistää kuntoon put (things) in order
pistää lauluksi strike up a song
pistää leikiksi laugh it off
pistää lusikkansa soppaan meddle with something, stick your (big fat) nose into something
pistää mieleen occur (to someone)
pistää nenänsä johonkin stick/poke your nose into something (that's no concern of yours), into someone else's business
pistää nimensä alle sign your name
pistää palamaan (tupakaksi) light up
pistää pillit pussiin take your ball and go home
pistää poskeensa stuff/feed your face (with)
pistää pystyyn organize, arrange
pistää päähän occur (to someone)
pistää rahoiksi rake in the dough, make big bucks
pistää reikä johonkin poke a hole in something, pierce/puncture something
pistää silmään be obvious/conspicuous, stick out like a sore thumb
pistää sisulle make you mad, get your goat
pistää toimeksi get busy, get right down to it, get to work
pistää tupakaksi light up
pistää tuulemaan let 'er rip, let loose
pistää vastaan resist, fight back, get your back up, dig your heels in
pistää vihaksi make you mad, get your goat
pistää väliin put in, interject

pitimiksi

pitimiksi *tehdä työtä vain henkensä pitimiksi* only work to keep body and soul together
pitipäs sattua that's just what we needed, great
pitkin 1 (viertä) along **2** (kautta) by (way of), via **3** (lävitse) through *putkea pitkin* through a pipe **4** (päältä) on, across *maata pitkin* along/on/across the ground **5** (ympäriinsä) all over *juoksennella pitkin huonetta* charge all over the room **6** (ylös) up *kiivetä kallion seinämää pitkin* climb up the face of a cliff **7** (koko) all (the) *pitkin vuotta* all (through the) year
pitkin ja poikin far and wide, here and there, this way and that, every which way *matkata pitkin ja poikin Suomea* crisscross Finland
pitkin matkaa the whole way, all along, all the time (we were driving)
pitkin pituuttaan full length *kaatua pitkin pituuttaan* fall flat (on your face)
pitkistyä be prolonged/protracted, drag on
pitkittyä be prolonged/protracted, drag on
pitkittäin lengthwise
pitkittäinen longitudinal
pitkittää 1 (venyttää) prolong, protract, extend **2** (viivyttää) delay
pitko coffee-bread loaf; (palmikoitu) twist, (pieni) cruller
pitkospuut causeway
pitkulainen oblong, (soikea) oval
pitkä long, (ihminen) tall *Aika käy pitkäksi kun ei ole mitään tekemistä* Time drags when there's nothing to do *päivät pitkät* day after day, days on end
pitkäaikainen 1 long(-standing) **2** (laina) long-term **3** (pitkällä tähtäyksellä) long-run **4** (pitkittynyt) protracted
pitkä aikaväli long time *pitkällä aikavälillä* over the long haul
pitkä ajatusviiva em-dash (—)
pitkällinen prolonged, protracted
pitkällä 1 (ulkona) sticking out, protruding *Hän ei ajattele nenäänsä pitemmälle* He thinks no farther than the end of his nose **2** (kaukana) far *kulkea pitkällä muiden edellä* walk way ahead of the others *Tuolla asenteella et kyllä kovin pitkälle pääse* You won't get far with an attitude like that **3** (etenemisestä) well along *Hanke on jo pitkällä* The project is already well under way, well along **4** (ajasta) well into *Oltiin silloin pitkällä heinäkuussa* We were already well into July by then *jutella pitkälle yöhön* talk well into the night
pitkällään lying down, (vatsallaan) supine, (selällään) prone
pitkälti (aikaa) a long time, (matkaa) a long way *pitkälti yli 1000 euroa* well over a thousand Euros
pitkämatkainen (guests) from far away
pitkä nenä *näyttää jollekulle pitkää nenää* thumb your nose at someone
pitkän matkan long-range
pitkänomainen oblong
pitkän tähtäyksen long-range
pitkänä stretched out *kieli pitkänä* with your tongue hanging out *juosta kieli pitkänä* run hell-bent for leather
pitkä penni a pretty penny
pitkäperjantai Good Friday
pitkäpiimäinen boring, tedious
pitkäsiima longline, trawl line
pitkästi ks pitkälti
pitkästyminen boredom, getting bored
pitkästyttävä boring, tedious, dull
pitkästyttää bore, put (someone) to sleep
pitkästyä get bored (with)
pitkästä aikaa! long time no see!
pitkät aallot long waves
pitkätukkainen long-haired
pitkävartinen long-handled
pito 1 (mehiläisten tms) keeping **2** (kutsujen tms) holding, having **3** (renkaiden) traction **4** *pidot* party
pitoisuus content *sokeripitoisuus* sugar content
pitopalvelu catering service, caterer
pitsi lace
pituinen long, (korkuinen) high, tall *kahden metrin pituinen* (lauta tms) two meters long, (ihminen) two meters tall, (pystypaalu) two meters high

pitää kuulustelu

pituus 1 length *kaatua pitkin pituuttaan* fall flat (on your face) **2** (korkeus) height *kasvaa pituutta* shoot up **3** (pituusaste) longitude *26 astetta läntistä pituutta* 26 degrees east longitude **4** (urh pituushyppy) long jump *hypätä pituutta* do the long jump
pituusakseli longitudinal axis
pituusaste degree (of) longitude
pituushyppy long jump
pituushyppääjä long jumper
pituusmitta length, linear measure
pituussuuntainen longitudinal
pitäisi should, ought to *Pitäisihän sinun se tietää* You should know
pitäjä parish, county
pitävä vene watertight boat
pitäytyä stick/cling to, not budge from
pitää 1 (kädessä, paikallaan) hold *Pitääkö tämä köysi?* Will the rope hold? *Pidätkö tätä hetken?* Could you hold this for a second? (ks myös hakusanat) **2** (itsellään, lupaus) keep *Saanko pitää tämän?* Can I keep this? *Luuletko, että hän pitää lupauksensa?* Do you think he'll keep his promise? (ks myös hakusanat) **3** (yllä) maintain *Osaatko pitää nämä herhiläiset kurissa?* Can you maintain discipline with these wild animals? *pitää liian suurta hintaa* ask an exorbitant price, overcharge **4** (ääntä tms) make *Voisitteko pitää hiukan vähemmän ääntä?* Could you keep it down in there, could you try to make a little less noise? (ks myös hakusanat) **5** (lomaa tms) take *Pidä välillä tauko* Why don't you take a break for a change? **6** (jonakin) find, consider, take (someone/something) for *Pidin sinua ystävänäni* I thought you were my friend **7** (joinakin) treat *Hän pitää meitä vauvoina* He treats us like babies **8** (jostakin) like *Mitä pidät uudesta mekostani?* How do you like my new dress? **9** *Minun pitää* I must, I have to *Sinun pitää mennä jo* Now you really must be going *Mitä minun pitikään sanoa?* What was I going to say? *Minun piti juuri lähteä* I was just leaving *Ei sinun pidä pelätä* Don't be afraid *Kyllä sinulla pitää olla huono näkö jos et sitä näe* You really must be nearsighted if you can't see that
pitää asianaan take it upon yourself (to do something)
pitää elossa keep (someone) alive
pitää enemmän kuin *pitää jostakusta/jostakin enemmän kuin* prefer something to (something else)
pitää esitelmä give a lecture/speech
pitää hauskaa have fun
pitää hengissä keep (someone) alive
pitää hereillä keep (someone) awake
pitää huolta 1 (jostakusta) take care (of someone) **2** (että jotain tapahtuu) make sure (that)
pitää hyvänä 1 (hoitaa) take (good) care of, care for, nurse **2** (hyväillä) caress, stroke, show love/tenderness/affection for
pitää hyvänään keep (something) *Pidä hyvänäsi!* Keep it (and good riddance)!
pitää isoa suuta talk big, be all talk
pitää jonkun puolta stick up for someone, go to bat for someone
pitää jostakusta/jostakin enemmän kuin prefer something to (something else)
pitää jotakuta kädestä hold someone's hand, hold someone by the hand
pitää jännityksessä keep (someone) in suspense
pitää järjestystä maintain (law and) order
pitää kiinni hold onto (something)
pitää kirjaa (kirjanpitäjä) keep the books; (ark) count, keep track (of)
pitää kokous hold a meeting
pitää koossa hold (something/someone) together
pitää kuin piispaa pappilassa treat (someone) like royalty
pitää kuria maintain discipline
pitää kutinsa be on the mark, hold water
pitää kutsut throw a party
pitää kuulustelu 1 (poliisi) hold an interrogation **2** (opettaja) give an exam

pitää kädestä

pitää kädestä *pitää jotakuta kädestä* hold someone's hand, hold someone by the hand
pitää lomaa take a vacation, go on vacation, take time off
pitää luento give a lecture
pitää lujilla press (someone), keep (someone) hard pressed
pitää lupauksensa keep your promise
pitää melua 1 make noise, be noisy 2 (jostakusta) make a fuss (over), make a big deal (about)
pitää mielessä bear in mind
pitää muita jumalia *Älä pidä muita jumalia minun rinnallani* Thou shalt have no other gods before me
pitää mukanaan carry (something) with you
pitää neuvoa consult (with someone)
pitää oikeutenaan consider it your right (to do something)
pitää omana tietonaan keep (something) to yourself
pitää paikkaa jollekulle save a seat/spot for someone
pitää paikkansa be/hold true, hold water
pitää pankkia (peleissä) be the banker
pitää peukkua cross your fingers
pitää pienempää suuta quiet/pipe down
pitää pilkkanaan make a fool of (someone), ridicule, mock, make fun of
pitää pintansa hold your own, stick to your guns, not give in, not fold up
pitää puhe give a speech
pitää puolensa stick to your guns, stick up for your rights
pitää puolta *pitää jonkun puolta* stick up for someone, go to bat for someone
pitää päänsä stick to your guns, refuse to budge/negotiate/compromise, have your way
pitää ravintolaa own/run/manage a restaurant
pitää ruokalepo take a siesta
pitää sadetta be rainproof
pitää sanansa keep your word
pitää sanomansa *Mitä minun pitikään sanomani?* What was I going to say?

pitää seuraa jollekulle keep someone company
pitää silmällä keep an eye on
pitää silmäpeliä jonkun kanssa make eyes at someone
pitää silmät auki keep your eyes peeled
pitää sisällään include
pitää suotavana find/consider it wise (to do something)
pitää suukopua make a fuss (over)
pitää suunsa kiinni keep your mouth shut
pitää suuta *pitää pienempää suuta* quiet/pipe down *pitää vähempää suuta* make less noise, keep it down to a dull roar *pitää isoa suuta* talk big, be all talk
pitää taloutta keep house, run the household
pitää tauko take a break
pitää tilanteen tasalla keep (someone) informed/up-to-date
pitää vallassaan have/hold (someone) in your power
pitää vapaata take time off
pitää velvollisuutenaan consider it your duty (to do something), feel duty-bound (to do something)
pitää vihaa carry a grudge
pitää vähempää suuta make less noise, keep it down to a dull roar
pitää vähältä be close, be a close one/call
pitää väliä 1 (levätä) take it easy, take a break 2 (välittää) care (about someone)
pitää yhteyttä stay/keep in touch (with)
pitää yhtä band/stick together, speak with one voice
pitää yllä maintain
pitää ääntä make (a) noise
piukat paikat tight spot *joutua piukkaan paikkaan* get in a tight spot, get in a jam
piukka tight *piukat farkut* tight jeans
piupaut *antaa jollekulle piupaut* not give a damn about someone
pivo palm *parempi pyy pivossa kuin kymmenen oksalla* better a bird in the hand than two in the bush
pizza pizza
pizzeria pizzeria, pizza house/restaurant
plagioida plagiarize

planeetta planet
planetaario planetarium
plasma plasma
plasmanäyttö plasma display
plastiikkakirurgi plastic surgeon
plastiikkakirurgia plastic surgery
platina platinum
platoninen platonic
plus 1 plus *2 + 2 = 4* two plus two is/equals four *Siinä on liukuva työaika plus siitä maksetaan hyvin* They're on flextime, plus they pay well **2** (plusasteita) above zero *plus kaksi* two degrees above zero
pluskvamperfekti past perfect
plussa plus *Se on iso plussa* That's a real plus
plutonium plutonium
plyysi plush
pneumaattinen pneumatic
pohatta tycoon, magnate; (ark) bigshot, bigwig
pohdinta 1 (harkinta) thought, consideration **2** (keskustelu) debate, discussion
pohja 1 bottom, base, basis, foundation, ground *hyvällä pohjalla* (rakennelma) securely/well founded; (asia) well founded/grounded, on a solid footing *meren pohjassa* at the bottom of the ocean/sea *mennä pohjaan* sink (to the bottom), go aground *sydämeni pohjasta* from the bottom of my heart *jonkin pohjalta* on the basis of something *yhteinen pohja* common ground **2** (pohjola) north *pohjan perillä* in the far north
pohjainen -bottomed
pohjalainen s, adj Ostrobothnian
pohjallinen insole
Pohjanlahti Gulf of Bothnia
Pohjanmaa Ostrobothnia
pohjanoteeraus bottom price/figure/quotation; (kuv) the dregs *Se oli todellinen pohjanoteeraus* That was really an all-time low
pohjapiirros floor plan, layout
pohjasakka sediment; (kuv) the dregs
pohjata 1 (kenkä) resole **2** (ulottua pohjaan) reach/touch the bottom **3** (pohjautua) be based/founded/grounded on, rely on

pohjateksti (lak) boilerplate
pohjaton bottomless (myös kuv:) abysmal
pohjautua be based/founded/grounded on, rely on
pohjavesi groundwater
pohje calf
pohjia myöten thoroughly, in depth/detail
pohjimmainen 1 (alimmainen) bottom(most), lowest, lowermost **2** (kuv) fundamental, basic, ultimate
pohjimmiltaan fundamentally, basically, ultimately, at bottom
pohjoinen s (the) north *pohjoiseen* (to the) north of *Jyväskylästä pohjoiseen* north of Jyväskylä *pohjoisessa* up north adj north(ern/-erly) *pohjoista leveysastetta* degrees (of) northern latitude *pohjoisin* northernmost
Pohjois-Carolina North Carolina
Pohjois-Dakota North Dakota
pohjois-eteläsuunta (a) north-south direction *kulkea pohjois- eteläsuunnassa* run north and south
Pohjois-Irlanti Northern Ireland
Pohjois-Jemen Yemen Arab Republic
Pohjois-Korea North Korea
pohjoiskorealainen s, adj North Korean
Pohjoismaat the Nordic countries
pohjoisnapa the North Pole
pohjoispuoli northern side *jonkin pohjoispuolella* (to the) north of something
pohjoispuolinen northern
pohjoispuolitse (to the) north of
pohjoispää northern end
pohjoissuomalainen s Northern Finn adj northern Finnish
Pohjois-Suomi Northern Finland
pohjoistuuli northerly (wind)
Pohjola Northern Europe, the Nordic countries; (mytologiassa) *pohjola* ('pohjoinen seutu') the North
pohjukka bottom
pohjus base
pohjustaa 1 (maalipinta) prime **2** (asia) lay the groundwork for, pave the way for

pohtia

pohtia 1 (mielessään) consider, ponder, reflect on, think about **2** (muiden kanssa) discuss, debate; (ark) hash over
poiju buoy
poika 1 boy, (oma) son *Katsos poikaa!* Attaboy! *aika poika* quite a guy, a helluva guy *isänsä poika* a chip off the old block, like father like son *Hyvät pojat sentään!* Oh boy! **2** (hyvä) good *Kahvi tekisi nyt poikaa* A cup of coffee would hit the spot right about now
poikajoukko crowd/gang/bunch of boys
poikakoulu boys' school
poikamainen boyish
poikamies bachelor, single man
poikanen 1 (poika) (a mere) boy, lad **2** (nuori eläin: kissan) kitten, (kanan) chick, (linnun) fledgling **3** (häivä) hint, trace *hymyn poikanen* the faintest hint/trace of a smile
poikarukka poor boy
poiketa 1 (tieltä, myös kuv) turn off, diverge, deviate, stray, (asiasta) digress *tavallisesta käytännöstä poiketen* contrary to standard procedure **2** (pistäytyä) stop off, drop/stop in **3** (olla erilainen) (be) differ(ent) *poiketa edukseen muista* stand (head and shoulders) above the others, stand out from the crowd
poikia 1 (eläin) bring forth young, have (kittens/puppies/jne); (hevonen) foal, (lehmä) calve *Kun kovalle ottaa niin koiraskin poikii* In a pinch even a rooster will lay eggs **2** (asia) spawn, generate *poikia halpoja jäljitelmiä* spawn (a flood of) cheap imitations *panna raha poikimaan* put your money to work
poikin *pitkin ja poikin* far and wide, here and there, this way and that, every which way *matkata pitkin ja poikin Suomea* crisscross Finland
poikittain crosswise, diagonally, obliquely
poikittainen transverse
poikkeama 1 divergence, variation, deviation *sallittu poikkeama* tolerance **2** (fys) deflection **3** (tavanomaisesta) deviation, departure
poikkeava s deviant adj deviant, different, divergent, abnormal
poikkeuksellinen exceptional, (erinomainen) extraordinary *poikkeuksellisen* exceptionally
poikkeuksellisesti exceptionally
poikkeus exception *Ei sääntöä ilman poikkeusta* There's an exception to every rule *sillä poikkeuksella että* except, with the (single) exception that
poikkeuslaki emergency law
poikkeustapaus exception(al case)
poikkeustila state of emergency; (sot) martial law
poikkeustoimi special/exceptional/emergency measure
poikkeus vahvistaa säännön the exception proves the rule
poikki adj **1** (murtunut) broken, fractured; (irti) broken off, severed **2** (kuitti) exhausted, beat, dead tired *Olen aivan poikki* I'm pooped! adv (kahtia) in two/half, (irti) off *Minulta meni jalka poikki* I broke my leg *panna poikki* cut, chop/lop off; postp (yli) across, (läpi) through *juosta pihan poikki* run/cut across/through the yard
poikkikatu cross street
poikkileikkaus cross-section
poikkinainen 1 (rikkinäinen) broken **2** (vastustava) *Ei sille uskalla sanoa poikkinaista sanaa* I'm afraid to cross him *poikkinaista puhetta* backtalk, sass
poikkisuuntainen cross-directional
poikkitie crossroad
poikkiviiva cross line/rule; (mer) beam; (mat) transversal
poikue (nisäkäs) litter, (lintu) brood
poikuus boyhood
poimia 1 (irrottaa varresta) pick **2** (kerätä) gather, (tietoja) glean **3** (noukkia maasta) pick up **4** (valita) pick out
poimu 1 (ihossa) wrinkle, line, (otsassa) furrow; (vauvalla) fold **2** (vaatteessa) fold, (laskos) tuck **3** (Star Trekissä) warp
poimuilla wrinkle, fold
poimuttaa 1 (kangasta: laskostaa) fold, pleat; (poimutella) drape; (röyheltää) ruffle, crimp(le) **2** (tekn) corrugate

poimutus folding, pleating, draping, ruffling, crimp(l)ing, corrugation (ks poimuttaa)
pointillismi pointillism
pointillisti pointillist
pois 1 away, (päältä) off, (sisältä) out *Mene pois!* Go away! Get out of here! Get out of my face! Beat it! *jättää pois* omit, neglect to mention *jäädä pois* stay away; (kokouksesta tms) fail to appear; (moottoritieltä) exit, get off **2** (vain) ahead *Sano pois!* Go ahead and say it! Spit it out! Cough it up! *Usko pois!* You'd better believe it!
poismennyt the deceased, the departed *poismennyt mieheni* my late husband
poismeno death
poisnukkunut the deceased, the departed
poispääsy escape, way out *Tästä ongelmasta ei ole mitään poispääsyä* There's nothing to do about this, we're stuck with this one
poissa 1 (poissaoleva) absent, gone, somewhere else, not here, off (doing something), away **2** (jostakin) away from, out of *Poissa silmistä, poissa mielestä* Out of sight, out of mind
poissaoleva absent
poissaolo absence
poissaololupa permission to be absent; (sot) leave
pois se minusta! perish the thought
poistaa 1 remove, take off/out/away *poistaa kaikki epäilykset* remove all doubt *poistaa epäkohta* remedy a flaw/defect *poistaa hammas* pull/extract a tooth *poistaa juurineen* uproot, eradicate, extirpate *poistaa maasta* deport (someone) *poistaa mielestään* put (something/someone) out of your mind, (pelot) banish, (ajatus) suppress *poistaa tapetit* strip (off) wallpaper **2** (pyyhkiä pois) erase, obliterate, delete *poistaa käytön jäljet* remove/obliterate/rub off/erase all traces/signs of use **3** (jättää pois) omit, leave out *poistaa sana tekstistä* delete a word in the text **4** (liikenteestä: rahaa) withdraw (from circulation), take (a bus) out of service *poistaa käytöstä* (linja-auto tms) take (a bus) out of service; (kengät tms) discard **5** (peruuttaa) repeal, cancel, revoke, do away with; (orjuus) abolish **6** (mitätöidä) annul, nullify, invalidate **7** (kirjanpidossa: kokonaan) write off, (osa) depreciate, mark down **8** (oikeusjuttu) vacate, dismiss

poisto 1 removal **2** (liik) write-off, mark-down, depreciation (ks poistaa 7)
poistua 1 leave, depart, go/walk away *poistua hyvästelemättä* leave/go without saying goodbye *poistua junasta* get off the train **2** (näytelmässä) exit *Lear poistuu* exit Lear *kaikki poistuvat* exeunt all **3** (tahra tms) come out
poistua keskuudestamme depart (this world)
poistua näkyvistä vanish, disappear from sight
poistua näyttämöltä (teatterissa) exit; (kuv) quit the scene
poju boyo, sonny-boy
pokaali trophy
pokkuroida bow (and scrape) (before), fawn on
poks pop, pow
poksahdus pop
poksahtaa (go) pop, burst
polarisaatio polarization
polarisaatiosuodin (valok) polarizer, polarizing filter
poleeminen polemic(al)
polemiikki polemic
poli 1 (poliklinikka) the ER (emergency room) **2** (polytekninen oppilaitos) the poly *Kalifornian polytekninen korkeakoulu* Cal Poly
poliisi 1 (laitos) the police; (ark) the fuzz/cops **2** (ihminen) police(wo)man, police officer; (ark halv) cop, fuzz, pig; (leik) Smokey (the Bear) *liikkuva poliisi* highway patrol(man) *siviilipukuinen poliisi* plain-clothes(wo)man
poliisiauto police car; (ark) cop car, cherry-top
poliisikomisario police lieutenant
poliisikonstaapeli police officer

poliisilaitos

poliisilaitos 1 (hallinnollinen) police department **2** (fyysinen) police station, (ark) the precinct, the station
poliisimestari chief of police
poliisipäällikkö police commissioner
poliitikko politician
poliittinen political
poliittisesti politically
poliittisuus political nature/aspect
poliklinikka emergency room, ER
polio polio
politiikka 1 (poliittinen toiminta) politics **2** (periaatteellinen toimintamalli) policy
politikoida politic (for)
politisoida politicize
politisoitua be politicized
poljento beat, rhythm
poljin pedal *kaasupoljin* gas pedal *kytkinpoljin* clutch pedal *jarrupoljin* brake pedal
polkaista step/stamp on *polkaista kaasua* step on it *polkaista käyntiin* (moottoripyörä) kickstart
polkea 1 (tallata) trample, walk/tread on; (tömistellä) stamp (your foot/feet) **2** (poljinta: polkupyörän) pedal, (jalkakäyttöisen ompelukoneen) treadle, (sähköisen ompelukoneen) work **3** (oikeuksia tms) trample on, walk all over
polkea hintoja (taloudellinen tekijä) drive/force prices down; (myydä alihintaan) dump
polkea jalkoihin trample underfoot
polkea maahan walk on, trample underfoot, trample in the mud
polkea paikallaan get nowhere, mark time
polkea tahtia beat time (with your foot), tap your foot to the beat
polkea varpaille *polkea jonkun varpaille* step on someone's toes (myös kuv)
polkka polka
polku (foot)path, trail, track; (kuv) path
polkupyörä bicycle, (ark) bike
polkupyöräilijä cyclist, (ark) biker, bike-rider
polkupyöräily cycling, bike-riding
polkupyörän lukko bicycle lock
polkupyörän rengas bicycle/bike tire
polkupyörätie bicycle/bike path
polkupyörävaras bicycle/bike thief
polkupyörävarkaus bicycle theft
polkusin treadle, pedal
pollari 1 (mer) bollard, bitt **2** cop, fuzz, pig, Smokey (the Bear)
poloinen poor, miserable, wretched
polskutella splash around
polskuttaa splash
polte burning, sting(ing), ache, fire *polte veressä* fire in your veins *rakkauden polte* the fire of love
poltella (kirjeitä tms) burn, (tiiliä) fire, (piippua) smoke
poltin burner
polttaa 1 burn, (kuumalla vedellä) scald, (savitavaraa) fire, (polttouunissa) incinerate **2** (polttohaudata) cremate **3** (lääk) cauterize **4** (tupakoida) smoke *Ethän polta kiitos* Thank you for not smoking **5** (kirvellä) burn, sting, smart **6** *Raha poltti hänen taskussaan* He had money burning a hole in his pocket *Maa alkoi polttaa hänen jalkojensa alla* It was getting too hot for comfort **7** (pesäpallossa) put (someone) out, make an out **8** (saada kiinni) catch (someone) red-handed/in the act
polttaa kaikki sillat takanaan burn your bridges behind you
polttaa kynttilää molemmista päistä burn your candle at both ends
polttaa näppinsä get your fingers burnt (myös kuv)
polttaa päreensä blow your top, hit the roof
polttaa roviolla burn (someone) at the stake
polttaa viinaa make moonshine
polttaja smoker
polttiainen biting midge
polttiaiseläimet cnidarians
polttimo 1 (viinan) distillery **2** (tiilen) brickworks **3** (poltin) burner **4** (lamppu) bulb
poltto 1 burning, combustion **2** (savitavaran) firing **3** (kipu) burning/stinging (pain), (supistus) contraction *(synnytys)poltot* labor (pains) *Miten kauan pol-*

ponttoni

tot kestivät? How long were you in labor?
polttoaine fuel
polttoaineenkulutus fuel consumption; (litraa satasella) miles per gallon, mpg
polttoainesäiliö fuel tank
polttohautaus cremation
polttopiste focus
polttopuu piece of firewood; (mon) firewood
polttorovio pyre *polttaa roviolla* burn at the stake
polttouhri burnt offering
polveilla wind, twist, zigzag, meander (myös kuv)
polveke 1 (tien, joen) bend, curve, turn **2** (tekn) bend, knee, angle
polveutua 1 (jostakusta) be descended (from), be a descendent of **2** (biol, kiel ym) descend/derive from
polvi 1 knee *mennä polvilleen* kneel (down), drop to your knees; (katolisessa kirkossa) genuflect *istua jonkun polvella* sit on someone's knee *istua jonkun polvilla* sit on/in someone's lap **2** (joen) bend **3** (tekn: putken) elbow, (muu) bend, knee, joint **4** (sukupolvi) generation *polvesta polveen* from generation to generation *alenevassa polvessa* in direct (lineal) descent
polvihousut knickers
polvillaan (down) on your knees
polvinivel knee joint; (tekn) toggle/elbow joint
polvistua kneel (down), (katolisessa kirkossa) genuflect
polvisukka kneesock; knee-high sock
polvisuojus kneepad
polyteismi polytheism
polyyppi polyp
pommi 1 bomb **2** (jymyuutinen) bombshell **3** *mennä pommiin* bomb *nukkua pommiin* oversleep
pommikone bomber
pommiräjähdys explosion
pommittaa bomb(ard) *pommittaa kysymyksillä* bombard someone with questions
pommittaja bombadier

pommitus bombing, bombardment, shelling; air raid
pommiuhka bomb threat
pommivaroitus bomb warning
pomo boss
pompata (tietok) bounce
pompottaa 1 (palloa) bounce **2** (ihmistä) jerk around, haze
pompotus 1 (pallon) bouncing **2** (ihmisen) hazing
pomppia 1 (pallo) bounce **2** (ihminen: ylösalas) bounce/bound/hop/pop up and down, (sängyssä) jump (up and down)
poni pony
ponnahdus spring, bounce, (re)bound
ponnahtaa spring/bound/(re)bound (back/off)
ponnekaasu propellant (gas)
ponnekas emphatic, strong, urgent, energetic
ponnekkaasti emphatically, strong, urgently, energetically
ponnekkuus emphasis, urgency, energy, drive; (ark) go-get-'em, get-up-and-go
ponneton slack, weak, feeble
ponnistaa 1 (työntää) push *Ponnista!* Push! (synnytyksessä) Bear down! **2** (loikkia) push off, leap, jump **3** (yrittää kovasti) try hard, make a massive/great/supreme effort, put your back into it; (kilvoitella) struggle, strive
ponnistaa kaikkensa give it your all, muster all your strength
ponnistaa liikaa overdo it, overexert/strain yourself
ponnistella push, try hard, keep your nose to the grindstone, struggle, strive
ponnistus 1 (työntö) push **2** (yritys) effort, exertion, struggle
ponsi 1 (eduskunnassa) resolution **2** (ponnin) incentive, spur **3** (ponnekkuus) energy, drive
ponteva emphatic, strong, forceful, energetic
pontevasti emphatically, strongly, forcefully, energetically
pontikka moonshine
ponttilauta tongue-and-groove board
ponttoni pontoon

poolo polo
poolopaita turtleneck
pop s pop music adj (suosittu) pop(ular), in
popkulttuuri pop culture
popmusiikki pop music
poppakonsti trick, gimmick, easy solution *Tähän ei ole mitään poppakonstia* There's no easy answer here
poppamies witch-doctor, medicine man, shaman
poppeli poplar
popsia (pillereitä, karkkia) pop; (muuta ruokaa) wolf down, gobble up
populaarikulttuuri popular culture
populaatio population
pora drill
porakone (power) drill
poranterä drill bit
porari blaster, dynamiter
porata 1 drill (a hole in), (esim moottoria) bore (out) **2** (katseellaan) look straight through you **3** (itkeä) bawl
poraus drilling, boring
porauslautta offshore drilling rig
poraustasanne drilling platform
pore bubble
poreallas jacuzzi, hot tub
poreilla 1 bubble, effervesce, sparkle, fizz **2** (keitto) simmer
poreilu bubbling, fizzing, simmering
porho tycoon, magnate; (ark) fat cat
porilainen 1 (ruoka) meatpie with wiener **2** (marssi: lähin vastine) Hail to the Chief
porina hum(ming), murmur(ing)
porista hum, murmur
porkkana carrot
porkkanalaatikko carrot casserole
porkkanaraaste (grated) carrot salad
pormestari mayor
porno porn(o)
pornofilmi porn/stag/dirty movie, skin flick, (euf) adult/X-rated movie
pornografia pornography; (ark) nudie/girlie pictures/magazines/jne, cheesecake; (euf) entertainment for men; (sl) tits-and-ass, T&A
pornografinen pornographic

pornolehti porn magazine; (sl) stroke mag; (euf) men's magazine
poro 1 (eläin) reindeer **2** (sakka) dregs, (kahvin) grounds *palaa poroksi* burn to the ground, to ashes
poroerotus (reindeer) roundup
poronliha reindeer (meat)
poropeukalo butterfinger(s)
poroporvari petty bourgeois
porottaa scorch, parch, burn
porras 1 (rappu: ulko) step, (sisä) stair(step), (rakenteellisesti) riser *portaat* steps, stairs, (portaikko) stairway/-case/-well **2** (kerrostalossa: ulko-ovi) door *Mikä porras se on?* Which door is it? **3** (virkahierarkiassa) step, rung (on the ladder), level, echelon *johtoporras* management, higher echelon *portaat* ladder
porrasikkuna (tietok) cascade window
porraskäytävä stairway/-case/-well
porrastaa 1 (kaltevaa pintaa) (stair)step, (pengertää) terrace **2** (lomia, kouluuntuloa tms) stagger, (palkkoja tms) scale, grad(at)e
porrastettu terraced, staggered, scaled, gradated (ks porrastaa)
porrastus terracing, staggering, scaling, gradation (ks porrastaa)
porrasvalikko (tietok) cascade menu
porsaankyljys pork chop
porsas 1 (elävä) pig, (ark) porker, (lasten kielellä) piggy **2** (syötävä) pork **3** (kuv ihminen) pig, hog
porsastella 1 (syödä paljon) make a pig/hog of yourself, pig out **2** (käyttäytyä sikamaisesti) act like a pig
porsastelu 1 (syöminen) pigging out **2** (sikamaisuus) gross behavior
porskua splash
porskuttaa splash
portaikko stairway/-case/-well
portieeri doorman
portti gate(way), (ylät) portal *portti ikuisuuteen* the gateway to eternity
portto whore, (ylät) harlot
porttola whorehouse, brothel, bordello
portugali (kieli) Portuguese
Portugali Portugal
portugalilainen s, adj Portugese

portviini port (wine)
poru 1 (itku) bawling, blubbering **2** (suukopu) fuss, deal, hullabaloo; (ylät) ado *paljon porua tyhjästä* much ado about nothing
porukalla all together, in unison/concert
porukka crowd, bunch, set, gang *paljon porukkaa* lots of people
porvari 1 (hist) burgher **2** bourgeois, middle-class person *porvarit* the bourgeoisie, the middle class **3** (Suomi politiikka) conservative, right-winger *porvarit* the Right
porvarienemmistö conservative/right-wing majority
porvarillinen 1 (keskiluokkainen) bourgeois, middle-class **2** (oikeistolainen) conservative, right-wing
porvarillistua 1 (keskiluokkaistua) become bourgeois, be bourgeoisified **2** (oikeistolaistua) move right
porvaripuolue conservative/right-wing party
porvaristo the bourgeoisie
poseerata pose (before/in front of the camera, for a picture)
posetiivari organ grinder
posetiivi barrel organ
positiivi (kiel, mus, valok ym) positive
positiivinen 1 positive **2** (myönteinen) affirmative **3** (rakentava) constructive
positiivisesti positively, affirmatively, constructively
positiivisuus positivity, affirmation, constructiveness
positivismi positivism
posketon 1 (häpeämätön) blatant, brazen, shameless **2** (uskomaton) incredible, unbelievable, fantastic **3** (naurettava) ridiculous, laughable, absurd
poskettomasti blatantly, brazenly, shamelessly, incredibly, unbelievably, fantastically, ridiculously, laughably, absurdly (ks posketon)
poski 1 cheek *pistää poskeensa* feed/stuff your face *poski poskessa* cheek by jowl **2** (vieri) edge, side *tien poskessa* by the road, on the shoulder
poskihammas molar
poskiontelo nasal passage, sinus
poskisolisti motormouth
posliini porcelain, pottery
posse (sl) (jengi) posse, crew
posti 1 (kirjeet) mail *ensimmäisen/toisen luokan posti* first/second class mail *lentopostissa* by airmail *pintapostissa* by surface mail *vastata paluupostissa* reply post haste **2** (postinkanto) delivery *Tänään ei tule postia* There's no mail/delivery today **3** (toimisto) post office *Voisitko viedä nämä kirjeet postiin?* Could you take these letters to the post office, could you mail these letters for me please?
postiauto mailtruck
postiennakko cash on delivery, C.O.D. *lähettää postiennakolla* send (something) C.O.D.
postikortti postcard
postilaatikko mailbox
postileima postmark
postilokero (post office) box
postimaksu postage
postimerkki stamp
postinkantaja mailcarrier, (vanh seksistinen) mailman
postinkanto mail delivery
postinumero zip code
postiosoitus money order
postipaketti postal package/parcel
postipalvelut postal service(s)
postisiirto bank transfer
postisiirtotili bank transfer account
postitoimipaikka post office
postitoimisto post office
postitse by mail
postittaa mail
postitus mailing
postpositio postposition
potea be sick with, have, suffer from *potea flunssaa/alemmuuskompleksia* have the flu/an inferiority complex
potenssi 1 (mat) power *korottaa kolmanteen potenssiin* raise (a number) to the third power *korottaa toiseen potenssiin* square *ylellisyyden korkein potenssi* (kuv) luxury to the nth degree **2** (seksuaalinen) potency
potentiaalinen potential
potilas patient

potilaspaikka

potilaspaikka (vuodepaikka) bed
potkaista kick *Sinua on onni potkaissut* You got a lucky break, that was a stroke of luck
potkaista tyhjää (kuolla) kick the bucket
potkia kick
potku 1 kick *potku persuksiin* kick in the ass/pants **2** *potkut* dismissal *antaa potkut* fire/sack (someone) *saada potkut* get the boot/sack, get fired
potkuhousut jumpsuit
potkukelkka kicksled
potkulauta scooter
potkupallo soccer ball
potkuri 1 propeller, (laivan) screw **2** (hevonen) kicker **3** (potkukelkka) kicksled
potkurikone prop plane
potti 1 (rahasumma) pot, (pokerissa) kitty; (iso) jackpot **2** (pissapotti) potty seat
pottivalas sperm whale
pottu potato, spud
pottuilla give (someone) a hard time, wise/mouth off
potut pottuina *maksaa potut pottuina* give (someone) a taste of his/her own medicine, give (someone) as good as you got
potuttaa *Kyllä sellainen potuttaa* That sort of thing really pisses me off, gets my goat
poukama cove
poukkoilla bounce (back and forth, here and there, up and down)
pouta dry weather *pilvistä mutta enimmäkseen poutaa* cloudy with little rain
poutainen dry
povaaja fortuneteller, soothsayer
povari fortuneteller, soothsayer
povata 1 (povari) tell fortunes **2** (meteorologi) predict, forecast; (poliittinen kommentaattori) forecast, prognosticate, speculate on
povi bust, bosom *pehmeä kuin naisen povi* soft as a baby's bottom *painaa povelleen* press (someone) to your breast
povitasku breast pocket

pragmaattinen pragmatic
pragmatismi pragmatism
Praha Prague
praktiikka practice
pramea showy, gaudy, loud
prameasti showily, gaudily, loudly
predestinaatio predestination
predikaatti predicate
predikatiivi predicate complement
preeria prairie
preeriapöllö burrowing owl
preesens present
premissi premise
preparaatti preparation, (mikroskooppia varten) slide
preparoida 1 prepare, mount, fix **2** (tenttiä varten) prep, tutor
prepositio preposition
presidentinvaalit presidential election
presidentti president
presidenttiehdokas presidential candidate
presidenttikausi presidency, presidential term
prestiisi prestige
priima prime(-quality), first-rate, choice, select
priimus head of the class; (koko lukion ajalta) valedictorian
prikaati brigade
priki brig
primaari- primary
primaarinen primary
primadonna prima donna (myös kuv), leading lady
primitiivinen primitive
prinkkala *mennä päin prinkkalaa* go to pot
prinsessa princess
prinssi prince
Prinssi Edwardin saari Prince Edward Island
prioriteetti priority
prisma prism
prismaetsin (valok) prism finder
problemaattinen problematic
problemaattisuus difficulty
profeetallinen prophetic
profeetta prophet
professori professor

pudotella

professorin virka professorship
professuuri professorship
profetia prophesy
profetoida prophecy
profiili profile *pitää matalaa profiilia* maintain a low profile
prognoosi prognosis
progressiivinen progressive
progressio progression
projektori projector
projektoritelevisio television projector
projisoida project (myös psyk)
prokuristi signer, signing clerk
proletaari proletarian, (ark) prole
proletariaatti proletariat
prologi prologue
promille per mil
promootio commencement/graduation (exercises)
promovoida confer an academic degree (on someone)
pronomini pronoun
pronssi bronze
pronssikausi the Bronze Age
pronssimitali bronze medal
proomu barge
proosa prose
proosakirjallisuus prose literature
proosallinen prosaic
propaganda propaganda
propositio proposition
proppu *Häneltä paloivat proput* He blew a fuse, hit the roof, blew his top
prosentti percent
prosentuaalinen percentual
prosentuaalisesti percentually; by percent
prosessi process
prostituoitu prostitute
prostituutio prostitution
proteesi prosthesis; (hammasproteesi) dentures, false teeth; (jalkaproteesi tms) artificial limb (leg/arm/jne)
proteiini protein
protestantti Protestant
protestanttinen Protestant
protesti protest *mennä protestiin* (vekseli tms) be protested (for nonpayment)
protestoida protest
provinssi province

provisio (myyjän) commission; (meklarin) brokerage (fee)
provisiopalkka *provisiopalkalla* on commission
provosoida provoke
pränttï print *pikkupräntti* the small print
prässi 1 press *housun prässit* the crease in your pants 2 (koripallossa) full-court press
prässätä press (myös kuv:) pressure, push *prässätä housuja* iron your pants
prätkä motorcycle, (ark) bike
psalmi psalm
psykiatri psychiatrist
psykiatria psychiatry
psykiatrinen psychiatric(al)
psykoanalysoida psychoanalyze
psykoanalyysi psychoanalysis
psykoanalyytikko (psycho)analyst, (ark) shrink
psykologi psychologist
psykologia psychology
psykologinen psychological
psykologinen tutkimus psychological test(ing)
psykopaatti psychopath
psykoterapia psychotherapy
psyyke psyche
psyykkinen psychic, psychological
ptruu whoa
puberteetti puberty
pudistaa shake *pudistaa hihastaan* produce out of nowhere
pudistella shake
pudistus shake
pudokas windfall
pudota fall/drop (off/down) *pudota käsistä* drop/slip out of your hand, through your fingers *pudota* (raskaasti) *tuoliin* collapse/slump in a chair *pudota hyllyltä* fall/drop/come (tumbling down) off a shelf *puusta pudonnut* dumbfounded, flabbergasted
pudota jaloilleen land on your feet
pudota kärryiltä lose track (of what's going on/being said) *Nyt minä putosin kärryiltä* Now you lost me
pudotella 1 (omenia puusta) shake (down), (murusia pöydästä) drop 2 (sadella) snow, rain *Lunta oli pudotel-*

pudottaa

lut koko yön The snow had been coming down all night **3** (päästellä: vasaralla tms) go at it, let 'er fly; (suksilla) shoot (down the hill)
pudottaa drop *Vaahtera on pudottanut melkein kaikki lehtensä* The maple has almost lost/dropped all its leaves *Voisitko pudottaa minut asemalle?* Could you drop me off at the station? *Hevonen pudotti ratsastajansa* The horse threw its rider
pudotus drop(ping) *pommien pudotus* bombing, dropping bombs *Se on aikamoinen pudotus* That's quite a drop
pudu (eläin) southern pudu
Puerto Rico Puerto Rico
puertoricolainen s, adj Puerto Rican
puhallin 1 (tekn) blower, fan **2** (mus) wind instrument
puhallus 1 (tekn) blast **2** (mus) blowing **3** (petkutus) sting, con
puhaltaa 1 blow *katsoa mistä tuuli puhaltaa* see how the land lies *puhaltaa täyteen ilmaa* blow up, inflate **2** (puhallinsoitinta) blow on, play, sound
puhaltaja 1 (lasin tms) blower **2** (mus) wind player, (mon) the wind section
puhdas 1 clean, clear, pure *puhtaat kädet/linjat* clean hands/lines *puhdas iho/omatunto/voitto* clear complexion/conscience/profit *puhtaat ajatukset* pure thoughts *puhua suunsa puhtaaksi* get something off your chest, spill your guts *kirjoittaa puhtaaksi* type up *sanoa puhdas totuus* speak the plain truth **2** (pelkkä) pure, sheer *puhdas sattuma* pure/sheer chance/coincidence
puhdasoppinen orthodox
puhdasvetinen clear, clean
puhdistaa 1 clean/clear/wash (up); (hangata) cleanse (myös usk), scour *puhdistaa itsensä syytöksistä* clear yourself of all charges *puhdistaa kaikista synneistä* cleanse (someone) of all (his/her) sin(s) *puhdistaa maineensa* clear your reputation/name **2** (pogromissa) purge **3** (jalostaa) refine, purify **4** (saastunut vesi/ilma) purify **5** (ryöstää) clean someone out

puhdistaminen cleaning, washing, cleansing, scouring, purging, refining, purification (ks puhdistaa)
puhdistamo refinery; (jäteveden) sewage treatment plant
puhdistua get clean(ed), clear up; (tekn) be refined/purified
puhdistus 1 cleaning, cleansing, washing **2** (pogromi) purge, pogrom **3** (tekn) refinement, purification
puhe 1 (puhuminen) speech, talk *Älä välitä ihmisten puheista* Never mind what people say *kangerrella puheessaan* stumble over your words *Ei puhettakaan!* Not a chance! No way! *tulla puheeksi* come up **2** (keskustelu) conversation, discussion *johtaa puhetta* moderate/chair the session/discussion/meeting *Puhe kääntyi naisliikkeeseen* Talk turned to the women's movement **3** (esitelmä) speech, lecture, address, talk *pitää puhe* give a speech *pitemmittä puheitta* without further ado
puheenaihe topic, subject of conversation
puheenjohtaja chair(person), (vanh) chairman
puheenkäsittely (tietok) speech processing
puheen ollen *Siitä puheen ollen* Speaking of that, apropos
puheensorina hum/murmur of talk
puheentunnistus (tietok) speech recognition
puheenvuoro floor *jakaa puheenvuoroja* moderate/chair a discussion/meeting *antaa puheenvuoro jollekulle* recognize someone, give someone the floor *Valtosella on nyt puheenvuoro* Valtonen has the floor *pyytää puheenvuoroa* ask/motion to be recognized, signal for the floor *käyttää puheenvuoroa* take the floor, address the meeting
puhehäiriö speech defect
puhehäiriöinen (someone) with a speech defect
puheilla *pyrkiä jonkun puheille* try to talk to someone *päästä jonkun puheille* (korkea-arvoisen henkilön kanssa) be

granted an audience; (muun kanssa) get to talk to someone
puhekyky power of speech, ability to talk
puhelahjat eloquence, (ark) gift of gab *hänellä on hyvät puhelahjat* she has the gift of gab
puheliaasti garrulously, talkatively
puhelias garrulous, talkative
puheliittymä (tietok) speech interface
puhelimitse by (tele)phone, over the (tele)phone
puhelin telephone, (ark) phone *Puheli- meen!* Telephone! *sulkea puhelin* hang up *palveleva puhelin* crisis (interven- tion) hotline
puhelinherätys wake-up call
puhelinjohto telephone line
puhelinjäljitys telephone trace, (putting) a trace on a telephone call
puhelinkeskus switchboard
puhelinkioski (tele)phone booth
puhelinkone (tele)phone
puhelinkoppi (tele)phone booth
puhelinlaitos (tele)phone company
puhelinluettelo (tele)phone book/ directory
puhelinnumero (tele)phone number
puhelinpäivystys answering service
puhelinsoitto (tele)phone call
puhelintilaaja telephone subscriber
puhelintyttö call girl
puhelinvaihde switchboard
puhelinvastaaja (telephone) answering machine
puhelinverkko telephone network
puhelinverkkoon murtautuminen phreaking
puhelinvälittäjä operator
puhelinyhteys telephone communica- tion
puhelu 1 (juttelu) talk(ing), chat(ting), conversation **2** (puhelinsoitto) (tele)phone call
puhelumaksu call charge
puhemies 1 (eduskunnan) speaker *puhemies Mao* Chairman Mao **2** (nai- makaupan) matchmaker, go-between, marriage broker **3** (puolestapuhuja) spokesperson, (vanh) spokesman

puheopetus speech/logopedic instruc- tion
puheposti voicemail
puheripuli diarrhea of the mouth
puhetaito (the art of) rhetoric/oratory
puhevalta 1 (lak) right of action **2** (puheoikeus) right to speech
puhevika speech defect
puhevälit *He eivät ole puheväleissä* They aren't on speaking terms, they aren't speaking to each other
puhista (huff and) puff, pant, (kiukusta) snort
puhjeta 1 (ilmapallo tms) pop, burst *Heiltä puhkesi rengas* They had a flat tire **2** (kukka) open, blossom **3** (tauti, sota, myrsky ym) break out **4** (nauruun, itkuun ym) burst out (laughing, crying), burst into (laughter, tears)
puhkeaminen bursting, opening, blos- soming, outbreak
puhki *kulu(tta)a puhki* wear out *mennä puhki* (rengas) blow out, go flat; (ilma- pallo) pop *puhua asiat puhki* talk/work things out/through *miettiä päänsä puhki* wrack your brains
puhkua (huff and) puff *puhkua intoa* be bursting with enthusiasm *puhkua vihasta* snort indignantly/angrily
puhtaaksikirjoitus typing (up)
puhtaana käteen after taxes, net *saada palkkaa 3000 puhtaana käteen* take home 3000 euros a month, make 3000 a month in take-home pay
puhtaanapito public sanitation; (jäte- huolto) garbage collection
puhtaasti 1 (palaa tms) cleanly **2** (puhua tms) correctly; (laulaa) in tune, on pitch/ key **3** (pelkästään) purely, merely, solely
puhtaat paperit clean record/slate: (poliisista) no police record; (sairaa- lasta) completely cured, no disease
puhtaus 1 clean(li)ness, tidiness **2** (ilman, ajatusten tms) purity, (siveys) chastity
puhtaus on puoli ruokaa cleanliness is next to godliness
puhti energy, vim, vigor, zest; (ark) pep, (get-up-and-)go

puhua

puhua 1 speak, (puhella) talk, (mainita) mention, (sanoa) say *puhua englantia* speak English *puhua ilmoista* talk about the weather *Heistä ei voi puhua samana päivänä* They shouldn't be mentioned on the same day *Minulla on sinulle puhuttavaa* I've got something to say to you **2** (huhuta) say, tell, rumor *Mitä minä siitä, mitä ihmiset puhuvat?* What do I care what people say? *Kylällä puhutaan, että sinä olet lähdössä* The word/rumor around town is that you're leaving us, a little birdie told me you were leaving **3** (sopia) work out, agree *kuten puhuttiin* as we agreed **4** (pitää puhe) speak, give a speech/lecture/talk; (saarna) preach **5** (viestiä) speak, communicate *puhua käsillään* talk/speak/communicate with your hands *paljon puhuva ele* eloquent gesture
puhua asia selväksi talk something over (with someone), work things out
puhua halaistua sanaa *Hän ei puhunut halaistua sanaa* He didn't utter a sound/word
puhua itsensä pussiin contradict yourself, lead yourself into a trap, give yourself away
puhua ja pukahtaa *Ei se puhunut eikä pukahtanut* She didn't make a peep, didn't utter a sound/word
puhua joutavia talk nonsense, run off at the mouth, say the first thing that comes into your head
puhua järkeä jollekulle talk sense to someone, try to make someone see reason
puhua keskenään talk/chat together, have a talk *He eivät enää puhu keskenään* They aren't on speaking terms, they aren't speaking to each other
puhua kielillä speak in tongues
puhua loppuun finish your sentence, say your piece, say what you have to say (without being interrupted)
puhua läpiä päähänsä not know what you're talking about
puhua lööperiä talk nonsense, run off at the mouth, bullshit
puhua mitä sylki suuhun tuo say whatever pops into your head, run off at the mouth
puhua omaa kieltään speak for itself
puhua omiaan tell fairy-tales, make up stories
puhua pelkkää hyvää jostakusta have nothing but good to say about someone
puhua puolelleen persuade someone to take your side
puhua pökerryksiin talk someone's ear off
puhua reikiä päähänsä not know what you're talking about
puhua selvää kieltä make yourself perfectly clear, leave no room for (mis-)interpretation
puhua suulla suuremmalla 1 (olla suuremman suukappale: Jumalan) be the mouthpiece/messenger of the Lord; (suurten ajattelijoiden) invoke the great sages/philosophers **2** (isotella) talk big
puhua suunsa puhtaaksi get something off your chest, spill your guts
puhua ympäri convince/persuade (someone), bring (someone) around
puhuen *Totta puhuen* To tell the truth, frankly *yleisesti puhuen* generally speaking
puhuja speaker, orator
puhujakoroke podium, rostrum
puhujalava speaker's platform, stage
puhumattakaan to say nothing of, not to mention
puhumatta paras the less said the better, mum's the word
puhuminen speaking, talking, saying, telling (ks puhua-hakusanat)
puhu pukille! tell it to the Marines
puhutella 1 (jotakuta) speak to, address; (ventovierasta) accost; (liikuttaa) move, hit/strike home *puhutteleva näytelmä* moving play **2** (joksikin) call *Miksi häntä pitää puhutella?* What do I call her?
puhuttaa *Minua puhuttaa* I feel like talking (to someone) *jäädä puhuttamaan ystävää* stop to chat with a friend *puhuttaa tuppisuuta* try to draw some-

one out (who doesn't want to talk) *puhuttaa koko kaupunkia* make tongues wag

puhuttelu 1 (form/manner of) address, title **2** (puheen ensimmäiset sanat) salutation, greeting **3** (nuhtelu) lecture, reprimand; (ark) talking-to *joutua esimiehen puhutteluun* get chewed out/hauled over the coals/lectured by your boss, get a proper talking-to from your superior

puhuttelusana term of address

puhuva eloquent, expressive, pregnant, meaningful

puhveli buffalo

puida 1 (viljaa) thresh **2** (ongelmaa) thrash/hash out **3** (nyrkkiä) shake

puijata swindle, cheat, con, trick

puijaus swindle, cheat, con, trick

puikkelehtia weave, zigzag

puikko 1 stick **2** (hitsauspuikko) (welding) rod **3** (syömäpuikko) chopstick **4** (tahtipuikko) baton **5** (sukkapuikko) knitting needle **6** (jäätelöpuikko) ice cream bar **7** (kalapuikko) fishstick

puilla paljailla (flat) broke, owning only the clothes you've got on *joutua puille paljaille* go broke

puimakone thresher

puimuri thresher

puinen wooden

puinti threshing, working out, shaking (ks puida)

puiseva dull, boring, dry

puistattaa (kauhu) make you shudder, (kylmä) make you shiver

puistatus shudder, shiver

puisto park

puitesopimus skeletal agreement

puitteet 1 (karmit) frame **2** (miljöö) setting, (ilmapiiri) atmosphere, (tausta) backdrop **3** *jonkin puitteissa* within a given framework *sääntöjen puitteissa* within the scope/framework of the law

pujahdus dash

pujahtaa 1 (nopeasti) dash, slip *Aurinko pujahti pilvien välistä* The sun peeked from behind the clouds **2** (salaa) slink (away), sneak (off)

pujoa splice

pujotella 1 (mattoja) weave **2** (väkijoukon läpi) weave (your way through a crowd) **3** (hiihtää) downhill ski, slalom **4** (palloa) dribble

pujottelija (downhill/slalom) skier

pujottelu (downhill/slalom) skiing

pujottelumäki ski slope

pujottelusuksi downhill/slalom ski

pukahtaa *Hän ei puhu eikä pukahda* We can't get a word out of him

pukea 1 (päälle) dress, put on; (perhettään) clothe *pukea hienoksi* dress (someone) up *pukea joksikin* disguise (someone) as *pukea päälle* put (something) on *pukea päälleen* get dressed **2** (sopia) become *Tuo väri pukee sinua* That color becomes you, is becoming on you, looks good on you **3** (ajatuksensa) clothe, express, articulate, couch *pukea ajatuksiaan sovinnaiseen muotoon* express/articulate/couch your thoughts in conventional form, give your ideas a traditional expression **4** (sinua) become *Tuo pusero pukee sinua* That blouse is very becoming/attractive, it suits/becomes you

pukeminen dressing

pukeutua get dressed, put on your clothes

pukeutuminen getting dressed

pukine piece of clothing, garment; (mon) clothing

pukki 1 buck, billy-goat *panna pukki kaalimaan vartijaksi* set a goat to guard the cabbage patch **2** (teline) stand, support, block *panna auto pukille* put a car up on blocks **3** (sahapukki) sawhorse **4** (hyppyteline) buck **5** *hypätä pukkia* (play) leapfrog **6** (joulupukki) Santa Claus **7** (huoripukki) (old) goat, lecher, dirty old man

puksuttaa chuff, chug

puksutus chuffing, chugging (along)

puku 1 (asu) outfit, clothes, what you're wearing **2** (naisten) dress, (iltapuku) (evening) gown, (housupuku) pantsuit **3** (miesten) suit **4** (kobiantilooppi) kob

pukuinen (dressed) in *tuo vihreäpukuinen punatukkainen nainen* that woman

pula

in green with the red hair *siviilipukuinen etsivä* plainclothes detective
pula 1 (niukkuus) shortage, lack **2** (hätä: taloudellinen) financial difficulties/ trouble; (muu) trouble, (ark) scrape, fix, pinch *joutua pulaan* get into trouble **3** (pula-aika) bad times, depression, recession
pulahdus jump/dive/plop (into the water)
pulahtaa jump/dive/plop (into the water)
pulikoida splash/play (around in the water)
pulina 1 (veden) bubbling, burbling **2** (puheen) whisper, hum, murmur **3** (vastarinnan) (angry) whispering/ murmuring *Pulinat pois!* Put a lid on it! Shut up!
pulisongit sideburns
pulista 1 (vesi) bubble, burble **2** (puhe) whisper, hum, murmur **3** (vastaan) whisper/murmur against, gripe/complain about
pulittaa 1 (pälpättää) yak **2** (maksaa) shell out
puliukko wino, derelict
pulkka 1 (puupulikka) pointed stick **2** (lasten) sled, (poron) pulka
pulla (sweet) bun *pulla uunissa* (raskaana) a bun in the oven *Sinulla tuntuu olevan pullat hyvin uunissa* You seem to be in good shape, you've got it made
pullakahvit coffee and buns
pullataikina bun dough
pullea plump, chubby
pulleus plumpness, chubbiness
pulliainen *tavallinen pulliainen* regular/ average/run-of-the-mill guy, ordinary Joe, no Einstein
pullikoida *pullikoida vastaan* kick up a fuss, kick against the traces, dig in your heels
pullikointi resistance, protest(s), complaint(s)
pullistaa distend, puff/swell/fill out
pullistua (become) distend(ed), puff/ swell/fill out; (maha) protrude, stick/ hang out; (silmät, lihakset) bulge, (silmät ark) bug out

pullistuma distension, swelling
pullo bottle, (taskumatti) flask
pullokori case, crate
pullollaan (posket) stuffed, bulging; (silmät) bulging/bugging (out of your head); (taskut) stuffed/crammed/ jammed (full); (laatikko) (stuffed/ crammed/jammed) full (to bursting)
pullollinen bottleful
pullonavaaja bottle-opener
pullonkaula bottleneck (myös kuv)
pullonpalautus bottle-return
pullonpohja the bottom of the/abottle *katsoa pullonpohjan läpi* drink (straight) from the bottle
pullopantti bottle deposit
pulloposti message in a bottle
pullottaa 1 (viiniä tms) bottle **2** (pullistaa) bulge (out)
pullukka plump, chubby, roly-poly
pulma problem, difficulty; (ark) hangup, hassle; (mon) trouble *Pulma on katsos siinä että* The problem is, see, that *Minulla on muuan pulma* I've got this problem
pulmatilanne difficult situation, (knotty) problem; (ark) spot, fix
pulmunen snow bunting *puhdas kuin pulmunen* pure as the driving snow *En minä mikään pulmunen ole* I'm not exactly Snow White either *Oma pulmuseni!* My little dove!
pulpahtaa bubble/well up; (veri) spurt (out); (kuv) pop up *pulpahtaa pintaan* rise to the surface (myös kuv:) appear out of nowhere
pulpetti (school) desk
pulputa bubble/well/gush out/up/over *pulputa ideoita/intoa* be bubbling over with ideas/enthusiasm
pulputtaa 1 (kahvi) perc(olate) **2** (ihmiset ark) yak
pulska 1 (pullea) plump, chubby, fat **2** (terveennäköinen) big, strong, healthy-looking
pulssi pulse *tunnustella jonkun pulssia* feel someone's pulse
pulssimittari pulsimeter

pultti bolt, (pieni) pin, (kannaton) stud *kiinnittää pultilla* bolt (on/together) *Älä ota siitä pulttia* Don't let it get to you
pulveri powder
pummata 1 (pyytää) bum (something off someone) **2** (repata) fail, flunk
pummi 1 (ihminen) bum **2** (reputus) failure
pumpata pump *Hän yritti pumpata minulta tietoja* She tried to pump me for information *pumpata täyteen* pump up, inflate
pumppu 1 (tekn) pump **2** (ark sydän) pump, ticker
pumpuli cotton wool *pitää jotakuta pumpulissa* overprotect someone
puna 1 red(ness), (meikki) rouge **2** (ihonväri) ruddiness, (punastus) blush
puna-ara (lintu) scarlet macaw
puna-armeija the Red Army
punahirvi wapiti
punainen red (myös kuv) *nähdä punaista* see red *Se oli kuin punainen vaate* It was like waving a red flag (to a bull) *yksi punainen minuutti* just a sec(ond) *mennä punaiseksi kuin kalkkuna* (häpeästä) go red as a beet *olla punainen kuin rapu* (auringosta) be red as a lobster *ajaa päin punaista* run a red light
punainen lanka scarlet thread
punaisuus redness, ruddiness
punajuuri beet
punakaarti the Red Guard
punakampela (kala) plaice
punakka red, ruddy, florid
punakoati (eläin) coati
punamultahallitus coalition government/Cabinet between the Left and the (Agrarian) Center
punarintarastas American robin
punaruskea reddish brown; (hevonen) sorrel, bay
punastella blush/flush (at) *punastella toisten puheita* blush at the things people say, be embarrassed/mortified at what others say
punastua blush, flush
punavihersokeus red-green color-blindness

punertaa be reddish; (pol) lean to the left
punertava reddish; (pol) left-leaning
punertua turn red
punerva reddish
punikki (halv) pinko
punkka 1 (soikko) tub **2** (sänky) bunk *painua punkkaan* hit the sack
punkkari punk(-rock)er
punkki mite, tick
punnerrus 1 (käsipunnerrus) pushup **2** (painonnosto) press
punnertaa 1 do a pushup **2** (nostaa) press
punniskella (käsin) heft, (mielessään) weigh, ponder
punnita weigh (myös kuv:) ponder, consider *punnita asiaa tarkoin* weight the pros and cons
punnus weight
punoa 1 twist, twine, twirl; (köyttä) braid, (koria) weave **2** *punoa juonia* scheme, plot, cook up schemes
punoittaa be/flush/glow red, be flushed/rosy
punos rope, twine, cord; (koristepunos) braid, lace
punssi punch
punta pound (sterling)
puntari scale(s), (vanh) balance *Se ei paina paljon puntarissa* (kuv) That doesn't weigh much in the balance, that doesn't carry much weight *olla puntarissa* be hanging in the balance
puntaroida weigh (myös kuv:) ponder, consider
puntarointi weighing (myös kuv:) pondering, consideration
puntti 1 (kimppu) bunch, bundle **2** (punnus) weight
Puola Poland
puola 1 (pinna: pyörän) spoke, (sängyn) bar, (tikapuiden) rung **2** (käämi, rulla) bobbin, (sähkö) coil **3** (puolan kieli) Polish
puolalainen s Pole adj Polish
puoleen 1 (pudottaa, leikata) in half *pienentää puoleen* halve, reduce to a half of its present level **2** (kohdalle) to *kääntyä jonkun puoleen* turn to someone *vetää*

puoleensa attract **3** *Ei sen puoleen, en minä varma ole* Not that I know for sure *No joo, sen puoleen kyllä* Okay, in that sense yes

puoleensavetävä attractive

puoleinen 1 (melko) on the (adjective) side *tummanpuoleinen* on the dark side, darkish, fairly dark **2** (puolella) *pohjoispuoleinen* on the north side, (huoneesta) facing north, (a room) with a northern exposure *vasemmanpuoleinen* lefthand

puoleksi half, (adjektiivin kanssa) semi-; (osittain) in part, partly

puolesta 1 (jonkun kannalla) for, in favor of, in (someone's) favor *äänestää puolesta* vote in favor, vote yes **2** (jonkun nimissä/vuoksi) on behalf of, in the name of, for *Järjestelytoimikunnan puolesta haluan toivottaa teidät kaikki tervetulleiksi* On behalf of the organizing committee I'd like to welcome you all *kuolla maansa puolesta* die for your country *viran puolesta* ex officio **3** (johonkin nähden) as far as (something) is concerned, as to, with regard/respect to *Kyllä tämä on muodon puolesta kunnossa* This is formally correct/in order **4** (jonkun mielestä) as far as (someone) is concerned *Kyllä tämä on minun puolestani kunnossa* I think it's fine (but that's just my opinion), as far as I'm concerned this is in order **5** (kotoisin) from *Oletko Turun puolesta kotoisin?* Are you from Turku?

puolestaan 1 (osaltaan) for your part/sake, as far as you're concerned *Haluaisin omasta puolestani lisätä että* Let me add that personally I **2** (vuorostaan, taas) in turn *Kerroin sen Pekalle, joka puolestaan kertoi Marjalle* I told Pekka, who in turn told Marja

puolesta ja vastaan for and against *perustelut puolesta ja vastaan* the pros and cons

puolestapuhuja advocate, proponent, supporter

puolet 1 half *puolta enemmän* (ennen substantiivia) twice as much, double the *puolet enemmän* half again as much, fifty percent more *puolet heistä* half of them **2** *pitää puoliaan/puolensa* stick up for yourself, stick to your guns

puoli s 1 (sivu) side (myös kuv) *kuunnella molempia puolia* listen to both sides *olla samaa puolta* be on the same side *asettua jonkun puolelle* take someone's side/part *jonkun puolella* on someone's side, in favor of someone *kahden puolen* on both sides of *tuolla puolen* on the other side of, beyond (the) **2** (piirre) side, aspect, characteristic, feature, quality *Hänessä on hyviäkin puolia* There are good sides to him too *Asialla on puolensa* It has its points/advantages *(asian) hyvä/heikko puoli* advantage/disadvantage *tarkastella asiaa kaikilta puolilta* consider the matter from all angles **3** (urh) side, end **4** (osa) part *meidän puolessamme, kotipuolessa* where I come from, in my part of the country, back home **5** (mat) member **6** *puolet* half *puolet heistä* half of them (ks myös hakusana) **lukus** half *kolme ja puoli kertaa* three and a half times **adj** half *puoleen hintaan* (at) half-price, half off, marked down fifty percent *puolella palkalla* on half pay *puoli tuntia* half an hour, a half-hour *kello puoli seitsemän* (at) six-thirty *kuunnella puolella korvalla* listen with one ear *Puhtaus on puoli ruokaa* Cleanliness is next to godliness

puoliaika (urh) halftime, (muu) intermission

puoliautomaattinen semiautomatic

puoliautomaattisesti semiautomatically

puolihuolimaton casual, unconcerned, offhand

puolihuolimattomasti casually, offhand

puoliintua decay, have a half-life (of)

puoliintumisaika halflife

puolijohde semiconductor

puolijumala demigod

puolikas half

puolikenkä (dress/street) shoe

puoliksi 1 half *puoliksi intiaani* half-Indian **2** (leikata tms) in half *panna puo-*

puolto

liksi split/share evenly (between the two of you)
puolikuiva medium dry, demisec
puolikuoliaana half-dead
puolikuollut half-dead
puolikuu 1 half moon, crescent (moon) (myös muodosta) **2** (kuukauden puoliväli) the middle of the month *heti puolenkuun jälkeen* just after the middle of the month
puolikuuro half deaf
puolilainausmerkki single quotation mark
puolilihava (teksti) semibold
puolillaan half-full
puolimatka halfway (there)
puolin *kaikin puolin* (tavoin) in every way/respect, in all respects/senses; (mokomin) by all means, go right ahead *molemmin puolin* on both sides of *puolin ja toisin* on both sides (of the fence), mutually *päällisin puolin* superficially
puolinainen 1 (puolittainen) half **2** (epätäydellinen) incomplete, unfinished, imperfect **3** (riittämätön) insufficient, inadequate, not (nearly) good enough *puolinaiset toimenpiteet* halfway measures
puolinaisesti by halves
puolinen -sided *pohjoispuolinen* northern; (huone) (a room) on the northern side (of the house), north-facing *toispuolinen* (fyysisesti) only (written/finished/buttered/jne) on one side; (epätasapainoinen) lopsided; (puolueellinen) biased, prejudiced
puolin ja toisin on both sides (of the fence) *Me kyllä sanoimme puolin ja toisin aika pahasti* Both of us said terrible things
puolinuotti half-note
puoliperävaunu semi-trailer, (ark) semi
puolipäivä noon, midday *puolenpäivän aikaan* around noon/midday, in the middle of the day
puolisentoista about one and a half
puolisko half

puoliso spouse, mate; (mies) husband, (vaimo) wife; (kuninkaallinen) (royal) consort
puolisokea half-blind
puolisotilaallinen paramilitary
puolitangossa at halfmast
puolitie *tulla jotakuta puolitiehen vastaan* meet someone halfway *puolitiessä* halfway *jättää työ puolitiehen* leave a job unfinished
puolitoista one and a half *puolitoista viikkoa/kuukautta/vuotta* a week/month/year and a half
puolitse on the (something) side *hän kiersi joen puolitse kaupungin* she circled the town on the river side
puolittaa 1 halve, cut/split in half/two **2** (geom) bisect
puolittain half(way), partly
puolittainen halfway (ks myös puolinainen)
puolituhantinen half a thousand strong
puolivahingossa (leik) accidentally on purpose
puolivalmis half-/semifinished
puolivalmiste semifinished product; (mon) semifinished goods
puoliverinen half-breed
puolivirallinen semiofficial
puolivuosi 1 (6 kk) half a year, (liik) semester **2** (vuoden puoliväli) the middle of the year *puolenvuoden tienoilla* around the middle of the year, in summer
puolivuosikerta half-year/six-month subscription
puoliväkisin *Vedin hänet puoliväkisin mukaan* I practically had to drag him with me *Sain hänet puoliväkisin lähtemään* I practically had to push him out the door
puoliväli middle *puolivälissä* in the middle, halfway (through)
puoliympyrä semicircle
puoltaa 1 (auto) pull (to the left/right, to one side) **2** (tukea) support, approve, recommend
puoltaminen approval, recommendation
puolto approval, recommendation

puolue

puolue party; (kuv) faction, camp
puolueellinen partisan, partial, biased, prejudiced
puolueellisesti partially, with bias
puolueellisuus partiality, bias, prejudice
puolue-erimielisyys partisan divisiveness
puolueeton 1 impartial, neutral, unbiased, unprejudiced 2 (pol) independent
puolueettomasti neutrally, without bias/prejudice, without taking sides
puolueettomuus neutrality
puolueettomuuspolitiikka policy of neutrality
puoluejohto party leadership
puoluekokous party caucus/convention
puoluepolitiikka party politics
puolueraja party line
puoluesihteeri party secretary
puoluetuki public funding for political parties
puolukassa *käydä puolukassa* be/go out picking lingonberries
puolukka lingonberry
puolustaa 1 (suojella) defend, protect, safeguard 2 (puhua/toimia jonkun puolesta) speak/stand/stick up for, plead for, (oikeudessa) defend; (asian puolesta) advocate, propound, uphold 3 (oikeuttaa) vindicate, justify, make (something) right *Se ei puolusta hänen tekoaan* That doesn't justify his actions, that doesn't make what he did right
puolustaja 1 defender, protector, advocate, proponent 2 (oikeudessa) defense attorney/counsel, counsel for the defense 3 (urheilussa) back, defender, defense player; (mon) defense
puolustaminen defending, protecting, safeguarding, pleading, advocacy, propounding, upholding, vindication, justification (ks puolustaa)
puolustautua 1 defend yourself, speak/stand/stick up for yourself, stick to your guns 2 (puolustella) make excuses (for your behavior), rationalize (your behavior), try to get yourself off the hook

puolustella (toista) make excuses (for what they did), apologize (for them); (itseään) make excuses (for your behavior), rationalize (your behavior), try to get yourself off the hook
puolustuksellinen defensive
puolustus defense
puolustusasianajaja defense lawyer/attorney; (oikeudessa) defense counsel, cousel for the defense
puolustuskannalla *olla/pysyä puolustuskannalla* be/stay on the defensive
puolustuslaitos the armed forces/services, (ark) the service/military
puomi 1 (mer, tekn) boom 2 (nosto puomi tms) bar(rier) 3 (voimistelu- puomi) balance beam
puoskari quack
puoskaroida doctor; (kuv) botch
puoti shop, (muodikas) boutique
pupilli pupil
puppu nonsense; (ark) twaddle, hogwash, rot, baloney
puraista bite, nip/snap (at), take a bite/nip of
pureksia chew
purema bite
purenta bite
pureskella 1 (suussa) chew *valmiiksi pureskeltu* predigested 2 (jyrsiä: kynsiä) bite, (kynää tms) chew/gnaw on
pureskelu chewing, biting, gnawing
pureutua 1 bite into, seize/grab something with your teeth 2 (tarttua) grab onto, seize, (tarrautua) cling to 3 (upota) sink into, take hold in *Saha pureutui puuhun* The saw bit/cut into the wood
pureva biting, sharp *pureva pakkanen* bitter cold *pureva huomautus* biting/cutting/sarcastic/nasty/hurtful remark
purevasti sharply
purevuus sharpness
puristaa 1 press, push; (kädessä) clasp, grasp, squeeze; (kättä) squeeze, shake; (kättä nyrkkiin, hampaat yhteen) clench; (litteäksi) flatten, squash *puristaa yhteen* press together, (liimausta varten) clamp together 2 (pakottaa: fyysisesti) force, squeeze; (ark) jam, cram, stuff; (henkisesti) force, compel *Suomen kieli*

purkaminen

puristettiin latinan kielioppisääntöihin Finnish was forced into (the straitjacket of) Latin grammar **3** (saada väkisin ulos) squeeze, force *puristaa kymmenen sivua opettajalleen perjantaiksi* squeeze/churn out ten pages for your teacher by Friday *Puristapas pannusta vielä kupponen!* Can you squeeze another cup of coffee out of that pot? **4** (hangata: kenkä) rub, pinch, be too tight; (kaulus) constrict *Mistä kenkä puristaa?* What's the problem? **5** (ahdistaa) constrict, strangle, choke *Huoli puristaa rintaa/kurkkua* My chest/throat is all constricted with worry, I feel like I'm strangling/choking with anxiety

puristaa kättä shake/squeeze (someone's) hand

puristaminen pressing, pushing, clasping, grasping, squeezing, clenching, flattening, squashing, forcing, jamming, cramming, stuffing compelling, rubbing, pinching, constricting, strangling, choking (ks puristaa)

puristella press, squeeze

puristi purist

puristin press, (ruuvipuristin) clamp, vise

puristua be pressed/squeezed/flattened/squashed *puristua kokoon* be compressed

puristus 1 (käden) squeeze; (sormien) pinch; (väkijoukon) jam, press; (raskaan esineen) press(ure) *jäädä puristuksiin* (väkijoukoun) get/be caught in the press of the crowd, (oven) get caught in the door **2** (tekn) pressure, compression

puritaani Puritan (myös kuv)

purje sail *saada uutta tuulta purjeisiin* get a fresh wind

purjehdus sailing; (matka) sail(ing trip), cruise

purjehtia sail

purjehtija yacht-owner/-operator, (vanh) yachtsman

purjelaiva sailing ship/vessel

purjelauta sailboard

purjelautailija windsurfer

purjelento sailplane/glider flying

purjelentokone sailplane, glider

purjelentäjä glider/sailplane pilot

purjemarliini (kala) blue marlin

purjevene sailboat

purjo leek

purkaa 1 (osiinsa) dismantle, disassemble, take apart **2** (sotku) disentangle, undo, clear (up) *purkaa auto varaosiksi* cannibalize a car (neuletta) unravel, (ommelta) unstitch **4** (solmu) untie, (side) unwind, (köysi) untwist, (paketti: narut/paperit) unwrap, (sisältö) unpack **5** (matkalaukku) unpack **6** (lasti) unload **7** (rakennus) demolish, wreck, tear/pull/take down **8** (näytelmän kulissit) strike (a set) **9** (yhtiö) dissolve, liquidate **10** (sopimus) cancel, annul, revoke; (ark) call off **11** (avioliitto) annul **12** (kihlaus) break off **13** (lak päätös) rescind, reverse **14** (pommi) defuse **15** (akkua) discharge **16** (tunteita) discharge, release, vent, take out *Älä pura pettymystäsi minuun* Don't take your frustration out on me **17** (sydäntä) unburden, lighten, let off steam

purkaa huoliaan jollekulle pour your heart out to someone, share your troubles/cares with someone

purkaa laavaa (tulivuori) spew lava, (purkautua) erupt

purkaa savua (savupiippu) spew smoke

purkaa tuomio overrule/reverse a ruling/judgment/decision

purkaa vetensä (järvi jokeen) empty into; (putki säiliöön) release, (ark) dump; (pilvet) burst

purkaa yhdistys disband an organization

purkaa ääninauha transcribe a tape

purkaminen dismantling, disassembly, disentanglement, unraveling, untying, unpacking, unloading, demolition, dissolution, liquidation, cancelation, annulment, revocation, rescindment, reversal, discharge, release, venting, transcription, overruling, disbanding, cannibalization, eruption (ks purkaa-hakusanat)

purkaus

purkaus 1 (tulivuoren) eruption 2 (akun) discharge 3 (tunteen) fit, blowup, explosion, eruption
purkautua 1 (osiinsa) be dismantled, come apart 2 (neule) unravel, come undone 3 (solmu tms) come untied/unwound 4 (yhtiö) be dissolved/liquidated 5 (sopimus) be canceled/annuled/revoked; (ark) fall through 6 (avioliitto) break up 7 (kihlaus) get broken off 8 (lak päätös) be rescinded/reversed 9 (akku) lose its charge, run down 10 (tunteet) be released/vented, burst out 11 (tulivuori) erupt
purkka (chewing/bubble) gum
purkki 1 can, (maitopurkki) carton, (muu) container 2 (aluksesta leik) tincan
purku 1 (hajotus) demolition, destruction 2 (osiin) dismantling, disassembly
purnata gripe, grouse, grumble
puro stream, brook
purppura purple
purppurainen purple
purppuranpunainen crimson, scarlet
purppuranvärinen purple, crimson, scarlet
purra 1 bite (myös kuv:) take effect *Häneen ei pure mikään* Nothing works on him 2 (pureksia) chew *Pure ruokasi kunnolla ennen kuin nielaiset* Chew your food properly before you swallow it
pursi boat, (huvipursi) yacht
pursimies (kauppalaivaston) chief petty officer; (laivaston) boatswain
pursiseura yacht club
purskahtaa 1 (veri haavasta) gush, spurt 2 (nauruun tms) burst into (laughter/tears), burst out (laughing/crying)
purskua gush/spurt (out)
purso tube
pursotin 1 (leipomiseen käytetty) pastry bag/tube, cornet 2 (ketsuppipullo tms) squeeze-bottle 3 (suutin) nozzle
pursua ks pursuta
pursuava 1 (neste) oozing, dripping, flowing, spurting, squirting, gushing, bubbling (ks pursuta) 2 (into tms) bubbling, effervescent, overflowing
pursuilla ks pursuta

pursuta 1 (neste: työntyä) squeeze out, (tihkua) ooze/drip (out), (virrata) flow (out), (purskahtaa) spurt/squirt (out), (tulvia) gush (out), (kuohua) bubble (out) 2 (intoa tms) gush with, bubble/run over with
purtilo trough
purukumi (chewing) gum
pusakka jacket
pusero (naisten) blouse, (miesten) shirt, (villapusero) sweater
puserrus squeeze, press
pusertaa 1 squeeze, press; (rikki) crush, (litteäksi) squash, (palloksi) ball (up), (tiiviiksi) compress 2 (sydäntä tms) clutch at 3 (työssä) push/drive yourself, make a last-ditch effort
pusertua be squeezed/crushed/squashed/compressed
puskea butt, ram *puskea päänsä seinään* keep butting your head against a brick wall *puskea töitä* bust your buns/ass working
pus kii! sic 'em!
puskuri 1 (auton) bumper, (kuv) buffer 2 (tietok) buffer
puskurimuisti (tietokoneen, oheislaitteen) buffer (memory)
puskuroida (tietok) buffer
puskuroitu (tietok) buffered
pussata kiss, (ark) smooch
pussi 1 bag (myös silmien alla) 2 (kengurun) pouch 3 (rahapussi) purse *maksaa omasta pussista* pay (for something) out of your own pocket *puhua omaan pussiin* have an axe to grind 4 (saarros) trap *puhua itsensä pussiin* contradict yourself, lead yourself into a trap, give yourself away *joutua pussiin* be surrounded/trapped
pussikettu brush-tailed possum
pussillinen bagful
pussimaamyyrä marsupial mole
pussipiru Tasmanian devil
pussittaa bag
pusu kiss, (kuuluva) smack
putiikki store, shop; (muotialan) boutique
putipuhdas clean as a bell/whistle

putkahtaa appear, emerge, (näkyviin) come into sight, (keskustelussa) come/pop up *Koskaan ei tiedä, missä hän seuraavaksi putkahtaa esiin* You never know where he's going to show up next

putki 1 (vesijohto) pipe, (pieni muovinen) tube/tubing *vesiputket* plumbing **2** (sähköputki) cable **3** (kaukoputki) telescope **4** (radio, TV) (vacuum) tube *kuvaputki* picture tube **5** (anat) tube, duct, canal **6** (virkaputki) the professional ladder; (tutkintoputki) the academic assembly-line **7** *mennä putkeen* work perfectly, turn out just right

putkiasentaja plumber
putkimies plumber
putkisto plumbing
putkivahvistin tube amplifier
putkiyhdistin connector
putous 1 fall, drop **2** (vesiputous) waterfall, cataract
putsata 1 clean(se), scrub, scour, wash **2** (ryöstää) clean out

puu 1 (metsässä) tree *Puu kaatuu!* Timber! *elämän/hyvän ja pahan tiedon puu* the tree of life/knowledge (of good and evil) *olla kuin puusta pudonnut* be dumbfounded/flabbergasted **2** (laudassa) wood, (puutavara) lumber *Paina puuta!* Take a load off *koskettaa puuta* knock on wood *Tämä alkaa maistua puulta* This is beginning to lose its novelty, this isn't fun any more, the enjoyment is starting to go out of this **3** (polttopuu) piece of firewood, (mon) firewood; (tukki) log *olla puilla paljailla* be flat broke, wiped out **4** (puola) rung, bar, spoke *poikkipuu* cross-bar **5** (hierarkia: kiel, tietok ym) tree

puuduttaa anesthetize, numb *Voisitteko puuduttaa?* (hammaslääkärille) Could you give me some Novocaine?

puudutus anesthesia *paikallispuudutus* local anesthesia

puuha 1 (askare) chore, task, job, activity; (mon) things to do *kotipuuhissa* puttering around the house **2** (hanke) project, plan, scheme

puuhailla putter around (doing this and that), keep busy (with various projects) *Mitä sinä nykyään puuhailet?* What are you up to these days? What are you working on nowadays?

puuhata 1 ks puuhailla **2** (yrittää järjestää) work on (arranging), try to arrange, make arrangements for, be organizing/planning *Me puuhaamme USA:n matkaa ensi jouluksi* We're trying to get to the States next Christmas

puuhevonen wooden horse *olla kankea kuin puuhevonen pakkasessa* act like you had an ironing board up your ass

puuhka 1 (turkiskaulus) fur collar, boa **2** (muhvi) muff

puukenkä wooden shoe, clog
puukko knife
puukkojunkkari knife-toting rowdy
puukottaa knife, stab (someone with a knife)
puukotus knifing, knife-stabbing
puuma puma, cougar, mountain lion
puumerkki personal mark *panna puumerkkinsä johonkin* make one's mark on something
puunilaissodat Punic Wars
puunjalostus wood processing/working
puunjalostusteollisuus wood-processing industry
puunjuuri (tree) root
puunkuori (tree) bark
puunoksa 1 (kasvavassa puussa) (tree) branch/limb **2** (laudassa) knot
puupiirros woodcut
puupää blockhead
puurakennus wooden building
puuro 1 hot cereal, porridge *riisipuuro* rice porridge *kaurapuuro* (hot) oatmeal (porridge) *maissipuuro* (cornmeal) mush *kiertää kuin kissa kuumaa puuroa* beat around the bush **2** (tekn massa) mash, mush, pulp **3** (sotku) mess **4** (sotkuinen äänite tms) mishmash *Ei siitä saanut mitään selvää, se oli pelkkää puuroa* We couldn't make anything out, the whole thing was a mishmash
puurokattila kettle (full of hot cereal)
puurokauha ladle (for serving hot cereal)
puuroutua thicken (up)

puurtaa plod (along with), toil (on)
puuseppä carpenter
puusepänteollisuus joinery/woodworking industry
puuska 1 (tuulen) gust **2** (innon) burst, fit
puuskittainen 1 (tuuli) gusty **2** (into) off-and-on, hot-and-cold
puuskittaisesti off and on, hot and cold, by fits and starts
puuskuttaa puff (and pant/blow), chuff
puuskutus puffing (and panting/blowing), chuffing
puusto trees, tree stand; (puuteollisuudessa) growing timber
puutalo wooden house
puutarha (vihannesmaa) garden, (hedelmätarha) orchard
puutarha-ala gardening
puutarhakasvi garden plant
puutarhanhoito gardening, horticulture
puutarhanviljely horticulture
puutarhuri gardener
puutavara lumber
puutavarakauppa lumber store/yard
puute 1 (puuttuu) lack, want, absence *Siitä puhe mistä puute* You talk the most about what you have the least *paremman puutteessa* for lack of a better (one) *ajan puute* shortness/lack of time **2** (ei ole tarpeeksi) shortage, dearth, paucity; (vitamiineja) deficiency, (unta) deprivation **3** (hätä) poverty, need, want, destitution *elää puutteessa* live in want **4** (puutteellisuus) failing, shortcoming, limitation, weakness; (haitta) drawback
puuteri powder
puuteroida powder
puutos 1 (vitamiinin) deficiency **2** (vajavuus) failing, shortcoming, limitation, weakness
puutostauti deficiency disease
puutteellinen 1 (vajavainen) inadequate, insufficient, deficient **2** (viallinen) defective, faulty, imperfect **3** (rajallinen) limited, meager, scanty
puutteellisesti inadequately, insufficiently, deficiently, defectively, faultily, imperfectly, meagerly, scantily (ks puutteellinen)

puuttua 1 (ei olla) *Minulta puuttuu* I lack, I don't have (any) *Meidän huoneestamme puuttuu liitu* We don't have any chalk in our room *No puuttukoon, ei meillä ole enempää* You'll have to do without, we don't have any more *Sinulta puuttuu pitkäjännitteisyyttä* You lack perseverence, you give up too easily *Kaksi euroa puuttuu* (olet maksanut liian vähän) This is/you're two euros short; (joku on vienyt ne) Two euros are missing *Kuka puuttuu?* Who's not here? Who's absent? **2** (sekaantua) interfere/intrude/meddle (in); (ark) butt/horn in, stick in your oar; (sotilaallisesti) intervene *Älä puutu minun asioihini* Stay/(ark)butt out of my business *puuttua toisen maan sisäisiin asioihin* interfere in another country's internal affairs *puuttua yksityiskohtiin* go into detail(s)
puuttua puheeseen 1 (keskeyttää) interrupt, cut in **2** (käsitellä) take issue with a speech, talk about it, discuss/analyze it
puuttumattomuuspolitiikka policy of non-interference/-intervention
puuttuminen 1 (jostakin) lack(ing of), want (of), absence (of) **2** (johonkin) interference (in), intervention (in)
puutua fall asleep, go numb
puutunut numb, asleep
puuvilla cotton
puvusto wardrobe
pyh! pshaw!
pyhiinvaellus pilgrimage
pyhiinvaeltaja pilgrim
pyhimys saint
pyhisin Sundays and holidays
pyhittäytyä 1 sanctify yourself **2** (omistautua) devote yourself
pyhittää 1 (tehdä pyhäksi) sanctify, consecrate, hallow **2** (kunnioittaa) venerate, revere **3** (viettää) celebrate, observe *Pyhitä lepopäivä* Remember the Sabbath and keep it holy **4** (omistaa) devote, dedicate, give
pyhyys holiness, sacredness, sanctity
pyhä s **1** (sapatti) Sabbath **2** (juhlapäivä) holiday *joulun pyhät* the Christmas holidays/season, (ark) the holidays **3** (sun-

pystysivu

nuntai) Sunday **4** (pyhimys) saint *Myöhempien Aikojen Pyhät* Latter-Day Saints adj **1** holy, sacred **2** (hurskas) pious, devout, reverent, saintly **3** (pyhitetty) sanctified, consecrated, hallowed (myös kuv) **4** (loukkaamaton) sacrosanct, inviolable
pyhäinhäväistys sacrilege
pyhäinpäivä All Saints' Day
pyhäisin Sundays and holidays
Pyhä Istuin (Vatikaani) Holy See
pyhäkkö temple, shrine
pyhäkoulu Sunday school
pyhäkoululainen child who goes to Sunday school
pyhä lehmä sacred cow
pyhäpukeissaan all dressed/duded/gussied up, in your Sunday finest
pyhäpäivä 1 (raam) Sabbath, (ark) Sunday **2** (vapaapäivä) holiday
pyhätamineet your Sunday finest
pyhättö temple, shrine
pyhävaatteet church/dress clothes
pykälä 1 (lak) section, paragraph, clause **2** (lovi) notch, nick, cut (myös kuv) *pykälää parempi* a cut/notch above
pyllistää bend over (and stick out your rear end) *pyllistää jollekulle* moon someone, give someone a big red eye
pylly bottom, rear end, behind, fanny
pyllähtää (lapsi) plump down on your bottom, (aikuinen) fall on your ass/butt/can
pylväikkö colonade; (käytävä) arcade
pylväs pillar, column, pole, support, (sillan) pier
pylväspyhimys pillar saint, stylite
pynttäytyä get all dressed/duded/gussied up
pyntätä get all dressed/duded/gussied up
pyramidi pyramid
pyrintö pursuit, striving, aspiration
pyristellä 1 (lintu) fluff (out its feathers) **2** (rimpuilla) fight, struggle, wriggle, kick *On ihan turhaa pyristellä vastaan* It will do you no good to fight
pyristely fight(ing), struggle/struggling, wriggling, kicking
pyrkijä applicant
pyrkiminen trying, aiming, striving, aspiring, seeking, pursuing, applying (ks pyrkiä)
pyrkimys 1 (yritys) attempt, ambition, endeavor, effort **2** (päämäärä) aim, aspiration, intention, purpose
pyrkiä 1 (fyysisesti) try to get/go (somewhere), try to do/achieve (something) *pyrkiä lentoon* try to fly **2** (henkisesti) aim/strive (for/toward), aspire (to), seek, pursue *pyrkiä päämäärään* strive toward a goal **3** (hakea) apply (for) *Mihin sinä aiot pyrkiä* What college are you going to apply for? **4** (olla taipuvainen) tend to, be inclined/apt to *Vanhat astiat pyrkivät helposti menemään rikki* Old dishes break easily, have a tendency to break easily
pyrkiä puheille try to talk to someone, seek an audience with someone
pyrkiä täydellisyyteen be a perfectionist
pyrkiä yliopistoon apply for admission into college/university
pyrkyri climber, upstart
pyromaani pyromaniac
pyrstö tail
pyrstöevä tail fin
pyry (kevyt) (snow) flurry, (kova) snowstorm; (kuv) whirlwind, tempest
pyryttää 1 (sataa lunta) snow **2** (puhaltaa lunta) blow/drive snow; (kieppua) whirl, swirl
pyrähdys 1 (linnun) flutter, a few flaps of its wings **2** (ihmisen pikamatka: juoksu) dash, (turistimatka) quick trip
pyrähtää flutter, flap, dash, make a quick trip (ks pyrähdys)
pyssy gun, (kivääri) rifle, (haulikko) shotgun, (pistooli) handgun
pysty (standing) upright, perpendicular, erect
pystyasento upright/standing position *pystyasennossa* upright, standing, perpendicular
pystykorva (koira) Spitz
pystymätön 1 (kykenemätön) unable, incapable **2** (pätemätön) incompetent
pystysivu (tietok) portrait page

pystyssä up; (jaloillaan) on your feet, (eläin) on its legs; (pystyasennossa) upright, standing, perpendicular *nousta pystyyn* (jaloilleen) stand/get up; (karvat) bristle *Minulta nousi karvat pystyyn* It raised my hackles, I bristled *nostaa pystyyn* raise, lift (something up) *pää pystyssä* with your head held upright *kulkea nenä pystyssä* walk with your nose in the air *pysyä pystyssä* stay upright/on your feet/up, not fall over *panna pystyyn* set up, organize, arrange *haukkua pystyyn* (ihminen) tell (someone) off/where to shove it/where to go, give (someone) a piece of your mind; (asia) tear/rip apart, consign to the dungheap

pystysuora perpendicular
pystysuunta vertical direction
pystysuuntainen vertical
pystyttää set up, put together, organize, arrange; (talo) build, (teltta) pitch; (muistomerkki) raise
pystyvieritys (tietok) vertical scrolling
pystyvä able, capable, competent
pystyä 1 be able to, be capable of, feel up/equal to, (voida) can *Pystyisitkö auttamaan minua?* Could you give me a hand? **2** (tehota) work (on), have an effect (on) *Häneen eivät mitkään mairittelut pysty* Flattery won't work on him
pysytellä stay, keep, remain *Lämpötila on pysytellyt nollan tienoilla* The temperature has been hovering right around freezing
pysyttää maintain, retain
pysyvyys permanence, constancy, stability
pysyvä 1 (vakituinen) permanent, lasting, (vakiintunut) established **2** (vakaa) constant, stable **3** (pitävä) firm, fast
pysyvä armeija standing army
pysyvä käytäntö standard operating procedure, SOP
pysyvä osoite permanent address
pysyvä sopimus continuing contract
pysyvästi permanently, constantly, stably, firmly, fast (ks pysyvä)
pysyvä vamma permanent disability

pysyä 1 (ei lähteä) stay, remain, not leave, not go away **2** (ei irrota) hold (tight/fast), not come/fall off/out **3** (ei poiketa) keep/stick to (an agreement/a course of action/a decision/schedule), keep (a promise); not renege (on an agreement), not deviate (from a course of action), not change your mind (on a decision), not change (a schedule), not be late, not break (a promise)
pysyä asemissaan stay in position
pysyä elossa stay alive, survive, make it
pysyä ennallaan stay the way it is/was
pysyä entisissä uomissaan stay in the old rut(s)
pysyä hengissä stay alive, survive, make it
pysyä hereillä stay awake
pysyä hiljaa stay quiet, keep your mouth shut
pysyä housuissaan keep your pants on *Koeta nyt pysyä housuissas* Keep your pants/shirt on, hold your horses, don't get too excited
pysyä järjestyksessä stay in order, stay neat/tidy/organized
pysyä kannallaan hold your ground, stick to your guns
pysyä kiinni 1 (ihminen kannassaan tms) cling/hold (on)to **2** (ruuvi, liima tms) hold (tight/fast) **3** (liimattu esine) stick, not come off
pysyä koossa hold together, not come apart
pysyä lestissään stick to your last
pysyä liikkeessä keep moving
pysyä lujana remain firm, (ark) hang tough
pysyä lupauksessaan keep your promise
pysyä maassa stay on the ground *Koeta nyt pysyä maassa* Try to keep both/your feet on the ground, try to restrain your enthusiasm
pysyä mukana 1 (matkassa) keep up, stay with the others, not straggle, not fall behind **2** (kärryillä) keep up, follow (what someone is saying)

pysyä muuttumattomana remain unchanged, stay the way you are/it was
pysyä nahoissaan keep your shirt on
pysyä paikallaan **1** (ihminen) stay where you are, not move/stir **2** (esine) stay in place **3** (helikopteri) hover
pysyä perässä keep up (with)
pysyä pinnalla **1** (veden) stay up, keep your head above water (myös kuv:) not go under **2** (julkisuuden) keep your name on everybody's lips, keep your face in the public eye
pysyä poissa stay away
pysyä pystyssä stay up(right), not fall over; (erikseen ihminen) stay on your feet, keep your feet
pysyä salassa remain/stay a secret, not come out, not be revealed
pysyä sanassaan keep your word, be as good as your word
pysyä sovinnossa live in peace (with)
pysyä tajuissaan stay conscious, (hereillä) stay awake
pysyä tasoissa stay even (with)
pysyä totuudessa stick to the truth
pysyä uskollisena **1** (jollekulle) remain loyal/faithful to **2** (jollekin) cling/stick to
pysyä voimassa remain in effect/force, remain valid
pysyä voimissaan keep up your strength
pysyä yhdessä stick together
pysyä äänessä keep talking
pysähdys **1** stop, halt; (hetkeksi) pause *joutua pysähdyksiin* come to a stop/standstill **2** (pysähdystila) stagnation
pysähtyä (come to a) stop/halt *Hän pysähtyi keskelle lausetta* He stopped in midsentence, he broke off in the middle of a sentence *pysähtyä yhtäkkiä* come to a sudden stop, stop short
pysähtyä ajattelemaan stop to think
pysähtyä paikalleen **1** (ihminen) stop dead, halt in your tracks **2** (kehitys tms) stagnate, mark time
pysähtyä puolitiehen stop halfway, break/leave off in the middle
pysähtyä yöksi stop (off/over) for the night, spend the night

pysäkki stop, (junan) station
pysäköidä park
pysäköinti parking
pysäköintialue parking lot
pysäyttää (bring to a) stop/halt
pysäyttää kone kill the engine
pysäyttää pallo stop/trap the ball
pysäyttää verenvuoto stop/staunch the bleeding
pyy hazelhen *pienenee kuin pyy maailmanlopun edellä* melt away like last winter's snow *parempi pyy pivossa kuin kymmenen oksalla* better a bird in the hand than two in the bush
pyydellä ask, beg *pyydellä anteeksi* say you're sorry
pyydettäessä on request
pyydys trap, snare
pyydystää **1** (pyydyksillä) trap, snare **2** (pyytää: riistaa) hunt, (kaloja) fish (for) **3** (napata: aviosiippa) snare, catch, net
pyydän *Pyydän saada kiittää* May I express my gratitude (to) *Ei enempää, pyydän!* No more, please! I beg you!
pyyhe towel, (rätti) rag
pyyheliina towel
pyyhkiä **1** wipe (off/up); (lattiaharjalla) sweep (up/off); (sinipiialla) mop (up); (pölyt) dust; (kumilla) erase, rub out; (kädellä) brush (off) **2** (sivellä jotakin johonkin) rub, stroke, apply
pyyhkäistä **1** (pyyhkiä) wipe, dab (at) *pyyhkäistä hikeä otsalta* wipe the sweat off your forehead **2** (porhaltaa) zoom (by)
pyykki **1** (vaatteet) (dirty) wash, laundry; (peseminen) washing, laundry *kirjopyykki* coloreds **2** (rajapyykki) boundary stone/marker
pyykkikone washing machine
pyykkikori (clothes) hamper
pyykkinaru clothesline
pyykkipoika clothespin
pyykkipäivä wash/laundry day
pyykkäri laundress, washerwoman
pyylevä plump, chubby, tubby
pyynti (riistan: ampumalla) hunting, shooting, (pyydyksillä) trapping; (kalojen) fishing

pyyntiaika hunting/fishing season
pyyntö 1 request *pyynnöstä* as requested; (jonkun) at someone's request **2** (vaatimus) demand, insistence **3** (vetoomus) appeal, entreaty **4** (anomus) petition, application **5** (oikeudessa) motion
pyyteettömyys unselfishness, selflessness, altruism
pyyteettömästi unselfishly, selflessly, altruistically, unstintingly, with no selfish/ulterior motives
pyyteetön unselfish, selfless, altruistic, unstinting
pyytäminen asking, requesting, demanding, insisting, appealing, beseeching, entreating, petitioning, applying/application, moving/motion, inviting/invitation (ks pyytää)
pyytää 1 ask, request *Paljonko aiot pyytää palkkaa?* How much money are you going to hold out for? What kind of salary are you going to ask for? **2** (vaatia) demand, insist on **3** (vedota) appeal (to someone), beseech/entreat (someone) **4** (anoa) petition, apply (for) **5** (oikeudessa) move **6** (kutsua) invite, have over *Pyydetäänkö Virtaset?* Shall we have/invite the Virtanens over? *pyytää ammattimies asialle/töihin* call (in) an expert (plumber, electrician jne) **7** (haluta) desire, wish, want *Emme pyydä paljon, vain myötätuntoanne* We don't want much, only your compassion; we're not asking for much **8** (metsästää) hunt (for), (kalastaa) fish (for)
pyytää anteeksi ask for forgiveness, (ark) say you're sorry
pyytää apua ask/call for help
pyytää eroa resign, hand in/submit your resignation; (ark) quit
pyytää kauniisti ask nicely
pyytää kättä ask for (someone's) hand in marriage
pyytää lainaksi ask to borrow (something)
pyytää neuvoa ask for advice
pyytää nätisti ask nicely
pyytää omaa voittoa be in it for the money, look out for number one
pyytää puheenvuoroa motion/signal to be recognized (by the chair/moderator), ask to (be able to) speak
pyytää vaimokseen ask (someone) to marry you, to be your wife
pyältää notch
pyökki beech
pyöreys 1 roundness **2** (pulleus) plumpness, chubbiness, fatness
pyöreä 1 round (myös kuv) *pyöreä luku* round number **2** (pallomainen) spherical, globular **3** (liereä) cylindrical **4** (ympyrämuotoinen) circular **5** (pullea) plump, chubby, fat **6** (ympäripyöreä) noncommittal, evasive, vague
pyöreä hinta approximate/ball-park price
pyöreähkö roundish
pyöreäkärkinen round-tipped
pyöreän pöydän neuvottelut round-table negotiations
pyöreä päivä *tehdä pyöreitä päiviä* work around the clock
pyöreästi roughly, approximately, about
pyöreä vuosi *täyttää pyöreitä vuosia* celebrate a major birthday
pyöriminen spinning, rotation, revolving, turning, circling, rolling (ks pyöriä)
pyöriskellä roll/spin around
pyöristys rounding off
pyöristyä 1 (vartalo) round/fill out, grow plump **2** (silmät) widen, grow wide
pyöristää 1 round (off), (huulensa) pucker up **2** (luku) round up/down
pyöritellä roll *pyöritellä asiaa mielessään* turn a matter over (and over) in your mind, look at it from every angle
pyöritellä peukaloitaan twiddle your thumbs
pyöritellä päätään try to figure out something; (olla ymmällään) be at a loss
pyöritellä silmiään roll your eyes
pyörittäminen spinning, turning, rotating, swiveling, cranking, whirling, winding, twirling, managing (ks pyörittää)
pyörittää 1 (akselinsa ympäri) spin, turn, rotate, (tuoliaan) swivel **2** (veivata)

päin

turn, crank **3** (tanssittaa) spin, whirl **4** (kiertää) wind, twirl **5** (ark hoitaa) run, manage

pyöriä 1 (akselinsa ympäri) spin, rotate, revolve, turn, go around **2** (ympyrässä) circle, go around in circles **3** (kieriä) roll **4** (ark luistaa) roll, spin, run *Homma on lähtenyt taas pyörimään* We've got the ball rolling again **5** (ark elokuva) be showing/running/playing **6** (tanssija) spin, whirl **7** (ajatukset) spin, whirl *Pääni pyörii* My head is spinning, my thoughts are all in a whirl **8** (parveilla jonkun ympärillä) swarm/circle around (someone) **9** (ark liikuskella) hang/run around (with) *Kenen kanssa sinä nykyisin pyörit?* Who do you run/hang around with these days?

pyöriäinen harbour porpoise

pyöriä kielellä *Sana pyörii kielelläni* It's on the tip of my tongue

pyörre 1 (veden) whirl(pool), maelstrom, vortex, eddy **2** (tuulen) whirlwind (myös kuv) **3** (elämän) whirl(wind) **4** (hiusten) whorl

pyörremyrsky 1 (pieni) tornado, (ark) twister **2** (iso) typhoon, hurricane

pyöryttää *Minua pyöryttää* I feel dizzy/faint, I feel like I'm going to faint

pyörrytys dizziness, dizzy spell, faintheadedness

pyörtymiskohtaus fainting spell

pyörtyä faint, (ark) black out, (ylät) swoon

pyöryksissä (pyörtynyt) fainted (dead away), in a faint; (pää pyörii) dizzy, your head in a spin

pyörylä circle *Et saa minulta pennin pyörylää* You won't get a red cent out of me

pyörä 1 wheel, (huonekalun) castor **2** (polkupyörä) bike, (moottoripyörä) motorbike

pyörähdys (tanssissa) swing, spin; (autolla) spin, ride

pyörähtää 1 (tanssija) swing/spin around **2** (planeetta tms) spin, rotate

pyöräilijä cyclist, (ark) bike-rider, biker

pyöräillä cycle, ride (a/your) bicycle/bike

pyöräily bicycling, bike-riding

pyöräkorjaamo bike shop

pyörätie bike path, cycle lane/path

pyörätuoli wheelchair

pyöräyttää 1 (joku ympäri) swing (someone) around **2** (kietoa) wind (something) around (someone/something) **3** (kyhätä kokoon: ateria tms) whip up, (lapsi) produce

pyöveli 1 executioner, (hirttäjä) hangman **2** (kuv) butcher

pähkinä nut

pähkinänakkeli (lintu) Eurasian nuthatch

pähkinänkuoressa in a nutshell

pähkinäsakset nutcracker

pähkähullu (ark) nuts, out of his/her tree

päihde controlled substance

päihderiippuvuus substance addiction

päihdyksissä (viinalla) intoxicated, inebriated; (ark) drunk, boozed; (lak) under the influence (of alcohol); (huumeilla) high, stoned

päihdyttävä (alkoholi) intoxicating; (huume: näkyjä aiheuttava) hallucinogenic; (kokemus) exhilarating, heady

päihdyttää 1 (alkoholi) intoxicate; (huume) give you a buzz, turn you on; (kokemus) exhilarate **2** (ihminen toista) get (someone) drunk/high

päihtynyt (viinalla) intoxicated, inebriated; (ark) drunk, boozed; (lak) under the influence (of alcohol); (huumeilla) high, stoned

päihtyä become intoxicated/inebriated; (ark: alkoholista) get drunk; (huumeista) get stoned

päin 1 (jonnekin) towards, -wards, to, in the direction of *Minne päin olet menossa?* Which way are you headed? *Helsinkiin päin* (sinne asti) To Helsinki, (siihen suuntaan mutta ei perille asti) Towards Helsinki *Ikkuna on kadulle päin* The window faces the street *paranemaan päin* on the road to recovery *Tänne päin* (Over) this way! Over here! **2** (jostakin) from *Mistä päin olet tulossa?* Where are you coming from? *Mistä päin tulet?* Where've you been?

päin helvettiä

3 (jossakin) somewhere *Missä päin hän nykyään oleskelee?* Where(abouts) does she live nowadays? *Jossain Amerikassa päin* Somewhere (over) in America *Meillä päin sanotaan* Where I come from we say **4** (johonkin) into *ajaa toista autoa päin* crash into another car **5** (läpi) through *ajaa päin punaista* run a red light **6** (tavalla) way *Miten päin tämä kuuluu/menee?* Which way does this go? How does this go? *Kummin päin tahansa* Whichever way you like, either way *Näin päin* Like this, this way *väärin päin* the wrong way

päin helvettiä to hell (myös kuv)
päin kasvoja (straight/right) to his/her face
päin mäntyä all wrong
päinsä *käydä päinsä* be fine
päinvastainen opposite, reverse
päinvastoin on the contrary *tehdä päinvastoin* do the opposite *ja päinvastoin* and vice versa
päissään drunk (as a skunk/on your butt)
päistikkaa head over heels, (sl) ass over teakettle
päitset halter
päivemmällä (yöllä) closer to morning; (aamulla) later in the morning, closer to noon
päivettyminen tanning, getting tanned/sunburned
päivettynyt tan, (palanut) sunburned, (tummaksi) bronzed
päivettyä tan, (palaa) get sunburned
päivineen and everything/all; lock, stock, and barrel *Meni talo päivineen kaikkineen* We lost the house lock, stock, and barrel
päivin ja öin day and night
päivitellä 1 (voivotella) moan/groan (over), complain (about) **2** (ihmetellä) wonder (at)
päivittäin daily
päivittäinen daily
päivitys update
päivyri calendar
päivystys on-call
päivystäjä person/doctor on call
päivystää be on call
päivä 1 (vuorokausi, päivänvalon aika) day *Mikä päivä tänään on?* What day (of the week) is it today? *joulupäivä* Christmas Day *Tämä on taas niitä päiviä* This is another one of those days *kaiken päivää* all day *keskellä kirkasta päivää* in broad daylight *ei kuuna päivänä* never (in a million years) *näinä päivinä* one of these days *puoliltä päivin* around noon *tähän päivään mennessä* till now *kuin viimeistä päivää* like it was going out of style **2** (päivämäärä) date *Monesko päivä tänään on?* What date is it today? What's the date today? **3** (vuosipäivä) anniversary **4** *päivät* (seminaari) seminar, conference **5** (aurinko) sun *Päivä paistaa kirkkaasti* The sun is shining brightly
päivähoito day care
päiväjärjestys 1 (päivän ohjelma) daily routine *saada jokin pois päiväjärjestyksestä* get something over with *Sehän kuuluu päiväjärjestykseen* That's nothing special/out of the ordinary, that's all part of a day's work **2** (esityslista: kokouksen) agenda; (sot) order of the day, O.D.; (eduskunnassa) calendar, (ark) the day's business *siirtyä päiväjärjestykseen* get down to (the day's) business
päivä kerrallaan one day at a time
päiväkirja 1 (yksityinen) diary, journal **2** (opettajan) class register **3** (ajopäiväkirja) logbook
päivälaina overnight/day-to-day money/loan
päivälento day flight
päivälleen to the day
päivällinen s dinner adj (something) of the day
päivälliskutsu dinner invitation
päivällisvieras dinner guest
päivällä by day, in the daytime
päivältä per day/diem
päivälämpötila daytime temperature
päivämatka day trip
päivämäärä date
päivän annos the daily special
päivänavaus morning devotion
päivän hintaan at the going rate/price

päivänkohtainen current, topical
päivänkorento mayfly
päivänpaiste sunshine
päiväntasaaja equator
Päiväntasaajan Guinea Equatorial Guinea
päivänvalo daylight *nähdä päivänvalo* (kuv) see the light of day *tulla päivänvaloon* come out, be revealed
päivänäytäntö matinee
päiväpalkka day rate, daily wages/pay
päivä päivältä day by day, increasingly
päiväraha per diem
päiväseltään for the day
päivästä päivään from day to day
päivät pitkät day after day, day in day out, for days on end
päivät päästään day after day, day in day out, for days on end
päivätyö daytime job
päivätä date
päiväuni 1 (nukkuminen) nap **2** (unennäkö) daydream
päiväys date
päiväämätön undated
pälkähtää päähän strike you, occur to you, enter your head *Sitten hänen päähänsä pälkähti myydä talonsa ja muuttaa Kiinaan* Then he took it into his head to sell his house and move to China
pälyillä ympärilleen keep looking over your shoulder, glance around furtively
pälyily furtive glancing/peeking
päntätä cram (for a test)
päre shake, (kattopäre) shingle *polttaa päreensä* blow a fuse, blow your top
pärinä (summerin) buzzing, (mopon) blatting, (rummun) roll
päristellä (moottoria) rev, (rumpua) play a roll on, (sieraimiaan) snort, (pitkin tietä) clatter along
pärjätä get along, make it, do, succeed *Miten sinä olet pärjännyt uudessa työpaikassasi?* How've you been doing in that new job of yours?
pärske (veden) splash, (aivastuksen) splatter, (paistinpannun) spatter
pärskiä (vettä) splash, (aivastaa) sneeze, (roiskia esim rasvaa) spatter, (hevonen) snort

pärstä face, (ark) mug
pärstäkerroin good-looks factor, surface appeal
pässi ram *tyhmä kuin pässi* dumb as an ox
pässinpää bonehead
päteminen competence, being (seen as) competent/able/capable
pätemätön 1 (ei voimassa) invalid, void **2** (huono) incompetent, (muodollisesti) unqualified
pätevyys 1 (muodollinen) qualification(s) **2** (kykenevyys) competence, ability **3** (voimassaolo) validity
pätevyysvaatimus required qualifications
pätevä 1 (muodollisesti) qualified *julistaa päteväksi* declare (someone) qualified **2** (kykenevä) competent, able, capable **3** (voimassa) valid
pätevästi competently
pätevöityä qualify
päteä 1 (pitää paikkansa) hold true, (ark) hold water **2** (olla voimassa) be valid, be in effect **3** (pärjätä) be competent/able/capable, be good at what you do *yrittää päteä* try to prove your worth, how good you are
pätkittäin bit by bit, little by little
pätkittäinen intermittent
pätkä 1 (pala, osuus: puun) piece, (köyden) end, (kynän) stub, (laulun) snatch, (tien) stretch, (tekstin) passage **2** (ihminen) shorty, stubby, shrimp
pätsi furnace *kuuma kuin pätsi* hot as hell
pää 1 head *Käytä päätäsi!* Use your head/brains! *hattu päässä* with a/your hat on *nostaa päätään* raise your/its head (myös kuv) *laskea päässään* count (something)/add (something) up/work (something) out in your head *keksiä omasta päästään* think up something on your own *Minua ottaa päähän tuollainen* That sort of thing really gravels me, really gets my goat *pitää päänsä* keep your head **2** (yläpää) head, top *istua pöydän päässä* sit at the head of the table **3** (osa, puoli: narun) end; (sormen, kielen) tip; (kynän tms) tip, point *saada*

pääasia

pää auki get/set the ball rolling, put things in motion *parhaasta päästä* one of the best/finest *yhtä päätä* constantly, uninterruptedly, without a break **4** (mieliala) mood *hyvällä/pahalla päällä* in a good/bad mood *Millä päällä sinä lähdet sinne?* How do you feel about going there?
pääasia the main thing/point *pääasiassa* on the whole, in the main
pääasiallinen main, chief, primary
pääasiallisesti mainly, chiefly, primarily
pää edellä head first
pääelinkeino major source of income, primary industry
päähine hat, (mon) headgear
päähänpinttymä obsession, idée fixe
päähänpisto whim, sudden impulse
pääilmansuunta cardinal point, main compass point
pääjakso phylum
pääjohtaja managing director, chief executive officer (CEO), president
pääkallo skull; (lääk) cranium
pääkallokeli treacherous driving conditions, very slippery/icy roads
pääkallonmetsästäjä headhunter
pääkallonpaikka 1 Calvary, the Place of the Skull **2** (leik) where it's happening, where it's at, the hub of activity
pääkatsomo grandstand
pääkaupunki (maan, osavaltion) capital (city); (maakunnan) seat
pää kiinni shut your face
pääkirjoitus editorial
pääkohdittain *selostaa pääkohdittain* review the main points of (something)
pääkohta main point, salient feature
pää kolmantena jalkana (juosta) hellbent for leather
pääkonttori headquarter(s), main office
pääkoppa noggin
pääksytysten *päivät pääksytysten* day after day, day in day out, for days on end
pääkäyttäjä (tietok) administrator
päälaki crown, top of your head
päälause main clause
pääliike primary movement

päälle 1 on(to), over *ajaa jonkun päälle* (yli) run over someone, (töytäistä) hit someone with your car *käydä jonkun päälle* attack someone, jump on top of someone *panna päälleen* put (something) on *Pane päällesi!* (yöpukuiselle) Get dressed! (alastomalle) Get some clothes on! **2** (yläpuolelle) above *Saanko laittaa sen tänne sinun päällesi?* Can I put it up here above your head?
päällekirjoitettava (tietok) rewritable, R/W
päällekkäin one on top of the other
päällekkäinen overlapping
päällekäypä aggressive, insistent
päällepäin ks päälle
päällepäsmäri bully
päälle päätteeksi over and above (everything else), to top it all, to add insult to injury, to rub salt in my wounds
päällikkyys leadership, command, captaincy
päällikkö 1 (liikkeen, osaston) head, director, manager, chief; (ark) boss **2** (armeijan, sotajoukon) commander, commanding officer (CO) **3** (lentokoneen, laivan) captain, (ark) skipper **4** (intiaaniheimon) chief
päällimmäinen 1 (ylimmäinen) top(most), uppermost **2** (tärkein) uppermost, main, primary
päällinen s **1** (pysyvä) outer surface, coat(ing), top; (huonekalun) cover, upholstery **2** (irtonainen: huonekalun) slipcover, throw; (tyynyn) (pillow) case; (sängyn) bedspread adj: *jonkin päällinen* (something) on top of (something) *maanpäällinen* above ground
päällisin puolin superficially
päällys 1 (päällyste) cover(ing), coat(ing), wrap(ping)/wrapper, package/packaging, case/casing **2** (päällystä) top, surface
päällyste 1 cover(ing), coat(ing), wrap(ping)/wrapper, package/packaging, case/casing **2** (tien) surface, top, pavement *asfalttipäällyste* asphalt surface, (ark) blacktop **3** *voileivän päällyste* something to put on/in your sandwich, sandwich filler

päällystys covering, coating, upholstering, lining, overlaying, gilding, (re)surfacing, paving (ks päällystää)
päällystäminen covering, coating, upholstering, lining, overlaying, gilding, (re)surfacing, paving (ks päällystää)
päällystää 1 (verhoilla) cover, coat, upholster; (vuorata) line; (kullalla) overlay (with gold), gold-plate, gild **2** (tie) (re)surface, pave
päällystö officers
päällysvaate outer garment, (mon) outer clothing
päällä 1 on *Onko telkkari vielä päällä?* Is the TV still on? *Onko sinulla mitään päällä?* Do you have anything on? Are you decent? *Se on tuolla hyllyn päällä* It's (up/over) on (top of) that shelf **2** (yläpuolella) above *Se on tuolla sinun pälläsi* It's up there over your head, (right) above you
päältä 1 (yläpuolelta) on (the) top (of) *päältä vihreä* green on top **2** (ulkopuolelta) (on the) outside, outwardly, externally *Moni kakku päältä kaunis* All that glitters is not gold **3** (yltä) off *riisua vaatteet päältään* take off your clothes **4** (jonkin päältä) off/from (the top of), from above *kuoria kerma päältä* skim off the cream *ottaa kulut päältä* recover/skim off/recoup your expenses *Katso jääkaapin päältä* Look on top of the refrigerator
päältäpäin ks päältä
päämaja headquarters, HQ
päämies 1 (valtion) head (of state), (perheen) head (of the family) **2** (lak) client, (liik) principal
pääministeri Prime Minister
päänahka scalp
pään päällä over your head *Meillä ei ole kattoa pään päällä* We don't have a roof over our heads
päänsärky headache
päänsärkylääke headache medicine, aspirin
päänvaiva pain in the neck, nuisance
päänähtävyys main attraction

pääoma capital; (velan) principal *omapääoma* equity
pääomakustannukset capital outlay
pääomavaltainen capital-intensive
pääosa 1 (suurin osa) majority, major part/share, lion's share, bulk *pääosaltaan* principally, primarily **2** (tähtiosa) lead(ing) role *miespääosa* male lead, leading actor/man *naispääosa* female lead, leading actress/lady
pääosakas major stockholder
pääperiaate main principle
pääpiirre main/major/salient characteristic/feature/aspect
pääpiirteissään generally, on the whole, overall
pääpiirteittäin generally, on the whole, overall
päärakennus main building
pääri peer
päärme hem
pääryhmä main group
päärynä pear
pääsisäänkäynti main entrance
pääsiäinen Easter
pääsiäisloma Easter vacation
pääsiäismuna Easter egg
pääskynen swallow
päässä 1 (mielessä) in your head *laskea päässään* count something in your head **2** (pään päällä) on (your head) *hattu päässä* with a hat on (your head) **3** (matkan) away *3 km:n päässä* three kilometers away *Muista pitää poikia haravanvarren päässä* Remember to keep boys at arm's length, to keep your distance from boys *Se on vielä vuosien päässä* That's still years away/ahead, that's years from now
päässälasku mental arithmetic
päästellä 1 (autolla) let 'er rip, race; (hevosella) give the horse its head **2** (suustaan) rattle on, reel off, (vitsejä) crack
päästä v **1** (saapua) get to, reach, arrive (at/in) **2** (saada mennä) get to go, be allowed/permitted to go, (tulla päästetyksi) be let/allowed (in/out) *Pääseekö Sanna mukaan?* Can Sanna come too? *Pääsen töistä kuudelta* I get off work at

päästä alkuun

six *päästä nukkumaan* get to bed **3** (yliopistoon tms) get in, be admitted (to) **4** (johonkin) make it to, get to (a place/level), reach, attain, achieve **5** (tapahtua vahingossa) manage to *Vesi pääsi kuivumaan* The water dried up, somehow the water managed to dry up **6** (eroon) get rid of, (surusta tms) get over *päästä ahdistuksesta* get over your anxiety **7** (välttyä) avoid, escape, get out of (doing something), not have/need to (do something), be spared (the necessity of doing something) **8** (pakoon) evade, elude, escape, (ark) shake *Pääsinpä niistä* I shook them after all! **9** (selviytyä) escape, get off/by *päästä vähällä* (rangaistuksesta) get off lightly, (työstä) get by easily **10** (sairaalasta, vankilasta) be released/discharged adv **1** (ajan) in, after *kahden tunnin päästä* in two hours, two hours from now, after a couple of hours **2** (matkan) at/from (a distance of) *ampua 100 m:n päästä* shoot from a hundred meters (away)
päästä alkuun get started, make a start
päästä auki come undone, (nappi) come unbuttoned
päästä hengestään get yourself killed
päästä huokaus *Häneltä pääsi syvä huokaus* She heaved a deep sigh
päästäinen shrew
päästä irti get loose
päästä itku *Häneltä pääsi itku* (tippa) He shed a tear, (raju) he burst into tears
päästä jaloilleen get (back up) on your feet (myös kuv)
päästä jäljille (jäljittää) pick up (someone's) trail; (saada tietoa pahantekemisestä) get onto (someone)
päästä kintuista *juosta minkä kintuistaan pääsee* run as fast as your legs will carry you
päästä kuin koira veräjästä get off scotfree
päästä käsiksi johonkin get your hands on (myös kuv)
päästä liikkeelle get started/going
päästä mihinkään *Ei siitä pääse mihinkään* (ei voi kieltää) There's no denying it; (ei voi auttaa) Nothing can be done about it
päästä mukaan come along, get to go too
päästä oikeuksiinsa come into your own
päästä omilleen break even
päästä pakoon get away, escape
päästä palkinnoille place
päästä perille arrive (at your destination), get where you're going
päästä pinteestä get out of a scrape/fix
päästä pitkälle go far
päästä puheille get (in) to talk to (someone), obtain an audience with (someone)
päästä puhumasta finish talking *puhua puhumasta päästyäänkin* keep chattering/jabbering on forever
päästä pälkähästä get out of a scrape/fix
päästä päähän from end to end, from stem to stern
päästä rahoistaan (ark) blow all your money
päästä selville vesille make it to smooth waters/sailing
päästä selvyyteen find out (about something)
päästä synneistään be absolved of your sins, be forgiven for your sins
päästä tilanteen tasalle be brought up to date, get the latest information/news
päästä unohtumaan be forgotten, slip your mind *Se on jotenkin päässyt minulta unohtumaan* I somehow managed to forget all about it, it completely slipped my mind
päästä vapaaksi be freed/liberated/released/discharged
päästä voitolle get the upper hand, come out on top
päästä vähällä (rangaistuksesta) get off lightly, (työstä) get by easily
päästä yhteen get together
päästä yksimielisyyteen come to a unanimous agreement, reach an accord
päästää 1 (sisään/ulos) let (someone/something in/out) **2** (sallia) let, allow, permit **3** (menemään) let (someone/

something) go, release **4** (suustaan: sana) utter, (vitsi) crack, (huokaus) heave, (nauru) emit **5** (päästellä) let 'er rip *päästää mäessä suksensa täyteen vauhtiin* ski/schuss down the hill (at) full speed/tilt

päästää helpolla let (someone) off easily

päästää hukkaan waste, let (something) go to waste

päästää irti let (someone/something) go/loose, release

päästää julkisuuteen (virallisesti) publicize something, release it to the press/public; (salaa) leak something to the press

päästää liian pitkälle let (something) go too far/get out of hand

päästää mielikuvituksensa valloilleen give free rein to your imagination

päästää ohitseen let (someone) pass you

päästää osalliseksi let (someone) in on (something), include (someone) in (something)

päästää päiviltä knock (someone) off

päästää rappiolle let (something) go to wrack and ruin, (vihannesmaa) let it go to seed (myös kuv)

päästää sisään admit, let (someone) enter/come in

päästää tentistä pass (someone) in an exam

päästää vähällä let (someone) off easily

päästö 1 (kaasun) discharge, emission; (nesteen) effluent **2** (metallin) tempering **3** (synnin) absolution

päästötodistus diploma

pääsy 1 (ulos) exit, way out **2** (johonkin: jotakin käyttämään) access (to); (oppilaitokseen) admission, entrance; (teatteriin tms) entrance, admittance

pääsy kielletty no admittance/trespassing, keep out

pääsylippu ticket

pääsymaksu entrance/admission fee

pääsytutkinto entrance exam(ination)

pääsääntöisesti as a rule, on the whole, in general

päättää

pääte 1 (loppu) end(ing) *päätteeksi* in conclusion, as a finishing touch **2** (kiel) affix; (alkupääte) prefix; (loppupääte) suffix, ending **3** (tietok) terminal

pääteasema terminal, (ark) the end of the line

päätekijä 1 (ihminen) major figure, (ark) shaker and mover **2** (asia) major factor

päätellä 1 (käsityössä) fasten/tie off the loose ends/threads **2** (ajattelussa) conclude, draw/reach a conclusion, decide, infer; (ark) figure, reckon

päätelmä conclusion, inference; (logiikassa) deduction, syllogism

pääteos major work, magnum opus

päätevahvistin power amplifier

päätie main road, major arterial

päätoimi full-time job, (veroilmoituksessa) primary source of income

päätoimisesti (work) full-time

päätoimittaja editor in chief

päättely reasoning, argumentation, deduction

päättelykyky reasoning power, power of deduction

päättymätön 1 unending, endless, ceaseless, continuous **2** (mat) infinite

päättyä 1 (loppua) (come to an) end, finish, stop, cease, (be) conclude(d) **2** (määräaika) be up, (voimassaoloaika) expire **3** (valmistua) be finished/completed

päättäjäiset graduation (ceremony)

päättäväinen 1 (luonne) decisive, strong-minded **2** (lujasti päättänyt) resolute, determined

päättäväisesti decisively, resolutely, with determination (ks päättäväinen)

päättäväisyys decisiveness, resolution, strong-mindedness, determination

päättää 1 (tehdä päätös) decide, make up your mind, resolve, determine **2** (lak) find, hold **3** (päätellä) judge, infer, conclude *jostakin päättäen* judging from *kaikesta päättäen* apparently, evidently **4** (lopettaa) end, conclude, terminate, bring to a close; (ark) wrap/wind up *päättää työt tältä päivältä* call it a day **5** (sopimus) conclude, close, settle *Se*

päättää päivänsä

on siis päätetty It's settled, then; it's a deal **6** (lanka) tie off, fasten
päättää päivänsä depart this life; (itse) commit suicide
päättää tilit balance the books
päättömästi mindlessly, foolishly; (hurjasti) recklessly
päätuntomerkki distinguishing characteristic
päät vastakkain head to head, face to face
pääty 1 (tekn) end **2** (talon) gable
päätyä end/wind up (as), finish (as), land (somewhere) *päätyä sovintoon* reach an agreement, be reconciled, achieve a reconciliation
päätäi human head louse
päätä pitempi a head taller (than)
päätöksenteko decision-making
päätös 1 (loppu) end(ing), conclusion, (esityksen suurenmoinen) finale *saattaa päätökseen* conclude, bring (something) to a close, (ark) wrap it up *päätökseksi* (lopuksi) in conclusion; (esityksen) for a grand finale **2** (päätöksenteon tulos) decision *Olen tehnyt päätökseni* I've made my decision, I've made up my mind *yhteisellä päätöksellä* by common consent **3** (päättäväisyys) resolve, resolution, determination *Luja päätökseni on* It is my firm intent/resolve/resolution to **4** (lak) decision, order, judgment, (valamiehistön) verdict
päätösvalta authority *Kenellä on tässä jutussa päätösvalta?* Who has the authority (to make a decision) in this case?
päätösvaltainen having jurisdiction (in a matter), (kokous) having a quorum
päätösvaltaisuus (kokouksen) quorum
päävaihe main phase
päävarasto central warehouse
päävärit primary colors
pöhöttyä swell/puff up, become swollen/puffy
pökertyä (pyörtyä) faint, (joutua pökerryksiin) be stunned/dazed
pökkö *lisätä pökköä pesään* put more wood on the fire; (kuv) pour oil on the fire

pöksyt pants, (pikkuhousut: miesten) underpants, (naisten) panties
pölinä 1 dust(iness) **2** (puhe) chatter, chitchat, yackety-yak
pölistä 1 be dusty, give off dust **2** (puhua) chatter, chitchat, (yackety-) yak
pölkky block (of wood), (tukki) log *laskea kaulansa/päänsä pölkylle* (kuv) lose your head, be beheaded, put your head on the chopping-block
pölkkypää blockhead
pöllytä (pöly) swirl/whirl around; (savu) spew/belch (forth)
pöllähdys cloud
pöllähtää 1 (savua tms) spew/belch (forth) **2** (saapua) show up without warning, appear suddenly *Mistä sinä pöllähdit?* What hole did you crawl out of?
pöllämystynyt dumbfounded, flabbergasted, struck speechless
pöllö owl
pölpöttää *puhua pölpöttää* chatter (on), yak, gab
pöly dust *pyyhkiä pölyt* dust (the room/furniture/jne)
pölykapseli hubcap
pölynimuri vacuum cleaner
pölypunkki house dust mite
pölysokeri powdered sugar
pölyttyä 1 get dusty **2** (kasvi) be pollinated
pölyttää 1 raise a cloud of dust **2** (kasvi) pollinate
pölytys 1 making the dust fly **2** (kasvin) pollination
pönkittää prop up, support, buttress *pönkittää jonkun itsetuntoa* bolster someone's self-esteem/self-confidence/ego
pönttö 1 (astia) barrel, cask, tin, can **2** (vessanpönttö) (toilet) bowl *istua pöntöllä* sit on the john **3** (linnunpönttö) birdhouse **4** (puhujanpönttö: kirkossa) pulpit, (juhlasalissa) rostrum, (muualla) podium
pöperö 1 (tekn) mash, pulp **2** (ruoka) shit
pöpi goofy

pöpö 1 (täi) louse **2** (basilli) germ, (ark) bug *Minä olen kai saanut jonkun pöpön* I must have caught a bug somewhere **3** (mörkö) boogey(man), bugbear
pörheä bushy
pörhistellä (eläin) ruffle (its feathers), (ihminen) get your feathers ruffled
pörröinen 1 (karvainen) fuzzy, bushy, fluffy, fleecy **2** (sekaisin) rumpled, messed up
pörssi stock exchange
pörssikeinottelija speculator
pörssikeinottelu speculation on the stock market
pörssikurssi stock/exchange price
pörssimeklari stockbroker
pörssiromahdus collapse of the stock exchange
pötkiä (pakoon/tiehensä) take to your heels, (make a) run for it, bolt
pötkö bar *yhteen pötköön* without a break, straight through
pötsi rumen
pöty nonsense
pöydänjalka table leg
pöydänpää the head of the table

pöyhiä (vuodevaatteita) air/shake out; (tyynyjä) fluff/plump up; (asioita) stir up, hash over
pöyhkeillä swagger, strut, boast/brag (about), preen yourself
pöyhkeily swaggering, strutting, boasting, braggadocio, preening
pöyhkeys conceit
pöyhkeä conceited, stuck-up
pöyristyttää appal, horrify, shock
pöytä table, (kirjoituspöytä) desk, (keittiönpöytä) counter *pöydälle* on the table/desk/counter *pöydässä* at the table *Käykää pöytään!* Sit down! Come eat! *kattaa/tyhjentää pöytä* set/clear the table *jättää esitys pöydälle* (kokouksessa) table a motion
pöytäkirja minutes
pöytälaatikko desk drawer
pöytäliina tablecloth
pöytämikro desktop (computer)
pöytäpäivyri desktop calendar
pöytätavat table manners
pöytätennis pingpong, table tennis
pöytävuori mesa, (pieni) butte

Q, q

Qatar Qatar
quatarilainen s, adj Quatari

Quebec Quebec

R, r

raadanta drudgery
raadella 1 (repiä) tear (something up, myös kuv), maul, claw *Syyllisyys raateli sisintäni* The guilt was tearing me up inside **2** (hävittää) devastate, ravage, lay waste
raadollinen sinful, wretched
raadollisuus sinfulness, wretchedness
raadonsyöjä carrion eater, (tiet) necrophagous animal
raahata drag, haul, lug
raahautua 1 (olla raahattavana) be dragged (along) **2** (raahata itsensä) drag yourself, trudge (along)
raaistaa brutalize
raaistava brutalizing
raaistua be brutalized
raaja limb
raajarikko s cripple (myös kuv); (euf) handicapped/disabled person adj crippled, handicapped, disabled, physically challenged
raajarikkoinen crippled; (euf) handicapped, disabled, physically challenged
raaka 1 (liha, hedelmä, vihannes) raw; (liha myös) underdone, rare; (hedelmä/vihannes myös) green, unripe, not ripe **2** (viina) straight, neat **3** (materiaali) raw; (öljy, sokeri ym) crude; (vuota) undressed, untreated, untanned; (jalokivi) rough **4** (ihminen) cruel, brutal, barbarous **5** (epämiellyttävä) harsh, crude *raaka tuuli* harsh wind *raaka peli* foul play **6** *raaka työ* hard/rough/backbreaking work *raaka voima* brute strength **7** (likimääräinen) rough *raaka arvio* rough estimate
raaka-aine raw material
raaka-ainevarat supply of raw materials
raakahiili raw coal
raakakaasu crude gas
raakakopio (tekstin) rough copy, (valokuvan) rough print
raakakuitu crude fiber
raakakumi raw/crude/India rubber
raakakäännös rough translation
raakalainen barbarian, savage, brute; (epäkohtelias) boor, cad
raakalaismainen barbaric, savage, brutish; boorish
raakalaisuus barbarism, savagery, brutishness
raakalasite raw glaze
raakaleikata rough-cut
raakamalmi crude ore
raakanahka undressed leather
raakapurje square sail
raakapuu rough wood
raakarauta cast/pig iron
raakasokeri raw sugar
raakata scratch, strike, cut
raakaterva crude tar
raakatuotanto raw-material production
raakatuote raw product
raakaturve raw peat
raakavedos rough proof
raaka voima brute/sheer strength
raakile green fruit/berry
raakimus animal, beast, brute
raakki (myös kuv) wreck, hulk
raakkua croak
Raamattu Bible, the Holy Scriptures, Holy Writ
raamattupiiri Bible study circle/group
raamatullinen biblical
raamatunkäännös Bible translation
raamatunkäännöskomitea Bible translation committee
raamatunlause Bible phrase/quote, quotation from Scripture
raamatunselitys exegesis

raamatunvastainen unbiblical, unscriptural
raamit (ikkunan) frame, (elämän) framework
raanu Finnish (woven, woolen) wall hanging
raapaista scratch, scrape
raapaista pintaa (kuv) (merely) scratch the surface
raapaista tulitikku strike a match
raapaisu scrape, scratch
raapia scratch, scrape
raappa scraper
raapustaa scratch out, scribble, scrawl
raapustus chicken scratching, scribble, scrawl
raaputtaa scrape, scratch, rub
raaskia bear, stand, have the heart to *Miten raaskit lähteä pois täältä?* How can you bear/stand to leave?
raastaa (juustoa tms) grate, (hermoja) grate on; (hiuksia ja kuv) tear (at); (vaatteita ja kuv) rend *Se raastaa sydäntäni* It really tears me apart, it tears at my heart
raaste grated cheese/carrot/jne
raastin (cheese) grater
raastupa 1 (hist raatihuone) city hall **2** (vanh) court(room) *haastaa raastupaan* sue (someone), take (someone) to court
raasu poor guy/girl/woman/kid
raataa toil, drudge, slave/grind/plug away *raataa otsa hiessä* work your fingers to the one, slave away
raataja drudge, grind, (leik) workaholic
raati 1 (hist) (city) council **2** (nyk) jury, panel
raatihuone (hist) city hall
raato carcass, corpse, (raatoa) carrion
raavaanliha beef
raavas s beef adj big, strong, beefy, burly
rabbi rabbi
radeerata etch
radeeraus etching
radiaalinen radial
radiaani radian
radiaatio radiation
radikaali s, adj radical

radikaalisti radically
radikaalistua be(come) radicalized
radikalismi radicalism
radikalisoida radicalize
radikalisoitua be(come) radicalized
radio radio
radioaallot radio waves
radioaktiivinen radioactive
radioaktiivinen iänmääritys radioactive dating
radioaktiivinen jäte radioactive waste(s)
radioaktiivinen laskeuma radioactive fallout
radioaktiivisuuden puoliintumisaika half-life
radioaktiivisuus radioactivity
radioamatööri (kotona) ham/shortwave radio enthusiast; (autossa) CB-er
radioantenni radio antenna
radioasema radio station
radioastronomia radio astronomy
radiohiiliajoitus (radio)carbon dating
radioida broadcast on radio, transmit a radio broadcast
radiojumalanpalvelus radio church service
radiokasettinauhuri radiocassette player
radiokemia radio chemistry
radiokuuntelija radio listener, (mon) radio audience, listeners at home
radiologia radiology
radiolähetin radio transmitter
radiolähetys radio broadcast/transmission
radiomajakka radio beacon
radiomasto radio tower
radionauhuri radiocassette player, (iso myös) ghetto blaster
radio-ohjattu radio-controlled
radio-ohjaus radio control
radio-ohjelma radio program
radiopuhelin radiotelephone
radioselostaja radio announcer/commentator
radiosähköttäjä radio operator
radiosähkötys radiotelegraphy
radioteleskooppi radio telescope

radioterapia radiotherapy, radium treatment
radiouutiset radio news
radiovastaanotin radio receiver
radisti radio operator
rae 1 hailstone *Sataa rakeita!* It's hailing! **2** (sokerin) granule, (hiekan) grain
raejuusto cottage cheese
raesade hailstorm
raetarkennin focus magnifier
raha 1 (rahaa) money, (käteinen) cash; (ark) dough, bread *Ei se ole rahasta kiinni* Money's no object *Aika on rahaa* Time is money *panna rahoiksi* cash in, make big bucks, make money hand over fist *muuttaa rahaksi* (sekki) cash; (omaisuus) convert into ready money, realize *nyhtäistä/kääriä isot rahat* haul in big bucks **2** (kolikko) coin **3** (seteli) (US) bill, (UK) note, (mon) currency; (ark USD: stä) greenback
rahaa kuin roskaa money to burn
raha-asiat money/financial matters, finances
raha-automaatti slot machine
rahahuolet worries about money
rahakas rich, wealthy, affluent; (mon) the well-to-do
rahake token
rahakortti (tietok) electronic purse
rahakukkaro coin purse
rahallinen monetary, financial, pecuniary
rahallinen arvo mone(tar)y value
rahamaailma financial world, the world of finance; (ark) high finance, big business
rahamarkkinat money market
rahanahne money-grubbing
rahanhimo lust for money
rahanielu (rahapuhelimen, peliautomaatin) coin slot
rahan tarpeessa strapped for money/funds
rahantarve need for money
raha polttaa taskussa money's burning a hole in your pocket
rahapuhelin coinbox telephone
rahapula shortage of money
raha ratkaisee money talks

rahastaa collect fares
rahastaja conductor
rahasto fund, (säätiö) foundation
rahastus fare-collection
rahasumma sum of money
rahataloudellinen financial
rahatalous money economy
rahaton penniless, destitute; (ark) broke
raha tulee rahan luo money makes money
rahatulo income
rahavarat funds, money, financial resources
rahdata 1 (tavara) ship, freight- forward **2** (alus) charter
rahi stool
rahina rasp(ing noise)
rahka baker's cheese, sour cream
rahoissaan in the money, flush
rahoittaa pay for, finance, fund, support financially, provide financial/monetary support/backing (for); (ark) bankroll; (sponsoroida) sponsor
rahoittaja (financial) backer, underwriter, (mesenaatti) patron, (sponsori) sponsor
rahoitus financing, funding, (financial) support/backing
rahtaus 1 (tavaran) shipping, freight-forwarding **2** (aluksen) chartering
rahti freight
rahtikulut freight charges
rahtilaiva freighter
rahtitavara freight, (laivan) cargo, (lentokoneen) air freight
rahvaanomainen common, vulgar
rahvas the peasantry, common/ordinary people/folk(s)
raide track, (mon) rails *saapua raiteelle 2* arrive at track 2 *suistua raiteilta* be derailed *mennä pois raiteiltaan* (ihminen) get off track *pysyä raiteillaan* (ihminen) stay on track
raideleveys 1 (rautatien) (track) gauge **2** (auton) track
raihnainen decrepit, feeble, frail
raikas fresh, refreshing
railakas 1 (rempseä) rollicking, lively, vivacious **2** (roima) daring, adventuresome

railakkaasti boisterously, rambunctiously
railo crack in the (melting) ice
raiskaaja rapist
raiskata rape
raiskaus rape
raisu rambunctious, boisterous, rollicking
raisusti rambunctiously, boisterously
raitiovaunu tram, streetcar
raitis 1 fresh *mennä haukkaamaan raitista ilmaa* go out for a breath of fresh air **2** (selvä) sober **3** (absolutistinen) teetotaling; (juoppo) on the wagon *Hän on täysin raitis* He never touches a drop, he doesn't drink
raitti main street
raittius 1 (ei ole juonut) sobriety **2** (ei koskaan juo) teetotaling, abstinence; (hist) temperance
raittiusliike the Temperance Movement
raivata clear
raivata joku tieltään get/push someone out of your way, do away with someone
raivata pöytä clear the table
raivata tie 1 (metsikön läpi) blaze a trail (through a forest) **2** (väkijoukon läpi) make/push/elbow your way (through a crowd) **3** (huipulle) climb the ladder (to success)
raivaus clearing
raivo s **1** (suuttumus) rage, fury **2** (takaraivo) back of the head adj raging, furious
raivoisa raging, furious
raivoisasti furiously
raivokas frantic, frenetic, fierce
raivokkaasti frantically, frenetically, fiercely
raivokohtaus (aikuisen) fit of rage; (lapsen) temper tantrum *saada raivokohtaus* (aikuinen) fly into a rage/fury; (lapsi) throw a (temper) tantrum
raivonpuuska fit of rage/anger
raivopäinen raging
raivoraitis s fanatic teetotaler, antirum crusader adj teetotaling
raivostua get furious, get mad as hell, lose your temper, fly off the handle, blow your top, blow a fuse, hit the roof

raivostuttaa make you furious/mad, infuriate
raivostuttava infuriating
raivostuttavasti infuriatingly
raivota rage, storm/stomp around furiously, rant and rave
raivotauti rabies
raja 1 (maantieteellinen) boundary (line), border(line), (raja-alue) frontier, (kaupungin) (city) limit, (maalaiskunnan) (county) line *sulkea raja* close the border *kaupungin rajojen sisällä* within the city limits **2** (yhteiskunnallinen, henkinen) limit, bound, confine *Hänen ilollaan ei ollut mitään rajoja* Her joy knew no bounds, was unbounded *ylittää sopivaisuuden rajat* transgress/exceed the bounds of decorum *vetää raja* draw the line **3** (urh) line
rajakauppa border trade
rajaliikenne border traffic
rajallinen limited, restricted
rajallisuus limitation, restriction
rajankäynti 1 (pol) demarcation **2** (muu) defining the boundaries
rajansa kaikella you've got to draw the line somewhere
rajapyykki boundary marker
rajaselkkaus border incident
rajaseutu border district, (sivilisaation ja erämaan välillä) frontier
rajassa *katon rajassa* up by the ceiling, just under the ceiling, at the top of the wall
rajata 1 (vetää rajat) mark (the boundaries), demarcate **2** (rajoittaa) limit, restrict, confine **3** (hiuksia) trim (the edges)
rajatapaus borderline case
rajatilapsykoosi borderline pyschosis
rajaton limitless, unlimited, unrestricted, boundless, unbounded, infinite; (valta) absolute
rajattomasti limitlessly, without restriction, boundlessly, infinitely
rajaus marking, demarcation, limiting, restricting, confining, trimming (ks rajata)
rajautua border (on), be bounded by
rajavartiolaitos border guard

rajavartiosto

rajavartiosto border guard post
rajoilla *toimeentulon rajoilla* at the lower limits/level of subsistence *Se oli niillä rajoilla, ettei ollut rivoa* It was right on the dirty edge of being obscene, it bordered on the obscene
rajoissa *jonkin rajoissa* within the limits/bounds/confines of *juuri ja juuri säädyllisyyden rajoissa* marginally decent/acceptable, just barely within the bounds/confines of decency
rajoittaa 1 limit, restrict, confine, check **2** (olla rajana) border
rajoittamaton unlimited, unrestricted, unconfined, unchecked
rajoittamattomasti without limitation/restriction, freely
rajoittautua limit/restrict/confine yourself
rajoittua 1 (olla jonkin rajalla) border (on), be bounded by **2** (olla rajoitettuna) be limited/restricted/confined (to) **3** (rajoittautua) limit/restrict/confine yourself
rajoitus limit(ation), restriction, check *nopeusrajoitus* speed limit
raju fierce, violent *rajut bileet* a wild party
rajuilma storm
rajumyrsky hurricane
rajusti fiercely, violently; (paljon) tons, scads, piles
rakas s love, sweetheart, darling; (ark) honey, sweetie, baby adj loving, beloved, sweet, darling, dear; (ark) lovey
rakastaa love
rakastaja lover
rakastajatar lover, mistress
rakastavainen lover, (ark) lovebird
rakastella make love
rakastelu lovemaking
rakastettu beloved
rakastua fall in love with
rakeinen granular, (filmi) grainy
rakeistuminen (tietok) pixelation, rasterization
rakeisuus granularity, graininess

rakenne 1 structure, construction *rakenteilla* under construction **2** (koostumus) composition, (ark) makeup
rakennella build
rakennemuutos structural change/shift *hallittu rakennemuutos* controlled structural transition
rakennetekijä structural factor
rakennus 1 (talo) building **2** (rakentaminen) building, construction
rakennusaine building material
rakennusala construction
rakennushanke building/construction project
rakennuskaava building plan
rakennuskustannukset construction costs
rakennuslupa building permit
rakennusmestari building contractor
rakennusoikeus permitted building volume
rakennuspaikka building/construction site
rakennussuunnittelu building/construction planning
rakennustaide architecture
rakennustarvike building/construction supply
rakennustekniikka structural engineering
rakennustyö construction (work)
rakennustyöläinen construction worker
rakennustyömaa building site
rakennusurakoitsija (building) contractor
rakennusvaihe phase of construction
rakennuttaa have built, (ark) build
rakennuttaja developer
rakentaa build, construct, (ark) put up
rakentaa jonkin varaan (kuv) count/rely/go on something
rakentaa rauhaa work for peace
rakentaa sovintoa take steps toward reconciliation, make conciliatory gestures
rakentaa uudelleen rebuild, reconstruct
rakentaja builder
rakentava constructive

rakenteellinen structural
rakenteellisesti structurally
rakenteinen (talo) of (a certain type) of construction; (vartalo) of (a certain type) of build
rakentua 1 (koostua jostakin) be made/composed of **2** (perustua jollekin) be based on
raketti rocket
rakkaus love *tehdä jotakin rakkaudesta* do something for love
rakkauselokuva romantic movie
rakkausromaani romance
rakkaussuhde love affair
rakki mutt
rakkine (auto) beater, piece of junk
rakko 1 (virtsarakko) bladder *tyhjentää rakkonsa* relieve yourself, urinate; (ark) take a piss **2** (rakkula) blister
rakkula blister; (lääk myös) cyst
rako 1 hole, gap, chink *tirkistää oven raosta* peek from behind the door *paistaa pilvien raosta* peek from behind the clouds **2** (välimatka) gap, distance *juosta rako umpeen* close the gap
rakoilla 1 split, crack, break up *Iltapäivällä pilvipeite rakoilee* (We'll see) decreasing cloudiness in the afternoon **2** (avioliitto tms) be on the rocks
raksahdus click(ing)
raksahtaa click
ralli rally *ajaa rallia korttelin ympäri* cruise the loop
ralliajaja rally driver
ralliauto rally car
ralliautoilu rally driving
ramaista *Minua ramaisee* I'm dead beat, I'm exhausted
rampa cripple, (työkyvytön) disabled, (ontuva) lame
ramppi 1 (teatterissa) stage front, footlights **2** (auton) ramp
ramppikuume stage fright
rangaista punish, penalize, mete out a penalty/punishment
rangaistus punishment, penalty *saada rangaistus* be punished (for) *määrätä rangaistus* penalize (someone for), inflict/impose a punishment/penalty (on someone for)

ranka 1 (puun) (disbranched/long-length) log **2** (kasvin) stem
rankaiseminen punishing, penalization
rankaisu punishment
rankka heavy, hard *rankka päivä* tough/hard day
rankkasade downpour, cloudburst
ranne wrist
ranneke 1 (hihansuu) cuff **2** (rannekellon hihna) wristband
rannekello wristwatch
rannerengas bracelet
rannikko coast, (merenranta) shore
rannikkoalue coastal region/area
rannikkokalastus offshore fishing
rannikkokaupunki coast city
rannikkovartiosto coast guard
Ranska France
ranska (kieli) French
ranskalainen s Frenchman, Frenchwoman adj French
ranskalaiset 1 (ihmiset) the French **2** (perunat) (French) fries
ranskanleipä French bread
ranskannos French translation
ranskanperunat (French) fries
ranta beach, (sea-/lake-)shore, (joen) bank *Länsiranta* the West Bank *kautta rantain* indirectly, circuitously *vastata kautta rantain* beat around the bush
rantakaistale strip of beach(front property)
rantakallio cliff, palisade
rantalaituri dock
rantalinnut shorebirds
rantasauna lakefront/-side sauna
rantautua go/come ashore, (sot) hit the beach
rantavesi shallow water
raottaa open (something) a crack/little, crack *raottaa ikkunaa* crack a window *raottaa masennuksensa syytä* hint at what's wrong
rapa mud, slush, mire
rapakko puddle; (Atlantti) the Pond *rapakon takana* across the Pond
rapakunto lousy shape
raparperi rhubarb
rapata plaster

rapautua

rapautua 1 (muuraus) crumble (away), (kallio) weather **2** (fyysinen kunto, myös tietok) decay
rapea crisp(y), crunchy
rapina (kynän) scratching; (hiiren) scritching; (paperin) rustling
rapista 1 (ääni) scratch, scritch, rustle **2** (maali tms) peel, flake, come/drop off **3** (tiedot) get rusty
rapistella rustle
rapistua 1 (talo tms) decay, deteriorate, become dilapidated, fall into disrepair, become ramshackle **2** (tiedot) get rusty **3** (kauneus) fade
rapistuminen decaying, deterioration, fading (ks rapistua)
raportoida report (on)
raportti report
rappaus plaster(ing)
rappeutua 1 (fyysisesti) decay, deteriorate, disintegrate, fall into disrepair/decay, become dilapidated **2** (henkisesti) (fall into) decay, become decadent, decline, go to (wrack and) ruin; (ark) go to pot/hell
rappio decay, decadence, decline, degeneration *mennä rappiolle* (kulttuuri) decline, degenerate, become decadent; (rakennus) fall into disrepair, become dilapidated/ramshackle; (ihminen) decline, degenerate, go to seed/pot/the dogs, fall on evil days
rappiotila 1 (rappio) decay, decadence, decline, degeneration **2** (rappiolla oleva maatila) dilapidated/neglected farm
rappu step, (sisällä) stair
rappunen step, (sisällä) stair
rapsi rape
rapsuttaa scratch, rub
rapu 1 crab; (jokirapu) crayfish, (murt) crawdad **2** (horoskoopissa) Cancer
rasahdus (katkeavan oksan) snap, (paperin, puiden) rustle
rasahtaa snap, rustle
rasia box, container; (margariinia) tub; (savukkeita) pack
rasiallinen boxful
rasismi rasism
rasisti rasist

rasite 1 (taloudellinen) encumbrance **2** (henkinen) burden
rasittaa 1 (kiinnityksellä) encumber *Taloa rasittaa kiinnelaina* The house is mortgaged **2** (henkisesti) burden, weigh on, trouble, bother, strain *Häntä rasittaa kaikki mitä minä teen* Everything I do is a burden to him *En halua rasittaa sinua näillä minun typerillä huolillani* I don't want to burden/trouble/bother you with these petty cares of mine **3** (väsyttää) tire, weary, exhaust *Kylläpä minua rasittaa tuommoinen* I get so (sick and) tired of that **4** (silmiä tms) strain *Et saisi rasittaa silmiäsi tuossa huonossa valaistuksessa* You shouldn't strain your eyes reading in that poor light
rasittava burdensome, troublesome, bothersome, tiring, wearying, exhausting (ks rasittaa)
rasitus 1 (kiinnitys) encumbrance *rasituksista vapaa* free of all (liens and) encumbrances **2** (henkinen) burden, strain **3** (fyysinen) strain, stress, tiredness, weariness
raskaanpuoleinen heavyish, on the heavy side
raskaasti heavily *ottaa raskaasti* take something hard *erehtyä raskaasti* make a grievous/grave error/mistake *Jos luulet että minä tulen sinne, erehdyt raskaasti* If you think I'm coming with you, think again
raskas 1 heavy; (vakava) serious, greivous, grave; (kova) hard, tough **2** *raskaana* pregnant; (ark) PG, have a bun in the oven; (ylät) great/big with child *tulla raskaaksi* get pregnant
raskaslukuinen heavy, hard-to-read *Se on kyllä aika raskaslukuinen* It's pretty tough sledding
raskasmielinen melancholic, heavyhearted
raskas sarja heavyweight
raskassoutuinen 1 (järjestö tms) slow to act, unwieldy, ponderous **2** (tyyli) ponderous, heavy, hard to read
raskas uni sound sleep

raskaus 1 (paino) heaviness, weight
2 (vakavuus) seriousness, gravity
3 (raskaustila) pregnancy
raskausaika gestation period (ark ei naisista), duration of pregnancy
raskausarvet striae, (ark) stretch marks
raskauskuukausi month of pregnancy
raskauttaa 1 (mieltä) burden, weigh on
2 (rikosta) aggravate *raskautettu pahoinpitely* aggravated assault
raskauttava aggravating
rassata 1 (putsata) clean **2** (korjailla) work on, fix up **3** (vaivata) bother, nag at *Mua koko ajan rassaa tuo eilinen* I can't get my mind off what happened yesterday
rassu poor (man/woman/boy/girl/dog/jne)
rastas thrush
rasteri screen
rasti (merkki) check, (risti) cross, X *merkitä rasti ruutuun jossa* check the box which
rastitus check(mark)
rasva 1 (eläimen) fat, (juokseva) grease **2** (tekn) grease, lubricating oil, lubricant **3** (ihovoide) skin oil/cream/lotion **4** (huulirasva) chapstick, lip balm
rasvaantua get greasy
rasvaimu liposuction
rasvainen 1 (liha) fatty **2** (moottori, iho, tukka) greasy, (tukka myös) oily **3** (tekn: lihava) fat **4** (rivo) filthy, dirty, disgusting, gross
rasvakudos fat tissue
rasvankäry smell of burnt grease
rasvata 1 (moottoria tms) grease, oil, lubricate; (ark) lube **2** (ihoa: öljyllä) rub (someone/yourself) down with oil; (ihovoiteella) apply skin cream/lotion **3** (huulia) put chapstick on
rasvatahra grease spot
rasvaus lubrication, (ark) lube
rata 1 (rautatie) railroad (line), (ark) the tracks *radan väärällä puolella* on the wrong side of the tracks **2** (juoksurata: koko kenttä) track, (kaista) lane; (hevos-/autorata) racetrack, (autorata myös) speedway; (moottoripyörille) course **3** (planeetan, kuun) orbit, (komeetan) track **4** (luodin, keihään) trajectory **5** (elämän) course; (ajatusten) train, chain
ratapiha trainyard
ratapölkky cross-tie
ratas (cog)wheel *juuttua byrokratian rattaisiin* get caught/tangled/meshed up in the wheels/machinery of bureaucracy *ratas mammuttiyhtiön koneistossa* a cog in the wheel of the mammoth company
rateli (mesimäyrä) honey badger
ratifioida ratify
ratifiointi ratification
rationaalinen rational
rationalisoida improve (something's) efficiency, make (something) more efficient
rationalisointi efficiency-improvement
ratkaisematon unsolved, undecided, unsettled; (peli) tied; (kysymys) open; (päätös) pending; (mat = funktio) implicit
ratkaiseva decisive, deciding, determining, critical, crucial, conclusive
ratkaista 1 (ongelma; myös mat = yhtälö) solve *mahdoton ratkaista* insoluble, impossible to solve **2** (erimielisyys: oikeussalin ulkopuolella) settle (out of court), (oikeudessa) adjudicate **3** (oikeusjuttu) judge, pronounce judgment on, decide *ratkaista jonkun kohtalo* decide someone's fate *ratkaista kantajan/vastaajan hyväksi* find for the plaintiff/defendant **4** (äänestys) decide, be the deciding vote, be decisive/critical/crucial **5** (sauma) rip, tear
ratkaisu solution, settlement, judgment, decision (ks ratkaista)
ratkaisuvaihe the decisive/critical/crucial phase/stage/moment
ratketa 1 (revetä) split/burst (at the seams), come/pull/tear apart *Taivas ratkesi ja vesi valui virtanaan* The clouds/sky burst (open) and the rain poured down **2** (selvitä) be solved/decided/settled/determined **3** (ruveta) start, burst out *ratketa nauruun* burst out laughing (ks myös hakusanat)

ratketa itkuun burst out crying, burst into tears, break down and cry/bawl (like a baby)
ratketa laulamaan burst into song
ratketa ryyppäämään hit the bottle, go off on a drunken binge, break down and start (doing a little 'controlled') drinking
ratki adj (ratkennut) open, split, burst adv (ylen) utterly, completely *ratki mahdoton* out of the question
ratki riemukas uproariously/hilariously funny
ratkoa 1 (sauma tms) unpick, unstitch, undo **2** (ongelma) solve
ratsain on horseback
ratsastaa ride *ratsastaa ilman satulaa* ride bareback
ratsastaa aallon harjalla ride the crest of the wave
ratsastaa aatteella crusade on a single issue, make a (political) crusade out of a cause
ratsastaa jonkun menestyksellä ride (along) on someone's coattails, cash in on someone else's success
ratsastaja rider, horse(wo)man, equestrian; (laukkakilpailuissa) jockey *Yksinäinen Ratsastaja* the Lone Ranger
ratsastus (horseback) riding, equestrianism
ratsia 1 (taloon tms) (police) raid *tehdä ratsia juhliin* raid a party **2** (tien poskessa) stop check
ratsu 1 (hevonen) horse, mount, (run) steed **2** (shakissa) knight
ratsuhevonen horse, mount, (run) steed
ratsupoliisi mounted police
ratsuväki cavalry
rattaat 1 (kärry) cart *panna rattaat hevosen eteen* put the cart before the horse **2** (lasten) stroller
ratti (steering) wheel *ratissa* at the wheel
rattijuoppo drunken driver
rattijuoppous drunken driving, drinking and driving; (lak) driving while/under the inthence, DWI/DUI
rattoisa enjoyable, convivial *Meillä oli rattoisaa* We had a great time, we had fun
rattoisasti enjoyably, convivially

raudanluja (as hard as) iron, steely
raudoittaa reinforce (with iron) *raudoitettu betoni* reinforced concrete
raudoitus reinforcement
raueta 1 (lak: sopimus) expire, (vakuutus) lapse **2** (talo) tumble down, collapse **3** (neuvottelut) break down; (hanke) come to nothing, fall through, fail, miscarry
rauha peace *Mitä sinun rauhaasi kuuluu?* How are you doing? What's new with you? What's up? *Hän ei ole antanut minulle hetkenkään rauhaa* She hasn't given me a moment's rest/peace
rauhaisa peaceful, quiet, serene, tranquil
rauhallinen 1 (ilta tms) peaceful, quiet, restful, serene, tranquil **2** (ihminen) calm, quiet **3** (olo) blissful, serene, untroubled **4** (vauhti) slow, unhurried, unrushed
rauhallisesti peacefully, quietly, restfully, serenely, tranquilly, calmly, blissfully, slowly (ks rauhallinen)
rauhallisuus peace(fulness), quiet, serenity, tranquility, calmness, bliss(fulness), slow/unhurried pace (ks rauhallinen)
rauhanaate pacifism
rauhanaloite peace initiative
rauhanen gland
rauhanhalu desire for peace
rauhanliike peace movement
rauhanneuvottelut peace negotiation, peace talks
rauhanomainen rinnakkaiselo peaceful coexistence
rauhansopimus peace treaty
rauhanteko signing a peace treaty
rauhantila state of peace, (rauhanaika) peacetime
rauhanturvajoukot (U.N.) peacekeeping forces
rauhantyö work for peace
rauhassa in peace *jättää joku rauhaan* leave someone alone/in peace *Ole ihan rauhassa!* Don't worry about it, don't trouble yourself over it, forget it; (kyllä minä hoidan sen) rest assured that I'll

handle it *Tee se kaikessa rauhassa* Take your time
rauhaton 1 (fyysisesti: yksilö) restless; (kaupunki tms) troubled *heittelehtiä rauhattomana koko yön* toss and turn restlessly all night *Beirutissa on taas rauhatonta* There is unrest in the streets of Beirut once again **2** (henkisesti) troubled, uneasy, worried, anxious
rauhattomuus 1 (fyysinen) restlessness, unrest **2** (henkinen) unease, worry, anxiety
rauhoittaa 1 (tyynnyttää) pacify, appease, reassure, calm/quiet (someone) (down) **2** (lääkitä: hermoja) calm; (vatsaa) settle **3** (suojella) protect, preserve
rauhoittava lääke tranquilizer, (ark) trank
rauhoittua calm/quiet/settle down
rauhoitusaika closed (game) season
raukaista *Minua raukaisee* **1** (väsyttää) I'm bushed/tired, I can hardly move a muscle, I feel like I've been through a wringer **2** (rentouttaa, esim sauna) I feel relaxed/calm
raukea 1 (hervoton) limp, listless, languid **2** (rento) relaxed, calm, drowsy
raukka 1 (ressukka) poor thing **2** (pelkuri) coward, (ark) chicken, scaredy-cat
raukkamainen 1 (pelkurimainen) cowardly, (ark) chicken **2** (alhainen) despicable, contemptible, mean
raukkamaisesti 1 (pelkurimaisesti) like a coward, in a cowardly fashion **2** (alhaisesti) despicably, contemptibly
raukkamaisuus 1 (pelkuruus) cowardice **2** (alhaisuus) meanness, baseness
raunio 1 (rakennuksen) ruin **2** (ihminen) wreck *hermoraunio* nervous wreck
raunioitua fall into ruin
rauniokaupunki ruined city
rausku ray
rauta 1 iron *liian monta rautaa tulessa* too many irons in the fire *takoa kun rauta on kuumaa* strike while the iron is hot **2** *raudat* (kahleet) chains, (käsiraudat) (hand)cuffs, (jalkaraudat) leg-irons **3** *raudat* (hampaissa) braces **4** (auto) wheels *Amerikan rauta* American car, (iso) dinosaur, (isoruokainen) gas-guzzler
rautaesirippu Iron Curtain
rautainen 1 (of) iron, steely *rautaiset hermot* nerves of iron, steely nerves **2** (sl) hot, dynamite
rautaisannos concentrated dos(ag)e
rautakaivos iron mine
rautakauppa hardward store
rautakausi Iron Age
rautalanka wire
rautamalmi iron ore
rautaromu scrap iron
rautaruukki iron works
rautateitse by rail
rautatie railroad
rautatieasema railroad/train station
rautatieliikenne rail traffic
rautatieläinen railroad worker
rautatievaunu railroad/train car
rautatieyhteys train connection
rautio (kovakuoriainen) deathwatch beetle
rautu (kala) Arctic char
ravata 1 (hevonen) trot **2** (ihminen ympäri kaupunkia) run (all over town)
ravi 1 trot **2** *ravit* the (horse) races
ravihevonen trotter
ravinne nutrient
ravinnonhaku foraging
ravinnonsaanti nourishment
ravinnontarve nutrient/food requirements
ravinto nourishment, nutrition; (ruoka) food; (ravintoaine) nutrient
ravintoaine nutrient
ravintoarvo nutritional value
ravintola restaurant
ravirata race track
ravistella shake
ravistelu shake, shaking
ravita nourish, feed *huonosti ravittu* undernourished, malnourished
ravitsemus nutrition
reaaliaineet arts and sciences
reaalipääoma real capital
reagoida react/respond (to)
reagointi reaction, response
reaktio reaction, response
reaktioaika reaction/response time

reaktionopeus

reaktionopeus reaction rate/speed/ velocity
reaktori reactor
realismi realism
realisti realist
realistinen realistic
realistisesti realistically
realiteetti reality, fact *elämän realiteetit* the (hard) facts of life
referoida summarize
refleksi reflex
refleksiivinen reflexive
reformi reform
regressiivinen regressive
rehdisti honestly, with integrity, up front
rehellinen 1 (vilpitön) honest, straightforward, frank 2 (kunniallinen) respectable, reputable 3 (todellinen) real, true
rehellisesti honestly, straightforwardly, frankly
rehellisyys 1 honesty, straightforwardness, frankness 2 (kunniallisuus) respectability, reputability, (luonteen lujuus) integrity
rehennellä boast, brag, talk big, swagger
rehentely boasting, bragging, big talk, swaggering
rehevyys 1 (metsä) lushness, luxuriance, luxuriant/thick/dense growth 2 (tyyli) exuberance, expansiveness, earthiness
rehevä 1 (vehmas, myös kuv) lush, rich, luxuriant 2 (tiheä, esim kasvillisuus) dense, thick 3 (elämäniloinen, esim tyyli) exuberant, expansive, earthy 4 (uhkea, esim emäntä) ample, buxom 5 (rehvakka) big-/swell- headed, cocky
rehevästi lushly, richly, luxuriantly, densely, thickly, exuberantly, expansively, earthily (ks rehevä)
rehevöittää 1 (järvi) make/render (a lake) eutrophic, grow algae 2 (tyyliä tms) spice/liven up, enliven
rehevöityminen entrophication
rehevöityä (järvi) become entrophic
rehkiminen hard work, drudgery
rehkintä drudgery
rehkiä work hard/like a dog/your ass off, slave away

rehottaa 1 (kasvi: kukat tms) flourish, be lush/thick/green; (rikkaruohot) grow/ be rank 2 (synti tms) be rife/rampant
rehti honest, upfront, straightforward
rehtori (Suomi) rector; (US: koulun) principal, (yliopiston) president
rehu feed
rehvakas self-important, swaggering; (ark) big-/swell-headed, cocky
rehvakkaasti self-importantly, boastfully, swaggeringly, cockily
rehvastella boast, brag, swagger, talk big
rehvastelu boasting, bragging, swaggering, big talk
rei'itin hole-punch, (tekn) perforator
rei'ittää (esim mappia varten) punch holes (in); (tekn) perforate
rei'itys hole-punching, (tekn) perforation
reikä hole *laitattaa reiät korviinsa* have your ears pierced
reikäinen 1 (predikaattina) holey, full of holes; (tekn) perforated 2 (yhdyssanoissa) -hole *9-reikäinen golfrata* ninehole golf course
reikäkortti punch card
reikälevy (television) shadow mask
reilassa (kunnossa) okay, all right; (järjestyksessä) all set up
reilu 1 (rehti) honest, upfront, straightforward *reilu kaveri* a good/great guy 2 (oikeudenmukainen) fair *Se ei ole reilua!* It's not fair! 3 (runsas: antelias) generous, (enemmän kuin) a good *reilu annos* a generous helping *reilut 10 m* a good ten meters 4 (kunnollinen) good, real, proper *Reilu riita on parempi kuin puolinainen sovinto* A good (honest) fight is better than half-hearted harmony
reilu peli fair play, good sportsmanship
reimari spar-buoy
reinkarnaatio reincarnation
reipas 1 (pirteä) lively, perky, peppy 2 (rivakka) peppy, brisk, snappy, 3 (innokas) eager, enthusiastic, willing 4 (kiltti) good *Oletpas sinä reipas poika kun autat!* You're such a good helper/ boy
reisi thigh
reisiluu thighbone, femur

reissu trip
reistailla act up, give you trouble, have something wrong with it
reititin (tietok) router
reititys (tietok) routing
reitti route *Reitti on selvä* The coast is clear
reiällinen (something) with holes/a hole (punched) in it, perforated
reiätön (something) with no hole(s) (in it), unperforated
reki sleigh
rekisteri register
rekisterikilpi license plate
rekisteriote registration, (certificate of) title
rekisteröidä register
rekisteröinti registration
rekka (rekka-auto) truck and trailer, (ark) truck, semi
rekkakuski truck driver
rekonstruoida reconstruct
reksi (Suomi) rector, (US) principal
rekursiivinen (kertautuva) recursive
rekvisiitta props
rekyyli recoil, (ark) kick
rekyylitön recoilless, non-recoiling
relatiivilause relative clause
relatiivinen relative
relatiivipronomini relative pronoun
relativismi relativism
rele relay
reliefi relief
rellestys binge
rellestää kick over your traces, go wild, let loose
remmi (hihna) strap, (talutushihna) leash, (nahkanuora) thong *joutua remmiin* get put to work *astua remmiin* take charge
remontoida remodel, fix (something) up; (sisustaa uudelleen) redecorate; (entistää) renovate
remontti remodeling, redecoration, renovation
rempallaan in a shambles/jumble/muddle, slipshod
rempseä happy-go-lucky, easy-going
remu noise, din, racket

remuta live it up, party (noisily), kick up your heels
renessanssi Renaissance
rengas 1 (ympyrä) ring, circle 2 (auton) tire
rengasrikko flat tire, blowout
rengastaa 1 (lintu) band 2 (oikea vastaus) circle
renki hired hand
rennosti (puhua) casually, offhandly, freely and easily *ottaa rennosti* take it easy
rento 1 (veltto) limp, relaxed 2 (rempseä) relaxed, casual, offhand, free and easy *rento asu* casual outfit/dress
rentous 1 (velttous) limpness 2 (rempseys) casualness, casual/offhand manner
rentouttaa relax
rentoutua relax
rentoutuminen relaxation
rentoutus relaxation, (esim lomalla) recreation
renttu bum, derelict
repaleet rags, tatters
repaleinen tattered, ripped, torn
repeentyä rip, tear, split
repeytyä rip, tear, split
repeäminen ripping, tearing, splitting
repeämä rip, tear, split; (lääk) rupture
repiä rip/tear (up/apart) (myös kuv) *Tämä asia repii minua* I feel torn (in two) over this
repliikki 1 (vastaus) reply, retort 2 (näytelmässä) line
reportaasi coverage, (pitempi raportti) reportage
reportteri reporter
repostella pull/tear (something) apart, air (something) in public
repostelu public airing
reppana poor thing
reppu (back)pack
republikaani Republican
republikaaninen Republican
reputtaa fail, (ark) flunk
repäisevä 1 exciting, rousing; (uutisjuttu) sensational *Mitäs repäisevää tehtäis?* Let's think of something exciting

repäistä

to do **2** (ihminen) inspiring, dashing, charismatic
repäistä rip, tear
repäisy rip, tear
resepti 1 (ruoka) recipe **2** (lääke) prescription
reservaatio reservation
reservaatti 1 (intiaani) reservation **2** (eläin) (wildlife) preserve
reservi reserve *olla reservissä* (sot) be in the Reserves; (varalla) be in reserve
reserviläinen reserve
reserviupseerikoulu Reserve Officers Training Corps, ROTC
resiina handcar
reskontra ledger
resonoida resonate
ressu poor thing
restauroida restore, renovate
restaurointi restoration, renovation
resurssipaikannin (tietok) universal resource locator, URL
retale 1 (rääsy) rag **2** (renttu) bum, derelict, dirt-bag
retiisi radish
retkahtaa 1 (tuoliin) fall/drop/plop (down in) **2** (johonkuhun) fall for (someone) **3** (juomaan) break down and start, go/fall off the wagon
retkallaan hanging/drooping (down)
retkeilijä 1 (rinkkaretkeilijä) hiker, backpacker **2** (retkikunnan jäsen) member of an expedition **3** (löytöretkeilijä) explorer
retkeillä hike, backpack, go hiking/backpacking/camping
retkeily hiking, backpacking, camping
retkeilymaja youth hostel
retki 1 trip, outing, excursion; (luokkaretki) field trip; (eväskorin kanssa) picnic; (päivämatka) day-trip **2** (tutkimusretki) expedition
retkikunta expedition
retku 1 (rääsy) rag **2** (retale) bum, derelict
retoriikka rhetoric
retorinen rhetorical
rettelö brawl, rumble
rettelöidä brawl, rumble, make trouble, pick/start a fight

retuperällä in a shambles/jumble/muddle, slipshod
retuuttaa 1 (kantaa) drag/haul/lug (something around) **2** (johdatella) pull/yank (someone by the arm)
reuhka *vanha lakin reuhka* a tattered/beatup old hat
reuma rheumatism
reumatismi rheumatism
reuna 1 edge, side, border *tien reunalla* by the edge/side of the road, on the shoulder **2** (paperin) margin, border **3** (parras) edge, brink **4** (kupin) brim *vuotaa yli reunojen* overflow **5** (uima-altaan) coping
reunahuomautus 1 (paperiin) marginal note, (mon) marginalia **2** (kuv) aside
reunempana closer to the edge/side/brink
reunimmainen (the one) closest to the edge, outermost
reunus border, trimming, edging
reunustaa 1 (laittaa reunus) edge, trim **2** (muodostaa reunus) line *puiden reunustamat kadut* tree-lined streets
revalvaatio revaluation
revetä 1 rip, tear **2** (lääk) rupture
reviiri territory
revolveri revolver, pistol
revolverisankari gunslinger
revontuli northern lights, aurora borealis
revyy revue, show/chorus line
revähdys 1 (venähdys) sprain; (lievä) strain, pull **2** (repeämä) rupture
revähdyttää sprain, strain, pull; rupture
revähtää get sprained/strained/pulled/ruptured
Rh-tekijä Rh factor
rieha happening, shindig
riehaantua get excited, get worked/jazzed up
riehakas rowdy, rambunctious, boisterous
riehakkaasti rowdily, rambunctiously, boisterously
riehakkuus rowdiness, rambunctiousness, boisterousness
riehua rage, storm, go on (at full blast/tilt)

riehunta raging, storming
riekale rag, tatter *Minulla on hermot ihan riekaleina* I'm just about at the end of my tether/rope, I'm at my wits' end, my nerves are shattered, I'm teetering on the brink of a nervous breakdown
riekko willow ptarmigan
riemastua be delighted/overjoyed
riemu delight, joy
riemuita delight/rejoice (in), be delighted/overjoyed
riemukaari (Roomassa tms) triumphal arch; (Pariisissa) l'Arc de Triomphe, the Arch of Triumph
riemunkirjava gaudy, garish, showy
riemusaatto triumphal procession
riena 1 (rienaus) blasphemy **2** (kirous) curse **3** (riesa) nuisance, bother
rienaaja blasphemer
rienata blaspheme
rienaus blasphemy
riento 1 (ajan) passage, rushing past; (virran) flowing; (pilvien) scudding (across the sky) **2** (kiirehtiminen) rushing, hurrying **3** (puuhailu) activity, busyness *poliittiset riennot* political activities
rientää rush, hurry *rientää apuun* rush to (someone's) aid, hurry to the rescue *Aika rientää* Time flies
riepotella 1 (fyysisesti) mangle, maul, manhandle **2** (sanallisesti) criticize (in detail), tear (something) to shreds, chew (something) up and spit it out
riepottaa drag/haul/lug (something) along behind you
riepottelu manhandling, criticism
riepu rag
riesa nuisance, bother
rieska unleavened bread
rietas indecent, obscene, lewd
rietastella debauch, be licentious/dissipate/depraved, live a life of debauchery
riettaasti indecently, obscenely, lewdly
riettaus indecency, obscenity, lewdness
rihkama trinkets, gewgaws, knick-knacks, junk
rihla 1 (aseen, myös tekn) rifle, groove **2** (tekn myös) flute, furrow
rihlaamaton (ase) unrifled, smoothbore
rihlata 1 (aseen, myös tekn) rifle, groove **2** (tekn myös) flute, furrow
rihlattu rifled
rihma 1 (siima) line **2** (ansa) spring-trap/-snare **3** (lanka) thread *Hänellä ei ole rihman kiertämääkään päällä* He doesn't have a stitch (of clothing) on
rihmasto mycelium
riidanaihe bone of contention
riidanhaastaja quarrelmonger, someone who's looking for a fight
riidanhaluinen quarrelsome, ornery
riidaton 1 (ei voi kiistää) indisputable, unquestionable **2** (ei ole kiistetty) undisputed, unquestioned
riidellä fight, argue, bicker, quarrel *En viitsi riidellä sinun kanssasi* I don't want to fight with you
riihi drying barn
riikinkukko peacock, peafowl
riikinruotsi High/Standard Swedish, Swedish Swedish
riimi rhyme
riimittää rhyme
riimu 1 (päitset) halter **2** (kirjoitus) rune
riimukirjoitus rune, runic script
riippua 1 (fyysisesti) hang/dangle (from), be suspended (from) **2** (kuv) depend (on) *Sehän riippuu kokonaan sinusta* That's entirely up to you *riippuen siitä onko* depending on whether
riippumaton independent, (valtio myös) autonomous *taloudellisesti riippumaton* financially independent/self-supporting, on your own
riippumatta 1 (siitä että) despite the fact that, in spite of the fact that **2** (siitä onko) whether or not, irrespective/regardless of whether **3** (toisistaan) independently
riippumatto hammock
riippumattomuus independence, autonomy
riippuvainen dependent (on)
riippuvaisuus dependency
riipus pendant *olla riipuksissa* be hanging/dangling/drooping down
riiputtaa hang, dangle
riisi 1 (paperia) ream **2** (ruokaa) rice
riista game

riistanhoitaja

riistanhoitaja game warden
riistanhoito preservation/protection of game
riisto oppression, exploitation
riistäjä oppressor, exploiter
riistäytyä 1 (käsistä fyysisesti) tear (yourself) away, break/twist/wriggle away, wriggle/slip out of your/someone's grip **2** (käsistä kuv) get out of hand
riistää 1 (viedä käsistä) take, rip, wrench, snatch **2** (viedä kuv) deny (someone something), deprive (someone of something), take (something away) **3** (sortaa) oppress, exploit
riisua undress, strip; (ark = riisuuntua) get undressed; (kengät tms) take off
riisua joku aseista disarm someone (myös kuv)
riisua joltakulta harhakuvitelmat strip someone of his/her illusions, burst someone's bubble, puncture someone's pomposity
riisua joulukuusi take down a Christmas tree
riisua sielunsa paljaaksi bare your soul
riisua vaatteet take off your/someone's clothes, undress/strip (yourself)
riisua yläruumis alastomaksi strip/undress to the waist
riisuuntua (get) undress(ed), take off your clothes
riita fight, argument, quarrel, (knockdown) battle; (julkinen) controversy *haastaa riitaa* pick a fight, look for a fight *sopia riita* make up *panna riita puoliksi* reach a compromise
riitaantua fall out (with someone), have a falling-out (with someone)
riita-asia (lak) civil dispute/case/suit
riitainen 1 (riitaisa) quarrelsome, ornery **2** (kiistelty) disputed, contested
riitaisa quarrelsome, argumentative, ornery
riitaisuus argumentativeness, orneriness
riitakysymys controversial subject, bone of contention
riitapukari quarrelmonger, someone who's looking for a fight
riitapuoli party to a dispute, disputant

riiteleminen fighting, arguing, bickering, quarreling
riitely fighting, arguing, bickering, quarreling
riitti rite
riittoisa economical, long-lasting
riittämättömyys insufficiency, inadequacy
riittämättömästi insufficiently, inadequately, not enough
riittämätön insufficient, inadequate
riittävyys sufficient/adequate amount
riittävä sufficient, adequate *riittävän usein* often/frequently enough *riittävä määrä lautasia* enough plates
riittävästi enough, plenty
riittää be enough/plenty/sufficient, do *Se riittää hyvinkin* That'll be plenty, that'll do fine *Jo riittää!* That's enough! *Rahani eivät riitä siihen* I don't have enough money for that, I can't afford it *Kyllä täällä töitä riittää* There's plenty to do around here
riivaaja demon, evil spirit
riivata possess *Mikä sinua riivaa?* What's gotten into you? What's the matter with you? (miten saatoit tehdä noin:) What possessed you?
riivattu possessed; (ark = kirottu) damned
riivinrauta grater
riiviö rascal
rikas rich (myös kuv), wealthy, affluent, well-to-do
rikastaa (tekn) enrich, concentrate
rikastin (aut) choke
rikastua 1 (rahassa) get rich (off of), make your fortune (from) **2** (kokemuksissa) be enriched (by)
rikastuttaa (tehdä rikkaaksi) make (someone) rich; (parantaa) enrich
rike minor offense, misdemeanor
rikesakko spot fine
Rikhard (kuninkaan nimenä) Richard
rikka 1 piece of trash/garbage/litter; (mon) trash, garbage, litter; (raam) mote **2** (aluslaatta) washer
rikkalapio dust pan
rikkaruoho weed

rikkaus wealth (myös kuv), affluence, riches
rikki s sulphur adj, adv **1** broken, smashed, (ark) busted *mennä rikki* break, shatter, smash, get broken/busted **2** (revennyt) ripped, torn *mennä rikki* rip, tear **3** (kulunut läpi) worn out/through, (takki kyynärpäistä) out at elbows **4** (epäkunnossa) out of order *mennä rikki* go out of order, go on the fritz/blink, (auto) die
rikkihappo sulfuric acid
rikkinäinen 1 broken (myös kuv), smashed, (ark) busted *rikkinäinen koti/ääni* broken home/voice **2** (revennyt) ripped, torn, (kulunut) worn out
rikkinäisyys division, disunion, dissension
rikkiviisas 1 (viisasteleva) smart-/wise-ass **2** (turhan oppinut) abstract, academic
rikkoa break *rikkoa ikkuna* break/smash/shatter a window
rikkoa ennätys break a record
rikkoa hyviä tapoja vastaan commit a breach of decorum, transgress against common decency
rikkoa lakia break/disobey the law, commit a crime
rikkoa lupaus break a promise
rikkoa rauhaa disturb the peace
rikkoa sanansa go back on your word
rikkoa seteli break a bill *Voitko rikkoa kympin?* Can you break a ten? Do you have change for a ten?
rikkoa sopimus renege on a contract/agreement
rikkoa välinsä jonkun kanssa break off relations/your friendship with someone
rikkomus 1 offense, transgression (myös usk), crime, (lak) misdemeanor **2** (urh) foul
rikkonainen ks rikkinäinen
rikkoutua break (off/down), get broken
rikkuri scab
rikoksentekijä the perpetrator of a crime, (ark) perp
rikollinen criminal
rikollisesti criminally
rikollisjärjestö criminal organization
rikollisuus crime
rikos crime, criminal offense *tehdä rikos* commit/perpetrate a crime *törkeä rikos* felony
rikoselokuva crime movie, cop show
rikoslainsäädäntö criminal code
rikoslaki criminal law
rikospoliisi police
rikosrekisteri police record
rima 1 (puurima) lath, batten **2** (urh) (cross)bar *ylittää rima* clear the bar *asettaa rima korkealle* aim high, shoot for the stars *riman reilusti alittava esitys* third-rate performance
rimakauhu the jitters, butterflies in your stomach *saada rimakauhu* back/chicken out at the last moment
rimpsu 1 ruffle, flounce **2** (runo) jingle, ditty
rimpuilla struggle/wriggle/fight to get away
rinkeli bagel, (munkkirinkeli) doughnut
rinkka backpack
rinnakkain side by side; (kävellä) shoulder to shoulder, abreast; (istua leik) shank to flank *asettaa rinnakkain* juxtapose, set side by side
rinnakkainen 1 (muodoltaan, käytöltään) parallel, corresponding, interchangeable **2** (ajallisesti) simultaneous, contemporaneous
rinnakkaisajo (tietok) parallel run
rinnakkaiselo *rauhanomainen rinnakkaiselo* peaceful coexistence
rinnakkaiskäsittely (tietokoneessa) parallel processing
rinnakkaisliitäntä (tietok) parallel interface
rinnakkaismuoto parallel construction, variant (form)
rinnakkaisohjelma 1 (rinnakkaistaajuus) second/parallel radio station **2** (rinnakkaisohjelmointi) parallel radio programming
rinnakkaissuoritin parallel processor
rinnalla 1 (vierellä) next to, beside, at (someone's) side, alongside *seisoa jonkun rinnalla* (fyysisesti) stand next to someone; (kuv) be at someone's side, be

rinnan

there for someone *päästä jonkun rinnalle* come up alongside someone **2** (ohella) in addition to, alongside *käyttää englantilais-englantilaista sanakirjaa suomalais-englantilaisen rinnalla* use an English dictionary alongside the Finnish-English one **3** (verrattuna) compared to/with, next to, beside *Sinun rinnallasi minä olen ruma ankanpoikanen* Compared to you I'm an ugly duckling
rinnan alongside, (ajallisesti) simultaneously with *rinta rinnan* ks rinnakkain
rinnastaa 1 (samastaa) equate **2** (yhdistää) link, associate **3** (vertailla) compare **4** (kiel) coordinate
rinnasteinen coordinate
rinnastus 1 (vertaus) comparison, analogy **2** (kiel) coordination
rinnastuskonjunktio coordinating/correlative conjunction
rinne 1 slope, (laskettelurinne) ski slope **2** (maantiellä) gradient, grade **3** (mäenrinne) hillside, (vuorenrinne) mountainside
rinnus the front of a shirt *tarttua jotakuta rinnuksista* grab someone by the lapels
rinta 1 (rintakehä) chest **2** (naisen) breast; (ark) boob; (sl) tit, knocker; (mon) bust, bosom *antaa lapselle rintaa* breast-feed a baby, (vanh) give a baby suck **3** (linnun, elävänä ja syötävänä) breast **4** (tunne, sydän) heart (ks myös rinnalla, rinnan)
rintakehä chest
rintakipu chest pain
rintalapsi suckling, nursing infant
rintaliivit brassiere, (ark) bra
rintama (sot ja ilmatieteessä) front
rintamaa heartland
rintamamies veteran
rintamamieseläke veteran pension
rintaruokinta breast-feeding, nursing
rintasyöpä breast cancer
rintauinti breast stroke
ripa (kahva) handle
ripaska trepak, gopak
ripeys rapidity, promptitude
ripeä quick, rapid, prompt
ripeästi quickly, rapidly, promptly

ripittäytyä confess your sins, go to confession
ripittää 1 (usk) hear (someone's) confession **2** (ark) tell (someone) off
ripitys 1 (usk) confession **2** (ark) scolding
ripotella 1 (sokeria tms) sprinkle **2** (vaatteita tms) scatter, strew
ripottelu sprinkling, scattering, strewing (ks ripotella)
ripotus pinch
rippeet remnants, remains, scraps *itseluottamuksen rippeet* what's left/the remnants of your self-confidence
rippi 1 (ripitys) confession **2** (konfirmaatio) confirmation *päästä ripille* be confirmed
rippi-isä (father) confessor
rippikoulu confirmation class
rippikoululainen member of a confirmation class
rippikoululeiri confirmation camp
ripsi (eye)lash
ripsiväri mascara
ripsiä (vedellä) sprinkle
ripsiäinen (eläin) thrip, thunderbug
ripsu fringe
ripuli diarrhea
ripustaa hang (up/out), suspend
ripustin hanger
ripustus hanging, suspension
risa s **1** (nielurisa) tonsil **2** (riekale) rag, tatter, shred **3** *ja risat* (ark) -odd, -something *30 ja risat* thirty-something/-odd *kuukausi ja risat* a little over a month, a month plus, a month and a few odd days adj (risainen) ripped, torn, tattered, in shreds
riskeerata (take a) risk
riski s risk adj strong, hefty
riskipääoma venture capital
risoa *Minua risoo tuommoinen* That really grates on me
risotto risotto
risteilijä cruiser
risteillä 1 (laivalla) cruise **2** (mennä ristiin rastiin) crisscross
risteily cruise
risteilyohjus cruise missile

risteys intersection, crossing, crossroad(s), junction
risteyttää (eläimiä) cross(-breed), (kasveja) cross(-fertilize)
risteytys 1 (risteyttäminen) cross(breed-/fertiliz)ing 2 (risteymä) cross, hybrid
risteytyä cross (with)
risti 1 cross *ristissä* ks hakusana 2 (mus) sharp *G-duurissa on yksi risti* The key of G major has one sharp 3 (korteissa) club *ristiässä* the ace of clubs 4 (taakka) cross, burden *Katso ristejäni, Herra!* Look at the crosses I have to bear, Lord! *olla ristinä jollekulle* be a burden to someone
ristiaallokko cross-swell, chop(py sea)
ristihämähäkki orb web spider
ristiin *panna kädet ristiin* fold your hands *mennä ristiin* (kävellen, autolla) miss each other, (postissa) cross in the mail; (tarinat, väitteet) clash, not jibe, be discrepant *puhua ristiin* (yksi ihminen) contradict yourself; (useat) give contradictory/different accounts *Sinä et ole pannut tikkua ristiin* You haven't lifted a finger to help me
ristiinnaulita crucify
ristiin rastiin this way and that, every which way, here and there (and everywhere) *mennä ristiin rastiin* crisscross
ristikko crossword puzzle
ristikkomerkki number sign
ristikkäin 1 (ristissä) crossed, (kädet rinnalla) folded 2 (poikittain) crosswise, across
ristiminen christening, baptizing
ristinkuolema death on the cross, crucifixion
ristin sielu *Siellä ei ollut ristin sielua* There wasn't a soul there
ristiretkeläinen crusader (myös kuv)
ristiretki Crusade
ristiriita 1 (ihmisten välillä) conflict, clash, disagreement 2 (raporttien tms välillä) disagreement, discrepancy, inconsistency
ristiriitainen conflicting, clashing, discrepant, inconsistent (ks ristiriita)
ristiriitaisesti inconsistently
ristisanatehtävä crossword puzzle

ristissä *jalat ristissä* with your legs crossed, cross-legged *kädet ristissä* with your arms folded *seisoa kädet ristissä kun joku muu tekee kaikki työt* stand there twiddling your thumbs/with your hands in your pocket, while someone else does all the work
ristituli crossfire
ristiä 1 christen, (nimetä) name, (kastaa) baptize 2 (kätensä) fold, clasp
ristiäiset christening, baptism
risu branch, (pieni) twig; (mon) brushwood
risuparta scraggly beard
ritari knight
ritistä crackle
ritsa slingshot
rituaali ritual
ritva (hanging) branch
riuhtaista yank, jerk, snatch, tug, pull
riuhtaisu yank, jerk, snatch, tug, pull
riuhtoa 1 ks riuhtaista 2 (rimpuilla) struggle, wriggle, fight
riuku pole, spar
riuska hard-working, industrious
riuskasti industriously
riutta reef
riutua (fyysisesti) waste away, (henkisesti) pine away
riveittäin by row
rivi row, line; (sot) rank (myös kuv) *asettua riviin* line up, (sot) fall in(to rank) *koota rivinsä* (kuv) close up/tighten your ranks *lukea rivien välistä* read between the lines *kansan syvät rivit* the people, the grassroots, (tavalliset ihmiset) the rank and file
Riviera the Riviera
rivinvaihto return, (tietok) enter
rivinväli spacing *yksi-/kakkosrivinvälillä kirjoitettu* single/double-spaced *puolentoista rivinvälillä kirjoitettu* typed space and a half
rivistö 1 double file 2 (rivit) rows
rivitalo rowhouse, (kaksikerroksinen) townhouse
rivo obscene, (ark) dirty
rivosti obscenely
rivous obscenity, dirty word/joke
robotti robot

rockmusiikki rock music
rocktähti rock star
rodeo rodeo
rodullinen racial
rodullisesti racially
rohkaiseva encouraging
rohkaista encourage *rohkaista mielensä* screw up your courage
rohkaisu encouragement
rohkaisuryyppy bracer
rohkea 1 courageous, brave, bold, fearless, unafraid; (ylät) valiant 2 (uskalias) daring, suggestive, risqué
rohkea rokan syö nothing ventured nothing gained, fortune favors the brave
rohkeasti courageously, bravely, boldly, fearlessly, valiantly
rohkeus courage, bravery, boldness, fearlessness *kerätä rohkeutensa* screw up your courage *menettää rohkeutensa* lose heart, chicken out, have your heart in your boots
rohmuta hog, (hamstrata) hoard
rohto drug, medicine
rohtua (get) chap(ped)
rohtuma chap, (lääk) eczema
roihu blaze, blazing fire
roihuta blaze
roikka 1 (sakki) gang, crowd 2 (jatkoroikka) extension cord 3 (valoroikka) trouble light
roikkua 1 hang (down) *Sitä ei päätetty, se jäi roikkumaan* We didn't make a decision on it, we just left it hanging 2 (kiinni jossakin) hang on, cling to *Älä koko ajan roiku minussa!* Don't keep hanging on me! Stop clinging to me! 3 (hengailla) hang around
roikottaa drag/haul/lug (something) behind you
roima hefty, good-sized
roimasti *nousta roimasti* rise sharply
roiskahtaa splash
roiskauttaa splash (something on something)
roiske splash
roiskeläppä mudflap, splash guard
roiskia splash
roiskis! splash! sploosh!

roiskua splash, spray; (kuuma rasva) spatter
roisto hood, thug, bad guy *Senkin roisto!* You bastard!
rojahtaa crash/flop down
roju junk, (sl) shit
rokka pea soup
rokokoo rococo
rokote vaccine
rokottaa 1 vaccinate 2 (ark: ottaa maksuksi) charge, (kostaa) get your own back
rokotus vaccination
rokuli *nukkua rokuliin* oversleep
romaani 1 (kirja) novel 2 (ihminen) gypsy, Romany
romaanihenkilö character in a novel
romaanikirjailija novelist
romaanikirjallisuus the novel, (prose) fiction
romaaninen 1 (kieli) Romance 2 (arkkitehtuuri) Romanesque
romahdus crash (myös tal), collapse *henkinen romahdus* nervous breakdown, mental collapse, (ark) crackup
romahduttaa 1 (talo) devastate, destroy 2 (talous) send (the economy, the dollar jne) into a tailspin, spiraling downwards 3 (hallitus) overthrow, topple
romahtaa 1 (rakennelma) collapse, crash/come/tumble/topple down, cave in 2 (talous) crash, collapse; (lamaantua) slump, go into a recession; (hinnat, noteeraukset tms) go into a tailspin, spiral downwards, plummet (hermot) collapse, break down, crack up
Romania Romania, Rumania
romania Romanian, Rumanian
romanialainen s, adj Rumanian, Romanian
romanssi romance
romantiikka 1 romance 2 (aikakausi) Romanticism
romantikko romantic
romantisoida romanticize
romanttinen romantic
rommi rum
romppu CD-ROM
romu 1 (romutavara) scrap *myydä romuksi* sell as scrap *ajaa auto romuksi*

ruijanpallas

total a car **2** (roju) (piece of) junk, (mon) junk
romuauto junk car
romukoppa *heittää romukoppaan* scrap, junk, throw (something) away *joutaa romukoppaan* be ready for the scrap-/junkheap
romutavara scrap
romuttaa 1 (tehdä romuksi) scrap, smash, crush, break up **2** (ajaa romuksi) total **3** (tehdä tyhjäksi) scrap, junk, ruin
romuttua 1 (auto kolarissa) be totaled **2** (hanke) come to nothing, fall flat, flop
ronkkia dig in/at, pick/poke at, finger; (kuv) meddle with
rooli role, part
Rooma Rome
roomalainen Roman
roomalaiskatolinen Roman Catholic
roottori rotor
ropina patter
ropista patter
roppakaupalla lots/tons/piles/heaps of
roska trash, garbage (myös kuv) *Roskaa!* Nonsense! *koko roska* the whole schmear/kit-n-kaboodle
roskaantua get littered
roskaindeksointi (tietok) spamdexing
roskainen littered, messy
roskakori waste(paper) basket
roskakulttuuri trashy/low(brow) culture
roskalaatikko trash can
roskaposti (tietok) spam *lähettää roskapostia* spam (somebody)
roskapostisuodatin (tietok) spam filter
roskaromaani trashy novel
roskaruoka junk food
roskasakki trash(y folks)
roskata litter
rosoinen rough-surfaced
rossinhylje Ross seal
rosvo bandit
rosvota rob, thieve, plunder
rotanloukku rat hole (myös kuv)
rotary Rotarian
rotary-järjestö the Rotary organization
rotary-klubi Rotary club
roteva burly, sturdy, robust
rotko ravine, gorge
rotta (brown) rat (myös kuv)
rottinki wicker
rottinkihuonekalu (piece of) wicker furniture
rotu 1 (ihmisrotu) race **2** (eläinrotu) breed
rotuennakkoluulo racial prejudice
rotuerottelu racial discrimination
rotuinen breed *Minkä rotuinen koira tuo on?* What breed of dog is that?
rotukoira purebred dog
rotulevottomuudet racial unrest
rotusyrjintä racial discrimination
rotuviha racial hostility
rouhe (vilja) coarsely ground grain, (pähkinät) finely chopped nuts
rouhia grind (something) coarse, chop (something) finely
rousku milk cap
routa frost
routainen frozen
routia buckle in the spring freeze
rouva married woman, matron *Rouva!* Ma'am! *rouva Halttunen* (vanh) Mrs. Halttunen, (nyk) Ms. Halttunen
rouvashenkilö married woman, matron
rovaniemeläinen s person from Rovaniemi adj pertaining to Rovaniemi
rovasti (lähin vastine) head pastor
rovio pyre *polttaa roviolla* burn at the stake
Ruanda Rwanda
ruandalainen s, adj Rwandan
ruhje bruise, contusion
ruhjevamma bruise, contusion
ruhjoa bruise, mangle, maul
ruhjoutua be bruised/mangled/mauled (by/in)
ruho (dead) body, carcass *Siirräs ruhos* Move your carcass
ruhtinaallinen princely (myös kuv:) sumptuous *ruhtinaallinen ateria* a meal fit for a king
ruhtinaallisesti (elää) like a prince/king; (kestitä) lavishly
ruhtinas prince *Rauhan/Pimeyden Ruhtinas* the Prince of Peace/Darkness
ruijanpallas (kala) Atlantic halibut

ruikuttaa

ruikuttaa moan, groan, gripe, grouse, complain
ruinata beg (for)
ruipelo beanstalk
ruis rye
ruiskaunokki cornflower
ruiskauttaa spray, squirt
ruiske injection, (ark) shot *piristysruiske* (kuv) shot in the arm
ruisku 1 (letku) hose, (paloruisku) fire hose **2** (suutin) spray nozzle **3** (injektioruisku) (hypodermic) syringe
ruiskuttaa 1 (letkulla tms) spray, squirt, hose (down) **2** (lääk) inject
ruiskutusmoottori fuel-injection engine
ruisleipä rye bread
rujo (rampa) crippled, (muotopuoli) misshapen, deformed
rukka poor thing
rukkanen mitten *lyödä rukkaset pöytään* throw in the towel *saada rukkaset* get rejected, get turned down
rukki spinning-wheel
rukoilevainen Beseecher
rukoilijasirkka praying mantis
rukoilla 1 (usk) pray *Rukoilkaamme* Let us pray **2** (anella) pray, beg, implore, beseech
rukoilu 1 praying, prayer **2** praying, begging, imploring, beseeching
rukous prayer *Hiljentykäämme rukoukseen* Let us bow our heads in prayer
rukoushuone chapel
ruletti roulette
rulla roll; (papiljotti) roller, curler
rullafilmi roll film
rullalauta skateboard
rullaluistella rollerskate
rullaluistin rollerskate
rullata 1 roll *saada asiat rullaamaan* get the ball rolling *rullata tukkansa* roll/curl/set your hair, put your hair up in rollers/curlers *rullata juoppo* roll a drunk **2** (lentokone) taxi
ruma 1 (naama) ugly, homely **2** (haava) bad(-looking), nasty **3** (sana) nasty, naughty, dirty **4** (käytös) naughty, bad, not nice
ruma ankanpoikanen ugly duckling

rumanlainen uglyish, on the ugly/homely side
rumasti *tehdä rumasti* play a mean/nasty/dirty trick (on someone), do a terrible/awful thing (to someone) *sanoa rumasti* (epäkohteliaasti) be rude/impolite (to someone), insult/offend/hurt (someone); (rivosti) swear (at someone), say a bad word/thing (to someone)
rumentaa disfigure, blemish
rumilus ugly thing; (talon tms) eyesore; (miehen) hulk (of a man); (naisen) hag, witch
rummunkalvo drumhead
rummuttaa drum (myös kuv)
rummutus drumming, (sateen) pounding
rumpali drummer
rumpu drum *lyödä rumpua jostakin asiasta* thump the pulpit about something
rumpujarru drum brake
rumpupalikka drumstick
rumuus ugliness, homeliness
runkata beat/jerk/jack off, do a hand job (on); (ylät) masturbate
runko 1 (puun) trunk, (kaadettu) log **2** (ihmisen) frame **3** (polkupyörän, auton) frame, (laivan) hull, (lentokoneen) fuselage, (rakennuksen) skeleton **4** (puheen tms) skeleton, (skeletal) outline; (ark) bare bones
runnella mangle, maul
runnoa crush, smash *runnoa läpi* (kuv) railroad (through)
runo poem
runoilija poet
runoilla write poetry
runoilu poetry-writing
runosuoni poetic inspiration
runous poetry
runsaalla kädellä generously, liberally
runsaasti 1 (ennen substantiivia) plenty/lots of *runsaasti ihmisiä* lots of people **2** (ennen adjektiivia tai predikaattina) abundantly, copiously, heavily *runsaasti kuvitettu* copiously illustrated *kastella runsaasti* water heavily
runsain mitoin abundantly
runsain määrin amply

runsas 1 (määrältään suuri) abundant, copious, plentiful, bounteous; (ark) large *runsas tukka* thick head of hair *runsas sato* large/bumper crop *runsas liikenne* heavy traffic *80-luvun runsaat vuodet* the good/fat years of the 80s **2** (reilu) a good, well over *runsaat puolet* a good half, well over half *runsas vuosi sitten* more than a year ago
runsaslukuinen numerous, (yleisö tms) large
runsaudenpula embarrassment of riches
runsaudensarvi cornucopia
runsaus abundance, bounty, plenty, wealth (myös kuv)
runtelu mangling, mauling
ruoaksi kelpaava edible
ruoan- ks ruuan-
ruodoton filleted
ruohikko grass, lawn; (ylät) sward
ruoho grass
ruohonjuuritaso grassroots level
ruohonleikkuri lawnmower
ruohonleikkuukone lawnmower
ruohonvihreä grass-green
ruoka 1 food *laittaa ruokaa* (yleensä) cook **2** (ateria) meal; (aamiainen) breakfast, (lounas) lunch, (päivällinen) dinner *laittaa ruokaa* (tiettyä ateriaa) fix breakfast/lunch, fix/cook dinner *Ruoka on valmista* Breakfast/lunch/dinner is ready **3** (ruokalaji) dish, food *Mikä on sinun lempiruokasi?* What's your favorite dish/food?
ruoka-aika meal time
ruokahalu appetite *Hyvää ruokahalua!* Enjoy your meal, bon appetit *kiihottaa ruokahalua* whet your appetite *viedä ruokahalu* ruin your appetite *Minulla ei oikein ole ruokahalua* I'm not really very hungry, I don't have much of an appetite, I'm a bit off my feed
ruokahalu kasvaa syödessä the more you eat the hungrier you get
ruokahaluton not hungry; (lääk) inappetent, anorectic
ruokailla eat, dine, sup
ruokaisa filling
ruokajono cafeteria line

ruokakauppa grocery store
ruokala cafeteria
ruokalaji 1 (yhdessä astiassa tarjoiltava) dish **2** (aterian vaihe) course
ruokalasku grocery bill
ruokalista menu
ruokamulta topsoil, humus
ruokaostokset groceries
ruokapaikka restaurant, place to eat *Meidän vakinainen ruokapaikkamme* Our favorite place to eat
ruokapöytä dinner/dining-room table
ruokasali dining room
ruokasieni edible mushroom
ruoka sisältyy hintaan price includes meals
ruokatavara groceries
ruokatorvi esophagus
ruokatunti lunch hour
ruokavalio diet
ruokaöljy cooking oil
ruokinta feeding
ruokinta-aika feeding time
ruokki (lintu) razorbill
ruokkia feed (myös kuv)
ruoko reed, (sokeriruoko) cane
ruokoton 1 (siivoton) unkempt, uncared-for, sloppy, slovenly, scruffy **2** (rivo) dirty, filthy, smutty *puhua ruokottomia* talk dirty, have a filthy mouth **3** (tavaton) an incredible amount of *sataa ruokottomasti* come down in buckets
ruopata dredge
ruoppari dredger
ruoppaus dredging
ruori (peräsin) rudder, (ruoritanko) tiller, (ruoriratas) helm *Ruori vasempaan!* Helm to lee! *mennä ruoriin* take the helm *olla ruorissa* be at the helm
ruoriratas helm
ruoska whip, (kuv) lash
ruoskia whip, (kielellä) (give someone a tongue-)lash(ing)
ruoskinta whipping, (tongue-)lashing
ruoste rust
ruosteenesto antirust/-corrosion treatment
ruosteessa rusty
ruostesuojata rust-seal

ruostesuojaus rust-sealant
ruostua (get) rust(y)
ruostumaton rustproof, (teräs) stainless
ruostuttaa corrode
ruotia 1 (kalaa) fillet **2** (asiaa) mull over, pick apart, look into closely
ruoto (fish)bone
ruotoinen bony
ruotsalainen s Swede adj Swedish
ruotsalaisuus Swedishness
Ruotsi Sweden
ruotsi (kieli) Swedish
ruotsinaikainen from the Swedish period
ruotsinkielinen Swedish(-language)
ruotsinnos Swedish translation
ruotsinsuomalainen s Finnish-Swede adj Finnish-Swedish
ruotu 1 (sot) platoon (in the old Swedish army) **2** (hist) land unit (the amount required to maintain one soldier)
rupatella chat, gab, yak, shoot the breeze/bull
rupeama 1 (työrupeama) work period **2** (tovi) spell *yhteen rupeamaan* at a single stretch
rupi scab
rupinen scabby
rupisammakko toad
rupla rouble
rusakko European hare; (ark) jackrabbit
rusetti bow; (solmuke) bowtie
rusikoida beat (someone) black and blue; (kuv) pan
rusina raisin
rusinaleipä raisin bread
ruska brilliant colors of fall foliage
ruskea brown; (ruskettunut) tan(ned)
ruskea kirjekuori manila envelope
ruskettaa tan
ruskettua (get) tan(ned)
rusketus tan(ning)
ruskistaa brown
ruskistua brown
ruskistus browning
rusko brown horse
russakka German cockroach
rusto 1 (elävänä) cartilage **2** (syötävänä) gristle
rustokalat cartilaginous fish

rutiini routine; (taito) skill *Se rullaa häneltä jo rutiinilla* He can do it without thinking now
rutikuiva dry as dust
rutinoitua become (a) routine, fall into a routine/rut
rutistaa squeeze, (halata) hug, (paperi) crumple (up)
rutkasti lots/piles/heaps of
rutosti lots/piles/heaps of
rutto the plague *karttaa jotakuta kuin ruttoa* avoid someone like the plague
rutussa crumpled (up)
ruuanlaitto cooking
ruuansulatus digestion
ruuansulatuselimistö digestive tract
ruuansulatushäiriö indigestion
ruudinkeksijä *ei mikään ruudinkeksijä* no Einstein
ruudinkäry gun(powder) smoke
ruudullinen (vaate) plaid, checkered *ruudullinen paperi* graph paper
ruuhi punt
ruuhka 1 (ruuhka-aika) rush-hour; (liikenneruuhka) traffic jam, rush-hour traffic **2** (työruuhka) backlog
ruuhkaliikenne rush-hour traffic
ruuhkautua (liikenne) jam up; (työ) back/pile up
ruukku pot
ruukkukasvi potted plant
ruuma hold
ruumenet chaff
ruumiillinen bodily, corpor(e)al, physical *ruumiillinen rangaistus* corporal punishment *ruumiillinen työ* manual labor
ruumiillisesti physically
ruumiillistua be incarnated (as)
ruumiillistuma incarnation, embodiment
ruumiinavaus autopsy
ruumiinlämpö body temperature
ruumis (elävä tai kuollut) body, (kuollut) corpse, carcass, cadaver *Vain minun kuolleen ruumiini yli* Over my dead body
ruumisarkku coffin, casket
ruumishuone morgue

ruusu rose *saada ruusuja ja risuja* get feathers in your cap and black eyes *Elämä ei ole ruusuilla tanssimista* Life isn't a bed of roses
ruusuinen rosy *nähdä tulevaisuutta ruusuisena* look at the future through rose-colored glasses
ruusukakadu (lintu) galah
ruusuke rosette, (rusetti) bow
ruusukimppu bouquet of roses
ruusukirva greenfly, rose aphid
ruusunhohteinen rosy
ruusunmarja rose hip
ruusunpunainen rose-red, red as roses
ruuti gunpowder
ruutu 1 (neliö) square, (lomakkeessa) box *Pane rasti ruutuun jossa* Check the box that **2** (TV:n) screen **3** (korteissa) diamond **4** (vaatteen) check
ruutupaperi graph paper
ruuvata screw
ruuvi screw *Hänellä taitaa olla ruuvi löysällä* I think he's got a screw loose
ruuviavain wrench
ruuvikierre thread
ruuvimeisseli screwdriver
ruuvipenkki vice
ruuvitaltta screwdriver
ruveta 1 start (doing), begin (to do) *ruveta harrastamaan uintia* take up swimming **2** (joksikin) become *ruveta opettajaksi* become a teacher
ryhdikkyys uprightness, erectness, dignity
ryhdikkäästi with dignity
ryhdikäs upright (myös kuv), erect
ryhdistäytyä pull yourself together, get ahold of yourself
ryhmitellä group, classify, categorize, organize by group
ryhmittely grouping, classification, categorization
ryhmittyminen grouping, lane-changing
ryhmittymä group; (pol) coalition, (valtiotasolla) bloc; (liike-elämässä) syndicate, consortium, cartel
ryhmittyä 1 (form a) group, form groups, gather (together) **2** (liikenteessä) change lanes *ryhmittyä vasemmalle* get in the left lane
ryhmittäin by group
ryhmittää group, classify, categorize, organize by group
ryhmitys group(ing)
ryhmä 1 group; (ark) bunch **2** (poliisin) division, department **3** (sot) squad
ryhmäjako classification
ryhmäkeskustelu group discussion
ryhmäseksi group sex
ryhmätyö group work
ryhmätyöskentely group work
ryhti posture, bearing, carriage; (kuv) backbone
ryhtivika posture defect, bad posture
ryhtyminen starting, becoming *asiaan ryhtyminen* getting down to business, digging in
ryhtyä 1 start (doing), begin (to do) *ryhtyä harrastamaan uintia* take up swimming **2** (joksikin) become *ryhtyä opettajaksi* become a teacher
ryijy rya (rug)
rykelmä group, cluster
rykiä clear your throat
rykmentti regiment
rykäistä clear your throat
rymäkkä commotion, uproar, pandemonium
rynkyttää pound (on), rattle
rynnistys (urh) sprint; (sot) charge, attack
rynnistää rush, dash; (urh) sprint
rynnäkkö charge, attack
rynnäs 1 (mer) bow **2** *ryntäät* chest, breast
rynnätä 1 rush, dash, charge (in/out) **2** (sot) charge, attack
ryntäys rush, charge; (pankkiin) run (on)
rypeä wallow (in)
rypistyä get wrinkled/crumpled (up)
rypistää wrinkle, (rutata) crumple *rypistää otsansa* wrinkle your forehead, knit your brow(s)
ryppy wrinkle; (otsassa) furrow; (ihossa) line, (silmien ympärillä) crows' feet *olla rypyssä* be wrinkled *otsa rypyssä* knit-browed

ryppyillä make trouble, be a nuisance; (sanoa vastaan) talk back, give (someone) lip
ryppyily trouble-making, hassle; backtalk, lip
ryppyinen wrinkled
rypsi (turnip) rape
rypäle 1 (terttu) bunch **2** (viinirypäle) grape
rypälemehu grape juice
ryske crash, clatter, banging *pitää ryskettä* make a commotion
ryskis! crash!
ryskyttää pound/bang (on), rattle
ryskyä crash
ryssä (halv) Russkie
rystylyönti backhand *harjoitella rystylyöntiään* work on your backhand
rystyset knuckles
rysä 1 fyke (net) **2** (ark = poliisin) speed trap **3** *tavata rysän päältä* catch (someone) red-handed, in the act
rysähdys crash *yhdessä rysähdyksessä* in one fell swoop
rysähtää crash, bang
ryteikkö thicket, brake
rytinä crash, clatter
rytmi rhythm
rytmihäiriö (sydämen) arrhythmia, fibrillation
rytmikäs rhythmic
rytmitaju sense of rhythm
rytäkkä scuffle, tussle, scrap
ryynit grits
ryypiskellä booze, tipple
ryyppiä booze, tipple
ryyppy 1 (alkoholia) drink, shot, swig, pull **2** (auton) choke
ryyppylasi shot glass
ryyppyretki drunken spree/binge
ryyppytuuli *Taidan olla ryyppytuulella* I feel like a drink
ryypätä drink, booze *ratketa ryyppäämään* hit the bottle, go on a drinking spree, go off on a drunken binge *ryypätä rahat* blow your money on booze
ryystää slurp
ryysy rag, tatter
ryysyinen ragged, tattered

ryökäle *Senkin ryökäle!* You son of a bitch!
ryömintäkaista creeper lane
ryömiä crawl, creep (along)
ryöppy flood, torrent, storm
ryöstäytyä (irti) get/break away *ryöstäytyä käsistä* get out of hand
ryöstää 1 rob, (ark) knock over (a bank); (talo) burglarize; (ja mukiloida) mug, (ark) roll; (kääntää taskut) pick (someone's) pocket; (tavaraa) steal **2** (kidnapata) kidnap, abduct **3** (ja hävittää) plunder, loot
ryöstö robbery, burglary, mugging, theft, kidnapping, abduction, plunder, looting; (ark) caper, job (ks ryöstää)
ryöstömurha robbery with murder
ryöstösaalis loot, booty
ryöväri robber, thief, highwayman, bandit
ryövätä rob, thieve
rähinä 1 (melu) racket, commotion **2** (tappelu) scuffle, tussle, scrap **3** (huutelu) yelling, shouting, (verbal) abuse
rähinöidä fight, brawl, scrap, bust up the place
rähinöinti fighting, brawling, scrapping; (lak) being drunk and disorderly, D and D
rähinöitsijä scrapper
rähistä 1 (huutaa) yell/shout (at), abuse, tell (someone) off, give (someone) a piece of your mind **2** (meluta) make a racket/commotion **3** (tapella) fight, brawl, scrap
rähjä wreck *vanha auton rähjä* old beat-up car, beater, piece of junk
rähjäinen beatup, dirty, scruffy, grungy
rähjätä 1 (kituuttaa) plug along, (nyhjätä) (sl) muck/fart/fuck around **2** (liata) beat/scruff up, get (something) all dirty/grungy **3** (huudella) yell/shout (at), abuse, tell (someone) off, give (someone) a piece of your mind
rähjääntyä get beat up, fall apart, fall into disrepair, get dirty and scruffy
rähkiä slave/drudge away, work like a dog
rähmällään flat on your face, propped up on your elbows, on your hands and

knees *kaatua rähmälleen* fall flat on your face
rähäkkä 1 (melu) racket, commotion 2 (tappelu) scuffle, tussle, scrap
räikeys garishness, flagrancy, obviousness
räikeä 1 (silmäänpistävä väri) garish, glaring 2 (silmäänpistävä rikos) glaring, blatant, flagrant 3 (silmäänpistävä muu) obvious, clear, patent *räikeä ero* patent difference 4 (vihlova ääni) grating, rasping, jangling, jarring, harsh
räikeästi garishly, glaringly, blatantly, flagrantly, obviously, clearly, patently, gratingly, raspingly, jarringly, harshly (ks räikeä) *räikeästi toisistaan eroavat värit* two completely different colors, clashing colors
räiske 1 (äänen) crackle/crackling, crash(ing), thundering 2 (valon) twinkle/twinkling, sparkle/sparkling, flash(ing)
räiskiä splash, spatter
räiskyä 1 (ääni) crackle, thunder, crash, boom 2 (tuli) spark, pop, snap 3 (valo) flash, twinkle, sparkle 4 (into) sparkle, flash, bubble (over with) 5 (vesi) splash, (kuuma rasva) spatter
räiskähtää 1 (mennä rikki) crack, splinter, crash, shatter 2 (räjähtää) explode, blow up 3 (välähtää) flash 4 (roiskahtaa) splash
räiskäle pancake, (US ark) flapjack
räjähde explosive
räjähdellä go off
räjähdys explosion, blast; (pommin räjäyttäminen) detonation
räjähdysaine explosive
räjähdyspiste bursting point
räjähtää (myös suuttumisesta) explode, (ark) blow (up)
räjäyttää explode, (ark) blow up; (pommi) detonate; (kallio) dynamite, blast
räjäytys explosion, detonation, blasting
räkyttää yip, yap (at)
räkytys yipping, yapping
räkä snot
räkäkännissä stewed to the gills
räkänokka snotnose, snotty brat

räkätauti (eläimen) glanders, farcy; (ark) runny nose
räkättirastas fieldfare
rälssi (hist) waiving of land tax
räme (pine) bog
rämpiä (rämeessä) muck (about/around in); (lumessa) trudge/plod (through)
rämpyttää (guitar) strum, (pianoa) pound
rämäkkä jangling *rämäkkä nauru* loud boisterous laugh, guffaw
rämäpäinen hotheaded
rämäpää hothead, daredevil, speed demon
ränni 1 (syöksytorvi: vedelle) gutter spout/pipe, (viljalle tms) chute 2 (myllyn) millcourse
ränsistyneisyys dilapidation
ränsistynyt dilapidated, ramshackle, rundown
ränsistyä dilapidate, fall into disrepair, run down
räntä sleet *sataa räntää* sleet
räntäsade sleetstorm
räpiköidä flounder (about)
räpiköinti floundering
räppänä vent, flap
räpylä 1 (ankan) web 2 (uimaräpylä) flipper 3 (pesäpalloräpylä) mitt 4 (leik = käsi) mitt, paw
räpyläjalka webbed foot
räpytellä (silmiä) blink; (ripsiä) batt; (siipiä) flap, flutter
räpyttää ks räpytellä
räpäyttää blink *silmää räpäyttämättä* without blinking an eye, without batting an eye(lash)
rästi 1 (maksu) arrears *rästiin jääneet maksut* payments in arrears 2 (työ) backlog *rästiin jääneet työt* backed-up work, a backlog of work/chores 3 (tentti) make-up (exam/test)
räsy rag
räsähtää crack(le), snap
rätistä sizzle, crackle
rätti rag
rävähtää burst *rävähtää nauramaan* burst out laughing
räväyttää 1 (up and) do something suddenly/quickly/abruptly *myydä räväyttää*

räväyttää ovi auki

talo up and sell the house **2** (sanoa totuus) hurl the truth in someone's face
räväyttää ovi auki throw open the door
räystäs eaves *räystään alla* under the eaves
rääkkyä croak, (varis) caw
rääkkäys mistreatment, torment, cruelty, torture
rääkyä squall, squeal, howl; (lintu) screech
rääkätä 1 (eläintä) mistreat, torment, be cruel to **2** (ihmistä: kiduttaa) torture, (henkisesti) torment; (huolestuttaa) worry **3** (kieltä) mangle, fracture, murder
rääpiä botch, bungle, blow, screw/fuck up
rääppiäiset day-after party, a party/dinner/coffee where you eat leftovers from the big party/dinner the day before
rääpäle puny little thing
rääsy rag *olla rääsyissä* be dressed in rags, wear rags
räätäli tailor
räätälintyö *räätälintyönä tehty* tailor/custom-made
räätälöidä tailor
rääväsuinen foul-mouthed, coarse
rääväsuu sewermouth
röhinä wheeze, wheezing
röhistä wheeze
röhkiä (sika) grunt
röhönauru guffaw
rökittää 1 (piestä) beat (someone) up, tan (someone's) hide, (sl) beat the shit out of (someone) **2** (antaa selkään) spank, lay into (someone), warm (someone's) backside, thrash/whip (someone)

rökitys beating, tanning, spanking, thrashing, whipping
rönsy 1 (köynnös) runner **2** (liikasanaisuus) unnecessary word(iness), digression
rönsyillä 1 (kasvi) produce runners **2** (romaani) wander, meander; (artikkeli tms) digress
rönsyily wandering, meandering, digressing
röntgen X-ray
röntgenkuvaus X-ray
röntgensäteily X rays
rötös offense, infraction, irregularity; (mon) corruption
rötösherra corrupt official
rötöstellä give/take bribes/kickbacks/payoffs/payola
rötöstely bribery; (government) graft/corruption
röyhelö frill, ruffle
röyhelöinen frilly, ruffled
röyhelökaulus frilly collar, ruff
röyhelökotinga (lintu) umbrellabird
röyhkeillä be insolent/insulting/impudent, insult (someone), presume (on someone), brazen it out
röyhkeily insolence, impudence, cheekiness
röyhkeys insolence, impudence, cheekiness
röyhkeä insolent, insulting, impudent, brazen; (ark) cheeky
röyhkeästi insolently, insultingly, impudently, brazenly; (ark) cheekily
röyhtäistä burp, belch
röyhtäisy burp, belch
röykkiö pile, heap

S, s

saada pääv **1** get, receive, obtain, attain, acquire *Saanko tämän omakseni* Can I have/keep this? (ks myös hakusanat) **2** (joltakulta seksiä) (sl) get laid, get a piece of ass, get something **3** (suostuttaa, pakottaa) get, make, force, bring **4** (pystyä) be able to, manage to *Sain sen tehdyksi* I got it done, I did it, I managed to complete/finish it apuv **5** (saada lupa) may, can, be allowed to *Saanko lähteä?* May/can I go (now)? **6** (saada tehdä) have to, be made to *Sain kysyä sitä häneltä lähes päivittäin* I practically had to ask him daily **7** (pitäisi) should, ought to *Saisit hävetä!* You should be ashamed of yourself! *Se saisi olla hiukan isompi* It probably ought to be a little bigger

saada aikaan achieve, attain, bring about
saada alkunsa start, originate
saada anteeksi be forgiven
saada apuraha be granted a grant/stipend/scholarship/fellowship, receive a grant/jne
saada arvostelua be criticized/attacked
saada asiansa kuntoon get things straightened out, taken care of
saada ehdot have to go to summer school to make up a subject you failed
saada elantonsa make a living (at something, by doing something), earn your livelihood (at something, by doing something)
saada elinkautinen get life
saada esiin uncover, reveal
saada halveksuntaa meet with scorn/contempt, be scorned
saada harmaita hiuksia get gray hairs *Saan sinulta harmaita hiuksia!* You're giving me gray hairs!
saada harmia find yourself (knee-/neck-deep) in trouble
saada hepulit 1 (vihastua) have a cow **2** (nauraa) throw a fit
saada hyvä vastaanotto be well received
saada häkkiä get put away
saada ihmeitä aikaan perform miracles
saada jalansijaa take hold, get a good foothold
saada jalka oven rakoon get your foot in the door
saada kasteessa nimi be christened/named
saada kaupaksi (manage to) sell, unload, dump, get rid of
saada kenkää get the boot
saada keppiä get the stick, get caned
saada kiinni catch (up to)
saada kiinnitys johonkin get hired (on) somewhere
saada kiitosta get praised
saada kosketus johonkin get a feel for something
saada kunnia receive an honor; (tehdä jotakin) have the honor of (doing something)
saada kuulla hear
saada kuulla kunniansa get chewed out
saada kyllikseen have enough (of), get sick (of)
saada kylmää vettä niskaansa have your parade rained on

saada kynsiinsä get your hands on, get (someone) in your clutches
saada kärsiä jostakin have to pay/suffer for something
saada käsiinsä get your hands on
saada käsitys get/be under/have the sense/impression *Sain hänestä aika hyvän käsityksen* (hän teki minuun hyvän vaikutelman) He seemed all right to me, he made a good impression on me; (sain hyvät tiedot hänestä) I got a pretty good sense of him, I found out a lot about him
saada lapsi have a baby
saada linnareissu get slammed in jail, get sent to the slammer, get thrown in the clink, get put inside/away
saada luottoa get credit, be granted a loan
saada lupa receive/be granted permission *Saat luvan totella* You do what I say *Saanko luvan?* (tanssia) May have this dance?
saada lähtöpassit get/be sent packing, be given your walking papers
saada lääkettä (reseptinä) get a prescription for medicine; (suuhun tms) receive/be given your medicine
saada maksaa jostakin have to pay for something (myös kuv)
saada maksu jostakin get paid for something
saada mieleensä remember, recall
saada myötätuntoa meet with sympathy/compassion, have people's sympathies
saada neniinsä get beat up
saada nenälleen fall flat on your face
saada nuhteita get scolded/yelled at/chewed out
saada nukutuksi manage to sleep
saada näkyviinsä see, lay (your) eyes on; (erottaa) make out, discern
saada näpeilleen take it in the shorts
saada odottaa have to wait, be kept waiting
saada olla rauhassa get left alone, get to be in peace, find some peace and quiet
saada opetus learn a/your lesson

saada osakseen get, receive
saada perintö inherit money, receive an inheritance
saada piiskaa get a thrashing/whipping
saada pois päiviltä bump/knock (someone) off
saada potkut get fired/canned, get the boot
saada päähänpisto get the/an impulse (to do something), take it in your head/mind (to do something)
saada päähänsä occur to you
saada päänsä täyteen get stewed to the gills, get drunk on your butt
saada päätökseen finish/wrap up, complete
saada raivoihinsa make you mad, drive you up the wall/around the bend, make you see red, infuriate
saada rauha sielulleen get peace of mind
saada rikki manage to break
saada rintaa be nursed/breast-fed
saada rohkeutta find the courage (to do something), screw up your courage
saada rukkaset get rejected, get turned down (flat)
saada sakkoa get fined
saada sanotuksi manage to say, get/spit it out, cough it up
saada selville find out, learn, unearth, uncover
saada selvää find out (about), clarify, clear (something) up
saada surmansa be killed/slain, (leik) meet your maker
saada syyte jostakin be charged with something, be accused of something
saada sätky 1 (säikähtää) start, be starled/scared **2** (vihastua) have a fit
saada tahtonsa läpi get/have your way
saada takaisin get (something) back, recover
saada takkiin(sa) get taken to the cleaner's, get your clock cleaned, take it in the shorts
saada tarpeekseen have enough (of something), get your fill (of something)
saada tartunta catch a disease

saada tehtäväkseen get assigned (to do something, a task)
saada tietoonsa find out
saada tolkkua make sense (of)
saada tuntea omissa nahoissaan (have to) taste a little of your own medicine
saada turpiinsa get a poke in the jaw, get smacked in the face
saada tuulta purjeisiin get a fresh wind, find new strength
saada täysosuma hit the bull's eye
saada unen päästä kiinni fall asleep
saada uni fall asleep
saada uskonnollinen herätys convert, undergo religious conversion
saada valmiiksi finish, complete
saada valta take over (myös kuv)
saada valtaansa get (someone) in your power
saada vankeutta get sentenced to jail
saada vastarakkautta be loved (in return)
saada vatsansa täyteen fill your stomach/belly, eat your fill
saada vauhtia pick up speed
saada vettä myllyynsä feel encouraged, take heart
saada vihamiehiä make enemies
saada vihiä hear a rumor (that); (poliisi) get a tip, an anonymous phone call, (that)
saada virkavapautta be granted leave of absence
saada voimaa find the strength (to do something)
saada yhteys get through (to), make contact (with)
saada ympäri korviaan get boxed on the ears, (kuv) get trounced
saada ystäviä make friends
saada äänensä kuuluville be heard
saaga saga
saaja recipient; (kirjeen) addressee, (vakuutuksen) beneficiary, (palkinnon) winner, (lähetyksen) consignee
saakeli damn (it)
saakelinmoinen a hell of a
saakka 1 (paikkaan) (all the way) to, through *kotiin saakka* all the way home **2** (aikaan) until, till, through *tähän saakka* thus far, until now *viime aikoihin saakka* until recently **3** (paikasta) (all the way) from *tulla Japanista saakka* come all the way from Japan **4** (ajasta) since *alusta saakka* since the start/beginning
saali shawl
saalis 1 (eläimen) prey (myös kuv) *joutua petkuttajan saaliiksi* fall prey to a con-man **2** (kalasaalis) catch, haul **3** (ryöstösaalis) haul, loot, booty
saalistaa prey upon (myös kuv), stalk
saalistaja predator, stalker
saalistus rapacity, (highway) robbery
saamari damn (it)
saamaton lazy, slothful, indolent, unproductive
saamattomasti lazily, slothfully, indolently
saamattomuus laziness, sloth, indolence
saame Sami
saamenkielinen Sami
saaminen (liik) claim; (mon) debts, money owed
saanen (if) I might, may I
saanti 1 (saaminen, tarjonta) supply **2** (tietok) access **3** (liik) receipt
saantioikeus right to (something) *kesäloman saantioikeus* right to a summer vacation
saanto 1 (omistusoikeuden) title **2** (tuotemäärän) yield
saa nähdä we'll see
saapas boot *tyhmä kuin saapas* dumb as an ox
saapastella tramp, trudge, mosey
saapikas ankle boot
saapua arrive, come, appear, reach (your/its) destination; (ark) show (up), make it
saapua asemalle pull into the station
saapua maahan enter a country
saapua paikalle appear, show/turn up
saapuminen arrival, appearance
saapuvilla present
saareke island
saarelainen islander
saarelma island

saari

saari island
saarinen (place) with many islands
saaristo archipelago, islands
saaristolainen islander
saarna sermon; (vanhemman lapselle) lecture, scolding
saarnaaja preacher
saarnastuoli pulpit
saarnata 1 preach **2** (vanhempi lapselle) lecture, scold
saarni ash
saarrostaa encircle, surround
saartaa surround, encircle, hem in; (satamaa) blockade, (kaupunkia) besiege
saarto 1 (sataman) blockade **2** (kapungin) siege **3** (yhtiön, tuotteen) boycott
saasta filth, dirt *Senkin saasta!* You piece of shit!
saastainen filthy, dirty; (raam) unclean *Senkin saastainen juoppo!* You filthy drunk!
saaste pollution, (aine) pollutant
saasteeton unpolluted
saasteinen polluted
saastua be(come) polluted
saastuminen pollution
saastuttaa pollute
saatana s Satan, the devil interj goddammit
saatanallinen satanic
saatananmoinen goddamned, helluva
saatava claim, balance due, amount owed; (mon) receivables
saatavilla available, accessible
saatavuus availability, access (to)
saate (lähete) cover letter, accompanying note *muutama sana kirjan saatteeksi* a few words by way of introduction, foreword
saatekirje cover letter
saatesanat foreword, introductory remarks
saati (sitten) 1 (puhumattakaan) not to mention, to say nothing of, let alone **2** (vielä vähemmän) much less
saattaa pääv **1** (saatella) see, usher, accompany, escort *Tulisitko saattamaan minua?* Could you come see me off? *saattaa junalle* take/see (someone) to the train **2** (viedä) bring, drive *saattaa kaksi ihmistä yhteen* bring two people together apuv can, may *Saatan lähteäkin* I may well go at that *Kuinka saatoit!* How could you!
saattaa alkuun get (something) started, start up, set (something) in motion
saattaa asiansa kuntoon put things in order, return things to normalcy
saattaa epätoivoon drive (someone) to despair
saattaa huonoon huutoon make (someone) look bad
saattaa hämmästyksiin amaze, astound, astonish
saattaa häpeään put (someone) to shame
saattaa jonkun pää pyörälle set (someone's) head spinning
saattaa julki (julkaista) publish, (julkistaa) publicize, (vuotaa) leak (to the press)
saattaa järjiltään drive (someone) crazy (myös suututtamisesta)
saattaa järkiinsä make (someone) see reason
saattaa kiusaukseen tempt *Äläkä saata meitä kiusaukseen* And lead us not into temptation
saattaa käyntiin get (something) started, start up, set (something) in motion
saattaa matkaan cause, bring about, set in motion, start, instigate
saattaa noloon asemaan place/put (someone) in a difficult/awkward/embarrassing situation/position
saattaa oikealle tolalle put things in order, return things to normalcy
saattaa pulaan get (someone) in trouble, put (someone) in a difficult spot
saattaa päiviltä bump/knock (someone) off
saattaa päivänvaloon bring (something) into the light of day, reveal
saattaa päätökseen finish/wrap up, complete,
saattaa raivoon drive (someone) around the bend, make (someone) furious

sadisti

saattaa sekaisin confuse, mix/stir/ screw up, scramble
saattaa suunniltaan drive (someone) wild
saattaa syytteeseen press charges against (someone), bring (someone) up on charges
saattaa tiedoksi inform (someone of something), bring (something) to (someone's) notice
saattaa turmioon corrupt (someone), lead (someone) astray
saattaa vaaraan endanger, jeopardize, place (someone) in danger/jeopardy
saattaa vararikkoon bankrupt, ruin
saattaa ymmälle puzzle, baffle, bewilder, dumbfound
saattaja escort; (seuralainen) companion, date
saatto procession *vuosien saatossa* over the years, as the years go by, in the course of years
saattojoukko escort, (vainajan) cortège
saattoväki mourners
saattue (mer) convoy, (poliisin) escort
saavi tub, (lähin vastine) plastic trash can *sataa kuin saavista kaataen* (be) coming down in buckets
saavutettavuus (tietok) accessibility
saavuttaa 1 (saapua jonnekin) reach, arrive at, come to **2** (saada kiinni) catch (up to), overtake, pass (someone up) **3** (saada aikaan) achieve, attain, reach, gain, accomplish *Et saavuta sillä yhtään mitään* That's not going to do you one bit of good *Se saavutti suuren suosion* It was a smash hit, it was very big, it made a big splash
saavuttaa huippunsa (reach its/your) peak
saavuttaa hyviä tuloksia get/obtain good results
saavuttaa jonkun kunnioitus win/ gain (someone's) respect
saavuttaa jonkun luottamus win/ gain (someone's) confidence
saavuttaa jonkun rakkaus win (someone's) love
saavuttaa kuuluisuutta achieve fame, become famous
saavuttaa mainetta make a reputation/ name for yourself
saavuttaa myötätuntoa win/gain (people's) sympathy
saavuttaa sukupuolikypsyys reach sexual maturity, enter puberty
saavuttaa tarkoituksensa achieve your purpose/end/objective, reach your goal, do what you set out to do
saavuttaa täydellisyys reach/attain perfection
saavuttaa valtaa rise to power, assume power
saavutta kuuluisuutta achieve fame, become famous
saavuttamaton unattainable, unachievable
saavutus attainment, achievement, accomplishment
sabloni template, stencil
sabotaasi sabotage
sabotoida sabotage
sabotööri saboteur
sadannes one-hundredth
sadanpäällikkö centurion
sadas hundredth
sadasosa one-hundredth
sadasti a/one hundred times
sadastuhannes hundred-thousandth
sadatella curse
sade rain; (sadanta) rainfall, precipitation *hapan sade* acid rain *sateella* in the rain *liukas sateella* slippery when wet
sadeaika rainy season
sadealue rain(fall) area
sadehattu rain hat, sou'wester
sadekartta rain map
sadekuuro (rain) shower
sademetsä rain forest
sadepilvi rain cloud
sadesää rainy weather
sadetakki raincoat, slicker
sadetin sprinkler
sadettaa water (with a sprinkler), run a sprinkler, (letkulla) water
sadevesi rain water
sadeviitta poncho
sadin trap *satimessa* trapped, caught
sadismi sadism
sadisti sadist

sadistinen

sadistinen sadistic
sadistisesti sadistically
sadoittain in/by the hundreds
sadomasokismi sadomasochism, S and M
sadonkorjuu harvest
sadunhohteinen fabulous
sadunomainen fabulous
saeta thicken
safari safari
safaripuisto wild animal park
safiiri sapphire
saha 1 (työkalu) saw **2** (tehdas) sawmill, lumber yard
sahaaja sawyer
sahaamo sawmill, lumber mill
sahajauho sawdust
sahalaitainen sawtoothed
sahanpuru sawdust
sahanterä saw blade
sahapukki sawhorse
sahata saw (up/at)
sahata linssiin pull a fast one (on someone)
sahata omaa oksaansa saw off the branch you're sitting on
sahata silmään pull the wool over (someone's) eyes
sahatavara lumber
sahateollisuus lumber industry
sahaus sawing
sahrami 1 (kukka) crocus **2** (mauste) saffron
sahti home-brew(ed ale)
sahuri sawyer
saiga (eläin) saiga
saippua (yl) soap; (saippuapala) bar of soap
saippuakotelo soapdish
saippuakupla soap bubble
saippuaooppera soap opera
saippuoida soap, lather (yourself/someone) up
sairaala hospital *joutua sairaalaan* be taken to (the) hospital *olla sairaalassa* be in (the) hospital
sairaalahoito hospital care
sairaalapaikka bed

sairaalloinen sick(ly), pathological *sairaalloinen mielikuvitus* sick/warped mind
sairaanhoidollinen medical
sairaanhoitaja nurse
sairaanhoito nursing
sairas s patient, sick person adj **1** sick (myös henkisesti ja kuv), ill, (elin) diseased *sairaana* sick (in bed) *ilmoittautua sairaaksi* (työhön) call in sick, (sot) report to sick bay *Oletko sairas?* Are you feeling all right? (oletko mielipuoli) Are you out of your mind? *Olet vähän sairaan näköinen* You're not looking very good, you're looking a little peaked/pale *Taidan olla tulossa sairaaksi* I think I'm coming down with something **2** (epäterveellinen) unhealthy
sairasauto ambulance
sairasmielinen mentally ill, psychotic; (ark) sick (in the head)
sairastaa (tautia) have (a disease), be sick (in bed with)
sairastaminen being sick
sairastua get sick; (johonkin) come down (with something), catch (something)
sairastuminen getting sick
sairasvuode sickbed
sairaus sickness, illness, ailment, disease; (lääk) disorder
sairauseläke disability pension
sairauskertomus case history, (ark) chart
sairauskohtaus attack/fit/bout of illness
sairausloma sick leave
sairausvakuutus health insurance
sairausvakuutuskortti health insurance card
saita stingy, miserly, tight
saituri miser
saituus stinginess, miserliness
saivar nit
saivarrella split hairs
saivarteleva nitpicking
saivartelu hair-splitting, nitpicking
sakaali jackal

sakara (piikki) spike, prong, tine; (tähden) point, (ristin) arm, (tornin) tooth; (mon esim vasaran) claw
sakariini saccharine
sakaristo sachristy
sakasti sachristy
sakata (lentokone) stall, (laiva) drop/fall astern
šakata check
sake sake
sakea thick *Veri on vettä sakeampaa* Blood is thicker than water
sakeasti thickly
saketti morning coat
sakeus thickness, (kem) consistency
sakeute thickening agent, (ark) thickener
sakeutin thickener, concentrator
sakeuttaa thicken
sakeutua thicken
sakinhivutus hazing
sakka sediment, (kahvin) grounds; (mon) dregs
sakkainen thick, feculent
sakkariini saccharine
sakkaroosi saccharose
sakkauma sediment, deposit
sakkaus stall(ing)
sakkauttaa sediment (something) out
sakkautua sediment out
sakkautuma sediment, deposit
sakki gang, crowd, bunch *koko sakki* the whole gang
šakki chess
šakkilauta chessboard
sakkinappula chesspiece
sakko fine
sakkokorko penalty interest
sakkolappu ticket
sakottaa fine, (poliisi) give (someone) a ticket; (opettaja virheistä) take points off (for)
sakraali sacral
sakraalinen sacral
sakramentaalinen sacramental
sakramentillinen sacramental
sakramentti sacrament
saksa (kieli) German
Saksa Germany
saksalainen s, adj German

saksalaistaa Germanize
saksalaistua become Germanized
Saksan demokraattinen tasavalta (hist) German Democratic Republic, GDR
saksanhirvi wapiti
saksankielinen German(-language), (something) in German
Saksan liittotasavalta Federal Republic of Germany, FRG
Saksan markka German mark, D-mark, Deutsche mark
saksannos German translation
saksanpaimenkoira German shepherd
saksanpolkka schottische
saksanpähkinä walnut
saksantaa translate (something) into German
saksanturilas (kovakuoriainen) cockchafer
saksata cross, scissor
sakset 1 scissors, (puutarhasakset) (garden) shears **2** (painissa) scissor grip
saksia 1 cut, clip, snip, trim **2** (hiihdossa) herringbone **3** (tietok) cut and paste
saksilainen Saxon
saksimainen scissor-like
saksofoni saxophone, (ark) sax
saksofonisti saxophonist, (ark) sax player
sala secret *Nyt tuli salat julki* Now your secrets are out!
salaa 1 (salassa) in secret, on the sly, clandestinely *juoda salaa* be a closet drinker **2** (salailevasti) covertly, furtively, surreptitiously *katsoa jotakuta salaa* sneak a covert/furtive/surreptitious look/peek/glance at someone
sala-ampuja sniper
salaatinkastike salad dressing
salaatti 1 (kasvi) lettuce **2** (ruoka)salad
salaattikastike salad dressing
salailla hide, conceal, keep (something a) secret
salainen secret, clandestine, concealed; (erittäin) classified, top secret, confidential *salainen puhelinnumero* unlisted number
salainen ase secret weapon

salaisuus secret *paljastaa jollekulle salaisuus* let someone in on the secret
salajuoni plot, conspiracy
salajuoppo closet drinker/lush
salakaato poaching
salakapakka (hist) speakeasy
salakari sunken rock, (kuv) pitfall
salakauppa 1 (kaupankäynti) illegal trade, (huumeiden) drug trade, (alkoholin) bootlegging **2** (yksittäinen) illegal transaction, (huumeiden) drug deal
salakauppias (huumeiden) drug/dope dealer, pusher, (alkoholin) bootlegger, (aseiden) arms merchant, (varastettujen tavaroiden) fence
salakavala 1 (ihminen) treacherous, deceitful, devious; (juonitteleva) sly **2** (häkä, musta jää tms) treacherous, dangerous, hazardous
salakavaluus treachery, deceit, deviousness; (hidden) danger (ks salakavala)
salakieli code *kääntää salakielelle* encode, encrypt *selvätä salakieli* decode/decipher (a text), break a code
salakirjoitus (kirjoitus) code, cipher; (kirjoittaminen) encryption, enciphering; (menetelmä) cryptography
salakirjoitusmenetelmä cipher
salakka bleak
salakuljettaa smuggle
salakuljettaja smuggler
salakuljetus smuggling
salakuunnella eavesdrop; (mikrofonilla) bug, wiretap
salakuuntelija eavesdropper; (mikrofonilla) bugger, (puhelimen) wiretapper
salakuuntelu eavesdropping; (mikrofonilla) bugging, (puhelimen) tapping (someone's) phone
salakähmäinen underhand(ed), furtive; (vakoilu) covert, clandestine, hugger-mugger
salakätkö (ihmisen) secret hiding place, (tavaran) secret stash
salakäytävä secret passage(way)
salaliitto conspiracy
salaliittolainen conspirator
salama lightning *kuin salama kirkkaalta taivaalta* (like a (thunder)bolt) out of the blue *kuin salaman lyömänä* (as if) thunderstruck *kuin rasvattu salama* like greased lightning
salamanisku a bolt/stroke of lightning
salamannopea quick as a flash
salamanteri salamander
salamapallo Finnish rugby
salamasota blitzkrieg
salamatkustaja stowaway
salamatäsmäys flash synchronization, flash sync
salamatäsmäyskenkä (valokuvauskoneen) hot shoe
salamavalo flash
salamavalolaite flash
salamavalomittari flash meter
salamenot secret/arcane/mystical rites
salametsästys poaching
salametsästäjä poacher
salami salami
salamoida lighten, flash *Ukkosti ja salamoi koko iltapäivän* It thundered and lightened all afternoon *Hänen silmänsä salamoivat* Her eyes were blazing, flashed fire
salamurha assassination, (ark) hit
salamurhaaja assassin, hired killer, (ark) hit(wo)man
salamyhkäinen secretive, enigmatic, cryptic; (salaperäinen) mysterious
salamyhkäisyys secretiveness; mysteriousness
salamyhkää secretively, furtively, mysteriously, on the sly
salanimi assumed name; (kirjailijan) pen name, pseudonym; (näyttelijän) stage name
salaohjaputki drain pipe
salaoja subsurface drain
salaojittaa (under)drain
salaperäinen mysterious, secretive
salaperäisyys (ihmisen) mysteriousness, secretiveness; (asian) mystery, secrecy
salapoliisi detective
salapoliisiromaani detective novel, mystery (novel)
salarippi auricular confession
salasana password
salaseura secret society

salassa in secret *pitää salassa* keep (something) secret, conceal *pitää joltakulta salassa* keep someone in the dark (about something), keep (something) from someone *pidettävä salassa* (strictly) confidential
salassapito secrecy
salassapitovelvollisuus vow of secrecy/silence/confidentiality
salata hide, conceal, keep (something) secret, cover (something) up *Hän ei salannut sitä että hän on lähdössä* He made no secret of the fact that he was leaving, he made no bones about his upcoming departure
saldo balance
sali hall; (olohuone) living room
saliininen saline
salkku briefcase, (attaché) case; (ministerin) portfolio
salko pole *vetää lippu salkoon* raise the flag/colors
salkunhoitaja stock broker
salkunhoito stock brokerage
salkuton ministeri minister without portfolio
sallia allow, let, permit, give(someone) permission (to do something) *Sallikaa minun kantaa matkalaukkuanne* Please, allow me to carry your suitcase; (ark) here, let me get that for you *jos sää sallii* weather permitting
sallimus providence, (kohtalo) fate, destiny
salmi sound, strait
salmiakki salmiac
salmiakkipastilli salmiac lozenge
salmonella salmonella
salmonelloosi salmonellosis
salo backwoods, woodland, wilderness
salomaisema wooded lanscape
Salomonsaaret Solomon Islands
salonki salon
salonkikelpoinen presentable
salonkikomedia comedy of manners, drawing-room comedy
salonkikommunisti parlor communist
salonkivaunu saloon car
salottisipuli shallot
salpa bolt, bar, (lukon) latch

salpautua 1 (tekn) freeze, stick, jam **2** (liikenne) jam, (hengitys) be blocked
salpietari saltpeter, potassium nitrate
salskea good-looking, well-built
saluuna saloon
salvaa 1 (talo) frame **2** (koiraseläin) castrate, geld, (euf) fix
salvadorilainen s, adj Salvadorean
salvata bolt, bar, latch
salvetti (table) napkin
salvoa frame
salvos frame(work)
salvukukko capon
sama same *tuo on sama mies* that's the same one/man *samana vuonna* the same year *sama koskee sinuakin* the same goes for you, this includes you *Sitä samaa sinullekin!* The same to you! *samaan menoon* all at once, without stopping *samaa päätä* immediately, straight off *mennä samaa kyytiä* (ride/drive/walk) together *samalla kun* while *Toisitko minulle juotavaa samalla kun haet kirjan?* While you're getting your book, could you bring me something to drink?
samaan aikaan at the same time, simultaneously, concurrently, meanwhile *sattua samaan aikaan kun* coincide with
samaan hengenvetoon in the same breath
samaan hintaan 1 for the same price **2** (kaupan päälle) into the bargain
šamaani shaman
samaan muottiin valetut cast in the same mold (myös kuv)
samainen the (very) same
sama kuin heittäisi rahaa kaivoon it's like throwing money down a hole, like flushing money down the toilet
samalla kertaa 1 (matkalla) at a/one time, on the same trip **2** (samalla) at the same time, meanwhile
samalla tavalla similarly, in the same way, alike
samalta istumalta in one sitting *Voin tarkistaa asian tältä samalta istumalta* I can check it for you right now
sama missä no matter where, wherever

samanaikainen

samanaikainen simultaneous, concurrent
samanaikaisesti 1 (saman ajan) contemporary, contemporaneous **2** simultaneously, concurrently *sattua samanaikaisesti* (kuin) coincide (with)
samanaikaistaa synchronize *samanaikaistaa kellot* synchronize your watches
samanaikaisuus 1 (saman ajan) contemporaneity **2** (samaan aikaan) simultaneity, concurrence
samanarvoinen (of) equal (value), equivalent (to)
samanhenkinen kindred, like-minded *Onneksi naapurimme ovat samanhenkistä väkeä* Fortunately our neighbors are people like us, are kindred spirits
samanhetkinen simultaneous (with)
sama niin tai näin it's all the same (to me), it doesn't matter which way you do it
samanikäinen s peer adj the same age (as)
šamanismi shamanism
šamanisti shamanist
samankaltainen 1 (kun) similar to, like, the same kind (as) **2** (predikaattina) similar, alike *He ovat hyvin samankaltaiset* They're very similar, very much alike
samankaltaisuus similarity, likeness
samankokoinen same-size, the same size
samanlainen 1 (kuin) similar to, like, the same kind (as) *Se on samanlainen kuin muut* It's just like the rest **2** (predikaattina) similar, alike *He ovat hyvin samanlaiset* They're very similar, very much alike
samanlaistaa standardize
samanlaisuus similarity, likeness
samanmerkkinen the same brand/kind/make (as)
samanniminen of the same name
samannäköinen similar-looking *Et näytä enää ollenkaan samannäköiseltä* You don't look at all the same
samanpäiväinen (something) made/done on that day, on the same day *samanpäiväistä leipää* fresh(-baked) bread
samansuuntainen in the same direction
samansuuruinen same-size, of/in the same amount
samantapainen similar, of the same sort
samantapaisesti similarly
samantekevä all the same *Se on minulle täysin samantekevää* It's all the same to me, it's a matter of total indifference to me
saman tien 1 (samassa yhteydessä) while we're at it **2** (heti) right/straight away, immediately **3** (mukana) along with it *Kun poltin roskat meni kuitti saman tien* I managed to burn the receipt along with the trash
samanveroinen equal, equivalent
saman verran the same amount, as much *saman verran lisää* as much more
samapa se oh well, what the hell, what difference does it make, same difference
samasanainen verbatim, word-for-word
samastaa associate, link, (sekoittaa) confuse
samasta puusta veistetyt made of the same mettle
samasta työstä sama palkka equal pay for equal work
samastua identify (with)
samaten ks samoin
samat sanat! same to you! (sama täällä) same here!
samat sävellykset I've got the same problem
Sambia Zambia
sambialainen s, adj Zambian
samea 1 (vesi) cloudy, muddy, brown *kalastaa sameassa vedessä* fish in troubled waters, put troubled times to work **2** (katse) blurry, (silmät) bleary **3** (ajatukset) dim, dull
sameasti muddily, blurrily, blearily, dimly, dully (ks samea)
samentaa cloud, muddy (up), blur, dim, dull (ks samea)

samentua cloud up, become muddy, blur, dim, become dull (ks samea)
sametti velvet *vakosametti* corduroy
sameus cloudiness, muddiness, blurriness, bleariness, dimness, dullness (ks samea)
sammakko 1 (eläin) frog *uida sammakkoa* do the breaststroke **2** (virhe) blooper
sammakkomies frogman
sammakonkutu frog spawn
sammal moss
sammaleinen mossy
sammaloitua become mossy *Vierivä kivi ei sammaloidu* A rolling stone gathers no moss
sammaltaa 1 (puhua epäselvästi) slur your speech/words, speak thickly **2** (lespata) lisp **3** (tilkitä) stuff (the cracks of a log house) with moss
sammio tub, vat
sammua 1 (valo) go out/off **2** (tuli) go out, die (down) **3** (jano) be quenched **4** (tunne) die, fade/melt away, diminish **5** (ark = nukahtaa) crash, conk out; (känniin) pass out
sammuksissa 1 (tuli) out, extinguished *puhaltaa kynttilä sammuksiin* blow out a candle **2** (ihminen) crashed, conked/passed out
sammumaton inextinguishable, insatiable, unquenchable
sammutin fire extinguisher
sammuttaa 1 (tuli) extinguish, put/stamp out **2** (valo, TV tms) turn/switch off
sammutus extinguishing, fire-fighting
sammutustyö fire-fighting
samoilla (myös surffata) (tietok: verkkoa) surf (the web)
samoin similarly, in the same way; (samaten) likewise, (ark) ditto *tehdä samoin* do the same thing, do likewise *Kiitos samoin* Thanks, (the) same to you
samoin kuin 1 (kuten) like, as *tehdä samoin kuin kaikki muut* do what everybody else does **2** (sekä) as well as *yliopiston väki samoin kuin kaupunkilaiset* the university people as well as the locals

samojedinpystykorva Samoyed
samota rove, roam
samovaari samovar
sampi sturgeon
sampo the Sampo, (kuv) money-maker
sampoo shampoo
samppanja champagne
sana word *laulun sanat* the lyrics of a song *jättää sana* leave word, leave a message *julistaa Jumalan sanaa* preach the Word of God *Eikö sana kuulu?* Didn't you hear me? *Hän ei sanonut siitä halaistua sanaa* I couldn't get a word out of him about that, he wouldn't say a thing *sanaakaan sanomatta* without a word *panna sanoja jonkun suuhun* put words in someone's mouth *viedä sanat suusta* take the words right out of someone's mouth *syödä sanansa* go back on your word, break a promise *Sanasta miestä, sarvesta härkää* A man is as good as his word *sanalla sanoen* in a word *ryhtyä sanoista tekoihin* stop talking about it and do it
sanaharkka argument *joutua sanaharkkaan jonkun kanssa* have words with someone
sanakierrätys (tietok) word-wrap
sanakirja dictionary
sanallinen verbal
sanaluokka part of speech
sananlasku saying, proverb
sananparsi saying, proverb, manner of speaking
sananvaihto conversation
sanastaa record, transcribe
sanasta sanaan word for word; (sanatarkasti: toistaa) verbatim, (kääntää) literally
sanasto 1 vocabulary, lexicon, glossary **2** (terminologia) terminology, nomenclature
sanastus recording, transcription
sanaton speechless
saneerata 1 (rakennus) renovate, remodel, restore **2** (yhtiö) reorganize, (ark) shake down
saneeraus 1 (rakennuksen) renovation, remodeling, restoration **2** (yhtiön) reorganization, (ark) shakedown

sanelin dictaphone
sanella dictate (to)
sanelu dictation
sangattomat lasit pincenez
sangen very, extremely, most
sangviinikko sanguine person
saniainen fern
sanka (kattilan, sangon) handle; (silmälasien) earpiece, temple
sankari hero *syntymäpäiväsankari* the birthday boy/girl
sankarihauta soldier's grave
sankarillinen heroic
sankaripalvonta hero worship
sankaritar heroine
sankaritarina heroic story
sankka thick *sankoin joukoin* in droves
sanko bucket, pail
sanktio sanction
San Marino San Marino
sanmarinolainen s, adj San Marinese
sanoa 1 say *Sinäpä sen sanoit!* You said it! You can say that again! *Sano minun perässäni* Repeat after me **2** (lausua) state, express *sanoa mieli piteensä* state/express/give your opinion **3** (kertoa) tell *Sano, oliko se vihreä vai sininen?* Tell me, was it supposed to be green or blue *Älä sano kenellekään!* Don't tell anyone **4** (kutsua) call *Sano vain Nipa* Just call me Nipa **5** (ääntää) pronounce *En osaa sanoa suomalaista r:ää* I can't roll my r's like a Finn
sanoa irti dismiss, let go; (ark) fire, sack *sanoa itsensä irti* resign, (ark) quit
sanoakseni *niin sanoakseni* so to speak *toden sanoakseni* to tell you the truth, as a matter of fact, frankly, honestly
sanoa uudelleen repeat, reiterate
sanoa vastaan (neutraalisti) answer, reply; (uhmaten) talk back
sanoen *toisin sanoen* in other words *suoraan sanoen* frankly, honestly, not to put too fine a point on it *lyhyesti sanoen* in short, to make a long story short, in a nutshell *tarkemmin sanoen* to be precise, more accurately, actually; (toisaalta) on the other hand, come to think of it
sanoma message

sanomalehdistö the press
sanomalehti newspaper
sanomalehtiala journalism
sanomalehtiarvostelu newspaper review
sanomalehtikirjoitus newspaper article
sanomalehtipaperi newsprint
sanomattakin selvää it goes without saying (that)
sano minun sanoneen mark my words
sano mitä sanot say what you like, I don't care what you say
sano muuta you can say that again, you said it
sanonta phrase, saying
sano se suomeksi say it in plain English
sano suoraan give it to me straight, don't beat around the bush, don't hem and haw
sanottava 1 (sanominen) something to say *sanoa sanottavansa* say what you have to say, say what's on your mind, say your piece *Eikö sinulla ole mitään sanottavaa?* Don't you have anything to say (for yourself)? **2** (merkitsevä) appreciable, perceptible, significant *ei sanottavaa merkitystä* no appreciable significance
sanottu *tarkemmin sanottuna* more accurately, actually; (toisaalta) on the other hand, come to think of it *suoraan sanottuna* frankly, honestly, not to put too fine a point on it *kuten sanottu* as I said, as I was saying *niin sanottu* so-called *Hyvin sanottu!* Well said/put! *Se on liikaa sanottu* That's going too far, saying too much *helpommin sanottu kuin tehty* easier said than done *sanottu ja tehty* no sooner said than done
sanoutua irti resign, (ark) quit
santa sand
saota thicken
saparo (possun) tail, (ihmisen) pigtail
sapatti Sabbath
sapekas bilious (myös kuv:) vitriolic, acid, nasty
sapeli saber

sapelihammaskala viperfish
sapettaa gall *Että tuo sapettaa* Boy that galls me
sapiska scolding *saada sapiskaa* get told (where to get) off
sappi 1 (sappirakko) gall bladder **2** (sappineste) bile, (eläimen) gall **3** (kuv) gall *Se saa suppeni kiehumaan* That really galls me, that makes my blood boil
sappikivi gallstone
sappineste bile, (eläimen) gall
sappirakko gall bladder
sara sedge
sarake column
sarana hinge
sarastaa dawn (myös kuv)
sarastus dawn(ing), sunrise, the break of day
sardelli European anchovy
sardiini sardine, pilchard
sarja 1 (yl, mat, liik, kem, sähkö) series **2** (tapahtumien) chain, sequence, succession **3** (kirjojen, kattiloiden, veisten, työkalujen tms täydellinen) set **4** (sarjakuvasarja) strip **5** (urh) division
sarjakuva comic strip
sarjakuvalehti comic book
sarjakuvasankari comic-strip/-book hero
sarjakuvasivut the comics, the funny pages, the funnies
sarjaliitäntä serial interface
sarjallinen musiikki serial music
sarjatuli sustained fire
sarjatuotanto serial production
sarka 1 (pelto) patch, strip **2** (ala) field, area, branch
sarkain tab(ulator)
sarveiskalvo cornea
sarveiskoralli sea fan
sarvi 1 horn *ottaa härkää sarvesta* take the bull by the horns **2** (ark = kuhmu) goose egg
sarvijäärä (kovakuoriainen) longhorn beetle
sarvikalkkarokäärme sidewinder
sarvikuono rhinoceros
sarvikyy sand viper
sarvipöllö long-eared owl

sarvisankainen (silmälasit) horn-rimmed
sarvivalas narwhal
Saskatchewan Saskatchewan
sassiin on the double
sata hundred *ajaa tuhatta ja sataa* go careening down the road
sataa rain; (lunta) snow; (rakeita) hail; (räntää) sleet *Sataa* It's raining (/snowing/hailing/sleeting) *Sataa kaatamalla* It's coming down in buckets, it's pouring, it's raining cats and dogs *satoi tai paistoi* rain or shine
satakertainen hundredfold
satakiloinen two-hundred-pounder
satama port, harbor; (kuv) haven *poiketa satamaan* put in at a port
satamarkkanen hundred-mark bill/note
satanen C-note
sataprosenttinen hundred-percent
sataprosenttisesti a hundred percent
satavuotias hundred-year-old, (ihminen) centenarian
satavuotinen hundred-year-old
satavuotisjuhlat centennial (celebration)
sateenkaari rainbow
sateensuoja 1 shelter (from the rain) **2** (ark) umbrella
sateenvarjo umbrella
sateenvarjoheijastin (valokuvauksessa) umbrella diffuser
satelliitti satellite
satelliittiantenni satellite dish
satelliittitelevisio satellite television
satiini satin
satiiri satire
satiirikko satirist
sato harvest, crop
satsi batch, lot
sattua 1 (tapahtua) happen, occur *Missä se sattui?* Where did it happen? *kaikki mitä eteen sattuu* whatever comes along/up *jos hyvin sattuu* if all goes well *miten sattuu* any old (which) way, haphazardly, hit or miss *Satuin näkemään Harrin eilen* I happened/chanced to run into Harri yesterday **2** (osua) hit, strike *Mihin se sattui?* Where did it hit/land?

sattua arkaan paikkaan

3 (tehdä kipeää) hurt *Mihin sattuu? Where does it hurt? Minuun sattui kun sanoit noin* What you said hurt me
sattua arkaan paikkaan hit a sore spot
sattua erehdys *Minulle sattui pieni erehdys* I made a little mistake
sattua hyvään/huonoon saumaan come/happen at a good/bad time
sattua kohdalleen fall into place; (osua) strike home, hit the nail on the head
sattua vastakkain bump/run into each other
sattua yhteen (asiat) coincide; (katseet) meet; (ihmiset) bump/run into each other
sattuma 1 chance, coincidence, happenstance *pelkkä sattuma* pure/sheer coincidence *jättää sattuman varaan* leave (something up) to chance **2** (tapahtuma) (fortuitous) event, incident
sattumalta by chance/accident/coincidence, accidentally, coincidentally *Se on minulla sattumalta mukana* I just happen to have it with/on me, by sheer luck I've got it here
sattuman kaupalla by sheer (good) luck/fortune, as (good) luck would have it
sattumanvarainen random, haphazard
sattumoisin ks sattumalta
sattuneesta syystä for obvious reasons
sattuva apt, fitting, telling, (sana) well-chosen
sattuvasti aptly, fittingly, tellingly
satu fairy tale (myös kuv)
satukirja story-book
satula saddle
satumaa story-book/fairy-tale land, wonderland
satumainen fabulous, wonderful
satunnainen random
satunnaisesti randomly
satunäytelmä fairy play
satuprinsessa fairy-tale princess
satuprinssi fairy-tale prince
satusetä story-teller
satuttaa hurt
saudi Saudi

Saudi-Arabia Saudi Arabia
saudiarabialainen s, adj Saudi Arabian
sauhu smoke
saukko otter
sauma 1 seam *sattua hyvään/huonoon saumaan* come/happen at a good/bad time **2** (tekn) seam, joint
saumaton seamless (myös kuv)
saumattomasti seamlessly
sauna sauna
saunailta sauna evening
saunoa take a sauna
saunottaa 1 (pestä) wash (someone) in the sauna **2** (lämmittää) heat up the sauna (for someone)
sauva 1 rod, staff, stick **2** (hiihtosauva) (ski) pole **3** (kainalosauva) crutch **4** (taikasauva) (magic) wand **5** (piispan) crozier
sauvoa pole (myös hiihtämisestä)
savanni savannah
savi clay *Menköön syteen tai saveen* Come hell or high water
saviastia clay pot; (mon) pottery, earthenware
savinen clay, earthen
savitavara earthenware
savolainen s person from Savo adj pertaining to Savo
savotta logging *mennä savottaan* go logging
savu smoke *Ei savua ilman tulta* Where there's smoke there's fire *haihtua savuna ilmaan* go up in smoke
savuke cigarette
savupommi smoke bomb
savusauna smoke sauna
savusilakka smoked herring
savustaa smoke *savustaa joku ulos* (talosta/virastasta) smoke someone out (of a house/job)
savuta smoke
savuton (ruuti) smokeless; (työpaikka) smoke-free
savuttaa smoke
se pron **1** it, (tuo) that *Se on liian iso* (painottomana) It's too big, (painollisena) That's too big **2** (ark) he, she *Se on mun systeri* She's my sister art the, that

Se on katso se mies See that's the man I mean *se jokin* the little something
seassa among, in amongst *mennä (muiden) sekaan* mingle (with the others) *roskien seassa* in (amongst) the trash
seepia (eläin) cuttlefish
seepra zebra
seerumi serum
seesam aukene open sesame
seesteinen 1 (pilvetön) clear, unclouded (myös kuv) **2** (rauhallinen) peaceful, serene, tranquil
seestyä 1 (taivas, tilanne) clear up **2** (ajatus) crystallize, take shape **3** (mieliala) relax, calm (down)
segmentti segment
seikka matter, fact(or), detail, thing *se seikka että* (the fact) that
seikkailija adventurer
seikkailla have adventures, wander, explore
seikkailu adventure
seikkailunhalu adventurous spirit
seikkailunhaluinen adventurous, adventuresome
seikkaperäinen detailed
seikkaperäisesti in detail
seilata sail
seimi 1 (raam) manger *seimessä syntynyt* born in a manger **2** (lasten) nursery school
seinusta wall *pankin seinustalla* by the bank
seinä wall *iskeä päätään seinään* bang your head on a brick wall *kuin olisi puhunut seinille* like talking to a brick wall *loppua kuin seinään* dead-end *hyppiä seinille* be climbing the walls
seinähullu out of his/her tree, bonkers, gonzo
seinämä wall
seireeni siren
seis! stop! halt!
seisaallaan standing *nousta seisaalleen* stand up *seisaaltaan* from a standing position
seisahtua 1 stop, pause **2** (henkisesti) stagnate
seisake flag/whistle stop

seisaus 1 stop, halt, standstill **2** (työn) stoppage
seisauttaa stop, halt, bring to a standstill
seisminen seismic
seisoa 1 stand *nousta seisomaan* stand up *niin kauan kuin maailma seisoo* as long as the world exists **2** (olla pysähdyksissä) be at a standstill, be stopped *Kelloni seisoo* My watch has stopped *Järki seisoo* I can't think *panna koneet seisomaan* stop the machines **3** (penis) be erect *Minulla seisoi* I had an erection, (ark) I had a hard-on
seisoallaan ks seisaallaan
seisonta standing (position)
seisontajarru parking/emergency/hand brake
seisoskella stand/hang around
seisottaa 1 (antaa seisoa) let (someone/something) stand (up, in place); (panna seisomaan) make (someone) stand (up, in place), stand (someone) up **2** (pysäyttää) stop, halt
seisova standing, (vesi) stagnant, (ilma) stuffy
seisova pöytä buffet table; (tav syö niin paljon kuin haluat -ravintola) smorgasbord
seistä stand (ks seisoa)
seitsemisen around seven
seitsemäinen (the number) seven
seitsemän seven
seitsemänkymmentä seventy
seitsemänsataa seven hundred
seitsemäntoista seventeen
seitsemäntuhatta seven thousand
seitsemänvuotias seven-year-old
seitsemäs seventh
seitsemäskymmenes seventieth
seitsemäsluokkalainen seventh grader
seitsemässadas seven-hundredth
seitsemäs taivas *seitsemännessä taivaassa* in seventh/eleventh heaven
seitsemästoista seventeenth
seitsenkerroksinen seven-floor/-story
seitsenvuotias seven-year-old
seitti (spider-/cob)web

seiväs

seiväs 1 (urh = heitettävä) javelin, (hypättävä) pole *heittää seivästä* throw the javelin *hypätä seivästä* pole-vault **2** (sot hist) lance, spear
seivästää pierce/stab (with a spear/lance)
se ja se so-and-so *rouva Se ja Se* Mrs. So-and-So *sinä ja sinä päivänä* on such-and-such a day
seka- mixed
sekaannus confusion, mix-up, (sl) balls-up *On sattunut jonkinlainen sekaannus* There's been some sort of mistake/mix-up
sekaantua 1 (mennä sekaisin jonkin kanssa) get mixed up with *Salkkumme olivat sekaantuneet* Our briefcases had gotten switched **2** (sotkeentua) get tangled up *Vyyhti sekaantui täysin* The skein got all tangled up **3** (joutua osalliseksi johonkin pahaan) get involved in, get mixed up with **4** (eri rotua olevat eläimet) cross-breed **5** (olla luvattomassa yhdynnässä johonkuhun/johonkin) have illicit intercourse (with), sodomize **6** (puuttua johonkin) interfere/meddle (in), (sotilaallisesti) intervene (in) *sekaantua keskusteluun* butt in, put your two bits/cents in, kibitz *En halua sekaantua siihen* I don't want to get involved in that
sekainen 1 (sotkuinen) untidy, cluttered, messy **2** *-sekainen* mixed with *pelonsekainen kunnioitus* fearful respect, awe
sekaisin 1 (sotkussa) (all) cluttered/messed/tangled up, in a mess/tangle, helter skelter *mennä sekaisin* (huone) get messed up **2** (huonosti) (all) screwed/balled up *mennä sekaisin* (hanke) get screwed/balled up *Minulla on vatsa ihan sekaisin* My stomach's upset **3** (keskenään) mixed up (together) **4** (päästään) confused, rattled, muddled, befuddled *päästään sekaisin* not running on all cylinders
sekakuoro mixed choir
sekalainen miscellaneous
sekaleipä mixed-grain bread
sekametsä mixed forest
sekarotuinen mixed-/cross-breed
sekasikiö hybrid; (halv) mongrel
sekasorto chaos, confusion, disorder, unrest
sekasortoinen chaotic, confused, disordered, turbulent
sekava confused, disordered, chaotic; (puhe) incoherent *sekavin tuntein* with mixed feelings
sekavasti incoherently
sekavuus confusion, disorder, chaos, incoherence
sekki check
sekkivihko checkbook
sekoitin blender, mixer
sekoittaa 1 (aineet: yhteen) mix, blend; (toinen toiseen) add (one to the other); (hämmentää) stir **2** (laittaa sekoittamalla) fix, make, cook (up) **3** (sotkea joku mukaan johonkin) get (someone) mixed up (in something), involve/entangle (someone in something) **4** (sotkea keskenään) mix (two people) up, confuse (one for the other) **5** (sotkea) mess/clutter/jumble (something) up **6** (kortit) shuffle **7** (suunnitelmat tms) upset, ruin, screw/foul up **8** (jonkun pää) confuse
sekoittua mix, blend; (toisiinsa) intermix/-mingle
sekoitus mix(ture), blend
seksi sex
seksikkyys sexiness
seksikkäästi sexily
seksikäs sexy
sekstetti sextet
seksuaalinen sexual
seksuaalisesti sexually
seksuaalisuus sexuality
sektori sector
sekunda second
sekunti second
sekuntikello stopwatch
sekvensseri (mus) sequencer
sekä 1 (ja) and *isä sekä äiti* mother and father **2** (ja myös) in addition, and also *isät ja äidit sekä heidän lapsensa* mothers and fathers and also their children

sekä että both *sekä... että* both... and *sekä isät että äidit* both mothers and fathers
selain (tietok) browser
selata 1 flip/browse through **2** (tietok) browse
seleeni selenium
selektiivinen selective
selin with your back to(wards something) *kääntyä selin johonkuhun* turn your back on someone
selinmakuu lying on your back, supine position
selitellä make excuses (for), (try to) explain (something) away
selitettävissä explicable, explainable
selittely (making) excuses
selittyä be explained (by) *Sehän selittyy sillä että* The explanation for that is that
selittämätön inexplicable, unfathomable, unaccountable
selittää 1 explain, give a reason/an explanation for, account for **2** (teosta) interpret, analyze, comment (on), write a commentary (on)
selittää jokin olemattomaksi explain something away
selittää parhain päin put the best possible face on (something)
selittää unia interpret dreams
selittää väärin misread, misinterpret
selitys 1 explanation **2** (teoksen) commentary, interpretation; (Raamatun myös) exegesis **3** (veruke) excuse **4** (kuvan alla) caption
selitysteos commentary
seljetä 1 (taivas) clear up **2** (asia) dawn on (someone), become clear
selkeys clarity
selkeytyä clear up, be clarified
selkeä clear *antaa selkeät ohjeet* give clear/explicit/unambiguous instructions
selkeästi clearly, distinctly
selkkaus conflict, clash
selko *ottaa/saada selkoa jostakin* find out about something, clear something up *antaa tarkka selko jostakin* make a full/detailed report on something *tehdä selkoa jostakin* account for something
selkokieli simplified language

selkokielinen simplified
selkä 1 back *Jumalan selän takana* out in the middle of nowhere, out in the sticks/boonies **2** (takapuoli) backside, rear end *saada selkään* get spanked *antaa jollekulle selkään* give someone a spanking, tan someone's hide, warm someone's backside (for them) **3** (järven/meren) open water/sea **4** (vuoren) ridge
selkäjänteiset chordates
selkäkipu backache
selkäpuoli back, (takapuoli) rear
selkärangaton 1 (eläin) invertebrate **2** (ihminen) spineless
selkäranka spine, backbone (myös kuv)
selkärankainen vertebrate
selkärankaiset vertebrates
selkäreppu backpack
selkäsauna spanking
selkäsärky backache
selkäuinti backstroke
selkäydin spinal cord
sellainen pron s **1** that sort of thing *Sellaista ei saa sanoa* You shouldn't say things like that *A: Aiotko jäädä? B: Sellainen on tarkoitus* A: Are you going to stay? B: That's the idea *Miehet ovat sellaisia* Men are like that, that's what men are like **2** one *Sellainen kuuluu joka kotiin* Every household should have one (of these) pron adj like that/those, such (a) *Minä en aio kuunnella sellaista puhetta* I refuse to listen to talk like that *Hän on sellainen nipottaja että* He's such a stickler that *ei mitään sellaista* nothing like that *Minulla on sellainen mielikuva että* The way I remember it
sellainen ja sellainen such-and-such
sellainen ja tällainen so-so
sellainen kuin 1 *sellainen kuin tämä/sinä* like this/you *Sellainen renki kuin isäntä* Like father like son *Sellaiset näytelmät kuin Kuningas Lear ja Macbeth* Such plays as King Lear and Macbeth, plays like KL and M **2** *Tule sellaisena kuin olet* Come as you are
sellaisenaan as it is/was *hyväksyä sellaisenaan* approve (something) as it is, pass (something) without change

sellaista ei tehdä

sellaista ei tehdä that is simply not done
sellaista on elämä that's life, such is life, c'est la vie
sellaista sattuu these things happen, that's life, c'est la vie
selleri celery
selli cell
sello cello
selluliitti cellulite
selluloidi celluloid
selluloosa cellulose
sellutehdas pulp mill
selonteko report
selostaa 1 (selittää) explain *Voitko selostaa miten tätä käytetään?* Could you explain how to operate this? **2** (antaa selonteko) report (on), give an account (of) *selostaa lyhyesti selluteollisuuden nykynäkymiä* give a brief account of the pulp industry's prospects **3** (peliä) announce, do a (running/play-by-play) commentary (on)
selostaja reporter; (TV, radio) announcer, commentator
selostus report; (TV, radio) commentary
selusta 1 (tuolin) back **2** (armeijan tms) rear
selvennys clarification
selventää clarify
selvetä clear up
selvillä 1 (ihminen) in the know, aware (of) *En ole aivan selvillä siitä itsekään* I'm not sure of that myself **2** (asia) known *saada selville* find out *Se on jo saatu selville* We already know all about that
selvitellä 1 (kurkkua) clear **2** (ajatuksia) clear, clarify, work out **3** (ongelmaa) clear up, settle, work/straighten out **4** (sotkuista vyyhteä tms) straighten out, untangle **5** (humalaista) sober up
selvittely 1 (erimielisyyden) settling, settlement **2** (liik) clearing
selvittää 1 (kurkkua, aita hyppäämällä) clear *Hevonen selvitti aidan kirkkaasti* The horse cleared the fence easily **2** (ajatuksia, asiaa toiselle) clear, clarify, work out, (asiaa myös) explain *Minun täytyy selvittää itselleni motiivejani* I've got to think through my motives on this **3** (ongelmaa) clear up, solve, settle, work/straighten out *Saitteko sen selvitettyä?* Did you get it worked/straightened out, did you settle your differences, did you solve your problem? **4** (sotkua) straighten out/up, (vyyhteä tms) untangle *Selvitäpäs tuo sotkusi* Straighten/pick up that mess you made **5** (humalaista) sober up **6** (liike) liquidate; (kuolinpesä) execute, wind up
selvitys 1 (raportti) report, account *antaa täydellinen selvitys matkasta* give a full report of the trip **2** (lähtöselvitys: lentokentällä) check-in (counter), (mer) outwards clearance; (mer tuloselvitys) inwards clearance **3** (saldoselvitys) clearance (of the balance) **4** (riidan) settlement **5** (konkurssipesän) liquidation **6** (kuolinpesän) execution, administration **7** (rikoksen) investigation
selvitä 1 become clear *Asia selvisi melko nopeasti* I straightened that out quickly enough *Tästä selviää että* This indicates/makes it clear/shows that *Sitten minulle selvisi että* Then it dawned on me that, then I realized that **2** (toipua) recover, get over *Etköhän selviä siitä* You'll get over it **3** (jäädä henkiin) survive, live, escape *Etköhän selviä siitä* I think you'll live/survive **4** (pärjätä) manage, get along/by, make it *Etköhän selviä yksinkin* I think you can make it on your own *Selviätkö lentokentälle itse?* Can you make it to the airport yourself? **5** (humalasta) sober up
selvitä pelkällä säikähdyksellä get off with a scare
selviytyä 1 (ongelmasta) make it, work it out, cope with it **2** (taudista, traumasta) get over it, pull through **3** (tentistä) get through, do all right (in) **4** (vaaratilanteesta) survive, escape, make it **5** (elämässä) manage, get by, do all right **6** (loppukilpailuun) qualify (for), make it (to) **7** (aidan yli) clear
selviytyä veloista pay off your debts

sentyylinen

selviö axiom *pitää selviönä* consider it axiomatic (that); (ark) take it for granted (that)

selvyys clarity, (kirjoituksen) legibility *päästä selvyyteen asiasta* get a matter cleared up, come to understand it, finally realize what it's all about

selvä 1 clear *selvät faktat* the plain/obvious facts *Mutta onhan ihan selvää että* But it's perfectly clear/obvious/evident/plain that *Asia on selvä* It's a deal, it's settled *selvällä suomen kielellä* in plain Finnish *ottaa/saada selvää* find out (about) *tehdä selväksi* make it clear (to) *Onko se sillä selvä?* Will that do it? *selvä käsiala* clear/distinct/legible/intelligible handwriting *Selvä!* All right! Fine! **2** (ei juovuksissa) sober

selvänäköinen clear-sighted, clairvoyant

selvänäköisyys clairvoyance

selväpiirteinen clear(-cut)

selväpiirteisesti clearly

selväpiirteisyys clarity

selvärajainen clearly defined

selväsanainen 1 clear(ly worded), unambiguous **2** (suora) frank, straight(forward)

seläkkäin back to back

selällään on your/its back

selänne 1 (harju) ridge **2** (ilmatieteessä) front

selättää pin

semantiikka semantics

semanttinen semantic

sementti cement

seminaari seminar

semmoinen ks sellainen

sen 1 its, that's **2** (ark) his, her(s)

senaatti senate

senaattori senator

sen ajan murhe *Se on sen ajan murhe* We'll cross that bridge when we come to it

Senegal Senegal

senegalilainen s, adj Senegalese

senhetkinen (silloinen) the then/current *Mikä senhetkinen tilanne onkaan* Whatever the situation at the time (happens to be)

seniili senile

sen johdosta due to that, owing to that, on account of that *sen johdosta että* due to the fact that, given that, since

senkaltainen (sellainen) of that/a kind/sort, the kind/sort of (ks sen tyylinen)

senkka blood sedimentation, ESR

sen koommin *Ei häntä ole sen koommin näkynyt* We haven't seen hide nor hair of him, he hasn't shown his face around here

senluonteinen (sellainen) of that/a kind/sort, the kind/sort of (ks sen tyylinen)

senmukainen (something) done/calculated/jne along the same lines as, in accordance with, according to *Viime vuonna päätettiin pysyä 4,5 pennin tasolla ja tämä on senmukainen ehdotus* Last year we decided to stay at 4.5 cents, and this proposal is in line with that decision

sen mukaisesti (do something) along those lines, in accordance with, according to *Sehän menee sen mukaisesti, mitä päätettiin viime vuonna* It follows the lines we settled on last year

sen pituinen se That's the end of it, of the story; that's all there is to it

sensaatio sensation

sen seitsemän kertaa repeatedly, over and over, time and again

sensitiivinen sensitive

sensuroida censor

sensuuri censorship

sen takia (siksi) therefore, hence, thus; (siksi juuri) that's why *Sen takia pyysinkin sinua tänne* That's why I asked you here

sentapainen (sellainen) of that/a kind/sort, the kind/sort of (ks sentyylinen)

sentimentaalinen sentimental

sentrifugi (linko) centrifuge

sentti 1 (senttimetri) centimeter **2** (eurosentti) cent

senttimetri centimeter

sentyylinen 1 *sentyylinen talo* a house in that style **2** (sellainen) of that type/order/magnitude, the type of *Sentyylinen ongelma on vaikea ykskaks rat-*

sentään

kaista A problem of that order is difficult to solve overnight *Se on sentyylinen ongelma että* It's the kind of problem that
sentään 1 (kuitenkin) yet, still **2** (ainakin) at least, anyway *Summa ei ole suuri, mutta sentään jotain* It's not much, but at least it's something, but it's something anyway **3** (tosiaan) really, truly, sure *On tuo Hanna sentään vahva tyttö!* That Hanna sure is a strong girl! **4** *Voi voi sentään!* Oh me oh my! Oh dear!
se on that is, i.e.
seos mixture; (kem) compound; (metalliseos) alloy
seota 1 (sotkeutua) get mixed up (with), get messed up **2** (tulla hulluksi) get/be really messed/fucked up
sepalus fly
separaattori separator
sepeli gravel
sepite writing, composition, (ark) piece
sepitteinen fictional
seppele wreath
seppelöidä wreathe, (ihmistä) crown (someone) with a wreath/garland
sepposen selällään wide open, gaping
seppä 1 smith *oman onnensa seppä* master of your own fate **2** (kovakuoriainen) click beetle
sepustaa write, scribble, jot down; (sepittää) cook/make up
sepustus piece *Tässä on yksi minun sepustukseni* Here's a piece I did/a thing I wrote
seremonia ceremony
seremoniamestari master of ceremonies, emcee
serenadi serenade
seriffi sheriff
serkku cousin
serkukset cousins
serpentiini streamer
servaali (eläin) serval
sesaminsiemen sesame seed
se siitä that's that
seteli bill, (bank)note; (mon) currency, paper money
setelipaino currency printing press
seteliraha (yksi) bill, (bank)note; (rahaa) currency, paper money
setelistö the currency in circulation
setelitukku a wad of bills
setri cedar (tree/wood)
setä uncle; (ark) man
seula sieve; (hiekkaseula tms) screen; (kuv = karsinta) screening *vuotaa kuin seula* leak like a sieve *ampua seulaksi* riddle with bullets
seuloa sift (out); (kiviä, hakijoita) screen
seura 1 (toiset ihmiset) company *pitää jollekulle seuraa* keep someone company *etsiä seuraa* go out looking for companionship **2** (yhdistys) society, organization, club **3** *seurat* prayer meeting, (herätyshenkinen) revival meeting
seuraaja 1 (virassa tms) successor **2** (opetuslapsi tms) follower
seuraa karttava asocial, unsociable
seuraamus consequence
seuraa rakastava social, sociable, friendly, gregarious, companionable
seuraava 1 (järjestyksessä) next, subsequent, following **2** (seuraavanlainen) the following *seuraavassa* in the following, in what follows, below *Juttu oli seuraava* It was as follows, this is the way it was
seuraavan kerran next time
seuraavanlainen the following, as follows (ks myös seuraava)
seuraeläin social animal/creature
seuraihminen sociable/friendly/outgoing person
seurailla 1 (myötäillä) follow **2** (katsella) watch
seurakunta (Suomi evlut, US katol) parish; (US prot) congregation
seurakuntalainen parishioner, church member
seuralainen 1 companion, (treffeillä) date, (mies hienoissa juhlissa) escort **2** (seurueen jäsen) member of a (tour) group
seurallinen sociable, social, outgoing, friendly
seurallisesti sociably
seurallisuus sociability
seuramatka package tour

side

seuranaan with you, for company, as your companion
seuranneina vuosina in subsequent years
seuranta follow-up
seurantasäädin (kuvanauhurin) tracking control
seuran vuoksi just to have someone to talk to, be with *Taidan sittenkin ottaa kupposen, ihan seuran vuoksi* I guess I'll have a cuppa after all, just to join you
seurapiiri 1 (high) society, the monde **2** (ystäväpiiri) your circle (of friends)
seurata 1 follow *Oletko seurannut Kiinan tapahtumia?* Have you been following what's going on in China? *Siitä seuraa, etten voi tulla* What follows from that is that I can't come, the result/consequence of that *Seuraatko isääsi firman johdossa?* Are you going to follow/succeed your father as the head of the company? **2** (katsella) watch, follow (something) with your eyes *Olen seurannut tuota sorsaperhettä koko aamun* I've been watching that family of ducks all morning **3** (mukana) follow, accompany; (ark) go with; (kuninkaallisia) attend **4** (luentoja) attend **5** (ohessa) accompany, be enclosed *Asiakirjat seuraavat eri lähetyksessä* Documents follow under separate cover
seurata aikaansa keep up with the times, keep abreast of world/current events
seurata hetken mielijohdetta act on a whim, act on impulse
seurata jonkun esimerkkiä follow someone's example/lead
seurata jonkun jalanjälkiä (kuv) follow in someone's footsteps
seurata jonkun kintereillä dog someone's heels
seurata jonkun neuvoja take/follow someone's advice
seurata toinen toistaan follow one after the other, in (quick/rapid) succession
seura tekee kaltaiseksi like breeds like
seuratkaa johtajaa follow-the-leader

seurauksena *Sinun huolimattomuutesi seurauksena tuli 100 000:n tappio* Your carelessless cost the company a hundred grand, as a result/consequence of your carelessness we lost a hundred thousand
seuraus consequence, result *syy ja seuraus* cause and effect *syy-seuraus-suhde* causal relation *vastata seurauksista* take the consequences
seurue 1 party, group *neljän hengen seurue* party of four **2** (kuninkaallisen tms, myös julkkiksen leik) entourage, retinue
seurustella 1 (ystävien kanssa) associate (with); (ark) hang/run around (with); (keskustella) talk, chat **2** (rakkaussuhteessa) go together, date; (koulussa) go steady (with)
seurustelu 1 (seuraelämä) social life/intercourse **2** (rakkauselämä) dating, going together/steady
seutu region, area, district, neighborhood *näillä seuduilla* around here, in these parts
seutukaava regional plan
seutuvilla 1 (paikan) in the neighborhood/vicinity of, near, close to *kirkon seutuvilla* near the church **2** (määrän) in the neighborhood of, roughly, somewhere around *Siinä tonnin seutuvilla* Somewhere around a grand, in the neighborhood of a thousand marks **3** (ajan) sometime/somewhere around, about *Tule klo 7:n seutuvilla* Come around seven, about seven o'clock, at sevenish
seychelliläinen s, adj Seychellois
Seychellit Seychelles
sfinksi sphinx
sherry sherry
siamanki (eläin) siamang
siamilainen Siamese
sianliha pork
siansaksa pig-Latin
siansorkka pig's foot
side 1 (haavan) bandage, dressing, (kannatinside) sling **2** (kahle) bond **3** (ystävyyden) bond, (perheen, veren) tie **4** (suksiside) binding **5** (kirjan) binding, (nide) volume **6** (sideaine) binder

Jutussa oli totta vain siteeksi There was just enough truth in the story to make it plausible, to make it look good **7** (terveysside) sanitary napkin, (ark) pad **8** (anat) ligament

sideaine binder
sideharso gauze
sidekudos connective tissue
sidonta 1 (haavan) bandaging, dressing **2** (kirjan) binding **3** (seppeleen) (wreath)making **4** (kukkien) (flower) arrangement **5** (mus) ligature **6** (kiel) liaison
sidos 1 (haavan) bandage, dressing **2** (kem) bond(ing) **3** (kirjan) binding, (nidos) volume **4** (kankaan) weave **5** *olla sidoksissa* be tied/bound to
sidottu 1 (ihminen: köysillä tms) tied up, (työhönsä tms) tied, (vuoteeseen) bedridden, (perheeseensä tms) bound **2** (energia, morfeemi ym) bound **3** (kirja) (hard)bound, (ark) hardback **4** (pääoma) tied up, (osake) restricted
siedettävä tolerable, bearable
siekailematon 1 (empimätön) unhesitating, (vastaus) quick, immediate **2** (suora: ihminen) outspoken, blunt; (tai vastaus) frank, straightforward **3** (häikäilemätön) unscrupulous, unprincipled
siekailemattomasti unhesitatingly, quickly, immediately, bluntly, frankly, straightforwardly, unscrupulously (ks siekailematon)
siekailla *Hän ei siekaillut käyttää minun nimeäni* He didn't hesitate/scruple to use my name
siellä there *jossain sielläpäin* somewhere over there *siellä missä* where *Ei siellä ollut mitään* There was nothing there
siellä täällä here and there
sielu soul *ei ristin sielua* not a (single/ living) soul *Hän on laitoksen sielu* She's the (life and) soul of the department
sielukas soulful
sielullinen 1 (henkinen) mental; (psyykkinen) psychic, psychological; (hengellinen) spiritual **2** (ei sieluton) animate

sielunelämä (henkinen) mental/intellectual life; (emotionaalinen) emotional life; (hengellinen) spiritual life
sielunhoitaja counselor, (ark) someone to talk to
sielunhoito counseling, (papin) pastoral care; (ark) therapy
sielunvaellus transmigration of souls
sieluton 1 (ei sielullinen) inanimate **2** (hengetön) soulless, lifeless, dead
siemaista take a gulp of, (alkoholia) take a pull/swig of
siemaus gulp; (alkoholia) pull, swig
siemen 1 seed; (kirsikan tms) pit, stone *epäilyksen siemenet* the seeds of doubt **2** (siemenneste) semen, sperm; (raam) seed
siemenneste semen, sperm; (lääk) seminal fluid; (ark) come, jizz
siemensyöksy ejaculation, (male) orgasm; (ark) coming
sienestys mushrooming
sienestäjä mushroomer, mushroom-picker
sienestää go mushrooming
sienet fungi
sieni 1 (syötävä) mushroom, (myrkyllinen) toadstool **2** (itiö) fungus, (jalkasieni) athlete's foot **3** (pesusieni) sponge
sienieläin sea sponge
sienimyrkytys mushroom poisoning
siepata 1 (ottaa kiinni) catch, grab, seize, snatch; (am jalkapallossa toisen joukkueen heitto) intercept **2** (kaapata) snatch, kidnap, abduct; (radiosanoma tms) intercept **3** (ark löytää) find, round up *Mistä ihmeestä minä nyt sellaisen summan sieppaan?* Where on earth am I going to find that kind of money? **4** (ark suututtaa) rankle *Että minua sieppaa tuommoinen* That really rankles me
sieppaaja 1 (käsilaukun) purse-snatcher **2** (ihmisen) kidnapper, abductor
sieppari (pesäpallossa) catcher
sieppaus 1 (pallon tms) catch(ing) **2** (kaappaus) kidnapping, abduction, snatching
sierain nostril
Sierra Leone Sierra Leone

siirto

sierraleonelainen s, adj Sierra Leonean
siesta siesta
sietokyky tolerance
sietämätön intolerable, unbearable
sietää pääv stand, bear, take, tolerate; (ylät) endure; (ark) put up with *En siedä (nähdäkään) häntä* I can't stand (the sight of) him *En siedä tätä enää* I can't stand/take this any more *En aio sietää tätä* I will not tolerate this, I won't stand for it, I refuse to put up with this *Souda minkä selkäsi sietää!* Row as hard as you can *Hän ei siedä leikkiä* He can't take a joke, he's got no sense of humor apuv be worth (doing), should, ought to *Sietäisit hävetä!* You should be ashamed of yourself! *Sitä sietää miettiä* It's worth considering
sieventää 1 prettify, beautify 2 (mat) reduce, simplify
sievistelevä affected, pretentious
sievistellä tr (tarinaa) embellish itr act affected, put on airs, be pretentious
sievistely affectation, pretension(s)
sievistää prettify, beautify *Pöytää sievistää kukkanen* A flower adorns the table
sievoinen pretty, tidy *sievoinen summa* pretty/tidy sum
sievä pretty
sievästi prettily
signaali signal
sihahdus hiss
sihahtaa hiss
sihinä hiss
sihistä hiss
sihteeri 1 secretary 2 (lintu) secretary bird
sihteeristö secretariat, (konekirjoittajat) typing pool
sihti (seula) sieve, (siivilä) strainer
siideri cider
siihen *Siihen meillä ei ole aikaa/rahaa* We don't have time/money for that *Menet vain siihen pöytään asti* Just go as far as that table *Pane takaisin siihen, mistä sen otit* Put it back where you found it

siihenastinen previous, earlier *siihenastinen käytäntö* standard procedure up till then
siika whitefish
siili Western hedgehog
siima 1 (ongen) line *Kauppa käy kuin siimaa* We're doing business hand over fist 2 (jono) line, string *Miestä lappoi sisään siimanaan* There was a steady stream of men coming in
siimes shade *puun siimeksessä* in the shade of the tree
siintää glint of water/light in the distance, be dimly visible; (kuv) loom
siinä there *On siinäkin ystävä!* Some friend you are! *siinä missä* where *siinä viiden aikoihin* right around five
siinä ja siinä close *Se oli siinä ja siinä, selviäisikö hän siitä* It was touch and go whether he'd make it *Se oli siinä ja siinä, kumpi voitti* It was a close call, a photo finish
siinä paha missä mainitaan speak of the devil
siinäpä se! that's just it, that's the problem/point
siipi 1 wing (myös rakennuksen, puolueen) *kokeilla siipiään* try your wings *siipi maassa* downcast/-hearted, depressed 2 (tekn) wing, blade, arm, vane 3 (suojelus) *elää jonkun siivellä* live/sponge/mooch off someone, be kept/supported by someone
siipikarja poultry
siipisimppu lion fish
siippa spouse, (leik) your better half
siira woodlouse
siirappi molasses *vaahterasiirappi* maple syrup
siirappinen (myös kuv) syrupy, sicky sweet; (kuv) sentimental
siirrellä move/shift (things) around
siirrettävä 1 portable, movable 2 (liik) transferable
siirrännäinen (elin) transplant, (ihon) graft
siirto 1 (pelin) move (myös kuv) 2 (työpaikan, rahan, lainan, bussin) transfer 3 (sekin) endorsement 4 (kirjapidollisen luvun) forward 5 (kokouksen) post-

ponement, adjournment; (maksun) deferral **6** (elimen) transplant, (ihon tms) graft, (veren) transfusion **7** (sävellajin) transposition **8** (psyk) transference
siirtola colony, settlement *rangaistussiirtola* penal colony
siirtolainen (maahan) immigrant, (maasta) emigrant
siirtolaisasutus immigrant settlement
siirtolaisuus immigration
siirtolaisviisumi immigrant visa
siirtolaisvirta wave of immigrants/ immigration
siirtomaa colony
siirtyillä shift (here and there, back and forth)
siirtymä transition
siirtymävaihe transitional phase/stage
siirtyä 1 (mennä, liikkua) move, go, shift *En saa tätä kiveä siirtymään* I can't move this rock, I can't get this rock to move/budge *siirtyä pois tieltä* get out of the way **2** (työssään) be transferred **3** (vaihtaa) change, go/shift (over), move/go on, proceed, pass *Talo siirtyy isännän kuollessa hänen tyttärelleen* Upon the owner's death the house will go/pass to his daughter **4** (lykkääntyä) be postponed/delayed/deferred/adjourned *Matka on nyt siirtynyt viikon* The trip has been postponed/delayed a week **5** (uuteen) enter/embark (upon), start, begin
siirtyä ajassa taaksepäin go back in time, (ajatuksissa) cast your thoughts back in time
siirtyä ajasta ikuisuuteen pass away
siirtyä ammattilaiseksi turn professional, (ark) go pro
siirtyä asiasta toiseen change the subject
siirtyä eläkkeelle retire
siirtyä historiaan go down in history
siirtyä käsittelemään jotakin move on to (deal with) something
siirtyä perintönä be handed/passed down
siirtyä pois maasta leave the country, (pysyvästi) emigrate
siirtyä seuraavalle luokalle be promoted to the next grade
siirtyä syrjään step down/aside
siirtyä uuteen aikakauteen enter a new era
siirtyä uuteen puolueeseen change parties
siirtää 1 move, shift, transfer *siirtää huonekaluja* rearrange the furniture, (muutossa) move/carry (the) furniture *Minut on siirretty* (toiseen konttoriin) I've been moved/transferred (to another office) **2** (tehtäviä) delegate, transfer **3** (liik) transfer, convey, assign; (sekki siirtomerkinnällä) endorse **4** (kirjanpidossa) carry/bring (a figure) forward **5** (myöhemmäksi) postpone, delay, defer; (kokousta) adjourn; (ark) move (something) back, put (something) off **6** (aikaisemmaksi) advance, (ark) move (something) up **7** (elin) transplant, (ihoa tms) graft, (verta) transfuse **8** (transponoida) transpose
siis 1 so, then *Sinä olet siis menossa pois* So you're leaving us; you're leaving us, then? **2** (siksi) thus, therefore *Ajattelen, siis olen olemassa* I think, therefore I am
siisteys cleanliness, tidiness; hygiene
siisteyskasvatus training in hygiene; (pottakasvatus) toilet training; (koiran tms) house-breaking
siisti 1 neat, tidy, clean **2** (koira tms) housebroken
siististi neatly, tidily, cleanly
siistiytyä get cleaned/spruced/washed up
siistiä straighten/tidy (a place) up
siitepöly pollen
siitepölyallergia pollen allergy
siitin penis
siitos breeding, (hedelmöitys) fertilization
siittiö spermatozoon (mon -zoa), (ark) sperm cell
siittää conceive, (vanh) get, (raam) beget
siitä v be conceived *sikisi Pyhästä Hengestä* was conceived of the Holy Spirit
adv there *Näpit pois siitä* Get your fingers out/off of there! *jatkaa siitä, mihin lopetti* pick up where you left off

siiveke aileron
siivekäs winged (myös kuv)
siivelläeläjä sponge, moocher, parasite
siivetön wingless *Ihminen on siivetön höyhenetön kaksijalkainen eläin* Man is a wingless, featherless biped
siivilä strainer
siivilöidä strain
siivittää give/lend wings to
siivo s order *kamalassa siivossa* in a godawful mess adj decent, courteous, gracious
siivooja (nainen) cleaning lady, charwoman; (mies) janitor
siivosti *olla siivosti* behave yourself
siivota clean (up), pick/tidy/straighten up
siivoton 1 (epäsiisti) messy, disordered, cluttered; (ihminen) disheveled, unkempt, frowsy 2 (epäsiivo) indecent, smutty, vulgar 3 (törkeä) gross, disgusting
siivottomasti messily, indecently
siivottomuus messiness, indecency
siivous 1 (house)cleaning 2 (tietok) garbage collection
siivu slice
sija 1 place *ensi sijassa* in the first place *päästä/jäädä toiselle sijalle* place second, come in second, make second place *saada sijaa* take hold (in), catch on *jonkin sijaan/sijasta* in place/stead of something *täynnä viimeistä sijaa myöten* standing room only, SRO 2 (tila) room *Heille ei ollut sijaa majatalossa* There was no room for them at the inn *tehdä sija* make a bed 3 (sijamuoto) case
sijainen substitute, replacement; (ark) stand-in *vs (viransijainen) professori* acting professor
sijainti location
sijaiskärsijä surrogate victim
sijaisuus temporary position/job/post
sijaita be situated/located (in/by/at) *Missä Koli sijaitsee?* Where is Koli?
sijaluku rank
sijata make (your bed)
sijoiltaanmeno dislocation
sijoittaa 1 (esine tms) put, position, place, set *Näytelmä on sijoitettu 1400-luvun Ranskaan* The play is set in fifteenth century France 2 (ihminen) place, plant; (istumaan) seat, (seisomaan) stand 3 (urh) place, rank 4 (rahaa) invest (in), (ark) sink (money into)
sijoittaja investor
sijoittua 1 take up a/your position/place (in/by/at), place/position yourself, (istumaan/seisomaan) (go) sit/stand (somewhere) 2 (urh) place, come in *sijoittua kolmanneksi* place third, come in third
sijoitus 1 placement, (re)location 2 (urh) place, placing 3 (rahallinen) investment
sijoitustoiminta investment program
sika 1 (elävä) pig, (uros) hog, (naaras) sow, (villi) boar *ostaa sika säkissä* buy a pig in a poke 2 (syötävä) pork 3 (ihminen) pig *sovinistisika* chauvinist pig
sikala (tila) pig farm, (talo) hog house
sikamainen dirty, nasty, gross *sikamainen temppu* dirty trick
sikari cigar
sikarinkatkaisin cigar cutter
sikarinpolttaja cigar smoker
sikariporras the brass
sikermä group, cluster; (mus) medley
sikeästi soundly
sikeä uni sound sleep
sikin sokin helter skelter, higgledy piggledy, all in a jumble
sikiö 1 fetus, (alkio) embryo 2 (kuv) spawn *Te kyykäärmeitten sikiöt!* You generation of vipers!
sikiöasento fetal position
sikiönkehitys prenatal/embryonic development
sikolätti pigsty
sikseen *jättää sikseen* drop/abandon/ bag/leave (something) up, forget (something) *Leikki sikseen* Joking aside *Se on ihan hyvä sikseen* It's all right, considering
siksi 1 (sen vuoksi) therefore, thus; (siksi juuri) that's why; (niinpä) so; (siksi että) because, since *Siksi annoinkin sen sinulle* That's why I gave it to you 2 (siihen mennessä) by then; (siksi kun) by when; (siksi kunnes) until, till *Pystytkö tulemaan siksi kun minä pääsen*

sikäli

töistä? Can you come by the time I get off work? *Jätän sen sinulle siksi kun(nes) palaan kaupungilta* I'll leave it with you until I get back from town **3** (ark = niin) so *Asia on siksi tärkeä ettei se voi odottaa Timoa* This is so important that we can't leave it till Timo gets here

sikäli *Olet sikäli oikeassa että* You're right in the sense that *Sikäli kuin minä tiedän* As far as I know

sikäläinen local *sikäläiset tavat* the local customs, the way they do things around there

silakka Baltic herring

silaus plating *antaa lopullinen silaus* touch/polish something up, put the finishing touches on (something)

silava lard; (paistettuna) cracklin's, (pekoni) bacon

sileys smoothness, sleekness

sileä smooth; (tukka, turkki) sleek *panna rahaa sileäksi* go through money like water

sileästi smoothly, sleekly

silikageeli silicagel

silinterihattu top hat

silitellä stroke, (eläintä) pet, (hieroa) rub *Siitä ei sinun päätäsi silitellä* Don't expect a pat on the back for that

silittely stroking, petting, rubbing

silittää **1** smooth (out/down) **2** (voita leivälle) spread **3** (silityslaudalla) iron **4** (silitellä) stroke, (eläintä) pet, (hieroa) rub

silitys ironing

silityslauta ironing board

silitysrauta iron

silittä̈ä smooth/straighten (out)

itsesiliävä permapress

silkkä ire, sheer, plain *silkka vale* ed/shameless lie *puhua silkkaa* lk sheer/unmitigated nonsense/

silk

silkk *eri* tissue paper

silk *rhonen* mulberry silkworm, *erry* silkmoth

kiäistoukka silkworm

sillanpääasema bridgehead

silli herring *kuin sillit suolassa* packed in like sardines

sillisalaatti 1 mixed herring salad **2** (kuv) hodgepodge, mishmash, jumble

silloin then, at the/that time *silloin kun* when *jo silloin* even then *vasta silloin* only then

silloinen the then, the (something) of that time *silloinen mieheni Aulis* my ex(-husband) Aulis; Aulis, who I was still married to at the time *silloinen presidentti Ryti* (the then) president Ryti

silloin tällöin now and then/again, on occasion

silloittaa bridge

sillä for, since *Oli liian myöhäistä, sillä Marja oli jo lähtenyt* It was too late, for Marja had already gone *Ei sillä että se nyt minua liikuttaisi* Not that I care

sillä selvä taken care of, okay, done *Se on sitten sillä selvä* That takes care of it

sillään as it is, unchanged, untouched *jättää silleen* leave (something) as it is, not change it

silmikko visor

silmittömästi blindly *olla silmittömästi rakastunut* be madly in love, be head over heels in love

silmitön blind *silmitön viha* blind rage *silmitön pelko* irrational/panicky fear

silmu bud

silmukka loop (myös urh, tietok); (verkon) eyelet; (oikea/nurja) stitch

silmä 1 eye (myös kuv) *pistää silmään* be noticeable/obvious/conspicuous *etsiä jotakin silmä kourassa* keep your eyes peeled for something *Pois silmistäni!* Get out of my sight! *Olin pudottaa silmäni jollekulle* I couldn't believe my eyes *iskeä silmää jollekulle* wink at someone *katsoa jotakuta hyvällä/huonolla silmällä* look on someone with (dis)favor *silmät selässäkin* eyes in the back of your head *sielunsa silmillä* in the mind's eye *ummistaa silmänsä jollekin* look the other way, turn a blind eye to **2** (silmukka: oikea/nurja) stitch, (verkon) eyelet

silmäillä (tarkkailla) eye; (lukaista läpi) glance at/through, browse through

silmälappu eye patch
silmälasikarhu spectacled bear
silmälasikotelo glasses case
silmälasit glasses
silmälläpito supervision; (ark) watching, keeping an eye on *lasten silmälläpito* keeping an eye on the kids, watching/sitting the kids
silmälääkäri opthalmologist, (optikko) optician; (ark) eye doctor
silmämuna eyeball
silmämääräinen (ark) rough, eyeball *mitata silmämääräisesti* eyeball it
silmänkantamattomiin as far as the eye can reach
silmänkääntötemppu sleight-of-hand trick
silmänlume show *Se on pelkkää silmänlumetta* It's all for show
silmänpalvelija hypocrite
silmänruoka something to feast your eyes on, a sight for sore eyes
silmänräpäys a blink of the eye
silmä silmästä an eye for an eye
silmäterä 1 pupil 2 (kuv) the apple of your eye
silmätikku a thorn in your flesh, a constant irritation *pitää jotakuta silmätikkunaan* pick on someone, single someone out for special harassment
silmätipat eyedrops
silmäys glance *rakkautta ensi silmäyksellä* love at first sight
silmäänpistävä noticeable, obvious, conspicuous
siloinen smooth
siloisesti smoothly
siloisuus smoothness
silosäe blank verse
silottaa smooth (out/over/down); (hiekkapaperilla) sand (down)
silpoa 1 (ruumis) mutilate, dismember 2 (ruokaa, paperia) shred
silppu 1 shredded paper/wood/mushrooms/wheat/jne *leikata silpuksi* shred 2 (tietok) chad
silta bridge *polttaa sillat takanaan* burn your bridges behind you
silti 1 (kuitenkin) (but) still/yet, though, however, anyway *Silti sait hyvät muonat* Still/anyway, you got good grub *Surullista mutta silti totta* Sad but/yet true 2 (siitä huolimatta) nevertheless, still *Hän on silti minun äitini* Nevertheless/still, she's my mother; she's still my mother *Silti pidän sinusta* Even so, I like you
siluetti silhouette
sima mead
simahtaa 1 (ihminen) nod off, conk out, (kännissä) pass out 2 (moottori) die
simpanssi chimpanzee, (ark) chimp
simppeli simple(-minded)
simpukat bivalves
simpukka 1 (laji) bivalve 2 (sinisimpukka) mussel, (kampasimpukka) scallop 3 (sisäkorvan) cochlea 4 (auton) steering housing
simputtaa haze
simputus hazing
simulaattori simulator
simuloida simulate
simulointi simulation
simultaanitulkkaus simultaneous interpretation
sinappi mustard
sinertävä bluish
sinertää be bluish
sinetti seal
sinetöidä seal *sinetöidä kohtalonsa* seal your fate
sinfonia symphony
sinfoniaorkesteri symphony orchestra
sinfoninen symphonic
Singapore Singapore
singaporelainen s, adj Singaporean
singota tr throw, hurl, fling, sling itr fly (off), hurtle
siniaalto (tekn) sine wave
siniantilooppi (nilgau) nilgai, bluebuck
siniharmaa bluish gray
sinikaulustyöntekijä blue-collar worker
siniliejukana gallinule
sininen blue (myös kuv)
sininärhi European roller
sinipääsky purple martin
sinisilmäinen (naivesti) optimistic, Pollyannaish

sinisilmäisyys (blue-eyed) optimism, Pollyannaism
sinitöyhtönärhi blue jay
sinivalkoinen blue-and-white
sinkilä staple; (puristin) clamp; (auton) U-bolt
sinkki zinc
sinko rocket launcher, (kevyt) bazooka
sinkoutua be hurled/flung/thrown/dashed (somewhere)
sinne there, (vanh) thither *sinne missä* where *sinne asti* that far *lähettää joku sinne missä pippuri kasvaa* send someone to the farthest corner of the globe
sinnepäin in that direction, that way *sinnepäin vielä* further *jotakin sinnepäin* something like that *ei sinnepäinkään* not even close, nothing like that
sinne tänne here and there (and everywhere) *milloin sinne milloin tänne* now here now there *Yksi päivä sinne tai tänne ei merkitse mitään* One day here or there isn't going to make a difference
sinnikkyys persistence, stubbornness, doggedness; (ark) gutsiness, stick-with-itness
sinnikäs persistent, stubborn, dogged; (ark) gutsy
sinunkaupat *tehdä sinunkaupat* go on a first-name basis
sinunlaisesi like you
sinutella call someone by his/her first name
sinuttelu informal speech, calling someone by his/her first name
sinä you *sinua* you *sinun* your (hat), (this hat is) yours *sinulle* to/for you *Toin sinulle kukkia* I brought you some flowers *sinuna* if I were you *tulla sinuiksi* (jonkun kanssa) get to know each other, (jonkin kanssa) familiarize yourself with (something) *olla sinut jonkun kanssa* be on a first-name basis with someone
sinänsä 1 (itsessään) in (and of) itself, in its own right, per se *Kyky käyttää tietoa on valtaa, ei tieto sinänsä* The ability to apply knowledge is power, not knowledge in (and of) itself **2** (teoriassa) in principle/theory *Se on sinänsä ihan hyvä idea, mutta* It's a good idea in theory, but

sionismi Zionism
sipaista brush, touch (someone/something) lightly; (sivellä) stroke; (hipaista) graze
sipaisu brush, (light) touch, stroke
Siperia Siberia
siperialainen Siberian
sipsuttaa tiptoe, pitpat, pad
sipuli 1 onion **2** (kasvisipuli) bulb **3** (sipulikupoli) onion-shaped dome
sir sir
sireeni siren
siristää silmiään squint
sirittää chirp
sirkka cricket
sirkkeli circular saw, (ark) skillsaw
sirkus circus
sirkusareena circus arena
sirkuspelle circus clown
siro dainty, petite, slender
sirotella sprinkle
sirotin shaker
sirottaa 1 sprinkle, scatter, strew **2** (fys) scatter
sirottelu sprinkling, (tietok) dithering
sirpale shard, splinter, fragment, chip, (broken) piece *lyödä sirpaleiksi* shatter, (puuta) splinter
sirppi sickle
sirppi ja vasara the hammer and sickle
siru chip (myös tietok)
sisar sister
sisarus sibling
sisempi inner, interior
sisempänä farther/further in
sisennys indentation
sisentää indent
sisilisko lizard
sisin in(ner)most
sisko sister
sissi guerilla
sissiliike guerilla movement
sissisota guerilla warfare
sisu stick-with-it-ness, guts, (sl) balls *käydä sisulle* stick in your craw, bug you *Sisuni ei antanut periksi* I couldn't bring myself to do it, to give up
sisukas gutsy, ballsy

sisukkaasti gutsily
sisukkuus gutsiness, balls
sisus 1 (sisäpuoli) inside, interior **2** (sisältö) core, filling, (hedelmän) flesh **3** (sisälmykset: eläimen) entrails, innards (myös kuv); (ihmisen) innards, insides, guts; (suolet) bowels, intestines
sisusta inside(s), interior
sisustaa furnish, decorate, (ark) fix/do up; (vuorata) line
sisuste 1 (vuori) lining **2** *sisusteet* (interior) fittings
sisustus (huonekalut) furniture, furnishings; (tyyli) decor
sisustusarkkitehti interior decorator
sisustustaide interior decoration
sisuuntua get pissed off
sisä- inner, internal, interior, inward; (talossa) indoor; (maassa) inland
sisäasiainministeri (Suomi) Minister for Internal Affairs, (US) Secretary of the Interior
sisäasiainministeriö (Suomi) Ministry for Internal Affairs, (US) Department of the Interior
sisäelin internal organ
sisäinen internal, inward, inner, interior *sisäinen posti* interdepartmental mail *sisäinen tiedote* company/departmental/office/jne newsletter/memo
sisäisesti internally, inwardly *nauttia sisäisesti* take internally
sisäistää internalize
sisäkautta (talossa) from inside; (juoksuradalla) on the inside
sisäkkäin one inside the other, inside each other; (geom: ympyrät) concentrically
sisäkkäinen (geom) concentric *sisäkkäiset laatikot* (kuv) Chinese boxes
sisäkuva indoor picture/photo/scene; (taiteessa, elokuvassa) interior
sisällissota civil war
sisällyksetön empty, vapid, vacuous
sisällys contents (myös luettelona)
sisällysluettelo (table of) contents
sisällyttää include
sisällä adv **1** in(side), (talon myös) indoors *pitää sisällään* include, (fyysisesti) contain *pyytää jotakuta sisälle* ask someone in **2** (jossain asiassa) familiar with, trained in *Joko olet sisällä siinä?* Do you have it down yet? Do you have the hang of it yet? postp in(side), within *kiven sisällä* (sl) inside *viikon sisällä* within a week, this week
sisällöllinen *kirjan muodolliset ja sisällölliset ansiot* the book's excellence in both form and content
sisällöllisesti content(s)-wise, in terms of (something's) contents
sisällöntuottaja (tietok) content-provider
sisälmykset entrails, (ark) guts
sisältyä be included (in)
sisältä from inside, out of *lukea sisältä* read
sisältäpäin from within
sisältää include
sisältö contents
sisälähetys domestic mission
sisämaa inland
sisämaa-alue inland area(s)
sisämarkkinat (EU) internal market
sisäministeri (Suomi) Minister of the Interior, (US) Secretary of the Interior
sisäministeriö (Suomi) Ministry of the Interior, (US) Department of the Interior
sisäoppilaitos boarding school
sisäpiha courtyard
sisäpiiriläinen insider
sisäpoliittinen domestic, pertaining to domestic policy
sisäpoliittisesti domestically, in terms of domestic policy
sisäpolitiikka domestic policy
sisäpuoli inside *jonkin sisäpuolella* inside something
sisärengas inner tube
sisärenkaaton tubeless
sisässä in(side) *kiven sisässä* (vankilassa) inside
sisästä from inside/within
Sisä-Suomi inland Finland
sisätauti internal disorder
sisätautien erikoislääkäri internist
sisävedet inland waters
sisään in(side) *Käykää sisään!* Come in!
sisäänajo breaking in (myös kuv)
sisäänhengitys inhalation, breathing in

sisäänkirjaus

sisäänkirjaus (tietok) login, signon
sisäänpääsykoe entrance exam(ination)
siten 1 (sillä tavoin) like that *siten kuin* as 2 (sitä kautta) that way, by that means 3 (siksi) thus, therefore
sitkeys (tietok) robustness
sitkeä 1 tough *sitkeää lihaa* tough/leathery/gristly meat *sitkeä vastarinta* tenacious/persistent/dogged resistance 2 (tietok) robust
sitkeästi tenaciously, persistently, doggedly
sitoa tie/bind (up) *sitoa haava* bind up/bandage/dress a wound *sitoa murtovaras köydellä* tie/truss a burglar up with a rope, bind a burglar hand and foot *Tämä ei sido sinua mitenkään* This isn't binding, it doesn't tie you down, there is no obligation here for you
sitomo bindery
sitoumus commitment, (velvoite) obligation, (velkasitoumus) liability
sitoutua 1 (luvata) pledge/promise (to do something) 2 (tehdä sopimus) contract (to do something) 3 (toiselle ihmiselle) commit yourself (to), make a commitment (to)
sitoutumaton 1 uncommitted 2 (pol: yksilö) independent; (maa) neutral, nonaligned 3 (kem) unbound
sitoutumattomat maat neutral/nonaligned countries
sitruuna lemon
sittemmin later, subsequently, afterwards
sitten adv then, next, after that *Se on sitten tehty* That's it then *Ensin sinä, sitten minä* First you, then me *Mitä sitten tapahtui?* What happened next/after that/then? postp ago *kolme vuotta sitten* three years ago prep since *sitten viime joulun* since last Christmas
sittenkin after all, all the same, nonetheless, nevertheless, still *Kaikesta huolimatta sinä olet sittenkin hyvä ystävä* In spite of everything you're still a good friend *Otan sittenkin sen sinisen* I think I'll take the blue one after all

sitä *mitä pikemmin sitä parempi* the sooner the better *sitä parempi* all the better
sitä mukaa kuin in proportion as
sitä myöten *sitä myöten kuin* in proportion as *Se on sitten sitä myöten selvä* That's it then, it's all straight/clear/set
sitä paitsi besides
sitä sun tätä this and that (and the other thing)
sitä vastoin on the other hand, whereas, while
siunailla wonder at, shake your head at
siunata bless, (ylät) consecrate *siunata ruoka* say the blessing, say grace *Sussiunatkoon!* (God) bless me! Bless my soul!
siunauksellinen blessed
siunaus blessing *ruumiin siunaus* funeral service
siunauskappeli funeral chapel
siunaustilaisuus funeral service
siunautua *Heille on siunautunut paljon lapsia* They've been blessed with many children
sivallus (miekan) slash, stroke; (ruoskan) lash; (käden) slap
sivaltaa (miekalla) slash; (ruoskalla) lash, whip; (kädellä) slap
sivari conscientious objector
siveellinen 1 (eettinen) ethical, (moraalinen) moral 2 (säädyllinen) moral, virtuous, decent
siveellisesti morally
siveellisyys morality
siveetön immoral
sivellin brush
sivellä 1 (levittää: maalia) paint, (voita) spread, (ihovoidetta) apply, (munaa) brush *sivellä voita leivälle* butter a slice of bread 2 (silittää) stroke
sively painting, spreading, application, brushing, stroking (ks sivellä)
sivettieläimet civets
siveys virtue, (seksuaalinen) chastity
siveysoppi ethics
siveä virtuous, decent; (seksuaalisesti) chaste
siveästi virtuously, decently, chastely

siviili 1 civilian *siviilissä* in civilian life **2** *siviilit* civvies
siviili- civil
siviiliavioliitto civil marriage
siviilipalvelu civil alternative service
siviilipalvelusmies conscientious objector
siviilirekisteri civil register
siviilisääty marital status
sivilisaatio civilization, culture
sivistyksellinen educational
sivistymättömyys lack of culture/education, boorishness
sivistymätön 1 (primitiivinen) uncivilized, boorish, coarse, loutish **2** (oppimaton) uneducated, (ark) illiterate
sivistyneesti in a civilized/cultured/cultivated/refined/polite way, politely, courteously
sivistyneistö 1 (älymystö) the intelligentsia **2** (yläluokka) the upper crust, high society
sivistynyt 1 (ei primitiivinen) civilized **2** (ei karkea) cultured, cultivated, refined **3** (ei oppimaton) educated, learned
sivistys civilization, culture, refinement, education (ks sivistynyt)
sivistysmaa bastion of culture
sivistyssana 1 (vierasperäinen sana) loan word **2** (ark = vaikea sana) polysyllabic word, (ark) jawbreaker
sivistyä 1 become civilized **2** (saada kasvatusta) become educated/cultivated/refined
sivistää 1 civilize **2** (kasvattaa) educate, cultivate, refine
sivu s **1** (kylki) side *sivulta katsottuna* see from the side, in a side view *sivusta katsottuna* seen from the outside, from an outsider's point of view **2** (kirjan) page adv, postp past, by *kulkea jonkin sivu* pass (by) something *maailman sivu* (aina) always, invariably; (kautta aikojen) from time immemorial
sivuammatti second job, sideline; (ark) moonlight job
sivuansio extra/additional/secondary income
sivuhuomautus aside

skandinaavi

sivuitse past, by (ks sivu)
sivuittain 1 (sivu sivulta) page by page, one page at a time **2** (sivuttain) sideways
sivulla adv (kirjan) on page postp near, by, beside
sivulle adv **1** (kirjan) to page **2** (vinottain) sideways, sidelong *katsoa sivulle* look to the side, cast a sidelong glance (at) postp to one side of
sivullinen (sivulta katsoja) bystander, onlooker; (ulkopuolinen) outsider *Sivullisilta pääsy kielletty* Unauthorized personnel keep out; No trespassing/admittance
sivulta käsin from the side
sivumennen in passing; (sanoen) incidentally, by the way
sivunkuvauskieli (tietokoneen) page description language
sivupersoona alter ego
sivuraide side track (myös kuv) *mennä sivuraiteelle* get sidetracked (myös kuv)
sivuseikka minor detail/point
sivussa aside *vetäytyä sivuun* step aside *pysytellä sivussa* stay out of (something), stay on the sidelines *jättää sivuun* ignore, omit, neglect, fail to deal with *jäädä sivuun* be ignored/omitted/neglected/forgotten/dropped/tabled/shelved *heittää huomautus sivusta* kibitz *siinä sivussa* on the side
sivustakatsoja bystander, onlooker, outsider
sivu suun *puhua sivu suun* blurt something out, let the cat out of the bag *antaa tilaisuuden mennä sivu suun* miss (out on) an opportunity *Se meni minulta sivu suun* I missed it
sivusuunta *liikkua sivusuunnassa* move sideways
sivusuuntainen sideways
sivuta 1 (mat) touch, be tangent to **2** (asiaa) touch on (tangentially)
sivuttaa paginate
sivuttain sideways
sivutus pagination
sivuuttaa ignore, omit, neglect, fail to deal with
skandaali scandal
skandinaavi Scandinavian

Skandinavia

Skandinavia Scandinavia
skandinavialainen Scandinavian
skanneri (kuvanlukija) scanner
skinkki (lisko) skink
skisma schism
skitsofreeninen schizophrenic
skitsofrenia schizophrenia
skorpioni scorpion
skotlanninpaimenkoira collie
Skotlanti Scotland
skotlantilainen s Scot, Scotchman, Scotchwoman *skotlantilaiset* the Scots, the Scotch adj Scottish, (sanayhdistelmissä:) Scotch
skotti 1 (asukas) Scot, Scotchman, Scotchwoman 2 (kieli) Gaelic
slaavi Slav
slaavilainen Slavic, Slav, Slavonic
slangi slang
slummi slum, ghetto
slummiutua become ghettoized
smaragdi emerald
smaragdinvihreä emerald-green
smaragdipuuboa emerald tree boa
smokki tuxedo, (ark) tax, (UK) dinner jacket
SNTL (Sosialististen Neuvostotasavaltojen Liitto) USSR
sodanjulistus declaration of war
sodanlietsoja war-monger
sodanuhka threat of war
sodanvastainen antiwar, pacifist, (US pol) dove
sodanvastaisuus antiwar sentiments, pacifism
sodomia sodomy
sohia poke/prod at
sohjo slush
sohva couch, sofa
soida 1 (kello) ring; (ylät) peal, chime, toll; (pieni) jingle *Soiko ovikello?* Did (I hear) the doorbell ring? 2 (muu ääni) (re)sound *panna levy soimaan* put on a record *panna herätyskello soimaan* set the alarm (clock)
soidin courtship, mating
soidinmenot courtship/mating rites
soihdunkantaja torchbearer (myös kuv)
soihtu torch
soihtukulkue torchlight parade
soija soy
soikea oval
soikio oval
soikko tub
soimata reproach, reprimand; (syyttää) blame, accuse *Omatuntoni soimaa siitä eilisestä* I feel guilty about (what I did) yesterday, my conscience bothers me about yesterday
soimaus reproach
soinnillinen voiced
soinniton (äänne) unvoiced, (ääni) toneless
soinnukas sonorous, euphonius, melodious
soinnutus harmonization
sointi tone, sound
sointu 1 chord *H-duuri sointu* B major chord *kolmisointu* triad 2 (sointi) tone, ring, sound
sointua yhteen harmonize, go (well) together
soitella 1 (soitinta) play *jäädä lehdelle soittelemaan* be left high and dry 2 (puhelimella) phone, call *Soitellaan!* Let's keep in touch
soitin (musical) instrument
soitonopettaja music teacher
soittaa 1 (soitinta, levyä) play; (puhallinsoitinta myös) blow 2 (kelloa) ring 3 (puhelimella) (tele)phone, call (someone up) *Saanko soittaa?* Can I use your phone?
soittaja 1 (soittimen) player, musician; (eri soittimien: viulun) violinist, (pelimanni) fiddler, (kitaran) guitarist, jne 2 (kellon) bellringer 3 (puhelimella) caller
soitto 1 (musiikin) music 2 (kellon) ringing 3 (puhelinsoitto) ((tele)phone) call
soittokello bell
soittokunta band
soittotunti music lesson
sojottaa stick out, protrude
sokaiseva blinding, glaring; (kuv) dazzling
sokaista blind, glare; (kuv) dazzle

sokea blind *tulla sokeaksi* go blind, be blinded
sokeainkirjoitus Braille
sokeasti blindly
sokeri sugar
sokerijuurikas sugar beet
sokerikko sugar bowl
sokerina pohjalla last but not least *jättää sokerina pohjalle* leave the best for last
sokeriruoko sugar cane
sokeriton sugar-free, unsweetened
sokeritoukka silverfish
sokeroida sweeten, add sugar to; (päälle) sprinkle sugar over
sokeus blindness
sokkelo labyrinth, maze
sokkeloinen labyrinthine
sokki shock
sokko 1 (sokea) blind (person) 2 (sokkoleikki) blind man's buff 3 (sokkoleikissä) it
sokkoleikki blind man's buff
sola pass, (kapea) defile
solakka slender, slim
solakkuus slenderness, slimness
solarium solarium
solidaarinen loyal
solidaarisuus solidarity
solisluu collarbone, clavicle
solista burble, ripple, murmur
solisti soloist
solkata suomea speak broken Finnish
solki (kengän) buckle, (hakasolki) clasp, (hiussolki) clip, (rintasolki) brooch
solmia 1 (naru tms) tie, knot, lash, fasten 2 (suhteet) establish, set up
solmia avioliitto enter the marriage contract; (ark) get married/hitched, tie the knot,
solmio (neck)tie
solmu knot (myös mer) *mennä solmuun* get tied/tangled/knotted up; (kieli) get tongue-tied
solmuke bowtie
solu 1 cell (myös pol) 2 (raamattupiiri) Bible-study group/circle
solua flow, glide, slip
solukko (cell) tissue
solunjakautuminen cell division

soluttaa infiltrate, insinuate
soluttautua infiltrate, insinuate yourself
soluttautuminen infiltration, insinuation
solvata insult, abuse, deride
solvaus insult, abuse, derision
soma pretty
somaattinen somatic
Somalia Somalia
somalilainen s, adj Somalian
somasti prettily
somistaa prettify, beautify, decorate, adorn; (näyteikkunaa) dress, trim *Pöytää somistaa kukkanen* A flower adorns the table
somistautua get prettied/dressed/dolled/gussied up, make yourself beautiful
somiste decoration, ornament(ation); (mon) window dressing (myös kuv)
sommitella (muotoilla) design, (suunnitella) plan, (laatia) compose
sommitelma design, plan, composition
sommittelu designing, planning, composition
sompa ring
sonaatti sonata
sonetti sonnet
sonni bull
sonnustautua 1 (matkalle) get ready/packed (for) 2 (juhliin) get prettied/dressed/dolled/gussied up
sonta manure
sontiainen dungbeetle, (ark ihminen) shithead
sooda sodium carbonate, (baking) soda
soolo solo
sooloilla solo, go it alone; (näyttävästi) grandstand
soopa hogwash
sopeuttaa adapt, adjust
sopeutua adapt/adjust (yourself to); (alistua) resign/reconcile yourself (to)
sopeutumaton unadaptable *sopeutumaton ihminen* misfit
sopeutuminen adaptation, adjustment; (alistuminen) resignation
sopeutumiskyky adaptability
sopeutumiskykyinen adaptable

sopeutumisvaikeus

sopeutumisvaikeus difficulty in adapting (to something)
sopia 1 (mahtua) fit **2** (yhteen) be compatible, go (together) with, (väriltään) match (ks myös sopia-hakusanat) **3** (olla sovelias) suit, be suitable, become, befit *Tuommoinen ei sovi minulle* (vaate) That sort of thing wouldn't/doesn't look good on me; (toiminta: soveliaisuuden vuoksi) It wouldn't be suitable for me to do that, (muun estelyn vuoksi) I'm just not cut out for that sort of thing *Ei sinun sovi mennä* It wouldn't be right for you to go **4** (tehdä sopimus) agree (on), reach/come to/make an agreement, make a deal; (tapaaminen tms) agree/arrange (to meet) *Se on sitten sovittu* It's a deal *Sovitaanko, että tavataan tässä klo 6?* Let's meet right here at six, okay? **5** (tehdä sovinto: laillinen) settle, reach a settlement; (epämuodollinen) be reconciled, (ark) make up *suudella ja sopia* kiss and make up (ks myös sovittu)
sopia erimielisyydet resolve your differences (with someone)
sopia keskenään be reconciled, make up *He eivät sovi keskenään* They don't get along together, they can't spend two minutes in the same room together, they're like cat and dog
sopia kuin nyrkki silmään be right as rain
sopia riita settle an argument, work out your differences, be reconciled (with each other), reach a reconciliation
sopia yhteen 1 (värit) match, go together, blend in, be color- coordinated *ei sopia yhteen* clash **2** (tarinat) jibe, match up, tally *ei sopia yhteen* diverge, be discrepant **3** (ihmiset) go (well) together, be compatible (myös tietok) *ei sopia yhteen* be incompatible
sopii kysyä one may well ask, the question is
sopii toivoa one only hopes, hopefully
sopimaton 1 (soveltumaton) unfit, unsuitable **2** (huono) inconvenient **3** (epäasiallinen) irrelevant, ill-timed, untimely, inappropriate **4** (epäsovelias) inappropriate, improper, unbecoming, ill-bred **5** (säädytön) indecent, immoral, immodest, obscene
sopimus 1 agreement, arrangement *päästä sopimukseen* reach an agreement/arrangement *sanaton sopimus* tacit agreement/understanding **2** (laillinen) contract **3** (valtiollinen) pact, treaty, convention, accord
sopiva 1 (soveltuva) fit, suited, suitable **2** (hyvä) convenient **3** (asiallinen) well-timed, timely, appropriate *tulla sopivaan aikaan* come at a good time, time your arrival well **4** (sovelias) appropriate, proper, becoming, well-bred **5** (säädyllinen) decent, moral, good
sopivan kokoinen right-/good-sized, of a good size
sopivan tuntuinen that feels right *sopivan tuntuinen maila* a racket that feels right
sopivasti at the right time
sopivuus suitability, convenience, timeliness, appropriateness, propriety, decency, morality (ks sopiva)
soppa soup; (kuv) mess, a fine kettle of fish *Mitä useampi kokki sen huonompi soppa* Too many cooks spoil the broth *Älä pane lusikkaasi tähän sop paan* You keep out of this, don't you butt in here, we don't need your advice
soppi 1 (geom) polyhedral angle **2** (ark) place, corner, nook *etsiä joka sopesta* look in every nook and cranny
sopraano soprano
sopu harmony, peace *elää sulassa sovussa* live in sweet peace and harmony *keskustella sovussa jostakin* talk things out in a calm, rational manner
sopuisa harmonious, peaceful
sopuisasti harmoniously, peacefully
sopukka nook, corner
sopuli lemming; (kuv) journalist
sopu sijaa antaa where there's a will there's a way
sopusointu harmony *olla sopusoinnussa jonkin kanssa* harmonize with something
sopusointuinen harmonious
sora gravel
sorahtaa grate, jar

soraääni voice of protest
sorja (solakka) slender, dainty, petite; (kaunis) pretty, lovely
sorkka 1 (eläimen) cloven hoof **2** (vasaran) claw **3** (ihmisen) foot *joka sorkka* every last one of you
sorkkia poke/prod/pick at; (kuv) interfere/meddle with
sormeilla finger
sormenjälki fingerprint
sormi finger *katsoa läpi sormien* look the other way, turn a blind eye on *polttaa sormensa* get (your fingers) burnt *sormensa joka pelissä* a finger in every pie *osata jokin kuin viisi sormeaan* know something like the back of your hand
sormieläin aye-aye
sormikas glove
sorminäppäryys dexterity
sormituntuma feel *saada sormituntumaa jostakin* get a feel for something
sormus ring
sormustin thimble
sorsa wild duck, mallard
sorsastaa hunt ducks, go duck-hunting
sorsastus duck-hunting
sortaa 1 (kansaa tms) oppress, persecute, tyrannize **2** (koulussa tms) bully, (ark) push (someone) around
sortaja oppressor, persecutor, bully
sorto oppression, persecution, tyranny, bullying
sortsit shorts
sortti sort, kind
sorttinen sort/kind *kaiken sorttinen* of every sort/kind
sortua 1 (talo tms) collapse, crash/fall/tumble down, cave in **2** (ihminen: houkutukseen) cave/give in, yield, break down, succumb; (kuolla) succumb, perish, die
sortua huonoille teille fall into evil ways, hit the skids
sortua viinaan hit the bottle, give in/break down and start drinking
sorva (kala) rudd
sorvaaja turner, lathe operator
sorvata 1 turn (on a lathe) **2** (kuv) crank out

sorvi lathe
sose 1 purée **2** (perunasose) mashed potatoes
soseuttaa purée
sosiaalidemokraatti Social Democrat
sosiaalidemokraattinen social democratic
sosiaalidemokraattinen puolue Social Democratic Party
sosiaali- ja terveysministeri (Suomi) Ministry of Health and Social Affairs, (US) Department of Health and Welfare
sosiaalilainsäädäntö social security legislation
sosiaalilautakunta social security board
sosiaalinen pertaining to social security
sosiaalipoliittinen sociopolitical; (byrokratiassa) pertaining to social security policy
sosiaalipolitiikka social politics; (byrokratiassa) social security policy
sosiaalisesti socially
sosiaalitoimisto social security office
sosiaaliturvamaksu social security tax
sosiaaliturvatunnus social security number
sosialismi socialism
sosialisoida socialize
sosialisointi socialization
sosialisti socialist
sosialistimaa socialist country
sosialistinen socialistic
Sosialististen neuvostotasavaltojen liitto Union of Soviet Socialist Republics
sosiologi sociologist
sosiologia sociology
sosiologinen sociological
sosiologisesti sociologically
sota war; (sodankäynti) warfare; (taistelu) battle, fight *sota-* war, military
sota-aika war-time
sotahullu militarist
sotahuuto war cry
sotainen warlike, bellicose, belligerent
sotaisa warlike, martial
sotaisuus warlike disposition, bellicosity, martial spirit
sotajalalla on the warpath

sotajoukko

sotajoukko army, (mon) troops
sotakorkeakoulu military academy
sotakorvaukset war reparations
sotakoulu military academy
sotalelu war toy
sotamaalaus warpaint
sotamarsalkka Field Marshal
sotamies 1 soldier, (soturi) warrior; (mon) the rank and file **2** (korteissa) jack **3** (šakissa) pawn
sotaministeri Minister/Secretary of War
sotamorsian war bride
sotanäyttämö theater of war/operations
sotaoikeus courtmartial *asettaa sotaoikeuden eteen* courtmartial
sotapoliisi military police, MP
sotapäällikkö military commander, (presidentti) commander-in-chief
sotatila state of war
sotavammainen disabled veteran
sotaveteraani war veteran, (ark) vet
sotaväki the Army *joutua sotaväkeen* get drafted
sotia 1 make war (with/against), be at war (with) **2** (järkeä vastaan) not stand to reason, not make sense; (periaatteita vastaan) be against your principles; (vakaumusta vastaan) be against your religion
sotilaallinen 1 (armeijan) military **2** (sotilaan) soldierly
sotilaallisesti militarily
sotilas soldier *sotilas-* military
sotilasarvo military rank
sotilasdiktatuuri military dictatorship
sotilasjuntta military junta
sotilaskoti canteen, PX
sotilasmuurahainen army ant
sotilaspiiri military district
sotilassoittokunta army band
sotilasvalta military rule, (valtio) military power
sotkea 1 (aineet yhteen) mix, blend **2** (aineita, tavaroita, asioita keskenään) mix/mess up **3** (pää) confuse, bewilder, baffle *Älä nyt sotke asioita* Don't confuse things, don't make things any more complicated than they already are **4** (joku mukaan johonkin) entangle (someone in something), get (someone) involved (in something)
sotkea elämänsä trash your life
sotkea jalkoihinsa trample (something/someone) underfoot
sotkea taikinaa knead the dough
sotkeutua 1 (fyysisesti) get tangled/ messed (up) **2** (ajatuksissaan) get confused, get mixed up, get turned around **3** (mukaan johonkin) get involved/ entangled in, get mixed up in
sotku mess, clutter; (sekaannus) mix-up, confusion
sottapytty little piggy
sotu (sosiaaliturvatunnus) soc. sec. no.
soturi warrior
soudella row
soutaa row
soutaja rower
soutu rowing
soutukilpailu rowing competition
soutulaite rowing machine
soutuvene rowboat
soveliaasti appropriately, properly, suitably, decently
soveliaisuus propriety, suitability, decency
sovelias appropriate, proper, suitable, decent
sovellus application
sovellusohjelma (tietokoneen) application program
sovelma (tietok) applet
soveltaa apply, (sovittaa) adapt
soveltava applied
soveltua 1 (ihminen) be suitable/fit (for), be suited (to), have a knack/aptitude (for) **2** (asia: olla sovelias) be suited (to), lend itself (to) **3** (asia: päteä) apply (to), be applicable (to)
soveltuvuus applicability, aptitude
soveltuvuuskoe aptitude test
sovinismi chauvinism
sovinisti chauvinist
sovinistisika (male) chauvinist pig
sovinnainen conventional
sovinnaisesti conventionally
sovinnaisuus conventionality
sovinnolla willingly, voluntarily, of your own free will

strutsi

sovinnollinen conciliatory, yielding, compliant
sovinnollisesti conciliatorily
sovinnollisuus conciliatory spirit
sovinnonhalu desire for reconciliation
sovinto 1 (riidan jälkeen) reconciliation; (liik) amicable settlement *tehdä sovinto* be reconciled, make up; (liik) settle, reach a settlement **2** (sopu) peace, harmony *elää sovinnossa* live in (peace and) harmony *sovinnolla* ks hakusana
sovitella 1 ks sovittaa **2** (toimia sovittelijana) arbitrate, mediate
sovittaa 1 (johonkin) fit (something in(to)), **2** (jollekin, joksikin) suit/adapt/adjust (something to), (mus) arrange (something for) **3** (vaatetta päälle) try (something) on **4** (riitaa) arbitrate, settle, reconcile (differences), mediate (between two parties) **5** (usk) atone (for sins), mediate (between God and humans), reconcile (God and humans)
sovittelija arbitrator, mediator
sovittelu arbitration, mediation
sovittu *Sovittu!* It's a deal! *etukäteen sovittu* prearranged, preset *Ellei toisin ole sovittu* Unless otherwise agreed *sovittuun aikaan/hintaan* at the time/price we agreed on
sovitus 1 (johonkin) fitting (myös vaatteen) **2** (jollekin, joksikin) adaptation, adjustment, arrangement **3** (riidan) arbitration, settlement, reconciliation, mediation **4** (usk) atonement, mediation, reconciliation
sovituskoppi dressing room, fitting booth
sovituskuolema expiatory death, the atonement
sovitusuhri expiatory sacrifice
sovitusyritys attempted arbitration
spagetti spaghetti
spektri spectrum
spekulaatio speculation
spekuloida speculate
sperma sperm
spesialisti specialist
spiraali spiral
spiritismi spiritualism
spiritisti spiritualist
spiritistinen spiritualistic
spitaali leprosy
spitaalinen s leper adj leprous
spontaani spontaneous
spontaanisti spontaneously
sprii spirit(s)
sprinkleri sprinkler
Sri Lanka Sri Lanka
srilankalainen s, adj Sri Lankan
staattinen static
staattori stator
stabiili stable
stadion stadium
stalagmiitti stalagmite
stalaktiitti stalactite
standardisoida standardize
standardisointi standardization
startata (autoa) turn the ignition, (käynnistää) start; (kaapeleilla) jump-start
startti start
starttimoottori starter (motor)
statisti extra
status status
statussymboli status symbol
steariini wax, paraffin
steinerkoulu Steiner school
stepata tap-dance
stereolaitteet stereo (system)
stereolähetys stereo broadcast
stereot stereo
stereotelevisio stereo television
steriili sterile
sterilisoida sterilize
sterilisointi sterilization
steriloida sterilize
sterilointi sterilization
stigma stigma
stimuloida stimulate
stradivarius Stradivarius, (ark) Strad
strassi paste
strategia strategy
strateginen strategic
stratosfääri stratosphere
stressaantunut stressed-out, under a lot of stress
stressata stress
stressi stress
stroboskooppi stroboscope
strutsi ostrich

stuertti (male) flight attendant, (vanh) steward
subjekti subject
subjektiivinen subjective
subjektiivisesti subjectively
subjektiivisuus subjectivity
subsidiariteetti (EU:n läheisyysperiaate) subsidiarity
subtrooppinen subtropic
subventio subvention, subsidy
subventoida subvent, subsidize
sudenkorento dragonfly
sudenkuoppa pitfall
suggeroida influence (someone) by suggestion
suggestio suggestion
suhdanne economic trend
suhdannevaihtelu economic fluctuation
suhde 1 relation(ship); (rakkaussuhde) affair; (hyödyllinen henkilösuhde) connection, contact *ylläpitää hyviä suhteita itänaapuriin* maintain good relations with your eastern neighbor **2** (suhtautuminen) attitude **3** *yhdessä suhteessa* in one sense/respect **4** (mittasuhde) proportion *samassa suhteessa* in the same proportion **5** (mat) ratio
suhina 1 (tuulen) rustling, whistling, sighing **2** (äänityksessä) noise, (radiossa) static
suhista rustle, whistle, sigh
suhtautua (tuntea) feel (about); (asennoitua) take an attitude/stance (toward) *Miten sinä suhtaudut feminismiin?* How do you feel about feminism? What's your position on feminism? *suhtautua johonkuhun kuin lapseen* treat someone like a child, patronize someone, condescend to someone *suhtautua vakavasti johonkin* take something seriously
suhtautuminen attitude, stance, position
suhteellinen relative, comparative, proportionate *suhteellisen* relatively, comparatively
suhteellisesti relatively, comparatively
suhteellisuus relativity
suhteellisuusteoria theory of relativity
suhteen *jonkin suhteen* in respect to something, in connection with something, concerning something
suhteeton 1 (epäsuhta) disproportionate, a-/unsymmetrical **2** (liian korkea) excessive, extreme, unreasonable
suhteettoman disproportionately, excessively, extremely, unreasonably
suhteettomasti disproportionately, excessively, extremely, unreasonably
suhteuttaa proportion, put (something) in proportion (to something)
suhuäänne sibilant
suihke spray
suihkia spray
suihku 1 (kylpy) shower **2** (muu) spray, jet
suihkukaappi shower stall
suihkukaivo fountain
suihkukone jet (plane)
suihkulähde fountain
suihkumoottori jet engine
suihkuttaa spray, squirt, shower
suikale strip
suinkaan *ei suinkaan* not at all; (ei missään nimessä) no way, not a chance
suinkin at all *jos suinkin mahdollista* if at all possible *niin pian kuin suinkin* as soon as possible
suin päin headlong, headfirst, head over heels, (sl) ass over teakettle
suipentua taper off
suippo pointed, tapered
suippopäinen tapered, pointed
suistaa throw off/down
suistaa raiteiltaan (juna) derail; (ihminen) get (someone) off track, sidetrack
suistaa vallasta overthrow, depose
suisto delta, estuary
suistua be thrown (off/down)
suistua perikatoon be ruined
suistua raiteiltaan (juna) (be) derail(ed); (ihminen) get off track, get sidetracked
suistua tieltä skid off the road
suistua vallasta be overthrown/deposed
suitset bridle
suitsuke incense
sujahdus flash

sujahtaa flash/whiz/zoom/slip (by)
sujauttaa slip
sujua 1 (vene) float (downstream), (liikenne) flow **2** (asiat) go *Miten sujuu?* How's it going? *Miten se sujui?* How did it go?
sujuva fluent
sujuvasti fluently *puhua sujuvasti englantia* speak fluent English, speak English fluently
sujuvuus fluency
sukasuut bristlemouths
sukellus dive, plunge; (sukellusveneen) submersion
sukellusvene submarine
sukeltaa dive
sukeltaja diver
sukia (hiuksia) brush, comb; (partaansa) stroke; (hevosta) curry; (lintu höyheniään) preen
sukka sock, stocking
sukkahousut pantyhose; (ark) hose, stockings
sukkasillaan in your stocking feet
sukkela clever, witty
sukkelasti cleverly, wittily
sukkeluus witticism, bon mot
sukkula shuttle (myös avaruus-)
sukkulamadot roundworms
suklaa chocolate
suklaakastike chocolate topping
suklaalevy chocolate bar
suklaapatukka chocolate bar
suksi ski
suksia ski *Suksi suolle/kuuseen* Go jump in a lake *Suksi vittuun* Go take a flying fuck at the moon
suksivoide ski wax
suku 1 family, relatives/relations; (ark) clan *Oletteko sukua toisillenne?* Are you two related (to each other)? *Virve Virtanen o.s. Vehviläinen* Virve Vehviläinen Virtanen **2** (sukujuuri) stock, ancestry, line *olla hyvää sukua* come of good stock, have an illustrious line of ancestors **3** (kiel) gender **4** (biol) genus
sukuhauta family tomb
sukuinen related to *feminiinisukuinen* feminine (in gender) *hyväsukuinen* of good stock

sukujuuri stock, ancestry, line
sukulainen relative, relation, kins(wo)man
sukulaisuus kinship
sukupolvi generation
sukupuoli (biologinen) sex, (sosiologinen) gender
sukupuolielin sex organ, genital (mon genitalia, ark genitals)
sukupuolielämä sex life
sukupuolinen sexual
sukupuolisuhde sexual relation, affair
sukupuolitauti venereal disease
sukupuoliyhteys sexual intercourse
sukupuu family tree, genealogy
sukurutsaus incest
sukutila family/ancestral farm/estate
sukututkimus genealogy
sula 1 (maa) unfrozen, (voi) melted, (metalli) molten, (vesi) open **2** (pelkkä) pure, sheer *sulaa hyvyyttään* out of the sheer goodness of her heart
sulaa 1 (jää, lumi) melt (myös kuv) *Se sulaa suussa* It melts in your mouth **2** (maa) thaw **3** (ruoka) digest **4** (metalli) fuse
sulake fuse
sulamaton 1 (metalli) in-/nonfusible **2** (ruoka: ei ole sulanut) undigested, (ei sula) indigestible
sulattaa 1 (jäätä, lunta) melt (myös kuv), (pakastinta tms) defrost *Sääli sulatti hänen sydämensä* Pity melted his heart **2** (malmia) smelt, (metallia) fuse **3** (maata) thaw **4** (ruokaa) digest **5** (asiaa: ymmärtää) digest, fathom, comprehend; (sietää) stomach
sulatto smeltery, foundry
sulatus smelting, fusion
sulautua 1 blend/fuse/merge into **2** (yhtiöt) merge
sulava 1 (ruoka) digestible, easy to digest **2** (käytös) suave, polished, smooth
sulavakäytöksinen suave, polished, smooth
sulavaliikkeinen graceful, lithe
sulavasti suavely, smoothly, gracefully
sulhanen (kihloissa) fiancé; (häissä) (bride)groom

suljettu closed, shut
suljetun paikan kammo claustrophobia
suljin shutter
sulka feather
sulkakynä quill
sulkapallo (peli) badminton, (pallo) shuttlecock
sulkasato molting
sulkasatoinen molting
sulkea 1 close/shut (up/down/off), (lukita) lock (up) **2** (sululla katu) block, (ovi) bar **3** (ihminen pois) bar, exclude; (urh) disqualify
sulkeet parentheses *panna sulkeisiin* put in parentheses, parenthesize
sulkeiset (sot) marching drill
sulkemisaika closing time
sulkeutua close/shut (yourself in/up), (kuoreensa) withdraw/retire (into your shell)
sulku 1 (tiesulku) road block, barrier, barricade **2** (sulkuportti) sluice, floodgate; (mon) lock **3** (työnsulku) lockout **4** (kauppasulku) embargo **5** (sot) barrage **6** *sulut* (sulkeet) parentheses **7** (toppi) stop, end *panna sulku jollekin* put a stop to something
sulloa stuff, jam, cram
sulloutua stuff/jam/cram (yourself into)
sulo charm *naiselliset sulot* feminine charms
suloinen sweet
suloisesti sweetly
sulttaani sultan
suma (tukkisuma) log jam; (ark) jam, bottleneck
sumea blurry, misty, foggy, hazy
sumea joukko fuzzy set
sumea logiikka fuzzy logic
sumentaa blur over, mist/fog up
sumentua blur over, mist/fog up
sumerilainen Sumerian
summa sum *summassa* at random
summamutikassa at random
summeri buzzer
summittain 1 sum by sum, figure by figure **2** (suurin piirtein) roughly **3** (suurin määrin) lots of
summittainen rough, approximate

sumplia widger (something) around, doctor
sumu 1 fog, mist, haze **2** (tähtisumu) nebula
sumutin atomizer
sumuttaa 1 spray **2** (kuv) pull the wool over (someone's) eyes, throw dust in (someone's) eyes
sunnuntai Sunday
sunnuntaiaamu Sunday morning
sunnuntainen Sunday
sunnuntaipäivä Sunday
sunnuntaisin Sundays
suntio (lähin vastine) church custodian
suo 1 swamp, marsh, bog *Painu suolle!* Go jump in a lake! *Painu helvettiin!* Go to hell! **2** (kuv) quagmire
suoda give, allow, permit, grant *jos Jumala suo* God willing *suokaa anteeksi* forgive me!
suodatin filter
suodatinkahvi fine-ground coffee
suodatinpaperi filter paper
suodatinsavuke filter-tip cigarette
suodattaa filter, percolate; (ark) perc
suodatus filtration, percolation
suoda vastahakoisesti grudge (someone something)
suodin filter
suoja 1 (katos) shelter, cover; (vaja) shed **2** (turva) protection, haven, refuge *lain suoja* legal protection, the protection of the law *ottaa suojiinsa* take (someone) under your protection/wing *pimeän suojissa* under cover of darkness **3** (suojasää) thaw
suojailma thaw
suojakatos shelter; (kankainen) awning, canopy
suojalasit safety glasses/goggles
suojalumi spring snow
suojapuku coveralls; (lasten) snowsuit
suojasää thaw (myös pol)
suojata shelter, cover, protect, shield, guard
suojatie crosswalk
suojaton unprotected, vulnerable
suojatti (mies) protégé, (nainen) protégée

suojautua shelter/protect/shield/guard yourself (against)
suojelija patron, protector
suojelupoliisi Security Police
suojelus protection, patronage *opetusministeriön suojeluksessa* under the auspices of the Ministry of Education
suojelushenki guardian spirit/angel
suojeluskunta civil guard
suojeluspyhimys patron saint
suojus guard, shield, cover, case; (kirjan) dust jacket
suola salt *maan suola* the salt of the earth
suolainen salty
suolata salt
suolaus salting
suoli intestine, (vanh) bowel
suolisto intestinal tract, (vanh) bowels
suoltaa (puhetta) run on (at the mouth); (tekstiä) churn/crank out
suomalainen s Finn adj Finnish
suomalaisittain Finnish-style
suomalaiskansallinen s Finnish national adj Finnish
suomalaistaa Finnicize
suomalais-ugrilainen Finno-Ugric
suomalaisuus Finnishness, Finnicism; Finnish culture/spirit
suomenkielinen Finnish, Finnish-language, in Finnish
suomennos Finnish translation
suomenopettaja Finnish teacher
suomenopetus Finnish teaching
suomenpystykorva Finnish Spitz
suomentaa translate into Finnish
suomentaja Finnish translator
suomentunti Finnish class
Suomen-vierailu visit to Finland
suomettua be Finlandized
suomettuminen Finlandization
Suomi Finland
suomi (kieli) Finnish
suomi Finnish *suomeksi sanoen* in (plain) Finnish
suomia whip, lash; (suullisesti) give (someone) a tongue-lashing
Suomi-neito the Finnish Maid
suomu scale
suomupeite (coating of) scales
suomustaa scale
suomuurain cloudberry
suonenisku bloodletting
suonensisäinen intravenous, IV
suonenveto cramp, charley horse
suoni (veren) blood vessel, (laskimo) vein; (kasvin, malmin, marmorin) vein
suonikohju varicose vein
suopea favorable, approving, friendly, kind, benign
suopeasti favorably, approvingly, kindly, benignly
suopeus favor(able attitude), approval, kind(li)ness
suopursu marsh tea
suora s 1 (maantien, urh) straightaway, (loppusuora) home stretch 2 (korteissa) straight 3 (mat) straight adj 1 (tie, viiva tms) straight 2 (rehellinen) straightforward, upfront, frank, direct 3 (välitön) direct *suora lento* direct/nonstop flight *suora vastakohta* direct/diametric opposite *suorassa suhteessa johonkin* in direct proportion to something *suora käännös* literal translation
suoraan 1 straight, right, direct(ly) *mennä suoraan asiaan* get right to the point 2 (salailematta) directly, frankly, openly, up front *sanoa suoraan* be blunt, tell (someone something) straight to his/her face
suoraan sanoen to be frank/honest, frankly, to tell (you) the truth
suoraa päätä straight away/off
suora kulma right angle
suorakulmainen right-angle
suorakäyttäjä (tietok) online user
suoranainen obvious, actual, real, patent
suoranaisesti obviously, actually, really, patently
suorasaanti (tietok) direct access
suorasaantimuisti random-access memory, RAM
suorasanainen 1 (ei runomuotoinen) prose 2 (suorasukainen) blunt, frank, outspoken
suorasatelliitti direct broadcast satellite, DBS

suoraselkäinen erect, upright (myös kuv)
suorassa straight; (pystyssä) erect, upright
suorastaan (kerrassaan) downright, out-and-out, utterly, plainly; (oikeastaan) actually, really, in fact; (yksinkertaisesti) simply; (jopa) even *Hän suorastaan säteili* She was practically glowing *Hän oli aika kylmäkiskoinen, ellei suorastaan töykeä* He was pretty cold, if not downright/out-and-out rude
suorasukainen blunt, frank, outspoken
suorasukaisesti bluntly, frankly, outspokenly
suorasukaisuus bluntness, frankness
suoraviestintä (tietok) instant messaging
suoraviivainen 1 (mat) rectilinear **2** (ihminen: suora) straightforward; (yksioikoinen) single-minded *Hän on aika suoraviivainen poika* He's a bit single-minded, he's got a one-track mind, he's a bit of a Boy Scout
suoraviivaisesti rectilinearly, straightforwardly, single-mindedly
suoristaa 1 straighten (out/up), (kangasta) smooth (out) **2** (mat) rectify
suoristua straighten; (tukka) go straight, lose its curl
suoritin (tietok) processor
suorittaa 1 (toiminta) perform, do, make, undertake; (tutkimusta) carry out **2** (tutkinto) take, earn, pass; (ark) get *suorittaa maisterin tutkinto* earn/get a Master's degree *suorittaa ensiapukurssi* take/pass a first-aid class **3** (maksu) pay (off/up), remit, defray
suorittaa loppuun finish, complete, (ark) wrap up
suorittaja 1 person doing something **2** (ohjelmannumeron tms) performer **3** (rikoksen) perpetrator, (ark) perp **4** (maksun) payer **5** (junan) dispatcher
suoritus 1 performance **2** (saavutus) accomplishment, achievement **3** (suoritettu kurssi) completed course, (loppumerkintä) signature (in your book), (arvosana) grade **4** (maksun) payment, remittance, settlement

suorituskyky 1 competence, capacity, ability; (auton) performance **2** (maksukyky) solvency, ability to pay
suoriutua get over/by/through (something), get (something over and) done (with); (selviytyä) make it *suoriutua hyvin jostakin* do fine on something
suosia 1 favor, (opettaja) make (someone) your pet/favorite **2** (tukea) support, patronize *Suosi suomalaista!* Buy Finnish!
suo siellä vetelä täällä between the devil and the deep blue sea, between a rock and a hard place
suosija patron
suosikki favorite
suosio 1 (suuren yleisön) popularity *saavuttaa suosiota* become popular, win a following **2** (jonkun) esteem, high opinion/regard, (vanh) favor *olla jonkun suosiossa* be thought highly of by someone, (opettajan) be the teacher's pet *osoittaa suosiotaan* applaud, clap your hands
suosiolla willingly, gladly, without being asked
suosiollinen friendly, amicable, kind, benevolent *jonkun suosiollisella avustuksella* (ystävän) with someone's kind assistance; (yhdistyksen tms) with the generous support of someone
suosiollisesti amicably, kindly, benevolently *suhtautua suosiollisesti johonkuhun* take a beneficent/benevolent interest in someone
suosionosoitus 1 (teko) favor, dispensation, courtesy **2** *suosionosoitukset* applause
suositella recommend
suosittaa recommend
suosittelu (re)commendation
suosittu popular
suositus recommendation
suosituskirje letter of recommendation
suostua 1 agree/consent (to), be willing (to), comply (with) *Hän ei suostunut (tekemään niin)* She refused (to do it that way) **2** (hyväksyä) accept, approve *Hän ei suostunut kosintaani* She

rejected my proposal, she turned me down

suostuminen agreement, consent, willingness, compliance, acceptance, approval (ks suostua)

suostumus agreement, consent, willingness, compliance, acceptance, approval (ks suostua)

suostutella (try to) talk (someone) into (doing something), (try to) persuade (someone to do something); (maanitella) coax, wheedle

suotava desirable, advisable

suotta for nothing, for no reason/purpose; (tarpeettomasti) unnecessarily *Älä suotta vaivaudu* Don't bother

suotuisa favorable, advantageous, propitious; (ark) good

suotuisasti favorably, advantageously, propitiously

suoturve peat

superlaajakulmaobjektiivi superwideangle lens

superlatiivi superlative

supernova supernova

supertietokone supercomputer

supista whisper

supistaa 1 (vähentää) cut back, decrease, reduce **2** (pienentää) reduce, cut down **3** (rajoittaa) restrict, limit **4** (lyhentää) shorten, cut short **5** (tiivistää) abridge, condense **6** (mat) reduce **7** (lääk) contract, constrict

supistua 1 (fyysisesti) contract, shrink **2** (vähentyä tms) be cut back/down/short, be decreased/reduced/restricted/limited/shortened/abridged/condensed (ks supistaa)

supistus 1 (synnytyssupistus) contraction, (mon) labor *Supistukset tulevat jo 10 minuutin välein* The contractions are coming ten minutes apart *Kuinka kauan supistukset kestivät?* How long were you in labor? **2** (vähentäminen tms) reduction, restriction, limitation, abridgement, condensation (ks supistaa)

supisuomalainen Finnish to the core

supliikki *Sinullapa on hyvä supliikki* You've really got the gift of gab

suppea 1 (pieni) small *suppeissa puitteissa* on a small scale **2** (rajoittunut) restricted, limited, narrow *sanan suppeassa merkityksessä* in the (re)strict(ed)/narrow sense of the word **3** (lyhyt) short, brief, concise *suppea sanakirja* a concise dictionary **4** (tiivis) compact, abridged, condensed **5** (perus) basic *matematiikan suppea kurssi* the basic course in mathematics

suppilo funnel

suprajohde superconductor

suprajohdin superconductor

suprajohtavuus superconductivity

sureva (surua tunteva) grieving, (poismenneen omainen) bereaved

surina hum, whir, drone

surista hum, whir, drone

surkastua 1 (kasvu) be stunted, (lihas) atrophy **2** (kuihtua) wither/waste away (myös ihminen)

surkastuma 1 (lihaksen) atrophy **2** (turha elin) rudiment, vestige

surkastuminen stunting, atrophying; withering, wasting

surkea 1 (kehno) terrible, (ark) lousy *surkeassa kunnossa* in terrible/lousy shape **2** (viheliäinen) wretched; (ark) nasty, mean *surkea temppu* a dirty/mean trick **3** (valitettava) unfortunate *surkea onnettomuus* an unfortunate accident **4** (murheellinen) miserable, unhappy, downcast *katsoa surkeana muiden ilonpitoa* watch miserably while others have fun **5** (surkuteltava) pathetic, pitiful, pitiable *surkea ilmestys* a pathetic sight **6** (sydäntä särkevä) heart-wrenching *surkea itku* a heart-wrenching cry

surkeus misery

surku *Minun käy häntä surku* I feel sorry for her

surkuhupaisa (säälittävä) pathetic; (näytelmän/romaanin juoni) tragicomic

surkutella feel sorry for; (yhdessä) commiserate (with)

surma death *saada surmansa* die, be killed/slain; (leik) meet your maker

surmata kill, slay

surra 1 (kuollutta) mourn/grieve (over) **2** (huolehtia) worry (about), be worried **3** (olla pahoillaan) be sorry
surrealismi surrealism
surrealisti surrealist
surrealistinen surrealistic
suru sorrow, grief/grieving, mourning *Otan osaa suruunne* My condolences/sympathies (in your sorrow)
suruharso mourning veil
surullinen sad; (ihminen myös) sorrowful, mournful, melancholy; (tapahtuma myös) tragic *Äiti tulee hyvin surulliseksi kun teet noin* It makes Mommy very sad when you do that *surullista kyllä* unfortunately
surullisesti sadly, sorrowfully, mournfully, tragically
surullisuus sadness, sorrow
surun murtama grief-stricken
surunvalittelu condolence(s)
suruton 1 blithe, casual **2** (maallinen) worldly
surutta without a second thought, blithely
survoa 1 crush, mash; (soseeksi) purée; (jauhaa) grind **2** (ihmisiä jonnekin) stuff, jam, cram
susi 1 (eläin) grey wolf *yksinäinen susi* lone wolf (myös kuv) **2** (ark) dud, botch(ed job), hash, (auto) lemon
susi lammasten vaatteissa a wolf in lamb's clothing
sutkaus (karkea) (wise)crack; (hienompi) witticism, bon mot
suttaantua 1 (likaantua) get dirty/messy **2** (mennä hyvin) work/turn out (fine)
suttura chippie, floozy
suu 1 mouth *Suu kiinni!* Shut up! Be quiet! *piestä suutaan* run off at the mouth, beat your gums *soittaa suutaan* shoot off your mouth *olla suuna päänä* talk big, strut *pitää pienempää suuta* quiet/pipe down *pitää suurta suuta* talk big, be all talk *puhua suulla suuremmalla* ks hakusana **2** (aukko: luolan tms) entrance, (aseen) muzzle, (letkun tms) nozzle *oven suussa* at the door, in the doorway
suudella kiss

suudelma kiss
suuhunpantava something to eat, eats, grub; (mutusteltava) munchies
suukappale 1 mouthpiece (myös kuv) **2** (letkun) nozzle
suukapula gag
suukko kiss
suukopu *pitää suukopua* kick up a fuss
suula (lintu) northern gannet
suulaki the roof of the/your mouth
suulas talkative
suullinen oral
suullisesti orally
suun kautta orally
suunnanmuutos change of course/direction
suunnanvaihdos change of course/direction
suunnata 1 direct *suunnata jonkun huomio johonkin* direct someone's attention to something *suunnata kysymys jollekulle* ask someone a question, address a question to someone **2** (tähdätä) aim, point, train
suunnaton immense, enormous
suunnattomasti immensely, enormously
suunnikas parallelogram
suunnilleen approximately, roughly, about
suunnistaa take your bearings, get oriented; (urh) do/practice orienteering
suunnistaja orienteerer
suunnistus orienteering
suunnitella plan, design *suunnitella matkaa* plan a trip, map out your itinerary, figure out what you want to do on your trip *suunnitella taloa* design a house, draw up designs for a house
suunnitelma plan, scheme *Se ei sovi minun suunnitelmiini* That doesn't fit in to/with my plans, that's not what I had in mind
suunnitelmallinen systematic, methodical
suunnitelmallisesti systematically, methodically
suunnitelmallisuus systematic/methodical planning

suunnittelematon unplanned, poorly planned, unthought-out
suunnittelu planning, design
suunsoittaja bigmouth, motormouth
suunsoitto big talk, all talk, hot air
suunta 1 direction, way; (laivan, lentokoneen ja kuv) course *katsoa molempiin suuntiin* look both ways *jotakin siihen suuntaan* something along those lines *suuntaan tai toiseen* one way or the other *jossakin Mikkelin suunnalla* somewhere near/around Mikkeli **2** (kehityssuunta) trend, tendency; (taiteen) school, movement
suuntainen *jonkin suuntainen* parallel with something
suuntaneula compass needle
suuntanumero area code
suuntaus 1 (suuntaaminen) orientation **2** (taiteen tms) trend, tendency
suuntautua 1 (ihminen) turn, tend, be oriented toward, direct your activities/ efforts (toward) *ulospäin suuntautunut ihminen* extrovert, outgoing person *oikeistoon suuntautunut ihminen* right-winger, right-leaning person, a person with right-wing/conservative tendencies **2** (esine, tapahtuma) be directed/aimed (toward/at) *Matkamme suuntautui etelään* We headed south
suuntaviivat 1 (ohjeelliset) guidelines, outlines **2** (kuvailevat) trend, tendency
suuntia take a bearing
suuntima bearing
suuntäysi mouthful *kirota suuntäydeltä* curse up a blue streak
suunvuoro a chance to speak *En saanut koko iltana suunvuoroa* I couldn't get a word in edgewise all evening
suupala a bite (to eat)
suupaltti blabbermouth, chatterbox
suur- great, grand; (kaupunkialue) greater
suuraakkonen capital/upper-case letter, (ark) cap
suure quantity, (fys) magnitude
suurehko largish
suurenmoinen great, wonderful, stupendous, magnificent
suurennella 1 magnify, exaggerate, (ark) blow (something) up (out of all proportion) **2** (kerskailla) brag, boast, talk big
suurennos enlargement
suurennus magnification, enlargement
suurennuskone enlarger
suurennuslasi magnifying glass
suurentaa 1 magnify, enlarge **2** (tietok: ikkunaa) maximize
suuresti greatly, immensely, highly
suuret ikäluokat baby boom (generation)
suuri 1 big, large, great *kaksi kertaa niin suuri kuin* twice as big as, double the size of *olla suureksi avuksi* be a lot of help, be a big help *luulla suuria itsestään* have an inflated opinion of yourself, be stuck-up, have a big/swelled head **2** (suurialainen) wide, extensive *silmät suurina* wide-eyed **3** (korkea) high **4** *suurella äänellä* loudly, in a loud voice
suurilukuinen numerous
suurimittainen large-scale; (taiteellisesti ansiokas) magnificent
suurimmillaan at its greatest/peak/ height
suurimot grits
suurin biggest, greatest, largest *suurin sallittu nopeus* maximum speed
suurin osa the majority (of), most (of), the lion's share (of)
suuri osa a/the majority (of), a large part (of) *suureksi osaksi* largely
suuriruhtinas grand duke
suuriruhtinaskunta grand duchy
suurisuinen bigmouthed; (kerskaileva) boastful; (uhoava) blustering
suuritehoinen powerful
suurituloinen high-income
suuritöinen laborious; (ark) hard, tough
suurkaupunki metropolis
suurkaupunkilainen metropolitan
suurkuvatelevisio big-screen television
suurlähettiläs ambassador
suurlähetystö embassy
suurmies great man

suurpiirteinen

suurpiirteinen 1 (suvaitsevainen) broad-/open-minded, tolerant, permissive 2 (löyhä) lax, negligent, lackadaisical
suurpiirteisesti tolerantly, benevolently; lackadaisically
suurpiirteisyys broad-/open- mindedness, an open mind, tolerance; laxity, negligence
suurpujottelu giant slalom
suursiivous thorough (house)cleaning, spring cleaning
suurtietokone mainframe, mainframe computer
suuruinen *Minkä suuruisen sekin kirjoitit?* How big a check did you write? How much did you write the check for?
suurustaa thicken
suuruudenhullu megalomaniac
suuruudenhulluus megalomania
suuruus 1 size, magnitude, dimensions 2 (laajuus) extent 3 (määrä) amount 4 (henkinen) greatness; (kuuluisuus) fame, celebrity; (sydämen) largeness/capacity of heart
suuruusluokka (tähden) magnitude, (purjeveneen) class *Mitä suuruusluokkaa sinun palkkasi on?* What are they paying you, roughly?
suurvalta superpower
suurvaltapoliittinen pertaining to superpower politics
suurvaltapolitiikka superpower politics
suurvaltataso the superpower level
suuryritys 1 (yhtiö) large/major company 2 (toiminta) large-scale operation/undertaking, major/massive effort
suusanallinen oral, verbal
suusta ladattava muzzle-loading
suusta suuhun *kulkea suusta suuhun* spread by word of mouth *suusta suuhun -tekohengitys* mouth-to-mouth resuscitation
suutahtaa lose your temper, flare up
suutari 1 cobbler *Jerusalemin suutari* the Wandering Jew 2 (pommi) dud
suutelu kissing; (ark) making out
suutin nozzle
suuttua 1 (vihastua) get mad (at), lose your temper (at), fly into a rage (at); (ark) blow your top, blow a fuse, have a cow 2 (loukkaantua) get offended, take offense, get hurt; (ark) go into a snit/huff
suuttumus anger, rage, fury
suuttuneesti angrily, furiously
suutuksissa angry, (ark) pissed off
suutuspäissään in a fit/burst of anger/rage
suvaita 1 tolerate, stand *En suvaitse häntä tähän taloon* I refuse to let him enter this house, I will not have him in this house 2 (alentuvasti) condescend, deign *Hän ei suvainnut vastata kirjeeseeni* He didn't deign to answer my humble missive
suvaitsematon intolerant
suvaitsemattomuus intolerance
suvaitsevainen tolerant
suvaitsevaisuus tolerance
suvanto smooth waters
suvereeni sovereign *hallita jotakin suvereenisti* have a perfect command of something, have total mastery over something
suvi summer
suvullinen sexual
suvunjatkaminen procreation, reproduction
suvunjatkamisvietti procreative drive
suvunkehitys phylogeny
suvuton asexual
Sveitsi Switzerland
sveitsiläinen s, adj Swiss
svetisismi a Swedish-influenced word or phrase in Finnish, Sveticism
sydämellinen warm(-hearted), friendly *sydämellinen vastaanotto* a warm reception
sydämellisesti warmly *Haluan toivottaa teidät sydämellisesti terve tulleiksi* Let me welcome you all warmly
sydämellisyys warm-heartedness, warmth
sydämensiirto heart transplant
sydämentahdistin pacemaker
sydämen vajaatoiminta cardiac insufficiency

sydämetön heartless
sydän 1 heart (myös kuv) *sydämensä halusta* to your heart's content *koko sydämestä* from the bottom of your heart *vihlaista jonkun sydäntä* cut someone to the quick *Sydämeni sykkii sinulle* My heart aches for you *totella sydämensä ääntä* follow your heart **2** (kynttilän) wick, (maapallon) core, (suklaakonvehdin) filling, (puun) pith
sydänala the pit of the stomach
sydänfilmi electrocardiogram, EKG
sydäninfarkti myocardial/cardiac infarct
sydän- ja verisuonitaudit cardiovascular diseases/disorders
sydänkohtaus heart attack
sydän kurkussa with your heart in your mouth
sydänkäyrä electrocardiogram, EKG
sydänlääke heart medication
sydänsairaus heart disease
sydänsuru heartache
sydäntalvi the depth of winter
sydäntä lämmittävä heart-warming
sydäntä särkevä heart-breaking
sydänvika heart problem, weak heart
sydänystävä bosom buddy/friend
sydänääni (the sound of a baby's) heartbeat
syfilis syphilis
syke pulse (myös kuv) *kaupungin syke* the pulse/heartbeat of the city
sykintä beat(ing), pulsation; (sähkön) ripple
sykkiä beat, throb, pound
sykkyrä (letkun tms) kink, (sotku) tangle
sykli cycle
syksy fall, (ylät) autumn
syksyinen autumnal *Tänään on syksyinen ilma* Fall is in the air today
syksymmällä closer to (the) fall
sykähdys throb, beat
sykähdyttää stir you
sykähtää throb, beat, pound; (hypähtää) leap
sykäys (puhelun) billing unit
syleillä hug, embrace
syleily hug, embrace

syli 1 (istuvan) lap, (seisovan) arms **2** (pituusmitta) fathom **3** (halkomitta) cord
sylillinen armful
sylinteri cylinder
sylitietokone laptop (computer)
syljeksiä spit
syljeneritys salivation
sylkeä spit
sylki saliva, (ark) spit *puhua mitä sylki suuhun tuo* say the first thing that pops into your head
sylkäistä spit
syltty headcheese
symbioosi symbiosis
symboli symbol
symboliikka symbolism
symbolinen symbolic
symboloida symbolize
symmetria symmetry
symmetrinen symmetrical
symmetrisesti symmetrically
symmetrisyys symmetricality
sympaattinen sympathetic *Hän on oikein sympaattinen* He's very friendly, he's a really nice guy
sympatia sympathy
synagoga synagogue
synapsi synapse
synkata *Eiks meillä synkkaa aika hyvin?* We get along pretty well, don't we? We're pretty well in tune/sync with each other, don't you think?
synketä ks synkistyä
synkistyä 1 (taivas) darken, get dark and threatening **2** (ihminen) get sad/depressed/disheartened/downcast *Hänen ilmeensä synkistyi* Her face fell
synkkyys gloominess
synkkä gloomy, dismal, dreary, bleak, depressing
synkkäilmeinen glum, doleful
synkronoida synchronize
synkästi gloomily, dismally, drearily, bleakly
synnillinen sinful
synninpäästö absolution/forgiveness of sins
synnintunto contrition, repentance
synnitön sinless, without sin

synnyinkoti

synnyinkoti the house you were born in
synnyinseutu the region you were born in
synnynnäinen innate, inborn
synnyttäjä woman in labor, parturient
synnyttää 1 (vauva) deliver, give birth to **2** (pentu) drop; (eri eläimistä: lehmä) calve, (tamma) foal, (vuohi) kid, jne **3** (keskustelua tms) give birth/rise to, spark, breed, produce, generate **4** (sähköä) generate, produce
synnytys delivery, birth; (supistukset) labor
synnytysoppi obstetrics
synonyymi synonym
syntaksi syntax
synteesi synthesis
synteettinen synthetic
syntetisoida synthesize
synti sin *Anna meille meidän syntimme anteeksi* Forgive us our trespasses/debts/sins
syntiinlankeemus the Fall (of Man)
syntiinlankeemuskertomus the Biblical story/myth about the Fall of Man
syntinen s sinner adj sinful
syntipukki scapegoat
syntisesti sinfully
syntisyys sinfulness
synty birth, (ja kehitys) genesis *pohtia syntyjä syviä* ponder profound matters, talk philosophy, solve the world's problems
syntyessään at birth
syntyisin born (in)
syntyjään originally, by birth
syntymä birth
syntymäaika birthdate
syntymämerkki birthmark
syntymäpäivä birthday
syntymäpäiväjuhlat birthday party
syntymäpäiväonnittelu birthday greeting/card
syntymätodistus birth certificate
syntyperäinen native
syntyvyyden säännöstely birth control
syntyvyys birth rate, natality
syntyä 1 be born *Meille on syntynyt kolmas lapsemme* We've just had our third child *Hän on syntynyt muusikoksi* She's a born musician *Milloin sinä olet syntynyt?* When were you born? What's your birthday? **2** (saada alkunsa) originate, spring up, break out, arise, come into being/existence; (jostakin) come/derive from *Syntyi kiusallinen hiljaisuus* There was an embarrassed silence *Mitähän tästä vielä syntyy?* Whatever will come of this?
syntyä keskosena be born prematurely, (ark) be a preemie
syntyä kuolleena be stillborn
syntyä uudesti be reborn (in Christ)
syntyään ks syntyjään
syrjä edge, side, border *mäen syrjässä* on the hillside, at the foot of the hill (ks myös syrjässä)
syrjähyppy affair *tehdä syrjähyppy* cheat on your husband/wife
syrjäinen remote, distant
syrjäseutu remote/outlying area
syrjäseutulisä salary bonus for work in a remote area
syrjäsilmin with a sidelong glance
syrjässä aside *jättää/panna syrjään* set/put (something aside), ignore, neglect; (kokouksessa) table, shelve *vetäytyä syrjään* step aside, withdraw *pysytellä syrjässä* stand/keep aloof, stay out of the fracas/fray, keep your distance
syrjäyttää 1 (menetelmä tms) replace, supplant **2** (ihminen: työntää sivuun) supplant, oust, edge out, (valtias) depose, (kuningas) dethrone; (jättää sivuun) pass over **3** (huomautus) pass over, ignore, disregard **4** (fys) displace **5** (tietok) override
sysimusta pitch black
systeemi system
systeemimurto (tietok) cracking, system hacking
systeemisuunnittelija system planner
systemaattinen systematic
systemaattisesti systematically
systematiikka systematics
systole systole
sysätä push, shove; (ajatuksia syrjään) dismiss *sysätä syy jonkun niskoille*

blame someone else for something; (ark) pass the buck
sysäys push, shove
syttyminen ignition, combustion; (sodan tms) outbreak
syttyä 1 (tuleen) ignite, catch fire, burst into flames, light (on fire) 2 (valo) light up, be lit, go on *Hänen silmiinsä syttyi ilo* Her eyes lit up with happiness 3 (tähti) come out 4 (sota tms) break out 5 (kuv) spark, kindle *Hän syttyy helposti (asiaan)* She gets excited/enthusiastic about things quickly; (seksuaalisesti) She's easily aroused
sytytin 1 (räjähteen) detonator, (detonating) fuse 2 (savukkeen) lighter
sytyttää 1 (tuli) light (a fire, something on fire), start a fire; (tuleen) set (something) on fire, set fire to (something) *sytyttää tulitikku* light/strike a match 2 (räjähde) detonate; (ark) fire, blow 3 (mielenkiinto) (en)kindle, stir, arouse, excite 4 (kapina tms) incite, inflame 5 (ark = leikata) understand, get it *Nytkö sulla vasta sytytti?* Did you just get it? *Hänellä sytyttää nopeasti* He's sharp, he's quick on the uptake
sytytys 1 (tulen, auton) ignition 2 (räjähteen) detonation 3 (hoksaaminen) understanding, grasp *Hänellä on hidas sytytys* He's slow on the uptake
syvennys depression, indentation, hollow; (seinässä) recess, niche, alcove
syventynyt johonkin engrossed/wrapped up/absorbed in something
syventyä 1 deepen, grow deeper 2 (aiheeseen) go into (something) more deeply, deal with (something) in greater detail
syventävät opinnot advanced studies; (lähin vastine) Master's-level major studies, 500-level coursework
syventää 1 deepen, make/dig (a hole) deeper 2 (aihetta) amplify, go into (something) more deeply, deal with (something) in greater detail
syvetä deepen, grow deeper
syvyinen -deep, in depth
syvyys depth (myös kuv), deepness *meren syvyyksissä* in the depths of the ocean *pohjaton syvyys* the bottomless pit, the abyss
syvä deep, (kuv) profound *syvä epätoivo* utter/total despair *syvässä unessa* fast/sound asleep
syvällinen deep, profound
syvällisesti deeply, profoundly
syvällisyys depth, profundity
syvällä deep *syvällä sisämaassa* deep in the heart of the country *Onko hän niin syvälle vajonnut?* Has he stooped/fallen so low?
syvänne deep
syväpaino rotogravure
syvässä deep *kolme metriä syvässä vedessä* in water nine feet deep
syvästi deeply, profoundly *rakastaa syvästi* love dearly
syväterävyys (valokuvauksessa ym) depth of field
syy 1 (aihe(uttaja)) cause *ilman laillista syytä* without legal cause *syy ja seuraus* cause and effect 2 (motiivi) reason, motive; (perustelu) ground(s); (veruke) excuse *Minulla oli hyvät syyt toimia niin kuin toimin* I had good reasons/grounds for acting as I did, my motives were good for doing what I did *sitä suuremmalla syyllä* all the more reason (to do something), all the more so 3 (vika) fault; (syyte) blame *sysätä syy jonkun niskoille* blame someone else for something, put the blame on someone else; (ark) pass the buck *Syy on sinun* It's your fault
syyllinen s guilty party, offender, culprit adj guilty
syyllistyä be guilty of; (rikokseen) commit
syyllisyydentunne (feeling of) guilt, guilty conscience
syyllisyys guilt *kiistää syyllisyytensä* protest your innocence, (oikeudessa) plead not guilty
syylä wart
syyni inspection
syyntakeeton irresponsible; (laillisesti) non compos mentis
syynätä inspect, (ark) snoop (into)
Syyria Syria

syyrialainen s, adj Syrian
syys- fall
syy-seuraus-suhde causal relation
syyskuu September
syyskylvö fall planting
syyslukukausi (kahdesta) fall semester, (kolmesta) fall quarter
syyspäiväntasaus autumnal equinox
syystä (kyllä) with (good) reason *sattuneesta syystä* for obvious reasons *jostakin syystä* for some reason (or other) *meistä riippumattomista syistä* for reasons beyond our control, due to circumstances beyond our control
syysvilja winter grain
syyte accusation, charge, indictment *asettaa syytteeseen* accuse, charge, indict; (oikeudessa) bring (someone) to trial, prosecute *joutua syytteeseen jostakin* be accused/charged/indicted/prosecuted for something *luopua syytteestä* drop charges *vapauttaa syytteestä* acquit
syytetty the accused
syyttäjä 1 accuser 2 (lak) prosecutor, district attorney, DA
syyttä suotta for no particular reason
syyttää 1 blame (something on someone, someone for something), accuse (someone of something) *Syytä itseäsi!* It's your own fault, you have only yourself to blame 2 (laillisesti) accuse, charge, indict
syyttää tietämättömyyttään plead ignorance
syytää 1 (sylkeä) spew, spit 2 (iskuja) rain (down), (rahaa) blow, (moitteita) heap
syytön innocent, (oikeuden päätöksellä) not guilty
syytös accusation, charge
syy-yhteys causal relation
syödä 1 eat *syödä pilleri* take a pill *syödä lounas* eat/have lunch 2 (kala) bite 3 (syövyttää) eat (away at); (vesi maata) erode, wash away; (happo metallia) corrode 4 (auto bensiiniä) consume, use; (leik) guzzle *Kuinka paljon se syö satasella?* What kind of mileage do you get? 5 (šakissa) take, capture

syödä sanansa go back on your word, renege on a promise
syöjä eater, devourer (myös kuv) *kuusi syöjää pöydässä* six mouths at the table
syöksy rush, dash; (sukellus) dive, plunge; (putoaminen) plunge, fall
syöksykierre (lentokoneen) spin, (ihmisen) downward spiral
syöksylaskija schusser; (kilpailija) downhill racer
syöksylasku schuss; (kilpailu) downhill racing
syöksyä 1 (juosta tms) rush, dash, charge 2 (sukeltaa) dive, plunge 3 (pudota) plunge, fall (headlong), plummet 4 (törmätä) crash
syöksähtää rush, burst; (kyyneleet) gush
syöminen eating
syömingit feast; (ark) food bash, tongue orgy, blowout
syömä- eating
syömäkelpoinen edible
syömälakko hunger strike
syömäpuikot chopsticks
syömäri glutton, pig, big eater
syömätön 1 (ihminen) someone who hasn't eaten *olla päiväkausia syömättömänä* go for days without eating 2 (ruoka) uneaten
syönti eating *syönnin jälkeen* after a meal, after eating
syöpyä 1 eat into; (maaperä) erode, (metalli) corrode 2 *syöpyä mieleen* be (indelibly) engraved/inscribed on your mind/memory *syvään syöpynyt* deep-seated, deeply ingrained
syöpä cancer, (perunan ja kuv) canker
syöpäläinen vermin (myös mon)
syöpäsairaus cancer (disease), carcinosis
syöpää aiheuttava carcinogenic
syöstä 1 (suistaa) push, shove; (viskata) fling, hurl 2 (sylkeä: tulta) spit, (savua) spew (out)
syötti bait (myös kuv), (sorsan) decoy (myös kuv)
syöttää 1 feed *syötetty vasikka* the fatted calf *syöttää jollekulle pajunköyttä* feed someone a line *Älä syötä minulle tuota*

säkenöidä

paskaa! Don't give me that (bull)shit **2** (tenniksessä, lentopallossa tms) serve, (pesäpallossa) pitch, (jalkapallossa) pass

syöttö 1 feeding **2** (tekn) feed, supply; (tietok) input **3** (tenniksessä, lentopallossa tms) serve, (pesäpallossa) pitch, (jalkapallossa) pass

syövyttää 1 eat into; (maata) erode, (metallia) corrode **2** (jonkun muistiin) engrave, inscribe, etch

syövytys erosion, corrosion

sä you, ya

säde 1 (fys ja kuv) ray, (kuun) (moon)beam; (vain kuv) glimmer **2** (geom) radius

sädehoito radiation treatment

sädekehä halo

säe 1 (runon) line, verse **2** (laulun) phrase

säestys accompaniment

säestäjä accompanist

säestää accompany

sähke telegram, cable; (ark) wire

sähkö electricity (myös kuv)

sähköankerias electric eel

sähköasentaja electrician

sähköenergia electrical energy

sähköinen 1 electrical (myös kuv:) electrifying *Sinun tukkasi on ihan sähköinen* Your hair is standing on end (with static electricity) **2** (elektroninen) electronic *sähköinen posti* electronic mail *sähköiset viestimet* the electronic media

sähköinen kirja e-book

sähköisku (electric) shock

sähköistys electrification

sähköistää electrify

sähköjohto wire, cord

sähköjuna electric train

sähkölaitos electric company

sähkölamppu light bulb

sähkölasku electricity bill

sähkölämmitys electric heating

sähkömoottori electric motor

sähköpistoke plug

sähköposti 1 (tietoverkon palvelu) e-mail (myös email), electronic mail *order tickets by email* tilaa liput sähköpostitse **2** (viesti) e-mail (myös email), electronic mail *I received an email from my cousin* sain serkultani sähköpostin

sähköpostilaatikko mailbox, inbox

sähköpostinvaihtokaveri (meilikaveri) keypal

sähköpostiosoite e-mail address

sähköpostipommitus mail bombing

sähkösanoma telegram, cable(gram), (ark) wire

sähköttää telegraph, cable, wire

sähkövalo electric light

sähkövoima electric power

säie strand, fiber

säihkynärhi roller

säihkyä sparkle, glitter, glint

säikky jumpy, nervous, easily spooked

säikkyä startle, jump, spook

säikähdys scare, fright

säikähtää be scared/frightened/startled

säikäyttää frighten, startle, spook

säiliö tank, (iso) reservoir, (kaivomainen) cistern

säiliöauto tanker, tank truck

säilykkeet canned foods/goods

säilyttää 1 keep (up), retain, maintain, preserve *säilyttää tasapainonsa/arvokkuutensa* maintain your balance/dignity **2** (varastoida) store (up), stow/put/salt away, lay up/by/aside, keep *Mitä varten säilytät näitä vanhoja lehtiä* Why do you keep all these old magazines?

säilytys 1 storage, safekeeping; (vaatteiden) cloakroom **2** (säilyttäminen) preservation, conservation

säilyä 1 last, endure, keep, remain; (olla ylläpidettynä) be kept up/preserved *Eihän tämä maito säily viikonlopun yli* This milk won't keep over the weekend, will it? **2** (hengissä) escape, survive, be spared

säilä sword, saber; (terä) blade

säilö storage, (turva) safekeeping *panna säilöön* (matkalaukku) leave in storage; (juoppo) lock up (for the night), put (a drunk) in the tank

säilöä preserve, (ark) can; (etikkaliemeen) pickle

säkeistö (runon) stanza, (laulun) verse

säkenöidä sparkle, flash

säkiä

säkiä (kala) wels
säkki sack, bag
säkkipilli bagpipes
säkkipimeä pitch(black) dark
säle slat, (aidan) picket
säleaita picket fence
säleikkö trellis, lattice
sälekaihdin Venetian blind
sälli guy, fella
sälyttää load/burden/saddle (some- one with something) *sälyttää syy jonkun niskoille* pass the buck
sämpylä bun
sängynpeite bedspread
sänki stubble
sänky bed
säntillinen punctual, meticulous, precise
säpinä action
säppi latch, hook, hasp, clasp
säpäle splinter *mennä säpäleiksi* splinter *lyödä säpäleiksi* smash/break/bust into pieces/smithereens
särkeä 1 (rikkoa) break, crush, smash; (ark) bust **2** (sattua) ache, hurt *Minun päätäni särkee* My head aches, I've got a headache
särki roach
särkkä sandbank/-bar
särky ache, pain
särkylääke analgesic, (ark) painkiller
särkyä 1 break (up/down), burst; (säpäleiksi) shatter **2** (ääni) break, crack
särmikäs rough, unpolished, abrasive
särmä edge *hioa jostakusta särmät pois* rub the rough edges off of someone
särvin garnish for bread or potatoes *Leipänä ruisleipää ja särpimenä piimä* A little rye bread and buttermilk to go with it
särähtää crack *särähtää korvaan* grate on your ear, sound wrong, hit you wrong
särö 1 crack *säröllä* cracked **2** (äänentoistossa) distortion, (radiossa) static
säröillä crack *Heidän avioliittonsa alkoi silloin jo säröillä* Their marriage was already on the rocks back then
säteilevä 1 (fys) radiative **2** (ilosta) radiant, beaming
säteillä radiate (myös kuv)
säteily radiation
säteilyvaara radiation danger
säteittäin radially
säteittäinen radial
sätky *saada sätkyt* fly off the handle
sätkynukke marionette, puppet
sätkytellä flap, wiggle, jerk; (vastaan) wriggle/struggle (to get free)
sätkähtää chug, putt-putt
sättiä scold, nag/carp at
sävel 1 (nuotti) note **2** *sävelet* strains, sounds **3** (sävelmä) melody, air, tune **4** (sävy) tone, note
sävellaji key
sävellys composition, song
sävelmä melody, air, tune
säveltäjä composer
säveltää compose, write
sävy 1 (värin) shade, tint, tone **2** (äänen) tone, tinge, nuance
sävyisyys compliance, docility, peaceability
sävyisä compliant, docile, peaceable
sävyisästi compliantly, docilely, peaceably
sävyttää 1 (värillä) dye, tint **2** (tunteella) tinge, color, infuse
sävytys (valokuvan) toning
sävähtää flinch, start(le) *sävähtää punaiseksi* blush/flush suddenly
säväys flair, finesse, soupcon
säväyttää startle
säyseys meekness, mildness, gentleness
säyseä meek, mild, gentle
säyseästi meekly, mildly, gently
sää weather
säädellä adjust
säädin controller, regulator, adjustor
säädyllinen 1 (kunnollinen) decent, presentable, respectable **2** (kohtuullinen) reasonable
säädyllisesti decently, presentably
säädyllisyys decency, presentability
säädyttömyys indecency, impropriety
säädyttömästi indecently, immodestly
säädytön 1 indecent, immodest, improper, unseemly **2** (kohtuuton) unreasonable, exorbitant

säädös statute, regulation, ordinance *säännöt ja säädökset* the rules and regulations
sääennuste weather forecast
sääli pity *Minun käy sinua sääliksi* I feel sorry for you *Sääli hyvää juustoa, joutua nyt tämmöiseen käyttöön* It's a shame to waste a good cheese like this
säälimättömästi mercilessly
säälimätön unpitying, merciless
säälittävä pathetic, pitiable, pitiful
säälittää arouse pity in *Hän säälittää minua* I feel sorry for him *Minua säälittää ajatella että* It makes me sad to think that
sääliä (take) pity (on), feel sorry/pity for
säämiskä chamois, shammy
säännöllinen regular
säännöllisesti regularly, as a rule
säännöllisyys regularity
säännönmukainen regular *säännönmukaisessa järjestyksessä* in due order
säännöstellä 1 (palkkoja, hintoja) regulate, control **2** (ruokaa, bensaa tms) ration (out)
säännöstely 1 (palkkojen, hintojen) regulation, control **2** (ruoan) rationing
säännöstö code
säännötön irregular
sääntö rule, regulation, law *Poikkeus vahvistaa säännön* The exception proves the rule
sääri shin, (koko jalka) leg *upeat sääret* great legs
säärystin legging, legwarmer
säästeliäs economical
säästeliäästi economically

säästyä 1 (jäädä säästöön) be left (over), be saved **2** (joltakin) be spared, escape
säästäväinen prudent, frugal, economical, parsimonious
säästää 1 (rahaa) save (up), put/sock/salt away, lay/put aside **2** (muuta) keep, save, store, put away/aside **3** (ihmistä) spare *Säästä minut selityksiltäsi!* Spare me your explanations! **4** (olla säästäväinen) economize/scrimp/stint (on), be prudent/frugal/economical/parsimonious
säästö saving(s) *On minulla muutama pennonen säästössä* I've got a dollar or two put/stashed away
säästöpankki savings bank
säästöporsas piggy bank
säätiedotus weather report
säätila weather (conditions)
säätiö foundation
sääty 1 (hist) estate *viides sääty* the fifth estate **2** (luokka) (social) class
säätyläinen member of the upper crust (upper class or haute bourgeoisie)
sääty-yhteiskunta class society
säätää 1 (tekn) adjust, regulate, (TV:tä tms) tune **2** (lak) prescribe, ordain, decree
säätö adjustment, control, tuning
söpö cute
sössö mush
sössöttäjä mushmouth
sössöttää 1 (s-vika) lisp **2** (känni) talk thickly
sössötys 1 (s-vika) lisp(ing) **2** (kännipuhe) mushmouthed talk

T, t

taa behind *mennä nurkan taa* go around behind the corner
taaempana ks taempana
taaimmainen ks takimmainen
taaja 1 (paikallisesti) dense, thick **2** (ajallisesti) rapid, quick
taajama populated/built-up area, population center
taajeta become denser
taajuus 1 (metsän tms) density **2** (radioaallon) frequency
taajuuskorjain (äänentoistolaitteissa) equalizer
taajuusmodulointi frequency modulation
taakka load, burden (myös kuv)
taakse adv in the back *Jukka nukahti sinne taakse* Jukka fell asleep back there, in the back postp behind *saada tukijoita taakseen* get backers, get people to support you *katsoa taakseen* look back(wards) (myös kuv), look behind you
taaksepäin backwards, (laiva) astern *siirtää kello tunnin verran taaksepäin* move the clock back an hour *katsoa ajassa taaksepäin* take a retrospective look (at past events, back in time), look back(wards) in time
taaksetaivutus retroflexion
taala dollar, (ark) buck *tuhannen taalan paikka* million-dollar spot
taalailainen Dalecarlian
Taalainmaa Dalecarlia
taalari (hist) taler
taaleri (hist) thaler
taampana further back
taannehtia move/look back(wards) in time, retrospectively
taannehtivasti retroactively
taannoin recently, not long ago, the other day
taannoinen recent
taannuttaa retard, set (something) back
taantua (lääk) decline, degenerate; (psyk) regress; (biol) revert
taantumuksellinen s, adj reactionary
taantumuksellisuus reaction
taantumus reaction
taapertaa (lapsi) toddle, (ankka, ihminen) waddle
taara tare
taas 1 again *Miten se taas menikään* How did it go again? *Joko taas!* What, again? Not again! **2** (kun taas) while, where(as) *Seija oli nukkumassa, minä taas siivoamassa* While Seija was sleeping, I was cleaning; Seija was sleeping, whereas I (on the other hand) was cleaning
taasen ks taas
taata guarantee, ensure, warrant; (luvata) promise, (vakuutella) assure, (mennä takuuseen) vouch (for) *En voi taata sitä, mutta* I can't promise (you) anything, but; no guarantees, but
taateli date
taatelipalmu date (palm)
taatto grandpa, gramps
taattu guaranteed, certain, assured
tabletti 1 (pilleri) tablet **2** (pöytään) placemat
tabloidi tabloid
tabu taboo
tabulaattori (kirjoituskoneen) tabulator, (ark) tab
tabuoida taboo
tae guarantee *Onko takeita siitä että...* Is there any way we can be sure that...
taekwondo tae kwon do

taempana further back
taempi (something) further back *tuo taempi kuppi* that cup further back
taeta 1 (ajallisesti) go back (in time), (psyk) regress *Takenen jälleen lapsuus vuosiin* This takes me back to my childhood days again **2** (paikallisesti) go backwards, retrace your steps
taffeli 1 (piano) square piano **2** (pöytä) buffet table **3** (vuori) mesa
taffelivuori mesa
tafti taffeta
tahallaan on purpose, intentionally
tahallinen intentional
tahansa ever *kuka tahansa* whoever *mikä tahansa* whatever *miten tahansa* however *milloin tahansa* whenever *missä/mihin/minne tahansa* wherever *Mistä tahansa tuletkin* Wherever you come from
tahaton unintentional, accidental
tahattomasti unintentionally, accidentally
tahdas paste
tahdikas tactful, diplomatic, discreet
tahdikkaasti tactfully, diplomatically, discreetly
tahdikkuus tact, diplomacy, discretion
tahdistaa synchronize
tahdistin pacemaker
tahdistus synchronization
tahditon 1 (epätahtinen) out of rhythm, arrhythmic **2** (epähieno) tactless
tahdittaa bar, divide (music) into measures
tahdittomasti tactlessly, indiscreetly
tahdittomuus tactlessness, indiscretion
tahdoit tai et whether you want to or not, willy-nilly
tahdonalainen voluntary
tahdonvoima willpower
tahdoton involuntary
tahko 1 (geom) face **2** (juustotahko) (cheese) wheel **3** (tahkokivi) grindstone, (tekn) grinder
tahkota grind, whet/sharpen (something on a grindstone)
tahma sticky/gooey substance, (ark) goo; (kielessä) fur

tahmainen sticky, gooey; (kieli) furred, coated
tahmea (pinta) sticky; (neste) thick, viscous
tahmeasti stickily
tahmeta get/become sticky, (maalista myös) get tacky
tahna (hammastahna) toothpaste, (voileipätahna) spread
taho quarter, level *Siltä taholta ei voi odottaa mitään* Nothing can be expected from that quarter *Ylemmät tahot ovat päättäneet* The higher-ups have decided; the decision was made higher up, at higher levels; the decision came from above
tahra (myös kuv) spot, stain, blemish
tahraantua spot, stain, soil
tahraantumaton 1 (ei tahraannu) stain-resistant, stain-proof **2** (ei ole tahrattu) unstained (myös kuv)
tahrainen stained (myös kuv)
tahraton (myös kuv) unsoiled, clean; (vain kuv) impeccable
tahria spot, stain, soil, dirty *tahria sormensa liimaan* get glue on your fingers
tahriintua spot, stain, soil
tahti 1 (mus: viivojen välissä) bar; (tahtilaji) time (signature); (poljento) time, beat, rhythm, tempo *8-tahtinen johdanto* eight-bar intro *3/4-tahti* three-four time *lyödä jalalla tahtia* beat time with your foot, tap your foot to the beat *kävellä samassa tahdissa* walk in step *marssia rumpujen tahdissa* march to a drum cadence *pysyä tahdissa* (musiikissa) stay on the beat, (marssissa) stay in step, (soudussa) stay in stroke, (jonkun kanssa) keep up (with someone) *eksyä tahdista* (musiikissa) get off (the) beat, (marssissa) get out of step *Tahdissa, mars!* Double-time, march!
2 (elämän) tempo, rhythm; (vauhti) pace **3** (moottorin) stroke *4-tahtinen moottori* four-stroke engine
tahtilaji time
tahtilajimerkintä time signature
tahtilepo (runoudessa) caesura
tahtimerkintä time signature
tahtimittari metronome

tahtipuikko baton *toimia jonkun tahtipuikon mukaan* follow someone's lead, march to someone's drum
tahtiviiva bar (line)
tahto will, volition; (toivomus) wish(es), request *viimeinen tahto* (testamentti) last will (and testament); (toivomus) last/final request/wish *vapaa/hyvä/paha tahto* free/good/ill will *Tapahtukoon sinun tahtosi myös maan päällä niin kuin taivaassa* Thy will be done on earth as it is in heaven *ehdoin tahdoin* deliberately, intentionally, on purpose
tahtoa 1 (saada aikaan tahdonvoimalla) will, resolve **2** (haluta) want, wish, desire *Tahdotko lisää kahvia?* Would you like some more coffee? *Tahdon kotiin!* I want to go home! *Se tahtoo sanoa että* (ihminen) What he's getting at is, what she's trying to say is; (sana, fraasi) it means, the implication is *Tahdon* (vihkiäiskaavassa) I do **3** (taipua) tend to, have a tendency to, be inclined to *Niin siinä tahtoo käydä* That's the way these things (usually/often) go **4** *Mitä tämä tahtoo sanoa?* What does this mean? What is this trying to say?
tahtomattaan 1 (vastoin tahtoaan) against your will **2** (tahattomasti) unintentionally, accidentally
tai or *tai muuten* or else *tai paremmin* or rather
taianomainen magical
taide art
taideaine art
taideakatemia art school/college, academy of the arts
taidearvostelu art review
taide-esine work of art, objet d'art
taidegalleria art gallery
taidegrafiikka graphic art
taidehistoria art history
taidekasvatus art education
taidekokoelma art collection
taidekäsityö arts and crafts
taidekäsityöläinen artisan
taidelukio high school for the visual arts
taidemuoto art form *taidemuodot* the various arts
taidemuseo art museum
taidenautinto aesthetic enjoyment
taidenäyttely art exhibition
taideproosa literary prose
taiderunous poetry
taideteollinen pertaining to industrial art
taideteollisuus industrial art
taideteos work of art
taidokas 1 (ihminen) skillful **2** (teos) well/skillfully made/done/executed
taidokkaasti skillfully
taidollinen 1 skillful **2** (taitoon liittyvä) skill-related *taidolliset puutteet* deficiencies in skill
taidonnäyte demonstration of skill
taidoton unskilled, unskillful
taifuuni typhoon
taika magic (myös kuv)
taikaisku *kuin taikaiskusta* as if by magic, as if at the wave of a magic wand
taikakeino magic *käyttää taikakeinoja* use magic, wave your magic wand *taikakeinoin* by magic
taikalamppu magic lamp
taikasauva magic wand
taikatemppu magic trick
taikausko superstition
taikauskoinen superstitious
taikavoima magic(al power)
taikina (vaivattava) dough, (nestemäinen) batter, (tahna) paste
taikka or (ks tai)
taikoa conjure; (taikuri) do magic tricks, (noita) cast spells *taikoa joku sammakoksi* turn (someone) into a frog *taikoa jänis hatusta* pull a rabbit out of a hat *Mistä nyt senkin rahan taion!* Where am I going to find that (kind of) money?
taikuri magician, wizard; (ark) whiz
taikuruus wizardry (myös kuv)
taimen trout
taimi (puun) sapling; (kasvin) seedling
taimitarha nursery
taimpana furtherst back, all the way at the back
tai muuta sellaista and so on, et cetera
tainnoksissa unconscious, insensible; (ark) out cold
tainnuttaa knock (someone) unconscious, stun

taintua faint, lose consciousness, (ark) pass out)
taipale (matka) trip, journey; (vaihe) leg (of the trip)
taipua 1 (fyysisesti) bend, give **2** (henkisesti) give in, yield; (alistua) submit; (suostua) consent, agree **3** (kielellisesti) (be) inflect(ed); (substantiivi, adjektiivi) (be) decline(d); (verbi) (be) conjugate(d) **4** (fys) diffract
taipuilla sway, wave
taipuisa flexible, (com)pliant, pliable
taipumaton inflexible (myös fyysisesti), uncompromising, unyielding, unbending
taipumattomuus inflexibility
taipumus tendency, inclination, propensity, (pre)disposition *Sinulla on taipumus myöntyä kun haluat kieltäytyä* You tend to say yes when you mean no
taipuvainen 1 (taipuisa) flexible, (com)pliant, pliable **2** (tekemään jotakin) inclined, (pre)disposed *olla taipuvainen tekemään jotakin* tend to do something, have a tendency to do something, be apt/inclined/disposed to do something
taistelija fighter, warrior
taistella fight, (do) battle (with/against), combat, struggle (with/against)
taistella tuulimyllyjä vastaan tilt against windmills
taistelu fight, battle, combat, struggle
taistelukelpoinen battle-ready, fit for battle/combat
taistelukenttä battleground, battlefield
taistelukykyinen battle-ready, fit for battle/combat
taistelukärki warhead
taistelulaiva battleship
taistelulaulu battle song
taistelulento combat mission
taistelulentokone combat (air)plane
taistelulentäjä combat pilot
taistelunhalu feistiness, pugnacity, bellicosity, belligerence
taistelunhaluinen feisty, pugnacious, bellicose, belligerent
taistelusukeltaja frogman
taistelutahto fighting spirit, morale

taiteilla

taistelutoveri comrade-in-arms
taisteluvahvuus battle strength
taisteluvalmis battle-/combat-ready
taisteluvarustus combat gear
taisteluväsymys combat fatigue
taisto battle, combat, fray
taitaa pääv know, master, command, have a command/mastery of, have a proficiency in *Hän taitaa englantinsa* She knows her English apuv **1** (voida) can *Taidatko sanoa sitä sen paremmin?* Could you say it any better? **2** *Ei hän taida tulla* He's probably not coming, I don't think she's going to show up
taitamaton inexpert, inexperienced, unskilled, unskillful, incompetent, incapable, unable
taitava expert, experienced, skilled, skillful, competent, (cap)able
taitavasti expertly, skillfully, competently, (cap)ably
taitavuus expertise, skill, competence, (cap)ability
taite 1 (paperin) fold, (kankaan) crease **2** (putken tms) bend, curve **3** (vuosisadan tms) turn *vuosisadan taitteessa* at the turn of the century
taiteellinen artistic
taiteentutkimus art scholarship/research
taiteikas artful
taiteilija artist
taiteilijakortteli artists' quarter
taiteilijanapuraha artist fellowship/grant
taiteilijaneläke artist pension
taiteilijanero artistic genius
taiteilijanimi professional name; (kirjailijan) pen name, nom du plume; (näyttelijän) stage name
taiteilijaprofessori (vapaa) honorary arts professor, (yliopistossa) artist-in-residence
taiteilijasielu artistic type
taiteilla 1 (tasapainoilla) balance **2** (tehdä taitavasti) do (something) skillfully/artfully/brilliantly *Maalivahti taiteili pallon hyppysiinsä* The goalie made a brilliant save **3** (saada aikaan taitavasti) finagle *Puoluejohtajat taiteilivat*

taitella

kansanedustajille 1 000 euron palkankorotuksen The party bosses finagled a thousand-euro-a- month raise for members of parliament
taitella (ruumista, oksia tms) bend; (lautasliinoja) fold
taiten skillfully
taito skill; (ruoanlaiton tms) art, knack; (kielen tms) proficiency, command, mastery *Minulla on taidot vähän ruosteessa* I'm a little rusty (at this)
taitoinen able, skilled in *lukutaitoinen* literate, able to read
taitolento aerobatics, stunt flying
taitoluistelu figure skating
taitoniekka expert, virtuoso; (ark) whiz
taitos fold, crease
taitotieto know-how
taitouinti water ballet
taitovoimistelu gymnastics
taittaa 1 (paperi tms) fold *taittaa sivun kulma* dogear a page(/book) *taittaa haulikko* break a shotgun *taittaa kokoon* fold (something) up, (veitsi) close, snap shut 2 (niska tms) break 3 (fys = valo) refract 4 (sivu toimituksessa) lay out 5 (matka) do, cover a (certain) distance *taittaa 500 km:n matka neljässä tunnissa* go 500 km in four hours
taittaa peistä break lances with someone
taittaen (voimistelussa) with pike
taitto 1 (sivun) layout 2 (urh) pike
taittohyppy (voimistelussa) pike jump; (uimahyppy) jackknife, (vanh) pike
taittokyky refractive power
taitto-ohjelma (tietok) desktop publishing program, DTP program
taitto-ovi folding door
taittovirhe astigmatism
taittua 1 (paperi tms) fold (up) 2 (niska tms) break 3 (fys = valo) be refracted 4 (matka) pass *Matka taittui nopeasti* The miles flew by, the trip was over quickly
taituri wizard, (ark) whiz; virtuoso
taiturillinen masterly, virtuoso
taiturimatkija (lintu) mockingbird
taituroida do something with grace *Hän taituroi riman yli* He somehow managed to clear the bar
taituruus wizardry, virtuosity
taivaallinen heavenly (myös kuv)
taivaanisä (our) heavenly father
taivaankansi the vault/dome of heaven
taivaan lintu *vapaa kuin taivaan lintu* free as a bird
taivaanmerkki 1 (enne) heavenly portent 2 (horoskoopissa) sign (of the zodiac) 3 *Kyllä minä hänelle taivaanmerkit näytän!* I'll get him for this, he'll pay dearly for this
taivaanranta horizon
taivaanvaltakunta the kingdom of heaven
taivaaseen astuminen ascension (to heaven) *Kristuksen taivaaseenastumisen päivä* Ascension Day
taivainen heavenly
taival (matka) trip, journey; (vaihe) leg (of the trip)
taivallus journey
taivaltaa travel, journey, tramp
Taiwan Taiwan
taiwanilainen s, adj Taiwanese
taivas 1 (fyysinen) sky, (run) the heavens *Voi taivas!* Heavens! *kaikkea taivaan ja maan välillä* everything under the sun *tie on auki taivasta myöten* the sky's the limit *olla seitsemännessä taivaassa* to be in seventh heaven *taivasta kohti* skyward(s), up to the skies *vanha kuin taivas* as old as Methusaleh, as old as the hills *räjähtää taivaan tuuliin* be blown to kingdom come *kadota taivaan tuuliin* vanish into thin air 2 (usk) heaven *päästä taivaaseen* go to heaven *taivas suokoon että* heaven grant that *taivas tietää* heaven knows *taivasta kohti* heavenward *taivaan tähden* for heaven's sake *taivas varjelkoon* heaven help us
taivasalla out(-of-)doors, under the stars
taivasosa birthright
taivastella 1 (katsella) gaze/stare (wistfully/longingly) 2 (vetkutella) dawdle, dillydally
taive bend

taivutella coax, wheedle, (try to) persuade (someone to do something)
taivuttaa 1 (fyysisesti) bend, (raajaa) flex **2** (henkisesti) coax, persuade, get (someone) to do something **3** (kielellisesti) inflect; (substantiivia, adjektiivia) decline; (verbiä) conjugate
taivutus 1 (fyysinen) bending, flexion **2** (henkinen) coaxing, persuasion **3** (kielellinen) inflection, declination, conjugation
taivutuskaava paradigm
taivutusluokka (substantiivien) declension, (verbien) conjugation
taivutusmuoto inflection
taivutuspääte inflectional ending
taivutusvartalo inflectional stem
taju 1 (aisti) sense; (käsitys) conception, idea, notion *Sulla ei ole mitään tajua siitä mitä me ollaan täällä tehty sun hyväkses* You have no conception of what we've been doing for you here **2** (tajunta) consciousness, awareness *menettää taju* lose consciousness, (ark) go out cold *tulla tajuihinsa* regain consciousness, (ark) come to
tajuamaton 1 (joka ei tajua) unaware, ignorant, oblivious **2** (jota ei tajua) incomprehensible, unfathomable, unimaginable *tajuamattoman nopea* unimaginably fast
tajuinen 1 (tajuissaan oleva) conscious *puoliksi tajuinen* half-/semi-conscious *alitajuinen* subconscious **2** (tietoinen) conscious, aware *tulla tajuiseksi jostakin* become conscious/aware of something **3** (ymmärrettävä) accessible *helppotajuinen* easily accessible *kansantajuinen* popular, accessible
tajuissaan conscious
tajunnanvirta stream of consciousness
tajunnanvirtaromaani stream-of-consciousness novel
tajunta consciousness, the conscious mind, awareness
tajuta understand, realize, grasp, be(come) aware/conscious of; (ark) see, get *Tajuutsä?* Ya get it?
tajuton 1 unconscious, senseless, (ark) out cold **2** (ark = hullu, älytön) crazy

tajuttomuus unconsciousness, coma
taka- back, (auton) rear, (anat) posterior, (eläimen) dorsal
takaa from behind; (toiselta puolelta) from the other side of, from across *haudan takaa* from beyond the grave *Takki on takaa revennyt* This coat is torn in the back *Tunnemme toisemme vuosien takaa* We go way back (years and years)
takaa-ajaja pursuer
takaa-ajo chase, pursuit
takaaja guarantor *olla lainan takaajana* guarantee a loan, stand surety for a loan
taka-ajatus ulterior motive, an axe to grind
taka-ala background *jäädä taka-alalle* be ignored/neglected/forgotten
takaapäin from behind, from the back *puukottaa jotakuta takaapäin* stab someone in the back (myös kuv)
takaikkuna rear window
takainen 1 (vokaali) back **2** *jonkin takainen* behind something, in back of something
takaisin back, re- *sinne ja takaisin* there and back *maksaa takaisin* repay, pay (someone/something) back *Haluan takaisin* I want to go back
takaisinkelaus rewind
takaisinkelauspainike rewind button, rewind
takaisinkytkentä feedback
takaisinmaksu refund, reimbursement, (velan) repayment
takaisinosto repurchase
takaisinostosopimus repurchase agreement
takaisinponnahdus rebound
takaisku setback
takajalka hind leg *nousta takajaloilleen* (fyysisesti) rear up on your hind legs; (kuv) get your back up, raise your hackles
takakansi 1 (kirjan) back cover **2** (laivan) aft(er) deck
takakautta (ihmisen tms) from behind; (talon tms) the back way, through the back door/entrance, around back
takakenossa leaning back(wards)

takakenttä 1 (kenttä tenniksess tms) backcourt, (pesäpallossa) outfield **2** (pelaajat) the outfield(ers)
takakenttäpelaaja (pesäpallossa) outfielder, (muu) back
takakierre backspin
takakäteen 1 (myöhemmin) later, afterwards, subsequently **2** (taaksepäin) backwards
takalinja (sodassa) rear
takalisto 1 (takaosa) back, rear, (maatilan) back forty, (pihan) far end *etsiä onkimatoja tallin takalistolta* dig for worms behind the barn; (näyttämön) stage rear **2** (pään takaosa) *raapia takalistoaan* scratch the back of your head **3** (syrjäseutu) backwoods, (run) hinterlands; (ark) boondocks, boonies, sticks **4** (takamus) backside, rear end *housujen takalisto* the seat of the/your pants
takallinen 1 (jossa on takka) (something) with a fireplace *takallinen leivinuuni* a woodstove with a fireplace **2** (takan täysi) armload, armful *Poltettiin kolme takallista puita* We burned three armloads of firewood
takalukossa double-locked, (kuv) deadlocked
takamaa hinterland, backwoods
takamies (koripallossa) guard
takamus 1 (ihmisen) rear (end), backside, bottom, behind **2** (eläimen) rump, hindquarters **3** (housujen) seat
takana behind
takanapäin behind (someone), (kuv) behind (someone's) back *Se aika on nyt takanapäin* That's all behind us/you now, that's old history, that's water under the bridge
takanojassa leaning back(wards)
takanurkka back/rear/far corner
takanäyttämö stage rear
takaosa back, rear
takaovi 1 back/rear door, (julkisen rakennuksen) back/rear entrance **2** *takaoven kautta* (salaa) under the counter
takapajuinen backward
takapajula (kylä) hick town, one-horse town, wide place in the road

takapakki *ottaa takapakkia* (alkaa peräytyä) back-pedal, (kokonaan) back out *Sitten tuli takapakkia* Then we/he hit a snag, then they discovered a problem/hitch
takaperin backwards
takaperoinen 1 (takaperin tapahtuva) backward **2** (taantuva) backward, retrograde **3** (nurinkurinen) topsy-turvy, assbackward
takapiha back yard
takapiru 1 (vallankäyttäjä) puppetmaster *Tässä on joku takapiru* Someone's pulling our strings here **2** (korttipelissä) kibitzer
takaportti 1 (pihan) back/rear gate **2** (sopimuksen) escape clause **3** (tietok) back door
takapuoli 1 back(side), rear *jonkin takapuolella* in the back of something, behind something **2** (takamus) rear (end), backside, bottom, behind
takapuskuri back/rear bumper
takapyörä rear wheel, (rengas) rear tire
takapyörävetoinen rear-wheel drive
takapää rear (end)
takaraivo occiput, (ark) back of the head
takaraja 1 (urh) back line, (tenniksessä) baseline **2** (määräaika) deadline
takarivi back row
takaruumis (hyönteisen) abdomen
takasuora back stretch
takatalvi spring/summer frost
takatasku back/hip pocket *Hänellä on jotakin takataskussaan* She's got something up her sleeve
takauma flashback
takaus guarantee, surety
takautua return (to), go back (to)
takautuva retroactive
takautuvasti retroactively
takavalo taillight
takavarikko confiscation
takavarikoida confiscate, seize, (ark) take away; (poliisi-/sotilastarkoituksiin) commandeer
takaveto rear-wheel drive
takavetoinen rear-wheel-drive
takaviistossa leaning backwards, at a backwards slant

takavokaali back vowel
takavuosina in the/years past, in past years
takellella 1 (puheessa) stammer, stutter **2** (kehityksessä) stop and start, be spasmodic/halting/erratic
takeltaa stammer, stutter
takeltelu stammering, stuttering, erratic progress
takeneva 1 (psyk) regressive **2** (sukututkimuksessa) ascending *takenevassa polvessa* in an ascending line
takerrella stumble, fumble, flounder *takerrella sanoissaan* stumble over your words
takertua cling (to), seize (on)
takertuminen clinging
takia 1 (syystä) *Sinun takiasi myöhästyin* (sinun vikasi oli) I was late because of you, on account of you, due/owing to you *minkä takia* what for, why **2** (hyväksi) for (the sake of) *Sinun takiasi menin* (sinun eduksesi) I went there for you
takiainen burr (myös kuv) *takertua johonkuhun kuin takiainen* cling/stick to someone like a burr
takila rig(ging), tackle
takimmainen (farthest/furthest) back, rear
takka fireplace *takan ääressä* by the fire/hearth
takkahuone fireplace room
takkatuli fire in the fireplace
takki jacket, coat *saada takkiinsa* (fyysisesti) get the stuffing beat out of you; (rahallisesti) lose your shirt, take it in the shorts
takku tangle, (ihmisen tukassa) snarl
takkuinen tangled
taklata tackle
taklaus tackle
takoa (tehdä takomalla) forge; (lyödä, myös kuv) beat, pound, hammer *takoa kun rauta on kuumaa* strike while the iron is hot
takomo forge
takorauta wrought iron
taksa rate, price, fare

taksi taxi, cab
taksiasema taxi stand
taksikuski taxi/cab driver, cabbie
taksoittaa assess, appraise *taksoittaa työnsä* set an hourly rate for your work
taksonomi taxonomist
taksonomia taxonomy
taksonominen taxonomical
taksvärkki (hist) workday, (koululaisten) work-a-thon
taktiikka tactics
taktikko tactician
taktikoida (suunnitella) plan (your) tactics; (toimia) do something strategically
taktinen tactical
takuu 1 (koneen tms) guarantee, warranty *mennä takuuseen* (jostakin) guarantee, (jostakusta) vouch for **2** (lainan tms) surety, security **3** (vangin) bail *vapauttaa takuita vastaan* release on bail
takuuaika warranty period
takuuhinta guaranteed price
takuuhuolto warranty service
takuukorjaus warranty repair
takuulla absolutely, definitely, certainly; (ark) for sure, (interj) you bet(cha)
takuupalkka guaranteed salary
takuutodistus warranty
takykardia tachycardia
talas boathouse
talassofobia thalassophobia
talassokratia thalassocracy
talassologi thalassologist
talassologia thalassology
talentti talent
tali tallow
talidomidi thalidomide
talidomidilapsi thalidomide child
talikko pitchfork
talja 1 (eläimen) skin, hide, fur **2** (väkipyörästö) pulley, tackle
talkki talcum, (ark) talc
talkoohenki neighborly/community/pitch-in-and-help spirit
talkoot community effort; (hist) bee *sadonkorjuutalkoot* harvest bee *ompelutalkoot* sewing bee
tallata trample/tread (on)

tallella

tallella (jäljellä) left, (olemassa) extant *Onko sinulla vielä tallella* Do you still have
tallelokero safe-deposit box
tallenne record(ing)
tallentaa 1 record **2** (tietok) save
tallessa (turvassa) in safekeeping *ottaa talteen* (panna turvaan) put (something) in a safe place, set (something) aside (where it won't get broken/lost); (tallentaa) record
tallettaa deposit
tallettaja depositor
talletus deposit
talletustodistus 1 (pankin) certificate of deposit, CD **2** (varaston) warehouse receipt
talli 1 (hevosen) stall, stable **2** (autourheilun) stable, team **3** (autotalli) garage
tallustaa trudge/shamble/plod (along/off)
tallustella trudge/shamble/plod (along)
talo 1 (rakennus) building *kerrostalo* apartment building *parkkitalo* parking garage **2** (omakotitalo) house **3** (ark = firma) house *talon lehti* house organ *Talo tarjoaa* It's on the house **4** (maatila) farm
talonmies janitor, custodian
talonpoika peasant
talonpoikainen peasant
talonpoikaisjärki common sense
talonvaltaus the occupation of a building
talonväki (members of the) household
taloudellinen 1 (liiketaloudellinen tms) economic, financial **2** (säästäväinen) economical, thrifty
taloudellisesti economically
taloudellisuus economicality, economy
taloudenhoitaja housekeeper
taloudenhoito housekeeping
talous 1 (yhden talon väki) household, **2** (rahat) finances, (koko maan rahat) economy
talousalue economic region
talousarvio budget
talouselämä economy, economic/commercial/financial life
taloushistoria economic history
talousihme economic miracle
talouspakote economic sanction
talouspolitiikka economic policy
taloussuunnittelu economic planning
taloustavara household goods
taloustiede economics, (ark) econ
taloustieteellinen economic
talousuudistus economic renewal/reform
talousuudistusohjelma economic renewal/reform program
talsia trudge, shamble, plod
taltioida (arkistoon) file, (nauhalle) record
taltiointi recording *konserttitaltiointi* recorded/televised concert, (elokuva) concert movie/video
taltta chisel
talttua calm/settle down, subside
taltuttaa (tyynnyttää) calm/settle down, pacify; (eläintä) curb; (intoa tms) restrain
taluttaa lead *sokea sokeaa taluttamassa* the blind leading the blind
talutusnuora leash
talvehtia (spend/pass the) winter; (olla talviunesssa) hibernate
talvenkestävä (kasvi) hardy, (talo) winter-proof(ed)
talvi winter
talviaamu winter morning
talvihorros hibernation
talvikausi the winter season
talvikäyttö winter use
talvimaisema winter landscape/scene
talvinen winter, wintry
talviolympialaiset the Winter Olympics
talvipäivänseisaus winter solstice
talvisaika winter *talvisaikaan* in the winter
talvisin in the winter, winters
talvisota the Winter War
talviteloilla in dry dock for the winter
talviuni hibernation
talviurheilu winter sport(s)
talvivaatteet winter clothes/clothing
talvivarustus winter equipment
tamaani hyrax

tamineet gear, duds, togs
tamma mare
tammi 1 (puu) oak **2** (peli) checkers
tammihärkä (kovakuoriainen) European stag beetle
tammikuinen January
tammikuu January
tamminkainen (kovakuoriainen) European stag beetle
tammipakkanen January cold/freeze
tammiparketti oak parquet (floor)
tammukka brown trout
tampata 1 (maata) trample/tread/tamp (down/flat) **2** (mattoa) beat
tamperelainen s person from Tampere adj (pertaining to) Tampere
tamponi tampon
tamponoida (plug something with a) tampon
tanakka sturdy, solid, husky
tandempyörä tandem bicycle
tangentti tangent
tango tango
tanhu (Finnish) folk/square dance
tanhuta (folk/square) dance
tankata 1 (auto) fill the tank, get some gas, gas/tank up; (lentokone) refuel **2** (takellella) stammer, stutter; (jankuttaa) harp on
tankkaus (auton) filling, (lentokoneen) refueling
tankki tank *Tankki täyteen ysiseiskaa/ lyijytöntä* Fill 'er up with premium/unleaded
tanko bar *ohjaustanko* handlebars
tanner ground, field *taistelutanner* battleground/-field
Tansania Tanzania
tansanialainen s, adj Tanzanian
tanska (kieli) Danish
Tanska Denmark
tanskalainen s Dane adj Danish
tanssi dance
tanssia dance; (eri tansseja: valssia) waltz (myös kuv), (tangoa) tango, jne *tanssia jonkun pillin mukaan* dance to someone's tune, march to someone's drum
tanssiaiset dance, (hieno) ball
tanssielokuva dance movie
tanssija dancer
tanssit dance *mennä tansseihin* go to a dance, go out dancing
tanssittaa dance (with someone), spin (someone around the floor)
taolainen Taoist
taolaisuus Taoism
tapa 1 (tapa tehdä) way, manner, (keino) means *Et tietäisi parempaa tapaa tehdä tätä?* You wouldn't happen to know (of) a better way of doing this, would you? *millä tavalla* how, in what way *tavallaan, tavalla tai toisella* ks hakusanat **2** (pinttynyt tapa) habit, custom, way *päästä tavasta* break a/the habit *parantaa tapansa* mend your ways *tapana, tapansa mukaisesti, tavan takaa* ks hakusanat **3** (yhteisön normatiivinen tapa) custom, tradition, convention, norm *Maassa maan tavalla* When in Rome, do as the Romans do **4** *tavat* (käytöstavat) manners *noudattaa hyviä tapoja* mind your manners, be on your best behavior
tapaamisoikeus visitation/visiting rights
tapahtua happen, occur, take place *Mitä helvettiä täällä tapahtuu?* What the hell is going on here?
tapahtuma 1 event, incident, occurrence, occasion, happening *tapahtumien kulku* the course of events **2** (tilitapahtuma tms) transaction
tapahtumaköyhä uneventful
tapailla 1 (ihmistä) see, go out with, date **2** (sanoja tms) grope/fumble for
tapailla hymyä try to smile, give a half-hearted/feeble smile
tapailla sävelmää pianosta pick out a song on the piano
tapailu going out (together), dating
tapainen 1 -like, -mannered *miekantapainen* sword-like *pahatapainen* ill-mannered *juuri hänen tapaistaan* just like him **2** (jonkinlainen) some sort of *olla juoksupojan tapaisena kaupassa* work in a store as some sort of errand boy *hymyntapainen huulillaan* with a half-smile on her lips
tapakristitty nominal Christian

tapana

tapana *olla tapana* be in the habit of, have a habit of doing *Minulla oli tapana kulkea tuntikausia metsässä* I used to roam through the woods for hours, I would wander through the woods for hours on end *kuten on tapana sanoa* as the saying goes *pitää tapanaan* make a habit of doing
tapani Boxing Day
tapaninpäivä Boxing Day
tapansa mukaisesti as usual/always *Opettaja meni tapansa mukaisesti ensimmäiseksi taululle* As always the teacher went straight to the board
tapaoikeus case law
tapattaa 1 (eläin) have (it) put to sleep **2** (ihminen laillisesti) have (someone) executed; (laittomasti) have (someone) killed/hit, put a contract out on (someone), put a hit on (someone) *tapattaa itsensä* get yourself killed
tapaturma accident
tapaturmaisesti accidentally
tapaturmavakuutus accident insurance
tapauksessa *parhaassa/pahimmassa tapauksessa* at best/worst *joka tapauksessa* in any case/event, at any rate, anyway/how *ei missään tapauksessa* in no case, under no circumstances *yhdeksässä tapauksessa kymmenestä* nine times out of ten, in nine cases out of ten
tapauksittain case by case
tapaus 1 (tapahtuma) event, incident, occurrence, occasion *iloinen tapaus* a happy occasion/occurrence **2** (yksittäinen) case, instance *joka tapauksessa* ks tapauksessa
tapauskohtainen case-by-case
tapella fight (myös sanoilla)
tapetoida (put up) wallpaper *tapetoida seinät* paper the walls
tapetti wallpaper *olla tapetilla* (julkisuudessa) be in the public eye, be getting a lot of attention; (kehitteillä) be on the drawing board
tappaa kill, murder, slay; (salaa) assassinate; (sl) hit, knock/bump off, rub out
tappaja killer, murderer, assassin, hitman

tappava lethal, deadly, killing *tappava vauhti* killing/numbing pace
tappavasti lethally
tappelu fight (myös sanallinen)
tappelupukari scrapper, brawler
tappi 1 peg, plug, bung, tap **2** (ark) *iso tappi* big shot *lyhyt tappi* shrimp
tappio 1 (sot, urh) defeat (myös kuv) *kärsiä tappio* suffer a defeat *olla tappiolla* be losing/behind **2** (liik) loss (myös kuv) *käydä/myydä tappiolla* run/sell at a loss
tappiomieliala defeatism
tappo 1 kill(ing), slaying **2** (lak: kuolemantuottaminen) homicide, (huolimattomuudesta aiheutuva) manslaughter
tapuli 1 (kellotapuli) belltower **2** (karkko) stack
taputella pat, tap *taputella olkapäälle* pat (someone) on the back
taputtaa 1 (selkään tms) pat, tap; (lujasti) slap, clap *taputtaa jotakuta päähän* pat someone on the head; (kuv) condescend to someone, patronize someone **2** (käsiään) clap, applaud
taputus 1 (selkään tms) pat, tap; (luja) slap, clap **2** (suosionosoitus) clap(ping), applause
tarha 1 (karjatarha) pen, enclosure; (hevostarha) corral, paddock; (lammastarha) sheepfold **2** (puutarha) garden; (hedelmätarha) orchard **3** (minkkitarha) mink farm/ranch **4** (lastentarha) kindergarten
tariffi (tuontitariffi tms) tariff; (taksa) rate, price, charge, fee
tarina story, tale, anecdote
tarinoida 1 (kertoa tarinoita) tell stories, spin yarns **2** (jutella) chat, talk, rap, pass the time of day, shoot the breeze
tarinointi 1 story-telling **2** (juttelu) chatting, talking, rapping
tarjeta be warm enough, withstand the cold *Tarkenetko?* Are you warm enough?
tarjoilija (mies) waiter, (nainen) waitress
tarjoilla wait (on tables), be a waiter/waitress, serve *Teille ei tarjoilla enää* You've had enough, we can't serve you any more

tarjolla available *Tarjolla on useita vaihtoehtoja* There are several options
tarjonta 1 (tavaroiden) supply **2** (TV-ohjelmien) offerings, (ark) what's on **3** (lääk) presentation *perätarjonta* breech presentation
tarjota 1 (tarjoutua antamaan) offer (myös huutokaupassa:) bid *tarjota apuaan* offer your help/assistance, offer to lend a hand *tarjota enemmän* outbid (someone) **2** (suoda) offer, present, provide, afford *tarjota hyvä esimerkki jostakin* be a good example of, exemplify perfectly *Tehdas tarjoaa työpaikkoja 500:lle* The factory will employ 500 people, will provide jobs for 500, will create 500 jobs **3** (maksaa toisen puolesta, kustantaa) treat *Minä tarjoan tänään* This is my treat, tonight's on me *Talo tarjoaa* It's on the house **4** (tarjoilla) serve, (ojentaa) pass
tarjotin tray
tarjous 1 (ehdotus) offer, bid **2** (alennusmyynti) sale *tarjouksessa* on sale, reduced price
tarjoutua 1 offer/volunteer (to do something, your services) **2** (lääk) present
tarkalleen exactly, precisely
tarkastaa 1 (suorittaa tarkastus) inspect, (sot myös) review **2** (tutkia) examine, test, check; (tilit) audit; (etsiä) (conduct a thorough) search
tarkastaja inspector
tarkastamo testing station/plant
tarkastelija observer
tarkastella study, examine, consider, look at; (tarkkailla) observe
tarkastelu study, examination, consideration, observation
tarkastus inspection
tarkata 1 monitor, watch/study closely/carefully/alertly **2** (herkistää) strain (your eyes/ears)
tarke diacritic(al mark)
tarkennin focus
tarkennus focus(ing)
tarkentaa 1 (kameraa, projektoria) focus **2** (asiaa) define, delineate, specify, particularize, itemize
tarkentua sharpen

tarkoituksenmukainen

tarkistaa 1 (varmistaa) check, verify **2** (muuttaa) revise, correct *tarkistaa ylöspäin* revise upwards, (ark) up
tarkistus 1 (varmistus) check(ing), verification **2** (muutos) revision, correction
tarkka 1 (mittaus tms) accurate, exact, precise **2** (ihminen: säntillinen) precise, punctual, meticulous; (nirso) particular, picky **3** (aisti, kuva) sharp **4** (selvitys) close, full, exhaustive; (yksityiskohtainen) detailed **5** (tarkkaavainen) attentive, alert
tarkka-ampuja sharpshooter; (sala-ampuja) sniper
tarkkaan accurately, exactly, precisely, punctually, closely, fully, in detail, attentively, alertly (ks tarkka)
tarkkaavainen attentive, alert
tarkkaavaisesti attentively, alertly
tarkkailija observer
tarkkailla observe, watch; (virallisesti: esim lääk) monitor
tarkkailu observation, monitoring
tarkkailuluokka special-education class
tarkkapiirtoinen (TV tms) fine-resolution, high definition (TV) *tarkkapiirtotelevisio* HDTV
tarkkarajainen clearly defined
tarkkasilmäinen sharp-eyed; (kuv) observant, discerning
tarkkuus accuracy, exactitude, precision
tarkoin closely
tarkoittaa 1 mean; (sanakirjan mukaan) denote, signify; (viitata johonkin/johonkuhun) refer to **2** (joksikin, jollekule) mean, intend, aim, design *Tarkoitin sen sinulle* I meant/intended it for you, it was supposed to be for you *Hän tarkoittaa hyvää* She means well
tarkoittaa totta mean it/business
tarkoituksellinen 1 (tahallinen) intentional **2** (jolla on jokin tarkoitus) purposeful
tarkoituksellisesti intentionally, purposefully (ks tarkoituksellinen)
tarkoituksenmukainen (asiallinen) appropriate, suitable; (toimiva) functional; (tuottava) productive; (edullinen) expedient

tarkoituksenmukaisesti suitably, appropriately, functionally, productively, expediently (ks tarkoituksenmukainen)
tarkoituksenmukaisuus appropriateness, suitability, expedience
tarkoitukseton purposeless, useless, pointless
tarkoitus 1 purpose, function *elämän tarkoitus* the meaning of life *täyttää tarkoituksensa* serve its purpose, fulfill its function *Mikä tämän vekottimen tarkoitus on?* What's this thing for? **2** (aikomus) intent(ion) *Tarkoitus oli että sinä tulet ensin* The idea was to have you arrive first, the way it was supposed to go was you were to enter first *Tarkoitukseni oli hyvä* I meant well, I had good intentions
tarkoitusperä purpose, intention, end, aim
tarkoitus pyhittää keinot the end justifies the means
tarmo energy, vigor; (ark) pep, hustle
tarmokas energetic, vigorous; (ark) peppy, go-getting
tarmokkaasti energetically, vigorously
tarmokkuus energy, vigor, zeal, drive
tarmoton enervated, sluggish, listless
tarpeeksi enough, sufficient/adequate (amounts of), sufficiently, adequately *Onko meillä tarpeeksi viinaa?* Do we have enough booze?
tarpeellinen necessary, essential
tarpeellisuus necessity
tarpeen necessary, essential *Onko tuo tarpeen?* Is that necessary?
tarpeen mukaan according to (someone's) need, as the need arises
tarpeen vaatiessa if need be, if necessary
tarpeen varalta just in case
tarpeessa *needy;* (seksuaalisesti, sl) horny *jonkin tarpeessa* in need of something *Auto olisi pesun tarpeessa* The car could stand washing, could do with a wash(ing)
tarpeeton unnecessary, inessential, useless, extraneous, superfluous
tarpeettomuus uselessness, superfluity

tarpeisto 1 (lak) appurtenances (myös kuv) **2** (teatterin) props (myös kuv)
tarpoa trudge, shamble, stalk, plod
tarra sticker
tarrautua grab/cling onto, (tarttua) stick to
tarttua 1 (takertua) stick (on/to/in), adhere (to), cling (to), catch (on), get caught (on) *Miksei tämä postimerkki tartu?* Why won't this stamp stick on? **2** (tauti, haukotus, hilpeys ym) catch, be catching/infectious/contagious **3** (tarrata) grab (onto), seize, take (ks hakusanat)
tarttua aseisiin take up arms
tarttua asiaan take something up, make something your concern
tarttua härkää sarvista take the bull by the horns (myös kuv)
tarttua syöttiin take the bait (myös kuv)
tarttua tilaisuuteen seize the day
tarttua työhön get down to work/business, get cracking
tarttuva catching, infectious, contagious; (ark) catchy
tarttuvuus infectiousness, contagiousness
tartunta infection, contagion
tartuntatauti infectious/contagious disease
tartuttaa infect (someone with something) (myös kuv)
taru 1 myth, legend, fable **2** (kuvitelma) fairy-/tall-tale, fantasy *Todellisuus on usein tarua ihmeellisempi* Truth is often stranger than fiction
tarunhohtoinen fabled, fabulous
tarunomainen fabled, fabulous
tarusto mythology
tarve need(s), want(s); (vaatimus) demand, requirement(s) *jos tarve vaatii* if need be, if necessary *Kahvi olisi nyt hyvään tarpeeseen* A cup of coffee would hit the spot right now *rakennustarpeet* building supplies *tehdä tarpeensa* relieve yourself
tarveharkinta discretionary power as to need(iness)
tarvikkeet materials, supplies, equipment, gear, accessories

tarvis need (ks tarve)
tarvita pääv need, require *Me tarvitsemme lisää paperia* We need more paper apuv have/need to *Ei sinun tarvitse mennä* You don't have/need to go
tasaantua even out; (rauhoittua) steady, calm/settle down, normalize
tasa-arvo equality
tasa-arvoinen equal
tasa-arvoisuus equality, egalitarianism
tasa-arvolaki Equality Act
tasa-arvovaltuutettu ombudsman for equality
tasainen 1 even, (tie) level, (litteä) flat 2 (sileä) smooth 3 (muuttumaton) steady; (vakio) constant, uniform 4 (säännöllinen) regular 5 (tyyni) placid, calm
tasaisesti evenly, levelly, flatly, smoothly, steadily, constantly, uniformly, regularly, placidly, calmly (ks tasainen)
tasajako even distribution/sharing/division
tasajalkaa 1 (hypätä) with both feet *hypätä tasajalkaa* (kuv) be impatient, jump up and down on one foot 2 (marssia) in step
tasalla *jonkin tasalla* level with something *tehtäviensä tasalla* up/equal to your task *tilanteen tasalla* equal to the occasion *nousta tilanteen tasalle* rise to the occasion *ajan tasalla* up to date, current *palaa maan tasalle* burn to the ground
tasaluku 1 (parillinen) even number 2 (pyöreä) round number/figure
tasalämpöinen warm-blooded
tasamaa flatland
tasan 1 (tarkalleen) exactly, precisely *Se tekee tasan 300 euroa* That comes to exactly 300 euros *tasan klo 20* at 8 p.m. sharp 2 (tasaisesti) evenly *jakaa tasan* divide up evenly *pelata tasan* tie *tasan 30* 30 all
tasanko plain
tasanne 1 plateau, (penger) terrace 2 (portaikon) landing
tasapaino balance (myös kuv), equilibrium
tasapainoaisti sense of balance
tasapainoilla balance; (kuv) walk a fine line (between this and that)
tasapainoinen (well-)balanced
tasapainotaiteilija equilibrist
tasapainottaa balance, equilibrate
tasapaksu 1 (tukki) same-diameter 2 (kuv) monotonous
tasaparinen abruptly pinnate
tasapeli tie, draw; (tenniksessä) deuce; (šakissa) stalemate
tasapohjainen flat-bottomed
tasapuolinen fair, equitable; (puolueeton) impartial
tasapuolisesti fairly, equitably, impartially
tasapuolisuus fairness, equitability, impartiality
tasaraha exact change
tasasivuinen equilateral
tasasuhtainen 1 (tasamukainen) symmetrical 2 (sopusuhtainen) (well-)proportioned 3 (tasapainoinen) (well-)balanced 4 (tasapuolinen) equitable
tasata 1 (tasoittaa) even out, level; (tukkaa, pensasaitaa tms) trim 2 (sivun oikeaa marginaalia) justify 3 (jakaa tasaisesti) split/divide up/share (evenly)
tasaus leveling, trimming, justification, division
tasavalta republic
tasavaltalainen s, adj republican
tasavertainen equal, equally matched, on an equal footing with
tasavirta direct current, DC
tasaväkinen even, well/equally matched
tasaväkisesti evenly, equally
tasavälein at even intervals
tase balance sheet *kauppatase* balance of trade
tasku pocket *maksaa omasta taskustaan* pay (for something) out of your own pocket *tuntea jokin kuin omat taskunsa* know something like the back of your hand
taskukamera pocket camera
taskukello pocket watch
taskukirja pocket book
taskulamppu flashlight

taso 1 level, grade, standard; (geom) plane *samalla tasolla* at the same level as *samassa tasossa kuin* level with *korkean tason virkamies* a high-level/-ranking official **2** (lentokone) plane, (siipi) wing *vesitaso* seaplane **3** (työtaso) work table, desk top; (laskutaso) horizontal surface **4** (mus) pitch
tasoinen -level, -ranking, -grade
tasoissa 1 even (-up/-steven), (pelissä) tied **2** (sujut) quits, even
tasoittaa 1 level/smooth (off/out) **2** (urh) even up (the score), tie (the score)
tasoittua even out
tasoitus 1 leveling, smoothing **2** (urh, esim golfissa) handicap; (tasoitusmaali) tying point/goal/basket/jne
tasoituskilpailu handicap
tasoitusmaali tying point/goal/basket/jne
tasoristeys grade crossing
tassu paw (myös leik ihmisen kädestä)
tatti boletus
tatuoida tattoo
tatuointi tattoo(ing)
taudinaiheuttaja pathogen
taudinmääritys diagnosis
tauko 1 pause, break, interval **2** (esityksen) intermission **3** (mus) rest
taukoamaton incessant, unceasing, ceaseless
taukoamatta incessantly, without a break
taulapää numbskull, blockhead, shit-for-brains
taulu 1 (kirjoitustaulu tms) board *ilmoitustaulu* notice board *liitutaulu* (black)board **2** (kytkintaulu tms) (switch)board, (instrument) panel **3** (maalaus) painting **4** (maalitaulu) target **5** (taulukko) table
taulukko table
taulukkolaskentaohjelma spreadsheet
taulukko-ohjelma spreadsheet (program)
taulukoida tabulate
taulunäyttely art exhibit
tauota stop, cease, pause

tausta 1 background **2** (yhtye) backing, back-up group **3** (takaosa) back
tausta-ajo (tietok) background run
taustakuva (tietok) wallpaper
taustamusiikki background music
tauti disease, illness
tautinen diseased, sick(ly); (ark) cool
tavallaan in a way *omalla tavallaan* in his/her own way
tavalla tai toisella one way or another, by hook or by crook
tavallinen ordinary, everyday, usual, common
tavallisesti ordinarily, usually
tavallisuus ordinariness
tavanmukainen ks tavanomainen
tavanomainen 1 (tavallinen) habitual, customary, usual **2** (sovinnainen) conventional **3** (mitäänsanomaton) boring, blasé)
tavanomaisesti habitually, customarily, usually, conventionally (ks tavanomainen)
tavanomaisuus habituality, conventionality
tavan takaa habitually, constantly, repeatedly, over and over again
tavantakainen repeated
tavarajuna freight train
tavaraliikenne freight traffic, commercial transportation
tavaramerkki trademark
tavaraseloste specification
tavara(t) 1 (omistettavat) belongings, effects; (ark) things, stuff **2** (myytävät) goods, items, articles, merchandise **3** (kuljetettavat) freight *matkatavarat* (kaikki) baggage, (matkalaukut) luggage
tavaratila trunk, (UK) boot
tavata pääv **1** (kohdata: vieras) meet; (tuttu) see, run/bump into *Hauska tavata!* (vieraalle) Nice to meet you! (tutulle) Nice to see you! *Tapasin Janitan tänään kadulla* I bumped into Janita in the street today **2** (löytää) find *Tapasimme hänet lukemasta* We found her reading **3** (yllättää) catch *tavata joku verekseltään* catch someone red-handed **4** (lukea) spell apuv be in the habit of

tehdä halkoja

Hän tapasi istua joka iltapäivä elokuvissa She used to go to the movies every afternoon

tavaton 1 (outo) unusual, extraordinary *tavattoman iso* unusually/extraordinarily large **2** (iso) immense, enormous

tavattomasti terribly, awfully *Häntä harmittaa niin tavattomasti* He's really/terribly upset

tavoite goal, objective, aim

tavoitehakuinen goal-oriented

tavoitella 1 (jotakin käsiinsä) reach for, (ihmistä, eläintä tms) try to catch **2** (tavoitetta) seek, pursue, reach for, aspire *tavoitella tähtiä taivaalta* shoot/reach for the stars

tavoittaa (saada kiinni: fyysisesti) catch (up with), (puhelimella tms) reach *Olen yrittänyt tavoittaa sinua koko eilisen päivän* I tried to get ahold of you all day yesterday

tavoittelu pursuit, aspiration *oman edun tavoittelu* looking out for number one *voiton tavoittelu* profit seeking, the quest for the almighty dollar

tavu 1 (sanan) syllable **2** (tietok) byte *kilotavu* kilobyte, KB; (ark) K *megatavu* megabyte, MB; (ark) meg

tavujako hyphenation

tavuttaa hyphenate

te you, (US etelän murt) y'all

teatraalinen theatrical, histrionic

teatteri theater (myös kuv)

teatteriesitys theater performance

teatteritalo theater

teddy-karhu Teddy bear

tee tea

tee itse do-it-yourself

tee itse -opas do-it-yourself manual/guide

teekkari engineering student

teekuppi tea cup

teelusikallinen teaspoonful

teelusikka teaspoon

teenjuoja tea-drinker

teennäinen artificial; (ihminen) affected; (ark) put-on, phony, fakey

teennäisesti artificially; in an affected/artificial way, phonily

teennäisyys artificiality, affectation, phoniness, fakiness

teepussi tea-bag

teerenpilkku freckle

teeri black grouse *En ole mikään eilisen teeren poika* I wasn't born yesterday

tee se itse do-it-yourself

teesi thesis

teeskennellä pretend, feign; (ark) put on

teeskentelemätön 1 (ihminen) unpretentious, unaffected, natural, plain, simple; (naiivi) ingenuous **2** (asenne tms) unpretended, unfeigned

teeskentelevä pretentious, affected; (ark) hoity-toity, stuck-up, put-on

teeskentely pretension, pretense, pretensiousness, affectation

teettää 1 (avain tms) have (something) made; (puku tms) have (something) sewn/tailored; (muotokuva tms) have (something) painted **2** (lisää työtä) make, generate *En aio ottaa apulaista, se teettää vain lisää töitä* I'm going to do without an assistant, it just makes more work

teflonpannu Teflon pan

tehdas factory, mill, plant

tehdasmainen industrial

tehdastuotanto industrial production

tehdastyöläinen factory worker

tehdasvalmisteinen factory-made

tehdä tr make *Oletko tehnyt tämän itse?* Did you make/build/sew/draw/jne this (all by) yourself? (ark) Did you do this yourself? *Mistä se on tehty?* What is it made of? *Teet itsesi vain naurunalaiseksi* You'll just make a fool of yourself itr do *Mitä teet?* What are you doing? *Tehtyä ei saa tekemättömäksi* What's done is done (and can't be undone), no use crying over spilled milk *Helpommin sanottu kuin tehty* Easier said than done

tehdä ehdotus make a suggestion

tehdä ero draw a distinction

tehdä haavaa wound, cut, hurt *Ei haukku haavaa tee* Sticks and stones will break my bones but words will never hurt me

tehdä halkoja chop wood

tehdä hallaa

tehdä hallaa harm, be harmful to, have a harmful effect on
tehdä heinää make hay
tehdä historiaa make history
tehdä housuihinsa go in your pants, do it in your pants
tehdä huonoa feel bad
tehdä huorin fornicate, commit adultery
tehdä hyvä vaikutus make a good impression
tehdä hyvää feel good
tehdä iso numero jostakin make a big deal (out) of something
tehdä itse do it yourself
tehdä itsensä ymmärretyksi make yourself understood
tehdä jollekulle mieliksi try to please someone
tehdä jonkun tahto obey (someone)
tehdä juoksu (pesäpallossa) hit a home run
tehdä kaikkensa do everything possible, everything in your power
tehdä kanne file a (law)suit, bring charges (against), sue (someone)
tehdä kantelu file/lodge a complaint
tehdä kaupat make a deal, (talon) close
tehdä kauppakirja draw up a deed
tehdä kauppansa do the trick
tehdä keksintö make a discovery
tehdä kipeää hurt, sting, ache
tehdä kiusaa tease, pester, bother
tehdä kuje play a trick/prank (on someone)
tehdä kunniaa salute
tehdä kuolemaa be dying
tehdä kuperkeikka turn a somersault; (kuv) flipflop
tehdä kärpäsestä härkänen make a mountain out of a molehill
tehdä käsin make by hand *käsin tehty* home-/hand-made
tehdä lapsi have a child, make a baby *Hannu teki lapsen naapurin tytölle* Hannu got the girl next door pregnant
tehdä leipää bake bread
tehdä loppu jostakin put a stop/an end to something
tehdä lähtöä be leaving

tehdä löytö make a discovery
tehdä muistiinpanoja take/jot down/ make notes
tehdä myönnytyksiä make concessions
tehdä nimi itselleen make a name for yourself
tehdä oikeutta jollekin do justice to something
tehdä palvelus do (someone) a favor
tehdä parannus (katua) repent, (muuttaa tapojaan) mend your ways
tehdä parhaansa do your best
tehdä pentuja have/drop young
tehdä pilaa jostakin make fun of something, ridicule something
tehdä poikkeus make an exception
tehdä päätelmiä draw inferences, infer
tehdä päätös make a decision
tehdä rahaa make money
tehdä ristinmerkki cross yourself
tehdä ruokaa fix food/breakfast/lunch/ dinner, cook
tehdä selkoa jostakin report on something
tehdä selväksi make (something) clear
tehdä sovinto make up
tehdä suunnitelmia make plans
tehdä syntiä commit (a) sin
tehdä taikatemppuja do magic tricks
tehdä tarjous make an offer
tehdä tarpeensa relieve yourself, heed the call of nature
tehdä tehtävänsä do the trick
tehdä tekemällä crank something out *tekemällä tehty* contrived, artificial
tehdä tiedettä do science
tehdä tikusta asiaa do something on a flimsy pretext
tehdä tilaa make room
tehdä tiliä make reckoning
tehdä tuhojaan wreak havoc (on)
tehdä tuloaan be in the wings, be announcing its arrival, be coming up in a big way
tehdä tyhjäksi undo
tehdä työtä work
tehdä työtä käskettyä follow instructions
tehdä täyskäännös do an aboutface

tehdä valinta choose, make a choice
tehdä vastarintaa resist
tehdä velvollisuutensa do your duty
tehdä virhe make a mistake
tehdä voitavansa do what you can
tehdä vääryyttä jollekin do an injustice to something, be unfair to something
tehdä ylitöitä work overtime
tehkää hyvin please (help yourself)
teho 1 (tehtaan) capacity (myös kuv), (moottorin) power *tehdä työtä täydellä teholla* work at your full capacity **2** (vaikutus) effect, impact
tehokas 1 effective, efficient *Hän on erittäin tehokas opettaja, kaikki oppilaat ovat oppineet paljon* He is an extremely effective teacher, all his students have learned a lot *Hän on erittäin tehokas työntekijä, hän ei haaskaa hetkeäkään* She is an extremely efficient worker, she puts every second of her time to good use **2** (moottori) powerful **3** (aine) active
tehokeino effect
tehokkaasti effectively, efficiently
tehokkuus effectiveness, efficiency
tehosekoitin blender
tehostaa 1 make (something) more effective/efficient, improve (something's) effectiveness/efficiency *tehostettu ohjaus* power(-assist) steering **2** (valvontaa) tighten **3** (omaa kauneuttaan) heighten, enhance, touch up **4** (asiaa) stress, emphasize
tehoste 1 effect **2** (lak) sanction
tehostua become more effective/efficient, intensify
tehota affect/impact (someone), have an effect/impact (on someone)
tehoton 1 ineffective, ineffectual **2** (moottori) powerless, (ark) gutless **3** (aine) inactive
tehovahvistin power amplifier
tehtaanmyymälä factory shop
tehtaanpiippu factory smokestack
tehtävä 1 task, duty *ottaa tehtäväkseen* take it upon yourself to *tehdä tehtävänsä* do the trick *Minulla on mieluinen tehtävä esitellä* It gives me great pleasure to introduce **2** (koulutehtävä) assignment, (mon) homework; (harjoitustehtävä) exercise, (yksittäinen) problem **3** (sot ja kuv) mission *elämän tehtävä* your mission in life **4** (funktio) function, (rooli) role **5** *ei mitään tehtävää* nothing to do
teidänlaisenne s people/men/guys/women/jne like you, your sort/kind/ilk, the likes of you adj like you
teikäläinen s one of your people adj your *teikäläiset tavat* your customs
teilata 1 (hist) break (someone) on the wheel **2** (ehdotus) reject, (taideteos/-esitys) pan
teilaus bad/scathing review
teini high school student
teini-ikä teenage
teini-ikäinen teenager, (ark) teen
teipata tape
teippi tape
teititellä address (someone) by his/her last name
teitittely formal address
tekaista make up, fake
tekaistu made-up, fake
tekeillä under construction/way, in progress/preparation
tekele (neutraalisti) piece; (halv) piece of junk/shit
tekeminen *Minulla ei ole mitään tekemistä* I don't have anything to do *tekemiset* doings, comings and goings *Sinulla on täysi tekeminen tuon kanssa* You're going to have your hands full with that *tekemisissä* ks hakusana
tekemisissä *En aio olla missään tekemisissä hänen kanssaan* I will have nothing to do with him, I'm through with him *joutua jonkun kanssa tekemisiin* have to deal with someone, have someone to deal with
tekemätön undone *Tehtyä ei saa tekemättömäksi* What's done can't be undone
tekeytyä pretend to be, try to pass yourself off as, pose as *tekeytyä kuuroksi* pretend/feign/affect/sham deafness
tekijä 1 (kirjan) writer, author; (näytelmän) playwright; (runon) poet; (laulun) composer, (erikseen sanojen) lyricist;

tekijänoikeus

jne 2 (aiheuttaja) factor (myös mat) *Sinä olit tärkeä tekijä hänen päätöksessään* You were an important factor influencing his decision **3** (taitaja) hand *Sinä olet vanha tekijä näissä asioissa* You're an old hand at these things
tekijänoikeus copyright
tekijänpalkkio royalty
tekniikka 1 (koneet tms) technology **2** (menettelytapa) technique
teknikko technician
teknillinen technical
teknillinen korkeakoulu institute of technology
tekninen technical
tekniset (työntekijät, mon) technical staff
teknologia technology
teko- artificial, synthetic, false
teko act(ion), deed *En kadu tekoani* I don't regret (doing) what I did *tavata itse teosta* catch (someone) in the act *amerikkalaista tekoa* made in America, American-made
tekohammas false tooth; (mon) dentures, false teeth
tekohengitys artificial respiration
tekokukka fake/plastic/silk flower
tekosyy excuse, alibi
tekoäly artifical intelligence, AI
Teksas Texas
tekstata print
tekstaus printing
teksti 1 text, (präntti) print *Katsotaan tekstiä tarkemmin* Let's take a closer look at the text **2** (valokuvan alla) caption **3** (TV-/elokuva-käännös) subtitle **4** (liturginen teksti) Scripture reading, lesson, text **5** (oopperan) libretto **6** (ark = puhetta) talk *Kaisa puhui suoraa tekstiä* Kaisa didn't mince her words
tekstiili textile
tekstiilitaide textile art
tekstinkäsittely word processing
tekstinkäsittelylaite word processor
tekstinkäsittelyohjelma word-processing program, word processor
tekstitelevisio teletext

tela 1 roller, cylinder, (kirjoituskoneen) platen **2** *telat* (veneen) stocks *laskea teloiltaan* launch *vetää teloilleen* dock
telaketju caterpillar tread/track
telakka drydock
telefax telefax *lähettää telefaxilla* (tele)fax
telejatke teleconverter
telekokous (tietok) computer conference, teleconference
telekopiointi telefax, facsimile
telekopiointilaite telefax machine, facsimile machine, fax (machine)
teleliikenne telegraph communications
teleneuvottelu videoconference
teleobjektiivi telephoto lens
telepalvelu telegraph service
teleskooppi telescope
teleskooppiantenni telescopic antenna
teletex teletex
televisio television, TV
televisioantenni television/TV antenna
televisioida televise
televisiointi televising, airing, television broadcast(ing)
televisiokuuluttaja television/TV announcer
televisio-ohjelma television/TV program
televisioprojektori TV projector, television projector
televisiovastaanotin television/TV set
telex telex *lähettää telexillä* telex, wire
teli spindle, truck
teline 1 stand, rack, easel **2** (rakennustelineet) scaffolding **3** (starttitelineet) (starting) blocks **4** (voimistelun) apparatus
telinevoimistelu apparatus gymnastics
teljetä bar, (salvata) bolt
telki bar, (salpa) bolt *telkien takana* behind bars
telkkä goldeneye
telmiä frolic
teloittaa execute
teloittaja executioner
teloitus execution
teltta tent
telttailla go camping
temmata snatch, grab, jerk, pull, tear

temmellys frolicking, romping
temmellyskenttä battlefield
temmeltää 1 (telmiä) frolic, romp **2** (myrsky) rage, blow **3** (ajatukset) storm, whirl
tempaista 1 snatch, grab, pull, tear, jerk **2** (painnonnostossa) jerk
tempaus 1 snatch, grab, pull, tear, jerk **2** (painnonnostossa) jerk **3** (hyväntekeväisyystempaus) campaign, benefit, telethon **4** (yllättävä teko) coup
tempautua be carried away (by) (myös kuv)
temperamentti temperament
tempo tempo
tempoa tug/pull/strain at
tempoilla tug/pull/strain at
temppeli temple
temppu trick, stunt, gag, prank
temppuilla 1 play/pull tricks/stunts/pranks **2** (konstailla) be difficult/refractory, act up (myös auto)
temppuilu 1 tricks, stunts, pranks **2** (konstailu) acting up
tenava kid
tendenssi tendency
tenho charm, enchantment, magic glow
tennis tennis
tenniskenttä tennis court
tenniskilpailu tennis tournament
tennismaila tennis racket
tennismestaruus tennis championship
tennisottelu tennis match
tennisverkko tennis net
tenori tenor
tentaattori examiner
tentti exam(ination)
tenttiä take an examination (in/on)
tenä *tehdä tenä* refuse to budge, go on strike, stop dead, dig in your heels, kick up a fuss
teollinen industrial
teollisesti industrially
teollistuminen industrialization
teollisuus industry
teollisuuslaitos industrial plant
teologi theologian; (pappi) minister, clergy(wo)man; (teol kand) M.Div.
teologia theology
teologinen theological

teoreetikko theoretician, theorist
teoreettinen theoretical
teoretisoida theorize
teoria theory
teos work, (kirja) book, (nide) volume
tepastella step, strut, sashay
tepponen trick *tehdä tepposia* play tricks on you *Sinun mielikuvituksesi taitaa tehdä tepposia* I think you're letting your imagination run away with you
tepsiä work, take effect, have an effect; (purra) bite
terapeutti therapist
terapeuttinen therapeutic
terapia therapy
terassi terrace
terhakka animated, lively, buoyant; (koiranpentu) frisky; (kissanpentu) playful; (kili tms) frolicsome
terhi madwort
termi term
termiini futures
termiitti termite
terminaalipotilas terminal patient
terminologi terminologist
terminologia terminology
termipankki term bank
termistö terminology
termostaatti thermostat
teroitin (pencil) sharpener
teroittaa 1 (terää) sharpen, (hiomakoneella) grind, (hiomakivellä) whet **2** (katsettaan tms) strain **3** (tähdentää) stress, impress on (someone the importance of something), insist on (something)
teroittua sharpen, get sharp(er)
terrieri terrier
terrori terror(ism)
terrorismi terrorism
terrorisoida terrorize
terroristi terrorist
terssi (mus) third
terttu bunch, cluster
terva tar *liikkua kuin täi tervassa* move like a bug in molasses
tervahauta tar-burning pit
tervapääsky Eurasian swift
tervaskanto resinous stump
tervata tar

tervaus tarring
terve adj (hyvässä kunnossa) well, healthy; (henkisesti) sane **interj 1** (tavatessa) hi! howdy! *Tervetuloa!* Welcome! **2** (erotessa) bye! see ya! *Tervemenoa vaan!* Good riddance!
terveellinen healthy, wholesome; (ark) good for you
terveellisesti healthily, wholesomely
terveellisyys healthiness
terveesti healthily
tervehdys greeting; (ylät) salutation; (sot) salute
tervehdyssivu (tietok) doormat
tervehdyttävä curative, restorative, beneficial
tervehenkinen wholesome
tervehtiä greet, (sot) salute
terveiset greetings *Vie terveiset perheellesi!* Say hi to the family
terve järki common sense
terve sielu terveessä ruumiissa a sound mind in a sound body
terve talonpoikaisjärki good common sense
tervetuliaiset welcome party
tervetuliaisjuhla welcome party
tervetullut welcome
tervetuloa welcome
terveydeksi! (malja) to your health! (aivastavalle) bless you! Gesundheit!
terveydellinen health-related *terveydellisistä syistä* for reasons of health
terveydenhoito health care
terveydentila (the state of your) health
terveys health *terveydelle vaarallinen* hazardous to your health *hyväksi terveydelle* good for (what ails) you
terveyssisar public-health/clinic nurse
terä 1 (sahan) blade, (poran) bit; (leikkaava) edge **2** (mustekynän) nib; (kuulakärkikynän) point; (tussin) tip; (lyijykynän) lead, point **3** (hampaan) crown **4** (viljan) ear **5** (jalan, sukan) foot **6** (kuv = teho) bite, sting **7** *tehdä terää* do you good
teräksinen steel
teräs steel
teräsbetoni reinforced concrete
terästää 1 (kirvestä tms) steel **2** (katsettaan tms) strain **3** (punssia tms) spike **4** (kuv = terävöittää) sharpen
terävyys sharpness; (älykkyys myös) intelligence
terävyysalue depth of field
terävä 1 (kärki tai kieli tms) sharp, pointed, keen **2** (ihminen) sharp, smart, quick
teräväpiirteinen (ihminen) sharp-featured; (kuva) clear, finely resolved
teräväpiirtotelevisio high-definition television, HDTV
teräväsilmäinen sharp-eyed
terävästi sharply
terävä-älyinen sharp-/quick-witted
testaaja tester
testamentata will, bequeath
testamentti 1 (lak) (last) will (and testament) **2** (raam) Testament
testata test
testi test
testikuva test pattern
teuraseläin animal to be slaughtered
teurastaa slaughter (myös kuv:) butcher
teurastaja slaughterer, (lihakauppias) butcher (myös kuv)
teurastamo slaughterhouse
teurastus (myös kuv) slaughter, butchery
Thaimaa Thailand
thaimaalainen s, adj Thai
thriller thriller
tiainen titmouse
tie road, (polku) path, (reitti) route, way *Tie nousi pystyyn* We reached a deadend *saman tien* immediately; (voisitko...) while you're at it *Hän oli jo tiessään* She was already on her way, she'd vanished already *tiehensä, tiellä, tietä* ks hakusanat
tiede science; (humanistisilla aloilla) scholarship
tiedeakatemia Finnish Academy for the Sciences (and Letters)
tiedekeskus science center
tiedemies scientist, (humanistisilla aloilla) scholar
tiedenainen scientist, (humanistisilla aloilla) scholar

tiedollinen intellectual, mental, pertaining to knowledge
tiedonala branch of knowledge
tiedonanto communiqué, notification, notice, bulletin
tiedonjulkistamispalkinto prize for the popularization of science
tiedonsiirto data transmission
tiedon valtatie information superhighway
tiedossa 1 (tietämä) *Sinulla oli kuulemma tiedossa hyvä lääkäri* Somebody said you knew of a good doctor 2 (luvassa) *Hänellä on tiedossa iso yllätys* She has a big surprise in store for her, is she ever going to be surprised
tiedostaa be(come) aware/conscious of, realize
tiedostamaton subconscious
tiedostaminen realization
tiedosto (tietok) file
tiedostonhallintaohjelma database management program
tiedostopalvelin file server
tiedoton unconscious, subconscious
tiedottaa inform, notify, announce; (julkistaa) publicize
tiedottaja publicist, publicity/press secretary
tiedotus 1 (tiedottaminen) publicity 2 (tiedote) notice, announcement, report, warning (ks myös tiedonanto)
tiedotustilaisuus briefing, (lehdistötilaisuus) press conference
tiedotustoiminta publicity
tiedotusvälineet the media
tiedustella 1 (kysyä) ask, inquire 2 (sot) scout, reconnoiter
tiedustelu 1 (kysely) inquiry 2 (sot) reconnaisance 3 (vakoilu) intelligence
tiedustelupaketti (tietok) ping packet *lähettää tiedustelupaketti* ping (somebody)
tiedustelupalvelu intelligence service
tiedustelusatelliitti intelligence satellite
tiedä häntä who knows?
tiehensä *ajaa/juosta tiehensä* drive/run off *lähteä tiehensä* be on your way, take off *Mene tiehesi siitä!* Get out of here!
tiehye duct
tiehyt duct
tiellä in the way *Mene pois tieltä!* Get out of the/my way! *väistyä tieltä* make way/room for, get out of (someone's) way *Hän lähti ja jäi sille tielle* He left and never came back *Hän on sillä tiellään vieläkin* He hasn't been heard of since
tienata earn/make (money) *Paljonko tienaat siinä uudessa työpaikassasi?* How much do you make in that new job of yours?
tienesti pay, income, earnings *lähteä tienestiin* get a job
tienhaara fork in the road; (kuv) parting of the ways, crossroad(s)
tienoo region, area *näillä tienoilla* around here somewhere *keskiyön tienoilla* around midnight
ties who knows *Ja hän on ties missä* And who knows where she is *seksiä ja väkivaltaa ja ties mitä muuta* sex and violence and I don't know what all else
tieteellinen scientific, (humanistisilla aloilla) scholarly
tieteellisyys science, (humanistisilla aloilla) scholarship
tietenkin of course
tietenkään of course not
tieten tahtoen knowingly, with full knowledge/awareness (of what he/she was doing)
tieto 1 (yksittäinen tieto) fact, piece of information, (tieteessä) datum; (mon) facts, information, data 2 (tietämä, tietäminen) knowledge *Minulla ei ole tarpeeksi tietoa siitä* I don't know enough about it *pitää omana tietonaan* keep (something) to yourself, keep quiet about (something) *tällä tietoa* as things look/stand now *saattaa jonkun tietoon* inform/tell someone about (something) *saada tietoonsa* find out (that, about something), hear, learn *tiedossa, tietoakaan* ks hakusanat 3 (vakoilutieto) intelligence
tietoakaan *Ei ole tietoakaan* (keväästä) There's no sign (of spring); (lumesta) there's no trace (of snow); (sateesta) there's no rain in sight, no chance (of

tietoinen

rain); (ruoasta: kaapissa) the cupboards are bare, there isn't a crumb of food in the house; (ateriasta) there's no indication that we're ever going to eat

tietoinen s the conscious (mind), consciousness adj knowledgeable, aware, conscious

tietoisesti consciously; (tahallaan) deliberately, intentionally

tietoisuus consciousness, awareness

tietojensaanti (tietok) information retrieval

tietokannan hallintaohjelma database management program

tietokanta database

tietokantaohjelma database, database management program

tietokirja nonfiction book

tietokirjallisuus nonfiction

tietokone computer *mikrotietokone* microcomputer *sylitietokone* laptop (computer) *pöytätietokone* desktop computer *minitietokone* minicomputer *suurtietokone* mainframe *supertietokone* supercomputer

tietokoneanimaatio computer animation

tietokoneavusteinen computer-aided, computer-assisted

tietokoneavusteinen opetus computer-assisted instruction, CAI

tietokoneavusteinen suunnittelu computer-aided design, CAD

tietokoneavusteinen valmistus computer-aided manufacture, CAM

tietokonegrafiikka computer graphics

tietokoneintegroitu valmistus computer-integrated manufacture, CIM

tietokonekieli computer language

tietokonemonitori computer monitor

tietokoneohjelma (computer) software

tietokonepeli computer game

tietokonepääte computer terminal

tietokonerikollisuus computer crime

tietokoneslangi computerese

tietokonetomografia computerized axial tomography, CAT

tietokonevirus computer virus

tietoliikenne (data) communications

tietomurto (tietok) cracking, data trespass

tietopankki data bank

tietoperäinen theoretical

tietopuolinen theoretical

tietosanakirja encyclopedia

tietosodankäynti (tietok) cyberwar, information warfare

tietosuoja data protection/security

tietotekniikka information/data technology, teleinformatics

tietotekniikkataitoiset (leik digitaaliälymystö) the digerati

tietotoimisto news agency, wire service

tietoverkkorikos cybercrime

tietoyhteiskunta information society

tietty 1 (eräs) a certain/given *Se pitää tehdä tietyllä tavalla* It has to be done in a certain (specific/specified) way **2** (ark = tietysti) of course, (ark) natch

tietue (tietok) record

tietymätön *olla teillä tietymättömillä* to have vanished without a trace, be nowhere to be found

tietysti of course, naturally; (ark) natch

tietyö road construction

tietyömaa road construction area

tietyömies road construction worker

tietä *näyttää tietä* show the way *tietä pitkin* along/down the road *rauhanomaista tietä* by peaceful means *virallista tietä* through official channels

tietäjä seer, wise(wo)man, soothsayer *kolme itämaan tietäjää* the Three Wise Men

tietämys knowledge, (tietotaito) knowhow

tietämyskanta knowledge bank, data bank

tietämä 1 *kaikki tietämäni* everything I know/knew **2** *klo 6:n tietämissä* around six (o'clock)

tietämätön ignorant, uninformed

tietävinään *Hän ei ollut tietävinään mitään* She played dumb, she pretended not to know anything, not to know what I was talking about *Ei olla tietävinämmekään* Let's just play dumb/innocent *Hän on tietävinään kaikki asiat maan päällä* He thinks he knows everything

tietäväinen (tietävä) knowledgeable; (kärkevän tietävä) knowing

tietää 1 know (of/about), be aware/conscious/knowledgeable about *Jokainenhan tietää että* It's common knowledge that *saada tietää* find out, hear *Ei sitä koskaan tiedä* You never know (about these things) *tietää rajansa* know your limits *ettäs* (sen) *tiedät* for your information *mene ja tiedä, tiedä häntä* who knows *tietävinään, tietääkseen* ks hakusanat **2** (tarkoittaa) mean, (enteillä) bode *Tämä tietää monen päivän lisätyötä* This is going to mean many more days of work *tietää hyvää/huonoa* bode well/ill

tietääkseen 1 *Hän ei ollut tietääkseen minusta* She ignored me, she pretended not to notice me **2** *minun tietääkseni* as far as I know, to the best of my knowledge

tihentyä 1 (paikallisesti) grow denser, thicken, tighten **2** (ajallisesti) quicken, pick/speed up, become more frequent, increase in frequency

tihentää 1 (paikallisesti) make denser, thicken, tighten **2** (ajallisesti) quicken, pick/speed up, increase (the frequency of) *tihentää tahtia* speed up, pick up the pace, quicken your steps

tihetä *Tunnelma tiheni* The crowd tensed, a wave of tension/excitement swept over the audience (ks myös tihentyä)

tiheys density, thickness, tightness; pace, frequency (ks tiheä)

tiheä 1 (paikallisesti) dense, thick; (tiukka) tight, (lähekkäinen) close(-knit) **2** (ajallisesti) quick, rapid, fast; (usein toistuva) frequent *tiheään* frequently, often, at short intervals; (jatkuvasti) constantly, incessantly, all the time

tihkua (verta, märkää) ooze, seep; (vesitippoja) drip, trickle; (sadetta) drizzle; (tietoja) leak/trickle (out)

tihkukytkin (tuulilasinpyyhinten) intermittent/pulse wipers

tihkusade drizzle

tihutyö act of vandalism/sabotage

Tiibet Tibet

tiibetiläinen s, adj Tibetan

tiikeri tiger

tiili brick

tiiliskivi brick (myös kuv)

tiilitalo brick house

tiimalasi hourglass

tiine pregnant, gravid; (eri eläimistä: tamma) with foal, (lehmä) with calf, jne

tiira tern

tiirikka lockpick, picklock

tiirikoida pick a lock, (tietok) crack a code

tiistai Tuesday

tiistaiaamu Tuesday morning

tiistainen Tuesday

tiistaipäivä Tuesday

tiistaisin Tuesdays

tiiviisti 1 (suljettu) tightly, hermetically **2** (pakattu, tampattu tms) densely, compactly **3** (tehdä työtä) closely, intimately; (olla yhdessä) a lot **4** (opiskella) intens(iv)ely **5** (selostaa, kertoa tms) concisely

tiivis 1 (kansi tms) tight(ly closed/sealed) *vesitiivis* waterproof *ilmatiivis* airtight **2** (tiheä) dense, compact **3** (kosketus, yhteistyö tms) close, intimate **4** (kurssi) intensive **5** (kertomus tms) concise, condensed

tiiviste 1 (mehutiiviste) concentrate, (maitotiiviste) condensed milk **2** (tiivisterengas) washer, (tiivistenauha) insulating tape, (tiivistemassa) caulking, (autoon, putkityöhön tms) gasket

tiivistelmä summary, abstract, précis; (oopperan tms) synopsis

tiivistyä 1 become tighter, (tunnelma) become tense(r)/excited **2** (fys) condense

tiivistää 1 (ikkunaa tms) seal/calk (up) **2** (ihmisjoukkoa) pack/squeeze (in more tightly/closely), tighten/close up (the ranks) **3** (kertomusta tms) tighten up, condense; (referoida) summarize, sum up (in a few words) **4** (nestettä) condense, concentrate

tiiviys tightness, density, compactness, closeness, intimacy, intensity, concision, condensation (ks tiivis)

tikahtua

tikahtua be bursting/choking/convulsed (with laughter/tears)
tikanheitto darts
tikapuut ladder
tikari dagger
tikaripyrstöt horseshoe crabs
tikasauto ladder truck
tikata stitch, (täkkiä) quilt
tikittää tick *Aikapommi tikittää* (kuv) Time is ticking/slipping away
tikitys ticking
tikka 1 (lintu) woodpecker **2** (heitettävä) dart
tikkaat ladder
tikkataulu dartboard
tikkaus quilting
tikki 1 stitch (myös lääk) *vikatikki* dropped stitch; (kuv) mistake, error, (ark) booboo **2** (bridgessä) trick
tikku 1 stick, (sormessa) splinter *seistä kuin tikku paskassa* stand around with your thumb up your ass *tehdä tikusta asiaa* do something on a flimsy pretext **2** (tulitikku) match, (hammastikku) toothpick
tikkukaramelli lollipop, sucker
tikli (lintu) Eurasian goldfinch
tila 1 (tilat) premises, grounds, property; (yksi tila) room **2** (tilaa) room, space *Vieläkö on tilaa?* Do you have any more room/space? **3** (olotila) condition, status, state *Mikä hänen tilansa on?* (lääk) What's her condition/status? (ark) How is she? **4** (maatila: hieno) estate, (tavallinen) farm **5** (paikka ja urh) place *Joku on minun tilallani* Someone has taken my place *laittaa joku muu sinun tilallesi* replace you; (urh) substitute (in) for you, pull/yank you out (of the game) *kolmas tila* third place **6** (lääk) position *perätilassa* in the breech position
tilaaja 1 (tavaran) orderer, buyer, purchaser **2** (lehden) subscriber
tilaisuus 1 (mahdollisuus) chance, opportunity *elämäsi tilaisuus* the chance of a lifetime *heti tilaisuuden tullen* at the first opportunity, the first chance you/I get *päästää tilaisuus käsistään* miss your chance/opportunity *käyttää tilaisuutta hyväkseen* take the opportunity (to do something) **2** (tapahtuma) event, occasion, function, ceremony
tilallinen farmer
tilanahtaus cramped quarters, lack of space
tilanne 1 situation *tällaisessa tilanteessa* in a situation like this *pitää joku tilanteen tasalla* keep someone informed/up-to-date (about what's going on) *Tilanne on tämä* Here's the situation, this is where we stand **2** (asema) status, station, position **3** (urh) score *Mikä on tilanne?* What's the score? Who's winning/ahead?
tilannekatsaus overview/review of the situation
tilanpuute lack of space, cramped quarters
tilapäinen temporary
tilapäisesti temporarily
tilapäisjärjestely temporary arrangement
tilapäisratkaisu temporary solution
tilapäistyö temporary employment
tilapäisyys temporariness
tilasto statistic(s) *En halua olla pelkkä tilasto* I don't want to be just a mere statistic/number
tilastoida compile statistics on
tilastointi the compilation of statistics
tilastollinen statistical
tilastollisesti statistically
tilastotiede statistics
tilastotieto statistic(s)
tilata 1 (tavara, ateria, puhelu tms) order **2** (lentolippu, hotellihuone, ravintolapöytä tms) reserve **3** (lääkäri) make an appointment for **4** (taksi) call **5** (lehti) subscribe to **6** (muotokuva, juhlasävellys tms) commission
tilaus order, reservation, subscription, commission (ks tilata) *Tulit kuin tilauksesta* You're just the person/man/woman I wanted to see
tilaushinta subscription price
tilausjulkaiseminen (tietok) on-demand publishing
tilauskoulutus (tietok) education on demand
tilausvideo (tietok) video on demand

tilava roomy, spacious, big; (ylät) capacious, commodious, voluminous
tilavasti spaciously
tilavuus (cubic) volume, (veto) capacity
tilavuusalkio (tietok) voxel
tilavuusmitta cubic measure
tilhi waxwing
tili 1 account *sulkea/avata tili* close out/open an account *ylittää tilinsä* overdraw your account, (ark = shekillä) bounce a check *Onko teillä tili Saks Fifth Avenuessa?* Do you have an account at Saks? *ostaa tilille* (luottokortilla) charge; (allekirjoittamalla) buy on credit, put it on your account/tab **2** (kuv) account, reckoning *Tästäkin sinun täytyy tehdä tiliä* You're going to have to account for this too, I'm going to want a full explanation for this too *panna kokemattomuuden tiliin* put it down to inexperience, chalk it up to inexperience *panna jonkun tiliin* blame someone (for something) **3** (ark=palkka) pay(check)
tilikausi accounting period
tilintarkastaja auditor; certified public accountant, CPA
tilintarkastus audit
tilinteko account *tilinteon päivä* (usk ja kuv) day of reckoning
tilinumero account number
tiliote bank statement
tilipussi paycheck
tilipäivä payday
tilisiirto bank transfer
tilitapahtuma transaction
tilittää 1 account (for something), report on **2** (kuv) examine, explore, analyze; (menneitä) reminisce about
tilitys 1 account, report **2** (kuv) examination, exploration, analysis; (menneiden) reminiscence
tilkitä seal/stuff/stop up, caulk
tilkka drop *Tilkka viiniä ei tekisi pahaa* I wouldn't mind a drop of wine
tilkku patch, scrap *maatilkku* a patch of land
tilli dill
tilpehööri (ark) necessities, essentials
tilukset estate, grounds
timantti diamond

timanttihäät diamond wedding anniversary
timanttikaivos diamond mine
timanttikilpikonna terrapin
timanttilevy diamond record
timanttisormus diamond ring
timotei timothy (grass)
tina tin; (-astia) pewter; (tinajuote) solder *hävitä kuin tina tuhkaan* vanish into thin air *tinassa* tipsy
tinata 1 tin-plate **2** (juottaa) solder
tingassa *lähteä viime tingassa* leave at the last minute *tulla viime tingassa* arrive just in (the nick of) time *ettei jäisi viime tinkaan* so as not to leave it to the last thing
tingata demand, press/badger for
tinkiminen 1 (ostajan) haggling, dickering **2** (myyjän) coming down, (price-)reduction **3** (kuv) compromise, flexibility
tinkimätön 1 (kuri tms) strict, rigid, inflexible **2** (rehellisyys) unbribable, unflinching, upright **3** (tieteellisyys) rigorous
tinkiä 1 (ostaja) haggle, dicker **2** (myyjä) come down (on the price), knock off (the price) **3** (kuv) compromise, settle for less, bend, be flexible
tipahdella drip
tipahtaa drop, fall off
tipotiessään vanished (into thin air), gone
tippa 1 drop *Sinä et välitä tippaakaan tästä koko hommasta* You don't give a damn/hoot (in hell)/shit about this whole thing *En ole maistanut tippaakaan* I haven't had a drop **2** (kyynel) tear *Tuli tippa silmään* It brought tears to my eyes **3** (IV-tippa) (IV-)drip **4** *tipalla* nip and tuck, close *On tipalla, ehditäänkö* It's going to be nip and tuck whether we'll make it *Oli tipalla, ettei käynyt huonommin* That was a close call/shave/one
tippaleipä May-Day fritter
tippua 1 drip **2** (ark = tipahtaa) drop, fall off *tippua joukosta* drop/fall/lag behind the others **3** (ark = hellitä) *Ei tipu* No way, not a chance, not a cent from me

tippukivi dripstone
tippukiviluola stalactite cave
tippuri gonorrhea, (ark) the clap/drip
tipu chick (myös tytöstä)
tiputella drop
tiputtaa 1 (laittaa tippoja) apply/squeeze/drip a few drops (into) **2** (ark = pudottaa) drop, let fall
tiputus intravenous (IV) drip, dripfeed; (ark) drip *olla tiputuksessa* be fed intravenously, be on the drip
tiristä sizzle
tirkistelijä voyeur, Peeping Tom
tirkistellä peek, steal a peek/look/glimpse, look surreptitiously
tirkistely voyeurism
tirskua titter, snicker
tiskaaja dishwasher
tiskata wash (the) dishes, do the dishes
tiski 1 (pöytä) counter, desk *myydä tiskin alta* sell (something) under the counter *lyödä hanskat tiskiin* quit **2** (tiskattava) (dirty) dishes
tiskikone dishwasher
tislaamo (laitos) distillery, (kone) still
tislata distill
tislaus distillation
tisle distillate
tismalleen exactly, precisely *Tismalleen!* Exactly! That's just it! That's right!
tissi tit, boob; (leik) titty
titteli title
tiuha tight, dense, close (ks myös tiivies)
tiukalla 1 (kovilla) *panna joku tiukalle* press someone, come down hard on someone *joutua tiukalle* have a tough time of it, be hard pressed/put **2** (vähän) *Aika on tiukalla* We're pretty hard pressed/put for time, we're running short on time *Raha on tiukalla* Money is tight
tiukassa tight *Se on liian tiukassa* It's too tight; (kun yrittää irrottaa) it's stuck
tiukasti tight(ly) *pitää tiukasti kiinni* hold on tight *seurata tiukasti jonkun kannoilla* follow close on someone's heels, close behind someone; dog someone's heels *pysyä tiukasti asiassa* stick close/strictly to the subject
tiukata demand (an answer), press (someone for a response)

tiukentaa tighten (myös kuv), restrict
tiukentaminen tightening, restriction
tiukentua tighten (up)
tiukka 1 tight *tiukka ote* tight/firm grip *tiukka aikataulu* tight/busy/hectic/full schedule *tiukalla, tiukassa, tiukasti* ks hakusanat **2** (kova) strict, stern, tough *olla tiukkana* (jollekulle) be rough/tough (on); (tinkimättä) stand/hang tough *tehdä tiukkaa, tiukan paikan tullen* when the going gets tough *olla tiukkana* to be tough/rough *tiukka kuri* strict/rigid discipline **3** (ottelu) close
tiukkailmeinen tight-lipped, stern-faced
tiukkapipo martinet, old biddy *Se on aikamoinen tiukkapipo* She's really got a bug up her ass
tiukkuus tightness, strictness, sternness, toughness (ks tiukka)
tiuku bell *Mitä tiuku repii?* You got the time?
tiuskaista snap, (ark) bite (someone's) head off
tiuskia snap, (ark) bite (someone's) head off
tivata 1 (vastausta) demand, press (someone for) **2** (maksua) dun
tms. or some such, or the like; etc.
todella really, truly, actually *En todellakaan ymmärrä sinua* I really/truly/just don't understand you
todellinen real, true, actual, genuine *Hän näyttää todellista pitemmältä* She looks taller than she really is
todellinen arvo (liik) intrinsic value
todellisuudenmukainen realistic, true to life
todellisuudentaju sense of reality, grip on reality
todellisuus reality, actuality, real life *palauttaa joku todellisuuteen* bring someone back down to earth, back to reality *menettää kosketuksensa todellisuuteen* lose (all) touch with reality
todellisuus on tarua ihmeellisempi truth is stranger than fiction
todellisuuspohjainen based on/in reality

toimeenpano

todenmukainen 1 (kuva tms) realistic, lifelike **2** (kuvaus tms) true-to-life, veracious
todenmukaisesti realistically
todennus (tietok) authentication
todennäköinen probable
todennäköisesti probably
todennäköisyys probability
todennäköisyyslaskenta probability calculation
todenperäinen authentic, genuine
todenperäisyys authenticity
todentaa verify, authenticate
toden teolla really *Minua pelotti toden teolla* I was really frightened, I was scared half out of my mind *ryhtyä toden teolla töihin* get right down to work/business, really pitch in and work
toden tullen if push comes to shove, if things really get tough
toden tuntuinen 1 (nukke tms) lifelike *Se on ihan toden tuntuinen* It feels like the real thing **2** (tarjous tms) legitimate-sounding *Minusta se on toden tuntuinen tarjous* I think the offer's legit
todesta *ottaa todesta* take (someone) seriously
todeta 1 (huomauttaa) state, note **2** (huomata) notice, discover, find (out) *todeta oikeaksi* authenticate
todistaa 1 (todisteilla) prove (myös mat), demonstrate, substantiate *todistettava* ks hakusana **2** (todistajana) (give/bear) witness (to), testify/attest (to); (lak) depose; (usk) give a testimonial (of/to) *oikeaksi todistettu kopio* certified copy
todistaja witness *kutsua todistajaksi* (oikeuteen) subpoena a witness; (oikeudessa) call a witness (to the stand) *todistajien läsnäollessa* in the presence of witnesses
todistajanlausunto (kirjallinen) deposition, (oikeussalissa) testimony
todistajanpalkkio witness's fee
todistamaton 1 unproved, unproven **2** (todistajan allekirjoitus puuttuu) unwitnessed, unattested
todiste piece of evidence; (mon) evidence

todisteeton unsubstantiated
todistella try to prove (something) *todistella syyttömyyttään* protest your innocence
todistelu argumentation; protests
todistettava *todistettavissa oleva* provable *todistettavasti* as can be proved *mikä oli todistettava, MOT* quod erat demonstrandum, QED
todistus 1 (mat) proof, demonstration **2** (lak: todisteet) evidence; (todistevahvistus) proof; (todistajan lausunto) testimony; (todistajan allekirjoitus) attestation, certification **3** (asiakirja) certificate **4** (usk) testimonial *Älä sano väärää todistusta lähimmäisestäsi* Thou shalt not bear false witness against thy neighbor **5** (koulu-) school report
todistusaineisto evidence
todistusvoima probative force
todistusvoimainen probative, probatory, conclusive
toffee toffee, taffy
tohelo butterfingers, bungler, screwup
toheloida bungle (things), screw (things) up
tohista fuss/stir/bustle/flutter about
tohjona smashed/busted up
tohkeissaan enthusiastic/excited about, (ark) jazzed up about
tohtia dare, venture, have the nerve *En tohtinut kysyä* I couldn't bring myself to ask
tohtori doctor
tohtorinarvo doctorate, doctoral degree
tohtorinhattu doctoral tophat
tohtorin väitöskirja doctoral dissertation
tohveli slipper
tohvelisankari henpecked husband
toi that, (murt) that-there
toilaus blunder, stupid thing to do
toimeenpaneva executive
toimeenpano execution *Jätämme tämän suunnitelman toimeenpanon teille* We'll leave it up to you how you carry out the plan, put the plan into practice

toimeentulo

toimeentulo income, livelihood, living; (niukka) subsistence *juuri toimeentulon rajoilla* at the subsistence level

toimeentulomahdollisuudet chance to make a living, means of subsistence

toimeksi *panna toimeksi* get busy, get to work *antaa toimeksi* hire/commission/ask (someone) to do (something) *ottaa toimeksi* undertake (to do) something), take it upon yourself to do (something) *saada toimeksi* be asked/charged to do (something)

toimelias hard-working, industrious

toimenpide 1 measure, step; (mon) measures, action *ryhtyä toimenpiteisiin* take measures/steps/action **2** (homma) operation, (ark) thing *Koko toimenpide ei vienyt kuin puoli tuntia* The whole thing couldn't have taken more than half an hour

toimeton idle, inactive

toimettomuus idleness, inactivity

toimi 1 (askare) chore, task, job, duty; (mon) activities, business, affairs, action *tyhjin toimin* doing nothing, killing time *toimeksi* ks hakusana **2** (toimenpide) action, measure (ks myös toimenpide) **3** (työpaikka) job, post, position *puhelin toimeen* work/office (phone) number **4** *tulla toimeen* (jonkun kanssa) get along (with someone); (jollakin) get by (on something), manage, make do, make both ends meet, keep body and soul together *tulla toimeen ilman* do without *jonkun toimesta* (done/ordered) by someone

toimia 1 (ihminen: ryhtyä toimiin) act, take action/steps/measures; (jonakin) act/serve (as), be *toimia lakimiehenä/lääkärinä* practice law/medicine *toimia illan isäntänä* host the party, (juontajana) emcee the ceremony *Nyt on aika toimia* Now is the time for action **2** (kone tms) work, function, operate *Miten tämä toimii?* How does this work? *Kone ei toimi* The machine is broken, isn't working, is out of order, is not in working order

toimiala line (of business/activities), field (of operations)

toimialue (tietok) domain

toimielin organ

toimihenkilö clerical worker/employee

toimikas twill

toimikausi term (of office)

toimikortti (tietok) smart card

toimikunta committee, commission

toimilupa (operating) license; (myymäläketjun myöntämä) franchise

toiminimi company/business name

toiminnallinen functional

toiminnanjohtaja chief executive officer (CEO), president, managing director

toiminta action, activity/activities, operation(s), functioning (yhdyssanoissa jää usein kääntämättä) *ryhtyä toimintaan* take action *aloittaa liiketoiminta Kaakkois-Aasiassa* begin business operations in South-East Asia *ottaa selvää koneen toiminnasta* figure out how the machine works *kasvatustoiminta* education *tiedotustoiminta* publicity

toimintaedellytys foundation for operations

toimintahäiriö (koneen) malfunction, (ihmisen) functional disorder

toimintakertomus annual report

toimintakykyinen functional, operative, in working order

toimintakyvytön dysfunctional, inoperative, out of order

toimintamalli operational/functional model

toimintamuoto operational/functional mode

toimintaperiaate principle

toimintasuunnitelma plan of action

toiminto function, operation

toimintonäppäin (tietokoneen) function key, (ark) F-key

toimipaikka 1 (työpaikka) job, post, position **2** (toimipiste) office, branch, agency

toimisto office, bureau, agency

toimistopäällikkö department head

toimistotekniikka office technology

toimistotyö clerical/secretarial work

toimitsija 1 (agentti) agent, (yhtiön) trustee **2** (urh) official

toimittaa 1 (lähettää) send, (liik) deliver; (viedä) take; (hakea) get, fetch; (antaa) give, supply/provide (someone) with **2** (suorittaa) hold, conduct, perform, preside at **3** (kirjaa, sanomalehteä tms) edit

toimittaja 1 (kirjan, sanomalehden vastaava) editor; (sanomalehden tutkiva) reporter, journalist **2** (liik) supplier

toimituksellinen editorial

toimitus 1 (liik: lähetys) delivery; (toiminta) operation; (tapahtuma) transaction **2** (kirjan) editing; (sanomalehden: toimituskunta) editorial board/staff; (toimitushuone) editorial office(s) **3** (toimittaminen) performance, execution **4** (usk) ceremony, service

toimitusaika delivery time

toimitusehdot terms of delivery

toimitusjohtaja Chief Executive Officer (CEO), (UK) managing director

toimituskulut handling/service fee

toimituspäällikkö (sanomalehden) editor-in-chief

toimitussihteeri (sanomalehden) editorial assistant

toimiupseeri warrant officer

toimiva working, active, functional

toimivalta authority, powers, jurisdiction

toinen s the other, another; (ensinmainittu kahdesta) one (mon) the others, the rest *joku toinen* someone/-body else *Anna toinen vain* Just give me one for the other adj **1** (järjestyksessä) the second *Aleksanteri II* Alexander II (lue: the second) *Eikö toinen sanominen vielä riitä?* Wasn't it enough to tell you a second time? **2** (ensimmäinen kahdesta) one *Hän näkee vain toisella silmällä* She can only see out of one eye *Anna toinen käsi* Give me one of your hands **3** (toinen kahdesta, muu) the other, another, other *joku toinen kerta* some other time *puolelta toiselle* from one side to the other *toinen... toinen, toiseksi, toisiaan* ks hakusana

toinen pilari (EU:n yhteinen ulko- ja turvallisuuspolitiikka) the second pillar

toinen... toinen one... the other *Tässä on vasta toinen kenkä, missä toinen on?* This is only one shoe, where's the other? *toiset... toiset* some... some/the others/rest *Toiset tykkäsivät, toiset inhosivat* (kaikki muut inhosivat) Some liked it, but the others hated it; (jotkut muut inhosivat) some liked it, some/others hated it

toipilas convalescent

toipua recover (from something), convalesce, get over (sth), get well

toisaalla elsewhere, somewhere else, in another place/direction/area

toisaalta on the one/other hand, on second thought *Toisaalta haluan lähteä, mutta toisaalta en viitsisi jättää sinua yksin* On the one hand I want to go, but on the other hand I don't feel like leaving you alone *Niin, mutta toisaalta silloin en näkisi Petriä* Yes, but on second thought, then I would miss Petri

toisarvoinen (of) secondary/minor (importance)

toiseksi second(ly) *jäädä toiseksi* come in second, place second *toiseksi nuorin* the second youngest, the next to youngest *toiseksi viimeinen* the next to last, the penultimate *Ensiksikin... toiseksi(kin)/toisekseen* First(ly)... second(ly); in the first place...in the second place

toisen asteen koulutus secondary education

toisenlainen different (from), unlike

toisiaan each other, one another *He rakastavat toisiaan kovasti* They love each other deeply, they're very much in love (with each other)

toisin otherwise, differently, in another/a different way *Minä ajattelen toisin* I think otherwise/differently *olla toisin* be different *toisin kuin* (ennen substantiivia) unlike (something), (ennen verbiä) contrary to what (you say, people believe) *Toisin kuin yleisesti luullaan* Contrary to popular belief

toisinajattelija dissident

toisinto variant, version, redaction

toisiopalvelin (tietok) mirror server

toisiosivusto (tietok) mirror site

toisluokkalainen second-grader
toispaikkakuntalainen out-of-towner
toispuolinen one-sided, uneven, unequal, unilateral
toispuolisuus one-sidedness, uneven/unequal distribution, unilaterality
toissailtainen (something that happened) the night before last
toissakesäinen (something that happened) the summer before last
toissapäiväinen (something that happened) the day before yesterday
toissavuotinen (something that happened) the year before last
toissijainen secondary
toissijaisesti secondarily
toissijaisuus secondariness
toistaa 1 repeat *toistaa omaa puhettaan* repeat/reiterate your own words *toistaa toisen puhetta* repeat/spit back/echo what someone else said 2 (levysoitin tms) reproduce
toistaiseksi 1 for the time being, until further notice, for an indefinite period *A: Miten kauan olette siellä? B: Toistaiseksi* A: How long will you be there? B: Indefinitely 2 (tähän mennessä) so far, until now, up till now *Ei ole saatu toistaiseksi mitään* So far we've gotten nothing
toistakymmentä more than ten
toistamiseen (once) again, once more, (for) a second time
toistasataa more than a hundred
toiste s redundancy adv *joskus toiste* some other time
toistella repeat over and over, reiterate
toisto 1 repetition, repetitiveness, reiteration 2 (äänen) reproduction, sound-quality
toistua (be) repeat(ed), happen again *Tämä ei saa toistua!* Just don't let it happen again!
toistuvaisavustus periodical support
toitottaa 1 (torvea) honk, toot 2 (asiaa) proclaim, announce, trumpet
toive wish, hope *herättää toiveita* raise (someone's) hopes, give (someone) hope *romuttaa toiveet* dash (someone's) hopes *Toiveeni romuttuivat täysin* My hopes were wiped out/dashed *Toiveeni toteutui* I got my wish *onnistua yli toiveiden* succeed beyond all expectation, do better than you dared hope
toiveajattelu wishful thinking
toiveikas hopeful, optimistic
toiveikkaasti hopefully, optimistically
toiveikkuus hope, optimism
toivo hope *muuttaa Amerikkaan paremman elämän toivossa* move to America in hopes/the hope of a better life *viimeinen toivomme* our last hope *maajoukkueen nuoret toivot* the national team's young hopefuls *Siitä ei ole toivoakaan* There's not a chance of that
toivoa 1 hope *Toivon pääseväni ensi vuodeksi opiskelemaan USA:han* I hope to be able to study in the States next year 2 (haluta) desire, want, wish *Toivon tulevani rikkaaksi ja kuuluisaksi* I want to be rich and famous *Toivon etten olisi ikinä nähnyt häntä* I wish I'd never laid eyes on her 3 (olettaa) trust *Toivomme saavamme suorituksenne pikimmiten* We trust we will receive your remittance ASAP
toivomus wish, (pyyntö) request *jonkun toivomuksesta* at someone's request *saada kolme toivomusta* be granted three wishes
toivonkipinä a spark/glimmer of hope
toivon mukaan I hope, hopefully
toivotella wish (someone something) *toivotella onnea* wish (someone) good luck *toivotella hyvää joulua* wish (someone a) Merry Christmas
toivoton hopeless, desperate *toivoton tapaus* hopeless case
toivottaa wish (someone something) *toivottaa kaikkea hyvää* wish (someone) all the best *toivottaa joku hiiden kattilaan* tell someone to go to hell
toivottavasti hopefully, I hope
toivottomasti hopelessly, desperately
toivottomuus hopelessness, desperation
toivotus greeting, wish *onnen toivotukset* good luck wishes
tokaista say, utter, remark

toki 1 (tottahan toki) sure, of course *A: Tunnethan Riston? B: Toki!* A: You know Risto, don't you? B: (I) sure do, of course (I do) **2** (kehotuksissa) *Tule toki sisään* Come on in *Mene toki* Go ahead (and go) **3** (sentään) still, at least *Rahat olivat toki tallella, vaikka reppu olikin kadonnut* The money was still there, though the pack was gone *Muistit toki ottaa turkin mukaan* At least you remembered your fur

Tokio Tokyo

tokko 1 (tuskin) hardly *Tokkopa hän sinne haluaa* I doubt he'll want to go, I hardly think he'll be going **2** (onko) whether *En tiedä, tokko hän tietää koko asiasta* I have no idea whether he even knows about it

tokkurassa (unesta) sleepy, drowsy, half-asleep; (alkoholista) smashed

tola shape *hyvällä/huonolla tolalla* in good/bad shape *poissa tolaltaan* (huolestuneisuudesta/surusta) beside yourself (with worry/grief) *saattaa asia oikealle tolalle* put something right

tolkku 1 (järki) sense *En saa mitään tolkkua tästä* I can't make heads or tails of this *Ei siinä ole mitään tolkkua että* It's pointless/senseless to **2** *kuukausitolkulla* for months on end

tolkuton senseless, (tarkoitukseton) pointless, (kohtuuton) unreasonable

tolkuttomasti senselessly, pointlessly, unreasonably

tollo moron, dunderhead, dummy

tolppa post, pole; (jalkapallossa) goalpost

tolvana lunkhead, numbskull, dunce

tomaatti tomato

tomppeli bonehead, dolt, oaf

tomu dust (myös kuv)

tomuinen dusty

tomuta be dusty, throw up/off a lot of dust

tongit pliers

tonkia 1 (eläin) root/grub ((around) in) **2** (ihmisen tavaroita) dig/root/rummage around in, ransack; (papereita) rifle (through) **3** (ihminen asioita) stick your nose in (someone's business), poke around in

tonkiminen rooting, grubbing, digging, rummaging, ransacking, rifling, poking (ks tonkia)

tonni 1 ton (myös kuv) *Tämä matkalaukku painaa ainakin tonnin!* This suitcase must weigh a ton! **2** (ark = 1 000) a grand *Voitin kymppitonnin lotossa* I won ten grand in the lottery

tonnikala tuna

tonnikaupalla by the ton, tons of

tonnikeiju beefy beauty

tontti lot, (rakennustontti) building site

tonttu 1 elf **2** (tyttö) Brownie

tonttuilla fool/monkey around

topakka brisk, bustling

topata pad; (sohvaa tms) upholster; (eläintä) stuff

topografia topography

tora wrangle, squabble; (ark) spat, tiff

toraisa quarrelsome, argumentative

torakka cockroach, (ark) roach

tori marketplace; (aukio) square, plaza

torjua 1 (kieltäytyä) reject, refuse, rebuff; (kieltää) deny **2** (psyk) repress **3** (ehkäistä) prevent, fight, control, avert **4** (pysäyttää: urh) stop, block, catch, (make a) save; (sot: hyökkäys) repel, (ohjus) intercept

torjunta 1 (kieltäytyminen) rejection, refusal, rebuff; (kielto) denial **2** (psyk) repression **3** (ehkäisy) prevention, control **4** (urh) stop, block, catch, save **5** (sot = puolustus) defense

torjuva negative, repressive, defensive

torjuvasti negatively, repressively, defensively

torkahtaa doze/nod off

torkku sleepyhead *Illan torkku, aamun virkku* Early to bed, early to rise makes a man healthy, wealthy, and wise *ottaa torkut* take a nap, snooze

torkkua take a nap, snooze, doze

torni 1 tower, (kirkon) steeple **2** (sot) turret **3** (šakissa) rook, castle

tornipöllö barn owl

torpedo torpedo

torpedoida torpedo (myös kuv)

torppa

torppa (tila) croft, (mökki) crofter's cottage
torppari crofter
torso torso (myös kuv) *jäädä torsoksi* be left incomplete/unfinished/half-done, remain a torso
torstai Thursday
torttu tart
torttutaikina pastry dough
torua scold, berate, haul (someone) over the coals
torveilla 1 (mahtailla) talk big, shoot off your mouth **2** (kuljeksia) wander, roam, amble aimlessly
torvi 1 horn; (sot) bugle *soittaa torvea* honk your horn **2** (rulla) roll, (putki) pipe **3** (ark) jerk, asshole, fool
torvisoittokunta brass band
tosi s the truth, reality, the real thing *Nyt on tosi kyseessä* This is the real thing *todella, todesta, tosiaan, tosissaan* ks hakusanat adj **1** (totuudenmukainen) true *Puhu totta* Tell me the truth (ks myös hakusana) **2** (todellinen) real, serious *tosi tilanteessa* in a real(-life) situation *tosi paikan tullen* if push comes to shove, if it gets right down to it *ryhtyä tosi toimiin* take serious action adv (todella) really, (ark) real *Se oli tosi kivasti tehty* That was real(ly) nice of you *tosi iso talo* a real(ly) big house
tosiaan really *Oletko tosiaan sitä mieltä?* Is that what you really think?
tosiasia fact
tosiasiallinen factual, true, real, actual *tosiasiallinen syy* the real/true reason
tosi kuin vesi as true as the day is long, as right as rain
tosin (it's) true *Hän on tosin vanhempi, mutta minä olen fiksumpi* True, he's older, but I'm smarter; he's older, it's true, but I'm smarter
tosiolevainen (the) real
tosioloissa in real life, in real-life situations
tosiseikka fact
tosissaan serious, in earnest *Oletko tosissasi?* Are you serious? *Olen ihan tosissani* I mean it/business, I'm not fooling around

tositapahtuma real event *Elokuva perustuu tositapahtumiin* The movie is based on a true story
tosite receipt
tossu 1 (baletti/aamutossu) slipper **2** (lenkkitossu tms) tennis/jogging shoe, sneaker **3** *olla tossun alla* be henpecked, be tied to someone's apron strings, be under someone's thumb
totalisaattori parimutuel *pelata totalisaattoria* bet on the horses
totalitaarinen totalitarian
totalitarismi totalitarianism
toteamus statement, utterance, remark
toteemi totem
toteen *käydä toteen* come true *näyttää toteen* prove, verify
totella 1 obey **2** (kuv) respond to, be responsive
toteuttaa carry (something) out/through, put (something) into effect/practice *toteuttaa itseään* fulfill yourself; (ark) do your own thing
toteutua come true
toteutus implementation, achievement, fulfillment
totinen serious, grave, earnest, sober; (yksitotinen) staid, humorless *Tämä on totista työtä* This is serious business *Hän on aika totinen poika* He's a bit of a Boy Scout
totisesti seriously, gravely, earnestly, soberly
totisuus seriousness, gravity, earnestness, sobriety
toto parimutuel *pelata totoa* bet on the horses
totta true *Ei oo totta!* I don't believe it! You gotta be kidding! *Tämä on sinun, eikö totta?* This is yours, isn't it? *Ihanko totta?* Really? You don't say *hitunen totta* a grain of truth *Se on ihan totta* That's so true *Tottahan sinä minut muistat?* You remember me, don't you? Surely you remember me? *Tarua vai totta?* Fact or fiction?
totta ihmeessä (you're) damn right/ tootin'
totta kai of course, naturally; (ark) natch, sure

totta puhuen to tell the truth, frankly
totta tosiaan 1 (tosiaankin) true, for sure, certainly **2** (aivan niin) you're/that's right
tottelematon disobedient; (auto tms) unresponsive
tottelemattomasti disobediently
tottelemattomuus disobedience
tottelevainen obedient
tottelevaisuus obedience
tottua get used/accustomed (to something) *Kaikkeen tottuu kun se tarpeeksi usein sattuu* You can get used to anything
tottumaton inexperienced
tottumattomasti clumsily, fumblingly
tottumus 1 habit *vanhasta tottumuksesta* out of habit **2** (kokemus) experience
totunnainen conventional, customary, habitual
totutella get used to (doing something), (tutustua) familiarize yourself (with something)
totuttautua ks totutella
totutusajo breaking in
totuudellinen truthful
totuus truth *Karvaskin totuus on parempi kuin kiduttava epätietoisuus* The least pleasant truth is better than the most pleasant uncertainty
totuusarvo truth value
touhu activity, bustle, (ark) to-do *koko touhu* the whole shebang
touhukas active, bustling, busy
touhuta bustle/hustle/dash/putter about, do this and that
toukka larva, caterpillar
touko spring crop
toukohärkä (kovakuoriainen) blister beetle, oil beetle
toukokuinen May
toukokuu May
toveri friend, pal, buddy; (kommunistitoveri) comrade
toverihenki camaraderie
toverillinen friendly, comradely; (leik) palsy-walsy, buddy-buddy
toverillisuus comradeship
toveripiiri circle of friends
toveriseura companionship, company
toverukset friends, pals, buddies
toveruus companionship, comradeship
tovi while, (murt) spell *istua tovi* sit for a while/spell
t-paita T-shirt
traaginen tragic
traagisesti tragically
traditio tradition
traditionaalinen traditional
tragedia tragedy
tragikoominen tragicomic
traktori tractor
trampoliini trampoline
transistori transistor
transitiivinen transitive
transkriboida transcribe
transkriptio transcript(ion)
translitteraatio transliteration
translitteroida transliterate
transsendentaalinen transcendental
transsi trance
trauma trauma
traumaattinen traumatic
treffit date *käydä treffeillä jonkun kanssa* date someone *pyytää jotakuta treffeille* ask someone out (on a date) *sokkotreffit* blind date
tremolo tremolo
trikki trick
trikkikuvaus trick photography, special effect
trikoo tricot
triljoona quintillion
trilleri thriller
trilogia trilogy
trimaraani trimaran
trio trio
triviaali trivial
trokari bootlegger
trokata bootleg
trooppinen tropical
tropiikki tropic
trubaduuri troubadour, minstrel
trukki forklift
trumpetisti trumpet player
trumpetti trumpet
trusti trust
tryffeli truffle
tsaari czar, tsar

tsaaritar czarina, tsarina
tsaarivalta czarism, tsarism
Tšad Chad
tšadilainen s, adj Chadian
tšekki (asukas ja kieli) Czech
Tšekki Czech Republic
tšekkiläinen s, adj Czechoslovakian
Tšekkoslovakia Czechoslovakia
tšekkoslovakialainen s, adj Czechoslovakian
tsintsilla chinchilla
tuberkuloosi tuberculosis
tuhannes thousandth
tuhannesosa one-thousandth
tuhannesti *tuhannesti anteeksi* a thousand apologies
tuhansittain thousands of, by the thousands
tuhat *ajaa tuhatta ja sataa* drive hellbent for leather
tuhat thousand *tuhatneljäsataa* fourteen hundred
tuhatjalkainen centipede, millipede
tuhatjalkaishyönteiset uniramians
tuhatkertainen thousandfold
tuhatpäinen *tuhatpäinen joukko* a crowd a thousand strong
tuhattaituri Jack-of-all-trades
tuhdisti (ruokaa) lots/plenty of
tuhertaa 1 (töhertää) fumble at/with **2** (piirtää, kirjoittaa) scribble, scrawl, doodle
tuhista (nuhaisena) sniffle; (vihaisena) snort *Nenä tuhisee* My nose is all stuffed up
tuhka ash(es) *kadota kuin tuhka tuuleen* vanish into thin air
tuhkanharmaa ash-gray
tuhkarokko measles
Tuhkimo Cinderella
tuhkimotarina Cinderella story
tuhlaaja prodigal
tuhlaajapoika prodigal son
tuhlaavainen extravagant, wasteful, prodigal
tuhlaavaisuus prodigality, wastefulness, extravagance
tuhlari spendthrift
tuhlata waste, throw away; (ylät) squander; (ark) blow

tuhlautua be wasted
tuhma naughty, bad
tuhmasti naughtily
tuhmuus naughtiness
tuho 1 damage, devastation, annihilation, destruction **2** (perikato) destruction, fall, ruin, undoing **3** (usk ja kuv) doom
tuhoaminen 1 ks tuho **2** (tuholaisten) extermination
tuhoeläin vermin, pest
tuhoisa damaging, devastating, destructive, ruinous
tuhoisasti destructively
tuholainen 1 (eläin) vermin, pest **2** (ihminen) saboteur
tuholaisohjelma (tietok) malicious code, malware
tuhopaketti (tietok) ping of death
tuhopolttaja arsonist
tuhopoltto arson
tuhota 1 devastate, annihilate, destroy, ruin, exterminate *tuhota jonkun onni* wreck someone's happiness **2** (tuholaisia) exterminate
tuhottomasti tons of
tuhoutua be devastated/destroyed
tuhoutuminen devastation, destruction
tuhrata dirty, soil, blacken, smudge, smear
tuhrautua be spent/wasted
tuhria dirty, soil, blacken, smudge, smear
tuhruinen dirty, soiled, smudged, smeared; (ark) black
tuhrusilmäinen bleary-eyed
tuhti 1 (ihminen) strapping big, lusty, husky **2** (ateria) hefty, man-sized
tuhto thwart
tuijottaa stare; (lumoutuneena) gaze; (ihmetellen) gape; (vihaisena) glower, glare *tuijottaa omaan napaansa* contemplate your own navel
tuijottaminen staring, gazing, gaping, glowering, glaring (ks tuijottaa)
tuijotus staring, gazing, gaping, glowering, glaring (ks tuijottaa)
tuikahdella twinkle
tuikata 1 (sujauttaa) slip, stick *tuikata seteli kantajan käteen* slip a bill into the

bellhop's hand *tuikata toista puukolla selkään* slip/stick a knife into someone's back *tuikata toiselle kättä* stick out your hand **2** (tuleen) light/set (something) on fire
tuike twinkle
tuikea 1 (katse) stern, fierce, angry **2** (maku) hot, fiery
tuiki very, highly, extremely *tuiki tärkeä asia* a matter of the greatest significance
tuikkia 1 twinkle **2** ks tuikata
tuikku 1 (valo) light, lamp **2** (ark: naukku) swig
tuima 1 (ihminen) stern, fierce, angry **2** (tuuli tms) sharp, biting **3** (ruoka: tuikea) hot, fiery; (suolainen) salty
tuiskia snap (at)
tuisku gust/flurry of snow, snow flurry/storm
tuiskuta blow/gust/flurry/whirl about
tuiskuttaa blow/gust/flurry/whirl (snow) about
tuittupäinen hotheaded
tuittupää hothead
tukaani (lintu) toucan
tukahduttaa 1 (haukotus, sisäinen ääni tms) stifle, smother, suppress **2** (kapina tms) suppress, quell, put down
tukahduttava 1 (kuumuus) stifling **2** (vallankäyttö) repressive, oppressive
tukahduttavasti stiflingly, repressively, oppressively
tukala embarrassing, awkward, ticklish
tukea 1 (fyysisesti tai henkisesti) support, shore/prop/back up **2** (rahallisesti) back financially, give financial support to, subsidize **3** (tukeutua) lean/rest/rely on
tukehduttaa suffocate, choke
tukehtua suffocate, choke
tukehtuminen suffocation, choking
tukeutua lean/rest/rely on
tukeva 1 (rakennelma) firm, steady, solid(ly built), sturdy **2** (ihminen) sturdy, strong; (lihava) stocky, beefy, chunky **3** (ateria) hefty, man-size, substantial
tukevasti firmly, solidly, sturdily

tukevuus 1 (rakennelman) solidity, sturdiness **2** (ihmisen) stockiness, beefiness, chunkiness
Tukholma Stockholm
tuki support (myös kuv:) backing *antaa tukea jollekulle/jollekin* support, lend your support to *ottaa tukea jostakin* lean on/against, brace/balance yourself (on/against)
tukiaiset subsidy *maatalouden tukiaiset* farm subsidies
tukija supporter, backer; (taiteen) patron
tuki- ja liikuntaelimistö locomotor system
tuki- ja liikuntaelinsairaus locomotor disease
tukikeskus (tietok) info center
tukikohta (sot) base
tukilisä supplementary benefit
tukimaksu contribution
tukimies (urh) half(back)
tukiopetus remedial instruction
tukiosa supplementary benefit
tukipalvelu support service, hotline
tukipiste 1 (fys) point of support, (vivun) fulcrum **2** (tukikohta) base
tukistaa pull (someone's) hair; (kuv) chew (someone) out, criticize, rap (someone) on the knuckles
tukka hair *leikkauttaa tukkansa* have/get your hair cut *Ihan nousee tukka pystyyn* That really raises my hackles *olla koko ajan toistensa tukassa* be constantly at each others' throats
tukkanuottasilla *olla tukkanuottasilla* be at each others' throats
tukkeuma clog, block(age), obstruction; (liikenteen) jam
tukkeutua clog/block/back up
tukki log; (aseen tms) stock, (mankelin) roller *nukkua kuin tukki* sleep like a log
tukkia clog/block/stop/plug (up), obstruct
tukkia suunsa shut up *tukkia jonkun suu* shut someone up, quiet/muzzle/silence someone
tukko 1 (hiustukko tms) tuft, (pumpuli-/rahatukko) wad **2** (veritukko) clot **3** (side) bandage **4** (tukkeuma) clog, plug, stopper *nenä tukossa* stuffed-up

tukku

nose *Auto jäi tukoksi tielle* The car was blocking the road
tukku 1 ks tukko **2** *myydä tukkuna* sell wholesale
tukkualennus wholesale discount
tukkukauppa (kaupanteko) wholesale trade; (liike) wholesaler, wholesale store *tukkukaupalla hyviä neuvoja* a whole lot of free advice
tukkukauppias wholesaler
tukuittain wholesale
tuleentua ripen
tulehdus infection, inflammation
tulehtua get infected/inflamed
tuleminen coming
tulemus coming *Kristuksen toinen tulemus* the Second Coming of Christ
tuleva upcoming, forthcoming, future
tulevaisuudenkuva outlook, prospect
tulevaisuuden suunnitelma plan for the future
tulevaisuudentutkija futurologist
tulevaisuudentutkimus futurology
tulevaisuudenusko belief in the future, optimism
tulevaisuus future *lähitulevaisuudessa* in the near future
tuli 1 (myös sot ja kuv) fire *tulessa* on fire *syttyä tuleen* catch fire *sytyttää tuleen* light (something) on fire *hiljaisella tulella* over a low flame *kahden tulen välissä* between a rock and a hard place **2** *Onks sulla tulta?* Gotta light?
tuliainen present *Toitko tuliaisia?* Did you bring us anything?
tuliase firearm
tulikatka (äyriäinen) flame shrimp
tulikoe trial by fire
tulikuuma redhot
tuliliemi firewater
tulimeri sea of fire
tuli mitä tuli come what may, come hell or high water
tulimmainen *Tuhat tulimmaista!* Blast it!
tulinen fiery, burning, passionate, ardent
tulin näin voitin I came, I saw, I conquered
tulipalo fire
tulipaloale fire sale
tulipalopakkanen biting cold
tuliperäinen volcanic
tulirokko scarlet fever
tulisesti passionately, ardently
tulistua flare up (at someone)
tulisuus passion, ardor
tuliterä brand new
tulitikku match
tulitikkulaatikko matchbox
tulittaa fire (on), shell
tulitus fire, shelling
tulivuorenpurkaus volcanic eruption
tulivuori volcano
tulkata interpret
tulkinnallinen interpretive
tulkinnallisesti interpretively
tulkinta interpretation
tulkita interpret *tulkita väärin* misinterpret, misconstrue, misunderstand
tulkkaus interpretation
tulkki interpreter *simultaani-/konsekutiivitulkki* simultaneous/consecutive interpreter
tulkoon valkeus let there be light
tulla pääv 1 come, arrive *Milloin tulit?* When did you get here? What time did you arrive? *Tule 8:n maissa* Come around eight *mennen tullen* coming and going **2** (joksikin, jostakin jotakin) be(come), get, grow, turn *tulla sairaaksi* get sick *Ei siitä tule mitään* It's not going to work *Kuka tuli valituksi?* Who was elected? *Tulin siitä surulliseksi* It made me sad apuv **3** (tulla tekemään) will, be going to *Sinä tulet yllättymään* You're going to be surprised, you'll be surprised **4** (tulla tehdä) must be, should be, is to be *Työn tulee olla huomenna valmis* The job is to be finished tomorrow
tulla ajatelleeksi come/happen to think of (something)
tullaan tullaan! coming!
tulla esiin come out (myös kuv), appear
tulla eteen come along/up, appear *Kohta pitäisi tulla talo eteen* We should be coming to the house pretty soon *Neuvottelussa tuli seinä eteen* The negotiations ran up against a brick wall
tulla halvemmaksi be cheaper

tulla hulluksi go crazy; (ark) flip your wig, lose your marbles
tulla hyvälle/pahalle päälle get in a good/bad mood
tulla hyvästä perheestä come of a good family
tulla hyvään tarkoitukseen go to a good cause
tulla hätä käteen panic
tulla ikävä miss (someone) *Minun tulee kotia ikävä* I'm going to miss home, I'm going to be homesick
tulla ilmi be revealed/uncovered, be found out
tulla johonkin ikään reach the age of
tulla johtopäätökseen draw the conclusion that
tulla jollekulle *Mikä sinulle tuli?* What came over you?
tulla jonkun korviin *Minun korviini on tullut huhuja siitä että* A little bird told me that, rumor has it that
tulla jonkun silmille/nenille hyppimään jump all over someone
tulla julki come out, be revealed *Salat tulevat julki* Secrets will out
tulla julkisuuteen become public, come out
tulla järkiinsä come to your senses
tulla jäädäkseen come to stay
tulla kipeäksi get sick
tulla kuuloon *Ei tule kuuloonkaan* I won't hear of it, not another word about that, it's out of the question
tulla kyseeseen *Minkälainen tulisi kyseeseen?* (kaupassa tms) What kind would you be interested in? *Sellainen ei tule kyseeseenkään* That is out of the question
tulla lähelle jotakuta become very dear/important to someone, touch someone in an important way
tulla maaliin toisena come in second, cross the finish-line second
tulla mieleen occur, come to mind *Tuli tässä mieleen että* It occurred to me that, it struck me that, one thing that came to mind was that *Ei tulisi mieleenkään* I would never dream of it
tulla nälkä get hungry

tulla puheeksi come up *Tuli puheeksi uskonto ja* We started talking about religion and
tulla päivänvaloon be brought out into the light of day, see the light of day
tulla selville become clear/obvious
tulla sinuiksi (ihmisen kanssa) get on friendly terms with (someone); (koneen kanssa) learn how to use (something)
tulla sokeaksi go blind
tullata clear (something) through customs; (tutkia) check, examine *ei mitään tullattavaa* nothing to declare
tulla tajuihinsa come to
tulla tavaksi become a habit
tulla tehneeksi do/make accidentally *Tulin paljastaneeksi salaisuuden* I accidentally let the secret slip
tulla tehtäväksi have to be done *Talo tulee myytäväksi huutokaupassa* The house is going to have to be auctioned off
tulla toimeen 1 (jonkun kanssa) get along with **2** (jollakin) get by on
tulla tulokseen reach a result, draw a conclusion
tulla täyteen fill up
tullaus (customs) clearance
tullauttaa clear (your luggage) through customs
tulla vastaan 1 (asemalle) go/come meet (someone at the station) *Tuletko minua vastaan?* Will you be there to meet me? **2** (autoja tiellä) pass you (going the other way) **3** (tulla eteen) appear *Seuraavaksi tuli karhu vastaan* Next we came upon a bear **4** (kuv = tehdä kompromissi) meet (someone) halfway *Kyllä minä olen tullut enemmän kuin vastaan* I've met you more than halfway
tulla voimaan go into effect
tulla vähästä tyytyväiseksi be easily satisfied
tulla yleisesti tunnetuksi become commonly known
tulla yllättäen be sudden
tulla äitiinsä take after your mother

tullen

tullen *tarpeen tullen* if need be *toden tullen* if push comes to shove (ks myös hakusanat)
tulli 1 (laitos ja maksu) customs, (maksu) duty **2** (moottoritiellä, sillalla) toll
tullihallitus (SF) National Board of Customs; (US) Bureau of Customs
tulliton duty-exempt
tullivapaa duty-free
tullivapaus freedom/exemption from duties
tulo 1 coming, arrival, approach **2** *tulot* (yksilön) income, earnings; (liikkeen) receipts, sales and revenues; (hallinnon) revenue; (hyväntekeväisyystilaisuuden tms) proceeds
tuloaika arrival time, time of arrival
tulo- ja menoarvio budget
tulokas 1 newcomer **2** (tietok) newbie
tuloksellinen productive, successful, fruitful
tulokseton unproductive, unsuccessful, fruitless
tulolokero (tietok) inbox
tulonjako distribution of income
tulonsiirto transfer of income
tulos 1 result, product, fruit; (lopputulos) outcome *odottaa testituloksia* wait for test results *tuottaa tulosta* bear fruit *sillä tuloksella että* with the result that *vaalin tulokset* the results of the election *pelin tulos* the outcome/final score of the game *urheilutulokset* sports results/scores **2** (liikkeen tuotto) return(s)
tulospalvelu result service
tulostaa (tietok) print (something out)
tulostase profit and loss statement
tuloste printout
tulostin printer
tulosvastuu accountability
tulotaso 1 income level **2** (fys) plane of incidence
tulovero income tax
tuloverotus income taxation
tulppa 1 stopper, plug **2** (sytytystulppa) spark plug, (ark) plug **3** (lääk) embolus, (tulpan tukkeuma) embolism
tulppaani tulip
tulva flood *tulvillaan jotakin* flooded with something (myös kuv)
tulvia flood (myös kuv:) pour; (ihmisiä) flock
tuma nucleus
tumma dark
tummaihoinen dark-skinned, dusky
tummanpuhuva dark, ominous, foreboding
tummentaa darken
tummua darken, turn dark(er)
tummuus darkness
tumppi 1 (tupakan) butt **2** (miehen) shorty, short stuff, shrimp
tunari bungler, butcher, screwup
tunaroida bungle, butcher, screw up
tundra tundra
tungeksia crowd, push, shove (in)
tungetella 1 (tungeksia) crowd, push, shove (in) **2** (tunkeutua) intrude (on), invade (someone's privacy), trespass (on someone's property), barge in; (juhliin) (gate-)crash
tungetteleva intrusive
tungettelevasti intrusively
tungettelu crowding, pushing, shoving, intrusion, invasion, (of privacy), trespassing, gate-crashing (ks tungetella)
tungos crowd, push, press
tunika tunic
Tunisia Tunisia
tunisialainen s, adj Tunisian
tunkea tr **1** (tavaraa sisään) jam, cram, stuff **2** (pois tieltä) shove, push, elbow *itr* (tunkeutua) shove/push/elbow (your way into/onto), crowd (into/onto)
tunkeilija intruder, trespasser; (juhlissa) gate-crasher; (asiassa) interloper
tunkeilla 1 (tungeksia) crowd, push, shove (in) **2** (tunkeutua) intrude (on), invade (someone's privacy), trespass (on someone's property), barge in; (juhliin) (gate-)crash
tunkeutua intrude (on), invade (someone's privacy), trespass (on someone's property), barge in; (juhliin) (gate-)crash
tunkeutuminen intrusion, invasion, trespassing
tunkio dungheap, (komposti) compost (pile)
tunkkainen stuffy, musty, fusty, stale

tunkkaisuus stuffiness, mustiness, fustiness, staleness
tunkki (auton) jack
tunne 1 feeling, emotion, sentiment *soittaa tunteella* play with feeling *vedota tunteisiin* appeal to (someone's) feelings/emotions *Tässä ei ole tunteille sijaa* We can't let ourselves be guided by emotion/sentiment on this **2** (tuntu) feeling, sense, sensation, inkling *Minulla on sellainen tunne että hän ei tule* I've got a hunch that he isn't coming, my guess is that he won't show, I suspect he won't be coming
tunne-elämä emotional life
tunneittain hourly, every hour, once an hour
tunnekuohu surge of emotion/feeling
tunneli tunnel
tunnelma mood, atmosphere, ambience *luoda tunnelmaa* create a romantic atmosphere *Tunnelma oli jo korkealla* The party was already in full swing
tunnelmamusiikki mood music
tunnepuoli emotional side
tunneseikka emotional factor
tunneside emotional tie, sentimental attachment
tunnettu (well-)known, renowned, famous; (ark) (big-)name *kuten tunnettua* as is well known, as everyone knows/is aware, as is common knowledge *tehdä tunnetuksi* (ilmoittaa) let (someone) know about (something); (tehdä kuuluisaksi) make (someone/something) famous/(well)known, make a name for (someone)
tunnetusti as is well known *Suomi on tunnetusti interferon-tutkimuksen uranuurtajamaa* As I'm sure you're aware, Finland is a world leader in interferon research
tunnevaltainen emotional
tunnistaa recognize, identify; (ark) know
tunnollinen conscientious
tunnollisuus conscientiousness
tunnoton 1 (fyysisesti) numb, without feeling; (puutunut) asleep; (kivulle tms) insensible **2** (henkisesti) unfeeling, uncaring, insensitive; (häikäilemätön) unscrupulous, ruthless, remorseless
tunnus 1 sign, badge, mark; (kuva) symbol, emblem **2** (laivan) colors, (lentokoneen) markings **3** (sot) insignia **4** (tietok) access code
tunnuslaulu theme song
tunnuslause slogan, catchphrase, motto
tunnusmerkki distinctive/characteristic/distinguishing mark/feature
tunnussana password
tunnustaa confess, admit, acknowledge, recognize; (leik) 'fess up *tunnustaa syntinsä* confess your sins *tunnustaa tehneensä väärin* confess/admit/acknowledge/recognize that you did the wrong thing, acted wrongly *tunnustaa lapsensa* acknowledge a child (as your own) *tunnustaa hallitus* recognize a government
tunnustautua profess *tunnustautua kristityksi* profess Christianity *tunnustautua homoseksuaaliksi* come out of the closet
tunnusteko miracle *tehdä tunnustekoja* perform miracles
tunnusteleva tentative, exploratory
tunnustelija 1 (sot) scout **2** (esineuvottelija) (initial) negotiator
tunnustella 1 feel/grope (your way, around in the dark) *tunnustella jonkun pulssia* take someone's pulse **2** (sot) scout (out), reconnoiter **3** (kuv) put out feelers (to see whether), explore; (jonkun mielipidettä) sound/feel (someone) out **4** (tietok) finger
tunnustelu feeling, groping, scouting, reconnaissance, exploratory inquiries (ks tunnustella)
tunnustuksellinen 1 (uskonto, runo) confessional **2** (opetus tms) denominational
tunnustukseton nondenominational
tunnustus 1 (rikoksen, synnin tms) confession **2** (uskon) creed **3** (hyvien tekojen tms) acknowledgement, recognition, token of esteem/gratitude
tuntea 1 know *Tunsin hänet heti* I knew/recognized her immediately *Tunnetko*

tuntea itsensä

miten hyvin italialaista kirjallisuutta? How well do you know Italian literature, how familiar/conversant are you with Italian literature? *Alexis Stenvall tunnetaan paremmin nimellä Aleksis Kivi* Alexis Stenvall is better known as Aleksis Kivi **2** (aistia, kokea) feel; (hajua) smell *Tunnetko kun teen näin?* Can/do you feel this? *Tunnen suurta myötätuntoa häntä kohtaan* I feel great sympathy for him, I have great compassion/fellow-feeling for him *tuntea itsensä/olonsa* ks hakusanat **3** (vaistota) sense *Tunsin että hän ei ollutkaan kovin halukas yhteistyöhön* I sensed that he wasn't all that enthusiastic about working with us after all
tuntea itsensä feel; (nälkäiseksi) feel hungry, (kylmäksi) feel cold, jne
tuntea olonsa feel; (epämukavaksi) feel uncomfortable, (paremmaksi) feel better, (turvattomaksi) feel insecure
tunteellinen emotional, sentimental, mawkish; (ark) mushy, sappy, corny
tunteellisesti emotionally, sentimentally, mawkishly
tunteellisuus emotionalism, sentimentality, mawkishness
tunteeton unfeeling, uncaring, unemotional; rational, cold
tunteettomasti unfeelingly, uncaringly, unemotionally; rationally, coldly
tunteettomuus lack of feeling/emotion, rationalism, coldness
tunteikas emotional
tunteilla get emotional/sentimental/maudlin/mawkish, gush over
tunteilu indulging/wallowing in emotion(alism)/sentiment(ality)
tuntematon s **1** (an) unknown (myös mat) *suuri tuntematon* the great unknown **2** (vieras) stranger, unfamiliar face adj **1** unknown, unfamiliar, obscure *matkustaa tuntemattomana* travel incognito **2** (nimeltä) anonymous
tuntematon sotilas the Unknown Soldier
tuntemus 1 (tunne, tuntu) sense, sensation, hunch **2** (perehtyneisyys) knowledge, expertise, familiarity, acquaintance, proficiency
tunti 1 hour *100 km tunnissa* 100 kilometers per hour, 60 miles per/an hour *tunnin matkan päässä* an hour('s drive) away/from here *veloittaa 50 euroa tunnilta* charge 50 euros an hour **2** (oppitunti) class, period *Mikä tunti meillä on seuraavaksi* What do we have next? *soittotunti* piano/trumpet/clarinet/jne lesson *laulutunti* voice lesson
tuntija expert (in), master (of), authority (on); (viinin) connoiseur; (ihmistuntija) judge (of people); (ark) ace, whiz, shark
tuntikaupalla (for) hours on end, for hours (and hours)
tuntinopeus speed per hour *ajaa 100 km:n tuntinopeudella* drive at a hundred kilometers per/an hour, do 100 kph
tuntiopettaja hourly instructor
tuntipalkka hourly pay *olla tuntipalkalla* be/get paid by the hour
tunto 1 sense, feeling *Minulla ei ole mitään tuntoa vasemmassa pikkusormessa* I don't have any feeling in my left little finger, (ark) in my left pinkie *Tunto on usein laiminlyöty aisti* (Our sense of) touch is an often neglected sense *velvollisuuden/vastuun tunto* sense of duty/responsibility **2** (tietoisuus) awareness, consciousness **3** (omatunto) conscience *kauheuksia tunnollaan* horrible crimes/atrocities on your conscience
tuntoaisti sense of touch
tuntoaistimus sensation of touch, tactile sensation
tuntomerkki distinguishing/identifying feature/mark
tuntu 1 touch (myös kuv), feel *Ilmassa on jo kevään tuntua* There's a feel/touch of spring in the air **2** (tunne) feeling *Minulla on sellainen tuntu että* I've got a feeling that
tuntua feel, seem *Tuntuuko tämä?* Can you feel this? *Miltä tuntuu?* How do you feel? *Minusta tuntuu että* I think/feel that, it seems to me that *Ei tunnu missään* (ei satu) I feel no pain, I don't hurt;

tuomiopäivä

(ei näy sen vaikutusta) It's had no effect, it's changed nothing, nothing's different/changed
tuntuinen -feeling, -seeming *Tämä on avaran tuntuinen huone* This room feels big/spacious
tuntuma contact, touch, connection *jonkin tuntumassa* near something, in the neighborhood/vicinity of something *saada tuntuma johonkin* get a feel for something *sormituntuma* a feel (for) *menettää tuntuma johonkin* lose your feel/touch for something
tunturi fell
tunturihaukka gyrfalcon
tunturipöllö snowy owl
tuntuva marked, noticeable, perceptible; (iso) considerable, heavy, substantial
tuntuvasti markedly, noticeably, perceptibly, considerably, heavily, substantially
tuo that (one) *Tuo on äitini* That's my mother *tuolla tavalla* like that *tuo tuossa* that, (murt) that-there *tuo tuolla* that one over there (ks myös tuolla, tuon ja tuossa)
tuoda bring, (hakea) get *Toisitko minulle lasin vettä?* Could you bring/get me a glass of water? *puhua mitä sylki suuhun tuo* talk off the top of your head, ramble on mindlessly, say the first thing that comes to mind
tuoda esiin bring forward/up, raise, draw (people's) attention to
tuoda ilmi bring out, show, reveal
tuoda kotiin bring home (myös kuv)
tuoda maahan import, (aate, muoti tms) introduce *Kristinuskon toivat maahamme ruotsalaiset* Christianity was introduced into Finland by the Swedes
tuoda posti deliver the mail
tuoda terveisiä bring (someone's) greetings
tuoda tullessaan bring (with it), bring about
tuohi birch bark
tuohikulttuuri (halv) hokey folk culture
tuohivirsu birch-bark shoe
tuohtua get irritated/worked up/pissed off (at/about something, at someone)

tuoja 1 (onnen) bringer; (sanoman) bearer, messenger **2** (maahan) importer
tuokio moment, while, time *tuossa tuokiossa* in a second/moment/jiffy
tuoksahtaa smell *Äsken tuoksahtivat tuoreet pullat* I just caught a whiff of fresh-baked buns
tuoksina uproar, commotion, turmoil
tuoksu smell, scent, aroma, odor; (ylät) fragrance, perfume, cachet; (ark) whiff
tuoksua smell (of)
tuoli chair, (ilman selkänojaa) stool
tuolinjalka chair/stool leg
tuolinselkä chair back
tuolirivi row of chairs
tuolla (over) there *Tuolla on kolme lasta* There are three children over there (ark = hänellä) She has three children *tuolla alhaalla/ylhäällä/ulkona* down/up/out there
tuollainen that kind of, a (something) like that *Ja minä en ota tuollaista miestä* I wouldn't take/marry a man like that (if he was the last man on earth)
tuolla lailla like that
tuolla puolen beyond
tuollapäin over there
tuolloin then, at that time
tuomari 1 (päättävä) judge (myös Jumalasta), magistrate, justice; (asianajaja) lawyer; (sovintotuomari) arbitrator **2** (erotuomari: voimistelun tms) judge, (ottelun) referee, (baseballissa) umpire
tuomaristo jury
tuomas Thomas *epäilevä tuomas* Doubting Thomas
tuomi black cherry
tuomio 1 (tuomarin) sentence, decision (myös erotuomarin) *joutua tuomiolle jostakin* be tried for something *langettaa tuomio* sentence (someone for something) **2** (lautamiehistön) verdict (myös kuv) **3** (Jumalan) judgment *viimeinen tuomio* the Last Judgment
tuomioistuin court (of law)
tuomiokapituli chapter
tuomiokirkko cathedral
tuomiokunta judicial district
tuomiopäivä the Day of Judgment

tuomiovalta jurisdiction *Se ei ole minun tuomiovaltani alainen* That's out of my jurisdiction

tuomiset present *Meillä pitäisi olla lapsille tuomiset* We need to get something to bring the kids

tuomita 1 (lak: jostakin) convict; (johonkin) sentence, condemn; (juttua) try, hear, sit, adjudicate *tuomita vankilaan* sentence (someone) to jail, give (someone) a jail sentence **2** (usk) judge *Älkää tuomitko, ettei teitä tuomittaisi* Judge not, lest ye be judged **3** (kuv) judge, condemn *tuomittu epäonnistumaan* doomed (to failure) **4** (urh) referee, (baseballia) umpire

tuommoinen ks tuollainen

tuonela Hades, the Underworld

tuon ikäinen (someone) of that age, (someone) that old

tuon kaltainen (something) like that

tuon laatuinen 1 (tuota laatua oleva) (something) of that quality **2** (tuon kaltainen) (something) like that, (something) of that order

tuon muotoinen (something) shaped like that, (something) of that shape

tuonne (over) there *Se kuuluu tuonne* It goes over there

tuonnepäin that way, in that direction; (vanh) thither, (leik) thataway *He menivät tuonnepäin* They went that(a)way

tuonpuoleinen s **1** the beyond **2** (usk) the hereafter adj transcendental, otherworldly *tuonpuoleinen elämä* the afterlife, life after death

tuonti import(s)

tuontitavara imports, import(ed) goods

tuon tuostakin (every) now and then/again, from time to time, off and on

tuoppi beer mug/stein, tankard

tuore (hedelmä, tapahtuma) fresh; (tapahtuma myös) recent *tuoreessa muistissa* fresh in your memory

tuoreeltaan 1 (heti) right away **2** (tuoreena) fresh *Osa syötiin tuoreeltaan, loput pantiin pakkaseen* Some we ate (fresh), the rest we froze

tuoremehu (unsweetened fruit) juice; (appelsiinimehu) orange juice

tuossa there *Ota tuosta* Help yourself *Mikäpä tuossa* Sure, why not *Tuossa nyt näet* See? I told you so *tuossa kuuden paikkeilla* around six

tuossa tuokiossa in a jif(fy)/flash/sec(ond) *Tulen takaisin tuossa tuokiossa* I'll be back in a flash

tuotanto 1 (tal) production, (tehtaan) output **2** (kirjailijan) oeuvre, works

tuotantoelämä industrial life

tuotantokustannus production cost

tuotantotulos output

tuota pikaa lickety-split, in a jif(fy)/flash/sec(ond)

tuote product (myös kuv)

tuotekehittely research and development, R and D

tuottaa 1 (tuotteita, elokuvaa) produce **2** (satoa tms) yield, bear **3** (rahaa) bring in, generate **4** (ongelmia) generate, cause, make, bring

tuottaja producer (myös elokuvan); (tehdastuotteen myös) manufacturer, (maataloustuotteen myös) grower

tuottava productive, profitable

tuottavuus productivity

tuotteliaisuus productivity

tuottelias productive

tuotto proceeds, returns, yield, intake; (voitto) profit

tuottoisa profitable, lucrative

tupa 1 (talo) cottage, house *Oma tupa oma lupa* My home is my castle **2** (huone) greatroom

tupajumi (kovakuoriainen) furniture beetle

tupakanhimo craving for a cigarette

tupakanpoltto (cigarette-)smoking

tupakeittiö combined kitchen-living room

tupakka tobacco; (savuke) cigarette *panna tupakaksi* light up *mennä ulos tupakalle* step outside for a smoke

tupakkalakko *tehdä tupakkalakko* quit smoking, give up smoking

tupakoida smoke *Ethän tupakoi kiitos* Thank you for not smoking

tupakoimaton s nonsmoker adj nonsmoking

tupakointi smoking

turkki

tupakointikielto ban/prohibition on smoking; (kyltti) No Smoking sign
tupata tr **1** (ahtaa) stuff, jam, cram **2** (pistää) stick **3** (tyrkyttää) force (something/yourself on someone) itr **4** (tuppautua: jonnekin sisälle) push/force your way in, (jonkun seuraan) impose (yourself on someone) **5** (olla taipuvainen) tend, be in the habit of (doing)
tupaten täynnä stuffed, jammed/crammed (full), packed (to overflowing)
tupenrapinat *Nyt tuli tupenrapinat* Now we've/I've done/had it
tupla- double
tuplata 1 double **2** (kouluaine) retake
tuplautua be doubled
tuppautua (jonnekin sisälle) push/force your way in; (jonkun seuraan) impose (yourself on someone)
tuppi (puukon) sheath, (miekan) scabbard
tuppisuinen 1 (ei suostu puhumaan) close-mouthed/-lipped, taciturn, uncommunicative **2** (ei pysty puhumaan) speechless, tongue-tied
tuppisuu s the silent type, not a big talker adj silent, quiet, taciturn, reticent, uncommunicative
tuppisuuna adv silently, quietly, reticently, without making a sound, without saying a word
tuppo tuft, wad
tuprahtaa 1 (savu, pöly) billow, roil **2** (tuleen) go up with a whoosh **3** (ihminen) burst in
tupruta 1 (savu) billow, roil **2** (lumi tms) whirl, swirl
tupruttaa 1 (savuketta) puff (away on) **2** (lunta) blow
tupsahdus thump
tupsahtaa 1 (pudota tms) drop/fall with a thump, thump down **2** (savu) billow, roil **3** (ihminen paikalle) burst/drop in, (talo täyteen väkeä) fill up
tupsu 1 (hiustupsu) tuft **2** (vaatteen) tassel
tupsulakki hat with a tassel
turako (lintu) turaco
turbaani turban

turbo turbo(charged engine/car)
turbomoottori turbo(charged) engine
turha s **1** (turhuus) nothing *Mitä turhia!* (ei kestä) Forget it, never mind, it was nothing; (ei hyödytä) What's the point? What good will it do? *suuttua turhasta* get all worked up over nothing *suuttua turhaan* get all worked up for nothing *mennä turhaan* make a wasted trip, go on a wild-goose chase *kiistellä turhista* argue about nothing **2** (tarpeettomuus) *Älä turhaan vaivaudu* Don't bother *Älä turhaan pelkää* There's no need to be afraid adj **1** (hyödytön) useless, pointless, futile *Sitä on nyt turha toivoa* Don't hold your breath **2** (tarpeeton) unnecessary, superfluous, gratuitous *turha huomautus* unnecessary/gratuitous remark
turhamainen conceited, (vanh) vain, (ark) stuck-up
turhamaisuus vanity, conceit
turhan unnecessarily *Se on turhan iso* (liian iso) It's too big; (sitä voisi pienentää) it doesn't have to be that big
turhanpäiten for nothing (ks myös turha)
turhanpäiväinen trivial, trite (ks myös turha)
turhauma frustration
turhauttaa frustrate *Minua turhauttaa tämä* I'm frustrated with this, this is frustrating me
turhautua get frustrated (with something)
turhautuma frustration
turhautunut frustrated
turhuus vanity; (mon) trifles, fripperies *törsätä turhuuksiin* blow your money on useless things *turhuuden markkinat* vanity fair
turismi tourism
turisti tourist
turkanen *Voi turkanen sentään!* Gosh-darn it! *turkasen kallis* darned expensive
turkis fur
turkiseläin fur(-bearing) animal
Turkki Turkey
turkki 1 (eläimen) fur **2** (kieli) Turkish

turkkilainen

turkkilainen s Turk *kiroilla kuin turkkilainen* swear up a blue streak adj Turkish
turkkilainen sauna Turkish bath
turkkilo (kovakuoriainen) burying beetle
turkkuri furrier
turkoosi turquoise
turkulainen s person from Turku adj pertaining to Turku
turma 1 accident, crash **2** (tuho) destruction, perdition
turmella 1 (fyysisesti) damage, ruin, spoil **2** (moraalisesti) corrupt
turmeltua 1 (fyysisesti) be damaged/ruined/spoiled **2** (moraalisesti) be corrupted
turmelus corruption, depravity
turmio destruction, ruin, perdition *viedä turmioon* lead (you) to your ruin, lead you to (doom and) destruction
turnajaiset (hist) tourney, tilt, joust; (myös urh) tournament
turnaus (hist) tourney, tilt, joust; (myös urh) tournament
turpa 1 (eläimen) muzzle **2** (ihmisen) mouth, face *Turpa kiinni!* Shut your mouth/face! *antaa turpiin* bust (someone) in the chops
turska Atlantic cod
tursuta ooze
turta numb (myös kuv)
turtua (fyysisesti ja henkisesti) go numb, be numbed; (vain henkisesti) stop caring (about), become hardened (to)
turtumus torpidity
turva 1 (turvallisuus) safety, security *olla turvassa* be safe *tuntea olevansa turvassa* feel safe/secure **2** (suoja) safeguard, protection, shelter, defense *ottaa joku turviinsa* take someone under your wing/protection *lain turvin* under the protection of the law *pimeyden turvin* under cover of darkness **3** (apu) *apurahan turvin* supported by a grant, with financial assistance from (someone) *kainalosauvojen turvin* on crutches
turvaamistoimenpide precautionary measure
turvaistuin (child's) car seat
turvajoukot security forces; (YK:n rauhanturvaajat) (UN) Peacekeeping Forces
turvakoti shelter
turvalaite safety device
turvallinen safe, secure
turvallisesti safely
turvallisuus safety, security
turvallisuusneuvosto (YK:n) Security Council; (USA:n) National Security Council
turvata tr (suojella, varmistaa) protect, safeguard, secure itr (turvautua) trust (in), rely (on)
turvatarkastus security inspection/check
turvatoimenpiteet security measures
turvaton 1 (ihminen: suojaton) defenseless, vulnerable; (epävarma) insecure **2** (paikka) unsheltered, unprotected, open, vulnerable
turvattomuus insecurity
turvautua 1 (luottaa) trust (in), rely (on), put/place your faith/trust in **2** (ryhtyä käyttämään) resort/turn to
turvavyö seat/safety belt
turve 1 (mätäs) turf, sod *turpeen alla* (haudattu) six feet under **2** (polttoturve) peat
turvevoimala peat-burning power plant
turvota swell up
turvotus swelling
tusina dozen *kaksi tusinaa kananmunia* two dozen eggs
tusinakaupalla dozens of (something), (something) by the dozen
tusinatavara *Se on tusinatavaraa* It's a dime a dozen
tusinoittain dozens of (something), (something) by the dozen *tusinoittain halvempaa* cheaper by the dozen
tuska pain, distress, agony, suffering *Se oli tuskan takana* It was a real bear/ a real pain (in the ass/neck) *saada työllä ja tuskalla aikaan* do something with great effort
tuskaa lievittävä analgesic, pain-killing
tuskaantua get/grow impatient/irritated/bored with, get/grow sick/tired of

tuskailla 1 (olla huolissaan) worry/agonize about, be in a blue funk about, sweat *Älä tuskaile turhaan* Don't sweat the small stuff **2** (tehdä kovalla vaivalla) sweat/agonize over

tuskainen (tuskissaan) in pain; (kivulias) painful; (kipua ilmentävä) pained, agonized, anguished

tuskallinen painful, distressing, grievous, trying

tuskanhiki cold sweat

tuskanhuuto agonized/anguished cry, cry of pain

tuskastua get/grow impatient/irritated/bored with, get/grow sick/tired of

tuskin 1 hardly, barely; (ylät) scarcely *Tuskin tunnen häntä* I hardly/barely know her **2** *Tuskinpa vain!* (en usko) I doubt it; (en taida) don't count on it, don't hold your breath *Tuskin menen!* Count me out

tussi 1 (muste) drawing ink **2** (kynä) felt-tipped pen

tussu (sl) pussy

tuta *saada tuta* (ylät) be made to feel (something)

tutina trembling

tutiseva trembling; (vanhuuttaan) doddering

tutista tremble, shiver, shake, quiver

tutka radar

tutkailla 1 (tarkkailla) watch, observe, keep an eye out (for something), keep your eye on (someone/something) **2** (tutkia) explore **3** (tunnustella) sound/feel (someone) out, put out feelers

tutkain 1 (avaruus-/syvyystutkain) (space/depth) probe; (miinanpaikallistamistutkain) prod **2** (tietok) scanner **3** (raam) goad, prick *potkia tutkaimia vastaan* kick against the pricks

tutkia 1 study, examine, investigate, inspect; (ark) look over/into *Tutkia kaikki paikat* Look/search everywhere **2** (tieteellisesti) study, research; (tuntematonta seutua tms) explore **3** (kuulustella: tenttijää) examine, test; (epäiltyä) interrogate, question

tutkielma (scholarly) thesis; (väitöskirja) dissertation; (lyhyt) essay, paper

tutkija (humanistinen) scholar, (empiirinen) researcher

tutkijakoulutus graduate studies

tutkijalautakunta 1 (onnettomuuden) board of inquiry, investigative committee/commission **2** (sot) court of inquiry **3** (poliisin) Internal Affairs Division, IAD **4** (verojen) tax appeals board

tutkimaton 1 (alue) unexplored **2** (ilme) inscrutable *Tutkimattomat ovat Herran tiet* Mysterious are the ways of the Lord

tutkimus 1 (tutkiminen) examination, investigation, inquiry, scrutiny; (tieteellinen) study, research, scholarship **2** (tutkielma) study, scholarly book

tutkintavankeus pretrial detention *ottaa tutkintavankeuteen* take (someone) into custody

tutkintavanki prisoner awaiting trial

tutkinto 1 (tentti) exam(imation) **2** (loppututkinto) degree

tutkintovaatimukset course/degree requirements, syllabus

tutkiskella 1 (tutkia) study, explore, look closely at **2** (miettiä) ponder, contemplate, reflect on

tutkiskelu study, exploration; contemplation, reflection (ks tutkiskella)

tutkistella ks tutkiskella

tuttava friend, acquaintance, someone you know

tuttavallinen 1 (ihminen) friendly, familiar **2** (puhe-/kirjoitustapa) casual, chatty, conversational

tuttavallisesti familiarly, casually, conversationally (ks tuttavallinen)

tuttavaperhe family friends, a family you know

tuttavapiiri your circle of friends

tuttavuus acquaintance, friendship; (vars asian kanssa) familiarity

tutti 1 (hupitutti) pacifier **2** (pullon) nipple

tuttipullo baby bottle

tuttu s friend, acquaintance *Mun yksi tuttu* A friend/buddy of mine adj **1** (ihminen) (someone) you know *Onko tuo sinulle tuttu mies?* Do you know that guy? **2** (asia, naama tms) familiar

tutun näköinen familiar-looking *Onko tämä tutun näköinen?* Does this look familiar?
tutun tuntuinen familiar-feeling *Onko tämä tutun tuntuinen?* Does this feel familiar?
tutustua 1 (ihmiseen) get to know (someone), make friends with (someone), make (someone's) acquaintance **2** (asiaan) acquaint/familiarize yourself with (something) *tutustua paikkakunnan nähtävyyksiin* go sightseeing
tuuba tuba
tuubi tube
tuudittaa cradle, rock; (lullata) lull
tuudittautua lull yourself (into something)
tuuhea thick, bushy
tuulahdus breath (of air/wind) *raikas tuulahdus* a breath of fresh air
tuulenhenki breath of wind, breeze
tuulenpuuska gust of wind
tuulensuoja shelter from the wind
tuulen suunta wind direction
tuulesta temmattu made-up (out of the whole cloth), fabricated, fictitious
tuuletin fan
tuuleton windless, still, dead
tuulettaa 1 air (out) (myös kuv:) refresh *tuulettaa itseään* refresh yourself, go out for some rest and relaxation *tuulettaa kaupungin tunkkaista kulttuurielämää* let some fresh air into the city's stuffy cultural life
tuuletus ventilation, airing
tuuli 1 (ilma) wind (myös kuv) *tuulen alapuolella* downwind (from) *tuulta vasten* against/into the wind *tietää mistä tuuli puhaltaa* know which way the wind is blowing *haistella tuulia* see which way the wind is blowing *räjäyttää taivaan tuuliin* blow up, blow to smithereens **2** (mieliala) mood *hyvällä/huonolla tuulella* in a good/bad mood, in high/low spirits
tuuliajolla adrift
tuulihattu 1 (savupiipun) cowl **2** (leivonnainen) cream puff **3** (ihminen) weathercock, (tyttö) flibbertigibbet
tuulilasi windshield
tuulimylly windmill
tuulinen windy
tuulispää gust of wind *mennä tuulispäänä* go like the wind
tuuliviiri weathervane
tuulla *Tuulee* It's windy *Sitten alkoi tuulla* Then the wind started to blow *panna tuulemaan* (ryhtyä työhön) (roll up your sleeves and) get down to work, pitch in (and work); (tuulettaa tunkkaista tilannetta) stir things up, let in some fresh air
tuuma 1 (mitta) inch *olla antamatta tuumaakaan periksi* not budge/give an inch **2** (ajatus) thought, idea; (suunnitelma) plan, scheme
tuumailla think (about), consider, ponder, reflect (on)
tuumasta toimeen no sooner said than done *ryhtyä tuumasta toimeen* stop talking about it and start doing it, put your money where your mouth is
tuumata think (about), consider, ponder, reflect (on)
tuumia think (about), consider, ponder, reflect (on)
tuupata push, shove
tuupertua keel over
tuuraaja substitute, stand-in
tuurata 1 (olla sijaisena) stand in (for someone), relieve (someone), take over (for someone) **2** (onnistaa) *Minua tuurasi* I hit it lucky, I got lucky **3** (lyödä tuuralla) pick, chip, hack
tuuri 1 (onni) luck *Sinulla kävi tuuri* You got lucky **2** (vuoro) turn, (työvuoro) shift
tuusa *mennä tuusan nuuskaksi* get smashed to pieces
tuutin täydeltä at full blast, cranked all the way up
tuutti 1 (paperi-/jäätelötuutti) cone **2** (suppilo) hopper
tuutulaulu lullaby
tv TV
tyhjennys emptying; (suoliston) evacuation, (mahalaukun) pumping, (postilaatikon) collection, pick-up
tyhjentyä empty (out); (akku) run down, discharge

tylppä

tyhjentää empty; (tankki tms vedestä) drain; (rengas tms ilmasta) deflate; (varastot tms tarvikkeista) deplete, exhaust
tyhjentää huone(isto) vacate a room/an apartment
tyhjentää kaupunki evacuate a city
tyhjentää lautasensa clean your plate
tyhjentää mahalaukku pump (someone's) stomach
tyhjentää oikeussali clear the courtroom
tyhjentää pöytä clear the table
tyhjentää suolensa move/evacuate your bowels, have a bowel movement (BM)
tyhjiin *vuotaa tyhjiin* (tankki tms) leak out; (ihminen) bleed to death *käyttää tyhjiin* use up, exhaust *raataa itsensä tyhjiin* run yourself down, burn yourself out, exhaust yourself
tyhjillään empty; (talo) deserted, abandoned, uninhabited; (huone) vacant *jättää tyhjilleen* (talo) desert, abandon; (huone) move out of, vacate
tyhjiö vacuum
tyhjyys emptiness; (kuv) the void, nothingness, empty space *tuijottaa tyhjyyteen* stare off into space
tyhjä s **1** (tyhjää tilaa) (empty) space/room *Täällä on vielä tyhjää* There's more space/room over here **2** (tyhjä kohta/aukko) blank *jättää tyhjäksi kun ei tiedä sanaa* leave a blank when you don't know a word *Minulla löi tyhjää* My mind went blank, I blocked on it *äänestää tyhjää* abstain **3** (ei mitään) nothing *Tyhjästä on paha nyhjäistä* You can't get blood out of a turnip, you can't get something from/for nothing *katsoa jotakuta kuin tyhjää* look right/straight through someone, pretend someone isn't there, treat someone like air *aloittaa tyhjästä* start from scratch *Se on yhtä tyhjän kanssa* It's pointless adj (myös kuv) empty, vacant, blank *tyhjä katse* vacant/blank stare *tehdä tyhjäksi* undo, baffle, foil *tyhjin käsin* empty-handed *tyhjiin, tyhjillään* ks hakusanat
tyhjä akku dead/run-down battery
tyhjä kumi flat tire
tyhjäkäynti idling *Tyhjäkäynti kielletty* Turn off your engine
tyhjän panttina idle, serving no useful purpose *istua tyhjän panttina* sit around doing nothing
tyhjänpäiten for nothing (ks myös turhanpäiten)
tyhjänpäiväinen trivial, trite, pointless (ks myös turhanpäiväinen)
tyhjäntoimittaja idler, loafer, good-for-nothing
tyhjäpaino dead weight
tyhjä panos blank
tyhjä pullo empty
tyhjä seinä blank wall
tyhjästä temmattu made-up (out of the whole cloth), fabricated, fictitious
tyhjätä (tietok) clear
tyhmeliini dummy
tyhmyri dolt
tyhmyys stupidity
tyhmä dumb, stupid *tyhmä kuin pässi* dumb as an ox *tyhmä kuin kana* silly as a goose *Olinpas minä tyhmä!* How stupid of me! What an idiot I was!
tyhmästi stupidly *Se oli tyhmästi tehty* That was a dumb/stupid thing to do
tykinlaukaus gunshot, cannon shot/blast *tervehtiä 12 tykinlaukauksella* give a 12-gun salute
tykistö artillery
tykki gun, artillery piece; (vanh) cannon
tykkänään completely, totally, utterly, altogether *Top tykkänään!* Whoa there! Hold your horses!
tykyttää beat, pound, throb; (ylät) palpitate
tykytys beating, pounding, throbbing; (ylät) palpitation
tykätä 1 (pitää) like *Mitäs tykkäät uudesta hameestani?* How do you like my new dress? **2** (olla mieltä) think *Tykkään että se on liian iso* I'd say it's too big, I think it's too big
tykö (un)to *Sallikaa lasten tulla minun tyköni* Suffer the little children to come unto me
tykötarpeet necessities, essentials
tylppä blunt

tylppäkärkinen

tylppäkärkinen blunt
tylsistyttää dull
tylsistyä grow/get dull
tylsistää dull
tylsä 1 (terä) dull, blunt 2 (tilaisuus tms) dull, boring
tylsäkärkinen blunt
tylsämielinen s moron, idiot adj moronic, idiotic
tylsänpuoleinen on the dull/boring side
tyly 1 (ihminen: ynseä) cold; (lyhytsanainen) curt, short, brusque; (julma) cruel, mean, nasty 2 (luonto tms) hostile, indifferent
tylysti coldly, curtly, shortly, brusquely, cruelly, meanly, nastily, hostilely, indifferently (ks tyly)
tylyys coldness, curtness, shortness, brusqueness, cruelty, meanness, nastiness, hostility, indifference (ks tyly)
tympeys disgust, repulsion, revulsion
tympeä 1 (asia) disgusting, repulsive, revolting, sickening, nauseating 2 (mieli) disgusted, repulsed, revolted, sickened, nauseated
tympäistä 1 (kyllästyttää) bore, tire, weary 2 (etoa) disgust, repulse, revolt
tympääntyä get (sick and) tired of, get bored with
tynkä s stub, stump adj (fore)short(ened), incomplete, unfinished
tynnyri barrel; (oluttynnyri) keg, (viinitynnyri) cask *tynnyristä laskettu olut* draft beer
tynnyrillinen barrelful
typeryys stupidity, silliness, foolishness, folly
typerä stupid, dumb, silly, foolish
typerästi stupidly, foolishly
typistää 1 (korvia) crop, (häntää) dock 2 (pensasta) trim, clip, cut back; (puuta) prune 3 (tekstiä) prune, cut, shorten
typografia typography
typpi nitrogen
typykkä 1 (tyttö) chick *tytön typykkä* sweet little thing 2 *hännän typykkä* stubby tail
tyranni tyrant
tyrannia tyranny
tyrannisoida tyrannize
tyrehdyttää 1 (vuoto: veden) stop, check; (veren) stanch 2 (kuv) check, arrest, halt, bring (something) to a standstill
tyrehtyä 1 (vuoto) stop, dry up (myös inspiraatiosta) 2 (kuv) stop, come to a halt
tyrkkiä push, shove, jostle
tyrkyttää (ruokaa tms) force (something on someone), insist (that someone do/take something); (itseään) impose (on someone)
tyrkätä 1 (työntää) push, shove 2 (antaa) thrust, stick 3 (tökätä) jab, poke
tyrmistynyt dumbfounded, stunned, bewildered, shocked
tyrmistys bewilderment, shock
tyrmistyttää dumbfound, stun, bewilder, shock
tyrmistyä be dumbfounded/stunned/bewildered/shocked
tyrmä (hist) dungeon; (vankila) jail, (selli) cell
tyrmätä 1 (nyrkkeilyssä) knock out (myös kuv), KO 2 (torjua) reject (something out of hand) 3 (haukkua) criticize, (arvostelussa) pan
tyrmäys knock-out, KO
tyrsky (aalto) breaker; (mon) breakers, (aallokko) surf
tyssätä 1 (pysähtyä) come to a halt, get deadlocked, get bogged down 2 (epäonnistua) flop, fail
tyttärenpoika grandson
tyttärentytär granddaughter
tyttö girl
tyttölapsi girl
tyttönimi maiden name
tyttöystävä girlfriend
tytär daughter
tytäryhtiö subsidiary, affiliate
tyven s still, calm, serenity *yön tyvenessä* in the still of the night *tyveneen joutunut* becalmed adj still, calm, serene
tyvi base
tyydyttymätön unsaturated
tyydyttyä be saturated

työeläke

tyydyttävä 1 (tyydytystä antava) satisfying, gratifying **2** (riittävä) satisfactory, fair
tyydyttää satisfy, gratify; (tarvetta) meet, supply
tyydytys satisfaction, gratification
tyyli style *Tuossa kaverissa on tyyliä* There goes a guy with style, that fellow certainly has style
tyylihuonekalu period piece (of furniture)
tyylikkyys stylishness, style
tyylikkäästi stylishly, fashionably
tyylikäs stylish, fashionable, chic, trendy
tyylillinen stylistic
tyylinen -style, in the (something) style
tyylitellä stylize
tyylittely stylizing, stylization
tyylivirhe stylistic error/fault
tyynesti calmly, serenely
tyyneys calmness, serenity
tyyni s still, calm, serenity *tyyntä myrskyn edellä* the/a calm before the storm *joutua tyyneen* be becalmed adj still, calm, serene *Tyynessä vedessä suuret kalat kytevät* Still waters run deep
Tyynimeri the Pacific (Ocean)
tyynni *kaikki tyynni* all of it/them, (ark) the whole bunch/lot (of them), the whole kit 'n caboodle
tyynnyttää calm (someone down), pacify, placate, appease; pour oil on troubled waters
tyyntyä calm down, (myrsky) abate
tyyny pillow
tyynyliina pillow case
tyynynpäällinen pillow case
tyypillinen typical
tyypillisesti typically
tyypittää type(cast), classify, categorize
tyyppi type *Sä et ole mun tyyppiäni* You're not my type
tyyppinen -type *minkä tyyppinen* what type/kind of
tyyris pricy
tyyssija 1 (hyvän asian) seat, center, stronghold, bastion **2** (pahan asian) seedbed, den, nest
tyystin completely, entirely, totally

tyytymättömyys dissatisfaction, discontent
tyytymätön unsatisfied, dissatisfied, discontented
tyytyväinen satisfied, content(ed), gratified, pleased; (itseensä) smug, self-satisfied, complacent
tyytyä 1 be satisfied/content (with), content yourself (with) **2** (saada tyytyä) accept, settle (for), resign (yourself to)
työ 1 (työnteko, teos, fys) work *työn alla oleva työ* work in progress *tehdä työtä* work, be working *käydä työssä* work, be employed *mennä töihin* go to work *olla töissä* be at work *Se käy työstä kun kaksosia paimentaa* It's a full-time job looking after twins *Sinulla on tuossa täysi työ* You've got your work cut out for you *lisensiaatin työ* licentiate thesis **2** (työpaikka, myös tietok) job *etsiä työtä* look for a job, go job-hunting *hakea työtä* apply for a job, submit a job application *olla jollakulla töissä* be working for someone, have a job somewhere **3** (työssäolo) employment *ottaa joku työhön* employ/hire someone *Minulla ei ole työtä* (ei työpaikkaa) I'm unemployed, I'm out of work; (ei tekemistä) I've got nothing to do **4** (tehtävä) task, chore; (teko) deed, act *laupeuden työ* an act of kindness **5** (toimiala) line, business *Mitä työtä teet, mitä teet työksesi?* What do you do (for a living)? What line/business are you in? **6** (työvoima) labor
työaika 1 (työssäoloaika) (working) hours *Minkälainen työaika sinulla on?* What are your hours? **2** (työntekoaika) working time *Yö on minulle tehokkainta työaikaa* I work best at night
työaine working material
työansiot earnings
työasema workstation
työasento working position
työehtosopimus collective (labor) contract/agreement
työehtosopimusneuvottelut collective bargaining
työeläke employee pension

työelämä

työelämä working life *mennä työelämään* go (out) to work, get a job
työhakemus job application
työhalu *Minulla ei ole oikein työhalua* I don't feel much like working *pursuta työhalua* be brimming over with enthusiasm for a job
työhullu workaholic
työhuone 1 (henkisen työn: kotona) study, den; (työpaikalla) office **2** (fyysisen työn) (work)shop
työinto enthusiasm for your work
työjuhta beast of burden; (ihminen) workhorse
työjärjestys order of business, (esityslista) agenda, (eduskunnassa) order of the day
työkalu tool, implement, utensil, instrument
työkalulaatikko toolbox
työkaveri fellow worker, a friend at work, someone you work with; (kollega) colleague
työkokemus job experience
työkyky ability to work
työkykyinen able to work, fit for work
työkyvyttömyys disability
työkyvyttömyyseläke disability pension
työkyvytön disabled
työllistäminen employment
työllistää employ
työllisyys employment
työllisyysmääräraha employment appropriation
työllisyystilanne employment/job situation
työläinen worker, working (wo)man; (työväen jäsen) working-class (wo)man
työläs 1 (vaikea, raskas) difficult, hard, heavy; (ylät) laborious; (ark) tough **2** (tylsä) boring, tedious
työläästi with much effort/difficulty; (hengittää) heavily
työmaa 1 (building/construction) site **2** (kuv) job *kivinen työmaa* a rocky field to plow, a tough job
työmaaruokala canteen
työmahdollisuudet employment/job opportunities

työmarkkinajärjestö labor organization
työmehiläinen worker bee
työmuurahainen worker ant
työmyyrä eager beaver
työmäärä workload
työnantaja employer
työnantajajärjestö employers' organization
työnantajapuoli management
työnarkomaani workaholic
työnhakija (job) applicant
työnimi working title
työnjako division of labor
työnjohtaja fore(wo)man, supervisor
työnjohto management
työnsaanti employment
työnsaantimahdollisuus employment opportunity
työntekijä employee, worker
työntekijäjärjestö labor organization/union, employees' organization
työntekijäpuoli labor
työnteko work(ing)
työntyä 1 (mennä) push/shove (your way) **2** (sojottaa) protrude, project, stick out
työntää 1 push, shove; (sulloa) stuff, cram, jam; (tyrkätä) stick **2** (polkupyörää) walk, (sairaalavuodetta) wheel **3** (versoa) put out, (lehtiä) sprout
työntää esiin stick out
työntää kieli suustaan stick out your tongue (at someone)
työntää kuulaa put the shot
työntää syrjään dismiss, set/put (something) aside, put (something) out of your mind, (kokouksessa) table
työntää syy jonkun niskoille blame someone else (for something), shift the blame to someone else, pass the buck
työntö 1 push, shove, thrust **2** (fys) thrust, propulsion **3** (urh: painonnostossa) jerk, (kuulan) put
työnvälitystoimisto employment agency
työnäyte sample
työpaikka 1 (ansiotyö) job, post, position **2** (paikka) workplace, place of work

työpaikkailmoitus job ad(vertisement)/notice
työpaikkakoulutus on-the-job training, OJT
työpaja workshop
työpäivä work(ing) day
työpöytä desk
työrauha *Annetaan hänelle työrauha* Let's let her work in peace
työryhmäohjelmisto (tietok) groupware, teamware
työrytmi work(ing) place
työskennellä work
työskentely work(ing)
työssäkäyvä working
työstää work (on) (myös kuv); (koneella) machine
työstökone machine tool
työsuhde employment
työsuhdeasunto (yhtiön) employee housing, (oppilaitoksen) faculty/staff housing
työsuhdeauto company car
työsuojelu occupational health and safety
työsuojelulainsäädäntö occupational health and safety legislation
työsuunnitelma working schedule, (koulun) curriculum
työtaakka workload
työtahti work(ing) pace, pace of work
työtaistelu industrial action, labor battle
työtapa approach, method
työtapaturma industrial/occupational accident
työteho 1 (ihmisen) working efficiency, output 2 (koneen) output, (teho) power
työteliäs hard-working, industrious
työterveyshuolto occupational health service
työtodistus work certificate; (lähin vastine) reference, letter of recommendation
työtoveri fellow worker, colleague (ks myös työkaveri)
työttömyys unemployment
työttömyyseläke unemployment pension
työttömyyskorvaus unemployment benefit
työttömyystyö public/relief work(s)
työttömyysvakuutus unemployment insurance
työtulo earned income
työtunti (working) hour, (miestyötunti) man-hour
työtuomioistuin labor (arbitration) court
työturvallisuus industrial/occupational safety
työturvallisuuslaki industrial/occupational safety legislation
työtä pelkäämätön unafraid of work
työtä tekevä working
työtön unemployed
työvaatteet work clothes
työvaltainen labor-intensive
työviikko work week
työvoima (työläiset) work force, (voima) labor
työvoimaministeri (Suomi) Minister of Labor, (US) Secretary of Labor
työvoimaministeriö (Suomi) Ministry of Labor, (US) Department of Labor
työvoimapula labor/manpower shortage
työvoimareservi labor/manpower reserves/pool
työvoimatoimisto employment agency
työväenaate working-class ideology, workers' movement
työväenluokka working class, proletariat
työväenopisto workers' institute; (lähin vastine) night school
työväentalo community hall
työväenteatteri workers' theater; (draama) socialist drama/theater
työväenyhdistys workers' association
työväestö workers; (työväenluokka) working class
työympäristö working environment
tädillinen auntly, aunt-like
tähden 1 (syystä) because of, on account of, due to, for *minkä tähden* what for *Tulin sen tähden kun...* I came because I... 2 (hyväksi) for (someone's) sake *Herran tähden* for God's sake
tähdentää (place/put great) stress (on), emphasize, insist on

tähdistö

tähdistö constellation
tähdittää (elokuvaa) star in
tähdätä aim *tähdätä aseella jotakuta* aim/point a gun at someone, train a gun on someone *tähdätä ivansa johonkuhun* aim/direct your sarcasm at/towards someone *Mihin sinä sillä tähtäät?* What are you getting/driving/hinting at?
tähkä (viljan) spike, (maissin) ear
tähteet (seuraavan päivän ruoassa) leftovers, (eläimelle annettuna) scraps
tähti 1 star (myös kuv) *nouseva/laskeva tähti* rising/setting star (myös kuv) *Minusta tulee vielä tähti* Some day I'm going to be a star *tähtien valossa* by starlight *tähtien valaisema* starlit **2** (kirjoituskoneen, tekstin) asterisk *merkitä tähdellä* mark (something) with an asterisk
tähtien sota Star Wars
tähtihetki high point/light
tähtilippu the Stars and Stripes
tähtitaivas starry/star-studded sky
tähtitiede astronomy
tähtitieteellinen astronomical (myös kuv)
tähtitorni (astronomical) observatory
tähtiurheilija star athlete
tähtäin sight(s) *pitkän-/lyhyen tähtäimen* long-/short-term/-range *Marjalla on valtuustopaikka tähtäimessään* Marja has her sights/heart set on a council seat, Marja's aiming/shooting for a council seat
tähtäinhiiri (tietok) cross-hair pointer
tähtäys aim(ing), sight *ottaa tarkka tähtäys johonkin* take aim/sight at something, draw a bead on something
tähyillä watch, observe, scan
tähystin (kiväärin, lääk) scope
tähystys 1 lookout, observation **2** (lääk) -scopy *rakon tähystys* cystoscopy *peräaukon tähystys* proctoscopy
tähystäjä lookout
tähystää 1 watch, observe, look out (for), keep a lookout (for) **2** (lääk) scope, perform a cystoscopy/proctoscopy/jne
tähän here *Tähän sattuu* It hurts right here *En jätä asiaa tähän* You'll hear from me again, I'll be back, I won't leave it at that *Nukahdan kohta tähän paikkaan* Pretty soon I'm going to fall asleep right here
tähän asti this/thus far, until now
tähänastinen heretofore, previous, the (something) till now
tähän mennessä so/thus far
täi louse (mon lice)
täkki quilt
täky bait
täkänä double weave
tällainen (something) like this *Se on tällainen vekotin* It's a gizmo like this *Tällaisenko halusit?* Is this the kind you wanted? *Haluatko tällaisen?* Do you want one of these?
tälli blow
tällä hetkellä at present, at the present time/moment, currently, just/right now; (näinä päivinä) nowadays, these days
tällä kerralla this time
tällä lailla like this
tällä tavoin like this, in the way/fashion *Tee tällä tavoin* Do (it like) this
tällä välin in the meantime/-while, meanwhile, since then
tällöin 1 (tähän aikaan) at this/that time, (silloin) then **2** (tässä tapauksessa) in this/that case
tämmöinen ks tällainen
tämä 1 this (one/thing) *tänä päivänä* today, nowadays *tähän päivään/hetkeen asti* until today/the present (moment) *tänä aamuna* this morning *tänä iltana* this evening, tonight *tämä minun takkini* this coat of mine *Asian laita on tämä* Here's the situation **2** (viimeksi mainittu) he, she, it; (jälkimmäinen) the latter *Pyysin Pekkaakin tulemaan, mutta tämä kieltäytyi* I asked Pekka to come too, but he refused
tämänaamuinen this morning's, (the something) this morning *tämänaamuinen kokous* the meeting (we had) this morning, this morning's meeting
tämän ajan ihmiset people today
tämänhetkinen the current/present
tämänkaltainen (someone/something) like this, such a(n) *Olen varautunut*

täsmällinen

tämänkaltaisiin tilanteisiin I'm prepared for situations like this
tämänkertainen (something) this time *tämänkertainen voittaja* this year's winner
tämänkesäinen this summer's, (something) this summer
tämänluonteinen (something of) this sort/type/nature, (something) like this
tämänpituinen (something) this long *Sen pitää olla suunnilleen tämän pituinen* I need one about this long
tämänpuoleinen (something) on this side *Otan tämänpuoleisen* I'll take the one closest to me
tämänpäiväinen today's
tämäntapainen (something of) this sort/type/nature, (something) like this
tämän tästäkin (every) now and then
tämän vuoksi because of this, on account of this, due to this, for this
tämä puoli this side *tällä puolella katua, kadun tätä puolta* on this side of the street
tämä puoli ylöspäin this side up
tänne here *Anna tänne!* Give it to me! (ark) Gimme! Give it here!
tännempänä more this way, over this way more/closer
tännepäin this way, towards us/me
tänään today
täplikäs spotty, spotted, speckled, blotchy
täplittää spot, speckle, blotch
täplä spot, speck, blotch
täpläpussinäätä quoll
täpärä close, narrow
täpärällä *Se oli täpärällä* That was a close one/call/shave, a tight squeeze *Oli täpärällä ettei ehditty* We almost didn't make it, we barely made it, we nearly missed it *Aika on täpärällä* Time is (running) short
täpärästi narrowly, just barely *pelastua täpärästi* just barely make it (out of there) alive, escape narrowly, have a close call/shave
täpötäynnä filled to the brim, full to overflowing, stuffed/jammed full

tärinä trembling, shaking, quivering, vibration; (ark) vibe
täristä tremble, shake, quiver, vibrate
tärisyttää shake, rattle
tärkeillä swagger, strut, throw your weight around, boss people around
tärkeily swagger(ing), strut(ting), bossiness
tärkeä 1 important, significant 2 (tärkein, pää-) main, major, chief 3 (tärkeilevä) self-important
tärkkelys starch
tärkki starch
tärkätä starch
tärpätti turpentine
tärpätä 1 (kala) bite 2 (onni) strike it lucky, get lucky *Nyt tärppäsi* Now I did/made/hit/got it
tärsky 1 crash 2 *tärskyt* (ark) date *tehdä tärskyt* make a date, arrange to meet someone
tärskähtää crash, smash
tärvellä ruin, spoil, destroy; (ark) trash
tärveltyä be ruined/spoiled/destroyed
tärvätä waste, squander; (ark) blow
tärvääntyä be wasted/squandered on; (ark) get blown on
tärykalvo eardrum
tärähdys shock, bump, jolt *aivotärähdys* concussion
tärähtänyt cracked
tärähtää 1 (täristä) tremble, shake, quake 2 (iskeytyä) crash, bash, smash, crack 3 (henkisesti) crack up
täräyttää 1 (iskeä) hit, crack, bash, smash, strike 2 (ampua) hit, shoot 3 (räväyttää) blast, hurl, blurt out 4 (tehdä yhtäkkiä) up and *Sitten hän ostaa täräytti suurimman kilpailijansa* Then she up and bought out her biggest competitor
täsmennys clarification, specification
täsmentää clarify, make (something) clear, specify, be specific (about something)
täsmäase smart weapon
täsmälleen exactly, precisely; (ark) on the dot
täsmällinen 1 exact, precise, accurate 2 (ajan suhteen) prompt, punctual

täsmätä

3 (ihminen) punctilious, meticulous, fastidious

täsmätä 1 match (up), tally; (tilit) balance; (ark) jibe **2** (täsmäyttää) synchronize

tässä here *A: Miten olet jaksellut? B: Mikäpäs tässä* A: How've you been feeling? B: Not too bad/shabby, okay, all right *On tässä muutakin tekemistä kuin* I've got better things to do than

tässä ja nyt here and now

tässä yhtenä päivänä (menneisyydessä) a few days ago, (tulevaisuudessa) one of these days

tästedes from now on, from here on in

täten 1 (näillä sanoilla) hereby **2** (näin ollen) thus **3** (tällä tavalla) like this

täti 1 (sukulainen) aunt, (ark) auntie *Maija-täti* Aunt Maija **2** (nainen) lady, woman

täti-ihminen woman

tätimäinen old-womanish/-ladyish, prim

tätä nykyä nowadays, these days

täydellinen 1 (ei virheitä) perfect **2** (kokonainen) complete, full

täydellisesti perfectly, completely, fully

täydellisyys perfection

täydennys 1 supplement, addition, fresh supply **2** (sot) reinforcements

täydennysosa supplement

täydentää 1 supplement, add to, fill *täydentää toisiaan* complement each other **2** (sot) (provide/send) reinforce(ments)

täynnä full, filled *Olen ihan täynnä* I'm stuffed *täynnä kuin Turusen pyssy* so full you're about to pop *olla syli täynnä polttopuita* have an armload of firewood *olla täynnä itseään* be full of yourself, be stuck up

täysautomaattinen fully automatic

täysi 1 full *Siellä oli jo täysi meno päällä* Things were already in full swing *täysin tunnein* every hour on the hour *täyttä, täysillä* ks hakusanat **2** (täydellinen) full, whole, complete, entire, total, utter, perfect **3** (puhdas) solid, pure *Tämä on täyttä ainetta* This is the real thing/stuff **4** *ottaa täydestä* fall for (something)

hook, line, and sinker; swallow (something) whole *mennä täydestä* pass undetected, (onnistua) come off without a hitch

täysiaikainen full-term

täysihoito (hotellissa) full board; (asuntolassa) room and board

täysihoitola boarding house

täysi-ikäinen adult, of age *olla täysi-ikäinen* be of age *tulla täysi-ikäiseksi* come of age

täysi-ikäisyys majority, adulthood

täysikasvuinen full-grown

täysikokoinen full-size

täysillä at full tilt/speed/blast, flat out

täysilukuinen complete *saapua täysilukuisena paikalle* arrive in full strength/numbers

täysimittainen full-scale/-blown/-size/-length

täysin fully, completely, entirely, totally, utterly, perfectly

täysinäinen full

täysipainoinen 1 (fyysisesti) (something) of full weight **2** (henkisesti) full, balanced, full-bodied

täysistunto plenary session

täysivaltainen 1 (jäsen) full(y authorized) **2** (kansalainen) legally competent **3** (diplomaatti) plenipotentiary **4** (valtio) sovereign

täysiverinen full-blooded, thoroughbred, pedigreed

täysjyväleipä whole-grain bread

täysosuma bull's eye

täystyöllisyys full employment

täyte 1 (ruoan) filling, stuffing, center **2** (tekstin tms) filler

täyteen full *Tankki täyteen lyijytöntä* Fill it up with unleaded, please *juoda päänsä täyteen* get stewed to the gills *Huomenna tulee kymmenen vuotta täyteen siitä kun...* Tomorrow it will be ten years since...

täyteinen 1 (umpinainen) solid **2** (yhdyssanassa) full of, filled with *ilon- ja suruntäyteinen kesä* a summer filled with joy and sorrow

täytekakku cake

täytekynä fountain pen

täyteläinen 1 (vartalo tms) full, rounded, plump **2** (ääni, maku tms) full, rich, full-bodied
täytetty 1 filled **2** (topattu) stuffed **3** (raam) finished
täyttymys fulfillment
täyttyä 1 (tila) fill (up) **2** (aika) run out **3** (toive) come true, be fulfilled/realized
täyttä 1 full **2** *täyttä päätä/häkää/vauhtia* at full blast/tilt/speed *täyttä kurkkua* at the top of your lungs
täyttävä filling, substantial
täyttää 1 fill (up), stuff *täyttää auton tankki* fill your tank, tank/gas up *täyttää taskunsa/joulukalkkuna/haukka* stuff your pockets/a Christmas turkey/a hawk **2** (lomake) fill in/out, complete **3** (lupaus) fulfill; (toive, tarve, vaatimustaso) meet; (tehtävänsä) serve
täyttää (astian)pesukone load a dishwasher/washing machine
täyttää ilmalla inflate
täyttää käsky obey a command/an order, do what you're told (to do)
täyttää lupauksensa keep your promise
täyttää miehen mitta do a man's job
täyttää mitat meet (certain) standards
täyttää pyyntö comply with a request, do what someone asks you to do
täyttää tahto do (someone's) bidding
täyttää tarve meet/supply a need
täyttää tehtävänsä serve its purpose
täyttää toiveet meet/fulfill (someone's) expectations, come up to (someone's) expectations
täyttää uudestaan refill
täyttää vaatimukset meet/reach/attain (someone's) standards, (ark) come up to snuff/scratch
täyttää vatsansa fill your belly (with), stuff yourself (with)
täyttää velvollisuutensa do your duty
täyttää virka 1 (määrätä joku siihen) fill a post/position, appoint someone to a post/position **2** (toimia siinä) perform your duties, do a job
täyttää vuosia have a birthday *täyttää pyöreitä vuosia* celebrate a major birthday *30 täyttäneet* those thirty and older

törkeästi

täytyä must, have (got) to *Sinun täytyy mennä* You've got to go, you have to go, you must go *Sinun on täytynyt olla hyvin nuori* You must have been very young
täytäntöönpano execution
tää (ark) this, (murt) this-here
täällä here *Hei, Jorma täällä* Hi, this is Jorma
täältä from here *50 km täältä pohjoiseen* fifty kilometers north of here
töherrys scribble, scribbling, scrawl
töhertää scribble, scribbling, scrawl
töhriä smear, smudge, soil
tökerö 1 (ihminen) clumsy, awkward, blundering, bungling **2** (esine: huonosti tehty) crude, rough, inept; (hankala käsitellä) cumbersome, bulky, unwieldy
tökerösti clumsily, awkwardly, crudely, roughly, ineptly (ks tökerö)
tökkiä poke, jab, dig
töksähtelevä jerky, (kuv) clumsy
töksähtää jerk (to a halt)
tökätä poke, jab, dig
tölkki (lasinen) jar, (metallinen) can, (pahvinen) carton
töllötin (televisio) boob tube, idiot box
töllöttää gape/gawk/rubberneck at; (TV:tä) be glued to the TV
tömistellä stamp, stomp
tömistä rumble, thunder
tömistää stamp/stomp (your feet)
töniä push, shove, jostle
tönäistä push, shove, nudge
töpeksiä (tyriä) foul (something) up
töpinä *panna töpinäksi* set to (something) with a will
töppäys screw-up
töpätä (tyriä) screw up
törkeä 1 (karkea) coarse, boorish, base **2** (rivo) indecent, obscene, disgusting; (ark) gross **3** (lak) gross, grand, felonious *törkeä rikos* felony *törkeä huolimattomuus* gross negligence *törkeä varkaus* grand larceny *törkeä pahoinpitely* felonious/aggravated assault
törkeästi coarsely, boorishly, basely, obscenely, disgustingly, grossly (ks törkeä)

törkimys

törkimys lout, boor, churl; (ark) scumbag
törkkiä 1 (tökätä) poke, jab, dig **2** (toikkaroida) stagger
törky filth, garbage, trash, junk
törmä (joen) bank, (rinne) slope, (jyrkänne) bluff
törmäilijä stumblebum
törmäillä stumble (around wildly), bump/crash into things
törmätä 1 (osua) collide (with), hit, crash/bump (into) **2** (tavata) bump/run into *Törmäsin tänään Eevaan kaupungilla* I ran/bumped into Eeva in town today **3** (rynnätä) dash (out) **4** (käsitykset tms) clash, conflict
törröttää stick/jut out, protrude, project
törsätä waste, squander; (ark) blow
tötterö cone
töyhtö tuft, plume; (linnun) crest
töyhtöhyyppä (lintu) northern lapwing
töykeä rude, surly
töykeästi rudely
töykätä push, shove; (tuikata) stick
töyssy bump
töyssyttää bump, jolt
töytäistä push, shove; (tökätä) poke
töytäisy push, shove, poke
töötätä toot (your horn)

U, u

udella pry, snoop, poke your nose into (someone's affairs) *En halua udella mutta* I don't want to pry but *Älä utele!* Butt out! Mind your own business!
ufo UFO, unidentified flying object
Uganda Uganda
ugandalainen s, adj Ugandan
ugristi Ugric philologist
ugristiikka Ugric philology
uhalla upon pain of *kieltää sakon uhalla* threaten to fine someone if they don't stop something *kieltää kuoleman uhalla* forbid upon pain of death *henkensä uhalla* risking your life, at risk to your life *kaiken uhalla* at all costs, no matter what the cost, come what may *Kerron uhallakin* I don't care what you do/say, I'm going to tell you anyway *En uhallakaan lähde sinne* You couldn't pay me enough to go there, I wouldn't go there for a million dollars
uhanalainen endangered *uhanalainen laji* endangered species
uhata 1 threaten *uhata aseella* threaten someone with a gun, point a gun at someone, hold someone at gunpoint *uhata nyrkillä* threaten to hit someone, shake your fist at someone *sodan/sateen uhatessa* at the threat of war/rain **2** (olla vaarana) be imminent, be in danger (of) *Sota uhkaa* War is imminent *Koko hanke uhkasi kaatua* The whole enterprise threatened to come to nothing, the whole enterprise was in danger of foundering
UHF UHF, ultrahigh frequency
uhitella 1 (uhmailla) defy (someone) **2** (uhkailla) threaten (someone)
uhka threat, danger, risk *uhka Suomen turvallisuudelle* a threat to Finland's national security
uhkaava 1 threatening, menacing, dangerous *uhkaava taivas/koira* menacing sky/dog **2** (pian tapahtuva) imminent, impending *uhkaava kriisi/myrsky* impending/imminent crisis/storm
uhkaavasti threateningly, dangerously *lähestyä uhkaavasti* (uhaten) approach uttering threats, come closer looking

uhkapeli game of chance, (sen pelaaminen) gambling; (kuv) gamble *pelata uhkapeliä* gamble *Tämä hanke on aikamoista uhkapeliä* This is a big gamble
uhkapeluri gambler
uhkarohkea 1 (rohkea) daring, bold, audacious **2** (tyhmä) foolhardy, rash, reckless
uhkaus threat
uhkavaatimus ultimatum
uhkea 1 (talo) stately, grand, sumptuous **2** (kasvillisuus) lush, luxuriant **3** (povi) ample, (nainen) buxom, busty, big-breasted
uhkua 1 (fyysisesti) radiate, emit, give off **2** (henkisesti) radiate, exude, be bubbling/sparkling/overflowing with
uhma defiance
uhmaikä negative age, defiant stage; (kaksivuotiaassa) the terrible twos
uhmakas defiant
uhmamieli defiance
uhmamielinen defiant
uhmapäinen 1 (omapäinen) stubborn, obstinate, pigheaded **2** (uhkarohkea) daring, reckless, (tyhmänrohkea) foolhardy
uhmata defy (myös kuv) *uhmata luonnon lakeja* defy the laws of nature *kuolemaa uhmaava temppu* death-defying stunt *uhmata isäänsä* defy your father, stand up to your father, talk back to your father *uhmata perinteitä* fly in the face of tradition
uho 1 (ilmavirta) exhalation, emanation **2** (ilmapiiri, henki) spirit **3** (touhu) hustle, bustle, commotion **4** (into) excitement, animation, passion **5** (uhmamieli) bluster, swagger, machismo
uhota 1 (hehkua) radiate, emit, give off **2** (kerskailla) boast, brag, talk big **3** (uhmailla) act defiant, bluster, talk big
uhotella 1 (kerskailla) boast, brag, talk big **2** (uhmailla) act defiant, bluster, talk big
uhottelu boasting, bragging, defiance, bluster(ing), big talk

threatening/menacing; (uhkaavan lähelle) get dangerously close

uhrata 1 sacrifice *uhrata uransa hoitaakseen vanhaa äitiään* sacrifice your career to take care of your aging mother **2** (omistaa) devote, spend, give, waste *uhrata aikaansa lukemiseen* (viettää) spend your time reading, devote (a lot of) your time to reading; (haaskata) waste your time reading *En uhrannut hänelle enää ajatustakaan* I didn't waste another thought on him *uhrata henkensä maansa puolesta* give your life for your country, die for your country **3** (antaa uhri) offer (up), make an offering
uhraus sacrifice *taloudellinen uhraus* financial sacrifice
uhrautua sacrifice yourself, your life (for)
uhrautuvainen 1 (self-)sacrificing, giving (of yourself) **2** (itseään kieltävä) self-denying/-effacing
uhri 1 (uhrilammas tms) offering, sacrifice **2** (väkivallan tms kohde) victim *raiskausuhri* rape victim *sodan uhrit* the casualties of war
uhrilahja offering, (kirkossa myös) collection
uhrilammas sacirificial lamb (myös kuv), (vain kuv) scapegoat
uida 1 swim *mennä uimaan* go swimming, go for a swim **2** (kellua: laiva, tukkilautta tms) float
uiguuri Uig(h)ur
uija swimmer
uikku (lintu) grebe
uikuttaa whimper, whine
uima-allas swimming pool
uimahalli (public/indoor) swimming pool
uimahousut swim(ming) trunks
uimahyppy dive *uimahypyt* (lajina) diving
uimakoulu swim(ming) lessons
uimalasit (swim) goggles
uimaopettaja swimming teacher
uimaopetus swimming lesson(s)
uimapaikka swimming hole
uimapuku swimsuit, bathing suit
uimaranta swimming area/beach
uimari swimmer
uimataito ability to swim

uimuri

uimuri float
uinahtaa drift/float off to sleep, doze/drop off
uinailla doze, snooze, sleep lightly
uinti swimming
uintikilpailu swimmeet
uinua doze, sleep (lightly), (run) slumber
uiskennella swim/paddle around
uistella troll
uistin lure
uitella 1 (veneitä tms) float **2** (jalkoja tms) splash
uittaa 1 (lapsia tms) take (someone) for a swim *märkä kuin uitettu koira/rotta* wet as a drowned rat **2** (kastaa) dip, (liota) soak, drench **3** (päihittää) trounce, clean (someone's) clock **4** (tukkeja) raft, (karjaa) drive, (hevosia) swim
uitto (tukkien) log-rafting, (karjan) driving a herd across a river
uiva swimming, floating *uiva ooppera* floating opera *uiva panssarivaunu* amphibious tank
uivelo smew
ujellus whistle, wail, whine
ujeltaa whistle, wail, whine; (ohi) whiz
ujo shy, timid, bashful
ujostella 1 be (too) shy (to do something) **2** (olla kehtaamatta) be (too) embarrassed/ashamed (to do something) **3** (pelätä) be afraid (to) *ujostella puhua vierasta kieltä* be afraid/embarrassed to speak a foreign language
ujostelu shyness, embarrassment, shame; acting shy/embarrassed/ashamed
ujosti shyly, timidly, bashful
ujostuttaa *Minua ujostuttaa* I'm embarrassed/afraid *Häntä ujostuttaa* He's just (feeling) shy
ujous shyness, timidity, bashfulness
ujuttaa squeeze/edge/inch your way into (a small place) *ujuttaa puheeseen* (manage to) work (something) into conversation
ukaasi 1 (hist) ukase **2** (ark) order, command, edict
ukkeli old man/geezer
ukki grandpa, gramps

ukko old man *Jos minun ukkoni kuulee tästä, hän panee aivan ranttaliksi* (isä, aviomies) If my old man hears about this, he'll hit the roof
ukkomies married man
ukkonen (jylinä) thunder; (myrsky) thunderstorm, electrical storm; (salama) lightning *Ukkonen iski taloon* The house was struck by lightning
ukkosenilma thunderstorm
ukkoskuuro thundershower
ukkosmyrsky thunderstorm
ukkospilvi thundercloud
ukkostaa thunder (myös kuv)
ukonilma thunderstorm
ukon käppänä shriveled-up old man
ukonputki hogweed
ukonsieni parasol mushroom
ukraina Ukranian
Ukraina Ukraine
ukrainalainen Ukranian
U-käännös U-turn
ula VHF (very high frequency) *olla ihan ulalla* be out of it, be completely lost, have no idea what people are talking about
ulappa the open sea, the middle of the lake
ulappalinnut petrels
ulataksi radio taxi
ulina whine/whining, wail(ing), howl(ing)
ulista whine, wail, howl
uljaasti 1 (urheasti) bravely, boldly, courageously **2** *astella uljaasti* step pretty
uljas 1 (urhea) brave, bold, courageous; (run) gallant, valiant **2** (uhkea) grand, stately, handsome
ulkoa 1 (sisään) from (the) outside *tulla ulkoa lämmittelemään* come inside to warm up **2** (ulkomuistista) by heart *Osaan sen ulkoa* I know it by heart *opetella ulkoa* learn something by heart, (vanhan ajan kouluissa) learn something by rote
ulkoapäin 1 (liike) from the outside *Ellei teillä ole omassa porukassa asiantuntijoita, täytyy pyytää apua ulkoapäin* If none of your group is an expert, you'll

ulkomuoto

have to get outside help **2** (paikka) on/from the outside *teljetä ovi ulkoapäin* bolt the door on/from the outside **3** (ulkonäkö) outwardly, on the outside *Ulkoapäin se on ihan hyvännäköinen talo* Outwardly the house looks fine, It's a nice enough looking house on the outside

ulkoasiainministeri (Suomi) Foreign Minister; (US) Secretary of State; (UK) Foreign Secretary

ulkoasiainministeriö (Suomi) Foreign Minisry; (US) Department of State, State Department, (ark) State; (UK) the Foreign Office

ulkoasiainvaliokunta foreign affairs committee

ulkoasu 1 (vaatteet) outfit, outdoorwear, (pakkas-/sadevaatteet) snow/rain gear **2** (ulkonäkö) (outward) appearance(s), the way something looks *esitelmän ulkoasu* (ulkonäkö) how a paper looks, (välimerkit ym) a paper's mechanics

ulkoavaruus outer space

ulkohuone outhouse, (sl) shithouse

ulkoilla take a walk, play/exercise out-of-doors

ulkoilma fresh air *ulkoilmassa* out in the open, outdoors, in the great out-of-doors *nukkua ulkoilmassa* sleep under the stars

ulkoilu walking/playing/exercising out-of-doors

ulkoilualue outdoor recreation area

ulkoiluttaa (koiraa) walk, (lasta) take (a child) out(side) to play

ulkoinen outer, outward, external *ulkoinen kauneus/tyyneys* outward beauty/calm *ulkoiset syyt* external causes *hänen ulkoinen olemuksensa* her outward appearance, her/his outer self

ulkoinen liitäntä external interface

ulkoisesti outwardly, externally, in appearance *muistuttaa ulkoisesti* bear a certain superficial resemblance to, (ark) look like

ulkoistaa 1 externalize **2** (liiketoiminta) outsource

ulkoistaminen externalization

ulkoistus (liiketoiminnan) outsourcing

ulkokautta *kiertää ulkokautta* go around by/on the outside

ulkokohtainen 1 (kylmän tieteellinen) detached, dispassionate, disinterested, objective **2** (pintapuolinen) superficial, shallow

ulkokohtaus (elokuvassa) exterior (scene)

ulkokultainen hypocritical

ulkokuntalainen s out-of-towner, non-resident adj out-of-town, non-resident

ulkokuori 1 covering, casing, case, shell, (puun) bark, (maapallon) crust **2** (ihmisen) exterior, front *Tuon karkean ulkokuoren alla sykkii lämmin sydän* Under that rough exterior beats a warm/good heart *Hänen ystävällisyytensä on pelkkää ulkokuorta* His kindness is all front/show, is a sham

ulkokuvaus exterior(s), exterior/location shots

ulkolainen s foreigner adj foreign

ulkolaitamoottori outboard motor

ulkolinjapuhelu long-distance (phone) call, (UK) trunk call

ulkoluku rote learning

ulkomaa foreign country *ulkomailla, ulkomaille* abroad *ulkomailta* from abroad

ulkomaailma the outside world, the big wide world out there

ulkomaalainen foreigner; (lak) alien

ulkomaalaistoimisto office for alien affairs

ulkomaankauppa foreign trade

ulkomaanmatka trip abroad

ulkomainen foreign

ulkomeri the open sea

ulkoministeri (Suomi) Foreign Minister; (US) Secretary of State; (UK) Foreign Secretary

ulkoministeriö (Suomi) Foreign Ministry; (US) Department of State, State Department, (ark) State; (UK) the Foreign Office

ulkomitat outer measurements

ulkomuisti rote memory *lukea runo ulkomuistista* recite a poem from memory, by heart

ulkomuoto (outer) appearance(s)

ulkona 1 outside, (ulkoilmassa) outdoors, out-of-doors **2** (kodin/kentän ulkopuolella) out *syödä ulkona* eat out *Ulkona!* (urh) Out! *roikkua ulkona* hang out **3** *ulkona kuin lumiukko* out of it

ulkonainen outward, external

ulkonaisesti outwardly, externally

ulkonaliikkumiskielto curfew

ulkonema protuberance, protrusion, projection; (jalkojen alla) ledge, (pään päällä) overhang

ulkonäkö (outer) appearance(s), looks *hyvällä ulkonäöllä siunattu* blessed with good looks

ulkopoliittinen foreign-policy, pertaining to foreign policy

ulkopoliittisesti in terms of foreign policy

ulkopolitiikka foreign policy

ulkopuolella outside *maalata ovi vain ulkopuolelta* paint a door only on the outside, paint only the outside surface of the door *kuulustelussa ulkopuolelle jääneet* those left out of the interrogation *rakennuksen ulkopuolella* outside the building

ulkopuoli the outside, exterior

ulkopuolinen s outsider *tuntea itsensä ulkopuoliseksi* feel left out, feel out of it adj outside, outward, external *hakea ulkopuolista apua* get outside help *Skandinavian ulkopuoliset maat* countries outside Scandinavia

ulkorata outer/outside lane

ulkosalla outdoors, out-of-doors, in the open (air) *nukkua ulkosalla* sleep under the stars

ulkoseinä outer wall

ulkosuomalainen Finnish expatriate/emigrant

ulkotyö outdoor work

ulkovalaisin outdoor lamp/light

ulkovalaistus outdoor lighting

ulkovuorossa in the field

ullakko attic

uloimpana farthest out

uloin outermost

uloke projection; (jalkojen alla) ledge, (pään päällä) overhang

ulompana farther/further out

ulompi outer

ulos out(side/-doors) *mennä ulos* go out, go outside, go outdoors *kävellä ovesta ulos* walk out the door *katsoa ikkunasta ulos* look out the window *ajaa ulos* drive/skid off the road *ULOS (kyltti)* EXIT *Ulos!* Out! Get out!

ulosanti delivery, (self-)presentation *Hänellä on hyvää sanottavaa mutta huono ulosanti* He's got something to say but doesn't know how to say it, he's got a good theme but poor delivery, he's got a good message but presents it badly

uloshengitys exhalation, (ark) breathing out

uloskirjaus (tietok) logout, logoff, signoff

ulosmitata repossess

ulosmittaus repossession

ulosotto recovery (proceedings), (laskun) collection

ulosottomies repossessor, (laskun) collector

ulosottoviranomainen collection agency

ulospäin outwardly *Hän ei näyttänyt mitään ulospäin* He gave no sign (of what he was thinking/feeling) outwardly

ulospääsy exit

ulostaa defecate, move your bowels, make a bowel movement (BM)

uloste feces, excrement

ulostus defecation, bowel movement

ulostuslääke laxative

ulottaa extend (something) to *ulottaa määräykset koskemaan lapsiakin* extend the regulations to cover children too *ulottaa matkansa johonkin* continue/push on to

ulottaa juurensa johonkin (kasvi) send roots down to, (suku) have roots that go back to, that are traceable to

ulotteinen dimensional *kolmiulotteinen* three-dimensional, (ark) three-D

ulottua 1 (olla tilana levinneenä) extend, stretch, reach *ulottua silmänkantamattomiin* extend/stretch/reach as far as the eye can see **2** (ylettyä) reach *ulottua sormenpäillään puukkoon* be able to reach

uneksia

the knife with your fingertips **3** (olla jollakin tasolla) come/be up/down to *ulottua poikaa vyötäröön* come up to the boy's waist
ulottumattomissa out of reach, beyond reach; (pyssyn tms) out of range
ulottuvilla within reach, (käsien) at hand, (pyssyn tms) within range
ulottuvuus 1 (geom) dimension *Aika on neljäs ulottuvuus* Time is the fourth dimension **2** (sot, mus) range *tykistön ulottuvuus* artillery range *Käyrätorvi on ulottuvuudeltaan melko laaja* The French horn has a fairly wide range **3** (liik, lak) scope, extent *sopimuksen ulottuvuus* the scope of the contract/agreement *lain ulottuvuus* the extent/coverage of the law **4** (urh) reach *Sinulla on nyrkkeilijäksi liian pieni ulottuvuus* You've got too short a reach to be a boxer *hevosen ulottuvuus* (šakki) the knight's reach
ultraviolettisäteily ultraviolet radiation
ulvoa 1 (susi) howl, (tuuli) shriek **2** (ark: itkeä) bawl *ulvoa naurusta* howl with laughter
ummehtua 1 (aine) get musty/moldy, mold, mildew **2** (ilma) get stuffy, go stale
ummehtunut 1 (aine) musty, moldy, mildewed **2** (ilma) stuffy, stale
ummessa 1 (kiinni) closed, shut *Osaan mennä sinne vaikka silmät ummessa* I could get there blindfolded, with my eyes shut **2** (tukossa: oja, polku) blocked (off), (tunne) all locked up *Nyt on sekin tie ummessa* Now that door is closed too **3** (lehmä) dried up **4** (ohi) up, over, expired *Aikasi on ummessa* Your time is up *Haku-/voimassaoloaika on ummessa* The application deadline/expiration date is past
ummetus constipation
ummikko monolingual person, someone who can only speak his/her native language
ummistaa close *ummistaa silmänsä jollekin* close your eyes to something, blind yourself to something, ignore something, let someone do something behind your back
umpeen 1 (kiinni) closed, shut *panna silmät umpeen* close/shut your eyes **2** (tukkoon: oja, polku) (get) blocked (off), (tunne) (get) locked up *Tuuli on tuiskuttanut polun umpeen* The path is blocked by snowdrifts *Nyt Pekka meni täydellisesti umpeen* Now Pekka has withdrawn (into his shell) entirely, completely shut out the outside world **3** (lehmä) (go) dry **4** (ohi) up, over, expired *mennä umpeen* expire
umpeutua 1 (aika) expire **2** (haava) heal **3** close, shut, get blocked (off), withdraw (ks umpeen)
umpi s **1** deep, unbroken snowdrift(s) **2** *kysyä ummet ja lammet* (juoruilija) pry into all the (gory) details, wheedle all the juicy tidbits out; (poliiisi tms) interrogate a suspect thoroughly, take a witness's full statement *puhua ummet ja lammet* (ikävän perusteellisesti) give you a blow-by-blow narration, tell the whole story down to the last tedious detail; (kierrellen) beat around the bush **3** (eläimen ummetus) obstipation adv completely *umpikuuro* stone deaf
umpihumalassa dead drunk
umpikuja dead end, blind alley
umpilevy (tietokoneen) hard disk
umpilisäke appendix
umpilisäkkeen tulehdus appendicitis
umpimielinen withdrawn, reserved, uncommunicative; (juro) morose, sullen
umpimähkäinen random, haphazard
umpimähkään at random, haphazardly
umpinainen 1 (suljettu) (en)closed, (tiivis) sealed (off) **2** (kauttaaltaan samaa ainetta) solid *umpinainen suklaamuna* solid chocolate egg
umpisolmu knot that won't slip: overhand/square knot
umpisuolentulehdus appendicitis
umpisuoli appendix
undulaatti budgerigar, (ark) budgie
uneksia (day)dream (of/about) *Enemmän rahaa kuin mistä olisin voinut uneksiakaan* More money than I could have dreamed of

uneksija

uneksija dreamer
uneliaasti sleepily, drowsily
unelias sleepy, drowsy
unelma dream *pyrkiä toteuttamaan unelmaansa* work to make your dream come true
unelmoida (day)dream *Mitä sinä täällä istut ja unelmoit, töihin siitä!* What are you doing sitting around daydreaming, get back to work!
unelmointi (day)dreaming
unenlahjat the ability to sleep well *Ykällä on hyvät unenlahjat* Ykä's a sound sleeper
unenomainen dreamlike
unenpöpperöinen (still) half-asleep, drowsy
unenpöpperössä (still) half-asleep, drowsy
unentarve need for sleep *Mulla on 8 tunnin unentarve* I need 8 hours of sleep every night
uneton sleepless, insomniac
unettaa put you to sleep, make you feel sleepy *Minua unettaa* I'm (feeling) sleepy/drowsy, I feel like going to sleep
unhola *joutua unholaan* be forever forgotten
uni 1 (yöuni) sleep *herätä syvästä unesta* awake from a deep sleep *unten mailla* in the land of Nod, in sleepland *Uni painaa silmiäni* My eyes are heavy with sleep *En saa unta, unen päästä kiinni* I can't (get to) sleep **2** (unennäkö) dream *Kauniita unia!* Sweet dreams!
unikeko 1 sleepyhead **2** (hiiri) (fat) dormouse
unikko poppy
uninen sleepy, drowsy
unissaan asleep *kävellä unissaan* sleepwalk, walk in your sleep
unissakävelijä sleepwalker
unityö (psykoanalyysissä) dreamwork
univormu uniform
unkari (kieli) Hungarian
Unkari Hungary
unkarilainen s, adj Hungarian
unohdus forgetfulness, lapse of memory *joutua unohduksiin* be forgotten *kauan unohduksissa ollut* long-forgotten
unohtaa 1 forget *Unohda koko asia* Forget the whole thing, forget it *En ole unohtanut sinua* I haven't forgotten you *Unohdin sulkea oven* I forgot to close the door *Unohdin pankin kokonaan!* I forgot all about the bank! *Sinä unohdat aina kaiken!* You're so forgetful! **2** (jättää) leave, (jättää tekemättä) neglect *unohtaa takkinsa kotiin* (accidentally) leave your jacket at home *unohtaa kiittää* neglect/forget to say thank you
unohtaminen forgetting
unohtua 1 be forgotten *Sinulta taisi unohtua* You must have forgotten *esittämättä jäänyt, täysin unohtunut näytelmä* an unperformed, completely neglected/forgotten play **2** (jäädä) get/be left (behind) *Unohtuiko tämä sateenvarjo sinulta?* Is this your umbrella? Did you leave this umbrella (behind) (at our place)?
unohtumaton unforgettable
unssi ounce
untuva feather, (mon) down
untuvatakki down jacket
untuvatäkki down quilt
uoma 1 (joen tms) (river)bed **2** (vako) furrow
upea 1 magnificent, splendid **2** (talo) stately, grand **3** (puku tms) gorgeous, stunning **4** (ark) great *Se olisi upeaa* That would be great
upota 1 (veteen laiva tms, hankkeeseen rahaa) sink *Tähän tiehen on uponnut jo 1 milli* We've already sunk 1 mil into this road **2** (kuraan) get stuck (in), (get) bog(ged) down (in) **3** (puuhun saha) bite **4** (kuulijaan) go over, strike home *Vitsit upposivat hyvin yleisöön* His jokes went over well *Valmentajan palopuhe upposi pelaajiin* The coach's pep talk struck home, hit the players where they lived, did its work on the players
upottaa 1 (laiva, rahaa) sink **2** (peittää vedellä) flood **3** (laittaa veden alle) immerse, submerge, (ark) dip (in water) **4** (kastaa upottamalla) baptize (by total immersion) **5** (puukko, keihäs) plunge

6 (katseensa) drill, (surunsa) drown *upottaa katseensa johonkuhun* drill/burn your eyes into someone *upottaa surunsa viinaan* drown your sorrows (in the bottle) **7** (kaappi seinään) build in/flush, (naula) countersink, (pistorasia) install flush, (kone betoniin) embed **8** (lauseenvastike lauseeseen) embed **9** (tietok) insert **10** (kivi sormukseen) set, mount

upotus 1 sinking, immersion, submersion **2** (kaste) total immersion **3** (koristeupotus) inlay **4** (lukkoa varten) mortise

upouusi brand-new, brand spanking new

uppiniskainen insolent, impudent, defiant, disobedient

uppoamaton unsinkable

uppopuu sunken log, (laivalta nähtynä) snag

upporikas filthy rich, rolling in money/it

uppoutua 1 (pehmeään sänkyyn) sink (back/down) into **2** (velkoihin) drown in (debt) **3** (työhön tms) get wrapped up in, get absorbed in

upseeri officer

ura 1 (tekn) groove, slot, slit **2** (maan pinnassa: polku, myös kuv) path, trail, track; (pyörän jälki) rut *ajautua väärälle uralle* get off on the wrong track, go off on a tangent *luoda/uurtaa uusia uria* break new paths/ground, blaze new trails *jäädä polkemaan samaa uraa* fall into a rut **3** (tietok) track **4** (karrieeri) career *uransa huipulla* at the peak of your career **5** (mat) locus

uraani uranium

uraauurtava ground-/path-breaking, trailblazing, pioneering

urakka 1 (liik) contract, (ark) job **2** (kuv) job *Huh mikä urakka!* Whew, what a job!

urakkapalkka *tehdä urakkapalkalla töitä* (rakennus- yms töissä) get paid by the piece, on a piecework basis, get paid by the job; (ark) get paid a lump sum

urakointi contracting

urakoitsija contractor

uranuurtaja pioneer, trailblazer

uraputki the career ratrace

urautua fall into a rut

urea urea

urhea brave, bold, courageous; (run) gallant, valiant

urheilija athlete

urheilu sports

urheiluauto sports car

urheiluhullu sports nut/fan

urheilukalastus sport fishing

urheilukenttä sports field: baseball/football/soccer/jne field

urheilukilpailu sports/athletic competition

urheilulaji sports event

urheiluloma skiing holiday

urheiluseura athletic club

urhoollinen brave, bold, courageous; (run) gallant, valiant

urhoollisesti bravely, boldly, courageously; (run) gallantly, valiantly

urkintatekniikka (tietok) spyware

urkkia pry, probe, snoop (around/about); (vakoilla) spy *urkkia tietoja* ferret out information

urkuparvi organ loft

urkuri organist

urologi urologist

uros male

uroteko heroic deed, feat of valor

urotyö heroic deed, feat of valor

urputtaa (ark) gripe, grouse, moan and groan

Uruguay Uruguay

uruguaylainen s, adj Uruguayan

urut organ

USA USA, US, United States of America

usea 1 many, (ark) a lot (of) *useassa kohdin* in many places *useita ihmisiä* a lot of people, quite a few people **2** (eri) various *Siihen on useita syitä* There are various reasons (for that)

useampi more, (mon) most *Useampi päivä olisi liikaa* More days would be too many *Useammat ihmiset valitsevat juuri noin* Most people make the same choice (as you)

useasti often, frequently

useimmiten

useimmiten most often/commonly/usually, in most cases; (ark) more often than not

usein often, frequently

uskalias 1 (rohkea) daring, bold **2** (riskille altis) risky

uskallus courage, boldness, daring

uskaltaa dare, venture, have the courage to, be bold/brave enough to *Etpäs uskalla hypätä jänishousu!* You're too scared to jump, chicken/scaredy-cat! *parempi hinta kuin uskallettiin toivoakaan* a better price than we dared hope for, than we expected *Joka ei mitään uskalla, ei mitään voitakaan* Nothing ventured, nothing gained

uskaltautua venture

usko belief, faith *usko siihen että* the belief that *siinä uskossa että* in the belief that *usko Jumalaan/sinuun* faith in God/you *Usko tekee teidät vapaiksi* Faith will set you free *tulla uskoon* be born again, accept Jesus Christ as your personal savior

uskoa 1 (olla jossakin uskossa, luulla) believe, think *uskoa tietävänsä kaikki* think you know everything *uskoa kirjan menestyvän hyvin* believe/think that a book will be a success **2** (pitää jotakin totena) believe, (ark) buy *En usko hetkeäkään tuota* I don't believe/buy that for a second *Uskokaa tai älkää* Believe it or not *En olisi hänestä uskonut* I never would have believed it of him, I never thought he had it in him **3** (ottaa vakavasti) believe, obey, listen (to), take (someone) seriously *Äitiä pojat eivät uskoneet, vain isää* The boys would never listen to their mother, only their father; would only obey their father, take him seriously, never their mother **4** (luottaa johonkin) believe (in), trust, have faith (in) *uskoa joulupukkiin/ihmelääkkeeseen* believe in Santa Claus/a wonder drug **5** (antaa jollekulle: huoleksi) entrust, (tehtäväksi) charge *Uskon sinulle nämä kassakaapin avaimet* I'm going to entrust the keys to the safe to you **6** (kertoa luottamuksellisesti) confide, trust (someone) with a secret *uskoa intiimi asia ystävälle* confide an intimate matter to a friend, trust a friend with an intimate secret

uskolla parantaja faith-healer *uskolla parantaminen* faith-healing

uskollinen 1 faithful, loyal, true *uskollinen aviomies/-vaimo* faithful husband/wife *uskollinen työntekijä* loyal employee *uskollinen ystävä* true friend **2** (horjumaton) staunch, devoted *uskollinen kannattaja* staunch/devoted follower

uskollisesti faithfully, loyally, truly, staunchly, devotedly

uskollisuus faithfulness, fidelity, devotion *aviouskollisuus* marital fidelity *palvelijan uskollisuus* a servant's devotion

uskomaton incredible, unbelievable, beyond belief

uskomus belief

uskonasia matter of faith

uskonnollinen religious *Hän on syvästi uskonnollinen* She's very religious

uskonnonopettaja religion teacher

uskonnon opetus religious education/instruction; (kouluaineena) religion (class)

uskonnonvapaus freedom of religion

uskonpuhdistaja Reformer

uskonpuhdistus Reformation

uskonpuute lack of faith

uskonto religion

uskontunnustus creed *apostolinen uskontunnustus* the Apostolic Creed *Nikean uskontunnustus* the Nicean Creed

uskotella 1 (itselleen) pretend (that, to be), fool/deceive yourself (into thinking), try to convince yourself (that) **2** (toiselle: itsekin uskoen) try to convince someone (that, of something), try to make someone believe some-thing; (kyynisesti) fool/deceive/dupe (someone) *Turha minulle tuommoista on uskotella* (ark) Don't try that line on me, don't feed me that bullshit, don't give me that garbage

uskoton s unbeliever, infidel adj **1** (pettävä: aviopuolisolle) unfaithful, faithless, cheating; (maalle tms) disloyal *olla*

uskoton puolisolleen cheat on your spouse **2** (usk) unbelieving
uskottava credible, believable, plausible
uskottomuus (aviollinen) infidelity; (muu) disloyalty, unfaithfulness
uskottu s (läheinen ystävä) intimate; (jolle kertoo kaiken: mies) confidant, (nainen) confidante adj trusted, intimate
uskoutua confide (in), take (someone) into your confidence
uskovainen s devout Christian; (ark) born-again Christian adj religious, devout
usuttaa 1 (ihmisiä) provoke, incite, urge; (ark) egg on **2** (koiraa tms) sic *Usuta koirasi hänen kimppuunsa* Sic your dog on him
usva mist, fog
usvainen misty, foggy
utare udder
uteliaasti curiously, inquisitively
uteliaisuus curiosity, inquisitiveness; (ark) nosiness
utelias s (ark) snoop, nosy Parker adj curious, inquisitive; (ark) nosy, snooping
utopia Utopia, (ark halv) pipe-dream
utopisti Utopian, (ark) optimist, (halv) dreamer
utopistinen Utopian, (ark) optimistic
utu mist
utuinen misty
uudehko newish
uudelleen again, once more/again, newly, (eri verbien liitteenä) re- *arvioida uudelleen* reappraise, reevaluate *miettiä uudelleen* reconsider, rethink *yhä uudelleen* again/time and again, over and over (again) *Me järjestimme olohuoneen huonekalut uudelleen* We rearranged the furniture in our living room
uudenaikainen modern, up-to-date; (murt halv) newfangled
uuden veroinen good as new, like new
uudenvuodenaatto New Year's Eve
uudenvuodenjuhla New Year's Eve party
uudenvuodentervehdys New Year's card
uudestaan ks uudelleen
uudestisyntyminen rebirth; (usk) regeneration, (ark) being born again
uudestisyntynyt reborn; (usk) born again
uudisasukas settler, colonist
uudisasutus settlement, colony
uudisraivaaja pioneer settler/farmer, homesteader
uudistaa 1 (uusia: lehtitilaus, kirjalaina, lääkeresepti, ystävyyttä jne) renew **2** (korjata: yl) redo; (taloa tms) renovate, remodel; (kirjaa) revise; (suunnitelmaa) revamp **3** (korjata: lainsäädäntöä tms) reform **4** (korvata uudella) replace **5** (uudenaikaistaa) modernize, bring up to date
uudistua be transformed/renewed *Minulla on ihan uudistunut olo!* I feel like a new (wo)man!
uudistumaton nonrenewable *uudistumattomat luonnonvarat* nonrenewable natural resources
uudistus 1 (uusiminen) renewal **2** (talon tms korjaaminen/korjaus) renovation, remodeling **3** (kirjan tms korjaaminen/korjaus) revision **4** (lainsäädännön tms korjaaminen/korjaus) reform **5** (uudella korvaaminen) replacement **6** (uudenaikaistus/-istaminen) modernization
uumenissa *maan/laivan uumenissa* deep in the bowels of the earth/ship *metsän uumenissa* in the middle/depths of the forest *sielun uumenissa* in the nether regions of the soul
uumoilla have a feeling/hunch (about, that) *uumoilla petosta* (ark) smell a rat
uuni 1 oven, stove **2** (tekn: sulatus-/polttouuni) furnace, (kalkkiuuni) limekiln, (tiiliuuni) (brick)kiln *polttaa savimaljaa uunissa* fire pottery in a kiln
uupua 1 (rasittua) get exhausted/tired; (ark) get (all) pooped out *olla uupunut kuuntelemaan* be tired/sick of listening **2** (puuttua) (be) lack(ing), be missing/absent *kirja joka ei saisi uupua mistään kirjastosta* a book that no library can do without, should lack

uupumaton inexhaustible, untiring
uupumus exhaustion, fatigue
uurastaa work (at something), slave away; (ark) bust your buns, work your ass off
uurastus hard work
uurna 1 (tuhkauurna tms) urn **2** (vaaliuurna) ballot box
uurre 1 (ponttilaudan tms) groove **2** (otsaryppy) furrow, line **3** (pylvään) flute, (mon) fluting
uurtaa 1 (puuta tms) groove, carve **2** (otsaa) furrow, line *huolten uurtama otsa* a brow lined/furrowed by care
uurteinen grooved, furrowed, fluted (ks uurre)
uusi new, novel, fresh *Tarvitaan uusia ideoita* We need new/novel ideas, we need a fresh approach *Huomenna on uusi päivä* Tomorrow's another day *uudemman kerran* once again *Mitä uutta?* What's new? *Kuuluuko mitään uutta?* Any news?
uusia 1 (lehtitilaus, kirjalaina, sopimus, lääkeresepti jne) renew **2** (korjata: yl) redo; (taloa tms) renovate, remodel; (sisustus) redecorate; (kirjaa) revise; (suunnitelmaa) revamp; (järjestys) rearrange **3** (tentti) retake, (rikos) repeat, (ottelu) replay, (TV-ohjelma) rerun, (radio-ohjelma) rebroadcast **4** (korvata uudella) replace, renew **5** (uudenaikaistaa) modernize, bring up to date renew
uusi aalto new wave
uusi aika (hist) the modern period
Uusi-Englanti New England *Uuden-Englannin asukas* New Englander
uusiksi *Se meni uusiksi* Now we have to start over (again), start from scratch *ottaa uusiksi* try something/it again
uusi maailma (Amerikka) the New World
uusinta 1 (uudelleen esitetty: TV-ohjelma) rerun, (radio-ohjelma) repeat (broadcast) **2** (pelikohdan hidastus) (instant) replay **3** (uusintaottelu) rematch, make-up game, (nyrkkeilyssä) return bout/fight **4** (taudin) relapse
Uusi-Seelanti New Zealand
uusiseelantilainen s New Zealander
uusi tulokas newcomer
uusiutua 1 (biol) (be) regenerate(d) **2** (tauti) recur *Hänen tautinsa on uusiutunut* He's suffered a relapse
uusi vasemmisto the New Left
uusivuosi New Year('s)
uusköyhyys the new poverty
uuslukutaidottomuus the new illiteracy
uusmoralismi the new moralism
uute extract
uutinen (piece of) news *Minulla on sinulle uutinen* I've got news for you
uutiset the news
uutiskuvaaja press photographer
uutislähetys newscast, (ark) the news
uutistoimisto press agency
uutistoimittaja news editor
uutisviihde (tietok) infotainment
uuttaa extract
uuttera hard-working, diligent, industrious
uutterasti diligently, industriously
uutukainen *uuden uutukainen* brand-new
uutuudenviehätys novelty
uutuus 1 (esineen) newness, novelty *uutuuttaan jäykät kengät* shoes that haven't been broken in yet **2** (esine) novelty, (uusi tuote) new model *Uutuus!* (pakkauksen kyljessä) New (and improved)!
uutuusarvo novelty value
uuvuksissa exhausted; (ark) bushed, (all) pooped (out)
uuvuttaa exhaust, tire *Simo uuvutti minua puoli tuntia matkakertomuksillaan* Simo wore me down for half an hour with stories of his travels/with his travelogues
uuvutussota war of attrition

V, W, v, w

vaa'ankieli pointer, indicator *olla vaa'ankielenä* tip the scales
vaade claim
vaadin reindeer doe
vaadittaessa on demand/request
vaadittava required, requisite
vaahdota foam, (saippua) lather, (olut) froth
vaahtera maple
vaahterasiirappi maple syrup
vaahterasokeri maple sugar
vaahto foam, (saippuan) lather, (oluen) froth
vaahtokumi foam rubber
vaahtokupla soap bubble
vaahtokylpy bubble bath
vaahtomuovi foam(ed) plastic
vaahtopesu shampoo
vaahtopäinen whitecapped, (meren rannalla) breaking
vaahtopää whitecap, (meren rannalla) breaker
vaahtosammutin foam extinguisher
vaaita level
vaaitus leveling
vaaja 1 (paalu) pile **2** (kiila) wedge
vaaka 1 scale, balance *kallistaa vaaka jonkun eduksi* tip the scales/balance in someone's favor **2** (voimistelussa) horizontal stand, (taitoluistelussa) arabesque **3** (horoskoopissa) Libra
vaaka-asento horizontal position
vaakakuppi pan *Tämä ei vaaka- kupissa paljon paina* This doesn't count for much (in the grand sceme of things)
vaakalauta *Minun koko tulevaisuuteni on tässä vaakalaudalla* My whole future is at stake here, my future hangs in the balance here *panna henkensä vaakalaudalle* (jonkun puolesta) risk your life for someone, (jonkin edestä) stake your life on something
vaakasivu (tietok) landscape page
vaakasuora horizontal *vaakasuoraan* horizontally
vaakataso horizontal plane
vaakavieritys (tietok) horizontal scrolling
vaakaviiva horizontal line
vaaksa hand, span *Parempi virsta väärää kuin vaaksa vaaraa* Better safe than sorry
vaaksiainen crane-fly
vaaksiaishämähäkki daddy-long-legs-spider
vaakuna (coat of) arms, seal
vaalea 1 (iho) white, light(-colored), fair(-complexioned) **2** (tukka) fair(-haired), blond, (nainen) blonde
vaaleahko blondish
vaaleaihoinen white, light(-colored), fair(-complexioned)
vaaleanpunainen pink
vaaleatukkainen fair(-haired), blond, (nainen) blonde
vaaleaverikkö blonde
vaaleaverinen blond(e)
vaalentaa lighten, (hiukset) bleach
vaaleta lighten
vaali election (ks myös vaalit)
vaalia cherish, (hoivata) tend, take (tender) care of, care for (tenderly)
vaaliehdokas candidate (for elective office)
vaaliheimolainen like-minded person
vaalihuoneisto polling place
vaalijärjestelmä election process
vaalikampanja (election) campaign
vaalikausi term
vaalikelpoinen eligible

vaalikelpoisuus eligibility (for office)
vaalikelvoton ineligible
vaalilautakunta election committee/board
vaaliliitto (electoral) coalition
vaalilippu ballot
vaaliluettelo list of voters, electoral register
vaalilupaus election promise
vaalimainonta campaign advertising
vaalimainos campaign ad(vertisement), (TV:ssä) spot
vaaliohjelma platform
vaalioikeus right to vote, suffrage *naisten vaalioikeus* women's suffrage
vaalipaikka polling place
vaalipetos election fraud, rigged election
vaalipiiri electoral district
vaalipuhe election speech
vaalipäivä election day
vaaliruhtinas (hist) Elector
vaalisalaisuus secret ballot
vaalit election; (vaaliuurnat, äänestäminen) polls *yleiset vaalit* general election *menestyä vaaleissa* be successful at the polls
vaalitaistelu campaign battle
vaalitentti campaign debate
vaalitulos election return(s)
vaalitulospalvelu election coverage
vaaliuurna voting/ballot box, poll *käydä vaaliuurnilla* go to the polls
vaalivalvojaiset election coverage
vaalivoittaja the winner of the elections
vaalivoitto electoral victory
vaan 1 but, (but) rather, (but) on the contrary *Ei hän vaan minä* Not him, me; not him but me; (ylät) not he but rather I *ei ainoastaan...vaan myös* not only...but also *En ole vastahakoinen vaan innostunut* I'm not at all reluctant, on the contrary, I'm excited **2** (ark = vain) just, only; on, ahead *Se oon vaan mä* It's just me *Tuu vaan* Come on *Mee vaan* Go ahead
vaania lurk/skulk/sneak/slink (about), lie in ambush
vaappu plug

vaappua 1 (ankka, ihminen) waddle; (hoiperrella) stagger **2** (polkupyörä, tuoli tms) wobble **3** (juna, auto tms) jostle, bounce **4** (vene) rock **5** (kuv) waver, hover *vaappua kahden vaiheilla* waver between two possibilities, be torn *Voitto vaappui hiuskarvan varassa* Victory hung by a thread
vaara 1 (mäki) hill **2** danger, risk; (ylät) peril, hazard, jeopardy *saattaa joku vaaraan* endanger/imperil/jeopardize someone('s life) *antautua siihen vaaraan että* run the risk of (doing something)
vaarallinen dangerous, risky; (ylät) perilous, hazardous
vaarallisesti dangerously, perilously, hazardously
vaarallisuus danger(ousness), peril, hazard
vaarantaa endanger, risk, imperil, jeopardize, hazard, place/put (someone/something) in danger/peril, at hazard/risk
vaarantua be endangered/imperiled/jeopardized, be placed/put in danger/peril, at hazard/risk
vaaraton safe, innocuous, not dangerous
vaaravyöhyke danger zone
vaari 1 (isoisä) grandpa, gramps **2** *ottaa vaari(n)* (take) heed, take (someone) seriously, pay attention to (someone's warning)
vaarua list
vaasi vase
vaate garment, piece/article of clothing; (mon) clothes, clothing *Vaatteet tekevät miehen* Clothes make the man
vaate-esittely fashion show
vaateharja clothes brush
vaatehuone walk-in closet
vaatekaappi wardrobe, closet
vaatekappale garment, piece/article of clothing
vaatekauppa clothing store
vaatekerta outfit, (matkalla) change of clothes
vaatekoi clothes moth
vaatekomero wardrobe, closet
vaateliaisuus demanding nature, exactingness, discrimination, sophistication,

fastidiousness, meticulousness (ks vaatelias)
vaatelias 1 demanding, exacting 2 (sofistikoitunut) sophisticated, discriminating 3 (turhantarkka) fastidious, meticulous, nitpicking; (ark) picky
vaatettaa clothe, (pukea) dress
vaatetus clothing
vaatetusala the clothing business, the garment industry *vaatetusalan liike* clothing store
vaatetusliike clothing store
vaatia 1 (tekemään) demand, insist, require, call for, ask *En voi vaatia sitä sinulta* I can't insist that you do it, (pakottaa) I can't require/force you to do it, (pyytää) I couldn't possibly ask you to do that *Tämä tehtävä vaatii kärsivällisyyttä* This job requires/calls for patience 2 (itselleen) claim, demand *vaatia korvauksia* file a claim for damages *vaatia rahansa takaisin* demand your money back 3 (tarvita) need, take *Tuo kukka vaatii liikaa tilaa* That plant takes up too much room *Lapset vaativat paljon rakkautta* Children need plenty of love 4 *vaatia antautumaan* demand (that someone) surrender *vaatia tekijä esiin* call for the aurhor/composer (tms) *vaatia eroamaan* ask for (someone's) resignation *vaatia kaksintaisteluun* challenge (someone) to a duel 5 *vaatia ihmishenkiä* (onnettomuus tms) claim (human) lives
vaatia kuuliaisuutta demand obedience of, insist on obedience from, exact obedience from
vaatia liikaa demand too much, make exorbitant demands (on)
vaatia uhreja cause casualties, claim lives
vaatimalla vaatia (put your foot down and) insist
vaatimaton modest, humble *vaatimaton ihminen* modest/unassuming/unpretentious/humble person *vaatimaton talo* humble/lowly/shabby/ordinary house *vaatimaton maku* simple taste(s) *vaatimaton rooli* minor/bit part *Et saa olla turhan vaatimaton!* You shouldn't be so modest!
vaatimattomasti modestly, unassumingly, unpretentiously, humbly, simply (ks vaatimaton)
vaatimattomuus modesty, humility, simplicity
vaatimus 1 demand *täyttää jonkun vaatimukset* meet someone's demands, do what someone expects of you 2 (pääsy/tutkintovaatimus) requirement *täyttää vaatimukset* meet the requirements 3 (vaatimustaso) standard *täyttää vaatimukset* be up to standard, meet the standards 4 (vaade) claim *esittää vaatimus* file a claim, lay claim to
vaatimustaso standard(s)
vaativa demanding, exacting
vaatteet clothes
vaatturi tailor, haberdasher
vadelma raspberry
vaellus 1 travel, trek, wandering(s) 2 (eläinten, kansojen) migration 3 (pyhiinvaellus) pilgrimage (myös kuv)
vaellusromaani picaresque novel
vaeltaa 1 travel, trek, wander, roam, ramble *Hänen katseensa aina vaeltaa kun hänelle puhuu* His eyes always wander all over the place when you talk to him 2 (eläimet, kansat) migrate
vaeltaja wanderer, rambler; (partiossa) Explorer (Scout)
vagina vagina
vaha wax *olla kuin vahaa jonkun käsissä* be like wax/putty in someone's hands
vahakabinetti wax museum
vahakangas oilcloth
vahakenno honeycomb
vahakuva wax figure
vahakynä wax applicator
vahamaalaus wax painting
vahamainen waxy, (tieteessä) ceraceous
vahamuseo wax museum
vahanukke wax figure
vahas stencil
vahata wax
vahatulppa wax (ear)plug

vahdata

vahdata watch, keep an eye on; (vartioida myös) guard *Mitä sinä minua vahtaat, hoida omat asiasi* What're you spying on me for, mind your own business

vahdinvaihto changing of the guard

vahingoittaa damage, injure, hurt, harm, wreck

vahingoittua be damaged/injured/hurt/harmed, suffer damage(s)/injury, come to harm

vahingoittumaton intact, unhurt, unharmed, unscathed; (ark) all in one piece

vahingollinen injurious, harmful, bad (for you)

vahingonilo pleasure in someone else's misfortune, malicious pleasure/delight

vahingonkorvaus damages, indemnity

vahingonkorvausvaatimus claim for damages

vahingonkorvausvelvollisuus liability for damages, indemnity liability

vahinko 1 (onnettomuus) accident, mishap, piece of misfortune *vahingossa* by accident, accidentally; (erehdyksessä) by mistake *Minulle tuli vahinko housuun* I had an accident in my pants 2 (vaurio) damage, harm, injury, impairment *Kyllä minä korvaan kaikki vahingot* I'll pay for all damages *Vahingosta viisastuu* Those who don't learn from their mistakes are condemned to repeat them; live and learn 3 (sääli) pity, shame *Vahinko ettet voi tulla* A pity/shame you can't come *Sepä vahinko!* That's too bad! What a (crying) shame!

vahinko ei tule kello kaulassa disaster strikes when you least expect it

vahti watch, guard *olla vahdissa* stand watch/guard, be on guard (duty)

vahtia watch, guard, protect, keep an eye on; (varrota) keep an eye out for

vahtikoira watch/guard dog

vahtimestari 1 (siivooja/korjaaja) janitor, custodian 2 (portieeri) doorman, porter

vahva strong (myös kiel), powerful, robust; (ark) tough *Kärsivällisyys ei ole vahvempia puoliani* Patience is not one of my strengths, my strong suits

vahvasti strongly *Epäilen vahvasti, ettei hän tule* I strongly suspect he isn't coming

vahvennus 1 (vahventuminen) strengthening *odottaa jään vahvennusta* wait till the ice is stronger/thicker 2 (vahventava lisäys) reinforcement *seinärakenteiden vahvennus* wall reinforcement *saada vahvennukseksi uusia pelaajia* get reinforcements 3 (lihavointi) bold(ing)

vahventaa strengthen, harden, fortify; (tukea) reinforce

vahventua get stronger(/better/thicker jne) *Joukkue on vahventunut viime kaudesta* The team's improved since last season

vahvero chantarelle

vahvike 1 reinforcement 2 (ark: paukku) fortifier, pick-me-up *kaataa kahviin vahvikkeeksi konjakkia* spike the coffee with brandy

vahvistaa 1 (vahventaa) strengthen, harden, fortify; (tukea) reinforce, build/shore/prop up 2 (tekn = ääntä) amplify 3 (todentaa, varmentaa) confirm, verify, corroborate, substantiate, validate; (laki) ratify

vahvistaa huhu confirm a rumor

vahvistaa kauppa close a deal

vahvistaa muistiaan refresh your memory

vahvistaa taitoaan impove your skill

vahvistamaton 1 (tieto) unconfirmed, unsubstantiated, unverified 2 (laki) unratified

vahvistin amplifier

vahvistua 1 (dollari) strengthen 2 (lihakset) get stronger, gain strength

vahvistus 1 fortification, reinforcement *jenkkivahvistus* American basketball player, Yankee reinforcement 2 (tiedon) confirmation, verification, corroboration, substantiation; (periaatteen) validation; (lain) ratification

vahvuinen 1 (ihmismäärä) -man, -person, strong *60:n vahvuinen kuoro* a 60-person choir, a choir 60 strong 2 (paksuus) -thick *metrin vahvuinen jää* meter-thick ice

vahvuus 1 (voimakkuus, ihmismäärä) strength **2** (paksuus) thickness **3** (linssin) power

vai or *En oikein tiedä, olenko tulossa vai menossa* I'm not quite sure whether I'm coming or going *Vai niin* Is that so, is that a fact, really *Vai sinäkin tulit* So you came too *Olin oikeassa vai mitä?* I was right, wasn't I?

vaientaa silence, gag, muzzle; (ark) shut someone up

vaientaminen silencing

vaieta 1 (lakata puhumasta) fall silent **2** (olla puhumatta) keep silent, say nothing, hold your tongue

vaihdanta exchange *mielipiteiden vaihdanta* exchange of opinions *tavaroiden vaihdanta* exchange of commodities

vaihdantatalous barter economy

vaihde 1 (muutos) change, (vaihdos) turn *vuosisadan vaihteessa* at the turn of the century *vaihteeksi, vaihteen vuoksi* for a change, (ark) for a switch **2** (rautatien, tietok) switch **3** (puhelinvaihde) switchboard **4** (auton, pyörän: laite) gear, (nopeus) speed *vaihtaa ykkösvaihde päälle* shift into low/first (gear) *Pyörässä on kymmenen vaihdetta* It's a tenspeed

vaihdekeppi (ark) stick

vaihdelaatikko transmission, (ark) tranny

vaihdella tr **1** (vaihtaa) change, keep changing **2** (muunnella) vary, (vuorotella) alternate itr **3** (muuttua) vary, fluctuate, shift *A: Miten lämmintä täällä on kesällä? B: Sehän vaihtelee* A: How warm is it here in the summer? B: It varies **4** (vuorotella) alternate, switch

vaihdepyörä 1 (polkupyörä) gearshift bicycle **2** (tekn) gearwheel

vaihdetanko gearshift, (ark) stick

vaihdevuodet menopause

vaihdin (CD-vaihdin) CD changer, (ilman) ventilator, (lämmön) heat exchanger

vaihdokas changeling

vaihdokki trade-in

vaihdos change

vaihduksissa interchanged *joutua vaihduksiin* be interchanged

vaihdunta (ilman) ventilation, replenishment; (työntekijöiden) turnover

vaihe 1 phase, period, stage; (mon) development, progress, history *seurata Don Quijoten värikkäitä vaiheita* follow the colorful adventures of Don Quixote *Wittgensteinin myöhempi vaihe* the later Wittgenstein, Wittgenstein's late(r) period **2** *olla kahden vaiheilla* be caught between two choices/alternatives, be torn

vaiheikas rich, eventful, checkered

vaiheittain in stages/phases *ottaa vaiheittain käyttöön* phase in

vaiheittainen gradual

vaihejännite phase voltage

vaihemittari phasemeter

vaihetyö production-line work *olla vaihetyössä* work on the (production) line

vaihetyöntekijä production-line worker

vaihtaa 1 change, switch, shift; (päinvastaiseksi) reverse *vaihtaa junaa* change trains *vaihtaa autoon akku* replace your car battery *Missä täällä voi vaihtaa rahaa?* Where can I change some money around here? *Voitko vaihtaa tämän kympin pienemmäksi?* Do you have change for a ten? *vaihtaa kantaansa* change your stance/opinion/position *vaihtaa vaatteita* change (your) clothes *vaihtaa vartio* change the guard (on duty) *vaihtaa öljyt* change the oil **2** (keskenään) exchange, switch, trade, swap *Vaihdetaanko leipiä?* You wanna trade/swap sandwiches? *vaihtaa vanha autonsa uuteen* trade your old car in on a new one *Pitäisi vaihtaa nämä eurot dollareiksi* I need to exchange these euros for dollars

vaihtaa jalkaa change feet; (painoa) shift your weight from one foot to the other

vaihtaa karvaa shed its winter fur/coat

vaihtaa kylkeä turn over (onto the other side)

vaihtaa maisemaa get a change in scenery, move on to greener pastures

vaihtaa miekka auraan

vaihtaa miekka auraan beat your swords into plowshares
vaihtaa nahkansa shed its skin
vaihtaa nimensä change your name
vaihtaa omistajaa change owners(hip)
vaihtaa paikka change places
vaihtaa pari sanaa exchange a few words
vaihtaa pienemmälle vaihteelle downshift
vaihtaa pois barter away
vaihtaa puolta change sides
vaihtaa rahaksi (sekki) cash a check; (omaisuus) realize your property
vaihtaa salkkuja switch briefcases
vaihtaa sormuksia exchange rings
vaihtaa vaihdetta change gears, shift
vaihtaa vauva kuiviin change the baby('s diaper)
vaihtaa viestiä (urh) pass the baton, make the change
vaihteisto transmission, (ark) tranny
vaihteleva varying, variable, changeable; (tal) fluctuating *vaihteleva pilvisyys* variable cloudiness *vaihtelevalla menestyksellä* with varying success
vaihtelevuus variety, variability
vaihtelu 1 (vaihteleminen) variation, (tal) fluctuation **2** (erilaisuus) variety, change
vaihtelu virkistää variety is the spice of life
vaihteluväli range
vaihto 1 change, ex/interchange *mielipiteiden vaihto* exchange/interchange of ideas **2** (junan tms) change, (bussin) transfer **3** (tavaran) barter, trade **4** (liikevaihto) trade, sales, volume, turnover **5** (pelaajan) substitution
vaihtoarvo exchange value, (käytetyn) trade-in value
vaihtoauto used car
vaihtoehto alternative
vaihtoehtoinen alternative
vaihtoehtoliike alternative movement
vaihtojännite alternating/A.C. voltage
vaihtokauppa trade, barter, (ark) swap *Tehdäänkö vaihtokaupat?* You wanna trade/swap?

vaihtokelpoinen interchangeable, compatible
vaihtokurssi exchange rate
vaihtolyönti (lähin vastine) sacrifice
vaihtolämpöinen cold-blooded
vaihtomies (urh) substitute
vaihtonäppäimen lukitsin shift lock
vaihtonäppäin shift key
vaihto-objektiivi interchangeable lens
vaihto-oikeus right of exchange
vaihto-omaisuus floating assets, inventory
vaihto-oppilas exchange student
vaihtopelaaja substitute
vaihtoraha change
vaihtotalous barter economy
vaihtotase balance of (current) payments
vaihtotavara barter(able) good(s)
vaihtovaatteet a change of clothes/clothing
vaihtovelkakirja convertible debenture
vaihtovelkakirjalaina convertible debenture loan
vaihtovirta alternating current, A.C.
vaihtovirtavastus impedance
vaihtoväline medium of exchange
vaihtua change, turn; (päinvastaiseksi) reverse *Nyt meidän osamme ovat vaihtuneet* Now the shoe's on the other foot, the tables are turned *Ei aikaakaan ennen kuin vuosituhat vaihtuu* It won't be long before we're into a new millennium *Salkkumme vaihtuivat vahingossa* We got our briefcases mixed up by accident, our briefcases accidentally got switched
vaihtuva korko variable interest (rate)
vaihtuvakorkoinen laina variable-interest loan/mortgage
vaihtuvuus (työntekijöiden tms) turnover
vaikea 1 difficult, hard; (ark) tough *vaikea tilanne* a difficult/awkward/embarrassing situation *vaikea valinta* a difficult/tough choice/decision *Minun on aika vaikea mennä sanomaan hänelle että* It's pretty difficult/hard/tough for me to go and tell her to *Älä viitsi olla vaikea* Stop being difficult *Sinua on niin vaikea miellyttää* You're so hard to

please **2** (vakava) serious *vaikea sairaus/vamma* a serious illness/injury
vaikeakulkuinen rough, difficult
vaikealukuinen hard to read
vaikeaselkoinen difficult/hard to understand *Se on aika vaikeaselkoinen kirja* It's a hard/difficult read, it's pretty tough sledding
vaikeasti 1 *vaikeasti luettava* difficult/hard to read, (huonon käsialan vuoksi) almost illegible **2** *vaikeasti sairas* seriously ill
vaikeatajuinen difficult/hard to read (ks myös vaikeaselkoinen)
vaikeatöinen hard to use
vaikeavammainen s seriously disabled person adj seriously disabled
vaikeneminen silence
vaikeneminen on kultaa silence is golden
vaikeneminen on myöntymisen merkki silence means consent
vaikeroida 1 (voihkia) groan, moan **2** (voivotella) bemoan, bewail
vaikerointi groaning, (be)moaning, bewailing
vaikerrella moan and groan, bewail, lament
vaikertaa moan, groan
vaikeus difficulty, (mon) trouble *olla vaikeuksissa* be in (big) trouble *Siinä se vaikeus onkin* That's the problem *Pukeutuminen tuotti suuria vaikeuksia* Dressing herself was almost too much for her
vaikeusaste degree of difficulty
vaikeusjärjestys order of difficulty
vaikeuttaa make (something more) difficult, impede, hinder, hamper; (pahentaa) aggravate; (mutkistaa) complicate
vaikeutua become (more) difficult; (pahentua) be aggravated; (mutkistua) get complicated
vaikka 1 (vaikka on) (al)though, even though *Kyllä sinun täytyy mennä vaikka oletkin sairaana* You've got to go, even though you're sick; I don't care how sick you are, you still have to go **2** (vaikka olisi) even if *Kyllä sinun täytyisi mennä vaikka olisit itse Ukko Jumala* You'd have to go even if you were God in Heaven **3** (joskin) (even) though/if *Hän näytti paremmalta vaikka vieläkin vähän kalpealta* She looked better, though still a little pale **4** (jos) if *En ihmettelisi vaikka et tulisi ollenkaan* I wouldn't be a bit surprised if you decided not to come at all **5** (esimerkiksi) say *Mennään vaikka elokuviin* Why don't we go, say, to the movies **6** (jos haluat) if you like *Saat vaikka koko satsin* You can have the whole lot if you want *Lähdetään vaikka heti* I'm ready to go right now (if you're in such a hurry) **7** (tahansa) any *vaikka kuka* anybody/-one, no matter who *Älä sano että minä olen täällä, vaikka kuka soittaisi* No matter who calls, say I'm not here (ks myös hakusanat)
vaikka kuinka no matter how *Vaikka kuinka yritin en voinut* I couldn't do it, no matter how I tried *Hän vääntelehti vaikka kuinka* She contorted herself every which way, I couldn't believe how she twisted her body *Olen sanonut sulle vaikka kuinka monta kertaa* If I've told you once I've told you a million times; how many times do I have to tell you? *Siellä oli vaikka kuinka paljon väkeä* There were crowds of people, the place was crawling with people
vaikka millä mitalla loads, tons *väkeä vaikka millä mitalla* thousands/tons of people
vaikka missä anywhere, no matter where *Olen hakenut sitä vaikka mistä* I've been looking for it everywhere
vaikka mitä anything *Hän tekisi vaikka mitä päästäkseen eteenpäin* He would do anything to get ahead *Hän huusi ja kiroili ja teki vaikka mitä* She screamed and swore and did I don't know what all else
vaikka muille jakaa way too much/many *Minulla on paperia vaikka muille jakaa* I've got more paper than I know what to do with
vaikku (ear)wax
vaikute influence *saada vaikutteita jostakusta* be influenced by someone

vaikutelma

vaikutelma impression, feeling, sense *saada se vaikutelma että* get the impression that, be under the impression that, have a feeling/sense/hunch that, gather that

vaikutin motive

vaikuttaa 1 (johonkuhun, johonkin) influence, affect, have an effect on *Se vaikutti minuun voimakkaasti* It affected/moved/influenced me powerfully, it had a powerful effect/influence on me *Älä anna sen vaikuttaa sinuun* Don't let it influence/sway/persuade you, don't let it have an effect on your decision **2** (joltakin) seem, look, appear *Se vaikuttaa minusta hyvältä* It looks good to me *Siltä vaikuttaa* So it seems **3** (toimia) work *Missä hän vaikuttaa nykyään?* Where's he working nowadays?

vaikuttaja 1 (ihminen) influential person, trend-setter, opinion leader; (ark) mover and shaker *Siellä olivat kaikki kaupungin vaikuttajat* All the political movers and shakers in town were there **2** (geol) agent, (fysiol) effector

vaikuttava 1 impressive **2** (kem) active

vaikutteinen 1 (vaikutteita saanut) showing the influence of *slaavilaisvaikutteinen* showing a Slavic influence **2** (kem) -acting

vaikutus 1 influence, effect, impact *TV:n vaikutus nuoriin* the influence/effect/impact of TV on adolescents **2** (vaikutelma) impression *vaikutuksille altis* impressionable *Hän teki vähän kylmän vaikutuksen* He struck me as being a little cold *Se teki minuun suuren vaikutuksen* I was really impressed by it **3** (kem) action

vaikutusaika duration of action

vaikutuspiiri sphere of influence

vaikutusvalta influence, authority, clout

vaikutusvaltainen influential, powerful

vaikutusvoima 1 (ihmisen) influence **2** (myrskyn tms) power, (myrkyn tms) potency

vailla 1 (ilman) without, un-, -less *suojaa vailla* defenseless, without protection, unprotected *olla jotakin vailla* lack/want (for something), need (something) *Olin vaille rakastunut häneen kun hän lähti* I was on the verge of falling in love with him when he took off **2** (ennen) till, to *viittä vaille (kymmenen)* five to/till (ten)

vaillinki deficit

vaillinnainen 1 (epätäydellinen) imperfect, incomplete, deficient, defective **2** (osittainen) partial

vaimea 1 (ääni) faint, soft, subdued **2** (tunnelma) subdued, lukewarm; (vastaanotto) indifferent

vaimennin 1 (trumpetin tms) mute, (rummun) muffler, (pianon) damper **2** (äänenvaimennin: auton) muffler, (pistoolin) silencer **3** (iskunvaimennin: auton) shock absorber, (ark) shock; (tekn) shock compressor/reducer

vaimennus damping, attenuation

vaimennuspainike (nauhurissa) record mute

vaimentaa 1 (liikettä) damp(en) (myös kuv), lessen, reduce; (pehmentää) cushion, soften, deaden, absorb *vaimentaa jonkun intoa* put a damper/curb/check on someone's enthusiasm **2** (ääntä) muffle, mute, absorb

vaimeta 1 (ääni) fade/die out/away, grow faint(er) **2** (myrsky, into) subside, die down **3** (värähtely) damp out

vaimo 1 wife, (sl) the old lady **2** (raam: nainen) woman

vain 1 just, only; (ylät) merely, solely, purely *Haluan vain tietää* I just/only/merely want to know *Vain me kaksi tiedetään tästä* We're the only two who know about this, just you and I know about this, nobody but you and me know about this *Älä vain pudota sitä* Just don't drop it, whatever you do don't drop it *Tule niin pian kuin vain voit* Come just as soon as you can **2** (kunpa vain) if only *Tietäisit vain mitä kaikkea täällä tapahtuu* If only you knew what all goes on around here *Kunhan vain pidät mielessäsi että* Just as/so long as you bear in mind that **3** *Eihän se vain ole tulossa tänne?* He's not coming here, is he?

vaiva

Please let him not be coming here! *Ettei sille ole vain sattunut mitään?* I hope she's all right, I wonder if something's happened to her **4** *Tulkoon vain!* Let her come! I don't give a damn if she does come *Menköön vain* Let him go (for all I care); goodbye to him and good riddance **5** (tahansa) any *Mitä vain haluat* Anything you like *Sanoit mitä vain* No matter what you say, whatever you say

vainaa dead *Sä oot kuule vainaa* You're dead meat

vainaja dead person; (euf) the departed; (yhdyssanassa) the late; (lak) the deceased/decedent *miesvainajani* my late husband

vainajainpalvonta worship of the dead

vainio field

vain minun kuolleen ruumiini yli over my dead body

vaino persecution, harassment, oppression

vainoharha paranoia, persecution complex

vainoharhainen s paranoiac adj paranoid

vainooja persecutor, oppressor, tormentor

vainota 1 persecute, harass, oppress, torment **2** (kuv) haunt, dog, pursue

vainu 1 (haju) scent **2** (hajuaisti) nose *Vainuni sanoo että tulee myrsky* A storm is coming, I can feel/smell it; my bunion says we're in for bad weather

vainukoira bloodhound

vainuta scent, nose out

vaippa 1 (vauvan) diaper *vaihtaa kuivat vaipat* change a baby **2** (viitta) cloak, cape, mantle **3** (geol, nilviäisen) mantle **4** (putken, tankin, luodin) jacket; (konekiväärin) casing; (kaapelin) sheath(ing) **5** (lieriön) surface **6** (liekin) inner cone, middle/reducing zone **7** (lumivaippa) blanket, (usvavaippa) shroud *verhoutua salaperäisyyden vaippaan* be shrouded in mystery

vaippaeläimet simple choridates

vaipua 1 (fyysisesti) drop, fall, sink *vaipua polvilleen* drop/fall/sink to your knees **2** (moraalisesti) fall, stoop *vaipua niin alas että* stoop so low as to **3** (henkisesti) get engrossed/absorbed (in something); (ark) get wrapped up (in something)

vaipua epätoivoon fall into despair

vaipua hypnoosiin fall into a hypnotic trance

vaipua jonkun jalkoihin prostrate yourself before someone, fall at someone's feet

vaipua uneen fall asleep, drift off to sleep

vaipua unelmiinsa daydream, let your attention wander

vaipua unhoon be forgotten, sink into the waters of Lethe

vaisto 1 (psyk, biol) instinct **2** (taju) sense, intuition, hunch *Mitä sinun vaistosi sanoo?* How does it feel to you?

vaistomainen instinctive

vaistomaisesti instinctively

vaistonomainen instinctive, instinctual

vaistonvarainen instinctive, instinctual

vaistota sense, know instinctively/intuitively; (vainuta) scent

vaisu 1 (ääni) faint, soft, quiet **2** (valo) dim, faint **3** (muisto) faint, faded **4** (olo) faint, weak, limp, listless, lifeless **5** (ilme) lifeless, blank **6** (toiminta) lifeless, spiritless, half-hearted

vaisusti faintly, lifelessly

vaitelias 1 (ei puhelias) quiet, reticent, taciturn, close-lipped, silent **2** (vaiti) silent, mum

vaiti silent, quiet, mum *Ole vaiti!* Be still/quiet! Silence! Shut up!

vaitiolo silence

vaitiololupaus vow of silence

vaitiolovelvollisuus professional confidentiality

vaiva 1 (hankaluus) trouble, bother, inconvenience, annoyance, irritation *En halua olla vaivaksi* I don't want to bother/inconvenience/disturb you *nähdä vaivaa* go to a lot of trouble, take great pains, put yourself out, go out of your way (to do something) *Se ei maksa vaivaa* It's not worth it, not worth the trouble/effort *etsiä jotakin vaivojaan säästelemättä* leave no stone unturned

vaivaantua

in your search for something *Se on kuule turha vaiva* It's no use/good, there's no point, it's useless/pointless **2** (tauti tms) trouble, ailment, complaint; (särky) ache, pain *Hänellä on kaikenlaisia vaivoja* She has all sorts of things wrong with her, all kinds of aches and pains
vaivaantua 1 (rasittua) get strained **2** (nolostua) get embarrassed **3** (kiusaantua) get (sic and) tired (of something)
vaivaantunut ill at ease, uneasy, feeling awkward/embarrassed
vaivainen s pauper, indigent, down-and-outer, charity case **adj 1** (sairas) sick, infirm, ailing; (murt) poorly **2** (köyhä) poor, poverty-stricken; (ark) down and out **3** (raajarikko) crippled, disabled **4** (mitätön) measly, paltry, ridiculous; (ark) lousy *vaivaiset viisi euroa* a lousy five euros
vaivaisesti poorly
vaivaishiiri harvest mouse
vaivaiskoivu dwarf birch
vaivaispaju dwarf willow
vaivaispalmu dwarf fan palm
vaivaispäästäinen pygmy shrew
vaivalla hankittu hard-earned
vaivalloinen difficult, trying, troublesome, toilsome
vaivalloisesti with (great) difficulty
vaivannäkö pains, efforts, trouble
vaivata 1 (ihmistä) trouble, bother, inconvenience, annoy, irritate, disturb, pester *Mikä sinua vaivaa?* (mieltä) What's troubling/bothering/disturbing/eating you? (ruumista) What's wrong with you? What's the matter with you? (käytöstä) What's wrong with you? What's gotten into you? *vaivata kysymyksillä* bother/annoy/irritate/pester someone with questions **2** (taikinaa) knead
vaivaton easy, effortless, painless
vaivattomasti easily, effortlessly, painlessly
vaivautua bother, take the time (to do something), go to the trouble (to do something) *Älä suotta vaivaudu* Don't bother, don't go to all that trouble

vaivihkaa secretly, in secret, covertly, furtively, stealthily, on the sly
vaivihkainen covert, furtive, stealthy
vaivoin barely, hardly
vaivuttaa 1 (uneen) luull (someone) to sleep **2** (maahan) knowck (someone) down, deck (someone)
vaja shed
vajaa 1 (mitta) short, (ark) shy; (mon) less than *Se on pikkuisen vajaa* It's a little short/shy *vajaat kymmenen kiloa* just under ten kilos **2** (miehitys tms) shorthanded
vajaakehittynyt underdeveloped
vajaamielinen s mentally retarded/handicapped person **adj** mentally retarded/handicapped
vajaamittainen undersized
vajaatoiminta insufficiency
vajaatyöllistetty underemployed
vajanainen 1 ks vajaa **2** (epätäydellinen) deficient, insufficient
vajaus 1 (vaje) deficit **2** (puute: vitamiinin tms) deficiency, (ruoan tms) shortage
vajavainen 1 (epätäydellinen) incomplete, imperfect **2** (puutteellinen) deficient, defective **3** (riittämätön) insufficient, inadequate
vajavaisesti incompletely, imperfectly, defectively, insufficiently, inadequately (ks vajavainen)
vajavaisuus incompleteness, imperfection, deficiency, defect, insufficiency, inadequacy (ks vajavainen)
vaje deficit
vajentaa lower *vajentaa kolikkoa* clip a coin *vajentaa kuormaa* lighten a load
vajeta (pino) dwindle, (taso) drop
vajoama depression, hollow
vajota 1 (fyysisesti) sink (in); (rakennelma) settle, subside **2** (moraalisesti) sink, stoop, lower yourself; (ylät) descend; (ark) go to the dogs, go to pot, go from bad to worse *Olisiko hän voinut vajota niin alas?* Could he have stooped so low? **3** (henkisesti) sink, give in to *vajota epätoivoon* give in to despair, give up all hope

vakoiluskandaali

vajottaa 1 (ihminen) sink, lower, bury, put down **2** (lumi, kura tms) not hold you up, be boggy; (ark) be squishy/gooshy/mushy *Tämä lumihan vajottaa* I'm sinking into this snow

vakaa 1 (esine) steady, solid, firm, sturdy, stable **2** (ihminen: luotettava) stable, steady, reliable; (vakava) serious, earnest, stolid

vakaannuttaa 1 stabilize, steady, firm up **2** (vakiinnuttaa) set/fix up, put on a solid/firm footing, put on a regular basis, regularize, settle

vakaantua stabilize, settle down

vakaantumaton unstable, unsettled, up in the air

vakaasti steadily, solidly, firmly, sturdily, stably, reliably, seriously, earnestly, stolidly (ks vakaa)

vakain stabilizer

vakanssi 1 (avoin toimi) vacant post/position, vacancy **2** (toimi) post, position

vakaumuksellinen devoted, dedicated

vakaumus conviction, strong/firm belief *olla uskollinen vakaumukselleen* have the courage of your convictions, practice what you preach

vakaus 1 (se että jokin on vakaa) stability **2** (mittausvälineen) inspection (of weights and measures)

vakaustoimisto Bureau of Standards, (UK) Office of Weights and Measures

vakauttaa 1 (taloutta, auton/lentokoneen kulkua tms) stabilize **2** (velka) consolidate

vakava serious *vakava tilanne* serious/grave/critical situation *vakava ihminen* serious/earnest/stolid person *pysyä vakavana* keep a straight face *vakavissaan* ks hakusana

vakavamielinen serious, soberminded, stolid

vakavanlaatuinen serious, critical

vakavarainen solid, (financially) sound, stable, well-established, respectable

vakavaraisuus respectability, financial soundness, solvency

vakavasanainen serious(ly worded)

vakavasti seriously, earnestly; (sairas) critically, gravely

vakavissaan serious, in earnest *Puhutko vakavissasi?* Are you serious? Do you mean that? *vain puolittain vakavissaan* only half-serious *En sanonut sitä vakavissani* I didn't really mean it, I was only joking/kidding

vakavoitua sober, get/turn serious

vakavuus 1 seriousness, gravity **2** (vakaus) stability

vakiinnuttaa 1 set/fix up, put on a solid/firm footing, put on a regular basis, regularize, settle **2** (vakaannuttaa) stabilize, steady, firm up

vakiintua 1 (käytäntö tms) be settled/established, (vakaantua) stabilize **2** (ihminen) settle down

vakiintumaton unsettled, unstable

vakiintunut established

vakinainen permanent *vakinainen virka* permanent position, (yliopistossa) tenured post *vakinainen armeija* standing army

vakinaisesti permanently

vakinaistaa make (something) permanent *vakinaistaa virka* establish a permanent post/position; (lähin vastine) decide to hire at the tenure-track level

vakinaistua 1 (virka) be made permanent **2** (viranhaltija) receive a permanent appointment, (opettaja) get tenure(d)

vakio constant *pysyä vakiona* remain stable/constant, not change/vary

vakioida standardize

vakioitua be standardized

vakituinen regular, steady *kulkea vakituisesti jonkun kanssa* go steady with someone

vakka (kori) basket, (hist ja mitta) bushel *Vakka kantensa valitsee* Like attracts like

vako (auralla tehty) furrow, (tien pinnassa) rut, (tekn) groove

vakoilija spy, (intelligence) agent

vakoilla spy (on), do intelligence/espionage work

vakoilu spying, espionage, intelligence

vakoiluskandaali spy/espionage scandal

vakosametti corduroy
vakuumi vacuum package
vakuus collateral, security; (pantti) pledge; (vahvistus) witness *varmemman vakuudeksi* just in case, to be on the safe side
vakuutettu s the insured adj insured, covered/protected by insurance
vakuuttaa 1 (vakuutella) insist, declare, affirm, assert, assure (someone of something); (vastalauseeksi) protest *Vakuutan että puhun totta* I assure/tell/promise you that I'm telling the truth **2** (saada vakuuttuneeksi) convince, persuade, satisfy, win (someone) over **3** (ostaa vakuutus) insure, take out (an) insurance (policy)
vakuuttamaton uninsured
vakuuttautua make sure (of something)
vakuuttua be convinced/persuaded/satisfied, convince/satisfy/assure yourself (of something) *Hän ei saanut minua vakuuttuneeksi* I didn't find his assurances convincing, I wasn't convinced by his protests
vakuutus 1 (vakuuttelu) insistence, declaration, affirmation, assertion, assurance, protest **2** (talon, auton tms) insurance (policy)
vakuutusasiamies insurance agent
vakuutusliike insurance company, insurer
vakuutusmaksu (insurance) premium
vakuutusyhtiö insurance company
vala oath *vannoa vala* take/swear an oath, (ark) swear *ottaa joltakulta vala* administer an oath to someone, swear someone in; (oikeussalissa) put someone under oath *väärä vala* perjury *vannoa väärä vala* perjure yourself, commit perjury
valaa 1 cast, (muottiin) mold *valaa betonia* lay concrete *valaa kynttilöitä* dip candles *sopia kuin valettu* fit like a glove *samaan muottiin valettu* cut out of the same cloth **2** (kuv) instill/infuse (some life into something), imbue (something with life), inspire (some life in someone), impart (some life to something)

valaa kannuja (kuv) put your foot in your mouth
valaanpyynti whaling
valaa öljyä tuleen throw/cast oil on the fire
valahtaa 1 (läiskähtää) spill **2** (pudota) drop, fall, slip **3** *valahtaa kalpeaksi* go white (as a sheet/ghost)
valaiseva illuminating (myös kuv:) instructive, illustrative
valaisin lamp, light
valaista 1 light (up), illuminate **2** (selventää) illuminate, elucidate, illustrate, shed (some) light on (something); (valistaa) enlighten
valaistus light(ing), illumination
valaliitto confederacy, confederation; (raam) covenant
valallinen sworn, (something) said/made under oath
valamiehistö jury
valamies juror
valamiesoikeus jury court
valantehnyt kielenkääntäjä sworn translator
valas whale
valehdella lie *valehdella vasten kasvoja* tell a barefaced lie *valehdella niin että korvat heiluvat* tell a whopper, lie through your teeth *Valehtelet!* You're a dirty liar! You're lying! That's a lie!
valehtelija liar
valehtelu lying
valehurskaus false/sham piety, hypocrisy
valeisku feint, fake
valekuva virtual image
valelaite dummy
valelause dummy statement
valella pour (something on something) *valella paistia* baste a roast
valenimi false name
valeoikeudenkäynti mock trial
valeovi false/blind door
valepohja false/fake bottom
valepuku disguise *pukeutua valepukuun* disguise yourself (as someone) *valepuvussa* in disguise
valepukuinen disguised, in disguise, dressed up (as something)

valeraaja phantom limb
valeraskaus false pregnancy
valeriaana valerian
valeruumis phantom body
Wales Wales
walesilainen s, adj Welsh
valesopimus sham contract
valetaistelu mock battle/fight
valetodistus sophistry
valevirus (tietok) hoax virus
valhe lie, falsehood, untruth *emävalhe* whopper, a big fat (dirty) lie *pelkkää valhetta* a pack of lies *valkoinen valhe* white lie
valheellinen false, untrue, untruthful; (harhaanjohtava) misleading
valheellisesti falsely, untruthfully
valheellisuus falsehood, falsity
validi valid
validiteetti validity
validius validity
valikko (tietok) menu
valikkopohjainen (tietok) menu-driven
valikkotoiminen (tietok) menu-driven
valikoida select, (pick and) choose; (karsia) screen
valikoima 1 (valinnanvara) choice, range, selection 2 (valitut palat) selection, collection; (antologia) anthology
valikoitu select, exclusive
valikoiva discriminating; (liian tarkka) picky
valimo foundry
valinkauha (casting) ladle *joutua valinkauhaan* (kuv) be thrown into the crucible
valinnainen optional, elective
valinnainen aine elective, option
valinnaisvaruste (optional) accessory, option
valinnan vapaus freedom of choice
valinnan vara choice, range, selection
valinta 1 choice, choosing, selection *luonnollinen valinta* natural selection *presidentin valinta* presidential election 2 (urh) trial (heat)
valintainen (tietok) dial-up
valintamyymälä store; (pieni) convenience store; (iso) supermarket

valintaverkko (tietok) dial-up network
valintaääni dialtone
valiojoukko the elite, the select few, the cream (of the crop)
valiokunta committee
valistaa enlighten, inform; (sivistää) educate, edify
valistunut enlightened, (well-) educated/informed; (suvaitsevainen) tolerant, liberal
valistus enlightenment, education *sukupuolivalistus* sex education *valistuksen aika* the Enlightenment
valistusaate 1 (valistamisen) the cause of education, educational ideal 2 (valistusajan) Enlightenment ideal; (mon) Enlightenment ideology/thought
valistusaika the Enlightenment
valita 1 choose, pick, select 2 (vaaleissa) elect 3 (puhelinnumero: pyörittää) dial, (näppäillä) punch 4 (radioasema) tune in (to)
valitella 1 (voihkia) moan, groan 2 (valittaa) complain (about) 3 (pyydellä anteeksi) apologize (for)
valitettava unfortunate, deplorable, regrettable
valitettavasti unfortunately
valitsija selector; (äänestäjä) voter
valitsijamies elector, member of the Electoral College
valitsijamiesvaalit Electoral College vote
valitsin selector, (pyöreä) dial
valittaa 1 (voihkia) moan, groan 2 (purnata) complain/grouse/gripe (about); (inistä) whine (about) 3 (vedota korkeampaan instanssiin) appeal 4 (pyytää anteeksi) apologize (for), make your apologies, be sorry, say you're sorry; (ylät) deplore, regret
valittaja complainer, whiner, moaner and groaner; (lak) appellant
valittelu 1 (vaivojen) complaining, whinig; (ark) bitching and moaning 2 (surun) commiseration, expression of sympathy
valittu select, elect *valitut kohdat maailmankirjallisuudesta* selections from world literature *Valitut Palat* Reader's

valitus

Digest *valittu joukko* select group *valittu kansa* the chosen people *Jumalan valitut* the Elect *vastavalittu presidentti* the President-elect

valitus 1 (voihkinta) moan, groan **2** (purnaus) complaint, gripe; (ininä) whine **3** (vetoomus korkeampaan instanssiin) appeal *tehdä päätöksestä valitus* appeal a decision **4** (anteeksipyyntö) apology; (ylät) regret

valitusaika appeal period
valitusmenettely appeal procedure
valitusoikeus right to appeal
valitusperuste grounds for an appeal
valitusvirsi lament(ation)
valjaat harness *valjaissa* (hevonen) harnessed; (kuv) in harness
valjastaa harness (myös kuv), (ikeeseen) yoke (myös kuv)
valjeta 1 (muuttua valkoisemmaksi) whiten, bleach **2** (muuttua kirkkaammaksi: pilvinen taivas, asia) clear up; (öinen taivas, asia) dawn *Nyt minulle alkaa viimeinkin valjeta* Now things are starting to clear up, I'm finally starting to see my way clear, now it finally dawned on me (what's going on)
valju 1 (kasvot) wan, pallid, pale **2** (muisto tms) dim, faded
valkaista 1 (kangasta) bleach **2** (salaattia tms) blanch **3** (seinä tms) whitewash (myös kuv)
valkaisu bleaching, blanching, whitewashing
valkaisuaine bleach
valkama 1 boatdock **2** (run: satama) haven
valkata choose, pick
valkea s **1** fire **2** (šakissa) white adj white
valkea kääpiö (tähti) white dwarf
valkeus white(ness); (usk) light *Tulkoon valkeus* Let there be light
valkohai great white shark
valkohehku white heat
valkohehkuinen white-hot, incandescent
valkohäntäpeura white-tailed deer
valkoihoinen s, adj white

valkoinen s, adj white *valkoisille vaarallinen kaupunginosa* a dangerous part of town for whites *Valkoinen talo* the White House
Valkoinen kirja (tiettyä politiikkakokonaisuutta selostava EU:n asiakirja) the White Book
valkoisenaan white (with snow/petals tms)
valkokaali white cabbage
valkokaarti the White Guard
valkokaartilainen member of the White Guard
valkokangas projection screen, screen
valkokastike white sauce, (maitokastike) béchamel sauce
valkokaulusrikollinen white-collar criminal
valkokaulusrikollisuus white-collar crime
valkokaulustyöntekijä white-collar worker
valkokulta platinum
valkolainen whitey, honky
valkolakki student's (white) cap
valkonaama paleface
valkopesu hot-water cycle *kestää valkopesun* can be washed in hot water
valkopippuri white pepper
valkopyykki whites
valkosipuli garlic *valkosipulin kynsi* clove of garlic
valkosipulisuola garlic salt
valkosolu white (blood) cell/corpuscle
valkotasapaino (videokuvauksessa) white balance
valkotukkainen white-haired
valkoturska whiting
Valko-Venäjä Byelorussia
valkovenäläinen Byelorussian
valkoviini white wine
valkoviklo (lintu) greenshank
valkovuokko wood anemone
valkovuoto leukorrhea, (ark) white discharge
valkuainen (egg)white, albumen
valkuaisaine protein
vallan quite; (ark) pretty darn *vallan hyvä tähän tarkoitukseen* pretty darn good for this

vallanhimo power-hunger, lust for power
vallanhimoinen power-hungry
vallankaappaus coup (d'état), (mon) coups (d'états), putsch
vallankaappausyritys attempted coup (d'état)
vallankahva the reins of power *pitää kiinni vallankahvasta* hold the reins of power, snatch the reins of power
vallankin especially, particularly
vallankumouksellinen revolutionary
vallankumous revolution
vallankäyttö exercise of power
vallanperijä heir (to the throne), successor
vallanperimyssota war of succession
vallanpitäjä ruler, (mon) the powers that be
vallantavoittelija aspirant to power
vallantavoittelu aspiration(s) to power
vallassa in power *olla vallassa* be in power, hold sway/dominion *pitää vallassaan* hold (someone) in your power *Ei ole minun vallassani myöntää sitä* It is not in my power to grant you that *himojensa vallassa* (hyvä) in the throes of passion, (paha) overpowered by lust *levottomuuden vallassa* unable to sit still, consumed by anxiety/restlessness *rikkaruohojen vallassa* overgrown with weeds
Vallat (USA) the States *Valloissa* in the States
vallata 1 seize, capture, occupy, take (over) *vallata alaa* gain ground, advance *vallata hallintorakennus* occupy the administration building **2** (asuttamaton maa-alue tms) claim, stake a claim for; (suoalue, meri) reclaim **3** *Minut valtasi silmitön pelko* I panicked, I was suddenly filled with irrational fear *Minut valtasi lohduton suru* I was wracked/overcome with inconsolable grief
vallaton wild, unruly
vallattomuus wildness, unruliness
vallesmanni sheriff, marshall

valli 1 (maavalli) (em)bank(ment); (sot) bulwark, rampart **2** (biljardipöydän) cushion
vallihauta moat
vallita 1 (olla vallalla) prevail, predominate *vallitsevissa olosuhteissa* under prevailing circumstances **2** (hallita) dominate, administer
vallittaa (fortify with a) rampart
valloillaan loose, free *päästää mielikuvituksensa valloilleen* give free rein to your imagination, let your imagination run wild
valloittaa 1 (maa) conquer, take **2** (yleisö tms) captivate, mesmerize, enrapture, win over
valloittaja conqueror *Vilhelm Valloittaja* William the Conqueror
valloittamaton impregnable
valloitus conquest (myös kuv)
valloitusretki expedition of conquest
valmennus training, coaching, preparation
valmennuskurssi prep(aratory) course
valmennusleiri training camp
valmennusohjelma training program
valmentaa train, coach, prepare
valmentaja trainer, coach
valmiiksi finished, (tehty) pre- *tehdä valmiiksi* finish, (ark) wrap up *valmiiksi pakattu* prepack(ag)ed *valmiiksi äänitetty* prerecorded *valmiiksi naurettu* (jos nauru tulee ääninauhalta) with canned laughter, with a laugh track, (studioyleisön naurua sisältävä) recorded live before a studio audience *valmiiksi pureskeltu* predigested
valmis 1 (ihminen: johonkin) ready, prepared; (halukas) willing *Täytyy olla valmis mihin tahansa* You have to be ready/prepared for anything *Oletko valmis?* Are you ready? Are you all set? *Valmiina, paikoillenne, nyt!* Take/on your marks, get set, go! (ark) ready, set, go! **2** (ihminen: koulusta) graduated, finished *Milloin sinä olet valmis?* When are you going to graduate? When are you getting out of here? **3** (toiminta tms) finished, completed, done *Eikö se sana-*

valmismatka

kirja ole ikinä valmis? Aren't you ever going to get that dictionary finished?
valmismatka package tour
valmispuku off-the-rack suit
valmistaa make, prepare *valmistaa ruoka* make/fix/cook/prepare dinner *valmistaa puhe* write/prepare a speech *valmistamaton puhe* extempore/impromptu/off-the-cuff speech *valmistaa pumppuja* make/manufacture/produce pumps *Häntä täytyy valmistaa siihen* You've got to build/lead up to it, prepare her for it
valmistaja manufacturer, maker
valmistalo prefab(ricated) house
valmistautua get ready (for something), prepare (yourself for something) *valmistautua tenttiin* study/cram for an exam *valmistautua henkisesti johonkin* get yourself psyched up for something
valmistautumaton unprepared
valmistautuminen preparation
valmiste 1 (teollisuusvalmiste) product; (mon) (manufactured) goods **2** (kem, anat) preparation
valmisteinen -made, of (a certain) make *suomalaisvalmisteinen* Finnish-made, made in Finland, of Finnish make
valmistelematon unprepared
valmistella prepare; (järjestellä) arrange, set up; (luonnostella) draft
valmisteltu prepared, arranged
valmistelu preparation(s), arrangement(s)
valmistua 1 (talo tms) be finished/completed/done **2** (opiskelija) graduate, finish/get your degree *valmistua filmaisteriksi 5 vuodessa* get an MA in five years
valmistuminen 1 (talon tms) completion **2** (opiskelijan) graduation
valmistus making, preparation, manufacture (ks valmistaa)
valmisvaatteet ready-made clothes; (ark) off-the-rack clothes
valmius 1 (valmistuneisuus) completion **2** (valmistautuneisuus) readiness, preparedness; (sot) standby, alert **3** (halukkuus) readiness, willingness **4** (kyky) ability, facility, faculty

valmiusasemat standby *olla valmiusasemissa* be on standby, be on the alert; (kuv) be ready and willing, be ready to go/march
valo light; (lamppu) lamp; (valaistus) lighting *tulla julkisuuden valoon* come to light *kynttilän valossa* by candlelight *näiden tapahtumien valossa* in the light of what happened today *saattaa huonoon valoon* put (someone) in a bad light *näyttää vihreää valoa* give (someone) the green light, the go-ahead *Mene pois valon edestä!* Get out of my light!
valoanturi light sensor
valodiodi light-emitting diode, LED
valoisa s daylight *ennen valoisaa* before daybreak, while it's still dark **adj 1** light; (huone) well-lighted/-lit; (aurinkoinen) sunny **2** (luonne) sunny, bright, cheerful
valoisuus sunniness, brightness, cheerfulness
valokala lantern fish
valokopio photocopy
valokopioida (photo)copy
valokopiokone photocopier, photocopying machine
valokuva photograph; (ark) photo, snap(shot)
valokuvaaja photographer
valokuvaamo photography studio
valokuvanäyttely photography exhibition
valokuvata photograph
valokuvataide photographic art
valokuvauksellinen photogenic
valokuvaus photography
valokuvauskilpailu photography competition
valokuvauskone camera, photographic equipment/apparatus
valokynä (tietok) light pen
valoladonta photocomposition
valonarka 1 (silmä) photophobic **2** (valokuvauksessa) photo-/light- sensitive
valon nopeus the speed of light
valopilkku bright spot; (kuv) bright side, ray of light/hope
valottaa 1 (filmi) expose **2** (asiaa) shed (some) light on

valotus exposure
valotusaika exposure
valotusarvo exposure value
valotusmittari light meter, exposure meter
valovoima 1 (tähden) luminosity 2 (fys) luminous intensity 3 (kameran) F-stop 4 (kuv) brilliance
valovoimainen brilliant
valovuosi light year
valssata roll
valssi 1 (tanssi) waltz 2 (tekn) roller
valta 1 power (myös valtio) *päästä valtaan* rise to power, assume/take control *Mikäli se on vallassani* If it's in my power (to do) *antaa valtaa jollekin* surrender/yield to something, give way to something *valtansa kukkuloilla* at the height of your power 2 (hallitusvalta) dominion, domination, rule, authority, sway 3 (vaikutusvalta) sway, influence 4 *Valloissa* (ark) in the States 5 *vallalla* prevailing, common
valta-asema position of power, influential/powerful position
valtaelinkeino principal industry
valtaistuin throne
valtakirja power of attorney
valtakunnallinen national
valtakunnallisesti nationally
valtakunta country, nation, realm; (kuningaskunta, myös usk) kingdom; (kuv) realm, domain *Kolmas Valtakunta* the Third Reich *tulkoon sinun valtakuntasi* thy kingdom come
valtameri ocean
valtataistelu power struggle
valtatie highway
valtaus 1 conquest, seizure, capture, occupation, takeover 2 (asumattoman maa-alueen tms) claim, (suoalueen, meren) reclamation
valtava immense, enormous, huge
valtavasti immensely, enormously, hugely
valtavuus immensity, enormity
valtias ruler, sovereign
valtiatar ruler, mistress
valtikka scepter

valtimo 1 artery 2 (pulssi) pulse *tunnustella valtimoa* take (someone's) pulse
valtio 1 (hallitus) state, government; (US) the Federal Government 2 (maa) country, nation
valtiojohtoinen state-run/-owned
valtiokirkko state church
valtiollinen state, government(al), (US) Federal; (julkinen) public; (valtakunnallinen) national
valtiollistaa socialize, nationalize
valtiomahti governmental power/authority
valtiomies statesman
valtioneuvos Councillor of State
valtioneuvosto Cabinet
valtion obligaatio government bond
valtionpäämies head of state
valtiontalous national economy
valtiopäivät parliament
valtiosääntö constitution
valtiosääntöuudistus constitutional reform
valtiotiede political science, (ark) poly sci
valtiovarainministeri (Suomi) Minister of Finance, (US) Secretary of the Treasury
valtiovarainministeriö (Suomi) Ministry of Finance, (US) Department of the Treasury
valtiovierailu official/state visit
valtiovieras official/state visitor
valtoimenaan loose, free(ly), unrestrained(ly) *Mielikuvitukseni mellasti valtoimenaan* My imagination ran wild
valtti trump (myös kuv:) asset
valtuus power, authority, authorization *täydet valtuudet* full authority, (ark) a free hand *ylittää valtuutensa* exceed/overstep your authority
valtuuskunta delegation
valtuusto (kunnan) (municipal/county) council
valtuutettu 1 (valtuuston jäsen) council(wo)man/-person, council member 2 (valtuuskunnan jäsen) delegate 3 (lak) agent, representative, proxy
valtuuttaa authorize, empower; (diplomaatti) accredit

valtuutus

valtuutus authorization; (valtakirja) power of attorney
valu casting
valua run, flow, stream, pour *Hiki valui hänestä* The sweat was running/pouring/dripping off her *antaa pestyn astian/puseron valua kuivaksi* let a washed dish/blouse drip dry *Kaikki se työ valui hukkaan* All that work went down the drain/toilet *Peitot valuivat yöllä lattialle* The blankets slid off onto the floor during the night
valumuotti (betonin) form, (metallin) mold
valurauta cast iron
valuttaa (vettä hanasta) run, (vettä riisistä tms) strain, (hiekkaa sormista) let (the sand) flow (through your fingers)
valuutanvaihto money/currency exchange
valuutta currency
valuuttakurssi exchange rate
valveilla awake
valveutunut aware, conscious
valvoa 1 (olla valveilla) be/stay awake/up *valvoa myöhään* stay up/awake late *Vieläkö valvot?* Are you still awake? **2** (tarkkailla) oversee, supervise; (katsoa) watch, keep an eye on; (lakia) enforce; (tenttiä) supervise, proctor, monitor
valvoja 1 (työn) overseer, supervisor, superintendent **2** (lain) enforcer **3** (tentin) supervisor, proctor, monitor
valvojaiset 1 (vainajan) wake **2** (pääsiäisyön) vigil **3** (uudenvuodenaaton) party
valvonta 1 (työn) supervision, control, direction **2** (toiminnan) surveillance **3** (lain) enforcement
valvottaa keep (someone) up/awake
vamma 1 (parannettava) injury, wound; (psyykkinen) trauma **2** (pysyvä) handicap, disability, impairment
vammainen s handicapped/disabled person; (mon) the handicapped, the disabled adj handicapped, disabled *näkö-/kuulovammainen* sight-/hearing-impaired *kehitysvammainen* mentally/developmentally/emotionally handicapped/retarded
vammaishuolto social work with the handicapped/disabled
vamppi vamp
vampyyri vampire
vana wake (myös kuv)
vanavesi wake (myös kuv)
vandalismi vandalism
vaneri 1 (levy) plywood **2** (viilu) veneer
vanginvartija prison guard
vangita 1 (panna vankilaan) imprison, incarcerate, jail **2** (pidättää) arrest, place (someone) under arrest, take (someone) into custody, put (someone) in detention **3** (jonkun huomio) captivate, enthrall, enrapture
vanha s old/elderly person; (mon) the elderly, the aged, senior citizens adj **1** old, aged *vanha polvi* the older generation *elää vanhaksi* live to a ripe old age *vanhalla iällä* when you're old *vanha kunnon Martti* good old Martti *vanha vitsi* old joke *vanhempi, vanhin* ks hakusanat **2** (pitkäaikainen) old, long-standing, well-established **3** (vanhentunut) obsolete, obsolescent, old-fashioned, out-of-date **4** (entinen) old, former *ennen vanhaan* back in the olden days **5** (käytetty) used, second-hand *vanhain tavarain kauppa* second-hand store
vanhahko oldish
vanhahtava oldish, old-feeling, slightly archaic/out-of-date
vanha kaarti the Old Guard
vanha konsti on parempi kuin pussillinen uusia old dogs can't learn new tricks
vanha kuin taivas (as) old as the hills
vanhanaikainen old-fashioned
vanhanaikaisuus old-fashionedness
vanhapiika old maid
vanhapoika bachelor
vanhastaan *Se on vanhastaan tuttu* (ihminen) He's an old friend (of mine), we're old friends, we go way back; (asia) I know all about that, I knew how to work/do that when you were still a gleam in your daddy's eye

vanha suola janottaa old love never dies
vanhatestamentillinen Old- Testament
Vanha testamentti Old Testament
vanha virsi the same old story
vanhemmiten the older I/you get, later in life
vanhempainilta open house
vanhempainkokous parents' meeting; (opettajien kanssa) parent-teacher association (PTA) meeting
vanhempainneuvosto parents' council
vanhempi s 1 (perheen) parent 2 (kirkon) elder adj 1 older, (vanh vars perheessä) elder *vanhempi veli/sisko* older/big brother/sister *Hän on kolme vuotta minua vanhempi* She's three years older than me 2 (eläkeläisestä) elderly *vanhempi mieshenkilö* an elderly gentleman 3 (samannimisen pojan isästä) Senior (Sr.); (ransk) päre; (lat) the Elder *Henry James vanhempi* Henry James, Senior (Sr.) *Alexandre Dumas vanhempi* Alexandre Dumas päre *Marcus Porcius Cato vanhempi* Marcus Porcius Cato the Elder/Censor
vanheneminen 1 aging 2 (umpeutuminen) expiration, (tentin) getting out-of-date, (rikoksen) limitation
vanhentua 1 age, get old(er) 2 (vanhanaikaistua) get old-fashioned, fall out of fashion, become out-of-date/obsolete
vanhentunut 1 aged, old 2 (umpeutunut) expired, (tentti) out-of-date, (rikos) statute-outlawed/-barred 3 (vaate, aate tms) old-fashioned, out-of-date/-fashion, no longer fashionable/in/trendy, obsolete
vanheta 1 get old, age 2 (umpeutua) expire, (tentti) get out-of-date, (rikos) fall under the statute of limitations
vanhin s 1 (ammattikunnan) senior member, grey eminence, grand old man 2 (kylän, seurakunnan tms) elder adj 1 oldest, (vanh vars perheessä) eldest 2 the (most) senior; (sot) ranking
vanhoillinen conservative
vanhoillisesti conservatively
vanhoillisuus conservatism
vanhurskaasti righteously; (hurskastellen) self-righteously
vanhurskas righteous; (hurskasteleva) self-righteous
vanhurskaus righteousness; (hurskastelu) self-righteousness
vanhus old/elderly person, senior citizen; (leik vanhemmista) the old folks
vanhuudenhöperö senile
vanhuus (old) age
vanhuuseläke retirement(/old-age pension)
vanhuusvuodet the declining/golden years, the years of your old age, the autumn/evening of your life
vanilja vanilla
vankasti steadfastly *pysyä vankasti kannassaan* hold fast to your position, remain firm in your conviction, stick to your guns
vankeinhoito correctional treatment (of prisoners)
vankeus imprisonment, detention; (eläimen) captivity *saada viisi vuotta vankeutta* get five years in prison, get sentenced to five years' imprisonment *kärsiä vankeutta* serve a prison sentence; (ark) do time
vankeusaika prison term
vanki prisoner (myös kuv), convict, inmate; (ark) con *ottaa vangiksi* capture, take (someone) prisoner *pitää vankina* keep (someone) prisoner/in jail, confine
vankila prison, jail; (sl) the slammer, the clink *joutua vankilaan* be sent to prison/jail, go to jail, be jailed; (sl) be thrown in the slammer/clink, be put inside *olla vankilassa* be in prison/jail; (sl) be in the slammer/clink, be inside, be doing time
vankilakapina prison riot
vankileiri prison camp
vankityrmä dungeon
vankka 1 (tuoli tms) sturdy, solid, strong 2 (käsitys tms) strong, firm, steady, steadfast; (jääräpäinen) stubborn
vankkarakenteinen sturdy, strong, solid, sturdily/strongly/solidly built
vankkumaton unshakeable, unyielding, unflinching, unfailing, steady, steadfast

vankkurit wagon
vannas 1 (auran) (plow) share **2** (keulan) stem, (perän) sternpost
vanne 1 (tynnyrin tms) hoop **2** (pyörän) rim; (ark = auton pyörä) wheel *talvirenkaat Saabin vanteilla* snow tires on Saab wheels
vannoa swear, take an oath, vow *Enpä mene vannomaan* I don't know for sure, I can't say for sure, I can't guarantee it *Olisin voinut vaikka vannoa että* I could have sworn that
vannoa kostoa vow (to get) revenge
vannoa luopuvansa jostakin swear off something
vannoa uskollisuutta jollekulle swear/pledge allegiance to someone
vannoa väärin commit perjury, perjure yourself
vannomatta paras you never know, you can never be sure (about these things)
vannottaa make (someone) swear (to something) *vannottaa joku olemaan vaiti* swear someone to secrecy
vannoutua swear, vow
vannoutunut sworn, confirmed, dedicated, devoted
vantaalainen s person from Vantaa adj pertaining to Vantaa
vanu (absorbent) cotton
vanua mat/felt (up)
vanukas pudding
vanupuikko Q-tip
vanuttaa full, mill
vapa (fishing) rod/pole
vapaa free, (tyhjä) vacant *pitää iltapäivällä vapaata* take the afternoon off, have a free afternoon *Onko tämä huone vapaa?* Is this room free/vacant/unoccupied, can we use this room? *täyttää vapaata paikkaa* fill a vacant post *päästää vapaaksi* let (someone/an animal) go (free), let (someone/something) loose, release, free *vapaalla jalalla* (ei naimisissa) free, unhooked, footloose and fancy-free; (karannut) on the loose *Hän on aika vapaa seksiasioissa* She's pretty free/easy/loose/uninhibited/liberal about sex *ajaa vapaalla* coast *vaihtaa vapaalle* (auto) put (the car) in neutral; (itsensä) cast off the workaday world, get ready to boogie/party, let loose
vapaa-aika free/leisure/spare time
vapaa-ajattelija free thinker
vapaa ajattelu free(dom of) thought
vapaaehtoinen s volunteer adj voluntary
vapaakappale free copy; (tekijän) author's copy, (arvostelijan) review copy
vapaakappaleoikeus (kirjaston) free copy right
vapaa kasvatus permissive childrearing/upbringing
vapaa kauppa free trade *Euroopan vapaakaupan järjestö* European Free Trade Association, EFTA
vapaa lehdistö free(dom of the) press
vapaalippu (free) pass, free/complimentary ticket
vapaa maailma the free world
vapaamielinen free-thinking, broad-/open-minded, liberal, tolerant
vapaapalokunta volunteer fire department
vapaapäivä day off, (pyhä) holiday
vapaa pääsy free admission, no charge, no entrance fee
vapaa sana free(dom of) speech *Sana on vapaa* The floor is open
vapaaseurakunta independent/nonstate congregation; (vapaakirkko) Free Church
vapaasti freely *saada tehdä vapaasti mitä haluaa* be free to do whatever you want *Kysyhän vapaasti* (Feel free to) ask whatever you like *puhua vapaasti* speak freely/openly; (pitää valmistamaton puhe) speak ex tempore, make an impromptu speech
vapaasti seisova free-standing
vapaa tahto free will
vapaat kädet *antaa jollekulle vapaat kädet* give someone free hands, a free rein
vapaat sukupuolisuhteet free sex, casual sexual relations
vapaa työpaikka help wanted
vapaauinti freestyle

vapaavalintainen optional
vapahtaa (usk) redeem
Vapahtaja (usk) the Redeemer
Vapaudenpatsas the Statue of Liberty
vapaus 1 freedom, liberty *ottaa tiettyjä vapauksia* take certain liberties (with) *runoilijan vapaus* poetic license **2** (toiminnan) freedom, latitude, scope **3** (erivapaus) exemption
vapausrangaistus loss of liberty, prison sentence
vapaussota war of independence
vapaustaistelija freedom fighter
vapauttaa 1 (set) free/loose, let loose/go, liberate, emancipate **2** (lak: syytteistä) acquit (someone of), (vankilasta) release (someone from), (velvoitteesta) exempt (someone from), (tehtävistään = erottaa) relieve (someone of her duties) **3** (myynti, jakelu tms) lift the restrictions on, decontrol, deregulate
vapauttaminen liberation, emancipation, acquittal, release, exemption, relief, decontrol(ling), deregulation (ks vapauttaa)
vapautua 1 (tulla vapautetuksi) be freed/set free/let go/released/liberated/emancipated/relieved/deregulated *Minulla on niin vapautunut olo* I feel so relieved *vapautua jännityksestä* loosen up **2** (vapauttaa itsensä) free yourself of, (päästä eroon) get rid of (someone/something) **3** (huone) be vacated, (virka) become vacant, (puhelin) become free
vapautuminen release, liberation, emancipation
vapautus 1 release, liberation, emancipation **2** (erivapaus) exemption
vapautusarmeija liberation army
vapautusliike liberation/emancipation movement
vapina the shivers/shakes
vapista shiver, shake
vappu May Day
vappuhuiska May Day pompom
vappujuhla May Day celebration
vappukulkue May Day parade
vapunvietto May Day celebration/party

vara 1 room, margin; (tahallaan jätetty) allowance *parantamisen varaa* room for improvement *toivomisen varaa* a lot to be desired *valinnan varaa* a choice/selection, something/plenty to choose from *tulkinnan varaa* interpretive play **2** *olla johonkin varaa* be able to afford something **3** *pitää varansa* watch out, watch your step, be on your guard, keep your eyes open **4** *varalla, varassa* ks hakusanat
vara- 1 (ihminen) vice; (apulais-) deputy, lieutenant, assistant; (pelaaja) substitute, second-string **2** (esine) extra, spare; (hätä-) emergency
varaaja 1 (kuuman veden) hot-water heater **2** (sähkön) condenser
varainhoitaja treasurer
varakas wealthy, rich, affluent, prosperous, well-to-do, well-off
varalla 1 (varattuna) in reserve/store; (saatavilla) on/at hand, (readily) available **2** (varten) for *pahan päivän varalle* for a rainy day *säästää vanhojen päivien varalle* save up for retirement *siltä varalta että* (jotain sattuu) in case (something happens) *kaiken varalta* just in case, just to make sure, to be on the safe side
varallisuus wealth, assets; (omaisuus) property, (pääoma) capital
varallisuusvero capital tax
varaosa spare part
varapresidentti vice president
varapuheenjohtaja vice chairperson
vararikko bankruptcy
varas thief *Tilaisuus tekee varkaan* Opportunity makes the thief *varkain, varkaissa* (ks hakusanat)
varaslähtö false start
varassa on *olla jonkin varassa* (fyysisesti) rest on, (kuv) rely/depend on *heittäytyä jonkun/jonkin varaan* depend/count/bank on (someone/something) *rakentua jonkin varaan* be based/founded on, be grounded in
varastaa 1 steal (myös kuv); (ark) snitch, swipe **2** (plagioida) plagiarize, steal from, copy; (ark) crib **3** (ottaa varaslähtö) jump the gun (myös kuv)

varasto

varasto 1 supply, supplies, stock, store(s) *varastossa* (liik) in stock; (varastoituna) in storage, stored/stocked/put away; (varalla) in store *pitää varastossa* (liik) stock *loppua varastosta* (liik) be out of stock **2** (rakennus) store(house/-room), warehouse

varastopäällikkö stock manager

varastotila storage space

varat 1 (luonnon) resources, reserves **2** (varasto) stores, stocks **3** (rahat) funds, (maksukyky) means, (varallisuus) assets *elää yli varojen* live beyond your means *olla varoissaan* be wealthy/well-to-do, (ark) be flush *Se maksetaan valtion varoista* It's being funded by the government

varata 1 (varastoida) store (up), stock (up with); (akkua tms) charge **2** (pitää varalla) set/put (something) aside (for something); (myöntää varoja johonkin) appropriate/allocate/earmark (funds for something) **3** (pitää varattuna, tilata) reserve *varata aika* make an appointment (with a doctor) *varata pöytä* make a reservation (at a restaurant) *varattu* reserved; (WC) occupied; (ihminen, puhelin) busy

varaton penniless, indigent

varattomuus indigence

varatuomari Master of Jurisprudence; (ark) lawyer, attorney-at-law

varaukseton unreserved, unqualified; (fys) uncharged

varauksettomasti unreservedly, without reservation/qualification

varauloskäynti exit

varaus 1 (tilaus) reservation **2** (pidättyvyys) reservation, qualification; (ehto) condition, proviso, provision, stipulation *tietyin varauksin* with certain reservations/qualifications; (ehdoin) on certain conditions, with certain provisos/stipulations **3** (akun tms) charge

varautua 1 be prepared (for something), prepare yourself (for something), be/get ready (for something) **2** (tukeutua: fyysisesti) lean on, (kuv) rely/draw on **3** (tekn) be charged

varaventtiili safety valve (kuv)

varhain early *Jo varhain hän tiesi* Even at a tender age she knew

varhainen early *liian varhainen* premature

varhaisaamu early (in the) morning

varhaiskeskiaika the early Middle Ages

varhaiskypsä precocious

variaatio variation

varietee variety show, vaudeville

varikko 1 (sot, rautatie) depot **2** (autourheilussa) the pit(s)

variksenpelätin scarecrow

varioida vary, introduce variations on

varis crow

varista fall/drop (off) *puista varisee lehtiä* the trees are losing/shedding/dropping their leaves

varistaa 1 (kasvi) shed, lose, drop **2** (ravistaa) shake

varistella ks varistaa

varjella protect/guard (against), keep (something) safe from/against *Herra varjelkoon!* Good God/Lord! (katol) The saints preserve us!

varjelu protection

varjo 1 (jonkun/jonkin) shadow *joutua jonkun varjoon* be overshadowed by someone *Hän oli vain varjo entisestään* He was a mere shadow of his former self **2** (katve, myös myt = haamu) shade *30 astetta varjossa* ninety (degrees) in the shade **3** (suoja: auringon) shade, (sateen) umbrella **4** (suoja: kuv) cover, (dis)guise, pretext, pretense *ystävyyden varjolla* under the pretense/pretext of friendship *uskonnon varjolla harjoitettu julmuus* cruelty practiced under (the) cover/guise of religion

varjoaine contrast medium, opaque matter

varjoisa shady, shaded; (pimeä) shadowy

varjokuva 1 (varjo kuviona) shadow (figure) **2** (siluetti) silhouette

varjonyrkkeily shadow-boxing

varjopuoli 1 (haittapuoli) drawback, disadvantage **2** (paha puoli) dark/sordid/seamy side, less pleasant aspect(s)

varjostaa 1 (varjota, peittää) shade, (over)shadow; (kuv) overshadow, cast a shadow on **2** (seurata) shadow, tail
varjostaja shadow, tail
varjostin shade
varjostus shading
varkain secretly, in secret, furtively, covertly, stealthily
varkaissa *omenavarkaissa* stealing apples *yllättää joku autovarkaista* catch someone stealing a car
varkaus theft; (lak) larceny
varkausvakuutus theft insurance
varma 1 (ihminen) sure, certain, confident, self-assured *olla varma itsestään* be/feel sure of yourself, be self-confident/-assured *olla varma asiastaan* know what you're talking about **2** (asia: luotettava) sure, certain, dependable, definite, reliable *Yksi asia on varmaa* One thing's (for) sure/certain **3** (asia: turvallinen) secure, safe *pelata varman päälle* play it safe **4** (toiminta: vankka) sure, steady, firm **5** (yhdyssanoissa) -proof *idioottivarma* foolproof, failsafe
varmaan probably, most likely, almost certainly *Sinä varmaankin haluat lainata rahaa* I bet you want to borrow money off me *Ei hän varmaankaan tule* I bet she isn't coming, she's probably not going to show
varmahko fairly sure/certain
varmasti certainly, definitely, absolutely, positively; (luotettavasti) reliably *Kyllä minä varmasti tulen* I'll definitely be there, you can count on my being there
varmennus 1 (varmistus) assurance **2** (allekirjoitus) countersignature, (sekin) endorsement
varmentaa 1 (varmistaa) ensure, assure, make sure of, warrant; (ark) clinch **2** (todentaa) verify, validate, substantiate **3** (tosittaa) certify **4** (sekki tms) countersign, endorse
varmentua become sure/certain, be confirmed
varmistaa 1 (asia) ensure, assure, make sure of, warrant **2** (vahvistaa: asiaa) confirm, establish, prove; (ark) clinch **3** (vahvistaa: esinettä) strenghten, tighten, cinch (down) **4** (sot: turvata) secure, (lujittaa) fortify, (vakauttaa) stabilize; (ase) put/flip the safety on **5** (tietok) back up
varmistautua check (on), make sure (of)
varmistin safety
varmistua 1 (ihminen: ottaa selvää) find out (for certain), make sure/certain (of something); (tulla vakuutetuksi) be(-come) (more and more) convinced (of something) **2** (asia) be confirmed
varmistus 1 (varmistaminen) check(-ing) **2** (vahvistus) confirmation **3** (varmistin) safety **4** (tietok) check; backup
varmistustiedosto backup file
varmuudella with certainty/confidence, confidently
varmuuden vuoksi just to make/be sure, to be on the safe side, to play it safe, just in case
varmuus 1 (asiasta) certainty, confidence; (itsevarmuus) self-confidence *saada varmuutta jostakin, päästä varmuuteen jostakin* find out (for sure) about something **2** (asian: turvallisuus) safety, security; (luotettavuus) reliability **3** (toiminnan) sureness, steadiness, firmness
varmuusaste degree of certainty
varmuuskerroin safety factor
varmuuskopio (tietovälineestä) back-up copy, back-up *ottaa varmuuskopio tiedostosta* to back up a file
varmuuskopiointi (tietok) backup
varmuustulitikku safety match
varoa 1 (käsitellä varoen) be careful (with/of), handle carefully *Varo ettet pudota sitä* Be careful not to drop it, don't drop it *Käsiteltävä varoen* Fragile, handle with care **2** (olla varuillaan) watch/look (out for something), be on your guard *Varo putoavia kiviä* Watch out for falling rocks *varoa sanojaan* watch what you say, guard your tongue *Varo!* Look out! Careful! Watch it! *Varo autoja!* Look/watch out for cars *Varokaa koiraa* Beware of dog
varoiksi ks varmuuden vuoksi

varoitella

varoitella 1 (varoittaa) (fore)warn, admonish **2** (varotella) be careful, tread carefully
varoittaa (fore)warn, caution, alert (someone to danger), admonish
varoittelu (fore)warning, caution(ing), admonition
varoitus (fore)warning, caution(ing), admonition
varoitusaika notice *puolen tunnin varoitusajalla* at a half-hour's notice
varoitushuuto warning shout
varoke fuse
varokeino precautionary/security measure
varomaton 1 (harkitsematon) imprudent, indiscreet, rash, incautious **2** (huolimaton) incautious, careless
varomattomasti imprudence, indiscretion, rashness, lack of caution, carelessness (ks varomaton)
varotoimi precautionary/security measure
varovainen 1 (huolellinen) careful, cautious **2** (harkitsevainen) cautious, prudent, guarded, wary **3** (konservatiivinen) conservative, moderate *varovainen arvio* conservative estimate
varovaisuus carefulness, cautiousness, caution, prudence, guardedness, wariness (ks varovainen)
varovasti 1 carefully, with care, cautiously **2** (harkiten) cautiously, prudently, guardedly, warily
varoventtiili safety valve (myös kuv)
varpaankynsi toenail
varpaillaan on your toes (myös kuv)
varpaisillaan on your tiptoes (myös kuv)
varpu 1 (oksa) twig, (koristeeksi) sprig **2** (vitsa) stick, wand
varpunen house sparrow
varras 1 spit, (uunissa) rotisserie; (tikku) skewer **2** (ruoka) shishkebab, shashlik **3** (leipävarras) (bread) pole
varrastaa skewer, spit
varrella 1 (paikallisesti) along(side), by the side of, on *joen varrella* along(side) the river **2** (ajallisesti) during/in (the course of) *elämänsä varrella* in your lifetime, during your life, in the course of your life
varrellinen 1 (työkalu) (a tool) with a handle **2** (kasvi) stemmed, stalked
varsa foal; (orivarsa) colt, (tammavarsa) filly
varsi 1 (kahva) handle; (kirveen) haft, helve; (viikatteen) snath(e) **2** (tekn) rod, arm, shaft **3** (rak: pylvään) shaft, (portaan) flight **4** (anat: luun) shaft, (kasvaimen) pedicel, peduncle **5** (siitepölyhiukkasen) pedicel **6** (kasvin) stem, stalk; (köynnös) vine; (naatti) top **7** (piipun) stem **8** (saappaan, sukan) leg **9** (vierus) side (ks myös varrella) **10** (vartalo) figure, frame
varsin quite, fairly; (ark) pretty
varsinainen 1 (todellinen) true, proper, real, actual; (ensisijainen) primary *sanan varsinaisessa merkityksessä* in the strict/literal/true sense of the word **2** (säännönmukainen) regular, ordinary; (pysyvä) permanent *varsinaiset jäsenet* permanent members **3** (ark = aikamoinen) real *varsinainen törppö* a real jackass
varsinaisesti 1 (oikeastaan) actually, really, as a matter of fact, in fact/actuality **2** (tarkalleen ottaen) strictly speaking **3** (ensi sijassa) primarily, chiefly, principally, in the first place
Varsinais-Suomi Finland Proper, Southwestern Finland
vartalo 1 (ihmisen) figure, frame, form, body; (keskiosa) trunk, torso *kaunis vartalo* beautiful figure **2** (sanan) stem
vartalonmyötäinen tight(-fitting), close-fitting, snug
varta vasten especially, expressly; (ark) just *Tein sen varta vasten sinulle* I did it just for you
varteenotettava 1 (huomattava) notable, noteworthy, substantial *varteenotettava summa* a substantial/tidy sum, quite a bit of money **2** (vakavasti otettava) serious *Minusta hän on varteenotettava hakija* I find her a serious contender, I think we should take her candidacy seriously, I think she has a good chance of winning

varten for *Onko tämä minua varten?* Is this for me? *Mitä varten?* What for? Why? *Sitäkö varten teit sen?* Is that why you did it?

vartija 1 (security) guard, watchman; (sot myös) sentry, sentinel **2** (valvoja) attendant, keeper **3** (kuv) guardian, watchdog

vartinen 1 (työkalu) -handled **2** (kasvi) -stemmed

vartio 1 guard *pitää vartiota* stand guard *vartion vaihto* the changing of the guard **2** (ajanjakso) watch, (laivalla) bell

vartioida 1 (keep) guard/watch (over), patrol **2** (urh) cover, guard

vartiointi 1 security **2** (urh) covering, guarding

vartiointiliike security firm

vartiopaikka (guard/watch/sentry) post

vartti quarter *varttia vaille viisi* a quarter to five *akateeminen vartti* the academic practice of starting lectures at a quarter after the hour

varttitunti a quarter (of an) hour, fifteen minutes

varttua grow (up (to be)), mature/develop (into)

varttuneen tieteenharjoittajan apuraha senior research fellowship

varuillaan on your guard/toes, on the lookout (for) *Jos et ole varuillasi sinun käy kalpaten* You're going to be in trouble if you don't watch out

varuskunta garrison

varusohjelma (tietok) (system) program

varustaa 1 equip, fit (up/out), outfit, supply; (ruoalla) provision, (aseilla) arm; (linnoittaa) fortify **2** (valmistaa) prepare, get (someone) ready for (something); (tehdä valmisteluja) make arrangements/preparations

varustamo shipfitter, shipowning company

varustautua 1 (hankkia varusteet) equip/outfit yourself; (ark) rig/trick yourself out; (aseella ja kuv) arm yourself *varustautua sotaan* arm yourself for war, gear up for war **2** (valmistautua) get ready (to do something), make arrangements/preparations (for something)

varusteet 1 equipment, outfit, gear; (ark) stuff **2** (lisävarusteet) accessories

varustelu (re)armament

varustus 1 (varusteet) equipment, outfit, gear; (ark) stuff **2** (sot) fortification(s)

varvas toe *astua jonkun varpaille* step/tread on someone's toes

varvastossut 1 (balettitossut) ballet slippers **2** (kumiset) thongs, zorries, flipflaps, japflaps

vasa 1 (hirven tms) fawn, (poron) calf **2** (rak) joist

vasalli vassal

vasara hammer (eri merkityksiä); (puheenjohtajan) gavel

vasarahai hammerhead shark

vasaroida hammer (out)

vasemmanpuoleinen lefthand

vasemmisto the Left

vasemmistoenemmistö left majority

vasemmistolainen s leftist, leftwinger adj leftist, leftwing

vasemmistolaisuus leftism

vasemmistosiipi the left wing

vasen left *kääntyä seuraavasta vasemmalle* take the next left, turn left at the next corner/street/intersection

vasenkätinen s lefthander, (ark) southpaw adj lefthanded

vasenkätisyys lefthandedness

vasensuora left-justified

vasikka 1 (elävä) calf, (syötävä) veal **2** (ilmiantaja) informer; (ark) snitch

vasikoida 1 (synnyttää) calve **2** (ilmiantaa) inform; (ark) snitch

vaski (messinki) brass, (kupari) copper, (pronssi) bronze

vaskisoitin brass instrument; (mon) the brass (section)

vasomotorinen vasomotor

vasta s birch switch adv **1** (ei ennen kuin) not until/till, only *Hän tulee vasta huomenna* She isn't coming until tomorrow *Hän tulee vasta kun kaikki on valmiina* She'll only come when everything's ready, she won't come until **2** (vain) only *Hän on vasta pieni poika*

vasta-

He's only a little boy **3** (vastikään) just *Vastahan syötiin!* We just ate! **4** (tulevaisuudessa) in the future *Tervetuloa vastakin!* Welcome back! Come back again! **5** *Siinä vasta auto!* Now there's a (real) car!

vasta- **1** (jotakin vastaan) counter- **2** (vastikään) new/fresh(ly)(-) *vastasyntynyt* newborn *vastanainut* just married, newly wed *vastaleivottu* fresh-baked

vasta-aine **1** (lääke) antidote **2** (anat) antibody **3** (fys) antimatter

vastaaja **1** (lak) defendant, (avioerojutussa) respondent **2** (tenniksessä) receiver

vastaan **1** (vastakkainasettelusta) against, versus (vs.) *pelata/taistella jotakuta vastaan* play/fight somebody *Onko sinulla jotain häntä vastaan?* Do you have something against him? *Suomi vastaan Ruotsi* Finland vs. (lue: versus) Sweden *Kymmenen yhtä vastaan että hän voittaa* Ten to one he wins, (ark) ten'll getcha one he wins *olla jotakin vastaan* be against something, be opposed to something, object to something *panna vastaan* resist (ks myös hakusana) *sanoa vastaan* talk back **2** (vasten) against **3** (kaupasta) (in exchange/return/payment) for *kohtuullista maksua vastaan* for a reasonable fee *kuittia vastaan* against a receipt *ottaa vastaan* receive (ks myös hakusana) **4** (kulkemisesta: kohti) towards you, (vastakkaiseen suuntaan) the other way *Voitko tulla minua vastaan junalle?* Can you pick me up at the train station? *Hän ajoi meitä vastaan tiellä* We passed her/she passed us on the road ks myös vastassa **5** (takaisin) back *hymyillä vastaan* smile back

vastaanotto **1** (ihmisen, asian, lähetyksen) reception **2** (hotellin) reception (desk); (lääkärin) doctor's office; (professorin tms) office hours *tilata (lääkäriltä) vastaanotto* make an appointment (to see someone)

vastaanottoaika office hours
vastaanottoapulainen receptionist
vastaanpano resistance, opposition

vastaansanomaton **1** (ihminen) meek, compliant, submissive, passive, willing to be led (around by the nose) **2** (asia) incontrovertible, incontestable, uncontested, indisputable, undisputed

vastaansanomatta without a protest/murmur

vastaantulija **1** (ihminen) passerby, (auto) oncoming car **2** (urh) pushover

vastaava s (mon) assets adj **1** (samanlainen) equivalent, corresponding, similar, parallel, comparable **2** (johtava) managing, responsible, (person) in charge

vastaavanlainen comparable, similar, analogous

vastaava päätoimittaja editor-inchief

vastaavasti correspondingly, similarly, comparably; (samassa suhteessa) proportionately, in proportion (to)

vastaavuus equivalence, correspondence, similarity

vastaehdotus counterproposal

vastahakoinen **1** (ihminen) reluctant, unwilling, disinclined **2** (aine) intractable

vastahakoisesti reluctantly, unwillingly

vastahankaan *asettua vastahankaan* get your back up, dig your heels in, refuse to budge

vastahyökkäys counterattack

vastainen **1** (vastapäinen) opposing, opposite (to) *pääalttarin vastainen seinä* the wall opposite (to) the altar **2** (välinen) *sunnuntain vastaisena yönä* Saturday night *Venäjän vastaisella rajalla* at the Russian border **3** (jotakin päin oleva) facing **4** (jotakin vastaan oleva) against you *Tuuli oli vastainen* The wind was against us, we were heading into the wind **5** (jotakin vastoin oleva) contrary (to) *Se olisi omien etujesi vastaista* That wouldn't be in your own best interests, that would be contrary to your own interests **6** (yhdyssanoissa) anti- *kommunismin vastainen* anticommunist **7** (tuleva) future *vastaisen varalle* (huonon ajan varalle) for a

vastata oikeudessa jostakin

rainy day, (myöhemmän käytön varalle) for future reference/use

vastaisku counterblow, counterstrike, (miekkailussa) counter(thrust); (ydinsodassa) second strike *antaa vastaisku* strike back, counter

vastaisuus 1 (tulevaisuus) the future *vastaisuuden varalta* in the future, for future reference, if this ever happens again 2 (vastustaminen) opposition *sodanvastaisuus* pacifism

vastakaiku sympathy, a sympathetic response *saada vastakaikua* be well received, gain/win favor

vastakarvaan the wrong way (myös kuv:) against the grain

vastakeino countermeasure

vastakkain 1 (toisiaan vastapäätä) opposite/facing each other, face to face *asettaa vastakkain* (kaksi ihmistä) bring (two people) face to face (with each other), confront (someone with someone); (kaksi ideaa tms) juxtapose 2 (toisiaan vastaan) against each other, in opposition *Ottelussa olivat kaksoset vastakkain* The fight was between two twins 3 (yhteen) together *painaa kätensä lujasti vastakkain* press your hands tightly together *törmätä vastakkain* crash into (someone/something), collide with (someone/something)

vastakkainasettelu juxtaposition

vastakkainen opposite, opposed, contrary, contradictory, reverse

vastakohta 1 opposite, contrary 2 (vastakohtaisuus) contrast, opposition; (vihamielisyys) antagonism, conflict

vastakohtainen opposite, contrary

vastakysymys counterquestion

vastalahja return present

vastalause protest

vastaleivottu fresh-baked; (kuv) brand-new

vastamyrkky antidote

vastanäyttelijä costar

vastapaino counterweight/-balance *olla vastapainona jollekin* counterbalance something

vastapuhelu collect call *soittaa vastapuhelu jollekulle* place a collect call to someone, call someone collect

vastapuoli 1 (kääntöpuoli) reverse, flip/counter side 2 (vastaan oleva puoli) the opposition, the opposing team/side; (vastaava puoli) counterpart

vastapäin against, opposite to, in opposite directions

vastapäinen opposite, facing

vastapäivään counterclockwise

vastapäätä opposite to, across from

vastarakkaus mutual love *saada vastarakkautta* be loved in return, have your love requited/returned

vastaranta the opposite bank/shore

vastarinta resistance, opposition

vastarintajärjestö resistance organization

vastarintaliike resistance movement; (ranskalainen natseja vastaan) the (French) Resistance

vastassa 1 (edessä) in front of 2 (esteenä) blocking the way, in the/your way *Rajalla oli poliisi vastassa* We were stopped at the border by the police 3 (vastapäätä) opposite 4 *He ovat meitä vastassa asemalla* They'll meet us at the station, they'll pick us up at the station *junaa/lentokonetta vastassa* meeting a train/plane

vastata 1 (johonkin: kysymykseen) reply/respond (to), answer; (tunteeseen, tuleen tms) return 2 (jostakin) be responsible/answerable/accountable (for), take responsibility (for); (seurauksista) bear/shoulder the consequences (for) *Kuka vastaa ruoasta?* Who'll bring the food? 3 (jotakin) correspond to, be equivalent/analogous/proportionate/equal to; (toiveita) meet, satisfy, come up to; (tarinat keskenään) match (up), tally, jibe, coincide

vastata jonkun velasta be liable for someone's debt

vastata kustannuksista shoulder the expense, cover the cost

vastata oikeudessa jostakin stand trial for something

vastata puhelimeen

vastata puhelimeen answer the phone; (ark) get the phone *Minä vastaan!* I'll get it!
vastata samalla mitalla answer in kind, give as good as you got, pay (someone) back in the same coin, fight fire with fire
vastata seurauksista take full responsibility
vastatusten ks vastakkain
vastatuuli headwind, (kuv) contrary/adverse wind *vastatuuleen* against/into the wind, upwind, windward
vastaus 1 (kysymykseen) reply, response, answer **2** (ongelmaan) answer, solution
vastauskonpuhdistus Counter-Reformation
vastausta pyydetään R.S.V.P.
vastavaikutus reaction, counteraction
vastavallankumous counterrevolution
vastavalosuoja lens hood
vastaveto countermove
vastavierailu return visit
vastavirta countercurrent *vastavirtaan* upstream, against the current
vastavoima counterforce, opposite force
vastavuoroinen reciprocal, mutual
vastavuoroisesti reciprocally, mutually
vastaväite counterargument, rebuttal, refutation, objection
vastaväittäjä 1 objector, questioner, opponent **2** (väitöstilaisuudessa) ex officio opponent; (lähin vastine) member of the doctoral reading committee
vastedes in the future, from now on, from here on out; (ylät) henceforth/-forward
vasten against, next to; (törmätä) into *ajaa aurinkoa vasten* drive into the sun
vastenmielinen repulsive, repellent, disgusting, repugnant *Tuntui vastenmieliseltä sanoa että* I hated to say that, it really rubbed me the wrong way to say that
vastenmielisyys repulsiveness, disgust, repugnance, antipathy

vastentahtoinen unwilling (ks myös vastahakoinen)
vastike 1 (vastine) equivalent, counterpart, analogue **2** (korvike) substitute, surrogate **3** (maksu) payment, compensation; (yhtiövastike) maintenance charge *vastikkeetta* free of charge
vastine 1 (vastike) equivalent, counterpart, analogue **2** (lak) plea **3** *saada vastinetta rahoilleen* get your money's worth, get something for your money
vastoin against, contrary/counter to *sitä vastoin* whereas, while (on the other hand)
vastoinkäyminen setback, reverse, hardship, misfortune
vastus resistance *Sinä olet ikuisena vastuksena minulle* You're nothing but trouble for me *ilman vastus* drag *magneettinen vastus* reluctance
vastustaa resist; (olla jotakin vastaan) (be) oppose(d to), object to *Voin vastustaa mitä vain, paitsi kiusausta* I can resist anything but temptation
vastustamaton irresistable
vastustella resist, protest
vastustus resistance, opposition
vastuu responsibility, (vastuuvelvollisuus) liability, (tilivelvollisuus) accountability *joutua vastuuseen jostakin* have to answer for something *olla jonkun vastuulla* be somebody's responsibility *olla vastuussa jostakin* be responsible/answerable/accountable/liable for something *sysätä vastuu jonkun niskoille* shift the blame/responsibility to someone else, (ark) pass the buck (to someone else) *vältellä vastuuta* shirk (your) responsibility
vastuualue area/scope/sphere of responsibility
vastuullinen responsible
vastuunalainen responsible, answerable, accountable
vastuuntunnoton irresponsible
vastuuntuntoinen responsible
vastuuvakuutus liability insurance
vastuuvapaus discharge from liability
vasuri 1 (ihminen) lefthander, lefty, southpaw **2** (käsi) left (hand)

vati (pesuvati) basin; (tarjoiluvati) platter, (serving) plate *vaatia jonkun päätä vadille* demand someone's head on a platter
Vatikaani Vatican
Vatikaanivaltio Vatican City
vatkain beater, mixer; (vispilä) whisk
vatkata (munia) beat, (kermaa) whip, (voita) cream
vatsa stomach, abdomen; (ark) belly, gut *täydellä/tyhjällä vatsalla* on a full/an empty stomach *Tie miehen sydämeen käy vatsan kautta* The way to a man's heart is through his stomach *maata vatsallaan* lie on your stomach, (ylät) lie prone
vatsahaava ulcer
vatsakipu stomachache
vatsalihas stomach muscle
vatsastapuhuja ventriloquist
vatsastapuhuminen ventriloquism
vatsatauti stomach/intestinal flu
watti watt
vattu raspberry
vatupassi level
vatvoa 1 (villaa tms) mill, full **2** (lihasta tms) rub, knead **3** (asiaa) hash over, turn over and over
vauhdikas 1 (ihminen) speedy, fast, quick **2** (elokuva tms) action-packed, fast-paced
vauhdittaa 1 speed up, facilitate, expedite **2** (urh) set the pace
vauhko 1 (pelokas) skittish **2** (pelästynyt) spooked, startled **3** (ark = poissa tolaltaan) (all) worked up, upset; (hurja) wild
vauhti speed, pace, rate; (fys) velocity; (ark) clip *ottaa vauhtia* get a (good) run (at something) *antaa vauhtia* give (someone) a push *päästä vauhtiin* get going (good), hit your stride *täydessä vauhdissa* in full swing, at top speed
vauhtihurjastelija speed-demon
vaunu 1 (hevosvaunut: yksinkertaiset) cart, (hienot) carriage, (postivaunut) stagecoach, (sotavaunut) chariot **2** (lastenvaunut) baby carriage/buggy **3** (työntövaunut) cart, trolley **4** (raitiovaunu) trolley, streetcar **5** (junavaunu) car **6** (kirjoituskoneen) carriage
vauras wealthy, affluent, well-to-do, prosperous, rich
vaurastua prosper, flourish, get rich/wealthy/affluent
vauraus wealth, affluence, prosperity
vaurio damage
vaurioittaa damage
vaurioitua be damaged
vauva baby, infant
vauvaikä infancy
vavahduttaa shake (myös kuv:) stir
vavahtaa shake *vavahtaa hereille* wake up with a start, jerk awake
vavista tremble
vavistus trembling
WC toilet; (huone) half-bath
web-osoite web address
web-palvelin web server
web-posti webmail
web-selain web browser
web-sivu webpage
web-sivusto website
web-vastaava webmaster
weddellinhylje Weddell seal
vedenalainen s submarine, (ark) sub adj underwater, submarine, subaquatic; (uponnut) sunken, submerged, submersed
vedenpaisumus flood, deluge *vedenpaisumuksen aikainen* (leik) antediluvian
vedenpinta 1 (kupissa tms) (water) surface **2** (altaassa) water level, (maassa) water table
vedenpitävä watertight
vedenrajassa (reunassa) by the water, at the water's edge; (pinnassa) on the surface (of the water)
vedin 1 (kahva) handle, (nuppi) knob **2** (tekn) extractor, puller
vedonlyönti betting
vedos 1 (kirjapainossa, taidegrafiikassa) proof, (valokuvauksessa) print, (tietok) dump **2** (tietok) dump
vedostaa (tietok) dump
vedota 1 (kääntyä jonkun puoleen, viehättää) appeal *vedota jonkun tunteisiin* appeal to someone's emotions **2** (esittää

vedättää

jotakin selitykseksi) plead *vedota tietämättömyyteen* plead ignorance
vedättää 1 (hammas) have (a tooth) pulled/extracted **2** (auto liian isolla vaihteella) lug
vegetarismi vegetarianism
vegetaristi vegetarian
vehje thing; (vekotin) gadget, gizmo, thingamajig; (mon) stuff, (sl) shit
vehkeilijä schemer, plotter, conniver, conspirator
vehkeillä scheme, plot, connive, conspire
vehkeily scheming, plotting, conspiring
vehmas lush, luxuriant, green; (viljava) fertile
vehnä wheat
vehnäjauho wheat flour
vehnäleipä wheat/white bread
vehreä green, verdant
veikata 1 (arvata) guess, (lyödä vetoa) bet *Veikkaan, että hän ei tule* I bet he isn't coming **2** (täyttää veikkauskuponki) bet on soccer
veikeillä play pranks/games/tricks, be mischievous/impish
veikeä (veitikkamainen) mischievous, impish, prankish; (hauska) playful, sportive
veikkaus 1 (arvaus) guess, (vedonlyönti) bet **2** (veikkauskupongin täyttö) betting on soccer, (toiminta) the soccer pools
veikkauskuponki soccer betting form
veikko guy, fellow
veikkonen 1 brother, buddy; (nuoremmalle miehelle) son(ny), kid *Odota veikkonen minuakin* Hey, wait for me **2** *Voi veikkoset* Oh brother, my my, Jeez
veisata sing (hymns) *viis veisata jostakin* not give a damn/hoot/shit about something
veistellä 1 (puuta) whittle **2** (vitsejä) crack
veisto carpentry, woodworking
veistos sculpture, statue
veistämö (puun) carpentry/woodworking shop; (kiven) carver's shop
veistää 1 (puuta) whittle, carve; (kiveä) carve, sculpt **2** (vitsejä) crack (jokes), (juttua) spin (yarns)
veitikka imp, prankster
veitikkamainen impish, prankish, mischievous
veitsenteroitin knife-sharpener/-grinder
veitsenterävä razor-sharp
veitsi knife
veivata crank, turn, grind
veivi crank (handle) *heittää veivinsä* kick the bucket
vekara kid
vekkihame pleated skirt
vekkuli s **1** (ihminen) imp, rascal, scamp **2** (kuje) prank, gag, stunt, joke adj funny, droll
vekseli bill (of exchange), (promissory) note
vektori vector
velaksi on credit/time, on the installment plan
velallinen debtor *niin kuin mekin annamme anteeksi meidän velallisillemme* as we forgive our debtors
velaton debt-free, (omaisuus) unencumbered
velho wizard, sorcerer; (nainen) witch, sorceress
velhokala stonefish
veli brother *Hyvä Veli* (kirjeessä) Dear... (saajan nimi)
velikulta sport, good old boy
velimies brother
velipuoli (saman isän, eri äidin poika, tai päinvastoin) half-brother; (isä- tai äitipuolen poika) step-brother
veljeillä fraternize
veljeily fraternization
veljekset brothers
veljellinen fraternal
veljenrakkaus brotherly love
veljenvaimo sister-in-law
velka debt *varat ja velat* (kirjanpidossa) assets and liabilities *joutua velkaan* get/go into debt *olla jollekulle jotakin velkaa* owe someone something *Sinä olet minulle anteeksipyynnön velkaa* You

veretön

owe me an apology *velaksi, veloissa* ks hakusanat
velkaantua go/get into debt
velkainen debt-ridden, (talo) (heavily) mortgaged
velkakirja promissory note, (ark) IOU
velkoja creditor
velli gruel
velloa swell, surge, heave, churn
velmu s sport, good old boy adj funny, amusing
veloissa in debt *olla korviaan myöten veloissa* be up to your ears in debt
veltosti sluggishly, indolently, lethargically, listlessly, lazily
veltostua go slack/limp, get fat and lazy
veltto 1 (lihas tms) slack, limp, flabby, flaccid 2 (ihminen, olo) sluggish, indolent, lethargic, listless, lazy
velttoilla laze around, slack off
velttoilu lazing around, taking it easy
velttous 1 (lihaksen tms) slackness, limpness, flabbiness, flaccidity 2 (ihmisen) sluggishness, indolence, lethargy, listlessness, laziness
velvoite obligation, commitment; (lak) court order, injunction
velvoittaa oblige, bind; (vaatia) require, insist *Aateluus velvoittaa* (ransk) Noblesse oblige
velvoitus obligation, commitment
velvollinen obliged, (duty-)bound, under an obligation (to do something)
velvollisuudentuntoinen dutiful, responsible
velvollisuus duty, obligation; (mon) duties, responsibilities *tehdä velvollisuutensa* do your duty
vene boat *olla samassa veneessä* be in the same boat
veneenrakentaja boatbuilder
venelaituri boat dock
venematka boat trip
venepakolaiset the boat people
Venetsia Venice
venetsialainen s, adj Venetian
venevaja boathouse
Venezuela Venezuela
venezuelalainen s, adj Venezuelan
ventovieras total stranger

ventti s (korttipeli) Blackjack, Twenty-one adj beat, bushed, dead
venttiili 1 (trumpetin, auton, pyörän) valve 2 (tuuletusventtiili) vent(ilator)
venytellä stretch (yourself); (voimistella) do stretching exercises, warm up
venyttely stretching exercises
venyttää 1 stretch *venyttää markkaa soikeaksi* pinch pennies 2 (kokousta) prolong, protract, draw/drag out
venytys stretch
venytysharjoitus stretching exercise
venytysliike stretching exercise
venyvyys stretchiness, elasticity
venyvä stretchy, elastic
venyä 1 stretch; (urh) stretch/push yourself 2 (kokous tms) be prolonged/protracted, go on and on 3 (olla kärsivällinen) be patient, have patience
venähdys strain
venähtää strain
Venäjä Russia
venäjä Russian
venäjänkielinen Russian
venäläinen s, adj Russian
venäläisyys Russianness
venäyttää strain
veranta veranda(h), porch
verbaalinen verbal
verbi verb
verekseltään 1 (heti) immediately, right away, without delay 2 (rysän päältä) red-handed, in the act, (lat) in flagrante delicto 3 (tuoreeltaan) fresh
verenhimoinen bloodthirsty
verenimijä bloodsucker
verenkierto circulation
verenluovuttaja blood donor
verenluovutus giving blood
verenpaine blood pressure
verenperintö *kulkeutua verenperintönä* run in the family
verensiirto blood transfusion
verenvuodatus bloodshed
verenvuoto bleeding, hemorrhaging *kuolla verenvuotoon* bleed to death
verestää 1 (silmä) be bloodshot 2 (muistoaan tms) refresh, revive, renew; (kielitaitoaan) brush up
veretön bloodless

verevä

verevä 1 (iho) ruddy, florid, rubicund **2** (ihminen) full-blooded, lusty
verho 1 (ikkunaverho) curtain; (mon) drape(rie)s **2** (kuv) cloak, veil, shroud, blanket
verhoilla upholster
verhoilu upholstery
verhokangas curtain material/fabric
verhosuljin (valok) focal-plane/curtain shutter
verhota 1 (peittää) cover, wrap, drape **2** (päällystää) cover, (sur)face; (paneeleilla) panel, (tiileillä) brick
verhotanko curtain rod
verhous covering; (lautaverhous) wood siding, paneling; (tiiliverhous) brick face
verhoutua wrap/clothe/drape yourself (in something) *verhoutua salaperäisyyteen* be shrouded in mystery
veri blood *vuotaa verta* bleed *Veri on vettä sakeampaa* Blood is thicker than water *kaivaa verta nenästään* be looking for a punch in the nose *veressä* bloody, bleeding
verikoe blood test
verikoira bloodhound
verilöyly bloodbath, massacre
verimakkara blood sausage
verinen bloody
veripalttu blood sausage
verirahat blood money
veriryhmä blood type
verisesti *loukkaantua verisesti johonkuhun* take mortal offense at someone
veriside blood bond
verisolu blood cell/corpuscle
verisukulainen blood relative/relation
verisukulaisuus blood kinship, consanguinity
verisuoni blood vessel
verisyys bloodiness
verisyöpä cancer of the blood, leukemia
verivelka blood guilt
verka (broad)cloth
verkakangas (broad)cloth
verkkainen slow, deliberate; (rauhallinen) unhurried, leisurely
verkkaisesti slowly, deliberately, unhurriedly

verkkaisuus slowness
verkkarit warmup/sweat/jogging suit
verkko 1 net(ting) *syöksyä verkolle* (tenniksessä) rush the net *saada/kietoa verkkoihinsa* (kuv) catch, (en)snare **2** (verkosto) network **3** (hämähäkin ja kuv) web *salajuonten/valheiden verkko* web of intrigue/lies **4** (tietok) net
verkkofoorumi (tietok) discussion forum
verkkojohto power cord
verkkojuttelu (tietok) chat
verkkokahvila (tietok) Internet café
verkkokalastus net-fishing
verkkokalvo retina
verkkokamera (tietok) webcam
verkkokauppa (tietok) e-commerce
verkkoliiketoiminta (tietok) e-business
verkkomaksu (tietok) e-payment
verkko-opiskelu (tietok) e-learning
verkko-ostelu (tietok) home shopping
verkkopalvelin (tietok) network server
verkkopalvelu (tietok) network service
verkkoraha (tietok) e-cash, digital cash
verkkoryhmä directory area
verkkotalous (tietok) digital economy
verkkotunnus (tietok) cybername
verkkovierailu roaming
verkkoyhteys (tietok) network connection
verkon hallinta (tietok) network management
verkonkäyttäjä (tietok) netizen
verkottaa (tietok) network
vermutti vermouth
vernissa linseed oil
vero tax, (tuontivero tms) duty
veroasteikko tax(ation) scale/schedule
verohelpotus tax break
veroilmoitus tax return
veroinen *olla jonkun veroinen* be someone's equal, be as good as someone, equal/rival someone, be comparable with someone, be on a par with someone *uuden veroinen* as good as new
verokarhu the taxman
verokavallus tax fraud
verollinen 1 (ihminen) tax-paying **2** (tulo) taxable
veroluokka tax bracket

veronalainen 1 (verollinen) taxable 2 (Veronasta) Veronan
veronmaksaja taxpayer
veronpalautus tax return
verotoimisto tax office; (US) Internal Revenue Service (IRS) office
veroton (tax-)exempt
verottaa tax, levy a tax on; (kuv) tax, take a heavy toll on
verottaja the taxman
verotuksellinen fiscal
verotulot tax revenue(s)
verotus taxation
verouudistus tax/fiscal reform
verovelvollinen s taxpayer adj taxable
veroviranomaiset tax authorities
verovähennys tax deduction
verovähennyskelpoinen deductible
veroäyri tax rate/percentage
verrannollinen 1 (vertauskelpoinen) comparable, (vars filos) commensurate 2 (mat) proportional, proportionate
verrata compare, make/draw a comparison (between) *vertaa* (vrt) compare (cf) *verrattuna johonkin* compared to/with something *olla verrattavissa johonkin* be comparable with something
verraten comparatively, relatively, fairly; (ark) pretty
verraton 1 wonderful, excellent, splendid; (ark) great, super *verrattoman* extremely, exceedingly, highly, very 2 (lyömätön) unbeaten, unrivaled, unmatched, matchless, peerless, unparalleled
verrattain comparatively, relatively, fairly; (ark) pretty
verrattomasti incomparably, by far, far and away
verryttely warm(ing) up
verryttelypuku warmup/sweat/jogging suit
versio version
verso sprout, shoot
versoa 1 sprout, (put out) shoot(s) 2 (kuv) spring up, take shape/form, germinate
verstas (work)shop
verta *vetää vertoja jollekulle* rival/equal someone, be someone's equal/match/peer *Kukaan ei vedä vertoja hänelle* She is beyond compare, she is second to none, no one can match her *vertaansa vailla* beyond compare, second to none, unparalleled, unmatched, matchless, peerless *jonkin verran* a little/bit, (jossain määrin) to some extent *metrin verran* about a meter *minkä verran* how much, (missä määrin) to what extent *En välitä siitä penninkään vertaa* I wouldn't give a plug nickel for it *Ei tässä ole senkään vertaa, että sinä saat* There isn't even enough for you *kaksin verroin parempi* twice as good
verta hyytävä bloodcurdling
vertailla compare, make/draw a comparison (between)
vertailu comparison
vertailukelpoinen comparable, commensurate
vertailukohde (samanlainen asia) parallel; (malli) model
vertailutesti comparative test
vertainen equal *kohdella jotakuta vertaisenaan* treat someone as your equal *seurustella vertaistensa kanssa* fraternize with your peers *tavata vertaisensa* meet your match *ensimmäinen vertaistensa joukossa* first among equals, (lat) primus inter pares *Se hakee vertaistaan* It is beyond compare, it is unparalleled/unmatched/matchless/peerless
vertaiskäsittely (tietok) peer processing, peer-to-peer (P2P) computing
vertaisryhmä peer group
vertaisverkko (tietok) peer-to-peer (P2P) network
vertaisviestintä (tietok) peer communications
vertauksellinen figurative, symbolic, allegorical
vertaus 1 (vertailu) comparison 2 (kuvailmaus) figure (of speech), trope, metaphor; (kuin-vertaus) simile 3 (symbolinen tarina) parable; (allegoria) allegory *puhua vertauksin* speak in parables
vertauskuva 1 (symboli) symbol, emblem, type 2 ks vertaus

vertauskuvallinen figurative, symbolical, metaphorical, allegorical
vertauskuvallisesti figuratively, symbolically, metaphorically, allegorically
veruke excuse, pretext, subterfuge *keksiä verukkeita* make excuses
veräjä gate
vesa 1 (puun tms) shoot, sprout, sucker; (vanh) scion **2** (perheen) scion; (mon) offspring
vesakko coppice (forest)
vesi water *Se toi veden kielelle* It made my mouth water *vedet silmissään* with tears in your eyes *sataa vettä* rain *Kasvimaa kaipaa vettä* The garden needs rain/watering *heittää vettä* make water, urinate; (leik) water your lizard
vesihana water faucet
vesihiihto waterskiing
vesihiihtäjä waterskier
vesihämähäkki isher spider
vesihöyry steam
vesijohto water pipe, (pää-) water main
vesijohtovesi water from the tap, tap water
vesijäähdytteinen water-cooled
vesijäähdytys water-cooling
vesikatto roof
vesikauhu rabies
vesikauhuinen rabid
vesikirppu water flea
vesikouru (räystäskouru) rain gutter; (tukkikouru) flume
vesilasi water glass
vesiliikenne water traffic
vesilintu waterfowl *heittää jollakin vesilintua* pitch/chuck/heave something (out the window)
vesilisko newt
vesiliukoinen water-soluble
vesillelasku launch(ing)
vesimaamyyrä Pyrenean desman
vesimaksu water charge
vesimittari (eläin) pondskater
vesimokkasiinikäärme cottonmouth snake
vesipallo (peli) water polo; (pallo) water-polo ball
vesiperä (kalastuksessa) water haul *vetää vesiperää* (kuv) draw a blank
vesiposti (pihassa) water faucet; (kadulla) fire hydrant
vesiraja 1 (veden korkeus) water level, (laivan) water line **2** (rannan) water's edge, waterside, waterfront **3** (valtion) sea boundary
vesirokko chickenpox
vesisika capybara
vesiskootteri jet ski
vesistö lake system, (natural) waterway
vesisuksi waterski
vesisuoni water vein
vesisänky waterbed
vesitiivis watertight
vesitse by water
vesittyä be watered down, be diluted
vesittää 1 (laimentaa, myös kuv) water down, dilute **2** (kastella) water, irrigate
vesivahinko water damage
vesivoima hydroelectric power
vesivoimala hydroelectric plant
vesiväri watercolor
vesiväirtyö watercolor
vesoa 1 (kasvaa vesoja) sprout, put out shoots **2** (leikata vesat) trim/prune (off the new growth)
vesseli kid, tyke
vesuri bill(hook)
vetelehtiä laze/loaf around, slack off
vetelys slacker, do-nothing, good-for-nothing, no-count
vetelä 1 loose, runny, watery *olla vatsa vetelänä* have diarrhea, (ark) have the runs/trots **2** (veltto) slack, sluggish, lethargic
vetelästi loosely, runnily, slackly, sluggishly, lethargically (ks vetelä)
veteraani veteran, (ark) vet
vetinen watery, waterlogged, soggy, wet
vetistellä blubber, (leik) turn on the waterworks
vetisyys wateriness, sogginess, wetness
vetkutella 1 (pyrstöä) wag **2** (kuv) dawdle
veto 1 pull(ing), haul(ing), tow(ing); (vetäisy) yank(ing), jerk(ing), tug(ging) **2** (vetovoima) pull, attraction **3** (lääk) traction *jalka vedossa* your leg in traction **4** (ilmavirta) draft **5** (auton) drive *neliveto* four-wheel drive *etuveto* front-

vetää viimeisiään

wheel drive **6** (ihmisen) strength, energy *Minulla on veto lopussa* I'm dead(-tired/-beat) *hyvässä vedossa* in fine form **7** (siveltimen tms) stroke **8** (pelissä) move *rohkea veto* a bold move **9** (lak) (notice of) appeal **10** (pol) veto *kaataa lakiesitys vetollaan* veto a bill

vetoinen 1 (huone) drafty **2** (laiva, astia) ...in capacity *litran vetoinen kannu* a liter pitcher, a pitcher that holds a liter **3** (auto) -drive *etuvetoinen auto* a car with front-wheel drive

vetojuhta draft animal
vetonaula drawing card
vetonumero drawing card
veto-oikeus (right/power of) veto
vetoomus appeal
vetovalikko (tietok) drop-down/pull-down menu
vetovoima 1 (tekn) pulling/tractive/traction force/power **2** (fys) gravitation, gravity, pull, attraction **3** (henkinen) attraction, appeal
vetreä lithe, limber, supple
veturi locomotive, engine
veturinkuljettaja engineer
veturitalli locomotive shed/depot
vety hydrogen
vetypommi hydrogen bomb
vetäistä yank, jerk, tug (at), give (something) a quick yank/jerk/tug
vetäjä 1 (vetojuhta) draft animal **2** (urh) frontrunner, pacesetter **3** (juontaja) Master of Ceremonies, emcee **4** (johtaja) leader
vetävyys attraction, appeal, effectiveness, spaciousness (ks vetävä)
vetävä 1 (viehättävä) attractive, appealing, fetching **2** (iskevä) impressive, striking, effective **3** (tilava) spacious, roomy
vetäytyä 1 (fyysisesti) move/back away (from); (tulvavesi tms) recede **2** (sosiaalisesti, myös sot) withdraw, retire, retreat; (vastuusta) shirk
vetää 1 pull, haul, tow; (vetäistä) yank, jerk, tug (on) **2** (sot) withdraw **3** (kello tms) wind **4** (johtaa) lead, run, manage, conduct; (juontaja) emcee **5** (kaapelia) lay, run **6** (vettä: pullo) hold, take; (laiva) draw **7** (ilmaa) *Takka vetää hyvin* The fireplace draws well *Täällä vetää!* There's a draft in here! **8** *panna paperit vetämään* apply, send in your application **9** (tietok) drag and drop

vetää hammas pull/extract a tooth
vetää henkeä inhale, breathe in; (kuv = hiiskua) breathe a word
vetää hirsiä catch some Z's, get some shuteye
vetää hirteen string (someone) up
vetää jonkun huomio johonkin draw someone's attention to something
vetää jonkun maine lokaan drag someone's name in the dirt
vetää kiinni pull (something) shut *Kiinni veti!* Done! It's a deal!
vetää käteen (alat) jack/jerk off
vetää köyttä have a tug-of-war
vetää leukaa do chin-ups
vetää leukaan crack/smack (someone) in the jaw
vetää lonkkaa stretch out your legs
vetää lyhyempi korsi draw the short(er) straw
vetää miekkansa draw your sword
vetää nenästä pull (someone's) leg
vetää oikeuteen sue (someone)
vetää puoleensa attract (myös kuv)
vetää pyssynsä draw (on someone)
vetää rajaa draw a line; (tehdä eroa) make a distinction (between)
vetää rakoa (urh) pull out in front
vetää sanansa takaisin take (something) back, take back (what you said)
vetää sisään retract, pull in
vetää suonta cramp (up)
vetää vastuuseen bring (someone) to justice
vetää vatsa sisään suck up your gut
vetää vertoja jollekulle equal/rival someone, be someone's equal/match/peer *Kukaan ei vedä vertoja hänelle* She is beyond compare, she is second to none, no one can match her
vetää vessa flush the toilet *vetää alas vessasta* flush (something) down the toilet
vetää viimeisiään breathe your last

VHF

VHF VHF, very high frequency
viallinen defective, faulty
viaton innocent, (harmiton) harmless
viattomasti innocently, harmlessly
viattomuus innocence
video video *Minulla on se elokuva videolla* I have the movie on video
videokamera video camera
videokasetti videocassette
videokasettinauhuri videocassette recorder, VCR
videokokous videoconference
videonauha videotape
videonauhuri (kasetti) videocassette recorder, VCR, (kelanauha) videotape recorder, VTR
videoneuvottelu videoconference
videopuhelin videophone
videovuokraamo video rental (store/department)
viedä 1 (kuljettaa) take, carry, convey, transport, deliver; (ark) tote, lug, haul **2** (johdattaa) take, lead (myös tanssissa), conduct, guide; (johtaa) result in *Kaikki tiet vievät Roomaan* All roads lead to Rome **3** (kähveltää) take, steal, rob; (ark) swipe **4** (tavaraa maasta) export **5** *Piru vie(köön)!* Damn it!
viedä aikaa take time
viedä eteenpäin advance, further
viedä harhaan mislead, lead (someone) astray
viedä huippuunsa perfect (something)
viedä joltakulta henki take someone's life
viedä loppuun finish (something up), complete, bring (something) to a conclusion
viedä mennessään take with you; (tulva tms) sweep/carry away
viedä pitkälle go a long ways with (something) *viedä liian pitkälle* take (something) too far
viedä päätökseen finish (something up), complete, bring (something) to a conclusion
viedä tahtonsa läpi have/get your way
viedä tilaa take (up) space
viedä voittoon lead (someone) to victory
viedä yöunet keep you awake
viedä äärimmäisyyksiin take (something) to extremes
viehe lure
viehkeä alluring, charming, entrancing
viehkeästi alluringly, charmingly, entrancingly
viehtymys interest (in), fascination (with)
viehättävä attractive, charming, appealing
viehättävästi attractively, charmingly, appealingly
viehättää attract, charm, appeal (to)
viehätys attraction, charm, appeal
viehätysvoima attraction, charm, appeal
viejä exporter
viekas clever, crafty, cunning
viekkaasti cleverly, craftily, cunningly
viekkaus cleverness, craft(iness), cunning
viekoitella lure, tempt, entice, (seksuaalisesti) seduce *viekoitella joltakulta jotakin* con someone out of something
vielä 1 still, yet, even *Hän ei ole tullut vielä* She hasn't come yet, she still hasn't come *Vielä viime kuussa se oli kunnossa* It was still working last month, it was working fine as late/recently as last month *ei vielä* not yet *vielä parempi* still/even better *yhä vieläkin* even now/today **2** (lisäksi) further(more), more(over) *Otatko vielä yhden?* Would you like one more, will you take another (one)? *On vielä todettava että* It is further to be noted that *Mitä vielä haluat?* What else do you want?
vieläpä even *Asia on vaikea, vieläpä mahdoton ratkaista* It's a difficult, even impossible problem to solve
viemiset presents, gifts *Onko meillä mitään viemisiä?* Do we have anything to take them?
viemäri drain; (viemärioja) gutter; (viemäristö) sewer (system)
viemäristö sewer system
Wien Vienna
wienerleipä Danish pastry
wieniläinen s, adj Viennese

vierähtää

vieno soft, gentle, muted, hushed
vienosti softly, gently, in hushed tones
vienti export
vientikauppa export trade
vientikiintiö export quota
vientiluotto export credit
vientimaksu export duty
vientitavara export goods
vientituote product for export
vieraannuttaa alienate, estrange; (tehdä vieraantuntuiseksi) defamiliarize
vieraantua become alienated/estranged (from someone)
vieraantuminen alienation, estrangement
vieraanvara food kept on hand in case someone drops by
vieraanvarainen hospitable
vierailija visitor, guest; (TV- ohjelmassa) special guest, guest star
vierailla 1 visit, pay (someone) a visit **2** (TV-ohjelmassa tms) guest(-star on), make a special appearance (on)
vierailu visit
vierailuaika visiting hour(s)
vieraisilla visiting *mennä vieraisille* go visiting, go see someone
vieraissa *käydä vieraissa* cheat on your spouse
vieras s **1** (tuntematon ihminen) stranger *Älä puhu vieraille!* Never talk to strangers! **2** (vierailija) guest, visitor; (kuv ja ylät) visitant adj **1** (tuntematon) strange, unknown, unfamiliar, alien *Ei ajatus ole täysin vieras minulle* The idea has occurred to me **2** (johonkin kuulumaton) alien, foreign *vieras aine* alien/foreign substance **3** (ulkomainen) foreign *vieras työvoima/korostus/kieli* foreign labor/accent/language
vierasmaalainen s foreigner, (lak) alien adj foreign
vieraspaikkakuntalainen out-of-towner, stranger, nonlocal
vierasperäinen foreign
vierastaa 1 (arkaillä) be shy **2** (kaihtaa) shy away from, shun, steer clear of **3** (oudoksua) find (something) strange
vierastyöläinen foreign/guest worker
vierasverkko (tietok) extranet

viereinen next, adjacent *Menkää viereisestä ovesta* Use the next door *kirkon viereinen kauppa* the store next to the church
vierekkäin side by side, next to each other
vierekkäinen adjacent, adjoining; (ylät) contiguous *Meillä on vierekkäiset huoneet* We have adjacent/adjoining rooms, we have rooms next to each other
vierellä *jonkun vierellä* at someone's side, beside someone, next to someone *Kuljetko kotvan vierelläni?* Will you walk with me a while?
vieressä beside, next to, alongside, by; (lähellä) close to, near by *Menehän istumaan mummin viereen* Go sit by grandma, pull up a chair next to grandma
vieri side *kulkea aidan viertä* walk along the fence
vierittää 1 (kiveä tms) roll **2** (tietok) scroll **3** *vierittää syy jonkun niskoille* blame someone else for it, (ark) pass the buck
vieritys (tietok) scrolling
vierityspalkki (tietok) scroll bar
vieri vieressä right next to each other, close together
vieriä 1 (kivi tms) roll *Vierivä kivi ei sammallu* A rolling stone gathers no moss **2** (aika) roll by/on, pass *vuosien vieriessä ohi* as the years roll by
vieroittaa 1 (vauva) wean **2** (aineriippuvainen tms) break (someone) of a habit, cure (someone's) addiction, help (someone) kick the habit **3** (vieraannuttaa) alienate, estrange
vieroitus 1 (vauvan) weaning **2** (aineriippuvaisen) withdrawal
vieroitusoire withdrawal symptom
vieroksua 1 (kaihtaa) shy away from, shun, steer clear of **2** (oudoksua) find (something) strange
vieroksunta repulsion
vierusta side
vierustoveri the person next to you
vierähtää 1 (vieriä) roll *Kivi vierähti sydämeltäni* That took a load off my

viesti

mind **2** (pudota) fall, drop **3** (aika) pass, slip by/away; (ark) zip by
viesti 1 (sana) message, news, word; (ylät) tidings **2** (sot, tietok) communication **3** (urh) relay (race)
viestikapula baton
viestimet the media
viestinjuoksu relay race
viestintä communication
viestintäsatelliitti telecommunication satellite
viestittää communicate; (sot) signal
viestitys communication; (sot) signaling
vietellä lure, tempt, entice; (seksuaalisesti) seduce
vieteri spring *Onpa sinulla lyhyt vieteri* You certainly are on a short fuse
vie terveisiä! send my love/greetings, say hello
Vietnam Vietnam
vietnamilainen s, adj Vietnamese
viettelijä seducer, lady-killer, lady's man, Don Juan, Casanova
viettelijätär seductress, charmer, sweet-talker, temptress, siren
viettely seduction
viettelys (al)lure(ment), enticement, temptation; (seksuaalinen) seduction
vietti drive
vietto 1 (mäen) slope, gradient **2** (juhlien) celebration
viettää 1 (olla kalteva) slope **2** (aikaa) spend, pass; (ark) kill *viettää talvi etelässä* spend the winter in the south **3** (juhlia) celebrate *viettää synttäreitä* celebrate a birthday
vietävä *Hän huusi kuin vietävä* He screamed like a stuck pig *vietävän nälkä* damned hungry
vietävästi *Väsyttää niin vietävästi* I'm so damned sleepy
viha 1 (suuttumus) anger, fury, rage; (ylät) wrath *pitää vihaa jonkun kanssa, olla vihoissa jonkun kanssa* feud with someone *pistää vihaksi* make you mad **2** (inho) hatred, hate, hostility; (vihollisuus) enmity *unohtaa vanhat vihat* bury the hatchet *joutua jonkun vihoihin* make an enemy, fall into someone's disfavor

vihaaja hater *miesten vihaaja* man-hater, misanthropist; (ark) ball-breaker *naisten vihaaja* woman-hater, misogynist; (ark) chauvinist pig
vihainen angry, furious; (ark) mad; (ylät) wrathful, irate
vihaisesti angrily, furiously, wrathfully
vihamielinen hostile
vihannes vegetable
vihanneskeitto vegetable soup
vihastua get angry/mad, lose your temper; (ark) fly off the handle, blow your top, hit the roof
vihastus anger, indignation, exasperation
vihastuttaa anger, enrage; (ark) make (someone) mad (at you)
vihata hate, loathe, abhor, detest *Joka vitsaa säästää se lastaan vihaa* Spare the rod and spoil the child
vihdoin finally, at last
vihdoin viimein at long last, finally, eventually
viheliäinen 1 (huono) terrible, miserable, execrable; (ark) lousy **2** (alhainen) base, mean, vile; (ylät) contemptible, despicable, dastardly; (ark) dirty
vihellellä whistle (away)
vihellys 1 whistle **2** *vihellykset* (yleisön epäsuosion ilmaukset) boos, catcalls, hisses, jeers
viheltää whistle
viheralue park
viheriö (golf) green
viherkaihi glaucoma
vihertävä green
vihertää be green
vihi *saada vihiä jostakin* get wind of something
vihillä *mennä vihille* get married; (ark) get hitched, tie the knot
vihjailla hint, insinuate
vihjailu hinting, insinuation
vihjata hint, insinuate
vihjaus hint
vihje hint, (ark) tip
vihkiminen 1 (avioparin) wedding **2** (papin) ordination, (piispan) consecration **3** (kirkon) consecration, dedica-

viikko

tion; (rakennuksen, tien tms) opening, inauguration
vihkiytyä 1 (tutustua) familiarize yourself (with); (saloihin) penetrate (the mysteries); (salaseuraan) be initiated (into) *asiaan vihkiytyneet* initiates, those in the know **2** (omistautua) dedicate/devote yourself (to)
vihkiä 1 (aviopari) marry, wed, join (a couple) in holy matrimony **2** (papiksi) ordain, (piispaksi) consecrate **3** (kirkko) consecrate, dedicate; (käyttöön) open, inaugurate **4** (elämänsä) devote/dedicate/consecrate (your life to)
vihkiäiset 1 (avioparin) wedding **2** (papin) ordination, (piispan) consecration **3** (kirkon) consecration, dedication; (rakennuksen, tien tms) opening, inauguration
vihkiäistilaisuus wedding/ordination/consecration/dedication/opening/inaugural ceremony (ks vihkiäiset)
vihko notebook/-pad
vihlaista cut, pierce, rend *vihlaista sydäntä* cut you to the quick, tear at your heart-strings *vihlaiseva kipu* stabbing/shooting pain
vihloa *vihloa korvia* grate on your ears *vihloa hermoja* jar on your nerves *vihloa hampaita* have a stabbing pain in your teeth
vihmoa drizzle
vihne awn
vihoitella 1 (pitää vihaa) be angry/mad (at someone), nurse/hold a grudge (against someone); (huutaa) rant and rave **2** (haava = tulehtua) get inflamed/infected
vihoittaa anger, enrage, make (someone) angry/mad
vihollinen enemy, (ylät) foe
vihollisalue enemy territory
vihollisjoukot enemy troops
vihollisuudet hostilities
vihoviimeinen the very last *Tämä on vihoviimeistä työtä* This is a lousy/shitty job
vihreä s (pol) Green adj green (myös kuv = kokematon) *vihreä nuorukainen* green/callow youth, greenhorn
vihreä aalto synchronized traffic lights
vihreänä kateudesta green with envy
vihreä peukalo green thumb
vihreä valo *näyttää vihreää valoa* give (someone) the green light, the go-ahead
vihta birch-switch
vihtoa slap yourself/someone with a birch-switch
vihuri gust (of wind)
vihurirokko German measles, (lääk) rubella
viidakko jungle
viidenkymmenen villitys midlife fling
viidennes (one-)fifth
viides fifth
viideskymmenes fiftieth
viidessadas five-hundredth
viidesti five times
viidestoista fifteenth
viidestuhannes five-thousandth
viihde entertainment
viihdekirjailija popular novelist
viihdekirjallisuus popular literature, light reading
viihdemusiikki pop music
viihdeohjelma entertainment program
viihdyke pastime, diversion
viihdyttää 1 (hauskuuttaa) entertain, divert, amuse **2** (hyssytellä) soothe, calm, pacify
viihtyisä pleasant, comfortable, cozy; (ark) comfy, homey
viihtyisästi pleasantly, comfortably, cozily
viihtyä 1 (ihminen: nauttia) enjoy yourself, like (something, it somewhere); (olla kuin kotonaan) feel at home; (tulla viihdytetyksi) be amused/entertained *Viihdytkö täällä?* Do you like it here? **2** (kasvi) thrive, flourish
viikata fold
viikate scythe *Väinämöisen viikate* (tähtikuvio) Orion's Belt
viikatemies (myt = kuolema) the Grim Reaper
viikinki Viking
viikko week *viikon päästä* a week from now, in a week *ensi/viime viikolla* next/last week *ensi viikon torstaina* a week from Thursday *ensi viikon loppupuo-*

viikkokaupalla 678

lella late next week *kaksi viikkoa sitten* two weeks ago *viikosta toiseen* week after week
viikkokaupalla week after week, for weeks on end
viikkolehti weekly (magazine)
viikkosiivous weekly cleaning
viikkotunti (koulussa) period per week
viikkotuntimäärä number of periods/class-hours per week
viikonloppu weekend
viikonloppualennus weekend discount
viikonloppuisin weekends, on the weekend
viikonloppuisä weekend daddy
viikottain weekly
viikottainen weekly
viikset 1 (miehen) mustache **2** (kissan) whiskers
viikuna fig
viikunanlehti figleaf
viila file, (karhea) rasp
viilata file *viilata linssiin* fool, dupe, trick; pull the wool over (someone's) eyes
viilentyä cool off/down
viilettää *mennä viilettää* burn up the road, go hell-bent for leather, hightail it
viiletä cool off/down
viileys coolness
viileä cool *viileä kuin viilipytty* cool as a cucumber
viileäkaappi cooler
viileästi coolly
viili natural yoghurt
viillos cut, slash; (lääk) incision
viilto cut, slash; (lääk) incision
viiltohaava cut, slash
viiltää cut, slash, slit *viiltää kurkkunsa/ranteensa auki* slit your throat/wrists
viilu veneer
viima cutting/icy wind
viime last, past *viime viikolla/vuonna* last week/year *viime vuosina* over the past few years
viimeinen 1 last, final *viimeinen pisara/oljenkorsi* the last straw *sanoa viimeinen sana* have the last word **2** (viimeisin) latest, most recent; (ark) last *vii-*

meistä huutoa the latest thing, all the rage, in *Viimeinen tieto jonka sain oli että* Last I heard *Kiitos viimeisestä* We had a great time at your house the other night, thanks for having us over the other day
viimein(kin) at last, finally
viimeiseksi last of all, lastly, finally
viimeisillään (kuolemaisillaan) on your last leg; (raskaana) nine months pregnant
viimeistelemätön unpolished, unfinished
viimeistellä polish, finish, touch up, put the finishing touches on
viimeistely polishing, finishing, touching up
viimeistään at the latest, no later than
viimekertainen *pyytää anteeksi viimekertaista käytöstään* apologize for acting the way you did
viimekesäinen last summer's, (something that happened) last summer
viimeksi last; (lopuksi) lastly, finally, in conclusion *Milloin hänet on viimeksi nähty?* When was she last seen?
viimeksi mainittu the last-mentioned
viimekuinen last month's, (something that happened) last month
viimetalvinen last winter's, (something that happened) last winter
viimeviikkoinen last week's, (something that happened) last week
viimevuotinen last year's, (something that happened) last year
viina hard liquor, (ark) booze, sauce
viinaan menevä boozing
viinakauppa liquor store
viinamäen mies boozer, drinker, lush
viinanjuonti boozing, drinking
viinapäissään (when) drunk
viineri Danish (pastry)
viini wine
viini, laulu ja naiset wine, women, and song
viinimarja currant
viinimarjapensas currant bush
viinirypäle grape
viipale slice
viipaloida slice

viitta

viipaloitu sliced
viipottaa tr **1** (heiluttaa) wave, wag **2** (kiikuttaa) carry (something) along **3** *Minua viipottaa* I feel faint itr **4** (heilua) wave, wag **5** *mennä viipottaa* go/fly like the wind **6** (sojottaa) stick/jut out
viipurinrinkeli pretzel
viipymättä without delay, promptly
viipyä 1 (jäädä, pysyä) stay, remain; (asiassa) dwell (on); (ylät) linger, (ark) hang around *Kauanko voit viipyä?* How long can you stay? **2** (viivytellä) take your time (doing something), do (something) slowly, dawdle *Missä hän nyt viipyy?* What's keeping her? Where is she? What's taking her so long? **3** (viivästyä) be delayed/late
viiru stripe, streak
viisaasti wisely
viisas s wise (wo)man, sage adj **1** (ihminen) wise, intelligent; (ylät) sagacious; (ark) smart *kaukaa viisas* far-sighted **2** (toimenpide tms) wise, sensible, sound
viisastelija smart-aleck/-ass, wise-acre/-ass, wise guy
viisastella wise off, be a smart-aleck/-ass
viisastelu sophistry, casuistry
viisasten kivi the philosophers' stone
viisastua become wise; (ark) wise up
viisaus wisdom
viisi five *tuntea jokin kuin viisi sormeaan* know something like the back of your hand *viittä vaille* (kellonajasta) five till; (kuv) almost, practically
viisihenkinen (perhe/seurue) (family/party) of five
viisikko pentad
viisikymmenkertainen fiftyfold
viisikymmenluku the fifties
viisikymmentä fifty
viisikymppinen in your fifties
viisimiehinen five-man
viisinkertainen fivefold, five-time, quintuple
viisinumeroinen five-digit
viisiottelu pentathlon
viisipaikkainen five-seater
viisisataa five hundred
viisitoista fifteen
viisituhatta five thousand
viisivuotinen five-year
viisivuotissuunnitelma five-year plan
viisto oblique; (taso) sloping, slanting; (reuna) beveled, mitered
viistossa at a slant, aslant *taka-/etuviistossa* leaning backward/forward *taulut viistossa seinällä* the paintings hanging crookedly on the wall *laskea viistoon hiihtorinnettä* traverse the ski slope *mennä viistoon kadun poikki* cut obliquely/diagonally/cattycorner across the street
viistää 1 (laahata) drag **2** (viistota) bevel, miter
viisu song, broadsheet
viisumi visa
viisumipakko required visa
viis veisata jostakin not give a damn/hoot/shit about something
viitata 1 (kädellä: kohti) point (at/to); (tännemmäs) beckon/wave (to); (koulussa) raise your hand **2** (enteillä) point (to), indicate, suggest **3** (puheessa) refer/allude (to), make a reference/allusion (to) *viitaten kirjeeseenne* with reference to your letter
viite reference; (kirjeessä) re; (kirjassa) (foot-/end-)note
viitisen around five
viitoittaa mark *hyvin viitoitettu tie* well-marked road
viitoittamaton unmarked
viitonen (the number) five; (seteli) fiver, five-spot
viitoset quintuplets
viitostie highway 5
viitsiä 1 (olla kiltti) *Viitsisitkö tulla vähän tänne?* Could you come here for a minute? Would you mind stepping over here? *Älä viitsi* Stop it, please; do you mind? **2** (haluta) feel like (doing something), be bothered (to do something) *En viitsi lähteä* I don't feel like going, I couldn't be bothered to go
viitta 1 (vaate) cape, cloak, robe **2** (tien) sign

viittaus 1 (ele) motion, sign(al), gesture **2** (viite) reference, allusion **3** (vihjaus) hint, insinuation
viitteellinen allusive, evocative, suggestive; (epäsuora) indirect, veiled
viitteellisesti allusively, evocatively, suggestively, indirectly
viittoa 1 motion, gesture, beckon, signal **2** (viittomakielellä) sign
viittoilla 1 ks viittoa **2** (lipuilla) semaphore
viittomakieli sign language
viiva line *vetää viiva jonkin yli* cross/strike something out *mennä viivana* fly/dash off
viivain ruler
viivakoodi bar code
viivata rule, line *viivattu paperi* ruled/lined paper
viive lag
viivoitin ruler
viivoitus ruling, lineation
viivytellä delay, dawdle, dillydally, drag your feet
viivyttää delay, put off, defer, postpone
viivytys delay
viivähtää stay (on), linger, tarry; (asiassa) dwell (on)
viivästyminen delay
viivästys delay
viivästyä be delayed/late
vika 1 fault, flaw, weakness, shortcoming, defect *Ei se minun vikani ollut* It wasn't my fault *mennä vikaan* go wrong **2** (ruumiillinen) defect, disability, disorder, disease, trouble *Ei minussa mitään vikaa ollut* There was nothing wrong with me
vikailmoitus false alarm
vikapaikka the wrong place
vikapisto dropped stitch; (kuv) blunder, screwup
vikatikki wrong stitch; (kuv) blunder, screwup
vikinä 1 (hiiren) squeaking **2** (lapsen) whining
vikistä 1 (hiiri) squeak **2** (lapsi) whine
vikitellä lure, tempt, entice; (seksuaalisesti) seduce
vikkelyys quickness, nimbleness

vikkelä quick, nimble
vikkelästi quickly, nimbly
Viktoria (kuningatar) Victoria
viktoriaaninen Victorian
vikuroida balk
vilahtaa flash
vilaus flash *nähdä vilaukselta* catch a glimpse of
vilauttaa flash
Vilhelm (kuninkaan nimenä) William
Vilhelm Valloittaja William the Conqueror
vilinä (hustle) and bustle, commotion, stir
vilistä swarm, surge, throng, teem
vilistää dash/dart (off)
vilja grain; (kasvava) crops
viljatuote grain product
viljava fertile, fruitful
viljavuori surplus grain, grain glut
viljelemätön untilled
viljelijä farmer
viljellä 1 (maata) cultivate, farm, till **2** (kasveja) raise, grow **3** (biologisia näytteitä) culture **4** (henkisiä hyveitä) use, cultivate
viljelmä 1 (maatila) farm **2** (vihannesmaa) garden **3** (iso) plantation **4** (biol) culture
viljely 1 (maan) cultivation, agriculture, agronomy, farming **2** (hengen) cultivation, culture
viljelykelpoinen arable
viljelys cultivated/arable land, field(s), plantation *olla viljelyksessä* be tilled/cultivated, be under cultivation
vilkaista (take a quick) glance (at), glance/look through/over (quickly)
vilkas 1 (elävä) lively, animated, vivacious; (ark) perky, peppy **2** (voimakas) vivid *vilkas mielikuvitus* vivid imagination **3** (vikkelä) quick, fast, rapid *livahtaa vilkkaasti tiehensä* dash/dart off, beat a hasty retreat **4** (liik) brisk, (ark) hot *Kaupankäynti on vilkasta* They're selling like hotcakes **5** (kiireinen) busy, bustling, hectic *vilkas liikenne* heavy traffic
vilkasliikenteinen busy

vilkastua 1 (ihminen) liven/perk up, become (more) lively/animated **2** (kaupankäynti) pick up
vilkkaasti animatedly, with animation, vivaciously, perkily, peppily, vividly, quickly, fast, rapidly, briskly, busily, hectically (ks vilkas)
vilkku 1 (auton) turn indicator, blinker **2** (vilkkuva valo) flashing light
vilkkuvalo flashing light
vilkuilla glance (around), sneak/steal a glance/look/peek *vilkuilla sivuille* (fyysisesti) cast sidelong glances; (seksuaalisesti) look at other (wo)men
vilkutella 1 (vilkkua) flash, (tuikkia) twinkle **2** (heilutella) wave **3** (juosta) dash
vilkuttaa 1 (vilkkua) flash, (tuikkia) twinkle **2** (heilutella) wave **3** (iskeä silmää) wink
vilkutus 1 flash(ing), twinkle, twinkling, wave, waving, wink(ing) ks vilkuttaa **2** (tietok) blinking
villa 1 (lampaan) wool, (mon) fleece **2** (talo) villa
villainen woolen
villakoira 1 (koira) poodle **2** (pölykerä) dust-bunny
villakoiran ydin the main thing, the essence of the thing
villapaita sweater
villasukat woolen socks/stockings
villatakki sweater jacket
villi s **1** (alkukantainen) savage **2** (johonkin kuulumaton: liittoon) nonunion worker; (puolueeseen) independent; (urheiluseuraan, lähin vastine) free agent adj **1** (alkukantainen) wild, uncivilized, primitive, savage; (kesyttämätön) untamed, unruly **2** (johonkin kuulumaton: liittoon) nonunion; (puolueeseen) independent; (urheiluseuraan) unaffiliated *villi lakko* wildcat strike
villieläin wild animal/beast, (mon) wildlife
villi-ihminen savage
villiintyä 1 (lapsi) get wild, get out of hand/control **2** (väkijoukko) run riot **3** (kasvit) run wild
villi länsi the Wild West

vinksahtaa

villinlännenelokuva Western
villisti wildly
villitys craze, fad *viidenkympin villitys* midlife fling
villitä drive (someone) wild; (agitoida) agitate, incite, stir up, foment
vilpillinen deceitful, fraudulent
vilpillisyys deceit(fulness), fraudulence
vilpittömyys sincerity, honesty
vilpitön sincere, honest, guileless
vilpoisa cool, breezy
vilppi deceit, fraud, guile
vilske bustle, stir, commotion
viltti blanket
vilu cold *Eikö sinun tule vilu?* (yleensä) Don't you get cold? (nyt) Aren't you getting cold? *olla viluissaan* be freezing
viluinen cold, (ark) freezing
vilustua catch (a) cold *olla vilustunut* have a cold
vilustuttaa itsensä catch (a) cold
viluttaa *Minua viluttaa* I'm cold
vilvoitella cool off
vimma 1 fury, furor, frenzy, rage **2** (ark = halu) itch, yen, mania
vimmaantua 1 (suuttua) fly into a fury/rage/passion **2** (joutua himon valtaan) be possessed by a passion
vimmastua fly into a fury/rage/passion
vimmattu s mad(wo)man adj furious, frantic, frenzied, possessed
vimmatusti like hell/mad/crazy
vinguttaa make (something) squeal *vinguttaa viulua* scrape the violin/fiddle
vinha 1 (nopea) fast, furious, breakneck, headlong *vinhaa vauhtia* at a breakneck pace **2** (erikoinen) odd, peculiar, weird *vinhan näköinen mies* a weird-looking man
vinhasti fast and furious, hell-bent for leather, headlong
vinkkeli 1 (suora kulma) (right) angle *vinkkelissä* on the square **2** (ark = näkökanta) point of view *käsitellä asiaa toisesta vinkkelistä* come at it from another angle, get another viewpoint on it
vinkki hint, tip
vinksahtaa (osua harhaan) miss, slip *vinksahtanut* (tärähtänyt) cracked,

vinkua

touched (in the head), off your rocker, gonzo
vinkua 1 (luoti) whiz, whistle; (hengitys) wheeze **2** (ovi) squeak, (lapsi, koira) whine
vino 1 (taso) sloping, slanting, inclined *vinot silmät* slanty eyes **2** (viiva) diagonal, oblique **3** *vino hymy* wry smile *vino suu* twisted mouth *vinossa* ks hakusana
vinoilla taunt, gibe (at), twit
vinoneliö diamond, (geom) rhomb(us) *vinoneliön muotoinen* rhomboid
vinossa 1 (fyysisesti) crooked, aslant, askew **2** (vialla) wrong *Tässä on jotain vinossa* Someone's wrong/fishy here, everything isn't right here
vinosti diagonally, obliquely
vinoutua get distorted/warped/twisted
vinoutuma distortion
vinoviiva (/) (forward) slash
vintilä brace (and bit), crank brace
vintiö scamp
vintti 1 (kaivon) sweep **2** (ullakko) attic, loft, garret
vinttikoira greyhound
vintturi winch
vinyyli vinyl
vioittua be damaged/impaired/injured; (ark) get busted, go on the blink/fritz
violetti violet
vipata 1 (pyytää, saada vippiä) bum, scrounge *vipata kaverilta tupakkia* bum a smoke off a friend **2** (antaa vippi) loan, lend *Vippaaks vitosen?* Can you spare me a five-spot?
vipeltää cut loose, go like the wind
vippaskonstilla by hook or by crook
vipu 1 (fys, tekn) lever **2** (ansa) trap, snare
virallinen 1 official **2** (sävy tms) formal
virallinen kielenkääntäjä official translator
virallisesti officially, (muodollisesti) formally
virallisuus official nature, (muodollisuus) formality
viraltapano dismissal, suspension
viranhakija job applicant, candidate for a post/position
viranhaku job application
viranhaltija office-holder, incumbent, appointee
viranhoitaja substitute, deputy
viranomainen authority
viransijainen substitute, deputy
viransijaisuus substitute job, deputyship, locum post
virantoimitus the performance/discharge of your official duties *virantoimituksessa* on duty *virantoimituksen ulkopuolella* off duty *pidättää virantoimituksesta* suspend
virasto office, agency, bureau
virastoaika office/business hours
virastotalo office building
virastotyö office/clerical/secretarial work
vire 1 (ilman) breeze, (veden, naurun) ripple **2** (äänen) note, tone
vireessä 1 (soitin) in tune, (laulu) on key **2** (pyssy) cocked **3** (ihminen) in the mood, ready (and willing), raring to go
vireillepano (oikeusjutun) institution of proceedings
vireillä (oikeusjuttu) pending; (kysymys) under discussion; (asia) active *panna vireille* institute, start, take (something) up
vireilläolo (oikeusjutun) pendency, lis pendens
vireys activity, vigor
vireä 1 (ihminen) alert, aware, active **2** (toiminta) active, lively, vigorous
virhe 1 error, mistake; (laiminlyönti) oversight **2** (vika) flaw, defect; (luonteen) fault, shortcoming **3** (urh) foul
virheellinen 1 erroneous, mistaken, inaccurate, incorrect, false *virheellinen ääntäminen* mispronunciation **2** (viallinen) flawed, defective, faulty
virheellisesti erroneously, mistakenly, inaccurately, incorrectly, falsely
virheellisyys inaccuracy, incorrectness, falsity
virheettömyys flawlessness, faultlessness, correctness, accuracy
virheettömästi flawlessly, faultlessly, impeccably, correctly, accurately

virkaveli

virheetön flawless, faultless, impeccable, correct, accurate
virhelopetus (tietok) abort
virhemahdollisuus chance of error
virheprosentti percent of error
virike stimulus, impulse, impetus; (ark) shot in the arm *saada virikettä jostakin* be stimulated/inspired/influenced by something, take impetus from something
virikkeettömyys lack of stimulation/inspiration
virikkeetön unstimulating, uninspiring
virikkeinen stimulating, inspiring
virikkeisyys stimulation, inspiration
viritin tuner
viritinvahvistin receiver
virittäytyä work/psyche yourself up (for something)
virittää 1 (soitin) tune **2** (pyssy) cock **3** (ansa) lay, set **4** (puhe tms) pitch, couch *korkealle viritetty idealismi* high-pitched idealism *koomiseen sävyyn viritetty ylistyspuhe* comically couched eulogy
virittää juonia plot, scheme, connive
virittää kameran laukaisin set the delayed timer
virittää kello set a clock
virittää laulu strike up a tune/song
virittää mielenkiintoa spark (someone's) interest
virittää moottori tune up an engine; (lisätä tehoa) hop up an engine
virittää riitaa pick a fight
virittää vastaanotin jollekin aaltopituudelle tune in to a radio station
viritys tuning
viritä break out, crop up, burst forth, be kindled *Hänen kysymyksestään virisi vilkas keskustelu* Her question sparked a lively discussion
virka office; (toimi) post, position, job *olla virassa, hoitaa virkaa* hold an office *astua virkaan* assume your office/post/responsibilities/duties, be inaugurated/installed/inducted into office *asettaa virkaan* inaugurate/install/induct (someone) into office *julistaa virka haettavaksi* advertise a post *viran täyttäminen* filling a post, appointing someone to a post *viran täyttämättä jättäminen* stopping a job search, leaving a post vacant
virka-aika 1 (päivittäinen: viraston) office hours, (työntekijän) working hours **2** (virkakausi) term (of office)
virkaanastujaisesitelmä inaugural address
virkaanastujaiset inauguration
virka-apu executive assistance
virka-asema official rank/position
virkaatekevä acting
virkaehtosopimus collective bargaining contract
virkaehtosopimusneuvottelut collective negotiations/bargaining
virkaheitto dismissal, discharge, suspension
virkailija official, bureaucrat; (pankkivirkailija) teller, clerk
virkaintoinen officious
virkakausi term of office
virkakelpoisuus qualifications
virkakirje official/franked letter
virkamatka business trip
virkamies official, bureaucrat, civil servant
virkanainen professional/career woman
virkanimike (official/job) title
virkapuhelu official/business (tele)phone call
virkapuku uniform
virkarikos malfeasance
virkasuhde post, position
virkasääntö official regulations
virkata crochet
virkatehtävä official duty
virkateitse through official channels
virkatodistus extract from the civil register
virkatoimi post, position
virkatoveri colleague
virkavalta 1 (viranomaiset) the authorities, government **2** (poliisi) the (police) force, (ark) the cops **3** (virkavaltaisuus) bureaucracy, (ark) red tape
virkavapaa *virkavapaalla, -na* on leave
virkavapaus leave of absence
virkaveli colleague

virkavirhe

virkavirhe misconduct (in office)
virke sentence
virkeä active, alert, lively
virkeästi actively
virkistys recreation, relaxation, refreshment
virkistysmatka recreational trip, vacation
virkistyä pick/perk up, be refreshed
virkistää (fyysisesti) freshen (you) up; (fyysisesti ja henkisesti) refresh; (henkisesti) cheer/buoy/perk (you) up *virkistää muistiaan* refresh your memory
virkkaa say, utter
virkkaus crocheting, crochet-work
virkkuu crocheting, crochet-work
virkkuukoukku crocheting needle
virne grin
virnistellä ks virnuilla
virnistys grin; (kivusta) grimace
virnistää grin; (kivusta) grimace
virnuilla 1 smirk, grin *Älä virnuile siinä!* Wipe that smirk/grin off your face! **2** (ivallisesti) sneer, jeer
Viro Estonia
viro (kieli) Estonian
virolainen s, adj Estonian
virota revive, recover; (ark) come to
virpoa go trick-or-treating (on Palm Sunday) *Virvon varvon, tuoreeks terveeks, vitsa sulle palkka mulle* Trick or treat!
virrata flow, run, pour, stream
virsi hymn *Lyhyestä virsi kaunis* Short and sweet
virsikirja hymnal, hymn book
virsta verst *Parempi virsta väärää kuin vaaksa vaaraa* Better safe than sorry
virstanpylväs milestone
virta 1 (veden) current; (joki) river, stream **2** (sähkön) current **3** (autojen, ihmisten) stream, flow, flood *kulkea virran mukana* go with the flow, drift with the tide
virtahepo hippopotamus
virtakytkin power switch
virtalähde power source
virtaus 1 (veden) current, flow **2** (muodin tms) tendency, trend
virtaviivainen streamlined

virtsa urine
virtsaneritys excretion of urine
virtsanäyte urine specimen
virtsata urinate
virtuaalimuisti virtual memory
virtuaalipääte virtual terminal
virtuaalitodellisuus virtual reality
virtuoosi virtuoso
virua lie hurt/sick/unconscious; (ylät) languish
virus virus
virustentorjuntaohjelma antivirus program
virusvalhe (tietok) virus hoax
virveli rod and reel
virvoitusjuoma soft drink
virvokkeet refreshments
visa 1 (koivu) curly birch, (puutavara) curly-grained wood **2** (tietovisa) quiz (show)
visainen knotty
visaisuus knottiness
viserrys chirp(ing), twitter(ing)
visertää chirp, twitter *Älä muuta viserrä!* You can say that again!
visio vision
viskaali 1 prosecutor, (assistant) district attorney, (A.)D.A. **2** (leik = iso kiho) bigwig
viskata 1 (viljaa) winnow **2** (heittää) pitch, chuck, heave, throw, toss
viskatsa (eläin) plains viscacha
viskellä pitch, chuck, heave, throw, toss
viski whiskey, scotch, bourbon
viskoa throw, cast, hurl
vispata whip
vispikerma (vispattu) whipped cream, (vispattava) whipping cream
vispilä (wire) whisk
vissi certain *Se onkin vissin varmaa että* It's a sure thing that *vissiksi ajaksi myönnetty laina* a loan granted for a certain period
vissiin 1 (varmasti) certainly, definitely, absolutely, positively **2** (varmaankin) probably, likely
visuaalinen visual
visusti carefully, closely, painstakingly
vitamiini vitamin
vitamiininpuute vitamin deficiency

voimaperäisesti

vitamiinipilleri vitamin pill
vitaminoida vitamin-enrich *vitaminoitu* vitamin-enriched
vitivalkoinen snow-white, white as snow, pure white
vitkalaukaisin (kameran) self-timer
vitkastella delay, dawdle, dillydally
vitkastelu delay(ing), dawdling
vitonen five-spot/note, fiver
vitsa twig *saada vitsaa* get a whipping/birching/thrashing *antaa vitsaa* give (someone) a whipping/birching/thrashing
vitsailla joke around, make/crack jokes
vitsaus plague, scourge
vitsi joke *Hänellä on nyt vitsit vähissä* She's laughing out of the other side of her mouth now *Siinä se koko vitsi onkin* That's the whole point
vitsikkyys wittiness
vitsikkäästi wittily
vitsikäs funny, witty,
vitsiniekka wit
vittu cunt, pussy, twat *Voi vittu!* Fuck! *Haista vittu!* Fuck you! *Ja vitut!* The fuck you say! Bullshit!
vittuilla be a prick, fuck someone over
vittumainen shitty, a real bastard of a
vittunaama fuckface, clitlips
vitunmoinen a fuck of a
vituttaa *Minua vituttaa tuommoinen* That really pisses me off
viuhahtaa 1 whiz, whistle 2 (juosta alasti) streak
viuhahtaja streaker
viuhka fan
viuhkamainen fan-shaped
viulisti violinist, (pelimanni) fiddler
viulu violin, fiddle *maksaa viulut* pay the piper
viulunsoittaja fiddler, violinist
vivahde nuance, shade
vivahdus nuance, shade
vivahdusero nuance
vivahtaa be tinged with *harmaalta vivahtavat hiukset* hair tinged with gray *violettiin vivahtava sininen* purplish blue
vivuta pry
vohkia swipe, lift, snatch
vohveli waffle, (keksi) wafer cookie
vohvelirauta waffle iron
voi s butter interj oh *Voi sinua!* Poor you! *Voi kun tietäisin!* I wish I knew!
voida pääv be, feel, do *Kuinka voitte?* How are you feeling/doing? *Voi paksusti* Keep your end up apuv can, be able to; (saada, saattaa) may *Voisitko auttaa minua?* Could you please give me a hand? *En voinut kuin nauraa* I couldn't help but laugh *Olen voinut erehtyä* I may be wrong *Toivoisin voivani* I wish I could *Teen kaiken minkä voin* I'll do everything I can/everything in my power *Kunpa voisin!* I wish I could!
voide lotion, cream
voidella 1 (tekn: rasvata) grease; (öljytä) oil, lubricate, (ark) lube; (vahata) wax 2 (ihoa) rub lotion/cream/oil into/on(to) 3 (raam) anoint
voihkia moan, groan
voijuusto butter/cream cheese
voileipä sandwich
voileipäpöytä buffet table
voima (myös henkinen) power, force, strength *käydä voimille* tire you out, tax your strength *voimalla* by brute strength, by main force *hänen sanansa voimalla* on the strength of his word *voimassa, voimin, voimissa* ks hakusanat
voimailu athletics
voimainkoetus trial of strength
voimakas 1 strong, forceful, powerful, potent 2 (raju) violent, heavy, drastic
voimakkaasti strongly, forcefully, powerfully, potently, violently, heavily, drastically (ks voimakas)
voimakkuus strength, force, power, potency, violence (ks voimakas) *äänen voimakkuus* volume, intensity
voimala power plant
voimalaitos power plant
voimallinen mighty, powerful, potent
voimanlähde (tekn) power source; (kuv) source of strength
voimaperäinen strong, powerful, intensive
voimaperäisesti strongly, powerfully, intensively

voimariini

voimariini butter-margarine mix, spreadable butter
voimasana swearword, curse word
voimassa in force/effect, valid *tulla voimaan* take effect, become valid *voimassa oleva* valid *lakata olemasta voimassa* expire
voimassaoloaika (period of) validity
voimaton 1 (veltto) limp, slack, weak, feeble 2 (toimintakyvytön) powerless, helpless, incapacitated
voimattomuus limpness, slackness, weakness, feebleness, powerlessness, helplessness, incapacity (ks voimaton)
voimavarat resources
voimin *kaikin voimin* with all your strength, with everything you've got *omin voimin* by your own efforts *uusin voimin* with renewed strength/vigor *yhdistetyin voimin* by a combined effort, in concert
voimissa *hyvissä voimissa* in good shape/condition *täysissä voimissaan* in full possession of your faculties *parhaissa voimissa* in your prime *voimissaan* feeling your strength/oats
voimistaa strengthen, build up strength
voimistelija gymnast
voimistelu gymnastics
voimistelusali gymnasium
voimistua get stronger, gain strength, be strengthened
voinokare pat of butter
voitava *tehdä voitavansa* do what you can, do your best
voitelu 1 (tekn: rasvalla) greasing, (ark) grease job; (öljyllä) lubrication, oiling, (ark) lube; (vahalla) waxing 2 (raam) anointing *viimeinen voitelu* Extreme Unction
voiteluaine lubricant
voitokas triumphant, victorious
voitollinen triumphant, victorious
voitonhaluinen profit-seeking
voitonhetki your moment of triumph/glory
voitonjuhla triumphal/victory celebration
voitonmaku the taste of victory
voitonmerkki V for Victory

voitonriemu triumph
voitonriemuinen triumphant, triumphal
voitonvarma confident of victory
voittaa 1 (joku, myös kuv) beat, conquer, overcome *Rakkaus voittaa kaiken* Love conquers all 2 (kilpailussa, sodassa tms) win *voittaa aikaa/alaa* gain time/ground *voittaa rahaa hevoskilpailuissa* win money on the horses 3 (saada voittoa) (make a) profit (on), make *Paljonko voitit kaupassa?* How much (profit) did you make on the deal?
voittaja winner, (ylät) victor
voittajajoukkue the winning team
voittamaton 1 (este tms) insuperable, unsurmountable 2 (joukkue tms) invincible, unbeatable
voitto 1 (sodassa tms) victory, triumph 2 (pelissä) win, (ylät) victory 3 (kaupoissa) profit
voittoinen predominantly, mainly *havupuuvoittoinen metsä* a predominantly evergreen forest
voittoisa victorious
voittopuolisesti predominantly, mainly
voiveitsi butter knife
voivotella 1 (voihkia) moan and groan 2 (sadatella) bitch and moan, complain; (ylät) bemoan, bewail
voivuori surplus butter
vokaali vowel
vollottaa bawl
voltti volt
volyymi volume
vompatti wombat
vonkua howl, shriek
voro thief, bandit
vossikka horse-drawn cab
votka vodka
votkaturisti vodka tourist, tourist who goes to Russia/Estonia for the cheap alcohol
vouhottaa fuss/fret (over); (ark) make a big deal over/about
vouti bailiff, overseer
vulgaari vulgar
vuodattaa (vettä tms) pour out, (verta, kyyneleitä) shed

vuodattaa koko sielunsa johonkin put your whole soul in something, pour yourself into something
vuodattaa sydäntään pour out your heart/troubles (to someone)
vuodattaa ylistystä sing (someone's) praises
vuodatus 1 (veren, kyynelten) shedding *veren vuodatus* bloodshed **2** (sanojen, tunteiten tms) pouring out, flood, outburst; (ylät) effusion
vuode bed *olla vuoteen oma* be laid up in bed (with something)
vuodenaika season *tähän vuodenaikaan* (at) this time of (the) year
vuodenvaihde *viime vuodenvaihteessa* around the end of last year, early this year *Se tulee vuodenvaihteessa* It'll be coming around the end of the year
vuodepaikka bed *200 vuodepaikkaa* (sairaalassa) 200 beds, (hotellissa) accommodations for 200
vuodevaatteet bedclothes
vuohi goat
vuoka 1 (astia) pan **2** (ruoka) casserole
vuokaavio flowchart
vuokko (kasvi) anemone
vuokra rent, (pitkäaikainen) lease
vuokra-aika lease (period) *Vuokra- aika päättyy vuodenvaihteessa* The lease will expire at the end of the year
vuokraaja renter, (talon) tenant; (liisaaja) lessee, leaseholder
vuokraamo rental agency/store/outlet
vuokraemäntä landlady
vuokrahuoneisto rental apartment
vuokraisäntä landlord
vuokralainen tenant
vuokranantaja lessor, landlord/-lady
vuokrasäännöstely rent control
vuokrata rent, (pitkäksi aikaa) lease; (laivaa, lentokonetta) charter
vuokraus rental, lease, charter
vuoksi s high/flood tide postp **1** (johdosta) because of, owing/due to, on account of, as a result of *tilan puutteen vuoksi* due to lack of space **2** (tähden) for (someone's sake), in the interest(s) of *Tein sen perheeni vuoksi* I did it for my family

vuoksi ja luode ebb and flow
vuolas 1 (virta) rapid, swift, fast-flowing, torrential **2** *vuolas puhe/selittely* a torrent/flood/outburst of words /explanations
vuolla whittle/carve (out/at/up)
vuolle current, flow, torrent (myös kuv)
vuolukivi soapstone
vuono (Norjassa) fjord, (Skotlannissa) firth
vuorata 1 (vaatetta) line **2** (taloa: laudoilla) (clap)board, (tiilillä) brick
vuoraus (ulkovuoraus) siding, (sisävuoraus) paneling
vuorenhuippu (mountain) peak, summit
vuorenrinne (mountain) slope
vuori 1 (takissa) lining **2** (luonnossa) mountain *Kamerunvuori* Mount/Mt. Cameroon
vuorikauris Alpine ibex, Himalayan ibex
vuorineuvos Honorary Mining Councilor
vuorisaarna the Sermon on the Mount
vuoristo mountain range
vuoristorata roller coaster
vuorisusi dhole
vuoriton unlined
vuoro 1 turn *mennä vuoron perään* take turns going *vuoroin, vuorostaan* ks hakusanat *Nyt on teidän saunavuoronne* (omakotitalossa) It's your turn to take a sauna; (kerrostalossa) the sauna is all yours **2** (urh = lyöntivuoro) at-bat, halfinning **3** (työvuoro) shift **4** (kulkuneuvon) departure; (linja-auto) bus, (juna) train, (laiva) sailing, (lento) flight *Finnairin vuoro AY 145 Los Angelesiin, portti A4* Finnair flight AY 145 to Los Angeles, gate A4 *pikavuoro Ouluun* the Oulu express, the express bus to Oulu
vuoroin (vuorotellen) alternately, taking turns, one at a time
vuoroin... vuoroin now... now, sometimes... sometimes *vuoroin täällä vuoroin siellä* sometimes here, sometimes there; here and there in turn
vuoroittain in turn, by turns, alternately

vuorokaudenaika

vuorokaudenaika time of (the) day (or night)
vuorokausi 24-hour period; (ark) day *avoinna vuorokauden ympäri* open round the clock, open 24 hours
vuorokausittain daily
vuorolento scheduled/regular/commercial flight
vuoroliikenne scheduled/regular bus traffic
vuoropuhelu dialogue
vuoropäivinä on alternate days, every other day
vuorostaan in turn, for your part; (toisaalta) on the other hand
vuorotella take turns, alternate *Voin vuorotella sinun kanssasi* Let's take turns, I'll spell you
vuorotellen alternately, by turns, in turn *Ajetaan vuorotellen* Let's take turns driving, let's spell each other at the wheel
vuorottaa 1 (vuorotella) alternate 2 (lomittaa) relieve 3 (mat) invert
vuorottaja relief
vuorottelu alternation, turn-taking; (työssä) rotation
vuorotyö shift work
vuorotyöläinen (rotafing-) shift worker
vuorovaikutus interaction, reciprocity
vuorovaikutussuhde interrelation, reciprocal relation
vuorovesi tide
vuoroviljely crop rotation
vuorovuosina in alternate years, every other year
vuosi year *vuonna 1992* in 1992 *ensi/viime vuonna* next/last year *viime vuosina* the last few years *jo vuosia* for years *täyttää vuosia* have a birthday *joka vuosi* every year, yearly, annually
vuosikerta 1 (lehden) (annual) volume 2 (viinin) vintage
vuosikertomus annual report
vuosikirja annual, yearbook
vuosikurssi class
vuosikymmen decade
vuosiloma annual vacation
vuosimaksu annual fee
vuosineljännes quarter

vuosisata century
vuosisatainen 1 (ikivanha) centuries-/age-old 2 (satavuotis-) centennial
vuosittain annually, yearly
vuosittainen annual, yearly
vuosituhantinen millennial
vuosituhat millennium
vuositulot annual income
vuota hide, (turkis) pelt
vuotaa 1 leak 2 (valua) run, trickle, flow; (tihkua) ooze, seep; (tippua) drip, drop *Minulla vuotaa nenä* I've got a runny nose *vuotaa verta* bleed
vuotaa kuiviin run/drain dry/out; (ihminen) bleed to death
vuotaa tietoja lehdistölle leak information to the press
vuotaa yli overflow
vuoteenkastelu bedwetting
vuoto 1 leak(ing), leakage 2 (veren) bleeding, flow; (eritteen) discharge
vuotuinen yearly, annual
vuoviiva flowline
vyyhti (villanlangan) skein, (köyden) hank
vyö belt *isku vyön alle* a blow below the belt
vyöhyke belt, zone
vyöry 1 (veden) wave, flood 2 (maan) landslide (myös pol), (lumen) avalanche (myös kuv)
vyöryttää roll (up/out) *vyöryttää syy jonkun niskoille* blame someone else, pass the buck to someone else
vyörytys (tietok) bootstrapping
vyöryä (aallokko) run, roll, crest; (maa tms) slide/tumble down
vyöttää belt *vyöttää kupeensa* (raam) gird your loins
vyötärö waist(line)
väentiheys population density
väentungos crush, press, jam, crowd
väen väkisin by (main) force
väestö population
väestökeskus population center
väestönkasvu population growth
väestönlaskenta census
väestönsuoja airraid shelter
väestönsuojelu civil defense
väestörekisteri civil register

väestöryhmä segment of the population
väheksyntä dismissal, downplaying, belittling, ridicule, disparagement (ks väheksyä)
väheksyvä dismissive, belittling, disparaging, derogatory
väheksyvästi dismissively, disparagingly, derogatorily
väheksyä 1 (aliarvioida) underrate, underestimate **2** (korostaa jonkin pienuutta) dismiss, downplay, play down **3** (halveksia) belittle, ridicule, disparage; (ark) run down
vähemmistö minority
vähemmän less, (harvempia) fewer *enemmän tai vähemmän* more or less *Mitä vähemmän väkeä sitä vähemmän vaivaa* The smaller the group the smaller the bother
vähennettävä (mat) minuend
vähennys 1 (vähentyminen) decline, decrease, fall, drop, reduction **2** (veroissa) deduction **3** (vähennyslasku) subtraction
vähennyskelpoinen deductible
vähentyä 1 decline, decrease, fall/drop (off), diminish, be reduced **2** (kuu) wane
vähentää 1 (alentaa) decrease, reduce, diminish **2** (veroissa) deduct **3** (mat) subtract
vähimmäis- minimum
vähimmäisnopeus minimum speed
vähimmäispalkka minimum wage
vähimmäisvaatimus minimum demand
vähin the least *Vähin mitä voin tehdä* The least I can do
vähin erin little by little, bit by bit
vähintään at least
vähin äänin quietly, secretly, on the sly/quiet
vähissä *olla vähissä* be (running) short *Aika on vähissä* We're running out/short of time, we're almost out of time, time's almost up *vähissä varoissa* short of funds/money, hard up (for money) *vähissä vaatteissa* scantily clad, almost naked

vähitellen gradually, little by little, bit by bit; (ennen pitkää) eventually, by and by
vähiten (the) least; (pienin lukumäärä) (the) fewest
vähittäishinta retail price
vähittäiskauppa retail (trade)
vähittäismyynti retail sales
vähä little *vähät rahani* the little money I have *Vähät siitä!* What do I care (about that)? *vähin, vähän, vähällä, vähässä* ks hakusanat
vähäeleinen spare, plain, unpretentious, unaffected
vähähiilarinen (ark) low-carb *vähähiilarinen ruokavalio* low-carb diet
vähäinen small, slight, insignificant, minor *vähäisen* ks vähän
vähällä *olla vähällä tehdä jotakin* be about to do something, come close to doing something, narrowly escape doing something, have a close call *Olin vähällä pudota, vähältä piti etten pudonnut* I almost fell *päästä vähällä* get off easily *tulla toimeen vähällä* get along on little *jäädä vähälle huomiolle* be (almost entirely) neglected/ignored
vähälukuinen few in number
vähäluminen talvi a winter with (unusually) light snowfall
vähän 1 (pikkuisen) a little/bit, some; (vain pikkuisen) only (a) little, very little, not much **2** (muutamia) a few, some; (vain muutamia) only a few, very few, not many **3** *Minä vähän ajattelin että* I sort of thought that
vähän väliä every now and then/again, periodically, occasionally; (usein) frequently, every little while
vähäpätöinen insignificant, trivial, unimportant
vähäsanainen laconic, taciturn *vähäsanainen nainen* a woman of few words
vähässä *vähässä suolassa* lightly pickled *supistaa mahdollisimman vähään* reduce to the bare minimum *vähään tyytyväinen* easily satisfied, content with little *Hän ei vähästä säikähdä* She doesn't scare easily *Älä noin vähästä*

vähätellä

suutu! Don't get all worked up over nothing
vähätellä 1 (aliarvioida) underrate, underestimate **2** (korostaa jonkin pienuutta) minimize, downplay, play down **3** (halveksia) belittle, ridicule, disparage; (ark) run down
vähättely minimizing, downplaying, belittling, ridicule, disparagement (ks vähätellä)
vähä vähältä little by little
väijyksissä in wait/hiding, (sot) in ambush
väijytys ambush
väijyä lurk, (sot) lie in ambush
väistyä 1 (antaa tietä) make/give way (to), yield (to), retreat **2** (vetäytyä) withdraw, recede, fall back, go away
väistämätön unavoidable, inescapable, inevitable, unavertable
väistää avoid, evade, dodge; (paeta) escape, get/duck out of
väistää jonkun katsetta avoid someone's eye
väistää kiperää kysymystä evade/sidestep a difficult question
väistää oikealle (liikenteessä) swerve to the right, move to the right (lane)
väite 1 claim, contention, assertion, argument **2** (lak) plea **3** (logiikassa) proposition, predication
väitellä 1 (kinastella) argue, debate, discuss **2** (tohtoriksi) defend your (doctoral) dissertation; (tulla tohtoriksi) get your doctorate *Mistä sinä väittelit?* What did you do your dissertation on? *Milloin sinä väittelit?* When did you get your doctorate?
väittelijä 1 debator, polemicist, controversialist **2** (väitöstilaisuudessa) doctoral candidate
väittely argument, debate, discussion, polemic, controversy
väittämä claim; (logiikassa) proposition; (mat) theorem
väittää 1 claim, contend, assert, argue **2** (lak) plead **3** (logiikassa) predicate
väittää kivenkovaan insist
väittää vastaan argue (back), contradict

väitös 1 (väitöstilaisuus) dissertation defense **2** (geom) proposition **3** ks väite
väitöskirja (doctoral) dissertation
väkevyys strength
väkevä (ruumis, ruoka) strong, powerful
väkevästi strongly, powerfully
väki people, (ark) folks; (porukka) crowd, bunch, group *mies-/naisväki* the men-/womenfolks
väkijoukko crowd, (väkivaltainen) mob
väkijuoma alcoholic beverage, liquor; (ark) booze
väkilannoite (artificial) fertilizer
väkiluku population
väkinäinen 1 (vaikea) forced, strained, awkward **2** (teeskentelevä) pretentious, affected, artificial
väkinäisesti forcedly, with strain, awkwardly, pretentiously, affectedly, with affectation, artificially (ks väkinäinen)
väkinäisyys strain, pretension, affectation, artificiality (ks väkinäinen)
väkipakolla by force
väkipyörä pulley
väkirehu concentrated feed
väkisin 1 (väkipakolla) by force, forcibly *maata väkisin* rape, violate, molest **2** (vastoin tahtoaan) involuntarily, against your will *Ajattelen väkisin Sannaa* I can't help thinking about Sanna
väkivalta 1 violence, (hyökkäys) assault *tehdä väkivaltaa* (jollekulle) commit an act of violence (on someone), assault, beat (someone) up; (jollekin) do violence (to something) **2** (voimakeinot) force *väkivalloin* by (sheer) force
väkivaltainen violent
väkivaltaisuus violence
väkä barb, (koukku) hook
väli 1 (ajallinen) time, interval; (tauko) break *kolmen tunnin välein* at three-hour intervals, every three hours *sillä/tällä välin* in the meantime/-while *Lasten välillä on kolme vuotta* The children are three years apart *Jossain välissä minun pitää käydä kaupassakin* At some point I need to go to the store **2** (paikallinen) space, gap, distance; (mus, mat) interval *kulkea Helsingin ja Jyväskylän väliä* run between Helsinki and Jyväskylä **3** (ero-

välissä

tus) difference *Paljonko tästä pitäisi maksaa väliä?* What would the difference be between this car's price and ours? **4** *Mitä sillä on väliä?* What difference does it make? *Väliäpä sillä onko* I don't care whether, it's all the same to me whether *Hällä väliä* Who cares? **5** *välit* (suhteet) relations *olla hyvissä/huonoissa väleissä jonkun kanssa* be on good/bad terms with someone *joutua huonoihin väleihin jonkun kanssa* have a falling-out with someone *katkaista välinsä jonkun kanssa* cut someone off, break (off relations) with someone, have nothing more to do with someone
väliaika 1 interval *lyhyin väliajoin* at short intervals **2** (näytelmän tms) intermission **3** (ottelun tms) halftime
väliaikainen 1 temporary **2** (virkaatekevä: hallitus tms) provisional, interim; (virkamies) acting **3** (ohimenevä) passing, ephemeral, transient
väliaikatieto interim report
välienselvittely scene, battle; (ark) showdown
väli-ilmansuunta half-cardinal point
väliin 1 between *nukahtaa isin ja äitin väliin* fall asleep between mommy and daddy *tulla väliin* intervene, interfere **2** (toisinaan) every now and then/again, occasionally, sometimes
väliinputoaja someone who falls between two chairs
väliintulo intervention, interference
välikohtaus incident, scene *rajavälikohtaus* border incident
välikysymys interpellation
välikäsi intermediary, middleman; (ark) go-between *joutua ikävään välikäteen* get caught in the middle of a bad situation, get caught between a rock and a hard place
välilasku stopover
välilevy 1 (anat) disk *Minulta luiskahti välilevy paikoiltaan* I slipped a disk **2** (tekn) spacer (plate)
välillinen indirect
välillisesti indirectly
välillä 1 between *Mutta meidän välillämme ei ole yhtään mitään!* But there's nothing between us! **2** (toisinaan) every now and then/again, occasionally, sometimes
välilyönti space
välilyöntinäppäin space bar
välimatka distance
Välimeri the Mediterranean Sea
välimerkki punctuation mark; (mon) punctuation
välimiesmenettely mediation, arbitration (proceedings)
välimuoto transitional/intermediate form
väline tool, instrument, implement, utensil; (keino) means
välineellinen instrumental
välinen 1 (kahden) between; (kolmen) among, (ark) between *Se on heidän välinen asia* That's their business/concern *Jos tämä voisi olla ihan meidän kahden välinen asia* I'd appreciate it if we could keep this between us, if we could let this be our secret, if this could remain between you, me, and the lamppost **2** *Helsingin ja Jyväskylän väliset junayhteydet* train connections between Helsinki and Jyväskylä, from Helsinki to Jyväskylä/Jyväskylä to Helsinki *Olen täällä tiistain ja keskiviikon välisen yön* I'll be here Tuesday night
väline on viesti the medium is the message
välinepalkki (tietok) tool bar
välineruutu (tietok) toolbox
välinpitämättömyys indifference
välinpitämättömästi indifferently
välinpitämätön indifferent
välinäytös interlude
väliohjelmisto (tietok) middleware
välipala snack
väliraha cash payment *maksaa 10 000:n väliraha* pay a difference of ten thousand euros
välirauha truce
välirikko break
väliseinä 1 (talossa) partition **2** (anat) diaphragm
välissä between *kahden pahan välissä* between a rock and a hard place, between the devil and the deep blue sea

välistä

kirjan välissä between the leaves of a book
välistä 1 from between *Aurinko pilkisti pilvien välistä* The sun peeked out from between/behind the clouds **2** (toisinaan) every now and then/again, occasionally, sometimes
välittyä be transmitted/conveyed/passed on/forwarded
välittäjä 1 (ihminen) mediator, intermediary, middleman, go-between, intercessor; (kaupan) broker, agent; (kiinteistön) real estate agent, realtor **2** (väline) medium, (taudin) carrier
välittää 1 (tavaraa tms eteenpäin) transmit, convey, forward, pass on *Pekka välitti sinun kirjeesi minulle* Pekka brought/sent/forwarded me your letter **2** (toimia välikätenä: hankkia) supply, provide, procure, act as an agent; (neuvotella) (inter)mediate, arbitrate; (tulla väliin) intercede **3** (huolehtia) take care of, handle, deal with; (olla huolissaan) worry (about), bother/trouble (yourself about) *Älä välitä* (vaivaudu) Don't bother, (suutu) never mind (him/her) *Hän ei edes välittänyt kertoa* She didn't even bother to tell me **4** (tykätä) care for/about, like, be fond of *Välitätkö yhtään minusta?* Do you like me at all? Do you care for me at all?
välittömyys directness, frankness, openness, spontaneity
välittömästi 1 (heti) immediately, right away; (vanh) directly **2** (suoraan) directly, frankly, openly, spontaneously
välitunti recess
välitys 1 (neuvottelu) mediation, arbitration, negotiation **2** (väliintulo) intercession, intervention **3** (liik: vaihto) exchange, (asianhoito) agency, (meklaruus) brokerage **4** (tekn) transmission **5** *välityksellä* through, by, via
välityspalkkio broker's fee, commission
välitön 1 immediate, direct **2** (luonne) direct, frank, open, spontaneous
väljentää loosen; (vaatetta) let out; (reikää tms) enlarge, ream, bore; (sääntöjä) relax

väljyys looseness, slack, play; (kaliiperi) calibre
väljä loose, wide, broad *Ulkona on väljempää* There's more room outside, it's less crowded outside
väljä asutus sparsely populated area
väljä hame full skirt
väljähtynyt flat, stale
väljähtyä go flat/stale
väljä kasvatus (pahana pidetty) loose/lax/permissive education/upbringing, (hyvänä pidetty) free/tolerant/indulgent education/upbringing
väljä moraali loose morals
väljä omatunto stretchy/elastic conscience
väljä sanamuoto loose phrasing, a phrasing that leaves plenty of leeway, plenty of room for interpretation
väljät housut loose(-fitting) pants
väljät tilat plenty of room
väljä tulkinta loose/broad interpretation
väljät vedet open waters
välke (kimallus) sparkle; (kimmellys) glitter; (tuike) twinkle, glint; (hohto) shine, gloss
välkehtiä sparkle, glitter, twinkle, glint, shine (ks välke)
välkky 1 ks välke **2** (ark) brain
välkkyä ks välkehtiä
välkähdys flash
vältellä 1 (kysymystä) evade, dodge, sidestep, avoid **2** (ihmistä) avoid, shun
välttyä avoid, escape, get out of *Ei voi välttyä ajatukselta että* I can't help thinking that
välttämättä necessarily *Minun on välttämättä päästävä aamukoneella* I must make the morning plane
välttämättömyys necessity, (väistämättömyys) inevitability *alistua välttämättömyyteen* bow before necessity, give in to the inevitable
välttämättömyystavarat necessities, essentials
välttämätön 1 (tuiki tarpeellinen) essential, necessary, indispensable **2** (väistämätön) inevitable, unavoidable, inescapable *välttämätön paha* necessary evil

välttävä passable, tolerable, (barely) adequate/satisfactory, (only) fair; (arvosanana) pass, satisfactory

välttävästi passably, tolerably, adequately *puhua välttävästi englantia* get by in English

välttää 1 (väistää) avoid, evade, escape, dodge; (katastrofia tms) avert *heti kun silmä välttää* as soon as I turn my back *väärinkäsitysten välttämiseksi* to prevent misunderstanding(s), lest there be any misunderstanding *välttää tekemästä* refrain from doing, make a point of not doing 2 (menetellä) do, be good enough *Vanha hökkeli saa välttää vielä pari vuotta* We'll have to make do with that old shack for another couple of years, that shack will have to do for a few more years

välähdys flash, (vilahdus) glimpse *nähdä välähdyksellä* catch a glimpse of

välähtää flash

välähtää mieleen cross/enter your mind, occur to you

väläys flash

väläytellä flash *väläytellä mahdollisuutta että* raise/hint at/flash the possibility that

väläyttää ks väläytellä

vängätä insist (doggedly/stubbornly) *vängätä vastaan* be difficult, dig in your heels

vänrikki (sot) second lieutenant, (mer) ensign

väpättää 1 (lippu tms) flap; (leuka) quiver, tremble 2 (sättiä) yell/jabber at, chew (someone) out

väre 1 (veden) ripple 2 (vapina) shiver *nostatti kylmiä väreitä selkäpiihin* It sent (cold) shivers down my spine

värehtiä 1 (vesi) ripple 2 (valo) shimmer 3 (ilme) flicker, flit *Hänen kasvoillaan värehti epävarma ilme* A sudden doubt flickered across her face

väreillä ks värehtiä

väri 1 color; (sävy) tint, shade, hue 2 (maali) paint, pigment; (värjäysaine) dye 3 (korteissa) suit

väriaisti color sense

värierottelu (kirjap) color separation

värifilmi color film

värikartta color card/chart

värikkyys colorfulness

värikäs colorful

värillinen colored

värinen -colored *Minkä värinen se on?* What color is it? *Tuo vihreänvärisessä puserossa oleva nainen* That woman in the green blouse

värinä 1 quivering, shivering, trembling; (lääk) fibrillation 2 (tekn) vibration, (tietok) flicker

värisokea color-blind

värisokeus color-blindness

väristä quiver, shiver, shake, tremble

värisuodin color filter

värisuora straight flush

väritelevisio color television

värittyä 1 be colored 2 (ideologisesti) have a slant, be slanted *oikeistolaisesti värittynyt* with a right-wing slant

värittää color; (tarinaa) embroider, embellish

värittömyys colornessness

väritys color(ing/-ation)

väritön colorless, wan

värivalokuva color photo(graph)

värjätä dye, (sävyttää) tint, (petsata) stain; (kuv) tinge

värjäytyä dye; (kuv) turn, be tinged (with)

värjötellä shiver

värkki contraption, thing(umajig), gizmo *On sulla värkeissä varaa* Don't give up yet, you haven't used up all your options yet

värkätä make, build, knock/hammer together

värttinä spindle

värvätä recruit (myös kuv); (hist = väkisin) impress, pressgang

värväys recruitment

värväytyä enlist, sign up

värvääjä recruiter

värähdellä 1 (tekn) vibrate, pulsate, oscillate, quiver 2 (ääni tms) quiver, tremble, shake

värähdys vibration, pulse, oscillation, quiver, tremble, shake (ks värähdellä)

värähtely vibration, oscillation

värähtää

värähtää quiver, tremble, shake; (liikahtaa) stir
västäräkki pied wagtail
väsyksissä tired (out), exhausted; (ark) beat, dead
väsymys tiredness, weariness, exhaustion; (kuv ja tekn) fatigue
väsymättömästi tirelessly
väsymätön tireless, untiring
väsyneesti tiredly, wearily
väsynyt tired, weary
väsyttää make (you) tired, tire (you) out, exhaust, weary *Minua väsyttää* I'm tired
väsytyshyökkäys (tietok) brute-force attack
väsyä 1 (ihminen) tire, get/grow/become tired (of) **2** (metalli) fatigue
väsähtää tire out, run down, flag; (ark) (get) poop(ed) out
vätys loafer, idler, good-for-nothing, do-nothing
vävy son-in-law
väylä channel
vääjäämätön 1 inescapable, unavoidable; (väistämätön) inevitable; **2** (kiistaton) undeniable, indisputable **3** (peruuttamaton) irrevocable
väännellä twist *väännellä jonkun sanoja* twist someone's words *väännellä käsiään* wring your hands *käännellä ja väännellä* twist and turn
väännähtää twist, get twisted *väännähtää pystyyn* drag yourself out of bed
väännös distortion, distorted version
vääntelehtiminen tossing and turning
vääntelehtiä toss and turn
vääntyä turn, twist, warp
vääntää 1 twist, turn, wind, crank **2** (taivuttaa) bend; (kangeta) pry, prise **3** (vääristää) distort *Kääntäminen on vääntämistä* The translator is a traducer, (ital) traduttore traditore
vääntää auki turn on
vääntää esiin wring (something) out (of someone)
vääntää irti twist off
vääntää itkua fake-cry, work up tears
vääntää itsensä sängystä drag yourself out of bed
vääntää kovemmalle turn up
vääntää käyntiin crank up, start
vääntää niskat nurin wring (someone's) neck
vääntää pienemmälle turn down
vääntää pyykkiä wring out wet clothes
vääntää sanoja twist (someone's) words
vääntää sijoiltaan dislocate
vääntää väkisin wrest, wrench
vääpeli sergeant first class
väärennys forgery, falsification; (rahan) counterfeiting
väärennös forgery, (jäljitelmä) imitation; (ark) fake; (raha) counterfeit
väärentäjä forger, (rahan) counterfeiter
väärentämätön authentic, genuine; (tunne) unadulterated, unalloyed
väärentää forge, falsify; (rahaa) counterfeit
väärin wrong(ly), incorrectly; (vilpillisesti) falsely *Se on väärin* That's wrong, that's not right *Oikein vai väärin?* True or false? *Ellen väärin muista* If I remember correctly *kirjoittaa väärin* misspell *ääntää väärin* mispronounce *käsittää/ymmärtää väärin* misunderstand *käyttää väärin* misuse, abuse
väärinkäsitys misunderstanding, misconception
väärinkäyttö misuse, abuse *päihteiden väärinkäyttö* substance abuse
väärinkäytös malfeasance, misconduct, abuse; (lääkärin) malpractice
vääristellä twist, distort, pervert, misrepresent; (tulkita väärin) misinterpret, misread
vääristymä distortion
vääristyä twist, warp, be twisted/warped/contorted
vääristää 1 ks vääristellä **2** (vääntää) bend, warp, twist
väärti worth *nimensä väärti* well-named *Se mies oli ruokansa väärti* That man was worth his weight in gold *Luulo ei ole tiedon väärti* Believing isn't knowing, better safe than sorry
vääryys wrong, injustice, iniquity, villainy *kärsiä vääryyttä* be wronged *tehdä jollekulle vääryyttä* do someone an injustice, wrong someone *vääryydellä*

wrongfully, unjustly, unfairly *vääryydellä hankittu raha* ill-gotten gain

väärä 1 wrong, false, incorrect, erroneous *myöntää olleensa väärässä* admit your mistake, admit that you were wrong **2** (epäoikeudenmukainen) unjust, unfair; (kiero) crooked **3** (fyysisesti) crooked, bent, curved; (vääntynyt) warped *väärät sääret* bowlegs *selkä vääränä* bent over *Talo oli väärällään väkeä* The place was bursting at the seams with people

väärä kuva wrong idea *saada väärä kuva jostakin* get the wrong idea/impression of something *antaa jollekulle väärä kuva* mislead someone, give someone the wrong idea

väärä pää the wrong end *aloittaa väärästä päästä* start at the wrong end, do something backwards

väärä raha counterfeit money

väärä tieto misinformation *saada vääriä tietoja* be misinformed

väärä todistus false witness *Älä sano väärää todistusta lähimmäisestäsi* Thou shalt not bear false witness against thy neighbor

väärä vala perjury *vannoa väärä vala* commit perjury, perjure/forswear yourself

Y,y

ydin 1 (kasvin) pith, (siemenen) kernel **2** (luun) marrow, (hampaan) pulp **3** (atomin) nucleus **4** (asian) heart, core, essence, substance

ydinase nuclear weapon

ydinaseeton vyöhyke nuclear-free zone

ydinasekielto nuclear weapons ban

ydinenergia atomic energy

ydinfysiikka nuclear physics

ydinfyysikko nuclear physicist

ydinhermo the gist, the essence, (ark) the drift

ydinhiukkanen nucleon

ydinjäte nuclear waste(s)

ydinjätehuolto nuclear waste disposal

ydinkemia nuclear chemistry

ydinkoe nuclear test(ing)

ydinkoekielto nuclear test ban

ydinkohta main/essential point, essence, substance; (mon) the gist

ydinkysymys central/main question

ydinkärki nuclear warhead

ydinperhe nuclear family

ydinreaktio nuclear reaction

ydinreaktori nuclear reactor

ydinräjähde nuclear explosive

ydinräjähdys nuclear explosion

ydinsaaste pollutant(s)/pollution emitted by a nuclear power plant

ydinsota nuclear war

ydinsukellusvene nuclear submarine

ydinsuojelu civil defense for nuclear fallout

ydinsäteily nuclear radiation

ydintalvi nuclear winter

ydintekniikka nuclear technology

ydintutkimus (sub)atomic research, nuclear physics research

ydinvoima nuclear power

ydinvoimala nuclear power plant

yhdeksikkö (number) nine, niner

yhdeksisen around nine

yhdeksäinen (number) nine, niner

yhdeksän nine

yhdeksänkertainen nine-fold

yhdeksänkymmentä ninety

yhdeksänkymmentäluku the (nineteen-)nineties

yhdeksänsataa nine hundred

yhdeksäntoista

yhdeksäntoista nineteen *kello yhdeksäntoista* at seven (pm/in the evening)
yhdeksäntuhatta nine thousand
yhdeksänvuotias nine-year-old
yhdeksäs the ninth
yhdeksäskymmenes ninetieth
yhdeksäskymmenesosa one-ninetieth
yhdeksäsluokkainen ninth-grader
yhdeksäsosa one-ninth
yhdeksästoista nineteenth
yhden istuttava one-seater
yhden maattava single, twin
yhdenmukainen uniform, standard, conforming *yhdenmukainen jonkin kanssa* consistent with, analogous to
yhdenmukaisesti uniformly
yhdenmukaistaa unify, standardize, conform
yhdenmukaisuus uniformity, conformity, consistency
yhdenmuotoinen similar (in shape), isomorphic
yhdenmuotoisuus similarity, isomorphism
yhdennäköinen similar-looking, similar in appearance
yhdennäköisyys resemblance
yhdensuuntainen unidirectional, (samansuuntainen) parallel
yhdentekevä irrelevant, insignificant, indifferent *Se on minulle ihan yhdentekevää* It's all the same to me, I don't care one way or the other, it's a matter of utter indifference to me
yhdentyminen unification *Euroopan yhdentyminen* the unification of Europe
yhdentyä merge, fuse, coalesce; (ark) become one
yhdentää integrate, unite
yhdenvertainen equal
yhdessä together *toimia yhdessä* collaborate, cooperate, act in concert
yhdessä hujauksessa in a jiffy
yhdessä humauksessa in a flash
yhdessä hurauksessa in two shakes
yhdessäolo being together, togetherness
yhdestoista eleventh *yhdennellätoista hetkellä* at the eleventh hour

yhdiste (kem) compound
yhdistellä combine, blend, mix; (löytää yhdistelmäkohtia) connect
yhdistelmä 1 (sekoitus) combination, blend, mix 2 (yhteenveto) sum(mary) 3 (paitahousut) outfit, pantsuit
yhdistely combination
yhdistetty (kilpailu) combined competition
yhdistymisvapaus freedom of association/assembly
Yhdistyneet arabiemiirikunnat United Arab Emirates
Yhdistyneet Kansakunnat United Nations
yhdistys organization, association, society
yhdistyä 1 be joined (together), combine 2 (pol) (be) unite(d)
yhdistävä unifying
yhdistää 1 (konkr ja kuv) join, connect, unite, bring together, combine *yhdistää kaksi ihmistä pyhässä avioliitossa* join/unite two people in holy matrimony *yhdistää kaksi perhettä avioliiton kautta* connect two families through marriage *En yhdistänyt sinua Maijaan!* I never connected you up with Maija! *Yhdistän teidät vientisihteerille* I'll connect you with an export secretary 2 (pol: viereinen maa) annex, (viereinen kunta) annex, (pieniä valtioita) unite, (Eurooppa) unify
yhdyntä copulation, (sexual) intercourse
yhdyselämä 1 (pariskunnan) cohabitation, (ark) living together, (halv) shacking up 2 (kylän) communal life
yhdyskunta community
yhdyskuntasuunnittelu community planning
yhdyslause compound/complex/periodic sentence
yhdysmerkki (-) hyphen
yhdysmies contact, intermediary, liaison
yhdyssana compound noun
Yhdysvallat United States, (ark) the States *Amerikan yhdysvallat* United States of America
yhdysvaltalainen American

yhtenäinen

yhtaikaa simultaneously, (all) at the same time *kaikki yhtaikaa* all together
yhtaikainen simultaneous, concurrent
yhteen together
yhteenajo collision
yhteenkuuluvuudentunne feeling of togetherness, feeling that you belong (together), community spirit
yhteenkuuluvuus togetherness, affinity
yhteen kyytiin all at once, without a break
yhteenlasku addition
yhteen menoon all at once, without a break
yhteen otteeseen once, at one time
yhteenotto clash, confrontation, encounter; (ark) run-in
yhteensattuma coincidence *olla pelkkä yhteensattuma* be sheer coincidence
yhteensopimaton incompatible
yhteensopiva compatible *IBM-yhteensopiva* IBM compatible *alaspäin yhteensopiva* downward compatible *ylöspäin yhteensopiva* upward compatible
yhteensopivuus compatibility
yhteensä *Se tekee yhteensä 575 euroa* That comes to 575 euros, that'll be 575 euros altogether/in all *Yhteensä* (laskun lopussa) Total
yhteentörmäys collision
yhteenveto summary *tehdä yhteenveto jostakin* summarize something
yhteinen common, shared, mutual *yhteiset aineet* (koulussa) general subjects *yhteisin ponnistuksin* in a united/concerted effort *yhtyä yhteiseen iloon* join in the general rejoicing *Heillä ei ole mitään yhteistä* They don't have anything in common
yhteinen pankkitili joint bank account
yhteinen ystävä mutual friend
yhteisantenni communal antenna
yhteisen edun mukainen in the common/public interest *yhteisen etumme mukainen* in our mutual interest
yhteiseurooppalainen pan-European
yhteishenki communal/neighborly spirit, spirit of togetherness/belonging
yhteiskunnallinen (yhteinen) social, (yhteiskuntaan liittyvä) societal
yhteiskunta society
yhteiskuntaelämä social life, life in society
yhteiskuntajärjestelmä social system
yhteiskuntalaitokset social institutions
yhteiskuntaluokka social class
yhteiskuntaoppi social studies
yhteiskuntapoliittinen social-political
yhteiskuntapolitiikka social policy
yhteiskuntaryhmä social group
yhteiskäyttö communal/joint use
yhteismitallinen commensurable
yhteisneuvottelu joint negotiations
yhteisomaisuus (yhteisön) community property, (aviopuolisoiden) joint property
yhteisomistus (yhteisön) community ownership, (aviopuolisoiden) joint ownership
yhteispeli cooperation, teamwork
yhteispohjoismainen Nordic
yhteistoiminta cooperation, collaboration
yhteistyö *ruveta yhteistyöhön* work together, cooperate, collaborate
yhteisvaikutus 1 combined effect 2 (lääk) synergism 3 (äänityksessä) superimposing
yhteisvastuu joint/shared responsibility
yhteisvastuukeräys charitable collection
yhteisvoima joint strength
yhteisvoimin with combined/concerted/joint efforts, by pooling your strength
yhteisymmärrys (mutual) understanding, agreement *päästä yhteisymmärrykseen* come to an agreement, reach an understanding
yhteisyys community *yhteisyyden tunne* feeling of community/solidarity
yhteisö community
yhteneväinen convergent
yhtenäinen 1 (yhtä kappaletta oleva) whole, solid, one-piece, of a piece 2 (yhtäjaksoinen) unbroken, uninter-

rupted *kolmen viikon yhteinäinen poutakausi* three straight weeks of no rain *yhtenäinen vieraiden kuhina* constant stream of visitors/guests **3** (tasalaatuinen) homogenous, smooth, even **4** (yhdenmukainen) uniform, standard(ized), consistent *todistusten yhtenäinen sanamuoto* standard formula for certificates **5** (yhdistynyt) united *yhtenäinen rintama* united front **6** (eheä) unified, harmonious *yhtenäinen kokonaisuus* unified/harmonious whole **7** (järjestelmällinen) orderly, organized
yhtenäisesti uniformly
yhtenäiskoulu comprehensive school
yhtenäistämispyrkimys standardization efforts
yhtenäistää standardize, unify
yhtenäisyys homogeneity, uniformity, consistency, unity, harmony
yhtenään constantly, continuously, all the time, always *yhtenään epäkunnossa* always on the blink/fritz
yhteys 1 connection *tässä yhteydessä* in this connection *suora yhteys eilisiin tapahtumiin* a direct connection with what happened yesterday *Firmallamme on hyviä yhteyksiä koko maan johtoihmisiin* Our company is well-connected with the ruling class of the country **2** (liikenneyhteydet) service *Täältä on hyvät linja-autoyhteydet kaupunkiin* We have good bus service into town **3** (viestiyhteydet) communications **4** (kosketus, vaikutussuhde) connection, contact *Edetäkseen uralla täytyy luoda hyviä henkilökohtaisia yhteyksiä* To get ahead you need to make good personal contacts/connections *olla yhteydessä johonkuhun* be in contact with someone *panna yhteydet poikki jonkun kanssa* break off all contact with someone *ottaa yhteyttä johonkuhun* contact someone **5** (yhteenkuuluvuussuhde) relation(ship) *ei mitään yhteyttä todelliseen elämään* no relation to/with the real world **6** (jäsenyys) *ottaa seurakunnan yhteyteen* bring into the church *erottaa kirkon yhteydestä* (katolinen) excommunicate **7** (ykseys) oneness, unity *tajunnan yhteys* the oneness/unity/holism of consciousness **8** (asiayhtys) context *Sanan merkitys ilmenee yleensä siitä yhteydestä, jossa sitä käytetään* The meaning of a word is usually clear from the context in which it is used
yhteyttäminen assimilation
yhteyttää assimilate
yhteytys assimilation
yhtikäs mitään *ei yhtikäs mitään* (ark) not one goldurned dadblasted thing
yhtiö corporation, (ark) company
yhtiöjärjestys articles of incorporation
yhtiökokous general/stockholders' meeting
yhtiömuoto corporate form
yhtiöpääoma share capital, joint stock
yhtiötoveri partner
yhtiövastike maintenance fee
yhtye band, ensemble
yhtymä 1 combination **2** (tal) concern, consortium, syndicate
yhtyä 1 (fyysisesti) combine, join, meet *Huulemme yhtyivät silloin intohimoiseen suudelmaan* Then our lips met/joined in a passionate kiss **2** (seksuaalisesti) copulate, (raam) know *Ja mies Aatami yhtyi vaimoonsa Eevaan* And the man Adam knew his wife Eve **3** (poliittisesti) join/band together, unite *yhtyä vieraiden joukkoon* join the guests *yhtyä yhdeksi valtioksi* unite to form a single state **4** (toimintaan) join in *yhtyä lauluun/ilonpitoon* join in the singing/merry-making **5** (mielipiteeseen) agree/concur (with), endorse; (ark) go along with *Yhdytkö Y:hyn?* Do you agree with Y?
yhtä aikaa simultaneously
yhtäjaksoinen uninterrupted, constant, continuous
yhtäjaksoisesti without interruption, constantly, continuously
yhtäkkinen sudden, unexpected
yhtäkkiä suddenly, without warning, unexpectedly, out of the blue
yhtä kuin *olla yhtä kuin* equal, add up to *Se on yhtä kuin nolla* That adds up to a big zero, that comes to nothing
yhtä lailla by the same token, still

yksinkertaisuus

yhtäläinen similar, (yhdenvertainen) equal, (identtinen) identical
yhtäläisyysmerkki (=) equal sign
yhtälö equation
yhtä mittaa in a steady stream, constantly, continuously
yhtämittainen constant, continuous, continual
yhtämittaisesti constantly, continuously, continually
yhtä perää one after the other, constantly, continuously
yhtäpitämättömyys discrepancy
yhtäpitämätön discrepant
yhtäpitävyys agreement
yhtäpitävä (mutually) consistent *Tarinat olivat yhtäpitävät* The stories tallied/matched up/jibed, were in agreement
yhtäpitävästi in agreement
yhtäsuuruusmerkki (=) equal sign
yhtäällä...toisaalla (over) here... (over) there, in one place...another
yhtään any, at all *A: Eikö jäänyt yhtään rahaa? B: Ei yhtään* A: Don't you have any money left? B: None, not a penny/cent *A: Eikö se yhtään lohduta? B: Ei yhtään* A: Doesn't that make you feel at all better? B: Not at all
yhyy! boohoo!
yhä still, ever *yhä enemmän* more and more *yhä isompi* bigger and bigger
yhä edelleen still
yhä kasvava ever-increasing, still growing
yhä uudelleen over and over, time and again, time after time
YK UN, the United Nations
ykkönen number one, (leik) numero uno
ykkössija (ensimmäinen sija) first place
ykseys oneness, unity
yksi one *olla yhtä jonkin kanssa* be one and the same as something *pitää yhtä* (pitää toistensa puolta) stick together, (olla yhtäpitävä) tally, jibe *yhtä sun toista* this and that, this that and the other
yksiavioinen monogamous
yksiavioisuus monogamy
yksiin *käydä yksiin* tally, match (up), (ark) jibe

yksi ja sama all the same, all one *Se on minulle yksi ja sama* It's all the same to me, all one to me, (sl) it's no sweat off my balls/ass
yksikantaan 1 (itsepintaisesti) doggedly **2** (lyhyesti) curtly
yksikerroksinen (talo) single-/one-story, (kakku tms) single-layered, (WC-paperi) single-ply
yksikielinen monolingual
yksikkö unit
yksikköhinta unit price, price per unit
yksikseen all by yourself, on your own, (all) alone
yksi lysti *Se nyt on yksi lysti* What difference does it make? Who cares? Who gives a damn/shit?
yksilö individual
yksilöidä individualize
yksilöityä be individualized
yksilöllinen individual
yksilöllisesti individually
yksilöllisyys individuality
yksilönkehitys ontogeny
yksimielinen unanimous
yksimielisesti unanimously
yksin 1 (ilman muita) (all) alone, (all) by yourself *Tein sen ihan yksin* I did it all by myself *Oletko yksin?* Are you alone? **2** (vain) only, alone *Kunnia kuuluu yksin minulle* The glory belongs to me alone, only to me, the glory is all mine
yksinhuoltaja single parent
yksinkertainen 1 simple *yksinkertainen ruokavalio* simple/plain diet *yksinkertainen tehtävä* simple/easy/elementary task *yksinkertainen puhetapa* plain/simple/straightforward address *yksinkertaista väkeä* simple/uneducated/unsophisticated/plain folks *yksinkertainen poika* simpleminded boy **2** (yksikerroksinen) single; (ikkuna) single-glazed, (WC- paperi) single-ply; (yksisuuntainen) one-way
yksinkertaisesti simply
yksinkertaistaa simplify
yksinkertaistua be simplified
yksinkertaistus simplification
yksinkertaisuus simplicity *Voi pyhä yksinkertaisuus!* O blessed ignorance!

yksinlaulu

yksinlaulu solo *saksalainen yksinlaulu* lied
yksinlento solo (flight)
yksinmyynti exclusive/sole sales rights
yksinoikeus exclusive/sole rights, monopoly
yksinomaan exclusively, only, solely, entirely
yksinpuhelu monologue
yksinumeroinen single-digit
yksinvalta monarchy, autocracy
yksinvaltainen autocratic
yksinvaltias autocrat
yksinvaltius autocracy
yksinäinen 1 (itsekseen oleva) alone, lone, solitary, single *yksinäinen ratsastaja* the Lone Ranger *yksinäinen ihminen* loner *yksinäinen lintu pyörähti lentoon* a single/solitary/lone bird burst into flight **2** (haikea yksinolostaan) lonely, lonesome *tuntea olonsa yksinäiseksi* feel lonely/lonesome **3** (erillinen) solitary *yksinäinen huone/kammio* solitary room/cell **4** (naimaton) single, unmarried
yksinäinen susi lone wolf, loner
yksinäistyä get lonely/lonesome
yksinäisyys solitude, loneliness, lonesomeness
yksinään 1 (ilman muita) (all) alone, (all) by yourself *Tein sen ihan yksinäni* I did it all by myself **2** (vain) only, alone *Yksinään sinä voit auttaa minua* Only you can help me, you alone can help me
yksioikoinen simple *yksioikoinen järjenjuoksu* one-track mind
yksipuolinen 1 one-sided *yksipuolinen sopimus* unilateral agreement/contract *yksipuolinen ruokavalio* unbalanced diet **2** (puolueellinen) biased, partial, prejudiced, narrow-minded *yksipuolinen päätös* biased/prejudiced decision
yksipuolisesti unilaterally, partially, prejudicially (ks yksipuolinen)
yksipuolisuus one-sidedness, unilateralism, bias, partiality, (ks yksipuolinen) prejudice, narrow-mindedness
yksiselitteinen unambiguous, straightforward, clear

yksissä together (with someone), in unison/concert
yksissä tuumin *miettiä jotain yksissä tuumin* put your heads together (to figure something out) *päättää jotain yksissä tuumin* decide something unanimously
yksistään 1 (yksinomaan) only, purely, solely *On yksistään hyvä asia että* It's all to the good that *yksistään tieteelle omistautunut* devoted solely/entirely/purely to science **2** (jo) just, alone *Yksistään oopiumissa on yli 20 erilaista alkaloidia* Opium alone has more than 20 different alkaloids
yksisuuntainen (tie) one-way, (sähkövirta) unidirectional
yksitellen one by one, one at a time
yksitoikkoinen monotonous
yksitoikkoisuus monotony
yksitoista eleven
yksitotinen 1 (tosikkomainen) earnest, staid, stolid **2** (yksitoikkoinen) monotonous
yksitotisesti earnestly, stolidly; monotonously, in a monotone
yksitotisuus earnestness, stolidity; monotony
yksittäin one at a time, one by one
yksittäinen single, individual, separate *Muutamia yksittäisiä sanoja lukuun ottamatta hän ei virkannut koko iltana mitään* Apart from a few stray/sporadic words he didn't utter a sound all evening
yksityinen 1 private, (salassa pidettävä) confidential *yksityinen juhla/tie* private party/road **2** (yksittäinen) single, individual, separate
yksityinen koulu private school
yksityisasia private/confidential matter
yksityiselämä private life
yksityisesti privately, confidentially
yksityisetsivä private detective/investigator, private eye, P.I.; (ark) gumshoe
yksityishenkilö private person
yksityiskohta detail
yksityiskohtainen detailed
yksityiskohtaisesti in detail
yksityiskokoelma private collection
yksityiskäyttö private/personal use

ylempi

yksityisluonteinen confidential
yksityisomaisuus private property
yksityisopettaja private teacher/tutor
yksityisopetus private tuition
yksityisoppilas private pupil
yksityistapaus individual case
yksityisyrittäjä entrepreneur
yksiö studio apartment
ykskaks all at once, all of a sudden, before you could blink an eye
yl (lyh) gen. (generally)
yleensä 1 generally, usually, on the whole, in general 2 (ylipäätään) at all *jos se on nyt yleensä mahdollista* if it's at all possible
yleinen 1 (kaikkien) general *yleinen kielitiede* general linguistics *yleinen tyytymättömyys* widespread dissatisfaction 2 (laajalle levinnyt) common, usual, prevalent *yleinen käsitys on että* it is commonly believed that 3 *taudin yleinen kulku* the usual course of a/the disease 4 (julkinen) public *yleiset kulkuneuvot* public transportation
yleinen asevelvollisuus universal conscription
yleinen mielipide public opinion
yleisesti generally, commonly, usually *yleisesti luullaan että* it's commonly/frequently/widely believed that
yleiskaava formula
yleiskatsaus overview, survey
yleiskieli standard language
yleiskokous general meeting/assembly
yleiskäsite general concept
yleislakko general strike
yleismaailmallinen global, universal, worldwide
yleispiirre general feature
yleispiirteittäin in general, overall
yleispätevyys universality, universal applicability
yleispätevä universal(ly applicable)
yleisradio (broadcasting) network *Suomen yleisradio* Finnish Broadcasting Network
yleisradiosatelliitti direct broadcast satellite, DBS
yleissairaala general hospital
yleissanakirja general dictionary

yleissilmäys overview, survey
yleissivistys liberal education
yleissivistävä liberal-arts
yleisteos introduction (to a field), general survey (of a field)
yleistys generalization *rohkea yleistys* sweeping generalization
yleistyä become (more) common/frequent
yleistää generalize
yleisurheilija track-and-field athlete
yleisurheilu track and field
yleisyys generality, commonality, universality, frequency
yleisö audience, public; (katsojat) spectators, (lukijat) readers *kosiskella yleisöä* (teatterissa) play to the gallery, (kirjallisuudessa) pander to your readers *paljon/vähän yleisöä* large/small attendance, big/small crowd *yleisöltä pääsy kielletty* No Admittance/Entrance
yleisöennätys attendance record
yleisömenestys (teatteri, elokuva) box-office success, (konsertti) sell-out crowd, (romaani) bestseller
yleisömäärä attendance
yleisönosasto letters to the editor *Luin tänään yleisönosastosta jännän jutun* I read an interesting letter to the editor today
yleisöpuhelin public (tele)phone, coin-operated phone
ylellinen luxurious, (ateria) sumptuous, (elämäntapa) extravagant *viettää ylellistä elämää* live a life of ease/luxury, live in the lap of luxury
ylellisesti luxuriously, sumptuously, extravagantly
ylellisyys luxury *Vierashuone on todellinen ylellisyys* A guest room is a real luxury
ylemmyydentunne feeling of superiority
ylemmyydentunto feeling of superiority
ylemmyys superiority
ylempi s superior, better; (ark) high mucky-muck *kunnioittaa ylempiään* respect your superiors/betters adj upper,

ylempänä

higher-up; (sosiaalisesti) superior, better
ylempänä higher/further up
ylen very, extremely, exceedingly, terribly *ylen onnellinen* blissfully/terribly happy
ylen antaa 1 (oksentaa) throw up **2** (hylätä) throw over
ylen määrin a lot, too much *ylen määrin humalassa* dead drunk, drunk as a skunk *sataa ylen määrin* pour down rain (for weeks)
ylennys 1 (työssä) promotion *saada ylennys* get promoted, get a promotion *hyvät ylennysmahdollisuudet* good career prospects **2** (mielen) uplift
ylenpalttinen 1 (runsas) overflowing, profuse, lavish *ylenpalttinen onni* overflowing bliss *ylenpalttiset kiitokset* profuse thanks *ylenpalttinen ateria* lavish meal *ylenpalttisen ystävällinen/kiitollinen/ylistävä* effusive **2** (liiallinen) excessive, to excess *ylenpalttinen juominen* excessive drinking, drinking to excess *ylenpalttinen syöminen* overeating
ylenpalttisesti profusely, lavishly *kiitellä ylenpalttisesti* gush
ylenpalttisuus profusion, excess(iveness)
ylensyödä overeat, eat too much
ylensyönti overeating
ylentää 1 (fyysisesti) raise, lift, elevate **2** (korkeampaan virkaan) promote, give (someone) a promotion **3** (korkeampaan arvoasemaan) raise *ylentää aatelissäätyyn* raise to the peerage **4** (mieltä) uplift, elevate *mieltä ylentävä elokuva* uplifting movie
ylettyvillä within reach, at hand
ylettyä 1 reach *Yletytkö tuonne ylähyllylle siihen maljakkoon?* Can you reach (me) that vase on the top shelf? **2** (olla jollakin tasolla) be/come up/down to *Vesi ylettyi minua vyötäröön* The water was up to my waist
ylettää reach, be/come up/down to
yletä 1 (nousta) rise **2** (kasvaa) grow (up) **3** (edetä urallaan) move up, advance, be/get promoted

yletön excessive *yletön vaatimus* impossible/unreasonable/exorbitant demand *yletöntä juomista* excessive/immoderate drinking
ylevyys uplift, sublimity, loftiness
ylevä uplifting, sublime, lofty
ylevästi sublimely, loftily
ylhäinen 1 (jalosukuinen) noble, highborn **2** (korkeassa asemassa) high *ylhäinen virkamies* high official **3** (herraskainen) aristocratic, lordly *ylhäinen käytös* lordly/regal bearing
ylhäisyys excellency *Teidän Ylhäisyytenne* Your Excellency
ylhäisö 1 (aatelisto) the nobility, the aristocracy **2** (yläluokka) the upper class/crust, the ruling class(es)
ylhäällä high (up), up *Se on tuolla ihan ylhäällä* It's (way) up there, it's right there, way up high *Minä olin ylhäällä koko yön lasten kanssa* I was up all night with the kids
ylhäältä from above *ylhäältä päin tullut käsky* an order from higher up *katsoa jotakin ylhäältä päin* (fyysisesti) get a bird's eye view of something, look at something from above; (halveksien) look down on something
yli 1 over *hypätä aidan yli* jump over the fence *vuotaa yli* overflow *ampua yli* (fyysisesti) shoot high, (kuv) overdo it *hypätä yli* (fyysisesti) jump over, (kuv) skip (over) *ajaa yli* run over (someone), run (someone) down **2** (enemmän kuin) more than *maksaa yli 1 000 euroa* cost more than 1000 euros/ in excess of 1000 euros **3** (jälkeen) after, past *5 yli 5* 5 after/past 5 **4** (poikki) across *tien yli* across the street **5** (tuolla puolen) beyond *voimiensa yli* beyond your strength *elää yli varojensa* live beyond your means *mennä yli ymmärryksen* be over your head, beyond your comprehension
yliampuva overdone, exaggerated
yliarvioida overestimate
yliarviointi overestimation
yliassistentti (pre-/postdoctoral) instructor

ylihintaan *myydä ylihintaan* overcharge (for)
ylihintainen overpriced
ylihuomenna the day after tomorrow
yli-ihminen superman
yli-insinööri senior engineer
ylijäämä surplus; (tavaramäärästä) remainder, (aineesta) residue; (ark) what's left over
ylikansallinen supranational
ylikuormittaa overload
ylikuormitus overload
ylikäytävä crossing
yli laidan overboard (myös kuv)
yliluonnollinen supernatural
ylilyönti excessive action; (mon) excess of zeal
ylilääkäri (osaston) senior physician/surgeon; (sairaalan) medical director; (vakuutusyhtiön) chief medical officer; (armeijan) surgeon general
ylimalkaan generally, as a general rule, on the whole
ylimalkainen 1 (summittainen) rough, approximate **2** (pintapuolinen) cursory, superficial
ylimalkaisesti roughly, approximately, superficially
ylimenokausi transitional period
ylimerkintä oversubscription
ylimielinen arrogant, haughty, disdainful
ylimielisesti arrogantly, haughtily, disdainfully
ylimielisyys arrogance, haughtiness, disdain
yliminä superego
ylimitoitettu oversized
ylimittainen oversize
ylimmillään at its highest/peak *nousta ylimmilleen* (reach its) peak/climax
ylimmäinen 1 (fyysisesti) highest, uppermost, top *ylimmäinen hylly/laatikko/rappu* top shelf/drawer/step *Hannelen ääni kuului ylimmäisenä* Hannele's voice rose above the others **2** (sosiaalisesti) supreme, highest *ylimmäinen johto* supreme command *ylimmäinen pappi* high priest
ylimys aristocrat

ylimääräinen extra, additional
ylin 1 (fyysisesti) highest, uppermost, top *ylin hylly/laatikko/rappu* top shelf/drawer/step *Hannelen ääni kuului ylimpänä* Hannele's voice rose above the others **2** (sosiaalisesti) supreme, highest *ylin johto* supreme command **3** (suurin) maximum, ceiling, top *ylin hinta* maximum/ceiling/top price
ylinnä highest, (at the) top *ylinnä virkahierarkiassa* at the top of the bureaucratic hierarchy
yliolkainen 1 (välinpitämätön) casual, nonchalant, off-the-cuff **2** (ylimielinen) arrogant, haughty, scornful
yliolkaisesti casually, nonchalantly, off-the-cuff; arrogantly, haughtily, scornfully (ks yliolkainen)
yliolkaisuus casual behavior, nonchalance; arrogance, haughtiness, contemptuousness (ks yliolkainen)
yliopisto university
yliopistokaupunki university city, (pienempi) college town
yliopistolaitos institute of higher education/learning
yliopistollinen academic *yliopistollinen sairaala* university hospital
yliopisto-opetus university instruction
ylioppilas high school graduate, (opiskelijana) undergrad(uate) *ikuinen ylioppilas* eternal student
ylioppilasjuhla graduation party
ylioppilaskoe matriculation exam; (USA:ssa lähin vastine) college boards
ylioppilaslakki student cap
ylioppilastodistus high school diploma
ylipappi high priest
ylipuhua convince, persuade, talk (someone) into (something) *Puhuit minut yli* You talked me into it, you twisted my arm
ylipäällikkö supreme commander; (armeijan) commander-in-chief
ylipäänsä in general, on the whole, at all *Onko se nyt ylipäänsä mahdollista?* Is it at all possible, is it even within the realm of possibility? *Täällä päin asuu ylipäänsä äveriästä väkeä* This neigh-

ylirasittua

borhood is pretty much owned by wealthy people

ylirasittua get overtired/overworked; (ark) get stressed out, burn out

ylirasittunut overtired, overworked; (ark) stressed out, burned out

ylistys praise

ylistää praise; (luetella hyveet) extol; (ylistyspuheessa) eulogize; (isänmaallisessa tms runossa) celebrate; (ylempi alaistaan) commend

ylitarjonta oversupply, surplus, glut

ylitse over (ks yli)

ylitsepääsemätön insurmountable, insuperable

ylitsevuotava overflowing, overabundant, effusive; (ark) gushing

ylittämätön 1 (ylitsepääsemätön) insurmountable, insuperable 2 (lyömätön) unbeatable, invincible; (ark) the greatest

ylittää 1 cross *ylittää Atlantti* cross the Atlantic *Atlantin ylittävä* transatlantic 2 exceed, surpass, go over *ylittää kaikki odotukset* exceed all expectations *ylittää itsensä* surpass yourself *Se ei saa ylittää 100 euroa* It can't go over 100 euros, it can't cost more than 100 euros

ylitunti (opettajan) extra hour, (työntekijän) hour of overtime

ylitys 1 (Atlantin, vuoriston) crossing 2 (kiintiön tms) exceeding, surpassing 3 *tilin ylitys* overdraft, (ark) going in the hole 4 (urh: riman) clearance

ylityö overtime

ylityökorvaus overtime (pay) *Minkälaisen ylityökorvauksen täällä saisin?* What kind of overtime do you pay?

ylivalottaa overexpose

ylivalotus overexposure

ylivalta supremacy *saada ylivalta jostakusta* get the upper hand of someone, get the better of someone

yliveto (ark) the greatest, the best, number one *Kyllä sä oot yliveto!* (vitsin kertojalle, nauraen) You're too much!

ylivoima superior force/numbers *taipua ylivoiman edessä* yield to superior force

ylivoimainen 1 (lyömätön) invincible, unbeatable; (ark) too strong 2 (ylitsepääsemätön) insurmountable, insuper-

able *ylivoimaiset mittasuhteet* insurmountable odds *ylivoimainen este* force majeure 3 (valtava) overwhelming *ylivoimainen enemmistö* overwhelming majority

ylivoimaisuus invincibility, insurmountability, insuperability

ylkä (ylät) bridegroom

ylle 1 (yläpuolelle) over, above *nousta pilvien ylle* rise/fly (up) above/over the clouds 2 (päälle) on *Mitä minä panen ylle?* What shall I put on? What shall I wear?

yllyke incitement (to do something), (lapset) dare *saada yllykettä jostakin* take impetus from *tehdä yllykkeestä jotain* do something on a dare

yllyttäjä instigator

yllyttää (hurjiin tekoihin) dare; (pelottavaan tai vastenmieliseen tehtävään) encourage, urge, egg on; (suuttumaan) provoke; (kapinaan) incite, instigate *A: Miksi sinun piti hypätä katolta! B: No kun Janne yllytti!* A: Why did you have to jump off the roof? B: Janne dared me to!

yllytyshullu dupe, butt, toy

yllä 1 (yläpuolella) over, above *kaupungin yllä* (up) above the city, over the city 2 (päällä) on *Mitä hänellä oli yllään?* What did she have on? What was she wearing? 3 (kirjassa ennen) above *yllä mainittu* above-mentioned 4 (kunnossa) up *pitää yllä* keep up, maintain

ylläpito upkeep, maintenance

ylläpitää keep up, maintain

yllättyä be surprised/astonished/astounded, be taken unawares/aback/by surprise *olla yllättyneen näköinen* look surprised

yllättää surprise, astonish, take (someone) unawares/by surprise; (itse teosta) catch (someone) in the act *yllättää iloisesti* give someone a pleasant surprise *Eniten minua yllätti se että* I was most surprised by the fact that, what surprised me most was that

yllätyksellinen surprising, sudden, abrupt, unexpected

yllätys surprise *Yllätykseksni totesin että* Much to my surprise I found that, I was surprised to note that
ylpeillä 1 be proud of, feel/take pride (in), be filled with pride (at) **2** (kerskailla) boast, brag
ylpeily boasting, bragging
ylpeydenaihe pride and joy, something to be proud of
ylpeys 1 pride *niellä ylpeytensä* swallow your pride *Ylpeys käy lankeemuksen edellä* (raam) Pride goeth before a fall **2** (ylpeydenaihe) pride and joy **3** (ylimielisyys) haughtiness, arrogance, conceit
ylpeä proud; (ylimielinen) haughty, conceited, (ark) stuck-up *ylpeä isä* proud father *ylpeä ihminen* conceited/stuck-up person
ylpistyä become conceited; (ark) get stuck-up, get a swelled head, let something go to your head
yltiöisänmaallinen superpatriotic, chauvinistic
yltiöpäinen 1 (omapäinen) headstrong **2** (hurja) reckless, daring **3** (kiihkomielinen) fanatic(al) **4** (asiaansa sokeasti uskova) quixotic
yltympäri all over (the place), everywhere
yltyä 1 (tuuli) rise **2** (vauhti) increase **3** (kipu) get worse, intensify
yltä 1 (yläpuolelta) from (up) above/over *kaupungin yltä* from up above the city **2** (päältä) off *riisua vaatteet yltään* take off your clothes, undress
yltäkylläinen plentiful, (over)abundant, profuse
yltäkylläisesti plentifully, (over)abundantly, profusely *elää yltäkylläisesti* live off the fat of the land
yltäkylläisyys plenty, abundance, profusion
yltä päältä from head to toe, from top to bottom, all over
yltää 1 reach *Yllätkö tuonne ylähyllylle siihen maljakkoon?* Can you reach (me) that vase on the top shelf? *yltää johonkin saavutukseen* achieve something **2** (olla jollakin tasolla) be/come up/down to *Vesi ylsi minua vyötäröön* The water was up to my waist
ylväs grand, stately, noble, proud
ylvästelijä boaster, braggart; (ark) big talker
ylvästellä boast, brag; (ark) talk big
yläaste 1 upper level/degree **2** (koulu) junior high (school)
yläikäraja maximum age
yläkerta upstairs *Yläkerta on vielä laittamatta* We still have to remodel the upstairs
yläluokka upper class
ylänkö highlands, uplands
yläosa upper part; (vaatteusun) top
yläosaton topless
yläpuoli upper/top part/half
yläpää upper/top end
yläraaja upper limb
yläraja upper limit, maximum
yläreuna upper edge, (sivun) top
yläsänky top bunk
ylävartalo upper body
ylävuode top bunk
ylös up *ylös alas* up and down *Kädet ylös!* Hands up! *nousta ylös* get up, (sängystä) get out of bed, (maasta) stand up
ylösalaisin upside down
ylösnousemus resurrection
ylöspäin upward(s)
ym etc.
ymmällään puzzled, baffled, bewildered, confused
ymmärrettävä understandable, comprehensible *Minusta on toki täysin ymmärrettävää, mitä teit* I do find your action entirely understandable
ymmärrys 1 understanding, comprehension *Se käy yli minun ymmärrykseni* It's over my head, it's beyond me, beyond my comprehension **2** (järki) sense *Pitäisi sinulla olla nyt sen verran ymmärrystä että* You should have sense enough to, you should be smart enough to
ymmärtäväinen understanding, sympathetic
ymmärtäväisesti understandingly, sympathetically

ymmärtäväisyys

ymmärtäväisyys understanding, sympathy

ymmärtää 1 understand, comprehend, grasp; (ark) get, see *En ymmärrä sinun vitsejäsi* I don't get your jokes 2 (saada selville) figure out, (äkätä) realize; (ark) get, see *Nyt ymmärrän* Now I get it, now I see 3 (tietää) know *Etkö ymmärtänyt jäädä pois niistä juhlista* Didn't you know better than to go to that party?

ymmärtää väärin misunderstand

ymmärtää yskä take a hint

ympyrä circle (myös kuv) *kiertää ympyrää* go around and around, go around in circles *liikkua tietyissä ympäröissä* move in certain circles *Hänellä on aika pienet ympyrät* (rajoittunut) He's pretty limited, (pieni maailma) his world is pretty small

ympäri adv 1 around *pyörittää ympäri* spin (something around/in circles) 2 *puhua ympäri* talk (someone) into (something), convince, persuade *Puhuit minut ympäri* You talked me into it postp around *kellon ympäri* around the clock *maailman ympäri* around the world *juosta pari kertaa radan ympäri* run a few laps around the track prep all over/around *ympäri maailmaa* all over the world *heitellä tavaroita ympäri huonetta* throw things all over the room *juosta ympäri kaupunkia kenkien perässä* run all over/around town looking for shoes

ympäriinsä all over (the place)

ympärileikata circumcise

ympärileikkaus circumcision

ympärillä adv (all) around *paljon ihmisiä ympärillä* lots of people around (you) postp around *Heidän ympärillään oli satoja uteliaita* They were surrounded by hundreds of curious people, rubberneckers swarmed around them in the hundreds

ympäripyöreä 1 (epämääräinen) vague, evasive, noncommittal 2 (kellonympärinen) around-the-clock *tehdä ympäripyöreitä päiviä* work around the clock

ympäristö 1 (lähialue) surroundings, surrounding area, neighborhood, vicinity *yliopiston ympäristössä* in the neighborhood/vicinity of the university 2 (luonto) environment *ympäristön saastutus/raiskaus* pollution/rape of the environment

ympäristöhaitta environmental hazard

ympäristöministeri Secretary for the Environment

ympäristöministeriö Department of the Environment

ympäristömyrkky environmental poison

ympäristönsuojelu environmental protection/conservation

ympäristötaide earth art

ympäristötekijät environmental factors/considerations

ympäristövahinko environmental disaster

ympärysvallat (hist) the Allies, Allied forces

ympäröidä surround, encircle, ring

ympätä 1 (puuhun) graft (onto) 2 (kirjaan, puheeseen tms) stuff/cram/fit/force (something) into

yms etc., and the like

ynnä and

ynnätä add (up)

ynseys coldness, indifference, unfriendliness

ynseä cold, indifferent, unfriendly

ynseästi coldly, indifferently *kohdella ynseästi ystäväänsä* give a friend the cold shoulder

ypöyksin all alone

yritteliäisyys enterprise, enterprising spirit; (ark) go-get-em spirit, get-up-and-go

yritteliäs enterprising, ambitious; (ark) go-get-em

yrittäjä entrepreneur

yrittää try, attempt, endeavor; (ark) take a shot (at), have a go (at) *yrittää parhaansa* try/do your best *Älä yritä!* Don't pull that (shit) on me, don't give me that *Ei yrittänyttä laiteta* There's no harm in trying; nothing ventured, nothing gained

yritys 1 (hanke) attempt, endeavor, effort *epäonnistunut yritys* failure, failed attempt; (ark) flop *kaikista yrityk-*

yövuoro

sistä huolimatta despite all efforts **2** (yritteliäisyys, liikeyritys yleensä) enterprise, venture *yhteinen yritys* joint venture *yksityinen yritys* private enterprise/venture **3** (firma) business, company, firm, corporation
yritysdemokratia industrial democracy
yritysgrafiikka (tietokoneella tuotettu) business graphics
yritys ja erehdys trial and error
yrityslehti company (news)paper/magazine/newsletter; (halv) house organ
yritysosto acquisition
yrityspolitiikka company policy
yritystalous company finances
yritystoiminta entrepreneurial activity
Yrjö (kuninkaan nimenä) George
yrjö barf, puke, ralph
yrjötä be sick, throw up, barf, puke
yrtti herb
yrttitee herbal tea
yskittää *Minua yskittää* I have a cough
yskiä cough
yskä cough *ymmärtää yskä* take the hint, get the message
yskänpastilli cough drop
yskös sputum, expectoration
ystävykset buddies, companions, pals
ystävyys friendship
ystävä friend *Hän on hyvä ystäväni* He's a good friend of mine *Hädässä ystävä tutaan* A friend in need is a friend indeed
ystävällinen friendly, kind(ly), amicable
ystävällisesti kindly, amicably *Voisitko ystävällisesti kertoa minulle* Could you please tell me
ystävällisyys friendliness, kindness
ystävänpalvelus favor, friendly turn
ystävänpäivä Valentine's day
ystävätär girlfriend, woman friend
ytimekkyys conciseness, pithiness
ytimekkäästi concisely, pithily
ytimekäs concise, pithy, to the point
Yukonin territorio (Kanadan) Yukon Territory
yö night *ensi yönä* tonight *viime yönä* last night *jäädä yöksi* spend/stay the night, stay overnight *yötä päivää* night and day, day and night *tiistain vastaisena yönä, tiistaita vasten yöllä* Monday night
yöjumalanpalvelus latenight worship service *pääsiäisen yöjumalanpalvelus* Easter vigil
yök yuck, ick
yökerho night club
yökkiä throw up, barf, puke
yökyöpeli night owl (myös kuv)
yököttää *Minua yököttää* I feel sick (to my stomach), I'm nauseous *Sä yökötät mua* You make me sick/puke
yölento night flight (leik) redeye flight
yöliikenne night traffic
yöllinen nocturnal, nightly
yömyöhään late at night
yöpaikka place to spend the night, a room/bed for the night
yöpakkanen night frost
yöpakkaset (pol) disturbances in Finland's relations with the Soviet Union
yöpimeä the dark of the night
yöpommitus nighttime bombing
yöpyä spend the night
yötyö (työpaikka) night job, (yövuoro) graveyard shift *hankkia lisärahoja yötyöllä* moonlight, go moonlighting *saada* (tällä viikolla) *yötyötä* pull graveyard (this week)
yöuni (night's) sleep *saada hyvä yöuni* get a good night's sleep
yövartija night watchman
yövartio night watch; (raam) vigil, watch
yövuoro night shift, (ark) graveyard shift

Z, z

Zaire Zaire
zairelainen s, adj Zairean
zeniitti zenith
zeppeliini blimp, (hist) Zeppelin

Ä, ä

äes harrow
äestys harrowing
äestää harrow
äh! pshaw! bull(shit)!
äheltää 1 (ähkiä) huff, puff **2** (ahertaa) sweat
ähkäistä grunt, groan
ähkäisy grunt, groan
ähä! 1 (vahingoniloa) nyahahah! nah nah! **2** (oivallus) ahah! so! **3** (mielihyvä) ahhh
äidillinen motherly, maternal
äidillisesti maternally
äidinkielenopettaja (äidinkielen mukaan: suomen) Finnish teacher, (ruotsin) Swedish teacher, (englannin) English teacher jne
äidinkielenopetus Finnish/Swedish/English (jne) teaching
äidinkieli native language/tongue, mother tongue
äidinmaidonkorvike (baby) formula
äidinmaito mother's milk
äidinrakkaus maternal love
äidinvaisto maternal instinct
äijä old man/geezer/fart *Mun äijä räyhää kotona* (isä/aviomies) My old man's on the rampage at home
äitelä 1 sickly sweet **2** (sentimentaalinen) saccharine, sugary, sentimental; (ark) corny, schmaltzy, mushy **3** (typerä) mawkish, insipid, vapid
äiti mother; (ark) Mom, Mommy *odottava äiti* expectant mother, mother-to-be
äitienpäivä Mother's Day
äitikortti (tietokoneen) motherboard
äitiysloma maternity leave
äityä 1 (ryhtyä) take/fall to *äityä ryyppäämään* hit the bottle *äityä kiroamaan* let loose a string of curses, start swearing a blue streak **2** (kiihtyä) get excited/worked up/upset
äkeys anger
äkeä angry; (kuv) ticked/pissed/browned off
äkeästi angrily
äkikseltään suddenly, unexpectedly, at short notice, without warning *En ollut äkikseltään tuntea sinua* At first I didn't recognize you
äkillinen sudden, abrupt *äkillinen sairaus* acute illness
äkisti quickly
äkkiarvaamatta without warning, unexpectedly, out of the blue
äkkijyrkkä 1 (pudotus) sheer, precipitous **2** (mielipide) extremist, fanatical

äkkikäännös 1 (fyysinen) sudden turn 2 (henkinen) sudden aboutface/turnabout

äkkilähtö *Hänelle tuli äkkilähtö* She had to hightail it out of there, she had to make tracks, she had to beat it

äkkinäinen s (aloittelija) greenhorn, tenderfoot, tyro adj 1 (äkillinen) sudden, abrupt 2 (hätäinen) hasty, rushed 3 (harjaantumaton) unpracticed

äkkinäisesti suddenly, abruptly, hastily, in a rush

äkkinäisyys suddenness, abruptness, hastiness

äkkipikainen 1 (liian nopeasti toimiva) rash, reckless 2 (nopeasti suuttuva) quick-tempered, hot-headed

äkkipikaisesti rashly, recklessly

äkkisyvä precipitous, steep *Varo, edessäsi on äkkisyvää!* Watch out, there's a sudden dropoff right in front of you

äkkiä 1 (yhtäkkiä) suddenly, abruptly, all of a sudden 2 (äkisti) quickly *Sano äkkiä!* Tell me quickly!

äksy mean, nasty, ill-/bad-tempered

äkäinen 1 (ärtynyt) hopping mad, burned up, furious 2 (ärtyisä) irascible, irritable, testy, snappish, crusty

äkäisesti furiously, irascibly, irritably, testily (ks äkäinen)

äkäisyys irascibility, irritability

äkämä (paise) boil, (kasvannainen) gall

äkäpussi shrew, harridan

älli smarts, brains *Eiks sulla oo älliä päässä?* Ain't you got no smarts?

ällikällä lyöty dumbfounded

ällistynyt taken aback, dumbfounded

ällistys surprise, amazement, astonishment

ällistyttää amaze, astonish, astound

ällistyä be taken aback, be taken by surprise, be dumbfounded

äly 1 (älykkyys) intelligence, intellect *älyn kirkas valo* the clear/shining light of intellect 2 (järkevyys) brains, sense, wit(s); (ark) smarts *Eikös äly sano mitään?* Don't you have any common sense? Can't you figure it out on your own? *vaivata älyään jollakin* rack your brains over something

älykkyys intelligence, intellect
älykkyysikä mental age
älykkyysosamäärä intelligence quotient (IQ)
älykkyystesti IQ test
älykkäästi intelligently
älykäs intelligent, smart; (ark) brainy
älyllinen intellectual, rational, logical
älyllisesti intellectually, rationally, logically
älymystö intelligentsia, the intellectuals
älynlahjat intelligence, brains
älyttömyys 1 (älyn puute) idiocy, senselessness, folly, stupidity 2 (älytön teko) absurdity *viedä älyttömyyksiin* reduce something to absurdity, take something to absurd extremes

älyttömästi 1 (tyhmästi) senselessly, idiotically, foolishly, stupidly 2 (valtavasti) an awful lot *Siellä oli älyttömästi ihmisiä* The place was crawling with people

älytä realize, become aware of, figure out *Nyt minä älysin!* Now I got it! Now I see!

älytön 1 (ei-älyllinen) irrational, mindless, brutish 2 (tyhmä) senseless, idiotic, foolish, stupid

älä don't *älkäämme* let's not *Älköön tulko esiin* He/she shouldn't step forward *Älköön kukaan tulko esiin* Nobody step forward!

älähtää cry out, shriek, yelp

äläkkä to-do, fuss, stink *Siitä nousi valtava äläkkä* They made a big fuss/stink about it

ämmä old lady/woman/cow/sow *ämmien juttuja* (old) wives' tales

ämpäri bucket, pail

ängetä (fyysisesti) push/shove/elbow your way (in), (sanallisesti) cut/break in

änkyttäjä stutterer, stammerer
änkyttää stutter, stammer
änkytys stutter, stammer
äpärä bastard, illegitimate child
äreys irascibility, irritability
äreä irascible, irritable, testy, snappish, crusty
äreästi irascibly, irritably, testily

ärhäkkä

ärhäkkä 1 (äkäinen) snappish **2** (terhakka) peppy, zippy, full of get-up-and-go **3** (haukkuva) yapping
ärjyä bellow, holler, roar (at the top of your lungs)
ärsyke 1 (ärsyttävä aine) irritant **2** (psyk) stimulus **3** (kiihotin) impulse, incentive, enticement, motivation
ärsyttää 1 (fyysisesti ja henkisesti) irritate, (henkisesti) bother, exasperate; (ark) bug, drive you crazy **2** (kiusata) tease, harass, hector **3** (psyk) stimulate
ärsytys irritation, exasperation, harassment, stimulation (ks ärsyttää)
ärsyyntyä get irritated (at someone/ something, about something), lose your temper (at/about), fly off the handle
ärtyisä irritable, touchy, peevish
ärtyisästi irritably, peevishly, irascibly
ärtymys irritability, peevishness, irascibility
ärtyä 1 (lääk) get inflamed **2** (henkisesti) lose your temper, fly off the handle
äsh! pshaw! hah! huh! oh come now! get off it!
äskeinen last, past, recent *äskeinen asiakas* the customer that just left, that was just here *äskeiset sanasi* the last thing you said, your last words *äskeinen matkasi* that trip you just got back from
äsken 1 (juuri) just (now), just a moment/minute/second ago *Tulin äsken* I just got here, I just now arrived, I only stepped in a moment ago **2** *äsken tullut* newly arrived *äsken syntynyt* newborn *äsken mainittu* just mentioned, (the a)fore-mentioned
äskettäin (hiljattain) recently; (taannoin) a little while ago, some time ago
äskettäinen recent *Tuo sinun äskettäinen huomautuksesi* What you just said
ässä 1 (kirjain) (the letter) S **2** (korttipelissä, tenniksessä jne) ace
ässävika (ark) lisp
äveriäs wealthy, well-to-do, well-off
äyri 1 (raha) öre **2** (veröäyri) tax unit
äyriäinen (elävä) crustacean, (syötävä) shellfish
äyriäiset crustaceans
äyskäri bailer

äyskäröidä bail (out)
ääliö dope, dolt, ninny, asshole, damn fool, jerk
äänekkäästi loudly, noisily, vocally, in a loud voice
äänekäs loud, noisy, (erikseen ihmisestä) vocal
äänenkannattaja (yhtiön) house organ, (puolueen) party organ
äänenmurros *Hänellä on äänenmurros* His voice is changing/breaking
äänen nopeus the speed of sound
äänenpaino stress, emphasis
äänensävy tone (of voice)
äänentoisto sound reproduction
äänentoistolaitteisto audio equipment, sound-reproducing equipment
äänestys vote, ballot; (äänestäminen) voting, (vaalit) election
äänestyslippu ballot
äänestäjä voter
äänestää vote
ääneti silently, in silence, quietly, without making a sound
äänettömästi silently, in silence, quietly, without making a sound
äänetön silent, quiet, soundless
ääni 1 (mikä tahansa ääni) sound, noise *ääntä nopeampi* supersonic **2** (äänensävy) tone *puhua vihaisella äänellä* speak angrily, in an angry tone **3** (ihmisääni) voice (myös kuv) *olla koko ajan äänessä* run your mouth the whole time, always have your yap going *kansan ääni* the voice of the people *yhteen ääneen* with one throat, (yksimielisesti) unanimously **4** (lauluääni) key, pitch *pysyä äänessä* stay on pitch/key *avata ääni* warm up (for singing) **5** (äänestysääni) vote *1 000 äänen enemmistöllä* by a 1000-vote margin, by a majority of 1000
äänielokuva (hist) sound movie, (ark) talkie
ääniharava vote-puller
äänihuuli vocal cord
äänikirje talking letter
äänilevy record
äänimerkki honk *antaa äänimerkki* honk/sound your horn
äänimäärä number of votes

ääninen (yleensä) -sounding, (ihmisäänestä) -voiced
äänioikeus right to vote, suffrage
äänite recording
äänitorvi 1 (auton) horn **2** (kuv) mouthpiece
äänittää record
äänitys recording
äänivalli sound barrier
äänne sound
äänneasu phonetic form
ääntämisohje pronunciation guide
ääntää 1 pronounce, enunciate, articulate **2** (äännähdellä) grunt
äärellinen finite
äärellisyys finitude
äärellä by, near, close to
ääressä by, at *tietokoneen ääressä* at the computer
äärettömyys infinity
äärettömästi infinitely
ääretön infinite

ääri 1 (reuna: maailman) edge, end, (kupin) brim *Seuraan sinua maailman ääriin asti* I'll follow you to the ends of the earth *täyttää kuppi ääriään myöten* fill a cup to the brim **2** (raja) limit, bound(ary) *Katsomo oli ääriään myöten täynnä* The bleachers were jammed/packed full
ääriaines extremist element
äärimmillään at its peak/zenith *Nälänhätä oli äärimmillään* Starvation was at its worst
äärimmäinen 1 extreme, utmost, supreme *äärimmäisin ponnistuksin* by a supreme effort **2** (kauimmainen) farthest, furthest, remotest **3** (viimeisin) final, last, ultimate
äärimmäisessä tapauksessa as a last resort
äärimmäisyys extremity
äärioikeisto the far right
ääriryhmä extremist group
ääriviiva outline

Ö, ö

öh! argh, ugh, ow
öinen nocturnal, nightly
öisin at night, nights
öljy oil
öljyinen oily, (ääni) unctuous
öljykriisi oil crisis
öljylamppu kerosene lamp/lantern
öljylämmitys oil heating
öljymaalaus oil painting
öljymaali oil paint
öljypoltin oil burner
öljytä oil; (rasvata) grease, lubricate; (ark) lube
öljyvahinko oil spill
öljyväri oil color
öljyvärimaalaus oil painting
öljy-yhtiö oil company
öristä growl, snarl
öykkäri bully, rowdy, roughneck, tough guy
öykkäröidä 1 (käytöksellä) act tough, push people around, rough people up **2** (puheella) shoot off your mouth, wise off

ENGLANTI–
SUOMI

A, a

A, a [eɪ] A, a
a, an [ə, eɪ, æn] epämääräinen artikkeli, *an* esiintyy vokaalin edellä *a bottle, an arm, a house, a/an hotel; he bought a car* hän osti auton *that's a way to do it* (painokkaana) voihan sen noinkin tehdä
AA 1 *Alcoholics Anonymous* nimettömät alkoholistit, AA-kerho **2** American Airlines (eräs amerikkalainen lentoyhtiö)
AAA *American Automobile Association*
AAM *air-to-air missile* ilmasta ilmaan ammuttava ohjus
aardvark [ˈardˌvark] s maasika
aardwolf [ˈardˌwʊlf] s (mon aardwolves) maasusi
ab. *about*
ABA *American Basketball Association; American Bar Association; American Booksellers Association*
abaci [əˈbækeɪ ˈæbəkaɪ] ks abacus
aback [əˈbæk] adv: *to be taken aback* järkyttyä, hämmästyä, ällistyä
abacus [əˈbækəs ˈæbəkəs] s (mon abaci, abacuses) helmitaulu
1 abandon [əˈbændən] s: *with wild abandon* hillittömästi, antaumuksellisesti, innostuneesti
2 abandon v hylätä, luopua jostakin, lopettaa *they abandoned ship* he jättivät laivan
abandoned adj hylätty, autio (rakennus)
abandonment s jättäminen, hylkääminen, luopuminen, lopettaminen
abandon yourself to v heittäytyä, antautua (jonkin tunteen valtaan)
abase [əˈbeɪs] v alentaa (arvoa ym), häpäistä, olla häpeäksi jollekulle
abase yourself v alentua tekemään jotakin

abashed [əˈbæʃt] adj nolo, nolostunut, häpeissään, hämillään
abatement [əˈbeɪtmənt] s tyyntyminen, väheneminen, lasku
abattoir [ˌæbəˈtwar] s teurastamo
abbess [æbəs] s abbedissa, nunnaluostarin johtajatar
abbey [æbi] s **1** luostari **2** luostarikirkko
abbot [æbət] s apotti, (munkki)luostarin johtaja
abbr. *abbreviation* lyhenne
abbreviate [əˈbriːvieɪt] v lyhentää
abbreviated adj lyhennetty, lyhyt
abbreviation [əˌbriːviˈeɪʃən] s lyhennys, lyhenne
ABC [ˈeɪˈbiˈsiː] s **1** aakkoset *it's as easy as ABC* se on lastenleikkiä, se on helppoa kuin mikä **2** *American Broadcasting Company*, yksi Yhdysvaltain neljästä suuresta televisioverkosta
abdicate [ˈæbdɪˌkeɪt] v erota, luopua (virasta, vallasta, kruunusta)
abdication [æbdɪˈkeɪʃən] s ero, eroaminen, (vallasta, kruunusta) luopuminen
abdomen [æbˈdəmən] s **1** vatsa **2** (hyönteisen) takaruumis
abdominal [ˌæbˈdamɪnəl] adj vatsa- *abdominal muscles* vatsalihakset
abduct [æbˈdʌkt] v siepata, ryöstää, kidnapata
abduction [æbˈdʌkʃən] s sieppaus, ryöstö, kidnappaus
abductor [æbˈdʌktər] s sieppaaja, (lapsen- yms) ryöstäjä, kidnappaaja
abeam [əˈbiːm] adv poikittain
aberrant [əˈberənt] adj poikkeava, epänormaali
aberration [ˌæbəˈreɪʃən] s **1** poikkeavuus **2** erehdys, hetken mielijohde

abet 716

I must have had an aberration minä en ollut täysin järjissäni
abet [ə'bet] v kannustaa (rikokseen, paheeseen tms) *to aid and abet someone* auttaa jotakuta rikoksessa
abeyance [ə'beɪəns] s: *to be in abeyance* olla (toistaiseksi) kesken, ei olla enää voimassa/käytössä *to fall into abeyance* jäädä pois käytöstä, unohtua, jäädä unholaan
abhor [əb'hɔr] v kammoksua, inhota
abhorrence s kammo *to hold something in abhorrence* kammoksua jotakin
abhorrent adv kammottava, kauhistuttava
abide [ə'baɪd] v abode/abided, abode/abided: sietää *he couldn't abide her company* hän ei voinut sietää hänen seuraansa
abide by v pitää (sanansa, lupauksensa), pitää kiinni (sanasta, lupauksesta, päätöksestä)
abiding adj kestävä, pysyvä, pitävä, iankaikkinen
ability [ə'bɪləti] s **1** kyky (tehdä jotakin) *ability to pay* maksukyky *I'll do it to the best of my ability* teen sen parhaani mukaan **2** taito, lahja, lahjakkuus, kyky *a man of many abilities* monipuolinen mies *she has great ability* hän on pystyvä/lahjakas/taitava
abject [ˌæb'dʒekt] adj **1** (olot) kurja, huono, surkea **2** (ihminen, käytös) nöyristelevä; kurja (valehtelija)
abjection [ˌæb'dʒekʃən] s **1** kurjuus **2** nöyristely
abjectly adv **1** kurjasti **2** nöyristelevästi
abjure [ˌæb'dʒʊər] v **1** kieltää (jonkin paikkansapitävyys), kiistää, perua (puheensa) **2** lakata, sanoa irti, perua
ablaze [ə'bleɪz] adj, adv **1** tulessa, ilmiliekeissä *the arsonist set the building ablaze* pyromaani sytytti rakennuksen tuleen **2** *ablaze with* hehkua, loistaa, punoittaa *her cheeks were ablaze with color* hänen poskensa hehkuivat punaisina
able [eɪbəl] adj **1** *to be able to do something* kyetä, osata, voida, pystyä tekemään jotakin **2** pätevä, pystyvä, osaava, taitava, kyvykäs

able-bodied adj vahva, voimakas, roteva
abloom [ə'blum] adj, adv kukassa, kukkiva, täydessä kukassa
ablution [ə'bluʃən] s (uskonnollinen ym) peseytyminen, käsienpesu
ably [eɪbli] adv taitavasti, osaavasti, pätevästi, kyvykkäästi
abnormal [ˌæb'nɔrməl] adj poikkeava, epänormaali
abnormality [ˌæbnɔr'mæləti] s poikkeavuus
abnormally adv poikkeavan, poikkeavasti, epänormaalisti, epätavallisen
abnormity [ˌæb'nɔrmɪti] s poikkeus, poikkeavuus
abo [æboʊ] s (halv) Australian alkuasukas, aboriginaali, ks *Aborigine*
aboard [ə'bɔrd] adv, prep kyydissä, kyytiin, laivassa, laivaan, junassa, junaan, lentokoneessa, lentokoneeseen, linja-autossa, linja-autoon; (kuv) mukana, mukaan
abode [ə'boʊd] s koti, asunto *welcome to my humble abode* tervetuloa matalaan majaani *he is of no fixed abode* hänellä ei ole vakinaista asuinpaikkaa
abolish [ə'balɪʃ] v lakkauttaa (esim orjuus), kumota (esim laki)
abolition [ˌæbə'lɪʃən] s lopettaminen, lakkauttaminen, lopetus, lakkautus
abolitionist s (hist) mustien orjuuden tai muun yhteiskunnallisen ilmiön vastustaja
A-bomb ['eɪˌbam] *Atomic bomb* ydinpommi
abominable [ə'bamɪnəbəl] adj kammottava, inhottava, vastenmielinen, kurja, huono
Abominable Snowman (Himalajan) lumimies
abominably adv kammottavasti, kammottavan, inhottavasti, inhottavan, vastenmielisesti *he failed abominably* hän epäonnistui pahanpäiväisesti
abominate [ə'bamɪneɪt] v kammoksua, kammoa, inhota
abomination s **1** kammo, inho **2** kammottava/inhottava asia

aboriginal [ˌæbəˈrɪdʒənəl] s alkuasukas adj alkuperäinen, syntyperäinen

Aborigine [ˌæbəˈrɪdʒəni] s Australian alkuasukas

abort [əˈbɔrt] v **1** keskeyttää raskaus, abortoida **2** peruuttaa, keskeyttää, kumota *The pilot aborted the landing.* Lentäjä keskeytti laskeutumisen.

abortion [əˈbɔrʃən] s raskaudenkeskeytys, abortti

abortionist s **1** (laiton) abortin tekijä, puoskari **2** aborttivapauden kannattaja

abortive [əˈbɔrtɪv] adj epäonnistunut, myttyyn mennyt

abortively adv epäonnistuneesti, onnistumatta

abound in/with [əˈbaʊnd] v jossakin vilisee/kuhisee jotakin, jossakin on jotakin vaikka millä mitalla *these woods abound with rabbits* jäniksiä (kaniineita) vilisee tässä metsässä

about [əˈbaʊt] adv, prep **1** suunnilleen, kutakuinkin, noin *about three p.m.* (kello) kolmen (15) maissa *it's about time* no jo oli aikakin! *that's about the size of it* sen pituinen se, siinä koko juttu, se siitä *yes, that's about right* suunnilleen niin se oli *to be up and about* olla jalkeilla *to bring something about* saada jotakin aikaan, johtaa johonkin *to come about* tapahtua, seurata **2** jostakin, jotakin koskien, -sta/stä *tell me all about it* kerro kaikki *I know about it* tiedän siitä, olen kuullut siitä *how about a sandwich?* maistuisiko sinulle voileipä? *and what about me?* entä miten minun käy? **3** ympärillä, ympärille *she had a scarf about her neck* hänellä oli huivi kaulassa *he looked about him* hän katseli ympärilleen **4** lähistöllä, ympärillä, siellä täällä *the trees about the house* taloa ympäröivät puut *all about the room* (siellä täällä/hujan hajan) pitkin huonetta **5** jossakin *I have no money about me* minulla ei ole rahaa mukana *there is something about him that makes me curious* jokin hänessä saa uteliaisuuteni heräämään *be quick about it* pidä kiirettä äläkä jahkaile **6** *to be about to do something* aikoa juuri tehdä jotakin, olla tekemäisillään jotakin *she was about to leave when Tom came* hän aikoi juuri lähteä kun Tom tuli *the movie is about to end* elokuva on loppumaisillaan, loppuu kohta

about-face s täyskäännös (myös kuv) *to do an about-face* tehdä täyskäännös, kääntää kelkkansa, muuttaa jyrkästi mielipidettään

above [əˈbʌv] adv, prep **1** yläpuolella, ylhäällä **2** (tekstissä) edellä *as stated above* kuten edellä todettiin **3** (lämpötilasta) nollan (0 fahrenheitasteen, -17, 8 °C) yläpuolella *it's almost five above* siellä on melkein +5 °F **4** yllä, ylle, yläpuolella *to fly above the clouds* lentää pilvien yläpuolella **5** yli, enemmän kuin *above average* keskimääräistä suurempi, korkeampi, enemmän tms *above all* ennen kaikkea **6** jonkin ulkopuolella, yläpuolella *to be above suspicion* olla kaiken epäilyksen ulkopuolella *he is not above lying* hän on valmis vaikka valehtelemaan, hän alentuu jopa valehtelemaan **7** *to live above your means* elää yli varojensa *the above persons* edellä mainitut (henkilöt)

aboveboard [əˌbʌvˈbɔrd] adj rehellinen adv rehellisesti, avoimesti

aboveground [əˌbʌvˈgraʊnd] adj **1** maanpäällinen, maanpinnan yläpuolinen **2** avoin, salaamaton

abovementioned [əˈbʌvˌmenʃənd] adj edellä mainittu

above water: *some of us have trouble keeping their heads above water* toisilla meistä on vaikeuksia saada rahat riittämään/tulla toimeen

abr. *abridged* lyhennetty

abracadabra [ˌæbrəkəˈdæbrə] s **1** abrakadabra **2** loitsu **3** hölynpöly; siansaksa

abrasion [əˈbreɪʒən] s **1** hiertyminen, hankautuminen, kuluminen **2** (ihon) hiertymä

abrasive [əˈbreɪsɪv] s hankausaine; hiomapaperi adj **1** hankaava, hiova, hiertävä **2** raastava (ääni), hyökkäävä, hankala (ihminen)

abreast [əˈbrest] adv rinnakkain, rinta rinnan *to keep abreast of the news/times*

abridge

pysytellä ajan tasalla, seurata uutisia/aikaansa
abridge [əˈbrɪdʒ] v lyhentää (kirjaa tms)
abridged edition s lyhennetty painos/laitos, lyhennelmä
abridgement s **1** lyhentäminen **2** lyhennelmä, lyhennetty painos/laitos
abroad [əˈbrad] adv ulkomailla, ulkomaille *to go abroad* lähteä ulkomaille
abrupt [əˈbrʌpt] adj **1** äkkinäinen, jyrkkä (mutka, muutos) **2** töykeä, tyly, epäystävällinen **3** jyrkkä (rinne, mäki)
abruptly adv **1** yhtäkkiä **2** töykeästi **3** (nousta) jyrkästi
abruptness s **1** äkkinäisyys, yllättävyys **2** töykeys, epäystävällisyys **3** (mäen) jyrkkyys
abscess [æbses] s paise
abscond [əbˈskænd] v paeta, karata, lähteä karkuun
absence [æbsəns] s **1** poissaolo *in the absence of the director* johtajan poissaollessa *the boy had many absences from school* pojalla oli paljon poissaoloja **2** puute *absence of courage* rohkeuden puute **3** *leave of absence* virkavapaa, loma, poissaololupa
absent v olla poissa (koulusta, työstä) *he absented himself from school* hän oli poissa koulusta
absent adj **1** ei läsnä, poissaoleva *he was absent from the meeting* hän ei ollut läsnä kokouksessa **2** ajatuksiinsa uppoutunut, poissaolevan näköinen
absentee [ˌæbsənˈti] s poissaolija
absentee ballot s postiäänestys
absentee landlord s vuokratalon omistaja joka ei asu samassa talossa vuokralaistensa kanssa
absentia [æbˈsenʃə] s (kirjak) *in absentia* poissa olevana
absently adv hajamielisesti
absent-minded adj hajamielinen, ajatuksiinsa uppoutunut
absent-mindedly adv hajamielisesti
absent-mindedness s hajamielisyys
absent without leave fr (sot) luvattomasti poissaoleva, puntiksella (sot ark)
absolute [ˌæbsəlut] adj **1** ehdoton, koko, aukoton **2** rajaton (valta), yksinvaltainen (hallitsija) **3** kiistaton, ehdottoman varma
absolutely adv täysin, ehdottomasti, jyrkästi, ilman muuta
absolute majority [məˈdʒɔrɪti] s ehdoton enemmistö
absolute pitch [pɪtʃ] s absoluuttinen sävelkorva
absolute zero s absoluuttinen nollapiste (-273, 15 °C)
absolution [ˌæbsəˈluʃən] s synninpäästö
absolutism [ˈæbsəluˌtɪzm] s yksinvaltius, absolutismi
absolve [əbˈzalv] v vapauttaa (syytöksistä, lupauksesta), päästää (synnistä, velvollisuuksistaan)
absorb [əbˈzɔrb] v **1** imeä itseensä (nestettä, lämpöä, valoa) **2** omaksua, imeä itseensä (tietoa) **3** viedä jonkun kaikki voimat/huomio
absorbed in adj uppoutunut, syventynyt (esim työhönsä)
absorbent s imukykyinen aine adj imukykyinen
absorbent cotton s vanu
absorption [əbˈzɔrpʃən] s **1** imeytyminen **2** uppoutuminen, syventyminen
abstain [əbˈsteɪn] v ei tehdä jotakin, pidättäytyä jostakin *to abstain from alcohol/voting/comment* ei juoda (alkoholia), ei äänestää/käydä äänestämässä, ei sanoa mielipidettään ääneen
abstainer s **1** raitis ihminen *total abstainer* täysin raitis, raivoraitis **2** joku joka jättää äänestämättä
abstemious [əbˈstimiəs] adj **1** pidättyväinen **2** joka syö/juo vähän, pieniruokainen
abstemiously adv pidättyvästi, vähän
abstemiousness s pidättyväisyys, pieniruokaisuus
abstention [ˌæbˈstenʃən] s **1** raittius **2** äänestämättä jättäminen **3** tyhjä (ääni, äänestyslippu)
abstinence [æbstənəns] s raittius, pieniruokaisuus *total abstinence* täydellinen raittius, raivoraittius
abstract [ˈæbstrækt] s lyhennelmä, tiivistelmä

abstract [ˌæbˈstrækt] v **1** erottaa (metallia) **2** saada irti (tietoa) adj **1** abstrakti, käsitteellinen *in the abstract* teoriassa **2** vaikeatajuinen

abstracted adj hajamielinen, omissa ajatuksissaan oleva

abstractedly adv hajamielisesti

abstraction [ˌæbˈstrækʃən] s **1** hajamielisyys **2** teoria, haihattelu *to lose yourself in abstractions* unohtaa käytäntö/todellisuus

abstruse [ˌæbˈstrus] adj vaikeatajuinen, vaikeaselkoinen

abstrusely adv vaikeatajuisesti

abstruseness s vaikeatajuisuus, syvällisyys

absurd [əbsərd] adj järjetön, älytön

absurdity s **1** järjettömyys **2** järjetön/älytön teko/puhe, järjettömyys

abundance [əˈbʌndəns] s yltäkylläisyys, paljous, runsaus *to have something in abundance* olla jotakin yllin kyllin, vaikka millä mitalla

abundant adj runsas, riittävä (todiste)

abuse [əˈbjuz] v **1** rikkoa/pettää (jonkun luottamus), käyttää hyväkseen jotakin **2** haukkua, syyttää (julmasti/perusteetta) **3** pahoinpidellä

abuse [əˈbjus] s **1** väärinkäyttö **2** väärinkäytös, rikkomus **3** haukkumiset, kiroilu **4** pahoinpitely

abuse yourself v masturboida, tehdä itsetyydytystä

abusive [əˈbjusɪv] adj **1** ruma (kieli, puhe) *abusive language* haukkuminen, kiroilu **2** joka pahoinpitelee jotakuta *she has an abusive husband* hänen miehensä pahoinpitelee häntä

abusively adv: ks abusive

abv. *above*

abysmal [əˈbɪzməl] adj pohjaton, rajaton, loputon

abysmally adv hirvittävän huonosti

abyss [əˈbɪs] s **1** pohjaton kuilu **2** horna

A/C *air-conditioning* ilmastointi

AC *alternating current* vaihtovirta

academe [ˌækəˈdem] s akateeminen maailma, yliopistomaailma

academic [ˌækəˈdemɪk] s akateemikko, akateemisesti koulutettu (henkilö), korkeakoulun opettaja tai tutkija adj **1** akateeminen, yliopisto- **2** epäkäytännöllinen, liian teoreettinen **3** sovinnainen, kankea

academically adv ks academic

academic freedom s akateeminen vapaus

academician [ˌækədəˈmɪʃən] s **1** akateemikko, akatemian jäsen **2** akatemikko, akateemisesti koulutettu (henkilö)

academy [əˈkædəmi] s oppilaitos, opisto; yliopistomaailma *military academy* eräänlainen sisäoppilaitos; sotakorkeakoulu

Academy Award s (elokuva-alan) Oscar®(-palkinto)

Acadia [əˈkeɪdɪə] kansallispuisto Mainessa

accede [ækˈsid] v **1** suostua, myöntyä (pyyntöön) **2** nousta (valtaistuimelle), astua (virkaan)

accelerate [əkˈseləreɪt] v kiihdyttää (vauhtia), kiihtyä, nopeuttaa, nopeutua

acceleration s kiihtyminen, nopeutuminen, vilkastuminen, (auton) kiihtyvyys

accelerator s (auton) kaasupoljin

accent [æksent, ækˈsent] v **1** murtaa, puhua vierasperäisesti korostaen **2** painottaa (sanaa, tavua, asiaa), korostaa

accent [æksent] s **1** sanapaino, paino *the accent is on the first syllable* paino on ensimmäisellä tavulla **2** aksentti, korkomerkki **3** (vierasperäinen/murteellinen) korostus *she speaks English with an accent* hän puhuu englantia murtaen **4** paino, korostus *the accent is on computers* tietokoneet ovat muodissa/korostuneesti esillä

accentuate [ˌækˈsentʃʊeɪt] v korostaa, tähdentää

accentuation [ækˌsentʃʊˈeɪʃən] s (asian) korostus, (sanojen) painotus

accept [əkˈsept] v **1** ottaa vastaan (lähetys, lahja, kutsu), ottaa (vastuu), suostua **2** hyväksyä, myöntää, ymmärtää, tunnustaa *we must accept the fact that* meidän on hyväksyttävä/myönnettävä (se tosiasia) että

acceptable adj 1 riittävä, tyydyttävä, hyväksyttävä 2 mieluisa, tervetullut
acceptance [ək'septəns] s 1 tunnustus *to meet with general acceptance* saada osakseen yleistä tunnustusta 2 vastaanotto, hyväksyntä
accepted adj (yleisesti) hyväksytty/tunnustettu *it's the accepted interpretation* se on yleinen/yleisesti hyväksytty tulkinta
1 access [ækses] s 1 tie, väylä, reitti, ovi, luukku 2 oikeus/mahdollisuus käyttää jotakin/käydä jonkun puheilla
2 access v 1 päästä käsiksi johonkin, voida käyttää jotakin 2 (tietok) etsiä, hakea, avata (tiedosto)
accessibility [ək‚sesə'bɪləti] s saatavuus, käyttömahdollisuus, kulkuyhteys, pääsy, saavutettavuus *the accessibility of materials* materiaalien saatavuus *accessibility to services* palveluiden saatavuus *the accessibility to the nearby cities* kulkuyhteydet lähikaupunkeihin
accessible [ək'sesəbəl] adj ulottuvissa/käytettävissä oleva, yleisölle avoin, altis (imartelulle)
accession [ək'seʃən] s lisäys, kartutus
accession to s yleneminen, kohoaminen, nousu (virkaan, valtaistuimelle)
accessory [ək'sesəri] s 1 rikostoveri 2 lisävaruste 3 asuste
access provider s (yhteys)palvelun tarjoaja/tuottaja
access road s (tontille johtava) kauttakulkutie; (moottoritien) liittymätie
access time s (tietok) hakuaika, saantiaika
accident [æksɪdənt] s 1 onnettomuus, tapaturma, kolari, vahinko, haaveri 2 sattuma *by accident* sattumalta *it was pure accident that I met her* tapasin hänet aivan sattumalta *it's no accident that you failed* ei ollut ihme että epäonnistuit
accidental [‚æksə'dentəl] adj odottamaton, yllätyksellinen, sattuman sanelema
accidentally [‚æksə'dentli] adv sattumalta, yllättäen
accidentally on purpose fr muka vahingossa, tahallaan

accident blackspot s vaarallinen paikka (jossa on sattunut paljon kolareita tms)
accident-prone adj tapaturma-altis
1 acclaim [ə'kleɪm] s suosionosoitukset *critical acclaim* myönteiset arvostelut, arvostelijoiden antama tunnustus
2 acclaim v 1 osoittaa suosiotaan jollekulle, taputtaa käsiään jollekulle 2 valita huutoäänestyksellä
acclamation [‚æklə'meɪʃən] s 1 suosionosoitukset 2 huutoäänestys *to elect someone by acclamation* valita joku huutoäänestyksellä
acclimate ['æklə‚meɪt] v mukauttaa, mukautua, totuttaa, tottua (uuteen ilmastoon, uusiin oloihin)
acclimatization [ə‚klaɪmətə'zeɪʃən] s totuttaminen, totuttautuminen, tottuminen, mukauttaminen, mukautuminen
acclimatize [ə'klaɪmə‚taɪz] v mukauttaa, mukautua, totuttaa, tottua *to become acclimatized* mukautua, totuttautua (uuteen ilmastoon, uusiin oloihin)
accolade ['ækə‚leɪd] s ylistys, tunnustus
accommodate [ə'kamədeɪt] v 1 tehdä tilaa jollekulle/jollekin 2 majoittaa jonnekin, mahtua jonnekin *the car can accommodate four adults* autoon mahtuu neljä aikuista 3 mukauttaa, sovittaa johonkin, muuttaa johonkin sopivaksi
accommodating adj avulias, valmis myönnytyksiin
accommodation s majoituspaikka, hotellihuone
accompaniment [ə'kʌmpənɪmənt] s 1 (mus) säestys 2 johonkin liittyvä asia; sivuseikka
accompanist [ə'kʌmpənəst] s (mus) säestäjä
accompany [ə'kʌmpəni] v 1 (mus) säestää 2 olla/mennä/tulla jonkun mukana, saattaa 3 esiintyä samanaikaisesti jonkun kanssa, liittyä johonkin
accomplice [ə'kampləs] s rikostoveri
accomplish [ə'kamplɪʃ] v saada aikaan/valmiiksi/tehdyksi *that didn't accomplish anything* siitä ei ollut mitään hyötyä, se oli ihan turha teko/huomautus

accomplished adj 1 pätevä, taitava, osaava 2 valmis, tehty

accomplishment s 1 (tavoitteiden) saavuttaminen, (työn) valmistuminen 2 saavutus, aikaansaannos 3 taito, kyky

1 accord [əˈkɔrd] s yhteisymmärrys, yksimielisyys; sopimus *Gerry is in accord with his boss* Gerry on pomonsa kanssa samaa mieltä *of its own accord* itsestään *of your own accord* omin päin, vapaaehtoisesti *with one accord* yksimieliset/ kuin yhdestä suusta/yhteen ääneen

2 accord v suoda, antaa jollekulle jotakin

accordance [əˈkɔrdəns] s: *in accordance with* jonkin mukaisesti

accordingly adv siksi, sen vuoksi, siis

according to prep jonkin/jonkun mukaan *according to the rules* sääntöjen mukaan *according to size* koon mukaan *according to height* pituusjärjestyksessä, pituusjärjestykseen

accordion [əˈkɔrdɪən] s harmonikka

accord with v sopia yhteen jonkin kanssa, olla sopusoinnussa jonkin kanssa

accost [əˈkast] v lähestyä, puhutella jotakuta

1 account [əˈkaʊnt] s 1 tili *to open a bank account* avata pankkitili *to settle your account with someone* maksaa velkansa jollekulle, (kuv) selvittää välinsä jonkun kanssa 2 selonteko, lehtikirjoitus *by his own account* oman selityksensä mukaan *by all accounts* ilmeisesti/näyttää siltä että 3 (mainostoimiston) asiakas 4 *of no/little account* mitätön, merkityksetön *to take account of someone/ something* ottaa joku/jokin huomioon *on no account* ei missään nimessä/tapauksessa *on this/that account* sen vuoksi, sen tähden

2 account v pitää jonakin, katsoa joksikin *to account someone guilty* pitää jotakuta syyllisenä

accountable adj vastuussa jostakin, tilivelvollinen jollekulle

accountant s 1 tilintarkastaja 2 veroneuvoja

account for v 1 selittää *how do you account for it?* miten sinä sen selität? 2 muodostaa, olla *this area accounts for two thirds of world production* tällä alueella valmistetaan kaksi kolmannesta maailman kokonaistuotannosta

accredit [əˈkredɪt] v 1 nimittää/määrätä suurlähettilääksi, akkreditoida 2 (koulusta) antaa/saada oikeus valmistaa oppilaita korkeakouluopetukseen

accrue [əˈkru] v kasvaa (korkoa), poikia, koitua jonkun osaksi

accrued interest s (tal) kertynyt korko

accumulate [əˈkjumjəˌleɪt] v kerätä, kertyä, kasata, kasautua, kasvaa (korkoa)

accumulation [əˌkjumjəˈleɪʃən] s kerääminen, kasaaminen, kasautuminen, (koron) kasvu

accumulative [əˈkjumjələtɪv] adj kasaantuva, kasaava, kumulatiivinen

accumulator [əˈkjumjəˌleɪtər] s akku (myös tietok)

accuracy [ˈækjərəsi] s tarkkuus

accurate [ˈækjərət] adj tarkka (kello, sanoissaan), huolellinen (työssään)

accurately adv tarkasti, huolellisesti

accursed [əˈkərst] adj kirottu, viheliäinen

accusation [ˌækjəˈzeɪʃən] s syytös, syyte

accuse [əˈkjuz] v 1 syyttää *he stands accused for murder* häntä syytetään murhasta 2 moittia

accused *the accused* syytetty (osapuoli)

accuser s syyttäjä

accusingly adv syyttävästi, tuomitsevasti

accustom [əˈkʌstəm] v totuttaa *to accustom yourself to something* totuttautua/tottua johonkin *to become accustomed to something* tottua johonkin

accustomed adj lempi-, tavanomainen *my accustomed seat* lempipaikkani, lempituolini

ace [eɪs] s 1 ässä, valtti *to have an ace up your sleeve* olla jotakin takataskussaan/ yllätyksenä 2 mestari, loistourheilija yms 3 *he came within an ace of succeeding* hän oli vähällä onnistua

ace in the hole fr valtti
acerbic [əˈsɜːbɪk] adj kitkerä, hapan (myös kuv), katkera
acerbity [əˈsɜːbəti] s (maun) kitkeryys, happamuus (myös kuv), katkeruus, piikikkyys, ilkeys, pahantuulisuus
1 ache [eɪk] s kipu, särky, jomotus
2 ache v särkeä, jomottaa, olla kipeä
ache for v kaivata kipeästi/kovasti jotakin
achievable adj mahdollinen; joka on mahdollisuuksien rajoissa
achieve [əˈtʃiːv] v **1** saada aikaan **2** saavuttaa (mainetta, menestystä, kunniaa)
achievement s saavutus, aikaansaannos
Achilles [əˈkɪliːz] (tarusankari) Akhilleus
Achilles heel [əˈkɪliːz hiəl] s akilleenkantapää, heikko kohta
Achilles tendon [tendən] s akillesjänne
aching [eɪkɪŋ] adj kipeä (myös kuv), särkevä
acid [æsɪd] s **1** happo **2** LSD adj hapan (maku, puhe, käytös)
acid-head s (sl) LSD-narkomaani
acidity [əˈsɪdəti] s happamuus
acid rain s happosade
acid test s koetinkivi, tulikoe
acknowledge [əkˈnɒlədʒ] v **1** tunnustaa, myöntää **2** ilmoittaa (että lähetys on saapunut) **3** kiittää jostakin, tunnustaa (ansiot) **4** tervehtiä, vastata tervehdykseen
acknowledgement s tunnustus, kiitos, vastaus (kirjeeseen), vahvistus (lähetyksen saapumisesta) *in acknowledgement of something* jonkin merkiksi, osoitukseksi jostakin
acme [ækmi] s huippu, huipentuma *he is at the acme of his career* hän on uransa huipulla
acne [ækni] s akne, finnit, finnitauti
acorn [eɪkɔːn] s tammenterho
acoustic [əˈkuːstɪk] adj akustinen, ääntä, kuulumista tai kaikusuhteita koskeva
acoustics [əˈkuːstɪks] s **1** (tiede) akustiikka **2** huoneakustiikka, akustiikka
acquaint [əˈkweɪnt] v tutustuttaa johonkin *to be acquainted with someone/something* tuntea joku, hallita/osata jokin asia *to become acquainted with someone/something* tutustua johonkuhun/johonkin, saada kuulla jostakin, perehtyä johonkin *to acquaint yourself with someone/something* tutustua johonkuhun/johonkin
acquaintance [əˈkweɪntəns] s **1** tuttu, tuttava **2** tuttavuus, asiantuntemus, tuntemus, hallinta *to make the acquaintance of someone* tutustua johonkuhun, oppia tuntemaan joku *his acquaintance with the subject is limited* hän tuntee alaa vain huonosti
acquiesce [ˌækwɪˈes] v myöntyä, alistua, suostua, nöyrtyä johonkin
acquiescence [ˌækwɪˈesəns] s myöntyminen, nöyrtyminen, alistuminen; nöyryys
acquiescent adj nöyrä, alistuvainen, alistunut; joka on samaa mieltä
acquire [əˈkwaɪər] v hankkia, oppia *to acquire a taste for something* oppia pitämään jostakin, päästä jonkin makuun
acquired immune deficiency syndrome [əˈkwaɪərd ɪˈmjuːn dəˈfɪʃənsi ˈsɪndroʊm] s immuunikato, aids
acquisition [ˌækwəˈzɪʃən] s **1** kerääminen, keruu **2** ostos, hankinta; yritysosto **3** arvokas lisä, uusi jäsen/työntekijä
acquisitive [əˈkwɪsətɪv] adj omistushaluinen, ahne
acquit [əˈkwɪt] v **1** vapauttaa syytteestä, julistaa syyttömäksi **2** selviytyä, käyttäytyä tietyllä tapaa *she acquitted herself well* hän hoiti asiansa hienosti
acquittal [əˈkwɪtəl] s syytöksestä vapauttaminen, vapauttava tuomio
acre [eɪkər] s eekkeri (0,4 hehtaaria)
acreage [eɪkərɪdʒ] s maa-ala, pinta-ala
acrid [ækrəd] adj kitkerä, karvas (haju, maku)
acrimonious [ˌækrəˈmoʊniəs] adj pisteliäs, piikikäs, kiivas, kärkevä (puhe, kiista)
acrimony [ˈækrəˌmoʊni] s piikikkyys, kiivaus, kärkevyys
acrobat [ˈækrəˌbæt] s akrobaatti, sirkusvoimistelija
acrobatic [ˌækrəˈbætɪk] adj akrobaattinen

acrobatics s akrobatia, sirkusvoimistelu

acromion [əˈkroʊmiən] s olkalisäke

acronym [ˈækrəˌnɪm] s kirjainsana, useiden sanojen alkukirjaimista muodostettu sana (esim *NASA* sanoista *National Aeronautics and Space Administration*)

acrophobia [ˌækrəˈfoʊbiə] s korkean paikan kammo, akrofobia

acropolis [əˈkrɑpəlɪs] s akropolis, linna vanhoissa Kreikan kaupungeissa

across [əˈkrɑs] prep **1** yli, poikki *to run across the road* juosta tien yli/poikki **2** toisella puolella, toiselle puolelle *across the river* joen vastarannalla **3** ristissä, ristikkäin, poikittain *he was sprawled across the bed* hän makasi vuoteella poikittain

across-the-board [əˈkrɑsðəˌbɔrd] adj yleinen, kaikkia koskeva, kautta linjan

across the board fr kautta linjan, yleisesti

1 act [ækt] s **1** teko *an act of madness* hullu teko/temppu *he was caught in the act* hänet saatiin kiinni itse teosta/verekseltään **2** laki, asetus **3** (näytelmän) näytös **4** (ohjelman osan muodostava) esitys, numero **5** teeskentely *it's all an act* se on pelkkää teeskentelyä/teatteria

2 act v **1** toimia **2** (esim lääkkeestä) vaikuttaa **3** näytellä, esittää jotakin osaa **4** teeskennellä, esittää jotakin *don't act stupid!* älä esitä/leiki/teeskentele tyhmää!

act as v toimia jonakin, toimia jossakin ominaisuudessa, hoitaa jonkun tehtäviä

acting s näytteleminen adj sijais-, virkaatekevä

action [ˈækʃən] s **1** toiminta *now is the time for action* on aika toimia/ryhtyä toimiin *to take action* ryhtyä toimiin *course of action* menettely **2** (näytelmän, romaanin, elokuvan) tapahtumat **3** teko **4** oikeudenkäynti *to bring action against someone* haastaa joku oikeuteen, nostaa kanne jotakuta vastaan **5** vaikutus **6** (sot) taistelu *he was killed in action* hän kaatui sodassa

action painting s roiskemaalaus

activate [ˈæktəˌveɪt] v käynnistää (laite), kytkeä päälle (hälytin), sytyttää (pommi), aktivoida

active [ˈæktɪv] adj aktiivinen, toimiva, vilkas, reipas *to be active in politics* olla aktiivisesti mukana politiikassa *to be under active consideration* olla vakavasti harkittavana

active attack s (tietok) aktiivinen hyökkäys

actively adv aktiivisesti, vilkkaasti, reippaasti

active voice s (kieliopissa) aktiivi

activist [ˈæktəvəst] s aktivisti, aktiivinen osallistuja/kannattaja

activity [ˌækˈtɪvɪti] s **1** puuha, harrastus, työ, toiminta **2** vireys, energia

act of God s luonnonmullistus, luonnonihme

act of war s sotatoimi

act on v **1** noudattaa, seurata (neuvoja, ohjeita, hetken mielijohdetta), ryhtyä toimenpiteisiin **2** (lääkkeestä tms) vaikuttaa

actor [ˈæktər] s näyttelijä

act out v esittää, näytellä

actress [ˈæktrəs] s näyttelijätär, näyttelijä

actual [ˈækʃʊəl] adj todellinen, varsinainen *in actual fact* oikeastaan, itse asiassa

actuality [ˌækʃʊˈæləti] s todellisuus, tosiasiat, (mon myös) realiteetit

actually adv **1** todellisesti, varsinaisesti **2** ihme kyllä, itse asiassa

actuate [ˈækʃʊeɪt] v **1** kannustaa **2** käynnistää

actuator s servojärjestelmä, servo

act up v reistailla, vaivata jotakuta, aiheuttaa harmia, mutkitella

act your age fr olla ihmisiksi, käyttäytyä ikänsä edellyttämällä tavalla

acumen [ˈækjʊmən] s taju, vainu

acupuncture [ˈækjʊˌpʌŋkʃər] s akupistely

acute [əˈkjut] adj **1** (aisti) terävä, tarkka **2** (sairaus) äkillinen, akuutti **3** (ongelma) vakava, kova, pakottava, (pula) huutava

acute accent s akuutti aksentti (´)

acute angle

acute angle s terävä kulma
acutely adv ks acute
acuteness s ks acute
ad [æd] s lehtimainos, mainos, ilmoitus *to run an ad in the paper* panna ilmoitus lehteen
A.D. *anno domini* jKr.
A/D *analog to digital* analogia/digitaali-
adage [ædədʒ] s sananparsi, vanha viisaus
Adam [ædəm] Adam, Aatami *not know somebody from Adam* ei tuntea jotakuta
adamant [ædəmənt] adj tiukka, järkkymätön; joka ei anna periksi
Adam's apple s aataminomena
adapt [ə'dæpt] v sovittaa, mukauttaa, sopeutua, mukautua (uusiin oloihin tms)
adaptable [ə'dæptəbəl] adj sopeutuvainen, sopeutuva, sopeutumiskykyinen, mukautuvainen, mukautuva
adaptation [ˌædæp'teɪʃən] s (televisio/näyttämö)sovitus
adapter [ə'dæptər] s sovitin; putkiyhde
add [æd] v **1** laskea yhteen **2** lisätä
add. *additional; addition; address*
addax ['ædæks] s mendesinantilooppi
addenda [ə'dendə] ks addendum
addendum [ə'dendəm] s (mon addenda) lisäys, liite
adder [ædər] s kyykäärme, kyy
addict [ædɪkt] s narkomaani *a drug addict* narkomaani *cocaine addict* kokainisti *heroin addict* heroinisti
addicted to adj riippuvainen jostakin, -narkomaani *he is addicted to movies* hän on elokuvahullu
addiction [ə'dɪkʃən] s riippuvuus
addictive [ə'dɪktɪv] adj riippuvuutta aiheuttava
adding machine s laskukone
Addis Ababa [ˌædəs'æbəbə adɪs'abeba] Addis Abeba (Etiopiassa)
addition [ə'dɪʃən] s **1** yhteenlasku **2** lisä; uusi työntekijä **3** *in addition to* lisäksi
additional adj ylimääräinen, lisä *the batteries are additional* paristot eivät kuulu hintaan, paristoista veloitetaan erikseen
additionally adv lisäksi

additive [ædətɪv] s lisäaine *food additive* elintarvikelisäaine
add onto v *the neighbors are adding onto their house* naapurit laajentavat taloaan
address [ə'dres] v **1** puhua jollekulle, pitää puhe **2** puhutella jotakuta jollakin tittelillä **3** osoittaa, kohdistaa, suunnata jotakin jollekulle **4** kirjoittaa osoite kuoreen/kirjeeseen
address [ædres ə'dres] s **1** osoite **2** puhe **3** (golf) aloitusasento jossa pallo on mailan takana
addressee [ˌə'dre'si] s (kirjeen) vastaanottaja
add to v lisätä, vaikuttaa osaltaan johonkin
adduce [ə'dus] v tuoda esiin, esittää
add up v **1** laskea yhteen *could you add this column of figures up for me?* voisitko laskea nämä luvut yhteen? **2** merkitä, tarkoittaa, seurata, täsmätä, olla merkitsevä/järkevä **3** *this offer just doesn't add up* en parhaallakaan tahdolla saa tolkkua tästä tarjouksesta, se on aivan päätön
add up to v tehdä yhteensä *it adds up to a pretty penny* siitä tulee sievoinen summa
Adelaide ['ædəˌleɪd] Adelaide
Adélie penguin s jääpingviini
adenoids ['ædə'nɔɪdz] s (mon) kitarisat
adept [ə'dept] adj taitava
adequacy [ædəkwəsi] s riittävyys *he doubts his adequacy for the job* hän epäilee onko hänestä siihen työhön
adequate [ædəkwət] adj riittävä, tarpeeksi hyvä
adequately adv riittävästi, tarpeeksi, tarpeeksi hyvin
adherence [əd'hɪərəns] s **1** pito, kiinnipysyminen **2** uskollisuus
adherent s kannattaja
adhere to [əd'hɪər] v **1** kiinnittyä **2** pysyä uskollisena jollekin, pitää kiinni mielipiteestään tms
adhesion [əd'hiʒən] s **1** kiinnittyminen, pito, kiinnipysyminen **2** (kudosten) yhteenkasvaminen, kiinnikasvaminen

admit

adhesive [əd'hisɪv] s **1** liima, sideaine **2** nuoltava postimerkki adv tarttuva, itsestään kiinnittyvä

ad hoc [æd hak] adj, adv tilapäinen, tiettyä tarkoitusta varten perustettu

adieu [æ'du] s jäähyväiset interj näkemiin!

adipose tissue [ædɪpoʊs tɪʃu] s rasvakudos

Adirondacks [,ædə'rændæks] Adirondackvuoret (New Yorkin osavaltiossa)

adjacent [ə'dʒeɪsənt] adj viereinen, vierekkäinen, rinnakkainen, naapuri-

adjectival [,ædʒək'taɪvəl] adj adjektiivi-

adjective [ædʒəktɪv] s adjektiivi

adjoin [ə'dʒɔɪn] v olla vierekkäin, olla jonkin vieressä

adjourn [ə'dʒɜrn] v **1** siirtää myöhemmäksi, lykätä **2** lopettaa (kokous) **3** siirtyä toiseen paikkaan, mennä *shall we adjourn to the parlor?* siirrymmekö olohuoneeseen?

adjournment s siirto (myöhemmäksi), lykkääminen

adjudge [ə'dʒʌdʒ] v (tuomioistuimesta) päättää, määrätä *the court adjudged him guilty* oikeus totesi hänet syylliseksi

adjudicate [ə'dʒudɪkeɪt] v **1** (tuomari) päättää, määrätä **2** olla tuomarina, toimia välittäjänä

adjudication s tuomitseminen, ratkaiseminen; tuomio, ratkaisu

adjudicator s tuomari; sovittelija

adjunct [ædʒʌŋkt] s **1** lisävaruste **2** (kieliopissa) määrite, attribuutti

adjuration [,ædʒə'reɪʃən] s harras pyyntö

adjure [ə'dʒʊər] v vannottaa joku tekemään jotakin, vaatia hartaasti

adjust [ə'dʒʌst] v **1** sopeutua, mukautua **2** säätää

adjustable adj säädettävä

adjustment s **1** sopeutuminen **2** säätö **3** säädin

adjutant [ædʒətənt] s adjutantti, avustaja

ad lib [,æd'lɪb] adv vapaasti

ad-lib v keksiä/lisätä omiaan, improvisoida

Adm. *admiral*

adman ['æd,mæn] s mainosihminen, mainosten tekijä, mainostilan myyjä (sanoista *advertising man*)

admeasure [æd'meʒər] v mitata, annostella

admin. *administrator*

administer [əd'mɪnəstər] v **1** johtaa, hallita, hoitaa hallintoa/hallintoasioita **2** antaa (apua, lääkettä, rangaistus)

administer an oath to someone fr ottaa joltakulta vala

administration [əd,mɪnəs'treɪʃən] s **1** valtionhallinto, hallinto **2** myös *The Administration* Yhdysvaltain hallitus (valtionhallinnon toimeenpaneva haara: presidentti ja hallitus) *during the Bush administration* Bushin hallituskaudella

administrative [əd'mɪnə,strətɪv] adj hallinnollinen, hallinto-

administrator [əd'mɪnə,streɪtər] s **1** hallintovirkailija **2** pääkäyttäjä **3** (kuolin)pesänselvittäjä

administratrix [əd'mɪnə,streɪtrɪks] s **1** (naispuolinen) hallintovirkailija **2** naispuolinen (kuolin)pesänselvittäjä

admirable [ædmərəbəl] adj ihailtava, erinomainen

admirably adv ihailtavasti, erinomaisesti

admiral [ædmərəl] s amiraali

admiral butterfly s amiraaliperhonen

admiration [,ædmə'reɪʃən] s ihailu, ihastus

admire [əd'maɪər] v **1** ihailla, ihmetellä **2** ihastella, kehua

admirer [əd'maɪərər] s ihailija

admiring adj ihaileva

admiringly adv ihaillen, ihailevasti

admissible [əd'mɪsəbəl] adj sallittu, luvallinen, hyväksyttävä

admission [əd'mɪʃən] s **1** sisäänpääsy, pääsy *no admission* pääsy kielletty **2** pääsymaksu **3** tunnustus *by/on his own admission* kuten hän itse myönsi *that meant an admission of failure* se merkitsi tappion tunnustamista

admit [əd'mɪt] v **1** päästää sisään **2** olla tilaa tietylle ihmismäärälle **3** myöntää, tunnustaa *she admitted stealing the money* hän myönsi varastaneensa rahat

admit of v sallia
admittance [əd'mɪtəns] s sisäänpääsy, pääsy *no admittance* pääsy kielletty
admittedly [əd'mɪtədli] adv kieltämättä; täytyy myöntää että
admit to v tunnustaa *he admitted to a feeling of envy* hän myönsi olevansa kateellinen
admixture [æd'mɪkstʃər] s sekoitus
admonish [æd'mɒnɪʃ] v nuhdella, ojentaa, varoittaen moittia
admonition [ˌædmə'nɪʃən] s nuhtelu, ojennus
ad nauseam [æd 'nɔʊzɪəm] adv liikaa, kyllästyttävässä määrin, pitkästymiseen saakka
ado [ə'du] *without further ado* sen pitemmittä puheitta *much ado about nothing* paljon melua tyhjästä
adobe [ə'doʊbi] s auringossa kuivattu savi- ja olkitiili adj savi- ja olkitiilistä tehty *adobe house* savitiilitalo
adolescence [ˌædə'lesəns] s nuoruus
adolescent s, adj nuori
adopt [ə'dapt] v **1** adoptoida, ottaa ottolapseksi **2** omaksua (ajatus, tapa) **3** hyväksyä (esim lakiehdotus)
adoption [ə'dapʃən] s adoptio, ottolapseksi ottaminen *his country of adoption* hänen uusi kotimaansa
adoptive [ə'daptɪv] adj adoptio- *adoptive parents* adoptiovanhemmat
adorable [ə'dɔrəbəl] adj ihastuttava, hurmaava
adorably adv ihastuttavasti, hurmaavasti
adoration [ˌædə'reɪʃən] s ihailu, palvonta, (rajaton) rakkaus jotakuta kohtaan
adoring adj ihaileva, rakastava
adoringly adv ihaillen, täynnä ihastusta
adorn [ə'dɔrn] v koristella
adornment s koristeet, somisteet, korut
adrenal gland [ə'drinəl glænd] s lisämunuainen
adrenalin [ə'drenələn] s adrenaliini
adrift [ə'drɪft] adj, adv **1** (laiva, vene) tuuliajolla **2** *to come adrift* irrota, (kuv) mennä myttyyn *to cast/turn someone adrift* jättää joku oman onnensa nojaan

adroit [ə'drɔɪt] adj taitava, nokkela, terävä
adroitly adv taitavasti, nokkelasti, terävästi
adroitness s taitavuus, nokkeluus, terävyys
adulation [ˌædʒə'leɪʃən] s **1** ihannointi **2** imartelu
adult [ə'dʌlt] s, adj aikuinen, täysi-ikäinen, täysikasvuinen
adulterate [ə'dʌltəreɪt] v jatkaa (ruokaa, juomaa) huonoilla aineilla, laimentaa, huonontaa sekoittamalla
adulterer s avionrikkoja (mies)
adulteress [ə'dʌltərəs] s avionrikkoja (nainen)
adulterous [ə'dʌltərəs] adj aviorikos-, uskoton
adultery [ə'dʌltəri] s aviorikos, uskottomuus *to commit adultery* tehdä aviorikos
adulthood s aikuisikä
1 advance [əd'væns] s **1** edistys(askel), kehitys **2** lisäys, kasvu **3** lähentely-yritys *that Johnson boy is always making advances at me* tuo Johnsonin poika aina vaan lähentelee minua **4** *in advance* etukäteen, ennakolta, ennen jotakuta *thanking you in advance* (kirjeessä) kiitän teitä jo etukäteen *to be well in advance of your time* olla paljon aikaansa edellä
2 advance v **1** edetä, kulkea eteenpäin **2** edistyä, kehittyä, edetä (uralla) **3** (hinnoista) nousta, nostaa, kallistua **4** aikaistaa, siirtää aikaisemmaksi **5** auttaa, olla avuksi, edistää **6** maksaa ennakkoa/etukäteen *Could you advance me $100 out of next month's paycheck?* Voisitko antaa ensi kuun palkastani 100 dollaria ennakkoa? *to advance towards someone/something* lähestyä jotakuta/jotakin
advancement s **1** ylennys **2** edistäminen, parantaminen
advance sales s (esim lippujen) ennakkomyynti
advantage [əd'væntədʒ] s **1** etu, etumatka **2** hyöty **3** *to take advantage of* käyttää hyväkseen *to have an advantage over* olla etulyöntiasemassa johonkuhun

nähden, olla edellä jostakusta *to have the advantage of numbers* olla miesylivoima, olla lukumääräinen ylivoima, olla enemmän kuin vastustajia

advantageous [ˌædvənˈteɪdʒəs] adj edullinen, hyödyllinen

advantageously adv edullisesti, jonkun eduksi

advent [ædvent] s **1** alku, keksiminen **2** *Advent* adventti

Adventist [ædventəst] s adventisti

adventitious [ˌædvenˈtɪʃəs] adj satunnainen

adventure [ədˈventʃər] s seikkailu, seikkailuretki, jännitys *she is fond of adventure* hän on seikkailunhaluinen

adventurer s **1** seikkailija **2** uhkarohkea/epärehellinen onnenonkija, seikkailija

adventuresome [ədˈventʃərsəm] adj jännittävä, vaarallinen, seikkailukas

adventuress s (naispuolinen) seikkailija (ks adventurer)

adventurous s **1** seikkailunhaluinen **2** jännittävä, vaarallinen

adverb [ædvərb] s adverbi

adverbial [ədˈvərbɪəl] s adverbiaali adj adverbiaali-

adverbially adv adverbiaalisesti, adverbiaalina

adversary [ˈædvərˌseri] s vastustaja, vihollinen

adverse [ədˈvərs ˈædvərs] adj epäedullinen, epäsuotuisa, huono, ankara (arvostelu)

adversely adv epäedullisesti, huonosti, ankarasti *if they decide adversely for our interest* jos he tekevät meidän etumme vastaisen päätöksen

adversity [ədˈvərsəti] s hätä, vastoinkäyminen, vaikeus

advertise [ˈædvərˌtaɪz] v mainostaa

advertisement [ˌædvərˈtaɪzmənt, ədˈvərtɪzmənt] s **1** mainonta **2** mainos *the company put an advertisement in the paper for their new product* yritys pani lehteen ilmoituksen/mainoksen uudesta tuotteestaan

advertising agency s mainostoimisto

advert to [ədˈvərt] v **1** viitata johonkin, huomauttaa jostakin **2** poiketa asiasta, siirtyä toiseen asiaan

advice [ədˈvaɪs] s neuvo, neuvot *let me give you a piece of advice* haluan antaa sinulle hyvän neuvon *I didn't ask for your advice* en kysynyt sinulta neuvoa *to act on someone's advice* noudattaa jonkun neuvoa

advisable [ədˈvaɪzəbəl] adj suositeltava, viisas

advise [ədˈvaɪz] v **1** neuvoa, suositella **2** ilmoittaa *she keeps me advised of the latest news* hän kertoo minulle uusimmat uutiset

advisement [ədˈvaɪzmənt] s pohdinta, harkinta, käsittely *to take something under advisement* ottaa jotakin pohdittavaksi, harkita jotakin

adviser [ədˈvaɪzər] s neuvonantaja

advisor [ədˈvaɪzər] s neuvonantaja

advisory s varoitus, tiedotus *travelers' advisory* kelivaroitus adj neuvoa-antava

advocacy [ˈædvəkəsi] s (jonkun tai jonkin) puolustus, kannatus

advocate [ˈædvəkeɪt] v kannattaa, puoltaa

advocate [ˈædvəkət] s **1** (jonkun tai jonkin) puolustaja, kannattaja, puolestapuhuja **2** asianajaja

adware s (tietok) mainosrahoitteinen ohjelma

AEC *Atomic Energy Commission*

Aegean Sea [eɪˈdʒiən] Aigeianmeri, Egeanmeri

aegis [idʒəs] *under the aegis of* jonkun/jonkin turvin/suojeluksessa

aerate [ereɪt] v ilmastaa, sekoittaa ilmaa johonkin

aeration [erˈeɪʃən] s ilmastus, ilman sekoittaminen johonkin

aerial [eriəl] s antenni adj ilma-, lento- *aerial reconnaissance* lentotiedustelu

aerobatics [ˌerəˈbætɪks] s taitolento

aerobics [eˈroʊbɪks] s aerobinen harjoittelu/liikunta

aerodynamics [ˌerədaɪˈnæmɪks] s aerodynamiikka

aeronautics [ˌerəˈnɔːtɪks] s ilmailu

aeroplane [erəpleɪn] s lentokone

aerosol [erəsal] s suihke, aerosoli; suihkepullo
aerospace [erəspeɪs] s Maan ilmakehä ja avaruus adj avaruus-
aerospace plane s avaruuslentokone (joka lentää avaruudessa mutta nousee lentokentältä)
aesthete [esθit] s esteetikko
aestheticism [əs'θetɪˌsɪzəm] s estetismi
aesthetics [əs'θetɪks] s estetiikka
AFAIK (tekstiviestissä, sähköpostissa) *as far as I know*
afar [ə'far] adv kaukana, kauas *from afar* kaukaa
AFB *air force base* lentotukikohta
affability [ˌæfə'bɪləti] s ystävällisyys, seurallisuus
affable [æfəbəl] adj ystävällinen, seurallinen
affably adv ystävällisesti, seurallisesti
affair [ə'feər] s **1** asia, juttu *in the current state of affairs* nykytilanteessa *a man of affairs* liikemies *that's my affair* se on minun oma asiani, se ei kuulu sinulle/ muille **2** rakkaussuhde, suhde *the boss had an affair with his secretary* pomolla oli suhde sihteerinsä kanssa
affect [ə'fekt] v **1** vaikuttaa johonkin **2** liikuttaa jotakuta, vaikuttaa voimakkaasti jonkun tunteisiin **3** (sairaus) iskeä johonkuhun *his heart is affected* hänellä on vikaa sydämessä **4** teeskennellä *she affected ignorance* hän teeskenteli tietämätöntä **5** pitää yllään, pitää kovasti jostakin, olla kovasti mieleen *he affected traditional clothes* hän pukeutui (mielellään) perinteisiin vaatteisiin
affect [æfekt] s (psykologiassa) tunne, affekti
affectation [ˌæfek'teɪʃən] s teeskentely, teennäinen käytös, esiintyminen, puhetapa tms
affected [ə'fektəd] adj teennäinen, epäaito (käytös, esiintyminen tms)
affection [ə'fekʃən] s rakkaus *to feel affection for* pitää kovasti, rakastaa
affectionate [əˌfekʃənət] adj rakastava, hellä
affectionately *Yours affectionately* (kirjeen lopputervehdyksenä) sinun

affective [æ'fektɪv] adj tunteellinen, tunne-, affektiivinen
affidavit [ˌæfə'deɪvət] s kirjallinen vakuutus (jota käytetään oikeudessa todisteena)
affiliate [ə'fɪlieɪt] v liittyä, liittää (järjestön tms jäseneksi)
affiliation [əˌfɪlɪ'eɪʃən] s liittyminen, liittäminen, yhteys *political affiliation* poliittinen kanta, puoluejäsenyys
affinity [ə'fɪnəti] s **1** samankaltaisuus, lähisukuisuus **2** sukulaisuus **3** veto *to feel affinity for/to* tuntea vetoa johonkuhun/johonkin
affirm [ə'fɜrm] v vahvistaa, todistaa, vakuuttaa oikeaksi tms
affirmation [ˌæfər'meɪʃən] s vakuutus, varmistus, todistus
affirmative [ə'fɜrmətɪv] s (vastaus) kyllä adj myönteinen (vastaus)
affirmative action s naisten ja vähemmistöjen työnsaanti- ja osallistumismahdollisuuksien parantaminen, tätä valvova ryhmä tai verkosto
affirmatively adv (vastata) myönteisesti, kyllä
affix [æfɪks] s (sanan) etuliite tai jälkiliite, affiksi
affix [ə'fɪks] v kiinnittää
afflict [ə'flɪkt] v vaivata, kiusata *to be afflicted with a disease* sairastaa, kärsiä jostakin sairaudesta
affluence [æfluəns] s vauraus, hyvinvointi, yltäkylläisyys
affluent [æfluənt] adj vauras, hyvinvoipa
affluent society s elintasovaltio
afford [ə'fɔrd] v **1** olla varaa johonkin *I can't afford to make another mistake* minulla ei ole varaa enää yhteenkään virheeseen **2** tarjota, antaa *that affords me an excellent opportunity to move out of this house* siitä saan hyvän syyn muuttaa pois tästä talosta
affordable [ə'fɔrdəbəl] adj edullinen, halpa, johon jollakulla on varaa *the price is very affordable* hinta on hyvin edullinen
afforest [ə'fɔrəst] v metsittää, istuttaa metsää jonnekin

afforestation [əˌfɔrəsˈteɪʃən] s metsitys, metsän istutus
affray [əˈfreɪ] s kahakka, tappelu, yhteenotto
1 affront [əˈfrʌnt] s loukkaus
2 affront v loukata
Afghan [ˈæfˌɡæn] s, adj afganistanilainen
Afghani [æfˈɡæni] ks edellistä
Afghanistan [æfˈɡænɪsˌtæn] Afganistan
aficionado [əˌfɪʃəˈnɑdoʊ] s asianharrastaja, harrastaja
afield [əˈfiəld] adv kaukana *far afield* kaukana
afire [əˈfaɪər] adj **1** tulessa *the arsonist set the house afire* tuhopolttaja sytytti talon palamaan **2** (tunteista) palava, hehkuva *to be afire with anger* kiehua kiukusta
AFL *American Federation of Labor; American Football League*
aflame [əˈfleɪm] adj **1** liekeissä, tulessa **2** (tunteesta) palava, hehkuva *she was aflame with desire* hän paloi intohimosta
AFL-CIO [ˌeɪefˈel ˌsiaɪˈoʊ] *American Federation of Labor and Congress of Industrial Organizations* Yhdysvaltain suurin ammattiliittojen kattojärjestö
afloat [əˈfloʊt] adj, adv **1** (veden) pinnalla *to stay afloat* kellua, ei upota **2** velaton, pystyssä (ei vararikossa) **3** (huhu) liikkeellä
afoot [əˈfʊt] adv käynnissä, tekeillä
aforementioned [əˈfɔrˌmenʃənd] adj edellä mainittu
aforesaid [əˈfɔrsed] adj edellä mainittu
afoul [əˈfaʊl] *to come/fall/run afoul of the law* rikkoa lakia
afraid [əˈfreɪd] adj **1** *to be afraid of* pelätä *he was afraid to leave her alone* hän pelkäsi jättää hänet yksin **2** *I'm afraid that* pelkäänpä että, olen pahoillani mutta, ikävä kyllä, valitettavasti
afresh [əˈfreʃ] adv uudelleen alusta, uudestaan
Africa [ˈæfrɪkə] Afrikka
African [ˈæfrɪkən] s, adj afrikkalainen
African-American s amerikanafrikkalainen, afroamerikkalainen, musta (yhdysvaltalainen) adj mustien, musta

afterlife

African ass s afrikanvilliaasi
African buffalo [bʌfəloʊ] s kafferipuhveli
African civet s afrikansivettikissa
African elephant [eləfənt] s afrikannorsu
African fish eagle s kiljumerikotka
African wild dog s hyeenakoira
Afrikaans [ˌæfrɪˈkɑns] s afrikaansin kieli, afrikaans
Afrikaner [ˌæfrɪˈkɑnər] s afrikandi, Etelä-Afrikan tasavallassa asuva valkoihoinen afrikaansin puhuja
Afro [ˈæfroʊ] s afrokampaus
Afro-American [ˌæfroʊəˈmerɪkən] s, adj afroamerikkalainen, Amerikan musta/mustien
aft [æft] adv (laivan, lentokoneen) perässä
aft. *afternoon*
AFT *automatic fine tuning* itsetoimiva hienoviritys
after [ˈæftər] prep **1** jälkeen *after breakfast* aamiaisen jälkeen *the day after tomorrow* ylihuomenna *the week after next* kahden viikon päästä **2** jäljessä, perässä *the man closed the door after him* mies sulki oven perässään **3** huolimatta, sittenkin *I went there after all* menin sinne sittenkin **4** *day after day* päivästä toiseen **5** jonkun tyylinen, jotakuta mukaileva *a painting after Brueghel* Brueghelin tyyliä jäljittelevä maalaus **6** *to be after someone* yrittää saada joku käsiinsä/kiinni, ajaa takaa jotakuta *they asked after you* he kysyivät mitä sinulle kuuluu adj: *in after years* myöhempinä vuosina adv myöhemmin, jonkin jälkeen *the year after* seuraavana vuonna *what comes after?* mitä sen jälkeen/seuraavaksi tapahtuu? konj sen jälkeen kun *we started to talk after he had left* aloimme jutella kun hän oli lähtenyt
aftercare [ˈæftərˌkeər] s jälkihoito
after-effect [ˈæftərəˌfekt] s jälkivaikutus, sivuvaikutus
afterglow [ˈæftərˌɡloʊ] s **1** iltarusko **2** (kuv) jälkimainingit, mukava muisto
afterlife [ˈæftərˌlaɪf] s **1** kuoleman jälkeinen elämä **2** jonkin tapahtuman jälkeinen elämä, jonkun myöhempi elämä

aftermarket s (tal) jälkimarkkinat, toissijaismarkkinat
aftermath ['æftər,mæθ] s seuraus, jälkimainingit *in the aftermath of something* jonkin jälkeen
afternoon [,æftər'nun] s iltapäivä
afterparty ['æftər,pɑrti] s jatkot *to attend an afterparty* mennä jatkoille
aftershave ['æftər,ʃeɪv] s partavesi
aftertaste ['æftər,teɪst] s jälkimaku (myös kuv)
aftertax ['æftər,tæks] adj käteen jäävä, verojen jälkeinen, netto-
afterthought ['æftərθɑt] s jälkikäteen saatu ajatus, jälkiviisaus *if you have any afterthoughts about it, do tell me* kerro ihmeessä jos mieleesi tulee asiasta vielä jotakin muuta *I just said it as an afterthought* tulipahan vain mieleeni, kunhan sanoin, en minä sillä mitään tarkoittanut
afterward ['æftər,wərd] adv jälkeenpäin, myöhemmin
afterwards ['æftər,wərdz] ks afterward
afterworld ['æftər,wərld] s tuonpuoleinen (elämä)
again [ə'gen] adv **1** taas, uudestaan, jälleen *I'll see you again in three days* tavataan jälleen kolmen päivän päästä *time and time again* jatkuvasti, yhä uudestaan *what was your name again?* mikä sinun nimesi olikaan? **2** *as many/much again* kaksi kertaa niin monta/paljon *but then again* mutta toisaalta
again and again adv jatkuvasti, yhä uudestaan
against [ə'genst] prep **1** vastaan *do you have something against it?* onko sinulla jotakin sitä vastaan? *they were against higher taxes* he vastustivat verojen kiristämistä **2** vasten *I stood with my back against the wall* seisoin selkä seinää vasten *against the light* valoa vasten **3** verrattuna *we were ten against their twenty* meitä oli kymmenen ja heitä kaksikymmentä
agape [ə'geɪp] adv auki, ammollaan *he stood there with his mouth agape* hän seisoi suu (hämmästyksestä) auki
agate [ægət] s **1** akaatti **2** marmorikuula

1 age [eɪdʒ] s **1** ikä *what age are you?* kuinka vanha sinä olet? *they are of an age* he ovat samanikäiset, yhtä vanhat *act your age!* ole ihmisiksi *to be over/under age* olla liian vanha, olla alaikäinen **2** vanhuus, ikä *youth and age* nuoruus ja vanhuus **3** aikakausi, kausi *the Stone Age* kivikausi **4** pitkä aika *I had to wait there for ages* jouduin odottamaan siellä iät ja ajat
2 age v vanheta, ikääntyä
aged [eɪdʒəd] s *the aged* vanhukset adj vanha, ikääntynyt
aged [eɪdʒd] adj jonkin ikäinen *a boy aged three* kolmivuotias poika
age group s ikäryhmä
ageism [eɪdʒɪzəm] s ikäsorto, iän perusteella tapahtuva syrjintä, vanhusten syrjintä
ageless adj iätön, ajaton, ikuisesti nuori
agelong adj iänikuinen, loputon
agency [eɪdʒənsi] s **1** toimisto, yritys, laitos, virasto **2** *through the agency of* jonkun avulla/toimesta *through the agency of water* vedellä
agenda [ə'dʒendə] s **1** (kokouksen) esityslista **2** tarkoitus(perä) *he's got an agenda and I wish I knew what it was* tietäisinpä mitä hän ajaa takaa, mitä hänellä on mielessä, mihin hän pyrkii
agent [eɪdʒənt] s **1** (yrityksen, tuotteen) edustaja **2** (esiintyvän taiteilijan tai salainen) agentti **3** (tiede) vaikuttava aine/tekijä
age-old adj ikivanha
agglomerate [ə'glɑmərət] v kasata, kasautua
agglomeration [ə,glɑmə'reɪʃən] s kasauma, kasa
aggrandize [ə'grændaɪz] v kasvattaa, suurentaa, laajentaa
aggrandizement [ə'grændaɪzmənt] s kasvattaminen, suurentaminen, laajentaminen
aggravate ['ægrə,veɪt] v **1** pahentaa, huonontaa **2** ärsyttää
aggravating adj ärsyttävä, kiusallinen, harmillinen
aggravation [,ægrə'veɪʃən] s **1** pahentuminen, huonontuminen **2** harmi, ärsy-

tys, ärtymys

aggregate [ˈægrəgət] s kokonaisuus, summa *considered in the aggregate* kokonaisuutena ottaen/ajatellen/tarkastellen

aggression [əˈgreʃən] s hyökkäys, hyökkäävyys, aggressio

aggressive [əˈgresɪv] adj **1** hyökkäävä, riidanhaluinen, aggressiivinen **2** tarmokas, yritteliäs, aggressiivinen

aggressively adv ks aggressive

aggressiveness s hyökkäävyys, riidanhalu, aggressiivisuus; yritteliäisyys

aggressor s hyökkääjä (henkilö tai valtio)

aggrieved [əˈgrivd] adj loukkaantunut, surullinen

aghast [əˈgæst] adj tyrmistynyt, kauhistunut

agile [ˈædʒəl] adj (ruumiillisesti) ketterä, notkea; (henkisesti) nokkela, terävä

agilely [ˈædʒəli] adv ks agile

agility [əˈdʒɪləti] s (ruumiillinen) ketteryys, notkeus; (henkinen) nokkeluus, terävyys

aging [ˈeɪdʒɪŋ] s vanheneminen, ikääntyminen adj vanheneva, ikääntyvä

agitate [ˈædʒəteɪt] v **1** sekoittaa, ravistaa (nestettä) **2** järkyttää, saattaa pois tolaltaan **3** yllyttää (ihmisiä kannattamaan/vastustamaan jotakuta/jotakin)

agitated adj järkyttynyt, poissa tolaltaan

agitation [ˌædʒəˈteɪʃən] s **1** (nesteen) sekoittaminen, ravistelu **2** järkytys **3** väittely, kiistely **4** (poliittinen ym) yllytys

agitator [ˈædʒəˌteɪtər] s (poliittinen) yllyttäjä, agitaattori

aglow [əˈgloʊ] adj hehkuva, loistava *to be aglow with health* uhkua terveyttä

agnostic [ægˈnɑstɪk] s agnostikko adj agnostinen

agnosticism [ægˈnɑstɪˌsɪzəm] s agnostisismi

ago [əˈgoʊ] adv sitten *two years/a week/a few hours ago* kaksi vuotta/viikko/muutama tunti sitten *as long ago as the 15th century* jo 1400-luvulla

agog [əˈgɑg] adj jännittynyt, malttamaton, innokas *to be agog with curiosity*

olla täynnä uteliaisuutta *to be agog for news* odottaa malttamattomana uutisia

agonized [ˈægəˌnaɪzd] adj tuskainen, tuskan- *she had an agonized look* hänellä oli tuskanilme kasvoillaan

agonizing [ˈægəˌnaɪzɪŋ] adj tuskallinen

agonizingly adv tuskallisen, tuskallisesti

agony [ˈægəni] s tuska, kärsimys

agoraphobia [ˌægərəˈfoʊbɪə] s avoimen paikan kammo, agorafobia

agouti [əˈguti] s (eläin) aguti

agr. *agricultural; agriculture*

agrarian [əˈgreriən] adj maatalous-

agree [əˈgri] v **1** suostua johonkin **2** päättää, sopia, olla samaa mieltä jostakin *we agreed to wait* päätimme odottaa *he and she cannot agree on anything* he eivät ole samaa mieltä mistään

agreeable [əˈgriəbəl] adj **1** viehättävä, miellyttävä **2** samaa mieltä jostakin *are you agreeable to that?* suostutko sinä siihen? sopiiko se sinulle?

agreeably adv viehättävästi, kauniisti, myönteisesti

agreement s **1** sopimus *to come to an agreement* päästä sopimukseen, solmia sopimus **2** yksimielisyys *to be in agreement with someone* olla jonkun kanssa samaa mieltä

agree on v sopia, päästä yksimielisyyteen jostakin *a new price was agreed on yesterday* eilen sovittiin uudesta hinnasta

agree to v suostua johonkin, hyväksyä jotakin *the father did not agree to his daughter's marriage* isä ei hyväksynyt tyttärensä avioliittoa

agree with v **1** sopia yhteen *the green sofa does not agree with the rest of the furniture* vihreä sohva ei sovi yhteen muiden huonekalujen kanssa **2** täsmätä, olla yhdenpitävä *these two sets of figures do not agree* nämä numerot eivät täsmää

agric. *agricultural; agriculture*

agricultural [ˌægrɪˈkʌltʃərəl] adj maatalous-

agriculture [ˈægrɪˌkʌltʃər] s maatalous, maanviljely

aground

aground [əˈgraʊnd] adj, adv (laivasta) karilla, karille *to go/run aground* ajaa karille

ahead [əˈhed] adv edessä, edellä, ennen *I was two hours ahead of them* minulla oli kahden tunnin etumatka heihin *he was ahead of his time* hän oli aikaansa edellä *go ahead* ole hyvä vain, sano pois vain *in the years ahead* seuraavina/tulevina vuosina

ahead of time *we finished the job ahead of time* saimme työn valmiiksi etuajassa/ennenaikaisesti/ennen määräaikaa

AHL *American Hockey League*

AHRA *American Hot Rod Association*

AHST *Alaska Hawaii standard time*

AI *Amnesty International; artificial intelligence* tekoäly

1 aid [eɪd] s **1** apu **2** apuväline

2 aid v auttaa

aid and abet fr auttaa rikoksessa

aide [eɪd] s avustaja

aide-de-camp [ˌeɪddəˈkæmp] s adjutantti, avustaja

AIDS *acquired immunodeficiency syndrome* aids, immuunikato

ail [eɪl] v **1** vaivata jotakuta *I don't know what's ailing me* en tiedä mikä minua vaivaa **2** sairastaa, olla sairaana

aileron [ˈeɪləˌran] s (lentokoneen) siiveke

ailment [ˈeɪlmənt] s sairaus

1 aim [eɪm] s **1** tähtäys *to take careful aim at something* ottaa (aseella) tarkka tähtäys johonkin, tähdätä tarkasti johonkin **2** tavoite, päämäärä *we did not achieve our aim* tavoitteemme ei toteutunut

2 aim v **1** tähdätä (ase) **2** suunnitella, aikoa, tähdätä johonkin **3** heittää, suunnata (isku) **4** kohdistaa, tarkoittaa *the movie is aimed at an adult audience* elokuva on tarkoitettu aikuisille

aimless adj päämäärätön, tarkoitukseton

aimlessly adv (puhua, toimia) päämäärättä, mitä/miten sattuu

ain't [eɪnt] v slangi- ja murremuoto sanoista *am/is/are not, have/has not*

1 air [eər] s **1** ilma *by air* lentokoneella, lentopostissa *on/off the air* (radio- tai televisioasemasta) lähettää/ei lähetä ohjelmaa *in the air* olla liikkeellä; olla epävarmaa **2** vaikutelma, käytös, tunnelma, ilmapiiri *there was an air of mystery in the affair* asiassa oli jotakin salamyhkäistä *to put on airs* teeskennellä hienoa/tärkeää, olla olevinaan

2 air v **1** tuulettaa (huone) **2** viedä (vaatteita) ulos tuulettumaan **3** tuoda julki/esiin (mielipiteensä)

airbag [ˈeərˌbæg] s (henkilöauton) turvatyyny

air base [eər beɪs] s lentotukikohta

airborne [ˈeərbɔrn] adj **1** laskuvarjo-, ilmakuljetus- *airborne troops* laskuvarjojoukot, ilmakuljetusjoukot **2** *to be airborne* olla ilmassa/lennossa

air brake [eər breɪk] s **1** ilmajarru **2** (lentokoneen) lentojarru

Airbus [eər bʌs] s **1** eräs matkustajakonemerkki **2** (airbus) lentokenttäbussi

air-condition [ˌeərkənˈdɪʃən] v **1** ilmastoida **2** asentaa ilmastointilaite/ilmastointilaitteet jonnekin

air-conditioned [ˌeərkənˈdɪʃənd] adj ilmastoitu

air conditioner [ˈeərkənˌdɪʃənər] s ilmastointilaite

air conditioning [ˌeərkənˈdɪʃənɪŋ] s **1** ilmastointi **2** ilmastointilaite *a car with air-conditioning*

air-cooled [ˈeərˈkuld] adj ilmajäähdytteinen

aircraft [eərkræft] s (mon aircraft) lentokone

aircraft carrier [ˈeərkræftˌkeərɪər] s lentotukialus

air dam [ˈeərˌdæm] s (auton) etuspoileri

air-dry [ˌeərˈdraɪ] v tuulettaa kuivaksi, ripustaa kuivumaan

airfare [eərfeər] s lentolipun hinta

airfield [eərfiəld] s kiitorata; (pieni) lentokenttä

air force [eərfɔrs] s ilmavoimat

Air Force One [ˈeərˌfɔrsˈwʌn] s Yhdysvaltain presidentin lentokone

air freight [ˌeərˈfreɪt] s lentorahti

alcohol

airfreight [ˌeərˈfreɪt] v lähettää/kuljettaa lentorahtina
airhead [ˈeərˌhed] s (alat) onttoaivo, tyhjäpää
airless [eərləs] adj ilmaton; (huoneen ilma) ummehtunut; (sää) tuuleton, tyyni
air letter [ˈeər ˈletər] s lentopostikirje
airlift [ˈeərˌlɪft] s ilmasilta
airline [eərlaɪn] s lentoyhtiö
airliner [eərlaɪnər] s matkustajalentokone
1 airmail [eərmeɪəl] s lentoposti
2 airmail v lähettää lentopostissa
airman [eərmən] s (mon airmen) lentosotamies
airplane [eərpleɪn] s lentokone
airplay [ˈeərˌpleɪ] s äänitteen soittaminen radiossa *their new record did not get much airplay* heidän uutta levyään ei juuri soitettu radiossa
airport [eərpɔrt] s lentokenttä, lentoasema
air pressure [ˈeərˌpreʃər] s ilmanpaine
air raid [ˈeərˌreɪd] s ilmahyökkäys
airscrew [eərskru] s (lentokoneen) potkuri
airship [eərʃɪp] s ilmalaiva
airsick [ˈeərˌsɪk] adj pahoinvoiva (lentokoneessa)
airsickness s matkapahoinvointi (lentokoneessa)
air space [ˈeərˌspeɪs] s ilmatila
airspeed [ˈeərˌspid] s lentonopeus
airstrip [ˈeərˌstrɪp] s (pieni tai väliaikainen) kiitorata, lentokenttä
airtight [ˈeərˌtaɪt] adj 1 ilmatiivis 2 aukoton (todistelu, puolustuslinja)
airway [eərweɪ] s lentoreitti
airworthy [eərwərθi] adj lentokelpoinen
airy [eəri] adj 1 ilmava, tilava, avara (huone) 2 pinnallinen, huoleton, epämääräinen, tuulesta temmattu
aisle [aɪəl] s (kirkon, teatterin, lentokoneen istuinrivien välinen) käytävä
aisle seat s (lentokoneessa ym) käytäväpaikka
ajar [əˈdʒar] adj, adv (ovi) raollaan, auki
AK *Alaska*
a.k.a. *also known as* alias

akimbo [əˈkɪmboʊ] *with arms akimbo* kädet lanteilla
akin to [əˈkɪn] adj sukua jollekin, joka muistuttaa jotakin, jonkin kaltainen
AL *Alabama*
Alabama [ˌæləˈbæmə]
alabaster [ˈæləˌbæstər] s alabasteri(kipsi)
à la carte [ˌɑləˈkɑrt] adv à la carte, ruokalistan mukaan
alacrity [əˈlækrɪti] s 1 innokkuus, aulius, halukkuus 2 eloisuus, vilkkaus, pirteys *with alacrity* nopeasti
à la mode [ˌɑləˈmoʊd] adv 1 muodin mukaisesti, muodikkaasti 2 (ruoka) jäätelön kanssa tarjoiltu
1 alarm [əˈlɑrm] s 1 hälytys *to raise/give/sound alarm* antaa hälytys 2 hälytin *burglar alarm* varashälytin, murtohälytin 3 pelko, säikähdys, pelästys *to cause someone alarm* pelästyttää joku
2 alarm v 1 varoittaa, hälyttää 2 pelästyttää, säikäyttää
alarm clock s herätyskello
alarming adj hälyttävä, pelottava
alarmist s tuhon profeetta, pelon lietsoja adj tuhoa ennustava, pelkoa lietsova
alas [əˈlæs] interj ikävä kyllä, valitettavasti
Alas. *Alaska*
Alaska [əˈlæskə]
Alaskan [əˈlæskən] s, adj alaskalainen
alb [ælb] s alba, messupaita
Alba. *Alberta*
Albania [ælˈbeɪnɪə] Albania
Albanian s, adj albanialainen
albatross [ˈælbəˌtras] s albatrossi
albeit [alˈbiɪt] konj joskin, vaikkakin
Alberta [ælˈbərtə] Kanadan provinsseja
albino [ælˈbaɪnoʊ] s albiino
album [ælbəm] s 1 valokuvakansio, leikekansio, kansio 2 LP, äänilevy, albumi
albumen [ˌælˈbjumən] s munanvalkuainen
Albuquerque [ælbəkərki] kaupunki New Mexicossa
alchemist [ælkəməst] s alkemisti
alchemy [ælkəmi] s alkemia
alcohol [ˈælkəˌhal] s alkoholi

alcoholic

alcoholic [ˌælkəˈhalık] s alkoholisti adj alkoholipitoinen, alkoholi-
alcoholism [ˈælkəhaˌlızm] s alkoholismi
alcove [ælkoʊv] s alkovi, huoneen syvennys
ald. *alderman*
alder [aldər] s tervaleppä
alderman [aldərmən] s (mon aldermen) (kaupungin)valtuuston jäsen
ale [eɪəl] s (vaalea) olut
1 alert [əˈlərt] s hälytys *to give the alert* antaa (esim palo)hälytys *to be on the alert* olla taistelu/toimintavalmiina, olla varuillaan
2 alert v varoittaa jotakuta; määrätä taistelu/toimintavalmiuteen
3 alert adj valpas, terävä, tarkkaavainen
Aleutians [əˈluʃənz] Aleutit (Alaskassa)
Alexandria [ˌæləkˈsændrɪə] Aleksandria (Egyptissä)
alfresco [ælˈfreskoʊ] adj ulkoilma-, ulko- adv ulkona, ulkoilmassa
alga [ældʒə] s (mon algae [ældʒi]) levä
algebra [ældʒəbrə] s algebra
algebraic [ˌældʒəˈbreɪək] adj algebrallinen
algebraical [ˌældʒəˈbreɪəkəl] adj algebrallinen
Algeria [ælˈdʒɪrɪə]
Algerian s, adj algerialainen
Algiers [ˌæəlˈdʒɪərz] Alger (Algeriassa)
algorithm [ˈælgəˌrıðəm] s algoritmi
1 alias [eɪlɪəs] s salanimi, peitenimi, aliasnimi
2 alias adv alias, nimellä *Mr. Pruitt alias Mr. Jones* Mr. Pruitt joka esiintyy/on esiintynyt nimellä Mr. Jones
aliasing s aliasilmiö
1 alibi [æləbaɪ] s **1** alibi **2** veruke, selitys
2 alibi v esittää/hankkia jollekulle alibi *he alibied her* mies antoi hänelle alibin
alien [eɪlɪən] s, adj ulkomaalainen, vierasmaalainen s avaruusolento adj vieras *human sacrifice is alien to that culture* ihmisuhrit eivät kuulu siihen kulttuuriin
alienate [ˈeɪlɪəˌneɪt] v karkottaa, loitontaa, vieraannuttaa, etääntyä, loitontua *to alienate yourself from someone* loitontua jostakusta

alienation [ˌeɪlɪəˈneɪʃən] s loitontuminen, loitontaminen, etääntyminen, vieraantuminen
alight [əˈlaɪt] v laskeutua (esim satulasta), (lintu:) laskeutua (esim oksalle) adj **1** tulessa, palava **2** tunteiden täyttämä *to be alight with happiness* pursua onnea
align [əˈlaɪn] v **1** ojentaa, oikaista, panna ojennukseen, suoristaa **2** yhtyä (jonkun näkemykseen/kantaan)
alignment [əˈlaɪnmənt] s **1** ojennus, suora rivi tms **2** ryhmittyminen, yhdistyminen
alike [əˈlaɪk] adj, adv sama, samanlainen, samannäköinen, samalla tavalla, samoin, sekä että *they look very alike* he ovat hyvin samannäköiset *she says it's all alike to her* hän sanoi että se on hänelle yhdentekevää *day and night alike* yötä päivää
alimentary [ˌæləˈmentəri] adj ruuansulatus-
alimentary canal s ruuansulatuskanava
alimony [ˈælɪˌmoʊni] s elatusapu
A-list [ˈeɪˌlɪst] adj ykkösluokan, ykkös- *an A-list novel* ykkösluokan romaani *to make it on the A-list* päästä ykköslistalle
alive [əˈlaɪv] adj **1** elossa, hengissä **2** esillä, käynnissä *this question should be kept alive* tämä kysymys tulisi pitää esillä/vireillä
alive to *to be alive to something* tietää jotakin, olla selvillä jostakin
alive with *to be alive with people* vilistä/kuhista ihmisiä/väkeä
alk. *alkaline*
alkali [ˈælkəˌlaɪ] s emäs
alkaline [ˈælkəˌlaɪn ˈælkələn] adj emäksinen
alkaline battery s alkaliparisto
all [al] s kaikkensa *he gave his all* hän antoi/teki kaikkensa, hän yritti parhaansa adj kaikki, koko *all the students/staff* kaikki oppilaat/koko henkilökunta adv **1** kokonaan *dressed all in white* pukeutunut täysin valkoisiin **2** paljon, entistä (parempi, enemmän tms) *all the prettier* entistä nätimpi pron kaikki *all in all* kaiken kaikkiaan *all of two dollars*

allowable

kokonaiset kaksi dollaria *not at all* (vastauksena kiitokseen:) ei kestä (kiittää), ole hyvä *once and for all* lopullisesti, kerta kaikkiaan

all alone adv ypöyksin; omin avuin

all along adv pitkin matkaa, koko matkan; kaiken aikaa, alusta pitäen

all-American [ˌaləˈmerɪkən] adj **1** koko Yhdysvaltain, kansallinen, maanlaajuinen, valtakunnallinen **2** kokonaan amerikkalainen **3** aitoamerikkalainen **4** (urh) tähti-

all and sundry fr kaikki, joka iikka (ark)

all-around [ˌaləˈraʊnd] adj monipuolinen, yleis-

allegation [ˌæləˈgeɪʃən] s väite, syytös, syyte

allege [əˈledʒ] v väittää

alleged [əˈledʒd] adj niin sanottu, luuloteltu, väitetty

allegedly [əˈledʒədli] adv muka *allegedly he was there that night* hänen väitetään olleen paikalla sinä iltana

Alleghenies [əˈleɪgəniz] Alleghenyvuoret

allegiance [əˈlidʒəns] s uskollisuus, kannatus

allegiant [əˈlidʒənt] adj uskollinen

allegoric [ˌæləˈgɔrɪk] adj vertauksellinen, kuvaannollinen

allegorical adj vertauksellinen, kuvaannollinen

allegorically adv vertauksellisesti, kuvaannollisesti

allegory [ˈæləˌgɔri] s allegoria, vertauskuva

allergic to [əˈlərdʒɪk] adj allerginen jollekin, (myös kuv) herkkä jollekin

allergy [ˈælərdʒi] s allergia

alleviate [əˈlivɪeɪt] v lievittää, helpottaa (kipua, kärsimystä)

alleviation [əˌlivɪˈeɪʃən] s lievitys, helpotus

alley [ˈæli] s kapea katu, kuja *that's right up my alley* se on minun heiniäni, minun makuuni *blind alley* umpikuja (myös kuv)

alley cat [ˈælikæt] s kulkukissa

All Fools Day [alˈfʊəlzˌdeɪ] s aprillipäivä

all for *to be all for something* kannattaa jotakin innokkaasti, haluta kovasti

all fours *on all fours* nelinkontin

alliance [əˈlaɪəns] s **1** (esim valtio)liitto, allianssi **2** yhteys, yhteenkuuluvuus

allied [ˈælaɪd] v: ks ally adj **1** liittolais-, liittoutunut **2** lähisukuinen, sukulais-

Allies [ˈælaɪz] s (hist) liittoutuneet

alligator [ˈæləˌgeɪtər] s alligaattori

all-important [ˌalɪmˈpɔrtənt] adj ensiarvoisen tärkeä, erittäin tärkeä (varsinkin jonkun muun mielestä) *all right, where's this all-important paper you keep harping on?* no niin, näytäpäs nyt se niin hirveän tärkeä paperisi

all in adj väsynyt, uupunut

all-inclusive [ˌalɪŋˈklusɪv] adj kaiken kattava, kokonais-

alliteration [əˌlɪtəˈreɪʃən] s alkusointu, alliteraatio

allocate [ˈæləˌkeɪt] v myöntää (varoja johonkin tarkoitukseen)

allocation [ˌæləˈkeɪʃən] s määräraha(n myöntäminen)

all of a sudden fr yhtäkkiä, yllättäen

allot [əˈlat] v myöntää, antaa, jakaa, varata

allotment s osuus, kiintiö

all out *to go all out* tehdä kaikkensa/ parhaansa

all-out adj voimia säästelemätön *he made an all-out effort to finish the job in time* hän teki kaikkensa saadakseen työn ajoissa valmiiksi

all over adv **1** kaikkialla *I have been looking for you all over* olen etsinyt sinua kaikkialta, joka paikasta **2** ohi, lopussa, mennyttä *it's all over between us* välimme ovat poikki

allow [əˈlaʊ] v **1** sallia, luvata, antaa lupa *I am not allowed to go there alone* en saa mennä sinne yksin **2** antaa, myöntää, varata *he allowed me one month to finish the job* hän antoi minulle kuukauden aikaa työn tekemiseen

allowable [əˈlaʊəbəl] adj sallittu, luvallinen, ei kielletty

allowance

allowance [ə'lauəns] s **1** rahasumma, avustus, määräraha, viikkoraha **2** *make allowances for* ottaa jotakin huomioon
allow for v varautua johonkin, ottaa jotakin etukäteen huomioon *we have to allow for small delays* meidän on varauduttava pieniin viivästymisiin
allow of v hyväksyä, sallia
alloy [æloɪ] s metalliseos
all right adj, adv, interj **1** selvä! hyvä on *that's all right* ei se mitään, ei se haittaa **2** kunnossa *I'm all right* minulla ei ole mitään hätää/nyt olen terve **3** riittävä, ihan hyvä *they did all right* he pärjäsivät aika hyvin
all roads lead to Rome fr kaikki tiet vievät Roomaan
all-round [,al'raund] ks all-around
All Saints Day [,al'seɪnts,deɪ] s pyhäinpäivä
all's fair in love and war fr rakkaudessa ja sodassa kaikki on sallittua, hätä ei lue lakia
allspice [alspaɪs] s maustepippuri
all-star [alstar] adj tähti-, tähtipelaajista koottu, all-star-
all-state [,al'steɪt] adj osavaltion paras, osavaltiota edustava
all that *not all that expensive* ei erityisen/ järin kallis *not as expensive as all that* ei erityisen/järin kallis
all the rage *hi-top sneakers are all the rage* korkeavartiset lenkkarit ovat viimeistä huutoa/uusin villitys
all there *not all there* ei aivan järjissään, tärähtänyt
all the same silti, siitä huolimatta, kuitenkin
all the same to yhdentekevää, yksi ja sama
all thumbs *my brother is all thumbs* veljelläni on peukalo keskellä kämmentä, veljeni on toivottoman kömpelö
all-time ['al,taɪm] adj kaikkien aikojen
all-time high s kaikkien aikojen korkein/suurin yms *last year, inflation reached an all-time high* viime vuonna inflaatio oli suurempi kuin koskaan
all told (kaiken) kaikkiaan, yhteensä
all-too familiar fr valitettavan tuttu/yleinen
allude to [ə'lud] v viitata johonkin, mainita ohimennen jostakin
alluring [ə'lurɪŋ] adj puoleensavetävä, houkutteleva
allusion [ə'luʒən] s vihjaus, piiloviittaus
allusive [ə'lusɪv] adj joka on täynnä vihjauksia/piiloviittauksia, vihjaileva
alluvial [ə'luviəl] adj tulvamaa-, jokipenger-
all wet läpimärkä, (kuv) väärässä *you're all wet* olet aivan väärässä
all wool and a yard wide fr aito, oikea, tosi, rehti
ally [ə'laɪ] v (ally, allied, allied) **1** liittoutua jonkun kanssa, solmia liitto *to ally yourself with/to* **2** yhdistää, sitoa *they are allied by interests* heitä sitoo toisiinsa yhteinen etu
ally [ælaɪ] s (mon allies) liittolainen; auttaja
almanac [almə,næk] s **1** almanakka, kalenteri **2** tilasto-, taulukko- ym tietoa sisältävä vuosikirja/hakuteos
Almighty [,al'maɪti] s Kaikkivaltias, Jumala adj *almighty* kaikkivaltias *okay, if you're so almighty smart, you tell me* jos sinä olet niin helkkarin viisas niin sano sinä
almond [almənd] s manteli
almost [al'moust] adv lähes, melkein *she almost fell* hän oli vähällä kaatua
alms [almz] s (mon alms) almu, köyhäinavustus
aloft [ə'laft] adv **1** korkealla, korkealle, ilmassa, ilmaan **2** (mer) korkealla mastossa, takilassa
aloha [ə'louha] interj havaijilainen tervehdys jota käytetään kohdattaessa ja erottaessa
alone [ə'loun] adj, adv **1** yksin *he lives alone* hän asuu yksin *you are not alone in thinking that* sinä et ole ainoa joka ajattelee noin *leave me alone* jätä minut rauhaan, anna minun olla **2** ainoastaan, yksin *you alone can decide* vain sinä voit päättää asiasta *let alone* jostakin puhumattakaan

altogether

along [əˈlaŋ] adv **1** eteenpäin *to move along* kulkea, jatkaa matkaa **2** paikalla, paikalle *I'll be along pretty soon* minä tulen piakkoin perässä **3** mukana, mukaan *why don't you come along* lähde ihmeessä mukaan prep pitkin, suuntaisesti *along the road/river(bank)* tietä pitkin, jokea/joen rantaa pitkin

alongside [əˌlaŋˈsaɪd] adv, prep rinnalla, rinnalle, vierellä, vierelle

alongside of prep (ark) johonkuhun/johonkin verrattuna

along with adv jonkun/jonkin lisäksi/kanssa

aloof [əˈluf] adj kylmäkiskoinen adv erillään, omissa oloissaan, syrjässä

aloofness s kylmäkiskoisuus

aloud [əˈlaʊd] adv **1** ääneen, normaalilla äänellä *to read something aloud* lukea jotakin ääneen **2** kovalla äänellä

alp [ælp] s alppi

alpaca [ælˈpækə] s alpakka (eräs laamalaji ja sen villa)

alpha [ælfə] s alfa, kreikan kielen ensimmäinen kirjain

alpha and omega [oʊˈmeɪgə] fr alku ja loppu, a ja o

alphabet [ˈælfəˌbet] s aakkoset

alphabetically adv aakkosjärjestyksessä

alphabetical order [ˌælfəˈbetɪkəl] s aakkosjärjestys

alphabetize [ˈælfəbəˌtaɪz] v aakkostaa, panna aakkosjärjestykseen, järjestää aakkosittain

alphabet soup s aakkosmakaronikeitto

alpha male [ˈælfəˌmeɪəl] s määräävään asemaan pyrkivä miestyyppi, alfauros, johtajauros

alphanumeric adj aakkosnumeerinen

alpine [ælpaɪn] adj alppi-, Alppien

Alpine chough s alppivaris

alpine skiing s laskettelu, slalomhiihto

alpine swift s (lintu) alppikiitäjä

alpinism [ˈælpəˌnɪzəm] s vuorikiipeily, alppikiipeily

alpinist [ælpənəst] s **1** vuorikiipeilijä, alppikiipeilijä **2** alppihiihtäjä

Alps [ælps] s (mon) Alpit

already [ˌalˈredi] adv jo *we have been there already, we have already been there* olemme jo käyneet siellä

Alsace [ælˈseɪs] Elsass

Alsatian [ælˈseɪʃən] s saksanpaimenkoira (UK)

also [alsoʊ] adv myös, lisäksi, sitä paitsi *his new house is not only large but also expensive* hänen uusi talonsa on sekä iso että kallis

also-ran s häviäjä, huonosti sijoittunut kilpailija/ehdokas

alt. *alteration* muutos *altitude* korkeus

Alta. *Alberta*

altar [altər] s alttari

Altar [altər] (tähdistö) Alttari

alter [altər] v muuttaa

alterable [altərəbəl] adj jota voi muuttaa, muuttuva

alteration [ˌaltəˈreɪʃən] s muutos, muunnos

alternate [altərnət] adj vuorottainen, vuoro- *we buy groceries on alternate days* käymme ruokaostoksilla joka toinen päivä *they work on alternate days* he tekevät työtä vuoropäivin

alternate [altərneɪt] v vuorotella, vaihdella *to alternate one thing with another* käyttää vuorotellen

alternate between v vuorotella; olla/tehdä vuoroin sitä, vuoroin tätä

alternating current s vaihtovirta

alternative [alˈtərnətɪv] s vaihtoehto *you have no alternative but to go* sinulla ei ole muuta vaihtoehtoa/mahdollisuutta kuin lähteä adj vaihtoehtoinen

alternatively adv vaihtoehtoisesti, tai

although [alˈðoʊ] konj (= though) vaikka

altitude [ˈæltəˌtud] s korkeus (merenpinnasta)

altitude sickness s vuoristotauti

alto [æltoʊ] s (mus) altto *alto saxophone* alttosaksofoni

altogether [ˌaltəˈgeðər] s: *in the altogether* apposen alasti, ilkosillaan adv **1** kokonaisuutena, kaiken kaikkiaan *taken altogether, it was a pretty nice trip* kaiken kaikkiaan matka oli ihan hauska **2** täysin, aivan *dad did not altogether*

altricial 738

agree with me isä ei ollut kanssani täysin samaa mieltä
altricial (biol) pesäviipyinen
altruism ['æltrʊˌɪzəm] s epäitsekkyys, altruismi
altruist [æltrʊɪst] s epäitsekäs ihminen, altruisti
altruistic [ˌæltrʊ'ɪstɪk] adj epäitsekäs, altruistinen
altruistically adv epäitsekkäästi, altruistisesti
ALU *arithmetic logic unit* aritmeettislooginen yksikkö
aluminum [ə'lumɪnəm] s alumiini
always [alwiz alweɪz] adv aina, jatkuvasti, alinomaa *you're always complaining* sinä se jaksat aina valittaa
a.m. *ante meridiem* ennen puoltapäivää, aamupäivällä *11 a.m.* klo 11 *11 p.m.* klo 23
Am. *American*
AMA *American Medical Association*
amalgamate [ə'mælgəmeɪt] v sekoittaa, yhdistää
amalgamation [əˌmælgə'meɪʃən] s yhdistelmä, sekoitus
amass [ə'mæs] v kerätä, kasata (omaisuutta, rahaa), kääriä (rahaa)
amateur [æmətˌər, æmətər, æmətjʊər] s **1** harrastelija, amatööri (ammattilaisen vastakohtana) **2** (väheksyen:) (osaamaton) aloittelija, harrastelija, amatööri
amateurish [æmətˈʃərɪʃ, æmətərɪʃ, æmətjʊərɪʃ] adj osaamaton, taitamaton, harrastelijamainen, aloittelijan
amateurism [æmətʃərɪzəm, æmətərɪzəm, æmətjʊərɪzəm] s osaamattomuus, taitamattomuus
amaze [ə'meɪz] v ällistyä, hämmästyä *he was amazed at the result* hän hämmästyi tulosta
amazement s ällistys, hämmästys
amazing adj ällistyttävä, hämmästyttävä, ihmeellinen
amazingly adv ällistyttävän, hämmästyttävän, ihmeellisen, ihmeen
Amazon ['æməˌzan] s **1** amatsoni (kreikkalaisen mytologian sotaisan naiskansan jäsen) **2** miesmäinen nainen, amatsoni **3** Amazon

Amazonian manatee [æməˌzounɪən-'mænəti] s kynnetönmanaatti
ambassador [æm'bæsədər] s **1** suurlähettiläs **2** edustaja, lähettiläs
ambassadorial [æmˌbæsə'dɔrɪəl] adj (suur)lähettilään
ambassadress [æm'bæsəˌdrəs] s **1** (naispuolinen) suurlähettiläs **2** (naispuolinen) edustaja, lähettiläs
amber [æmbər] s **1** meripihka **2** keltainen/kellertävä väri adj keltainen, kellertävä
ambidextrous [ˌæmbə'dekstrəs] adj molempikätinen, sekä vasen- että oikeakätinen
ambidextrously adv molempikätisesti
ambience [æmbɪəns ˌambɪ'ans] s tunnelma, ilmapiiri
ambiguity [ˌæmbə'gjuəti] s **1** kaksiselitteisyys, kaksimielisyys **2** kaksiselitteinen/kaksimielinen asia/ilmaus ym
ambiguous [æm'bɪgjuəs] adj kaksiselitteinen, kaksimielinen, kaksimerkityksinen, epäselvä
ambiguously adv ks ambiguous
ambition [æm'bɪʃən] s **1** kunnianhimo **2** tavoite, päämäärä
ambitious [æm'bɪʃəs] adj kunnianhimoinen (ihminen, tavoite), rohkea, uskalias (yritys)
ambitiously adv kunnianhimoisesti
ambitiousness s kunnianhimo
ambivalence [æm'bɪvələns] s **1** tunteiden ristiriitaisuus, ambivalenssi **2** epävarmuus, epäröinti, vitkastelu, jahkailu
ambivalent adj epävarma, epäröivä; jolla on ristiriitaisia tunteita
1 amble [æmbəl] s hidas käynti/kävely, matelu, (hevosen) tasakäynti
2 amble v kävellä hitaasti, madella, (hevosesta) kulkea tasakäyntiä
ambrosia [æm'brouʒə] s **1** ambrosia, (kreikkalaisen mytologian) jumalten ruoka **2** jokin joka maistuu tai tuoksuu hyvältä, herkku, ambrosia
ambulance [æmbjələns] s sairasauto, ambulanssi
ambulance chaser s asianajaja joka kalastaa asiakkaita kehottamalla näitä

amiss

hakemaan vahingonkorvausta esim lääkärin tekemästä hoitovirheestä
1 ambush [æmbʌʃ] s väijytys
2 ambush v väijyä, olla väijyksissä
ambusher s väijyjä
AmE *American English*
ameba [əˈmiːbə] s ameba
ameliorate [əˈmiːliəreɪt] v parantaa, parantua, kohentaa, kohentua
amen [eɪmen amen] s, interj aamen *I'll say amen to that* minä kannatan sitä
amenable [əˈmenəbəl] adj **1** joka on valmis kuuntelemaan/ottamaan vastaan jotakin *he is amenable to good advice* hän on valmis kuuntelemaan hyviä neuvoja **2** velvollinen noudattamaan (lakia), edesvastuullinen
amend [əˈmend] v parantaa, korjata, muuttaa
amendable [əˈmendəbəl] adj jota voi parantaa, korjata, muuttaa
amendment [əˈmendmənt] s **1** parannus, korjaus, muutos **2** (Yhdysvaltain perustuslain) lisäys
amends [əˈmendz] *make amends for something/to someone* korvata, hyvittää, pyytää anteeksi
amenity [əˈmenəti] s **1** miellyttävyys *the amenity of the climate* miellyttävä ilmasto **2** (mon) mukavuudet, palvelut, julkiset tilat *we live close to all the amenities* asumme alueella jossa on hyvät liikenneyhteydet ja runsaasti kauppoja
Amerasian [ˌæmərˈeɪʒən] s, adj amerikanaasialainen
America [əˈmerɪkə] s Amerikka *the Americas* Pohjois- ja Etelä-Amerikka
American s, adj amerikkalainen
Americana [əˌmerɪˈkænə] s amerikkalainen kulttuuri ja sen tuotteet
American alligator s mississipinalligaattori
American black bear s mustakarhu, baribali
American Dream s amerikkalainen unelma
American English s amerikanenglanti
American fringe-toed lizard s leguaani

American Indian s (Amerikan) intiaani
Americanism [əˈmerɪkəˌnɪzəm] s **1** amerikanenglannin sana, ilmaus tms **2** amerikkalaisuus, amerikkalainen tapa tms
American lobster s amerikanhummeri
American manatee [mænəti] s (eläin) manaatti, lamantiini
American mountain goat s lumivuohi
American option s (tal) amerikkalainen optio
American plan s (hotellissa) huoneen ja aterioiden yhteishinta
American Plate [æˌmerɪkənˈpleɪt] (geologiassa) Amerikan laatta
American robin s punarintarastas
American Samoa [səˈmoʊə] Amerikan Samoa
America's Cup s Amerikan cup, eräs kansainvälinen purjehduskilpailu
Amerindian [ˌæmərˈɪndiən] s Amerikan intiaani
Ameslan *American Sign Language* amerikkalainen viittomakieli
amethyst [æməθəst] s ametisti
Amex [æmeks, eɪmeks] *American Express; American Stock Exchange*
amiability [ˌeɪmiəˈbɪləti] s ystävällisyys, sydämellisyys
amiable [eɪmiəbəl] adj ystävällinen, sydämellinen
amiably adv ystävällisesti, sydämellisesti
amicable [æmɪkəbəl] adj sopuisa, säyseä, ystävällinen
amicably adv sopuisasti, säyseästi, ystävällisesti *they got on amicably* he tulivat keskenään hyvin toimeen
amid [əˈmɪd] prep joukossa, keskellä, aikana
amidships [əˈmɪdʃɪps] adv (mer) laivan keskellä, keskilaivassa
amidst [əˈmɪdst] prep joukossa, keskellä, aikana
Amish [æmɪʃ amɪʃ eɪmɪʃ] adj (Pohjois-Amerikan) mennoniittain *the Amish* mennoniitat, eräs kristillinen lahko
amiss [əˈmɪs] adj, adv huono, paha, vialla, vinossa *there is something amiss* kaikki ei ole kohdallaan, jokin on vialla/

vinossa *to take something amiss* loukkaantua jostakin, panna jotakin pahakseen *they spoke amiss of you* he puhuivat sinusta nurjasti
amity [ˈæməti] s ystävyys
ammeter [ˈæmˌmitər] s ampeerimittari
ammo [ˈæmoʊ] s (ark lyh sanasta ammunition) ammukset, ampumatarvikkeet
ammonia [əˈmoʊnjə] s ammoniakki
ammunition [ˌæmjʊˈnɪʃən] s **1** ammukset, ampumatarvikkeet **2** (kuv) (väittelyssä ym) ammus, ase
amnesia [ˌæmˈniʒə] s muistinmenetys
amnesiac [ˌæmˈniziæk] s, adj muistinsa menettänyt, muistinmenetyksestä kärsivä
amnesty [ˈæmnəsti] s (yleinen) armahdus
amniotic fluid [ˌæmniˈatɪk flʊɪd] s (lääk) lapsivesi
amoeba [əˈmibə] s ameba
amok [əˈmʌk] *to run amok* raivota, saada raivonpuuska; lähteä amokjuoksulle, olla amokjuoksulla
among [əˈmʌŋ] prep joukossa, seassa, keskellä *they were hiding among the bushes* he piileksivät pensaikossa/pensaiden seassa *among other things* muun muassa *among the inhabitants of this country* tämän maan väestössä *New York City is among the largest cities in the world* New York on yksi maailman suurimmista kaupungeista *you will have to share the money among yourselves* teidän on jaettava rahat keskenänne
amongst [əˈmʌŋst] ks among
amoral [ˌeɪˈmɔrəl] adj amoraalinen, moraalikäsityksistä riippumaton
amorality [ˌeɪməˈræləti] s amoraalisuus
amorous [ˈæmərəs] adj lemmenkipeä, rakastunut, ihastunut, rakkaus-
amorously adv rakastuneesti, ihastellen
amorphous [ˌeɪˈmɔrfəs] adj amorfinen, ei-kiteinen; epämääräinen
amortization [əˌmɔrtəˈzeɪʃən] s (lainan) kuoletus
amortize [ˈæmərˌtaɪz əˈmɔrtaɪz] v kuolettaa (laina)
amount [əˈmaʊnt] s määrä, (raha)summa *a huge amount of junk* valtavasti roinaa *a small amount of money* pieni rahasumma
amount to v olla/tehdä (yhteensä); olla, merkitä *it amounts to the same thing* se on aivan sama asia, se merkitsee aivan samaa
amour [əˈmoər, əˈmʊər] s (salainen) rakkaussuhde
ampere [ˈæmˌpɪər] s ampeeri
ampersand [ˈæmpərˌsænd] s &-merkki
amphibian [ˌæmˈfɪbiən] s **1** amfibinen eläin, maalla ja vedessä liikkuva eläin **2** amfibiolentokone **3** amfibioajoneuvo
amphibious [ˌæmˈfɪbiəs] adj amfibinen, maalla ja vedessä liikkuva
amphitheater [ˈæmfəˌθiətər] s amfiteatteri
amphora [ˈæmfərə] s amfora, eräs antiikin ajan maljakkotyyppi
ample [ˈæmpəl] adj runsas, täysin riittävä, suuri, tilava
amplification [ˌæmpləfəˈkeɪʃən] s **1** (äänen) vahvistaminen **2** täsmennys, tarkemmat tiedot
amplifier [ˈæmpləˌfaɪər] s vahvistin
amplify [ˈæmpləˌfaɪ] v **1** vahvistaa (ääntä) **2** täsmentää, selittää tarkemmin
amplitude [ˈæmpləˌtud] s **1** laajuus, runsaus, iso koko/määrä **2** (fys) amplitudi, värähdyslaajuus
amply [ˈæmpli] adv runsaasti, riittävästi, avokätisesti
amputate [ˈæmpjəˌteɪt] v amputoida, poistaa esim raaja leikkaamalla
amputation [ˌæmpjəˈteɪʃən] s amputaatio, esim raajan poisto leikkaamalla
amputee [ˌæmpjəˈti] s amputoitu henkilö, joku jolta on poistettu esim raaja leikkaamalla
amt. *amount*
Amtrak [ˈæmˌtræk] s Yhdysvaltain (pelkästään matkustajaliikennettä harjoittavat) valtionrautatiet
amuck [əˈmʌk] *to run amuck* raivota, saada raivonpuuska
amulet [ˈæmjələt] s amuletti, maskotti
Amundsen Gulf [ˈæmənsənˌgʌlf] Amundseninlahti (Kanadassa)
amuse [əˈmjuz] v huvittaa, hauskuttaa, naurattaa, olla hauskaa

amusement [əˈmjuzmənt] s huvitus; huvittelu, hauskuttelu, hauskanpito
amusement park s huvipuisto
amusement tax s huvivero
amusing [əˈmjuziŋ] adj huvittava, hauska
an [æn ən] epämääräinen artikkeli (vokaalin edellä) *an angel* enkeli
anachronism [əˈnækrəˌnɪzəm] s **1** anakronismi, aikavirhe, väärä ajoitus **2** vanhanaikainen, vanhentunut, aikansa elänyt tapa/ihminen ym
anaconda [ˌænəˈkandə] s anakonda
anaemia [əˈnimiə] ks anemia
anaemic [əˈnimɪk] adj **1** aneeminen, vähäverinen **2** heikko, voimaton, aneeminen
anaesthesia [ˌænəsˈθiʒə] s anestesia, narkoosi, nukutus, puudutus
anaesthetic [ˌænəsˈθetɪk] **1** anestesia, narkoosi, nukutus, puudutus **2** nukutusaine, puudutusaine
anaesthetist [əˈnesθəˌtɪst] s nukutuslääkäri
anaesthetize [əˈnesθəˌtaɪz] v nukuttaa, puuduttaa
anagram [ˈænəˌgræm] s anagrammi, yhden sanan kirjainten järjestystä muuttamalla tehty toinen sana
anal [eɪnəl] adj anaali-, anaalinen, peräaukko-
analgesia [ˌænəlˈdʒiziə] s analgesia, kivuntunnottomuus
analgesic [ˌænəlˈdʒizɪk] s kipulääke, särkylääke
analog [ænəlag] s vastine
analogous [əˈnæləgəs] adj analoginen, vastaava, yhdenmukainen, samankaltainen
analogously adv vastaavasti
analogue [ænəlag] s vastine
analogy [əˈnælədʒi] s **1** analogia, yhtäläisyys, yhdenmukaisuus, vastaavuus **2** vertaus *to draw an analogy between two things* verrata kahta asiaa
analphabet [ænˈælfəˌbet] s lukutaidoton ihminen
analphabetic [ænˌælfəˈbetɪk] adj lukutaidoton
analysis [əˈnæləˌsɪs] s **1** erittely, tutkimus, analyysi **2** psykoanalyysi

anchorperson

analyst [ænələst] s **1** tutkija, erittelijä, analyytikko **2** psykoanalyytikko
analytic [ˌænəˈlɪtɪk] adj erittelevä, analyyttinen; kylmän asiallinen
analytical [ˌænəˈlɪtɪkəl] adj erittelevä, analyyttinen; kylmän asiallinen
analytically adv erittelevästi, analyyttisesti; kylmän asiallisesti
analyze [ˈænəˌlaɪz] v **1** analysoida, tutkia, eritellä **2** tehdä jollekulle psykoanalyysi
anarchic [ˌænˈarkɪk] adj anarkinen, sekasortoinen, mielivaltainen
anarchically adv anarkisesti, sekasortoisesti, mielivaltaisesti
anarchism [ˈænərˌkɪzəm] s anarkismi
anarchist [ˈænərˌkɪst] s anarkisti
anarchy [ænarki] s anarkia, laittomuus, sekasorto
anathema [əˈnæθəmə] s **1** pannaan julistus, kirkonkirous **2** vastenmielinen ajatus/asia *something is anathema to someone* joku ei voi sietää jotakin, jokin on jollekulle äärimmäisen vastenmielistä
anatomical [ˌænəˈtamɪkəl] adj anatominen
anatomist [əˈnætəməst] s anatomian tutkija/opettaja, anatomi
anatomy [əˈnætəˌmi] s anatomia, (ruumiin)rakenne, oppi (ruumiin)rakenteesta
ancestor [ænsestər] s esi-isä, kantaisä, (myös mon) esivanhemmat
ancestral [ænˈsestrəl] adj esi-isien *ancestral home* alkukoti, kotipaikka
ancestress [ænsestrəs] s kantaäiti, esiäiti
ancestry [ænsestri] s syntyperä, suku
1 anchor [æŋkər] s ankkuri
2 anchor v **1** ankkuroida, ankkuroitua **2** kiinnittää, kiinnittyä
anchorage [ˈæŋkəˌrɪdʒ] s ankkuripaikka
anchorman [ˈæŋkərˌmən] s (radiossa ja televisiossa miespuolinen) uutisten päälukija, uutisankkuri
anchorperson [ˈæŋkərˌpərsən] s (radiossa ja televisiossa) uutisten päälukija, uutisankkuri

anchorwoman [ˈæŋkərˌwʊmən] s (radiossa ja televisiossa naispuolinen) uutisten päälukija, uutisankkuri
anchovy [ˈænˌtʃoʊvi] s sardelli; (säilykkeenä) anjovis
ancient [ˈeɪnʃənt] adj 1 muinainen, antiikin 2 ikivanha
and [ænd] konj ja *more and more* yhä enemmän *he tried and tried* hän yritti yrittämistään, hän yritti yhä uudestaan
Andean condor [ˈændiən ˈkandər] s (lintu) andienkondori
Andes [ændiz] (mon) Andit
andiron [ˈændˌaɪərn] s (takan) rautatuki, paistotuki
Andorra [ænˈdɔrə]
Andorran s, adj andorralainen
Andromeda [ænˈdramədə] (tähdistö) Andromeda
anecdote [ˈænəkˌdoʊt] s anekdootti, kasku
anemia [əˈnimiə] s anemia, vähäverisyys, verenvähyys
anemic [əˈnimɪk] adj 1 aneeminen, vähäverinen 2 heikko, voimaton, aneeminen
anemometer [ˌænəˈmamətər] s tuulimittari
anemone [əˈnemənɪ] s vuokko *sea anemone* merivuokko
anesthesia [ˌænəsˈθiʒə] s anestesia, narkoosi, nukutus, puudutus
anesthetic [ˌænəsˈθetɪk] s nukutusaine, puudutusaine
anesthetist [əˈnesθəˌtɪst] s nukutuslääkäri
anesthetize [əˈnesθəˌtaɪz] v nukuttaa, puuduttaa
anew [əˈnu] adv 1 uudestaan 2 eri tavalla, uudella tavalla
angel [eɪndʒəl] s enkeli (myös kuv)
angelic [ˌænˈdʒelɪk] adj enkelimäinen, taivaallinen, ihastuttava
angelically adv ks angelic
1 anger [æŋgər] s suuttumus, kiukku, viha
2 anger v suututtaa, vihastuttaa, saada suuttumaan/kiukustumaan/vihastumaan
1 angle [æŋgəl] s 1 kulma *an acute angle* terävä kulma 2 näkökulma, ote
2 angle v 1 onkia 2 (kuv) kalastaa, yrittää saada 3 kallistaa, kääntää tiettyyn kulmaan 4 kertoa/kirjoittaa jotakin tietystä näkökulmasta, pyrkiä sanoillaan/kirjoituksellaan/kysymyksillään johonkin, ajaa takaa jotakin
angler [æŋglər] s onkija
anglerfish [ˈæŋglərˌfɪʃ] s (mon) krottikalat *European anglerfish* merikrotti
Anglican [æŋglɪkən] s anglikaani (Englannin anglikaanisen kirkon jäsen) adj anglikaaninen
Anglicism [ˈæŋglɪˌsɪzəm] s englantilaisuus, englantilainen tapa ym, brittienglannin sana, ilmaus ym, anglismi
Anglicist [ˈæŋglɪˌsɪst] s anglisti, englannin kielen/kirjallisuuden tutkija
Anglicize [æŋglɪˌsaɪz] v englantilaistaa, sovittaa englannin kieleen
Anglistics [ˌænˈglɪstɪks] s anglistiikka, englannin kielen/kirjallisuuden tutkimus
Anglo [æŋgloʊ] s angloamerikkalainen, valkoihoinen
Anglo-American s, adj angloamerikkalainen
Anglo-Saxon [ˌæŋgloʊˈsæksən] s 1 anglosaksi; englantilainen 2 anglosaksi, anglosaksin kieli, muinaisenglanti adj anglosaksinen; englantilainen; englantilaisperäinen
Angola [æŋˈgoʊlə]
Angolan s, adj angolalainen
angora [æŋˈgɔrə] s angoravilla
angrily adv vihaisesti, kiukkuisesti, äkäisesti
angry [æŋgri] adj 1 vihainen, kiukkuinen, äkäinen 2 tulehtunut (haava) 3 uhkaava, synkkä (taivas, pilvi, meri)
anguish [æŋgwɪʃ] s ahdistus, tuska, kärsimys
anguished adj ahdistunut, hätääntynyt, kärsivä
angular [æŋgjələr] adj 1 kulmikas 2 hintelä, luiseva, laiha 3 (käytös) kankea, kömpelö, jäykkä
angularity [ˌæŋgjəˈlerəti] s 1 kulmikkuus 2 laihuus 3 (käytöksen) kankeus, jäykkyys

another

anhinga [æn'hɪŋgə] s (lintu) käärmekaula
animal [ænəməl] s eläin adj eläimellinen
animal kingdom s eläinkunta
animate [ænəmət] adj elävä, eloisa, vilkas
animate [ænəmeɪt] v vilkastuttaa, tuoda eloa johonkuhun/johonkin, innostaa
animation [ˌænəˈmeɪʃən] s animaatioelokuvien/piirroselokuvien valmistus
animosity [ˌænəˈmasəti] s vihamielisyys, riita
anise [ænɪs] s anis
aniseed [ˈænəˌsid] s aniksen siemen
ankle [æŋkəl] s nilkka
ankle-biter s 1 (sl) lapsi, ipana, kakara 2 (tietok) alokasmurtautuja
annals [ænəlz] s (mon) annaalit, vuosikirjat
1 annex [æneks] s lisärakennus, siipirakennus
2 annex v 1 ottaa (alue luvattomasti) haltuunsa 2 lisätä, laajentaa, liittää johonkin
annexation [ˌænekˈseɪʃən] s 1 anneksio, luvaton alueliitos, aluevaltaus 2 laajennus
annihilate [əˈnaɪəˌleɪt] v tuhota, hävittää (maan tasalle)
annihilation [əˌnaɪəˈleɪʃən] s tuho, hävitys
anniversary [ˌænəˈvərsəri] s vuosipäivä, esim hääpäivä, syntymäpäivä
annotate [ˈænəˌteɪt] v tehdä merkintöjä johonkin, lisätä huomautuksia johonkin *an annotated text* selityksin varustettu teos
annotation [ˌænəˈteɪʃən] s huomautus, selitys
announce [əˈnaʊns] v 1 ilmoittaa, tuoda julki 2 kuuluttaa, esitellä lyhyesti
announcement [əˈnaʊnsmənt] s ilmoitus, tiedotus, tiedonanto, kuulutus *I have an announcement to make* haluan kertoa/ilmoittaa jotakin
announcer s (radio- tai televisio)kuuluttaja
annoy [əˈnɔɪ] v harmittaa, kiusata, ärsyttää *he was very annoyed with the woman/about the problem* hän oli vihainen naiselle/ongelma harmitti häntä kovasti
annoyance [əˈnɔɪəns] s 1 ärtymys, kiukku, suuttumus 2 vaiva, riesa, harmi
annoying adj ikävä, harmillinen, kiusallinen, ärsyttävä
annual [ænjʊəl] s 1 vuosikirja 2 yksivuotinen kasvi adj 1 vuosittainen, kerran vuodessa tapahtuva 2 vuotuinen, vuosi- *annual salary* vuosipalkka
annually adv vuosittain, kerran vuodessa
annual ring s (puun) vuosirengas, vuosilusto
annul [əˈnʌl] v kumota (laki), perua, purkaa (sopimus), mitätöidä, julistaa (avioliitto) mitättömäksi
annulment s kumoaminen, purkaminen, peruminen, mitätöinti
annunciation [əˌnʌnsiˈeɪʃən] s 1 (the Annunciation) Marian ilmestys *Annunciation Day* Marian ilmestyspäivä 2 (kirjak) julistaminen
anode [ænoʊd] s anodi
anoint [əˈnɔɪnt] v voidella *he was anointed king* hänet voideltiin kuninkaaksi
anointment s (esim kuninkaaksi) voitelu
anomalous [əˈnamələs] adj 1 epäsäännöllinen, poikkeava *'give' is an anomalous verb* give on epäsäännöllinen verbi 2 epämuodostunut
anomalously adv: ks anomalous
anon. *anonymous* anonyymi, nimetön
anon [əˈnan] adv (vanh) pian, heti
anonymity [ˌænəˈnɪməti] s nimettömyys, tuntemattomuus, anonymiteetti
anonymous [əˈnanəməs] adj nimetön, tuntematon, anonyymi
anonymously adv nimettömästi, nimettä
anorectic [ˌænəˈrektɪk] s anorektikko, anoreksiaa sairastava henkilö
anorexia [ˌænəˈreksɪə] s anoreksia, anorexia nervosa, sairaalloinen ruokahaluttomuus (eräs syömishäiriö)
another [əˈnʌðər] adj, pron toinen, (vielä) yksi, uusi *can you make another*

ANSI

(one)? voitko sinä tehdä vielä yhden? *perhaps another time* ehkä joskus toiste *that's another of the many problems we are having* se on yksi meidän monista ongelmistamme *she thinks she is another Grace Kelly* hän luulee olevansa uusi Grace Kelly
ANSI *American National Standards Institute*
1 answer [ænsər] s **1** vastaus **2** ratkaisu
2 answer v vastata (kysymykseen, kirjeeseen, puhelimeen) **2** vastata (tarkoitusta), sopia, kelvata
answerable [ænsərəbəl] adj **1** johon voi vastata; jonka voi kumota **2** tilivelvollinen, vastuussa jollekulle
answer back v sanoa/mutista vastaan
answer for v vastata/olla vastuussa jostakin, taata, mennä takuuseen jostakin
answering machine s puhelinvastaaja
answering service s puhelinpäivystys
answer to v **1** olla vastuussa/tilivelvollinen jollekulle **2** vastata (kuvausta), olla (kuvauksen) mukainen **3** totella nimeä, olla nimeltään *he answers to the name of Robert* hänen nimensä on Robert
ant [ænt] s muurahainen *sit still for a second, you look like you have ants in your pants* pysy hetki aloillasi, sinullahan on kuin tuli hännän alla
antagonism [æn'tægə̩nɪzəm] s vihamielisyys, vastustus
antagonist [æn'tægə̩nɪst] s **1** vastustaja, vihamies **2** (lääkeaine) vastavaikuttaja, antagonisti
antagonistic [æn̩tægə'nɪstɪk] adj vihamielinen, vastustava, vastakkainen
antagonistically adv vihamielisesti, vastahakoisesti
antagonize [æn'tægənaɪz] v vihoittaa, suututtaa
antarctic [ænt'artɪk ænt'arktɪk] adj antarktinen, etelänapa-
Antarctica [ænt'artɪkə] Antarktis, Etelämanner
Antarctic Circle [ænt'artɪk] s eteläinen napapiiri
Antarctic Ocean Eteläinen jäämeri
anteater ['ænt̩itər] s muurahaiskarhu
antebellum [̩æntə'beləm] adj (Yhdysvaltain sisällis)sotaa edeltävä
antecedence [̩æntə'sidəns] s etusija
antecedent s **1** aiempi/edeltävä tapahtuma tms **2** (mon) esi-isät **3** (mon) menneisyys **4** (kieliopissa) korrelaatti (sana johon pronomini viittaa)
antechamber ['æntə̩tʃeɪmbər] s odotushuone, eteinen
antedate ['æntə̩deɪt] v **1** aikaistaa, päivätä aikaisemmaksi **2** edeltää, tapahtua aikaisemmin kuin
antediluvian [̩æntədɪ'luviən] adj **1** vedenpaisumusta edeltävä **2** vanhanaikainen, aikansa elänyt
antelope [æntəloʊp] s antilooppi
ante meridiem [̩antɪmə'rɪdiəm] ks a.m.
antenatal [̩æntə'neɪtəl] adj syntymää edeltävä
antenna [æn'tenə] s (mon antennae [æn'teni]) **1** tuntosarvi **2** antenni (mon antennas)
anterior [æn'tɪərɪər] adj edeltävä, aikaisempi; edempänä oleva, etu-
anthem [ænθəm] s hymni *national anthem* kansallislaulu
anther [ænθər] s (kasvin) ponsi
anthill ['ænt̩hɪl] s muurahaiskeko
anthology [æn'θalədʒi] s antologia, runokokoelma, proosakokoelma
anthracite ['ænθrə̩saɪt] s antrasiitti
anthropoid ['ænθrə̩pɔɪd] s ihmisapina adj ihmistä muistuttava
anthropological [̩ænθrəpə'ladʒɪkəl] adj antropologinen
anthropologist [̩ænθrə'palədʒəst] s antropologi
anthropology [̩ænθrə'palədʒi] s antropologia
antiaircraft [̩æntɪ'eərkræft] adj ilmatorjunta-
anti-barking collar [̩æntaɪ'barkɪŋ kalər] s koiran haukunestopanta
antibiotic [̩æntɪbaɪ'atɪk] s antibiootti adj antibioottinen
antibody ['æntɪ̩badi] s vasta-aine
anticipate [æn'tɪsə̩peɪt] v **1** odottaa *I anticipate a lot of criticism* odotan/uskon saavani osakseni paljon arvostelua **2** ennakoida, arvata **3** edeltää, tehdä/tapah-

tua aikaisemmin kuin
anticipation [ænˌtɪsəˈpeɪʃən] s **1** odotus, toive **2** ennakointi
anticlimactic [ˌæntɪklaɪˈmæktɪk] adj joka aiheuttaa pettymyksen
anticlimax [ˌæntɪˈklaɪmæks] s **1** pettymys **2** antikliimaksi
anticlockwise adv (UK) vastapäivään
antics [æntɪks] s (mon) temput, metkut, oikut
anticyclone [ˌæntɪˈsaɪkloʊn] s korkeapaine, korkeapaineen alue, antisykloni
antidote [ˈæntɪˌdoʊt] s vastamyrkky (myös kuv)
antifreeze [ˈæntɪˌfriz] s pakkasneste
Antigua and Barbuda [ænˈtigwəənbarˈbudə] Antigua ja Barbuda
anti-hero [ˈæntɪˌhɪəroʊ] s antisankari
Antilles [ˌænˈtɪliz] (mon) Antillit
antipathy [ænˈtɪpəthi] s vastenmielisyys, antipatia
antipodes [ænˈtɪpəˌdiʒ] s (mon) maapallon vastakkaisella puolella oleva paikka/olevat paikat
antiquated [ˈæntɪˌkweɪtəd] adj vanhanaikainen, vanhentunut
antique [ænˈtik] s antiikkiesine adj **1** antiikkinen, antiikin ajan **2** antiikkinen, vanhanaikainen
antiquity [ænˈtɪkwəti] s **1** antiikki **2** (mon) muinaisesineet
anti-Semite [ˌæntɪˈsemaɪt] s juutalaisvihaaja, antisemiitti adj juutalaisvastainen, antisemiittinen
anti-Semitic [ˌæntɪsəˈmɪtɪk] adj juutalaisvastainen, antisemiittinen
anti-Semitism [ˌæntɪˈsemətɪzəm] s juutalaisviha, antisemitismi
antiseptic [ˌæntɪˈseptɪk] s antisepti, antiseptinen aine adj antiseptinen
antisocial [ˌæntɪˈsoʊʃəl] adj yhteiskunnan vastainen, antisosiaalinen; epäsosiaalinen, eristäytyvä, epäseurallinen
antithesis [ænˈtɪθəsɪs] s (mon antitheses [ænˈtiθəsiz]) **1** vastakohta, vastakkaisuus **2** antiteesi
antithetic [ˌæntɪˈθetɪk] adj vastakkainen; antiteettinen
antithetical adj vastakkainen; antiteettinen

antitoxin [ˌæntɪˈtaksɪn] s vastamyrkky
antivirus program virustentorjuntaohjelma
antler [æntlər] s (hirven)sarvi, sarven haara
antonym [ˈæntəˌnɪm] s vastakohta, merkitykseltään vastakkainen sana, antonyymi
antsy [æntsi] adj hermostunut *to get antsy* hermostua, hätääntyä
anus [eɪnəs] s peräaukko, anus
anvil [ænvəl] s alasin (myös kuuloluista puhuttaessa)
anxiety [æŋˈzaɪəti] s **1** ahdistuneisuus, ahdistus, pelko **2** innokkuus, kiihko, halu
anxious [æŋʃəs, æŋkʃəs] adj **1** ahdistunut, pelokas, huolestunut **2** ahdistava, pelottava
anxious for/to adj innokas, halukas *I am anxious for any help you can give* kaikki mahdollinen apu on minulle kovasti tarpeen
anxiously adv **1** pelokkaasti, ahdistuneesti **2** innokkaasti, halukkaasti
anxiousness s **1** ahdistuneisuus, pelokkuus **2** innokkuus, halukkuus
any [eni] adj, pron **1** kukaan, mitään, yhtään, mitään *not any* ei kukaan, mitään, yhtään, mitään *he does not have any money/friends* hänellä ei ole lainkaan rahaa/yhtään ystävää *do you have any money/friends?* onko sinulla (yhtään) rahaa/ystävää/ystäviä? **2** kuka/mikä tahansa *any pen will do* mikä/millainen tahansa kynä kelpaa adv komparatiivin jäljessä *I can't wait any longer* en voi odottaa enää *if you hit it any harder it will break* se särkyy jos lyöt sitä (yhtään) kovemmin *is it any good?* onko siitä mihinkään?, tekeekö sillä mitään? *it won't help you any* siitä ei ole sinulle mitään apua *at any rate* joka tapauksessa, kuitenkin *in any case* joka tapauksessa, kuitenkin
anybody [ˈeniˌbʌdi] s, pron **1** kukaan, joku *not anybody* ei kukaan *they did not want anybody to leave* he eivät halunneet kenenkään lähtevän **2** kuka tahansa *anybody who can read* kuka tahansa

joka osaa lukea, kuka tahansa lukutaitoinen **3** tärkeä ihminen *everybody who is anybody was there* kaikki merkkihenkilöt olivat paikalla

anyhow ['enɪˌhaʊ] adv mitenkään, millään, joka tapauksessa, kuitenkin *I said not to, but the boy took it anyhow* poika otti sen vaikka minä kielsin

anymore ['enɪˌmɔr] adv enää *she doesn't live here anymore* hän ei enää asu täällä

anyone ['enɪˌwʌn] adv ks anybody

anyplace ['enɪˌpleɪs] adv ks anywhere

anything ['enɪˌθɪŋ] pron **1** mitään *not anything* ei mitään *do you have anything to say?* onko sinulla mitään sanottavaa? **2** mikä/mitä tahansa *not just anything* ei aivan mitä tahansa *give the guests something to drink; anything will do* anna vieraille (jotakin) juotavaa, ihan mitä vain adv yhtään, vähääkään, lainkaan, ollenkaan *not anything* ei yhtään, ei vähääkään, ei lainkaan, ei ollenkaan *is the new typewriter anything like the old one?* muistuttaako uusi kirjoituskone yhtään vanhaa?

anything but fr kaikkea muuta kuin *the plan is anything but definite* suunnitelma ei ole vielä ollenkaan lukkoon lyöty

anytime ['enɪˌtaɪm] adv milloin tahansa *you may go anytime you want* saat lähteä milloin haluat *I can do better than that anytime* pystyn parempaan milloin tahansa

anyway [enɪweɪ] adv joka tapauksessa, kuitenkin *I said no but the boy took it anyway* poika otti sen vaikka kielsin

anyways [enɪweɪz] adv (ark muoto sanasta anyway) joka tapauksessa, kuitenkin

anywhere [enɪweər] adv **1** missään, mistään, mihinkään *not anywhere* ei missään, mistään, mihinkään *he never goes anywhere* hän ei koskaan käy missään, hän on aina kotona **2** missä tahansa, mistä tahansa, minne tahansa *you can sit anywhere* voit istua missä tahansa **3** paikasta *do you have anywhere to live?* onko sinulla asuntoa?

anywheres adv ark muoto sanasta anywhere

ANZUS *Australia, New Zealand, United States*

A-one ['eɪˌwʌn] adj erinomainen, ensiluokkainen

aorta [eɪ'ɔrtə] s aortta

apart [ə'part] adv **1** etäisyydestä *the buildings are about a mile apart* rakennukset ovat noin mailin päässä toisistaan *I can't tell them apart* minä en erota niitä/heitä toisistaan **2** syrjässä, syrjään, sivussa, sivuun *they were standing apart from the others* he seisoivat muista erillään **3** lukuun ottamatta *shyness apart, he is okay* ujoutta lukuun ottamatta hän on ihan mukiinmenevä ihminen

apart from adv lukuun ottamatta *apart from the climate, this is a nice country* tämä on ilmastoa lukuun ottamatta mukava maa

apartheid [ə'partˌhaɪt] s apartheid, rotuerottelu (Etelä-Afrikassa)

apartment [ə'partmənt] s vuokrahuoneisto, vuokra-asunto

apartment house s kerrostalo, vuokratalo

apathetic [ˌæpə'θetɪk] adj apaattinen, välinpitämätön, haluton, tylsä

apathetically adv apaattisesti, välinpitämättömästi, tylsästi

apathy [æpəθi] s apatia, välinpitämättömyys, tylsyys

APB *all points bulletin* etsintäkuulutus

1 ape [eɪp] s **1** apina **2** matkija

2 ape v matkia, apinoida

Apennines ['æpəˌnaɪnz] (mon) Apenniinit

aperitif [əˌperə'tif] s aperitiivi

aperture ['æpərˌtʃər] s (kameran) aukko

aperture priority s (valok) aukon esivalinta

APEX [eɪpeks æpeks] *Advance Purchase Excursion* eräs lentolippujen alennusluokka, APEX

apex [eɪpeks] s (mon apexes, apices [æpəsiz]) kärki, huippu, (kuv) huipentuma

aphid [eɪʃɪd] s (eläin) kirva *rose aphid* ruusukirva

apiece [əˈpis] adv kappale, kukin, kultakin, kullekin *we have two dollars apiece* meillä on kummallakin kaksi dollaria

apish [eɪpɪʃ] adj **1** apinamainen **2** joka apinoi

APL *A Programming Language* eräs tietokoneiden ohjelmointikieli

aplomb [əˈplʌm] s itsevarmuus (puheessa, käytöksessä)

APO *Army Post Office*

apocalypse [əˈpakəˌlɪps] s **1** ilmestys, apokalypsi *the Apocalypse* Johanneksen ilmestys(kirja) **2** maailmanloppu

Apocrypha [əˈpakrəfə] s (mon) (Vanhan testamentin) apokryfikirjat

apocryphal [əˈpakrəfəl] adj anonyymi, nimetön, alkuperältään tuntematon, hämäräperäinen

apollo butterfly [əpaloʊ] s apolloperhonen

apologetic [əˌpaləˈdʒetɪk] adj anteeksipyytelevä, pahoitteleva *they were very apologetic* he pyysivät kovasti anteeksi, he olivat kovasti pahoillaan

apologetically adv anteeksi pyydellen, pahoitellen

apologize [əˈpaləˌdʒaɪz] v pyytää joltakulta anteeksi jotakin *she apologized to him for being late* hän pyysi anteeksi myöhästymistään

apology [əˈpalədʒi] s **1** anteeksipyyntö, pahoittelu **2** jokin huono, surkea, viheliäinen *that's a poor apology for a car* onpas melkoinen autonromu

apoplectic [ˌæpəˈplektɪk] adj **1** halvauksenomainen, halvaus-, apoplektinen **2** raivostunut (ihminen), silmitön (raivo)

apoplexy [ˈæpəˌpleksi] s (aivo)halvaus

aposteriori [aˌpastɪriˈɔri] adv seurauksesta syyhyn edeten, kokemuksen perusteella, jälkeen päin

apostle [əˈpasəl] s apostoli (myös kuv)

Apostles' Creed s apostolinen uskontunnustus

apostolic [ˌæpəsˈtalɪk] adj apostolinen

apostrophe [əˈpastrəˌfi] s heittomerkki (')

apothecary [əˈpaθeˌkeri] s apteekkari

app. *appendix* liite

Appalachians [ˌæpəˈleɪtʃənz, ˌæpəˈlætʃənz] (mon) Appalakit

appall [əˈpal] v kauhistuttaa, tyrmistyttää, järkyttää

appalling adj kauhistuttava, tyrmistyttävä, järkyttävä

apparatus [ˌæpəˈrætəs] s laite, (mon myös) välineet, varusteet

apparel [əˈpærəl] s vaatteet

apparent [əˈperənt] adj **1** ilmeinen, (ilmi)selvä *it's apparent to me that this needs work* minusta tämä vaatii selvästi työtä **2** näennäinen *the error is only apparent* se vain näyttää virheeltä

apparently adv ilmeisesti; näyttää siltä että

apparition [ˌæpəˈrɪʃən] s näky, ilmestys, haamu

1 appeal [əˈpiəl] s **1** vetoomus, pyyntö **2** vetovoima, viehätys

2 appeal v **1** vedota johonkuhun, pyytää/anoa joltakulta jotakin *they appealed to the public for money* he anoivat yleisöltä rahaa **2** valittaa oikeustuomiosta, vedota korkeampaan oikeuteen **3** vedota johonkuhun, viehättää *how does that appeal to you?* mitä sinä siitä ajattelet? miltä se sinusta tuntuu?

appealing adj **1** anova (katse) **2** puoleensavetävä, viehättävä, houkutteleva

appear [əˈpɪər] v **1** ilmestyä, tulla näkyviin *he appeared from out of nowhere* hän ilmestyi (yhtäkkiä kuin) tyhjästä **2** saapua, tulla, ilmestyä paikalle **3** esiintyä jossakin *to appear in Las Vegas/in public/in court* esiintyä Las Vegasissa/julkisuudessa/olla oikeudessa **4** (kirja) ilmestyä **5** näyttää, vaikuttaa *it appears extremely difficult* se näyttää/vaikuttaa äärimmäisen vaikealta

appearance s **1** esiintyminen **2** ulkonäkö *at first appearance* ensi näkemältä *she tried to keep up appearances* hän yritti vaalia ulkokuortaan *to all appearances he is a crook* hän on kaikesta päätellen roisto

appease [əˈpiz] v rauhoittaa, tyynnyttää, lepyttää

appeasement s rauhoittaminen, tyynnytys, lepytys

appendicitis [əˌpendə'saɪtəs] s umpilisäkkeen tulehdus

appendix [ə'pendɪks] s (mon *appendixes, appendices* [ə'pendəˌsiz]) **1** (kirjan) liite **2** umpilisäke

appertain [ˌæpər'teɪn] v kuulua johonkin, koskea jotakin *that does not appertain to the discussion* se ei kuulu tämän keskustelun piiriin

appetite ['æpəˌtaɪt] s ruokahalu, nälkä (myös kuv) *I have no appetite for classical music* klassinen musiikki ei kiinnosta minua

appetizer ['æpəˌtaɪzər] s alkupala

appetizing adj ruokahalua kiihottava (myös kuv), herkullinen (myös kuv)

applaud [ə'plad] v **1** taputtaa käsiään, osoittaa suosiotaan **2** ylistää, kehua, kannattaa *they applauded his courage* he ylistivät/kehuivat hänen rohkeuttaan

applause [ə'plaz] s kättentaputukset, suosionosoitukset

apple [æpəl] s omena

apple of your eye fr jonkun silmäterä

apple pie s omenapiiras, omenapiirakka

applet s (tietok) sovelma

appliance [ə'plaɪəns] s kone, laite, kodinkone *household appliance* kodinkone

applicable [ə'plɪkəbəl 'æpləkəbəl] adj joka voidaan soveltaa johonkin, joka koskee jotakin, asianmukainen *the price is $12, 000 plus applicable taxes* hinta on 12 000 dollaria lisättynä mahdollisilla/asianmukaisilla veroilla

applicant [æpləkənt] s työnhakija

application [ˌæplə'keɪʃən] s **1** (esim voiteen) levitys **2** (lääke)voide **3** käyttö, sovellus **4** ahkeruus, ponnistelu, kova työ **5** (työpaikka)hakemus, (laina-)anomus

application form s hakemus(kaavake)

application software s (tietokoneen) sovellusohjelma(t)

applicator ['æpləˌkeɪtər] s sivellin, levitin; asetin

applied [ə'plaɪd] adj sovellettu, soveltava *applied linguistics* soveltava kielitiede

apply [ə'plaɪ] v **1** levittää, sivellä (maalia, voidetta) **2** käyttää, soveltaa *they applied a new method to solve the problem* he käyttivät ongelman ratkaisemiseksi uutta menetelmää **3** hakea (työpaikkaa), anoa (määrärahaa, apurahaa) *she applied to the company for a job* hän haki yrityksestä paikkaa **4** *to apply yourself/ your mind/your intelligence/your energies to something* yrittää tosissaan, keskittää voimansa johonkin, keskittyä, vaivata päätään jollakin

appoint [ə'pɔɪnt] v **1** nimittää *he was appointed to the office* hänet nimitettiin virkaan **2** määrätä, sopia *at the appointed time* sovittuun aikaan, määräaikaan

appointee [əˌpɔɪn'ti] *she is a Clinton appointee* Clinton nimitti hänet (virkaan/ tehtävään)

appointment [ə'pɔɪntmənt] s **1** (sovittu) tapaaminen **2** virka, työpaikka

apportion [ə'pɔrʃən] v jakaa

apposite [æpəzət ə'pazət] adj osuva, sattuva (huomautus), aiheellinen (kysymys)

appraisal [ə'preɪzəl] s arviointi, käsitys, mielipide

appraise [ə'preɪz] v arvioida, punnita, mitata *their house was appraised for tax purposes* heidän talonsa arvo arvioitiin verotusta varten

appreciable [ə'priʃəbəl] adj huomattava, selvä *there has been an appreciable increase in sales* myynti on kasvanut selvästi

appreciably adv huomattavasti, selvästi, paljon

appreciate [ə'priʃiˌeɪt] v **1** ymmärtää, tiedostaa, olla selvillä jostakin *I appreciate your situation* ymmärrän tilanteesi, ymmärrän missä tilanteessa sinä olet **2** arvostaa, pitää arvossa, antaa arvoa jollekulle/jollekin *I sure do appreciate your help* arvostan kovasti apuasi/olen todella kiitollinen avustasi *she doesn't appreciate modern poetry* hän ei osaa arvostaa nykyrunoutta **3** (hinnat) kallistua, (arvo) nousta *real estate prices have appreciated greatly in the past months*

aptitude

kiinteistöjen hinnat ovat nousseet kovasti viime kuukausina

appreciation [əˌpriːʃiˈeɪʃən] s **1** ymmärrys, käsitys, tietoisuus **2** (avun, kykyjen, taiteen jne) arvostus **3** kiitollisuus **4** kallistuminen, arvonnousu

appreciative [əˈpriːʃətɪv] adj ihaileva, ymmärtävä *an appreciative audience* esiintyjän kyvyt tunnistava yleisö

apprehend [ˌæprɪˈhend] v **1** pidättää, saada kiinni **2** ymmärtää, käsittää **3** pelätä

apprehension [ˌæprɪˈhenʃən] s **1** pelko, huolestuneisuus **2** pidätys, vangitseminen **3** ymmärrys, ymmärtäminen

apprehensive adj pelokas, levoton, ahdistunut, huolestunut

1 apprentice [əˈprentɪs] s oppilas, harjoittelija, oppipoika

2 apprentice v lähettää/määrätä joku jonkun oppiin/harjoittelijaksi/oppipojaksi

apprenticeship [əˈprentɪˌʃɪp] s oppi, oppiaika, harjoitteluaika

1 approach [əˈproʊtʃ] s **1** lähestyminen **2** (lentokoneen) laskeutuminen **3** (aamun) koitto **4** tie, reitti, pääsy

2 approach v **1** lähestyä *we are now approaching Dallas* lähestymme parhaillaan Dallasia *Christmas is approaching* joulu alkaa olla lähellä **2** kysyä, pyytää, puhua jollekulle jostakin *she approached her boss about a rise* hän pyysi pomoltaan palkankorotusta

approachable adj (ihmisestä) tavattavissa; jonka kanssa on helppo tulla toimeen; (paikasta) jonne on helppo päästä

appropriate [əˈproʊpriət] adj sopiva, tarkoituksenmukainen; asiallinen, perusteltu; asianmukainen, oikea

appropriate [əˈproʊprieɪt] v **1** takavarikoida, ottaa, anastaa, omia (toisen ajatuksia) **2** myöntää, varata (varoja, määrärahoja)

appropriation [əˌproʊpriˈeɪʃən] s **1** takavarikointi **2** määräraha

approval [əˈpruːvəl] s hyväksyntä, hyväksyminen, tunnustus, suostumus *we bought the VCR on approval* ostimme kuvanauhurin nähtäväksi/palautusoikeudella

approve [əˈpruːv] v hyväksyä, suostua, myöntyä *the proposal was approved* ehdotus hyväksyttiin *I don't approve of your methods* minä en hyväksy menetelmiäsi

approving adj tyytyväinen, hyväksyvä

approvingly adv tyytyväisesti, hyväksyvästi

approx. *approximately* noin

approximate [əˈpraksəmət] adj summittainen, likimääräinen; noin, suunnilleen *his estimates were approximate only* hänen arvionsa olivat vain likimääräisiä *the approximate flying time is two hours* lentoaika on noin kaksi tuntia

approximate [əˈpraksəˌmeɪt] v vastata suunnilleen/kutakuinkin jotakin, olla lähellä jotakin

approximately [əˈpraksəmətˌli] adv suunnilleen, noin, kutakuinkin

approximation [əˌpraksəˈmeɪʃən] s arvio, kutakuinkin/suunnilleen tarkka/oikea arvo tms *that is an approximation only* se on pelkkä arvio

appurtenances [əˈpərtənənsəz] s (mon) varusteet, lisävarusteet, tarvikkeet

Apr. *April*

APR *annual percentage rate* vuosikorko

apricot [ˈeɪprəˌkat] s aprikoosi

April [ˈeɪprəl] s huhtikuu

April fool s (henkilö) aprillipilan kohde

April Fools' Day [ˌeɪprəlˈfuːəlzˌdeɪ] s aprillipäivä

apriori [ˌaprɪˈɔri] adv syystä seuraukseen edeten, edeltäkäsin

apron [ˈeɪprən] s **1** esiliina **2** (lentokentän) asemataso

apropos [ˌæprəˈpoʊ] adj osuva, sattuva (huomautus)

apropos of prep jotakin koskien; mitä johonkin tulee; -sta/stä *apropos of nothing* sivumennen sanoen, muuten

apse [æps] s (arkkitehtuurissa) apsis

apt [æpt] adj **1** sopiva, osuva **2** kyvykäs, nokkela, teräväpäinen

aptitude [ˈæptɪˌtud] s lahjakkuus, kyvyt, soveltuvuus, taito *I have no aptitude whatever for mathematics* minulla ei ole lainkaan matemaatikon lahjoja/laskupäätä

aptly adv sopivasti, osuvasti, hyvin
aptness s **1** sopivuus, osuvuus **2** lahjakkuus, soveltuvuus, taito, kyvyt
apt to do something adj taipuvainen johonkin, tekemään usein/helposti jotakin *they're apt to disbelieve you* he todennäköisesti eivät usko sinua
aquamarine [ˌakwəməˈrin] s akvamariini, eräs puolijalokivi adj akvamariinin värinen, sinivihreä
aquaria ks aquarium
aquarium [əˈkweriəm] s (mon aquariums, aquaria) akvaario
Aquarius [əˈkweərɪəs] *horoskoopissa* Vesimies
aquatic [əˈkwatɪk] adj (kasveista, urheilusta) vesi-
aqua vitae [ˌakwəˈviteɪ] s viina
aqueduct [ˈakwəˌdʌkt] s akvedukti, vesijohto
aquifer [akwəfər] s akviferi, pohjavettä kuljettava maanalainen kerrostuma
aquiline nose [ˈakwəˌlən] s kotkannenä
ar. *arrival* tuloaika
AR *Arkansas*
Arabian s, adj arabialainen
Arabian camel [kæməl] s dromedaari, yksikyttyräinen kameli
Arabian oryx [ɔrəks] s valkobeisa
Arabic s arabian kieli adj arabialainen, arabiankielinen
Arabic numerals s arabialaiset numerot (0, 1, 2...)
Arabist [ˈerəˌbɪst] s arabian kielen, kulttuurin tms tutkija
arable [erəbəl] adj viljelyskelpoinen
aracari s (lintu) arakari *green aracari* verinokka-arakari
arachnid [əræknɪd] s hämähäkkieläin
Aral Sea [ˌerəlˈsi] Araljärvi
arbiter [ˈarˌbaɪtər] s välittäjä, sovittelija, välitysmies
arbitrage s (tal) arbitraasi
arbitrary [ˈarbəˌtreəri] adj mielivaltainen
arbitrate [ˈarbəˌtreɪt] v sovitella, välittää, toimia välittäjänä (riidassa)
arbitration s (riidan) välitys, välitystuomio, välimiesoikeus

arbitrator s välittäjä, sovittelija, välitysmies
arbor [arbər] s lehtimaja, puutarhamaja
Arbor Day s (Yhdysvalloissa keväällä järjestettävä) puunistutuspäivä
ARC *American Red Cross*
arc [ark] s **1** (ympyrän) kaari **2** valokaari
arcade [arˈkeɪd] s katettu (kauppa)käytävä *video arcade* videopelisali
arcana ks arcanum
arcane [arˈkeɪn] adj hämäräperäinen, salamyhkäinen, harvinainen, tuntematon
arcanum [arˈkeɪnəm] s (mon arcana) salaisuus, salaperäinen asia, arvoitus, mysteeri(o)
Arc de Triomphe [ˌarkdətriˈoʊmf] s (Pariisin) riemukaari
1 arch [artʃ] s **1** holvi, holvikaari **2** (anat) jalkaholvi **3** (leik) *Golden Arches* McDonald'sin pikaruokaravintoloiden keltainen M-tunnus
2 arch v **1** köyristää, taivuttaa kaarelle **2** kaartua *the foliage arches over the path* lehvät kaartuvat polun yli
3 arch adj ilkikurinen; veitikkamainen
archaeological [ˌarkiəˈladʒɪkəl] adj arkeologinen
archaeologist [ˌarkiˈalədʒɪst] s arkeologi
archaeology [ˌarkiˈalədʒi] s arkeologia, muinaistiede
archaic [arˈkeɪɪk] adj **1** vanhentunut, käytöstä pois jäänyt **2** ikäloppu, kypsä tunkiolle vietäväksi
archaism [arˈkeɪɪzəm] s **1** vanhentunut, käytöstä jäänyt sana tms **2** vanhanaikaisuus, vanhanaikaisten sanojen tms käyttö
archangel [ˈarkˌeɪndʒəl] s arkkienkeli
archbishop [ˌartʃˈbɪʃəp] s arkkipiispa
archeological [ˌarkiəˈladʒɪkəl] adj arkeologinen
archeologist [ˌarkiˈalədʒɪst] s arkeologi
archeology [ˌarkiˈalədʒi] s arkeologia, muinaistiede
archer [artʃər] s jousiampuja
Archer (tähdistö) Jousimies
archerfish [ˈartʃərˌfɪʃ] s ampujakala
archery [artʃəri] s jousiammunta
architect [ˈarkəˌtekt] s arkkitehti

architectural [ˌarkəˈtektʃərəl] adj rakennustaiteellinen, arkkitehtoninen
architecture [ˈarkəˌtektʃər] s arkkitehtuuri, rakennustaide, rakennustaito
archival [arkaɪvəl] adj arkisto-
archives [arkaɪvz] s (mon) arkisto
archivist [ˈarkəˌvɪst] s arkistonhoitaja
archly [artʃli] adv ilkikurisesti, veitikkamaisesti
archt. *architect*
archway [artʃweɪ] s holvikäytävä
Arctic Arktis
arctic [artɪk, arktɪk] adj arktinen, pohjoisten (napa)seutujen
Arctic bramble [bræmbəl] s mesimarja
Arctic char [tʃar] s (kala) nieriä, rautu
Arctic Circle s pohjoinen napapiiri
Arctic fox s napakettu, naali
Arctic ground squirrel s (eläin) napasiiseli
Arctic hare s metsäjänis
Arctic Ocean [ˌarktɪkˈoʊʃən] s Pohjoinen jäämeri
Arctic skua [skuə] s (lintu) merikihu
Arctic tern [tɜrn] s (lintu) lapintiira
ardent [ardənt] adj innokas
ardently adv innokkaasti
ardor [ardər] s into, innostus, innokkuus
arduous [ardʒʊəs] adj raskas, vaikea
arduously adv ponnistellen, vaivalloisesti
area [erɪə] s **1** pinta-ala **2** alue *in this area* tällä alueella **3** ala, alue *his area of expertise is computers* hän on tietokonealan asiantuntija
area code s (puhelinliikenteessä) suuntanumero
arena [əˈrinə] s areena, taistelukenttä, kilpakenttä, ala, alue *in the political arena* politiikassa, politiikan kilpakentällä *arena of war* sotanäyttämö
Argentina [ˌardʒənˈtinə] Argentiina
Argentine [ˈardʒənˌtin] s, adj argentiinalainen
Argentinean [ˌardʒənˈtiniən] s, adj argentiinalainen
argon [ˈargan] s argon, eräs jalokaasu
argonaut [ˈargəˌnat] s **1** (eläin) paperivene **2** (kreikkalainen mytologiasankari) argonautti

arguable [argjʊəbəl] adj **1** jota voidaan perustella *it is arguable that he should be released* on perusteltua väittää että hänet tulisi vapauttaa **2** josta voidaan keskustella/väitellä, (kysymys:) avoin *I find the question arguable* minusta kysymyksestä voi olla kahta mieltä
arguably adv kai, ilmeisesti, lienee
argue [argju] v **1** kiistellä, riidellä, väitellä *why are you guys always arguing?* miksi te aina riitelette? **2** väittää, esittää *he argued that taxes should be lowered* hän oli sitä mieltä että verotusta olisi kevennettävä **3** keskustella, väitellä jostakin, pohtia jotakin **4** suostutella joku johonkin/luopumaan jostakin *I tried to argue her into going with me* yritin taivutella hänet lähtemään mukaani *he tried to argue me out of it* hän yritti suostutella minut muuttamaan mieleni
argue away v **1** keskustella, väitellä (pitkään) **2** kieltää (tosiasia), todistaa olemattomaksi
argue out v keskustella jostakin perusteellisesti
argument s **1** kiista, riita **2** keskustelu, väittely **3** syy, peruste, argumentti
argumentation [ˌargjəmənˈteɪʃən] s **1** keskustelu **2** todistelu, argumentaatio
argumentative [ˌargjəˈmentətɪv] adj riidanhaluinen
aria [arɪə] s aaria
arid [ærɪd] adj kuiva (maa, ilmasto)
Aries [eərɪz] *horoskoopissa* Oinas
arise [əˈraɪz] v arose, arisen **1** ilmetä, tulla esiin **2** nousta ylös, nousta seisomaan
arise from v seurata jostakin, johtua jostakin
aristocracy [ˌerəsˈtakrəsi] s **1** aristokratia, ylimystö, aatelisto, yläluokka; (älyllinen, ammatillinen) eliitti **2** aristokratia, ylimysvalta
aristocrat [əˈrɪstəˌkræt] s aristokraatti, yläluokan jäsen
aristocratic adj aristokraattinen, yläluokan, ylhäinen
aristocratically adj aristokraattisesti
arithmetic [əˈrɪθməˌtɪk] s aritmetiikka, laskuoppi

arithmetical [ˌerɪθˈmetəkəl] adj aritmeettinen, laskuopillinen, lasku-
Ariz. Arizona
Arizona [ˌerəˈzoʊnə]
Ark. Arkansas
ark [ark] s (Raamatussa) **1** (Nooan) arkki **2** ks ark of the covenant
Arkansas [ˈarkənˌsa]
ark of the covenant s (Raamatussa) liiton arkku (vanhassa raamatunsuomennoksessa arkki)
arm [arm] s **1** käsivarsi *to keep someone at arm's length* kohdella jotakuta kylmästi *to receive someone with open arms* ottaa joku avosylin vastaan **2** (vaatteen) hiha **3** (käsivartta jossain määrin muistuttavista esineistä ym) (joen) haara, (tuolin) käsinoja, (levysoittimen) äänivarsi
armada [arˈmadə] s armada, iso sotalaivasto *the Spanish Armada* (hist) Espanjan armada, (kuv) voittamaton armada
armadillo [ˌarməˈdɪloʊ] s vyötiäinen
Armageddon [ˌarməˈgedən] s **1** (Raamatussa) Harmageddon **2** ydinsota, maailmanloppu
armament [arməmənt] s **1** (mon) aseet **2** (mon) sotavoimat, asevoimat **3** asevarustelu *nuclear armament* ydinvarustelu
armaments race s kilpavarustelu
arm candy s (sl) hyvännäköinen henkilö (joka otetaan seuralaiseksi juhliin ulkonäön vuoksi)
armchair philosopher s nojatuolifilosofi
armd. *armored* panssaroitu
armed forces [ˌarmdˈfɔrsəz] s (mon) sotavoimat, asevoimat, armeija
armed robbery [ˌarmdˈrabəri] s aseellinen/törkeä ryöstö
armed services [ˈarmdˈsərvəsəz] s (mon) sotavoimat, asevoimat, armeija
Armenia [arˈminiə] Armenia
armful [armfəl] s sylillinen; iso kasa, koko joukko
armhole [armhoʊl] s (vaatteen) kädentie
arm in arm adv käsi kädessä
armistice [arməstəs] s aselepo
armor [armər] s **1** haarniska *a suit of armor* haarniska(puku) **2** panssari **3** panssarivaunut yms
armored adj panssaroitu, panssari- *the president has an armored limousine* presidentillä on panssaroitu auto
armored car [ˌarmərdˈkar] s (esim rahan kuljetukseen käytettävä) panssariauto
armory [arməri] s asevarasto, asevarikko
armpit [armpɪt] s **1** kainalokuoppa **2** surkea, kurja paikka, pohjanoteeraus *he thinks our little city is the armpit of the universe* hänen mielestään meidän pikku kaupunkimme on varsinainen kyläpahanen
armrest s (tuolin ym.) käsinoja
arms [armz] s (mon) aseet *small arms* käsiaseet *to lay down your arms* laskea aseensa, lakata taistelemasta *to take up arms against someone* tarttua aseisiin, hyökätä jotakuta vastaan *to be up in arms about something* olla raivoissaan jostakin
arms control s aseriisunta
arms race s kilpavarustelu
arm-twisting s suostuttelu, taivuttelu
army [armi] s armeija, (myös kuv:) suuri joukko
army ant s sotilasmuurahainen
Arnheim Land [ˈarnəmˌlænd] Arnheiminmaa (Australiassa)
aroma [əˈroʊmə] s hyvä tuoksu
aromatic [ˌerəˈmætɪk] adj hyvänhajuinen
arose [əˈroʊz] ks arise
around [əˈraʊnd] adv, prep **1** ympärillä, ympärille *I looked all around* katselin joka suuntaan **2** lähellä, lähistössä; noin, suunnilleen *we traveled around the Rockies* matkustelimme Kalliovuorilla *it's around 7:00* kello on seitsemän paikkeilla
around-the-clock [əˌraʊndðəˈklak] adj jatkuva, koko ajan tapahtuva adv jatkuvasti, kellon ympäri
arouse [əˈraʊz] v **1** herättää joku **2** innostaa, herättää jonkun kiinnostus **3** kiihdyttää (voimakkaita tunteita: seksuaalisia haluja, vihaa) *she was clearly aroused* hän oli selvästi kiihtynyt/kiihdyksissään/halukas

arr. *arrangement; arrival*

arraign [əˈreɪn] v syyttää (oikeudessa), asettaa syytteeseen jostakin

arrange [əˈreɪndʒ] v **1** järjestää, panna (tavaroita) järjestykseen **2** sopia, järjestää, varata, hankkia *can you arrange an appointment for me at 2:00?* pystytkö järjestämään minulle ajan kahdelta? *the travel agent arranged a vacation in the Bahamas for them* matkatoimiston virkailija järjesti heille lomamatkan Bahamasaarille *that can be easily arranged* se järjestyy/onnistuu helposti **3** (mus) sovittaa

1 array [əˈreɪ] s **1** järjestys, asettelu *in battle array* taistelujärjestyksessä **2** vaatteet *in military array* sotilasvaatteissa **3** suuri joukko/määrä

2 array v järjestää, asetella, ryhmittää (sotajoukot) taisteluun

arrears [əˈrɪərz] *to be in arrears* (maksu) olla myöhässä

1 arrest [əˈrest] s **1** pidätys, vangitseminen *to make an arrest* pidättää, vangita **2** pysähtyminen, pysäyttäminen, pysähdys *cardiac arrest* sydämen pysähdys

2 arrest v **1** pidättää, vangita *the window displays arrested their attention* heidän huomionsa kiinnittyi näyteikkunoihin **2** ehkäistä, estää, pysäyttää

arresting adj huomiotaherättävä, kiintoisa, kiehtova

arrival [əˈraɪvəl] s **1** saapuminen, tulo **2** (uusi) tulokas **3** saapuva lento, juna yms **4** (aikataulussa tms) tuloaika, saapumisaika

arrive [əˈraɪv] v **1** saapua, tulla *to arrive at a town/in a city* saapua pieneen/isoon kaupunkiin *they finally arrived at a decision* he päättivät viimein asiasta **2** menestyä *until you own a Rolls-Royce, you really haven't arrived* vasta Rolls-Royce on todellisen menestyksen merkki

arrogance [erəgəns] s ylimielisyys

arrogant [erəgənt] adj ylimielinen

arrogantly adv ylimielisesti

arrow [eroʊ] s (jousen) nuoli; nuoli(merkki)

arrowhead [ˈeroʊˌhed] s nuolenpää

arrow-poison frog [ˈeroʊˌpɔɪzən] s nuolimyrkkysammakko

arrowroot [ˈeroʊˌrut] s (kasv) nuolijuuri, arrowjuuri

arroyo [əˈrɔɪˌoʊ] s (erämaan kuiva) joenuoma

arsenal [arsənəl] s asevarasto, asevarikko, arsenaali (myös kuv)

arsenic [arsənɪk] s arseeni, arsenikki

arson [arsən] s tuhopoltto

arsonist s tuhopolttaja, pyromaani

1 art [art] s **1** taide *arts and sciences* taide ja tiede **2** taito *the fine art of diplomacy* diplomatian vaativa taito **3** (mon) humanistiset tieteet *Arts Faculty* humanistinen tiedekunta

2 art v (vanhentunut muoto verbistä *be*, käytetään vielä esim Jumalasta) *thou art* sinä olet

art deco [ˌartˈdekoʊ] s art deco, eräs 1920-luvun taidesuuntaus

artefact [ˈartəˌfækt] s keinotekoinen, ihmisen valmistama esine

arteriosclerosis [arˌtɪərɪoʊskləˈroʊsɪs] s (lääk) arterioskleroosi, valtimonkovettustauti

artery [artəri] s **1** valtimo *coronary artery* sepelvaltimo **2** (liikenteen) valtaväylä, (joen) valtasuoni

artesian well [arˈtiʒən wel] s arteesinen kaivo

artful [artfəl] adj ovela, juonikas, kavala, taitava

artfully adv ovelasti, juonikkaasti, kavalasti, taitavasti

art house s taide-elokuvia, klassikkoja yms esittävä teatteri

arthritic [arˈθrɪtɪk] adj niveltulehdus-

arthritis [arˈθraɪtəs] s niveltulehdus *rheumatoid arthritis* nivelreuma

arthropod [ˈarθrəˌpad] s niveljalkainen

artichoke [ˈartɪˌtʃoʊk] s (latva-)artisokka

article [artɪkəl] s **1** esine, kauppatavara, artikkeli *an article of furniture/clothing* huonekalu, vaate, vaatekappale **2** lehtikirjoitus, artikkeli **3** (sopimuksen) kohta, osa, artikla **4** (kieliopissa) artikkeli

article of faith s uskonkappale, (kuv) (perus)periaate

articulate [ɑrˈtɪkjələt] adj selvä (puhuja/puhe), selvästi ilmaistu/lausuttu, sujuva *the speaker was not very articulate* puhuja ei ilmaissut itseään järin selvästi

articulate [ɑrˈtɪkjəˌleɪt] v **1** ääntää *to articulate clearly* ääntää selvästi **2** esittää, tuoda esiin (näkemyksensä, perusteet), pukea sanoiksi (ajatukset), artikuloida

articulated bus s nivelbussi

articulately adv (ääntää, puhua, ilmaista ajatuksensa) selvästi, sujuvasti

articulateness s ilmaisukyky

articulation [ɑrˌtɪkjəˈleɪʃən] s **1** ääntäminen, artikulaatio **2** nivel; niveltyminen

artifact [ˈɑrtəˌfækt] s keinotekoinen, ihmisen valmistama esine

artifice [ˈɑrtəfəs] s **1** oveluus, juonikkuus, kekseliäisyys **2** temppu, metku **3** taiteellisuus, fiktiivisyys

artificial [ˌɑrtəˈfɪʃəl] adj **1** keinotekoinen, teko- **2** teennäinen

artificial insemination [ɪnˌsemə'neɪʃən] s (ihmisen) keinohedelmöitys; (eläimen) keinosiemennys

artificial intelligence [ɪnˈtelədʒəns] s tekoäly

artificiality [ˌɑrtəˌfɪʃiˈæləti] s keinotekoisuus; teennäisyys; teennäinen piirre

artificial language [ˈlæŋɡwədʒ] s keinotekoinen kieli

artificially adv **1** keinotekoisesti **2** teennäisesti

artificial satellite s tekokuu

artillery [ɑrˈtɪləri] s tykistö

artisan [ˈɑrtəsən] s käsityöläinen

artist [ˈɑrtəst] s taiteilija (myös kuv)

artiste [ɑrˈtist] s esiintyvä taiteilija

artistic [ɑrˈtɪstɪk] adj **1** taiteellinen **2** taiteilijan *she has an artistic temperament* hänellä on taiteilijan luonteenlaatu **3** taidokas, taitava, hyvällä maulla tehty

artistically adv **1** taiteellisesti **2** taitavasti, taidokkaasti, hyvällä maulla

artistry [ˈɑrtəstri] s **1** taiteellisuus **2** taito

artless [ˈɑrtləs] adj viaton, teeskentelemätön

artlessly adv viattomasti, teeskentelemättä

artsy-craftsy [ˌɑrtsɪˈkræftsi] adj (muka/teennäisen) hieno, (muka/teennäisen) taiteellinen, imelä

arty [ˈɑrti] adj (muka) hieno

ARVN *Army of the Republic of Vietnam*

AS *American Samoa*

as [æz] konj **1** (silloin) kun, sillä aikaa kun, sitä mukaa kun, -na/-nä, -essa/-essä *as a child* lapsena *it got warmer as we approached the coast* ilma lämpeni lähestyessämme rannikkoa **2** kun, koska *as I don't have any money, I can't go to the movies* en voi mennä elokuviin koska minulla ei ole rahaa **3** vaikka *much as I like you, I don't want to marry you* en halua mennä kanssasi naimisiin vaikka pidänkin sinusta kovasti **4** siten, miten *you can do as you please* voit tehdä mitä itse haluat **5** *so as to* jotakin tehdäkseen: *I rose so as to go* nousin lähteäkseni *would you be so kind as to help me carry this?* voisitko ystävällisesti auttaa minua tämän kantamisessa? **6** *such as* kuten, esimerkiksi *many writers, such as Bellow and Singer* monet kirjailijat, kuten Bellow ja Singer adv kuin *just as expensive as* aivan yhtä kallis kuin *please take as many as you want* ota niin monta kuin haluat

ASA *American Standards Association*

ASAP [ˌeɪeseɪˈpi] (tekstiviestissä, sähköpostissa) *as soon as possible*

as a whole fr kokonaisuutena

asbestos [ˌæzˈbestəs] s asbesti

asbestosis [ˌæzbesˈtoʊsɪs] s (lääk) asbestoosi

ASCAP *American Society of Composers, Authors, and Publishers*

ascend [əˈsend] v nousta, kohota

ascendancy [əˈsendənˌsi] s johtoasema, ylivalta *His star is in the ascendancy* Hän on matkalla huipulle, hänen tähtensä on nousussa

ascending colon [ˈkoʊlən] s (anat) nouseva paksusuoli

ascension [əˈsenʃən] s **1** nousu **2** *the Ascension* (Kristuksen) taivaaseenastuminen *ascension to the throne* kruununperimys

ascent [əˈsent] s nousu, kiipeäminen

ascertain [ˌæsərˈteɪn] v varmistaa, ottaa selvää
ascetic [əˈsetɪk] s askeetti adj askeettinen, karu, koruton
asceticism [əˈsetəˌsɪzəm] s askeesi
ASCII *American Standard Code for Information Interchange*
ascorbic acid [əsˈkɔrbɪk ˈæsəd] s askorbiinihappo, C-vitamiini
ascribe to [əsˈkraɪb] v **1** katsoa jonkin johtuvan jostakin, katsoa jonkin syyksi *she ascribes her success to hard work* hän katsoo menestyksensä johtuvan kovasta yrittämisestä **2** pitää tärkeänä *they ascribed no importance to the demonstrations* he eivät pitäneet mielenosoituksia merkittävinä
ASEAN *Association of Southeast Asian Nations*
aseptic [eɪˈseptɪk] adj aseptinen, puhdas, tartunta-aineista vapaa
asexual [eɪˈsekʃʊəl] adj sukupuoleton, suvuton
asexuality [ˌeɪsekʃʊˈælɪti] s sukupuolettomuus, suvuttomuus
asexual reproduction [ˌriprəˈdʌkʃən] s (biologiassa) suvuton lisääntyminen
as for someone fr mitä johonkuhun tulee *I will come. As for him, I don't know* minä tulen, mutta hänestä en tiedä
ash [æʃ] s **1** saarni **2** tuhka *she kept dropping cigarette ash on my new carpet* hän tiputteli jatkuvasti tupakan tuhkaa uudelle matolleni **3** (mon kuolleen poltetusta ruumiista) tuhka, tomu
ashamed [əˈʃeɪmd] adj häpeissään *he was ashamed of his behavior* hän häpesi käytöstään
ashen [æʃən] adj **1** tuhkanharmaa **2** kalmankalpea
ashen-faced adj kalmankalpea
ashes to ashes fr maasta sinä olet tullut ja maaksi pitää sinun jälleen tuleman
ashore [əˈʃɔr] adv maissa, maihin; rannalla, rannalle *to run ashore* rantautua *to go/put ashore* nousta maihin
ashtray [æʃtreɪ] s tuhkakuppi
ashy [æʃi] adj **1** tuhkanharmaa **2** kalmankalpea **3** tuhkan peittämä
Asia [eɪʒə] Aasia

Asian [eɪʒən] s, adj aasialainen
Asian elephant [ˌeɪʒənˈeləfənt] s aasiannorsu
Asiatic [ˌeɪʒɪˈætɪk] s, adj aasialainen
Asiatic ass [ˌeɪʒɪætɪkˈæs] s aasianvilliaasi
aside [əˈsaɪd] s **1** sivuhuomautus **2** (teatterissa) näyttelijän itsekseen lausumat sanat adv sivussa, sivuun, syrjässä, syrjään *he pushed me aside to tell me the news* hän työnsi minut syrjään kertoakseen uutisen
aside from adv paitsi, lisäksi *aside from being ridiculous, your plan is too expensive* suunnitelmasi on paitsi naurettava myös liian kallis
as if fr ikään kuin
asinine [æsənaɪn] adj typerä, älytön
1 ask [æsk] s (tal) myyntikurssi, myyntinoteeraus
2 ask v **1** kysyä, tiedustella *he asked me the time* hän kysyi minulta kelloa **2** pyytää, kutsua *he finally asked her to dinner* lopulta hän pyysi naista ulos syömään **3** pyytää, vaatia *I am asking for help, I am asking you to help me* pyydän (sinulta) apua **4** (hinnasta) pyytää, vaatia *how much are you asking for the car?* paljonko pyydät autosta?
ask after v tiedustella jonkun vointia, kysyä mitä jollekulle kuuluu
askance [əsˈkæns] *to look askance at someone/something* katsoa jotakuta/jotakin alta kulmien, suhtautua johonkuhun/johonkin epäluuloisesti, nyrpistää nenäänsä jollekulle/jollekin
askew [əsˈkju] adv vinossa
ask for it fr kerjätä hankaluuksia/selkäänsä
ask in v pyytää jotakuta tulemaan sisään, kutsua sisään
asking *it's yours for the asking* sinun ei tarvitse kuin pyytää niin saat sen
ask out v kutsua joku ulos (esim syömään, treffeille)
ASL *American Sign Language* amerikkalainen viittomakieli
a.s.l. *above sea level* merenpinnan yläpuolella
aslant [əˈslænt] adv, prep vinossa

asleep

asleep [ə'slip] adj **1** unessa *he is fast asleep* hän nukkuu sikeästi **2** (raajoista) puutunut, tunnoton
as of fr jostakin lähtien/lukien *as of today/March 1* tästä päivästä lähtien, maaliskuun 1. päivästä lähtien
asparagus [əs'pærəgəs] s parsa
aspartame [əs'parteɪm 'æspər,teɪm] s aspartaami, eräs makeutusaine
aspect [æspekt] s **1** ulkonäkö **2** puoli, näkökulma *from the technical aspect* teknisesti, tekniseltä kannalta **3** (rakennuksesta:) *the house has a southerly aspect* talo on etelään päin **4** (kieliopissa) aspekti
aspect ratio [reɪʃoʊ] s (televisio-kuvan ym) sivusuhde, (kuvan) leveyden ja korkeuden suhde
aspen [æspən] s haapa
asperity [əs'perəti] s tylyys, tuimuus
aspersion [əs'pərʒən] *to cast aspersions on someone/something* puhua nurjasti jostakusta
asphalt [æsfalt] s asfaltti
asphalt jungle s asfalttiviidakko
asphyxia [əs'fɪksɪə] s tukehtuminen
asphyxiate [əs'fɪksɪeɪt] v tukehtua
asphyxiation [əs,fɪksɪ'eɪʃən] s tukehtuminen
aspic [æspɪk] s (ruuanlaitossa) hyytelö
aspirant [æspərənt] s (viran, työpaikan) tavoittelija, ehdokas, hakija
aspirate [æspərət] s **1** aspiraatta **2** h-äänne
aspirate [æspəreɪt] v aspiroida, ääntää h-äänne
aspiration [,æspə'reɪʃən] s tavoite, päämäärä, haave
aspire [əs'paɪər] v pyrkiä johonkin, tavoitella jotakin, janota jotakin
aspirin [æsprən] s aspiriini; aspiriinitabletti
as regards fr jotakin koskien, mitä johonkin tulee
ass. *assistant; association*
ass [æs] s **1** aasi **2** typerys, aasi **3** (alat) perse
assail [ə'seɪəl] v hyökätä, pommittaa (kysymyksillä) *he is assailed with doubts* epäilykset kalvavat häntä

assailant [ə'seɪlənt] s hyökkääjä
assassin [ə'sæsən] s salamurhaaja
assassinate [ə'sæsəneɪt] v murhata (poliittisista syistä)
assassination [ə,sæsə'neɪʃən] s salamurha

1 assault [ə'salt] s rynnäkkö, hyökkäys
2 assault v hyökätä (rynnäköllä), käydä kimppuun
assault and battery s pahoinpitely
assemble [ə'sembəl] v koota, kokoontua *cars are assembled on the assembly line* autot kootaan/valmistetaan liukuhihnalla *the guests assembled in the living room* vieraat kokoontuivat olohuoneeseen
assembler s **1** kokoonpanija, kokoaja, asentaja **2** (tietok) (symbolisen konekielen) kääntäjä
assembly [ə'sembli] s **1** kokous **2** väenkokous, väkijoukko **3** kokoaminen, asennus, valmistus
assembly language s (tietok) symbolinen konekieli
assembly line s liukuhihna, kokoonpanolinja
assemblyman [ə'semblimən] s (eräiden Yhdysvaltain osavaltioiden parlamentin alemman kamarin miespuolinen) valtuutettu, valtuuston jäsen
assemblyperson [ə'sembli,pərsən] s (eräiden Yhdysvaltain osavaltioiden parlamentin alemman kamarin) valtuutettu, valtuuston jäsen
assemblywoman [ə'sembli,wʊmən] s (eräiden Yhdysvaltain osavaltioiden parlamentin alemman kamarin naispuolinen) valtuutettu, valtuuston jäsen
1 assent [ə'sent] s suostumus *he gave his assent to the plan* hän suostui suunnitelmaan, hän hyväksyi suunnitelman *by common assent* yksimielisesti
2 assent v suostua johonkin, hyväksyä jotakin
assert [ə'sərt] v **1** väittää, vakuuttaa (syyttömyyttään) **2** pitää kiinni jostakin, puolustaa (oikeuksiaan) *to assert yourself* puolustautua, pitää puolensa
assertion [ə'sərʃən] s väite
assertive [ə'sərtɪv] adj (itse)varma

assertively adv (itse)varmasti

assess [əˈses] v arvioida, punnita (jonkun tai jonkin arvo, merkitys, mahdollisuudet tms)

assessment [əˈsesmənt] s arvio *in my assessment* minun mielestäni

asset [æset] s (yl mon) **1** varat, omaisuus **2** etu, arvokas lisä *he is an invaluable asset to this company* hän on korvaamattoman arvokas työntekijä

asset value s (tal) substanssiarvo

asshole [æshoʊl] s (alat) **1** persreikä, perse **2** kusipää

assiduous [əˈsɪdʒʊəs] adj **1** jatkuva, hellittämätön **2** tunnollinen, ahkera

assiduously adv **1** jatkuvasti, lakkaamatta **2** tunnollisesti, ahkerasti

assign [əˈsaɪn] v antaa, määrätä, nimittää *the smallest room was assigned to me* minulle annettiin kaikkein pienin huone *I wouldn't assign too much importance to what she said* en panisi hänen sanoilleen paljoakaan painoa *he was assigned to a new post* hänet määrättiin/nimitettiin uuteen tehtävään/virkaan

assignable to adj jostakin johtuva, jonkun/jonkin aiheuttama/tekemä, jonkun/jonkin tiliin laskettava

assignment [əˈsaɪnmənt] s tehtävä

assimilate [əˈsɪmɪleɪt] v sulattaa (ruokaa, tietoa), sulautua (alkuperäisväestöön), omaksua (tietoa)

assimilation [əˌsɪməˈleɪʃən] s **1** sulautuminen **2** omaksuminen

assist [əˈsɪst] v auttaa, avustaa *to assist someone in doing/with something* auttaa jotakuta tekemään jotakin, auttaa jotakuta jossakin

assistance [əˈsɪstəns] s apu

assistant [əˈsɪstənt] s apulainen, avustaja

assistant professor s (alemman palkkaluokan) apulaisprofessori (vrt *associate professor*)

assistant professorship s (alempi) apulaisprofessuuri

assn. *association*

associate [əˈsoʊsiət əˈsoʊʃət] s liiketoveri, työtoveri, kollega adj apulais-

associate professor s (ylemmän palkkaluokan) apulaisprofessori (vrt *assistant professor*)

associate professorship s (ylempi) apulaisprofessuuri

associate with [əˈsoʊsieɪt əˈsoʊʃieɪt] v **1** yhdistää, liittää, yhdistää mielessään, assosioida **2** pitää seuraa jonkun kanssa, seurustella

association [əˌsoʊsɪˈeɪʃən] s **1** yhteistyö, suhteet johonkuhun/johonkin **2** yhdistys, seura, järjestö **3** assosiaatio, mielleyhtymä

association football s (UK) jalkapallo

associative [əˈsoʊsɪətɪv] adj assosiatiivinen, mielleyhtymä-

assorted [əˈsɔrtəd] adj sekalainen; erinäinen

assortment s sekoitus, valikoima, lajitelma *a whole assortment of something* koko joukko jotakin

assuage [əˈswadʒ] v lievittää (kiukkua, pelkoa), tyydyttää, sammuttaa (nälkä, jano, halu)

assume [əˈsum] v **1** olettaa *assuming that you are telling the truth* olettaen että sinä puhut totta **2** edellyttää *a basic understanding of computers is assumed before you can sign up for the course* kurssille ilmoittautuvilta edellytetään perustiedot tietokoneen käytöstä **3** anastaa, ottaa käsiinsä (valta, ohjakset) **4** ottaa (uusi nimi); levittää kasvoilleen (tietty ilme); muuttua (ulkonäöltään, merkitykseltään), saada (uusi merkitys) *old values have recently assumed new importance* vanhojen arvojen merkitys on viime aikoina jälleen kasvanut

assumed adj **1** väärä, tekaistu, peite- (nimi ym) **2** teennäinen, epäaito

assumption [əˈsʌmpʃən] s **1** oletus **2** edellytys **3** valtaannousu, vallan anastus; virkaan astuminen **4** teennäinen ilme *she looked at the teacher with an assumption of innocence* hän katsoi opettajaa viatonta teeskennellen/kasvoillaan viaton ilme *the Assumption* Neitsyt Marian taivaaseenastuminen

assurance [əˈʃərəns] s **1** vakuutus, lupaus, varmistus **2** itseluottamus **3** luot-

assure

tamus *in the assurance that he would come* siinä uskossa että hän tulisi
assure [ə'ʃʊər] v **1** vakuuttaa, luvata, taata (tekevänsä jotakin) **2** varmistaa, taata
assured adj varma, taattu *you can rest assured that everything will be all right* voit luottaa siihen että kaikki järjestyy
assuredly adv varmasti, taatusti
AST *Atlantic standard time* Yhdysvaltain Atlantin-saarten (Puerto Rico ja Yhdysvaltain Neitsytsaaret) talviaika
aster [æstər] s (kasvi) esteri
asterisk [æstərɪsk] s asteriski, tähti(merkki) (*)
astern [ə'stərn] adv (laivan) perässä, perään
asteroid ['æstə,rɔɪd] s asteroidi
asthma [æzmə] s astma
asthmatic [,æz'mætɪk] adj astmaattinen
astir [ə'stər] adj, adv touhua täynnä, innoissaan
astonish [əs'tanɪʃ] v hämmästyttää, ällistyttää
astonishing adj hämmästyttävä, yllättävä
astonishingly adv ihmeellisesti, yllättävästi, kuin ihmeen kautta, ihmeellistä kyllä
astonishment s hämmästys, ihmetys, yllätys
astound [əs'taʊnd] v hämmästyttää, tyrmistyttää, yllättää
astral [æstrəl] adj **1** tähti- **2** astraali- *astral body* astraaliruumis
astray [ə'streɪ] adj, adv eksyksissä *to go astray* eksyä, (kuv) joutua hakoteille/harhateille *to lead someone astray* johdattaa joku tahallaan harhaan
astride [əs'traɪd] adj, adv, prep hajareisin (jonkin päällä)
astringency s (sanojen, puheen) piikikkyys, pisteliäisyys
astringent [əs'trɪndʒənt] adj (sana, puhe) piikikäs, kärkevä
astrologer [əs'trɒlədʒər] s astrologi, tähdistä ennustaja
astrological [,æstrə'lɒdʒɪkəl] adj astrologinen

astrology [əs'trɒlədʒi] s astrologia, tähdistä ennustaminen
astronaut ['æstrə,nɔt] s astronautti
astronautics [,æstrə'nɔtɪks] s avaruusmatkailu, avaruustekniikka
astronomer [əs'trɒnəmər] s astronomi, tähtitieteilijä
astronomical [,æstrə,nɒmɪkəl] adj tähtitieteellinen, (myös kuv:) suunnaton
astronomy [əs'trɒnəmi] s astronomia, tähtitiede
astute [əs'tut] adj viisas, valpas, terävä
astutely adv viisaasti, terävästi
astuteness s viisaus, terävyys, valppaus
asunder [ə'sʌndər] adv rikki, hajalla, hajalle, erillään, erilleen *what God hath joined, let no man put asunder* minkä Jumala on yhdistänyt, sitä älköön ihminen erottako
as well fr lisäksi, myös, sekä
as well as *it is good as well as expensive* se on sekä hyvä että kallis
asylum [ə'saɪləm] s **1** turvapaikka *the refugees asked for political asylum* pakolaiset anoivat poliittista turvapaikkaa **2** mielisairaala
asymmetria [,eɪsə'metrɪə] s asymmetria
asymmetric [,eɪsə'metrɪk] adj asymmetrinen, epäsymmetrinen
at [æt] prep **1** paikasta: *at the door* ovella, oven luona *to arrive at a town/ the airport* tulla kaupunkiin/lentokentälle **2** suunnasta: *to look at someone* katsoa jotakuta/johonkuhun päin **3** ajasta: *at five a.m.* kello viisi/viideltä aamulla *one at a time* yksitellen, yksi kerrallaan *at the age of five* viisivuotiaana *at his death* (hänen) kuollessaan **4** toiminnasta: *he is at work* hän on työssä/töissä/työpaikalla *I am not very good at this* minä en oikein hallitse/osaa tätä **5** nopeudesta, määrästä: *to drive at 55 m.p.h.* ajaa 55 mailia tunnissa (88 km/h)
at any rate fr joka tapauksessa; ainakin, sentään
atavism ['ætə,vɪzəm] s atavismi
atavistic [,ætə'vɪstɪk] adj atavistinen

ATB *all-terrain bicycle* maastopolkupyörä
ATC *all-terrain cycle* maastomoottoripyörä
ate [eɪt] ks eat
at every turn fr joka käänteessä/vaiheessa, jatkuvasti
at first sight fr ensi näkemältä, päälle päin
at full speed fr täyttä vauhtia (myös kuv)
at full throttle fr (kuv) nasta laudassa, täyttä häkää/vauhtia
atheism [ˈeɪθiːɪzəm] s ateismi
atheist [ˈeɪθiːɪst] s ateisti
atheistic adj ateistinen
Athens [ˈæθənz] Ateena
atherosclerosis [ˌæθərouskləˈrousɪs] s (lääk) ateroskleroosi, valtimon haurauskovetustauti
athlete [ˈæθliːt] s urheilija, yleisurheilija
athlete's foot s (lääk) jalkasieni
athletic [æθˈletɪk] adj 1 urheilu- 2 atleettinen, lihaksikas; joka pärjää hyvin lajissa kuin lajissa, urheilullinen
athletics s 1 urheilu 2 (UK) yleisurheilu
Atlanta [ətˈlæntə] kaupunki Georgiassa
Atlantic [ətˈlæntɪk] Atlantin valtameri, Atlantti
Atlantic Ocean Atlantin valtameri, Atlantti
atlas [ˈætləs] s kartasto
ATM *automated teller machine* pankkiautomaatti
atmosphere [ˈætməsˌfɪər] s 1 ilmakehä; kaasukehä 2 ilmapiiri, tunnelma
atmospheric [ˌætməsˈfɪrɪk] adj 1 ilmakehän, ilman- *atmospheric pressure* ilmanpaine 2 tunnelmallinen
atoll [əˈtal] s atolli, kehäriutta
atom [ˈætəm] s 1 atomi 2 hitunen *they smashed the building to atoms* he hajottivat rakennuksen maan tasalle
atom bomb [ˈætəmˌbam] s ydinpommi, atomipommi
atomic [əˈtamɪk] adj ydin-, atomi-
atomic bomb [əˌtamɪkˈbam] s ydinpommi, atomipommi
atomic energy [əˌtamɪkˈenərdʒi] s ydinenergia, atomienergia

atomizer [ˈætəˌmaɪzər] s sumutin
atonal [ˌeɪˈtounəl] adj (mus) atonaalinen
atonality [ˌeɪtəˈnæləti] s atonaalisuus; atonaalinen musiikki
at one *to be at one with someone* olla samaa mieltä jonkun kanssa; olla sovussa jonkun kanssa
atone for [əˈtoun] v sovittaa (synti, teko)
atonement [əˈtounmənt] s sovitus; (Kristuksen) sovintouhri
at one time fr 1 kerran 2 samanaikaisesti, yhtä aikaa
at par fr (tal) arvopaperin sanotaan olevan *at par* kun sen hinta on 100 prosenttia nimellisarvosta
at present adv tällä hetkellä, nyt
at risk *to be at risk* olla vaarassa
atrocious [əˈtrouʃəs] adj 1 julma, raaka 2 hirvittävä(n huono), kamala
atrociously adv: ks atrocious
atrocity [əˈtrasəti] s julmuus, raakuus, julma/raaka teko
atrophy [ˈætrəfi] s surkastuma
at someone's service *to be at someone's service* olla jonkun käytettävissä/palveluksessa
at sword's points *they are always at sword's points* he ovat aina napit vastakkain, he ovat aina riidoissa
attach [əˈtætʃ] v 1 kiinnittää, kiinnittyä, liittää, liittyä, oheistaa (kirjeeseen) *no blame attaches to him* häneen ei kohdistu syytöksiä, häntä pidetään syyttömänä 2 pitää jonakin *they attach very little importance to the new developments in the area* he eivät pidä alueen viimeaikaisia tapahtumia lainkaan tärkeinä
attaché [ˌætæˈʃeɪ] s (diplomatiassa) attasea, avustaja
attaché case s asiakirjasalkku
attached file s (tietok) liitetiedosto
attached to adj pitää jostakusta/jostakin kovasti, roikkua jossakussa, olla kiintynyt johonkuhun
attachment s 1 kiinnittäminen, liittäminen 2 lisälaite 3 (kirjeen) liite, (sähköpostin) liitetiedosto 4 kiintymys
1 attack [əˈtæk] s 1 hyökkäys (myös kuv) 2 (sairaus)kohtaus

attack

2 attack v **1** hyökätä (kimppuun) **2** (sairaus) iskeä, (sairauskohtaus) alkaa
attack dog s poliisikoira
attacker [əˈtækər] s hyökkääjä
attain [əˈteɪn] v saavuttaa, saada *I have not yet attained my goals* en ole vielä päässyt tavoitteisiini
attainable adj mahdollinen; joka on mahdollista saavuttaa/saada, saavutettavissa
attainment s **1** saavuttaminen, saaminen **2** (yl mon) saavutus, aikaansaannos
1 attempt [əˈtemt] s yritys *at the first attempt* ensi yrityksellä *an attempt was made on the president's life* presidentti yritettiin murhata *an attempt at something/doing something* epäonnistunut yritys
2 attempt v yrittää
attend [əˈtend] v **1** käydä (kirkossa, koulua), mennä jonnekin, olla läsnä/paikalla **2** hoitaa, palvella *which doctor is attending you?* kuka lääkäreistä hoitaa sinua?
attendance [əˈtendəns] s **1** *in attendance* läsnä, paikalla, luona, mukana **2** läsnäolo **3** osanottajamäärä, yleisö
attendant [əˈtendənt] s palvelija, valvoja, hoitaja adj johonkin liittyvä *depression and its attendant problems* masennus ja siihen liittyvät ongelmat
attendee [ˌətenˈdiː] s (konferenssin ym) osanottaja
attend to v **1** huolehtia/pitää huoli jostakusta/jostakin **2** kuunnella, tarkata
attention [əˈtenʃən] s **1** huomio *she called our attention to a recent rumor* hän otti esiin/puheeksi erään uuden huhun *to pay attention to something* keskittyä johonkin **2** (yl mon) huomaavaisuuden osoitus, huomio **3** (sot) asento *to stand at attention* seisoa asennossa *Attention!* Huomio! Asento!
attention-getting [əˈtenʃənˌgetɪŋ] adj huomiota herättävä
attentive [əˈtentɪv] adj tarkkaavainen
attentively adv tarkkaavaisesti
attentiveness s tarkkaavaisuus
attenuate [əˈtenjuˌeɪt] v lieventää, heikentää, hiljentää, vähentää

attenuating circumstances s lieventävät asianhaarat
attenuator [əˈtenjuˌeɪtər] s (elektroniikassa) vaimennin
attest [əˈtest] v vakuuttaa, vannoa, todistaa, vahvistaa (oikeaksi, todeksi)
attestation [ˌætesˈteɪʃən] s todistus, vakuutus, vahvistus
attest to v kertoa, todistaa, olla osoitus jostakin *that if anything attests to his courage* se jos mikä on merkki hänen rohkeudestaan
att. gen. *attorney general* yleinen syyttäjä
at the end of your tether *he is at the end of his tether* häneltä on voimat/kärsivällisyys lopussa
at-the-money-option s (tal) tasaoptio
at the point of *to be at the point of something* olla jonkin partaalla
at the same time fr **1** samaan aikaan **2** kuitenkin, silti, siitä huolimatta
at the worst fr pahimmassa tapauksessa, myös at worst
at this point in time fr nyt, tällä hetkellä, tässä vaiheessa
attic [ˈætɪk] s ullakko
at times fr toisinaan, ajoittain, aika ajoin
1 attire [əˈtaɪər] s vaatteet *in formal attire* juhlavaatteissa
2 attire v pukeutua
attitude [ˈætɪˌtud] s **1** asenne, suhtautuminen *he said that you have an attitude problem* hän sanoi että sinä suhtaudut asiaan väärin, sinä olet kuulemma uppiniskainen **2** (ruumiin) asento, ryhti
attn. *attention* huom.
at top speed fr täyttä vauhtia (myös kuv)
attorney [əˈtɜːrni] s asianajaja, lakimies *power of attorney* valtakirja
attorney-at-law [əˌtɜːrniətˈlɔː] s asianajaja
attorney general s **1** Yhdysvaltain osavaltioiden ylin oikeusviranomainen **2** Yhdysvaltain (liittovaltion) oikeusministeri
attract [əˈtrækt] v **1** vetää puoleensa, houkutella *a magnet attracts metal* magneetti vetää puoleensa rautaa *the new*

company is attracting many investors uusi yritys on saamassa paljon sijoittajia *I am not attracted to the proposition* ehdotus ei houkuttele minua *the revelation attracted a good deal of publicity* paljastus sai osakseen paljon julkisuutta **2** *attract interest* kasvaa korkoa

attraction [əˈtrækʃən] s **1** vetovoima, veto, houkutus **2** houkutus, huvi

attractive [əˈtræktɪv] adj puoleensavetävä, viehättävä, miellyttävä, houkutteleva, hyvä, kaunis

attractively adv houkuttelevasti, hyvin, kauniisti *this new TV set is attractively priced* tämä uusi televisio(vastaanotin) on edullinen

attractiveness s viehätys, viehätysvoima, kauneus

attributable to [əˈtrɪbjətəbəl] adj johdettavissa jostakin, laskettavissa jonkun/jonkin tiliin

attribute [ˈætrəˌbjut] s **1** ominaisuus, piirre **2** (kieliopissa) attribuutti

attribute to [əˈtrɪbjut] v katsoa jonkin johtuvan jostakin, katsoa jotakin jonkun syyksi, laskea jonkun/jonkin tiliin *he attributes his success to hard work* hän katsoo menestyksensä perustuvan ahkeruuteen/yrittämiseen

attune to [əˈtun] v sopeutua, mukautua, totuttautua johonkin, päästä samoille aaltopituuksille *I am not attuned to the group yet* en ole vielä päässyt ryhmän henkeen

atty. gen. *attorney general* yleinen syyttäjä

ATV *all-terrain vehicle* mönkijä

at variance fr **1** *what you did is at variance with your orders* sinä et noudattanut ohjeitasi, sinä teit toisin kuin sinua käskettiin **2** *we are at variance with each other* olemme (asiasta) eri mieltä

at work *to be at work* olla työpaikalla/ työssä; olla toiminnassa

at worst fr pahimmassa tapauksessa, myös at the worst

at your wit's end *to be at your wit's end* olla ymmällään; olla helisemässä

atypical [eɪˈtɪpɪkəl] adj ei tyypillinen/ ominainen, poikkeava

aubergine s (UK) munakoiso
auburn [ɑbərn] adj punaruskea
Auckland [ɑklənd]
1 auction [akʃən] s huutokauppa
2 auction v huutokaupata
auctioneer [ˌakʃənˈɪər] s huutokauppameklari
audacious [əˈdeɪəs] adj **1** hävytön, röyhkeä **2** rohkea, uhkarohkea, uskalias
audaciously adv **1** hävyttömästi **2** uskaliaasti
audacity [əˈdæsəti] s **1** hävyttömyys, röyhkeys **2** rohkeus, uhkarohkeus, uskaliaisuus
audible [adəbəl] adj (korvin) kuultava, selvästi kuuluva
audibly adv (korvin) kuultavasti, selvästi
audience [adɪəns] s **1** yleisö, (televisio)katsojat, (radio)kuuntelijat, (kirjan) lukijat **2** audienssi
audio [adɪoʊ] s **1** audiolaite, audiolaitteet, äänentoistolaite, äänentoistolaitteet **2** ääni *turn the audio off* sulkea/vaimentaa (esim television) ääni *turn the audio up* pistää (esim televisiota) kovemmalle adj audio-, kuulo, äänentoisto- *audio equipment* stereolaitteet
audiophile [ˈadɪəˌfaɪəl] s hifi-harrastaja adj hifi- *an audiophile magazine* hifilehti
audiotape [ˌadɪoˈteɪp] s ääninauha
audiovisual [ˌadɪəˈvɪʒʊəl] adj audiovisuaalinen
1 audit [adɪt] s tilintarkastus; (USA:ssa pistokokeena suoritettava) verotarkastus
2 audit v **1** tarkastaa tilit, tehdä tilintarkastus; tarkastaa verot *I got audited this year* minulta tarkastettiin tänä vuonna verot **2** olla kuunteluoppilaana
1 audition [əˈdɪʃən] s (teatterissa, mus) esiintymiskoe
2 audition v käydä esiintymiskokeessa; olla arvostelijana esiintymiskokeessa
auditor [adɪtər] s **1** tilintarkastaja **2** kuunteluoppilas
auditorium [ˌadɪˈtɔrɪəm] s katsomo, konserttisali, luentosali, juhlasali, auditorio
auditory [ˈadɪˌtɔri] adj kuulo-

Aug. *August* elokuu
auger [agər] s käsipora; kaira
augment [agˌment] v lisätä, lisääntyä, kasvattaa, kasvaa
augur [agər] s (hist) auguuri, ennustaja
augur ill fr enteillä pahaa
augur well fr enteillä hyvää
augury [agəri] s **1** ennustaminen **2** enne, merkki
August [agəst] s elokuu
august [aˈgʌst] adj arvokas, juhlallinen, ylevä
auk [ak] s ruokki
auld lang syne [ald læŋ saɪn] fr (skotlannin murretta) vanhat hyvät ajat
aunt [ænt ant] s täti
auntie [ænti, anti] s (ark) täti
au pair [ˌoʊˈpeər] s au pair -tyttö/-poika
aura [ɔrə] s aura; sädekehä, tuulahdus *the girl has an aura of peacefulness about her* tytön olemus on hyvin tyyni, tyttö suorastaan säteilee tyyneyttä
aural [ɔrəl] adj kuulo-, korva-
aureole [ɔrioəl] s **1** sädekehä **2** (esim auringon) korona **3** sumuvarjo, glooria
au revoir [aˈvwa] interj (ranskasta) näkemiin
auricle [ɔrɪkəl] s korvalehti
aurora australis [əˌrɔrəasˈtrælɪs] s eteläntulet, eteläisen pallonpuoliskon revontulet
aurora borealis [əˌrɔrəbɔriˈælɪs] s revontulet, pohjantulet
AUS *Army of the United States*
auscultate [ˈaskəlˌteɪt] v (lääk) auskultoida, kuunnella
auscultation [ˌaskəlˈteɪʃən] s (lääk) auskultaatio, kuuntelu(tutkimus)
auspices [aspɪsəz] *under the auspices of* jonkun/jonkin suojeluksessa/tuella
auspicious [asˈpɪʃəs] adj lupaava (alku), suotuisa
auspiciously adv lupaavasti, suotuisasti
Aussie [asi] s, adj (ark) australialainen
austere [asˈtɪər] adj ankara, karu, koruton
austerity [asˈterəti] s ankaruus, karuus, koruttomuus

austerity program s säästöohjelma, säästötoimenpiteet
Austin [astən] kaupunki Texasissa
Australia [asˈtreɪljə] Australia
Australian [asˈtreɪliən] s, adj australialainen
Austrian [astriən] s, adj itävaltalainen
authentic [aˈθentɪk] adj aito, oikea, luotettava
authentically adv aidosti, oikeasti, luotettavasti
authenticate [aˈθentəˌkeɪt] v todistaa aidoksi/oikeaksi
authentication s aidonnus, todennus
authenticity [ˌaθenˈtɪsəti] s aitous, luotettavuus
author [aθər] s **1** kirjoittaja, tekijä, kirjailija **2** alullepanija, isä
authoress [aθərəs] s **1** (naispuolinen) kirjoittaja, tekijä, kirjailija(tar), naiskirjailija **2** alullepanija
authoritarian [aˌθɔrəˈteriən] adj autoritaarinen, alistava
authoritative [əˈθɔrəˌteɪtɪv] adj **1** määräävä, komenteleva; kunnioitusta herättävä **2** luotettava, arvovaltainen
authoritatively adv **1** määräävästi, komentelevasti **2** luotettavasti, arvovaltaisesti
authority [əˈθɔrəti] s **1** valta, valtuudet, määräysvalta *you have no authority here* sinä et voi määräillä täällä **2** (myös mon) viranomainen **3** asiantuntija **4** yleisesti tunnustettu/arvovaltainen teos/(tiedon)lähde *I have it on best authority* kuulin/tarkistin sen parhaasta mahdollisesta lähteestä, (myös:) puhun suulla suuremmalla
authority figure s käskijä
authorization [ˌaθərəˈzeɪʃən] s lupa, valtuudet
authorize [aθəraɪz] v **1** valtuuttaa *he was not authorized to open the safe* hänellä ei ollut lupaa/valtuuksia avata kassakaappia **2** hyväksyä, antaa (lupa/määräraha)
authorized biography [baɪˈagrəfi] s aiheena olevan henkilön luvalla kirjoitettu elämäkerta

aversion

authorized translator [ˈtrænsˌleɪtər] s virallinen kielenkääntäjä, valantehnyt kielenkääntäjä

Authorized Version [vɜrʒən] s englanninkielinen raamatunkäännös vuodelta 1611, Kuningas Jaakon Raamattu

auto [atoʊ] s auto

autobiographic [ˌatəbaɪəˈgræfɪk] adj omaelämäkerrallinen

autobiographical [ˌatəbaɪəˈgræfɪkəl] adj omaelämäkerrallinen

autobiography [ˌatəbaɪˈagrəfi] s omaelämäkerta

autocracy [aˈtakrəsi] s itsevaltius, autokratia

autocrat [atəkræt] s itsevaltias, autokraatti

autocratic [ˌatəkrætɪk] adj **1** itsevaltainen, autokraattinen **2** omapäinen, itsepäinen

auto-dialer [ˌatoʊˈdaɪələr] s (puhelimen) pikavalitsin

autodidact [ˌatəˈdaɪdækt] s itseoppinut

1 autograph [ˈatəˌgræf] s nimikirjoitus

2 autograph v kirjoittaa nimensä (kirjoittamaansa kirjaan), omistaa *an autographed copy* tekijän nimikirjoituksella varustettu kirja

automate [ˈatəˌmeɪt] v automatisoida

automatic [ˌatəˈmætɪk] s automaattiase adj itsetoimiva, automaattinen

automatically adv itsetoimivasti, automaattisesti

automation [ˌatəˈmeɪʃən] s automatisointi, automaatio

automobile [ˈatəməˌbiəl] s auto

automotive [ˌatəˈmoʊtɪv] adj auto- *an automotive magazine* autolehti

autonomous [aˈtanəməs] adj itsenäinen, riippumaton, autonominen

autonomy [aˈtanəmi] s itsenäisyys, itsehallinto, riippumattomuus, autonomia

autopsy [ˈaˌtapsi] s ruumiinavaus

autosuggestion [ˌatəsəgˈdʒestʃən] s (psyk) itsesuggestio

autoworker [ˈatoʊˌwɜrkər] s autotehtaan/autoteollisuuden työntekijä, autotyöläinen

autumn [atəm] s syksy

autumnal [əˈtʌmnəl] adj syksyinen, syys-

autumnal equinox [əˌtʌmnəlˈikwəˌnaks] s syyspäiväntasaus

aux. *auxiliary* lisä-, vara-, apu-

auxiliary [agˈzɪljəri] s (kieliopissa) apuverbi adj apu-, lisä-, vara-

auxiliary verb s apuverbi

av. *average* keskimäärin, keskimääräinen

AV *audiovisual* audiovisuaalinen

avail [əˈveɪəl] *to be of little/no avail* jostakin on vain vähän apua/jostakin ei ole mitään apua *all his attempts were to no avail* hän yritti turhaan, hänen ponnisteluistaan ei ollut mitään apua

availability [əˌveɪləˈbɪləti] s (esim kauppatavaran) saatavuus, tarjonta

available [əˈveɪləbəl] adj saatavana, tarjolla, kaupan

avail yourself of v käyttää hyväkseen jotakin, tarttua tilaisuuteen

avalanche [ˈævəˌlæntʃ] s lumivyöry, maavyöry, (myös kuv:) vyöry, tulva

avarice [ævərəs] s ahneus

avaricious [ˌævəˈrɪʃəs] adj ahne

avariciously adv ahneesti

avdp. *avoirdupois*

avenge [əˈvendʒ] v kostaa

avenger [əˈvendʒər] s kostaja

avenida [ˌævəˈnidə] s (espanjasta) puistokatu, katu

avenue [ævənu] s puistokatu, katu

1 average [ævrədʒ] s keskitaso, keskiarvo

2 average adj keskinkertainen, keskimääräinen, tavallinen *the average citizen* keskivertokansalainen, tavallinen ihminen *Joe Average* keskivertokansalainen, tavallinen ihminen, Matti Meikäläinen

3 average v: *he averaged 60 miles an hour* hänen keskinopeutensa oli 60 mailia tunnissa *she averages $3,000 a month* hän ansaitsee keskimäärin 3000 dollaria kuukaudessa

averse to [əˈvɜrs] adj haluton, vastahakoinen tekemään jotakin, jonka ei tee mieli jotakin

aversion [əˈvɜrʒən] s vastahakoisuus, inho, valituksen aihe *I have a strong*

avert

aversion to formal dinners minä en pidä alkuunkaan juhla-aterioista
avert [ə'vərt] v **1** kääntää katseensa/ajatuksensa pois jostakin **2** estää, ehkäistä **3** karistaa (epäilykset)
aviary ['eɪvɪˌeri] s lintuhäkki, (eläintarhan) lintutalo
aviation [ˌeɪvi'eɪʃən] s ilmailu
aviator ['eɪviˌeɪtər] s lentäjä
avid [ævəd] adj innokas, halukas *she is an avid fan of yours* hän on suuri ihailijasi *he is avid for success* hän haluaa kovasti menestyä, hän janoaa menestystä, hänellä on kova menestyksen nälkä
avidity [ə'vɪdəti] s innokkuus, kova halu, jano (kuv), nälkä (kuv)
avidly adv innokkaasti, halukkaasti
avocado [ˌavə'kadoʊ ˌævə'kadoʊ] s avokado
avocet ['ævoʊset] s (lintu) avosetti
avoid [ə'vɔɪd] v välttää, välttyä, karttaa, estää, ehkäistä
avoidable adj joka voidaan välttää tai estää
avoidance [ə'vɔɪdəns] s välttäminen, välttely
avoirdupois [ˌævərdə'pɔɪz] s **1** (US, UK) punnitusjärjestelmä jossa 1 naula on 16 unssia **2** lihavuus, läski
avoirdupois weight s (US, UK) punnitusjärjestelmä jossa 1 naula on 16 unssia
Avon [eɪvan] Englannin kreivikuntia
avow [ə'vaʊ] v myöntää, tunnustaa, vakuuttaa
avowal [ə'vaʊəl] s tunnustus, vakuutus
avowed [ə'vaʊd] adj vannoutunut
A/V receiver [ˌeɪvirə'sivər] s AV-viritinvahvistin (sisältää videoliitännät)
AWACS [eɪwæks] *airborne warning and control system*
await [ə'weɪt] v odottaa *he is awaiting further instructions* hän odottaa uusia ohjeita *big problems awaited him* hänellä oli edessään isoja ongelmia
awake [ə'weɪk] v awoke, awoken/awoked **1** herätä (unesta) **2** herätä tajuamaan adj hereillä, valveilla
awaken ks awake

awake to *to be awake to something* ymmärtää, tiedostaa, olla selvillä jostakin
1 award [ə'wɔrd] s palkinto
2 award v palkita, antaa (palkinto) *she was awarded the degree of Master of Arts* hänelle myönnettiin filosofian kandidaatin pätevyys
awareness s tietoisuus, tieto, käsitys, ymmärrys
aware of [ə'weər] adj tietoinen, selvillä, perillä jostakin *he was not aware of the new law* hän ei tiennyt uudesta laista
awash [ə'wɑʃ] adj veden peitossa
away [ə'weɪ] adv **1** päässä, etäisyydellä *one mile away* mailin päässä **2** jatkuvasti, lakkaamatta *to work away* ahertaa, huhkia **3** pois, poissa *to look away* kääntää katseensa pois *I was away on business* olin poissa työasioilla
awe [a] s kunnioitus, pelko *they are in awe of his accomplishments* he suhtautuvat kunnioittavasti hänen saavutuksiinsa
awe-inspiring ['aɪnˌspaɪrɪŋ] adj kunnioitusta herättävä, upea, mahtava
awesome [asəm] adj **1** kunnioitusta herättävä **2** (nuorten kielessä) loistava, upea
awe-struck ['aˌstrʌk] adj kunnioittava, kunnioituksen täyttämä/tyrmistämä
awful [afəl] adj hirvittävä, kamala, toivoton
awfully adv hirvittävän, kamalan
AWGTHTGTTA (tekstiviestissä, sähköpostissa) *are we going to have to go through that again?*
awhile [ə'waɪəl] adv hetken aikaa, hetkeksi
awkward [akwərd] adj **1** vaikea, hankala **2** kiusallinen, nolo **3** kiusaantunut, nolostunut **4** kömpelö, avuton
awkward age s vaikea ikä, varhaisnuoruus, murrosikä
awkward customer hankala/vaikea asiakas, (ark kuv) hankala/vaikea tapaus
awkwardly adv: ks awkward
awkwardness s **1** hankaluus, vaikeus **2** kiusallisuus **3** nolostuminen **4** kömpelyys, avuttomuus

awkword ['akˌwərd] s (leik) vaikeasti lausuttava sana
awl [aəl] s naskali
awning [aniŋ] s ulkokaihdin, markiisi
awoke [ə'woʊk] ks awake
awoken ks awake
AWOL [eɪwaəl] *absent without leave* luvatta poistunut, puntiksella (sot ark)
awry [ə'raɪ] *to go awry* mennä pieleen/myttyyn
ax [æks] s kirves *to get the ax* saada potkut *to give someone the ax* antaa jollekulle potkut, erottaa *to have an ax to grind with someone* olla kana kynimättä jonkun kanssa, olla vanhoja kalavelkoja
axe [æks] ks ax
axiom [æksiəm] s aksiooma, selviö
axiomatic [ˌæksiə'mætɪk] adj itsestään selvä, aksiomaattinen
axis [æksɪs] s (mon axes) akseli (vrt *axle*) *the Earth rotates on its axis* Maa pyörii akselinsa ympäri *the Axis powers* (hist) akselivallat (Saksa, Italia, Japani)
axle [æksəl] s (tekniikassa) akseli *the rear axle of a car* auton taka-akseli
aye [aɪ] s (äänestyksessä) jaa-ääni interj kyllä
aye-aye [aɪaɪ] s sormieläin, ai-ai
AZ *Arizona*
azalea [ə'zeɪljə] s atsalea
Azerbaijan [ˌazər'baɪʒan] Azerbaidžan
Azores [ə'zɔrz 'eɪˌzɔrz] (mon) Azorit
1 Aztec [æztek] s atsteekki
2 Aztec adj atsteekkien
azure [ə'ʒər] adj taivaansininen

B, b

B, b [bi] B, b
B4 (tekstiviestissä, sähköpostissa) *before*
B.A. *Bachelor of Arts* hum. kand. (lähinnä)
1 baa [bæ] s määintä
2 baa v määkiä interj (lampaan äänestä) mää!
1 babble [bæbəl] s **1** (lapsen) jokeltelu, (turha) lörpötys **2** (veden) solina
2 babble v **1** (lapsi) jokeltaa, (aikuinen) pölistä, lörpötellä **2** (vesi) solista
babe [beɪb] s **1** lapsi, lapsonen **2** (nainen) beibi, (mies) kaveri, heppu
babel [bæbəl] s **1** sekasorto, myllerrys **2** *the Tower of Babel* Baabelin torni
babirusa [ˌbabə'rusə] s hirvisika (Babyrousa babyrussa)
baboon [bæ'bun] s paviaani
Babs Bunny [ˌbæbz'bʌni] Viivi Vemmelsääri
baby [beɪbi] s mon babies **1** lapsi, pikkulapsi, vauva (myös kuv) **2** (tyttö, nainen) beibi
baby boom ['beɪbiˌbum] s (toisen maailmansodan jälkeinen) suuri ikäluokka
baby boomer s (toisen maailmansodan jälkeisen) suuren ikäluokan jäsen
baby bust s pieni ikäluokka
baby carriage [kerɪdʒ] s lastenvaunut
baby face s joku jolla on (lempeät/nuorekkaat) lapsenkasvot
baby grand [ˌbeɪbi'grænd] s pieni flyygeli
babyish ['beɪbiˌɪʃ] adj lapsellinen
Babylon ['bæbəˌlan] Babylon
baby on board fr (auton ikkunaan imukupilla kiinnitetyssä kilvessä) lapsi autossa, kyydissä
baby shower lasta odottavalle naiselle järjestetty vauva-aiheinen naistenjuhla, vauvakutsut *she threw a baby shower for her friend* hän järjesti ystävälleen vauvakutsut
baby-sit ['beɪbiˌsɪt] v olla lapsenvahtina
babysitter ['beɪbiˌsɪtər] s lapsenvahti
bac. *bachelor*

bachelor [ˈbætʃələr] s **1** poikamies, naimaton mies **2** alimman korkeakoulututkinnon suorittanut henkilö, ks Bachelor of Arts, Bachelor of Science

Bachelor of Arts s alin korkeakoulututkinto; sen suorittanut henkilö, humanististen tieteiden kandidaatti

Bachelor of Science s alin korkeakoulututkinto; sen suorittanut henkilö, luonnontieteiden kandidaatti

bacillus [bəˈsɪləs] s (mon bacilli) basilli

1 back [bæk] s **1** (ihmisen, eläimen, tuolin, kirjan ym) selkä **2** (talon) takaosa, (huoneen) perä

2 back v **1** peruuttaa (auto) **2** tukea, kannattaa *I'm backing your campaign 100 percent* minä tuen (vaali)kampanjaasi sataprosenttisesti **3** lyödä vetoa jonkin puolesta **4** panna taustaksi, päällystää kääntöpuolelta jollakin

3 back adv **1** (tilasta) takana, taakse, takaisin *let's go back* lähdetään takaisin **2** *I hit him back* minä iskin vuorostani häntä **3** (ajasta) sitten *several decades back* useita kymmeniä vuosia sitten

backache [ˈbækˌeɪk] s selkäsärky, selkäkipu

back and forth adv edestakaisin

back away v perua (sanansa), purkaa (sopimus)

backbite [ˈbækˌbaɪt] v panetella

backbiting [ˈbækˌbaɪtɪŋ] s panettelu

backbone [ˈbækˌboʊn] s selkäranka (myös kuv)

back-breaking [ˈbækˌbreɪkɪŋ] adj raskas, uuvuttava

back copy [ˌbækˈkɑpi] s (lehden) vanha numero

back country [ˈbækˌkʌntri] s syrjäseutu, asumaton seutu

back-country permit s leirintälupa

backdate [ˈbækˌdeɪt] v aikaistaa, merkitä johonkin aikaisempi päivämäärä

back door s (tietok) takaportti

back down v antaa periksi, myöntyä

backer [ˈbækər] s **1** vedonlyöjä **2** tukija, kannattaja

1 backfire [ˈbækˌfaɪər] s (polttomoottorin) pamahdus

2 backfire v **1** (polttomoottori) pamahtaa **2** epäonnistua, johtaa takaiskuun, kostautua

backgammon [ˈbækˌgæmən, ˌbækˈgæmən] s backgammon(-peli)

background [ˈbækgraʊnd] s tausta

backgrounder s tiivistelmä, taustatiedot

background run s tausta-ajo

backhanded [ˈbækˌhændəd] adj **1** ironinen (kohteliaisuus) **2** vasemmalle kalteva (käsiala)

back judge [ˈbækˌdʒʌdʒ] s (amerikkalaisessa jalkapallossa) takatuomari

backlash [ˈbækˌlæʃ] s takaisku, vastaisku

backlog [ˈbækˌlɑg] s keskeneräiset/rästissä olevat työt

back month s (tal) johdannaisinstrumenttikaupassa myöhäisempi erääntymiskuukausi

back off v peruuttaa (auto)

back office s (tal) kaupankäyntiä palveleva ja tukeva taustatoimintoja suorittava organisaation osa

back on to v olla jonkun takana *our house backs on to a park* talomme takana on puisto

back out v **1** peruuttaa (auto) **2** perua (sanansa), purkaa (sopimus)

1 backpack [ˈbækˌpæk] s rinkka, reppu

2 backpack v vaeltaa, patikoida (rinkka/reppu) selässä

backpacker s vaeltaja, patikoija

backpacking s (jalkaisin) retkeily, vaeltaminen, patikointi

backseat [ˌbækˈsit] s (auton) takaistuin *to take a back seat to someone* (kuv) astua syrjään jonkun tieltä, tehdä tilaa jollekulle

backseat driver s **1** joku joka antaa takaistuimelta ohjeita auton kuljettajalle, takapenkkikuski **2** (kuv) toisten asioihin puuttuja

backside [ˈbækˌsaɪd] s takapuoli

backslash s kenoviiva (\)

backstage [ˈbækˌsteɪdʒ] adv (teatterin) takanäyttämössä, kulissien takana, näyttämön takana

back story s taustatiedot

1 backstroke [ˈbækˌstroʊk] s selkäuinti
2 backstroke v uida selkäuintia/selällään
backswing [ˈbækˌswɪŋ] (golf) mailan taaksevienti
backtrack [ˈbækˌtræk] v palata jonnekin omia jälkiään seuraten
backup s **1** apu, tuki, vara- *a backup system* varajärjestelmä *to get backup* saada apua **2** (tietok) varmuuskopiointi, varmuuskopio *to make a backup* ottaa varmuuskopio
back up v **1** tukea, varmistaa *I'll back you up on this.* Tuen sinua tässä asiassa. **2** perustella *Can you back it up with some facts?* Voitko perustella sen muutamalla sanalla? **3** (tietok) varmuuskopioida
backward [ˈbækˌwərd] adj **1** takapajuinen, kehittymätön **2** arka, ujo, vastahakoinen **3** (henkisesti) jälkeenjäänyt **4** taaksepäin suuntautuva *a backward glance* vilkaisu taaksepäin adv ks backwards
backwardness s (henkinen) jälkeenjääneisyys, (alueen) takapajuisuus
backwards adv taaksepäin, takaperin, väärinpäin *to look backwards* katsoa taakseen/taaksepäin/menneisyyteen *you have that shirt on backwards* paitasi on väärinpäin *to bend over backwards to do something* tehdä kaikkensa jonkin eteen, olla erittäin avulias, nähdä paljon vaivaa
backwoods [ˈbækˌwʊdz] s syrjäseutu
backwoodsman [ˌbækˈwʊdzmən] s metsäläinen, syrjäseudun asukas
backyard [ˌbækˈyard] s takapiha *in your own backyard* omassa perheessä, kotipiirissä, lähipiirissä
bacon [ˈbeɪkən] s pekoni
bacteria ks bacterium
bacterial [ˌbækˈtɪərɪəl] adj bakteeri-
bacterium [ˌbækˈtɪərɪəm] s (mon bacteria) bakteeri
Bactrian camel [ˌbæktrɪənˈkæməl] s kaksikyttyräinen kameli
bad [bæd] s paha *to be in bad with someone* olla huonoissa väleissä jonkun kanssa adj (worse, worst) **1** huono,

ikävä (uutinen, sää), paha (tapa) *she speaks very bad English* hän puhuu englantia erittäin huonosti *smoking is bad for you* tupakointi on epäterveellistä **2** vakava (virhe, onnettomuus) **3** pilaantunut *the eggs have gone bad* munat ovat pilaantuneet **4** paha (mieli) *don't feel bad about it* älä siitä välitä, älä pane sitä pahaksesi
baddie [bædi] s (ark) elokuvan konna, pahis
bade [beɪd] ks bid
badge [bædʒ] s **1** virkamerkki, jäsenmerkki **2** tunnus, merkki
1 badger [bædʒər] s mäyrä, metsäsika
2 badger v vaivata, häiritä, kiusata
badlands [ˈbædˌlænz] s (mon) eräs karu ja kuiva maastotyyppi mm Etelä-Dakotassa
Badlands [ˈbædˌlænz] kansallispuisto Etelä-Dakotassa
bad language s kiroilu, rumat puheet
badly adv (worse, worst) **1** huonosti (tehty) **2** pahasti, vakavasti (haavoittunut) **3** kovasti *she wants it badly* hän haluaa sitä kovasti
bad-mannered [ˌbædˈmænərd] adj pahatapainen, huonotapainen, epäkohtelias
badminton [bædmɪntən] s sulkapallo
badness s ks bad
bad-tempered [ˌbædˈtempərd] adj pahansisuinen, pahantuulinen
bad word s kirosana
B.A.Ed. *Bachelor of Arts in Education*
Baffin Island [ˌbæfənˈaɪlənd] Baffininsaari (Kanadassa)
baffle [bæfəl] v tyrmistyttää, ällistyttää, saada tyrmistymään/ällistymään
1 bag [bæg] s **1** pussi, laukku, kassi, (golf) bägi, mailareppu, mailalaukku **2** (sl) ruma/vanha akka **3** *to let the cat out of the bag* paljastaa salaisuus *I was left holding the bag* minä sain kaikki syyt niskaani (vaikka olin syytön tai vain osasyyllinen)
2 bag v **1** pussittaa, panna pusseihin/laukkuihin **2** saada (metsästyksessä) saaliiksi **3** ottaa kiinni jostakin, tarttua johonkin

bagel

bagel [ˈbeɪgəl] s (makeuttamaton) rinkeli
baggage [ˈbægədʒ] s matkatavarat
baggy [ˈbægi] adj (baggier, baggiest) (vaatteesta:) liian iso
bagpipes [ˈbægˌpaɪps] s (mon) säkkipilli
Bahama Islands [bəˈhɑːməˈaɪlənz] Bahamasaaret
Bahamas [bəˈhɑːməz] 1 Bahama 2 Bahamasaaret
Bahamian [bəˈheɪmiən] s, adj bahamalainen
Bahrain [bɑːˈreɪn] Bahrain
Bahraini s, adj bahrainilainen
bail [beɪl] s takaus(maksu) (jota vastaan syytetty päästetään vapaaksi oikeudenkäynnin alkuun saakka) *to be/let someone out on bail* olla/päästää joku vapaaksi takausta vastaan *to jump bail* jäädä saapumatta oikeuteen (ja menettää takausmaksu)
Bailey bridge s baileysilta
bailiff [ˈbeɪlɪf] s oikeudenpalvelija
bailiwick [ˈbeɪləˌwɪk] s jonkun ala *it's not my bailiwick* se ei ole minun heiniäni
bail out v 1 maksaa syytetyn takaus (jotta tämä pääsee vapaaksi oikeudenkäyntiin saakka) 2 pelastaa joku pinteestä, auttaa joku pulasta 3 hypätä ulos (uppoavasta veneestä, putoavasta lentokoneesta), irrottautua vaikeasta tilanteesta 4 äyskäröidä (vettä veneestä)
1 bait [beɪt] s syötti (myös kuv)
2 bait v 1 panna syötiksi, houkutella 2 kiduttaa, kiusata, härnätä
Baja California [ˌbɑːhɑːˌkælɪˈfɔːrnjə] Kalifornian niemimaa (Meksikossa)
bake [beɪk] v 1 leipoa 2 paahtaa, paahtua kovaksi (auringossa)
bakeberry [ˈbeɪkˌberi] s (mon bakeberries) muurain
baker s leipuri
baker's dozen [ˌbeɪkərzˈdʌzən] s kolmetoista
bakery s leipomo
bakeshop s leipomo
baking powder [paʊdər] s leivinjauhe
baking soda s ruokasooda
balalaika [ˌbæləˈlaɪkə] s balalaikka

1 balance [ˈbæləns] s 1 vaaka *to hang in the balance* (kuv) olla vaakalaudalla 2 tasapaino *to keep/lose your balance* pysyä tasapainossa/menettää tasapainonsa 3 (tal) tase, saldo *on balance* kaiken kaikkiaan, kokonaisuutena ottaen 4 jäljellä oleva määrä, loput, jäännös *for the balance of the year* lopun vuotta
2 balance v 1 pitää tasapainossa 2 tehdä tilinpäätös, laskea menot ja tulot 3 (tuloista ja menoista) mennä tasan, (tilit) täsmätä 4 verrata (toisiinsa), punnita hyviä ja huonoja puolia, tasapainotella
Balance (tähdistö) Vaaka
balanced adj tasapainoinen
balanced diet s monipuolinen ruokavalio
balance of payments s maksutase
balance of power s (sotilaallinen) voimatasapaino
balance of terror s kauhun tasapaino (suurvaltojen välillä)
balance of trade s kauppatase
balance out v tasapainottaa, tasapainottua, kumota toisensa, täydentää toisiaan
balcony [ˈbælkəni] s parveke, (teatterin) parvi/parveke
bald [bɔːld] adj balder, baldest 1 kalju(päinen) 2 koruton (totuus), ytimekäs, suora (puhe)
bald eagle [ˌbɔːldˈiːgəl] s valkopäämerikotka, Yhdysvaltain kansallislintu
balderdash [ˈbɔːldərˌdæʃ] s roskapuhe, hölynpöly
baldie [ˈbɔːldi] s (ark) kaljupää
baldly adv (puhua) suoraan
baldness s 1 kaljuus 2 koruttomuus, ytimekkyys
baldy s (ark) kaljupää
1 bale [beɪl] s paali; nippu
2 bale v paalata, paalittaa, niputtaa
Balearic Islands [ˌbæliˈærɪkˈaɪlənz] (mon) Baleaarit
baleful [ˈbeɪlfəl] adj paha, pahansuopa, uhkaava, vaarallinen
balk [bɔːk] v 1 estää (suunnitelma) 2 (hevonen) pysähtyä 3 (ihminen) säpsähtää jotakin, järkyttyä jostakin, ei suostua johonkin

Band-Aid®

Balkan Peninsula [ˌbɔlkənpəˈnɪnsələ] Balkanin niemimaa
Balkans [bɔlkənz] s (mon) Balkanin niemimaa, Balkan
balky [baki] adj vikuroiva, jukuripäinen, omapäinen
1 ball [bal] s **1** pallo, kerä *to be on the ball* olla ajan tasalla, seurata aikaansa, olla valpas *to play ball* pelata palloa, (kuv) suostua yhteistyöhön **2** tanssit *to have a ball* olla hauskaa **3** (sl) kives, muna (ks balls)
2 ball v (sl) naida, nussia
ballad [bæləd] s balladi
ballast [bæləst] s (mer) painolasti
ball bearing [ˌbalˈbeərɪŋ] s kuulalaakeri
ballerina [ˌbæləˈrinə] s ballerina, balettitanssijatar
ballet [bæˈleɪ] s baletti
ballet dancer s balettitanssija
ballet slipper s (balettitanssijan) varvastossu
ball game s **1** baseball **2** *it's a whole new ball game* se on kokonaan eri juttu
ballistic [bəˈlɪstɪk] adj ballistinen (ohjus)
ballistics s ballistiikka
ball of the foot s päkiä
1 balloon [bəˈlun] s **1** ilmapallo **2** (kuuma)ilmapallo
2 balloon v paisua kuin ilmapallo, pullistua, täyttyä
balloonist s (kuuma)ilmapallolentäjä, ilmapurjehtija
1 ballot [bælət] s **1** äänestyslippu **2** (salainen) äänestys, vaalit **3** äänimäärä
2 ballot v äänestää
ballot box s vaaliuurna
ballpoint [ˈbalˌpoɪnt] s kuula(kärki)kynä
ballpoint pen s kuula(kärki)kynä
ballroom [ˈbalˌrum] s tanssisali
balls [balz] s (mon sl) kivekset, munat, pallit; (kuv) rohkeus, sisu, häikäilemättömyys *he's got balls, going in there unarmed* hänellä on munaa, kun meni sinne ilman asetta
ballsy [balzi] adj (sl) rohkea, sisukas, häikäilemätön
1 ballyhoo [ˈbæliˌhu ˌbæliˈhu] s ylenpalttinen mainonta, mainoshömpötys
2 ballyhoo v mainostaa ylenpalttisesti

balm [bam] s palsami, (myös kuv:) lohtu
balmy [bami balmi] adj **1** samettinen (ilma) **2** hyväntuoksuinen, hyvää tekevä
baloney [bəˈloʊni] s **1** mortadella(makkara) **2** roska, pöty *don't give me that baloney* älä syötä pajunköyttä, älä puhu roskaa
balsa [balsə] s balsapuu
balsam [balsəm] s **1** palsami **2** palsamipuu
Balt. *Baltimore*
Baltic [ˌbaltɪk] adj **1** Itämeren, Itämerta koskeva **2** Baltian (maiden), Baltiaa koskeva
Baltic Sea [ˌbaltɪkˈsi] s Itämeri
Baltic States s Baltian maat (Viro, Latvia, Liettua)
Baltimore [ˈbaltəˌmɔr] kaupunki Marylandissa
baluster [bæləstər] s **1** (kaiteen) välipuola, välitanko **2** (mon) kaide
balustrade [ˈbæləsˌtreɪd] s (parvekkeen tms) kaide
bamboo [bæmbu] s bambu
bamboozle [ˌbæmˈbuzəl] v hämätä, hämmentää, huijata, huiputtaa *they bamboozled him into giving them some money* he narrasivat häneltä rahaa
1 ban [bæn] s kielto, (kirkon) panna
2 ban v kieltää; antaa porttikielto
banal [bəˈnæl beɪnəl] adj lattea, kulunut, arkinen
banality [bəˈnæləti] s latteus, kulunut huomautus tms
banana [bəˈnænə] s banaani *to go bananas* seota
banana republic s banaanitasavalta
banana split s eräs jäätelöannos jonka pohjalla on halkaistu banaani
1 band [bænd] s **1** nauha, hihna **2** sormus *wedding band* vihkisormus **3** juova, viiru **4** (rosvo)joukko **5** orkesteri, bändi **6** (radion) aaltoalue
2 band v rengastaa (lintu)
1 bandage [bændədʒ] s (haava)side
2 bandage v sitoa (haava)
Band-Aid® [ˈbændˌdeɪd] s **1** haavalaastari (tavaramerkki) **2** hätäapu, väliaikaisratkaisu

bandanna [ˌbænˈdænə] s (kaulassa pidettävä) iso liina, (ohueksi kierretty) kaulaliina
bandicoot [ˈbændəˌkut] s pussimäyristä ja pussikaniineista (Peramelidae, Thylacmyidae)
bandit [ˈbændɪt] s (maantie)rosvo
bandstand [ˈbænˌstænd] s orkesterilava
band together v liittyä yhteen
bandwagon [ˈbændˌwægən] *to climb/get/jump on the bandwagon* liittyä joukkoon, ruveta jonkin (muotiasian) kannattajaksi
bandwidth s kaistanleveys
bandy [ˈbændi] *to bandy blows/words with someone* tapella/riidellä jonkun kanssa adj (sääristä:) väärä(t)
1 bang [bæŋ] s **1** isku, tälli **2** pamahdus **3** (mon) otsatukka
2 bang v **1** lyödä, iskeä, läimäyttää, paiskata (kiinni), läimähtää, paiskautua (kiinni) **2** paukkua, paukahtaa, pamahtaa
bangers and mash [ˌbæŋərzənˈmæʃ] (brittiruoka) makkarat ja perunasose
bang into v törmätä johonkin
Bangkok [ˈbæŋˌkak ˌbæŋˈkak]
Bangladesh [ˌbæŋgləˈdeʃ]
Bangladeshi s, adj bangladeshiläinen
bangle [ˈbæŋgəl] s rannerengas; nilkkarengas
bang up v kolhia, kolhaista, rutata (ark)
banish [ˈbænɪʃ] v **1** karkottaa maasta **2** heittää mielestään
banishment s (maasta)karkotus
banister [ˈbænɪstər] s kaide
banjo [ˈbændʒoʊ] s banjo
1 bank [bæŋk] s **1** (ranta/rata)penger, rinne, (kilparadan tms mutkan) kallistus **2** (järven/joen) ranta **3** (joen/meren hiekka)särkkä **4** (pilvi)muuri, (lumi)kinos **5** pankki, pelipankki, elinpankki, tietopankki
2 bank v **1** kallistaa (tietä, lentokonetta) **2** pengertää **3** panna (rahaa) pankkiin, pitää pankissa
bank account [ˈbæŋkəˌkaʊnt] s pankkitili
banker s pankkimies/nainen, pankinjohtaja, pankkiiri

bank holiday s (UK) yleinen vapaapäivä kahtena maanantaina toukokuussa ja yhtenä elokuussa
banking s **1** (tien, lentokoneen) kallistuma, kallistus **2** pankkiala, pankissa asiointi
banknote [ˈbæŋkˌnoʊt] s seteli
bank on v luottaa johonkin, olla varma jostakin
1 bankroll [ˈbæŋkˌroʊl] s käteinen raha
2 bankroll v rahoittaa
bankrupt [ˈbæŋkrʌpt] adj vararikon tehnyt *to go bankrupt* tehdä vararikko, mennä konkurssiin *morally bankrupt* moraalisen vararikon tehnyt
bankruptcy [ˈbæŋkrʌpsi] s vararikko, konkurssi
bank up v **1** kasata/kasaantua kinoksiksi **2** (lentokone, moottoripyörä) kallistua käänteessä
bank vole s metsämyyrä
banner [ˈbænər] s **1** lippu **2** (esim kahden tangon väliin pingotettu kankainen) juliste, banderolli
banner headline s (sanomalehden) otsikko joka on painettu isoilla/kissankokoisilla/kissankorkuisilla (ark) kirjaimilla
banns [bænz] s (mon) (kirkossa annettu avioliitto)kuulutus *publish wedding banns* kuuluttaa avioliittoon
1 banquet [ˈbæŋkwət] s juhla-ateria, pidot, banketti
2 banquet v järjestää juhla-ateria (jollekulle); osallistua juhla-ateriaan
bantam [ˈbæntəm] s bantamkana, bantamkukko
bantamweight [ˈbæntəmˌweɪt] s kääpiösarjan nyrkkeilijä
banteng [ˈbæntɛŋ] s (eläin) bantengi
Bantu [ˈbæntu] s **1** bantu **2** bantukieli
baobab [ˈbeɪoʊˌbæb] s apinanleipäpuu, baobab
baptism [ˈbæpˌtɪzəm] s kaste, kastetoimitus
baptismal [ˌbæpˈtɪzməl] adj kaste-
Baptist [ˈbæptəst] s, adj baptisti(-)
baptistery [ˈbæptɪstəri] s kastekappeli, baptisterio

baptize [bæptaɪz] v kastaa, ristiä, antaa nimeksi

1 bar [bar] s **1** tanko *bar of soap* saippua *bar of chocolate* suklaapatukka **2** baari, kapakka; baarikaappi **3** kalteri, telki *to be behind bars* olla telkien takana, olla vankilassa **4** este *that is no bar to my success* se ei estä minua menestymästä **5** (mus) tahti, tahtiviiva **6** hiekkasärkkä **7** asianajajan ammatti/pätevyys

2 bar v **1** teljetä (ovi) **2** sulkea, tukkia (tie), olla jonkun/jonkin tiellä **3** sulkea pois kilpailusta, antaa porttikielto, ei päästää jonnekin

3 bar adj jotakin lukuun ottamatta *bar none* poikkeuksetta

barb [barb] s (ongen, nuolen) koukku, (piikkilangan) piikki (myös kuv)

Barbadian s, adj barbadoslainen

Barbados [barˈbeɪdoʊs]

barbarian [ˌbarˈberɪən] s barbaari, raakalainen, sivistymätön ihminen adj raakalaismainen, sivistymätön, alkeellinen

barbaric [ˌbarˈberɪk] adj raakalaismainen, sivistymätön, alkeellinen

barbarism [ˈbarbəˌrɪzəm] s raakalaismaisuus, sivistymättömyys, alkeellisuus; paha kielivirhe, barbarismi

barbarity [ˌbarˈberəti] s raakalaismaisuus, julmuus, raakuus, julma teko

barbarize [ˈbarbəˌraɪz] v raaistaa, raaistua

barbarous [ˈbarbəˌrəs] adj raakalaismainen, sivistymätön, alkeellinen

barbarously adv raakalaismaisesti, raakalaismaisen

barbary sheep [barbəriˈʃip] s harjalammas

1 barbecue [ˈbarbɪˌkju] s **1** (piha)grilli **2** grillijuhlat **3** grillissä valmistettu liha

2 barbecue v grillata

barbed wire [ˌbarbˈwaɪər] s piikkilanka

barber [barbər] s parturi

barbet [barbət] s (lintu) seppä

barbiturate [ˌbarˈbɪtʃərət] s barbituraatti, unilääke, nukutusaine

bar code [ˈbarˌkoʊd] s (tuotteen nimen ja hinnan ilmoittava) viivakoodi

bard [bard] s bardi, runoilija, runolaulaja

bardic adj bardi-

1 bare [beər] v paljastaa *the angry dog bared his teeth* vihainen koira näytti hampaitaan *the President bared his midriff and showed the nation his appendectomy scar* presidentti paljasti vatsansa ja näytti kansakunnalle umpilisäkearpensa

2 bare adj **1** paljas, alaston, tyhjä *to lay something bare* paljastaa jotakin **2** pelkkä *a bare majority* niukka enemmistö *the bare idea makes me sick* pelkkä ajatuskin on minusta kuvottava

bare-assed [ˈberˌæst] adj, adv alaston, alasti

bareback [ˈberˌbæk] adj, adv (hevonen) satuloimaton, ilman satulaa

bare bones [ˈberˈboʊnz] s (mon kuv) luuranko, asian ydin

barefaced [ˈberˌfeɪst] adj häpeämätön (valhe)

barefisted [ˌberˈfɪstəd] adj (tappelu) paljain nyrkein käytävä

barefoot [ˈberˌfʊt] adj, adv paljasjalkainen, paljain jaloin

barefooted ks barefoot

bareheaded [ˈberˌfʊtəd] adj, adv (jolla on) pää paljaana, (joka on) ilman hattua, (joka on) paljain päin

barelegged [ˈberˌlegd, ˈbeərˌlegəd] adj, adv (jolla on) sääret paljaana, jolla ei ole sukkia/pitkiä housuja, ilman sukkia/pitkiä housuja

barely adv hädin tuskin, juuri ja juuri, nipin napin

barf [barf] v (ark) yrjö, oksennus v (ark) yrjötä, oksentaa

barf bag s (ark) (lentokoneen) oksennuspussi, yrjöpussi

1 bargain [bargən] s **1** kauppa, sopimus, tarjous *to drive a hard bargain* olla kova tinkimään, asettaa kovat ehdot **2** erikoistarjous, edullinen/halpa tarjous

2 bargain v neuvotella, tinkiä hinnasta

bargain away v luopua (tyhmästi) jostakin, menettää

bargain basement s tavaratalon tms alakerta jossa on alennustavaraa

bargain for v osata odottaa, arvata *we got more than we had bargained for* haukkasimme liian ison palan

bargain-hunter s erikoistarjouksien perässä/alennusmyynneissä juoksija
bargain on v luottaa johonkin
barge [bardʒ] s proomu
barge in v marssia (ilmoittamatta) sisään, keskeyttää, häiritä
barge into v 1 tavata sattumalta, törmätä johonkuhun 2 ks barge in
baritone ['berə,toʊn] s baritoni
1 bark [bark] s 1 (puun) kuori 2 (koiran) haukahdus *his bark is worse than his bite* ei haukkuva koira pure, hän ei ole niin vaarallinen kuin miltä hän näyttää/kuulostaa 3 (alus) parkki
2 bark v 1 kuoria (puu) 2 iskeä, lyödä (vahingossa itsensä johonkin, varsinkin sääriluunsa), raapia (vahingossa) ihonsa auki 3 (koira, hylje) haukkua *you're barking up the wrong tree* sinä haukut väärää puuta, sinä olet väärässä 4 (ase) paukkua
bark at v haukkua jotakuta, huutaa jollekulle
bark out v kajottaa, huutaa (käskyjä)
barley [barli] s ohra
bar mitzvah [,bar'mɪtsvə] s 1 bar mitsva 2 (13-vuotias juutalais)poika joka juhlii bar mitsvaa
barn [barn] s 1 navetta, talli 2 lato
barnacle goose s (mon barnacle geese) valkoposkihanhi
barn dance ['barn,dæns] s latotanssit
Barnie Rubble [,barni'rʌbəl] Tahvo Soranen (sarjakuvassa Kiviset ja Soraset)
bar none fr poikkeuksetta
barn owl s tornipöllö
barnstorm ['barn,stɔrm] v olla teatteri/vaalikiertueella maaseudulla
barnstormer s näyttelijä/poliitikko joka on teatteri/vaalikiertueella maaseudulla, kiertävä näyttelijä
barnyard [barnyərd, 'barn,yard] s navetan piha, tallipiha
barograph ['berə,græf] s piirtävä ilmapuntari
barometer [bə'ramətər] s barometri, ilmapuntari (myös kuv)
barometric [,berə'metrɪk] adj barometrinen *barometic pressure* ilmanpaine

baron [berən] s paroni *he is a Texas oil/cattle baron* hän on teksasilainen öljypohatta/karjanomistaja
baroness [berənəs] s paronitar
baronet [berənət] s baronetti (englantilainen aatelisarvo)
baronial [bə'roʊnɪəl] adj paronin; aatelisille sopiva
baroque [bə'roʊk] s, adj barokki(-)
barrack [berək] s (yl mon) (sotilas)kasarmi
barracuda [,berə'kudə] s barrakuda
barrage [bə'raʒ] s 1 (sot) sulkutuli 2 (kysymysten, sana-, kirje)tulva
barrel [berəl] s 1 tynnyri, myös tilavuusmittana (163,656 l) 2 (aseen) piippu
barrel along v viilettää, ajaa kovaa vauhtia
barrel organ s posetiivi
barren [berən] adj (naisesta) hedelmätön, (seudusta) karu, (henkisesti) köyhä
barrenness s hedelmättömyys, karuus, mielikuvituksettomuus
barrette [bə'ret ,bar'et] s hiussolki
1 barricade ['berə,keɪd] s katusulku, barrikadi
2 barricade v sulkea katu, rakentaa katusulku, linnoittautua
barrier [berɪər] s este, (kuv) muuri, aita *language barrier* kielimuuri *the sound barrier* äänivalli
barring prep ellei, jos ei *barring an accident, we'll get there in time* me ehdimme sinne ajoissa jos meille ei satu haaveria
barrio ['barɪ,oʊ] s (espanjasta) etupäässä latinojen asuttama kaupunginosa/slummi/getto
barrister s 1 (UK) asianajaja jolla on oikeus esiintyä tuomioistuimessa (vrt *solicitor*) 2 (ark) asianajaja
barrow [beroʊ] s kärryt
bartender [bartendər] s baarimestari, baarimikko
1 barter [bartər] s vaihtokauppa
2 barter v käydä vaihtokauppaa, vaihtaa *to barter furs for salt* vaihtaa turkiksia suolaan *to barter for peace* neuvotella rauhasta, hieroa rauhaa

barter away v luopua jostakin, menettää jotakin (arvokasta)

B.A.S. *Bachelor of Applied Science; Bachelor of Arts and Sciences*

basal metabolism [ˌbeɪsəlməˈtæbəlɪzəm] s perusaineenvaihdunta

1 base [beɪs] s **1** pohja, perusta, perustus, tyvi, kanta **2** tukikohta, leiri **3** (geometriassa, matematiikassa, kieliopissa) kanta **4** (baseballissa) pesä *to be off base* (kuv) olla väärässä

2 base adj alhainen, halpamainen

baseball [beɪsbal] s **1** baseball(-peli) **2** baseball-pallo

baseball bat s baseball-maila

baseball glove s baseball-räpylä

baseboard [beɪsbɔrd] s jalkalista

basement [beɪsmənt] s kellarikerros

base on/upon v perustaa/perustua johonkin

bases 1 [beɪsəs] ks base **2** [beɪsiz] ks basis

1 bash [bæʃ] s **1** isku, tälli **2** juhlat, kemut

2 bash v iskeä, lyödä, pamauttaa

basher [bæʃər] s (ark) teilaaja, mollaaja

bashful [bæʃfəl] adj ujo, arka

bashfully adv ujosti, arasti

basic [beɪsɪk] adj perus

basically [beɪsɪkli] adv pohjimmaltaan, periaatteessa, suurimmaksi osaksi

basics s (mon) perusteet, alkeet *the basics of English grammar*

basil [bæzəl beɪzəl] s basilika (eräs mauste)

basilica [bəˈsɪlɪkə] s (arkkitehtuurissa) basilika

basin [beɪsən] s **1** kulho, astia, vati *washbasin* pesuallas **2** (geologiassa) allas *the Great Basin* Suuri allas (Lounais-Yhdysvalloissa) *tidal basin* vuorovesiallas

basis [beɪsəs] s (mon bases) perusta, pohja *that claim has no basis in reality* se väite on täysin perusteeton

basis point s (tal) prosentin sadasosa

bask [bæsk] *to bask in the sun* paistatella päivää *to bask in someone's favor* paistatella jonkun suosiossa

basket [bæskət] s kori

basketball [ˈbæskətˌbal] s **1** koripallo(peli) **2** koripallo

basket case s (ark) toivoton tapaus

bas mitzvah [ˌbasˈmɪtsvə] s **1** bas mitsva **2** (13-vuotias juutalais)tyttö joka juhlii bas mitsvaa

bas-relief [ˌbarɪˈlif ˌbasrɪˈlif] s matala reliefi

bass [bæs] s (mon bass) meriahven

bass [beɪs] s (mus, mon basses) basso(ääni, -kitara tms) adj basso-

bassoon [bəˈsun] s (mus) fagotti

basswood [bæswʊd] s lehmus

bastard [bæstərd] s **1** avioton lapsi **2** (alat) paskiainen, kusipää **3** (alat) hankala/vaikea homma/juttu

bastardize [ˈbæstərˌdaɪz] v väärentää

bastardized adj **1** väärennetty **2** huono, murrettu, barbaarinen (kieli)

baste [beɪst] v **1** harsia, paikata väliaikaisesti **2** (ruuanlaitossa) kostuttaa lihaa sen omalla liemellä

baster s (ruuanlaitossa) liemiruisku

bastion [bæstʃən] s **1** (linnoituksen) bastioni, vallinsarvi **2** (kuv) tukipilari, turva, suoja

1 bat [bæt] s **1** lepakko *as blind as a bat* umpisokea **2** (baseball-, pöytätennisym) maila *right off the bat* heti

2 bat v lyödä (mailalla) *to go to bat for someone* auttaa/tukea jotakuta *without batting an eye* silmääkään räpäyttämättä

B.A.T. *Bachelor of Arts in Teaching*

batch [bætʃ] s joukko, kasa, nippu, erä

bateau [bæˈtoʊ] s (mon bateaux) (soutu)vene

bath [bæθ] s (mon baths [bæðz]) kylpy, kylpyamme *to have/take a bath* kylpeä, käydä kylvyssä

bathe [beɪð] v kylpeä, kylvettää, käydä uimassa, huuhdella, pestä

bathed [beɪðd] *to be bathed in something* olla yltä päältä jossakin, kylpeä (esim hiessä, kyynelissä)

bather [beɪðər] s kylpijä, (UK) uimari

bathing suit [ˈbeɪðɪŋˌsut] s uimapuku

bathing trunks [ˈbeɪðɪŋˌtrʌŋks] s uimahousut

bathos [ˈbeɪθɑs bæθɑs] s (puheessa, kirjoituksessa) antikliimaksi, äkillinen siirtyminen esim ylevästä arkiseen
bathroom [ˈbæθˌrum] s **1** kylpyhuone **2** (US) wc *to go to the bathroom* mennä vessaan
bathroom tissue s wc-paperi
bathtub [ˈbæθˌtʌb] s kylpyamme
baton [bəˈtan] s **1** (mus) tahtipuikko **2** (poliisin) pamppu, patukka **3** komentosauva **4** viestikapula **5** rumpalin sauva
Baton Rouge [ˌbætənˈruʒ] kaupunki Louisianassa
battalion [bəˈtæljən] s **1** pataljoona **2** (kuv) kokonainen pataljoona, iso joukko
batten [bætən] s **1** (puu)lista **2** (purjeen) latta
batten down v sulkea tiukasti
1 batter [bætər] s **1** (esim ohukais)taikina **2** (baseballissa) lyöjä
2 batter v hakata, lyödä, piestä, pahoinpidellä, kolhia (auto) *battered wife* pahoinpidelty vaimo
battery [bætəri] s **1** akku; paristo **2** (tykistö)patteri **3** koko joukko, rivi, ryhmä *a battery of computers stood in the room* huoneessa oli pitkä rivi tietokoneita **4** pahoinpitely *assault and battery* pahoinpitely
1 battle [bætəl] s taistelu (myös kuv), kamppailu
2 battle v taistella, kamppailla *I am trying to battle my way through this book* yritän kahlata tämän kirjan läpi *they are battling for freedom* he taistelevat vapautensa puolesta *he is still battling with his tax form* hän on vieläkin veroilmoituksensa kimpussa
battle-ax [ˈbætəlˌæks] s **1** sotakirves **2** (naisesta) äkäpussi, noita-akka, (pirtti)hirmu
battlefield [ˈbætəlˌfiːld] s taistelutanner, taistelukenttä
battleground [ˈbætəlˌɡraʊnd] s taistelutanner, taistelukenttä
battle line s rintamalinja
battleship [ˈbætəlˌʃɪp] s sotalaiva
batty [bæti] adj (sl) (harmittoman) hullu, tärähtänyt

bauble [babəl] s rihkama, hely
bauxite [ˈbaksaɪt] s bauksiitti
Bavaria [bəˈveriə] Baijeri
bawdily adv karkeasti, rivosti
bawdy [badi] adj karkea, rivo
bawl [baːl] v huutaa, parkua, ulvoa
bay [beɪ] s **1** laakeripuu **2** (mon) laakeriseppele (myös kuv:) kunnia, maine **3** (meren, järven) lahti **4** syvennys **5** (laivan) sairashuone **6** säiliö, lokero *overhead storage bay* lentokoneen matkustamon säilytyslokero **7** (ajokoiran) haukku *to hold/keep someone/something at bay* (kuv) pitää joku/jokin loitolla/aisoissa/aloillaan **8** (hevosen) raudikko, rautias
Bay of Pigs [ˌbeɪəvˈpɪɡz] Sikojenlahti (Kuubassa)
1 bayonet [ˌbeɪəˈnet] s pistin
2 bayonet v iskeä/surmata pistimellä
bayou [baɪu] s (Mississippin alajuoksun rämeiset) suvantovedet
bay window s erkkeri-ikkuna
bazaar [bəˈzaːr] s **1** basaari **2** (sekatavara)kauppa, myymälä **3** (hyväntekeväisyys)myyjäiset
bazooka [bəˈzuːkə] s sinko
B & B *bed and breakfast*
B.B.A. *Bachelor of Business Administration*
BBB *Better Business Bureau*
BBC *British Broadcasting Corporation*
BB gun [ˈbibiˌɡʌn] s ilmakivääri
BBIAB (tekstiviestissä, sähköpostissa) *be back in a bit*
BBIAF (tekstiviestissä, sähköpostissa) *be back in a few*
BBL (tekstiviestissä, sähköpostissa) *be back later*
bbl. *barrel* (öljy)tynnyri
BC *British Columbia*
BC (tekstiviestissä, sähköpostissa) *because*
B.C. *before Christ* eKr.
BCNY (tekstiviestissä, sähköpostissa) *be seeing you*
bdrm. *bedroom*
be [bi] v (preesens) I am (I'm), you are (you're), she/he is (she's/he's), we are (we're), you are (you're), they are

(they're); (imperfekti:) I was, you were, she/he was, we/you/they were; (perfekti, pluskvamperfekti:) has/have/had been (she's/she'd been, I've/I'd been); (lyhennettyjä kieltomuotoja:) we/you/they aren't, she/he isn't, I/she/he wasn't, we/you/they aren't, we/you/they weren't; (kestomuotoja:) I am being, you are being **1** olla *today is Thursday* tänään on torstai *I am a policeman* minä olen poliisi *he is fat* hän on lihava *this pen is mine* tämä on minun kynäni *for the time being* toistaiseksi **2** tulla joksikin *he wants to be famous/an astronaut* hän haluaa tulla kuuluisaksi/astronautiksi **3** olla käynyt jossakin *she has never been to America* hän ei ole koskaan käynyt Amerikassa **4** liitekysymyksissä: *she is very pretty, isn't she?* eikö hän olekin nätti? *you are not going to leave now, are you?* et kai sinä aio nyt lähteä? apuv **1** (partisiipin preesensin kanssa ilmaistaessa jatkuvaa tekemistä kestomuodolla:) *he is watching television* hän katselee televisiota **2** (partisiipin perfektin kanssa ilmaistaessa passiivia) *the house was built* talo rakennettiin **3** (to-infinitiivin kanssa ilmaistaessa pakkoa, käskyä, aikomusta, suunnitelmaa) *you are to be there at six* sinun kuuluu/pitää/tulee olla siellä kuudelta *they are to be married* he aikovat mennä naimisiin

B.E. *Bachelor of Education; Bachelor of Engineering*
beach [biːtʃ] s (hiekka)ranta
beachbag [ˈbiːtʃˌbæg] s rantakassi
beachhead [ˈbiːtʃˌhed] s sillanpääasema (myös kuv)
beachwear [ˈbiːtʃˌweər] s rantavaatteet, uimapuvut
beacon [biːkən] s majakka *radio beacon* radiomajakka
bead [biːd] s **1** (muovi/savi/puu)helmi (jossa on reikä) **2** (mon) (muovi/savi/puu)helmet, helmi(kaula)nauha **3** pisara *beads of sweat* hikipisarat
beady [biːdi] adj pieni (esim silmä)
beady-eyed [ˈbiːdiˌaɪd] adj nappisilmäinen
beagle [biːgəl] s beagle, pieni englanninajokoira
beak [biːk] s linnun nokka
beaker s **1** laboratoriolasi **2** juomalasi
1 beam [biːm] s **1** (metalli/puu)palkki, hirsi **2** (valon)säde, (radio/tv-/tutka)signaali
2 beam v **1** säteillä (valoa/lämpöä, myös kuv) **2** lähettää (radio/tv-)signaali
bean [biːn] s papu *to be full of beans* puhua joutavia/pötyä *to spill the beans* paljastaa salaisuus
beanbag [ˈbiːnˌbæg] s **1** (peleissä ym käytettävä) hernepussi **2** säkkituoli
beanbag chair s säkkituoli
bean goose s (mon bean geese) metsähanhi
1 bear [beər] s karhu (myös kuv)
2 bear v bore, borne/born **1** kantaa *to bear arms* kantaa asetta, olla aseistettu *to bear a grudge* kantaa kaunaa *his car bears the marks of use* hänen autonsa on käytetyn näköinen **2** tuntea (rakkautta jotakuta kohtaan) **3** sietää, kestää *I couldn't bear his company* en voinut sietää hänen seuraansa **4** synnyttää *she bore three children before she turned 20* hän synnytti kolme lasta ennen 20. syntymäpäiväänsä *when were you born?* milloin olet syntynyt? **5** kääntyä *to bear left* kääntyä vasempaan
bearable adj siedettävä
beard [bɪərd] s parta
bearded adj parrakas
bearer [beərər] s **1** lähetti *bearer of bad news* ikävien uutisten/jobinpostin tuoja **2** (lipun-, arkun)kantaja **3** (sekin) asettaja
bear hug s lämmin, sydämellinen halaus
bearing s **1** käytös **2** ryhti **3** vaikutus, merkitys *to have some/no bearing on something* liittyä etäisesti johonkin/ei olla mitään tekemistä jonkin kanssa **4** suunta *to find/lose your bearings* (kuv) päästä kärryille/pudota kärryiltä **5** (tekn) laakeri
bearish [beərɪʃ] adj (sijoittajista ym) pessimistinen (vastakohta: bullish)

bear market s (tal) markkinatilanne jota kuvaa trendimäinen hintojen lasku (vastakohta: bull market)
bear on v liittyä johonkin, koskea jotakin *how does that bear on the question?* miten se liittyy tähän?
bear out v vahvistaa *I can bear out his story* minä voin vahvistaa että hän puhuu totta
bear spread s (tal) laskeva hintaspread/hintaporras
bear up v kestää *she couldn't bear up under pressure* hän ei kestänyt painetta
be as good as your word *Carolyn is as good as her word* Carolyniin voi luottaa, Carolynin sana pitää
beast [bist] s **1** eläin **2** (ihmisestä) eläin, peto
beastly adj kurja, inhottava, viheliäinen
beast of burden s työjuhta (myös kuv)
1 beat [bit] s **1** syke, lyönnit **2** tahti, rytmi **3** yksittäisen poliisin toimialue, piiri
2 beat v beat, beaten **1** lyödä, hakata, iskeä jotakuta/jotakin *to beat time* lyödä tahtia *to beat around the bush* empiä, vitkastella, kiertää kuin kissa kuumaa puuroa *to beat a path to someone's door* rynnätä jonkun luokse **2** vatkata *to beat eggs* vatkata munia **3** voittaa, lyödä (pelissä ym) **4** (sydän) sykkiä, hakata, lyödä
beat down v **1** (sade) piiskata, (aurinko) paahtaa **2** laskea (hintaa), tinkiä (hinnasta)
beaten [bitən] adj **1** (ihmisestä) lyöty, voitettu **2** (polusta) tallattu *off the beaten track* syrjässä, syrjäseudulla, (kuv) uusilla poluilla/urilla
beater s **1** mattopiiska **2** vispilä **3** riistan ajaja, ajomies
Beat Generation s beat-sukupolvi, 1950-luvun 'pettynyt' sukupolvi
beatific [ˌbiəˈtɪfɪk] adj autuas, taivaallinen
beatification [bɪˌætɪfəˈkeɪʃən] s autuaaksi julistaminen
beatify [bɪˈætɪfaɪ] v julistaa autuaaksi
beatitude [bɪˈætɪˌtud] s **1** autuus **2** (mon, Raamatussa) vuorisaarnan 'Autuaita ovat...' -kohdat

beatnik [bitnɪk] s beatnikki, 1950-luvun 'pettyneen' beat-sukupolven jäsen
beat off v torjua (hyökkääjiä)
beat out v **1** sammuttaa hakkaamalla (tulipalo), oikaista vasaroimalla (kolhu), lyödä (tahtia), hakata (rumpua) **2** voittaa, ehtiä ensin *to beat out someone for a job* saada työpaikka (juuri ja juuri) toisen nenän edestä
be at stake fr olla vaakalaudalla/pelissä *what's your stake in this?* paljonko sinä olet pannut peliin?; (kuv) mikä osuus sinulla on tässä?
be at the end of your rope fr olla vetänyt itsensä piippuun; olla puilla paljailla
beat the rap fr selvitä rangaistuksetta; päästä pälkähästä, ei joutua kiinni/nalkkiin (ark)
beat the tar out of someone fr (ark) antaa jollekulle perusteellinen selkäsauna
beat up v **1** hakata, antaa selkään jollekulle **2** vatkata
be at your wit's end fr olla ymmällään
beau [boʊ] s (mon beaux) miesystävä, poikaystävä, ihailija
beautician [ˌbjuˈtɪʃən] s kosmetologi
beautiful [bjutɪfəl] adj kaunis, hieno, loistava
beautifully adv kauniisti, hienosti, loistavasti
beautify [ˈbjutəˌfaɪ] v kaunistaa, somistaa, koristaa
beauty [bjuti] s **1** kauneus, erinomaisuus *beauty contest* missikilpailut *the beauty of it is that I don't pay any tax* parasta siinä on etten maksa siitä veroa **2** kaunotar *your new convertible is a real beauty* uusi avoautosi on todella upea
beauty parlor s kauneushoitola
beauty spot s kauneuspilkku
beaver [bivər] s **1** majava **2** (sl) naisen sukupuolielimet, mirri
bebop [bibap] s bebop, eräs jazztyyli
became [bɪˈkeɪm] ks become
because [bɪˈkʌz] konj koska *A: Why did you do it? B: Because!* A: Miksi teit sen? B: Kunhan tein!

because of prep vuoksi, takia
béchamel sauce [ˈbeɪʃəˌməl, beɪʃəˈmel] s maitokastike
beck [bek] *to be at someone's beck and call* totella kiltisti jotakuta, olla jonkun käskyläinen
beckon [bekən] v viittoa (jotakuta tulemaan lähemmäksi)
become [bɪˈkʌm] v became, become **1** tulla joksikin *he became a writer* hänestä tuli kirjailija **2** sopia jollekulle, pukea *that new tie does not become you* tuo uusi solmio ei pue sinua
becoming s joksikin tuleminen (to become) adj viehättävä, jollekulle sopiva, pukeva
1 bed [bed] s **1** sänky, vuode **2** alusta, jalusta **3** (meren, järven) pohja **4** kukkapenkki
2 bed v **1** (ark) viedä sänkyyn, naida *to wed and bed* viedä avioon ja vuoteeseen **2** istuttaa (kasveja)
B.Ed. *Bachelor of Education*
bed-and-breakfast [ˌbedənˈbrekfəst] s **1** aamiaismajoitus, huone ja aamiainen **2** aamiaismajoituspaikka, majatalo, pieni hotelli (jossa huoneen hintaan kuuluu aamiainen)
bedazzle [bɪˈdæzəl] v ällistyttää, hämmästyttää *the audience was bedazzled at the conjurer's skill* yleisö haukkoi hämmästyksestä henkeään nähdessään miten hyvä taikuri oli
bedclothes [ˈbedˌkloʊðz] s (mon) vuodevaatteet
bedding s **1** vuodevaatteet **2** (eläinten) pahnat
bed down v **1** yöpyä jossakin, asettua yöksi jonnekin **2** panna (lapsi) nukkumaan **3** majoittaa joku jonnekin
be dead in the water fr olla poissa kuvioista, olla unohdettu
bedevil [bɪˈdevəl] v sotkea (suunnitelmat), mutkistaa (asioita), vaivata, kiusata
bedfellow [ˈbedˌfeloʊ] s petikaveri, (kuv) aisapari *those two make strange bedfellows* he ovat outo parivaljakko
Bedforshire [bedfərʃər] Englannin kreivikuntia

bedlam [bedləm] s metakka, äläkkä, meteli, rähinä
bedpan [ˈbedˌpæn] s (potilaan) alusastia
bedraggled [bɪˈdrægəld] adj **1** läpimärkä **2** yltä päältä kurassa **3** siivoton, sottainen
bedridden [ˈbedˌrɪdən] adj vuoteenoma, joka on vuodepotilaana *because of his illness, he was bedridden for two weeks* hän joutui olemaan sairautensa vuoksi kaksi viikkoa vuoteessa
bedroom [ˈbedˌrum] s makuuhuone
bedroom community s nukkumalähiö
Beds. *Bedfordshire*
bedside manner s (lääkärin) ote potilaisiin, hoitotyyli
bedspread [ˈbedˌspred] s (vuoteen) päiväpeite
bee [bi] s mehiläinen
beech [bitʃ] s pyökki
1 beef [bif] s naudanliha, häränliha
2 beef v valittaa
beefsteak [ˈbifˌsteɪk] s pihvi
beefy adj lihaksikas, vahva
beehive [ˈbiˌhaɪv] s mehiläispesä
bee hummingbird s kimalaiskolibri
beeline [bilaɪn] *to make a beeline for* mennä/suunnistaa suoraa päätä/oikopäätä jonnekin
been [bɪn] ks be
beeper [bipər] s kaukohakulaite, piippari (ark)
beer [bɪər] s olut, kalja (ark)
beery adj **1** (haju, maku jne) olut-, oluen **2** (ihminen) oluenhajuinen, kaljan vilkastama
beeswax [ˈbizˌwæks] s mehiläisvaha *none of your beeswax* (ark) (se) ei kuulu sinulle
beet [bit] s punajuuri
beetle [bitəl] s kovakuoriainen
beetroot [ˈbitˌrut] s (UK) punajuuri
bef. *before*
befall [bɪˈfal] v befell, befallen: sattua, tapahtua, käydä
befit [bɪˈfɪt] v sopia (jollekulle, johonkin)
befitting adj asianmukainen, jollekulle sopivaa, jonkun arvon mukainen
before [bɪˈfoʊr] prep (ajasta, järjestyksestä, sijainnista) ennen *the day before*

before guy

yesterday toissapäivänä *A comes before B* A on (aakkosissa) ennen B:tä adv aikaisemmin, ennen *he hadn't driven a car before* hän ei ollut vielä koskaan ajanut autoa konj ennen kuin *eat your dinner before it gets cold* syö ruokasi ennen kuin se jäähtyy

before guy [bɪˈfoʊrˌgʌɪ] s (mainoksen vertailussa) mies ennen mainostettavan tuotteen käyttöä (vastakohta: *after guy*)

beforehand [bɪˈfoʊrˌhænd] adv etukäteen, edeltäkäsin

befriend [bɪˈfrend] v ystävystyä jonkun kanssa, tutustua johonkuhun

befuddle [bɪˈfʌdəl] v hämätä, sekoittaa, johtaa harhaan

beg [beg] v **1** kerjätä **2** pyytää, anoa *I beg you to reconsider* pyydän tosissani sinua harkitsemaan asiaa uudelleen *I beg your pardon?* anteeksi (kuinka)? *I beg to differ* olen asiasta eri mieltä

beg. *beginning*

began [bɪˈgæn] ks begin

beggar [begər] s kerjäläinen

beggarly adj viheliäinen, mitätön

begin [bɪˈgɪn] v began, begun: aloittaa, alkaa *to begin with* ensimmäiseksi, alkajaisiksi

beginner [bɪˈgɪnər] s aloittelija

beginner's luck s aloittelijan onni

beginning s alku *let's begin at the beginning* aloitetaan alusta

begrudge [bɪˈgrʌdʒ] v kadehtia *do you begrudge me my good fortune?* etkö soisi minulle tätä onnenpotkua?

beguile [bɪˈgaɪəl] v **1** huiputtaa, johtaa harhaan **2** houkutella **3** viettää aikaa mukavissa merkeissä, nauttia ajasta

begun [bɪˈgʌn] ks begin

behalf [bɪˈhæf] *in/on behalf of someone/ something* jonkun/jonkin nimissä, puolesta

behave [bɪˈheɪv] v **1** käyttäytyä *to behave well/badly* käyttäytyä kiltisti/huonosti *please make your child behave* käske lapsesi olla ihmisiksi/kunnolla **2** *behave yourself* käyttäytyä kunnolla, olla ihmisiksi/kiltisti

behavior [bɪˈheɪvjər] s käytös, käyttäytyminen

behavioral [bɪˈheɪvjərəl] adj käyttäytymis-; behavioristinen

behaviorism [bɪˈheɪvjəˌrɪzəm] s behaviorismi

behaviorist [bɪˈheɪvjərɪst] s behavioristi

behead [bɪˈhed] v katkaista pää, teloittaa (katkaisemalla pää)

behemoth [ˈbiəˌmaθ, bəˈhiməθ] s (kuv) hirviö, jättiläinen, mammutti

behest [bɪˈhest] s käsky, määräys

behind [bɪˈhaɪnd] s takapuoli adv, prep (tilasta:) takana, taakse, jäljessä, jälkeen *behind the wall* seinän takana *don't leave me behind* älä jätä minua *he is behind all others in his work* hän on työssään jäljessä kaikista *we are weeks behind schedule* olemme useita viikkoja aikataulusta jäljessä *to be behind the times* olla ajastaan jäljessä

behindhand adj, adv myöhästynyt, myöhässä, jäljessä

behind-the-scenes adj kulissien takainen, salainen

behind the times *to be behind the times* olla ajastaan jäljessä

behold [bɪˈhoʊld] interj katso!

beholden to adj kiitollisuudenvelassa jollekulle

behoove [bɪˈhuv] v sopia jollekulle, olla jonkun arvon mukaista *it does not behoove the president to travel by taxi* presidentin arvolle ei sovi ajaa taksilla

beige [beɪʒ] adj beige, beesi

Beijing [ˌbeɪˈdʒɪŋ] Beijing, Peking

be in a (bad) spot fr olla pinteessä, olla tukalassa tilanteessa

be in full swing fr olla täydessä vauhdissa

being [biːŋ] s **1** olemassaolo *to come into being* syntyä, saada alkunsa **2** olemus, luonne *deep in my being I know I'm right* sisimmässäni tiedän olevani oikeassa **3** oleminen, olemassaoleva, luonto, luomakunta *all being is infinitely valuable* kaikki oleva on mittaamattoman arvokasta **4** (elävä) olento *human being* ihminen

be in someone's shoes fr olla jonkun toisen asemassa/housuissa

be in someone's way fr olla jonkun tiellä/esteenä, estää jotakuta tekemästä jotakin
be in style fr olla muodissa
be in the swim fr olla menossa mukana
be in the wind *big changes are in the wind* (kuv) luvassa on suuria muutoksia
be in the works fr olla tekeillä/valmisteilla
be in tune *the piano is in tune* piano on (oikeassa) vireessä
Beirut [ˌbeɪˈrut] Beirut
bel. *below*
belated [bɪˈleɪtəd] adj myöhästynyt, myöhäinen
1 belch [beltʃ] s **1** röyhtäisy **2** (kaasun, savun) purkaus
2 belch v **1** röyhtäistä **2** (tulivuori) purkautua, (savupiippu) tupruttaa savua ilmaan
Belcher Islands [ˌbeltʃərˈaɪləndz] (mon) Belchersaaret (Kanadassa)
Belfast [belˈfæst, ˈbelfæst]
belfry [belfri] s (kirkon) kellotapuli, kellotorni *to have bats in the belfry* olla löylynlyömä, ei olla täysijärkinen
Belgian s, adj belgialainen
Belgium [beldʒəm] Belgia
Belgrade [ˈbelˌgrad, ˌbelˈgrad, ˈbelˌgreɪd] Belgrad
belief [bɪˈlif] s usko, uskomus, uskonkappale
believable [bɪˈlivəbəl] adj uskottava
believe in v **1** uskoa johonkuhun/johonkin *I believe in God* minä uskon Jumalaan **2** uskoa, luottaa johonkuhun/johonkin *she doesn't believe in doctors* hän ei usko/luota lääkäreihin **3** kannattaa, hyväksyä, pitää jostakin *they do not believe in violence* he eivät hyväksy väkivaltaa
believer s **1** uskovainen **2** *I am a firm believer in discipline* minä kannatan kuria, minä uskon kuriin *that made a believer of her* se sai hänet uskomaan/vakuuttumaan
belittle [bɪˈlɪtəl] v vähätellä, pilkata
Belize [bəˈliz]
Belizean s, adj belizeläinen

below

bell [bel] s (soitto)kello *the name doesn't ring a bell* nimi ei kuulosta tutulta, en muista nimeä
belligerent [bəˈlɪdʒərənt] adj sotaa lietsova, sodanhaluinen, sotaisa, riidanhaluinen, hyökkäävä
bellow [beloʊ] v mylviä, karjua
bellows [beloʊz] s (mon) palkeet
bellpush [ˈbelˌpʊʃ] s (ovi)kellon painike
belly [beli] s maha *to go belly up* kuolla, (kuv) tehdä konkurssi
1 bellyache [ˈbeliˌeɪk] s mahakipu, vatsakipu
2 bellyache v purnata, valitella *quit your bellyaching and get back to work* lakkaa valittamasta ja painu takaisin töihin
bellybutton [ˈbeliˌbʌtən] s (ark) napa
bellyful [belifəl] s kylliksi, tarpeeksi *I've had a bellyful of her* olen kurkkuani myöten täynnä häntä
bellyland [ˈbeliˌlænd] v tehdä (lentokoneella) mahalasku
belly-landing [ˈbeliˌlændɪŋ] s mahalasku
belong [bɪˈlɑŋ] v kuulua jollekulle, jonnekin *that motorcycle belongs to Mr. Pruitt* tuo on Mr. Pruittin moottoripyörä *she feels that she doesn't belong* hänestä tuntuu että hän on väärässä paikassa *do you belong to a book club?* kuulutko kirjakerhoon?
belongings [bɪˈlɑŋɪŋz] s (mon) omaisuus, tavarat
beloved [bɪˈlʌvəd] s, adj rakas(tettu)
below [bɪˈloʊ] adv, prep alhaalla, alhaalle, alapuolella, alapuolelle, alla, alle *he could see it below the surface of the water* hän näki sen vedenpinnan alapuolella *the temperature is below zero* lämpötila on pakkasen puolella *it was below him to do that* oli hänen arvolleen sopimatonta tehdä niin *as will be explained below* (kirjassa:) kuten alempana/edempänä selitetään *two miles below the rapids* kahden mailin päässä kosken alapuolella *to hit someone below the belt* iskeä jotakuta vyön alapuolelle/alle (myös kuv)

1 belt [belt] s **1** vyö **2** hihna *fan belt* (auton) tuulettimen hihna **3** vyö(hyke) *the Sun Belt* Yhdysvaltain eteläiset (aurinkoiset) osavaltiot
2 belt v **1** kiinnittää vyöllä **2** piiskata, sivaltaa (vyöllä) **3** (sl) lyödä, hakata **4** viilettää, kiitää kovaa vauhtia
belting s selkäsauna
belt out v päästää ilmoille, kajottaa
beluga [bəˈluːgə] s beluga, maitovalas
bemoan [bɪˈmoʊn] v valittaa, surkutella (kohtaloa)
bench [bentʃ] s **1** penkki **2** (työ)penkki, työpöytä **3** tuomarin istuin; tuomarit
benchmark [ˈbentʃˌmɑːk] s **1** kiintopiste, (myös kuv:) mittapuu **2** (tietok) koetin (jolla verrataan laitteiden tai ohjelmien suorituskykyä)
1 bend [bend] s **1** (tien)mutka **2** *the bends* sukeltajantauti
2 bend v bent, bent: taivuttaa, taipua, kumartua *to bend over backwards to do something* tehdä kaikkensa jonkin eteen, olla erittäin avulias, nähdä kovasti vaivaa
bend down v (ihminen) kumartua, kyyristyä, (oksa) taipua alaspäin, taivuttaa (oksaa) alaspäin
bend over v kumartua, kyyristyä
beneath [bɪˈniːθ] adv, prep alapuolella, alapuolelle, alhaalla, alhaalle, alla, alle *our tent is beneath the hills* telttamme on kukkuloiden alapuolella/juurella *such behavior is beneath you* tuollainen käytös on sinun arvosi alapuolella/ei ole sinun arvoistasi
benediction [ˌbenəˈdɪkʃən] s (papin antama) siunaus, varsinkin luterilaisessa liturgiassa se joka alkaa 'Herra siunatkoon sinua...'
benefaction [ˌbenəˈfækʃən] s hyväntekeväisyys, hyvä(t) työ(t)
benefactor [ˈbenəˌfæktər] s hyväntekijä, suosija, suojelija, tukija
benefactress [ˈbenəˌfæktrəs] s (naispuolinen) hyväntekijä, suosija, suojelija, tukija
beneficial [ˌbenəˈfɪʃəl] adj hyödyllinen, hyödyksi, hyväksi *to be beneficial to someone/something* tehdä hyvää jollekulle/jollekin
beneficiary [ˌbenəˈfɪʃəri, ˌbenəˈfɪʃɪeri] s edunsaaja
1 benefit [ˈbenəfɪt] s **1** etu, hyöty *there is no benefit in doing it more carefully* sitä ei kannata tehdä tämän huolellisemmin *to give someone the benefit of the doubt* antaa armon käydä oikeudesta **2** avustus, raha *unemployment benefit* työttömyysavustus
2 benefit v hyödyttää jotakuta, hyötyä jostakin
benevolence [bəˈnevələns] s hyväntahtoisuus, hyvyys
benevolent [bəˈnevələnt] adj hyväntahtoinen, lempeä, ystävällinen
benign [bəˈnaɪn] adj **1** hyväntahtoinen, hyvä **2** (kasvain) hyvänlaatuinen
Benin [bəˈnin]
Beninese s, adj beniniläinen
bent [bent] s taipumus, lahjakkuus; mielenlaatu, luonteenlaatu *he has a musical bent/he has a bent for music* hän on musikaalinen v: ks bend
be of service *may I be of service?* voinko auttaa (teitä)?, voinko olla avuksi?
be on the road fr **1** olla tien päällä, olla matkalla **2** olla kiertueella
be on the spot fr olla pinteessä/kiusallisessa tilanteessa
be on the track of *to be on the track of someone/something* olla jonkun/jonkin jäljillä
be on the wing fr **1** olla lennossa/ilmassa **2** olla liikkeellä/vauhdissa/menossa
be on your toes fr olla varpaillaan/varpaisillaan/varovainen
be out of tune *the piano is out of tune* piano on epävireessä
bequeath [bɪˈkwiːθ] v testamentata, jättää perinnöksi (myös kuv)
bequest [bɪˈkwest] s perintö
berate [bɪˈreɪt] v nuhdella, ojentaa, moittia
bereave [bɪˈriːv] v bereft/bereaved, bereft/bereaved *to be bereft of something*

betrothal

olla menettänyt jotakin *to be bereaved of* olla menettänyt jonkun (kuolemalle)
bereaved s, adj sureva, surun murtama, kuolleen omainen/omaiset
bereavement s **1** kuolemantapaus, poismeno **2** suuri suru, menetys
bereft [bɪˈreft] ks bereave
Berenice's Hair [ˌberəˌnisəzˈheər] (tähdistö) Bereniken hiukset
beret [bəˈreɪ] s baskeri, baretti
Bering Sea [ˌberɪŋˈsi] Beringinmeri
Bering Strait [ˌberɪŋˈstreɪt] Beringinsalmi
Berks. *Berkshire*
Berkshire [bɜrkʃər] Englannin kreivikuntia
Berlin [bərˈlɪn] Berliini
Berlin Wall [bərˌlɪnˈwɑl] Berliinin muuri
berry [beri] s marja
berserk [bəˈzɜrk] *to go berserk* menettää malttinsa, raivostua
1 berth [bɜrθ] s **1** (junassa, laivassa tms) vuode, nukkumapaikka **2** laituripaikka **3** *to give someone a wide berth* (kuv) kiertää joku kaukaa
2 berth v kiinnittää laiva/vene laituriin
beset [bɪˈset] v beset, beset: piirittää, saartaa *to be beset with difficulties* olla täynnä vaikeuksia, olla suurissa vaikeuksissa
beside [bɪˈsaɪd] prep rinnalla, rinnalle, vieressä, viereen *there were trees beside the road* tien vierellä kasvoi puita *to be beside yourself with rage* olla suunniltaan (raivosta) *that's beside the point* se ei kuulu asiaan
besides adv, prep sitä paitsi, lisäksi *nobody came besides me* minun lisäkseni sinne ei tullut muita
besiege [bɪˈsidʒ] v piirittää, saartaa
besiege with v ahdistella jotakuta jollakin, hukuttaa joku johonkin
be soft on someone fr olla pihkassa/ ihastunut/heikkona johonkuhun
be spoiling for something fr (ark) odottaa malttamattomana jotakin
best [best] s paras *you're the best* sinä olet paras *he went there in his Sunday best* hän meni sinne pyhätamineissaan/ parhaimmissaan/ykkösvaatteissaan *I will do my best to help you out* teen parhaani auttaakseni sinua *to the best of my knowledge* minun tietääkseni *he was at his best in the competition* hän oli kilpailussa parhaimmillaan/eduksen *let's try to make the best of this mess* yritetään selvitä tästä sotkusta mahdollisimman hyvin, yritetään kääntää se jotenkin eduksemme adj, adv paras, parhaiten
bestial [bestʃəl] adj julma, raaka, eläimellinen
bestiality [ˌbestʃɪˈæləti] s julmuus, raakuus, eläimellisyys
best man s best man, sulhasen ystävä joka avustaa häntä vihkimistilaisuudessa
bestow [bɪˈstoʊ] v antaa/myöntää/suoda jollekulle jotakin *they bestowed a great honor on him by coming for a visit* he soivat hänelle suuren kunnian käymällä hänen luonaan
bestseller [ˌbestˈselər] s bestseller, menestysteos
1 bet [bet] s veto, vedonlyönti
2 bet v bet, bet: lyödä vetoa (myös kuv) *he bets on horses* hän harrastaa raviveikkausta *you bet* aivan varmasti!
bet. *between*
beta blocker [ˈbeɪtəˌblɑkər] s (lääk) betasalpaaja
beta version s (tietok) beetaversio
Bethlehem [ˈbeθləˌhem] Betlehem (Israelissa)
betoken [bɪˈtoʊkən] v **1** ilmaista, ilmentää, todistaa **2** enteillä, ennakoida
betray [bɪˈtreɪ] v **1** pettää, kavaltaa *you betrayed me* sinä petit minut *his face betrayed him* hänen kasvonsa paljastivat/kavalsivat hänet **2** paljastaa (salaisuus) **3** olla uskoton, pettää *he betrayed his wife* hän petti vaimoaan
betrayal [bɪˈtreɪəl] s (ystävän/puolison, luottamuksen) pettäminen, (salaisuuden) paljastaminen, (periaatteesta) luopuminen
betrayer s petturi, kavaltaja, (salaisuuden) paljastaja
betrothal [bɪˈtroʊðəl, bɪˈtrɑθəl] s kihlaus

betrothed [bɪ'troʊðd, bɪ'traθt] s, adj kihlattu

1 better [betər] s **1** vedonlyöjä **2** parempi *all the better* sitä parempi, hyvä niin *watch how you talk to your betters* varo mitä puhut sivistyneiden/parempien ihmisten kanssa
2 better v parantaa, ylittää (aiempi tulos)
3 better adj **1** parempi (kuin) *this book is better than that* **2** terve, terveempi *John's feeling better* John voi jo paremmin, on paranemaan päin *I'm sure he'll get better soon* hän paranee varmasti pian, tulee pian terveeksi
4 better adv paremmin, enemmän *I like this ice cream better* minusta tämä jäätelö on parempaa *you'd better leave right now* sinun on parasta/syytä lähteä nyt heti
better half s parempi puolisko, (kuv) aviopuoliso, (yl) vaimo
betterment s **1** parantaminen **2** parannus
bettor [betər] s vedonlyöjä
between [bɪ'twin] adv välissä, väliin *good restaurants are few and far between* hyviä ravintoloita on harvassa prep **1** välissä, välillä, väliin *our town is located between two big lakes* kaupunkimme on kahden ison järven välissä *between two and four people can go there at a time* sinne mahtuu/voi mennä kahdesta neljään ihmistä kerrallaan **2** kesken *the crooks divided the money between them* konnat jakoivat rahat keskenään *between ourselves/between you and me* meidän kesken sanoen
between a rock and a hard place fr tiukoilla, kahden tulen välissä; puun ja kuoren välissä
between-the-lens shutter s (valok) keskussuljin
betwixt and between [bɪ'twɪkst] fr keskellä, välimailla, kahden vaiheilla
be up a tree *to be up a tree* olla pulassa/pinteessä
be up to snuff fr (ark) kelvata, täyttää vaatimukset
1 bevel [bevəl] s vino/viisto/kalteva pinta tai kappale, särmä, viiste

2 bevel v kallistaa, tehdä kaltevaksi/vinoksi/viistoksi
beverage [bevrədʒ] s juoma
bevy [bevi] s **1** (lintu)parvi **2** (ihmis)joukko
beware [bɪ'weɪər] v varoa *beware of the dog* (kyltissä) varo koiraa!
bewilder [bə'wɪldər] v tyrmistyttää, hämmentää, sekoittaa *I was bewildered by his anger* hänen kiukkunsa sai minut hämilleni
be wise to something fr (sl) tajuta, olla jyvällä/selvillä jostakin, tietää
bewitch [bɪ'wɪtʃ] v noitua, lumota, hurmata
bewitching adj lumoava, hurmaava
beyond [bɪ'and] adv, prep **1** (tilasta) takana, toisella puolen *they live beyond the mountains* he asuvat vuorten toisella puolella **2** (ajasta) yli *I can't make plans beyond next year* en osaa suunnitella ensi vuotta pitemmälle **3** kuvaannollisesta ylittymisestä: *it's beyond me* se menee yli minun ymmärrykseni *the company's success is beyond all expectations* yrityksen menestys on ylittänyt kaikki odotukset *beyond that, he revealed nothing* sen lisäksi hän ei paljastanut mitään
beyond price fr suunnattoman/sanoinkuvaamattoman/korvaamattoman arvokas/kallis
b.f. *boldface* (ladotaan puoli)lihavalla
BFD (tekstiviestissä, sähköpostissa) *big fucking deal*
BFN (tekstiviestissä, sähköpostissa) *bye for now*
BFO *Beat Frequency Oscillator*
BHP *brake horsepower*
Bhutan [bʊ'tan]
Bhutanese s, adj bhutanilainen
1 bias [baɪəs] s asustus, ennakkoluulo, puolueellisuus *the customer had a strong bias against our product* asiakas suhtautui tuotteeseemme nurjasti jo etukäteen
2 bias v värittää asiaa tiettyyn suuntaan, kallistaa/kallistua tiettyyn suuntaan *he was trying to bias her against/towards accepting the offer* hän yritti taivuttaa

hänet hylkäämään/hyväksymään tarjouksen
biased [baɪəst] adj ennakkoluuloinen, puolueellinen
bias-ply tire [ˈbaɪəsˌplaɪ] s ristikudosrengas
bib [bɪb] s **1** (lapsen) ruokalappu **2** (vaatteen) rintalappu
Bib. *Bible*
bibl. *bibliography*
Bible [baɪbəl] s Raamattu
Bible Belt s Yhdysvaltain eteläosa ja keskilänsi fundamentalistien asuinalueena
Bible paper s raamattupaperi
Bible-thumper [ˈbaɪbəlˌθʌmpər] s (ark) uskonkiihkoilija
Biblical [bɪbləkəl] adj Raamatun, raamattu-
bibliographer [ˌbɪblɪˈagrəfər] s bibliografi
bibliography [ˌbɪblɪˈagrəfi] s bibliografia, kirjaluettelo, (kirjan lopussa) lähdeluettelo
bicarbonate of soda [ˌbaɪˈkarbənət] s ruokasooda, natriumbikarbonaatti
bicentenary [baɪˈsentəˌneri] s kaksisataavuotisjuhla
bicentennial [ˌbaɪsenˈtenɪəl] s kaksisataavuotisjuhla adj kaksisataavuotis-
biceps [baɪseps] s (mon biceps) hauis(lihas)
bicker [bɪkər] v kinata, riidellä (pikkuasioista)
1 bicycle [baɪsəkəl] s polkupyörä
2 bicycle v polkupyöräillä
bicycle path s pyörätie
1 bid [bɪd] s **1** (osto)tarjous; (tal) ostokurssi, ostonoteeraus **2** yritys *his bid for fame led nowhere* hänen yrityksensä tulla kuuluisaksi ei kantanut hedelmää
2 bid v bid, bid: tarjota, tehdä tarjous
3 bid v bade, bid/bidden (vanh) **1** sanoa *to bid someone goodbye* sanoa jollekulle näkemiin **2** käskeä, määrätä
biennial [baɪˈenɪəl] adj **1** kaksivuotinen **2** joka toinen vuosi tapahtuva
bier [bɪər] s (ruumis)paarit
bifocal [baɪˈfoʊkəl] adj (silmälaseista:) kaksiteho-

bifocals [baɪˈfoʊkəlz] s (mon) kaksitehosilmälasit
big [bɪg] adj, adv iso, suuri, pitkä, tärkeä, paksu (valhe) *my big sister* isosiskoni *when you're big* kun kasvat isoksi *to be big with child* olla raskaana *he is too big for his britches* hänellä on noussut päähän *to talk big* mahtailla, rehennellä *to have a big mouth* olla suuri suustaan
bigamist [bɪgəməst] s bigamisti
bigamous [bɪgəməs] adj bigaminen, kaksiavioinen
bigamy [bɪgəmi] s kaksiavioisuus, bigamia
big bang [ˌbɪgˈbæŋ] s alkuräjähdys
Big Bend [ˌbɪgˈbend] kansallispuisto Texasissa
big brother [ˌbɪgˈbrʌðər] s **1** isoveli **2** (kuv) isoveli, kansalaisia tarkasti valvova esivalta
big business [ˌbɪgˈbɪznəs] s rahamaailma
Big Dog (tähdistö) Iso koira
big enchilada [ˌentʃəˈladə] fr pomo *the big enchilada is on a business trip* pomo on liikematkalla
bighead [ˈbɪgˌhed] s omahyväinen, itserakas ihminen
bighorn sheep [ˌbɪghɔrnˈʃip] s paksusarvilammas (Ovis canadensis)
bigmouth [ˈbɪgˌmaʊθ] s hölösuu, lavertelija
bigot [bɪgət] s hurskastelija, kiihkoilija
bigoted [bɪgətəd] adj suvaitsematon, ahdasmielinen
bigotry [bɪgətri] s suvaitsemattomuus, ahdasmielisyys
big screen (ark) elokuvat *to appear on the big screen* esiintyä valkokankaalla
big-screen tv [ˌbɪgskrintɪˈvi] s laajakuvatelevisio
big shot [ˈbɪgˌʃat] s iso kiho, pomo
big spender (ark) tuhlari
bigwig [ˈbɪgˌwɪg] s iso kiho, pomo
bijou [biˈʒu] adj (pieni ja) sievä, viehättävä, ihastuttava
1 bike [baɪk] s **1** polkupyörä **2** moottoripyörä

bike

2 bike v **1** polkupyöräillä **2** moottoripyöräillä
bikini [bə'kini] s bikinit
bilateral [ˌbaɪ'lætərəl] adj bilateraalinen, kahdenkeskinen
bilberry [ˈbɪlberi] s (mon bilberries) mustikka
bile [baɪəl] s **1** sappi(neste) **2** kiukku, ärtyisyys
bilge [bɪldʒ] s **1** (aluksen pohjalla oleva) vuotovesi, pohjavesi **2** roskapuhe, pötypuhe
bilingual [ˌbaɪ'lɪŋgwəl] adj kaksikielinen
bilious [ˈbɪliəs] adj **1** kiukkuinen, ärtyisä **2** huonovointisen/sairaan näköinen
1 bill [bɪl] s **1** linnun nokka **2** lasku **3** juliste *post no bills* ilmoitusten/mainosten kiinnittäminen kielletty **4** lakiesitys **5** seteli
2 bill v **1** laskuttaa *he did not bill me for that* hän ei veloittanut siitä mitään **2** mainostaa (näyttelijää, näytelmää)
billboard [ˈbɪl.bɔrd] s mainostaulu
billiards [ˈbɪljərdz] s (mon) biljardi(peli) *billiard table* biljardipöytä
billion [ˈbɪljən] s miljardi
Bill of Rights s Yhdysvaltain perustuslain kymmenen ensimmäistä lisäystä
1 billow [ˈbɪloʊ] s aalto, pilvi *a billow of smoke*
2 billow v aaltoilla, (purje) pullistua, (savu) tupruta
billowy [ˈbɪloʊi] adj aaltoileva, pullistunut (purje), tupruileva (savu)
billy-goat [ˈbɪliˌɡoʊt] s (kili)pukki
bin [bɪn] s astia, lokero, säiliö
binary [ˈbaɪˌneri] adj binaarinen, binäärinen, binaari-, binääri-
bind [baɪnd] *to be in a bind* olla pulassa/pinteessä v bound, bound: sitoa (kiinni, haava, hiukset, kirja), velvoittaa/sitoa joku tekemään jotakin *I'm legally bound to record another album* sopimus velvoittaa minut levyttämään uuden levyn
binder s kirjansitoja
bindery s kirjansitomo
binding s (kirjan) kannet; sidonta adj (sopimus yms) sitova
bind up v sitoa (haava, hiukset)
bingo [ˈbɪŋɡoʊ] s bingo

binoculars [bə'nakjələrz] s (mon) kiikari *a pair of binoculars* kiikari
binturong s binturonki, karhukissa
bio. *biography* elämäkerta
biochemical adj biokemiallinen, biokemian
biochemist [ˌbaɪoʊˈkemɪst] s biokemisti
biochemistry [ˌbaɪoʊˈkeməstri] s biokemia
biodegradable [ˌbaɪoʊdɪˈɡreɪdəbəl] adj luonnossa hajoava
biographer [baɪˈɑɡrəfər] s elämäkerran kirjoittaja
biographic [ˌbaɪəˈɡræfɪk] adj elämäkerrallinen
biographical [ˌbaɪəˈɡræfɪkəl] adj elämäkerrallinen
biography [baɪˈɑɡrəfi] s elämäkerta, biografia
biological [ˌbaɪəˈlɑdʒɪkəl] s biologinen, biologian
biologist [baɪˈɑlədʒɪst] s biologi
biology [baɪˈɑlədʒi] s biologia
bioluminescence [ˌbaɪoʊˌlumɪˈnesəns] s bioluminesenssi (eräiden eläinten ja kasvien kyky säteillä valoa)
BIOS *Basic Input/Output System*
biotin [ˈbaɪətɪn] s biotiini (eräs B-vitamiini)
bipartisan [ˌbaɪˈpɑrtəzən] adj kaksipuolue-, kahden puolueen
biplane [ˈbaɪpleɪn] s kaksitaso(inen lentokone)
birch [bɜrtʃ] s koivu
bird [bɜrd] s lintu *to kill two birds with one stone* tappaa kaksi kärpästä yhdellä iskulla *a little bird told me* kuulinpahan vain, tiedänpähän vain *a bird in the hand is worth two in the bush* parempi pyy pivossa kuin kymmenen oksalla *to flip someone the bird* (sl) näyttää jollekulle keskisormea
bird-eating spider s lintuhämähäkki
birdie [ˈbɜrdi] s (golf) birdie, lyöntitulos, jossa pallo saadaan reikään yhdellä lyönnillä alle par-luvun
bird of paradise [ˌbɜrdəvˈperəˌdaɪs] s (lintu) paratiisilintu *blue bird of paradise* siniparatiisilintu

Birmingham [bəmiŋəm] kaupunki Englannissa

Birmingham [ˈbərmɪŋˌhæm] kaupunki Alabamassa Yhdysvalloissa

biro [baɪroʊ] s (UK) kuulakynä

birth [bərθ] s **1** synnytys, syntymä, synty *she gave birth to a baby boy* hän synnytti poikalapsen **2** syntyperä *he is Canadian by birth* hän on syntynyt Kanadassa/syntyjään kanadalainen

birth control s ehkäisy, syntyvyyden säännöstely

birthday [bərθdeɪ] s syntymäpäivä

birthday suit *in your birthday suit* apposen alasti, ilkosillaan

birthrate [ˈbərθˌreɪt] s syntyvyys, syntyneisyys

biscuit [bɪskət] s (US) sämpylä, (UK) keksi, pikkuleipä

bisect [ˌbaɪˈsekt] v leikata/jakaa/jakautua kahtia, puolittaa

bishop [bɪʃəp] s **1** piispa **2** (šakissa) lähetti

bishopric [bɪʃəprɪk] s hiippakunta

bison [baɪsən] s (mon bison) biisoni

bit [bɪt] s **1** pala, muru *not a bit* ei tippaakaan, ei lainkaan *to do your bit* esittää numeronsa/osansa, tehdä/hoitaa osuutensa **2** (binäärijärjestelmässä) bitti **3** (hevosen) kuolaimet **4** poranterä

bit by bit fr vähitellen, vähä vähältä

1 bitch [bɪtʃ] s **1** (koira) narttu **2** (sl) häijy akka, muija

2 bitch v (sl) valittaa, narista

1 bite [baɪt] s **1** puraisu, purema, pureminen *his bark is worse than his bite* ei haukkuva koira pure, ei häntä kannata pelätä **2** suupala **3** (kalan) nappaus (ongessa)

2 bite v bit, bitten **1** purra, puraista, haukata *he bit off more than he can chew* hän haukkasi liian ison palan (myös kuv) *to bite your tongue* purra kieltään, katua sanojaan **2** (hyönteinen) pistää

bite into v iskeä hampaansa johonkin, puraista, pureutua, porautua, syöpyä johonkin

bite off v purra poikki/irti *don't bite my head off!* älä hypi silmille!

biting midge [mɪdʒ] s (eläin) polttiainen

bitmap s (tietok) bittikartta

bit part s pieni sivuosa (elokuvassa, näytelmässä)

bitten [bɪtən] ks bite

bitter [bɪtər] adj **1** karvas, kitkerä, katkera (maku, pettymys, riita, viha) **2** kova (talvi), pureva, kylmä (pakkanen, tuuli)

bitter end *to do something to the bitter end* tehdä jotakin hampaat irvessä/katkeraan loppuun asti

bitterling s katkerokala

bitterly adv **1** katkerasti (pettynyt) **2** erittäin (kylmä)

bitterness s **1** kitkeryys, katkeruus (myös kuv) **2** (pakkasen, tuulen) kovuus, purevuus

bitumen [bəˈtumən ˌbaɪˈtumən] s bitumi

bivalves [baɪvælvz] s (mon) simpukat

bivouac [ˈbɪvʊˌæk] v bivouacked, bivouacked (sot) leiriytyä

biweekly [ˌbaɪˈwikli] adj **1** kahden viikon välein tapahtuva/ilmestyvä **2** kahdesti viikossa tapahtuva/ilmestyvä

bizarre [bəˈzɑər] adj outo, kummallinen, eriskummallinen, epätavallinen

bkgd. *background* tausta(lla)

bkry *bakery* leipomo

B.L. *Bachelor of Law; Bachelor of Letters*

B/L *bill of lading* konossementti

blab [blæb] v (sl) **1** pölistä, puhua kuin papupata **2** paljastaa salaisuus, kieliä, vasikoida

1 black [blæk] s **1** musta (väri) **2** musta (ihminen)

2 black v mustata, mustua

3 black adj **1** musta **2** mustien, mustia koskeva **3** synkkä, toivoton **4** vihainen **5** pilkkopimeä

Blackamoor [blækəmuər] (Peter Panissa) Mustanaama

black-backed gull s merilokki

black belt [ˈblækˌbelt] s (judossa) musta vyö

blackberry [ˈblækˌberi] s karhunvatukka

black-billed magpie s harakka

blackbird [ˈblækˌbərd] s mustarastas

blackboard

blackboard ['blæk,bɔrd] s liitutaulu
black box s (lentokoneen) musta laatikko
blackbuck s besoaariantilooppi
black-capped chickadee s amerikanhömötiainen
black coot s nokikana
black currant [,blæk'kərənt] s mustaherukka
blacken [blækən] v mustata, maalata/liata mustaksi *they tried to blacken his reputation* he yrittivät mustata/tahrata hänen maineensa
black eye [,blæk'aɪ] s **1** mustelma silmässä *to have a black eye* olla silmä mustana **2** (kuv) häpeä(pilkku), häpeän aihe, miinuspiste
black-fly s (mon black-flies) mäkärä
black grouse [graʊs] s (lintu) teeri
blackhead ['blæk,hed] s mustapää
black-headed gull s naurulokki
black ice [,blæk,aɪs] s musta jää (maantiellä)
1 blacklist ['blæk,lɪst] s musta lista
2 blacklist v merkitä/panna mustalle listalle
black magic [,blæk'mædʒɪk] s musta magia
1 blackmail ['blæk,meɪəl] s kiristys
2 blackmail v kiristää
blackmailer s kiristäjä
1 black market [,blæk'markət] s musta pörssi
2 black market v myydä mustassa pörssissä/pimeästi, ostaa mustasta pörssistä/pimeästi
black out v **1** pyörtyä, menettää tajuntansa **2** pimentää, sammuttaa valot **3** unohtaa jotakin (hetkeksi), ei muistaa
blackout [blækaʊt] s **1** sähkökatkos **2** muistikatkos **3** pyörtyminen, tajunnan menetys **4** (sodan aikana ikkunoiden ym) pimennys
black pudding s (UK) verimakkara
Black rhinoceros [raɪ'nasərəs] s suippohuulisarvikuono
Black Sea [,blæk'si] Mustameri
black sheep [,blæk'ʃip] s musta lammas
blacksmith [blæksmɪθ] s seppä

blackspot s **1** *accident blackspot* vaarallinen paikka (jossa on sattunut paljon kolareita tms) **2** työttömyyspesäke
black swan s mustajoutsen
black-tailed deer [,blækteəld'dɪər] s muulipeura
black-tailed jackrabbit s mustahäntäjänis
black widow spider s (hämähäkki) mustaleski
black woodpecker s palokärki
black work ['blæk,wɜrk] s pimeä(t) työ(t)
bladder [blædər] s virtsarakko
blade [bleɪd] s **1** (veitsen, partakoneen) terä; (sl) puukko **2** (airon, potkurin) lapa **3** (ruohon) korsi
1 blame [bleɪm] s **1** syy, vika **2** syytös, moite
2 blame v syyttää, moittia *to blame someone for something* syyttää jotakuta jostakin *to blame something on someone* panna/laskea jokin jonkun syyksi *you have only yourself to blame for that* siitä saat syyttää vain itseäsi *they put the blame for the failure on us* he syyttivät meitä epäonnistumisesta
blameless adj syytön, viaton, tahraton
blamelessly adv syyttömästi, viattomasti
blameworthy ['bleɪm,wɜrði] adj syyllinen, syypää, nuhtelun ansaitseva
bland [blænd] adj **1** ystävällinen, hyväntahtoinen, avulias **2** leuto (ilma), mieto (maku) **3** mitäänsanomaton, väritön, tylsä
blandly adv ks bland
blandness s **1** ystävällisyys, hyväntahtoisuus, kohteliaisuus **2** (ilman) leutous, (maun) mietous **3** värittömyys, mitäänsanomattomuus, tylsyys
1 blank [blæŋk] s **1** tyhjä tila/kohta (kaavakkeessa) **2** paukkupatruuna **3** *to draw a blank* jäädä tyhjin käsin, epäonnistua; ei muistaa
2 blank adj **1** tyhjä (paperi), täyttämätön (lomake) *I tried to recall the number but my mind went blank* yritin muistaa numeron mutta muistini ei pelannut **2** ilmeetön, tyrmistynyt (katse)

blank check [ˌblæŋkˈtʃek] s avoin sekki *they gave him a blank check* (kuv) he antoivat hänelle vapaat kädet

1 blanket [blæŋkət] s peitto, peite (myös kuv) *a blanket of snow* lumipeite

2 blanket v peittää *everything was blanketed with snow* kaikki peittyi lumen alle

3 blanket adj (kaiken) kattava, yleis-, yleistävä (väite)

blankly adj (katsoa/tuijottaa) ilmeettömänä, tyrmistyneenä

blankness s **1** tyhjyys **2** ilmeettömyys

blank verse [ˌblæŋkˈvərs] s silosäe

1 blare [bleər] s (torven) törähdys

2 blare v töräyttää (torvea), (torvi) törähtää, (radio) pauhata

blaspheme [ˈblæsˌfim] v pilkata Jumalaa

blasphemer [blæsfəmər] s (jumalan)pilkkaaja, herjaaja

blasphemous [blæsfəməs] adj (Jumalaa) pilkkaava, herjaava

blasphemy [blæsfəmi] s (jumalan)pilkka, herjaus

1 blast [blæst] s **1** tuulenpuuska **2** räjähdys, pamahdus; räjähdysaalto, paineaalto **3** (torven) törähdys

2 blast v **1** räjäyttää **2** laukaista (raketti) **3** mennä myttyyn, kaatua kasaan, romahtaa

blast furnace [ˈblæstˌfərnəs] s masuuni

blastoff [ˈblæsˌtaf] s (raketin) laukaisu

blast off [ˌblæsˈtaf] v (raketista) nousta ilmaan, (astronautista) nousta raketilla ilmaan

blatant [bleɪtənt] adj räikeä, häpeämätön, törkeä

blatantly adj ilmiselvästi, häpeämättömästi, törkeästi

1 blaze [bleɪz] s **1** tuli, roihu **2** (tulen, värien) hehku, loiste **3** (vihan) purkaus, puuska

2 blaze v **1** palaa, liekehtiä **2** (aurinko) polttaa, (silmät) palaa, hehkua **3** (aseista) tulittaa, sylkeä tulta **4** pursuta (vihaa), palaa (vihasta)

blaze away v **1** tulittaa, ammuskella, ampua jatkuvasti **2** (tuli) leimuta, roihuta

blazer s bleiseri, irtotakki

blaze up v (tuli) leimahtaa, ruveta roihuamaan

blazing adj **1** palava, tulessa, ilmiliekeissä **2** paahtava, polttava (aurinko) **3** (silmistä) palava, hehkuva

bldg. *building* rakennus

bldr. *builder* rakentaja, urakoitsija

1 bleach [blitʃ] s valkaisuaine, kloori

2 bleach v **1** valkaista **2** muuttua valkoiseksi (esim auringossa)

bleak [blik] adj kurja (ilma), viheliäinen, ankea, lohduton, iloton, synkkä (tulevaisuus)

bleakly adv ks bleak

bleary [blɪəri] adj samea, sumea, (silmistä) tihruinen, (näkö) hämärä

bleary-eyed [ˈblɪəriˌaɪd] adj (unen, paljon lukemisen jälkeen) tihrusilmäinen

1 bleat [blit] s (lampaan) määkiminen

2 bleat v määkiä

bleed [blid] v bled, bled: vuotaa verta (myös kuv)

bleeding heart s (ivallisesti) laupias samarialainen

bleeding-heart: *he is a bleeding-heart liberal* hän kannattaa kaikenlaisia sosiaaliavustuksia, hän on olevinaan varsinainen laupias samarialainen

1 blemish [blemɪʃ] s tahra (myös kuv), puute, vika

2 blemish v vahingoittaa, pilata, mustata (maine)

1 blend [blend] s sekoitus, sekoite

2 blend v sekoittaa

bless [bles] v blessed/blest, blessed/blest: siunata *she is blessed with good looks* häntä on siunattu hyvällä ulkonäöllä

blessed [blesəd] adj **1** pyhä, siunattu, autuas **2** vahvistavana sanana: *every blessed book* joka ainoa kirja

blessing s siunaus (myös kuv) *it was a blessing in disguise* se oli onni onnettomuudessa *you can count your blessings* saat kiittää onneasi

blew [blu] ks blow

1 blight [blaɪt] s **1** (puun) home- tai nokisieni **2** (kuv) häpeäpilkku, piina, riesa, tahra *sexual discrimination against*

blight

women is a blight on the business world naisten syrjintä tahraa liike-elämän maineen
2 blight v tahrata (maine), pilata (mahdollisuudet, elämää), tehdä tyhjäksi (toiveet)
1 blind [blaınd] s **1** (ikkunan) rullakaihdin; sälekaihdin **2** (hevosen) silmälappu
2 blind v sokaista (myös kuv) *he is blinded by love* rakkaus on sokaissut hänet, tehnyt hänet sokeaksi
3 blind adj sokea, (myös kuv:) päämäärätön, umpimähkäinen, silmitön (viha, ihailu) *she is blind from birth* hän on ollut syntymästään saakka sokea *blind rage* sokea raivo *to turn a blind eye to something* ei olla huomaavinaan jotakin
blind alley [ˌblaınd'æli] s umpikuja (myös kuv)
blind date [ˌblaın'deıt] s **1** sokkotreffit **2** sokkotreffiseuralainen *who was your blind date, anybody I know?* kenen kanssa sinulla oli sokkotreffit, tunnenko minä hänet?
blind drunk [ˌblaınd'drʌŋk] adj umpihumalassa
blind faith s sokea luottamus (johonkin)
1 blindfold ['blaındˌfoʊld] s (silmille pantu) side
2 blindfold v sitoa/peittää jonkun silmät *to be able to do something blindfolded* osata jotakin vaikka silmät ummessa
3 blindfold adj jonka silmät on sidottu
blindly adv sokeasti, umpimähkäisesti, umpimähkään, silmittömästi
blindman's bluff s sokkoleikki
blindness s sokeus (myös kuv)
blind spot ['blaındˌspat] s **1** (silmän) sokea täplä **2** (näkökentän) kuollut kulma **3** heikkous, Akilleen kantapää *it's his blind spot* se on hänen heikkoutensa/hän ei suostu myöntämään sitä/hänellä on siinä sokea piste
bling-bling s (sl) helyt, korut *Look at all that bling-bling!* Katso hänen korujaan!
1 blink [blıŋk] s silmänräpäys *on the blink* epäkunnossa
2 blink v (silmä) räpähtää, (valo) välähtää

blinkers s (mon) (hevosen) silmälaput *with blinkers on* (myös kuv) laput silmillä
bliss [blıs] s onni, autuus
blissful adj autuas, ihana, onnellinen
blissfully adv autuaasti, ihanasti, onnellisesti *he was blissfully unaware of the events* hän oli autuaan tietämätön tapahtumista
B-list ['biˌlıst] adj kakkosluokan
1 blister [blıstər] s (maalipinnan, iho)rakkula
2 blister v nousta/nostaa rakkuloille
blister beetle s (kovakuoriainen) toukohärkä
B.Lit. *Bachelor of Letters*
B. Litt. *Bachelor of Letters; Bachelor of Literature*
1 blitz [blıts] s **1** salamasota, ilmahyökkäys *the Blitz* Saksan ilmasota Isossa-Britanniassa 1940-1941 **2** mainoshyökkäys
2 blitz v **1** hyökätä jonnekin **2** (kuv) pommittaa jotakuta jollakin
blizzard [blızərd] s lumimyrsky
blk. *black*
bloated [bloʊtəd] adj **1** turvonnut, paisunut **2** (kuv) täynnä itseään, liiallinen
blob [blab] s pisara, tippa, tahra, läiskä
bloc [blak] s ryhmä, ryhmittymä, joukko *the Eastern bloc* itäryhmä, itäryhmän maat
1 block [blak] s **1** (puu)pölkky, (kivi)lohkare, möhkäle **2** rakennus, ryhmä rakennuksia **3** kortteli; korttelinmitta **4** tukkeutuma, este, sulku *road block* tiesulku **5** joukko, erä *a block of IBM stock* erä IBM:n osakkeita
2 block v **1** sulkea, tukkia *the police have blocked the road* poliisi on sulkenut tien **2** estää, asettua poikkiteloin jonkun eteen *we blocked their takeover attempt* estimme heidän valtausyrityksensä
1 blockade [blaˈkeıd] s saarto
2 blockade v saartaa
blockage [blakıdʒ] s **1** tukkiminen **2** tukkeutuma, tukos
blockbuster ['blakˌbʌstər] s jymymenestys

blow over

blockhead [ˈblakˌhed] s pölkkypää, puupää

blog [blag] s (sanoista biographical web log) omaloki

blond [bland] s vaalea(ihoinen/tukkainen) ihminen adj (tukka, iho) vaalea

blonde [bland] s vaalea(ihoinen/tukkainen) nainen/tyttö, vaaleaverikkö adj (tukka, iho) vaalea

blood [blʌd] s veri (myös kuv) *it makes my blood boil* se saa vereni kiehumaan *there is no bad blood between us* me olemme keskenämme hyvissä väleissä *boasting is in his blood* mahtailu on hänellä veressä

blood bank [ˈblʌdˌbæŋk] s veripankki

bloodbath [ˈblʌdˌbæθ] s verilöyly

blood brother [ˈblʌdˌbrʌðər] s veriveli

bloodcurdling [ˈblʌdˌkərdəliŋ] adj vertahyytävä

blood donor [ˈblʌdˌdoʊnər] s verenluovuttaja

blood group [ˈblʌdˌgrup] s veriryhmä

bloodhound [ˈblʌdˌhaʊnd] s **1** verikoira **2** etsivä, nuuskija

bloodless [blʌdləs] adj **1** veretön *bloodless coup* veretön vallankaappaus **2** väritön, vaisu, innoton, laimea

bloodlessly [blʌdləsli] adv **1** verettömästi **2** innottomasti, vaisusti, laimeasti

blood orange [ˌblʌdˈɔrəndʒ] s veriappelsiini

blood pressure [ˈblʌdˌpreʃər] s verenpaine

bloodshed [ˈblʌdˌʃed] s verenvuodatus

bloodshot [ˈblʌdˌʃat] adj (silmistä) verestävä, punainen, punoittava

bloodsport [ˈblʌdˌspɔrt] s metsästys, kukkotappelut yms

bloodstream [ˈblʌdˌstrim] s verenkierto

bloodsucker [ˈblʌdˌsʌkər] s verenimijä (myös kuv); (erityisesti) (veri)juotikas, iilimato

blood sugar [ˈblʌdˌʃʊgər] s verensokeri

blood test [ˈblʌdˌtest] s verikoe

bloodthirsty [ˈblʌdˌθərsti] adj verenhimoinen

blood transfusion [ˌblʌdtrænsˈfjuʒən] s verensiirto

blood type [ˈblʌdˌtaɪp] s veriryhmä

blood vessel [ˈblʌdˌvesəl] s verisuoni

bloody [blʌdi] adj **1** verinen, verta vuotava **2** (erityisesti UK, voimistavana sanana) kirottu, viheliäinen *you're a bloody genius* sinä olet helvetinmoinen nero!

bloody-minded [ˌblʌdɪˈmaɪndəd] adj **1** verenhimoinen, väkivaltainen **2** (UK) jääräpäinen, härkäpäinen

1 bloom [blum] s kukka, kukinta, kukoistus *to be in full bloom* olla täydessä kukassaan

2 bloom v kukkia, kukoistaa (myös kuv)

1 blossom [blasəm] s kukka, kukoistus

2 blossom v kukkia, kukoistaa (myös kuv) *his business is blossoming* hänen liikeyrityksensä kukoistaa

blossom out v puhjeta kukkaan (myös kuv), kukoistaa, kehittyä/pyöristyä naiseksi

1 blot [blat] s **1** mustetahra **2** (kuv) tahra *the incident is a blot on his reputation* tapaus mustaa hänen maineensa

2 blot v **1** tahrata, tahria **2** kuivata (muste imupaperilla)

blotch [blatʃ] s (iho)läiskä, tahra

blot out v peittää (näkyvistä), pyyhkiä (pois/mielestään), unohtaa

blouse [blaʊs] s (naisten, tyttöjen) pusero

1 blow [bloʊ] s **1** (nyrkin)isku **2** (kuv) isku, järkytys

2 blow v blew, blown **1** (tuuli, ihminen) puhaltaa *to blow your nose* niistää nenänsä **2** puhaltaa, soittaa (puhallinsoitinta) **3** (sulake) palaa **4** (sl) tuhlata (rahaa), panna menemään *he blew all his money on cars* hän tuhlasi kaikki rahansa autoihin **5** *he blew his brains out* hän ampui itsensä

blower s **1** puhallin **2** (lasin)puhaltaja

blown ks blow

blow out v **1** sammuttaa, puhaltaa sammuksiin **2** (ilmarengas) puhjeta

blowout s **1** renkaan puhkeaminen **2** sulakkeen palaminen **3** isot rämäpäiset juhlat

blow over v **1** kaatua tuulessa; (tuuli) kaataa **2** (myrsky, suuttumus) asettua, laantua, tyyntyä

blow up v **1** räjähtää (myös kuv), räjäyttää **2** suurentaa (valokuva) **3** pumpata ilmaa (renkaaseen)
blowup s **1** räjähdys, riita **2** (valokuva)suurennos
blow your stack fr (sl) polttaa päreensä, pillastua
blow your top fr **1** menettää malttinsa, raivostua, polttaa päreensä **2** menettää järkensä, seota
BLT *bacon, lettuce, and tomato* pekonisalaattitomaattivoileipä
1 blubber [blʌbər] s **1** valaanrasva **2** itku, vollotus
2 blubber v pillittää, vääntää lohduttomana itkua
1 bludgeon [blʌdʒən] s sauva, patukka, pamppu
2 bludgeon v **1** iskeä/lyödä patukalla **2** pakottaa *my boss bludgeoned me into working on weekends* pomoni pakotti minut tekemään työtä viikonloppuisin
1 blue [blu] s **1** sininen (väri) **2** *out of the blue* yllättäen, varoituksetta, kuin salama kirkkaalta taivaalta
2 blue adj **1** sininen *he is a little blue around the gills* hän näyttää hieman sairaalta/huonovointiselta *once in a blue moon* joskus harvoin **2** alakuloinen, masentunut
bluebell s kissankello
blueberry s (mon blueberries) mustikka
Blueberry™ eräs langaton, taskukokoinen sähköpostilaite; sen pohjana oleva tekniikka
blue-blooded [ˈbluˌblʌdəd] adj siniverinen, jalosukuinen
bluebottle [ˈbluˌbatəl] s lihakärpänen
bluebuck s siniantilooppi, nilgau
blue cheese [ˌbluˈtʃiz] s sinihomejuusto
blue-chip [ˈbluˌtʃɪp] adj ensiluokkainen, paras mahdollinen
bluecoat [ˈbluˌkoʊt] s (virkapukuinen) poliisi
blue-collar [ˌbluˈkalər] s tehdastyöläinen, työläinen adj tehdastyöläisten, työläis- *blue-collar workers* (tehdas)työläiset
blue duiker [daɪkər] s sinisukeltaja-antilooppi
blue jay s sinitöyhtönärhi
blue moon *once in a blue moon* joskus harvoin
blueprint [ˈbluˌprɪnt] s **1** rakennuspiirustus **2** suunnitelma
blues [bluz] **1** (mon) alakuloisuus, masennus *to have the blues* olla maassa **2** blues(musiikki)
bluestocking [ˈbluˌstakɪŋ] s sinisukka, älykkönainen
bluethroat s sinirinta
blue tit s sinitiainen
blue whale [ˈbluˌweɪəl] s sinivalas
1 bluff [blʌf] s **1** jyrkänne, jyrkkä niemeke, kallionkieleke **2** hämäys, harhautus, bluffi *to call someone's bluff* selvittää onko joku tosissaan
2 bluff v hämätä, harhauttaa, vetää nenästä, bluffata
3 bluff adj vilpitön, hyvää tarkoittava
bluish [ˈbluɪʃ] adj sinertävä
1 blunder [blʌndər] s kömmähdys, virhe, erehdys, munaus
2 blunder v **1** törmätä johonkin/johonkuhun, kompuroida **2** kömmähtää, munata, tunaroida
blunt [blʌnt] v **1** tylpistää **2** tehdä tyhjäksi, vesittää adj **1** (esine) tylsä, tylppä **2** (ihminen) tyly, suora(sukainen)
bluntly adv tylysti, kaunistelematta, suoraan
bluntness s tylyys, suorasukaisuus
1 blur [blər] s sumeus, epäselvyys *it all became a blur* kaikki sumeni silmissäni/mielessäni
2 blur v (katse, silmät, ajatukset) sumentua *after that everything blurred in my eyes* sen jälkeen kaikki sumeni silmissäni
blurb [blərb] s kirjan kannen mainosteksti
blurt out [blərt] v paljastaa (vahingossa) *she blurted out the secret* salaisuus pääsi vahingossa hänen suustaan
1 blush [blʌʃ] s punastelu, punastuminen *at first blush* ensi näkemältä
2 blush v **1** punastua **2** hävetä
1 bluster [blʌstər] s **1** (myrskyn, tuulen) pauhu, jyly **2** (kerskaileva/isotteleva)

ärjyntä, räyhääminen **3** (puheen) kohina, hälinä
2 bluster v **1** (myrsky, tuuli) pauhata, jylistä **2** (kerskaillen/isotellen) ärjyä, räyhätä **3** (ihmisjoukko) hälistä
blustery adj myrskyinen (ilma), navakka (tuuli)
B.M. *Bachelor of Medicine; Bachelor of Music*
BMI *Broadcast Music Incorporated*
BMOC *big man on campus*
BMX *bicycle motocross*
boa [boʊə] s boa(käärme)
boa constrictor [ˈboʊəkənˌstrɪktər] s kuningasboa
boar [bɔər] s **1** karju **2** villisika
1 board [bɔərd] s **1** lauta **2** (ilmoitus)taulu, kyltti **3** lautakunta, johtokunta **4** ateriat *room and board* täysihoito **5** *to go by the board* epäonnistua, mennä myttyyn *above board* rehellinen *across the board* kautta linjan, yleisesti
2 board v **1** laudoittaa, peittää laudoilla **2** ottaa/mennä täysihoitoon **3** nousta laivaan, lentokoneeseen tms.
boarder [bɔrdər] s **1** täysihoidossa oleva henkilö, (ali)vuokralainen **2** sisäoppilaitoksen oppilas
board foot [ˌbɔrdˈfʊt] s (sahatavarasta jonka paksuus on yksi tuuma ja pintaala yksi) neliöjalka
boarding s **1** laudoitus **2** täysihoito **3** koneeseen/laivaanmeno
boarding house [ˈbɔrdɪŋˌhaʊs] s täysihoitola
boarding pass [ˈbɔrdɪŋˌpæs] s (lentomatkustuksessa) tarkistuskortti
boarding school [ˈbɔrdɪŋˌskuəl] s sisäoppilaitos
boardroom [ˈbɔrdˌrum] s johtokunnan kokoushuone
boardwalk [ˈbɔrdˌwak] s laudoista tehty ranta(kävely)katu
1 boast [boʊst] s kehuskelu, rehentely
2 boast v **1** rehennellä, kehua, leuhkia **2** olla (kehumisen arvoinen) hyvä asia *Southern California boasts a wonderful climate* Etelä-Kaliforniassa on hieno ilmasto
boastful adj leuhka
boastfully adv leuhkasti
1 boat [boʊt] s **1** vene *we're all in the same boat* (kuv) olemme kaikki samassa veneessä **2** laiva *whatever floats your boat* makunsa kullakin
2 boat v kuljettaa veneellä/laivalla
boathouse [ˈboʊtˌhaʊs] s venevaja
boat people s venepakolaiset
boatswain [boʊsən] s pursimies
1 bob [bab] s **1** niiaus, (pään) nyökkäys **2** poikatukka
2 bob v **1** pomppia, hyppiä, heilua ylösalas **2** niiata **3** nyökätä (päätään) **4** (lintu) heilauttaa pyrstöään
bobbin [babən] s (lanka)puola
bobcat [babkæt] s punailves
bobolink [ˈbaboʊˌlɪŋk] s (lintu) heinäturpiaali
1 bobsled [ˈbabˌsled] s (kilpa)rattikelkka
2 bobsled v ajaa/laskea (kilpa)rattikelkalla
bode ill/well [boʊd] fr (ei) enteillä hyvää *the recent inflation bodes ill for the economy* viimeaikainen inflaatio ei enteile hyvää talouselämän kannalta
bodice [badəs] s **1** (naisten puvun) miehusta, yläosa **2** liivi, korsetti, suojus
bodily [badəli] adj ruumiillinen, ruumiin adv **1** henkilökohtaisesti **2** voimakeinoin, väkisin, pakolla
body [badi] s **1** (ihmisen, eläimen elävä/kuollut) ruumis, (ihmisen) keho; (ihmisen) vartalo, (eläimen) ruho **2** (auton) kori **3** (ihmis)ryhmä, joukko *the body politic* valtio, kansakunta **4** ydin, valtaosa **5** määrä, joukko, kokonaisuus *a body of evidence* todistusaineisto *a body of water* vesimassa: järvi, joki, meri
bodybuilder [ˈbadɪˌbɪldər] s kehonrakentaja
bodybuilding [ˈbadɪˌbɪldɪŋ] s kehonrakennus, bodybuilding
bodyguard [ˈbadɪˌgard] s henkivartija
body politic s kansa poliittisena ryhmänä
body shop s **1** kuntosali **2** (autojen) peltikorjaamo
body text s leipäteksti
bog [bag] s suo

bog bilberry [bɪlberi] s (mon bilberries) juolukka
bog down v juuttua kiinni/paikoilleen *the project is bogged down* hanke polkee paikallaan, ei etene
bogey s **1** [bʊgi] kummitus, mörkö, peikko **2** [boʊgi] (golfissa) bogey, bogi, lyöntitulos, jossa pallo saadaan reikään yhdellä lyönnillä yli par-luvun
boggle [bagəl] *to boggle the mind* olla ällistyttävää/uskomatonta
boggy [bagi] adj (maasto) soinen
bogieman ['bʊgɪˌmæn] s kummitus, mörkö
bogus [boʊgəs] adj huijari-, väärennetty, väärä
bogy [bʊgi] s kummitus, mörkö, peikko
Bohemia [boʊˈhimɪə] Böömi
Bohemian [boʊˈhimɪən] s **1** Böömin asukas, böömiläinen **2** boheemi (myös *bohemian*) adj **1** böömiläinen, Böömin **2** boheemi-
Bohemian waxwing s tilhi
bohor reedbuck [ˌboʊhɔrˈridbʌk] s pikkuruokoantilooppi
1 boil [bɔɪəl] s **1** paise **2** kiehumispiste *bring to a boil* (ruuanlaitto-ohjeissa) kiehauta
2 boil v kiehua, keittää (meri, tunteet) kuohua
boil away v **1** kiehua edelleen **2** kiehua tyhjiin
boil down to fr merkitä, olla (pohjimmiltaan) kyse *what it boils down to is money* loppujen lopuksi kyse on rahasta, viime kädessä se on rahakysymys
boiler [bɔɪlər] s kuumavesisäiliö, höyrykattila
boilerplate s pohjateksti
boiling point s kiehumispiste (myös kuv)
boil over v **1** kiehua yli **2** (tilanne) kiristyä kiehumispisteeseen/räjähdyspisteeseen, (ihminen) räjähtää, menettää malttinsa
boisterous [bɔɪstərəs] adj rämäkkä (nauru), riehakas (tilaisuus, ihminen)
bok choy s pinaattikiinankaali, pak-choi
bold [boʊld] adj **1** rohkea, peloton, uskalias **2** hävytön **3** voimakas (väri, käsiala, tyyli) **4** (puoli)lihava (teksti)
boldly adv: ks bold
boldness s **1** rohkeus, uskaliaisuus **2** hävyttömyys, röyhkeys **3** voimakkuus, selvyys
Bolivia [bəˈlɪvɪə] Bolivia
Bolivian s, adj bolivialainen
bollard [balərd] s (laiturin) pollari
1 bolster [boʊlstər] s (vuoteella pidettävä) poikkityyny
2 bolster v tukea (käsitystä, hanketta), rohkaista, kannustaa
1 bolt [boʊlt] s **1** (ikkunan, oven) salpa **2** ruuvi, pultti **3** salamanisku *a bolt of lightning* **4** ryntäys, pakoyritys *he made a bolt for the door* hän yritti karata ovesta
2 bolt v **1** salvata (ikkuna, ovi) **2** ruuvata, kiinnittää ruuvilla/pultilla **3** rynnätä, karata **4** (hevonen) pillastua
bolt out v rynnätä, livistää
1 bomb [bam] s **1** pommi **2** (sl) täydellinen katastrofi, fiasko, läskiksi mennyt yritys
2 bomb v **1** pommittaa **2** epäonnistua täysin, mennä myttyyn/läskiksi, ei menestyä alkuunkaan
bombard [ˌbamˈbard] v pommittaa (myös kuv) *the reporters bombarded him with questions* toimittajat pommittivat häntä kysymyksillä
bombardment [ˌbamˈbardmənt] s pommitus (myös kuv)
Bombay [bamˈbeɪ] (Intian) Mumbai
bomber [bamər] s pommikone
bombshell ['bamˌʃel] s **1** pommi **2** täydellinen yllätys; uutispommi
bond [band] s **1** (kirjallinen) sopimus, lupaus **2** (kuv) side **3** (tal) obligaatio, joukkovelkakirja
bondage [bandədʒ] s orjuus, vankeus
bond dealer s arvopaperikauppias
bondman [bandmən] s orja
bondsman [banzmən] s **1** takaaja **2** orja
bone [boʊn] s luu *to feel something in your bones* tuntea jotakin luissaan *to have a bone to pick with someone* olla kana kynimättä jonkun kanssa, olla kalavelkoja jonkun kanssa *make no bones about it, he is guilty* hänen syyllisyydes-

tään ei ole (minun mielestäni) epäilystäkään
bone-dry [ˌboʊnˈdraɪ] adj rutikuiva
bone marrow [ˈboʊnˌmeroʊ] s luuydin
bone of contention s (kuv) kiistakapula
bone up on v päntätä päähänsä
bonfire [ˈbanˌfaɪər] s kokko, rovio, nuotio
bonnet [banət] s **1** (naisten, lasten) myssy **2** (UK) (auton) konepelti
bonnet macaque s (eläin) intianmakaki
bonus [boʊnəs] s bonus, lisä (palkkiotms)
bony [boʊni] adj **1** luiseva **2** (kala) ruotoinen
bony fish s (mon) luukalat
boo [bu] v buuata (esiintyjälle tms)
booby [bubi] s idiootti
booby hatch [ˈbubɪˌhætʃ] s (sl) hullujenhuone, pöpilä
booby prize [ˈbubɪˌpraɪz] s (viimeiseksi sijoittuvan) lohdutuspalkinto
booby trap [ˈbubɪˌtræp] s **1** ansa **2** piilopommi (jonka uhri pahaa aavistamatta laukaisee)
boodie [budi] s lesurinkaniinikenguru (Bettongia lesueur)
boogeyman [ˈbʊgɪˌmæn] s kummitus, mörkö
1 book [bʊk] s **1** kirja (myös kirjan osasta) **2** (lippu-, postimerkki)vihko, kansikko *book of matches* tulitikkukansikko **3** (mon) (liikeyrityksen) kirjanpito, kirjat
2 book v **1** kirjata, merkitä kirjoihin **2** (poliisi) pidättää, vangita **3** varata (paikka, lippu), buukata
bookable [bʊkəbəl] adj (lippu) ennakkomyynnissä oleva, (paikka) numeroitu
bookcase [ˈbʊkˌkeɪs] s kirjahylly(kkö)
bookie [bʊki] s vedonvälittäjä
bookkeeper [ˈbʊkˌkipər] s kirjanpitäjä
bookkeeping s kirjanpito
book learning [ˈbʊkˌlərnɪŋ] s kirjaoppi, teoria
booklet [bʊklət] s kirjanen, esite
book loss s (tal) realisoimaton tappio

bookmaker [ˈbʊkˌmeɪkər] s vedonvälittäjä
bookmark [ˈbʊkˌmark] s kirjanmerkki
bookmobile [ˈbʊkmoʊˌbiəl] s kirjastoauto
bookrack [ˈbʊkˌræk] s **1** kirjatuki, kirjateline **2** kirjahylly
bookshelf [ˈbʊkˌʃelf] s kirjahylly
bookstore [ˈbʊkˌstɔr] s kirjakauppa
book value s (tal) kirjanpitoarvo
bookworm [ˈbʊkˌwərm] s lukutoukka
Boolean algebra s Boolen algebra
1 boom [bum] s **1** (purjeen) puomi **2** jylinä, jyrähdys **3** (taloudellinen) korkeasuhdanne, noususuhdanne, (kaupan) vilkastuminen, (hintojen) nousu
2 boom v **1** jylistä, jyristä **2** (talouselämä, kauppa) vilkastua, olla korkeasuhdanne/noususuhdanne
1 boomerang [ˈbuməˌræŋ] s bumerangi
2 boomerang v (sanat, teot) kostautua, kääntyä tekijäänsä tms vastaan
boom out v mylviä, kajottaa, karjua
boor [bʊər] s moukka
boorish [bʊrɪʃ] adj moukkamainen
1 boost [bust] s lisäys, kasvu, parannus
2 boost v lisätä, kasvattaa, suurentaa
booster s **1** lisävahvistin *booster rocket* kantoraketti **2** tukija, kannattaja **3** tehosterokotus
1 boot [but] s **1** saapas, kenkä *to get the boot* saada kenkää, saada potkut *to give someone the boot* antaa jollekulle kenkää/potkut, erottaa **2** (UK) (auton) tavaratila
2 boot v **1** potkaista **2** käynnistää (tietokoneohjelma)
booth [buθ] s (myynti)koju, puhelinkoppi, äänestyskoppi, (elokuvateatterin, ravintolan) aitio
bootstrapping s (tietok) vyörytys
bootstrap program s (tietok) itselataava ohjelma
1 booze [buz] s (ark) viina
2 booze v (ark) ryypätä
boozy [buzi] adj (ark) **1** humalainen, känninen *a boozy driver* känninen kuski **2** viinaanmenevä, juoppo *a boozy guy* viinaanmenevä mies **3** kostea *a boozy lunch* kostea lounas

border

1 border [bɔrdər] s **1** reuna **2** (maiden välinen) raja **3** (kapea) kukkapenkki
2 border v reunustaa *the road is bordered by elms* tien vierellä kasvaa jalavia
borderline ['bɔrdər,laɪn] s rajaviiva adj rajatila- *he is a borderline case* (myös:) hän on rajatapaus
border on v olla jonkun rajalla/rajanaapurina, rajoittua johonkin; lähennellä jotakin, olla lähes *your handwriting borders on the illegible* käsialastasi on lähes mahdotonta saada selvää
1 bore [bɔr] s **1** (poraus)reikä **2** (putken, sylinterin sisä)halkaisija, (aseen) kaliiperi **3** kiusa, harmi, ikävä/pitkäveteinen ihminen/asia *he is a real bore* hän on tylsä ihminen
2 bore v **1** porata **2** pitkästyttää, ikävystyttää *I was bored stiff by his lectures* ikävystyin kuollakseni hänen luennoillaan **3** ks bear
boredom [bɔrdəm] s ikävyys, pitkästyminen, tylsyys
boring adj pitkäveteinen, ikävystyttävä, tylsä
born *to be born* syntyä, (myös kuv:) saada alkunsa *when were you born?* milloin olet syntynyt?
borne [bɔrn] ks bear
borough [bərou bərə] s **1** (New Jerseyn ja Minnesotan osavaltioissa) hallinnollisesti itsenäinen (pikku)kaupunki **2** yksi New York Cityn viidestä hallintoalueesta **3** (Alaskassa) piirikunta
borrow [barou] v lainata (joltakulta jotakin, myös ajatuksia) *may I borrow your car for an hour?* saanko lainata autoasi tunniksi?
borrower s lainaaja (lainaksi ottaja)
Bosnia and Herzegovina [bazniəən ˌhərtsə'gouvənə] Bosnia ja Hertsegovina
bosom [buzəm] s **1** (vanh) rinta, rintakehä; (naisen) rinta **2** (kuv) rinta, sydän *a bosom friend* sydänystävä *deep in her bosom* syvällä sisimmässään, sydämessään
Bosporus [baspərəs] Bospori
1 boss [bas] s pomo
2 boss v määräillä, komentaa, komennella
bossy [basi] adj komenteleva, määräilevä
Boston [bastən] kaupunki Massachusettsissa
bot s **1** robotti **2** (tietok) robottiohjelma
botanical [bə'tænɪkəl] adj kasvitieteellinen
botanical gardens s (mon) kasvitieteellinen puutarha
botanist [batənɪst] s kasvitieteilijä
botany [batəni] s kasvitiede
1 botch [batʃ] s hutiloiden tehty työ/korjaus
2 botch v hutiloida, korjata/tehdä huonosti, pilata, tunaroida
both [bouθ] adj, pron molemmat, kumpikin *both houses* kumpikin talo, (usein:) *both of them are coming/they are both coming* he tulevat kumpikin *both Finland and Sweden* sekä Suomi että Ruotsi
1 bother [baðər] s vaiva, riesa, harmi
2 bother v **1** häiritä, vaivata, kiusata **2** vaivautua
bothersome ['baðərˌsəm] adj harmittava, hankala, kiusallinen
Botswana [bots'wanə]
1 bottle [batəl] s pullo
2 bottle v pullottaa
bottle green s tummanvihreä (väri)
bottle-green [ˌbatəl'grin] adj tummanvihreä
bottleneck ['batəlˌnek] s pullonkaula (myös kuv)
bottle up v (tunteista) padota, patoutua, niellä, pitää sisällään
bottom [batəm] s **1** pohja, tyvi, alapää, alareuna **2** (housun) lahje **3** (pöydän) pää **4** (pihan) perä **5** takapuoli, pylly (ark)
bottomless adj pohjaton, loputon, ehtymätön, ääretön
bottom line [ˌbatəm'laɪn] s **1** tase, voitto tai tappio **2** lopputulos **3** ratkaiseva tekijä, keskeinen seikka (kuv) (kaunistelematon) totuus *the bottom line is, we have no choice* totuus on ettei meillä ole vaihtoehtoja

bottom out v laskea alimmilleen/pohjalukemiin
bottom-up adj (tietok) kokoava
bough [baʊ] s (puun) oksa
bought [bɔt] ks buy
boulder [ˈboʊldər] s kivenjärkäle, kalliolohkare
1 bounce [baʊns] s (pallon) ponnahdus
2 bounce v **1** (pallo) ponnahtaa, kimmota, pompata **2** hyppiä ylösalas **3** rynnätä **4** (sekki) olla katteeton
bounce back v toipua (iskusta, myös kuv)
bouncing adj terhakka
1 bound [baʊnd] s **1** hyppy, ponnahdus **2** (mon) rajat, kohtuus *out of/within bounds* (pelissä) ulkona/sisällä, (kuv) kohtuuton/kohtuullinen
2 bound v **1** hypätä, pomppia, ponnahtaa **2** ks bind *the new regulations are bound to cause a lot of problems* uudet määräykset aiheuttavat varmasti paljon ongelmia
boundary [ˈbaʊndəri ˈbaʊndri] s raja(viiva)
bound for adj matkalla, menossa jonnekin *he is bound for Chicago*
boundless [ˈbaʊndləs] adj rajaton, loputon, ehtymätön
boundlessly adv rajattomasti, loputtomasti
bound to *you are bound to become famous* sinusta tulee varmasti kuuluisa
bound up in *she is bound up in her studies* hän on uppoutunut kirjoihinsa
bountiful [ˈbaʊntəfəl] adj **1** antelias, avokätinen **2** runsas, ylenpalttinen
bounty hunter s palkkionmetsästäjä
bouquet [ˌboʊˈkeɪ] s **1** kukkakimppu **2** (viinin) tuoksu
bourgeois [ˌbʊʒˈwɑ] s porvari adj porvarillinen, keskiluokkainen
bourgeoisie [ˌbʊʒwɑˈzi] s porvaristo, keskiluokka
bout [baʊt] s **1** (taudin, vihan, innostuksen, tarmon) puuska **2** (nyrkkeily)ottelu
boutique [buˈtik] s (muodikas vaate)myymälä, kauppa, putiikki
bouto s inia, amazonindelfiini

bovine spongiform encephalitis [ˈboʊvaɪnˈspʌndʒɪfɔrmenˌsefəˈlaɪtəs] s (BSE) hullun lehmän tauti
1 bow [baʊ] s **1** kumarrus **2** (myös mon) (laivan, veneen) keula, kokka
2 bow v **1** kumartaa (jollekulle/päätään) **2** alistua, antaa periksi *he bowed to fate* hän alistui kohtaloonsa
1 bow [boʊ] s **1** (ase, viulun) jousi **2** rusetti
2 bow v **1** soittaa (viulua) jousella **2** (oksa) taipua
bowel [baʊəl] s (yl mon) **1** suoli *to move your bowels* ulostaa **2** (maan) uumenet
bowel movement s **1** ulostaminen **2** uloste
bowerbird [ˈbəʊərˌbərd] s (lintu) lavastaja
bowhead whale [ˌboʊhedˈweɪəl] s grönlanninvalas
1 bowl [boʊəl] s **1** kulho **2** keilapallo **3** (mon) keilapeli
2 bowl v keilata, pelata keilapeliä
bowler [boʊlər] s keilaaja
bowler hat s knallihattu
bowl over v kaataa kumoon, (kuv) tyrmistyttää
bow out v (kuv) luopua leikistä
1 box [baks] s **1** (tulitikku-, posti- ym) laatikko, rasia **2** (teatteri- ym) aitio
2 box v **1** panna laatikkoon, paketoida **2** nyrkkeillä
boxer s **1** nyrkkeilijä **2** (koira) bokseri
boxing s nyrkkeily
boxing glove s nyrkkeilykäsine
boxing match s nyrkkeilyottelu
boxing ring s nyrkkeilykehä
box office [ˈbakˌsafəs] s (teatterin) kassa, lipunmyynti
boy [bɔɪ] s poika
1 boycott [ˈbɔɪˌkat] s boikotti
2 boycott v boikotoida
boyfriend [ˈbɔɪˌfrend] s poikaystävä, miesystävä
boyhood [ˈbɔɪˌhʊd] s poikavuodet, nuoruus
boyish adj poikamainen
bps *bits per second*
Br. *British*
BR *bedroom; British Railways*

bra

bra [bra] s rintaliivit (sanasta *brassiere*)
1 brace [breɪs] s **1** tuki **2** poranvarsi **3** (UK, mon) olkaimet, henkselit **4** (mon) hammasraudat
2 brace v **1** tukea (jokin johonkin) **2** (refl) valmistautua, varautua (iskuun, huonoon uutiseen)
bracelet [ˈbreɪslət] s rannerengas, ranneketju
bracing [ˈbreɪsɪŋ] adj (ilma) virkistävä, piristävä
bracken [ˈbrækən] s sananjalka
1 bracket [ˈbrækət] s **1** tuki, seinäkiinnike **2** sulkumerkki, (mon) sulkeet **3** (luokittelussa) ryhmä, luokka
2 bracket v **1** merkitä sulkeisiin **2** yhdistää, lukea/laskea samaan joukkoon/ryhmään/luokkaan
brackish [ˈbrækɪʃ] adj (vedestä) hieman suolainen
Bradford [ˈbrædfərd]
brag [bræg] v leuhkia, rehennellä, mahtailla
Brahmin [ˈbrɑmɪn] s **1** (hindulainen) bramiini **2** (Uudessa-Englannissa asuva) aristokraatti
1 braid [breɪd] s (hius)palmikko
2 braid v palmikoida (hiukset)
Braille [breɪəl] s sokeinaakkoset, Braillen pistekirjoitus
1 brain [breɪn] s aivot, (myös kuv:) äly, järki, älypää
2 brain v pamauttaa päähän; tappaa päähän iskemällä
brainchild [ˈbreɪnˌtʃaɪəld] s keksintö *it is his brainchild* hän on ajatuksen isä, hän sen keksi
brain coral s aivokoralli
brain drain [ˈbreɪnˌdreɪn] s aivovienti
brainless adj aivoton, älytön
brain scan [ˈbreɪnˌskæn] s (lääk) aivokuvaus
brainstorm [ˈbreɪnˌstɔrm] s **1** neronleimaus **2** aivoriihi v pitää aivoriihi
brainstorming session s aivoriihi
1 brainwash [ˈbreɪnˌwɑʃ] s aivopesu
2 brainwash v aivopestä
brainwave [ˈbreɪnˌweɪv] s **1** (lääk) aivokäyrä **2** (ark) neronleimaus
brainy [ˈbreɪni] adj älykäs, terävä, fiksu

braise [breɪz] v paistaa, kypsentää (lihaa)
1 brake [breɪk] s jarru
2 brake v jarruttaa, hiljentää vauhtia
brake car s (UK) (rautateillä) jarruvaunu
brake drum [ˈbreɪkˌdrʌm] s jarrurumpu
brake fade [ˈbreɪkˌfeɪd] s jarrujen häipyminen
brake pedal [ˈbreɪkˌpedəl] s jarrupoljin
brake shoe [ˈbreɪkˌʃu] s jarrukenkä
bramble [ˈbræmbəl] s karhunvatukka, karhunvatukkapensas
bran [bræn] s lese
1 branch [bræntʃ] s oksa, haara (myös kuv) *branch office* haarakonttori
2 branch v haarautua, jakautua
branch out v (liikeyritys) laajentaa (toimintaansa uudelle alueelle)
1 brand [brænd] s **1** tavaramerkki, tuotenimi **2** polttorauta
2 brand v **1** merkitä (karjaa) polttoraudalla **2** (kuv) leimata joku joksikin
branding iron s poltinrauta, polttorauta
brandish [ˈbrændɪʃ] v uhata (aseella), heilutella (kädessään)
brand name [ˈbrændˌneɪm] s **1** tavaramerkki, tuotenimi **2** (ark) julkkis, kuuluisuus, iso nimi
brand-name [ˈbrændˌneɪm] adj **1** (tuote) merkki- **2** (ark) kuuluisa
brand-new [ˌbrændˈnu] adj upouusi, tuliterä
Brand X [ˌbrændˈeks] s (mainonnassa) nimeämätön tuote johon mainostettavaa tuotetta verrataan
brandy [ˈbrændi] s brandy; konjakki
brash [bræʃ] adj itsevarma, röyhkeä, hävytön
brass [bræs] s **1** messinki **2** (mus) vaskisoittimet *to double in brass* hoitaa toistakin tehtävää, toimia myös jossakin toisessa tehtävässä **3** hävyttömyys, röyhkeys
brass band s torvisoittokunta
brassiere [brəˈzɪər] s rintaliivit
brat [bræt] s kakara, vintiö
bravado [brəˈvɑdoʊ] s yltiöpäinen rohkeus; mahtailu

break through

brave [breɪv] v uhmata (vaaroja), kohdata jotakin pelottomasti adj urhea, rohkea, uskalias

bravely adv urheasti, rohkeasti, uskaliaasti

bravery [breɪvəri] s rohkeus, urheus, uskaliaisuus

bravo [bravoʊ] interj hyvä! erinomaista!

1 brawl [brɑl] s tappelu, kahakka *barroom brawl* kapakkatappelu

2 brawl v tapella, riidellä

1 bray [breɪ] s aasin kiljahdus

2 bray v (aasi) kiljahtaa

brazen [breɪzən] adj **1** messinkinen, messinki- **2** häpeämätön

brazier [breɪʒər] s **1** (hiili)tuli **2** hiilipannu, hiilipata

Brazil [brəˈzɪl] Brasilia

Brazilian s, adj brasilialainen

BRB (tekstiviestissä, sähköpostissa) *be right back*

BrE *British English*

1 breach [britʃ] s **1** (säännön, sopimuksen) rikkomus, (velvollisuuden) laiminlyönti **2** aukko, reikä

2 breach v puhkaista, tehdä aukko/reikä johonkin

bread [bred] s **1** leipä (myös merkityksessä elanto) **2** (sl) raha

bread and butter s **1** voileipä **2** leipätyö, elanto

bread-and-butter adj perus-, tavallinen, mitäänsanomaton

breadth [bredθ] s leveys

breadwinner [ˈbredˌwɪnər] s (perheen) elättäjä

1 break [breɪk] s **1** murtuma, lohkeama, repeämä, aukko, katkos **2** (työ- tai muu) tauko **3** (suhteen, välien) katkeaminen, välirikko **4** muutos, käänne, vaihtelu **5** pako, pakoyritys **6** onni, tilaisuus, mahdollisuus

2 break v broke, broken **1** murtua (myös äänestä), murtaa, lohjeta, lohkaista, katketa, katkaista, särkyä, särkeä *to break a record* rikkoa ennätys **2** rikkoa (lupaus, sopimusta) **3** läpäistä, ylittää, murtaa (äänivalli), puhkaista (iho) **4** keskeytyä, keskeyttää (puhe, hiljaisuus, matka) **5** *to break new ground* aukoa uusia uria **6** *to*

break the news kertoa uutinen, paljastaa jotakin

breakable adj helposti särkyvä, hauras

breakage [breɪkədʒ] s murtuma, lohkeama, särö

break away v **1** irrota, irrottaa **2** karata, juosta tiehensä **3** erota jostakusta/jostakin, katkaista siteensä johonkuhun/johonkin

1 breakdance s breikkitanssi, breikki

2 breakdance v tanssia breikkiä, breikata

break down v **1** särkeä, särkyä, rikkoa, hajottaa, hajota, murtaa, murtua (myös henkisesti:) luhistua **2** (suunnitelma) epäonnistua, (viestintäyhteys) katketa, (avioliitto) kariutua **3** eritellä, analysoida, jakaa/jakautua osiin

breakdown [ˈbreɪkˌdaʊn] s **1** (laitteen) vika, toimintahäiriö, särkyminen **2** (viestintäyhteyden) katkos, katkeaminen **3** erittely, analyysi **4** (ruumiillinen tai hermo)romahdus

breaker s murtuva aalto

break even s (tal) kriittinen piste

break even fr päästä (taloudellisesti) omilleen

break faith with fr rikkoa lupauksensa jollekulle, lakata kannattamasta jotakuta/jotakin

1 breakfast [brekfəst] s aamiainen

2 breakfast v syödä aamiaista

break in v **1** keskeyttää **2** murtautua jonnekin **3** opettaa työ uudelle työntekijälle

break into v **1** murtautua jonnekin **2** ruveta tekemään jotakin, puhjeta (lauluun, itkuun)

break off v **1** lakata (tekemästä jotakin), lopettaa **2** katkaista, irrottaa, murtaa

break open v avautua, avata, murtaa auki

break out v **1** (tuli, sota) syttyä, (tauti) puhjeta, alkaa **2** karata, paeta

break ranks fr poistua rivistä tms; (kuv) olla eri mieltä, ei suostua johonkin

breakthrough [ˈbreɪkˌθru] s läpimurto (myös kuv)

break through v puhkaista, läpäistä, murtautua jonkin läpi

breakup [ˈbreɪkˌʌp] s hajoaminen, särkyminen; (erityisesti) avioliiton/parisuhteen kariutuminen/purkautuminen/purkaminen
break up v **1** hajota, hajottaa, murtaa, murtua **2** jakaa (osiin, keskenään) **3** (avioliitto, parisuhde) kariutua, (aviopari, avopari) erota
breakwater [ˈbreɪkˌwatər] s aallonmurtaja
break wind fr pieraista (ark)
breast [brest] s **1** (naisen) rinta **2** (vartalon) rinta
breath [breθ] s hengitys, hengenveto *after climbing the steps, he was out of breath* portaat kiivettyään hän oli hengästynyt
breathalyzer [ˈbreθəˌlaɪzər] s (puhalluskokeessa käytettävä) alkoholimittari
breathe [brið] v **1** hengittää; vetää henkeä; hengittää ulos **2** kuiskata, hiiskua
breathe in v hengittää sisään, vetää henkeä
breathe out v hengittää ulos
breather s hengähdystauko
breathless adj hengästynyt
breathlessly adv hengästyneesti
breathtaking [ˈbreθˌteɪkɪŋ] adj henkeäsalpaava
breath test s (alkoholimittaus) puhalluskoe
bred [bred] ks breed
breech [britʃ] s (aseen) perä
1 breed [brid] s **1** (eläin)rotu **2** laji, tyyppi
2 breed v bred, bred **1** kasvattaa (karjaa, kukkia) **2** kasvattaa (lasta), opettaa (käyttäytymään), kouluttaa *well bred* hyvin kasvatettu (lapsi) **3** (eläin) synnyttää, lisääntyä **4** aiheuttaa, johtaa johonkin
breeder s karjankasvattaja, kasvien kasvattaja, viljelijä
breeder reactor [ˈbridərˌiˌæktər] s (ydinvoimalan) hyötyreaktori
breeding s **1** (karjan, kasvien) kasvatus **2** (eläinten) lisääntyminen **3** (ihmisen) kasvatus, hyvät tavat, (myös) hyvä suku *breeding shows* kasvatus näkyy

breeze [briz] s **1** leuto tuuli, tuulenhenkäys, tuulahdus **2** (ark) helppo juttu, lastenleikki **3** *to shoot the breeze* rupatella, jutella; puhua palturia/omiaan
breeze in v porhaltaa/pyyhältää sisään
breeze out v porhaltaa/pyyhältää ulos/pois
breezy adj **1** (mukavan) tuulinen, vilpoisa **2** hilpeä, hyväntuulinen
brethren [breðrən] s (mon) jäsentoverit, (uskon- tms) veljet
brevity [brevəti] s lyhyys, ytimekkyys, tiiviys
1 brew [bru] s **1** olut **2** (yrtti)tee
2 brew v **1** panna (olutta); käydä **2** hauduttaa (teetä), hautua **3** (kuv) hautoa, hautua, olla alulla *trouble's brewing* pinnan alla kiehuu/kuohuu
brewer [bruər] s oluenpanija
brewery [bruəri] s olutpanimo
1 bribe [braɪb] s lahjus
2 bribe v lahjoa
bribery [braɪbəri] s lahjonta
bric-a-brac [ˈbrɪkəˌbræk] s (pikku)rihkama
brick [brɪk] s tiili, tiiliskivi
brick in v muurata umpeen
bricklayer [ˈbrɪkˌleɪər] s muurari
brick up v muurata umpeen
brick wall *to run into a brick wall* jollakulla tulee seinä vastaan, joku ei suostu johonkin
brickwork [ˈbrɪkˌwərk] s tiiliseinä, tiilimuuri, tiilirakennelma
bridal [braɪdəl] adj morsius-
bridal shower s morsiamelle ennen häitä järjestetty naisten juhla, morsiuskutsut
bride [braɪd] s morsian
bridegroom [ˈbraɪdˌgrum] s sulhanen
bridesmaid [ˈbraɪdzˌmeɪd] s morsiusneito
1 bridge [brɪdʒ] s **1** silta **2** (laivan komento)silta **3** nenänselkä **4** (viulun yms) talla, kielisilta **5** bridge(peli)
2 bridge v rakentaa silta jonkin ylitse, silloittaa (myös kuv), (kuv) olla/toimia siltana kahden asian välillä
bridgehead [ˈbrɪdʒˌhed] s (sot) sillanpääasema (myös kuv)

bring to terms

1 bridle [braɪdəl] s (hevosen) suitset
2 bridle v panna hevoselle/(kuv) jollekulle suitset suuhun, (kuv) hillitä, panna kuriin
1 brief [brif] s **1** selvitys, selonteko (esim oikeusjutusta) **2** (mon) lyhyet alushousut **3** *in brief* lyhyesti, parilla sanalla
2 brief v perehdyttää joku johonkin, antaa jollekulle jostakin perustiedot/alustavat tiedot, saattaa joku ajan tasalle
3 brief adj lyhyt
briefly adj lyhyesti, ohimennen
brigade [brɪˈgeɪd] s **1** (sot) prikaati **2** *fire brigade* palokunta
brigadier general [ˈbrɪgəˌdɪər ˈdʒenrəl] s prikaatinkenraali
bright [braɪt] adj **1** kirkas, valoisa **2** iloinen, hilpeä, hyväntuulinen **3** älykäs, terävä, nokkela
brighten v kirkastaa, kirkastua, vaalentaa, vaalentua, piristää, piristyä
brighten up v piristää (huonetta esim värikkäillä verhoilla tai seinämaaleilla), piristyä (hyvästä uutisesta), ilostuttaa, ilostua
bright-eyed [ˈbraɪtˌaɪd] adj kirkassilmäinen
brightly adv **1** kirkkaasti **2** iloisesti **3** terävästi, nokkelasti, älykkäästi
brightness s **1** kirkkaus **2** iloisuus **3** nokkeluus
brilliance [ˈbrɪljəns] s **1** kirkkaus, loisto **2** erinomaisuus **3** nerokkuus, älykkyys
brilliant [ˈbrɪljənt] adj **1** loistava (myös kuv), häikäisevä (myös kuv), kirkas **2** nerokas, älykäs, lahjakas
brilliantly adv loistavasti (myös kuv), kirkkaasti
brim [brɪm] s (hatun) lieri, (astian) reuna
brim over v olla ääriään/reunojaan myöten täynnä
brindled gnu s (eläin) juovagnu
brine [braɪn] s (säilöntään käytettävä) suolavesi
bring [brɪŋ] v brought, brought **1** tuoda, ottaa mukaansa *please bring something to eat* ota mukaan syötävää **2** johtaa johonkin, aiheuttaa, tuoda *the news brought tears to her cheeks* uutinen sai kyyneleet nousemaan hänen silmiinsä **3** (refl) saada itsensä (tekemään), saada itsestään irti, pystyä, iljetä, kehdata *he couldn't bring himself to fire the woman* hän ei hennonnut antaa naiselle potkuja **4** tuottaa, ansaita, tuoda *the sale of the company brought them a nice bundle* he käärivät sievoisen summan myymällä yrityksen
bring about v saada aikaan, johtaa johonkin
bring along v **1** ottaa mukaan, tuoda mukanaan **2** aiheuttaa jotakin, johtaa johonkin
bring back v **1** palauttaa, tuoda takaisin **2** palauttaa/tuoda mieleen **3** herättää henkiin, ottaa uudelleen käyttöön
bring down v **1** ampua alas (lintu, lentokone), vetää alas (leija) **2** kaataa (eläin, vastustaja, hallitus) **3** laskea, alentaa (hintoja)
bring forward v **1** ottaa esille/puheeksi **2** aikaistaa, siirtää aikaisemmaksi
bring in v **1** korjata (sato) **2** tuottaa (voittoa), kasvaa (korkoa, osinkoa) **3** esittää (lakiehdotus) **4** sekoittaa joku johonkin, ottaa joku mukaan johonkin *let's not bring the principal into this* ei sotketa rehtoria tähän **5** (lak) langettaa *the jury brought in a verdict of guilty* oikeus totesi syytetyn syylliseksi **6** ottaa käyttöön (tapa), saattaa muotiin
bring into the world fr synnyttää; avustaa synnytyksessä
bring off v onnistua jossakin, saada aikaan jotakin
bring on v **1** aiheuttaa jotakin, johtaa johonkin **2** kehittää, valmentaa jotakuta
bring out v **1** tuoda selvästi esiin, korostaa **2** houkutella joku ulos kuorestaan, saada joku vapautumaan **3** julkaista (kirja)
bring someone to reason fr saada joku järkiinsä, saada joku muuttamaan mieltään
bring to a boil fr kiehauttaa
bring to pass fr aiheuttaa jotakin, johtaa johonkin
bring to terms fr pakottaa suostumaan/alistumaan

bring up

bring up v **1** kasvattaa joku (isoksi) **2** oksentaa **3** ottaa esille/puheeksi
brink [brɪŋk] s reuna (myös kuv) *on the brink of disaster* katastrofin partaalla
Brisbane [ˈbrɪzbən]
brisk [brɪsk] adj **1** reipas, ripeä (ihminen, kävely) **2** raikas, virkistävä (ilma, tuuli)
briskly adv reippaasti, ripeästi *these days, CDs are selling briskly* nykyisin cd-levyt menevät hyvin kaupaksi
1 bristle [ˈbrɪsəl] s (sian, harjan, siveltimen) harjas, (parran) sänki
2 bristle v nousee karvat pystyyn (myös kuv), suuttua
bristlemouths [ˈbrɪsəlˌmaʊðz] s (kalat) (mon) sukasuut
bristle with v olla tupaten täynnä jotakin, jossakin vilisee/kuhisee jotakin
Bristol [ˈbrɪstəl]
Brit. *Britain; British*
British adj brittiläinen
British Columbia [ˌbrɪtɪʃkəˈlʌmbiə] Brittiläinen Columbia
British Isles [ˌbrɪtɪʃˈaɪəlz] Britteinsaaret
brittle [ˈbrɪtəl] adj hauras
1 broad [brad] s **1** jonkin leveä osa *the broad of the back* hartiaseutu **2** (sl) muija, donna
2 broad adj **1** leveä **2** laaja, kattava, yleinen **3** (puheessa) selvä/voimakas (korostus) **4** epämääräinen, ylimalkainen, karkea **5** *in broad daylight* keskellä kirkasta päivää
broadband adj (tietok) laajakaistainen
broadband channel s (tietok) laajakaistakanava
broadband LAN s (tietok) laajakaistalähiverkko
broadband network s (tietok) laajakaistaverkko
broad bean s härkäpapu
1 broadcast [ˈbradˌkæst] s radiolähetys, televisiolähetys
2 broadcast v broadcast, broadcast **1** lähettää radiossa/televisiossa **2** (kuv) levittää (uutista), mainostaa (näkemystään), julistaa
broad jump s (urh) pituushyppy
broadly adv **1** yleisesti **2** suuresti, hyvin (erilainen) **3** (hymyillä) leveästi

broad-minded [ˌbradˈmaɪndəd] adj suvaitseva, avarakatseinen
broadsheet s **1** suurikokoinen sanomalehti (erotuksena tabloidista) **2** juliste
broadside [ˈbradˌsaɪd] s (kuv) voimakas hyökkäys jotakuta/jotakin vastaan *to fire a broadside* ampua täydeltä laidalta
broccoli [ˈbrakəli] s (mon broccoli) parsakaali
brochure [ˌbroʊˈʃʊər] s esite, mainos
brogue [broʊg] s **1** raskas kenkä **2** irlantilainen korostus
broil [brɔɪl] v grillata, pariloida
broke [broʊk] ks break adj (sl) auki, peeaa, rahaton
broken [ˈbroʊkən] ks break
broken-hearted [ˌbroʊkənˈhartəd] adj surullinen, surun murtama *Mary's broken-hearted over Gary* Gary on särkenyt Maryn sydämen
broker [ˈbroʊkər] s meklari, (kaupan)välittäjä
bronchi [ˈbraŋkaɪ] ks bronchus
bronchial [ˈbraŋkɪəl] adj keuhkoputki-, bronkiaali-
bronchitis [ˌbraŋˈkaɪtəs] s keuhkoputkentulehdus, bronkiitti
bronchus [ˈbraŋkəs] s (mon bronchi) keuhkoputki
1 bronze [branz] s **1** pronssi **2** punaruskea, kuparin väri **3** pronssiveistos yms
2 bronze v **1** ruskettua, ruskettaa **2** pronssata (vauvan kengät)
brooch [broʊtʃ] s rintakoru
1 brood [brud] s (linnun) pesue, poikue (myös kuv)
2 brood v (lintu) hautoa (myös kuv)
brood on v hautoa mielessään, pohtia
brood over v hautoa mielessään, pohtia
broody adj alakuloinen, apea
brook [brʊk] s puro
Brooks Range [ˌbrʊksˈreɪndʒ] Brooksvuoristo (Alaskassa)
broom [brum] s luuta
bros. *brothers*
broth [braθ] s lihaliemi
brothel [ˈbraθəl] s bordelli
brother [ˈbrʌðər] s (mon brothers, merkityksessä 'uskonveli, jäsentoveri' brethren) veli

brotherhood [ˈbrʌðərˌhʊd] s **1** veljeys **2** veljeskunta
brother-in-law [ˈbrʌðərɪnˌlɑ] s (mon brothers-in-law) lanko
brotherly adj veljellinen, veljen, veljes-
brought [brɑt] ks bring
brow [braʊ] s **1** kulmakarva **2** otsa **3** (rinteen, mäen) harja, laki
browbeat [ˈbraʊˌbit] v browbeat, browbeaten: pelotella, ahdistella, tyrannisoida *they browbeat him into accepting the deal* he pakottivat hänet hyväksymään kaupan
1 brown [braʊn] s ruskea (väri)
2 brown v ruskettua, ruskettaa, ruskistua, ruskistaa
3 brown adj ruskea
brown bear s karhu, maakarhu
brown hare s rusakko
brown rat s rotta
browse [braʊz] v **1** (karja) laiduntaa, olla laitumella **2** selailla (kirjaa, lehteä), tutkiskella (esim kirjakaupan tai kirjaston hyllyjä) **3** (tietok) selata
browser s (tietok) selain
1 bruise [bruz] s mustelma
2 bruise v lyödä mustelmille, saada mustelma
brunch [ˈbrʌntʃ] s lounasaamiainen, brunssi, aamupäiväateria
Brunei [bruˈneɪ]
Bruneian s, adj bruneilainen
brunette [bruˈnet] s ruskeatukkainen (vaaleaihoinen) nainen, tummaverikkö
brunt [brʌnt] *to bear the brunt of something* joutua kärsimään eniten jostakin
1 brush [brʌʃ] s **1** harja, sivellin *toothbrush* hammasharja **2** (matala) pensaikko **3** hipaisu, kevyt kosketus **4** lyhyt yhteenotto, kahakka
2 brush v **1** harjata **2** koskettaa, hipaista
brush aside v heittää mielestään, ei piitata jostakin, jättää (kommentti) omaan arvoonsa
brush away ks brush aside
brush-tailed possum s kettukusu, pussikettu
brush up v verestää, elvyttää, palauttaa mieleensä *he is trying to brush up his French* hän yrittää verestää ranskan taitoaan
brusque [brʌsk] adj töykeä, epäkohtelias
brusquely adv töykeästi, epäkohteliaasti
brusqueness s töykeys, epäkohteliaisuus
Brussels [ˈbrʌsəlz] Bryssel
Brussels sprout [ˈbrʌsəlzˌspraʊt] s ruusukaali
brutal [brutəl] adj julma, raaka
brutality [bruˈtæləti] s julmuus, raakkuus, julma/raaka teko
brutally adv julmasti, raa'asti
brute [brut] s eläin (myös kuv) adj eläimellinen, raaka
brute-force attack s väsytyshyökkäys
brutish [brutɪʃ] adj eläimellinen
Bryce Canyon [ˌbraɪsˈkænjən] kansallispuisto Utahissa
BS *Bachelor of Science; bullshit*
B/S *bill of sale*
BSE (bovine spongiform encephalitis) hullun lehmän tauti
btry. *battery*
Btu *British thermal unit*
BTW (tekstiviestissä, sähköpostissa) *by the way*
btwn. *between*
1 bubble [bʌbəl] s kupla
2 bubble v kuplia
bubble bath s kylpyvaahto
bubblegum [ˈbʌbəlˌgʌm] s purukumi
bubbly [bʌbli] s samppanja adj kupliva
1 buck [bʌk] s **1** urosjänis, uroskaniini, urospeura ym **2** (sl) dollari, taala
2 buck v **1** (hevonen) hypätä ilmaan, heittää (ratsastaja) selästään **2** piristää, innostaa jotakuta
bucket [bʌkət] s sanko
bucketful s sangollinen
Buckinghamshire [bʌkɪŋəmʃər] Englannin kreivikuntia
1 buckle [bʌkəl] s (vyön) solki
2 buckle v **1** sitoa vyö, sitoa kiinni **2** (pyörä, metalli) taipua
buckle up v käyttää turvavyötä, kiinnittää turvavyö
Bucks. *Buckinghamshire*
1 bud [bʌd] s (kukan) nuppu, (sipulin, lehden) silmu

bud

2 bud v puhjeta nuppuun
Buddhism [ˈbʊdˌɪzəm] s buddhalaisuus
Buddhist [ˈbʊdɪst] s, adj buddhalainen
budding adj nupullaan oleva (myös kuv), aloitteleva *budding career* lupaavasti alkanut ura
buddy movie (ark) elokuva, jonka pääosissa on kaksi mieskaverusta
budge [bʌdʒ] v **1** liikahtaa, saada liikahtamaan **2** (kuv) antaa periksi, taipua
budgerigar [bəˈdʒerɪgar] s undulaatti
budget [ˈbʌdʒət] s budjetti, tulo- ja menoarvio
budget for v varautua johonkin menoerään, varata rahaa johonkin tarkoitukseen, budjetoida
1 buff [bʌf] s **1** (paksu, pehmeä) nahka *in the buff* apposen alasti, ilkosillaan **2** kellanruskea **3** harrastaja *she is a movie buff* hän on elokuvahullu
2 buff v kiillottaa (metallia)
Buffalo [ˈbʌfəloʊ] kaupunki New Yorkin osavaltiossa
buffalo [ˈbʌfəloʊ] s puhveli; biisoni
1 buffer [ˈbʌfər] s **1** (junan) puskuri **2** päätepuskuri
2 buffer v puskuroida
buffered adj puskuroitu
buffer memory s (tietok) puskurimuisti
buffet [bəˈfeɪ] s **1** seisova pöytä **2** juhla jossa on seisova pöytä
1 buffet [ˈbʌfət] s (nyrkin)isku
2 buffet v iskeä, lyödä, paiskata
buffoon [bəˈfuːn] s pelle (myös kuv)
1 bug [bʌg] s **1** lude **2** (ark) ötökkä, hyönteinen **3** salakuuntelumikrofoni **4** (ark) pöpö, virus **5** (sl) (laite)vika *I still don't have all the bugs ironed out* en ole vieläkään saanut sitä kunnolla toimimaan
2 bug v **1** asentaa salakuuntelumikrofoni jonnekin *their house is bugged* heidän talossaan on salakuuntelulaitteet **2** kuunnella salaa **3** (ark) vaivata, risoa, ärsyttää, kiusata
bugbear [ˈbʌgbeər] s (kuv) kummitus, peikko *the bugbear of higher taxes* (myös:) korkeampien verojen pelko
bugle [bjuːgəl] s (sot) merkkitorvi
bugler [bjuːglər] s (sot) merkkitorven soittaja
Bugs Bunny [ˌbʌgzˈbʌni] Väiski Vemmelsääri
Buick [bjuːɪk] amerikkalainen automerkki
1 build [bɪld] s ruumiinrakenne
2 build v built, built: rakentaa, koota, luoda
builder s rakentaja, rakennustyöläinen, rakennusurakoitsija
building s **1** rakennus, talo **2** toimistorakennus, pilvenpiirtäjä *the Chrysler Building*
build on v rakentaa jonkin varaan, luottaa johonkin
build-up s **1** lisäys, kasvu **2** mainostus
build up v **1** syntyä, muodostua, muodostaa **2** kasvaa, kasvattaa, lisääntyä, lisätä **3** mainostaa jotakuta, tuoda jotakuta kovasti esiin
bulb [bʌlb] s **1** (kasvi)sipuli **2** hehkulamppu **3** (valokuvauskoneessa) B-asento (jossa suljin on auki niin kauan kuin laukaisinta painetaan)
bulbous [ˈbʌlbəs] adj sipulimainen, sipuli *bulbous nose* sipulinenä
bulb vegetables s (mon) (syötävät) sipulit
Bulgaria [bəlˈgeriə] Bulgaria
Bulgarian s bulgarian kieli s, adj bulgarialainen
1 bulge [bʌldʒ] s pullistuma, kyhmy
2 bulge v pullistua, pullistaa
bulimia [bəˈlimiə] s (lääk) bulimia, ahmimishäiriö
bulimic [bəˈlimik] s bulimikko, bulimiaa sairastava henkilö
bulk [bʌlk] s (suuri) määrä, joukko, suurin osa *in bulk* tukuttain
bulky adj suuri, iso, kömpelön kokoinen, tilaa vievä
Bull (tähdistö) Härkä
bull [bʊl] s **1** härkä, sonni **2** uroshirvi, urosnorsu, urosvalas ym **3** (sl) roskapuhe; rehentely
bulldog [ˈbʊlˌdag] s bulldoggi
bulldoze [ˈbʊlˌdoʊz] v **1** raivata/tasoittaa puskutraktorilla **2** pelotella, pakottaa
bulldozer s puskutraktori
bullet [ˈbələt] s luoti

bulletin [bələtən] s tiedotus, ilmoitus
bullet loan s (tal) luotto joka maksetaan takaisin kertasuorituksena luottoajan päätyttyä
bulletproof [ˈbələtˌpruf] adj luodinkestävä
bulletproof vest s luodinkestävät liivit
bullet train [ˈbʌlətˌtreɪn] s nuolijuna, luotijuna
bullfinch s punatulkku
bullfrog s härkäsammakko
bullion [bəljən] s harkkokulta, harkkohopea
bullish [bʌlɪʃ] adj (sijoittajista ym) optimistinen
bull market [ˌbʌlˈmarkət] s (tal) markkinatilanne jota kuvaa trendimäinen hintojen nousu
bullock [bələk] s kuohittu sonni, härkä
bull's eye [ˈbəlˌzaɪ] s maalitaulun keskusta *you really hit the bull's eye that time* osuit aivan naulan kantaan
bullshit [bəlʃɪt] interj, s soopa, roskapuhe *what a load of bullshit that is!* paskapuhetta!
bull spread [ˌbʌlˈspred] s (tal) nouseva hintaspread/hintaporras
1 bully [bəli] s uhottelija, tyranni
2 bully v uhotella, uhkailla, pelotella
bulrush [bəlrʌʃ] s osmankäämi
bulwark [bəlwərk] s valli, suojamuuri (myös kuv)
1 bum [bʌm] s 1 pummi 2 takapuoli, pylly (ark)
2 bum v kerjätä, saada kerjäämällä
3 bum adj kelvoton, mitätön *bum leg* huono jalka
bum around v pummailla, lorvia, maleksia
bumblebee [ˈbʌmbəlˌbi] s kimalainen
1 bump [bʌmp] s 1 isku 2 törmäys 3 (tien) kuoppa; muhkura
2 bump v 1 iskeä, iskeytyä, tömähtää 2 pomppia, hyppiä, heittelehtiä
bum pack s (UK) vyölaukku
bumper s (auton) puskuri
bumper crop [ˈbʌmpərˌkrap] s ennätyssato
bumper sticker [ˈbʌmpərˌstɪkər] s puskuritarra, autotarra

bumper-to-bumper [ˌbʌmpərtəˈbʌmpər] adj (liikenne) ruuhkainen
bump into v törmätä johonkuhun, tavata sattumalta
bumpkin [bʌmpkən] s (maalais)juntti
bump off v (sl) tappaa, ottaa päiviltä
bumpy adj 1 (tie) kuoppainen; muhkurainen 2 (kyyti) epätasainen
bum's rush [ˌbʌmzˈrʌʃ] *to give someone the bum's rush* heittää joku ulos jostakin, antaa jollekulle kenkää
bun [bʌn] s 1 pulla, sämpylä 2 (hius)nuttura
bunch [bʌntʃ] s terttu, ryväs, nippu, rykelmä, joukko *there's a whole bunch of cars outside* ulkona on valtavasti autoja
bunch up v koota/kokoontua yhteen/ryhmäksi/nipuksi
bundle [bʌndəl] s nippu, nivaska *he made a bundle on that deal* hän pisti siinä kaupassa rahoiksi
bundle up v 1 niputtaa, koota yhteen/nipuksi 2 pukeutua lämpimästi, pukea lämpimät ulkovaatteet päälle; kääriytyä lämpimään peittoon
1 bung [bʌŋ] s tappi, tulppa
2 bung v sulkea tapilla
bungalow [ˈbʌŋɡəˌloʊ] s (pieni yksi- tai puolitoistakerroksinen) omakotitalo, (loma)mökki
bungee jumping [bʌdʒi] s benjihypyt
bungle [bʌŋɡəl] v hutiloida, tehdä hutiloiden, tunaroida
bung up v 1 (putki, nenä) tukkeutua, mennä tukkoon 2 kolhia (ks bang up)
bunk [bʌŋk] s punkka, (laiva)vuode
bunker s 1 (sot) bunkkeri 2 (golf) hiekkaeste
bunny [bʌni] s jänöjussi, pupujussi, pupu; (Playboyn) puputyttö
1 buoy [bui] s 1 poiju 2 pelastusrengas
2 buoy v merkitä poijulla
buoyancy [bɔɪənsi] s 1 kelluvuus 2 iloisuus, hyväntuulisuus 3 (hintojen, markkinoiden) vakavuus, (kaupankäynnin) vilkkaus
buoyant [bɔɪənt] adj 1 kelluva 2 iloinen, hyväntuulinen 3 (hinnat, markkinat) vakaat, (kaupankäynti) vilkas
buoyantly adv: ks buoyant

buoy up

buoy up v 1 pitää jotakin/jotakuta pinnalla, kelluttaa 2 (kuv) pitää (haaveet, toivo) elossa/yllä
burbot [bərbət] s (kala) burbot
1 burden [bərdən] s taakka, (myös kuv:) rasite, vaiva *white man's burden* valkoisen miehen (moraalinen) taakka
2 burden v olla taakka/taakkana/taakaksi jollekulle
burdensome ['bərdən,səm] adj rasittava, raskas, vaivalloinen
bureau [bjərou] s (mon bureaus, bureaux) 1 lipasto 2 (valtion) virasto
bureaucracy [bjə'rakrəsi] s byrokratia, virkavalta
bureaucrat ['bjərə,kræt] s byrokraatti
bureaucratic [bjərə'krætık] adj byrokraattinen, virkavaltainen
burger [bərgər] s (ham)purilainen
burger joint (ark) hampurilaisravintola
burglar [bərglər] s murtovaras
burglar alarm ['bərglər,larm] s murtohälytin, varashälytin
burglarize [bərglərɑɪz] v tehdä murtovarkaus
burglarproof ['bərglər,pruf] adj murronkestävä
burglary [bərgləri] s murtovarkaus
burgle [bərgəl] v tehdä murtovarkaus
burial [beriəl] s hautaus, hautajaiset
Burkina Faso [bər,kinə'fasou]
burlap [bərlæp] s säkkikangas
burly [bərli] adj (ihminen) vankkarakenteinen, isoluinen, (pelottavan/uhkaavan) iso, lihaksikas *the loanshark sent over two burly henchmen to talk sense into me* koronkiskuri lähetti kaksi pahannäköistä kätyriä puhumaan minulle järkeä
Burma [bərmə] (ent) Burma, (nyk) Myanmar
Burmese [bər'miz] s, adj (ent) burmalainen, (nyk) myanmarilainen
1 burn [bərn] s palohaava, palovamma
2 burn v burnt, burnt: polttaa, palaa (myös kuv) *he is burning with anger* hän palaa kiukusta
burn away v palaa palamistaan, palaa edelleen
burn down v palaa/polttaa poroksi/maan tasalle/loppuun

burnish [bərnıʃ] v kiillottaa, hioa/hangata kiiltäväksi
burn out v 1 (tuli) sammua, palaa loppuun 2 (kuv) palaa loppuun, väsyttää itsensä loppuun 3 savustaa (vihollinen) ulos jostakin
burnout [bərnaut] s 1 työuupumus, loppuunpalaminen 2 loppuunpalanut ihminen
burn up v 1 polttaa (roskia, polttoainetta, liikakiloja) 2 suututtaa, saada raivostumaan 3 (raketti) palaa ilmakehään osuessaan
burn up the road fr (sl) ajaa nasta laudassa
1 burp [bərp] s röyhtäisy
2 burp v röyhtäistä
1 burrow [bərou] s (kaniinin ym) pesä, kolo
2 burrow v kaivaa pesä/kolo
burrowing owl s preeriapöllö
bursar [bərsər] s (yliopiston) kamreeri
1 burst [bərst] s 1 räjähdys 2 repeämä, halkeama 3 (innostuksen, voiman)puuska
2 burst v burst, burst: 1 räjähtää, räjäyttää 2 revetä, haljeta, (kuplasta) puhjeta, (nupusta) aueta 3 rynnätä jonnekin/jostakin 4 olla haljeta innostuksesta/halusta, ei malttaa odottaa *she is bursting to open her present* hän palaa halusta avata lahjansa
burst in v keskeyttää joku/jokin, tuppautua seuraan/keskusteluun
burst into v ruveta/alkaa yhtäkkiä tehdä jotakin, puhjeta johonkin *she burst into tears* hän puhkesi kyyneliin
burst out v 1 (tunteista) nousta pintaan, puhjeta *She burst out laughing/crying* Hän puhkesi nauruun/itkuun 2 rynnätä jostakin
burst with v olla vähällä haljeta jostakin, olla täynnä jotakin *he is bursting with anger* hän on pakahtua kiukkuunsa
Burundi [bu'rundi]
Burundian s, adj burundilainen
bury [beri] v buried, buried 1 haudata (ruumis) 2 piilottaa, kätkeä, haudata (aarre) *she buried her face in her hands* hän peitti kasvonsa käsillään 3 *bury*

button

yourself in uppoutua/syventyä johonkin, haudata itsensä työhön ym
burying beetle s (kovakuoriainen) turkkilo
1 bus [bʌs] s (mon buses, busses) linja-auto, bussi
2 bus v (bused/bussed, bused/bussed) mennä/viedä linja-autolla (ks busing)
busboy s nisse, apulaistarjoilija
bush [bʊʃ] s **1** pensas **2** (Afrikan, Australian viljelemätön, harvaan asuttu) pensasmaa, salomaa
bush dog s pensaskoira
bushpig [ˈbʊʃˌpɪɡ] s pensselisika
bushy adj (bushier, bushiest) **1** pensaita kasvava, pensaiden peittämä **2** tuuhea
busily [bɪzəli] adv kiireisesti, innokkaasti
business [bɪznəs] s **1** kaupankäynti, liikeala **2** liikeyritys, kauppa **3** asia, tehtävä *it's none of your business* se ei kuulu sinulle *get down to business* ruveta töihin, panna hihat heilumaan, panna toimeksi *mind your own business* pidä huoli omista asioistasi
business failure s konkurssi, vararikko
businesslike [ˈbɪznəsˌlaɪk] adj asiallinen
businessman [bɪznəsmən] s liikemies
businesswoman s liikenainen
busing [bʌsɪŋ] s koululaisten kuljettaminen linja-autoilla lähintä koulua kauempaan kouluun, jotta samassa koulussa on riittävästi erirotuisia lapsia
busker s (UK) katumuusikko
busman's holiday s työloma
bus pass s (kausi- tms) bussilippu
busser s (ark) nisse, apulaistarjoilija
bus shelter s katettu bussipysäkki
bus stop [ˈbʌsˌstɑp] s linja-autopysäkki
1 bust [bʌst] s **1** (veistos) rintakuva **2** povi, naisen rinnat
2 bust v särkeä, iskeä mäsäksi/säpäleiksi *go bust* tehdä vararikko, mennä konkurssiin
bustard [bʌstərd] s (lintu) trappi
Buster Bunny [ˌbʌstərˈbʌni] (Veli Vemmelsääri
1 bustle [bʌsəl] s touhu, hyörinä

2 bustle v touhuta, hyöriä, hääriä, puuhata; hoputtaa, kiirehtiä
busy [bɪzi] adj **1** (busier, busiest) kiireinen (ihminen, työpäivä) *I can't come, I'm busy* en ehdi, minulla on kiireitä **2** (puhelimesta) varattu v puuhata jotakin, häärätä, touhuta
busy signal puhelimen varattu-ääni
but [bʌt] konj mutta *not this but that* ei tämä vaan tuo adv pelkkä, ei...kuin, (sanan *cannot* kanssa) vain *you're (nothing) but an amateur* sinä olet pelkkä harrastelija/aloittelija *I cannot but regret my decision* voin vain katua päätöstäni prep paitsi *it was anything but fun* se oli kaikkea muuta kuin hauskaa
1 butcher [bʊtʃər] s teurastaja (myös kuv)
2 butcher v teurastaa (myös kuv)
butchery s (kuv) teurastus
but for prep lukuun ottamatta, ilman *but for your help, we'd be lost* ilman sinun apuasi me olisimme pulassa
butler [bʌtlər] s hovimestari
1 butt [bʌt] s **1** tynnyri **2** aseen perä **3** (sl) persukset, takapuoli **4** (tupakan) tumppi, natsa **5** maalitaulu, kohde (myös kuv esim vitsin, pilkan kohteesta)
2 butt v tönäistä, tuupata päällään
butte [bjut] s pieni pöytävuori
1 butter [bʌtər] s voi
2 butter v voidella voilla, levittää voita johonkin
buttercup [ˈbʌtərˌkʌp] s leinikki
butter daisy s (mon butter daisies) rönsyleinikki
butterfly [ˈbʌtərˌflaɪ] s (mon butterflies) perhonen
butterscotch [ˈbʌtərˌskɑtʃ] s kinuski, kermakaramelli, kermatoffee
butter up v imarrella, mielistellä, hännystellä
but then konj mutta toisaalta
butt in v keskeyttää keskustelu, tuppautua seuraan
buttock [bʌtək] s pakara
1 button [bʌtən] s **1** nappi **2** painonappi, painike
2 button v napittaa, kiinnittää/kiinnittyä napilla

button-down

button-down [ˈbʌtənˌdaʊn] adj napein kiinnitettävä (kaulus)
1 buttonhole [ˈbʌtənˌhoʊl] s napinläpi
2 buttonhole v saada/ottaa joku kiinni ja jutella tämän kanssa, (ottaa hihasta kiinni ja) jututtaa (pitkään)
button up v **1** napittaa kiinni **2** (kuv kaupasta, sopimuksesta) solmia
1 buttress [ˈbʌtrəs] s tukipilari (myös kuv)
2 buttress v vahvistaa, tukea
buxom [ˈbʌksəm] adj **1** (naisen kehosta) rintava, isorintainen **2** (naisen luonteesta) lupsakka
1 buy [baɪ] s ostos *a good buy* edullinen ostos
2 buy v bought, bought **1** ostaa **2** uskoa *I don't buy that* sitä en usko
buyer [ˈbaɪər] s (tavaratalon ym) sisäänostaja
buying power s ostovoima
1 buzz [bʌz] s (hyönteisen) surina, (puheen) sorina
2 buzz v **1** (hyönteisestä, korvista) surista **2** kutsua joku paikalle summerilla **3** lentää vaarallisen läheltä toista lentokonetta
buzzard [ˈbʌzərd] s hiirihaukka
buzzer s summeri
buzz off v, interj (sl) häipyä, häivy!, lähteä nostelemaan, lähde siitä!
buzzword [ˈbʌzˌwərd] s (kapulakielinen) muotisana
B & W *black and white* mustavalkoinen (elokuva)
by [baɪ] prep **1** luona, luokse, lähellä, lähelta, lähelle, vieressä, vierestä, viereen *he is sitting by the window* hän istuu ikkunan ääressä *the house is located by the road/river/school* talo sijaitsee tien/joen/koulun vieressä/lähellä **2** kautta *I came by the main road* tulin päätietä **3** ohi, ohitse *he rushed by me* hän kiiruhti ohitseni **4** tekijästä, aiheuttajasta *he was killed by a bomb* hän sai surmansa pomminiskusta *I did it by myself* minä tein sen yksin, omin päin **5** menetelmästä, keinosta, tavasta *we came by car/land* me tulimme autolla/maitse *the door to the vault is opened by turning this handle* holvin ovi avataan kääntämällä tätä kahvaa **6** jonkun/jonkin mukaan, jostakin päätellen *it's fine by me* se sopii minulle, minulla ei ole mitään sitä vastaan **7** erosta, välimatkasta *the truck missed the car by a few inches* rekka-auto meni vain muutaman tuuman päästä henkilöautosta **8** mennessä *by five, he was really nervous* kello viiden aikaan hän oli jo erittäin hermostunut
by all manner of means fr varmasti, ilman muuta, tottakai
by a whisker fr täpärästi, nipin napin
by easy stages fr vähitellen, rauhallisesti, kaikessa rauhassa, kiireettömästi
Byelorussia [ˌbjeləˈrʌʃə] Valko-Venäjä
bygone [ˈbaɪˌɡan] s *to let bygones be bygones* unohtaa menneet adj mennyt *in bygone days* ennen vanhaan
by-law [ˈbaɪˌlɑ] s (paikallinen, yrityksen tai oppilaitoksen sisäinen) sääntö, määräys, säädös
by no manner of means fr ei missään nimessä, ei millään muotoa, ei suinkaan
BYOB *bring your own beer/bottle*
1 bypass [ˈbaɪˌpæs] s ohitustie (joka kiertää taajaman)
2 bypass v **1** ohittaa ohitustietä ajamalla **2** välttää jotakin, välttyä joltakin
bypass surgery s ohitusleikkaus
byproduct [ˈbaɪˌprɑdəkt] s sivutuote
bystander [ˈbaɪˌstændər] s sivustakatsoja, syrjästäkatsoja
byte [baɪt] s (tietok) tavu
by the same token fr lisäksi, sitä paitsi
by the skin of your teeth fr nipin napin, juuri ja juuri, (jokin on) hiuskarvan varassa
by the way fr muuten *by the way, how is your dad?* mitä muuten isällesi kuuluu?
by turns *to do something by turns* vuorotella, tehdä jotakin vuorotellen
by water *to travel by water* matkustaa vesitse/laivalla
by way of fr **1** kautta *we drove to Tucson by way of Phoenix* ajoimme Tucsoniin Phoenixin kautta **2** jotta *he told the story to us by way of example* hän kertoi tarinan meille esimerkiksi/varoitukseksi

C, c

C, c [si] C, c
C (tekstiviestissä, sähköpostissa) *see*
ca. *circa* noin
CA *California*
cab [kæb] s **1** taksi **2** (veturin, maansiirtokoneen, trukin) ohjaamo, hytti
cabaret [ˌkæbəˈreɪ] s kabaree, varietee
cabbage [kæbɪdʒ] s kaali *green cabbage* keräkaali *white cabbage* valkokaali
cabbie [kæbi] s (ark) taksinkuljettaja
cabin [kæbən] s **1** (lentokoneen) matkustamo, (laivan, köysiradan) hytti **2** mökki
cabin cruiser [kruzər] s kajuuttavene, iso umpimoottorivene
cabinet [kæbnət] s **1** kaappi, vitriini **2** hallitus
1 cable [keɪbəl] s **1** kaapeli, touvi **2** (sähkö)kaapeli **3** (tal) GBP/USD-kurssi
2 cable v sähköttää, lähettää sähke
cable car s köysirata (vuoristossa); köysivetoinen raitiovaunu
cable modem s (tietok) kaapelimodeemi
caboose [kəˈbus] s (rautateillä) jarruvaunu
1 cackle [kækəl] s **1** (kanan) kotkotus **2** (naurun)hekotus **3** hölötys, lörpöttely
2 cackle v **1** (kanasta) kotkottaa **2** nauraa hekottaen/hekottaa **3** hölöttää, lörpötellä
cactus [kæktəs] s (mon cacti, cactuses) kaktus
CAD *computer-assisted/aided design* tietokoneavusteinen suunnittelu
caddie [kædi] (golf) caddie, mailojen kantaja, mailapoika

cadet [kəˈdet] s **1** kadetti **2** poliisikokelas
cadge [kædʒ] v kerjätä, lainata, vipata joltakulta jotakin
Cadillac [ˈkædəˌlæk] amerikkalainen automerkki
Caesarea [ˌsizəˈrɪə] Kesarea
café [kæˈfeɪ] s kahvila
CAFE *corporate average fuel economy* viittaa saman valmistajan autojen keskikulutukseen, joka ei saa ylittyä tiettyä valtion määräämää tasoa
cafeteria [ˌkæfəˈtɪərɪə] s (itsepalvelu)kahvila, ruokala
caffeine [kæˈfin] s kofeiini
1 cage [keɪdʒ] s (eläin-, lintu)häkki
2 cage v sulkea häkkiin, pitää häkissä
cagey [keɪdʒɪ] adj salamyhkäinen, varovainen, ovela
CAI *computer-aided instruction* tietokoneavusteinen opetus
cairn [keərn] s (esim maamerkiksi koottu) kivipyramidi
Cairo [kaɪroʊ] Kairo
cajole [kəˈdʒoʊl] v suostutella, houkutella (imartelemalla) *he cajoled her into doing the job* hän houkutteli naisen (imartelemalla) tekemään työn
1 cake [keɪk] s **1** (täyte)kakku **2** pala: *a cake of soap* saippua *a fish cake* kalapihvi **3** *a piece of cake* helppo homma, lastenleikkiä
2 cake v **1** peittää/peittyä kuraan **2** (kurasta, meikistä) kuivua kiinni johonkin
cal. *calorie*
calamity [kəˈlæməti] s katastrofi
calcaneus [kælˈkeɪnɪəs] s (mon calcanei) kantaluu
calcium [kælsɪəm] s kalsium

calculable

calculable [kælkjələbəl] adj joka on laskettavissa/arvioitavissa
calculate ['kælkjə,leɪt] v **1** laskea; arvioida **2** suunnitella, tarkoittaa, tähdätä johonkin *the announcement was calculated to divert attention from the main issue* ilmoituksen tarkoituksena oli viedä huomio pois pääasiasta **3** olettaa, uskoa (tapahtuvaksi)
calculate on v varautua johonkin, olettaa jotakin
calculating adj laskelmoiva, juonitteleva
calculation [,kælkjə'leɪʃən] s **1** laskelma, arvio **2** laskelmointi, juonittelu
calculator s laskin
Calcutta [kæl'kʌtə] Kalkutta
caldron [kaldrən] s **1** pata **2** noidankattila (myös kuv)
calendar [kæləndər] s **1** kalenteri, ajanlasku **2** kalenteri, päivyri, almanakka
calf [kæf] s (mon calves) **1** vasikka, norsun/hylkeen/valaanpoikanen **2** pohje
Calgary [kælgəri]
caliber [kæləbər] s **1** (aseen) kaliiperi **2** laatu, laji, luokka, kaliiperi
California [,kælə'fɔrnjə] Kalifornia
Californian s, adj kalifornialainen
calipers [kæləpərz] s (mon) mittaharppi
1 call [kal] s **1** huuto, (linnun) kutsu, (torven) törähdys **2** puhelu, puhelinsoitto **3** (lennon lähtö)kuulutus **4** kutsu, käsky *this doctor is on call today* tämä lääkäri päivystää tänään **5** käynti, vierailu *they made/paid a call on her* he kävivät hänen luonaan **6** tarve, syy, aihe *you had no call telling him he is an idiot* sinulla ei ollut mitään perustetta haukkua häntä idiootiksi *the call of nature* virtsahätä
2 call v **1** huutaa, kutsua, (torvesta) törähtää, soida **2** olla nimenä, kutsua/sanoa joksikin *I am called Phoebe* nimeni on Phoebe **3** kutsua paikalle/sisään/todistajaksi/koolle *to call a strike* julistaa/aloittaa lakko
call a spade a spade fr puhua suoraan, sanoa asiat niin kuin ne ovat *to call a spade a spade, he is hopeless* hän on suoraan sanoen toivoton (tapaus)

call down v moittia, haukkua, sättiä
caller s **1** vieras, kävijä **2** (puhelin)soittaja
call for v **1** olla tarpeen, (tilanteesta:) vaatia **2** noutaa, tulla hakemaan joku
calligraphy [kə'lɪgrəfɪ] s kalligrafia, kaunokirjoitus
call in v vaatia (laina takaisin)maksettavaksi/palautettavaksi
calling s kutsumus, ammatti
call in sick fr ilmoittautua sairaaksi, ei mennä työhön (sairauden vuoksi)
callipers ks calipers
Callisto [kə'lɪstoʊ] Kallisto, eräs Jupiterin kuu
call it quits fr lopettaa, luopua (yrityksestä)
call off v **1** peruuttaa, perua, lopettaa **2** käskeä/kutsua pois
call on v **1** piipahtaa jossakin, käydä jonkun luona *I called on her on my way back* piipahdin paluumatkalla hänen luonaan **2** vedota johonkuhun, anoa/pyytää/kutsua/vaatia jotakuta tekemään jotakin
call option ['kal,apʃən] s (tal) osto-optio
callous [kæləs] adj **1** (ihosta) kovettunut, parkkiintunut (myös kuv) **2** kovasydäminen, kylmäkiskoinen
call out v **1** huutaa (apua), huudahtaa, parahtaa **2** hälyttää, kutsua palvelukseen
callover ['kal,oʊvər] s (tal) julkihuuto
callow [kæloʊ] adj kypsymätön, nuori, kokematon
call the shots fr määrätä (missä kaappi seisoo), pitää jöötä (ark)
call the tune fr määrätä, olla määräävässä asemassa
call to order *to call a meeting to order* aloittaa kokous
call-up s kutsunta (sotilaspalvelukseen)
call up v **1** soittaa jollekulle (puhelimella) **2** palauttaa mieleen, muistella **3** kutsua (sotilas)palvelukseen
callus [kæləs] s känsä
call your shots fr ilmoittaa aikeensa
1 calm [kalm] v rauhoittaa, tyynnyttää
2 calm adj tyyni (ilma, mieliala), rauhallinen, tuuleton

calm down v rauhoittaa, rauhoittua, (mielialasta, tuulesta) tyynnyttää, tyyntyä
calmly adv rauhallisesti, tyynesti
calmness s rauhallisuus, tyyneys, tuulettomuus
calorie [ˈkælə‚ri] s kalori
calumet [ˈkæljə‚met] s rauhanpiippu
calve [kæv] v vasikoida, poikia
calves ks calf
calypso [kəˈlɪpˌsoʊ] s calypso, kalypso
CAM *computer-aided manufacturing* tietokoneavusteinen valmistus
camber [kæmbər] s **1** kuperuus **2** (auton) pyörän kallistuma, camber
Cambodia [kæmˈdoʊdɪə] Kambodža
Cambodian s, adj kambodžalainen
Cambridgeshire [keɪmbrɪdʒˌʃər] Englannin kreivikuntia
camcorder [ˈkæmˌkɔrdər] s kameranauhuri, videokamera(n ja nauhurin yhdistelmä)
came [keɪm] ks come
camel [kæməl] s kameli
cameo [kæmɪoʊ] s (mon cameos) **1** kamee(koru) **2** ks cameo part
cameo part (role) s (kuuluisan näyttelijän yhden kohtauksen mittainen) sivuosa (elokuvassa)
camera [kæmrə] s valokuvauskone, (valokuva/elokuva/video)kamera
Cameroon [‚kæməˈrun] Kamerun
Cameroonian s, adj kamerunilainen
1 camouflage [ˈkæməˌflaʒ] s naamio(inti) (myös kuv)
2 camouflage v naamioida (myös kuv), salata, peittää
1 camp [kæmp] s leiri (myös kuv) *he joined the conservative camp* hän siirtyi vanhoillisten leiriin
2 camp v leiriytyä; retkeillä, telttailla
1 campaign [‚kæmˈpeɪn] s **1** sotaretki **2** vaalikiertue, vaalikampanja, mainoskampanja
2 campaign v olla sotaretkellä/vaalikiertueella
campaigner s **1** soturi **2** vaaliavustaja, kannattaja, puolestapuhuja (for), vastustaja (against)
camper s retkeilijä, telttailija; leiriläinen
campfire [ˈkæmpˌfaɪər] s (leiri)nuotio

campground [ˈkæmpˌgraʊnd] s leirintäalue
campus [kæmpəs] s kampus, yliopiston alue
campus-wide information system s (tietok) kampusverkko
1 can [kæn] s **1** (säilyke- tai muu) tölkki, purkki, kannu, (roska)tynnyri **2** (sl) vankila **3** (sl) vessa
2 can v purkittaa, säilöä, panna/pakata tölkkiin/purkkiin *can it* (sl) turpa kiinni! apuv (could, kielt lyh can't, cannot, couldn't) **1** voida, kyetä, pystyä, osata *can you do it alone?* selviätkö siitä yksin, osaatko tehdä sen yksin? *I can't hear you* en kuule mitä sanot **2** saada, voida *you can go now* voit jo lähteä **3** voida, saattaa *life can be hard* elämä voi olla joskus vaikeaa **4** tehdä mieli, voida *I could die* minä häpesin kuollakseni, olisin voinut kuolla häpeään
Can. *Canada; Canadian*
Canada [kænədə] Kanada
Canada goose s (mon Canada geese) kanadanhanhi
Canadian [kəˈneɪdɪən] s, adj kanadalainen
canal [kəˈnæl] s kanava *the alimentary canal* ruuansulatuskanava
canary [kəˈnerɪ] s kanarialintu
Canary Islands [kəˌnerɪˈaɪlənz] (mon) Kanariansaaret
Canberra [kænˈberə]
cancel [kænsəl] v **1** mitätöidä (leimamerkki, postimerkki) **2** peruuttaa (tilaus, tilaisuus, paikkavaraus, lehtitilaus)
cancellation [‚kænsəˈleɪʃən] s **1** (leimamerkin, postimerkin) mitätöinti **2** (tilauksen, tilaisuuden, paikkavarauksen, lehtitilauksen) peruutus **3** peruutuspaikka (hotellissa, lentokoneessa ym)
cancel out v kumota toisensa
cancer [kænsər] s syöpä
Cancer *horoskoopissa* Rapu
cancerous [kænsərəs] adj syöpä-
candid [kændɪd] adj rehellinen, avoin, vilpitön, aito
candidate [kændədət] s **1** ehdokas **2** kokelas
candid camera s piilokamera

candidly

candidly adv rehellisesti, avoimesti, vilpittömästi, aidosti
candle [kændəl] s kynttilä
candlestick ['kændəl‚stɪk] s kynttilänjalka
can-do [‚kæn'du] (ark) myönteisyys, optimismi
candor [kændər] s rehellisyys, avoimuus, vilpittömyys
candy [kændɪ] s makeiset, karamelli(t)
1 cane [keɪn] s **1** ruoko *sugar cane* sokeriruoko **2** keppi, raippa
2 cane v antaa jollekulle keppiä, piiskata, antaa raipparangaistus
canine [keɪnaɪn] adj koira-
caning [keɪnɪŋ] s raipparangaistus
canister [kænəstər] s kanisteri, metalliastia, metallisäiliö
cannabis [kænəbəs] s kannabis
cannery [kænərɪ] s säilyketehdas
cannibal [kænəbəl] s ihmissyöjä
cannibalism ['kænəbə‚lɪzəm] s kannibalismi, ihmissyönti
cannibalistic [‚kænəbə'lɪstɪk] adj kannibalistinen, ihmissyöjä-
cannibalize ['kænəbə‚laɪz] v purkaa osiksi (vanha auto, lentokone ym)
cannon [kænən] s (mon cannon, cannons) kanuuna, tykki
cannot [kə'nat kæ'nat] ks can
1 canoe [kə'nu] s kanootti
2 canoe v meloa (kanootilla)
canoeist [kə'nuəst] s (kanootilla) meloja
canon [kænən] s **1** (kirkollinen) kaanon **2** yleinen periaate/ohje, kaanon **3** (mus) kaanon **4** (katolinen, anglikaaninen) kaniikki
canonical [kə'nanɪkəl] adj kanoninen, (katolisen) kirkkolain mukainen
canonize ['kænə‚naɪz] v kanonisoida, julistaa pyhimykseksi, (kuv) nostaa suureen arvoon
canopy [kænəpɪ] s **1** markiisi **2** baldakiini, kateverho, kunniakatos **3** (lentokoneen ohjaamon) kuomu
cant [kænt] s **1** hurskastelu **2** varkaiden kieli **3** ammattikieli, jargon **4** kallistuma
can't [kænt] ks can
cantankerous [‚kæn'tæŋkərəs] adj riidanhaluinen, pahantuulinen, nyrpeä, äreä

canteen [‚kæn'tin] s **1** kanttiini, ruokala, kahvila, myymälä **2** leili, kenttäpullo
1 canter [kæntər] s (ratsastuksessa) hiljainen/lyhyt laukka
2 canter v ratsastaa hiljaista/lyhyttä laukkaa, laukata hiljaa
cantilever ['kæntə‚levər, 'kæntə‚livər] s uloke, tuki, kannatin
cantilever bridge s ulokesilta
Canton [kæntan, kæn'tan] Kanton, Guangzhou
canvas [kænvəs] s (mon canvasses) **1** purjekangas; öljykangas **2** öljymaalaus
canvass [kænvəs] v **1** kerätä/kalastaa ääniä **2** kaupitella, mainostaa (tuotetta, ehdokasta) **3** luodata/tunnustella mielipiteitä
canyon [kænjən] s kanjoni
Canyonlands ['kænjən‚lænz] kansallispuisto Utahissa
1 cap [kæp] s **1** lippalakki **2** myssy, pipo **3** (pullon, purson) korkki, suljin
2 cap v **1** korkittaa, sulkea (korkilla) **2** kertoa parempi juttu/vitsi kuin, parantaa jonkun tulosta/ennätystä, pistää paremmaksi
capability [‚keɪpə'bɪlətɪ] s **1** lahjakkuus, pätevyys, kyvyt, taidot **2** sotilaallinen voima, iskuvoima
capable [keɪpəbəl] adj pätevä, osaava, lahjakas, taitava
capable of adj **1** (ihmisestä) joka pystyy/kykenee johonkin *I am not capable of doing it* en pysty siihen/en selviä siitä **2** (esineestä, tilanteesta) joka voi tehdä jotakin, jolle voidaan tehdä jotakin *the machine is capable of breaking down any minute* laite saattaa hajota minä hetkenä hyvänsä
capably adv pätevästi, taitavasti, osaavasti
capacity [kə'pæsətɪ] s **1** (astian) tilavuus **2** kyky, taito **3** ominaisuus *in my capacity as director* johtajan ominaisuudessa
cape [keɪp] s **1** viitta **2** niemi
Cape Horn [‚keɪp'hɔrn] Kap Horn
Cape of Good Hope
[‚keɪpəv‚gʊd'hoʊp] Hyväntoivonniemi

capercaillie [ˌkæpərˈkeɪlji] s metso
Cape Town [ˈkeɪpˌtaʊn] Kapkaupunki
Cape Verde [ˌkeɪpˈvɜrdi] Kap Verde
capillary [ˈkæpəˌlerɪ] s hiussuoni
1 capital [kæpətəl] s **1** pääkaupunki **2** iso kirjain **3** pääoma
2 capital adj kuolemalla rangaistava
capitalism [ˈkæpɪtəˌlɪzəm] s kapitalismi
capitalist [ˈkæpɪtəˌləst] s kapitalisti
capitalist realism s (taiteessa) kapitalistinen realismi
capitalize [ˈkæpɪtəˌlaɪz] v **1** kapitalisoida **2** rahoittaa **3** kirjoittaa isolla kirjaimella
capitalize on v käyttää hyväkseen jotakin, hyötyä jostakin
capital letter s iso kirjain
capital punishment s kuolemanrangaistus
capitulate [kəˈpɪtʃəˌleɪt] v antautua
capitulation [kəˌpɪtʃəˈleɪʃən] s antautuminen
Capricorn [kæprəkɔrn] *horoskoopissa* Kauris
capri pants [kəˈpri pænts] s (mon) caprihousut
caps. *capitals* suuraakkoset
capsize [ˈkæpˌsaɪz] v (veneestä, laivasta) kaatua
capstan [ˈkæpˌstæn] s (ankkuri) vintturi; (nauhurin) vetoakseli
capsule [kæpsəl] s **1** (kasvin) kota **2** (lääke)kapseli **3** avaruuskapseli
Capt. *captain*
1 captain [kæptən] s (armeijan, laivan, urheilujoukkueen) kapteeni, urheilujoukkueen johtaja
2 captain v johtaa jotakin, toimia kapteenina
Captain Hook [ˌkæptənˈhʊk] (Peter Panissa ym) Kapteeni Koukku
caption [kæpʃən] s (sanomalehden, kirjan) kuvateksti *closed-captioned* (kuulovammaisille) tekstitetty (televisiolähetys)
captivate [ˈkæptəˌveɪt] v kiehtoa jotakuta, saada lumoihinsa
captive [kæptɪv] s vanki, vangittu eläin/ihminen adj vangittu
captivity [ˌkæpˈtɪvətɪ] s (eläimen, ihmisen) vankeus

cardinal virtue

captor [kæptər] s vangitsija, pyydystäjä
1 capture [kæptʃər] s **1** vangitseminen, valtaus, valloitus **2** saalis, vanki
2 capture v **1** vangita, ottaa kiinni **2** vallata
capybara [ˌkæpiˈberə] s kapybara, vesisika
car [kar] s **1** auto **2** junanvaunu, raitiovaunu **3** hissin kori
caracal [ˈkerəˌkæəl] s karakali, aavikkoilves
caramel [karməl] s karamelli(seos)
carat [kerət] s (kullasta, jalokivistä) karaatti
caravan [ˈkerəˌvæn] s **1** karavaani **2** (UK) asuntovaunu **3** (romani)vaunut
carbohydrate [ˌkarbəˈhaɪdreɪt] s **1** hiilihydraatti **2** hiilihydraattipitoiset ruuat, tärkkelys
carbo loading s (urh) hiilihydraattitankkaus
carbon [karbən] s **1** hiili **2** hiilipaperi **3** (hiilipaperi)kopio, jäljennös
carbon dioxide s hiilidioksidi
carbon emissions s (mon) hiilidioksidipäästöt
carbs s (mon ark) *carbohydrates* hiilihydraatit, hiilarit
carbuncle [karbʌnkəl] s (lääk) karbunkkeli, ajospahka
carburetor [ˈkarbəˌreɪtər] s (polttomoottorin) kaasutin
carcass [karkəs] s (eläimen) ruho, raato
card [kard] s kortti *playing card* pelikortti, *postcard* postikortti *birthday card* onnittelukortti *credit card* luottokortti
cardboard [ˈkardˌbɔrd] s pahvi
cardiac [ˈkardɪˌæk] adj sydän- *cardiac insufficiency* sydämen vajaatoiminta
Cardiff [kardɪf]
cardigan [kardəgən] s villatakki
cardinal [kardnəl kardənəl] s **1** (roomalaiskatolisessa kirkossa) kardinaali(kollegion jäsen) **2** (lintu) kardinaali **3** *cardinal red* kirkkaanpunainen väri adj tärkein, pää, kardinaali-
cardinal number s kardinaaliluku, perusluku
cardinal virtue s **1** kardinaalihyve **2** (suuri) hyve

cardioid

cardioid [kardɪɔɪd] s (mat) kardioidi
cardioid microphone [ˌkardɪɔɪd ˈmaɪkrəˌfoun] s herttamikrofoni
card shark s korttihuijari
card sharp s korttihuijari
1 care [keər] s **1** huoli, huolenpito *take care of* huolehtia, pitää huolta jostakusta/jostakin **2** huosta, hoiva *we left the kids in my mother's care* jätimme lapset äitini hoivaan **3** (yl mon) huolet, murheet
2 care v **1** välittää, piitata *I don't care what they think* minulle on sama mitä mieltä he ovat **2** haluta, tehdä mieli, välittää, pitää *would you care to follow me, please?* voisitteko ystävällisesti seurata minua?
care a tinker's damn *to not care a tinker's damn* viis veisata, ei välittää tuon taivaallista/tippaakaan
1 career [kəˈrɪər] s ura, ammatti
2 career v viilettää, kiitää
careerist [kəˈrɪərəst] s uraihminen
care for v **1** huolehtia, pitää huoli jostakusta/jostakin **2** haluta, tehdä mieli, pitää *would you care for another?* saako olla/haluatko lisää?
carefree [ˈkeərˌfri] adj huoleton
careful [kerfəl] adj **1** varovainen **2** huolellinen
carefully adv **1** varovasti **2** huolellisesti
carefulness s **1** varovaisuus **2** huolellisuus
careless adj **1** huolimaton *a careless mistake* huolimattomuusvirhe **2** välinpitämätön, huoleton, piittaamaton
carelessly adv **1** huolimattomasti **2** välinpitämättömästi, huolettomasti, piittaamattomasti
carelessness s **1** huolimattomuus **2** välinpitämättömyys, huolettomuus, piittaamattomuus
1 caress [kəˈres] s hyväily
2 caress v hyväillä
caretaker [ˈkeərˌteɪkər] s kiinteistönhoitaja, talonmies, huoltaja, (esim lapsen tai kokoelman) hoitaja
cargo [kargoʊ] s (mon cargoes) rahti(tavara)
car hire s (UK) autovuokraamo; autonvuokraus

carhop [ˈkarˌhap] s drive-in-ravintolan tarjoilija
Caribbean [ˌkerəˈbiən kəˈrɪbiən] **1** Karibianmeri **2** Länsi-Intia
Caribbean Sea Karibianmeri
caribou [ˈkærɪbu] s karibu, peura (Pohjois-Amerikassa)
1 caricature [ˈkerəkəˌtʃər] s pilakuva, pilapiirros, karikatyyri
2 caricature v piirtää pilakuva jostakusta, karrikoida
carjack [ˈkarˌdʒæk] v kaapata auto
carjacker s autokaappari
carjacking s autokaappaus
Carlsbad Caverns [ˈkarəlzˌbædˈkævərnz] Carlsbadin luolat ja kansallispuisto New Mexicossa
carnage [karnədʒ] s verilöyly
carnal [karnəl] adj lihallinen, aistillinen
carnation [ˌkarˈneɪʃən] s neilikka
carnival [karnəvəl] s **1** tivoli **2** laskiaisaika, karnevaali
carnivore [ˈkarnəˌvɔr] s lihansyöjä (eläin tai ihminen)
carnivorous [karˈnɪvərəs] adj lihansyöjä-
1 carol [kerəl] s laulu *Christmas carol* joululaulu
2 carol v laulaa (iloisesti)
1 carp [karp] s (mon carp) karppi
2 carp v **1** valittaa, kitistä, narista **2** moitiskella
car park s (UK) pysäköintialue
Carpathians [karˈpeɪʃɪənz] (mon) Karpaatit
carpenter [karpəntər] s puuseppä, kirvesmies
carpentry [karpəntri] s puu(sepän)työt, kirvesmiehen työt
1 carpet [karpət] s matto *wall-to-wall carpeting* kokolattiamatto
2 carpet v peittää matolla
1 carpool [ˈkarˌpul] s kimppakyyti
2 carpool v ajaa/viedä kimppakyydillä
carpool lane s (moottoritien) kimppakyytikaista
carriage [keərɪdʒ] s **1** vaunu(t) *baby carriage* lastenvaunut **2** ryhti **3** (UK) junanvaunu
carrier [kerɪər] s **1** kuljetusliike, huolin-

taliike, lentoyhtiö, linja-autoyhtiö **2** alus *an aircraft carrier* lentotukialus **3** taudinkantaja

carrion [kerɪən] s haaska, raato

carrot [kerət] s porkkana

carrot top s (ark) punapää

carry [kerɪ] v (carried, carried) **1** kantaa **2** kuljettaa, viedä **3** olla/pitää mukanaan, kantaa (asetta) *he never carries any cash on him* hänellä ei ole koskaan käteistä mukanaan **4** kannattaa, tukea **5** (äänestä) kuulua, kantautua **6** (sanomalehdistä, televisiosta) julkaista/kertoa (uutinen) **7** olla tietynlainen ryhti *he carries himself very erect* hänellä on hyvin suora ryhti **8** fr: *to carry a child* olla raskaana, odottaa *the loan carries a five per cent interest* lainan korko on viisi prosenttia *his promise carries a lot of weight* hänen lupauksensa painaa paljon, hänen lupauksellaan on suuri merkitys

carry a torch for someone fr (sl) rakastaa jotakuta (saamatta vastarakkautta)

carry away *v to get carried away* innostua liikaa

carry back v palauttaa/tuoda mieleen, muistuttaa jostakin

carry forward v siirtää (uuteen sarakkeeseen)

carry off v voittaa

carry on v **1** johtaa (liikeyritystä) **2** pitää melua, käyttäytyä sopimattomasti **3** jatkaa jotakin

carry-on s (lentokoneessa) käsimatkatavara adj: *carry-on luggage* käsimatkatavara

carry out v toteuttaa, panna toimeen

carry-out s **1** ravintola jossa valmistetaan ruokaa mukaan otettavaksi **2** ravintolaruoka joka otetaan mukaan muualla syötäväksi

carry over v siirtää, lykätä

carry-over s **1** (kirjanpidossa) siirto **2** jäänne (menneeltä ajalta), vanha tapa, perinne

carry through v **1** auttaa jotakuta selviytymään jostakin **2** pitää sanansa/lupauksensa, toteuttaa

cashew

1 cart [kart] s kärry(t)

2 cart v **1** kuljettaa kärry(i)llä, kärrätä (myös kuv) **2** kuljettaa *to put the cart before the horse* panna kärryt hevosen eteen, aloittaa väärästä päästä

CART *Championship Auto Racing Teams*

cartilage [ˈkartə͵lɪdʒ] s rusto

cartilaginous fish [͵kartəˈlædʒɪnəs] s (mon) rustokalat

carton [kartən] s pahvilaatikko *carton of cigarettes* tupakkakartonki

cartoon [͵karˈtun] s **1** pilapiirros **2** piirroselokuva

cartoonist [͵karˈtunɪst] s pilapiirtäjä

cartridge [ˈkart͵rɪdʒ] s **1** patruuna **2** (levysoittimen) äänirasia **3** filmikasetti, nauhakasetti

carve [karv] v **1** veistää, kaivertaa **2** leikata (liharuokaa), paloitella

carver s paistiveitsi

carving s veistos, (puu)kaiverrus

1 cascade [kæsˈkeɪd] s **1** vesiputous **2** ryöppy

2 cascade v ryöpytä (myös kuv)

cascade menu s (tietok) porrasvalikko

Cascades [͵kæsˈkeɪdz] (mon) Kaskadivuoristo

cascade window s (tietok) porrasikkuna

1 case [keɪs] s **1** tapaus *in his case* hänen tapauksessaan/kohdallaan *in any case* joka tapauksessa **2** potilas, tapaus **3** oikeudenkäynti, oikeusjuttu **4** (kieliopissa) sija **5** laatikko, kotelo **6** aakkoskoko *lower case* pienaakkonen *upper case* suuraakkonen

2 case v panna laatikkoon, koteloon

case history s tapauskertomus; sairaushistoria

case-insensitive adj (tietok) aakkoskoosta riippumaton

case-sensitive adj (tietok) aakkoskoosta riippuva

1 cash [kæʃ] s **1** käteinen (raha) **2** raha

2 cash v lunastaa (sekki)

cash crop [ˈkæʃ͵krap] s myyntiin tarkoitettu sato

cashew [͵kæʃˈu kəˈʃu] s cashewpähkinä, cashewpuu

cashier

cashier [ˌkæˈʃɪər] s kassa(nhoitaja)
cash in on v pistää rahoiksi jollakin, rikastua jollakin
cash machine s (ark) pankkiautomaatti
cashmere [ˈkæʒˌmɪər] s kašmir(villa)
cashpoint s (UK) pankkiautomaatti
cash register [ˌkæʃˈredʒɪstər] s kassakone
casino [kəˈsinoʊ] s (mon casinos) (peli)kasino
cask [kæsk] s tynnyri
casket [kæskət] s **1** rasia **2** ruumisarkku
Caspian Sea [ˌkæspɪənˈsi] Kaspianmeri
cassava [kəˈsavə] s maniokki
casserole [ˈkæsəˌroʊl] s (astiasta ja ruuasta) vuoka, laatikko
cassette [kəˈset] s kasetti *audio/video cassette* ääninauhakasetti/videokasetti
Cassiopeia [ˌkæsiəˈpiə] (tähdistö) Kassiopeia
cassock [kæsək] s (papin) kasukka
cassowary [ˈkæsəˌweri] s (lintu) kasuaari
1 cast [kæst] s **1** heitto **2** (valu)muotti, valettu esine, valos **3** kipsiside **4** (näytelmän, elokuvan) näyttelijät, esiintyjät **5** (silmien) karsastus
2 cast v cast, cast **1** heittää **2** valaa **3** luoda nahkansa/varjo johonkin *she cast a quick glance at him* hän vilkaisi miestä nopeasti **4** valita (näytelmän, elokuvan) näyttelijät, jakaa osat **5** *to cast doubt on someone/something* herättää epäilyksiä jostakusta/jostakin *to cast a vote* äänestää
castanets [ˌkæstəˈnets] s (mon) kastanjetit
cast aside v hylätä, heittää menemään, luopua
castaway [ˈkæstəˌweɪ] s haaksirikkoinen, haaksirikkoutunut
caste [kæst] s kasti
caster [kæstər] s **1** (huonekalun yms) pyörä **2** (auton pyörän) olkatapin takakallistuma, caster **3** (suola- ym) sirotin
castigate [ˈkæstəˌgeɪt] v nuhdella, ojentaa, kurittaa, rangaista
castigation [ˌkæstəˈgeɪʃən] s nuhtelu, ojennus, kuritus, rangaistus
Castile [kæsˈtiəl] Kastilia

casting [kæstɪŋ] s **1** valos, valettu esine **2** (näytelmän, elokuvan) osajako, näyttelijöiden valinta
casting vote s ratkaiseva ääni
cast in someone's teeth fr syyttää, panna jokin jonkun syyksi
cast iron [ˌkæsˈtaɪərn] s valurauta
cast-iron adj **1** valurauta- **2** (kuv) raudankova
castle [kæsəl] s **1** linna **2** (šakissa) torni
cast off v **1** irrottaa laiturista **2** luopua, hylätä, heittää menemään
castor [kæstər] s **1** (huonekalun) pyörä **2** (suola- ym) sirotin
castor oil s risiiniöljy
castrate [ˈkæsˌtreɪt] v kuohita
castration [ˌkæsˈtreɪʃən] s kuohinta, kastraatio
cast someone in the shade fr (kuv) jättää varjoonsa, kalveta jonkun/jonkin rinnalla
cast the first stone fr (kuv) heittää ensimmäinen kivi
casual [kæʒwəl kæʒjʊəl] adj **1** satunnainen, sattumalta/hetken mielijohteesta tapahtuva **2** välinpitämätön, (puoli)huolimaton *it was just a casual remark* en sanonut sitä tosissani **3** rento, vapaa, arkinen *she was dressed very casually* hän oli pukeutunut hyvin arkisesti **4** tilapäinen, väliaikainen *casual worker* tilapäistyöntekijä
casually adv sivumennen, satunnaisesti
casualty [ˈkæʒjʊəlˌti] s **1** (sodassa) kaatunut, (sodan, onnettomuuden) uhri, kuollut, loukkaantunut **2** (UK) päivystyspoliklinikka
casus belli [ˌkeɪsəsˈbeli] s (latinasta) sodan syy, causa belli
cat [kæt] s **1** kissa **2** kissaeläin **3** katamaraani
CAT *computerized axial tomography* (lääk) kerroskuvaus
catacombs [ˈkætəˌkoʊmz] s (mon) katakombit
1 catalog [ˈkætəˌlag] s luettelo
2 catalog v luetteloida
catalyst [ˈkætəˌlɪst] s (kem) katalysaattori *act as a catalyst* katalysoida, (kuv) panna alulle, käynnistää

cauldron

1 catapult [kætəpəlt] s **1** ritsa **2** (hist, lentotukialuksen) katapultti
2 catapult v ampua/laukaista katapultilla
catapult seat s heittoistuin
cataract [ˈkætəˌrækt] s **1** vesiputous **2** harmaakaihi
catarrh [kəˈtaər] s katarri, hengitysteiden ja ruuansulatuskanavan limakalvojen tulehdus
catastrophe [kəˈtæstrəˌfi] s katastrofi, luonnonmullitus
catastrophic [ˌkætəsˈtrafɪk] adj katastrofaalinen, romahdusmainen, mullistava, tuhoisa
catbird seat [ˈkætˌbərdˌsit] *to be in the catbird seat* jollakulla on kissan päivät
1 catch [kætʃ] s **1** (kalastus/metsästys) saalis (myös kuv) **2** (pallon sieppaaminen) koppi **3** ansa *there must be a catch in it* siihen on varmasti koira haudattuna **4** salpa, koukku
2 catch v caught, caught **1** saada (metsästys/kalastus)saaliiksi, saada kiinni (pallo, karannut), saada koppi **2** yllättää, saada kiinni tekemästä jotakin *I caught him red-handed* sain hänet kiinni verekseltään/itse teosta **3** tarttua, jäädä kiinni johonkin **4** ehtiä (junaan, lentokoneeseen) **5** ymmärtää, käsittää *if you catch my drift* jos ymmärrät yskän/mitä ajan takaa **6** sairastua johonkin, saada tauti **7** *to catch your breath* saada hengityksensä tasaantumaan, (kuv) hengähtää *to catch someone's eye* osua jonkun silmään, saada joku huomaamaan joku
catch at a straw fr (yrittää) tarttua (vaikka) oljenkorteen, myös *to catch at straws*
catcher s (baseball) sieppari
catch fire v syttyä tuleen (myös kuv) syttyä, innostua
catching adj (taudista) tarttuva (myös kuv)
catch on v **1** tulla muotiin/suosioon **2** ymmärtää, käsittää
catch sight of fr saada näkyviin, nähdä, huomata; iskeä silmänsä johonkin
catchup [kætʃəp] s ketsuppi

catch up with v ottaa/saada joku kiinni (myös kuv), kuroa välimatka umpeen (myös kuv)
catchword [ˈkætʃˌwərd] s iskusana, avainsana
catchy adj (catchier, catchiest) (melodiasta) mieleenpainuva
categorical [ˌkætəˈgɔrəkəl] adj ehdoton, jyrkkä
categorically adj ehdottomasti, jyrkästi
categorize [ˈkætəgəˌraɪz] v luokitella
category [ˈkætəˌgɔrɪ] s luokka, kategoria
cater [keɪtər] v **1** huolehtia (juhlien) pitopalvelusta **2** olla suunnattu jollekulle/jollekin, sopia jollekulle/jollekin *to cater for/to all tastes* olla kaikkien makuun, tarjota jokaiselle jotakin
catercorner [ˈkætəˌkɔrnər] adj diagonaalinen, lävistäjän suuntainen, vino adv diagonaalisesti, vinosti
caterer [keɪtərər] s pitopalvelu, pitopalvelun järjestäjä
caterpillar [ˈkætəˌpɪlər] s toukka
caterpillar tread® s telaketju
catfish s (mon) monnikalat
cathedral [kəˈθidrəl] s tuomiokirkko, katedraali
cathode [ˈkæˌθoʊd] s katodi
catholic [kæθlɪk] s (roomalais)katolilainen adj **1** yleinen, laaja-alainen, moninainen **2** (roomalais)katolinen
Catholicism [kəˈθaləˌsɪzəm] s (roomalais)katolilaisuus
catnap [ˈkætˌnæp] s nokoset, torkut
Catskills [ˈkætˌskɪlz] (mon) Catskillvuoret (New Yorkin osavaltiossa)
catsup [kætsəp] s ketsuppi
cattail [ˈkætˌteɪəl] s osmankäämi
cattle [kætəl] s (mon) karja
catty [kætɪ] adj ilkeä, katala, kavala
CATV [ˌsieɪtiˈvi] *Community Antenna Television*, kaapelitelevisio
catwalk s (muotinäytöksissä mallien esiintymislava) catwalk
Caucasus [kakəsəs] Kaukasus
caucus [kakəs] s vaalikokous
caught [kat] ks catch
cauldron [kaldrən] s **1** pata **2** noidankattila (myös kuv)

cauliflower

cauliflower [ˈkaləˌflaʊər] s kukkakaali
1 cause [kaz] s **1** syy, peruste *cause and effect* syy ja seuraus **2** asia *he is working for/in the human rights cause* hän toimii ihmisoikeuksien asialla
2 cause v aiheuttaa, tuottaa, johtaa, olla syynä johonkin
3 cause konj ('cause) koska
causeway s **1** pengertie **2** (päällystetty) maantie
caustic [kastɪk] adj **1** syövyttävä **2** pureva, piikikäs, ivallinen
caustically adv purevasti, piikikkäästi, ivallisesti
1 caution [kaʃən] s **1** varovaisuus **2** varoitus
2 caution v varoittaa
cautionary [ˈkaʃəˌnerɪ] adj opettavainen, varoittava
cautious [kaʃəs] adj varovainen
cautiously adv varovasti
cautiousness s varovaisuus
cavalcade [ˈkævəlˌkeɪd] s kavalkadi, juhlallinen (ratsu)kulkue
cavalry [kævəlrɪ] s ratsuväki
cave [keɪv] s luola
cave in v **1** luhistua, sortua (kasaan) **2** antaa periksi, antautua
cavern [kævərn] s luola
cavernous [kævərnəs] adj **1** (huoneesta) valtavan suuri **2** (ääni) matala, syvä **3** (silmät) syvät
caviar [ˈkævɪˌar] s kaviaari
cavity [kævətɪ] s (hampaan) reikä
cavy s (eläin) cavy
cayenne [kaɪˈen keɪˈen] s cayennenpippuri
cayenne pepper s cayennenpippuri
Cayman Islands [keɪmən] (mon) Caymansaaret
CB *citizens band* LA-radiopuhelin
CBC *Canadian Broadcasting Corporation*
CBS *Columbia Broadcasting System*, yksi Yhdysvaltain neljästä suuresta televisioverkosta
CC s *carbon copy* kopioviesti
CD *corps diplomatique; certificate of deposit* (tal) talletustodistus; *Compact Disc*

CDC *Centers for Disease Control*
CD player s cd-soitin
CD-ROM s cd-rom
cease [sis] v lopettaa, lakata
ceasefire [ˌsisˈfaɪər] s tulitauko, aselepo
ceaseless [sisləs] adj loputon, jatkuva
ceaselessly adv loputtomasti, jatkuvasti
Cecco [tʃekou] (Peter Panissa) Italiaano
cedar [sidər] s setri
ceiling [silɪŋ] s laipio, katto (myös kuv)
Cel. *Celcius*
celebrate [ˈseləˌbreɪt] v **1** juhlia (syntymäpäivää) **2** ylistää (jonkun saavutuksia)
celebrated adj kuuluisa, maineikas
celebration [ˌseləˈbreɪʃən] s **1** juhla(t) **2** ylistys
celebrity [səˈlebrətɪ] s **1** maine, kuuluisuus **2** kuuluisa henkilö, kuuluisuus, julkkis
celery [selərɪ] s selleri
celestial [səˈlestʃəl] adj **1** taivaan, taivaalla oleva **2** (kuv) taivaallinen
celibacy [seləbəsɪ] s naimattomuus, selibaatti
celibate [seləbət] s naimaton ihminen adj naimaton
cell [sel] s **1** (vanki)selli **2** (pieni) huone (luostarissa) **3** solu (myös kuv ihmisryhmästä) **4** matkapuhelin
cellar [selər] s kellari
cellist [tʃelɪst] s sellisti
cello [tʃeloʊ] s (mon cellos) sello
cell phone [ˈselˌfoʊn] s (US) matkapuhelin, kännykkä
cellular [seljələr] adj solu-
cellular phone s (US) matkapuhelin
Celsius [selsɪəs] s celsiusaste
1 cement [səment] s **1** sementti **2** liima
2 cement v **1** sementoida **2** liimata **3** (kuv) lujittaa, vahvistaa *this deal will cement our relationship* tämä sopimus lujittaa välejämme
cemetery [ˈseməˌteərɪ] s hautausmaa
1 censor [sensər] s sensori
2 censor v sensuroida
censorship [ˈsensərˌʃɪp] s sensuuri, (lehtien, kirjojen, elokuvien) ennakkotarkastus

1 censure [senʃər] s nuhtelu, arvostelu, moite
2 censure v nuhdella, arvostella, moittia
census [sensəs] s väestönlaskenta
cent [sent] s sentti (dollarin sadasosa) *per cent* prosentti
centaur [ˈsenˌtaɔr] s kentauri
Centaur [sentar] (tähdistö) Kentauri
centenarian [ˌsentəˈneriən] s, adj satavuotias tai yli (henkilö)
centenary [ˈsentəˌneri] s satavuotispäivä, satavuotisjuhla adj satavuotis-
centennial [ˌsenˈteniəl] s satavuotispäivä, satavuotisjuhla adj satavuotis-
1 center [sentər] s **1** keskipiste (myös kuv) **2** keskus, keskusta **3** (amerikkalaisessa jalkapallossa) sentteri
2 center v keskittää, keskittyä
center on v keskittää/keskittyä johonkin *their interest centers on the upcoming election* heidän huomionsa kohdistuu/ keskittyy tuleviin vaaleihin
centigrade [ˈsentəˌgreɪd] adj celsiusastetta *the temperature was 28 degrees centigrade* lämpötila oli 28 celsiusastetta
centimeter [ˈsentəˌmitər] s senttimetri
centipede [ˈsentəˌpid] s juoksujalkainen
CENTO *Central Treaty Organization*
central [sentrəl] adj **1** keskeinen (sijainti), keski-, keskusta- **2** keskeinen (kuv), tärkeä, pää-
Central African Republic Keski-Afrikan tasavalta
Central America s Keski-Amerikka
Central American adj keskiamerikkalainen, Keski-Amerikan
Central Europe s Keski-Eurooppa
Central European adj keskieurooppalainen, Keski-Euroopan
central heating s keskuslämmitys
centralization [ˌsentrələˈzeɪʃən] s keskitys
centralize [ˈsentrəˌlaɪz] v keskittää
centrally adv ks central
centrifugal [senˈtrɪfjəgəl] adj keskipakoinen *centrifugal force* keskipakovoima
century [sentʃəri] s vuosisata
CEO *chief executive officer* pääjohtaja
Cepheus [sifiəs] (tähdistö) Kefeus

ceramic [səˈræmɪk] adj keraaminen, savi-
ceramics s **1** savenvalu **2** keramiikka, saviesineet **3** keraamit *high-tech ceramics* uudet keraamit
cereal [səriəl] s (viljatuote) muro *breakfast cereals* aamiaismurot
cerebellum [ˌserəˈbeləm] s (mon cerebellums, cerebella) pikkuaivot
cerebrum [səˈribrəm] s (mon cerebrums, cerebra) isoaivot
ceremonial [ˌserəˈmouniəl] s seremonia, juhlamenot, juhlatilaisuus adj juhlallinen, juhla-, virallinen
ceremonially adv juhlallisesti
ceremonious [ˌserəˈmouniəs] adj juhlallinen, juhla-, virallinen
ceremony [ˈserəˌmoʊnɪ] s **1** seremonia, juhlamenot, juhlatilaisuus **2** muodollisuus, muodollisuudet
certain [sertən] adj **1** varma, väistämätön *he is certain to become famous* hän tulee varmasti kuuluisaksi **2** eräs, tietty *a certain Mr. Jones wants to speak to you* muuan/joku Mr. Jones haluaa päästä puheillenne
certainly adv varmasti, varmaankin
certainty [sertəntɪ] s varmuus, väistämättömyys
certificate [sərˈtɪfɪkət] s todistus
certificate of deposit s (tal) talletustodistus
certify [sərtəfaɪ] v todistaa (virallisesti), vahvistaa
cesspool [sespʊəl] s lokakaivo (myös kuv) likakaivo
cf. *compare* vertaa
CFI *cost, freight, and insurance*
CFL *Canadian Football League*
Chad [tʃæd] Tšad
chad s (tietok) silppu
Chadian s, adj tšadilainen
1 chafe [tʃeɪf] s hiertymä
2 chafe v **1** hiertää **2** ärsyttää, hermostuttaa
chaff [tʃæf] s akanat
chaffinch [tʃæfɪntʃ] s peippo
chagrin [ʃəˈgrɪn] s harmi, nolostus *to my chagrin I noticed that* harmikseni huomasin että

chain

1 chain [tʃeɪn] s ketju (myös kuv), kahle (myös kuv) *a chain of events* tapahtumien ketju
2 chain v kahlehtia (myös kuv), sitoa ketjulla
chain reaction [ˌtʃeɪnrɪˈækʃən] s ketjureaktio
chainsmoker [ˈtʃeɪnˌsmoʊkər] s ketjupolttaja
chainstore [ˈtʃeɪnˌstɔr] s (myymäläketjun) myymälä
1 chair [tʃeər] s **1** tuoli *electric chair* sähkötuoli **2** puheenjohtajuus **3** puheenjohtaja **4** oppituoli, professuuri
2 chair v toimia kokouksen puheenjohtajana
chairman (mon chairmen) s puheenjohtaja (mies)
chairperson s puheenjohtaja
chairwoman (mon chairwomen) s puheenjohtaja (nainen)
chalet [ʃəˈleɪ] s sveitsiläismökki
1 chalk [tʃak] s liitu
2 chalk v kirjoittaa/merkitä liidulla
chalk up *to chalk something up to something* lukea jonkin syyksi, katsoa johtuvan jostakin
1 challenge [ˈtʃæləndʒ] s haaste
2 challenge v haastaa
challenged [ˈtʃæləndʒd] adj *physically challenged* liikuntarajoitteinen *mentally challenged* kehitysrajoitteinen *domestically challenged* (leikkisästi) avuton/osaamaton keittiössä, huono ruoanlaittaja
challenger s (kaksintaisteluun, kilpailuun) haastaja
challenging adj haastava, vaativa
chamber [ˈtʃeɪmbər] s **1** (vanh) kamari, huone **2** (aseen) patruunapesä **3** (sydämen) kammio **4** (mon) tuomarin huone
chambered nautilus s (eläin) helmivene
chambermaid [ˈtʃeɪmbərˌmeɪd] s sisäkkö
chamber music [ˈtʃeɪmbərˌmjuzɪk] s kamarimusiikki
Chamber of Commerce [ˌtʃeɪmbərəvˈkamərs] s kauppakamari

chameleon [ʃəˈmiliən, kəˈmiljən] s kameleontti (myös kuv)
chamois [ˈʃæmɪ] s säämiskä
chamois [ˌʃæmˈwa] s gemssi, vuorivuohi
1 champ [tʃæmp] s (ark) mestari, voittaja
2 champ v **1** (hevosesta) pureksia **2** olla kärsimätön *to champ at the bit* olla kärsimätön, ei malttaa odottaa
champagne [ˌʃæmˈpeɪn] s samppanja
1 champion [tʃæmpiən] s **1** kannattaja, puolustaja, puolestapuhuja **2** mestari, voittaja
2 champion v kannattaa, puolustaa, puhua jonkin asian puolesta
championship [ˈtʃæmpiənˌʃɪp] s **1** mestaruus **2** mestaruusottelu, mestaruuskilpailu **3** (asian) kannatus, puolustus
chan. *channel* kanava
1 chance [tʃæns] s **1** sattuma, onni *by chance* sattumalta **2** mahdollisuus *your chances are slim* sinulla on huonot mahdollisuudet **3** tilaisuus *please give me another chance* anna minun yrittää uudestaan **4** riski *I don't want to take chances* minä en halua ottaa riskejä
2 chance v **1** sattua *he chanced to meet her* hän tapasi naisen sattumalta **2** yrittää, kokeilla (onneaan)
chancel [tʃænsəl] s (kirkon) kuori
chancellor [tʃænsələr] s kansleri
chance on v tavata sattumalta, törmätä johonkuhun
chancy adj uskalias, rohkea
chandelier [ˌʃændəˈlɪər] s kattokruunu
1 change [tʃeɪndʒ] s **1** muutos *I have to make some changes to the manuscript* minun on korjailtava käsikirjoitusta **2** vaihtelu *he needs a change of pace* hän tarvitsee vaihtelua elämäänsä **3** vaihtoraha
2 change v **1** vaihtaa, vaihtua *to change the oil/gear/one's name/hands* vaihtaa öljyt/vaihdetta/nimeä/omistajaa *I'll change quickly* minä vaihdan nopeasti vaatteita **2** muuttaa, muuttua *you have changed a lot since we last met* olet muuttunut paljon viime näkemästä *he changed his mind* hän muutti mielensä

changeable adj ailahteleva (luonne, mieliala), epävakainen (luonne, sää)
changeless adj muuttumaton, vakaa, samanlainen
change your tune fr tulla toisiin aatoksiin, muuttaa mielensä
Chang Jiang [ˌtʃaŋˈdʒjaŋ] Jangtse, Chang Jiang
1 channel [tʃænəl] s **1** kanaali *the English Channel* Englannin kanaali **2** (television) kanava **3** (kuv) kanava, tie, väline, keino *to go through channels* tehdä jotakin virkateitse, oikeita kanavia pitkin
2 channel v kanavoida, kanavoitua (myös kuv)
Channel Islands [ˌtʃænəlˈaɪlənz] (Ison-Britannian) Kanaalisaaret
1 chant [tʃænt] s laulu
2 chant v **1** laulaa **2** hokea
chaos [keɪɑs] s kaaos, sekasorto
chaotic [keɪˈɑtɪk] adj kaoottinen, sekasortoinen
chaotically adv kaoottisesti, sekasortoisesti
1 chap [tʃæp] s **1** ihon hilseily, huulten rohtuminen **2** (UK ark) mies, kaveri
2 chap v (ihosta) hilseillä, (huulista) rohtua
chap. *chapter* luku
chapel [tʃæpəl] s kappeli
chaplain [tʃæplən] s kappalainen, sotilaspappi
chapter [tʃæptər] s **1** (kirjan) luku **2** (järjestön yms) paikallisosasto
Chapter 13 s (tal) selvitystila
char [tʃɑr] v polttaa mustaksi/karrelle, kärventää
character [kerəktər] s **1** luonne, olemus **2** luonteenlujuus *he is a man of character* hänellä on luja luonne **3** (romaani)henkilö **4** heppu, tyyppi, persoonallisuus *he is quite a character* hän on aikamoinen persoonallisuus **5** kirjain, merkki, lyönti *the printer's output is 200 characters per second* kirjoitin tulostaa 200 merkkiä sekunnissa
characteristic [ˌkerəktəˈrɪstɪk] s (luonteen)piirre, ominaisuus

charitable

characteristically adj luonteenomaisesti, tyypillisesti, tapansa mukaan
characteristic of adj luonteenomainen, tyypillinen jollekulle/jollekin
characterize [ˈkerəktəˌraɪz] v **1** luonnehtia, kuvailla **2** olla luonteenomaista/ominaista jollekulle/jollekin
characterless adj mitäänsanomaton, laimea
character pitch s (tietok) merkkitiheys
character string s (tietok) merkkijono
charade [ʃəˈreɪd] s **1** arvausleikki, jossa pyritään arvaamaan vastapuolen pantomiimina esittämät sanat **2** (kuv) täydellinen farssi
charcoal [ˈtʃɑrˌkoʊəl] s puuhiili
1 charge [tʃɑrdʒ] s **1** syyte, syytös **2** hyökkäys **3** maksu, veloitus **4** luotto *will that be cash or charge?* maksatteko käteisellä vai luottokortilla? **5** johtoasema, vastuu *who's in charge here?* kuka täällä määrää/kuka on täällä johtajana? **6** taakka, rasite **7** räjähde, panos **8** (sähkö)varaus, lataus
2 charge v **1** syyttää *he was charged with murder* häntä syytettiin murhasta **2** hyökätä **3** rynnätä, törmätä johonkin **4** veloittaa, laskuttaa, ottaa maksuksi *he charged it to his Visa card* hän maksoi sen Visa-kortillaan **5** antaa tehtäväksi, määrätä johonkin tehtävään *they charged him to lead the ad campaign* hänet pantiin mainoskampanjan johtajaksi **6** ladata (ase, akku), varata (akku)
chargé d'affaires [ˌʃɑrʒˈeɪdəˈfeɑrz] s (diplomatiassa) asiainhoitaja
charge with v **1** syyttää jotakuta jostakin **2** antaa jollekulle tehtäväksi, määrätä joku tekemään jotakin
chariot [tʃerɪət] s (hist) (sota)vaunut
charioteer [ˌtʃerɪəˈtɪər] s (hist) sotavaunujen ajaja
Charioteer [ˌtʃerɪəˈtɪər] (tähdistö) Ajomies
charisma [kəˈrɪzmə] s **1** karisma **2** vetovoima, karisma
charitable [tʃerətəbəl] adj **1** ihmisrakas, hyväntahtoinen, antelias **2** hyväntekeväisyys-

charitably

charitably adv anteliaasti, hyväntahtoisesti
charity [tʃerətɪ] s **1** lähimmäisenrakkaus **2** suvaitsevaisuus, hyväntahtoisuus **3** almu, avustus **4** hyväntekeväisyys **5** hyväntekeväisyysjärjestö
charlatan [ʃarlətən] s huijari, petturi
Charlemagne [ʃarləmeɪn] Kaarle Suuri
Charles Turley [ˌtʃarlz'tərli] (Peter Panissa) Tolvana-Charles
Charlotte [ʃarlət] kaupunki Pohjois-Carolinassa
1 charm [tʃarm] s **1** viehätysvoima **2** taika, lumous **3** amuletti, maskotti
2 charm v **1** viehättää, olla mieleen **2** lumota, taikoa
charming adj ihastuttava, hurmaava
1 chart [tʃart] s **1** taulukko, diagrammi **2** (mon) (äänilevyjen myynti)lista
2 chart v kartoittaa, seurata, merkitä muistiin
1 charter [tʃartər] s **1** peruskirja, (yhdistyksen) säännöt **2** (lentokoneen, linja-auton) tilaus, charter *on charter* tilausajossa, tilauslennolla, charter-lennolla
2 charter v tilata (lentokone, linja-auto)
charwoman ['tʃarˌwʊmən] s (nais)siivooja
1 chase [tʃeɪs] s takaa-ajo, jahti, riistan ajo
2 chase v ajaa takaa, jahdata (myös kuv)
chase after v juosta jonkun/jonkin perässä
chase away v ajaa/karkottaa tiehensä
chasm [kæzəm] s railo, kuilu (myös kuv)
chassis [ʃæsɪ] s (auton) alusta, (lentokoneen pää)laskuteline, (television, radion, vahvistimen) runko
chaste [tʃeɪst] adj **1** siveä, puhdas, neitseellinen **2** koruton, yksinkertainen
chasten [tʃeɪsən] v nuhdella, ojentaa; pysähtyä miettimään
chastise ['tʃæsˌtaɪz] v rangaista, kurittaa
chastisement [ˌtʃæs'taɪzmənt] s rangaistus, kuritus
chastity [tʃæstətɪ] s siveys, koskemattomuus, neitsyys
1 chat [tʃæt] s rupattelu, jutustelu, (tietok) verkkojuttelu, chattailu

2 chat v rupatella, jutella *to chat with someone about something*, (tietok) chattailla
chatbot s (tietok) jutustin
chateau [ˌʃæ'toʊ] s (mon chateaux, chateaus) linna (Ranskassa)
chat forum s (tietok) juttutori
chat line s (tietok) juttulinja
chat room s (tietok) juttutori
1 chatter [tʃætər] s **1** hölynpöly, tyhjät puheet **2** puheensorina, (kirjoituskoneen) naputus, (linnun) sirkutus
2 chatter v **1** pölistä, hölöttää, puhua pälpättää; (lintu) sirkuttaa **2** (hampaista) kalista
chatterbox ['tʃætərˌbaks] s hölöttäjä, pölisijä, papupata
chatty adj **1** puhelias, juttutuulella **2** (kirjoitustyylistä) puhekielimäinen, tuttavallinen
1 chauffeur [ˌʃoʊ'fər] s autonkuljettaja
2 chauffeur v ajaa autoa, viedä autolla, kuskata
chauvinism ['ʃoʊvəˌnɪzəm] s sovinismi, kansalliskiihko, sukupuolisorto
chauvinist ['ʃoʊvəˌnɪst] s sovinisti, kansalliskiihkoilija, sukupuolisortaja
chauvinistic [ˌʃoʊvəˌnɪstɪk] adj sovinistinen
chauvinist pig s sovinistisika
cheap [tʃip] adj **1** halpa *to buy something on the cheap* ostaa jotakin pilkkahintaan **2** huono, heikko, rihkama- **3** alhainen (teko), halpamainen (käytös), halpa (huvi)
cheapen v halventaa (myös kuv), halventua
cheapskate ['tʃipˌskeɪt] s kitupiikki
1 cheat [tʃit] s **1** petturi, huijari **2** petos, huiputus
2 cheat v pettää, huiputtaa, vetää nenästä
cheating s pettäminen, huiputtaminen, (avio)uskottomuus adj epärehellinen, petollinen, kiero, uskoton
cheat on v pettää jotakuta, olla uskoton jollekulle
1 check [tʃek] s **1** tarkistus, tutkimus **2** hillike, pidäke **3** ruutukuvio, ruudutus **4** sekki **5** matkatavarasäilytys, vaatesäilytys

2 check v **1** tarkistaa, tutkia, ottaa selvää jostakin, kysellä **2** hillitä, pidättää jotakin/jotakuta, pitää aisoissa **3** jättää/antaa (päällysvaate, matkatavara) säilytettäväksi/kuljetettavaksi
check back with v ottaa uudestaan yhteyttä johonkuhun, palata asiaan
checkbook ['tʃek‚bʊk] s sekkivihko
check box s (tietok) asetusnappi
1 checkerboard ['tʃekər‚bɔrd] s **1** šakkilauta; tammilauta **2** ruutukuvio
2 checkerboard v tehdä ruutukuvioksi, kirjavaksi
checkered adj ruudullinen, kirjava (kuv: menneisyys)
checkers [tʃekərz] s (mon, verbi yksikössä) tammipeli
check in v kirjoittautua hotelliin
check-in s (hotellin) vastaanotto
checklist ['tʃek‚lɪst] s muistilista
1 checkmate [tʃek‚meɪt] s **1** (šakki)matti **2** loppu, tappio
2 checkmate v **1** šakittaa **2** panna joku selkä seinää vasten, tehdä tyhjäksi jonkun suunnitelmat
check out v maksaa laskunsa ja lähteä hotellista
check-out s (valintamyymälän) kassa
check up v tarkistaa, tutkia
check-up s (lääkärin)tarkastus
check up on v tarkistaa, tutkia, ottaa selvää (esim jonkun menneisyydestä)
1 cheek [tʃik] s **1** poski **2** röyhkeys, (olla) otsa(a)
2 cheek v uhmata jotakuta, olla jollekulle röyhkeä, hävytön
cheeky adj hävytön, röyhkeä
1 cheer [tʃɪər] s **1** suosionosoitus, ylistys, ylistyshuuto, hurraahuuto **2** rohkaisu, kannustus, piristys
2 cheer v **1** hurrata, juhlia, osoittaa suosiotaan **2** rohkaista, kannustaa, piristää
cheerful adj iloinen (ihminen, väri), pirteä (ihminen, sisustus), hyväntuulinen, hilpeä
cheerfully adj iloisesti, hyväntuulisesti, hilpeästi
cheerfulness s iloisuus, hyväntuulisuus, hilpeys
cheerily adv iloisesti, hilpeästi, pirteästi

cheering s juhlinta, hurraahuudot adj **1** juhliva, hurraava **2** piristävä, rohkaiseva, kannustava
cheerleader s (urheilukilpailussa tms) cheerleader, henkilö joka ryhmänsä mukana kannustaa katsojia hurraamaan ja esittää taitotemppuja
cheerless adj iloton, apea, synkkä, harmaa, (mahdollisuuksista:) heikko
cheer up v piristää, piristyä, rohkaista, saada/antaa rohkeutta
cheery adj iloinen, hilpeä, pirteä
cheese [tʃiz] s juusto *cheese!* (valokuvattaessa:) muikku!
cheeseburger ['tʃiz‚bərgər] s juustohampurilainen
cheetah [tʃitə] s gepardi
chef [ʃef] s keittiöpäällikkö, keittiömestari (pää)kokki, (ark) kokki, ruuanlaittaja
chelicerates [tʃə'lɪsərəts] s (mon) leukakoukulliset (hämähäkkieläimet)
chemical [kemɪkəl] s kemikaali adj kemiallinen
chemically [kemɪklɪ] adj kemiallisesti
chemist [kemɪst] s **1** kemisti **2** (UK) apteekkari **3** (UK) apteekki (myös chemist's)
chemistry [keməstrɪ] s **1** kemia **2** henkilökemia, ihmissuhteet
cherish [tʃerɪʃ] v helliä (jotakuta, muistoja), vaalia (jotakuta, tunteita, muistoja)
cherry [tʃerɪ] s kirsikka adj kirsikanpunainen
cherub [tʃerəb] s kerubi (myös kuv)
Ches. *Cheshire*
Chesapeake Bay ['tʃesə‚pik'beɪ] Chesapeakenlahti
Cheshire [tʃeʃər] Englannin kreivikuntia
chess [tʃes] s šakki(peli), shakki
chest [tʃest] s **1** laatikko **2** lipasto **3** rinta(kehä)
chestnut [tʃesnət] s kastanja adj kastanjanruskea, punaruskea
Chevrolet [‚ʃevrə'leɪ] amerikkalainen automerkki
chevrotain [ʃevrə‚teɪn] s kääpiökauris
Chevy [ʃevɪ] Chevrolet

Chevy Chase

Chevy Chase [ˌtʃevɪ 'tʃeɪs] kaupunki Marylandissa
chew [tʃu] v pureskella, pureksia
chew away v pureskella, nakertaa (hiljakseen)
chewing-gum ['tʃuɪŋˌgʌm] s purukumi
chew off v purra irti, haukata
chew out v antaa jonkun kuulla kunniansa, haukkua perinpohjaisesti
chew the fat fr rupatella, jutella (joutavia)
chew the rag fr rupatella, jutella (joutavia)
chew up v pureskella kunnolla, jauhaa/pureksia hienoksi/silpuksi, hienontaa
Chiang Kai-shek [ˌʃæŋkaɪ'ʃek] Tšiang Kai-šek, Jiang Jieshi
chic [ʃik] s tyyli(kkyys), hyvä maku adj tyylikäs, elegantti
Chicago [ʃə'kagoʊ] kaupunki Illinoisissa
chick [tʃɪk] s kananpoika, linnunpoika(nen), tipu (myös kuv naisesta)
chickadee [tʃɪkədi] s hömötiainen
chicken [tʃɪkən] s 1 kana 2 broileri 3 pelkuri, jänis
chicken-and-egg problem s ongelma jonka kaksi osatekijää edellyttävät toisiaan, kysymys siitä kumpi tulee ensin
chicken out v jänistää, mennä sisu kaulaan, jäädä pois pelkojensa vuoksi
chickenpox ['tʃɪkənˌpaks] s vesirokko
chick flick ['tʃɪkˌflɪk] (ark) naisille mieluinen elokuva, naisten elokuva
chief [tʃif] s (heimon, yrityksen) päällikkö, johtaja adj tärkein, pää-
chiefly adv pääasiassa, lähinnä, enimmäkseen
chieftain [tʃiftən] s (heimon, intiaani)päällikkö
chilblain ['tʃɪlˌbeɪn] s (lääk) kylmänkyhmy
child [tʃaɪld] s (mon children) lapsi (myös kuv)
childhood ['tʃaɪəldˌhʊd] s lapsuus
childish adj lapsellinen
childless adj lapseton
childlike ['tʃaɪəldˌlaɪk] adj lapsenomainen
children [tʃɪldrən] (mon) ks child

Chile [tʃɪli] Chile
Chilean s, adj chileläinen
chili [tʃɪli] s 1 (mauste) chili(pippuri) 2 (ruokalaji) chili con carne
chili con carne [ˌtʃɪliˌkan'karni] s chilillä maustettu (papu- ja) liharuoka
chili dog s hot dog joka on maustettu chili con carnella
1 chill [tʃɪl] s 1 puistatus 2 viileys, kylmyys (myös kuv) 3 *to catch a chill* vilustua
2 chill v viilentää, viilentyä, jäähdyttää, jäähtyä, kylmentää, kylmetä (myös kuv)
3 chill adj viileä, kylmä (myös kuv)
chill out [ˌtʃɪl'aut] v (ark) rauhoittua
chilly adj viileä, kylmä (myös kuv)
1 chime [tʃaɪm] s 1 (ovi- tai muun kellon) kilahdus 2 soiva (ovi)kello
2 chime v (kellosta) kilahtaa, soida
chime in v keskeyttää joku, sanoa väliin jotakin
chimney [tʃɪmni] s savupiippu
chimney sweep s nuohooja, nokikolari (ark)
chimpanzee [ˌtʃɪmpæn'zi] s simpanssi
chin [tʃɪn] s leuka
china [tʃaɪnə] s posliini, posliiniesineet
China [tʃaɪnə] Kiina
China Sea Kiinanmeri
chinchilla [tʃɪn'tʃɪlə] s tsintsilla
Chinese [tʃaɪ'niz] s kiinan kieli s, adj kiinalainen
1 chink [tʃɪŋk] s 1 halkeama, lohkeama, repeämä 2 kilinä 3 (halv) kiinalainen
2 chink v 1 tukkia, tilkitä 2 kilistä
1 chip [tʃɪp] s 1 lastu, sirpale, siru 2 pelimerkki 3 (mikro)siru 4 (golfissa) chippi, matala lyönti jolla lähestytään viheriötä 5 (UK mon) ranskanperunat
2 chip v 1 lohkaista, lohkeilla, lohjeta, (maali) hilseillä 2 (golfissa) lyödä chippi, chipata
chip away v hakata/nokkia irti pitkään
chipboard ['tʃɪpˌbɔrd] s lastulevy
chip in v 1 keskeyttää 2 pulittaa, antaa (rahaa keräykseen) *he chipped in a couple of bucks* häneltä liikeni pari taalaa
chipmunk ['tʃɪpˌmʌŋk] s maaorava
chip off v irrottaa (maali), irrota, hilseillä

1 chirp [tʃərp] s (linnun) viserrys, liverrys, (heinäsirkan) siritys
2 chirp v (linnusta) visertää, livertää, (heinäsirkasta) sirittää
chirpy adj iloinen, hyväntuulinen, pirteä
1 chisel [tʃɪzəl] s taltta
2 chisel v työstää taltalla, taltata
chiseled adj **1** taltalla työstetty **2** (kasvonpiirteistä) hieno, kaunis, komea
chit [tʃɪt] s **1** lapsi, nuori ihminen, nuori nainen **2** ravintolalasku (jota ei makseta heti), piikki (ark)
chital [tʃitəl] s aksishirvi
chivalrous [ʃɪvəlrəs] adj ritarillinen
chivalrously adv ritarillisesti
chivalry [ʃɪvəlrɪ] s **1** ritarilaitos **2** ritarillisuus
chive [tʃaɪv] s ruohosipuli, ruoholaukka
1 chloroform [ˈklɔrəˌfɔrm] s kloroformi
2 chloroform v nukuttaa/puuduttaa kloroformilla
chlorophyll [ˈklɔrəˌfiəl] s lehtivihreä, klorofylli
chocoholic [ˌtʃakəˈhalɪk] (ark) suklaata himoitseva henkilö, suklaa-addikti
chocolate [tʃaklət] s **1** suklaa **2** kaakaojuoma adj suklaanruskea
1 choice [tʃɔɪs] s **1** valinta, vaihtoehto *they gave me no choice* minulle ei annettu valinnan varaa *you have three choices* sinulla on kolme vaihtoehtoa **2** valikoima
2 choice adj **1** ensiluokkainen, laatu-, valikoitu (tavara) **2** huoliteltu (puhe)
choir [kwaɪər] s **1** kuoro **2** (arkkitehtuurissa) kuori
choir stall s (kirkossa) kuorituoli
1 choke [tʃoʊk] s (polttomoottorin) rikastin, (ark) ryyppy
2 choke v **1** tukehtua, tukahduttaa (myös kuv) **2** kuristaa **3** tukkia
choke back v niellä, tukahduttaa (kyyneleet, tunteet)
choke collar s (koiran) kuristuspanta, kuristava kaulain
choke down v niellä, tukahduttaa (kyyneleet, tunteet)
choker [tʃoʊkər] s kaulanauha, kaulapanta, helminauha
cholera [kalərə] s kolera

choose [tʃuz] v chose, chosen **1** valita **2** päättää *he chose not to go* hän päätti olla menemättä
choosy adj nirso, valikoiva
1 chop [tʃap] s **1** isku, lyönti **2** kyljys
2 chop v **1** iskeä, lyödä **2** pilkkoa, paloitella
chopper s **1** kyljyskirves, lihakirves **2** (ark) helikopteri **3** chopper(-moottoripyörä)
choppy adj **1** (tuulesta) puuskainen **2** (aallokosta) säännötön, hakkaava
chopsticks [ˈtʃapˌstɪks] s (mon) syömäpuikot
choral [kɔrəl] adj kuoro-
chord [kɔrd] s **1** (geometriassa) jänne **2** (musiikissa) sointu
chordates [ˈkɔrˌdeɪts] s (mon) selkäjänteiset (eläimet)
chore [tʃɔr] s **1** (arki)askare, puuha **2** riesa, vaiva
choreographer [ˈkɔriəˌgræfər, kɔriˈagrəfər] s koreografi
choreography [ˌkɔriˈagrəfɪ] s koreografia
chorister [kɔrɪstər] s kuorolaulaja, kuoropoika
chortle [tʃɔrtəl] v hihittää, hykerrellä
1 chorus [kɔrəs] s **1** kuoro *in chorus* yhteen ääneen **2** kertosäe
2 chorus v laulaa/lausua/esittää/hokea kuorossa
chose [tʃoʊz] ks choose
chosen ks choose
Christ [kraɪst] Kristus
christen [krɪsən] v ristiä, kastaa, antaa nimeksi
christening s ristiäiset, kaste(tilaisuus)
Christian [krɪstʃən] s kristitty adj kristitty, kristillinen
Christianity [ˌkrɪstʃiˈænɪti] s **1** kristinusko, kristillisyys **2** kristillisyys, hurskaus
Christianize [ˈkrɪstʃəˌnaɪz] v käännyttää kristinuskoon
Christian name s etunimi
Christmas [krɪsməs] s joulu
Christmas card s joulukortti
Christmas gift s joululahja
Christmas present s joululahja

Christmas stocking s sukka johon joululahjat pannaan
Christmastime ['krɪsməsˌtaɪm] s joulunaika
Christmas tree s 1 joulukuusi **2** (öljynporauksessa) tuotantoventtiilistö
chrome [kroʊm] s **1** kromi **2** (väri)dia
chromium [kroʊmɪəm] s kromi
chromosome ['kroʊməˌsoʊm] s kromosomi
chromosphere ['kroʊməsˌfɪər] s kromosfääri
chronic [krɑnɪk] adj krooninen, pitkäaikainen, jatkuva
chronically adv kroonisesti, pitkäaikaisesti (sairas)
1 chronicle [krɑnɪkəl] s kronikka, aikakirja
2 chronicle v kronikoida
chronicler s kronikoitsija
chronological [ˌkrɑnəˈlɑdʒɪkəl] adj kronologinen, aikajärjestyksessä oleva
chronology [krəˈnɑlədʒɪ] s kronologia, ajanlasku, aikajärjestys
chronometer [krəˈnɑmətər] s kronometri, tarkkuuskello
chrysalis [krɪsələs] s (hyönteisen) kotelo
chrysanthemum [krəˈsænθəməm] s krysanteemi
Chrysler [kraɪslər] amerikkalainen automerkki
chubby [tʃʌbɪ] s (sl) erektio adj pyylevä, pyöreä
1 chuck [tʃʌk] s **1** (poranterää pitelevä) istukka **2** (sl) sapuska
2 chuck v **1** heittää, viskata **2** lopettaa, panna välit poikki
1 chuckle [tʃʌkəl] s hihitys, hykertely
2 chuckle v hihittää, hykerrellä, nauraa itsekseen
chuckwalla ['tʃʌkˌwɑlə] s (eläin) chuckwalla
chum [tʃʌm] s kaveri, ystävä
chummy adj tuttavallinen, (liian) ystävällinen
chump [tʃʌmp] s **1** typerys, ääliö **2** puupölkky, puunpala
chunk [tʃʌŋk] s pala(nen), kimpale, möhkäle

chunky adj **1** tanakka, paksu **2** jossa on isoja (maapähkinän) paloja *chunky peanut butter*
Chunnel [tʃʌnəl] Kanaalitunneli (Englannin kanaalin alittava rautatietunneli)
church [tʃɜrtʃ] s kirkko (laitos ja rakennus)
churchgoer ['tʃɜrtʃˌgoʊər] s kirkossakävijä
churchman [tʃɜrtʃmən] s kirkonmies
church mouse *as poor as a church mouse* köyhä kuin kirkonrotta
church register s kirkonkirjat
1 churn [tʃɜrn] s kirnu
2 churn v **1** kirnuta **2** (vedestä) hyökyä, (pyörä, potkuri) pyöriä vimmatusti, (tunteet, vesi) kuohua
churn out v suoltaa (tekstiä)
chute [ʃut] s **1** liukumäki, kuilu **2** koski, putous **3** (ark) laskuvarjo
chutney [tʃʌtnɪ] s chutney(-mausteseos)
C & I *cost and insurance*
CIA *Central Intelligence Agency* Yhdysvaltain keskustiedustelupalvelu
CIC *commander-in-chief* ylipäällikkö
CID (tekstiviestissä, sähköpostissa) *consider it done*
cider [saɪdər] s siideri
c.i.f. *cost, insurance, and freight* hinta vakuutuksineen ja rahteineen
cigar [səˈgɑr] s sikari
cigarette [ˌsɪgəˈret] s savuke, tupakka
cigarette lighter s tupakansytytin
CIM *computer-integrated manufacturing* tietokoneintegroitu valmistus
1 cinch [sɪntʃ] s **1** satulavyö **2** lastenleikki, helppo juttu/nakki *it's a cinch* se on helppoa
2 cinch v sopia asiasta, varmistaa sopimus
Cincinnati [ˌsɪnsəˈnæti] kaupunki Ohiossa
cinder [sɪndər] s **1** kekäle **2** (mon) tuhka
Cinderella [ˌsɪndəˈrelə] Tuhkimo
cinema [sɪnəmə] s **1** elokuvat(aide) **2** (UK) elokuvateatteri
CinemaScope ™ ['sɪnəməˌskoʊp] (elokuvissa) eräs laajakangasmenetelmä
cinematographer [ˌsɪnəməˈtɑgrəfər] s (elokuvan) kuvaaja

city

cinematography [ˌsɪnəmə'tagrəfɪ] s (elokuvan) kuvaus *director of cinematography* kuvauksen ohjaaja

Cinerama ™ [ˌsɪnə'ræmə] (elokuvissa) eräs laajakangasmenetelmä

Cinn. *Cincinnati*

cinnamon [sɪnəmən] s kaneli adj **1** kaneli- **2** kanelinvärinen

cinnamon roll ['sinəmənˌroəl] s eräänlaisesta korvapuustista

CIO *Congress of Industrial Organizations*

1 cipher [saɪfər] s **1** nolla **2** numero **3** (ihmisestä) täysi nolla **4** salakirjoitus, salakirjoitusmenetelmä, salakieli

2 cipher v **1** kirjoittaa salakielellä, koodata **2** (vanh.) laskea, tehdä laskutehtäviä

cir. *circa* noin

circa [sərkə] prep noin

1 circle [sərkəl] s **1** ympyrä **2** rengas **3** (esim ystävä/perhe)piiri

2 circle v **1** ympyröidä (kynällä), ympäröidä **2** piirittää, saartaa **3** lentää ympyrässä/ympärillä

circle around v kulkea ympäriinsä/sinne tänne, kiertää kehää

circle the wagons fr **1** (villissä lännessä) järjestää vaunut suojaksi ympyrään **2** (sl) käydä puolustusasemiin

circuit [sərkət] s **1** kierto, kulku, mutka, lenkki **2** virtapiiri **3** kilparata **4** urheiluliiga, -sarja

circuit board s piirikytkentälevy

circuit breaker s (virran)katkaisin, pääkatkaisin

circuitous [sər'kjuətəs] adj mutkikas, vaivalloinen, kierto-

circuitry [sərkətrɪ] s virtapiirit

circular [sərkjələr] s **1** kiertokirje **2** ristiside adj pyöreä, pyörivä

circular saw ['sərkjələrˌsa] s pyörösaha, sirkkeli

circulate ['sərkjəˌleɪt] v **1** kiertää, kierrellä (ympäriinsä, paikasta toiseen) **2** kierrättää, panna kiertämään **3** levittää (huhua, tietoa)

circulation [ˌsərkjə'leɪʃən] s **1** (veren, rahan) kierto **2** (lehden) levikki

circumcise ['sərkəmˌsaɪz] v ympärileikata

circumcision [ˌsərkəm'sɪʒən] s ympärileikkaus

circumference [sər'kʌmfrəns] s ympärysmitta

circumflex ['sərkəmˌfleks] s sirkumfleksi

circumlocution [ˌsərkəmlou'kjuʃən] s kiertoilmaus, kaunisteleva ilmaus

circumnavigate [ˌsərkəm'nævəgeɪt] v purjehtia (maailman, saaren, niemen) ympäri, kiertää

circumnavigation [ˌsərkəmnævə'geɪʃən] s (maailman)ympäripurjehdus

circumscribe ['sərkəmˌskraɪb] v **1** ympyröidä, merkitä ympyrällä **2** rajoittaa

circumscription [ˌsərkəm'skrɪpʃən] s **1** rajoitus **2** (kolikon) reunakirjoitus

circumspect ['sərkəmˌspekt] adj varovainen, harkitseva

circumspection [ˌsərkəm'spekʃən] s varovaisuus, harkinta

circumstance ['sərkəmˌstæns] s **1** seikka, näkökohta, (mon) olot, olosuhteet **2** (mon) taloudelliset olot, varallisuus

circumstantial [ˌsərkəm'stænʃəl] adj **1** yksityiskohtainen, perusteellinen **2** epäolennainen, sivu-

circumstantial evidence s (lak) aihetodiste

circumvent ['sərkəmˌvent ˌsərkəm'vent] v kiertää, välttää, välttyä joltakin

circus [sərkəs] s **1** sirkus **2** aukio

cirrus [sirəs] s cirrus, untuvapilvi

cistern [sɪstərn] s (wc:n) huuhtelusäiliö

citation [saɪ'teɪʃən] s **1** sitaatti, lainaus **2** kunniamaininta **3** haaste (saapua oikeuteen) **4** sakko(lappu)

cite [saɪt] v **1** siteerata, lainata **2** mainita (myös ohimennen) **3** (laki) syyttää

citizen [sɪtəzən] s **1** kansalainen **2** (kaupungin) asukas

citizenship ['sɪtəzənˌʃɪp] s kansalaisuus, kansalaisoikeus

citric acid [ˌsɪtrɪk'æsəd] s sitruunahappo

citrus [sɪtrəs] s sitrushedelmä adj sitrus-

city [sɪtɪ] s **1** kaupunki **2** *the city* (puhujaa lähin suuri) kaupunki **3** *the City* Lontoon City

city desk s (sanomalehden) paikallistoimitus
city hall s kaupungintalo
civets [sɪvəts] s (mon) sivettieläimet
civic [sɪvɪk] adj **1** kaupungin, kaupunki- **2** kansalais-
civic center s **1** (kaupungin) kulttuurikeskus, kulttuurirakennus **2** (kaupungin) hallintokeskus, hallintorakennus **3** monitoimitalo
civics [sɪvɪks] s (mon, verbi joko yksikössä tai mon) kansalaistaito
civil [sɪvəl] adj **1** kansalais- **2** siviili- **3** kohtelias, huomaavainen
civil disobedience [ˌsɪvəlˌdɪsəˈbidɪəns] s kansalaistottelemattomuus
civil engineer [ˌsɪvəlˌendʒəˈnɪər] s rakennusinsinööri; tie- ja vesirakennusinsinööri
civil engineering s tie- ja vesirakennustyöt
civilian [səˈvɪljən] s siviili adj siviili-
civility [səˈvɪləti] s kohteliaisuus
civilization [ˌsɪvəlɪˈzeɪʃən] s **1** sivilisaatio, kulttuuri **2** sivistäminen
civilize [ˈsɪvəˌlaɪz] v sivilisoida, sivistää
civil liberty s kansalaisvapaus
civilly adv kohteliaasti, ystävällisesti
civil rights s (mon) kansalaisoikeudet
civil rights movement s kansalaisoikeusliike
civil servant [ˌsɪvəlˈsɜrvənt] s valtion virkamies
civil service [ˌsɪvəlˈsɜrvəs] s valtionhallinto
1 claim [kleɪm] s **1** vaatimus **2** väite **3** osuus **4** (kultakentän yms) valtausoikeus
2 claim v **1** vaatia (itselleen), väittää omakseen *the Israelis claim this area* israelilaiset vaativat tätä aluetta omakseen **2** väittää *he claims to be American* hän väittää olevansa amerikkalainen
claim back v vaatia takaisin/maksettavaksi/palautettavaksi
claim to fame s nähtävyys, suursaavutus, erikoisuus
clairvoyance [ˌkleɪrˈvoɪəns] s selvänäköisyys
clairvoyant [ˌkleɪrˈvoɪənt] s selvänäkijä
clam [klæm] s (venus)simpukka
1 clamber [ˈklæmbər] s kompurointi
2 clamber v kompuroida, nousta/kulkea kömpelösti
clammy [ˈklæmi] adj kostea, nihkeä
clamor [ˈklæmər] s **1** meteli, äläkkä **2** äänekäs vaatimus
clamor against v vastustaa äänekkäästi jotakin
clamor for v vaatia äänekkäästi jotakin
1 clamp [klæmp] s kiinnitin, puristin
2 clamp v kiinnittää, puristaa
clamp down on v panna (joku, menot, rikollisuus) kuriin, koventaa otteita
clamshell phone s (matkapuhelin) simpukkapuhelin, läppäpuhelin
clan [klæn] s klaani; suku; heimo
clandestine [ˌklænˈdestən] adj salainen
clang [klæŋ] v kilahtaa
1 clap [klæp] s **1** kättentaputus **2** (sl) tippuri
2 clap v **1** taputtaa käsiään **2** peittää nopeasti kädellään
claret [klerət] s punaviini, bordeauxviini adj viininpunainen
clarification [ˌklerəfɪˈkeɪʃən] s selvitys, selvennys
clarify [ˈklerəˌfaɪ] v **1** selvittää, selventää **2** kirkastaa, kirkastua, seljetä, puhdistaa, puhdistua
clarinet [ˌklerəˈnet] s klarinetti
clarinetist [ˌklerəˈnetɪst] s klarinetisti
clarity [klerəti] s **1** kirkkaus **2** selkeys, helppotajuisuus
1 clash [klæʃ] s **1** yhteentörmäys (myös kuv), yhteenotto (myös kuv), (ihmisten, värien) yhteensopimattomuus, (etujen) ristiriitaisuus
2 clash v törmätä/ottaa yhteen (myös kuv), ei sopia yhteen, olla ristiriidassa keskenään
1 clasp [klæsp] s **1** suljin, haka(neula) **2** ote
2 clasp v **1** tarttua johonkin **2** ristiä (kätensä) **3** sulkea, napsauttaa kiinni, kiinnittää hakaneulalla
1 class [klæs] s **1** koululuokka **2** oppitunti **3** luokkahuone **4** yhteiskuntaluokka **5** luokka, ryhmä **6** (ark) tyyli, hyvä maku *she's got class* hänessä on tyyliä

2 class v luokitella itsensä/joku/jotakin johonkin ryhmään

class act s (ark) hieno temppu, erinomainen asia

class book s (opettajan luokasta pitämä) päiväkirja

class conflict s luokkataistelu

class consciousness s luokkatietoisuus

classic [klæsɪk] s klassikko adj klassinen (myös kuv)

classical adj klassinen

classical music s klassinen musiikki

classification [ˌklæsəfɪˈkeɪʃən] s luokittelu, jaottelu

classified [ˈklæsəˌfaɪd] adj **1** luokiteltu **2** salainen

classified ads s (mon) (sanomalehden) luokitellut ilmoitukset, pikkuilmoitukset

classify [ˈklæsɪˌfaɪ] v luokitella, lukea/laskea johonkin kuuluvaksi

classless [klæsləs] adj luokaton (yhteiskunta)

classmate [ˈklæsˌmeɪt] s luokkatoveri

classroom [ˈklæsˌrum] s luokkahuone

class struggle s luokkataistelu

class war s luokkataistelu

1 clatter [klætər] s (särkyvien astioiden) kilinä, räminä, (kavioiden) kopse

2 clatter v kilistä, rämistä, kopista

clause [klaz] s **1** (kieliopissa) lause; lauseke **2** (lak) klausuuli

claustrophobia [ˌklastrəˈfoʊbiə] s ahtaan paikan kammo, klaustrofobia

claustrophobic [ˌklastrəˈfoʊbɪk] adj klaustrofobinen, ahtaan paikan kammoa kokeva/aiheuttava

clavicle [klævɪkəl] s solisluu

1 claw [kla] s **1** (eläimen) kynsi **2** (ravun yms) sakset **3** (vasaran) sorkka

2 claw v **1** raapia, kynsiä, raadella **2** hapuilla jotakin, yrittää saada ote jostakin

clay [kleɪ] s savi

1 clean [klin] v puhdistaa, siivota, pestä, pyyhkiä, korjata pois

2 clean adj **1** puhdas, siisti (myös kuv) **2** kiltti (vitsi), viaton (viihde) **3** tahraton (menneisyys) **4** (sl) aseeton

3 clean adv (voimistavana sanana:) kokonaan, täysin *it'll blow your head clean off* se tekee päästäsi selvää jälkeä

clean-cut [ˌklinˈkʌt] adj puhdas(linjainen)

cleaner s **1** siivooja **2** puhdistusaine **3** (mon) *cleaners* pesula *to take someone to the cleaners* tehdä jostakusta selvää jälkeä, antaa jollekulle selkään; voittaa selvästi, kyniä puhtaaksi

cleanliness [klenlinəs] s puhtaus, siisteys *cleanliness is next to godliness* puhtaus on puoli ruokaa

cleanly [klenli] adj (ihmisestä) siisti adv [klinli] siististi

cleanness [klinnəs] s **1** siisteys, puhtaus **2** kiltteys, viattomuus

clean off v pestä, peseytyä, pyyhkiä, siivota, huuhdella

clean out v **1** pestä, siivota, puhdistaa (myös kuv) **2** kyniä joku puhtaaksi

cleanse [klenz] v puhdistaa (myös kuv: synnistä)

cleanser [klenzər] s (ihon)puhdistusaine, pesuaine

clean-shaven [ˌklinˈʃeɪvən] adj sileäleukainen

clean slate s (kuv) puhtaat paperit

clean up v **1** pestä, peseytyä, puhdistaa **2** korjata (irtolaisia ym) talteen, puhdistaa **3** pistää rahoiksi

cleanup [klinʌp] s **1** pesu, siistiytyminen **2** (irtolaisten ym) talteen korjaaminen, puhdistus **3** suuri rahallinen voitto

1 clear [klɪər] s: *he is in the clear* hän on selvillä vesillä/kuivilla

2 clear v **1** (säästä) kirkastua, (pilvistä) hajaantua, (sumusta) hälvetä **2** avata (tukos), siivota, puhdistaa **3** korjata (astiat pöydästä) **4** tehdä tilaa, väistyä syrjään **5** tyhjentää (kirjelaatikko) **6** todeta syyttömäksi, puhdistaa jonkun maine **7** ylittää (aita/rima), ohittaa **8** varmistaa että sekillä on katetta

3 clear adj **1** kirkas, puhdas (myös kuv) **2** selvä (käsitys, käsky, pää) **3** vapaa, avoin, esteetön *the road is clear* tie on vapaa

4 clear adv loitolla, kaukana *steer clear of someone/something* pysytellä kaukana jostakusta/jostakin

clearance [klırəns] s **1** esim *ground clearance* (auton) maavara *overhead clearance* (ajoneuvon) suurin sallittu korkeus (alikulkuväylässä) **2** (metsän)aukeama **3** tyhjennysmyynti **4** lupa (päästä käsiksi salaiseen aineistoon/ päästä valvottuun paikkaan)
clear away v **1** korjata/viedä pois/pöydästä **2** (säästä) kirkastua, (pilvistä) hajaantua
clear-cut adj selvä, seläpiirteinen (tapaus, kasvot)
clearing s (metsän)aukeama
clearing corporation s (tal) selvitysyhtiö
clearly adv selvästi
clear off v **1** siivota, korjata astiat pöydästä **2** häipyä, alkaa nostella
clear out v **1** tyhjentää **2** häipyä, livistää
clear up v **1** (säästä) kirkastua, (pilvistä) hajaantua **2** siivota, korjata (sotku) **3** ratkaista (arvoitus), selvittää (väärinkäsitys) **4** maksaa (velka)
cleave [kliv] v cleft/cleaved, cleft/ cleaved **1** halkaista (kahtia kirveellä tms) **2** pitää lujasti kiinni jostakin/jostakusta, tarrautua
clef [klef] s nuottiavain
1 cleft [kleft] s halkio, halkeama, kuilu (myös kuv)
2 cleft v ks cleave
clemency [klemənsi] s **1** lempeys, armeliaisuus, armo **2** (sään) lauhkeus
clement [klemənt] adj (sää) lauhkea
clench [klentʃ] v puristaa (esim käsi nyrkkiin)
clergy [klərdʒi] s papisto
clergyman [klərdʒımən] s miespappi
clergywoman s naispappi
clerical [klerıkəl] adj **1** papillinen, papin- **2** toimisto-, konttori-
clerk [klərk] s **1** toimistotyöntekijä **2** myymäläapulainen, myyjä
Clev. *Cleveland*
Cleveland [klivlənd] **1** Englannin kreivikuntia **2** kaupunki Ohiossa Yhdysvalloissa
clever [klevər] adj nokkela (ihminen, teko), terävä(päinen), taitava, nerokas (ihminen, ajatus, laite)

cleverly adv nokkelasti, terävästi, nerokkaasti
cleverness s nokkeluus, terävyys, nerokkuus
CLI *cost of living index* elinkustannusindeksi
cliché [ˌkliˈʃeı] s klisee, kulunut sanonta
1 click [klık] s naksahdus, loksahdus, napsautus
2 click v naksahtaa, loksahtaa, napsauttaa
click beetle s (kovakuoriainen) seppä
client [klaıənt] s (lakimiehen, liikkeen) asiakas
clientele [ˌklaıənˈtel] s asiakkaat, asiakaskunta
cliff [klıf] s kallionjyrkänne, (rannikolla myös) kliffi
cliff dweller s Lounais-Yhdysvalloissa luolissa ja kallionrinteiden rakennuksissa asuneista esihistoriallisista intiaaniheimoista
cliff dwelling s Lounais-Yhdysvaltojen esihistoriallisten intiaanien kallionrinteeseen rakentama asumus
climactic [ˌklaıˈmæktık] adj: *a climactic event* huipentuma, huipputapaus
climate [klaımət] s **1** ilmasto **2** (kuv) ilmapiiri
climatic [ˌklaıˈmætık] adj ilmastollinen, ilmaston
1 climax [klaımæks] s **1** huipentuma **2** orgasmi
2 climax v **1** huipentua **2** saada orgasmi
1 climb [klaım] s kiipeäminen
2 climb v kiivetä (myös kuv), nousta (myös kyytiin)
climb down v laskeutua, nousta/kiivetä alas jostakin
climber s **1** vuorikiipeilijä **2** kiipijä, pyrkyri **3** köynnöskasvi
climb in v nousta kyytiin/sisään/jonnekin
climb the walls fr (sl) kiivetä seinille, raivostua, pillastua
clinch [klıntʃ] v saattaa päätökseen, ratkaista, solmia (sopimus)
clincher s ratkaiseva seikka
cling [klıŋ] v clung, clung: tarttua, takertua, pitää lujasti kiinni jostakin (myös kuv) *he clung stubbornly to his old-*

fashioned views hän piti jääräpäisesti kiinni vanhanaikaisista käsityksistään

clinic [klɪnɪk] s klinikka, sairaala *the Mayo Clinic* Mayon sairaala

clinical adj **1** kliininen **2** (kuv) viileä, asiallinen, koruton

1 clink [klɪŋk] s kilahdus

2 clink v kilahtaa

1 clip [klɪp] s **1** puristin, nipistin, (korun) klipsi *paper clip* paperiliitin, klemmari (ark) **2** (aseen patruuna)lipas **3** arkistofilmi(n katkelma) **4** isku, lyönti **5** leikkaaminen, saksiminen, keriminen

2 clip v **1** leikata, saksia, lyhentää, keritä **2** kiinnittää (puristimella), kiinnittyä **3** niellä sanojensa loput **4** lyödä, iskeä **5** hipaista, raapaista

clip art s (tietok) leikekuva

clipboard [ˈklɪpˌbɔrd] s **1** (lomakkeiden yms) keräilyalusta **2** (tietok) leikepöytä, leikealue

clipping s lehtileike

clique [klɪk klik] s klikki, nurkkakunta

clitoris [klɪtərəs] s klitoris, häpykieli

1 cloak [kloʊk] s **1** viitta **2** (kuv) verho, salamyhkäisyys, turva

2 cloak v (kuv) verhota, salata

cloak-and-dagger [ˌkloʊkənˈdægər] adj salamyhkäinen, rikos-

cloakroom [ˈkloʊkˌrum] s vaatesäilö

1 clock [klak] s kello

2 clock v mitata/saada ajaksi *I clocked the race car at 51 seconds* mittasin kilpa-auton ajaksi 51 sekuntia

clock in v aloittaa työ johonkin aikaan, tulla työhön, leimata kellokortti

clockmaker [ˈklakˌmeɪkər] s kelloseppä

clock out v lopettaa työ johonkin aikaan, lähteä kotiin, leimata kellokortti

clock radio s kelloradio

clock watcher s **1** kelloon tuijottaja joka malttamattomana odottaa työpäivän päättymistä **2** joku joka odottaa hermostuneesti/innokkaasti jotakin

clockwise [ˈklakˌwaɪz] adv myötäpäivään

clod [klad] s **1** (multa- ym) möykky **2** typerys; maatiainen

1 clog [klag] s puukenkä

2 clog v tukkia, tukkeutua

1 cloister [klɔɪstər] s **1** ristikäytävä **2** luostari

2 cloister v sulkea luostariin, (kuv) siirtää (pois tieltä) eläkkeelle

cloistered adj **1** jossa on ristikäytävä **2** eristynyt, eristetty, suojaisa *he lives a very cloistered life* hän elää maailmalta syrjässä

1 clone [kloʊn] s klooni

2 clone v kloonata

close [kloʊs] adj **1** (ajasta, tilasta) lähellä, lähi- **2** läheinen *they were very close friends* he olivat hyvin läheiset ystävät **3** tiheä, tiivis (käsiala, rivi) **4** tarkka (tutkimus, keskittyminen, käännös); tarkkaavainen **5** täpärä (tulos), lähes tasaväkinen (kilpailu) adv (ajasta, tilasta) lähellä, partaalla

1 close [kloʊz] s loppu *to bring/come to a close* lopettaa, loppua, päättää, päättyä

2 close v **1** sulkea, sulkeutua, panna/mennä kiinni *please close the door* sulje ovi **2** lopettaa, loppua, päättää, päättyä *he closed his bank account/the meeting/the factory* hän lopetti pankkitilinsä, päätti/lopetti kokouksen, sulki tehtaan *the play closed Monday* näytelmä poistettiin ohjelmistosta maanantaina **3** lähestyä, tulla lähemmäksi **4** pörssipäivän loppunoteerauksesta *Exxon stock closed at $195* Exxonin osakkeiden loppunoteeraus oli $195 **5** solmia, viimeistellä *we closed the deal at daybreak* saimme kaupan solmituksi aamunkoitteessa

close call *that was a close call* se oli täpärällä

close-captioned [ˌkloʊzˈkæpʃənd] adj (kuulovammaisille) tekstitetty (televisiolähetys)

close-cropped [ˌkloʊsˈkrapt] adj (hiuksista) lyhyet

close-down [ˈkloʊzˌdaʊn] s (yrityksen) sulkeminen, lopettaminen, lakkautus

close down v (yrityksestä) sulkea ovensa, lopettaa (toimintansa)

closed shop s (tehdas jossa on) ammattiyhdistyspakko

closed stance [ˈkloʊzdˌstæns] s (golf) suljettu stanssi, asento jossa oikeakätinen pelaaja tähtää kohteesta oikealle

close in on v lähestyä jotakuta, olla jonkun jäljillä, käydä johonkuhun kiinni
close-lipped [ˌkloʊsˈlɪpt] adj vähäpuheinen
closely [ˈkloʊsli] adv 1 läheisesti, tiiviisti, lähi- *they are closely related* he ovat läheistä sukua toisilleen/he ovat lähisuku(la)isia 2 (kuunnella, seurata, tutkia) tarkasti, huolellisesti
close-mouthed [ˌkloʊsˈmaʊðd] adj salamyhkäinen, hiljainen, tuppisuu (ark)
closeout [ˈkloʊzˌaʊt] s 1 (myymälän, tietyn tavaran) loppuunmyynti 2 loppuunmyytävä tavara
closet [ˈklazət] s (vaate) komero adj salainen *he is a closet homosexual* hän ei tunnusta avoimesti olevansa homoseksualisti
close up [kloʊzʌp] v sulkea, sulkeutua, umpeutua, panna lukkoon
close-up [ˈkloʊsʌp] s 1 (valokuva)suurennos 2 lähikuva adj lähi-, yksityiskohtainen
close with [ˈkloʊsˌwɪð] v solmia sopimus jonkun kanssa, hyväksyä tarjous
closing price s (tal) päivän viimeinen hinta
closure [ˈkloʊʒər] s (tehtaan, tien, liikkeen) sulkeminen, (haavan) umpeutuminen
1 clot [klat] s 1 tukko, hyytymä 2 typerys
2 clot v (verestä) hyytyä, hyydyttää, ahtauttaa (verisuonet), ahtautua
cloth [klaθ] s 1 kangas *it's made of cloth* 2 liina *a table cloth* pöytäliina
clothe [kloʊð] v vaatettaa, pukea, pukeutua (myös kuv)
clothes [kloʊðz, kloʊz] s (mon) vaatteet
clothes moth s vaatekoi
clothespin [ˈkloʊzˌpɪn] s pyykkipoika
clothing [ˈkloʊðɪŋ] s 1 vaatteet 2 peite, päällys
1 cloud [klaʊd] s 1 pilvi (myös savupilvi yms) 2 pilvi, sankka parvi
2 cloud v 1 sumentaa, samentaa, peittää (näkyvistä) 2 synkistää, synkistyä (ilmeestä), saada näyttämään/tuntumaan synkältä
cloudberry [ˈklaʊdˌberi] s (mon cloudberries) muurain, suomuurain
cloudiness s 1 (taivaan) pilvisyys 2 (nesteen) sameus
cloudless adj pilvetön
cloud over v (taivaasta) mennä pilveen, (kasvoista) synkistyä
cloud up v sumentua, sumentaa, samentaa, höyrystyä
cloudy adj 1 (taivaasta) pilvinen 2 (nesteestä) samea
clout [klaʊt] s 1 isku, lyönti 2 (vaikutus)valta
clover [ˈkloʊvər] s apila
cloverleaf [ˈkloʊvərˌlif] s nelisuuntainen moottoritieristeys, neliapilaliittymä
1 clown [klaʊn] s klovni, (sirkus)pelle (myös kuv)
2 clown v pelleillä
1 club [klʌb] s 1 nuija, maila 2 (pelikortissa) risti 3 kerho, klubi
2 club v 1 nuijia, hakata, lyödä 2 klubbailla
clubbing s klubbailu
club sandwich s kolmikerrosvoileipä
1 cluck [klʌk] s (kanan) kotkotus
2 cluck v kotkottaa
clue [klu] s vihje, johtolanka, aavistus
clue in v kertoa jollekulle jotakin, paljastaa, perehdyttää joku johonkin
1 clump [klʌmp] s joukko, rykelmä (puita, kukkia), möykky
2 clump v 1 tarpoa, tallustaa 2 koota yhteen/rykelmäksi
clumsily adv kömpelösti (myös kuv:) epähienosti, moukkamaisesti
clumsiness s kömpelyys
clumsy [ˈklʌmzi] adj 1 (ihminen, esine, kirjoitus, yritys) kömpelö 2 (teko, huomautus) epähieno, sopimaton, moukkamainen
clung [klʌŋ] ks cling
1 cluster [ˈklʌstər] s ryhmä, joukko, rykelmä, terttu, nippu,
2 cluster v kokoontua, kasaantua, kertyä, ruuhkautua
clustered bellflower s (kasvi) peurankello
1 clutch [klʌtʃ] s 1 ote (myös kuv), puristus 2 (auton ym) kytkin

2 clutch v puristaa, tarttua, pitää lujasti kiinni
clutch at v yrittää saada kiinni/ote jostakin, hapuilla jotakin
clutch at a straw fr (yrittää) tarttua (vaikka) oljenkorteen
1 clutter [klʌtər] s (seka)sotku, epäjärjestys
2 clutter v lojua sikin sokin jossakin
CMOS *complementary metal oxide semiconductor*
cnidarians [naɪˈderiənz] s (mon) polttiaiseläimet
c/o *care of* jonkun luona
CO *Colorado*
1 coach [koʊtʃ] s **1** (umpinaiset) hevosvaunut **2** (UK) (kaukoliikenteen) linja-auto **3** (lentokoneen) turistiluokka **4** (urheilu)valmentaja **5** yksityisopettaja
2 coach v valmentaa, opettaa
coach car s (rautateillä) matkustajavaunu
coagulate [koʊˈægjəˌleɪt] v koaguloitua, hyytelöityä
coagulation [koʊˌægjəˈleɪʃən] s koagulaatio, hyytelöityminen
coal [koʊl] s hiili
coalesce [ˌkoʊəˈles] v yhdistää, yhdistyä
coalescence [ˌkoʊəˈlesəns] s yhdistäminen, yhdistyminen
coalfield [ˈkoʊlˌfiːld] s hiilikenttä
coalgas [ˈkoʊlˌgæs] s hiilikaasu
coalition [ˌkoʊəˈlɪʃən] s koalitio, liitto
coalition government s kokoomushallitus
coalmine [ˈkoʊlˌmaɪn] s hiilikaivos
coalminer [ˈkoʊlˌmaɪnər] s hiilikaivosmies
coal tit s kuusitiainen
coarse [kɔrs] adj karkea (pinta, esine, piirteet, puhe), hiomaton, kömpelö
coarsely adv karkeasti, kömpelösti
coarsen v karhentaa, karhentua, karkeuttaa, tehdä/tulla karkeaksi (myös kuv)
1 coast [koʊst] s rannikko
2 coast v **1** laskea pulkalla/kelkalla/polkupyörällä mäkeä **2** ajaa (autoa) vapaalla **3** selvitä vähällä vaivalla, (kuv) matkustaa jonkun siivellä

coastal adj rannikko-
coast guard s rannikkovartiosto
coastline s rannikko
Coast Range [ˈkoʊstˌreɪndʒ] Rannikkovuoret (Kaliforniasta Alaskaan ulottuva vuoristo)
coast-to-coast adj koko Yhdysvallat käsittävä, maanlaajuinen
1 coat [koʊt] s **1** (päällys)takki **2** (eläimen) turkki **3** (maali- tai muu) kerros
2 coat v maalata, sivellä, päällystää, kuorruttaa *to be coated with something* olla päällystetty jollakin/yltä päältä jossakin
coat hanger s vaateripustin
coati s (eläin) punakoati
coating s päällyste, pinta, kerros
coat of arms s vaakuna
coat of mail s panssaripaita
coax [koʊks] v (yrittää) suostutella, taivutella, houkutella *they coaxed me into signing the agreement* he saivat minut allekirjoittamaan sopimuksen
coaxing s suostuttelu, taivuttelu adj imarteleva, mielistelevä
cob [kab] s **1** pieni hevonen **2** urosjoutsen **3** maissintähkä
cobalt blue [ˈkoʊbaltˌbluː] s, adj kobolttisininen
1 cobble [ˈkabəl] s mukulakivi
2 cobble v päällystää mukulakivillä
cobblestone [ˈkabəlˌstoʊn] s mukulakivi
COBOL *Common Business Oriented Language* eräs tietokonekieli
cobra [ˈkoʊbrə] s kobra
cobweb [ˈkabˌweb] s hämähäkinverkko
cocaine [koʊˌkeɪn] s kokaiini
cocainism [koʊˈkeɪnɪzm] s kokainismi
coccyx [ˈkaksɪks] s häntäluu
1 cock [kak] s **1** kukko **2** koiras(lintu) **3** (vesi)hana **4** (aseen) hana **5** (sl) penis
2 cock v **1** virittää (ase, kameran suljin) **2** höristää (korviaan), kallistaa (päätään, hattua)
cockatiel [kakətiəl] s (lintu) neitokadu
cockatoo [ˈkakəˌtuː] s kakadu
cockchafer [ˈkakˌtʃeɪfər] s (kovakuoriainen) saksanturilas

cockerel

cockerel [kakərəl] s nuori kukko
cock-eyed [ˈkakˌaɪd] adj **1** kierosilmäinen **2** (sl) älytön, mieletön **3** (sl) juopunut
cockle [kakəl] s (sydän)simpukka
cockney [kakni] s **1** Lontoon (työläis)murre **2** syntyperäinen (työväenluokkaan kuuluva) lontoolainen
cockpit [ˈkakˌpɪt] s (lentokoneen) ohjaamo
cockpit voice recorder s (lentokoneen) ohjaamoääninauhuri
cockroach [ˈkakˌroʊtʃ] s torakka
cockscomb [kakskəm] s kukonheltta
cocktail [ˈkakˌteɪəl] s (alkoholi-, hedelmä)cocktail
cock up v munata, tyriä, mokata (ark)
cocoa [koʊkoʊ] s **1** kaakao **2** kaakaojuoma
coconut [koʊkənət koʊkənʌt] s kookospähkinä
cocoon [kəˈkun] s (silkkiperhosen) kotelo
C.O.D. [ˌsioʊˈdi] *Cash On Delivery* jälkivaatimuksella, postiennakolla
cod [kad] s turska
coddle [kadəl] v hemmotella, hellitellä (lasta, sairasta)
1 code [koʊd] s **1** säännöt, määräykset, ohjeet **2** salakieli, koodi **3** (tietokonekielissä) koodi
2 code v koodata, kääntää salakielelle
codec s (tietok) koodekki
codeine [koʊdin] s kodeiini
1 co-ed [ˌkoʊˈed] s naisopiskelija
2 co-ed adj **1** (oppilaitoksesta jossa on naisia ja miehiä) yhteis- **2** naisopiskelijoiden, naisopiskelija-
coeducation [koʊˌedʒəˈkeɪʃən] s (miesten ja naisten) yhteiskoulutus
coeducational adj yhteiskoulu(tus)-
coefficient [ˌkoəˈfɪʃənt] s (mat) kerroin
coerce [koʊˈərs] v pakottaa
coercion [koʊˈərʃən] s pakkokeinot, pakottaminen
coercive [koʊˈərsɪv] adj pakko-
coexist [ˌkoəgˈzɪst] v elää/olla olemassa rinnakkain
coexistence [ˌkoəgˈzɪstəns] s rinnakkaiselo

coexistent adj rinnakkainen, samanaikainen
coextensive [ˌkoəkˈstensɪv] adj samanaikainen, yhtä suuri/laaja/pitkä, samansisältöinen
coffee [kafɪ] s kahvi
coffee break s kahvitauko
coffee house s kahvila (jossa esitetään joskus elävää musiikkia)
coffee maker s kahviautomaatti
coffee shop s kahvilaravintola
coffee table book s kuvateos
coffin [kafən] s ruumisarkku
cog [kag] s (hammaspyörän) hammas
cogitate [ˈkadʒəˌteɪt] v miettiä, pohtia, harkita
cogitation [ˌkadʒəˈteɪʃən] s pohdinta, harkinta, (mon) mietteet, ajatukset
cognac [koʊnjak] s konjakki
cognition [ˌkagˈnɪʃən] s kognitio
cognitive [kagnətɪv] adj kognitiivinen
cognizance [kagnəzəns] s tietoisuus, tieto
cognizant adj tietoinen jostakin *she is not cognizant of the ramifications* hän ei ymmärrä asian seurauksia
cohabit [koʊˈhæbɪt] v olla avoliitossa, asua yhdessä
cohabitation [koʊˌhæbəˈteɪʃən] s avoliitto
cohere [koʊˈhɪər] v olla yhtenäinen kokonaisuus, pysyä yhdessä/koossa (myös kuv)
coherence [koʊˈhɪərəns] s yhtenäisyys, tiiviys, yhdessä/koossapysyminen
coherent adj **1** ymmärrettävä, järkevä **2** yhtenäinen, tiivis, aukoton
cohesion [koʊˈhiʒən] s **1** (tieteessä) koheesio **2** yhtenäisyys, yhteenkuuluvuus, lujuus
cohesive [koʊˈhisɪv] adj **1** (tieteessä) kohesiivinen **2** yhtenäinen, sulkeutunut (ryhmä), luja
cohort [koʊhɔrt] s kohortti (myös kuv), sotajoukko, joukko, ryhmä
1 coiffure [kwaˈfjʊər] s kampaus
2 coiffure v kammata jonkun hiukset
1 coil [kɔɪəl] s **1** vyyhti, kela **2** (sähkö)kela **3** (ehkäisyväline) kierukka

2 coil v vyyhdetä, kelata, kiertää/kiertyä kerälle
1 coin [kɔɪn] s kolikko
2 coin v **1** lyödä rahaa **2** keksiä uusi sana/sanonta
coinage [kɔɪnədʒ] s **1** rahan lyöminen **2** uusi sana/sanonta
coincide [ˌkoʊənˈsaɪd] v olla samassa paikassa, samaan aikaan, samanlaiset, käydä yksiin
coincidence [koʊˈɪndədəns] s **1** (yhteen)sattuma **2** samanaikaisuus, samanlaisuus
coincident [koʊˈɪnsədənt] adj samanaikainen, samassa paikassa tapahtuva, samansisältöinen, yhtäläinen
coincidental [koʊˌɪnsəˈdentəl] adj satunnainen
coincidentally adj sattumalta
coition [koʊˈɪʃən] s yhdyntä
coitus [koətəs] s yhdyntä
coke [koʊk] s **1** Coca-Cola® **2** koksi **3** (sl) kokaiini
colander [kaləndər] s siivilä, vihanneskehikko
cold [koəld] s **1** kylmyys, pakkanen **2** vilustuminen, kylmettyminen, nuha *to catch a cold* vilustua adj **1** kylmä (myös kuv: epäystävällinen) *I am cold* minun on kylmä, minua palelttaa *in cold blood* kylmäverisesti **2** tajuton, pyörtynyt **3** (arvuuttelussa) ei lähelläkään oikeaa vastausta adv **1** ulkoa *she learned the notes cold* hän opetteli muistiinpanot ulkoa **2** kylmiltään, valmistelematta **3** (voimistavana sanana) siltä istumalta, sen pitemmittä puheitta
cold blood [koəldˈblʌd] *to kill someone in cold blood* tappaa joku kylmäverisesti
cold-blooded adj **1** (eläin) tasalämpöinen **2** (kuv) kylmäverinen
cold comfort [ˌkoəldˈkʌmfərt] s laiha lohtu
cold cuts s (mon) (liha)leikkeleet
cold feet *to get cold feet* alkaa jänistää, mennä sisu kaulaan
coldness s kylmyys (myös kuv)
cold shoulder *to get/give the cold shoulder* saada tyly kohtelu, kohdella tylysti
cold turkey s (huumeiden käytön) yhtäkkinen täydellinen lopetus
cold war s kylmä sota
coliseum [ˌkaləˈsiəm] s stadion, amfiteatteri tms
collaborate [kəˈlæbəˌreɪt] v **1** olla/toimia yhteistyössä **2** veljeillä vihollisen kanssa, olla kätyri
collaboration [kəˌlæbəˈreɪʃən] s **1** yhteistyö **2** veljeily vihollisen kanssa
collaborator [kəˈlæbəˌreɪtər] s **1** kumppani, työtoveri **2** kätyri
collage [kəˈlɑʒ] s kollaasi
1 collapse [kəˈlæps] s **1** romahdus, luhistuminen, sortuminen **2** (lääk) kollapsi; hermoromahdus **3** (kuv) epäonnistuminen, tuho, luhistuminen
2 collapse v **1** romahtaa, luhistua, sortua (kasaan) **2** (lääk) luhistua, saada kollapsi; saada hermoromahdus **3** (kuv) epäonnistua, tuhoutua, luhistua, mennä myttyyn
collapsible adj (kokoon)taittuva
1 collar [kalər] s **1** kaulus **2** (koiran) kaulapanta **3** (sl) pidätys, vangitseminen
2 collar v ottaa/saada kiinni, vangita, pidättää
collared peccary [ˌkalərdˈpekəri] s kauluspekari
colleague [kalig] s kollega, työtoveri
collect [kəˈlekt] v **1** kerätä, kerääntyä, koota, kokoontua, kasata, kasautua **2** noutaa, hakea **3** kerätä, periä, kantaa (vero, maksu, velka) adv vastaanottajan laskuun *to call collect* soittaa vastapuhelu
collect call s vastapuhelu
collected adj **1** (teokset) kootut **2** rauhallinen, hillitty
collection [kəˈlekʃən] s **1** kokoelma, joukko **2** kerääminen, kokoaminen **3** (kirkon) kolehti
collective [kəˈlektɪv] adj yhteis-, joukko-, ryhmä-, kollektiivi-, kokonais-
collective bargaining s työehtosopimusneuvottelut
collective noun s (kieliopissa) kollektiivisana, muodoltaan yksiköllinen mutta merkitykseltään useampaan kuin yhteen viittaava sana (esim *herd, jury, crowd*)

collector

collector [kəˈlektər] s **1** keräilijä **2** perijä
college [ˈkalədʒ] s **1** college, korkeakoulu, yliopisto **2** korkeakoulun, yliopiston osa **3** ammattiopisto **4** (UK) yksityinen toisen asteen oppilaitos
college board s (US) ylioppilaskirjoitukset
collegiate [kəˈlidʒət] adj college-, yliopisto-, opiskelija-
collide [kəˈlaɪd] v **1** törmätä yhteen **2** (kuv) ottaa yhteen, riidellä
collie [ˈkali] s skotlanninpaimenkoira
collier [ˈkaljər] s **1** hiililaiva **2** hiilikaivostyöläinen
colliery s hiilikaivos
collision [kəˈlɪʒən] s yhteentörmäys (myös kuv)
collision course s törmäyskurssi (myös kuv)
collocate [ˈkaləˌkeɪt] v (kieliopissa) esiintyä rinnakkain
collocation [ˌkaləˈkeɪʃən] s (kieliopissa) kollokaatio, rinnakkain esiintyminen
colloq. *colloquial* arkikieltä
colloquial [kəˈloʊkwiəl] adj puhekielen, arkikielen
colloquialism [kəˈloʊkwiəˌlɪzəm] s puhekielen, arkikielen ilmaus/sanonta
colloquially adj puhekielen, arkikielen omaisesti
collusion [kəˈluʒən] s salaliitto
Colo. *Colorado*
Cologne [kəˈloʊn] Köln
Colombia [kəˈloʊmbiə] Kolumbia
Colombian s, adj kolumbialainen
colon [ˈkoʊlən] s **1** paksusuoli **2** kaksoispiste
colonel [ˈkərnəl] s eversti
colonial [kəˈloʊniəl] s uudisasukas, siirtolainen adj siirtomaa-
colonialism [kəˈloʊniəˌlɪzəm] s kolonialismi
colonialist [kəˈloʊniəˌlɪst] s kolonialismin kannattaja
colonist [ˈkalənəst] s uudisasukas, siirtolainen
colonize [ˈkalənaɪz] v asuttaa, tehdä siirtokunnaksi/siirtomaaksi
colonnade [ˌkaləˈneɪd] s pylväikkö, kolonnadi
colony [ˈkaləni] s siirtokunta, siirtomaa
1 color [ˈkʌlər] s **1** väri **2** (ihon)väri, kasvojen väri *that brought the color to his face* se sai hänet punastumaan **3** väri(aine) **4** (kuv) väri, tunnelma *local color* paikallisväri **5** väritys, vääristäminen, puolueellisuus **6** lippu *to show your true colors* tunnustaa väriä, paljastaa todelliset ajatuksensa/todellinen luonteensa
2 color v **1** värittää, värjätä, värjäytyä **2** (kuv) värittää (tarinaa), vääristää
Colorado [ˌkaləˈrædoʊ]
Colorado beetle s koloradonkuoriainen
Colorado Plateau [ˌkaləˈrædoʊˌplæˈtoʊ] Coloradon laakio
color bar s roturajat
color blind adj **1** värisokea **2** jolla ei ole rotuennakkoluuloja
color blindness s värisokeus
colored adj **1** värillinen (halventavasti myös ihmisestä), kirjava **2** (kuv) väritetty, vääristetty
colorfast [ˈkʌlərˌfæst] adj värinpitävä (kangas)
colorful adj värikäs (myös kuv), kirjava (myös kuv)
colorfulness s värikkyys (myös kuv), kirjavuus (myös kuv)
coloring s **1** ihonväri **2** väriaine **3** värittäminen, maalaaminen **4** (kuv) värittäminen, vääristäminen
coloring book s (lasten) värityskirja
colorization [ˌkʌlərɪˈzeɪʃən] s vanhojen mustavalkoelokuvien väritys tietokoneitse
colorless adj väritön (myös kuv:) harmaa, ankea
colorlessness s värittömyys (myös kuv:) harmaus, ankeus
color line s roturajat
color picture s väri(valo)kuva
color printer [ˌkʌlərˈprɪntər] s väritulostin
color scheme s väriyhdistelmä, värit
color slide s väridia
color television s väritelevisio

color temperature s värilämpötila
color transparency s väridia
colt [koʊlt] s varsa
Columbia [kəˈlʌmbiə] Kolumbia
Columbus [kəˈlʌmbəs] kaupunki Ohiossa
column [kaləm] s **1** pylväs, pilari **2** (sanomalehden) palsta **3** sarake **4** jono, (perättäinen) rivi
columnist [ˈkaləmˌnɪst] s kolumnisti
coma [koʊmə] s **1** (komeetan) huntu, koma **2** kooma
comatose [ˈkoʊməˌtoʊs] adj koomassa oleva, kooma-
1 comb [koʊm] s kampa
2 comb v **1** kammata (tukka), harjata (hevonen) **2** etsiä, haravoida (kuv) tarkkaan (*for* jotakin)
1 combat [kambæt] s taistelu
2 combat v taistella, sotia (myös kuv)
combatant [kəmˈbætənt] s taistelija, soturi
combative [kəmˈbætɪv] adj riidanhaluinen, hyökkäävä
combination [ˌkambəˈneɪʃən] s yhdistelmä, pari
combination lock s yhdistelmälukko
1 combine [ˈkamˌbaɪn] s liikeyhtymä, konserni
2 combine v yhdistää, yhdistyä, liittää/liittyä yhteen
combined [kəmˈbaɪnd] adj yhteinen, yhdistetty, yhteis-
combine harvester [ˌkambaɪnˈharvəstər] s leikkuupuimuri
combo [kambou] s yhdistelmä *(combination): a TV/VCR combo* televisio jossa on sisäänrakennettu kuvanauhuri
comb out v **1** kammata **2** tehdä puhdistus (kuv), poistaa (virheet)
comb through v etsiä, haravoida (kuv) tarkkaan
combustible [kəmˈbʌstəbəl] s palava aine adj palava
combustion [kəmˈbʌstʃən] s palaminen, polttaminen
combustion chamber s (mäntämoottorin) palotila, (rakettimoottorin) polttokammio
combustion engine s polttomoottori

1 come [kʌm] s (sl) sperma
2 come v came, come **1** tulla, saapua, päästä jonnekin *she has come a long way* hän on tullut kaukaa, (kuv) hän on päässyt pitkälle *we've come to an agreement* olemme päässeet sopimukseen **2** tulla, olla, kuulua *A comes before B* A on ennen B:tä **3** tapahtua **4** lopputuloksesta: *come true* toteutua, käydä toteen *it came off* se irtosi **5** saada orgasmi *he came* häneltä tuli **6** infinitiivin kanssa: *I did not come to think of it then* se ei tullut silloin mieleenikään

come about v tapahtua, sattua, käydä
come across v **1** sattua tapaamaan, törmätä johonkuhun **2** (ark) pulittaa, maksaa **3** (ark) pitää sanansa, täyttää lupauksensa **4** olla selvä, käydä selvästi ilmi
come again fr anteeksi kuinka?
come along v **1** lähteä mukaan **2** edetä **3** tarjoutua, ilmetä
come around v **1** tulla tajuihinsa **2** muuttaa mielensä **3** käydä jossakin, vierailla, piipahtaa **4** leppyä, tyyntyä
come at v käydä/hyökätä jonkun kimppuun
come back v **1** palata jonnekin, tulla takaisin **2** palautua mieleen, muistua mieleen, muistaa **3** vastata (tietyllä tavalla)
come by v hankkia, saada käsiinsä
come clean v tunnustaa, kertoa kaikki
COMECON *Council for Mutual Economic Assistance* (hist) Keskinäisen taloudellisen avun neuvosto, SEV
comedian [kəˈmidiən] s koomikko
comedienne [kəˌmidɪˈen] s komedienne
come down v **1** periytyä **2** (kuv) joutua kaltevalle/luisuvalle pinnalle, mennä jossakin suhteessa alaspäin **3** (sl) tapahtua *some serious shit is coming down* jotain suurta on tekeillä
come down on v **1** vastustaa **2** moittia, haukkua, sättiä
come down with v sairastua johonkin
comedy [kamədi] s komedia (myös kuv), huvinäytelmä
come forward v tarjoutua (tekemään jotakin)

come home to roost fr kostautua, koitua jonkun omaksi vahingoksi
come in for v saada osakseen
come in handy fr olla hyvään tarpeeseen, olla apua
come into v **1** saada, päästä käsiksi johonkin **2** periä
come into line v **1** järjestyä riviin **2** alistua, mukautua, sopeutua
come into the world fr syntyä
come into your own fr päästä omilleen/kuiville
come off v **1** tapahtua, sattua **2** selvitä hienosti, onnistua **3** irrota (myös kuv:) olla onnistunut, mennä hyvin
come off it fr älä viitsi (valehdella)!, lopeta!
come on v **1** tavata, kohdata sattumalta **2** alkaa **3** (huudahduksena esim) älä viitsi!, lopeta!; kiirehdi! **4** (sl) lähennellä
come out v **1** (kirjasta) ilmestyä **2** paljastua, tulla ilmi **3** päättyä, loppua (tietyllä tapaa) **4** tunnustautua homoseksualistiksi *come out of the closet* (kuv) tulla ulos kaapista
come out in the wash fr **1** päättyä onnellisesti, käydä hyvin **2** paljastua, tulla ilmi
come out of the closet fr tunnustautua homoseksualistiksi, tulla ulos komerosta; myös muusta paljastamisesta
come out of your shell fr (kuv) tulla ulos kuorestaan
come out with v **1** kertoa, paljastaa **2** julkaista, laskea liikkeelle
come rain or shine fr satoi tai paistoi (myös kuv)
come round ks come around
come short fr jäädä vajaaksi, ei riittää; ei kelvata
comet [kamət] s komeetta
come through v **1** selvitä jostakin **2** pitää sanansa, täyttää lupauksensa *I'm not sure she will come through for me* en ole varma voinko luottaa hänen apuunsa
come to v **1** virota, tulla tajuihinsa **2** (hinnasta) tehdä yhteensä
come to pass fr tapahtua, sattua, käydä
come to play fr (ark) tulla tosissaan leikkiin mukaan
come to terms fr **1** päästä sopimukseen **2** (kuv) alistua, nöyrtyä (esim kohtaloonsa)
come to your senses fr tulla järkiinsä, järkiintyä
come true *his dream has come true* hänen haaveensa on toteutunut
come under v kuulua johonkin ryhmään/jonkin tehtäviin/vastuulle
come up v tulla puheeksi/esiin/käsittelyyn
come up for air fr nousta pintaan hengittämään; (kuv) pitää tauko, hellittää hetkeksi
come upon v kohdata/tavata/löytää sattumalta
come up roses fr selvitä pelkällä säikähdyksellä
come up to v **1** lähestyä, puhutella jotakuta **2** (yl kielteisenä:) ei olla lähelläkään jotakin, ei olla läheskään samaa luokkaa kuin
come up with v pystyä antamaan, keksiä, hankkia, pulittaa
come your way fr kohdata, sattua jollekulle, (onni) käydä
1 comfort [kʌmfərt] s **1** mukavuus **2** lohtu, lohdutus
2 comfort v lohduttaa
comfortable [kʌmftərbəl] adj mukava (olo, tuoli, toimeentulo)
comfortably adv (istua, tulla toimeen) mukavasti
comfort food s lohturuoka, ruoka josta saa lohtua
comfort station s mukavuuslaitos, wc
comic [kamɪk] s **1** koomikko **2** sarjakuvalehti adj koominen, huvittava, hauska
comical adj koominen, huvittava, hauska
comic book s sarjakuvalehti
comic relief s vapauttava/helpottava komiikka
comics s (mon) sarjakuvat
comic strip s sarjakuva
coming [kʌmɪŋ] s saapuminen, tulo adj **1** tuleva **2** lupaava *he is a coming politician*

comma [kamə] s pilkku
1 command [kəˈmænd] s **1** käsky, määräys **2** käskyvalta *to be in command* johtaa, määrätä, olla johtajana **3** valta, hallinta *my command of Russian is very poor* osaan venäjää erittäin huonosti
2 command v **1** käskeä, määrätä **2** komentaa, johtaa (alusta, armeijaa) **3** hallita, olla käytössään *he commands an enormous vocabulary* hänellä on valtava sanavarasto **4** tarjota (näköala), jostakin näkee jonnekin **5** herättää (kunnioitusta) **6** vaatia (korkea hinta)
commandant [ˌkamənˈdant] s komendantti
commandeer [ˌkamənˈdiər] v **1** kutsua (väkisin/pakottaa) sotilaspalvelukseen **2** ottaa (yksityisomaisuutta) armeijan käyttöön
commander [kəˈmændər] s komentaja, johtaja
commander-in-chief s (sot) ylipäällikkö
commanding adj **1** (olemus) kunnioitusta herättävä, (ääni) komenteleva, määräävä **2** (näköala) avara, laaja
commanding officer s johtava upseeri, johtaja
commandment [kəˈmændmənt] s käsky *the Ten Commandments* Jumalan kymmenen käskyä
commando [kəˈmændoʊ] s kommando(joukkojen sotilas)
commemorate [kəˈmeməˌreɪt] v muistaa jotakuta edesmennyttä, juhlistaa mennyttä tapahtumaa
commemoration [kəˌmeməˈreɪʃən] s **1** muistojuhla **2** muistomerkki
commemorative [kəˈmemərəˌtɪv] adj muisto-
commence [kəˈmens] v aloittaa, alkaa
commencement [kəˈmensmənt] s **1** alku **2** lukukauden päätösjuhla
commend [kəˈmend] v **1** ylistää **2** suositella **3** antaa jonkun huostaan
commendable adj kiitettävä
commensurately adj vastaavasti, samassa määrin
commensurate with [kəˈmensərət] adj jotakin vastaava

1 comment [kament] s huomautus, kannanotto *to make a comment on/about* huomauttaa jostakin, lausua mielipiteensä jostakin
2 comment v huomauttaa, ottaa kantaa, lausua mielipiteensä
commentary [ˈkamənˌteri] s **1** selitysteos tms *a Bible commentary* Raamatun selitysteos **2** (radio/televisio)selostus
commentate [ˈkamənˌteɪt] v selostaa (radiossa, televisiossa)
commentator [ˈkamənˌteɪtər] s (radio/televisio)selostaja
commerce [kamərs] s kauppa, kaupankäynti
commercial [kəˈmərʃəl] s televisiomainos adj kaupallinen
commercialize [kəˈmərʃəˌlaɪz] v kaupallistaa
commercially adv kaupallisesti
commercial paper s (tal) luottomuoto jossa ensisijaisena luottovälineenä käytetään lyhytaikaisia velkakirjoja (promissory notes)
commercial traveler s kauppamatkustaja
commiserate [kəˈmɪzəˌreɪt] v ottaa osaa jonkun suruun *to commiserate with someone in something*
commiseration [kəˌmɪzəˈreɪʃən] s osanotto (toisen suruun)
1 commission [kəˈmɪʃən] s **1** komissio, toimikunta **2** välityspalkkio, myyntipalkkio, provisio *I work on commission* teen työtä provisiolla vastaan **3** käyttö, liikenne *to put into commission, to take out of commission, to be out of commission* ottaa käyttöön/liikenteeseen, poistaa käytöstä/liikenteestä, olla poissa käytöstä/liikenteestä (myös kuv) **4** (työ)tilaus, (työ)määräys **5** upseeriksi nimitys
2 commission v **1** palkata joku tekemään jotakin, tilata (maalaus) **2** nimittää upseeriksi
commissioner [kəˈmɪʃənər] s **1** toimikunnan jäsen **2** *police commissioner* poliisipäällikkö
commit [kəˈmɪt] v **1** tehdä (rikos, virhe) *he committed murder/an error* hän teki

commitment

murhan/virheen **2** määrätä (mielisairaalaan, vankilaan) **3** sitoutua (johonkin, *to*) **4** panna (paperille), painaa (mieleen)
commitment s sitoumus, lupaus, sitoutuminen *to make a firm commitment* luvata vakaasti, sitoutua lujasti
committee [kəˈmɪti] s komitea, toimikunta, valiokunta
commodity [kəˈmadəˌti] s (kauppa)tavara, maataloustuote, (pörssissä) hyödyke
commodity exchange s (tal) hyödykepörssi
commodity market s hyödykemarkkinat
1 common [kamən] s yhteisniitty *to have something in common with* (kuv) olla jotakin yhteistä jonkun/jonkin kanssa
2 common adj **1** yhteinen **2** yleinen, tavallinen **3** huono(laatuinen) **4** (tavoista) karkea, huono
common cold s nuhakuume, flunssa
common duiker [daɪkər] s grimminsukeltajakauris
common echidna [əˈkidnə] s nokkasiili, myös: *short-beaked echidna*
commoner [kamənər] s **1** tavallinen ihminen **2** (UK) aateliton ihminen
common knowledge s (asia joka on) kaikkien tiedossa, yleisesti tunnettu
common law s angloamerikkalainen lakijärjestelmä, tapaoikeus
common-law wife s avovaimo
commonly adv yleisesti, usein, monesti
common man s tavallinen ihminen, keskivertoihminen
common noun s yleisnimi
common opossum [əˈpasəm] s virginianopossumi
commonplace [ˈkamənˌpleɪs] s latteus, itsestäänselvyys adj tavallinen, arkinen
Commons [kamənz] s Ison-Britannian parlamentin alahuone
common sense s terve (talonpoikais)järki
commonwealth [ˈkamənˌwɛəlθ] s **1** osavaltio, liittovaltio *the Commonwealth of Kentucky* Kentuckyn osavaltio

2 *Commonwealth* Brittiläinen kansainyhteisö
Commonwealth of Nations [ˈkæmənˌwɛəlθəvˈneɪʃənz] Kansainyhteisö, Brittiläinen kansainyhteisö
commotion [kəˈmoʊʃən] s meteli, häly, sekaannus, äläkkä
communal [kəˈmjunəl] adj **1** kunnallinen, kunnan **2** yhteinen, yhteis-
communally adj yhteisesti, yhteis-
commune [kamjun] s kommuuni
commune [kəˈmjun] v **1** käydä ehtoollisella **2** keskustella jonkun kanssa, olla yhteydessä johonkuhun
communicable [kəˈmjunɪkəbəl] adj **1** (sairaus) tarttuva **2** (ajatus) jonka voi välittää toisille
communicate [kəˈmjunɪˌkeɪt] s **1** tartuttaa (tauti) **2** viestiä, olla yhteydessä **3** välittää (tunne), pukea sanoiksi **4** (huoneista) olla yhteydessä toisiinsa, olla varustettu väliovella
communication [kəˌmjunɪˈkeɪʃən] s **1** (taudin) tartuttaminen, tarttuminen **2** viestintä, ajatustenvaihto **3** viesti, uutinen, sanoma **4** (tieto)liikenneyhteys **5** käytävä, väliovi
communications satellite s viestintäsatelliitti
communicative [kəˈmjunɪkətɪv] adj puhelias, halukas puhumaan
communion [kəˈmjunjən] s **1** yhteys, yhteydenpito, keskustelu **2** seurakunta **3** ehtoollinen
communiqué [kəˌmjunɪˈkeɪ] s kommunikea, tiedonanto
communism [ˈkamjəˌnɪzəm] s kommunismi
communist [ˈkamjəˌnɪst] s kommunisti adj kommunistinen
community [kəˈmjunətɪ] s **1** yhteisö, kunta **2** (suuri) yleisö, ihmiset, yhteiskunta **3** munkkikunta, nunnakunta **4** yhteys, yhteisyys, yhteisomistus
community center s kuntakeskus, monitoimitalo
community relations s (mon) (yrityksen) yhteiskuntasuhteet
1 commute [kəˈmjut] s työmatka

2 commute v **1** kulkea työhön/työstä *she commutes by car* hän käy työssä omalla autolla **2** lieventää tuomiota **3** vaihtaa jokin johonkin

commuter s työmatkan tekijä adj heiluri-, lähi *commuter traffic* heiluriliikenne, lähiliikenne, sukkulaliikenne

Comoros [ˈkaməˌroʊz] (mon) Komorit

1 compact [kəmˈpækt] adj kompakti, pieni ja vahva, tiivis, tilankäytöltään tehokas *a compact flat* tilankäytöltään tehokas huoneisto *a compact dog* pieni mutta vahva koira

2 compact v (lumesta, maasta) tallata/tallautua kovaksi

compact [ˈkampækt] s **1** puuterirasia **2** pieni henkilöauto **3** virallinen sopimus

compact disc s cd-levy

companion [kəmˈpænjən] s seuralainen, ystävä

companionable adj seurallinen

companionship s seura

company [ˈkʌmpəni] s **1** seura *why don't you keep him company for a while?* pidä hänelle vähän aikaa seuraa **2** (liike)yritys *he has a small computer company* hänellä on pieni tietokonefirma **3** (sot) komppania

comparable [kampərəbəl] adj vastaava, verrattavissa oleva

comparably adv vastaavasti, samassa määrin

comparative [kəmˈperətɪv] s (kielioppissa) komparatiivi adj **1** vertaileva *comparative linguistics* vertaileva kielitiede **2** aika, melko, verraten *we live in comparative comfort* elämme verraten mukavasti

comparatively adv **1** vertailevasti **2** aika, melko, verraten, suhteellisen

compare [kəmˈpeər] s: *beyond compare* kaiken vertailun yläpuolella, verraton v **1** verrata *to compare something with something* **2** voida verrata *these two cars don't compare well* näitä kahta autoa ei voi verrata toisiinsa, nämä kaksi autoa eivät ole ollenkaan tasaveroiset

compare notes fr vaihtaa kuulumisia, vertailla kokemuksiaan

competently

comparison [kəmˈperəsən] s **1** vertailu *by/in comparison with* johonkin verrattuna *there is no comparison* niitä ei voi verratakaan, ne eivät ole ollenkaan tasaveroiset **2** (kieliopissa) vertailu

compartment [kəmˈpartmənt] s **1** lokero **2** (juna)osasto

Compass (tähdistö) Kompassi

compass [kʌmpəs] s **1** kompassi **2** (mon) harppi *a pair of compasses* harppi **3** (kuv) alue, puitteet, piiri

compassion [kəmˈpæʃən] s myötätunto

compassionate [kəmpæʃənət] adj myötätuntoinen

compatibility [kəmˌpætəˈbɪlətɪ] s johonkin sopivuus, yhteensopivuus

compatible [kəmˈpætəbəl] adj johonkin sopiva, yhteensopiva, jonkin mukainen

compatibly adv yhteensopivasti

compatriot [kəmˈpeɪtrɪət] s maanmies, saman maan kansalainen

compel [kəmˈpel] v pakottaa joku tekemään jotakin

compelling adj **1** (syy) pakottava **2** (vaikutus, esitys, silmät) voimakas, voimakkaasti vaikuttava

compendium [kəmˈpendɪəm] s käsikirja, kompendi

compensate [ˈkampənˌseɪt] v korvata, hyvittää, (psyk) kompensoida

compensation [ˌkampənˈseɪʃən] s korvaus, hyvitys, (psyk) kompensaatio

compensatory [kəmˈpensəˌtɔri] adj korvaava, (psyk) kompensoiva

compete [kəmˈpit] v kilpailla *to compete with someone for something* kilpailla jonkun kanssa jostakin *to compete against someone* kilpailla jotakuta vastaan

competence [kampətəns] s **1** pätevyys, taidot, osaaminen **2** (lak) pätevyys **3** (kielitieteessä) kompetenssi

competency [kampətənsi] ks competence

competent [kampətənt] adj **1** pätevä (tekemään jotakin), osaava **2** (tiedot) riittävä **3** (lak) pätevä

competently adv pätevästi, taitavasti, osaavasti

competition

competition [ˌkampəˈtɪʃən] s **1** kilpailu, kilpaileminen **2** kilpailu(tilaisuus), ottelu

competitive [kəmˈpetətɪv] adj **1** (ihminen) innokas/valmis kilpailemaan **2** (hinta) kilpailukykyinen **3** (ala) jolla vallitsee kova kilpailu

competitor [kəmˈpetɪtər] s kilpailija (liikealalla, ottelussa ym)

compilation [ˌkampəˈleɪʃən] s kokoelma

compile [kəmˈpaɪəl] v koota, laatia, tehdä (sanakirja, luettelo)

compiler s **1** (sanakirjan, luettelon) tekijä **2** (tietok) kääntäjä

complacence ks complacency

complacency [kəmˈpleɪsənsi] s omahyväisyys

complacent [kəmˈpleɪsənt] adj omahyväinen, itsekylläinen, itserakas

complacently adv **1** omahyväisesti, itsekylläisesti, itserakkaasti **2** varauksettomasti, harkitsematta

complain [kəmˈpleɪn] v valittaa, esittää valitus

complaint [kəmˈpleɪnt] s **1** valitus **2** vaiva, sairaus

complaisance [kəmˈpleɪsəns] s huomaavaisuus, kohteliaisuus, ystävällisyys

complaisant [kəmˈpleɪsənt] adj huomaavainen, kohtelias, ystävällinen

1 complement [kampləmənt] s **1** täydennys **2** (miehistön) täysi vahvuus **3** (kieliopissa) objekti; predikatiivi **4** (joukko-opissa) komplementti **5** komplementtiväri

2 complement v **1** täydentää **2** saada/tehdä valmiiksi

complementary [ˌkampləˈmentəri] adj täydentävä, toisiaan täydentävät, (väri) komplementti-

complementary color s komplementtiväri, täydennysväri

complete [kəmˈplit] adj **1** täydellinen, täysi, ehjä, eheä, kokonainen, yhtenäinen *this is a complete set* tämä on täydellinen sarja, tästä ei puutu yhtään *you are a complete fool* sinä olet täysi typerys **2** valmis

completely adv täysin, täydellisesti, kokonaan

completion [kəmˈpliʃən] s **1** valmistuminen, valmiiksi saaminen **2** täydentäminen, täydennys **3** (opintojen) päättäminen, valmistuminen

complex [kampleks] s **1** (rakennus/teollisuus)kompleksi **2** (psyk) kompleksi

complex [kəmˈpleks] adj mutkikas, monimutkainen

complexion [kəmˈplekʃən] s **1** ihonväri, sävy **2** (kuv) kanta, sävy, väri *his political complexion* hänen poliittinen kantansa

complexity [kəmˈpleksəti] s mutkikkuus, monimutkaisuus

complex number s kompleksiluku

compliance [kəmˈplaɪəns] s kuuliaisuus, tottelevaisuus, (sääntöjen) noudattaminen

compliant [kəmˈplaɪənt] adj **1** kuuliainen, tottelevainen **2** avulias

complicate [ˈkampləˌkeɪt] v mutkistaa (asioita)

complicated [ˈkampləˌkeɪtəd] adj mutkikas, monimutkainen

complication [ˌkampləˈkeɪʃən] s **1** mutkikkuus, monimutkaisuus **2** (lääk) komplikaatio, lisätauti

complicity [kəmˈplɪsəti] s rikostoveruus, kanssasyyllisyys

1 compliment [kampləmənt] s **1** ylistys, kiitos, kehu, kohteliaisuus **2** (mon) terveiset; onnittelut

2 compliment v ylistää, kiittää, kehua

complimentary [ˌkampləˈmentəri] adj **1** ylistävä, imarteleva, kohtelias **2** ilmainen *the drinks are complimentary* juomat ovat ilmaisia *a complimentary copy* ilmainen (lehden) numero

comply with [kəmˈplaɪ] v totella, noudattaa sääntöjä/sopimusta, suostua, myöntyä (pyyntöön, vaatimukseen)

component [kəmˈpoʊnənt] s osa, (erillis)komponentti, osatekijä adj osa-, erillinen, erillis-

compose [kəmˈpoʊz] v **1** säveltää (musiikkia) **2** kirjoittaa (kirje, runo) **3** (kirjapainossa) latoa **4** koota ajatuksensa, rauhoittua **5** koostaa, koostua, muodostaa,

computer sabotage

muodostua *the mixture is composed of water and chemicals* seos on vettä ja kemikaaleja
composed adj rauhallinen, rauhoittunut, tyyni
composer s säveltäjä
composite [kəmˈpazɔt] s **1** mykerökukkainen kasvi **2** komposiittimateriaali, yhdistemateriaali adj yhdistelmä-, (eri osista) yhdistetty
composition [ˌkampəˈzɪʃən] s **1** koostumus, rakenne **2** (kirjeen, runon) kirjoittaminen **3** sävellys(työ) **4** aine(kirjoitus) **5** (kirjapainossa) ladonta
compositor [kəmˈpazətər] s (kirjapainossa) latoja
compost [ˈkamˌpoʊst] s komposti
composure [kəmˈpoʊʒər] s mielenmaltti, rauhallisuus, tyyneys *I finally regained my composure* vihdoin minä rauhoituin/sain mielenmalttini takaisin
compound [ˈkamˌpaʊnd] s **1** suljettu alue, ryhmä rakennuksia, (sota)vankilan piha, eläintarhan aitaus **2** yhdyssana **3** (kemiallinen) yhdiste
compound [kəmˈpaʊnd] v **1** mutkistaa, sekoittaa (asioita) **2** sekoittaa (yhteen) **3** sopia (oikeusjuttu, velanmaksu) adj yhdistelmä-, (eri osista) yhdistetty
compound interest [ˈkamˌpaʊnd] s korkoa korolle
comprehend [ˌkamprɪˈhend] v **1** ymmärtää, käsittää **2** sisältää, käsittää *her new book comprehends both psychology and psychiatry* hän käsittelee uudessa kirjassaan sekä psykologiaa että psykiatriaa
comprehensibility [ˌkamprɪhensəˈbɪləti] s ymmärrettävyys
comprehensible [ˌkamprɪˈhensəbəl] adj ymmärrettävä *not comprehensible* käsittämätön
comprehension [ˌkamprɪˈhenʃən] s **1** käsityskyky, ymmärrys **2** mukaan lukeminen, sisältyminen, sisältäminen **3** (luetun/kuullun) ymmärtämiskoe
comprehensive [ˌkamprɪˈhensɪv] adj laaja, kattava, perusteellinen
comprehensively adj laajasti, kattavasti, perusteellisesti
comprehensiveness s laajuus, kattavuus, perusteellisuus
comprehensive school s (UK) peruskoulu
compress [kəmˈpres] v puristaa (kokoon), puristua, tiivistää (myös tekstiä), tiivistyä, lyhentää (kirjaa)
compress [ˈkamˌpres] s (lääk) kompressi, harsotaitos
compressed air s paineilma
compression [kəmˈpreʃən] s (kokoon)puristus, tiivistys, lyhentäminen
compressor [kəmˈpresər] s kompressori
comprise [kəmˈpraɪz] v käsittää, kattaa, koostua jostakin
1 compromise [ˈkamprəˌmaɪz] s kompromissi, sovinto, ratkaisu
2 compromise v **1** tinkiä jostakin, tehdä kompromissi **2** vaarantaa, panna alttiiksi **3** saattaa häpeään, tahrata (maine)
compromising adj epäilyttävä (tilanne), vahingollinen (maineelle)
compulsion [kəmˈpʌlʃən] s **1** pakko **2** (psyk) pakkomielle, kompulsio
compulsive [kəmˈpʌlsɪv] adj pakonomainen, pakko-, kompulsiivinen
compulsory [kəmˈpʌlsəri] adj pakollinen
compunction [kəmˈpʌŋkʃən] s omantunnonpistot, syyllisyyden tunne
compute [kəmˈpjut] v laskea (tietokoneella tai muuten)
computer [kəmˈpjutər] s tietokone
computer-aided adj tietokoneavusteinen
computer-aided design s (CAD) tietokoneavusteinen suunnittelu
computer-assisted adj tietokoneavusteinen
computer conference s pääteneuvottelu
computer espionage s atk-vakoilu
computer hardware s tietokonelaitteisto
computerize [kəmˈpjutəˌraɪz] v tietokoneistaa
computer-readable adj konekoodinen
computer sabotage s atk-sabotaasi

computer virus s tietokonevirus
compy. *company* yritys
comrade ['kɒm,ræd] s toveri (myös pol)
1 con [kɒn] s **1** huijaus, puhallus **2** (ark) vanki
2 con v huijata, pettää
concave [kɒn'keɪv] adj kovera
conceal [kən'siəl] v peittää, kätkeä, salata
concealment s salailu, salaaminen, kätkeminen
concede [kən'sid] v **1** luopua jostakin, luovuttaa, antaa pois **2** myöntää (jotakin, jollekin jotakin) **3** antaa periksi, antautua
conceit [kən'sit] s omahyväisyys, itserakkaus
conceited adj omahyväinen, itserakas
conceitedly adv omahyväisesti, itserakkaasti
conceitedness s omahyväisyys, itserakkaus
conceivable [kən'sivəbəl] adj uskottava, kuviteltavissa oleva *it is not conceivable that* on mahdotonta edes kuvitella että
conceivably adv mahdollisesti
conceive [kən'siv] v **1** tehdä/tulla raskaaksi, hedelmöityä **2** keksiä, kuvitella, suunnitella **3** ymmärtää, käsittää, mieltää
conceive of v keksiä, kuvitella
1 concentrate ['kɒnsən,treɪt] s (esim mehu)tiiviste, (kem) väkevöite, konsentraatti
2 concentrate v **1** keskittyä, keskittää, kohdistua, kohdistaa **2** (kem) väkevöidä
concentration [,kɒnsən'treɪʃən] s **1** keskittyminen, keskittymiskyky **2** (esim joukkojen) keskitys **3** (kem) tiiviste, väkevöite
concentration camp s keskitysleiri
concentric [kən'sentrɪk] adj (ympyrä) samankeskinen
concept [kɒnsept] s käsitys, käsite
conception [kən'sepʃən] s **1** käsitys, käsite *in its original conception* alun perin, alkuperäisessä asussaan **2** hedelmöitys, sikiäminen
conceptual [kən'sepʃʊəl] adj käsitteellinen

conceptual art s käsitetaide
conceptualism [kən'sepʃʊə,lɪzəm] s konseptualismi
1 concern [kən'sɜrn] s **1** asia *it's really none of your concern* se ei kuulu sinulle **2** huolenaihe, huolestuminen
2 concern v **1** koskea jotakin, liittyä johonkin, kuulua jollekulle **2** välittää, olla kiinnostunut/huolissaan jostakin
concerning prep jotakin koskien, mitä johonkin tulee, jostakin
concert [kɒnsərt] s **1** konsertti **2** *in concert* yhteistyössä, yhteisvoimin
concert [kən'sɜrt] v ponnistella yhdessä, yhdistää voimat
concerted adj (yritys) yhteinen, yhteis-
concertina [,kɒnsər'tinə] s harmonikka
concerto [kən'tʃeərtoʊ] s konsertto
concession [kən'seʃən] s **1** myönnytys *tax concessions* verohelpotukset **2** (UK) alennuslippu; alennukset
conciliate [kən'sɪli,eɪt] v lepyttää, saada leppymään, tyynyttää, sovittaa (kiista)
conciliation [kən,sɪli'eɪʃən] s lepyttely, leppyminen, sovinto
conciliatory [kən'sɪliə,tɔri] adj sovinnollinen, lepyttelevä
concise [kən'saɪs] adj tiivis, ytimekäs
concisely adv tiiviisti, ytimekkäästi, lyhyesti
conciseness s tiiviys, ytimekkyys
conclude [kəŋ'klud kən'klud] v **1** lopettaa, päättää **2** päätellä, tulla johonkin johtopäätökseen
conclusion [kəŋ'kluʒən kən'kluʒən] s **1** lopetus, päätös, loppu *in conclusion* lopuksi, viimeiseksi **2** johtopäätös
conclusive [kəŋ'klusɪv kən'klusɪv] adj **1** vakuuttava, aukoton (todiste) **2** lopullinen (päätös)
conclusively adv **1** (osoittaa) vakuuttavasti, aukottomasti, ilman epäilyksen häivää **2** (päättää) lopullisesti
concoct [kəŋ'kakt kən'kakt] v **1** (ruuasta) laittaa, valmistaa, kyhätä kokoon **2** keksiä omasta päästään, sepittää
concoction [kəŋ'kakʃən kən'kakʃən] s **1** (ruuasta) pöperö **2** sepite, tuulesta temmattu juttu, tekosyy
concord ['kɒŋ,kɔrd, 'kɒn,kɔrd] s **1** sopu-

sointu **2** yksimielisyys
concordance [kəŋˈkɔrdəns kənˈkɔrd-əns] s **1** sopimus **2** (esim Raamatun) konkordanssi, sanahakemisto
concourse [ˈkaŋˌkɔrs, ˈkanˌkɔrs] s **1** ihmisjoukko, väentungos **2** (asema)halli **3** (puiston ajo/kävely)tie
concrete [kəŋˈkrit] adj konkreettinen, kouraantuntuva *the concrete sense of a word* sanan kirjaimellinen merkitys
concrete [ˈkaŋˌkrit] s betoni
concur [kəŋˈkər, kənˈkər] v **1** olla samaa mieltä jostakin, suostua johonkin **2** osua samaan aikaan **3** vaikuttaa yhdessä johonkin *everything concurred to make it a perfect celebration* kaikki meni hyvin ja juhlista tuli täydelliset
concurrence s **1** yksimielisyys, suostumus, kannatus **2** (tapahtumien) samanaikaisuus **3** (mat) leikkauspiste
concurrent adj **1** yksimielinen **2** samanaikainen **3** yhteinen, yhteis- **4** samansisältöinen
concurrently adv samanaikaisesti
concuss [kəŋˈkʌs kənˈkʌs] v aiheuttaa aivotärähdys
concussion [kəŋˈkʌʃən kənˈkʌʃən] s aivotärähdys
condemn [kənˈdem] v **1** tuomita (jonkun teko, joku vankeuteen, myös kuv:) *because he had no education he was condemned to lousy jobs* hän oli koulutuksen puutteessa tuomittu tekemään hanttihommia **2** julistaa (rakennus) asuinkelvottomaksi, määrätä purettavaksi
condemnation [ˌkandəmˈneɪʃən] s tuomio, tuomitseminen
condemnatory [kənˈdemnəˌtɔri] adj tuomitseva, (arvostelu) musertava
condensation [ˌkandənˈseɪʃən] s **1** tiivistyminen **2** (tiivistyneen kosteuden muodostamat) vesipisarat **3** (tekstin) lyhentäminen **4** (tekstin) lyhennelmä, tiivistelmä
condense [kənˈdens] v **1** tiivistää, tiivistyä, lauhduttaa, lauhtua, nesteyttää, nesteytyä **2** lyhentää, tiivistää (tekstiä)
condenser s **1** lauhdutin **2** (sähk) kondensaattori

condescend [ˌkandəˈsend] v **1** alentua/nöyrtyä tekemään jotakin **2** käyttäytyä ylimielisesti, kohdella jotakuta alentavasti
condescending adj **1** alentava **2** ylimielinen
condescendingly adj **1** alentavasti **2** ylimielisesti
condiment [kandəmənt] s (ruuan) lisuke, mauste (esim suola, mausteet, ketsuppi, sinappi)
1 condition [kənˈdɪʃən] s **1** ehto, edellytys *I'll do it on one condition* teen sen yhdellä ehdolla **2** tila, kunto *he is in no condition to work* hän ei ole työkunnossa **3** (mon) olot, olosuhteet *in Alaska, the conditions are harsh* Alaskassa on kovat elinolot
2 condition v **1** opettaa, totuttaa, valmentaa, (psyk) ehdollistaa **2** määrätä, rajoittaa, asettaa ehdoksi, edellyttää
conditional [kənˈdɪʃənəl] s (kieliopissa) konditionaali adj **1** ehdollinen, jostakin riippuvainen **2** (kieliopissa) konditionaalinen, ehto-
conditional clause s (kieliopissa) konditionaalilause, ehtolause
conditionally adv ehdollisesti, jollakin ehdolla/edellytyksellä
condo s rivi/kerrostalo-osake (condominium)
condolences [kənˈdoʊlənsəz] s (mon) surunvalittelut
condom [kandəm] s kondomi
condominium [ˌkandəˈmɪniəm] s rivi/kerrostalo-osake
condone [kənˈdoʊn] v **1** hyväksyä, suvaita **2** olla piittaamatta jostakin
condor [ˈkandər] s (lintu) kondori *Andean condor* andienkondori
conducive to [kənˈdusɪv] adj jotakin edistävä, hyväksi jollekin
conduct [ˈkanˌdʌkt] s **1** käytös, käyttäytyminen **2** asioiden hoito, menettely, johto
conduct [kənˈdʌkt] v **1** käyttäytyä **2** opastaa, johdattaa **3** johtaa (yritystä), hoitaa (asioita), käydä (keskustelua, kirjeenvaihtoa) **4** johtaa orkesteria **5** johtaa sähköä/lämpöä

conduction [kənˈdʌkʃən] s (lämmön, sähkön) siirtyminen, johtuminen
conductive [kənˈdʌktɪv] adj (lämpöä, sähköä) johtava
conductor [kənˈdʌktər] s 1 orkesterinjohtaja 2 rahastaja, konduktööri 3 (tekn) johde, johdin *semiconductor* puolijohde
conductress [kənˈdʌktrəs] s 1 (naispuolinen) orkesterinjohtaja 2 (naispuolinen) rahastaja, konduktööri
cone [koʊn] s 1 kartio *ice-cream cone* jäätelötötterö 2 käpy
confection [kənˈfekʃən] s konvehti, makeinen
confectioner s makeisten valmistaja/kauppias, (myös) kondiittori, sokerileipuri
confectioner's sugar s tomusokeri, pölysokeri
confectionery [kənˈfekʃəˌnerɪ] s 1 makeiskauppa, (myös) konditoria 2 makeiset, konvehdit
confederacy [kənˈfedərəsi] s 1 liitto, yhdistys 2 valtioliitto 3 *Confederacy* Yhdysvaltain etelävaltioiden liittokunta (1860-1865)
confederate [kənfedərət] s 1 liittolainen (henkilö, valtio) 2 rikostoveri 3 *Confederate* Yhdysvaltain etelävaltioiden kannattaja, etelävaltiolainen (1860-1865) adj 1 liitto- 2 *Confederate* Yhdysvaltain etelävaltioiden liittoa (1860-1865) koskeva, siihen kuuluva
Confederate States of America Yhdysvaltain etelävaltioiden liittokunta (1860-1865)
confederation [kənˌfedəˈreɪʃən] s 1 liitto, yhdistys 2 valtioliitto 3 *Confederation* Yhdysvaltain 13 ensimmäisen osavaltion liitto
confer [kənˈfər] v neuvotella, keskustella jonkun kanssa jostakin, pohtia yhdessä
conference [kanfrəns] s neuvottelu, konferenssi *in conference* kokouksessa
confer (up)on v myöntää, antaa (titteli), suoda (kunnia) jollekulle
confess [kənˈfes] v tunnustaa (tekonsa, syntinsä), myöntää
confession [kənˈfeʃən] s tunnustus

confessional s rippituoli, rippi
confetti [kənˈfeti] s konfetti, pienet eriväriset paperinpalaset joita heitellään ilmaan juhlakulkueissa ym
confidant [ˌkanfəˈdant] s uskottu
confidante [ˌkanfəˈdant] s (naispuolinen) uskottu
confide in [kənˈfaɪd] v uskoutua jollekulle, kertoa, paljastaa
confidence [kanfədəns] s 1 itseluottamus, itsevarmuus 2 luottamus, usko johonkuhun *I have no confidence in his abilities* minä en usko/luota hänen kykyihinsä 3 salaisuus, luottamuksellinen tieto
confidence man s huijari
confident [kanfədənt] adj 1 luottavainen, varma jostakin 2 itsevarma
confidential [ˌkanfəˈdenʃəl] adj 1 luottamuksellinen 2 luotettava
confidentiality [ˌkanfədenʃiˈæləti] s luottamuksellisuus
confidentially adv luottamuksellisesti
confidently adv 1 luottavaisesti, varmasti 2 itsevarmasti
configuration [ˌkənfɪɡəˈreɪʃən] s 1 kokoonpano, muoto, järjestys, konfiguraatio 2 (kem) konfiguraatio
confine [kənˈfaɪn] v 1 rajoittaa *she confined her remarks to the current situation* hän käsitteli ainoastaan nykytilannetta 2 sitoa *he is confined to bed* hän on vuoteenomana
confined adj 1 (tilasta) ahdas 2 (ilmapiiristä) ahdistava, tukahduttava
confinement s (ihmisen, eläimen) vankeus, (vuoteenomana oleminen) sairausaika
confirm [kənˈfərm] v 1 varmistaa, vahvistaa (paikkansapitävyys, käsitystä) 2 (usk) konfirmoida
confirmation [ˌkanfərˈmeɪʃən] s 1 vahvistus, varmistus 2 (usk) konfirmaatio
confiscate [ˈkanfəsˌkeɪt] v takavarikoida
confiscation [ˌkanfəsˈkeɪʃən] s takavarikointi
conflict [kənˈflɪkt] v olla ristiriidassa jonkin kanssa, olla jonkin vastainen
conflict [kanflɪkt] s 1 selkkaus, yhteenotto 2 ristiriita, erimielisyys

conflicting [kanflıktıŋ] adj ristiriitainen
confluence [kanfluəns] s (jokien) yhtymäkohta
conform [kənˈfɔrm] v **1** mukautua, sopeutua johonkin **2** vastata jotakin, olla jonkin mukainen
conformist [kənˈfɔrməst] s konformisti, sovinnainen ihminen
conformity [kənˈfɔrməti] s vastaavuus, sääntöjen tms mukaisuus
confound [kənˈfaʊnd] v **1** hämmästyttää, hämmentää, tyrmistyttää **2** sekoittaa, sotkea
confront [kənˈfrʌnt] v **1** kohdata, joutua vastakkain jonkun kanssa **2** näyttää jollekulle jotakin, kovistella jotakuta jollakin *the police confronted me with the evidence against me* poliisi esitti minulle minua koskevat raskauttavat todisteet
confrontation [ˌkanfrənˈteɪʃən] s yhteenotto, selkkaus, välienselvittely
Confucius [kənˈfjuʃəs] Konfutse
confuse [kənˈfjuz] v **1** sekoittaa, hämmentää **2** sekoittaa keskenään/toisiinsa, sotkea jokin johonkin
confusing [kənˈfjuzıŋ] adj hämäävä, sekava
confusion [kənˈfjuʒən] s **1** sekaannus, hämmennys, tyrmistys **2** sekasotku, epäjärjestys **3** (toisiinsa/keskenään) sekoittaminen
congeal [kənˈdʒiəl] v hyytyä, kovettua, jähmettyä
congelation [ˌkandʒəˈleɪʃən] s hyytyminen, kovettuminen, jähmettyminen
congenial [kənˈdʒinjəl] adj **1** miellyttävä (ihminen, ilmapiiri, työ) **2** hyvin (yhteen)sopiva, *congenial spirit*
congenital [kənˈdʒenıtəl] adj synnynnäinen, myötäsyntyinen
congested [kənˈdʒestəd] adj ruuhkainen, ahdas, tukkeutunut
congestion [kənˈdʒestʃən] s ruuhka, liikakansoitus, ahtaus
congestion charge s (Lontoon keskustan) autonkäyttömaksu
conglomerate [kənˈglamərət, kənˈglamərət] s (geologiassa) konglomeraatti;

(liikealalla) konglomeraatti, monialayhtymä adj seka-
conglomerate [kənˈglaməˌreɪt, kənˈglaməˌreɪt] v kasata, kasaantua, sekoittaa, sekoittua
conglomeration [kənˈglaməˌreɪʃən, kənˈglaməˌreɪʃən] s kasaantuma, sekoitus
Congo [kaŋgoʊ] Kongo
Congolese [ˌkaŋgəˈliz] s, adj kongolainen
congratulate [kənˈgrætʃʊˌleɪt kənˈgrætʃʊˌleɪt] v onnitella
congratulations [kənˈgrætʃʊˌleɪʃənz, kənˈgrætʃʊˌleɪʃənz] s (mon) onnittelut, (huudahduksena:) onnea!
congregate [ˈkaŋgrəˌgeɪt] v kokoontua, kerääntyä
congregation [ˌkaŋgrəˈgeɪʃən] s **1** väkijoukko, väenpaljous **2** (usk) seurakunta
congregational adj **1** seurakunnan, seurakunta- **2** (usk) *Congregational* kongregationalistinen
Congregationalism s (usk) kongregationalismi
congress [kaŋgrəs] s **1** kongressi, kokous **2** *Congress* Yhdysvaltain kongressi
Congressional [kənˈgreʃənəl] adj (myös pienellä alkukirjaimella) Yhdysvaltain kongressia koskeva, kongressin *Congressional committee* kongressin valiokunta
Congressman [kaŋgrəsmən] s (mon Congressmen) (miespuolinen) kongressiedustaja, Yhdysvaltain edustajainhuoneen (House of Representatives) jäsen
Congressmember [kaŋgrəsmembər] s kongressiedustaja, Yhdysvaltain edustajainhuoneen (House of Representatives) jäsen
Congresswoman [ˈkaŋgrəsˌwʊmən] s (mon Congresswomen) (naispuolinen) kongressiedustaja, Yhdysvaltain edustajainhuoneen (House of Representatives) jäsen
congruence [kənˈgruəns] s **1** yhtäläisyys **2** (geom, mat, kieliopissa) kongruenssi

congruent

congruent [kənˈgruənt] adj **1** jonkin mukainen, johonkin sopiva, yhtäläinen **2** (geom, mat) kongruentti
congruous [kaŋgruəs] adj jonkin mukainen, johonkin sopiva, yhtäläinen
conical [kanɪkəl] adj kartiomainen, kartion muotoinen
conifer [kanɪfər] s havupuu
coniferous [kəˈnɪfərəs] adj havu(puu)-
conjectural adj pelkkään arvailuun perustuva
1 conjecture [kənˈdʒekʃər] s arvaus, arvailu, luulottelu, luulo
2 conjecture v arvailla, luulotella, luulla, olettaa
conjugal [kandʒəgəl] adj avioliiton, avio-
conjugate [ˈkandʒəˌgeɪt] v (verbistä:) taivuttaa, (verbi:) taipua
conjugation [ˌkandʒəˈgeɪʃən] s (verbin) taivutus
conjunction [kənˈdʒʌŋkʃən] s **1** (kieliopissa) konjunktio **2** yhteys, yhteistyö
conjure [kandʒər] v taikoa, tehdä taikatemppuja
conjurer [kandʒərər] s taikuri
conjure up v taikoa/loihtia esiin (myös kuv)
Conn. *Connecticut*
connect [kəˈnekt] v yhdistää, yhdistyä, liittää/liittyä yhteen (myös kuv) *the two companies are in no way connected* yritykset eivät ole missään yhteydessä toisiinsa, ovat täysin itsenäisiä
Connecticut [kəˈnetɪkət]
connection [kəˈnekʃən] s **1** yhteys *we had a bad connection* puhelinyhteys oli huono **2** suhde *he has excellent connections in the business world* hänellä on erinomaiset suhteet liikemaailmaan **3** (liikenteessä) jatkoyhteys, jatkolento *she missed her connection* hän myöhästyi jatkolennolta/junasta/linja-autosta
connective [kəˈnektɪv] adj side-
connectivity s (tietok) liitettävyys
connivance [kəˈnaɪvəns] s **1** juonittelu, vehkeily **2** piittaamattomuus, välinpitämättömyys (rikkeestä)
connive [kəˈnaɪv] v juonitella, vehkeillä

connoisseur [ˌkanəˈsuər] s nautiskelija, (jonkin alan) tuntija, harrastaja
connotation [ˌkanəˈteɪʃən] s konnotaatio, (sanan herättämät) assosiaatiot
conquer [kaŋkər] v valloittaa, vallata
conqueror s valloittaja *William the Conqueror* Vilhelm Valloittaja
conquest [ˈkaŋˌkwest] s valloitus, valtaus
consanguinity [ˌkansæŋˈgwɪnəti] s verisukulaisuus, veriveljeys
conscience [kanʃəns] s omatunto *I have a clear conscience* omatuntoni on puhdas *I have it on my conscience* se painaa omaatuntoani
conscientious [ˌkanʃiˈenʃəs] adj tunnontarkka, tunnollinen
conscientiously adv tunnollisesti
conscientiousness s tunnollisuus
conscientious objector s (omantunnon syistä) aseistakieltäytyjä
conscious [kanʃəs] adj **1** tajuissaan **2** *conscious of* tietoinen/selvillä/perillä jostakin *he was not conscious of any conflict* hän ei huomannut asiassa ristiriitaa **3** tahallinen
consciously adv tietoisesti, tahallaan
consciousness [kanʃəsnəs] s **1** tajunta *she lost/regained consciousness* hän menetti tajuntansa/tuli tajuihinsa **2** tietoisuus, tajunta **3** tieto jostakin, jonkin tietäminen
conscript [kanskrɪpt] s asevelvollinen
conscript [kənˈskrɪpt] v kutsua asepalvelukseen
conscription [kənˈskrɪpʃən] s (asepalvelukseen) kutsunta
consecrate [ˈkansəˌkreɪt] v pyhittää, vihkiä
consecration [ˌkansəˈkreɪʃən] s pyhittäminen, pyhitys, vihkiminen
consecutive [kənˈsekjətɪv] adj **1** peräkkäinen **2** (kieliopissa) konsekutiivinen, seuraus-
consecutively adv peräkkäin, juoksevasti (numeroitu)
consensus [kənˈsensəs] s konsensus, yksimielisyys
1 consent [kənˈsent] s lupa, suostumus

2 consent v suostua, antaa lupa johonkin

consequence [ˈkansəˌkwens] s **1** seuraus *in/as a consequence* joten, jonkin seurauksena **2** tärkeys, merkitys *nothing of consequence* ei mitään merkittävää

consequent [kansəkwənt] adj jostakin/jotakin seuraava, jonkin seurauksena tapahtuva

consequential [ˌkansəˈkwenʃəl] adj **1** jostakin/jotakin seuraava, jonkin seurauksena tapahtuva **2** tärkeilevä, ylimielinen

consequently adj joten, jonkin seurauksena

conservation [ˌkansərˈveɪʃən] s **1** (esim luonnon, rakennusten) suojelu **2** (esim veden) säästäminen

conservatism [kənˈsərvəˌtɪzəm] s konservatismi, vanhoillisuus

1 conservative [kənˈsərvətɪv] s **1** vanhoillinen ihminen **2** (politiikassa) konservatiivi

2 conservative adj **1** vanhoillinen **2** (poliittisesti) konservatiivinen **3** (arvio, sijoitus) varovainen

conservatively adv vanhoillisesti, konservatiivisesti, (arvioida, sijoittaa) varovaisesti

Conservative Party Englannin konservatiivinen puolue

conservatoire [kənˌsərvəˈtwaər] s konservatorio

conservatory [kənˈsərvəˌtɔri] s **1** konservatorio **2** talvipuutarha

1 conserve [kənˈsərv] s hillo

2 conserve v **1** säästää (voimia, luonnonvaroja) **2** säilyttää ennallaan, suojella (rakennusta) **3** hillota, säilöä

consider [kənˈsɪdər] v **1** harkita, pohtia, miettiä **2** ottaa huomioon, piitata **3** pitää jonakin *this is widely considered the best computer available* tätä pidetään yleisesti markkinoiden parhaana tietokoneena

considerable adj huomattava, merkittävä

considerably adv huomattavasti, merkittävästi, paljon

considerate [kənˈsɪdərət] adj huomaavainen, kohtelias, avulias

considerately adv huomaavaisesti, kohteliaasti, avuliaasti

consideration [kənˌsɪdəˈreɪʃən] s **1** harkinta, pohdinta **2** huomio *we took everything into consideration* otimme kaiken huomioon *in consideration of* jonkin seikan valossa, jonkin seikan huomioon ottaen **3** huomaavaisuus, kohteliaisuus, avuliaisuus **4** näkökohta, (osa)tekijä *the price is no consideration* hinnalla ei ole väliä, hinta ei merkitse mitään

considering prep jotakin huomioon ottaen, jonkin valossa, johonkin nähden

consign [kənˈsaɪn] v **1** lähettää (kauppatavaraa) **2** luovuttaa, antaa *the child was consigned to his mother's care* lapsi uskottiin äitinsä huostaan

consignee [kənˌsaɪˈni] s vastaanottaja

consigner [kənˈsaɪnər] s lähettäjä

consignment [kənˈsaɪnmənt] s (kauppatavara)lähetys

consignor [kənˈsaɪnər] s lähettäjä

consistency [kənˈsɪstənsi] s **1** johdonmukaisuus **2** yhdenmukaisuus **3** (aineen) koostumus **4** (nesteen) sakeus

consistent adj johdonmukainen

consistently adj **1** johdonmukaisesti **2** yhdenmukaisesti, jonkin mukaisesti **3** kauttaaltaan

consistent with adj yhdenmukainen, jonkin mukainen

consist in v muodostua jostakin, johtua jostakin, perustua johonkin *her job consists in typing and answering the phone* hänen työnsä käsittää/on konekirjoitusta ja puhelimeen vastaamista

consist of [kənˈsɪst] v koostua jostakin, rakentua jostakin *that soft drink consists of water, sugar, and flavoring* tuo virvoitusjuoma on tehty vedestä, sokerista ja makuaineesta

consolation [ˌkansəˈleɪʃən] s lohdutus, lohtu *that's small consolation* se on laiha lohtu

consolatory [kənˈsoʊləˌtɔri] adj lohduttava

console [kənˈsoʊl] v lohduttaa

console

console [kɒnsoəl] s **1** konsoli, käyttöpaneeli, ohjauspaneeli, kojetaulu **2** (lattialla seisova) kaappitelevisio
consolidate [kən'sɑlə,deɪt] v **1** lujittaa, vahvistaa **2** yhdistää, sulauttaa (yrityksiä yhteen)
consolidation [kən,sɑlə'deɪʃən] s **1** lujittaminen, lujittuminen, vahvistaminen, vahvistuminen **2** yhdistäminen, sulauttaminen
consommé [,kɑnsə'meɪ] s lihaliemi
consonant [kɑnsənənt] s konsonantti
consonant with adj sopusoinnussa jonkin kanssa
consort [kɑnsɔrt] s puoliso
consortium [kən'sɔrtɪəm, kən'sɔrʃəm] s (tal) konsortio
consort with [kən'sɔrt] v **1** pitää seuraa jonkun kanssa, veljeillä jonkun kanssa *he has been consorting with criminals* hän on liikkunut rikollispiireissä **2** olla sopusoinnussa jonkin kanssa, sopia yhteen jonkin kanssa
conspicuous [kən'spɪkjʊəs] adj silmiinpistävä, huomiota herättävä *he was conspicuous by his absence* hän loisti poissaolollaan
conspicuously adv silmiinpistävästi, huomiota herättävästi
conspiracy [kən'spɪrəsi] s salaliitto
conspirator [kən'spɪrətər] s salaliittolainen
conspire [kən'spaɪər] v **1** juonitella, olla salaliitossa **2** (tapahtumista, kohtalosta) kääntyä jotakuta vastaan
constable [kɑnstəbəl] s **1** (maaseudulla) nimismies **2** (UK) poliisimies, konstaapeli
constabulary [kən'stæbjə,leri] s poliisi(voimat)
constancy s **1** (lämpötilan, tunteiden) muuttumattomuus, tasaisuus **2** (ystävän) uskollisuus
constant [kɑnstənt] s (mat) vakio adj **1** jatkuva, alinomainen **2** tasainen, vakio- (lämpötila) **3** uskollinen (ystävä, kannattaja), luja, määrätietoinen
constantly adv jatkuvasti, alinomaa, vähän väliä

constellation [,kɑnstə'leɪʃən] s **1** tähdistö, tähtikuvio **2** (kuv) kuvio, asiaintila
consternation [,kɑnstər'neɪʃən] s tyrmistys, pettymys, huolestuminen
constipate ['kɑnstə,peɪt] v aiheuttaa ummetusta
constipated adj jolla on ummetusta, ummetuksesta kärsivä
constipation [,kɑnstə'peɪʃən] s ummetus
constituency [kən'stɪtʃʊənsi] s vaalipiiri
constituent [kən'stɪtʃʊənt] s **1** äänestäjä, valitsija **2** osa(tekijä) adj yksittäinen, osa- *the constituent parts of this machine/proposal* tämän koneen/ehdotuksen osat
constitute ['kɑnstə,tut] v **1** muodostaa, rakentaa *to be constituted of* muodostua, rakentua, koostua jostakin **2** olla *that constitutes treason* se on maanpetos **3** perustaa (toimikunta), antaa toimivaltuudet
constitution [,kɑnstə'tuʃən] s **1** (valtion) perustuslaki, (järjestön) säännöt **2** (ihmisen) luonto, kunto, terveys, ruumiinrakenne **3** rakenne, koostumus
1 constitutional adj **1** perustuslaillinen **2** luontainen, ruumiillinen **3** terveellinen
2 constitutional s (vanh) (kunto)kävely
constitutionally adv **1** perustuslaillisesti, perustuslain mukaan/mukaisesti **2** luontaisesti, ruumiillisesti
constrain [kən'streɪn] v **1** pakottaa **2** hillitä
constraint [kən'streɪnt] s **1** pakko **2** rajoitus **3** itsehillintä
constrict [kən'strɪkt] v **1** puristaa, painaa **2** (lihaksesta, verisuonesta) supistaa, supistua **3** rajoittaa (myös kuv), estää, hankaloittaa
constriction [kən'strɪkʃən] s **1** (verisuonen, lihas)supistus **2** rajoitus, este, hankaluus
constrictor [kən'strɪktər] s **1** supistajalihas **2** (käärme) kuningasboa

construct [kanstrʌkt] s ajatusrakennelma
construct [kən'strʌkt] v rakentaa
construction [kən'strʌkʃən] s 1 (laitteen, rakennuksen) rakentaminen 2 (laitteen, romaanin, lauseen) rakenne 3 rakennus, rakennelma 4 tulkinta
construction industry s rakennusteollisuus
constructive [kən'strʌktɪv] adj rakentava (arvostelu, henki)
constructively adj (arvostella) rakentavasti
constructor [kən'strʌktər] s rakentaja, rakennusliike
consul [kansəl] s konsuli
consular [kansələr, kansjələr] adj konsulin
consulate [kansələt, kansjələt] s konsulaatti
consult [kən'sʌlt] v 1 kysyä jonkun mielipidettä, konsultoida, käydä lääkärissä, keskustella lääkärinsä kanssa, katsoa (tieto)sanakirjasta 2 keskustella, neuvotella jostakin
consultant [kən'sʌltənt] s konsultti
consultation [ˌkansəl'teɪʃən] s konsultaatio, neuvottelu, keskustelu
consultative [kən'sʌltətɪv] adj neuvoaantava
consume [kən'sum] v 1 nauttia (ruokaa, juomaa), syödä, juoda 2 kuluttaa, kuluttaa/käyttää loppuun 3 (tulesta) tuhota, hävittää
consumed with adj (olla) täynnä jotakin, pursua jotakin *to be consumed with hatred* olla suunniltaan vihasta, uhkua vihaa
consumer s kuluttaja
consumer goods s (mon) kulutustavarat
consumer price index s kuluttajahintaindeksi
consummate [kansəmeɪt] v 1 panna täytäntöön/toimeen 2 (aviopuolisoista) olla ensimmäistä kertaa sukupuoliyhteydessä, sinetöidä (avioliitto) yhdynnällä
consummate [kansəmət] adj täydellinen, ylittämätön

consummation [ˌkansə'meɪʃən] s 1 täytäntöönpano, toimeenpano 2 (aviopuolisoiden) ensimmäinen sukupuoliyhteys
consumption [kən'sʌmpʃən] s 1 kulutus, kuluttaminen *fuel consumption* polttoaineenkulutus 2 (vanh) keuhkotuberkuloosi
consumptive [kən'sʌmptɪv] adj jolla on keuhkotuberkuloosi
contact [kən'tækt] v ottaa yhteyttä johonkuhun, olla yhteydessä johonkuhun
contact [kantækt] s 1 yhteys, kosketus 2 yhteyshenkilö 3 (mon) suhteet, yhteydet *he has very good contacts in the business community* hänellä on erinomaiset suhteet liike-elämään 4 (mon) piilolasit 5 (sähk) kosketus, kontakti
contact print s (valok) pinnakkaisvedos
contagion [kən'teɪdʒən] s 1 (sairauden) tartunta 2 tartuntatauti 3 (kuv) kulkutauti, leviäminen
contagious [kən'teɪdʒəs] adj (taudista) tarttuva (myös kuv)
contain [kən'teɪn] v 1 sisältää *the box contains jewels* laatikossa on jalokiviä 2 hillitä (itsensä, kyyneleensä) 3 estää (esim taudin, ongelman) leviäminen, saada hallintaan
container [kən'teɪnər] s 1 astia, laatikko 2 (tavarankuljetuksessa) kontti
container ship s konttilaiva
contaminate [kən'tæməˌneɪt] v saastuttaa, saastua (myös radioaktiivisesti), myrkyttää, pilaantua
contamination [kənˌtæmə'neɪʃən] s saastuminen (myös radioaktiivinen), myrkyttäminen, pilaantuminen
contemplate ['kantəmˌpleɪt] v tarkastella, miettiä, harkita, aikoa tehdä jotakin
contemplation [ˌkantəm'pleɪʃən] s tarkastelu, harkinta, pohdinta
contemplative [kən'templəˌtɪv] adj mietteliäs, ajatuksissaan oleva, hiljainen, vakava (myös elämästä)
contemporary [kən'tempəˌreri] s aikalainen adj 1 samanaikainen 2 nykyajan, nykyinen

contempt [kən'temt] s halveksunta, väheksyntä, piittaamattomuus *in contempt of something* jostakin välittämättä/piittaamatta *to hold something in contempt* halveksua, väheksyä jotakin

contemptible [kən'temtıbəl] adj halveksuttava, väheksyttävä

contemptuous [kən'temtʃʊəs] adj halveksiva, väheksyvä *he was contemptuous of his boss* hän halveksui/väheksyi pomoaan

contemptuously adv halveksivasti, halveksien

contend [kən'tend] v väittää

contend with v taistella jonkun/jonkin kanssa/jotakuta vastaan, kilpailla, yrittää selvitä jostakin

1 content [kən'tent] s tyytyväisyys

2 content v tehdä/saada joku tyytyväiseksi *she contented herself with lower pay* hän tyytyi pienempään palkkaan

3 content adj tyytyväinen

contented [kən'tentəd] adj tyytyväinen

contentedly adv tyytyväisesti

contention [kən'tenʃən] s **1** väite **2** kiista, riita

contentious [kən'tenʃəs] adj **1** kiistanalainen **2** riidanhaluinen

contentment [kən'tentmənt] s tyytyväisyys

content-provider s sisällöntuottaja

contents [kantens] s (mon) **1** sisältö, sisällys **2** (kirjan) sisällysluettelo *table of contents* sisällysluettelo

contest [kantest] s kilpailu, ottelu

contest [kən'test] v **1** kilpailla, taistella jostakin, olla ehdokkaana **2** kiistää, (lak) moittia (testamenttia, tuomiota)

contestant [kən'testənt] s kilpailija, osanottaja, ehdokas

context [kantekst] s yhteys, puitteet, asiayhteys, (kiel) lauseyhteys, konteksti

contextual [kən'tekstʃʊəl] adj asia/lauseyhteydestä ilmenevä, kontekstuaalinen

contiguous [kən'tıgjʊəs] adj **1** (sijainnista) vierekkäinen, naapuri-; lähekkäinen, lähi- **2** (ajasta) peräkkäinen

contiguous states [kən'tıgjʊəs steıts] s Yhdysvaltain 48 mannerosavaltiota (siis osavaltiot Alaskaa ja Havaijia lukuun ottamatta)

continence [kantənəns] s **1** (sukupuolinen) pidättyväisyys **2** (lääk) pidätyskyky

continent [kantənənt] s **1** maanosa, manner **2** *Continent* Euroopan manner (erotuksena Isosta-Britanniasta), Keski-Eurooppa adj **1** maltillinen, itsensä hillitsevä, (sukupuolisesti) pidättyväinen **2** (lääk) pidätyskykyinen

continental [,kantə'nentəl] s mannermaalainen, keskieurooppalainen adj **1** manner- **2** mannermainen, keskieurooppalainen

continental breakfast s kahviaamiainen

Continental Divide Yhdysvaltain Kalliovuorien vedenjakaja

continental drift s mannerliikunto

continental rise s mannerrinteen jatke

continental shelf s mannerjalusta

continental slope s mannerrinne

contingency [kən'tındʒənsi] s mahdollisuus, sattuma *I am prepared for every contingency* olen varautunut kaikkeen *he left nothing to contingency* hän ei jättänyt mitään sattuman varaan

contingent [kən'tındʒənt] s **1** joukko-osasto **2** (ihmis)joukko, ryhmä **3** kiintiö

contingent upon adj jostakin riippuvainen, jostakin riippuen

continual [kən'tınjʊəl] adj jatkuva, alinomainen, loputon

continually adj jatkuvasti, lakkaamatta, loputtomasti

continuation [kən,tınjʊ'eıʃən] s jatko, jatkaminen

continue [kən'tınju] v jatkaa, jatkua

continuing education s täydennyskoulutus

continuity [,kantə'nuəti] s jatkuvuus

continuous [kən'tınjʊəs] adj jatkuva, yhtenäinen

continuously adj jatkuvasti, keskeytyksettä

contort [kən'tɔrt] v vääristää (kasvonsa, jonkun sanoja)

contortion [kən'tɔrʃən] s **1** vääntely (kasvojen) vääristymä **2** (kuv) kiemurtelu, kiertely, temppuilu

contortionist [kənˈtɔrʃəˌnɪst] s käärmeihminen
1 contour [ˈkɑnˌtuər] s **1** ääriviiva, piirre, muoto **2** (kartan) korkeuskäyrä
2 contour v **1** muotoilla (esine) **2** mukauttaa (tie) maisemaan **3** piirtää (karttaan) korkeuskäyrät
contour line s (kartan) korkeuskäyrä
contraband [ˈkɑntrəˌbænd] s kieltotavara, salakuljetettu tavara
contraception [ˌkɑntrəˈsepʃən] s (raskauden) ehkäisy
contraceptive [ˌkɑntrəˈseptɪv] s ehkäisyväline adj ehkäisy-
contract [kɑntrækt] s **1** sopimus **2** tilaus **3** *the mob put out a contract on him* mafia palkkasi murhaajan tappamaan hänet
contract [kənˈtrækt] v **1** eri merkityksiä: *to contract an illness* sairastua *to contract a debt* ottaa laina/velkaa *to contract a marriage* solmia avioliitto, mennä naimisiin *to contract an alliance* solmia liitto **2** supistaa, supistua (lihas, otsa, silmäterä), lyhentää (sanaa, esim *do not* muotoon *don't*) **3** tilata (taideteos), palkata (joku tekemään jotakin)
contraction [kənˈtrækʃən] s supistuminen, (lihas-, synnytys)supistus, (sanan) lyhentäminen, lyhenne(tty muoto)
contractor [ˈkɑnˌtræktər] s urakoitsija
contradict [ˌkɑntrəˈdɪkt] v **1** väittää/sanoa vastaan **2** olla ristiriidassa jonkin kanssa
contradiction [ˌkɑntrəˈdɪkʃən] s ristiriita *a contradiction in terms* mahdottomuus, mahdoton/järjetön ajatus
contradictory [ˌkɑntrəˈdɪktəri] adj ristiriitainen (väite), riidanhaluinen (ihminen)
contraindication [ˌkɑntrəˌɪndəˈkeɪʃən] s (lääk) vasta-aihe
contralto [kənˈtræltoʊ] s (mus) kontra-altto
contraption [kənˈtræpʃən] s vekotin, vempain
contrarian [kənˈtreriən] s vastarannan kiiski, toisinajattelija
contrary [kɑntreri] s vastakohta *on the contrary* päin vastoin, ei suinkaan adj **1** vastakkainen (suunta, näkemys), vastainen (tuuli) **2** vastahakoinen, jääräpäinen (ihminen), vikuroiva (hevonen)
contrary to adv jonkin vastainen
contrast [kɑntræst] s **1** vastakohta **2** vertailu **3** (televisio/valokuvan) kontrasti
contrast [kənˈtræst] v **1** vertailla, verrata **2** olla ristiriidassa jonkin kanssa, erottua (selvästi/edukseen yms) jostakin
contravene [ˌkɑntrəˈvin] v rikkoa, loukata (lakia, tapaa)
contravention [ˌkɑntrəˈvenʃən] s (lain, tavan) rikkomus, loukkaus
contribute [kənˈtrɪbjut] v **1** edistää, edesauttaa, vaikuttaa osaltaan johonkin *his good looks contributed to his success as an actor* hyvä ulkonäkö vaikutti osaltaan hänen menestykseensä näyttelijänä **2** osallistua keräykseen, lahjoittaa jotakin **3** kirjoittaa (avustajana) lehteen
contribution [ˌkɑntrəˈbjuʃən] s **1** osuus, panos **2** lahjoitus **3** lehtikirjoitus
contributor [ˌkɑnˈtrɪbjutər] s (lehden, keräyksen) avustaja, kirjoittaja, artikkelin tekijä
contributory [ˌkɑnˈtrɪbjutɔri] adj myötävaikuttava, osa- *contributory factor* osasyy
contrivance [kənˈtraɪvəns] s **1** laite, vekotin **2** keksintö, kekseliäisyys **3** juonittelu
contrive [kənˈtraɪv] v **1** keksiä (suunnitelma) **2** onnistua tekemään, saada aikaan, järjestää, juonitella
contrived adj teennäinen, epäaito
1 control [kənˈtroʊl] s **1** johto, valvonta, hallinta *to be in control of an office/your feelings/yourself* johtaa konttoria/hallita tunteensa/itsensä *to lose control of a vehicle/of a situation/of yourself* menettää ajoneuvon/tilanteen hallinta/itsehillintänsä **2** tarkastus *ticket control* lippujen tarkastus **3** säätö, valvonta **4** säädin, ohjain (myös kuv) *tone control* äänensävyn säädin
2 control v **1** johtaa, valvoa, hallita **2** säätää, säädellä (lämpötilaa, nopeutta, kasvua)

control character

control character s (tietok) ohjausmerkki
control group s (kokeellisen tutkimuksen) vertailuryhmä, kontrolliryhmä
controlled substance s huume, laiton aine
control panel s ohjauspaneeli, ohjauspöytä
control tower s lennonjohtotorni
controversial ['kantrə͵vərʃəl] adj erimielisyyttä aiheuttava, kiistanalainen
controversy ['kantrə͵vərsi] s kiista, riita
convalesce [͵kanvə'les] v toipua, parantua, olla toipilaana/parantumassa
convalescence [͵kanvə'lesəns] s parantuminen, toipilasaika
convalescent s toipilas adj toipilas-, parantumassa oleva
convalescent home s toipilaskoti
convene [kən'vin] v 1 kutsua koolle (kokoukseen) 2 kokoontua (neuvotteluun, kokoukseen)
convener s kokouksen koollekutsuja
convenience [kən'vinjəns] s 1 (mon) mukavuudet *modern conveniences* nykyajan mukavuudet 2 mukavuus *in your room, a telephone is provided for your convenience* huoneessanne on puhelin
convenience store s elintarvikekioski
convenient [kən'vinjənt] adj mukava, kätevä, sopiva, edullinen (sijainti)
conveniently adv mukavasti, kätevästi, sopivasti *the store is conveniently located* myymälä sijaitsee hyvällä paikalla
convent [kanvent] s nunnaluostari
convention [kən'venʃən] s 1 tapa 2 sovinnaisuus, konventio 3 konferenssi
conventional adj sovinnainen, perinteinen, tapojen mukainen
conventionally adv 1 sovinnaisesti 2 yleensä, tavan mukaan
conventional oven s perinteinen kaasu- t. sähköuuni (erotuksena mikroaaltouunista)
converge [kən'vərdʒ] v lähestyä (toisiaan)
convergence [kən'vərdʒəns] s 1 lähestyminen 2 yhtyminen, leikkaaminen
converge on v kerääntyä, kasaantua jonnekin

conversation [͵kanvər'seıʃən] s keskustelu, puhe *and the rest is conversation* ja loppu on pelkkää puhetta
conversational [͵kanvər'seıʃənəl] adj 1 tuttavallinen, rento 2 puhekielen
conversationalist [͵kanvər'seıʃənəlıst] s puhelias ihminen, seuraihminen, (joku joka on) hyvää juttuseuraa; keskustelija
converse [kanvərs] s vastakohta
converse [kən'vərs] v keskustella adj vastakkainen
conversion [kən'verʒən] s 1 muunto, muuttaminen, konversio 2 (usk) käännytys, kääntymys
convert [kən'vərt] v 1 muuntaa, muuttaa, muuttua joksikin 2 (usk) käännyttää, kääntyä
convert [kanvərt] s (usk, kuv) käännynnäinen
converter [kən'vərtər] s muunnin, muuntaja *D/A converter* digitaali-analogiamuunnin
convertible [kənvərtıbəl] s avoauto adj 1 joka voidaan muuntaa/muuttaa joksikin 2 vapaasti vaihdettava (valuutta)
convertible bond s (tal) vaihtovelkakirja
convex [kan'veks] adj kupera
convey [kən'veı] v 1 kuljettaa, johtaa 2 välittää (ajatus, tunne, terveiset), saada ymmärtämään jotakin
conveyance [kən'veıəns] s 1 kuljetus 2 kulkuneuvo
convict [kanvıkt] s rangaistusvanki, rikoksesta tuomittu henkilö
convict [kən'vıkt] v tuomita rikoksesta, todeta syylliseksi
conviction [kən'vıkʃən] s 1 (lak) tuomio 2 vakaumus *he has the courage of his convictions* hän on hyvin suoraselkäinen *I am open to conviction* olen valmis muuttamaan kantaani (mikäli perusteita ilmenee)
convince [kən'vıns] v saada joku vakuuttumaan jostakin
convinced adj vakuuttunut jostakin
convincing adj vakuuttava, uskottava
convincingly adv vakuuttavasti, uskottavasti

convivial [kənˈvɪviəl] adj **1** hyväntuulinen **2** seurallinen

convocation [ˌkɑnvəˈkeɪʃən] s **1** kokoon/koolle kutsuminen **2** kokous, kokoontuminen

1 convoy [kɑnvoɪ] s (laiva/lento)saattue

2 convoy v saattaa

convulse [kənˈvʌls] v ravistella (myös kuv), (lääk) kouristella

convulsion [kənˈvʌlʃən] s ravistus, mullistus, (lääk) kouristus

convulsive [kənˈvʌlsɪv] adj kouristuksenomainen, kouristus-

coo [ku] v (kyyhkysestä) kujertaa

1 cook [kʊk] s kokki

2 cook v **1** valmistaa, laittaa, keittää, paistaa, leipoa (ruokaa) **2** (ruuasta) valmistua, kiehua, kypsyä, paistua **3** vääntää, sormeilla (tilejä)

cookbook [kʊkbʊk] s keittokirja

cookie [kʊki] s **1** keksi, pikkuleipä **2** (tietok) eväste, kuitti **3** *she is a smart cookie* hän on terävä ihminen, hänellä leikkaa hyvin

cookie cutter s piparkakkumuotti

Cookson [kʊksən] (Peter Panissa) Kokinpoika

cook up v sepittää, keksiä omasta päästään

1 cool [kʊəl] s (ilman) viileys, (myös kuv:) mielenmaltti *don't lose your cool* älä pillastu, hillitse itsesi

2 cool v **1** jäähdyttää, jäähtyä, viilentyä **2** rauhoittua

3 cool adj **1** viileä **2** (viileän) rauhallinen **3** (viileän) välinpitämätön, kylmä(kiskoinen) **4** kylmäverinen **5** (sl) erinomainen, loistava

cool down v **1** viilentää, viilentyä, esim palautua/palauttaa ruumiinlämpö normaaliksi liikunnan jälkeen **2** rauhoittaa, rauhoittua

cool it fr rauhoitu!

coolly adv **1** rauhallisesti **2** kylmä(kiskoise)sti **3** kylmäverisesti

coolness s viileys (myös kuv)

cool off v rauhoittua, rauhoittaa, rentoutua

cool out v rentoutua, rauhoittua

cool your heels fr odottaa

coop [kup] s (kana)koppi

cooperate [koʊˈɑpəˌreɪt] v olla/toimia yhteistyössä jonkun/jonkin kanssa

cooperation [koʊˌɑpəˈreɪʃən] s yhteistyö

1 cooperative [koʊˈɑpərətɪv] s osuuskunta

2 cooperative adj **1** avulias, halukas/valmis yhteistyöhön **2** osuustoiminnallinen, osuuskunta-

coopt [koʊˈɑpt] v kooptoida, valita jäseneksi nykyisten jäsenten päätöksellä

coop up v sulkea/ahtaa joku jonnekin

coordinate [koʊˈɔrdənət] s **1** koordinaatti **2** joku/jokin rinnakkainen adj rinnakkainen, rinnakkais-, rinnastava

coordinate [koʊˈɔrdəˌneɪt] v rinnastaa, järjestää, koordinoida

coordination [koʊˌɔrdəˌneɪʃən] s rinnastus, järjestäminen, koordinaatio

coordinator s **1** järjestäjä, koordinaattori **2** (kieliopissa) rinnastuskonjunktio

coot [kut] s nokikana *old coot* vanha äijänkäppänä

cop [kɑp] s (sl) poliisi

cop a plea fr (sl) myöntää syyllisyytensä (lievempään rikokseen) saadakseen lievemmän rangaistuksen

cope [koʊp] v selviytyä, tulla toimeen *he couldn't cope with his problems* hän ei selvinnyt ongelmistaan

Copenhagen [ˈkoʊpənˌheɪgən] Kööpenhamina

copier [kɑpiər] s **1** jäljittelijä, matkija **2** (valo)kopiokone

copious [koʊpiəs] adj runsas, ylenpalttinen

copiously adv runsaasti, ylenpalttisesti, yllin kyllin

cop out v (sl) luopua leikistä

copper [kɑpər] s **1** kupari **2** (sl) poliisi

copse [kɑps] s metsikkö

copulate [ˈkɑpjəˌleɪt] v paritella

copulation [ˌkɑpjəˈleɪʃən] s parittelu

1 copy [kɑpi] s **1** jäljennös, kopio **2** (yksittäinen) kirja, lehti

2 copy v **1** jäljentää, kopioida **2** matkia, jäljitellä

copying machine s (valo)kopiokone

copy machine s (valo)kopiokone

copyright

copyright [ˈkapiˌraɪt] s tekijänoikeus
coral [kɔrəl] s koralli
cord [kɔrd] s nuora, köysi *vocal cords* äänihuulet
cordial [kɔrdʒəl] adj kohtelias
cordially adv kohteliaasti *cordially yours* ystävällisin terveisin
cordon [kɔrdən] s vartioketju, vartiomiesten/poliisien/sotilaiden muodostama ketju
cordon off v eristää (alue)
corduroy [ˈkɔrdəˌrɔɪ] s vakosametti
1 core [kɔr] s **1** (omenan) kota **2** (maapallon) ydin **3** (kuv) ydin, keskeisin/olennaisin sisältö
2 core v poistaa (omenasta) kota
corer s omenapora
Corfu [kɔrˈfu] Korfu
Corinth [kɔrənθ] Korintti
1 cork [kɔrk] s **1** korkki(aine) **2** (pullon)korkki
2 cork v korkita, sulkea korkilla
corkscrew [ˈkɔrkˌskru] s korkkiruuvi
cormorant [kɔrmərənt] s merimetso
Corn. *Cornwall*
corn [kɔrn] s **1** maissi **2** jyvä **3** (UK) vilja **4** känsä
corncob [ˈkɔrnˌkab] s maissintähkä
cornea [kɔrniə] s (silmän) sarveiskalvo
1 corner [kɔrnər] s **1** nurkka (myös tal) *in the corner of the room* huoneen nurkassa **2** kulma *at/on the corner of the street* kadunkulmassa
2 corner v **1** panna joku ahtaalle **2** (auto) kääntyä (mutkassa)
cornering s (tal) nurkanvaltaus
cornerstone [ˈkɔrnərˌstoʊn] s kulmakivi (myös kuv)
cornet [kɔrˈnet] s (mus) kornetti
cornflakes [ˈkɔrnˌfleɪks] s (mon) maissihiutaleet
cornflour [ˈkɔrnˌflaʊər] s maissijauho
cornflower [ˈkɔrnˌflaʊər] s ruiskaunokki
cornhusk [ˈkɔrnˌhʌsk] s (maissintähkän) lehtituppi
cornice [kɔrnəs] s (arkkit) karniisi
corniche [kɔrnɪʃ kɔrˈniʃ] s mutkainen vuoristotie lähellä meren rantaa
cornsilk [ˈkɔrnˌsɪlk] s (maissintähkän) tupsu
corn starch [ˈkɔrnˌstartʃ] s maissitärkkelys
corn syrup [ˈkɔrnˌsərəp] s maissisiirappi
Cornwall [ˈkɔrnwəl] Englannin kreivikuntia
corona [kəˈroʊnə] s (auringon) korona
coronary [ˈkɔrəˌneri] s sydäninfarkti adj sepelvaltimo-
coronary artery s sepelvaltimo
coronary bypass s (sydämen)ohitusleikkaus
coronary thrombosis [θramˈboʊsɪs] s sydäninfarkti
coronation [ˌkɔrəˈneɪʃən] s kruunajaiset
coroner [kɔrənər] s kuolinsyyntutkija, patologi
coronet [ˌkɔrəˈnet kɔrənət] s (pieni) kruunu
corporal [kɔrprəl] s korpraali adj ruumiillinen
corporate [kɔrprət] adj **1** osakeyhtiön, (suuren liike)yrityksen **2** yhteis-
corporation [ˌkɔrpəˈreɪʃən] s **1** (UK) kunta, kaupunki **2** (US) osakeyhtiö
corporeal [ˌkɔrpəˈriəl] adj ruumiillinen
corps [kɔr] s **1** (sot) joukot *Marine Corps* merijalkaväki **2** armeijakunta
corpse [kɔrps] s (kuollut) ruumis, kalmo
corpuscule [ˈkɔrˌpʌsəl] s verisolu *red/white corpuscules* punasolut/valkosolut
1 corral [kəˈræəl] s karja-aitaus
2 corral v koota/sulkea (karja) aitaukseen
1 correct [kəˈrekt] v korjata, oikaista (virhe, puhujaa)
2 correct adj **1** oikea (vastaus) **2** (käytös) sopiva, moitteeton, korrekti *that was the correct gesture* se oli oikea ele
correction [kəˈrekʃən] s **1** korjaus, oikaisu **2** *house of correction* (vanh) kasvatuslaitos
correctly adv **1** (vastata) oikein **2** (käyttäytyä) oikein, sopivasti, moitteettomasti, korrektisti
correctness [kəˈrektnəs] s **1** (vastauksen) paikkansapitävyys **2** (käytöksen) sopivuus, moitteettomuus

correlate [ˌkɔrəˈleɪt] v yhdistää, verrata, olla yhteydessä toisiinsa, korreloida

correlation [ˌkɔrəˈleɪʃən] s yhtäläisyys, yhteys, korrelaatio

correspond [ˌkɔrəsˈpænd] v **1** vastata jotakin, olla samanlainen kuin **2** olla kirjeenvaihdossa

correspondence [ˌkɔrəsˈpændəns] s **1** vastaavuus, yhtäläisyys **2** kirjeenvaihto (myös merkityksessä:) kirjeet

correspondent [ˌkɔrəsˈpændənt] s **1** kirjeenvaihtotoveri **2** (sanomalehden) kirjeenvaihtaja

corridor [kɔrədər] s käytävä

corroborate [kəˈræbəˌreɪt] v vahvistaa, tukea (käsitystä, selitystä) *I corroborated her version of the story* vahvistin hänen selostuksensa tapahtumista

corrode [kəˈroʊd] v syöpyä, ruostua

corrosion [kəˈroʊʒən] s korroosio, syöpyminen, ruostuminen

corrosive [kəˈroʊsɪv] s ruostumista/korroosiota aiheuttava aine adj ruostumista/korroosiota aiheuttava, korrosiivinen

corrugated [ˈkɔrəˌgeɪtəd] adj aalto-

corrugated paper s aaltopahvi

corrugation [ˌkɔrəˈgeɪʃən] s aalto(muoto)

1 corrupt [kəˈrʌpt] v rappeuttaa, turmella, pilata

2 corrupt adj rappeutunut, turmeltunut, lahjuksia vastaanottava, rötös-

corruption [kəˈrʌpʃən] s korruptio, lahjonta, rappio, turmelus

corset [kɔrsət] s korsetti, kureliivit

Corsica [kɔrsɪkə] Korsika

cortege [kɔrˈteʒ, kɔrˈtaʒ] s (hautajais)kulkue

corvette [kɔrˈvet] **1** (alus) korvetti **2** *Corvette* eräs amerikkalainen urheiluautomalli

cosmetic [ˌkazˈmetɪk] s kauneudenhoitoaine adj kosmeettinen, kauneudenhoito-, kauneus-

cosmetic surgery s plastiikkakirurgia

cosmic [kazmɪk] adj **1** kosminen, maailmankaikkeutta koskeva **2** (kuv) suunnaton, valtava

cosmology [ˌkazˈmalədʒi] s kosmologia

cosmonaut [ˈkazməˌnat] s kosmonautti

cosmopolitan [ˌkazməˈpalətən] s maailmankansalainen, kosmopoliitti adj yleismaailmallinen, kosmopoliittinen

cosmos [kazməs] s kosmos, maailmankaikkeus

cossack [kasæk] s kasakka

1 cost [kast] s **1** kustannukset **2** hinta (myös kuv) *regardless of cost* hintaan katsomatta, mihin hintaan hyvänsä

2 cost v cost, cost: maksaa (myös kuv), olla hintana *how much did your new hat cost?* paljonko uusi hattusi maksoi? *the mistake cost him a pretty penny* erehdys maksoi hänelle sievoisen summan

1 costar [ˈkoʊˌstar] s (elok) toinen pääosan esittäjistä

2 costar v esittää toista pääosaa, olla toisessa pääosassa

Costa Rica [ˌkoʊstəˈrikə]

Costa Rican s, adj costaricalainen

cost-effective [ˌkastɪˈfektɪv] adj edullinen, halpa (valmistustapa tms)

costly adj kallis (tavara, hanke, maku)

cost of living s elinkustannukset

cost of living index s elinkustannusindeksi

costume [kastʃum, kastum] s (näyttelijän) esiintymispuku *bathing costume* uimapuku

costume party s naamiaiset

cosy ks cozy

cot [kat] s **1** leirivuode, kenttävuode **2** mökki **3** (UK) lastensänky

cotinga s (lintu) kotinga

cottage [katədʒ] s mökki

cotton [katən] s puuvilla

cottonmouth snake s vesimokkasiinikäärme

cotton (on) to v **1** mieltyä johonkuhun/johonkin, alkaa pitää jostakusta/jostakin **2** hyväksyä jotakin **3** käsittää, päästä jyvälle jostakin

1 couch [kaʊtʃ] s sohva

2 couch v ilmaista, pukea sanoiksi *he couched his opinion in reserved language* hän ilmaisi mielipiteensä varautunein sanankääntein

couchette [kuˈʃet] s (UK) **1** makuuvaunun vuodeistuin **2** makuuhytti *a three-*

couch grass

berth couchette kolmen hengen makuuhytti
couch grass s juolavehnä
couch potato [ˈkautʃpəˌteɪtou] s (ark) sohvaperuna
cougar [kugər] s puuma
1 cough [kaf] s yskä; yskähdys
2 cough v yskiä
could [kʊd] ks can
council [kaʊnsəl] s neuvosto
councilor [kaʊnsələr] s neuvoston jäsen
1 counsel [kaʊnsəl] s **1** neuvo **2** asianajaja
2 counsel v **1** neuvoa, antaa neuvoja **2** kehottaa *to counsel patience* kehottaa kärsivällisyyteen
counselor [kaʊnsələr] s **1** neuvonantaja **2** asianajaja **3** opinto-ohjaaja **4** (lasten) leiriopas
1 count [kaʊnt] s **1** luku(määrän laskeminen) *at the last count* kun viimeksi laskettiin **2** (lak) syytteen kohta, syyte **3** huomio *I took no count of what the others said* minä en piitannut toisten puheista **4** kreivi **5** (nyrkkeilyssä) kymmeneen lasku
2 count v **1** laskea (sataan, hinta, äänet) **2** pitää jotakuta jonakin, lukea/laskea joku joksikin *you can count yourself lucky* saat kiittää onneasi
countable adj joka voidaan laskea (myös kieliopissa)
count down v laskea takaperin, tehdä lähtölaskenta
countdown [ˈkaʊntˌdaʊn] s lähtölaskenta
1 countenance [kaʊntənəns] s **1** kasvot **2** tuki
2 countenance v (ylät) sallia, suvaita
1 counter [kaʊntər] s **1** tiski, myyntipöytä, kassa, lippuluukku, (pitkä keittiön) pöytä **2** pelimerkki **3** laskin(laite)
2 counter v **1** vastata (iskuun, hyökkäykseen) **2** vastustaa (määräystä) **3** kumota (päätös)
counteract [ˌkaʊntərˈækt] v kumota (vaikutus), vaikuttaa/taistella jotakin vastaan
counteraction [ˌkaʊntərˈækʃən] s vastavaikutus, vastatoimi

counteractive [ˌkaʊntərˈæktɪv] adj vasta-, vastustus-
counterattack [ˈkaʊntərəˌtæk] s vastahyökkäys
counterbalance [ˈkaʊntərˌbæləns] s vastapaino
counterbalance [ˌkaʊntərˈbæləns] v olla/toimia jonkin vastapainona
counterclockwise [ˌkaʊntərˈklakwaɪz] adv vastapäivään
counterculture [ˈkaʊntərˌkʌltʃər] s vaihtoehtokulttuuri
counterfeit [kaʊntərfət] v väärentää adj väärä, väärennetty
counterforce [ˈkaʊntərˌfɔrs] s vastavoima, vastustus
1 countermand [ˌkaʊntərˈmænd] s (käskyn) peruutus
2 countermand v peruuttaa/kumota käsky
countermeasure [ˈkaʊntərˌmeʒər] s vastatoimi, vastatoimenpide
counteroffensive [ˌkaʊntərəˈfensɪv] s vastahyökkäys
counteroffer [ˈkaʊntərˌafər] s vastatarjous
counterpart [ˈkaʊntərˌpart] s **1** vastine, joka vastaa jotakuta/jotakin **2** jäljennös, kopio **3** vastakappale
counterproductive [ˌkaʊntərprəˈdʌktɪv] adj vahingollinen *getting mad would be counterproductive* suuttumisesta olisi enemmän haittaa kuin hyötyä
counterrevolution [ˌkaʊntərˌrevəˈluʃən] s vastavallankumous
counterrevolutionary adj vastavallankumouksellinen
countersign [ˈkaʊntərˌsaɪn] v varmentaa (sekki toisella) nimikirjoituksella
countersignature [ˌkaʊntərˈsɪgnətʃər] s (sekin) varmennus
counter to adv vastoin jotakin, jonkin vastaisesti
counterweight [ˈkaʊntərˌweɪt] s vastapaino
countess [kaʊntəs] s kreivitär
count in v lukea/laskea mukaan
countless adj lukematon

count on v luottaa johonkuhun/johonkin, laskea jonkun/jonkin varaan
count out v **1** jättää joku pois laskuista **2** (laskea ja) jakaa jotakin jollekulle
countrified ['kʌntrəˌfaɪd] adj maalaismainen
country [kʌntri] s **1** maa **2** kansa **3** maaseutu **4** maisema **5** kantrimusiikki
country-and-western [ˌkʌntriən-ˈwestərn] s kantrimusiikki, country-and-western-musiikki
country club s golfkerho
country cousin s (kuv) maalaisserkku
country domain name s (tietok) maatunnus
country gentleman s (mon country gentlemen) suurtilallinen, tilanomistaja
countryman [kʌntrɪmən] s (mon countrymen) **1** maanmies **2** maalainen
country music s kantrimusiikki
country rock s kantrimusiikki jossa on rockmusiikin vaikutteita
countryside ['kʌntriˌsaɪd] s maaseutu
countrywoman ['kʌntriˌwʊmən] s (mon countrywomen) **1** maanmies, saman maan (nais)kansalainen **2** maalainen
count upon ks count on
county [kaʊnti] s (US) piirikunta, (UK) kreivikunta
coup [ku] s **1** isku, tempaus, saavutus **2** vallankaappaus
coup d'état [ˌkudəˈta] s vallankaappaus
coupé [kup] s coupé (-mallinen auto)
1 couple [kʌpəl] s **1** pari *a married couple* aviopari **2** pari, muutama, jokunen *a couple of blocks from here* parin korttelin päässä
2 couple v **1** yhdistää, yhdistyä (pariksi) **2** (eläimet) paritella
couplet [kʌplət] s säepari, riimipari
coupling [kʌplɪŋ] s **1** yhdistäminen, liittäminen **2** kytkin, liitin
coupon [kjupan, kupan] s (esim tarjous)kuponki
courage [kərədʒ] s rohkeus
courageous [kəˈreɪdʒəs] adj rohkea, urhea, peloton
courageously adv rohkeasti, urheasti, pelottomasti

courgette [kʊərˈʒet] s (UK) kesäkurpitsa
courier [kərɪər] s **1** kuriiri **2** (UK) matkaopas
1 course [kɔrs] s **1** suunta, kurssi, kulku, kesto *the illness has run its course* sairaus on kestänyt aikansa/on ohi **2** aika, kesto *in the course of his studies* opiskellessaan, opiskeluaikanaan *in due course* aikanaan **3** (oppi)kurssi **4** (hoito-)ohjelma **5** ruokalaji **6** *of course* tottakai, tietenkin
2 course v **1** (verestä, kyynelistä) virrata **2** metsästää
courser [kɔrsər] s (eläin) aavikkojuoksija
courseware s (tietok) opetusohjelmisto
1 court [kɔrt] s **1** oikeus, oikeussali *his case came up in court yesterday* hänen oikeusjuttunsa käsiteltiin eilen **2** hovi *at court* hovissa **3** kenttä *basketball/handball/volleyball/tennis court* koripallo/käsipallo/lentopallo/tenniskenttä
2 court v **1** (vanh) kosiskella (myös kuv) **2** etsiä (hankaluuksia), uhmata kohtaloaan
courteous [kɜrtɪəs] adj kohtelias
courteously adv kohteliaasti
courtesy [kɜrtəsi] s **1** kohteliaisuus **2** *(by) courtesy of* jonkun suosiollisella avustuksella, lainannut käyttöön se ja se adj ilmainen *courtesy shuttle* (hotellin asiakkaita kyyditsevä) ilmainen lentokenttäbussi tms
courtesy light s (henkilöauton) sisävalo
courtesy visit s kohteliaisuuskäynti
courthouse [kɔrthaʊs] s oikeustalo
courtier [kɔrtɪər] s hovimies
1 court-martial ['kɔrtˌmarʃəl ˌkɔrt-ˈmarʃəl] s sotaoikeus
2 court-martial v viedä/joutua sotaoikeuteen, syyttää sotaoikeudessa
courtship [kɔrtʃɪp] s seurustelu
courtyard [kɔrtjard] s (sisä)piha
cousin [kʌzən] s serkku *first cousin* serkku *second cousin* pikkuserkku
cove [koʊv] s (pieni) lahti
Coventry ['kʌvənˌtri]

cover

1 cover [kʌvər] s **1** (laatikon, kirjan) kansi, suojus, peite **2** (kirje)kuori **3** suoja, turva, piilo *under cover of darkness* pimeyden turvin **4** vakuutussuoja **5** ks cover version
2 cover v **1** peittää, peittyä, kattaa *the streets were covered in/with snow* kadut olivat paksun lumen peitossa **2** peittää, salata (hämmästyksensä, virheensä) **3** käsitellä, kattaa, kertoa (lehdessä), uutisoida jostakin *her latest book covers a lot of ground* hän käsittelee uusimmassa kirjassaan monia asioita **4** levyttää tuttu musiikkikappale uudestaan (ks cover version)
coverage [kʌvərədʒ] s **1** uutisointi, selostus (televisiossa, radiossa, lehdissä) **2** vakuutussuoja(n laajuus)
cover charge s (ravintolan tms) pääsymaksu, illalliskortti
cover for v **1** olla/toimia jonkun sijaisena **2** salata jonkun poissaolo/virhe
cover girl s (lehden) kansikuvatyttö
cover letter s saatekirje
cover story s **1** (lehden) kansikuvajuttu, (yksi) pääjuttu **2** veruke, meriselitys
1 covert [koʊ'vərt] s **1** päällys, kuomu, peite **2** piilopaikka
2 covert adj vaivihkainen, salainen
covertly adv vaivihkaa, salaa
cover up v **1** peittää, salata **2** peittää kokonaan, haudata alleen
cover version s toisen esittäjän versio tutusta musiikkikappaleesta
1 cow [kaʊ] s **1** lehmä **2** naaras(norsu, -virtahepo, -valas)
2 cow v pelotella, uhkailla
coward [kaʊərd] s pelkuri
cowardice [kaʊərdəs] s pelkuruus, arkuus
cowardly adj arka, pelokas, pelkurimainen
cowberry s (mon cowberries) puolukka
cowboy [kaʊbɔɪ] s karjapaimen, cowboy
cowgirl [kaʊgərəl] s karjapaimen (naispuolinen)
cowl [kaʊəl] s huppu
cowlick [kaʊlɪk] s otsakiehkura
cow lily s ulpukka

cowslip s rentukka
1 cox [kaks] s (kilpasoutuveneen) perämies
2 cox v pitää perää, olla perämiehenä
coxswain [kaksən] s (kilpasoutuveneen) perämies
coy [kɔɪ] adj (teennäisen) ujo, kaino
coyly adv (teennäisen) ujosti, kainosti
coyote [kaɪ'oʊti] s kojootti
COZ (tekstiviestissä, sähköpostissa) *because*
cozily adv kodikkaasti, mukavasti
cozy [koʊzi] adj kodikas, mukava (huone, olo)
cozyness s kodikkuus, mukavuus
CPA *certified public accountant* tilintarkastaja
CPI *consumer price index* kuluttajahintaindeksi
CP/M *Control Program for Microcomputers* eräs mikrotietokoneiden käyttöjärjestelmä
CPR *cardiopulmonary resuscitation* sydänelvytys
Cpt. *captain* kapteeni
CPU *central processing unit* (tietokoneen) keskusyksikkö
CR *carriage return* (tietok) rivinvaihto
Crab (tähdistö) Krapu
crab [kræb] s taskurapu
crabeater seal s krillihylje
1 crack [kræk] s **1** lohkeama, murtuma **2** läimähdys, pamahdus **3** isku, tärähdys **4** eräs laimentamaton kokaiinilaji, crack
2 crack v **1** murtua, lohjeta **2** läimähtää, pamahtaa **3** (äänestä) murtua **4** ratkaista (arvoitus), purkaa (salakieli) **5** murtautua
crack a code v (tietok) tiirikoida
crack a joke fr kertoa/murjaista vitsi
crack a smile fr hymyillä, väläyttää hymy
crackbrain ['kræk.breɪn] s typerys, idiootti
crack down on v (viranomaisista) koventaa otteitaan (taistelussa rikollisuutta vastaan)
cracker s **1** suolakeksi **2** sähikäinen **3** paukkukaramelli **4** maatiainen, maajussi **5** (tietok) murtautuja

crackerjack [ˈkrækərˌdʒæk] s jokapaikan höylä, tuhattaituri

cracking v (tietok) systeemimurto, tietomurto

1 crackle [krækəl] s rätinä, ritinä

2 crackle v rätistä, ritistä

crackpot [krækpat] s, adj tärähtänyt

crack up v **1** seota, tulla hulluksi **2** purskahtaa/ratketa nauruun

1 cradle [kreɪdəl] s **1** kehto (myös kuv) **2** kehikko, runko

2 cradle v pidellä (varovasti sylissään)

craft [kræft] s **1** käsityö, käsityötaito, taideteollisuus **2** taito, taitavuus, osaaminen **3** oveluus, juonikkuus **4** alus, vene, laiva

craftily adv ovelasti, juonikkaasti, nokkelasti

craftiness s oveluus, juonikkuus, nokkeluus

craftsman [kræfsmən] s käsityöläinen

craftsmanship [ˈkræfsmənʃɪp] s käsityötaito, ammattitaito

crafty [kræfti] adj ovela, juonikas

crag [kræg] s kallio

craggy [krægi] adj kallioinen, rosoinen, kulmikas

cram [kræm] v **1** ahtaa, sulloa täyteen **2** pänttätä päähänsä (läksyjä)

1 cramp [kræmp] s lihaskouristus

2 cramp v **1** aiheuttaa lihaskouristus **2** ahtaa, sulloa **3** estää, rajoittaa, haitata

crampon [ˈkræmˌpan] s (kenkään kiinnitettävä) jäärauta

cranberry [krænˌberi] s karpalo

Crane (tähdistö) Kurki

1 crane [kreɪn] s **1** kurki **2** nostokurki

2 crane v kurottautua, kurottaa (kaulaansa)

crane-fly s (mon crane-flies) vaaksiainen

cranial [kreɪnɪəl] adj kallon, kallo-

cranium [kreɪnɪəm] s (mon craniums, crania) kallo

1 crank [kræŋk] s **1** kampi **2** höynähtänyt/tärähtänyt ihminen

2 crank v kääntää/käynnistää ym kammella

crankshaft [ˈkræŋkˌʃæft] s kampiakseli

cranky adj **1** outo, kummallinen, löylynlyömä (ihminen) **2** ärtyisä, äksy

1 crash [kræʃ] s **1** kolari, onnettomuus, lentokoneen putoaminen, rysähdys (myös äänestä), törmäys **2** (talouden) romahdus

2 crash v **1** joutua kolariin/onnettomuuteen, (lentokoneesta) pudota, rysähtää (myös äänestä), törmätä johonkin **2** romahtaa (taloudellisesti), mennä vararikkoon **3** mennä kuokkavieraana jonnekin *they crashed the party* he menivät juhliin kuokkimaan **4** (sl) nukahtaa, sammua **5** (tietok) kaatua

crass [kræs] adj törkeä, tökerö (virhe, käytös), ällistyttävä (tietämättömyys)

1 crate [kreɪt] s laatikko

2 crate v pakata laatikkoon

crater [kreɪtər] s kraatteri

Crater Lake [ˌkreɪtərˈleɪk] järvi ja kansallispuisto Oregonissa

cravat [krəˈvæt] s **1** kravatti, solmio **2** (vanh) kaulaliina

crave [kreɪv] v kaivata/haluta kovasti

craving s voimakas halu

1 crawl [krɔl] s **1** ryömintä, matelu (myös kuv) *the traffic on the freeway slowed down to a crawl* moottoritien liikenne eteni enää vain ryömintävauhtia **2** krooli(uinti)

2 crawl v ryömiä, madella (myös kuv)

crayfish [kreɪfɪʃ] s rapu

1 crayon [ˈkreɪˌan kræn] s väriliitu

2 crayon v värjätä väriliiduilla

1 craze [kreɪz] s villitys, hullutus

2 craze v tehdä hulluksi *the woman had a crazed look in her eyes* naisella oli hullun kiilto silmissään

crazily adj **1** hullusti, hullun lailla **2** uskomattoman

craziness s hulluus (myös kuv), älyttömyys

crazy adj hullu (myös kuv) *I'm not crazy about the idea* minä en ole erityisen innostunut ajatuksesta *she is crazy about him* hän on hulluna häneen

1 creak [krik] s narahdus

2 creak v narahtaa

creaky adj nariseva

cream

1 cream [krim] s **1** kerma (myös kuv:) parhaimmisto, hienosto **2** voide, kreemi **3** kermanväri
2 cream v **1** kuoria kerma (myös kuv:) viedä parhaat palat **2** lisätä kermaa (kahviin, teehen) **3** (sl) tehdä selvää jälkeä jostakusta, voittaa perinpohjin
creamy adj kermainen, kermamainen, voidemainen
1 crease [kris] s taite, poimu, laskos, (housun)prässit, ryppy
2 crease v taittaa, poimuttaa, laskostaa, prässätä, rypistää
create [kri'eɪt] v **1** luoda **2** aiheuttaa (ongelmia), pitää (melua)
creation [kri'eɪʃən] s **1** luominen **2** luomakunta
creative [kri'eɪtɪv] adj luova, kekseliäs
creatively adv luovasti, kekseliäästi
creativeness [kri'eɪtɪvnəs] s luovuus
creativity [kriˌeɪ'tɪvəti, kriə'tɪvəti] s luovuus
creator s luoja, tekijä, keksijä, (ajatuksen) isä *Creator* Luoja
creature [kritʃər] s eläin, ihminen
creature comforts s perusmukavuudet
crèche [kreʃ] s (UK) päiväkoti
cred [kred] s (ark) *street credibility* katu-uskottavuus, status, maine
credence [kridəns] s usko, luottamus (jonkin paikkansapitävyyteen) *give credence to something* uskoa, luottaa johonkin
credentials [krə'denʃəlz] s (mon) suositukset, todistukset, henkilöllisyyspaperit
credibility [ˌkredə'bɪləti] s uskottavuus
credible [kredəbəl] adj uskottava
credibly adv uskottavasti
credit [kredət] s **1** usko, luottamus **2** tunnustus, arvonanto **3** (pankki)luotto **4** (pankki)saatavat
creditable [kredətəbəl] adj kiitettävä, hyvä, oivallinen
creditably adv kiitettävästi, hyvin
credit card s luottokortti
credit line s luottoraja
creditor [kredətər] s velkoja
credit with v laskea/lukea jonkun ansioksi/syyksi

credulity [krə'dʒuləti] s hyväuskoisuus, herkkäuskoisuus, narrattavuus
credulous [kredʒələs] adj hyväuskoinen, herkkäuskoinen, narrattava
creed [krid] s **1** usko **2** uskontunnustus
creek [krik] s **1** puro **2** (UK) kapea merenlahti
CREEP *Committee to Reelect the President*
1 creep [krip] s hyyppiö, retale
2 creep v crept, crept **1** ryömiä, madella, hiipiä **2** (ihosta) nostaa kananlihalle
creeper s köynnöskasvi
creeping buttercup s rönsyleinikki
creeps *to give someone the creeps* pelästyttää, kauhistuttaa, kuvottaa, inhottaa
creepy adj pelottava, kauhistuttava
cremate ['kriˌmeɪt] v polttaa ruumis
cremation [krɪ'meɪʃən] s kremaatio, ruumiin polttaminen
crematorium [ˌkrimə'tɔriəm] s (mon crematoriums, crematoria) krematorio
crematory [krimə,tɔri] krematorio
crème fraîche [ˌkrem'freʃ] s ranskankerma, crème fraîche
crepe [kreɪp] s **1** kreppi(kangas) **2** surunauha **3** ohukainen, crépe
crept [krept] ks creep
crescendo [krə'ʃendoʊ] s **1** (mus) crescendo **2** (kuv) purkaus, tulva, ryöppy
crescent [kresənt] s **1** kuunsirppi **2** kuunsirpin muotoinen esine **3** voisarvi, croissant
cress [kres] s (kasvi) krassi
1 crest [krest] s **1** (aallon, vuoren, hevosen) harja **2** (kuv) huippu **3** (kukon)heltta, (linnun) töyhtö
2 crest v **1** kiivetä (vuoren) huipulle **2** (kuv) huipentua *his fame crested in the early 1990s* hänen maineensa oli laajimmillaan 1990-luvun alussa
crested porcupine s piikkisika
crested tit s töyhtötiainen
crestfallen ['krest,falən] adj (täysin) lannistunut, myrtynyt, (raskaasti) pettynyt
Crete [krit] Kreeta
cretin [kritən] s **1** kretiini **2** (kuv) idiootti
crevasse [krə'væs] s railo

crevice [krevəs] s lohkeama, halkeama
crew [kru] s **1** (laivan, lentokoneen) miehistö **2** (urheilu)joukkue **3** (työ)ryhmä, tiimi
crewcut [krukʌt] s sänkitukka
1 crib [krɪb] s **1** (US) lastensänky, häkkisänky **2** seimi **3** lunttilappu
2 crib v **1** luntata (kokeessa) **2** plagioida
cricket [krɪkət] s **1** heinäsirkka **2** kriketti(peli)
cricketer s kriketinpelaaja
cried [kraɪd] ks cry
crime [kraɪm] s rikos, rikollisuus
Crimea [kraɪˈmiːə] Krim
criminal [krɪmənəl] s rikollinen adj rikollinen, rikosoikeudellinen
criminal code s rikoslaki
criminal law s rikoslaki
criminal lawyer s rikosasianajaja
criminally adv **1** rikollisesti *an institute for the criminally insane* vankimielisairaala **2** (kuv) törkeästi, hävyttömästi
crimson [krɪmzən] s, adj purppuranpunainen
cringe [krɪndʒ] v **1** säpsähtää, vavahtaa **2** nöyristellä, (kuv) ryömiä jonkun edessä
1 crinkle [krɪŋkəl] s ryppy
2 crinkle v rypistää, rypistyä
1 cripple [krɪpəl] s rampa, invalidi
2 cripple v **1** rampauttaa **2** (kuv) lamauttaa, tehdä toimintakyvyttömäksi
crippling adj lamauttava, musertava
crises [kraɪsiz] ks crisis
crisis [kraɪsəs] s (mon crises) kriisi, murros, ratkaisun hetki, taitekohta
1 crisp [krɪsp] s (UK) perunalastu
2 crisp adj (ruoka) rapea, tuore, (ilma) raikas, virkistävä, (ääni) reipas, selvä, (vastaus, kirjoitustyyli) reipas, terävä, ytimekäs, (ulkonäkö) siisti, huoliteltu
crispbread s näkkileipä
crisply adv ks 2 crisp
crispness s ks 2 crisp
crisscross [krɪskras] v **1** kulkea ristiin rastiin, sinne tänne **2** merkitä rastilla adv ristiin rastiin
criteria [kraɪˈtɪəriə] ks criterion
criterion [kraɪˈtɪəriən] s (mon criteria) kriteeri, tunnusmerkki, valintaperuste

critic [krɪtɪk] s kriitikko, arvostelija
critical adj kriittinen (eri merkityksissä:) ratkaiseva, vaarallinen (hetki, tila); ankarasti arvosteleva, moittiva; arvosteluun, kritiikkiin liittyvä; kriittiseen tutkimukseen liittyvä, tarkka *don't be too critical of him* älä arvostele häntä liian ankarasti *critical acclaim* myönteiset arvostelut
critically adv **1** kriittisesti (ks critical) **2** ratkaisevan (tärkeä) **3** vakavasti (sairas)
criticism [ˈkrɪtəˌsɪzəm] s arvostelu, kritiikki, moite
criticize [ˈkrɪtəˌsaɪz] v arvostella, kritisoida, moittia, haukkua
1 croak [kroʊk] s (sammakon) kurnutus, (variksen, ihmisen) rääkäisy
2 croak v (sammakko) kurnuttaa, (varis, ihminen) rääkyä
Croatia [kroʊˈeɪʃə] Kroatia
crock [krak] s **1** (savitavara)ruukku **2** (sl) pöty(puhe), roska(puhe)
crockery [krakəri] s savitavara
crocodile [ˈkrakəˌdaɪl] s krokotiili
crocodile tears s (mon kuv) krokotiilinkyyneleet *she shed some crocodile tears* hän vuodatti krokotiilinkyyneleitä
crocus [kroʊkəs] s (mon crocusses) krookus
1 crook [krʊk] s **1** (paimen)sauva **2** (tien)mutka **3** (ark) roisto, konna
2 crook v taipua/taivuttaa mutkalle, (tie) kääntyä
crooked [krʊkəd] adj käyrä, kiero (myös kuv), epärehellinen
crooner [krunər] s nyyhkylaulaja
1 crop [krap] s **1** (maat) sato **2** joukko, ryhmä, kimppu
2 crop v leikata/katkaista (lyhyeksi), lyhentää, typistää (korvia)
crop failure s kato(vuosi)
crop rotation s vuoroviljely
crop up v ilmetä, tulla esiin, nousta (ongelma)
croquet [kroʊˈkeɪ] s kroketti(peli)
1 cross [kras] s **1** risti (myös kuv) *to bear your cross* kantaa ristinsä **2** (kaavakkeessa yms) rasti **3** risteytys, (kuv) sekasikiö

2 cross v **1** ylittää, kulkea jonkin yli/poikki *they crossed the desert at night* he ylittivät aavikon yöllä **2** ristiä, panna ristiin, mennä ristiin *I'll keep my fingers crossed for you* minä pidän sinulle peukkua *the roads cross a few miles from here* tiet risteävät muutaman mailin päässä
3 cross adj pahantuulinen, vihainen, kiukkuinen
crossbill [krasbıl] s käpylintu
crossbow ['kras‚boʊ] s varsijousi
cross-breed s sekarotuinen eläin
1 crossbreed ['kras‚brid] s risteytys, sekarotuinen ihminen/eläin
2 crossbreed v risteyttää
crossbuck ['kras‚bʌk] s tasoristeyksen merkki
1 cross-check [‚kras'tʃek] s tarkistus
2 cross-check v tarkistaa
cross-country [‚kras'kʌntri] adj **1** maasto-, murtomaa- **2** maan poikki ulottuva (lento)
cross-country skiing s murtomaahiihto, maastohiihto
cross-examination [‚krasəg‚zæmə'neɪʃən] s ristikuulustelu
cross-examine [‚krasəg'zæmən] v ristikuulustella
cross-eyed ['kras‚aɪd] adj kierosilmäinen
cross-fade ['kras‚feɪd] s (video) ristikuva, siirtymä kuvasta toiseen siten että edellinen kuva häipyy samalla kun seuraava kuva tulee näkyviin
crossfire ['kras‚faɪər] s ristituli
cross-hair pointer s (tietok) tähtäinhiiri
crossing s **1** ylitys **2** risteys, ylikäytävä
crosslegged [‚kras'legəd] adj jalat ristissä
crossover vehicle s auto jossa on kahden tai useamman perinteisen autotyypin ominaisuuksia
cross paths with v tavata (joku)
cross-posting s (tietok) monipostitus
cross-purposes *to be at cross-purposes* ei ymmärtää toisiaan, puhua eri asioista; toimia toisiaan vastaan
cross reference s (kirjassa) viittaus
cross-reference v varustaa viittauksilla
crossroads ['kras‚roʊdz] s (mon, verbi mon tai yksikössä) (tien)risteys
cross-section ['kras‚sekʃən] s poikkileikkaus, läpileikkaus (myös kuv)
cross swords fr ottaa yhteen (myös kuv)
crosstie ['kras‚taɪ] s ratapölkky
crosswalk ['kras‚wak] s suojatie
crossword puzzle [‚krasWərd'pʌzəl] s sanaristikko
crotch [kratʃ] s **1** puunhaara **2** nivuset **3** (vaatteen) haaravahvike
1 crouch [kraʊtʃ] s kyykky(asento), kyyristyminen
2 crouch v kyyristyä, käydä kyykkyyn
croupier [‚krupi'eɪ krupiər] s pelinhoitaja
1 crow [kroʊ] s **1** varis **2** rääkäisy, huudahdus
2 crow v **1** (kukko) kiekua, (varis) raakkua, rääkäistä, (ihminen) huudahtaa **2** (over) leuhkia, mahtailla, rehennellä jollakin
crowbar ['kroʊ‚bar] s sorkkarauta
crowberry s (mon crowberries) variksenmarja
1 crowd [kraʊd] s **1** väkijoukko, väentungos **2** yleisö **3** suuri yleisö, enemmistö
2 crowd v ahtautua, ahtaa, tunkeutua, tunkea, sulloutua, sulloa jonnekin *she crowded her stuff into the bag* hän sulloi tavaransa laukkuun *the place was crowded with people* paikka oli tupaten täynnä (väkeä)
crowded adj täpötäysi
1 crown [kraʊn] s **1** kruunu **2** päälaki, (hatun) kupu
2 crown v **1** kruunata (myös kuv) **2** *be crowned with* peittää, olla jonkin päällä
crowning s kruunajaiset adj joka kruunaa jonkin *a crowning accomplishment* kaiken kruunaava saavutus
CRT *cathode-ray tube* katodisädeputki; (tietokone)monitori, näyttö (laite)
crucial [kruʃəl] adj ratkaiseva, elintärkeä
crucially adj ratkaisevan, ehdottoman

crucifix ['kruːsəˌfɪks] s krusifiksi
crude [kruːd] s (ark) raakaöljy adj **1** raaka, jalostamaton *crude oil* raakaöljy **2** karkea, hiomaton, alkeellinen, kömpelö
crudely adv karkeasti, alkeellisesti, kömpelösti
crudeness s karkeus, hiomattomuus, alkeellisuus
crudity s karkeus, hiomattomuus, alkeellisuus
cruel [kruəl] adj julma, raaka, raakamainen
cruelly adv julmasti, raa'asti, raakamaisesti
cruelty s julmuus, raakuus, julma/raaka teko
cruet [kruːɪt] s (ruokapöydässä) etikka/öljypullo
1 cruise [kruːz] s risteily, (leppoisa auto)ajelu
2 cruise v risteillä, ajaa (autolla) matkanopeutta/kiirehtimättä, lentää matkanopeutta *cruise the loop* ajaa korttelirallia
cruise control ['kruːzkənˌtroʊl] s (auton) vakionopeuden säädin
cruiser s **1** (sot) risteilijä **2** huvivene
crumb [krʌm] s **1** (leivän)muru **2** (kuv) hitunen, hiukkanen, tippa
crumble [krʌmbəl] v **1** murentua, murtua **2** (kuv) murtua, luhistua, (toivo) sammua
crumbly adj hauras, helposti mureneva
crumple [krʌmpəl] v **1** rypistyä, rypistää **2** romahtaa, luhistua
1 crunch [krʌntʃ] s **1** (suun) rouskutus, (askelten) narske **2** pula *an energy crunch* energiapula **3** kova/vakava paikka, kuumat oltavat
2 crunch v **1** rouskuttaa, rouskua, narskuttaa, narskua **2** kiristää (taloutta), panna koville
crunch numbers fr laskea/tuottaa tietokoneella suuria määriä numerotietoa
1 crusade [kruːˈseɪd] s ristiretki (myös kuv:) taistelu jonkin puolesta/jotakin vastaan
2 crusade v lähteä/osallistua ristiretkelle, olla ristiretkellä, (kuv) taistella jonkin puolesta/jotakin vastaan

crusader s ristiretkeläinen, esitaistelija
1 crush [krʌʃ] s **1** väentungos, (ark) ryysis **2** ihastus *he had a crush on her* hän oli ihastunut/pihkassa tyttöön **3** hedelmämehu (jossa on jäljellä maltoa)
2 crush v **1** musertaa, musertua, rutistaa, puristaa, jäädä puristuksiin **2** rypistää, rypistyä **3** (kuv) lannistaa, masentaa, sammuttaa (toivo) *she was crushed when she heard he had died* hän oli musertua suruunsa kun hän kuuli miehen kuolleen
crushing adj murskaava (tappio)
1 crust [krʌst] s kuori, maankuori
2 crust v (kuori) kovettua, peittää jokin (kuorella)
crustacean [krʌsˈteɪʃən] s äyriäinen
crusty adj **1** rapea, kovettunut (kuori) **2** kärttyisä, pahantuulinen
crutch [krʌtʃ] s **1** kainalosauva **2** (kuv) henkinen/moraalinen tuki
crux [krʌks] s ongelman/asian ydin
1 cry [kraɪ] s **1** parahdus, huudahdus, huuto, voihkaisu, ulvahdus **2** itkunpuuska
2 cry v cried, cried **1** huutaa, parahtaa, ulvoa, ulvahtaa, voihkaista, voihkia **2** itkeä
crybaby ['kraɪˌbeɪbi] s **1** itkupilli **2** ruikuttaja
cry down v vähätellä, (kuv) lyödä lyttyyn
cry off v perua sanansa/lupauksensa
cry on someone's shoulder fr purkaa sydäntään jollekulle
cry out v **1** huutaa (jollekulle jotakin) **2** tehdä välttämättömäksi, sopia erinomaisesti johonkin tarkoitukseen
crypt [krɪpt] s krypta
cryptic [krɪptɪk] adj arvoituksellinen
crystal [krɪstəl] s **1** kide **2** kristalli(lasi)
crystalline [krɪstələn] adj kide-
crystallize ['krɪstəˌlaɪz] v kiteytyä (myös kuv:) tiivistyä, täsmällistyä, kiteyttää
cry uncle fr (ark) antautua
cry up v ylistää, kehua, mainostaa
cry wolf fr antaa väärä hälytys
cry your heart out fr itkeä hillittömästi
C-Span *Cable Satellite Public Affairs Network*

CT *computer tomography* (lääk) kerroskuvaus
CTRL *control*
cty. *county* piirikunta
cub [kʌb] s **1** (eläimen) pentu **2** toimittajanalku **3** kolkkapoika
Cuba [kjubə] Kuuba
Cuban s, adj kuubalainen
cubbyhole [ˈkʌbɪˌhoəl] s **1** lokero, laatikko **2** pieni huone, soppi
1 cube [kjub] s kuutio (myös mat:) kolmas potenssi
2 cube v (mat) korottaa kolmanteen potenssiin
cubic [kjubɪk] adj kuutiomainen, kuutio-
cubic measure s tilavuusmitta
cub reporter s toimittajanalku
cub scout s (partiossa) sudenpentu, kolkkapoika
1 cuckoo [kuku] s käki
2 cuckoo adj tärähtänyt
cucumber [ˈkjuˌkʌmbər] s kurkku *cool as a cucumber* viileä kuin viilipytty
cud [kʌd] s (el) märehditty ruoka
1 cuddle [kʌdəl] s halailu, rutistus, (ark) halit
2 cuddle v **1** halata, (ark) halia, rutistaa, pitää hyvänä, hyväillä, kyhnytellä **2** käydä mukavaan (lepo)asentoon, kääriytyä kerälle, käpertyä (kainaloon)
cuddly adj söpö, halittava, hellyyttävä, hellyydenkipeä
cudgel [kʌdʒəl] v lyödä/pamauttaa patukalla, piestä
1 cue [kju] s **1** (televisio, teatteri) aloitusmerkki **2** vihje, neuvo **3** biljardikeppi, myös *billiards cue*
2 cue v antaa aloitusmerkki
cue ball s (biljardissa) pelipallo, lyöntipallo
cue in v **1** antaa aloitusmerkki **2** etsiä nauhalta haluttu kohta, kelata nauha haluttuun kohtaan **3** selittää/kertoa jollekulle jotakin, perehdyttää, saattaa tilanteen tasalle
cueing s (nauhurin) myötäkuuntelu pikakelauksen aikana
1 cuff [kʌf] s (paidan) ranneke, kalvosin *off the cuff* suoralta kädeltä, valmistelematta

2 cuff v läimäyttää
cuisine [kwɪˈzin] s ruuanlaitto, ruoka *Finnish cuisine* suomalainen keittiö
CUL8R (tekstiviestissä, sähköpostissa) *see you later*
cul-de-sac [ˈkʌldəˌsæk] s umpikuja
culminate in [ˈkʌlməˌneɪt] v huipentua johonkin
culmination [ˌkʌlməˈneɪʃən] s huipentuma, kulminaatio
culprit [kʌlprət] s syyllinen, syypää
cult [kʌlt] s (usk, kuv) kultti, palvonta
cultivate [ˈkʌltəˌveɪt] v **1** viljellä **2** sivistää, kultivoida, vaalia, kehittää
cultivated adj **1** viljelty **2** sivistynyt, kehittynyt
cultivation [ˌkʌltəˈveɪʃən] s **1** viljely **2** sivistäminen, kehittäminen, vaaliminen **3** sivistyneisyys
cultivator s **1** (maat) kultivaattori **2** viljelijä **3** vaalija, kehittäjä
cultural [kʌltʃərəl] adj **1** kulttuuri- **2** viljely-
culturally adv kulttuurin kannalta/osalta
1 culture [kʌltʃər] s **1** kulttuuri, sivistys **2** viljely **3** (laboratorio)viljelmä
2 culture v viljellä (maata, laboratoriossa)
cultured adj **1** sivistynyt **2** viljelty
culvert [kʌlvərt] s viemäri, johto, putki
Cumberland [kʌmbərlənd] Englannin lakkautettuja kreivikuntia
cumbersome [kʌmbərsəm] adj kömpelö/hankala käsitellä
Cumbria [kʌmbriə] Englannin kreivikuntia
cumulative [kjumjələtɪv] adj kasaantuva, kumulatiivinen
cumulus [kjumjələs] s (mon cumulus) cumulus, kumpupilvi
cuneiform [kjuˈneɪəˌfɔrm ˈkjuniəˌfɔrm] s nuolenpääkirjoitus adj nuolenpää-
cunning [kʌnɪŋ] s oveluus, juonikkuus adj ovela, juonikas
cunningly adv ovelasti, juonikkaasti
Cup (tähdistö) Malja
1 cup [kʌp] s **1** kuppi, muki, malja (myös kuv) *my cup runneth over* maljani on ylitsevuotavainen **2** pokaali **3** (mittana) kuppi (0,22 dl)

2 cup v taivuttaa käsi kouraan/pivoon, tarttua kouralla/pivolla
cupboard [kʌbərd] s (astia)kaappi
cup of tea s kuppi teetä *it's not my cup of tea* se ei ole minun heiniäni
cur [kər] s rakki, piski
curable [kjərəbəl] adj joka voidaan parantaa
curative [kjərətɪv] adj parantava, parannus-
curator [kjəˈreɪtər ˈkjərətər] s (museon) intendentti
1 curb [kərb] s **1** (hevosen) päitset **2** (kuv) suitset, rajoitus, este **3** kadun reunakivi
2 curb v **1** hillitä (hevosta), pitää (hevonen) aisoissa **2** (kuv) hillitä, rajoittaa, jarruttaa, panna jollekulle suitset suuhun
curb bit s (hevosen) kankikuolain
curb chain s (hevosen) kankiketju
curb rein s (hevosen) kankiohjas
curb stone s kadun reunakivi
curd [kərd] s rahka
1 cure [kjʊər] s hoito(menetelmä), parannuskeino, lääke (myös kuv)
2 cure v **1** parantaa, parantua, tehdä terveeksi **2** (kuv) parantaa, auttaa joku pääsemään eroon jostakin **3** (ruokaa) kuivata, savustaa, suolata, säilöä
curfew [kərfju] s ulkonaliikkumiskielto
curiosity [ˌkjərɪˈasəti] s **1** uteliaisuus, tiedonjano **2** kuriositeetti, erikoinen/omituinen esine
curious [kjərɪəs] adj **1** utelias, tiedonjanoinen, (myös:) liiallisen utelias **2** outo, kumma, erikoinen, eriskummallinen
curiously adv **1** uteliaasti **2** oudosti, (eris)kummallisesti, ihmellisesti
curiously enough adv ihmeellistä kyllä
1 curl [kərl] s (hius)kihara
2 curl v kihartaa, kihartua
curlew [kərlu] s (lintu) kuovi
curl up v kiertyä kerälle, käpertyä kokoon
curly [kərli] adj kihara
Curly (Peter Panissa) Pörrö
curly brackets s aaltosulkeet { }
currant [kərənt] s **1** korintti **2** herukka

currency [kərənsi] s **1** valuutta **2** yleisyys, levinneisyys *to gain currency* yleistyä, levitä, tulla yleiseen käyttöön
1 current [kərənt] s **1** (vesi/ilma/sähkö)virta **2** suunta(us), yleinen mielipide
2 current adj nykyinen, tämänhetkinen, tämän päivän, ajankohtainen
currently adv nykyisin, tällä hetkellä, tänä päivänä, parhaillaan
curriculum [kəˈrɪkjələm] s (mon curriculums, curricula) opetussuunnitelma, opinto-ohjelma, koulutusohjelma
curriculum vitae [viteɪ] s (työpaikkahakemuksessa: lyhyt) elämäkerta, ansioluettelo
curry [kəri] s (mauste, ruoka) curry
curry favor with fr tavoitella jonkun suosiota, pyrkiä jonkun suosioon, imarrella, hännystellä, mielistellä
1 curse [kərs] s **1** kirosana **2** kirous, kirot *I felt I was under his curse* tunsin olevani hänen kiroissaan **3** kirous, vitsaus, paha asia *crime is a curse of many big cities* rikollisuus on monen suuren kaupungin kirous
2 curse v **1** kirota, kiroilla, sadatella, noitua, haukkua, moittia **2** kirota *he cursed us to hell* hän kirosi meidät helvettiin *she is cursed with a bad back* hänellä on harminaan huono selkä, hän saa kärsiä huonosta selästään
cursed [kərst kərsəd] adj kirottu, viheliäinen
cursor [kərsər] s (tietok) kohdistin, kursori
curt [kərt] adj **1** vähäpuheinen, lyhyt, ytimekäs **2** tyly(n vähäpuheinen, lyhyt)
curtail [kərˈteɪl] v rajoittaa, lyhentää
curtailment s rajoittaminen, lyhentäminen
1 curtain [kərtən] s **1** (ikkuna)verho *it's the curtains for me* minä olen mennyttä **2** esirippu **3** (kuv: salamyhkäisyyden) verho
2 curtain v varustaa/peittää verhoilla
curtain call s (teatt) esiinhuuto
curtain off v erottaa väliverholla
1 curtsy [kərtsi] s niiaus
2 curtsy v niiata

curve

1 curve [kɜrv] s **1** mutka, kaarre **2** muoto, muodot **3** (graafisen esityksen, mat) käyrä
2 curve v kääntyä, kaartua, olla kaareva/pyöreä
curved adj kaareva, käyrä, pyöreä
1 cushion [kuʃən] s tyyny
2 cushion v pehmentää, vaimentaa (iskua, myös kuv)
custard [kʌstərd] s vanukas
custodian [kəs'toʊdiən] s **1** (alaikäisen) holhooja **2** (rakennuksen) valvoja, vartija **3** (perinteen) vaalija **4** (tal) arvopapereiden säilytyksestä huolehtiva yhtiö
custody [kʌstədi] s **1** holhous, huosta *the child is now in the custody of his mother* lapsi on nyt äitinsä huostassa **2** pidätys *the police took the man in(to) custody* poliisi pidätti miehen
custom [kʌstəm] s **1** (perinteinen) tapa **2** (käyttäytymis)tapa, tottumus
custom-built [ˌkʌstəm'bɪlt] adj tilaustyönä valmistettu
customer s **1** asiakas **2** (ark) ihminen, tapaus *he is a tough customer* hän on vaikea tapaus
customer support s asiakastuki
customs [kʌstəmz] s (mon, verbi yksikössä) tulli(maksu/laitos/paikka)
1 cut [kʌt] s **1** viilto, haava **2** leikkaaminen, viiltäminen **3** (hintojen, menojen, määrärahojen) leikkaus, supistus, vähennys **4** (vaatteiden) leikkaus **5** (lihan) paloittelu, (lihan)pala **6** (ark) osuus, osa
2 cut v cut, cut **1** leikata, leikkautua, viiltää, katkaista, silpoa, saada haava, hakata (kiveen) **2** (kuv) katkaista (sähkö, välit), keskeyttää (puhuja) **3** leikata (menoja), laskea (hintaa), lyhentää (työaikaa, tekstiä), vähentää (tuotantoa) **4** pinnata jostakin, ei mennä jonnekin **5** (viivoista, teistä) leikata, risteytyä **6** jakaa (osiin)
cut above fr *to be a cut above average* olla keskimääräistä parempi, olla keskitason yläpuolella
cut across v ylittää
cut a figure fr antaa tietty kuva itsestään *you cut a fine figure at the party* sinä olit juhlissa eduksesi

cut-and-dried [ˌkʌtən'draɪd] adj selvä, mutkaton, yksinkertainen
cut and paste v (tietok) saksia
cutback ['kʌtˌbæk] s (menojen, määrärahojen) leikkaus, supistus, vähentäminen
cut back v **1** vähentää, supistaa **2** lyhentää, leikata (lyhyemmäksi) **3** palata (elokuvassa, romaanissa) ajassa taaksepäin
cut both ways fr olla kaksipiippuinen juttu, jollakin on sekä hyvät että huonot puolensa, jostakin on sekä etua että haittaa
cut down v **1** vähentää, supistaa **2** hävittää, tuhota, kaataa (kuin heinää)
cut down to size fr nöyryyttää, ottaa joltakulta turhat luulot pois
cute [kjut] adj **1** söpö, sievä **2** hyvä, hieno, nokkela **3** näsäviisas, nenäkäs
cuticle [kjutɪkəl] s kynsinauha
cutie [kjuti] s (ark naisesta, lapsesta) söpöliini
cut in v **1** keskeyttää, sanoa väliin **2** viedä toisen tanssipari kesken tanssin
cut it fr **1** pärjätä **2** täyttää tehtävänsä
cut it out fr lopettaa
cutlass [kʌtləs] s lyhyt miekka
cutlery [kʌtləri] s aterimet, ruokailuvälineet
cutlet [kʌtlət] s (liha) leike, (kala) file
cut no ice fr olla yhdentekevää; jostakin ei ole mihinkään
cut no ice with someone fr ei tehota johonkuhun, ei saada jotakuta muuttamaan mieltään *whining cuts no ice with me* ruikutus ei tehoa minuun
cut off v **1** keskeyttää, sammuttaa, katkaista, lopettaa, lakata **2** leikata irti, katkaista
cut off your nose to spite your face fr tehdä kiusaa/vahinkoa itselleen
cut out v **1** poistaa, jättää pois **2** *you certainly have your work cut out for you* sinulla näyttää tosiaan olevan kädet täynnä työtä
cut out for adj sopia johonkin, olla omiaan johonkin
cut school (ark) pinnata koulusta
cut short fr loppua/katketa/katkaista kesken/lyhyeen

cutter [kʌtər] s **1** (työkalu) veitsi, leikkuri, terä *wire cutter* lankaleikkuri **2** (henkilö) leikkaaja, hioja **3** (mer) kutteri

cutthroat [ˈkʌtˌθroʊt] adj armoton (kilpailu), kova (ala)

cutting s **1** leikkaaminen, leikkuu **2** (kuv: hintojen, menojen, määrärahojen) alentaminen, laskeminen, leikkaaminen adj terävä, pureva (myös kuv:) piikikäs, ilkeä

cuttlefish [ˈkʌtəlˌfɪʃ] s (eläin) seepia

cut to the chase fr mennä (suoraan) asiaan

cut up v **1** pilkkoa, paloitella, leikellä **2** silpoa, haavoittaa **3** mekastaa, riehua

cut your own throat fr satuttaa (vain) itseään, tehdä itselleen vahinkoa

cut your teeth on *Gilbert cut his teeth on sales* Gilbert aloitti uransa myyntipuolella

CUV *cross-over utility vehicle* citymaasturi

CV *curriculum vitae* elämäkerta (työpaikkahakemuksessa tms)

cwt. *hundredweight* sata naulaa (45,359 kg)

cyanide [ˈsaɪəˌnaɪd] s syanidi

cybercrime s tietoverkkorikos

cybername s verkkotunnus

cyberspace [ˈsaɪbərˌspeɪs] s kyberavaruus

cybersquatting s (tietok) nimenvaltaus

cyberwar s tietosodankäynti

cyborg s kyborgi, kone-eliö

1 cycle [saɪkəl] s **1** sykli, kierto, jakso, sarja **2** polkupyörä; moottoripyörä

2 cycle v ajaa polku/moottoripyörällä, pyöräillä

cyclic [sɪklɪk] adj jaksoittainen

cyclical [sɪkləkəl] adj jaksoittainen

cyclical unemployment s kausityöttömyys

cyclist [saɪklɪst] s polkupyöräilijä; moottoripyöräilijä

cyclone [saɪkloʊn] s sykloni, pyörremyrsky

cyclotron [ˈsaɪkləˌtran] s syklotroni, eräs hiukkaskiihdytin

cygnet [sɪgnət] s joutsenen poikanen

cyl. *cylinder* sylinteri

cylinder [sɪləndər] s **1** sylinteri, lieriö **2** (moottorin) sylinteri

cylindrical [səˈlɪndrəkəl] adj sylinterimäinen, lieriömäinen

cymbals [sɪmbəlz] s (mus mon) lautaset

cynic [sɪnɪk] s kyynikko

cynical [sɪnəkəl] adj kyyninen

cynically adv kyynisesti

cynicism [ˈsɪnəˌsɪzəm] s kyynisyys

cypress [saɪprəs] s sypressi

Cyprian [sɪpriən] s, adj kyproslainen

Cypriot [sɪpriət] s, adj kyproslainen

Cyprus [saɪprəs] Kypros

cyst [sɪst] s rakkula

cystic fibrosis [ˌsɪstɪkfaɪˈbroʊsəs] s (lääk) kystinen fibroosi

czar [zar] s **1** tsaari **2** johtohenkilö, mahtimies, pohatta

czarina [zaˈrinə] s tsaritsa, tsaarin puoliso, keisarinna

Czech [tʃek] s **1** tšekin kieli **2** tšekki

Czechoslovakia [ˌtʃekəsləˈvakɪə] Tšekkoslovakia

Czechoslovakian s, adj tšekkoslovakialainen

Czech Republic s Tšekin tasavalta, Tšekki

D,d

D, d [di] D, d
3-D [ˌθriˈdi] *three-dimensional* kolmiulotteinen
2-D [ˌtuˈdi] *two-dimensional* kaksiulotteinen
DA (tekstiviestissä, sähköpostissa) the
D/A *digital to analog* digitaali-analogia
1 dab [dæb] s hiukkanen, hitunen, pikkuisen jotakin
2 dab v hipaista/sipaista/levittää pikkuisen jotakin jonnekin, pyyhkiä kevyesti jollakin
DAB [ˌdieiˈbi] *Digital Audio Broadcasting*
dabble [ˈdæbəl] v **1** loiskuttaa/pärskyttää vettä käsillä **2** tehdä jotakin huvikseen, olla harrastelija-, kokeilla onneaan jossakin
dabbler [ˈdæblər] s harrastelija
DAC *digital to analog converter* digitaali-analogiamuunnin
dachshund [ˈdaksənt] s mäyräkoira
dad [dæd] s isä, isi, isukki
daddy [ˈdædɪ] s isä, isi, isukki
daddy-long-legs-spider s vaaksiaishämähäkki
daffodil [ˈdæfəˌdɪl] s narsissi
Daffy Duck [ˌdæfiˈdʌk] Repe Sorsa
daft [dæft] adj typerä, älytön, järjetön
dagger [ˈdægər] s tikari
1 daily [ˈdeɪlɪ] s sanomalehti, päivälehti
2 daily adj päivittäinen, päivä- adv päivittäin
daintily adv **1** sirosti, sievästi, viehättävästi **2** pikkutarkasti, turhantarkasti
daintiness s **1** sirous, sievyys **2** pikkumaisuus, nirsoilu
dainty [ˈdeɪntɪ] adj **1** siro, sievä, viehättävä **2** herkullinen **3** pikkutarkka, turhantarkka, nirso
dairy [ˈderɪ] s **1** meijeri **2** maitokauppa **3** maitohuone **4** lypsykarjatila

dairy cattle s lypsykarja
dairy farm s lypsykarjatila
dairymaid [ˈderɪˌmeɪd] s **1** meijerityöntekijä **2** lypsäjä
dairyman [ˈderɪmən] s (mon dairymen) **1** meijerityöntekijä **2** lypsäjä
dairywoman [ˈderɪˌwʊmən] s (mon dairywomen) **1** meijerityöntekijä **2** lypsäjä
dais [ˈdeɪəs, deɪs] s puhujakoroke, puhujalava
daisy [ˈdeɪzɪ] s päivänkakkara
dale [deɪəl] s (runollisesti) laakso
Dallas [ˈdæləs] kaupunki Texasissa
Dalmatia [dælˈmeɪʃə] Dalmatia
1 dam [dæm] s pato
2 dam v padota (myös kuv:) hillitä, estää, pysäyttää
1 damage [ˈdæmədʒ] s **1** vahinko, vaurio **2** (mon) vahingonkorvaus(maksu)
2 damage v **1** vahingoittaa, vaurioittaa **2** (kuv) kolhia (itsetuntoa), vahingoittaa (mainetta)
damaging adj vahingollinen, haitallinen, turmiollinen
Damascus [dəˈmæskəs] Damaskos
dame [deɪm] s **1** nainen, rouva **2** vanha rouva **3** (sl) muija **4** (UK) eräs aatelistitteli
damn [dæm] s *I don't give a damn* minä en piittaa siitä tippaakaan *it's not worth a damn* se ei ole minkään arvoinen, siitä ei ole mihinkään v **1** (usk) kirota, tuomita kadotukseen **2** (kuv) haukkua, pistää lyttyyn **3** sadatella **4** *damn him/the consequences* piru hänet periköön, vähät minä hänestä/seurauksista, viis hänestä/seurauksista adj kirottu, viheliäinen, pahuksen *it's a damn shame* se on häpeä, se on kurjaa/ikävää adv hitto vie, pahus soikoon, hiton, pahuksen interj pahus!, hitto!

damnation [ˌdæmˈneɪʃən] s (usk) kirous, kadotus interj pahus!, hitto!
damned [dæmd] adj **1** kirottu, viheliäinen, pahuksen **2** ihmeellinen, kummallinen **3** *the damned* kirotut, kadotukseen tuomitut
damnedest [dæmdəst] adj paras *to do your damnedest* tehdä parhaansa/kaikkensa, panna parastaan
damned well adv varmasti, takuulla
1 damp [dæmp] s kosteus
2 damp v **1** kostuttaa **2** (kuv) sammuttaa, lannistaa
3 damp adj kostea, (ilma) nihkeä
dampen [ˈdæmpən] v **1** kostuttaa **2** (kuv) sammuttaa, lannistaa
damper [ˈdæmpər] s **1** (hormin) savupelti, säätöpelti **2** ilonpilaaja *put a damper on* latistaa tunnelma, pilata ilo
1 dance [dæns] s **1** tanssi **2** tanssit, tanssiaiset
2 dance v tanssia (myös kuv)
dance floor s tanssilattia
dance in the air fr kuolla hirsipuussa
dancer s tanssija
dance to another tune fr jollakulla tulee toinen ääni kelloon
dandelion [ˈdændəˌlaɪən] s voikukka
dandruff [ˈdændrəf] s hilse
Dane [deɪn] s tanskalainen
danger [ˈdeɪndʒər] s vaara, uhka
dangerous adj vaarallinen
dangerously adv vaarallisen, uhkaavan
dangle [ˈdæŋgəl] v roikkua, heilua, heiluttaa
Danish [ˈdeɪnɪʃ] s **1** tanskan kieli **2** viineri adj tanskalainen
dank [dæŋk] adj kylmänkostea
Danube [ˈdænjub] Tonava
dapper [ˈdæpər] adj huoliteltu, siisti, sliipattu (ark)
Dardanelles [ˌdɑːrdəˈnelz] (mon) Dardanellit
dare [deər] v dared, dared **1** uskaltaa, rohjeta **2** yllyttää, usuttaa jotakuta tekemään jotakin **3** uhmata apuv (kysymyksissä ja kieltolauseissa) uskaltaa, rohjeta *I dare not go there* en uskalla mennä sinne

daredevil [ˈderˌdevəl] s uhkarohkea ihminen, rämäpää adj uhkarohkea, tyhmänrohkea, rämäpäinen
daring s uskaliaisuus, rohkeus adj uskalias, rohkea
dark [dɑrk] s pimeys, pimeä (myös kuv) *he was totally in the dark about it* hän ei tiennyt asiasta mitään adj **1** pimeä, synkkä, kolkko **2** tumma (väri, iho) **3** (kuv) synkkä (ajatus), alakuloinen, kolkko, hirvittävä (salaisuus, uhkaus)
Dark Ages s (mon) **1** keskiaika **2** varhaiskeskiaika
Dark Continent s pimeä manner, Afrikka
darling [dɑːrlɪŋ] s kulta(nen), rakas ihminen, (puhutteluna:) kultaseni, rakkaani adj rakas
1 darn [dɑːrn] s **1** parsittu paikka **2** *not give a darn* vähät välittää, viis veisata
2 darn v **1** parsia **2** *darn him/it* pahuksen mies/pahus soikoon!
3 darn adj pahuksen, viheliäinen
4 darn adv pahuksen *it's a darn sight better now* se on nyt koko lailla parempi interj pahus!
darned adj, adv pahuksen *well, I'll be darned* no johan on!, kas kummaa!
1 dart [dɑːrt] s **1** tikka(nuoli) **2** ryntäys *he made a dart for the door* hän pinkaisi/ryntäsi/ampaisi ovelle
2 dart v ampaista, rynnätä, pinkaista *to dart a glance* vilkaista
darts s (mon, verbi yksikössä) tikkapeli, tikanheitto
Darwin [dɑːrwɪn] Darwin (Australian Pohjoisterritoriossa)
Darwinism [ˈdɑːrwəˌnɪzəm] s darvinismi
1 dash [dæʃ] s **1** ryntäys, pinkaisu *he made a dash for the door* hän pinkaisi/ryntäsi/ampaisi ovelle **2** loiske, loiskahdus, läiskähdys **3** hiukkanen, hyppysellinen **4** ajatusviiva, (morseaakkosissa) viiva **5** lennokkuus, into, tarmo **6** (auton) kojelauta
2 dash v **1** pinkaista, rynnätä, ampaista **2** paiskata, paiskautua **3** lannistaa, tehdä tyhjäksi, murskata (toiveet)
dashboard [ˈdæʃˌbɔːrd] s (auton) kojelauta

dashing adj 1 tarmokas, reipas 2 komea, tyylikäs
dash off v 1 lähteä kiireesti, häipyä 2 tehdä kiireesti, hutaista
data [deɪtə dætə] s (mon sanasta *datum*, verbi mon tai yksikössä) tiedot, data, informaatio
databank s (tietok) tietopankki
database [deɪtəbeɪs dætəbeɪs] s 1 tietokanta 2 (tietok) tietokantaohjelma
data processing s tietojenkäsittely
data trespass s tietomurto
1 date [deɪt] s 1 päivämäärä 2 (sanontoja:) *out of date* poissa muodista, vanhanaikainen, vanhentunut *up to date* ajan tasalla, tuore 3 tapaaminen, treffit 4 mies/naisseuralainen, mies/nainen/poika/tyttö jonka kanssa joku menee ulos
2 date v 1 päivätä, varustaa päivämäärällä 2 seurustella/mennä ulos jonkun kanssa 3 jäädä/käydä vanhanaikaiseksi
date back to v olla peräisin joltakin ajalta, olla syntynyt/saanut alkunsa johonkin aikaan
dated adj vanhanaikainen, vanhentunut, aikansa elänyt
date movie s (ark) elokuva, joka katsotaan treffeillä
daub [dab] v 1 sivellä, levittää 2 töhriä, töhertää
daughter [datər] s tytär
daughter-in-law s miniä
daunt [dant] v lannistaa, masentaa
daunting adj lannistava, masentava
dauntless adj lannistumaton, rohkea, peloton, urhea
dawdle [dadəl] v 1 vetelehtiä, olla joutilaana 2 löntystellä, laahustaa
dawdle away v panna hukkaan, tuhlata, vetelehtiä
1 dawn [dan] s 1 aamunkoitto 2 (kuv) synty, alku
2 dawn v (aamusta) valjeta
dawn on v valjeta/kirkastua jollekulle *it dawned on her that she was not the only one* hän oivalsi ettei hän ollut ainoa
day [deɪ] s 1 päivä *the day after tomorrow* ylihuomenna *in four days* neljän päivän kuluttua *one of these days* (vielä) jonakin päivänä *day after day* jatkuvasti, päivittäin, joka päivä, päivä päivältä *day by day* päivittäin, joka päivä, päivä kerrallaan *the other day* äskettäin, tässä yhtenä päivänä *to call it a day* lopettaa (työ toistaiseksi/tältä päivältä) *have a nice day* hyvää päivänjatkoa! *day in, day out* päivästä päivään, joka päivä 2 (myös mon) aika, ajat *these days* nykyisin, nykyaikana, näinä päivinä *in days to come* tulevina aikoina, tulevaisuudessa
daybreak ['deɪˌbreɪk] s aamunkoitto
1 daydream ['deɪˌdrim] s valveuni, haave, haaveilu
2 daydream v haaveilla, uneksia
daylight ['deɪˌlaɪt] s päivänvalo *in broad daylight* keskellä kirkasta päivää
daylight saving s kesäajan käyttö, kesäaika
daylight saving time s kesäaika
day school s 1 (lasten) päiväkoulu 2 (iltakoulun vastakohta) päiväkoulu
day shift s (työssä) päivävuoro
daze [deɪz] s *in a daze* pyörällä päästään v saattaa joku pyörälle päästään
dazed adj pyörällä päästään
dazzle [dæzəl] v 1 sokaista *the sun dazzled him* 2 saada haukkomaan henkeään, ällistyttää
dazzling adj 1 sokaiseva(n kirkas) 2 henkeäsalpaava
dB *decibel* desibeli
dbl. *double* kaksois-
DBMS *database management system* (tietok) tietokannan hallintaohjelma, tietokantaohjelma
DBS *direct broadcast satellite* yleisradiosatelliitti, suorasatelliitti
D.C. *District of Columbia* Yhdysvaltain pääkaupungin Washingtonin alue, Columbian liittopiirikunta
1 dead [ded] s: *the dead* kuolleet *the dead of night* sydänyö
2 dead adj 1 kuollut, (myös kuv:) hiljainen, autio *it's a dead place* siellä ei tapahdu mitään 2 (kuv) kuuro, mykkä *I am dead to the finer points of your theory* en ymmärrä mitään teoriasi yksityiskohdista *the line went dead* puhelinyh-

Death Valley

teys katkesi **3** täydellinen, ehdoton *dead silence* kuolemanhiljaisuus, hiirenhiljaisuus *the dead center of a circle* ympyrän keskipiste **4** rättiväsynyt, lopen uupunut

3 dead adv **1** (voimistavana sanana:) täsmällisesti, tarkasti *you were dead on target* osuit naulan kantaan **2** siihen paikkaan, siltä istumalta *to stop dead* pysähtyä siihen paikkaan

dead ahead adv suoraan edessäpäin/eteenpäin

deaden v vaimentaa, hiljentää, pehmentää, lievittää; kuolettaa, turruttaa, puuduttaa

dead end s umpikuja (myös kuv)

dead-end v päättyä umpikujaan *the street dead-ends a few blocks from here* katu päättyy muutaman korttelin päässä

deadhead [dedhed] s **1** salamatkustaja **2** liputon katsoja **3** Grateful Dead -yhtyeen fani

dead heat s tasatilanne, ratkaisematon kilpailu

dead in the water *to be dead in the water* olla poissa kuvioista, olla unohdettu

deadline [dedlaın] s määräaika, takaraja

deadlock [dedlak] s (kuv) umpikuja *the negotiations have reached a deadlock* neuvottelut ovat ajautuneet umpikujaan

dead loss s joku/jokin josta ei ole mihinkään, toivoton tapaus, (asiasta) ajanhukka

deadly adj **1** tappava, hengenvaarallinen, myrkyllinen **2** veri- (vihollinen) adv kalman- *deadly pale* kalmankalpea

dead man's grip s (veturissa ym hätäkatkaisimesta) kuolleen miehen laite

deadpan [dedpæn] adj, adv naama peruslukemilla

Dead Sea [ˌded'si] Kuollutmeri

deaf [def] adj **1** kuuro **2** (kuv) kuuro, välinpitämätön, piittaamaton

deafen v **1** tehdä kuuroksi **2** (melusta) olla korviahuumaava

deafening adj korviahuumaava/vihlova

deaf-mute ['def‚mjut] s kuuromykkä

1 deal [diəl] s **1** kauppa, sopimus, diili (ark) *to close a deal* tehdä/solmia kauppa *it's a deal* sovittu! **2** (ark) koh-

telu *he gave us a raw deal* hän kohteli meitä kaltoin **3** joukko, määrä *a great deal of work, a good deal of trouble* paljon työtä/vaivaa

2 deal v dealt, dealt **1** jakaa (pelikortit) **2** (sl) välittää (huumeita)

dealer s **1** (tal) kauppias *bond dealer* arvopaperikauppias *foreign exchange dealer* valuuttakauppias, diileri **2** (korttipelissä) jakaja **3** (sl) huumeiden välittäjä

dealership ['dilərˌʃɪp] s **1** myyntiedustus **2** kauppa, myymälä

deal in v **1** käydä kauppaa jollakin, myydä/ostaa jotakin **2** (sl) ottaa joku joukkoon mukaan

dealt [delt] ks deal

deal with v **1** käsitellä jotakin, koskea jotakin *this book deals with foreign policy* tämä teos käsittelee ulkopolitiikkaa **2** selvitä jostakin, pystyä ratkaisemaan *he couldn't deal with all his problems* hän ei selvinnyt kaikista ongelmistaan

dean [din] s dekaani

1 dear [dɪər] s rakas, kulta(nen), (puhutteluna myös:) kultaseni, rakkaani

2 dear adj **1** rakas, läheinen, hyvä (ystävä) **2** suloinen, ihastuttava **3** (kirjeen alussa:) hyvä/rakas/arvoisa **4** kallis (tavara, kauppa), korkea (hinta)

dearly adv **1** erittäin kovasti *he loves her dearly* hän rakastaa naista erittäin paljon **2** (maksaa) kalliisti (myös kuv)

dearth [dərθ] s pula, puute jostakin (of)

death [deθ] s **1** kuolema (myös kuv:) loppu *at death's door* kuoleman kielissä *to bore someone to death* ikävystyttää joku kuoliaaksi *to put something to death* surmata, lopettaa (eläin) *a fight to the death* taistelu elämästä ja kuolemasta, taistelu viimeiseen hengenvetoon

deathbed s kuolinvuode

death certificate s kuolintodistus

deathly adj **1** tappava (isku), kuolettava **2** kuoleman-, kalman-

death row [ˌdeθ'rou] s (vankilassa) kuolemaantuomittujen sellit

Death Valley [ˌdeθ'væli] Kuolemanlaakso (Kaliforniassa ja Nevadassa)

deathwatch beetle

deathwatch beetle s (kovakuoriainen) rautio
debase [dɪ'beɪs] v halventaa, häpäistä, loukata
debasement s halventaminen, halveksunta, häpäisy, loukkaus
debatable [də'beɪtəbəl] adj kyseenalainen, epävarma, avoin (kysymys)
1 debate [də'beɪt] s väittely, kiista, neuvottelu, keskustelu
2 debate v väitellä, kiistellä, neuvotella, keskustella
1 debauch [dɪ'baʃ] s orgiat, (ark) sikailu, (ark) irrottelu
2 debauch v 1 turmella, rappeuttaa 2 hurjastella, irstailla, (ark) sikailla, (ark) irrotella
debauchery [dɪ'baʃəˌri] s orgiat, (ark) sikailu, (ark) irrottelu
debilitate [dɪ'bɪləˌteɪt] v heikentää, haitata, lamauttaa
debilitating adj heikentävä, lamauttava, haitallinen
debility [dɪ'bɪləti] s 1 heikkous, haitta 2 sairaus, vamma
1 debit [debət] s 1 (kirjanpidossa) debet, veloituspuoli 2 tiliveloitus
2 debit v 1 merkitä veloituspuolelle 2 veloittaa tililtä
debris [də'bri] s sirpaleet, jäänteet, roskat
debt [det] s velka
debtor [detər] s velallinen
debug v (tietok) perata
debugger s (tietok) virheiden tarkastusohjelma, perkain
debugging s (tietok) perkaus
debugging program s (tietok) perkain
debut [deɪ'bju] s ensiesiintyminen
debutante [ˌdebjə'tant] s debytantti, tyttö joka astuu virallisesti seuraelämään
Dec. *December* joulukuu
decade [dekeɪd] s vuosikymmen
decadence [dekədəns] s rappio, turmelus, dekadenssi
decadent [dekədənt] adj rappeutunut, turmeltunut, dekadentti
decaf [dikæf] s kofeiiniton kahvi/tee

decaffeinated [dɪ'kæfəˌneɪtəd] adj kofeiiniton (kahvi, tee)
decant [dɪ'kænt] v dekantoida, kaataa viini karahviin
decanter s (viini)karahvi
decapitate [dɪ'kæpəˌteɪt] v teloittaa, katkaista kaula
1 decay [dɪ'keɪ] s 1 mätä, laho 2 (kuv) rappio, mädännäisyys, turmelus
2 decay v 1 mädäntyä, pilaantua, lahota 2 rappeutua, turmeltua, heiketä 3 (radioaktiivisesta aineesta) hajota
1 decease [dɪ'sis] s kuolema
2 decease v kuolla *the deceased* kuollut, edesmennyt
deceit [də'sit] s huijaus, kavaluus, juonittelu
deceive [də'siv] v huijata, pettää (myös:) olla uskoton
deceiver s huijari, petturi
decelerate [dɪ'seləˌreɪt] v hidastaa (nopeutta), hidastua, laskea, vähentää, vähentyä
deceleration [dɪˌselə'reɪʃən] s (nopeuden) hidastaminen, hidastuminen, lasku, vähentäminen, väheneminen
December [dɪ'sembər] s joulukuu
decency [disənsi] s 1 hyvät tavat, kunnollisuus *he had the decency to say he was sorry* hän huomasi sentään pyytää anteeksi 2 (pukeutumisen) säädyllisyys
decent [disənt] adj 1 hyvätapainen, (käytökseltään) moitteeton 2 (pukeutumisesta) säädyllinen, vaatteet päällä 3 (ark) mukiinmenevä
decently adv 1 hyvätapaisesti, moitteettomasti 2 säädyllisesti
deception [dɪ'sepʃən] s petos, huijaus, harhautus
deceptive [dɪ'septɪv] adj petollinen, harhauttava
deceptively adv petollisesti, petollisen, kavalasti, kavalan
decibel [desəbəl] s desibeli
decide [dɪ'saɪd] v 1 tuomita 2 ratkaista, päättää 3 tulla johonkin tulokseen, tehdä jokin johtopäätös, saada joku tekemään jotakin *what they said decided him* heidän sanansa saivat hänet tekemään päätöksen

decided adj **1** selvä, ratkaiseva (ero, parannus) **2** määrätietoinen, päättäväinen (ihminen) **3** vankkumaton, luja (mielipide)

decidedly adv **1** ehdottomasti, selvästi **2** päättäväisesti

decide on v päätyä johonkin, valita jokin vaihtoehto

deciduous [dɪˈsɪdʒʊəs] adj lehti-, lehtipuu-

decimal [desəməl] s desimaaliluku adj desimaali-

decimal point s desimaalipilkku

decimate [ˈdesəˌmeɪt] v hävittää/tuhota lähes sukupuuttoon/kaikki

decipher [dɪˈsaɪfər] v tulkita, saada/ottaa selvää jostakin

decision [dɪˈsɪʒən] s **1** tuomio **2** ratkaisu, päätös **3** päättäväisyys, määrätietoisuus

decision-maker s päätöksentekijä

decision-making s päätöksenteko

decisive [dɪˈsaɪsɪv] adj **1** ratkaiseva **2** päättäväinen, määrätietoinen

decisively adv **1** ratkaisevasti **2** päättäväisesti

deck [dek] s **1** (laivan) kansi **2** korttipakka *not play with a full deck* olla ruuvi löysällä, ei olla täysjärkinen **3** dekki, nauhuri

deck out v pyntätä, sonnustautua (hienoihin vaatteisiin), koristella

declaration [ˌdekləˈreɪʃən] s julistus

Declaration of Independence s Yhdysvaltain itsenäisyysjulistus (4.7.1776)

declarative sentence [dɪˈklerətɪv] s väitelause

declare [dɪˈkleər] v **1** julistaa, ilmoittaa, tuoda julki **2** ilmoittaa tulliviranomaisille *do you have anything to declare?* onko teillä tullattavaa?

1 decline [dɪˈklaɪn] s rappio, heikentyminen, lasku, väheneminen

2 decline v **1** rappeutua, heikentyä, laskea, taantua **2** kieltäytyä, sanoa ei **3** (maasta) viettää, laskea

decode [diˈkoʊd] v purkaa (salakielinen viesti), selvätä

decompose [ˌdikəmˈpoʊz] v **1** mädäntyä, hajota **2** hajottaa/jakaa osiinsa

decomposition [diˌkɑmpəˈzɪʃən] s **1** mätäneminen, hajoaminen **2** osiin hajottaminen/jakaminen

decompress [ˌdikəmˈpres] v alentaa painetta

decompression [ˌdikəmˈpreʃən] s paineen alentaminen

decompression sickness s sukeltajantauti

décor [ˌdeɪˈkɔr] s **1** sisustus(tyyli) **2** koristeet, somisteet

decorate [ˈdekəˌreɪt] v **1** koristaa, koristella, somistaa **2** sisustaa **3** antaa jollekulle kunniamerkki, palkita

decoration [ˌdekəˈreɪʃən] s **1** sisustus **2** koristelu **3** koriste, somiste **4** mitali, kunniamerkki

decorative [ˈdekərəˌtɪv] adj koristeellinen, koriste-

decorator [ˈdekəˌreɪtər] s sisustaja, somistaja, sisustussuunnittelija

decoy [dikɔɪ] s **1** houkutuslintu (myös kuv) **2** syötti (myös kuv)

decoy [dəˈkɔɪ] v houkutella

decrease [dikris] s lasku, väheneminen, taantuma

decrease [dɪˈkris] v laskea, vähentyä, pienentyä, heiketä

1 decree [dɪˈkri] s määräys, käsky, julistus, (tuomioistuimen langettama) tuomio

2 decree v määrätä, käskeä, julistaa, (tuomioistuimesta) langettaa tuomio

decrepit [dəˈkrepət] adj (ihminen) vanhuudenheikko, (rakennus) ränsistynyt

decry [dɪˈkraɪ] v parjata, moittia, arvostella

dedicate [ˈdedəˌkeɪt] v **1** omistautua jollekin asialle, paneutua johonkin antaumuksellisesti **2** vihkiä (kirkko) käyttöön **3** omistaa (kirja) jollekulle

dedicated equipment s erityislaitteisto

dedication [ˌdedəˈkeɪʃən] s **1** (asialle) omistautuminen, hartaus, antaumus **2** (kirkon) vihkiminen **3** (kirjan) omistus(kirjoitus)

deduce [dɪˈdus] v päätellä, tehdä jokin johtopäätös, (logiikassa) dedusoida

deduct [dɪˈdʌkt] v vähentää (summa)

deduction

deduction [dɪ'dʌkʃən] s **1** vähennys; verovähennys; alennus **2** (logiikassa) deduktio
deductive adj (logiikassa) deduktiivinen
deed [did] s **1** teko **2** (lak) luovutuskirja, siirtokirja, kauppakirja
1 deep [dip] s *the deep* meri
2 deep adj **1** syvä *a deep lake* syvä järvi *a deep shelf* syvä hylly **2** leveä (nauha) **3** (ääni) matala, syvä **4** voimakas (suru), suuri (salaisuus, helpotus, kiinnostus), syvällinen (ajattelija, ajatus), vaikeaselkoinen (vertaus)
3 deep adv syvällä, syvälle *deep into the future* kauas tulevaisuuteen
deepen v syventää, syventyä, suurentaa, suurentua, voimistaa, voimistua
deep end s uima-altaan syvä pää *to go off the deep end* ryhtyä johonkin suin päin, mennä liian pitkälle
deep freeze s pakastus *put in the deep freeze* (kuv) panna jäihin, keskeyttää
deep-freeze v pakastaa
deeply adv **1** syvään, syvälle **2** (kuv) syvästi (kiitollinen), pahasti (loukkaantunut), erittäin (kiinnostunut)
deepness s **1** syvyys **2** leveys **3** (kuv) (ajattelun) syvällisyys, (kiinnostuksen, helpotuksen) voimakkuus, suuruus
deep-rooted adj syvään juurtunut
deep-seated adj syvään juurtunut
Deep South (Yhdysvaltain) syvä etelä
deep structure s (kielitieteessä) syvärakenne
deer [dɪər] s hirvieläimistä *fallow deer* kuusipeura *mule deer* muulipeura *red deer* saksanhirvi *roe deer* metsäkauris *rusa deer* timorinhirvi *sika deer* japaninhirvi *swamp deer* barasinga *tufted deer* tupsuhirvi *water deer* vesikauris *white-tailed deer* valkohäntäpeura
deface [dɪ'feɪs] v rumentaa, tärvellä
defacement s tärvely, turmelu
defamation [ˌdefə'meɪʃən] s panettelu, parjaus, mustaus
defame [dɪ'feɪm] v panetella, parjata, mustata (mainetta, kunniaa)
1 default [dɪ'fɑlt] s **1** saapumatta jääminen, maksamatta jättäminen **2** pula,

puute *in default of* jonkin puutteessa **3** (tietok) oletusarvo
2 default v jäädä saapumatta, jättää maksamatta
defaulter s joku joka jää saapumatta/ jättää maksamatta
default in v jättää maksamatta
default value s oletusarvo
1 defeat [dɪ'fit] s tappio, häviö
2 defeat v **1** voittaa, kukistaa **2** murskata (toiveet), lannistaa
defeatism [dɪ'fitɪzəm] s tappiomieliala
defecate ['defəˌkeɪt] v ulostaa
defecation [ˌdefə'keɪʃən] s ulostus
defect [difekt] s vika, puute
defect [dɪ'fekt] v loikata (toiseen maahan)
defection [dɪ'fekʃən] s loikkaus (toiseen maahan)
defective [dɪ'fektɪv] adj viallinen, epäkunnossa
defector [dɪ'fektər] s loikkari
defend [dɪ'fend] v puolustaa (myös kuv), suojella
defendant [dɪ'fendənt] s (oik) vastaaja, syytetty
defender s puolustaja, (lak) puolustusasianajaja
defense [də'fens difens] s puolustus (oikeudessa, pelissä), maanpuolustus
Defense Department s (Yhdysvaltain) puolustusministeriö
defenseless adj puolustuskyvytön, suojaton
defense mechanism s (psyk) puolustusmekanismi
defensible adj (väite, menettely) oikeutettu, perusteltu
defensive s *on the defensive* puolustuskannalla (myös kuv) adj **1** puolustus- *defensive armament* puolustusaseet **2** (ihminen) defensiivinen, joka on puolustuskannalla
defensive end [dəˌfensɪv'end] s (amerikkalaisessa jalkapallossa) linjapuolustaja, ks left defensive end, right defensive end
defensive tackle [dəˌfensɪv'tækəl] s (amerikkalaisessa jalkapallossa) linjapuolustaja, ks left defensive tackle, right defensive tackle

defer [dəˈfər] v lykätä (päätöstä)
defer to v myöntyä, alistua, antaa periksi *I'll defer to your wishes* alistun tahtoosi
defiance [dəˈfaɪəns] s uhma, tottelemattomuus *in defiance of* jonkin vastaisesti, jostakin piittaamatta
defiant [dəˈfaɪənt] adj uhmamielinen, kapinallinen, itsepäinen
deficiency [dəˈfɪʃənsi] s **1** puute, puutos, vähyys *a vitamin deficiency* vitamiininpuutos **2** vaje
deficient [dəˈfɪʃənt] adj riittämätön, puutteellinen, vajavainen *this food is deficient in vitamin A* tässä ruuassa ei ole riittävästi A-vitamiinia
deficit [defəsɪt] s vaje *a budget/trade deficit* budjettivaje, kauppataseen vaje
defile [dɪˈfaɪəl] v liata, tahrata (myös kuv:) häpäistä
defilement s likaaminen, tahraaminen (myös kuv:) häpäisy
definable [dɪˈfaɪnəbəl] adj joka voidaan määritellä, selvä, selvärajainen
define [dɪˈfaɪn] v **1** määritellä, määrittää **2** korostua, näkyä selvästi *the tower was clearly defined against the sky* torni näkyi selvästi taivasta vasten
definite [defənət] adj selvä, ehdoton, yksiselitteinen, ilmeinen, varma *a definite answer/improvement* selvä vastaus/parannus
definite article s määräinen artikkeli (the)
definitely adv selvästi, ehdottomasti, varmasti
definition [ˈdefəˌnɪʃən] s **1** määritelmä *look up the definition of a word in the dictionary* katsoa sanan määritelmä sanakirjasta **2** (tehtävien, valtuuksien) määrittely **3** (kuvan) selvyys, terävyys, (tekn) erottelukyky *high-definition television* teräväpiirtotelevisio
definitive [dəˈfɪnətɪv] adj selvä, ehdoton, ratkaiseva, lopullinen *the definitive book on the subject* alan päateos, perusteos
deflate [dɪˈfleɪt] v **1** päästää ilmaa (renkaasta) **2** (tal) johtaa deflaatioon **3** lannistaa (into)

deflation [dɪˈfleɪʃən] s **1** ilman päästäminen/tyhjentyminen (renkaasta) **2** (tal) deflaatio
deflect [dɪˈflekt] v kääntää/kääntyä/ohjata/ohjautua sivuun, poikkeuttaa/poiketa suunnasta
deflection [dɪˈflekʃən] s (sivuun) kääntäminen/kääntyminen, (suunnasta) poikkeutus/poikkeaminen
defog [diˈfag] v **1** poistaa kosteus (auton ikkunasta) **2** (kuv) selvittää, hälventää
defogger s (auton) takalasin lämmitin
deforest [diˈfɔrəst] v kaataa, hakata (metsää)
deforestation [diˌfɔrəsˈteɪʃən] s (metsän) hakkuu, kaato
deform [diˈfɔrm] v muuttaa jonkin muotoa, johtaa epämuodostumaan, epämuodostaa, rumentaa, pilata, (kuv) turmella
deformation [ˌdefərˈmeɪʃən] s muodonmuutos, epämuodostuma, (kuv) turmelus
deformed adj epämuodostunut, (kuv) turmeltunut
deformity [diˈfɔrməti] s epämuodostuma
defrag v (tietok) eheyttää
defragment v (tietok) eheyttää
defraud [diˈfrad] v huijata, petkuttaa *the con artist defrauded him of all his money* konna huijasi häneltä kaikki rahat
defrost [dɪˈfrast] v sulattaa (pakaste, jääkaappi)
defroster s (auton) tuulilasin puhallin
deft [deft] adj taitava, näppärä, kätevä
deftly adv taitavasti, näppärästi, kätevästi
defunct [diˈfʌŋkt] adj kuollut, lakkautettu, kumottu, unohdettu
defuse [diˈfjuz] v **1** tehdä pommi vaarattomaksi **2** rauhoittaa (tilanne), laukaista (jännitys), poistaa (vaara)
defy [diˈfaɪ] v **1** uhmata, vastustaa, ei totella **2** usuttaa (jotakuta tekemään jotakin) **3** *to defy definition/description* olla mahdoton määritellä/kuvata sanoin
degenerate [diˈdʒenərət] adj rappeutunut, heikentynyt, huonontunut

degenerate [dɪˈdʒenəˌreɪt] v rappeutua, heikentyä, huonontua

deglamorize [ˌdiˈglæməraɪz] v kuvata realistisesti, inhimillistää

degradation [ˌdegrəˈdeɪʃən] s 1 (arvon) alennus 2 (kuv) alennus, turmelus, rappio

degrade [dəˈgreɪd] v 1 alentaa (esim sotilasarvoa) 2 (kuv) alentaa jotakuta, tuottaa jollekulle häpeää, olla jollekulle pahaksi

degree [dəˈgri] s 1 aste, vaihe, jakso 2 aste, lämpöaste, kulma-aste, kaariaste 3 (yliopisto)tutkinto

dehydrate [dɪˈhaɪˌdreɪt] v kuivattaa, poistaa vesi jostakin

dehydration [ˌdihaɪˈdreɪʃən] s vedenpoisto, dehydraatio, (lääk) nestehukka

deice [diˈaɪs] v poistaa jää; estää jään muodostuminen lentokoneen siiville

deign [deɪn] v suvaita *to deign to do something* suvaita tehdä jotakin

Deimos [ˈdaɪməs] Deimos, yksi Jupiterin kuu

deity [ˈdiəti] s 1 jumala 2 jumaluus, jumalallisuus

déjà vu [ˌdeɪʒaˈvu] s déjà vu -tuntemus, entiselämys

deject [dɪˈdʒekt] v masentaa, synkistää mieli

dejected adj masentunut, allapäin, synkkä

dejection [dɪˈdʒekʃən] s masennus, synkkyys, depressio

de jure [ˌdɪˈdʒuri] adj, adv lain mukaan, virallisesti

Del. *Delaware*

Delaware [ˈdeləˌweər]

1 delay [dɪˈleɪ] s viivästys, viivytys, lykkäys, myöhästyminen

2 delay v viivyttää, lykätä myöhemmäksi, myöhästyä *our flight has been delayed* lentomme myöhästyy

delectable [dɪˈlektəbəl] adj 1 herkullinen 2 miellyttävä, erinomainen, nautinnollinen

delegate [deləgət] s valtuutettu, edustaja

delegate [ˈdeləˌgeɪt] v valtuuttaa, määrätä johonkin tehtävään; antaa jonkun tehtäväksi, jakaa tehtäviä toisille, delegoida

delegation [ˌdeləˈgeɪʃən] s 1 valtuuskunta 2 valtuuttaminen; delegointi, tehtävien jakaminen toisille

delete [dəˈlit] v poistaa (tekstistä), jättää/pyyhkiä pois, yliviivata

deletion [dəˈliʃən] s poisto (tekstistä)

deli [deli] s eineskauppa

deliberate [dəˈlɪbəreɪt] v pohtia, miettiä, keskustella, neuvotella

deliberate [dəˈlɪbərət] adj 1 tahallinen 2 rauhallinen, harkittu, harkitseva, varovainen

deliberately adv 1 tahallisesti, tahallaan 2 rauhallisesti, varovaisesti, harkiten

deliberation [dəˌlɪbəˈreɪʃən] s 1 harkinta, pohdinta 2 keskustelu, neuvottelu 3 varovaisuus, rauhallisuus

delicacy [ˈdeləkəˌsi] s 1 herkku, herkkupala 2 (asian, ihmisen) arkaluonteisuus 3 hienotunteisuus 4 herkkyys, hauraus

delicate [deləkət] adj 1 hento (ihminen), hauras (astia, luu), hieno 2 herkkä(tunteinen); hienotunteinen 3 arkaluonteinen (asia, ihminen) 4 tarkkuutta vaativa 5 (ruoka) herkullinen, (maku) hieno

delicately adv ks delicate

delicatessen [ˌdeləkəˈtesən] s eineskauppa

delicious [dəˈlɪʃəs] adj 1 herkullinen 2 ihastuttava, erinomainen

delicto (latinaa) *in flagrante delicto* itse teossa, verekseltä, in flagranti

1 delight [dɪˈlaɪt] s ilo, ilonaihe; nautinto

2 delight v ilahduttaa, tuottaa iloa/nautintoa jollekulle *I'd be delighted to come* tulen mielelläni

delightful adj ilahduttava, ihastuttava, hieno

delightfully adv ilahduttavasti, ihastuttavasti

delight in v nauttia jostakin

delinquency [dəˈlɪŋkwənsi] s 1 laiminlyönti 2 rikollisuus *juvenile delinquency* nuorisorikollisuus 3 erääntynyt maksu/velka

demolish

delinquent [də'liŋkwənt] s rikollinen adj **1** rikollinen **2** (lasku) erääntynyt

delirious [də'lıəriəs] adj **1** (lääk) houraileva, houreinen **2** haltioissaan *he was delirious with joy* hän oli suunniltaan ilosta

deliriously adv **1** (lääk) houraillen, houreissaan **2** haltioituneesti

delirium [də'lıəriəm] s **1** (lääk) sekavuustila, houretila, delirium **2** haltioituminen, suunnaton ilo, innostus

deliver [də'lıvər] v **1** toimittaa (tavaraa asiakkaalle); kantaa (postia) **2** (kuv) pitää lupansa *how do we know you'll deliver?* mistä tiedämme että teet kuten lupasit/ettet petä meitä? **3** (usk) vapahtaa, pelastaa *deliver us from evil* päästä meidät pahasta **4** pitää (puhe), julistaa (tuomio) **5** auttaa synnytyksessä **6** *to deliver a blow* lyödä, iskeä

deliverance [də'lıvərəns] s vapahdus, vapautus, pelastus jostakin

delivery [də'lıvəri] s **1** (tavaran)toimitus, (postin)kanto **2** (lapsen) synnytys **3** ulosanti, puhetapa **4** (usk) pelastus, vapahdus

delivery boy s juoksupoika

deliveryman [dəlıvərimən] s lähetti, jakeluauton kuljettaja

delivery process s (tal) lunastusprosessi/luovutusprosessi johdannaisinstrumenttikaupassa

delta [deltə] s **1** joen suisto **2** (tal) option teoreettisen hinnan muutos suhteessa kohde-etuuden yksikkömuutokseen

delta wing s (lentokoneen) deltasiipi

delude [də'lud] v harhauttaa, johtaa harhaan *they deluded me into thinking that I could go with them* he saivat minut uskomaan/uskottelivat minulle että pääsisin heidän mukaansa *to delude yourself* kuvitella liikoja

delusion [də'luʒən] s harhaluulo, harhakuvitelma

delusions of grandeur s (mon) suuruudenhulluus

deluxe [dı'lʌks] adj loisto-, ylellinen, luksus- *a deluxe hotel*

delve into [delv] v **1** kaivaa (taskusta) **2** (kuv) paneutua, syventyä johonkin

Dem. *Democrat* demokraatti(sen puolueen jäsen)

1 demand [dı'mænd] s **1** vaatimus **2** kysyntä

2 demand v **1** vaatia (itselleen) *he demanded an answer* **2** vaatia, edellyttää *the job of an air-traffic controller demands great concentration* lennonvalvojan työssä vaaditaan tarkkaa keskittymistä

demanding adj vaativa, tiukka

demarcate ['dimar‚keıt] v merkitä rajaviiva

demarcation [‚dimar'keıʃən] s rajaviivan merkintä, demarkaatio

demarcation line s rajaviiva, demarkaatiolinja

demeanor [də'minər] s olemus, käytös

demented [də'mentəd] adj **1** (lääk) dementiasta/tylsistymisestä kärsivä **2** (ark) hullu, tärähtänyt

dementia [də'menʃə] s (lääk) dementia, tylsistyminen, (ark) hulluus

demigod ['demi‚gad] s puolijumala

demilitarization [dı‚mılıtərə'zeıʃən] s demilitarisointi, sotavoimien vetäminen jostakin

demilitarize [dı'mılətə‚raız] v demilitarisoida, vetää sotavoimat jostakin

demilitarized zone s demilitarisoitu vyöhyke

democracy [də'makrəsi] s demokratia (järjestelmä, maa), kansanvalta

democrat [deməkræt] s **1** demokraatti **2** *Democrat* Yhdysvaltain demokraattisen puolueen jäsen, demokraatti

democratic [‚demə'krætık] adj kansanvaltainen, demokraattinen

democratically adv demokraattisesti, kansanvaltaisesti

Democratic party s (Yhdysvaltain) demokraattinen puolue

democratize [dı'makrə‚taız] v demokratisoida, kansanvaltaistaa, demokratisoitua, kansanvaltaistua

demolish [dı'malıʃ] v **1** purkaa (rakennus), kaataa, hajottaa, hävittää **2** (kuv) musertaa, lyödä lyttyyn **3** (ark) pistää poskeensa, syödä kokonaan

demolition

demolition [ˌdeməˈlɪʃən] s (rakennuksen) purku, purkaminen
demolition derby s romuralli
demon [dimən] s **1** demoni **2** (ark) kiusankappale; työhullu; paholainen, piru
demonic [dɪˈmanɪk] adj **1** demoninen **2** riivattu, mieletön
demonstrate [ˈdemənˌstreɪt] v **1** osoittaa, todistaa **2** osoittaa mieltään, osallistua mielenosoitukseen
demonstration [ˌdemənˈstreɪʃən] s **1** osoitus, todiste, todistus **2** havaintoesitys **3** mielenosoitus
demonstrative [dɪˈmanstrətɪv] adj **1** joka paljastaa, osoittaa tunteensa **2** havainto-, esimerkki- **3** (kieliopissa) demonstratiivinen
demonstrative pronoun s (kieliopissa) demonstratiivipronomini (this, that)
demonstrator [ˈdemənˌstreɪtər] s **1** mielenosoittaja **2** (tuote-)esittelijä, havaintoesityksen pitäjä
demoralize [dɪˈmɔrəˌlaɪz] v lannistaa, nujertaa, masentaa
demote [dɪˈmoʊt] v alentaa (jonkun arvoa)
demotion [dɪˈmoʊʃən] s (arvon)alennus
demure [dɪˈmjʊər] adj **1** hiljainen, vaatimaton **2** teennäisen kaino/ujo, kainosteleva
demurely adv **1** vaatimattomasti **2** teennäisen kainosti/ujosti
den [den] s **1** (eläimen) pesä **2** (kuv) pesä, tyyssija **3** työhuone (kotona)
Denali [dəˈnali] kansallispuisto Alaskassa (entinen Mount McKinleyn kansallispuisto)
denial [dəˈnaɪəl] s **1** (pyynnön) evääminen **2** (väitteen) kiistäminen, kieltäminen
denim [denəm] s denimi(kangas)
denims [denəmz] s (mon) denimihousut, farkut
denizen [denəzən] s asukas
Denmark [ˈdenˌmark] Tanska
denomination [dɪˌnaməˈneɪʃən] s **1** nimi **2** (mitta-, raha)yksikkö **3** uskontokunta, lahko *the Lutheran denomination* luterilainen kirkko

denominational adj (usk) tunnustuksellinen, kirkollinen
denominator [dɪˈnaməˌneɪtər] s (mat) nimittäjä
denote [dəˈnoʊt] v merkitä, tarkoittaa, olla merkki jostakin
denouement [ˌdeɪnuˈmoʊ] s (romaanin, näytelmän) loppuratkaisu
denounce [dəˈnaʊns] v **1** tuomita, parjata, haukkua **2** sanoa irti (sopimus)
dense [dens] adj **1** tiheä, taaja (metsä, asutus) **2** sakea (neste, sumu) **3** tyhmä, hidasjärkinen
densely adv tiheään, taajaan (asuttu)
density [densəti] s tiheys, taajuus *population density* asumistiheys
1 dent [dent] s kolhu, kuhmu *make a dent in* päästä (työn) alkuun, saada jotakin aikaan
2 dent v kolhaista, kolhia
dental [dentəl] adj hammas-
dentist [dentəst] s hammaslääkäri
dentistry [dentəstri] s hammaslääketiede
denunciation [dɪˌnʌnsiˈeɪʃən] s **1** tuomio, tuomitseva suhtautuminen, parjaus, parjaaminen **2** (sopimuksen) irtisanominen, purkaminen
Denver [denvər] kaupunki Coloradossa
deny [dəˈnaɪ] v **1** evätä (hakemus, pyyntö) **2** kiistää (väite)
deodorant [diˈoʊdərənt] s deodorantti
depart [dɪˈpart] v **1** lähteä **2** poiketa *he is again departing from company policy* hän poikkeaa jälleen yrityksen linjasta
departed s *the departed* edesmennyt adj **1** edesmennyt **2** mennyt, kadotettu, entinen
department [dɪˈpartmənt] s **1** osasto **2** (US) ministeriö *the Department of Agriculture/State* maatalousministeriö/ulkoministeriö **3** (yliopiston) laitos **4** (ark) *that's not my department* se ei kuulu minulle, se ei ole minun heiniäni
department store s tavaratalo
departure [dɪˈpartʃər] s **1** lähtö **2** poikkeama (säännöstä), (uusi) suunta, (uusi) lähtökohta
dependable adj luotettava

dependence s **1** riippuvuus, riippuvaisuus **2** luottamus

dependent s **1** jostakusta riippuvainen omainen, (alaikäinen) lapsi **2** veroyähennykseen oikeutettu perheenjäsen adj riippuvainen *to be dependent on something* riippua jostakin, olla jonkin varassa

depend on [dəˈpend] v **1** riippua, olla riippuvainen jostakin **2** luottaa johonkuhun/johonkin

depict [dɪˈpɪkt] v kuvata, kuvailla, esittää (jonkinlaiseksi)

deplete [dɪˈpliːt] v käyttää loppuun *to be depleted* huveta, loppua

depletion [dɪˈpliːʃən] s loppuminen, hupeneminen

deplorable adj **1** valitettava **2** paheksuttava, tuomittava

deplorably adv valitettavasti, valitettavan

deplore [dɪˈplɔːr] v **1** pahoitella, olla pahoillaan jostakin **2** paheksua, tuomita

deport [dɪˈpɔːrt] v karkottaa (maasta)

deportation [ˌdɪpɔːrˈteɪʃən] s karkotus, pakkosiirto

deportee [ˌdɪpɔːrˈtiː] s karkotettu ihminen, pakkosiirtolainen

depose [dɪˈpoʊz] v syrjäyttää

1 deposit [dɪˈpɑzət] s **1** talletus, tilillepano **2** käsiraha; kautio **3** kerros **4** (malmi-, öljy)esiintymä

2 deposit v **1** tallettaa, panna tilille **2** maksaa käsiraha/kautio

depot [dipoʊ] s **1** rautatieasema **2** linja-autoasema **3** asevarasto **4** varasto(rakennus)

depravation [ˌdeprəˈveɪʃən] s turmelus; raakuus

deprave [dɪˈpreɪv] v turmella, raaistaa

depraved adj turmeltunut, raaistunut

depravity [dɪˈprævəti] s turmelus, raakuus

depreciate [dɪˈpriːʃiˌeɪt] v **1** (arvosta) laskea, halventua **2** vähätellä, väheksyä, halveksua

depreciation [dɪˌpriːʃiˈeɪʃən] s **1** (arvon) lasku **2** vähättely, väheksyntä, halveksunta

depreciatory [dɪˈpriːʃiəˌtɔːri] adj väheksyvä, halveksuva

depredation [ˈdeprəˌdeɪʃən] s hävitys, ryöstö

depress [dəˈpres] v **1** masentaa, lannistaa **2** painaa (alas, myös kuv)

depressant s rauhoittava aine/lääke

depressed adj **1** masentunut, alakuloinen, lannistunut **2** (talous)lamasta kärsivä **3** alentunut, laskenut, heikentynyt **4** syvennetty, upotettu (esim kädensija)

depressing adj masentava

depression [dəˈpreʃən] s **1** masennus, depressio **2** (taloudellinen) lama(kausi) *the* (Great) *Depression* 1930-luvun lamakausi **3** matalapaine(en alue) **4** syvennys, upotus

depressive s masentunut, depressiivinen ihminen adj masentava, masentunut, depressiivinen

deprivation [ˌdeprəˈveɪʃən] s **1** evääminen, kieltäminen **2** (psyk) deprivaatio **3** puute; hätä

deprive [dɪˈpraɪv] v evätä joltakulta jotakin, jättää joku ilman jotakin

dept. *department* osasto, laitos

depth [depθ] s syvyys (myös kuv)

depths [depθs] s (mon, kuv) *she was in the depths of despair* hän oli epätoivon kourissa *in his book, he sank to incredible depths* hän vajosi kirjassaan uskomattoman alhaiselle tasolle *it came from the depths of space* se tuli syvältä/kaukaa avaruudesta

deputation [ˌdepjəˈteɪʃən] s **1** valtuuskunta **2** valtuutus

deputize [ˈdepjəˌtaɪz] v **1** valtuuttaa, määrätä sijaiseksi (esim apulaissšeriffiksi) **2** toimia jonkun sijaisena (for)

deputy [depjəti] s **1** valtuutettu, sijainen **2** apulaissšeriffi

deputy sheriff s apulaissšeriffi

derail [dɪˈreɪəl] v suistaa/suistua kiskoilta

derailment s kiskoilta suistuminen

derange [dɪˈreɪndʒ] v **1** sekoittaa, sotkea **2** rikkoa, saattaa epäkuntoon **3** tehdä hulluksi

deranged adj hullu, seonnut

Derby [darbi] **1** kaupunki Englannissa **2** hevoskilpailu, Englannissa Epsom

Derbys.

Derby [dɑrbi], Yhdysvalloissa erityisesti Kentucky Derby [dɔrbi]
Derbys. *Derbyshire*
Derbyshire [dɑrbiʃər] Englannin kreivikuntia
deregulate [diˈreɪgjəˌleɪt] v lieventää valtion valvontaa, vapauttaa tiukasta valvonnasta
deregulation [diˌreɪgjəˈleɪʃən] s valtion valvonnan lieventäminen *airline deregulation* lentoyhtiöiden välisten kilpailuesteiden kumoaminen/hellittäminen
derelict [derəlɪkt] s irtolainen, koditon ihminen adj **1** hylätty, heitteille jätetty **2** joka on laiminlyönyt velvollisuutensa
dereliction [ˌderəˈlɪkʃən] s (velvollisuuden) laiminlyönti
derivation [ˌderəˈveɪʃən] s **1** alkuperä **2** (sanan, kem) johdannainen
derivative [dəˈrɪvətɪv] s (sanan, kem) johdannainen adj **1** johdannainen, jostakin johdettu **2** jäljitelty, matkittu
derivative instrument s (tal) johdannaisinstrumentti
derive [dəˈraɪv] v **1** saada **2** johtaa (sanoja) *the word kiosk is derived from the Persian* sana *kiosk* on peräisin persian kielestä **3** olla peräisin jostakin
derogatory [dəˈrɑgəˌtɔri] adj halventava, häpäisevä, loukkaava
derrick [derək] s (öljyn)poraustorni
descend [dɪˈsend] v **1** laskeutua, (ihminen/tie) astua/viettää alas jostakin **2** laskea, vähentyä, alentua
descendant [dɪˈsendənt] s jälkeläinen
descend from v **1** olla jonkun jälkeläinen **2** *be descended from* olla peräisin jostakin, olla jonkun jälkeläinen
descending colon [koʊlən] s (anat) laskeva paksusuoli
descend on v **1** hyökätä joukkona jonkun kimppuun **2** (ark) saapua sankoin joukoin jonnekin
descent [dɪˈsent] s **1** laskeutuminen, alastulo, lasku **2** alamäki, (alaspäin viettävä) rinne **3** syntyperä, suku **4** hyökkäys
describe [dɪsˈkraɪb] v kuvata, kuvailla (joksikin, *as*)

description [dɪsˈkrɪpʃən] s kuvaus, kuvailu
descriptive adj **1** kuvaava **2** deskriptiivinen, kuvaileva, esittävä
desecrate [ˈdesəˌkreɪt] v häpäistä, häväistä
desecration [ˌdesəˈkreɪʃən] s häpäisy, häväistys
desegregate [diˈsegrəˌgeɪt] v lopettaa rotuerottelu jossakin
desegregation [dɪˌsegrəˈgeɪʃən] s rotuerottelun lakkauttaminen
desert [dezərt] s autiomaa, erämaa adj autiomaa-, erämaa-
desert [dəˈzɜrt] v **1** karata armeijasta **2** hylätä, jättää joku, lähteä jostakin
deserted [dəˈzɜrtəd] adj autio, asumaton
deserter [dəˈzɜrtər] s sotilaskarkuri
desertification [ˌdezərtɪfəˈkeɪʃən] s aavikoituminen
desertion [dəˈzɜrʃən] s sotilaskarkuruus
desert locust s aavikkokulkusirkka
deserts [dəˈzɜrts] *to get your just deserts* saada ansionsa mukaan, saada ansaitsemansa rangaistus
desert tortoise s aavikkogofferikilpikonna
deserve [dəˈzɜrv] v ansaita, olla ansainnut jotakin *she deserves to be humiliated* hän on ansainnut nöyryytyksensä
1 design [dəˈzaɪn] s **1** piirustus, suunnitelma **2** suunnittelu, muotoilu, design **3** kuvio **4** aie, suunnitelma *I have no designs for tonight/on her* en ole sopinut mitään täksi illaksi/en yritä lähennellä häntä
2 design v **1** piirtää, suunnitella, muotoilla; rakentaa **2** aikoa, suunnitella, tarkoittaa *the widget is designed for indoor use only* vempain on tarkoitettu vain sisäkäyttöön
designate [ˈdezɪɡˌneɪt] v tarkoittaa, merkitä jotakin, viitata johonkin
designate [dezɪɡnət] adj tuleva, (virkaan/joksikin) valittu
designate as v määrätä, nimittää *he designated his son as his successor* hän nimitti poikansa seuraajakseen

designer [dɪˈzaɪnər] s suunnittelija, muotoilija, piirtäjä

designer jeans s (mon) muotisuunnittelijan luomat farkut

desirable [dɪˈzaɪrəbəl] adj houkutteleva, viehättävä, puoleensavetävä

1 desire [dɪˈzaɪər] s halu, mielihalu, kaipaus, himo, toive

2 desire v haluta, kaivata, himoita, toivoa

desirous of [dɪˈzaɪrəs] adj haluta, kaivata, tehdä kovasti mieli

desist [dɪˈsɪst] v lakata, lopettaa, pidättyä (tekemästä jotakin, *from*)

desk [desk] s (kirjoitus)pöytä

desk job s toimistotyö, istumatyö

desk jockey s konttorirotta

desktop [desktɑp] adj (kirjoitus)pöydälle mahtuva, pöytä-

desktop computer s pöytämikro, pöytätietokone

desktop publishing s julkaisutoiminta mikrotietokonetta käyttäen, DTP, omataitto

desktop publishing program s taittoohjelma

desolate [ˈdesəˌleɪt] v **1** lannistaa **2** autioittaa

desolate [desələt] adj **1** lohduton **2** autio

desolation [ˌdesəˈleɪʃən] s **1** lohduttomuus **2** autioituminen

1 despair [dəsˈpeər] s epätoivo

2 despair v olla epätoivoinen, menettää toivonsa

despairing adj epätoivoinen

despairingly adv epätoivoisesti

desperado [ˌdespəˈrɑdoʊ] s lainsuojaton

desperate [despərət] adj epätoivoinen, toivoton

desperately adv epätoivoisesti, toivottomasti

desperation [ˌdespəˈreɪʃən] s epätoivo

despicable [dəsˈpɪkəbəl] adj vastenmielinen, inhottava

despicably adv vastenmielisesti, inhottavasti

despise [dəsˈpaɪz] v halveksia, väheksyä

despite [dəsˈpaɪt] prep jostakin huolimatta

despondency [dəsˈpɑndənsi] s masennus, lamaannus, toivottomuus

despondent adj lannistunut, masentunut, lamaantunut, toivoton

despondently adv lannistuneesti, masentuneesti, synkästi

despot [despət] s despootti, itsevaltias, hirmuvaltias

despotic [dəsˈpɑtɪk] adj despoottinen, itsevaltainen, mielivaltainen

despotism [ˈdespəˌtɪzəm] s despotia, itsevalta, hirmuvalta

dessert [dəˈzərt] s jälkiruoka

destination [ˌdestəˈneɪʃən] s määränpää, matkakohde

destine [destən] v (passiivissa tulevaisuudesta:) *she was destined never to see her parents again* hän ei enää koskaan ollut näkevä vanhempiaan *he is destined to become a pianist* hänellä on kaikki edellytykset tulla pianistiksi

destined for adj matkalla jonnekin (myös kuv)

destiny [destəni] s **1** kohtalo, kaitselmus, sallimus **2** (yksittäinen) kohtalo *it was my destiny to end up a bum* minun kohtaloni oli päätyä pummiksi

destitute [ˈdestəˌtut] adj varaton

destitute of adj ilman, vailla jotakin

destitution [ˌdestəˈtuʃən] s varattomuus, puute, hätä

destroy [dəsˈtrɔɪ] v **1** hävittää, tuhota **2** lopettaa (eläin) **3** tehdä loppu jostakin, murskata (toivo), vahingoittaa (mainetta)

destroyer s hävittäjä (alus)

destruction [dəsˈtrʌkʃən] s tuho, hävitys, vahinko, vaurio (myös kuv)

destructive [dəsˈtrʌktɪv] adj **1** tuhoisa (myrsky, tuli) **2** murskaava (arvostelu), tuhoisa (asenne), hajottava

detach [dɪˈtætʃ] v irrottaa

detached adj **1** (talo, osa) erillinen, irrallinen **2** välinpitämätön, etäinen **3** puolueeton

detachment s **1** välinpitämättömyys, etäisyys **2** puolueettomuus **3** (sot) erillisosasto

detail

detail [dɪ'teɪəl, diteɪəl] s **1** yksityiskohta **2** (sot) erillisosasto
detail [dɪ'teɪəl] v **1** kuvata yksityiskohtaisesti/tarkasti **2** määrätä erikoistehtävään
detain [dɪ'teɪn] v pidättää jotakuta, ei päästää menemään, viivyttää, (poliisista:) pidättää joku
detainee [dɪˌteɪ'ni] s pidätetty henkilö
detect [də'tekt] v huomata, havaita, selvittää (rikos), saada selville/kiinni
detection [də'tekʃən] s selviäminen, havaitseminen, kiinni joutuminen/saaminen
detective [də'tektɪv] s (poliisi-, yksityis)etsivä
detective agency s etsivätoimisto
detective novel s rikosromaani, dekkari
détente [deɪ'tɑnt] s (pol) liennytys
detention [dɪ'tenʃən] s **1** pidätys; vankeus **2** viivästys
deter (from) [dɪ'tər] v pidätellä/estää tekemästä jotakin
detergent [də'tərdʒənt] s pesuaine
deteriorate [də'tɪriəˌreɪt] v rappeutua, ränsistyä, turmeltua, heiketä
deterioration [dəˌtɪriə'reɪʃən] s rappio, ränsistyminen, turmelus
determination [dəˌtərmə'neɪʃən] s **1** määrätietoisuus, päättäväisyys **2** selvitys, määritys
determine [də'tərmən] v **1** määrätä, vaikuttaa ratkaisevasti johonkin **2** varmistaa, selvittää **3** määritellä, sopia **4** päättää *he determined to leave her alone* hän päätti jättää naisen rauhaan **5** saada joku päättämään jotakin *the news determined him to leave the country* uutinen sai hänet poistumaan maasta
determined adj määrätietoinen, päättäväinen *he is determined to leave the country* hän on päättänyt lähteä maasta
determinedly adv määrätietoisesti, päättäväisesti, lujasti
deterrent [də'tərənt] s pelote, uhka *the nuclear deterrent* ydinpelote adj pelottava
detest [dɪ'test] v inhota, kammoksua
detestation [ˌdites'teɪʃən] s inho, kammo

dethrone [dɪ'θroʊn] v syöstä vallasta/valtaistuimelta, syrjäyttää
detonate ['detəˌneɪt] v sytyttää, laukaista, räjäyttää
detonation [ˌdetə'neɪʃən] s sytytys, räjäytys
detonator ['detəˌneɪtər] s sytytin, räjähdysnalli
1 detour [dituər dɪ'tuər] s kiertotie
2 detour v ohjata (liikenne) kiertotietä
detract from [dɪ'trækt] v vähentää, heikentää (laatua, arvoa, mainetta)
detraction [dɪ'trækʃən] s vähättely, halveksunta
detriment [detrəmənt] s vahinko, haitta
detrimental [ˌdetrə'mentəl] adj vahingollinen, haitallinen
Detroit [dɪ'troɪt] kaupunki Michiganissa
devaluation [dɪˌvæljʊ'eɪʃən] s **1** (valuutan) devalvaatio **2** arvon lasku
devalue [dɪ'vælju] v **1** devalvoida (valuutta) **2** vähentää jonkin arvoa
devastate ['devəsˌteɪt] v **1** autioittaa, hävittää maan tasalle, tuhota **2** (kuv) musertaa, nujertaa, murskata
devastating adj **1** tuhoisa, suunnaton **2** (kuv) murskaava, musertava **3** hurmaava, ihastuttava
devastation [ˌdevəs'teɪʃən] s tuho, hävitys
develop [də'veləp] v **1** kehittää (itseään, kykyjään, ajatusta, filmi), kehittyä (myös tilanteesta) **2** hyödyntää (luonnonvaroja), rakentaa (taloja jonnekin), saneerata, laajentaa (yritystä), suunnitella (tuote) **3** käydä ilmi
developer s **1** rakennusliike, rakentaja **2** (valokuva)kehittämö
developing adj kytevä, alkava, nouseva (myrsky, ala)
developing country s kehittyvä maa, kehitysmaa
development s **1** kehitys, kehittyminen, kehittäminen, kasvu **2** tapahtuma, muutos **3** (filmin) kehitys **4** rakentaminen (uudelle alueelle), (vanhan alueen) saneeraus, (yrityksen) laajentaminen **5** (vastavalmistunut) tai uudehko asuma-alue
developmental adj (aste) kehitys-

diametrically

deviant [diviənt] s poikkeava ihminen adj poikkeava
deviate from [diviˈeɪt] v poiketa jostakin (totuudesta, suunnasta)
deviation [ˌdiviˈeɪʃən] s poikkeama
device [dəˈvaɪs] s **1** laite **2** suunnitelma, keino, juoni, temppu
devil [devəl] s paholainen, piru (myös ihmisestä ja sadatteluna)
devilish adj, adv pirullinen, pirullisen
devilishly adv pirullisesti
devil-may-care [ˈdevəlmeɪˌkeər] adj (asenne) välinpitämätön; hällävaliä-, uhkarohkea
devil's advocate s paholaisen asianajaja, advocatus diaboli, vastakkaisen kannan puolestapuhuja
devious [diviəs] adj katala, kiero
devise [dəˈvaɪz] v laatia (suunnitelma), keksiä
devoid of [dəˈvoɪd] adj vailla, ilman jotakin
Devon. *Devonshire*
Devon [devən] Englannin kreivikuntia, myös *Devonshire*
devote [dəˈvoʊt] v omistaa (aikaa, vaivaa) jollekin *he is devoted to his studies* hän on omistautunut opiskelulle
devoted adj uskollinen (puoliso, kannattaja), (asialleen) omistautunut, harras
devotedly adv antaumuksellisesti, uskollisesti
devotee [ˌdevəˈti] s kannattaja, harrastaja, ihailija
devotion [dɪˈvoʊʃən] s **1** uskollisuus, antaumus, omistautuminen **2** jonkin omistaminen/vihkiminen johonkin tarkoitukseen, (mon, usk) hartaus
devour [dɪˈvaʊər] v **1** niellä, pistää poskeensa **2** tuhota, hävittää
devout [dɪˈvaʊt] adj hurskas, harras
devoutly adv hurskaasti, hartaasti
dew [du] s kaste, kosteus
dewy [duwi] adj kasteinen, kostea
dexterity [deksˈterəti] s taitavuus, näppäryys, kätevyys; nokkeluus, kekseliäisyys
dexterous [desktrəs] adj **1** taitava, näppärä, kätevä (käsistään); nokkela, kekseliäs **2** oikeakätinen

dgt. *daughter* tytär
dhole s vuorisusi
DIA *Defense Intelligence Agency*
diabetes [ˌdaɪəˈbitəs ˌdaɪəˈbitiz] s diabetes, sokeritauti
diabetic [ˌdaɪəˈbetɪk] s diabeetikko, sokeritautinen adj diabeettinen, sokeritautinen, diabeetikon
diabolic [ˌdaɪəˈbalɪk] adj pirullinen
diabolical adj pirullinen
diabolically adv pirullisesti
diagnose [ˌdaɪəgˈnoʊs] v tehdä taudinmääritys, määrittää tauti
diagnosis [ˌdaɪəgˈnoʊsəs] s (mon diagnoses) diagnoosi, taudinmääritys
diagnostic [ˌdaɪəgˈnastɪk] adj diagnostinen
diagnostician [ˌdaɪəgnasˈtɪʃən] s diagnostikko
diagonal [daɪˈægənəl] s lävistäjä adj diagonaalinen, lävistäjän suuntainen, vino
diagonally adv diagonaalisesti, lävistäjän suuntaisesti, vinosti
diagram [ˈdaɪəˌgræm] s diagrammi, kaavakuva, käyrästö
diagrammatic [ˌdaɪəgrəˈmætɪk] adj kaavakuva-, käyrä-
1 dial [daɪəl] s **1** (kello-, mittari)taulu **2** (puhelimen) valintalevy
2 dial v valita (numero puhelimella)
dial. *dialect* murre-
dialect [ˈdaɪəˌlekt] s murre (alueelliselle, sosiaaliselle tai ammatilliselle puhujaryhmälle ominainen kieli)
dialog ks dialogue
dialogue [ˈdaɪəˌlag] s kaksinpuhelu, keskustelu, vuoropuhelu, dialogi
dialtone valintaääni
dial-up adj (tietok) valintainen
dial-up network s (tietok) valintaverkko
diam. *diameter* halkaisija
diameter [daɪˈæmətər] s halkaisija
diametric [ˌdaɪəˈmetrɪk] adj **1** vastakkaisella puolella oleva **2** täysin vastakkainen
diametrically [ˌdaɪəˈmetrɪkli] adv **1** vastakkaisella puolella **2** täysin vastakkaisesti

diamond [ˈdaɪmənd] s **1** timantti **2** vinoneliö **3** (pelikortissa) ruutu
diaphragm [ˈdaɪəˌfræm] s **1** (anatomiassa) pallea **2** (ehkäisyväline) pessaari **3** (kameran) himmennin **4** (kaiuttimen ym) kalvo
diarist [ˈdaɪərɪst] s päiväkirjan pitäjä; kronikoitsija
diarrhea [ˌdaɪəˈriə] s ripuli *verbal diarrhea* puheripuli
diary [ˈdaɪəri] s päiväkirja; muistio
diastole [ˌdaɪˈæstli] s (sydänlihaksen lepovaihe) diastole
1 dice [daɪs] s (mon) nopat (arkikielessä myös yhdestä nopasta) *no dice* (sl) ei onnistu!, ei ikinä!
2 dice v paloitella, pilkkoa (kuutioiksi)
dicey [daisi] adj kiperä, täpärä, hankala *it's a dicey situation* kinkkinen tilanne
Dictaphone® [ˈdɪktəˌfoʊn] eräs sanelin
dictate [dɪkˈteɪt] v sanella (myös kuv:) määrätä
dictation [ˌdɪkˈteɪʃən] s **1** sanelu **2** sanelusta kirjoitettu teksti
dictation machine s sanelin
dictator [dɪkˈteɪtər] s diktaattori, itsevaltias
dictatorial [ˌdɪktəˈtɔrɪəl] adj diktatorinen, itsevaltainen
dictatorship [ˈdɪkteɪtərˌʃɪp] s diktatuuri, itsevalta
diction [ˈdɪkʃən] s **1** ääntämys, lausuntatapa **2** sanavalinta
dictionary [ˈdɪkʃəˌneri] s sanakirja *bilingual dictionary* kaksikielinen sanakirja
did [dɪd] ks do
1 die [daɪ] s **1** noppa (mon *dice*) **2** (tekn) (valu)muotti, leimasin
2 die v **1** kuolla (myös kuv), (sotilaasta myös) kaatua *I'm dying of boredom* olen kuolla ikävään, olen pitkästynyt kuollakseni **2** (moottori) sammua **3** (tapa) jäädä pois käytöstä, (muisto) unohtua **4** *be dying to* ei malttaa odottaa jotakin, odottaa kärsimättömänä
die away v (ääni) vaimentua, vaieta, lakata vähitellen
die-cast adj painevalettu
die casting s painevalu
die down v rauhoittua, lakata, asettua
die-hard s härkäpää, jukuripää; patavanhoillinen ihminen adj härkäpäinen, jukuripäinen; patavanhoillinen
die hard v olla (henki) sitkeässä
die off v kuolla yksi toisensa jälkeen, kuolla kupsahdella
die out v **1** (suvusta) sammua **2** vaimentua, vaieta, lakata vähitellen
diesel [ˈdisəl ˈdizəl] s diesel(polttoaine/moottori) adj diesel-
diesel engine s dieselmoottori
diesel fuel s dieselpolttoaine
1 diet [ˈdaɪət] s **1** ruokavalio **2** laihdutuskuuri, dieetti *she is on a diet* hän laihduttaa **3** valtiopäivät
2 diet v laihduttaa, olla dieetillä
dietary [ˈdaɪəˌteri] adj ravinto-
dietary supplement [ˌdaɪəˌteriˈsʌpləmənt] s lisäravinne
dietetic [ˌdaɪəˈtetɪk] adj ravinto-; laihdutus-
diff. *difference* ero
differ [ˈdɪfər] v **1** erota jostakin (from), olla erilainen kuin **2** olla eri mieltä kuin (with)
difference [ˈdɪfrəns] s **1** ero *a big age difference* suuri ikäero *it makes no difference* se on yhdentekevää, sillä ei ole mitään väliä **2** (summa) erotus **3** erimielisyys
different [ˈdɪfrənt] adj **1** erilainen, eri *this is a different story* tämä on kokonaan eri juttu **2** eri *we went to many different places* kävimme monessa eri paikassa
differentiate between [ˌdɪfəˈrenʃieɪt] v erottaa toisistaan, tehdä ero joidenkin välillä
differently adv erilainen, eri lailla
difficult [ˈdɪfəkəlt] adj vaikea, vaikeaselkoinen, vaikeatajuinen, hankala, vaativa *he is a very difficult person* hänen kanssaan on hankala/vaikea tulla toimeen *Barth is a difficult writer* Barth kirjoittaa vaikeatajuisesti
difficulty [ˈdɪfəˌkʌlti] s vaikeus, hankaluus
diffidence [ˈdɪfədəns] s ujous, arkuus
diffident adj ujo, arka, kaino
diffidently adv ujosti, arasti, kainosti

diffuse [dɪˈfjus] adj **1** hajautunut **2** epäselvä, monisanainen
diffuse [dɪˈfjuz] v levittää, hajottaa
diffusion [dɪˈfjuʒən] s levitys, leviäminen, hajotus, hajoaminen, diffuusio
1 dig [dɪg] s isku, tönäisy *I gave him a dig in the ribs* tökkäisin häntä kylkiluihin **2** piikikäs/kärkevä/ilkeä huomautus **3** (arkeologinen) kaivaus
2 dig v dug, dug **1** kaivaa *he dug a hole in the ground/in his pockets* hän kaivoi kuopan maahan/kulutti reiät taskuihinsa **2** tökkäistä, tönäistä, iskeä **3** (sl) tykätä, digata **4** (sl) tajuta *dig it, man?* tajuutsä?
digerati [ˌdɪdʒəˈrati] s (mon) (leikkisästi) digitaaliälymystö, tietokoneita ja Internetiä paljon käyttävät
digest [daɪˈdʒest] v **1** (ruoka) sulaa, sulattaa **2** (kuv) sulattaa, omaksua (asia)
digest [ˈdaɪdʒest] s tiivistelmä, yhteenveto
digestion [daɪˈdʒestʃən] s ruuansulatus
digestive [daɪˈdʒestɪv] adj ruuansulatus-
digestive juice s ruuansulatusneste
digestive organs s (mon) ruuansulatuselimet
digestive system s ruuansulatuselimistö
digestive tract s ruuansulatuskanava
digger s **1** kaivaja **2** kaivuri, kaivinkone
dig in v **1** (sot) kaivautua (asemiin) **2** ei antaa periksi, pitää kiinni mielipiteestään **3** ruveta syömään, käydä kiinni ruokaan
dig into v käydä käsiksi (työhön, ateriaan)
digit [ˈdɪdʒət] s **1** numero (0–9) **2** sormi, varvas
digital [ˈdɪdʒətəl] adj **1** sormi-, varvas- **2** digitaalinen
digital camera s digitaalikamera, digikamera
digital cash s koneisraha, verkkoraha
digital divide s juopa Internetin käyttäjien ja muiden välillä
digital domain s digitaalimuoto *the editing was done in the digital domain* editointi tehtiin digitaalisesti (ilman analogisia välivaiheita)
digital economy s verkkotalous

digital signature s digitaalinen allekirjoitus
digital television s digi-tv
digitize v (tietok) digitalisoida
dignified [ˈdɪgnəˌfaɪd] adj arvokas (ihminen, käytös, ryhti), arvossa pidetty (ihminen)
dignify [ˈdɪgnəˌfaɪ] v **1** kunnioittaa, osoittaa kunnioitusta *he dignified the occasion with his presence* hän kunnioitti tilaisuutta läsnäolollaan **2** *I won't dignify your question with an answer* en pidä kysymystäsi vastauksen arvoisena, jätän kysymyksesi omaan arvoonsa
dignitary [ˈdɪgnəˌteri] s arvohenkilö, merkkihenkilö
dignity [ˈdɪgnəti] s **1** arvokkuus **2** asema; korkea asema
dig out v **1** kaivaa (kuoppa) **2** kovertaa, kaivaa **3** kaivaa esiin, ottaa selvää jostakin
digress [dɪˈgres daɪˈgres] v poiketa/eksyä asiasta
digression [dɪˈgreʃən daɪˈgreʃən] s sivuasia, poikkeama asiasta
digs [dɪgz] s (ark) kämppä, asunto *I'm gonna go to my digs real quick to change* käyn äkkiä kotona vaihtamassa kuteet
dig up v **1** löytää kaivamalla, kaivaa esiin **2** löytää (tietoa)
1 dike [daɪk] s **1** pato **2** oja **3** pengertie **4** (sl) lesbo
2 dike v padota, pengertää
dilapidated [dəˈlæpəˌdeɪtəd] adj ränsistynyt, rähjäinen, nuhruinen
dilate [daɪˈleɪt] v laajentaa, laajentua, suurentaa, suurentua, paisuttaa, paisua *your eyes are dilated* silmäteräsi ovat laajentuneet
dilation [daɪˈleɪʃən] s laajeneminen, suureneminen, paisuminen
dilemma [dəˈlemə] s pulmatilanne, vaikea valinta
diligence [ˈdɪlədʒəns] s ahkeruus, uutteruus
diligent [ˈdɪlədʒənt] adj ahkera, uuttera; huolellinen
diligently adj ahkerasti, uutterasti; perusteellisesti, huolellisesti

dilute [dəˈluːt] v laimentaa, vesittää (myös kuv)
dim [dɪm] v himmentää, himmentyä, hämärtää, hämärtyä adj **1** himmeä, hämärä (valo, näkö, muisto) **2** (ark) tyhmä, hidasjärkinen
dim. *dimensions* mitat
dime [daɪm] s kymmenen centin kolikko *they are a dime a dozen* ne ovat tusinatavaraa
dimension [dəˈmenʃən] s **1** ulottuvuus *the fourth dimension* neljäs ulottuvuus **2** (myös mon) mitta, ulottuvuus **3** (mon, kuv) laajuus, ulottuvuus *the dimensions of the problem* ongelman laajuus
dimensional adj -ulotteinen *a three-dimensional movie* kolmiulotteinen elokuva
dime store s halpahalli
diminish [dəˈmɪnɪʃ] v vähentää, vähentyä, (hinta, innostus) laskea, (mahdollisuudet) heiketä
diminished adj vähentynyt, supistunut, heikentynyt, laskenut
diminutive [dɪˈmɪnjəˌtɪv] s (kieliopissa) deminutiivi, diminutiivi (esim sanasta *drop* (pisara) johdettu *droplet* (pieni pisara) adj hyvin pieni
dimly adv (nähdä, muistaa) hämärästi, himmeästi, (nähdä, näkyä, kuulla) heikosti
dimple [ˈdɪmpəl] s hymykuoppa, (leuassa) pieni kuoppa
dim-witted [ˌdɪmˈwɪtəd] adj tyhmä, heikkoälyinen
1 din [dɪn] s melu, meteli, mekastus
2 din v meluta, mekastaa, pitää meteliä
dine [daɪn] v syödä, aterioida, ruokailla
diner [ˈdaɪnər] s **1** ruokailija, ravintola-asiakas **2** ravintolavaunu **3** ruokabaari (joskus junanvaunun kaltainen)
dingbat [ˈdɪŋbæt] s **1** typerys, mäntti **2** ladonnassa käytettävä koristemerkki [esim ✗, ✠, ✦]
dinghy [ˈdɪŋi] s pieni (soutu)vene
diginess [ˈdɪndʒɪnəs] s sottaisuus, ränsistyneisyys
dingo [ˈdɪŋɡoʊ] s (eläin) (mon dingoes) dingo
dingy [ˈdɪndʒi] adj sottainen, siivoton, ränsistynyt
dinner [ˈdɪnər] s **1** päivällinen **2** juhla-ateria
dinner jacket s smokki
dinosaur [ˈdaɪnəˌsɔːr] s dinosaurus
diocese [ˈdaɪəˌsɪs] s hiippakunta
1 dip [dɪp] s **1** pulahdus, lyhyt uinti **2** kuoppa, syvennys **3** (ruoka) dippikastike
2 dip v **1** kastaa/työntää johonkin **2** pulahtaa veteen, käväistä uimassa **3** pudota, (lämpötila, osakekurssi) laskea, (vene) sukeltaa
DIP *dual in-line package* (tietok) kaksirivikytkin
diphtheria [dɪpˈθɪəriə, dɪfˈθɪəriə] s kurkkumätä
diphthong [ˈdɪpθɑŋ, ˈdɪfθɑŋ] s diftongi (esim [oʊ] sanassa *home* [hoʊm])
diploma [dəˈploʊmə] s diplomi, todistus, kunniakirja
diplomacy [dəˈploʊməˌsi] s diplomatia (myös kuv:) tahdikkuus
diplomat [ˈdɪpləˌmæt] s diplomaatti (myös kuv)
diplomatic [ˌdɪpləˈmætɪk] adj diplomaattinen (myös kuv:) joustava, tahdikas
dipper s (lintu) koskikara
dire [daɪər] adj **1** hirvittävä, kamala **2** kova, paha (pula)
1 direct [dəˈrekt] v **1** suunnata, kohdistaa **2** ohjata, johtaa (työtä, yritystä) **3** ohjata, opastaa, neuvoa tie
2 direct adj **1** suora (tie, viiva, vaikutus, lento, lainaus, ihminen), välitön, suorasukainen **2** täydellinen (vastakohta)
direct access s (tietok) suorasaanti
direct dialing s oikovalinta
direction [dəˈrekʃən] s **1** suunta (myös kuv) **2** (yritys)johto; johtaminen **3** (elokuvan) ohjaus **4** (mon) neuvot, ohjeet *can you give me directions to the school?* voisitko neuvoa miten pääsen koululle?
directive [dəˈrektɪv] s käsky, ohje, määräys
director [dəˈrektər] s **1** (yrityksen, laitoksen) johtaja **2** (elokuvan)ohjaaja

directory [dəˈrektəri] s (yritys-, puhelin)luettelo
directory enquiries s (mon) (UK) numerotiedustelu
dire straits *to be in dire straits* olla ahtaalla, pahassa pulassa
dirt [dərt] s **1** maa, multa; lika, pöly, kura; uloste; roska *a dirt road* hiekkatie **2** (kuv) ruma kieli, rumat puheet **3** *to do someone dirt* kohdella kaltoin, tehdä jollekulle pahaa
dirty v liata (kätensä, myös kuv), tahrata (maine) adj **1** likainen, kurainen **2** kurja (ilma); likainen, harmaa (väri) **3** (kuv) likainen (mielikuvitus, teko, temppu), rivo (vitsi, sana, kieli)
dirty end of the stick *to get the dirty end of the stick* (sl) vetää lyhyempi korsi
disability [ˌdɪsəˈbɪləti] s vamma, (työ)kyvyttömyys
disability pension s työkyvyttömyyseläke
disable [dɪsˈeɪbəl] v **1** vammauttaa, tehdä työkyvyttömäksi **2** tuhota, lamaannuttaa, tehdä toimintakyvyttömäksi **3** tehdä/osoittaa jääviksi **4** passivoida
disabled [dɪsˈeɪbəld] s vammainen adj **1** vammainen **2** jäävi
disablement s **1** vamma **2** tuhoaminen, lamauttaminen
disadvantage [ˌdɪsədˈvæntədʒ] s haitta, huono puoli, hankaluus
disadvantaged s: *the disadvantaged* vähäosaiset adj vähäosainen
disadvantageous [dɪsˌædvænˈteɪdʒəs] adj haitallinen, epäedullinen
disagree [ˌdɪsəˈɡriː] v **1** olla eri mieltä (with) **2** riidellä, kinata **3** poiketa toisistaan, ei olla yhtäpitävät, ei täsmätä **4** (ruoka, ilmasto) ei sopia jollekulle
disagreeable adj epämiellyttävä, vastenmielinen, pahantuulinen
disagreement s **1** erimielisyys **2** riita, kina **3** erilaisuus, eroavuus, ristiriita
disappear [ˌdɪsəˈpɪər] v kadota, hävitä, lakata
disappearance [ˌdɪsəˈpɪərəns] s katoaminen, häviäminen, lakkaaminen

disappearing act s katoamistemppu *he did a disappearing act* hän katosi jäljettömiin, häipyi yhtäkkiä
disappoint [ˌdɪsəˈpɔɪnt] v **1** tuottaa jollekulle pettymys **2** murskata, lannistaa, tehdä tyhjäksi (toive, aie)
disappointed adj pettynyt (ihminen), rauennut (toive)
disappointing adj huono, valitettava *the outcome was disappointing* lopputulos oli pettymys
disappointment s pettymys
disapproval s paheksunta
disapprove of [ˌdɪsəˈpruːv] v paheksua, ei hyväksyä
disarm [dɪsˈɑrm] v **1** riisua aseista (myös kuv) **2** vähentää aseistusta, harjoittaa aseistariisuntaa
disarmament [dɪsˈɑrməmənt] s aseistariisunta
1 disarray [ˌdɪsəˈreɪ] s epäjärjestys, sekasotku
2 disarray v sotkea, panna sekaisin
disaster [dɪˈzæstər] s (luonnon)mullistus, katastrofi (myös kuv) *he is a disaster* (ark) hän on toivoton tapaus
disaster dog s rauniokoira
disastrous [dɪˈzæstrəs] adj katastrofaalinen (myös kuv)
disband [dɪsˈbænd] v lakkauttaa (järjestö), lopettaa toimintansa, (ihmisjoukko, järjestö) hajaantua
disbelief [ˌdɪsbəˈliːf] s epäusko, epäily *suspension of disbelief* (romaanissa, elokuvassa) tarinaan eläytyminen
disbelieve [ˌdɪsbəˈliːv] v ei (voida) uskoa
disc [dɪsk] s **1** äänilevy *Compact Disc* cd-levy **2** (tietokoneen muisti)levy, levyke **3** (selkänikamien) välilevy **4** levy, laatta
discard [dɪsˈkɑrd] v hylätä, heittää menemään
disc brake s levyjarru
discern [dɪˈsərn] v erottaa, nähdä, huomata
discernible adj jonka voi huomata, (silmin) nähtävä, (korvin) kuultava *the difference is hardly discernible* eroa tuskin huomaa
discernibly adj selvästi

discharge

discharge [ˈdɪsˌtʃɑrdʒ] s **1** erottaminen, vapautus, (kuorman) purku, (tehtävän) hoito **2** erite, päästö

discharge [dɪsˈtʃɑrdʒ] v **1** erottaa (työntekijä), vapauttaa (vanki), päästää (potilas/lapset) sairaalasta/kotiin, vapauttaa (tehtävästä, velvollisuudesta) **2** erittää, erittyä, purkautua **3** laukaista (ase) **4** suorittaa, tehdä, toimittaa (tehtävänsä, velvollisuutensa) **5** purkaa (lasti)

disciple [dəˈsaɪpəl] s opetuslapsi (myös kuv), oppilas

disciplinarian [ˌdɪsəpləˈnerɪən] s kova kurinpitäjä

disciplinary [ˈdɪsəpləˌneri] adj kurinpito-

1 discipline [ˈdɪsəplən] s **1** kuri, kurinpito, kurinalaisuus, järjestys **2** rangaistus, kuritus **3** opinala, tieteen haara

2 discipline v **1** kurittaa, rangaista **2** opettaa, valmentaa **3** hillitä (tunteet)

disc jockey s deejii, tiskijukka

disclaim [dɪsˈkleɪm] s kieltää, kiistää (vastuu)

disclose [dɪsˈkloʊz] v paljastaa, tuoda julki/ilmi

disclosure [dɪsˈkloʊʒər] s paljastus

Discman [ˈdɪskmən] Sonyn kannettavista CD-soittimista

disco [ˈdɪskoʊ] s disko

discolor [dɪsˈkʌlər] v muuttaa jonkin väriä, pilata jonkin väri, värjääntyä, (väri) muuttua, haalistua

discoloration [dɪsˌkʌləˈreɪʃən] s **1** värjääntyminen; haalistuminen **2** (iho- tai muu) läiskä, tahra

discomfort [dɪsˈkʌmfərt] s epämukavuus, kiusallisuus, vaiva

disconcert [ˌdɪskənˈsərt] v järkyttää, saattaa pois tolaltaan

disconcerting adj järkyttävä

disconnect [ˌdɪskəˈnekt] v irrottaa (johto, toisistaan), katkaista (yhteys, puhelu)

disconnected adj **1** katkonainen, pätkivä **2** hajanainen, epäyhtenäinen

disconsolate [dɪsˈkɑnsələt] adj lohduton, toivoton, synkkä

discontent [ˌdɪskənˈtent] s tyytymättömyys

discontented s tyytymätön

discontinue [ˌdɪskənˈtɪnju] v lakata, lakkauttaa (lehden tilaus, tuotteen valmistus)

discord [ˈdɪskɔrd] s **1** epäsopu **2** (mus ja kuv) riitasointu

discordant [dɪsˈkɔrdənt] adj epäsopuinen

discotheque [ˈdɪskəˌtek] s diskoteekki

discount [dɪsˈkaʊnt] v alentaa (hintaa), antaa alennusta

discount [ˈdɪskaʊnt] s alennus

discourage [dɪsˈkərədʒ] v **1** lannistaa **2** varoittaa, kehottaa jotakuta luopumaan jostakin ajatuksesta *Mary discouraged Jim from going there alone* Mary sai Jimin uskomaan ettei tämän kannattanut mennä sinne yksin **3** torjua (yritys, ylistys), estää, ei kannustaa/rohkaista

discouragement s **1** lannistus, masennus **2** varoitus, kehotus olla tekemättä jotakin **3** torjunta, estäminen

discouraging adj **1** lannistava, masentava **2** varoittava **3** torjuva, ei kannustava

discourse [dɪsˈkɔrs] v keskustella, puhua jostakin, pohtia jotakin

discourse [ˈdɪskɔrs] s keskustelu, pohdinta, puhe, diskurssi

discourteous [dɪsˈkərtɪəs] adj epäkohtelias

discourtesy [dɪsˈkərtəsi] s epäkohteliaisuus

discover [dɪsˈkʌvər] v saada/päästä selville, havaita, löytää (uutta)

discoverer s löytäjä

discovery s löytö

1 discredit [dɪsˈkredət] s häpeä, huono maine/huuto

2 discredit v **1** lyödä lyttyyn; saattaa huonoon maineeseen/huutoon/häpeään **2** ei uskoa **3** kumota, todistaa perättömäksi

discreet [dɪsˈkrit] adj hienovarainen, hienotunteinen, tahdikas

discreetly adv hienovaraisesti, hienotunteisesti, tahdikkaasti

discrepancy [dɪsˈkrepənsi] s ero, ristiriita

discrete [dɪsˈkrit] adj erillinen, erillisosista koostuva

discretion [dɪsˈkreʃən] s **1** hienovaraisuus, hienotunteisuus, tahdikkuus **2** valinnanvapaus *you can come and go at your (own) discretion* saat tulla ja mennä aivan vapaasti/oman mielesi mukaan

discriminate [dɪsˈkrɪməˌneɪt] v (osata) erottaa (toisistaan)

discriminate against v syrjiä

discriminating adj vaativa, tarkka, tarkkanäköinen, hieno (maku)

discrimination [dɪsˌkrɪməˈneɪʃən] s **1** syrjintä *racial discrimination* rotusyrjintä, rotusorto **2** erottaminen (toisistaan) **3** tarkkanäköisyys

discus [ˈdɪskəs] s (urh) kiekko

discuss [dɪsˈkʌs] v keskustella, puhua, neuvotella jostakin, käsitellä

discussion [dɪsˈkʌʃən] s keskustelu, neuvottelu

discussion forum s verkkofoorumi

discussion thread s (tietok) keskusteluketju

1 disdain [dɪsˈdeɪn] s halveksunta, väheksyntä

2 disdain v halveksua, väheksyä

disdainful adj halveksiva, väheksyvä

disease [dəˈziz] s sairaus

diseased adj sairas

disembark [ˌdɪsəmˈbɑrk] v nousta laivasta/maihin, poistua lentokoneesta, purkaa laivasta/lentokoneesta

disembarkation [ˌdɪsəmbɑrˈkeɪʃən] s laivasta/lentokoneesta poistuminen/purkaminen

disengage [ˌdɪsənˈgeɪdʒ] v irrottaa, irrota

disentangle [ˌdɪsənˈtæŋgəl] v selvittää ((ongelma)vyyhti), setviä, ratkaista

disfigure [dɪsˈfɪgjər] v rumentaa, pilata, murjoa, vääristää

disfigurement s ruhjoutuminen, vääristyminen, vääristäminen

1 disgrace [dɪsˈgreɪs] s häpeä, häväistys

2 disgrace v häpäistä, saattaa häpeään, olla häpeäksi

disgraceful adj häpeällinen, surkea, törkeä

disgracefully adv häpeällisesti, surkeasti, törkeästi

disgruntled [dɪsˈgrʌntəld] adj tyytymätön, katkera, kaunaa kantava, pahantuulinen, pottuuntunut (ark)

1 disguise [dɪsˈgaɪz] s naamio, valepuku, veruke

2 disguise v naamioida, peittää, salata

1 disgust [dɪsˈkʌst] s kuvotus, ällötys, inho, vastenmielisyys

2 disgust v kuvottaa, ällöttää, inhottaa

disgusting adj kuvottava, ällöttävä, inhottava, vastenmielinen

dish [dɪʃ] s **1** kulho, (syvä) lautanen *dish antenna* lautasantenni **2** (mon) (ruoka)astiat **3** ruokalaji **4** (sl) donna, hyvännäköinen nainen

dishearten [dɪsˈhɑrtən] v lannistaa, masentaa

disheveled [dɪˈʃevəld] adj siivoton, epäsiisti, nuhruinen

dish it out fr (ark) antaa tulla tuutin täydeltä (kehuja, haukkuja)

dishonest [dɪsˈɑnəst] adj epärehellinen, vilpillinen

dishonesty s epärehellisyys, vilppi

1 dishonor [dɪsˈɑnər] s häpeä; loukkaus

2 dishonor v häpäistä; loukata

dishonorable adj **1** (teko, asia) häpeällinen **2** (ihminen) kunniaton

dish out v jakaa, jaella (ruokaa, rangaistuksia) vrt dish it out

dishwasher [ˈdɪʃˌwɑʃər] s **1** astianpesijä, tiskaaja **2** astianpesukone

disillusion [ˌdɪsəˈluʒən] v saada pettymään/toiveet raukeamaan

disillusionment s pettymys, toiveiden raukeaminen

disinfect [dɪsənˈfekt] v desinfioida

disinfectant [dɪsənˈfektənt] s desinfiointiaine

disinherit [dɪsənˈherət] v tehdä perinnöttömäksi

disintegrate [dɪsˈɪntəˌgreɪt] v hajottaa, hajota, pirstoa, pirstoutua

disintegration [dɪsˌɪntəˈgreɪʃən] s hajoaminen, hajottaminen, pirstominen, pirstoutuminen

disinter [ˌdɪsənˈtər] v kaivaa (ruumis) haudasta

disinterested [dɪsˈɪntrəstəd] adj **1** puolueeton **2** ei kiinnostunut, pitkästynyt
disinterment s haudasta kaivaminen
disjointed [dɪsˈdʒɔɪntəd] adj katkonainen, pätkivä, epäyhtenäinen, hajanainen
disjointedly adv katkonaisesti, pätkien, epäyhtenäisesti, hajanaisesti
disk ks disc
disk crash s (tietok) levyrikko
diskette [dɪsˈket] s (tietok) levyke, disketti
disk jockey s deejii, tiskijukka
1 dislike [dɪsˈlaɪk] s vastenmielisyys, vastahakoisuus
2 dislike v ei pitää jostakin
dislocate [ˈdɪsloʊˌkeɪt, ˈdɪsləkeɪt] v siirtää; panna pois sijoiltaan; (kuv) sekoittaa, panna sekaisin
dislocation [ˌdɪsləˈkeɪʃən] s siirto, siirtyminen, muutto; sijoiltaanmeno; (kuv) myllerrys
dislodge [dɪsˈlɑdʒ] v **1** irrottaa **2** pakottaa perääntymään
disloyal [dɪsˈlɔɪəl] adj epäluotettava, petollinen, epälojaali
disloyally adv epäluotettavasti, petollisesti, epälojaalisti
disloyalty s epäluotettavuus, petollisuus, epälojaalisuus
dismal [ˈdɪzməl] adj synkkä, surullinen, apea; surkea, täydellinen (epäonnistuminen)
dismally adj synkästi, apeasti; (epäonnistua) surkeasti
dismantle [dɪsˈmæntəl] v purkaa, hajottaa osiin
1 dismay [dɪsˈmeɪ] s tyrmistys
2 dismay v tyrmistyttää, saada tyrmistymään
dismember [dɪsˈmembər] v **1** raadella/ leikellä paloiksi, silpoa **2** (kuv) hajottaa, pirstoa, lakkauttaa
dismemberment s **1** raatelu, silpominen; leikkely **2** (kuv) hajottaminen, pirstominen, lakkauttaminen
dismiss [dɪsˈmɪs] v **1** erottaa (työntekijä) **2** päästää menemään, lopettaa (kokous) *class dismissed!* tunti on päättynyt!
3 vähätellä, sivuuttaa (epäolennaisena) **4** (lak) vapauttaa (syytetty), hylätä (kanne, muutoksenhakemus)
dismissal s **1** erottaminen (työstä) **2** (jonkun) päästäminen (menemään), (kokouksen) lopetus **3** vähättely, sivuuttaminen **4** (lak) (syytetyn) vapautus, (kanteen, muutoksenhakemuksen) hylkääminen *Your Honor, I move for dismissal* (tuomarille:) pyydän että kanne hylätään
dismissive adj vähättelevä, piittaamaton
dismount [dɪsˈmaʊnt] v laskeutua (satulasta)
disobedience [ˌdɪsəˈbidiəns] s tottelemattomuus
disobedient adj tottelematon
disobey [ˌdɪsəˈbeɪ] v ei totella, rikkoa (lakia)
1 disorder [dɪsˈɔrdər] s **1** epäjärjestys, sekaannus **2** levottomuus, mellakka **3** (lääk) häiriö, vaiva
2 disorder v sekoittaa, sotkea, panna epäjärjestykseen
disordered adj **1** sekainen, sotkuinen, sekava, hajanainen **2** (lääk) (ruumiillisesti) sairas, (henkisesti) häiriintynyt
disorderly adj **1** sekainen, sotkuinen, sekava **2** kuriton, levoton
disorganize [dɪsˈɔrgəˌnaɪz] v sekoittaa, sotkea, saattaa epäjärjestykseen
disown [dɪsˈoʊn] v kieltää (tuntevansa, omistavansa) *he disowned his heirs* hän jätti perillisensä ilman perintöä
disparate [ˈdɪspərət] adj erilainen, ei vertailukelpoinen
disparity [dɪsˈperəti] s erilaisuus, ero
dispassion [dɪsˈpæʃən] s objektiivisuus, puolueettomuus, asiallisuus
dispassionate [dɪsˈpæʃənət] adj objektiivinen, puolueeton, asiallinen
dispassionately adv objektiivisesti, puolueettomasti, asiallisesti
1 dispatch [dɪsˈpætʃ] s **1** lähettäminen **2** viesti, sanoma, (lehti)uutinen **3** ripeys, nopeus
2 dispatch v **1** lähettää (matkaan, sähke, joukkoja) **2** hoitaa (nopeasti/ripeästi) **3** surmata, tappaa

dispel [dɪsˈpel] v hälventää (sumu, väärinkäsitys, huhu, luulo)

dispensary [dɪsˈpensəri] s **1** sairaalan lääkevarasto, (myymälän) apteekkiosasto **2** paikka jossa annetaan ilmaista/halpaa sairaanhoitoa ja lääkkeitä

dispensation [ˌdɪspənˈseɪʃən] s **1** jakaminen, jakelu, (lääkkeen valmistus ja) myynti **2** erivapaus

dispense [dɪsˈpens] v **1** jakaa (neuvoja, oikeutta) **2** myydä (lääkkeitä) **3** vapauttaa joku jostakin, myöntää erivapaus

dispense with v **1** jättää väliin, hypätä yli **2** hankkiutua eroon jostakin, luopua jostakin **3** vapauttaa jostakin, myöntää erivapaus jostakin

displace [dɪˈspleɪs] v **1** (pakko)siirtää, (virasta) erottaa, syrjäyttää **2** korvata (jollakin)

displaced person (mon) hätäsiirtolaiset

1 display [dɪsˈpleɪ] s **1** (tunteiden) paljastaminen, näyttäminen, (omaisuudella) komeilu, (rohkeuden) osoittaminen **2** näyttely, näytös, esitys **3** näyttö (ruutu) *visual display terminal* näyttöpääte

2 display v **1** näyttää (tietokoneen näytössä, kyknysä), osoittaa (kiinnostusta) **2** panna nähtäväksi/näytteille, esitellä **3** komeilla, mahtailla (jollakin)

displease [dɪsˈpliːz] v ärsyttää, harmittaa, suututtaa, ei olla mieleen jollekulle

displeasure [dɪsˈpleʒər] s mielipaha, ärtymys, kiukku

disposable [dɪsˈpoʊzəbəl] adj **1** kertakäyttöinen **2** käytettävissä oleva

disposal [dɪsˈpoʊzəl] s **1** jostakin eroon hankkiutuminen *waste disposal* jätehuolto **2** käyttö: *I am at your disposal* olen käytettävissäsi/palveluksessasi

dispose of [dɪsˈpoʊz] v heittää menemään, hankkiutua eroon jostakin

disposition [ˌdɪspəˈzɪʃən] s **1** mielenlaatu **2** (syytetyn/todistajan) lausunto

dispossess [ˌdɪspəˈzes] v **1** takavarikoida **2** luopua, hylätä **3** häätää

dispossessed adj **1** häädetty, koditon **2** juureton, irtolais- **3** (kuv) juureton, koditon

dispossession [ˌdɪspəˈzeʃən] s **1** takavarikointi **2** luopuminen **3** häätö

disproportionate [ˌdɪsprəˈpɔrʃənət] adj kohtuuton *his income is disproportionate to the amount of work he does* hänen tulonsa eivät ole missään suhteessa hänen työmääräänsä

disproportionately adv kohtuuttomasti, kohtuuttoman

disprove [dɪsˈpruːv] v kumota, todistaa vääräksi/perättömäksi

disputable [dɪsˈpjuːtəbəl] adj kiistanalainen, epävarma

1 dispute [dɪsˈpjuːt] s riita, kiista

2 dispute v **1** kiistää, kieltää, väittää perättömäksi/vääräksi **2** kiistellä, riidellä

disqualification [dɪsˌkwaləfəˈkeɪʃən] s **1** poissulkeminen, evääminen **2** poissulkemisen, evääminsen syy **3** (urh) kilpailukielto, kilpailusta erottaminen, diskvalifiointi

disqualify [dɪsˈkwaləˌfaɪ] v **1** tehdä kelvottomaksi johonkin, sulkea pois jostakin **2** kieltää tekemästä jotakin, evätä oikeus johonkin, julistaa jääviksi **3** (urh) erottaa kilpailusta, kieltää kilpailemasta, diskvalifioida

1 disquiet [dɪsˈkwaɪət] s levottomuus, jännitys, ahdistus

2 disquiet v ahdistaa, hermostuttaa, tehdä levottomaksi

disquieting adj ahdistava, hermostuttava, levottomuutta herättävä

1 disregard [ˌdɪsrəˈgɑːrd] s piittaamattomuus, välinpitämättömyys, ylenkatse

2 disregard v ei piitata/välittää/ottaa huomioon, halveksia

disrepair [ˌdɪsrəˈpeər] s ränsistyneisyys, epäkunto

disreputable [dɪsˈrepjətəbəl] adj huonomaineinen, pahamaineinen; siivoton

disreputably adv (käyttäytyä, pukeutua) huonosti

disrepute [ˌdɪsrəˈpjuːt] s huono/paha maine

disrespect [ˌdɪsrəsˈpekt] s kunnioituksen puute, epäkunnioitus, halveksunta

disrespectful adj epäkunnioittava, halveksuva

disrespectfully adv epäkunnioittavasti, halveksien, halveksuvasti
disrupt [dɪsˈrʌpt] v keskeyttää, häiritä, sekoittaa, panna sekaisin
disruption [dɪsˈrʌpʃən] s keskeytys, häiriö
dissatisfaction [ˌdɪssætɪsˈfækʃən] s tyytymättömyys
dissatisfy [dɪsˈsætɪsˌfaɪ] v tehdä tyytymättömäksi, ei tyydyttää *she was dissatisfied with the results* hän ei ollut tyytyväinen tuloksiin
dissect [dɪˈsekt daɪˈsekt] v **1** tutkia (leikkaamalla) eläimen ruumis, tehdä (ihmisen ruumiille) ruumiinavaus, preparoida (kasvi) **2** (kuv) tutkia tarkkaan
dissection [dɪˈsekʃən daɪˈsekʃən] s (eläimen) ruumiin tutkiminen (leikkaamalla), ruumiinavaus, preparointi
disseminate [dɪsˈseməˌneɪt] v levittää (tietoa)
dissemination [dɪsˌseməˈneɪʃən] s (tiedon)välitys, levitys
dissension [dɪˈsenʃən] s erimielisyys, riita, kiista, levottomuus, tyytymättömyys
1 dissent [dɪˈsent] s erimielisyys, (usk) eriuskoisuus
2 dissent v olla eri mieltä kuin (from)
dissenter [dɪˈsentər] s toisinajattelija, (usk) eriuskoinen
dissenting opinion s eriävä mielipide
dissertation [ˌdɪsərˈteɪʃən] s **1** (tieteellinen) esitelmä; kirjoitus **2** (tohtorin)väitöskirja
dissident [ˈdɪsədənt] s toisinajattelija, (usk) eriuskoinen adj toisinajatteleva, hallitusta arvosteleva/vastustava
dissimilar [dɪˈsɪmələr] adj erilainen, poikkeava
dissimilarity [dɪˌsɪməˈlerəti] s ero, erilaisuus, poikkeavuus
dissociate [dɪˈsoʊsiˌeɪt] v **1** erottaa, pitää erillään **2** *to dissociate yourself from* katkaista välinsä johonkin, pyrkiä eroon jostakin, luoda etäisyyttä johonkin
dissociation [dɪˌsoʊsiˈeɪʃən] s erottaminen, erillään pitäminen, eroon hakeutuminen

dissolution [ˌdɪsəˈluʃən] s **1** sulaminen, liukeneminen **2** hajottaminen, hajautuminen, purkaminen
1 dissolve [dɪˈzalv] s (elo-/videokuvauksessa) häivytys
2 dissolve v **1** sulaa, sulattaa, liueta, liuottaa **2** purkaa (avioliitto), hajottaa (kokous, eduskunta), hajaantua **3** (elo-/videokuvauksessa) häivyttää
dissolvent [dɪˈzalvənt] s liuote adj liuottava
dissuade [dɪˈsweɪd] v varoittaa jotakuta jostakin, (yrittää) suostutella joku luopumaan jostakin
dissuasion [dɪˈsweɪʒən] s varoittelu, suostuttelu (ks dissuade)
distance [ˈdɪstəns] s etäisyys, välimatka
distance learning s etäopiskelu
distant [ˈdɪstənt] adj **1** kaukainen, etäinen *he came in a distant second* hän tuli toiseksi pitkän välimatkan päässä voittajasta **2** viileä, umpimielinen
distantly adv kaukaisesti, etäisesti, *distantly related* etäistä sukua
distaste [dɪsˈteɪst] s vastenmielisyys, vastahakoisuus
distasteful adj vastenmielinen
distastefully adv vastenmielisesti, vastenmielisen
distemper [dɪsˈtempər] s **1** (koiran) penikkatauti **2** temperaväri
distend [dɪsˈtend] v paisuttaa, turvottaa, laajentaa (verisuonia)
distended [dɪsˈtendəd] adj pullistunut, paisunut, turvonnut
distension [dɪsˈtenʃən] s paisuminen, turvotus
distill [dɪsˈtɪl] v **1** tislata, polttaa (viinaa) **2** (kuv) tiivistää, tiivistyä, kiteyttää, kiteytyä
distillation [ˌdɪstəˈleɪʃən] s **1** tislaus, (viinan) poltto **2** tisle **3** (kuv) tiivistäminen, kiteytys; tiivistelmä
distiller s (viinan)polttimo/polttaja, tislaaja, tislaamo
distillery s tislaamo, (viinan)polttimo
distinct [dɪsˈtɪŋkt] adj **1** erilainen, erillinen **2** selvä **3** omaperäinen
distinction [dɪsˈtɪŋkʃən] s **1** ero, erilaisuus, (toisistaan) erottaminen **2** korkea

arvo, ylhäisyys **3** erikoispiirre, ominaisuus *he has the distinction of being the fastest in the group* hänellä on kunnia olla ryhmän nopein **4** erinomainen arvosana *to graduate with distinction* valmistua erinomaisin arvosanoin

distinctive adj **1** josta ei voi erehtyä, huomiota herättävä **2** yksilöllinen, omaperäinen, jollekulle/jollekin luonteenomainen, tyypillinen

distinctively adv ks distinctive

distinguish [dɪsˈtɪŋgwɪʃ] v **1** erottaa (toisistaan, jostakin) **2** *to distinguish yourself* ansioitua, kunnostautua

distinguishable adj **1** jotka voidaan erottaa toisistaan *they are easily distinguishable* heidät on helppo erottaa (toisistaan) **2** selvä, selvästi näkyvä, merkittävä (parannus)

distinguished adj **1** ansioitunut, arvovaltainen **2** hienostunut, kultivoitunut

distinguishing adj luonteenomainen, tunnusomainen

distort [dɪsˈtɔrt] v vääristää (myös sanoja, tosiasioita), vääristyä, värittää (kuv: totuutta)

distortion [dɪsˈtɔrʃən] s vääristäminen, vääristys, vääristymä, värittäminen (kuv), (äänentoistossa:) särö

distract [dɪsˈtrækt] v häiritä (keskittymistä), viedä huomio pois jostakin (from)

distraction [dɪsˈtrækʃən] s **1** häiriö, häiritsevä seikka **2** hermostuneisuus, levottomuus *to drive someone to distraction* (kuv) tehdä joku hulluksi **3** huvitus, viihde

distraught [dɪsˈtrat] adj järkyttynyt, poissa tolaltaan

1 distress [dɪsˈtres] s **1** hätä, ahdistus, murhe, epätoivo **2** puute, kurjuus, köyhyys

2 distress v ahdistaa, saada hätääntymään/epätoivoiseksi

distressed adj **1** ahdistunut, hätääntynyt, epätoivoinen **2** köyhä, varaton

distressing adj valitettava, huolestuttava, pelottava

distressingly adv valitettavan, huolestuttavan, pelottavan

distress signal s hätämerkki
distribute [dɪsˈtrɪbjut] v jakaa, levittää
distribution [ˌdɪstrəˈbjuʃən] s jakelu, levitys, jakauma
distributor [dɪsˈtrɪbjətər] s **1** jakaja, levittäjä **2** tukkuliike, maahantuoja **3** (autossa) virranjakaja
district [ˈdɪstrɪkt] s **1** (hallinto)alue **2** alue *the theater district* Manhattanin teatterialue *school district* koulupiiri **3** (UK: kreivikunnan osa) piirikunta
1 distrust [ˌdɪsˈtrʌst] s epäluottamus, epäily
2 distrust v ei luottaa johonkin/johonkuhun, epäillä, suhtautua epäillen
distrustful adj epäluuloinen, epäilevä
distrustfully adv epäluuloisesti, epäilevästi
disturb [dɪsˈtərb] v häiritä, keskeyttää
disturbance s häiriö, keskeytys
disuse [dɪsˈjus] s käytön puute *to fall into disuse* jäädä pois käytöstä
1 ditch [dɪtʃ] s oja
2 ditch v heittää menemään, hylätä, luopua, karata joukon luota, katkaista välinsä johonkuhun
dither [ˈdɪðər] v empiä, jahkailla
dithering s (tietok) sirottelu
1 ditto [ˈdɪtoʊ] s (sprii)moniste
2 ditto adv samoin, kuten edellä/yllä
ditty [ˈdɪti] s loru; laulu
divan [dəˈvan] s divaani, sohva
1 dive [daɪv] s **1** sukellus (veteen, vedessä, myös lentokoneesta), hyppy **2** äkillinen (osakekehitojen) lasku
2 dive v dived/dove, dived **1** sukeltaa (veteen, vedessä, myös lentokoneesta ja kuv), hypätä **2** työntää (käsi taskuun) **3** ampaista, pinkaista jonnekin
diver s **1** sukeltaja **2** kuikka
diverge [dɪˈvərdʒ] v poiketa (toisistaan), erota
diverging adj erkaneva (viiva), poikkeava (mielipide)
diverse [dɪˈvərs] adj erilainen, sekalainen, kirjava
diversification [dɪˌvərsəfəˈkeɪʃən] s monipuolistaminen, (liiketoiminnan) laajentaminen

diversify [dɪ'vərsəˌfaɪ] v monipuolistaa, laajentaa (harrastuksia, liiketoimintaa)
diversion [dɪ'vərʒən] s **1** ohjaaminen uuteen tarkoitukseen *the diversion of funds into charity* varojen käyttö hyväntekeväisyyteen **2** ajanviete, huvitus **3** harhautus
diversionary [dɪ'vərʒəˌneri] adj harhauttava, harhautus-
diversity [dɪ'vərsəti] s vaihtelu, moninaisuus, kirjavuus
divert [dɪ'vərt] v **1** ohjata (keskustelu/ huomio) pois jostakin, ohjata/määrätä (varoja) uuteen tarkoitukseen **2** huvittaa, viihdyttää
1 divide [dɪ'vaɪd] s jakaja *the Continental Divide* Yhdysvaltain Kalliovuorten vedenjakaja
2 divide v jakaa (osiin, huomionsa, luku), jakautua
dividend ['dɪvəˌdend] s osinko, (kuv) korko
divine [dɪ'vaɪn] v ennustaa (tulevaisuutta) adj **1** jumalallinen **2** (kuv) jumalainen, taivaallinen
diviner s ennustaja
divine service s jumalanpalvelus
diving s sukellus *skin diving* vapaasukellus, perusvälinesukellus *scuba diving* urheilusukellus, laitesukellus
divining rod s taikavarpu
divinity [dɪ'vɪnəti] s **1** jumaluus, jumalallisuus **2** jumaluusoppi, teologia
divisible [dɪ'vɪzəbəl] adj jaollinen (jollakin *by*)
division [dɪ'vɪʒən] s **1** jakaminen, jako **2** (mat) jakolasku **3** (yrityksen, viraston) osasto, (laatikon) lokero **4** tavujako **5** erimielisyys **6** (sot, urh) divisioona
divisive [dɪ'vaɪsɪv] adj erimielisyyttä aiheuttava
1 divorce [dɪ'vɔrs] s **1** avioero **2** (kuv) ero, pesänjako
2 divorce v **1** erota, ottaa avioero **2** (kuv) erota, katkaista välinsä johonkin
divorcé [dɪˌvɔr'si] s eronnut mies
divorcée [dɪˌvɔr'si] s eronnut nainen
divulge [dɪ'vʌldʒ] v paljastaa (salaisuus)
DIY *do-it-yourself* tee itse

dizzily adv **1** (kävellä) hoippuen **2** (kuv) (päätä) huimaavasti
dizziness s huimaus
dizzy [dɪzi] adj **1** *I feel dizzy* minua/päätäni huimaa **2** (kuv) (päätä) huimaava **3** (sl) tyhmä, aivoton
DJ *disck jockey* deejii, tiskijukka
DJIA *Dow-Jones Industrial Average*
Djibouti [dʒɪ'buti]
Djiboutian [dʒɪ'buʃən] s, adj djiboutilainen
D. Lit. *Doctor of Letters; Doctor of Literature* kirjallisuuden tohtori
dly. *daily* päivittäin, päivisin
DMV *Department of Motor Vehicles*
DNA *deoxyribonucleic acid* DNA
1 do [du] s **1** *the dos and don'ts of creative writing* luovan kirjoittamisen säännöt **2** (ark) kampaus
2 do v (I/you do, (s)he does, we/you/they do, I/you don't, (s)he doesn't, we/you/ they don't, I/you/(s)he/we/you/they did/ didn't, I have done) **1** tehdä (merkitys tulee usein substantiivista:) *he did nothing to prevent it* hän ei tehnyt mitään sen estämiseksi *she did the dishes* hän pesi astiat/tiskasi *I have done some writing* minä olen kirjoittanut jonkin verran *he did well* hän pärjäsi hyvin *I was doing 70 when the cops got me* ajoin 70:tä kun poliisi pysäytti minut **2** voida *the patient is doing well* potilas voi/jaksaa hyvin **3** kelvata, menetellä *that will have to do* sen on pakko kelvata **4** saada valmiiksi *I'm done* minä olen valmis
3 do apuv **1** (kysymyslauseessa) *did you do it?* teitkö sinä sen? **2** (kieltolauseessa) *she did not do it* hän ei tehnyt sitä **3** (korostuksena) *you do understand it?* ymmärräthän sinä sen varmasti? **4** (liitekysymyksessä) *you took it, didn't you* otithan sinä sen? **5** (verbin toiston välttämiseksi) *sometimes it helps and sometimes it doesn't* joskus siitä on apua ja joskus ei **6** (vertailussa) *I make more money than he does* minä tienaan enemmän kuin hän
D.O.A. *dead on arrival* kuollut jo (sairaalaan) saapuessaan

do away with v **1** lakkauttaa, lopettaa **2** tappaa
do by v kohdella *to do well by someone* kohdella jotakuta hyvin/reilusti
docile [dasəl] adj säyseä, sävyisä
1 dock [dak] s **1** tokka, telakka *wet dock* satama-allas **2** laituri(paikka) **3** (oik) syytettyjen penkki
2 dock v **1** telakoida, (avaruusaluksista) telakoitua **2** lyhentää, leikata (myös kuv), typistää (häntää)
docket [dakət] s (oikeus)juttuluettelo
1 doctor [daktər] s lääkäri, tohtori (myös oppiarvona) *Doctor of Medicine/Philosophy* lääketieteen/filosofian tohtori
2 doctor v **1** tohtoroida, hoitaa **2** peukaloida, parannella (luvattomasti), väärentää
doctoral dissertation [daktərəl] s tohtorinväitöskirja
doctorate [daktərət] s tohtorin arvo
doctrinaire [ˌdaktrə'neər] adj ahdasmielinen, epäkäytännöllinen, kiihkoileva
doctrine [daktrən] s oppi, doktriini
1 document [dakjəmənt] s asiakirja, dokumentti
2 document v dokumentoida, todistaa asiakirjoilla, varmentaa
documentary [ˌdakjə'mentəri] s dokumenttiohjelma/elokuva adj dokumentaarinen, dokumentti-, todellisuuspohjainen
documentation [ˌdakjəmən'teɪʃən] s asiakirjat; (tietokoneen/ohjelman) käyttöohje ja tekniset tiedot, dokumentaatio
DOD *Department of Defense* Yhdysvaltain puolustusministeriö
Dodecanese [douˌdekə'niːz] Dodekanesia
1 dodge [dadʒ] s **1** väistö(liike) **2** temppu, niksi
2 dodge v **1** väistää (isku, kysymys), vältellä, kierrellä **2** kiertää (lakia, määräyksiä, veroja)
Dodge [dadʒ] amerikkalainen automerkki
dodger [dadʒər] s *tax dodger* veronkiertäjä *draft dodger* kutsuntapinnari

doe [dou] s vaadin, naarashirvi; naarasjänis; naaraskaniini; kuttu, naarasvuohi
DOE *Department of Energy* Yhdysvaltain energiaministeriö
does [dʌz] ks do
doesn't [dʌzənt] *does not* ks do
1 dog [dag] s **1** koira **2** (ark) kaveri *you're a lucky dog* sinulla kävi hyvä tuuri, sinun kelpaa olla
2 dog v seurata jonkun kannoilla, vainota
dog-ear [ˈdagˌɪər] s (kuv) koirankorva
dog-eared adj **1** joka on koirankorvilla **2** nuhruinen, ränsistynyt
dogged [dagəd] adj jääräpäinen, härkäpäinen, omapäinen
doggedly adv jääräpäisesti, härkäpäisesti, omapäisesti
doggedness s jääräpäisyys, härkäpäisyys, omapäisyys
doghouse [ˈdagˌhaus] s koirankoppi *in the doghouse* huonossa huudossa, häpeäpenkillä, epäsuosiossa
dog it v **1** laiskotella työssä, pinnata työstä **2** livistää, mennä sisu kaulaan
dogma [dagmə] s dogmi, opinkappale
dogmatic [dagˈmætɪk] adj dogmaattinen, jyrkkä, ankara, joustamaton
dogmatism [ˈdaməˌtɪzəm] s dogmatismi; dogmaattisuus, jyrkkyys, ankaruus
do in v **1** tappaa (myös kuv:) olla vähällä tappaa *I'm all done in* olen rättiväsynyt **2** huijata, pettää
Dolby [doəlbi] analogisten kasettinauhureiden kohinanvaimennusjärjestelmä
Dolby Pro Logic [ˌprouˈladʒik] kuvanauhureiden ja -levysoitinten monikanavaäänijärjestelmä
Dolby Stereo [steriou] elokuvateattereiden monikanavaäänijärjestelmä
Dolby Surround [səˈraund] kuvanauhureiden ja -levysoitinten monikanavaäänijärjestelmä
doldrums [douldrəmz] *to be in the doldrums* olla masentunut, alakuloinen, allapäin
dole [doəl] s **1** (hyväntekeväisyys)avustus **2** (UK) työttömyysavustus *to be on the dole* saada työttömyysavustusta

doleful

doleful adj apea, surullinen, alakuloinen, synkkä (ilme, näkymät)
dolefully adv apeasti, surullisesti, synkästi
dole out v jakaa (antaa)
doll [dal] s **1** nukke **2** (ark) (hyvännäköinen) donna
dollar [dalər] s dollari
doll up v pyntätä, pynttäytyä, sonnustaa, sonnustautua (parhaimpiinsa)
Dolomites ['doləˌmaɪts] (mon) Dolomiitit
Dolphin (tähdistö) Delfiini
dolphin [dalfən] s delfiini
domain [doʊ'meɪn] s **1** ala, piiri, alue **2** hallintoalue, valtakunta **3** *mixing in the digital domain* (äänitteen tuotannossa) digitaalinen miksaus **4** (tietok) toimialue
dome [doʊm] s kupoli
domestic [də'mestɪk] s kotiapulainen adj kodin, koti- *domestic pleasures* kodin ilot
domestically challenged adj (leikkisästi) avuton/osaamaton keittiössä, huono ruoanlaittaja
domestic animal s kotieläin; lemmikki(eläin)
domesticate [də'mestəˌkeɪt] v **1** kesyttää (eläin, myös kuv ihmisestä) **2** omaksua, sovittaa omiin oloihin (ajatus, tapa)
dominance s johtoasema, ylivalta, vallitsevuus (myös biol)
dominant [damənənt] adj hallitseva, vallitseva (myös biol)
dominate ['daməˌneɪt] v hallita, vallita, johtaa
domineer [ˌdamə'nɪər] v määräillä, komennella
domineering [ˌdamə'nɪrɪŋ] adj määräilevä, komenteleva
Dominica [də'mɪnɪkə]
Dominican Republic Dominikaaninen tasavalta
dominion [də'mɪnjən] s **1** valta **2** hallintoalue **3** (Ison-Britannian) dominio
dominoes ['daməˌnoʊz] s (mon) domino(peli)
Donald Duck [ˌdanəld 'dʌk] Aku Ankka

donate [doʊneɪt] v lahjoittaa (hyväntekeväisyyteen)
donation [doʊ'neɪʃən] s lahjoitus (hyväntekeväisyyteen)
done [dʌn] ks do
donkey [daŋki] s aasi
donor [doʊnər] s lahjoittaja *a blood donor* verenluovuttaja
don't [doʊnt] *do not* ks do
donut s donitsi, munkkirinkilä (doughnut)
1 doom [dum] s tuomio, kohtalo *he met his doom last year* hän kuoli viime vuonna *a sense of doom* kuolemanpelko
2 doom v tuomita *I am doomed* minä olen hukassa *he was doomed to failure* hänet oli tuomittu epäonnistumaan
doomsday [dumzdeɪ] s tuomiopäivä
door [dɔr] s ovi (myös kuv:) tie *the door to happiness* onnen ovi
doorman [dɔrmən] s portieeri
doormat ['dɔrˌmæt] s **1** ovimatto *to treat someone like a doormat* (kuv) pyyhkiä jalkansa johonkuhun, kohdella jotakuta törkeästi **2** (tietok) tervehdyssivu
doorstep ['dɔrˌstep] s kynnys
do out of v huijata joltakulta jotakin *he did me out of all my money* hän huijasi minulta kaikki rahani
do over v sisustaa, tehdä uudelleen
1 dope [doʊp] s **1** (ark) huumeet **2** (ark) typerys, idiootti **3** (ark) uutiset, tiedot
2 dope v huumata
dope pusher s huumekauppias, huumeiden välittäjä
dopey [doʊpi] adj **1** (ark) typerä, älytön **2** (ark) tokkurainen, pöpperöinen
dormant [dɔrmənt] adj uinuva, (eläin) talviunilla, (hanke) jäässä
dormitory ['dɔrməˌtɔri] s **1** asuntola **2** makuusali
dormouse ['dɔrˌmaʊs] s (eläin) (mon dormice) unikeko
Dors. *Dorset*
Dorset [dɔrsət] Englannin kreivikuntia, myös *Dorsetshire*
dosage [doʊsədʒ] s annos, annostus, annostelu
1 dose [doʊs] s annos

down

2 dose v **1** annostella **2** antaa/ottaa lääkettä

do someone proud fr **1** olla edukseen, olla eduksi jollekulle **2** hemmotella, kohdella hyvin

do something on the spot tehdä jotakin heti/viipymättä

dossier [ˌdasiˈeɪ] s **1** (asiapaperi)kansio *to keep a dossier on someone* seurata (salaa) jonkun edesottamuksia **2** (yliopistossa) nimikirja(n ote)

1 dot [dat] s **1** täplä **2** piste

2 dot v täplittää (myös kuv) *summer cottages dotted the landscape* kesämökit täplittivät maisemaa

dotage [doʊtədʒ] s seniiliys, (ark) vanhuudenhöperyys

dot-com [ˌdatˈkam] s Internet-yritys (myös dotcom)

dot-commer s Internet-yrityksen omistava tai sen palveluksessa oleva henkilö

dote on [doʊt] v hemmotella, lelliä

do the trick *that should do the trick* sen pitäisi tepsiä

do time v (ark) istua, olla kiven sisässä

do to death fr toistaa jotakin kyllästymiseen saakka

1 double [dʌbəl] s **1** kaksinkertainen määrä, tupla-annos tms **2** kaksoisolento **3** sijaisnäyttelijä

2 double v **1** kaksinkertaistaa, kaksinkertaistua, (ark) tuplata, tuplaantua **2** esittää kaksoisroolia; toimia jonkun sijaisnäyttelijänä

3 double adj kaksinkertainen, kaksois-, tupla-, kahden hengen (huone, vuode)

4 double adv kaksinkertaisesti, (ark) tuplasti; kaksin verroin

double-blind test s kaksoissokkokoe

double-check v tarkistaa, varmistaa

double-cross v huijata, pettää

double-date v mennä/olla treffeille/ treffeillä neljästään

double entendre [ˌdʌbəlanˈtandər] s kaksimielisyys; kaksimielinen sana

double feature s (elokuvateatterin) kaksoisnäytäntö

double negative s (kieliopissa) kahden kieltomuodon (puhekielinen) käyttö (esim *I didn't do nothing*)

double occupancy s (hotellissa, motellissa) *the rooms are $80 per person, double occupancy* kahden hengen huoneet maksavat 80 dollaria hengeltä

double-space v kirjoittaa koneella/tulostaa kakkosrivivälillä (rivien välissä yksi täysi tyhjä rivi)

double-spaced adj (kirjoituskoneella) kaksinkertaisella rivivälillä (kirjoitettu teksti)

double up v **1** jakaa huone, asua/nukkua samassa huoneessa (tilanpuutteen vuoksi) **2** taipua kaksin kerroin (tuskasta, naurusta)

doubly adv kaksinkertaisesti; kaksin verroin, erityisesti, varsinkin

1 doubt [daʊt] s epäily, epäilys *I have strong doubts about his sincerity* epäilen kovasti hänen vilpittömyyttään *no doubt he has already left* hän on epäilemättä jo lähtenyt

2 doubt v epäillä *I doubt whether this will work out* epäilen onnistuuko tämä

doubtful adj **1** epävarma **2** hämäräperäinen, kyseenalainen

doubting Thomas s epäilevä tuomas, epäilijä

doubtless adv epäilemättä

dough [doʊ] s **1** taikina **2** (sl) raha

doughnut [doʊnət] s donitsi, munkkirinkilä

do up v **1** kääriä paperiin **2** laittaa (tukka) **3** pukea, pyntätä **4** panna (napit) kiinni **5** väsyttää, uuvuttaa **6** pestä, siivota **7** kunnostaa, saneerata

douse [daʊs] v kastaa/upottaa veteen; valaa/kaataa vettä jonkin päälle

Dove [dʌv] (tähdistö) Kyyhky

dove [dʌv] s **1** kyyhkynen **2** (kuv) pasifisti (vastakohta: *hawk*)

1 dovetail [ˈdʌvˌteɪəl] s (rak) pyrstöliitos

2 dovetail v **1** (rak) liittää pyrstöliitoksella **2** (kuv) sovittaa/sopia yhteen

do with v kelvata, tehdä mieli, olla hyvään tarpeeseen *I could do with a cup of coffee* kahvi kyllä maistuisi

do without v tulla toimeen ilman (jotakin)

1 down [daʊn] s **1** untuva **2** (tal) laskusuhdanne

2 down v **1** kaataa (vastustaja), ampua (lentokone) alas **2** (kuv) päihittää (vastustaja) **3** juoda, kaataa kurkkuunsa

3 down adv **1** alas *to go up and down* nousta ja laskea, liikkua ylös alas *the temperature has gone down* lämpötila on laskenut **2** (paikkakunnasta, alueesta: ei tarvitse suomentaa) *he went down to Phoenix* hän meni Phoenixiin **3** pitkäkseen, maassa, maahan *he knocked me down* hän iski minut kumoon **4** muistiin, ylös *I wrote down the address* kirjoitin osoitteen muistiin

4 down adj (tietok) kaatunut

5 down prep alas, alhaalla, pitkin *he lives down the street* hän asuu (tämän) saman kadun varrella

down-and-out adj **1** rahaton, taskut tyhjänä **2** rättiväsynyt, voimaton

down East s Uusi-Englanti adv Uudessa-Englannissa, Uuteen-Englantiin

downfall ['daʊnˌfɔl] s **1** tuho, rappio **2** kaatosade

downhill [ˌdaʊn'hɪl] adv alamäkeen *to go downhill* laskeutua; (kuv esim liikeyritys) mennä alamäkeen, (ihminen) joutua hunningolle

down-home adj koti-, maaseutu- *down-home cooking* kotiruoka

Downing Street s (kuv) Ison-Britannian pääministeri ja hallitus

downloading s (tietok) imurointi

down payment s käsiraha

downplay [ˌdaʊn'pleɪ] v vähätellä (merkitystä)

downpour ['daʊnˌpɔr] s kaatosade

downright ['daʊnˌraɪt] adj ilmiselvä *it's a downright lie* se on silkkaa valhetta adv suorastaan; erittäin

downsize ['daʊnˌsaɪz] v pienentää *after the oil crises, American cars were downsized* öljykriisien jälkeen amerikkalaiset alkoivat valmistaa pienempiä autoja *companies are downsizing* yritykset karsivat työntekijöitä

downspout ['daʊnˌspaʊt] s (räystäskourun) syöksyputki

downstairs [ˌdaʊn'steərz] adj alakerroksen, alakerran *the downstairs apartment* alakerran huoneisto adv alakerrassa, alakertaan, alhaalla, alas *be/come/go downstairs*

down the road fr (kuv) tulevaisuudessa *three years down the road* kolmen vuoden päästä

downtime s (tietok) häiriöaika

down to the wire fr viime hetkeen saakka, viimeiseen saakka

downtown [ˌdaʊn'taʊn] s (kaupungin) keskusta adv keskustassa, keskustaan

downturn ['daʊnˌtərn] s (tal) lasku(suhdanne), käänne huonompaan

down under s Australia adv Australiassa, Australiaan

downward [ˈdaʊnwərd] adj alaspäin suuntautuva (liike) *a downward thrust* alastyöntö adv (tilasta) alaspäin

dowry [ˈdaʊri] s myötäjäiset

dowse [daʊz, daʊs] v **1** ks douse **2** etsiä (vesisuonia) taikavarvulla

do your number fr **1** esittää numeronsa, pitää esityksensä **2** jauhaa samaa asiaa, käyttäytyä tapansa mukaan

do your (own) thing fr (ark) olla/oppia olemaan oma itsensä

doz. *dozen* tusina

1 doze [doʊz] s torkut

2 doze v torkahtaa

dozen [dʌzən] s tusina *baker's dozen* kolmetoista

D. Ph. *Doctor of Philosophy* filosofian tohtori

DPI [ˌdipiˈaɪ] *dots per inch* pistettä tuumalle *a laser printer with 600 DPI output* laserkirjoitin joka tulostaa 600 pistettä tuumalle

dpt. *department* osasto, laitos

Dr. *Doctor* tri

drab [dræb] adj (kuv) tylsä, ikävä

1 draft [dræft] s **1** luonnos **2** (pankki) vekseli, asete, tratta **3** (sot) kutsunnat **4** (ilmavirtaus) veto **5** vetäminen, veto **6** tynnyriolut

2 draft v **1** suunnitella, luonnostella **2** vetää (jotakin; myös ilmavirtauksesta) **3** valita/kutsua sotilaspalvelukseen

draft beer s tynnyriolut

draft board s (sot) kutsuntalautakunta

draft dodger s (sot) kutsuntapinnari

drafty adj (huone ym) vetoisa, jossa vetää

1 drag [dræg] s **1** naara **2** ilmanvastus **3** (ark) pitkäveteinen/tylsä asia **4** (ark) (transvestiitti)miehen käyttämät naisten vaatteet *the men were in drag* miehet olivat pukeutuneet naisten vaatteisiin
2 drag v **1** naarata **2** kiskoa, vetää, laahata perässään **3** pitkittää, pitkittyä, (kuv) venyttää/venyä loputtomiin **4** (tietok) vetää *to drag a file into a folder* vetää tiedosto kansioon
drag and drop fr (tietok) vetää ja pudottaa (hiirellä)
drag in v (kuv) ottaa puheeksi, tuoda esille
dragnet ['dræg,net] s **1** (kal) laahusnuotta **2** (poliisin toimeenpanema) suuretsintä
Dragon (tähdistö) Lohikäärme
dragon [drægən] s lohikäärme (myös kuv)
drag on v (tilaisuus) venyä/jatkua loputtomiin
dragon breath s (ark) **1** pahanhajuinen hengitys **2** henkilö jolla on pahanhajuinen hengitys
dragonfly ['drægən,flaɪ] s (mon dragonflies) sudenkorento
drag out v pitkittää, venyttää (keskustelua, tilaisuutta)
drag queen s (sl) transvestiitti, transsu
drag race s (dragstereiden) kiihdytyskilpailu
dragster s (kiihdytyskilpailuissa käytetty auto) dragster
drag your feet fr vitkastella, jahkailla, empiä
1 drain [dreɪn] s **1** viemäri, viemäriputki, tyhjennysputki *to go down the drain* epäonnistua; mennä hukkaan **2** rasite, taakka
2 drain v **1** kuivata, kuivattaa, laskea vesi jostakin, (vesi) virrata jonnekin **2** uuvuttaa, viedä voimat
drainage [dreɪnədʒ] s **1** kuivaus, kuivatus, veden laskeminen/poistuminen jostakin **2** (lääk) dreenaus, drenaasi
DRAM *dynamic random access memory* (tietok) dynaaminen suorasaantimuisti/RAM

drama [dramə] s **1** näytelmä, draama **2** näyttämötaide **3** (huomiota herättävä) tapahtuma
drama critic s teatterikriitikko
dramatic [drə'mætɪk] adj **1** näytelmä-; teatteri- **2** dramaattinen, jyrkkä, yhtäkkinen; jännittävä
dramatically adv dramaattisesti, teatraalisesti
dramatics s **1** (verbi yksikössä tai mon) dramatiikka **2** (verbi mon) teatraalisuus
dramatis personae [drə,mætɪspər'souneɪ] s (mon) näytelmän henkilöt
dramatist [dramətɪst] s näytelmäkirjailija
dramatize ['dramə,taɪz] v **1** dramatisoida, sovittaa näytelmäksi **2** liioitella, käyttäytyä teatraalisesti
dramedy [dramədi] s draaman ja komedian aineksia sisältävä televisio-ohjelma (sanoista *drama* ja *comedy*)
drank [dræŋk] ks drink
1 drape [dreɪp] s (mon) verhot
2 drape v **1** verhota, peittää/varustaa verhoilla **2** drapeerata, laskostaa
drastic [dræstɪk] adj yhtäkkinen, jyrkkä, raju *to take drastic measures* ryhtyä äärimmäisiin toimenpiteisiin
drastically adv yhtäkkiä, jyrkästi, rajusti
draught [dræft] (UK) ks draft
1 draw [dra] s **1** tasapeli, ratkaisematon lopputulos **2** (kuv) vetonaula
2 draw v drew, drawn **1** vetää, kiskoa **2** nostaa (vettä kaivosta) **3** piirtää **4** saada (innoitusta) **5** kerätä/saada (suuri yleisö) **6** kasvaa (korkoa)
draw ahead v ohittaa joku/jokin
draw away v **1** vetää pois jostakin **2** jättää taakseen, kasvattaa välimatkaa
drawback ['dra,bæk] s haitta, hankaluus, huono puoli
drawbridge ['dra,brɪdʒ] s nostosilta
draw down v kuluttaa/kulua loppuun, ehtyä
drawer [drɔr] s (lipaston, kirjoituspöydän) laatikko
draw in v sekaantua johonkin, puuttua johonkin

drawing [draiŋ] s piirustus (työ/taide)
drawing room s olohuone; salonki
1 drawl [drɔəl] s hidas/leveä puhetapa
2 drawl v puhua hitaasti/leveästi
drawn [drɑn] ks draw
draw off v perääntyä jostakin, poistua
draw on v **1** lähestyä **2** käyttää (hyväkseen), nojautua johonkin, perustua johonkin, ammentaa (kokemuksestaan)
draw out v **1** vetää/ottaa esiin **2** saada joku puhumaan **3** pitkittää, venyttää **4** nostaa (rahaa pankista)
draw the line somewhere fr vetää raja johonkin, kaikella on rajansa
draw up v **1** laatia (laillinen asiakirja) **2** (auto) pysähtyä
1 dread [dred] s kauhu, pelko
2 dread v pelätä
dreadful adj **1** pelottava, kauhistuttava **2** (ark) hirvittävä(n huono), kamala(n huono)
dreadfully adv (ark) erittäin, kamalan
1 dream [drim] s **1** uni (unennäkö) **2** unelma, haave
2 dream v dreamt/dreamed, dreamt/dreamed **1** nähdä unta jostakin **2** uneksia, unelmoida, haaveilla jostakin
dreamer s uneksija
dreamily adv haaveksivasti; uneliaasti
dreamlike adj unta muistuttava, unenomainen
dreamt [dremt] ks dream
dream up v keksiä, kyhätä kokoon (mielessään)
dreamy adj **1** haaveksiva, unelmiinsa vaipunut **2** unelias (ääni), rauhoittava (musiikki), pehmeä (väri) **3** ihastuttava, unelmien
drearily [drɪrəli] adv yksitoikkoisesti, pitkäveteisesti, ikävästi
dreariness s yksitoikkoisuus, pitkäveteisyys, ikävyys
dreary [drɪri] adj yksitoikkoinen, pitkäveteinen, ikävä
1 dredge [dredʒ] s ruoppaaja
2 dredge v ruopata
dredge up v (kuv) tonkia esiin, tuoda päivänvaloon (jotakin kielteistä)
dregs [dregz] s (mon) pohjasakka (myös kuv)

drench [drentʃ] v kastella läpimäräksi
1 dress [dres] s **1** (naisen) puku *court dress* kävelypuku *maternity dress* äitiyspuku **2** vaatteet; pukeutuminen
2 dress v pukea, pukeutua *to get dressed* pukeutua
dress down v **1** nuhdella, sättiä, moittia **2** hakata, antaa selkään
dresser s lipasto; astiakaappi
dressing s **1** pukeutuminen, pukeminen **2** (lääk) sidos **3** salaatinkastike
dressing table s peililipasto, kampauslipasto
dress rehearsal [ˌdresrɪˈhɜrsəl] s (näytelmän) kenraaliharjoitus
dress shirt s frakkipaita
dress suit s frakki
dress up v **1** pukeutua parhaimpiinsa/hienosti **2** (kuv) koristella, kaunistella
drew [dru] ks draw
1 dribble [drɪbəl] s **1** (vesi)tippa **2** kuola
2 dribble v **1** (nesteestä) tippua, tihkua **2** (lapsi, koira) kuolata **3** kuljettaa (koripalloa)
dried [draɪd] v ks dry adj kuivatettu (hedelmä)
1 drift [drɪft] s **1** virtaus *continental drift* mannerliikunto **2** kinos, kasa **3** tuuliajo (myös kuv) **4** poikkeama (suunnasta, arvosta)
2 drift v **1** (tuuli) kuljettaa (lunta, hiekkaa, pilviä) **2** poiketa (suunnasta, arvosta) **3** olla tuuliajolla (myös kuv), vaeltaa, kiertää
drifter s irtolainen, maankiertäjä
1 drill [drɪl] s **1** pora, kaira **2** (sot) harjoittelu; sulkeiset **3** (koul) harjoitus
2 drill v **1** porata **2** (sot, koul) harjoittaa, opettaa
drill rig s (öljyn)porauslaitos, (öljyn)poraustorni
1 drink [drɪŋk] s **1** juoma, juotava **2** (alkoholista) ryyppy, lasillinen **3** ryyppääminen, juominen
2 drink v drank, drunk **1** juoda **2** juoda (alkoholia), ryypätä *don't drink and drive* jos juot, älä aja
drinkable adj juomakelpoinen, juoma-
drinker s juoppo

1 drip [drɪp] s **1** pisara **2** (lääk) infuusio, (ark) tiputus
2 drip v pisaroida, putoilla/tihkua pisaroina
1 drive [draɪv] s **1** (auto)matka, ajo *it's a short drive from here* se on lyhyen ajomatkan päässä **2** pihatie **3** vietti **4** tarmo, into, veto **5** hanke, kampanja (sot ym) **6** (auto) ohjaus *left-hand drive* vasemmanpuoleinen ohjaus **7** (auto) veto *four-wheel drive* nelipyöräveto **8** (golfissa) aloituslyönti
2 drive v drove, driven **1** ajaa (liikkeelle, pois jostakin) **2** ajaa (autoa) **3** ajaa/viedä autolla **4** käyttää, olla voimanlähteenä **5** tehdä joku joksikin, saattaa/ajaa johonkin tilaan *that noise drives me nuts* melu tekee minut hulluksi **6** panna joku koville
drive at v pyrkiä (puheissaan) johonkin, ajaa takaa jotakin
driven v ks drive adj **1** määrätietoinen, tarmokas, yritteliäs **2** pakkomielteinen
driver s **1** ajaja, ajuri, kuljettaja **2** (golf) puuykkönen **3** (tietok) ajuri, ohjain
driver education s ajo-opetus (koulussa)
driver's license s (US) ajokortti
driver's training s ajo-opetus (koulussa)
drive someone to the wall 1 tehdä joku hulluksi **2** panna koville *they drove him to the wall* he panivat hänet ahtaalle/seinää vasten/lujille
drive up the wall fr tehdä joku hulluksi, saada joku kiipeämään seinille
driveway [ˈdraɪvˌweɪ] s pihatie
driving licence s (UK) ajokortti
driving range [ˈdraɪvɪŋˌreɪndʒ] (golfissa) (pitkien) lyöntien harjoittelualue, driving range
1 drizzle [ˈdrɪzəl] s tihkusade
2 drizzle v sataa tihkuttaa
dromedary [ˈdraməˌderi] s (eläin) dromedaari, yksikyttyräinen kameli
1 drone [droʊn] s **1** (koirasmehiläinen) kuhnuri **2** surina **3** yksitoikkoinen (puhe)ääni
2 drone v **1** surista **2** puhua yksitoikkoisella äänellä

drone on v jaaritella; venyä, jatkua loputtomiin
1 droop [drup] s kyyryasento
2 droop v **1** olla/seistä kyyryssä; roikkua, nuokkua **2** (kuv) herpaantua
1 drop [drap] s **1** pisara, tippa **2** korkeusero, pudotus, putoaminen; hyppy **3** (teatteri) esirippu
2 drop v **1** tihkua, pisaroida **2** pudottaa, pudota **3** hiljentää/madaltaa (ääntään) **4** jättää kyydistä/jonnekin **5** (hinta, lämpötila) laskea, pudota **6** sanoa ohimennen/vahingossa, lipsahtaa, vihjaista *to drop names/a hint* leuhkia (tuntemillaan) nimillä/vihjaista, antaa ymmärtää **7** kirjoittaa (kortti, lyhyt kirje) **8** jättää joku/jokin pois jostakin **9** *wait for the other shoe to drop* odottaa epämiellyttävää seurausta **10** (golfissa) dropata, pudottaa esim kentän ulkopuolelle joutunut pallo uudelleen kentälle käsivarsi suorana olkapään korkeudelta
drop behind v jäädä jälkeen jostakusta/jostakin
drop by v pistäytyä, piipahtaa
drop-by s pistäytyminen, piipahdus
drop dead fr älä luulekaan!; älä yritä!; ole hiljaa!
drop-down menu s (tietok) vetovalikko
drop ears s (mon) (koiran) luppakorvat
drop-in s yllätysvieras
droplet s (pieni) pisara
drop off v **1** nukahtaa **2** vähentyä, laskea
dropout s **1** (koulunkäynnin, kurssin) keskeyttäjä, (kilpailussa) luovuttaja **2** vaihtoehtoihminen
drop out v erota jostakin; jättää koulu(nkäynti) kesken; astua kyydistä (kuv)
drought [draʊt] s kuivuus
1 drove [droʊv] s (eläin)lauma, (ihmis)parvi/joukko
2 drove v ks drive
drown [draʊn] v **1** hukkua, hukuttaa (myös kuv:) *he drowned his sorrows in alcohol* hän hukutti surunsa viinaan **2** peittää alleen, tulvia
drown in v (kuv) hukkua johonkin, olla korviaan myöten jossakin

drowning s hukkuminen; hukkunut
drown out v (ääni) peittää, estää kuulumasta
drowse [draʊz] v torkkua
drowsily adv unisesti, uneliaasti
drowsy adj uninen, unenpöpperöinen, unelias
1 drudge [drʌdʒ] s ahertaja, puurtaja, työmyyrä
2 drudge v ahertaa, uurastaa, puurtaa
drudgery s aherrus, uurastus
1 drug [drʌg] s **1** lääke **2** huume, huumausaine
2 drug v huumata
drug addict ['drʌgˌædɪkt] s narkomaani
drug addiction ['drʌgəˌdɪkʃən] s huumeriippuvaisuus
drug czar ['drʌgˈzɑːr] s huumeongelman vastaista taistelua johtava (presidentin nimittämä) korkea viranomainen
drug detection dog s huumekoira
drug pusher [drʌgˌpʊʃər] s huumekauppias, huumeiden välittäjä
drugstore s drugstore (eräänlainen apteekkikemikalio)
drug traffic ['drʌgˌtræfɪk] s huumekauppa
1 drum [drʌm] s **1** (mus) rumpu **2** (öljy)tynnyri **3** (korvan) tärykalvo
2 drum v rummuttaa
drum brake s rumpujarru
drumhead [drʌmˌhed] s rumpukalvo
drummer s rumpali *to march to a different drummer* kulkea omia polkujaan
drum out v erottaa
drumstick [drʌmˌstɪk] s **1** rumpupalikka, rumpukapula **2** kanankoipi (ruokana)
drum up v **1** hankkia (asiakkaita), yrittää saada (kannatusta), (kuv) lyödä rumpua jostakin/jonkin puolesta **2** keksiä, kehittää
1 drunk [drʌŋk] s humalainen; juoppo
2 drunk v ks drink
3 drunk adj juopunut, humalassa
drunken adj (ihminen) juopunut, humalassa; (tilaisuus) märkä, ryyppy-
dry [draɪ] v dried, dried: kuivata, kuivua adj kuiva (myös kuv) *I am dry* kurkkuani kuivaa, minulla on jano *dry town/country* paikkakunta/maa jossa alkoholin myynti(ä) on kielletty/rajoitettu
dry-clean ['draɪˌkliːn] v kuivapestä, pestä kemiallisesti
dry cleaning s kuivapesu, kemiallinen pesu
dry dock ['draɪˌdɑk] s allastelakka
dryer s kuivain *hair dryer, clothes dryer* hiustenkuivain, (pyykin)kuivauskone, kuivausrumpu
dryly adv kuivasti
dry nurse ['draɪˌnɜrs] s lastenhoitaja
dry out v **1** kuivata/kuivua (täysin) **2** panna (alkoholisti)/ruveta katkaisuhoitoon
dry spell ['draɪˌspel] s kuiva/sateeton kausi
dry up v **1** kuivata/kuivua (täysin) **2** loppua, lakata **3** (ark) vaieta, lakata puhumasta
DSP [ˌdiːsˈpiː] *Digital Signal Processing* digitaalinen signaalinkäsittely
DST *daylight saving time* kesäaika
dstspn. *dessertspoon* jälkiruokalusikallinen
DTP [ˌdiːtiˈpiː] s *Desktop Publishing* julkaisutoiminta mikrotietokonetta käyttäen, omataitto
DTP program s *desktop publishing program* taitto-ohjelma
dual [duəl] adj kaksois-, kaksi- *a personal computer with dual floppy drives* henkilökohtainen tietokone jossa on kaksi levykeasemaa
dual carriageway s (UK) kaksiajoratainen tie
dub [dʌb] v **1** jälkiäänittää (elokuva ym) **2** kopioida (äänite) **3** lyödä ritariksi tms **4** nimittää joksikin *they dubbed him a maestro* häntä alettiin kutsua maestroksi **5** sohaista, työntää
dubbing s (elokuvan ym) jälkiäänitys
dub in v lisätä äänitteeseen jotakin
dubious [dubiəs] adj **1** epäröivä, epävarma **2** kyseenalainen, hämäräperäinen
Dublin [dʌblən] Dublin
dub out v poistaa äänitteestä jotakin
duchess [dʌtʃəs] s herttuatar
duchy [dʌtʃi] s herttuakunta
1 duck [dʌk] s ankka

2 duck v **1** kyyristyä (äkkiä) **2** vetää päänsä veden alle, työntää joku hetkeksi veteen

duckling s ankanpoikanen *ugly duckling* ruma ankanpoikanen

duct [dʌkt] s **1** (anatomia) tiehyt, kanava **2** johdin, putki

dud [dʌd] s **1** fiasko, pannukakku **2** (ammus) suutari

dude s (ark) kaveri, jätkä, hemmo *hey, dude, what's up?* mitä jäbä, kuis huiskii?

duds [dʌdz] s (mon ark) vaatteet, kuteet

1 due [du] s **1** (mon) (jäsen- tai muu) maksu **2** *to give him his due, he did try hard* täytyy myöntää että hän yritti kovasti

2 due adj **1** erääntynyt (maksu) **2** jollekulle kuuluva; määrä tehdä jotakin *when is the baby due?* mikä on laskettu synnytysaika? *you are due to leave here at ten* sinun on määrä lähteä täältä kymmeneltä **3** asianmukainen, asiaan kuuluva *with all due respect* kaikella kunnioituksella *in due course/time* aikanaan **4** *due to* ks hakusanaa

3 due adv suoraan (johonkin suuntaan) *due south* kohti etelää

1 duel [duəl] s kaksintaistelu (myös kuv)

2 duel v osallistua kaksintaisteluun

duelist s kaksintaistelija

duet [du'et] s duetto

due to prep vuoksi, takia, tähden, johdosta *the concert was canceled due to the rain* konsertti peruutettiin sateen vuoksi

dug [dʌg] ks dig

dugong [dugaŋ] s (sireenieläin) dugongi, merilehmä

dugout [dʌgaʊt] s **1** (sot) taisteluhauta, korsu **2** ruuhi, yhdestä puusta koverrettu kanootti **3** (baseball) pelaaja-aitio

duiker [daɪkə] s sukeltaja-antilooppi *common duiker* grimminsukeltajakauris

duke [duk] s herttua

dukedom [dukdəm] s **1** herttuan arvo **2** herttuakunta

dull [dʌl] v sumentaa (aisteja), hämärtää (muistia), tylsistyttää (terää, älyä), himmentää; vaimentaa (kipua, ääntä) adj **1** tylsä (terä) **2** hidasälyinen **3** pitkäveteinen, tylsä, innoton **4** himmeä, haalea (väri ym), vaimea (ääni), pilvinen/harmaa (taivas)

duly [duli] adj asianmukaisesti, kuten odottaa saattaa; ajoissa

dumb [dʌm] adj **1** mykkä **2** (ark) tyhmä, typerä **3** (tietokone) tyhmä (vastakohta *intelligent,* älykäs)

dumbbell [dʌmbel] s käsipaino

dummy [dʌmi] s **1** vaatenukke, sovitusnukke **2** (kirjan tai muun esineen) malli, valekirja **3** (ark) typerys

1 dump [dʌmp] s **1** kaatopaikka **2** rähjäinen paikka (kaupunginosa, huone) **3** (tietok) vedos

2 dump v **1** heittää menemään, kaataa/panna jonnekin **2** hylätä, jättää (poika-/tyttöystävä) **3** myydä polkuhintaan, dumpata **4** (tietok) vedostaa

dumping s polkumyynti, dumppaus

dumping-ground s kaatopaikka

dumpling [dʌmpliŋ] s (ruuanlaitossa) myky, kokkare

dumpy [dʌmpi] adj tanakka, lyhyenläntä

dunce [dʌns] s typerys

dune [dun] s (hiekka)dyyni

dung [dʌŋ] s lanta

dungarees [ˌdʌŋgəˈriz] s (mon) **1** (työ)haalarit **2** farkut

dung beetle [ˈdʌŋˌbitəl] s (kovakuoriainen) pillerinpyörittäjä

dungeon [dʌndʒən] s vankiluola

dunk [dʌŋk] v **1** kastaa, upottaa (ihminen veteen, pulla kahviin) **2** lyödä koripallo koriin

dup. *duplicate* jäljennös, kopio

1 dupe [dup] s (ark) **1** huijauksen uhri **2** (dian/valokuvan) kaksoiskappale

2 dupe v huijata, pettää, vetää nenästä

duplicate [duplə.kət] s jäljennös, kopio, kaksoiskappale, moniste adj kaksois-, jäljennös-

duplicate [ˈduplə.keɪt] v jäljentää, kopioida, monistaa

duplication [ˌduplə'keɪʃən] s jäljentäminen, kopiointi, monistus

duplicator s monistuskone

Dur. *Durham*

durability [dərə'bɪlɪti] s kestävyys

durable [dərəbəl] adj kestävä, pitkäikäinen
duration [də'reɪʃən] s (ajallinen) kesto
duress [də'res] s pakko
Durham [dərəm] Englannin kreivikuntia
during [dərɪŋ] prep aikana, kuluessa
dusk [dʌsk] s iltahämärä
dusky adj **1** hämärä, pimeähkö **2** tummaihoinen; tumma (väri)
1 dust [dʌst] s pöly
2 dust v pyyhkiä pölyt jostakin
Dust Bowl s Yhdysvaltain keskilännen pölymyrskyalue (1930-luvulla)
duster [dʌstər] s **1** pölyriepu **2** siivoustakki
dust jacket s (kirjan) suojapaperi
dust mop s moppi
dust off v **1** verestää vanhat taidot; ottaa uudestaan käyttöön **2** antaa selkään, hakata
dusty adj pölyinen
Dutch [dʌtʃ] s hollannin kieli s, adj hollantilainen
dutiful [dutəfəl] adj tunnollinen, velvollisuudentuntoinen, tottelevainen
duty [duti] s **1** velvollisuus, tehtävä *to be on/off duty* olla/ei olla työvuorossa, olla/ei olla jonkun virka-aika **2** tulli
duty-free [,duti'fri] adj tullivapaa, tulliton
DVD [divi'di] s DVD, dvd
DVD drive s dvd-asema
DVD player s dvd-soitin
1 dwarf [dwɔrf] s kääpiö
2 dwarf v saada joku/jokin näyttämään pieneltä, (kuv) jättää varjoonsa *my work was dwarfed by his achievements* minun työni kalpeni hänen saavutustensa rinnalla

dwarf Arctic birch s vaivaiskoivu
dwarf birch s vaivaiskoivu
dwell [dwel] v dwelt, dwelt: asua jossakin
dwelling s asumus
dwell on v takertua johonkin asiaan, puhua/ajatella pitkään
dwindle [dwɪndəl] v vähentyä, heikentyä, laskea, huveta
dwt *deadweight tonnage* kuollut paino
1 dye [daɪ] s väri(aine)
2 dye v dyed, dyed, dyeing: värjätä (kangas)
dyed-in-the-wool adj (kuv) parantumaton, (joka on) henkeen ja vereen (jotakin) *she's a dyed-in-the-wool Democrat* hän on pesunkestävä demokraatti, hän on demokraatti henkeen ja vereen
dying ks die
dyke [daɪk] s (sl) lesbo
DYLM (tekstiviestissä, sähköpostissa) *do you like me?*
dynamic [daɪ'næmɪk] adj **1** dynaaminen *dynamic range* dynamiikka **2** (ihminen) energinen
dynamics [daɪ'næmɪks] s (mon, verbi mon paitsi fysiikan merkityksessä) dynamiikka
1 dynamite ['daɪnə,maɪt] s dynamiitti
2 dynamite v räjäyttää (dynamiitilla)
dynamo ['daɪnə,moʊ] s dynamo
dynasty ['daɪnəs,ti] s dynastia
dysentery ['dɪsən,teri] s punatauti
dyslexia [dɪs'leksiə] s dysleksia, eräs lukemishäiriö
dyspepsia [dɪs'pepsiə] s ruuansulatushäiriö
dz. *dozen* tusina

E, e

E, e [i] E, e
ea. *each* kappaleelta, kukin
each [itʃ] pron, adj, adv kukin *each and every one of them* kukin heistä *I gave them a dollar each* annoin kullekin heistä dollarin *they hate each other* he vihaavat toisiaan *they each went to a different school* kukin heistä kävi eri koulua
eager [igər] adj innokas, halukas
eager beaver s työhullu, ahertaja
eagerly [igərlı] adv innokkaasti, halukkaasti
eagerness [igərnəs] s innokkuus, halukkuus
eagle [igəl] s **1** kotka **2** (golfissa) eagle, lyöntitulos jossa pallo saadaan reikään kaksi lyöntiä alle par-luvun
eagle owl s huuhkaja
ear [ır] s **1** korva (myös kuv) *she was all ears* hän oli pelkkänä korvana *I have no ear for languages* minulla ei ole kielikorvaa *to play by ear* soittaa korvakuulolta **2** tähkä
eardrum [ırdrəm] s tärykalvo
earflap [ırflæp] s (päähineen) korvalappu
earl [ərəl] s jaarli, kreivi
earldom [ərəldəm] s **1** jaarlin/kreivin arvo **2** kreivikunta
early [ərli] adj aikainen, varhainen *from an early age* nuoresta pitäen *as early as* jo adv aikaisin, varhain *to rise early* nousta (vuoteesta) aikaisin *early on* (jo) varhain, varhaisessa vaiheessa
early bird s aamuvirkku
earmark [ˈır‚mark] v varata/määrätä käytettäväksi johonkin tarkoitukseen
earmuff [ırmʌf] s korvalappu
earn [ərn] s ansaita (rahaa, kiitosta), kasvaa (korkoa) *they make money the old-fashioned way, they earn it* he hankkivat rahansa vanhanaikaisesti ansaitsemalla ne
earnest [ərnəst] s: *in earnest* vakavissaan, tosissaan adj vakava (ihminen), harras (pyyntö)
earnestly adv vakavasti, hartaasti, tosissaan
earnings [ərniŋz] s (mon) ansiot, tulot, palkka
earphones [ˈır‚foʊnz] s (mon) korvakuulokkeet, (etenkin) nappikuulokkeet
earring [ˈır‚rıŋ] s korvarengas
1 earth [ərθ] s **1** Maa, maapallo **2** maa **3** maaperä **4** (sähkö) maa
2 earth v (sähkö) maadoittaa
earthen [ərθən] adj maallinen, savinen
earthenware [ˈərθən‚weər] s savitavara
earthly [ərθlı] adj **1** maallinen **2** (kielteisessä yhteydessä:) mikään *there is no earthly need for a gadget like that* sellaiselle vempaimelle ei ole mitään käyttöä
earthquake [ərθ‚kweık] s maanjäristys
earthworm s kastemato
earthy [ərθı] adj **1** *it has an earthy smell/taste* se tuoksuu/maistuu mullalta **2** karkea, hiomaton (käytös, ihminen)
earwig s (eläin) isopihtihäntä
1 ease [iz] s **1** mukava olo *to be at ease* olla mukava olo, tuntea olonsa mukavaksi *at ease!* (sot) lepo! **2** helppous, vaivattomuus *he did it with ease* se sujui häneltä helposti **3** joutilaisuus *to live a life of ease* olla kissanpäivät
2 ease v **1** helpottaa (oloa), helpottua, lievittää (kipua), keventää (mieltä, taakkaa), keventyä **2** höllentää, löysätä (köyttä, kuria) **3** tehdä jotakin varovasti *I eased my car into the narrow space* ajoin autoni varovasti ahtaaseen tilaan *she eased the cork off the champagne*

bottle hän irrotti varovasti samppanjapullon korkin
easel [izəl] s (taidemaalarin) maalausteline
ease off v laantua, rauhoittua, hiljentyä
ease out v erottaa (tehtävästä) vähin äänin
ease up v laantua, rauhoittua, hiljentyä
easily [izəlı] adv **1** helposti **2** selvästi, ehdottomasti *she is easily the most capable of them* hän on selvästi pätevin heistä
easiness [izinıs] s helppous
east [ist] s **1** (ilmansuunta) itä **2** *the East* (itäiset maat) itä *Near East* Lähi-itä *Middle East* Lähi-itä *Far East* Kaukoitä adv itään *there are mountains east of here*
East Africa Itä-Afrikka
East-Berlin (hist) Itä-Berliini
eastbound ['ist,baʊnd] adj idän suuntainen, itään kulkeva/johtava
East China Sea [tʃaınə] Itä-Kiinan meri
East Coast s (Yhdysvaltain) itärannikko
Easter [istər] s pääsiäinen
easterly [istərli] s itätuuli adj itäinen, itä-
eastern [istərn] adj itäinen, itä-
Eastern block s itäryhmä, Itä-Euroopan kommunistiset maat
easterner ['istərnər] s (Yhdysvaltain) itävaltioiden asukas
Eastern gray kangaroo [,kæŋgə'ru] s isojättikenguru
Eastern Hemisphere s itäinen pallonpuolisko
eastern kingbird s (lintu) pihatyranni
easternmost ['istərn,moʊst] adj itäisin
East German s, adj itäsaksalainen
East Germany s Saksan demokraattinen tasavalta, Itä-Saksa
East Indies [,ist'ındiz] (mon) Itä-Intia
easy [izı] adj **1** helppo *it's easy as pie* se on helppoa kuin mikä, se on lasten leikkiä **2** mukava, rento, kevyt (olo, tyyli, liike) adv rennosti, rauhallisesti *take it easy* ota rennosti, älä jännitä/hermostu
easy chair s laiskanlinna, nojatuoli

eat [it] v ate, eaten **1** syödä **2** (ark) kaivella, kismittää *what is eating him?* mikä häntä vaivaa?
eat away v kuluttaa, murentaa
eatery [itərı] s syömäpaikka, ravintola tms
eat humble pie fr nöyrtyä, kärsiä nöyryytys, niellä katkera kalkki
eat out v syödä ulkona/ravintolassa
eat up v **1** kuluttaa loppuun **2** nauttia kovasti jostakin **3** uskoa, niellä, ottaa täydestä
eat your words fr syödä sanansa
eaves [ivz] s (mon) räystäs
eavesdrop ['ivz,drɑp] v kuunnella salaa
1 ebb [eb] s **1** laskuvesi, luode *ebb and flow* vuoksi ja luode **2** (kuv) aallonpohja
2 ebb v **1** (vuorovesi) laskea **2** (kuv) laantua, kuihtua
ebony [ebəni] s eebenpuu adj musta, eebenpuun värinen
e-book s koneiskirja, verkkokirja
e-business s verkkoliiketoiminta
EC *European Community* Euroopan yhteisö, EY
e-cash s koneisraha, verkkoraha
eccentric [ık'sentrık] s omituinen/erikoinen ihminen adj **1** epäkeskinen **2** omituinen, erikoinen
eccentricity [,ek,sen'trısətı] s **1** epäkeskisyys **2** omituisuus, erikoisuus; oikku
ecclesiastical [ı,klızı'æstıkəl] adj kirkollinen
ECG lyh *electrocardiogram* sydänsähkökäyrä, EKG
echidna [ə'kıdnə] s nokkasiili *short-beaked echidna* nokkasiili, myös: *common echidna*
echinoderms [ə'kaınoʊ,dərmz] s (mon) piikkinahkaiset
1 echo [ekoʊ] s kaiku
2 echo v **1** kaikua **2** (kuv) toistaa (mitä joku on sanonut)
echolocation [,ekoʊloʊ'keıʃən] s kaikuluotaus
1 eclipse [ı'klıps] s (auringon/kuun)pimennys
2 eclipse v **1** pimentää **2** (kuv) jättää varjoonsa

educative

ecological [ˌikəˈlɑdʒɪkəl] adj ekologinen

ecology [iˈkɑlədʒɪ] s ekologia

e-commerce [ˈiˌkɑmərs] s verkkokauppa, verkkokaupankäynti

econobox [iˈkɑnəˌbɑks] s (ark) pikkuauto

economic [ˌikəˈnɑmɪk] adj **1** taloudellinen, talouselämän, taloustieteellinen **2** säästäväinen

economical [ikəˈnɑmɪkəl] adj **1** säästäväinen **2** taloudellinen, talouselämän, taloustieteellinen

economically [ikəˈnɑmɪkli] adv **1** säästäväisesti **2** taloudellisesti, talouselämän kannalta, taloustieteellisesti

economics [ˌikəˈnɑmɪks] s **1** (verbi yksikössä) taloustiede **2** (verbi monikossa) taloudelliset näkökohdat, taloudellisuus

economist [iˈkɑnəmɪst] s taloustieteilijä, ekonomisti

economize [iˈkɑnəˌmaɪz] v säästää, olla säästäväinen, käyttää säästeliäästi

economy [iˈkɑnəmi] s **1** säästäväisyys **2** säästö **3** talous, talouselämä *national economy* kansantalous **4** (lentokoneen) turistiluokka adj säästö-

economy class s (lentokoneen) turistiluokka

economy class syndrome s esim lentokoneen ahtaassa turistiluokassa istumisesta johtuva verisuonitukos, turistiluokan oireyhtymä

economy-size adj **1** säästökokoinen **2** pieni, pikku(auto)

ecosystem [ikoʊsɪstəm] s ekosysteemi

ecstasy [ekstəsi] s hurmio, ekstaasi

ecstatic [ekˈstætɪk] adj (olla) haltioissaan, hurmiossa

ECU *European Currency Unit* ECU, ecu, EU-maiden yhteisvaluutta

Ecuador [ˈekwəˌdɔr] Ecuador

Ecuadorian s, adj ecuadorilainen

eczema [ɪgˈzimə, ekˈzimə] s ihottuma

1 eddy [edi] s (tuuli/vesi)pyörre

2 eddy v pyörtää

1 edge [edʒ] s **1** (veitsen) terä *to be on edge* olla hermostunut **2** reuna, (tien) vieri, raja, ääri

2 edge v **1** teroittaa (veitsi) **2** reunustaa **3** hivuttaa, hivuttautua, työntää/edetä hitaasti *he edged his way towards the exit* hän hivuttautui ovea kohti

edgewise [ˈedʒˌwaɪz] *not to get a word in edgewise* ei saada suunvuoroa

edgy [edʒi] adj hermostunut

edible [edəbəl] adj syötävä, syötäväksi kelpaava, ruoka-

edible crab s isotaskurapu

Edinburgh [edənbərə] Edinburgh

edit [edɪt] v **1** julkaista (lehteä) **2** toimittaa (tekstiä) **3** koostaa, leikata (filmi)

edition [əˈdɪʃən] s (kirjan) laitos, painos

editor [edətər] s **1** (lehden) toimittaja, (kirjan) (kustannus)toimittaja, (filmin) leikkaaja **2** (tietok) toimitusohjelma

editorial [edəˈtɔrɪəl] s (sanomalehti) pääkirjoitus, (televisio, radio) mielipide adj toimituksellinen, toimituksen-, mielipide-

editor-in-chief s päätoimittaja

Edmonton [edməntən] kaupunki Kanadassa

EDP *electronic data processing* automaattinen/elektroninen tietojenkäsittely, ATK

EDT *eastern daylight time* Yhdysvaltain itärannikon kesäaika

Ed Teynte [ˌedˈteɪnt] (Peter Panissa) Tärpätti-Ed

EDTV *enhanced definition television*

educate [ˈedʒəˌkeɪt] v sivistää, valistaa, opettaa, kasvattaa, kouluttaa, koulia

educated [ˈedʒəˌkeɪtəd] adj sivistynyt

educated guess s karkea arvio *I don't know the answer but I can make an educated guess* en tiedä vastausta mutta voin yrittää arvata

education [ˌedʒəˈkeɪʃən] s **1** koulutus, kasvatus, opetus, valistus **2** kasvatustiede, pedagogiikka

educational [edʒəˈkeɪʃənəl] adj kasvatusta/koulutusta/opetusta koskeva, kasvatus-, koulutus-, opetus-

education on demand s tilauskoulutus

educative [ˈedʒəˌkeɪtəv] adj kasvattava, opettavainen

educator [ˈedʒə,keɪtər] s **1** opettaja, kasvattaja **2** kasvatustieteilijä, pedagogi
edutainment [ˌedʒəˈteɪnmənt] s opetusviihde (sanoista *education*, opetus, ja *entertainment*, viihde)
Edward [edwərd] (kuninkaan nimenä) Edvard
EEC *European Economic Community* Euroopan talousyhteisö
EEG *electroencephalogram* elektroenkefalogrammi, aivosähkökäyrä, EEG
eel [il] s ankerias
eerie [iri] adj pelottava, kammottava
eerily [ˈirəli] adv pelottavasti, kammottavasti
efface [ɪˈfeɪs] v pyyhkiä pois
1 effect [ɪˈfekt] s **1** seuraus, vaikutus *cause and effect* syy ja seuraus *my warning had no effect on him* hän ei piitannut varoituksestani **2** voimassaolo *the law came/was put into effect last year* laki tuli voimaan viime vuonna *the law takes effect tomorrow* laki astuu voimaan huomenna **3** *in effect* itse asiassa, loppujen lopuksi; voimassa **4** sisällöstä: *he said something to that effect* hän sanoi jotain sen suuntaista **5** (myös *special effects*) (elokuvan tms erikois)tehosteet
2 effect v saada aikaan, johtaa johonkin, tehdä *she effected a sale/payment* hän teki kaupan/maksoi maksun
effective [ɪˈfektɪv] adj **1** tehokas, vaikuttava **2** todellinen, varsinainen **3** joka on voimassa *effective immediately* alkaen (nyt) heti
effectively [ɪˈfektɪvli] adv **1** tehokkaasti, vaikuttavasti **2** todellisesti, käytännössä
effectiveness [ɪˈfektɪvnəss] s tehokkuus, vaikutus
effeminate [ɪˈfemɪnət] adj naismainen
effervesce [ˌefərˈves] v **1** kuohua, kuplia **2** (kuv) vaahdota, olla haltioissaan
effervescence [ˌefərˈvesəns] s **1** kuohuminen, kupliminen **2** (kuv) vaahtoaminen, haltioituneisuus
effervescent [ˌefərˈvesənt] adj **1** kuohuva, kupliva **2** innokas, haltioitunut
effete [ɪˈfit] adj heikko, voimaton; turmeltunut

efficiency [ɪˈfɪʃənsi] s **1** yksiö **2** pätevyys, taitavuus, tehokkuus
efficient [ɪˈfɪʃənt] adj pätevä, osaava, tehokas
efficiently adv pätevästi, sujuvasti, taitavasti, tehokkaasti
effigy [ˈefədʒi] s kuva *the demonstrators burned the president in effigy* mielenosoittajat polttivat presidentin kuvan/presidenttiä esittävän nuken
effort [ˈefərt] s vaiva, ponnistelu, yritys *he made no effort to help us* hän ei yrittänytkään auttaa meitä
effortless [ˈefərtləs] adj vaivaton, helppo, kevyt, rento
effortlessly adj vaivattomasti, helposti
effrontery [əˈfrantəri] s röyhkeys, häpeämättömyys
EFTA *European Free Trade Association*
e.g. *for example*, (lat) *exempli gratia* esim.
1 egg [eg] s **1** (kanan)muna **2** munasolu
2 egg v kannustaa, yllyttää, rohkaista
eggbeater [ˈeg,bitər] s vispilä
egghead [ˈeghed] s (ark) älykkö
eggplant [ˈeg,plænt] s munakoiso
eggshell [ˈeg,ʃel] s munan kuori
egg white [ˈeg,waɪt] s (kananmunan) valkuainen
egg yolk [ˈeg,joʊk] s (kananmunan) keltuainen
ego [ˈigoʊ] s (psykologia) minä, ego; (ark) itsetunto *he has a bloated ego* hän luulee itsestään liikoja, hän on liian itsekeskeinen
egocentric [ˌegəˈsentrɪk ˌigoʊˈsentrɪk] adj itsekeskeinen
egotist [ˈegətɪst, ˈɪgətɪst] s egoisti
egotistic [ˌegəˈtɪstɪk ˌigəˈtɪstɪk] adj itsekäs
egregious [ɪˈgridʒəs] adj törkeä, räikeä
Egypt [idʒəpt] Egypti
Egyptian s, adj egyptiläinen
EIA *Energy Information Administration*
eider s (lintu) haahka
eiderdown [ˈaɪdər,daʊn] s **1** haahkanuntuva **2** untuvapeite
eight [eɪt] s kahdeksan
eighteen [ˌeɪtˈtin] s kahdeksantoista
eighteenth [ˌeɪtˈtinθ] adj kahdeksastoista

eighth [eɪtθ] adj kahdeksas
eightieth [ˈeɪtɪəθ] adj kahdeksaskymmenes
eighty [ˈeɪti] s kahdeksankymmentä
either [ˈiðər, aɪðər] adj, pron **1** jompikumpi, kumpi tahansa *you can take either car* voit ottaa kumman auton haluat **2** kumpikin *there is a goal at either end of the field* kentän kummassakin päässä on maali konj (kielteisen lauseen jälkeen) -kaan/-kään *she does not like mushrooms and I don't like them either* hän ei pidä sienistä enkä pidä minäkään adv joko (tai) *either lead, follow or get out of the way* mene joko edellä tai jäljessä tai pysy sitten poissa tieltä
ejaculate [ɪˈdʒækjʊˌleɪt] v **1** huudahtaa, sanoa yhtäkkiä **2** saada siemensyöksy
ejaculation [ˌɪdʒækjʊˈleɪʃən] s **1** huudahdus, älähdys **2** siemensyöksy
eject [ɪˈdʒekt] v **1** heittää/ajaa ulos/pois **2** syöstä ilmoille, suihkuttaa, tupruttaa
ejection [ɪˈdʒekʃən] s ulosheitto
ejector seat s heittoistuin
eke out [ik] v **1** *to eke out a living* tulla jotenkuten toimeen **2** täydentää (tulojaan), yrittää saada (varasto) riittämään
EKG *electrocardiogram* elektrokardiogrammi, sydänsähkökäyrä, EKG
elaborate [iˈlæbəˌreɪt] v täsmentää, selittää tarkemmin, käsitellä yksityiskohtaisesti
elaborate [iˈlæbərət] adj mutkikas, monimutkainen, perusteellinen, yksityiskohtainen
elaborately adj mutkikkaasti, yksityiskohtaisesti, tarkasti
elaboration [iˌlæbəˈreɪʃən] s **1** hiominen, yksityiskohtien laadinta **2** selitys, täsmennys
eland [ilənd] s hirviantilooppi *giant eland* jättiläishirviantilooppi
elapse [iˈlæps] v (aika) kulua, mennä umpeen
elastic [iˈlæstɪk] s kuminauha adj joustava, elastinen
elasticity [iˌlæˈstɪsəti] s joustavuus, elastisuus
elate [iˈleɪt] v saada/saattaa haltioihinsa
elated adj haltioissaan, lumoissaan

elation [iˈleɪʃən] s haltioituminen, suuri innostus, juhlatunnelma
1 elbow [ˈelˌboʊ] s kyynärpää
2 elbow v ahtautua, tunkeutua, hivuttautua
elbow grease s lihasvoima
elbow out v syrjäyttää joku
elbow room elintila
elder [ˈeldər] s vanhempi/korkea-arvoisempi ihminen; (kirkon) luottamushenkilö adj (komparatiivi sanasta *old*) vanhempi
elderly [ˈeldərli] adj vanha, iäkäs *the elderly* vanhukset, eläkeläiset
eldest [ˈeldɪst] adj (superlatiivi sanasta *old*) vanhin
e-learning s verkko-opiskelu
elect [iˈlekt] v valita *Bill Clinton was elected president in 1992* Bill Clinton valittiin presidentiksi vuonna 1992 *I elected not to participate* päätin olla osallistumatta adj valittu *President elect* vastavalittu presidentti
election [iˈlekʃən] s vaalit
election board s vaalilautakunta
election campaign s vaalikampanja
election district s vaalipiiri
elective [iˈlektɪv] adj valinta-, vaali-; valinnainen (kurssi)
elector [iˈlektər] s **1** äänestäjä, valitsija **2** valitsijamies **3** *Elector* (hist) vaaliruhtinas
electoral [iˈlektərəl] adj vaali-; valitsijamies-
electoral college s (presidentinvaaleissa) valitsijamieskokous
electoral vote s (presidentinvaaleissa) valitsijamiesääni, valitsijamiesäänestys
electorate [iˈlektərɪt] s äänestäjät
electric [iˈlektrɪk] adj sähkö-
electrical [iˈlektrɪkəl] adj sähkö-
electric eel s sähköankerias
electrician [ˌelək'trɪʃən] s sähköasentaja
electricity [ˌilekˈtrɪsəti] s sähkö
electrify [iˈlektrəˌfaɪ] v sähköistää (myös kuv:) saada innostumaan
electrocardiogram [iˌlektrəˈkardɪəˌgræm] s sydänsähkökäyrä, elektrokardiogrammi (EKG)

electrocute [iˈlektrəˌkjut] v surmata (tapaturmaisesti) sähköiskulla; teloittaa (kuolemaantuomittu) sähkötuolissa
electrocution [iˌlektrəˈkjuʃən] s (tapaturmainen) sähköiskuun kuoleminen; kuolemaantuomitun teloitus sähkötuolissa
electrode [iˈlekˌtroʊd] s elektrodi
electroencephalogram [iˌlektrəenˈsefalgræm] s aivosähkökäyrä, elektroenkefalogrammi (EEG)
electromagnet [iˌlektrəˈmægnət] s sähkömagneetti
electromechanical [iˌlektrəˌmeˈkænɪkəl] adj sähkömekaaninen
electron [iˈlekˌtran] s elektroni
electron gun s (kuvaputken) elektronitykki
electronic [ˌɪləkˈtronɪk] adj elektroninen
electronic mail s sähköposti (tietoverkon palvelu, viesti)
electronic purse s rahakortti
electronics [ˌɪləkˈtronɪks] s (mon, verbi yksikössä) elektroniikka
electronic tube s elektroniputki
electron microscope s elektronimikroskooppi
electrotherapy [ɪˌlektrəˈθerəpi] s sähköhoito
elegance [ˈelɪɡəns] s eleganssi, tyyli, tyylikkyys
elegant [ˈelɪɡənt] adj elegantti, tyylikäs, aistikas
elegantly adv elegantisti, tyylikkäästi
element [ˈelemənt] s **1** alkuaine **2** (mon) luonnonvoimat, luonto **3** elementti: *to be in/out of your element* olla/ei olla elementissään **4** (mon: jonkin alan) alkeet **5** osa, tekijä, seikka *courage is an important element of success* rohkeudella on menestymisessä merkittävä osuus *there was an element of threat in his voice* hänen äänessään oli mukana uhkaa **6** aines *the radical element* radikaalit
elemental [ˌeləˈmentəl] adj **1** alkeellinen, alkukantainen, koruton **2** luonnon **3** alkuaine-
elementary [ˌeləˈmentəri] adj **1** alkeellinen, alkeis- **2** alkeiskoulun **3** alkuaine-
elementary school s alkeiskoulu (vastaa Suomen peruskoulun ala-astetta)
elephant [ˈeləfənt] s norsu
elephant seal s merinorsu
elephant shrew [ʃru] s hyppypäästäinen
elev. *elevation* korkeus (merenpinnasta)
elevate [ˈeləˌveɪt] v **1** nostaa, kohottaa **2** (kuv) ylentää (mieltä)
elevation [ˌeləˈveɪʃən] s **1** korkeus (merenpinnasta) **2** (virka)ylennys **3** (ajatusten ym) ylevyys, juhlavuus **4** (arkkitehtipiirustus) pystykuva, etukuva
elevator [ˈeləˌveɪtər] s **1** hissi **2** (vilja)siilo; elevaattori **3** (lentokoneen) korkeusperäsin
eleven [ɪˈlevən] s yksitoista
eleventh [ɪˈlevənθ] adj yhdestoista
elf owl s kaktuspöllö
elicit [ɪˈlɪsɪt] v saada/onkia (tietoa)
eligibility [ˌelədʒəˈbɪləti] s sopivuus, soveltuvuus
eligible [ˈelədʒəbəl] adj **1** valintakelpoinen, johonkin sopiva *the prisoner will be eligible for parole in three years* vanki voi anoa ennenaikaista vapautusta kolmen vuoden kuluttua **2** haluttu, tavoittelemisen arvoinen
eliminate [ɪˈlɪməˌneɪt] v eliminoida, sulkea pois, jättää laskuista
elimination [ɪˌlɪməˈneɪʃən] s pois sulkeminen/jättäminen, eliminointi
elite [əˈlit] s eliitti, parhaimmisto, kerma
elitism [əˈliˌtɪzm] s elitismi
elitist [əˈliˌtɪst] adj elitistinen
Elizabeth [əˈlɪzəbəθ] (kuningattaren nimenä) Elisabet
elk [elk] s **1** hirvi **2** vapiti
Ellesmere Island [elzmɪər] Ellesmeresaari (Kanadassa)
ellipse [ɪˈlɪps] s ellipsi
ellipsis s (mon ellipses) **1** (kiel) ellipsi, (sanan) poisjättö **2** kolme pistettä (...)
elliptical [ɪˈlɪptɪkəl] adj elliptinen
elliptical galaxy s elliptinen galaksi
elm [elm] s jalava
elongate [iˈlɑŋˌɡeɪt] v pidentää, venyttää
elongation [iˌlɑŋˈɡeɪʃən] s pidennys, venytys

elope [i'loʊp] v karata (rakastajansa kanssa)

elopement [i'loʊpˌmənt] s karkaaminen (rakastajansa kanssa)

eloquence [eləkwəns] s kaunopuheisuus, puhetaito

eloquent [eləkwənt] adj kaunopuheinen, osuva(sti ilmaistu)

El Paso [el'pæsoʊ]

El Salvador [el'sælvəˌdɔr]

else [els] adv **1** toinen, muu *let's go somewhere else* mennään muualle *somebody else should do it* jonkun muun pitäisi tehdä se *no one else wanted it* kukaan muu ei halunnut sitä *isn't there anything else to eat?* eikö ole mitään muuta syötävää? *you're something else!* sinä sitten olet ihmeellinen! *who else but you* kukapa muu kuin sinä **2** muutoin, muussa tapauksessa *shut up now or else!* tuki suusi heti tai sinun käy huonosti!

elsewhere ['elsˌweər] adv muualla, toisaalla, muualle, toisaalle *I wish I were elsewhere* kunpa olisin jossakin muualla *they came from elsewhere* he tulivat jostakin muualta

elude [I'lud] v välttää, karttaa, välttyä (joutumasta kiinni)

elusive [I'lusɪv] adj jota on vaikea saada kiinni; vaikeasti määriteltävä, (kuv) josta on vaikea saada otetta, epämääräinen (vastaus)

elusively adv (vastata) välttelevästi)

emaciated [i'meɪʃɪˌeɪtəd] adj aliravittu, kovasti laihtunut

emaciation [i'meɪʃɪˌeɪʃən] s aliravitsemus, huomattava laihtuminen

e-mail ['iˌmeɪl] s sähköposti (myös email, electronic mail; tietoverkon palvelu, viesti)

emanate ['eməˌneɪt] v olla peräisin jostakin, lähteä/tulla jostakin *rap music emanated from the cellar* kellarista kuului rapmusiikkia

emancipate [I'mænsɪpeɪt] v vapauttaa (orjat), saattaa (naiset) tasa-arvoiseksi

emancipated adj vapautunut (nainen, asenne), vapautettu (orja)

emancipation s vapautuminen, vapauttaminen, emansipaatio

embalm [em'bam] v palsamoida (ruumis)

embankment [em'bæŋkmənt] s (ranta)penger, maapato

1 embargo [ˌem'bagoʊ] s embargo; kauppasaarto

2 embargo v julistaa kauppasaartoon

embark [em'bak] v nousta laivaan/lentokoneeseen tms

embarkation [ˌembarkeɪʃən] s laivaan/lentokoneeseen tms nousu

embark on v aloittaa, ruveta, ryhtyä

embarrass [ɪm'berəs] v nolostuttaa, tehdä noloksi *I felt embarrassed by your behavior* minä häpesin käytöstäsi

embarrassed adj nolo, kiusaantunut

embarrassing adj nolo, kiusallinen

embarrassingly adv nolon, kiusallisen

embarrassment [ɪm'berasmənt] s nolostuminen, kiusaantuminen, häpeä, kiusallinen asia

embarrassment of riches s runsaudenpula

embassy ['embəsi] s suurlähetystö

embed [əm'bed] v **1** upottaa, sijoittaa **2** (tekn) sulauttaa

embellish [ɪm'belɪʃ] v **1** koristella, kaunistaa, somistaa **2** (kuv) kaunistella, lisätä omiaan johonkin

embellishment s **1** koru, koriste **2** koristelu, somistus **3** (kuv) kaunistelu

embers ['embərz] s (mon) hiillos

embezzle [ɪm'bezəl] v kavaltaa

embezzlement s kavallus

embitter [ɪm'bɪtər] v katkeroittaa, tehdä katkeraksi, synkistää (välit)

emblem ['embləm] s tunnus, merkki

emblematic [ˌemblə'mætɪk] adj tunnusomainen (jollekin, *of*)

embodiment [ɪm'badɪmənt] s ruumiillistuma *she is the embodiment of goodness* hän on itse hyvyys, todellinen hyvyyden ruumiillistuma

embody [ɪm'badi] v **1** ilmaista, pukea sanoiksi **2** ilmentää jotakin *the painting embodies the artist's idea of freedom* maalaus ilmentää taiteilijan vapauskäsitystä

emboss [ımˈbas] v puristaa/leimata johonkin kohokuvio
1 embrace [ımˈbreıs] s halaus, syleily
2 embrace v **1** halata, syleillä jotakuta **2** (kuv) ottaa avosylin vastaan, omaksua innokkaasti
embroider [ımˈbrɔıdər] v koruommella
embroidery s **1** koruompelimo **2** koruommel
embryo [ˈembrıəʊ] s **1** sikiö **2** (kuv) alku(vaihe), itu, siemen
embryonic [ˌembrıˈɑnık] adj **1** sikiö- **2** (kuv) alku-, alustava
em-dash s pitkä ajatusviiva (—)
emerald [ˈemərəld] s smaragdi adj smaragdinvihreä
emerald tree boa s smaragdipuuboa
emerge [ıˈmɜrdʒ] v **1** saapua, tulla, nousta pintaan *the sun emerged from behind the clouds* aurinko tuli esiin pilvien takaa **2** syntyä, saada alkunsa **3** tulla esiin, paljastua
emergence [ıˈmɜrdʒəns] s paljastuminen, esiintulo, synty, alku
emergency s hätä, hätätila, hätätapaus
emergency brake s (auton) käsijarru
emergency landing s pakkolasku
emergency room s (sairaalan) (ensiapu)poliklinikka
emery [ˈeməri] s smirgeli
emery board s kynsiviila
emigrant [ˈemıgrənt] s maastamuuttaja, emigrantti
emigrate [ˈemıgreıt] v muuttaa maasta
emigration [ˌemıˈgreıʃən] s maastamuutto
eminence [ˈemınəns] s **1** arvovalta **2** eminenssi
eminent [ˈemınənt] adj arvostettu, arvovaltainen
eminently adv erittäin *she is eminently suitable for the job* hän sopii työhön erinomaisesti
emir [eˈmıər] s emiiri
emirate [ˈemıreıt] s emiirikunta
emission [ıˈmıʃən] s (lämmön, valon) säteily, luovutus, päästö; (tal) emissio, osakeanti, liikkeellelasku
emit [ıˈmıt] v säteillä, luovuttaa, emittoida, laskea liikkeelle

emolument [ıˈmɑljʊmənt] s palkkio, korvaus
emote [ıˈmoʊt] v ilmaista tunteitaan; tunteilla
emoticon [ıˈmoʊtıkən] s hymiö
emotion [ıˈmoʊʃən] s tunne, mielenliikutus, emootio
emotional adj tunne-, tunteellinen, emotionaalinen, tunteikas, herkkätunteinen
emotionally adv tunteikkaasti, emotionaalisesti, herkkätunteisesti
emotionless adj tunteeton (ihminen), ilmeettömät (kasvot)
emotive [ıˈmoʊtıv] adj tunteikas, emotionaalinen
empathize [ˈempəθaız] v eläytyä toisen osaan, tuntea empatiaa jotakuta kohtaan
empathy [ˈempəθi] s empatia, eläytyminen
emperor [ˈempərər] s keisari
emperor angelfish s keisarikala
emperor penguin s keisaripingviini
emphasis [ˈemfəsıs] s **1** korostus, painotus *the new director put more emphasis on sales* uusi johtaja pani aiempaa enemmän painoa myyntipuolelle **2** (sana)paino, korko *the emphasis is on the second syllable* paino on toisella tavulla
emphasize [ˈemfəsaız] v **1** korostaa, painottaa, (kuv) alleviivata **2** (äännettäessä) painottaa, korostaa
emphatic [ımˈfætık] adj painokas, voimakas, korostunut, ehdoton
emphatically adv voimakkaasti, jyrkästi, ehdottomasti
empire [ˈempaıər] s valtakunta, keisarikunta, imperiumi
Empire State Building [ˈempaıərsteıtbıldıŋ] pilvenpiirtäjä New York Cityssä
empirical [emˈpırıkəl] adj empiirinen, kokemusperäinen
empiricism [emˈpırısızəm] s empirismi
empiricist s empiirikko, empiristi
1 employ [ımˈplɔı] s työ, palvelus *he is in the employ of an automobile manufacturer* hän on erään autotehtaan palveluksessa

2 employ v **1** ottaa palvelukseen, pestata **2** käyttää *we employed a new method to fix the problem* käytimme uutta menetelmää ongelman ratkaisemiseen

employee [ˌemplɔɪˈi] s työntekijä

employer s työnantaja

employment s **1** työ, työpaikka **2** työhönotto **3** käyttö

employment agency s työvoimatoimisto

emporium [emˈpɔrɪəm] s tavaratalo

empower [əmˈpaʊər] v **1** valtuuttaa *she empowered her attorney to represent her* hän valtuutti asianajajan edustajakseen **2** mahdollistaa, antaa tilaisuus, mahdollisuus johonkin **3** tehdä täysivaltaiseksi, lisätä jonkun oman voiman tai omien kykyjen tuntoa, lisätä rohkeutta toimia omien ehtojen mukaisesti

empowerment [əmˈpaʊərmənt] s **1** valtuuttaminen, valtuutus **2** mahdollistaminen, tilaisuus/mahdollisuus johonkin **3** täysivaltaisuus, kyky vaikuttaa omaan elämään, voimantunnon kasvu

empress [ˈemprəs] s keisarinna

emptiness [ˈemptənɪs] s tyhjyys (myös kuv)

1 empty [ˈempti] s tyhjä pullo, palautuspullo

2 empty v tyhjentää

3 empty adj tyhjä (myös kuv) *the box is empty* laatikko on tyhjä *those are just empty words* nuo ovat aivan tyhjiä sanoja

empty-handed adj tyhjin käsin, mitään tekemättä/tuomatta tms *he returned empty-handed* hän palasi tyhjin käsin

empty nest (ark) koti josta lapset ovat lähteneet maailmalle

emu [imu] s (lintu) emu

emulate [ˈemjʊleɪt] v **1** jäljitellä, matkia **2** (tietok) emuloida

emulation [ˌemjʊˈleɪʃən] s **1** jäljittely, matkiminen **2** (tietok) emulaatio

emulsion [ɪˈmʌlʃən] s emulsio

enable [əˈneɪbl] v tehdä mahdolliseksi, mahdollistaa *the money enabled him to go to college* hän pystyi aloittamaan opiskelun rahojen turvin

1 enamel [ɪˈnæməl] s **1** hammaskiille **2** emali

2 enamel v emaloida

enchant [ɪnˈtʃænt] v **1** ihastuttaa, saada lumoihinsa **2** lumota, taikoa, loihtia

enchanting adj ihastuttava, lumoava

enchantment s ihastus, taika, taikuus, lumous

enchantress s (nais)taikuri; lumoojatar

enchilada [ˌentʃəˈladə, ˌentʃiˈladə] s **1** enchilada, meksikolaisperäinen lihalla ja kasviksilla täytetty tortillakäärö jonka päällä tarjoillaan chilikastiketta **2** *the whole enchilada* koko roska, kaikki **3** *the big enchilada* pomo

encircle [ɪnˈsərkəl] v ympäröidä

encl. *enclosed, enclosure* liitteenä, liitteitä

enclose [ɪnˈkloʊz] v **1** aidata **2** oheistaa, liittää (kirjeeseen) *enclosed please find our brochure* oheistan esitteemme

enclosure [ɪnˈkloʊʒər] s aitaus

encomium [enˈkoʊmiəm] s (mon encomiums, encomia) ylistyspuhe

encore [ˈanˌkɔr] s ylimääräinen esitys konsertin yms lopussa, (esiintyjälle huudahdus) uudestaan!

1 encounter [ɪnˈkaʊntər] s kohtaaminen, tapaaminen

2 encounter v kohdata, tavata (sattumalta)

encourage [ɪnˈkərɪdʒ] v kannustaa, rohkaista

encouragement s kannustus, rohkaisu

encouraging [ɪnˈkərɪdʒɪŋ] adj rohkaiseva, kannustava, innostava

encroach [ɪnˈkroʊtʃ] v tunkeutua (jonkun alueelle), loukata (jonkun oikeuksia), viedä (jonkun aikaa), häiritä

encroachment s (alueelle) tunkeutuminen, tungettelu, häiriö, (oikeuksien) loukkaus

encyclopedia [enˌsaɪkləˈpidiə] s tietosanakirja

encyclopedic adj tietosanakirja-, ensyklopedinen, laaja (sivistys)

1 end [end] s **1** loppu *at the end of the meeting/week* kokouksen lopussa/viikon lopulla *in the end* lopuksi, loppujen lopuksi *dad was pleased no end by the*

end 914

gift isä oli lahjasta erittäin mielissään **2** kärki, pää, tynkä *the end of the road/ stick* tien/kepin pää *we try to make ends meet* me yritämme saada rahat riittämään, tulla toimeen *the police put an end to the ruckus* poliisi teki riehasta lopun **3** tarkoitus, päämäärä *the end justifies the means* tarkoitus pyhittää keinot *to some people, money is an end in itself* joillekin raha on itsetarkoitus **2 end** v lopettaa, loppua, päättää, päättyä

endanger [ɪn'deɪndʒər] v vaarantaa, saattaa vaaraan/uhanalaiseksi

endangered species [in'deɪndʒərd-'spiʃiz] s uhanalainen (eläin/kasvi)laji

en-dash s lyhyt ajatusviiva (–)

endear [ɪn'dɪər] v saada joku pitämään jostakin, saada joku lämpenemään jollekin

endearing adj rakastettava, miellyttävä, herttainen

1 endeavor [ɪn'devər] s yritys, ponnistelu

2 endeavor v yrittää, ponnistella

endemic [en'demɪk] adj kotoperäinen, paikallinen, endeeminen

ending ['endɪŋ] s (kirjan, näytelmän ym.) loppu, lopetus, (sanan) pääte

endless ['endləs] adj loputon

endlessly adv loputtomasti, lakkaamatta, jatkuvasti

end line ['end,laɪn] s (amerikkalaisessa jalkapallossa ym) päätyraja

endorse [ɪn'dɔrs] v **1** kannattaa, tukea (esim vaaliehdokasta) **2** allekirjoittaa, vahvistaa nimellään (sekki, maksu ym)

endorsement s **1** kannatus, tuki **2** (sekin, kuitin) allekirjoitus, vahvistus

endow [ɪn'daʊ] v **1** lahjoittaa, perustaa lahjoituksella **2** jollakulla on jokin lahja/ kyky *he is endowed with charming looks* häntä on siunattu hyvällä ulkonäöllä

endowment s **1** lahjoitus **2** lahja, kyky

endurance [ɪn'dʊrəns] s kestävyys, sinnikkyys, sitkeys, sietokyky

endure [ɪn'dʊr] v **1** kestää, sietää *I can't endure this pain any longer* en kestä enää näitä kipuja/tätä tuskaa **2** joutua kestämään, kärsiä *she had to endure a lot of hardship before she finally became successful* hän joutui kokemaan kovia ennen kuin alkoi viimein menestyä

enduring adj pysyvä, säilyvä, pitkäaikainen, loputon

end-user s peruskäyttäjä

end zone ['en,zoʊn] s (amerikkalaisessa jalkapallossa) maalialue

enemy ['enəmi] s vastustaja, vihollinen

energetic [,enər'dʒetɪk] adj **1** energinen, tarmokas, reipas, innokas **2** ponnekas, jyrkkä (vastalause), ehdoton (kielto)

energetically adv energisesti, tarmokkaasti, reippaasti

energize [,enədʒaɪz] v **1** ladata, varata, kytkeä sähkö **2** (kuv) innostaa, sähköistää

energy [,enərdʒi] s energia, tarmo, into

energy bar s energiapatukka

enfold [ɪn'foʊld] v syleillä, halata

enforce [ɪn'fɔrs] v toteuttaa, panna toimeen, valvoa (lain) noudattamista, pakottaa (tottelemaan)

enforceable adj joka voidaan toteuttaa, jonka noudattamista voidaan valvoa

enforcement s lain valvonta, (tottelemaan) pakottaminen

ENG *electronic news gathering*

engage [ɪn'geɪdʒ] v **1** pestata, palkata, ottaa palvelukseen (erit esiintyvä taiteilija väliaikaisesti) **2** temmata mukaansa, olla mieleen *the movie enganged their attention* elokuva tempasi heidät mukaansa **3** mennä kihloihin *we are not yet engaged* emme ole vielä kihloissa **4** sitoutua, sitoa, lupautua (tekemään jotakin) **5** (sot) ottaa yhteen, taistella

engage in v harrastaa, harjoittaa jotakin *he did not wish to engage in such activities* hän ei halunnut sekaantua moisiin puuhiin

engagement s **1** tapaaminen **2** kihlaus **3** (esiintyvän taiteilijan) työ, esiintyminen **4** (sot) yhteenotto, selkkaus **5** sitoutuminen, lupaus, meno *I have many social engagements this week* joudun käymään tällä viikolla usein kylässä/eri tilaisuuksissa

engagement calendar s muistio, päivyri
engagement ring s kihlasormus
engine ['endʒɪn] s **1** moottori, kone **2** veturi
1 engineer [ˌendʒɪ'nɪər] s **1** teknikko, insinööri **2** veturinkuljettaja **3** (kuv) junailija, järjestäjä, toimeenpanija
2 engineer v **1** rakentaa, valmistaa **2** (kuv) junailla, järjestää, panna toimeen
engineering s **1** tekniikka, koneenrakennus, rakentaminen, insinöörityö **2** (kuv) junailu, järjestely, toimeenpano
engine failure s konevika, moottorivika
English [ɪŋglɪʃ] s englannin kieli adj englantilainen, englanninkielinen *the English* englantilaiset
English Channel [ˌɪŋglɪʃ'tʃænəl] Englannin kanaali
Englishman s (mon Englishmen) englantilainen (mies)
Englishwoman s (mon Englishwomen) englantilainen (nainen)
engrave [ɪn'greɪv] v **1** kaivertaa **2** painua mieleen
engraving s kaiverrus; kupari/puupiirros
engross [ɪn'groʊs] v temmata mukaansa *she sat engrossed in her novel* hän oli uppoutunut romaaniinsa
engrossing adj mukaansatempaava, kiehtova
engulf [ɪn'gʌlf] v ympäröidä, peittää kokonaan, hukkua (myös kuv)
enhance [ɪn'hæns] v lisätä, vahvistaa, korostaa, voimistaa
ENIAC *Electronic Numerical Integrator and Calculator* eräs varhainen tietokone (1946)
enigma [ə'nɪgmə] s arvoitus
enigmatic adj arvoituksellinen
enjoy [ɪn'dʒɔi] v **1** nauttia, iloita **2** saada nauttia, olla *she enjoys good health* hänellä on hyvä terveys
enjoyable adj nautinnollinen, hauska, mukava, hyvä
enjoyably adv mukavasti
enjoyment s nautinto, ilo

enlarge [ɪn'lɑdʒ] v laajentaa, laajentua, suurentaa, suurentua, kasvattaa, kasvaa
enlargement s **1** (valokuva)suurennos **2** laajennus, laajentaminen, laajentuminen
enlarge on v käsitellä yksityiskohtaisesti, puhua pitkään jostakin
enlarger s (valok) suurennuskone
enlighten [ɪn'laɪtən] v valistaa, sivistää
enlightenment s valistus, sivistys *the Enlightenment* valistusaika
enlist [ɪn'lɪst] v **1** värvätä/värväytyä (sotilaspalvelukseen) **2** hankkia *he enlisted the help of a famous lawyer* hän palkkasi avukseen kuuluisan asianajajan
enlistment s värväys, pestaus, pestautuminen, (avun) hankkiminen
enormity [ɪ'nɔrməˌti] s (rikkomuksen, teon) valtavuus, suunnattomuus, hirvittävyys
enormous [ɪ'nɔrməs] adj valtava, suunnaton
enormously adv erittäin, valtavan, suunnattoman
enough [ɪ'nʌf] adj, adv tarpeeksi, riittävästi, kylliksi *I've had enough* minä olen saanut tarpeekseni/kyllikseni *do you have enough money?* onko sinulla tarpeeksi/riittävästi rahaa? *your answer is not good enough* vastauksesi ei kelpaa/ei ole riittävä *strangely enough, he was not angry* kaikeksi ihmeeksi hän ei ollut vihainen
enquire [ɪŋ'kwaɪər] v tiedustella, kysyä
enquiry ['ɪŋkwəri] s **1** tiedustelu, kysely; kysymys **2** tutkimus, selvitys; kuulustelu
enrich [ən'rɪtʃ] v rikastaa, rikastuttaa, lisätä johonkin jotakin
enrichment s rikastus, lisääminen
enroll [ən'roʊl] v ottaa jäseneksi, merkitä opiskelijaksi, kirjoittautua, ilmoittautua
enrollment s **1** ilmoittautuminen, (esim yliopistoon) kirjoittautuminen **2** opiskelijamäärä
en route [ˌɑn'rut ˌen'rut] adv matkalla *en route to Detroit* matkalla Detroitiin
ensemble [ˌɑn'sɑmbəl] s yhtye; yhteisesitys, ensemble

ensign [ensən] s **1** lippu, kansallislippu **2** symboli, tunnus, merkki **3** (Yhdysvaltain rannikkovartiostossa) vänrikki
enslave [ən'sleɪv] v orjuuttaa, tehdä orjaksi
enslavement s orjuutus, orjuus
ensue [ɪn'suː] v seurata, olla seurauksena
ensuing adj seuraava
en suite [ˌan'swiːt] adj (UK) (makuuhuone jossa on) oma kylpyhuone
ensure [en'ʃər] v varmistaa, taata
entail [ɪn'teɪəl] v aiheuttaa, johtaa johonkin, liittyä johonkin
entangle [ɪn'tæŋgəl] v **1** sotkea, sotkeutua *he became entangled in a web of intrigue* hän sotkeutui juonittelun verkkoon **2** tyrmistyttää, hämmentää
entanglement s sotkeutuminen, (kuv) vyyhti, selkkaus, sotku
enter [entər] v **1** astua/tulla/mennä sisään/jonnekin **2** liittyä, astua palvelukseen, ilmoittautua **3** merkitä/kirjoittaa ylös
enter into v **1** osallistua **2** paneutua, perehtyä **3** liittyä, kuulua, olla osana jotakin **4** joutua johonkin tilaan
enterprise ['entərˌpraɪz] s **1** yritys, hanke, suunnitelma **2** aloitekyky, yritteliäisyys, rohkeus **3** liikeyritys
enterprising adj yritteliäs, aloitekykyinen, kekseliäs, rohkea
entertain [ˌentər'teɪn] v **1** viihdyttää, huvittaa **2** pitää vieraana **3** pohtia, elätellä, hautoa mielessään (ajatusta)
entertainer s viihdetaiteilija
entertaining adj huvittava, viihteellinen
entertainment s **1** viihde, huvi **2** esitys
enthrall [en'θrɔːl] v ihastuttaa, saada lumoihinsa
enthrone [en'θroʊn] v nostaa valtaistuimelle; vihkiä (kirkolliseen) virkaan
enthuse [en'θjuːz] v olla haltioissaan (jostakin, *over*), saada haltioihinsa
enthusiasm [en'θjuːzɪˌæzəm] s into, innostus
enthusiast [en'θjuːzɪəst] s innokas harrastaja *she is a golf enthusiast* hän on innokas golfaaja
enthusiastic [enˌθjuːzɪ'æstɪk] adj innokas
enthusiastically adv innokkaasti

entice [en'taɪs] v kiehtoa, houkutella, vetää puoleensa
enticement s houkutus, kiusaus
enticing adj houkutteleva, kiehtova, puoleensavetävä
entire [ən'taɪər] adj **1** koko *the entire family gathered in the dining room* koko perhe kokoontui ruokailuhuoneeseen **2** ehjä, joka on yhtenä kappaleena
entirely adj kokonaan, täysin *it was entirely my fault* syy oli kokonaan minun
entirety [ən'taɪrəti] s kokonaisuus *the problem in its entirety* ongelma kokonaisuudessaan
entitle [ən'taɪtəl] v oikeuttaa, antaa oikeus johonkin *you are entitled to your opinion* sinulla on oikeus mielipiteeseesi
entitlement s **1** oikeutus, oikeus **2** sosiaaliturvasta, ilmaisesta terveydenhoidosta, elintarvikekupongeista ja muista valtion kansalaisille maksamista tukiaisista
entity [entəti] s kokonaisuus, olemus
entomb [ən'tum] v haudata
entomology [ˌentə'malədʒi] s hyönteistiede, entomologia
entrails [entreɪəlz] s (mon) sisälmykset (myös kuv) *the entrails of a watch* kellon sisälmykset
entrance [entrəns] s **1** sisäänkäynti **2** tulo, saapuminen (huoneeseen)
entrance [ən'træns] v lumota
entrance fee s pääsymaksu
entrancing adj hurmaava, lumoava
entrant s aloittelija, osanottaja, kokelas
entreat v anoa, pyytää hartaasti
entreatingly adv hartaasti
entreaty s harras pyyntö
entrench [ən'trentʃ] v **1** (sot) kaivautua maahan, linnoittautua **2** (kuv) urautua, juurtua syvään
entrepreneur [ˌantrəprə'nər ˌantrəprə'nʊər] s (yksityis)yrittäjä
entrepreneurial [ˌantrəprə'nəriəl] adj yrittäjä-, liike-
entropy [entrəpi] s entropia
entrust [ən'trʌst] v uskoa (jonkun huostaan, jollekulle työ); paljastaa (salaisuus jollekulle) *they entrusted him with their*

fate he antoivat kohtalonsa hänen käsiinsä

entry [entri] s **1** saapuminen, tulo **2** ovi, sisäänkäynti, portti **3** hakusana, merkintä **4** kilpailija, kilpailuun ilmoitettu esine/eläin yms

enumerate [i'numə‚reɪt] v luetella

enunciate [i'nʌnsɪ‚eɪt] v ääntää, artikuloida

enunciation [i‚nʌnsɪ'eɪʃən] s ääntäminen, artikulaatio

envelop [en'veləp] v ympäröidä, peittää

envelope ['envə‚loʊp, 'ɑnvə‚loʊp] s kirjekuori

enviable [enviəbəl] adj kadehdittava

enviably adv kadehdittavan, kadehdittavasti

envious [enviəs] adj kateellinen

enviously adv kateellisesti

environment [ən'vaɪərnmənt] s ympäristö, lähistö, lähiseutu; luonto

environmental [ən‚vaɪərn'mentəl] adj ympäristön, ympäristö-, luonnon, luonto-

environmentalist [ən‚vaɪərn'mentəlist] s luonnonsuojelija

environs [ən'vaɪərnz] s (mon) ympäristö, lähistö, seutu, alue

envisage [ən'vɪsədʒ] v kuvitella/nähdä mielessään, odottaa

envision [ən'vɪʒən] v odottaa, nähdä mielessään (jotakin tulevaa)

envoy ['ɑn‚voi] s lähetti; (diplomaatti) lähettiläs

1 envy [envi] s kateus; kateuden kohde *to eat your heart out with envy* olla vihreänä kateudesta

2 envy v kadehtia *I envy you your job* kadehdin sinun työtäsi

enzyme [enzaɪm] s entsyymi

EPA *Environmental Protection Agency* Yhdysvaltain ympäristöministeriö

epaulette [‚epə'let] s (sotilaspuvun) olkain, epoletti

e-payment s verkkomaksu

EPCOT *Experimental Prototype Community of Tomorrow* Disney-yhtiön teemapuisto Orlandossa Floridassa

ephemeral [ɪ'femərəl] adj katoavainen, ohimenevä

epic [epɪk] s **1** (runo) eepos **2** spektaakkelielokuva adj **1** (runo) eeppinen **2** (elokuva) spektaakkeli- **3** suunnaton, valtava, mittava

epicenter ['epə‚sentər] s (maanjäristyksen) pintakeskus, episentrumi

epidemic [‚epə'demɪk] s kulkutauti, epidemia adj epideeminen

epilepsy ['epə‚lepsi] s epilepsia

epileptic [‚epə'leptɪk] s epileptikko adj epileptinen

epilog ['epə‚lɑg] s epilogi, loppusanat

Episcopal [ɪ'pɪskəpəl] adj episkopaalinen

Episcopalian [ɪ‚pɪskə'peɪliən] s episkopaalisen kirkon jäsen adj episkopaalinen

episode ['epə‚soʊd] s **1** tapahtuma, episodi **2** (televisiosarjan ym) osa, jakso

epitaph ['epə‚tæf] s hautakirjoitus, epitafi

epithet ['epə‚θet] s liikanimi, epiteetti; pilkkanimi

epitome [ɪ'pɪtəmi] s **1** todellinen ruumiillistuma, todellinen ilmentymä *she is the epitome of beauty* hän on kauneuden ruumiillistuma **2** (kirjan) lyhennelmä, tiivistelmä

epitomize [ɪ'pɪtə‚maɪz] v ilmentää, olla esimerkkinä jostakin *he epitomizes courage* hän on todellinen rohkeuden ruumiillistuma

epoch [epək ipak] s aikakausi, ajanjakso

epoch-making adj käänteentekevä, mullistava, historiallinen

EPROM *erasable and programmable read-only memory* pyyhittävä ja ohjelmoitava lukumuisti

1 equal [ikwəl] s tasaveroinen ihminen, vertainen

2 equal v olla (sama/yhtä kuin) *two plus two equals four*

3 equal adj **1** tasaveroinen, samanveroinen, yhtä suuri tms **2** jonkin veroinen, jonkin tasalla oleva *he is not equal to the demands of his job* työ on hänelle liian vaativa

equality [ɪ'kwɑləti] s tasa-arvo; samanlaisuus

equalize ['ikwə͵laɪz] v tasoittaa, tasapainottaa
equalizer ['ikwə͵laɪzər] s (tekn) taajuuskorjain
equally adv 1 yhtä *you earn equally as much as she* sinä ansaitset yhtä paljon kuin hän 2 tasan *to divide something equally among people* jakaa jokin tasan joidenkin kesken
equanimity [͵ekwə'nɪməti] s mielenmaltti, rauhallisuus, tyyneys
equate [i'kweɪt] v pitää samana kuin, pitää jonakin, verrata
equation [i'kweɪʒən] s (mat) yhtälö; tasapainotus
equator [i'kweɪtər] s päiväntasaaja, ekvaattori
equatorial [͵ekwə'tɔriəl] adj päiväntasaajan, ekvaattorin
Equatorial Guinea [͵ekwə͵tɔriəl'gɪni] Päiväntasaajan Guinea
equestrian [i'kwestriən] adj ratsastus-, hevosurheilu-
equidistant [͵ikwə'dɪstənt] adj yhtä kaukana oleva, tasavälinen
equilibrium [͵ikwə'lɪbriəm] s (mon equilibriums, equilibria) tasapaino
equinox ['ikwə͵naks] s päiväntasaus
equip [i'kwɪp] v varustaa *he was not equipped to handle the job* hänellä ei ollut edellytyksiä selviytyä työstä, työ oli hänelle liian vaativa
equipment s 1 varusteet, tarvikkeet, laitteisto 2 (henkiset) edellytykset
equitable [ekwətəbəl] adj oikeudenmukainen, reilu
equitably adv oikeudenmukaisesti, reilusti
equity [ekwəti] s 1 oikeudenmukaisuus, reiluus 2 nettoarvo, (tal) oma pääoma, (ark) osuus *sweat equity* hartiapankki
equiv. *equivalent* sama kuin, vastaava
equivalence s vastaavuus
equivalent [ɪ'kwɪvələnt] s vastine, vastaava henkilö ym *the word has no equivalent in French* sanalla ei ole vastinetta ranskan kielessä adj vastaava, yhtäläinen, sama *that is equivalent to admitting guilt* tuo merkitsee jo syyllisyyden myöntämistä

equivocal [ɪ'kwɪvəkəl] adj kaksiselitteinen, epämääräinen, epäselvä
equivocate [ɪ'kwɪvə͵keɪt] v välttellä, vastata välttelevästi
ER *emergency room*
ERA *Equal Rights Amendment* Yhdysvaltain perustuslain sukupuolten tasaarvoa koskeva lisäysehdotus
era [ɪrə, erə] s aikakausi, ajanjakso
eradicate [ɪ'rædə͵keɪt] v (kuv) kitkeä pois, tehdä loppu jostakin
eradication [ɪ͵rædə'keɪʃən] s lopettaminen, pois kitkeminen
erase [ɪ'reɪs] v pyyhkiä pois, poistaa (äänitteestä, tietokoneen muistista), jättää mielestään
eraser s pyyhekumi
erasure [ɪ'reɪʃər] s pois pyyhkiminen, poistaminen
erect [ɪ'rekt] v pystyttää, rakentaa adj pysty, suora *stand erect!* seiso suorana *an erect penis* erektio
erection [ɪ'rekʃən] s 1 pystytys, rakentaminen 2 erektio
ergonomics [͵ɔrgə'namɪks] s (mon, verbi mon tai yksikössä) ergonomia
erode [ɪ'roʊd] v murentaa (myös kuv), kuluttaa, aiheuttaa eroosiota, syövyttää *the setback eroded his confidence* takaisku murensi hänen itseluottamustaan
erosion [ɪ'roʊʒən] s eroosio, syöpyminen, mureneminen (myös kuv), lakkaaminen
erotic [ə'ratɪk] adj eroottinen, kiihottava
erotically adv eroottisesti, kiihottavasti
eroticism [ə'ratə͵sɪzəm] s erotiikka
err [ər] v erehtyä *to err is human* erehtyminen on inhimillistä
errand [erənd] s asia, tehtävä *to go on an errand* käydä hoitamassa jokin asia
errant [erənt] adj 1 syntinen, hairahtunut; harhaan johdettu 2 vaeltava, kiertävä
erratic [ə'rætɪk] adj arvaamaton, ailahteleva, jyrkästi poikkeava
erratically adj arvaamattomasti, ailahtelevasti, epätasaisesti
erroneous [ə'roʊniəs] adj väärä, virheellinen

esteem

erroneously adv virheellisesti, (syyttää) perusteettomasti

error [erər] s virhe *to make an error* erehtyä, tehdä virhe *in error* erehdyksessä, vahingossa *we showed him the error of his ways* ojensimme häntä

ersatz [ərzæts] adj korvike-

erstwhile ['ərst‚waɪəl] adj entinen, muinainen, tähänastinen adv ennen, muinoin, aikanaan

erudite ['erjə‚daɪt] adj oppinut, sivistynyt, lukenut

erupt [ɪ'rʌpt] v purkautua, (kuv) räjähtää, menettää itsehillintänsä

eruption [ɪ'rʌpʃən] s (tulivuoren-, vihan) purkaus

ESA *European Space Agency* Euroopan avaruusjärjestö

ESC s (tietok) *escape key* koodinvaihtomerkki

escalate ['eskə‚leɪt] v yltyä, kiihtyä, laajentua, levitä, kiihdyttää, laajentaa *to escalate the war in Vietnam* laajentaa Vietnamin sotaa

escalation [‚eskə'leɪʃən] s yltyminen, kiihtyminen, leviäminen

escalator ['eskə‚leɪtər] s liukuportaat

escapade ['eskə‚peɪd] s vallattomuus, hurjastelu, ilottelu, seikkailu

1 escape [ɪs'keɪp] s **1** pako **2** (nesteen, kaasun) vuoto

2 escape v **1** karata, paeta, päästä karkuun **2** (neste, kaasu) vuotaa **3** välttyä, välttää *he escaped a certain death by jumping from the train* hän vältti varman kuoleman hyppäämällä junasta **4** ei muistaa, ei huomata *the date escapes me* en muista päivämäärää

escape artist s kahlekuningas

escapee [ɪs‚keɪ'pi] s karannut henkilö

escapism [ɪs'keɪpɪzəm] s todellisuuspako, eskapismi

eschew [əs'tʃu] v välttää, karttaa

escort [eskɔrt] s saattaja, seuralainen; saattue, saattaja-alus

escort [əs'kɔrt] v saattaa, olla seuralaisena, toimia saattueena

Eskimo [eskɪmo] s eskimo, inuitti

ESL *English as a second language*

ESOL *English for students of other languages*

esoteric [‚esə'tɪrɪk] adj esoteerinen, harvoille ja valituille tarkoitettu/avautuva, vaikeatajuinen

ESP *extrasensory perception* aistien ulkopuolinen havainnointi

esp. *especially* erityisesti, etenkin

especially [əs'peʃəli] adv erityisesti, erityisen, etenkin

espionage ['espiə‚naʒ] s vakoilu

Esq. *esquire* (esim kirjeessä) herra, rouva

esquire [eskwaɪər] s herra, rouva (kirjeissä tms käytettävä kohtelias titteli, lyhennetään *Esq.*)

essay [eseɪ] s essee

essayist s esseisti

essence [esəns] s olemus, ydin, keskeinen sisältö

essential [ɪ'senʃəl] s **1** tärkeä/välttämätön väline/edellytys **2** (mon) alkeet, perusteet, ydin, keskeinen sisältö adj olennainen, keskeinen, tärkeä, välttämätön

essentially adv olennaisesti, pohjimmaltaan

Essex [esəks] Englannin kreivikuntia

EST *eastern standard time* Yhdysvaltain itärannikon talviaika

est *Erhard Seminars Training*

establish [əs'tæblɪʃ] v **1** perustaa, muodostaa, laatia **2** todistaa, osoittaa, varmistaa *it has been established that* on ilmennyt että **3** vakiinnuttaa, saada kannatusta jollekin

established adj **1** vakiintunut, asemansa vakiinnuttanut **2** todistettu, varma, yleisesti hyväksytty

establishment s **1** perustaminen, muodostaminen **2** todistaminen, varmistaminen **3** laitos, instituutio **4** (yhteiskunnan) valtarakenne, vallanpitäjät, yläluokka; (jonkin alan) johtajat, kerma

estate [əs'teɪt] s **1** (aatelis-)maatila **2** omaisuus **3** kuolinpesä **4** ikä, elämänvaihe *he attained a man's estate* hän tuli miehen ikään

estd. *established* perustettu

1 esteem [əs'tim] s arvostus, arvonanto, kunnioitus

esteem

2 esteem v arvostaa, pitää suuressa arvossa, kunnioittaa
estimable [estıməbəl] adj **1** kunnioitettava, kunnioituksen arvoinen **2** joka voidaan arvioida
estimate [estəmət] s arvio
estimate ['estə,meıt] v arvioida
estimation [,estə'meıʃən] s **1** arvio, mielipide *in my estimation* mielestäni, nähdäkseni **2** kunnioitus, arvostus, arvonanto
Estonia [əs'toʊnjə] Viro
estuary ['estʃʊ,eri] s joensuu, estuaari
e-tailer ['i,teılər] s verkkokauppaa käyvä liike
et al. (lat) *et alia* ja muut
et cetera [ət'setərə] ja niin edelleen (lyh *etc.*)
etch [etʃ] v etsata, syövyttää, (kuv) syöpyä (mieleen)
etching s etsaus
eternal [i'tərnəl] adj ikuinen, iänikuinen, iankaikkinen, alituinen
eternally adv ikuisesti, lakkaamatta, herkeämättä
eternity [i'tərnəti] s ikuisuus
ether [iθər] s eetteri
Ethernet ['iθər,net] eräs mikrotietokoneiden lähiverkko
ethical [eθıkəl] adj eettinen; eettisesti/moraalisesti oikea
ethics [eθıks] s (verbi mon tai yksikössä) etiikka; eettiset/moraaliset näkökohdat
Ethiopia [,iθi'oʊpiə] Etiopia
Ethiopian s, adj etiopialainen
ethnic [eθnık] adj etninen, kansallinen, rotu- *ethnic minority* etninen vähemmistö, kansallinen/rotuvähemmistö
etiquette [etəkət] s (hyvät) tavat
ETV *educational television* koulutelevisio, opetustelevisio
etymology [,etə'malədʒi] s etymologia, sanan alkuperä
eucalyptus [jukə'lıptəs] s eukalyptys
euphemism ['jufə,mızəm] s eufemismi, kiertoilmaus, kaunisteleva ilmaus
euphemistic adj eufemistinen, kaunisteleva, kiertelevä
euphoria [ju'fɔrıə] s euforia, hurma
euphoric [ju'fɔrık] adj haltioitunut, hurmaantunut
Euphrates [jʊ'freıtiz] Eufrat
Eurasia [jə'reıʒə] Euraasia
Euratom *European Atomic Energy Community* Euroopan atomienergiayhteisö
Euro [jəroʊ] s (raha) euro
Eurobond ['jəroʊ,band] s (tal) euro-obligaatio
Euro kangaroo ['jəroʊ,kæŋgə,ru] s wallaroo, vuorikenguru
Europa [jə'roʊpə] Europa, yksi Jupiterin kuu
Europe [jərəp] Eurooppa
European [,jərə'piən] s eurooppalainen, Euroopan asukas adj eurooppalainen, Euroopan, Eurooppa-
European bison [baısən] s visentti
European Community [kəmjunəti] s Euroopan yhteisö
European Currency Unit s ECU, ecu, EU:n yhteisvaluutta
European option s (tal) eurooppalainen optio
European plan s (hotellissa) huoneen hinta (ilman aterioita)
European Union s Euroopan unioni
euthanasia [juθə'neıʒə] s eutanasia, armomurha
evacuate [ı'vækjʊ,eıt] v **1** evakuoida **2** tyhjentää *to evacuate the bowels* ulostaa
evacuation [ı,vækjʊ'eıʃən] s evakuaatio
evade [ı'veıd] v välttää, karttaa, väistellä, kiertää (veroja)
evaluate [ı'væljʊ,eıt] v arvioida, (kuv) punnita
evaluation [ı,væljʊ'eıʃən] s arviointi
evanescence [,evə'nesəns] s katoavaisuus
evanescent [,evə'nesənt] adj katoavainen
evangelic [,ivæn'dʒelık] adj evankelinen
evangelical adj evankelinen
evangelist [i'vændʒəlıst] s evankelista
evangelize [i'vændʒə,laız] v evankelioida, julistaa evankeliumia; käännyttää
evaporate [i'væpə,reıt] v höyrystyä, haihtua (myös kuv) *his enthusiasm*

evaporated quickly hänen innostuksensa haihtui/lakkasi pian

evaporation [ɪˌvæpəˈreɪʃən] s höyrystyminen, haihtuminen (myös kuv:) lakkaaminen

evasion [ɪˈveɪʒən] s välttely *tax evasion* veronkierto

evasive [ɪˈveɪsɪv] adj välttelevä

eve [iv] s aatto

even [ivən] v tasoittaa, tasoittua adj **1** tasainen, suora, säännöllinen, yhtä suuri **2** tasoissa oleva *now we are even* nyt olemme tasoissa/sujut **3** parillinen (luku); tasa(raha) adv jopa *that's even better* se on vielä parempi *even now he is afraid of flying* hän pelkää lentämistä vieläkin *even if you went there* vaikka menisitkin sinne *she did not even say hello to me* hän ei edes tervehtinyt minua *even the chairman attended* itse johtokunnan puheenjohtajakin osallistui tilaisuuteen *even as we speak, millions are starving* parhaillaankin miljoonat näkevät nälkää

evening [ivnɪŋ] s ilta

evenly adv **1** tasaisesti **2** (sanoa) tyynesti

evenness s **1** tasaisuus, sileys **2** säännöllisyys, tasaisuus

even out v tasoittaa, tasoittua, oikaista, oieta; rauhoittua, asettua

event [ɪˈvent] s tapahtuma, tapaus, tilaisuus *in any event* joka tapauksessa, kuitenkin *in the event of fire, break the glass* tulipalon sattuessa riko lasi *in the event that* siinä tapauksessa että, siltä varalta että *at all events* joka tapauksessa, kuitenkin

eventual [ɪˈventʃʊəl] adj **1** *it lead to the eventual downfall of his business* se johti lopulta hänen liikeyrityksensä luhistumiseen **2** mahdollinen

eventuality [ɪˌventʃʊˈæləti] s mahdollisuus

eventually adv lopulta, viimein, vihdoin

ever [evər] adv **1** aina, koskaan *I am ever ready to talk* olen aina valmis juttelemaan *have you ever heard such rubbish?* oletko koskaan kuullut moista roskapuhetta? *should you ever be in the area, do visit us* tule ihmeessä käymään jos satut liikkumaan meillä päin **2** lähtien, alkaen *ever since his childhood* lapsuudestaan lähtien **3** (voimistavana sanana:) erittäin *I enjoyed it ever so much* minä nautin siitä kovasti *did I ever!* usko huviksesi!

Everglades [ˈevərˌgleɪdz] (mon) kansallispuisto Floridassa

evergreen [ˈevərˌgrin] s ainavihanta kasvi adj ainavihanta, (kuv) ikivihreä

everlasting [ˌevərˈlæstɪŋ] adj iankaikkinen *life everlasting* iankaikkinen elämä

every [evri] adj **1** jokainen *every one of us* jokainen meistä **2** kaikki mahdollinen *there is every chance that we'll get home today* meillä on hyvät mahdollisuudet ehtiä kotiin vielä tänään **3** joka *take this medicine every two hours* ota tätä lääkettä kahden tunnin välein *every once in a while* aina silloin tällöin

everybody [ˈevriˌbʌdi] pron jokainen, kaikki *raw fish is not for everybody* raaka kala ei ole kaikkien makuun

everyday [ˈevriˌdei] adj arkipäiväinen, arkinen, arki-

everyman [ˈevriˌmæn] s tavallinen ihminen, kadunmies, matti meikäläinen, jokamies

every now and then fr silloin tällöin

everyone [ˈevriˌwʌn] ks everybody

everything [ˈevriˌθɪŋ] pron kaikki *the girl means everything to him* tyttö on hänelle kaikki kaikessa

everywhere [ˈevriˌweər] adv kaikkialla, kaikkialle *from everywhere in the country* kaikkialta maasta

evict [ɪˈvɪkt] v häätää (asunnosta)

eviction [ɪˈvɪkʃən] s häätö (asunnosta)

1 evidence [evədəns] s todiste, todisteaineisto *in evidence* näkyvillä, nähtävissä, esillä

2 evidence v todistaa, ilmaista, ilmentää, osoittaa

evident adj ilmeinen, varma, selvä

evidently adv ilmeisesti, varmasti, selvästi

evil [ivəl] s, adj paha

evocative of [ɪ'vakətɪv] adj joka tuo mieleen jotakin, joka muistuttaa jostakin

evoke [i'voʊk] v palauttaa mieleen, muistuttaa jostakin *that song evokes fond memories* laulu tuo mieleen kauniita muistoja

evolution [ˌevə'luʃən] s evoluutio, kehitys(oppi)

evolutionary adj evoluutio-, kehitys-

evolutionist s evoluutioteorian kannattaja, evolutionisti

evolve [i'valv] v kehittyä, kehittää

ewe [ju] s uuhi (täysikasvuinen naaraslammas)

ex [eks] s (ark) entinen vaimo/mies

exacerbate [ɪg'zæsərˌbeɪt ɪk'sæsərˌbeɪt] v pahentaa, kärjistää

exacerbation [ɪgˌzæsər'beɪʃən ɪkˌsæsər'beɪʃən] s pahentaminen, kärjistäminen

exact [əg'zækt] v vaatia adj tarkka, täsmällinen

exacting adj vaativa, tarkka, ankara

exactly adv **1** täsmällisesti, tarkasti **2** täsmälleen, tarkasti, aivan *his parents were not exactly pleased when they saw his report card* hänen vanhempansa olivat kaikkea muuta kuin mielissään nähtyään hänen todistuksensa *exactly!* aivan!

exactness s tarkkuus, täsmällisyys

exaggerate [ɪg'zædʒəˌreɪt] v liioitella, paisutella

exaggerated adj liioiteltu, paisuteltu

exaggeration [ɪgˌzædʒə'reɪʃən] s liioittelu, paisuttelu

exalt [ɪg'zalt] v **1** ylistää **2** ylentää

exam [ɪg'zæm] s koe, tentti

examination [ɪgˌzæmɪ'neɪʃən] s **1** koe, tentti, kuulustelu **2** (lääkärin- ym) tutkimus **3** (oikeudessa) kuulustelu

examine [ɪg'zæmən] v **1** tutkia, tarkastaa **2** kuulustella (oikeudessa, koulussa ym)

examinee [ɪgˌzæmə'ni] s kokeeseen osallistuja, kokelas

examiner [ɪg'zæmənər] s kuulustelija, tentaattori

example [ɪg'zæmpəl] s esimerkki *for example* esimerkiksi *she is an example to the rest of us* hän on hyvä esimerkki meille muille

exasperate [ɪg'zæspəˌreɪt] v raivostuttaa, käydä hermoille

exasperating adj raivostuttava, ärsyttävä, turhauttava

exasperation [ɪgˌzæspə'reɪʃən] s ärtymys, raivostuminen

exc. *except* paitsi

excavate ['ekskəˌveɪt] v kaivaa (esim esiin raunioita)

excavation [ˌekskə'veɪʃən] s (arkeologinen ym) kaivaus

exceed [ək'sid] v ylittää *the car exceeded the speed limit* auto ajoi ylinopeutta

exceedingly adv erittäin, äärimmäisen

excel [ək'sel] v kunnostautua, loistaa, menestyä erinomaisesti

excellence [eksələns] s erinomaisuus, loistavuus

Excellency [eksələnsi] s ylhäisyys *Your Excellency* Teidän Ylhäisyytenne

excellent [eksələnt] adj erinomainen, loistava

excellently adv erinomaisesti, loistavasti

excelsior [ək'selsɪər] s lastuvilla

except [ək'sept] v tehdä poikkeus jonkun/jonkin kohdalla, ei ottaa lukuun jotakuta/jotakin prep paitsi, lukuun ottamatta *we all went there except Mary* me kaikki Marya lukuun ottamatta menimme sinne *I would like to do it, except for the time factor* tekisin sen mielelläni jos minulla olisi aikaa konj mutta, paitsi että *they are identical except that one of them is red* ne ovat muuten samanlaiset mutta toinen on punainen

excepting prep lukuun ottamatta *excepting your tie, you are well dressed* olet pukeutunut hyvin solmiotasi lukuun ottamatta

exception [ək'sepʃən] s **1** poikkeus *without exception* poikkeuksetta *to make an exception* tehdä poikkeus **2** vastustus, vastalause *to take exception to something* ei hyväksyä, vastustaa jotakin; loukkaantua, pahastua jostakin

excursion

exceptionable adj vastustusta herättävä, ei hyväksyttävä
exceptional adj poikkeuksellinen, harvinaislaatuinen
exceptionally adv poikkeuksellisen, harvinaisen
except to v ei hyväksyä, vastustaa, esittää vastalause *he strongly excepted to their methods* hän vastusti voimakkaasti heidän menetelmiään
1 excerpt [eksərpt] s lainaus, sitaatti
2 excerpt v lainata, siteerata
excess [ək'ses] s liika *he has money in excess* hänellä on rahaa kuin roskaa *this is in excess of what I already gave you* tämä menee yli sen mitä jo annoin sinulle, tämä on ylimääräistä *to do something to excess* tehdä jotakin liikaksi, mennä liiallisuuksiin
excess [ekses ək'ses] adj liika *you have to pay extra for excess baggage* sallitun painon ylittävistä matkatavaroista pitää maksaa erikseen
excess baggage s **1** ylimääräinen (painorajan ylittävä) matkatavara **2** (kuv) ylimääräinen taakka, rasite, harmi
excessive [ək'sesɪv] adj liiallinen, kohtuuton, ylenmääräinen
1 exchange [əks'tʃeɪndʒ] s **1** (tavaran, rahan ym) vaihto *he gave me a book in exchange for my CD* hän vaihtoi CD:ni kirjaan *rate of exchange* valuuttakurssi **2** pörssi **3** puhelinkeskus, vaihde
2 exchange v vaihtaa *they exchanged meaningful looks* he katsoivat toisiaan ymmärtäväisesti, merkitsevästi *at Christmas, we exchange gifts* jouluna annamme toisillemme lahjoja
exchangeable adj joka voidaan vaihtaa, jonka saa vaihtaa
exchange rate s valuuttakurssi
exchange student s vaihto-oppilas
Exchequer [eks'tʃekər] s (UK) valtiovarainministeriö
excise [eksaɪz] s valmistevero
excitable [ɪk'saɪtəbəl] adj helposti innostuva
excite [ɪk'saɪt] v **1** innostaa, saada innostumaan **2** kiihottaa (seksuaalisesti), ärsyttää (hermoja) **3** herättää (kiinnostusta)
excited adj **1** innostunut, innoissaan **2** (seksuaalisesti) kiihottunut
excitedly adv innokkaasti, malttamattomasti
excitement s **1** innostus; kohu, häly *in all this excitement, I forgot to tell you that...* unohdin kaiken tämän hälyn keskellä kertoa sinulle että **2** (seksuaalinen) kiihotus, (hermo)ärsytys
excl. *excluding* ilman
exclaim [əks'kleɪm] v huudahtaa
exclamation [ˌeksklə'meɪʃən] s huudahdus
exclamation point s huutomerkki (!)
exclamatory [əks'klæməˌtɔri] adj huudahdus-
exclude [əks'klud] v jättää/sulkea pois, ei ottaa mukaan
exclusion [əks'kluʒən] s pois jättäminen/sulkeminen *he doted on her to the exclusion of all others* hän hemmotteli häntä ja laiminlöi kaikki muut
exclusive [əks'klusɪv] adj **1** vain tietyille/jäsenille avoin *the magazine got exclusive rights to her story* lehti sai yksinoikeudet hänen tarinaansa *mutually exclusive* toisensa pois sulkevat **2** hieno, loistelias, ylellinen, kallis **3** (of) lukuun ottamatta *the price is $80 exclusive of taxes* hinta ilman veroa on 80 dollaria
exclusively adv yksinomaan, ainoastaan
excommunicate [ˌekskə'mjunɪˌkeɪt] v erottaa katolisesta kirkosta ym
excommunication [ˌekskəmjunɪ'keɪʃən] s katolisesta kirkosta erottaminen, kirkonkirous
excrement [ekskrəmənt] s uloste
excrete [əks'krit] v erittää; ulostaa
excruciating [əks'kruʃiˌeɪtɪŋ] adj hirvittävä, valtava, musertava
excruciatingly adv hirvittävän, valtavan
exculpate ['ekskəlˌpeɪt] v julistaa syyttömäksi, vapauttaa syytteestä
excursion [əks'kərʒən] s **1** retki, (lyhyt) matka, (tutustumis)käynti **2** (kuv) harhailu, poikkeama (asiasta)

excusable

excusable adj anteeksiannettava
excuse [əksˈkjus] s anteeksipyyntö; veruke, selitys, tekosyy
excuse [əksˈkjuz] v **1** antaa anteeksi *excuse me* (suokaa) anteeksi (mutta minun on mentävä/että keskeytän teidät/mutta voisitteko väistyä hieman) *you're excused* saat mennä (poistua pöydästä) **2** vapauttaa (velvoitteesta) *he was excused from jury duty* hänet vapautettiin valamiehen tehtävästä
exec [ɪgˈzek] s (ark) (liike/yritys)johtaja, pomo (sanasta *executive*)
execute [ˈeksəˌkjut] v **1** toteuttaa, panna toimeen **2** teloittaa
execution [ˌeksəˈkjuʃən] s **1** toteutus, toimeenpano **2** teloitus
executioner s teloittaja, pyöveli
executive [ɪgˈzekjətɪv] s **1** (liike/yritys)johtaja *Chief Executive Officer* (CEO) toimitusjohtaja **2** hallituksen toimeenpaneva haara *Chief Executive* (Yhdysvaltain) presidentti adj **1** (liike/yritys)johto-, johtotason *he has executive ability* hänessä on ainesta johtajaksi/hänellä on johtajan kykyjä **2** toimeenpaneva *an executive committee* toimeenpaneva komitea
executor [ɪgˈzekjətər] s testamentin toimeenpanija
exemplary [əgˈzempləri] adj esimerkillinen, esikuvallinen
exemplification [əgˌzempləfɪˈkeɪʃən] s selvennös, esimerkki
exemplify [əgˈzempləˌfaɪ] v olla esimerkki jostakin, havainnollistaa jotakin
exempt [ɪgˈzempt] v vapauttaa *he was exempted from paying the annual dues* hänet vapautettiin vuosimaksusta adj vapaa, vapautettu
exemption [ɪgˈzempʃən] s vapautus *tax exemption* verovapaus
1 exercise [ˈeksərˌsaɪz] s **1** (taidon, kyvyn) käyttö **2** ruumiinharjoitus, voimistelu, liikunta *cycling is good exercise* pyöräily on hyvää liikuntaa **3** harjoitus *military exercises* sotaharjoitus **4** harjoite
2 exercise v **1** käyttää (taitoa, kykyä) *you should exercise caution* sinun on syytä olla varovainen **2** voimistella, liikkua, harjoittaa ruumistaan **3** (tal) lunastaa (johdannaissopimus)
exercise bicycle s kuntopyörä
exercise price s (tal) lunastushinta
exert [ɪgˈzərt] v käyttää *you should exert some pressure on him* sinun kannattaa painostaa häntä *don't exert yourself too much* älä rasita itseäsi liiaksi
exertion [ɪgˈzərʃən] s **1** ponnistelu, rasitus **2** (voiman, vallan) käyttö
exhale [eksheɪəl] v hengittää ulos
1 exhaust [əgˈzast] s (auton) pakoputki; pakokaasut
2 exhaust v **1** uuvuttaa, väsyttää **2** käyttää loppuun
exhausted adj **1** uupunut, väsynyt **2** loppunut, tyhjiin huvennut
exhausting adj uuvuttava, väsyttävä, raskas
exhaustion [əgˈzastʃən] s uupumus, väsymys
exhaustive adj perusteellinen, tyhjentävä
exhaustively adv perusteellisesti, tyhjentävästi
exhaust pipe s (auton) pakoputki
1 exhibit [əgˈzɪbɪt] s näyttelyesine (esim taulu)
2 exhibit v **1** asettaa näytteille, esitellä **2** osoittaa, olla *the machine exhibits some serious faults* koneessa on pahoja vikoja
exhibition [ˌeksəˈbɪʃən] s **1** (taide)näyttely **2** messut, (maailman)näyttely
exhibitionism [ˌeksəˈbɪʃənɪzəm] s ekshibitionismi, itsensä paljastaminen
exhibitionist s ekshibitionisti, itsensä paljastaja
exhibitor [əgˈzɪbətər] s näytteilleasettaja
exhilarate [əgˈzɪləˌreɪt] v ilahduttaa, innostaa
exhilarating adj ilahduttava, innostava
exhilaration [əgˌzɪləˈreɪʃən] s ilo, innostus
exhort [əgˈzɔrt] v kehottaa, kannustaa, rohkaista
exhortation [ˌeksɔrˈteɪʃən] s kehotus, kannustus, rohkaisu

1 exile [ˈegˌzaɪəl] s maanpako
2 exile v karkottaa maasta, ajaa maanpakoon
exist [əgˈzɪst] v **1** olla olemassa *there exists another way* on olemassa toinenkin keino **2** tulla toimeen, elää *man cannot exist without water* ihminen ei tule toimeen ilman vettä
existence [əgˈzɪstəns] s olemassaolo *it is no longer in existence* sitä ei enää ole olemassa
existent adj olemassa(oleva), vallitseva
existential [ˌeksəsˈtenʃəl] adj olemassaolon, eksistentiaalinen, olemassaoleva
existentialism [ˌeksəsˈtenʃəlɪzəm] s eksistentialismi
existentialist [ˌeksəsˈtenʃəlɪst] s eksistentialisti adj eksistentialistinen
existing adj olemassaoleva, vallitseva
1 exit [eksət] s **1** uloskäynti, ovi, portti **2** poistuminen, lähtö
2 exit v poistua, lähteä
exodus [eksədəs] s **1** (suuri) muutto(liike), maastamuutto **2** *Exodus* (Raam) israelilaisten muutto Egyptistä **3** *Exodus* (Raam) toinen Mooseksen kirja
exonerate [əgˈzanəˌreɪt] v vapauttaa (syytöksestä)
exoneration [əgˌzanəˈreɪʃən] s vapautus (syytteestä)
exorbitant [əgˈzɔrbɪtənt] adj kohtuuton, liiallinen
exorcise [ˈeksərˌsaɪz] v manata, karkottaa (pahoja henkiä)
exorcism [ˈeksərˌsɪzəm] s manaus
exorcist [eksərsɪst] s manaaja
exosphere [ˈeksouˌsfɪər] s eksosfääri
exotic [ɪgˈzatɪk] adj eksoottinen
exp. *exposure* (ks hakusanaa); *expires* voimassaoloaika lakkaa
expand [əksˈpænd] v laajentaa, laajentua *travelling is a good way to expand your knowledge* matkustaminen on hyvä tapa kartuttaa tietojaan *metal expands in hot weather* metalli laajenee kuumalla säällä
expanse [əksˈpæns] s (laaja) alue
expansion [əksˈpænʃən] s laajeneminen, laajentaminen *the expansion of metal/trade* metallin laajeneminen/kaupankäynnin laajentaminen
expansion slot s (tietok) laajennuspaikka
expansive adj puhelias, hyväntuulinen
expatriate [ˌeksˈpeɪtriət] s ulkomailla asuva, ulkomaalainen adj ulkomailla asuva *expatriate Finns* ulkosuomalaiset
expatriate [eksˈpeɪtriˌeɪt] v karkottaa maasta
expect [əksˈpekt] v **1** odottaa *I don't expect them back before tomorrow* en odota/usko heidän palaavan ennen huomista *as expected, he was late* hän oli myöhässä kuten arvata saattoi *she is expecting a baby* hän odottaa lasta **2** olettaa, uskoa *I expect that you would like to leave immediately* sinä varmaankin haluat lähteä heti **3** vaatia, odottaa *I don't expect you to like me but you have to be polite* sinun ei tarvitse pitää minusta mutta kohtelias sinun pitää olla
expectancy [əksˈpektənsi] s odotus, odottaminen
expectant adj toiveikas; odottava (äiti)
expectantly adv toiveikkaasti, toiveikkaana
expectation [ˌekspekˈteɪʃən] s **1** (innostunut/jännittynyt) odotus *we waited in expectation* odotimme toiveikkaina **2** toive *your parents have great expectations for you* vanhempasi toivovat sinusta suuria **3** mahdollisuus, todennäköisyys
expediency [əksˈpidiənsi] s **1** suotavuus, tarkoituksenmukaisuus **2** laskelmointi
expedient [əksˈpidiənt] s keino; apu, hätäkeino, hätävara adj **1** tarkoituksenmukainen, viisas, suositeltava **2** laskelmoitu
expedite [ˈekspəˌdaɪt] v nopeuttaa *he tried to expedite the sale* hän yritti nopeuttaa kaupan tekoa
expedition [ˌekspəˈdɪʃən] s retki; tutkimusretki
expel [əksˈpel] v erottaa, karkottaa, häätää
expend [əksˈpend] v kuluttaa, käyttää

expendable [əks'pendəbəl] adj ylimääräinen, tarpeeton
expenditure [əks'pendıtʃər] s **1** menot, kulut **2** käyttö, kulutus
expense [əks'pens] s kustannus (myös kuv), kulut *owning a sail boat is a big expense* purjeveneen omistaminen tulee kalliiksi *at the expense of health* terveyden kustannuksella *he is willing to go to any expense to close the deal* hän on valmis vaikka mihin saadakseen kaupan tehdyksi
expense account s edustustili
expensive adj kallis
1 experience [əks'pıərıəns] s **1** kokemus *she has no experience in secretarial work* hänellä ei ole kokemusta sihteerin työstä *I know it from bitter experience* tiedän sen katkerasta kokemuksesta **2** elämys, kokemus *the death of your spouse is a shattering experience* puolison menetys on järkyttävä kokemus
2 experience v kokea *we are experiencing some heavy turbulence* lentokoneemme on joutunut voimakkaaseen ilmavirtaan *he experienced joy/sorrow* hän tunsi iloa/surua
experienced adj kokenut, harjaantunut *are you experienced in differential calculus?* onko sinulla kokemusta differentiaalilaskennasta?
1 experiment [əks'perəmənt] s (tieteellinen) koe
2 experiment v kokeilla
experimental [əks‚perə'mentəl] adj kokeellinen; kokeileva (teatteri ym)
experimentally adv kokeellisesti; kokeeksi
experimentation [əks‚perəmən'teıʃən] s kokeilu
expert [ekspərt] s asiantuntija adj asiantunteva, asiantuntijan, taitava, taitavasti tehty
expertise ['ekspər‚tiz] s asiantuntemus
expertly adv asiantuntevasti, taitavasti
expert system s (tietok) asiantuntijajärjestelmä
expiate ['ekspi‚eıt] v sovittaa (syntinsä, tekonsa)

expiation [‚ekspi'eıʃən] s (syntien, tekojen) sovitus
expiration [‚ekspə'reıʃən] s **1** (asiapaperin) vanhentuminen, (määräajan) umpeutuminen **2** uloshengitys
expiration date s (ruuan, lääkkeen) viimeinen myyntipäivä
expire [ək'spaıər] v **1** (asiapaperi, tuote) vanhentua, (määräaika) mennä umpeen **2** nukkua pois, kuolla **3** hengittää ulos
expiry [ekspəri] s (määräajan) umpeutuminen, (asiapaperin) vaneneminen
explain [ək'spleın] v selittää *to explain yourself* selittää tekonsa, keksiä selitys jollekin
explain away v keksiä selitys jollekin, selittää olemattomaksi
explanation [eksplə'neıʃən] s selitys
explanatory [ək'splænə‚tori] adj selittävä, selitys-
expletive ['eksplə‚tıv] s kirosana; huudahdus; täytesana
explicable [ək'splıkəbəl] adj joka voidaan selittää
explicate ['eksplə‚keıt] v selittää
explication [‚eksplə'keıʃən] s selitys, selvennys
explicit [ək'splısət] adj selvä, avoin, peittelemätön *he was quite explicit about what he wanted* hän sanoi suoraan mitä hän halusi
explicitly adv suoraan, avoimesti, peittelemättä *I explicitly told you not to do it* minähän nimenomaan kielsin sinua tekemästä sitä
explicitness s selvyys, avoimuus, peittelemättömyys
explode [ək'sploud] v räjähtää, räjäyttää; purskahtaa (nauruun), (olla) haljeta (raivosta)
exploded diagram s räjähdyspiirustus
exploit ['ek‚sploıt] s sankariteko, seikkailu
exploit [ək'sploıt] v **1** riistää, käyttää hyväkseen **2** hyödyntää (luonnonvaroja)
exploitation [‚eksploı'teıʃən] s **1** riisto, hyväksikäyttö **2** (luonnonvarojen) hyödyntäminen
exploration [‚eksplə'reıʃən] s tutkiminen, tutkimus, tutkimusmatka, (kuv)

exploratory [ək'splɔrə,tɔri] adj tutkiva, tunnusteleva, koe-
explore [ək'splɔr] v 1 tutkia 2 (kuv) tunnustella (mahdollisuuksia), luodata
explorer s tutkija; tutkimusmatkailija
explosion [əks'plouʒən] s 1 räjähdys; pamahdus 2 raivokohtaus, vihan puuska
explosive [əks'plousɪv] adj 1 räjähdys-, räjähtävä 2 (kuv) tulenarka, räjähdysaltis
export ['eks,pɔrt] s, adj vienti(-) *import and export* tuonti ja vienti
export [ək'spɔrt] v viedä (maasta)
exportation [,ekspɔr'teɪʃən] s (maasta) vienti
exposé ['ekspə,zeɪ] s (esim lehdessä julkaistu) paljastus
expose [əks'pouz] v 1 paljastaa *the short skirt exposed her thighs* lyhyt hame paljasti hänen reitensä 2 altistaa, saattaa alttiiksi jollekin *you should not expose burnt skin to sunlight* palanutta ihoa ei saa pitää auringossa 3 valottaa (filmi)
exposed [əks'pouzd] adj paljas, näkyvä, suojaton, altis jollekin
exposition [,ekspə'sɪʃən] s 1 esitys, selitys *the exposition of a new theory* uuden teorian selitys 2 näyttely, messut
exposure [əks'pouʒər] s 1 alttius, altistaminen *he died of exposure* hän paleltui kuoliaaksi 2 paljastus, paljastaminen *the exposure of their secret plan/of a criminal/of too much skin* salaisen suunnitelman/rikollisen paljastuminen/liian vähissä pukeissa esiintyminen 3 (rakennuksen) sijainti *a building with a western exposure* länteen päin avautuva rakennus 4 (valokuvaus) valotus *a roll of film with 24 exposures* 24 kuvan filmi 5 julkisuus, esilläolo
expound [əks'paund] v esittää, selittää
ex-president s entinen presidentti
1 express [əks'pres] s 1 pikajuna, pikavuoro 2 pikalähetys *to send a package by express* lähettää paketti pikapostissa
2 express v 1 ilmaista; ilmentää 2 lähettää pikapostissa 3 puristaa (hedelmistä mehua)

expression [əks'preʃən] v 1 (mielipiteen, tunteen) ilmaus 2 (kasvon)ilme 3 ilme (kuv), ilmeikkyys *there was no expression in his voice* hänen äänensä oli ilmeetön 4 (kielellinen) ilmaus, sanonta
expressionism [əks'preʃə,nɪzəm] s ekspressionismi
expressionist s ekspressionisti
expressionless adj ilmeetön
expressive adj ilmeikäs, tunteikas
expressively adv ilmeikkäästi, tunteikkaasti
expressly [əks'presli] adv 1 (kieltää) jyrkästi, nimenomaan, varta vasten 2 tahallaan, tieten tahtoen
expulsion [əks'pʌlʃən] s karkotus (maasta), (koulusta) erottaminen
exquisite [əks'kwɪzət] adj erinomainen, loistava, hieno, ensiluokkainen
extend [əks'tend] v ojentaa (käsi), ulottaa, ulottua, jatkaa, jatkua, laajentaa, laajentua, levittää, levitä
extension [əks'tenʃən] s 1 pidentäminen, jatkaminen, laajentaminen 2 jatkoaika, lisäaika 3 (rakennuksen) laajennus 4 (puhelin) rinnakkaisliittymä; alanumero
extensive adj laaja, mittava, kattava *the explosion caused extensive damage* räjähdys aiheutti suurta vahinkoa
extensively adv laajasti, perusteellisesti
extent [əks'tent] s laajuus, suuruus, mitta, määrä, pituus *for the whole extent of the forest* metsän täydeltä laajuudelta, koko metsässä *it was useful to a certain extent* siitä oli jossain määrin apua *I will help you to the extent that I can* minä autan sinua mahdollisuuksieni mukaan
exterior [əks'tɪrɪər] s ulkopuoli, ulkoasu, ulkonäkö adj ulko-, ulkoinen
exterminate [əks'tɜrmə,neɪt] v tuhota, hävittää
extermination [əks,tɜrmə'neɪʃən] s tuhoaminen, hävitys
exterminator [əks'tɜrmə,neɪtər] s henkilö tai yritys joka harjoittaa tuholaistorjuntaa
external [əks'tɜrnəl] adj ulkoinen, ulkonainen

external interface

external interface ulkoinen liitäntä
externally adj ulkoisesti, ulkonaisesti
extinct [əks'tiŋkt] adj sukupuuttoon kuollut (laji), sammunut (tulivuori) *dinosaurs have become extinct* dinosaurukset ovat kuolleet sukupuuttoon
extinction [əks'tiŋkʃən] s **1** (tulen) sammutus **2** sukupuutto(on kuoleminen)
extinguish [əks'tiŋgwiʃ] v sammuttaa
extinguisher s (käsi)sammutin
extort [əks'tɔrt] v kiristää
extortion [əks'tɔrʃən] s kiristys; kiskonta
extortionate [əks'tɔrʃənət] adj kohtuuton *an extortionate price* kiskurihinta
extortionist s kiristäjä; kiskuri
extra [ekstrə] s **1** ylimääräinen ihminen/asia **2** statisti adj ylimääräinen, lisä-, vara- *it's a source of extra income for him* hän saa siitä lisätuloja *there is an extra charge for a television* televisiosta veloitetaan lisämaksu *you better take an extra pair of socks with you* sinun kannattaa ottaa mukaan varasukat adv **1** erityisen *please be extra careful with my car* käsittele autoani erityisen varovasti **2** lisä-, ylimääräinen, erikseen (maksettava) *the batteries are extra* paristoista veloitetaan erikseen
extract ['eks,trækt] s **1** uute, mehu **2** ote, lainaus, sitaatti
extract [əks'trækt] v **1** vetää irti, irrottaa, poistaa **2** uuttaa **3** (kuv) kaivaa esiin, onkia, saada selville *I was unable to extract a promise from him* en saanut häntä lupaamaan mitään **4** lainata, siteerata
extraction [əks'trækʃən] s **1** irrottaminen, poisto **2** syntyperä *she is of Russian extraction* hän on venäläistä syntyperää/venäläissyntyinen
extracurricular [,ekstrəkə'rɪkjələr] adj opintojen ulkopuolinen, vapaa-ajan
extradite ['ekstrə,daɪt] v luovuttaa (toiseen maahan)
extradition [,ekstrə'dɪʃən] s luovutus (toiseen maahan)
extraneous [əks'treɪnɪəs] adj **1** ulkoinen, ulkopuolinen **2** asiaan kuulumaton, epäolennainen *that's extraneous to this* se on sivuseikka, se ei kuulu tähän
extranet s (tietok) vierasverkko
extraordinarily adj poikkeuksellisen, harvinaisen, erittäin
extraordinary [ək'strɔrdɪ,neri] adj poikkeuksellinen, harvinaislaatuinen
extravagant [ək'strævəgənt] adj **1** kallis (maku), ylellinen (elämäntapa), loistelias (tilaisuus) **2** tuhlaileva **3** liioiteltu, pursuileva, komeileva, mahtaileva
extravagantly adv **1** ylellisesti, loistokkaasti; avokätisesti **2** tuhlailevasti **3** komeilevasti, mahtailevasti
extravaganza [ək,strævə'gænzə] s **1** (mus, teatteri) loistokas esitys, fantasia **2** ylenpalttisuus
extreme [ək'strim] s ääripää *he went to extremes* hän meni äärimmäisyyksiin adj äärimmäinen (myös kuv), erittäin suuri *extreme happiness* äärimmäinen/suunnaton onni *at the extreme end of the political spectrum* poliittisen kirjon ääripäässä
extremely adv erittäin, äärimmäisen
extreme sports urheilijan äärirajoja koetteleva urheilu, extreme-lajit
extremist s ekstremisti, äärimmäisyyksiin menijä adj äärimmäinen
extremity [ək'streməti] s **1** ääripää, etäisin kohta **2** äärimmäisyys **3** hätä **4** (mon) raajat
extricate ['ekstrə,keɪt] v irrottaa, saada irti, vapauttaa
extrovert ['ekstrə,vərt] s ekstrovertti
exuberance s eloisuus, vilkkaus, into
exuberant [ɪg'zubərənt] adj pursuileva, eloisa, vilkas, mukaansatempaava
exude [ɪg'zud] v tihkua, pursua (myös kuv), uhkua (myös kuv) *he exudes confidence* hän suorastaan uhkuu itsevarmuutta
ex-wife s entinen vaimo, (ark) ex-vaimo
1 eye [ai] s **1** silmä *an eye for an eye* silmä silmästä *to be all eyes* seurata/katsoa tarkkaan *Jane tried to catch Paul's eye* Jane yritti saada Paulin huomaamaan hänet *to give someone the eye* katsella ihastellen *she has an eye for clothes* hänellä on silmää vaatteille *she*

has eyes only for John hän on iskenyt silmänsä Johniin *to keep an eye on someone/something* pitää silmällä jotakuta/jotakin *to keep an eye out for someone/something* pitää varansa jonkun/jonkin suhteen, olla varuillaan *to keep your eyes open/peeled* pitää silmänsä auki, olla varuillaan *to lay eyes on something* nähdä *to make eyes at someone* katsella jotakuta ihastuneesti, flirttailla jonkun kanssa *to open someone's eyes* avata jonkun silmät, saada joku tajuamaan jotakin *to see eye to eye with someone* olla jonkun kanssa samaa mieltä *you're a sight for sore eyes* sinä olet tervetullut näky, onpa mukava nähdä sinut *with an eye to* jotakin silmällä pitäen **2** neulansilmä

2 eye v katsoa, tuijottaa
1 eyeball [ˈaɪˌbal] s silmämuna
2 eyeball v mitata katseellaan, silmäillä
eyebrow [ˈaɪˌbraʊ] s kulmakarva
eye candy s silmänruoka
eyeglasses (mon) silmälasit
eyelash [ˈaɪˌlæʃ] s silmäripsi
eyelid [ˈaɪˌlɪd] s silmäluomi
eyeopener [ˈaɪˌoʊpənər] s jokin joka saa jonkun silmät avautumaan (kuv)
eyepiece [ˈaɪˌpis] s okulaari
eyesight [ˈaɪˌsaɪt] s näkö (kyky)
eyesore [ˈaɪˌsɔr] s häpeäpilkku, häpeätahra
1 eyewitness [ˌaɪˈwɪtnəs] s silminnäkijä
2 eyewitness v nähdä omin silmin
EZ (tekstiviestissä, sähköpostissa) *easy*
ezine [izin] s nettilehti, Internet-lehti

F, f

F, f [ef] F, f
F 1 (koulussa) *fail* hylätty **2** fahrenheitaste(tta)
F2F (tekstiviestissä, sähköpostissa) *face to face*
F2T (tekstiviestissä, sähköpostissa) *free to talk*
FAA *Federal Aviation Administration* Yhdysvaltain ilmailuhallinto
Fab Four s the Beatles
fable [feɪbəl] s **1** eläintarina, eläinsatu, faabeli **2** taru, satu (myös kuv:) perätön puhe
fabled adj **1** tarunomainen, legendaarinen **2** keksitty, kuviteltu
fabric [fæbrɪk] s **1** kangas **2** rakenne *the fabric of society* yhteiskuntarakenne **3** rakennus
fabricate [ˈfæbrɪˌkeɪt] v **1** valmistaa, rakentaa **2** keksiä (omasta päästään) **3** väärentää
fabrication [ˌfæbrɪˈkeɪʃən] s **1** valmistus, rakentaminen **2** valhe, satu

fabric softener s (pyykin)huuhteluaine
fabulous [fæbjələs] adj **1** tarunomainen, keksitty **2** (ark) uskomaton, loistava, upea
fabulously adv **1** erittäin *fabulously rich* satumaisen rikas, upporikas **2** (ark) loistavasti, upeasti
facade [fəˈsɑd] s julkisivu, fasadi
1 face [feɪs] s **1** kasvot *he lost his face when he was caught lying* hän menetti kasvonsa/maineensa kun hänet saatiin kiinni valehtelemisesta **2** (kasvon)ilme **3** (kellon) taulu **4** (kallio)seinämä **5** (kolikon, pelikortin) etupuoli **6** (rakennuksen) julkisivu **7** hävyttömyys *he had the face to call me an idiot* hän julkesi haukkua minua idiootiksi
2 face v kohdata (myös kuv), katsoa johonkuhun/johonkin päin *his study window faces the ocean* hänen työhuoneensa ikkuna avautuu merelle *you have to face the truth* sinun täytyy katsoa totuutta silmiin

face card s (pelissä) kuvakortti
face cloth s pesulappu
face cream s kasvovoide
-faced adj 1 -kasvoinen *mild-faced* lempeäilmeinen 2 -päällysteinen *brass-faced* messinkipintainen
face down v kohdata rohkeasti
face flannel s (UK) pesulappu
faceless adj kasvoton, tuntematon
face-lift s 1 kasvojenkohotus(leikkaus) 2 (auton) facelift, mallin (pieni) uudistus
face mask s 1 naamio, naamari 2 (kosmeettinen) kasvonaamio
face-off s 1 yhteenotto, riita 2 (jääkiekossa) aloitus
face pack s (kosmeettinen) kasvonaamio
face paint s (lasten) kasvomaali
face powder s (kasvo)puuteri
face-saver s maineen pelastus *that was a face-saver* se pelasti hänen kasvonsa
facet [fæsət] s 1 (kuv) (asian) puoli, näkökohta 2 (hiotun jalokiven tasopinta) fasetti
face the music fr vastata seurauksista/teoistaan, niittää mitä on kylvänyt
face time s (kasvotusten) tapaaminen, keskustelu, yhdessäolo
facetious [fə'siʃəs] adj leikkisä, leikillinen
facetiously adv leikkisästi, leikillään
facetiousness s leikkisyys
face-to-face adj *a face-to-face meeting* (kasvotusten) tapaaminen
face to face adv 1 kasvotusten *to talk face to face* 2 *come face to face with reality* kohdata todellisuus
face up to v myöntää, tunnustaa, kohdata
face value s (tal) nimellisarvo *to take something at face value* ottaa täydestä
facial [feɪʃəl] s kasvohoito adj kasvo-
facial hair s parta
facile [fæsəl] adj pinnallinen, mitäänsanomaton, helppo
facilitate [fə'sɪlə,teɪt] v helpottaa, tehdä helpoksi/helpommaksi
facilitation [fə,sɪlə'teɪʃən] s helpotus, helpottaminen

facilitator [fə'sɪlə,teɪtər] s sovittelija
facility [fə'sɪləti] s 1 välineet, varusteet; edellytykset, mahdollisuudet; laitos, tilat *psychiatric facility* mielisairaala *sports facilities* liikuntatilat, urheilutilat 2 helppous, vaivattomuus, taitavuus 3 (mon) mukavuuslaitos, wc 4 ominaisuus 5 kyky, lahjakkuus
facing s 1 pinnoite, pinta, päällys(te) 2 (kangas) vuori 3 (mon kauluksen, hihan eriväriset) käänteet
1 **facsimile** [fæk'sɪməli] s 1 kopio, jäljennös 2 faksi, kaukokopiointi(laite)
2 **facsimile** v lähettää faksilla, faksata
fact [fækt] s 1 tosiasia, fakta *have you checked all the facts?* oletko tarkistanut faktat? 2 todellisuus *it's part fact, part fiction* siinä on tarua ja totta 3 (eri ilmauksissa) itse asiassa *as a matter of fact* itse asiassa, oikeastaan *he is in fact coming here* hän onkin tulossa tänne *the fact of the matter is that it's too big* asia on niin että se on liian iso *the fact remains that* siitä huolimatta, ei käy kiistäminen että *in view of the fact that* ottaen huomioon että *after the fact* jälkikäteen, jälkeen päin *in fact* itse asiassa *in actual fact* vaikka todellisuudessa, vaikka itse asiassa
fact-finding commission s tutkimuslautakunta
fact-finding tour s tiedonkeruumatka
faction [fækʃən] s 1 puolueryhmä; sirpaleryhmä, nurkkakunta, kuppikunta 2 kiista, skisma 3 faktan ja fiktion yhdistelmä, todellisuuspohjainen fiktio
factional adj puolueryhmien, sirpaleryhmä-, nurkkakuntainen
factionalism s nurkkakuntalaisuus
factious [fækʃəs] adj riidanhaluinen; pikkumainen
fact of life s 1 kylmä totuus/tosiasia 2 (mon) sukupuolivalistus
factoid [fæktɔɪd] s 1 yleinen (harha)luulo 2 sivuseikka, pikkuasia
factor [fæktər] s 1 tekijä, ratkaiseva tekijä *cost is not a factor here* kustannuksilla ei ole nyt väliä *a key factor* avaintekijä 2 kerroin *to increase by a factor of four* nelinkertaistua

faint

factor analysis s faktorianalyysi
factor in v ottaa huomioon
factor into v laskea mukaan
factor out v ei laskea mukaan, jättää pois laskuista
factory [fæktəri] s tehdas
factory-farmed eggs s (mon) suurkanalassa tuotetut munat
factory farming s (UK) suursikalan tai -kanalan pito
factory floor s **1** tehdas, tuotantolaitos **2** tehtaan työntekijät *on the factory floor* tehtaassa, työläisten keskuudessa
factory outlet s tehtaanmyymälä
factory ship s (kalastus-, kalanjalostus- ja pakastusalus) tehdaslaiva
factory worker s tehdastyöläinen
factotum s avustaja, jonkun oikea käsi
fact sheet s infolehti(nen), esite
facts of life: *to tell a child the facts of life* antaa lapselle sukupuolivalistusta
factual [fækʃʊəl] adj **1** asiallinen **2** tosiasioita/faktoja koskeva *in actual fact* itse asiassa
factually adj *factually incorrect* väärä, joka ei pidä paikkaansa
faculty [fækəlti] s **1** kyky *he is a man of great faculties* hän on kyvykäs mies **2** (yliopiston) tiedekunta *the faculty of mathematics* matemaattinen tiedekunta **3** (tiedekunnan) opettajat, henkilökunta
fad [fæd] s (muoti)villitys
fade [feɪd] v **1** haalistaa, haalistua, häipyä (näkyvistä), lakata kuulumasta **2** unohtua, (voimat) huveta, (toivo) sammua **3** häivyttää (televisiokuva)
fade away v lakata, kadota, häipyä näkyvistä), lakata (kuulumasta), unohtua
fade in v häivyttää (televisiokuva näkyviin)
fade out v häivyttää (televisiokuva näkyvistä)
faecal [fikəl] adj (UK) uloste-
faeces [fisiz] s (UK mon) uloste(et)
faerie s keiju, keijukainen (fairy 1)
Faeroe Islands [feroʊ] (mon) Färsaaret
1 fag [fæg] s **1** (sl) homo **2** (UK) savuke, sätkä
2 fag v väsyttää, uuvuttaa

fag end s (UK) **1** tupakantumppi, natsa **2** jämät
fagged (out) adj (UK) lopen uupunut, poikki, kuitti, ihan rätti
faggot [fægət] s **1** (sl) hintti **2** ks fagot
fag hag ['fæg,hæg] s (sl) homomiesten seurassa viihtyvä nainen
fagot [fægət] s **1** risukimppu **2** kimppu, nippu
Fahr. *Fahrenheit* fahrenheitastetta
Fahrenheit ['ferən,heɪt] s fahrenheitaste
1 fail s: *without fail* aivan varmasti
2 fail [feɪəl] v **1** epäonnistua *the whole attempt failed* koko yritys epäonnistui *when it came my turn to speak, words failed me* kun tuli minun vuoroni puhua en saanut sanaa suustani *if all else fails* viime hädässä, viimeisenä keinona **2** ei päästä/päästää läpi (tentistä), reputtaa **3** heikentyä, rappeutua *his health is failing* hänen voimansa alkavat ehtyä *the brakes failed* jarrut pettivät **4** ei tehdä jotakin: *I fail to see the humor in this* minusta tässä ei ole mitään nauramista
failed adj epäonnistunut *a failed attempt* epäonnistunut yritys
1 failing s vika, puute *her one big failing is that she's slow* hitaus on hänen suurin puutteensa
2 failing adj heikkenevä *failing industries* taantuvat teollisuusalat *he's in failing health* hänen terveytensä on heikko
failing prep *failing that* jos se ei onnistu, muuten, muussa tapauksessa *all else failing* jos mikään muu ei auta *failing a prompt answer* jos vastausta ei saada nopeasti
fail-safe adj idioottivarma
failure [feɪljər] s **1** epäonnistuminen *to result in failure* epäonnistua **2** epäonnistuja, tunari **3** laiminlyönti, tekemättä jättäminen *Jane's failure to act caused him a lot of problems* hänelle aiheutui paljon ongelmia siitä että Jane ei ryhtynyt toimiin **4** *engine failure* konevika, moottorivika *heart failure* sydämen vajaatoiminta **5** *business failure* konkurssi **6** *crop failure* kato(vuosi)
1 faint [feɪnt] v pyörtyä

faint

2 faint s pyörtymiskohtaus, hetkellinen tajuttomuus
3 faint adj **1** haalea (väri), heikko (ääni), hämärä (muisto) *I haven't the faintest* minulla ei ole siitä harmainta aavistusta **2** huimaava *I feel faint* minua huimaa/pyörryttää
faint-hearted adj pelokas, empivä, epävarma *not for the faint-hearted* ei (sovi) arkajaloille/pelkureille
faintly adv hämärästi, hieman, heikosti
1 fair s markkinat, messut
2 fair [feər] adj **1** oikeudenmukainen, reilu **2** kohtalainen, kohtalaisen suuri/hyvä tms *you have a fair chance of making it* sinulla on melko hyvät mahdollisuudet **3** vaalea(tukkainen/verinen/ihoinen) **4** kaunis (ilma)
3 fair adv reilusti, rehdisti *to fight fair* taistella rehdisti
fair and square adv rehellisesti, reilusti
fair enough fr hyvä on; olkoon menneeksi
fair game s **1** luvallinen riista **2** joku jota saa haukkua/arvostella tms vapaasti
fairground ['feər,graʊnd] s markkinapaikka, markkinat
fair-haired adj vaaleatukkainen
fair-haired boy s suosikki, lemmikki, lellikki
fairly adv **1** aika, melko *it's fairly common* se on aika yleistä *fairly often* varsin usein **2** reilusti *he was treated fairly* häntä kohdeltiin oikeudenmukaisesti **3** (vanh) suorastaan *the dog fairly flew at me* koira suorastaan lensi kimppuuni
fair-minded adj oikeudenmukainen, reilu
fairness s oikeudenmukaisuus, reilu peli *in all fairness* (rehellisyyden nimissä) täytyy kuitenkin myöntää, kieltämättä
fair play s reilu peli
fair sex s kauniimpi sukupuoli, naiset
fair's fair fr kohtuuden nimessä
fair share paljon, kovasti *you've had more than your fair share of sickness* olet ollut todella usein sairaana
fair to middling fr kohtalainen
fairway s (golf) väylä

fair-weather friend [,feərweðər'frend] s ystävä johon ei voi luottaa kovan paikan tullen, hyvänpäiväntuttu
fairy [feri] s **1** keiju, keijukainen, haltijatar **2** (sl) hintti
fairy godmother s hyvä haltijatar (myös kuv hyväntekijästä)
fairytale adj satu- *a fairytale castle* satulinna, esim prinsessa Ruususen linna
fairy tale s satu (myös kuv)
fait accompli [,fetəkam'pli] s (ranskaa) tapahtunut tosiasia, ratkaistu asia
faith [feɪθ] s usko, luottamus *faith in God/someone/in someone's abilities* usko Jumalaan, usko/luottamus johonkuhun/jonkun kykyihin *to act in good faith* toimia hyvässä uskossa *the Christian faith* kristinusko *to act in bad faith* toimia vilpillisesti
1 faithful adj **1** uskollinen (erityisesti ihmisestä) **2** tarkka, uskollinen *the adaption remained faithful to the original text* uusi sovitus on uskollinen alkuperäiselle tekstille
2 faithful s **1** *the faithful* oikeauskoiset **2** jonkin uskollinen kannattaja/tukija *the party faithful celebrated their victory* puolueelle uskolliset juhlivat voittoaan
faithfully adv **1** uskollisesti *yours faithfully/faithfully yours* (kirjeen, sähköpostin lopussa) ystävällisin terveisin, kunnioittaen **2** tarkasti, uskollisesti
faithfulness s **1** uskollisuus, luotettavuus **2** tarkkuus, uskollisuus
faith healer s henkiparantaja
faith healing s henkiparannus
faithless adj uskoton
faithlessly adv: *he betrayed her faithlessly* mies oli hänelle uskoton, mies petti hänet
faithlessness s uskottomuus
fajita [fə'hitə] s (meksikolainen täytetty tortillakäärö) fajita
1 fake [feɪk] s **1** väärennös, jäljennös, **2** huijari, petturi, teeskentelijä **3** (urh) hämäys, harhautus
2 fake v **1** väärentää, jäljentää *to fake astonishment* esittää hämmästynyttä *he faked his own death* hän lavasti oman

kuolemansa *to fake an orgasm* teeskennellä saavansa orgasmi **2** teeskennellä (sairasta), olla olevinaan jotakin, huijata, puijata *he was not familiar with the lyrics but he tried to fake it* hän ei tuntenut laulun sanoja mutta yritti silti selvitä joten kuten **3** (urh) hämätä, harhauttaa

3 fake adj teko, vale-, väärennetty, epäaito *fake fur* tekoturkis *a fake tan* tekorusketus *a fake smile* teennäinen hymy *fake money* väärä raha

fakir [feɪkər] s fakiiri

falafel [fəˈlafəl] s (Lähi-idän keittiössä) kahvihernepyörykät, falafel

falcon [fælkən] s haukka

falconry s haukkametsästys

Falkland Islands [faəlklənd] (mon) Falklandinsaaret, Malvinassaaret

1 fall [fal] s **1** pudotus, putoaminen, kaatuminen, romahdus, tuho *the fall of the government* hallituksen kaatuminen *the fall of the Roman empire* Rooman valtakunnan tuho *the cushion broke his fall* tyyny pehmensi hänen putoamistaan **2** (syntiin)lankeemus **3** valtaus, valloitus **4** vesiputous **5** lasku, väheneminen, romahdus *the fall of the interest rates* korkojen lasku **6** syksy **7** (vesi/lumi)sade

2 fall v fell, fallen **1** pudota, kaatua *I almost fell from the roof* olin vähällä pudota katolta **2** laskea *the temperature fell ten degrees* lämpötila laski kymmenen astetta **3** tulla vallatuksi, joutua vihollisen käsiin *when darkness fell* pimeän tullen **4** kuolla, kaatua **5** langeta *she fell on/to her knees* hän lankesi polvilleen **6** (juhlapäivä) osua, olla *this year, Christmas Day falls on a Monday* tänä vuonna joulupäivä on maanantai **7** kuulua, olla *that falls outside our jurisdiction* se ei kuulu meidän toimialueellemme **8** jakautua *the problem falls into well-defined categories* ongelma jakautuu selvärajaisiin osiin **9** tulla joksikin, joutua johonkin tilaan: *she fell asleep/ill/in a coma* hän nukahti/sairastui/joutui koomaan *my life has fallen to pieces* elämäni on aivan pirstaleina

fallacious [fəˈleɪʃəs] adj virheellinen, joka ei pidä paikkaansa

fallaciousness s virheellisyys, paikkansapitämättömyys

fallacy [fæləsi] s harhaluulo, virhepäätelmä

fall all over yourself fr olla haltioissaan, olla suunniltaan ilosta

fall apart fr **1** hajota, särkyä **2** (kuv) musertua, luhistua (esim suruunsa)

fall away v lakata kannattamasta jotakuta/jotakin, luopua uskosta tms

fall back v **1** perääntyä **2** jättäytyä (muista) jälkeen

fallback s varasuunnittelma *a fallback proposal* sovitteluehdotus

fall back on v turvautua johonkin, kajota johonkin

fall behind v **1** jäädä jälkeen (joukosta, työssä) **2** ei pystyä maksamaan maksuja/velkoja

fall down v **1** kaatua **2** (ark) epäonnistua, tunaroida

fallen [falən] ks fall

fallen woman s langennut nainen

fall for v **1** mennä lankaan **2** rakastua, langeta johonkuhun

fall foul of fr riitaantua jonkun kanssa, joutua vaikeuksiin jonkun kanssa

fall from grace fr joutua epäsuosioon

fall guy s (ark) syntipukki

fallibility [ˌfæləˈbɪləti] s erehtyväisyys

fallible [fæləbəl] adj erehtyväinen *we are all fallible* kukaan ei ole erehtymätön

falling-out s riita

falling star s tähdenlento, meteori

fall in love fr rakastua

fall in with fr lyöttäytyä jonkun seuraan

fall off v vähentyä, laskea

fall on v **1** käydä käsiksi, hyökätä kimppuun **2** kuulua jollekulle, olla jonkun tehtävä **3** kohdata, ajautua johonkin

fall out v **1** riidellä, kinata, olla eri mieltä **2** tapahtua, sattua

fallout [ˈfalˌaʊt] s **1** laskeuma *radioactive fallout* radioaktiivinen laskeuma **2** vaikutus, seuraus, seuraukset

fall out of love fr lakata rakastamasta jotakuta, (rakkaus) sammua

fallout shelter s säteilysuoja
fallow [fæloʊ] s, adj kesanto(-) *to lie fallow* olla kesannolla; olla käyttämättömänä
fallow deer s kuusipeura
falls s (mon) putous, putoukset *the Niagara Falls* Niagaran putoukset
fall short v **1** ei täyttää vaatimuksia, ei kelvata, ei olla riittävä, jäädä vajaaksi **2** ei riittää, loppua kesken
fall through v epäonnistua, ei toteutua
fall to pieces fr **1** hajota, särkyä **2** (kuv) musertua, luhistua (esim suruunsa)
fall under v kuulua jonkun tehtäviin, johonkin (ryhmään, luokkaan)
false [fals] adj **1** väärä *a false assumption/answer* väärä oletus/vastaus **2** uskoton, epäluotettava *a false friend/lover* epäluotettava ystävä/uskoton rakastaja **3** vale- *a false bottom* valepohja *false teeth* tekohampaat *under false pretenses* vilpillisesti
false alarm s väärä hälytys
false bottom s valepohja
false economy väärästä päästä säästäminen
false friend s **1** (kiel) harhauttavasti samankaltaiset kahden kielen sanat tai ilmaukset (esim 'fib' (hätä)valhe ja 'fiba' möhläys) **2** (myös false lover) epäluotettava ystävä/uskoton rakastaja
falsehood s valhe
false imprisonment s laiton vangitseminen
falsely adv väärin, virheellisesti, (syyttää) aiheettomasti
false move s vikatikki, kohtalokas virhe
false pregnancy s valeraskaus
false teeth s (mon) tekohampaat
falsetto [fal'setoʊ] s falsetti (poikkeavan korkea laulu- tai puheääni)
falsies [falsiz] s (mon ark) rintaliivien toppaus; topatut rintaliivit
falsification [ˌfalsəfə'keɪʃən] s väärennös, väärennys
falsify ['falsəˌfaɪ] v väärentää, vääristää
falsity s perättömyys, valheellisuus; epärehellisyys
falter [faltər] v kangerrella, empiä, epäröidä, hidastaa (askeleitaan)

faltering adj kangerteleva, empivä
falteringly adv kangerrellen, empien, epäröiden
fame [feɪm] s maine, kuuluisuus *Brian Wilson of Beach Boys fame* Brian Wilson joka tuli kuuluisaksi yhtyeessä Beach Boys *to win fame* niittää mainetta *her main claim to fame is...* hän on kuuluisa lähinnä siitä että...
fame and fortune fr maine ja mammona
famed adj maineikas, kuuluisa *Tuscany is famed for its art* Toscana on kuuluisa taiteestaan/tunnetaan taiteestaan
familial adj perhe- *familial duties* perheenjäsenen velvollisuudet
familiar [fə'mɪljər] adj **1** tuttu *the name sounds familiar to me/I am not familiar with the name* nimi kuulostaa tutulta/nimi ei ole minulle tuttu, en tunne nimeä **2** tuttavallinen, ystävällinen, arkinen *the author uses a familiar style* tekijä kirjoittaa arkisesti
familiarity [fəˌmɪljɪ'erɪti] s **1** läheisyys, tuttuus **2** (asian) hallinta
familiarization [fəˌmɪljərə'zeɪʃən] s totuttautuminen, tutustuminen johonkin (with)
familiarize [fə'mɪljəˌraɪz] v **1** tutustuttaa joku johonkin (with), opettaa jollekulle jotakin **2** *to familiarize yourself with* tutustua johonkin
familiarly adv tuttavallisesti
familiarly known as fr joka yleisesti tunnetaan nimellä, josta yleensä käytetään (epävirallista) nimeä
1 family [fæmli] s **1** perhe *a family of four* nelihenkinen perhe *to start a family* perustaa perhe **2** suku *it runs in the family* se on sukuvika
2 family adj perhe- *family life* perhe-elämä
family Bible s perheraamattu
family doctor s perhelääkäri
family man s **1** hyvä perheenisä **2** perheellinen mies
family name s sukunimi
family planning s perhesuunnittelu
family practice s perhelääkärin vastaanotto

family practitioner s perhelääkäri
family tree s sukupuu
famine [fæmən] s nälänhätä
famish [fæmɪʃ] v (ark) olla nälissään, kuolla nälkään *I am famished* minulla on hirvittävä nälkä
famous [feɪməs] adj kuuluisa
famous last words fr (leik) kuuluisat viimeiset sanat (ennen katastrofia)
famously adv **1** kuten kaikki tietävät **2** (UK vanh) *we got along famously* tulimme erinomaisesti toimeen keskenämme
1 fan [fæn] s **1** tuuletin, puhallin; viuhka **2** kannattaja, ihailija, fani
2 fan v **1** (tuuli) puhaltaa, tuulettaa; leyhytellä viuhkalla **2** levittää (viuhkaksi) **3** (kuv) herättää (kiinnostus, innostus)
fanatic [fəˈnætɪk] s fanaatikko, kiihkoilija, yltiöpää adj fanaattinen, kiihkoileva, yltiöpäinen
fanatical [fəˈnætəkəl] adj fanaattinen, kiihkoileva, yltiöpäinen
fanatically adv fanaattisesti, fanaattisen
fanaticism [fəˈnætəsɪzm] s fanaattisuus, fanatismi, suvaitsematon kiihkoilu
fancier s kasvattaja *pigeon fancier* kyyhkyjenkasvattaja
fanciful [fænsəfəl] adj epätavallinen, koristeellinen, lennokas, korkealentoinen, mielikuvituksekas
fancifully adv epätavallisesti, koristeellisesti, lennokkaasti
fan club s ihailijakerho
1 fancy [fænsi] v **1** (ark) haluta, toivoa *Do you fancy a drink?* Haluatko jotain juotavaa? *I don't fancy going out tonight.* Minua ei huvita mennä ulos illalla. **2** (UK ark) olla ihastunut johonkuhun **3** kuvitella (ilmaisemassa hämmästystä) *Fancy that!* Kuvittele! **4** (kirjak) otaksua, luulla *I fancied I heard her sigh.* Luulen, että kuulin hänen huokaisseen.
2 fancy s **1** mielikuvitus, kuvitelma **2** mieltymys *he took a fancy to the new convertible* hän ihastui uuteen avoautoon *it caught my fancy* minä innostuin siitä **3** mielijohde, halu, oikku *I had this fancy of gorging on ice cream* mieleeni juolahti/mieleni teki yhtäkkiä mässäillä jäätelöllä
3 fancy adj hieno(steleva), tärkeilevä, koristeellinen *I don't want anything fancy, just a regular watch* en halua mitään hienoa, ihan tavallisen kellon vain
fancy dress s naamiaisasu
fancy dress party s (UK) naamiaiset
fancy-free adj (parisuhteesta) vapaa
fanfare [ˈfænˌfeər] s fanfaari (myös kuv) *without much fanfare* suurta melua pitämättä, miltei huomaamattomasti
fang [fæŋ] s (eläimen) hammas, (käärmeen) myrkkyhammas
fanlight s oven yllä oleva ikkuna
fan mail s ihailijaposti, ihailijakirjeet
fanny s **1** (ark) pehva, peppu **2** (UK alat) tussu, mirri
fanny pack s (US) vyölaukku (UK bum pack)
fan out v **1** levittäytyä, hajautua **2** levittää (viuhkaksi)
fantabulous [fænˈtæbjələs] adj (ark) fantastinen
fantasize [ˈfæntəˌsaɪz] v haaveilla jostakin (about), kuvitella että (that), fantisoida
fantastic [fænˈtæstɪk] adj **1** mielikuvituksellinen, mielikuvitus- **2** uskomaton **3** loistava, fantastinen **4** valtava
fantastically adv **1** uskomattoman, satumaisen, valtavan (hyvin) **2** mielikuvituksekkaasti, kekseliäästi
fantasy [fæntəsi] s **1** mielikuvitus **2** kuvitelma **3** (mus, teatteri) fantasia
fantasy world s mielikuvitusmaailma *she lives in a fantasy world* hän elää omassa mielikuvitusmaailmassaan
fan vaulting s (arkkitehtuurissa) viuhkaholvi
fanzine [fænzin] s fanilehti, ihailijalehti
FAO Food and Agriculture Organization of the United Nations Yhdistyneiden Kansakuntien elintarvike- ja maatalousjärjestö
FAQ [fæk] s UKK, usein kysytyt kysymykset
1 far [far] adj farther/further, farthest/furthest: kaukainen, etäinen *at the far*

far 936

end of the room huoneen perällä *at the far reaches of the universe* maailmankaikkeuden äärillä *a far country* kaukainen maa *in the far future* kaukaisessa tulevaisuudessa *this novel is a far cry from yours* tätä romaania ei voi verratakaan sinun romaaniisi
2 far adv **1** kaukana, etäällä *that city is far from here* se kaupunki on kaukana täältä **2** (ajasta) myöhään, pitkään *the war continued far into the next year* sota jatkui pitkälle seuraavaan vuoteen **3** pitkällä, pitkälle *you have come far in your career* urasi on edennyt pitkälle **4** paljon *they used far more money than they had thought* he käyttivät paljon enemmän rahaa kuin oli tarkoitus **5** *as far as* sikäli kuin, mitä johonkuhun/johonkin tulee **6** *by far the longest* selvästi, ehdottomasti pisin **7** *so far so good* toistaiseksi kaikki on sujunut hyvin, toistaiseksi (meillä) ei ole mitään hätää **8** *thus far* toistaiseksi, tähän mennessä
far and away adv selvästi, ehdottomasti
far and wide adv kaukana, pitkät matkat; ummet ja lammet
faraway ['fɑrə,weɪ] adj kaukainen, etäinen
farce [fɑrs] s farssi
farcical [fɑrsɪkəl] adj farssimainen, huvittava, koominen
farcically adv koomisen; koomisesti
1 fare [feər] s **1** matkalipun hinta, maksu *can you loan me money for the cab fare?* lainaatko minulle rahat taksiin? **2** (taksin) kyyditettävä, asiakas **3** (ravintola)ruoka
2 fare v selviytyä *he fared well in the examination* hän pärjäsi hyvin kokeessa
Far East Kaukoitä
Far Eastern adj Kaukoidän
farewell [,fer'wel] s jäähyväiset, hyvästit *to bid farewell to something* jättää jäähyväiset jollekin, lopettaa
far-fetched [,fɑr'fetʃt] adj kaukaa haettu
far-flung [,fɑr'flʌŋ] adj **1** etäinen, syrjäinen **2** laajalle levinnyt
1 farm [fɑrm] s maatila, farmi
2 farm v viljellä maata, kasvattaa karjaa, olla maanviljelijä

farmer s maanviljelijä, farmari
farmer's marker s tori
farmhand s maatyöläinen
farmhouse s maatalo, maalaistalo, (tilan) päärakennus
farming s maanviljely
farmland s pellot, viljelysmaa
farm out v **1** teettää alihankintana/ulkoisesti **2** antaa joku hoidettavaksi (erityisesti lapsista puhuttaessa) *He was too young to be farmed out all day every day.* Hän oli liian nuori laitettavaksi kokopäivähoitoon.
farmstead s maatalo sivurakennuksineen
farmyard s maatalon piha
far-off adj kaukainen
far out adj (sl) epätavallinen, outo, raju, pimee
far-reaching [,fɑr'ritʃɪŋ] adj kauaskantoinen
farrier [feriər] s (hevosten) kengittäjä
far-sighted [,fɑr'saɪtəd] adj **1** pitkänäköinen **2** (kuv) kaukonäköinen, kaukokatseinen
1 fart [fɑrt] s **1** pieru **2** *old fart* (ihmisestä) vanha pieru, kalkkis
2 fart v pieraista
farther [fɑrðər] adj, adv (komparatiivi sanasta *far*) kaukaisempi, etäisempi, kauempana, kauemmaksi
farthest [fɑrðəst] adj, adv (superlatiivi sanasta *far*) kaukaisin, etäisin, kauimpana, kauimmaksi
farthing [fɑrðɪŋ] s (vanha Isossa-Britanniassa käytetty kolikko) neljännespenny
fascinate ['fæsə,neɪt] v kiehtoa, kiinnostaa kovasti
fascinating adj kiehtova, kiinnostava
fascination [,fæsə'neɪʃən] s kiinnostus, innostus; viehätys, vetovoima *to hold a fascination for someone* kiinnostaa jotakuta
fascism [fæʃɪzəm] s fasismi
fascist [fæʃɪst] s fasisti adj fasistinen
1 fashion [fæʃən] s **1** tapa *she walks in a strange fashion* hän kävelee oudosti *he is a writer after a fashion* hän on jonkinlainen/jonkin sortin kirjailija **2** muoti *miniskirts have gone out of*

fatigue

fashion minihameet ovat jääneet pois muodista
2 fashion v muotoilla
fashionable adj muodikas, muoti-
fashionably adv muodikkaasti
fashionista [ˌfæʃiou'nistə] s **1** muodin orja **2** muotisuunnittelija
fashion plate s (kuv) muotinukke
fashion show s muotinäytös
1 fast [fæst] s paasto
2 fast v paastota
3 fast adj **1** (lujasti) kiinni, kiinnitetty *to have fast colors* olla värinpitävä *a fast friend* hyvä/luotettava ystävä **2** nopea (vauhti, ihminen, valokuvausfilmi) **3** (kello) edellä *your watch is fast* kellosi on edellä/edistää **4** *he leads a fast life* hänellä menee lujaa
4 fast adv **1** lujasti, tiukasti, kiinni *hold fast now* pidä tiukasti kiinni **2** (nukkua) sikeästi **3** nopeasti **4** *he lives fast* hänellä menee lujaa
fast-acting adj nopeavaikutteinen
fastback [fæstbæk] s viistoperä(inen henkilöauto)
fasten [fæsən] v kiinnittää, kiinnittyä
fastener s kiinnike, suljin
fastening s kiinnike, suljin
fast food s pikaruoka
fast-forward v kelata/selata kasettia/levyä eteenpäin
fast forward s pikakelaus/selaus eteenpäin
fastidious [fæsˈtɪdiəs] adj pikkutarkka, turhantarkka, nirso; tunnollinen
fastidiously adv pikkutarkasti, tunnontarkasti; nirsoillen
fastidiousness s pikkutarkkuus; nirsoilu
fast-paced adj nopeatempoinen, vauhdikas
fast-talking adj lipeväkielinen
fast track s (kuv) oikotie
fast-track v nopeuttaa, vauhdittaa
1 fat [fæt] s rasva
2 fat [fæt] adj **1** rasvainen (ruoka) **2** lihava, paksu (ihminen) **3** paksu (kirja, nippu) **4** (taloudellisesti) kannattava; rikas
fatal [feɪtəl] adj tappava, kuolettava; kova, vakava; kohtalokas *he made a fatal error* hän teki kohtalokkaan erehdyksen *it dealt a fatal blow to him* se aiheutti hänelle kovan takaiskun
fatal flaw s vakava puute, kohtalokas vika
fatalism [ˈfeɪtəˌlɪzəm] s fatalismi, kohtalousko
fatalistic [ˌfeɪtəˈlɪstɪk] adj fatalistinen
fatality [feɪˈtæləti] s kuolemantapaus, kuollut *there were no fatalities in the explosion* räjähdyksessä ei kuollut ketään
fatally adj kuolettavasti (haavoittunut)
fat cat s (ark) iso kiho
fat chance fr (ark) älä luulekaan!, turha kuvitella
fat content s rasvaprosentti, rasvapitoisuus
fat dormouse s (eläin) unikeko
fate [feɪt] s kohtalo
fated adj tuomittu *your plan is fated to fail* suunnitelmasi on tuomittu epäonnistumaan
fateful adj kohtalokas
fat farm s (ark) laihdutushoitola
fat-free adj rasvaton, kevyt-
1 father [faðər] s **1** isä **2** (kuv) isä, perustaja, alullepanija *the father of the revolution* vallankumouksen isä **3** (katolisessa kirkossa) isä **4** *Father* Isä, Jumala
2 father v **1** siittää *he fathered a child* hän siitti lapsen **2** (kuv) panna alulle, aloittaa
Father Christmas s (UK) joulupukki
father confessor s rippi-isä
father figure s isähahmo
fatherhood s isyys
father-in-law s (mon fathers-in-law) appi
fatherland [ˈfaðərˌlænd] s isänmaa
fatherly adj isällinen
Father's Day s isänpäivä
1 fathom [fæðəm] s (syvyysmitta) syli
2 fathom v **1** mitata syvyys **2** käsittää, ymmärtää *I cannot fathom why you did it* en ymmärrä miksi teit sen
fathomless adj **1** pohjaton **2** käsittämätön
1 fatigue [fəˈtiɡ] s **1** väsymys, uupumus *the plane crashed due to metal fatigue*

koneen putoaminen johtui metallin väsymisestä **2** (sot) työpalvelu **3** (mon: sot) työvaatteet
2 fatigue v väsyttää, väsyä (myös metallista), uuvuttaa, uupua
fat lady: *the show ain't over till the fat lady sings* (ark) tilanne voi vielä muuttua
fatso [fætsoʊ] s (ark halv) läski, lihapulla
fatten [fætən] v lihottaa, lihoa
fattening adj lihottava
fatten up v lihottaa
fat-tire adj maastopyöräily- *the fat-tire set* maastopyöräilijät
fatty adj rasvainen *fatty acids* rasvahapot
fatuity [fə'tuəti] s **1** typeryys, tyhmyys **2** tyhmä huomautus
fatuous [fætʃʊəs] adj typerä, tyhmä
faucet [fasət] s (vesi)hana
1 fault [falt] s **1** vika, virhe, puute *to find fault with someone* haukkua, moittia **2** syy *it's his fault, not mine* se oli hänen eikä minun vika **3** (geologinen) siirros *San Andreas Fault* San Andreaksen siirros (Kaliforniassa)
2 fault v moittia, arvostella
fault-finding s (ilkeämielinen) arvostelu, moittiminen
faultless adj moitteeton, virheetön
faulty adj viallinen; virheellinen
faun s (antiikin tarujen) fauni
fauna [fana] s eläimistö, fauna
faux [foʊ] adj teko-, keino- *faux leather* tekonahka
faux pas [foʊpa] s kömmähdys, (nolo) virhe *to make a faux pas* kömmähtää
fava bean [fævə] s härkäpapu
fave [feɪv] adj (UK) suosikki-, lempi- (sanasta favourite)
1 favor [feɪvər] s **1** palvelus *can I ask you a favor?* saanko pyytää sinulta palvelusta/apua? *do me a favor, will you, and shut up!* etkö voisi pitää suusi kiinni? **2** suosio *to win someone's favor* päästä jonkun suosioon *the book found favor with yuppies* kirja oli juppien mieleen *to be out of favor* olla epäsuosiossa *the teacher treats her with favor* opettaja suosii/lellii häntä **3** kannatus *few people are in favor of raising taxes* vain harvat kannattavat verojen korotusta
2 favor v **1** suosia, asettaa etusijalle *as a teacher, you should not favor any student* opettaja ei saisi suosia ketään
2 kannattaa *I favor the idea* kannatan ajatusta **3** suoda, myöntää *she favored him with a kiss* hän soi hänelle suukon **4** säästää, varoa *after the accident, he has been favoring his left leg* onnettomuuden jälkeen hän on varonut vasenta jalkaansa
favorable adj suotuisa, myönteinen
favorably adv suotuisasti, myönteisesti
favored adj **1** suosikki, mieluisin, lempi- **2** suotuisa, edullinen
favorite [feɪvrət] s suosikki adj lempi-, mieli- *tacos are my favorite food* tacot ovat lempiruokaani
favoritism [feɪvərətɪzm] s (jonkun epäreilu) suosiminen
1 fawn [fan] s **1** peuran vasikka **2** beesi (väri)
2 fawn v (koira) heiluttaa häntäänsä (kuv myös ihmisestä:) mielistellä
3 fawn adj beesinvärinen
1 fax [fæks] s faksi, telekopio
2 fax v faksata, lähettää faksi/telekopio
fax machine s telekopiolaite, faksi
faze [feɪz] v (ark) järkyttää, saada pois tolaltaan
FBI *Federal Bureau of Investigation* Yhdysvaltain liittovaltion poliisi
FCC *Federal Communications Commission*
fcty. *factory* tehdas, tehtaalla
FDA *Food and Drug Administration*
FDIC *Federal Deposit Insurance Corporation*
fealty [fiəlti] s vasallin uskollisuus *to swear an oath of fealty to someone* vannoa uskollisuudenvala jollekulle
1 fear [fɪər] s **1** pelko, ahdistus *we have nothing to fear but fear itself* meillä ei ole muuta pelättävää kuin itse pelko *I didn't want to say anything for fear of making her leave* en sanonut mitään koska en halunnut hänen lähtevän
2 mahdollisuus, pelko *there is little fear of him coming back* ei ole juuri pelkoa

federalism

siitä että hän palaisi **3** kunnioitus, pelko *to live in fear of God* elää Jumalan pelossa *to put the fear of God into someone* pelästyttää joku pahanpäiväisesti
2 fear v pelätä
fearful adj **1** pelokas, ahdistunut **2** (vanh) pelottava
fearfully adv pelokkaasti
fearless adj peloton, urhea
fearlessly adv urheasti, rohkeasti
fearlessness s pelottomuus, rohkeus, urheus
fearsome [fıərsəm] adj pelottava
feasibility [ˌfizə'bılətı] s toteutettavuus, käytännöllisyys *the feasibility of your plan is in question* on epävarmaa voidaanko suunnitelmasi toteuttaa käytännössä
feasibility study s esitutkimus, kannattavuusselvitys
feasible adj **1** mahdollinen, joka voidaan toteuttaa, käyttökelpoinen *it's not feasible to build two tunnels* kahta tunnelia ei voida rakentaa **2** uskottava, todennäköinen
feasibly adv **1** mahdollisesti **2** uskottavasti, todennäköisesti
1 feast [fist] s **1** juhla **2** juhla-ateria
2 feast v **1** juhlia **2** kestitä (vierasta) **3** *to feast your eyes on something* lepuuttaa silmiään jossakin
feast for the eyes fr silmän ilo
feat [fit] s teko, saavutus *it was not a little/mean feat* se oli melkoinen saavutus
1 feather [feðər] s sulka, höyhen *they are birds of a feather* he ovat samaa maata, kuin vakka ja kansi
2 feather v *to feather your nest* (kuv) paikata omia taskujaan
featherbedding [ˈfeðərˌbedıŋ] s **1** (työllistämiseen annetut) subventiot, tukipalkkiot **2** työllistäminen (yli todellisen työvoimatarpeen)
feather boa s höyhenpuuhka
featherbrained [ˈfeðərˌbreınd] adj (halv) typerä, tyhmä
feather duster s pölyhuisku
feathered adj höyhenpukuinen

feathered friends: *our feathered friends* linnut; siivekkäät ystävämme
feather in your cap fr sulka hatussa/hattuun
featherweight [ˈfeðərˌweıt] s **1** (nyrkkeilyssä) höyhensarja **2** (kuv) pikkutekijä, mitätön ihminen
feathery adj **1** höyhenpeitteinen **2** höyhenenkevyt, höyhenen kaltainen
1 feature [fitʃər] s **1** (kasvon/tunnus)piirre, tunnusmerkki, ominaisuus **2** (lehti)kirjoitus, artikkeli, lukujuttu, feature **3** (kokoillan) elokuva
2 feature v **1** julkaista (lehdessä) **2** esiintyä (elokuvassa)
feature film s (kokoillan) elokuva
feature-length adj kokoillan, täyspitkä (elokuva)
featureless adj yksitoikkoinen, mitäänsanomaton
feature story s (lehdessä) artikkeli, lukujuttu (ei uutinen), feature
feature writer s (lehdessä) lukujuttujen kirjoittaja, toimittaja
Feb. *February* helmikuu
febrile [fibraıəl, febrəl] adj kuumeinen (myös kuv), kiihkeä
February [ˈfebjʊˌeri ˈfebrʊˌeri] s helmikuu
fecal [fikəl] adj uloste-
feces [fisiz] s (mon) uloste(et)
feckless adj oikukas, ailahteleva
fecund [ˈfikənd] adj hedelmällinen (myös kuv), tuottelias
fecundity [fıˈkʌndəti] s hedelmällisyys (myös kuv), tuotteliaisuus
1 fed [fed] s (ark) **1** *the Fed* FBI **2** FBI:n agentti
2 fed ks feed
federal [fedrəl fedərəl] adj liittovaltion, liitto(valtio)-
Federal Bureau of Investigation s Yhdysvaltain liittovaltion poliisi (FBI)
federal case *to make a federal case out of something* paisutella jotakin asiaa, ottaa liian tosissaan
federal government s (Yhdysvaltain) liittohallitus
federalism [fedrəlızəm] s federalismi

federalist [fedrəlıst fedərəlıst] s federalisti
federalize v alistaa/siirtää liittovaltion hallintaan
Federal Republic of Germany Saksan liittotasavalta
federate ['fedə‚reıt] v yhdistää liittovaltioksi/federaatioksi
federation [‚fedə'reıʃən] s liitto, liittovaltio, federaatio
1 FedEx [fed'eks] s eräs kuriiripalvelu
2 FedEx v lähettää FedExillä
fedora [fə'dorə] s (miesten matala) huopahattu
fed up with adj (ark) kyllästynyt johonkin, kurkkua myöten täynnä jotakin
fee [fi] s maksu, taksa
feeble [fibəl] adj heikko, voimaton
feeble-minded adj **1** heikkolahjainen **2** typerä, älytön
feebly adv heikosti, voimattomasti
1 feed [fid] s **1** ruokinta, syöttö, syöttäminen **2** rehu, ruoka, ateria
2 feed v fed, fed **1** ruokkia, syöttää *to feed the animals/fuel to an engine* ruokkia eläimet/syöttää polttoainetta moottoriin **2** syödä
feedback [fidbæk] s palaute
feeding ground s (eläinten) ravinnonhakualue
feed off ks feed on 2
feed on v **1** syödä jotakin **2** (kuv) ruokkia vihaansa jollakin, saada voimaa jostakin
1 feel [fıəl] s tuntu, tuntuma, tunnelma *velvet has a soft feel* sametti tuntuu pehmeältä *he has a feel for languages* hänellä on kielikorvaa
2 feel v felt, felt **1** tunnustella, tuntea, tuntua *the new manager is still trying to feel his way around* uusi johtaja ei ole vielä tottunut työhönsä *I feel like a fool* tunnen itseni idiootiksi **2** ajatella *she feels that you treated her badly* hänestä tuntuu että sinä kohtelit häntä huonosti
feeler s tuntosarvi (myös kuv) *he put out feelers to find a new job* hän nosti tuntosarvensa pystyyn löytääkseen uuden työpaikan, hän alkoi etsiä uutta työpaikkaa
feel for v sääliä, tuntea myöntätuntoa jotakuta kohtaan
1 feeling s **1** tunto *he had almost no feeling in his legs* hänen jalkansa olivat puutuneet **2** tunne, mielipide *I have the feeling that you are trying to avoid me* minusta tuntuu että sinä yrität vältellä minua *no hard feelings!* ei se mitään, en pane sitä pahakseni *feelings are running high* mielet ovat kuohuksissa
2 feeling adj tunteellinen; myötätuntoinen; (kuv) lämmin
feelingly adv tunteellisesti; myötätuntoisesti
feel like fr huvittaa, haluttaa *do you feel like dancing/a cup of coffee?* haluatko tanssia/maistuisiko sinulle kahvi?
feel like yourself fr olla entisensä, olla oma itsensä
feel out v tunnustella (jonkun mielipidettä tms)
feel up v (sl) lääppiä (seksuaalisesti)
feel up to fr tuntea kykenevänsä johonkin, olla valmis johonkin
feet [fit] ks foot
feign [feın] v teeskennellä, tekeytyä (sairaaksi, tietämättömäksi ym)
feigned adj tekaistu
1 feint [feınt] s harhautus
2 feint v harhauttaa
feisty adj **1** terhakka, pirteä **2** ärhäkkä, kipakka
feldspar ['feld‚spar] s maasälpä
felicitous [fəlısətəs] adj osuva, onnistunut
felicity [fə'lısəti] s **1** onni, autuus **2** osuvuus, sopivuus, onnistuneisuus
feline [filaın] adj kissa-, kissamainen
1 fell [fel] s **1** nahka, talja, vuota **2** tunturi **3** ylänkö
2 fell v ks fall adj: *in one fell swoop* yhdellä iskulla, yhtä aikaa
fella [felə] s (ark) **1** mies, kaveri **2** mieskaveri, poikakaveri
fellatio [fə'leıʃoʊ] s fellaatio
feller [felər] s (ark) mies, kaveri
fellow [feloʊ] s **1** toveri, ystävä **2** kaveri, heppu *he is a fine fellow* hän on mainio kaveri **3** (US yliopiston) stipendiaatti

adj kanssa-, -toveri *fellow competitor* kilpatoveri
fellowship s **1** toveruus, kaveruus **2** (US yliopiston) stipendi
fellow traveler s **1** matkatoveri **2** (poliittisen aatteen) piilokannattaja
felon [felən] s (lak) törkeän rikoksen tekijä
felonious [fəˈloʊniəs] adj (lak) törkeä(n rikoksen luonteinen)
felony [feləni] s (lak) törkeä rikos
1 felt [felt] s huopa
2 felt v ks feel
felt-tip pen s huopakynä
felucca [fəˈlʌkə] s (Niilin ja Välimeren purjealus) felukki
fem. *feminine* feminiininen
1 female [fiːmeɪəl] s **1** naaras(eläin) **2** nainen, (alat) muija, akka
2 female adj **1** naaras-, naispuolinen, nais- *a female elephant/doctor* naarasnorsu/naislääkäri *female company/audience* naisseura/naisyleisö
female connector s naarasliitin
female socket s naaraspistoke
feminine [femənən] s (kieliopissa) feminiini adj naisellinen, feminiininen; naismainen
femininity [ˌfeməˈnɪnəti] s naisellisuus
feminism [femənɪzəm] s feminismi, nais(asia)liike
1 feminist [femənɪst] s feministi
2 feminist adj feministinen
femme fatale [ˌfemfəˈtæl] s (ranskasta) kohtalokas nainen, femme fatale
femoral [fɪˈmorəl] adj reisi- *femoral artery* reisivaltimo
femur [fiːmər] s reisiluu
fen [fen] s kosteikko, suo
1 fence [fens] s **1** aita (myös urh) este *to sit on the fence* lykätä ratkaisua, olla kahden vaiheilla **2** varastetun tavaran kätkijä/kauppias
2 fence v **1** aidata **2** miekkailla **3** (kuv) väistellä, vältellä
fence in v **1** aidata **2** (kuv) rajoittaa, ahdistaa, panna ahtaalle
fence off v rajata aidalla, erottaa aidalla, aidata
fencer s miekkailija

fencing s miekkailu
fender s (auton, polku/moottoripyörän) lokasuoja
fender bender s (ark) peltikolari
fend for yourself [fend] v pitää puolensa; tulla toimeen omillaan
fend off v torjua (isku), puolustautua
fenestration [ˌfenəsˈtreɪʃən] s ikkunoiden sijoitus
feng shui [ˌfʌŋˈʃweɪ] s (rakennusten suunnittelussa käytettävä kiinalainen ennakointimenetelmä) fengshui
fennec fox [fenək] s aavikkokettu, fennekki
fennel [fenəl] s (mauste) fenkoli, saksankumina
fenugreek [ˈfenjʊˌgrik] s sarviapila
feral [fɪrəl] adj villiintynyt
ferment [fɜrment] s **1** (kem) fermentti, käyte **2** (kem) käyminen **3** levottomuus
ferment [fərˈment] v **1** (kem) käydä **2** (kuv) (suunnitelma) kypsyä; kiehua, olla levotonta
fermentation [ˌfɜrmənˈteɪʃən] s **1** (kem) käyminen, fermentaatio **2** (kuv) (suunnitelman) kypsyminen; kiehuminen, levottomuus
fern [fɜrn] s saniainen
ferocious [fəˈroʊʃəs] adj julma, vihainen, raivokas
ferociously adv julmasti, vihaisesti, raivokkaasti
ferociousness s julmuus, viha, raivo
ferocity [fəˈrasəti] s julmuus, viha, raivo
ferret [ferət] s (eläin) hilleri
ferret out [ferət] v kaivaa/onkia esiin, ottaa/saada selville
ferric [ferɪk] adj rauta-
Ferris wheel [ferəs] s maailmanpyörä
ferrite [feraɪt] s ferriitti
ferrous [ferəs] adj rauta-
ferrule [ferul] s **1** (tuki)holkki **2** hela
1 ferry [feri] s lautta *we caught the ferry at Bari* jatkoimme Barista lautalla
2 ferry v kuljettaa (lautalla, lentokoneella, autolla)
ferryman s (mon ferrymen) lautturi
ferry service s lauttayhteys
ferry terminal s lauttaterminaali, lauttasatama

fertile [fɜrtəl] adj hedelmällinen (myös kuv)
fertility [fɜr'tɪləti] s hedelmällisyys (myös kuv)
fertilization [ˌfɜrtələ'zeɪʃən] s **1** hedelmöitys **2** lannoitus
fertilize [fɜrtəlaɪz] v **1** hedelmöittää **2** lannoittaa
fertilizer ['fɜrtəˌlaɪzər] s lannoite
fervent [fɜrvənt] adj intohimoinen, palava (halu), horjumaton (kannattaja)
fervently adv intohimoisesti, palavasti, innokkaasti
fervor [fɜrvər] s intohimo, hartaus, palava into
fess up v (ark) tunnustaa, myöntää (sanasta *confess*)
-fest liitteenä osoittamassa että toiminta jatkuu pitkään, on vilkasta *gabfest* puheenpölinä
fester [festər] v **1** (haava) märkiä **2** (kuv) kalvaa/jäytää (mieltä)
festival [festəvəl] s juhla, festivaali(t) *a music festival* musiikkijuhla(t)
festive [festɪv] adj juhla-
festive season s joulu(naika)
festivity [fes'tɪvəti] s (mon festivities) juhla, juhlallisuus; juhlatunnelma, hilpeys
1 festoon [fes'tun] s (kukka)köynnös
2 festoon v koristella *the room was festooned with balloons* huone oli koristeltu ilmapalloilla
feta [fetə] s feta(juusto)
fetal [fitəl] adj sikiö-
fetal position: *she sleeps in a fetal position* hän nukkuu sikiöasennossa
fetch v **1** noutaa, hakea **2** (huutokaupassa) tuottaa
fetching adj ihastuttava, hurmaava
1 fete [fet, feɪt] s juhla
2 fete v juhlia
fetid [fetəd] adj pahanhajuinen
fetish [fetɪʃ] s fetissi
fetishism ['fetɪˌʃɪzəm] s fetisismi
fetishist s fetisisti
fetlock s (hevosen) vuohistupsu
fetlock joint s (hevosen) vuohisnivel
fetter [fetər] v kahlehtia, panna kahleisiin (myös kuv)
fetters [fetərz] s (mon) kahleet (myös kuv)
fettle [fetəl] *she's in fine fettle* hän on loistokunnossa
fetus [fitəs] s sikiö
1 feud [fjud] s (suku)riita, kiista
2 feud v riidellä, kiistellä
feudal [fjudəl] adj feodaali-, läänitys-
feudalism [fjudəlɪzəm] s feodalismi, läänityslaitos
fever [fivər] s kuume (myös kuv:) huuma, kiihtymys
fevered adj kuumeinen, kiihkeä, hillitön
feverish adj kuumeinen (myös kuv:) kiireinen, innokas, kiihkeä
feverishly adv kuumeisesti
fever pitch s (kuv) kiehumispiste *to reach fever pitch* saavuttaa kiehumispiste
few [fju] adj, pron harva, muutama, jokunen *few people know it* vain harvat tuntevat sen *a few people know it* muutama ihminen tuntee sen *quite a few people know it* aika moni tuntee sen *too few people know it* (aivan) liian harvat tuntevat sen *the few who like his paintings* ne harvat jotka pitävät hänen tauluistaan *you can take a few* voit ottaa muutaman *quite a few* varsin moni/paljon *in as few as five countries* vain viidessä maassa *every few years* muutaman vuoden välein *to name but a few* vain muutaman mainitakseni
few and far between fr harvassa (kuin kanan hampaat), kiven alla
fewer adj, pron komparatiivi sanasta *few: he tried to read it no fewer than three times* hän yritti kokonaiset kolme kertaa lukea sen
fewest adj, pron superlatiivi sanasta *few*
fey [feɪ] adj **1** omituinen **2** teennäinen
fez [fez] s fetsi (riippuvatupsuinen marokkolainen lakki)
ff. *page 7 ff.* sivulta 7 alkaen
fgn. *foreign* ulkomainen, tuonti-
fgt. *freight* rahti
FHA *Federal Housing Administration*
fiancé [ˌfian'seɪ] s sulhanen
fiancée [ˌfian'seɪ] s morsian
fiasco [fɪ'æskoʊ] s fiasko

fiat [fiat] s käsky, määräys
1 fib [fɪb] s (ark) (hätä)valhe
2 fib v (ark) valehdella, puhua perättömiä, huijata
fibber s valehtelija; huijari
fiber [faɪbər] s **1** kuitu *dietary fiber* ravintokuitu *natural fibers* luonnonkuidut **2** (kuv) selkäranka *moral fiber*
fiberboard s kuitulevy
fiberglass ['faɪbərˌglæs] s lasikuitu
fiber optics s kuituoptiikka
fibrous [faɪbrəs] adj kuitu-, kuitumainen
fibula [fɪbjələ] s pohjeluu
FICA [faɪkə] *Federal Insurance Contribution Act* (lähinnä) sotumaksu
fickle [fɪkəl] adj ailahteleva, oikukas
fiction [fɪkʃən] s **1** kaunokirjallisuus, kertomakirjallisuus, sepitteinen kirjallisuus **2** pöty, tuulesta temmattu/keksitty juttu, satu (kuv)
fictional adj kuvitteellinen, keksitty *fictional characters* romaanihenkilöt
fictionalize [fɪkʃənəlaɪz] v tehdä jostakin (tositapahtumasta) romaani/elokuva
fictitious [fɪk'tɪʃəs] adj **1** kuvitteellinen, keksitty **2** tekaistu (juttu, nimi), perätön
1 fiddle [fɪdəl] s viulu *to play second fiddle to someone* (kuv) soittaa toista viulua
2 fiddle v **1** (ark) vinguttaa/soittaa viulua **2** sormeilla, sorkkia, häärätä jonkin kimpussa *don't fiddle with my stereo* jätä minun stereoni rauhaan **3** (kuv) halkoa hiuksia **4** korjailla (luvattomasti), pistää omaan taskuunsa
fiddler [fɪdlər] s **1** (ark) viulunsoittaja, viulunvinguttaja **2** huijari, petturi
fidelity [fə'deləti] s uskollisuus; (käännöksen, äänentoiston) tarkkuus
fidget [fɪdʒət] v liikuskella hermostuneesti *will you stop fidgeting with that lighter!* jätä se tupakansytytin rauhaan!
fidgety [fɪdʒəti] adj levoton, hermostunut, rauhaton
1 fiduciary [fə'duʃieri] s omaisuudenhoitaja, uskottu mies
2 fiduciary adj hoitajan haltuun uskottu
fief [fif] s läänitys
1 field [fiəld] s **1** pelto **2** (jää-/öljy-/magneetti-/näkö-/jalkapallo-/baseball)kenttä, taistelukenttä/tanner **3** (tutkimus/ammatti)ala **4** (toimiston vastakohtana:) kenttä *they tested the computer for a year in the field* tietokonetta kokeiltiin kentällä vuoden ajan **5** (urh) kenttälajit, kenttäurheilu
2 field v **1** (baseball) ottaa (pallo) kiinni, saada koppi **2** vastata taitavasti (kysymykseen) **3** lähettää (pelaaja, ehdokas, työntekijä) kentälle
field day: *to have a field day* olla erittäin hauskaa, nauttia kovasti
fielder s (urh) ulkopelaaja
field events s (urh) (mon) kenttälaji(kilpailu)t
fieldfare s räkättirastas
field glasses s (mon) kiikari
field goal s **1** (amerikkalaisessa jalkapallossa) potkumaali **2** (koripallossa) pelitilannekori
field hand s maatyöläinen
field hockey s maahockey
field hospital s (sot) kenttäsairaala
field marshal s (UK) sotamarsalkka
fieldmouse s (mon fieldmice) peltohiiri
field of vision s näkökenttä
field sports s (mon) metsästys ja kalastus
field test s kenttätesti, käyttökoe
field-test v kokeilla/testata käytännössä
field trial ks field test
field trip s opintoretki
field vole s peltomyyrä
fieldwork [fiəldwərk] s kenttätyö
field worker s kenttätyöntekijä, esim haastattelija
fiend [find] s **1** paholainen, piru (myös kuv) **2** (ark) hullu *he is a football fiend* hän on intohimoinen (amerikkalaisen) jalkapallon ystävä, jalkapallohullu *he works like a fiend* hän paiskii töitä kuin heikkopäinen **3** (ark) nero *she is a definite fiend at math* hän on nero matematiikassa
fiendish adj pirullinen, julma, hirvittävä
fiendishly difficult fr piru(llise)n vaikea
fierce [fɪərs] adj hurja, raju, vihainen, terävä (arvostelu)

fiercely

fiercely adv hurjasti, rajusti, vihaisesti, (arvostella) terävästi
fierceness s kiivaus *the fierceness of the opposition* kiivas vastustus
fiery [faɪəri] adj hehkuva, tulinen (myös kuv)
fiesta [fi'estə] s fiesta, juhla
fife [faɪf] s (pieni sotilasorkesterin) huilu
fifteen [fɪf'tin] s, adj viisitoista
fifteenth [fɪf'tinθ] s, adj viidestoista
fifth [fɪfθ] s, adj viides *to take the fifth* (lak) käyttää vaitiolo-oikeutta
fifties s (mon) **1** 50-luku, erit 1950-luku **2** lämpötila 50–59°F (10–15°C) **3** ikävuodet 50–59 *she is in her fifties* hän on viisissäkymmenissä
fiftieth [fɪftɪəθ] s, adj viideskymmenes
fifty [fɪfti] s, adj viisikymmentä
fifty-fifty adj tasan, puoliksi
fiftysomething ['fɪfti͵sʌmθɪŋ] adj (iältään) viiskyt ja risat
fig [fɪg] s viikuna
fig. *figure* kuva, piirros
1 fight [faɪt] s **1** tappelu, riita, yhteenotto, taistelu **2** sisu, taisteluhenki
2 fight v fought, fought: tapella, riidellä, ottaa yhteen, taistella *the United States fought Japan in the Pacific* Yhdysvallat taisteli Japania vastaan Tyynellämerellä *the doctors are fighting the disease* lääkärit taistelevat tautia vastaan *the rescuers were fighting the fire* pelastajat yrittivät saada tulipalon sammumaan
fight a losing battle fr olla tuomittu epäonnistumaan
fight back v **1** torjua (hyökkäys), puolustautua **2** niellä (kyyneleet)
fighter s **1** taistelija, soturi; nyrkkeilijä **2** hävittäjä (lentokone)
fighter-bomber s hävittäjäpommikone
fighter pilot s hävittäjälentäjä
fight for survival fr taistelu olemassaolosta
fight for your life fr taistella henkensä edestä
fighting chance: *I think they still have a fighting chance* minusta he voivat vielä onnistuakin
fight it out fr tapella/riidellä kyllikseen
fight like cats and dogs fr olla tukkanuottasilla
fight off v torjua (hyökkäys, sairaus)
fight shy of fr välttää, karttaa
fight the good fight fr kilvoitella hyvä uskon kilvoitus
fight to the bitter end fr taistella katkeraan loppuun asti
fight with windmills fr (kuv) taistella tuulimyllyjä vastaan
fig leaf s viikunanlehti (myös kuv)
figment [fɪgmənt] s mielikuvituksen tuote, kuvittelu *that's just a figment of your imagination* kunhan kuvittelet, sinä luulet vain
figurative [fɪgjərətɪv] adj kuvaannollinen *I used the word in a figurative sense* käytin sanaa kuvaannollisessa merkityksessä
figuratively adv kuvallisesti sanoen/puhuen
figuratively speaking fr kuvaannollisesti sanoen
1 figure [fɪgjər] s **1** numero, luku; summa *it has a six-figure price* se maksaa kuusinumeroisen summan **2** kuvio **3** hahmo, muoto **4** henkilö, hahmo *a key figure* avainhenkilö **5** vartalo *watch your figure* varoa liikakiloja *keep your figure* ei lihoa, pysyä hoikkana
2 figure v **1** laskea (yhteen, up) **2** (ark) päätellä, arvata, uskoa, luulla *he figured we'd go there alone* hän arvasi/luuli että menisimme sinne yksin **3** esiintyä jossakin *that theme figures centrally in the book* aiheella on kirjassa keskeinen merkitys **4** *it/that figures* sen saattoi arvata, se olisi pitänyt arvata
figured adj kuvioitu, kuvio-
figure eight s (kuvio) kahdeksikko
figurehead s keulakuva (myös kuv)
figure of speech s sanonta *don't worry about what he said, it's just a figure of speech* älä välitä, ei hän mitään pahaa tarkoittanut
figure on v **1** luottaa johonkin, laskea jonkin varaan **2** varautua johonkin
figure out v **1** ymmärtää, tajuta, käsittää **2** laskea
figure skater s taitoluistelija

filter

figure skating s taitoluistelu
figure up v (summa) tehdä yhteensä, olla
figurine [ˌfɪgjəˈrin] s (pieni veistos tai henkilökuva) figuriini
Fiji [fidʒi] Fidži
Fijian s, adj fidžiläinen
filament [fɪləmənt] s **1** hehkulanka **2** (auringon) filamentti
filch [fɪltʃ] v (ark) kähveltää, näpistää, pölliä
1 file [faɪəl] s **1** arkistokansio **2** asiakirja **3** (tietokoneen) tiedosto **4** jono *they marched out single file* he marssivat ulos yhtenä jonona **5** viila
2 file v **1** arkistoida **2** (tietok) tallentaa **3** jättää sisään (hakemus) **4** marssia jonossa **5** viilata
file card s arkistokortti, merkintäkortti
file folder s arkistokansio
file management s (tietok) tiedostojen hallinta
file server s (tietok) tiedostopalvelin
filet [fɪˈleɪ] ks fillet
filet mignon [fɪˈleɪmɪnˈjan] s (ruoka) filet mignon
filial [fɪlɪəl] adj pojan, tyttären *filial duty* lapsen velvollisuudet (vanhempia kohtaan)
1 filibuster [ˈfɪləˌbʌstər] s jarruttaja (politiikassa)
2 filibuster v pitää jarrutuspuheita *to filibuster legislation* jarruttamalla estää lain hyväksyminen
filibustering s jarruttaminen (politiikassa pitkiä puheita pitämällä)
filigree [ˈfɪləˌgri] s filigraani(työ/koristelu)
filing cabinet s arkistokaappi
filings [faɪlɪŋz] s (mon) viilanpuru
Filipina s filippiiniläinen nainen tai tyttö
Filipino [ˌfɪləˈpinoʊ] s, adj filippiiniläinen
1 fill [fɪl] s *to have your fill of something* saada kyllikseen/tarpeekseen jostakin *to eat your fill* syödä kyllikseen
2 fill v **1** täyttää, täyttyä *he is filled with sadness* hän on täynnä surua *they have already filled the vacancy* avoin työpaikka on jo täytetty **2** *to fill a need* olla hyvään tarpeeseen, olla kaivattu **3** paikata (hammas)
filler s **1** täyteaine, tilke, kitti **2** (lehdessä) palstantäyte
filler cap s (polttoainesäiliön) korkki, tulppa
fill 'er up fr tankata (auton tankki) täyteen
1 fillet [fɪˈleɪ] s filee, seläke
2 fillet v leikata fileiksi, fileoida
fill in v **1** täyttää (kaavake, halkeama) **2** toimia jonkun sijaisena, tuurata **3** kertoa jollekulle jotakin, saattaa joku tilanteen tasalle
fill-in s tuuraaja
1 filling s **1** (ruuan) täyte **2** (hampaan) paikka
2 filling adj (ruoka) täyttävä, tukeva, tuhti
filling station s huoltoasema
fill in the blanks fr antaa/saada puuttuvat tiedot, paikkailla tietoja
fillip s kimmoke, yllyke, heräte, virike
fill out v **1** täyttää (kaavake) **2** paisuttaa, paisua, pullistaa, pullistua
fill someone's shoes fr astua jonkun tilalle
fill the bill fr täyttää tarkoituksensa, sopia hyvin
fill up v täyttää; tankata (auto) täyteen
fill-up s (polttoainetankin) täyttö
filly [fɪli] s tammavarsa
1 film [fɪlm] s **1** kelmu, kalvo, kerros **2** (valokuvaus)filmi **3** elokuva, filmi
2 film v filmata, kuvata, elokuvata
film camera s elokuvakamera
filmic adj elokuvamainen (kirja)
filmmaker s elokuvaohjaaja
film noir [ˌfɪlmˈnwar] s musta elokuva, film noir
film speed s filmin herkkyys, filmin nopeus
filmy [fɪlmi] adj **1** ohut, kalvomainen **2** hämärä
Filofax® [ˈfɪləˌfæks] s päivyri
filo pastry [ˈfɪloʊ ˈpeɪstri] s (kreikkalainen voitaikina) filotaikina
1 filter [fɪltər] s suodatin
2 filter v suodattaa

filter-tip

filter-tip s **1** (savukkeen) suodatin **2** suodatinsavuke
filter-tipped adj suodatin- *a filter-tipped cigarette* suodatinsavuke
filth [fɪlθ] s lika (myös kuv:) saasta *stop spreading all that filth about your brother* lakkaa puhumasta pahaa veljestäsi
filthiness s likaisuus (myös kuv), törkyisyys
filthy adj likainen (myös kuv) *your hands are filthy* kätesi ovat likaiset *that's a filthy lie* katala valhe *he is a filthy liar* kurja valehtelija *to be in a filthy mood* olla pahalla/hankalalla tuulella
filthy lucre s (ark) mammona
filthy rich adj upporikas, sikarikas s *the filthy rich* upporikkaat
fin [fɪn] s **1** (kalan) evä **2** uimaräpylä **3** (ark) viiden dollarin seteli, vitonen **4** (lentokoneen) sivuvakain
finagle [fə'neɪgəl] v (ark) keplotella, petkuttaa, huijata
1 final [faɪnəl] s **1** (yl mon) lopputentti **2** (urh) loppuottelu, finaali
2 final adj lopullinen, loppu-, viimeinen *final payment* viimeinen (maksu)erä *final goal* lopullinen tavoite *final decision* lopullinen päätös/ratkaisu *final word* viimeinen sana
final analysis: *in the final analysis* loppujen lopuksi, viime kädessä
finale [fə'nɑːli] s **1** (esityksen) loppuhuipentuma, (oopperan) loppukohtaus, finaali **2** viimeinen esitys, kilpailu tms
finalist s (urh) finalisti
finality [faɪ'næləti] s (päätöksen) lopullisuus; päättäväisyys, määrätietoisuus
finalization [ˌfaɪnəlaɪ'zeɪʃən] s viimeistely
finalize ['faɪnəˌlaɪz] v viimeistellä, saattaa päätökseen
finally [faɪnli] adv **1** viimein(kin) **2** lopuksi **3** lopullisesti, jyrkästi, määrätietoisesti **4** loppujen lopuksi, sentään
final say: *he has the final say* hän (viime kädessä) päättää
1 finance [faɪnæns] s **1** raha-asiat, finanssit, julkinen talous **2** (mon) (raha)varat
2 finance v rahoittaa
financial [faɪ'nænʃəl] adj finanssi-, raha- *he is a financial wizard* hän on melkoinen finanssihai
financially adv rahallisesti, taloudellisesti
financier [ˌfaɪnæn'sɪər] s finanssimies
finch [fɪntʃ] s peippo
1 find [faɪnd] s löytö, löydös *that blazer was a great find* bleiseri oli hieno löytö/ostos
2 find v found, found **1** löytää *I can't find my other shoe* en löydä toista kenkääni **2** saada selville, selvitä jollekulle *she found that not everybody can be trusted* hänelle selvisi ettei kaikkiin voi luottaa **3** etsiä, ottaa selville *can you please find me another pen?* viitsisitkö etsiä minulle toisen kynän? **4** tuntua joltakin, pitää jonakin, olla jotakin mieltä *I find it awkward to apologize to him* minusta on vaikea pyytää häneltä anteeksi **5** esiintyä, todeta *the jury found the defendant guilty* valamiehistö totesi syytetyn syylliseksi
finder s **1** löytäjä **2** (kameran, kaukoputken) etsin
fin de siècle [ˌfændə'siːkəl] s (ranskaa) 1800-luvun loppu (erit taiteessa) fin de siècle
finding s (tutkimus)tulos
find out v saada selville, selvitä jollekulle
find your (own) thing fr (ark) olla/oppia olemaan oma itsensä
find your tongue fr saada puhelahjansa takaisin
1 fine [faɪn] s sakko
2 fine v sakottaa, antaa sakko
3 fine adj **1** hieno (eri merkityksissä), hyvä *the weather is fine* sää on kaunis *he did a fine job* hän hoiti työnsä hienosti *fine sand* hieno hiekka *fine watch* laatukello **2** terve, vahingoittumaton *I am fine, thank you* minä voin hyvin/hienosti, minulla ei ole mitään hätää, (minulle kuuluu) hyvää, kiitos
4 fine adv hienosti, hyvin; hienoksi
fine arts s (mon) kaunotaiteet

finely adv hienosti, kauniisti, tarkasti, pieneksi (pilkottu)
finery [ˈfaɪnəri] s komeus, loisto
finesse [fəˈnes] s taidokkuus, tahdikkuus, neuvokkuus
1 finger [ˈfɪŋər] s sormi *to keep your fingers crossed* pitää peukkua *I can't put my finger on it, but I think there is something wrong here* en osaa sanoa tarkasti mutta kaikki ei mielestäni ole kohdallaan
2 finger v **1** sormeilla, hypistellä *to twist someone around your little finger* kiertää joku pikkusormensa ympäri, pitää täysin vallassaan **2** (tietok) tunnustella
finger food s (ark) juhlissa: sormin syötävä naposteluruoka
1 fingerprint [ˈfɪŋərˌprɪnt] s sormenjälki
2 fingerprint v ottaa joltakulta sormenjäljet *the police fingerprinted the suspect* poliisi otti epäillyltä sormenjäljet
fingertip [ˈfɪŋərtɪp] s sormenpää *the name is at my fingertips* nimi on aivan kieleni päällä
1 finish [ˈfɪnɪʃ] s **1** maali **2** loppu(kiri) **3** viimeistely, työn laatu
2 finish v **1** lopettaa, loppua, päättää, päättyä, lakata **2** viimeistellä **3** tulla maaliin *as usual, he finished last* tapansa mukaan hän tuli maaliin viimeisenä
finished adj **1** valmis **2** loppu(nut), päättynyt **3** hienosti viimeistelty, hiottu **4** taitava **5** mennyttä *you are finished in this company* sinulla ei ole enää minkäänlaista tulevaisuutta tässä yrityksessä
finish off v **1** tehdä loppu jostakin, tappaa **2** kuluttaa/syödä/juoda loppuun
finish up v saada/tehdä valmiiksi
finish with v **1** saada/tehdä valmiiksi **2** saada tarpeekseen jostakusta/jostakin
finite [ˈfaɪnaɪt] adj **1** äärellinen, rajallinen **2** (kieliopissa verbin muodosta) finiitti-, persoona-
Finland [ˈfɪnlənd] Suomi
Finn s suomalainen
Finnish s suomen kieli adj suomalainen; suomenkielinen

fin whale [ˈfɪnˌweɪəl] s sillivalas
fir [fər] s (jalo)kuusi
1 fire [faɪər] s **1** tuli (myös kuv:) intohimo, kiihko **2** tulipalo **3** tuli(tus) *between two fires* kahden tulen välissä (myös kuv)
2 fire v **1** polttaa **2** tulittaa, ampua *catch fire* syttyä *the building was on fire* talo paloi, oli ilmiliekeissä *to fight fire with fire* panna kova kovaa vastaan, vastata/antaa takaisin samalla mitalla *open fire* avata tuli *he was killed by friendly/enemy fire* hän kuoli omien/vihollisen laukauksista *come under fire for something* saada paljon kritiikkiä jostakin **3** käynnistää (moottori) **4** innostaa, siivittää (mielikuvitusta)
fire alarm s palohälytys
fire away v tulittaa (kysymyksillä), puhua lakkaamatta
fire brigade s (vapaa)palokunta
fire department s palolaitos
fire drill s **1** sammutusharjoitus **2** koe(palo)hälytys
fire engine s paloauto, sammutusauto
fire escape s paloportaat
fire extinguisher s (käsi)sammutin
firefighter s palomies
firefly [ˈfaɪərˌflaɪ] s tulikärpänen
fire hose s paloletku
firelight [ˈfaɪərˌlaɪt] s takkavalkea
fireman [faɪərmən] s (mon firemen) palomies
fireplace [ˈfaɪərˌpleɪs] s takka
firepower [ˈfaɪərˌpaʊər] s tulivoima
fireproof [ˈfaɪərˌpruf] adj tulenkestävä
fire sale s tulipaloale(nnusmyynti)
fire station s paloasema
firewall s (tietoverkon) suojamuuri, tuliseinä, palomuuri
fireweed s maitohorsma
firewood [ˈfaɪərˌwʊd] s polttopuu
fireworks [ˈfaɪərˌwərks] s (mon) ilotulitus

firm [fərm] s yritys, firma adj, adv luja (myös kuv) *she has firm thighs* hänellä on kiinteät reidet *we made a firm deal* teimme lujan/vakaan sopimuksen *he has the firm support of the labor unions* hänellä on takanaan ammattiyhdistysten luja/vankka tuki

firmly

firmly adv lujasti, vakaasti, vankasti; päättäväisesti
firmness s lujuus, vakavuus; päättäväisyys
firm up v lujittaa
firmware ['fərm,weər] s (tietok) laitelmisto, mikro-ohjelmisto
first [fərst] s ensimmäinen *at first* aluksi, ensiksi *that's the first I hear about it* en ole aikaisemmin kuullutkaan siitä *from the very first* alusta alkaen adj ensimmäinen *to put first things first* panna asiat tärkeysjärjestykseen, aloittaa tärkeimmästä päästä *first thing (in the morning)* heti alkajaisiksi, ensimmäiseksi (aamulla) adv ensin, ensimmäiseksi, aluksi *first of all* ennen kaikkea, etupäässä *when she first visited New Zealand...* hänen käydessään Uudessa-Seelannissa ensimmäistä kertaa...
first aid s ensiapu
first class s ensimmäinen luokka (kulkuneuvossa, postissa)
first-class adj **1** ensimmäisen luokan (lippu, posti) **2** ensiluokkainen
first-come *to serve customers on a first-come, first-serve basis* palvella asiakkaita saapumisjärjestyksessä
firstcomer s aloittelija, ensikertalainen
first-day cover s (postimerkkeilyssä) ensipäiväkuori
first degree burn s ensimmäisen asteen palovamma
first degree murder s ensimmäisen asteen murha
first edition s ensipainos
First Family s Yhdysvaltain presidentin perhe
firsthand [,fərst'hænd] adj ensi käden (tieto) adv suoraan *she learned it firsthand from the author* hän kuuli sen itse kirjailijalta/tekijältä
first in first out s (tietok) jonotapa
first lady s presidentin tms puoliso
firstly adv ensinnäkin, ensiksikin
first name s etunimi
first name basis *I'm on a first name basis with her* olemme tehneet sinunkaupat
first offender s ensikertainen rikoksentekijä
first place s ensimmäinen sija, ykkössija
first prize s ensimmäinen palkinto
first-rate adj ensiluokkainen, erinomainen
first-run theater s ensi-iltaelokuvateatteri
first-time adj ensikertalainen, uusi
first-timer s ensikertalainen
firth [fərθ] s (Skotlannissa) (meren)lahti, vuono
Firth of Forth [,fərθəv'fɔrθ] Forthinvuono
fiscal ['fɪskəl] adj fiskaalinen, valtion tuloja koskeva; taloudellinen, raha-
1 fish [fɪʃ] s (mon fish, fishes) kala
2 fish v kalastaa; onkia
fish and chips s kala ja ranskalaiset (perunat)
fisher s kalastaja
fisherman [fɪʃərmən] s (mon fishermen) kalastaja
fisher spider s vesihämähäkki
Fishes (tähdistö) Kalat
fish for v (kuv) kalastella, kerjätä (esim kohteliaisuuksia)
fishhook ['fɪʃ,hʊk] s ongenkoukku
fishing s kalastus
fishing expedition *to go on a fishing expedition* (kuv) kalastella/onkia tietoja, harjoittaa hakuammuntaa
fishline ['fɪʃ,laɪn] s (ongen) siima
fishnet ['fɪʃ,net] s kalaverkko adj verkko- *fishnet stockings* verkkosukat
fish or cut bait fr ratkaista mitä aikoo tehdä, päättää, lakata jahkailemasta
fish out v **1** kaivaa/vetää esiin **2** kalastaa tyhjäksi
fish out of water fr (kuin) kala kuivalla maalla
fish story s (kuv) perätön tarina, kalajuttu
fishtail [fɪʃ,teɪəl] v pujotella, puikkelehtia *fishtail around a corner* luisua sinne tänne kulmassa
fish up v kaivaa/vetää esiin
fishy adj **1** (ark) hämäräperäinen, epäilyttävä **2** (ark) tuulesta temmattu, jota on vaikea uskoa todeksi

fission [fɪʃən] s (fysiikassa) fissio, (atomiydinten) halkeaminen

fist [fɪst] s nyrkki

1 fit [fɪt] s **1** (vaatteen) istuvuus; sopivuus *it's a perfect fit* se istuu/sopii täydellisesti **2** (sairaus-, raivo)kohtaus, (taudin, vihan, itkun) puuska *to throw a fit* saada hepulit *in fits and starts* pätkien, katkonaisesti

2 fit v fit/fitted, fitted sopia, sovittaa, olla sopiva, mahtua *the key fits into the lock* avain sopii lukkoon *she fitted the key into the lock* hän sovitti avainta lukkoon *the price does not fit the product* hinta ja tuote eivät ole sopusoinnussa

3 fit adj **1** sopiva, sovelias, asiallinen, asianmukainen *fit for drinking* juomakelpoinen *survival of the fittest* sopivimman eloonjäänti (olemassaolon taistelussa) **2** (joka on hyvässä fyysisessä) kunnossa

fit as a fiddle fr terve kuin pukki

fitful adj oikukas

fitfully adv oikutellen, pätkien

fitness s (fyysinen) kunto, terveys

fitness training s kuntourheilu, kuntoilu

fitter s **1** räätäli, ompelija **2** asentaja

fitting s (vaatteen) sovitus adj sopiva

fittingly adv sopivasti

fit to be tied fr suunniltaan raivosta

five [faɪv] s, adj viisi

five-and-dime [ˌfaɪvənˈdaɪm] s halpahalli

five-and-ten [ˌfaɪvənˈten] s halpahalli

five-o'clock shadow s (ark) iltapäiväsänki

fiver [faɪvər] s (sl) vitonen, viiden dollarin (UK: punnan) seteli

1 fix [fɪks] s **1** (ark) jama, pula *I'm in a fix* olen nesteessä **2** (ark) ratkaisu, korjaus *a quick fix for a problem* ongelman pikaratkaisu

2 fix v **1** kiinnittää *he fixed the painting to the wall/his eyes fixed on her* hän kiinnitti taulun seinään/hänen katseensa kiinnittyi häneen **2** päättää, sopia, järjestää **3** korjata, oikaista, panna kuntoon *they promised to fix the problem immediately* he lupasivat oikaista asian heti **4** sopia, järjestää luvattomasti *the match was fixed* ottelun tulos oli sovittu etukäteen

fixation [fɪkˈseɪʃən] s pakkomielle

fixative [fɪksətɪv] s kiinnite, kiinnitysaine

fixed-rate [ˈfɪkstˌreɪt] adj (tal) kiinteäkorkoinen

fix someone's wagon fr (sl) kostaa, maksaa takaisin; antaa selkään, näyttää taivaan merkit jollekulle

fixture [fɪkstʃər] s **1** (mon) varusteet, kalusteet *electrical fixtures* (talon) sähkövarusteet, pistorasiat yms *kitchen fixtures* keittiön kalusteet, vesihanat, pistorasiat yms **2** *he is a fixture in the physics department* (kuv) hän kuuluu fysiikan laitoksen (vakinaisiin) kalusteisiin, hän on juurtunut lähtemättömästi fysiikan laitokselle

1 fizz [fɪz] s poreilu, sihinä

2 fizz v poreilla, sihistä

fizzle out v (kuv) sammua (vähitellen), jostakin loppuu veto

fizzy [fɪzi] adj (juoma) poreileva

fizzy drink s hiilihappojuoma

fjord [fjɔrd] s vuono

FL *Florida*

flab [flæb] s (ark) ihra(poimu), läski

flabbergast [ˈflæbərˌgæst] v ällistyttää, tyrmistyttää, saada haukkomaan henkeään

flabbergasted [ˈflæbərˌgæstəd] adj ällistynyt

flabbiness s **1** velttous **2** (ark) läskisyys, ihraisuus

flabby [flæbi] adj **1** veltto, vetelä (myös kuv) **2** (ark) ihrainen, läskinen

flaccid [flæsəd] adj veltto, vetelä, hervoton (myös kuv)

1 flag [flæg] s lippu

2 flag v **1** liputtaa **2** lamaantua, laantua; väsähtää

flag down v viitata (taksi) pysähtymään, pysäyttää

flagging adj hiipuva, vähenevä, heikkenevä *flagging sales* myynnin lasku

flagpole [ˈflægˌpoʊl] s lipputanko

flagrant [fleɪgrənt] adj törkeä, häpeämätön, silmiinpistävä

flagrante delicto [fleɪˌgræntidə'lɪkto] *in flagrante delicto* itse teossa, vereksellä, in flagranti
flagrantly adv törkeästi, häpeämättömästi, ilmiselvästi
flagship ['flægˌʃɪp] s lippulaiva (myös kuv)
flagship store s (ketjun) päämyymälä
flagstaff ['flægˌstæf] s lipputanko
flagstone ['flægˌstoʊn] s kivilaatta
flag-waver s kiihkoisänmaallinen henkilö
flag-waving s kiihkoisänmaallisuus
1 flail [fleɪəl] s varsta
2 flail v **1** puida varstalla **2** huitoa, heiluttaa (esim käsiään)
flair [fleɪər] s vainu, taju, lahjat *she has no flair for elegance* hän ei osaa olla tyylikäs *she always dresses with flair* hän pukeutuu aina tyylikkäästi
flak [flæk] s **1** ilmatorjuntatuli **2** (ark) ankara kritiikki *he took a lot of flak from us for it* hän sai tuutin täydeltä kritiikkiä
1 flake [fleɪk] s **1** hiutale *snow/corn flake* maissihiutale, lumihiutale **2** (sl) tärähtänyt (ihminen); laiska (ihminen)
2 flake v **1** (maali, iho) hilseillä, lohkeilla **2** leikata hiutaleiksi, silputa
flak jacket s luotiliivit
flaky adj **1** (maali, iho) hilseilevä, lohkeileva **2** (sl) tärähtänyt, höynähtänyt; pinnallinen
flaky pastry s murotaikina
flambé [flæm'beɪ] v (ruoka) liekittää, flambeerata
flamboyant [flæm'bɔɪənt] adj ylellinen, mahtaileva, pursuileva, pröystäilevä
flamboyantly adv ylellisesti, mahtaillen, pröystäillen
1 flame [fleɪm] s **1** liekki (myös kuv), hehku, innostus **2** ihastus, mies/naisystävä **3** (tietok) flame
2 flame v **1** leimahtaa liekkiin, syttyä (myös kuv) *her eyes flamed* hänen silmänsä leimahtivat/säkenöivät/iskivät tulta **2** (tietok) herjata
flame-resistant adj liekinkestävä
flame-retardant [fleɪmrɪ'tɑrdənt] adj paloa hidastava, hitaasti palava
flame shrimp s (eläin) tulikatka

flamethrower ['fleɪmˌθroʊər] s (ase) liekinheitin
flame war s (tietok) herjasota
flaming adj liekehtivä, hehkuva (väri), (kuv) palava (tunne)
flamingo [flə'mɪŋgoʊ] s flamingo
flammable [flæməbəl] adj tulenarka, helposti syttyvä
Flanders [flændərz] Flanderi
flange [flændʒ] s (vanteen) sarvi, (bajonetin ym) reunus, rengas
1 flank [flæŋk] s kylki, kuve
2 flank v olla jonkin kupeessa/rinnalla
flannel [flænəl] s flanelli
flannels [flænəlz] s (mon) flanellihousut
1 flap [flæp] s **1** (korva- tai muu) läppä **2** (lentokoneen) laskusiiveke **3** läpsäytys **4** (ääni) läpätys, lepatus
2 flap v **1** läpättää, lepattaa **2** räpyttää, räpytellä; heiluttaa; läiskäyttää *the bird flapped its wings* lintu räpytteli siipiään **3** lyödä, läiskiä, huiskia
flapjack ['flæpˌdʒæk] s **1** ohukainen, räiskäle, ohut pannukakku **2** (UK) kaurahiutaleista, voista ja siirapista valmistettu keksi
flapper s (1920-luvun lyhythameinen) nuori nainen
1 flare [fleər] s **1** purkauma, liekki, roihu **2** valoraketti, hätäraketti **3** (housunlahkeen, hameen) levennys
2 flare v **1** leimahtaa, hulmahtaa, roihahtaa **2** (lahkeesta, hameesta) levitä (alaspäin); (sieraimista) laajentua
flare up v leimahtaa, syttyä, leimahtaa ilmiliekkiin (myös kuv)
1 flash [flæʃ] s **1** leimahdus, välähdys **2** salama **3** salamalaite **4** lyhyt uutislähetys (kesken ohjelman)
2 flash v **1** leimahtaa, välähtää, väläyttää, välkkyä *he flashed her a smile* mies hymyili hänelle lyhyesti, mies väläytti hänelle hymyn **2** vilahtaa, sujahtaa, viilettää
flashback ['flæʃˌbæk] s **1** (yhtäkkiä mieleen palautuva epämiellyttävä) muisto **2** (elokuvassa, romaanissa) takauma
flashcard s (opettelussa käytetty) kuva- tai sanakortti

flasher s **1** vilkkuvalo **2** itsensäpaljastaja, ekshibitionisti
flash flood s (kaatosateen aiheuttama) äkillinen tulva
flashforward [ˌflæʃˈfɔrwərd] s (elokuvassa, romaanissa) tilapäinen siirtyminen ajassa eteenpäin
flashlight [ˈflæʃˌlaɪt] s **1** taskulamppu **2** salamavalo(lamppu)
flash memory s (elektroninen) flash-muisti
flashpoint s ongelmapesäke
flashy adj huomiota herättävä, pröystäilevä
flask [flæsk] s **1** (koe)pullo **2** taskumatti
flat [flæt] s **1** tasanko **2** lape; kämmen **3** (mus) alennusmerkki **4** (UK) huoneisto, asunto **5** rengasrikko *we had a flat on the way here* autosta puhkesi rengas tänne tullessamme adj, adv **1** litteä, tasainen, suora *put your hands flat against the wall* levitä kätesi seinälle/seinää vasten **2** (kuv) haalea (väri), heikko (kysyntä), väljähtänyt (juoma) **3** (mus) alennettu (nuotti); liian matala **4** kerta- *they charge a flat rate* he veloittavat kertamaksun **5** ehdoton, jyrkkä *a flat refusal* ehdoton kieltäytyminen/kielto **6** (ark) auki, rahaton *he is flat broke again* hän on taas peeaa
flatbed scanner [flætbed] s tasoskanneri
flatbed truck s **1** (laidaton) avolavakuorma-auto, avolavapakettiauto **2** (rautateillä) lavettivaunu
flat-chested adj litteärintainen
flat-coated adj sileäkarvainen
flat feet s (mon) lättäjalat
flatfish s **1** (mon) kampelakalat **2** kampela **3** meriantura
flatfoot [ˈflætfʊt] s lättäjalka
flatfooted [ˌflætˈfʊtəd] adj **1** lättäjalkainen **2** kömpelö, kankea **3** tyly, jyrkkä *a flat-footed denial* ehdoton kiistäminen **4** *to catch someone flat-footed* yllättää joku
flatiron [ˈflætˌaɪərn] s (ei-sähköinen) silitysrauta
flatiron building s (pohjakaavaltaan) kolmion muotoinen rakennus

flautist

flatlet [ˈflætlət] s (UK) pikkuasunto
flatly adv ehdottomasti, jyrkästi *to flatly deny* kieltää jyrkästi *to flatly refuse* kieltäytyä ehdottomasti
flatmate [ˈflætˌmeɪt] s (UK) kämppäkaveri
flat-out [ˈflætaʊt] adj **1** täysimittainen *to make a flat-out effort* antaa kaikkensa, panna parastaan **2** ilmiselvä *a flat-out lie* härski valhe
flat-panel display s litteä näyttö, lattanäyttö
flat race s (hevosurheilussa sileä) laukkakilpailu
flat rate s kiinteä hinta
flats [flæts] s (mon) **1** tasanko, alanko *salt flats* suolatasanko *mud flats* mutaranta; (kuivuneen järven) mutapohja **2** matalakorkoiset kengät
flat-screen display s lattanäyttö, litteä näyttö
flat-screen TV s litteä televisio
flatten v tasoittaa, suoristaa, oikaista; kaataa lakoon, maan tasalle
flatten out v tasoittaa, tasoittua, muuttua tasaise(mma)ksi
flatter [flætər] v imarrella, makeilla
flattered [flætərd] adj imarreltu
flatterer s imartelija
flattering adv imarteleva
flatteringly adv imarrellen, imartelevasti
flattery [flætəri] s imartelu, makeilu
flattery will get you nowhere fr (leik) imartelu ei auta
flattop [flætˌtap] s **1** lentotukialus **2** päältä tasaiseksi leikattu sänkitukka
flatulence [flætʃʊləns] s **1** flatulenssi, suolikaasu, ilmavaivat **2** (kuv) tärkeily, mahtipontisuus
flatulent adj **1** jolla on ilmavaivoja **2** (kuv) tärkeilevä, mahtipontinen, paisutteleva
flatus [flætəs] s (lääk) suolikaasu, ilmavaivat, flatus
flatware s **1** aterimet **2** (matalat) lautaset
flatworms s (mon) laakamadot
flaunt [flant] v rehennellä, leuhkia jollakin
flautist [floʊtɪst flaʊtɪst] s huilunsoittaja

flavor

1 flavor [ˈfleɪvər] s **1** maku (myös kuv) *Baskin-Robbins ice cream comes in 31 different flavors* Baskin-Robbinsilla on 31 erimakuista jäätelöä **2** mauste, aromi; sivumaku
2 flavor v maustaa, antaa makua jollekin
flavoring s mauste, aromi
flavorless adj mauton
flavourful [ˈfleɪvərfəl] adj maukas, maittava, hyvänmakuinen
flaw [flɑ] s vika, puute
flawed adj virheellinen, ontuva (kuv)
flawless adj virheetön, moitteeton
flawlessly adv virheettömästi, moitteettomasti
flax [flæks] s pellava
flaxen adj pellava-
flea [fli] s kirppu
fleabag [ˈfliˌbæg] s (ark) hotellin/motellin murju/rähjä
flea collar s (koiran) kirppupanta
flea market s kirpputori
1 fleck [flek] s täplä, tahra, läiskä
2 fleck v roiskia jonnekin, kurata; täplittää
fled [fled] ks flee
fledgling [ˈfledʒlɪŋ] s **1** (linnun)poikanen **2** aloittelija adj aloitteleva, kokematon
flee [fli] v fled, fled paeta, karata
1 fleece [flis] s **1** lampaanvilla **2** fleece
2 fleece v **1** keritä *to fleece sheep* keritä lampaita **2** (ark) (kuv) kyniä, nylkeä
fleet [flit] s **1** laivasto; laivue **2** (saman omistajan) autot, autokanta *the rental agency has a fleet of 400, 000 cars* autonvuokraamolla on yhteensä 400 000 autoa
fleeting adj lyhytaikainen, ohimenevä, hetkellinen
1 Flemish s **1** flaami(lainen) **2** flaamin kieli
2 Flemish adj flaamilainen
flesh [fleʃ] s **1** liha *to put on flesh* lihoa *in the flesh* ilmielävänä *it makes your flesh crawl* siitä nousee iho kananlihalle **2** (hedelmän) malto **3** (kuv) liha *it's the president in flesh and blood* presidentti ilmielävänä *pleasures of the flesh* lihalliset nautinnot

flesh and blood fr **1** *your own flesh and blood* verisukulainen, verisukulaiset **2** *it's more than flesh and blood can bear* se on sietämätöntä
flesh-colored adj ihonvärinen
flesh out v elävöittää, selittää tarkemmin, kertoa lisää
fleshpots [ˈfleʃˌpats] s **1** (mon; usein kuv) lihapadat **2** punaisten lyhtyjen kortteli
flesh-tone adj ihonvärinen
flew [flu] ks fly
flex [fleks] v taivuttaa *the police are flexing their muscles* (kuv) poliisi uhoilee, näyttelee voimiaan
flexibility [ˌfleksəˈbɪləti] s notkeus, joustavuus, taipuisuus
flexible [ˈfleksəbəl] adj notkea, joustava, taipuisa, venyvä
flexion [ˈflekʃən] s (kieliopissa)taivutus
flextime [ˈfleksˌtaɪm] s liukuva työaika
1 flick [flɪk] s **1** näpäytys (sormella); (piiskan) sivallus **2** (sl) filmi, (elo)kuva
2 flick v näpäyttää; sivaltaa; läimäyttää *to flick a switch* kääntää (nopeasti) katkaisijaa
1 flicker [ˈflɪkər] s **1** välähdys, välke **2** (kuv) kipinä, aavistus *a flicker of hope* toivon kipinä *a flicker of a smile* hymyn kare/väre
2 flicker v välkkyä, (liekki) lepattaa
flick through v selata/plarata (kirjaa, lehteä), selata (kanavia)
flier [ˈflaɪər] s **1** lentäjä, pilotti; lentomatkustaja **2** lehtinen, mainos **3** (ark) hyppy *to take a flier* hypätä, (kuv) ottaa riski
flight [flaɪt] s **1** lento (myös kuv) *flight 103 to Chicago* lento numero 103 Chicagoon *a flight of imagination* mielikuvituksen lento **2** pako *take flight* paeta **3** portaat *a flight of stairs* portaat
flight attendant s lentoemäntä
flight data recorder s lentotietonauhuri, musta laatikko
flight deck s (lentokoneen) ohjaamo
flight engineer s (lentokoneen) toinen perämies
flight of fancy fr haaveilu, haihattelu
flight recorder s lentotietonauhuri, musta laatikko

flight simulator s lentosimulaattori
flighty adj vilkas, oikukas, ailahteleva
flimsily [flımzılı] adv heppoisesti, huonosti, hatarasti, kehnosti
flimsy [flımzı] adj heppoinen, huono(sti tehty), hatara, kehno
flinch [flıntʃ] v **1** säpsähtää, säikähtää **2** (kuv) perääntyä
1 fling [flıŋ] s **1** heitto **2** yritys, kokeilu *I took a fling at golf* yritin (huvikseni) pelata golfia **3** irrottelu, ilonpito
2 fling v flung, flung: heittää, paiskata
flint [flınt] s piikivi
1 flip [flıp] s **1** heitto, kääntäminen; näpäytys *at the flip of a switch* (kuv) nappia painamalla, heti **2** hyppy
2 flip v **1** heittää, kääntää (äänilevy ym); näpäyttää; avata (kirja) **2** hypätä **3** (sl) saada hepulit, menettää malttinsa
flip chart s selailutaulu
flip-flops s (mon) varvassandaalit
flippancy [flıpənsı] s nenäkkyys
flippant [flıpənt] adj nenäkäs
flipper s **1** (delfiinin rinta)evä, (pingviinin) siipi **2** uimaräpylä
flip phone s (matkapuhelin) läppäpuhelin, simpukkapuhelin
flip side s **1** levyn B-puoli **2** (kuv) nurja puoli
1 flirt [flərt] s flirttailija
2 flirt v **1** flirttailla, keimailla **2** (kuv) leikitellä (ajatuksella)
flirtation [flər'teıʃən] s flirttailu, keimailu
flirtatious [flər'teıʃəs] adj flirttaileva, keimaileva *to be flirtatious with someone* flirttailla jonkun kanssa
flirtatiousness s flirttailu
flit [flıt] v pyrähtää, vilahtaa
1 float [floʊt] s **1** (ongen, verkon) koho **2** (lentokoneen ym) kelluke **3** pelastusliivit, kelluntaliivit, pelastusrengas **4** lautta **5** (juhlakulkueessa: koristellut) vaunut, lava **6** jäätelösooda
2 float v **1** kellua; ajelehtia **2** leijua ilmassa **3** perustaa (yritys); laskea liikkeelle (laina); (valuuttaa:) (antaa) kellua
float around v (huhu) olla liikkeellä
floating-rate ['floʊtıŋˌreıt] adj (tal) vaihtuvakorkoinen

floss

Floating-Rate Note s (tal) vaihtuvakorkoinen velkakirja
1 flock [flak] s lauma, parvi, (ihmis)joukko
2 flock v parveilla, tulla/mennä sankoin joukoin
floe [floʊ] s jäävuori, myös *ice floe*
flog [flag] v piiskata, ruoskia
flogging s piiskaus
1 flood [flʌd] s tulva (myös kuv) *a flood of orders* tilausten tulva *the Flood* vedenpaisumus
2 flood v tulvia (myös kuv) *the store is flooded with customers* kaupassa vilisee/kuhisee asiakkaita
floodlight ['flʌdˌlaıt] s valonheitin
flood tide s vuoksi, nousuvesi
1 floor [flɔr] s **1** lattia **2** kerros *ground floor* pohjakerros, ensimmäinen kerros *first/second floor* (US) ensimmäinen/toinen kerros, (UK) toinen/kolmas kerros **3** pohja *ocean floor* merenpohja
2 floor v **1** päällystää lattia jollakin **2** iskeä lattialle **3** painaa (kaasu) pohjaan **4** tyrmistyttää, saada tyrmistymään
floor plan s **1** pohjakaava **2** pohjapiirros
1 flop [flap] s epäonnistuminen, munaus, möhläys
2 flop v **1** pudota, kaatua, läpsähtää, lopsahtaa **2** epäonnistua, mennä myttyyn
flophouse ['flapˌhaʊs] s hotellin rähjä; murju
floppy [ˌflapı] s (tietokoneen) levyke adj veltto, vetelä
floppy disk [ˌflapı'dısk] s (tietokoneen) levyke
floppy drive s (tietokoneen) levykeasema
flora [flɔrə] s **1** kasvisto, floora **2** suolen mikrobikasvusto
Florence [floʊrəns] Firenze (italiaksi Firenze)
floret s (esim kukkakaalin kukinnon) kukka
florid adj **1** (iho) punakka **2** koristeellinen **3** (kuv) koukeroinen, korusanainen
Florida [flɔrıdə]
florist [flɔrıst] s kukkakauppias
1 floss [flas] s hammaslanka
2 floss v langata (hampaat)

flotation

flotation s kellunta
flotation device s pelastusliivit
flotilla [flə'tɪlə] s laivue
flotsam and jetsam [ˌflatsəmən'dʒetsəm] s **1** (meressä ajelehtiva) roina **2** (kuv) laitapuolen kulkijat, kodittomat
1 flounder [flaʊndər] s kampela
2 flounder v **1** räpiköidä **2** (kuv) kompuroida, nikotella
1 flour [flaʊər] s jauhot *self-raising flour* leivinjauhetta sisältävät jauhot
2 flour v jauhottaa
1 flourish [flərɪʃ] s **1** koriste, kiehkura **2** (käden, kepin) heilautus
2 flourish v **1** kukoistaa (myös kuv), menestyä hyvin **2** heilauttaa
flourishing adj kukoistava (myös kuv), menestyksekäs
flout [flaʊt] v rikkoa (sääntöjä), ei piitata, vähät välittää
1 flow [floʊ] s virta(us) *traffic flow* liikenteen virta *to go with the flow* (kuv) mennä joukon mukana, tehdä kuten muutkin
2 flow v virrata (myös kuv) *her hair flowed over her shoulders* hiukset roikkuivat hänen olallaan
flowchart ['floʊˌtʃart] **1** s (tietok) vuokaavio **2** (tal) työnkulkukaavio
1 flower [flaʊər] s kukka (myös kuv) *to be in flower* kukkia, olla kukassa
2 flower v kukkia, kukoistaa (myös kuv)
flower bed s kukkapenkki
flower child s (1960-luvun) hippi, kukkaislapsi
flower girl s morsiusneito
flower people s (mon) (1960-luvun) hipit, kukkaislapset
flower pot s kukkaruukku
flowery adj **1** kukkiva, kukkien täyttämä **2** kukikas **3** (kuv) rönsyilevä, koristeellinen (tyyli)
flowline s (tietok) vuoviiva
flown [floʊn] ks fly
fl.oz. ks fluid ounce
flu [flu] s (ark) flunssa, nuhakuume
1 flub [flʌb] s (ark) moka
2 flub s (ark) mokata
fluctuate ['flʌkʃuˌeɪt] v vaihdella, olla epävakaa, ailahdella

fluctuation [ˌflʌkʃu'eɪʃən] s vaihtelu, epävakaisuus, ailahtelu
flue [flu] s (savu)hormi
fluency [fluənsi] s sujuvuus; kielitaito *his fluency in Finnish leaves much to be desired* hänen suomen taidossaan on paljon parantamisen varaa
fluent [fluənt] adj sujuva *she is fluent in several languages* hän puhuu sujuvasti useita kieliä
fluently adv sujuvasti
1 fluff [flʌf] s nöyhtä, nukka
2 fluff v **1** pöyhentää, pöyhiä (tyyny) **2** möhliä *the actor fluffed his lines* näyttelijä kömmähti vuorosanoissaan
fluffy adj **1** pörröinen, pehmeä, pehmoinen **2** (ruoka) kuohkea **3** (kuv) tyhmä, älytön
fluid [fluəd] s neste adj nestemäinen
fluid head ['fluədˌhed] s (kamerajalustan) nestepää, kinopää
fluid ounce s nesteunssi, noin 29,57 ml (fl.oz)
fluke [fluk] s (ark) onnekas sattuma
flung [flʌŋ] ks fling
flunk [flʌŋk] v (ark) reputtaa, saada/antaa reput
flunk out v (ark) saada potkut koulusta
flunky s (halv) nöyristelijä, käskyläinen, lakeija
fluorescent lamp [flə'resənt] s loistelamppu
fluoride [floʊraɪd] s fluoridi
fluorine [floʊrin] s fluori
fluorocarbon ['florəˌkarbən] s fluorihiilivety
flurried [flərid] adj hermostunut, poissa tolaltaan
1 flurry [fləri] s **1** tuulenpuuska, lumipyry, sadekuuro **2** (kuv) (innostuksen) puuska, kova kiire
2 flurry v hermostuttaa, saada joku sekaisin
1 flush [flʌʃ] s tulvahdus; punastuminen; (kuv) huuma
2 flush v **1** (kasvot) punastua, saada (kasvot) punastumaan **2** huuhdella (vedellä) *to flush the toilet* vetää vessa
3 flush adj **1** samassa tasossa kuin, samansuuntainen kuin *the table is flush*

fodder

with/against the wall pöytä on seinän suuntainen/kiinni seinässä **2** (kuv) jollakulla on paljon jotakin *after she won the lottery, she was flush with money* hänellä oli rutkasti rahaa sen jälkeen kun hän voitti arpajaiset
fluster [flʌstər] v hermostuttaa, hämmentää, saada hermostumaan/hämilleen
flustered [flʌstərd] adj (kiireen vuoksi) hermostunut; hämmentynyt
flute [flut] s huilu
fluted adj (pylväs) uurrettu, rihlattu
flutist [flutɪst] s huilunsoittaja
flutter [flʌtər] v **1** räpyttää (siipiä, silmäripsiä), heiluttaa (viuhkaa), läpättää, vipattaa **2** (sydän) tykyttää
flux [flʌks] s epävakaa tila, muutostila *things are in a state of flux* tilanne on epävakaa
1 fly [flaɪ] s kärpänen
2 fly v flew, flown **1** lentää (myös kuv), lennättää *we flew Delta* me lensimme Deltalla/Deltan koneella *he flew passengers in his plane* hän lennätti/kuljetti koneellaan matkustajia *how time flies!* miten aika lentääkään! *fly a kite* lennättää leijaa *go fly a kite!* (kuv) häivy!, ala nostella! *the door flew open* ovi lennähti auki **2** paeta, karata **3** nostaa (lippu) salkoon **4** (ark) onnistua, mennä täydestä *that won't fly* se ei onnistu, se ei mene läpi
fly-by s ohilento, ylilento
fly-by-night adj **1** epäluotettava, hutiloitu, hätiköity **2** hetkellinen, ohimenevä
fly casting s perhokalastus
flycatcher s (lintu) sieppo
flyer [flaɪər] ks flier
fly fishing s perhokalastus
flying s lentäminen
flying buttress s (goottilaisessa rakennustaiteessa) ulkoinen tukikaari
flying colors *to do something with flying colors* selvitä jostakin liput liehuen
Flying Fish s (tähdistö) Lentokala
flying fish s liitokala
flying fox s (lepakko) intianlentäväkoira
flying lemur s (eläin) kaguaani, kolugo
flying saucer s lentävä lautanen
flying squirrel s liito-orava
flying visit s (ark) pikavisiitti
fly in the face of fr uhmata, rikkoa (sääntöjä), ei piitata
fly in the ointment fr haitta, harmi, puute
flyleaf s (kirjan) esilehti
flypaper s kärpäspaperi
flysheet s (teltan) sadekatos
fly swatter s kärpäslätkä
flywheel s vauhtipyörä
FM *frequency modulation* taajuusmodulaatio
f-number s (kamerassa) f-luku, aukko
1 foal [foəl] s varsa
2 foal v varsoa
1 foam [foʊm] s vaahto
2 foam v vaahdota
foam at the mouth fr raivota (suu vaahdossa)
foam rubber s vaahtokumi
foamy adj **1** vaahdon peittämä, vaahtoava **2** helposti vaahtoava
f.o.b. *free on board* vapaasti aluksessa
1 fob [fab] s **1** kellon vitjat **2** avaimenperä **3** kellotasku
2 fob v huijata, puijata, höynäyttää
fob watch s taskukello
focal [foʊkəl] adj: *that was the focal point of my career* se oli urani kohokohta
focal length s polttoväli
focal point s polttopiste (myös kuv)
1 focus [foʊkəs] s **1** polttopiste *to bring a camera/something into focus* tarkentaa kameraa/(kuv) ottaa jokin puheeksi, kiinnittää toisten huomio johonkin *the pictures were all out of focus* yksikään kuvista ei ollut tarkka, kaikki kuvat oli tarkennettu väärin **2** keskipiste (myös kuv), keskus *she was the focus of attention at the party* hän oli huomion keskipisteenä juhlissa
2 focus v tarkentaa (kamera ym), keskittää (myös kuv), keskittyä, (katse) kohdistua, osua *you should try to focus on your job* sinun pitäisi keskittyä työhösi
focus group s testijoukko
fodder [fadər] s rehu (myös kuv) *cannon fodder* tykinruoka

foe [foʊ] s vihollinen, vastustaja
foetus [fitəs] ks fetus
1 fog [fag] s sumu
2 fog v sumentaa, sumentua; (kuv) sekoittaa, hämmentää
fogey [foʊgi] s (ark) homenokka
foggy adj **1** sumuinen **2** huuruinen (ikkuna, peili) **3** (kuv) hämärä
foghorn ['fag͵hɔrn] s sumutorvi
Foghorn Leghorn [͵faghɔrn'legh ɔrn] Kukko Koppava
fog light s (auton) sumuvalo
foible [fɔɪbəl] s omalaatuinen piirre; pikku vika, puute, heikkous
foie gras [fwagra] s hanhenmaksa, ankanmaksa
1 foil [fɔɪəl] s **1** (metalli)kelmu *aluminum foil* alumiinifolio **2** vastakohta, täydennys **3** (miekkailussa) floretti
2 foil v tehdä tyhjäksi, estää
foist on v sälyttää, tyrkyttää
1 fold [foəld] s **1** taite, laskos, poimu, ryppy **2** katras, lammaslauma; (yl) joukko *come back to the fold* palata joukkoon
2 fold v **1** taittaa, taittua, laskostaa **2** tehdä vararikko
foldaway adj kokoontaitettava
folder [foldər] s **1** arkistokansio, mappi **2** esite
fold in v sekoittaa (varovasti) joukkoon
folding chair s taittuva tuoli, klahvituoli
folding table s kääntölevypöytä, klahvipöytä
fold up v **1** taitaa kokoon, taitella, viikata **2** tehdä vararikko
foliage [folɪədʒ] s (puun) lehdet, lehvistö, lehvästö
folio [foʊlioʊ] s **1** (kirja) folio(koko), kaksitaite **2** sivun numero
folk [foʊk] s (yl mon) **1** ihmiset, väki, kansa **2** omaiset, jonkun väki *my folks live in Virginia* vanhempani asuvat Virginiassa
folk art s kansantaide
folk dance s kansantanssi
folklore ['foʊk͵lɔr] s folklore, kansankulttuuri
folklorist s folkloristi, kansankulttuurin tutkija
folk medicine s kansanlääkintä, kansanparannus
folk music s kansanmusiikki
folk remedy s kansanlääke
folk rock s folk rock
folk singer s kansanlaulaja
folk song s kansanlaulu
folksy [foʊksi] adj **1** tuttavallinen, ystävällinen; rento **2** kansanomainen, kansan-
folk wisdom s vanhan kansan viisaus/ oivallus
follicle [falɪkəl] s (lääk) **1** (rauhas)rakkula, follikkeli **2** karvan juurituppi, follikkeli
follow [faloʊ] v **1** seurata, tulla/mennä perässä, kulkea jotakin reittiä *follow me, please* tulkaa perässäni *follow a road* seurata tietä **2** ymmärtää *I'm sorry but I don't follow you* minä putosin kärryiltä **3** noudattaa, seurata *follow the rules/ your heart* noudattaa sääntöjä/seurata sydämensä ääntä **4** seurata, tapahtua seuraavaksi *a fire followed the earthquake, the earthquake was followed by a fire* maanjäristystä seurasi tulipalo **5** seurata, lukea, katsoa *do you follow politics/The Sopranos?* seuraatko sinä politiikkaa/tv-sarjaa Sopranos?
follower s seuraaja, kannattaja, oppilas
following s kannattajajoukko, seuraajat *the politician has a large following* poliitikolla on paljon kannattajia adj seuraava *the following day* seuraavana päivänä *among these problems are the following* näihin ongelmiin kuuluvat mm. seuraavat:
follow out v noudattaa (määräyksiä), toteuttaa (käytännössä)
follow suit v noudattaa esimerkkiä
follow-through ['faloʊ͵θru] s (golfissa, tenniksessä) saatto, lyönnin jatkaminen mailan kaariliikkeen loppuun sen osuttua palloon
follow through v **1** saattaa päätökseen, toteuttaa loppuun saakka **2** (golfissa, tenniksessä) tehdä täydellinen mailaliike, saattaa (ks follow-through)

follow up v **1** ryhtyä toimiin jonkin asian eteen **2** perehtyä johonkin tarkemmin, tutkia jotakin perusteellisemmin

folly [fali] s tyhmyys, hulluus, älyttömyys

foment [foʊ'ment] v lietsoa (riitaa), aiheuttaa (hankaluuksia)

fond [fand] adj **1** *to be fond of someone/something* pitää jostakusta/jostakin **2** rakastava, hyvä, hellä; kaunis (muisto)

fondle [fandəl] v hyväillä

fondly adv rakastavasti, hellästi *she remembered him fondly* hänellä oli hänestä kaunis muisto

fondness s mieltymys, rakkaus

font [fant] s **1** kastemalja **2** kasteallas **3** kirjasinlaji, (tietok) fontti

food [fud] s ruoka; (eläimen) rehu *here's some food for thought for you* tässä on sinulle hengenravintoa, ajattelemisen aihetta

food chain s ravintoketju

food court s ostoskeskuksen ruokailualue, jossa on useita (pika)ravintoloita

food poisoning s ruokamyrkytys

food processor s (keittiön) yleiskone

food rationing s elintarvikesäännöstely

food stamp s (valtion vähävaraisille jakama) elintarvikekuponki

foodstuff [ˈfudˌstʌf] s elintarvike

1 fool [fuəl] s typerys, hölmö; narri *don't make a fool of yourself by talking too much* älä nolaa itseäsi puhumalla liikaa *he was nobody's fool* häntä ei kukaan pystynyt narraamaan, hän ei ollut mikään eilisen teeren poika

2 fool v narrata, huijata, puijata *for a while there you had me fooled* hetken aikaa olin vähällä uskoa sinua

fool around v **1** maleksia joutilaana/siellä täällä **2** käydä vieraissa, juosta naisissa/miehissä

foolhardy [ˈfulˌhardi] adj uhkarohkea, tyhmänrohkea

foolish adj typerä, älytön

foolishly adv typerästi, älyttömästi

foolishness s typeryys, älyttömyys

foolproof [fulˌpruf] adj idioottivarma

fool with v (kuv) leikkiä (jollakin/jonkun tunteilla)

1 foot [fʊt] s (mon feet [fit]) **1** jalka (myös kuv) *we went there on foot* menimme sinne jalan/jalkaisin *at the foot of the mountain/bed* vuoren juurella/vuoteen (jalko)päässä *to be under foot* olla tiellä *to get off on the right/wrong foot* alkaa/aloittaa hyvin, lupaavasti/huonosti *to get your foot in the door* saada jalkansa ovenrakoon, päästä alkuun *to put your best foot forward* esiintyä eduksen, antaa mahdollisimman hyvä kuva itsestään *to not set foot on something* ei astua jalallaankaan johonkin **2** (pituusmitta) jalka, 30,5 cm

2 foot v **1** *foot it* kävellä, mennä jalkaisin; kävellä keinuen **2** maksaa *she offered to foot the bill* hän tarjoutui maksamaan laskun

footage [fʊtədʒ] s **1** mitta, pituus (jalkoina) **2** (elokuva)filmi(n katkelma)

foot-and-mouth disease s suu- ja sorkkatauti

football [ˈfʊtˌbal] s **1** (peli) amerikkalainen jalkapallo **2** (pallo) jalkapallo

foothill [ˈfʊtˌhɪl] s kukkula (vuoriston edustalla)

foothold [ˈfʊtˌhold] s jalansija (myös kuv) *to gain a foothold in something* saada jalansija jossakin

footnote [ˈfʊtˌnoʊt] s alaviite; (kuv) lisäys, lisähuomautus

footprint [ˈfʊtˌprɪnt] s jalanjälki

footstep [ˈfʊtˌstep] s **1** askel **2** (kuv) jälki *he followed in his father's footsteps* hän seurasi isänsä jälkiä

for [fɔr] prep **1** (tarkoituksesta) varten, jollekulle, jollekin *this parcel is for you* tämä paketti on sinulle *a dictionary for students* koululaissanakirja *he ran for life* hän juoksi henkensä edestä **2** (ajasta) ajan *he has played golf for three years* hän on pelannut golfia kolme vuotta **3** (kannatuksesta, sijaisuudesta) puolesta *I am all for lower taxes* minä kannatan ehdottomasti verojen alentamista *a lawyer acts for his client* asianajaja edustaa asiakastaan **4** (vastineesta) *an eye for an eye* silmä silmästä *he was punished for what he did* hän sai teostaan rangaistuksen **5** (matkan kohteesta)

forage

jonnekin *they left for Brazil two days ago* he lähtivät kaksi päivää sitten Brasiliaan **6** (syystä) *the restaurant is famous for its desserts* ravintola on kuuluisa jälkiruuistaan *I did it for no reason* tein sen huvikseni **7** (matkasta) *they drove for forty miles before they found a gas station* he ajoivat 40 mailia ennen kuin löysivät huoltoaseman **8** muita sanontoja *she is tall for a girl* hän on pitkä tytöksi *he has a weakness for chocolate* suklaa on hänen heikkoutensa *he is suprisingly modest for all his money* hän on hämmästyttävän vaatimaton paljoista rahoistaan huolimatta konj sillä
forage [fɔrədʒ] s rehu
forage for v etsiä jotakin
for all the world fr täsmälleen, tismalleen *not for all the world* ei mistään hinnasta
for all you're worth *she tried for all she was worth* (ark) hän yritti parhaansa, hän teki kaikkensa
for a song *to buy/get something for a song* ostaa/saada jokin erittäin halvalla/ pikkurahalla
forbade [fərˈbeɪd] ks forbid
forbear [fərˈbeər] v forbore, forborne (ylät) pidättyä (tekemästä jotakin)
forbearance [fərˈberəns] s **1** pidättäytyminen **2** suvaitsevaisuus
forbid [fərˈbɪd] v forbad(e), forbidden **1** kieltää **2** estää, ei sallia *his injury forbids him from playing tennis* hän ei vammansa vuoksi voi pelata tennistä
forbidding adj ankara, uhkaava
forbore [fərˈbɔr] ks forbear
forborne [fərˈbɔrn] ks forbear
1 force [fɔrs] s **1** voima (myös kuv) *the police had to use force to control the crowd* poliisin oli turvauduttava voimakeinoihin saadakseen väkijoukon kuriin *the law is now in force* laki on nyt voimassa *the forces of nature* luonnonvoimat *he joined the work force* hän siirtyi työelämään **2** (mon) asevoimat
2 force v **1** pakottaa *they forced me to come* he pakottivat minut mukaansa **2** ahtaa, ahtautua, sulloa *we forced the baggage into the trunk of the car* me ahdoimme matkatavarat auton perään
force down someone's throat *she tried to force the idea down my throat* (ark) hän yritti pakottaa minut hyväksymään ehdotuksen
forceful adj voimakas, määrätietoinen, vakuuttava
forcefully adv voimakkaasti, vakuuttavasti
force majeure [ˌfɔrsməˈʒuər] s force majeure, ylivoimainen este
forceps [fɔrseps] s (mon) pihdit, synnytyspihdit
forcible [fɔrsəbəl] adj **1** voimakas, vakuuttava **2** pakko-, voimakeinoin tapahtuva
forcibly adv **1** painokkaasti, voimakkaasti **2** voimakeinoin
1 ford [fɔrd] s kahluupaikka, kahlaamo
2 ford v kahlata (joen yli), ylittää (joki)
Ford [fɔrd] amerikkalainen automerkki
fore [fɔr] s **1** (golfissa) fore, varoitushuuto, jolla ilmoitetaan pallon lähestyvän vaarallisesti toisia pelaajia **2** *to come to the fore* nousta etualalle, tulla näkyviin adj etu-
forearm [fɔrarm] s kyynärvarsi
forebear [ˈfɔrˌbeər] s (yl mon) esi-isät
forebode [ˌfɔrˈboʊd] v ennakoida, ennustaa, olla merkki jostakin
1 forecast [ˈfɔrˌkæst] s ennuste *weather forecast* sääennuste
2 forecast v forecast, forecast: ennustaa
forecourt [ˈfɔrˌkɔrt] s esipiha
forefather [ˈfɔrˌfɑðər] s esi-isä
forefinger [ˈfɔrˌfɪŋɡər] s etusormi
forefront [ˈfɔrˌfrʌnt] *in the forefront* (kuv) etualalla, etunenässä
forego [ˌfɔrˈɡoʊ] v **1** edeltää jotakin **2** ks forgo
foregone conclusion [ˈfɔrˌɡɑn] s etukäteen selvä lopputulos *his dismissal was a foregone conclusion* jo etukäteen oli selvää että hänet erotettaisiin
foreground run s (tietok) edusta-ajo
forehead [ˈfɔrˌhed] s otsa
foreign [fɔrən] adj **1** ulkomainen, vierasmaalainen *foreign films* ulkomaiset elokuvat **2** vieras *foreign matter* vieras

fork over

aine *foreign to* johonkin kuulumaton, ei tyypillinen/ominainen jollekulle
foreign affairs s (mon) ulkopolitiikka
foreign aid s ulkomaanapu, kehitysapu
foreign correspondent s ulkomaan kirjeenvaihtaja
foreigner [fɔrənər] s ulkomaalainen
foreign exchange dealer s valuuttakauppias
foreign legion s muukalaislegioona
foreign minister s ulkoministeri (ei Yhdysvalloissa)
foreign office s ulkoministeriö (ei Yhdysvalloissa)
foreign policy s ulkopolitiikka
foreign service s ulkoasiainhallinto
foreman [fɔrmən] s (mon foremen) **1** työnjohtaja **2** valamiehistön puheenjohtaja
foremost ['fɔrˌmoʊst] adj ensimmäinen, etualalla oleva *the thing that is foremost in my mind is the new law* mielessäni on nyt päällimmäisenä uusi laki **2** adv *first and foremost* ennen kaikkea
forename ['fɔrˌneɪm] s etunimi
forenoon ['fɔrˌnun ˌfɔr'nun] s aamupäivä
forensic [fər'enzɪk] adj oikeus- *forensic medicine* oikeuslääketiede
foreplay ['fɔrˌpleɪ] s esileikki (myös kuv)
forerunner ['fɔrˌrʌnər] s edeltäjä
foresee [ˌfɔr'si] v foresaw, foreseen: ennakoida, arvata etukäteen
foreseeable adj lähi- *in the foreseeable future* lähitulevaisuudessa
foreshadow [ˌfɔr'ʃædoʊ] v ennakoida, olla merkki jostakin (tulevasta)
foreshore ['fɔrˌʃɔr] s ranta
foresight ['fɔrˌsaɪt] s (kuv) kaukonäköisyys
foreskin ['fɔrˌskɪn] s esinahka
forest [fɔrəst] s metsä
forestall [ˌfɔr'stal] v **1** ehtiä ennen (kilpailijaa) **2** ehkäistä, tehdä tyhjäksi
forester [fɔrəstər] s metsänhoitaja
forest ranger s metsänvartija
forestry s metsänhoito, metsätalous
foretaste ['fɔrˌteɪst] s esimaku
foretell [ˌfɔr'tel] v foretold, foretold: ennustaa

forethought ['fɔrˌθat] s harkinta, varovaisuus
forever [fə'revər] adv ikuisesti
forever and a day fr ikuisesti
forevermore [fəˌrevər'mɔr] adv ikuisesti
forewarn [ˌfɔr'wɔrn] v varoittaa
forewoman ['fɔrˌwʊmən] s (mon forewomen) **1** työnjohtaja **2** valamiehistön puheenjohtaja
foreword ['fɔrwərd] s (kirjan) esipuhe, alkusanat, alkulause
forfeit ['fɔrfət] v menettää
forgave [fər'geɪv] ks forgive
1 forge [fɔrdʒ] s **1** (sepän) paja **2** ahjo
2 forge v **1** (sepästä) takoa **2** (kuv) muovata, muokata, takoa *through the years, they forged a friendship* vuosien mittaan heistä tuli hyvät ystävät **3** väärentää **4** edetä *we forged ahead through the jungle* etenimme hitaasti viidakon halki
forger s väärentäjä
forgery s väärennös; väärentäminen
forget [fər'get] v forgot, forgotten: unohtaa
forgetful adj huonomuistinen
forgettable adj jonka unohtaa helposti *a forgettable movie* mitätön elokuva
forgivable [fər'gɪvəbəl] adj anteeksiannettava, jonka voi antaa anteeksi
forgive [fər'gɪv] v forgave, forgiven: antaa anteeksi *forgive me, but aren't you Keanu Reeves?* suokaa anteeksi mutta ettekö te olekin Keanu Reeves?
forgiveness s anteeksianto *I beg forgiveness* pyydän anteeksi
forgiving adj anteeksiantava(inen), sovinnollinen *a forgiving golf club* golfmaila jolla on helppo lyödä hyvin
forgo [ˌfɔr'goʊ] v forwent, forgone: luopua jostakin
forgot [fər'gat] ks forget
forgotten ks forget
1 fork [fɔrk] s **1** haarukka **2** talikko; hanko **3** tienhaara; puunhaara
2 fork v **1** nostaa talikolla **2** haarautua
forklift truck ['fɔrkˌlɪft] s haarukkatrukki
fork out v (ark) pulittaa, maksaa, antaa
fork over v (ark) pulittaa, maksaa, antaa

forlorn [fərˈlɔrn] adj lohduton, onneton, hylätty

1 form [fɔrm] s **1** muoto, hahmo *the new rules are beginning to take form* uudet säännöt alkavat muotoutua/hahmottua **2** tavat **3** kaavake, lomake *you have to fill out this application form* sinun pitää täyttää tämä hakemuskaavake **4** kunto, fysiikka *I am in bad form* olen huonossa kunnossa

2 form v muotoilla, muotoutua, muodostaa, hahmotella, hahmottua *a thought formed in his head* hänen päässään syntyi ajatus *they form a dissenting group* he muodostavat sirpaleryhmän

formal adj muodollinen, virallinen *don't be so formal, mellow out* älä ole niin jäykkä, ota lunkisti *he writes in a formal style* hän kirjoittaa ylätyylillä

formality [fɔrˈmæləti] s **1** muodollisuus **2** virallisuus, jäykkyys

formalize [ˈfɔrməˌlaɪz] v virallistaa, vakiinnuttaa

formally adv virallisesti, jäykästi, kankeasti

format [ˈfɔrˌmæt] s koko; rakenne *the professor did not like the format of his thesis* professori ei pitänyt hänen väitöskirjansa lähestymistavasta *there are several different video formats* on useita erilaisia videojärjestelmiä

formation [fɔrˈmeɪʃən] s **1** muodostaminen **2** muodostelma

formative [ˈfɔrmətɪv] adj muodostava *in his formative years* nuoruusvuosinaan

former [ˈfɔrmər] adj **1** entinen **2** ensiksi mainittu

formerly adv aikaisemmin, aiemmin, ennen

form factor s koko (ja muoto) *the most popular form factor in laptops* sylikoneiden suosituin kokoluokka

Formica® [fɔrˈmaɪkə] s eräs huonekalumuovi(pinnoite), ikilevy

formidable [fərˈmɪdəbəl fɔrmədəbəl] adv pelottava, hirvittävä, valtaisa, suunnaton

formula [ˈfɔrmjələ] s mon formulas, formulae [ˈfɔrmjəleɪ] kaava, (lääke)resepti *what's your formula for success?* mikä on menestyksesi salaisuus? *baby formula* vauvanruoka

formulate [ˈfɔrmjəˌleɪt] v muotoilla, pukea sanoiksi, ilmaista

formulation [ˌfɔrmjəˈleɪʃən] s ilmaisu, esitys, sanamuoto

for-profit [fərˈprɑfət] adj kaupallinen

for real *to be for real* **1** olla tosissaan, tarkoittaa täyttä totta **2** olla aito/rehellinen/luotettava **3** olla todellinen, ei olla pelkkää puhetta

for rent fr (kyltissä, lehti-ilmoituksessa ym) vuokrattavana

forsake [fərˈseɪk] v forsook, forsaken: jättää, hylätä, luopua

for sale fr (kyltissä, lehti-ilmoituksessa ym) myytävänä

for starters fr (ark) **1** aluksi, alkajaisiksi **2** ensinnäkin, ensinnäkään

forswear [fərˈsweər] v forswore, forsworn **1** luopua jostakin **2** kieltää (paikkansapitävyys)

fort [fɔrt] s linnoitus, linnake

forte [ˈfɔrteɪ fɔrt] s jokun vahva puoli *mathematics is not her forte* matematiikka ei kuulu hänen vahvoihin puoliinsa

forth [fɔrθ] adv eri ilmauksissa: *to set forth* lähteä matkaan *and so forth* ja niin edelleen

forthcoming [ˌfɔrθˈkʌmɪŋ] adj pian alkava/ilmestyvä/esitettävä *Kevin Costner stars in a forthcoming movie about lawyers* esittää pääosaa asianajajista kertovassa elokuvassa joka tulee pian teattereihin *no help/money was forthcoming* apua ei liiennyt/rahaa ei herunut

for the present fr toistaiseksi, tällä haavaa, tässä vaiheessa

for the time being fr toistaiseksi

forthright [ˈfɔrθˌraɪt] adj suora, peittelemätön

forthwith [ˌfɔrθˈwɪθ] adj (ylät) välittömästi, viipymättä

fortieth [ˈfɔrtiəθ] adj neljäskymmenes

fortification [ˌfɔrtəfəˈkeɪʃən] s **1** linnoitus **2** linnoittaminen **3** vahvistaminen, lujittaminen

fortify [ˈfɔrtəˌfaɪ] v vahvistaa, lujittaa; linnoittaa

fortnight [ˈfɔrtˌnaɪt] s kaksi viikkoa

FORTRAN *formula translation* eräs tietokonekieli

fortress [fɔrtrəs] s linnoitus

fortunate [fɔrtʃənət] adj onnekas *that was very fortunate for us* se oli meidän kannaltamme onnellinen tapahtuma

fortunately adv onneksi

fortune [fɔrtʃən] s **1** kohtalo, sattuma, onni **2** omaisuus

fortune hunter s onnenonkija

fortuneteller [ˈfɔrtʃənˌtelər] s ennustaja

Fort Worth [ˌfɔrtˈwərθ] kaupunki Texasissa

forty [fɔrti] s, adj neljäkymmentä

fortysomething [ˌfɔrtiˌsʌmθiŋ] adj (iältään) nelkyt ja risat

forum [fɔrəm] s forum, foorumi, (tapahtuma)paikka, näyttämö

1 forward [fɔrwərd] s (urh) (laita)hyökkääjä

2 forward v välittää eteenpäin, lähettää toiseen/uuteen osoitteeseen

3 forward adj **1** (tilasta) eteenpäin **2** (ajasta) etukäteen tapahtuva, ennakko- **3** tungettelevainen, röyhkeä

4 forward adv **1** (tilasta) eteenpäin **2** (ajasta) eteenpäin, tulevaisuuteen, (jostakin) lähtien

forward contract s (tal) termiinisopimus

forwarding address s uusi osoite

forwardness s röyhkeys, tungettelu

forwards [fɔrwərdz] ks forward

forward slash s vinoviiva (/)

forward swing s (golfissa) eteenvienti

for what it's worth *for what it's worth, I don't believe her* jos minulta kysyt(te) niin en usko häntä

4YEO (tekstiviestissä, sähköpostissa) *for your eyes only*

fossil [fasəl] s fossiili (myös kuv)

foster [fastər] v **1** edistää, tukea, kannustaa **2** kasvattaa (kasvattilapsena)

fought [fat] ks fight

1 foul [faʊəl] s (urh) virhe

2 foul v **1** saastuttaa, liata **2** sotkea (siima), sotkeutua **3** (urh) tehdä virhe, rikkoa sääntöjä

3 foul adj **1** paha (haju), pahanhajuinen, pilaantunut, saastunut **2** (kuv) kurja, inhottava **3** ruma, törkeä (puhe) **4** (urh) virheellinen, sääntöjen vastainen

foul-mouthed [ˌfaʊlˈmaʊðd] adj törkeä suustaan

foul play s **1** epäreilu peli **2** murha, veriteko

foul-smelling [ˌfaʊlˈsmeliŋ] adj pahanhajuinen, löyhkäävä

foul up v (ark) munata, tunaroida

found [faʊnd] v **1** ks find **2** perustaa *the school was founded in 1799* koulu perustettiin 1799 *he founded his belief on what you said* hän perusti käsityksensä sinun sanoihisi **3** sulattaa ja valaa (metallia, lasia)

1 founder [faʊndər] s **1** perustaja **2** (metallin) valaja

2 founder v (laivasta) kariutua (myös kuv:) epäonnistua *our plan foundered at the last minute* suunnitelmamme kariutui/raukesi viime hetkellä

foundry [faʊndri] s valimo

fountain [faʊntən] s **1** lähde **2** suihkukaivo **3** juomalaite (esim koulussa, työpaikalla)

four [foər] s, adj neljä *on all fours* nelinkontin

four-cycle [ˈfoərˌsaɪkəl] adj nelitahtinen

four-horned antelope s nelisarviantilooppi

four-stroke [ˈfoərˌstroʊk] adj nelitahtinen

fourteen [ˌfoərˈtin] s, adj neljätoista

fourteenth [ˌfoərtˈtinθ] adj neljästoista

fourth [foərθ] adj neljäs

fowl [faʊəl] s **1** siipikarja; kana, hanhi, kalkkuna *he is neither fish nor fowl* (kuv) hän ei ole lintu eikä kala, hänestä ei ota selvää **2** linnunliha

1 fox [faks] s **1** kettu **2** *Fox* yksi Yhdysvaltain neljästä suuresta televisioverkosta

2 fox v huijata, vetää nenästä

foxberry s (mon foxberries) puolukka

foyer [fɔɪər] s **1** (teatterin, hotellin, kerrostalon eteis)aula **2** (yksityisasunnon) eteinen

FPO *field post office* kenttäpostitoimisto

fps *feet per second* jalkaa (30,5 cm) sekunnissa *frames per second* (kamerassa) ruutua sekunnissa

fqcy. *frequency* taajuus

fraction [fræk∫ən] s **1** murto-osa **2** murtoluku

1 fracture [fræktʃər] s (luun- ym) murtuma

2 fracture v murtaa, lohkaista, katkaista *he fractured his leg while skiing* häneltä katkesi/murtui hiihtäessä jalka

fragile [frædʒəl] adj (helposti) särkyvä; hento, herkkä *Alaska is an ecologically fragile area* Alaska on ekologisesti herkkää aluetta

fragility [frə'dʒɪləti] s särkyvyys; herkkyys

fragment [frægmənt] s pala(nen), sirpale; katkelma

fragment [fræg'ment] v rikkoa/särkeä/särkyä palasiksi/sirpaleiksi

fragmentary ['frægmən,teri] adj katkonainen, pätkittäinen

fragmentation [,frægmən'teɪʃən] s särkeminen, särkyminen

fragmented adj katkonainen, sirpaleinen, särkynyt

fragrance [freɪgrəns] s tuoksu; hajuvesi

fragrant [freɪgrənt] adj hyvänhajuinen, hyvältä tuoksuva

frail [freɪəl] adj heikko, heiveröinen, helposti särkyvä, herkkä *grandmother is in frail health* isoäidin terveys on heikko *grandmother is frail* isoäiti on heiveröinen nainen

frailty [freɪəlti] s **1** heikkous, heiveröisyys, herkkyys **2** vika, heikkous

1 frame [freɪm] s **1** runko **2** hahmo, olemus *he is of a slight frame* hän on ruumiinrakenteeltaan heiveröinen **3** (oven, ikkunan) karmi; (taulun, valokuvan) kehys **4** *frame of reference* viitekehys *frame of mind* mielentila

2 frame v **1** kehystää **2** laatia, kehittää **3** ilmaista, pukea sanoiksi **4** sommitella (valokuva)

frame house s puutalo

framework ['freɪm,wərk] s (kuv) kehys, runko, puitteet

France [fræns] Ranska

1 franchise ['fræn,tʃaɪz] s **1** lupa, oikeus; äänioikeus **2** toimilupa, lisenssi, fransiisi (lupa perustaa tiettyyn paikkaan yl maanlaajuiseen ketjuun kuuluva, mutta yksityisen omistama ravintola, myymälä tms)

2 franchise v myöntää/antaa lupa, oikeus, äänioikeus, toimilupa, lisenssi, fransiisi, lisensoida

frank [fræŋk] s (US) nakki adj rehti, aito, rehellinen

Frankenfood ['fræŋkən,fud] s (leik) geneettisesti muunneltu elintarvike

frankfurter ['fræŋk,fərtər] s nakki

frankly adj rehellisesti; suoraan sanoen

frankness s rehellisyys, aitous, suoruus

frantic [fræntɪk] adj raivostunut, kiihkeä, hätääntynyt

frantically adj raivoisaaan, kiihkeästi, hätääntyneesti

fraternal [frə'tərnəl] adj veljellinen, veljes- *fraternal twins* erimunaiset kaksoset

fraternity [frə'tərnəti] s **1** veljeys **2** veljeskunta; (yliopistossa miesten) oppilaskunta

fraternize ['frætər,naɪz] v veljeillä (jonkun/vihollisen kanssa, *with*), kaveerata (ark)

fratricide ['frætrə,saɪd] s **1** veljenmurha **2** veljenmurhaaja

fraud [frad] s **1** petos, huijaus **2** petturi, huijari

fraudulence s petollisuus, petos, vilppi

fraudulent [fradʒələnt] adj petollinen, kavala, vilpillinen

fraudulently adv petollisesti, vilpillisesti

fraught with [frat] adj täynnä jotakin, erittäin *the undertaking is fraught with danger* hanke on erittäin vaarallinen

1 fray [freɪ] s tappelu

2 fray v **1** (vaate) nuhraantua, kuluttaa/kulua puhki **2** (tunteet) kuumeta

frayed adj (hermot) lopussa, kuumat (tunteet)

freak [frik] s **1** oikku, kummajainen; poikkeama **2** friikki *she is a health freak* hän on terveyshullu adj outo, kummallinen, epänormaali

fresh

freak out v repiä pelihousunsa, saada hepulit
freckle [frekəl] s pisama
freckled adj pisamainen
Fred Flintstone [ˌfredˈflɪnstoʊn] Retu Kivinen
1 free [fri] v vapauttaa, irrottaa
2 free adj **1** vapaa *they set the prisoner free* vanki päästettiin vapaaksi, vapautettiin *excuse me, is this seat free?* anteeksi, onko tämä paikka vapaa? **2** *free from/of* vapaa jostakin *free of taxes* veroton *free from worry* huoleton **3** ilmainen *free tickets* ilmaisliput, vapaaliput *you can have it for free* saat sen ilmaiseksi **4** *free with* avokätinen *I think you're being too free with your money* minusta sinä tuhlaat rahaa/käytät rahaa liian avokätisesti
freebie [fribi] s (ark) ilmainen lippu, ateria tms
freedom [fridəm] s vapaus
freedom fighter s vapaustaistelija
freedom of speech s sananvapaus
freedom of the press s painovapaus
free enterprise s yksityisyrittäjyys
1 freelance [ˈfriˌlæns] s freelance(r)
2 freelance v työskennellä freelance(ri)nä
3 freelance adj freelance-
freelancer s freelance(r)
freeload [ˈfriˌloʊd] v loisia, elää toisten siivellä
freeloader [ˈfriˌloʊdər] s pinnari, siivellä eläjä
Freemason [ˈfriˌmeɪsən] s vapaamuurari
free share s vapaa osake
free-spirited adj lennokas, huoleton, vapaamielinen
freestyle [ˈfriˌstaɪəl] s (urh) freestyle, vapaatyyli; vapaapaini; vapaauinti, krooli
freethinker [ˈfriˌθɪŋkər] s vapaa-ajattelija
freeway [ˈfriˌweɪ] s moottoritie
freewheeling [ˌfriˈwilɪŋ] adj (kuv) hillitön, vastuuntunnoton
1 freeze [friz] s **1** pakkanen **2** (palkkojen, hintojen) jäädytys

2 freeze v froze, frozen **1** jäätyä, jäädyttää **2** palella **3** (kuv) jäädyttää (hinnat, palkat, asevarustelu) **4** pakastaa; olla pakkanen **5** pakastaa, panna pakastimeen **6** pysähtyä, pysäyttää, jähmettyä *he froze in his tracks when he saw the angry dog* hän jähmettyi aloilleen kun hän näki vihaisen koiran
freeze-drying s pakastekuivaus
freeze frame s (tv, video) pysäytyskuva
freezer s pakastin, pakastinkaappi, pakastearkku
freezing s nolla astetta *the temperature was below freezing* lämpötila oli pakkasen puolella adj (lämpötila: lähellä nollaa, nollassa tai sen alapuolella) jäätävä, kylmä, pakkasen puolella
freezing point s jäätymispiste
1 freight [freɪt] s rahti
2 freight v rahdata, kuljettaa
freighter s rahtialus (laiva, lentokone, avaruusalus)
freight train s tavarajuna
French [frentʃ] s ranskan kieli s, adj ranskalainen
French fries [ˈfrentʃˌfraɪz] s (mon) ranskalaiset perunat
French leave [frentʃ] *to take French leave* lähteä ilmoittamatta, häipyä yhtäkkiä
frenzied adj suunniltaan (kiihtymyksestä, pelosta tms)
frenzy [frenzi] s (suunnaton) kiihko, kauhu, raivo
frequency [frikwənsi] s taajuus, tiheys *frequency of occurrene* esiintymistaajuus/tiheys
frequency band s taajuuskaista
frequency modulation s taajuusmodulaatio
frequency range s taajuusvaste
frequent [ˌfriˈkwent, friˌkwənt] v käydä jossakin, olla kanta-asiakas jossakin
frequent [ˈfriˌkwənt] adj yleinen, usein/ tiheään esiintyvä
frequently adv usein
fresco [freskoʊ] s fresko
fresh [freʃ] adj **1** tuore (myös kuv:) uusi *fresh vegetables* tuoreet (ei säilötyt) vihannekset *a fresh perspective* tuore nä-

freshman

kökulma *it's nice to see a fresh face* on mukava nähdä uudet kasvot *he wants to make a fresh start* hän haluaa aloittaa alusta **2** röyhkeä, töykeä, hävytön adv juuri tapahtunut *to be fresh out of something* jokin on juuri loppunut *fresh from school, he was very inexperienced* hän oli hyvin kokematon sillä hän oli astunut työelämään suoraan koulusta
freshman [freʃmən] s ensimmäisen vuoden opiskelija (lukiossa, collegessa)
fresh water s makea vesi
freshwater adj makean veden *freshwater fish*
fret [fret] v **1** valittaa, harmitella, murehtia **2** kuluttaa, murentaa, kaivertaa, kalvaa
fretful adj ruikuttava, ärtyisä, pahantuulinen, levoton
FRG *Federal Republic of Germany* Saksan liittotasavalta, BRD
Fri. *Friday* perjantai
friar [fraɪər] s munkki
friction [frɪkʃən] s kitka (myös kuv:) erimielisyys, kiista
Friday [fraɪdi fraɪdeɪ] s perjantai *he is my man Friday* hän on oikea käteni
fridge [frɪdʒ] s (ark) jääkaappi
fried [fraɪd] v ks fry adj (rasvassa) paistettu
friend [frend] s **1** ystävä; tuttu, tuttava; auttaja *with friends like these, who needs enemies?* on siinäkin ystävä! **2** kveekari
friendly adj ystävällinen
friends and family: *in the company of friends and family* ystävien ja omaisten/perheen seursssa/kesken
friendship s ystävyys
fries [fraɪz] s (mon) ranskalaiset (perunat)
frieze [friz] s (arkkitehtuurissa) friisi
frigate [frɪgət] s fregatti
frigatebird ['frɪgət,bərd] s fregattilintu
fright [fraɪt] s **1** pelko, kauhu; järkytys, pelästys, säikähdys **2** (kuv) pelottava ilmestys, linnunpelätin
frighten v pelästyttää *I was very frightened* pelkäsin kovasti
frightening adj pelottava, kauhistuttava

frightful adj kauhistuttava, hirvittävä
frigid [frɪdʒəd] adj (kuv) kylmä, viileä; (seksuaalisesti) frigidi
frigidity [frə'dʒɪdəti] s (kuv) kylmyys, viileys; (seksuaalinen) frigiditeetti
frill [frɪl] s **1** röyhelö **2** (mon, kuv) koristeet, kiemurat
frilled lizard s kauluslisko
fringe [frɪndʒ] s **1** hapsu **2** (myös kuv) reuna, ääri(laita) *he is on the lunatic fringe of the cultural spectrum* hän kuuluu kulttuurin kirjon hullulle äärilaidalle
fringe benefits s (mon) työsuhde-edut
frisk [frɪsk] v **1** hyppiä, hyppelehtiä **2** tehdä jollekulle ruumiintarkastus, tarkastaa onko jollakulla (kätketty) ase
fritter [frɪtər] v tuhlata, panna hukkaan
frivolity [frə'vɑləti] s kevytmielisyys, turhamaisuus
frivolous [frɪvələs] adj kevyt(mielinen), vähäpätöinen, tyhjänpäiväinen, turhamainen
frivolously adv kevytmielisesti, turhamaisesti
FRN *Floating-Rate Note* (tal) vaihtuvakorkoinen velkakirja
fro [froʊ] *to and fro* edestakaisin
frock [frɑk] s (naisen) puku; (papin) kaapu
frog [frɑg] s **1** sammakko **2** (sl) ranskalainen **3** (vaatteessa) nyörikiinnitin
frogman [frɑgmən] s sammakkomies, sukeltaja
frolic [frɑlɪk] v frolicked, frolicked: ilakoida, pitää hauskaa
from [frʌm] prep **1** (paikasta, alkuperästä) jostakin, -sta/-stä *from New York to Detroit* New Yorkista Detroitiin *where do you hail from?* mistä päin sinä olet kotoisin *they took it from me by force* he ottivat sen minulta väkisin *who is that letter from?* keneltä se kirje on? **2** (ajasta) *from 1989* vuodesta 1989 lähtien *from now on* tästä lähtien, vastedes **3** (syystä) *he died from fatigue* hän kuoli väsymykseen *to judge from the price, it should be an excellent camera* hinnasta päätellen sen pitäisi olla erinomainen kamera **4** lähtien, alkaen *from page three* sivulta kolme alkaen *from twenty*

to thirty people came sinne saapui 20–30 ihmistä **5** (vertailusta, erosta) *you're different from your brother* sinä olet erilainen kuin veljesi *he was expelled from the school* hänet erotettiin koulusta
from scratch *to start from scratch* aloittaa alusta *bake a cake from scratch* leipoa kakku kokonaan itse
from soup to nuts fr alusta loppuun *everything from soup to nuts* yhtä ja toista
1 front [frʌnt] s **1** etupuoli, etupää, edusta, (paidan) etumus, (jonon) kärki *there is a car in front of the house* talon edessä on auto **2** (sot) rintama **3** (kuv) keulakuva **4** (kuv) ylimielisyys *he had the front to insult me* hänellä oli otsaa loukata minua **5** *out front* (talon) edessä; edellä (kilpailijoista); (sanoa) suoraan, kakistelematta **6** *up front* (maksaa) etukäteen; (kuv) avoin, rehellinen
2 front v antaa jonnekin päin *the house fronts the mountains* talo on vuoriin päin
3 front adj etu- *you can sit in the front seat* voit istua etuistuimella
frontage [frʌntədʒ] s **1** (rakennuksen) edusta **2** (rakennuksen edustalla oleva) maa, tontti
front desk s (yrityksen, hotellin) vastaanotto
frontier [ˌfrʌn'tɪər] s **1** raja **2** rajaseutu **3** (kuv) raja *on the frontiers of human knowledge* ihmistiedon rajamailla
front loader s (pesukone, kuvanauhuri ym) edestä ladattava/avattava
front month s (tal) (johdannaisinstrumenttikaupassa) aikaisempi erääntymiskuukausi
front office s pääkonttori
front runner s **1** edelläkävijä **2** johtoasemassa oleva henkilö
front-wheel drive s (autossa) etuveto
1 frost [frast] s **1** pakkanen **2** huurre **3** (kuv) viileys, kylmyys (ihmisten välillä, käytöksessä)
2 frost v huurtaa, huurtua
frostbite ['frast͵baɪt] s kylmettyminen, paleltuma

frwy.

frostbitten ['frast͵bɪtən] adj kylmettynyt, paleltunut
frosting s (kakun) kuorrutus
frosting on the cake s (kuv) pintakiilto, pintasilaus
frosty adj **1** pakkas- **2** huurre- **3** (kuv) kylmä, viileä (käytös)
1 froth [fraθ] s vaahto
2 froth v vaahdota, kuohua
frothy adj vaahtoava, kuohuva
1 frown [fraʊn] s (otsan) rypistys
2 frown v rypistää otsaansa; paheksua
frown (up)on v paheksua
froze [froʊz] ks freeze
1 frozen v ks freeze
2 frozen adj **1** jäätynyt (järvi ym) **2** pakaste- *frozen food* **3** (kuv) jäädytetty *frozen assets* jäädytetyt varat
frugal [frugəl] adj **1** säästäväinen **2** koruton, vaatimaton
frugality [fru'gæləti] s **1** säästäväisyys **2** koruttomuus, vaatimattomuus
fruit [frut] s hedelmä (myös kuv), hedelmät
fruit fly s hedelmäkärpänen
fruitful adj hedelmällinen (myös kuv)
fruitfulness s hedelmällisyys (myös kuv)
fruition [fru'ɪʃən] s toteutuminen *to come to fruition* toteutua
fruitless adj hedelmätön (myös kuv), turha
fruitlessness s hedelmättömyys (myös kuv), turhuus
fruit vegetables s (mon) hedelmävihannekset
fruity adj **1** hedelmän, hedelmän makuinen/hajuinen **2** (kuv) imelä
frustrate ['frʌs͵treɪt] v **1** tehdä tyhjäksi (aie) **2** harmittaa
frustrated adj (ihminen) harmistunut, turhautunut
frustrating adj harmittava, turhauttava
frustratingly adj harmillisen, turhauttavan
frustration [ˌfrʌs'treɪʃən] s **1** epäonnistuminen, (suunnitelman) kariutuminen **2** harmistuminen; (psyk) turhautuma, frustraatio
frwy. *freeway* moottoritie

1 fry [fraɪ] s **1** (mon fry) kalanpoikaset **2** (mon fry) lapset; ihmiset *small fry* pikkulapset; (kuv) nappikauppiaat, mitättömät kilpailijat yms **3** (mon fries) *(French) fries* ranskalaiset (perunat)
2 fry v fried, fried **1** käristää/paistaa/paistua (rasvassa) **2** (sl) surmata/saada surmansa sähkötuolissa
frying pan s paistinpannu
f-stop ['ef‚stap] s (kameran) aukko
ft. *feet* jalkaa (30,5 cm)
FTC *Federal Trade Commission*
FUBAR *fucked up beyond all recognition* (tilanteesta/asiasta/esineestä, joka on mennyt siihen pisteeseen, ettei mitään ole enää tehtävissä sen korjaamiseksi)
1 fuck [fʌk] s **1** (sl) nussiminen, pano **2** (sl) (voimistavana ja rytmittävänä kirosanana:) *who the fuck do you think you are?* kuka helvetti sinä oikein luulet olevasi?
2 fuck v **1** (sl) nussia, panna, naida **2** (sl) *fuck you!* haista paska! *huudahdus* (sl) paskat!, voi vittu!
fuck around v (sl) laiskotella, vetelehtiä
fucker s (sl) paskiainen, kusipää
fuckface [fʌkfeɪs] s (alat) vittunaama
fucking adj (sl) *it's a fucking bore* se on helvetin pitkäveteistä
fuck off v (sl) laiskotella, vetelehtiä *fuck off!* suksi suolle!
fuck up v (sl) munata, tunaroida *we fucked up the whole thing* koko homma meni päin persettä
fudge [fʌdʒ] s **1** (US) (suklaa-, karamelli-) kastike **2** (UK) toffee
1 fuel [fjuəl] s **1** polttoaine **2** (kuv) kannustus, innostus
2 fuel v **1** käyttää (tietyllä) polttoaineella **2** tankata **3** (kuv) kannustaa, innostaa, siivittää (mielikuvitusta)
fugitive [fjudʒətɪv] s pakolainen adj karannut
Fujian [fuˈdʒjan] Fujian, Fukien (vanh)
fulcrum [fʌlkrəm] s **1** (fys) tukipiste **2** tuki **3** (kuv) pääkohta, ydin
fulfill [fəlˈfɪl] v **1** täyttää (ehto, vaatimus) **2** tyydyttää, tuottaa tyydytystä, **3** (ennustus) toteutua

fulfilling adj tyydytystä tuottava
fulfillment s (suunnitelman) toteutuminen, (toiveiden) täyttyminen
1 full [fʌl] s *in full* kokonaan, täysin, täydellisesti
2 full adj **1** täysi *this flight is full* tämä lento on täynnä *he is full of himself* hän on täynnä itseään *I am full, thank you* kiitos, minä olen jo täynnä/kylläinen *to the full* täysin palkein, täysimittaisesti **2** täydellinen, täysi *at full speed* täyttä vauhtia **3** täyteläinen *she has a full figure/full lips* hänellä on täyteläiset muodot/huulet
3 full adv **1** suoraan *to hit someone full in the face* iskeä jotakuta suoraan kasvoihin/keskelle kasvoja **2** täysin, erittäin *you know full well that you should be studying* tiedät aivan hyvin että sinun pitäisi olla lukemassa läksyjäsi **3** kokonaiset *the restaurant is a full five miles from here* ravintolaan on matkaa kokonaiset viisi mailia
fullback ['fʌl‚bæk] s (amerikkalaisessa jalkapallossa) keskushyökkääjä
full-blown adj (kuv) täysimittainen
full board s (UK) täysihoito
full breakfast s tuhti aamiainen
full duplex channel s (tekn) kaksisuuntainen kanava
full house s (pokerissa) täyskäsi
full monty [‚fəlˈmantɪ] fr (ark) koko asia
fullness s täyteys, täyteläisyys, kylläisyys
full-size adj **1** täyskokoinen **2** (vuode) 137×193 cm kokoinen
full stop s piste
full tilt *at full tilt* täyttä vauhtia, täysin palkein
full-time adj (työ, työntekijä) kokopäiväfull trailer s täysperävaunu
fully adv **1** täysin **2** kokonaiset, ainakin *fully one third of the respondents said no* peräti kolmannes vastaajista sanoi ei
fulmar ['fəlmar] s myrskylintu
fumarole ['fjumə‚rɔl] s fumaroli
fumble [fʌmbəl] v **1** hapuilla, haparoida **2** (jalkapallo) pudottaa
1 fume [fjum] s (yl mon) höyry, (pako)kaasut

further

2 fume v **1** höyrytä, savuta **2** (kuv) kiehua, olla raivoissaan

fun [fʌn] s **1** hauskuus, huvi *it's fun to be on the beach* uimarannalla on hauskaa **2** pilkka *they made fun of his baldness* he nauroivat hänen kaljudelleen adj hauska *it's a fun place* se on hauska paikka

1 function [fʌŋkʃən] s **1** toiminta **2** ominaisuus, tehtävä *in her function as Vice President* varapresidentin ominaisuudessaan **3** tilaisuus, juhla **4** (mat) funktio

2 function v toimia *the soda machine is not functioning* virvokeautomaatti ei toimi *he functions as the master of ceremonies* hän toimii seremoniamestarina

functional adj **1** toimiva **2** tarkoituksenmukainen **3** (lääk) toiminnallinen

functionary [ˈfʌŋkʃəˌneri] s toimihenkilö, virkailija

1 fund [fʌnd] s **1** (tal) rahasto **2** (mon) varat, rahat **3** (kuv) (ehtymätön) lähde

2 fund v rahoittaa *the project is funded by the government* hankkeen rahoittaa valtio

fundamental [ˌfʌndəˈmentəl] s (mon) perusteet, alkeet adj perustavan laatuinen, periaatteellinen, keskeinen

1 fundamentalist s fundamentalisti *Islamic fundamentalists* islamilaiset fundamentalistit

2 fundamentalist adj fundamentalistinen, fundamentalistien

fundamentally adv periaatteessa, pohjimmaltaan

funeral [fjunrəl] s hautajaiset *it's your funeral* omapahan on asiasi, sinähän siitä kärsimään joudut

funeral home s hautaustoimisto (jossa on usein myös hautauskappeli)

funeral parlor ks funeral home

funerary [ˈfjunəˌreri] adj hautajais-, hautaus-

funereal [fjʊˈnɪriəl] adj **1** hautajais- **2** surullinen, synkkä

funfair s tivoli

fungi s (mon) sienet

fungus [fʌŋgəs] s (mon fungi [ˈfnˌdʒaɪ, ˈfnˌgaɪ]) sieni

funk [fʌŋk] s **1** masennus, apeus *to be in a funk* olla masentunut/maassa **2** funk(-musiikki)

funky [fʌŋki] adj **1** haiseva, löyhkäävä **2** (jatsi) bluestyyppinen, (rokki) funk-

1 funnel [fʌnəl] s **1** suppilo **2** savupiippu

2 funnel v johtaa, ohjata (myös kuv:) kanavoida

funnies [fʌniz] s (mon) sarjakuvat; (sanomalehden) sarjakuvaliite

funnily adj *funnily enough* ihme kyllä

funny [fʌni] adj **1** hauska, hassu, huvittava **2** outo, kumma *I had a funny feeling when I first saw him*

funny pages s (mon) (sanomalehden) sarjakuvasivut, sarjakuvaliite

fur [fər] s (eläimen) turkki (myös vaatteesta)

furious [fjəriəs] adj raivostunut (ihminen); raivoisa (myrsky)

furiously adv raivoisasti, raivokkaasti, rajusti

furlong [ˈfərˌlaŋ] s kahdeksasosamaili (201 m)

furn. *furnished* kalustettu

furnace [fərnəs] s lämmityskattila; masuuni, sulatusuuni (myös kuv: kuuma kuin sulatusuuni)

Furnace (tähdistö) Sulatusuuni

furnish [fərnɪʃ] v **1** kalustaa **2** varustaa jollakin, hankkia, toimittaa jotakin jollekulle (someone with something)

furnishings [ˈfərnəˌʃɪŋz] s (mon) kalusteet

furniture [fərnətʃər] s huonekalut, kalusteet

furniture beetle s (kovakuoriainen) tupajumi

furrier [fərɪər] s turkkuri

1 furrow [fəroʊ] s vako, uurre, ryppy

2 furrow v kyntää (peltoa), uurtaa, rypistää (otsaa)

furry adj karvainen; pehmoinen

further [fərðər] v edistää, edesauttaa *I hope this will further your goals* toivottavasti tämä auttaa sinua pääsemään lähemmäksi tavoitteitasi adj, adv komparatiivi sanasta *far* **1** (etäisyydestä, myös kuv) kaukaisempi, kauempana, kauemmaksi *let's not walk any further* ei kä-

furthermore

vellä yhtään kauemmaksi *he did not want to discuss it any further* hän ei halunnut puhua siitä pitempään/sen tarkemmin **2** lisä-, uusi *we will make further inquiries if necessary* jatkamme tiedusteluja tarpeen vaatiessa
furthermore ['fərðər,mɔr] adv lisäksi, sitä paitsi
furthermost ['fərðər,moʊst] adj etäisin, kaukaisin, äärimmäinen
furthest [fərðəst] adj, adv superlatiivi sanasta *far* ks farther, farthest
furtive [fərtɪv] adj vaivihkainen, salavihkainen; epäilyttävä
furtively adv vaivihkaa, salavihkaa; epäilyttävästi
furtiveness s salamyhkäisyys, salailu
fury [fjəri] s raivo
1 fuse [fjuz] s **1** sulake *he blew a fuse* (kuv) häneltä paloivat proput/päreet **2** sytytyslanka
2 fuse v sulattaa, sulautua (yhteen) (myös kuv), yhdistyä, yhdistää
fuselage [fjusəlaʒ] s (lentokoneen) runko
fusion [fjuʒən] s (yhteen) sulautuminen, sulattaminen, yhdistyminen, yhdistäminen, (fys, tal) fuusio
fusion food s fuusioruoka, kahden tai useamman maan keittiöiden yhdistely
1 fuss [fʌs] s häly, kohu, (kuv) numero *to create a fuss* tehdä suuri numero jostakin, nostaa häly
2 fuss v hermostua (suotta), tehdä suuri numero jostakin
fussy adj **1** pikkutarkka, turhantarkka; nirso **2** koristeellinen, monimutkainen
futile [fjutəl] adj turha
futility [fju'tɪləti] s turhuus, tarpeettomuus
future [fjutʃər] s **1** tulevaisuus **2** (kieliopissa) futuuri **3** (tal) futuuri
future perfect s (kieliopissa) futuurin perfekti (esim *will have done*)
futures contract [fjutʃərz] s (tal) futuurisopimus
futures market s futuuripörssi
futuristic [,fjutʃə'rɪstɪk] adj tulevaisuutta koskeva, tulevaisuuden-; futuristinen, aikaansa edellä oleva
futurology [,fjutʃə'ralədʒi] s futurologia, tulevaisuudentutkimus
Fuzzbuster ['fʌz,bʌstər] s tutkanpaljastin
fuzzy logic [,fʌzi'ladʒɪk] s (tietok) sumea logiikka
fuzzy set s sumea joukko
fwd *front-wheel drive* etuveto *four-wheel drive* neliveto
f-word [efwərd] s sana *fuck*, ruma sana *You can't say the f-word in class.* Luokassa ei saa kiroilla.
FYI *for your information* tiedoksi

G, g

G, g [dʒi] G, g
Ga. *Georgia*
GA *Georgia*
1 gabble [gæbəl] s **1** (puheen)pölinä, pulina, pölötys **2** (kanan, hanhen) kaakatus, kotkotus
2 gabble v **1** pölistä, pölpöttää **2** (kana, hanhi) kaakattaa, kotkottaa
gable [geɪbəl] s (satulakattoisen rakennuksen) päätykolmio
gabled adj satulakattoinen
gadget [gædʒət] s vempain
gadgetry s laitteet, vempaimet
Gaelic [geɪlɪk] s gaelin kieli adj gaelinkielinen
1 gag [gæg] s **1** suukapula **2** vitsi, huuli
2 gag v **1** tukkia jonkun suu, panna jollekulle suukapula **2** vitsailla, kertoa vitsejä, heittää huulta
gage [geɪdʒ] ks gauge

gaggle [gægəl] s parvi, joukko
gag order [ˈgægˌɔrdər] s tuomarin antama kielto puhua oikeudenkäynnistä tiedotusvälineille
gaiety [geɪəti] s iloisuus, hilpeys
gaily [geɪli] adv iloisesti, hilpeästi
1 gain [geɪn] s **1** hyöty, etu **2** kasvu, lisäys
2 gain v **1** saada, saavuttaa, hankkia *the thief gained entry to the building through a window* varas pääsi rakennukseen ikkunasta *women's lib is gaining ground in this country* naisliike valtaa alaa tässä maassa *she is just trying to gain time* (kuv) hän pelaa aikaa, hän yrittää voittaa aikaa **2** kasvaa *to gain weight* lihoa *to gain speed* nopeutua, kiihtyä **3** saapua, päästä, tulla jonnekin **4** (kello) edistää
gain time fr voittaa/säästää aikaa
gain (up)on v **1** saavuttaa, kuroa välimatkaa umpeen **2** kasvattaa välimatkaa (perässä tuleviin)
Gal. *Galatians* (Uuden testamentin) Galatalaiskirje
GAL (tekstiviestissä, sähköpostissa) *get a life*
gala [geɪlə] s suuri juhla
galactic [gəˈlæktɪk] adj galaktinen
galah s (lintu) ruusukakadu
Galapagos Islands [gəˌlæpəgəsˈaɪlənz] (mon) Galapagossaaret
galaxy [gæləksi] s galaksi
gale [geɪl] s myrsky, myrskytuuli
1 gall [gal] s **1** sappi (myös kuv), sappineste **2** (kuv) hävyttömyys *he had the gall to kick me out* hänellä oli otsaa/hän julkesi potkia minut ulos
2 gall v (kuv) sapettaa
gallant [gælənt] adj urhea, ritarillinen, huomaavainen
gallantly adv urheasti, ritarillisesti, huomaavaisesti
gallantry s urheus, ritarillisuus, huomaavaisuus
gall bladder [ˈgalˌblædər] s sappirakko
galleon [gæljən] s (laiva) kaljuuna
gallery [gæləri] s **1** (katsomossa) galleria, ylin parvi **2** käytävä **3** (taide)galleria
galley proof s palstavedos

galling adj ärsyttävä, harmittava, sietämätön
gallinule s siniliejukana
gallon [gælən] s gallona (US 3,8 l; UK 4,5 l)
1 gallop [gæləp] s (hevosen) laukka
2 gallop v laukata
gallows [gæloʊz] s (mon gallowses, gallows) hirsipuu
gallows humor s hirtehishuumori
gallstone [ˈgalˌstoʊn] s sappikivi
galore [gəˈloər] adv yllin kyllin *we have problems galore* meillä on yllin kyllin ongelmia
Gambia [gæmbiə] Gambia
Gambian s, adj gambialainen
1 gamble [gæmbəl] s riski
2 gamble v **1** riskeerata, panna alttiiksi; ottaa riski, laskea jonkin varaan **2** pelata uhkapeliä, panna peliin
gamble away v panna menemään uhkapelissä
gambler s (uhka)peluri
gambling s uhkapeli
gambling house s pelikasino
gambusia fish s moskiittokala
1 game [geɪm] s **1** peli; ottelu *a game of chance* onnenpeli *are you interested in a game of chess?* haluaisitko pelata šakkia? **2** leikki *to him, life is just a game* hänelle elämä on pelkkää leikkiä *you're not playing his game* (kuv) sinä et pelaa samojen sääntöjen mukaan kuin hän *that is his little game* se hänellä on mielessään **3** riista
2 game v pelata uhkapeliä
3 game adj **1** riista- **2** (ark) valmis, halukas *I'm game!* minä olen valmis (lähtemään jonnekin/tekemään jotakin ehdotettua)
gamekeeper [ˈgeɪmˌkipər] s riistanvartija
game of chance s onnenpeli
game of skill s taitopeli
game plan s pelisuunnitelma (myös kuv:) strategia
game show s visailu, tietokilpailuohjelma
gander [gændər] s **1** uroshanhi **2** vilkaisu *take a gander at this* katsopa tätä

gang [gæŋ] s joukko, ryhmä; jengi
gangling [ˈgæŋglɪŋ] adj hontelo, pitkä ja laiha
gangrene [ˌgæŋˈgrin] s (lääk) kuolio
gangster [ˈgæŋstər] s gangsteri
gang up on v lyöttäytyä yhteen jotakuta vastaan, käydä yhdessä jonkun kimppuun
gangway [ˈgæŋweɪ] s **1** (laivan) laskuportaat **2** (istuinrivien välinen) käytävä
gannet [ˈgænət] s (lintu) suula
Ganymede [ˈgæniˌmid] Ganymedes, eräs Jupiterin kuu
gap [gæp] s aukko (myös kuv), lohkeama, kolo
1 gape [geɪp] s **1** aukko **2** töllötys, tuijotus
2 gape v **1** (esim suu) ammottaa **2** töllöttää, tuijottaa, katsoa suu auki
gaping adj **1** ammottava **2** töllöttävä, tuijottava
gar. *garage* autotalli
garage [gəˈrɑdʒ] s **1** autotalli **2** (UK) huoltoasema
garage sale [gəˈrɑʒˌseɪəl] s pihakirppis
garbage [ˈgɑrbədʒ] s roskat, jäte, (kuv) roska
garbage can s roskapönttö
garbage collection s (tietok) siivous
garbage disposal s (keittiössä) sähkötoiminen jätemylly
garbage man s jätteiden kerääjä
garbagy adj (ark) törkyinen, törkyä
garble [ˈgɑrbəl] v sekoittaa, sotkea, sotkeutua sanoissaan
garbled adj sekava, epäselvä
Garda [ˈgɑrdə] s **1** Irlannin poliisi **2** (mon Gardai) irlantilainen poliisimies/-nainen
garden [ˈgɑrdən] s **1** kotipuutarha **2** puutarha, puisto *Kew Gardens* Kew'n puutarha (Lontoossa) *botanical gardens* kasvitieteellinen puutarha *formal garden* muotopuutarha, geometrinen/ranskalainen puutarha *English garden* (englantilainen) luonnon/maisemapuutarha **3** (UK) piha
garden apartment s kellarihuoneisto
garden burger s kasvishampurilainen
garden center s taimitarha, taimimyymälä
gardenia [gɑrˈdɪnjə] s (kasvi) gardenia
garden-variety adj aivan tavallinen
gargle [ˈgɑrgəl] v kurlata (kurkkuaan)
gargoyle [ˈgɑrˌgɔɪəl] s (rak) (pelottavaksi ihmis- tai eläinhahmoksi muotoiltu) vesinokka
garish [ˈgerɪʃ] adj räikeä
garishly adv räikeästi
garishness s räikeys
1 garland [ˈgɑrlənd] s seppele
2 garland v seppelöidä
garlic [ˈgɑrlɪk] s valkosipuli
garment [ˈgɑrmənt] s vaate
garment bag s pukumatkalaukku
1 garnish [ˈgɑrnɪʃ] s (esim ruuan) koriste (myös kuv), somiste
2 garnish v koristaa, koristella (myös kuv), somistaa
garpike s luuhauki
garret [ˈgerət] s ullakko(huone)
1 garrison [ˈgerəsən] s varuskunta
2 garrison v sijoittaa varuskunta jonnekin
garter [ˈgɑrtər] s sukkanauha
1 gas [gæs] s **1** kaasu **2** ilmavaivat *he had terrible gas* hänellä oli valtavia ilmavaivoja **3** bensiini **4** kaasu(poljin) **5** (sl) jyrkkä juttu
2 gas v surmata kaasumyrkytyksellä; myrkyttää (surmaamatta) kaasulla
gasbag [ˈgæsˌbæg] s (sl) poskisolisti
gas chamber [ˈgæsˌtʃeɪmbər] s kaasukammio
gas-guzzler s paljon (bensiiniä) kuluttava auto
1 gash [gæʃ] s syvä haava, viilto
2 gash v viiltää
gasket [ˈgæskət] s tiiviste
gaslit [ˈgæsˌlɪt] adj kaasulampuilla valaistu
gas mask s kaasunaamari
gasoline [ˈgæsəˌlin] s bensiini
1 gasp [gæsp] s syvä hengenveto; säpsähdys
2 gasp v huohottaa, haukkoa henkeään; säpsähtää
gas station s huoltoasema
gassy adj **1** kaasumainen **2** (sl) puhelias
gas tank s (auton) bensiinitankki
gastric [ˈgæstrɪk] adj vatsa-, maha- *gastric ulcer* mahahaava

gastritis [gæs'traıtıs] s mahakatarri, mahalaukun tulehdus
gastrointestinal [ˌgæstroʊınˈtestınəl] adj mahalaukkuun ja suolistoon liittyvä
gastropods [ˈgæstrəˌpdz] s (mon) kotilot
gate [geıt] s **1** portti (myös kuv), veräjä (myös tietok) **2** pääsylipputulot; yleisömäärä
gâteau [gæ'toʊ] (mon gâteaux) s täytekakku
gate-crasher [ˈgeıtˌkræʃər] s kuokkavieras
gated community s aidattu ja vartioitu omakotitaloalue
gatekeeper [ˈgeıtˌkipər] s portinvartija
gate-leg s (pöydän) tukijalka
gate-leg table s kääntölevypöytä, klahvipöytä
gateway [geıtweı] s porttiaukko, portti (myös kuv)
gather [gæðər] v **1** koota, kokoontua, kerätä, kerääntyä **2** kasvaa: *to gather speed* nopeutua, (vauhti) kiihtyä **3** päätellä, ymmärtää *I gather that they are ready* ymmärtääkseni he ovat valmiit
gathering s (ihmis)joukko; kokous, tilaisuus
gator [geıtər] s (ark) alligaattori
gauche [goʊʃ] adj (käytökseltään) kömpelö, avuton, taitamaton
gaudily adv pröystäilevästi, komeilevasti; mauttomasti, imelästi
gaudy [gadi] adj pröystäilevä, komeileva; mauton, imelä
1 gauge [geıdʒ] s **1** mitta **2** mittari, mittalaite **3** raideleveys **4** paksuus, leveys **5** (kuv) mittapuu
2 gauge v mitata (myös kuv:) punnita *the boss tried to gauge the new secretary's abilities* pomo yritti punnita uuden sihteerin kyvyt
gaunt [gant] adj **1** hintelä, riutunut, luiseva **2** karu, autio
gauntlet [gantlət] s **1** rautakäsine; käsine **2** kujanjuoksu (myös kuv) *to run the gauntlet* kärsiä (kujanjuoksu)
gauntness s **1** hintelyys **2** karuus, autius
gaur [gauər] s gauri

gauze [gaz] s harso; sideharso
gave [geıv] ks give
gavial s (eläin) gaviaali
gay [geı] s homoseksualisti adj **1** iloinen, hilpeä **2** homoseksuaalinen
gayly [geıli] adv iloisesti, hilpeästi
gazelle [gə'zel] s gaselli
G.B. *Great Britain*
GCA *ground-controlled approach*
GCL *ground-controlled landing*
gd. *good; ground*
G.D. *grand duke; grand duchess; grand duchy*
GDP *gross domestic product* bruttokansantuote, BKT, bkt
GDR *German Democratic Republic* (hist) Saksan demokraattinen tasavalta, DDR
gds. *goods* tavarat
gear [gıər] s **1** vaihde *reverse gear* peruutusvaihde *the auto is in gear/out of gear* auton vaihde on päällä/auton vaihde on vapaalla *to switch gears* (kuv) panna toinen vaihde päälle, muuttua **2** varusteet *tennis gear* **3** (muoti)vaatteet
gearbox [ˈgıərˌbaks] s vaihdelaatikko
gear down v **1** vaihtaa pienemmälle vaihteelle **2** rajoittaa, supistaa, pienentää
gearshift [ˈgıərˌʃıft] s **1** vaihdevipu **2** vaihteisto
gear to v mukauttaa johonkin, suunnata, tähdätä
gear up v **1** vaihtaa isommalle vaihteelle **2** valmistautua, varustautua johonkin
gearwheel [ˈgıərˌwıəl] s hammaspyörä
geek [gik] s (ark) nörtti *a computer geek* tietokonenörtti
geese [gis] ks goose
gelatin [dʒelətən] s liivate, gelatiini
gelding [geldıŋ] s (hevonen) ruuna
gem [dʒem] s **1** jalokivi **2** (kuv) aarre *you're a gem* olet aarre
Gemini [dʒemənaı] *horoskoopissa* Kaksoset
gemsbok [gemsbak] s beisa
gemstone [ˈdʒemˌstoʊn] s jalokivi
gen. *general; genitive*

Gen.A.F. *general of the air force* ilmavoimien kenraali
gender [dʒendər] s **1** sukupuoli **2** (kieliopissa) suku
gene [dʒin] s geeni
genealogical [ˌdʒiniəˈlædʒɪkəl] adj sukuperää koskeva, genealoginen
genealogist [ˌdʒiniˈalədʒɪst] s sukututkija, genealogi
genealogy [ˌdʒɪnɪˈalədʒi] s **1** sukututkimus, genealogia **2** sukupuu
gene map s geenikartta
gene mapping s geenikartoitus
general [dʒenrəl] s kenraali adj **1** yleinen, yleis- *in general* yleensä, tavallisesti *I have a general idea of what is involved* minulla on yleiskäsitys siitä mistä tässä on kyse **2** (tittelissä) pää-, yli- *the secretary general of the United Nations* Yhdistyneiden Kansakuntien pääsihteeri *Attorney General* (Yhdysvaltain) oikeusministeri
general anesthetic s yleispuudutus, nukutus
general delivery s noutoposti, poste restante
general election s (US) vaalit (ei esivaalit, *primary election*)
generalize [ˈdʒenrəˌlaɪz] v yleistää (myös:) tehdä yleiseksi/yleisemmäksi
generally adv yleensä, yleisesti
General Motors [ˌdʒenrəlˈmoutərz]
general post office s (kaupungin) pääpostitoimisto
general practitioner s yleislääkäri
general public s suuri yleisö
general store s (yl maaseudulla) sekatavarakauppa
general strike s yleislakko
generate [ˈdʒenəˌreɪt] v tuottaa; (kuv) synnyttää, herättää *to generate electricity* tuottaa sähköä *the new car has generated tremendous interest* uusi auto on herättänyt valtaisaa kiinnostusta
generation [ˌdʒenəˈreɪʃən] s **1** tuottaminen **2** sukupolvi
generation gap s sukupolvien välinen kuilu
generator [ˈdʒenəˌreɪtər] s generaattori

generic [dʒəˈnerɪk] adj **1** lajia koskeva **2** yleinen, yleis-
generosity [ˌdʒenəˈrasɪti] s anteliaisuus, suurpiirteisyys
generous [dʒenərəs] adj **1** antelias, suurpiirteinen **2** runsas, iso; uhkea
generously adv anteliaasti, suurpiirteisesti
genesis [dʒenəsɪs] s **1** (mon geneses) synty, alku **2** *Genesis* Ensimmäinen Mooseksen kirja, Genesis
genet s (eläin) genetti, kintsi
gene technology s geenitekniikka
genetic [dʒəˈnetɪk] adj geneettinen
geneticist [dʒəˈnetəsɪst] s perinnöllisyydentutkija, geneetikko
genetic probe [dʒəˌnetɪkˈproub] s geenikoetin
genetics [dʒəˈnetɪks] s (verbi yksikössä) perinnöllisyystiede, genetiikka
genetive [dʒenətɪv] s, adj (kieliopissa) genetiivi(-)
Geneva [dʒəˈnivə] Geneve
genial [dʒinjəl] adj ystävällinen, miellyttävä, lämmin (myös kuv), leuto (ilmasto)
geniality [ˌdʒiniˈæləti] s ystävällisyys, sävyisyys; (ilmaston) leutous
genially adv ystävällisesti, miellyttävästi, lämpimästi
genii [dʒini] ks genius
genital [dʒenɪtəl] adj sukupuolielimiin liittyvä, genitaalinen
genitals s (mon) sukupuolielimet
genius [dʒinjəs] s **1** (mon genii) (suojelus)henki **2** nerous **3** (mon geniuses) nero
genlock [ˈdʒenlak] s (video) tahdistuslukitus
Genoa [dʒenoə] Genova
genocide [ˈdʒenəˌsaɪd] s kansanmurha
gent [dʒent] s (ark) (herras)mies
gentile [dʒentaɪl] s, adj ei-juutalainen; kristitty
gentle [dʒentəl] adj hellä, kevyt, varovainen, hiljainen, lievä, hyväntahtoinen
gentleman [dʒentəlmən] s (mon gentlemen) herrasmies; (hyvä) herra; mies
gentlemanly adj herrasmiehelle sopiva/ominainen, huomaavainen, kohtelias

gentleness s ks gentle
gentlewoman ['dʒentəlˌwʊmən] s (mon gentlewomen) herrasnainen, hovinainen, hieno nainen
gently adv ks gentle
gentry [dʒentri] s ala-aateli, gentry
genuine [dʒenjʊən] adj **1** aito **2** (kuv) varsinainen, todellinen *he is a genuine idiot!*
genuinely adv aidosti, tosissaan, vilpittömästi
genus [dʒinəs] s (mon genera) (biol) laji
geog. *geography; geographical*
geographer [dʒɪ'agrəfər] s maantieteen tutkija
geographical [ˌdʒiə'græfɪkəl] adj maantieteellinen
geographically adv maantieteellisesti
geography [dʒɪ'agrəfi] s **1** maantiede **2** (jonkin alueen) pinnanmuodot
geol. *geology; geological*
geological [ˌdʒiə'ladʒɪkəl] adj geologinen
geologist [dʒɪ'alədʒɪst] s geologi
geology [dʒɪ'alədʒi] s geologia
geometric [ˌdʒiəˌmetrɪk] adj geometrinen
geometrically adv geometrisesti
geometric progression s geometrinen jono
geometric ratio s geometrinen suhde
geometry [dʒɪ'amətri] s geometria (myös:) muoto
geophysics [ˌdʒiə'fɪzɪks] s (verbi yksikössä) geofysiikka
geopolitics [ˌdʒio'palətɪks] s (verbi yksikössä) geopolitiikka
George [dʒɔrdʒ] (kuninkaan nimenä) Yrjö
George Scouries [skauriz] (Peter Panissa) Kuuraaja-George
Georgia [dʒɔrdʒə] s **1** (Yhdysvaltain osavaltio) Georgia **2** (Gruusia) Georgia
geostationary [ˌdʒiə'steɪʃəneri] adj geostationaarinen
geosynchronous [ˌdʒiə'sɪŋkrənəs] adj geosynkroninen
geothermal [ˌdʒiə'θɜrməl] adj geoterminen
ger. *gerund*

Ger. *German; Germany*
geranium [dʒə'reɪniəm] s (kasv) kurjenpolvi
gerbil [dʒɜrbəl] s gerbiili, mongolianhyppymyyrä
gerenuk s (eläin) gerenukki
geriatric [ˌdʒeəri'ætrɪk] adj geriatrinen
geriatrics [ˌdʒeəri'ætrɪks] s (verbi yksikössä) geriatria
germ [dʒɜrm] s **1** itu, alkio **2** taudinaiheuttaja (bakteeri, virus ym) **3** (kuv) alku
German [dʒɜrmən] s saksan kieli s, adj saksalainen
German Democratic Republic (hist) Saksan demokraattinen tasavalta, DDR
germane to [dʒər'meɪn] adj asiaankuuluva
Germany [dʒɜrməni] Saksa
germinate ['dʒɜrməˌneɪt] v itää (myös kuv:) orastaa
germination [ˌdʒɜrmə'neɪʃən] s itäminen; (kuv) orastus, alku
gerontologist [ˌdʒerən'talədʒɪst] s gerontologi, vanhenemisen tutkija
gerontology [ˌdʒerən'talədʒi] s gerontologia, vanhenemisen tutkimus
gerund [dzjerənd] s (kieliopissa) gerundi (substantiivina käytetty *-ing -* muoto, esim *running (is good exercise)*
gesticulate [dʒes'tɪkjəˌleɪt] v elehtiä, viittoilla (käsillään)
gesticulation [dʒesˌtɪkjə'leɪʃən] s elehdintä, viittoilu
gesture [dʒestʃər] s ele (myös kuv) *that was a nice gesture* se oli kaunis ele, kauniisti tehty
get [get] v got, got/gotten **1** saada; olla jollakulla (have got) *he got two presents* hän sai kaksi lahjaa *I've got two dogs* minulla on kaksi koiraa **2** hakea, noutaa *go get the mail from the box* mene hakemaan posti laatikosta *he got measles* hän sairastui tuhkarokkoon *the teacher did not get him to grasp the concept* opettaja ei saanut häntä ymmärtämään käsitettä **3** teetättää: *he got a haircut, he got his hair cut* hän kävi parturissa, leikkautti tukkansa **4** kuulla, ymmärtää, tajuta *I told the joke twice, and he still did not get it* **5** saapua, tulla jonnekin *she got*

get about

home late last night hän tuli eilen myöhään kotiin **6** tulla joksikin: *dad got mad when I took five dollars from his pocket* isä suuttui kun otin hänen taskustaan viisi dollaria *it's getting harder and harder to find a job* työpaikan löytäminen käy koko ajan vaikeammaksi **7** valmistautua, alkaa: *you'd better get ready/started/going* sinun on parasta laittautua valmiiksi/aloittaa/lähteä **8** tavoittaa, saada kiinni *she did not get the doctor on the phone* hän ei saanut lääkäriä puhelimeen **9** osua johonkin; tappaa *the mob finally got him* mafia surmasi hänet viimein **10** (ark) kismittää, kaivella *the bad reviews really got me* huonot arvostelut olivat minulle kova kolaus

get about v **1** (toipilaasta) olla jalkeilla **2** (huhu) levitä

get across v selittää, esittää, saada ymmärtämään

get ahead v menestyä, päästä eteenpäin

get ahead of v ohittaa (myös kuv:) päästä jonkun edelle

get along v **1** lähteä **2** tulla toimeen

get a move on fr panna töpinäksi

get a rise out of fr saada johonkuhun eloa

get around v **1** matkustella, liikkua **2** seurustella, käydä miehissä/naisissa

get at v **1** vihjailla **2** päästä käsiksi johonkin (myös kuv)

get away v karata, päästä karkuun

get away with v selvitä rangaistuksetta jostakin

get back v kostaa

get back to v ottaa uudestaan yhteyttä johonkuhun, soittaa takaisin/uudestaan

get behind v jäädä jälkeen, (maksu) myöhästyä

get by v **1** tulla toimeen, pärjätä **2** ei huomata, mennä ohi joltakulta

get by on v tulla toimeen jollakin, pärjätä jollakin

get carried away fr innostua liikaa

get down v **1** vapautua, irrotella, pitää hauskaa **2** masentaa **3** niellä, saada (kurkusta) alas

get down to v keskittyä johonkin

get down to cases fr mennä asiaan

get even fr kostaa *don't get mad, get even* älä suutu vaan kosta

get fresh with fr heittäytyä röyhkeäksi

get in v **1** saapua jonnekin **2** päästä sisään (myös kuv:) päästä jäseneksi **3** (kuv: syyllistyä) sekaantua/sotkeutua johonkin

get in on v päästä jyvälle jostakin; päästä apajille; osallistua

get it v **1** saada selkäänsä, saada kuulla kunniansa **2** tajuta

get off v **1** päästä/päästää pälkähästä, päästä/auttaa vapaaksi **2** nousta (lentokoneesta, junasta, satulasta)

get on v **1** edistyä **2** selvitä, pärjätä **3** tulla toimeen jonkun kanssa (with) **4** vanhentua, ikääntyä

get on the bandwagon fr liittyä joukkoon, ryhtyä jonkun/jonkin kannattajaksi

get out v tulla ilmi, paljastua

get out of v lopettaa, luopua *he is thinking of getting out of the retailing* hän aikoo luopua vähittäiskaupasta

Get out of here! fr **1** häivy! **2** älä yritä!, älä narraa!

get over v selvitä, parantua jostakin

get over with v saada valmiiksi, päästä eroon jostakin

get religion fr **1** tulla uskoon **2** (kuv) tulla uuteen uskoon

get sick fr **1** sairastua **2** oksentaa

get someone's number fr päästä selville jonkun aikeista, saada selville mitä joku ajaa takaa

get someone wise fr (sl) kertoa jollekulle jotakin

get something on the road fr käynnistää, aloittaa, panna alulle

get the boot fr saada potkut, saada kenkää

get the business fr saada kovaa kohtelua

get the creeps fr pelästyä, puistattaa

get the hang of fr päästä jyvälle jostakin, oppia

get the picture fr ymmärtää, tajuta

get the worst of *Pauline got the worst of his anger* Pauline sai kärsiä eniten hänen kiukustaan *he got the worst of it* hän veti lyhyemmän korren

get through v **1** selvitä jostakin **2** saada joku ymmärtämään jotakin

get through to v saada joku puhelimeen

get together fr **1** kerätä, koota; kerääntyä, kokoontua **2** päästä yksimielisyyteen/sopimukseen

get tough with fr koventaa otteitaan jonkun/jonkin suhteen

get underway v alkaa, aloittaa, lähteä

get under your skin fr **1** (sl) käydä jonkun hermoille **2** vaikuttaa voimakkaasti johonkuhun, joku saa väreitä jostakin

get up v **1** nousta (vuoteesta/ylös/seisomaan/ajoneuvoon/satulaan) **2** järjestää, valmistella *he got up a nice birthday party for his wife* hän järjesti vaimolleen kivat syntymäpäiväjuhlat

get up as v pukeutua joksikin

get up to v **1** nousta/kiivetä jonnekin **2** hautoa mielessään, juonitella

get used to v tottua johonkin

get-well card s kortti jolla toivotetaan pikaista paranemista

get wise fr (sl) **1** ottaa selvää jostakin **2** ruveta nenäkkääksi

get wise to something fr (sl) tajuta, päästä jyvälle/selville jostakin, saada tietää

get your act together fr ryhdistäytyä

get your second wind fr saada (esim juostessa) hengityksensä tasaantumaan

geyser [gaɪzər] s kuuma lähde, geysir

GGPA *graduate grade-point average*

Ghana [gɑnə] Ghana

Ghanaian [gəˈnaɪən] s, adj ghanalainen

ghastly [gæsli] adj **1** järkyttävä, hirvittävä (rikos) **2** kalmankalpea **3** (ark) hirvittävä, kamala, valtava

ghetto [getoʊ] s getto; slummi

ghetto blaster s (iso) radionauhuri, mankka

ghost [goʊst] s **1** henki *the Holy Ghost* Pyhä Henki *to give up the ghost* heittää henkensä; pysähtyä, sammua **2** aave, haamu **3** (kuv) kalpea aavistus jostakin

ghostly adj aavemainen

ghost story s kummitusjuttu

ghost town s aavekaupunki

ghostwrite v kirjoittaa jotakin haamukirjoittajana/jonkun toisen nimellä julkaistavaksi

ghostwriter [ˈgoʊstˌraɪtər] s haamukirjoittaja

GHQ *general headquarters*

GHz *gigahertz* gigahertsi, miljardi hertsiä

GI *government issue*

giant [dʒaɪənt] s jättiläinen adj jättiläismäinen, valtava, suunnaton

giant armadillo s jättiläisvyötiäinen

giant eland [ilənd] s jättiläishirviantilooppi

giantess s (naispuolinen) jättiläinen

giant forest hog s jättiläismetsäkarju

giant fruit bat s (lepakko) intianlentäväkoira

giant panda s isopanda

giant petrel s (lintu) myrskyliitäjä

gibberish [dʒɪbərɪʃ] s siansaksa

Gibraltar [dʒəˈbrɑltər]

giddiness s: ks giddy

giddy [gɪdi] adj **1** huimaava *I feel a little giddy* minua huimaa/pyörryttää hieman **2** päätähuimaava **3** tyhjänpäiväinen, pinnallinen, haihatteleva, oikullinen

gift [gɪft] s **1** lahja *Christmas gifts* joululahjat **2** lahja, kyky *he is a man of many gifts* hän on monipuolisesti lahjakas

gift certificate s lahjakortti

gifted adj lahjakas

gift horse *don't look a gift horse in the mouth* (sananlasku) ei lahjahevosen suuhun katsota

gift of gab *to have the gift of gab* (ark) jollakulla on sana hallussaan

gift-wrap v kääriä lahjapaperiin

giftwrapping s lahjapaperi

gigantic [dʒaɪˈgæntɪk] adj jättiläismäinen, valtava, suunnaton

1 giggle [gɪgəl] s kikatus, hihitys

2 giggle v kikattaa, hihittää

GIGO *garbage in, garbage out* kun syöttää tietokoneeseen roskaa sieltä tulee roskaa ulos

gila monster s gilalisko

gild [gɪld] v gilded, gilded: kullata

gilding s **1** kultaus **2** lehtikulta

gill [gɪl] s (yl mon) kidukset *pale around the gills* sairaan/huonon näköinen

gilt [gɪlt] s **1** kultaaminen **2** lehtikulta **3** *Gilt* (tal) Ison-Britannian valtion takaama puntamääräinen obligaatio
gilt-edged adj **1** kultareunainen **2** (kuv) ensiluokkainen, paras mahdollinen
gimmick s **1** temppu **2** vempain, vekotin
gin [dʒɪn] s gini
ginger [dʒɪndʒər] s inkivääri
ginger ale s inkiväärilimonadi
gingerly adj varovainen adv varovaisesti
giraffe [dʒəˈræf] s kirahvi
Giraffe (tähdistö) Kirahvi
girder [gərdər] s kannatin(palkki)
1 girdle [gərdəl] s **1** korsetti **2** vyö **3** (kuv) kahle
2 girdle v vyöttää
girl [gərəl] s tyttö; tytär
girl Friday *she is my girl Friday* hän on oikea käteni, apulaiseni
girlfriend [ˈgərəlˌfrend] s tyttöystävä, naisystävä
girlie [gərli] adj alaston-, porno- *girlie magazines* pornolehdet
girlish adj tyttömäinen
girl scout s partiotyttö
girth [gərθ] s ympärysmitta
gist [dʒɪst] s asian ydin *forget the details, just give me the gist of it* vähät yksityiskohdista, riittää kun kerrot minulle tärkeimmän
give [gɪv] v gave, given **1** antaa *the boy gave the girl an orange* poika antoi tytölle appelsiinin *the boss gave him three days to do the job* pomo antoi hänelle kolme päivää työn tekemiseen *let me give you an example* minäpä annan esimerkin **2** funktioverbinä: *to give a cry* huutaa *I gave him a good blow* löin häntä oikein kunnolla **3** järjestää, pitää: *he gave a concert/party* hän piti konsertin/juhlat **4** joustaa, antaa periksi (myös kuv) **5** synnyttää *she gave him a baby girl* hän synnytti miehelle tyttövauvan **6** esitellä (yleisölle) **7** sanoa terveisiä: *give my love to your wife* (sano minulta) terveisiä vaimollesi
give-and-take [ˌgɪvənˈteɪk] s **1** molemminpuoliset myönnytykset, (kuv) kaupanteko, kompromissi **2** ajatustenvaihto
give and take fr **1** tehdä molemminpuolisia myönnytyksiä, tehdä kompromissi **2** vaihtaa ajatuksia
give an ear to fr kuunnella
give a tinker's damn: *not give a tinker's damn* viis veisata, ei välittää tuon taivaallista/tippaakaan
giveaway [ˈgɪvəˌweɪ] s **1** *the name 'Pratt' was a dead giveaway* nimi Pratt paljasti kaiken **2** lapsellisen helppo kysymys tms **3** ilmaistuote, lahja
give away v **1** paljastaa (salaisuus/joku), kavaltaa joku **2** (häissä) luovuttaa morsian sulhaselle **3** jakaa ilmaiseksi, antaa lahjaksi
give birth to fr synnyttää
give chase fr ajaa takaa
give color to fr tukea, vahvistaa, tehdä uskottavaksi
give credence to fr uskoa jotakin
give free rein to fr antaa jollekulle vapaat kädet
give full rein to fr antaa jollekulle vapaat kädet
give ground v perääntyä, antaa periksi
give in v **1** luopua, antaa periksi **2** antaa, luovuttaa
give it the old college try fr (ark) yrittää tosissaan, panna parastaan
give it to fr myöntää *I have to give it to you, you're real smart* täytyy myöntää että sinä olet melkoisen nokkela
given adj **1** tietty *at a given price* tiettyyn hintaan **2** olettaen *given that you were not there at the time of the murder...* olettaen että sinä et ollut paikalla murhan sattuessa...
given name s etunimi
given to adj altis, taipuvainen *she is given to ostentatiousness* hänellä on taipumusta rehentelyyn
give of v antaa aikaansa, olla käytettävissä, auttaa (myös taloudellisesti)
give off v tuoksua, haista *the Mexican cheese gives off a terrible smell* meksikolaisesta juustosta lähtee kamala haju
give or take fr suunnilleen *that's the figure, give or take a few hundred* se on oikea luku muutaman sadan tarkkuudella
give out v **1** säteillä, hehkua **2** jakaa

3 loppua, lopettaa **4** mennä rikki, pysähtyä, sammua
give over v **1** siirtää, luovuttaa jollekulle **2** luopua jostakin **3** käyttää aikaa johonkin *he gave himself over to indulgence* hän antautui/omistautui nautiskelulle
give pause fr tehdä mietteliääksi, saada pysähtymään
give place to fr tehdä tilaa jollekin, väistyä jonkin tieltä, syrjäytyä
give rein to fr antaa jollekulle vapaat kädet
give rise to fr johtaa johonkin, antaa aihetta johonkin, aiheuttaa jotakin, panna alulle jotakin
give someone enough rope fr antaa jonkun toimia vapaasti, antaa jollekulle vapaat kädet
give someone the slip fr livahtaa/karata jonkun käsistä
give the devil his due fr myöntää *I don't much like her but I have to give the devil his due, she is a great lawyer* en erityisemmin pidä hänestä mutta täytyy myöntää että hän on erinomainen asianajaja
give tongue to fr ilmaista, sanoa ääneen, pukea sanoiksi
give to understand fr antaa ymmärtää *they gave me to understand that I should resign* minun annettiin ymmärtää että minun tulisi erota
give up v **1** luopua, antaa periksi **2** lakata, luopua jostakin **3** omistautua, antautua jollekin
give up the ghost v heittää henkensä; pysähtyä, sammua
give voice to fr ilmaista, tuoda julki
give way fr **1** väistää, väistyä **2** (armeija) perääntyä **3** (myös kuv) sortua, luhistua, antaa periksi
give way to fr **1** tehdä tietä/tilaa jollekin, väistyä jonkun/jonkin tieltä **2** antaa periksi jollekin/jollekulle, antautua jollekin (esim tunteiden) valtaan
give your word fr luvata
Gk. *Greek*
glacial [ɡleɪʃəl] adj **1** jääkauden aikainen/muovaama **2** (kuv) toivottoman hidas **3** (kuv) jäätävä, vihamielinen *she looked at me with glacial indifference* hän katsoi minua jäätävän välinpitämättömästi
glacier [ɡleɪʃər] s jäätikkö
Glacier [ɡleɪʃər] kansallispuisto Montanassa
glad [ɡlæd] adj iloinen *we were glad to be back* olimme iloisia päästessämme takaisin *that's glad news* se on iloinen uutinen
gladden v ilahduttaa, tehdä iloiseksi
glade [ɡleɪd] s aukeama (metsässä)
glad hand *to give someone the glad hand* tervehtiä pursuavan (ja teennäisen) ystävällisesti, makeilla, hieroa (kuv) jotakuta
gladiator [ˈɡlædɪˌeɪtər] s gladiaattori
gladly adv **1** iloisesti **2** mielellään
Gladstone [ˈɡlædˌstoʊn] (sarjakuvahahmo) Hansu
glamor ks glamour
glamorize [ˈɡlæməˌraɪz] v ihannoida
glamorous adj loistokas, hohdokas
glamorously adv loistokkaasti, loistavan
glamour [ɡlæmər] s loisto, komeus, hohto
glamour boy s kaunokainen, filmitähti tms
glamour girl s kaunotar, filmitähti tms
1 glance [ɡlæns] s vilkaisu *at a glance* yhdellä vilkaisulla *at first glance* ensi näkemältä
2 glance v vilkaista
gland [ɡlænd] s rauhanen
glandular [ɡlændʒələr] adj rauhas-
1 glare [ɡleər] s **1** häikäisevä/räikeä/sokaiseva paiste/valo/loiste *the glare of the car's headlights blinded him* auton valot sokaisivat hänet **2** (vihainen) tuijotus, katse
2 glare v **1** loistaa/paistaa räikeästi **2** katsoa vihaisesti
glaring adj **1** häikäisevä, sokaiseva, räikeä (myös kuv) *a glaring error* räikeä virhe **2** vihaisesti tuijottava/katsova
Glasgow [ɡlæzɡoʊ]
glass [ɡlæs] s **1** (aine) lasi **2** (juoma)lasi; (ikkuna)lasi; (suurennus)lasi **3** (mon) (silmä)lasit

glassblower ['glæs,bloər] s lasinpuhaltaja
glassblowing [glæsbloiŋ] s lasinpuhallus
glasshouse ['glæs,haus] s (UK) kasvihuone
glass jaw [,glæs'dʒa] s (nyrkkeilijän) lasileuka
glassware ['glæs,weər] s lasitavara
glassworks ['glæs,wɜrks] s (verbi yl yksikössä) lasitehdas
glassy adj 1 lasinen, lasimainen 2 lasittunut (katse)
glaucoma [gla'koumə] s viherkaihi
1 glaze [gleɪz] s 1 (savitavaran pinnalla) lasitus, lasite 2 (ruuanlaitossa) kuorrutus
2 glaze v 1 lasittaa (savitavaraa) 2 (ruuanlaitossa) kuorruttaa 3 (silmät, katse) lasittua
1 gleam [glim] s kiilto, kimallus, pilke (myös kuv) *with a gleam in his eye* pilke silmäkulmassa
2 gleam v kiiltää, kimaltaa, säkenöidä
gleaming adj kimalteleva, pilkehtivä, säkenöivä
glean [glin] v saada selville, huomata, nähdä *I could glean from his eyes that he was worried* näin hänen silmistään että hän oli huolissaan
glee [gli] s ilo *malicious glee* vahingonilo
gleeful adj iloinen; vahingoniloinen
gleefully adj iloisesti; vahingoniloisesti
glen [glen] s (pieni) laakso
glib [glɪb] adj lipevä, liukas, ovela *she did not like him, his manner was too glib* hän ei pitänyt miehestä koska tämä käyttäytyi liian lipevästi
glibly adv lipevästi, liukkaasti, ovelasti
glibness s lipevyys, liukkaus, oveluus
1 glide [glaɪd] s 1 liukuminen 2 liukulento 3 liitolento, purjelento
2 glide v 1 liukua 2 leijua 3 liitää, lentää purjekoneella
glider [glaɪdər] 1 purjekone 2 purjelentäjä 3 riippuliidin (myös hang glider) 4 riippuliitäjä 5 pussiliito-orava
gliding s purjelento

1 glimmer [glɪmər] s kajastus, loiste, pilke (myös kuv) *a glimmer of hope* toivon pilke
2 glimmer v kajastaa, loistaa, pilkahtaa
1 glimpse [glɪmps] s vilkaisu
2 glimpse v nähdä väläykseltä
1 glint [glɪnt] s kimallus, pilke
2 glint v kimaltaa, säkenöidä, tuikkia
glisten [glɪsən] v kimaltaa, kimallella, säkenöidä
1 glitter [glɪtər] s kimallus, säkenöinti
2 glitter v kimaltaa, säkenöidä, tuikkia *all that glitters is not gold* ei kaikki ole kultaa mikä kiiltää
glittering adj 1 kimalteleva, säkenöivä, tuikkiva 2 loistokas, korea; houkutteleva
glittery adj kimalteleva, säkenöivä
gloat [gloʊt] v hekumoida jollakin, nauttia suuresti jostakin *he gloated over my failure* hän oli vahingoniloinen minun epäonnistumisestani
gloating s omahyväisyys, itsetyytyväisyys; vahingonilo adj omahyväinen; vahingoniloinen
global [gloʊbəl] adj maailmanlaajuinen
globally adv maailmanlaajuisesti
global warming s (maapallon) ilmaston lämpeneminen
globe [gloʊb] s 1 maapallo 2 (muoto) pallo 3 karttapallo
globeflower s kullero
gloom [glum] s hämäryys, pimeys, synkkyys (myös kuv)
gloomily adj (kuv) synkästi
gloominess s hämäryys, pimeys, synkkyys (myös kuv)
gloomy adj hämärä, pimeä, synkkä (myös kuv)
glorification [,glɔrəfɪ'keɪʃən] s ihannointi, ylistys
glorified ['glɔrə,faɪd] adj *the resort is nothing but a glorified hotel* lomanviettopaikka on pelkkä hieno hotelli
glorify ['glɔrə,faɪ] v ihannoida, ylistää
glorious [glɔriəs] adj 1 maineikas, ansioitunut 2 erinomainen, loistava, ensiluokkainen
glory [glɔri] s 1 maine, kunnia 2 ylistys 3 loisto, komeus 4 autuus *to go to your glory* kuolla

glory in v iloita, nauttia, olla ylpeä jostakin
Glos. *Gloucestershire*
gloss [glas] s **1** kiilto; (kuv) pintakiilto **2** selitys, huomautus
glossary [glasəri] s sanaluettelo, sanasto
gloss over v vähätellä, yrittää salata jotakin
glossy adj kiiltävä (pintainen)
Gloucestershire [glastərʃər] Englannin kreivikuntia
glove [glʌv] s käsine, sormikas, hansikas
glove compartment s (auton) hansikaslokero
gloved adj: *he did it with gloved hands* hän teki sen käsineet kädessä
1 glow [gloʊ] s hehku, kajaste, loiste, valo
2 glow v hehkua, kajastaa, loistaa; (kuv) pursua
glowing adj **1** hehkuva **2** (kuv) ylistävä, ylenpalttinen
glowingly adv (kuv) ylistäen, ylenpalttisesti
glow-worm s kiiltomato
glucose ['gluˌkoʊs] s glukoosi
1 glue [glu] s liima
2 glue v liimata; (passiivissa kuv) liimautua *her eyes were glued to the other table where the movie star was sitting* hän tuijotti herkeämättä toiseen pöytään jossa filmitähti istui
glum [glʌm] adj apea, alakuloinen, masentunut, synkkä
glumly adv apeasti, alakuloisesti
1 glut [glʌt] s (tavaran) ylitarjonta, tulva
2 glut v olla ylitarjontaa jostakin, tulvia markkinoilla
glutton [glʌtən] s **1** ahma **2** ahmatti
gluttonous adj kyltymätön
gluttony s (ruualla ja juomalla) mässäily, porsastelu
glyceride [glısəraɪd] s (rasvayhdiste) glyseridi
glycerol [glısəral] s (rasvan osa) glyseroli
GM *General Motors*
G.M. *general manager*

GMT *Greenwich Mean Time* Greenwichin aika
GMTA (tekstiviestissä, sähköpostissa) *great minds think alike*
1 gnarl [narəl] s (puussa) pahka
2 gnarl v vääristää, vääntää kieroon
gnarled [narəld] adj pahkainen (puu)
gnarly [naərli] adj (nuorten sl) makee
gnash [næʃ] v kiristellä (hampaitaan)
gnat [næt] s (yl) hyttynen
gnaw [na] v kalvaa (myös kuv), nakertaa, pureskella *the dog is happily gnawing at a bone* koira kalvaa tyytyväisenä luuta
gnawing adj (kuv) kalvava, kiduttava
gnome [noʊm] s **1** maahinen, peikko **2** finanssinero, (suur)pankkiiri, pankkimies
GNP *gross national product* bruttokansantulo, BKTL
gnu [nu] s gnu *brindled gnu* juovagnu *white-tailed gnu* valkohäntägnu
go [goʊ] v went, gone **1** mennä, lähteä *we went home* menimme/lähdimme kotiin *we went there by bus* menimme sinne linja-autolla *you went too far* sinä menit liian pitkälle *I have to go* minun täytyy lähteä *the children should go to bed* lasten pitäisi mennä nukkumaan *how did your test go?* miten koe meni? **2** käydä *do you still go to school?* vieläkö sinä käyt koulua? **3** tulla joksikin *he's gone crazy* hän on tullut hulluksi **4** kuulua jonnekin/johonkin *that goes with the territory* se kuuluu työn arkeen *the red ones go into that box* punaiset kuuluvat tuohon laatikkoon **5** *anything goes* kaikki on sallittua **6** *go to show* osoittaa *that only goes to show that he is a genius* se on vain merkki siitä että hän on nero **7** (ark) sanoa *and he goes, 'What do you think?'* ja sitten hän sanoi 'Mitä arvelet?' **8** (ark) käydä vessassa *Mommy, I gotta go!* äiti, minulla on vessahätä **9** *is this for here or to go?* (pikaravintolassa:) syöttekö täällä vai otatteko ruoan mukaanne? apuv (futuurina:) aikoa *I am going to do it* aion tehdä sen *it is going to rain* pian sataa adj valmis *all systems go* kaikki on valmista

go about v tehdä (työtään), hoitaa (tehtäviään)
goad into [goʊd] v kannustaa, yllyttää jotakuta tekemään jotakin
go after v tavoitella jotakin, pyrkiä johonkin
go against v (kuv) sotia jotakin vastaan, olla jonkin vastainen
go ahead v ole hyvä vain *go ahead if you want to leave* sen kuin lähdet vain
go-ahead ['goəˌhed] s (kuv) vihreä valo, lupa aloittaa *they finally got the go-ahead to launch the rocket* he saivat viimein luvan laukaista raketin
goal [goəl] s **1** tavoite, päämäärä **2** (kilpailun) maali (eri merk) **3** (amerikkalaisessa jalkapallossa) potkumaali
goalie [goəli] s maalivahti
goalkeeper ['goəlˌkipər] s maalivahti
goal line ['goəlˌlaɪn] s (amerikkalaisessa jalkapallossa) maalilinja
go all the way fr (sl) **1** tehdä jotakin täysin palkein/täysillä, astua viimeinenkin askel **2** maata jonkun kanssa
go along v **1** lähteä/tulla mukaan **2** suostua johonkin
goal post ['goəlˌpoʊst] s (amerikkalaisessa jalkapallossa) maalipylväs
goanna s (lisko) gouldinvaraani
go around v **1** riittää (kaikille) **2** kiertää, olla liikkeellä
go around with v liikuskella jonkun seurassa
go at v käydä käsiksi johonkin (myös kuv:) paneutua
goat [goʊt] v **1** vuohi **2** (kuv) pukki
goatee [goʊ'ti] s pukinparta
goatfish s (kala) mullo
go away empty-handed fr jäädä tyhjin käsin
go bad fr pilaantua
go bananas fr saada hepulit; tulla hulluksi
gobble [gabəl] v ahmia, pistää poskeensa
gobble up v (kuv) ahnehtia, niellä, pistää poskeensa
go-between s välittäjä, sovittelija, lähetti
Gobi Desert [ˌgoʊbi'dezərt] Gobin aavikko

goblin [gablən] s peikko
go by v **1** päästää (tilaisuus) käsistään **2** noudattaa (neuvoa)
go cold turkey fr **1** lopettaa esim huumeen käyttö kerralla, panna kerrasta poikki **2** ryhtyä kylmiltään johonkin
God [gad] s **1** Jumala **2** *god* jumala (myös kuv) *man is trying to play god by tampering with genes* ihminen leikkii jumalaa sorkkimalla geenejä
God-awful adj (ark) hirvittävä, kamala
godchild ['gadˌtʃaɪəld] s kummilapsi
goddammit ks goddamnit
goddamn [ˌgad'dæm] s, adj, interj (ark) hitto, helvetti *he is a goddamn fool* hän on täysi idiootti
goddamned adj (ark) pahuksenmoinen, hitonmoinen, kirottu
goddamnit [ˌgad'dæmɪt] interj (ark) hitto soikoon!
goddaughter ['gadˌdatər] s kummityttö
godfather ['gadˌfaðər] s kummisetä
godforsaken [ˌgadfər'seɪkən] adj Jumalan hylkäämä, (kuv) syrjäinen *he lives in some godforsaken place* hän asuu jossakin Jumalan selän takana
godless adj jumalaton, ateistinen
godlike adj jumalallinen
godliness s hurskaus, jumalanpelko *cleanliness is next to godliness* puhtaus on puoli ruokaa
godly adj **1** hurskas **2** jumalallinen, Jumalan
godmother ['gadˌmʌðər] s kummitäti
go down v **1** laskea, laskeutua, vähetä **2** (sl) tapahtua **3** (tietok) kaatua
go down fighting fr taistella henkeen ja vereen/viimeiseen saakka (myös kuv)
go down on v (sl) (oraaliseksistä) ottaa suuhun, imeä, nuolla
go down the tube fr (ark) mennä läskiksi, mennä pöntöstä alas
godsend ['gadˌsend] s suuri apu, siunaus, luojan lykky
godson ['gadˌsʌn] s kummipoika
Godspeed ['gadˌspid] s hyvä onni, menestys *I wish you Godspeed* toivotan sinulle menestystä
gofer [goʊfər] s (sl) juoksupoika
go for v **1** yrittää saada, tavoitella **2** valita

good

go for it fr yrittää tosissaan, panna parastaan, tarttua tilaisuuteen
go-getter s innokas oman edun tavoittelija, pyrkyri
goggle [gagəl] v tuijottaa, mulkoilla; (silmät) pullistua kuopistaan
goggles [gagəlz] s (mon) (suoja)lasit; uimalasit
go haywire fr mennä rikki, hajota, ruveta reistailemaan
go in for v innostua/pitää jostakin, harrastaa jotakin
1 going [goʊɪŋ] s **1** lähtö, meno **2** vauhti, nopeus, tahti
2 going adj **1** käypä *the going price for strawberries* mansikoiden käypä hinta **2** menestyvä, menestyksekäs
go into v **1** paneutua johonkin, keskustella jostakin **2** ruveta opiskelemaan
go into effect fr astua voimaan
goitered gazelle [ˌgɔɪtərdgəˈzel] s kuhertajagaselli
go-kart [ˈgoʊˌkɑrt] s mikroauto
gold [gold] s **1** kulta **2** kullan väri adj **1** kultainen *gold watch* kultakello **2** kullanvärinen
1 goldbrick [ˈgoldˌbrɪk] s (sl) pinnari
2 goldbrick v pinnata
goldcrest s (lintu) hippiäinen
golden adj **1** kultainen (myös kuv) **2** kullanvärinen
golden age s kulta-aika *the golden age of big band music* big band -musiikin kulta-aika
Golden Arches s (mon; leik) McDonald'sin pikaravintoloiden keltainen M-tunnus, kultaiset kaaret
golden calf s (Raam ja kuv) kultainen vasikka
golden conure s (lintu) kulta-aratti
golden eagle s maakotka
goldeneye s (lintu) telkkä
golden hamster s kultahamsteri
Golden Horn Kultainen sarvi
golden oldie [ˌgoldənˈoʊldi] s (popmusiikissa) vanha hitti
goldenrod [ˈgoldənˌrɑd] s kultapiisku
golden rule s kultainen sääntö
golden section s (taiteessa) kultainen leikkaus
golden stonecrop s keltamaksaruoho
gold fever s kultakuume
goldfinch s (lintu) tikli
goldfish [ˈgoldˌfɪʃ] s kultakala
goldilocks [ˈgoldɪˌlaks] s (verbi yksikössä, mon goldilocks) kultakutri
gold leaf s lehtikulta
gold mine s kultakaivos (myös kuv) *a gold mine of information* tiedon kultakaivos
goldsmith [ˈgoldsmɪθ] s kultaseppä
gold standard s (tal) kultakanta
1 golf [galf] s golf
2 golf v pelata golfia
golf bag s (golf)mailareppu
golf ball s golfpallo
golf cart s **1** (sähkökäyttöinen) golfvaunu **2** (käsin vedettävät) golfkärryt
golf club s **1** golfmaila **2** golfseura
golf course s golfkenttä
golfer s golfin pelaaja
golf links s (mon) golfkenttä
golf pro [ˈgalfˌproʊ] s golfpro, opetusta antava ammattilainen
golf widow [ˈgalfˌwɪdoʊ] s golfleski
gondola [gandələ ganˈdoʊlə] s **1** gondoli **2** (ilmalaivan) matkustamo, (kuumailmapallon) kori
gondola wagon s (rautateillä) avovaunu
gondolier [ˌgandəˈlɪər] s gondolieeri
gone [gan] ks go
gong [gaŋ] s (mus) gongi
1 good [gʊd] s **1** hyvä *a brisk walk will do you good* reipas kävely tekee sinulle hyvää **2** hyöty *what good is a remote without batteries?* mitä kaukosäätimellä tekee jos siinä ei ole paristoja? **3** *for good* pysyvästi, lopullisesti
2 good adj better, best **1** hyvä *the plumber did a good job* putkiasentaja teki työnsä hyvin **2** hauska *we had a good time* meillä oli hauskaa **3** hyväntahtoinen, hyväsydäminen *the good Samaritan* laupias samarialainen **4** *no good* mitätön *he is no good as a painter* hänestä ei ole taidemaalariksi **5** *as good as* kuin *it's as good as new* se on uuden veroinen

good-bye [ˌgʊdˈbaɪ, gəˈbaɪ] s jäähyväiset interj hyvästi, näkemiin
good day interj (käytetään tavattaessa ja erottaessa) hyvää päivää; hyvää päivänjatkoa
good deal s 1 *a good deal of work* paljon työtä 2 hyvä kauppa, sopimus *I made a good deal with the salesman* tein myyjän kanssa hyvät kaupat
good evening interj hyvää iltaa
good for adj 1 *he is good for the loan* hän maksaa kyllä lainan takaisin 2 vastata jotakin 3 kestää *those shoes are good for another year* ne kengät saavat kelvata vielä vuoden 4 olla voimassa *the pass is good for daytime shows only* vapaalipulla pääsee vain päivänäytäntöihin
good-for-nothing s kelvoton ihminen, vätys adj mitätön, kelvoton
Good for you! fr Hienoa (sinun kannaltasi)!, Kyllähän sinun kelpaa!, Kateeksi käy!
Good Friday s pitkäperjantai
good-humored adj hyväntuulinen
goodies [gʊdiz] s (mon) namut, herkut, herkkupalat (myös kuv) *you can find all sorts of goodies in an electronics store* elektroniikkakaupasta löytyy kaikenlaista jännää
good-looking adj hyvännäköinen
good morning interj hyvää huomenta
goodness s 1 hyvyys 2 laatu interj hyvä tavaton!
good news s (verbi yl yksikössä) hyvä uutinen *he is good news* hyvä että hän tulee/on mukana yms, hänen mukanaolonsa yms enteilee hyvää
good night interj hyvää yötä
goods [gʊdz] s (mon) kauppatavara; tavarat, omaisuus *to deliver the goods* (kuv) pitää sanansa, olla luotettava
good-sized adj hyvänkokoinen, iso
goodwill [ˌgʊdˈwɪl] s 1 hyväntahtoisuus 2 goodwill (yrityksen ym nauttima arvonanto)
goody-goody [ˌgʊdiˈgʊdi] s hurskastelija, (ällöttävä) pulmunen adj hurskasteleva, ällöttävä
goody-two-shoes ks goody-goody

go off v 1 räjähtää, lauetа 2 sujua, mennä 3 lähteä (yhtäkkiä), häipyä 4 kuolla
go off the deep end fr innostua/rakastua silmittömästi, ei pysyä housuissaan
Goofy [gufi] Hessu
go on v 1 tapahtua 2 jatkaa 3 pölistä, jaaritella, puhua minkä jaksaa 4 käyttäytyä tietyllä tapaa
go on a binge fr syödä hillittömästi, porsastella; törsätä rahaa
go on strike fr ruveta lakkoon
go on the stage fr ruveta näyttelijäksi, siirtyä teatterialalle
goosander [guːsændər] s (lintu) isokoskelo
goose [gus] s (mon geese) hanhi *my goose is cooked* minä olen nesteessä/ kiipelissä
gooseberry [ˈgʊsˌberi] s karviainen, karviaismarja
goose bumps s (kuv mon) kananliha, puistatus
goose flesh s (kuv) kananliha, puistatus
go out v 1 sammua 2 käydä ulkona, tavata ihmisiä
go out of fashion fr jäädä pois muodista
go out of your way fr tehdä kaikkensa, yrittää parhaansa, nähdä kovasti vaivaa
go over v 1 käydä läpi, tarkastaa 2 saada tietynlainen vastaanotto *my suggestions did not go over very well with the audience* ehdotukseni eivät olleet yleisön mieleen
go over the wall fr (sl) karata vankilasta, paeta
GOP *Grand Old Party* Yhdysvaltain republikaaninen puolue
go places fr (ark) menestyä, päästä pitkälle
goral [goərəl] s (eläin) goraali
1 gore [gɔr] s 1 (ylät) hurme, veri 2 väkivalta
2 gore v pistää, puhkaista
gorge [gɔrdʒ] s 1 rotko, kuru; pieni kanjoni 2 kurkku
gorgeous [gɔrdʒəs] adj komea, upea, mahtava, loistava
gorgeously adv ks gorgeous

gorilla [gəˈrɪlə] s gorilla
gory [gɔri] adj **1** verinen **2** ikävä, kurja
gosh [gaʃ] interj no voi että!, voi ei!, voi hurja!
goshawk [ˈgasˌhak] s kanahaukka
gosling [gazlɪŋ] s hanhenpoikanen
gospel [gaspəl] s evankeliumi (myös kuv) *the Gospel according to Matthew* Matteuksen evankeliumi
gospel music s gospelmusiikki
gospel truth s totinen totuus *that's the gospel truth* se on totista totta
gossip [gasɪp] s **1** juoru, juoruaminen **2** juoruaja
gossip column s (lehden) juorupalsta
go steady fr (ark) seurustella vakinaisesti
got [gat] ks get *have got* ks have
gotcha [gatʃə] sama kuin *got you* **1** ymmärrän mitä tarkoitat **2** ähäkutti!
Goth [gaθ] s **1** (hist) gootti **2** (rockmusiikin laji) gootti **3** (alakulttuuri tai sen jäsen) gootti
Gotham [gaθəm] **1** Hölmölä **2** (ark) New York City
go the route fr pitää pintansa, tehdä/kestää jotakin loppuun saakka
Gothic adj goottilainen, gotiikan *a Gothic cathedral* goottilainen tuomiokirkko
gothic arch s (arkkitehtuurissa) suippokaari
Gothic language s gootin kieli
gothic novel s kauhuromaani
gothic script s goottilainen kirjasinlaji
Gothic style s (arkkitehtuurissa) gotiikka
go through v **1** kokea, joutua käymään läpi **2** tutkia, käydä läpi **3** mennä läpi, tulla hyväksytyksi **4** tuhlata, törsätä, käyttää loppuun
go through the roof fr **1** nousta/kasvaa/kallistua valtavasti **2** pillastua, raivostua, menettää malttinsa
go through with v kestää/saattaa loppuun/päätökseen
go together v **1** kuulua yhteen; sopia yhteen **2** seurustella, olla yhdessä
go to press fr (sanomalehti ym) mennä painoon

go to the wall fr **1** hävitä (kilpailu), saada selkäänsä **2** tehdä konkurssi, mennä vararikkoon **3** tehdä kaikkensa, tehdä mitä vain
1 gouge [gaʊdʒ] s kourutaltta
2 gouge v **1** kaivaa, kaivertaa, kovertaa **2** kaivaa esiin/irti **3** huijata, huiputtaa
goulash [gulaʃ] s gulassi
go under v **1** (laivasta) upota **2** epäonnistua, kariutua **3** esiintyä jollakin nimellä, olla tunnettu jonakin **4** (liikeyritys) tehdä vararikko, mennä konkurssiin
go up v **1** kasvaa, lisääntyä **2** unohtaa vuorosananansa
gourmand [gɔrˌmand] s syöppö, ahmatti
gourmandize [ˈgɔrmənˌdaɪz] v herkutella, syöpötellä
gourmet [gɔrˈmeɪ] s herkuttelija, herkusuu
gov. *government; governmental* valtio; valtion
govern [gʌvərn] v **1** hallita (myös kuv) *to govern a country* hallita maata *price governed his choice of a new car* hinta ratkaisi millaisen uuden auton hän osti **2** hillitä *she was unable to govern her temper* hän ei kyennyt hillitsemään itseään
governess [gʌvərnəs] s kotiopettajatar
government [gʌvərnmənt] s **1** hallitus, hallitseminen **2** hallitusmuoto **3** hallitus, valtioneuvosto **4** valtio *he is a government employee* hän on valtion palveluksessa
governmental [ˌgʌvərnˈmentəl] adj valtion; hallituksen
governor [gʌvərnər] s **1** kuvernööri **2** johtaja **3** (UK, ark puhuttelu) pomo *yes, governor* selvä, pomo
governorship [ˈgʌvərnərˌʃɪp] s kuvernöörin virka
go west fr (ark) kuolla
go whole hog fr ei (turhia) säästellä/nuukailla *let's go whole hog and buy a car which is loaded* meillä on tässä turhia nuukailemaan, ostetaan auto jossa on kaikki mahdolliset lisävarusteet
go with v **1** sopia johonkin/yhteen jonkin kanssa **2** seurustella jonkun kanssa

go without

go without v jäädä/olla ilman jotakin, luopua jostakin
go without saying fr olla sanomattakin/itsestään selvää
gown [gaʊn] s **1** aamutakki **2** (naisten ilta)puku **3** tuomarinviitta, papinkaapu yms
GP *general practice; general practitioner; grand prix*
GPA *grade-point average* (arvosanojen) keskiarvo
GPO *general post office* pääpostitoimisto *Government Printing Office* (Yhdysvaltain) valtion painatuskeskus
GPS [ˌdʒiˌpiˈes] *Global Positioning System* satelliittipaikannus(järjestelmä/laite)
GR8 (tekstiviestissä, sähköpostissa) *great*
1 grab [græb] s ote *the thief made a grab at the woman's bag* varas yritti tarttua naisen käsilaukkuun *the company is up for grabs* firma on kaupan
2 grab v **1** tarttua, ottaa kiinni jostakin **2** hakea/ottaa kiireesti/ohimennen **3** anastaa, vallata, ottaa luvattomasti
grab bag s **1** (juhlissa) lahjasäkki **2** (kuv) sillisalaatti
grace [greɪs] s **1** armo **2** suosio *to fall from grace* joutua epäsuosioon *to be in someone's good/bad graces* olla jonkun suosiossa/epäsuosiossa **3** lykkäys, lisäaika **4** suloisuus, sulo; hyvät tavat *to do something with good/bad grace* tehdä jotakin hyvillä mielin, halukkaasti/vastahakoisesti *she had the grace to help us* hän auttoi meitä armeliaasti/ystävällisesti **5** ruokarukous
graceful adj suloinen, viehättävä, miellyttävä, kaunis
gracefully adv suloisesti, viehättävästi, miellyttävästi, kauniisti
graceless adj töykeä, hiomaton (käytös), töksähtelevä
grace period s lykkäys, lisäaika, armonaika
gracious [ˈgreɪʃəs] adj **1** armelias **2** suopea, hyväntahtoinen **3** hienostunut, tyylikäs, ylellinen, komea
graciously adv ks gracious

graciousness s **1** armeliaisuus **2** suopeus, hyväntahtoisuus, myötämielisyys **3** ylellisyys, hienostuneisuus
grackle s (lintu) turpiaali
1 grade [greɪd] s **1** taso *to make the grade* selvitä jostakin, onnistua **2** (koulu)luokka; luokka(taso) **3** (koulussa) arvosana, numero **4** laatuluokka *grade A eggs* A-luokan kananmunat *to be up to grade* täyttää laatuvaatimukset, kelvata **5** kaltevuus *there is a slight grade in the road here* tie kallistuu tässä hieman
2 grade v **1** luokitella, lajitella **2** kallistua, viettää, nousta **3** arvostella/korjata koetuloksia **4** tasoittaa (tietä)
grade crossing s tasoristeys
grade point s (numerona ilmaistu) arvosana
grade point average s keskiarvo
grade school s alakoulu (peruskoulun ala-aste)
grade-schooler s alakoululainen
gradient [ˈgreɪdɪənt] s kallistuma, kaltevuus, (tien) nousu/lasku
gradual [ˈgrædʒʊəl] adj **1** asteittainen, vähitellen tapahtuva **2** loiva (rinne)
gradually adv **1** vähitellen, hiljakseen **2** (viettää/nousta) loivasti
graduate [ˈgrædʒʊət] s (yliopistosta ym) valmistunut (henkilö) *high-school graduate* ylioppilas adj jatko-opintoihin liittyvä *graduate student* jatko-opiskelija
graduate [ˈgrædʒʊˌeɪt] v **1** valmistua (oppilaitoksesta) *to graduate from high school* tulla ylioppilaaksi *our college graduated one hundred students this year* collegestamme valmistui tänä vuonna sata opiskelijaa **2** porrastaa, jakaa asteisiin **3** muuttua vähitellen joksikin
graduated adj **1** asteittainen, porrastettu *graduated income tax* porrastettu tulovero **2** asteikolla varustettu, asteisiin jaettu
graduate school s yliopisto/laitos jossa on mahdollisuus jatko-opintoihin
graduation [ˌgrædʒʊˈeɪʃən] s **1** (oppilaitoksesta) valmistuminen **2** (oppilaitoksen) valmistumisjuhla *high school graduation* ylioppilasjuhla **3** porrastus

granularity

graffiti [grə'fiti] s (mon sanasta graffito) graffiti, seinäkirjoitukset
1 graft [græft] s (lääk) siirrännäinen; (kasv) oksas, jalostusoksa
2 graft v **1** siirtää (elin); oksastaa **2** liittää, siirtää, yhdistää (on something) johonkin
grain [greɪn] s **1** jyvä (myös kuv) *there is not a gain of truth in his story* hänen tarinassaan ei ole totuuden häivääkään **2** vilja **3** (puun) syy, (kankaan sidoksen) suunta *to go with/against the grain* (kuv) tehdä jotakin myötäkarvaan/vastakarvaan **4** (valok) rae
grain elevator s viljasiilo
grainfield ['greɪnˌfiːld] s viljapelto
grain of salt *to take something with a grain of salt* suhtautua johonkin varauksellisesti, ei ottaa jotakin täydestä
grainy adj **1** syinen **2** (valok) rakeinen
gram [græm] s gramma
gram. *grammar, grammatical* kielioppi, kieliopillinen
grammar ['græmər] s kielioppi (myös kirja)
grammar school s (US) peruskoulu; (UK) lukio
grammatical [grə'mætɪkəl] adj kieliopillinen, kielioppi-
grammatically adv kieliopillisesti
gramme ks gram
grammer slack s (leik) (Internetin käyttäjien) kielioppi- ja näppäilyvirheiden suvaitseminen
gramophone ['græməˌfoʊn] s (vanh) levysoitin; gramofoni
granary [greɪnəri] s viljavarasto
grand [grænd] s **1** flyygeli **2** (ark) tonni, tuhat taalaa adj **1** mahtava, komea, loistelias, majesteetillinen, vaikuttava **2** pää-, suuri **3** erinomainen, loistava
Grand Canyon [ˌgræn'kænjən] kanjoni ja kansallispuisto Arizonassa
grandchild ['grænˌtʃaɪld] s (mon grandchildren) lapsenlapsi
granddaddy ['grænˌdædi] s (mon granddaddies) (ark) **1** isoisä, ukki, vaari **2** *the grandddaddy of all sports cars* kaikkien urheiluautojen kantamuoto, äiti (ark)

granddaughter ['grænˌdatər] s pojantytär, tyttärentytär, lapsenlapsi
grandeur [grændʒər] s loisto, komeus
grandfather ['grænˌfaðər] s isoisä
grandfather clock s kaappikello
grand finale s finaali, loppunäytös
grandiose [ˌgrændi'oʊs] adj **1** komea, vaikuttava **2** suurisuuntainen, mahtipontinen
grand jury [ˌgræn'dʒəri] s suuri valamiehistö (joka päättää, antavatko todisteet aihetta oikeudenkäyntiin)
grand larceny s törkeä varkaus
grandly adv komeasti, juhlallisesti, majesteetillisesti
grandma [græma] s (ark) isoäiti
grandmother ['grænˌmʌðər] s isoäiti
grand old man s grand old man, jonkin alan vanha ja tunnettu edustaja
Grand Old Party s Yhdysvaltain republikaaninen puolue
grand opening s (myymälän ym) avajaiset
grandpa [græmpa] s (ark) isoisä
grandparents ['grænˌperəns] s (mon) isovanhemmat
grand piano s flyygeli
grandson ['grænˌsʌn] s pojanpoika, tyttärenpoika, lapsenlapsi
grandstand ['grænˌstænd] s pääkatsomo
Grand Teton [ˌgræn'titan] kansallispuisto Wyomingissa
Grand Tetons [ˌgræn'titanz] vuoristo Wyomingissa
grand theft s törkeä varkaus
grand total s kokonaissumma, loppusumma
granite [grænət] s graniitti
1 grant [grænt] s stipendi, avustus
2 grant v **1** myöntää, antaa *he was granted permission to start a new project* hän sai luvan uuteen hankkeeseen **2** myöntää, tunnustaa *your new computer is fast, I'll grant you that* täytyy myöntää että uusi tietokoneesi on nopea
granular [grænjələr] adj rae-, rakeinen
granularity s rakeisuus

granulated sugar s hieno sokeri, kidesokeri
granule [ˈgrænjuəl] s jyvänen
grape [greɪp] s viinirypäle
grapefruit [ˈgreɪpˌfrut] s greippi
grapevine [ˈgreɪpˌvaɪn] s **1** viiniköynnös **2** huhupuhe *I heard it on/through the grapevine* kuulin sen huhupuheena
graph [græf] s kaavio, diagrammi, käyrä
graphic adj **1** graafinen **2** kouraantuntuva, havainnollinen
graphic artist s graafikko
graphic arts s (mon) grafiikka, graafinen taide
graphics s (verbi yl mon) grafiikka *computer graphics* tietokonegrafiikka
graphite [ˈgræfaɪt] s grafiitti
graphologist s grafologi, käsialan tutkija
graphology [græˈfalədʒi] s grafologia, käsialan tutkimus
grapnel [ˈgræpnəl] s (mer) naara
grapple with [ˈgræpəl] v taistella, kamppailla jonkin asian kimpussa
1 grasp [græsp] s ote (myös kuv:) käsitys *the boy has a good grasp of basic algebra* poika on hyvin perillä algebran perusteista
2 grasp v tarttua, saada kiinni jostakin, saada ote jostakin (myös kuv:) käsittää *he failed to grasp the fundamental idea* hän ei ymmärtänyt perusajatusta
grass [græs] s **1** heinä (kasvi), ruoho *to let grass grow under your feet* jahkailla, vitkastella **2** nurmikko **3** laidun *to go to grass* jäädä eläkkeelle **4** (sl) ruoho, marihuana
grasscutter [ˈgræsˌkʌtər] s ruohonleikkuri, ruohonleikkuukone
grasshopper [ˈgræsˌhapər] s heinäsirkka
grass roots [ˌgræsˈruts] s (verbi yksikössä tai mon) **1** tavalliset ihmiset **2** maaseutu **3** maalaiset **4** (kuv) juuret, alkuperä
grass-roots adj ruohonjuuritason, kansan syvistä riveistä lähtevä
1 grate [greɪt] s **1** arina **2** ritilä **3** takka
2 grate v **1** raastaa (myös kuv: hermoja), jurppia, risoa **2** raapia **3** narista

G-rated adj (elokuvasta) sallittu lapsille
grateful [ˈgreɪtfəl] adj kiitollinen
gratefully adv kiitollisesti, kiitollisen
grater s raastin
gratification [ˌgrætəfɪˈkeɪʃən] s **1** (tarpeiden) tyydytys **2** tyytyväisyys, tyydytys, mielihyvä
gratify [ˈgrætəˌfaɪ] v **1** tyydyttää (tarpeet) **2** ilahduttaa, tuottaa mielihyvää/tyydytystä
gratifying adj ilahduttava
gratifyingly adv ilahduttavasti, ilahduttavan
grating adj raapiva, nariseva, (hermoja) raastava
gratis [ˈgrætɪs] adj, adv ilmainen, ilmaiseksi
gratitude [ˈgrætɪˌtud] s kiitollisuus
gratuitous [grəˈtuətəs] adj tarpeeton, turha, aiheeton
gratuitously adv tarpeettomasti, turhaan, aiheettomasti, syyttömästi
gratuity [grəˈtuəti] s **1** (ylät) juomaraha **2** bonus
grave [greɪv] s hauta adj vakava (ihminen, ajatus, sairaus)
gravedigger [ˈgreɪvˌdɪgər] s haudankaivaja
gravel [ˈgrævəl] s sora
graven image [ˌgreɪvənˈɪmədʒ] s epäjumala, jumalankuva
graverobber [ˈgreɪvˌrabər] s haudanryöstäjä
gravestone [ˈgreɪvˌstoʊn] s hautakivi
graveyard [ˈgreɪvˌjard] s hautausmaa
graveyard shift s yövuoro
gravitate to [ˈgrævəˌteɪt] v hakeutua jonnekin/jonkun seuraan, tuntea vetoa jonnekin
gravitation [ˌgrævəˈteɪʃən] s **1** painovoima, gravitaatio **2** (kuv) virtaus, hakeutuminen, siirtyminen jonnekin
gravitational adj gravitaatio-
gravity [ˈgrævəti] s **1** painovoima, paino *the law of gravity* painovoimalaki **2** vakavuus *do you comprehend the gravity of the situation?* ymmärrätkö tilanteen vakavuuden?
gravy [ˈgreɪvi] s kastike
gravy boat s kastikeastia

gravy train *to get on the gravy train* päästä paikkaamaan omia taskujaan, päästä rikastumaan

gray [greɪ] s, adj (US) harmaa, (myös kuv:) iloton, ikävä *in the gray area between fact and fiction* totuuden ja sepitteen välisellä harmaalla alueella

grayed adj (tietok) himmennetty

grayling [ˈgreɪlɪŋ] s (kala) harjus

gray market s (tal) harmaat markkinat; harmaatuontitavaroiden markkinat

gray matter s **1** (aivojen) harmaa aine **2** (kuv) harmaat aivosolut, äly

Gray Panther s (US) eläkeläisten eturyhmän jäsen

gray power s (US) järjestäytyneiden eläkeläisten vaikutusvalta

1 graze [greɪz] s naarmu, raapaisu

2 graze v **1** naarmuttaa, naarmuuntua, raapaista **2** laiduntaa; olla laitumella

1 grease [gris] s rasva

2 grease v rasvata, voidella (myös kuv:) lahjoa *he had to grease the maître d's palm to get a table* hän joutui lahjomaan hovimestarin saadakseen pöydän

grease monkey s (ark) mekaanikko

greasy adj rasvainen

greasy spoon s (sl) halpa kuppila

great [greɪt] s **1** iso, suuri (myös kuv) *she is in great pain* hänellä on kovia kipuja *a great many people came* paikalle saapui paljon ihmisiä *the great painters of the 17th century* 1600-luvun suuret taidemaalarit **2** suurenmoinen, erinomainen, hieno *you did a great job* teit työn hienosti **3** *great at/on* hyvä jossakin; innoissaan jostakin, halukas tekemään jotakin **4** (yhdyssanoissa) iso- *great-grandmother* isoäidin äiti

Great Australian Bight [baɪt] Iso Australianlahti

Great Barrier Reef [ˌgreɪtˌberɪərˈrif] Iso Valliriutta (Australiassa)

great black-backed gull s merilokki

Great Britain Iso-Britannia

great cormorant s merimetso

great crested grebe s silkkiuikku

Great Depression s 1930-luvun lamakausi

Greater Antilles [ænˈtɪlɪz] Isot-Antillit

greater glider [glaɪdər] s jättiliito-orava

Greater Khingan Range [kɪŋən] Iso-Hingan (vuoristo Kiinassa)

greater plantain [plæntɪn] s piharatamo

greater rhea s (lintu) nandu

greater roadrunner s kalifornianjuoksukäki

Great Lakes [ˌgreɪtˈleɪks] (Yhdysvaltain ja Kanadan väliset) Isotjärvet (ks hakusanoja Lake Erie, Lake Huron, Lake Michigan, Lake Ontario, Lake Superior)

greatly adv suuresti

greatness s suuruus (myös kuv)

Great Salt Lake [ˈgreɪtˌsaltˈleɪk] Iso Suolajärvi (Utahissa)

Great Sandy Desert Iso Hiekka-aavikko (Australiassa)

great skua s (lintu) isokihu

Great Slave Lake Iso Orjajärvi, Great Slave Lake (Kanadassa)

Great Smoky Mountains kansallispuisto Pohjois-Carolinassa ja Tennesseessä

great spotted woodpecker s käpytikka

great tit s talitiainen

Great Victoria Desert Iso Victorian aavikko (Australiassa)

Great Wall of China [ˌgreɪtˌwaləvˈtʃaɪnə] Kiinan muuri

great white pelican s pelikaani

great with child fr raskaana

grebe [grib] s (lintu) uikku *great crested grebe* silkkiuikku

Grecian [griʃən] s, adj (antiikin) kreikkalainen

Greco-Roman [ˌgrekoʊˈroʊmən, ˌgrikoʊˈroʊmən] s kreikkalais-roomalainen paini adj kreikkalais-roomalainen

Greece [gris] Kreikka

greed [grid] s ahneus

greedily adv ahneesti, kyltymättä

greedy adj ahne, kyltymätön, nälkäinen, janoinen (myös kuv)

Greek [grik] s kreikan kieli s, adj kreikkalainen *it's Greek to me* se on minulle hepreaa, en ymmärrä siitä mitään

green [grin] s **1** vihreä väri **2** (golfissa) viheriö, griini, lyhyeksi leikattu ruoho-

alue reiän ympärillä adj vihreä (myös kuv:) kokematon *he was green with envy* hän oli vihreänä kateudesta
greenback ['griːnbæk] s seteli
green card s **1** vihreä kortti, oleskeluviisumi **2** vihreä kortti, kansainvälinen ajoneuvovakuutustodistus
greenfinch s viherpeippo
green fingers s (UK kuv) vihreä peukalo, (henkilö) viherpeukalo
greenfly s (mon greenflies) ruusukirva
greengrocer ['griːnˌɡroʊsər] s (UK) hedelmä- ja vihanneskauppias
greengrocery ['griːnˌɡroʊʃri] s (UK) hedelmä- ja vihanneskauppa
greenhouse ['griːnˌhaʊs] s kasvihuone
greenhouse effect s kasvihuoneilmiö
Greenland [griːnlənd] Grönlanti
Greenlander [griːnləndər] s grönlantilainen
Greenlandic [ˌgriːnˈlændɪk] adj grönlantilainen
Greenland Sea Grönlanninmeri
green light s vihreä valo (myös kuv) *he was given the green light on the proposal* hänen ehdotukselleen näytettiin vihreää valoa
greenshank s (lintu) valkoviklo
green-winged teal s (lintu) tavi
greet [griːt] v tervehtiä, ottaa vastaan
greeting s tervehdys; vastaanotto; (mon) terveiset
gregarious [grəˈɡeriəs] adj (eläin) lauma-; seurallinen (ihminen)
gremlin [gremlən] s peikko, mörkö
Grenada [grəˈneɪdə] Grenada
grenade [grəˈneɪd] s kranaatti
Grenadian s, adj grenadalainen
Grévy's zebra [ˌgreviːzˈziːbrə] s grévynseepra
grew [gruː] ks grow
grey adj (UK) ks gray
grey fox s harmaakettu
grey heron s harmaahaikara
greyhound ['greɪˌhaʊnd] s vinttikoira
greylag goose s merihanhi
grey partridge s peltopyy
grey seal s halli, harmaahylje
grey whale s harmaavalas
grey wolf s (mon grey wolves) susi

grid [grɪd] s **1** (grill- tai muu) ritilä **2** (kartan) ruudukko **3** (sähk) hila **4** (amerikkalaisessa jalkapallossa) kenttä
griddlecake ['grɪdəlˌkeɪk] s ohukainen, räiskäle, ohut pannukakku
gridiron [grɪdaɪərn] s **1** (amerikkalaisessa jalkapallossa) kenttä **2** (grilli- tai muu) ritilä
grief [griːf] s suru *to come to grief* kärsiä vahinkoa; satuttaa itsensä; epäonnistua
grief-stricken ['griːfˌstrɪkən] adj surun murtama
grieve [griːv] v **1** surra **2** tuottaa surua jollekin
grievous [griːvəs] adj vakava, paha, kova, iso
grievously adv vakavasti, pahasti, kovasti
1 grill [grɪl] s grilli
2 grill v **1** grillata **2** ristikuulustella, hiostaa
grille [grɪl] s **1** ikkunaristikko **2** (auton) jäähdyttäjän säleikkö
grillroom ['grɪlˌruːm] s grilli(ravintola)
grim [grɪm] adj **1** tuima, ankara, synkkä **2** sisukas
1 grimace [grɪməs] s irvistys
2 grimace v irvistää
grime [graɪm] s lika; noki
grimly adv **1** tuimasti, ankaralla äänellä, synkästi **2** hammasta purren, hampaat irvessä, sisukkaasti
grimy adj likainen; nokinen
1 grin [grɪn] s virnistys
2 grin v virnistää
1 grind [graɪnd] s raadanta *it's Monday and I'll have to go back to the daily grind* on maanantai ja minun pitää taas ruveta raatamaan
2 grind v ground, ground **1** musertaa, hienontaa, jauhaa **2** hioa (linssiä) **3** osua kirskuen johonkin; kirskua **4** kiristää (hampaitaan) **5** (sl) pänniä, jurppia, sapettaa
grinder s lihamylly; kahvimylly; veitsenteroitin
grindstone ['graɪnˌstoʊn] s hioinkivi *to keep your nose to the grindstone* ahertaa, uurastaa

grind to a halt fr pysähtyä (jarrut kirskuen)

gringo [grɪŋgoʊ] s (meksikonespanjasta) jenkki

1 grip [grɪp] s **1** kädensija, kahva **2** ote (myös kuv) *you have a good grip* sinulla on hyvä ote (mailasta tms) *she is losing her grip* (kuv) hänen taitonsa alkavat ruostua, hän ei enää ole entisensä *come to grips with* (kuv) saada ote jostakin, päästä sinuiksi jonkin kanssa

2 grip v tarttua, ottaa kiinni jostakin

1 gripe [graɪp] s valitus

2 gripe v **1** (ark) nalkuttaa, narista **2** kouristaa (vatsasta) **3** tarttua, kahmaista, kouraista **4** (ark) ärsyttää, käydä hermoille

gripping adj mukaansatempaava

grisly [grɪzli] adj kammottava, raaka

1 grit [grɪt] s **1** pöly, hieno hiekka **2** sisu

2 grit v narista; hiertää yhteen

grits s (verbi yksikössä tai mon) maissisuurimot

gritty adj **1** pölyinen, hiekkainen **2** sisukas

grit your teeth fr kiristää hampaitaan, jännittää, olla hermostunut

grizzly bear [grɪzli] s karhu, maakarhu

1 groan [groʊn] s voihkaisu, ähkäisy

2 groan v voihkaista, ähkäistä

grocer [groʊsər] s elintarvikekauppias

groceries [groʊʃriz, groʊsriz] s (mon) elintarvikkeet

grocery [groʊʃri groʊsri] s elintarvikekauppa, valintamyymälä

grocery store s elintarvikekauppa, valintamyymälä

groggy [gragi] adj pöpperöinen, uninen, raihnainen, veltto

groin [groɪn] s nivuset

grommet [gramət] s **1** metallisilmuri, metallinen vahvistusrengas **2** läpivientisuojus **3** tiivisterengas

1 groom [grum] s **1** sulhanen **2** tallipoika

2 groom v **1** sukia, harjata (hevosta) **2** siistiytyä, laittautua hienoksi **3** valmistaa jotakuta johonkin *he is being groomed for the job* häntä valmennetaan tehtävään

ground

1 groove [gruv] s ura (myös kuv:) *to get into the groove* päästä mukaan fiilikseen, musiikin tahtiin, homman rytmiin

2 groove v **1** kaivertaa ura johonkin **2** (sl) tykätä, nauttia

grope [groʊp] v hapuilla, tunnustella, hipelöidä (naista)

gropingly adj hapuillen

1 gross [groʊs] s krossi, 12 tusinaa, 144

2 gross v ansaita, tuottaa (bruttona) *last year, the company grossed 500 million* viime vuonna yrityksen bruttotulot olivat 500 miljoonaa

3 gross adj **1** brutto- **2** paksu, lihava **3** karkea (kieli, tavat) **4** kyltymätön (syöppö) **5** raaka, hirvittävä, törkeä, räikeä **6** (sl) kuvottava, ällöttävä

Gross Domestic Product [ˌgroʊsdəˌmestɪkˈpradəkt] s bruttokansantuote, BKT, bkt

grossly adv **1** (käyttäytyä) karkeasti, kuin sika **2** hirvittävän, hirvittävästi, törkeän, törkeästi *you have grossly underestimated the cost* olet pahasti aliarvioinut kustannukset

Gross National Income [ˌgroʊsˌnæʃənəlˈinkʌm] s bruttokansantulo, BKTL

Gross National Product [ˌgroʊsˌnæʃənəlˈpradəkt] s bruttokansantulo, BKTL (vrt Gross Domestic Product, bruttokansantuote)

gross score [ˌgroʊsˈskoər] (golf) bruttotulos, lyöntien kokonaismäärä josta ei ole vähennetty tasoituista

grotesque [groʊˈtesk] adj groteski, irvokas, kummallinen

grotesquely adv irvokkaasti, kummallisesti

grotto [gratoʊ] s (mon grottos, grottoes) luola

1 ground [graʊnd] s **1** maa; maanpinta **2** kenttä, aukio **3** (mon) (metsästys- ym) alue; maa, tontti **4** peruste, syy *on what grounds did he say no?* millä perusteella hän sanoi ei? **5** (sähk) maa

2 ground v **1** ajaa (laiva) karille **2** poistaa (lentokone) liikenteestä *the FAA (Federal Aviation Agency) has grounded all old 727's* FAA on määrännyt

ground birch

kaikki vanhat 727:t (väliaikaiseen) lentokieltoon **3** määrätä lapsi kotiarestiin **4** (sähk) maadoittaa, maattaa **5** ks grind
ground birch s vaivaiskoivu
grounded adj kotiarestissa *you're grounded for two weeks* olet kaksi viikkoa kotiarestissa
ground floor s pohjakerros, ensimmäinen kerros *to get in on the ground floor* päästä mukaan homman alussa, olla alusta alkaen mukana
groundless adj perusteeton, aiheeton
groundlessly adv perusteettomasti, perusteettoman, aiheettomasti
ground meat s jauheliha
ground rule s perussääntö
ground water s pohjavesi
groundwork ['graʊnd‚wərk] s valmistelut *to lay the groundwork for something* luoda perusta jollekin
ground zero [‚graʊn'dʒɪroʊ] s New Yorkissa 11.9.2001 sattuneen terrori-iskun paikka
1 group s ryhmä
2 group v ryhmittää, ryhmitellä
group genitive s (kieliopissa) genetiivin 's-tunnuksen lisääminen sanaryhmän perään, esim *the man across the street's dog* kadun toisella puolen asuvan miehen koira
groupware s (tietok) työryhmäohjelmisto
1 grouse [graʊs] s **1** metsäkana **2** valitus
2 grouse v valittaa
grove [groʊv] s lehto, metsikkö
grovel [grʌvəl] v **1** nöyristellä, kumarrella **2** (koira) maata lattialla/maassa
groveling adj nöyristelevä
grow [groʊ] v grew, grown **1** kasvaa, kasvattaa *he wants to grow a beard* hän aikoo kasvattaa parran *the sales have not grown as expected* myynti ei ole kasvanut odotetusti **2** tulla joksikin *she has grown fat/old* hän on lihonut/vanhentunut
growing pains s (mon) kasvukivut, alkuvaikeudet

grow into v **1** (vaate) olla (pian) sopiva jollekulle **2** tottua johonkin, oppia suoriutumaan jostakin
1 growl [graʊəl] s (eläimen) murina, (ihmisen) murahdus, (ukkosen) jylinä
2 growl v murista, murahtaa, jylistä
grown [groʊn] v ks grow adj täysikasvuinen, aikuinen *you're a grown man now* olet jo iso mies
grown-up s aikuinen
grow on v tottua johonkin *atonal music grows on you* atonaalinen musiikki vaatii totuttelua
grow out of v **1** (vaate) jäädä pieneksi **2** saada alkunsa, lähteä liikkeelle, syntyä jostakin
growth [groʊθ] s **1** kasvu **2** kasvusto **3** (parran)sänki **4** (lääk) kasvain
grow up v **1** kasvaa isoksi *Oh, grow up!* Älä viitsi (olla niin lapsellinen)! **2** syntyä, saada alkunsa
1 grub [grʌb] s **1** toukka **2** (ark) sapuska
2 grub v kaivaa maata; penkoa, etsiä
grubby adj sottainen, likainen
1 grudge [grʌdʒ] s kauna *to bear/hold a grudge* kantaa kaunaa
2 grudge v kadehtia, paheksua, antaa vastahakoisesti *she grudged her good looks* hän kadehti hänen kauneuttaan
grudging adj vastahakoinen
grudgingly adv vastahakoisesti
grueling [grulɪŋ] adj raskas, väsyttävä, uuvuttava
gruesome [grusəm] adj kammottava, hirvittävä, raaka
gruff [grʌf] adj **1** kähea (ääni) **2** töykeä, tympeä, karkea (käytös)
gruffly adv töykeästi, tympeästi
1 grumble [grʌmbəl] s valitus
2 grumble v **1** valittaa **2** jylistä
1 grump [grʌmp] s narisija, alituinen valittaja
2 grump v narista, valittaa
grumpily adv pahantuulisesti
grumpiness s happamuus, pahantuulisuus
grumpy adj hapan, pahantuulinen
1 grunt [grʌnt] s **1** (sian) röhkäisy, (ihmisen) ähkäisy **2** (sl) jalkaväen sotilas
2 grunt v röhkäistä, ähkäistä

gr. wt. *gross weight*
GSA *General Services Administration*
GT *grand touring*
Gt.Br. *Great Britain* Iso-Britannia
GTG (tekstiviestissä, sähköpostissa) *got to go*
guacamole [ˌgwakəˈmoʊli] s guacamole, meksikolaisperäinen avokadokastike jossa on mm. tomaattia ja sipulia
Guam [gwam]
guanaco [gwanəkou] s (eläin) guanako
Guangzhou [gwaŋˈdʒoʊ] Kanton, Guangzhou
1 guarantee [ˌgerənˈti] s takuu, varmuus, tae
2 guarantee v taata, mennä takuuseen
guaranteed adj taattu, varma
guarantor [gerəntər] s takaaja, takuun myöntäjä
1 guaranty s takuu, takaus
2 guaranty v taata
1 guard [gard] s **1** vartija **2** vartio, vartiosto **3** vartio, vartiointi *to catch someone off guard* yllättää joku, joku ei osaa varoa jotakin *to be on guard* olla varuillaan, valppaana **4** suoja; suojain, suojalaite
2 guard v vartioida; suojella
guardian [gardiən] s **1** suojelija, valvoja, vartija **2** (lak) holhooja
guardian angel s suojelusenkeli
guardianship [ˈgardiənˌʃɪp] s holhous; vastuu, huosta
guard of honor s kunniakaarti
guardsman [gardzmən] s **1** (mon guardsmen) vartija **2** (Yhdysvaltain) kansalliskaartin jäsen
Guatemala [ˌgwatəˈmalə] Guatemala
Guatemala City (kaupunki) Guatemala
Guatemalan s, adj guatemalalainen
guerilla ks guerrilla
guerrilla [gəˈrɪlə] s sissi
guerrilla warfare s sissisota
1 guess [ges] s arvaus
2 guess v arvata
guesstimate [gestəmət] s (ark) karkea arvio
guesstimate [gestəmeɪt] v arvioida karkeasti
guesswork [ˈgesˌwərk] s arvailu

guineafowl

guest [gest] s vieras; hotellivieras
guest host s (tv) vieraileva juontaja
guesthouse [ˈgestˌhaʊs] s **1** vierasrakennus **2** (UK) täysihoitola
guest of honor s kunniavieras
guest room s vierashuone
guest worker s vierastyöläinen
GUI [ˌdʒijuˈaɪ] *Graphical User Interface* (tietokoneessa) graafinen käyttöliittymä
guidance [gaɪdəns] s opastus, ohjaus *under the guidance of* jonkun opastuksella
1 guide [gaɪd] s **1** opas; opaskirja **2** ohjain(kisko yms)
2 guide v opastaa
guidebook [ˈgaɪdˌbʊk] s opas(kirja)
guided missile s ohjus
guide dog [ˈgaɪdˌdag] s opaskoira
guideline [ˈgaɪdˌlaɪn] s (kuv) suuntaviiva, pääperiaate
guidepost [ˈgaɪdˌpoʊst] s suuntaviitta, tienviitta (myös kuv)
guild [gɪld] s kilta
guile [gaɪəl] s oveluus, kavaluus, luihuus, petos
guileful adj ovela, kavala, luihu
guileless adj viaton, vilpitön, rehellinen
guillemot [gɪləmət] s (lintu) kiisla
1 guillotine [ˈgɪləˌtin] s **1** giljotiini **2** (paperi- ym) leikkuri
2 guillotine v **1** surmata giljotiinilla **2** leikata leikkurilla (esim paperi-)
guilt [gɪlt] s syyllisyys *the prosecution proved his guilt beyond a reasonable doubt* syyttäjä todisti hänen syyllisyytensä riittävän varmasti *ever since her divorce, she has been plagued by guilt* syyllisyyden tunteet ovat piinanneet häntä siitä lähtien kun hän otti avioeron
guiltily adv (myöntää jotakin) syyllisyytensä tiedostaen; (käyttäytyä) epäilyttävästi
guiltless adj syytön, viaton
guilty [gɪlti] adj **1** syyllinen *the jury found the accused not guilty* valamiehistö totesi syytetyn syyttömäksi **2** rikollinen (aie) **3** huono (omatunto)
Guinea [gɪni]
Guinea-Bissau [ˌgɪnɪbɪˈsoʊ]
guineafowl [ˈgɪniˌfaʊəl] s helmikana

Guinean [gɪniən] s, adj guinealainen
guinea pig ['gɪni‚pɪg] s **1** marsu **2** (kuv) koekaniini
guitar [gɪ'taər] s kitara
guitarist s kitaristi
gulf [gʌlf] s **1** lahti **2** kanjoni, rotko, kuilu (myös kuv)
Gulf of Bothnia [‚gʌlfəv'baθniə] Pohjanlahti
Gulf of California [‚gʌlfəv‚kælə'fɔrnjə] Kalifornianlahti (Meksikossa)
Gulf of Finland [‚gʌlfəv'fɪnlənd] Suomenlahti
Gulf of Mexico [‚gʌlfəv'meksɪkoʊ] Meksikonlahti
Gulf of Tonkin [‚gʌləv'taŋkən] Tonkininlahti
Gulf Stream ['gʌlf‚strim] s Golfvirta
gull [gʌl] s lokki
gullet [gʌlət] s kurkku, ruokatorvi
gullible [gʌləbəl] adj hyväuskoinen, helposti narrattava
1 gulp [gʌlp] s nielaisu, kulaus
2 gulp v niellä, juoda
1 gum [gʌm] s **1** ien *to beat your gums* soittaa poskea **2** kumi **3** purukumi
2 gum v liimata
gum up the works fr (sl) sotkea/tehdä tyhjäksi suunnitelma, pilata asia
1 gun [gʌn] s **1** tykki **2** (tuli)ase *to jump the gun* ottaa varaslähtö (myös kuv) **3** (sl) (ammatti)tappaja, (villissä lännessä) revolverisankari **4** *paint gun* maaliruisku
2 gun v **1** ampua, tappaa **2** huudattaa (moottoria)
gun down v ampua, tappaa
gunfight ['gʌn‚faɪt] s kaksintaistelu (tuliasein); tulitaistelu
gunfighter s revolverisankari
gunfire ['gʌn‚faɪər] s tulitus
gun for v tavoitella, yrittää saada **2** etsiä (tappaakseen)
gunpowder ['gʌn‚paʊdər] s ruuti
gunshot ['gʌn‚ʃat] s laukaus
gun-shy ['gʌn‚ʃaɪ] adj paukkuarka (koira)
gunslinger ['gʌn‚slɪŋər] s revolverisankari
gunsmith ['gʌn‚smɪθ] s aseseppä

1 gurgle [gərgəl] s (veden) solina
2 gurgle v solista
gurney [gərni] s (pyörälliset) paarit
1 gush [gʌʃ] s **1** roiske, roiskahdus, purkaus **2** (ark) vuodatus
2 gush v **1** roiskua, roiskuttaa, purskahtaa, syöstä esiin, vuodattaa (kyyneliä) *blood gushed from the wound* haavasta roiskui valtoimenaan verta **2** (kuv) vuodattaa (mielipiteitään, tunteitaan), ihastella ääneen
gust [gʌst] s **1** tuulenpuuska **2** (kuv) puuska, purkaus
gusty adj puuskainen, myrsky-
1 gut [gʌt] s **1** suoli, maha **2** (mon) sisälmykset (myös kuv) **3** voimistavana sanana arkisissa ilmauksissa: *I feel it in my gut that he is lying* tunnen mahanpohjassani että hän valehtelee *I hate his guts* minä en voi sietää häntä **4** (mon) sisu *you don't have the guts to tell him what you think of him* sinä et uskalla sanoa hänelle mitä ajattelet hänestä
2 gut v perata (kala), ottaa (eläimestä) sisälmykset ulos
gutless adj pelkurimainen
gutter [gʌtər] s **1** katuoja (myös kuv:) rappio **2** räystäskouru
guy [gaɪ] s **1** köysi, naru; telttanaru **2** (ark) kaveri, heppu, tyyppi *you guys* te (miehistä ja/tai naisista)
Guyana [gi'anə] Guyana
Guyanese [‚giə'niz] s, adj guyanalainen
guy movie (ark) miehille mieluinen elokuva, miesten elokuva
guzzle [gʌzəl] v juoda valtavasti
gym [dʒɪm] s **1** kuntosali, urheilusali, voimistelusali **2** (koulussa) liikunta
gymnasium [‚dʒɪm'neɪziəm] s (mon gymnasiums, gymnasia) **1** kuntosali, urheilusali, voimistelusali **2** (klassinen) lukio
gymnast [dʒɪmnəst] s voimistelija
gymnastic [dʒɪm'næstɪk] adj voimistelu-
gymnastics s (verbi yksikössä tai mon) voimistelu (myös kuv)
gynecological [‚gaɪnəkə'lɑdʒɪkəl] adj gynekologinen
gynecologist [‚gaɪnə'kɑlədʒɪst] s gynekologi, naistentautien erikoislääkäri

gynecology [ˌgaɪnəˈkalədʒi] s gynekologia, naistentautioppi
Gypsy [dʒɪpsi] s **1** romani, mustalainen **2** romani, mustalaisten kieli adj romani-, mustalais-
gyrate [dʒaɪreɪt] v pyöriä, kiertää, kiertää ympyrää

gyration [dʒaɪˈreɪʃən] s pyörintä, pyöriminen, kiertoliike
gyrfalcon [ˈdʒərˌfælkən] s tunturihaukka
gyroscope [ˈdʒaɪrəˌskoʊp] s gyroskooppi

H, h

H, h [eɪtʃ] H, h
4-H *head, heart, hands, and health* neljä-H(-kerho) (harjaannus, harkinta, hyvyys, hyvinvointi)
H8 (tekstiviestissä, sähköpostissa) *hate*
habit [hæbət] s **1** tapa, tottumus *he has a drug habit* hän on riippuvainen huumeista **2** puku, (munkin) kaapu
habitable adj asuinkelpoinen
habitat [ˈhæbəˌtæt] s **1** (kasvin) kasvupaikka, (eläimen) elinalue, (kasvin, eläimen) esiintymisalue **2** asuinpaikka, kotipaikka
habitation [ˌhæbəˈteɪʃən] s **1** asutus **2** asumus
habitual [həˈbɪtʃuəl] adj **1** totunnainen, tavanmukainen, tavanomainen **2** parantumaton *she is a habitual liar* hän on parantumaton valehtelija
habitually adv jatkuvasti, aina
habituate [həˈbɪtʃuˌeɪt] v totuttaa *to habituate yourself to something* totuttautua johonkin
1 hack [hæk] s **1** isku, viilto **2** roskakirjailija; toritaiteilija; törkytoimittaja **3** (toimittaja, kirjailija) raataja, rivimies **4** (kuv) tuuliviiri
2 hack v **1** hakata, silpoa, paloitella **2** (sl) selvitä jostakin
hackee [hæˈki] s hakkerin uhri
hacker [ˈhækər] s hakkeri
hack it fr (sl) pärjätä, selvitä *he couldn't hack it so they fired him* hän ei selvinnyt työstään joten hän sai potkut

hackneyed [ˈhækˌnid] adj kulunut
hacksaw [hæksa] s metallisaha
had [hæd] ks have
had better/best fr olisi parasta, kannattaisi *you'd better check the oil in your car* sinun on syytä tarkistaa autosi öljyt
haddock [hædək] s (el) kolja
Hadrian's Wall [ˌheɪdrənzˈwal] Hadrianuksen muuri (Skotlannissa)
hag [hæg] s noita (myös kuv)
haggard [hægərd] adj riutunut, nääntynyt, raihnainen
haggle [hægəl] v tinkiä; kinata, kiistellä
1 hail [heɪəl] s **1** rakeet **2** (kuv) sade *a hail of insults* herjausten ryöppy
2 hail v **1** sataa rakeita **2** (kuv) sataa **3** juhlia **4** huutaa **5** vilkuttaa; viitata pysähtymään
hail down v **1** sataa (myös kuv) **2** viitata pysähtymään, pysäyttää
hail from v olla kotoisin jostakin *Larry hails from Texas* Larry on kotoisin Texasista
hailing distance s **1** kuulomatka, huutoetäisyys, huutomatka **2** *a better life is within hailing distance* (kuv) parempi elämä on lähellä, käden ulottuvilla
hailstorm [ˈheɪəlˌstɔrm] s raemyrsky
hair [her] s **1** karva; hius; harjas *the bullet missed him by a hair's breadth* luoti oli aivan vähällä osua häneen, osuma oli hiuskarvan varassa *let's not split hairs* ei ruveta halkomaan hiuksia **2** hiukset, tukka *to let your hair down* (kuv) ren-

hairbrush

toutua, vapautua; puhua suoraan, olla avoin **3** (eläimen) turkki, (sian) harjakset
hairbrush ['heɪˌbrʌʃ] s hiusharja
haircut ['heɪˌkʌt] s hiustenleikkuu
hairdo [herdu] s kampaus
hairdresser ['heɪˌdresər] s parturi, kampaaja
hair dryer s hiustenkuivain
hairless [herləs] adj kalju
hairline ['heɪˌlaɪn] s hiusraja *he has a receding hairline* hän on alkanut kaljuuntua otsalta
hair of the dog that bit you fr krapularyyppy
hairpiece ['heɪˌpis] s hiuslisäke, tupee
hairpin ['heɪˌpɪn] s hiusneula
hair-raiser ['heɪˌreɪzər] s kauhujuttu
hair-raising adj pelottava, joka nostattaa hiukset pystyyn
hair shirt s karvapaita (myös kuv:) itsekidutus
hairsplitting ['heɪˌsplɪtɪŋ] s hiusten halkominen adj saivarteleva
hair stylist s hiusmuotoilija, kampaaja
hairy adj **1** karvainen **2** (kuv, ark) pelottava, joka nostattaa hiukset pystyyn **3** (kuv, ark) vaikea, visainen
Haiti [heɪti]
Haitian [heɪʃən] s, adj haitilainen
hake [heɪk] s kummeliturska
Haleakala [ˌhaleˌakaˈla] kansallispuisto Havaijilla
half [hæf] s (mon halves) **1** puolet, puolikas *he gave me half of his money* hän antoi minulle puolet rahoistaan *during the first half of the 15th century* 1400-luvun alkupuoliskolla **2** (urh) puoliaika adj puolikas *add half a cup of tap water* lisää puoli kuppia vesijohtovettä adv puoliksi *the glass is half full* lasi on puoliksi täynnä
half again as many/much fr puolet enemmän (kuin, *as*)
half-and-half adj, adv puoliksi, tasan, puolet kumpaakin
half-assed [ˌhæfˈæst] adj (sl) hutiloitu, hätiköity; osaamaton
halfback ['hæfˌbæk] s (amerikkalaisessa jalkapallossa) keskushyökkääjä, ks left halfback, right halfback

half-baked [ˌhæfˈbeɪkt] adj (kuv) keskeneräinen, hätiköity, huonosti valmisteltu
half-blooded [ˌhæfˈblʌdəd] adj puoliverinen
half board s (UK) puolihoito
half brother s velipuoli
half-cocked [ˌhæfˈcakt] adj (aseesta) puolivireessä *to go off half-cocked* (kuv) hätiköidä, tehdä jotakin liian aikaisin
half-life ['hæfˌlaɪf] s (fys) puoliintumisaika
1 half-mast [ˌhæfˈmæst] s puolitanko
2 half-mast v nostaa (lippu) puolitankoon
half-moon ['hæfˌmun] s puolikuu
half note s puolinuotti
half sister s sisarpuoli
half size s puolikoko (esim 12 1/2, 13 1/2)
1 half-staff [ˌhæfˈstæf] s puolitanko
2 half-staff v nostaa (lippu) puolitankoon
halftime ['hæfˌtaɪm] s (urh) puoliaika
half-truth [ˌhæfˈtruθ] s puolittainen totuus
halfway [ˌhæfˈweɪ] adj, adv puolimatkan, puolimatkassa *to meet halfway* suostua kompromissiin
halfway house ['hæfweɪˌhaʊs] s puolimatkan krouvi (myös kuv:) puoliväli
half-witted [ˌhæfˈwɪtəd] adj vajaamielinen; älytön, typerä
halibut [hæləbət] s (kala) ruijanpallas
Halifax ['hæləˌfæks]
halitosis [ˌhæləˈtoʊsɪs] s pahanhajuinen hengitys
hall [hal] s **1** käytävä **2** eteinen, aula **3** sali, halli **4** (kampuksella) rakennus
hallmark ['halˌmark] s **1** (jalometallin) tarkastusleima **2** tunnusmerkki
hallo [həˈloʊ] interj haloo
Halloween [ˌhæləˈwin, ˌhaləˈwin] s pyhäinmiestenpäivä
hallucinate [həˈlusəˌneɪt] v hallusinoida
hallucination [həˌlusəˈneɪʃən] s hallusinaatio
hallucinogenic [həˌlusənəˈdʒenɪk] s hallusinogeeni

halo [heɪloʊ] s **1** sädekehä (myös kuv) **2** (auringon ym) halo, kehä, haloilmiö

1 halt [halt] s **1** pysähdys, pysäytys, keskeytys *to call a halt to something* pysäyttää, keskeyttää; tehdä loppu jostakin **2** pysäkki

2 halt v **1** pysäyttää, pysähtyä **2** empiä, epäröidä interj seis!

halting adj empivä, epävarma

haltingly adv empien, epävarmasti, epäröiden

halve [hæv] v puolittaa, puolittua, vähentää puoleen

halves ks half

1 ham [hæm] s **1** kinkku **2** polvitaive **3** (mon) reiden takaosa; reisi ja pakara **4** radioamatööri **5** liioitteleva näyttelijä

2 ham v näytellä liioitellen

Hamburg [hæmbərg] Hampuri

hamburger ['hæmˌbərgər] s **1** jauheliha *I'll make hamburger out of you if you don't shut up* minä teen sinusta hakkelusta ellet ole hiljaa **2** hampurilaispihvi **3** hampurilainen

hamburger flipper s hampurilaisten paistaja

hamburger joint s hampurilaisravintola, pikaravintola

Hamilton [hæməltən]

hamlet [hæmlət] s pieni kylä

1 hammer [hæmər] s **1** vasara *to be under the hammer* olla huutokaupattavana, vasaran alla **2** moukari (myös urh)

2 hammer v **1** vasaroida, takoa, moukaroida, lyödä **2** takoa päähän, päntätä; hioa, parannella

hammer and sickle fr sirppi ja vasara (ent. Neuvostoliiton tunnus)

hammer and tongs fr (kuv) kynsin hampain

hammerhead shark s vasarahai

hammer throw s (urh) moukarinheitto

1 hamper [hæmpər] s (pyykki- tai muu) kori

2 hamper v rajoittaa, kahlehtia, haitata

Hampshire [hæmpʃər] Englannin kreivikuntia

hamster [hæmstər] s hamsteri

1 hand [hænd] s **1** käsi (myös kuv) *at first hand* ensi kädeltä, aluksi *by hand* käsin *change hands* vaihtaa omistajaa *the matter is in your hands now* asia on nyt sinun käsissäsi/vastuullasi *I have my hands full with the party* minulla on kädet täynnä työtä juhlien vuoksi *he had the list close at hand* hänellä oli luettelo käden ulottuvilla *to lay your hands on someone/something* saada käsiinsä jotakin, päästä käsiksi johonkuhun/johonkin *he did not lift a hand to help his brother* hän ei liikauttanut eväänsäkään auttaakseen veljeään **2** (kellon) viisari **3** puoli *on the left hand* vasemmalla *on one hand – on the other hand* toisaalta – toisaalta **4** suosionosoitukset, kättentaputukset, aplodit *ladies and gentlemen, give a big hand to Mr. B.B. King* arvoisa yleisö, toivottakaa tervetulleeksi Mr. B.B. King **5** apu *could you give me a hand with these boxes?* auttaisitko minua kantamaan nämä laatikot? **6** käsiala **7** apulainen, työntekijä, työläinen

2 hand v **1** ojentaa, antaa **2** auttaa

HAND (tekstiviestissä, sähköpostissa) *have a nice day*

hand and foot fr (palvella jotakuta) orjallisesti

hand and glove fr *to be hand and glove* olla samaa pataa, veljeillä jonkun kanssa

handbag ['hænˌbæg] s käsilaukku

handbasket ['hænˌbæskət] *to go to hell in a handbasket* (kuv) mennä kovaa vauhtia alamäkeen, joutua hunningolle

handbk. *handbook*

handbook ['hænˌbʊk] s käsikirja

hand brake ['hænˌbreɪk] s käsijarru

hand-carry ['hænˌkeri] v kuljettaa henkilökohtaisesti

handclasp ['hænˌklæsp 'hæŋˌklæsp] s kättely

1 handcuff ['hænˌkʌf 'hæŋˌkʌf] s käsirauta

2 handcuff v panna käsirautoihin

hand down v **1** ilmoittaa (oikeuden päätös) **2** testamentata; periä

handful [hænfəl] s **1** kourallinen (myös kuv) **2** (ark kuv) *my mother-in-law is a handful* anopissani on kestämistä

hand grenade

hand grenade [ˈhæŋgrəˌneɪd ˈhæŋgrəˌneɪd] s käsikranaatti
handgun [ˈhændˌgʌn] s käsiase
hand-held [ˈhændˌheld] adj kädessä pidettävä, käsi- *hand-held calculator* taskulaskin
handholding s **1** kädestä pitely **2** (kuv) apu, vakuuttelu, lohduttelu
1 handicap [ˈhændɪˌkæp] s **1** vamma **2** haitta, huono puoli **3** (urh) tasoitus **4** (urh) tasoituskilpailu
2 handicap v **1** haitata; saattaa huonoon/huonompaan asemaan **2** (urh) tasoittaa (kilpailijat)
handicapped s: *the handicapped* vammaiset adj **1** vammainen **2** (kilpailijasta) joka on huonossa/huonommassa asemassa
handicraft [ˈhændɪˌkræft] s **1** käsityötaito **2** käsityö, puutyö, askartelu **3** käsityötuotteet
handicraftsman s (mon handicraftsmen) käsityöläinen
handily adv **1** taitavasti, näppärästi, kätevästi **2** helposti
hand in fr jättää (hakemus ym) sisään
hand in hand fr käsi kädessä (myös kuv)
hand it to someone fr myöntää *I have to hand it to you, you're a good player* täytyy myöntää että olet hyvä pelaamaan
handiwork [ˈhændɪˌwɜrk] s **1** käsityö **2** käsityötuotteet **3** (kuv) käsiala
handkerchief [ˈhæŋkərˌtʃɪf] s nenäliina
1 handle [ˈhændəl] s **1** kädensija *fly off the handle* (kuv) räjähtää, menettää malttinsa *get a handle on something* (kuv) päästä jyvälle jostakin **2** (kuv) lähtökohta, välikappale **3** (sl) nimi **4** (ark) keino (saavuttaa jotakin)
2 handle v **1** käsitellä, sormeilla, tunnustella *handle with care* käsittele varovasti **2** hoitaa *let her handle that* antaa hänen hoitaa se **3** (kuv) käsitellä *you handled him well* sinä osasit käsitellä häntä hyvin
handlebar [ˈhændəlˌbar] s ohjaustanko
handlebar moustache s pitkät viikset
handling s **1** käsittely **2** (auton) ajo-ominaisuudet

handmade [ˌhænˈmeɪd] adj käsin tehty
handmaid [ˈhænˌmeɪd] s **1** palvelijatar **2** sivuseikka (verrattuna johonkin, *to*)
hand-me-down [ˈhænmiˌdaʊn] s (isoveljen tai -siskon) vanha vaate; vanha/käytetty huonekalu yms
hand mower [ˌhænˈmoʊər] s työnnettävä ruohonleikkuri
hand on v testamentata; periä
handout [ˈhænˌdaʊt] s **1** avustus **2** lehdistötiedote **3** esite, lehtinen, moniste
hand out v jakaa
hand over v luovuttaa, antaa
hand over fist fr nopeasti, (ansaita, kääriä rahaa) minkä ehtii
handrail [ˈhænˌdreɪəl] s kaide
handsaw [ˈhænˌsɑ] s käsisaha
hands down fr helposti, vaikka kädet taskussa; selvästi
handset [ˈhænˌset] s (puhelimen) luuri
hands-free adj kädet vapauttava
handshake [ˈhænˌʃeɪk] s kättely (myös tietok)
hands-off [ˌhænˈzɑf] adj **1** puuttumaton *hands-off policy* puuttumattomuuspolitiikka **2** luotaantyötävä
handsome [ˈhænsəm] adj **1** komea, tyylikäs **2** runsas **3** kohtelias, reilu, (myönteisesti:) imarteleva
handsomely adv komeasti, tyylikkäästi; onnistuneesti; reilusti *they paid him handsomely* hänelle maksettiin hyvin
hands-on [ˈhænˌzɑn] adj **1** käytännön, omakohtainen **2** käsikäyttöinen, käsivälitteinen (puhelinkeskus), ei-automaattinen
handstand [ˈhænˌstænd] s käsinseisonta
hand's turn *he didn't do a hand's turn* hän ei kiikauttanut eväänsäkään, hän ei pannut tikkua ristiin
hand-wash [ˈhænˌdwɑʃ] v pestä käsin
handwriting [ˈhændˌraɪtɪŋ] s käsiala
handwriting on the wall fr (kuv) myrskyn enteet, vaaran merkit
handy [ˈhændi] adj **1** kätevä, monipuolinen (ihminen, laite), taitava (ihminen) *come in handy* jostakin on paljon apua, jokin on hyvään tarpeeseen **2** käsillä, käden ulottuvilla

1 hang [hæŋ] s juju *to get the hang of something* päästä jyvälle jostakin, tajuta
2 hang v hung, hung **1** roikkua, panna roikkumaan, riippua, ripustaa **2** (sl) pyyhkiä, mennä: *how's it hanging, guys?* miten menee?
3 hang v hanged, hanged: hirttää; kuolla hirsipuussa
hang a left/right fr (sl) kääntyä vasemmalle/oikealle
hangar [hæŋər] s lentokonehalli
hang around v (ark) maleksia, vetelehtiä (jossakin/jonkun seurassa)
hang back v empiä, epäröidä, jäädä paikalleen
hanger [hæŋər] s **1** vaateripustin **2** (takin, pyyheliinan) ripustin
hanger-on [ˌhæŋərˈan] s kärkkyjä, norkoilija
hang glider s riippuliidin
hang in the balance fr olla vaakalaudalla
hangman [hæŋmən] s (mon hangmen) pyöveli, hirttäjä
hang on v **1** pitää kiinni **2** purra hammasta, kestää **3** odottaa, ei lähteä, ei katkaista puhelua *hang on, I'll be right back* odotahan, minä tulen heti takaisin
hang out v **1** (ark) maleksia, vetelehtiä jossakin **2** odottaa (hetki)
hang out with v (ark) pitää seuraa jonkun kanssa; seurustella
hangover [ˈhæŋˌoʊvər] s krapula
hang over v jättää pöydälle/ratkaisematta
hangup s (sl) kompleksi, ongelma, pakkomielle
hang up v **1** katkaista puhelu **2** viivyttää, hidastaa, pysäyttää
hang your head fr hävetä
hanker after/for [hæŋkər] v kaivata kovasti jotakin
hankering s kaipaus, kaipuu
hanky [hæŋki] s (ark) nenäliina
hanky-panky [ˌhæŋkiˈpæŋki] s **1** hämärät puuhat **2** syrjähypyt
haphazard [ˌhæfˈhæzərd ˌhæpˈhæzərd] adj huolimaton, hujan hajan, miten sattuu

haphazardly adj huolimattomasti, hujan hajan, miten sattuu
happen [hæpən] v sattua, tapahtua *accidents don't just happen* onnettomuuksia ei satu noin vain, onnettomuuksiin on aina jokin syy *I happened to meet him at the club* törmäsin häneen kerholla, satuin tapaamaan hänet kerholla
happening s **1** tapahtuma, tapaus, juttu **2** tilaisuus
happen on v tavata/löytää sattumalta, jonkun eteen osuu jotakin
happenstance [ˈhæpənˌstæns] s sattuma
happily adv **1** onnellisesti, iloisesti, hilpeästi, hyväntuulisesti **2** onneksi **3** osuvasti, sattuvasti (sanottu)
happiness s **1** onni, tyytyväisyys, ilo, hilpeys, hyväntuulisuus **2** (sanojen) osuvuus, sattuvuus
happy [hæpi] adj **1** onnellinen, iloinen, hilpeä, hyväntuulinen **2** osuva, sattuva (ilmaus, sana)
happy as a clam fr (ark) onnellinen, tyytyväinen
happy camper (ark) onnellinen, tyytyväinen
happy-go-lucky [ˌhæpigoʊˈlʌki] adj huoleton
happy holidays fr hyvää joulua
1 harangue [həˈræŋ] s (nuhde)saarna (kuv)
2 harangue v pitää saarna (kuv) jollekulle
harass [həˈræs herəs] v kiusata, tehdä kiusaa, vaivata, piinata, ahdistella
harassment s (tahallinen) kiusanteko, ahdistelu
harbinger [harbɪndʒər] s airut (myös kuv) *the release of the first hostages was a harbinger of hope* ensimmäisten panttivankien vapautus sai toivon heräämään
1 harbor [harbər] s **1** satama **2** (kuv) levähdyspaikka, turvapaikka
2 harbor v **1** antaa turvapaikka jollekulle *he was shot because he had harbored a fugitive* hänet ammuttiin koska hän oli piilotellut karkulaista **2** hautoa/elätellä mielessään

harbour porpoise s pyöriäinen
hard [hard] adj **1** kova (myös kuv) *a hard nut to crack* kova pähkinä purtavaksi *hard facts* kylmä totuus *the police gave him a hard time* poliisit pistivät hänet koville *these are hard times* elämme kovia/vaikeita aikoja **2** vaikea, raskas *it's a hard job* se on vaikea/raskas työ *she is hard to please* hänelle on vaikea olla mieliksi *the girl is playing hard to get* tyttö härnää poikia adv kovasti, kovaa *work hard, play hard* raskas työ, raskaat huvit *it is raining hard* sataa kovasti
hard-and-fast [ˌhardənˈfæst] adj ehdoton, järkkymätön
hard-ass [ˈhardˌæs] s (sl) nipottaja
hardball *to play hardball* olla armoton
hardboard [ˈhardˌbɔrd] s (kova puulevy) kovalevy
hard-boiled [ˌhardˈbɔɪəld] adj kovaksikeitetty (myös kuv rikoskirjallisuudesta), kovaotteinen, siekailematon
hard by adv lähellä jotakin
hard cash [ˌhardˈkæʃ] s käteinen (raha)
hard copy [ˌhardˈkapi] s (tietok) paperituloste, teksti/printti
hard-core [ˌhardˈkɔr] adj kova (porno)
hardcover [ˈhardˌkʌvər] s kovakantinen kirja adj kovakantinen
hard disk [ˈhardˌdɪsk] s (tietokoneen) kovalevy, umpilevy
harden [hardən] v kovettaa, kovettua (myös kuv:) paaduttaa, paatua
hardened adj kovettunut; kova, paatunut, säälimätön
hard-handed [ˌhardˈhændəd] adj kovaotteinen
hard hat [ˈhardˌhæt] s **1** suojakypärä, suojapäähine **2** rakennustyöntekijä
hardheaded [ˌhardˈhedəd] adj **1** härkäpäinen, jääräpäinen **2** ovela, tarkkasilmäinen
hardily adv karaistuneesti, sinnikkäästi, sitkeästi
hardiness s **1** karaistuneisuus, sinnikkyys, sitkeys **2** rohkeus, pelottomuus
hard labor [ˌhardˈleɪbər] s pakkotyö
hardly adv tuskin, ei juuri *hardly ever* tuskin koskaan *you can hardly blame him* häntä ei juuri voi syyttää *but I hardly touched it!* mutta enhän minä juuri koskenutkaan siihen
hard-of-hearing [ˌhardəvˈhɪərɪŋ] adj huonokuuloinen, kuulovammainen
hard-on [ˈhardˌan] s (sl) erektio
hard put to fr jokin on vaikeaa *he was hard put to explain why he was late* hänellä oli vaikeuksia selittää miksi hän oli myöhästynyt
hard row to hoe fr visainen tehtävä, vaikea asia
hardship [ˈhardˌʃɪp] s **1** hätä, puute **2** vastoinkäyminen
hard time [ˌhardˈtaɪm] s **1** vaikeat ajat *to give someone a hard time* pistää joku koville **2** *to do hard time* olla pakkotyössä (hard labor), istua kakku (ark), lusia (ark)
hardware [ˈhardˌweər] s **1** rautatavara **2** laitteet, koneet **3** (tietokone)laitteet **4** aseet, aseistus
hardware store s rautakauppa
hardworking [ˌhardˈwərkɪŋ] adj ahkera, työteliäs
hardy [hardi] adj **1** karaistunut, luja, vahva, sitkeä **2** raskas, vaativa **3** rohkea, urhea
hare [heər] s jänis
harebell s (kasvi) kissankello
harebrained [ˈherˌbreɪnd] adj tärähtänyt, älytön
hark [hark] v kuunnella
hark back to v palata johonkin asiaan; olla peräisin joltakin ajalta
1 harm [harm] s loukkaantuminen, vahinko *to do harm to someone/something* satuttaa jotakuta/aiheuttaa vahinkoa jollekin *I came to no harm in the fall* minulle ei käynyt kaatuessani mitenkään
2 harm v satuttaa, vahingoittaa, loukata (myös kuv)
harmful adj vahingollinen, haitallinen
harmless adj **1** vaaraton **2** viaton
harmlessly adv viattomasti, kaikessa viattomuudessaan
harmonic [harˈmanɪk]
harmonica [harˈmanɪkə] s huuliharppu
harmonics s **1** (verbi yksikössä) (mus) sointuoppi, harmoniikka **2** (verbi mon) (mus) yläsävelet

harmonious [har'moʊnɪəs] adj eheä, sopusointuinen, sopusuhtainen
harmoniously adv eheästi, sopusointuisesti, sopusuhtaisesti
harmonium [har'moʊnɪəm] s harmoni
harmonize ['harmə‚naɪz] v **1** (mus) soinnuttaa **2** sovittaa/sopia yhteen, saattaa sopusointuun
harmony [harməni] s **1** (mus) harmonia **2** sopusointu, yhteisymmärrys
1 harness [harnəs] s valjaat (myös kuv)
2 harness v valjastaa (myös kuv)
harp [harp] s harppu
Harp (tähdistö) Lyyra
harpist s harpunsoittaja
harp on v jankuttaa, (jaksaa) jauhaa
1 harpoon [har'pun] s harppuuna
2 harpoon v osua/surmata/kalastaa harppuunalla
harp seal s grönlanninhylje
harpsichord ['harpsə‚kɔrd] s cembalo
harpy eagle s (lintu) harpyija
1 harrow [heroʊ] s äes
2 harrow v **1** äestää **2** (kuv) käydä hermoille, risoa
harrowing adj tuskallinen, hermoille käyvä
harrumph [hə'rʌmf] v selvittää kurkkuaan
harsh [harʃ] adj **1** karkea, rosoinen **2** karski **3** karvas (maku) **4** ankara, kova (äänensävy, olot)
harshly adv ks harsh
hartebeest ['hartə‚bist] s punalehmäantilooppi
1 harvest [harvəst] s sato; sadonkorjuu, elonkorjuu
2 harvest v korjata sato
harvester s niittäjä, elonkorjaaja *combine harvester* leikkuupuimuri
harvestman s (mon harvestmen) lukki
harvest mouse s (mon harvest mice) vaivaishiiri
has [hæz] ks have
1 hash [hæʃ] s **1** liha- ja vihanneshakkelus **2** hakkelus, sotku **3** (sl) hasis
2 hash v paloitella, silputa, hienontaa
hash browns ['hæʃ‚braʊnz] s (mon) ruskistettu, muhennettu (ja muotoiltu tai paloiteltu peruna

haul

hashish [hə'ʃiʃ] s hasis
hash mark ['hæʃ‚mark] s #-merkki
hash over v ottaa uudelleen puheeksi, muistella
hasn't [hæzənt] has not
hasp [hæsp] s säppi
haste [heɪst] s kiire *make haste* kiirehtiä
hasten [heɪsən] v kiirehtiä *and I hasten to add that no workers will be laid off* ja haluan lisätä heti perään että yhtään työntekijää ei eroteta
hastily adv kiireisesti, hätäisesti
hasty [heɪsti] adj kiireinen, hätäinen
hat [hæt] s hattu
1 hatch [hætʃ] s luukku *down the hatch!* terveydeksi *batten down the hatches* pitää varansa, varautua vaikeuksiin
2 hatch v **1** kuoriutua (munasta) **2** (kuv) hautoa, valmistella
hatchback ['hætʃ‚bæk] s viistoperä(inen henkilöauto)
hatchet [hætʃət] s kirves *to bury the hatchet* haudata sotakirves
hatchetfish s (mon) lättäkalat
hatchway ['hætʃ‚weɪ] s (laivassa) luukku
1 hate [heɪt] s viha
2 hate v **1** vihata; inhota **2** harmittaa, olla pahoillaan jostakin *I hate to admit it but I like it* täytyy myöntää että pidän siitä
hate crime s rikos, joka on tehty rotuvihan, uskonvihan tai muun vastaavan vallassa
hateful adj **1** vastenmielinen, inhottava **2** vihaa uhkuva
hatefully adv ks hateful
hatemonger ['heɪt‚mʌŋgər 'heɪt‚mɑŋgər] s vihanlietsoja
hatred [heɪtrəd] s viha; inho
haughtily adv koppavasti, pöyhkeästi, ylimielisesti
haughtiness s koppavuus, pöyhkeys, ylimielisyys
haughty [hati] adj koppava, pöyhkeä, ylimielinen
1 haul [haɔl] s **1** veto **2** rahti **3** matka *in the long haul* pitemmän päälle *it's a long haul* se on pitkä matka *for the short haul* lyhyen aikaa; lyhyen matkaa

haul

2 haul v **1** vetää, hinata, kuljettaa **2** mennä jonnekin
haul down v laskea (lippu)
hauler s **1** kuljetusliike **2** kuljettaja **3** kuorma-auto, rekka-auto
haul off v poistua, lähteä
haunch [hantʃ] s (ihmisen) lonkka, lanne, lantio, (eläimen) takamus
1 haunt [hant] s lymypaikka, kantapaikka
2 haunt v **1** kummitella *this house is haunted* talossa kummittelee **2** (kuv) vainota, kummitella jonkun mielessä **3** käydä usein jossakin, olla jonkun lymypaikka *a tea room haunted by the literary circles* kirjallisuuspiirien suosima teehuone
Havana [hə'vænə] Havanna
have [hæv] v I/you have, he/she has, we/you/they have; imperfekti: had; perfekti: I/you have had jne; pluskvamperfekti: I/you had had jne; kielteiset muodot voidaan lyhentää: have not = haven't, has not = hasn't, had not = hadn't **1** olla jollakulla (eri merkityksiä; käytetään myös muotoa: have got): *the president has two airplanes* presidentillä on kaksi lentokonetta *I have no idea* minulla ei ole aavistustakaan **2** funktioverbinä: *to have a fight* tapella, riidellä *to have lunch with someone* lounastaa jonkun kanssa **3** juoda, syödä *do have a cookie* ota ihmeessä pikkuleipä **4** sallia, suvaita, sietää *she wouldn't have any of it* hän ei sietänyt sitä alkuunkaan *I've had it!* olen saanut tarpeekseni **5** *I have been had* minua on puijattu/petetty **6** pyytää, käskeä, kutsua *we had them over for dinner the other night* kutsuimme heidät syömään tässä eräänä iltana **7** teettää jotakin *the boss had him rewrite it* pomo pani hänet kirjoittamaan sen uudestaan *you should have you head examined* sinulla on ruuvi löysällä
have a good time *we had a good time* meillä oli hauskaa
have a shit fit (ark) saada paskahalvaus, pillastua
have a shot at fr yrittää, kokeilla (onneaan)
have a temperature olla kuumeinen *the child is having a temperature* lapsella on kuumetta
have a thick skin fr (kuv) olla paksunahkainen
have a thin skin fr (kuv) olla herkkä arvostelulle/loukkaantumaan
have a way with fr hallita, osata jokin, tulla hyvin toimeen jonkun kanssa *to have a way with words* olla sana hallussaan
have a word with *can I have a word with you?* voinko puhua kanssasi hetken?, minulla olisi sinulle asiaa
have got v olla jollakulla, ks have
have it coming fr ansaita saamansa rangaistus *you've had it coming for a long time, buddy* sinä olet kerjännyt selkääsi jo pitkään
have it in for fr kantaa kaunaa jollekulle
have it out fr puhua asiat selviksi
haven [heɪvən] s **1** satama **2** turvapaikka
have-nots ['hæv‚nats] s (mon) köyhät *the haves and have-nots* rikkaat ja köyhät
have no use for *I have no use for idle talk* minulla ei ole aikaa pulinoihin; minä en siedä pulinoita
have no words for *I have no words for how sorry I am* sanat eivät riitä kuvaamaan miten pahoillani olen, olen vilpittömästi pahoillani, pyydän kovasti anteeksi
haven't [hævənt] have not
have on v **1** olla jotakin päällään **2** *what do you have on for Thursday evening?* mitä olet sopinut torstai-illaksi? mitä aiot tehdä torstai-iltana?
haves [hævz] s (mon) rikkaat *the haves and have-nots* rikkaat ja köyhät
have someone's number fr olla selvillä jonkun aikeista, tietää mitä joku ajaa takaa
have something up your sleeve fr olla jotakin hihassa/mielessä
have your way with fr maata jonkun kanssa (puoliväkisin)
havoc [hævək] s suuri vahinko *to wreak havoc with* aiheuttaa suurta vahinkoa/hallaa jollekin

Hawaii [hə'waɪˌi] Havaiji
Hawaiian s havaijilainen, Havaijin asukas adj havaijilainen, Havaijin, Havaijia koskeva
Hawaiian Islands [həˌwaɪən'aɪlənz] (mon) Havaijisaaret
hawk [hak] s haukka (myös kuv:) militaristi
hay [heɪ] s heinä
hay fever [ˌheɪ'fivər] s heinänuha
haystack ['heɪˌstæk] s heinäsuova
haywire ['heɪˌwaɪər] s sekasorto, myllerrys *to go haywire* joutua sekasorron valtaan, mennä sekaisin
1 hazard [hæzərd] s vaara, riski *at hazard* vaarassa, vaakalaudalla *by hazard* sattumalta
2 hazard v 1 vaarantaa, riskeerata, panna alttiiksi 2 uskaltautua tekemään jotakin *to hazard a guess* (rohjeta) arvata
hazardous [hæzərdəs] adj vaarallinen, uskalias
hazardous waste s ongelmajäte
1 haze [heɪz] s utu, usva; hämärä (myös kuv) *he is still in a haze* hän on edelleen päästään pyörällä
2 haze v (sot) simputtaa
hazel [heɪzəl] s pähkinäpuu, pähkinäpensas s, adj pähkinänruskea
hazel grouse s (lintu) pyy
hazelnut ['heɪzəlˌnʌt] s hasselpähkinä
hazily adv (näkyä, muistaa) hämärästi
haziness s 1 utuisuus, usvaisuus 2 epämääräisyys, epäselvyys, hämäryys
hazy [heɪzi] adj utuinen, usvainen, hämärä (myös kuv)
HBM *Her/His Britannic Majesty*
H-bomb ['eɪtʃˌbam] s vetypommi
HC *House of Commons* (Ison- Britannian parlamentin) alahuone
HDL *high-density lipoprotein* HDL-lipoproteiini
hdqrs. *headquarters* päämaja; pääkonttori
HDTV *high-definition television* teräväpiirtotelevisio
he [hi] s koiras, uros; mies, poika pron (maskuliininen; ihmisestä) hän; (eläimestä) se

headlight

1 head [hed] s 1 pää (myös kuv) *success has gone into his head* menestys on noussut hänellä päähän *he has a good head for languages* hänellä on hyvä kielipää *at the head of the table* pöydän päässä *head of cabbage* kaalinpää *three heads of cattle* kolme nautaa *head of family* perheen pää *read/write head* (esim levykeaseman) luku/kirjoituspää 2 kärki, huipentuma *the situation is finally coming to a head* tilanne alkaa viimeinkin kärjistyä 3 johtaja *he is the head of the English department* hän on englannin laitoksen esimies
2 head v 1 johtaa, olla jonkin kärjessä *who heads the committee?* kuka johtaa toimikuntaa? 2 mennä, suunnata *he headed toward the exit* hän käveli ovelle
3 head adj pää- (myös kuv:) johtava, tärkein *he is the head coach* hän on päävalmentaja
headache ['hedˌeɪk] s päänsärky (myös kuv:) murhe
head and shoulders adv paljon, selvästi *she is head and shoulders above the others* hän on aivan eri luokkaa kuin toiset
headboard ['hedˌbɔrd] s (vuoteen) päätylevy
head collar s (koiran) kuonopanta
head count ['hedˌkaʊnt] s (ihmismäärän) laskeminen, luku
headdress ['hedˌdres] s 1 päähine 2 kampaus
header s 1 (ark) kaatuminen, sukellus, lento 2 (tietok) (juokseva) yläotsikko
headfirst [ˌhed'fərst] adv päistikkaa, pää edellä
headgear ['hedˌgɪər] s päähine(et)
1 headhunt ['hedˌhʌnt] s pääkallonmetsästys(retki); (kuv) värväys
2 headhunt v (kuv) etsiä/värvätä uusia kykyjä
headhunter s pääkallonmetsästäjä *corporate headhunters* liikeyritysten värvääjät, kykyjenetsijät
heading s 1 pää, kärki 2 otsikko 3 suunta
headlight ['hedˌlaɪt] s (auton) valonheitin, ajovalo

headline

1 headline [ˈhedˌlaɪn] s (sanomalehti/uutis)otsikko; pääotsikko
2 headline v 1 valita/kirjoittaa (pää)otsikoksi 2 mainostaa 3 olla pääesiintyjä/vetonaula
head linesman [ˌhedˈlaɪnsmən] s (amerikkalaisessa jalkapallossa) linjatuomari
headlong [ˈhedˌlɑŋ] adj suin päin, päistikkaa
head louse [ˈhedlaʊs] s (mon head lice) päätäi
headmaster [ˈhedˌmæstər] s (UK) (mies)rehtori
headmistress [ˈhedˌmɪstrəs] s (UK) (nais)rehtori
head of state s (mon heads of state) valtionpäämies
head-on adj, adv suoraan *head-on collision* nokkakolari
head over heels adv suin päin, päistikkaa, pää kolmantena jalkana *head over heels in love* silmittömästi rakastunut
headphones [ˈhedˌfoʊnz] s (mon) (korva)kuulokkeet
headpiece [ˈhedˌpis] s päähine
headquarters [ˈhedˌkwɔrtərz] s (mon) päämaja
head rest [ˈhedˌrest] s (istuimen) niskatuki
headset [ˈhedˌset] s (korva)kuulokkeet
headshrinker [ˈhedˌʃrɪŋkər] s (sl) kallonkutistaja, psykiatri
heads or tails fr kruuna vai klaava
headstand [ˈhedˌstænd] s pääläseisonta
head start [ˌhedˈstɑrt] s etumatka: *let's give Jerry a head start* annetaan Jerrylle etumatkaa
headstone [ˈhedˌstoʊn] s hautakivi
headstrong [ˈhedˌstrɑŋ] adj härkäpäinen, omapäinen
heads up interj varo!
head to head adv rinta rinnan
headwaiter [ˈhedˌweɪtər] s hovimestari
headway [ˈhedˌweɪ] s eteneminen, edistyminen *to make headway* edistyä, edetä
headword [ˈhedˌwɜrd] s hakusana
heady [hedi] adj 1 (nopeasti) päihdyttävä, huumaava 2 (kuv) innostava, huumaava 3 äkkipikainen, ajattelematon
heal [hɪəl] v parantaa, parantua

healer [hilər] s 1 parantaja 2 lääke, rohto
healing s parantuminen adj parantava
health [helθ] s terveys
healthcare [ˈhelθˌkeər] s terveydenhoito
health club [ˈhelθˌklʌb] s kuntokerho, kuntosali
health food [ˈhelθˌfud] s terveysruoka
healthful adj 1 terveellinen 2 terve
health insurance [ˈhelθɪnˌʃərəns] s sairausvakuutus
health professional [ˈhelθprəˌfeʃənəl] s terveydenhoitoalan työntekijä
healthy adj 1 terve 2 terveellinen 3 (ark) mojova, rutka, runsas
1 heap [hip] s kasa, pino
2 heap v kasata, kasautua, pinota
hear [hɪər] v heard, heard 1 kuulla *I can't hear you* en kuule (mitä sanot) 2 kuunnella 3 kuulustella
Hear! Hear! interj hyvä!, totta puhut!
hearing s 1 kuulo 2 kuulustelu
hearing aid [ˈhɪrɪŋˌeɪd] s kuulolaite
hearing-impaired [ˌhɪrɪŋɪmˈpeərd] s *(the) hearing-impaired* kuulovammaiset adj kuulovammainen
hearken [hɑrkən] v (ylät) kuunnella
hear of v (yl kielteisenä) ei tulla kuuloonkaan *dad would not hear of me buying a car* isän mielestä ei tullut kuuloonkaan että minä ostaisin auton
hearsay [ˈhɪərˌseɪ] s kuulopuhe, huhu(puhe)
hearse [hɜrs] s ruumisauto, ruumisvaunut
heart [hɑrt] s 1 sydän (myös kuv) *his heart stopped beating* hänen sydämensä pysähtyi *in my heart I knew her to be right* sydämessäni/sisimmässäni tiesin hänen olevan oikeassa *she did not have the heart to say no* hän ei hennonut kieltäytyä *the heart of the matter is that...* asian ydin on että... *in the heart of Houston* Houstonin sydämessä/keskustassa *to know/learn something by heart* osata/oppia jotakin ulkoa 2 (pelikortissa) hertta
heartache [ˈhɑrtˌeɪk] s sydänsuru
heart and soul adv sydämensä pohjasta, vilpittömästi

heart attack [ˈhartəˌtæk] s sydänkohtaus
heartbeat [ˈhartˌbit] s sydämen syke *I'd do it again in a heartbeat* en epäröisi hetkeäkään tehdä sitä uudestaan
heartbreak [ˈhartˌbreɪk] s suru; sydänsuru
heartbreaker s surun aihe; sydäntensärkijä
heartbreaking adj surullinen; sydäntä särkevä
heartbroken [ˈhartˌbroʊkən] adj surun murtama; jonka sydän on särkynyt
heartburn [ˈhartˌbʌrn] s **1** närästys **1** (kuv) kateus
heart disease [ˈhartdəˌziz] s sydänsairaus
hearten [hartən] v rohkaista, kannustaa
heart failure s sydämen vajaatoiminta
heartfelt [ˈhartˌfelt] adj vilpitön
hearth [harθ] s **1** arina **2** (kuv) oma koti, kotiliesi
heart-healthy adj hyväksi sydämelle tai verenkiertojärjestelmälle, sydänystävällinen
hear things fr kuulla omiaan, jollakulla on harha-aistimuksia
heartily adj **1** sydämellisesti; vilpittömästi, sydämensä pohjasta **2** hyvällä ruokahalulla
heartland [ˈhartˌlænd] s ydinalue, tärkein alue, sydänmaa
heartsease [hartsiz] s keto-orvokki
1 heat [hit] s **1** lämpö **2** kuumuus **3** helle **4** kuume **5** (kuv) tuoksina, kiihko, tunnekuohu *in the heat of battle* taistelun tuoksinassa **6** (sl) painostus *the cops put on the heat* poliisi painoi päälle **7** (sl) poliisi
2 heat v lämmittää, lämmetä, kuumentaa, kuumentua (myös kuv)
heated adj (kuv) kiihkeä, tulinen
heater s lämmitin, lämmityslaite
heat exchanger [ˈhitəksˌtʃeɪndʒər] s lämmönvaihdin
heathen [hiðən] s pakana
heathenism s pakanuus
heather [heðər] s kanerva
heatstroke [ˈhitˌstroʊk] s lämpöhalvaus
heat up v lämmittää, lämmetä; kiristyä
heat wave s helleaalto; lämpöaalto

heave [hiv] v heaved/hove, heaved/hove **1** nousta, nostaa; velloa **2** heittää **3** huohottaa **4** oksentaa
heaven [hevən] s (kristillisessä merkityksessä) taivas *to go to heaven* päästä/ mennä taivaaseen
heavenly adj taivaallinen (myös kuv); taivaan
heavenly body s taivaankappale
heavens s (mon, sama kuin *sky*) taivas interj taivas!
heavily adv raskaasti (myös kuv)
heaviness s raskaus, painavuus
heavy [hevi] adj **1** raskas (myös kuv), painava *the box is heavy* laatikko on raskas *the author writes in a heavy style* kirjailijalla on raskas tyyli **2** kova (sade, isku, arvostelu), syvällinen (ajattelija) *heavy smoker* ketjupolttaja
heavy-duty [ˌheviˈduti] adj **1** kestävä, tehokas, teho-, erikois- **2** (kuv) kovan luokan, tosi
heavy-handed [ˌheviˈhændəd] adj **1** kovaotteinen **2** kömpelö
heavy metal [ˌheviˈmetəl] s **1** raskasmetalli **2** heavy metal (-musiikki)
heavyset [ˌheviˈset] adj tanakka, iso(luinen)
heavyweight [ˈheviˌweɪt] s **1** raskaansarjan nyrkkeilijä **2** (kuv) raskaansarjan henkilö, yritys tms, suuryritys ym
heavy with child fr raskaana
Heb. *Hebrews* (Uuden testamentin) Heprealaiskirje
Hebrew [hibru] s **1** heprealainen, juutalainen, israelilainen **2** heprean kieli adj heprealainen, hepreankielinen
Hebrides [hebrədiz] (mon) Hebridit
heck [hek] interj pahus!, hitto! *Bud is one heck of a man* Bud on piru mieheksi/loistokaveri
heckle [hekəl] v häiritä/keskeyttää välihuudoilla
heckler s häiritsijä, häirikkö
heckling s välihuudot
hectare [hektər] s hehtaari
hectic [hektɪk] adj kiireinen, kuumeinen
he'd [hid] he had, he would
1 hedge [hedʒ] s **1** pensasaita **2** (kuv) suoja(muuri)

hedge

2 hedge v **1** aidata **2** (kuv) vältellä, väistellä
hedgehog ['hedʒˌhag] s siili
hedging [hedʒiŋ] s (tal) suojautuminen (kurssiriskiltä)
hedonism ['hidəˌnɪzəm] s hedonismi
hedonist ['hidəˌnɪst] s hedonisti
1 heed [hid] s huomio *to take heed of something* ottaa jotakin huomioon
2 heed v ottaa huomioon/onkeensa
heedless adj välinpitämätön, ajattelematon
heedlessly adv välinpitämättömästi, ajattelemattomasti
1 heel [hiəl] s **1** kantapää *the boss let him cool his heels for a while* pomo antoi tahallaan hänen odottaa hetken aikaa **2** (kengän) korko *to be down at the heels* olla kulunut/nuhruinen/ränsistynyt **3** (laivan) kallistuma
2 heel v kallistua, kallistaa (laivaa)
heel bone s kantaluu
1 heft [heft] s paino, (myös kuv:) merkitys
2 heft v **1** nostaa **2** punnita kädessään/käsissään, yrittää arvioida jonkin paino
hefty adj vahva, raskas, painava, kova (työ), paksu, sievoinen (summa)
HEH *Her/His Exalted Highness*
heifer [hefər] s hieho
height [haɪt] s **1** korkeus **2** (ihmisen) pituus *he is six feet in height* hän on 183 cm pitkä **3** (mon) korkea paikka, kukkula, korkeus, korkeudet **4** (kuv) huippu, huipentuma *his behavior was the height of rudeness* hänen käytöksensä oli todella töykeää
heighten v **1** korottaa, nostaa korkeammalle **2** korostaa, korostua, lisätä, lisääntyä, kasvattaa, kasvaa, voimistaa, voimistua
heir [eər] s perijä, perillinen
heiress [erəs] s perijätär, perillinen
heirloom ['erˌlum] s perhekalleus
held [held] ks hold
helical scan [helikəl] s (videotekniikassa) viistopyyhkäisy
helicopter ['heləˌkaptər] s helikopteri
helium [hiliəm] s helium

hell [hel] s helvetti (myös kuv ja lievänä kirosanana) *all hell broke loose* seurasi täydellinen sekasorto *the Corvette is one hell of a car* Corvette on hitonmoinen auto *there will be hell to pay when the boss finds out what happened* meille tulee tupen rapinat kun pomolle selviää mitä on sattunut *the dog from hell* koira josta on tolkuttomasti harmia tms **interj** hitto!
he'll [hiəl] he will, he shall
hellish adj helvetillinen, hirvittävä
hello [heloʊ] interj haloo!; hei!
hell-raiser ['helˌreɪzər] s (ark) rähinöitsijä
helluva [heləvə] *hell of a* hitonmoinen, pahuksenmoinen
helm [heəlm] s peräsin, ruori *he is at the helm of his father's company now* hän on nyt isänsä yrityksen peräsimessä/johdossa
helmet [helmət] s kypärä
helmeted guineafowl s helmikana
helmsman s (mon helmsmen) perämies
1 help [help] s **1** apu **2** apulainen
2 help v auttaa *he couldn't help himself, he just did it* hän ei pystynyt hillitsemään itseään *I can't help but wonder if he is sane* en voi olla kysymättä onko hän täysijärkinen **interj** apua!
helpdesk s opastuspuhelin
helper s auttaja, avustaja
helpful adj avulias; hyödyllinen *it was very helpful of you to come* (minulle) oli paljon apua siitä kun tulit
helpfully adv avuliaasti
helpfulness s avuliaisuus
helping s **1** auttaminen, apu **2** (ruoka-) annos *he took a second helping* hän santsasi
helpless adj avuton
helplessly adv avuttomasti
helplessness s avuttomuus
help out v auttaa
help yourself to v ottaa (ruokaa pöydästä); ottaa luvatta
1 hem [hem] s (vaatteen) päärme
2 hem v päärmätä, varustaa päärmeellä
he-man ['hiˌmæn] s macho-mies, karju
hem in v saartaa, piirittää

hemisphere [ˈheməsˌfɪər] s pallonpuolisko, puolipallo
hemline [ˈhemˌlaɪn] s **1** päärme **2** hameenhelma(n korkeus)
hemorrage [heməredʒ] s verenvuoto
hemorrhoids [ˈheməˌrɔɪdz] s (mon) peräpukamat
hemp [hemp] s hamppu
hen [hen] s kana (myös kanalinnun naaraasta ja kuv naisesta)
hence [hens] adv **1** siksi, sen vuoksi **2** päästä, kuluttua *six weeks hence* kuuden viikon kuluttua **3** siitä (johdettuna), siis
henceforth [hensfɔrθ] adv vastedes, tästä lähin
henchman [hentʃmən] s kätyri
Henery Hawk [ˌhenəriˈhak] (sarjakuvahahmo) Hekku Haukka
henhouse [ˈhenˌhaʊs] s kanala
Henry [henri] (kuninkaan nimenä) Henrik
hepatica [həˈpætɪkə] s sinivuokko
her [hər] pron (feminiininen, pronomista *she*) hän, hänet, häntä, hänelle, hänen, -nsa/-nsä
1 herald [herəld] s airut (myös kuv), sanansaattaja
2 herald v ennakoida, ilmoittaa jostakin tulevasta, mainostaa
heraldry s heraldiikka, vaakunaoppi
herb [ərb, həb] s yrtti
herbal [ərbəl, həbəl] adj yrtti-
herbalism s kasvilääkintä, herbalismi
herbalist [ərbəlɪst, həbəlɪst] s kasviparantaja, herbalisti
Hercules [hərkjəliz] (tähdistö) Herkules
1 herd [hərd] s (karja-, eläin-, ihmis)lauma, (väki)joukko
2 herd v paimentaa (karjaa), (karjasta) kokoontua yhteen; ohjata jonnekin *she herded the guests into the parlor* hän ohjasi vieraat olohuoneeseen
herd's-grass s timotei
herdsman [hərdzmən] s (mon herdsmen) paimen
Herdsman (tähdistö) Karhunvartija
here [hɪər] adv tässä, täällä, tänne *I am here* olen täällä *please come here* tule tänne *from here to there* täältä sinne *here you are* Ole hyvä! *here we are at last* tässä sitä viimein ollaan
hereabouts [ˈhɪrəˌbaʊts] adv näillä tienoin, näillä main, näillä paikkeilla
hereafter [ˌhɪˈræftər] s tuonpuoleinen *in the hereafter* tuonpuoleisessa, kuolemantakaisessa elämässä adv tämän jälkeen, vastedes
here and now s, adv tässä ja nyt
here and there adv siellä täällä, sinne tänne
hereby [ˈhɪərˌbaɪ] adv täten
hereditarily adv perinnöllisesti
hereditary [həˈredɪˌteəri] adj perinnöllinen, periytyvä, synnynnäinen
heredity [həˈredɪti] s **1** perinnöllisyys **2** perimä
Hereford and Worcester [ˈhərfərdən ˈwʊstər] Englannin kreivikuntia
Herefordshire [hərfərdˌʃər] Englannin lakkautettuja kreivikuntia
Heref./Worcs. *Hereford and Worcester*
here goes fr (käytetään esim ennen uskaliasta yritystä) täältä tulee
here's [hɪərz] here is
heresy [herəsi] s harhaoppi, kerettiläisyys
heretic [herətɪk] s kerettiläinen, luopio adj harhaoppinen
heretical [həˈretɪkəl] adj harhaoppinen, kerettiläinen
herewith [ˌhɪərˈwɪθ] adv täten
heritage [herətədʒ] s perinne, perintö
hermetic [hərˈmetɪk] adj ilmanpitävä, hermeettinen
hermetically adv ilmanpitävästi, hermeettisesti *hermetically sealed* ilmanpitävästi suljettu
hermit [hərmət] s erakko
hermitage [hərmətədʒ] s **1** erakkola, erakkomaja **2** *Hermitage* (Pietarin) Eremitaasi
hermit crab s erakkorapu
hernia [hərniə] s tyrä
herniated disk [ˈhərniˌeɪtəd] s (diskusprolapsi) (selkänikamien) välilevyn siirtymä
hero [hɪroʊ] s **1** sankari **2** iso, pitkulainen kerrosvoileipä

heroic

heroic [hə'roʊɪk] adj sankarillinen, rohkea, uskalias, herooinen
heroics s (mon) **1** sankariteot, uroteot **2** mahtailu, rehentely, isottelu
heroin [heroʊn] s heroiini
heroin addict s heroinisti
heroin addiction s heroinismi
heroine [heroʊn] s sankaritar
heroism ['hɪəroʊˌɪzəm] s **1** sankariteko, rohkea teko **2** sankarillisuus, rohkeus
heron [herən] s haikara
hero sandwich [ˌhɪroʊ'sænwɪtʃ] s iso kerrosvoileipä
hero worship ['hɪroʊˌwərʃɪp] s sankarinpalvonta; liiallinen ihannointi
herpes [hərpiz] s herpes
herring [herɪŋ] s silli
herringbone ['herɪŋˌboʊn] s kalanruotokuvio adj kalanruotokuvioinen
herring gull s harmaalokki
hers [hərz] pron (feminiininen, pronominista *she*) hänen
herself [hər'self] pron (feminiininen) hän (itse), (häntä) itseään
herstory ['hərstəri] s (seksismin välttämiseksi sanasta *history* luotu sana) historia (naisten näkökulmasta esitettynä) (sanan *history* alku ei etymologisesti liity miessukupuoleen vaikka *his* onkin maskuliininen possessiivipronomini)
Hertfordshire [hərtfərdʃər] Englannin kreivikuntia
Herts. *Hertfordshire*
he's [hiz] he is, he has
he/she (yhdistetty pronominimuoto jota käytetään (ainoastaan kirjoitetussa tekstissä) kun tarkoitetaan jompaakumpaa sukupuolta) hän
hesitancy s epäröinti, epävarmuus; viivyttely
hesitant [hezətənt] adj empivä, epäröivä, epävarma
hesitantly adv empien, epäröiden, epävarmasti
hesitate ['hezəˌteɪt] v empiä, epäröidä *if you have any questions, don't hesitate to call me* soita ihmeessä minulle jos sinulla on kysyttävää
hesitation [ˌhezə'teɪʃən] s epäröinti, epävarmuus

hetero [hetəroʊ] s, adj (ark) hetero
heterogeneity [ˌhetərədʒə'neɪəti] s heterogeenisyys
heterogeneous [ˌhetərə'dʒiniəs, ˌhetə'raʒənəs] adj heterogeeninen
heterosexism s homojen sorto, homofobia
heterosexual [ˌhetərə'sekʃʊəl] s heteroseksualisti adj heteroseksuaalinen
heterosexuality [ˌhetərəˌsekʃʊ'æləti] s heteroseksuaalisuus
HEW *Department of Health, Education, and Welfare* Yhdysvaltain terveys-, opetus- ja sosiaaliministeriö
hexagon ['heksəˌgan] s kuusikulmio
hey-day [heɪdeɪ] s kukoistuskausi
HF *high frequency*
HGH *human growth hormone*
hgt. *height* korkeus, pituus
hgwy. *highway*
H.H. *Her/His Highness; His Holyness*
HHO 1/2 K (tekstiviestissä, sähköpostissa) *ha ha, only half-kidding*
HI *Hawaii* Havaiji
hiatus [haɪ'eɪtəs] s tauko *the show is on hiatus* sarja on tauolla
hibernate ['haɪbərˌneɪt] v talvehtia, olla talviunessa
hibernation s **1** talvihorros **2** talviuni
1 hiccup [hɪkəp] s **1** (myös mon) hikka, nikka **2** (kuv) ohimenevä häiriö
2 hiccup v hikotella, nikotella (myös kuv:) pätkiä
hick [hɪk] s jurtti, maalainen
hid [hɪd] ks hide
hidden ks hide
hidden agenda [ə'dʒendə] s taka-ajatus *he has a hidden agenda* hän ajaa (salaa) takaa jotakin
1 hide [haɪd] s (eläimen) nahka, turkki, (kuv ihmisen) nahka *if you don't shut up, I'll have your hide* minä nyljen sinut elävältä ellet ole hiljaa *they found neither hide nor hair of the fugitive* he eivät löytäneet karanneesta merkkiäkään
2 hide v hid, hidden **1** piiloutua, mennä piiloon, piilottaa **2** peittyä, peittää
hide-and-seek [ˌhaɪdən'sik] s piiloleikki *to play hide-and-seek* olla piilosilla, leikkiä piilosta

hideaway [ˈhaɪdəˌweɪ] s (kesämökki yms) piilopaikka, pakopaikka
hideous [hɪdɪəs] adj hirvittävä, kammottava, järkyttävä
hideously adv hirvittävän, hirvittävästi
hide out v piiloutua, mennä piiloon, piileskellä
hideout [haɪdaʊt] s piilopaikka, pakopaikka
hierarchic [ˌhaɪərˈɑːkɪk] adj hierarkkinen
hierarchical [ˌhaɪərˈɑːkɪkəl] adj hierarkkinen
hierarchically adv hierarkkisesti
hierarchy [ˈhaɪərˌɑːki] s hierarkia
hieroglyph [ˈhaɪərəˌglɪf] s hieroglyfi (myös kuv:) harakanvarvas
hieroglyphic [ˌhaɪərəˈglɪfɪk] adj **1** hieroglyfi- **2** vaikeaselkoinen
hifi [haɪfaɪ] s **1** hifi **2** hifilaite adj hifi-
1 high [haɪ] s **1** (sää) korkeapaine **2** ennätys(taso)
2 high adj **1** korkea (myös ääni ja kuv) *high ideals* korkeat ihanteet *high price* korkea hinta **2** (ark) humalassa, pilvessä adv korkealla, korkealle *he aims high* (kuv) hän tähtää korkealle
high and mighty s maan mahtavat adj koppava, pöyhkeä
high beams [ˈhaɪˌbiːmz] s (mon) (auton) pitkät valot
high blood pressure [haɪˈblʌdˌpreʃər] s korkea/kohonnut verenpaine
highbrow [ˈhaɪˌbraʊ] s älykkö adj älymystön, älykkö- *highbrow literature* laatukirjallisuus
high-definition television [ˌhaɪdefəˈnɪʃən] s teräväpiirtotelevisio
high-density lipoprotein s HDL-lipoproteiini
high-end [ˈhaɪˈend] adj yläpään, kallein ja paras *high-end audio* raskas hifi
higher education [ˌhaɪəredʒɜːˈkeɪʃən] s akateeminen koulutus, korkeakouluopetus
high fidelity [ˌhaɪfəˈdeləti] s valiolaatuinen äänentoisto, hifi
high-five [ˌhaɪˈfaɪv] *to lay down high-fives* tervehtiä lyömällä oikeat kämmenet pään yläpuolelle vastakkain

highflying [ˌhaɪˈflaɪɪŋ] adj **1** korkealla lentävä **2** (kuv) korkealentoinen, lennokas
high-grade [ˌhaɪˈgreɪd] adj ensiluokkainen, erinomainen
high ground s (kuv) etulyöntiasema, asema jossa henkilö on toiseen nähden niskan päällä
high-handed [ˌhaɪˈhændəd] adj ylimielinen
high hat [ˈhaɪˌhæt] s silinterihattu
high horse s (kuva) ylimielisyys *get off your high horse* lakkaa olemasta ylimielinen
high jump s (urh) korkeushyppy
highland [haɪlənd] s (myös mon) ylänkö
high-level [ˌhaɪˈlevəl] adj korkean tason, korkeatasoinen
high-level language s (tietok) korkean tason (ohjelmointi)kieli
1 highlight [ˈhaɪˌlaɪt] s kohokohta; painopiste
2 highlight v **1** korostaa, painottaa, tuoda erityisesti esille **2** merkitä korostekynällä tms
highlighter [ˈhaɪˌlaɪtər] s korostekynä
highly adj **1** erittäin *the movie is highly enjoyable* elokuva on hyvin hauska **2** korkeasti (palkattu) **3** ylistäen *remember to always speak highly of your superiors* muista aina ylistää esimiehiäsi
high-minded [ˌhaɪˌmaɪndəd] adj ylevä
highness [haɪnəs] s **1** korkeus **2** (tittelinä) *Your Highness* Teidän Korkeutenne
high noon [ˌhaɪˈnuːn] s **1** keskipäivä **2** huipentuma **3** (ark) yhteenotto, kriisi
high on adj **1** innostunut jostakin **2** huumeessa, pilvessä
high-pressure [ˌhaɪˈpreʃər] adj korkeapaine-
high relief [ˌhaɪrəˈliːf] s korkea reliefi
high-resolution [ˈhaɪˌrezəˈluːʃən] adj (tietok, tv, valok) tarkkuus-, suuren erottelukyvyn *high-resolution graphics* tarkkuusgrafiikka
high-rise [ˈhaɪˌraɪz] s korkea rakennus adj korkea, monikerroksinen
high school [ˈhaɪˌskuːl] s lukio

high schooler

high schooler s lukiolainen
high-speed [,haɪ'spid] adj nopea
high-spirited [,haɪ'spɪrətəd] adj innokas, eloisa, vilkas
high street s (UK) 1 pääkatu 2 vähittäismyynti
high-strung [,haɪ'strʌŋ] adj kireä, pingottunut
hightail ['haɪ,teɪəl] v (ark) häipyä, lähteä nostelemaan
hightail it v (ark) kiiruhtaa
high-tech [,haɪ'tek] adj huipputekniikan, huipputekninen
high technology [,haɪtek'nalədʒi] s huipputekniikka
high-tension [,haɪ'tenʃən] adj suurjännite-
high tide [,haɪ'taɪd] s nousuvesi, vuoksi
high-voltage [,haɪ'voltədʒ] adj 1 suurjännite- 2 (ark kuv) väsymätön; suuren luokan
highway ['haɪ,weɪ] s päätie, maantie
highway robbery (ark) (rahan) kiskonta, kyniminen
1 hijack ['haɪ,dʒæk] s (lentokone- tai muu) kaappaus
2 hijack v kaapata (esim lentokone)
hijacker s (lentokone- tai muu) kaappaaja
1 hike [haɪk] s 1 vaellus, kävely/patikkaretki (luonnossa) *take a hike, mister* ala nostella!, häivy! 2 nousu, kasvu *there was a hike in the consumer price index* kuluttajahintaindeksi nousi
2 hike v 1 vaeltaa, tehdä kävelyretki 2 kiskaista ylös (up) 3 korottaa, nostaa (hintaa)
hilarious [hə'lerɪəs] adj hauska, hassu, huvittava; iloinen, hilpeä
hilariously adv hauskasti; hilpeästi
hilarity [hə'lerəti] s hauskuus; hilpeys, ilonpito
hill [hɪl] s mäki, kukkula, vuori *to be over the hill* olla nähnyt parhaat päivänsä
hillbilly ['hɪl,bɪli] s jurtti, maalainen adj maalais-
hillbilly music s 1 hillbillymusiikki 2 countrymusiikki, kantrimusiikki
hill of beans *not worth a hill of beans* ei minkään/penninkään arvoinen

hillside ['hɪl,saɪd] s (mäen) rinne
hilltop ['hɪl,tap] s (kukkulan) laki
hilly [hɪli] adj mäkinen, kumpuileva
hilt [hɪlt] s (tikarin, miekan ym) kädensija, kahva *to do something to the hilt* (kuv) ottaa jostakin kaikki irti, tehdä jotakin viimeiseen saakka
him [hɪm] pron (maskuliininen, pronominista *he*) hän, hänet, häntä, hänelle
HIM *Her/His Imperial Majesty*
Himalayas [,hɪmə'leɪəz] (mon) Himalaja
himself [hɪm'self] pron (maskuliininen, pronominista *he*) hän (itse), (häntä) itseään
hind [haɪnd] adj taka-, perä-
hinder [haɪndər] v 1 hidastaa, viivyttää 2 estää
hindmost ['haɪn,moʊst] adj takimmaisin, viimeinen
hindquarters ['haɪn,kwɔrtərz] s (mon) (eläimen) perä
hindrance [hɪndrəns] s este, haitta
hindsight ['haɪn,saɪt] s jälkiviisaus
hinge [hɪndʒ] s sarana, nivel
hinge on v (kuv) riippua jostakin, olla jonkin varassa
1 hint [hɪnt] s vihjaus, vihje
2 hint v vihjata
hint at v vihjata jostakin/johonkin suuntaan, antaa ymmärtää
hint! hint! interj ymmärräthän yskän?
hip [hɪp] s lonkka, lanne
1 hip hop ['hɪp,hap] s eräänlaisesta rapmusiikista, hip-hop
2 hip hop v tanssia tällaisen musiikin tahdissa
3 hip hop adj hip-hopparikulttuuriin liittyvä tai kuuluva
hip hopper ['hɪp,hapər] s hip-hoppari, rapmusiikkia, breikkausta ja graffitin piirtämistä harrastavan nuorison alakulttuurin jäsen
hiphuggers s (mon, ark) lantiohousut
hippo [hɪpoʊ] s (mon hippos) (ark) virtahepo (hippopotamus)
hip pocket [,hɪp'pakət] s takatasku
hippopotamus [,hɪpə'patəməs] (mon hippopotamuses, hippopotami) s virtahepo

1 hire [haɪər] s palkkaus, vuokraus, palkka, vuokra *for hire* vuokrattavana
2 hire v palkata, pestata palvelukseen, vuokrata (käyttöönsä)
hired gun [ˌhaɪərd'gʌn] s **1** palkkamurhaaja **2** henkivartija **3** (ulkopuolinen) ongelmanratkoja, saneeraaja
hire on as v pestautua johonkin työhön
hire out v antaa vuokralle/palvelukseen
hire purchase ['haɪərˌpərtʃəs] s (UK) osamaksu
hirsute [hərsut hər'sut] adj karvainen, parrakas
his [hɪz] pron (maskuliininen, pronominista *he*) hänen
Hispanic [hɪs'pænɪk] s latino, latinalaisamerikkalaista syntyperää oleva Yhdysvalloissa asuva henkilö adj latino-, latinalaisamerikkalainen
1 hiss [hɪs] s **1** sihinä **2** vihellys (esiintyjälle)
2 hiss v **1** sihistä **2** viheltää (esiintyjälle)
historian [hɪs'tɔrɪən] s historian tutkija/tuntija, historioitsija
historic adj **1** historiallinen, kuuluisa, merkittävä, maineikas **2** ks historical
historical adj **1** historiallinen, historiaa koskeva, autenttinen **2** ks historic
historically adv historiallisesti ks historical
historical present s (kieliopissa) historiallinen preesens (preesensin käyttö menneestä kerrottaessa)
historical volatility [ˌvaləˈtɪləti] s (tal) historiallinen (kohde-etuuden) vaihtelevuus/volatiliteetti
historicism [hɪs'tɔrəˌsɪzəm] s historismi
history [hɪstəri] s **1** historia; historian tutkimus **2** (sairaus)historia **3** tausta, menneisyys
1 hit [hɪt] s **1** törmäys, osuma **2** isku, lyönti **3** täysosuma, menestys; hitti **4** (sl) murha **5** (tietok) käynti
2 hit v hit, hit **1** törmätä, osua johonkin **2** lyödä, iskeä **3** (sl) tappaa, murhata **4** pyytää *he hit me for a smoke* hän lainasi minulta tupakan **5** saavuttaa (tietty taso, nopeus tms) *we had just hit 75 when the cops stopped us* aloimme juuri ajaa 75:tä kun poliisit pysäyttivät meidät

hit-and-miss adj summittainen, sattuman kaupalla tehty/tapahtuva
hit-and-run adj (liikenneonnettomuus) jossa kuljettaja pakenee paikalta
1 hitch [hɪtʃ] s **1** nykäys, kiskaisu **2** solmu *clove hitch* siansorkka(solmu) **3** (kuv) mutka (matkassa), ongelma **4** kyyti
2 hitch v **1** nykäistä, kiskaista (up) **2** sitoa, solmia, kiinnittää **3** tarttua **4** (ark) ks hitchhike
1 hitchhike ['hɪtʃˌhaɪk] s peukalokyyti
2 hitchhike v matkustaa peukalokyydillä
hitchhiker s peukalokyytiläinen
hitch your wagon to a star fr tavoitella tähtiä, pyrkiä tähtiin/pitkälle
hither and thither [ˌhɪðərən'ðɪðər] adv siellä täällä, sinne tänne
hitherto ['hɪðərˌtu] adv tähän saakka
hit it off fr tulla toimeen, synkata
hit off v matkia, jäljitellä, parodioida
hit out v (kuv) hyökätä jonkin kimppuun/jotakin vastaan
hit parade ['hɪtpəˌreɪd] s (hitti)lista
hit rate s (tietok) käyntitiheys
hit the books fr (sl) ruveta lukemaan/pänttäämään
hit the bottle fr (sl) ryypätä
hit the roof fr pillastua, raivostua, menettää malttinsa
hit the skids fr (ark) joutua rappiolle/hunningolle/deekikselle
hit the spot fr (ark) olla hyvään tarpeeseen, tehdä terää
HIV [ˌeɪtʃ'aɪ'vi] s HI-virus, joka joissakin tapauksissa johtaa immuunikatoon eli aidsiin (sanoista *human immunodeficiency virus*) *he tested HIV-positive* hänellä todettiin HIV-tartunta
hive [haɪv] s mehiläispesä (myös kuv:) muurahaispesä *the place is a beehive of activity* paikassa kuhisee kuin mehiläispesässä/muurahaispesässä
H.J. *here lies* tässä lepää (latinasta *hic iacet*)
HJR *House joint resolution*
HLA *human leukocyte antigen*
HM *Her/His Majesty*
HMG *Her/His Majesty's Government*

HMS *Her/His Majesty's Service/Ship*
H.O. *head office, home office* pääkonttori
hoagie [hoʊgi] ks hoagy
hoagy [hoʊgi] s pitkä kerrosvoileipä
1 hoard [hɔrd] s varasto, kätkö
2 hoard v hamstrata
hoarse [hɔrs] adj käheä
hoarsely adv käheästi, käheällä äänellä
hoarsen [hɔrsən] v tehdä käheäksi
hoarseness s käheys
hoatzin s hoatsin, haisukäki
1 hoax [hoʊks] s huijaus, humpuukijuttu
2 hoax v huijata, vetää nenästä
hoax virus s (tietok) valevirus
Hobart [hoʊbart]
hobble [habəl] v ontua (myös kuv)
hobby [habi] s harrastus
hobbyhorse ['habihɔrs] s keppihevonen (myös kuv)
hockey [haki] s **1** maahockey (field hockey) **2** jääkiekko (ice hockey)
1 hoe [hoʊ] s kuokka; hara
2 hoe v kuokkia
1 hog [hag] s sika (myös kuv) *to go the whole hog* ei suotta nuukailla *to live high on the hog* elää leveästi/mukavasti
2 hog v ahnehtia itselleen, kahmia itselleen
hoggish adj sikamainen (myös kuv)
hogshead [hagzəd] s tynnyri
hogwash ['hag‚waʃ] s **1** sianruoka **2** roska, roina **3** roskapuhe, pöty, hölynpöly
hoist [hɔɪst] v **1** nostaa (lippu salkoon, purje) **2** ryypätä, kumota kurkkuunsa
1 hold [hoʊld] s **1** ote *to get hold of someone/something* saada joku kiinni/puhelimeen, saada kiinni jostakin **2** kädensija **3** tuki **4** varaus *to be on hold* olla (väliaikaisesti) pöydällä/jäissä *to put someone on hold* antaa jonkun odottaa puhelimessa (linjan vapautumista) **5** (lasti)ruuma
2 hold v held, held **1** pitää kädessään, pidellä, tarttua **2** pitää, pidätellä, pysyä *I should stop, I am holding you* minun pitää lopettaa jotta pääset lähtemään *to hold still* olla liikkumatta *he did not hold to his promise* hän ei pitänyt lupaustaan *the mayor was held responsible for what had happened* kaupunginjohtaja pantiin vastuuseen sattuneesta **3** kestää *do you think the rope will hold?* luuletko että köysi kestää? **4** pitää paikkansa, olla voimassa **5** jättää pois ruuasta *hold the mustard, please* ilman sinappia, kiitos
hold against v syyttää jotakuta jostakin
hold all the aces fr olla kortit käsissään
hold at bay fr hillitä, pitää kurissa
hold back v **1** pidätellä **2** pitää itsellään/omana tietonaan **3** ei tehdä jotakin
hold down v **1** vähentää, hiljentää **2** jatkaa jotakin/jossakin työssä
holder s **1** pidike **2** haltija
hold forth v paasata
hold in v hillitä joku/itsensä
hold in check fr hillitä, pitää kurissa
hold no brief for fr ei pitää jostakin
hold off v **1** pitää loitolla, torjua, välttyä joltakin, ei sairastua **2** lykätä, siirtää myöhemmäksi
hold on v **1** pitää (lujasti) kiinni **2** jatkaa, jatkua **3** pysähtyä, odottaa
hold out v **1** ojentaa, antaa **2** riittää **3** pitää pintansa, jatkaa vastarintaa **4** salata, ei paljastaa
hold out for fr odottaa jotakin
hold over v **1** jatkua, jatkaa (esim elokuvan esittämistä) **2** lykätä, siirtää myöhemmäksi
holdover [holdoʊvər] s jäänne (menneeltä ajalta)
hold the fort fr olla isäntänä/emäntänä jossakin
hold the purse strings fr pidellä rahakukkaron nyörejä käsissään, päättää raha-asioista
hold the stage fr jatkaa (näytelmän yms) esittämistä, pitää ohjelmistossa; olla huomion keskipisteenä
hold true fr pitää paikkansa
hold up v **1** pitää jonakin (esimerkillisenä, pilkkanaan) **2** ryöstää **3** viivästyä, viivyttää, pysäyttää, pysähtyä **4** selvitä jostakin, kestää jotakin
holdup [holdəp] s **1** ryöstö **2** viivytys, viivästys, viipymä **3** kiskonta
hold up your end of the bargain fr hoitaa oma osuutensa

hold up your head fr näyttää naamaansa jossakin, ei hävetä
hold water fr olla vedenpitävä (myös kuv:) aukoton, varma *your argument doesn't hold water* perustelusi ontuu
hold your breath fr **1** pidätellä henkeään **2** odottaa kärsimättömänä
hold your ground fr pitää pintansa
hold your horses fr hillitä itsensä/halunsa
hold your own v **1** (osata) pitää pintansa **2** olla entisellään
hold your peace fr hillitä itsensä
hold your tongue fr pitää suunsa, olla hiljaa
1 hole [hoəl] s **1** reikä **2** (eläimen) pesä, kolo **3** (kuv) aukko
2 hole v puhkaista reikä johonkin, puhjeta
hole in one s **1** (golfissa) hole in one (pallon saaminen reikään ensimmäisellä lyönnillä) **2** täysosuma, onnistuminen ensi yrityksellä
hole out v (golfissa) putata pallo reikään viheriöltä
hole up v ryömiä koloonsa, piiloutua jonnekin
holiday ['halə‚deɪ] s **1** (virallinen) juhlapäivä **2** vapaapäivä **3** (UK) loma **4** vapautus, lykkäys
holidays (mon) *Happy holidays!* Hyvää joulua!
holiday season s joulunaika
holiday special s joulunajan erikoistarjous
Holland [halənd] Hollanti
1 holler [halər] s huuto *give me a holler when you need help* huuda kun tarvitset apua
2 holler v huutaa
hollow [haloʊ] adj **1** ontto (myös kuv:) turha, joutava **2** kovera **3** (ääni) ontto, kumea, vaimea **4** nälkäinen
hollow out v kovertaa ontoksi
holly [hali] s (kasv) orjanlaakeri
Hollywood ['halɪ‚wʊd]
holocaust ['hoʊlə‚kast] s **1** (tulipalo)katastrofi **2** polttouhri **3** *Holocaust* juutalaisten joukkomurha toisessa maailmansodassa **4** joukkomurha

hologram ['hoʊlə‚græm] s hologrammi
holograph ['hoʊlə‚græf] s holografi
holographic [‚hoʊlə'græfɪk] adj holografinen
holography [hə'lagrəfi] s holografia
holster [holstər] s pistoolikotelo
holy [hoʊli] s pyhä paikka adj pyhä
Holy Bible [‚hoʊli'baɪbəl] s Pyhä Raamattu
Holy Ghost [‚hoʊli'goʊst] s Pyhä Henki
Holy of Holies s kaikkein pyhin
Holy Sacrament s pyhä ehtoollinen
Holy See Pyhä istuin, Vatikaanivaltio, Vatikaani
Holy Spirit [‚hoʊli'spɪrɪt] s Pyhä Henki
Holy Writ [‚hoʊli'rɪt] s Raamattu
homage [hamədʒ] s kunnianosoitus
home [hoʊm] s **1** koti *to be at home* olla kotona; olla tavattavissa; olla kuin kotonaan; hallita hyvin jokin asia **2** eläimen pesä **3** kotipaikka, kotiseutu, kotimaa **4** kotikenttä *to play at home* pelata kotikentällä adj koti- *home cooking* kotiruoka adv kotona, kotiin *he went home* hän meni kotiin *he wasn't at home* hän ei ollut kotona
home address [‚hoʊmə'dres] s kotiosoite
home assignment s kotitehtävä
home base [‚hoʊm'beɪs] s (baseballissa) kotipesä
homebody ['hoʊm‚bʌdi] s (kuv) kotikissa
homebound ['hoʊm‚baʊnd] adj **1** joka on matkalla kotiin **2** joka ei voi lähteä (sairauden vuoksi) kotoaan, vuoteen oma
homeboy ['hoʊm‚bɔɪ] s (oman) nuorisojengin jäsen; kaveri
homecoming ['hoʊm‚kʌmɪŋ] s **1** kotiintulo, kotiinpaluu **2** (oppilaitoksen vanhojen opiskelijoiden) vuosijuhla
home free [‚hoʊm'fri] adj olla loppusuoralla; olla lähes varmaa
homeless s: *the homeless* kodittomat adj koditon
homelessness s kodittomuus
homely [hoʊmli] adj **1** ruma **2** koruton, tavallinen, koti-

homemade [ˌhoʊmˈmeɪd] adj kotitekoinen

homemaker [ˈhoʊmˌmeɪkər] s perheenäiti, kotiäiti, koti-isä

homemaking [ˈhoʊmˌmeɪkɪŋ] s kodinhoito

home office [ˌhoʊmˈɑfɪs] s **1** pääkonttori **2** (etätyöntekijän) kotikonttori **3** *Home Office* (UK) sisäasiainministeriö

homeopathist [ˌhoʊmɪˈæpəθɪst] s homeopaatti

homeopathy [ˌhoʊmɪˈæpəθi] s homeopatia

homeowner [ˈhoʊmˌoʊnər] s asunnonomistaja, omakotitalon omistaja

home plate [ˌhoʊmˈpleɪt] s (baseball) kotilauta, kotipesä

home rule [ˌhoʊmˈruəl] s paikallistason itsehallinto

home shopping s verkko-ostelu

homestead [ˈhoʊmˌsted] s (erityisesti valtion kansalaisille ja siirtolaisille vuoden 1862 Homestead Actilla Yhdysvaltain länsiosasta ilmaiseksi antama 160 eekkerin) maatila

homesteader s maatilan omistaja (ks homestead)

homestretch [ˌhoʊmˈstretʃ] s **1** maalisuora **2** (kuv) loppusuora

home study [ˈhoʊmˌstʌdi] s kirjekurssi

home theater [ˌhoʊmˈθiətər] s kotiteatteri (suurkuvatelevision ja stereolaitteiston kokonaisuus)

homeward [ˈhoʊmwərd] adv kotiin päin, kotia kohti

homework [ˈhoʊmwɜrk] s **1** läksyt, kotitehtävät **2** (palkallinen) kotityö **3** valmistautuminen, perehtyminen *the manager hadn't done his homework* johtaja ei ollut perehtynyt aiheeseen riittävästi

homeworker [ˈhoʊmˌwɜrkər] s kotona työtä tekevä henkilö, etätyöntekijä

homey [ˈhoʊmi] s kaveri, jengin jäsen (sanasta *homeboy*) adj kodikas

homicidal [ˌhɑməˈsaɪdəl] adj **1** tappo-, murha- **2** murhanhimoinen

homicide [ˈhɑməˌsaɪd] s **1** tappo, murha **2** tappaja, murhaaja

homing device [ˈhoʊmɪŋdəˌvaɪs] s suuntalaite

homing instinct [ˈhoʊmɪŋˌɪnstɪŋkt] adj suuntavaisto

homing pigeon [ˈhoʊmɪŋˌpɪdʒən] s kirjekyyhkynen

hominy grits [ˈhɑməniˌɡrɪts] s (mon) maissiryynit

homo [ˈhoʊmoʊ] s (mon homos) (sl halv) homo

homogeneity [ˌhoʊmədʒəˈneɪəti] s homogeenisuus

homogeneous [ˌhoʊməˈdʒiniəs] adj homogeeninen

homogenize [həˈmɑdʒəˌnaɪz] v homogeenistaa, tehdä homogeeniseksi

homograph [ˈhɑməˌɡræf ˈhoʊməˌɡræf] s homografi

homonym [ˈhɑməˌnɪm] s homonyymi

homophobe [ˈhoʊməˌfoʊb] s homoseksualistien ja homoseksuaalisuuden pelkääjä

homophobia [ˌhoʊməˈfoʊbiə] s homoseksualistien ja homoseksuaalisuuden pelko

homophobic [ˌhoʊməˈfoʊbɪk] adj joka pelkää homoseksualisteja ja homoseksuaalisuutta

homophone [ˈhɑməˌfoʊn ˈhoʊməˌfoʊn] s homofoni

homosexual [ˌhoʊməˈsekʃuəl] s homoseksualisti adj homoseksuaalinen

homosexuality [ˌhoʊməˌsekʃuˈæləti] s homoseksuaalisuus

hon. *honorable; honorary*

Honduran [hɑnˈdərən] s, adj hondurasilainen

Honduras [hɑnˈdərəs]

honest [ˈɑnəst] adj rehellinen, kunniallinen, rehellisesti ansaittu

honestly adv rehellisesti, kunniallisesti

honest-to-goodness [ˌɑnəstəˈɡʊdnəs] adj rehti, aito, oikein kunnon

honesty [ˈɑnəsti] s rehellisyys, kunniallisuus

honey [ˈhʌni] s **1** hunaja **2** kultu, hani

honey badger s mesimäyrä, rateli

honeybee [ˈhʌniˌbi] s mehiläinen

honeybunch [ˈhʌniˌbʌntʃ] s hunajapupu

1 honeycomb ['hʌni͵koʊm] s hunajakenno

2 honeycomb v olla läpeensä täynnä jotakin

1 honeymoon ['hʌni͵mun] s **1** kuherruskuukausi **2** (lehdistön ja kongressin Yhdysvaltain presidentille tämän virkakauden alussa myöntämä) totuttautumiskausi, armonaika

2 honeymoon v viettää kuherruskuukausi jossakin

Hong Kong ['haŋ͵kaŋ] Hongkong

1 honk [haŋk] s (auton äänitorven) törähdys

2 honk v soittaa (auton ääni)torvea

Honolulu [͵hanə'lulu] kaupunki Havaijissa

1 honor [anər] s **1** kunnia *in honor of* jonkun/jonkin kunniaksi **2** (mon) kunnianosoitus, kunniamerkki **3** (tuomarin, kaupunginjohtajan kunnia)titteli **4** (mon: yliopistossa erikoisalan opintomenestyksestä myönnettävä) kunniamaininta **5** *to do the honors* toimia isäntänä/emäntänä juhlapöydässä

2 honor v **1** kunnioittaa, kohdella kunnioittavasti; kunnioittaa jollakin (esim läsnäolollaan) **2** hyväksyä, ottaa vastaan *we honor American Express* meillä voitte maksaa American Express -luottokortilla

honorable [anərəbəl] adj **1** kunniallinen **2** kunnianarvoisa **3** (US) tittelinä: *the Honorable Judge M. Smith presiding* istuntoa johtaa tuomari M. Smith **4** (UK) tittelinä: *the Honorable member should reconsider* arvoisan kansanedustajan on syytä miettiä asiaa uudelleen

honorable discharge s vapautus armeijasta moitteettomin paperein

honorable mention s kunniamaininta (kilpailussa)

honorably adv kunniallisesti; kunnioittaen

honorary ['anə͵reri] adj kunnia- *honorary member/post/doctor* kunniajäsen/kunniavirka/kunniatohtori

honors student s priimusopiskelija

1 hood [hʊd] s **1** huppu; naamio **2** (US) (auton) konepelti **3** (sl) roisto, konna

2 hood v peittää (päänsä) hupulla; naamioida

hooded adj **1** jonka pää on hupun peitossa *hooded eyes* paksujen kulmakarvojen peittämät silmät **2** hupullinen

hoof [hʊf] s (mon hooves) kavio

hoofbeat ['hʊf͵bit] s kavionkapse

1 hook [hʊk] s **1** koukku (myös nyrkkeilyssä:) koukkulyönti **2** (golfissa) hukki, pallon kaartuminen ilmassa oikealta vasemmalle (oikeakätisellä pelaajalla)

2 hook v **1** kiinnittää/sulkea koukulla **2** saada koukkuun; (kuv) saada lankaan **3** koukistaa (tarttuakseen) *he hooked his arms around the branch and tried not to fall* hän kietoi kätensä oksan ympärille jottei putoaisi

hooked on *she is hooked on Beethoven* hän on hulluna Beethoveniin

hook, line and sinker *Jim swallowed the story hook, line and sinker* Jim otti jutun täydestä

hook up v **1** kiinnittää/sulkea koukuilla **2** yhdistää *do you know how to hook up your stereo?* osaatko yhdistää stereolaitteesi toisiinsa?

hooligan [hulıgən] s huligaani, rellestäjä, meteöitsijä

1 hoop [hup] s (esim tynnyrin tai voimistelu)vanne

2 hoop v vannehtia, varustaa vanteilla

hoopoe [hupoʊ] s harjalintu

hoorah [hə'ra] ks hurrah

hooray [hə'reı] ks hurrah

1 hoot [hut] s **1** (pöllön) huhuilu, huuto **2** buuaus, viheltäminen (esiintyjälle ym) **3** (kuv) *I don't give a hoot about what you think* minä viis veisaan siitä mitä sinä ajattelet

2 hoot v **1** buuata, viheltää (esiintyjälle ym) **2** (pöllö) huhuilla, huutaa

hooves [hʊvz] ks hoof

1 hop [hap] s **1** (kasv) humala **2** hyppy **3** lyhyt (lento)matka **4** (ark) tanssit, tanssikemut

2 hop v **1** hypätä, hyppiä **2** piipahtaa, käväistä **3** matkustaa paikasta toiseen *they went bar-hopping* he lähtivät kiertämään kapakoita

hope

1 hope [houp] s toivo *he has no/little hope of finding his lost wallet* hänellä ei ole toivoakaan/on hyvin vähän toivoa löytää hukkaamansa lompakko *she is looking for a book and the library is her last hope* hän etsii erästä kirjaa ja kirjasto on hänen viimeinen toivonsa
2 hope v toivoa
HOPE *Health Opportunity for People Everywhere*
hope against hope fr toivoa kaikesta huolimatta että
hopeful adj **1** toiveikas **2** lupaava
hopefully adv **1** toiveikkaasti **2** toivottavasti
hopeless adj toivoton, lohduton, epätoivoinen
hopelessly adv toivottomasti, toivottoman
hopelessness s toivottomuus, epätoivoisuus
hopper car s (rautateillä) hakkeenkuljetusvaunu
hopper ore car s (rautateillä) malmivaunu
horde [hɔrd] s lauma, parvi, joukko
horizon [həˈraɪzən] s taivaanranta, horisontti
horizontal [ˌhɔrəˈzantəl] adj vaakasuora
horizontally adv vaakasuorassa, vaakasuoraan
horizontal scrolling s (tietok) vaakavieritys
hormonal [hɔrˈmoʊnəl] adj hormoni-
hormone [hɔrmoʊn] s hormoni
horn [hɔrn] s **1** sarvi **2** (mus) torvi; (auton ääni)torvi *to blow your own horn* kehua itseään, olla täynnä itseään
hornet [hɔrnət] s herhiläinen
horny [hɔrni] adj **1** sarvimainen **2** känsäinen (iho) **3** (ark) kiimainen
horoscope [ˈhɔrəˌskoʊp] s horoskooppi
horrendous [həˈrendəs] adj hirvittävä, kauhistuttava
horrendously adv hirvittävästi, hirvittävän
horrible [hɔrəbəl] adj hirvittävä, kauhistuttava, pelottava, kamala
horribly adj hirvittävästi, hirvittävän
horrid [hɔrəd] adj hirvittävä, pelottava
horridly adv hirvittävästi, hirvittävän
horrify [ˈhɔrəˌfaɪ] v hirvittää, kauhistuttaa, pelottaa
horrifying adj hirvittävä, kauhistuttava
horrifyingly adv hirvittävästi, hirvittävän
horror [hɔrər] s kauhu, järkytys; inho *they all trembled in horror* he vapisivat kauhusta *what a horror!* onpa kamala asia!
horror story [ˈhɔrərˌstɔri] s kauhukertomus, kauhuelokuva
horror-stricken [ˈhɔrərˌstrɪkən] adj kauhistunut, joka on kauhun vallassa
horror-struck [ˈhɔrərˌstrʌk] adj kauhistunut, joka on kauhun vallassa
hors d'oeuvre [ɔrˈdərv] s (mon hors d'oeuvre, hors d'oeuvres) alkuruoka
horse [hɔrs] s hevonen (myös voimistelussa) *to come/get something straight from the horse's mouth* olla peräisin/ kuulla jotakin suoraan alkuperäislähteestä, luotettavasta lähteestä *Larry, you're beating a dead horse* Larry, se asia on jo puhuttu selväksi/ratkaistu
horse around fr (sl) pelleillä, rellastaa, mekastaa, hevostella, harrastaa hevoleikkiä
horseback [ˈhɔrsˌbæk] s hevosen selkä *on horseback* ratsain, hevosella adj summittainen, puolihuolimaton adv ratsain, hevosella
horse-fly s (mon horse-flies) paarma
horse latitudes [ˈlætəˌtudz] (mon) hepoasteet (tuulettomat valtamerialueet, noin 30° pohjoista ja eteläistä leveyttä)
horseless carriage [ˌhɔrsləsˈkærədʒ] s (hist) auto, voimavaunu
horse of another color fr kokonaan toinen asia/juttu
horse opera [ˈhɔrsˌaprə] s (tv, radio) lännensarja
horseplay [ˈhɔrsˌpleɪ] s hevosenleikki, rellestys, mekastus
horsepower [ˈhɔrsˌpaʊər] s hevosvoima
horseshoe [ˈhɔrˌʃu] s hevosenkenkä
horseshoe crab s **1** amerikanmolukkirapu **2** (mon) tikaripyrstöt
horsetail s peltokorte

horticulture [ˈhɔrtəˌkʌlʃər] s puutarhanhoito

horticulturist [ˌhɔrtəˈkʌlʃərɪst] s puutarhuri

1 hose [hoʊz] s **1** letku **2** sukka, sukat, sukkahousut

2 hose v kastella (letkulla), pestä (vedellä)

hosiery [hoʊʒəri] s sukat

hosp. *hospital* sairaala

hospice [hɑspəs] s **1** hospitsi **2** (terminaalisairaiden) hoitokoti

hospitable [həsˈpɪtəbəl] adj vieraanvarainen; lämmin, ystävällinen

hospitable to adj vastaanottavainen, valmis kuuntelemaan/hyväksymään jotakin, avoin jollekin

hospital [hɑspətəl] s sairaala

hospitality [ˌhɑspəˈtæləti] s vieraanvaraisuus

hospitalization [ˌhɑspətələˈzeɪʃən] s sairaalaan siirto

hospitalize [ˈhɑspətəˌlaɪz] v viedä/siirtää sairaalaan

1 host [hoʊst] s **1** isäntä, emäntä **2** isäntäkasvi, isäntäeläin **3** (tv, radio ym) juontaja, seremoniamestari

2 host v **1** isännöidä, emännöidä *Salt Lake City hosted the 2002 Winter Olympics* Salt Lake City toimi vuoden 2002 talviolympialaisten isäntänä **2** juontaa (tv- tai radio-ohjelma ym), toimia seremoniamestarina

hostage [hɑstədʒ] s panttivanki

hostel [hɑstəl] s asuntola *youth hostel* retkeilymaja, hostelli

1 hostess [hoʊstəs] s **1** emäntä **2** (tv, radio ym) (nais)juontaja, seremoniamestari **3** lentoemäntä, messuemäntä, ravintolanemäntä yms

2 hostess v emännöidä, toimia emäntänä

hostile [hɑstəl] adj vihamielinen *the company was hostile to our proposal* yritys suhtautui ehdotukseemme vastahakoisesti

hostility [hɑsˈtɪləti] s vihamielisyys, vastahakoisuus

1 hot [hɑt] s: *Tom has the hots for Jane* Tom on pihkassa Janeen

2 hot adj **1** kuuma; lämmin *two hot meals a day* kaksi lämmintä ateriaa päivässä **2** (maku) tulinen, voimakkaasti maustettu *Mexican food is often hot* meksikolainen ruoka on usein tulista **3** (luonne) tulinen, kiivas **4** (ark) innokas **5** (sl) kiimainen **6** (ark kuv) kuuma, varastettu **7** *to be hot on the trail of someone* olla aivan jonkun kannoilla, olla jonkun kintereillä *in hot pursuit* jonkun kintereillä

hot and bothered fr (ark) olla hermona/kuin tulisilla hiilillä

hot cake [ˈhɑtˌkeɪk] s ohukainen *the book is selling like hot cakes* kirja menee (kaupaksi) kuin kuumille kiville

hot dog [ˈhɑtˌdɑg] s **1** nakkimakkara **2** hot dog

hotel [hoʊˈtel] s hotelli

hotelier [hoʊˌtelˈjeɪ ˈhoʊtələr] s hotellinomistaja, hotellinjohtaja

hot line [ˈhɑtˌlaɪn] s kuuma linja

hotline s (tietok) opastuspuhelin

hotly adv kiivaasti

hot pants [ˈhɑtˌpæns] s **1** (mon) mikrohousut **2** (sl) (seksuaalinen) himo

hot pepper [ˌhɑtˈpepər] s maustepaprika

hot potato [ˌhɑtpəˈteɪtoʊ] s kuuma peruna

hot rod [ˈhɑtˌrɑd] s hot rod (-auto)

hot seat [ˈhɑtˌsit] *to be in the hot seat* olla kuumilla kivillä, olla pahassa jamassa

hot shoe [ˈhɑtˌʃu] s (valokuvauskoneen) salamakenkä

hot spring [ˈhɑtˌsprɪŋ] s kuuma lähde

hot-tempered [ˌhɑtˈtempərd] adj tulinen (kuv), äkkipikainen

hot tub [ˈhɑtˌtʌb] s poreallas

hot under the collar fr kimpaantunut, tulistunut

hot war [ˈhɑtˌwɔr] s avoin sota, kuuma sota

hot-water bag [ˌhɑtˈwɑtərˌbæg] s lämpöpullo

1 hound [haʊnd] s **1** ajokoira; vainukoira **2** (ark) koira

2 hound v **1** ajaa takaa; vainuta **2** kiusata, piinata, häiritä

hour [aʊər] s **1** tunti **2** aika, hetki *what is the hour?* paljonko kello on? **3** (mon)

hourglass

työaika, vastaanottoaika, aukioloaika *what are your hours?* mihin asti myymälänne on auki?
hourglass ['auər‚glæs] s tiimalasi
hour hand [auər‚hænd] s tuntiviisari
hourlong ['auər‚laŋ] adj tunnin mittainen
hourly adj, adv tunnin välein, tasatunnein (tapahtuva), tunti-
house [haus] s **1** talo, asunto, koti **2** huone *the House of Representatives* edustajainhuone **3** (vanh) suku, huone **4** (kuv) talo *the drinks are on the house* talo tarjoaa ryypyt **5** yleisö, katsojat *to play to a full house* esiintyä täydelle salille *to bring down the house* saada yleisö haltioihinsa, saada yleisö ratkeamaan naurusta **6** (mus) house
house [hauz] v **1** majoittaa **2** olla jossakin
house arrest ['hausə‚rest] s kotiaresti
housebroken ['haus‚broukən] adj (eläin) sisäsiisti
house call ['haus‚kal] s (lääkärin tms) kotikäynti
houseclean ['haus‚klin] v siivota (asunto, koti)
housecoat ['haus‚kout] s kotitakki
house detective ['hausdɪ‚tektɪv] s myymäläetsivä, hotellietsivä yms
house dust mite s pölypunkki
housefly ['haus‚flaɪ] s (mon houseflies) huonekärpänen
houseful s kodin täysi
houseguest ['haus‚gest] s yövieras
household ['haus‚hoəld] s (koti)talous, perhe, ruokakunta adj **1** koti- **2** tavallinen, yleinen
householder s **1** talonomistaja **2** perheenpää
household word s tunnettu sana/nimi/ sanonta, sananparsi
housekeeper ['haus‚kipər] s taloudenhoitaja
housemaid ['haus‚meɪd] s kotiapulainen
house martin s räystäspääsky
housemate ['haus‚meɪt] s **1** asuintoveri, kämppäkaveri (ark) **2** avopuoliso
house mouse s (mon house mice) kotihiiri
house of cards s (kuv) korttitalo
House of Commons s (parlamentin) alahuone
house of ill repute s bordelli, porttola
House of Lords s (Ison-Britannian parlamentin) ylähuone
House of Representatives s (kongressin) edustajainhuone
house organ [‚haus‚ɔrgən] s henkilökuntalehti
houseplant ['haus‚plænt] s huonekasvi
house-sit ['haus‚sɪt] v olla talonvahtina
house-sitter s talonvahti
Houses of Parliament s (mon) (Ison-Britannian) parlamenttitalo (Lontoossa)
house sparrow s varpunen
house spider s huonehämähäkki
housewarming ['haus‚wɔrmɪŋ] s tupaantuliaiset
housewife ['haus‚waɪf] s (mon housewives) kotirouva
housework [haus‚wərk] s kodin työt, taloudenhoito
houseworker s kotiapulainen
housing [hauzɪŋ] s **1** asunto **2** majoitus, asumaan sijoittaminen **3** suojus, kupu, vaippa
housing development s (saman rakennusyhtiön rakentama) asuinalue
housing project s kunnallisasunto
housing starts s (mon) (tiettynä aikana aloitettujen) uusien asuinrakennushankkeiden määrä
Houston [hjustən] kaupunki Texasissa
hove [houv] ks heave
hovel [hʌvəl] s **1** mökki, maja **2** murju
hover [hʌvər] v **1** leijua (ilmassa), pysyä paikallaan (ilmassa) **2** norkoilla jossakin **3** empiä, olla jonkin partaalla *to hover between life and death* horjua/häilyä elämän ja kuoleman välillä
hovercraft ['hʌvər‚kræft] s (mon hovercraft) (UK) ilmatyynyalus
how [hau] adv miten, kuinka *how did he do it?* miten hän sen teki? *how much did he want for it?* paljonko hän siitä pyysi? *how many times have I told you not to do it?* kuinka monesti minä olen jo kieltänyt sinua!

how about adv entä: *how about a movie?* (entä) haluaisitko mennä elokuviin?
how come? fr (ark) miksi?
how do you do fr hyvää päivää
howdy [haʊdi] interj terve!
however [ˌhaʊˈevər] adv kuitenkin, silti, sen sijaan
howitzer [haʊətsər] s (tykki) haupitsi
1 howl [haʊəl] s (suden ym) ulvahdus, (tuulen) ulvonta, huuto
2 howl v (susi, tuuli ym) ulvoa, huutaa
howler monkey s mölyapina
howling s ulvahdus, ulvonta, huuto adj **1** ulvova (tuuli), huutava **2** (ark) valtaisa
how so? fr miksi?, mistä se johtuu?
how the wind blows fr (kuv) mistä tuuli puhaltaa
Hoyle [hoɪəl] *according to Hoyle* sääntöjen mukaan, kirjaimellisesti, oikein
hp *horsepower* hevosvoima
H.P. *Houses of Parliament* (Ison-Britannian) parlamenttitalo (Lontoossa)
HRA *Health Resources Administration*
HRH *Her/His Royal Highness*
HRSA *Health Resources and Services Administration*
H.S. *high school*
ht. *height* korkeus; pituus
HTH (tekstiviestissä, sähköpostissa) *hope this helps*
Huang Hai [ˈhwaŋˈhaɪ] Keltainenmeri, Huang Hai
Huang He [ˈhwaŋˈhi] Keltainenjoki, Huangjoki, Huang He
hub [hʌb] s **1** (pyörän) napa **2** (liikenteen) solmukohta
hubbub [hʌbʌb] s **1** puheensorina, kohina **2** myllerrys, sekasorto
hubcap [ˈhʌbˌkæp] s (auton) pölykapseli
hubris [hjubrɪs hubrɪs] s ylimielisyys, röyhkeys, julkeus
huckleberry [ˈhʌkəlˌberi] s mustikka
huckster [hʌkstər] s kaupustelija, helppoheikki (myös kuv)
HUD *Department of Housing and Urban Development*
1 huddle [hʌdəl] s **1** kasa, rykelmä, joukko **2** neuvottelu, keskustelu, kokous

2 huddle v **1** kasata/kasaantua yhteen **2** neuvotella, keskustella, pohtia
Hudson Bay [hʌdsən] Hudsoninlahti
hue [hju] s **1** väri, värisävy, vivahde **2** ihonväri
hue and cry fr vastalause(iden myrsky)
1 huff [hʌf] s murjotus, loukkaantuminen, pahantuulisuus
2 huff v loukata jotakuta
1 hug [hʌg] s halaus *give me a hug!* rutista/halaa minua!
2 hug v halata
huge [hjudʒ] adj valtava, suunnaton, suunnattoman suuri
hugely adv valtavasti, suunnattomasti, suunnattoman
huh (ark) (mi)tä?, hä?, eikö?, eikö totta?
hulk [hʌlk] s köntys, kömpelys
hulking adj kömpelö, raskas, valtaisa, valtavan iso
hull [hʌl] s (laivan) runko
hullo [həloʊ] interj hei!; terve!; haloo?
1 hum [hʌm] s **1** surina **2** hyräily **3** kiire, tuoksina, vauhti
2 hum v **1** surista **2** hyräillä **3** *the office is humming with activity* toimistossa on erittäin kiireistä
human [hjumən] s ihminen adj inhimillinen, ihmis- *the human race* ihmisrotu *what he did was not human* hänen tekonsa oli epäinhimillinen
human being s ihminen
humane [hjuˈmeɪn] adj inhimillinen, humaani
human engineering s ergonomia
humane society s eläinsuojeluyhdistys
human-interest story s elävästä elämästä kertova (ja samastumismahdollisuuden tarjoava) sanomalehti-kirjoitus/televisio-ohjelma ym
humanism [ˈhjuməˌnɪzəm] s humanismi
humanist s humanisti
humanistic adj humanistinen
humanitarian [hjuˌmænəˈteərɪən] s hyväntekijä, ihmisystävä adj humanitaarinen, hyväntekeväisyys-
humanity [hjuˈmænəti] s **1** ihmiskunta **2** inhimillisyys
humanize [ˈhjuməˌnaɪz] v inhimillistää, inhimillistyä

humankind

humankind [ˌhjumən'kaɪnd] s ihmiskunta
humanly adv inhimillisesti *he did everything that was humanly possible to help me* hän teki kaikkensa auttaakseen minua
human nature [ˌhjumən'neɪtʃər] s ihmisluonto, ihmisluonne
humanoid ['hjuməˌnɔɪd] s humanoidi, ihmisen kaltainen olio
human resources s (yrityksen) henkilöstö; työvoima; ihmiset
human resources department s (yrityksen) henkilöstöosasto
human rights ['hjumənˌraɪts] s (mon) ihmisoikeudet
Humbershire [hʌmbərʃər] Englannin kreivikuntia
humble [hʌmbəl] v nöyryyttää adj 1 nöyrä, vaatimaton 2 vähäinen, alhainen *a man of humble origin* alhaissyntyinen mies
humbleness s nöyryys, vaatimattomuus
humble pie [ˌhʌmbəl'paɪ] *to eat humble pie* joutua nöyrtymään, niellä ylpeytensä/katkera kalkki
humbly adv nöyrästi, vaatimattomasti
humbug [hʌmbʌg] s humpuuki
humdrum [hʌmdrʌm] adj tylsä, pitkäveteinen, harmaa, arkinen
humerus [hjumərəs, jumərəs] s (mon humeri) olkaluu
humid [hjumɪd] adj kostea
humidifier [hju'mɪdəˌfaɪər] s ilmankostutin
humidify s kostuttaa
humidity [hju'mɪdəti] s (ilman)kosteus
humiliate [hju'mɪliˌeɪt] v nöyryyttää, häpäistä
humiliating adj nöyryyttävä, häpeällinen
humiliation [hjuˌmɪli'eɪʃən] s nöyryytys, häpäisy
humility [hju'mɪləti] s nöyryys, vaatimattomuus
HUMINT *human intelligence* ihmisten suorittama vakoilu
Hummer® [hʌmər] s amerikkalainen maasturimerkki

hummingbird ['hʌmɪŋˌbərd] s kolibri
humor [hjumər] s 1 huumori 2 huumorintaju 3 huvittavuus, hauskuus 4 (mon) oikut, myötä- ja vastoinkäymiset *the humors of fortune* kohtalon oikut 5 mieliala *to be in a good/bad humor* olla hyvällä/pahalla päällä *she is out of humor today* hän on tänään pahalla päällä
humorist [hjumərɪst] s humoristi
humorless adj huumorintajuton; ikävä, pitkäveteinen, tylsä
humorous [hjumərəs] adj humoristinen, hauska, huvittava; huumorintajuinen
1 hump [hʌmp] s 1 kyttyrä, kyhmy 2 kukkula, mäki
2 hump v köyristää (selkänsä)
humpback ['hʌmpˌbæk] s kyttyräselkä
humpback whale s ryhävalas
Humvee® [hʌmvi] s amerikkalainen sotilasajoneuvo
1 hunch [hʌntʃ] s 1 vainu, aavistus 2 kyttyrä, kyhmy
2 hunch v 1 köyristää 2 seisoa/istua kyyryssä
hunchback ['hʌntʃˌbæk] s kyttyräselkä
hundred [hʌndrəd] s, adj sata *the figure was in the low hundreds* määrä oli muutama sata
hundredfold ['hʌndrədˌfoʊld] adj satakertainen
hundred-percenter [ˌhʌndrədpər'sentər] s isänmaanystävä; yltiöisänmaallinen ihminen
hundredth [hʌndrətθ] s, adj sadasosa
hundredweight ['hʌndrədˌweɪt] s sentneri (US: 45,4 kg; UK: 50,8 kg)
hung [hʌŋ] ks hang *he is well-hung* (sl miehestä) hänellä on isot munat
Hungarian [hʌŋ'geriən] s unkarin kieli s, adj unkarilainen
Hungary [hʌŋgəri] Unkari
1 hunger [hʌŋgər] s nälkä (myös kuv)
2 hunger v olla nälkä (myös kuv) *people are hungering for a sequel to the movie* yleisö kaipaa kovasti elokuvalle jatko-osaa
hunger strike ['hʌŋgərˌstraɪk] s nälkälakko

hunger-strike v mennä nälkälakkoon, olla nälkälakossa

hung jury fr valamiehistö, joka ei päässyt yksimielisyyteen

hung over [ˌhʌŋ'oʊvər] adj krapulassa

hungry [hʌŋgri] adj **1** nälkäinen **2** (ark) hanakka, ahne, aggressiivinen

hunhh interj (ark) mitä ihmettä?, hä?

hunk [hʌŋk] s **1** pala, möhkäle **2** (sl) adonis **3** (sl) läski **4** (sl) hongankolistaja

hunker (down) [hʌŋkər] v **1** kyykistyä, kyykistellä **2** (ark) kumartua, köyristyä **3** (ark) piileksiä jossakin

1 hunt [hʌnt] s **1** metsästys **2** etsintä, takaa-ajo **3** metsästysseurue, metsästäjät

2 hunt v **1** metsästää **2** etsiä, ajaa takaa

hunt down v ajaa takaa, etsiä

hunter s **1** metsästäjä **2** etsijä *fortune hunter* onnenonkija **3** metsästyskoira

hunt for v etsiä

hunting s, adj metsästys(-)

hunting dog s metsästyskoira

Hunting Dogs (tähdistö) Ajokoirat

Huntingdonshire [hʌntiŋdənʃər] Englannin lakkautettuja kreivikuntia

hunting horn s (mus) metsästystorvi

hunt up v etsiä, kaivaa esiin

1 hurdle [hərdəl] s **1** (urh) este, aita **2** (mon, urh) estejuoksu, aitajuoksu **3** (kuv) este, ongelma

2 hurdle v **1** hypätä (esteen) yli **2** selvitä esteestä/ongelmasta

1 hurl [hərəl] s (voimakas) heitto

2 hurl v **1** singota, heittää **2** (sl) yrjötä

hurly-burly [ˌhərli'bərli] s sekamelska, mylläkkä

1 hurrah [hə'ra] s hurraa-huuto *last/final hurrah* viimeinen loiston hetki, joutsenlaulu

2 hurrah v hurrata interj hurraa!

hurricane ['hərəˌkeɪn] s hurrikaani, pyörremyrsky

hurried [hərid] adj kiireinen, hätäinen

hurriedly adv kiireesti, hätäisesti, äkkiä

1 hurry [həri] s kiire

2 hurry v kiirehtiä, pitää kiirettä; viedä/tuoda kiireesti; käskeä kiirehtimään

hurry up v kiirehtiä, käskeä kiirehtimään

1 hurt [hərt] s **1** vamma **2** loukkaus

2 hurt v hurt, hurt **1** satuttaa, loukata (myös henkisesti) **2** sattua, tehdä kipeää **3** vahingoittaa, aiheuttaa vahinkoa, olla pahaksi/haitaksi *a cup of coffee wouldn't hurt me* kahvi ei olisi pahitteeksi

3 hurt adj loukkaantunut (myös henkisesti)

hurtful adj vahingollinen, haitallinen, loukkaava

hurtfully adj (sanoa jotakin) loukkaantuneesti

hurtle [hərtəl] v **1** kiirehtiä, viilettää **2** romahtaa, pudota

husband [hʌzbənd] s (avio)mies, puoliso

husbandry [hʌsbəndri] s **1** maatalous, maanviljely, karjanhoito **2** säästeliäisyys, nuukuus **3** taloudenhoito

1 hush [hʌʃ] s hiljaisuus

2 hush v vaieta, vaientaa, saada vaikenemaan interj hys!, ole hiljaa!

hush-hush [ˌhʌʃ'hʌʃ] *to keep something hush-hush* olla jostakin vaiti, olla paljastamatta jotakin *it's all very hush-hush* siitä ei puhuta lainkaan

hush money s vaikenemisesta maksettava lahjus

1 husk [hʌsk] s akana, kuori

2 husk v kuoria

huskily adj käheästi, karkealla äänellä

husky s husky, siperianpystykorva adj **1** karhea, käheä (ääni) **2** iso, vanttera (ihminen)

1 hustle [hʌsəl] s **1** tungos, ruuhka **2** kiire, säpinä **3** (sl) huijaus, petos

2 hustle v **1** tunkeutua, ahtautua **2** hutiloida, tehdä kiireesti; kiirehtiä **3** työntää, passittaa **4** (yrittää) pakottaa/saada joku tekemään jotakin, jallittaa (ark) asiakkaita, etsiä asiakkaita, olla kova liikemies **5** (sl) etsiä asiakkaita, olla katutyttö/katupoika

hustler [hʌslər] s **1** jallittelija, juonittelija, pyrkyri **2** huijari **3** (sl) katutyttö, katupoika

hut [hʌt] s mökki, maja

hutch [hʌtʃ] s **1** koppi, häkki, aitaus **2** kaappi, lipasto **3** mökki, maja

hwy. *highway*

hyacinth ['haɪə,sɪnθ] s hyasintti
hybrid s **1** (eläin, kasvi) kahden tai useamman lajin risteymä, hybridi **2** hybridi(auto jossa on poltto- ja sähkömoottori)
hydrant [haɪdrənt] s vesiposti
hydraulic [haɪ'drɑlɪk] adj hydraulinen
hydraulics s (verbi yksikössä) hydrauliikka
hydroelectric [,haɪdroʊə'lektrɪk] adj vesivoimalla sähkövoimaa tuottava, hydroelektrinen
hydrofoil ['haɪdrə,fɔɪəl] s **1** kantosiipi **2** kantosiipialus
hydrogen [haɪdrədʒən] s vety
hydrogen bomb s vetypommi
hyena [haɪ'inə] s hyeena
hygiene [haɪdʒin] s hygienia
hygienic [haɪ'dʒenɪk] adj hygieeninen
hygienically adj hygieenisesti
hygrograph ['haɪgrə,græf] s piirtävä kosketusmittari
hymen [haɪmən] s (anat) immenkalvo
hymn [hɪm] s hymni, virsi
hyper [haɪpər] s **1** ylikierroksilla käyvä ihminen **2** helppoheikki, mainostaja, tiedottaja adj **1** joka käy ylikierroksilla **2** *to be hyper about something* olla läpeensä täynnä jotakin, ei osata muusta puhuakaan kuin
hyperbole [haɪ'pərbə,li] s **1** liioittelu, paisuttelu **2** (mat) hyperbeli
hyperbolic [,haɪpər'bɑlɪk] adj **1** liioiteltu, liioitteleva, paisuteltu, paisutteleva **2** (mat) hyperbolinen
1 hyphen [haɪfən] s tavuviiva
2 hyphen v yhdistää tavuviivalla
hyphenate ['haɪfə,neɪt] v yhdistää tavuviivalla
hypnosis [hɪp'noʊsɪs] s (mon hypnoses) hypnoosi
hypnotherapy [,hɪpnoʊ'θerəpi] s hypnoterapia

hypnotic [hɪp'nɑtɪk] s unilääke adj **1** hypnoottinen **2** nukuttava
hypnotism ['hɪpnə,tɪzəm] s **1** hypnotismi **2** hypnoosi
hypnotist [hɪpnətɪst] s hypnotisoida
hypnotize ['hɪpnə,taɪz] s hypnotisoida
hypo [haɪpoʊ] s (mon hypos) (ark) (lääke)ruisku
hypochondria [,haɪpə'kɑndriə] s luulosairaus
hypochondriac [,haɪpə'kɑndriæk] s, adj luulosairas
hypocrisy [hə'pɑkrə,si] s tekopyhyys
hypocrite [hɪpəkrət] s tekopyhä ihminen
hypocritical [,hɪpə'krɪtɪkəl] adj tekopyhä
hypodermic [,haɪpə'dərmɪk] s **1** ihonalainen lääke/ruiske **2** (lääke)ruisku adj ihonalainen
hypodermic syringe [,haɪpə'dərmɪksə'rɪndʒ] s lääkeruisku
hypodermis [,haɪpə'dərmɪs] s (anat) ihonalaiskudos
hypotenuse [haɪ'pɑtə,nus] hypotenuusa
hypothalamus [,haɪpə'θæləməs] s (mon hypothalami) hypotalamus
hypothesis [haɪ'pɑθəsɪs] s (mon hypotheses) oletus, hypoteesi
hypothetical [,haɪpə'θetɪkəl] adj oletettu, hypoteettinen
hyrax [haɪræks] s (mon hyraxes) tamaani
hysterectomy [,hɪstə'rektəmi] s kohdun poisto
hysteria [hɪs'terɪə] s hysteria
hysterical [hɪs'terɪkəl] adj hysteerinen; hillitön
hysterically adv hysteerisesti; hillittömästi
hysterics [hɪs'terɪks] s (mon) hysteriakohtaus, hysteria

I, i

I, i [aɪ] I, i
I [aɪ] pron minä
Ia. *Iowa*
IA *Iowa*
iambic pentameter [aɪˈæmbɪk pənˈtæmitər] s (viisijalkainen runomitta) jambinen pentametri
IATA *International Air Transport Association* Kansainvälinen ilmakuljetusliitto
iatrophobia [aɪˌætrəˈfoʊbiə] s lääkärinpelko, iatrofobia
IB *International Baccalaureate* kansainvälinen ylioppilastutkinto
Iberian Peninsula s Pyreneiden niemimaa, Iberian niemimaa
ibex [aɪbeks] s alppikauris
ibid [ɪbəd] (lyh) (viittauksena lähdeteokseen) samassa kohdassa
ibidem [ɪbədəm] (latinaa) ks ibid
IBM *intercontinental ballistic missile* mannertenvälinen ballistinen ohjus *International Business Machines* IBM
iBook® [ˈaɪˌbʊk] Applen kannettava tietokone (mallisarja)
ibuprofen [ˌaɪbuˈproʊfən] s ibuprofeeni
IC *integrated circuit* integroitu piiri
ICA *International Communication Agency*
ICBM *intercontinental ballistic missile* mannertenvälinen ballistinen ohjus
ICC *Interstate Commerce Commission*
ICCL (tekstiviestissä, sähköpostissa) *I couldn't care less*
1 ice [aɪs] s **1** jää *to put something on ice* lykätä jotakin tuonnemmaksi, panna (toistaiseksi) pöydälle *you are on thin ice* sinä liikut liian syvillä vesillä, hankkeesi on heikolla pohjalla **2** (UK) jäätelö **3** (leivonnaisen) kuorrutus

2 ice v **1** jäätyä **2** jäähdyttää; pakastaa **3** kuorruttaa (leivonnainen)
ICE *International Cultural Exchange*
ice age [ˈaɪsˌeɪdʒ] s jääkausi
ice axe s jäähakku
iceberg [ˈaɪsˌbərg] s jäävuori
iceberg lettuce s jäävuorisalaatti, jääsalaatti, amerikansalaatti
icebound adj (satama) jäätynyt
icebox [ˈaɪsˌbaks] s **1** kylmälaukku **2** (vanh) jääkaappi
icebreaker [ˈaɪsˌbreɪkər] s **1** jäänmurtaja **2** jännityksen laukaiseva huomautus, vitsi tms
icecap s (pysyvä) jääpeite
ice coffee s jääkahvi
ice cream [ˈaɪsˌkrim] s jäätelö
ice-cream cone [ˈaɪsˌkrimˌkoʊn] s jäätelötötterö
ice cream maker s jäätelökone
ice cream parlor s jäätelöbaari
ice cube s jääpala
iced [aɪst] adj **1** jäätynyt, jäinen **2** *iced tea* jäätee **3** kuorrutettu (leivonnainen)
ice dancing [ˈaɪsˌdænsɪŋ] s jäätanssi
ice fishing s pilkkionginta
ice floe [ˈaɪsˌfloʊ] s jäälohkare, jäälautta
ice hockey [ˈaɪsˌhaki] s jääkiekko
icehouse [aɪshaʊs] s jäävarasto
Iceland [aɪslənd] Islanti
Icelander [aɪsləndər] s islantilainen
Icelandic [aɪsˈlændɪk] s islannin kieli adj islantilainen
ice pack s **1** ahtojää **2** (lääk) jäähaude
ice rink [ˈaɪsˌrɪŋk] s luistinrata
ice skate [ˈaɪsˌskeɪt] s luistin
ice-skate v luistella
ice skater s luistelija
ice tea s jäätee

ice up v (järvi, tie) jäätyä
icicle [ˈaɪsɪkəl] s jääpuikko
icily [ˈaɪsəli] adj (kuv) kylmästi, viileästi, jäätävästi
icing [ˈaɪsɪŋ] s (sokeri) kuorrutus, kuorrute
icing on the cake 1 piste i:n päällä, kaiken kruunaus **2** pelkkä koriste, silmänlume
icing sugar s (UK) tomusokeri, pölysokeri
icky [ˈɪki] adj (ark) iljettävä, ällöttävä
icon [ˈaɪˌkɒn] s **1** ikoni, pyhäinkuva **2** ikoni, symboli, kuvamerkki, idoli **3** (kuv) perikuva, keulakuva
iconoclast [aɪˈkɒnəˌklæst] s ikoninsärkijä, kapinallinen
iconoclastic [aɪˌkɒnəˈklæstɪk] adj radikaali, sovinnaisuutta vastustava
ICRC *International Committee of the Red Cross* Punaisen Ristin kansainvälinen komitea
ICU *intensive care unit* (sairaalan) teho-osasto
ICWUM (tekstiviestissä, sähköpostissa) *I see what you mean*
icy [ˈaɪsi] adj **1** jäätynyt, jäinen *icy conditions* liukkaat tiet **2** kylmä, jäätävä (myös kuv)
1 ID s *identification* henkilökortti, henkilötodistus *I need some ID* näyttäkää henkilötodistus
2 ID v *identify* tunnistaa *he was ID'd by an eyewitness* silminnäkijä tunnisti hänet
ID *Idaho*
I'd [aɪd] I had, I would
id [ɪd] s (psykoanalyysissä) se, id
id. *idem* sama
IDA *International Development Association* Kansainvälinen kehittämisjärjestö
Idaho [ˈaɪdəˌhoʊ]
ID card s henkilökortti
idea [aɪˈdɪə] s **1** ajatus, päähänpisto, idea *he had a brilliant idea* hän sai neronleimauksen, hänellä sytytti **2** tarkoitus, ajatus, aie *he came here with the idea of buying a house* hän tuli tänne ostamaan taloa **3** tieto, käsitys, aavistus *I have no idea* minulla ei ole harmainta aavistusta **4** mielipide, käsitys *is that your idea of a good novel?* tuotako sinä pidät hyvänä romaanina? **5** aate
ideal [aɪˈdɪəl] s ihanne *he is a man of modest ideals* hänellä on vaatimattomat ihanteet adj ihanteellinen
idealism [aɪˈdɪəlɪzəm] s idealismi; haaveilu
idealist [aɪˈdɪələst] s idealisti; haaveilija
idealistic adj ihanteellinen, haaveellinen
idealization [aɪˌdɪələˈzeɪʃən] s ihannointi
idealize [aɪˈdɪəˌlaɪz] v ihannoida, ihanteellistaa, ideaalistaa, idealisoida
ideally adv ihanteellisesti, ihannetapauksessa
idea man s ideoija
identical [aɪˈdentəkəl] adj identtinen, (aivan) sama, yhtäpitävä *identical twins* identtiset kaksoset
identically adj identtisesti, (aivan) samoin, yhtäpitävästi
identification [aɪˌdentəfəˈkeɪʃən] s **1** tunnistaminen, henkilöllisyyden varmistus **2** henkilöllisyystodistus **3** samastus, samastaminen **4** suhteet *he has no identification with terrorists* hän ei ole missään tekemisissä terroristien kanssa
identification card s henkilöllisyystodistus
identification tag s (sotilaan) tuntolevy
identify [aɪˈdentəfaɪ] v tunnistaa (samaksi); paljastaa (joku joksikin)
identify with v samastua johonkuhun/johonkin, yhdistää johonkuhun/johonkin, liittää mielessään johonkin, olla tekemisissä jonkun/jonkin kanssa
identity [aɪˈdentəti] s **1** henkilöys, henkilöllisyys, identiteetti **2** yhtäläisyys, identtisyys, samuus, yhtäpitävyys
identity card s henkilökortti
identity crisis s (mon identity crises) identiteettikriisi
identity theft s toisen henkilötietojen laiton käyttö, henkilötietojen varastaminen, identiteettivarkaus
ideological [ˌɪdiəˈlɒdʒəkəl ˌaɪdiəˈlɒdʒəkəl] adj ideologinen, aatteellinen

ideologist [ɪdi'alədʒɪst aɪdɪ'alədʒɪst] s ideologi

ideologue ['ɪdiəˌlag] s ideologi

ideology [ɪdɪ'alədʒi, aɪdɪ'alədʒi] s ideologia, aate(järjestelmä, -rakennelma)

idiocy [ɪdiəsi] s älyttömyys, tyhmyys, typeryys

idiom [ɪdiəm] s **1** (kielessä) idiomi, fraasi, (vakiintunut) sanonta **2** kieli, murre

idiomatic [ˌɪdiə'mætɪk] adj idiomaattinen *an idiomatic expression* idiomaattinen ilmaus, idiomi

idiomatically [ˌɪdiə'mætɪkli] adv idiomaattisesti

idiosyncracy [ˌɪdiə'sɪŋkrəsi] s erityispiirre, oikku; omaperäisyys, omalaatuisuus

idiosyncratic [ˌɪdiəsɪŋ'krætɪk] adj omaperäinen, omalaatuinen

idiot [ɪdiət] s idiootti, älykääpiö

idiot box s (sl) televisio

idiotic [ɪdi'atɪk] adj idioottimainen, älytön, järjetön

idiotically adv idioottimaisesti, älyttömästi, tärähtäneesti

idiot-proof adj idioottivarma

idiot savant [ɪdiət sə'vant] s (mon idiot savants) oppinut idiootti

1 idle [aɪdəl] v **1** vetelehtiä, laiskotella **2** maleksia, löntystellä **3** (moottori) käydä joutokäyntiä

2 idle adj **1** toimeton, joutilas *the idle rich* rikkaat joiden ei tarvitse tehdä työtä elääkseen **2** työtön **3** laiska, veltto **4** turha, tyhjä (lupaus), perusteeton *it wasn't an idle threat* hän uhkaili tosissaan

idly adv ks idle

idol [aɪdəl] s epäjumala; ihanne, idoli

idolater [aɪ'dalətər] s epäjumalan palvoja; ihailija; innokas harrastaja

idolatress [aɪ'dalətrəs] s (naispuolinen) epäjumalan palvoja; ihailija; innokas harrastaja

idolatry [aɪ'dalətri] s epäjumalan palvonta; ihannointi

idolize ['aɪdəˌlaɪz] v palvoa (esim epäjumalana)

idolized ['aɪdəˌlaɪzd] adj ihannoitu, todellista paremmaksi esitetty

IDTV *improved definition television*

idyll [aɪdəl] s idylli

idyllic [aɪ'dɪlɪk] adj idyllinen

i.e. *id est* se on

if [ɪf] s jos *this thing is a big if* tämä juttu on hyvin epävarma, konj **1** jos *you can go if you wish* saat lähteä jos haluat **2** kunpa *if only you could come* kunpa vain pääsisit tulemaan **3** josko, -ko/-kö *ask her if she wants to go* kysy haluaako hän lähteä **4** joskin, vaikkakin *he is okay if a little quiet* hän on ihan mukava ihminen joskin vähän hiljainen **5** *as if* ikään kuin

iffy [ɪfi] adj (ark) epävarma, siinä ja siinä, kiikun kaakun

IFO *identified flying object* tunnistettu lentävä esine

if push comes to shove fr kovan paikan tullen

ifs, ands, or buts *no ifs, ands, or buts* ehdottomasti

if worst comes to worst fr jos oikein huonosti käy, pahimmassa tapauksessa

igloo [ɪglu] s (mon igloos) iglu

igneous rock ['ɪgniəs rak] s magmakivi(laji)

ignite [ɪg'naɪt] v syttyä, sytyttää

ignition [ɪg'nɪʃən] s **1** syttyminen, sytyttäminen **2** (polttomoottorin) sytytys(järjestelmä) *Mary put the key in the ignition* Mary pani avaimen virtalukkoon

ignition key s (auton tms) virta-avain

ignoble [ɪg'noʊbəl] adj alhainen, häpeällinen

ignominious [ɪgˌnamənəs] adj häpeällinen

ignominy [ɪgˌnaməni] s häpeä, halveksunta

ignoramus [ˌɪgnə'reɪməs] s (mon ignoramuses) joku joka ei tiedä mistään mitään

ignorance [ɪgnərəns] s tietämättömyys, tiedon puute

ignorant adj tietämätön (yleisesti tai tietystä asiasta) *he was ignorant of their plan* hän ei ollut perillä/tiennyt heidän suunnitelmastaan

ignorantly adv tietämättömästi; kömpelösti, osaamattomasti
ignore [ɪgˈnɔːr] v ei välittää/piitata jostakin; laiminlyödä
iguana [ɪgˈwanə] s leguaani; iguaani
i.h.p. *indicated horse power*
IL *Illinois*
ILA *International Law Association* Kansainvälinen lakimiesyhdistys
iliac bone [ˈɪliæk boʊn] s suoliluu
Iliad [ˈɪliəd] (runoelma) Ilias
ilium [ˈɪliəm] s suoliluu
ilk [ɪlk] s: *persons of that ilk* sellaiset ihmiset
I'll [aɪəl] *I will, I shall*
1 ill [ɪl] s **1** paha, vahinko *Lee often speaks ill of his boss* Lee haukkuu usein pomoaan tämän selän takana **2** sairaus, vaiva *the many ills of modern society* nyky-yhteiskunnan monet ongelmat
2 ill adj worse, worst **1** sairas **2** huono, paha *ill will* pahantahtoisuus *you have ill manners* sinulla on huonot/pahat tavat adv huonosti, pahasti *I can ill afford to say no* minulla ei juuri ole varaa kieltäytyä
ill. *illustration* kuva
Ill. *Illinois*
ill-advised [ˌɪlədˈvaɪzd] adj harkitsematon, epäviisas
ill at ease fr olla epämukava olo, tuntea olonsa epämukavaksi
ill-bred [ˌɪlˈbred] adj huonosti kasvatettu, pahatapainen
ill-conceived [ˌɪlkənˈsivd] adj huonosti suunniteltu, harkitsematon
ill-considered [ɪlkənˈsɪdərd] adj harkitsematon, ajattelematon
ill-defined [ɪldəˈfaɪnd] adj epämääräinen
ill-disposed [ɪldəsˈpoʊzd] *to be ill-disposed toward something* suhtautua epäsuopeasti, nurjasti, tylysti johonkin
illegal [ɪˈligəl] adj laiton, kielletty
illegal alien s luvaton siirtolainen
illegality [ˌɪliˈgæləti] s laittomuus
illegalize [ɪˈligəˌlaɪz] v kieltää (laililla)
illegible [ɪˈledʒəbəl] adj josta ei saa (mitään) selvää, jota ei pysty lukemaan
illegitimacy [ˌɪləˈdʒɪtəməsi] s **1** laittomuus **2** aviottomuus

illegitimate [ˌɪləˈdʒɪtəmət] adj **1** avioton, avioliiton ulkopuolinen *an illegitimate child* avioton lapsi **2** laiton, luvaton, kielletty
ill-equipped [ˌɪliˈkwɪpt] adj **1** huonosti varustettu **2** huonosti valmentautunut; johonkin sopimaton *I felt ill-equipped to handle the crisis* minusta tuntui ettei minulla ollut edellytyksiä selvittää kriisiä
ill-fated [ɪlˈfeɪtəd] adj tuhoon tuomittu, joka on tuomittu epäonnistumaan
ill-favored [ɪlˈfeɪvərd] adj ruma; vastenmielinen
ill-fitted [ɪlˈfɪtəd] adj johonkin sopimaton
ill-fitting [ɪlˈfɪtɪŋ] adj (vaate) huonosti istuva, väärän kokoinen
ill-founded [ɪlˈfaʊndəd] adj aiheeton, perusteeton
ill-gotten [ɪlˈgatən] adj epärehellisesti saatu
ill-gotten gains s (mon) luvattomasti hankittu omaisuus
illiberal [ɪlˈlɪbərəl] adj suvaitsematon, ahdasmielinen
illicit [ɪˈlɪsɪt] adj laiton, kielletty
illicitly adv laittomasti
ill-informed [ˌɪlɪnˈfɔrmd] adj jota ei ole valistettu riittävästi
Illinois [ˌɪləˈnɔɪ]
illiteracy [ɪlˈlɪtərəsi] s lukutaidottomuus
illiterate [ɪlˈlɪtərət] s, adj lukutaidoton
ill-judged [ɪlˈdʒʌdʒd] adj harkitsematon, ajattelematon
ill-mannered [ɪlˈmænərd] adj pahatapainen, epäkohtelias, töykeä
ill-natured [ɪlˈneɪtʃərd] adj pahansisuinen, hankala
illness [ˈɪlnəs] s sairaus
illogical [ɪlˈladʒɪkəl] adj epälooginen
illogicality [ˌɪlˌladʒəˈkæləti] s epäloogisuus
ill-prepared [ˌɪlprəˈpeərd] adj valmistautunut, valmistautumaton, jolla on huonot edellytykset johonkin
ill-suited [ɪlˈsutəd] adj sopimaton
ill-tempered [ɪlˈtempərd] adj pahansisuinen, tuittuileva
ill-treat [ˌɪlˈtrit] v kohdella huonosti/kaltoin/väärin, pahoinpidellä, (eläintä) rääkätä

illuminate [ɪˈluməˌneɪt] v valaista (myös kuv:) kirkastaa, selvittää
illuminating adj valaiseva (myös kuv:) selventävä
illumination [ɪˌluməˈneɪʃən] s valaistus (myös kuv:) selvennys
illuminative adj valaiseva (myös kuv:) selventävä
illus. *illustration* kuva *illustrated* kuvitettu *illustrator* kuvittaja
illusion [ɪˈluʒən] s illuusio
illusionist [ɪˈluʒənəst] s taikuri
illusive [ɪˈlusɪv] ks illusory
illusory [ɪˈluzəri] adj illusorinen: harhaanjohtava, näennäinen; todentuntuinen
illustrate [ˈɪləsˌtreɪt] v 1 kuvittaa 2 havainnollistaa, selittää esimerkein
illustration [ˌɪləsˈtreɪʃən] s 1 kuva; kuvitus 2 esimerkki
illustrational adv 1 kuvitukseen liittyvä, kuvitus- 2 havainnollistava, havainto-
illustrative [ˈɪləstˌreɪtɪv] adj (esimerkki) valaiseva, havainnollinen
illustrator s 1 kuvittaja 2 havainnollistaja, selittäjä
illustrious [ɪˈlʌstrɪəs] adj maineikas, kuuluisa; loistokas
ILO *International Labor Organization* Kasainvälinen työjärjestö
ILS *instrument landing system*
I'm [aɪm] I am
IM *intermodulation distortion* intermodulaatiosärö
image [ɪmədʒ] s 1 kuva 2 mielikuva 3 image, vallitseva käsitys 4 kielikuva
imager [ɪmədʒər] s (tekn) kuvannin, kuvantamislaite
imagery [ɪmədʒri] s 1 mielikuvat 2 kielikuvat 3 kuvakieli
image tube s kuvaputki
imaginable [əˈmædʒənəbəl] adj joka on kuviteltavissa, mahdollinen
imaginary [əˈmædʒəˌneri] adj kuvitteellinen
imagination [əˌmædʒəˌneɪʃən] s mielikuvitus
imaginative [əˈmædʒənətɪv] adj mielikuvituksellinen, kuvitteellinen; kekseliäs

imagine [əˈmædʒən] v 1 kuvitella 2 luulla, olettaa
imaging s (tekn) kuvantaminen
imaginings [əˈmædʒənɪŋz] s (mon) kuvitelmat, mielikuvitus(maailma)
imbalance [ɪmˈbæləns] s tasapainottomuus
imbecile [ɪmbəsəl] s 1 (psyk) imbesilli 2 (ark) älykääpiö, idiootti
imbibe [ɪmˈbaɪb] v 1 juoda 2 (kuv) imeä itseensä
imbroglio [ɪmˈbroʊlioʊ] s hornankattila, noidankattila, myllerrys
imbue [ɪmˈbju] *to be imbued with something* olla täynnä jotakin, uhkua jotakin
IMF *International Monetary Fund* Kansainvälinen valuuttarahasto
IMHO (tekstiviestissä, sähköpostissa) *in my humble opinion*
imitate [ˈɪməˌteɪt] v matkia, jäljitellä, imitoida, ottaa mallia jostakusta/jostakin
imitation [ˌɪməˈteɪʃən] s jäljittely; jäljennös, jäljitelmä; väärennös
imitative [ˈɪməˌteɪtɪv] adj jäljittelevä, mukaileva, jotakin matkiva
imitator [ˈɪmətˌeɪtər] s imitaattori, matkija, jäljittelijä
immaculate [ɪˈmækjələt] adj puhdas, viaton, virheetön
Immaculate Conception s (usk) synnitön sikiäminen
immaculately adj puhtaasti, viattomasti, virheettömästi
immaterial [ˌɪməˈtɪərɪəl] adj 1 merkityksetön 2 aineeton, immateriaalinen
immature [ˌɪməˈtʃər, ˌɪməˈtʊər] adj epäkypsä
immaturely adv epäkypsästi
immaturity [ˌɪməˈtʃərəti, ˌɪməˈtərəti] s epäkypsyys
immeasurable [ɪmˈmeʒərəbəl] adj mittaamaton, suunnaton, pohjaton
immeasurably adj mittaamattoman, suunnattomasti, suunnattoman
immediacy [ɪˈmidiəsi] s 1 välittömyys, suoruus 2 kiireisyys
immediate [ɪˈmidiət] adj välitön, suora *the immediate family has been notified of the death* lähiomaisille on ilmoitettu

immediately

kuolemantapauksesta *we took immediate action* ryhdyimme heti toimiin
immediately adv heti, välittömästi, suoraan
immemorial [ˌɪmə'mɔːriəl] *from time immemorial* ikimuistoisista ajoista saakka
immense [ɪ'mens] adj suunnaton, valtava, mieletön
immensely adv suunnattomasti, suunnattoman, valtavasti, valtavan
immensity [ɪ'mensəti] s valtava koko, suuruus
immerse [ɪ'mɜːs] v **1** upottaa, kastaa **2** paneutua, uppoutua johonkin *he is immersed in a thriller* hän on syventynyt trilleriin
immersion [ɪ'mɜːʒən] s **1** upotus, kastaminen **2** paneutuminen, uppoutuminen, syventyminen **3** (usk) upotuskaste
immigrant [ˈɪmɪɡrənt] s siirtolainen, maahanmuuttaja adj siirtolais-, maahanmuutto- *immigrant workers* siirtotyöläiset
immigrate [ˈɪmɪɡreɪt] v lähteä siirtolaiseksi, muuttaa toiseen maahan *millions of Europeans immigrated to America* miljoonia eurooppalaisia tuli siirtolaisina Amerikkaan
immigration [ˌɪmɪ'ɡreɪʃən] s maahanmuutto, siirtolaisuus
imminence [ˈɪmɪnəns] s *he was bothered by the imminence of the elections* häntä vaivasi se että vaalit olivat lähellä
imminent [ˈɪmɪnənt] adj pian odotettavissa oleva *a crisis is imminent* pian alkanee kriisi
immobile [ɪ'məʊbəl] adj liikkumaton, lamaantunut, paikallaan oleva, joka ei pääse liikkumaan *with his car stolen, he was completely immobile* hän ei päässyt lainkaan liikkumaan koska hänen autonsa oli varastettu
immobility [ˌɪməʊ'bɪləti] s liikkumattomuus, paikallaan olo
immobilize [ɪ'məʊbəˌlaɪz] v lamaannuttaa; estää liikkumasta/lähtemästä
immobilizer [ɪm'məʊbəlaɪzər] s (autossa) ajonestolaite

immoderate [ɪ'mɒdərət] adj kohtuuton, hillitön, suunnaton
immoderately adv ks immoderate
immoderation [ɪˌmɒdə'reɪʃən] s kohtuuttomuus, hillittömyys
immodest [ɪ'mɒdəst] adj häpeämätön, töykeä, hävytön; kohtuuton
immolate [ˈɪməleɪt] v (esim eläin) uhrata (polttamalla)
immolation [ˌɪmə'leɪʃən] s (eläin-, poltto)uhri
immoral [ɪ'mɒrəl] adj moraaliton, epämoraalinen, siveetön
immorality [ˌɪmə'ræləti] s moraalittomuus, epämoraalisuus, siveettömyys
immortal [ɪm'mɔːtəl] adj kuolematon, iankaikkinen
immortality [ˌɪmɔː'tæləti] s kuolemattomuus, iankaikkisuus
immortalize [ɪm'mɔːtəˌlaɪz] v ikuistaa, tehdä kuolemattomaksi
immovable feast s arkipyhä
immune [ɪ'mjuːn] adj **1** (lääk ja kuv) immuuni, vastustuskykyinen **2** suojassa, turvassa joltakin
immune response s (lääk) immuunivaste
immune system s (lääk) immuunijärjestelmä
immunity [ɪm'mjuːnəti] s **1** (lääk ja kuv) immuniteetti, vastustuskyky **2** (diplomaattinen) koskemattomuus **3** suoja/turva joltakin, suojassa/turvassa olo
immunize [ˈɪmjəˌnaɪz] v immunisoida, tehdä vastustuskykyiseksi, suojata jotakin, jotakin vastaan
immunological disease [ˌɪmjənə-'lɒdʒɪkəl] s immuunisairaus
immunology [ˌɪmjən'ɒlədʒi] s immunologia, immuniteetin tutkimus
immutability [ɪmˌmjuːtə'bɪləti] s muuttumattomuus, pysyvyys
immutable [ɪm'mjuːtəbəl] adj muuttumaton, pysyvä
IMNSHO (tekstiviestissä, sähköpostissa) *in my not so humble opinion*
imp [ɪmp] s vuorenpeikko
impact [ˈɪmpækt] s **1** isku, (yhteen)törmäys, osuminen **2** vaikutus

impact [ɪmˈpækt] v **1** ahtaa, sulloa, pakata tiukasti/tiiviisti **2** osua, törmätä johonkin **3** vaikuttaa johonkin

impacted adj ahdas, täpötäysi, sullottu, täyteen ahdettu

impair [ɪmˈpeər] v haitata, vahingoittaa, huonontaa

impaired [ɪmˈpeərd] adj avuton (jossakin asiassa) *computer impaired* huono käyttämään tietokonetta

impairment s vamma, haitta, vahinko

impala [ɪmˈpælə] s impala(-antilooppi)

impale [ɪmˈpeɪəl] v keihästää, seivästää, varrastaa

impart [ɪmˈpart] v antaa, (tietoa) kertoa, välittää

impartial [ɪmˈparʃəl] adj puolueeton, oikeudenmukainen

impartiality [ɪmˌparʃiˈæləti] s puolueettomuus, oikeudenmukaisuus

impartially adv puolueettomasti, oikeudenmukaisesti

impassable [ɪmˈpæsəbəl] adj kulkukelvoton, josta ei voi kulkea/päästä läpi

impasse [ˈɪmpæs] s umpikuja (myös kuv)

impassioned [ɪmˈpæʃənd] adj tunteikas, kiihkeä, intohimoinen *an impassioned plea for mercy* voimakas vetoomus armon puolesta

impassive [ɪmˈpæsɪv] adj **1** välinpitämätön, kylmä **2** rauhallinen, tyyni

impatience [ɪmˈpeɪʃəns] s kärsimättömyys

impatient [ɪmˈpeɪʃənt] adj kärsimätön

impatiently adv kärsimättömästi

impeach [ɪmˈpitʃ] v **1** syyttää, asettaa syytteeseen (virkavirheestä) **2** epäillä, esittää epäilyjä jostakin

impeachable adj joka voidaan asettaa syytteeseen virkavirheestä

impeachment s **1** syyte (virkavirheestä) **2** epäily

impeccable [ɪmˈpekəbəl] adj moitteeton, nuhteeton

impeccably adv moitteettomasti, nuhteettomasti

impecunious [ˌɪmpəˈkjuniəs] adj rahaton, varaton

impedance [ɪmˈpidəns] s (sähkötekn) impedanssi

impede [ɪmˈpid] v estää, haitata

impediment [ɪmˈpedəmənt] s **1** este, haitta **2** häiriö, vamma

impel [ɪmˈpeəl] v pakottaa, kannustaa johonkin

impending [ɪmˈpendɪŋ] adj lähellä oleva, pian tapahtuva *an impending disaster* uhkaava katastrofi

impenetrability [ɪmˌpenətrəˈbɪləti] s **1** läpitunkemattomuus **2** käsittämättömyys

impenetrable [ɪmˈpenətrəbəl] adj **1** läpitunkematon; (linnoitus) valloittamaton, jota ei voi valloittaa **2** käsittämätön, arvoituksellinen

impenitent [ɪmˈpenətənt] adj katumaton *to be impenitent* ei katua

imperative [ɪmˈperətɪv] s (kieliopissa) imperatiivi adj **1** määräilevä, komenteleva, käskevä **2** pakottava (tarve) *it is imperative that you go* sinun on ehdottomasti mentävä **3** (kieliopissa) imperatiivi-

imperceptible [ˌɪmpərˈseptəbəl] adj huomaamaton

imperfect [ɪmˈpərfəkt] s (kieliopissa) imperfekti adj **1** viallinen, puutteellinen, epätäydellinen **2** vajaa (määrä) **3** (kieliopissa) imperfekti-

imperfection [ˌɪmpərˈfekʃən] s vika, puute

imperfectly adv ks imperfect

imperial [ɪmˈpɪəriəl] adj **1** imperiumin, keisarillinen, keisarin **2** ylimielinen, komenteleva, määräilevä

imperialism [ɪmˈpɪəriəˌlɪzəm] s imperialismi

imperialist s imperialisti adj imperialistinen

imperialistic adj imperialistinen

imperially adj komentelevasti, määräilevästi, ylimielisesti

imperil [ɪmˈperəl] v vaarantaa

imperious [ɪmˈpɪriəs] adj ylimielinen

imperiously adv ylimielisesti

imperiousness s ylimielisyys

impermanence [ɪmˈpərmənəns] s väliaikaisuus, tilapäisyys, hetkellisyys

impermanent adj väliaikainen, ohimenevä, tilapäinen
impermeability [ɪmˌpɜrmiəˈbɪləti] s tiiviys, läpäisemättömyys
impermeable [ɪmˈpɜrmiəbəl] adj läpäisemätön *impermeable to water* vesitiivis
impermissible [ˌɪmpərˈmɪsəbəl] adj kielletty, luvaton
impersonal [ɪmˈpɜrsənəl] adj ei henkilökohtainen, ei yksilöllinen, mitäänsanomaton, tavallinen, persoonaton (myös kieliopissa)
impersonate [ɪmˈpɜrsəˌneɪt] v **1** esiintyä jonakin, teeskennellä olevansa **2** matkia, imitoida jotakuta
impersonation [ɪmˌpɜrsəˈneɪʃən] s **1** (jonakin toisena) esiintyminen **2** matkiminen, imitointi, imitaatio
impersonator s **1** huijari (joka teeskentelee olevansa joku muu) **2** imitaattori
impertinence s **1** hävyttömyys, röyhkeys, tungettelu **2** asiaankuulumattomuus, mitättömyys
impertinent [ɪmˈpɜrtənənt] adj **1** hävytön, röyhkeä, tungetteleva **2** asiaan kuulumaton, mitätön *don't bother me with all these impertinent facts* älä vaivaa minua sivuseikoilla
impervious [ɪmˈpɜrviəs] adj **1** läpäisemätön *the fabric is impervious to water* kangas pitää vettä **2** jostakin piittaamaton, joka ei välitä jostakin *she seems impervious to persuasion* näyttää siltä ettei häntä saa muuttamaan mieltään
impetigo [ˌɪmpəˈtaɪgoʊ] s (lääk) märkärupi
impetuosity [ɪmˌpetʃʊˈasəti] s hätiköinti, harkitsemattomuus, äkkipikaisuus
impetuous [ɪmˈpetʃʊəs] adj **1** hätiköity, harkitsematon, äkkipikainen **2** raju, myrsky-
impetuously adv ks impetuous
impetuousness ks impetuosity
impetus [ˈɪmpətəs] s yllyke, kannustin; ponsi, voima
impingement s **1** vaikutus **2** rajoittaminen, loukkaaminen **3** osuminen

impinge on [ɪmˈpɪndʒ] v **1** vaikuttaa johonkin, koskea jotakin **2** rajoittaa/loukata (oikeuksia) **3** osua johonkin
impish [ˈɪmpɪʃ] adj juonikas, ovela, veitikkamainen
impishly adv ks impish
implacable [ɪmˈplækəbəl] adj leppymätön *an implacable thirst for knowledge* kyltymätön tiedonjano
implacably adv leppymättä
implant [ˈɪmˌplænt] s (lääk) istute, implantaatti
implant [ɪmˈplænt] v **1** juurtua **2** (lääk) istuttaa, implantoida
implantation [ˌɪmplænˈteɪʃən] s **1** juurtuminen, kiinnittyminen **2** (lääk) istutus, implantointi
implausible [ɪmˈplazəbəl] adj epäuskottava, epätodennäköinen
1 implement [ˈɪmpləmənt] s **1** väline, työkalu **2** (kuv) välikappale
2 implement v toteuttaa, panna täytäntöön, saattaa voimaan
implementation [ˌɪmpləmənˈteɪʃən] s toteutus, täytäntöönpano
implicate [ˈɪmpləˌkeɪt] v sotkea joku johonkin *he was implicated in the scandal* hän oli sekaantunut skandaaliin
implication [ˌɪmpləˈkeɪʃən] s **1** merkitys, vaikutus **2** vihjaus, sisältö, implikaatio **3** sekaantuminen, osallisuus johonkin *by implication* epäsuorasti, välillisesti
implicit [ɪmˈplɪsət] adj epäsuora, johonkin sisältyvä, implisiittinen *there was an implicit threat in his voice* hänen äänessään oli mukana uhkaa
implicitly adj epäsuorasti, implisiittisesti
implied [ɪmˈplaɪd] adj epäsuora, vihjattu, implisiittinen
implied volatility [ˌvaləˈtɪləti] s (tal) implisiittinen/laskennallinen volatiliteetti
implode [ɪmˈploʊd] v räjähtää (sisään päin), (kuv) luhistua, romahtaa
implore [ɪmˈplɔr] v anoa hartaasti, rukoilla
imploring adj hartaasti anova

impresario

implosion [ɪmˈploʊʒən] s romahdus, luhistuminen (myös kuv)

imply [ɪmˈplaɪ] v **1** vihjata, ilmaista peitetysti/epäsuorasti, antaa ymmärtää, implikoida **2** viitata johonkin **3** merkitä

impolite [ˌɪmpəˈlaɪt] adj epäkohtelias

impolitely adv epäkohteliaasti

impoliteness s epäkohteliaisuus

impolitic [ɪmˈpɑlətɪk] adj epäviisas, harkitsematon

imponderable [ɪmˈpɑndərəbəl] adj mahdoton, vaikea arvioida; (seuraus) arvaamaton

imponderables s (mon) vaikeasti arvioitavat tekijät, imponderabiilit

import [ˈɪmpɔrt] s **1** (maahan)tuonti **2** merkitys, sisältö *what was the import of his outburst?* mitä hän tarkoitti kiukun purkauksellaan?

import [ɪmˈpɔrt] v **1** tuoda maahan **2** merkitä, tarkoittaa

importance [ɪmˈpɔrtəns] s tärkeys, merkitys *a woman of importance* vaikutusvaltainen nainen *to attach great importance to something* pitää jotakin erittäin tärkeänä

important adj tärkeä

importantly adv **1** ratkaisevasti **2** tärkeilevästi

importation [ˌɪmpɔrˈteɪʃən] s (maahan)tuonti

import ban s tuontikielto

import duty s (tuonti)tulli

imported goods s (mon) tuontitavara

importer s maahantuoja

importunate [ɪmˈpɔrtunət] adj itsepintainen, peräänantamaton

importune [ˌɪmpɔrˈtun] v pyytää lakkaamatta, vaivata

impose [ɪmˈpoʊz] v **1** määrätä, langettaa **2** tungetella, häiritä, olla vaivaksi

imposing adj vaikuttava *he is an imposing figure* hän on vaikuttava ilmestys

imposition [ˌɪmpəˈzɪʃən] s **1** määräys, määrääminen **2** tungettelu, häiriö, vaiva *I know this is an imposition but could you lend me twenty dollars?* anteeksi että joudun olemaan vaivaksi mutta voisitko lainata 20 dollaria?

impossibility [ɪmˌpɑsəˈbɪləti] s mahdottomuus

impossible [ɪmˈpɑsəbəl] s mahdottomuus, liika *she did the impossible* hän teki sen mitä luultiin mahdottomaksi adj mahdoton

impossibly adv mahdottoman

impostor [ɪmˈpɑstər] s huijari, petturi

impotence [ˈɪmpətəns] s **1** heikkous, voimattomuus **2** (lääk) impotenssi

impotent [ˈɪmpətənt] adj **1** heikko, voimaton *the government is totally impotent to handle the crisis* hallitus on täysin voimaton ratkaisemaan kriisiä **2** (lääk) impotentti

impotently adv avuttomasti, heikosti *he watched impotently as the thieves took his car* hän seurasi avuttomana sivusta kun varkaat veivät hänen autonsa

impound [ɪmˈpaʊnd] v takavarikoida

impoverish [ɪmˈpɑvərɪʃ] v köyhdyttää

impoverished adj köyhä, köyhtynyt

impracticable [ɪmˈpræktɪkəbəl] adj epäkäytännöllinen, vaikea/mahdoton toteuttaa *the plan is impracticable* suunnitelma on vaikea toteuttaa

impractical [ɪmˈpræktɪkəl] adj epäkäytännöllinen, vaikea/mahdoton toteuttaa

impracticality [ɪmˌpræktəˈkæləti] s epäkäytännöllisyys

imprecate [ˈɪmprəkeɪt] *to imprecate curses on someone* kirota, noitua, manailla jotakuta

imprecation [ˌɪmprəˈkeɪʃən] s **1** kiroilu; noituminen, manailu **2** kirosana

imprecise [ˌɪmprəˈsaɪs] adj epätarkka

imprecisely adv epätarkasti

impregnable [ɪmˈpregnəbəl] adj järkkymätön; kumoamaton, vastaansanomaton (väite); (linnoitus) valloittamaton, jota ei voi valloittaa

impregnate [ɪmˈpregˌneɪt] v **1** hedelmöittää, tehdä raskaaksi **2** kyllästää, impregnoida **3** täyttää jollakin

impregnation [ˌɪmpregˈneɪʃən] s **1** hedelmöitys **2** kyllästäminen, impregnointi **3** täyttäminen

impresario [ˌɪmprəˈserioʊ] s (taiteilijan agentti) impressaari

impress [ɪmˈpres] v **1** painaa **2** tehdä vaikutus johonkuhun, vaikuttaa joltakin **3** painaa mieleen, tähdentää jotakin jollekulle
impression [ɪmˈpreʃən] s **1** painauma, jälki **2** (kirjan) painos **3** vaikutelma *she made an impression on the teacher* hän teki opettajaan vaikutuksen
impressionable [ɪmˈpreʃənəbəl] adj vaikutuksille altis, herkkä
impressionism [ɪmˈpreʃəˌnɪzəm] s impressionismi
1 impressionist [ɪmˈpreʃənɪst] s **1** impressionisti **2** imitaattori
2 impressionist adj impressionistinen, impressionismille ominainen
impressionistic [ɪmˌpreʃəˈnɪstɪk] adj **1** impressionistinen **2** omakohtainen
impressive adj vaikuttava
imprimatur [ˌɪmprɪˈmatʊər] s **1** julkaisulupa **2** lupa, hyväksyntä
1 imprint [ɪmprɪnt] s **1** painauma, jälki **2** (kirjassa kustantajan ja painopaikkatiedot) impressum
2 imprint [ɪmˈprɪnt] v painaa, painautua, painua (myös kuv), jättää jälkensä johonkin *the memory of those days was imprinted on his mind* päivät olivat jääneet pysyvästi hänen mieleensä
imprison [ɪmˈprɪzən] v sulkea vankilaan
imprisonment s vankilaan sulkeminen, vankeus *life imprisonment* elinkautinen vankeus
improbability [ɪmˌprabəˈbɪləti] s epätodennäköisyys
improbable [ɪmˈprabəbəl] adj epätodennäköinen, uskomaton
improbably adv epätodennäköisen, uskomattoman *she looked improbably tall in the darkness* hän näytti pimeässä luonnottoman pitkältä
impromptu [ɪmˈpramptu] adj, adv valmistelematon, valmistelematta, ex tempore, kiireesti kokoon kyhätty
improper [ɪmˈprapər] adj sopimaton; säädytön; väärä; epärehellinen
improperly adv ks improper
impropriety [ˌɪmprəˈpraɪəti] s sopimattomuus, sopimaton käytös

improve [ɪmˈpruv] v parantaa, parantua, kohentaa, kohentua
improvement s parannus, kohennus
improvidence s vastuuntunnottomuus, kevytmielisyys, ajattelemattomuus
improvident [ɪmˈpravɪdənt] adj vastuuntunnoton, kevytmielinen, ajattelematon
improvisation [ɪmˌpravəˈzeɪʃən] s improvisointi
improvise [ˈɪmprəˌvaɪz] v improvisoida
improvised adj improvisoitu, valmistelematon, tuulesta temmattu
imprudence s varomattomuus, harkitsemattomuus, ajattelemattomuus
imprudent [ɪmˈprudənt] adj varomaton, epäviisas
impudence [ɪmpjədəns] s röyhkeys, häikäilemättömyys, hävyttömyys, julkeus
impudent [ɪmpjədənt] adj röyhkeä, häikäilemätön, hävytön, julkea
impudently adv röyhkeästi, häikäilemättömästi, hävyttömästi, julkeasti
impugn [ɪmˈpjun] v kiistää (uskottavuus), väittää vastaan
impulse [ˈɪmˌpʌls] s **1** (tekn, tiede) impulssi, pulssi, sykäys; hermoimpulssi **2** yllyke, heräte, alkusysäys
impulsive [ɪmˈpʌlsɪv] adj äkillinen, hetken mielijohteesta tapahtuva/toimiva, impulsiivinen, spontaani
impulsively adv äkillisesti, hetken mielijohteesta, impulsiivisesti
impulsiveness s äkillisyys, impulsiivisuus
impunity [ɪmˈpjunəti] *with impunity* rangaistuksetta
impure [ɪmˈpjər] adj epäpuhdas, likainen, saastainen (ajatus)
impurity [ɪmˈpjərəti] s epäpuhtaus, likaisuus, saastaisuus
1 in [ɪn] prep **1** (paikasta) -ssa/-ssä *he is in Boston* hän on Bostonissa *he arrived in Boston today* hän saapui Bostoniin tänään **2** (ajasta) *in 2010* vuonna 2010 *in February* helmikuussa *in the evening* illalla *in two days* kahden päivän kuluttua *in thirty minutes* puolen tunnin päästä; puolessa tunnissa **3** (ammatista) *he is in*

computers hän on tietokonealalla **4** (tavasta, keinosta) *he did the job in a hurry* hän teki työn kiireesti *in a way it is sad* tavallaan se on ikävää *the minister held his speech in Finnish* ministeri piti puheensa suomeksi **5** (pukeutumisesta) *she was in her Sunday best* hän oli pyhätamineissaan **6** määrästä: *nine movie stars in ten* yhdeksän filmitähteä kymmenestä *one student in three* joka kolmas oppilas/opiskelija

2 in adv **1** (paikasta) *do come in* tule ihmeessä sisään *he was not in* hän ei ollut kotona/työpaikalla **2** pelivuorossa **3** (hedelmistä ym.) olla jonkin aika *the strawberries are not yet in* vielä ei ole mansikka-aika

IN *Indiana*

in. *inch* tuuma

inability [ˌɪnəˈbɪləti] s kyvyttömyys, osaamattomuus

in absentia [ˌɪnæbˈsenʃə] adv poissa olevana

inaccessibility [ɪnækˌsesəˈbɪləti] s luoksepääsemättömyys, vaikeakulkuisuus (ks inaccessible)

inaccessible [ˌɪnəkˈsesəbəl] adj luoksepääsemätön, syrjäinen (paikka); suljettu, lukittu; (henkilö) jota ei saa/voi saada kiinni/puhelimeen *the information on the date was inaccessible* päivämäärää ei saatu selville

inaccuracy [ɪnˈækjərəsi] s epätarkkuus, virheellisyys

inaccurate [ɪnˈækjərət] adj epätarkka, virheellinen

inaccurately adv epätarkasti, virheellisesti

inaction [ɪnˈækʃən] s toimettomuus

inactive [ɪnˈæktɪv] adj toimeton, joutilas, passiivinen

inactivity [ˌɪnækˈtɪvəti] s toimettomuus, passiivisuus, inaktiviteetti

inadequacy [ɪnˈædəkwəsi] s riittämättömyys, puutteellisuus

inadequate [ɪnˈædəkwət] adj riittämätön, puutteellinen, epätäydellinen, sopimaton

inadequately adv riittämättömästi, puutteellisesti, epätäydellisesti

inartistic

inadmissibility [ˌɪnədˌmɪsəˈbɪləti] s kelvottomuus

inadmissible [ˌɪnədˈmɪsəbəl] adj kelvoton, jota ei hyväksytä *that's inadmissible evidence* se ei kelpaa todisteeksi

inadvertence s huomaamattomuus; vahinko

inadvertent [ˌɪnədˈvərtənt] adj tahaton, vahingossa tapahtuva

inadvertently adv tahattomasti, vahingossa, epähuomiossa

inadvisability [ɪnədˌvaɪzəˈbɪləti] s harkitsemattomuus

inadvisable [ˌɪnədˈvaɪzəbəl] adj harkitsematon, epäviisas

in a family way fr raskaana

inalienable [ɪnˈeɪliənəbəl] adj (kirjak) luovuttamaton (oikeus)

in a manner of speaking fr tavallaan, eräässä mielessä

inamorata [ɪnˌæməˈrɑːtə] s (nainen) lemmitty

inamorato [ɪnˌæməˈrɑːtoʊ] s (mies) lemmitty

inane [ɪˈneɪn] adj älytön, typerä, tyhmä

inanely adv älyttömästi, typerästi, tyhmästi

inanimate [ɪˈnænɪmət] adj eloton, kuollut

inanity [ɪˈnænəti] s älyttömyys, typeryys, tyhmyys

inapplicable [ɪnˈæplɪkəbəl] adj joka ei koske jotakin, asiaankuulumaton

inappropriate [ˌɪnəˈproʊpriət] adj sopimaton, asiaton

inappropriately adv sopimattomasti, asiattomasti

inappropriateness s sopimattomuus, asiattomuus

inapt [ɪnˈæpt] adj osaamaton, taitamaton, kömpelö, sopimaton (huomautus)

inaptitude [ɪˈnæptɪˌtuːd] s osaamattomuus, taitamattomuus, soveltumattomuus, sopimattomuus

inarticulate [ˌɪnɑrˈtɪkjələt] adj huonosti/epäselvästi ilmaistu, kankea, kömpelö

inarticulately adv osaamattomasti, kömpelösti

inartistic [ˌɪnɑrˈtɪstɪk] adj epätaiteellinen, ei taiteellinen

inasmuch as [ˌɪnəz'mʌtʃəz] adv koska; sikäli kuin
in a spot *to be in a (bad) spot* olla pinteessä, olla tukalassa tilanteessa
inattention [ˌɪnə'tenʃən] s tarkkaavaisuuden puute; huolimattomuus
inattentive [ˌɪnə'tentɪv] adj tarkkaamaton; huolimaton
inattentively adv tarkkaamattomasti; huolimattomasti
inaudibility [ɪnˌadə'bɪləti] s kuulumattomuus
inaudible adj (korvin) kuulumaton
inaudibly adv (korvin) kuulumattomasti
inaugural [ɪ'nagərəl] s **1** (presidentin) virkaanastujaispuhe **2** virkaanastujaiset
inaugural adj virkaanastujais-
inaugural address s virkaanastujaispuhe
inaugurate [ɪn'agjəreɪt] v **1** vihkiä käyttöön, avata virallisesti **2** vihkiä virkaan **3** aloittaa, panna alulle
inauguration [ɪˌnagə'reɪʃən] s virkaanastujaiset
Inauguration Day s USA:n presidentin virkaanastujaispäivä (20. tammikuuta)
inauspicious [ˌɪna'spɪʃəs] adj onneton, epäsuotuisa
inauspiciously adv onnettomasti *to begin inauspicously* alkaa huonosti
inauthentic [ˌɪna'θentɪk] adj epäaito
in a way fr tavallaan, jossain/eräässä mielessä
in a word fr sanalla/suoraan sanoen
in between adv välissä, väliin
in-between adj väli- *an in-between stage* välivaihe
inboard ['ɪnˌbɔrd] adj sisälaita-
inborn ['ɪnˌbɔrn] adj synnynnäinen, myötäsyntyinen
inbound ['ɪnbaʊnd] adj saapuva, asemalle/satamaan matkaava
inbound line [ˌɪnbaʊnd'laɪn] s (amerikkalaisessa jalkapallossa) sisäsivuraja
inbox ['ɪnbaks] s (tietok) sähköpostilaatikko, (postin) tulolokero
inbred ['ɪnˌbred] adj **1** synnynnäinen *the family is very inbred* suvussa on paljon sisäisiä avioliittoja

inbreeding ['ɪnˌbridɪŋ] s umpisiitos, lähisukulaisten väliset avioliitot
inbuilt [ɪn'bɪlt] adj luontainen, synnynnäinen, myötäsyntyinen
inc. *including; incorporated*
Inca [ɪŋkə] s inka
Inca empire s Inkavaltio
incalculable [ɪn'kælkjələbəl] adj mittaamaton, suunnaton *the accident caused incalculable damage to the nuclear power plant* onnettomuus aiheutti ydinvoimalalle suunnatonta vahinkoa
incandescence [ˌɪnkæn'desəns] s **1** valohehku **2** (kuv) hohdokkuus
incandescent adj **1** (kirkkaana) hehkuva **2** (kuv) säteilevä **3** (kuv) loistava, hohdokas
incandescent light bulb s hehkulamppu
incant [ɪn'kænt] v lausua *to incant spells* loitsia
incantation [ˌɪnkæn'teɪʃən] s **1** (laulaen esitetty) loitsu, inkantaatio **2** loitsun esittäminen
incapable [ɪn'keɪpəbəl] adj kykenemätön, kyvytön *the new credit card is supposed to be incapable of forgery* uutta luottokorttia ei kuulemma voi väärentää
incapacitate [ɪŋkə'pæsəteɪt] v lamaannuttaa, tehdä toimintakyvyttömäksi
incapacity [ˌɪŋkə'pæsəti] s lamaannus, kyvyttömyys
incarcerate [ɪŋ'karsəˌreɪt] v sulkea vankilaan
incarceration [ɪŋˌkarsə'reɪʃən] s vankilaan sulkeminen, vankeus
incarnate [ɪŋ'karneɪt] v ruumiillistaa, tehdä ruumiilliseksi *she incarnates charity* hän on todellinen lähimmäisenrakkauden henkilöitymä/ruumiillistuma
incarnate [ɪŋ'karnət] adj (usk) lihaksi/ihmiseksi tullut; (kuv) itse *he is the devil incarnate* hän on itse piru
incarnation [ˌɪŋkar'neɪʃən] s (usk) inkarnaatio, lihaksi tuleminen; (kuv) ruumiillistuma, henkilöitymä
incendiary [ɪn'sendiˌeri] s **1** palopommi **2** tuhopolttaja **3** (kuv) yllyttäjä, levottomuuksien lietsoja adj **1** palo- **2** yllyttävä, yllytys-, levottomuutta lietsova

incense [ɪnsens] s suitsuke
incense [ɪnˈsens] v raivostuttaa, saada suuttumaan
incensed adv raivostunut, tulistunut
incentive [ɪnˈsentɪv] s yllyke, kannustin
incentivize [ɪnˈsentəvaɪz] v kannustaa, houkutella yllykkeillä johonkin
inception [ɪnˈsepʃən] s alku
incessant [ɪnˈsesənt] adj loputon, jatkuva, alinomainen
incessantly adv lakkaamatta, loputtomasti, alinomaa
incest [ɪnsest] s insesti, sukurutsa(us)
incestuous [ɪnˈsestʃʊəs] adj insesti-, sukurutsainen
1 inch [ɪntʃ] s tuuma (2,54 cm) (myös kuv) *we were inches away from falling into the canyon* oli hiuskarvan varassa ettemme pudonneet kanjoniin
2 inch v hivuttautua (eteenpäin/ylöspäin)
inch by inch fr tuuma tuumalta, vähä vähältä, vähitellen
inchoate [ɪnˈkoʊeɪt] adj kypsymätön, joka on vasta aluillaan
incidence [ɪnsədəns] s yleisyys, esiintyvyys *what is the incidence of heart disease in Finland?* mikä on sydäntaudin esiintyvyys Suomessa?
incident [ɪnsədənt] s tapahtuma; selkkaus, välikohtaus
incidental [ˌɪnsəˈdentəl] adj **1** satunnainen, sattumalta tapahtuva, satunnais- **2** ohimennen sanottu, sivu-
incidentally adv **1** muuten *incidentally, how was your vacation?* miten muuten lomasi sujui? **2** ohimennen, sivumennen
incidentals s (mon) satunnaiskulut, satunnaismenot
incidental to adj johonkin liittyvä/kuuluva
incinerate [ɪnˈsɪnəˌreɪt] v polttaa; polttohaudata
incineration [ɪnˌsɪnəˈreɪʃən] s polttaminen; polttohautaus
incinerator s jätteidenpolttouuni; krematorion uuni
incipience s alku
incipient [ɪnˈsɪpiənt] adj alkava, alkuvaiheessa/aluillaan oleva
incise [ɪnˈsaɪz] v leikata, viiltää

incision [ɪnˈsɪʒən] s viilto, (lääk) aukaisu, puhkaisu, insisio
incisive [ɪnˈsaɪsɪv] adj (kuv) pureva, terävä, kärkevä
incisively adv (kuv) purevasti, terävästi, kärkevästi
incisiveness s (kuv) purevuus, terävyys, kärkevyys
incisor [ɪnˈsaɪzər] s etuhammas
incite [ɪnˈsaɪt] v yllyttää, lietsoa (vihaa)
incitement s **1** yllytys, (vihan) lietsonta **2** yllyke, kannustin
incivility [ˌɪnsəˈvɪləti] s tahdittomuus, epähieno käytös
incl. *including*
inclement [ɪnˈklemənt] adj **1** (sää) huono, kolea, sateinen, tuulinen **2** (kuv) armoton, säälimätön
inclination [ˌɪnkləˈneɪʃən] s **1** kaltevuus, (rinteen) nousu/lasku **2** taipumus
1 incline [ˈɪnklaɪn] s rinne
2 incline [ɪnˈklaɪn] v **1** kallistaa (päätä), kallistua **2** olla taipumusta johonkin, olla taipuvainen tekemään jotakin *he inclines to extreme pronouncements* hänellä on tapana esittää jyrkkiä väitteitä
inclined adj **1** kalteva, vino **2** taipuvainen tekemään jotakin *he is inclined to extreme pronouncements* hänellä on taipumusta esittää jyrkkiä väitteitä
include [ɪŋˈklud] v sisällyttää, ottaa/lukea mukaan *to be included* sisältyä, kuulua johonkin
including adj mukaan lukien, jonkin sisältäen/käsittäen *the total comes to $ 87 including tax* lasku on veroineen 87 dollaria
inclusion [ɪŋˈkluʒən] s sisällyttäminen, mukaan ottaminen/lukeminen
inclusive adj jonkin sisältävä, mukaan ottaen/lukien *inclusive price* kokonaishinta *inclusive of tax* veroineen *from page 7 to 17 inclusive* sivulta 7 sivun 17 loppuun
inclusively adv mukaan ottaen/lukien *to page 17 inclusively* sivun 17 loppuun
incognito [ˌɪŋkagˈnitoʊ] adv (esim matkustaa) tuntemattomana, henkilöllisyytensä salaten

incoherence

incoherence s sekavuus, hajanaisuus, epäselvyys, epäyhtenäisyys
incoherent [ˌɪŋkoʊˈhɪərənt] adj sekava, hajanainen, epäselvä, epäyhtenäinen
incoherently adv sekavasti, hajanaisesti, epäselvästi, epäyhtenäisesti
incombustible [ˌɪŋkəmˈbʌstəbəl] adj palamaton
income [ˈɪŋkʌm] s tulot *the family lives beyond their income* perhe elää yli varojensa
income tax s tulovero
incoming adj 1 saapuva, tuleva *incoming mail* saapuva posti 2 uusi *incoming students* uudet oppilaat/opiskelijat
incommunicado [ˌɪnkəˌmjunəˈkadoʊ] adj eristyksissä, ei tavoitettavissa, (vanki) joka on eristyssellissä
incomparable [ɪŋˈkæmpərəbəl] adj verraton, aivan omaa luokkaansa
incompatibility [ˌɪŋkəmpætəˈbɪləti] s erilaisuus; (tietok) yhteensopimattomuus
incompatible [ˌɪŋkəmˈpætəbəl] adj joka/jotka eivät sovi yhteen, (tietok) yhteensopimaton
incompetence [ɪŋˈkæmpətəns] s epäpätevyys, soveltumattomuus
incompetent adj epäpätevä, kelvoton, osaamaton, sopimaton johonkin
incompetently adv osaamattomasti, huonosti
incomplete [ˌɪŋkəmˈplit] adj epätäydellinen, puutteellinen, vajaa, vajavainen
incompletely adv epätäydellisesti, puutteellisesti, vajavaisesti
incompleteness s epätäydellisyys, puutteellisuus, vajavaisuus
incomprehensible [ɪŋˌkæmpriˈhensəbəl] adj käsittämätön, josta ei saa selvää, epäselvä (puhe)
incomprehensibly adv käsittämättömästi, (puhua) epäselvästi
incomprehension [ɪŋˌkæmprɪˈhenʃən] s ymmärryksen puute
inconceivable [ˌɪŋkənˈsivəbəl] adj käsittämätön, uskomaton, mahdoton kuvitella
inconclusive [ˌɪŋkənˈklusɪv] adj tulokseton, epämääräinen, joka ei johda selvään lopputulokseen, ei vakuuttava/yksiselitteinen
inconclusively adv tuloksetta, epämääräisesti
incongruity [ˌɪŋkənˈgruəti] s (yhteen)sopimattomuus, asiattomuus, ristiriitaisuus
incongruous [ɪŋˈkæŋgruəs] adj yhteen sopimaton, asiaton, ristiriitainen
incongruously adv ristiriitaisesti
inconsequential [ˌɪnkænsəˈkwenʃəl] adj mitätön, merkityksetön, yhdentekevä
inconsiderable [ˌɪnkənˈsɪdərəbəl] *not inconsiderable* varsin huomattava, varsin suuri, varsin paljon
inconsiderate [ˌɪŋkənˈsɪdərət] adj 1 tahditon, piittaamaton, töykeä 2 harkitsematon, hätiköity
inconsiderately adv ks inconsiderate
inconsistent [ɪŋkənˈsɪstənt] adj epäyhtenäinen, epätasainen
inconsistently adv 1 epätasaisesti, epäyhtenäisesti 2 ristiriitaisesti, jonkin (with) vastaisesti
inconsistent with adj joka on ristiriidassa jonkin kanssa, joka sotii jotakin vastaan *your claim is inconsistent with the evidence* väitteesi ei pidä yhtä todisteiden kanssa
inconsolable [ɪŋkanˈsoʊləbəl, ɪŋˈkænsələbəl] adj lohduton
inconspicuous [ˌɪŋkənˈspɪkjuəs] adj huomaamaton
inconspicuously adv huomaamatta, huomaamattomasti
inconstancy [ɪnˈkænstənsi] s epäluotettavuus, epävarmuus, (rakastetun) uskottomuus
inconstant [ɪnˈkænstənt] adj epäluotettava, epävarma, arvaamaton, uskoton (rakastettu)
incontestable [ˌɪnkənˈtestəbəl] adj kiistaton *incontestable evidence* kiistaton todistusaineisto
incontestably adv kiistattomasti
incontinence s 1 hillittömyys, estottomuus 2 (lääk) pidätyskyvyttömyys
incontinent [ɪŋˈkæntənənt] adj 1 hillitön, estoton 2 (lääk) pidätyskyvytön

incontrovertible [ˌɪnkɑntrəˈvɜrtəbəl] adj kiistaton
incontrovertibly adv kiistattomasti
1 inconvenience [ˌɪŋkənˈvinjəns] s epämukavuus, hankaluus, vaiva
2 inconvenience v vaivata, aiheuttaa vaivaa
inconvenient adj epämukava, hankala
inconveniently adv epämukavasti, hankalasti
incorporate [ɪŋˈkɔrpəˌreɪt] v **1** yhdistää, sisällyttää **2** rekisteröidä (osakeyhtiö)
incorporated adj **1** rekisteröity (osakeyhtiö) (lyh *Inc.*) **2** yhdistetty
incorporation [ɪŋˌkɔrpəˈreɪʃən] s **1** (osakeyhtiön) rekisteröinti **2** yhdistäminen, kokoaminen
incorrect [ˌɪŋkəˈrekt] adj väärä, virheellinen, ei oikea
incorrectly adj väärin, virheellisesti *he incorrectly identified the perpetrator as Mr. Gould* hän luuli/väitti Mr. Gouldia syylliseksi
incorrectness s virheellisyys
incorrigible [ɪŋˈkɔrədʒəbəl] adj (ihmisestä) parantumaton
incorruptibility [ɪnkəˌrʌptəˈbɪləti] s **1** lahjomattomuus **2** kestävyys, lujuus, varmuus
incorruptible [ˌɪnkəˈrʌptəbəl] adj **1** lahjomaton **2** kestävä, luja, varma
incorruptibly adj lahjomattomasti
increase [ɪŋkris] s lisäys, kasvu, nousu
increase [ɪŋˈkris] v lisätä, lisääntyä, kasvattaa, kasvaa, nousta, nostaa
increasing adj lisääntyvä, kasvava
increasingly adv lisääntyvässä/kasvavassa määrin *increasingly, people are buying cars with automatic transmission* yhä useammat ostavat auton jossa on automaattivaihteisto
incredible [ɪŋˈkredəbəl] adj uskomaton, sanoinkuvaamaton
incredibly adv uskomattoman *incredibly, he survived the explosion* kuin ihmeen kautta hän selvisi räjähdyksestä hengissä
incredulity [ˌɪŋkrəˈdʒuləti] s epäluulo, epäusko

incurious

incredulous [ɪŋˈkredʒələs] adj epäluuloinen, epäuskoinen
increment [ˈɪŋkrəmənt] s kasvu, lisäys, nousu *salary increment* palkankorotus
incremental [ˌɪŋkrəˈmentəl] adj vähittäinen, asteittainen
incriminate [ɪŋˈkrɪməˌneɪt] v osoittaa/todistaa syylliseksi
incriminating adj raskauttava
incriminatory [ˌɪnˈkrɪmənətɔri] adj raskauttava
in-crowd [ˈɪnˌkraʊd] s sisäpiiri
incubate [ˈɪŋkjəˌbeɪt] v hautoa, hautua (myös kuv)
incubation [ˌɪŋkjəˈbeɪʃən] s haudonta
incubation period s **1** (taudin) itämisaika **2** (linnun) haudonta-aika
incubator s **1** hautomakone **2** keskoskaappi, inkubaattori
incubus [ˈɪŋkjubəs] s (mon incubi) **1** eräs unihirviö **2** painajaisuni, painajainen (myös kuv)
inculcate [ˈɪnkəlkeɪt] v iskostaa (mieliin)
inculcation [ˌɪnkəlˈkeɪʃən] s (mieleen) iskostus
incumbency [ɪnˈkʌmbənsi] s virka-aika *during his incumbency* hänen virassa ollessaan, hänen virkakaudellaan
incumbent [ɪŋˈkʌmbənt] s viranhaltija; istuva presidentti adj istuva, virassa oleva
incumbent (up)on *it is incumbent upon someone to do something* jonkun velvollisuus on tehdä jotakin
incunabula [ˌɪnkjuˈnæbjulə] s (mon) (ennen vuotta 1501 painetut kirjat) inkunaabelit, kehtopainatteet
incur [ɪŋˈkɜr] v **1** (velasta) ottaa **2** seurata jostakin *he incurred the wrath of his superior* hän sai esimiehensä vihat niskaansa *that incurs a penalty* siitä saa rangaistuksen
incurable [ɪŋˈkjɜrəbəl] adj parantumaton (myös kuv:) *he is an incurable cheat* hän on parantumaton huijari
incurably adv parantumattomasti
incurious [ɪnˈkjɜriəs] *he was incurious about it* asia ei kiinnostanut häntä, hän ei ollut utelias

incursion [ɪŋ'kɜrʃən] s tunkeutuminen, tungettelu, häiriö
ind. *independent; industrial*
Ind. *Indian; Indiana*
indebted [ɪn'detəd] adj joka on velassa/ velkaa; (kuv) joka on kiitollisuudenvelassa jollekulle
indebtedness s velallisuus; (kuv) kiitollisuudenvelka
indecency s säädyttömyys, siveettömyys
indecent [ɪn'disənt] adj säädytön, siveetön
indecent exposure s itsensäpaljastaminen, ekshibitionismi
indecently adj säädyttömästi, säädyttömän, siveettömästi
indecipherable [ˌɪndɪ'saɪfərəbəl] adj (käsiala) josta ei saa selvää
indecision [ˌɪndə'sɪʒən] s epäröinti, jahkailu, empiminen
indecisive [ˌɪndə'saɪsɪv] adj **1** epäröivä, empivä **2** tulokseton, hedelmätön
indecisiveness s empiminen, jahkailu, päättämättömyys
indecorous [ɪn'dekərəs] adj sopimaton, säädytön, häpeämätön
indecorously adv sopimattomasti, häpeämättömästi, (esim) välittämättä siitä miltä näyttää
indeed [ɪn'did] adv todella, todellakin, tosin, itse asiassa *indeed, Manhattan is one of the top tourist attractions in the East* Manhattan on todellakin itärannikon johtavia matkailukeskuksia *if indeed it rains, we'll cancel the picnic* peruutamme retken jos tosiaan alkaa sataa
in deep water *our company is in deep water* yrityksemme on vaikeuksissa
indefensible [ˌɪndə'fensəbəl] adj **1** anteeksiantamaton **2** kestämätön (käsitys, väite)
indefensibly adv anteeksiantamattomasti
indefinable [ˌɪndə'faɪnəbəl] adj epämääräinen, jota on vaikea selittää
indefinite [ɪn'defənət] adj epämääräinen, (kieliopissa myös) indefiniittinen, tarkemmin määrittelemätön, epätarkka, epämääräinen

indefinite article s epämääräinen artikkeli (a, an)
indefinitely adv ks indefinite
indefinite pronoun s indefiniittipronomini (any, some)
indelible [ɪn'deləbəl] adj lähtemätön (myös kuv), unohtumaton (muisto)
indelibly adv lähtemättömästi (myös kuv:) unohtumattomasti
indelicate [ɪn'deləkət] adj epähieno, tahditon
indelicately adv epähienosti, tahdittomasti
indemnify [ɪn'demnəˌfaɪ] v **1** vakuuttaa, suojata **2** korvata, maksaa vahingonkorvausta
indemnity [ɪn'demnəti] s **1** vakuutus, vakuutusturva, suoja **2** korvata, maksaa vahingonkorvausta
1 indent [ɪndent, ɪn'dent] s **1** (kirjoitusrivin) sisennys **2** painauma, lommo, lovi
2 indent [ɪn'dent] v **1** sisentää (kirjoitusrivi) **2** (UK liiketoiminnassa) tilata
indentation [ˌɪnden'teɪʃən] s **1** (kirjoitusrivin) sisennys **2** painauma, syvennys, lommo, lovi
indenture [ɪn'dentʃər] s **1** siirtomaa-aikaan ilmaisen laivamatkan korvaukseksi solmittu määräaikainen maaorjuus **2** oppisopimus
indentured servant s siirtomaa-ajan maaorja (ks indenture 1)
independence s itsenäisyys, riippumattomuus
Independence Day s (US: 4.7.) itsenäisyyspäivä
independent [ˌɪndə'pendənt] adj itsenäinen, riippumaton
independently adv itsenäisesti *the two scientists discovered the element independently* tiedemiehet löysivät alkuaineen toisistaan tietämättä
independently wealthy fr koroillaan/ sijoituksillaan eläjä
in-depth [ɪn'depθ] adj perusteellinen
indescribable [ˌɪndəs'kraɪbəbəl] adj sanoinkuvaamaton
indescribably adv sanoinkuvaamattomasti, sanoinkuvaamattoman

indigo

indestructibility [ˌɪndəsˌtrʌktə'bɪləti] s kestävyys, lujuus; häviämättömyys

indestructible [ˌɪndəs'trʌktəbəl] adj särkymätön

indeterminable [ˌɪndə'tɜrmɪnəbəl] adj mahdoton selvittää, (riita) ratkaisematon

indeterminate [ˌɪndə'tɜrmənət] adj epämääräinen, tarkemmin määrittelemätön

indeterminately adv epämääräisen pitkään ym

indetermination [ˌɪndətɜrmə'neɪʃən] s epäröinti, empiminen

index [ɪndeks] s (mon indexes, indices) **1** hakemisto; lähdeluettelo; kortisto **2** (katolisen kirkon) kiellettyjen kirjojen luettelo **3** etusormi **4** osoitin **5** ylä/alaindeksi **6** indeksi, tunnusluku *the cost of living index* elinkustannusindeksi

index card s merkintäkortti, arkistokortti

index finger s etusormi

India [ɪndiə] Intia

Indian [ɪndiən] s, adj **1** intiaani (nyk yleensä *Native American*) **2** intialainen

Indiana [ˌɪndi'ænə]

Indianapolis [ˌɪndiə'næpələs] kaupunki Indianan osavaltiossa

Indian corn s **1** maissi **2** maissi(lajike) jossa on erivärisiä jyviä

Indian elephant s intiannorsu, aasiannorsu

Indian giver s (halv) henkilö joka pyytää antamaansa lahjaa takaisin

Indian muntjac [mʌntdʒæk] s muntjakki

Indian Ocean Intian valtameri

Indian rhinoceros [raɪ'nɑsərəs] s intiansarvikuono

Indian subcontinent s Intian niemimaa

Indian summer s intiaanikesä

Indian wrestling s kädenvääntö

indicate ['ɪndəˌkeɪt] v osoittaa (sormella), viitata, näyttää, olla merkki jostakin, kertoa *this gauge indicates air speed* tämä mittari näyttää lentonopeuden *her reticence indicates that she does not like the idea* hänen vähäpuheisuutensa on merkki siitä että ajatus ei ole hänelle mieleen

indication [ˌɪndə'keɪʃən] s **1** osoitus, merkki jostakin **2** (lääk) hoidonaihe, (lääkkeen) käyttöaihe, indikaatio

indicative [ɪn'dɪkətɪv] s (kieliopissa) indikatiivi

indicative of adj joka kertoo jostakin, joka on merkki jostakin

indicator s **1** mittari (myös kuv) osoitus, merkki jostakin **2** (mittarin) osoitin, neula

indices ['ɪndəˌsiz] ks index

indict [ɪn'daɪt] v syyttää, nostaa syyte jotakuta vastaan

indictable [ɪn'daɪtəbəl] adj (rike) josta voidaan nostaa syyte, (henkilö) jota vastaan voidaan nostaa syyte

indictment [ɪn'daɪtmənt] s syyte, syytös

indie [ɪndi] s (sanasta *independent*) **1** (pieni) riippumaton yritys (elokuvastudio, levyfirma) **2** indie-musiikki (eräänlainen rockmusiikin alalaji)

indifference [ɪn'dɪfərəns] s välinpitämättömyys

indifferent adj **1** välinpitämätön **2** keskinkertainen, ei erityisen hyvä

indifferently adv **1** välinpitämättömästi **2** ei erityisen hyvin

indigence [ɪndədʒəns] s varattomuus, köyhyys

indigenous [ɪn'dɪdʒənəs] adj **1** (kasvi, eläin) kotoperäinen; (kansa) alkuperäis- **2** synnynnäinen, myötäsyntyinen

indigent [ɪndədʒənt] adj varaton, köyhä

indigestible [ˌɪndə'dʒestəbəl] adj **1** (ruoka) vaikeasti sulava **2** (kuv) vaikeatajuinen

indigestion [ˌɪndə'dʒestʃən] s ruuansulatusvaivat *that kind of talk gives me indigestion* tuollaiset puheet ärsyttävät/kuvottavat minua

indignant [ɪn'dɪgnənt] adj suuttunut, tulistunut

indignantly adv suuttuneesti, vihaisesti

indignation [ˌɪndɪg'neɪʃən] s suuttumus, tulisuus

indignity [ɪn'dɪgnəti] s nöyryytys, häpeä

indigo ['ɪndəˌgoʊ] s indigo adj indigonsininen

indirect [ˌɪndəˈrekt] adj epäsuora, välillinen
indirect discourse s epäsuora esitys
indirectly adv epäsuorasti, välillisesti
indiscernible [ˌɪndəˈsərnəbəl] adj huomaamaton
indiscipline [ɪnˈdɪsəplən] s kurittomuus
indiscreet [ˌɪndɪsˈkriːt] adj tahditon, epähieno
indiscreetly adv tahdittomasti, epähienosti
indiscretion [ˌɪndəsˈkreʃən] s tahdittomuus, epähieno teko
indiscriminate [ˌɪndəsˈkrɪmənət] adj harkitsematon, umpimähkäinen, sokea (kuv), arvostelukyvytön
indiscriminately adv harkitsemattomasti, umpimähkään, sokeasti
indiscriminating [ˌɪndəsˈkrɪməˌneɪtɪŋ] adj harkitsematon, umpimähkäinen, sokea (kuv), arvostelukyvytön
indispensable [ˌɪndəsˈpensəbəl] adj korvaamaton, välttämätön
indisposed [ˌɪndəsˈpoʊzd] adj 1 huonovointinen 2 haluton (tekemään jotakin)
indisposition [ɪnˌdɪspəˈzɪʃən] s 1 huonovointisuus 2 haluttomuus
indisputable [ˌɪndəsˈpjuːtəbəl] adj kiistaton, eittämätön, ehdoton
indisputably adv kiistattomasti, ehdottomasti, selvästi, varmasti
indistinct [ˌɪndəsˈtɪŋkt] adj epäselvä, epämääräinen
indistinctly adv epäselvästi, (erottua, näkyä, kuulua) huonosti
indistinguishable [ˌɪndəsˈtɪŋgwɪʃəbəl] adj 1 jota ei voi erottaa jostakusta/jostakin *these two paintings are indistinguishable* näitä maalauksia ei pysty erottamaan toisistaan 2 joka ei näy, huomaamaton
individual [ˌɪndəˈvɪdʒuəl] s yksilö, yksittäinen ihminen adj yksittäinen, erillinen, yksittäis-, erillis-
individualism [ˌɪndəˈvɪdʒuəˌlɪzəm] s individualismi
individualist s individualisti
individualistic [ˌɪndəˌvɪdʒuəˈlɪstɪk] adj yksilöllinen, individualistinen
individuality [ˌɪndəˌvɪdʒuˈæləti] s yksilöllisyys
individualize [ˌɪndəˈvɪdʒuəˌlaɪz] v yksilöllistää, individuaalistaa
individually adv yksitellen, (kukin) erikseen
individuate [ˌɪndəˈvɪdʒueɪt] v yksilöllistää, individuaalistaa, individualisoida
individuation [ˌɪndəˌvɪdʒuˈeɪʃən] s yksilöllistäminen
indivisible [ˌɪndəˈvɪzəbəl] adj 1 jakamaton, jota ei voi jakaa osiin 2 (luku) jaoton
Indochina [ˌɪndoʊˈtʃaɪnə] Indokiina
Indochinese [ˌɪndoʊtʃaɪˈniːz] s, adj indokiinalainen
indoctrinate [ɪnˈdaktrəˌneɪt] v indoktrinoida, iskostaa mieleen (tietty maailmankatsomus ym)
indoctrination [ɪnˌdaktrəˈneɪʃən] s indoktrinaatio, maailmankatsomuksen ym iskostus jonkun mieleen
Indo-European [ˌɪndoʊˌjərəˈpiən] adj indoeurooppalainen
indolence [ˈɪndələns] s laiskuus
indolent [ˈɪndələnt] adj laiska
indolently adv laiskasti
indomitable [ɪnˈdamətəbəl] adj talttumaton
Indonesia [ˌɪndəˈniːʒə] Indonesia
Indonesian [ˌɪndəˈniːʒən] s, adj indonesialainen
indoor [ˈɪnˌdɔr] adj sisä-
indoors [ɪnˈdɔrz] adv sisällä, sisälle
indri s (eläin) indri
induce [ɪnˈduːs] v 1 suostutella/saada joku tekemään jotakin 2 saada aikaan, aiheuttaa 3 indusoida, päätellä
inducement s 1 suostuttelu 2 kannustin, yllyke 3 aiheuttaminen, aikaansaaminen
induct [ɪnˈdʌkt] v 1 vihkiä virkaan 2 vihkiä/perehdyttää joku johonkin; ottaa joku mukaan johonkin 3 kutsua/ottaa sotilaspalvelukseen
inductee [ɪnˈdʌkti] s kutsunnan saanut henkilö
induction [ɪnˈdʌkʃən] s 1 aiheuttaminen, aikaansaaminen 2 virkaan vihkiminen 3 (sot) kutsunta 4 (filosofia, mate-

matiikka, sähköoppi, magnetismi) induktio

inductive adj **1** induktiivinen (eri merk) **2** *inductive to* jotakin aiheuttava, johonkin johtava

indulge [ın'dʌldʒ] v **1** hemmotella jotakuta/itseään, nautiskella jostakin **2** antaa periksi, suostua **3** myöntää lykkäystä/lisäaikaa

indulge in v nautiskella jostakin, hemmotella itseään jollakin, herkutella jollakin

indulgence [ın'dʌldʒəns] s **1** myönnytys, suostuminen, lupa **2** lisäaika, lykkäys **3** periksi antaminen, hemmottelu, nautiskelu, herkuttelu, suvaitsevaisuus (myös liiallinen) **4** nautinto, herkku, ilo **5** (katolisessa kirkossa) ane, indulgenssi

indulgent adj peräänantava, hemmotteleva, suvaitsevainen *an indulgent smile* suopea hymy

indulgently adv peräänantavasti, hemmottelevasti, (hymyillä) suopeasti

industrial [ın'dʌstriəl] adj teollisuus-, teollinen

industrial disease s ammattitauti

industrialism s teollistuminen, industrialismi

industrialist s teollisuusmies

industrialization [ın,dʌstriələ'zeıʃən] s teollistaminen

industrialize [ın'dʌstriə,laız] v teollistaa

industrialized countries s (mon) teollisuusmaat

industrial output s teollisuustuotanto

industrial park s teollisuusalue

industrial plant s tehdas, tuotantolaitos

industrial revolution s teollinen vallankumous

industrial safety s työturvallisuus

industrial-strength adj (ark leik) erittäin vahva

industrious [ın'dʌstriəs] adj ahkera, uuttera

industriously adv ahkerasti, uutterasti

industry [ındəstrı] s **1** teollisuus **2** ala **3** ahkeruus

inebriate [ın'ibriət] s juoppo adj päihtynyt

inebriate [ın'ibri,eıt] v päihdyttää (myös kuv:) huumata

inebriated [ın'ibri,eıtıd] adj päihtynyt (myös kuv)

inedible [ın'edəbəl] adj syötäväksi kelpaamaton, ei syötävä

ineducatable [ın'edʒəkeıtəbəl] adj jota on vaikea opettaa; oppimishäiriöinen

ineffable [ın'efəbəl] adj sanoin kuvaamaton

ineffective [,ınə'fektıv] adj **1** tehoton **2** pystymätön, osaamaton, voimaton

ineffectively adv tehottomasti

ineffectiveness s tehottomuus

ineffectual [,ınə'fekʃuəl] adj **1** tehoton **2** hedelmätön, turha **3** pystymätön, osaamaton, voimaton

ineffectuality [ınə,fekʃu'æləti] s **1** tehottomuus **2** hedelmättömyys, turhuus

ineffectually adv turhaan, hedelmättömästi

inefficacious [ın,efı'keıʃəs] adj tehoton

inefficacy [ın'efıkəsi] s tehottomuus

inefficient [,ınə'fıʃənt] adj **1** tehoton; tuhlaileva **2** pystymätön, osaamaton

inelegant [ın'eləgənt] adj **1** epähieno, tahditon **2** epäaistikas, epäelegantti

ineligibility [ın,elədʒə'bıləti] s soveltumattomuus, kelpaamattomuus

ineligible [ın'elədʒəbəl] adj ei valintakelpoinen, ei oikeutettu johonkin, soveltumaton, kelpaamaton

ineluctable [,ını'lʌktəbəl] adj väistämätön

inept [ın'ept] adj osaamaton, taitamaton, kömpelö, hiomaton, sopimaton

ineptitude [ın'eptə,tud] s **1** taitamattomuus, kömpelyys, hiomattomuus, sopimattomuus **2** kömmähdys

ineptly adv ks inept

ineptness ks ineptitude

inequality [,ınə'kwaləti] s eriarvoisuus, ero, erilaisuus

inequitable [ın'ekwıtəbəl] adj epäoikeudenmukainen

inequity [ın'ekwəti] s epäoikeudenmukaisuus

inert [ın'ərt] adj **1** liikkumaton **2** veltto, vetelä, laiska **3** (kem) reaktiokyvytön, inertti

inertia [ɪn'ərʃə] s **1** velttous, laiskuus **2** (fys) inertia
inescapable [ˌɪnəs'keɪpəbəl] adj väistämätön, vääjäämätön *we came to the inescapable conclusion that...* tulimme pakostakin siihen lopputulokseen että...
inessential [ˌɪnə'senʃəl] adj epäolennainen, ei välttämätön
inestimable [ɪn'estɪməbəl] adj mittaamaton, korvaamaton
inestimably adv mittaamattomasti, korvaamattomasti
inevitability [ɪnˌevɪtə'bɪləti] s väistämättömyys, vääjäämättömyys
inevitable [ɪn'evɪtəbəl] adj väistämätön, vääjäämätön
inevitably adj väistämättä, vääjäämättä
inexact [ˌɪnəg'zækt] adj epätarkka
inexcusable [ˌɪnək'skjuzəbəl] adj anteeksiantamaton
inexhaustible [ˌɪnɪg'zastəbəl] adj **1** loputon **2** väsymätön
inexorable [ɪn'eksərəbəl] adj armoton, taipumaton, säälimätön; väistämätön, vääjäämätön
inexorably adv armottomasti, säälimättömästi; väistämättä, vääjäämättä
inexpensive [ˌɪnək'spensɪv] adj halpa
inexpensively adv halvasti; vaatimattomasti
inexperience [ˌɪnək'spɪriəns] s kokemattomuus
inexperienced adj kokematon, osaamaton
inexpert [ɪn'ekspərt] adj amatöörimäinen, osaamaton, taitamaton
inexpertly adv ks inexpert
inexplicable [ˌɪnək'splɪkəbəl] adj selittämätön, käsittämätön
inexplicably adv käsittämättömästi
inexpressible [ˌɪnɪk'spresəbəl] adj sanoin kuvaamaton
in extremis [ˌɪnək'strɪməs] adv **1** äärimmäisessä hädässä **2** kuolinhetkellä, kuolemaisillaan, in extremis
inextricable [ɪn'ekstrɪkəbəl] adj **1** erottamaton **2** sotkuinen, sekava
inextricably intertwined fr erottamattomat, toisiinsa kytkeytyneet
inf. *infinitive* infinitiivi

infallibility [ɪnˌfælə'bɪləti] s erehtymättömyys
infallible [ɪn'fæləbəl] adj erehtymätön
infallibly adv erehtymättömästi
infamous [ɪnfəməs] adv **1** pahamaineinen **2** halpamainen, raukkamainen, katala
infamy [ɪnfəmi] s **1** paha maine, huono maine, häpeä **2** paha teko
infancy [ɪnfənsi] s **1** varhaislapsuus **2** (kuv) alkuvaihe *to be in its infancy* olla lasten kengissä
1 infant [ɪnfənt] s (kirjak) vauva, pikkulapsi
2 infant adj **1** vauvan-, pikkulapsen- *infant food* vauvanruoka **2** alkuasteillaan oleva, nuori *infant company* nuori yritys
infanticide [ɪn'fæntəˌsaɪd] s lapsenmurha
infantile ['ɪnfənˌtaɪəl] adj **1** lapsellinen **2** (lääk) lapsi-
infantry [ɪnfəntri] s (sot) jalkaväki
infantryman [ɪnfəntrimən] s jalkaväen sotilas
infatuate [ɪn'fætʃuˌeɪt] *to be infatuated with* olla hullaantunut johonkuhun/johonkin
infatuation [ɪnˌfætʃu'eɪʃən] s **1** hullaantuminen, ihastuminen **2** ihastus
infect [ɪn'fekt] v **1** tartuttaa (myös kuv) **2** saastuttaa, pilata
infection [ɪn'fekʃən] s **1** tartunta **2** saastuminen, pilaantuminen
infectious [ɪn'fekʃəs] adj tarttuva (myös kuv) *his laughter was infectious* hänen naurunsa tarttui muihinkin
infer [ɪn'fər] v päätellä *he inferred from her curtness that she did not like him* hän päätteli naisen vähäpuheisuudesta ettei tämä pitänyt hänestä
inference [ɪnfərəns] s päätelmä, johtopäätös
inferential [ˌɪnfə'renʃəl] adj päätelty, johtopäätös-
inferior [ɪn'fɪriər] s jotakuta alempiarvoinen henkilö *he treats his colleagues as his inferiors* hän pitää työtovereitaan itseään huonompina adj **1** huonompi kuin **2** arvoltaan alempi kuin

inferiority [ɪnˌfɪriˈɔrəti] s **1** huonommuus **2** alempi arvo
inferiority complex s alemmuuskompleksi
infernal [ɪnˈfərnəl] adj helvetin, helvetillinen (myös kuv:) hirvittävä, kamala
inferno [ɪnˈfərnoʊ] s (mon infernos) **1** helvetti (myös kuv) **2** tulipalo, roihu, liekkimeri
infertile [ɪnˈfərtəl] adj hedelmätön
infertility [ˌɪnfərˈtɪləti] s hedelmättömyys
infest [ɪnˈfest] v *the house is infested with rats* talossa suorastaan vilisee rottia
infestation [ˌɪnfesˈteɪʃən] s (syöpäläisistä) *there is an infestation of cockroaches* siellä on torakoita
infidel [ˈɪnfəˌdel] s, adj (usk) uskoton, joka ei usko Jumalaan; toisuskoinen
infidelity [ˌɪnfəˈdeləti] s **1** uskottomuus, aviorikos **2** (usk) uskottomuus
infighting [ˈɪnˌfaɪtɪŋ] s **1** (nyrkkeilyssä) lähiottelu **2** (kuv) (yrityksen) sisäinen taistelu/kamppailu
infiltrate [ˈɪnfəlˌtreɪt] v **1** soluttaa, soluttautua, ujuttaa (myös kuv) **2** suodattaa, suodattua
infiltration [ˌɪnfəlˈtreɪʃən] s **1** solutus, ujuttaminen **2** suodatus, suodattuminen
infiltrator [ˈɪnfɪlˌtreɪtər] s soluttautuja
infinite [ˈɪnfənət] adj ääretön
infinitely adv äärettömästi, äärettömän
infinitesimal [ˌɪnfənəˈtesəməl] adj äärettömän pieni
infinitive [ɪnˈfɪnətɪv] s, adj (kielioppi) infinitiivi
infinity [ɪnˈfɪnəti] s äärettömyys, (mat, valok) ääretön
infirm [ɪnˈfərm] adj (vanhuuden)heikko
infirmary [ɪnˈfərməri] s sairashuone, sairaala
infirmity [ɪnˈfərməti] s (vanhuuden)heikkous
inflame [ɪnˈfleɪm] v **1** (lääk) tulehduttaa *to be inflamed* olla tulehtunut **2** tulistuttaa, raivostuttaa, suututtaa jotakuta
inflammable [ɪnˈflæməbəl] adj tulenarka (myös kuv), helposti syttyvä
inflammation [ˌɪnfləˈmeɪʃən] s **1** (lääk) tulehdus **2** (kiukun, vihan) purkaus

influential

inflammatory [ɪnˈflæməˌtɔri] adj yllyttävä, yllytys-, kiihotus-
inflatable [ɪnˈfleɪtəbəl] s kumivene adj ilmatäytteinen
inflate [ɪnˈfleɪt] v **1** pumpata täyteen, puhaltaa täyteen, täyttyä **2** (tal) nostaa hintoja, aiheuttaa inflaatiota **3** (kuv) paisuttaa *recent success inflated his ego* viimeaikainen menestys paisutti hänen itsetuntoaan
inflated adj **1** paisuteltu (myös kuv) liioiteltu **2** täyteen pumpattu
inflation [ɪnˈfleɪʃən] s **1** täyteen pumppaaminen/puhaltaminen, täyttyminen **2** (tal) inflaatio
inflationary [ɪnˈfleɪʃəˌneri] adj (tal) inflaatiota aiheuttava, inflaatio-
inflection [ɪnˈflekʃən] s **1** (kieliopissa) taivutus **2** äänensävy, ääni
inflexibility [ɪnˌfleksəˈbɪləti] s jäykkyys, taipumattomuus (myös kuv), joustamattomuus (myös kuv)
inflexible [ɪnˈfleksəbəl] adj jäykkä, taipumaton (myös kuv), joustamaton (myös kuv)
inflexion [ɪnˈflekʃən] ks inflection
inflict [ɪnˈflɪkt] v aiheuttaa (vahinkoa, kärsimystä), langettaa (rangaistus), sälyttää *Jim inflicted a blow on Tom* Jim löi Tomia
infliction [ɪnˈflɪkʃən] s **1** aiheuttaminen, langettaminen, sälyttäminen **2** piina, vaiva, kiusa, harmi
in-flight [ˈɪnˌflaɪt] adj lennon aikainen *in-flight movie* lentokoneessa lennon aikana esitettävä elokuva
inflow [ˈɪnˌfloʊ] s **1** tulovirtaus **2** (kuv) tulva *an inflow of immigrants* siirtolaistulva
1 influence [ˈɪnfluəns] s vaikutus, vaikutusvalta *you are a bad influence on your brother* sinä olet veljellesi huono esimerkki *under the influence* (lak) alkoholin vaikutuksen alainen/alaisena
2 influence v vaikuttaa johonkin *the new law does not influence our decision* uusi laki ei vaikuta päätökseemme
influential [ˌɪnfluˈenʃəl] adj vaikutusvaltainen (ihminen); (voimakkaasti) vaikuttava (seikka)

influenza

influenza [ˌɪnfluˈenzə] s influenssa
influx [ˈɪnˌflʌks] s **1** tulovirtaus **2** (kuv) tulva
info [ɪnfoʊ] ks information
info center s tukikeskus
infomercial [ˈɪnfoʊˌmɜrʃəl] s valistava televisiomainos (jossa ei suoranaisesti kaupitella tiettyä tuotetta vaan kohennetaan yrityskuvaa tms) (sanoista *information* ja *commercial*)
in for *to be in for* jollakulla on edessään jotakin *you are in for a tough time* sinulla on edessä kovat ajat
inform [ɪnˈfɔrm] v **1** ilmoittaa, kertoa, tiedottaa *please inform me about any changes* ilmoita minulle mahdollisista muutoksista **2** *to inform yourself of* ottaa selvää jostakin **3** olla täynnä jotakin, kyllästää (kuv) *a melancholy mood informs his novels* hänen romaaneissaan vallitsee melankolinen tunnelma
informal [ɪnˈfɔrməl] adj epävirallinen; arkinen, arkipäiväinen, arki-, rento, vapautunut
informality [ˌɪnfərˈmælətɪ] s epävirallisuus; arkisuus, rentous
informally adv epävirallisesti; arkisesti, rennosti
informatics s informatiikka, tietotekniikka
information [ˌɪnfərˈmeɪʃən] s tieto, informaatio *that's a valuable piece of information* se on arvokas tieto
information age s (lähinnä) tietoyhteiskunta
information retrieval s tiedonhaku
information superhighway s tiedon valtatie, laajakaistainen tietoverkko (virallisesti *National Information Infrastructure*)
information warfare s tietosodankäynti
informative [ɪnˈfɔrmətɪv] adj valaiseva, opettavainen, informatiivinen
informed [ɪnˈfɔrmd] adj joka on asioista hyvin perillä
informer [ɪnˈfɔrmər] s ilmiantaja, kavaltaja
infotainment [ˌɪnfoʊˈteɪnmənt] s asiaviihde, uutisviihde, viihteellisesti esitetty asia(ohjelma) (sanoista *information* ja *entertainment*)
infrared [ˌɪnfrəˈred] s infrapunainen adj infrapuna-
infrasound [ˌɪnfrəˈsaʊnd] s, adj infraääni(-)
infrastructure [ˈɪnfrəˌstrʌkʃər] s infrastruktuuri
infrequent [ɪnˈfrikwənt] adj harvinainen
infrequently adv (vain) harvoin
infringement s rikkomus, (oikeuksien) loukkaus
infringe (on) [ɪnˈfrɪndʒ] v rikkoa (lakia), loukata (oikeuksia)
infuriate [ɪnˈfjɜriˌeɪt] v raivostuttaa, saada raivostumaan
infuriating adj raivostuttava, suututtava
infuriatingly adv raivostuttavasti, raivostuttavan
infuse [ɪnˈfjuz] v **1** imeytyä, hautua, hauduttaa **2** antaa *the news infused them with enthusiasm* uutinen sai heidät (jälleen) innostumaan
infusion [ɪnˈfjuʒən] s **1** tee **2** (lääk) infuusio
ingenious [ɪnˈdʒinjəs] adj nerokas, kekseliäs
ingeniously adv nerokkaasti, nerokkaan
ingenuity [ˌɪndʒəˈnuətɪ] s nerokkuus, kekseliäisyys
ingenuous [ɪnˈdʒenjʊəs] adj **1** vilpitön, aito, rehellinen **2** naiivi, viaton
ingenuously adv **1** vilpittömästi, aidosti, rehellisesti **2** naiivisti, viattomasti
ingenuousness s **1** avoimuus, vilpittömyys **2** naiivius, viattomuus
in good time fr **1** hyvissä ajoin, ennen määräaikaa **2** ajoissa, oikeaan aikaan
ingot [ɪŋɡət] s (metalli)harkko
ingrained [ˌɪŋˈɡreɪnd] adj syvään juurtunut/iskostunut
ingrate [ɪŋɡreɪt] s kiittämätön ihminen
ingratitude [ɪŋˈɡrætɪˌtud] s kiittämättömyys
ingredient [ɪŋˈɡridiənt] s valmistusaine, (kuv) osatekijä
inhabit [ɪnˈhæbət] v asua jossakin, elää jossakin
inhabitant s asukas

inhalator [ˈɪnəˌleɪtər] s lääkesumutin, inhalaattori
inhale [ɪnˈheɪəl] v vetää henkeä, hengittää sisään, (tupakoidessa) vetää henkoset
inherent [ɪnˈherənt] adj ominainen, luontainen
inherently adv luonnostaan
inherit [ɪnˈherət] v periä (myös kuv)
inheritance [ɪnˈherətəns] s perintö (myös kuv)
inherited adj perinnöllinen (ominaisuus, sairaus)
inhibit [ɪnˈhɪbət] v estää, ehkäistä, jarruttaa
inhibition [ˌɪnəˈbɪʃən] s esto, este
inhospitable [ɪnˈhaspɪtəbəl] adj ei vieraanvarainen, epävieraanvarainen; epäsuotuisa
inhospitably adv ei vieraanvaraisesti, epävieraanvaraisesti
inhospitality [ɪnˌhaspəˈtæləti] s vieraanvaraisuuden puute, epäystävällisyys; epäsuotuisuus
in hot water *to be in hot water* olla pulassa/nesteessä
in-house [ˌɪnˈhaʊs] adj yrityksen sisäinen *in-house magazine* henkilökuntalehti
inhuman [ɪnˈhjumən] adj ei inhimillinen; epäinhimillinen
inhumane [ˌɪnhjʊˈmeɪn] adj epäinhimillinen, ihmisarvolle sopimaton
inhumanity [ˌɪnhjʊˈmænəti] s epäinhimillisyys
inimical [ɪˈnɪməkəl] adj vihamielinen jollekin (to)
1 initial [ɪˈnɪʃəl] s alkukirjain, (mon) nimikirjaimet
2 initial v merkitä nimikirjaimensa johonkin (allekirjoitukseksi)
3 initial adj alku-, ensimmäinen
initially adv aluksi, alussa
initiate [ɪˈnɪʃiˌeɪt] v **1** panna alulle **2** johdattaa/opastaa joku jollekin alalle, vihkiä joku johonkin **3** ottaa jäseneksi
initiative [ɪˈnɪʃətɪv] s aloite; aloitekyky; (pol) kansanaloite *the new salesman lacks initiative* uudella myyntimiehellä ei ole aloitekykyä *to act on your own initiative* toimia omasta aloitteesta/omaaloitteisesti *to take the initiative* tehdä aloite, aloittaa
inject [ɪnˈdʒekt] v **1** suihkuttaa, ruiskuttaa; (lääk) antaa ruiskeena **2** (kuv) esittää (huomautus), keskeyttää, sanoa kesken kaiken **3** (kuv) tuoda *she injected new enthusiasm into the class* hän sai luokan jälleen piristymään
injection [ɪnˈdʒekʃən] s suihkutus, ruiskutus; (lääk) ruiske *fuel injection* polttoaineensuihkutus
injunction [ɪnˈdʒʌŋkʃən] s (lak) määräys/kielto
injure [ɪndʒər] v loukata (myös kuv) *ten people were injured in the accident* onnettomuudessa loukkaantui kymmenen ihmistä
injurious [ɪnˈdʒəriəs] adj vahingollinen, haitallinen *smoking is injurious to your health* tupakointi on epäterveellistä
injury [ɪndʒəri] s vamma, loukkaantuminen, (kuv) loukkaus
injustice [ɪnˈdʒʌstəs] s vääryys, epäoikeudenmukaisuus
1 ink [ɪŋk] s muste
2 ink v tahrata musteella, töhriä musteeseen
inkblot test [ˈɪŋkˌblat] s (psyk) musteläiskätesti
ink jet printer s mustesuihkukirjoitin
inkling [ɪŋklɪŋ] s (harmaa) aavistus, (pieni) vihje *he didn't give me an inkling of what he had in mind* hän ei edes vihjannut siitä mitä hänellä oli mielessä
inkwell [ˈɪŋkˌwel] s mustepullo
inland [ɪnlənd] s sisämaa adj, adv sisämaan, sisämaassa, sisämaahan
in-law [ˈɪnˌlɑ] s appi, anoppi, (mon) appivanhemmat, vaimon/miehen sukulaiset
inlet [ɪnlət] s lahti
in-line skates [skeɪts] s (mon) jonopyöräiset rullaluistimet
in-line skating s rullaluistelu jonopyöräisillä luistimilla
inmate [ɪnmeɪt] s **1** vanki **2** (sairaalan tms) potilas, hoidokki **3** (talon) asukas
inn [ɪn] s majatalo
innards [ɪnərdz] s (mon) sisukset, sisälmykset (kuv)

innate

innate [ɪˈneɪt] adj synnynnäinen, myötäsyntyinen
inner [ɪnər] adj sisäinen, sisä-
inner city s (suurkaupungin) slummiutunut keskusta-alue
Inner Mongolia [maŋˈgoʊliə] Sisä-Mongolia, Nei Monggol
innermost [ˈɪnərˌmoʊst] adj sisin *her innermost thoughts* hänen sisimmät ajatuksensa
inning [ɪnɪŋ] s (baseball) pelivuoro
innkeeper s majatalon isäntä
innocence s viattomuus, syyttömyys
innocent [ɪnəsənt] adj viaton, syytön
innocently adv viattomasti
innocuous [ɪnˈnakjʊəs] adj vaaraton, harmiton
in no time *to do something in no time* tehdä jotakin hetkessä/tuossa tuokiossa/alta aikayksikön (ark)
innovate [ˈɪnəˌveɪt] v ottaa käyttöön (jotakin uutta), uudistaa, keksiä
innovation [ˌɪnəˈveɪʃən] s uudistus, innovaatio, keksintö
innovative [ˈɪnəˌveɪtɪv] adj uudistusmielinen, kekseliäs
innovator [ˈɪnəˌveɪtər] s uudistaja
innuendo [ˌɪnjəˈwendoʊ] s vihjailu
innumerable [ɪˈnumərəbəl] adj lukematon
inoculate [ɪˈnakjəˌleɪt] v rokottaa
inoculation [ɪˌnakjəˈleɪʃən] s rokotus
inoffensive [ˌɪnəˈfensɪv] adj harmiton, viaton (huomautus)
in olden times fr ennen vanhaan
in one word fr sanalla/suoraan sanoen
inoperative [ɪnˈapərətɪv] adj **1** joka ei ole toiminnassa/käytössä **2** tehoton, josta ei ole apua **3** (laki, määräys) joka ei ole voimassa
inopportune [ɪnˌapərˈtun] adj sopimaton (aika, huomautus)
inopportunely adv sopimattomaan/huonoon aikaan
in order fr **1** aiheellinen, paikallaan **2** kunnossa, järjestyksessä, valmiina
in order that fr jotta *you must go in order that you won't be late* sinun on syytä lähteä jotta et myöhästy
in order to fr jotta *he left early in order to beat the rush-hour traffic* hän lähti aikaisin ehtiäkseen ennen ruuhkaa
inordinate [ɪnˈɔrdənət] adj kohtuuton; suunnaton
inordinately adv kohtuuttomasti, kohtuuttoman; suunnattoman
inorganic [ˌɪnɔrˈgænɪk] adj epäorgaaninen
in other words fr toisin sanoen
in place fr **1** paikallaan *to run in place* juosta paikallaan **2** valmiina, paikallaan
in point *a case in point* hyvä esimerkki
1 input [ˈɪnˌpʊt] s **1** syöte, syötös; (energian, ajan) käyttö **2** kanta, mielipide, ehdotus, idea
2 input v **1** (tietok) syöttää **2** ehdottaa/esittää jotakin, osallistua keskusteluun
input/output s (tietok) syöttö ja tulostus, otto ja anto, siirräntä
inquest [ˈɪŋkwest] s kuolemansyyn selvitys
inquire [ɪŋˈkwaɪər] v tiedustella, kysyä
inquire after v tiedustella jonkun vointia, kysyä mitä jollekulle kuuluu
inquire into v tutkia jotakin
inquiry [ɪŋkwəri] s **1** tiedustelu, kysely; kysymys **2** tutkimus, selvitys; kuulustelu
inquisition [ˌɪŋkwəˈzɪʃən] s **1** (hist) inkvisitio **2** tutkimus, selvitys; kuulustelu
inquisitive [ɪŋˈkwɪzətɪv] adj **1** utelias, tiedonjanoinen **2** liian utelias, joka urkkii (toisten asioita)
in reference to fr jotakin koskien
in regard to fr jotakuta/jotakin koskien
in relation to something fr jotakin koskien, johonkin liittyen
inroad [ˈɪnˌroʊd] s **1** hyökkäys **2** *to make inroads on* kajota johonkin, puuttua johonkin, loukata (oikeuksia)
INS *Immigration and Naturalization Service*
ins and outs [ˌɪnzəˈnaʊts] (mon) *to know the ins and outs of something* tuntea jokin asia läpikotaisin/kuin omat taskunsa
insane [ɪnˈseɪn] adj mielenvikainen, tärähtänyt, hullu

insanity [ɪnˈsænəti] s mielenhäiriö, hulluus

inscribe [ɪnˈskraɪb] v **1** omistaa (kirja, valokuva jollekulle) **2** kaivertaa

inscription [ɪnˈskrɪpʃən] s **1** omistus(kirjoitus) **2** kaiverrus

insect [ɪnsekt] s hyönteinen

insecticide [ɪnˈsektəˌsaɪd] s hyönteismyrkky

insecure [ˌɪnsəˈkjər, ˌɪnsəˈkjʊər] adj epävarma, turvaton (olo), ei luja (kiinnitys)

insecurely adv ei lujasti (kiinnitetty)

insecurity [ˌɪnsəˈkjərəti] s epävarmuus, turvattomuus

insensibility [ɪnˌsensəˈbɪləti] s **1** herkkyyden puute, tunnottomuus **2** (kuv) arvostuskyvyn puute, kyvyttömyys nauttia jostakin/ymmärtää jotakin

insensible [ɪnˈsensəbəl] adj **1** ei herkkä jollekin, tunnoton; tajuton **2** joka ei tiedosta/huomaa jotakin, joka ei osaa arvostaa jotakin

insensitive [ɪnˈsensətɪv] adj **1** ei herkkä jollekin, tunnoton **2** (kuv) tunteeton, välinpitämätön **3** joka ei tiedosta/huomaa jotakin, joka ei osaa arvostaa jotakin

insensitivity [ɪnˌsensəˈtɪvəti] s **1** herkkyyden puute, tunnottomuus **2** (kuv) tunteettomuus, välinpitämättömyys **3** arvostuskyvyn puute, kyvyttömyys nauttia jostakin/ymmärtää jotakin

inseparable [ɪnˈsepərəbəl] adj erottamaton

inseparably adv erottamattomasti

insert [ɪnsərt] s liite, lisäys

insert [ɪnˈsərt] v työntää/pistää/panna/lisätä väliin/jonnekin *you can insert a new line between these two lines* voit lisätä näiden rivien väliin uuden rivin *insert the cartridge in slot A* aseta kasetti aukkoon A

insertion [ɪnˈsərʃən] s **1** lisääminen, asettaminen **2** liite, lisäys

insertion point s (tietok) lisäyskohta

inset [ɪnset] s **1** liite **2** (kuvan ym sisällä oleva) pienempi kuva

inset [ɪnˈset] v inset, inset: lisätä väliin, liittää johonkin

inshore [ˈɪnˌʃɔr] adj, adv rannikko-, rannikon läheisyydessä

in short order fr pian, nopeasti, kiireesti

inside [ɪnsaɪd] s sisäpuoli

inside [ɪnˈsaɪd] adj sisä- *that's inside information* se on sisäpiirin tietoa adv sisäpuolella, sisäpuolelle, sisällä, sisälle *look pal, if you're not inside, you're outside* kuulehan kaveri, sinä olet joko meidän puolellamme tai meitä vastaan prep sisällä (myös ajasta) *inside the box* laatikossa

inside linebacker [ˌɪnsaɪdˈlaɪnbækər] s (amerikkalaisessa jalkapallossa) sisempi tukimies

inside of prep (ark) sisällä, kuluessa *the plumber should be here inside of an hour* putkiasentajan pitäisi saapua tunnin sisällä

inside out adv **1** väärinpäin, nurinpäin **2** *to know something inside out* tuntea jokin läpikotaisin/kuin omat taskunsa, osata jotakin perusteellisesti

insider [ɪnˈsaɪdər] s **1** sisäpiirin työntekijä ym, lähipiiriin kuuluva henkilö, asiaan vihkiytynyt henkilö, jonkun lähin avustaja **2** (tal) sisäpiiriläinen

insidious [ɪnˈsɪdiəs] adj salakavala, katala

insight [ˈɪnˌsaɪt] s oivallus, oivalluskyky, ymmärrys, käsitys

in sight *to be in sight* olla näkyvissä

insignificance [ˌɪnsɪgˈnɪfɪkəns] s mitättömyys, merkityksettömyys

insignificant [ˌɪnsɪgˈnɪfɪkənt] adj mitätön, merkityksetön, tyhjänpäiväinen

insincere [ˌɪnsɪnˈsɪər] adj vilpillinen, ei vilpitön, teennäinen, kaksinaamainen

insincerely adv ks insincere

insincerity [ˌɪnsɪnˈserəti] s vilpillisyys, teennäisyys, kaksinaamaisuus

insinuate [ɪnˈsɪnjuˌeɪt] v vihjata, vihjailla *she insinuated that the man was lying* nainen antoi ymmärtää että mies valehteli

insinuating adj vihjaileva

insinuation [ɪnˌsɪnjuˈeɪʃən] s vihjailu, vihjaus

insipid [ɪnˈsɪpəd] adj typerä, tyhjänpäiväinen, mitäänsanomaton, sisällyksetön

insipidity [ˌɪnsəˈpɪdəti] s typeryys, tyhjänpäiväisyys

insist

insist [ɪn'sɪst] v vaatia *if you insist* jos kerran vaatimalla vaadit

insistence [ɪn'sɪstəns] s peräänantamattomuus; väite; vaatimus

insistent adj peräänantamaton, sinnikäs

insistently adv sinnikkäästi, väsymättömästi, herpaantumatta

insist on v pitää kiinni jostakin, ei tinkiä jostakin, vaatia ehdottomasti jotakin

insofar as [ˌɪnsə'fɑr ˌɪnsoʊ'fɑr] adv sikäli kuin

insole ['ɪnˌsoʊl] s **1** (jalkineen) sisäpohja **2** (jalkineen) irtopohjallinen

insolence [ɪnsələns] s hävyttömyys, röyhkeys, nenäkkyys *Phoebe had the insolence to call him a jerk* Phoebella oli otsaa haukkua häntä idiootiksi

insolent [ɪnsələnt] adj hävytön, röyhkeä, nenäkäs

insolently adv hävyttömästi, röyhkeästi, nenäkkäästi

insolubility [ɪnˌsaljə'bɪləti] s **1** (aineen) liukenemattomuus **2** (ongelman) ratkaisemattomuus

insoluble [ɪn'saljəbəl] adj **1** liukenematon (aine) **2** ratkaisematon (ongelma)

insolvency [ɪn'salvənsi] s maksukyvyttömyys, rahattomuus

insolvent [ɪn'salvənt] adj maksukyvytön, rahaton

in so many words *he told me to resign, though not in so many words* hän käski minun erota joskaan hän ei ilmaissut sitä noin suorasti

insomnia [ɪn'samniə] s unettomuus

insomniac [ɪn'samniˌæk] s joku joka kärsii unettomuudesta

in spades fr (ark) **1** erittäin, täysi **2** suoraan, siekailematta

inspect [ɪn'spekt] v tarkastaa

inspection [ɪn'spekʃən] s tarkastus

inspector s tarkastaja; (poliisi) komisario

inspiration [ˌɪnspə'reɪʃən] s **1** innoitus, ponsi; luomisvire, inspiraatio **2** oivallus

inspire [ɪn'spaɪər] v innoittaa, innostaa, kannustaa, täyttää (kuv) joku jollakin

inspired adj nerokas, kekseliäs; innoittunut

instability [ˌɪnstə'bɪləti] s horjuvuus, epävakaisuus, ailahtelu

instal ks instal

install [ɪn'stal] v **1** asentaa (paikoilleen) *to install a program on a hard disk* asentaa ohjelma kiintolevylle **2** asettaa virkaan **3** *to install yourself* asettua taloksi (esim uuteen työpaikkaan)

installation [ˌɪnstə'leɪʃən] s **1** laitteet, koneet **2** asennus **3** virkaan asetus

installation program s asennusohjelma

installment s **1** osamaksuerä **2** (jatkokertomuksen yms) osa, jakso

installment plan s osamaksu

instance [ɪnstəns] s **1** esimerkki *for instance* esimerkiksi **2** *at the instance of* jonkun kehotuksesta

instant [ɪnstənt] s hetki adj välitön, heti tapahtuva/seuraava ym; pakottava (tarve); pika- *instant camera/coffee* pikakamera/pikakahvi

instantaneous [ˌɪnstən'teɪniəs] adj välitön, heti tapahtuva/seuraava ym

instantaneously adv heti, välittömästi

instantly adv heti, välittömästi

instant messaging s suoraviestintä

instant replay s (tv) toisto; (kuv) tapahtumien toistuminen

instead [ɪn'sted] adv sen/jonkun sijaan, asemesta *the director could not come so he sent his assistant instead* johtaja ei päässyt tulemaan joten hän lähetti apulaisensa

instead of prep sen sijaan/asemesta että, jonkun sijaan/asemesta *instead of tacos, we'll have hamburgers for dinner* syömme päivälliseksi tacojen asemesta hampurilaisia

instep ['ɪnˌstep] s (anat) jalkapöytä

in step *to be in step* **1** marssia tahdissa **2** (kuv) olla (esim ajan) tasalla

instigate ['ɪnstəˌgeɪt] v lietsoa (kapinaa), yllyttää (riitaan), panna alulle (uudistuksia)

instigation [ˌɪnstə'geɪʃən] s lietsonta, yllytys, alullepano, käynnistys

instigator s yllyttäjä, (vihan) lietsoja, alullepanija, käynnistäjä

insurmountable

instill [ɪn'stɪl] v opettaa jollekulle jotakin, iskostaa jotakin jonkun mieleen
instinct [ɪnstɪŋkt] s **1** vaisto **2** lahja, taipumus
instinctive [ɪn'stɪŋktɪv] adj **1** vaistomainen, vaistonvarainen **2** luontainen, myötäsyntyinen, synnynnäinen
instinctively adv vaistomaisesti
1 institute ['ɪnstəˌtut] s **1** laitos, instituutti **2** laitosrakennus
2 institute v **1** perustaa **2** aloittaa, käynnistää, panna toimeen/alulle, saattaa voimaan, ottaa käyttöön
institution [ˌɪnstə'tuʃən] s **1** laitos, instituutti **2** laitosrakennus **3** instituutio, tapa, vakiintunut käytäntö *Mr. Grove has become an institution in the firm* Mr. Grovesta on tullut yrityksessä oma instituutionsa **4** (lain) voimaan saattaminen **5** (papin) vihkiminen virkaan
institutional adj laitos-
institutionalize [ˌɪnstə'tuʃənəlaɪz] v **1** määrätä laitoshoitoon **2** vakiinnuttaa
instruct [ɪn'strʌkt] v **1** opettaa **2** neuvoa, käskeä, määrätä
instruction [ɪn'strʌkʃən] s **1** opetus, koulutus **2** neuvo, käsky, määräys, ohje, (mon) käyttöohjeet, valmistusohjeet **3** (tietok) käsky
instructor [ɪn'strʌktər] s **1** opettaja, kouluttaja **2** (yliop) lehtori
instructress [ɪn'strʌktrəs] s (nais)opettaja, kouluttaja
instrument [ɪnstrəmənt] s **1** väline **2** mittari, mittalaite **3** välikappale (myös ihmisestä) **4** soitin, instrumentti
instrumental [ˌɪnstrə'mentəl] adj **1** hyödyllinen, josta on apua *knowledge of Russian was instrumental to his success* venäjän taito edesauttoi hänen menestymistään **2** (mus) instrumentaalinen
instrumentalist [ˌɪnstrə'mentələst] s (mus) instrumentalisti
instrument panel s (auton) kojelauta; (lentokoneen) mittaritaulu
insubordinate [ˌɪnsə'bɔrdənət] adj tottelematon, omapäinen, itsepäinen
insubordination [ˌɪnsəbɔrdə'neɪʃən] s tottelemattomuus, omapäisyys, itsepäisyys

insufferable [ɪn'sʌfərəbəl] adj sietämätön
insufficiency [ˌɪnsə'fɪʃənsi] s riittämättömyys, vajavuus, puute
insufficient [ˌɪnsə'fɪʃənt] adj riittämätön, vajavainen, puutteellinen
insufficiently adv riittämättömästi, riittämättömän
insular [ɪnsələr ɪnsjələr] adj **1** saari-, eristynyt **2** ahdasmielinen, rajoittunut, suvaitsematon
insularity [ˌɪnsə'lerəti] s **1** eristyneisyys, saariasema **2** ahdasmielisyys, rajoittuneisuus, suvaitsemattomuus
insulate ['ɪnsəˌleɪt] v eristää
insulating adj eriste-
insulation [ˌɪnsə'leɪʃən] s **1** eriste **2** (kuv) eristäminen, suojaaminen
insulator s eriste
insult [ɪnsʌlt] s loukkaus *to add insult to injury* pahentaa asiaa entisestään
insult [ɪn'sʌlt] v loukata *don't insult his intelligence* älä aliarvioi hänen älykkyyttään
insulting adj loukkaava
insultingly adv loukkaavasti
insuperable [ɪn'supərəbəl] adj voittamaton (vaikeus), ylitsepääsemätön (este)
insupportable [ˌɪnsə'pɔrtəbəl] adj sietämätön
insurance [ɪn'ʃərəns] s vakuutus
insurance company s vakuutusyhtiö
insurance policy s vakuutus(sopimus) *after the fire, he took out a home insurance policy* hän otti tulipalon jälkeen kotivakuutuksen
insurant [ɪn'ʃərənt] s vakuutuksen ottaja, vakuutettu
insure [ɪnʃər] v vakuuttaa (ottaa/antaa vakuutus; vannoa), taata
insured [ɪn'ʃərd] s vakuutuksen ottaja, vakuutettu
insurer [ɪn'ʃərər] s vakuutuksen antaja
insurgency [ɪn'sərdʒənsi] s kapina, kansannousu
insurgent [ɪn'sərdʒənt] s, adj kapinallinen
insurmountable [ˌɪnsər'maʊntəbəl] adj ylitsepääsemätön, voittamaton

insurrection [ˌɪnsə'rekʃən] s kapina, kansannousu
int. *intelligence; international; intransitive*
intact [ɪn'tækt] adj ehjä, vahingoittumaton, entisensä
intake ['ɪnˌteɪk] s 1 (putki) nielu, imu 2 kulutus 3 (opiskelija)kiintiö, sisäänotto
intake valve s imuventtiili
in tandem *to do something in tandem* tehdä jotakin peräkkäin
intangible [ɪn'tændʒəbəl] adj 1 aineeton, epäaineellinen, immateriaalinen 2 epämääräinen, vaikeasti määriteltävä
integer [ɪntədʒər] s kokonaisluku
integral [ɪntəgrəl] s (mat) integraali adj 1 (mat) integraali- 2 olennainen (osa), keskeinen 3 eheä, yhtenäinen
integrate ['ɪntəˌgreɪt] v 1 yhdistää 2 avata (esim koulu) rotu- tai muille vähemmistöille, lopettaa rotuerottelu jossakin, (erityisesti) avata myös mustille
integrated adj 1 yhdistetty, yhtenäinen, eri osista koostuva 2 jossa rotu- tai muiden vähemmistöjen erottelu on lakkautettu, (erityisesti) myös mustille avoin
integrated circuit s integroitu piiri
integration [ˌɪntə'greɪʃən] s 1 yhdistäminen 2 (koulun ym) avaaminen rotutai muille vähemmistöille, rotuerottelun lopettaminen
integrity [ɪn'tegrəti] s 1 oikeudenmukaisuus, hyveellisyys, rehellisyys 2 eheys, yhtenäisyys
intellect [ɪntəlekt] s äly, älykkyys, järki
intellectual [ˌɪntə'lekʃuəl] s intellektuelli, älykkö adj älyllinen; älykäs *I am not his intellectual equal* en ole älyllisesti samaa luokkaa kuin hän
intellectually adv älyllisesti
intellectual property s aineeton omaisuus
intelligence [ɪn'telədʒəns] s 1 äly, älykkyys, järki *artifical intelligence* tekoäly 2 tiedot 3 tiedustelu, vakoilu 4 tiedustelupalvelu
intelligence agency s tiedustelupalvelu

intelligence officer s (sot) tiedusteluupseeri
intelligence quotient [kwoʊʃənt] s älykkyysosamäärä
intelligence test s älykkyystesti
intelligent adj älykäs (myös tietok)
intelligently adv älykkäästi
intelligible [ɪn'telədʒəbəl] adj ymmärrettävä, josta saa selvää
Intelsat *International Telecommunications Satellite*
intend [ɪn'tend] v aikoa, haluta
intense [ɪn'tens] adj 1 voimakas, ponteva, suuri, intensiivinen 2 vakava, totinen 3 tunteikas 4 syvä, voimakas (väri)
intensely adv ks intense
intensify [ɪn'tensəˌfaɪ] v voimistaa, voimistua, kasvaa, yltyä
intensity [ɪn'tensəti] s voimakkuus, voima, teho
intensive [ɪn'tensɪv] adj 1 ankara, hellittämätön, intensiivinen 2 (lääk) teho- 3 (maatalous) voimaperäinen 4 (yhdyssanan jälkiosana:) *car manufacture is a capital intensive business* autoteollisuus on pääomavaltainen ala
intensive care s (lääk) tehohoito
intensive care unit s (sairaalan) teho-osasto
intent [ɪn'tent] s aikomus, aie, suunnitelma adj läpitunkeva (katse)
intention [ɪn'tenʃən] s aikomus, aie, suunnitelma *intentions* (mon) aikeet; avioliittoaikeet
intentional adj tahallinen
intentionally adv tahallaan, tieten tahtoen
intent on adj keskittynyt johonkin
inter [ɪn'tər] v haudata
interact [ˌɪntər'ækt] v vaikuttaa toisiinsa, olla vuorovaikutuksessa/vuorovaikutussuhteessa
interaction [ˌɪntər'ækʃən] s vuorovaikutus
intercept [ˌɪntər'sept] v pysäyttää, torjua; siepata *the enemy agent's message was intercepted by the CIA* vihollisvakoojan viesti joutui CIA:n käsiin
interception [ˌɪntər'sepʃən] s pysäytys, sieppaus

interceptor s (sot) torjuntahävittäjä

interchange [ˈɪntərˌtʃeɪndʒ] s **1** keskustelu, vuoropuhelu **2** (varsinkin moottoriteiden) risteys

interchange [ˌɪntərˈtʃeɪndʒ] v vaihtaa (jotakin johonkin; kahden esineen paikkaa; ajatuksia), vaihtua

interchangeable [ˌɪntərˈtʃeɪndʒəbəl] adj (keskenään) vaihdettava *a camera with interchangeable lenses* kamera jossa on vaihto-objektiiveja

intercollegiate [ˌɪntərkəˈlidʒət] adj collegeiden välinen

intercontinental [ˌɪntərkantəˈnentəl] adj mannertenvälinen

intercourse [ˈɪntərˌkɔrs] s **1** vuorovaikutus **2** ajatustenvaihto **3** sukupuoliyhteys, yhdyntä

interest [ɪntrəst] s **1** kiinnostus, mielenkiinto **2** harrastus, kiinnostuksen kohde **3** merkitys *it is a matter of global interest* asia on yleismaailmallinen **4** korko *he took a mortgage with 9 percent interest* hän otti asuntolainan 9 prosentin korolla **5** osuus, osa **6** etu *he got involved in the interest of the firm* hän puuttui asiaan firman edun nimissä

interested [ɪntrəstəd ˈɪntəˌrestəd] adj **1** kiinnostunut jostakin **2** puolueellinen, omaa etuaan ajava/ajatteleva **3** jolla on osuutta johonkin *the interested parties* asianosaiset

interest group s eturyhmä

interesting adj mielenkiintoinen, kiintoisa, kiinnostava

1 interface [ˈɪntərˌfeɪs] s **1** rajapinta, yhtymäkohta (myös kuv) **2** välittäjä **3** vuorovaikutus, viestintä **4** (tietok ym) liitin; liittymä *serial/parallel interface* sarja/rinnakkaisliitäntä *man/machine interface* käyttäjän ja koneen välinen liittymä, käyttöliittymä *graphical user interface* (GUI) graafinen käyttöliittymä

2 interface v liittää, liittyä johonkin, yhdistää, yhdistyä johonkin (with)

interfere [ˌɪntərˈfɪər] v **1** häiritä jotakin (with) **2** puuttua johonkin (in, with)

interference [ˌɪntərˈfɪrəns] s **1** häirintä, häiriö **2** johonkin puuttuminen

interim [ɪntərəm] *in the interim* sillä välin, sillä aikaa

interior [ɪnˈtɪrɪər] s **1** sisusta, sisus **2** (auton, asunnon) sisätilat **3** sisämaa, sisäosat **4** sisäasiat *Department of the Interior* (US) sisäasiainministeriö adj sisä-, sisämaan, sisäinen

interior decorator s sisustusarkkitehti, sisustaja

interior designer s sisustusarkkitehti, sisustaja

interject [ˌɪntərˈdʒekt] v sanoa väliin/kesken kaiken, keskeyttää sanomalla

interjection [ˌɪntərˈdʒekʃən] s **1** keskeytys, välihuomautus **2** (kieliopissa) huudahdussana, interjektio

interlock [ˌɪntərˈlak] v lukita/lukkiutua yhteen, kiinnittää/kiinnittyä lujasti toisiinsa

interlude [ˈɪntərˌlud] s **1** (teatt) (keskiaikainen) farssi **2** (teatt) välinäytös **3** väliaika, tauko **4** jakso, kausi **5** (mus) välisoitto

intermediary [ˌɪntərˈmidieri] s välittäjä, sovittelija adj **1** väli-, keski- **2** välittävä, välitys-, sovittelu-

intermediate [ˌɪntərˈmidiət] adj väli-, keski- *intermediate range missile* keskimatkan ohjus *intermediate students* keskiasteen opiskelijat

intermediate school s keskikoulu, peruskoulun yläaste

interment [ɪnˈtərmənt] s hautaus

intermission [ˌɪntərˈmɪʃən] s väliaika

intermittent [ˌɪntərˈmɪtənt] adj ajoittainen, katkonainen, pätkivä

intermittently adv ajoittain, katkonaisesti, pätkien tehdä jotakin

in terms of fr koskien *in terms of money, she got little* hän ei saanut juuri lainkaan rahaa

1 intern [ɪntərn] s **1** (aloitteleva) apulaislääkäri **2** opetusharjoittelija, auskultantti

2 intern v sulkea leiriin/vankilaan, internoida

internal [ɪnˈtərnəl] adj sisäinen

internal combustion engine s polttomoottori

internalize [ɪnˈtərnəˌlaɪz] v sisäistää

internally adv sisäisesti

Internal Revenue Service

Internal Revenue Service s (US) veroviranomainen
international [ˌɪntərˈnæʃənəl] adj kansainvälinen
International Baccalaureate s (lyh IB) kansainvälinen ylioppilastutkinto
internationalize [ˌɪntərˈnæʃənəlaɪz] v kansainvälistyä, laajeta/laajentaa kansainväliseksi
internegative [ˈɪntərˌnegətɪv] s (valok) välinegatiivi
Internet café s verkkokahvila
internist [ɪntərnɪst] s sisätautilääkäri, sisätautien erikoislääkäri
internment [ɪnˈtərnmənt] s leiriin/vankilaan sulkeminen, internointi
internment camp s internointileiri
interoffice [ˌɪntərˈafəs] adj yrityksen sisäinen
interpersonal [ˌɪntərˈpərsənəl] adj ihmissuhde-
interplanetary space [ˌɪntərˈplænəteri] s planeettainvälinen avaruus
Interpol *International Criminal Police Organization*
interpose [ˌɪntərˈpouz] v **1** panna/mennä väliin **2** keskeyttää, sanoa väliin jotakin
interpret [ɪnˈtərprət] v **1** tulkata, olla tulkkina **2** tulkita
interpretation [ɪnˌtərprəˈteɪʃən] s tulkinta *Freud's interpretation of dreams* Freudin harjoittama unien tulkinta *what is your interpretation of his behavior?* miten sinä tulkitset hänen käytöksensä? *a liberal interpretation of a composition* sävellyksen vapaa tulkinta
interpreter [ɪnˈtərprətər] s tulkki (myös tietok ja:) tulkitsija, selittäjä
interpretive [ɪnˈtərprətɪv] adj **1** tulkitseva, selittävä **2** tulkinnallinen **3** esittävä (taide)
interracial [ˌɪntərˈreɪʃəl] adj rotujen välinen
interregnum [ˌɪntərˈreɪgnəm] s **1** interregnum **2** (kuv) tauko, hengähdystauko
interrelated [ˌɪntərəˈleɪtəd] adj toisiinsa liittyvä
interrogate [ɪnˈterəˌgeɪt] v kuulustella
interrogation [ɪnˌterəˈgeɪʃən] s kuulustelu
interrogation mark s kysymysmerkki
interrogation point s kysymysmerkki
interrogative [ˌɪntəˈragətɪv] adj **1** kysyvä **2** (kieliopissa) interrogatiivi-, kysymys-
interrogative pronoun s (kieliopissa) interrogatiivipronomini, esim *who?, what?*
interrogator [ɪnˈterəˌgeɪtər] s kuulustelija
interrogatory [ˌɪntəˈragətɔri] s, adj kysymys(-)
1 interrupt [ˌɪntəˈrʌpt] s keskeytys
2 interrupt v keskeyttää, katkaista, häiritä *we interrupt this program to bring you a news update* keskeytämme ohjelman lyhyellä uutisella
interruption [ˌɪntəˈrʌpʃən] s keskeytys, katko, häiriö
intersect [ˌɪntərˈsekt] v leikata, mennä ristiin, risteytyä *the roads intersect two miles from here* tiet risteävät kahden mailin päässä
intersection [ˈɪntərˌsekʃən] s **1** risteys **2** leikkauspiste
intersperse [ˌɪntərˈspərs] v ripotella, levittää sinne tänne *the book is interspersed with case histories* kirjassa on siellä täällä tapauskertomuksia
interstate [ˈɪntərˌsteɪt] s (US) valtatie adj osavaltioiden välinen
interstellar [ˌɪntərˈstelər] adj tähtien välinen
interstice [ɪntərstəs] s aukko, kolo
intertwine [ɪntərˈtwaɪn] v kietoutua yhteen *these problems are inextricably intertwined* näitä ongelmia ei voi käsitellä erillään toisistaan
interval [ɪntərvəl] s **1** väli, välimatka, etäisyys; aikaväli *at intervals* aika ajoin, silloin tällöin; tietyin välimatkoin **2** tauko, väliaika **3** (mus) intervalli
intervene [ˌɪntərˈvin] v **1** sekaantua, puuttua johonkin **2** tapahtua/olla välillä, osua johonkin väliin *they had big plans but then the war intervened* heillä oli suuria suunnitelmia mutta sitten sota tuli väliin *in the intervening years* välivuosina

intervention [ˌɪntərˈvenʃən] s sekaantuminen, puuttuminen johonkin (esim toisen maan asioihin)

intervertebral disk [ˌɪntərˈvərtəbrəl] s selkänikamien välilevy

1 interview [ˈɪntərˌvju] s haastattelu *job interview* työpaikkahaastattelu

2 interview v haastatella; käydä haastattelussa

interviewee [ˌɪntərvjuˈi] s haastateltava

interviewer [ˈɪntərˌvjuər] s haastattelija

intestinal [ɪnˈtestənəl] adj suolen, suoli-

intestine [ɪnˈtestən] s (yl mon) suoli *small/large intestine* ohutsuoli/paksusuoli

in the line of duty fr työssään, työtä tehdessään, työaikana

in the long run fr pitkällä aikavälillä, pitemmän päälle

in-the-money-option [ˌɪnðəˈmʌniˌɑpʃən] s (tal) plusoptio

in the public domain adj (aineeton omaisuus) julkinen

in the red *to be in the red* (ark) olla miinuksen puolella *the company has been in the red for years* yritys on tuottanut tappiota vuosikausia

in the round fr kokonaisuutena

in the running *to be in the running* olla mukana kilpailussa; olla ehdokkaana (vaaleissa); sijoittua kärkeen, päästä kärkisijoille

in the short run fr lyhyellä aikavälillä, alkuvaiheessa

in the soup *to be in the soup* (ark) olla nesteessä/pulassa

in the teeth of something fr (olla) jonkun kourissa/hampaissa

in the wake of fr **1** vanavedessä *he followed in the wake of his father* hän seurasi isäänsä/isänsä perässä/kannoilla/vanavedessä **2** johdosta, vuoksi, jälkeen *in the wake of the disaster, all flights were canceled* kaikki lennot peruutettiin katastrofin jälkeen

in the way *to be in the way* olla jonkun tiellä/esteenä, estää jotakuta tekemästä jotakin

in the wind *big changes are in the wind* (kuv) luvassa on suuria muutoksia

in the world fr **1** *never in the world* ei ikinä/kuuna päivänä **2** *where in the world is Tupelo?* missä ihmeessä/maailmankolkassa Tupelo on?

intimacy [ɪntəməsi] s **1** läheisyys, tuttavuus **2** (asian)tuntemus *she has an impressive intimacy with international law* hänellä on vaikuttavat tiedot kansainvälisestä oikeudesta **3** kodikkuus; turva, lämpö *in the intimacy of her apartment* omassa turvallisessa asunnossaan **4** intiimi ele **5** sukupuoliyhteys

intimate [ɪntəmət] adj **1** läheinen, lämmin, tuttavallinen **2** yksityinen, intiimi **3** kodikas, intiimi **4** joka on hyvin perillä jostakin, jolla on asiantuntemusta jostakin *he has intimate knowledge of the security arrangements* hän tuntee hyvin turvajärjestelyt

intimate [ˈɪntəˌmeɪt] v vihjata, vihjaista, antaa ymmärtää että

intimation [ˌɪntəˈmeɪʃən] s vihjaus, vihjailu, vihje

in time fr **1** ajoissa **2** aikanaan, tulevaisuudessa **3** (oikeassa) tahdissa

intimidate [ɪnˈtɪməˌdeɪt] v pelotella, uhkailla *the police intimidated the dissidents into staying at home* poliisi sai pelottelemalla toisinajattelijat pysymään kotonaan

intimidation [ɪnˌtɪməˈdeɪʃən] s pelottelu, uhkailu

intl. *international* kansainvälinen

into [ɪntu] prep johonkin *Harry jumped into the pool* Harry hyppäsi uima-altaaseen *the war continued into the next century* sota jatkui seuraavalle vuosisadalle *the plane crashed into the mountain* lentokone törmäsi vuoreen *the boss said to put it into writing* pomo käski kirjoittaa/pistää sen paperille *Janet is into body building* Janet on innostunut kehonrakennuksesta

in token of fr muistoksi/merkiksi/osoituksena jostakin

intolerable [ɪnˈtɑlərəbəl] adj sietämätön

intolerance [ɪnˈtɑlərəns] s **1** suvaitsemattomuus, ahdasmielisyys **2** (lääk) allergia, intoleranssi

intonation [ˌɪntəˈneɪʃən] s (puhutun kielen) intonaatio, sävelkulku
in toto fr *latinasta* kokonaisuutena, kaikkiaan, kokonaan
in tow fr **1** hinauksessa, hinattavana **2** *Mr. Frazer had his wife in tow* Mr. Frazerilla oli vaimo mukanaan *the guru had a group of disciples in tow* gurulla oli mukanaan/vanavedessään joukko oppilaita/opetuslapsia
intoxicant [ɪnˈtɑksəkənt] s päihde
intoxicate [ɪnˈtɑksəˌkeɪt] v päihdyttää (myös kuv:) huumata
intoxicated adj päihtynyt *she was intoxicated with happiness* hän oli pakahtua onnesta
intoxication [ɪnˌtɑksəˈkeɪʃən] s päihtymys, (kuv) huuma
intr. *intransitive* intransitiivinen
intranet s omaverkko
intransigence s tinkimättömyys, jääräpäisyys
intransigent [ɪnˈtrænsədʒənt] adj tinkimätön, peräänantamaton, jääräpäinen
intransitive [ɪnˈtrænsətɪv] adj (kielioppisssa) intransitiivinen, joka ei voi saada objektia
intrauterine device s (ehkäisyväline) kierukka
intrepid [ɪnˈtrepəd] adj peloton, rohkea
intrepidity [ˌɪntrəˈpɪdəti] s pelottomuus, rohkeus
intrepidly adv pelottomasti, rohkeasti
intricacy [ˈɪntrəkəsi] s **1** mutkikkuus, monimutkaisuus **2** yksityiskohta, hienous
intricate [ˈɪntrəkət] adj mutkikas, monimutkainen
intricately adv mutkikkaasti, monimutkaisesti
1 intrigue [ɪnˈtrig] s juoni, juonittelu, vehkeily
2 intrigue v **1** juonitella, vehkeillä **2** kiehtoa, kutkuttaa jotakuta
intriguer s juonittelija, vehkeilijä
intriguing adj kiehtova, kutkuttava, kiintoisa
intriguingly adv kiehtovasti, kiintoisasti

intrinsic [ɪnˈtrɪnsɪk] adj sisäinen, luontainen, todellinen *the vase has no intrinsic value* maljakolla ei ole sinänsä mitään arvoa, maljakolla on vain käyttöarvoa
intrinsically adv sinänsä
intrinsic value s (tal) perusarvo, reaaliarvo
introduce [ˌɪntrəˈdus] v **1** esitellä *let me introduce you to the guests* minäpä esittelen sinut vieraille *she introduced him to Oriental cuisine* hän tutustutti hänet itämaisiin ruokiin *the company has just introduced its fall lineup* yritys esitteli vastikään syysmallistonsa **2** ottaa käyttöön, esittää *Dr. Miller introduced a new treatment for cancer* tri Miller otti käyttöön uuden syövänhoitomenetelmän **3** tuoda *his presence introduced an element of excitement to the meeting* hänen läsnäolonsa toi kokoukseen tiettyä innostusta
introduction [ˌɪntrəˈdʌkʃən] s **1** esittely **2** käyttöönotto **3** (kirjan, sävellyksen) johdanto **4** (alkeisteos:) johdatus *an introduction into sociolinguistics* johdatus sosiolingvistiikkaan
introductory [ˌɪntrəˈdʌktəri] adj johdanto-, alustus-, alustava-, alku- *an introductory chapter* johdantoluku
introvert [ˈɪntrəˌvərt] s (psyk) introvertti, (ark) eristäytyjä, syrjään vetäytyjä, sisäänpäin kääntynyt ihminen
introvert [ˌɪntrəˈvərt] v eristäytyä, vetäytyä syrjään/omiin oloihinsa
intrude [ɪnˈtrud] v tunkeutua, puuttua, sekaantua, häiritä
intruder [ɪnˈtrudər] s tunkeilija, tunkeutuja
intrusion [ɪnˈtruʒən] s tunkeutuminen, puuttuminen, sekaantuminen, häiriö
intrusive [ɪnˈtrusɪv] adj tungetteleva, häiritsevä
in truth fr todellisuudessa, oikeastaan, totta puhuen
intuit [ɪnˈtuət] v oivaltaa, ymmärtää intuitiivisesti
intuition [ˌɪntʊˈɪʃən] s intuitio, oivallus
intuitive [ɪnˈtuətɪv] adj intuitiivinen, oivallettu

intuitively adv intuitiivisesti, oivaltaen *intuitively, I knew what to do* tiesin vaistomaisesti mitä tehdä

in tune *the piano is in tune* piano on (oikeassa) vireessä

in turn fr vuorollaan, vuorostaan, ajallaan

in two *she cut the loaf in two* hän leikkasi leivän kahtia

Inuit [ɪnuɪt] s inuitti

inundate ['ɪnənˌdeɪt] v hukuttaa (myös kuv), tulvia (myös kuv) *the movie star was inundated with fan mail* filmitähti oli hukkua ihailijapostiin

inundation [ˌɪnən'deɪʃən] s tulva (myös kuv)

inure [ɪn'jʊər ɪ'nʊər] v totuttaa, karaista *to become inured to something* tottua johonkin, karaistua

invade [ɪn'veɪd] v 1 hyökätä, valloittaa 2 (kuv) häiritä (jonkun rauhaa), loukata (oikeuksia)

invader s hyökkääjä, valloittaja

invalid [ɪnvəlɪd] s 1 potilas, sairas 2 vammainen, invalidi adj 1 sairas(-), potilas- 2 vammainen, vammaisten, invalidi(-)

invalid [ɪn'væləd] adj mitätön, pätemätön, joka ei pidä paikkaansa

invalidate [ɪn'væləˌdeɪt] v 1 kumota (väite) 2 mitätöidä (sopimus)

invalidation [ɪnˌvælə'deɪʃən] s 1 (väitteen) kumoaminen 2 (sopimuksen) mitätöinti

invaluable [ɪn'væljəbəl] adj korvaamaton

invariable [ɪn'veriəbəl] adj muuttumaton, vakio-

invariably adv aina, poikkeuksetta

invasion [ɪn'veɪʒən] s 1 hyökkäys, valloitus 2 (kuv) (rauhan) häirintä, (oikeuksien) loukkaus *that constitutes an invasion of privacy* se on kotirauhan häirintää

invective [ɪn'vektɪv] s sadattelu, haukkuminen

inveigle [ɪn'veɪgəl] v houkutella, viekoitella joku tekemään jotakin (someone into doing something)

invent [ɪn'vent] v 1 keksiä *Bell invented the telephone* Bell keksi puhelimen 2 sepittää, keksiä omasta päästään *he invented a half-baked excuse* hän keksi jonkinlaisen verukkeen

invention [ɪn'venʃən] s 1 keksiminen 2 keksintö 3 kekseliäisyys 4 sepite, hätävalhe

inventive [ɪn'ventɪv] adj kekseliäs

inventor [ɪn'ventər] s keksijä

1 inventory ['ɪnvenˌtɔri] s inventaario, tavaraluettelo

2 inventory v inventoida, tehdä inventaario

inversion [ɪn'vɜrʒən] s 1 kääntäminen 2 (kieliopissa) inversio, käänteinen sanajärjestys

invert [ɪn'vɜrt] v kääntää ylösalaisin, vaihtaa joidenkin paikkaa, kääntää

invertebrate [ɪn'vɜrtəbrət] s, adj selkärangaton

inverted comma s (UK) lainausmerkki (')

invest [ɪn'vest] v 1 (tal) sijoittaa 2 omistaa, panna (aikaa, rahaa) *the teacher invested a lot of effort in helping her students* opettaja näki paljon vaivaa auttaakseen oppilaitaan 3 antaa, myöntää *the position of editor-in-chief is invested with great responsibilities* päätoimittajan työhön liittyy paljon vastuuta

investigate [ɪn'vestəˌgeɪt] v tutkia, selvittää *the police are still investigating* poliisi jatkaa edelleen tutkimuksia

investigation [ɪnˌvestə'geɪʃən] s tutkimus, selvitys

investigative [ɪn'vestɪgətɪv] adj tutkiva, tutkimus

investigator [ɪn'vestəˌgeɪtər] s tutkija *private investigator* yksityisetsivä

investiture [ɪn'vestətʃər] s virkaanasettajaiset, investituura

investment [ɪn'vestmənt] s sijoitus

investor [ɪn'vestər] s sijoittaja

in view fr 1 näkyvillä, näkyvissä *there were several clouds in view* näkyvillä oli useita pilviä 2 esillä, mietittävänä, harkittavana, pohdittavana

in view of fr jotakin silmällä pitäen, jonkin huomioon ottaen, jonkin valossa

invigilate [ɪnˈvɪdʒəˌleɪt] v valvoa, pitää silmällä, (UK) valvoa tenttiä
invigilation [ɪnˌvɪdʒəˈleɪʃən] s valvonta, silmälläpito, (UK) tentinvalvonta
invigilator [ɪnˈvɪdʒəˌleɪtər] s (UK) tentin valvoja
invigorate [ɪnˈvɪgəˌreɪt] v virkistää, piristää, vahvistaa
invincible [ɪnˈvɪnsəbəl] adj voittamaton (vaikeus myös:) ylitsepääsemätön
inviolable [ɪnˈvaɪələbəl] adj loukkaamaton, (kuv) pyhä
inviolate [ɪnˈvaɪələt] adj loukkaamaton, koskematon
invisibility [ɪnˌvɪzəˈbɪləti] s näkymättömyys
invisible [ɪnˈvɪzəbəl] adj näkymätön
invisibly adj näkymättömästi
invitation [ˌɪnvəˈteɪʃən] s kutsu; ehdotus
invite [ɪnˈvaɪt] v kutsua (kylään, tekemään jotakin), tarjota, pyytää *to invite criticism* suorastaan yllyttää toisia arvosteluun
invite [ɪnvaɪt] s (ark) (kylään)kutsu
inviting adj houkutteleva
in vitro [ɪnˈvitroʊ] in vitro, koeputkessa
invocation [ˌɪnvəˈkeɪʃən] s loitsu, manaus
1 invoice [ɪnvɔɪs] s lasku
2 invoice v laskuttaa *the company invoiced the client for the order* yritys laskutti asiakasta tilauksesta
invoke [ɪnˈvoʊk] v vedota johonkuhun tai johonkin *he invoked the law* hän vetosi lakiin
involuntary [ɪnˈvalənˌteri] adj tahaton, vaistomainen (ele), vastentahtoinen (teko) *I became an involuntary listener* kuulin vahingossa mitä he puhuivat
involve [ɪnˈvalv] v **1** sotkea, sekoittaa, ottaa joku mukaan johonkin *he became involved in a bribery case* hän sekaantui lahjusskandaaliin *don't get involved* älä puutu juttuun! *he is involved with another woman* hänellä on suhde erään toisen naisen kanssa **2** kuulua johonkin *setting up a company involves a lot of expenses* yrityksen perustamiseen liittyy paljon menoja

involved adj **1** mutkikas, monimutkainen **2** sekaantunut johonkin *he is involved in a tax scam* hän on mukana verohuijauksessa **3** *to get involved* puuttua, sekaantua johonkin
involvement s osallisuus, osallistuminen, paneutuminen johonkin, yhteydet johonkuhun
invulnerability [ɪnˌvʌlnərəˈbɪləti] s haavoittumattomuus, vankkumattomuus
invulnerable [ɪnˈvʌlnərəbəl] adj haavoittumaton, turvallinen, vankkumaton (asema), valloittamaton (linnoitus)
inward [ɪnwərd] adj sisäinen, sisään päin suuntautuva adv sisään päin
inwardly adv sisäisesti, sisimmässään
inwards [ɪnwərdz] adv sisään päin
in with *to be in with* olla hyvissä väleissä jonkun kanssa
in your own right fr sellaisenaan, sinänsä
in your tracks *he stopped in his tracks* (ark) hän pysähtyi äkkiä, hän säpsähti/säikähti
I/O *input/output* otto ja anto, syöttö ja tulostus
Io [aɪoʊ ioʊ] Io, yksi Jupiterin kuu
IOC *International Olympic Committee* Kansainvälinen olympiakomitea
iodine [ˈaɪəˌdaɪn] s jodi
IOM *interoffice memo*
ion [aɪən] s ioni
ionize [ˈaɪəˌnaɪz] v ionisoida
ionosphere [aɪˈanəsˌfɪər] s ionosfääri
iota [aɪˈoʊtə] *not one iota* ei tippaakaan, ei tipan tippaa
IOU [ˌaɪoʊˈju] *I owe you* velkakirja
I.O.W. *Isle of Wight* Wightsaari
IOW (tekstiviestissä, sähköpostissa) *in other words*
Iowa [aɪəwə] Yhdysvaltain keskilännen osavaltioita
IPA *International Phonetic Alphabet* kansainvälinen tarkekirjoitus
iPod® [ˈaɪˌpad] Applen kannettava taskukokoinen musiikkitallennin
ips *inches per second* tuumaa sekunnissa
IQ [ˌaɪˈkju] *intelligence quotient* älykkyysosamäärä, ÄO
IRA *individual retirement account*

I.R.A. *Irish Republican Army* Irlannin tasavaltalaisarmeija
Iran [ɪˈræn ˈrɑn] Iran
Iranian [əˈreɪniən əˈrɑniən] s, adj iranilainen
Iraq [ɪˈræk ɪˈrɑk] Irak
Iraqi s, adj irakilainen
irate [aɪˈreɪt] adj raivostunut, tulistunut
irately adv raivostuneesti, raivoissaan
IRBM *intermediate range ballistic missile* keskimatkan ballistinen ohjus
IRC *International Red Cross* Kansainvälinen Punainen Risti
Ire. *Ireland*
Ireland [aɪərlənd] Irlanti
iridescent [ˌɪrəˈdesənt] adj kirjava, monenkirjava
iris [aɪrɪs] s (silmän) värikalvo, iiris
Irish s, adj irlantilainen
irk [ərk] v ärsyttää, harmittaa, vaivata
irksome [ərksəm] adj ärsyttävä, harmittava, harmillinen
IRL (tekstiviestissä, sähköpostissa) *in real life*
1 iron [aɪərn] s **1** rauta *you'd better strike while the iron is hot* sinun kannattaa takoa kun rauta on kuumaa *to pump iron* nostella punttaja, bodata (ark) **2** silitysrauta **3** (golf) rautamaila
2 iron v silittää (vaatteita)
ironclad [ˈaɪərnˌklæd] adj (kuv) raudanluja, vedenpitävä, aukoton *he has an ironclad alibi for the evening of the murder* hänellä on murhaillaksi varma alibi
iron curtain s rautaesirippu
ironic [aɪˈrɑnɪk] adj ironinen, ivallinen
ironical adj ironinen, ivallinen
ironing board [ˈaɪərnɪŋˌbɔrd] s silityslauta
ironmonger [ˈaɪərnˌmʌŋgər] s (UK) rautakauppias
ironmongery s (UK) rautakauppa
iron out v **1** silittää (vaatteita, ryppyjä) **2** selvittää, ratkaista (ongelmat)
ironpumper [ˈaɪərnˌpʌmpər] s (ark) painonnostaja, bodaaja
ironworker s metallityöläinen
ironworks [ˈaɪərnˌwərks] s (verbi yksikössä tai mon) rautaruukki

irony [aɪərni] s ironia, (epäsuora) iva
irr. *irregular* epäsäännöllinen
irrational [ɪˈræʃənəl] adj järjenvastainen, järjetön, aiheeton, perusteeton (pelko)
irrationality [ɪˌræʃəˈnæləti] s järjettömyys, aiheettomuus
irrationally adv järjettömästi, aiheettomasti, aiheetta
irreconcilable [ɪˌrekənˈsaɪləbəl] adj leppymätön (viha, vihamies), sovittamaton (ristiriita)
irregular [ɪˈregjələr] adj epäsäännöllinen, epätasainen, epäyhtenäinen, epätavallinen, poikkeuksellinen, erikoinen, sääntöjen vastainen
irregularity [ɪˌregjəˈlerəti] s epäsäännöllisyys, epätasaisuus, epäyhtenäisyys, epätavallisuus, poikkeuksellisuus, erikoisuus, sääntöjen vastaisuus
irregularly adv epäsäännöllisesti, epätasaisesti, epäyhtenäisesti, epätavallisesti, erikoisesti, poikkeuksellisesti, sääntöjen vastaisesti
irrelevance [ɪˈreləvəns] s epäolennaisuus, mitättömyys, merkityksettömyys
irrelevancy ks irrelevance
irrelevant [ɪˈreləvənt] adj epäolennainen, asiaan kuulumaton
irreparable [ɪˈrepərəbəl] adj korvaamaton (vahinko)
irreplaceable [ˌɪrəˈpleɪsəbəl] adj korvaamattoman arvokas, korvaamaton
irresistible [ˌɪrɪˈzɪstəbəl] adj **1** vastustamaton (houkutus, kiusaus) **2** ihastuttava; herkullinen; houkutteleva
irrespective of [ˌɪrəˈspektɪv] adj jostakin huolimatta, johonkin katsomatta
irresponsibility [ˌɪrəˌspɑnsəˈbɪləti] s vastuuntunnottomuus, anteeksiantamattomuus
irresponsible [ˌɪrəˈspɑnsɪbəl] adj vastuuntunnoton (ihminen), anteeksiantamaton (teko)
irreverence s hävyttömyys, kunnioituksen puute
irreverent [ɪˈrevərənt] adj hävytön, epäkunnioittava, epähieno
irrevocable [ɪˈrevəkəbəl] adj peruuttamaton, lopullinen

irrevocably adv peruuttamattomasti, lopullisesti
irrigate ['ɪrəˌgeɪt] v kastella (maata)
irrigation [ˌɪrə'geɪʃən] s (maan) kastelu
irritability [ˌɪrətə'bɪləti] s ärtymys, äkäisyys, kärttyisyys
irritable [ɪrətəbəl] adj ärtyisä, äkäinen, kärttyisä, (lääk) herkästi ärtyvä
irritable bowel syndrome s (lääk) ärtyvän suolen oireyhtymä
irritably adv ärtyneesti, äkäisesti, kärttyisästi
irritant [ɪrətənt] s **1** harmi, kiusa **2** (lääk) kiihote, kiihotusaine
irritate ['ɪrəˌteɪt] v ärsyttää (myös lääk), harmittaa, kiusata
irritating adj ärsyttävä, harmittava, kiusallinen
irritatingly adv ärsyttävästi, kiusallisesti
IRS *Internal Revenue Service*
is [ɪz] ks be
ISBN *International Standard Book Number*
ISDN *integrated-services digital network* digitaalinen monipalveluverkko
Islam [ɪzlam] s **1** islam, muhamettilaisuus **2** muhamettilaiset
Islamic [ɪz'lamɪk] adj islamilainen, muhamettilainen
island [aɪlənd] s saari (myös kuv)
islander s saarelainen, saaren asukas
isle [aɪəl] s (pieni) saari
Isle of Man [ˌaɪələv'mæn] Man(saari)
Isle of Wight [ˌaɪələv'waɪt] Wightsaari
Isle Royale [ˌaɪəlrɔɪ'æəl] kansallispuisto Michiganissa
islet [aɪlət] s (pieni) saari
isn't [ɪzənt] *is not*
ISO *International Standards Organization* Kansainvälinen standardoimisjärjestö
isobar ['aɪsəˌbar] s (ilmatieteessä) isobaari
isolate ['aɪsəˌleɪt] v eristää *he has isolated himself from the world* hän on eristäytynyt ulkomaailmasta
isolated adj **1** syrjäinen, eristyksissä elävä/oleva **2** (tapaus, esimerkki) yksittäinen, yksittäis-
isolation [ˌaɪsə'leɪʃən] s eristäminen, eristäytyminen, eristyneisyys, eristys
isolationism [ˌaɪsə'leɪʃənɪzəm] s eristäytymispolitiikka, isolationismi
isolationist s eristäytymispolitiikan kannattaja
isosceles [aɪ'sasəˌliz] adj (kolmio) tasakylkinen
Isr. *Israel; Israeli*
Israel [ɪzriəl] Israel
Israeli [ɪz'reɪli] s, adj israelilainen
ISSN *International Standard Serial Number*
1 issue [ɪʃu] s **1** asia, kysymys, kiista, ongelma *that is not at/the issue here* siitä ei ole kysymys *they are at issue over the language of the contract* he kiistelevät sopimuksen sanamuodosta, he ovat eri mieltä sopimuksen sanamuodosta *to take issue* olla eri mieltä **2** liikkeellelasku, anti, emissio **3** antaminen, myöntäminen, jakaminen *date of issue* (esim passin, viisumin) myöntämispäivä **4** (lak) jälkeläiset *to die without issue* kuolla lapsettomana
2 issue v **1** myöntää, antaa (passi, viisumi) *the judge issued a search warrant* tuomari myönsi etsintäluvan **2** laskea liikkeelle (rahaa, osakkeita), julkaista (kirja, lehti) **3** (savu) tupruta, (neste) vuotaa, tihkua
isthmus [ɪsməs] s kannas
Isthmus of Panama [ˌɪsməsəv'pænəma] Panaman kannas
it [ɪt] pron **1** se, sen, sitä *where's the book? Jim took it* missä kirja on? Jim otti sen *he put it there* hän pani sen tuonne *he did not read it* hän ei lukenut sitä **2** muodollisena subjektina *it is raining* (ulkona) sataa *it is nice to see you* on hauska tavata sinut **3** korostettaessa *it was him who did it* hän sen teki **4** ihmisestä *who is it?* kuka siellä?, kuka soittaa?
It. *Italian; Italy*
ital. *italics* kursiivi
Italian s italian kieli s, adj italialainen
italic [ɪ'tælɪk] adj kursiivi-, ks italics
italicize [ɪ'tæləˌsaɪz] v kursivoida
italics s (mon) kursiivi *this is in italics* tämä on ladottu kursiivilla
Italy [ɪtəli] Italia

1 itch [ɪtʃ] s **1** kutina **2** kaipaus, kaipuu, halu *she has an itch for excitement* hän kaipaa elämäänsä vaihtelua

2 itch v **1** kutista **2** haluta/kaivata kovasti, ei malttaa odottaa jotakin

itchy adj kutiseva *I'm itchy all over* minua kutittaa joka paikasta

it'd [ɪtəd] *it would, it had*

item [aɪtəm] s **1** kohta, merkintä, kappale **2** uutinen: *news item*

itemization [ˌaɪtəməˈzeɪʃən] s erittely, yksityiskohtainen luettelo/selvitys

itemize [ˈaɪtəˌmaɪz] v eritellä, luetella/merkitä yksitellen/kukin erikseen

iterate [ˈɪtəˌreɪt] v toistaa, kerrata

iteration [ˌɪtəˈreɪʃən] s toisto, kertaus

it girl s (ark) tämän hetken julkkistyttöjen ykkönen

itinerant [aɪˈtɪnərənt] adj kiertävä

itinerary [aɪˈtɪnəˌreri] s matkasuunnitelma; (matka)reitti

it'll [ɪtəl] *it will*

it never rains but it pours fr vahinko/hyvä onni ei tule yksin

it's [ɪts] *it is, it has*

its [ɪts] pron (it-pronominin omistusmuoto) sen, -nsa/-nsä

itself [ɪtˈself] pron **1** (it-pronominen refleksiivimuoto) itse, itseään *the door opened itself/by itself* ovi avautui itsestään **2** korostuksena: *inflation/that in itself is not serious* inflaatio/se ei sinänsä ole vakava asia

ITU *International Telecommunications Union* Kansainvälinen pikatiedotusliitto

ITV *Independent Television*

IUD *intrauterine device* (ehkäisyväline) kierukka

IV *intravenous* suonensisäinen *intravenously* suonensisäisesti

I've [aɪv] *I have*

ivory [aɪvri] s norsunluu adj **1** norsunluinen **2** norsunluun värinen

Ivory Coast [ˌaɪvriˈkoʊst] Norsunluurannikko

ivy [aɪvi] s (kasvi) muratti

Ivy League s Yhdysvaltain koillisosan eliittiyliopistot (Harvard, Princeton, Yale ym)

Iwo Jima [ˌiwəˈdʒimə]

IYKWIM (tekstiviestissä, sähköpostissa) *if you know what I mean*

J, j

J, j [dʒeɪ] J, j

J4F (tekstiviestissä, sähköpostissa) *just for fun* (huvin vuoksi)

1 jab [dʒæb] s pisto, sohaisu, tökkäys (kepillä, neulalla)

2 jab v pistää, sohaista, tökätä (kepillä, neulalla)

1 jabber s pölinä; solkkaus

2 jabber v pölistä, puhua kuin papupata; solkata

1 jack [dʒæk] s **1** nosturi (myös auton, ark:) tunkki **2** (korttipelissä) sotilas **3** (sähkölaitteissa) jakki (johon esim korvakuulokkeet liitetään) **4** *Jack* (ark) kaveri, heppu

2 jack v nostaa nosturilla

jackal [dʒækəl] s sakaali

jackass [dʒækæs] s **1** aasiori **2** (kuv) aasi, idiootti, pölkkypää

jackdaw [dʒækda] s naakka

jacket [dʒækət] s **1** (pikku)takki *life jacket* pelastusliivit **2** (kirjan) suojapaperi, (äänilevyn) kansi, (kirje)kuori **3** (keitetyn perunan) kuori

jack-in-the-box [ˈdʒækəndəˌbaks] s (rasiasta kantta avattaessa ponnahtava) vieteriukko

1 jackknife [ˈdʒækˌnaɪf] s (iso) taskuveitsi, linkkuveitsi

jackknife 1058

2 jackknife v taittaa/taittua kaksinkerroin
jack-of-all-trades [ˌdʒækəvalˈtreɪdz] s (mon jacks-of-all-trades) jokapaikan höylä, tuhattaituri
jack off v (sl) runkata, vetää käteen
jack-o'-lantern [ˈdʒækəˌlæntərn] s kurpitsalyhty (pyhäinmiestenpäivänä (Halloween) käytettävä ontoksi koverrettu kurpitsa jonka kylkeen on veistetty irvokas naama ja jonka sisällä on kynttilä)
jackpot [ˈdʒækˌpat] s päävoitto, koko potti *to hit the jackpot* voittaa päävoitto; onnistua jossakin, menestyä loistavasti
Jacksonville [ˈdʒæksənˌvɪl] kaupunki Floridassa
jack up v **1** nostaa nosturilla **2** korottaa, lisätä (hintoja) **3** rohkaista, kannustaa jotakuta
jade [dʒeɪd] s **1** jade, eräs korumineraali **2** (hevonen) kaakki, luuska
jaded [dʒeɪdəd] adj **1** kyltynyt, sammunut **2** loppuunkulunut, loppuunväsynyt
jagged [dʒægəd] adj rosoinen, lovettu, pyälletty
jaguar [dʒægwar] s jaguaari
1 jail [dʒeɪəl] s putka; vankila
2 jail v panna putkaan; vangita
jailbird [ˈdʒeɪəlˌbərd] s vanki
jailbreak [ˈdʒeɪəlˌbreɪk] s pako (vankilasta)
jailer s vanginvartija; vankilanjohtaja
jailhouse [ˈdʒeɪəlˌhaʊs] s vankila
1 jam [dʒæm] s **1** marmeladi, hillo **2** ruuhka, tungos *traffic jam* liikenneruuhka **3** (ark) tukala tilanne *she's in a jam* hän on pinteessä/pulassa
2 jam [dʒæm] v *jammed, jammed* **1** sulloa, ahtaa, tunkea jotakin jonnekin **2** tukkia (liikenne ym) *the streets were jammed with traffic* kadut olivat aivan tukossa **3** juuttua kiinni *his gun jammed* hänen aseensa ei lauennut **4** *I jammed my hand in the door* käteni jäi oven väliin
Jamaica [dʒəˈmeɪkə] Jamaika
Jamaican s, adj jamaikalainen
James [dʒeɪmz] (kuninkaan nimenä) Jaakko
Jan. *January* tammikuu

1 jangle [dʒæŋgəl] s (metallin) kilinä, kolina
2 jangle v **1** (metalliesineistä) kilistä, kilistää, kolista, kolistella **2** raastaa (hermoja), käydä hermoille
janitor [dʒænətər] s talonmies
January [ˈdʒænjəˌweri] s tammikuu
Japan [dʒəˈpæn] Japani
Japanese [ˌdʒæpəˈniz] s japanin kieli s, adj japanilainen
1 jar [dʒar] s **1** ruukku, purkki, astia **2** tärähdys, tärinä **3** järkytys **4** kina, riita **5** kolina, rätinä, raastava ääni
2 jar v **1** raastaa (hermoja), käydä hermoille **2** täristä **3** kolista, rätistä
jargon [dʒargən] s ammattisanasto, ammattikieli
jarring adj (hermoja, korvia) raastava, räikeä (väri)
jaundice [dʒandəs] s keltatauti
jaundiced adj **1** keltatautinen **2** (kuv) kateellinen, katkeroitunut, kyyninen
1 jaunt [dʒant] s (lyhyt huvi)matka, pyrähdys
2 jaunt v lähteä käymään jossakin, käväistä, pyrähtää
jauntily adv hilpeästi, iloisesti, reippaasti
jaunty adj **1** (ihminen) hilpeä, iloinen, reipas **2** (vaatteet, hattu) tyylikäs, muodikas; rempseä
Java [dʒavə] Jaava
Javan rhinoceros [ˌdʒavənraɪˈnasərəs] s jaavansarvikuono
javelin [dʒævlən] s **1** keihäs **2** keihäänheitto
javelin throw s (urh) keihäänheitto
jaw [dʒa] s **1** leuka, leukaluu **2** (mon) kita (myös kuv), suu (myös kuv) *he was saved from the jaws of death* hän pelastui kuoleman kidasta/kynsistä
jawbone [ˈdʒaˌboʊn] s leukaluu
jawbreaker [ˈdʒaˌbreɪkər] s sanahirviö
jawless fish s (mon) leuattomat kalat
jay [dʒeɪ] s närhi
jaybird [ˈdʒeɪˌbərd] s närhi
jaywalker [ˈdʒeɪˌwakər] s jalankulkija joka esim kävelee punaista valoa päin
jazz [dʒæz] s jazz, jatsi
jazz band s jazzorkesteri, jatsiorkesteri

jazz up v piristää jotakin, tuoda eloa johonkin, panna vauhtia johonkin
jazzy adj **1** jatsahtava, jazzia/jatsia muistuttava **2** (ark) eloisa, vilkas, pirteä **3** (ark) korea, värikäs, räikeä
JCS *Joint Chiefs of Staff*
J.D. *Doctor of Jurisprudence/Law* oikeustieteen tohtori
jealous [dʒeləs] adj **1** mustasukkainen **2** kateellinen *I'm jealous of your success* kadehdin menestystäsi
jealousy [dʒeləsi] s **1** mustasukkaisuus **2** kateus
jeans [dʒinz] s (mon) farkut
Jeep® [dʒip] s (tavaramerkki, kirjoitetaan kuitenkin usein *jeep*) jeeppi
1 jeer [dʒɪər] s pilkka, iva, pilkkahuuto
2 jeer v pitää pilkkanaan, tehdä pilaa jostakusta/jostakin
Jell-O® [dʒeloʊ] s (makea) hyytelö
jelly [dʒeli] s **1** marmeladi, hillo **2** (UK) hyytelö
jelly donut s hillomunkki
jellyfish s meduusa
jeopardize [ˈdʒepərˌdaɪz] v vaarantaa, panna vaaralle alttiiksi, riskeerata
jeopardy [dʒepərdi] s vaara
jerboa [dʒɜrˈboʊə] s aavikkorotta
Jericho [dʒerɪkoʊ] Jeriko
1 jerk [dʒɜrk] s **1** riuhtaisu, nykäisy, kiskaisu **2** (sl) idiootti, tonttu; paskiainen
2 jerk v riuhtaista, nykäistä, kiskaista
jerk off v (sl) runkata, vetää käteen
jerky [dʒɜrki] s kuivattu liha *beef jerky* kuivaliha(patukka) adj **1** nykivä, pätkivä, katkonainen **2** (sl) idioottimainen, älytön, typerä
jersey [dʒɜrzi] s neulepaita, villapaita
Jerusalem [dʒəˈrusələm] Jerusalem
1 jest [dʒest] s leikinlasku, leikki *I just said it in jest* minä sanoin sen leikilläni, en minä sillä mitään tarkoittanut
2 jest v laskea leikkiä, vitsailla
jester s (hist) narri (myös kuv:) leikinlaskija, vitsailija
1 jet [dʒet] s **1** suihke, suihku **2** suutin **3** (sl) suihkumoottori **4** suihkukone
2 jet v **1** suihkuttaa, ruiskuttaa **2** lentää/lennättää (suihkukoneella)
jet engine s suihkumoottori

jet lag s aikaeroväsymys
jet plane s suihku(lento)kone
jet set s jet set, suihkuseurapiirit
jettison [dʒetəsən] v **1** heittää yli laidan, heittää lentokoneesta **2** (kuv) hylätä, luopua jostakin, heittää menemään
jetty [dʒeti] s aallonmurtaja; laituri
Jew [dʒu] s juutalainen
jewel [dʒuəl] s **1** jalokivi **2** (kuv) aarre
jeweler [dʒulər] s jalokivikauppias, kultaseppä
jewelry [dʒulri] s korut
Jewish [dʒuɪʃ] adj juutalainen
jiffy [dʒɪfi] *in a jiffy* hetkessä, tuossa tuokiossa
jig [dʒɪg] v **1** tanssia **2** heiluttaa ylösalas/edestakaisin
jigsaw [ˈdʒɪgˌsa] s lehtisaha
jigsaw puzzle s palapeli
jilt [dʒɪlt] v antaa rukkaset (rakastetulle), hylätä
Jim Crow [ˌdʒɪmˈkroʊ] s **1** rotusyrjintä, rotuerottelu **2** (halventavasti:) musta
1 jingle [dʒɪŋgəl] s **1** (metalliesineiden) kilinä, helinä **2** mainosmelodia
2 jingle v (metalliesineistä) kilistä, kilistää, helistä, helistää
jingo [dʒɪŋgoʊ] s kansalliskiihkoilija, kiihkoisänmaallinen
jingoism [ˈdʒɪŋgoʊˌɪzəm] s kansalliskiihkoilu
1 jinx [dʒɪŋks] s huono onni
2 jinx v pilata, tehdä tyhjäksi
job [dʒab] s **1** työ, tehtävä, homma; velvollisuus *it's your job to clean the rooms* sinun kuuluu siivota huoneet *I'm proud of you, you did a good job* olen ylpeä sinusta, hoidit asian hienosti, teit työsi hyvin **2** työpaikka, työ *he lost his job last week* hänet erotettiin viime viikolla
job-hunt v etsiä työtä/työpaikkaa
job-hunter s työnhakija
jobless [dʒabləs] adj työtön *the jobless* työttömät
joblessness s työttömyys
job market s työvoimamarkkinat
1 jockey [dʒaki] s **1** jockey, ammattikilparatsastaja *disc jockey* deejii, tiskijukka **2** (ark) kuljettaja, kuski

jockey

2 jockey v **1** ratsastaa (kilpahevosella) **2** (ark) ohjata, kuskata **3** hivuttaa, hivuttautua, saada jokin mahtumaan jonnekin *he jockeyed himself into high office* hän keplotteli itsensä korkeaan virkaan *to jockey someone into doing something* houkutella/huijata joku johonkin/tekemään jotakin

1 jog [dʒag] s **1** työntö, tönäisy; kiskaisu, nykäisy **2** hölkkä

2 jog v **1** työntää, tönäistä; kiskaista, nykäistä **2** hölkätä, juosta, käydä lenkillä

jogging s hölkkä, lenkkeily

joggle [dʒagəl] v liikuttaa/vääntää (pienin liikkein) edestakaisin, heiluttaa (hieman)

jog/shuttle dial [ˌdʒagˈʃʌtəlˌdaɪəl] s hakukiekko (esim kuvanauhurissa)

Johannesburg [dʒoʊˈhænəsˌbɜrg] Johannesburg

join [dʒɔɪn] v liittää, liittyä, yhdistää, yhdistyä *he joined the army* hän meni armeijaan/armeijan palvelukseen *go ahead, I'll join you later* mene sinä edeltä, minä tulen myöhemmin perässä *we all join in wishing you a pleasant trip* me kaikki toivotamme sinulle hyvää matkaa

joiner s puuseppä, kirvesmies

joinery [dʒɔɪnəri] s puusepäntyöt, puutyöt

join forces with fr lyöttäytyä yhteen jonkun kanssa, ruveta yhteistyöhön jonkun kanssa

joint [dʒɔɪnt] s **1** nivel *to be out of joint* olla (pois) sijoiltaan; sopimaton **2** liitos, (putki)yhde **3** (sl) marihuanasavuke **4** (sl) kapakka, murju *it's a classy joint* se on tosi upea paikka adj yhteinen, yhteis-, yhteisvoimin tapahtuva *joint venture* yhteisyritys, yhteishanke

jointly adv yhdessä, yhteisvoimin

joist [dʒɔɪst] s kannatinparru, kannatinpalkki, kannatin

1 joke [dʒoʊk] s **1** vitsi, pila **2** jokin joka on mitätön *his new invention is a joke* hänen uusi keksintönsä on yhtä tyhjän kanssa

2 joke v vitsailla, pilailla

joker s **1** vitsailija, vitsien kertoja **2** (pelikortti) jokeri

jokingly adv pilan päiten, vitsaillen

jolly [dʒali] adj iloinen, onnellinen, hyväntuulinen adv (UK) oikein, aika, melkoisen *that's jolly good* hienoa

Jolly Roger s merirosvolippu

1 jolt [dʒoʊlt] s **1** nykäisy, töytäisy, tönäisy **2** (kuv) järkytys

2 jolt v **1** heitellä, ravistella, nykäistä, riuhtaista **2** (kuv) järkyttää

Jordan [dʒɔrdən] (joki) Jordan, (valtio) Jordania

Jordanian [dʒɔrˈdeɪniən] s, adj jordanialainen

1 jostle [dʒasəl] s tungos, ruuhka, ryysis (ark)

2 jostle v tungeksia, tunkeutua, töniä, työntää

jot down [dʒat] v kirjoittaa muistiin

journal [dʒɜrnəl] s **1** päiväkirja **2** sanomalehti **3** (ammatti)lehti

journalese [ˌdʒɜrnəˈliz] s (kielteisesti:) sanomalehtikieli

journalism [dʒɜrnəlɪzəm] s journalismi, lehtityö

journalist [dʒɜrnəlɪst] s toimittaja, lehtimies, lehtinainen, journalisti

journalistic [ˌdʒɜrnəˈlɪstɪk] adj journalistinen, lehtityön, lehtityö-

1 journey [dʒɜrni] s matka

2 journey v matkustaa, matkata

jovial [dʒoʊviəl] adj hyväntuulinen, leppoisa, joviaali

joviality [ˌdʒoʊviˈæləti] s hyväntuulisuus, leppoisuus, joviaalisuus

jowl [dʒaʊəl] s **1** alaleuka **2** poski **3** kaksoisleuka

joy [dʒɔɪ] s ilo

joyful adj iloinen

joyfully adv iloisesti

joyless adj iloton, surullinen, apea, synkkä

joylessly adv ilottomasti, surullisesti, apeasti, synkästi

joyous [dʒɔɪəs] adj iloinen

joyously adv iloisesti

joyride [ˈdʒɔɪˌraɪd] s **1** huviajelu (vars varastetulla autolla) **2** hetken hurma

joystick [ˈdʒɔɪˌstɪk] s **1** (ark) lentokoneen ohjaussauva **2** (tietok) peliohjain, joystick

Ju. *June* kesäkuu
jubilant [dʒubələnt] adj ikionnellinen, riemukas
jubilation [ˌdʒubə'leɪʃən] s juhla, juhlinta
jubilee [ˌdʒubə'li] s **1** (vuosi)juhla, vuosipäivä *silver jubilee* hopeahääpäivä, 25-vuotisjuhla *golden jubilee* kultahääpäivä, 50-vuotisjuhla *diamond jubilee* timanttihääpäivä, 60/70-vuotisjuhla **2** 50-vuotisjuhla, 50-vuotispäivä
Judaea [ˌdʒu'deɪə] Juudea
1 judge [dʒʌdʒ] s **1** tuomari (oikeudessa, kilpailussa) **2** tuntija *he is not a good judge of character* hän on huono ihmistuntija
2 judge v **1** tuomita *the defendant was judged guilty* syytetty todettiin syylliseksi, syytetty tuomittiin **2** päätellä, olettaa, arvioida, otaksua *judging from his clothes, he must be rich* hän on vaatteista päätellen rikas
judgment [dʒʌdʒmənt] s **1** tuomio, tuomitseminen **2** arvostelukyky *your decision shows poor judgment* päätöksesi on merkki arvostelukyvyn puutteesta *an error of judgment* arviointivirhe, virhearviointi **3** mielipide, näkemys, katsomus
judgmental [dʒʌdʒ'mentəl] adj tuomitseva, syyttävä
Judgment Day s tuomiopäivä
judicial [dʒu'dɪʃəl] adj oikeudellinen, oikeus-
judicial separation s (lak) asumusero
judiciary [dʒu'dɪʃɪeri] s **1** (valtionhallinnossa) tuomiovalta **2** oikeuslaitos **3** tuomarit, tuomaristo
judicious [dʒu'dɪʃəs] adj harkittu, viisas, varovainen, avarakatseinen
judiciously adv ks judicious
judo [dʒudoʊ] s judo
judoka ['dʒudoʊˌka ˌdʒudoʊ'ka] s judoka
jug [dʒʌg] s **1** kannu, astia, ruukku **2** (mon, sl) rinnat, melonit
juggernaut ['dʒʌgərˌnat] s tuho, hävitys *the juggernaut of war* sodan Moolokin kita
juggle [dʒʌgəl] v **1** temppuilla (palloilla) **2** huijata, juonitella, parannella (luvattomasti esim tilejä)

jumpy

juggler [dʒʌglər] s jonglööri, temppuilija
juice [dʒus] s **1** mehu (myös kuv) **2** (sl) sähkö; bensa
juiciness s mehukkuus, mehevyys (myös kuv)
juicy [dʒusi] adj mehukas, mehevä (myös kuv)
jukebox ['dʒukˌbaks] s levyautomaatti
Jul. *July* heinäkuu
July [dʒə'laɪ] s heinäkuu
jumbo [dʒʌmboʊ] s **1** mammutti (kuv) **2** (laajarunkolentokone, erityisesti Boeing 747) jumbo jet adj mammuttimainen, valtava, suurikokoinen
jumbo jet s (laajarunkolentokone, erityisesti Boeing 747) jumbo jet
1 jump [dʒʌmp] s **1** hyppy **2** (hintojen, lämpötilan) äkillinen nousu **3** säpsähdys, säikähdys *you gave me a jump when you entered the room without knocking* säikähdin kun tulit sisään koputtamatta
2 jump v **1** hypätä, ponnahtaa **2** (hinta, lämpötila) nousta äkkiä **3** säpsähtää, säikähtää
jump all over someone fr antaa jonkun kuulla kunniansa, haukkua joku pystyyn
jump at v tarttua innokkaasti tilaisuuteen
jump bail fr jättää saapumatta oikeuteen ja menettää takausmaksu (bail)
jump cut s (video- ja elokuvauksessa) hyppyleikkaus
jump down someone's throat fr (ark) ruveta haukkumaan jotakuta
jumper s **1** hyppääjä **2** (naisten hihaton) puku, liivihame **3** (UK) neulepusero **4** (sähkölaitteissa) hyppylanka, hyppyliitin
jump into something with both feet fr syöksyä/ryhtyä johonkin suin päin, hätiköidä
jump on v moittia, haukkua
1 jump-start s auton käynnistys kaapelilla
2 jump-start v käynnistää auto kaapelilla
jump the gun fr ottaa varaslähtö
jumpy adj **1** säikky, hermostunut, levoton **2** nykivä, pätkivä, katkonainen

jun. *junior* nuorempi
Jun. *June* kesäkuu
junction [dʒʌŋkʃən] s **1** (rautatie-, maantie)risteys **2** liitin, liitos
juncture [dʒʌŋkʃər] **1** vaihe *at this juncture* nyt, tässä vaiheessa, tässä tilanteessa **2** ratkaisuvaihe
June [dʒun] s kesäkuu
jungle [dʒʌŋgəl] s viidakko *it's a jungle out there* (kuv) ulkomaailma on täysi hullunmylly
1 junior [dʒunjər] s **1** nuorempi henkilö **2** alempiarvoinen työntekijä ym. **3** viimeistä edellisen luokan/vuoden opiskelija
2 junior adj **1** nuorempi *William Bates, Jr.* William Bates nuorempi, William Bates Jr. **2** (kuv) nuorempi, alempiarvoinen *he is a junior assistant* hän on nuorempi avustaja **3** viimeistä edellisen opintovuoden
junior college s college jossa annetaan vain yhden tai kahden vuoden mittaista opetusta
junior high school s (vastaa Suomessa) peruskoulun yläaste(tta)
juniper [dʒunɪpər] s kataja
junk [dʒʌŋk] s **1** roina, romu, roska **2** džonkki
junk food s kioskiruoka, roskaruoka
junkie [dʒʌŋki] s (ark) narkomaani *she is a coffee junkie* hän on kahvinarkomaani, hän on tullut riippuvaiseksi kahvista
junta [huntə] s juntta
Jupiter [dʒupətər] Jupiter
jurisdiction [ˌdʒərəzˈdɪkʃən] s **1** tuomiovalta **2** määräysvalta, valta *I am sorry but that is not your jurisdiction* olen pahoillani mutta se ei ole sinun vallassani
jurisprudence [ˌdʒərəsˈprudəns] s **1** oikeustiede **2** laki, lait
jurist [dʒərɪst] s lakimies, lainoppinut, juristi
Jur.M. *Master of Jurisprudence* oikeustieteen maisteri
juror [dʒərər] s valamies
jury [dʒəri] s **1** (lak) valamiehistö **2** arvostelulautakunta, (kilpailun) tuomaristo, jury
jury consultant s puolustusasianajajaa valamiehistön valinnassa avustava asiantuntija
just [dʒʌst] adj oikeudenmukainen, (rangaistus myös:) ansaittu adv **1** juuri (äsken, nyt) *I was just going to call you* aioin juuri soittaa sinulle **2** juuri, nimenomaan *that is just what he meant* juuri sitä hän tarkoitti **3** juuri (ja juuri), nipin napin, niukasti *you just missed the bus* bussi ehti juuri lähteä **4** pelkästään, pelkkä, vain, ainoastaan *he is just an ordinary guy* hän on ihan tavallinen ihminen **5** kerrassaan *that record is just fantastic* tuo levy on kerta kaikkiaan loistava
justice [dʒʌstəs] s **1** oikeudenmukaisuus **2** oikeus, laki **3** oikeutus, peruste *you complained with justice* valituksesi oli oikeutettu **4** tuomari
justice of the peace s rauhantuomari
justifiable [ˈdʒʌstəˌfaɪəbəl] adj oikeutettu
justifiably adv oikeutetusti
justification [ˌdʒʌstəfɪˈkeɪʃən] s **1** peruste, perustelu, oikeutus, puolustus **2** (tekstin asettelussa vasen/oikea) suora
justify [ˈdʒʌstəˌfaɪ] v **1** puolustautua, perustella tekonsa **2** tehdä oikeutetuksi *your behavior was not justified* käytöksesi ei ollut oikeutettua **3** suoristaa (teksti)
jute [dʒut] s juutti
jut out [dʒʌt] v työntyä jonnekin, pistää esiin
juvenile [ˈdʒuvəˌnaɪəl] s nuori, nuorukainen adj nuorten, nuoriso-, nuoruusiän *juvenile books* nuortenkirjat
juvenile delinquency [dəˈlɪŋkwənsi] s nuorisorikollisuus
juvenile delinquent [dəˈlɪŋkwənt] s nuorisorikollinen
juvenile-onset diabetes s nuoruusiän diabetes
juxtapose [ˌdʒʌkstəˈpoʊz] v rinnastaa, asettaa rinnakkain
juxtaposition [ˌdʒʌkstəpəˈzɪʃən] s rinnastus

K, k

K, k [keɪ] K, k
K (tekstiviestissä, sähköpostissa) okay
kabob [kə'bab] s (ruoka) kebab
kakapo [ˌkækə'poʊ] s (lintu) kakapo
kaleidoscope [kə'laɪdəˌskoʊp] s kaleidoskooppi
kaleidoscopic [kəˌlaɪdə'skapɪk] adj monenkirjava, sekalainen, värikäs
Kampuchea [ˌkampʊ'tʃeɪə] (vanh) Kamputsea
Kampuchean s, adj (vanh) kamputsealainen
Kan. *Kansas*
kangaroo [ˌkæŋgə'ru] s kenguru
kangaroo rat s kengururotta
Kans. *Kansas*
Kansas [kænzəs] Yhdysvaltain keskilännen osavaltioita
Kansas City [ˌkænzəs'sɪti] kaupunki Missourin osavaltiossa
karaoke [ˌkara'oʊkeɪ, ˌkerɪ'oʊki] s karaoke
karat [kerət] s karaatti
karate [kə'rati] s karate
karateka [kə'rateˌka] s karateka
Karelia [kə'reɪliə] Karjala
Karelian Isthmus [kəˌreɪlɪən'ɪsməs] Karjalan kannas
karma [karmə] s karma, kohtalo
1 kayak [kaɪæk] s kajakki *white water kayak* koskikajakki, puljauskajakki
2 kayak v meloa/kulkea kajakilla
Kazakhstan [ˌkazak'stan] Kazakstan
KB *kilobyte* kilotavu
K.C. *Kansas City*
kea s (lintu) kea
kebab [kə'bab] s (ruoka) kebab
keel [kiəl] s emäpuu, köli *to be on an even keel* (kuv) olla tasapainossa
keel over v 1 (laiva) kaatua 2 (ihminen) kellahtaa kumoon, pyörtyä

keen [kin] adj 1 innokas, halukas 2 tarkka, terävä (äly, aisti), voimakas (kipu, halu), suuri (nautinto)
keenly adv 1 innokkaasti, halukkaasti 2 voimakkaasti, syvästi
keenness s into, innokkuus, halu, halukkuus
1 keep [kip] s 1 elanto, elatus 2 *to play for keeps* pelata/olla tosissaan
2 keep v kept, kept 1 pitää *where do you keep the keys?* missä pidät/säilytät avaimia? *we don't keep that model in stock* me emme pidä sitä mallia varastossa, meillä ei ole sitä mallia varastossa *keep the change* pitäkää vaihtorahat *keep the engine running* anna moottorin käydä, pidä moottori käynnissä *she keeps her apartment clean* hän pitää asuntonsa siistinä 2 *to keep a promise* pitää lupauksensa 2 pidätellä, viivytellä *I'm sorry, I'm keeping you* anteeksi, nyt minä pidättelen sinua suotta *what's keeping you from joining the army?* mikä sinua muka estää menemästä armeijaan? 3 pysyä/pysytellä jossakin/jonkinlaisena, seurata (tietä) *slower traffic keep right* (liikennemerkkinä) hitaiden ajoneuvojen tulee käyttää oikeaa kaistaa *to keep calm* pysyä rauhallisena, säilyttää malttinsa *try to keep away from sugary foods* yritä olla syömättä sokerisia ruokia 4 jatkaa *to keep doing something, to keep on doing something* jatkaa jonkin tekemistä 5 (ruoka) säilyä 6 voida, jaksaa 7 *that will keep* se saa odottaa, se voi jäädä myöhemmäksi
keep an eye on fr pitää silmällä jotakuta/jotakin, seurata
keep at v jatkaa sinnikkäästi, ei antaa periksi

keep back v **1** pitää/pysyä loitolla jostakin **2** salata, ei paljastaa, pitää omana tietonaan
keep books fr pitää kirjaa (yrityksen menoista)
keep down v **1** puhua hiljaa **2** pitää (hinnat) alhaisina
keeper s **1** vartija *I am not my brother's keeper* en ole veljeni vartija **2** valvoja, huoltaja
keep faith with fr olla uskollinen jollekulle/jollekin
keeping s **1** hoiva, huosta **2** (määräyksen) noudattaminen **3** *in keeping with something* jonkin mukaisesti/mukainen
keep on v jatkaa *just keep on reading* jatka lukemista, lue eteenpäin
keepsake [ˈkipˌseɪk] s muistoesine; matkamuisto
keep step fr pysyä (samassa) tahdissa (myös kuv:) pysyä (esim ajan, tilanteen) tasalla
keep the wolf from the door *he's just trying to keep the wolf from the door* hän yrittää vain ansaita jotakin hengenpitimiksi, hän ei halua joutua puille paljaille
keep time fr ottaa aikaa
keep to yourself v **1** pysytellä omissa oloissaan **2** pitää omana tietonaan, salata
keep track of fr seurata jotakin, pitää silmällä jotakin, pysytellä ajan tasalla
keep under wraps fr (ark) pitää salassa/salata
keep up v **1** pysyä vauhdissa/menossa ym mukana **2** pitää hyvässä kunnossa, pitää hyvää huolta jostakin
keep up the good work! fr jatka(kaa) samaan malliin!
keep up with v pysytellä ajan/tapahtumien tasalla
keep up with the Joneses fr pärjätä (ark) elintasokilpailussa
keep your figure fr ei lihoa, pysyä hoikkana
keep your head above water *some of us have trouble keeping our heads above water* toisilla meistä on vaikeuksia saada rahat riittämään/tulla toimeen

keep your place fr tietää (oikea) paikkansa, olla ihmisiksi, käyttäytyä asemansa mukaisesti
keep your shirt on fr (ark) hillitä itsensä, ei hermostua, ei pillastua
keep your wits about you fr pysyä valppaana/terävänä
keep your word fr pitää lupauksensa/sanansa
keg [keɪg] s pieni tynnyri
Kelvin [ˈkelvən] adj Kelvinin lämpötila-asteikkoon kuuluva, sen mukainen *300 degrees Kelvin* 300 K, 300 kelviniä
1 kennel [ˈkenəl] s **1** koirankoppi **2** (yl mon) koiratarha
2 kennel v panna/viedä koiratarhaan *we kenneled our dog when we went on vacation* veimme koiramme loman ajaksi tarhaan
Kent [kent] Englannin kreivikuntia
Kentucky [kənˈtʌki]
Kenya [ˈkenjə kinjə] Kenia
Kenyan s, adj kenialainen
kept [kept] ks keep
kernel [ˈkərnəl] s (esim pähkinän) ydin (myös kuv)
kestrel [ˈkestrəl] s tuulihaukka
ketchup [ˈketʃəp] s ketsuppi
kettle [ˈketəl] s kattila, pata
kettledrum [ˈketəlˌdrʌm] s patarumpu
kettle of fish *you've gotten yourself into a fine kettle of fish* johan sinä olet kauniin sopan keittänyt!
key [ki] s **1** avain (myös kuv:) ratkaisu, vastaus *hard work is the key to his success* ahkeruus on hänen menestyksensä salaisuus **2** (mus) sävellaji *songs in the key of life* lauluja elämän sävellajissa **3** (kirjoituskoneen) näppäin, (pianon) kosketin **4** matala saari, riutta, luoto *Florida Keys* adj avain-, keskeinen-
keyboard [ˈkiˌbɔrd] s **1** (soittimen) koskettimisto, sormio **2** kosketinsoitin **3** (kirjoitus/tietokoneen) näppäimistö
key card s avainkortti (jolla avataan lukko)
keyed up over adj (olla) hermostunut jostakin, jännittää jotakin
keyhole [ˈkiˌhoʊl] s avaimenreikä

keynote [ˈkiːˌnoʊt] s perussävel (myös kuv:) perustunnelma, perussävy, johtoajatus

keynote address s pääesitelmä, juhlaesitelmä/puhe

keypal [ˈkiːˌpæl] s sähköpostinvaihtokaveri, meilikaveri

keystone [ˈkiːˌstoʊn] s peruskivi (myös kuv)

Key West [kiːˈwest] s saari ja kaupunki Floridan eteläkärjessä

keyword [ˈkiːˌwɜːrd] s avainsana

khaki [kæki] s **1** khaki(kangas) **2** khakivaate (esim sotilasunivormu) **3** kellertävänruskea väri adj **1** khaki(kangas)- **2** kellertävänruskea

kHz *kilohertz* kilohertsi

kibble [kɪbəl] s (koiran) kuivamuona

1 kick [kɪk] s potku (myös kuv:) voima, yty

2 kick v **1** potkaista, potkia **2** (sl) lopettaa huumeen käyttö, päästä eroon huumeesta *Tom kicked the habit* Tom pääsi eroon huumeesta

kick about v kuljeksia siellä täällä

kick against the pricks fr kapinoida turhaan, lyödä päätään seinään

kick around v **1** kohdella jotakuta tylysti/kaltoin **2** pohtia, miettiä **3** lorvailla, maleksia, hortoilla

kick ass v (sl) **1** ei kaihtaa keinoja, ryhtyä koviin otteisiin **2** (voittaa) löylyttää, piestä

kickback s (lahjus)provisio

kick butt and take names fr (ark) antaa toisten kuulla kunniansa

kick in v **1** pulittaa/maksaa osansa **2** ruveta toimimaan

kick in the teeth fr takaisku

kickoff s **1** (urh) alkupotku **2** (kuv) alku, käynnistys

kick on v käynnistää

kick out v **1** potkia joku pellolle, antaa jollekulle kenkää **2** sammua, lakata toimimasta

kick the bucket fr potkaista tyhjää, heittää henkensä/veivinsä

kick the habit fr päästä (huonosta) tavasta

kick up v aloittaa, panna alulle, saada aikaan

kick up a fuss fr nostaa häly/äläkkä

1 kid [kɪd] s **1** kili **2** vuohennahka **3** (ark) lapsi, pentu *when we were kids* meidän lapsuudessamme, kun me olimme pieniä **4** (ark) kaveri, heppu *he's a nice kid* hän on ihan mukava kaveri

2 kid v narrata *who do you think you are kidding?* ketä sinä oikein luulet narraavasi?, mitä ihmettä sinä oikein puhut?

kid brother s pikkuveli

kid gloves *to handle someone with kid gloves* varoa loukkaamasta jotakuta, olla hellä jotakuta kohtaan

kidnap [kɪdnæp] v siepata, ryöstää (ihminen), kidnapata

kidnaper s sieppaaja, ihmisryöstäjä, kidnappaaja

kidnapper ks kidnaper

kidnapping s sieppaus, ihmisryöstö, kidnappaus

kidney [kɪdni] s munuainen, munuaiset

kidney stone s munuaiskivi

kid stuff *that's kid stuff* **1** se on tarkoitettu lapsille **2** se on lasten leikkiä, se on helppo nakki

kielbasa [kɪəlˈbɑːsə] s (voimakkaasti maustettu) puolalaismakkara

Kiev [kiːˈev] Kiova

1 kill [kɪl] s tappo *he wanted to be in on the kill* (kuv) hän halusi olla paikalla ratkaisevalla hetkellä/H-hetkellä

2 kill v **1** tappaa (myös kuv:) tehdä loppu jostakin *she was killed in a car accident* hän sai surmansa autokolarissa *to kill two birds with one stone* tappaa kaksi kärpästä yhdellä iskulla *the new taxes killed all stock speculation* uudet verot saivat osakekeinottelun loppumaan *the suspense is killing me* minä olen pakahtua jännityksestä **2** kaataa *the director killed the proposal* johtaja kaatoi esityksen *the editor killed the story* päätoimittaja päätti olla julkaisematta juttua **3** sammuttaa *he killed the headlights* hän sammutti auton valot

killdeer s (lintu) amerikantylli

killer s **1** tappaja, murhaaja **2** (sl) *Springsteen's new record is a killer* Springsteenin uusi levy on rautaa

killer application s (tietok) jymysovellus
killer bee s tappajamehiläinen
killer cell s tappajasolu
killer whale s miekkavalas, tappajavalas
killing s **1** tappaminen **2** (metsästys)saalis **3** *he made a killing in the stock market* hän pisti (hetkessä) rahoiksi osakekaupoilla
kill-joy [ˈkɪlˌdʒɔɪ] s ilonpilaaja
kill off v tappaa kaikki, tappaa sukupuuttoon
kill time fr tappaa/kuluttaa aikaa
kiln [kɪl] s polttouuni
kilo [ˈkiːloʊ] s kilo
kilobyte [ˈkɪləˌbaɪt] s kilotavu
kilogram [ˈkɪləˌɡræm] s kilogramma
kilometer [kəˈlæmətər] s kilometri
kilowatt [ˈkɪləˌwɒt] s kilowatti
kilowatt-hour s kilowattitunti
kilt [kɪlt] s kiltti, skottilaishame
kimono [kəˈmoʊnoʊ] s (mon kimonos) kimono
kin [kɪn] s perhe, suku, sukulaiset, omaiset *next of kin* lähin omainen, lähiomainen, lähiomaiset
1 kind [kaɪnd] s **1** laji, laatu, luokka, tyyppi *there are two kinds of people* ihmisiä on kahdenlaisia *this fabric is the same kind as the other* tämä kangas on samanlaista kuin tuo toinen *these two pens are of a kind* nämä kynät ovat samanlaiset **2** *a kind of* eräänlainen: *they came in a kind of station wagon* he tulivat jonkinlaisella farmariautolla *it's kind of hard to describe what it was like* on vaikea sanoa tarkkaan millainen se oli *it was kind of strange to go back to my childhood home* oli tavallaan outoa palata lapsuudenkotiini **3** *to pay in kind* maksaa luonnontuotteina; (kuv) maksaa/antaa takaisin samalla mitalla
2 kind adj hyväntahtoinen, hyvä, ystävällinen, lempeä, mukava *it was very kind of you to come* oli oikein mukavaa kun tulit
kindergarten [ˈkɪndərˌɡartən] s lastentarha
kindergartner s **1** lastentarhassa käyvä lapsi **2** lastentarhanopettaja
kindle [ˈkɪndəl] v sytyttää, syttyä (myös kuv), palaa
kindly [ˈkaɪndli] adj hyväntahtoinen, ystävällinen, ystävällinen, lempeä, mukava adv hyväntahtoisesti, ystävällisesti, lempeästi *kindly refrain from smoking while you're in my office* ole hyvä äläkä tupakoi minun työhuoneessani *he did not take kindly to my suggestion* hän suhtautui ehdotukseeni nuivasti
kindness s **1** ystävällisyys, hyväntahtoisuus, hyvyys, lempeys *she said it out of kindness* hän sanoi sen hyvän hyvyyttään **2** armelias teko
kindred [ˈkɪndrəd] s sukulaiset, suku, omaiset adj sukulais- *we are kindred souls* olemme sukulaissieluja
kinesis [kəˈniːsɪs] s (fysiologiassa) kineesi
kinesthesia [ˌkɪnəsˈθiːʒə] s kinestesia, lihasaisti, liikunta-aisti
kinetic [kəˈnetɪk] adj kineettinen, liike-
king [kɪŋ] s kuningas (myös šakissa ja kuv)
kingdom [ˈkɪŋdəm] s **1** kuningaskunta **2** *animal kingdom* eläinkunta *vegetable kingdom* kasvikunta
kingdom come s **1** tuonpuoleinen, tuleva elämä **2** *till kingdom come* (ark) hamaan tulevaisuuteen, ties kuinka pitkään/kauan
kingfisher s (lintu) kuningaskalastaja
Kings Canyon [ˌkɪŋzˈkænjən] kansallispuisto Kaliforniassa
King's English s (erityisesti britti)englannin kirjakieli
king-size adj **1** isokokoinen, suuri, suur-, jättiläis- **2** (vuodekoko) 193–198 cm x 203–213 cm **3** (savuke) erikoispitkä, king size
kinky [ˈkɪŋki] adj **1** (tukka) kähärä, käkkärä **2** (ihmisestä: sukupuolisesti) poikkeava, outo
kinship [ˈkɪnʃɪp] s **1** sukulaisuus **2** yhtäläisyys, samankaltaisuus, läheisyys
kiosk [ˈkɪɒsk] s **1** kioski, myyntikoju **2** mainospylväs **3** (UK) puhelinkioski
1 kiss [kɪs] s suudelma (myös kuv), suukko
2 kiss v suudella

KISS (tekstiviestissä, sähköpostissa) *keep it simple stupid*
kiss ass v (sl) hännystellä, mielistellä
kiss of death s (kuv) kuolinisku
kiss off v (sl) **1** ei välittää jostakin, viitata kintaalla jollekin **2** luopua jostakin
KIT (tekstiviestissä, sähköpostissa) *keep in touch*
kit [kɪt] s **1** varusteet, välineet, tarpeet **2** sarja, välineistö, välineet **3** rakennussarja
kit and caboodle [ˌkɪtənkə'budəl] *the whole kit and caboodle* kimpsut ja kampsut, koko konkkaronkka
kitchen [kɪtʃən] s keittiö (myös ruuanlaitto, ruoka:) *Finnish kitchen* suomalainen keittiö
kitchenette [ˌkɪtʃən'et] s keittokomero
kitchen sink (kuv) *the burglars took everything except the kitchen sink* murtovarkaat veivät kaiken paitsi tuhkat uunista
kite [kaɪt] s leija
kit fox s kissakettu
kith and kin [ˌkɪθən'kɪn] fr sukulaiset, verisukulaiset, tuttavat
kitten [kɪtən] s kissanpentu, kissanpoikanen
kiva [kivə] s (pueblointiaanien maanalainen) pyhä huone
kiwi [kiwi] s **1** (lintu) kiivi **2** (hedelmä) kiwi, kiivi
KJV *King James Version* vuoden 1611 raamatunkäännös, Kuningas Jaakon Raamattu
KKK *Klu Klux Klan*
Klan [klæn] s Ku Klux Klan
Klansman [klænzmən] s Ku Klux Klanin jäsen
Kleenex® [klineks] s (tavaramerkki) paperinenäliina
kleptomania [ˌkleptoʊ'meɪniə] s kleptomania, varastamishimo
kleptomaniac [ˌkleptoʊ'meɪniæk] s kleptomaani
knack [næk] s **1** taito, lahjat *he has a knack for languages* hänellä on kielipäätä **2** niksi, juju
knäckebröd [kə'nekəˌbrəd] s näkkileipä

knight-errant

knackwurst ['nakˌwərst] s (voimakkaasti maustettu nakki)makkara
knapsack ['næpˌsæk] s (selkä)reppu
knead [nid] v **1** vaivata (taikinaa) **2** hieroa (lihaksia)
knee [ni] s polvi *at the end of the war, Germany was on its knees* sodan lopussa Saksa oli polvillaan *on bended knees* polvillaan *to cut someone off at the knees* nöyryyttää joku
kneecap ['niˌkæp] s polvilumpio
knee-deep adj polven syvyinen, (olla) polvia myöten (jossakin) *Harry is knee-deep in trouble* (kuv) Harry on pahassa pulassa
knee-high adj polvenkorkuinen
knee jerk s polviheijaste, patellaarirefleksi
knee-jerk adj (ark) ajattelematon, joka tekee mitä käsketään
1 kneel [niəl] s polvistuminen
2 kneel v knelt/kneeled, knelt/kneeled: polvistua
knee pants s (mon) polvihousut (kuv:) lapsuus
knee-socks s (mon) polvisukat
1 knell [nel] s kellojen soitto (erityisesti) kuolinkellojen soitto
2 knell v soittaa (kuolin)kelloja
knelt [nelt] ks kneel
knew [nu] ks know
Knickerbocker s **1** hollantilaisperäinen newyorkilainen **2** newyorkilainen
knickerbockers ['nɪkərˌbakərz] s (mon) polvihousut
knickers [nɪkərz] s (mon) **1** polvihousut **2** (UK) naisten alushousut
knickknack ['nɪkˌnæk] s pikkukirama
1 knife [naɪf] s (mon knives) veitsi *to be under the knife* olla leikkauksessa
2 knife v puukottaa, pistää/leikata veitsellä
knife edge s (veitsen, vaa'an) terä *to be on a knife's edge* (kuv) olla veitsenterällä
knight [naɪt] s **1** ritari (myös kuv) **2** (UK) aatelismies (Sir)
knight-errant [ˌnaɪt'erənt] s vaeltava ritari

knighthood ['naɪtˌhʊd] s aatelisarvo, aateluus *to confer knighthood upon someone* aateloida joku
knightly adj ritarillinen, jalo, aatelismiehen
knit [nɪt] v knit/knitted, knit/knitted **1** neuloa, kutoa **2** rypistää *he knitted his brow* hän rypisti otsaansa **3** lähentää toisiinsa (together), yhdistää
knitwear ['nɪtˌweər] s neulevaatteet, neuleet
knives [naɪvz] ks knife
knob [nab] s nuppi, (oven) kahva
1 knock [nak] s **1** koputus **2** isku, lyönti **3** moite, haukkumiset, morkkaus
2 knock v **1** koputtaa *to knock on wood* (kuv) koputtaa puuta **2** iskeä, lyödä *he knocked the man flat on the floor* hän iski miehen nurin **3** (ark) haukkua, moittia, morkata, lyödä lyttyyn
knock down v **1** purkaa, hajottaa **2** alentaa, laskea (hintaa)
knock off v lopettaa (työ ym)
knock out v **1** (nyrkkeilyssä) tyrmätä, (laajemmin:) iskeä/viedä joltakulta taju kankaalle **2** väsyttää, uuvuttaa **3** suoltaa (tekstiä), väsätä (nopeasti) **4** särkeä, rikkoa, katkaista (sähkö)
knockout s **1** tyrmäys **2** (ark) joku tai jokin joka on aivan omaa luokkaansa *she is a real knockout* hän on tosi hyvän näköinen
knock over v **1** kaataa (kumoon) **2** järkyttyä, tyrmistyä
knock someone for a loop fr saada joku ällistymään/haukkomaan henkeään
knock the socks off *something knocks the socks off someone* jokin vie joltakulta jalat alta, jokin saa jonkun ällistymään/hämmästymään perinpohjaisesti
knock the tar out of someone fr (ark) antaa jollekulle perusteellinen selkäsauna
knock up v **1** väsyttää, uuvuttaa **2** kolhia, rikkoa **3** (sl) tehdä raskaaksi
knockwurst ['nakˌwərst] s (voimakkaasti maustettu nakki)makkara
knot [nat] s **1** solmu *to tie the knot* (kuv) mennä naimisiin **2** solmu, (1,852 km/h) meripeninkulma/h
knotty [nati] adj solmuinen; oksainen (puu); mutkikas, visainen (ongelma)
1 know [noʊ] s *to be in the know* olla perillä asioista, olla ajan tasalla
2 know v knew, known **1** tietää *he does not know the first thing about computers* hän ei tiedä tietokoneista yhtään mitään **2** osata *do you know Russian?* osaatko/puhutko venäjää? **3** tuntea *she knows New England very well* hän tuntee Uuden-Englannin erittäin hyvin *do you know him?* tunnetko hänet? **4** (osata) erottaa *he doesn't know right from left* hän ei osaa erottaa vasenta ja oikeaa
knowable adj joka voidaan tietää
know all men by these presents fr (lak) täten ilmoitan/ilmoitamme
know by sight fr tuntea joku ulkonäöltä
knowhow ['noʊhaʊ] s taitotieto, osaaminen
knowing adj (katse, ilme) oivaltava, ymmärtävä, tietäväinen
knowingly adj **1** tahallaan, tietoisesti, tieten tahtoen **2** (hymyillä) ymmärtävästi, tietäväisesti
know-it-all ['noʊɪtˌal] s rikkiviisas, näsäviisas, (ironisesti) kaikkitietävä
knowledge [nalədʒ] s **1** tieto, tietämys *factual knowledge* faktatiedot *to the best of my knowledge* minun tietääkseni **2** taito, osaaminen *a knowledge of French is necessary for the job* työssä vaaditaan ranskan taitoa
knowledgeable [nalədʒəbəl] adj sivistynyt, hyvin perillä jostakin, tietäväinen *he is not knowledgeable about the change* hän ei tiedä muutoksesta
known [noʊn] v ks know adj tunnettu, yleisesti tunnettu/tunnustettu
know the ropes fr osata asiat, hallita homma
know where the shoe pinches fr tietää mistä kenkä puristaa
know your place fr tietää (oikea) paikkansa, olla ihmisiksi, käyttäytyä asemansa mukaisesti
knuckle [nʌkəl] s rystynen
knuckle down v ahertaa, panna hihat heilumaan

knuckle under v antaa periksi, luopua leikistä
1 knurl [nərəl] s pyällys, roso
2 knurl v pyältää, rosoistaa, tehdä rosoiseksi
knurled adj pyälletty, rosoinen
KO *knockout* tyrmäys
koala [kəˈwalə] s koala, pussikarhu
kob s kobiantilooppi, puku
Kodak® [koʊdæk] s (tavaramerkki) Kodak-kamera
Kola [koʊlə] Kuola
Kola Peninsula Kuolan niemimaa
kolkhoz [kɔlkˈhoʊz] s kolhoosi
kookaburra [ˈkukəˌbərə] s naurulintu
kopeck [koʊpek] s kopeekka
Koran [kəræn] s Koraani
Korea [kəˈriə] Korea
Korean s korean kieli s, adj korealainen
kosher [koʊʃər] adj **1** (juutalaisuudessa) košer, puhdas **2** (ark) aito, asianmukainen, kunnollinen, kunnon *it's not kosher* siinä on jotakin mätää/hämärää
1 kowtow [kaʊtaʊ] s hännystely, mielistely, nöyristely
2 kowtow v **1** hännystellä, nöyristellä, mielistellä **2** kumartua ja koskettaa otsalla maata kunnioituksen, nöyrtymisen ym osoitukseksi
kph *kilometers per hour* kilometriä tunnissa, km/h
Kraut [kraʊt] s (sl, halventavasti) sakemanni *he drives a Kraut car* hänellä on saksalainen auto
krill [krɪl] s (mon) krilliäyriäiset
krona [kroʊnə] s (mon kronor) (Ruotsin) kruunu
KS *Kansas*
kudos [kudoʊz] s ylistys, kehut, kunnia
Ku Klux Klan [ˌkuklʌksˈklæn] s Ku Klux Klan
Kurile Islands [kʊˈrɪəl] Kuriilit
kWh *kilowatt-hour* kilowattitunti
Ky. *Kentucky*
KY *Kentucky*
kyphosis [kɪˈfoʊsɪs] s kyttyräselkä, kyfoosi
Kyrgystan [ˈkɪərgɪzˌtan] Kirgisia

L, l

L, l [eəl] L, l
L8 (tekstiviestissä, sähköpostissa) *late*
L8ER (tekstiviestissä, sähköpostissa) *later*
La. *Louisiana*
LA *Louisiana*
L.A. *Los Angeles*
lab [læb] s (lyh sanasta laboratory) laboratorio, labra
1 label [leɪbəl] s **1** etiketti, (nimi- tai muu) lappu **2** lyhenne, nimike, leima (kuv)
2 label v **1** varustaa etiketillä/nimilapulla tms **2** nimittää jotakuta joksikin, leimata joku joksikin *he was labeled a racist* hänet leimattiin rasistiksi
1 labor [leɪbər] s **1** työ; tehtävä **2** työvoima, työväestö, työväenluokka **3** uurastus, raadanta **4** (synnytys)poltot
2 labor v **1** tehtä työtä, työskennellä **2** uurastaa, raataa, ahertaa **3** jauhaa (samaa asiaa)
laboratory [ˈlæbrəˌtɔri] s laboratorio
labor camp s työleiri
Labor Day s (Yhdysvalloissa) työn päivä (syyskuun ensimmäinen maanantai)
laborer s työmies, työläinen, työntekijä
labor for v nähdä vaivaa/tehdä työtä jonkin eteen
labor-intensive adj työvoimavaltainen
laborious [ləˈbɔriəs] adj työläs, vaivalloinen, raskas (myös tekstistä)
labor movement s työväenliike

labor of love

labor of love s asianharrastus *it was a labor of love* hän teki sen asianharrastuksesta
labor pains s (mon) synnytystuskat (myös kuv)
laborsaving ['leɪbərˌseɪvɪŋ] adj työtä helpottava/säästävä
labor under v kärsiä/joutua kärsimään jostakin *he labors under a misconception* hän saa kärsiä siitä että hän on käsittänyt asian väärin
labor union s ammattiyhdistys
Labour Party s (Ison-Britannian) työväenpuolue
Labrador ['læbrəˌdɔr]
Labrador retriever [ˌlæbrədɔrrə'triːvər] s (koira) labradorinnoutaja
labyrinth [læbərənθ] s labyrintti (myös kuv:) sokkelo, vyyhti
labyrinthine [ˌlæbə'rɪnθin] adj sokkeloinen
1 lace [leɪs] s **1** pitsi **2** (kengän)nauha
2 lace v **1** sitoa (kengännauhat) **2** sekoittaa juomaan jotakin *he laced his tea with whisky* hän terästi teetään viskillä
lace into v haukkua, sättiä, morkata
lacerate ['læsəˌreɪt] v silpoa, repiä (myös kuv) *the shards lacerated her arm* lasinsirut tekivät hänen käsiinsä syviä haavoja
laceration [ˌlæsə'reɪʃən] s haava (myös kuv)
lace up v sitoa (kengännauhat)
lachrymal [lækrəməl] adj kyynel-
1 lack [læk] s puute *lack of time* ajan puute, aikapula *for lack of a better word, I'll call it obsolete* sanon sitä paremman sanan puutteessa vanhentuneeksi
2 lack v ei olla *he lacks initiative* hänellä ei ole aloitekykyä *I find her proposal lacking* minusta hänen ehdotuksessaan on parantamisen/toivomisen varaa
lackadaisical [ˌlækə'deɪzɪkəl] adj haluton, innoton; laiska
lackey [læki] s miespalvelija, lakeija (myös kuv:) nöyristelijä
1 lacquer [lækər] s lakka
2 lacquer v lakata
lacrimal duct s kyynelkanava

lacrimal gland s kyynelrauhanen
lacrosse [lə'krɑs] s haavipallo, lacrosse
lactate [lækteɪt] v erittää maitoa
lactation [læk'teɪʃən] s **1** maidoneritys **2** imetys, imettämisaika
lactose [læktoʊs] s maitosokeri, laktoosi
lacy [leɪsi] adj pitsimäinen, pitsi-
lad [læd] s **1** poika, nuorukainen **2** (ark) kaveri, heppu
ladder [lædər] s **1** tikkaat, tikapuut **2** (kuv) portaat *social ladder* yhteiskunnallinen hierarkia
laden with [leɪdən] adj kuormattu jollakin, (kuv) jonkin raskauttama, täynnä jotakin
ladies' room [leɪdiz] s naistenhuone, naisten wc
1 ladle [leɪdəl] s kauha
2 ladle v kauhoa, kauhata, ammentaa
lady [leɪdi] s (mon ladies) **1** nainen **2** hieno nainen **3** (UK) aatelisnainen, lady
ladybird s leppäkerttu *two-spot ladybird* kaksipistepirkko *seven-spot ladybird* seitsenpistepirkko
ladybug ['leɪdiˌbʌg] s leppäkerttu
lady-in-waiting [ˌleɪdiɪn'weɪtɪŋ] s (mon ladies-in-waiting) **1** hovinainen **2** (ark) odottava/raskaana oleva nainen
lady-killer ['leɪdiˌkɪlər] s naistenmies, hurmuri
ladylike ['leɪdiˌlaɪk] adj hienostunut, hieno, arvokas
lady's bedstraw s (kasvi) keltamatara
1 lag [læg] s viipymä, viivästys, aikaero
2 lag v **1** jäädä jälkeen **2** eristää, vuorata
lag behind v jäädä jälkeen, olla jäljessä
lager [lagər] s vaalea olut
lagoon [lə'gun] s laguuni
laid [leɪd] ks lay
laid-back [ˌleɪd'bæk] adj (sl) rento, rauhallinen, letkeä
lain [leɪn] ks lie
lair [leər] s **1** (eläimen) pesä **2** piilopaikka, lymypaikka
laity [leɪəti] s **1** seurakunta, maallikot **2** (ei asiantuntijat) maallikot
lake [leɪk] s järvi
Lake Baikal [ˌleɪk'baɪkal] Baikal(järvi)

land of the living

Lake District [ˈleɪkˌdɪstrəkt] (Ison-Britannian) Järviseutu
Lake Erie [ˌleɪkˈɪəri] Eriejärvi
Lake Huron [ˌleɪkˈhjəran] Huronjärvi
Lake Ladoga [ˌleɪkləˈdoʊgə] Laatokka
Lake Mead [ˌleɪkˈmid] Meadjärvi
Lake Michigan [ˌleɪkˈmɪʃəgən] Michiganjärvi
Lake Okeechobee [ˌleɪkoʊkiˈtʃoʊbi] Okeechobeejärvi
Lake Onega [ˌleɪkoʊˈneɪgə] Ääninen
Lake Ontario [ˌleɪkanˈteriou] Ontariojärvi
Lake Powell [ˌleɪkˈpaʊəl] Powelljärvi
Lake Superior [ˌleɪksəˈpɪərɪər] Yläjärvi
lamb [læm] s **1** karitsa **2** lampaanliha, lammas **3** (kuv) enkeli **4** (kuv) (lauhkea kuin) lammas
lame [leɪm] adj **1** vammainen, halvaantunut, ontuva **2** valju, laimea, vaisu
lame duck s **1** viranhaltija (esim presidentti) joka odottaa virkakautensa päättymistä sen jälkeen kun hänen seuraajansa on valittu **2** toivoton tapaus, joku josta ei ole mihinkään
lamely adj (vastata, hymyillä) valjusti, vaisusti
lameness s **1** vamma, vammaisuus, halvaus, halvaantuneisuus **2** valjuus, laimeus, innottomuus
1 lament [ləˈment] s valitus, surkuttelu
2 lament v valittaa, surra, surkutella
lamentable [ləˈmentəbəl] adj valitettava, ikävä
lamentably adv valitettavasti
lamentation [ˌlæmənˈteɪʃən] s **1** valitus, surkuttelu **2** itkuvirsi, valitusvirsi
laminate [læməneɪt] v laminoida
laminated [læməneɪtəd] adj laminoitu, kerros-
lammergeier [ˈlæmərˌgaɪər] s partakorppikotka
lamp [læmp] s lamppu, valonheitin, valo
1 lampoon [læmˈpun] s satiiri, pilkkakirjoitus, pilkka, iva
2 lampoon v pilkata, pitää pilkkanaan, tehdä pilaa jostakin
lamppost [ˈlæmpˌpoʊst] s (katu)valopylväs

lampshade [ˈlæmpˌʃeɪd] s lampunvarjostin
LAN *local area network* (tietok) paikallisverkko, lähiverkko
Lancashire [lænkəʃər] Englannin kreivikuntia
1 lance [læns] s peitsi
2 lance v avata/viiltää auki/leikata lansetilla
lancet [lænsət] s lansetti, (kirurgin) suikulaveitsi
1 land [lænd] s **1** maa *to sight land* saada maata näkyviin *to buy land* ostaa maata/tontti **2** maaseutu *we are thinking of moving back to the land* olemme ajatelleet muuttaa takaisin maalle
2 land v **1** nousta/laskea maihin (laivasta) **2** (lentokone) laskeutua *the cat landed on all fours* kissa putosi jaloilleen **3** (ark) saada *he landed a good job in Chicago* hän sai Chicagosta hyvän työpaikan **4** *that move will land him in prison* hän päätyy vielä vankilaan tuon teon vuoksi
land bridge s maakannas, maasilta
landed adj maata omistava, maa- *landed property* maaomaisuus
landfill [ˈlændˌfɪəl] s kaatopaikka
landing s **1** maihinnousu (laivasta) **2** (lentokoneen) laskeutuminen **3** (laiva)laituri **4** porrastasanne
landing gear s (lentokoneen) laskuteline
landlady [ˈlændˌleɪdi] s vuokraemäntä, vuokranantaja
landlocked country [ˈlændˌlakt] s sisämaavaltio
landlord [ˈlændˌlɔrd] s vuokraisäntä, vuokranantaja
landlubber [ˈlændˌlʌbər] s maakrapu
landmark [ˈlændˌmark] s **1** maamerkki **2** muistomerkki, nähtävyys **3** (kuv) virstanpylväs
land-office business *to do a land-office business* olla kiireistä/vilkasta, kauppa käy kuin siimaa
land of milk and honey s yltäkylläisyyden maa/seutu, luvattu maa, onnela
land of the living *to come back to the land of the living* palata elävien kirjoihin

Land of the Midnight Sun

Land of the Midnight Sun s keskiyön auringon maa (Suomen, Ruotsin ja Norjan Lappi)
Land of the Rising Sun s nousevan auringon maa, Japani
land on your feet fr pudota jaloilleen; (kuv) selvitä ehjin nahoin
landowner ['lænd‚oʊnər] s maanomistaja
1 landscape ['lænd‚skeɪp] s **1** seutu, maisema **2** maisemamaalaus, maisemataulu, maisemataide
2 landscape v maisemoida
landscape architecture s maisema-arkkitehtuuri
landscape page s vaakasivu
landscaper s maisemoija; maisema-arkkitehti
landscaping s maisemointi
landscapist s maisemamaalari
landslide ['lænd‚slaɪd] s **1** maanvieremä **2** (kuv) äänivyöry; murskaava vaalivoitto
lane [leɪn] s **1** kuja, (kapea/kylä)tie *bike lane* pyörätie **2** (maantien) kaista *two-lane highway* kaksikaistainen maantie
language [ˈlæŋgwədʒ] s **1** (puhuttu, kirjoitettu ym) kieli *artificial language* keinotekoinen kieli *computer language* tietokonekieli *the language of bees* mehiläisten kieli *watch your language!* katso mitä puhut! **2** sanamuoto *the language of the bill did not please the president* presidentti ei pitänyt lakiehdotuksen sanamuodosta
language course s kielikurssi
language laboratory s kielistudio
language learning s kielenoppiminen
language planning s kielensuunnittelu
language teacher s kieltenopettaja
languid [ˈlæŋgwɪd] adj veltto, vetämätön, voimaton
languish [ˈlæŋgwɪʃ] v riutua, kuihtua (myös kuv)
langur s (eläin) hanumaani, hulmaani
lank [læŋk] adj (tukka) suora, (ihminen) hintelä, (ruoho) liian pitkä
lanky adj luiseva; hintelä
lanner falcon s keltapäähaukka
lantern [ˈlæntərn] s lyhty
lantern fish s valokala
lantern-jawed adj leveäleukainen
Lao-tse [‚laʊˈtseɪ] Laotse
Lao-tzu [‚laʊˈtsu] Laotse
1 lap [læp] s **1** syli *come sit in my lap* käy istumaan syliini *to live in the lap of luxury* elää ylellisesti/yltäkylläisyydessä **2** kierros
2 lap v **1** kääriä, kääriytyä, kiertää, kiertyä (jonkin ympärille) **2** ohittaa kierroksella (toinen kilpailija) **3** litkiä (nestettä) **4** (aallot) lyödä jotakin vasten
lap belt s kaksipisteturvavyö
LAPD *Los Angeles Police Department*
lap dog s sylikoira
lapel [ləˈpel] s (takin) lieve
Laplander [ˈlæp‚lændər] s saamelainen, lappalainen
Lapp [læp] s **1** saamelainen, lappalainen **2** saamen kieli, saame
Lappish [læpɪʃ] s, adj saamelainen, lappalainen
1 lapse [læps] s **1** erehdys, virhe, kömmähdys, hairahdus, harha-askel (kuv) **2** viivästys, viipymä, tauko, katkos *memory lapse* muistikatkos
2 lapse v **1** sortua johonkin, hairahtaa johonkin (into) **2** raueta, umpeutua, lakata, loppua **3** vaipua johonkin tilaan *he lapsed into silence* hän vaikeni
lapsus [læpsəs] s virhe, kömmähdys, lapsus
laptop s sylitietokone
lap up v **1** litkiä **2** (kuv) nauttia jostakin, ahmia jotakin, paistatella jossakin
lapwing s (lintu) töyhtöhyyppä
larceny [larsəni] s varkaus
lard [lard] s (sian)ihra, silava
lardass [ˈlard‚æs] s (sl) ihraperse, läski
larder s ruokakomero, ruokavarasto
1 large [lardʒ] s *to be at large* olla vapaalla jalalla *the population at large* väestö kokonaisuudessaan, suuri yleisö *he was appointed ambassador-at-large* hänet nimitettiin erikoislähettilääksi
2 large adj iso, suuri (myös kuv) *in large measure* suuressa määrin, suurelta osin *on a large scale* suuressa mitassa/määrin, suurimittaisesti

3 large adv: *his disappointment was writ large on his face* pettymys suorastaan paistoi hänen kasvoiltaan
largely adj pääasiassa, suurimmaksi osaksi, suurimmalta osin
largeness s **1** suuruus, mittavuus **2** anteliaisuus, avokätisyys
large order fr *that's a large order* se on paljon pyydetty
larger-than-life adj äärimmäisen vaikuttava
large-scale integration s (elektroniikassa) suuren luokan integrointi
largess [larˈdʒes] s **1** anteliaisuus **2** paljot lahjat
lariat [ˈlerɪət] s lasso
lark [lark] s **1** leivonen **2** hauskuus, ilonpito **3** lastenleikki, helppo juttu
larva [ˈlarvə] s (mon larvae) toukka
laryngitis [ˌlerənˈdʒaɪtɪs] s kurkunpään tulehdus
larynx [ˈlerəŋks] s kurkunpää
lascivious [ləˈsɪviəs] adj irstas, rivo, rietas
laser [ˈleɪzər] s laser
Laserdisc® [ˈleɪzərˌdɪsk] s Laserdisc-kuvalevy *is it available on Laserdisc?* saako sen (elokuvan tms) kuvalevyllä?
laser printer s laserkirjoitin
1 lash [læʃ] s **1** ruoska **2** sivallus **3** (kuv) terävyys, piikikkyys, purevuus
2 lash v **1** ruoskia, sivaltaa, piiskata (myös kuv) **2** (kuv) lyödä lyttyyn, pistää matalaksi
lash on v kannustaa, yllyttää
lash out v **1** riuhtoa, rimpuilla, käydä jonkun kimppuun **2** (kuv) hyökätä jotakin vastaan, tuomita ankarin sanoin
lass [læs] s **1** tyttö **2** tyttöystävä
Lassen Volcanic [ˌlæsənvalˈkænɪk] kansallispuisto Kaliforniassa
1 lasso [læˈsu] s (mon lassos, lassoes) lasso
2 lasso v lassoed, lassoing: ottaa kiinni lassolla
1 last [læst] s viimeinen *the last of the great artisans* viimeinen vanhan ajan käsityöläinen *I hope we've seen the last of it* toivottavasti se loppuu siihen *at last* viimein *at long last* vihdoin viimein *she gets paid the last of the month* hänen palkkansa maksetaan kuukauden viimeisenä päivänä
2 last v kestää *how long will the strike last?* kauanko lakko kestää? *these batteries last longer* nämä paristot kestävät pitempään
3 last adj **1** viimeinen *this is your last chance* tämä on viimeinen tilaisuutesi **2** viime *we did not have time for a vacation last year* viime vuonna meillä ei ollut aikaa lähteä lomalle/pitää lomaa
4 last adv viimeisenä, viimeiseksi, lopuksi
last but not least fr hyväksi lopuksi
last in first out s (tietok) pinotapa
lasting adj kestävä, pitkäaikainen, pysyvä
last-minute adj viime hetken
last straw s (kuv) viimeinen pisara
Last Supper s viimeinen ehtoollinen
last word s viimeinen sana (myös kuv)
1 latch [lætʃ] s salpa, säppi, telki
2 latch v teljetä, lukita
latchkey child [ˈlætʃkiˌtʃaɪld] s avainlapsi
latch onto v **1** saada käsiinsä **2** ymmärtää, käsittää
late [leɪt] adj, adv **1** myöhäinen, myöhään *it is late, let's go home* on jo myöhä, lähdetään kotiin *at this late hour* näin myöhään *many lawyers work late* monet asianajajat tekevät työtä myöhään iltaan **2** myöhässä, myöhästynyt *the teacher is never late* opettaja ei myöhästy koskaan, opettaja ei ole koskaan myöhässä **3** entinen *the late principal* entinen rehtori **4** edesmennyt *the late Winston Churchill* **5** *of late* viime aikoina
latecomer [ˈleɪtˌkʌmər] s **1** myöhästyjä **2** (kuv) uusi tulokas
lately adv viime aikoina
late-night adj myöhäisillan
latent [ˈleɪtənt] adj piilevä
lateral [ˈlætərəl] adj sivusuuntainen, sivu-, lateraalinen
lath [læð] s rima, lista
1 lathe [leɪð] s sorvi
2 lathe v sorvata

lather [læðər] s **1** saippuavaahto, partavaahto **2** (hevosesta) vaahto *to be in lather over something* olla suunnattomasti mielissään jostakin, olla suunniltaan raivosta jonkin takia, olla suu vaahdossa jostakin
Latin [lætən] s **1** (hist) latinalainen; roomalainen **2** romaaninen **3** latinalaisamerikkalainen **4** roomalaiskatolinen **5** latina, latinan kieli adj **1** latinalainen (ks substantiivin merkityksiä) **2** latinankielinen
Latin America [ˌlætənəˈmerɪkə] Latinalainen Amerikka
Latino [ləˈtinoʊ] s latinalaisamerikkalainen, latino
latitude [ˈlætəˌtud] s **1** (maantieteessä) leveys **2** (kuv) vapaus, pelivara
latrine [ləˈtrin] s käymälä
latter [lætər] adj **1** viimeksi mainittu *former – latter* edellinen – jälkimmäinen **2** viimeinen, jälkimmäinen *during the latter part of the decade* vuosikymmenen loppupuolella
Latter-day Saint s myöhempien aikojen pyhä, mormoni
latterly adv **1** viime aikoina **2** myöhemmin, viime aikoinaan
lattice [lætəs] s **1** ristikko, säleikkö **2** (fysiikassa) hila
Latvia [latvɪə, lætvɪə] Latvia
1 laugh [læf] s **1** nauru *to have the last laugh* (kuv) nauraa viimeisenä **2** naurun aihe, jokin joka on naurettava *the new law is a laugh* uusi laki on täysin tehoton/mitätön
2 laugh v nauraa
laughable [læfəbəl] adj naurettava
laughably adv naurettavasti, naurettavan
laugh at v nauraa jollekulle/jollekin, pitää jotakuta/jotakin pilkkanaan *$ 3,000 is nothing to be laughed at* 3000 dollaria ei ole mikään pikkusumma
laughing gas s ilokaasu, typpioksiduuli
laughingstock [ˈlæfɪŋˌstak] *to make yourself the laughingstock of someone* tehdä itsensä naurunalaiseksi jonkun silmissä
laugh in your sleeve at something fr nauraa partaansa

laugh off v kuitata pelkällä olankohautuksella, ei ottaa vakavasti
laugh out of court fr pitää pilkkanaan, nauraa jollekin
laugh out of the other side of your mouth fr jonkun hymy hyytyy, jollakulla tulee toinen ääni kelloon
laughter [læftər] s nauru
laugh up your sleeve fr nauraa partaansa
1 launch [lantʃ] s **1** (laivan) vesillelasku **2** (raketin) laukaisu **3** aloitus, käynnistys, (yrityksen) perustaminen, (tuotteen) lanseeraus
2 launch v **1** laskea (laiva, pelastusvene) vesille **2** laukaista (raketti) **3** aloittaa, käynnistää, perustaa (yritys), lanseerata (tuote), tuoda (tuote) markkinoille
launch into v (kuv) puhjeta, herjetä (puhumaan)
launch pad s (ohjuksen, raketin) laukaisualusta
launder [landər] v pestä (pyykkiä) (myös kuv:) pestä rahaa
launderette [ˌlandəˈret] s itsepalvelupesula
Laundromat® [ˈlandrəˌmæt] s itsepalvelupesula
laundry [landri] s **1** (lika- tai puhdas) pyykki **2** pesula **3** pesuhuone, pyykkihuone
laundry list s (kuv) pitkä lista (esim vaatimuksia)
laureate [lɔriət] s palkinnonsaaja *Nobel laureate* nobelisti *poet laureate* poeta laureatus, hovirunoilija
laurel [lɔrəl] s **1** laakeripuu **2** (mon) maine, kunnia *to rest on your laurels* levätä laakereillaan **3** laakeriseppele
lava [lavə] s laava
lavatory [ˈlævəˌtɔri] s wc
lavish [lævɪʃ] adj avokätinen, antelias, tuhlaileva, ylellinen
lavishly adv avokätisesti, anteliaasti, tuhlaillen, ylellisesti
lavish of adj joka ei säästele jotakin *when meeting the children, she was lavish of time* hän käytti runsaasti aikaa lasten kanssa olemiseen

lavish on v: *to lavish gifts/praise on someone* hukuttaa joku lahjoihin, ylistää jotakuta maasta taivaaseen

law [la] s **1** laki (yksittäinen ja laki kokonaisuudessa) *to become law* tulla voimaan *Harrison wants to study law* Harrison haluaa lukea/opiskella lakia *the angry man wanted to take the law into his own hands* mies halusi suutuksissaan harjoittaa oman käden oikeutta **2** poliisi *and then the law arrived* ja sitten poliisi saapui paikalle

law-abiding adj lainkuuliainen

law and order s lainvalvonta, yleinen järjestys

lawbreaker ['laˌbreɪkər] s lainrikkoja, rikollinen

lawful adj laillinen *she is his lawful wife* nainen on hänen laillinen aviopuolisonsa

lawless adj **1** laiton **2** (kuv) hillitön

lawmaker ['laˌmeɪkər] s lainsäätäjä

lawn [lan] s nurmikko, ruohikko

lawnmower ['lanˌmoʊər] s ruohonleikkuri, ruohonleikkuukone

law of averages s (ark) tilastollinen todennäköisyys

law of diminishing returns s vähenevän tuoton laki

Law of Moses s Mooseksen laki

law of the jungle s (kuv) viidakon laki, armoton peli

lawsuit ['laˌsut] s kanne, oikeusjuttu

lawyer [lɔɪjər] s asianajaja

lawyerly adj asianajajan, asianajajamainen

lax [læks] adj löysä (myös kuv), leväperäinen, lepsu, rento, välinpitämätön

laxative [læksətɪv] s ulostuslääke

laxity [læksəti] s rentous, löysyys, leväperäisyys, välinpitämättömyys

1 lay [leɪ] v laid, laid (verbiä *lay* käytetään toisinaan yleiskielen sääntöjen vastaisesti verbin *lie* asemesta) **1** panna, asettaa *lay this book on the table* pane tämä kirja pöydälle *I didn't lay hands on the cookies*: minä en koskenutkaan pikkuleipiin *he tried to lay the blame on his staff* hän yritti sälyttää syyn alaistensa niskoille **2** valaa, laskea, luoda *to lay the foundation for a house/expansion* laskea talon perusta, luoda pohja (liiketoiminnan) laajentamiselle **3** munia *to lay eggs* **4** haudata **5** *to lay the table* kattaa pöytä **6** *to lay a bet* lyödä vetoa **7** *to get laid* (sl rakastelusta) saada

2 lay adj maallikko-

lay aside v **1** luopua jostakin, hylätä jokin **2** panna talteen, säästää myöhemmäksi

lay away v **1** haudata **2** panna talteen, säästää myöhemmäksi **3** varata (tavara) asiakkaalle

lay back v (sl) rentoutua, ottaa rennosti

lay bare v paljastaa *the whole scam was laid bare by the newspaper* sanomalehti paljasti koko rötöksen

lay by v panna talteen, säästää myöhemmäksi

layby [leɪbaɪ] s (UK) levähdyspaikka (maantien vieressä)

lay down v luopua, antaa periksi

layer [leɪər] s kerros, kerrostuma

lay for v vaania, väijyä jotakuta

lay in v varastoida, panna talteen

laying on of hands s kättenpäällepaneminen

lay into v käydä käsiksi johonkuhun/johonkin, hyökätä jotakuta/jotakin vastaan

lay it on the line fr **1** pulittaa, maksaa **2** paljastaa, kertoa

lay it on thick v imarrella kohtuuttomasti

layman [leɪmən] s **1** maallikko, seurakuntalainen **2** (ei asiantuntija) maallikko

lay off v **1** erottaa, lomauttaa **2** lopettaa, lakata **3** jättää rauhaan, antaa olla

layoff [leɪaf] s lomautus (työstä); irtisanominen

lay off on v sälyttää (syy) jonkun niskaan

lay of the land *to get the lay of the land* saada tuntuma asiaan

lay on v **1** levittää jotakin johonkin, peittää/päällystää jollakin **2** käydä kimppuun, käydä käsiksi johonkuhun

lay on the line fr panna jotakin peliin/alttiiksi, riskeerata

lay open

lay open v avata, paljastaa *the reporter laid the scandal wide open* toimittaja paljasti koko skandaalin

lay out v **1** levittää **2** suunnitella **3** kuluttaa/käyttää (rahaa), pulittaa **4** haukkua, morkata

lay over v **1** lykätä myöhemmäksi **2** yöpyä/pysähtyä matkalla

layperson [ˈleɪˌpɜrsən] s **1** maallikko, seurakuntalainen **2** (ei asiantuntija) maallikko

lay store by fr arvostaa jotakin, pitää jotakin suuressa arvossa, uskoa johonkin

lay to rest fr heittää/jättää mielestään, antaa olla

lay up v **1** telakoida, siirtää laiva telakalle **2** panna talteen, säästää myöhemmäksi

laze [leɪz] v laiskotella, vetelehtiä

lazily adv laiskasti, veltosti, hitaasti, raukeasti

laziness s laiskuus, velttous, hitaus, raukeus, saamattomuus

lazy [ˈleɪzɪ] adj laiska, veltto, hidas, raukea

lb *pound* naula, pauna (454 g)

LBO *leveraged buyout*

LCD *liquid crystal display* nestekidenäyttö

L.C.J. *lord chief justice*

LDC *less developed country*

LDL *low-density lipoprotein* LDL-lipoproteiini

ldry. *laundry* pesula

lead [led] s **1** lyijy **2** (luotain) luoti

1 lead [liːd] s **1** johtoasema **2** etumatka *we have a three-day lead on the pursuers* olemme takaa-ajista kolme päivämatkaa edellä **3** talutushihna **4** vihje, vihjaus **5** esimerkki *she followed the lead of the other girls* hän noudatti toisten tyttöjen esimerkkiä **6** (lehtikirjoituksen) ingressi, johdanto **7** (näytelmän) päätähti, vetonaula

2 lead v led, led **1** johtaa, johdattaa, viedä *this road leads to Toledo* tämä tie vie Toledoon *he lead the group into the lecture hall* hän vei/johdatti/opasti ryhmän luentosaliin *I'll lead, you guys follow* minä menen edeltä, tulkaa te perässä *all this nonsense will lead us nowhere* tällä hölynpölyllä emme pääse puusta pitkään **2** elää *she leads a life of plenty* hän elää yltäkylläistä elämää/yltäkylläisesti/yltäkylläisyydessä

leaded [ledəd] adj lyijypitoinen (polttoaine)

leader s johtaja, esimies, opas, alansa ykkönen

leadership [ˈliːdərʃɪp] s **1** johto, johtaminen, johtajuus **2** johtajan kyvyt

lead-free [ˌledˈfriː] adj lyijytön *lead-free fuel* lyijytön polttoaine (myös *unleaded*, *nonleaded*)

leading [ˈliːdɪŋ] adj **1** johtava, ensimmäinen, kärki- **2** tärkein, pää-, johtava

leading edge s **1** (lentokoneen siiven) etureuna, johtoreuna **2** (kuv) eturintama, eturivi *the company is on the leading edge of composites* yritys kuuluu yhdistemateriaalien valmistajien kärkeen/huippuihin

leading question s johdatteleva kysymys

lead off v aloittaa, näyttää esimerkkiä

lead on v puijata, huijata, johdattaa harhaan

lead pencil [ˌledˈpensəl] s lyijykynä

lead poisoning [ˈledˌpɔɪzənɪŋ] s lyijymyrkytys (myös kuv:) *the crook died of lead poisoning* konna ammuttiin/kuoli lyijymyrkytykseen

lead tetraethyl [ˌledtetrəˈeθəl] s tetraetyylilyijy

lead the way v **1** mennä edeltä, näyttää tietä **2** (kuv) olla tiennäyttäjänä, näyttää tietä/esimerkkiä

lead up to v (kuv) ajaa takaa jotakin, olla mielessään jotakin

leaf [liːf] s (mon *leaves*) **1** (puun) lehti **2** sivu, liuska, lehti *after the accident, Gary decided to turn over a new leaf* onnettomuuden jälkeen Gary päätti aloittaa uuden elämän *to take a leaf out of someone's book* matkia/jäljitellä jotakuta, ottaa esimerkkiä jostakusta

leafcutter ant s lehdenleikkaajamuurahainen

leaflet s esite, mainos, lehtinen

leaseholder

leaf through v selailla (kirjaa, lehteä)
leaf vegetables s (mon) lehtivihannekset
league [liig] s **1** liitto *he is in league with the mob* hän veljeilee mafian kanssa **2** (urh) sarja, liiga *I am not in the same league with you* (kuv) minä painin aivan eri sarjassa kuin sinä, meistä ei voi puhua samana päivänäkään
League of Nations s Kansainliitto
1 leak [lik] s **1** vuoto (myös kuv), reikä *there is a leak in the roof* katto vuotaa *there has been a news leak* uutinen on vuotanut yleiseen tietoisuuteen tms **2** *to take a leak* (sl) käydä kusella
2 leak v vuotaa, vuodattaa (myös kuv) *the engine leaks oil* moottorista vuotaa öljyä
leakage [likədʒ] s vuoto (myös kuv)
leak out v vuotaa, vuodattaa *the disgruntled worker leaked the story out to the press* katkeroitunut työntekijä vuodatti/paljasti jutun lehdistölle
leaky adj vuotava, epätiivis
1 lean [lin] v leaned/lent, leaned/lent **1** nojata, panna nojaamaan *don't lean out the window* älä kurkottele ikkunasta *he leaned his bike against the wall* hän pani pyöränsä seinää vasten **2** kallistua, nojata *politically, the country leans towards the right* maa kallistuu poliittisesti oikealle
2 lean adj hoikka, laiha (myös kuv), (kasvot) kapeat, kaidat *we have some lean years ahead of us* meillä on edessä laihoja vuosia
lean back v nojautua taaksepäin
leaning s taipumus
Leaning Tower of Pisa s Pisan kalteva torni
lean on v **1** luottaa johonkuhun/johonkin **2** painostaa **3** haukkua, moittia
lean over backwards to do something fr tehdä kaikkensa jonkin eteen, nähdä kovasti vaivaa jonkin eteen
lean-to ['lin,tu] s (rakennuksen kylkeen rakennettu) vaja, kylkiäinen
1 leap [lip] s hyppy *this is a giant leap for mankind* tämä on ihmiskunnalle suuri harppaus

2 leap v leaped/leapt, leaped/leapt **1** hypätä **2** (kuv) hypätä, hypähtää *my heart leaped at the sound of the gun* sydämeni hypähti kun kuulin aseen laukeavan *don't leap to conclusions* älä tee hätiköityjä johtopäätöksiä *to leap at a chance* tarttua (oikopäätä) tilaisuuteen
leap day s karkauspäivä
1 leapfrog ['lip,frag] s pukkihyppy
2 leapfrog v **1** hypätä pukkihyppyjä **2** (kuv) nousta/nostaa kovaa vauhtia *leapfrogging inflation/prices* hillittömästi kasvava inflaatio/nousevat hinnat
leapfrog attack s (tietok) koukkaus
leapt ks leap
leap year s karkausvuosi
learn [lərn] v learned/learnt, learned/learnt **1** oppia, opetella *Pam is learning Japanese/to drive* Pam opettelee japania/ajamaan **2** saada tietää, kuulla *I have just learned that the president has been shot* sain juuri kuulla että presidenttiä on ammuttu
learn by heart v opetella jotakin ulkoa
learned [lərnəd, lərnıd] adj **1** oppinut *he is a learned man* hän on oppinut mies **2** tieteellinen *learned journal* tieteellinen julkaisu/lehti
learned [lərnd] adj opittu
learner s opiskelija, oppilas, harjoittelija, opettelija
learning s **1** oppiminen **2** oppineisuus
learning disability [,dısə'bıləti] s oppimisvaikeus, oppimishäiriö
learning-disabled [dıs'eıbəld] adj jolla on oppimisvaikeuksia, esim lukuhäiriöinen, kirjoitushäiriöinen
learnt ks learn
learn the ropes fr oppia (uusi) työ, päästä jyvälle jostakin
1 lease [lis] s **1** vuokrasopimus **2** vuokramaa, vuokratalo tms **3** vuokra **4** *he got a new lease on life* häneen tuli uutta eloa/puhtia, hän sai aloittaa uuden elämän
2 lease v vuokrata (joltakulta/jollekulle), liisata
leaseholder ['lis,holdər] s vuokranottaja, vuokraaja, liisaaja

leash

1 leash [liʃ] s **1** (koiran) talutushihna *dogs must be kept on leash* koiria on talutettava **2** (kuv) talutusnuora, kahleet
2 leash v (kuv) valjastaa (johonkin käyttöön)
least [list] sanan *little* superlatiivi s: *that's the least you can do for me* se on vähintä mitä voit tehdä hyväkseni *at (the) least* ainakin, vähintään *not in the least* ei suinkaan, ei lainkaan, ei ollenkaan adj, adv vähiten *this one's the least expensive* tämä on halvin *with the least effort* mahdollisimman vähällä vaivalla
least weasel [wizəl] s lumikko
leather [leðər] s nahka
leathery adj nahkaa muistuttava *leathery smell* nahan haju
1 leave [liv] s **1** lupa *you have my leave to go home* minä annan sinulle luvan mennä kotiin **2** loma, virkavapaus **3** jäähyväiset, hyvästit *to take your leave* hyvästellä, sanoa näkemiin *he took leave of his senses* hän menetti järkensä
2 leave v left, left **1** lähteä *when does our plane leave?* milloin koneemme lähtee? **2** jättää *he left the book on the desk* hän jätti kirjan pöydälle *leave her alone* anna hänen olla, jätä hänet rauhaan **3** *to have something left* olla jotakin jäljellä *Bob has only three dollars left* Bobilla on vain kolme dollaria jäljellä **4** jättää jotakin jonkun vastuulle *I don't want to leave anything to chance* en halua jättää mitään sattuman varaan
leaves ks leaf
leave well enough alone fr antaa jonkin/jonkun olla, jättää joku rauhaan
1 lecture [lektʃər] s **1** esitelmä, luento **2** (kuv) saarna, läksytys
2 lecture v **1** esitelmöidä, luennoida **2** (kuv) saarnata, läksyttää
lecturer s **1** esitelmöijä, luennoitsija **2** (korkeakoulun) lehtori
lectureship s lehtoraatti, lehtorin virka
led [led] ks lead
LED *light-emitting diode* hohtodiodi, LED
lederhosen [ˈleɪdərˌhoʊzən] s (mon) lyhyet nahkahousut

ledge [ledʒ] s **1** reuna, reunus *window ledge* ikkunalauta (ikkunan sisä- tai ulkopuolella) **2** (kallion)kieleke
ledger [ledʒər] s (kirjanpidossa) pääkirja
lee [li] s **1** (mer) suojan puoli, alahanka; tuulensuoja **2** suoja, suojapaikka, turva adj suojanpuoleinen
leech [litʃ] s **1** (veri)juotikas, (ark) iilimato **2** (kuv) verenimijä
Leeds [lidz]
leek [lik] s purjo
1 leer [lɪər] s vihjaileva/pilkkaava/himokas katse
2 leer v katsoa jotakuta vihjailevasti
leery [lɪəri] *to be leery of something* ei luottaa, suhtautua epäluuloisesti
1 left [left] s **1** vasen (puoli) **2** (pol) vasemmisto
2 left v ks leave
3 left adj **1** vasen, vasemmanpuoleinen **2** (pol) vasemmistolainen
4 left adv vasemmalla, vasemmalle, vasempaan päin
left brain s vasen aivopuolisko
left defensive end [ˌleftdəˌfensɪvˈend] s (amerikkalaisessa jalkapallossa) vasen ulompi linjapuolustaja
left defensive tackle [ˌleftdəˌfensɪvˈtækəl] s (amerikkalaisessa jalkapallossa) vasen sisempi linjapuolustaja
left guard [ˌleftˈgɑərd] s (amerikkalaisessa jalkapallossa) vasen sisempi linjamies
left halfback [ˌleftˈhæfbæk] s (amerikkalaisessa jalkapallossa) vasen keskushyökkääjä
left-hand adj vasemmanpuoleinen, vasemmalle *the car made a left-hand turn* auto kääntyi vasemmalle
left-hand drive: *a car with left-hand drive* auto jonka ohjauspyörä on vasemmalla (oikeanpuoleista liikennettä varten)
left-handed [ˌleftˈhændəd] adj **1** vasenkätinen *left-handed refrigerator* vasenkätinen jääkaappi (joka aukeaa vasemmalle) **2** epäaito, ei vilpitön *he gave me a left-handed compliment* en tiedä antoiko hän minulle risuja vai ruusuja

3 kömpelö, hankala, vaikea, nurinkurinen
leftie [lefti] s (ark) vasenkätinen, vasuri
leftism s vasemmistolaisuus
leftist [leftɪst] s, adj vasemmistolainen
leftovers [ˈleftˌoʊvərz] s (mon) (ruuan ym) tähteet
left safety s (amerikkalaisessa jalkapallossa) vasen takapuolustaja
left tackle [ˌleftˈtækəl] s (amerikkalaisessa jalkapallossa) vasen ulompi linjamies
left wing s vasemmisto, vasemmistosiipi
left-winger s vasemmistolainen
lefty s (ark) **1** vasenkätinen, vasuri (ark) **2** vasemmistolainen
leg [leɪg] s **1** alaraaja, jalka (myös huonekalun) *to stretch your legs* jaloitella *to pull someone's leg* tehdä pilaa jostakusta; narrata, huijata jotakuta **2** (housun)lahje
legacy [legəsi] s perintö (myös kuv)
legal [liɡəl] adj **1** laillinen, lain mukainen **2** laki-, oikeus-, asianajajan *legal aid* oikeusapu *he decided to take legal action against his employer* hän päätti nostaa kanteen työnantajaansa vastaan *she has a legal mind* hän ajattelee kuin asianajaja
legality [liˈɡæləti] s laillisuus
legalization [ˌliɡəlɪˈzeɪʃən] s laillistaminen
legalize [ˈliɡəˌlaɪz] v laillistaa
legally adv laillisesti, lain mukaan/mukaisesti
legal pad s (keltainen) lehtiö (22 x 36 cm)
legal-size [ˈliɡəlˌsaɪz] adj eräs paperikoko (22 x 36 cm)
legal tender s laillinen maksuväline, (ark) selvä raha
legate [legət] s lähettiläs, legaatti
legation [liˈɡeɪʃən] s lähetystö
legend [ledʒənd] s **1** legenda, tarusto, taru (myös kuv:) sepite **2** (vaakunan ym) teksti, kirjoitus **3** kartan merkkien selitykset
legendary [ˈledʒənˌderi] adj **1** tarunomainen, legendaarinen **2** kuuluisa

leisure

legerdemain [ˌledʒərdəˈmeɪn] s **1** silmänkääntötemppu, temppu **2** huijaus, petos
leggings (mon) leggingsit (jalanmyötäiset trikoohousut)
legibility [ˌledʒəˈbɪləti] s luettavuus
legible [ledʒəbəl] adj josta saa selvän, jota pystyy lukemaan *your handwriting is barely legible* käsialastasi on lähes mahdotonta saada selvää
legibly adv (kirjoitettu, ladottu) niin että jostakin saa selvää
legion [lidʒən] s **1** legioona **2** leegio, suuri joukko adj monilukuinen *because we are legion* sillä meitä on paljon
legionary [ˈlidʒəˌneri] s legioonalainen
legislate [ˈledʒəsˌleɪt] v **1** säätää laki/lakeja **2** määrätä, määräillä, ohjata, ohjailla *are you trying to legislate my feelings?* yritätkö sinä sanoa miltä minusta pitäisi tuntua?
legislation [ˌledʒəsˈleɪʃən] s **1** lainsäädäntö **2** laki, lait
legislative [ˈledʒəsˌleɪtɪv] adj lainsäädännöllinen, lakiasäätävä
legislator [ˈledʒəsˌleɪtər] s lainsäätäjä
legislature [ˈledʒəsˌleɪtʃər] s lakiasäätävä elin
leg it fr (ark) kävellä nopeasti, juosta, kiirehtiä
legitimacy [ləˈdʒɪtəməsi] s laillisuus *are you sure of the legitimacy of his request?* oletko varma että hänen pyyntönsä on oikeutettu?
legitimate [ləˈdʒɪtəmət] adj **1** laillinen, lain mukainen; oikeutettu **2** (lapsi) aviollinen, avioliitossa syntynyt
legitimate [ləˈdʒɪtəˌmeɪt] v **1** laillistaa, osoittaa/myöntää lailliseksi **2** osoittaa oikeutetuksi, perustella, oikeuttaa
legitimately adv laillisesti, lain mukaisesti; oikeutetusti
Leicester [lestər]
Leicestershire [lestəʃər] Englannin kreivikuntia
Leics. *Leicestershire*
leisure [liʒər] s **1** vapaus (työnteosta ym) *Victorian gentlemen led a life of leisure* viktoriaanisen ajan herrasmiehet eivät käyneet työssä *you can do the job*

leisured

at your leisure voit tehdä työn silloin kun sinulle sopii/kaikessa rauhassa **2** vapaa-aika
leisured adj **1** *the leisured class* yläluokka **2** kiireetön, rauhallinen, rento
leisurely adj kiireetön, rauhallinen, rento
lemming [lemɪŋ] s sopuli
lemon [lemən] s **1** sitruuna **2** (ark) joku tai jokin josta ei ole mihinkään *that car is a lemon* tuo on varsinainen maanantaiauto
lemonade [ˌleməˈneɪd] s sitruuna- tai muu hedelmämehu
lend [lend] v lent, lent **1** lainata jotakin jollekulle *the bank lent him $ 400,000* pankki lainasi hänelle 400 000 dollaria **2** antaa *the new furniture lends an air of refinement to the room* uudet huonekalut saavat huoneen vaikuttamaan hienostuneelta, antavat huoneelle hienostuneen leiman **3** *lend itself to* sopia/soveltua johonkin tarkoitukseen *this theory does not lend itself to the description of neutrinos* tämä teoria ei sovellu neutriinojen kuvaukseen
lending library s lainakirjasto
lend-lease [lendˈliːs] s lainaus- ja vuokrajärjestelmä jolla Yhdysvallat toimitti liittolaisilleen sotakalustoa toisessa maailmansodassa
length [leŋθ] s **1** pituus (ajasta myös:) kesto *she went to great lengths to prove she was innocent* hän teki kaikkensa todistaakseen syyttömyytensä **2** pätkä *a length of rope/pipe* köyden/putken pätkä, köysi, putki
lengthen v pidentää, pidentyä
lengthways [leŋθweɪz] adv pitkittäin
lengthwise [leŋθwaɪz] adv pitkittäin
lengthy adj **1** pitkä **2** pitkäveteinen
lenience s lempeys
leniency [liːnjənsi] s lempeys
lenient [liːnjənt] adj lempeä
Leningrad [ˈlenɪnˌɡræd] Leningrad
Leninism [ˈlenəˌnɪzəm] s leninismi
Leninist s leninisti
lens [lenz] s **1** linssi **2** objektiivi
Lent [lent] s paastonaika

lentil [lentəl] s linssi, kylvövirvilän siemen
Leo [liou] *horoskoopissa* Leijona
leopard [lepərd] s leopardi
leopardess [lepərdəs] s naarasleopardi
leopard seal s merileopardi
leper [lepər] s **1** spitaalinen **2** hylkiö
leprosy [leprəsi] s spitaali, lepra
lesbian [lezbiən] s, adj lesbo, homoseksuaalinen nainen, lesbo(-)
lese majesty [ˌliːzˈmædʒəsti] s **1** maanpetos **2** majesteettirikos (myös kuv)
lesion [liːʒən] s vamma, haava, (lääk) leesio
Lesotho [leˈsuto]
less [les] s, adj, adv (sanan *little* komparatiivi) vähemmän *less of one and more of the other* vähemmän toista ja enemmän toista *less and less* yhä vähemmän, yhä harvemmin *this car is less fast than the other* tämä auto ei ole yhtä nopea kuin tuo toinen *he didn't like her, much less love her* hän ei pitänyt hänestä eikä varsinkaan rakastanut häntä prep miinus *twenty less eleven equals nine* kaksikymmentä miinus yksitoista on yhdeksän
lessee [leˈsiː] s vuokralainen
lessen [lesən] v vähentää, vähentyä
lessening s lasku, vähentyminen
lesser adj (komparatiivi sanasta *little*) pienempi, vähempi *the lesser evil* pienempi paha
Lesser Antilles [ænˈtɪliz] (mon) Pienet-Antillit
lesser black-backed gull s selkälokki
Lesser Khingan Ranges [kɪŋən] Pieni-Hingan (vuoristo Kiinassa)
lesser mouse deer s jaavankääpiökauris
lesson [lesən] s **1** (oppi)tunti **2** (kuv) läksy, opetus *I hope you have now learned your lesson* toivottavasti olet nyt ottanut opiksesi
lessor [lesər] s vuokranantaja
less than adv vähemmän kuin, alle *there were less than a hundred people there* paikalla oli alle sata ihmistä
lest [lest] konj jotta ei *take notes lest you forget what you have to do* tee muistiin-

panoja jotta et unohda mitä sinun pitää tehdä *I stayed at home lest I miss her phone call* jäin kotiin voidakseni vastata hänen soittoonsa

let [let] v let, let **1** antaa, sallia *let me carry your bag* annahan kun kannan laukkusi *let me know as soon as you've made up your mind* kerro minulle heti kun olet päättänyt asiasta *let her go* anna hänen mennä, päästä hänet menemään *let go of her* päästä irti hänestä, päästä hänet irti **2** kehotuksena, ehdotuksena ym: *let us/let's not worry* ei murehdita, älkäämme murehtiko *let's see* katsotaanpa, mietitäänpä asiaa *let there be light* tulkoon valkeus! **3** vuokrata, antaa vuokralle

let alone fr jostakin puhumattakaan

let be v antaa olla, jättää rauhaan, ei puuttua

let down v **1** pettää, jättää pulaan; tuottaa pettymys jollekulle **2** hellittää, löysätä tahtia

letdown s **1** lasku, väheneminen **2** pettymys **3** masennus

let go v **1** hellittää ote, päästää irti **2** vapauttaa, päästää vapaaksi/menemään **3** unohtaa, jättää mielestään **4** irrotella, pitää hauskaa, ottaa ilo irti elämästä

let go with v päästää suustaan/ilmoille

lethal [liθəl] adj tappava, kuolettava

lethally adv tappavasti, kuolettavasti

lethargic [ləˈθardʒɪk] adj **1** vetämätön, veltto, hidas **2** (lääk) horroksinen, letarginen

lethargy [leθərdʒi] s **1** vetämättömyys, velttous, hitaus **2** (lääk) letargia

let in v päästää sisään

let in on v päästää joku vihille jostakin, paljastaa jollekulle jotakin

let on v **1** antaa ymmärtää, vihjata **2** paljastaa

let out v **1** päästää suustaan/ilmoille *he let out a belch* hän röyhtäisi **2** paljastaa **3** suurentaa (vaatetta)

let pass fr ei välittää, ei piitata *he let her snide remark pass* hän ei piitannut naisen piikittelystä

let's [lets] lyh let us

level crossing

let slide fr ei piitata/välittää jostakin, antaa jonkin asian olla

letter [letər] s **1** kirjain *he follows the rules to the letter* hän noudattaa sääntöjä kirjaimellisesti **2** kirje **3** (mon) kirjallisuus *he is a man of letters* hän on kirjailija; hän on kirjallisuuden ystävä

letter bomb s kirjepommi

letter box s (UK) **1** postilaatikko **2** kirjelaatikko

letterboxed [ˈletərˌbakst] adj (kuvanauhasta tai kuvalevystä) laajakuva- (jossa on tavallisessa televisiossa katsottaessa musta palkki kuvan ylä- ja alapuolella)

letter drop s (oven) postiluukku

letterhead [ˈletərˌhed] s **1** firman tms nimi/logo kirjepaperissa **2** firman tms nimellä/logolla varustettu kirjepaperi *he wrote to them on his company's letterhead* hän kirjoitti heille firman paperilla

lettering s kirjaimet, kaunokirjoitus

letter-quality adj (tietok) kirjelaatua tulostava *letter-quality printer* laatukirjoitin

lettuce [letəs] s (ruoka)salaatti

let up v **1** hellittää, laskea, vähentyä **2** lopettaa, keskeyttää

let up on v hellittää, päästää helpommalla

leukemia [luˈkimiə] s leukemia, verisyöpä

leukemic [luˈkimɪk] adj leukeeminen, verisyöpää sairastava, verisyöpään liittyvä

Levant [ləˈvænt] Levantti

1 level [levəl] s **1** taso *this summer, the water level is low* vesi on tänä vuonna alhaalla *she studies physics on an advanced level* hän on jo pitkällä fysiikan opinnoissaan **2** vesivaaka

2 level v **1** tasoittaa, siloittaa *he is trying to level the way for new legislation* hän yrittää valmistaa tietä uusille laeille, hän yrittää pohjustaa uusia lakeja **2** kaataa *the bombs leveled the city* pommit hävittivät kaupungin maan tasalle **3** tähdätä (aseella)

level best *to do your level best* tehdä/yrittää parhaansa, panna parastaan

level crossing s (UK) tasoristeys

leveler s tasoittaja, tasaaja *death, the great leveler* kuolema joka tasoittaa ihmisten väliset erot
levelheaded [ˌlevəl'hedəd] adj maltillinen, järkevä, harkittu
level off v tasoittaa, tasoittua, vakautua
level with v kertoa (koko) totuus, paljastaa *level with me, I want to know the truth* haluan tietää koko totuuden, joten anna tulla
1 lever [levər] s **1** vipu **2** (kuv) keino
2 lever v vivuta, kangeta, kammeta
leverage [levrədʒ] s **1** vipuvoima **2** vaikutusvalta, valta, suhteet *I have no leverage with the board* minulla ei ole mahdollisuuksia vaikuttaa johtokuntaan/johtokunnan päätöksiin
leviathan [lə'vaɪəθən] s **1** merihirviö *Leviathan* (Raamatussa) Leviatan **2** (kuv) jättiläinen, mammutti
levitate ['levəˌteɪt] v leijua ilmassa, nostaa ilmaan, levitoida
levitation [ˌlevə'teɪʃən] s levitaatio, ilmassa leijuminen
levity [levəti] s kevytmielisyys, epäasiallisuus
1 levy [levi] s **1** vero **2** veronkanto **3** (armeijaan) kutsunta
2 levy v **1** kantaa, kerätä (veroa) **2** kutsua (armeijaan) **3** takavarikoida
lewd [lud] adj irstas, rivo, himokas, vihjaileva (katse) *stop being lewd* ole siivosti!
lewdly adv ks lewd
lewdness s irtaus, rivous
lexical [leksəkəl] adj sanaston, sanasto-
lexicographer [ˌleksə'kagrəfər] s sanakirjojen tekijä/toimittaja, leksikografi
lexicography [ˌleksə'kagrəfi] s sanakirjojen teko/toimitus, leksikografia
lexicon ['leksɪˌkan] s **1** sanasto, sanakirja **2** sanasto, sanavarasto
lexis [leksɪs] s (kielitieteessä) (kielen) sanasto, sanavarasto
liability [ˌlaɪə'bɪləti] s **1** velka **2** (kuv) taakka, haitta, huono puoli **3** (laillinen) vastuu
liability insurance s vastuuvakuutus
liable [laɪəbəl] adj joka on (laillisesti) vastuussa

liable to adj jollekin altis; jolla on taipumusta johonkin *you are liable to get shot if you go there* sinut saatetaan hyvinkin ampua jos menet sinne
liaison [li'eɪzan] s **1** yhteys, yhteydenpito, yhteistyö **2** yhdyshenkilö
liar [laɪər] s valehtelija
lib [lɪb] s vapautus *women's/gay lib* naisten/homoseksualistien vapautus/tasa-arvo
1 libel [laɪbəl] s herjaus (painetussa sanassa), herjauskirjoitus
2 libel v herjata (painetussa sanassa)
libeler [laɪbələr] s (kirjoittamalla) herjaaja
libelous [laɪbələs] adj (kirjoitus) herjaava
liberal [lɪbrəl] s, adj **1** vapaamielinen, suvaitsevainen **2** *Liberal* liberaali, (Ison-Britannian) liberaalisen puolueen jäsen/kannattaja **3** vapaa *liberal translation* vapaa käännös **4** avokätinen, antelias
liberalism s vapaamielisyys, suvaitsevaisuus, liberalismi
liberalization [ˌlɪbrəlɪ'zeɪʃən] s vapautus, vapauttaminen, liberalisointi
liberalize ['lɪbrəˌlaɪz] v **1** tehdä vapaamielisemmäksi, liberalisoida **2** vapauttaa säännöstelystä/valvonnasta, lieventää säännöstelyä/valvontaa, liberalisoida
liberally adv **1** vapaamielisesti, suvaitsevaisesti **2** vapaasti **3** avokätisesti, anteliaasti, runsaasti *spread this ointment liberally on your skin* levitä voidetta runsaasti ihollesi
Liberal Party s (Ison-Britannian) liberaalinen puolue
liberate ['lɪbəˌreɪt] v **1** vapauttaa **2** päästää ilmoille (esim kaasua), vapautua
liberation [ˌlɪbə'reɪʃən] s vapautus, vapauttaminen, vapautuminen *women's/gay liberation* naisten/homoseksualistien tasa-arvo
liberator ['lɪbəˌreɪtər] s vapauttaja
Liberia [laɪ'bɪriə] Liberia
Liberian s, adj liberialainen
libertine ['lɪbərˌtin] s elostelija, irstailija

liberty [lıbərti] s vapaus *I am not at liberty to say how much the new wing cost* en voi kertoa paljonko uusi siipirakennus tuli maksamaan *to take the liberty of doing something* tehdä jotakin omavaltaisesti *to take liberties with someone/something* sallia itselleen vapauksia jonkun suhteen/jossakin asiassa, käsitellä/kohdella jotakin/jotakuta hyvin vapaasti
LIBOR *London Interbank Offered Rate* (tal) Lontoon eurovaluuttamarkkinoiden keskimääräinen korkonoteeraus eurodollaritalletuksille
Libra [librə] *horoskoopissa* Vaaka
librarian [laıˈbreriən] s kirjastonhoitaja
library [laıbreri] s kirjasto *Phoebe has an extensive video library* Phoebella on laaja videokirjasto/videokasettikokoelma
library card s kirjastokortti
library science s kirjastotiede
Libya [lıbıə]
Libyan s, adj libyalainen
lic. *licence; licenced*
Lic. *Licentiate*
lice [laıs] ks louse
licence ks license
licence plate s rekisterikilpi
licencing s lisensointi, lisenssin myöntäminen
1 license [laısəns] s **1** lupa, oikeus *driver's license* ajokortti *driving licence* (UK) ajokortti **2** lisenssi **3** vapaus *poetic licence* runoilijan vapaus
2 license v **1** myöntää/antaa lupa/oikeus **2** lisensoida, myöntää lisenssi
licensed adj **1** jolla on toimilupa *licensed to carry a firearm* jolla on aseenkantolupa **2** (UK) (ravintola tms jolla on oluen ja viinin) anniskeluoikeudet *fully licensed* täydet anniskeluoikeudet
licensee [ˌlaısənˈsi] s luvanhaltija, edustaja
lichen [laıkən] s jäkälä
1 lick [lık] s nuolaisu
2 lick v **1** nuolla, nuolaista **2** (ark) hakata, antaa selkään
lick and a promise fr hutaisu
lick ass fr (sl) nuolla jonkun persettä, hännystellä, mielistellä
licking *to give someone a licking* antaa jollekulle selkään
lick into shape fr saada kuntoon, saada rullaamaan
lick your chops fr odottaa jotakin vesi kielellä
lick your wounds fr nuolla haavojaan
licorice [lıkrıʃ] s lakritsi
lid [lıd] s **1** kansi *to blow the lid off something* paljastaa rötös *to blow your lid* menettää malttinsa, pillastua **2** silmäluomi *eyelid*
1 lie [laı] s **1** valhe **2** sijainti, asema, paikka **3** (eläimen) pesä
2 lie v lied, lied: valehdella *to lie through your teeth* lasketella palturia, valehdella minkä ehtii/niin että korvat heiluvat
3 lie v lay, lain: verbi *lie* korvautuu arkikielessä toisinaan sanalla *lay* **1** maata, olla *to lie in bed* maata vuoteessa *the keys lie on the desk* avaimet ovat pöydällä **2** sijaita, olla *the house lies in a valley* talo on laaksossa *big problems lay before us* edessämme oli isoja ongelmia
lie by v keskeyttää (hetkeksi), pitää tauko
Liechtenstein [ˈlıktənˌstaın]
Liechtensteiner s liechtensteinilainen
lie down v käydä pitkäkseen
lie down on the job fr laiskotella työssään
lie in state fr (ruumis) olla nähtävänä
lie in wait fr väijyä, vaania
lie low fr pysytellä piilossa, pitää matalaa profiilia
lie on v riippua jostakin, olla jonkin varassa
lie over v lykätä myöhemmäksi, saada odottaa
lieu [lu] *in lieu of* jonkun asemesta, jonkin sijasta
lie upon v riippua jostakin, olla jonkin varassa
lieutenant [luˈtenənt] s luutnantti
lieutenant governor s varakuvernööri
lie with v kuulua jonkun tehtäviin, olla jonkun vastuulla
life [laıf] s **1** elämä *life and death* elämä ja kuolema *the murderer was sentenced*

life-and-death

to life murhaaja tuomittiin elinkautiseen vankeusrangaistukseen *the kids were full of life* lapset suorastaan pursuivat elinvoimaa **2** henki *he took his own life* hän teki itsemurhan
life-and-death [ˌlaɪfənˈdeθ] adj elintärkeä, ratkaiseva, vakava *this is a life-and-death battle/decision* tämä on taistelua elämästä ja kuolemasta/tämä on elintärkeä kysymys
lifeblood [ˈlaɪfˌblʌd] s **1** veri **2** (kuv) elinhermo, elinehto
life boat s pelastusvene
life expectancy [ˌlaɪfəksˈpektənsi] s odotettavissa oleva elinikä
life force [ˈlaɪfˌfɔrs] s elämänvoima
lifeguard [ˈlaɪfˌgard] s hengenpelastaja
life imprisonment s elinkautinen vankeus
life insurance [ˈlaɪfɪnˌʃərəns] s henkivakuutus
life jacket [ˈlaɪfˌdʒækət] s pelastusliivit
lifeless adj **1** eloton, kuollut **2** (kuv) kuollut, pitkäveteinen, tylsä
lifeline [ˈlaɪfˌlaɪn] s **1** pelastusköysi **2** (kuv) elinhermo, elinehto, pelastus
lifelong [ˈlaɪfˌlɒŋ] adj elinikäinen
life of Riley fr (kuv) kissanpäivät
life-or-death [ˌlaɪfərˈdeθ] adj elintärkeä, ratkaiseva, vakava *this is a life-or-death battle/decision* tämä on taistelua elämästä ja kuolemasta/tämä on elintärkeä kysymys
life preserver s pelastusliivit
lifer [ˈlaɪfər] s (sl) **1** elinkautinen (vanki) **2** vakinainen työntekijä tms
life raft s pelastuslautta
lifesaver [ˈlaɪfˌseɪvər] s **1** pelastaja, hengenpelastaja **2** (kuv) pelastus
life sentence s elinkautinen tuomio/vankeusrangaistus
life-size [ˈlaɪfˌsaɪz] adj luonnollisen kokoinen
life span [ˈlaɪfˌspæn] s elämänkaari; odotettavissa oleva elinikä
lifestyle [ˈlaɪfˌstaɪəl] s elämäntapa
life-threatening [ˌlaɪfˈθretənɪŋ] adj hengenvaarallinen
lifetime [ˈlaɪfˌtaɪm] s elinikä, elinaika adj elinikäinen, elinaikainen, elinkautinen

lifework [ˌlaɪfˈwərk] s elämäntyö
LIFO *last in, first out*
1 lift [lɪft] s **1** nosto (myös:) painonnosto **2** piristys *the news gave her a lift* uutinen piristi hänen mieltään **3** kyyti *can you give me a lift?* otatko minut kyytiin? **4** (UK) hissi *ski lift* hiihtohissi
2 lift v **1** nostaa *lift your right hand, please* nosta oikeaa kättäsi **2** (kuv) kohottaa, piristää *the news lifted her spirits* uutinen kohotti hänen mieltään, uutinen piristi häntä **3** (ark) varastaa, kähveltää, kääntää **4** lopettaa, lakkauttaa *the ban on Japanese imports has been lifted* japanilaisten tavaroiden tuontikielto on kumottu
lift bridge s nostosilta
liftoff s **1** (lentokoneen, raketin) ilmaan nousu **2** (kuv) aloitus, käynnistys
lift up v nostaa, kohottaa
ligament [ˈlɪgəmənt] s nivelside
1 light [laɪt] s **1** valo *the speed of light* valon nopeus *to get up at first light* nousta aamunkoitteessa *to bring something to light* paljastaa, saattaa jotakin päivänvaloon **2** lamppu *traffic lights* liikennevalot **3** tuli *could you give me a light?* onko sinulla tulta?
2 light v lit/lighted, lit/lighted **1** valaista **2** sytyttää, syttyä **3** (lintu) laskeutua (oksalle); (ihminen) laskeutua (satulasta, ajoneuvosta)
3 light adj **1** kevyt (myös kuv) *light entertainment* kevyt viihde **2** vähäinen, (rangaistus) lievä, (tehtävä) helppo *to make light of something* vähätellä jotakin
light bulb [ˈlaɪtˌbʌlb] s hehkulamppu
light-duty [ˌlaɪtˈduti] adj (ajoneuvo ym) kevyt, kevyeen käyttöön tarkoitettu
light-emitting diode s hohtodiodi, LED
lighten v **1** valaista, kirkastaa, kirkastua **2** (kuv) ilostua, piristyä, (kasvot) kirkastua, keventää, keventyä, helpottaa, helpottua
light-fingered [ˌlaɪtˈfɪŋgərd] adj (kuv) pitkäkyntinen
light-footed [ˌlaɪtˈfʊtəd] adj nopsajalkainen

lightheaded [ˌlaɪtˈhedəd] adj **1** jota huimaa/pyörryttää **2** pinnallinen; ajattelematon

lighthearted [ˌlaɪtˈhɑːtəd] adj huoleton, iloinen, hilpeä

lighthouse [ˈlaɪtˌhaʊs] s majakka

lighting s **1** sytytys, sytyttäminen **2** valaistus

lightly adv **1** kevyesti (myös kuv:) helposti, vähällä **2** vähätellen, vähättelevästi, kevytmielisesti

light-minded [ˌlaɪtˈmaɪndəd] adj kevytmielinen

lightness s **1** keveys (myös kuv) *the unbearable lightness of being* olemisen sietämätön keveys **2** helppous **3** vakavuuden puute, välinpitämättömyys

lightning [ˈlaɪtnɪŋ] s salama *flash of lightning* salamanisku

lightning rod s **1** ukkosenjohdatin **2** (kuv) syntipukki

light on something v huomata/hoksata/löytää jotakin

light pen s (tietok) valokynä

light up v sytyttää, syttyä, kirkastaa, kirkastua *the explosion lit up the sky* räjähdys valaisi taivaan

lightweight [ˈlaɪtˌweɪt] s **1** kevyen sarjan nyrkkeilijä **2** mitätön ihminen *don't worry about Max, he is a lightweight* Maxia ei kannata pelätä adj kevyt (myös kuv)

light-year [ˈlaɪtˌjɪər] s **1** valovuosi **2** (kuv, mon) *we are light-years ahead of the competition* olemme valovuosia kilpailijoista edellä, meillä on selvä etumatka kilpailijoihin

likable [ˈlaɪkəbəl] adj mukava, miellyttävä

1 like [laɪk] v **1** pitää jostakusta/jostakin *do you like apples?* pidätkö omenista? *how do you like your new VCR?* mitä pidät uudesta kuvanauhuristasi? *well, how do you like that!* kaikkea sitä kuulee! **2** haluta *do as you like* tee kuten haluat *I would like to go now* haluaisin lähteä

2 like adj, adv, prep kuin, kaltainen, samanlainen *it looks like rain* näyttää siltä että alkaa sataa *and the like* ja muuta vastaavaa *she spends money like crazy* hän törsää minkä ehtii

3 like konj kuten *like he said, we have to go* kuten hän sanoi meidän on lähdettävä

likeable adj mukava, miellyttävä

like a shot fr kuin raketti, äkkiä

like a trooper fr kuin sotilas, kovasti, minkä ehtii

like father, like son fr mitä isä edellä sitä poika perässä

likelihood [ˈlaɪklɪˌhʊd] s todennäköisyys *what is the likelihood of us getting caught?* miten todennäköistä on että me joudumme kiinni?

likely adj **1** todennäköinen **2** uskottava **3** sopiva *that's a likely place for camping* tuohon on hyvä leiriytyä

likeness s **1** samankaltaisuus **2** kuva *God created man in His likeness* Jumala loi ihmisen omaksi kuvakseen

liken to v verrata jotakuta/jotakin johonkuhun/johonkin

likes and dislikes s (mon) maku, mieltymykset

likewise [ˈlaɪkˌwaɪz] adv samoin, samalla tavoin

liking s mieltymys *to have/take a liking to someone/something* pitää/alkaa pitää/ oppia pitämään jostakin

lilac [ˈlaɪlək] s syreeni adj liila, vaalean sinipunainen

Li'l Davy [ˌlɪlˈdeɪvi] (sarjakuvahahmo) Pikku Davy, Davy Crockett

Lilliputian [ˌlɪləˈpjuːʃən] s, adj lilliputti(-), kääpiö(-)

1 lilt [lɪlt] s iloinen/reipas rytmi *to speak with a lilt* puhua hieman laulaen

2 lilt v laulaa/soittaa/puhua reippaasti/ reippaan rytmikkäästi

lily [ˈlɪli] s lilja

lily of the valley s kielo

lily-white [ˈlɪliˌwaɪt] adj **1** vitivalkoinen **2** (kuv) viaton, puhdas kuin pulmunen

limb [lɪm] s **1** raaja *upper/lower limbs* yläraajat, alaraajat **2** (puun) oksa *to be out on a limb* olla heikoilla, olla (taloudellisesti tai muuten) heikolla pohjalla

limber [ˈlɪmbər] adj notkea

limber up

limber up v verrytellä, notkistaa, notkistella
limbic system [lımbık] s (aivojen) limbinen järjestelmä
limbo [lımboʊ] s **1** limbus, esihelvetti **2** unhola **3** välivaihe, siirtymäkausi
1 lime [laım] s **1** kalkki **2** lehmus **3** limetti
2 lime v kalkita, lannoittaa kalkilla
limelight ['laım,laıt] s parrasvalot (myös kuv), ramppivalot (myös kuv), (kuv) julkisuuden valokeila
limerick [lımrık] s limerikki, viisisäkeinen komparuno
limestone ['laım,stoʊn] s kalkkikivi
limey [laımi] s (sl) britti adj (sl) brittiläinen
1 limit [lımət] s raja, yläraja, rajoitus *speed limit* nopeusrajoitus *life in Alaska tests the limits of human endurance* elämä Alaskassa panee ihmisen sietokyvyn koetteille *this is the limit!* tämä on kyllä kaiken huippu!, tämä on jo paksua!
2 limit v rajata, rajoittaa, rajoittua *the doctor told him to limit his salt intake* lääkäri käski häntä vähentämään suolan käyttöä
limitation [,lımə'teıʃən] s rajoitus, raja
limited adj **1** rajallinen; ahdas, pieni, vaatimaton *my time is limited, so let's begin immediately* aloitetaan heti sillä minulla on vain vähän aikaa **2** (juna tms) pika- **3** (UK) osakeyhtiö-
limited-liability company (UK) osakeyhtiö
limitless adj rajaton, ääretön
limousine ['lımə,zin] s limusiini (yleensä kuljettajan ohjaama iso henkilöauto)
1 limp [lımp] s ontuminen *the car accident left me with a limp* olen ontunut autokolarista lähtien
2 limp v ontua, nilkuttaa
3 limp adj veltto (myös kuv:) vetämätön, voimaton, (kirjan kannet:) pehmeät, taipuisat
limpet [lımpət] s maljakotilo
linchpin ['lıntʃ,pın] s **1** (akselin) sokka **2** (kuv) perusta, A ja O

Lincoln [lıŋkən] amerikkalainen automerkki
Lincs. *Lincolnshire*
linden [lındən] s lehmus
1 line [laın] s **1** köysi **2** viiva, linja, jana, rajaviiva, ääriviiva, (mon) suuntaviivat *he wanted to do it along the same lines* he did the first one hän halusi noudattaa samoja suuntaviivoja kuin ensimmäisessä työssä **3** (US) jono *to wait in line* jonottaa **4** liikenneyhteys, linja; puhelinyhteys *hold the line!* älä katkaise puhelua!, odota! **5** suvun haara, linja **6** (kirjan ym) rivi *to drop someone a line* kirjoittaa jollekulle kirje, antaa kuulua itsestään **7** menettely, suunta *it's hard to follow her line of reasoning* hänen ajatuksenjuoksuaan on vaikea ymmärtää **8** (sot) taistelulinja **9** liikeala *what is your line of business?* millä (liike)alalla sinä toimit? *our line of products* meidän tuotelinjamme/tuotteemme
2 line v **1** viivoittaa **2** vuorata; peittää
lineage [lıniədʒ] s syntyperä; suku
linear [lıniər] adj **1** suoraviivainen, lineaarinen **2** (mitta) pituus-
linebacker ['laın,bækər] s (amerikkalaisessa jalkapallossa) tukimies, ks *inside linebacker, middle linebacker, outside linebacker*
line judge ['laın,dʒʌdʒ] s (amerikkalaisessa jalkapallossa) kenttätuomari
lineman [laınmən] s (mon linemen) (amerikkalaisessa jalkapallossa) linjamies
linen [lınən] s **1** pellava *to wash your dirty linen in public* riidellä yksityisasioista muiden kuullen **2** liinavaatteet
line of credit [,laınəv'kredıt] s luottoraja
line of scrimmage [,laınə'skrımədʒ] s (amerikkalaisessa jalkapallossa) aloitusryhmitys
line out v **1** hahmotella, luonnostella **2** esittää, toteuttaa
liner [laınər] s **1** matkustajalentokone; matkustajalaiva **2** äänilevyn kansi, kannet **3** vuori, vuoraus **4** (silmien)rajausväri *lipliner* huulten rajauskynä

linesman [ˈlaɪnzmən] s (mon linesmen) linjatuomari

line up v **1** järjestää/järjestyä/käydä riviin **2** hankkia (kannattajia, esiintyjä)

lineup [ˈlaɪnʌp] s **1** rivi *police lineup* rivi henkilöitä joiden joukosta silminnäkijää pyydetään tunnistamaan syyllinen **2** (urh) pelaajaluettelo **3** tarjonta, valikoima *the spring lineup of television programming* kevään televisiosarjat

line your own pockets fr paikkailla omia taskujaan, pistää rahaa (luvatta) omaan taskuunsa

ling [lɪŋ] s (kala) molva

linger [ˈlɪŋər] v **1** viipyä jossakin, viivytellä **2** pysyä hengissä, olla vielä elossa

linger away/out v vetelehtiä, laiskotella, viettää laiskotellen

lingerie [ˌlɑnʒəˈreɪ] s naisten alusasut

lingering adj **1** (sairaus) pitkällinen **2** hidas, pitkäveteinen **3** (epäilys) viimeinen, hienoinen

linger on v **1** puhua pitkään jostakin **2** lepuuttaa silmiään jossakin

lingo [ˈlɪŋɡoʊ] s **1** (jonkin ammatti- tai muun ryhmän) erikoiskieli **2** (vieras) kieli

lingonberry [ˈlɪŋənˌbɛri] s (mon lingonberries) puolukka

lingua franca [ˌlɪŋɡwəˈfræŋkə] s yhteiskieli, lingua franca

linguist [ˈlɪŋɡwɪst] s kielitieteilijä, kielentutkija, lingvisti

linguistic adj **1** kielellinen, kieli- **2** kielitieteellinen, lingvistinen

linguistically adv **1** kielellisesti **2** kielitieteellisesti

linguistics [lɪŋˈɡwɪstɪks] s (verbi yksikössä) kielitiede, lingvistiikka

liniment [ˈlɪnəmənt] s (lääke)voide

lining [ˈlaɪnɪŋ] s vuori, vuoraus

1 link [lɪŋk] s **1** (ketjun) lenkki (myös kuv) *missing link* puuttuva rengas **2** kalvosinnappi **3** liikenneyhteys **4** tiedonsiirtoyhteys, linkki **5** yhteys *what is the link between these two diseases?* miten nämä kaksi sairautta liittyvät toisiinsa?

2 link v yhdistää, yhdistyä, liittää/liittyä johonkin/yhteen

links s (mon) golfkenttä

link up v yhdistää, yhdistyä, liittää/liittyä johonkin/yhteen

linoleum [ləˈnoʊliəm] s korkkimatto

linseed [ˈlɪnˌsid] s pellavansiemen

linseed oil s pellavaöljy

lint [lɪnt] s nöyhtä, nukka

lion [ˈlaɪən] s **1** leijona (myös kuv) **2** (kuv) leijona, kuuluisuus, keikari *literary lion* kirjailijamaailman leijona

lioness [ˈlaɪənəs] s naarasleijona

lionet [ˈlaɪəˌnɛt] s leijonanpentu

lion fish s siipisimppu

lionheart [ˈlaɪənˌhɑrt] s rohkea/urhea ihminen

lionhearted [ˈlaɪənˌhɑrtəd] adj rohkea, urhea *Richard the Lion-Hearted* Rikhard Leijonamieli, Rikhard I

lionize [ˈlaɪəˌnaɪz] v palvoa, ihailla

lion's share [ˈlaɪnzˌʃɛər] s leijonanosa, suurin osa, parhaat palat

lip [lɪp] s **1** huuli *to keep a stiff upper lip* purra hammasta; ei paljastaa tunteitaan *to smack your lips over something* odottaa vesi kielellä jotakin **2** (astian) nokka **3** reuna, reunus

liposuction [ˈlɪpəˌsʌkʃən, ˈlaɪpoʊˌsʌkʃən] s rasvaimu

lipreading [ˈlɪpˌridɪŋ] s huuliltalukeminen

lip service *to pay lip service to someone/something* muka totella/noudattaa ym jotakuta/jotakin, olla tottelevinaan/noudattavinaan ym jotakin

lipstick [ˈlɪpˌstɪk] s huulipuna

liquefy [ˈlɪkwəˌfaɪ] v nesteytyä, nesteyttää

liqueur [lɪˈkɜr, lɪˈkjʊər] s likööri

liquid [ˈlɪkwəd] s **1** neste **2** (fonetiikassa) likvida (äänteet [r] ja [l]) adj **1** nestemäinen, neste- **2** (tal) likvidi, käteinen, helposti rahaksi muutettava

liquidate [ˈlɪkwəˌdeɪt] v **1** (tal) likvidoida, maksaa (velka), muuttaa rahaksi **2** tappaa, teloittaa, likvidoida

liquidation [ˌlɪkwəˈdeɪʃən] s **1** (tal) likvidaatio, likvidointi **2** tappaminen, teloitus, likvidointi

liquor [ˈlɪkər] s viina, (väkevä) alkoholi

liquorice [ˈlɪkrɪʃ] s lakritsi

liquorice allsorts

liquorice allsorts s (mon) (UK) englantilaiset lakritsikonvehdit
lisp [lɪsp] s s-vika v: *she lisps* hänellä on s-vika
1 list [lɪst] s **1** luettelo, lista **2** (laivan) kallistuma
2 list v **1** luetella, merkitä luetteloon/listaan **2** (laivasta) kallistua, olla kallistunut
listed adj (tal) julkisesti noteerattu
listed building s (UK rakennus) suojelukohde
listen [lɪsən] v kuunnella
listener [lɪsnər] s kuuntelija
listen in v **1** kuunnella (radiolähetystä) **2** salakuunnella, kuunnella salaa
listening post s **1** (sot) (sala)kuunteluasema **2** (kuv) tuntosarvet *the CIA has listening posts all over the Middle East* CIA on työntänyt tuntosarvensa kaikkialle Lähi-itään
listless [lɪstləs] adj haluton, innoton, veltto, välinpitämätön, voimaton
listlessly adv ks listless
listlessness s haluttomuus, velttous, välinpitämättömyys
list price s ohje(vähittäis)hinta, listahinta
lit [lɪt] ks light
lit. *literal; literally; literary; literature*
litany [lɪtəni] s **1** (rukous) litania **2** (kuv) litania
Lit.D. *Doctor of Letters/Literature* kirjallisuuden tohtori
liter [litər] s litra
literacy [lɪtərəsi] s **1** lukutaito, luku- ja kirjoitustaito **2** oppineisuus **3** *computer literacy* taito käyttää tietokonetta
literal [lɪtərəl] adj **1** kirjoitus- **2** kirjaimellinen, sanatarkka **3** tarkka, luotettava, paikkansa pitävä **4** varsinainen, todellinen, oikea **5** (ihminen) tosikkomainen
literally adv **1** kirjaimellisesti, sanatarkasti **2** (kuv) kirjaimellisesti, todella, nimenomaan
literal-minded [ˌlɪtərəlˈmaɪndəd] adj tosikkomainen *she is awfully literal-minded* hän on hirvittävä tosikko

literary [ˈlɪtəˌreri] adj kirjallisuus-, kirjailija- *literary circles* kirjailijapiirit *he is a literary man* hän on kirjallisuuden tutkija/harrastaja
literate [lɪtərət] adj **1** lukutaitoinen, luku- ja kirjoitustaitoinen **2** oppinut, sivistynyt, kouluja käynyt
literati [ˌlɪtəˈrati] s (mon) kirjallisuuden harrastajat; oppineet, älymystö
literature [lɪtərətʃər] s **1** kirjallisuus **2** esitteet, aineisto, mainosmateriaali *we will be happy to send you some literature on our software* lähetämme mielellämme lisätietoja ohjelmistamme
lithe [laɪð] adj notkea, taipuisa, norja
lithium [lɪθiəm] s litium
lithographer s kivenpiirtäjä, litografi
lithographic [ˌlɪθəˈgræfɪk] adj kivipaino-, litografinen
lithography [lɪˈθagrəfi] s kivipaino
Lithuania [ˌlɪθʊˈeɪniə] Liettua
litigate [ˈlɪtəˌgeɪt] v käräjöidä
litigation [ˌlɪtəˈgeɪʃən] s käräjöinti
litigious [lɪˈtɪdʒəs] adj käräjöimishaluinen
litigiousness s käräjöimishalu
litmus [lɪtməs] s lakmus
litmus paper s lakmuspaperi
Litt. B. *Bachelor of Letters/Literature* kirjallisuuden kandidaatti (alin tutkinto)
Litt. D. *Doctor of Letters/Literature* kirjallisuuden tohtori
1 litter [lɪtər] s **1** roska, roskat, jäte **2** (eläimen) pesue, poikue **3** paarit
2 litter v **1** roskata, heittää roskia maahan tms **2** levittää/heittää/heitellä jotakin sinne tänne **3** (eläin) synnyttää
litterbag [ˈlɪtərˌbæg] s roskapussi, jätepussi
litterbug [ˈlɪtərˌbʌg] s roskaaja; joku joka heittää roskia maahan tms
littering s roskaaminen
little [lɪtəl] s, adj (smaller, smallest), adv (less, least) pieni, lyhyt, vähäinen; vähän, vain vähän, pikkuisen; pieni määrä *when he was little* kun hän on oli pieni, hänen lapsuudessaan *my little sister* pikkusiskoni *just a little bit* aivan vähän, pikkuisen *a little while* pieni/lyhyt hetki, hetkinen *he gave me a little*

money hän antoi minulle vähän rahaa *he gave me little money* hän antoi minulle vain/hyvin vähän rahaa *in little* pienoiskokoinen, pienoiskoossa, pienois- *a little knowledge is a dangerous thing* luulo ei ole tiedon väärti *to make little of something* vähätellä jotakin

little by little adv vähä vähältä, vähitellen

little finger s pikkusormi

little man s tavallinen ihminen, kadunmies, keskivertokansalainen

littleness s pienuus, vähäisyys

little people s 1 tavalliset ihmiset 2 lapset, pikkuväki 3 kääpiöt 4 (saduissa ym) pikkuväki

little toe s pikkuvarvas

liturgy [lɪtərdʒi] s liturgia

livable [lɪvəbəl] adj 1 asuinkelpoinen 2 siedettävä, elämisen arvoinen

livable-in adj asuinkelpoinen

livable-with adj siedettävä

live [lɪv] v 1 elää *to live and die* elää ja kuolla *to live beyond your means* elää yli varojensa *and they lived happily ever after* ja he elivät onnellisina elämänsä loppuun asti *he lives a life of denial* hän elää kieltäymyksessä *she lived to be 100* hän eli satavuotiaaksi 2 asua jossakin *they live in the suburbs* he asuvat esikaupungissa

live [laɪv] adj 1 elävä (myös kuv) *live music* elävä musiikki 2 eloisa, vilkas 3 (radio- tai televisiolähetys) suora, (äänite, tallenne) konsertti-, live- adv (lähettää radio- tai televisiolähetys) suorana, (äänittää, tallentaa ääninauhalle tms) konsertissa

live-action [ˈlaɪvˌækʃən] adj 1 (elokuva) animaatio-, piirretty, piirros- 2 (ark) suora (radio- tai televisiolähetys)

live by your wits fr pitää puolensa, olla nokkela

live feed s suora (tv/radio)lähetys

live high off/on the hog fr elää leveästi

live-in [ˈlɪvˌɪn] s 1 isäntäväen luona asuva palvelija tms 2 avopuoliso, avopari adj 1 (palvelija) joka asuu isäntäväen luona 2 (avoliiton osapuolesta) avo-

live in v (palvelija tms) asua isäntäväen talossa

livelihood [ˈlaɪvliˌhʊd] s toimeentulo, elatus, elanto

liveliness [laɪvlinəs] s eloisuus, vilkkaus

livelong [ˈlɪvˈlɑŋ] adj koko *do I have to sit here for the livelong day?* pitääkö minun istua tässä koko pitkän päivän?

lively [laɪvli] adj eloisa, vilkas, (äly) terävä, nokkela, (vauhti) reipas

liven up [laɪvən] v piristää, piristyä, tuoda (uutta) eloa johonkin

live off v elää jollakin/jonkun kustannuksella/siivellä

live on v 1 elää jollakin *he lives on vegetables* hän syö pelkästään vihanneksia 2 tulla toimeen *I can't live on $160 a week* en tule toimeen 160 dollarilla viikossa

live out v (palvelija tms) ei asua isäntäväen talossa

liver [lɪvər] s maksa

liverleaf s (mon liverleaves) sinivuokko

Liverpool [lɪvərpʊəl]

livery [lɪvəri] s livree, palvelijan puku

lives [laɪvz] ks life

livestock [ˈlaɪvˌstak] s karja

livestock car s (rautateillä) karjavaunu

live together fr asua yhdessä, olla avoliitossa

live up to v täyttää vaatimukset, vastata odotuksia

live with v 1 asua yhdessä jonkun kanssa, olla avoliitossa 2 sietää jotakin, selvitä jostakin, tulla toimeen jostakin huolimatta

livid [lɪvəd] adj 1 sinertävä; joka on mustelmilla 2 suunniltaan raivosta

living s 1 *the living* elävät ihmiset 2 elatus, elanto, toimeentulo adj elävä *there was not a living soul there* siellä ei ollut ristin sielua

living death s (kuv) todellinen/täysi/elävä helvetti

living room s olohuone

lizard [lɪzərd] s sisilisko; lisko

Lizard (tähdistö) Sisilisko

llama [lamə] s laama

load

1 load [loʊd] s **1** kuorma, lasti **2** kuormitus **3** (kuv) taakka, rasitus *she is struggling under the heavy load of responsibility* vastuun raskas taakka painaa häntä **4** (ark) iso kasa *he has loads of CDs* hänellä on kasapäin CD-levyjä **5** (aseen) panos
2 load v **1** kuormata, lastata **2** kuormittaa **3** ladata (ase, kamera)
load down v **1** kuormata (täyteen) **2** (kuv) rasittaa, sälyttää jotakin jonkun niskaan/harteille
load down with v **1** (kuv) hukuttaa joku johonkin **2** (kuv) luhistua taakkansa tms alle
load into v nousta ajoneuvoon
load the dice fr saattaa joku epäedulliseen asemaan, olla jollekulle vahingoksi, joutua kärsimään jostakin
1 loaf [loʊf] s (mon loaves) leipä *a loaf of bread* leipä
2 loaf v maleksia, vetelehtiä *no loafing!* asiaton oleskelu kielletty
loaf away v panna hukkaan
loafer s maleksija, vetelehtijä; asiaton oleskelija
1 loan [loʊn] s laina *the bank gave her a loan* hän sai pankista lainan *can I take your calculator on loan?* saanko lainata laskintasi?
2 loan v lainata jollekulle, antaa lainaksi; myöntää laina
loan shark ['loʊnˌʃark] s (ark) koronkiskuri
loanword ['loʊnˌwərd] s lainasana *in English, sauna is a loanword* englannin kielessä *sauna* on lainasana
loath [loʊθ] *to be loath to do something* olla haluton tekemään jotakin, ei suostua johonkin
loathe [loʊð] v inhota, halveksia
loathful [loʊðfəl] adj inhottava, vastenmielinen
loathsome [loʊðsəm] adj inhottava, vastenmielinen, kuvottava
loaves [loʊvz] ks loaf
1 lobby [labi] s **1** aula, eteinen **2** (poliittinen) eturyhmä
2 lobby v ajaa (edustajainhuoneessa tms) jotakin asiaa, puolustaa jonkin etu-ryhmän etuja *the NRA is lobbying against gun control* National Rifle Association yrittää estää edustajainhuonetta tiukentamasta yksityisaseiden valvontaa
lobbyist s (poliittisen) eturyhmän edustaja, lobbyisti
lobe [loʊb] s **1** korvan nipukka **2** keuhkojen lohko
lobster [labstər] s hummeri
local [loʊkəl] s **1** paikallisjuna, paikallislinja-auto, paikallislehti, paikallisosasto **2** (us mon) paikallisväestö, paikkakuntalaiset adj paikallinen, paikallis-, paikkakunta- *local transportation* paikallisliikenne *local anesthesia* paikallispuudutus
local area network s (tietok) LAN, paikallisverkko, lähiverkko
local color s (kuv) paikallisväri
local-content adj kotimaisuusastetta koskeva, kotimaisuusaste-
locale [loʊ'kæl] s **1** paikka, asuinsija **2** (elokuvan, kirjan) tapahtumapaikka
local government s **1** paikallishallinto **2** kaupunginhallitus, kunnanhallitus tms
locality [loʊ'kæləti] s **1** paikka, alue **2** paikallisuus
localization [ˌloʊkələ'zeɪʃən] s paikannus, paikantaminen, paikallistaminen
localize ['loʊkəˌlaɪz] v paikantaa, paikallistaa
locate [loʊkeɪt] v **1** sijoittaa *their home is located near the ocean* heidän talonsa on lähellä merta **2** löytää, paikantaa
location [loʊ'keɪʃən] s **1** paikka, sijanti, asema **2** sijoittaminen, rakentaminen **3** löytäminen, paikantaminen, paikannus **4** (elokuvan) kuvauspaikka (studion ulkopuolella) *the movie was filmed entirely on location* filmi kuvattiin kokonaan studion ulkopuolella
loch [lak] s (Skotlannissa) järvi
Loch Ness [lak'nes] Loch Ness
Loch Ness monster [ˌlaknes'manstər] s Loch Nessin hirviö
1 lock [lak] s **1** (oven, aseen) lukko *to be under lock and key* olla hyvässä turvassa/tallessa, olla lukkojen takana **2** (hius)kihara **3** (mon) kutrit, kiharat, hiukset, tukka **4** (kanavan) sulku

2 lock v lukita, panna lukkoon, lukkiutua, mennä lukkoon

locker s lukollinen kaappi, laatikko; (esim rautatieasemalla maksullinen) säilytyslokero

locker room [ˈlakərˌrum] s (urheilijoiden) pukuhuone

locker-room adj (kuv) miehinen, miesten keskeinen, härski

locket [lakət] s medaljonki, riipus

lock horns with fr ottaa yhteen jonkun kanssa

lock in v lyödä lukkoon

lock on v saada tähtäimeen, seurata (tutkalla yms)

lock out v ei päästää sisään/jonnekin, sulkea jokin paikka joltakulta

locksmith [ˈlakˌsmɪθ] s lukkoseppä

lock, stock, and barrel fr kaikkineen päivineen, koko konkkaronkka, kimpsuineen kampsuineen

lock up v **1** lukita ovet **2** teljetä vankilaan

locomotion [ˌloʊkəˈmoʊʃən] s liike (paikasta toiseen)

locomotive [ˌloʊkəˈmoʊtɪv] s (junan) veturi adj **1** liike- **2** veturi-

locomotive engineer s veturinkuljettaja

locus [loʊkəs] s (mon loci, loca) (yleiskielessä) paikka, keskus

locust [loʊkəst] s heinäsirkka

1 lodge [ladʒ] s **1** mökki, maja, kesämökki **2** piharakennus **3** hotelli *motor lodge* motelli **4** (järjestön) paikallisosasto

2 lodge v **1** yöpyä, asua (tilapäisesti) jossakin, majoittua, majoittaa **2** asua vuokralla jossakin, ottaa vuokralaiseksi **3** juuttua, jäädä (kiinni) jonnekin

lodgepole pine [ˌladʒˌpoəlˈpaɪn] s kontortamänty

lodger [ladʒər] s vuokralainen

lodging s **1** majoitus **2** (mon) vuokrahuone(et)

lodging house s täysihoitola

loft [laft] s **1** ullakko, ullakkohuoneisto **2** (heinä)yliset **3** golfmailan lavan nostokulma **4** golfpallon lentokorkeus

loftily adv ks lofty

lofty [lafti] adj **1** korkea **2** korkea-arvoinen **3** ylevä, korkealentoinen **4** ylimielinen, koppava

1 log [lag] s **1** tukki, (kaadettu) puunrunko; halko **2** (laivan) loki **3** (laivan) lokikirja; (lentokoneen) lentopäiväkirja

2 log v **1** kaataa (metsää), halkoa, pilkkoa (puita) **2** merkitä lokikirjaan; merkitä muistiin, kirjata **3** kulkea, matkustaa, lentää tietty matka/aika

logarithm [ˈlagˌrɪðəm] s logaritmi

logarithmic [ˌlagˈrɪðmɪk] adj logaritminen, logaritmi-

logbook [ˈlagˌbʊk] s (laivan) lokikirja; (lentokoneen) lentopäiväkirja

loggerheads [ˈlagərˌhedz] *to be at loggerheads with someone* olla tukkanuottasilla/riidoissa jonkun kanssa

loggerhead shrike s amerikanisolepinäkinen

logic [ladʒɪk] s **1** logiikka **2** loogisuus, järki, ajattelu *he was unable to follow her logic* hän ei ymmärtänyt hänen ajatuksenjuoksuaan *there is no logic in what you're saying* puhut täysin epäjohdonmukaisesti

logical adj **1** looginen **2** järkevä, johdonmukainen, selkeä

logically adj **1** loogisesti **2** järkevästi, johdonmukaisesti, asiallisesti

logician [laˈdʒɪʃən] s loogikko

log in v **1** merkitä ylös, kirjata **2** (tietok) kirjautua sisään, avata yhteys esim suurtietokoneeseen

login s (tietok) sisäänkirjaus

logistical adj kuljetus-, järjestely-, logistinen

logistics [laˈdʒɪstɪks] s (verbi yksikössä tai mon) **1** (sotaväen ja -kaluston) kuljetus, logistiikka **2** järjestely, logistiikka

logjam [ˈlagˌdʒæm] s **1** tukkisuma **2** (kuv) ruuhka, tulva

log off v (tietok) katkaista yhteys esim suurtietokoneeseen, lopettaa esim suurtietokoneen käyttö

logoff s (tietok) uloskirjaus

logout s (tietok) uloskirjaus

log out/off v kirjautua ulos

loincloth [ˈlɔɪnˌklaθ] s lannevaate

loins

loins [lɔɪnz] s (mon) **1** lanteet **2** (kuv) kupeet *to gird up your loins* (kuv) vyöttää kupeensa, valmistautua johonkin
loiter [ˈlɔɪtər] v maleksia, lorvailla *no loitering!* asiaton oleskelu kielletty
loiter away v panna hukkaan
loiterer s maleksia, lorvailija; asiaton oleskelija
LOL (tekstiviestissä, sähköpostissa) *laughing out loud*
loll [lɑl] v **1** lojua, löhötä **2** roikkua, roikuttaa *his head was lolling against his chest* hänen päänsä roikkui velttona rintaa vasten
lollipop [ˈlɑliˌpɑp] s tikkukaramelli
Lombardy [ˈlɑmbʌrdi] Lombardia
London [ˈlʌndən] Lontoo
London Interbank Offered Rate s (tal) Lontoon eurovaluuttamarkkinoiden keskimääräinen korkonoteeraus eurodollaritalletuksille (lyh *LIBOR*)
lone [loʊn] adj **1** yksinäinen *lone rider* yksinäinen ratsastaja **2** ainoa
lonelily adv yksinäisesti, (ypö)yksin
loneliness s yksinäisyys (ks *lonely*)
lonely [ˈloʊnli] adj **1** (olo) yksinäinen, joka on ypöyksin **2** (paikka) yksinäinen, autio, syrjäinen
lonesome [ˈloʊnsəm] adj **1** (olo) yksinäinen, joka on ypöyksin **2** (paikka) yksinäinen, autio, syrjäinen
long [lɑŋ] s, adj, adv **1** pitkä (etäisyys, aika), pitkään, kauan *it's a long story* se on pitkä juttu *I can't wait that long* en voi odottaa niin pitkään *she took a long look at his car* hän katsoi hänen autoaan pitkään/oikein kunnolla *as long as* kunhan; koska; niin kauan kuin *it happened as long ago as 1899* se tapahtui jo vuonna 1899 *before long* pian, ennen pitkää *so long as he lived in Canada* sinä aikana jonka hän asui Kanadassa, niin kauan kuin hän asui Kanadassa **2** adj (tal) termiä *long* käytetään sijoittajasta tai vastaavasta joka omistaa arvopapereita
long and short of it fr asian ydin
Long Beach [ˈlɑŋˌbitʃ] kaupunki Kaliforniassa

long-beaked echidna [əˈkɪdnə] s kärsänokkasiili
longbow [ˈlɑŋˌboʊ] s käsijousi
long-distance [ˌlɑŋˈdɪstəns] adj **1** (puhelu) kauko- **2** (juoksija) pitkän matkan
long division [ˌlɑŋdəˈvɪʒən] s jakolasku paperilla
long-eared owl s sarvipöllö
longevity [lɑnˈdʒevəti] s pitkäikäisyys
long face [ˌlɑŋˈfeɪs] s hapan ilme *when he heard the news, Fred pulled a long face* uutisen kuultuaan Fredin naama venähti pitkäksi
long haul [ˌlɑŋˈhɔl] s pitkä matka *in the long haul* pitkällä aikavälillä, pitemmän päälle
longhorn beetle s (kovakuoriainen) sarvijäärä
longing s kaipaus, kaipuu adj kaihoisa, kaipaava
long in the tooth fr iäkäs, vanha
longitude [ˈlɑndʒəˌtud] s pituus, pituusaste
longitudinal [ˌlɑndʒəˈtudənəl] adj pituus-, pituussuuntainen, pitkittäinen
long johns [ˈlɑŋˌdʒɑnz] s (ark mon) pitkät alushousut/kalsarit
long jump [ˈlɑŋˌdʒʌmp] s (urh) pituushyppy
long jumper s (urh) pituushyppääjä
long-lasting [ˌlɑŋˈlæstɪŋ] adj pitkäaikainen, pitkäkestoinen, pitkään vaikuttava, pitkävaikutteinen
long-lived [ˌlɑŋˈlɪvd] adj pitkäikäinen
long-playing [ˌlɑŋˈpleɪɪŋ] adj pitkäsoitto- *long-playing record* LP
long-range [ˌlɑŋˈreɪndʒ] adj **1** pitkän aikavälin, pitkäaikainen **2** (ohjus) pitkänmatkan
long row to hoe fr visainen tehtävä, vaikea asia
long run [ˈlɑŋˌrʌn] *in the long run* pitkällä aikavälillä, pitemmän päälle
longshore [ˈlɑŋˌʃɔr] adj ranta-, satama-
longshoreman [ˌlɑŋˈʃɔrmən] s (mon longshoremen) satamatyöläinen
longshorewoman [ˌlɑŋˈʃɔrˌwʊmən] s (mon longshorewomen) (naispuolinen) satamatyöläinen

long shot [ˈlaŋˌʃat] s iso riski *not by a long shot* ei lähimainkaan, ei sinne päinkään

long-sighted [ˈlaŋˌsaɪtəd] adj **1** pitkänäköinen **2** (kuv) kaukonäköinen

longsome [laŋsəm] adj pitkäveteinen, pitkäpiimäinen

longstanding [ˌlaŋˈstændiŋ] adj pitkäaikainen, pitkällinen, pitkä

long-suffering [ˌlaŋˈsʌfəriŋ] adj pitkämielinen, kärsivällinen

long term [ˈlaŋˌtərm] *in the long term* pitkällä aikavälillä, pitemmän päälle

long-term adj pitkän aikavälin, pitkäaikainen, pitkäaikais-

long-term memory s pitkäkestoinen muisti, säilömuisti, kestomuisti

longtime [ˈlaŋˌtaɪm] adj pitkäaikainen *Bob and I are longtime friends* Bob ja minä olemme vanhoja tuttuja

long time no see fr eipä ole nähtykään/tavattukaan pitkään aikaan

long-winded [ˌlaŋˈwɪndəd] adj pitkäveteinen, pitkäpiimäinen, joka puhuu (liian) pitkään, (puhe) (liian) pitkä

longwise [ˈlaŋˌwaɪz] adj, adv pitkittäin(en)

1 look [lʊk] s **1** katse, vilkaisu *will you take a quick look at these figures?* vilkaisepa näitä numeroita **2** ilme, ulkonäkö **3** (mon) ulkonäkö *at least you have the looks* ainakin sinä olet hyvän näköinen

2 look v **1** katsoa, vilkaista *to look in the mirror* katsoa peiliin *look at yourself!* katso nyt itseäsi! **2** näyttää joltakin *it looks like rain* näyttää siltä että kohta alkaa sataa **3** etsiä, käydä läpi

look after v huolehtia, pitää huoli jostakin

look-alike [ˈlʊkəˌlaɪk] s **1** kaksoisolento *there's a Dolly Parton look-alike contest at the community center* monitoimitalolla on kilpailu jossa etsitään Dolly Partonin näköisiä naisia **2** jäljitelmä *he purchased a cheap IBM look-alike* hän osti halvan IBM-kloonin (mikrotietokoneen)

look back v muistella menneitä

look daggers at someone fr katsoa jotakuta murhaavasti

look down on v väheksyä/halveksua jotakuta, kohdella jotakuta ylimielisesti

look down your nose at someone/something fr katsoa jotakuta/jotakin nenänvartta pitkin, halveksua, väheksyä, kohdella jotakuta ylimielisesti

looker s (ark) hyvännäköinen nainen/mies

look for v **1** etsiä jotakuta/jotakin **2** odottaa

look forward to v odottaa *looking forward to your prompt reply* (kirjeen lopussa) jään odottamaan pikaista vastaustanne

look into v ottaa selvää jostakin, tutkia

look on v pitää jotakuta/jotakin jonakin

look out v varoa

lookout [ˈlʊkˌaʊt] *to be on the lookout for* etsiä jotakin, yrittää löytää jotakin

look out for v varoa jotakuta/jotakin; huolehtia jostakin *to look out for your health* pitää huolta terveydestään, vaalia terveyttään

look out for number one fr ajaa omaa etuaan, pitää puolensa

look-see [ˈlʊkˌsi] s (ark) vilkaisu *come and have a look-see* vilkaisepa tätä

look up v **1** nostaa katseensa, katsoa ylöspäin **2** näyttää paremmalta/hyvältä/lupaavalta **3** etsiä/katsoa (tietosanakirjasta, sanakirjasta) **4** käydä katsomassa jotakuta, piipahtaa jonkun luona

lookup s (tietok) haku

look upon v pitää jotakuta/jotakin jonakin

look up to v ihailla, kunnioittaa, pitää suuressa arvossa

1 loom [lum] s kangaspuut

2 loom v **1** näkyä (hämärästi) (myös kuv) *those fears loom large in his mind* ne pelot kummittelevat hänen mielessään **2** seisoa (uhkaavan näköisenä)

loon [lun] s **1** kuikka **2** hullu, tärähtänyt ihminen

loony bin [ˈluniˌbɪn] s (ark) hullujenhuone, pöpilä

1 loop [lup] s **1** silmukka, lenkki *to throw someone for a loop* saada joku ällistymään/haukkomaan henkeään **2** (ehkäisyväline) kierukka

loop

2 loop v tehdä silmukka, kiertää/kiertyä silmukalle; kiemurrella, luikerrella
loophole ['lup,hɔl] s **1** ampuma-aukko; tirkistysreikä; tuuletusaukko **2** (kuv) porsaanreikä
1 loose [lus] s vapaus: *to be on the loose* olla vapaalla jalalla; irrotella, ottaa ilo irti elämästä
2 loose v **1** vapauttaa **2** irrottaa **3** löysätä, höllätä
3 loose adj, adv **1** irtonainen, irronnut, löystynyt, löysä, löyhä, höllä *to come loose* irrota **2** notkea, irtonainen **3** vapaa *to break loose* karata; riuhtaista itsensä irti; irrota *to turn loose* vapauttaa, päästää vapaaksi *to let loose* vapauttaa, vapautua; antaa periksi, ei kestää **4** löysä, (moraali, kuri, järjestys), höllä, kevytmielinen, kevytkenkäinen **5** kulku- *a loose dog* kulkukoira **6** käyttämätön, ylimääräinen *loose change* pikkuraha
loose end s (kuv) keskeneräinen asia *to be at loose ends* (kuv) olla tuuliajolla, ei saada otetta elämästä/mistään
loose-fitting adj (vaate) löysä, (liian) iso
loose-jointed adj notkea, norja, vetreä
loose-leaf binder s irtolehtikansio
loosely adv rennosti, vapaasti, kevyesti, ajattelemattomasti, harkitsemattomasti, kevytmielisesti, kevytkenkäisesti (ks. loose)
loosen [lusən] v irrottaa, hellittää, löysätä, höllätä
loosen the purse strings fr löysätä rahakukkaron nyörejä
loose-tongued [,lus'tʌŋd] adj juoruileva
1 loot [lut] s (sota-, ryöstö)saalis
2 loot v ryövätä, ryöstää, kähveltää
lop [lap] v **1** karsia (oksia) **2** katkaista (raaja ym) **3** jättää jotakin pois jostakin, lyhentää **4** roikkua, roikuttaa, riippua, riiputtaa
lopsided ['lap,saɪdəd] adj **1** vino **2** (kuv) epäsuhtainen, nurinkurinen
lord [lɔrd] s **1** *Lord* Herra **2** hallitsija, valtias, isäntä, herra **3** (UK) lordi (myös erinäisissä puhutteluissa)

lord it over someone fr kohdella jotakuta ylimielisesti, komennella, määräillä
lordship s (UK) *your lordship* lordin ja tuomarin puhuttelunimitys
Lord's Prayer s isämeidänrukous
Lord's Supper s ehtoollinen, Herran ateria
lorikeet s (lintu) luri *rainbow lorikeet* sateenkaariluri
Lorraine [lə'reɪn] Lothringen
lorry [lɔri] s (UK) kuorma-auto
Los Angeleno [las,ændʒə'linoʊ] s Los Angelesin asukas
Los Angeles [las'ændʒələs] kaupunki Kaliforniassa
lose [luz] v lost, lost **1** menettää, kadottaa, hukata *he lost his job/life/balance/mind* hän menetti työpaikkansa/henkensä/tasapainonsa/järkensä *Mary lost her purse* Mary hukkasi käsilaukkunsa **2** hävitä (ottelu, oikeudenkäynti, taistelu) *the team lost both games* joukkue hävisi kummankin ottelun **3** karistaa kannoiltaan, jättää jälkeensä **4** *to lose yourself somewhere* eksyä jonnekin
lose face fr menettää kasvonsa, saada hävetä silmät päästään
lose out v hävitä, joutua tappiolle
loser [luzər] s (ark) luuseri, toivoton tapaus
lose sight of fr **1** kadottaa näkyvistä **2** (kuv) unohtaa
lose track fr ei seurata jotakin, unohtaa, menettää kosketus johonkin
lose your shirt fr (ark) joutua puille paljaille, tehdä vararikko
lose your tongue fr menettää puhelahjansa
loss [las] s **1** menetys *she grieved over the loss of her husband* hän suri miehensä kuolemaa **2** tappio *the company is operating at a loss* yritys toimii tappiolla, yritys tuottaa tappiota **3** *I am at a loss for words* en tiedä mitä sanoa, en osaa pukea ajatuksiani sanoiksi
lost [last] v: ks lose adj **1** hukkunut, hukassa, menetetty; edesmennyt, kuollut *the purse is lost* käsilaukku on hu-

kassa/hukkunut *I am lost* olen hukassa/pulassa **2** *get lost!* häivy!, ala nostella!
lost cause s tuhoon tuomittu hanke/ajatus/aate
1 lot [lat] s **1** arpa *they chose their leader by a lot* he valitsivat johtajan arpomalla **2** kohtalo, osa ja arpa *to cast in your lot with someone* lyöttäytyä yhteen jonkun kanssa, ryhtyä jonkun kumppaniksi **3** tontti, maa; elokuvastudion alue *back lot* elokuvastudion ulkokuvausalue *parking lot* pysäköintialue **4** joukko, ryhmä; erä *a lot of something* paljon jotakin *lots of money* paljon rahaa *the whole lot* koko joukko, kaikki **5** tyyppi *they are a bad lot* he ovat vaarallista sakkia
2 lot v jakaa jollekulle/osiin
Lothario [ləˈθerioʊ] s (mon Lotharios) naissankari
lotion [ˈloʊʃən] s (käsi-, kasvo)voide
lottery [ˈlatəri] s arpajaiset; arvonta
lotto [ˈlatoʊ] s lotto *to play lotto* lotota
lotus [ˈloʊtəs] s (kasvi) lootus
loud [laʊd] adj **1** (ääni, huuto) kova, voimakas, kovaääninen **2** (väri) räikeä **3** (käytös, ihminen) remuava, suurisuinen adv (sanoa jotakin) ääneen
loudly adv ks loud
loudmouth [ˈlaʊdˌmaʊθ] s suurisuinen ihminen, suunsoittaja
loudness s äänenvoimakkuus *loudness switch* (stereolaitteessa) fysiologinen korjain, loudness-kytkin
loudspeaker [ˈlaʊdˌspikər] s kaiutin
Louisiana [luˌwiziˈænə] Louisiana
1 lounge [laʊndʒ] s **1** nojatuoli, sohva **2** (hotellin) aula, oleskeluhuone, (lentokentän ym) odotussali **3** (mus) lounge
2 lounge v loikoilla, laiskotella, vetelehtiä
lounge chair [ˈlaʊndʒˌtʃeər] s nojatuoli, sohva
lounge lizard [ˈlaʊndʒˌlɪzərd] s (halv) salonkileijona
lounger s **1** loikoilija, laiskottelija **2** nojatuoli, sohva **3** (ark) kylpytakki, sisätakki
loupe [lup] s luuppi, luppi, eräänlainen suurennuslasi

louse [laʊs] s (mon lice) täi
lousy [ˈlaʊzi] adj (ark) surkea, kurja, viheliäinen *we had a lousy time at their place* meillä oli kurjaa heidän luonaan
lousy with *to be lousy with something* (sl) jollakulla on jotakin kuin roskaa/yllin kyllin
lout [laʊt] s moukka
louver [ˈluvər] s **1** sälekaihdin **2** (esim auton jäähdyttimen) säleikkö
lovable [ˈlʌvəbəl] adj rakastettava, ihana, ihastuttava
1 love [lʌv] s **1** rakkaus (eri merkityksissä, myös:) lähimmäisenrakkaus *to make love* rakastella *for the love of decency, please shut up* ole nyt ihmeessä hiljaa *there was no love lost between the brothers* veljekset eivät voineet sietää toisiaan **2** kulta, rakas *Mary was his first love* Mary oli hänen ensimmäinen ihastuksensa **3** (tennis) nolla (pistettä)
2 love v rakastaa (eri merkityksissä) *she loves Gothic novels* hän rakastaa goottilaisia romaaneita, hän pitää kovasti goottilaisista romaaneista
love affair s **1** (rakkaus)suhde **2** (kuv) ihastus, innostus, harrastus
love-in-idleness s keto-orvokki
loveless adj rakkaudeton
love life s rakkauselämä *how's your love life?* mitä rakkauselämääsi kuuluu?
lovelorn [ˈlʌvˌlɔrn] adj lemmenkipeä
lovely adj ihana, ihastuttava; kaunis; hauska
lovemaking [ˈlʌvˌmeɪkɪŋ] s rakastelu
love potion [ˈlʌvˌpoʊʃən] s lemmenjuoma, afrodisiakumi
lover [ˈlʌvər] s **1** rakastaja *they say that the boss and his secretary are lovers* väitetään että pomolla ja hänen sihteerillään on suhde **2** harrastaja, ystävä *she's a music-lover* hän on musiikin ystävä
lovers' lane [ˌlʌvərzˈleɪn] s kuherruskuja
lovesick [ˈlʌvˌsɪk] adj lemmenkipeä
loving adj rakastava, rakastunut, hellä, lempeä
lovingly adv rakastuneesti; hellästi, kauniisti
1 low [loʊ] s **1** matalapaine **2** pohjalukema *inflation has reached a new low*

inflaatio on laskenut ennätyksellisen alas
2 low adj **1** matala **2** hiljainen (ääni) **3** (kuv) matala, alhainen, halpamainen, vähäinen, pieni *the interest rate is low* korko on pieni *that was a low blow* se oli alhainen/katala temppu *these pastries are low in calories* näissä leivonnaisissa on vähän kaloreita **4** heikko, voimaton *I feel low today* minulla on tänään heikko olo **3 low** adv **1** alhaalla, alas *to lie low* piiloutua, pysytellä piilossa; pitää matalaa profiilia *to bow low* kumartaa syvään **2** vähissä, lopussa *the gas is running low* bensa alkaa loppua **3** halvalla *buy low and sell high, that's my advice* neuvon ostamaan halpaan ja myymään kalliiseen hintaan **4 low** v (lehmä) ammua
lowbrow [ˈloʊˌbraʊ] s sivistymätön ihminen adj **1** sivistymätön **2** roska(kulttuuri)-
low-budget [ˌloʊˈbʌdʒət] adj halvasti tehty, pienellä rahalla tehty
low-cal [ˌloʊˈkæəl] adj (ark) vähäkalorinen
low-cost [ˌloʊˈkast] adj halpa
low country s alanko, alava maa
low-density lipoprotein s LDL-lipoproteiini
lowdown [ˈloʊˌdaʊn] s kylmä totuus, pelkät tosiasiat adj alhainen, halpamainen
lower [loʊər] v laskea, alentaa, alentua, vähentää, vähentyä, hiljentää, hiljentyä *she refused to lower herself to answering the accusation* hän ei pitänyt syytöstä edes vastauksen arvoisena adj, adv (komparatiivi sanasta *low*, ks tätä) alempi, alempana, matalampi, ala-
Lower 48 s Yhdysvaltain 48 mannerosavaltiota (siis osavaltiot Alaskaa ja Havaijia lukuun ottamatta)
lowercase [ˌloʊərˈkeɪs] adj pienaakkosilla ladottu
lower class [ˌloʊərˈklæs] s alaluokka
lower-class adj alaluokan
Lower Michigan [ˌloʊərˈmɪʃəɡən] Ala-Michigan

lowermost [ˈloʊərˌmoʊst] adj alin
Lower Peninsula [ˌloʊərpəˈnɪnsələ] ks Lower Michigan
low-key [ˌloʊˈki] adj hillitty v hillitä, jarruttaa
lowly [ˈloʊli] adj **1** vaatimaton **2** alhainen, vähäpätöinen **3** nöyrä
low-lying [ˌloʊˈlaɪɪŋ] adj alava
low-priced [ˌloʊˈpraɪst] adj edullinen, halpa
low profile [ˌloʊˈproʊfaɪəl] *to keep a low profile* pitää matalaa profiilia, pysytellä taka-alalla/piilossa
low relief [ˌloʊrəˈlif] s matala reliefi
lowrider [ˈloʊˌraɪdər] s sarjamallista muunneltu erityisen matala henkilöauto tai pick-up
lowriders s lantiohousut
low technology [ˌloʊtekˈnalədʒi] s perustekniikka
low tide [ˌloʊˈtaɪd] s **1** luode, laskuvesi **2** matalavesi **3** (kuv) pohjalukema(t), aallonpohja
low vision *people with low vision* heikkonäköiset, näkövammaiset
low water s matalavesi
loyal [lɔɪəl] adj uskollinen, luotettava, rehti
loyalist s lojalisti (erityisesti Pohjois-Amerikan vapaussodan aikainen)
loyally adv uskollisesti, luotettavasti, rehdisti
loyalty [ˈlɔɪəlti] s **1** uskollisuus, luotettavuus, rehtiys **2** kannatus
lozenge [lazəndʒ] s (kurkku)pastilli
LPGA *Ladies Professional Golf Association*
LSD *lysergic acid diethylamide* lysergidi, LSD
Lt. *lieutenant*
Ltd. *limited*
Lt.Gov. *lieutenant governor*
LTNS (tekstiviestissä, sähköpostissa) *long time no see*
lubricant [lubrəkənt] s voiteluaine, rasva, öljy
lubricate [ˈlubrəˌkeɪt] v **1** voidella, rasvata, öljytä **2** (kuv) voidella, saada asiat luistamaan, lahjoa

luncheonette

lubrication [ˌlubrəˈkeɪʃən] s voitelu (myös kuv)

lucid [lusəd] adj **1** selvä, havainnollinen **2** selväjärkinen; joka on tajuissaan **3** kirkas **4** läpinäkyvä

lucidity [luˈsɪdəti] s selvyys, havainnollisuus

lucidly adv ks lucid

luck [lʌk] s onni *Susan had no luck in finding an apartment* Susan ei onnistunut löytämään vuokra-asuntoa *good luck!* onnea yrityksellesi

luckily adv onneksi

luck into v saada sattumalta, onnistua saamaan

luckless adj huono-onninen, onneton, epäonnistunut

luck of the draw s pelionni

luck out v jollakulla käy hyvä tuuri, onni potkaisee jotakuta

lucky adj onnekas, onnellinen, onnen- *you were lucky* sinua onnisti, sinulla kävi hyvä tuuri *only a lucky few are admitted to that school* siihen kouluun pääsevät vain harvat ja valitut

lucky charm s amuletti, talismaani

lucrative [lukrətɪv] adj (taloudellisesti) kannattava, tuottoisa

lucre [lukər] *filthy lucre* (ark) mammona

ludicrous [ludəkrəs] adj naurettava, älytön, järjetön

ludicrously adv naurettavan, naurettavasti, älyttömän

lug [lʌg] v raahata mukanaan, kiskoa perässään

luggage [lʌgədʒ] s matkatavarat, matkalaukut

lugubrious [ləˈgubriəs] adj (naurettavan) melankolinen, synkkä, surkuhupaisa

lugworm [lʌgwərm] s hietamato

lukewarm [ˌlukˈwaərm] adj **1** (vesi) haalea **2** (kuv) innoton, vaisu *his suggestion got a lukewarm response* hänen ehdotuksensa otettiin vastaan välinpitämättömästi

1 lull [lʌl] s **1** tauko, tyven **2** (taloudellinen) lama

2 lull v **1** rauhoittaa, rauhoittua **2** tuudittaa uneen/luulemaan jotakin

lullaby [ˈlʌləˌbaɪ] s kehtolaulu, tuutulaulu

lumbago [lʌmˈbeɪgoʊ] s noidannuoli

lumbar [lʌmbaər] adj lanne-, lantio-

1 lumber [lʌmbər] s sahatavara, puutavara

2 lumber v **1** kaataa metsää **2** lyllertää, kulkea vaivalloisesti/raskaasti

lumberjack [ˈlʌmbərˌdʒæk] s metsuri

lumbermill [ˈlʌmbərˌmɪl] s saha(laitos)

lumberyard [ˈlʌmbərˌjard] s lautatarha

Lumholtz's tree kangaroo [lmhoəltsəz] s lumholtzinpuukenguru

luminosity [ˌluməˈnasəti] s **1** kirkkaus **2** älykkyys, nerokkuus

luminous [lumɪnəs] adj **1** hohtava, loistava, kirkas **2** valaistu; kirkkaasti valaistu **3** älykäs, nerokas

1 lump [lʌmp] s **1** möykky, paakku, kimpale **2** kuhmu, paukama **3** kasa, pino **4** sokeripala **5** (ark) kömpelys, köntys

2 lump v **1** paakkuuntua **2** niputtaa, panna/kerätä yhteen (kasaan)

3 lump adj **1** pala- *lump sugar* palasokeri **2** kerta- *lump sum* könttäsumma (ark)

lump in your throat *the problem is a lump in his throat* ongelma kuroo hänen kurkkuaan, ongelma vaivaa häntä

lump of sugar s sokeripala

lumpy adj **1** paakkuinen **2** kömpelö

lunacy [lunəsi] s hulluus

lunar [lunər] adj Kuun, kuu- *lunar orbit* Kuuta kiertävä rata

lunar eclipse s kuunpimennys

lunar module [ˈlunərˌmadʒəl] s (avaruusaluksen) kuumoduli

lunar rover [ˈlunərˌroʊvər] s (avaruusaluksen) kuuauto

lunatic [lunətɪk] s, adj hullu

lunch [lʌntʃ] s **1** lounas *he is out to lunch* (sl kuv) hän on aivan muissa maailmoissa **2** välipala

lunch break [ˈlʌntʃˌbreɪk] s ruokatunti

lunch counter [ˈlʌntʃˌkaʊntər] s **1** (ruokakaupan ym) lounastiski (josta saa valmista ruokaa mukaan) **2** ruokabaari

luncheon [lʌntʃən] s (juhla)päivällinen

luncheonette [ˌlʌntʃəˈnet] s ruokabaari

lung [lʌŋ] s keuhko *to shout at the top of your lungs* huutaa kuin syötävä, huutaa suoraa huutoa
1 lunge [lʌndʒ] s sohaisu
2 lunge v **1** sohaista jollakin **2** hoippua, syöksyä, heittäytyä eteenpäin
lupine [lupən] s (kasvi) lupiini
1 lurch [lərtʃ] s **1** kallistus **2** nytkähdys, rojahdus **3** *to leave someone in the lurch* jättää joku pulaan
2 lurch v **1** kallistua **2** hoippua, nytkähtää, rojahtaa
1 lure [lʊər] s syötti, houkutin, houkutus
2 lure v houkutella
lurid [lərəd] adj **1** (väri) räikeä, räikeän värinen **2** (kuv) räikeä, sensaatiohakuinen, mauton, härski, kauhu-
luridly adv **1** räikeästi, räikeissä väreissä **2** (kuv) räikeästi, sensaatiohakuisesti, mauttomasti, härskisti
lurk [lərk] v (myös kuv) vaania, piileksiä, piillä
luscious [lʌʃəs] adj **1** (myös kuv) herkullinen, mehevä, mehukas **2** seksikäs
lusciously adv (myös kuv) herkullisesti, mehevästi, mehukkaasti
lusciousness s **1** (myös kuv) herkullisuus, mehevyys, mehukkuus **2** seksikkyys
lush [lʌʃ] s (sl) juoppo adj rehevä, reheväkasvuinen, mehevä
1 lust [lʌst] s himo *he has an immense lust for power* hänellä on suunnaton vallanhimo
2 lust v himoita
lust after/for v himoita jotakin
luster [lʌstər] s **1** kimallus, hohde, kiilto, loisto **2** (kuv) maine, loisto
lustful adj himokas
lustily adv **1** reippaasti, pirteästi, voimakkaasti **2** (syödä) hyvällä ruokahalulla **3** (huutaa) täyttä kurkkua
lustrous [lʌstrəs] adj **1** kimalteleva, hohtava, kiiltävä, loistava **2** (kuv) maineikas, loistava, loistokas
lusty adj **1** reipas, pirteä, elinvoimainen, vahva **2** (ateria) runsas, (ruokahalu) hyvä **3** innokas **4** himokas
lute [lut] s luuttu

Luxembourg [ˈlʌksəm,bərg] Luxemburg
Luxembourgian s, adj luxemburgilainen
luxuriance [lʌgˈʒəriəns] s rehevyys, runsaus
luxuriant [lʌgˈʒəriənt] adj **1** rehevä; hedelmällinen **2** runsas, ylenpalttinen **3** (kuv) rehevä, rönsyilevä
luxuriate in [lʌgˈʒərieɪt] v **1** (kasvi) kukoistaa jossakin **2** (ihminen) nauttia (täysin siemauksin) jostakin
luxurious [lʌgˈʒərɪəs] adj **1** ylellinen, hieno, luksus- *she has luxurious tastes* hänellä on kallis maku **2** runsas, ylenpalttinen, (kuv) rehevä, (kuv) rönsyilevä
luxury [lʌkʃəri] s **1** ylellisyys, loisto **2** (yksittäinen) luksus *you have the luxury of much free time* olet siinä onnellisessa asemassa että sinulla on paljon vapaa-aikaa
LV (tekstiviestissä, sähköpostissa) *love*
lye [laɪ] s lipeä
lying [laɪɪŋ] s valehtelu
lymph [lɪmf] s (lääk) imuneste, lymfa
lymphatic tissue [lɪmˈfætɪk tɪʃu] s (lääk) imukudos
lymphatic vessel s (lääk) imusuoni
lymph cell s imusolu
lymph node s (lääk) imusolmuke
lymph system s (lääk) imutiet
lynch [lɪntʃ] v lynkata
lynching s lynkkaus
lynch law s lynkkausoikeus
lynchpin ks linchpin
lynx [lɪŋks] s ilves
Lynx [lɪŋks] (tähdistö) Ilves
lyre [laɪər] s lyyra
lyric [lɪrɪk] s **1** lyyrinen runo, lauluruno, tunnelmaruno **2** (mon) laulun sanat adj lyyrinen
lyrical [lɪrɪkəl] adj lyyrinen
lyrically adv lyyrisesti
lyricism [ˈlɪrəˌsɪzəm] s lyyrisyys, lyriikka
lyricist s lyyrikko
lyrism [lɪərɪzəm] s lyyrisyys, lyriikka
lysergic acid diethylamide [laɪˌsərˈdʒɪk ˌæsɪddaɪˈeθələˌmaɪd] s lysergiinihapon dietyyliamidi, lysergidi, LSD

M, m

M, m [em] M, m
M8 (tekstiviestissä, sähköpostissa) *mate*
ma [ma] s (ark) äiti
MA *Massachusetts*
M.A. *Master of Arts* filosofian maisteri, FM (lähinnä)
ma'am [mæm] s (puhuttelusanana) rouva
mac [mæk] s **1** (puhuttelusanana) kaveri, heppu **2** (ark) sadetakki **3** eräs omenalajike (McIntosh) **4** *Mac* eräs tietokonemerkki (Apple Macintosh®)
macabre [məˈkabər] adj kaamea, kammottava, kuolemaan viittaava, makaaberi
macadam [məˈkædəm] s (tienpäällyste) makadaami
macaroni [ˌmækəˈrouni] s makaroni
macaw [məka] s (lintu) ara *scarlet macaw* puna-ara
mace [meɪs] s **1** nuija **2** virkasauva **3** (mauste) muskotti **4** *Mace* ™ (mellakoiden torjunnassa ja itsepuolustuksessa käytettävä) kyynelkaasu
Macedonia [ˌmæsəˈdounɪə] Makedonia
machete [məˈʃeti] s viidakkoveitsi, machete
Machiavellian [ˌmækɪəˈvelɪən] s machiavellisti adj machiavellilainen, machiavellistinen
1 machine [məˈʃin] s **1** kone, laite *vending machine* kolikkoautomaatti **2** (kuv) koneisto *the Republican machine* republikaanien puoluekoneisto
2 machine v valmistaa/työstää koneella
machine gun s konekivääri
machine language s (tietok) konekieli
machinelike [məˈʃinˌlaɪk] adj konemainen, mekaaninen
machine pistol s konepistooli
machine-readable adj konekoodinen

machinery [məˈʃinəri] s koneet, koneisto (myös kuv), mekanismi
machine shop s konepaja, konehalli
machine-wash [məˌʃinˈwaʃ] v pestä koneessa
machinist [məˈʃinɪst] s **1** koneenkäyttäjä **2** asentaja, koneenrakentaja
macintosh s sadetakki
mackerel [mækrəl] s makrilli
mackintosh [ˈmækənˌtaʃ] s sadetakki
macro [mækrou] s **1** makro-objektiivi **2** (tietok) makro, tietokoneohjelman toistuvasti käytetyn käskysarjan esitys lyhennetyssä muodossa
macrocosm [ˈmækrəˌkazəm] s makrokosmos, maailmankaikkeus
macroeconomic adj makrotaloustieteellinen
macroeconomics [ˌmækrouˌikəˈnamɪks] s (verbi yksikössä) makrotaloustiede
macular degeneration [mækjələr] s (lääk) makulan rappeuma/degeneraatio
mad [mæd] adj **1** hullu, mielenvikainen *to go mad* tulla hulluksi **2** hullu, älytön, mieletön *she's mad about designer clothes* hän on hulluna hienoihin muotivaatteisiin **3** (ark) raivostunut, tulistunut, vihainen *he works like mad to make more money* hän tekee töitä hullun lailla ansaitakseen enemmän
Madagascan s, adj madagaskarilainen
Madagascar [ˌmædəˈgæskər] Madagaskar
madam [mædəm] s **1** (kohtelias puhuttelusana) rouva **2** (talon) emäntä **3** porttolan emäntä
madame [mædəm, məˈdæm, məˈdam] s (kohtelias puhuttelusana) madame, rouva

mad as a hatter fr täysi hullu, löylynlyömä
mad cow disease s hullun lehmän tauti
madden v raivostuttaa
maddening adj raivostuttava
maddeningly adv raivostuttavasti, raivostuttavan
madding crowd fr *far from the madding crowd* kaukana maailman hyrskyistä
made [meɪd] ks make
madhouse ['mædˌhaʊs] s **1** mielisairaala **2** (kuv) hullujenhuone
madly adv (kuv) hullun lailla, kuin hullu *to work madly* huhkia kuin viimeistä päivää *Dan is madly in love with Betsy* Dan on rakastunut Betsyyn korviaan myöten
madness s hulluus (ks mad)
Madonna [mə'dɒnə] s **1** Neitsyt Maria **2** Neitsyt Marian kuva
madrigal [mædrɪgəl] s madrigaali
maelstrom [meɪəlstrəm] s pyörre (myös kuv)
magazine ['mægəˌzin] s **1** aikakauslehti **2** (aseen) lipas
magenta [mə'dʒentə] s, adj magenta, violetinpunainen (väri)
maggot [mægət] s toukka
maggoty adj jossa on matoja
magic [mædʒɪk] s taikuus, taika, magia adj taianomainen, taika-, maaginen, ihmeellinen
magical adj taianomainen, maaginen, ihmeellinen
magically adv taianomaisesti, maagisesti, ihmeellisesti
magician [mə'dʒɪʃən] s taikuri
Magic Marker ™ s eräänlainen huopakynä
magic square s taikaneliö
magic wand s taikasauva
magistrate ['mædʒəsˌtreɪt] s rauhantuomari; poliisituomioistuimen tuomari
magistrate's court s alioikeus; poliisituomioistuin
maglev ['mægˌlev] *magnetic levitation* magneettinen levitaatio *maglev train* magneettijuna (joka leijuu hieman kiskon yläpuolella)

magnanimity [ˌmægnə'nɪməti] s kärsivällisyys, pitkämielisyys
magnanimous [mæg'nænɪməs] adj anteeksiantavainen, kärsivällinen, jalo
magnanimously adv anteeksiantavasti, kärsivällisesti, jalosti
magnate [mægneɪt mægnət] s pohatta
magnesium [mæg'niziəm] s magnesium
magnet [mægnət] s magneetti
magnetic [mæg'netɪk] adj magneettinen (myös kuv:) puoleensavetävä
magnetic field s magneettikenttä
magnetic levitation s magneettinen levitaatio
magnetic pole s magneettinapa
magnetic tape s magneettinauha (ääninauha, kuvanauha)
magnetism ['mægnəˌtɪzəm] s **1** magnetismi *animal magnetism* animaalinen magnetismi, hypnoosi **2** (kuv) vetovoima
magnetize ['mægnəˌtaɪz] v **1** magnetoida, magnetisoida **2** (kuv) lumota, saada lumoihinsa
magneto [mæg'niːtoʊ] s magneetto
magnification [ˌmægnɪfə'keɪʃən] s suurennos
magnificence [mæg'nɪfɪsəns] s **1** loistavuus, erinomaisuus **2** loisto, komeus
magnificent [mæg'nɪfəsənt] adj **1** loistava, erinomainen, suurenmoinen **2** komea, loistokas
magnificently adv ks magnificent
magnifier s suurennuslasi
magnify ['mægnɪˌfaɪ] v **1** suurentaa **2** paisuttaa, liioitella
magnifying glass s suurennuslasi
magnitude ['mægnɪˌtud] s **1** suuruus, voimakkuus *what was the magnitude of the earthquake?* kuinka voimakas maanjäristys oli? *order of magnitude* suuruusluokka **2** merkitys, tärkeys
magnolia [mæg'noʊliə] s (kasvi) magnolia
magnum opus [ˌmægnəm'oʊpəs] s pääteos
magpie ['mægˌpaɪ] s harakka
mahogany [mə'hagəni] s mahonki adj mahonkinen, mahonki-; mahongin värinen

maid [meɪd] s **1** palvelijatar, palvelustyttö, sisäkkö, (hotellin) siivooja **2** tyttö **3** (vanh) impi, neitsyt
maiden [meɪdən] s tyttö; neitsyt
maiden flight s neitsytlento, ensilento
maiden name s entinen nimi, tyttönimi (vanh)
1 mail [meɪəl] s **1** rengaspanssari **2** posti(lähetys) **3** (myös mon) posti(laitos)
2 mail v postittaa, lähettää postissa, viedä postiin/postilaatikkoon *would you please mail this letter for me?* veisitkö tämän kirjeen puolestani postiin/postilaatikkoon?
mailbag ['meɪəlˌbæg] s postisäkki
mail bombing s sähköpostipommitus
mailbox ['meɪəlˌbɑks] s postilaatikko (yleinen, yksityinen, elektroninen)
mail carrier s postinkantaja
mailer s **1** postittaja **2** kirjekuori, vastauskuori, palautuskuori tms *processing mailer* filmin kehityspussi **3** ristiside, mainos
mailing list s jakelulista
mailman ['meɪəlˌmæn] s (mon mailmen) postinkantaja
mail order s postimyynti
mail-order v tilata postitse adj postimyynti-
mail-order house s postimyyntiliike
maim [meɪm] v silpoa (myös kuv)
main [meɪn] s **1** (myös mon) päävesijohto, pääviemäri, pääsähköjohto tms *connect the stereo to the mains* kytke stereot pistorasiaan **2** *in the main* enimmäkseen, suurimmaksi osaksi adj pää-, tärkein *my main interest in this is financial* olen kiinnostunut tästä lähinnä taloudellisesti
main clause s (kieliopissa) päälause
Maine [meɪn] osavaltio Uudessa-Englannissa
mainframe ['meɪnˌfreɪm] s suurtietokone, keskuskone
mainland [meɪnlənd] s manner
main line station s (UK) rautatieasema (erotuksena metroasemasta)
mainly adv lähinnä, enimmäkseen, pääasiassa

mainstream ['meɪnˌstrim] s (kuv) valtavirtaus, valtasuuntaus adj valtavirtaukseen kuuluva, enemmistö- *he is a mainstream writer* hän kirjoittaa suurelle yleisölle *mainstream jazz* valtavirtausta edustava jatsi
main street s **1** pääkatu **2** *Main Street* pikkukaupungin arvot/elämä
maintain [ˌmeɪn'teɪn] v **1** pitää yllä (järjestystä), valvoa (lain noudattamista) **2** elättää **3** väittää; puolustaa **4** huoltaa, pitää kunnossa (konetta ym)
maintenance [meɪntənəns] s **1** (järjestyksen, kurin) ylläpito, (lain) valvonta **2** elatus, elättäminen **3** huolto, kunnossapito
maize [meɪz] s (UK) maissi
majestic [mə'dʒestɪk] adj majesteetillinen, mahtava, vaikuttava
majestically adv majesteetillisesti, mahtavasti, vaikuttavasti
majesty [mædʒəsti] s **1** majesteetillisuus, arvokkuus **2** (puhuttelusanana) majesteetti *Your Majesty* Teidän Majesteettinne
major [meɪdʒər] s **1** (sot) majuri **2** (yliopistossa) pääaine **3** täysi-ikäinen (ihminen) **4** (mus) duuri adj **1** tärkeä, tärkein, pää-, enemmistö, suurin *that was a major announcement* se oli tärkeä ilmoitus *the major reason is money* pääsyy/tärkein syy on raha **2** (mus) duuri-
major in v lukea/opiskella pääaineenaan *Sally is majoring in archeology* Sallyn pääaine on arkeologia
majority [mə'dʒɔrəti] s **1** enemmistö **2** täysi-ikäisyys
1 make [meɪk] s **1** (tuote)merkki **2** *to be on the make* olla pyrkyri/uraputkessa; olla kasvussa/nousussa
2 make v made, made **1** tehdä (suomalaisen vastineen määrää usein objekti:) *to make bread* leipoa *to make a dress* ommella leninki *to make a speech* pitää puhe *to make laws* säätää lakeja *to make sure* varmistaa, pitää huoli jostakin *what difference does it make?* mitä väliä sillä on? *do whatever makes you happy* tee kuten haluat *two and three makes five* kaksi plus kolme on viisi *what makes*

make a good thing of

you say that? miksi sinä niin sanoit?
2 päästä jonnekin, ehtiä jonnekin, selviytyä jostakin *he almost did not make it to the meeting* hän oli vähällä myöhästyä kokouksesta *the accident made it to the evening news* onnettomuudesta kerrottiin iltauutisissa

make a good thing of fr (ark) käyttää hyväkseen, ottaa jostakin kaikki irti

make a play for fr yrittää saada itselleen

make a point of fr ottaa asiakseen, pitää tärkeänä

make a show of something fr teeskennellä, tehdä jostakin iso numero

make as if/though v olla tekevinään jotakin, teeskennellä tekevänsä jotakin

make a spectacle out of yourself fr nolata itsensä

make believe fr kuvitella olevansa jotakin

make-believe s kuvittelu adj kuvitteellinen, mielikuvitus-

make Brownie points with fr pyrkiä jonkun suosioon, kerätä pinnoja, mielistellä, hännystellä

make-do s korvike adj korvike-, tilapäinen

make do v tulla toimeen jollakin/ilman jotakin, pärjätä jollakin/ilman jotakin

make for v **1** mennä/lähteä jonnekin, lähestyä jotakin **2** edistää, parantaa, edesauttaa

make good fr **1** korvata **2** pitää sanansa, täyttää lupauksensa **3** menestyä

make it fr **1** ehtiä jonnekin **2** menestyä

make little of fr vähätellä jotakin

make of v ajatella, olla mieltä *what do you make of this mess?* mitä tuumit tästä sotkusta?

make off v karata

make off with v varastaa

make out v **1** saada selvää jostakin **2** menestyä, pärjätä

make points with fr pyrkiä jonkun suosioon, tavoitella jonkun suosiota, mielistellä, hännystellä

Maker [ˈmeɪkər] s *to meet your Maker* kuolla

make ready fr laittaa valmiiksi, valmistaa

make sail fr lähteä purjehtimaan/matkaan

makeshift [ˈmeɪkˌʃɪft] s korvike adj korvike-, tilapäinen

make short work of fr tehdä jostakin selvää jälkeä, (syödä) pistellä äkkiä poskeensa

make someone see stars fr (kuv) saada joku näkemään tähtiä, iskeä joku tajuttomaksi

make time fr (yrittää) kuroa aikaero umpeen, kiirehtiä

make tracks fr (ark) livahtaa, lähteä kiireesti, häipyä

make up v **1** *to be made up of something* koostua jostakin **2** koota, koostaa, kyhätä kokoon **3** keksiä omasta päästään *try to make up a believable excuse* yritä keksiä uskottava veruke/selitys **4** korvata (vuode), siivota (huone) **6** sopia välinsä/riita **7** meikata, ehostaa

makeup [ˈmeɪkʌp] s **1** meikki, meikkaus, ehostus **2** (joukkueen ym) kokoonpano, koostumus, rakenne **3** psyyke, mielenlaatu

make up for v korvata

make up to v (ark) mielistellä, hännystellä, pyrkiä jonkun suosioon

make use of *to make use of something* käyttää jotakin (hyväkseen)

make water fr **1** (alus) vuotaa **2** virtsata

make way fr tehdä tilaa jollekulle (myös kuv), väistyä jonkun tieltä (myös kuv)

make yourself scarce fr (ark kuv) häipyä, lähteä livohkaan/nostelemaan, tehdä katoamistemppu

make your way fr **1** edetä, kulkea, mennä jonnekin **2** päästä pitkälle, menestyä

making s **1** tekeminen (ks make), teko *this is history in the making* tämä on elävää historiaa **2** (mon) (tykö)tarpeet; edellytykset

maladjusted [ˌmæləˈdʒʌstəd] adj sopeutumaton, huonosti (ympäristöönsä) sopeutunut

maladjustment s sopeutumattomuus

maladroit [ˈmæləˌdrɔɪt] adj kömpelö, taitamaton
malady [mælədi] s tauti, sairaus (myös kuv) *the many maladies of modern society* nyky-yhteiskunnan monet ongelmat
malaproprism [mæləprɑpɪzəm] s kielellinen kömmähdys, sopimaton sanonta
malar bone [meɪlar] s poskiluu
malaria [məˈlerɪə] s malaria
malarkey [məˈlɑrki] s (ark) hölynpöly, jonninjoutava höpinä
Malawi [məˈlɑwi]
Malawian s, adj malawilainen
Malayan tapir [məˌleɪənˈteɪpər] s intiantapiiri
Malaysia [məˈleɪʒə] Malesia
Malaysian s, adj malesialainen
Maldives [ˈmalˌdaɪvz] (mon) Malediivit
male [meɪəl] s koiras, uros adj koiras-, uros-, miespuolinen, mies-, miehen *male nurse* (mies)sairaanhoitaja
male bonding s miesten kaveruus
male chauvinism [ʃoʊvənɪzəm] s (miesten) sovinismi (naisia kohtaan)
male chauvinist pig [ʃoʊvənɪst] s sovinistisika
malefactor [ˈmæləˌfæktər] s **1** rikollinen **2** pahantekijä
malevolence [məˈlevələns] s pahansuopuus, paha tahto, ilkeys
malformation [ˌmælfɔrˈmeɪʃən] s epämuodostuma
1 malfunction [mælˈfʌŋkʃən] s toimintahäiriö, vika
2 malfunction v ei toimia (kunnolla), reistailla, jossakin on/esiintyy toimintahäiriöitä
Mali [mali]
Malian [maliən] s, adj malilainen
malice [mæləs] s ilkeys, paha tahto, pahansuopuus
malicious [məˈlɪʃəs] adj **1** ilkeä, pahansuopa **2** (lak) tahallinen
malicious code s (tietok) tuholaisohjelma
maliciously adv ks malicious
malign [məˈlaɪn] v panetella, parjata
malignancy s **1** pahuus, ilkeys **2** pahanlaatuinen kasvain

malignant [məˈlɪgnənt] adj **1** panetteleva, parjaava, pahansuopa **2** (kasvain) pahanlaatuinen
mall s (katettu) ostoskeskus (jossa on myös ravintoloita, elokuvateattereita ym)
mallard [mælərd] s sinisorsa, heinäsorsa
malleable [mæliəbəl] adj **1** pehmeä **2** (kuv) vaikutuksille altis *the director's mind is still malleable* johtajan ajatukset eivät vielä ole luutuneet, johtaja ei ole vielä kangistunut kaavoihinsa
mallee fowl s malleekana
mallet [mælət] s (puu)nuija
malnutrition [ˌmælnʊˈtrɪʃən] s aliravitsemus
malpractice [mælˈpræktɪs] s (lääkärin tekemä) hoitovirhe *this doctor had a malpractice suit slapped on him* tämä lääkäri on haastettu oikeuteen hoitovirheestä
1 malt [mɑɑlt] s **1** mallas **2** mallasjuoma **3** mallaspirtelö
2 malt v mallastaa
Malta [mɑltə]
malted milk [ˌmɑltədˈmɪəlk] s mallaspirtelö (mallasta, maitoa ja yleensä jäätelöä)
Maltese [malˈtiz] s, adj maltalainen
Malthusian [mælˈθuʒən] s Malthusin oppien kannattaja adj Malthusin oppien mukainen, malthusilainen
Malthusianism s malthusianismi
maltreat [mælˈtrit] v pahoinpidellä, kohdella kaltoin/väärin/huonosti
maltreatment s pahoinpitely, huono kohtelu
malware s (tietok) tuholaisohjelma
mama [mɑmə] s (ark) äiti
mammal [mæməl] s nisäkäs
mammalian [məˈmeɪlɪən] adj nisäkäs-, nisäkkäiden
mammoth [mæməθ] s mammutti adj mammuttimainen, mammutti-, jättimäinen, valtava, suunnaton
Mammoth Cave [ˌmæməθˈkeɪv] kansallispuisto Kentuckyssa
1 man [mæən] s (mon men) **1** mies (myös kuv) **2** (vanh) ihminen *when man first set foot on the Moon* kun ihminen

man

astui ensi kerran Kuun kamaralle *to a man* jokainen, joka ainoa, viimeistä miestä myöten *to be your own man* olla oma herransa, olla itsenäinen **3** *the Man* (sl) pomo *she's still locked into respect for the Man* hän kunnioittaa vielä sokeasti miestään
2 man v miehittää *when will the permanently manned spaced station be built?* milloin pysyvästi miehitetty avaruusasema rakennetaan? **Man.** *Manitoba*
man about town s seurapiirileijona, playboy
1 manacle [ˈmænəkəl] s **1** käsirauta **2** (mon, kuv) kahleet
2 manacle v **1** panna käsirautoihin **2** (kuv) kahlehtia, rajoittaa
manage [ˈmænɪdʒ] v **1** johtaa, hallita (yritystä), hoitaa (asioita, asiat) **2** hallita (jotakuta), pitää kurissa **3** selvitä jostakin, pärjätä *I don't need any help, I can manage* en tarvitse apua, selviän hyvin yksinkin **4** onnistua tekemään jotakin *she managed to get in without a ticket* hänen onnistui päästä sisään ilman lippua
manageable [ˈmænɪdʒəbəl] adj **1** joka on hallittavissa, jonka pystyy hallitsemaan **2** kohtuullinen
management [ˈmænɪdʒmənt] s **1** (yrityksen) johtaminen, hallinta **2** johtajat, johto *middle management* keskijohto *the fast food joint over there is under new management* tuon pikaruokapaikan omistaja on vaihtunut
management-buy-out s (tal) yrityksen johdon tai henkilöstön suorittama kyseisen yrityksen tai sen osan tai toimintojen osto
manager [ˈmænɪdʒər] s **1** johtaja, esimies, päällikkö **2** manageri
manageress [ˌmænɪdʒˈrəs] s (naispuolinen) johtaja
managerial [ˌmænəˈdʒɪəriəl] adj johtajan *managerial duties* johtotehtävät, johtajan tehtävät *managerial class* johtajaluokka
manatee [ˈmænəti] s manaatti *Amazonian manatee* kynnetönmanaatti

Manchester [ˈmæntʃəstər] kaupunki Englannissa
man-child [ˈmænˌtʃaɪəld] s (mon menchildren) poikalapsi
mandarin [ˈmændərɪn ˈmændrən] s **1** (hist) mandariini, kiinalainen virkamies **2** (kasvi, hedelmä) mandariini
1 mandate [ˈmænˌdeɪt] s **1** (äänestäjien antamat) valtuudet **2** käsky, määräys **3** mandaatti, huoltohallintoalue
2 mandate v **1** valtuuttaa, antaa valtuudet johonkin **2** vaatia; määrätä
mandatory [ˈmændəˌtɔri] adj pakollinen; välttämätön
mandible [ˈmændəbəl] s **1** alaleuka, alaleuanluu **2** (hyönteisen) yläleuka
mandolin [ˌmændəˈlɪn ˈmændələn] s mandoliini
mandrill [ˈmændrəl] s (eläin) mandrilli
mane [meɪn] s (hevosen, leijonan) harja
man-eater [ˈmænˌitər] s **1** ihmissyöjäeläin **2** ihmissyöjä, kannibaali **3** (sl naisesta) miestennielijä
1 maneuver [məˈnuvər] s **1** (sot) joukkojen siirto **2** (mon) sotaharjoitus **3** (kuv) liike, taktikointi, juonittelu
2 maneuver v **1** (sot) siirtää joukkoja **2** hivuttaa, hivuttautua *he carefully maneuvered his Cadillac into the small garage* hän ajoi Cadillacinsa varovasti ahtaaseen autotalliin **3** (kuv) ohjailla, junailla, järjestellä, manipuloida
man Friday s apulainen, oikea käsi
manful [ˈmænfəl] adj miehekäs, rohkea, urhea
manger [ˈmeɪndʒər] s seimi
1 mangle [ˈmæŋgəl] s mankeli
2 mangle v **1** mankeloida **2** repiä, silpoa (myös kuv:) pilata
mango [ˈmæŋgoʊ] s (mon mangos, mangoes) (kasvi, hedelmä; eläin) mango
mangrove [ˈmæŋgroʊv] s mangrove(kasvillisuus)
manhandle [ˈmænˌhændəl] v **1** kohdella kovakouraisesti; paiskata **2** nostaa (käsivoimin)
Manhattan [mænˈhætən] Manhattan
Manhattanite [mænˈhætəˌnaɪt] s Manhattanin asukas, manhattanilainen

manhole [ˈmænˌhoəl] s miesluukku, tarkastusluukku
manhood [ˈmænˌhʊd] s miehuus
man-hour [ˈmænˌaʊər] s (mies)työtunti
manhunt [ˈmænˌhʌnt] s **1** takaa-ajo, etsintä **2** (kuv) metsästys, etsintä
mania [meɪniə] s **1** (psyk) mania, maaninen tila **2** (kuv) kiihko, kiihkoilu, vimma
maniac [meɪniæk] s **1** (psyk) maanikko **2** (kuv) kiihkoilija, hullu
maniacal [məˈnaɪəkəl] adj **1** (psyk) maaninen **2** (kuv) hullu, kiihkomielinen
manic-depressive [ˌmænɪkdəˈpresɪv] s, adj maanis-depressiivinen (ihminen)
manic-depressive disorder s maanis-depressiivisyys
manicure [ˈmænəˌkjər, ˈmænəˌkjʊər] s kynsienhoito
manicurist s kynsienhoitaja
1 manifest [ˈmænəˌfest] s lastiluettelo; matkustajaluettelo
2 manifest v **1** ilmaista, tuoda ilmi *some opposition has manifested itself lately* viime aikoina on ilmennyt vastustusta **2** todistaa
3 manifest adj ilmeinen, ilmiselvä, selvä
Manifest Destiny s USA:ssa 1800-luvulla vallinnut käsitys, että kohtalo on ilmiselvästi määrännyt Yhdysvalloille koko maanosan Atlantista Tyynellemerelle
manifesto [ˌmænəˈfestoʊ] s (mon manifestoes) manifesti, julistus *have you read the Communist Manifesto by Marx and Engels?* oletko lukenut Marxin ja Engelsin Kommunistisen manifestin?
manifold [ˈmænəˌfoəld] s *intake manifold* imuputki *exhaust manifold* poistoputki, pakoputki adj moninainen, monipuolinen, monimutkainen
manikin [mənəkən] s **1** kääpiö **2** ks mannequin **3** (anatomiassa) mallinukke
manila [məˈnɪlə] s **1** manila(hamppu) **2** manilaköysi **3** manilapaperi *manila envelope* ruskea kirjekuori
man in the moon s kuu-ukko
man in the street s kadunmies, tavallinen ihminen, keskivertokansalainen

manipulate [məˈnɪpjʊˌleɪt] v **1** manipuloida, ohjailla, muokata, käyttää (taitavasti/häikäilemättömästi) hyväkseen **2** ohjata, käsitellä *he had trouble manipulating the controls of the machine* hän ei tahtonut osata käsitellä koneen ohjaimia **3** väärentää, muuttaa omine lupineen, parannella
manipulation [məˌnɪpjʊˈleɪʃən] s **1** manipulointi, ohjailu, muokkaus, (taitava/häikäilemätön) hyväksikäyttö **2** ohjaaminen, käyttö
manipulative [məˈnɪpjələtɪv] adj joka käyttää toisia häikäilemättömästi/taitavasti hyväkseen
manipulator [məˈnɪpjʊˌleɪtər] s **1** manipuloija, taitava/häikäilemätön ihmisten käsittelijä **2** kaukokäsittelylaite
Manitoba [ˌmænɪˈtoʊbə]
mankind [ˌmænˈkaɪnd] s ihmiskunta
manlike adj **1** miehinen, ihmisen kaltainen **2** miehekäs, miehinen
manliness [mænlinəs] s miehekkyys
manly adj miehekäs, miehinen
man-made [ˌmænˈmeɪd] adj keinotekoinen, keino-, teko-
mannequin [mænəkən] s **1** (näyteikkunassa) mallinukke **2** (räätälin) sovitusnukke **3** mannekiini
manner [mænər] s **1** tapa, keino, tyyli **2** käytös, esiintyminen; (mon) tavat *where are your manners?* oletko unohtanut hyvät tavat? **3** laji *he met all manner of people while in Mexico* hän tapasi Meksikossa kaikenkarvaista väkeä
mannerism [ˈmænəˌrɪzəm] s **1** oikku, erikoisuus, erikoinen tapa **2** teeskentely, teennäisyys **3** *Mannerism* (taidesuuntaus) manierismi
mannerless adj huonotapainen, pahatapainen
mannish [mænɪʃ] adj (nainen) miesmäinen
manoeuvre [məˈnuvər] ks maneuver
man of few words *Ed is a man of few words* Ed on harvasanainen, Ed ei ole puhelias
man of his word *he's a man of his word* häneen voi luottaa, hänen sanansa pitää

man of many words *Pete is a man of many words* Pete on puhelias
manor [ˈmænər] s (herras)kartano
manor house s kartano(rakennus)
man power [ˈmænˌpaʊər] s ihmisvoima, ihmistyövoima
manservant [ˈmænˌsɜrvənt] s (mon menservants) (mies)palvelija
mansion [ˈmænʃən] s **1** (suuri/komea) talo **2** kartano(rakennus)
manta ray [ˈmæntəˌreɪ] s (kala) paholaisrausku
mantel [ˈmæntəl] s takan reunus
mantelpiece [ˈmæntəlˌpis] s takan reunus
mantelshelf [ˈmæntəlˌʃelf] s takan reunus
mantis [mæntɪs] s (mon mantises) rukoilijasirkka
1 mantle [mæntəl] s **1** vaippa, peite **2** (Maan) vaippa **3** takan reunus (ks mantel)
2 mantle v peittää
man-to-man [ˌmæntəˈmæən] adj (keskustelu) suora, avoin
mantra [mantrə] s mantra
Mantua [ˈmæntuə] Mantova
manual [mænjʊəl] s käsikirja, käyttöohje adj **1** käsikäyttöinen, käsi-, ei sähköinen, ei automaattinen *this car has a manual transmission* tässä autossa on käsivälitteinen vaihteisto **2** ruumiillinen *manual labor* ruumiillinen työ
manually adv käsin, käsivoimin
manuf. *manufacturing* valmistus
1 manufacture [ˌmænjəˈfækʃər] s valmistus
2 manufacture v valmistaa, tuottaa
manufacturer s valmistaja
manumission [ˌmænjəˈmɪʃən] s (orjan) vapautus, vapauttaminen
manumit [ˌmænjəˈmɪt] v vapauttaa
1 manure [məˈnʊər] s lanta
2 manure v lannoittaa
manuscript [ˈmænjəˌskrɪpt] s käsikirjoitus
many [meni] s koko joukko, paljon *a great many people* paljon ihmisiä adj paljon *many miles* monta mailia *how many?* montako? *many a man has thought so* moni on luullut niin
many a time fr monesti, monta kertaa
manyfold [ˈmeniˌfoəld] adv moninkertaisesti
many-sided [ˌmeniˈsaɪdəd] adj **1** monisivuinen, monitahoinen **2** monimutkainen, monitahoinen **3** monipuolinen
Maoism [maʊɪzəm] s maolaisuus
Maoist [maʊɪst] s, adj maolainen
Mao Tse-tung [ˌmaʊˌtseˈtʊŋ] (vanh) Mao Tse-tung, Mao Zedong
Mao Zedong [ˌmaʊzeˈdaŋ] Mao Zedong, Mao Tse-tung
1 map [mæp] s kartta *genetic map* geenikartta *to put something on the map* tehdä kuuluisaksi, nostaa maailmankartalle
2 map v kartoittaa
maple [meɪpl] s vaahtera
maple leaf s vaahteranlehti
maple syryp s vaahterasiirappi
map out v suunnitella
mar [mar] v pilata; rumentaa
Mar. *March* maaliskuu
mara s mara, pampajänis
marabou stork [ˈmerəbu] s (lintu) afrikanmarabu
marathon [ˈmerəˌθan] s maraton
marathoner s maratonjuoksija
maraud [məˈrad] v ryövätä, ryöstää, rosvota
marauder s ryöväri, ryöstäjä, rosvo
marauding adj (paikasta toiseen liikkuva ja) ryöväilevä, rosvoileva
marble [marbəl] s **1** marmori **2** marmorikuula adj **1** marmorinen **2** kirjava
March [martʃ] s maaliskuu
1 march s **1** marssi **2** (kuv) kulku, eteneminen
2 march v marssia, marssittaa
marching orders s **1** (sot) marssikäsky **2** (kuv) aloituskäsky, aloitusmääräys **3** (kuv) eropaperit, lähtöpassit
marchioness [marʃənəs] s markiisitar
Mardi Gras [ˈmardiˌgra] s **1** laskiaistiistai **2** karnevaalit, karnevaaliaika
mare [meər] s tamma
margarine [mardʒərən] s margariini
margarita [ˌmargəˈritə] s tequilacocktail

margin [mardʒən] s **1** (tekstin vierellä) marginaali, tyhjä reuna **2** reunuseste *how do you set the margins on this typewriter?* miten tämän kirjoituskoneen reunusesteet asetetaan? **3** pelivara, vara *there is no margin for error here* tässä ei ole varaa virheisiin **4** (tal) voitto *profit margin* voitto, kate

marginal adj **1** reuna- *marginal note* reunahuomautus **2** niukka, vähäinen *the change was marginal* muutos oli lähes olematon

marginally adv niukasti, vähän, hieman

mariachi [ˌmeriˈatʃi] s mariachimusiikki, perinteinen meksikolaismusiikki adj mariachi- *they had a mariachi band at the party* juhlissa soitti mariachiorkesteri

Mariana Islands [ˌmeriˈænə] (mon) Mariaanit

marihuana [ˌmerəˈwanə] s marihuana

marijuana [ˌmerəˈwanə] s marihuana

marina [məˈrinə] s (huvivene)satama

1 marinade [ˈmerəˌneɪd] s (ruuanlaitossa) marinadi

2 marinade v marinoida

marinate [ˈmerəˌneɪt] v marinoida

marine [məˈrin] s merijalkaväen sotilas *tell it to the marines!* puhu pukille!, älä valehtele! adj **1** meren, meri- **2** merenkulku-

Marine Corps [məˈrinˌkɔr] s (verbi yksikössä) (Yhdysvaltain) merijalkaväki

marionette [ˌmeriəˈnet] s sätkynukke, marionetti

marital [merətəl] adj avioliiton, avio- *marital strife* aviopuolisoiden väliset erimielisyydet

marital therapy s avioliittoterapia

maritime [ˈmerəˌtaɪm] adj **1** merenkulku- **2** meri- **3** rannikko-

1 mark [mark] s **1** jälki, tahra, läiskä, naarmu **2** merkki, rasti *question mark* kysymysmerkki **3** (kuv) merkki, osoitus jostakin **4** arvosana **5** taso *when interest rates hit the 15 percent mark* kun korkotaso nousi 15 prosenttiin **6** maali *to be wide of the mark* mennä pahasti pieleen/vikaan

2 mark v **1** jokin on leimallista/ominaista jollekin *his life was marked by success* hän sai kokea paljon menestystä **2** merkitä *X marks the spot* juuri tässä, tässä näin **3** arvostella (koe/tenttipapereita) **4** huomata

mark down v alentaa tuotteiden hintoja

markdown s (hinnan) alennus

marker s **1** merkki **2** (kilpailussa) kirjuri **3** huopakynä, tussi

marker DNA [ˌmarkərˌdienˈeɪ] s markkeri-DNA

1 market [markət] s **1** tori, markkinat **2** (tal) markkinat; markkina-alue *stock market* pörssi; osakemarkkinat

2 market v markkinoida, tuoda markkinoille *the new digital watches market well* uudet digitaalirannekellot menevät hyvin kaupaksi

marketable adj markkinointikelpoinen; jota pystytään myymään; joka menee kaupaksi *I don't think your idea is marketable* en usko että ajatuksesi saa kannatusta

market hall s kauppahalli

marketing s markkinointi

market maker s (tal) markkinatakaaja

marketplace [markətˌpleɪs] s **1** tori(aukio) **2** (tal) markkinat

market research s markkinatutkimus

market share s markkinaosuus

marksman [marksmən] s (mon marksmen) tarkka-ampuja

mark time fr odottaa, polkea paikallaan, viivytellä, keskeyttää toistaiseksi

mark up v **1** nostaa hintaa **2** lisätä tukkuhintaan jälleenmyyjän kulut ja voitto **3** töhriä, tehdä merkintöjä johonkin **4** tehdä (hyödyllisiä) merkintöjä johonkin

markup s **1** (tukkuhintaan lisättävät) jälleenmyyjän kulut ja voitto **2** hinnannousu

markup language s (tietok) merkkauskieli

marlin s (kala) marliini

marmalade [ˈmarməˌleɪd] s marmeladi, marmelaati

marmot [marmət] s **1** murmeli **2** preeriakoira

maroon [mə'ruːn] v **1** jättää autiolle saarelle **2** eristää (ulkomaailmasta) **3** jättää pulaan adj punaruskea, kastanjanruskea
marquee [mar'kiː] s katos (elokuva)teatterin edessä, ulko-oven päällä
marquis [mar'kiː] s markiisi
marquise [mar'kiːz] s markiisitar
marriage [mærɪdʒ] s **1** avioliitto **2** vihkitilaisuus **3** yhdistelmä, liitto
marriageable [mærədʒəbəl] adj naimakelpoinen; naimaikäinen
marriage of convenience s järkiavioliitto
married [mærɪd] **1** joka on naimisissa, avioliiton **2** avio- *married couple* aviopari
marrow [merou] s **1** luuydin **2** (kuv) ydin
marry [mæri] v **1** naida, naittaa, mennä naimisiin *to get married* mennä naimisiin **2** vihkiä
Mars [maərz] Mars
marsh [marʃ] s suo, marskimaa
1 marshal [marʃəl] s **1** marsalkka **2** šeriffi
2 marshal v järjestää, panna järjestykseen; esittää selvästi/selvässä järjestyksessä
Marshall Islands [marʃəl] (mon) Marshallinsaaret
marsh gas s suokaasu
marshland [marʃlənd, 'marʃˌlænd] s marskimaa
marshmallow ['marʃˌmelou] s eräänlainen pehmeä makeinen
marsh marigold [merəgoəld] s rentukka
marsupial [mar'supiəl] s pussieläin
marsupial mole [mar'supiəl moəl] s pussimaamyyrä
marten s näätä
martial [marʃəl] adj sotaisa, sotilaallinen *court martial* sotaoikeus
martial arts s (mon) (itämaiset) itsepuolustustaidot
martial law s **1** sotalaki **2** sotatila
Martian [marʃən] s, adj marsilainen
martin [martən] s pääskynen
martini [mar'tini] s martini
1 martyr [martər] s marttyyri

2 martyr v surmata marttyyrinä
martyrdom [martərdəm] s **1** marttyyrius **2** marttyyrikuolema
marvel [marvəl] s ihme
marvel at v ihmetellä jotakin
marvelous [marvələs] adj ihmeellinen, uskomaton
marvelously adv ihmeellisesti, ihmeellisen, uskomattoman
Marxism [marksɪzəm] s marksilaisuus, marksismi
Marxist [marksɪst] s, adj marksilainen
Mary [meri] (kuningattaren nimenä ja raam) Maria
Maryland [merələnd]
marzipan ['marzəˌpæn] s marsipaani
mascara [mæs'kerə] s ripsiväri, maskara
mascot [mæskat] s maskotti
masculine [mæskjələn] s (kieliopissa) maskuliini adj maskuliininen, miesten, miehekäs, mies-, miesmäinen
masculinity [ˌmæskjə'lɪnəti] s miehekkyys, maskuliinisuus
mash [mæʃ] v survoa, musertaa, soseuttaa
MASH *mobile army surgical hospital*
mashed potatoes [ˌmæʃpə'teɪtoʊz] s (mon) perunamuhennos
1 mask [mæsk] s naamio; naamari
2 mask v **1** naamioida, naamioitua **2** peittää (myös kuv:) salata *she wanted to mask her intentions* hän halusi salata aikeensa
masochism ['mæsəˌkɪzəm] s masokismi
masochist [mæsəkəst] s masokisti
masochistic [ˌmæsə'kɪstɪk] adj masokistinen
mason [meɪsən] s **1** muurari **2** *Mason* vapaamuurari
Masonic [mə'sanɪk] adj vapaamuurari- *Masonic lodge* vapaamuuriloosi (paikallisosasto)
masonry [meɪsənri] s **1** muuri **2** muurarin työ **3** *Masonry* vaapaamuurarius, vapaamuurariliike
masquerade [ˌmæskə'reɪd] s **1** naamiaiset **2** (kuv) teeskentely, pelkkä teatteri

masquerade as v naamioitua joksikin; esiintyä jonakin, tekeytyä joksikin, olla olevinaan jotakin
1 mass [mæs] s **1** (katolinen) messu **2** (fys) massa **3** suuri joukko, iso määrä *you made a mass of mistakes* sinä teit kasapäin virheitä *the masses* ihmismassat, kansan syvät rivit *in the mass* kokonaisuutena, yleensä, suurin osa
2 mass v kerätä, kerääntyä, kasata, kasaantua
Mass. *Massachusetts*
Massachusetts [ˌmæsəˈtʃusəts]
1 massacre [ˈmæsəkər] s **1** verilöyly, joukkoteurastus **2** (kuv, urh) löylytys
2 massacre v **1** murhata joukoittain, järjestää verilöyly **2** (kuv, urh) löylyttää
1 massage [məˈsɑʒ] s hieronta
2 massage v hieroa
massage parlor s **1** hieromalaitos **2** hieromalaitokseksi naamioitu ilotalo
masseur [məˈsər, məˈsuər] s hieroja
masseuse [məˈsuz, məˈsus] s (naispuolinen) hieroja
mass hysteria [ˌmæshɪsˈterɪə] s joukkohysteria
massive [ˈmæsɪv] adj järeä, raskas, suuri, suurimittainen, laaja, massiivinen
massively adv järeästi, raskaasti
massiveness s järeys, raskaus, suuruus, laajuus, massiivisuus
mass medium [ˌmæsˈmidɪəm] s (mon mass media) joukkoviestin
mass meeting s joukkokokous, mielenosoitus
mass movement s joukkoliike, kansanliike
mass murderer s joukkomurhaaja
mass noun s (kieliopissa) ainesana (jolla ei ole monikkoa ja jonka edellä ei käytetä epämääräistä artikkelia; esim *air, sand*)
mass number s massaluku
mass-produce [ˌmæsprəˈdus] v valmistaa (suurina) sarjoina
mass production s sarjatuontanto
mass psychology s massapsykologia
mass transit s joukkoliikenne
mast [mæst] s (laivan, radioaseman ym) masto

mastectomy [mæsˈtektəmi] s (lääk) rinnan poisto, mastektomia
1 master [ˈmæstər] s **1** isäntä **2** *Master* (Jeesus) Mestari **3** mestari (eri merk) **4** alkuperäiskappale **5** (esim filosofian) maisteri
2 master v hallita, osata
master bedroom s iso makuuhuone, päämakuuhuone
masterful adj **1** määräilevä, komenteleva **2** mestarillinen, taitava, verraton
master key s yleisavain
masterly adj mestarillinen, taitava, verraton adv mestarillisesti, taitavasti, verrattomasti
1 mastermind [ˈmæstərˌmaɪnd] s järjestäjä, junailija, aivot
2 mastermind v järjestää, junailla jokin (vaikea) asia
Master of Arts s filosofian maisteri (lähinnä)
master of ceremonies s seremoniamestari; (televisiossa ym) juontaja
Master of Science s (luonnontieteissä) filosofian maisteri (lähinnä)
masterpiece [ˈmæstərˌpis] s mestariteos
master plan s yleissuunnitelma, puitesuunnitelma
master's degree s maisterin tutkinto (lähinnä)
masterstroke [ˈmæstərˌstroʊk] s mestarityö, mestarillinen suoritus/teko/saavutus
masterwork [ˈmæstərˌwərk] s mestariteos
mastery [ˈmæstəri] s **1** osaaminen, taito, hallinta *her mastery of Spanish is remarkable* hän hallitsee espanjan kielen hienosti **2** ylivoimaisuus; voitto
mastodon [ˈmæstəˌdɑn] s mastodontti
masturbate [ˈmæstərˌbeɪt] v tehdä itsetyydytystä, masturboida
masturbation [ˌmæstərˈbeɪʃən] s itsetyydytys, masturbaatio, onania
masturbatory [ˈmæstərbəˌtɔri] adj itsetyydytys-
1 mat [mæt] s **1** (pieni) matto **2** (pöydällä) katealunen, alusliina **3** (urh) matto *to go on the mat* ruveta riitele-

mat

mään jostakin, pistää jollekulle kampoihin
2 mat v sotkea, sotkeutua, takkuuntua
3 mat adj himmeä, kiilloton, mattapintainen
matador ['mætəˌdɔr] s (härkätaistelija) matadori
1 match [mætʃ] s **1** tulitikku **2** samanlainen, sopiva *she was looking for a match for her blue skirt* hän etsi siniseen hameeseensa sopivaa puseroa tms **3** vertainen *he met his match* hän kohtasi vertaisensa (vastustajan) **4** (urh) ottelu *tennis match* tennisottelu *Mary and John had a shouting match* Mary ja John haukkuivat toisiaan kilpaa **5** avioliitto; aviopari *Carolyn's a good match for him* Carolyn sopii hyvin hänen vaimokseen
2 match v **1** sopia/sovittaa yhteen, sopia/sovittaa johonkin, sopia yhteen jonkin kanssa *these colors/figures do not match* nämä värit eivät sovi yhteen, nämä numerot eivät pidä yhtä **2** olla jonkin veroinen *this novel does not match Bellow's earlier ones* tämä romaani ei ole Bellowin aiempien romaanien luokkaa
matchbox ['mætʃˌbaks] s tulitikkulaatikko
matchless adj verraton
matchmaker ['mætʃˌmeɪkər] s (hist) naittaja
1 mate [meɪt] s **1** puoliso, (avio)mies, (avio)vaimo **2** (eläimistä) pari, koiras, uros, naaras **3** pari, toinen (kahdesta parillisesta esineestä) *where's the mate of this glove?* missä tämän käsineen pari on? **4** (ark puhutteluna) kaveri **5** (šakissa) matti
2 mate v **1** parittaa, paritella, astuttaa **2** muodostaa pari; mennä naimisiin **3** yhdistää
material [mə'tɪriəl] s **1** aine, aines, aineisto, raaka-aine, materiaali **2** kangas adj **1** aineellinen; ruumiillinen *material damage* ainevahinko, ainevahingot **2** tärkeä, keskeinen *Mrs. Vaughn is a material witness* Mrs. Vaughn on olennaisen tärkeä todistaja
materialism [mə'tɪriəˌlɪzəm] s materialismi
materialist [mə'tɪriəlɪst] s materialisti
materialistic [məˌtɪriə'lɪstɪk] adj materialistinen
materialize [mə'tɪriəˌlaɪz] v **1** toteutua, toteuttaa *he promised money but it never materialized* hän lupasi antaa rahaa mutta se jäi tulematta *he materialized his goal* hän toteutti tavoitteensa **2** (aave ym) ilmestyä
materially adv ratkaisevasti, olennaisesti *these programs are materially different* nämä ohjelmat ovat tyystin erilaiset
maternal [mə'tərnəl] adj äidillinen, äidin, äidin suvun *maternal instincts* äidin vaistot *my maternal grandfather* äitini isä
maternity [mə'tərnəti] s, adj äitiys(-) *maternity dress* äitiysmekko
maternity leave s äitiysloma
maternity ward s (sairaalan) synnytysosasto
math [mæθ] *mathematics* matematiikka, matikka (ark)
mathematical [mæθ'mætɪkəl] adj **1** matemaattinen **2** tarkka, täsmällinen, ehdoton
mathematically adv matemaattisesti
mathematician [ˌmæθəmə'tɪʃən] s matemaatikko
mathematics [ˌmæθ'mætɪks] s (verbi yksikössä tai mon) matematiikka *I don't understand the mathematics of it* en ymmärrä sitä matemaattisesti, en ymmärrä miten se lasketaan
maths s (verbi yksikössä tai mon) (UK) matematiikka, matikka
matinee [ˌmætə'neɪ] s matinea, (ilta)päivänäytäntö
mating s **1** (eläinten) parittelu **2** (koiran) astutus
mating season s (eläinten) parittelu-aika
matlock ['mætˌlak] s eräänlainen kuokka
matriarch ['meɪtriark] s matriarkka
matriculate [mə'trɪkjəˌleɪt] v ottaa/mennä yliopistoon (opiskelijaksi)
matriculation examination [məˌtrɪkjə'leɪʃən] s (Suomen) ylioppilastutkinto

matrimonial [ˌmætrə'moʊnɪəl] adj avioliitto-, avio-, vihki-
matrimony ['mætrəˌmoʊni] s avioliitto
matrix [meɪtrɪks] s mon matrixes, matrices **1** (kuv) kehto, alku **2** muotti, matriisi **3** (tiede, tekniikka) matriisi
matron [meɪtrən] s **1** rouvashenkilö, (melkoinen) emäntä, vanharouva **2** (vankilan, sairaalan ym) emäntä **3** (naisvankilan) vartija
matronly adj rouvamainen (ks matron 1)
Matt. *Matthew* Matteuksen evankeliumi
1 matte [mæt] s himmeä pinta
2 matte v tehdä (pinta) himmeäksi
3 matte adj himmeä, kiilloton, mattapintainen
1 matter [mætər] s **1** aine *gray matter* (aivojen) harmaa aine **2** asia, kysymys *this is an important matter* tämä on tärkeää, tämä on tärkeä asia *it's a matter of life and death* (kuv) se on elintärkeä kysymys *as a matter of fact* itse asiassa *for that matter* sitä paitsi *you'll never get there in time, no matter how fast you drive* et ikinä ehdi ajoissa perille vaikka ajaisit kuinka lujaa **3** *printed matter* painotuote **4** hätä, ongelma *what is the matter with you?* mikä sinua vaivaa?, mikä sinulla on hätänä? **5** (kirjan, keskustelun ym) sisältö
2 matter v olla väliä *it doesn't matter* ei se mitään
matter of course *it was a matter of course* se oli itsestään selvää, sen olisi voinut arvata
matter-of-course adj itsestään selvä
matter of fact s tosiasia *as a matter of fact* itse asiassa
matter-of-fact [ˌmætərə'fækt] adj asiallinen; kuiva
mattress [mætrəs] s patja
mature [mæ'tʊər mə'tʃər] v **1** varttua, kasvaa, kypsyä, kypsyttää **2** (tal) erääntyä adj **1** kypsä **2** (tal) erääntynyt
maturely adv kypsästi
maturity [mə'tʊrɪti mə'tʃərəti] s **1** kypsyys **2** valmius *to bring something to maturity* saattaa jotakin valmiiksi **3** (tal) erääntyminen; erääntymishetki, erääntymispäivämäärä
maudlin [madlən] adj tunteileva, (liika)tunteellinen, sentimentaalinen
maul [mæɔl] v riepotella, pidellä pahoin
Mauritania [ˌmɔrɪ'teɪnjə]
Mauritanian s, adj mauritanialainen
Mauritian s, adj mauritiuslainen
Mauritius [mo'rɪʃəs]
mausoleum [ˌmazə'lɪəm] s (mon mausoleums, mausolea) hautarakennus, mausoleumi
mauve [moʊv] adj vaalean sinipunainen
maverick [mævrɪk] s **1** merkitsemätön nauta, erityisesti karannut vasikka **2** (kuv) itsenäinen sielu, yksinäinen susi *he's a maverick* hän kulkee omia polkujaan
maw [ma] s **1** kita (myös kuv) **2** (eläimen) maha
maxilla [mæk'sɪlə] s yläleuanluu
maxim [mæksəm] s elämänohje, mietelause
maximal [mæksəməl] adj suurin, enimmäis-, huippu-, maksimi-, maksimaalinen
maximize ['mæksəˌmaɪz] v maksimoida, enimmäistää, (tietok) suurentaa ikkunaa
maximum [mæksəməm] s (mon maximums, maxima) enimmäismäärä, huippuarvo, maksimi adj enimmäis-, huippu-, maksimi- *the maximum number of passengers on this plane is 20* tähän koneeseen mahtuu enintään 20 matkustajaa
Maxwell's duiker [daɪkər] s kääpiöfilantomba
may [meɪ] apuv might, might **1** mahdollisuudesta: *she may/might be at home* hän saattaa olla kotona, hän voi olla kotona *you may be right* saatat olla oikeassa, voit olla oikeassa **2** luvasta: *may I go now?* saanko lähteä?, voinko lähteä? **3** toivomuksesta: *may you two be happy* olkaa te onnellisia
May s toukokuu
Maya [maɪjə] s maya
Mayan s, adj maya(-)
maybe [meɪbi] adv ehkä
May Day [meɪdeɪ] s vappu

Mayday

Mayday s (kansainvälinen radiopuhelinhätähuuto) mayday
mayfly [ˈmeɪflaɪ] s (mon mayflies) päivänkorento
mayn't lyh may not
mayo s (ark) majoneesi
mayonnaise [ˈmeɪəˌneɪz ˈmæˌneɪz] s majoneesi
mayor [meɪər] s kaupunginjohtaja, pormestari
mayoral [meɪərəl] adj kaupunginjohtajan, pormestarin
mayoress [meɪərəs] s **1** (naispuolinen) kaupunginjohtaja, pormestari **2** kaupunginjohtajan puoliso, pormestarinna (vanh)
maze [meɪz] s **1** labyrintti, sokkelo **2** (kuv) sokkelot
M.B.A. *Master of Business Administration*
MBD *minimal brain dysfunction*
MBO *management-buyout* (tal) yrityksen johdon tai henkilöstön suorittama kyseisen yrityksen tai sen osan tai toimintojen osto
McIntosh [ˈmækənˌtɑʃ] s eräs omenalajike
Md. *Maryland*
M.D. *Doctor of Medicine* lääketieteen tohtori
MD [emˈdi] **1** *Maryland* **2** Mini Disc
me [mi] *pronominin* I *objektimuoto* minut, minua, minulle; (korostetusti:) minä *she gave me an apple* hän antoi minulle omenan *Who is it? — It's me* Kuka siellä on? — Minä
Me. *Maine*
ME *Maine*
meadow [medoʊ] s niitty
meager [migər] adj vähäinen, vaivainen, niukka, mitätön, pieni
meagerly adv vähän, niukasti
meagerness s vähäisyys, niukkuus, mitättömyys, pienuus
meal [miəl] s **1** ateria *do you eat three meals a day?* syötkö sinä kolmesti päivässä? **2** jauho(t)
meal ticket s **1** lounasseteli **2** (ark) elättäjä **3** (ark) (taito ym joka on jonkun) toimeentulon perusta *good looks are a model's meal ticket* mannekiinin toimeentulo perustuu hyvän ulkonäköön
mealy [mili] adj jauhoinen, jauhomainen
1 mean [min] s **1** (mon) keino *we have to find a means of getting him out of prison* meidän on keksittävä miten saamme hänet vapaaksi vankilasta *by all means* totta kai, (totta) ihmeessä *by any means* (ei) lainkaan, (ei) millään muotoa *by no means* ei suinkaan, ei lainkaan **2** (mon) varat *to live beyond your means* elää yli varojensa **3** keskiarvo
2 mean v meant, meant **1** tarkoittaa, merkitä *what do you mean by that?* mitä sinä sillä tarkoitat? *he means business* hän on tosissaan, hän tarkoittaa täyttä totta *what does pinnacle mean?* mitä sana *pinnacle* tarkoittaa/merkitsee? *this means that you will have to do the job alone* tämä merkitsee sitä että sinun on tehtävä työ yksin **2** aikoa *she meant to say it out loud* hän aikoi sanoa sen ääneen
3 mean adj **1** halpamainen, ilkeä, piikikäs, alhainen, katala **2** pihi, kitsas, itara **3** huono, kehno, kurja, viheliäinen *it was no mean feat to build that bridge* sillan rakentaminen ei ollut mikään pikkujuttu **4** keskimääräinen, keski-
meander [miˈændər] v **1** (esim joki) kiemurrella, mutkitella **2** poiketa asiasta, (keskustelu) harhailla
meanders s (mon) kiemurtelu, mutkittelu, kiemurat, mutkat
meaning [miniŋ] s merkitys *life has no longer any meaning* elämä tuntuu nykyisin merkityksettömältä *what is the meaning of this word?* mitä tämä sana tarkoittaa? adj (katse) merkitsevä
meaningful adj merkityksellinen, merkitsevä, mielekäs
meaningful relationship s (kumpaakin osapuolta tyydyttävä) mielekäs parisuhde
meaningless adj merkityksetön, mitätön, mieletön
meanly adv halpamaisesti, ilkeästi, piikikkäästi, katalasti
meanness s halpamaisuus, ilkeys, piikikkyys, kataluus

medical

meant [ment] ks mean
meantime ['miːnˌtaɪm] *in the meantime* sillä välin, välillä
meanwhile ['miːnˌwaɪəl] adv **1** sillä välin, välillä **2** sillä aikaa
measles [mizəlz] s (mon) tuhkarokko *German measles* vihurirokko
measly [mizli] adj (ark) mitätön, viheliäinen, kurja
measurable [meʒərəbəl] adj joka voidaan mitata
measurably adv selvästi *product A is measurably better than product B* tuote A on selvästi parempi kuin tuote B
1 measure [meʒər] s **1** mitta(yksikkö) **2** mitta(-astia, -nauha ym) **3** mitta, määrä *for good measure* (kaiken) lisäksi, varmuuden vuoksi, kaupantekiäisiksi *in some measure* jossain määrin *to be beyond measure* olla mittaamaton/suunnaton **4** (kuv) mitta, mittapuu *money is a measure of success* raha on yksi menestyksen mitta **5** toimenpide *to take measures against crime* ryhtyä toimiin rikollisuutta vastaan **6** (mus) tahti
2 measure v mitata; olla tietyn mittainen *the box measures 33 inches in length* laatikko on 84 sentin mittainen
measured adj **1** mitattu **2** säännöllinen **3** maltillinen, harkittu
measureless adj mittaamaton, suunnaton
measurement s **1** mittaus **2** mitta, pituus, paino tms
measure up v täyttää vaatimukset, olla jonkin veroinen
meat [mit] s **1** (syötävä) liha **2** (hedelmän) malto **3** (kuv) (asian) ydin *it's all meat* se on täyttä asiaa
meat and potatoes s (ark, kuv) perusta, perusasiat
meat-and-potatoes adj (ark, kuv) perus-
meatloaf ['mitˌloʊf] s lihamureke
meaty adj **1** lihainen **2** (kuv) mehevä, herkullinen
Mecca [mekə] Mekka
mechanic [məˈkænɪk] s mekaanikko, korjaaja, asentaja
mechanical [məˈkænɪkəl] adj mekaaninen (myös kuv), konemainen, koneellinen
mechanical engineer s koneenrakennusinsinööri
mechanical engineering s koneenrakennus
mechanically adv mekaanisesti (myös kuv), konemaisesti, koneellisesti, koneella
mechanics s **1** (verbi yksikössä) mekaniikka **2** (verbi mon) koneisto (myös kuv), mekanismi (myös kuv) *can you explain the mechanics of the deal?* osaatko selittää miten kauppa käytännössä hoidetaan?
mechanism ['mekəˌnɪzəm] s koneisto (myös kuv), mekanismi (myös kuv)
mechanization [ˌmekənəˈzeɪʃən] s koneistus, koneellistaminen
mechanize ['mekəˌnaɪz] v koneistaa, koneellistaa
M.Ed. *Master of Education* kasvatustieteen maisteri
medal [medəl] s mitali
medalist [medəlɪst] s mitalisijalle päässyt urheilija, (miehestä) mitalimies
medallion [məˈdæljən] s medaljonki
meddle [medəl] v puuttua johonkin, sekaantua johonkin
meddler [medlər] s tungettelija, tunkeilija, toisten asioihin puuttuja
meddlesome [medəlsəm] adj tungetteleva, tunkeileva
media [midiə] s (mon) viestimet adj viestintä-, viestin-
media event s uutistapahtuma
media phone s mediapuhelin
mediate ['midiˌeɪt] v toimia välittäjänä, välittää, sovittaa, sovitella, neuvotella
mediation [ˌmidiˈeɪʃən] s sovittelu
mediator s välittelijä, sovittelija
medic [medɪk] s **1** (sot) lääkintämies **2** lääkäri **3** lääketieteen opiskelija
medical [medɪkəl] s lääkärintarkastus adj lääketieteellinen, lääkärin, lääkäri- *he quit his job for medical reasons* hän erosi terveyssyistä *he is a medical doctor* hän on lääketieteen tohtori

medical examiner s kuolinsyyn tutkija; patologi
medically adv lääketieteellisesti
medicament [medıkəmənt] s lääke
medicate ['medıˌkeıt] v lääkitä, antaa lääkettä, hoitaa lääkkeillä
medicated adj lääke-
medication [ˌmedı'keıʃən] s lääkitys; lääkkeet
medicinal [mə'dısənəl] adj 1 parantava, parannus- 2 (maku) lääkkeen, karvas
medicinally adv (käyttää jotakin) lääkkeenä, lääkkeeksi
medicine [medəsən] s 1 lääketiede 2 lääkärinhoito 3 lääke *to give someone a dose of his/her own medicine* (kuv) maksaa jollekulle takaisin samalla mitalla
medicine man s poppamies
medieval [mə'divəl] adj keskiaikainen (myös kuv:) vanhanaikainen, takapajuinen
mediocre [ˌmidi'oukər] adj keskinkertainen
mediocrity [ˌmidi'akrəti] s keskinkertaisuus
meditate ['medəˌteıt] v 1 mietiskellä 2 miettiä, pohtia 3 hautoa (mielessään), suunnitella
meditation [ˌmedə'teıʃən] s mietiskely
Mediterranean [ˌmedıtə'reıniən] 1 Välimeri 2 Välimeren maat/alue adj Välimeren
Mediterranean Sea Välimeri
medium [midıəm] s (mon mediums, media) 1 väline, keino 2 viestin *the media* viestimet 3 (fys) väliaine 4 puoliväli, keskiväli, keskitie *to strike a happy medium between two things* löytää kultainen keskitie 5 (spiritistisessä istunnossa ym) meedio adj keski- *a man of medium weight* keskipainoinen mies
medium rare adj (ruuanlaitossa) puolikypsä
medium-sized adj keskikokoinen
medley [medli] s 1 sekoitus 2 (mus) (sävelmä)ketju
medulla oblongata [məˌduləˌablaŋ'gatə] s (mon medulla oblongatas, medullae oblongatae) (lääk) ydinjatke

meek [mik] adj 1 nöyrä 2 nöyristelevä
meekly adv 1 nöyrästi 2 nöyristellen, nöyristelevästi
meerkat ['mıərkæt] s nelisormimangusti
meerschaum [mıərʃəm] s meripihka
1 meet [mit] s 1 metsästys(tilaisuus) 2 urheilukilpailu
2 meet v met, met 1 tavata, kohdata *I met him in the hallway* tapasin hänet käytävässä *meet you in the lobby at seven* tavataan aulassa seitsemältä *I don't believe we have met* emme tunne toisiamme, emme ole tavanneet toisiamme aiemmin 2 tulla/mennä vastaan *to meet the bus* mennä (jotakuta) linja-autopysäkille vastaan 3 kokoontua *the board will meet in a week* johtokunta kokoontuu viikon kuluttua
meet halfway fr tulla jotakuta puolitiehen vastaan
meeting s 1 tapaaminen 2 kokous, istunto *he is in a meeting* hän on kokouksessa/palaverissa 3 (teiden) risteys; (jokien) yhtymäkohta
meet with v 1 neuvotella jonkun kanssa, tavata, olla tapaaminen/neuvottelu jonkun kanssa 2 kohdata *they met with unexpected difficulties* he kohtasivat odottamattomia vaikeuksia
megabucks ['megəˌbʌks] s (mon, ark) suunnaton summa
megalomania [ˌmegələ'meıniə] s suuruudenhulluus
megalomaniac [ˌmegələ'meıniæk] s suuruudenhullu
megaphone ['megəˌfoun] s puhetorvi, megafoni
melancholiac [ˌmelən'kaliæk] s melankolikko
melancholic [ˌmelən'kalık] adj synkkämielinen, synkkä, apea, melankolinen
melancholy ['melənˌkali] s synkkämielisyys, synkkyys, apeus, melankolia adj synkkämielinen, synkkä, apea, melankolinen
Melbourne [melbərn]
mellow [melou] v 1 kypsyä, kypsyttää 2 (väri ym) pehmentyä, pehmentää adj 1 kypsä 2 (väri ym) pehmeä 3 rento, letkeä

mellowness s **1** kypsyys **2** pehmeys
mellow out v (sl) rentoutua, rentouttaa
melodic [mə'ladɪk] adj melodinen
melodious [mə'loʊdiəs] adj melodinen; sointuva
melodrama ['melə,dramə] s melodraama (myös kuv)
melodramatic [,melədrə'mætɪk] adj melodramaattinen (myös kuv:) teatraalinen, liioiteltu
melody [melədi] s sävelmä, melodia
melon [melən] s meloni *watermelon* vesimeloni, arbuusi
melt [melt] v melted, melted/molten: sulaa, sulattaa *snow melts indoors* lumi sulaa sisällä
melt away v (kuv) haihtua (kuin tuhka tuuleen), loppua
meltdown ['melt,daʊn] s (ydinreaktorin) sulaminen
melting point s sulamispiste
melting pot s sulatusuuni (myös kuv)
melt into v muuttua/vaihtua joksikin
member [membər] s **1** jäsen (myös kuv) **2** kongressin, edustajainhuoneen, parlamentin tms jäsen **3** penis
membership ['membər,ʃɪp] s **1** jäsenyys **2** jäsenistö, jäsenkunta
membership dues s (mon) jäsenmaksu
membrane ['mem,breɪn] s kalvo, kelmu
membranous [mem'breɪnəs] adj kalvomainen, kalvo-
memento [mə'mentoʊ] s (mon mementos, mementoes) muistoesine
memo [memoʊ] *memorandum* muistio
memoirs ['mem,warz] s (mon) omaelämäkerta, muistelmat
memorable [memərəbəl] adj unohtumaton, ikimuistoinen
memorably adv unohtumattomasti
memorandum [,memə'rændəm] s (mon memoranda) muistio
memorial [mə'mɔriəl] s muistomerkki adj muisto-
memorize ['memə,raɪz] v opetella/oppia ulkoa
memory [meməri] s **1** muisti *if memory serves* jos oikein muistan, muistaakseni *to commit something to memory* painaa jotakin mieleensä, opetalla jotakin ulkoa *computer memory* tietokoneen muisti **2** muisto *these days, the Great Depression is only a memory* nykyisin 30-luvun lamakausi on pelkkä muisto
memory bank s (tietok) muistilohko
memory lane *to walk down memory lane* muistella menneitä
memory mapping s (tietok) muistikartoitus
memory stick s muistitikku
memory trace s muistijälki
Memphis [memfəs] kaupunki Tennesseessä
men [men] ks man
1 menace [menəs] s uhka, vaara
2 menace v uhata
menacing adj uhkaava
menacingly adv uhkaavasti
ménage à trois [mə,naʒ,a'twa] s kolmiodraama, kolmiosuhde
menagerie [mə'nædʒəri] s pieni kiertävä eläinnäyttely, menageria
1 mend [mend] s **1** paikattu kohta, paikka **2** *to be on the mend* olla paranemaan päin, olla paranemassa
2 mend v **1** korjata, paikata, parsia **2** parantua
mendable [mendəbəl] adj joka voidaan paikata, korjata
mendacious [men'deɪʃəs] adj **1** joka valehtelee helposti, valheellinen **2** (väite ym) valheellinen, epätosi
mendaciously adv valheellisesti
mendacity [men'dæsəti] s **1** valehtelu **2** (väitteen ym) valheellisuus, perättömyys
menfolk ['men,foʊk] s (mon) miehet, miesväki
menial [miniəl] adj **1** vähäpätöinen, toisarvoinen *menial work* vähäarvoinen työ, hanttihomma **2** nöyristelevä
menopause ['menə,pɔz] s vaihdevuodet
men's movement s miesliike
menstrual [menstrəl] adj kuukautis-
menstruate [menstreɪt] v jollakulla on kuukautiset, (lääk) menstruoida
menstruation [men,streɪʃən] s kuukautiset

mental

mental [mentəl] s (ark) mielenvikainen adj **1** henkinen, psyykkinen **2** (sairaus) mieli-, psyykkinen
mental age s älykkyysikä
mental arithmetic s päässälasku *I had to do some mental arithmetic to figure that out* (kuv) minä sain vaivata hieman päätäni ennen kuin tajusin sen
mental disease s mielisairaus
mental disorder s mielisairaus
mental health s mielenterveys
mental hospital s mielisairaala
mental illness s mielisairaus
mentality [men'tæləti] s **1** älykkyys **2** mielenlaatu
mentally adj **1** henkisesti, psyykkisesti **2** päässä(än)
mentally challenged adj kehitysrajoitteinen
menthol [menθal] s mentoli
mentholated ['menθə‚leɪtəd] adj mentoli-
1 mention [menʃən] s maininta *honorable mention* kunniamaininta *to make mention of someone/something* mainita joku/jokin
2 mention v mainita *not to mention* jostakin puhumattakaan *don't mention it!* ei kestä (kiittää)!
menu [menju] s **1** ruokalista **2** (tietok) valikko, menu
menu-driven adj valikkotoiminen
meow [miaʊ] v (kissa) maukua, naukua interj miau!
mercantile ['mɜrkən‚taɪəl] adj **1** kauppa- **2** (tal) merkantilistinen
mercantilism [mɜrkəntəlɪzəm] s (tal) merkantilismi
mercenary ['mɜrsə‚neri] s palkkasoturi adj rahanahne
merchandise ['mɜrtʃən‚daɪs] s kauppatavara
merchant [mɜrtʃənt] s kauppias adj kauppa-
merchant marine s kauppalaivasto
merciful [mɜrsɪfəl] adj armelias
mercifully [mɜrsɪfli] adv **1** armeliaasti **2** onneksi
merciless [mɜrsələs] adj armoton
mercilessly adv armottomasti, armotta

mercurial [mɜr'kjəriəl] adj (kuv) ailahteleva, epävakainen, oikukas
mercury [mɜrkjəri] s elohopea
Mercury [mɜrkjəri] **1** Merkurius **2** amerikkalainen automerkki
mercy [mɜrsi] s armo, sääli *Lord, have mercy on my soul* Herra, armahda sieluani *to be at the mercy of someone/something* olla jonkun armoilla
mercy killing s armomurha, eutanasia
merde [meərd] interj (ranskasta) hitto!, paskat!
mere [mɪər] adj pelkkä, vain *Mr. Donnelly is a mere figurehead* Mr. Donnelly on pelkkä keulakuva *in mere seconds* muutamassa sekunnissa
merely [mɪərli] adv ainoastaan, vain
meretricious [‚merə'trɪʃəs] adj **1** korea, komeileva **2** petollinen, valheellinen
merge [mɜrdʒ] v sulautua, yhdistyä, yhdistää, liittää/liittyä yhteen *the car merged into the traffic* auto sulautui muun liikenteen mukaan
merger s (tal) yritysfuusio
meridian [mə'rɪdiən] s **1** pituuspiiri, meridiaani **2** (kuv) huippu, huipentuma
meringue [mə'ræŋ] s marenki
merino [mə'rinoʊ] s (mon merinos) merinolammas
1 merit [merət] s ansio, saavutus, etu, hyvä puoli
2 merit v ansaita *I think this matter merits closer scrutiny* minusta tähän asiaan kannattaa perehtyä tarkemmin
meritocracy [‚merə'takrəsi] s meritokratia
mermaid ['mɜr‚meɪd] s merenneito
merrily adv iloisesti, hilpeästi
merry [meri] adj iloinen, hilpeä, hauska *Merry Christmas* hyvää joulua!
merry-go-round ['merigoʊ‚raʊnd] s karuselli
merrymaking ['meri‚meɪkɪŋ] s hauskanpito, ilonpito
mesa [meɪsə] s pöytävuori
Mesabi Range [mə‚sabi'reɪndʒ] Mesabi-vuoristo (Minnesotassa)
Mesa Verde [‚meɪsə'vɜrdi] kansallispuisto Coloradossa, anasazi-intiaanien kallioasumuksia

1 mesh [meʃ] s **1** (myös mon) verkko **2** verkon silmä
2 mesh v **1** kietoa/kietoutua/jäädä verkkoon, kalastaa verkolla **2** sopia/sovittaa yhteen (myös kuv) *the gears do not mesh properly* hammaspyörät eivät sovi kunnolla yhteen
mesosphere [ˈmesəˌsfɪər] s mesosfääri
mess [mes] s **1** sotku, sekasotku *Bobby, your room is in a mess/your room is a mess* huoneesi on kamalassa siivossa **2** pula *to get into a mess* joutua pulaan/pinteeseen **3** ruokala, ruokailuhuone, (laivan) messi
mess about v (ark) lorvailla, vetelehtiä, laiskotella
message [mesədʒ] s viesti, sanoma, ilmoitus *would you like to leave a message?* (puhelimessa) haluaisitteko jättää viestin/soittopyynnön? *do you get the message?* tajuatko?, meneekö kaaliin?
mess around ks mess about
mess around with v (ark) **1** liikkua huonossa seurassa, pitää huonoa seuraa **2** lääppiä, lähennellä *don't mess around with other men's wives* jätä toisten miesten vaimot rauhaan
messenger [mesəndʒər] s lähetti
mess hall s ruokala, ruokailuhuone
Messiah [məˈsaɪə] s Messias
Messianic [ˌmesiˈænɪk] adj messiaaninen
mess in v sekaantua johonkin, puuttua johonkin
Messrs. *messieurs* herrat
mess up v **1** sotkea, liata **2** pilata, tehdä tyhjäksi **3** hakata, piestä, antaa selkään
mess with v sekaantua johonkin, puuttua johonkin
messy [mesi] adj sottainen, siivoton, likainen, sotkuinen (myös kuv)
met ks meet
Met s **1** New Yorkin Metropolitan Opera House **2** New Yorkin Metropolitan Museum of Art **3** *the New York Mets* baseballjoukkue
metabolic [ˌmetəˈbɑlɪk] adj aineenvaihdunta-
metabolism [məˈtæbəlɪzəm] s aineenvaihdunta
metal [metəl] s metalli

metalanguage [ˈmetəˌlæŋgwədʒ] s metakieli (kieli jolla puhutaan kielestä)
metal detector s metalli-ilmaisin, metallinpaljastin
metallic [məˈtælɪk] adj metallinen, metalli-
metallurgic [ˌmetəˈlərdʒɪk] adj metallurginen
metallurgical [ˌmetəˈlərdʒɪkəl] adj metallurginen
metallurgist [ˈmetəˌlərdʒɪst] s metallurgi
metallurgy [ˈmetəˌlərdʒi] s metallurgia
metal oxide semiconductor [ˌmetəlˌaksaɪdˈsemikənˌdʌktər] s MOS-piiri
metal tape s metallinauha (ääninauha)
metamorphose [ˌmetəˈmɔrfoʊz] v muuttaa muotoaan, muuttaa/muuttua joksiksin
metamorphosis [ˌmetəˈmɔrfəsɪs] s (mon metamorphoses) **1** muodonmuutos, metamorfoosi **2** (kuv) muodonmuutos, (täydellinen) muutos
metaphor [ˈmetəˌfɔr] s vertaus, kielikuva, metafora
metaphorical [ˌmetəˈfɔrɪkəl] adj vertauskuvallinen, metaforinen
metaphorically adv vertauskuvallisesti, metaforisesti
metatarsal bone s jalkapöydänluu, jalkapöytäluu
metatarsus [ˌmetəˈtarsəs] s (lääk) jalkapöytä
meteor [mitiər] s meteori
meteoric [ˌmitiˈɔrɪk] adj **1** meteori- **2** (kuv) nopea, tähdenlennon omainen
meteorite [ˈmitiəˌraɪt] s meteoriitti
meteoroid [ˈmitiəˌrɔɪd] s meteoroidi
meteorological [ˌmitiərəˈlɑdʒɪkəl] adj ilmatieteellinen, ilmatieteen, meteorologinen
meteorological satellite s sääsatelliitti
meteorologist [ˌmitiəˈrɑlədʒɪst] s ilmatieteilijä, meteorologi
meteorology [ˌmitiəˈrɑlədʒi] s ilmatiede, meteorologia
mete out [mit] v määrätä, jaella, antaa *to mete out punishment* rangaista, jaella rangaistuksia

meter

1 meter [mitər] s **1** metri **2** mittari *parking meter* pysäköintimittari **3** (mus) tahti **4** runomitta
2 meter v **1** mitata (mittarilla) **2** leimata/varustaa postimaksuleimalla
metered mail s postimaksuleimalla varustettu posti
meter maid s lappuliisa
methane [meθeɪn] s metaani
method [meθəd] s menetelmä, menettely, metodi *there is method in his madness* hänen puuhassaan on järkeä (vaikkei siltä näytä) *method of payment* maksutapa
Method actor s Stanislavskin menetelmää (method) soveltava näyttelijä
methodical [mə'θadɪkəl] adj järjestelmällinen; perusteellinen, tarkka
methodically [mə'θadɪkli] adv järjestelmällisesti; perusteellisesti, tarkasti
Methodist [meθədəst] s, adj metodisti(-)
methodology [ˌmeθə'dalədʒi] s menetelmä, menetelmät
meticulous [mə'tɪkjələs] adj tunnontarkka, pikkutarkka, tarkka, huolellinen
meticulously adv pikkutarkasti, tarkasti, huolellisesti
métier [meɪ'tjeɪ] s ammatti, ala
metric [metrɪk] adj metri-
metrical [metrɪkəl] adj **1** runomitallinen **2** metri-
metrication [ˌmetrə'keɪʃən] s metrijärjestelmään siirtyminen
metric system s metrijärjestelmä
metrification [ˌmetrɪfə'keɪʃən] s metrijärjestelmään siirtyminen
metronome ['metrəˌnoʊm] s (mus) metronomi, tahtimittari
metropolis [mə'trapələs] s **1** suurkaupunki **2** (maan, alueen, alan) pääkaupunki
metropolitan [ˌmetrə'palɪtən] adj suurkaupungin, suurkaupunki- *in the Dallas metropolitan area* Suur-Dallasissa, Dallasin suurkaupunkialueella
mettle [metəl] s rohkeus, urheus, sinnikkyys *he's a man of mettle* hän on sisukas mies *to put someone on his/her mettle* rohkaista/kannustaa jotakuta (tekemään jotakin)
mettlesome [metəlsəm] adj rohkea, urhea, sinnikäs, sisukas
mew gull s kalalokki
Mexican s, adj meksikolainen
Mexico ['meksɪˌkoʊ] Meksiko
Mexico City [ˌmeksikou'sɪti] México (Meksikon pääkaupunki)
mfg. *manufacturing* valmistus
mfr. *manufacturing; manufacturer* valmistus; valmistaja
MG *machine gun* konekivääri
mgmt. *management*
mgr. *manager*
MI *Michigan*
Miami [maɪ'æmi] kaupunki Floridassa
Mic. *Michigan*
mice [maɪs] ks mouse
Michigan [mɪʃəgən]
Mickey Dees (sl) McDonald's
Mickey Mouse [ˌmɪki'maʊs] Mikki Hiiri
micro [maɪkroʊ] s **1** mikroaaltouuni **2** mikro, mikrotietokone
microbe [maɪkroʊb] s pieneliö, mikrobi
microbiological [ˌmaɪkrəˌbaɪə'ladʒɪkəl] adj mikrobiologian, mikrobiologinen
microbiologist [ˌmaɪkrəbaɪ'alədʒɪst] s mikrobiologi
microbiology [ˌmaɪkrəbaɪ'alədʒi] s mikrobiologia
microchip ['maɪkrəˌtʃɪp] s mikrosiru
microcircuit ['maɪkrəˌsɜrkət] s mikropiiri, integroitu piiri
microcomputer [ˌmaɪkrəkəm'pjutər] s mikrotietokone
microcosm ['maɪkrəˌkazəm] s mikrokosmos
microcosmic [ˌmaɪkrə'kazmɪk] adj mikrokosminen
microeconomic adj mikrotaloustieteellinen
microeconomics [ˌmaɪkroʊˌikə'namɪks] s (verbi yksikössä) mikrotaloustiede
microelectronics [ˌmaɪkroʊəlek'tranɪks] s (verbi yksikössä) mikroelektroniikka
microfiche ['maɪkrəˌfiʃ] s mikrokortti
1 microfilm ['maɪkrəˌfɪlm] s mikrofilmi
2 microfilm v mikrofilmata

micron [maɪkran] s mikrometri
Micronesia [ˌmaɪkrə'niʒə] Mikronesia
microorganism [ˌmaɪkrə'ɔrgənɪzəm] s mikro-organismi
microphone ['maɪkrəˌfoʊn] s mikrofoni
microprocessor [ˌmaɪkrə'prasesər] s mikrosuoritin, mikroprosessori
microscope ['maɪkrəˌskoʊp] s mikroskooppi
microscopic [ˌmaɪkrə'skapɪk] adj erittäin pieni
microscopy [maɪ'kraskəpi] s mikroskopia
1 microwave ['maɪkrəˌweɪv] s **1** mikroaalto **2** mikroaaltouuni
2 microwave v lämmittää mikroaaltouunissa
microwave oven s mikroaaltouuni
mid [mɪd] adj keski-, puolivälissä *in the mid seventies* 70-luvun puolivälissä; (lämpötila) 75 (fahrenheit)asteen paikkeilla
midafternoon [ˌmɪdˌæftər'nun] s iltapäivän puoliväli adj iltapäivän puolivälissä oleva/tapahtuva
midair [ˌmɪd'eər] s ilma *the plane exploded in midair* kone räjähti ilmassa/ lennossa
midday [ˌmɪd'deɪ] s keskipäivä, puolipäivä, kello kaksitoista adj keskipäivän, kello kahdentoista
middle [mɪdəl] s keskusta, keskiväli, keskikohta, keskiosa, puoliväli *in the middle of the road/night* keskellä tietä/ yötä *I couldn't get him on the phone, he was in the middle of something* en saanut häntä puhelimeen koska hänellä oli juuri jokin asia kesken adj keski-
middle age [ˌmɪdəl'eɪdʒ] s keski-ikä
middle-aged adj keski-ikäinen
Middle Ages ['mɪdəlˌeɪdʒəs] s (mon) keskiaika
Middle America 1 Yhdysvaltain keskiluokka **2** Yhdysvaltain Keskilänsi **3** Väli-Amerikka
middle-born s, adj (kolmesta lapsesta) keskimmäinen
middle class [ˌmɪdəl'klæs] s keskiluokka
middle ear s välikorva

Middle East Lähi-itä
Middle English s keskienglanti (jota puhuttiin noin 1100-1400)
middle ground s (kuv) keskitie, puolitie, kompromissi
middle linebacker [ˌmɪdəl'laɪnbækər] s (amerikkalaisessa jalkapallossa) keskustukimies
middle management [ˌmɪdəl'mænədʒmənt] s (yrityksen) keskijohto
middle name s toinen etunimi *honesty is my middle name* minä olen umpirehellinen
middle-of-the-road [ˌmɪdələðə'roʊd] adj (kuv) keskitien
middle school s keskikoulu, (Suomessa lähinnä) peruskoulun yläaste
Middlesex [mɪdəlseks] Englannin kreivikuntia
middleware s (tietok) väliohjelmisto
Middle West (Yhdysvalloissa) Keskilänsi (karkeasti Kalliovuorten ja Alleghenyvuorten välinen alue)
Middx. *Middlesex*
Mideast [mɪd'ist] s Lähi-itä
midge [mɪdʒ] s (eläin) polttiainen
midget [mɪdʒət] s kääpiö (myös kuv) adj kääpiö-
Midlands [mɪdlənz] (mon) Midland (Englannin keskiosa)
midlife crisis [ˌmɪdlaɪf'kraɪsɪs] s (mon midlife crises) keski-iän kriisi
midnight [mɪdnaɪt] s keskiyö
midpoint ['mɪdˌpɔɪnt] s keskiväli, puoliväli
midriff [mɪdrɪf] s **1** vyötärö, vatsa(nseutu) **2** pallea
midsummer [mɪd'sʌmər] s **1** keskikesä **2** juhannus, kesäpäivänseisaus
midterm ['mɪdˌtərm] s **1** lukukauden puoliväli **2** lukukauden puolivälissä pidetty tentti
midway [mɪdweɪ] s puolitie, puoliväli, puolimatka adj, adv puolivälissä, puolimatkassa
Midway Islands [mɪdweɪ] (mon) Midwaysaaret
midweek [mɪd'wik] s viikon puoliväli adj viikon puolivälissä tapahtuva/oleva, keskellä viikkoa tapahtuva/oleva

Midwest

Midwest [mɪd'west] (Yhdysvalloissa) Keskilänsi (karkeasti Kalliovuorten ja Alleghenyvuorten välinen alue etelävaltioita lukuun ottamatta)
midwife ['mɪd,waɪf] s (mon midwives) kätilö
midwinter [mɪd'wɪntər] s keskitalvi
midyear [mɪd'jɪər] s (luku)vuoden puoliväli
mien [miːn] s olemus, ilme
miffed [mɪft] adj ärtynyt, pahantuulinen, myrtynyt
1 might [maɪt] s mahti, valta, voima
2 might v ks may
mightily adv kovasti, paljon, selvästi
mightn't [maɪtənt] *might not*
mighty adj mahtava, vaikuttava, valtava adv (ark) erittäin *he was mighty glad we came* hän oli tosi iloinen että tulimme
migraine ['maɪˌɡreɪn] s migreeni
migrant [maɪgrənt] s **1** muuttolintu **2** siirtolainen, irtolainen, siirtotyöläinen, vierastyöläinen adj **1** (eläin) muutto-, vaeltava **2** (ihminen) vaeltava, siirtolais-, irtolais-, vieras-
migrate ['maɪˌɡreɪt] v **1** (eläin) muuttaa, vaeltaa **2** (ihminen) vaeltaa, elää irtolaisena; muuttaa maasta/jonnekin asumaan
migration [maɪ'ɡreɪʃən] s **1** (eläinten) muutto, vaellus **2** (ihmisen) irtolaisuus; maastamuutto
migratory ['maɪɡrəˌtɔri] adj **1** (eläin) muutto-, vaeltava, vaellus- **2** (ihminen) vaeltava, siirtolais-, irtolais-, vieras-
mike [maɪk] s (ark) mikrofoni, mikki
Milan Milano
mild [maɪəld] adj (sää) leuto, lauhkea, (maku) mieto, (tauti, rangaistus) lievä, (ääni) lempeä
1 mildew ['mɪlˌdjuː] s home
2 mildew v homehtua
mildewy adj homehtunut, homeinen
mildly adv lievästi (ks mild) *I was mildly surprised* yllätyin hieman
mildness s lauhkeus, mietous, lievyys (ks mild)
mile [maɪəl] s maili (1609 m) *international nautical mile* meripeninkulma (1852 m)

mileage [maɪlədʒ] s **1** matka (maileina), mailimäärä *a rental car with unlimited mileage* vuokra-auto jonka hintaan sisältyy rajoittamaton ajokilometrimäärä **2** polttoaineenkulutus *the new Chevy gets good mileage* uusi Chevy kuluttaa vähän **3** mailikorvaus (kilometrikorvaus) **4** (kuv) hyöty *I hope to get a lot of mileage out of the contract* toivon saavani sopimuksesta paljon irti
milestone ['maɪəlˌstoʊn] s **1** mailipylväs (kilometripylväs) **2** (kuv) virstanpylväs
milfoil [mɪlfɔɪəl] s (kasvi) siankärsämö
milieu [mɪl'juː] s ympäristö, tapahtumapaikka, miljöö
militant [mɪlətənt] s **1** sotaisa/aggressiivinen/taistelunhaluinen henkilö **2** sotija, soturi, sotilas, sotaa käyvä henkilö adj **1** sotaisa, aggressiivinen, taistelunhaluinen **2** sotiva, sotaa käyvä
militarism s militarismi
militarist s militaristi adj militaristinen
military ['mɪləˌteri] s: *the military* sotilaat, armeija, sotavoimat adj sotilas-, sotilaallinen, armeijan
military academy s **1** eräänlainen sisäoppilaitos **2** sotakorkeakoulu
military government s sotilashallitus
military police s sotapoliisi
military school s **1** eräänlainen sisäoppilaitos **2** sotakorkeakoulu
militia [mə'lɪʃə] s miliisi
1 milk [mɪlk] s maito *you're crying over spilled milk* turha sinun on enää murehtia, tehtyä ei saa tekemättömäksi, ei se itkemällä parane
2 milk v lypsää (myös kuv:) huijata
milk cow s lypsylehmä (myös kuv)
milking machine s lypsykone
milkshake ['mɪlkˌʃeɪk] s (maito)pirtelö
milk tooth s maitohammas
milky adj maitoinen; (lehmä) runsaslypsyinen; valkoinen
Milky Way (galaksi) Linnunrata
1 mill [mɪl] s **1** tehdas *sawmill* saha(laitos) **2** mylly (rakennus ja kone) *coffee mill* kahvimylly *you look like you've been through the mill* sinä olet kovia kokeneen näköinen **3** (kuv) tehdas *that*

college is a degree mill se college tehtailee tutkintoja minkä ehtii
2 mill v jauhaa
millennium [mə'leniəm] s (mon millenniums, millennia) **1** tuhatvuotiskausi **2** tuhatvuotinen valtakunta **3** onnela, kultala
miller [mɪlər] s mylläri
millet [mɪlət] s (kasvi) hirssi
milliard [mɪljard] s, adj (UK) miljardi
millimeter ['mɪləˌmitər] s millimetri
milliner [mɪlənər] s naisten hattujen valmistaja/myyjä
millinery s **1** naisten hatut **2** kauppa jossa myydään naisten hattuja
million [mɪljən] s, adj miljoona
millionaire [ˌmɪljə'neər] s miljonääri
millionairess [ˌmɪljə'nerəs] s (naispuolinen) miljonääri
millionth [mɪljənθ] s, adj **1** miljoonas **2** miljoonasosa
millipede ['mɪləˌpid] s kaksoisjalkainen
millstone ['mɪlˌstoʊn] s myllynkivi
millstone around your neck fr (kuv) myllynkivi kaulassa, raskas taakka
Milwaukee [mɪl'waki] kaupunki Wisconsinissa
1 mime [maɪm] s **1** pantomiimi **2** miimikko
2 mime v matkia, jäljitellä, esittää pantomiimia
1 mimeograph ['mɪmiəˌgræf] s **1** monistuskone **2** moniste
2 mimeograph v monistaa
1 mimic [mɪmɪk] s matkija, jäljittelijä, miimikko
2 mimic v **1** matkia, jäljitellä, imitoida **2** muistuttaa kovasti jotakin, olla jäljitelmä jostakin
minaret [ˌmɪnə'ret] s minareetti
mince [mɪns] v **1** paloitella, pienentää, hienontaa, silputa **2** pehmentää, säästellä sanojaan *not to mince words* suoraan sanoen
mincemeat ['mɪnsˌmit] s **1** (omenoista, rusinoista, mahdollisesti lihasta ym valmistettu) piirakkatäyte **2** jauheliha *to make mincemeat of someone* (kuv) tehdä jostakusta hakkelusta

1 mind [maɪnd] s **1** psyyke, mieli, sielu, äly, järki, ajatukset *the conscious mind* tietoisuus *try to bear/keep that in mind* yritä pitää se mielessä *it's all in the mind* se on pelkkää kuvittelua *have you lost your mind?* hulluko sinä olet? *I had a half/good mind to buy that house* olin vähällä ostaa sen talon, mieleni teki ostaa se talo *to give someone a piece of your mind* sanoa jollekulle suorat sanat, antaa jonkun kuulla kunniansa *try to make up your mind, we haven't got all day* yritä jo päättää, meillä ei ole loputtomasti aikaa **2** mieli, mielipide *why did she change her mind?* miksi hän muutti mielensä? *he's of a mind to call it quits* hän aikoo/haluaisi lopettaa
2 mind v **1** varoa, olla varovainen, pitää varansa *mind your step* varovasti!, katso mihin astut! **2** pitää huolta jostakin, huolehtia *grandma is minding the children* mummo pitää silmällä lapsia *mind your own business* pidä huoli omista asioistasi **3** välittää, panna pahakseen, olla jotakin sitä vastaan että *would you mind shutting up?* voisitko pitää suusi kiinni. **4** *never mind* ei se mitään; älä siitä välitä *never mind Mr. Roscoe* älä Mr. Roscoesta välitä
mind-altering ['maɪndˌaltəriŋ] adj (huume ym) aistiharhoja synnyttävä, hallusinogeeninen
mind-bending ['maɪndˌbendiŋ] adj (sl) ällistyttävä, tyrmistyttävä, raju
mind-blowing ['maɪndˌbloʊiŋ] adj (sl) ällistyttävä, tyrmistyttävä, raju
mind-boggling ['maɪndˌbagliŋ] adj (sl) **1** visainen, vaikea **2** ällistyttävä, tyrmistyttävä, raju
mindful of *to be mindful of something* pitää huoli jostakin, ottaa jotakin huomioon
mindless adj **1** mieletön, älytön, järjetön **2** *mindless of something* joka ei välitä/piittaa jostakin, jostakin huolimatta/välittämättä
mind-reader ['maɪndˌridər] s ajatustenlukija
mindset ['maɪndˌset] s **1** asenne, asennoituminen *theirs is a totally different*

mind's eye

mindset from our own he näkevät asiat aivan eri lailla kuin me **2** aie, aikomus
mind's eye [,maɪn'zaɪ] *in your mind's eye* mielessään, sielunsa silmillä
mind the store fr isännöidä/emännöidä jossakin, pitää taloa/firmaa pystyssä
1 mine [maɪn] pron (pronominin I possessiivimuoto) minun *that car is mine* tuo on minun autoni
2 mine s **1** kaivos **2** miina **3** (kuv) kultakaivos *that man is a mine of anecdotes about the American west* mies on ehtymätön lännentarinoiden lähde
3 mine v **1** louhia/kaivaa (malmia) **2** miinoittaa
minefield ['maɪnˌfiːld] s miinakenttä (myös kuv)
miner s kaivostyöläinen
mineral [mɪnərəl] s kivennäinen, mineraali, kaivannainen adj kivennäis-, mineraali
mineralogical [ˌmɪnərə'lɑdʒɪkəl] adj kivennäistieteellinen, mineraloginen
mineralogist [ˌmɪnə'ralədʒɪst] s kivennäistieteilijä, mineralogi
mineralogy [ˌmɪnə'ralədʒi] s kivennäistiede, mineralogia
mineral water s **1** kivennäisvesi **2** (UK myös) virvoitusjuoma
mingle [mɪŋgəl] v **1** sekoittaa, sekoittua johonkin (with) **2** pitää seuraa jonkun kanssa, seurustella, jutella *go ahead and mingle* menehän jututtamaan ihmisiä/vieraita
mini [mɪni] s minitietokone; minihame ym adj *mini-* mini-, pieni, lyhyt tms
miniature [mɪnətʃər, mɪniətʃər] s **1** pienoismalli, pienoiskoko ym *in miniature* pienoiskoossa **2** pienoismaalaus, miniatyyri adj pienois-, pienoiskokoinen
miniaturize ['mɪnətʃəˌraɪz] v (elektroniikassa) miniatyrisoida, miniatyyristää, valmistaa pienessä koossa, pienentää
minimal [mɪnəməl] adj mahdollisimman pieni, erittäin pieni/vähäinen, minimaalinen
minimally adv mahdollisimman vähän, erittäin vähän, vain aavistuksen verran
minimart ['mɪnɪˌmart] s elintarvikekioski

minimize ['mɪnəˌmaɪz] v supistaa mahdollisimman pieneksi, minimoida, (tietok) kutistaa ikkunaa
minimum [mɪnɪməm] s vähimmäismäärä, vähimmäisarvo, alin arvo, pohjalukema, minimi adj vähimmäis-, alin, minimi- *minimum speed on the freeway is 40* moottoritiellä on ajettava vähintään 40 mailia tunnissa
minimun wage s vähimmäispalkka
mining s kaivostoiminta, kaivostyö
minion [mɪnjən] s mielistelijä, hännystelijä, nöyrä palvelija
miniseries ['mɪnɪˌsɪriːz] s (mon miniseries) lyhyt televisiosarja *his first novel will be made into a miniseries* hänen esikoisromaanistaan tehdään lyhyt televisiosarja
miniskirt ['mɪnɪˌskərt] s minihame
1 minister [mɪnəstər] s **1** ministeri **2** pappi, pastori
2 minister v toimia pappina
ministerial [ˌmɪnəs'tɪriəl] adj **1** papin **2** ministerin
minister to v huolehtia jostakin
minister without portfolio s salkuton ministeri
ministry [mɪnəstri] s **1** papin tehtävät, papin virka *John wants to enter the ministry* John haluaa ruveta papiksi **2** papisto **3** ministeriö **4** ministerit **5** ministerikausi, ministerin virkakausi
minivan ['mɪnɪˌvæn] s tila-auto
mink [mɪŋk] s minkki
mink coat s minkkiturkki
minke whale s lahtivalas
Minn. *Minnesota*
Minneapolis [ˌmɪnɪ'æpəlɪs] kaupunki Minnesotassa
Minnesota [ˌmɪnə'soʊtə] Yhdysvaltain osavaltioita
minnow [mɪnoʊ] s (kala) mutu
minor [maɪnər] s **1** alaikäinen **2** (yliopistossa) sivuaine **3** (mus) molli adj vähäinen, pieni, pienempi, mitätön *that's a minor problem* se ei ole iso ongelma *that's the minor of the two problems* se on ongelmista pienempi
minor in v lukea/opiskella sivuaineena jotakin

miscalculate

minority [mə'nɔrəti] s vähemmistö (äänestyksessä, yhteiskunnassa) *ethnic and religious minorities* rotu- ja uskonnolliset vähemmistöt

minority group s (rotu-, uskonnollinen, kieli- tms) vähemmistö (ryhmä)

minstrel [mınstrəl] s **1** (keskiaikainen kiertävä laulaja) minstreli **2** laulaja, muusikko

minstrel show s kiertävä laulu-, tanssi- ja komediashow

1 mint [mınt] s **1** rahapaja, setelipaino *US Mint* Yhdysvaltain seteli- ja kolikkopaino(t) **2** (kasvi) minttu

2 mint v lyödä rahaa *now that he has a new company, he is minting money* hän käärii rahaa minkä ehtii nyt kun hänellä on uusi firma

mint condition *to be in mint condition* olla kuin uusi, (uusi:) olla tuliterä

minuet [ˌmınju'et] s (mus) menuetti

minus [maınəs] s **1** miinusmerkki **2** lasku, tappio prep **1** miinus **2** ilman *here comes Mr. Albertson minus the wife* tässä tulee herra Albertson ilman vaimoa *I'll have a cheeseburger minus the onions* haluan juustohampurilaisen ilman sipulia

minus sign s miinusmerkki

minute [mınət] s **1** minuutti (ajasta, kulmasta, kaaresta) *I'll be back in a minute* tulen heti takaisin *up to the minute* ajanmukainen, ajan tasalla, uudenaikainen, moderni **2** (mon) pöytäkirja

minute [maı'nut] adj **1** erittäin pieni, häviävän pieni **2** mitätön, merkityksetön **3** pikkutarkka, erittäin tarkka

minute hand s minuuttiviisari

minutely [maı'nutli] adv **1** erittäin vähän, hyvin vähän **2** pikkutarkasti, erittäin tarkasti

minutiae [mə'nuʃieı] s (mon) yksityiskohdat, pikkuseikat

MIPS *million instructions per second* miljoona(a) laskutoimitusta sekunnissa

miracle [mırəkəl] s ihme *the new medicine works miracles* uusi lääke saa ihmeitä aikaan

miracle drug s ihmelääke

miracle mile s katu jonka varrella on kalliita muotiliikkeitä ym

miraculous [mə'rækjələs] adj ihmeellinen, uskomaton

miraculously adv ihmeellisesti, kuin ihmeen kautta

mirage [mə'raʒ] s kangastus (myös kuv)

1 mire [maıər] s **1** suo **2** muta, lieju

2 mire v **1** juuttua/saada juuttumaan suohon/mutaan **2** (kuv) hukkua *we were mired in difficulties* olimme pahassa pulassa

1 mirror [mırər] s peili, kuvastin (myös kuv)

2 mirror v **1** kuvastaa *to be mirrored in something* kuvastua/näkyä jostakin **2** vastata, olla sama kuin

mirror image s peilikuva

mirror server s (tietok) toisiopalvelin

mirror site s (tietok) toisiosivusto

mirth [mərθ] s ilo, riemu, hilpeys

mirthful adj iloinen, riemuisa, hilpeä

mirthless adj iloton

mirthlessly adv ilottomasti

misadventure [ˌmısəd'ventʃər] s vastoinkäyminen, vahinko, tapaturma

misanthrope ['mısənˌθroʊp] s ihmisvihaaja

misanthropic [ˌmısən'θrapık] adj ihmisiä vihaava

misanthropy [mə'sænθrəpi] s ihmisviha

misapprehend [mısˌæpri'hend] v käsittää väärin

misapprehension [mısˌæpri'henʃən] s väärinkäsitys

misappropriate [ˌmısə'proʊpriˌeıt] v anastaa, kavaltaa

misappropriation [ˌmısəˌproʊpri'eıʃən] s anastus, kavallus

misbehave [ˌmısbə'heıv] v käyttäytyä huonosti, ei olla siivosti

misbehavior [ˌmısbə'heıvjər] s huono käytös, huonot tavat, kurittomuus

misbelief [ˌmısbə'lif] s **1** väärä luulo, väärä käsitys **2** (usk) harhaoppi

misc. *miscellaneous* muut(a), sekalaiset, sekalaisia

miscalculate [mıs'kælkjəˌleıt] v laskea väärin, arvioida väärin

miscalculation

miscalculation [mɪsˌkælkjəˈleɪʃən] s laskuvirhe, virhearvio, arviointivirhe

miscarriage [ˈmɪsˌkerədʒ] s **1** keskenmeno **2** *miscarriage of justice* (oik) tuomiovirhe

miscarry [mɪsˈkeri] v **1** saada keskenmeno **2** (kuv) epäonnistua

miscellaneous [ˌmɪsəˈleɪniəs] adj sekalainen, kirjava, moninainen

miscellany [ˈmɪsəˌleɪni] s **1** sekalainen/kirjava kokoelma **2** antologia

mischief [ˈmɪstʃəf] s **1** (leikkisä tai ilkeä) kujeilu, kiusa, kiusanteko **2** vahinko

mischievous [ˈmɪstʃəvəs mɪsˈtʃiviəs] adj **1** kujeileva, veitikkamainen **2** ilkeä, pahansuopa, vahingollinen

mischievously adv **1** kujeillen, veitikkamaisesti **2** ilkeästi, piikikkäästi

misconceive [ˌmɪskənˈsiv] v ymmärtää/käsittää väärin

misconception [ˌmɪskənˈsepʃən] s väärinkäsitys, virheellinen/väärä käsitys

misconduct [mɪsˈkandʌkt] s **1** huono/sopimaton käytös, kurittomuus **2** väärä/virheellinen menettely, väärinkäytös

misconduct [ˌmɪskənˈdʌkt] v hoitaa/menetellä väärin/virheellisesti, syyllistyä väärinkäytökseen *to misconduct yourself* käyttäytyä huonosti/sopimattomasti

misconstrue [ˌmɪskənˈstru] v käsittää/ymmärtää/tulkita väärin

miscreant [ˈmɪskriənt] s, adj rikollinen

misdeed [mɪsˈdid] s rikkomus, paha teko, virhe

misdemeanor [ˌmɪsdəˈminər] s (laki ja yl) rikkomus, paha teko

miser [ˈmaɪzər] s kitupiikki, kitsastelija, saituri

miserable [ˈmɪzərəbəl] adj kurja, onneton, kärsivä; surkea, mitätön, surkuteltava

miserably adv kurjasti, onnettomasti, (elää) kurjissa oloissa, (kärsiä) kovasti, (epäonnistua) surkeasti

miserly adj pihi, nuuka

misery [ˈmɪzəri] s **1** kurjuus, puute **2** piina, tuska, kärsimys

misfire [mɪsˈfaɪər] v **1** (ase) ei laueta, (raketti) ei syttyä **2** raueta, epäonnistua

misfit [ˈmɪsfɪt] s sopeutumaton ihminen, yksinäinen susi

misfortune [mɪsˈfɔrtʃən] s huono onni, kova kohtalo; vastoinkäyminen, takaisku, onnettomuus, katastrofi

misgivings [mɪsˈgɪvɪŋz] s (mon) epäily(t), epävarmuus, epäröinti *to have misgivings about something* ei olla varma jostakin

misguided [mɪsˈgaɪdəd] adj virheellinen, tyhmä, (yritys) asiaton, väärä, perusteeton

mishap [ˈmɪshæp] s vastoinkäyminen, takaisku, vahinko

mishmash [ˈmɪʃmæʃ] s (ark) sekasotku, sillisalaatti (kuv)

misjudge [mɪsˈdʒʌdʒ] v arvioida väärin, tulkita väärin, erehtyä

mislay [mɪsˈleɪ] v mislaid, mislaid: hukata

mislead [mɪsˈlid] v misled, misled: johtaa harhaan, olla harhaanjohtava, hämätä

mismanage [mɪsˈmænədʒ] v hoitaa/johtaa huonosti/epärehellisesti

mismanagement s huono/leväperäinen/epärehellinen taloudenhoito/asiain hoito

misnomer [ˈmɪsˌnoʊmər] s huono/väärä/harhaanjohtava nimi/sana

misogynist [məˈsadʒənɪst] s naistenvihaaja

misogyny [məˈsadʒəni] s naisviha

misplace [mɪsˈpleɪs] v **1** panna väärään paikkaan; hukata **2** erehtyä, tehdä virhe *to be misplaced* olla sopimatonta *her affection was misplaced* hän mieltyi väärään henkilöön

misrepresent [mɪsˌreprɪˈzent] v antaa väärä/virheellinen kuva jostakin, vääristää totuutta/sanoja

misrepresentation [ˌmɪsreprɪzənˈteɪʃən] s virheellinen kuva jostakin, totuuden/sanojen vääristys

1 miss [mɪs] s **1** *Miss* neiti **2** *Miss* missi *Miss Finland* Miss Suomi **3** (puhuttelusanana) neiti, tarjoilija **4** (mon) naistenvaatteiden keskikoko **5** laukaus/lyönti ym joka ei osu *that was a near miss* se

misunderstanding

oli vähällä osua, se meni läheltä **6** epäonnistuminen

2 miss v **1** ei osua (maaliin) **2** jättää väliin, ei tehdä jotakin, myöhästyä jostakin, ei ehtiä/nähdä jotakin, missata (ark) *did you see Rambo III?* ' *No, I missed it* näitkö Rambo III:n? ' En, se jäi minulta näkemättä *to miss class* ei saapua tunnille, olla pois tunnilta *my heart missed a beat* sydämeni jätti lyönnin väliin, (kuv) minä säikähdin pahanpäiväisesti, sydämeni nousi kurkkuun *he missed the big chance* häneltä meni hyvä tilaisuus sivu suun **3** kaivata, olla ikävä jotakuta/jotakin

Miss. *Mississippi*

missile [mɪsəl] s ohjus *guided missile* ohjus

missing adj kadonnut *three people are still missing* kolme ihmistä on edelleen kadoksissa

missing link s puuttuva rengas

mission [mɪʃən] s **1** tehtävä **2** kutsumus **3** (sot) komennus **4** lähetystö, valtuuskunta **5** (lähettilään, lähetystön) matka **6** (usk) lähetystyö **7** (usk) lähetysasema **8** (kirkon ym) yömaja

missionary [mɪʃəneri] s **1** lähetyssaarnaaja **2** lähettiläs, valtuutettu

missionary position s (rakastelussa) lähetyssaarnaaja-asento

Mississippi [ˌmɪsəˈsɪpi] s **1** eräs Yhdysvaltain osavaltio **2** Mississippijoki

Missouri [mɪˈzəri] Yhdysvaltain osavaltioita

miss out on v päästää jotakin sivu suun

misspell [mɪsˈspel] v kirjoittaa väärin

misspelling s (oikein)kirjoitusvirhe

misspent [mɪsˈspent] adj tuhlattu *in my misspent youth* tuhlatussa nuoruudessani

misstep [mɪsˈstep] s virhe, kömmähdys, erehdys; harha-askel, hairahdus

1 mist [mɪst] s **1** utu; usva, sumu **2** (kuv) hämärä, verho, sumu

2 mist v sumentua, sumentaa, sumuttaa (kasveja)

1 mistake [məˈsteɪk] s virhe *to make a big mistake* erehtyä pahasti, tehdä iso virhe

2 mistake v mistook, mistaken **1** käsittää/ymmärtää/tulkita väärin *you are mistaken* sinä olet väärässä **2** luulla jotakuta joksikin *he mistook you for his wife* mies sekoitti sinut vaimoonsa

mistaken adj väärä, virheellinen *it was a case of mistaken identity* kyse oli henkilöllisyyden sekaantumisesta *he was under the mistaken impression that...* hän oletti perusteettomasti että..., hän luuli että...

mistakenly adv väärin, vahingossa, erehdyksessä

mister [mɪstər] s **1** *Mister* (erisnimen edellä) herra *Mr. Howe* Mr. Howe, herra Howe, Howe **2** (ark) (puhuteltaessa ilman erisnimeä, joskus töykeä) *Hey, mister, you've got to wait in line* hei äijä, jonossa ei saa etuilla **3** *Mister* (luonnehdittaessa puheena olevaa henkilöä:) *Mr. Right* ihanneaviomies, se oikea aviomies *Harry wants to be Mr. Clean* Harry haluaa leikkiä pulmusta

mistletoe [ˈmɪsəlˌtoʊ] s misteli

mistook [mɪsˈtʊk] ks mistake

mistress [mɪstrəs] s **1** johtajatar, emäntä **2** (koiran) emäntä **3** rakastajatar, rakastettu **4** (kuv) valtiatar

mistrial [ˈmɪsˌtraɪəl] s oikeudenkäynnin raukeaminen (virheeseen tai koska valamiehistö ei ole yksimielinen)

1 mistrust [mɪsˈtrʌst] s epäluottamus, epäily, luottamuksen puute

2 mistrust v ei luottaa johonkuhun/johonkin

mistrustful adj epäluuloinen *he is mistrustful of you/your motives* hän ei luota sinuun, hän ei ole varma siitä mitä sinulla on mielessä

misty adj **1** utuinen; usvainen, sumuinen **2** (kuv) hämärä, sumea

misty-eyed [ˈmɪstiˌaɪd] adj **1** joka on kyynelten partaalla, jonka silmät ovat kosteat **2** tunteileva, sentimentaalinen

misunderstand [ˌmɪsˌʌndərˈstænd] v misunderstood, misunderstood: käsittää/ymmärtää/tulkita väärin

misunderstanding s **1** väärinkäsitys **2** erimielisyys, kiista

misuse

1 misuse [mɪsˈjuz] s väärinkäyttö, virheellinen käyttö
2 misuse v käyttää väärin, väärinkäyttää
MIT *Massachusetts Institute of Technology*
mite [maɪt] s **1** punkki **2** ropo **3** hiukkanen, hitunen adv pikkuisen, hieman
miter [ˈmaɪtər] s (piispan päähine) hiippa, mitra
mitigate [ˈmɪtəˌgeɪt] v lievittää, helpottaa, lieventää
mitigating circumstances s (mon) lieventävät asianhaarat
mitigation [ˌmɪtəˈgeɪʃən] s lievitys, helpotus, lievennys
mitt [mɪt] s **1** (baseball)räpylä **2** lapanen
mitten [ˈmɪtən] s lapanen
1 mix [mɪks] s sekoitus
2 mix v **1** sekoittaa (myös kuv), sekoittua *could you please mix the drinks?* voisitko sinä sekoittaa/laittaa ryypyt? *I always mix Jane and Joan* minä sekoitan aina Janen ja Joanin toisiinsa **2** sopia yhteen, tulla toimeen keskenään *politics and literature don't mix* politiikka ja kirjallisuus eivät sovi yhteen **3** (juhlassa yms) seurustella, jutella
mixed adj **1** sekalainen, kirjava **2** (miesten ja naisten) seka-, yhteis-
mixed bag s (ark kuv) sillisalaatti
mixed blessing s kaksipiippuinen juttu
mixed economy s sekatalous
mixed feelings *to have mixed feelings about something* suhtautua johonkin sekavin tuntein
mixed marriage s seka-avioliitto
mixed metaphor s riitelevä kielikuva *that's a mixed metaphor* nyt sinä yhdistät kielikuvia
mixer s **1** (ihminen) sekoittaja **2** (laite) sekoitin **3** seuraihminen
mixture [ˈmɪkstʃər] s sekoitus, yhdistelmä
mix up v **1** sekoittaa toisiinsa **2** sekoittaa, panna sekaisin
MLA *Modern Language Association*
mm-hm interj kyllä
MMPI *Minnesota Multiphasic Personality Inventory*
mnemonic [nəˈmænɪk] s muistikas

MO *Missouri*
1 moan [moʊn] s voihkaisu, voihkina, ähkäisy
2 moan v voihkaista, voihkia, vaikeroida, ähkäistä, ähkiä
moat [moʊt] s vallihauta, vesihauta
mob [mab] s **1** (mellakoiva) väkijoukko **2** rikosliiga, (erit) huumeliiga **3** *the Mob* mafia
mobile [ˈmoʊbəl] s **1** (liikkuva veistos) mobile **2** (UK) kännykkä adj liikkuva, liikuteltava, siirrettävä
mobile home [ˌmoʊbəlˈhoʊm] s pienehkö, siirrettävä asuintalo (vrt *motor home*)
mobile library s kirjastoauto
mobile phone s (UK) matkapuhelin
mobility [moʊˈbɪləti] s liikkuvuus
mobilization [ˌmoʊbəlɪˈzeɪʃən] s **1** liikekannallepano **2** (kuv) käyttöönotto (ks *mobilize* 2)
mobilize [ˈmoʊbəˌlaɪz] v **1** määrätä/panna liikekannalle **2** (kuv) ottaa käyttöön *the company mobilized all its power to increase market share* yritys pyrki kaikin voimin lisäämään markkinaosuuttaan
moccasin [ˈmakəsən] s (intiaanin jalkine) mokkasiini
mock [mak] v pilkata, pitää pilkkanaan, tehdä pilaa jostakusta/jostakin
mockery [ˈmakəri] s **1** pilkka, pilanteko **2** pilan kohde **3** (kuv) irvikuva, täydellinen vastakohta *the trial was a mockery of justice* oikeudenkäynti soti vastoin kaikkia oikeudenmukaisuuden periaatteita
mockingbird [ˈmakɪŋˌbərd] s (lintu) taiturimatkija
modal auxiliary [ˌmoʊdəlagˈzɪləri] s (kieliopissa) modaalinen apuverbi (esim *can, may, will, shall, must*)
mode [moʊd] s **1** tapa, keino, muoto *mode of transportation* liikenneväline *mode of conduct* käytös, käyttäytyminen **2** muoti
1 model [ˈmadəl] s **1** malli, esikuva **2** (auto- ym) malli *model year* (autojen) mallivuosi **3** malliesimerkki *she is the model of a mother* hän on esimerkillinen

äiti 4 valokuvamalli, taiteilijan malli ym 5 pienoismalli
2 **model** v 1 toimia valokuvamallina tms *she models for an ad agency* hän on valokuvamallina erään mainostoimiston palveluksessa 2 muotoilla, muovata, tehdä malli
model on v käyttää mallina/esikuvana, ottaa esimerkkiä jostakusta/jostakin *to be modeled on something* noudattaa jonkin esimerkkiä, olla jonkin esimerkin/esikuvan mukainen, jäljitellä jotakin
moderate [madərət] s (poliittisesti ym) maltillinen adj maltillinen, hillitty, kohtuullinen
moderate ['madə‚reɪt] v 1 hillitä, lievittää, lieventyä, leudontaa, leudontua, lauhtua 2 (keskustelua tms) juontaa, johtaa
moderation [‚madə'reɪʃən] s maltillisuus, kohtuullisuus *to drink in moderation* juoda kohtuullisesti
moderator s (keskustelun tms) juontaja
modern [madərn] adj nykyaikainen, uudenaikainen, moderni
Modern English s nykyenglanti (noin 1475 alkaen)
modernism [madərnɪzəm] s modernismi
modernist s modernisti
modernity [mə'dərnəti] s nykyaikaisuus, uudenaikaisuus, ajanmukaisuus
modernization [‚madərnə'zeɪʃən] s uudenaikaistaminen, modernisointi
modernize ['madər‚naɪz] v nykyaikaistaa, uudenaikaistaa, ajanmukaistaa, modernisoida
modest [madəst] adj 1 vaatimaton 2 siveä 3 vähäinen, niukka, pieni, vaatimaton
modestly adv: ks modest
modesty [madəsti] s 1 vaatimattomuus 2 siveys 3 pienuus, niukkuus
modicum [madɪkəm] s hiven, pikkuisen
modification [‚madəfɪ'keɪʃən] s muutos
modifier ['madə‚faɪər] s (kieliopissa) määrite, määräys
modify [madəfaɪ] v 1 muuttaa (osittain), muuntaa 2 lieventää *the opposition has modified its position* oppositio on tinkinyt kannastaan 3 (kieliopissa) määrittää
modular [madʒələr] adj itsenäisistä osista muodostuva, moduulirakenteinen
module [madʒəl madʒʊəl] s moduuli, (itsenäinen) osa *lunar module* kuumoduli
mogul [moʊgəl] s 1 *Mogul* moguli 2 pohatta, pomo *movie mogul* elokuvastudion johtaja 3 (laskettelurinteen) kumpare
mohair ['moʊ‚heər] s angoravilla, mohair
Mohammedan [mə'hæmədən] s, adj islamilainen, muhamettilainen
moist [mɔɪst] adj kostea
moisten [mɔɪsən] v kostuttaa, kostua
moisture [mɔɪstʃər] s kosteus
moisturizer ['mɔɪstʃə‚raɪzər] s kosteusvoide
Mojave Desert [moʊ‚havi 'dezərt] Mojaven aavikko (Kaliforniassa)
molar [moʊlər] s poskihammas
1 **mold** [moʊld] s 1 muotti (myös kuv) 2 (kuv) luonteenlaatu 3 home 4 (ruoka)multa
2 **mold** v 1 muovata (myös kuv), muotoilla 2 homehtua
molder [moldər] v rapistua, ränsistyä, mädäntyä, pilaantua
Moldova [mol'doʊvə]
mole [moʊl] s 1 luomi, syntymämerkki 2 myyrä 3 aallonmurtaja 4 (kem) mooli
molecular [mə'lekjələr] adj molekyyli-
molecular biology s molekyylibiologia
molecular genetics s (verbi yksikössä) molekyyligenetiikka
molecular weight s molekyylipaino
molecule ['malə‚kjʊəl] s molekyyli
molehill ['mol‚hɪl] *to make a mountain out of a molehill* tehdä kärpäsestä härkänen
molest [mə'lest] v 1 vaivata, häiritä, kiusata 2 lähennellä, pahoinpidellä sukupuolisesti
molestation [‚maləs'teɪʃən] s 1 vaivaaminen, häiritseminen, kiusanteko 2 sukupuolinen pahoinpitely

mollusk

mollusk [maləsk] s (eläin; UK *mollusc*) nilviäinen
1 molt [molt] s (linnun) sulkasato, (matelijan) nahanluonti
2 molt v (linnusta) olla sulkasato, (matelijasta) luoda nahkansa
molten [moltən] adj (ks myös *melt*) (metallista) sula
mom [mam] s (ark) äiti
moment [moʊmənt] s **1** hetki, silmänräpäys *just a moment, I'll be right with you* hetkinen vain, tulen aivan heti *not a moment too soon* ei yhtään/hetkeäkään liian aikaisin **2** (fys) momentti **3** merkitys, tärkeys
momentarily [ˌmoʊmən'terəli] adj **1** hetkeksi, hetken aikaa **2** aivan pian, heti
momentary ['moʊmənˌteri] adj **1** lyhyt, nopea, pikainen **2** alati uhkaava
momentous [moʊ'mentəs] adj merkittävä, tärkeä, ikimuistoinen *at this momentous occasion* tällä suurella hetkellä
momentousness s merkitys, tärkeys
momentum [moʊ'mentəm] s voima, vauhti, (kuv) puhti
momma [mamə] s (ark) äiti
mommie ks *momma*
mommy ks *momma*
mom-to-be s (mon *moms-to-be*) lasta odottava nainen, odottava äiti
Monacan [manəkən] s, adj monacolainen
Monaco ['manəˌkoʊ]
monarch ['manark] s monarkki, hallitsija
monarchic [mə'narkık] adj monarkkinen
monarchical adj monarkkinen
monarchist s monarkisti
monarchy [manarki] s **1** monarkia, kuningaskunta tms **2** monarkia, yksinvalta
monastery ['manəsˌteri] s (munkki)luostari
monastic [mə'næstık] adj luostarin, luostari
Monday [mʌndi, 'mʌndˌeı] s maanantai
Monegasque [ˌmanə'gæsk] s, adj monacolainen (ks myös *Monacan*)
monerans [moʊ'nirənz] s (mon) alkeiseliökunta
monetary ['manəˌteri] adj raha-, rahallinen, valuutta-
money [mʌni] s raha *moneys, monies* rahasumma(t) *to make good money* ansaita hyvin *your answer was right on the money* vastauksesi osui naulan kantaan *I think you're pouring money down the drain* minusta sinä panet rahasi hukkaan *to put your money where the mouth is* näyttää sanansa toteen, siirtyä sanoista tekoihin *let's see the color of your money* näytähän että sinulla on todella on rahaa! *Gary has money to burn* Garylla on rahaa kuin roskaa
moneyed [mʌnid] adj rahakas, rikas
money machine s pankkiautomaatti
moneymaker ['mʌniˌmeıkər] s hyvä rahanlähde, kannattava yritys, myyntimenestys
moneymaking s rahanteko adj tuottava, tuottoisa, kannattava
money market s (tal) rahamarkkinat
money order s postiosoitus, maksuosoitus
money's worth *to get your money's worth* saada koko rahan edestä, saada rahoilleen vastinetta
money talks fr rahalla saa
Mongolia [maŋ'goliə] Mongolia
Mongolian [maŋˌgoʊliən] s, adj mongolialainen
Mongolian gazelle [maŋˌgoʊliəngə'zeəl] s mongoliangaselli
mongoose ['mangus] s (mon *mongooses*) mangusti
mongrel [maŋgrəl] s sekarotuinen koira, rakki, piski adj sekarotuinen
1 monitor [manıtər] s **1** tukioppilas **2** tenttivalvoja, koevalvoja **3** (televisio-, tietokone)monitori
2 monitor v valvoa, tarkkailla, seurata
monk [mʌŋk] s munkki
1 monkey [mʌŋki] s **1** apina **2** (kuv) apinoija **3** (kuv lapsesta) (pikku) vintiö **4** *to make a monkey out of someone* saattaa joku naurunalaiseksi, pitää jotakuta pilkkanaan
2 monkey v apinoida, matkia

monkey around/with fr (ark) reuhata, peuhata; sorkkia
monkey wrench s jakoavain *to throw a monkey wrench in the works* sabotoida, pistää kapuloita rattaisiin
mono [manoʊ] adj mono(foninen)
monochrome ['manəˌkroʊm] adj **1** yksivärinen **2** mustavalkoinen
monocle [manəkəl] s monokkeli
monogamist [mə'nagəmɪst] s yksiavioinen ihminen/eläin
monogamous [mə'nagəməs] adj yksiavioinen
monogamy [mə'nagəmi] s yksiavioisuus
monogram ['manəˌgræm] s monogrammi, nimikirjainsommitelma
monograph ['manəˌgræf] s erikoistutkielma
monolingual [ˌmanə'lɪŋgwəl] s, adj yksikielinen
monolith ['manəˌlɪθ] s monoliitti
monolithic [ˌmanə'lɪθɪk] adj **1** yhdestä kivilohkareesta tehty, monoliitti- **2** (kuv) järkkymätön, yhtenäinen
monologue ['manəˌlag] s yksinpuhelu
monomania [ˌmanə'meɪnɪə] s monomania, liiallinen yhteen asiaan keskittyminen
monoplane ['manəˌpleɪn] s (lentokone) yksitaso
monopolize [mə'napəˌlaɪz] v monopolisoida, (kuv) vallata/viedä kaikki *he monopolized the conversation* hän oli koko ajan äänessä
monopoly [mə'napəli] s monopoli, yksinoikeus
monorail ['manəˌreɪəl] s yksiraiteinen rautatie
monosyllabic [ˌmanəsɪ'læbɪk] adj **1** yksitavuinen **2** (sanavarasto) suppea **3** (vastaus) lyhyt, juro, yksikantainen
monosyllable ['manəˌsɪləbəl] s yksitavuinen sana *to speak in monosyllables* puhua yksikantaan/jurosti
monotheism ['manəθiˌɪzəm] s monoteismi, yksijumalaisuus
monotheistic [ˌmanəθi'ɪstɪk] adj monoteistinen, yksijumalainen

monotone ['manəˌtoʊn] s yksitoikkoinen/väritön ääni
monotonous [mə'natənəs] adj yksitoikkoinen, pitkäveteinen, tylsä, (ääni) väritön
monotonously adv yksitoikkoisesti, pitkäveteisesti, tylsästi, (puhua) värittömästi
monotony [mə'natəni] s yksitoikkoisuus, pitkäveteisyys, tylsyys, (äänen) värittömyys
monounsaturated [ˌmanoʊən'sætʃərˌeɪtəd] adj (rasva) kertatyydyttämätön
Monroe Doctrine [mənˌroʊ'daktrən] s Monroen oppi
monsoon [man'sun] s monsuuni
monster [manstər] s hirviö
monstrosity [man'strasəti] s **1** hirviö **2** hirvittävyys
monstrous [manstrəs] adj **1** hirvittävä, kamala, järkyttävä, luonnoton, suhdaton **2** suunnattoman suuri, valtava
monstrously adv ks monstrous
Mont. *Montana*
Montana [man'tænə]
month [mʌnθ] s kuukausi
monthly s **1** kerran kuukaudessa ilmestyvä lehti **2** (ark, myös mon) kuukautiset adj kuukausi- *monthly salary* kuukausipalkka *monthly magazine* kerran kuukaudessa ilmestyvä lehti adv kuukausittain, kerran kuukaudessa
Montreal [ˌmantri'əl]
monument [manjəmənt] s muistomerkki, monumentti *are skyscrapers monuments to human folly?* ovatko pilvenpiirtäjät osoitus ihmisen turhamaisuudesta?
monumental [ˌmanjə'mentəl] adj **1** jykevä, vaikuttava, suunnaton, monumentaalinen **2** merkittävä, historiallinen
moo [mu] v (lehmä) ammua interj ammuu!
mood [mud] s **1** mieliala, tunnelma *he's in a foul mood* hän on pahalla päällä/tuulella *I'm not in the mood to go dancing* minua ei huvita lähteä tanssimaan **2** paha tuuli, pahantuulisuus **3** (kieliopissa) tapaluokka, modus

mood-altering

mood-altering adj (lääke, huume) mielialaan vaikuttava, piristävä tai rauhoittava
moodily adv ks mood
moodiness s **1** synkkyys, apeus **2** pahantuulisuus, paha tuuli **3** oikullisuus
mood music s tunnelmamusiikki, hämymusiikki
moody adj **1** synkkä, apea **2** pahantuulinen **3** oikukas
1 moon [muːn] s kuu *full moon* täysikuu *how many moons does Saturn have?* montako kuuta Saturnuksella on? *once in a blue moon* joskus harvoin
2 moon v **1** vetelehtiä, lorvia **2** surkutella, ruikuttaa
1 moonlight ['muːnˌlaɪt] s kuutamo
2 moonlight v käydä (päätyön lisäksi) toisessa työssä, tehdä (ylimääräisiä) iltatöitä
moonlit [muːnlɪt] adj kuutamoinen *it was a moonlit night* oli kuutamoyö
moonscape ['muːnˌskeɪp] s kuumaisema
moonstruck ['muːnˌstrʌk] adj **1** tärähtänyt **2** (romanttisen) haaveileva
moonwalk ['muːnˌwak] s kuukävely
1 moor [mʊər] s (kanervaa kasvava) nummi
2 moor v kiinnittää (vene, laiva laituriin)
Moor [mʊər] s mauri
moorhen [mʊərhen] s liejukana
moose [muːs] s (mon moose) hirvi
1 mop [map] s **1** moppi **2** hiuskuontalo **3** hapan ilme
2 mop v **1** pyyhkiä/siivota mopilla **2** nyrpistää naamaansa, näyttää happamalta
moped [moʊped] s mopo, mopedi
moral [mɔrəl] s **1** opetus **2** (mon) moraali adj moraalinen, moraali-
morale [məˈræəl] s moraali, henkinen ryhti *the morale of the troops is low* joukkojen taistelutahto on vähissä
moralism ['mɔrəˌlɪzəm] s moralismi
moralist s moralisti, siveyden vartija
morality [məˈræləti] s **1** moraalisuus, siveellisyys **2** moraliteetti(näytelmä)
morality play s moraliteetti(näytelmä)
moralize ['mɔrəˌlaɪz] v moralisoida
morally adj moraalisesti

moral majority s kristityt fundamentalistit poliittisena voimana (termin käyttäjien mielestä enemmistönä)
morass [məˈræs] s suo (myös kuv)
moray eel [ˌmɔreɪˈiːl] s (kala) mureena
morbid [mɔrbəd] adj (lääk ja kuv) sairas, sairaalloinen *he has a morbid sense of humor* hänellä on sairas huumorintaju
morbidity [mɔrˈbɪdəti] s **1** sairaalloisuus, kuvottavuus **2** (lääk) tautisuus, morbiditeetti
morbidly adv (kuv) sairaasti, sairaalloisesti, sairaalloisen
mordant [mɔrdənt] adj pureva, piikikäs, pisteliäs
more [mɔr] s, adj, adv, prep (komparatiivi sanasta *much*) enemmän, vielä, lisää *this cheese is more expensive than that one* tämä juusto on kalliimpaa kuin tuo *much more* paljon enemmän *no more* ei enää *two more days* vielä kaksi päivää *give me more* anna enemmän/lisää *that's more than enough* siinä on enemmän kuin tarpeeksi, se riittää oikein hyvin *once more* vielä kerran *not any more* ei enää *and what is more, she was arrested* ja kaiken lisäksi hänet pidätettiin
more and more fr yhä enemmän
more or less fr enemmän tai vähemmän, kutakuinkin, melko
moreover [mɔˈroʊvər] adv lisäksi, sitä paitsi
mores [mɔreɪz] s (mon) tavat, tottumukset
MorF (sähköpostissa, tekstiviestissä) *male or female?*
morgue [mɔrg] s ruumishuone
mormon s mormoni adj mormonien, mormoni- (ks myös Latter-day Saint)
morning [mɔrnɪŋ] s, adj aamu(-) *Morning! Huomenta!*
morning paper s aamulehti
morning sickness s (raskausajan) aamupahoinvointi
Moroccan [məˈrakən] s, adj marokkolainen
Morocco [məˈrakoʊ] Marokko
moron [mɔran] s (lääk vanh) debiili, (ark) idiootti

moronic [məˈrɑnɪk] adj (lääk vanh) debiili, (ark) idioottimainen

morose [məˈroʊs] adj synkkä, juro, apea

morpheme [ˈmɔrˌfim] s (kielitieteessä) morfeemi (kielen pienin merkityksellinen yksikkö)

morphine [ˈmɔrfin] s morfiini

morphing [ˈmɔrfiŋ] tietokoneella suoritettava kuvan metamorfoosi

morphology [mɔrˈfɑlədʒi] s morfologia, muoto-oppi

Morse s morseaakkoset

Morse alphabet s morseaakkoset

Morse code [ˌmɔrsˈkoʊd] s morseaakkoset

morsel [ˈmɔrsəl] s (ruuan) muru

mortal [ˈmɔrtəl] s kuolevainen *us mere mortals* me tavalliset kuolevaiset adj **1** kuolevainen; maallinen **2** tappava, hengenvaarallinen **3** hirvittävä, valtava *he was in a mortal hurry* hänellä oli hirvittävä kiire

mortal enemy s verivihollinen, perivihollinen

mortality [mɔrˈtæləti] s **1** kuolevaisuus **2** kuolleisuus *mortality rate* kuolleisuus

mortally adv **1** (haavoittua) kuolettavasti, hengenvaarallisesti **2** (kuv) (loukkaantua) verisesti **3** (pelätä, pelästyä) hirvittävästi, valtavasti

1 mortar [ˈmɔrtər] s **1** laasti **2** huhmare **3** (ase) (hist) mörssäri, (nyk) kranaatinheitin

2 mortar v rapata, laastita

mortarboard [ˈmɔrtərˌbɔrd] s **1** muurauslasta **2** akateemisissa juhlatilaisuuksissa käytettävä päähine jonka yläosan muodostaa tupsullinen neliskulmainen levy

1 mortgage [ˈmɔrgədʒ] s **1** hypoteekki **2** hypoteekkilaina, asuntolaina

2 mortgage v **1** kiinnittää **2** (kuv) panna pantiksi

mortification [ˌmɔrtəfɪˈkeɪʃən] s **1** häpeä **2** (ruumiin) kidutus, (lihallisten halujen) sammutus

mortify [ˈmɔrtəˌfaɪ] v **1** saattaa häpeään *I was mortified to hear that* olin kuolla häpeään kun kuulin siitä **2** (usk) kurittaa, kiduttaa (ruumistaan), tappaa (lihalliset halunsa)

mother-in-law

mortuary [ˈmɔrtʃʊˌeri] s ruumishuone

MOS *metal-oxide semiconductor*

mosaic [moʊˈzeək] s, adj mosaiikki(-)

Mosaic [moʊˈzeək] adj Mooseksen

Mosaic Law s Mooseksen laki

Moscow [ˈmɑsˌkaʊ] Moskova

MOSFET *metal-oxide semiconductor field-effect transistor*

Moslem ks Muslim

mosque [mɑsk] s moskeija

mosquito [məˈskitoʊ] s hyttynen, moskiitto

moss [mɑs] s sammal

mossy adj sammaleinen, sammalpeitteinen

most [moʊst] s, adj, adv, pron (superlatiivi sanasta *many*) eniten, enin, suurin osa *you have the most apples* sinulla on eniten omenia *most people don't care* useimmat ihmiset eivät välitä, useimmille se on aivan sama *most of the apples* suurin osa omenista *try to make the most of the opportunity* yritä ottaa tilaisuudesta kaikki irti *most likely* todennäköisimmin, erittäin todennäköisesti

most-favored-nation clause s (kansainvälisessä kaupankäynnissä) suosituimmuuslauseke

mostly adv enimmäkseen, suurimmaksi osaksi, lähinnä, pääasiassa, etupäässä

most of all adv ennen kaikkea

motel [moʊˈtel] s motelli

moth [mɑθ] s **1** yöperhonen **2** koi, (erityisesti) turkiskoi

moth-eaten adj **1** koinsyömä **2** vanhanaikainen, aikansa elänyt

1 mother [ˈmʌðər] s **1** äiti **2** (eläinten) emo

2 mother v **1** synnyttää **2** hoivata

motherboard s (tietok) emolevy

mother country s isänmaa, kotimaa

mother earth s maaemo

motherfucker [ˌmʌðərˈfʌkər] s (sl) kusipää, vittumainen tyyppi/homma, paska vehje

mother hen s (kuv) kanaemo

motherhood [ˈmʌðərˌhʊd] s äitiys

mother-in-law [ˈmʌðərɪnˌlɑ] s (mon mothers-in-law) anoppi

motherland ['mʌðərˌlænd] s isänmaa, kotimaa
mother language s äidinkieli
motherly adj äidillinen
mother-naked adj apposen alaston
Mother's Day s äitienpäivä
mother tongue s äidinkieli
mothy adj koinsyömä
motif [moʊ'tif] s (romaanin, taideteoksen) aihe
1 motion [ˈmoʊʃən] s **1** liike *to set something in motion* käynnistää/aloittaa jokin *to go through the motions* tehdä jotakin innottomasti, käydä läpi pakolliset kuviot **2** ehdotus, esitys **3** ele, (kädellä) viittaus
2 motion v viitata *he motioned the guest to sit* hän viittasi kädellään vierasta istumaan
motionless adj liikkumaton
motion picture s elokuva
motion sickness s matkapahoinvointi
motivate ['moʊtəˌveɪt] v motivoida
motivation [ˌmoʊtəˈveɪʃən] s motivaatio
1 motive [ˈmoʊtɪv] s **1** motiivi, vaikutin **2** (romaanin, taideteoksen) aihe
2 motive v motivoida
3 motive adj (voima) liike-
motley [matli] s narrin puku adj kirjava, monenkirjava, sekalainen
1 motor [ˈmoʊtər] s **1** moottori **2** (kuv) alkuunpanija, käynnistäjä *he's the motor of the whole deal* hän on koko sopimuksen alkuunpanija
2 motor v ajaa/matkustaa autolla, (UK) kuljettaa/viedä autolla
3 motor adj **1** moottorikäyttöinen, moottori- **2** motorinen, liike-
1 motorbike [ˈmoʊtərˌbaɪk] s moottoripyörä
2 motorbike v moottoripyöräillä, ajaa moottoripyörällä
1 motorboat [ˈmoʊtərˌboʊt] s moottorivene
2 motorboat v ajaa/matkustaa moottoriveneellä
motorcade [ˈmoʊtərˌkeɪd] s autokulkue *President Kennedy was shot in a motorcade* presidentti Kennedy ammuttiin autokulkueessa

1 motorcycle [ˈmoʊtərˌsaɪkəl] s moottoripyörä
2 motorcycle v moottoripyöräillä, ajaa moottoripyörällä
motorcyclist s moottoripyöräilijä
motordrome [ˈmoʊtərˌdroʊm] s (auto)kilparata
motored adj -moottorinen
motor home [ˈmoʊtərˌhoʊm] s matkailuauto
motoring s (vapaa-ajan) autoilu
motorist s (yksityis)autoilija
motorize [ˈmoʊtəˌraɪz] v **1** varustaa moottorilla **2** autoistaa
motor lodge s motelli
motor-mouth [ˈmoʊtərˌmaʊθ] s (sl) poskisolisti, suunsoittaja, joku jonka suu käy kuin papupata
motorsports [ˈmoʊtərˌspɔrts] s (mon) moottoriurheilu
motor vehicle [ˌmoʊtərˈviːkəl] s moottoriajoneuvo
motorway [ˈmoʊtərˌweɪ] s (UK) moottoritie
motto [matoʊ] s motto, tunnuslause
mouflon [muflan] s (eläin) mufloni
mound [maʊnd] s **1** kukkula, maan kohouma **2** kasa, pino
1 mount [maʊnt] s **1** vuori **2** ratsu **3** kanta, kiinnitin **4** valokuvakehys; diakehys
2 mount v **1** nousta; nousta (ratsun) selkään **2** asentaa, kiinnittää paikalleen **3** käynnistää, aloittaa *the enemy mounted an attack* vihollinen hyökkäsi **4** kehystää (dia ym)
mountain [ˈmaʊntən] s vuori (myös kuv) *to make a mountain out of a molehill* tehdä kärpäsestä härkänen
mountain ash s pihlaja
mountain bike s maastopyörä
mountain climber s vuorikiipeilijä
mountain climbing s vuorikiipeily
1 mountaineer [ˌmaʊntəˈnɪər] s **1** vuoristolainen, vuoriston asukas **2** vuorikiipeilijä
2 mountaineer v kiipeillä vuorilla, harrastaa vuorikiipeilyä
mountain goat s lumivuohi
mountain hare s metsäjänis

movement

mountainous [maʊntənəs] adj vuoristoinen, vuorinen
mountain range s vuoristo, vuoriketju
mountain reedbuck [ˈrɪdˌbʌk] s vuoriruokoantilooppi
mountain sickness s vuoristotauti
mountainside [ˈmaʊntənˌsaɪd] s vuorenrinne, vuorenkylki
mountain tapir [teɪpər] s vuoritapiiri
mountainy [maʊntəni] adj **1** vuoristoinen, vuorinen **2** vuoristo-, vuoristoelämän
mountain zebra [zɪbrə] s vuoriseepra
mounted adj ratsastava, ratsu- *mounted police* ratsupoliisi
Mount Everest s Everest
Mountie [maʊnti] s (ark) Kanadan ratsupoliisi
Mount of Olives [ˌmaʊntəvˈɑlɪvz] Öljymäki
Mount Rainier [ˌmaʊntreɪˈnɪər] vuori ja kansallispuisto Washingtonin osavaltiossa
Mounty s (ark) Kanadan ratsupoliisi
mourn [mɔrn] v surra (kuolemaa ym)
mourner s surija
mournful adj **1** sureva, surullinen **2** synkkä, apea
mourning s **1** suru, sureminen **2** suruaika **3** surupuku, suruvaatteet, mustat vaatteet *to be in mourning* olla suruvaatteissa; surra jotakuta (for someone)
mouse [maʊs] s **1** (mon mice) hiiri **2** (tietok; mon myös mouses) hiiri
mouse bandicoot [bændəˌkʊt] s hiiripussimäyrä
mouse deer s kääpiökauris
mouse mat s (tietok) hiirimatto
mouse potato s (ark) tietokoneen ääressä paljon aikaa viettävä henkilö, hiiriperuna
mousetrap [ˈmaʊsˌtræp] s **1** hiirenloukku **2** (kuv) ansa, loukku **3** *to build a better mousetrap* (kuv) keksiä parempi ratkaisu, suunnitella parempi laite
mousse [mus] s **1** (jälkiruoka) vaahto, mousse *chocolate mousse* suklaavaahto **2** (hiustenhoidossa) vaahto
moustache [mʌstæʃ] s viikset

mousy [maʊsi] adj **1** ujo, arka **2** hiirenharmaa **3** mitäänsanomaton, tylsä
mouth [maʊθ] s suu (myös kuv) *the man has five mouths to feed* miehellä on viisi suuta ruokittavana *to run off at the mouth* puhua kuin papupata
mouth [maʊð] v lausua, sanoa
mouth-breather [ˈmauθˌbriðər] s (kuv) älykääpiö, ääliö, taliaivo
mouthful s **1** suupala; suun täysi *you said a mouthful* sinä osuit naulan kantaan **2** sanahirviö, sana ym joka on vaikea ääntää
mouthpiece [ˈmauθˌpis] s **1** (soittimen ym) suukappale **2** (kuv) äänitorvi, puolestapuhuja
mouth-to-mouth resuscitation [ˌmaʊðtəˌmaʊðrɪˌsʌsəˈteɪʃən] s puhalluselvytys, suusta suuhun -menetelmä (ark)
movable [muvəbəl] adj liikkuva, liikuteltava
movable feast s pyhä joka osuu eri vuosina eri päivälle (vrt *immovable feast*)
movables s (mon) irtaimisto
1 move [muv] s **1** (kuv) siirto, askel, veto, teko, toimi *selling the house was a smart move* talon myynti oli viisas temppu **2** liike *to be on the move* olla liikkeessä **3** muutto
2 move v **1** siirtää, siirtyä, liikuttaa, liikkua *let's move this sofa to another room* siirretäänpä tämä sohva toiseen huoneeseen *he didn't move a muscle to help us* hän ei liikauttanut eväänsäkään auttaakseen meitä **2** muuttaa (asuinpaikkaa ym) *the Wallers moved to Tucson* Wallerit muuttivat Tucsoniin **3** (kuv) liikuttaa *I was moved by his speech* hänen puheensa sai minut liikuttumaan
move in v muuttaa jonnekin (asuntoon, toimistoon), asettua/käydä taloksi
move in on v siirtyä jollekin (uudelle) alueelle; tunkeutua jonkun toisen apajille
moveless adj liikkumaton
movement s **1** liike (eri merkityksissä) *did you notice the movement of the branches?* huomasitko oksien liikahta-

move on 1134

van? *a new political movement* uusi poliittinen liike **2** (kellon) koneisto **3** (mus) (sävellyksen) osa
move on v **1** lähestyä **2** jatkaa matkaa, ei pysähtyä
move out v muuttaa pois jostakin
move over v siirtyä, tehdä tilaa
mover s **1** muuttomies, (mon) muuttoliike **2** (kuv) isokenkäinen, (poliittinen) vaikuttaja, (politiikassa ja liikealalla) iso tekijä
movers and shakers s (ark mon) isokenkäiset
move up v yletä, edetä (esim uralla)
movie [muvi] s elokuva *want to go to the movies?* haluatko mennä elokuviin?
moviegoing ['muvi‚gouiŋ] s elokuvissa käynti adj elokuva- *the moviegoing public* elokuvayleisö, elokuvissa kävijät
movie house s elokuvateatteri
movieland ['muvi‚lænd] s **1** elokuva-ala, elokuvateollisuus **2** (Kalifornian) Hollywood
moviemaker ['muvi‚meɪkər] s elokuvien tekijä
movies-on-demand s tilauselokuvat
moving adj **1** liikkuva, liikuteltava **2** (kuv) liikuttava **3** liikkeellepaneva *the moving force behind this operation* tämän hankkeen käynnistäjä/alullepanija
mow [mou] v mowed, mowed/mown: leikata (nurmikko)
mow down v **1** teurastaa (ihmisiä) **2** piestä (vastustaja)
mower [mouər] s ruohonleikkuri, ruohonleikkuukone
Mozambique [‚mouzæm'biːk] Mosambik
MP *military police* sotapoliisi
M.P. *Member of Parliament* parlamenttiedustaja
MP3 player s mp3-soitin
MPB *missing persons bureau*
mpg *miles per gallon*
Mr. *mister* herra
Mr. Fixit [‚mɪstər'fɪksət] (ark) nikkaroija
Mrs. *mistress* rouva
Mrs. Santa joulumuori
MS *Mississippi*

Ms. *miss; mistress* käytetään sekä neidistä että rouvasta
M.S. *Master of Science* (luonnontieteissä) filosofian maisteri, FM (lähinnä)
M.Sc. *Master of Science* (luonnontieteissä) filosofian maisteri, FM (lähinnä)
MT *Montana*
MTBF *mean time between failures* keskimääräinen vikaväli
MTFBWU (tekstiviestissä, sähköpostissa) *may the Force be with you*
MTS [‚emti'es] *Multichannel TV Sound* moniääni(televisio)
much [mʌtʃ] s, adj, adv (more, most) paljon *too much* liikaa, liian paljon *how much* kuinka paljon *not much* vähän *it's much too complicated* se on aivan liian mutkikas *so much for that* se siitä *don't make too much of that* älä siitä välitä, älä pane sitä pahaksesi *thank you very much* kiitos paljon!
much as konj vaikka *much as I would like to come, I just can't* haluaisin kyllä kovasti tulla mutta en millään pääse
1 muck [mʌk] s **1** lanta **2** kura, lika
2 muck v **1** lannoittaa **2** sotkea, kurata
muckrake ['mʌk‚reɪk] v etsiä/pyrkiä paljastamaan rötöksiä
muckraker s rötöksiä paljasteleva lehtimies tms
mucky adj kurainen, likainen
mucous [mjukəs] adj limainen, lima-
mucous membrane s limakalvo
mucus [mjukəs] s lima
mud [mʌd] s loka (myös kuv), kura, rapa, muta
muddle [mʌdəl] v (kuv) sotkea, hämmentää
muddlehead s sekopää
muddleheaded ['mʌdəl‚hedəd] adj sekava, sekopäinen
muddle through v (yrittää) selvitä jotenkuten
muddy adj **1** kurainen, rapainen **2** samea, sumea **3** sekava, epäselvä; sekopäinen
mud flats s (mon) **1** mutaranta **2** (kuivuneen järven) mutapohja
mud guard s **1** roiskeläppä **2** lokasuoja

mudskipper [ˈmʌdˌskɪpər] s (kala) liejuryömijä
mudslinging [ˈmʌdˌslɪŋɪŋ] s (kuv) mustamaalaus, panettelu
mud-wrestling s mutapaini
muff [mʌf] s **1** käsipuuhka *earmuff* korvalappu **2** (sl) naisen häpykarvat, mirri
muff-burger s (alat) kunnilingus
muff-diver s (alat) kunnilinguksen harjoittaja
muffin [mʌffɪn] s muffini
muffle [mʌfəl] v vaimentaa (ääntä)
muffler [mʌflər] s **1** kaulaliina **2** (auton) äänenvaimennin
muffle up v kääriä lämpimiin vaatteisiin tms
mug [mʌg] s **1** muki, kuppi **2** (sl) pärstä, naama, naamataulu
mug shot s poliisikuva(sarja edestä, sivulta ja takaa)
mugwort [mʌgwɔrt] s pujo
Muhammad [məˈhaməd] s (profeetta) Muhammed
Muhammadan [məˈhamədən] s, adj islamilainen, muhamettilainen
mulberry [mʌlberi] s **1** silkkiäispuu, mulperipuu **2** silkkiäispuun/mulperipuun marja
mulberry silkmoth s silkkiperhonen
mule [mjʊəl] s **1** muuli **2** (ark) härkäpäinen ihminen, jukuripää
mule deer [ˈmjʊəlˌdɪər] s muulipeura
mulish [mjulɪʃ] adj härkäpäinen, jukuripäinen, omapäinen
mull [mʌl] v tehdä/laittaa glögiä
mullet [mʌlət] s **1** (kala) mullo **2** takatukka
mull over v (kuv) jauhaa, märehtiä, miettiä jotakin
multichannel [ˌməltiˈtʃænəl] adj monikanava- *a multichannel audio setup* monikanavaäänentoistolaitteisto
multicolor [ˌmʌltɪˈkʌlər] adj monivärinen
multifarious [ˌmʌltɪˈferiəs] adj moninainen, moni-ilmeinen, monipuolinen
multilateral [ˌmʌltəˈlætərəl] adj monenkeskinen
multilingual [ˌmʌltɪˈlɪŋgwəl] adj monikielinen

multimedia [ˌmʌltiˈmidiə, ˌmʌltaɪˈmidiə] s, adj multimedia, monimedia
multinational [ˌmʌltɪˈnæʃənəl] s monikansallinen yritys adj monikansallinen
multinorm [ˈmʌltɪˌnɔrm] adj moninormi- *multinorm television set* moninormitelevisio(vastaanotin)
multiple [mʌltɪpəl] s kerrannainen adj moninkertainen
multiple listing s asunnon tms tarjoaminen myyntiin useamman kuin yhden kiinteistönvälittäjän kautta
multiple sclerosis [skləˈroʊsɪs] s MS-tauti, multippeli skleroosi
multiplex [mʌltipleks] s elokuvateatterikeskus
multiplication [ˌmʌltəpliˈkeɪʃən] s **1** (mat) kertolasku **2** moninkertaistaminen, moninkertaistuminen, lisääminen, lisääntyminen (myös ihmisten, eläinten)
multiply [ˈmʌltɪˌplaɪ] v **1** (mat) kertoa **2** moninkertaistaa, moninkertaistua, lisätä, lisääntyä (myös ihmisistä, eläimistä)
multiprocessing s (tietok) moniajo
multiprogramming s (tietok) moniajo
multitude [ˈmʌltɪˌtud] s suuri joukko *the multitudes* kansa, suuri yleisö
multivolume [ˌmʌltɪˈvaljum] adj moniosainen
mum [mʌm] adj hiljainen, joka ei sano mitään
mumble [mʌmbəl] v mumista, mutista
mummify [ˈmʌməˌfaɪ] v **1** muumioida, palsamoida **2** muumioitua, muuttua muumioksi; kuihtua
mummy [mʌmi] s muumio
mummy bag s muumiomallinen makuupussi
mumps [mʌmps] s (verbi yksikössä) sikotauti
mum's the word fr älä hiisku tästä sanaakaan; hiljaisuus on valttia
munch [mʌntʃ] v rouskuttaa *he was munching on a Mars bar* hän mutusteli Mars-patukkaa
mundane [mʌnˈdeɪn] adj **1** maallinen **2** arkinen, tavallinen, tylsä, mielikuvitukseton
mundanely adv ks mundane

mundaneness s 1 maallisuus 2 arkisuus, arkipäiväisyys, mielikuvituksettomuus, tylsyys
mundanity [mʌnˈdænəti] s 1 maallisuus 2 arkisuus, arkipäiväisyys, mielikuvituksettomuus, tylsyys 3 arkiasia; latteus
Munich [mjunɪk] München
municipal [mjʊˈnɪsəpəl] adj kunnan, kaupungin, kunnanvaltuuston
municipal court s kunnanoikeus
municipality [mjʊˌnɪsəˈpæləti] s 1 (kaupunki)kunta 2 kunnanvaltuusto
munitions [mjʊˈnɪʃənz] s (mon) aseet ja ampumatarvikkeet
muntjac [mʌntdʒæk] s muntjakki *Indian muntjac* muntjakki *Reeve's muntjac* kiinanmuntjakki
mural [mjərəl] s seinämaalaus adj seinä-
1 murder [mərdər] s murha *to get away with murder* selvitä rangaistuksetta vaikka mistä, päästä aina pälkähästä *to scream bloody murder* huutaa kuin palosireeni; nostaa hirveä äläkkä/häly *the exam was murder* tentti oli tappava/hirvittävä
2 murder v murhata
murderer s murhaaja
murderess s (naispuolinen) murhaaja
murderous [mərdərəs] adj 1 murha- 2 murhanhimoinen, verenhimoinen 3 hirvittävä, tappava
murder will out fr salaisuus paljastuu aikanaan, mikään ei pysy salassa ikuisesti
murk [mərk] s pimeys, synkkyys
murkily adv 1 synkästi 2 hämärästi
murky adj 1 pimeä, synkkä (myös kuv) 2 epäselvä, epämääräinen, hämärä
1 murmur [mərmər] s 1 (puheen) mumina, supina 2 (veden, tuulen) suhina, kohina
2 murmur v 1 (ihmiset) mumista, supista, kuiskutella 2 (vesi, tuuli, puut) suhista, kohista, kahista
Murphy's law [ˈmərfizˌlɑ] Murphyn laki *everything that can go wrong, will* kaikki mikä voi mennä pieleen myös menee pieleen

1 muscle [mʌsəl] s 1 lihas *he didn't move a muscle to help us* hän ei liikauttanut eväänsäkään auttaakseen meitä 2 (kuv) voima, potku *there is no muscle in his speech* hänen puheestaan puuttuu tuli
2 muscle v ahtautua/tunkeutua jonnekin
muscle sense s lihasaisti
muscular [mʌskjələr] adj 1 lihas- *muscular strength* lihasvoima 2 lihaksikas
muscular dystrophy [dɪstrəfi] s lihasdystrofia, lihassurkastuma
museum [mjuˈziəm] s museo
1 mushroom [ˈmʌʃˌrum] s sieni
2 mushroom v 1 sienestää, kerätä sieniä 2 levitä/kasvaa nopeasti *video shops are mushrooming all over the country* eri puolille maata nousee videovuokraamoita kuin sieniä sateella
music [mjuzɪk] s 1 musiikki (myös kuv) 2 nuotit *to face the music* vastata seurauksista/teoistaan
musical [mjuzɪkəl] s musikaali adj 1 musiikki- *musical instruments* soittimet 2 (ihminen) musikaalinen 3 melodinen
musically [mjuzɪkli] adv 1 musiikillisesti 2 melodisesti
music box s soittorasia
musician [mjʊˈzɪʃən] s muusikko
musicological [ˌmjuzɪkəˈlɑdʒɪkəl] adj musiikkitieteen, musiikkitieteellinen
musicologist [ˌmjuzɪˈkɑlədʒɪst] s musiikkitieteilijä
musicology [ˌmjuzɪˈkɑlədʒi] s musiikkitiede
music stand s nuottiteline
music video [ˈmjuzɪkˌvɪdioʊ] s musiikkivideo
musk deer [mʌsk] s myskihirvi
musket [mʌskət] s musketti
musketeer [ˌmʌskəˈtiər] s muskettimies, muskettisoturi, musketööri
musk ox s myskihärkä
muskrat s piisami
musky rat kangaroo s myskikenguru
Muslim [mʌzləm] s, adj islamilainen, muslimi
muslin [mʌslən] s (kangas) musliini
mussel [mʌsəl] s simpukka

myself

1 must [mʌst] s pakko, välttämättömyys *in this job, typing skills are a must* tässä työssä on osattava kirjoittaa koneella
2 must apuv täytyä, (kielteisessä lauseessa) ei saada *he must eat* hänen täytyy syödä *he must not eat* hän ei saa syödä *you must visit us some day* sinun täytyy joskus tulla kylään *he must have seen you* hänen on täytynyt nähdä sinut, hän varmaankin näki sinut
mustache [mʌstæʃ] s viikset
mustached adj viiksekäs; jolla on viikset
mustang ['mʌsˌtæŋ] s mustangi, preeriahevonen
Mustang ['mʌsˌtæŋ] amerikkalainen automalli
mustard [mʌstərd] s sinappi
mustelids [mʌ'stelɪdz] s (mon) näätäeläimet
1 muster [mʌstər] s (sotilaiden, miehistön) nimenhuuto, tarkastus *to pass muster* täyttää vaatimukset, kelvata
2 muster v tarkastaa (joukot, miehistö), koota nimenhuutoon
muster in v ottaa armeijaan
muster out v vapauttaa armeijasta
muster up v koota, kerätä *he mustered up courage to ask for a raise* hän rohkaisi mielensä pyytääkseen palkankorotusta
mustiness s tunkkaisuus
mustn't must not
musty adj **1** homeinen, homehtunut; ummehtunut, tunkkainen **2** (kuv) homeinen, homehtunut, vanhentunut, aikansa elänyt
mutability [ˌmjutə'bɪləti] s **1** vaihtelevuus, vaihtelu **2** ailahtelu
mutable [mjutəbəl] adj **1** muuttuva, vaihteleva **2** oikukas
mutagen [mjutədʒən] s mutageeni, mutaation aiheuttaja
mutant [mjutənt] s mutantti adj mutaatio-
mutate ['mjuˌteɪt] v muuttaa, muuttua, aiheuttaa mutaatio
mutation [mju'teɪʃən] s **1** mutaatio **2** muutos
mute [mjut] s, adj mykkä v vaimentaa/hiljentää (ääntä), hillitä (väriä)

muted adj hiljainen, vaimea, hillitty
mute swan s kyhmyjoutsen
mutilate ['mjutəˌleɪt] v silpoa, typistää
mutilation [ˌmjutə'leɪʃən] s silpominen, typistäminen
mutineer [ˌmjutə'nɪər] s kapinallinen, kapinoitsija
mutinous [mjutənəs] adj kapinallinen
1 mutiny [mjutəni] s kapina
2 mutiny v kapinoida, nousta kapinaan
mutt [mʌt] s (sl) rakki, piski
1 mutter [mʌtər] s **1** mumina, mutina **2** mutina, valitus, napina, nurina
2 mutter v **1** mumista, mutista **2** mutista vastaan, valittaa, napista, nurista
mutton [mʌtən] s lampaanliha, lammas
mutual [mjutʃʊəl] adj **1** molemminpuolinen, keskinäinen **2** yhteinen *we have many mutual interests* meillä on paljon yhteisiä etuja
mutually adv ks mutual *the two things are mutually exclusive* nämä asiat sulkevat toisensa pois, nämä asiat eivät sovi yhteen
1 muzzle [mʌzəl] s **1** (eläimen) kuono **2** (koiran) kuonokoppa **3** suutin, suukappale, nokka, (aseen) suu
2 muzzle v **1** panna (koiralle) kuonokoppa **2** (kuv) vaientaa
my [maɪ] *pronominin* I *possessiivimuoto* minun, -ni *my wife* vaimoni
Myanmar ['mjanˌmaər] Myanmar (ent Burma)
MYOB (tekstiviestissä, sähköpostissa) *mind your own business*
myopia [maɪ'oʊpiə] s **1** likinäköisyys **2** (kuv) lyhytnäköisyys **3** (kuv) suvaitsemattomuus
myopic [maɪ'apɪk] adj **1** likinäköinen **2** (kuv) lyhytnäköinen **3** (kuv) suvaitsematon
myriad [mɪriəd] s suunnaton määrä adj lukematon
myrrh [mər] s mirha, mirhami
myself [maɪ'self] *pronominin* I *refleksiivinen ja korostettu muoto* minä, minä itse *I wanted to hang myself* mieleni teki hirttäytyä/hirttää itseni *I did it myself* tein sen itse/yksin *I am not myself today* en ole tänään oma itseni *we went both*

there, my wife and myself me menimme sinne kumpikin, vaimoni ja minä
mysterious [mɪsˈtɪriəs] adj arvoituksellinen, salaperäinen, salamyhkäinen
mysteriously adv arvoituksellisesti, salaperäisesti, salamyhkäisesti *mysteriously, she was not happy about it* jostakin ihmeen syystä se ei ollut hänelle mieleen
mystery [ˈmɪstəri] s **1** arvoitus, salaisuus **2** rikosromaani, rikoselokuva
mystery writer s rikoskirjailija
mystic [ˈmɪstɪk] s mystikko adj mystinen
mysticism [ˈmɪstəˌsɪzəm] s mystisismi
mystify [ˈmɪstəˌfaɪ] v hämmentää, tyrmistyttää, saattaa ymmälleen *I was mystified by her disappearance* hänen katoamisensa sai minut ymmälleni
mystique [mɪsˈtik] s (jotakuta tai jotakin ympäröivä) salaperäisyyden verho
myth [mɪθ] s **1** myytti, jumalaistaru **2** myytti, taru, (pelkkä) satu
mythical [ˈmɪθɪkəl] adj **1** tarunomainen, myyttinen **2** kuvitteellinen, keksitty, mielikuvitus-, sepitteinen
mythological [ˌmɪθəˈlɑdʒɪkəl] adj **1** mytologinen, mytologian **2** kuvitteellinen, keksitty, mielikuvitus-, sepitteinen
mythologist [mɪˈθɑlədʒɪst] s mytologi
mythology [mɪˈθɑlədʒi] s **1** mytologia, myytit, jumalaistarusto **2** mytologia, myyttien tutkimus

N,n

N, n [en] N, n
N/A *no account, not available* ei tiedossa *not applicable* (esim lomakkeessa) ei koske kyseistä asiaa
NAACP *National Association for the Advancement of Colored People*
nab [næb] v (ark) napata, ottaa kiinni
NAB *National Association of Broadcasters*
nada [nadə] s (ark) ei mitään
nadir [ˈneɪdər] s **1** (tähtitieteessä) nadiiri **2** aallonpohja (kuv)
1 nag [næg] s **1** kaakki, koni **2** nalkuttaja
2 nag v piinata, vaivata, kiusata, kalvaa, nalkuttaa
nag at v nalkuttaa jollekulle
nagger s nalkuttaja
1 nail [neɪəl] s **1** kynsi **2** naula *you hit the nail on the head* osuit naulan kantaan
2 nail v **1** naulata **2** (kuv) naulita **3** (ark, kuv) napata, ottaa/saada kiinni
nail-biting [ˈneɪəlˌbaɪtɪŋ] s **1** kynsien pureskelu **2** (ark, kuv) hermostuneisuus, jännitys, pelko adj (ark, kuv) hermostuttava, pelottava
nail down v (kuv) lyödä lukkoon
nailhead [ˈneɪəlˌhed] s naulan kanta
nail polish s kynsilakka
nail scissors s (mon) kynsisakset
naive [naɪˈiv] adj **1** naiivi, lapsellinen, hyväuskoinen, herkkäuskoinen **2** (taiteessa) naivistinen
naiveté [naɪˌivəˈteɪ] s naiivius, lapsellisuus, hyväuskoisuus, herkkäuskoisuus
naked [ˈneɪkəd] adj **1** alaston, paljas **2** (kuv) alaston, paljas, peittelemätön, kaunistelematon
naked eye *with the naked eye* paljaalla silmällä
nakedly adv ks naked
nakedness s alastomuus (myös kuv)
naked of adj -ton/-tön *trees naked of leaves* lehdettömät puut, alastomat puut
Nam [næm] s (ark) Vietnam *when he was in Nam* kun hän oli Vietnamissa/ Vietnamin sodassa
1 name [neɪm] s nimi (myös kuv:) maine, iso nimi *she made herself a name in retailing* hän ansioitui vähittäiskaupan alalla *he doesn't have a penny to his*

name hän on pennitön, hän on rutiköyhä *to call names* nimitellä, haukkua, sättiä
2 name v **1** nimetä, antaa nimi **2** nimittää, kutsua joksikin **3** mainita, ilmoittaa, sanoa *without naming any names* nimiä mainitsematta *you name it!* sano sinä! **4** nimittää tehtävään/virkaan
name-brand ['neɪmˌbrænd] adj merkkituote-, merkki-
name-calling ['neɪmˌkɑːlɪŋ] s nimittely, haukkuminen, sättiminen
name-dropper s suhteilla rehentelijä
name-dropping s suhteilla rehentely
nameless adj **1** nimetön, jolla ei ole nimeä **2** outo, tuntematon, nimetön **3** sanoinkuvaamaton
namelessly adv nimettömästi
namely [neɪmli] adv nimittäin, siis
name of the game fr (ark) pelin henki
namesake ['neɪmˌseɪk] s kaima
Nan Hai ['nanˈhaɪ] Etelä-Kiinan meri, Nan Hai
Nanjing [nanˈdʒɪŋ] Nanjing, Nanking (vanh)
nanny [næni] s (UK) lastenhoitaja
nanny goat s kuttu, naarasvuohi
nanometer [næˈnɑməɾər] s nanometri, metrin miljardisosa
nanosecond ['nænəˌsekənd] s nanosekunti, sekunnin miljardisosa
1 nap [næp] s nokoset, nokkaunet, torkut
2 nap v ottaa nokoset/nokkaunet, torkahtaa (lyhyesti)
napalm ['neɪˌpɑːlm] s napalm
nape of the neck [neɪp] s niska
napkin [næpkɪn] s lautasliina
Naples [neɪpəlz] Napoli
nappy [næpi] s (UK) vauvanvaippa
narcissism ['nɑrsəˌsɪzəm] s narsismi
narcissist ['nɑrsəˌsɪst] s narsisti
narcissus [nɑrˈsɪsəs] s (mon narcissuses, narcissi) narsissi
narcolepsy ['nɑrkəˌlepsi] s (lääk) pakkonukahtelu, narkolepsia
narcosis [nɑrˈkoʊsɪs] s narkoosi
narcotic [nɑrˈkɑtɪk] s, adj huume(-) (myös kuv)
narrate [næreɪt] v **1** kertoa, kuvata **2** lukea (selostus esim dokumenttiohjelmaan)

narration [næˈreɪʃən] s **1** kertomus, kuvaus **2** kerronta
narrative [nærətɪv] s **1** kertomus, kuvaus **2** kerronta adj kertova, kertomanarrative *skill* kertojan taito/taidot *narrative poem* kertomaruno *he's a writer of narrative* hän on kertomakirjailija
narratively adv ks narrative
narrator [næreɪtər] s **1** kertoja, kuvaaja, kuvailija **2** (esim dokumenttiohjelman selostuksen) lukija
1 narrow [næroʊ] s **1** kapeikko, ahdas kohta **2** (mon) salmi
2 narrow adj **1** kapea; ahdas **2** (kuv) ahdasmielinen, rajoittunut, kapea-alainen **3** (kuv) täpärä
3 narrow v kaventaa, kaventua
narrow down v rajoittaa, supistaa *the police have narrowed down the number of suspects to three* poliisi on supistanut epäiltyjen määrän kolmeen
narrow-minded [ˌneroʊˈmaɪndəd] adj ahdasmielinen, ennakkoluuloinen, suvaitsematon
narrow-mindedly adv ahdasmielisesti, ennakkoluuloisesti, suvaitsemattomasti
narrow-mindedness s ahdasmielisyys, ennakkoluuloisuus, suvaitsemattomuus
narwhal [narwal] s sarvivalas
NAS *National Academy of Sciences; naval air station*
NASA *National Aeronautics and Space Administration,* Yhdysvaltain avaruushallitus, NASA, Nasa
nasal [neɪzəl] s nasaaliäänne, nenä-äänne adj nenä-, nasaalinen *[m] and [n] are nasal sounds* [m] ja [n] ovat nasaaliäänteitä
NASCAR *National Association of Stock Cat Auto Racing*
nascent [næsənt neɪsənt] adj aluillaan oleva, nuori
Nashville [næʃvəl] kaupunki Tennesseessä
nastily adv **1** (ihmisestä) ilkeästi, keljusti, piikikkäästi **2** kurjasti, ikävästi, inhottavasti, (satuttaa itsensä) pahasti
nastiness s **1** ilkeys, halpamaisuus **2** vastenmielisyys, kurjuus

nasty [næsti] adj **1** (ihminen) ilkeä, kelju, piikikäs, paha **2** vastenmielinen, kurja, ikävä, inhottava, paha *nasty wound* paha haava
natal [neɪtəl] adj syntymä-, synnyin-, synnytys-
natality [neɪˈtæləti] s kansa(kunta)
nation [neɪʃən] s syntyvyys
national [næʃənəl] s kansalainen *are you a US national?* oletteko te Yhdysvaltain kansalainen? adj kansallinen, maan, koko maata koskeva, kansallis- *on a national level* koko maan tasolla, maanlaajuisesti
National Guard s kansalliskaarti
National Guardsman s (mon National Guardsmen) kansalliskaartin jäsen
national holiday s kansallinen juhlapäivä
national income s kansantulo
nationalism [ˈnæʃənəˌlɪzəm] s kansallismielisyys, kansalliskiihko, nationalismi
nationalist s kansallismielinen, kansalliskiihkoilija, nationalisti adj kansallismielinen, kansalliskiihkoinen, nationalistinen
nationality [ˌnæʃəˈnæləti] s (ihmisen, aluksen) kansalaisuus
nationalize [ˈnæʃənəˌlaɪz] v **1** kansallistaa **2** myöntää kansalaisuus jollekulle; ottaa asuinmaan kansalaisuus **3** levittää koko maan tietoisuuteen
national library s kansalliskirjasto
nationally adv kansallisesti, valtakunnallisesti, maanlaajuisesti, koko maassa
national monument s kansallinen muistomerkki
national park s kansallispuisto
National Socialism s kansallissosialismi
National Socialist s kansallissosialisti
nationhood [ˈneɪʃənˌhʊd] s kansallinen itsenäisyys
nation-state [ˈneɪʃənˌsteɪt] s kansallisvaltio
nationwide [ˌneɪʃənˈwaɪd] adj maanlaajuinen
native [neɪtɪv] s **1** alkuperäisasukas, paikallinen asukas **2** syntyperäinen asukas *she's a native of Miami* hän on kotoisin Miamista adj (kieli) äidin-, (maa) koti-, synnyin-, (asukas) alkuperäis-, (taito) synnynnäinen-, (tapa) paikallinen, (tuote) kotimainen
Native American s intiaani
native tongue s äidinkieli
nativity [nəˈtɪvəti] s **1** syntymä **2** *Nativity* Kristuksen syntymä **3** *Nativity* Kristuksen syntymän juhla, joulu **4** *Nativity* Kristuksen syntymää esittävä maalaus
natl. *national*
NATO *North Atlantic Treaty Organization* Pohjois-Atlantin puolustusliitto (sopimusjärjestö), NATO, Nato
natural [nætʃərəl] s **1** *he is a natural for this job* hän on omiaan tähän työhön, hänet on kuin luotu tähän työhön **2** (mus) valkoinen kosketin **3** (mus) palautusmerkki adj **1** luonnollinen, luonnon **2** luontainen, synnynnäinen **3** luonnollinen, aito *she is very natural* hän on aivan oma itsensä
natural history s luonnonhistoria
naturalism [nætʃərəlɪzəm] s (kirjallisuudessa, taiteessa) naturalismi
naturalist s **1** luonnontieteilijä, (erityisesti) eläintieteilijä, kasvitieteilijä **2** (kirjailija, taiteilija) naturalisti
naturalization [ˌnætʃrələˈzeɪʃən] s **1** kansalaisoikeuksien myöntäminen/saaminen **2** kotiuttaminen, omaksuminen, lainaaminen (ks *naturalize* 2)
naturalize [ˈnætʃrəˌlaɪz] v **1** myöntää/saada kansalaisoikeudet **2** kotiuttaa, omaksua toisesta kielestä/kulttuurista ja mukauttaa omaan kieleen/kulttuuriin, lainata
naturally [nætʃrəli] adv **1** luonnollisesti (ks *natural*) **2** luonnostaan, luontaisesti, synnynnäisesti **3** luonnollisesti, tietenkin
natural person s (laki) luonnollinen henkilö
natural resources s (mon) luonnonvarat
natural science s luonnontiede
natural selection s luonnonvalinta
nature [neɪtʃər] s **1** luonto *the wonders of nature* luonnonihmeet *the park is still*

nearly

in a state of nature puisto on edelleen luonnontilassa **2** (ihmisen) luonto; luonne, luonteenlaatu *are Finns stubborn by nature?* ovatko suomalaiset syntyjään/luonteeltaan jääräpäisiä? **3** luonne *this matter is totally different in nature* asia on luonteeltaan aivan toinen

naturist [neɪtʃərɪst] s **1** luonnonystävä **2** nudisti

naughtily adv tuhmasti, tottelemattomasti

naughtiness s tottelemattomuus, kurittomuus

naughty [nati] adj tuhma, tottelematon

Nauru [naˈuru]

Nauruan s, adj naurulainen

nausea [naziə] s kuvotus, pahoinvointi

nauseate [ˈnaziˌeɪt] v kuvottaa (myös kuv), saada voimaan pahoin (myös kuv)

nauseating adj (myös kuv) kuvottava, älöttävä, oksettava

nauseous [naziəs naʃəs] adj **1** pahoinvoiva **2** (myös kuv) kuvottava, älöttävä, oksettava

nautical [natɪkəl] adj merenkulku-, meri-

nautical mile s meripeninkulma *international nautical mile* kansainvälinen meripeninkulma (1852 m)

nautilus [natɪləs] s (eläin) helmivene

naval [neɪvəl] adj **1** sotalaivasto-, laivasto- *naval power* merivalta **2** laivasto-, laiva-

naval mine s merimiina

nave [neɪv] s (kirkon) keskilaiva

navel [neɪvəl] s napa

navel-gazing [ˈneɪvəlˌgeɪzɪŋ] s (kuv) omaan napaansa tuijottaminen

navigability [ˌnævɪɡəˈbɪləti] s (reitin, laivan) purjeduskelpoisuus, (laivan myös) merikelpoisuus

navigable [nævɪɡəbəl] adj (reitti, laiva) purjeduskelpoinen, (laiva myös) purjeduskuntoinen, merikelpoinen

navigate [ˈnævɪˌɡeɪt] v **1** suunnistaa, ohjata (laivaa, lentokonetta) **2** purjehtia, kulkea (laivalla, lentokoneella) **3** päästä kulkemaan jostakin *he tried to navigate through the crowd* hän yritti puikkelehtia väkijoukon lomitse

navigation [ˌnævɪˈɡeɪʃən] s **1** (matka) purjehdus; lento **2** purjehdustaito, suunnistustaito

navigator [ˈnævɪˌɡeɪtər] s **1** purjehtija **2** (laivan) suunnistaja, lentosuunnistaja

navy [neɪvi] s **1** sotalaivasto; merivoimat **2** laivastonsininen, tummansininen

navy blue s laivastonsininen, tummansininen

nay [neɪ] s ei, ei-ääni, kielteinen vastaus adv (ja) jopa

naysayer [ˈneɪˌseɪər] s pessimisti; vastarannan kiiski

Nazareth [næzərəθ] Nasaret

Nazi [natsi, nætsi] s natsi adj natsi-

N.B. *New Brunswick*

NBA *National Basketball Association; National Boxing Association*

NBC *National Broadcasting Company*, yksi Yhdysvaltain neljästä suuresta televisioverkosta

NBS *National Bureau of Standards*

NC *North Carolina* Pohjois-Carolina

NCO *noncommissioned officer* aliupseeri

ND *North Dakota* Pohjois-Dakota

NE 1 *Nebraska* **2** *New England* Uusi-Englanti **3** (tekstiviestissä, sähköpostissa) *any*

NE1 (tekstiviestissä, sähköpostissa) *anyone*

Neandert(h)al [niˈəndərˌtal] s **1** neandertalinihminen **2** (ark halv) luolaihminen, alkeellinen ihminen, moukka

1 near [nɪər] v lähestyä (myös kuv) *the project is nearing its end* hanke lähestyy loppuaan, hanke on loppumaisillaan

2 near adj, adv, prep **1** (ajasta ja tilasta) lähellä, lähelle *near the lake* järven lähellä *in the near future* lähitulevaisuudessa *come near* tule lähemmäksi! *Christmas is drawing near* joulu lähestyy, joulu on jo ovella **2** läheinen *she's a near friend* **3** täpärä *that was a near miss* se oli vähällä osua

nearby [nɪərbaɪ] adj lähellä oleva, läheinen, lähi-

nearly adv lähes, melkein *not nearly* ei sinne päinkään, ei lähimainkaan

nearness s läheisyys
neat [nit] adj **1** siisti **2** sievä, nätti (ark) **3** (sl) upea, hieno, mahtava
neatly adv **1** siististi **2** sievästi, nätisti (ark) **3** osuvasti, onnistuneesti
neatness s **1** siisteys **2** sievä ulkonäkö **3** osuvuus
Neb. *Nebraska*
Nebraska [nəˈbræskə]
nebulous [ˈnebjələs] adj (kuv) hämärä, sumea
necessarily [ˌnesəˈserəli] adv välttämättä *that's not necessarily true* se ei välttämättä pidä paikkaansa
necessary [ˈnesəˌseri] s: *the necessary* kaikki tarpeellinen adj **1** välttämätön, tarpeellinen **2** väistämätön
necessitate [nəˈsesəˌteɪt] v tehdä tarpeelliseksi, edellyttää
necessity [nəˈsesəti] s **1** välttämättömyys, tarpeellisuus *by/of necessity* (olosuhteiden) pakosta **2** pakottava tarve, pakko **3** köyhyys, puute
1 neck [nek] s **1** kaula (myös kuv) *to be up to your neck in something* olla uppoutunut johonkin korviaan myöten *to stick your neck out for someone* uskaltautua auttamaan jotakuta *the boss is again breathing down her neck* pomo hoputtaa häntä taas, pomo on taas hänen kimpussaan *after he blundered, Vernon got it in the neck* munauksen tehtyään Vernon sai kuulla kunniansa **2** kaulus
2 neck v kaulailla, halata jotakuta/toisiaan
neck and neck fr rinta rinnan, rinnakkain
necklace [ˈnekləs] s kaulaketju, kaulakoru
neck of the woods fr jollain alueella/ jossain kulmilla *in some neck of the woods* jossakin Jumalan selän takana, jossakin ihmeen kuusessa (alat) *in my neck of the woods* minun kotikulmillani
necktie [ˈnekˌtaɪ] s solmio
nectar [ˈnektər] s **1** nektari, jumalten juoma **2** mesi
nee [neɪ] adj entiseltä nimeltään, omaa sukua *Mrs. Fox, nee* (myös *née*) *Wolf*

1 need [nid] s **1** tarve *if need be* tarpeen tullen, tarvittaessa **2** hätä *a friend in need is a friend indeed* hädässä ystävä tutaan **3** puute, köyhyys
2 need v **1** tarvita *you need a better knife* sinä tarvitset paremman veitsen, sinun pitää saada parempi veitsi **2** pitää, tarvita *need I go on?* tarvitseeko minun vielä/enää jatkaa? *you need not go on* sinun ei tarvitse jatkaa **3** kaivata, tarvita, ansaita *this room needs cleaning* tämä huone pitäisi siivota
neediness s puute, köyhyys, varattomuus
1 needle [ˈnidəl] s neula *it's like looking for a needle in a haystack* on kuin etsisi neulaa heinäsuovasta
2 needle v **1** neuloa **2** (ark) piikitellä, kiusata **3** (ark) suostutella (joku tekemään jotakin)
needless adj tarpeeton *needless to say, you acted like a jerk* sanomattakin on selvää että sinä käyttäydyit todella törpösti
needlessly adj tarpeettomasti
needlework [ˈnidəlˌwərk] s käsityö
needy s: *the needy* köyhät, varattomat adj köyhä, varaton
negate [nəˈgeɪt] v **1** kieltää (väite) **2** tehdä tyhjäksi, kumota
negation [nəˈgeɪʃən] s **1** (väitteen ym) kielto, kieltäminen **2** vastakohta
negative [ˈnegətɪv] s **1** kielteinen vastaus *he answered in the negative* hän vastasi kieltävästi **2** (kieliopissa) kielteinen muoto **3** (valok) negatiivi **4** haitta, huono puoli, miinus adj kielteinen, negatiivinen
negatively adv kielteisesti
negativity [ˌnegəˈtɪvəti] s kielteisyys, kielteinen asenne
1 neglect [nɪˈglekt] s laiminlyönti
2 neglect v **1** lyödä laimin, laiminlyödä **2** ei välittää/piitata jostakusta/jostakin **3** unohtaa *she neglected to tell me when the meeting will be held* hän unohti kertoa milloin kokous pidetään
neglectful adj välinpitämätön, huolimaton *she has been neglectful of her duties* hän on lyönyt tehtävänsä laimin

nerve

negligee [ˈneɡləˌʒeɪ] s (yl läpikuultava) aamutakki
negligence [neɡlədʒəns] s **1** huolimattomuus, välinpitämättömyys **2** laiminlyönti
negligent [neɡlədʒənt] adj välinpitämätön, huolimaton
negligently adv välinpitämättömästi, huolimattomasti
negligible [neɡlədʒəbəl] adj mitätön, merkityksetön, vähäpätöinen
negotiable [nəˈɡoʊʃəbəl] adj **1** avoin, josta voidaan neuvotella **2** (tal) joka voidaan myydä/siirtää
negotiate [nəˈɡoʊʃiˌeɪt] v **1** neuvotella; saada aikaan neuvottelemalla, järjestää **2** selvitä/ajaa jostakin, kiertää, ylittää (este) *the terrain was hard to negotiate even with four-wheel drive* maastossa oli vaikea ajaa nelipyörävedosta huolimatta
negotiation [nəˌɡoʊʃiˈeɪʃən] s **1** neuvottelu *the negotiations are still under way* neuvottelut ovat edelleen käynnissä **2** (esteen) ylitys, kiertäminen, jostakin selviäminen/ajaminen
negotiator [nəˈɡoʊʃiˌeɪtər] s neuvottelija
Negro [niɡroʊ] s, adj (mon Negroes) musta(-), neekeri(-)
neighbor [neɪbər] s **1** naapuri **2** lähimmäinen *thy neighbor's wife* lähimmäisesi vaimo
neighborhood [ˈneɪbərˌhʊd] s **1** lähistö, lähiseutu, naapuristo **2** naapurit, naapuristo **3** (kuv) seutu *the building cost in the neighborhood of 100 million* rakennus maksoi satakunta miljoonaa dollaria
neighboring adj lähi-, lähiseudun-, naapuri-
neighborly adj ystävällinen; tuttavallinen
neither [niðər naɪðər] adj, adv, pron, konj ei kumpikaan, eikä: *neither you nor I* et sinä enkä minä *he does not want it and neither do I* hän ei halua sitä enkä halua minäkään *neither answer is correct* kumpikaan vastaus ei ole oikea
nemesis [neməsɪs] s (mon nemeses) (kuv) kohtalo, tuho, voittamaton este *the driving test proved to be her nemesis* insinööriajo koitui hänen kohtalokseen
neoclassic [ˌnioʊˈklæsɪk] adj uusklassinen
neoclassicism [ˌnioʊˈklæsəsɪzəm] s uusklassisismi
neocolonialism [ˌnioʊkəˈloʊniəlɪzəm] s uuskolonialismi
1 neocon [ˈnioʊˌkɑn] s (ark) uuskonservatiivi
2 neocon adj (ark) uuskonservatiivinen, uusvanhoillinen
1 neoconservative [ˌnioʊkənˈsərvətɪv] s uuskonservatiivi
2 neoconservative adj uuskonservatiivinen, uusvanhoillinen
neocortex [ˌnioʊˈkɔrteks] s aivokuori
neofascism [ˌnioʊˈfæʃɪzəm] s uusfasismi
Neolithic [ˌniəˈlɪθɪk] adj neoliittinen, uudemman kivikauden
neologism [nɪˈalədʒɪzəm] s uudissana, uudismuodoste
neologize [nɪˈalədʒaɪz] v muodostaa uusia sanoja
1 neon [nian] s **1** (kaasu) neon **2** neonvalo
2 neon adj **1** neon- *neon colours* neonvärit
neo-Nazi [ˌniəˈnatsi] s uusnatsi
neo-Nazism [ˌniəˈnatsiːzəm] s uusnatsismi
neon light s neonvalo
neophyte [ˈniəˌfaɪt] s (kuv) aloittelija, amatööri
neorealism [ˌnioʊˈriəlɪzəm] s uusrealismi
neoromanticism [ˌnioʊroʊˈmæntəˌsɪzəm] s uusromantiikka
Nepal [nəˈpɑl]
Nepalese [ˌnepəˈliz] s, adj nepalilainen
nephew [nefju] s veljenpoika, sisarenpoika
nepotism [ˈnepəˌtɪzəm] s (sukulaisten suosinta virantäytössä) nepotismi
Neptune [neptun] Neptunus
nerd [nərd] s (sl) nörtti *computer nerd* tietokonenörtti
1 nerve [nərv] s **1** hermo *sometimes you get on my nerves* joskus sinä käyt her-

nerve

moilleni **2** (mon) hermostuneisuus, hepulit, hermopaine **3** (kuv) rohkeus *he finally got up enough nerve to ask her out* lopulta hän rohkeni pyytää naista ulos *I did not have the nerve to fire her* en tohtinut/raskinut antaa hänelle potkuja **4** röyhkeys *he had the nerve to call me a liar* hänellä oli otsaa haukkua minua valehtelijaksi! *I did not have the nerve to give him the finger* en kehdannut näyttää hänelle keskisormea *of all the nerve!* ettäs kehtaat!, kaikkea sitä kuulee!
2 nerve v rohkaista (itseään), kannustaa (itseään), antaa/kerätä rohkeutta
nerveless adj **1** tyyni, rauhallinen **2** hervoton **3** vetämätön, voimaton, innoton
nerve-racking adj hermoja raastava, hermoille käyvä
nervosity [nərˈvasəti] s hermostuneisuus
nervous [nərvəs] adj **1** hermostunut **2** hermo-, hermojen, hermoston
nervous breakdown s hermoromahdus
nervously adv hermostuneesti
nervousness s hermostuneisuus
nervous system s hermosto
nervy adj **1** röyhkeä, hävytön **2** urhea, rohkea **3** hermostunut
NES *Nintendo Entertainment System*
1 nest [nest] s **1** linnunpesä *to leave the nest* (kuv) lähteä pesästä **2** sisäkkäin sopiva laatikkosarja/pöytäsarja ym *nest of tables* sarjapöytä
2 nest v **1** (lintu) pesiä **2** panna sisäkkäin
nest egg s pesämuna (myös kuv)
nesting table s sarjapöytä
nestle [nesəl] v käydä mukavaan asentoon jonnekin *their house is nestled among hills* heidän talonsa on kukkuloiden lomassa
nestling [nesliŋ] s **1** linnunpoikanen (joka ei vielä osaa lentää) **2** (kuv) pikkulapsi, lapsi
1 net [net] s **1** verkko (myös kuv) **2** *the nets* (myös) Yhdysvaltain suurista valtakunnallisista televisioyhtiöistä (networks) **3** (tietok) verkko, erit Internet

2 net v **1** peittää/suojata verkolla **2** kalastaa verkolla, saada verkkoon (myös kuv) **3** (urh) lyödä pallo verkkoon **4** ansaita/tuottaa nettona, voittaa, netota (ark)
3 net adj netto- *net price* nettohinta *net result* lopputulos
Neth. *Netherlands* Alankomaat
Netherlander s alankomaalainen
Netherlandian adj alankomaalainen
Netherlands [neðərləndz] (mon) Alankomaat
Netherlands Antilles [ˌneðərləndzænˈtıliz] (mon) Alankomaiden Antillit
NETHNG (tekstiviestissä, sähköpostissa) *anything*
netiquette [netıkət] s käyttäytymissäännöt internetissä, netiketti
netizen [netəzən] s verkonkäyttäjä, Internet-käyttäjä
net national product s nettokansantuote
net radio s nettiradio
net score s (golf) nettotulos, lyöntien kokonaismäärä josta on vähennetty pelaajan tasoitus
1 nettle [netəl] s nokkonen
2 nettle v (kuv) kismittää, harmittaa, ärsyttää, (pilkka) sattua
nettlesome adj **1** kiusallinen, harmillinen, ärsyttävä **2** ärtyisä, kiukkuinen
1 network [ˈnetˌwərk] s **1** verkosto **2** (Yhdysvaltain maanlaajuinen) radioverkko, televisioverkko (ABC, NBC, CBS, Fox, WB) **3** tietokoneverkko (LAN, WAN)
2 network v verkottaa
network connection verkkoyhteys
networking s (samankaltaisessa asemassa olevien ihmisten keskeinen) tukijärjestelmä
network management verkon hallinta
network service verkkopalvelu
neural [nərəl] adj hermo-, hermoston
neuralgia [nəˈraldʒə] s (lääk) hermosärky, neuralgia
neural network s neuroverkko
neurasthenia [ˌnərəsˈθinjə] s heikkohermoisuus, neurastenia

neurologist [nəˈralədʒɪst] s neurologi, hermolääkäri
neurology [nəˈralədʒi] s neurologia, hermotautioppi
neuron [nəran] s hermosolu, neuroni
neuropsychiatry [ˌnərousaɪˈkaɪətri] s neuropsykiatria, hermo- ja mielitautioppi
neurosis [nəˈrousɪs] s (mon neuroses) neuroosi
neurosurgeon [ˈnərouˌsɜrdʒən] s hermokirurgi *Hank is no neurosurgeon* Hank ei ole mikään ruudinkeksijä/Einstein
neurosurgery [ˌnərouˈsɜrdʒəri] s hermokirurgia
neurotic [nəˈratɪk] s neurootikko adj neuroottinen
1 neuter [nutər] s (kieliopissa) neutri
2 neuter v steriloida
3 neuter adj (kieliopissa) neutri-, suvuton **2** (biol) suvuton
neutering s kastrointi
neutral [nutrəl] s **1** puolueeton henkilö/maa **2** (autossa ym) vapaa (vaihde) adj **1** puolueeton **2** mitäänsanomaton, väritön **3** (biol) suvuton
neutralism [ˈnutrəˌlɪzəm] s puolueettomuus
neutralization [ˌnutrəlɪˈzeɪʃən] s **1** puolueettomaksi tekeminen **2** kumoaminen **3** (sot) vaientaminen, tuhoaminen **4** (kem) neutralointi, neutraloituminen
neutralize [ˈnutrəˌlaɪz] v **1** tehdä puolueettomaksi **2** kumota, tehdä tyhjäksi **3** (sot) vaientaa, hävittää, tuhota **4** (kem) neutraloida, neutraloitua
neutral zone s (jääkiekossa) puolueeton alue
neutron [nutran] s neutroni
neutron bomb s neutronipommi
neutron star s neutronitähti
Nev. *Nevada*
Nevada [nəˈvædə]
never [nevər] adv **1** ei koskaan *he never goes to church* hän ei käy koskaan/milloinkaan kirkossa *never say never* vannomatta paras **2** voimistavana sanana: *never mind* ei se mitään!, vähät siitä! *Pamela never said a word about it to anyone* Pamela ei kertonut/maininnut siitä kenellekään
never in the world fr ei ikinä/kuuna päivänä
Neverland [ˈnevərˌlænd] (Peter Panin) Mikä-Mikä-Maa
nevermore [ˌnevərˈmɔr] adv ei enää koskaan
never-never land [ˌnevərˈnevərˌlænd] s **1** haavemaailma, mielikuvitusmaailma **2** syrjäseutu
nevertheless [ˌnevərðəˈles] adv silti, siitä huolimatta, kuitenkin
new [nu] adj uusi *she is new to the job* hän ei vielä osaa työtä, työ on hänelle vielä uutta adv (yhdyssanoissa) vasta- *new-mown grass* vastaleikattu ruoho
new age [ˈnuˌeɪdʒ] s kokonaisvaltaista, länsimaista arvomaailmaa vieroksuvaa elämänfilosofiaa tarkoittava sateenvarjokäsite, new age
Newark [nuwərk] s kaupunki New Jerseyssä
new ball game fr *it's a whole new ball game* tilanne on tyystin erilainen, kuviot ovat kokonaan uudet
newbie s tulokas (henkilöstä, joka on aloitteleva tietokoneen käyttäjä)
newborn [ˈnuˌbɔrn] s vastasyntynyt adj **1** vastasyntynyt **2** uudesti syntynyt *new-born faith* uusi usko
New Brunswick [ˌnuˈbrʌnzˌwɪk]
Newcastle *to carry coals to Newcastle* (kuva) mennä merta edemmäs kalaan
Newcastle-upon-Tyne [ˈnukæsələˌpanˌtaɪn] kaupunki Englannissa, Australiassa ja Kanadassa
newcomer [ˈnuˌkʌmər] s uusi tulokas
new covenant s (kristinuskossa) uusi liitto
New Criticism s (kirjallisuustieteessä) uuskritiikki
New Deal s Yhdysvaltain presidentin Franklin D. Rooseveltin 1930-luvun lamakaudella käynnistämä taloudellinen ja yhteiskunnallinen elvytysohjelma, New Deal
New England s Uusi-Englanti
New Englander s Uuden-Englannin asukas

New English s nykyenglanti (noin 1475 alkaen)
newfangled [ˌnuˈfæŋgəld] adj uudenaikainen, uudenlainen *newfangled optimism* uusi optimismi
Newfoundland [nufəndlənd]
New Hampshire [ˌnuˈhæmpʃər]
newish adj uudehko
New Jersey [ˌnuˈdʒərzi]
newly adv 1 vastikään, äskettäin 2 uudestaan, uudelleen
newlywed [ˈnuliˌwed] s vastanainut, vastavihitty
new math s uusi matematiikka
New Mexico [ˌnuˈmeksɪˌkou]
new moon s uusi kuu
newness s uutuus
New Orleans [nuˈwɔrlənz]
news [nuz] s (verbi yl yksikössä) 1 uutinen, uutiset *a piece of news* uutinen *we still have no news of Paul* emme ole vieläkään kuulleet Paulista mitään *I have some good news* minulla on hyviä uutisia *that's news to me* sitä en ole kuullutkaan, se on minulle uutta 2 uutislähetys, uutiset
news agency s 1 uutistoimisto 2 sanomalehtikioski, sanomalehtimyymälä
newsagent s (UK) lehtikioski
newsbreak [ˈnuzˌbreɪk] s (radio, televisio) lyhyt uutislähetys
newsgroup s (tietok) keskusteluryhmä
newsmagazine [ˈnuzˌmægəˌzin] s (yl viikoittain ilmestyvä) uutislehti
New South Wales Uusi Etelä-Wales (Australiassa)
newspaper [ˈnuzˌpeɪpər] s sanomalehti
newspaperman [ˈnuzˌpeɪpərmən] s (mon newspapermen) (sanoma)lehtimies, toimittaja; julkaisija
newspaperwoman [ˈnuzˌpeɪpərˌwʊmən] s (mon newspaperwomen) (sanoma)lehtinainen, toimittaja; julkaisija
newsperson [ˈnuzˌpərsən] s journalisti, toimittaja
news service s uutistoimisto
newsstand [ˈnuzˌstænd] s lehtikioski
newsweekly [ˈnuzˌwikli] s (viikoittain ilmestyvä) uutislehti

newsworthiness s uutisarvo
newsworthy [ˈnuzˌwərði] adj uutisarvoinen
newt [nut] s vesilisko
New Testament [nuˈtestəmənt] s Uusi testamentti
new wave [ˌnuˈweɪv] s (elokuvataiteessa, rockmusiikissa) uusi aalto, punkista kehittynyt popmusiikin uusi aalto
New Year [nuˈjɪər] s uudenvuodenpäivä
New Year's Day s uudenvuodenpäivä
New Year's Eve s uudenvuodenaatto
New York [nuˈjɔrk]
New York City [ˌnujɔrkˈsɪti]
New Yorker [nuˈjɔrkər] s New Yorkin asukas, newyorkilainen
New Zealand [ˌnuˈzilənd] Uusi-Seelanti
New Zealander s uusiseelantilainen
next [nekst] s seuraava *who's next?* kuka on seuraava(na vuorossa)? adj seuraava, lähin, viereinen *we went there the next day* menimme sinne seuraavana päivänä adv seuraavaksi, seuraavan kerran *what should we do next?* mitä meidän pitäisi tehdä seuraavaksi?
next-door adj naapuri- *we are next-door neighbors* olemme naapureita adv ks next door
next door [neksˈdɔr] adv naapurissa, naapuritalossa *he went next door* hän meni käymään naapurissa
next door to fr 1 jonkun naapurissa *we live next door to the Shatners* olemme Shatnereiden naapureita 2 partaalla, lähellä *Sally is next door to craziness* Sally on vähällä tulla hulluksi
next of kin s lähin omainen
next to adv 1 vieressä, rinnalla 2 lähes, miltei 3 johonkin verrattuna, jonkin rinnalla
NFL *National Football League*
NH *New Hampshire*
NHL *National Hockey League*
NHRA *National Hot Rod Association*
NHTSA *National Highway Traffic Safety Administration*
N.I. *Northern Ireland* Pohjois-Irlanti
Niagara Falls [naɪˌægrəˈfalz] s (mon) Niagaran putoukset
nib [nɪb] s 1 kynän terä 2 terä, kärki

1 nibble [nɪbəl] s **1** muru, palanen **2** (kalan) näykkäisy, nykäisy (ongesta)
2 nibble v **1** nakertaa; mutustaa, pupeltaa **2** (kala) näykkiä, nykäistä (onkea)
nibble at v **1** näykkiä, syödä ilman ruokahalua **2** (kuv) nakertaa, syödä vähitellen
nibble away at v (kuv) nakertaa, syödä vähitellen
Nibs [nɪbz] (Peter Panissa) Piikki
Nicaragua [ˌnɪkəˈragwə]
Nicaraguan s, adj nicaragualainen
nice [naɪs] adj **1** mukava, miellyttävä, ystävällinen, kiva, hauska *try to be nice to her* yritä kohdella häntä ystävällisesti *it was nice to see you* oli mukava/kiva (ark) tavata *have a nice day* hyvää päivän jatkoa! **2** taitava, osaava **3** kunnollinen, kunnon *he has nice manners* hänellä on hyvät tavat *she's a nice girl* hän on kunnon tyttö **4** siisti, tarkka **5** nirso, pikkutarkka, vaativa **6** (ero) vähäinen, hieno
nice and adv mukavan, tarpeeksi, riittävän *it's a nice and quiet neighborhood* seutu on mukavan hiljainen
nicely adv **1** mukavasti, miellyttävästi *everything went nicely* kaikki sujui hyvin *the suitcase fits nicely under the seat* matkalaukku sopii kätevästi istuimen alle **2** tarkasti, huolellisesti
niceness s **1** miellyttävyys, ystävällisyys **2** kunnollisuus **3** taitavuus, osaavuus **4** nirsoilu, pikkutarkkuus
nicety [naɪsəti] s hienous, pikkuseikka, yksityiskohta *the niceties of life* elämän mukavuudet
niche [nɪtʃ] s **1** syvennys, nissi **2** (kuv) paikka *market niche* markkinarako
1 nick [nɪk] s **1** lovi, ura **2** lohkeama, särö, murtuma **3** viilto, haava **4** *in the nick of time* viime tingassa, viime hetkellä
2 nick v **1** loveta, kaivertaa ura johonkin **2** satuttaa; kolhia **3** viiltää pieni haava
nickel [nɪkəl] s **1** nikkeli **2** viiden centin kolikko
nickel-and-dime [ˌnɪkələnˈdaɪm] adj pikku-, mitätön, vähäpätöinen *nickle-and-dime store* pikkukauppa *he's done some nickle-and-dime business lately* hän on käynyt viime aikoina vähän nappikauppaa (kuv)
1 nickname [ˈnɪkˌneɪm] s lempinimi; haukkumanimi
2 nickname v antaa lempinimeksi/haukkumanimeksi, sanoa/kutsua/haukkua joksikin
Nicosia [ˌnɪkəˈsiə] Nikosia
nicotine [ˈnɪkəˌtin] s nikotiini
nicotinism [ˈnɪkətɪˌnɪzəm] s nikotiinimyrkytys
niece [nis] s veljentytär, sisarentytär
Niger [naɪdʒər]
Nigeria [naɪˈdʒɪriə]
Nigerian s, adj nigerialainen
night [naɪt] s yö (myös kuv); ilta (myös kuv) *last night* viime yönä; eilen illalla *late last night* myöhään eilen illalla *Monday night* maanantai-iltana
night and day adv yötä päivää, lakkaamatta, jatkuvasti
nightcap [ˈnaɪtˌkæp] s yömyssy (myös ryypystä)
nightclothes [ˈnaɪtˌkloʊðz] s (mon) yövaatteet
nightclub [ˈnaɪtˌklʌb] s yökerho
nightfall [ˈnaɪtˌfɔːl] s iltahämärä
nightgown [ˈnaɪtˌɡaʊn] s (naisten, lasten) yöpaita
nighthawk [ˈnaɪtˌhɔːk] s **1** (lintu) haukkakehrääjä **2** (ark, kuv) yökyöpeli
nightingale [ˈnaɪtənˌɡeɪəl] s satakieli
nightjar [ˈnaɪtˌdʒɑr] s (lintu) kehrääjä
night-light [ˈnaɪtˌlaɪt] s yölamppu, yövalo
nightly adj jokaöinen, jokailtainen adv joka yö, joka ilta
nightmare [ˈnaɪtˌmɛər] s painajaisuni, painajainen (myös kuv)
nightmarish adj painajaismainen
night owl s (ark, kuv) yökyöpeli
night person s iltaihminen
night school s iltakoulu
night shift s yövuoro
night stand s yöpöytä
night table s yöpöytä
nighttime [ˈnaɪtˌtaɪm] s, adj yö(-)
nightwalker [ˈnaɪtˌwɔːkər] s (prostituoitu) yöperhonen
night watch s yövartio

night watchman s (mon night watchmen) yövartija
nil [nɪl] s nolla adj olematon
Nile [naɪəl] Niili
nilgai s nilgau, siniantilooppi
nimble [ˈnɪmbəl] adj **1** notkea, nokkela, ketterä, norja, vetreä **2** (henkisesti) nokkela, vetreä, älykäs, valpas
nimbly adv ks nimble
nimbus [ˈnɪmbəs] s (mon nimbi, nimbuses) (kuv) sädekehä
nine [naɪn] s, adj yhdeksän
nineteen [naɪnˈtin] s, adj yhdeksäntoista
nineteenth [naɪnˈtinθ] s, adj yhdeksästoista
ninetieth [ˈnaɪntiəθ] s, adj yhdeksäskymmenes
nine-to-five [ˌnaɪntəˈfaɪv] adj päivä-; toimisto-, konttori- *she has a nine-to-five job* hän käy päivätyössä, hän tekee toimistotyötä
nine-to-fiver s tavallinen palkkatyöläinen, (yl) toimistotyöntekijä, konttorityöntekijä, (halv) konttorirotta
ninety [ˈnaɪnti] s, adj yhdeksänkymmentä
ninth [naɪnθ] s, adj yhdeksäs
NIOSH *National Institute of Occupational Safety and Health*
1 nip [nɪp] s **1** nipistys; puraisu, näykkäisy *there's a nip in the air today* ilma on tänään purevan kylmä **2** (kuv) piikikäs/pureva huomautus, piikki **3** palanen, murunen, suupala **4** naukku, pikkuryyppy
2 nip v nipistää; näykkäistä, puraista
nip in the bud fr lopettaa/tyrehdyttää heti alkuunsa
nip off v katkaista, irrottaa
nipple [ˈnɪpəl] s **1** nänni **2** (pullon tai irrallinen) tutti
nippy [ˈnɪpi] adj **1** purevan viileä/kylmä **2** (maku) terävä, voimakas
nirvana [nərˈvænə nərˈvɑnə] s (kuv) nirvana, autuus
nitpick [ˈnɪtpɪk] v saivarella, nirsoilla, olla turhan tarkka; olla pikkumainen
nitpicker s saivartelija, pedantti
nitpicking s saivartelu
nitrogen [ˈnaɪtrədʒən] s typpi

nitroglycerin [ˌnaɪtroʊˈglɪsərən] s nitroglyseroli, nitroglyseriini
nitwit [ˈnɪtwɪt] s typerys, idiootti, pölkkypää
NJ *New Jersey*
NM *New Mexico*
NMOS *N-channel metal oxide semiconductor*
NMR *nuclear magnetic resonance* ydinmagneettinen resonanssi
NNE *north-northeast*
NNW *north-northwest*
no [noʊ] s **1** kielteinen vastaus *and I won't take no for an answer* äläkä yritäkään panna vastaan; sinun on pakko suostua **2** ei-ääni adj ei mikään, ei kukaan *no man has ever done that before* kukaan ei ole vielä tehnyt sitä *there is no telling if she'll come* on mahdotonta tietää tuleeko hän *Gary is no brain surgeon* Gary ei ole mikään ruudinkeksijä/ Einstein *it's no use trying to open it* sitä on turha yrittää avata, sitä ei kannata avata *no loitering* asiaton oleskelu kielletty *by no means* ei suinkaan adv ei *I said no to their offer* en hyväksynyt heidän tarjoustaan *no more* ei enää *this one's no better than the other* tämä ei ole sen parempi kuin tuo toinen
no. *north; number*
Noah [noə] s Nooa
Noah's Ark s Nooan arkki
Nobelist [noʊˈbelɪst] s nobelisti
Nobel Prize [noʊˌbelˈpraɪz] s Nobelin palkinto
nobility [noʊˈbɪləti] s **1** aateli, aatelisto **2** aateluus **3** jalous
noble [ˈnoʊbəl] adj **1** aatelinen **2** jalo, ylevä **3** vaikuttava, komea, ylevä
nobleman s aatelinen, aatelismies
noble-minded adj jalo, jalomielinen, ylevä
nobly adv **1** ylhäisesti *nobly born* ylhäissyntyinen **2** ylevästi, jalosti **3** rohkeasti, urheasti **4** komeasti
nobody [ˈnoʊbʌdi ˈnoʊbədi] s mitätön/ tuntematon henkilö *he is a nobody in artistic circles* hän ei ole minkäänlainen nimi taiteilijapiireissä pron ei kukaan *nobody cares about it* kukaan ei välitä

siitä *nobody else cares about it* kukaan muu ei välitä siitä *nobody else but you* vain sinä, ei kukaan muu kuin sinä

nobody's fool *to be nobody's fool* ei olla kenenkään narrattavissa; osata pitää puolensa

nocturnal [nakˈtərnəl] adj yöllinen, öinen, yö- *nocturnal animals* yöeläimet *nocturnal visit* yöllinen/öinen retki/käynti

1 nod [nad] s nyökkäys *he gave me a nod* hän nyökkäsi minulle *the board gave us a nod* (kuv) johtokunta näytti meille vihreää valoa

2 nod v nyökätä (päätään); (pää) nuokkua

nodding acquaintance s **1** *to have (only) a nodding acquaintance with something* osata jotakin vain jotenkuten/huonosti **2** etäinen tuttu; joku jonka joku tuntee näöltä

nod off v nukahtaa, torkahtaa (istualleen)

no-fault divorce s (avioerosta) sopuero

no great shakes *to be no great shakes* jossakin ei ole kehumista/hurraamista

no-iron [noʊˈaɪərn] adj (vaate) siliävä, jota ei tarvitse silittää

noise [nɔɪz] s **1** melu, meteli, hälinä **2** ääni **3** (äänentoistossa) kohina

noiseless adj äänetön, hiljainen

noiselessly adv äänettömästi, hiljaa

noisily adv meluisasti, äänekkäästi, kovaäänisesti

noisome [nɔɪsəm] adj **1** (haju) löyhkäävä, kuvottava **2** myrkyllinen, vahingollinen

noisy adj meluisa, äänekäs, kovaääninen

nomad [noʊmæd] s **1** paimentolainen **2** maankiertäjä, irtolainen

nomadic [noʊˈmædɪk] adj **1** paimentolais- **2** irtolais-

no man's land [ˈnoʊmænzˌlænd] s ei kenenkään maa

nominal [namənəl] adj nimellinen *a nominal sum of money* nimellinen rahasumma *nominal value* nimellisarvo *the nominal ruler of the country* maan nimellinen/näennäinen hallitsija

nominal amount s (tal) nimellisarvo

nominally adv nimellisesti

nominate [ˈnaməˌneɪt] v **1** nimittää (virkaan tms) **2** nimetä virkaan tms, ehdottaa nimitettäväksi

nomination [ˌnaməˈneɪʃən] s nimitys, virkanimitys, nimittäminen

nominative [namɪnətɪv] s (kieliopissa) nominatiivi

nominee [ˌnaməˈni] s ehdokas

nonagenarian [ˌnanədʒəˈneriən] s, adj 90—99-vuotias

nonaggression [ˌnanəˈgreʃən] s hyökkäämättömyys *nonaggression pact* hyökkäämättömyyssopimus

nonaligned [ˌnanəˈlaɪnd] s, adj (ihminen, maa) sitoutumaton

nonalignment [ˌnanəˈlaɪnmənt] s sitoutumattomuus

nonbeliever [ˌnanbəˈlivər] s ei-uskovainen, epäuskoinen, epäilijä; joka ei usko johonkin (Jumalaan, ajatukseen ym)

nonce [nans] *for the nonce* tilapäisesti, toistaiseksi

nonce word s tilapäissana

nonchalance [ˌnantʃəˈlans] s välinpitämättömyys, viileys, tyyneys

nonchalant [ˌnantʃəˈlant] adj välinpitämätön, viileä, tyyni

non-Christian [nanˈkrɪstʃən] s ei-kristitty adj ei-kristillinen

noncommissioned officer [ˌnankəˈmɪʃənd] s (sot) aliupseeri

noncommittal [ˌnankəˈmɪtəl] adj epämääräinen, välttelevä, varovainen

non-Communist [nanˈkamjənɪst] s ei-kommunisti adj ei-kommunistinen

noncompliance [ˌnankəmˈplaɪəns] s sopimuksen rikkominen, säännöistä poikkeaminen

noncompliant adj sopimusta rikkova, säännöistä poikkeava

non compos mentis [nanˌkampəsˈmentɪs] adj, adv (lak) syyntakeeton, syyntakeettomasti

nonconformist [ˌnankənˈfɔrmɪst] s **1** (kirkkohistoriassa) nonkonformisti **2** (yl) toisinajattelija, nonkonformisti

nonconformity [ˌnankənˈfɔrməti] s **1** tavoista, säännöistä tms poikkeaminen **2** poikkeama

nondegradable [ˌnandə'greɪdəbəl] s (luonnossa) hajoamaton jäte/aine adj hajoamaton

nondescript [ˌnandəs'krɪpt] adj huomaamaton, vähäpätöinen, tavallinen, (väri, maku) epämääräinen

nondrinker [nan'drɪŋkər] s raitis ihminen

none [nʌn] pron ei kukaan, ei yksikään, ei mikään *none of us wants to eat now* kukaan meistä ei halua syödä nyt *do you have any ideas? – none* onko sinulla ehdotuksia? – ei (yhtään) *it's none of you business* se ei kuulu sinulle adv ei yhtään *he arrived none too soon* hän ei saapunut yhtään liian aikaisin, hän saapui viime tingassa

nonentity [nan'entəti] s tuntematon suure: *that writer is a nonentity on the West Coast* kirjailija on länsirannikolla täysin/lähes tuntematon

nonesuch ['nʌnˌsʌtʃ] s verraton (ihminen, esine); joka on vertaansa vailla

nonetheless [ˌnʌnðə'les] adv silti, siitä huolimatta, kuitenkin

non-Euclidean [ˌnanju'klɪdiən] adj epäeuklidinen

nonfat ['nanˌfæt] adj rasvaton

nonfiction [nan'fɪkʃən] s tietokirjallisuus, ei-sepitteinen kirjallisuus

nonfictional [nanfɪkʃənəl] adj asiakirjallisuuden, asia-, ei-sepitteinen

nongrammatical [ˌnangrə'mætɪkəl] adj epäkieliopillinen

nonhero [nan'hɪroʊ] s antisankari

nonhuman [nan'hjumən] adj **1** ei-inhimillinen **2** tunteeton, kylmä, epäinhimillinen

nonjudgmental [ˌnandʒʌdʒ'mentəl] adj ei tuomitseva, suvaitsevainen

no-no [noʊnoʊ] s (ark) kielletty asia

no-nonsense [noʊ'nansens] adj suorapuheinen, rehellinen, asiallinen

nonpartisan [nan'partɪsən] adj **1** puolueeton **2** puolueisiin kuulumaton, sitoutumaton

nonpayment [nan'peɪmənt] s laskun maksamatta jättäminen

non-PC [ˌnanˌpi'si] adj ajan henkeen sopimaton, loukkaava

nonperishable [nan'perɪʃəbəl] adj (ruoka) pilaantumaton

nonplus [nan'plʌs] v ällistyttää, tyrmistyttää

nonprofit [nan'prafɪt] adj ei-kaupallinen, (joskus:) hyväntekeväisyys-

nonrecurring [ˌnanrɪ'kəriŋ] adj (menoerä) kertaluontoinen, ei uusiutuva

nonresident [nan'rezɪdənt] s vieraspaikkakuntalainen, ulkopaikkakuntalainen, ei vakinainen asukas adj vieraspaikkakuntalainen, ulkopaikkakuntalainen

nonsense ['nanˌsens] s **1** hölynpöly, roskapuhe **2** tyhjänpäiväisyydet, älyttömyydet **3** hävyttömyys **4** älyttömyys

nonsensical [nan'sensɪkəl] adj älytön, järjetön, tyhjänpäiväinen

nonsensically adv järjettömästi, älyttömästi, vailla mitään järkeä

non sequitur [nan'sekwɪtər] s epälooginen päätelmä; asiasta poikkeava huomautus

nonsexist [nan'seksɪst] adj sukupuolisesti tasa-arvoinen; joka ei syrji naisia; joka ei pidä yllä sukupuolten eriarvoisuutta

non-smoking [nan'smoʊkɪŋ] adj savuton *a non-smoking restaurant* savuton ravintola

nonstandard [nan'stændərd] adj yleiskielestä/kirjakielestä poikkeava

nonstop [nan'stap] s välilaskuton lento adj **1** (lento) välilaskuton, (linja-autovuoro) pika- **2** yhtäjaksoinen, jatkuva adv **1** (lentää) välilaskutta, (ajaa) pysähtymättä **2** yhtäjaksoisesti, tauotta, jatkuvasti

nonunion [ˌnan'junjən] adj (työntekijä) järjestäytymätön, (yritys) jonka työntekijät eivät ole järjestäytyneet

nonunion shop s yritys jonka työntekijät eivät ole järjestäytyneet (ammatillisesti)

nonuser [nan'juzər] s raitis ihminen; joku joka ei käytä huumeita

nonwhite [nanˌwaɪt] s, adj ei-valkoihoinen

nonworking [nan'wərkiŋ] adj **1** joka ei käy työssä (kodin ulkopuolella) *nonworking mothers* kotiäidit **2** vapaa-ajan

noodle [nudəl] s nauhamakaroni
nook [nʊk] s nurkka *we searched every nook and corner* me etsimme joka paikasta, pengoimme joka nurkan
nookie [nʊki] (ark) *get some nookie* saada, päästä (naisen kanssa) yhdyntään
noon [nun] s keskipäivä, kello kaksitoista
noonday ['nun,deɪ] s keskipäivä adj keskipäivän
no one ['noʊ,wʌn] pron ei kukaan
NO1 (tekstiviestissä, sähköpostissa) *no one*
noontide ['nun,taɪd] s **1** keskipäivä **2** (kuv) huipentuma, huippu, kohokohta
nope [noʊp] adv (ark) en, et, ei
nor [nɔr] konj eikä *neither you nor I* et sinä enkä minä *she does not know it and neither do I* hän ei tiedä sitä enkä tiedä minäkään
NORAD *North American Air Defense Command*
Nordic [nɔrdɪk] s pohjoismaalainen adj pohjoismaalainen, pohjoismainen
Norf. *Norfolk*
norm [nɔrm] s normi, sääntö, ohje, malli
normal [nɔrməl] s normaali, normaaliarvo, keskiarvo *the temperature has been above/below normal* lämpötila on ollut tavallista/keskimääräistä/normaalia korkeampi/alempi adj normaali, tavallinen
normalcy [nɔrməlsi] s normaalius *to return back to normalcy* palautua entiselleen, normaalistua
normality [nɔr'mæləti] s normaalius
normalize ['nɔrmə,laɪz] v normaalistaa, normalisoida, normaalistua, normalisoitua, palauttaa/palautua entiselleen/normaaliksi
normally adv normaalisti, tavallisesti, yleensä
Norman s **1** normanni **2** normandialainen adj **1** normannien, normanni- **2** normandialainen, Normandian
Norse [nɔrs] s **1** normanni, viikinki **2** muinaisnorja(n kieli) adj muinaisnorjalainen
Norseman [nɔrsmən] s (mon Norsemen) normanni, viikinki

northern sparrow hawk

north [nɔrθ] s **1** (ilmansuunta) pohjoinen **2** (alue) pohjoinen, pohjoisseutu **3** *North* Yhdysvaltain (sisällissodan) pohjoisvaltiot adj pohjoinen, pohjois- adv pohjoisessa, pohjoiseen
North America Pohjois-Amerikka
North American marten s amerikannäätä
Northants. *Northamptonshire*
North Carolina [,nɔrθ,kerə'laɪnə] Pohjois-Carolina
North Cascades [kæs'keɪdz] kansallispuisto Washingtonin osavaltiossa
North Dakota [,nɔrdə'koʊtə] Pohjois-Dakota
northeast [nɔrθ'ist] s koillinen adj koillinen, koillis- adv koillisessa, koilliseen
Northeast s Yhdysvaltain koillisosa, koilliset osavaltiot
northeasterly [nɔrθ'istərli] adj, adv koillisessa, koilliseen, koillisesta, koillis-
Northeasterner [nɔrθ'istərnər] s Yhdysvaltain koillisosan asukas
Northeast Passage [,nɔrθist'pæsədʒ] Koillisväylä
northerly [nɔrðərli] s pohjoistuuli adj pohjoinen, pohjois-
northern [nɔrðərn] adj pohjoinen, pohjois-
northern bedstraw s (kasvi) ahomatara
Northern Crown (tähdistö) Pohjan kruunu
northern eagle owl s huuhkaja
northern fulmar s myrskylintu
northern gannet s (lintu) suula
northern hemisphere s pohjoinen pallonpuolisko
Northern Ireland [,nɔrðərn'aɪərlənd] Pohjois-Irlanti
northern lapwing s (lintu) töyhtöhyyppä
northernmost ['nɔrðərn,moʊst] adj pohjoisin
northern shoveller s lapasorsa
northern shrike [ʃraɪk] s isolepinkäinen
northern sparrow hawk s varpushaukka

Northern Territory Pohjois-Territorio (Australiassa)
northern trout s hauki
northern wheatear [witiər] s (lintu) kivitasku
northern wren s (lintu) peukaloinen
North Korea Pohjois-Korea, Korean demokraattinen kansantasavalta
North Korean s, adj pohjoiskorealainen
Northman [nɔrθmən] s (mon Northmen) normanni, viikinki
North Pole [nɔrθ'poəl] s pohjoisnapa
North Sea [ˌnɔrθ'si] Pohjanmeri
northward [nɔrθwərd] adj pohjoinen, pohjoissuuntainen adv pohjoiseen
northwardly ks northward
northwards ks northward
northwest [nɔrθ'west] s luode adj luoteinen, luoteis- adv luoteessa, luoteeseen
Northwest s Yhdysvaltain luoteisosa, luoteiset osavaltiot
northwesterly [nɔrθ'westərli] adj, adv luoteessa, luoteesta, luoteeseen, luoteis-
Northwesterner [nɔrθ'westərnər] s Yhdysvaltain luoteisosan asukas
Northwest Passage [ˌnɔrθwest-'pæsədʒ] Luoteisväylä
Northwest Territories (Kanadan) Luoteisterritoriot
Norway ['nɔrˌweɪ] Norja
Norway spruce s kuusi
Norwegian s norjan kieli s, adj norjalainen
1 nose [noʊz] s **1** nenä *don't stick your nose in other people's business* älä pistä nenääsi toisten asioihin *to follow your nose* kulkea suoraan eteenpäin; noudattaa vaistojaan *to keep your nose clean* olla ihmisiksi; pysytellä kaidalla tiellä **2** hajuaisti **3** (lentokoneen) nokka, (laivan) keula
2 nose v haistaa
nosebleed ['noʊzˌblid] s nenän verenvuoto
nose candy s (sl) kokaiini
nose drops s (mon) nenätipat
nose job s (ark) nenäleikkaus, nenän kauneusleikkaus

nose out v **1** päihittää, voittaa (täpärästi) **2** nuuskia/saada selville
no-show [ˌnoʊ'ʃoʊ] s no-show, koneeseen saapumatta jäänyt lentomatkustaja
no skin off your back/nose/teeth *that's no skin off my back* (sl) minä en piittaa siitä, se ei minua lotkauta
nostalgia [nəs'taldʒə] s nostalgia, kaipuu, kaiho, koti-ikävä
nostalgic [nəs'taldʒɪk] adj nostalginen, kaihoisa
nostril [nastrəl] s sierain
no sweat [ˌnoʊ'swet] fr helppo nakki, se on lastenleikkiä
no-sweat adj (ark) helppo, letkeä
nosy [noʊzi] adj liian utelias, tungetteleva
not [nat] adv ei *the box is not empty* laatikko ei ole tyhjä *not any longer* ei enää *it's not at all expensive* se ei ole alkuunkaan kallis *he is clever, is he not?* eikö hän olekin nokkela?
notable [noʊtəbəl] s kuuluisuus adj **1** huomionarvoinen, merkittävä **2** kuuluisa
notably adv erityisen; erityisesti, etenkin
notarize ['noʊtəˌraɪz] v vahvistaa notaarilla
notary [noʊtəri] s notaari
notary public s (mon notaries public) julkinen notaari
notation [noʊ'teɪʃən] s **1** merkintätapa, merkintäjärjestelmä, notaatio *musical notation* nuottikirjoitus **2** muistiinpano
not by a long shot fr (kuv) ei lähimainkaan, ei sinne päinkään, ei alkuunkaan
not by a long sight fr ei lähimainkaan, ei sinne päinkään
not care a tinker's damn fr viis veisata, ei välittää tuon taivaallista/tippaakaan
1 notch [natʃ] s lovi, pykälä *this one's a notch better than the others* tämä on muita pykälän/astetta parempi
2 notch v loveta, tehdä lovi/pykälä johonkin
1 note [noʊt] s **1** huomautus *footnote* alaviite, alahuomautus **2** muistiinpano **3** huomio *to take note of something* huo-

mata jotakin, panna jotakin merkille; ottaa jotakin huomioon **4** (mus) nuotti **5** sävy, vivahde *do I detect a note of sarcasm in your voice?* et kai sinä ole nyt hieman ivallinen? **6** (UK) seteli **2 note** v huomata, panna merkille; ottaa huomioon

notebook [ˈnoʊtˌbʊk] s **1** muistivihko, vihko, lehtiö **2** (tietokone) muistikirjamikro

noted [noʊtəd] adj merkittävä, huomattava, tunnettu

notepad [ˈnoʊtˌpæd] s muistilehtiö, lehtiö

noteworthy [ˈnoʊtˌwərði] adj huomionarvoinen, huomattava, merkittävä

not give a shit fr viis veisata, ei välittää *she doesn't give a shit about what you think* hänelle on yksi ja sama mitä mieltä sinä olet

not give a tinker's damn fr viis veisata, ei välittää tuon taivaallista/tippaakaan

1 nothing [nʌθiŋ] s **1** nolla **2** vätys, mitätön/kelvoton ihminen/esine, joku tai jokin josta ei ole mihinkään

2 nothing s, adv, pron **1** ei mitään *he gave nothing to me* hän ei antanut minulle mitään *it means nothing* sillä ei ole mitään merkitystä, se ei merkitse mitään *nothing could be further from the truth* väite on täysin perätön *he does nothing but work* hän tekee lakkaamatta työtä *she made nothing of it* hän ei ollut siitä millänsäkään, hän ei pannut sitä pahakseen *she could make nothing of it* hän ei ymmärtänyt siitä mitään, hän ei tullut siitä hullua hurskaammaksi *it was an accident, nothing more, nothing less* se oli pelkkä vahinko, siinä kaikki **2** *to get something for nothing* saada jotakin ilmaiseksi **3** *in nothing flat* alta aikayksikön, heti paikalla

nothing but *that's nothing but a lie* se on silkkaa valhetta *there was nothing but junk there* siellä ei ollut kuin roinaa

nothing less than *it's nothing less than great* se on kerta kaikkiaan loistava *that was nothing less than a barb* se oli selvää piikittelyä

nothingness s **1** tyhjyys; äänettömyys; olemattomuus **2** mitättömyys, merkityksettömyys, tyhjyys

nothing short of *your letter was nothing short of depressing* kirjeesi oli kerrassaan masentavaa luettavaa

1 notice [noʊtəs] s **1** ilmoitus, tiedotus, varoitus, julistus **2** irtisanominen, irtisanoutuminen *he gave notice* hän sanoi itsensä irti **3** huomio *to take notice of something* huomata jotakin, panna jotakin merkille **4** kritiikki, arvostelu

2 notice v huomata, panna merkille

noticeable adj huomattava, jonka voi huomata, näkyvä, tuntuva, selvä *the increase was hardly noticeable* kasvua/nousua tuskin huomasi

noticeably adv huomattavasti, näkyvästi, tuntuvasti, selvästi

notification [ˌnoʊtɪfɪˈkeɪʃən] s (virallinen) ilmoitus

notify [ˈnoʊtɪˌfaɪ] v ilmoittaa jollekulle jotakin

not in so many words *he told me to resign, though not in so many words* hän käski minun erota joskaan hän ei ilmaissut sitä noin suorasti

notion [noʊʃən] s **1** käsitys, yleiskäsitys **2** käsitys, mielipide **3** halu, päähänpisto, päähänpinttymä

notoriety [ˌnoʊtəˈraɪəti] s pahamaineisuus, paha/huono maine

notorious [nəˈtɔrɪəs] adj **1** pahamaineinen **2** kuuluisa jostakin (for)

Nottingham [natiŋhəm]

Notts. *Nottinghamshire*

notwithstanding [ˌnatwɪθˈstændiŋ] prep, konj (jostakin) huolimatta adv kuitenkin

not worth a tinker's damn fr ei minkään/penninkään arvoinen

not worth a whoop fr (ark) arvoton, mitätön, yhtä tyhjän kanssa

no two ways about it *there's no two ways about it* asia on (harvinaisen) selvä, sehän on selvä, siitä ei ole epäilystäkään

nougat [nugət] s nugaa

nought [nat] s nolla

noun [naʊn] s (kieliopissa) substantiivi

nourish

nourish [nərɪʃ] v **1** ravita, ruokkia (myös kuv) **2** elätellä toivoa jostakin, haaveilla jostakin
nourishment s ravinto
nouveau riche [nuˌvouˈriʃ] s (ranskasta, mon nouveaux riches) äkkirikastunut (ihminen)
Nov. *November* marraskuu
Nova Scotia [ˌnouvəˈskouʃə]
novel [navəl] s romaani adj uusi, uudenlainen *that's a novel idea* se onkin tuore ajatus
novelist [navəlɪst] s romaanikirjailija
novella [nəˈvelə] s novella, pitkä novelli, pienoisromaani
novelty [navəlti] s **1** uutuudenviehätys **2** uutuus, uusi asia/tavara **3** (kauppatavarana) pikkurihkama; lahjatavara
November [noˈvembər] s marraskuu
novice [navəs] s **1** noviisi, munkkikokelas, nunnakokelas **2** aloittelija, uusi tulokas, vasta-alkaja
now [nau] adv nyt *it's now or never* nyt tai ei koskaan *I met Wendy just now* tapasin Wendyn (juuri) äsken *let's leave it for now* jätetään se toistaiseksi, annetaan sen toistaiseksi olla *up until now* tähän saakka, tähän asti, tähän mennessä *konj now that you know what it's like, do you want to continue?* haluatko vielä jatkaa kun tiedät millaista se on?
NOW *National Organization for Women*
nowadays [ˈnauəˌdeɪz] adv nykyisin, nykyään
no way fr (ark) ei ikinä!, ei missään nimessä!
nowhere [ˈnouˌweər] adv ei missään, ei mihinkään *she was nowhere to be seen* häntä ei näkynyt missään *you're going nowhere, buster* sinä et kuule luiki mihinkään *Larry is getting nowhere in his work* Larry ei pääse työssään eteenpäin/puusta pitkään
noxious [nakʃəs] adj vahingollinen
nozzle [nazəl] s suutin, nukka
NP (tekstiviestissä, sähköpostissa) *no problem*
NPR *National Public Radio*
NRA *National Rifle Association*
NRC *National Research Council*

NREM *nonrapid-eyemovement*
NS *Nova Scotia*
NSA *National Security Agency; National Ski Association*
NSC *National Security Council*
NSF *National Science Foundation*
N.S.W. *New South Wales*
NT *New Testament; Northern Territory; Northwest Territories*
NTGA *National Tournament Golf Association*
nth [enθ] *to the nth degree* äärimmäisen, erittäin
NTSC *National Television System Committee;* eräs väritelevisiojärjestelmä(n määritellyt komitea)
nuance [nuans] s vivahde, vivahdus, nyanssi
nuclear [nuklɪər] adj ydin-
nuclear deterrent s ydinpelote
nuclear energy s ydinenergia
nuclear family s ydinperhe
nuclear fission s fissio, atomiytimen halkeaminen
nuclear fuel s ydinpolttoaine
nuclear fusion s fuusio, yhtymisreaktio
nuclear magnetic resonance s ydinmagneettinen resonanssi
nuclear physics s ydinfysiikka
nuclear power s ydinvoima
nuclear power plant s ydinvoimala
nuclear radiation s ydinsäteily
nuclear reaction s ydinreaktio
nuclear reactor s ydinreaktori
nuclear war s ydinsota
nuclear warhead s ydinkärki
nuclear waste s ydinjäte
nuclei [nukliaɪ] ks nucleus
nucleic acid [nuˌkliikˈæsɪd] s (biol) nukleiinihappo
nucleoid [ˈnukliˌɔɪd] s (biol) nukleoidi
nucleus [nukliəs] s (mon nuclei) **1** (atomin) ydin (myös kuv) **2** (biol) tuma
nude [nud] s **1** (taideteos) alastonkuva **2** *in the nude* alasti, vaatteita **3** ruskeanharmaa väri adj **1** alaston, paljas **2** ruskeanharmaa
1 nudge [nʌdʒ] s **1** tönäisy, sysäys **2** piinaaja; nalkuttaja

2 nudge v **1** tönäistä, sysäistä, sysätä **2** piinata, vaivata **3** nalkuttaa
nudism [nudɪzəm] s nudismi
nudist [nudɪst] s, adj nudisti(-)
nudity [nudɪti] s alastomuus
nugget [nʌgət] s **1** kimpale, möykky, paakku **2** kultakimpale **3** broileripala
nuisance [nusəns] s kiusankappale, kiusa, harmi, riesa
1 nuke [nuk] s (ark) **1** ydinpommi **2** ydinvoimala
2 nuke v (ark) **1** hävittää ydinaseilla, pommittaa ydinaseilla *nuke 'em back to the Stone Age* pommittaa heidän maansa takaisin kivikauteen **2** kuumentaa mikroaaltouunissa *could you nuke this for about 30 seconds, it's cold?* voisitko lämmittää tätä mikrossa kolmisenkymmentä sekuntia, koska se on kylmä?
null and void [ˌnʌlən'vɔɪd] fr (lak) mitätön, pätemätön, kelpaamaton
Nullarbor Plain [nəl'arbər] Nullarborin tasanko (Australiassa)
nullify ['nʌləˌfaɪ] v mitätöidä (sopimus)
numb [nʌm] adj **1** puutunut, tunnoton **2** (kuv) tunteeton, välinpitämätön **3** (kuv) lamaantunut *to be numb with grief* olla kauhun lamaannuttama, olla lamaantunut kauhusta v **1** puuduttaa, tehdä tunnottomaksi **2** (kuv) lamaannuttaa
1 number [nʌmbər] s **1** numero (eri merk:) luku, puhelinnumero, lehden numero, talon numero **2** määrä, lukumäärä *a number of people have asked me to resign* muutama henkilö on pyytänyt minua eroamaan **3** esitys, numero **4** (kieliopillinen) luku
2 number v **1** numeroida **2** laskea *your days in this company are numbered* sinun päiväsi tässä firmassa ovat luetut **3** lukea/lukeutua johonkin kuuluvaksi *I don't number him among my friends* en lue häntä ystäviini, en pidä häntä ystävänäni **4** olla *the audience numbered several hundred* yleisöä oli useita satoja
number-crunching s numeronmurskaus
number one s **1** minä (itse) **2** ykkönen, paras **3** (ark) pieni hätä, pissahätä

number sign s ristikkomerkki (#)
number two s (ark) iso hätä
numbly adv ks numb
numbness s **1** tunnottomuus **2** (kuv) tunteettomuus, välinpitämättömyys, kovasydämisyys
numeral [numərəl] s lukusana
numerate ['numəˌreɪt] adj laskutaitoinen
numerical [nu'merɪkəl] adj numeerinen, numero-
numerically [nu'merɪkli] adv numeerisesti, numeroin
numero uno [ˌnumərou'unou] s **1** minä **2** ykkönen, paras
numerous [numərəs] adj lukuisa, runsaslukuinen *there are numerous reasons why you should sell your car* on monta syytä miksi sinun kannattaa myydä autosi *a numerous audience* suuri kuulijakunta
nun [nʌn] s nunna
nuptial [nʌpʃəl] adj hää-
nuptials [nʌpʃəlz] s (mon) häät
1 nurse [nərs] s **1** sairaanhoitaja(tar) *male nurse* (mies)sairaanhoitaja **2** lastenhoitaja **3** imettäjä
2 nurse v **1** hoivata, hoitaa **2** yrittää parantua jostakin *he's nursing the flu* hän yrittää parantua flunssasta **3** imettää (lasta); (lapsi) imeä rintaa **4** hautoa mielessään *to nurse a grudge* kantaa kaunaa **5** säästellä ryyppyään *he sat there nursing his drink*
nursemaid ['nərsˌmeɪd] s lastenhoitaja
nursery [nərʃri nərsri] s **1** lastenhuone (myös sairaalan synnytysosastolla) **2** lastentarha, päiväkoti **3** taimitarha **4** (kuv) kasvualusta
nursery bottle s tuttipullo
nursery rhyme s lastenloru
nursery school s lastentarha
nursing home s vanhainkoti; sairaskoti
1 nurture [nərtʃər] s kasvatus; koulutus; opetus *nature or nurture?* perimä vai ympäristö?
2 nurture v **1** huolehtia jostakusta, elättää jotakuta **2** tukea (nuorta taiteilijaa tms)
nut [nʌt] s **1** pähkinä *that problem is a tough nut to crack* ongelma on kova

nutcracker 1156

pähkinä purtavaksi **2** mutteri *nut and bolt* ruuvi ja mutteri **3** (sl) pää **4** (sl) innokas harrastaja *he's a hifi nut* hän on hifihullu **5** (sl; mon) kivekset, munat
nutcracker ['nʌtˌkrækər] s pähkinänsärkijä, pähkinäsakset
nuthatch s (lintu) pähkinänakkeli
nutmeg ['nʌtˌmeg] s muskotti
nutraceutical [ˌnutrəˈsutəkəl] s terveysruoka
NutraSweet® ['nutrəˌswit] aspartaamin (eräs keinotekoinen makeute) kauppanimi
nutrient [nutriənt] s ravinne, ravintoaine adj ravitseva
nutrition [nuˈtrɪʃən] s **1** ravitsemus **2** ravitsemustiede **3** ravinto, ravinne
nutritionist s ravitsemusterapeutti
nutritious [nutrɪʃəs] adj ravitseva
nuts adj (sl) **1** hullu, tärähtänyt **2** *nuts about something/someone* olla hulluna johonkin/johonkuhun
nuts and bolts s (kuv) jonkin asian perusteet, asian ydin
nutshell ['nʌtˌʃel] s **1** pähkinänkuori **2** *in a nutshell* (kuv) pähkinänkuoressa, lyhyesti

nutty adj (sl) **1** hullu, tärähtänyt **2** *nutty about something* hulluna johonkin
1 nuzzle [nʌzəl] s halaus, helliminen
2 nuzzle v **1** kaivautua maahan tms **2** kaivaa kärsällään/kuonollaan maasta **3** painautua/käpertyä hellästi/pehmeästi jotakuta/jotakin vasten
NV *Nevada*
NVR (tekstiviestissä, sähköpostissa) *never*
NWT *Northwest Territories*
NY *New York*
nyala [njalə] s (eläin) njala *mountain nyala* vuorinjala
NYC *New York City*
NYFE *New York Futures Exchange*
nylon [naɪlən] s nailon
nymph [nɪmf] s nymfi
nymphomania [ˌnɪmfoʊˈmeɪniə] s nymfomania
nymphomaniac [ˌnɪmfoʊˈmeɪniæk] s nymfomaani adj nymfomaaninen
NYPD *New York Police Department*
NYSE [enwaɪesi] *New York Stock Exchange*
N.Z. *New Zealand* Uusi-Seelanti

O, o

O, o [oʊ] O, o
o [oʊ] s nolla
oak [oʊk] s tammi
Oakland [oʊklənd] kaupunki Kaliforniassa
1 oar [ɔr] s airo *to put in your oars* sekaantua/puuttua johonkin
2 oar v soutaa
oarlock ['ɔrˌlak] s hankain
oarsman [ɔrzmən] s (mon oarsmen) (kilpa)soutaja
OAS *Organization of American States* Amerikan valtioiden järjestö

oasis [oʊˈeɪsəs] s (mon oases) keidas (myös kuv)
oat [oʊt] s **1** kaura **2** (mon) kauraryynit
oath [oʊθ] s **1** vala *to make/take an oath* vannoa vala **2** kirosana, kirous
oatmeal ['oʊtˌmiəl] s **1** kauraryynit, kaurahiutaleet **2** kaurapuuro
OAU *Organization of African Unity* Afrikan yhtenäisyysjärjestö
o/b *outboard*
obedience [oʊˈbidiəns] s **1** tottelevaisuus, kuuliaisuus **2** (kuriin) alistuminen
obedient [oʊˈbidiənt] adj tottelevainen, kuuliainen, uskollinen, kiltti

obediently adv tottelevaisesti, kuuliaisesti, uskollisesti, kiltisti

obeisance [oʊ'beɪsəns] s 1 kumarrus; niiaus 2 kunnioitus; kunnianosoitus

obelisk ['oʊbəlɪsk] s obeliski

obese [oʊ'bis] adj (erittäin) lihava

obeseness s lihavuus

obesity [oʊ'bisəti] s lihavuus

obey [oʊ'beɪ] v totella

obituary [oʊ'bɪtʃʊˌeri] s muistokirjoitus, kuolinilmoitus

obj. *objective*

object [abdʒəkt] s 1 esine, kohde *that obscure object of desire* tuo intohimon hämärä kohde 2 päämäärä, tavoite *the object of this exercise* tämän harjoituksen tavoite 3 este *money is no object* rahalla/hinnalla ei ole väliä 4 (kieliopissa) objekti

object [əb'dʒekt] v vastustaa jotakin, olla jotakin vastaan, ei hyväksyä *he objected to her language* hän ei hyväksynyt naisen kielenkäyttöä

objection [əb'dʒekʃən] s 1 vastaväite, vastalause 2 inho, vastenmielisyys, vastahakoisuus

objectionable adv loukkaava, häiritsevä, pahennusta herättävä, vastenmielinen *I find your behavior objectionable* en voi hyväksyä käytöstäsi

objectionably adv ks objectionable

objective [əb'dʒektɪv] s tavoite, päämäärä, kohde adj objektiivinen, asiallinen, puolueeton

objectively adv objektiivisesti, asiallisesti, puolueettomasti

objectivity [ˌabdʒek'tɪvəti] s puolueettomuus, asiallisuus, objektiivisuus

obligation [ˌablɪ'geɪʃən] s velvollisuus, sitoumus, (lak) velvoite *you're under no obligation to buy that gadget* sinun ei suinkaan tarvitse ostaa sitä vempainta

obligatory [ə'blɪgəˌtɔri] adj pakollinen, sitova

oblige [ə'blaɪdʒ] v 1 velvoittaa tekemään jotakin 2 saattaa kiitollisuudenvelkaan *I'm much obliged for your help* olen hyvin kiitollinen avustasi 3 tehdä jollekulle mieliksi

obliging adj avulias, ystävällinen

oblique [ə'blik, oʊ'blik] adj 1 vino, viisto 2 epäsuora, vihjaileva, kiero, karsas, epäsuopea

obliquely adv 1 vinosti, viistosti 2 epäsuorasti, vihjaillen, kierosti, (katsoa) kieroon, karsaasti, epäsuopeasti

obliqueness s 1 kaltevuus 2 kierous

obliterate [ə'blɪtəˌreɪt] v 1 pyyhkiä pois 2 hävittää, tuhota

obliteration [əˌblɪtə'reɪʃən] s 1 pois pyyhkiminen 2 hävitys, hävittäminen, tuho, tuhoaminen

oblivion [ə'blɪviən] s unhola, unohdus *many rock groups have fallen into oblivion* moni rockyhtye on jäänyt unholaan/ unohdettu kokonaan

oblivious [ə'blɪviəs] *to be oblivious of/to something* ei huomata jotakin, ei piitata jostakin, ei ottaa jotakin huomioon

obliviously adv välinpitämättömästi, jostakin piittaamatta

obliviousness s välinpitämättömyys, piittaamattomuus

oblong ['abˌlaŋ] s suorakaide adj suorakaiteen muotoinen

obnoxious [əb'nakʃəs] adj loukkaava, häiritsevä, vastenmielinen, tympeä

OBO (tekstiviestissä, sähköpostissa) or *best offer*

oboe [oʊboʊ] s oboe

oboist [oʊboʊɪst] s oboisti

obscene [əb'sin] adj rivo, rietas, irstas, siveetön, ruokoton, paksu (ark kuv)

obscenely adv ks obscene

obscenity [əb'senəti] s rivous, riettaus, irstaus, siveettömyys, ruokottomuus *that movie has a lot of obscenity* siinä elokuvassa kiroillaan paljon

1 obscure [əb'skjʊər, əb'skjər] adj 1 hämärä, epäselvä, sumea 2 tuntematon, nimetön

2 obscure v 1 peittää (näkyvistä) *that building obscures the ocean from our view* tuo rakennus peittää meren näkyvistä 2 sekoittaa, sotkea, hämmentää, hämärtää

obscurely adv hämärästi, epäselvästi, sumeasti

obscurity [əb'skjərəti] s 1 pimeys, hämäryys, synkkyys 2 (ajatusten, esityk-

observance 1158

sen) epäselvyys, sekavuus, hämäryys **3** *to live in obscurity* elää syrjässä/hiljaisuudessa *to rescue someone from obscurity* pelastaa joku unohduksista/unholasta

observance [əb'zɜrvəns] s **1** lainkuuliaisuus, lain/määräysten **2** uskonnollisten tapojen noudattaminen, sunnuntain/sapatin pyhittäminen

observant [əb'zɜrvənt] adj **1** valpas, tarkkaavainen **2** lainkuuliainen, jotakin noudattava

observantly adv valppaasti, valppaana, tarkkaavaisesti

observation [ˌabsər'veɪʃən] s **1** tarkkailu, seuranta, valvonta *to keep someone under observation* tarkkailla jotakuta, pitää jotakuta silmällä **2** säätöjen noudattaminen, sunnuntain/sapatin pyhittäminen **3** huomautus, huomio

observation car s (junassa) näköalavaunu

observatory [əb'zɜrvəˌtɔri] s observatorio

observe [əb'zɜrv] v **1** tarkkailla, seurata, valvoa, katsella **2** huomata, panna merkille **3** noudattaa (sääntöjä, lakia) **4** pyhittää (sunnuntai, sapatti) **5** juhlia (syntymäpäivää, juhlapäivää) **6** huomauttaa, sanoa

observer s tarkkailija, valvoja, seuraaja *I went to the conference as an observer, not a participant* menin kokoukseen tarkkailijana enkä varsinaisena osanottajana

obsess [əb'ses] v **1** riivata *to be obsessed by/with something* olla jonkin riivaama; (kuv) olla hulluna johonkin, olla täynnä jotakin **2** (ark) puhua/ajatella pakkomielteisesti jostakin/jotakin *will you stop obsessing over it!* lakkaa hössöttämästä

obsession [əb'seʃən] s pakkomielle, pakkoajatus, obsessio *politics has become an obsession with him* politiikasta on tullut hänelle pakkomielle

obsessive [əb'sesɪv] s obsessiivinen ihminen adj pakonomainen, pakko-, obsessiivinen; kohtuuton, liiallinen

obsessively adv pakonomaisesti, kuin riivattu, kohtuuttomasti, liiallisesti

obsolescence [ˌabsə'lesəns] s (vanhanaikaiseksi jääminen) vanheneminen

obsolescent [ˌabsə'lesənt] adj joka on vanhenemassa; joka on jäämässä vanhanaikaiseksi

obsolete [ˌabsə'lit] v syrjäyttää, tehdä tarpeettomaksi; tehdä vanhanaikaiseksi adj vanhentunut, vanhanaikainen

obstacle [abstəkəl] s este (myös kuv), vastoinkäyminen

obstacle course s **1** (sotilaiden valmennuksessa käytettävä) esterata **2** (ark, kuv) kivinen polku, kärsimysten tie

obstacle race s (urh) estejuoksu

obstetrical [əb'stetrɪkəl] adj **1** synnytys- **2** synnytysopin, synnytysopillinen

obstetrician [ˌabstə'trɪʃən] s synnytyslääkäri

obstetrics [əb'stetrɪks] s (verbi yksikössä) synnytysoppi

obstinacy [abstənəsi] s **1** jääräpäisyys, härkäpäisyys, omapäisyys **2** sinnikkyys, sitkeys

obstinate [abstənət] adj **1** jääräpäinen, härkäpäinen, omapäinen **2** sinnikäs, sitkeä, hellittämätön

obstinately adv ks obstinate

obstruct [əb'strʌkt] v **1** tukkia, sulkea **2** keskeyttää, pysähdyttää, estää **3** peittää näkyvistä **4** (pol) jarruttaa (parlamentin toimintaa tms)

obstruction [əb'strʌkʃən] s **1** tukkeuma, este, kulkueste; näköeste; kulkueste; keskeytys *this is obstruction of justice* tämä on oikeuden toiminnan häirintää **2** (pol) jarrutus

obtain [əb'teɪn] v hankkia, saada

obtainable adj joka on saatavissa

obtuse [ab'tus] adj tylsä (myös kuv:) tyhmä, (kulma ym) tylppä

obtuseness s tyhmyys; tylsyys, tylppyys

obvious [abviəs] adj ilmeinen, ilmiselvä, silmin nähtävä, itsestään selvä, läpinäkyvä (kuv)

obviously adv selvästi, selvästikin, ilmiselvästi, silminnähtävästi, läpinäkyvästi (kuv) *obviously, you're wrong* on

odd

selvää että olet väärässä, olet selvästikin väärässä
obviousness s ilmeisyys, selvyys; läpinäkyvyys (kuv)
1 occasion [əˈkeɪʒən] s **1** hetki, kerta *on several occasions* useita kertoja, usein **2** juhla, tilaisuus *on the occasion of your 70th birthday, we congratulate you warmly* onnittelemme sinua lämpimästi 70-vuotispäiväsi johdosta **3** tilaisuus *this is a suitable occasion to take a vacation* nyt on sopiva hetki pitää loma *to rise to the occasion* nousta tilanteen tasalle, selvitä jostakin **4** syy; tarve *you had no occasion to lie* sinulla ei ollut syytä/tarvetta valehdella
2 occasion v antaa aihetta johonkin, tehdä tarpeelliseksi/aiheelliseksi
occasional [əˈkeɪʒənəl] adj **1** satunnainen, silloin tällöin tapahtuva/esiintyvä **2** tilapäinen, ylimääräinen **3** tiettyä tilaisuutta varten tehty, varta vasten tehty
occasionally [əˈkeɪʒnəli] adv silloin tällöin, toisinaan *very occasionally* hyvin harvoin
Occident [aksɪdənt] s länsimaat
occupant [akjəpənt] s (talon) asukas, (auton) matkustaja, (viran) haltija
occupation [ˌakjəˈpeɪʃən] s **1** ammatti **2** virkakausi **3** puuha, tekeminen **4** (sot) miehitys
occupational adj **1** ammatti-; ammatinvalinta **2** miehitys-
occupational disease s ammattitauti
occupational hazard s ammatiriski
occupier [ˈakjəˌpaɪər] s (talon) asukas, (viran) haltija
occupy [ˈakjəˌpaɪ] v **1** viettää/kuluttaa aikaa, järjestää tekemistä itselleen/jollekulle *I can't come to the phone now, I'm occupied* en voi tulla nyt puhelimeen, minulla on muuta tekemistä *Larry, please keep the kids occupied until we leave* Larry, yritä keksiä lapsille jotakin tekemistä siihen saakka kunnes lähdemme **2** olla jollakin paikalla, olla jossakin virassa, asua jossakin talossa/huoneessa, istua jollakin paikalla **3** (sot) miehittää

occur [əˈkər] v **1** tapahtua **2** (tauti, malmi ym) esiintyä, olla, jotakin tavataan jossakin **3** tulla mieleen, pälkähtää päähän *it occurred to him that he had not eaten all day* hän muisti yhtäkkiä ettei hän ollut syönyt koko päivänä
occurrence [əˈkərəns] s **1** tapahtuma **2** (taudin, malmin ym) esiintyminen
ocean [oʊʃən] s **1** valtameri **2** (kuv) meri, valtava joukko/määrä
oceanfront [ˈoʊʃənˌfrʌnt] s, adj merenranta(-)
oceangoing [ˈoʊʃənˌɡoʊɪŋ] adj valtameri-, avomeri-, meri-
Oceania [ˌoʊʃiˈænjə] s Oseania
oceanic [ˌoʊʃiˈænɪk] adj **1** valtameren, meren, meri- **2** (kuv) valtaisa, suunnaton
oceanographer [ˌoʊʃəˈnaɡrəfər] s merentutkija
oceanography [ˌoʊʃəˈnaɡrəfi] s merentutkimus
ocelot [ˈasəlat] s oselotti
o'clock [əˈklak] adv kello: *at eleven o'clock* kello yksitoista; (suunnasta) kello yhdessätoista
OCR [ˌoʊsiˈar] *optical character reader/recognition* optinen lukija/luku
octagon [ˈaktəˌɡan] s kahdeksankulmio
octagonal [akˈtæɡənəl] adj kahdeksankulmainen
octane [akteɪn] s oktaani
octane rating s oktaaniluku
Octant [aktənt] (tähdistö) Oktantti
octave [aktəv] s oktaavi
October [akˈtoʊbər] s lokakuu
octogenarian [ˌaktədʒəˈneriən] s, adj 80—89-vuotias
octopus [aktəpəs] s (mon octopuses, octopi) kahdeksanlonkeroinen mustekala, tursas
ocular [akjələr] s okulaari adj silmä-, näkö-
OD [oʊˈdi] s (overdose) yliannos; yliannostus v ottaa/antaa yliannos
odd [ad] adj **1** outo, erikoinen, eriskummallinen, kummallinen omituinen **2** (luku) pariton **3** ylimääräinen, pariton **4** satunnainen, tilapäinen *I've been doing some odd jobs lately* olen viime ai-

koina tehnyt vähän sitä sun tätä (lukusanan jäljessä) noin *the tv set cost some five hundred-odd dollars* televisio maksoi viitisensataa dollaria

oddball ['ad,bal] s (ark) outo lintu, outo ilmestys, harvinaisuus, tärähtänyt adj erikoinen, omalaatuinen, tärähtänyt

oddity [adəti] s **1** outous, omituisuus, erikoisuus **2** outo lintu, outo ilmestys, erikoisuus, harvinaisuus

odd-lot ['ad,lat] s (tal) tavanomaista kaupankäyntierää (esim pörssierää) pienempi kauppaerä

oddly adv oudosti, oudon, erikoisesti, omituisesti, omituisen *it's an oddly interesting movie* se on oudolla tavalla mielenkiintoinen elokuva

oddment [admənt] s pariton kappale, ylimääräinen kappale

odds [adz] s (mon) **1** todennäköisyys, mahdollisuudet *the odds are against you winning* sinulla on huonot voiton mahdollisuudet **2** ero, ylivoima, etumatka *we fought against heavy odds* taistelimme voimakkaasta vastarinnasta huolimatta **3** riita, erimielisyys *Betty is at odds with Susan over the money* Betty on Susanin kanssa eri mieltä rahasta *a Chevrolet is by all odds a better car than a Ford, Neil said* Neil sanoi että Chevrolet on joka suhteessa parempi auto kuin Ford

odds and ends [,adzən'enz] s (mon) pikkurihkama, rihkama

ode [oʊd] s oodi

odor [oʊdər] s haju, tuoksu; hyvä tuoksu; paha haju

odorful adj haiseva, tuoksuva

odorless adj hajuton

odyssey [adəsi] s seikkailut, harharetket, odysseia

Odyssey (runoelma) Odysseia

OECD *Organization for Economic Cooperation and Development* Taloudellinen yhteistyö- ja kehittämisjärjestö

OED *Oxford English Dictionary*

OEM *original equipment manufacturer*

of [ʌv] prep **1** omistuksesta, kuulumisesta: *a picture of Joan* Joanin (Joania esittävä) kuva *a picture of Joan's* Joanin omistama tai ottama kuva *one of us* yksi meistä **2** suunnasta: *north of here* täältä pohjoiseen **3** laadusta, lajista: *a box of chocolates* suklaarasia *a house of three rooms* kolmen huoneen talo *the Republic of Finland* Suomen tasavalta **4** materiaalista: *a house of brick* tiilitalo **5** syystä: *he died of thirst* hän kuoli janoon *he was cured of cancer* hän parani syövästä **6** verbin yhteydessä: *he did not think of it* se ei tullut hänen mieleensä **of a size** *these two are of a size* nämä ovat samankokoiset

1 off [af] adj **1** väärässä *you're badly off on those figures* numerotietosi ovat pahasti väärässä **2** runsaudesta, puutteesta: *to be well off* olla varakas/rahoissaan *he's badly off for time* hänellä on pulaa ajasta **3** peruutettu *the meeting is off* kokous on peruutettu **4** huono, kehno, surkea *this is one of my off days* tämä on yksi minun huonoja päiviäni **5** epätodennäköinen *I called her on the off chance that she might be at home* soitin hänelle siltä varalta että hän sattuisi olemaan kotona **6** hiljainen *these are off-season prices* nämä ovat hiljaisen kauden hintoja **7** etäinen, kaukaisempi (puoli); (ajoneuvon) oikea (puoli) *the off side of the building* rakennuksen toinen puoli **8** (osakehinnoista) laskenut, alempi **9** sammutettu *turn the stereo off* sammuta stereot, katkaise stereoista virta

2 off adv **1** pois, irti *to come off* irrota *take your glasses off* riisu silmälasisi *the plane got off ground* lentokone nousi ilmaan **2** (ajasta ja tilasta) päässä *it was a long time off* se tapahtui kauan sitten *they live a few miles off* he asuvat muutaman mailin päässä **3** lähtemisestä: *off we go!* nyt lähdetään! **4** syrjässä, sivussa jostakin *take the dirt road off the highway* käänny päätieltä hiekkatielle **5** erosta: *sales are twenty percent off* myynti on laskenut 20 prosenttia

3 off prep **1** pois, irti *the dealer gave me three hundred dollars off the list price* myyjä antoi minulle listahinnasta kolmesataa dollaria alennusta *to come off balance* menettää tasapainonsa **2** erosta, etäisyydestä: *his house is a mile off the highway* hänen talonsa on mailin päässä päätieltä *sales are way off target* myynti on pahasti jäljessä ennusteista **3** elatuksesta: *the farmer lives off the fat of the land* maanviljelijä elää kokonaan oman maansa tuotolla

offal [afəl] s **1** (teuraseläimen) sisälmykset **2** jäte

off and on [ˌafənˈan] adv silloin tällöin, satunnaisesti

offbeat [ˌafˈbit] adj epätavallinen, omaperäinen, erikoinen

offbrand [ˌafˈbrænd] s tuntematon tuotenimi adj (tuote) nimetön, tuntematon

offend [əˈfend] v loukata *offend the eye* loukata silmää *she was offended with him* hän loukkaantui miehelle *offend the law* rikkoa lakia

offender s lainrikkoja, rikollinen

offending [əˈfendiŋ] adj loukkaava

offense [afens əˈfens] s **1** rikos, rikkomus, rike **2** loukkaus *an offense against common decency* loukkaus hyviä tapoja vastaan *to give offense* loukata jotakuta **3** (sot, urh) hyökkäys

offensive [əˈfensɪv] s (sot, urh) hyökkäys *to take the offensive* hyökätä adj **1** loukkaava, vastenmielinen *an offensive smell* paha haju **2** hyökkäävä, hyökkäys-

offensiveness s loukkaavuus, vastenmielisyys

1 offer [afər] s **1** tarjous *make me an offer* tee tarjous *an offer of assistance* avuntarjous **2** (tal) myyntikurssi, myyntinoteeraus

2 offer v **1** tarjota, tarjoutua, (palkkio) luvata *she offered to help* hän tarjoutui auttamaan, hän lupasi auttaa **2** esittää, ehdottaa, antaa (neuvo) **3** uhrata (jumalalle tms)

offering s uhri, uhrilahja, kolehti

offering memorandum [ˌmeməˈrændəm] s (mon offering memorandums, offering memoranda) (tal) luottoesite

of few words *Frances is a woman of few words* Frances on harvasanainen, Frances ei ole puhelias

offhand [ˌafˈhænd] adj valmistelematon, puolihuolimaton, (vastaus myös) nopea adv valmistelematta, suoralta kädeltä, (vastata) nopeasti

office [afɪs] s **1** toimisto, konttori; työhuone, virkahuone **2** virka

office automation s toimistoautomaatio

office holder s virkamies, viranhaltija

office hours s **1** aukioloaika **2** (toimistotyöntekijän) työaika

officer s **1** (sot) upseeri **2** poliisi **3** virkamies, virkailija

office seeker s viranhakija; ehdokas

official [əˈfɪʃəl] s virkamies, virkailija adj virallinen

officialese [əˌfɪʃəˈliz] s virastokieli, virkakieli, kapulakieli

officially adv virallisesti

officious [əˈfɪʃəs] adj virkaintoinen; tungetteleva

officiously adv virkaintoisesti; tungettelevasti

officiousness s virkainto; tungettelu, tungettelevaisuus

offing [afiŋ] *to be in the offing* olla näköpiirissä

off-licence [ˈafˌlaɪsəns] s (UK) viinakauppa

off-line [ˌafˈlaɪn] adj, adv (tietok) itsenäinen, itsenäisesti, off-line

off on a tangent *to go off on a tangent* poiketa asiasta

off-peak [ˌafˈpik] adj sesonkiajan ulkopuolinen

offprint [ˈafˌprɪnt] s (lehtikirjoituksen) eripainos

off-road [ˌafˈroʊd] adj maasto-

off-season [ˌafˈsizən] s hiljainen kausi, sesongin ulkopuolinen kausi adj hiljaisen kauden, sesonkiajan ulkopuolinen

offset [ˈafˌset] s **1** vastapaino, korvaus, tasoitus **2** alku, alkuvaihe **3** offsetpaino

offset [ˌafˈset] v **1** kumota, korvata, tasoittaa, olla vastapainona jollekin **2** verrata

offset printing s offsetpaino

offshoot [ˈafˌʃut] s **1** verso **2** (kuv) *that idea was an offshoot of our last discus-*

offshore

sion tuo ajatus versoi viime keskustelustamme
offshore [ˌafˈʃɔr] adj **1** rannikko-; meri- **2** ulkomainen, ulkomaan adv **1** rannikolla, rannikolle; meressä, mereen **2** ulkomailla, ulkomaille
offspring [ˈafˌsprɪŋ] s **1** jälkeläinen, lapsi, (eläimen) poikanen **2** (kuv) tuote *the idea was an offspring of a fertile imagination* ajatus versoi vilkkaasta mielikuvituksesta, ajatus oli vilkkaan mielikuvituksen tuote
off the reel fr **1** lakkaamatta, taukoamatta, keskeytyksettä **2** heti, välittömästi
off the top of your head fr ulkomuistista, ulkoa, suoralta kädeltä, apteekin hyllyltä
off the track *I think you're off the track now* minusta sinä olet nyt eksynyt asiasta
off the wagon *he's off the wagon* (sl) hän on ratkennut ryyppäämään
off the wall fr (sl) **1** kohtuuton, pöyristyttävä **2** outo, kumma, omituinen
off with *off with those stupid jokes* lopeta nuo tyhmät vitsit! *off with you* häivy siitä! *off with your clothes* riisuudu!
of many words *Alice is a woman of many words* Alice on puhelias
of no use fr **1** *the widget is of no use to us* vempaimesta ei ole meille mitään hyötyä **2** *it's no use telling him about it, he's not going to help us* siitä ei kannata kertoa hänelle, hän ei kuitenkaan auta meitä
often [afən] adv usein *she goes there often; she often goes there* hän käy siellä usein *she goes there every so often* hän käy siellä silloin tällöin
ogre [ougər] s **1** (saduissa ym) ihmissyöjä, hirviö, jättiläinen **2** (kuv) hirviö, peto, sortaja
OH *Ohio*
ohc *overhead camshaft* kannen yläpuolinen nokka-akseli
Ohio [oˈhaɪoʊ]
OHMS *On Her/His Majesty's Service* Hänen Majesteettinsa palveluksessa
OIC (tekstiviestissä, sähköpostissa) *oh, I see*
1 oil [ɔɪəl] s **1** öljy *to pour oil on water* tyynnyttää kiihtymystä, valaa öljyä aalloille **2** (maalaustaiteessa) öljyväri **3** (maalaustaiteessa) öljyvärityö **4** (ark) imartelu, makeilu
2 oil v **1** öljytä, rasvata **2** lahjoa
oil beetle s (kovakuoriainen) toukohärkä
oil crisis s (mon oil crises) öljykriisi
oil field s öljykenttä
oil rig s öljynporaustorni, öljynporauslaitos
oil spill s öljyvuoto (veteen), öljyvahinko (veteen)
oil tanker s öljysäiliöalus, öljylaiva
oil well s öljylähde
oily adj öljyinen, rasvainen
oink [ɔɪŋk] v (sika) röhkiä interj röh!
ointment [ɔɪntmənt] s voide
OIT *Office of International Trade*
1 OK [ouˈkeɪ, ouˈkeɪ] s lupa, hyväksyntä *the president gave his OK to the sending of troops* presidentti antoi luvan lähettää joukkoja
2 OK v antaa lupa, hyväksyä
3 OK adj, adv hyvä, hyvin, sopiva, sopivasti, riittävä, riittävästi *you're doing OK, don't worry* älä suotta murehdi, sinä pärjäät ihan hyvin *that's OK* ei se mitään; se on ihan hyvä interj selvä!, hyvä on!, okei!
OK *Oklahoma*
okapi [ouˈkapi] s (eläin) okapi
okay [ouˈkeɪ] v antaa lupa, hyväksyä *the boss okayed the plan* pomo hyväksyi suunnitelman
Okla. *Oklahoma*
Oklahoma [ˌouklaˈhoumə]
Oklahoma City kaupunki Oklahoman osavaltiossa
old [oəld] s **1** *the old* vanhukset, vanhat (ihmiset) **2** tietyn ikäisestä ihmisestä, eläimestä *many six-year-olds can read* moni kuusivuotias osaa lukea **3** menneet ajat, entisajat *in days of old* ennen vanhaan adj (older, oldest tai elder, eldest) vanha *he's old; he's an old man* hän on vanha (mies) *he's 90 years old* hän on

90-vuotias *how old are you?* kuinka vanha olet? *in the good old days* vanhaan hyvään aikaan *old people* vanhukset, vanhat (ihmiset)
old Adam s vanha aatami
old country s (Amerikkaan muuttaneen) kotimaa
old covenant s (kristinuskossa) vanha liitto
olden [oʊldən] adj (ylät) *in olden days* ennen muinoin, ennen vanhaan
Old English s muinaisenglanti, anglosaksi (700-1150)
older adj (komparatiivi sanasta *old*) vanhempi
oldest adj (superlatiivi sanasta *old*) vanhin
old-fashioned [ˈoʊldˈfæʃənd] adj vanhanaikainen, vanhentunut
old-fashionedly adv vanhanaikaisesti
old guard s (kuv) vanha kaarti, vanhoilliset piirit
old hand s (kuv) vanha tekijä
old hat adj vanhanaikainen *that's old hat* se on vanha vitsi
old maid s 1 vanhapiika 2 sievistelijä; saivartelija
old man s (mon old men) (ark) isäukko, isä
Oldsmobile [ˈoldzmoʊˌbiəl] amerikkalainen automerkki
Old Testament s Vanha testamentti
oldtimer [ˈolˌtaɪmər] s (ark) vanhus, ikämies
Olduvai Gorge [ˈoʊldʊˌvaɪˈgɔrdʒ] Olduvain rotko (Tansaniassa)
olive [alɪv] s oliivi adj oliivinvihreä
olive branch s 1 öljypuun oksa 2 (kuv) rauhantarjous
Ollie [ali] s (skeittailussa) ollie
Olympic [əˈlɪmpɪk] kansallispuisto Washingtonin osavaltiossa
Olympic [əˈlɪmpɪk] adj olympialais-, olympia-
Olympic Games [əˌlɪmpɪkˈgeɪmz] s (mon) olympialaiset
Olympics [əˈlɪmpɪks] s (mon) olympialaiset
Omaha [ˈoʊməˌha] kaupunki Nebraskassa
Oman [oʊman]

Omani [oʊˈmani] s, adj omanilainen
OMB *Office of Management and Budget*
omelet[te] [amlət] s munakas
omen [oʊmən] s enne *bird of ill omen* pahan ilman lintu
ominous [amɪnəs] adj 1 uhkaava, uhkaavan näköinen, pahaenteinen, pahaenteisen näköinen 2 enteellinen
ominously adv ks ominous
omission [oʊˈmɪʃən] s 1 laiminlyönti, tekemättä jättäminen, unohtaminen 2 poisto, pois jättäminen, mainitsematta jättäminen 3 poistettu kohta, poisto
omit [oʊˈmɪt] v 1 lyödä laimin, laiminlyödä, unohtaa 2 poistaa, jättää pois, ei mainita
omnipotence [amˈnɪpətəns] s kaikkivaltius, kaikkivoipuus
omnipotent [amˈnɪpətənt] s, adj kaikkivaltias, kaikkivoipa *the Omnipotent* Kaikkivaltias, Jumala
omnipresent [ˌamnɪˈprezənt] adj kaikkialla läsnä oleva; jota on kaikkialla
omniscience [amˈnɪʃəns] s kaikkitietävyys
omniscient [amˈnɪʃənt] adj kaikkitietävä *the Omniscient* Kaikkitietävä, Jumala
omnivore [ˌamnɪˈvɔr] s kaikkiruokainen eläin (myös kuv esim lukijasta jolle kelpaa kaikki luettava)
omnivorous [amˈnɪvərəs] adj kaikkiruokainen (myös kuv)
1 on [an] adj 1 käynnissä, päällä: *the lights are on* valot ovat päällä, valot palavat *there's a war on* sota on käynnissä, (kuv) käynnissä on täysi sota 2 (esiintymis)vuorossa *you're on next* sinä olet seuraava(na vuorossa)
2 on adv 1 paikallaan, paikalleen, kiinni, päällä, päälle 2 (ajasta, tilasta) alkaen, eteenpäin *from now on* tästä lähtien 3 jatkamisesta: *to keep on doing something* jatkaa jotakin *move on!* liikettä!, jatka matkaa!
3 on prep 1 paikasta: *the book is on the table* kirja on pöydällä *I put the book on the table* panin kirjan pöydälle *he has a hat on his head* hänellä on hattu päässään *the painting is hanging on the wall*

on air

taulu roikkuu seinällä *on the right/left* oikealla/vasemmalla *we have a cottage on the lake* meillä on mökki järven rannalla *it was on tv last night* siitä kerrottiin eilen illalla televisiossa **2** ajasta: *on Tuesday* tiistaina *on time* ajoissa, ajallaan *on his arrival* hänen saapuessaan **3** jäsenyydestä: *to serve on a committee* toimia valiokunnassa **4** aiheesta: *a book on gardening* puutarhakirja **5** tarjoamisesta: *the drinks are on the house* talo tarjoaa ryypyt **6** keinosta: *to live on your savings* elää säästöillään *the machine runs on diesel* kone käy dieselillä **7** kohteesta: *he is working on a dissertation* hän tekee väitöskirjaa **8** tilasta: *he set the car on fire* hän sytytti auton tuleen *the workers went on strike* työläiset ryhtyivät lakkoon

on air fr (ark) televisio- tai radiolähetyksessä

on and off [ˌanənˈaf] adv silloin tällöin, satunnaisesti

on a roll *to be on a roll* **1** olla pelionnea, menestyä (uhka)pelissä **2** menestyä hyvin, olla kova meno päällä

once [wʌns] adv **1** (yhden) kerran *you can do it once* saat tehdä sen yhden kerran *once a day* kerran päivässä *all at once* yhtäkkiä; yhtä aikaa *at once* heti; yhtä aikaa **2** kerran (menneisyydessä), ennen *he was once a famous professor* hän oli aikanaan kuuluisa professori

1CE (tekstiviestissä, sähköpostissa) *once*

once and again fr monesti, vaikka kuinka monta kertaa

once and for all fr kerralla, lopullisesti

once in a while fr silloin tällöin, joskus harvoin

once or twice fr kerrain tai pari, pari kertaa

once upon a time fr (sadun alussa) olipa kerran

oncoming [ˈanˌkʌmiŋ] adj (liikenne) vastaan tuleva, (ajankohta) lähestyvä, (aikakausi, sukupolvi) tuleva

on-demand publishing s tilausjulkaiseminen

1 one [wʌn] s ykkönen, yksi

2 one adj **1** yksi *one book* yksi kirja **2** eräs, joku *one day you'll be sorry for* joskus sinä vielä kadut sitä *one Mr. Smith* muuan Mr. Smith **3** ainoa *his one hope is to find a good lawyer* hänen ainoa toivonsa on löytää hyvä asianajaja **4** yhteinen, yhtenäinen *the grouped acted as one* ryhmä toimi yhtenäisesti/yhtenä rintamana

3 one pron **1** substantiivin korvikkeena: *which one do you want? – the blue one* kumman haluat? – sinisen *one of them* yksi heistä **2** passiivisesti; voidaan joskus kääntää sanalla minä *one is always pleased when one's* (harvinainen amerikanenglannissa, mutta ei brittienglannissa) */your relatives come to visit* on aina mukavaa kun sukulaiset tulevat käymään

one and all fr kaikki, joka iikka (ark)

one another *they don't like one another* he eivät pidä toisistaan

one-armed bandit s (ark) peliautomaatti

one by one fr yksitellen, yksi kerrallaan, peräkkäin

one for the road fr (viimeinen) ryyppy ennen matkaa, ennen lähtöä

oneself [wʌnˈself] pron itseään, itse *one is never sure of oneself in these situations* tällaisessa tilanteessa ei voi koskaan olla varma itsestään *to be oneself* olla oma itsensä

ongoing [ˈanˌgoʊiŋ] adj (edelleen) jatkuva, keskeytymätön

onion [ˈʌnjən] s sipuli *Fred knows his onions* Fred osaa asiansa, Fred tietää mitä hän tekee/mistä hän puhuu

on-line [ˌanˈlaɪn] adj, adv (tietok) yhteydessä keskusyksikköön, keskusyksikön valvonnassa, on-line

online user s (tietok) suorakäyttäjä

onlooker [ˈanˌlʊkər] s sivustakatsoja

only [ˈoʊnli] adj ainoa *are you an only child?* oletko sinä ainoa lapsi? adv vain; vasta *she's only three* hän on vain/vasta kolmen vanha *if only* kunpa vain *not only is he rich but he is also talented* hän on sekä rikas että lahjakas, hän on paitsi rikas myös lahjakas *it'll only cost you*

onward

ten dollars se ei maksa kuin kymmenen dollaria konj mutta *she wanted to buy it, only she did not have the money* hän halusi ostaa sen mutta hänellä ei ollut varaa siihen

only too *she was only too happy to go* hän lähti erittäin mielellään, hän malttoi tuskin odottaa että pääsi lähtemään

on order fr tilauksessa, tilattu (mutta ei saapunut)

on purpose adv tahallaan, tieten tahtoen

onset ['an‚set] s **1** alku, alkaminen, (sairauden) puhkeaminen **2** hyökkäys

onshore ['an‚ʃɔr] adj **1** mereltä puhaltava **2** rannikko-, ranta- adv rannalla, rannalle, maissa, maihin

on sight fr ensi näkemältä

onslaught ['an‚slat] s (raju) hyökkäys (myös kuv)

Ont. *Ontario*

Ontario [an'teriou] Ontario

on the order of fr **1** luokka *the price was on the order of 100 million* hinta oli sadan miljoonan dollarin luokkaa **2** kaltainen *something on the order of that one* jotakin tuon kaltaista

on the right side of the tracks fr hyvässä kaupunginosassa/hyvissä oloissa

on the road fr **1** *to be on the road* olla tien päällä, olla matkalla; olla kiertueella **2** *to get something on the road* käynnistää, aloittaa, panna alulle

on the rocks fr **1** (ryypystä) jäiden kanssa **2** *to be on the rocks* olla vaikeuksissa, olla kariutumassa **3** *to be on the rocks* olla puilla paljailla, olla rahaton

on the run fr *to be on the run* olla (jatkuvasti) menossa/liikkeessä; olla pakosalla *I'll grab a bite on the run* panen matkalla jotakin suuhuni

on the shady side of fr *Morgan is on the shady side of fifty* Morgan on viidenkymmenen huonommalla puolella (yli viidenkymmenen)

on the skids fr *to be on the skids* olla menossa rappiolle, olla alamäessä

on the spot fr *be on the spot* olla pinteessä/kiusallisessa tilanteessa *to do something on the spot* tehdä jotakin heti/viipymättä

on the squares fr **1** suora, suorassa kulmassa **2** (ark kuv) rehellinen, vilpitön

on the take fr *to be on the take* ottaa lahjuksia

on the track of fr *to be on the track of someone/something* olla jonkun/jonkin jäljillä

on the turn fr *the century on the turn* vuosisadan vaihde, vuosisadan vaihtuminen

on the up and up fr *to be on the up and up* (ark) olla rehellinen

on the wagon fr *to be on the wagon* (sl) olla kuivana, ei juoda (alkoholia)

on the whole fr kokonaisuutena, kaiken kaikkiaan, yleisesti ottaen

on the wing fr *to be on the wing* olla lennossa/ilmassa; olla liikkeellä

on time fr **1** *to be on time* olla/tulla ajoissa **2** *to buy on time* ostaa osamaksulla

on to *to be on to something* olla perillä jostakin

onto ['an‚tu antə] prep **1** paikasta: *he got onto the horse* hän nousi ratsun selkään **2** (kuv) *I am onto your schemes* minä olen jyvällä juonistasi, minä tiedän mitä sinä ajat takaa

ontological [‚antə'ladʒɪkəl] adj ontologinen

ontology [an'talədʒi] s ontologia

on top *to stay on top* pysyä kärjessä, säilyttää johtoasema, menestyä

on top of fr **1** jonkin päällä/päälle **2** jonkin lisäksi **3** (heti) jonkin perään **4** *to be on top of the situation* hallita tilanne, olla homma hanskassa (ark)

on top of the world *to be on top of the world* menestyä; olla haltioissaan, olla ikionnellinen *she felt/was on top of the world* hän oli haltioissaan/hän menestyi loistavasti

onus [anəs] s (mon onuses) velvollisuus, taakka

on view *to be on view* olla nähtävänä/näytteillä/esillä

onward [anwərd] adj etenevä *the onward course of things* asioiden/tilanteen kehitys adv eteenpäin, (ajasta) lähtien

onwards

onwards ks onward
on your own time *to do something on your own time* tehdä jotakin omalla ajallaan (ei työaikana)
on your toes *to be on your toes* olla varpaillaan/varpaisillaan/varovainen
1 ooze [uz] s **1** tihkuminen **2** tihkunut aine, mönjä
2 ooze v tihkua (myös kuv:) tihkua julkisuuteen, pursua
opacity [oʊ'pæsəti] s **1** läpinäkymättömyys; himmeys, sumeus, sameus **2** vaikeaselkoisuus, hämäryys, epäselvyys **3** tyhmyys, tylsyys
opal [oʊpəl] s opaali adj opaalinvärinen
opaque [oʊ'peɪk] adj **1** läpinäkymätön, ei läpinäkyvä; himmeä, sumea, samea **2** vaikeaselkoinen, vaikeatajuinen, hämärä **3** tyhmä, tylsä
op.cit. *opere citato; opus citatum* edellä mainitussa teoksessa
OPEC *Organization of Petroleum Exporting Countries*
1 open [oʊpən] s *in the open* ulkona, ulkoilmassa *the whole thing is now in the open* koko juttu on nyt paljastunut
2 open v avata (myös kuv), avautua *to open a box* avata laatikko *to open a show* avata näyttely *she wanted to open her heart to him* hän halusi avata/paljastaa miehelle sydämensä *I can't get it to open* en saa sitä auki *the box office opens at seven* teatterin kassa avataan seitsemältä *the door opens to a patio* ovi avautuu patiolle, ovesta pääsee patiolle
3 open adj **1** avoin (myös kuv), avoinna, auki *the door is open* ovi on auki *the record store is still open* levykauppa on vielä avoinna/auki *the exhibition is open to the public* näyttely on avoinna yleisölle *the matter is still open* asia on vielä auki/ratkaisematta **2** valmis ottamaan vastaan jotakin *he says he is open to suggestions* hän sanoi olevansa valmis kuulemaan ehdotuksia **3** ulko- *in the open air* ulkona, ulkoilmassa
open air s ulkoilma
open-air adj ulkoilma-, ulko-
open-and-shut adj ilmiselvä *it's an open-and-shut case* tapaus on ilmiselvä
open book s (kuv) avoin kirja
open-door day s avoimien ovien päivä
open-door policy s avoimen oven politiikka
opener s avaaja, avain *can opener* tölkinavaaja
openers *for openers* alkajaisiksi
open-heart surgery s avosydänleikkaus
open house s **1** kutsut joihin voi saapua milloin haluaa **2** avoimien ovien päivä
opening s **1** avaaminen **2** aukko **3** alku, aloitus **4** avajaiset **5** vapaa työpaikka, työtilaisuus **6** tilaisuus, mahdollisuus adj alku-, aloitus-
opening night s ensi-ilta
open interest s (tal) avoin vastuu
openly [opənli] adv avoimesti, peittelemättä *to admit something openly* myöntää avoimesti, ei yrittääkään salailla
open-minded adj ennakkoluuloton, vastaanottavainen
open outcry ['aʊt,kraɪ] s (tal) eräiden pörssien käyttämä kaupankäyntitapa joka perustuu huutamalla ja käsimerkein annettaviin osto- ja myyntinoteerauksiin
open stance s (golf) avoin stanssi, asento jossa oikeakätinen pelaaja tähtää kohteesta vasemmalle
open up v avata, avautua
opera [aprə] s ooppera
operate ['apə,reɪt] v **1** toimia *the recorder operates on batteries* nauhuri toimii paristoilla *the company operates in many countries* yritys toimii/käy kauppaa monissa maissa **2** käyttää *do you know how to operate this machine?* osaatko käyttää tätä laitetta? **3** (lääk) leikata
operatic [,apə'rætɪk] adj ooppera-
operating environment s (tietokoneen) käyttöympäristö
operating room s (lääk) leikkaussali
operating system s (tietokoneen) käyttöjärjestelmä
operating table s (lääk) leikkauspöytä
operating theater s (lääk) leikkaussali jossa on katsomo

operation [ˌapəˈreɪʃən] s **1** toiminta *the machine is in/out of operation* kone on toiminnassa/epäkunnossa **2** käyttö **3** hanke, toimi, toimenpide **4** (lääk) leikkaus **5** (sot) sotatoimi

operational [ˌapəˈreɪʃənəl] adj toimiva *the machine is not yet operational* kone ei ole vielä toiminnassa

operative [apərətɪv] s **1** koneenkäyttäjä **2** etsivä **3** salainen agentti adj **1** tehokas, vaikuttava, toimiva **2** joka on voimassa *the law will soon become operative* laki astuu pian voimaan **3** (lääk) leikkaus-

operative word s avainsana, keskeinen sana

operator [ˈapəˌreɪtər] s **1** (puhelun)välittäjä **2** koneenkäyttäjä **3** (linja-auton) kuljettaja **4** (tietokoneen) operaattori

operetta [ˌapəˈretə] s operetti

opinion [əˈpɪnjən] s **1** mielipide **2** käsitys *she has a high opinon of herself* hänellä on suuret käsitykset itsestään **3** (lääkärin) lausunto *I want to hear a second opinion* haluan lausunnon toiseltakin lääkäriltä

opinionated [əˈpɪnjəˌneɪtəd] adj (liian) itsevarma, omahyväinen, itseriittoinen, omapäinen

opium [oʊpiəm] s oopiumi

opossum [əˈpasəm] s pussirotista (Didelphidae) *southern opossum* isokorvaopossumi *Virginia opossum* virginianopossumi (myös common opossum)

opponent [əˈpoʊnənt] s vastustaja

opportune [ˌapərˈtun] adj (hetki) otollinen, (huomautus) osuva, sattuva, (teko) oikea, sopiva

opportunely adv ks opportune

opportunism [ˌapərˈtunɪzəm] s opportunismi

opportunist [ˌapərˈtunɪst] s opportunisti

opportunistic [ˌapərtuˈnɪstɪk] adj opportunistinen

opportunity [ˌapərˈtunəti] s tilaisuus, mahdollisuus *company X is an equal opportunity employer* yritys X noudattaa rotuvähemmistöjen työhönotosta annettuja suosituksia

oppose [əˈpoʊz] v **1** vastustaa, ei hyväksyä **2** asettua vastaehdokkaaksi

opposed adj **1** vastaan *to be opposed to something* vastustaa jotakin **2** *as opposed to* johonkin verrattuna, toisin kuin jokin

opposite [apəzət] s vastakohta *opposites attract* erilaiset ihmiset tuntevat vetoa toisiinsa *what is the opposite of hot?* mikä on sanan *hot* vastakohta? *no, I'm not tired, quite the opposite* en suinkaan ole väsynyt, päinvastoin adj vastakkainen *at the opposite end of the room* huoneen toisessa päässä *the opposite sex* vastakkainen sukupuoli adv vastapäätä, vastakkaisella puolella, viereisellä sivulla prep vastapäätä *Mrs. Smythe was seated opposite Mr. Hawk at the table* Smythe istui pöydässä Hawkia vastapäätä

opposition [ˌapəˈzɪʃən] s **1** vastustus, vastarinta **2** (pol) oppositio

oppositionist s vastustaja; oppositionjäsen

oppress [əˈpres] v **1** sortaa **2** ahdistaa, painaa mieltä

oppression [əˈpreʃən] s **1** sorto;

oppressive [əˈpresɪv] adj **1** painostava, ahdistava **2** sortava, tyranni-, diktatorinen

oppressiveness s **1** sorto **2** tukahduttavuus, raskaus, ahdistavuus

oppressor [əˈpresər] s sortaja

opt for [apt] v valita jokin

optic [aptɪk] adj silmä-, näkö-

optical [aptɪkəl] adj **1** optinen **2** silmä-, näkö-

optical character reader s optinen lukija

optical disk s kuvalevy

optical illusion [ˌaptɪkəlɪˈluʒən] s näköharha

optician [apˈtɪʃən] s optikko

optic nerve s näköhermo

optics s (verbi yksikössä) optiikka, valo-oppi

optimism [ˈaptəˌmɪzəm] s optimismi, toiveikkuus, elämänmyönteisyys, luottavaisuus

optimist [aptəmɪst] s optimisti

optimistic

optimistic [ˌaptə'mıstık] adj optimistinen, toiveikas, elämänmyönteinen, luottavainen
optimistical adj ks optimistic
optimistically adv optimistisesti, toiveikkaasti, elämänmyönteisesti, luottavaisesti
optimize ['aptəˌmaız] v optimoida
optimum [aptəməm] s (mon optimums, optima) optimi, ihannearvo, ihannemäärä adj optimaalinen, paras mahdollinen
option [apʃən] s **1** valinnan mahdollisuus, valinta **2** (tal) optio
optional [apʃənəl] adj vapaaehtoinen, ylimääräinen *a sunroof is optional equipment on this car* kattoluukku on tässä autossa lisävaruste/maksaa lisähintaa
options exchange s (tal) optiopörssi
opt out v luopua, hylätä, erota
opulence [oupjələns] s **1** rikkaus **2** yllelisyys, mahtavuus, koreus **3** runsaus
opulent [oupjələnt] adj **1** rikas **2** mahtava, ylellinen **3** runsas
opus [oupəs] s (mon opuses, opera) teos, sävellys, opus
or [ɔr] konj **1** tai, (kysymyslauseessa) vai, (kielteisessä lauseessa) eikä *do you want to stay or leave?* haluatko jäädä tänne vai lähteä? *she does not want to eat or drink* hän ei halua syödä eikä juoda **2** eli *the clavicle, or collarbone, is located here* clavicula eli solisluu sijaitsee tässä
OR *Oregon; operating room*
oracle [ɔrəkəl] s **1** ennustus, ennuste **2** ennustaja, oraakkeli
oral [ɔrəl] s (ark) suullinen tentti/koe adj **1** suullinen **2** suun, suu- **3** (lääke) sisäisesti nautittava
orange [ɔrəndʒ] s appelsiini adj oranssi, oranssinvärinen
orangutan [ə'ræŋəˌtæn] s orangutangi, oranki
oration [o'reıʃən] s juhlapuhe, puhe
orator [ɔrətər] s oraattori, kaunopuhuja, juhlapuhuja, puhuja
orb [ɔrb] s **1** pallo **2** silmämuna, silmä **3** taivaankappale **4** (hallitsijan tunnus) valtakunnan omena

1 orbit [ɔrbət] s **1** kiertorata *to go into orbit* nousta/siirtyä kiertoradalle; (kuv) innostua valtavasti, ei tahtoa pysyä housuissaan **2** elämänpiiri, ympyrät (kuv)
2 orbit v (satelliitti ym) kiertää
orbital [ɔrbətəl] adj kiertoradan, kiertorata-
orbiter [ɔrbətər] s avaruussukkulan varsinainen sukkulaosa; avaruusluotain
orb web spider s ristihämähäkki
orca [ɔrkə] s miekkavalas
orchard [ɔrtʃərd] s hedelmätarha
orchestra [ɔrkəstrə] s orkesteri
orchestral [ɔr'kestrəl] adj orkesteri-, orkestraalinen
orchestrate ['ɔrkəsˌtreıt] v **1** säveltää/sovittaa/soitintaa (musiikkia) orkesterille **2** järjestää, junailla (kuv), kyhätä kokoon
orchestration [ˌɔrkəs'treıʃən] s **1** orkestrointi **2** järjestely, junailu (kuv)
orchid [ɔrkıd] s orkidea
ordain [ɔr'deın] v **1** vihkiä papiksi **2** säätää, määrätä (lailla)
ordeal [ɔr'diəl] s **1** koettelemus **2** (hist) jumalantuomio
1 order [ɔrdər] s **1** (peräkkäinen) järjestys *in alphabetical order* aakkosittain, aakkosjärjestyksessä *in descending order of merit* parhaimmasta huonoimpaan **2** (oikea) järjestys *let me put this room in order first* odota kun järjestän ensin tämän huoneen **3** kuri, järjestys **4** kunto *the elevator is out of order* hissi on epäkunnossa **5** käsky, määräys *this is an order!* tämä on käsky! *doctor's orders* lääkärin määräyksestä **6** tilaus *can I take your order?* (ravintolassa) oletteko valmis tilaamaan? **7** (tal) toimeksianto **8** (historiallisessa arkkitehtuurissa) pylväsjärjestelmä **9** yhteiskuntaluokka
2 order v **1** määrätä, käskeä **2** järjestää **3** tilata
orderly [ɔrdərli] s **1** sotilaspalvelija **2** sairaala-apulainen adj **1** siisti *he is very orderly* hän on järjestyksen ihminen **2** kurinalainen, rauhallinen
ordinal [ɔrdənəl] s järjestysluku adj järjestys-

ordinance [ɔrdnəns] s (virallinen) määräys, käsky
ordinarily [ˌɔrdə'nerəli] adv 1 tavallisesti, yleensä 2 vaatimattomasti, tavallisesti
ordinary ['ɔrdəˌneri] s keskinkertaisuus *to be above the ordinary* olla tavanomaista parempi *out of the ordinary* poikkeuksellinen, harvinainen; poikkeuksellisen hyvä, harvinaisen hyvä adj 1 tavallinen 2 keskinkertainen 3 tavanomainen, totunnainen
ordnance [ɔrdnəns] s tykistö *a piece of ordnance* tykki
ore [ɔr] s malmi
Ore. *Oregon*
Oreg. Oregon
oregano [ə'regəˌnoʊ] s (mauste) oregano
Oregon [ɔrɪgən]
organ [ɔrgən] s 1 elin 2 penis 3 äänenkannattaja 4 urut 5 (kuv) välikappale
organic [ɔr'gænɪk] adj orgaaninen (eri merkityksissä), eloperäinen, elollinen; elimellinen; biodynaaminen; erottamaton
organically adv orgaanisesti (ks organic)
organic chemistry s orgaaninen kemia
organism ['ɔrgəˌnɪzəm] s 1 organismi, eliö, elimistö 2 organismi, kokonaisuus
organization [ˌɔrgənɪ'zeɪʃən] s 1 järjestely, suunnittelu, organisointi 2 järjestö; (liike)yritys, organisaatio 3 järjestys, jako, rakenne
organize ['ɔrgəˌnaɪz] v 1 järjestää, järjestäytyä, suunnitella, organisoida 2 järjestäytyä ammattiyhdistykseen; yrittää saada järjestäytymään
organized adj 1 järjestelmällinen 2 (ammattiyhdistykseen) järjestäytynyt
organized crime s järjestäytynyt rikollisuus
organizer s järjestäjä, järjestelijä, suunnittelija, organisoija, organisaattori
orgasm [ɔrgæzəm] s orgasmi
orgy [ɔrdʒi] s orgiat
oribi [orəbi] s (el) oribi
Orient [ɔriənt] s itämaat, orientti

orient v 1 suunnata, suuntautua 2 suunnistaa 3 perehdyttää joku johonkin; perehtyä johonkin
Oriental [ˌɔri'entəl] s itämaalainen adj itämaalainen, itämainen
orientate ['ɔriənˌteɪt] v ks orient
orientation [ˌɔriən'teɪʃən] s 1 suuntaaminen, suuntaus 2 perehdytys; perehtyminen tutustuminen
orienteering [ˌɔriən'tɪərɪŋ] s (urh) suunnistus
orifice [ɔrəfəs] s aukko
origin [ɔrədʒən] s alkuperä, syntyperä, alkulähde (myös kuv)
original [ə'rɪdʒənəl] s alkuperäiskappale adj 1 alkuperäinen, alkuperäis- 2 omaperäinen, itsenäinen, tuore
originality [əˌrɪdʒə'næləti] s omaperäisyys, itsenäisyys, kekseliäisyys, tuoreus
originally adv 1 alun perin, alkujaan 2 omaperäisesti
original sin s perisynti
originate ['ə'rɪdʒəˌneɪt] v 1 saada alkunsa, olla peräisin jostakin *the rumors originated in this office* huhut lähtivät liikkeelle tästä toimistosta *that VCR originates from South Korea* tuo kuvanauhuri on peräisin Pohjois-Koreasta 2 panna alulle, ottaa käyttöön
originator s alullepanija, ajatuksen isä, keksijä
Orion [ə'raɪən] (tähdistö) Orion
Ork. *Orkney*
Orkney Islands [ˌɔrkni'aɪlənz] (mon) Orkneysaaret
1 **ornament** [ɔrnəmənt] s 1 koriste, koru, koriste-esine 2 koristekuvio, koristelu
2 **ornament** v koristella
ornamental [ˌɔrnə'mentəl] adj koristeellinen, koriste-
ornate [ɔr'neɪt] adj (liian) koristeellinen, pramea, hienosteleva, mahtipontinen
ornately adv ks ornate
ornateness s (liika) koristeellisuus, prameus, mahtipontisuus
ornithological [ˌɔrnɪθə'lɑdʒɪkəl] adj lintutieteellinen
ornithologist [ˌɔrnɪ'θalədʒɪst] s lintujen tutkija, ornitologi
ornithology [ˌɔrnɪ'θalədʒi] s lintutiede

orphan [ˈɔrfən] s, adj orpo(-) v jättää orvoksi
orphanage [ˈɔrfənədʒ] s orpokoti
orthodontics [ˌɔrθəˈdɑntɪks] s (verbi yksikössä) ortodontia, hampaiden oikominen
orthodox [ˈɔrθəˌdɑks] adj **1** oikeaoppinen, puhdasoppinen, ortodoksinen **2** *Orthodox* ortodoksinen, kreikkalaiskatolinen; ortodoksijuutalainen **3** perinteinen, sovinnainen, totunnainen
Orthodox Church s ortodoksinen kirkko, kreikkalaiskatolinen kirkko
Orthodox Jew s ortodoksijuutalainen
orthodox sleep s ortodoksinen uni
orthodoxy [ˈɔrθəˌdɑksi] s oikeaoppisuus, puhdasoppisuus, ortodoksia
orthographic [ˌɔrθəˈgræfɪk] adj oikeinkirjoituksen, oikeinkirjoitus-
orthography [ɔrˈθɑgrəfi] s oikeinkirjoitus
orthopedic [ˌɔrθəˈpidɪk] adj ortopedinen
orthopedics s (verbi yksikössä) (tuki- ja liikuntaelinten lääkärinhoito) ortopedia
orthopedist [ˌɔrθəˈpidɪst] s (tuki- ja liikuntaelinten erikoislääkäri) ortopedi
oryx [ˈɔrəks] s (eräs keihäsantilooppi) beisa
oscillate [ˈɑsəˌleɪt] v **1** heilua **2** värähdellä **3** (kuv) ailahdella; empiä
oscillation [ˌɑsəˈleɪʃən] s **1** heilunta **2** värähtely **3** (kuv) ailahtelu; empiminen, epäröinti
oscillator s oskillaattori, värähtelijä
oscilloscope [əˈsɪləˌskoʊp] s oskilloskooppi
OSHA *Occupational Safety and Health Administration*
Oslo [ˈɑsloʊ]
osprey [ˈɑspreɪ] s (lintu) sääksi, kalasääski
OSS *Office of Strategic Services*
ostensible [əsˈtɛnsɪbəl] adj näennäinen
ostensibly adv muka, näennäisesti
ostentation [ˌɑstənˈteɪʃən] s mahtailu, rehentely, komeilu
ostentatious [ˌɑstənˈteɪʃəs] adj mahtaileva, rehentelevä, komeileva, leuhka

osteoporosis [ˌɑstioʊpəˈroʊsəs] s (lääk) luukato, osteoporoosi
ostracism [ˈɑstrəˌsɪzəm] s **1** (sosiaalinen) hylkääminen **2** maasta karkotus
ostracize [ˈɑstrəˌsaɪz] v **1** katkaista välinsä johonkuhun, hylätä joku **2** karkottaa, ajaa maanpakoon
ostrich [ˈɑstrɪtʃ] s strutsi
OTA *Office of Technology Assessment*
OTC *over-the-counter*
other [ˈʌðər] adj toinen, muu *he met many other runners* hän tapasi paljon muita juoksijoita *every other* joka toinen *the other day* äskettäin *on the other hand* toisaalta adv toinen, muu *somehow or other* jotekin, tavalla tai toisella pron toinen, muu *others* toiset, muut *someone/something or other* joku/jokin
other than adv paitsi *he said nothing other than that he would come back later* hän sanoi vain että hän tulisi myöhemmin takaisin
otherwise [ˈʌðərˌwaɪz] adv **1** toisenlainen, erilainen *do you believe otherwise?* onko sinulla erilainen käsitys asiasta? **2** muilta osin *otherwise, the result was satisfactory* muutoin tulos oli tyydyttävä konj muuten, muutoin *we have to act soon, otherwise it will be too late* meidän on toimittava nopeasti ennen kuin on myöhäistä
otherwordly [ˌʌðərˈwərəldli] adj (ihminen) joka on muissa maailmoissa, (asenne) todellisuudellle vieras; epäkäytännöllinen
OTOH (tekstiviestissä, sähköpostissa) *on the other hand*
Ottawa [ˈɑtəwə] kaupunki Kanadassa
otter [ˈɑtər] s saukko
ought [ɑt] apuv **1** (velvollisuus, suositus) pitää, pitäisi, kuulua, kuuluisi *everybody ought to help their neighbors* kaikkien pitäisi auttaa lähimmäisiään *you ought to read that novel* sinun pitäisi lukea se romaani **2** (todennäköisyydestä) pitäisi *he ought to be at home by now* hänen pitäisi jo olla kotona
oughtn't [ˈɑtənt] *ought not*
ounce [aʊns] s unssi (28, 349 g) *an ounce of prevention is better than a*

pound of cure parempi virsta väärää kuin vaaksa vaaraa

our [aʊər] pron meidän *our car* meidän automme

ours [aʊərz arz] pron meidän *that car is ours* tuo on meidän automme

ourself [aʊər'self ar'self] pron oma itse

ourselves [aʊər'selvz ar'selvz] pron (me) itse: *we did it ourselves* teimme sen itse *we did ourselves a big favor* teimme itsellemme suuren palveluksen, autoimme itseämme suuresti *we are ourselves in a lot of trouble* me olemme itsekin pahassa pulassa *after a while, we were almost ourselves again* vähän ajan päästä olimme taas melkein oma itsemme

oust [aʊst] v syrjäyttää (virasta); ajaa pois jostakin; häätää; kitkeä pois jostakin

out [aʊt] adv ks myös *out of* **1** ulkona, ulkopuolella, ulos *she went out* hän meni ulos, hän lähti käymään jossakin (esim toimiston ulkopuolella) *she went out with Tom* hän meni ulos/treffeille Tomin kanssa **2** poissa, *he is out of town* hän on matkoilla, hän ei ole kaupungissa *the machine is out of order* kone ei ole kunnossa, kone on epäkunnossa **3** lopussa, loppuun, tyhjä, tyhjäksi *he dried his clothes out* hän kuivasi vaatteensa *we are out of milk* maito on päässyt loppumaan *he ran out of gas* häneltä loppui (autosta) bensa *to blow out a candle* puhaltaa kynttilä sammuksiin **4** ilmestymisestä: *when will your new book be out?* milloin uusi kirjasi julkaistaan/ilmestyy? **5** tiedossa, paljastunut *the news was out before we could do anything about it* uutinen paljastui ennen kuin ehdimme tehdä mitään asian eteen *out with it!* kakista ulos vain! *she said it all out* hän kertoi/paljasti kaiken **6** tavoitteesta: *the mob is out to get you* mafia etsii sinua *she is out for fun* hän aikoo pitää hauskaa, hän on tullut pitämään hauskaa **7** ääneen, selvästi *to speak out* puhua selvästi *to say something out loud* sanoa jotakin ääneen/kuuluvasti **8** sammunut, sammutettu, ei päällä *the lights/fire are out* valot on sammutettu, tulipalo on sammutettu/sammunut prep ulos, pois jostakin *the man jumped out the window* mies hyppäsi ikkunasta

out and away adv selvästi, ehdottomasti

out-and-out [ˌaʊtən'aʊt] adj täysi, silkka, pelkkä

outback [ˌaʊt'bæk] s (Australian) syrjäseudut, takamaat

outboard motor ['aʊtˌbɔrd] s perämoottori

outbound ['aʊtbaʊnd] adj (juna, laiva) lähtevä, asemalta/satamasta matkaava

outbox ['aʊtbaks] s (postin, sähköpostin) lähtölokero

outbreak ['aʊtˌbreɪk] s (sodan, taudin) puhkeaminen, (sodan) syttyminen, (vihan, kiukun) puuska, (raivo)kohtaus

outbuilding ['aʊtˌbɪldɪŋ] s ulkorakennus

outburst ['aʊtˌbərst] s (ilon, vihan) puuska, (raivo)kohtaus

outcast ['aʊtˌkæst] s hylkiö adj hylätty

outclass [ˌaʊt'klæs] v jättää joku/jokin varjoonsa *Cecil outclassed the competition* kilpailijat kalpenivat Cecilin rinnalla, Cecil jätti kilpailijat varjoonsa

outcome ['aʊtˌkʌm] s lopputulos, seuraus

outcrop ['aʊtˌkrap] s (kuv) puhkeaminen, puuska

outcry ['aʊtˌkraɪ] s vastalauseiden aalto, yleinen närkästys/suuttumus *the president's announcement caused a public outcry* presidentin antama ilmoitus johti yleiseen vastalauseiden aaltoon

outdated [ˌaʊt'deɪtəd] adj vanhentunut, vanhanaikainen

outdid [ˌaʊt'dɪd] ks outdo

outdistance [ˌaʊt'dɪstəns] v jättää joku jälkeensä

outdo [ˌaʊt'du] v outdid, outdone: (kuv) ylittää, olla parempi kuin *I outdid myself in the chess game* ylitin itseni šakkiottelussa

outdoor ['aʊtˌdɔr] adj ulko-, ulkoilma-

outdoors [ˌaʊt'dɔrz] s (verbi yksikössä) ulkoilma, luonto *as big as all outdoors* iso kuin mikä, valtava adv ulkona, ulkoilmassa, luonnossa

outdoorsy [aʊt'dɔrzi] adj (ark) ulkona, luonnossa viihtyvä
outer [aʊtər] adj ulompi, ulko-
outermost ['aʊtər‚moʊst] adj uloin, ulommainen
outer space [‚aʊtər'speɪs] s ulkoavaruus
outfield ['aʊt‚fiəld] s (baseball) ulkokenttä; ulkokenttäpelaajat
outfielder s (baseball) ulkokenttäpelaaja
1 outfit ['aʊt‚fɪt] s **1** (retkeily- ym) varusteet, varustus, välineet, tarpeet **2** (yhtenäinen) puku, asu **3** (työ)ryhmä, joukko **4** liikeyritys
2 outfit v varustaa (retkeilijä ym)
outflank [‚aʊt'flæŋk] v **1** saartaa (vihollinen) sivustasta **2** (kuv) yllättää *he outflanked the opposition* hän ohitti vastustajansa
out for *to be out for something* etsiä/tavoitella/haluta (hanakasti) jotakin
outgoing [‚aʊt'goʊɪŋ] adj **1** (juna, lentokone, posti) lähtevä **2** joka on eroamassa/vetäytymässä syrjään (virasta ym) **3** seurallinen, ulospäin suuntautunut
outgrow [‚aʊt'groʊ] v outgrew, outgrown **1** *Davie has outgrown those pants* nuo housut ovat jääneet Davielle pieniksi **2** päästä eroon jostakin *he finally outgrew his selfishness* hän pääsi viimein eroon itsekkyydestään
outgrowth ['aʊt‚groʊθ] s seuraus; sivuvaikutus
outguess [‚aʊt'ges] v arvata/hoksata (etukäteen) jonkun aikeet, olla nokkelampi kuin
outhouse ['aʊt‚haʊs] s ulkohuone
outing [aʊtɪŋ] s (virkistys)retki
outlandish [‚aʊt'lændɪʃ] adj **1** outo, kumma, räikeä, huomiota herättävä **2** syrjäinen, kaukainen
outlandishly adv ks outlandish
1 outlaw ['aʊt‚lɑ] s lainsuojaton
2 outlaw v **1** kieltää **2** julistaa lainsuojattomaksi
1 outlay ['aʊt‚leɪ] s (rahasta) meno(t), kulu(t)
2 outlay v käyttää, kuluttaa (rahaa)
outlet [aʊtlət] s **1** aukko, kanava, poistoputki, laskuputki **2** (kuv) ilmaisun/toiminnan mahdollisuus/kanava, varoventtiili **3** tehtaanmyymälä
1 outline ['aʊt‚laɪn] s **1** ääriviivat **2** (kuv) ääriviivat, yleisesitys, pääpiirteet, perusteet, yhteenveto, suuntaviivat, (yleis)suunnitelma
2 outline v **1** hahmotella, piirtää ääriviivat **2** (kuv) hahmotella, luonnehtia, kuvailla pääpiirteissään, esitellä (alustavasti)
outlive [‚aʊt'lɪv] v **1** elää kauemmin kuin *women usually outlive their husbands* naiset elävät yleensä pitempään kuin miehensä **2** selvitä jostakin, kestää jotakin
outlook ['aʊt‚lʊk] s **1** näkymä, maisema **2** tulevaisuudennäkymät, tulevaisuudenkuva **3** (elämän)asenne; näkökulma
outlying ['aʊt‚laɪɪŋ] adj **1** syrjäinen, kaukainen **2** ulkopuolinen, rajan takainen
outmaneuver [‚aʊtmə'nuvər] v puijata jotakuta, yllättää, ohittaa
outnumber [‚aʊt'nʌmbər] v olla enemmän kuin
out of prep **1** jonkin ulkopuolella, poissa jostakin *the director is out of the country right now* johtaja on juuri nyt ulkomailla *the man jumped out of the window* mies hyppäsi ikkunasta **2** alkuperästä, materiaalista: *this car is made out of fiberglass* tämä auto on valmistettu lasikuidusta *your stories are out of this world* sinun juttusi ovat uskomattomia/poskettomia *three people out of five prefer this soap* kolme ihmistä viidestä pitää tätä saippuaa parhaana **3** ilman: *we're out of milk* maito on päässyt loppumaan *you're out of luck* sinua ei onnistanut, sinä et onnistunut **4** syystä: *he did it out of malice* hän teki sen ilkeyttään/kiusallaan
out-of-date [‚aʊtəv'deɪt] adj vanhentunut, vanhanaikainen
out of it fr **1** tajuton, sammunut; (ajatuksista) sumeat **2** *to feel out of it* tuntea itsensä ulkopuoliseksi **3** poissa pelistä
out of line *to be out of line* **1** ei olla ojennuksessa/suorassa **2** käytännön/tapojen vastainen, poikkeava **3** olla sopi-

maton *you're way out of line, mister* nyt menitte kyllä liian pitkälle

out of order fr **1** epäkunnossa **2** sopimaton

out of place fr **1** väärällä paikalla **2** (kuv) sopimaton, tahditon, epähieno

out-of-pocket [ˌaʊtəvˈpakət] adj **1** käteis- *out-of-pocket expenses* käteismenot **2** varaton, rahaton

out-of-print [ˌaʊtəvˈprɪnt] adj (kirjasta) jonka painos on loppunut

out of sight [ˌaʊtəˈsaɪt] fr **1** näkymättömissä, poissa näkyvistä **2** (ark) suunnaton, kohtuuton **3** (ark) hieno, upea, fantastinen

out of sight, out of mind fr mitä ei näe, sitä ei muista

out of spirits *to be out of spirits* olla mieli maassa

out of square fr **1** vino **2** erilainen kuin (with)

out of step *to be out of step* **1** ei marssia tahdissa **2** ei olla (esim ajan) tasalla

out-of-the-money-option s (tal) miinusoptio

out of the running *to be out of the running* ei osallistua kilpailuun, ei kilpailla; ei sijoittua kärkeen, ei päästä kärkisijoille

out-of-the-way [ˌaʊtəvðəˈweɪ] adj **1** syrjäinen **2** harvinainen **3** joka on poissa tieltä **4** kaukainen **5** sopimaton, aiheeton, tahditon **6** poikkeuksellinen, uskomaton

out of time *to be out of time with* olla eri tahdissa kuin

out of tune *the piano is out of tune* piano on epävireessä

out of turn fr **1** epäjärjestyksessä **2** *to speak out of turn* ei odottaa puheenvuoroaan, avata suunsa väärällä hetkellä

out of whack fr (ark) **1** vinossa **2** epäkunnossa/rikki

out of work *to be out of work* olla työtön

outpace [ˌaʊtˈpeɪs] v jättää jälkeensä, ohittaa

outpatient [ˈaʊtˌpeɪʃən] s avopotilas

outpost [ˈaʊtˌpoʊst] s etuvartioasema (myös kuv); etuvartio (myös kuv) *the place is an outpost of Western civilization* paikka on (varsinainen) länsimaisen sivistyksen etuvartioasema

1 output [ˈaʊtˌpʊt] s **1** tuotanto **2** (tietok) tuloste *input and output* (tiedon)siirto, syöttö ja tulostus, otto ja anto

2 output v **1** tuottaa, valmistaa **2** (tietok) tulostaa

1 outrage [ˈaʊtˌreɪdʒ] s **1** raakuus, julmuus, törkeä teko; häpeällinen teko, rikkomus, loukkaus *what he did was an outrage against good manners* hänen tekonsa loukkasi hyviä tapoja **2** suuttumus, närkästys

2 outrage v suututtaa, närkästyttää, loukata, rikkoa jotakin vastaan

outrageous [ˌaʊtˈreɪdʒəs] adj **1** raaka, raakamainen, julma **2** törkeä, röyhkeä, hävytön, loukkaava

outrageously adv törkeästi, röyhkeästi, hävyttömästi

outright [ˈaʊtˌraɪt] adj täysi, silkka, selvä, suoranainen *that's an ouright lie* tuo on silkkaa valhetta adv **1** suoraan, avoimesti **2** heti, välittömästi **3** (ostaa, maksaa) kerralla (maksaa heti koko hinta)

outsell [ˌaʊtˈsel] v (outsold, outsold) mennä paremmin kaupaksi kuin; myydä enemmän kuin

outset [ˈaʊtˌset] s alku *at the outset* (heti) alussa, (heti) aluksi *from the outset* alusta alkaen, alusta pitäen, jo alun perin

outshine [ˌaʊtˈʃaɪn] v outshone/outshined, outshone/outshined: jättää joku/jokin varjoonsa *this detergent outshines its competition* kilpailevat tuotteet kalpenevat tämän pesuaineen rinnalla

outside [ˌaʊtˈsaɪd] s **1** ulkopuoli *it's black on the inside and white on the outside* se on sisältä musta ja ulkoa valkoinen **2** *at the outside* korkeintaan, enintään adj **1** ulkoinen, ulkopuolinen, ulko- **2** ääri- *give me an outside figure* kerro mitä se korkeintaan maksaa, anna hinnalle yläraja **3** epätodennäköinen, erittäin pieni *outside chance* häviävän pieni mahdollisuus adv ulkona, ulos, ulkopuolella, ulkopuolelle prep **1** ulkopuolella, ulkopuolelle **2** paitsi, lukuun ottamatta

outside linebacker s (amerikkalaisessa jalkapallossa) ulompi tukimies
outsider s sivullinen, ulkopuolinen
outsized ['aʊtˌsaɪzd] adj tavallista suurempi/raskaampi, valtava, suunnaton, (vaate) iso(kokoinen)
outskirts ['aʊtˌskɜrts] s (mon) laitamat *on the outskirts of the town* kaupungin laitamilla
outsource ['aʊtˌsoərs] v (tal) ulkoistaa
outsourcing s (tal) ulkoistus
outspoken [ˌaʊt'spoʊkən] adj suora, suorasukainen, avoin; varaukseton
outstanding [ˌaʊt'stændiŋ] adj **1** erinomainen, loistava, poikkeuksellinen, harvinaisen hyvä **2** erääntynyt, maksamaton **3** (työ) keskeneräinen, tekemätön
outstandingly adv ks outstanding
outstrip [ˌaʊt'strɪp] v jättää varjoonsa/jälkeensä, peitota, ohittaa, ylittää
outward [aʊtwərd] adj **1** ulkoinen, ulkonainen **2** ulospäin suuntautuva, (matka) meno- adv ulospäin, ulos
outwardly adv ulkonaisesti, ulospäin, ulkopuolelta
outwards adv ulospäin, ulos
outweigh [ˌaʊt'weɪ] v **1** painaa enemmän kuin **2** (kuv) merkitä enemmän kuin, korvata *the advantages of the new system far outweigh its disadvantages* uudessa järjestelmässä on paljon enemmän etuja kuin haittoja
outwit [ˌaʊt'wɪt] v puijata, vetää nenästä, arvata/hoksata (etukäteen) jonkun aikeet, olla ovelampi kuin
ova [oʊvə] ks ovum
oval [oʊvəl] s oikio, ovaali adj soikea
ovary [oʊvəri] s munasarja
ovation [oʊ'veɪʃən] s myrskyisät suosionosoitukset
oven [ʌvən] s uuni
over [oʊvər] adv **1** tänne, tuonne, tuolla puolen, tuolle puolelle, tällä puolen, tälle puolen, yli *we swam over to the other side* uimme joen yli *move over* teehän tilaa!, siirry! *come over some day* pistäydy joskus meillä **2** *all over* kaikkialla, joka paikassa *the dog was wet all over* koira oli yltä päältä märkä, koira oli läpimärkä **3** ympäri *he turned the record over* hän vaihtoi levyn puolta, hän käänsi levyn **4** loppu, ohi *it's all over now* se on nyt ohi, se on nyt mennyttä **5** uudestaan *over and over* yhä uudestaan **6** yli *children aged five and over* vähintään viisivuotiaat lapset, viisivuotiaat ja sitä vanhemmat lapset **7** luona *can I stay over?* voinko jäädä teille yöksi? prep **1** päällä, päälle, yllä, ylle, yli, ylitse, yläpuolella, yläpuolelle *the lamp is over the table* lamppu on pöydän päällä/yläpuolella *over my dead body!* vain minun kuolleen ruumiini yli!, ei ikinä! **2** *all over* kaikkialla, kaikkialle *there were toys all over the living room* leluja lojui pitkin olohuonetta *all over the world* kaikkialla maailmassa, eri puolilla maailmaa **3** (ajasta) aikana, ajaksi *over the years* vuosien mittaan **4** kautta: *he heard it over the phone/radio* hän kuuli sen puhelimitse/radiosta **5** aiheesta: *they bickered over the price* he kinasivat hinnasta **6** (kuv) yli *the limo is over twenty feet long* limousine on yli kuuden metrin mittainen *the weight is over the limit* paino ylittää sallitun rajan **7** ääressä *Kate fell asleep over her work* Kate nukahti työnsä ääreen *why don't we talk about it over dinner* puhutaan siitä päivällisellä
overall [ˌoʊvər'al] adj kokonais-; yleinen adv kaiken kaikkiaan, kokonaisuutena ottaen
overalls ['oʊvərˌalz] s (mon) haalarit, suojapuku
over and above fr lisäksi, enemmän kuin *this is over and above what I need* tässä on enemmän kuin minä tarvitsen
overbalance [ˌoʊvər'bæləns] v **1** kaataa; kaatua, menettää tasapainonsa **2** korvata, hyvittää, merkitä enemmän kuin
overbearing [ˌoʊvər'beriŋ] adj **1** määräilevä, komenteleva; kopea, julkea **2** ensiarvoinen, ensiarvoisen tärkeä
overboard ['oʊvərˌbɔrd] adv yli laidan *to go overboard* (kuv) mennä liiallisuuksiin, mennä liian pitkälle, liioitella
overcast ['oʊvərˌkæst] adj pilvinen

overcharge [ˌoʊvərˈtʃaərdʒ] v **1** veloittaa (asiakkaalta) liikaa **2** kuormata liian raskaasti; kuormittaa liikaa
overcoat [ˈoʊvərˌkoʊt] s päällystakki
overcome [ˌoʊvərˈkʌm] v overcame, overcame **1** kukistaa, voittaa, päihittää **2** (kuv) vallata, musertaa *she was overcome with grief* hän oli surun murtama **3** päästä eroon jostakin, voittaa (pelko), saada (kiukkunsa) kuriin
overdo [ˌoʊvərˌdu] v overdid, overdone: liioitella, paisutella, mennä liiallisuuksiin
1 overdose [ˈoʊvərˌdoʊs] s yliannos; yliannostus
2 overdose v ottaa/antaa yliannos
overdraft [ˈoʊvərˌdræft] s (sekkitilin) ylitys
overdraw [ˌoʊvərˈdra] v (overdrew, overdrawn) ylittää (sekkitili, määräraha)
overdue [ˌoʊvərˈdu] adj myöhästynyt, myöhässä, (maksu myös) erääntynyt *new legislation has long been overdue* uutta lakia on saatu odottaa jo pitkään, uusi laki on pahasti myöhässä
overexpose [ˌoʊvərəksˈpoʊz] v **1** ottaa liikaa aurinkoa **2** (valo- ja videokuvauksessa) ylivalottaa **3** esittää/mainostaa tms liian usein (niin että yleisö kyllästyy)
overexposure [ˌoʊvərəksˈpoʊʒər] s **1** liika auringonotto **2** (valo- ja videokuvauksessa) ylivalotus **3** (tuotteen, julkkiksen) kuluminen liian julkisuuden/mainonnan tms vuoksi
overflow [ˈoʊvərˌfloʊ] s **1** tulva **2** ylimäärä, liika
overflow [ˌoʊvərˈfloʊ] v overflowed, overflown **1** tulvia, peittää/peittyä veden alle **2** (astia) vuotaa yli **3** (kuv) tulvia, pursua, levitä
overgeneralize [ˌoʊvərˈdʒenərəˌlaɪz] v yleistää/yksinkertaistaa liiaksi, tehdä liikoja yleistyksiä
overgrow [ˌoʊvərˈɡroʊ] v overgrew, overgrown **1** (kasvi) peittää alleen, rehottaa **2** kasvaa liian isoksi/nopeasti
1 overhang [ˈoʊvərˌhæŋ] s ulkonema

2 overhang v overhung, overhung **1** riippua/olla jonkin yläpuolella, ulottua jonkin ylle **2** synkistää tunnelmaa, painaa mieliä, uhata, heittää varjonsa jonkin ylle
1 overhaul [ˈoʊvərˌhɔːl] s huolto, korjaus, parannustyö, uusiminen, uudistus
2 overhaul v huoltaa, korjata, uudistaa, uusia
overhead [ˈoʊvərˌhed] s kiinteät kustannukset adv **1** yläpuolella, yllä, ylitse, taivaalla **2** (myös kuv) pää edellä, suin päin, päistikkaa
overhead camshaft s kannen yläpuolinen nokka-akseli
overhead projector s piirtoheitin
overhear [ˌoʊvərˈhɪər] v overheard, overheard: sattua kuulemaan, kuulla sattumalta (puhujan tietämättä)
overjoyed [ˌoʊvərˈdʒɔɪd] adj haltioissaan, ikionnellinen
overkill [ˈoʊvərˌkɪl] s (yl) liika, liioittelu, liiallisuus
overland [ˈoʊvərlənd] adv maitse
overlap [ˈoʊvərˌlæp] s päällekkäisyys (myös kuv), samanaikaisuus
overlap [ˌoʊvərˈlæp] v mennä päällekkäin/limittäin (myös kuv), mennä ristiin, leikata (myös kuv), osua samaan aikaan, olla osittain samat, nivoutua toisiinsa/yhteen
overload [ˈoʊvərˌloʊd] s ylipaino, liikapaino; ylikuormitus, liikakuormitus
overload [ˌoʊvərˈloʊd] v kuormata liiaksi; kuormittaa liikaa
overlook [ˌoʊvərˈlʊk] v **1** *the patio overlooks the valley* patiolta on/avautuu näköala laaksoon **2** ei huomata **3** ei välittää, katsoa läpi sormien
overly [ˈoʊvərli] adv liian *don't be overly optimistic* älä toivo liikoja
overnight [ˌoʊvərˈnaɪt ˈoʊvərˌnaɪt] adj yö- *overnight letter* pikakirje (joka on perillä seuraavana (työ)päivänä) adv yön yli, koko yön *can I stay overnight?* voinko jäädä teille yöksi?
overpass [ˈoʊvərˌpæs] s (ylittävä liikenneväylä) ylikäytävä, risteyssilta
overpower [ˌoʊvərˈpaʊər] v **1** nujertaa *the police overpowered the villain* polii-

sit nujersivat rikollisen **2** (kuv) musertaa, nujertaa *the whisky quickly overpowered her* viski nujersi hänet nopeasti *he was overpowered by his problems* hän musertui ongelmiinsa

overpowering adj vakuuttava, musertava, pistävä, viiltävä, läpitunkeva, vastustamaton

overprice [‚oʊvər'praɪs] v vaatia liian kova hinta jostakin *that microwave oven is way overpriced* tuo mikroaaltouuni on pahasti ylihinnoitettu

overrate [‚oʊvər'reɪt] v yliarvioida; yliarvostaa *that actress is much overrated* tuo näyttelijä (tär) on selvästi yliarvostettu

overreach [‚oʊvər'riːtʃ] v ulottua jonkin yli; kurkottaa liian kauas *to overreach yourself* (kuv) kurkottaa liian korkealle, kurkottaa kuuseen, yrittää liikoja

override [‚oʊvər'raɪd] v overrode, overridden **1** ei välittää/piitata jostakin, ei ottaa huomioon jotakin **2** kumota, hylätä, ohittaa *the chairman overrode my decision* johtokunnan puheenjohtaja kumosi päätökseni *you can override the automatic functions* automaattitoiminnot voi ohittaa/kytkeä pois päältä

overriding adj ensisijainen, tärkein

overrule [‚oʊvər'ruːl] v kumota, hylätä

1 overrun [‚oʊvər'rʌn] s **1** (kustannusten, aikarajan) ylitys **2** lisäkustannus **3** ylijäämä, liika

2 overrun v overran, overrun **1** vallata (myös kuv), tulvia (myös kuv), peittää alleen *the company was overrun with orders* yritys oli hukkua tilausten tulvaan **2** ylittää (määräraha, aikaraja)

overseas [‚oʊvər'siːz] adj, adv merentakainen, ulkomainen, ulkomaan-, ulkomailla

oversee [‚oʊvər'siː] v oversaw, overseen: johtaa, valvoa

overseer ['oʊvər‚sɪər] s työnjohtaja, johtaja, valvoja, päällikkö

overshadow [‚oʊvər'ʃædoʊ] v **1** varjostaa, peittää varjoonsa **2** (kuv) jättää varjoonsa, jättää jälkeensä **3** synkistää, heittää varjonsa jonkin ylle

overshoot [‚oʊvər'ʃuːt] v overshot, overshot **1** ampua/mennä yli (maalin) **2** mennä ohi/yli jostakin, ohittaa/ylittää jokin

oversight ['oʊvər‚saɪt] s erehdys *by oversight* epähuomiossa, vahingossa, erehdyksessä

overstep [‚oʊvər'step] v ylittää (valtuudet)

overt [oʊ'vɜrt] adj avoin, ilmeinen, ilmiselvä

over-the-counter [‚oʊvərðə'kaʊntər] adj (lääke jota saa ilman lääkemääräystä) käsikauppa-

over the top *to go over the top* (kuv) ylittää tavoite

overthrow [‚oʊvər'θroʊ] v overthrew, overthrown **1** syrjäyttää, syöstä vallasta, kaataa **2** kaataa (kumoon)

overtime ['oʊvər‚taɪm] s, adj ylityö(-) adv: *to work overtime* tehdä ylitöitä/ylitöitä

overture [oʊvərtʃər] s **1** (mus) alkusoitto **2** aloite, aloitus, tarjous, lähestymisyritys, lähentely-yritys *a peace overture* rauhanaloite

overturn [‚oʊvər'tɜrn] v **1** kaataa, kaatua, mennä kumoon **2** (hallitus tms) syöstä vallasta **3** (päätös) kumota

overview [‚oʊvər'vjuː] s (yleis)katsaus, yhteenveto, tiivistelmä; yleiskäsitys, yleiskuva

overweight [‚oʊvər'weɪt] s ylipaino adj ylipainoinen *15 pounds overweight* joka painaa 15 naulaa yli sallitun määrän

overwhelm [‚oʊvər'weəlm] v **1** nujertaa, kukistaa **2** tyrmistyttää, mykistää *to be overwhelmed by grief* musertua suruunsa

overwhelm with v (kuv) hukuttaa joku johonkin

overworking class s (leik) (paljon töitä paiskivat) ylityöväenluokka

overwrought [‚oʊvər'rɔːt] adj **1** ärtynyt, kireä, pingottunut, liiaksi kiihottunut, liian innostunut, tasapainoton **2** liioiteltu, paisuteltu, yliampuva

ovum [oʊvəm] s (mon ova) munasolu

owe [oʊ] v **1** olla velkaa jollekulle/jollekin **2** olla kiitollisuudenvelassa jollekulle *I owe you one* olen sinulle vastapalveluksen velkaa **3** saada kiittää jotakuta/jotakin jostakin *I owe my success to good luck* menestykseni on hyvän onnen ansiota

owing to [oʊiŋ] prep vuoksi, takia, tähden, johdosta

owl [aʊəl] s pöllö

1 own [oʊn] s fraaseja: *to come into your own* päästä oikeuksiinsa *to do something on your own* tehdä jotakin yksin/omin avuin *you're on your own now* nyt olet oman apusi/itsesi varassa *to get your own back* kostaa *to hold your own* pitää puolensa

2 own v **1** omistaa *we don't own the house we live in* me emme omista taloa jossa asumme *you don't own me, she said* sinä et omista minua, hän sanoi **2** myöntää, tunnustaa

3 own adj, pron oma *this is my own home* tämä on minun (oma) kotini *do you have a room of your own?* onko sinulla oma huone?

owner s omistaja

ownership [ˈoʊnərˌʃɪp] s omistus, omistusoikeus, omistussuhde

own up to v tunnustaa, myöntää (tekonsa)

ox [aks] s (mon oxen) härkä

oxbow lake [aksboʊ] s juolua (joenmutkasta muodostunut lampi, joka syntyy joen oikaistessa uomaansa)

Oxbridge [ˈaksˌbrɪdʒ] s, adj Oxfordin ja/tai Cambridgen yliopisto(n)

Oxon. *Oxford*

Oxon. *Oxfordshire*

oxtail [ˈaksˌteɪəl] s häränhäntä

oxygen [aksədʒən] s happi

oxymoron [ˌaksiˈmɔran] s (kaksi vastakkaista käsitettä sisältävä sanonta) oksymoron

oyster [ˈɔɪstər] s osteri

oystercatcher [ˈɔɪstərˌkætʃər] s meriharakka

oz. *ounce* unssi (28, 349 g)

ozone [oʊzoʊn] s otsoni

P, p

P, p [pi] P, p
Pa. *Pennsylvania*
PA *Pennsylvania; public address*
P/A *power of attorney* valtakirja
PABX *private automatic branch exchange* puhelinvaihde
PAC *political action committee*

1 pace [peɪs] s **1** askel **2** vauhti, tahti *at a rapid pace* nopeasti, nopeassa tahdissa *to set the pace* (kuv) määrätä tahti

2 pace v mittailla askelillaan, astella edestakaisin *he was impatiently pacing the floor* hän käveli kärsimättömänä edestakaisin

pacemaker [ˈpeɪsˌmeɪkər] s sydämentahdistin

pacific [pəˈsɪfɪk] s *Pacific* **1** Tyynimeri **2** Tyynenmeren alue, Tyynenmeren alueen maat adj **1** rauhaa rakastava **2** rauhan **3** rauhallinen **4** *Pacific* Tyynenmeren

pacification [ˌpæsɪfɪˈkeɪʃən] s rauhoittaminen, tyynnyttäminen

Pacific Ocean Tyynimeri

Pacific Plate [pəˌsɪfɪkˈpleɪt] (geologiassa) Tyynenmeren laatta

pacifier s tutti

pacifism [ˈpæsəˌfɪzəm] s rauhanaate, pasifismi

pacifist [pæsəfəst] s pasifisti adj pasifistinen

pacifistic adj pasifistinen

pacify

pacify ['pæsəˌfaɪ] v **1** rauhoittaa, tyynnyttää **2** kukistaa, tukahduttaa (sotilaallisesti)
1 pack [pæk] s **1** nyytti **2** selkäreppu **3** pakkaus *six-pack* kuusi tölkkiä olutta/virvoitusjuomaa **4** joukko, lauma, ryhmä *a pack of thieves* varas/rosvojoukko **5** korttipakka **6** ahtojääröykkiö
2 pack v **1** pakata, paketoida; kääriä nyyttiin **2** ahtautua/ahtaa jonnekin, sulloutua/sulloa jonnekin, pakkautua *the place was packed* paikka oli tupaten täynnä **3** kuormata (eläin) **4** *to pack a gun* kantaa asetta, olla aseistettu
1 package [pækədʒ] s paketti (myös kuoresta:) laatikko
2 package v **1** pakata, paketoida **2** (kuv) yhdistää, koota
package deal s pakettitarjous, nipputarjous
package tour s pakettimatka
packaging s **1** paketointi **2** pakkaus
pack away v **1** passittaa/lähettää jonnekin **2** lähteä kiireesti, häipyä, livistää
packed adj **1** täpötäysi, tupaten täysi **2** pakkautunut **3** *action-packed* joka on täynnä toimintaa, vauhdikas
packet [pækət] s **1** paketti **2** nippu
packhorse ['pækˌhɔrs] s kuormahevonen
pack ice s ahtojää
pack in v luopua jostakin, luovuttaa, jättää kesken
packing s pakkaaminen
pack it in fr luovuttaa, jättää kesken, antaa periksi
pack off v **1** passittaa/lähettää jonnekin **2** lähteä kiireesti, häipyä, livistää
pack up v luopua jostakin, luovuttaa, jättää kesken
pact [pækt] s valtiosopimus, sopimus *Warsaw Pact* Varsovan liitto
1 pad [pæd] s **1** pehmuste, toppaus **2** (urheilijan) suojus **3** (vaatteen) kovike, toppaus **4** lehtiö **5** (eläimen) käpälä; (käpälän) antura **6** *brake pad* (auton) jarrupala **7** *launch pad* (raketin) laukaisualusta **8** (sl) kämppä; punkka
2 pad v **1** pehmustaa, topata **2** pitkittää, paisutella **3** lisätä (laskuun) ylimääräistä

padding s pehmuste, toppaus
1 paddle [pædəl] s mela
2 paddle v **1** meloa **2** räpiköidä (matalassa vedessä)
paddleboat s siipirataslaiva
paddle steamer s siipiratashöyrylaiva
paddle wheel s siipiratas
paddock [pædək] s hevoshaka, haka
paddy [pædi] s **1** riisipelto **2** leikkaamaton tai kuorimaton riisi
paddy field s riisipelto
1 padlock ['pædˌlak] s munalukko
2 padlock v lukita (munalukolla), panna lukkoon
pagan [peɪgən] s, adj ei-kristitty; ei-juutalainen; ei-islamilainen; pakana(llinen)
1 page [peɪdʒ] s **1** sivu **2** (kuv) vaihe, aika, kausi **3** lähetti, juoksupoika **4** (hist) hovipoika, paasi
2 page v kutsua (paikalle/kaukohakulaitteella)
pageant [pædʒənt] s **1** historiallinen kulkue **2** *beauty pageant* kauneuskilpailu, missikilpailu
pager [peɪdʒər] s kaukohakulaite, piippari (ark)
pagoda [pəˈgoʊdə] s pagodi
paid [peɪd] ks pay
pail [peɪl] s sanko
1 pain [peɪn] s **1** kipu, särky **2** (henkinen) tuska, kärsimys **3** (mon) vaivannäkö, vaiva *we took great pains to make you feel at home* näimme paljon vaivaa jotta tuntisit olosi kotoisaksi **4** *on/under pain of death* kuolemanrangaistuksen uhalla **5** (ark) kiusankappale, harmi
2 pain v **1** särkeä, aiheuttaa kipua **2** (kuv) satuttaa, tuottaa tuskaa *it pains me to say this but you're fired* minun on ikävä kertoa tämä uutinen mutta olet saanut potkut
painful adj (myös kuv) kivulias, tuskallinen, kipeä
pain in the ass s (sl) paskamainen/vittumainen tyyppi/juttu
pain in the neck s kiusankappale, harmi
painkiller ['peɪnˌkɪlər] s särkylääke
painless adj kivuton (myös kuv)

painstaking [ˈpeɪnzˌteɪkɪŋ] adj perusteellinen, huolellinen, tarkka
painstakingly adv perusteellisesti, huolellisesti, tarkasti
1 paint [peɪnt] s maali
2 paint v maalata *he painted the house/a picture of the house* hän maalasi talon/talon (kuvan) *he painted a pretty picture of the house* (kuv) hän antoi talosta kauniin kuvan, hän kuvaili taloa kauniiksi
paintbrush [ˈpeɪntˌbrʌʃ] s (maali)sivellin
painter s 1 maalari 2 (taide)maalari
painting s 1 maalaus, taulu 2 maalaaminen, (taide)-maalaus 3 maalaustaide
paint the town red fr ottaa ilo irti elämästä, juhlia rajusti
1 pair [peər] s pari *a pair of old buddies* vanhat kaverukset *a pair of shoes* kenkäpari *a pair of earrings* korvakorut *a pair of scissors* sakset *a pair of jeans* farkut
2 pair v 1 jakaa/jakautua pareihin, muodostaa pari 2 (eläimiä) parittaa
pair off v jakautua pareiksi, muodostaa pari
pair skating s pariluistelu
pajamas [pəˈdʒæməz] s (mon) yöpuku
pak choi [pakˈtʃɔɪ] s pinaattikiinankaali, pak-choi
Pakistan [ˈpækɪsˌtæn]
Pakistani [ˌpækɪsˈtæni] s, adj pakistanilainen
pal [pæl] s (ark) kaveri, kamu, ystävä
palace [pæləs] s palatsi
palatable [pəˈlætəbəl] adj maukas (myös kuv:) herkullinen, houkutteleva, otollinen
palate [pælət] s 1 kitalaki, suulaki 2 makuaisti 3 (kuv) maku: *that kind of music does not appeal to my palate* tuollainen musiikki ei ole minun makuuni/mieleeni
palatial [pəˈleɪʃəl] adj palatsimainen, ylellinen, pramea
1 pale [peɪəl] s paalu *to be beyond the pale* mennä liian pitkälle, olla liian erilainen/erikoinen, olla mahdoton
2 pale v kalveta (myös kuv) *his Corvette pales in comparison with your Ferrari* hänen Corvettensa kalpenee sinun Ferrarisi rinnalla
3 pale adj kalpea, kelmeä, kalvakka
paleness s kalpeus, kalvakkuus
Palestine [ˈpæləsˌtaɪn] Palestiina
Palestinian s, adj palestiinalainen
palette [pælət] s paletti
palimony [pælɪˌmoʊni] s elatusapu (avopuolisolle)
1 palisade [ˌpæləˈseɪd] s 1 paaluaita, paalutus 2 (mon) pystysuora rantatörmä
2 palisade v paaluttaa
1 pall [paəl] s 1 (ruumisarkun päälle levitettävä) paariliina 2 ruumisarkku 3 (kuv) verho, vaippa
2 pall v kyllästyttää, pitkästyttää, muuttua pitkäveteiseksi *Barth is a fine writer but after a while his books begin to pall* Barth on hyvä kirjailija mutta hetken päästä hänen kirjansa alkavat kyllästyttää
pallbearer [ˈpalˌberər] s (ruumisarkun) kantaja
palliate [ˈpæliˌeɪt] v 1 lievittää, lieventää 2 kaunistella
palliative [pæliətɪv] s lievite, lievittävä lääke/aine/asia(nhaara) adj 1 lievittävä 2 kaunisteleva
pallid [pæləd] adj kalpea, kalvakka
pallor [pælər] s kalpeus, kalvakkuus
1 palm [paəlm] s 1 (kasvi) palmu 2 kämmen *he knows this business like the palm of his hand* hän tuntee tämän alan läpikotaisin/kuin omat taskunsa *to grease someone's palm* lahjoa joku *to oil someone's palm* lahjoa joku
2 palm v 1 piilottaa/kätkeä hihaansa 2 kähveltää 3 pitää kädessään
palmist [palmɪst] s kädestäennustaja
palmistry [paməstri] s kädestäennustaminen
palm off v huijata myymällä kalliilla hinnalla jotakin arvotonta *he bought a lemon and now he is trying to palm it off on me* hän osti auton joka on täysi romu ja nyt hän yrittää panna vahingon kiertämään myymällä sen minulle
palmtop computer s kämmenmikro
palpitate [ˈpælpəˌteɪt] v 1 (sydän) tykyttää 2 vapista, täristä, väristä

palpitation [ˌpælpə'teɪʃən] s **1** (sydämen)tykytys **2** vapina, tärinä, värinä
Pamirs [pa'mɪərz] (mon) Pamir (vuoristo)
Pampas deer [pæmpəs] s pampahirvi
pamper [pæmpər] v hemmotella, lelliä
pamphlet [pæmflət] s pamfletti
1 pan [pæn] s **1** pannu *frying pan* paistinpannu **2** (kullan huuhdonnassa) vaskooli **3** (elo- ja videokuvauksessa) panoraamakuva
2 pan v **1** (ark) lyödä lyttyyn (arvostelussa) **2** huuhtoa (kultaa ym) **3** (elo- ja videokuvauksessa) panoroida
panache [pə'næʃ] s **1** (päähineen) sulkatöyhtö **2** vauhdikkuus, lennokkuus, into
Panama ['pænəˌma]
Panama Canal [ˌpænəmakə'næəl] Panaman kanava
Panama Canal Zone Panaman kanavavyöhyke
Panama City Panamá
Panama hat [ˌpænəmə'hæt] s panamahattu
Panaman s, adj panamalainen
Pan-American [ˌpænə'merɪkən] adj panamerikkalainen
pancake ['pænˌkeɪk, 'pænˌkeɪk] s **1** räiskäle, ohukainen, ohut pannukakku **2** (lentokoneen) mahalasku
pancake landing s (lentokoneen) mahalasku
pancreas [pæŋkriəs] s haima
pancreatic [ˌpæŋkri'ætɪk] adj haiman, haima-
panda [pændə] s panda
pandemonium [ˌpændə'moʊniəm] s kaaos, sekasorto, mylläkkä, meteli
pander to [pændər] v ruokkia jotakin, vedota johonkin *lowbrow literature panders to vulgar tastes* roskakirjallisuus vetoaa alhaiseen makuun
pane [peɪn] s lasi(ruutu) *window pane* ikkunalasi
panegyric [ˌpænə'dʒɪrɪk] s ylistyspuhe
panel [pænəl] s **1** paneeli, lautavuoraus **2** paneeli, taulu *instrument panel* kojelauta, mittaristo, mittaritaulu **3** paneeli(keskustelun osanottajat)

panel discussion s paneelikeskustelu
paneling s paneelit, panelointi
pan-European [pænjərə'piən] adj paneurooppalainen
pang [pæŋ] s pisto sydämessä, omantunnontuska
pangolin [pæŋ'ɡolɪn] s muurahaiskäpy, pangoliini
1 panhandle ['pænˌhændəl] s **1** pannun kädensija/kahva **2** (alue) nipukka *the Texas panhandle* Texasin Panhandle, 'käsivarsi'
2 panhandle v kerjätä (kadulla)
1 panic [pænɪk] s paniikki, pakokauhu
2 panic v joutua paniikkiin/pakokauhun valtaan; hätääntyä
panicky [pænɪki] adj kauhistunut, hätääntynyt
panic-stricken ['pænɪkˌstrɪkən] adj kauhistunut, hätääntynyt
panorama [ˌpænə'ræmə] s panoraama
panoramic [ˌpænə'ræmɪk] adj (näkymä) yleis-, laaja-, panoraama-
pan out v (ark) onnistua, kantaa hedelmää
pant [pænt] v läähättää, huohottaa
panther [pænθər] s pantteri
panties [pæntiz] s (ark, mon) (naisten) pikkuhousut
pantihose ['pæntiˌhoʊz] s sukkahousut
pantomime ['pæntəˌmaɪm] s pantomiimi, elenäytelmä
pantry [pæntri] s ruokakomero
pants [pænts] s (mon) **1** housut **2** (UK) miesten alushousut
pantyhose ['pæntiˌhoʊz] s sukkahousut
papa [papə] s isi
papacy [peɪpəsi] s paavius, paavin virka
papal [peɪpəl] adj paavin
1 paper [peɪpər] s **1** paperi *your plan looks good on paper* suunnitelmasi näyttää hyvältä paperilla/teoriassa **2** (sanoma)lehti **3** (mon) henkilöllisyyspaperit **4** (tal sl) arvopaperi
2 paper v **1** tapetoida **2** levittää/kylvää jonnekin (painettuja) mainoksia
paperback ['peɪpərˌbæk] s taskukirja
paper clip s paperiliitin
paperless office s paperiton toimisto
paper money s paperiraha

paprika [pæpˈrikə] s paprika
Papuan s, adj papualainen
Papua New Guinea [pæpjʊə papuə] Papua-Uusi-Guinea
papyrus [pəˈpaɪrəs] s (mon papyruses, papyri) **1** papyruskaisla **2** papyrus
par [paər] s **1** (tal) nimellisarvo **2** samanarvoisuus, yhdenvertaisuus, normaalitaso *to be above/below par* olla tavallista parempi/huonompi *to be on par with something* olla jonkin veroinen/tasoinen *to be up to par* kelvata, olla riittävä; voida hyvin **3** (golf) par, lyöntimäärä jolla hyvätasoisen pelaajan oletetaan selviytyvän tietystä reiästä tai kentästä ja joka ilmentää reiän tai kentän vaikeusastetta
para. *paragraph*
parable [pærəbəl] s vertaus
parabola [pəˈræbələ] s (geometriassa) paraabeli
paraboloid [pəˈræbəˌlɔɪd] s paraboloidi
1 parachute [ˈpærəˌʃut] s laskuvarjo
2 parachute v hypätä laskuvarjolla; laskea joukkoja laskuvarjolla jonnekin
parachutist [ˈpærəˌʃutɪst] s laskuvarjohyppääjä
1 parade [pæˌreɪd] s paraati
2 parade v **1** marssia (paraatina); marssittaa, kävelyttää edestakaisin **2** leuhkia, komeilla jollakin **3** olla olevinaan jotakin, naamioitua joksikin
paradigm [ˈpærəˌdaɪm] s **1** (kieliopissa) paradigma, (sanan) taivutuskaava **2** malli, malliesimerkki, ihanne, esikuva
paradise [ˈpærəˌdaɪs] s paratiisi (myös kuv)
paradisiacal [ˌpærədəˈsaɪəkəl] adj paratiisillinen, paratiisimainen
paradisiacally adv paratiisillisesti, paratiisimaisesti
paradox [ˈpærəˌdɑks] s paradoksi
paradoxical [ˌpærəˈdɑksɪkəl] adj paradoksaalinen
paradoxically [ˌpærəˈdɑksɪkli] adv paradoksaalisesti
paradoxical sleep s paradoksaalinen uni
paraffin [perəfɪn] s parafiini
paraglide [ˈperəˌɡlaɪd] v varjoliitää
paraglider s varjoliitäjä
paragliding s varjoliito
paragon [ˈperəˌɡɑn] s malliesimerkki, ihanne, esikuva
1 paragraph [ˈperəˌɡræf] s (tekstissä) kappale
2 paragraph v jakaa (teksti) kappaleisiin
Paraguay [ˈperəˌɡweɪ ˌparaˈɡwaɪ]
Paraguayan s, adj paraguaylainen
parakeet [ˈperəˌkit] s (pieni) papukaija
paralegal [ˌperəˈliɡəl] s asianajajan apulainen
parallactic [ˌperəˈlæktɪk] adj parallaksi-
parallax [ˈperəˌlæks] s parallaksi
1 parallel [ˈperəˌlel] s **1** (geom) paralleeli **2** leveysaste **3** vastine, rinnakkaistapaus, rinnakkaisilmiö, rinnakkaismuoto *to be without parallel* olla vertaansa vailla, olla ainoa laatuaan, olla ainutlaatuinen
2 parallel v **1** seurata jotakin, kulkea jonkin suuntaisesti **2** muistuttaa jotakin, olla verrattavissa johonkin
parallel bars s (urh mon) nojapuut
parallelogram [ˌperəˈleləˌɡræm] s suunnikas
parallel parking s taskupysäköinti
parallel port s (tietok) rinnakkaisliitäntä
parallel run s (tietok) rinnakkaisajo
paralympics [ˌperəˈlɪmpɪks] s paralympialaiset
paralysis [pəˈræləsɪs] s (mon paralyses) **1** halvaus **2** (kuv) lamaannus
paralytic [ˌperəˈlɪtɪk] s halvautunut (ihminen) adj halvautunut, halvaus-
paralyze [ˈperəˌlaɪz] v **1** *to be paralyzed* halvautua **2** (kuv) lamaannuttaa *she was completely paralyzed when she failed to get a job* hän oli täysin lamassa kun ei löytänyt työtä *paralyzed with fear* kauhun lamaannuttama
paramedic [ˌperəˈmedɪk] s ensiaputyöntekijä *have the paramedics arrived?* (myös:) joko ambulanssi on tullut?
parameter [pəˈræmətər] s **1** parametri **2** (yl mon) puitteet, rajat
paramilitary [ˌperəˈmɪləteri] adj puolisotilaallinen

paramount

paramount ['perə,maʊnt] adj tärkein, pää-, erittäin tärkeä
paranoia [,perə'nɔɪə] s vainoharhaisuus, paranoia
paranoid ['perə,nɔɪd] s vainoharhainen (ihminen), paranooikko adj vainoharha-, paranoidi
parapet [perəpət] s 1 (linnoituksen) rintavarustus 2 (parvekkeen ym) kaide
paraphernalia [,perəfə'neɪlɪə] s (mon) varusteet, tarvikkeet; tykötarpeet, pikkurihkama
1 paraphrase ['perə,freɪz] s (tekstin selvennys) parafraasi
2 paraphrase v tehdä parafraasi jostakin, selventää *let me paraphrase that* odotahan kun sanon sen omin sanoin/selvemmin
parapsychological [,perə,saɪkə'lɑdʒɪkəl] adj parapsykologinen
parapsychologist [,perəsaɪ'kɑlədʒɪst] s parapsykologi
parapsychology [,perəsaɪ'kɑlədʒi] s parapsykologia
1 parasail ['perə,seɪəl] s nousuvarjo
2 parasail v nousuvarjoilla
parasailing s nousuvarjoilu
parasite ['perə,saɪt] s loinen (myös kuv)
parasitic [,perə'sɪtɪk] adj lois-
parasol ['perə,sɑəl] s aurinkovarjo, päivänvarjo
paratrooper ['perə,trupər] s laskuvarjojääkäri
paratroops ['perə,trups] s (mon) laskuvarjojoukot
1 parcel [parsəl] s 1 paketti *to be part and parcel of something* olla (olennainen) osa jotakin 2 tontti, palsta
2 parcel v paketoida, pakata
parcel out v jakaa
parch [paərtʃ] v kuivata rutikuivaksi, korventaa
parchment s 1 pergamentti 2 pergamenttipaperi
parchment paper s pergamenttipaperi
1 pardon [pardən] s 1 armahdus 2 anteeksipyyntö *pardon!* anteeksi! *I beg your pardon!* (pyydän) anteeksi!
2 pardon v 1 armahtaa 2 antaa anteeksi *pardon me for asking but aren't you Mrs. Streep?* anteeksi että häiritsen mutta ettekö te olekin Mrs. Streep?
parent [perənt] s 1 isä, äiti, toinen vanhemmista, (mon) vanhemmat 2 (kuv) edeltäjä, edelläkävijä
parentage [perəntədʒ] s 1 syntyperä 2 isyys, äitiys
parental [pə'rentəl] adj vanhempien *parental responsibilities* vanhempien velvollisuudet/vastuu
parenthesis [pə'renθəsɪs] s (mon parentheses) sulkeet, sulkumerkit () *let me mention in parenthesis that...* sivumennen sanoen
parenthesize [pə'renθə,saɪz] v merkitä sulkeisiin/sulkumerkkeihin
parenthood ['perənt,hʊd] s isyys, äitiys
parenting s (lasten) kasvatus
par for the course *that's par for the course* sen olisi voinut arvata, se olisi pitänyt arvata
pari-mutuel [,peri'mjutʃʊəl] s (raviveikkaus) totalisaattori
pari-mutuel betting [,peri'mjutʃʊəl] s toto, totalisaattori
Paris [pærɪs] Pariisi
parish [pærɪʃ] s 1 seurakunta 2 (Louisianan osavaltiossa) piirikunta
parishioner [pə'rɪʃənər] s seurakuntalainen
parish register s kirkonkirjat
Parisian [pə'rɪʒən] s, adj pariisilainen
Parisienne [pə,risi'en] s pariisitar
1 park [park] s 1 puisto *amusement park* huvipuisto *national park* kansallispuisto *theme park* teemapuisto 2 stadion 3 pysäköintialue *car park* pysäköintialue 4 (automaattivaihteiston) pysäköintiasento
2 park v 1 pysäköidä (ajoneuvo) 2 (ark) asettua jonnekin, panna jotakin jonnekin *Harry parked himself into the easy chair* Harry oikaisi itsensä laiskanlinnaan 3 (ark) sijoittaa (varmana pidettyyn osakkeeseen tms)
parka [parkə] s maihinnousutakki, maihari
parking lot s pysäköintialue
parking meter s pysäköintimittari

parkinsonism [ˈpɑːkɪnsəˌnɪzəm] s (lääk) parkinsonismi

Parkinson's disease [ˈpɑːkɪnsənzdəˌziːz] s Parkinsonin tauti

parlance [pɑːləns] s (erikois)kieli, kielenkäyttö

parliament [pɑːləmənt] s parlamentti

parliamentary [ˌpɑːləˈmentəri] adj parlamentaarinen, parlamentti-

parlor [pɑːlər] s **1** (vanh) olohuone **2** *beauty parlor* kauneushoitola *funeral parlor* hautaustoimisto *ice cream parlor* jäätelöbaari

parlor car s (junassa) salonkivaunu

parmesan [pɑːməsən] s parmesanjuusto

parochial [pəˈrəʊkiəl] adj **1** seurakunnan, seurakunta- **2** ahdasmielinen, rajoittunut

parochialism [pəˈrəʊkiəˌlɪzəm] s ahdasmielisyys, rajoittuneisuus, nurkkakuntalaisuus

parochial school s roomalaiskatolinen tai muu tunnustuksellinen koulu

parodic [pəˈrædɪk] adj parodinen, ivaileva

1 parody [perədi] s parodia

2 parody v parodioida

1 parole [pəˈrəʊl] s ehdonalainen vapaus; ehdonalaisuusaika *to be on parole* olla ehdonalaisessa vapaudessa

2 parole v päästää ehdonalaiseen vapauteen

parolee [pəˌrəʊˈliː] s ehdonalaiseen vapauteen päästetty henkilö

parquet [pɑːˈkeɪ] s parketti v päällystää parketilla

1 parrot [perət] s papukaija

2 parrot v toistaa/matkia (toisen sanoja) kuin papukaija, apinoida

parrot fish s papukaijakala

1 parry [peri] s väistöliike, väistö (myös kuv)

2 parry v väistää (myös kuv), torjua

parsley [pɑːsli] s persilja

parson [pɑːsən] s pappi, pastori

parsonage [pɑːsənədʒ] s pappila

1 part [pɑːt] s **1** osa *spare part* varaosa *part of the reason is that he has no money* osasyynä on se ettei hänellä ole rahaa *to be part and parcel of something* olla (olennainen) osa jotakin *in part* osittain *in good part* suureksi osaksi; (kuv) loukkaantumatta *for the most part* enimmäkseen, suurimmalta osin **2** rooli, osa, osuus *he plays an important part in our plans* hänellä on tärkeä osa suunnitelmissamme *you look the part* sinä sovit hyvin osaasi **3** osuus, osa, puoli *I have no part in it* minulla ei ole siihen osaa eikä arpaa *for my part* omalta osaltani, omasta puolestani *we congratulate you on the part of the whole staff* onnittelemme sinua koko henkilökunnan puolesta/nimissä *Sam took Wendy's part in the debate* Sam piti väittelyssä Wendyn puolta

2 part v **1** jakaa, jakautua; katkaista, katketa; irrottaa, irrota **2** kammata (hiukset) jakaukselle *he parts his hair in the middle* hän jakaa hiuksensa keskeltä

partake in [pɑːˈteɪk] v partook, partaken: osallistua johonkin

partake of v partook, partaken **1** nauttia (ateria) **2** nauttia/iloita yhdessä jostakin **3** jossain on jotakin, jossain ilmenee jokin ominaisuus/piirre

part company fr erota, lähteä kumpikin/kukin omille teilleen; olla eri mieltä *here's where we part company* (kuv) tässä tiemme eroavat; tästä olemme eri mieltä

partial [pɑːʃəl] adj **1** osittainen, osa- **2** puolueellinen

partial exchange s (UK; esim auton) vaihto

partiality [ˌpɑːʃiˈæləti] s **1** puolueellisuus **2** mieltymys johonkin (to, for)

partially adv **1** puolueellisesti **2** osittain, osaksi *you're partially responsible for this* sinä olet osittain vastuussa/osavastuussa tästä

partial to *to be partial to someone/something* pitää kovasti jostakusta/jostakin, joku/jokin on jollekulle kovasti mieleen

participant [pɑːˈtɪsəpənt] s osanottaja, osallistuja

participate [pɑːˈtɪsəˌpeɪt] v osallistua, ottaa osaa johonkin (in), olla osallinen

participation

participation [par‚tɪsə'peɪʃən] s osanotto, osallistuminen; osuus
participator s 1 osanottaja, osallistuja 2 osakas, osallinen
participle ['partə‚sɪpəl] s (kieliopissa) partisiippi *present participle* partisiipin preesens (esim hanging); *past participle* partisiipin perfekti (esim hanged)
particle [partɪkəl] s 1 hiukkanen, jyvä, jyvänen 2 (fys) alkeishiukkanen 3 (kieliopissa) partikkeli, apusana
particle accelerator s hiukkaskiihdytin
particle physics s (verbi yksikössä) alkeishiukkasfysiikka, hitufysiikka
particular [par'tɪkjələr] s (mon) yksityiskohdat *in particular* erityisesti, etenkin *that one in particular is nice* etenkin tuo on kiva **adj 1** juuri tämä *in this particular case* juuri tässä tapauksessa, nimen omaan tässä tapauksessa **2** erityinen *we took particular care not to break the glass* olimme erityisen varovaisia jottei lasi särkynyt **3** nirso, pikkutarkka, pikkumainen *why do you have to be so particular about everything?* miksi sinun pitää nirsoilla kaikessa?
particularize [par'tɪkjələ‚raɪz] v selittää tms yksityiskohtaisesti; mainita erityisesti, tähdentää
particularly adv erityisesti, erityisen, etenkin, ennen kaikkea *she was particularly pleased to see you* hän oli erityisen mielissään nähdessään sinut *not particularly* en/et/ei erityisemmin
partisan [partɪzən] s 1 puoluepukari 2 partisaani, sissi **adj 1** puolueellinen, puolue- *partisan politics* puoluepolitiikka 2 sissi-
1 partition [par'tɪʃən] s 1 jakaminen 2 väliseinä 3 tila, komero, koppi, karsina 4 soppi
2 partition v jakaa (osiin); erottaa väliseinällä
partition off v erottaa väliseinällä, jakaa (huone) osiin
partly [pərtli] adj osittain osin, osaksi *it's partly true* se pitää osittain paikkansa
partner [partnər] s toveri; liikekumppani, yhtiötoveri; rikostoveri; tanssipari; pelitoveri, ottelutoveri
partnership s 1 toveruus 2 yhtiötoveruus 3 yhtiö
part of speech s (kieliopissa) sanaluokka
partook [par'tʊk] ks partake
partridge [partrɪdʒ] s peltopyy
part-time [‚part'taɪm] adj osa-aikainen, osa-aika-
part with v luopua jostakin
1 party [parti] s 1 puolue 2 osapuoli, asianosainen (myös lak:) riitapuoli 3 ryhmä, seurue 4 juhla(t), kemut
2 party v juhlia, bailata (ark)
party line s 1 puoluelinja 2 yhteinen puhelinliittymä
party liner s puoluelinjan kannattaja
party politics s (verbi yksikössä tai mon) puoluepolitiikka
party pooper ['parti‚pupər] s ilonpilaaja
1 pass [pæs] s 1 sola 2 (kulku)väylä 3 (kulku)lupa, lupapaperit 4 vapaalippu *no passes for this engagement* ei vapaalippuja 5 (ark) lähentely-yritys *Tom made a pass at the girl* Tom yritti lähennellä tyttöä 6 vaihe, tilanne *we've come to a difficult pass* olemme vaikeassa tilanteessa
2 pass v 1 kulkea jostakin; kulkea ohi jostakin, ohittaa 2 mennä ohi, lakata 3 (aika) kulua; kuluttaa (aikaa) 4 jättää väliin, hypätä yli 5 hyväksyä (lakiehdotus), mennä läpi; läpäistä (tentti), päästä läpi (tentistä) 6 kuolla 7 ylittää 8 ojentaa *would you please pass the sugar?* saisinko sokerin?, antaisitko sokerikon? 9 pujottaa
passable [pæsəbəl] adj 1 kulkukelpoinen 2 riittävä, kohtalainen *to be passable* kelvata joten kuten
passably adv kohtalaisesti, joten kuten
passage [pæsədʒ] s 1 (laiva)matka 2 ylitys, kauttakulkumatka 3 (kautta)kulkulupa 4 (ajan) kulku, kuluminen *with the passage of time* ajan mittaan 5 siirtymävaihe, siirtyminen 6 käytävä 7 (teksti)katkelma, kohta
passageway ['pæsədʒ‚weɪ] s käytävä
pass along v maksattaa asiakkaalla, lisätä hintaan

past participle

pass away v nukkua pois, menehtyä, aika jättää jostakusta

passé [pæˈseɪ] adj (ranskasta) vanhentunut, vanhanaikainen

passenger [ˈpæsəndʒər] s matkustaja

passerby [ˈpæsərˌbaɪ] s (mon passersby) ohikulkija

pass for v käydä jostakin, kelvata

passing *to mention something in passing* mainita jotakin ohimennen

passing lane s (maantien) ohituskaista

passion [ˈpæʃən] s **1** kiihko, intohimo, into, tulisuus **2** kiihkeä/intohimoinen rakkaus **3** (usk) Kristuksen kärsimyshistoria

passionate [ˈpæʃənət] adj **1** kiihkeä, intohimoinen, tulinen, voimakas **2** kiihkeän/intohimoinen aistillinen/seksuaalinen

passionately adv ks passionate

passionless adj kylmä, tunteeton, viileä

passion play s kärsimysnäytelmä

passive [ˈpæsɪv] s (kieliopissa) passiivi adj passiivinen, toimeton, välinpitämätön, innoton, alistuvainen

passively adv passiivisesti (ks *passive*)

passiveness s passiivisuus

passive resistance s passiivinen vastarinta

passive smoking s passiivinen tupakointi

passive voice s (kieliopissa) passiivi

passivism [ˈpæsɪˌvɪzəm] s passiivisuus

passivity [pæˈsɪvəti] s passiivisuus

passkey [ˈpæsˌki] s **1** yleisavain **2** tiirikka

pass muster fr täyttää vaatimukset, kelvata

pass off v **1** mennä ohi, lakata, loppua **2** käydä jostakin, mennä täydestä **3** sujua, mennä

pass off as v tekeytyä joksikin, esiintyä jonakin

pass off on v narrata joku ostamaan jotakin arvotonta *my brother bought a lemon and now he is trying to pass it off on me* veljeni osti auton joka on täysi romu ja nyt hän yrittää panna vahingon kiertämään myymällä sen minulle

pass on v **1** menehtyä, aika jättää jostakusta, kuolla **2** antaa/ojentaa eteenpäin, panna kiertämään myymällä sen minulle

pass out v **1** pyörtyä, menettää tajuntansa **2** nukkua pois, menehtyä, kuolla

pass over v ohittaa, hypätä yli, jättää väliin

Passover [ˈpæsˌoʊvər] s passah, juutalaisten pääsiäinen

passport [ˈpæsˌpɔrt] s **1** passi **2** (kuv) avain *a passport to fame* menestyksen avain

pass up v päästää (tilaisuus) sivu suun, ei käyttää (tilaisuutta) hyväkseen

password [ˈpæswərd] s tunnussana

past [pæst] s **1** menneisyys *in the past* menneisyydessä, aiemmin, ennen **2** (kieliopissa) imperfekti adj **1** mennyt, entinen **2** viime *in the past few days* viime päivinä **3** (kieliopissa) imperfekti- *past participle* partisiipin perfekti *past perfect* pluskvamperfekti adv ohi, ohitse prep **1** (tilasta) ohi; takana *he drove past the house* hän ajoi talon ohitse **2** (ajasta) yli *it's half past one* kello on puoli kaksi **3** (määrästä) yli **4** (kuv) *she is past caring* hän ei enää välitä/jaksa välittää

pasta [ˈpastə] s pasta

past continuous s (kieliopissa) kestomuodon imperfekti (esim he was reading)

1 paste [peɪst] s **1** liisteri **2** voitaikina **3** tahna

2 paste v liisteröidä, liimata

pastel [pæsˈtel] s **1** pastelliväri **2** pastelliliitu **3** pastellimaalaus, väriliitumaalaus adj pastellinvärinen

pasteurize [ˈpæstʃəˌraɪz] v pastöroida

pastime [ˈpæsˌtaɪm] s ajanviete; harrastus

past master s mestari, asiantuntija

pastor [ˈpæstər] s pappi, pastori

pastoral [ˈpæstərəl] adj **1** paimen- **2** papin **3** laidun- **4** idyllinen, maaseudun, maalais-

past participle s (kieliopissa) partisiipin perfekti (esim gone, fallen)

past perfect s (kieliopissa) pluskvamperfekti (esim he had done)
past progressive s (kieliopissa) kestomuodon imperfekti (esim he was reading)
pastry [ˈpeɪstri] s torttu *pastries* leivonnaiset, konditoriatuotteet
1 pasture [ˈpæstʃər] s laidunmaa, laidun *to put someone to pasture* siirtää joku eläkkeelle
2 pasture v laiduntaa (karjaa)
pasty [ˈpeɪsti] s (UK) (makea tai suolainen) piiras adj liisterimäinen; tahnamainen
1 pat [pæt] s **1** taputus **2** nokare
2 pat v taputtaa
3 pat adj **1** oivallinen, osuva **2** (kuv) liukas, lipevä **3** sujuva
4 pat adv **1** oivallisesti, osuvasti **2** täydellisesti *to have something down pat* osata jotakin täydellisesti
1 patch [pætʃ] s **1** (kankaan pala) tilkku; paikka **2** silmälappu **3** läiskä, tahra **4** tontti, palsta **5** (maapala) tilkku *cabbage patch* kaalimaa, kaalitarha
2 patch v **1** paikata **2** ommella tilkkutäkki **3** yhdistää (puhelimitse)
patch through v yhdistää (puhelimitse)
patch up v **1** paikata, korjata (väliaikaisesti) **2** sopia välinsä
pâté [pæˈteɪ] s (ranskasta) pasteija
1 patent [ˈpætənt] s patentti
2 patent v patentoida
3 patent adj **1** patentoitu **2** patentti- **3** ilmeinen, ilmiselvä *that's a patent lie* se on silkkaa valhetta
patentee [ˌpætənˈtiː] s patentin haltija
patent leather s kiiltonahka
patently adv ilmiselvästi, selvästi
Patent Office s patenttivirasto, (Suomessa:) Patentti- ja rekisterihallitus
patentor [ˈpætəntər] s patentin myöntäjä (virasto)
patent right s patenttioikeus
paternal [pəˈtɜːrnəl] adj **1** isän puoleinen *my paternal grandmother* isäni äiti **2** isällinen
paternally adv ks paternal
paternity [pəˈtɜːrnəti] s isyys
paternity leave s isyysloma

path [pæθ] s **1** polku *bicycle path* pyörätie **2** reitti **3** (kuv) tie
pathetic [pəˈθetɪk] adj säälittävä, surkea, surkuteltava, kurja, viheliäinen
pathetically adv ks pathetic
pathfinder [ˈpæθˌfaɪndər] s **1** opas, tiennäyttäjä; tiedustelija **2** (kuv) edelläkävijä, uranuurtaja, tienraivaaja, esitaistelija
pathless adj tietön
pathogen [ˈpæθədʒən] s patogeeni, taudinaiheuttaja
pathogenic [ˌpæθəˈdʒenɪk] adj patogeeninen, tautia aiheuttava
pathological [ˌpæθəˈlɑdʒɪkəl] adj **1** patologinen, tautiopillinen **2** patologinen, sairaalloinen *he is a pathological liar* hän valehtelee minkä ehtii
pathologist [pæˈθɑlədʒɪst] s patologi
pathology [pæˈθɑlədʒi] s patologia, tautioppi
pathos [ˈpæθɑs peɪθoʊs] s sääli, myötätunto; säälin/myötätunnon herättäminen
pathway [ˈpæθˌweɪ] s polku
patience [ˈpeɪʃəns] s **1** kärsivällisyys **2** (UK) pasianssi
patient [ˈpeɪʃənt] s potilas adj kärsivällinen
patiently adv kärsivällisesti
patio [ˈpætioʊ] s patio
1 pat on the back s ylistys, pienet kehut, kehumiset
2 pat on the back v ylistää, kehua
patriarch [ˈpeɪtriˌɑrk] s partriarkka (usk ja yl)
patriarchal [ˌpeɪtriˈɑrkəl] adj patriarkaalinen, isänvaltainen
patriarchy [ˈpeɪtriˌɑrki] s isänvalta
patrician [pəˈtrɪʃən] s ylimys, aristokraatti adj ylimyksellinen, aristokraattinen
patricide [ˈpætrɪˌsaɪd] s **1** isänmurha **2** isänmurhaaja
patriot [ˈpeɪtriət] s isänmaallinen ihminen, isänmaanystävä
patriotic [ˌpeɪtriˈɑtɪk] adj isänmaallinen
patriotism [ˈpeɪtriəˌtɪzəm] s isänmaallisuus, isänmaanrakkaus
1 patrol [pəˈtroʊl] s (sotilas-, poliisi tai muu) partio

2 patrol v partioida
patrol car s poliisiauto
patrolman [pəˈtrolmən] s (mon patrolmen) **1** poliisi **2** partiomies
patron [ˈpeɪtrən] s **1** (kanta-)asiakas, (vakio)asiakas, (hotellin vakio)vieras **2** (taiteen, taiteilijan) suosija, mesenaatti
patronize [ˈpeɪtrəˌnaɪz] v **1** asioida/käydä säännöllisesti jossakin **2** kohdella ylimielisesti/nöyryyttävästi
patronizing adj ylimielinen, alentava, nöyryyttävä
patron saint s suojeluspyhimys
patronymic [ˌpætrəˈnɪmɪk] s patronyymi
1 patter [ˈpætər] s **1** (sateen) ropina **2** (askelten) sipsutus **3** lipevä puhe, hölötys, pälpätys
2 patter v **1** (sade) ropista **2** (ihminen) sipsuttaa **3** hölöttää, pälpättää
1 pattern [ˈpætərn] s **1** (koriste)kuvio **2** malli, kaava **3** esikuva, malli **4** tapa **5** säännönmukaisuus, toistuvuus *I don't see any pattern in these cases* minusta näillä tapauksilla ei ole mitään yhteistä (piirrettä)
2 pattern v kuvioida, muotoilla
pattern on v ottaa esimerkkiä jostakin, tehdä jotakin jonkin esikuvan mukaan
paucity [ˈpasəti] s niukkuus, vähyys
paunch [pantʃ] s (iso) maha
paunchy adj isomahainen
pauper [ˈpapər] s köyhä, kerjäläinen
1 pause [paz] s tauko *to give pause* tehdä mietteliääksi, saada pysähtymään
2 pause v pitää tauko, keskeyttää, keskeytyä
pave [peɪv] v kivetä (katu, tie), päällystää (katu, tie)
pavement [ˈpeɪvmənt] s (UK, Itä-USA) jalkakäytävä
pave the way for fr (kuv) tasoittaa tietä jollekulle/jollekin
pave the way to fr valmistaa tietä jollekulle/jollekin, pohjustaa jotakin
pavillion [pəˈvɪljən] s **1** paviljonki, huvimaja **2** (ulkoilma)konserttilava **3** näyttelyrakennus

PAW (tekstiviestissä, sähköpostissa) *parents are watching*
1 paw [pa] s käpälä (myös kuv)
2 paw v **1** (eläimestä) raapia (käpälillään) **2** (ihmisestä, ark) käpälöidä, lääppiä, hypistellä, sorkkia
1 pawn [pan] s **1** (šakissa) sotilas **2** pantti **3** panttivanki
2 pawn v **1** pantata **2** (kuv) panna pantiksi
pawnbroker [ˈpanˌbroʊkər] s panttilainaaja
pawnbroking s panttilainaus
pawnshop [ˈpanˌʃap] s panttilainaamo
pawn ticket s panttikuitti, panttilippu
1 pay [peɪ] s palkka
2 pay v paid, paid **1** maksaa (myös) *one day, you'll have to pay for what you did* joskus saat vielä maksaa teostasi **2** kannattaa *crime doesn't pay* rikos ei kannata **3** *to pay a visit/call* käydä/vierailla jossakin/jonkun luona (on)
payable [ˈpeɪəbəl] adj joka voidaan/täytyy maksaa
pay as you go fr matkapuhelujen ennakkomaksutapa
pay-as-you-go s käteiskauppa
pay back v maksaa takaisin, (myös kuv:) kostaa
pay cable s maksullinen kaapelitelevisio
paycheck [ˈpeɪˌtʃek] s **1** palkkasekki **2** palkka
payday [ˈpeɪˌdeɪ] s palkkapäivä
pay dirt *to hit pay dirt* **1** pistää rahoiksi **2** onnistua, tehdä läpimurto
pay down v **1** maksaa käsirahana **2** kuolettaa
PAYE *pay as you earn*
payee [peɪˈi] s maksun saaja
payer [ˈpeɪər] s maksaja
pay for v maksaa jostakin (myös kuv)
payload [ˈpeɪˌloʊd] s **1** hyötykuorma **2** matkustajamäärä
payment [ˈpeɪmənt] s maksu
pay off v **1** maksaa pois, maksaa loput **2** lahjoa
pay off a score fr maksaa (vanhat) kalavelkansa
pay out v **1** maksaa **2** löysätä (köyttä)

pay phone s yleisöpuhelin
pay up v **1** maksaa pois, maksaa loput **2** maksaa (pakon alla)
pay your way fr **1** maksaa oma osuutensa **2** maksaa itsensä takaisin; tuottaa voittoa
PBS lyh Public Broadcasting Service, Yhdysvaltain ei-kaupallinen televisioyhtiö
PBX *private branch exchange* puhelinvaihde
PCB *polychlorinated biphenyl* polyklooorattu bifenyyli, PCB
pce. *piece* kappale
pcl. *parcel* paketti
1 PCM *pulse code modulation* pulssikoodimodulaatio, PCM
2 PCM (tekstiviestissä, sähköpostissa) *please call me*
PDA *Personal Digital Assistant* kämmentietokone, kämmykkä
PE *physical education; Prince Edward Island*
pea [piː] s herne
peace [piːs] s **1** rauha (eri merkityksissä, myös:) yleinen rauha *to hold/keep your peace* hillitä itsensä, olla hiljaa *to keep the peace* pitää yllä järjestystä *to make your peace with someone* sopia välinsä jonkun kanssa, solmia rauha jonkun kanssa *to make peace* tehdä rauha, laskea aseet **2** *Peace* rauhansopimus, rauha
peace dividend [ˈpiːsˌdɪvədend] s kylmän ja kuuman sodan päättymisestä johtuva säästö julkisissa menoissa
peace dove s rauhankyyhky
peaceful adj **1** rauhaa rakastava, rauhanhaluinen **2** rauhallinen
peaceful coexistence s rauhanomainen rinnakkaiselo
peacefully adv rauhallisesti
peacefulness s **1** rauhanhalu **2** rauhallisuus
peacekeeper [ˈpiːsˌkiːpər] s rauhanturvaaja
peace offensive s rauhanaloite
peace offering s **1** rauhantarjous **2** (Raamatussa) yhteysuhri
peace pipe s rauhanpiippu

peacetime [ˈpiːsˌtaɪm] s rauhanaika adj rauhanajan
peach [piːtʃ] s persikka
peach-leaved bellflower s kurjenkello
peacock [ˈpiːˌkæk] s riikinkukko
Peacock (tähdistö) Riikinkukko
peacock butterfly s neitoperhonen
peafowl [pifaʊəl] s riikinkukko
peahen s riikinkukko(naaras)
1 peak [piːk] s **1** (vuoren) huippu, laki **2** kärki **3** (kuv) huippu, huipentuma, lakipiste **4** (lakin) lippa **5** *widow's peak* leskenlovi
2 peak v olla parhaimmillaan/suurimmillaan, saavuttaa huippunsa, huipentua *J.D. Salinger peaked at a relatively young age* J.D. Salinger saavutti luomistyönsä huipun verraten nuorena
3 peak adj huippu-
1 peal [piːəl] s **1** kellojen kumahtelu/kajahdus/soitto **2** kellopeli **3** (naurun) rämäkkä, kajotus, (ukkosen, tykkien) jylinä
2 peal v (kellot) soida; (ukkonen, tykit) jylistä
peanut [piːnət] s **1** maapähkinä **2** (mon, ark) pikkuraha, pikkusumma, mitätön summa
pear [peər] s päärynä
pearl [pərl] s **1** helmi *to cast pearls before swine* heittää helmiä sioille/sikojen eteen, panna hukkaan **2** pisara adj helmenharmaa; helmenvalkoinen
Pearl Harbor s Havaijisaarten satama jonne Japani hyökkäsi yllättäen 7.12.1941
pearly [pərli] adj helmenvalkoinen; helmenharmaa
peasant [pezənt] s **1** (köyhä) pienviljelijä *Southeast Asian peasants* Kaakkois-Aasian talonpojat **2** (halventavasti) moukka
peat [piːt] s turve
peat bog s turvesuo
peaty adj turpeinen
pebble [pebəl] s pieni (veden sileäksi kuluttama) kivi
pebbly adj jossa on pieniä (veden sileäksi kuluttamia) kiviä
peccary [pekəri] s (eläin) pekari

1 peck [pek] s nopea suukko
2 peck v (lintu) nokkaista, nokata, nokkia
peck at v **1** näykkiä (ruokaansa) **2** näykkiä jotakuta, nälviä jotakuta, nalkuttaa jollekulle
pecking order s nokkimisjärjestys (myös kuv)
peculiar [pəˈkjuljər] adj **1** omituinen, outo, erikoinen, kummallinen, harvinainen **2** ominainen *giraffes are peculiar to Africa* kirahveja esiintyy/on vain Afrikassa
peculiarity [pəˌkjuliˈærəti] s omituisuus, erikoisuus, erikoispiirre, oikku
peculiarly adv omituisesti, omituisen, harvinaisen
pedagog s kasvattaja, opettaja, pedagogi
pedagogic [ˌpedəˈɡadʒɪk] adj kasvatuksellinen, kasvatustieteellinen, pedagoginen
pedagogical adj ks pedagogic
pedagogically adv kasvatuksellisesti, kasvatustieteellisesti, pedagogisesti
pedagogics [ˌpedəˈɡadʒɪks] s (verbi yksikössä) kasvatustiede, pedagogiikka
pedagogue [ˈpedəˌɡaɡ] s kasvattaja, opettaja, pedagogi
pedagogy [ˈpedəˌɡadʒi] s **1** kasvatus, opetus, kasvatustaito **2** kasvatustiede
1 pedal [pedəl] s **1** (polkupyörän) poljin **2** (pianon, rummun) pedaali, poljin, (urkujen) jalkio
2 pedal v polkea (pyörää, urkuja)
pedant [pedənt] s saivartelija, pedantti
pedantic [pəˈdæntɪk] adj turhantarkka, saivarteleva
pedantry [pedəntri] s saivartelu
peddle [pedəl] v kaupustella, kaupitella
peddler [pedlər] s kaupustelija
pedestal [pedəstəl] s jalusta *to put someone on a pedestal* (kuv) nostaa joku jalustalle, ylistää/palvoa jotakuta
pedestrian [pəˈdestriən] s jalankulkija adj **1** jalankulku- **2** (kuv) mielikuvitukseton, tylsä, innoton, osaamaton
pedestrianism [pəˈdestriəˌnɪzəm] s (kuv) mielikuvituksettomuus, tylsyys, innottomuus, osaamattomuus
pediatric [ˌpidiˈætrɪk] adj lastentauti-, pediatrinen
pediatrician [ˌpidiəˈtrɪʃən] s lastenlääkäri, pediatri
pediatrics [ˌpidiˈætrɪks] s (verbi yksikössä) lastentautioppi, pediatria
pedigree [ˈpedəˌɡri] s sukupuu, sukuluettelo; syntyperä; ylhäinen syntyperä
pedlar [pedlər] s kaupustelija
pedler [pedlər] s kaupustelija
1 peek [pik] s vilkaisu, kurkistus
2 peek v vilkaista, kurkistaa, tirkistää
1 peel [piəl] s (hedelmän, kasviksen) kuori
2 peel v kuoria *these oranges peel easily* näitä appelsiineja on helppo kuoria, näiden appelsiinien kuoret irtoavat helposti
peeled *to keep your eyes peeled* pitää silmänsä auki, olla valppaana, seurata tarkasti
peel off v **1** kuoria **2** riisua **3** poiketa (maantieltä)
1 peep [pip] s **1** kurkistus, vilkaisu, tirkistys **2** piipitys **3** (kuv) valitus, narina, inahdus
2 peep v **1** kurkistaa, kurkistella, vilkaista, tirkistää, tirkistellä **2** piipittää **3** valittaa, narista, inistä
peephole [ˈpipˌhoʊl] s ovisilmä; tirkistysreikä, tirkistysaukko
Peeping Tom s tirkistelijä, voyeuristi
1 peer [pɪər] s **1** (UK) pääri **2** aatelinen **3** vertainen *you will be judged by a jury of your peers* joudutte vertaistenne tuomittavaksi
2 peer v tuijottaa silmiään siristäen, yrittää nähdä
peerage [pirədʒ] s **1** aatelisarvo, päärin arvo **2** aateli, aateliset **3** aateliskalenteri
peer communications s (tietok) vertaisviestintä
peeress [pirəs] s aatelisnainen
peer group s vertaisryhmä
peerless adj verraton, joka on vertaansa vailla
peerlessly adv verrattomasti
peer processing s (tietok) vertaiskäsittely
peer-to-peer (P2P) computing s (tietok) vertaiskäsittely

peer-to-peer (P2P) network s (tietok) vertaisverkko
1 peg [peg] s **1** tappi **2** (kuv) pykälä, porras *we took him down a peg* me otimme häneltä turhat luulot pois
2 peg v **1** kiinnittää tapeilla/piikeillä **2** jäädyttää (hinnat/palkat)
Pegasus [pegəsəs] s **1** (mon Pegasi) pegasos, runoratsu **2** (tähdistö) Pegasos
Pekingese [,pikə'niz] s kiinanpalatsikoira
pelican [pelɪkən] s pelikaani
pellet [pelət] s **1** pilleri **2** (paperi- tai muu) pallo **3** hauli **4** oksennuspallo
peloton s (pyöräkilpailussa) pääjoukko
1 pelt [pelt] s **1** (eläimen) turkki **2** *in your pelt* alasti, ilkosillaan **3** *at full pelt* täyttä häkää/vauhtia, nasta laudassa
2 pelt v pommittaa (kivillä, kysymyksillä ym), viskoa, piiskata, (sade) vihmoa, ryöpyttää
pelvic [pelvɪk] adj lantion, lantio
pelvis [pelvəs] s (mon pelvises, pelves) lantio
1 pen [pen] s **1** kynä **2** (mustekynän) terä **3** (eläinten) aitaus, karsina **4** leikkikehä
2 pen v **1** kynäillä, kirjoittaa, piirtää **2** sulkea (eläimet) aitaukseen
PEN *International Association of Poets, Playwrights, Editors, Essayists, and Novelists*
penal [pinəl] adj rangaistus-
penal code s rikoslaki
penalize ['pinə,laɪz] v rangaista, tuomita
penalty [penəlti] s **1** rangaistus; sakko **2** (urh) rangaistusheitto, rangaistuspotku
penalty area s (jalkapallossa) rangaistusalue
penalty kick s rangaistuspotku
penalty shot s (jääkiekossa) rangaistuslaukaus
penance [penəns] s **1** (usk) katumus **2** (usk) katumusharjoitus **3** rangaistus
pence [pens] ks penny
1 pencil [pensəl] s **1** lyijykynä **2** kynä **3** (ehostuksessa) rajauskynä
2 pencil v kirjoittaa/piirtää kynällä
pen computer s kynämikro

pendant [pendənt] s riipus
pendent s riipus adj **1** riippuva **2** ratkaisematon, keskeneräinen
pending adj **1** keskeneräinen, ratkaisematon **2** pian tapahtuva; uhkaava prep **1** saakka, kunnes **2** aikana
pendulum [pendʒələm] s heiluri
penetrate ['penə,treɪt] v **1** tunkeutua (syvälle) jonnekin, läpäistä jokin, mennä läpi jostakin; (sot) murtaa (vihollisen linjat) *the company is trying to penetrate the European market* yritys yrittää päästä Euroopan markkinoille **2** ymmärtää, ratkaista
penetrating adj **1** (katse, ääni) läpitunkeva, pureva **2** (huomio) tarkka, terävä
penetratingly adv **1** läpitunkevasti, purevasti **2** tarkasti, terävästi
penetration [,penə'treɪʃən] s **1** jonkin läpi/jonnekin tunkeutuminen; (sodassa) läpimurto **2** terävänäköisyys, tarkkanäköisyys, oivalluskyky **3** uuden markkina-alueen valtaus, markkinaosuus *our market penetration in Sweden is unsatisfacory* markkinaosuutemme Ruotsissa ei ole tyydyttävä
penguin [peŋgwɪn] s pingviini
penicillin [,penə'sɪlən] s penisilliini
penile [pinəl] adj peniksen
peninsula [pə'nɪnsələ, pə'nɪnsjələ] s niemimaa
peninsular [pə'nɪnsələr, pə'nɪnsjələr] adj niemi-, niemimaa-
penis [pinəs] s (mon penises, penes) penis
penitence [penɪtəns] s katumus
penitent [penɪtənt] adj katuja, katuvainen adj katuva, katuvainen
penitentiary [,penɪ'tenʃəri] s rangaistuslaitos adj vankeus-, vankila-, rangaistus
penknife ['pen,naɪf] s (mon penknives) kynäveitsi
penlight ['pen,laɪt] s pieni taskulamppu
Penna. *Pennsylvania*
pennant [penənt] s viiri
penniless [penələs] adj pennitön, varaton
Pennines [penaɪnz] (mon) Penniinit
Pennsylvania [,pensəl'veɪnjə]

penny [peni] s (mon pennies, kohdissa 2 ja 3 pence puhuttaessa hinnasta, esim *sixpence*, muutoin pennies) **1** cent, dollarin sadasosa **2** (UK) penny, punnan sadasosa **3** (UK) (ennen vuoden 1971 rahanuudistusta) penny, shillingin kahdestoistaosa **4** fraaseja *to cost a pretty penny* maksaa sievoinen summa, maksaa pitkä penni *to turn an honest penny* elättää itsensä rehellisesti, ansaita palkkansa rehellisesti *a penny saved is a penny earned* ei ne suuret tulot vaan ne pienet menot

penny wise and pound foolish fr säästää tulitikkuja ja juoda samppanjaa, säästää väärästä päästä

penological [ˌpinəˈladʒɪkəl] adj penologinen, rangaistusopillinen

penology [piˈnalədʒi] s penologia, rangaistusoppi

pen pal [ˈpenˌpæəl] s kirjetoveri, kirjeenvaihtotoveri

pen reader s lukukynä

pension [penʃən] s **1** eläke **2** (ei USA:ssa) täysihoitola; pieni hotelli

pensionable adj (työ) joka oikeuttaa eläkkeeseen *pensionable age* eläkeikä

pensioner [penʃənər] s eläkeläinen

pension fund s eläkerahasto, eläkekassa

pension off v siirtää/panna eläkkeelle

pension plan s eläketurva

pension/retirement plan s eläketurva

pensive [pensɪv] adj mietteliäs, vakava, hiljainen

pensively adv mietteliäästi, vakavasti, hiljaa, hiljaisesti

pentagon [ˈpentəˌgan] s viisikulmio

pentagonal [penˈtægənəl] adj viisikulmainen

pentaprism [ˈpentəˌprɪzəm] s pentaprisma

pentathlete [penˈtæθˌlit] s viisiottelija

pentathlon [penˈtæθˌlan] s viisiottelu

Pentecost [ˈpentəˌkast] s **1** (kristityillä) helluntai **2** (juutalaisilla) helluntai, viikkojuhla

Pentecostal [ˌpentəˈkastəl] s, adj helluntailainen

Pentecostalist s helluntailainen

penthouse [ˈpentˌhaʊs] s (kerrostalon) ylimmän kerroksen asunto; ullakkohuoneisto

penultimate [peˈnʌltɪmət] s, adj toiseksi viimeinen, viimeistä edellinen

penumbra [pəˈnʌmbrə] s (mon penumbras, penumbrae) puolivarjo

1 people [pipəl] s **1** ihmiset; väki, kansa *there were a lot of people there* siellä oli paljon väkeä/kansaa *people don't like the Vice President* varapresidentistä ei pidetä, varapresidentti ei ole pidetty **2** väestö, asukkaat *how many people live in this city?* kuinka monta asukasta tässä kaupungissa on? **3** kansa *People's Republic of China* Kiinan kansantasavalta *the common people* tavalliset ihmiset, kansa

2 people v kansoittaa, asuttaa

People's Democratic Republic of Yemen (hist) Jemenin demokraattinen kansantasavalta, Etelä-Jemen

pep [pep] s into, pirteys, vauhti, potku

1 pepper [pepər] s **1** pippuri **2** paprika **3** cayennenpippuri

2 pepper v **1** pippuroida, maustaa pippurilla **2** pommittaa (kivillä, kysymyksillä ym)

pepper-and-salt adj (tukka) harmahtava; jossa on mustaa ja valkoista

peppered moth s (eläin) koivumittari

pepper mill s pippurimylly

peppermint [ˈpepərˌmɪnt] s piparminttu

pepperoni [ˌpepəˈroʊni] s pepperoni(makkara)

pep talk s rohkaisupuhe, kannustuspuhe, palopuhe

pep up v piristää, panna vauhtia johonkuhun/johonkin

per [pər] prep **1** kultakin, kappaleelta, per: *$100 per year* sata dollaria vuodessa, sata dollaria per vuosi **2** välityksellä, kautta *per fax* faksilla **3** mukaan, mukaisesti *per instructions* ohjeiden/määräysten mukaan *as per* mukaan, mukaisesti

perambulator [pəˈræmbjəˌleɪtər] s (UK) lastenvaunut

per annum [pərˈænəm] adv (latinasta) vuodessa, vuosittain, vuotta kohden

per capita

per capita [pərˈkæpɪtə] adj, adv asukasta kohden
perceivable adj havaittava; jonka voi havaita/huomata
perceive [pərˈsiv] v **1** havaita, aistia, nähdä, tuntea, huomata **2** oivaltaa, todeta, nähdä (kuv), panna merkille
percent [pərˈsent] s prosentti adj prosentin, prosentti-
percentage [pərˈsentədʒ] s prosenttiosuus, prosentti, osuus, osa
percentile [pərˈsentaɪəl] s (tilastoissa) persentiili, sadannespiste, prosenttipiste
percept [pərsept] s havainto, aistimus
perceptible [pərˈseptɪbəl] adj havaittava; huomattava, selvä
perceptibly adv havaittavasti, näkyvästi; selvästi
perception [pərˈsepʃən] s **1** havaitseminen **2** havainto, aistimus **3** oivalluskyky, tarkkanäköisyys *artistic perception* taiteilijan oivalluskyky **4** käsitys *she had no clear perception of what had happened* hänellä ei ollut tapahtuneesta/tapahtumista selvää mielikuvaa/käsitystä
perceptive [pərˈseptɪv] adj **1** tarkkanäköinen, terävänäköinen, älykäs, syvällinen **2** havainto-, aistimus-
perceptual [pərˈsepʃuəl] adj havainto-, perseptuaalinen
1 perch [pərtʃ] s **1** ahven **2** (kanan yöpuu) orsi; oksa (tai muu paikka jolla lintu lepää)
2 perch v laskeutua/laskea orrelle/oksalle *he was perched precariously on the back of the chair* hän istui tuolin selällä sen näköisenä että saattaisi kaatua minä hetkenä hyvänsä
percolate [ˈpərkəˌleɪt] v **1** uuttaa, uuttua, suodattaa, suodattua **2** valmistaa/laittaa kahvia perkolaattorissa **3** (kuv) vilkastua, johonkin tulee eloa; (kiinnostuksesta) herätä; pursuta jotakin (with)
percolator s perkolaattori, eräänlainen kahvinkeitin
percussion [pərˈkʌʃən] s **1** (lääk) koputtelu, koputtelututkimus **2** (mus) lyömäsoittimet
percussionist s lyömäsoitinten soittaja, perkussionisti, rumpali

per diem [pərˈdiəm] s päiväraha adv päivässä
peregrine falcon [perəgrɪn] s muuttohaukka
perennial [pəˈreniəl] s monivuotinen kasvi adj **1** (kasvi) monivuotinen **2** ikuinen, alituinen, jatkuva *our perennial favorite* ikuinen suosikkimme, jatkuva ykkösemme
perf. *perfect* perfekti
perfect [pərfəkt] s (kieliopissa) perfekti adj **1** täydellinen, virheetön, moitteeton **2** voimistavana sanana: *we are perfect strangers* olemme ventovieraita toisillemme *you're a perfect fool* sinä olet täysi torvi **3** (mus) absoluuttinen *she has perfect pitch* hänellä on absoluuttinen (sävel)korva **4** (kieliopissa) perfekti-
perfect [pərˈfekt] v viimeistellä, kehittää, parantaa, (kuv) hioa
perfect continuous [kənˈtɪnjuəs] s (kieliopissa) kestomuodon perfekti tai pluskvamperfekti (he has/had been reading)
perfection [pərˈfekʃən] s täydellisyys, virheettömyys, moitteettomuus *he has achieved perfection as a painter* hän on edennyt taidemaalarina täydellisyyden asteelle
perfectionism [pərˈfekʃənɪzəm] s perfektionismi, täydellisyyden tavoittelu
perfectionist [pərˈfekʃənɪst] s perfektionisti, täydellisyyden tavoittelija adj perfektionistinen, täydellisyyttä tavoitteleva
perfectly adv **1** täydellisesti, virheettömästi, moitteettomasti **2** täysin *he made it perfectly clear that he was not going to pay* hän teki täysin selväksi ettei hän aikonut maksaa
perfect pitch [pɪtʃ] s absoluuttinen sävelkorva
perfect progressive [prəˈgresɪv] s (kieliopissa) kestomuodon perfekti tai pluskvamperfekti (he has/had been reading)
perfect tense s (kieliopissa) perfekti (he has done)
perfidious [pərˈfɪdiəs] adj petollinen, epäluotettava, vilpillinen, uskoton

perfidiously adv petollisesti, epäluotettavasti, vilpillisesti, uskottomasti
perfidy [pərfədi] s **1** petollisuus, vilpillisyys, uskottomuus **2** petollinen/vilpillinen/uskoton teko
perforate ['pərfə‚reɪt] v rei'ittää, lävistää
perforation [‚pərfə'reɪʃən] s rei'itys
perforce [pər'fɔrs] adv (ylät) pakosta(kin), välttämättä
perform [pər‚fɔrm] v **1** esiintyä; esittää (osaa, musiikkia), soittaa **2** suorittaa, tehdä, hoitaa **3** suoriutua, menestyä, pärjätä (ark) *Albert doesn't perform well under pressure* Albert ei tahdo kestää painetta
performance [pər'fɔrməns] s **1** (teatteri-, musiikki)esitys, näytäntö **2** (näyttelijän, muusikon) (osa)suoritus; (tehtävän, velvollisuuksien) suorittaminen, hoito, toteutus **3** suorituskyky
performer s esiintyjä, esiintyvä taiteilija
perfume [pərfjum] s **1** hajuvesi, hajuste, parfyymi **2** hyvä tuoksu
perfume [pər'fjum] v hajustaa, tehdä hyvänhajuiseksi
perhaps [pər'hæps] adv ehkä, kenties
1 peril [perəl] s vaara
2 peril v vaarantaa, riskeerata, panna alttiiksi
perilous [perələs] adj vaarallinen; uhkarohkea
perimeter [pə'rɪmətər] s **1** (mat) kehä, piiri **2** raja; raja-alue, ääri, reuna; äärialue *at the perimeter of human knowledge* ihmistiedon äärialueilla/rajoilla
period [pɪrɪəd] s **1** kausi, jakso, vaihe, ajanjakso **2** piste (.) **3** (taidokkaasti rakennettu virke) periodi **4** (mus) lauseke **5** kuukautiset adj (jonkin) aikakauden, ajan
periodic [‚pɪri'adɪk] adj **1** jaksoittainen, ajoittainen **2** säännöllinen **3** (fys, mat) jaksollinen
periodical [‚pɪri'adɪkəl] s aikakauslehti adj **1** aikakauslehti-, lehti- *periodical magazine* aikakauslehti **2** ks periodic
periodically adv ks periodic
periodic system s jaksollinen järjestelmä

peripheral [pə'rɪfərəl] adj **1** reuna-, ääri- **2** pinnallinen, epäolennainen, sivu-
peripheral device s (tietok) oheislaite
periphery [pə'rɪfəri] s **1** raja; raja-alue, ääri, reuna, (kaupungin) laitamat, (yhteiskunnan) varjopuoli **2** (kuv) pinta *we are still discussing the periphery of the problem* emme ole vieläkään paneutuneet ongelman ytimeen/pintaa syvemmälle
periscope ['perɪ‚skoʊp] s periskooppi
perish [perɪʃ] v **1** menehtyä, saada surmansa, kuolla **2** päättyä, lakata, kadota **3** tuhoutua **4** (ruoka) pilaantua
perishable s, adj (helposti) pilaantuva (ruoka)
perish the thought fr pois se minusta!, kamala ajatus!
periwinkle [‚perɪ'wɪŋkəl] s **1** (eläin) kotilo, (erityisesti) rantakotilo, litorinakotilo **2** (kasvi) talvio
perjure [pərdʒər] v vannoa väärä vala
perjury [pərdʒəri] s väärä vala
perk [pərk] v ark **1** (kahvi) uutua, suodattua, valmistua **2** piristyä, innostua; pursuta jotakin (with)
perk out v **1** somistaa, kaunistaa, piristää **2** kohottaa/nostaa äkkiä
perks s (ark mon) luontoisedut, työsuhde-edut
perk up v **1** piristyä **2** somistaa, kaunistaa, piristää **3** kohottaa/nostaa äkkiä
1 perm [pərm] s (ark) permanentti, kestokiharat
2 perm v laittaa/ottaa permanentti
permanence [pərmənəns] s pysyvyys, jatkuvuus, kestävyys
permanent s permanentti, kestokiharat adj pysyvä, jatkuva, kestävä, vakinainen
permanently adv pysyvästi, jatkuvasti, kestävästi, vakinaisesti
permanent wave s permanentti, kestokiharat
permeate ['pərmi‚eɪt] v tunkeutua jonnekin/kaikkialle, täyttää, kyllästää *disillusionment permeated the country* pettymys valtasi (koko) maan
permissible [pər'mɪsəbəl] adj sallittu

permission

permission [pər'mıʃən] s lupa *with my permission* minun luvallani *who gave you permission to take my car?* kenen luvalla otit autoni?
permissive [pər'mısıv] adj suvaitsevainen, avarakatseinen; löyhä, holtiton, leväperäinen
permissiveness s suvaitsevaisuus; holtittomuus
permit [pərmıt] s lupa
permit [pər'mıt] v sallia, luvata, antaa/myöntää lupa, suvaita
permit of v (ylät) *the letter permits of no other interpretation* kirjettä ei voi tulkita muulla tavoin
pernicious [pər'nıʃəs] adj 1 vahingollinen, haitallinen 2 (lääk) pahanlaatuinen, pernisiöösi
pernicious anemia s (lääk) pernisiöösi anemia
perpendicular [ˌpərpən,dıkjələr] s pystysuora (viiva) adj pystysuora, pysty, joka on pystyssä
perpetual [pər'petʃuəl] adj ikuinen, jatkuva, alituinen, loputon
perpetual calendar s ikuinen kalenteri
perpetually adv jatkuvasti, alinomaa, loputtomasti
perpetuate [pər'petʃu,eıt] v ikuistaa, säilyttää; jatkaa, pitää hengissä (kuv) *the use of sexist language helps perpetuate stereotypes* sukupuolisesti/naisia syrjivän kielen käyttö pitää yllä kaavoittuneita käsityksiä
perpetuation [pərˌpetʃu'eıʃən] s ikuistaminen, säilyttäminen; jatkaminen, hengissä pitäminen (kuv)
perplex [pər'pleks] v tyrmistyttää, ällistyttää, hämmästyttää
perplexed [pər'plekst] adj 1 tyrmistynyt, ällistynyt, hämmästynyt 2 mutkikas, monimutkainen, hankala, visainen
perplexedly [pər'pleksədli] adv ks perplexed
perplexity [pər'pleksıti] s tyrmistys, ällistys, hämmästys
per se [pər'seı] adv (latinasta) sinänsä, sellaisenaan, itsessään
persecute ['pərsəˌkjut] v vainota
persecution [ˌpərsə'kjuʃən] s vaino(t)

persecutor s vainooja
Perseus [pərsiəs] (tähdistö) Perseus
perseverance [ˌpərsə'vırəns] s sinnikkyys, sitkeys, sisukkuus, sisu
persevere [ˌpərsə'vıər] v ei antaa periksi, jatkaa sinnikkäästi, purra hammasta
persist [pər'sıst] v jatkua, pysyä elossa/hengissä (kuv)
persistence [pər'sıstəns] s sinnikkyys, sitkeys, sisukkuus, itsepintaisuus; (sairauden, huonon sään) jatkuminen
persistent [pər'sıstənt] adj sinnikäs, sitkeä, sisukas, itsepintainen, jatkuva, hellittämätön, (varoitus) toistuva
persistently adv ks persistent
persist in v jatkaa sinnikkäästi jotakin, ei antaa periksi jossakin
person [pərsən] s ihminen, henkilö, henki *the van seats seven persons* vaniin mahtuu seitsemän ihmistä/henkeä/matkustajaa *in person* henkilökohtaisesti *natural person* (lak) luonnollinen henkilö *to be your own person* (saada) olla oma itsensä *I have no money on my person* minulla ei ole mukana rahaa
personable adj hauskan näköinen
personal [pərsənəl] adj 1 henkilökohtainen 2 (kieliopissa) persoona-
personal communications s omaviestintä
personality [ˌpərsə'næləti] s 1 luonne, persoonallisuus 2 kuuluisuus, julkkis (ark)
personality cult s henkilöpalvonta
personality disorder s luonnehäiriö
personalize ['pərsənəˌlaız] v 1 varustaa nimikirjaimilla tms *he has a personalized Cadillac* hänellä on yksilöllisesti koristeltu Cadillac 2 ottaa henkilökohtaisesti
personally adv henkilökohtaisesti *personally, I don't believe it* minä en kyllä usko sitä
personal pronoun s (kieliopissa) persoonapronomini
personal shopper s ostosavustaja
personal trainer s henkilökohtainen kunto-ohjaaja

perverted

persona non grata [pərˌsoʊnəˌnan ˈgratə] s (mon personae non gratae) (latinasta) epämieluinen henkilö, ei toivottu henkilö

personification [pərˌsanəfɪˈkeɪʃən] s **1** henkilöinti, olennointi, elollistaminen, personointi **2** (jonkin todellinen) ilmentymä, henkilöitymä

personify [pərˈsanəˌfaɪ] v **1** henkilöidä, olennoida, elollistaa, personoida **2** ilmentää *she is vanity personified* hän on todellinen turhamaisuuden henkilöitymä

personnel [ˌpərsəˈnel] s **1** henkilökunta **2** miehistö **3** (yrityksen) henkilöstöosasto

personnel department s (yrityksen) henkilöstöosasto

person-to-person adj *person-to-person call* (käsivälitteinen) henkilöpuhelu (josta laskutetaan vain jos haluttu henkilö saadaan puhelimeen) adv *to call person-to-person* soittaa henkilöpuhelu

perspective [pərˈspektɪv] s **1** perspektiivi **2** (kuv) näkökulma, näkökanta, perspektiivi

perspiration [ˌpərspəˈreɪʃən] s **1** hikoilu **2** hiki

perspire [pərˈspaɪər] v hikoilla

persuade [pərˈsweɪd] v **1** suostutella, taivutella (joku tekemään jotakin) **2** saada joku vakuuttuneeksi jostakin *I am persuaded of his innocence* olen vakuuttunut siitä että hän on syytön

persuasion [pərˈsweɪʒən] s **1** suostuttelu, taivuttelu **2** suostuttelutaito **3** vakaumus, usko; uskomus, käsitys *Mr. Goldberg is of socialist persuasion* Mr. Goldbergin näkemykset nojaavat vasemmalle

persuasive [pərˈsweɪsɪv] adj vakuuttava, uskottava; taitava suostuttelemaan

persuasively adv vakuuttavasti, uskottavasti; (suostutella) taitavasti *professor Arid persuasively argues that...* professori Kuiva perustelee hyvin väitettään jonka mukaan...

persuasiveness s **1** suostuttelutaito **2** (väitteen) vakuuttavuus, uskottavuus

pert [pərt] adj **1** hävytön, häpeämätön, julkea, röyhkeä; napakka **2** tyylikäs, muodikas, hieno **3** eloisa, pirteä, reipas, pirtsakka (ark)

pertain to [pərˈteɪn] v kuulua johonkin, koskea jotakin, liittyä johonkin

Perth [pərθ]

pertinent [pərtənənt] adj asiaankuuluva, asianmukainen, johonkin kuuluva

pertly adv **1** hävyttömästi, häpeämättömästi, julkeasti, röyhkeästi; napakasti **2** tyylikkäästi, muodikkaasti, hienosti **3** eloisasti, pirteästi, reippaasti

pertness s **1** hävyttömyys, julkeus, röyhkeys **2** tyylikkyys, muodikkuus **3** eloisuus, pirteys, reippaus

perturb [pərˈtərb] v **1** tehdä/saada levottomaksi **2** sekoittaa, sotkea, hämmentää (kuv)

Peru [pəˈru] Peru

perusal [pəˈruzəl] s **1** lukeminen *he left the books here for my perusal* hän jätti kirjat minun luettavakseni **2** tutkistelu, tarkastelu

peruse [pəˈruz] v lukea/tutkia tarkasti; lukea

Peruvian [pəˈruviən] s, adj perulainen

perv [parv] s (ark) pervo, perverssi (sanasta pervert)

pervade [pərˈveɪd] v tunkeutua jonnekin/kaikkialle, täyttää, kyllästää

pervasive [pərˈveɪsɪv] adj (haju) läpitunkeva, pistävä; laajalle/kaikkialle levinnyt

pervasive computing s jokapaikan tietotekniikka

pervasively adv kaikkialla, kaikkialle

pervasiveness s yleisyys, voimakkuus

perverse [pərˈvərs] adj **1** omapäinen, jääräpäinen, tottelematon **2** perverssi, luonnoton, (sukupuolisesti) poikkeava

perversity [pərˈvərsɪti] s perversio, luonnottomuus, (sukupuolinen) poikkeavuus

pervert [pərvərt] s perverssi, sukupuolisesti poikkeava ihminen

pervert [pərˈvərt] v **1** turmella, pilata, rappeuttaa **2** vääristää

perverted adj perverssi, luonnoton, (sukupuolisesti) poikkeava

pessimism ['pesə‚mızəm] s pessimismi, synkkyys
pessimist [pesəmıst] s pessimisti
pessimistic [‚pesə'mıstık] adj pessimistinen, synkkä, masentunut, toivoton
pessimistically adv pessimistisesti, synkästi, masentuneesti, toivottomasti
pest [pest] s **1** vitsaus; rutto **2** syöpäläinen **3** (kuv) kiusankappale
pester v kiusata, häiritä, vaivata
pesticide ['pestə‚saıd] s kasvinsuojeluaine
1 pet [pet] s **1** lemmikkieläin **2** lemmikki, suosikki
2 pet v silittää, hyväillä (myös seksuaalisesti)
3 pet adj lempi-, mieli-, lemmikki-, suosikki-
PET *positron-emission tomography* positroniemissiotomografia
petal [petəl] s (kasvin) terälehti
peter out [pitər] v **1** loppua (vähitellen) **2** väsähtää, sammua
petite [pə'tit] s pieni koko; pieni(kokoinen) naisten vaate adj pieni(kokoinen)
1 petition [pə'tıʃən] s (kansalais)adressi, anomus, hakemus, pyyntö
2 petition v jättää (kansalais)adressi jollekulle, anoa, vedota johonkuhun, pyytää
petrels [petrəlz] s (mon) ulappalinnut
petrified adj **1** kivettynyt *petrified forest* kivettynyt metsä **2** kauhun lamaannuttama
Petrified Forest [‚petrə‚faıd'fɔrəst] kansallispuisto Arizonassa
petrify ['petrə‚faı] v **1** kivettää, kivettyä, muuttua/muuttaa kiveksi **2** (kuv) saada jähmettymään/kangistumaan kauhusta
petrol [petrəl] s (UK) bensiini
petroleum [pə'troliəm] s raakaöljy, maaöljy, öljy
pet sitter s lemmikkieläimen hoitaja (esim koiranvahti)
petticoat ['petı‚koʊt] s alushame
pettiness s **1** mitättömyys, vähäpätöisyys, merkityksettömyys **2** pikkumaisuus
petting s petting, seksuaalinen hyväily
petty [peti] adj **1** mitätön, vähäpätöinen, vähäinen, merkityksetön **2** pikkumainen
petulance s ärtyisyys, kiukkuisuus; oikullisuus
petulant [petʃələnt] adj ärtyisä, ärtynyt, kiukkuinen; oikukas, oikullinen
petulantly adv ks petulant
pew [pju] s kirkonpenkki
pewter [pjutər] s tina
PFC *private first class*
PG *parental guidance* (elokuvasta) sallittu lapsille, mutta vanhemman henkilön läsnäolona suositellaan
PG-13 (elokuvasta) sallittu lapsille, mutta suositellaan että alle 13-vuotiaat katsovat elokuvan vanhemman henkilön seurassa
PGA *Professional Golfers' Association*
phalanx [feılæŋks] s **1** sormiluu **2** varvasluu **3** falangi, sotilasrivistö
phallic [fælık] adj fallinen
phallus [fæləs] s fallos, penis
phantom [fæntəm] s haamu, aave adj kuvitteellinen, aave-, vale-
Pharaoh [feroʊ] s faarao
Pharisee ['færəsı] s fariseus *pharisee* (kuv) fariseus, tekopyhä/ulkokultainen ihminen
pharmaceutical [‚farmə'sutıkəl] s lääke adj farmaseuttinen
pharmaceutics [‚farmə'sutıks] s (verbi yksikössä) farmasia
pharmacist [farməsıst] s farmaseutti; apteekkari
pharmacological [‚farməkə'ladʒıkəl] adj farmakologinen
pharmacology [‚farmə'kalədʒi] s farmakologia
pharmacopoeia [‚farməkə'piə] s farmakopea, lääkeluettelo
pharmacy [farməsi] s **1** farmasia **2** apteekki
pharyngeal [‚ferən'dʒiəl] adj nielun, nielu-
pharyngitis [‚ferən'dʒaıtıs] s nielutulehdus
pharynx [færıŋks] s (mon pharynges, pharynxes) nielu
1 phase [feız] s vaihe, faasi

2 phase v vaiheistaa, tahdistaa, synkronoida
phase down v vähentää vähitellen/asteittain
phase in v ottaa vähitellen käyttöön
phase out v poistaa vähitellen käytöstä, lakata (vähitellen) valmistamasta, lopettaa/loppua vähitellen
Ph.D. *Doctor of Philosophy* filosofian tohtori
pheasant [fezənt] s fasaani
phenomena [fə'namənə] ks phenomenon
phenomenal [fə'namənəl] adj ilmiömäinen, sanoinkuvaamaton, uskomaton, satumainen
phenomenally adv ilmiömäisesti, ilmiömäisen, uskomattomasti, uskomattoman
phenomenon [fə'namənən] s (mon phenomena) ilmiö
Phila. *Philadelphia*
Philadelphia [ˌfilə'delfiə] kaupunki Pennsylvaniassa
philatelist [fə'lætəlıst] s filatelisti, postimerkkeilijä
philately [fə'lætəˌli] s filatelia, postimerkkeily
philharmonic [ˌfılhar'manık] adj filharmoninen
Philippine ['filəˌpin] adj filippiiniläinen
Philippines ['filəˌpinz] (mon) Filippiinit
philistine ['fılıstin] s rahvaanomainen/hienostumaton/kulttuuriton ihminen adj rahvaanomainen, hienostumaton, kulttuuriton
philological [ˌfılə'ladʒıkəl] adj filologinen
philologically adv filologisesti
philologist [fə'lalədʒıst] s filologi, kielentutkija
philology [fə'lalədʒi] s filologia, kielentutkimus
philosopher [fə'lasəˌfər] s filosofi
philosophical [ˌfılə'safıkəl] adj filosofinen
philosophically adv filosofisesti
philosophize [fə'lasəˌfaız] v pohtia (näennäisen syvällisesti), järkeillä, filosofoida

philosophy [fə'lasəˌfi] s filosofia
philosophy of life s elämänfilosofia, elämänkatsomus
phlegm [flem] s lima
phlegmatic [fleg'mætık] adj flegmaattinen, hidasluonteinen, apaattinen, vetämätön, innoton; viileä, välinpitämätön
phlegmy [flemi] adj limainen
phobia [foubiə] s (sairaalloinen) pelko, kammo, fobia
Phobos [foubəs] Fobos, yksi Marsin kuu
phoebe s (lintu) fiivi *eastern phoebe* harmaafiivi
phoenix [finıks] s feeniks(-lintu)
Phoenix [finıks] **1** (tähdistö) Feeniks **2** kaupunki Arizonassa
1 phone [foun] s puhelin
2 phone v soittaa (puhelimella)
phone book s puhelinluettelo
phone booth s puhelinkioski, puhelinkoppi
phone box s (UK) puhelinkoppi
phoneme ['founˌim] s foneemi
phonemic [fə'nimık] adj fonemaattinen
phonemics s (verbi yksikössä) fonemiikka
phonetic [fə'netık] adj foneettinen
phonetic alphabet s foneettinen tarkekirjoitus
phonetics s (verbi yksikössä) fonetiikka
phoney ks phony
phonograph ['founəˌgræf] s fonografi
phonological [ˌfanə'ladʒıkəl] adj fonologinen
phonology [fə'nalədʒi] s fonologia
phony [founi] s **1** väärennös **2** huiputtaja, huijari **3** teeskentelijä, tärkeilijä adj **1** väärennetty, väärä **2** tekaistu, valheellinen, perätön **3** vilpillinen, epärehellinen, kiero, kavala **4** teennäinen, tärkeilevä; joka on olevinaan jotakin
phosphorus [fasfərəs] s fosfori
photo [foutou] s (valo)kuva
Photo CD [ˌfoutousi'di] s Photo CD -järjestelmä tai -levy
photocomposition [ˌfoutouˌkampə'ziʃən] s valoladonta
photocopier s (valo)kopiokone

1 photocopy [ˈfoʊtəˌkɑpi] s valokopio
2 photocopy v valokopioida
photogenic [ˌfoʊtəˈdʒenɪk] adj valokuvauksellinen, valokuvauksellisen kaunis
1 photograph [ˈfoʊtəˌgræf] s valokuva
2 photograph v valokuvata *she photographs well* hän onnistuu aina (valo)kuvissa, hän on (valo)kuvissa edukseen
photographer [fəˈtɑgrəfər] s valokuvaaja
photographic [ˌfoʊtəˈgræfɪk] adj **1** valokuvauksen, valokuvaus-, valokuva- **2** äärimmäisen tarkka/realistinen, valokuvamainen
photographical ks photographic
photographically adv ks photographic
photographic memory s valokuvamuisti, eideettinen muisti
photography [fəˈtɑgrəfi] s valokuvaus
photon [foʊtɑn] s fotoni
photo op [ˈfoʊtoʊˌɑp] *photo opportunity*
photo opportunity [ˈfoʊtoʊˌɑpərˈtunəti] s lehtikuvaajille järjestetty tilaisuus julkkiksen kuvaamiseksi
photosphere [ˈfoʊtəsˌfɪər] s fotosfääri
photosynthesis [ˌfoʊtoʊˈsɪnθəsɪs] s yhteyttäminen, fotosynteesi
phrasal verb [freɪzəl] s preposition tai muun partikkelin kanssa käytettävä verbi (give in, give up)
1 phrase [freɪz] s **1** (englannin kielioppissa) lauseenjäsen, lauseen osa (jossa ei ole persoonamuotoa), lauseke **2** ilmaus, sanonta, fraasi
2 phrase v pukea sanoiksi, ilmaista, muotoilla
phraseology [freɪˈzɑlədʒi, ˌfreɪzˈɑlədʒi] s ilmaisut, sananvalinta *bureaucratic phraseology* virkakieli
phreaker [frikər] s puhelinverkkoon laittomasti tunkeutunut henkilö
phreaking s puhelinverkkoon murtautuminen
phylum s (eläin/kasvitieteessä, mon phyla) pääjakso
physical [fɪzɪkəl] s lääkärintarkastus adj **1** ruumiillinen, fyysinen *he's a very physical guy* hän on aina taputtelemassa ihmisiä **2** (fysiikassa) fysikaalinen **3** aineellinen

physical education s (kouluaine) liikunta, liikuntakasvatus
physical examination s lääkärintarkastus
physically [fɪzɪkli] adv ruumiillisesti, fyysisesti
physically challenged adj liikuntarajoitteinen
physical therapy s fysikaalinen hoito, fysioterapia
physician [fəˈzɪʃən] s lääkäri
physicist [fɪzəsɪst] s fyysikko
physics [fɪzɪks] s (verbi yksikössä) fysiikka
physiognomy [ˌfɪziˈɑgnəmi] s kasvot, kasvonpiirteet, fysiognomia
physiological [ˌfɪziəˈlɑdʒɪkəl] adj fysiologinen
physiologically adv fysiologisesti
physiologist [ˌfɪziˈɑlədʒɪst] s fysiologi
physiology [ˌfɪziˈɑlədʒi] s fysiologia
physiotherapist [ˌfɪziəˈθerəpɪst] s fysioterapeutti
physique [fəˈzik] s fysiikka, ruumiinrakenne
pianist [piənɪst] s pianisti
piano [piˈænoʊ] s (mon pianos) piano
piano player s pianonsoittaja, pianisti
piano tuner s pianonvirittäjä
piccolo [pɪkəloʊ] s (mon piccolos) pikkolo, pikkuhuilu
1 pick [pɪk] s **1** hakku **2** (mus) näppäin, plektron **3** valinta *take you pick* valitse omasi!
2 pick v **1** valita, poimia (joukosta), etsiä *to pick a fight* haastaa riitaa **2** hakata/kaivaa (hakulla ym), nyppiä, nokkia, poimia, kaivaa (nenäänsä) **3** varastaa, tyhjentää (esim jonkun taskut) **4** tiirikoida (lukko auki)
pick a fight fr haastaa riitaa
pick and choose fr nirsoilla, valita tarkkaan
pick apart v haukkua pystyyn/patalu-haksi, lyödä lyttyyn
pick at v **1** moittia, sättiä, nalkuttaa **2** näykkiä (ruokaansa)
1 picket [pɪkət] s **1** aidan lauta; tappi, piikki **2** lakkovahti **3** mielenosoittaja

2 picket v **1** aidata, aidoittaa **2** sulkea aitaukseen, vangita **3** sijoittaa lakkovahteja/mielenosoittajia jonnekin **4** olla lakkovahtina **5** osoittaa mieltään

picket line s lakkovahtien rivi, (rivissä seisovat) lakkovahdit

pick holes in fr (kuv) lyödä lyttyyn, kumota

1 pickle [pɪkəl] s **1** suolakurkku tms **2** suola- ja etikkaliemi **3** *to be in a pickle* olla pinteessä, olla pahassa pulassa

2 pickle v säilöä (suola- ja etikkaliemessä)

pick off v **1** nykäistä/kiskaista irti **2** ampua alas, pudottaa

pick on v **1** kiusata, härnätä **2** valita, poimia

pick out v **1** valita **2** huomata, erottaa, nähdä **3** ymmärtää, oivaltaa, käsittää **4** poimia, kerätä

pick over v tutkia (kauppatavaraa), hypistellä käsissään

1 pickpocket ['pɪk,pakət] s taskuvaras

2 pickpocket v varastaa, tyhjentää (esim jonkun taskut)

pick to pieces fr (kuv) lyödä lyttyyn, kumota

pick up v **1** nostaa ylös/maasta; hakea; korjata talteen, kerätä kokoon **2** oppia **3** jatkaa *he picked up where he had left off* hän jatkoi siitä mihin oli lopettanut **4** ottaa kyytiin, tarjota kyyti jollekulle **5** *to pick up speed* lisätä vauhtia; kiihtyä **6** ostaa *where did you pick up that sweatshirt?* mistä sinä tuon collegen löysit? **7** saada kuuluviin (radiolla) **8** (kaupankäynti) vilkastua, kasvaa, lisääntyä **9** (taudista) saada, tarttua johonkuhun **10** (ark) iskeä (mies, nainen)

pick up on v **1** huomata, panna merkille **2** pitää silmällä jotakuta/jotakin

pick up the tab fr maksaa lasku/viulut, tarjota

pickup truck [pɪkʌp] s pickup, avolavapakettiauto

pick your steps fr astua/astella varovasti (jonkin yli)

1 picnic [pɪknɪk] s piknikki, piknik

2 picnic v mennä piknikille, olla piknikillä

pictorial [pɪk'tɔrɪəl] s **1** kuvalehti **2** (lehdessä) kuvajuttu, kuvareportaasi adj **1** kuvitettu, kuva- **2** kuvataiteellinen, kuvataiteen, kuva-

1 picture [pɪktʃər] s **1** kuva (myös kuv) *let's take some pictures* otetaan muutama valokuva *there's a picture of grandfather on the wall* seinällä on isoisän (muoto)kuva *MacKenzie is as pretty as a picture* MacKenzie on kuvankaunis **2** mielikuva, muistikuva, käsitys **3** elokuva *want to go to the pictures?* haluatko lähteä elokuviin? **4** jonkin ruumiillistuma *Mr. Gekko was the picture of greed* Mr. Gekko oli todellinen rahanahneuden ruumiillistuma *he's the picture of tastelessness* hän on itse mauttomuus *she's the picture of her mother* hän on ilmetty äitinsä

2 picture v **1** kuvata, maalata, esittää **2** kuvailla, kuvata, kuvitella *he could not picture himself as a professor* hän ei uskonut että hänestä olisi professoriksi

picture book s kuvakirja

picture-book adj idyllinen, ihanne- *a picture-book life somewhere in the South Seas* haave-elämä jossakin Etelämerellä

picturesque [,pɪktʃə,resk] adj **1** maalauksellinen, pittoreski **2** (kieli) rehevä, mehevä, (kuvaus) elävä, todentuntuinen

picture tube s kuvaputki, katodisädeputki

picture window s maisemaikkuna

pidgin [pɪdʒən] s pidginkieli

pidgin English s pidginenglanti

pie [paɪ] s (makea tai suolainen) piiras, piirakka *to eat humble pie* niellä katkera pala/kalkki *that's easy as pie* se on lasten leikkiä, se on helppoa kuin mikä

piece [pis] s **1** pala, palanen, osa, kappale, sirpale *that's a nice piece of work* sinä teit työsi hienosti, se oli hyvin tehty *a piece of furniture* huonekalu *to go to pieces* särkyä, mennä säpäleiksi; (kuv) musertua, luhistua *these two vases are of a piece* nämä maljakot sopivat yhteen *it is time for you to speak your piece*

pièce de résistance

sinun on aika puhua suusi puhtaaksi/sanoa sanottavasi/kertoa mitä sinulla on sydämelläsi **2** pelinappula, šakkinappula **3** lehtikirjoitus, artikkeli; novelli **4** (ark) ase **5** kolikko **6** taideteos, taulu; veistos; sävellys **7** amuletti, maskotti
pièce de résistance [pɪˌesdəˌreɪzɪs-ˈtans] s ranskasta (mon pièces de résistance) **1** pääruoka(laji) **2** pääohjelmanumero, pääartikkeli tms, herkkupala (kuv)
piecemeal [ˈpisˌmiəl] adv vähitellen, vähin erin, vähän kerrallaan
piece of cake *it's a piece of cake* se on lasten leikkiä, se on helppoa kuin mikä, se on helppo nakki
piece of the action fr osuus jostakin *can't you guys give me a piece of the action?* ettekö te voi päästää minua osingolle/apajille?
piece out v koota, kasata, kyhätä kokoon
piece together v koota, kasata, kyhätä kokoon *I am trying to piece together what is left of my life* yritän saada elämäni rippeet jonkinlaiseen järjestykseen
pie chart s piirakkakuvio
pied flycatcher s (lintu) kirjosieppo
Piedmont [pidmant] Piemonte
pied wagtail s västäräkki
pie in the sky fr pelkkä lupaus; onni ja autuus
pier [pɪər] s laituri
pierce [pɪərs] v lävistää, läpäistä, puhkaista (reikä/aukko)
piercing adj **1** korviavihlova, korviasärkevä **2** pureva(n kylmä) **3** läpitunkeva, tutkiva (katse)
piercingly adv ks piercing
piety [paɪəti] s hurskaus
piezoelectricity [paɪˌizoʊəlekˈtrɪsəti] s pietsosähkö
1 pig [pɪg] s **1** sika (myös kuv) **2** sianliha, sika **3** (valu)harkko
2 pig v valaa harkoiksi
pigeon [pɪdʒən] s kyyhky, (ark) kyyhkynen, pulu
1 pigeonhole [ˈpɪdʒənˌhoʊl] s **1** (kirjoituspöydän tms) lokero **2** (kyyhkyslakan tms) lokero

2 pigeonhole v **1** (kuv) luokitella, jaotella, karsinoida **2** (kuv) panna pöydälle, jättää toistaiseksi, lykätä myöhemmäksi
piggy s porsas
1 piggyback [ˈpɪgiˌbæk] s asuntovaunu (jota vedetään pickupilla)
2 piggyback v **1** kantaa reppuselässä (tästä johdettuna): kuljettaa mukanaan/kyydissä, kuljettaa kenguruliikenteessä (auton perävaunuja junassa), kuljettaa/kulkea jonkin siivellä, liittää jonkin, käyttää hyväkseen jotakin **2** (tietok) peesata
3 piggyback adv reppuselässä
piggyback car s (rautateillä) perävaununkuljetusvaunu
pig in a poke *to buy a pig in a poke* ostaa sika säkissä
piglet [pɪglət] s porsas
1 pigment [pɪgmənt] s väriaine, pigmentti
2 pigment v värjätä; värjäytyä
pig out v sikailla, mässäillä
pig-out s (sl) mässäily, sikailu
pigpen [ˈpɪgˌpen] s sikolätti (myös kuv)
pigskin [ˈpɪgˌskɪn] s **1** siannahka **2** (ark) (amerikkalainen) jalkapallo
pigsty [pɪgˈstaɪ] s sikolätti (myös kuv)
pigtail [ˈpɪgˌteɪəl] s saparo, palmikko
pika [paɪkə] s piiskujänis
1 pike [paɪk] s **1** hauki **2** keihäs, peitsi; piikki, terä, kärki **3** maksullinen moottoritie; tiemaksu; maksuportti *he's the best president to come down the pike in a long time* hän on paras presidentti pitkään aikaan
2 pike v keihästää, seivästää
pilchard [pɪltʃərd] s sardiini
1 pile [paɪəl] s **1** pino, kasa **2** (kuv) paljon, kasapäin **3** paalu, pylväs, seiväs **4** nukka **5** (mon) peräpukamat
2 pile v pinota, pinoutua, kasata, kasaantua
pile off v astua/marssia ulos jostakin
pile up v kerätä, kerääntyä, kasata, kasaantua, pinota, pinoutua, ruuhkautua; hamstrata
pileup s **1** ketjukolari **2** työ- tai muu ruuhka
pilfer [pɪlfər] v kähveltää, pihistää

pilferer s varas
pilgrim [pɪlgrəm] s pyhiinvaeltaja
pilgrimage [pɪlgrəmədʒ] s pyhiinvaellus
Pilgrim Fathers s (mon hist) pyhiinvaeltajaisät (jotka perustivat Massachusettsiin siirtokunnan vuonna 1620)
pill [pɪl] s pilleri, tabletti *the pill* e-pilleri *bitter pill (to swallow)* katkera pala/kalkki
1 pillage [pɪlədʒ] s ryöstö, rosvous
2 pillage v ryöstää, rosvota
pillar [pɪlər] s pylväs, pilari *she's not exactly a pillar of the community* hän ei ole mikään mallikansalainen *to go from pillar to post* kulkea sinne tänne, kulkea paikasta paikkaan
pillbox ['pɪl‚bɑks] s pillerirasia (myös hattu)
pillion [pɪljən] s (moottoripyörän) takasatula *adv: to ride pillion* matkustaa (moottoripyörän) kyydissä
1 pillory [pɪləri] s häpeäpaalu, kaakinpuu
2 pillory v **1** panna häpeäpaaluun **2** (kuv) pitää jotakuta pilkkanaan, tehdä pilaa jostakusta, pilkata jotakuta, saattaa joku häpeään
pillow [pɪloʊ] s tyyny
pillowcase ['pɪloʊ‚keɪs] s tyynyliina
pillow talk s (aviopuolisoiden väliset) kahdenkeskiset puheet, yksityisasiat
1 pilot [paɪlət] s **1** luotsi **2** lentäjä, lentokoneen ohjaaja, pilotti **3** (retki)opas
2 pilot v **1** luotsata **2** ohjata lentokonetta **3** opastaa
pilot lamp s merkkivalo, merkkilamppu
pimp [pɪmp] s parittaja, sutenööri
pimple [pɪmpəl] s finni
pimply adj finninen, finniä peittämä
1 pin [pɪn] s **1** neula, nuppineula (myös:) hiusneula, koristeneula, solmioneula **2** (keilailussa) keila **3** pyykkipoika **4** tappi, pultti, lyhyt akseli
2 pin v kiinnittää neulalla
PIN *personal identification number*
pinafore ['pɪnə‚fɔr] s **1** (lasten) esiliina **2** (naisten) liivihame **3** (UK) (aikuisten) esiliina
pinball ['pɪn‚bɑəl] s (peli) flipperi

pinball machine s flipperikone
pincers [pɪnsərz] s (verbi yleensä mon) kärkipihdit *a pair of pincers* kärkipidit
1 pinch [pɪntʃ] s **1** nipistys **2** hyppysellinen **3** (kuv) (omantunnon) pisto *to feel the pinch of poverty* tuntea köyhyys nahoissaan
2 pinch v **1** nipistää **2** (kenkä ym) puristaa **3** työntää, painaa, ahtaa **4** vääristää, vääntää (kasvot) **5** piinata, kiusata, vaivata, (nälkä myös) kurnia vatsassa **6** joutua (taloudellisesti) koville, säästää, nuukailla, elää/joutua elämään nuukasti
pinch collar s (koiran) piikkipanta
pinch pennies fr venyttää markka soikeaksi
pin down v patistaa jotakuta pitämään lupauksensa/ilmoittamaan lopullinen kantansa
pine [paɪn] s mänty
pineal gland [pɪniəl paɪniəl paɪ'niəl] s käpylisäke
pineapple ['paɪn‚æpəl] s ananas
pine away v riutua, kuihtua
pine cone s männynkäpy
pine for v kaivata, ikävöidä
pine needle s männynneulanen
ping v (tietok) lähettää tiedustelupaketti
ping of death s (tietok) tuhopaketti
ping packet s (tietok) tiedustelupaketti
ping-pong ['pɪŋ‚pɑŋ] v hyppiä/pomppia/poukkoilla/juosta/juoksuttaa edestakaisin
pinion [pɪnjən] s hammaspyörä, käyttöratas *rack-and-pinion steering* hammastanko-ohjaus
pink [pɪŋk] s **1** neilikka **2** pinkki, vaaleanpunainen (väri) adj pinkki, vaaleanpunainen
pinkie [pɪŋki] s (ark) pikkusormi
1 pink-slip ['pɪŋk‚slɪp] s *to get a pink-slip* saada potkut
2 pink-slip v (ark) antaa potkut, erottaa, lomauttaa
pinnacle [pɪnəkəl] s (vuoren) huippu (myös kuv:) *she's at the pinnacle of her fame* hän on maineensa huipulla
pin on v sälyttää jotakin jonkun niskaan/harteille, lykätä syy jonkun vastuulle

pinpoint

1 pinpoint ['pɪnˌpoɪnt] s neulan kärki
2 pinpoint v paikantaa/löytää/sanoa tarkasti
pins and needles *to be on pins and needles* olla kuin tulisilla hiilillä, olla kuin kissa pistoksissa
pinstriped ['pɪnˌstraɪpt] adj **1** (kangas, puku) liituraita- **2** (kuv) *pinstriped attitudes* tyypilliset johtotason/johtajatason näkemykset
pinstripe suit s liituraitapuku
pint [paɪnt] s pint, noin puoli litraa (0, 473 l)
pint-size ['paɪntˌsaɪz] adj (ark) pieni, piskuinen
pinup ['pɪnˌʌp] s **1** alastonkuva, nudekuva **2** nude (ark), alastonkuvan nainen/mies
1 pioneer [ˌpaɪəˈnɪər] s **1** uudisraivaaja **2** (kuv) uranuurtaja, edelläkävijä, esitaistelija **3** (sot) pioneeri
2 pioneer v **1** avata (uudis)asutukselle, asuttaa ensimmäisenä **2** käyttää tms ensimmäisenä, aloittaa, käynnistää
pioneering adj uraauurtava
pious [paɪəs] adj **1** hurskas **2** tekopyhä, hurskasteleva
piously adv **1** hurskaasti **2** tekopyhästi, hurskastelevasti
1 pip [pɪp] s **1** (hedelmän) siemen **2** (kortin, pelimerkin) silmä **3** (tutkan pyöröpyyhkäisylaitteen) valotäplä **4** (tal) yksi sadasosaprosentti arvopaperin nimellisarvosta
2 pip v piipittää
PIP *picture-in-picture* kuva kuvassa (-toiminne)
1 pipe [paɪp] s **1** putki, johto (ark myös:) keuhkoputki **2** (tupakoijan) piippu *put that in your pipe and smoke it* näin on marjat; ei auta itku markkinoilla **3** pilli, huilu, klarinetti, oboe **4** (mon; ark) (laulu)ääni **5** (yl mon) säkkipilli
2 pipe v **1** soittaa pillillä, huilulla tms **2** piipittää, puhua/sanoa piipittäen/kimeällä äänellä **3** johtaa (putkilla)
pipe down v (sl) olla hilj(emp)aa, panna suunsa kiinni
1 pipeline ['paɪpˌlaɪn] s **1** öljyjohto **2** (kuv) kanava, väylä, (yksityinen) tietolähde *the lobbyist has a direct pipeline to the senator's office* eturyhmän edustajalla on sisäpiirin lähde senaattorin henkilökunnassa *to be in the pipeline* (kuv) olla valmisteilla/tekeillä/odotettavissa/ putkessa (ark)
2 pipeline v **1** siirtää öljyputkea pitkin **2** (kuv) välittää, siirtää, syöttää (tietoa ym)
piper [paɪpər] s huilunsoittaja, säkkipillinsoittaja *to pay the piper* vastata seurauksista; maksaa viulut
pipette [paɪˈpet] s tiputin, pipetti
pipe up v **1** alkaa soittaa/laulaa **2** korottaa ääntään/äänensä **3** (nopeus) kasvaa, (tuuli) voimistua
pipe up with v sanoa jotakin piipittäen/ kimeällä äänellä, korottaa äänensä ja sanoa jotakin
piquant [ˈpɪkwənt] adj **1** (maku) (miellyttävän) kirpeä **2** virkistävä, piristävä, innostava; kiintoisa, kiehtova
pique [pik] v **1** loukata, harmittaa, ärsyttää **2** (kuv) kutkuttaa, herättää (uteliaisuus)
piqué [piˈkeɪ] s (kangas) pikee
piracy [paɪrəsi] s **1** merirosvous, piratismi **2** piraattikopiointi
piranha [pəˈranə] s (mon piranhas, piranha) piraija
1 pirate [paɪrət] s **1** merirosvo **2** piraatti (ks piracy 2)
2 pirate v jäljentää (tallenteita, kirjoja) luvatta (myyntiä varten)
1 pirouette [ˌpɪrəˈwet] s piruetti, pyörähdys
2 pirouette v tehdä piruetti, pyörähtää
Pisces [paɪsiz] *horoskoopissa* Kalat
1 piss [pɪs] s (sl) kusi *to take a piss* kusta
2 piss v (sl) kusta
piss off v (sl) **1** ottaa kupoliin, pänniä, vituttaa **2** (käskynä) häivy!, ala kalppia!
pistachio [pɪsˈtæʃioʊ] s (mon pistachios) vihermanteli, pistaasi
pistol [pɪstəl] s pistooli
piston [pɪstən] s mäntä
1 pit [pɪt] s **1** kuoppa **2** kaivos; kaivoskuilu **3** alamaailma, helvetti **4** (mon, sl) pohjanoteeraus *his last novel was the pits* hänen uusin romaaninsa oli varsi-

placard

nainen pohjanoteeraus **5** syvennys, (cd-levyssä myös:) pitti *orchestra pit* orkesterisyvennys **6** (lasin) kupla, (maalipinnan) virhe, (iho)arpi **7** (mon, ark) kainalot *to be up to your pits in something* (kuv) olla hukkua johonkin, olla jossakin kainaloitaan myöten **8** (autokilpailussa) varikko
2 pit v **1** kuopittaa, tehdä kuoppia johonkin **2** täplittää, arpeuttaa, olla täplillä/arvilla
PITA (tekstiviestissä, sähköpostissa) *pain in the ass*
pita bread [pitə] s pitaleipä
pit against v asettaa vastakkain *to pit one team against another* panna joukkueet pelaamaan vastakkain
pit bull terrier s bullterrieri
1 pitch [pɪtʃ] s **1** heitto, (baseballissa) syöttö **2** (golfissa) pitchi, korkea lyönti jolla lähestytään viheriötä **3** taktiikka *sales pitch* (tuotteen innokas) mainostus *to make a pitch for something* mainostaa/kehua/ylistää jotakin **4** huippu, huipentuma, taso, aste **5** äänenkorkeus *she has absolute pitch* hänellä on absoluuttinen (sävel)korva *falling/rising pitch* (fonetiikassa) laskeva/nouseva intonaatio **6** nousu, lasku, (kaltevuus)kulma, nyökkäys **7** piki
2 pitch v **1** heittää, (baseballissa) syöttää *she's in there pitching* (kuv) hän yrittää kovasti, hän tekee parhaansa **2** hangota (heinää ym) **3** pystyttää (telttta yms) **4** virittää (soitin), antaa ääni **5** asettaa, panna (tietylle tasolle) *don't pitch your aspirations/hopes too high* älä toivo liikoja **6** kaatua, pudota (satulasta) **7** kehua, mainostaa, kaupitella **8** (laiva) keinua pituussuunnassa, (lentokone) nyökätä **9** pietä
pitch a curve ball fr **1** syöttää jollekulle kierteinen pallo **2** (kuv) lyödä joku ällikällä, yllättää joku, saada joku hämmästymään
pitch-black [ˌpɪtʃˈblæk] adj pikimusta
pitcher [ˈpɪtʃər] s **1** kannu **2** syöttäjä **3** (golf) rautaseitsemän, pitcher
pitchfork [ˈpɪtʃˌfɔrk] s (heinä)hanko, talikko

pitch in v (ark) **1** panna hihat heilumaan **2** osallistua keräykseen tms
pitch in and help fr ruveta auttamaan
pitching wedge [ˈpɪtʃɪŋˌwedʒ] s (golf) rautamaila jolla lyödään korkeita ja tarkkoja lyöntejä (pitch) viheriölle
pitch into v (ark) **1** panna hihat heilumaan **2** käydä kiinni johonkuhun **3** haukkua jotakuta, sättiä
pitch on v valita (umpimähkään)
piteous [ˈpɪtiəs] adj säälittävä
piteously adv säälittävästi, säälittävän
pitfall [ˈpɪtˌfɔːl] s ansa (myös kuv:) vaara
pitiful [ˈpɪtəfəl] adj **1** säälittävä **2** surkea, kurja, viheliäinen
pitifully adv ks pitiful
pitiless [ˈpɪtələs] adj säälimätön, armoton, kova, ankara
pitilessly adv ks pitiless
pit stop s **1** (autokilpailussa) varikkokäynti **2** (ark) pysähdys (automatkalla) **3** (ark) pysähdyspaikka (matkan varrella)
Pittsburgh [ˈpɪtsˌbɜrg] kaupunki Pennsylvaniassa
pituitary [pəˈtuɪˌteri] s aivolisäke adj aivolisäkkeen
pituitary gland s aivolisäke
1 pity [ˈpɪti] s sääli *what a pity!* sääli!, vahinko! *to have/take pity* säälä; armahtaa
2 pity v säälää jotakuta, käydä sääliksi
pitying adj sääliva
1 pivot [ˈpɪvət] s **1** kiertävä/pyörivä tappi, laakeritappi **2** (kuv) kiintopiste, keskipiste, tukipiste
2 pivot v kiertyä/pyöriä (tapin tms varassa)
pivotal [ˈpɪvətəl] adj (kuv) keskeinen, ratkaiseva, ydin-
pivotally adv ks pivotal
pixel s (tekn) kuva-alkio, pikseli
pixelation s (tekn) rakeistuminen
pizza [ˈpitsə] s pitsa, pizza
pkg. *package*
pkwy. *parkway*
pl. *plural* monikko
1 placard [ˈplækərd] s (mielenosoittajien tai muu) (pahvi)juliste
2 placard v levittää julisteita jonnekin

placate

placate [pleɪkeɪt] v lepyttää, rauhoittaa, tyynnyttää
1 place [pleɪs] s **1** paikka, kohta; seutu, alue *there were people all over the place* paikka oli tupaten täynnä väkeä *I lost my place* hukkasin kirjasta kohdan (jota olin lukemassa) *to be between a rock and a hard place* olla kahden tulen välissä; olla puun ja kuoren välissä *in the first place* ensinnäkin, ensinnäkään *to run in place* juosta paikallaan *to be in place* olla valmiina/valmista **2** koti, talo, mökki *they have a little place in Vermont* heillä on mökki Vermontissa *your place or mine?* mennäänkö meille vai teille? *at my place* meillä, minun kotonani **3** aukio **4** (kilpailussa) sija *she won first place* hän tuli ensimmäiseksi **5** (työ)paikka, (yhteiskunnallinen yms) asema *in his place, I wouldn't do it* en tekisi sitä jos olisin hän(en asemassaan) **6** *in place of* sijasta, asemesta **7** *to be out of place* olla väärällä paikalla; (kuv) sopimaton, tahditon, epähieno **8** *to take place* tapahtua, järjestää
2 place v **1** panna, asettaa, sijoittaa *she placed the book on the table* hän laski kirjan pöydälle **2** (urh ym) sijoittua *she placed third* hän tuli kolmanneksi **3** antaa *to place an order* tilata, tehdä tilaus **4** nimittää (tehtävään), löytää jollekulle työpaikka
placebo [pləˈsiboʊ] s (mon placebos, placeboes) näennäislääke, plasebo
place mat s (ruokapöydässä) kateliina, katealunen, tabletti
placement [pleɪsmənt] s **1** sijoitus, sijoittaminen; paikka **2** työhönotto
placement test s (koulussa) tasokoe
placename [ˈpleɪsˌneɪm] s paikannimi
placenta [pləˈsentə] s (mon placentas, placentae) istukka
place the blame on fr sälyttää/lykätä syy jonkun niskaan/harteille
placid [plæsɪd] adj rauhallinen, tyyni
placidity [pləˈsɪdəti] s rauha, rauhallisuus, tyyneys
placidly adv rauhallisesti, tyynesti
plagiarism [ˈpleɪdʒəˌrɪzəm] s **1** plagiointi **2** plagiaatti
plagiarist [ˈpleɪdʒərɪst] s plagioija
plagiarize [ˈpleɪdʒəˌraɪz] v plagioida
1 plague [pleɪg] s **1** kulkutauti **2** rutto *to avoid something like the plague* (kuv) karttaa jotakin kuin ruttoa **3** (Raamatussa ja yl) vitsaus
2 plague v kiusata, vaivata, piinata
plague with v kiusata, vaivata, piinata, täyttää jollakin
plaice [pleɪs] s (kala) punakampela
plaid [plæd] s **1** ruudullinen kangas **2** (skotlantilaisen kansallispuvun) villasaali, pleedi
plain [pleɪn] s tasanko *Great Plains* Suuret tasangot, Kalliovuorten itäpuolinen preerialaakio Yhdysvalloissa ja Kanadassa adj **1** selvä, näkyvä, ilmeinen, ilmiselvä *she stood in plain sight of everybody* hän seisoi kaikkien nähtävillä *let me make it plain to you that...* haluan tehdä sinulle selväksi että... **2** suora, suorasukainen, avoin *the plain truth* suora/puhdas/vilpitön totuus **3** yksinkertainen, koruton, vaatimaton, tavallinen; tavallisen/mitäänsanomattoman näköinen *she is quite plain; she has a plain face* **4** pelkkä, paljas; suoranainen, ilmiselvä *that's a plain lie* se on silkkaa valhetta adv yksinkertaisesti; suorastaan, kerrassaan, kerta kaikkiaan
plain-clothes [ˈpleɪnˌkloʊðz] adj (poliisi) siviilipukuinen
plainclothesman [ˌpleɪnˈkloʊðzmən] s (mon plainclothesmen) siviilipukuinen poliisi
plainly adv **1** selvästi **2** avoimesti, suoraan **3** koruttomasti, vaatimattomasti, yksinkertaisesti
plain sailing s (kuv) tasainen meno; helppo homma
plains viscacha s (eläin) viskatsa
Plains zebra [ˌpleɪnzˈzibrə] s aroseepra
plaintext s (tietok) ilmiteksti
plaintiff [pleɪntɪf] s (lak) kantaja
plaintive [pleɪntɪv] adj surullinen, apea, valittava
plaintively adv surullisesti, apeasti, valittaen
1 plait [pleɪt] s punos; (hius)palmikko
2 plait v punoa; palmikoida

plastique

1 plan [plæn] s **1** suunnitelma, aikomus, aie **2** kaavio, kaaviokuva; pohjapiirros; (kaupungin) kartta; asemakaava
2 plan v **1** suunnitella, aikoa **2** piirtää, suunnitella (esim rakennus)
1 plane [pleɪn] s **1** taso; taso **2** höylä **3** lentokone **4** (lentokoneen) taso, siipi, (kantosiipialuksen) kantosiiveke
2 plane v **1** liitää (ilmassa); liukua veden pinnalla **2** (ark) lentää, matkustaa lentokoneella **3** höylätä
planet [plænət] s planeetta *you're from a different planet* (kuv) sinä olet aivan muista maailmoista/toiselta planeetalta
planetarium [ˌplænəˈteriəm] s (mon planetariums, planetaria) planetaario
planetary [ˈplænəˌteri] adj **1** (tähtitieteessä) planetaarinen **2** (mekaniikassa) planeetta-
planetary nebula s planetaarinen sumu
planetary precession s planeettapresessio, -prekessio
planet gear s planeettapyörä(t)
planetoid [ˈplænəˌtoɪd] s planetoidi, pikkuplaneetta
planetology [ˌplænəˌtalədʒɪ] s planetologia, planeettain tutkimus
plank [plæŋk] s lauta, lankku
planking s **1** laudoitus, laudoittaminen **2** laudoitus, lautalattia tms
plankton [plæŋktən] s plankton, keijusto
planner s **1** suunnittelija **2** päivyri
plan on v varautua johonkin, odottaa jotakin, suunnitella jotakin
1 plant [plænt] s **1** kasvi **2** tehdas **3** koneisto, laitteisto, laitteet **4** rakennukset **5** (sl) ansa, syötti, täky; soluttautuja, vakooja
2 plant v **1** istuttaa; kylvää **2** iskostaa mieleen, opettaa *Dad planted a sense of duty in me* isä herätti minussa vastuuntunnon **3** piilottaa (pommi) jonnekin; antaa (suukko) **4** panna/asettaa/asettua johonkin *I planted my foot in the door* työnsin jalkani oven rakoon **5** (vilpistä:) syöttää (juttu lehdelle); panna salaa (todisteaineistoa) jonnekin *the cops planted coke in his apartment to be able to arrest him* kytät panivat hänen asuntoonsa kokaiinia voidakseen pidättää hänet
plantar arch [plæntar] s jalkaholvi
plantation [plænˈteɪʃən] s plantaasi
planter s **1** istuttaja **2** istutuskone; kylvökone **3** kukkalaatikko, kukkaruukku **4** plantaasinomistaja *tea planter* teenviljelijä **5** (hist) uudisasukas
plant kingdom s kasvikunta
plaque [plæk] s **1** laatta, kyltti **2** (lääk) plakki, täplä, (hammaslääk) plakki
plasm [plæzəm] ks plasma
plasma [plæzmə] s plasma (lääk myös:) vereneste
plasma cell s plasmasolu
plasma physics [ˌplæzməˈfɪzɪks] s (verbi yksikössä) plasmafysiikka
plasma screen [ˌplæzməˈskrin] s plasmanäyttö
plasmid [plæzmɪd] s plasmidi
1 plaster [plæstər] s **1** rappaus, laasti **2** kipsi; kipsiside **3** (UK) laastari
2 plaster v **1** rapata **2** valaa kipsiin; panna (raaja) kipsiin **3** peittää jokin jollakin **4** (ark) löylyttää, piestä; hakata, antaa selkään; pommittaa/hävittää maan tasalle
plasterboard [ˈplæstərˌbɔrd] s kipsilevy
plaster cast s kipsiveistos
plastered adj (sl) päissään, kännissä
plaster of Paris [ˌplæstərəˈperɪs] s kipsi
1 plastic [plæstɪk] s **1** (us mon) muovi(t) **2** luottokortti; muoviraha *the shop doesn't take plastics* kaupassa ei voi maksaa muovirahalla/luottokortilla **3** muoviräjähde
2 plastic adj **1** muovinen, muovi- **2** muovailtava, muovautuva, taipuisa **3** kuvanveisto-, plastinen
plastic art s kuvanveistotaide
plastic explosive s muoviräjähde
plasticity [plæsˈtɪsəti] s muovattavuus, muovautuvuus
plastics s (mon) muovit adj muovi-, muovialan
plastic surgeon s plastiikkakirurgi
plastic surgery s plastiikkakirurgia
plastic wrap s kutistekalvo
plastique [plæsˈtik] s muoviräjähde

plate

1 plate [pleɪt] s **1** lautanen (myös ruoka-annoksesta) **2** kulta- ja/tai hopea-astiat ja ruokailuvälineet **3** kolehtilautanen, kolehtiastia **4** levy, laatta *licence plate* rekisterikilpi **5** panssari; haarniska **6** (baseballissa) kotipesä **7** (kirjassa) kuva
2 plate v **1** hopeoida, kullata (metallia) **2** laatoittaa, päällystää metallilaatoilla
plateau [plæ'toʊ] s (mon plateaus, plateaux) **1** ylätasanko, (tasainen) ylänkö **2** (kuv) suvanto, seesteinen/tasainen/hiljainen vaihe/kausi
platform ['plæt,fɔrm] s **1** asemalaituri **2** puhujakoroke **3** (kuv) (puolue)ohjelma, periaatteet, periaateohjelma, ohjelmapuhe, ohjelmajulistus **4** (merellä käytettävä öljyn)poraustasanne
plating s kulta/hopeapinnoite, kultaus, hopeointi
platinum [plætənəm] s platina
platinum blonde s nainen jolla on (värjätty) (hopean)valkoinen tukka
platitude ['plætɪ,tud] s latteus, lattea sanonta, tyhjänpäiväisyys
platitudinous [,plætɪ'tudənəs] adj lattea, tyhjänpäiväinen
Platonic [plə'tɑnɪk] adj **1** platonilainen, Platonin oppien mukainen **2** *platonic* platoninen, puhtaasti henkinen, intohimoton
platonic love s platoninen/puhtaasti henkinen rakkaus
platoon [plə'tun] s **1** (sot) joukkue **2** ryhmä, joukko
platter dock s lumme
platypus [plætəpəs] s vesinokkaeläin
plausibility [,plazə'bɪləti] s uskottavuus, vakuuttavuus, todennäköisyys
plausible [plazəbəl] adj uskottava, vakuuttava, todennäköinen
plausibly adv uskottavasti, vakuuttavasti, todennäköisesti
1 play [pleɪ] s **1** leikki *to bring into play* tuoda esille, ottaa puheeksi/mukaan **2** (urheilussa ym) peli *to make a play for* (ark) yrittää saada itselleen, yrittää vallata, yrittää iskeä **3** näytelmä **4** välys, liikkumavara, pelivara (ark)

2 play v **1** leikkiä **2** pelata *he plays split end* hän on/pelaa laitahyökkääjänä **3** näytellä/esittää jotakuta; esittää jotakin *the movie will soon be playing at a theater near you* elokuva tulee pian (lähi)teattereihin
playact ['pleɪ,ækt] v näytellä, teeskennellä, olla olevinaan jotakin
play along v **1** puhaltaa samaan hiileen, tehdä kuten muutkin/toivotaan **2** olla puhaltavinaan samaan hiileen
play around v **1** pelleillä, leikkiä, mekastaa **2** sorkkia, sormeilla, hypistellä jotakin (with) **3** käydä/juosta miehissä/naisissa; olla uskoton
play at v teeskennellä, olla olevinaan jokin/kiinnostunut jostakin
play back v toistaa/soittaa (äsken tehty ääni- tai kuva)tallenne
play ball fr **1** pelata (pallopeliä) **2** puhaltaa samaan hiileen, ei hangoitella vastaan
play both ends against the middle fr usuttaa (omaksi edukseen) riitapuolet toistensa kimppuun
playboy ['pleɪ,bɔɪ] s playboy
play by ear fr **1** soittaa korvakuulolta **2** (kuv) tehdä jotakin sen mukaan miltä tuntuu, ei suunnitella etukäteen, improvisoida, käyttää hoksottimiaan
play-by-play [,pleɪbaɪ'pleɪ] adj (radio- tai televisiolähetys) suora
play cat and mouse with fr leikkiä kissaa ja hiirtä jonkun kanssa
play down v vähätellä *he was constantly playing down the importance of good manners* hän vähätteli jatkuvasti hyvien tapojen merkitystä
played out adj loppuunväsynyt, lopen uupunut, aivan rätti
player s **1** pelaaja **2** (uhka)pelaaja, peluri **3** näyttelijä **4** soittaja muusikko **5** soitin *CD player* CD-soitin
play fair fr pelata reilua peliä
play fast and loose with fr käyttää hyväkseen, kohdella häikäilemättömästi
play footsie [fʊtsi] fr pitää teerenpeliä/jalkapeliä jonkun kanssa; vehkeillä
play for keeps fr (kuv) olla tosissaan

play for time fr (kuv) pelata aikaa, viivytellä, vitkastella
playful [ˈpleɪfəl] adj leikkisä
playfully adv leikkisästi
playground [ˈpleɪˌgraʊnd] s leikkikenttä (myös kuv:) temmellyskenttä
play hard to get fr kainostella, kursailla
play havoc with [hævək] fr jollakin on vakavat seuraukset jonkun kannalta, aiheuttaa suurta vahinkoa jollekulle/jollekin
play hooky [hʊki] fr pinnata (koulusta, työstä)
playhouse [ˈpleɪˌhaʊs] s **1** teatteri **2** leikkimökki
playing card s pelikortti
play into the hands of fr tietämättään auttaa vastustajaansa tms
play it by ear fr käyttää hoksottimiaan, yrittää selviytyä tilanteesta, improvisoida
play it close to the vest fr *he played it close to the vest* (ark) hän oli varovainen, hän ei ottanut turhia riskejä
play-off [ˈpleɪˌɑf] s **1** (urh) jatkoaika (tasapelin ratkaisemiseksi) **2** loppuottelu, mestaruusottelu
play on v käyttää hyväkseen jotakin, laskea jonkin varaan
play on words fr saivarrella; leikkiä sanoilla, leikkiä sanaleikkejä
play out v **1** lopettaa; käyttää loppuun **2** löysätä, höllätä (köyttä)
play politics fr **1** osallistua politiikkaan, politikoida **2** ajaa (häikäilemättömästi) omaa etuaan
play possum [pasəm] fr **1** tekeytyä kuolleeksi, teeskennellä kuollutta/nukkuvansa **2** teeskennellä viatonta
play second fiddle fr (kuv) soittaa toista viulua, jäädä jonkun varjoon
play the devil with fr panna täysin sekaisin, sotkea perinpohjaisesti
play the game fr pelata reilua peliä, noudattaa pelisääntöjä
play the market fr (ark) keinotella osakkeilla tms
play to the gallery fr (näyttelijä) kosiskella yleisöä

play up v mainostaa kovasti, tuoda kovasti esille
play up to v (ark) imarrella, makeilla, mielistellä
play with a full deck fr *she isn't playing with a full deck* hänellä eivät ole molemmat airot vedessä, hän ei ole täysijärkinen
play with fire fr (kuv) leikkiä tulella
play with yourself v (ark) tehdä itsetyydytystä
playwright [ˈpleɪˌraɪt] s näytelmäkirjailija
playwriting s näytelmien kirjoittaminen
plaza [plazə] s **1** aukio **2** ostoskeskus *shopping plaza* ostoskeskus
plea [pli] s **1** vetoomus, anomus, pyyntö **2** veruke, syy, peruste **3** (lak) vastaus, puolustus *to cop a plea* (sl) myöntää syyllisyytensä (pienempään rikokseen) saadakseen lievemmän rangaistuksen
plea bargaining s (lak) menettely jossa syytetty myöntää jo ennen oikeudenkäyntiä syyllisyytensä pienempään rikokseen kuin mistä häntä syytetään, jotta hän saa lievemmän rangaistuksen
plead [plid] v pleaded/pled, pleaded/pled **1** anoa, pyytää, vedota johonkuhun **2** (lak) vastata *how do you plead? – I plead not guilty* miten vastaatte kanteeseen? – vastaan että olen syytön
pleasant [plezənt] adj miellyttävä, mukava, (yllätys, uutinen) iloinen
pleasantly adv miellyttävästi, mukavasti, (yllättyä) iloisesti
pleasantness s ystävällisyys, kohteliaisuus
pleasantry [plezəntri] s **1** kohteliaisuus **2** leikinlasku
1 please [pliz] v **1** miellyttää jotakuta, olla mieleen jollekulle **2** haluta, huvittaa *you may do as you please* voit tehdä kuten itse haluat *if you please* jos suvaitset (ylät), jos sinulle sopii
2 please adv ole hyvä, olkaa hyvä *please take your crazy dog with you* voisitko viedä hullun koirasi mennessäsi? *excuse me, please* anteeksi (mutta voisitteko ystävällisesti väistyä?); suokaa

pleased

anteeksi (mutta minun on poistuttava pöydästä tms)
pleased adj mielissään, tyytyväinen, onnellinen, iloinen *I am pleased to inform you that you have won a million dollars* miellyttävänä velvollisuutenani on ilmoittaa teille että olette voittanut miljoona dollaria
pleasing adj miellyttävä, mukava
pleasurable [pleʒərəbəl] adj miellyttävä, mukava, hauska
pleasure [pleʒər] s **1** ilo, tyytyväisyys, nautinto *to derive pleasure from something* saada iloa jostakin, jokin tuottaa jollekulle iloa, nauttia jostakin *with pleasure* mielihyvin, mielelläni *it was a pleasure to meet your parents* oli hauska tavata vanhempasi *the pleasures of flesh* lihalliset nautinnot, aistinautinnot **2** huvi *business and pleasure don't mix* työ ja huvi eivät sovi yhteen **3** halu *what is your pleasure?* mitä saisi olla?, mistä sinä pitäisit?
pleasures of the flesh fr lihalliset nautinnot
1 pleat [plit] s laskos
2 pleat v laskostaa
plectrum [plektrəm] s (mon plectrums, plectra) (mus) näppäin, plektron
1 pledge [pledʒ] s **1** lupaus, vakuutus, vala **2** pantti
2 pledge v **1** vannoa, luvata **2** vannottaa, vaatia vannomaan *he pledged us not to tell anyone* hän kielsi meitä kertomasta asiasta kenellekään **3** panttata **4** kohottaa/juoda malja jonkun kunniaksi
Pledge of Allegiance [əˈlidʒəns] s (US) uskollisuudenvala (isänmaalle)
plentiful [plentfəl] adj runsas
plentifully adv runsaasti
plenty [plenti] s **1** runsaus, yltäkylläisyys *in times of plenty* yltäkylläisyyden hetkinä, yltäkylläisinä aikoina **2** *plenty of* paljon *we have plenty of money/potatoes* meillä on runsaasti/paljon rahaa/perunoita
pliability [ˌplaɪəˈbɪləti] s **1** taipuisuus, notkeus **2** herkkyys
pliable [plaɪəbəl] adj **1** taipuisa, notkea, norja **2** herkkä, vaikutuksille altis
pliers [plaɪərz] s (mon) pihdit
plight [plaɪt] s hätä, ahdinko, kurjuus
plinth [plɪnθ] s (pylvään aluslaatta) plintti
PLO *Palestine Liberation Organization* Palestiinan vapautusjärjestö
plod [plad] v **1** laahustaa, puurtaa, lyllertää **2** ahertaa, puurtaa, raataa **3** (kuv) polkea paikallaan, laahustaa
1 plot [plat] s **1** (maa)palsta, tontti **2** (salainen) suunnitelma, juoni **3** (kirjan, elokuvan ym) juoni
2 plot v **1** palstoittaa (maata) **2** suunnitella (salaa), juonia, vehkeillä **3** keksiä/suunnitella (kirjan ym) juoni *King's novels are artfully plotted* Kingin romaaneissa on taitavasti rakennettu juoni **4** suunnitella (laivan, lentokoneen) reitti, tehdä reittisuunnitelma **5** piirtää, esittää graafisesti
plotter s piirturi
plough [plaʊ] ks plow
ploughman's lunch [plaʊmənz] s (brittiläinen pubiruoka) leipää juuston ja pikkelsien kera
1 plow [plaʊ] s aura *snowplow* lumiaura
2 plow v **1** kyntää (myös laivasta: kyntää merta) **2** aurata
plow into v **1** sijoittaa/pumpata (rahaa) johonkin **2** törmätä johonkin, rysähtää johonkin
plow through v **1** tunkeutua (esim väkijoukon) lävitse **2** käydä/lukea (vaivalloisesti) läpi, puurtaa jonkin kimpussa
ploy [plɔɪ] s juoni, temppu, kepulikonsti, taktiikka
PLS (tekstiviestissä, sähköpostissa) *please*
1 pluck [plʌk] s **1** nykäisy, kiskaisu **2** rohkeus, sisu
2 pluck v **1** kyniä (kana), poimia (hedelmiä), nyppiä **2** nykäistä, kiskaista, vetäistä **3** näppäillä (soitinta)
pluck up v (kuv) rohkaista mielensä
plucky adj rohkea, urhea, sisukas
plug [plʌg] s **1** tulppa *to pull the plug on something* (ark) lakkauttaa, lopettaa, keskeyttää **2** sytytystulppa *spark plug* sytytystulppa **3** (sähkö) pistoke **4** piilomainos

plug and play s (tekn) kytke ja käytä
plug up v **1** tukkia (vuoto, reikä) **2** (piilo)mainostaa
plum [plʌm] s **1** luumu **2** (ark, kuv) paras pala, namu adj (ark) unelma- *a plum job* unelmahomma
plumage [pluməd3] s (linnun) höyhenpeite, höyhenet, sulat
1 plumb [plʌm] s (luotain) luoti *to be out of plumb; to be off plumb* olla vinossa/kallellaan
2 plumb v **1** luodata, mitata syvyys **2** (kuv) luodata, tutkailla, tutkia **3 plumb** adj pystysuora, suora **4 plumb** adv pystysuorassa, suorassa
plumber [plʌmər] s putkiasentaja
plumbing [plʌmiŋ] s putkisto, putket *there's something wrong with my plumbing* (kuv) minulla on sisuskaluissa jotakin vialla
plumb line s luotilanka
plume [plum] s **1** töyhtö **2** savupilvi
1 plummet [plʌmət] s (luotain) luoti
2 plummet v pudota (myös kuv:) laskea/vähentyä jyrkästi *in the last quarter, sales plummeted* myynti romahti viimeisellä (vuosi)neljänneksellä
plump [plʌmp] adj pyylevä, pyöreä
plunder [plʌndər] v ryöstää, rosvota; anastaa
1 plunge [plʌnd3] s **1** survaisu, sohaisu **2** hyppy, pulahdus *to take the plunge* rohkaista mielensä; ottaa riski; astua ratkaiseva askel
2 plunge v survaista, sohaista, syöstä; syöksyä, rynnätä, hypätä *the president wanted to plunge the country into war* presidentti halusi syöstä maan sotaan
pluperfect [plu'pərfəkt] s (kieliopissa) pluskvamperfekti (he had done)
plural [plərəl] s monikko adj monikollinen, monikko-
plus [plʌs] s **1** lisä, kasvu **2** etu, plussa *computer literacy is a big plus for you* sinulle on paljon etua siitä että osaat käyttää tietokonetta **3** plusmerkki adj **1** positiivinen **2** ylimääräinen konj **1** (mat) plus **2** ja, sekä
plush [plʌʃ] s plyysi(kangas) adj ylellinen

pocket money

Pluto [plutoʊ] Pluto
plutonium [plu'toʊniəm] s plutonium
1 ply [plaɪ] s **1** kerros **2** (auton renkaan) kudos
2 ply v **1** tehdä; käyttää; ahertaa; harjoittaa (ammattia) *I'm just plying* (at) *my trade* kunhan teen työtäni **2** kyntää merta, kulkea (säännöllisesti jotakin reittiä) **3** piinata/vaivata jotakuta jollain, hukuttaa joku johonkin
Plymouth [plɪməθ] **1** useita kaupunkeja **3** amerikkalainen automerkki
plywood [plaɪwʊd] s vaneri
p.m. [pi'em] *post meridiem* puolen päivän jälkeen *the movie begins at 3 p.m.* elokuva alkaa kello 15 *at 12 p.m.* kello 24 *in the p.m.* iltapäivällä
pneumatic [nu'mætɪk] adj pneumaattinen, paineilma-, ilma-
pneumatically adv pneumaattisesti, paineilmalla, ilmalla
pneumonia [nu'moʊniə] s keuhkokuume
P.O. *post office* postitoimisto
poach [poʊtʃ] v **1** hauduttaa, keittää **2** pyydystää salaa
poached egg [ˌpoʊtʃt'eg] s (ruuanlaitossa) kuorittu haudutettu muna
poacher s salametsästäjä
P.O.B. *post office box* postilokero
pochard [poʊtʃərd] s (lintu) punasotka
pock [pak] s rokkonäppylä
1 pocket [pakət] s **1** tasku *to line your pockets* (kuv) paikkailla taskujaan, rikastua (vilpillisesti) **2** (kuv) pesäke, saareke *pocket of resistance* vastarintapesäke
2 pocket v panna/pistää taskuunsa (myös kuv:) kähveltää, varastaa
pocketable [pakətəbəl] adj taskuun mahtuva, taskukokoinen
pocket billiards s (verbi yksikössä) poolbiljardi, pool
pocketbook [ˈpakətˌbʊk] s **1** käsilaukku **2** taskukirja **3** (kuv) kukkaro, varat **4** (UK) lompakko
pocket calculator s taskulaskin
pocketknife [ˈpakətˌnaɪf] s taskuveitsi
pocket money s käteinen, taskuraha

pockmark

pockmark ['pak‚mark] s **1** rokonarpi **2** naarmu, arpi
P.O.D. *pay on delivery* jälkivaatimuksella, postiennakolla
pod [pad] s **1** (hernekasvin) palko **2** (lentokoneen moottorin) suojus
podgy [padʒi] adj (lyhyt ja) tanakka, pyylevä
podium [poʊdiəm] s (mon podiums, podia) **1** puhujakoroke **2** orkesterinjohtajan koroke
poem [poəm] s runo
poet [poət] s runoilija
poetic [poʊ'etɪk] adj runollinen; runoilijan
poetical adj runollinen; runoilijan
poetically adv runollisesti
poetic licence s runoilijan vapaus
poet laureate [‚poʊət'lɔrɪət] s (mon poets laureate) poëta laureatus, hovirunoilija
poetry [poətri] s runous
pogo stick ['poʊgoʊ‚stɪk] s kengurukeppi
pogrom [poʊ'gram] s pogromi, (juutalaisten) joukkomurha
poignancy [pɔɪnjənsi] s voimakkuus, liikuttavuus, kaihoisuus; terävyys, pistävyys
poignant [pɔɪnjənt] adj voimakas, vaikuttava, liikuttava, kaihoisa; terävä, pistävä
poignantly adv ks poignant
poinsettia [pɔɪn'setə] s joulutähti
1 point [pɔɪnt] s **1** piste; pilkku: *the interest rate is 5.3 percent* korko on 5,3 prosenttia **2** terä, kärki **3** kohta, vaihe *we agree on all points* olemme samaa mieltä kaikesta/kaikista kohdista *at this point in time* nyt, tässä vaiheessa *he has passed the point of no return* (kuv) hän ei voi enää perääntyä *she is on the point of death* hän on kuoleman partaalla **4** (urh ym) piste **5** asian ydin *get to the point, will you?* menehän jo asiaan *is there a point to all this?* onko tällä kaikella jokin tarkoitus?; ajatko sinä takaa jotakin? *make your point* sano sanottavasi, sano mitä sinulla on mielessäsi, mene asiaan *there is no point in telling him that* sitä ei kannata kertoa hänelle, on turha kertoa sitä hänelle
2 point v suunnata, tähdätä (aseella), osoittaa (sormella), näyttää jonnekin päin/tietä, viitata johonkin asiaan/suuntaan
point-blank [‚pɔɪnt‚blæŋk] adv **1** (ampua) lähietäisyydeltä, läheltä **2** (sanoa) suoraan, sumeilematta
pointed adj **1** terävä (kärkinen), suippo **2** (kuv) terävä, kärkevä, pureva
pointer s **1** (koira) pointteri **2** osoitin, neula, viisari **3** karttakeppi **4** vihje, neuvo *can I give you a few pointers?* saanko antaa muutaman neuvon?, saanko vähän neuvoa?
pointless adj turha *it's pointless to try* ei kannata yrittää
pointlessly adv turhaan
point of fact *in point of fact* itse asiassa
point out v **1** osoittaa (esim sormella) **2** tuoda esiin, ottaa esille, huomauttaa jostakin
1 poise [pɔɪz] s **1** ryhti **2** mielenmaltti, rauhallisuus, itsevarmuus, tasapaino (kuv) **3** tasapaino
2 poise v **1** pitää koholla/valmiina (iskuun, heittoon) **2** tasapainottaa, pitää tasapainossa
poised [pɔɪzd] adj **1** rauhallinen, tasapainoinen *she was very poised* hän hillitsi itsensä hyvin, hän oli hyvin rauhallinen **2** joka leijuu/pysyy tasapainossa jossakin **3** joka on jonkin partaalla, joka on valmiina johonkin *we are poised on the brink of war* olemme sodan partaalla
1 poison [pɔɪzən] s myrkky
2 poison v **1** myrkyttää (myös kuv) **2** myrkyttää kuoliaaksi, murhata/surmata myrkyllä
poison dogwood ['dag‚wʊd] s myrkkysumakkeja
poisoning s myrkytys
poison ivy s myrkkysumakkeja
poison oak s myrkkysumakkeja
poisonous [pɔɪzənəs] adj myrkyllinen
poisonously adv myrkyllisesti
poison sumac [sumæk] s myrkkysumakkeja
1 poke [poʊk] s tönäisy, tökkäisy

2 poke v **1** tönäistä, tökkäistä **2** (sl) naida, panna

poke fun at fr pitää pilkkanaan jotakuta/jotakin, laskea leikkiä jonkun kustannuksella

poke out v pistää/työntyä esiin jostakin

poker [poʊkər] s **1** hiilihanko **2** pokeri

poker face s pokerinaama

poke your nose into fr työntää nenänsä toisten asioihin

Poland [poʊlənd] Puola

polar [poʊlər] adj **1** napaseudun, napaseutujen, napa- **2** (magnettiseen napaan liittyvä) napa- **3** vastakkainen

polar bear [ˈpoʊlərˌbeər] s jääkarhu

polarity [pəˈlerəti] s **1** (fys) napaisuus, polariteetti **2** vastakkaisuus

polarization [ˌpoʊləraˈzeɪʃən] s polarisaatio

polarize [ˈpoʊləˌraɪz] v polarisoida, polaroida

polarizer s polarisaattori; (valok) polarisaatiosuodin

polar lights s (mon) revontulet

Pole [poʊl] s puolalainen

pole [poʊl] s **1** pylväs, tanko, masto, seiväs *fishing pole* ongenvapa **2** (tieteessä, tekniikassa) napa **3** (kuv) ääripää

polecat [ˈpolˌkæt] s **1** (Euroopassa) hilleri, lahokas **2** (US) haisunäätä

polenta [poˈlentə] s (italialainen maissijauhopannukakku) polenta

pole position s paalupaikka

poles apart *to be poles apart* olla aivan eri maata, olla tyystin erilaiset; olla aivan eri mieltä

Pole Star (tähdistö) Pohjantähti

pole vault [ˈpolˌvaʊlt] s (urh) seiväshyppy

pole-vault v (urh) hypätä seipäällä

pole-vaulter s (urh) seiväshyppääjä

1 police [pəˈlis] s poliisi, poliisivoimat, poliisit

2 police v valvoa

police court s (US) poliisituomioistuin

police dog s poliisikoira

police force s poliisivoimat

policeman [pəˈlismən] s (mon policemen) poliisimies, poliisi

policeperson [pəˈlisˌpərsən] s poliisi

police station s poliisiasema, poliisilaitos

policewoman [pəˈlisˌwʊmən] s (mon policewomen) naispoliisi, poliisi

policy [paləsi] s **1** periaate, linja, suuntaviivat, menettely *it's company policy not to talk about future products* yrityksemme periaatteena on olla puhumatta tulevista tuotteista **2** politiikka: *foreign policy* ulkopolitiikka **3** vakuutuskirja

policyholder [ˈpaləsiˌholdər] s vakuutuksenottaja

policymaker [ˈpaləsiˌmeɪkər] s (valtionhallinnon) päätöksentekijä

polio [poʊlioʊ] s polio, lapsihalvaus

poliomyelitis [ˌpoʊlioʊmaɪˈlaɪtɪs] s poliomyeliitti, polio, lapsihalvaus

Polish s puolan kieli adj puolalainen

1 polish [palɪʃ] s **1** kiilloke, vaha **2** kiilto **3** hiottu käytös, sulavuus, tyylikkyys

2 polish v **1** kiillottaa **2** (kuv) hioa, viimeistellä

polished adj **1** kiillotettu **2** (käytös) hiottu, (ihminen) tyylikäs, sulava(käytöksinen)

polish off v **1** pistää poskeensa, ahmia **2** (kuv) tehdä jostakusta selvää jälkeä

polish up v (kuv) hioa, parantaa

polite [pəˈlaɪt] adj **1** kohtelias **2** hieno *polite society* hienot piirit, hienot ihmiset, hienosto

politely adv kohteliaasti

politeness s kohteliaisuus

politic [palətɪk] adj viisas, ovela, neuvokas, varovainen

political [pəˈlɪtɪkəl] adj poliittinen

political asylum s poliittinen turvapaikka

political economy s kansantaloustiede

politically [pəˈlɪtɪkli] adv poliittisesti

politically correct [pəˌlɪtɪklikəˈrekt] adj ajan henkeen sopiva

political refugee s poliittinen pakolainen

political science s valtiotiede

politician [ˌpaləˈtɪʃən] s poliitikko

politicization [pəˌlɪtəsɪˈzeɪʃən] s politisointi

politicize [pəˈlɪtəˌsaɪz] v politisoida, sekoittaa johonkin politiikkaa

politick

politick [palətɪk] v **1** politikoida **2** luovia/junailla/saada aikaan politikoimalla
politicking s politikointi
politicly adv viisaasti, ovelasti, neuvokkaasti, varovaisesti, varovasti
politico [pə'lɪtɪˌkoʊ] s (mon politicos) poliitikko
politics [palətɪks] s (verbi yksikössä tai mon) politiikka *play politics* osallistua politiikkaan, politikoida; ajaa (häikäilemättömästi) omaa etuaan
polity [poʊləti] s **1** hallinto **2** valtiomuoto, hallitusmuoto
polka [poʊkə] s polkka
polka dot ['poʊkəˌdat] s (kankaassa) täplä
1 poll [poəl] s **1** mielipidetiedustelu **2** äänestys **3** (yl mon) äänestyspaikka, vaaliuurnat **4** äänimäärä **5** vaalitulos
2 poll v **1** tiedustella/luodata mielipiteitä **2** äänestää **3** saada ääniä **4** laskea äänet
pollen [palən] s siitepöly
pollinate ['paləˌneɪt] v (biol) pölyttää
pollination [ˌpalə'neɪʃən] s (biol) pölytys
pollute [pə'lut] v saastuttaa
polluted adj saastunut
pollution [pə'luʃən] s saaste
polo [poʊloʊ] s **1** poolo **2** poolopaita
polo shirt s **1** poolopaita **2** pikeepaita
poltergeist ['poltərˌgaɪst] s poltergeist
polyethylene [ˌpalɪ'eθəˌlin] s polyetyleeni, polyeteeni
polygamist [pə'lɪgəmɪst] s moniavioinen ihminen
polygamous [pə'lɪgəməs] adj moniavioinen
polygamy [pə'lɪgəmi] s moniavioisuus, polygamia
polygon ['palɪˌgan] s monikulmio
polytechnic [ˌpalɪ'teknɪk] s polytekninen oppilaitos; teknillinen korkeakoulu adj polytekninen, polyteknillinen
polytheism ['palɪθiˌɪzəm] s monijumalaisuus, polyteismi
polytheist s monijumalaisuuden kannattaja, polyteisti
polytheistic [ˌpalɪθi'ɪstɪk] adj monijumalainen, polyteistinen

polyunsaturated fats [ˌpalɪʌn'sætʃəˌreɪtəd] s (mon) monityydyttymättömät rasvat (rasvahapot)
pomegranate ['pamәˌgrænət] s granaattiomena
pommel [paməl] s **1** (satula)nuppi **2** (miekan) ponsi
pomp [pamp] s loisto, komeus; pröystäily, mahtailu
Pompeii [pam'peɪ] Pompeji
pomposity [pam'pasəti] s mahtailu, tärkeily, komeilu, pröystäily
pompous [pampəs] adj mahtaileva, tärkeilevä, leuhka, paisutteleva
pompousness s mahtaily, tärkeily, komeilu, pröystäily
poncho [pantʃoʊ] s (viitta) poncho
pond [pand] s lampi
ponder [pandər] v miettiä, pohtia, harkita
ponderosa pine [ˌpandə'roʊsə] s ponderosamänty
ponderous [pandərəs] adj **1** raskas, painava **2** (kuv) raskas, tylsä, työläs (luettava)
ponderously adv ks ponderous
pondskater ['pandˌskeɪtər] s (eläin) vesimittari
Pontiac ['pantiˌæk] amerikkalainen automerkki
pontoon [pan'tun] s ponttoni, kelluke
pontoon bridge s ponttonisilta, kellukesilta
pony [poʊni] s poni
poodle [pudəl] s villakoira
1 pool [puəl] s **1** lampi, lammikko **2** (joen) suvanto **3** (vesi)lätäkkö **4** (uima-)allas **5** poolbiljardi, pool **6** (yhteinen) kassa/rahasto/varasto tms **7** ks carpool **8** (tal) rengas, pooli **9** (mon, UK) veikkaus
2 pool v **1** koota/kerätä/kerääntyä lammikkoon/lätäkköön **2** koota, yhdistää (rahat, voimavarat tms)
poor [puər] s *the poor* köyhät *the rich and the poor* rikkaat ja köyhät adj **1** köyhä *to be poor in something* jossakin on vain vähän jotakin **2** huono *she's in poor health* hänen terveytensä on huono *you're a poor loser* olet huono

porridge

häviämään, et kestä hävitä **3** säälittävä, poloinen, parka *poor me, I have to get up at six* voi minua ressukkaa, joudun nousemaan kuudelta
poorly adj sairas, huonovointinen adv huonosti
poorness s **1** köyhyys **2** huonous, kehnous, puutteellisuus, riittämättömyys
1 pop [pap] s **1** poksahdus, pamahdus **2** (ark) virvoitusjuoma **3** ryyppy **4** (sl) kappale *the drinks are two dollars a pop* ryypyt maksavat kaksi dollaria kappaleelta **5** (ark) isä **6** popmusiikki, pop **7** poptaide
2 pop v **1** poksahtaa, pamahtaa **2** laukaista, avata, poksauttaa auki *he popped the cork of the champagne bottle* hän avasi samppanjapullon korkin *he popped his cork* hän sekosi/tuli hulluksi; hän raivostui silmittömästi/menetti itsehillintänsä **3** tupsahtaa/ilmestyä yllättäen jonnekin **4** (silmät) pullistua (kuopistaan)
3 pop adj pop- *pop singer* poplaulaja
POP [ˌpiouˈpi] *picture outside picture* (toisen (pienen) kuvan esittäminen televisiossa pääkuvan ulkopuolella)
pop art s poptaide
pop concert s popkonsertti
popcorn [ˈpapˌkɔrn] s popcorn, paukkumaissi
Pope [poup] s paavi
popgun [ˈpapˌgʌn] s hernepyssy
pop in v pistäytyä jossakin, käväistä jossakin *pop in anytime you want* tule käymään milloin vain haluat
poplar [paplər] s poppeli
pop music s popmusiikki
pop off v (ark) **1** kuolla kupsahtaa **2** lähteä livohkaan/nostelemaan, häipyä, lieuta **3** murjaista vitsi, heittää herja
pop psychology s populaaripsykologia, maallikkopsykologia
poppy [papi] s unikko
pops [paps] s (ark) isä
pop the question fr kosia
popular [papjələr] adj **1** suosittu, pidetty **2** yleistajuinen, kansantajuinen, helppotajuinen, kevyt **3** yleinen, koko kansan *popular suffrage* yleinen äänioikeus *popular misconception* yleinen väärinkäsitys
popular culture s populaarikulttuuri
popular front s kansanrintama
popularity [ˌpapjəˈlerəti] s suosio
popularization [ˌpapjələrəˈzeɪʃən] s **1** kansantajuistaminen, populaaristus, popularisointi **2** suosioon saattaminen, tunnetuksi tekeminen, yleiseen käyttöön ottaminen
popularize [ˈpapjələˌraɪz] v **1** yleistajuistaa, kansantajuistaa, populaaristaa, popularisoida **2** tehdä suosituksi; saattaa yleiseen suosioon, ottaa yleiseen käyttöön, tehdä tunnetuksi
popularly adv **1** yleistajuisesti, kansantajuisesti **2** suuren yleisön maun mukaisesti **3** yleisesti *he is popularly believed to have died in a plane crash* yleensä uskotaan että hän kuoli lento-onnettomuudessa
populate [ˈpapjəˌleɪt] v **1** asua jossakin **2** asuttaa, kansoittaa
population [ˌpapjəˈleɪʃən] s väestö; asukasluku
populous [papjələs] adj **1** taajaan/tiheään asuttu **2** jossa on tungosta/paljon väkeä
pop up v ilmetä, ilmestyä, tupsahtaa esiin, putkahtaa esiin
porcelain [pɔrslən] s, adj posliini(-)
porch [pɔrtʃ] s **1** kuisti **2** kuistikko, veranta, vilpola
porcupine [ˈpɔrkjəˌpaɪn] s piikkisika
1 pore [pɔr] s huokonen
2 pore v lukea/tutkia tarkasti
pork [pɔrk] s sianliha
porker s **1** syöttösika **2** (sl, kuv) läski, ihramaha
porn [pɔrn] s, adj (ark) porno(-)
pornographic [ˌpɔrnəˈgræfɪk] adj pornografinen
pornographically adv pornografisesti
pornography [pɔrˈnagrəfi] s pornografia
porosity [pəˈrasəti] s huokoisuus
porous [pɔrəs] adj huokoinen
porously adv huokoisesti
porpoise [pɔrpəs] s (mon porpoise, porpoises) pyöriäinen
porridge [pɔrɪdʒ] s (kaura)puuro

port [pɔrt] s **1** satama **2** satamakaupunki **3** (laivan, lentokoneen) vasen puoli, (laivan myös) paapuuri **4** (laivan ym) ikkuna; aukko, luukku **5** (tietok) portti, liitäntä **6** portviini
portability [ˌpɔrtə'bɪləti] s **1** kannettavuus **2** (tietokoneohjelman yms) siirrettävyys (järjestelmien välillä)
portable [pɔrtəbəl] s kannettava televisiovastaanotin/tietokone/kirjoituskone tms adj **1** kannettava **2** (tietokoneohjelmasta yms) (järjestelmien välillä) siirrettävä
porter [pɔrtər] s **1** (matkatavaroiden) kantaja **2** ovenvartija, portinvartija **3** (makuuvaunussa) vaunupalvelija **4** (tehtaassa ym) talonmies
portfolio [pɔrt'fouliou] s **1** (tal) (useita arvopapereita sisältävä arvopaperi)salkku **2** (asiakirja)salkku *stock portfolio* osakesalkku
porthole ['pɔrtˌhoʊl] s (laivan pyöreä) ikkuna
portion [pɔrʃən] s **1** osuus, osa **2** (ruoka-)annos
portion out v jakaa
Portland [pɔrtlənd] **1** kaupunki Oregonissa **2** kaupunki Mainessa
Portland cement [ˌpɔrtləndsə'ment] s portlandsementti
portly adj pyylevä, lihava
portrait [pɔrtrət] s **1** (maalaus, valokuva) muotokuva, henkilökuva **2** (kirjallisuudessa ym) kuvaus, kuva, henkilökuvaus, henkilökuva
portrait page s (tietok) pystysivu
portraiture [pɔrtrətʃər] s muotokuvamaalaus
portray [pər'treɪ] v **1** maalata/veistää jonkun muotokuva **2** (kirjoittamalla ym) kuvata, kuvailla **3** (näytellä) esittää
portrayal [pər'treɪəl] s **1** muotokuvamaalaus **2** kuvaus, kuvailu
Portsmouth [pɔrtsməθ]
Portugal [pɔrtʃəgəl] Portugali
Portuguese s portugalin kieli s, adj portugalilainen
Portuguese man-of-war [ˌpɔrtʃəˌgizˌmænəv'wɔr] s (eläin) portugalinsotalaiva

POS *point-of-sale* myyntipiste
1 pose [poʊz] s **1** asento, ryhti **2** asenne **3** (valokuvaajalle ym) poseeraus
2 pose v **1** olla olevinaan jokin/jotakin, tekeytyä joksikin, teeskennellä jotakin, teeskennellä **2** poseerata (valokuvaajalle ym) **3** tuoda esiin, merkitä, olla *his lack of money poses a serious problem* hänen rahapulansa/rahattomuutensa on vakava ongelma
poser s **1** poseeraaja **2** visainen/vaikea ongelma
poseur [poʊ'zər] s teeskentelijä
posh [paʃ] adj ylellinen, loistokas, komea, pramea
posit [pazət] v esittää, väittää; olettaa
1 position [pə'zɪʃən] s **1** paikka, sijainti, asema **2** (kuv) asema, tilanne *people in her position* hänen asemassaan olevat ihmiset *he said he was not in a position to help you* hän sanoi ettei hän kykene auttamaan sinua/ettei hänellä ole mahdollisuuksia auttaa sinua **3** asenne **4** ryhti; asento
2 position v asettaa, sijoittaa, panna, laittaa
positive [pazətɪv] s (valokuvauksessa, kieliopissa ym) positiivi adj **1** (mat ym) positiivinen, plus- **2** (vastaus, elämänasenne) myönteinen, (asenne myös) rakentava **3** (täysin) varma, ehdoton *are you sure? – yes, I'm positive* oletko varma? – kyllä, olen aivan varma **4** (ark) todellinen, varsinainen, oikea
positively adv, interj **1** ehdottomasti, varmasti, jyrkästi *positively no smoking* tupakointi ehdottomasti kielletty **2** kerrassaan, suorastaan, kerta kaikkiaan
positiveness s **1** myönteisyys, myönteinen/rakentava asenne **2** varmuus, jyrkkyys, ehdottomuus, vakuuttavuus
positivism ['pazɪtəˌvɪzəm] s positivismi
positivist ['pazɪtəvɪst] s positivisti adj positivistinen
positivistic [ˌpazɪtə'vɪstɪk] adj positivistinen
positivistically adv positivistisesti
positivity [ˌpazə'tɪvəti] s myönteisyys, elämänmyönteisyys, myönteinen elämänasenne

positron [ˈpazɪˌtran] s positroni
poss. *possessive* possessiivi-
possess [pəˈzes] v **1** omistaa, jollakulla on jotakin **2** osata, hallita (kieli) **3** hillitä itsensä, säilyttää malttinsa, pysyä tyynenä
possessed adj **1** riivattu *he worked like a man possessed* hän paiski töitä kuin hullu *she thinks she's possessed by/of the devil* hän uskoo olevansa paholaisen riivaama **2** tyyni, rauhallinen **3** *to be possessed of something* omistaa jotakin, jollakulla on jotakin
possession [pəˈzeʃən] s **1** omistaminen *to take possession of* ottaa haltuunsa **2** (mon) omaisuus, tavarat **3** (mon) alusmaat
possessive [pəˈzesɪv] adj **1** omistushaluinen, ahne, itsekäs, mustasukkainen **2** (kieliopissa) possessiivi-, omistusta ilmaiseva
possessively adv omistushaluisesti, ahneesti, itsekkäästi, mustasukkaisesti
possessiveness s omistushalu, ahneus, itsekkyys, mustasukkaisuus
possessive pronoun s (kieliopissa) possessiivipronomini
possess of v selvittää jollekulle jotakin, kertoa
possibility [ˌpasəˈbɪləti] s mahdollisuus *the idea has possibilities* idea vaikuttaa lupaavalta
possible [pasəbəl] adj mahdollinen
possibly [pasəbli] adv **1** mahdollisesti, ehkä, kenties **2** ikinä, mitenkään, koskaan *I can't possibly do it by Tuesday* en mitenkään saa sitä valmiiksi tiistaihin mennessä
possum [pasəm] s (virginian)pussirotta, opossumi *to play possum* tekeytyä kuoliaaksi, teeskennellä kuollutta/nukkuvansa; teeskennellä viatonta, olla olevinaan syytön
1 post [poʊst] s **1** pylväs *doorpost* ovenpieli **2** työpaikka, paikka **3** asemapaikka, vartiopaikka **4** sotilasasema **5** (UK) posti (lähetys, postitoimisto)
2 post v **1** kiinnittää/panna ilmoitus jonnekin **2** luvata ilmoituksella **3** sijoittaa/määrätä/nimittää johonkin virkaan/tehtävään **4** maksaa (takuu jotta syytetty pääsee vapaaksi oikeudenkäyntiin saakka) **5** (UK) postittaa, lähettää postitse
postage [poʊstədʒ] s postimaksu
postage meter s postimaksukone
postage stamp s postimerkki
postage-stamp adj (ark) pienen pieni
postal card s (valmiilla postimerkillä varustettu) postikortti
postal code s (UK, Kanada) postinumero
postal savings bank s (vanh) postisäästöpankki
postbellum [ˌpoʊstˈbeləm] adj sodan (erityisesti Yhdysvaltain sisällissodan) jälkeinen
postbox [ˈpoʊstˌbaks] s (UK) (yleinen) postilaatikko
postcard [ˈpoʊstˌkaərd] s postikortti adj postikorttimainen *postcard scenery* maisema kuin postikortista
postcode [ˈpoʊstˌkoʊd] s (UK) postinumero
postdate [ˌpoʊstˈdeɪt] v **1** merkitä (kirjeeseen tms) todellista myöhempi päivämäärä, päivätä myöhemmäksi **2** seurata (ajassa), tapahtua myöhemmin kuin, tapahtua jonkin jälkeen
posted *to keep someone posted on something* pitää joku ajan/tilanteen tasalla
poster s juliste, posteri
poste restante [ˌpoʊstrəsˈtant] s (ranskasta) noutoposti
posterior [pasˈtɪrɪər] s takamus, takapuoli adj **1** (tilassa) taempi, taka- **2** (ajassa) jälkeinen, myöhäisempi
posterity [pasˈterəti] s jälkipolvet, jälkimaailma; jälkeläiset *to save something for posterity* säästää jotakin tuleville sukupolville
postfeminist [ˌpoʊstˈfemənɪst] s postfeministi adj postfeministinen
postgraduate [ˌpoʊstˈgrædʒʊət] s jatko-opiskelija adj jatko-opiskelu-, jatko-
posthaste [ˌpoʊstˈheɪst] adv kiireen vilkkaa, mahdollisimman nopeasti
posthumous [pastʃəməs] adj postuumi, kuoleman jälkeinen, (teos) teki-

jän kuoleman jälkeen julkaistu, (lapsi) isän kuoleman jälkeen syntynyt
posthumously adv ks posthumous
post-Impressionism [ˌpoʊstɪm-ˈpreʃənɪzəm] s (taiteessa) jälki-impressionismi, uusimpressionismi
postindustrial [ˌpoʊstɪnˈdʌstrɪəl] adj jälkiteollinen
postman [ˈpoʊstmən] s (mon postmen) postinkantaja
postmark [ˈpoʊstˌmɑərk] s postileima
postmaster [ˈpoʊstˌmæstər] s postitoimiston johtaja
postmaster general s (mon postmasters general) postilaitoksen johtaja
post meridiem [ˌpoʊstməˈrɪdɪəm] ks p.m.
postmodernism [ˌpoʊstˈmɑdərnɪzəm] s postmodernismi
postmodernist [ˌpoʊstˈmɑdərnɪst] s, adj postmodernisti(nen)
postmortem [ˌpoʊstˈmɔrtəm] s 1 ruumiinavaus 2 (kuv) jälkipuinti adj 1 kuoleman jälkeinen 2 ruumiinavaus- 3 jälkikäteen tapahtuva, jonkin jälkeinen
post office s postitoimisto, posti
postoperative [ˌpoʊstˈɑpərətɪv] adj (lääk) leikkauksen jälkeinen
postpaid [ˌpoʊstˈpeɪd] adj jonka postimaksu on maksettu
postpartum [ˌpoʊstˌpɑrtəm] adj synnytyksen jälkeinen
postpone [ˌpoʊstˈpoʊn] v lykätä, siirtää (myöhemmäksi)
postponement s (myöhemmäksi) lykkääminen, lykkäys, siirtäminen
postposition [ˌpoʊstpəˈzɪʃən] s (kieliopissa) postpositio, jälkisana; esim adjektiivin sijoittaminen pääsanansa jälkeen: *court martial* sotaoikeus
postprandial [ˌpoʊstˈprændɪəl] adj aterian jälkeinen, postprandiaalinen
postscript [ˌpoʊstˈskrɪpt] s jälkikirjoitus
postulate [ˈpɑstʃələt] s oletus, olettamus, edellytys
postulate [ˈpɑstʃəˌleɪt] v 1 pyytää, vaatia, edellyttää 2 olettaa, otaksua, pitää itsestään selvänä
1 posture [ˈpɑstʃər] s 1 ryhti, asento 2 asenne

2 posture v 1 sijoittaa, asettaa 2 ottaa/omaksua jonkin kanta/asenne 3 olla olevinaan (jotakin), teeskennellä
postvocalic [ˌpoʊstvoʊˈkælɪk] adj vokaalin jälkeinen
postwar [ˈpoʊstˌwɔr] adj sodan jälkeinen, sodan jälkeisen ajan
1 pot [pɑt] s 1 astia: kulho; kannu; pannu; kukkaruukku, potti, yöastia 2 (ruoka) -pata, -pannu 3 (sl) iso maha, pötsi 4 (sl) marihuana 5 (sl) iso/koko potti, sievoinen summa
2 pot v 1 panna astiaan, valmistaa astiassa, panna (kasvi) ruukkuun 2 (sl) kääriä (rahaa), netota
potable [ˈpɑtəbəl] adj juomakelpoinen
potash [ˈpætæʃ] s potaska, kaliumkarbonaatti
potassium [pəˈtæsɪəm] s kalium
potato [pəˈteɪtoʊ] s (mon potatoes) peruna *white potato* peruna *sweet potato* bataatti *hot potato* (kuv) kuuma peruna
potato chip s (US) perunalastu
potato crisp s (UK) perunalastu
potbellied adj isomahainen, möhömahainen
potbelly [ˈpɑtˌbeli] s iso maha, pötsi, möhömaha
Potemkin village [pəˈtemkɪn] s Potemkinin kulissit
potency [ˈpoʊtənsi] s 1 valta, voima 2 vahvuus, voimakkuus, väkevyys 3 (sukupuolinen) potenssi
potent [ˈpoʊtənt] adj väkevä, vahva, voimakas, (peruste) vakuuttava, (hallitsija myös) mahtava
potentate [pəˈtenˌteɪt] s hallitsija, ruhtinas; mahtimies, suurliikemies
potential [pəˈtenʃəl] s 1 mahdollisuudet *she has leadership potential* hänessä on johtajan ainesta *the manuscript has potential* käsikirjoitus vaikuttaa lupaavalta 2 (kieliopissa, mat, fys) potentiaali 3 (sähkö)jännite adj 1 mahdollinen, potentiaalinen *he's a potential client* hänestä voimme saada asiakkaan 2 (kieliopissa) potentiaalinen, potentiaali-
potentially adv mahdollisesti
potently adv ks potent

pothead ['pɒtˌhed] s (sl) marihuanan käyttäjä, ruohonarkkari
pothole ['pɒtˌhoəl] s kuoppa (kadun päällysteessä)
potluck ['pɒtˌlʌk] s nyyttikestit, nyyttikutsut *to take potluck* ottaa mitä tarjolla on
potluck dinner s nyyttikestit, nyyttikutsut
pot of gold s (kuv) unelmien täyttymys, toiveiden toteutuminen
potted adj (kasvi) ruukku-
pottery [pɒtəri] s savitavara, keramiikka
potty mouth ['pɒtiˌmaʊθ] s (sl) törkyturpa
1 pouch [paʊtʃ] s pussi, massi, säkki, postisäkki *diplomatic pouch* diplomaattiposti
2 pouch v 1 pussittaa, säkittää, panna pussiin/massiin/säkkiin 2 pullottaa
poultice [pɒltɪs] s (kansanlääkinnässä) haude
poultry [poltri] s siipikarja
1 pounce [paʊns] s hyppy, syöksähdys, syöksy
2 pounce v hypätä, syöksyä (kimppuun)
1 pound [paʊnd] s 1 naula (454 g), noin puoli kiloa 2 (raha) punta *pound sterling* Englannin punta 3 isku, lyönti, jyske 4 häkki, selli; tarha (jonne rankkuri kerää kulkukoiria ym); paikka jonne esim luvattomasti pysäköidyt autot hinataan
2 pound v 1 takoa, hakata, iskeä, lyödä, jyskyttää 2 talsia
pound a beat fr (poliisista) partioida, kulkea (edestakaisin) reittiään
pound out v 1 takoa/nuijia/vasaroida sileäksi, tasoittaa 2 laatia, tehdä, saada valmiiksi 3 takoa (pianoa, pianolla), naputtaa (kirjoituskonetta, kirjoituskoneella)
pound sign s punnan merkki (£)
pound the pavement fr etsiä työpaikkaa, juosta paikasta paikkaan etsimässä työtä
pour [pɔr] v kaataa, valaa, vuodattaa, juoksuttaa; vuotaa, valua, juosta *it was pouring by the time we got home* siinä vaiheessa kun tulimme kotiin satoi kaatamalla *the government is pouring money into the project* valtio rahoittaa hanketta erittäin avokätisesti
pouring rain s kaatosade
pour money down the drain fr panna rahaa/rahansa hukkaan
pour oil on troubled water fr valaa öljyä aalloille, (yrittää) rauhoittaa tilanne
pour out v tyhjentää, kaataa tyhjäksi, kaataa
pour out your heart fr purkaa sydämensä jollekulle, uskoutua, paljastaa kaikki/murheensa
1 pout [paʊt] s 1 *she looked at me with a pout* hän katsoi minua suu/huulet mutrussa/mutrussa suin 2 (kuv) murjotus, mökötys
2 pout v 1 mutristaa huuliaan/suutaan 2 sanoa huulet/suu mutrussa 3 (kuv) murjottaa, jöröttää, mököttää
poverty [pɒvərti] s köyhyys; puute, niukkuus, vähyys
poverty line s köyhyysraja
poverty-stricken ['pɒvərtiˌstrɪkən] adj köyhä, varaton
POW *prisoner of war* sotavanki
1 powder [paʊdər] s 1 jauhe, pulveri *to take a powder* häippäistä, livistää 2 puuteri 3 ruuti 4 puuterilumi
2 powder v 1 jauhaa hienoksi/pulveriksi, hienontaa 2 ripotella 3 puuteroida
powder keg s ruutitynnyri (myös kuv)
powder snow s puuterilumi
1 power [paʊər] s 1 voima; teho; energia *electrical power* sähkövoima, sähköenergia *the power of persuasion* suostuttelun voima 2 valta, valtuus *it is not within your power to make changes to the agreement* sinulla ei ole valtuuksia muuttaa sopimusta 3 valtatekijä, vallanpitäjä, valta 4 (mat) potenssi 5 (mikroskoopin) suurennus, suurennuskyky
2 power v 1 käyttää, olla jonkin käyttövoimana *this machine is powered by batteries* tämä laite on paristokäyttöinen 2 innostaa, kannustaa, antaa voimaa jollekulle
power-assist adj tehostettu, moottorikäyttöinen, sähkökäyttöinen tms, sähkö-

power base

power base s kannattajakunta; hyvät lähtökohdat (kuv)
power behind the throne s (kuv) todellinen vallanpitäjä, harmaa eminenssi
PowerBook® ['pauər,buk] Applen sylimikro(tietokone)
power breakfast s (lähinnä) työaamiainen
power down v sammuttaa (tietokone)
powered adj -käyttöinen
powerful adj **1** vaikutusvaltainen, mahtava **2** tehokas, voimakas, vahva, luja **3** (kuv) vaikuttava, vakuuttava, tehokas, voimakas, vahva
powerfully adv ks powerful
powerhouse ['pauər,haus] s **1** voimala, voimalaitos **2** (kuv) tehopakkaus, voimanpesä
powerless adj voimaton *we were powerless to prevent the crisis* emme kyenneet estämään kriisiä
powerlessly adv voimattomasti *he looked powerlessly on as the feds ransacked his apartment* hän katseli avuttomana sivusta kun liittovaltion agentit tutkivat hänen asuntonsa läpikotaisin
powerlessness s voimattomuus
power lunch s liikelounas
power of attorney s valtakirja
power pack s verkkolaite
power politics s (verbi yksikössä tai mon) **1** valtapolitiikka **2** (kansainvälinen) voimapolitiikka
power saw s sähkökäyttöinen saha: sirkkeli, pistosaha tms
power station s (sähkö)voimala, voimalaitos
power steering s (autossa) ohjaustehostin, tehostettu ohjaus
powers that be fr (todelliset) vallanpitäjät, maan mahtavat
power structure s valtarakenne
power supply s **1** käyttöjännite **2** virtalähde
power tool s sähkötyökalu
power up v käynnistää (tietokone)
1 powwow ['pau,wau] s (ark) neuvottelu
2 powwow v (ark) neuvotella
pp. *pages* sivut

PPL (tekstiviestissä, sähköpostissa) *people*
P.P.S. *post postscriptum* ylimääräinen jälkikirjoitus
PR *public relations* suhdetoiminta
practicability [,præktıkə'bıləti] s käyttökelpoisuus, toimivuus, käytännöllisyys
practicable [præktıkəbəl] adj käyttökelpoinen, toimiva, käytännöllinen
practicably adv käyttökelpoisesti, toimivasti, käytännöllisesti
practical [præktıkəl] adj käytännöllinen *she has a practical mind* hän on käytännön ihminen
practicality [,præktı'kæləti] s **1** käytännöllisyys, käytännön läheisyys, toimivuus, käyttökelpoisuus **2** käytännöllinen/toimiva yksityiskohta
practical joke s kepponen, temppu, kolttonen, metku, käytännönpila
practical joker s veijari, vitsailija, kelmi
practically [præktıkli] adv **1** käytännöllisesti **2** käytännöllisesti katsoen, käytännössä, oikeastaan, lähes, likimain, kutakuinkin
1 practice [præktıs] s **1** tapa, tottumus, käytäntö, käytänne **2** (teorian vastakohta) käytäntö, käyttö, toiminta *in actual practice* käytännössä, todellisuudessa *to put something into practice* ottaa jotakin käyttöön, soveltaa jotakin käytäntöön **3** harjoitus, harjoittelu, harjaannus, valmennus *that runner is badly out of practice* tuo juoksija on kovasti harjoituksen puutteessa/huonossa kunnossa **4** (lääkärin, asianajaja) toiminta; (lääkärin) vastaanotto, (asianajajan) toimisto, asianajotoimisto
2 practice v **1** harjoittaa, harrastaa **2** harjoitella, valmentaa, opettaa
practiced adj **1** taitava, taidokas, harjaantunut **2** opittu, opeteltu
practice teacher s opetusharjoittelija
practice what you preach [præktıs] fr ryhtyä sanoista tekoihin, antaa tekojen puhua
practise ks practice

practitioner [præk'tɪʃənər] s ammatinharjoittaja, praktikko *general practitioner* yleislääkäri
pragmatic [præg'mætɪk] adj käytännöllinen, pragmaattinen
pragmatical adj käytännöllinen, pragmaattinen
pragmatically adv käytännöllisesti, pragmaattisesti
pragmatism ['prægmə,tɪzəm] s **1** käytännöllisyys, pragmaattisuus **2** (filosofia) pragmatismi
pragmatist [prægmətɪst] s **1** käytännöllinen ihminen, pragmaatikko **2** pragmatismin kannattaja, pragmatisti adj **1** käytännöllinen, pragmaattinen **2** pragmatismin mukainen, pragmatisti
Prague [prag] Praha
prairie [preri] s preeria
prairie dog s preeriakoira
prairie schooner s eräänlaiset katetut vankkurit
prairie wolf s (mon prairie wolves) preeriasusi, kojootti
1 praise [preɪz] s ylistys, kehuminen, kehumiset
2 praise v ylistää, kehua
praise to the skies [preɪz] fr ylistää jotakuta/jotakin maasta taivaaseen
praiseworthiness s kiitettävyys, erinomaisuus
praiseworthy ['preɪz,wərði] adj kiitettävä, kiitoksen arvoinen, erinomainen
pram [præm] s (UK) lastenvaunut
prance [præns] v hypätä, hyppiä (ilosta), kulkea ilosta hyppien
prank [præŋk] s kepponen, temppu, kolttonen, metku, ilkityö
prankster [præŋkstər] s veijari, kelmi, vitsailija, lurjus
prawn [pran] s katkarapu
pray [preɪ] v rukoilla
prayer [preɪər] s rukous, rukoilu
praying mantis s rukoilijasirkka
PRC *People's Republic of China* Kiinan kansantasavalta
preach [pritʃ] v saarnata (myös kuv)
preacher [pritʃər] s **1** saarnaaja **2** (kuv) moraalisaarnaaja tms

preadolescence [,priædə'lesəns] s varhaisnuoruus
preadolescent s, adj varhaisnuori
preamble [priæmbəl] s johdanto, esipuhe, alkusanat *without preamble* (sen) pitemmittä puheitta
preamp [priæmp] s (ark) esivahvistin
preamplifier [pri'æmplə,faɪər] s esivahvistin
precarious [pri'keərɪəs] adj epävarma, epävakainen, pettävä, horjuva; vaarallinen
precaution [pri'kaʃən] s **1** varovaisuus **2** varotoimi
precautionary [pri'kaʃə,neri] adj (toimenpide) varo-, varoittava
precautious [pri'kaʃəs] adj varovainen
precede [pri'sid] v **1** edeltää, tapahtua/olla ennen jotakin; olla tärkeämpi kuin jokin, olla etusijalla **2** aloittaa jokin jollakin, tehdä ensin jotakin
precedence [presədəns] s etusija *to give precedence to someone/something* asettaa joku/jokin etusijalle
precedent [presədənt] s ennakkotapaus
precedent [prə'sidənt] adj edeltävä, aikaisempi
preceding adj edellinen, edeltävä, aikaisempi
precept [pri'sept] s **1** käsky, määräys, ohje **2** periaate
pre-Christian [pri'krɪstʃən] adj esikristillinen
precinct [prisɪŋkt] s **1** piiri, hallintopiiri, poliisipiiri, vaalipiiri **2** (mon kaupungin) lähistö, ympäristö **3** (mon) raja(t)
precious [preʃəs] adj **1** arvokas, kallisarvoinen *precious stones* jalokivet **2** rakas, kallisarvoinen **3** sievistelevä, teennäinen adv erittäin *precious few people came* sinne tuli hyvin vähän väkeä
precious metal s jalometalli
precious stone s jalokivi
precipice [presəpəs] s **1** jyrkänne **2** (kuv) kynnys *to be on the precipice of something* olla jonkin partaalla
precipitant [pri'sɪpətənt] adj **1** joka tapahtuu päistikkää/suoraa päätä *after a precipitant fall down the stairs, she lost consciousness* hän menetti tajuntansa

precipitate

pudottuaan päistikkaa/pää edellä portaita alas **2** hätiköity, harkitsematon, äkkipikainen, malttamaton

precipitate [prəˈsɪpəˌteɪt] v **1** heittää, singota, rynnätä, syöstä, syöksyä **2** (kuv) saada aikaan, syöstä (jokin kriisiin) **3** sataa

precipitate [prəˈsɪpətət] adj **1** joka tapahtuu päistikkää/suoraa päätä *after a precipitate fall down the stairs, she lost consciousness* hän menetti tajuntansa pudottuaan päistikkaa/pää edellä portaita alas **2** hätiköity, harkitsematon, äkkipikainen, malttamaton *he made a precipitate decision* hän teki hätiköidyn ratkaisun

precipitation [prəˌsɪpəˈteɪʃən] s **1** heittäminen, heitto **2** (kuv) syökseminen, kiirehtiminen **3** sade, sademäärä

précis [ˈpreɪsi] s (mon précis [ˈpreɪsiz]) tiivistelmä, yhteenveto

precise [prɪˈsaɪs] adj **1** tarkka, täsmällinen **2** nimenomainen *at the precise time* juuri sillä hetkellä

precisely adv tarkasti, täsmällisesti, täsmälleen *that's precisely what I'm saying* juuri sitä minä tarkoitan

preciseness s tarkkuus, täsmällisyys

precision [prɪˈsɪʒən] s tarkkuus

precocial adj (biol) pesäjättöinen

precocious [prɪˈkoʊʃəs] adj varhaiskypsä

precociously adv ennenaikaisesti, varhain, varhaiskypsästi

precocity [prɪˈkɑsəti] s varhaiskypsyys

preconceive [ˌprikənˈsiv] v muodostaa (mahdollisesti puolueellinen) ennakkokäsitys

preconceived adj (mielipide) etukäteen muodostettu; ennakkoluuloinen

preconception [ˌprikənˈsepʃən] s ennakkokäsitys; ennakkoluulo

predator [predətər] s **1** petoeläin, petolintu **2** (kuv) saaliinhimoinen ihminen

predatory [ˈpredəˌtɔri] adj **1** (eläin) peto- **2** (kuv) ryöstö-, saaliinhimoinen *he had on a predatory look* hänen silmistään paistoi pedon kiilto

predecessor [ˈpredəˌsesər] s edeltäjä

predestination [priˌdestəˈneɪʃən] s ennaltamääräys, predestinaatio; kohtalo

predestine [priˈdestən] v määrätä ennalta/etukäteen johonkin *I was predestined to fail* olin jo etukäteen tuomittu epäonnistumaan

predestined [priˈdestənd] adj ennalta määrätty

predetermination [ˌpridəˌtərməˈneɪʃən] s etukäteen päättäminen, ennalta tehty valinta, ennaltamääräys, predestinaatio

predetermine [ˌpridəˈtərmən] v **1** päättää/määrätä etukäteen **2** määrätä, ohjata

predicament [prɪˈdɪkəmənt] s pulma, hätä, pulmatilanne, vaikea tilanne

predicate [ˈpredəˌkeɪt] s (kieliopissa) predikaatti

predicative [predɪkətɪv] adj (kieliopissa) predikatiivinen, predikaatti-

predict [prɪˈdɪkt] v ennustaa; ennakoida, olla merkki jostakin tulevasta

predictable [prɪˈdɪktəbəl] adj (ennalta) arvattava; joka on helppo arvata (etukäteen), yllätyksetön, mielikuvitukseton

predictably adv kuten arvata saattaa/saattoi, ennalta arvattavasti, yllätyksettömästi

prediction [prɪˈdɪkʃən] s ennustus

predispose [ˌpridɪsˈpoʊz] v altistaa, herkistää jollekin, kallistaa joku johonkin käsitykseen

predisposition [priˌdɪspəˈzɪʃən] s alttius, herkkyys, taipumus

predominant [priˈdɑmɪnənt] adj hallitseva, vallitseva, tärkein, voimakkain

predominantly adv etupäässä, pääasiassa, enimmäkseen

predominate [prɪˈdɑmɪˌneɪt] v hallita, vallita, olla tärkein, olla etualalla, olla eniten esillä, muodostaa enemmistö

preeminent [priˈemɪnənt] adj ylivoimainen, johtava, verraton, vertaansa vailla

preeminently adv **1** erinomaisesti, loistavasti **2** etupäässä, pääasiassa, enimmäkseen

preempt [priˈempt] v **1** omia itselleen, varata omakseen **2** (televisio-ohjelmasta) korvata, tulla jonkin tilalle *the program was preempted because the* *newscast ran longer than usual* ohjelma jätettiin näyttämättä koska uutiset kestivät tavallista pitempään

pre-emptive strike [pri'emptɪv] s ehkäisyisku

preen [prin] v **1** (lintu) sukia sulkiaan, (kissa ym) nuolla turkkiaan **2** (ihminen) koristautua, pyntätä itseään **3** (kuv) ylpeillä jollakin (on)

preexist [ˌpriˌəɡ'zɪst] v olla olemassa etukäteen/ennen jotakin

1 preface [prefəs] s **1** esipuhe, alkusanat, (puheen) aloitus **2** (kuv) alkusoitto

2 preface v aloittaa (kirja, puhe) jollakin

prefect [prifekt] s prefekti

prefer [prə'fər] v pitää enemmän jostakin, olla jollekulle enemmän mieleen kuin *which do you prefer, apples or oranges?* pidätkö enemmän omenista vai appelsiineista? *I preferred not to comment* katsoin viisaimmaksi vaieta

preferable [prefərəbəl] adj parempi (vaihtoehto) kuin (to)

preferably adv mieluummin, mieluiten *please give me some pictures, preferably color slides* antaisitko minulle muutaman kuvan, mieluiten väridioja

preference [prefrəns] s **1** mieltymys, suosio, etusija *in order of preference* järjestyksessä mieluisimmasta alkaen **2** valinta *what is your preference?* minkä valitset/haluat?

preferential [ˌprefə'renʃəl] adj (kohtelu) erikois-

preferred share s (tal) etuoikeutettu osake

prefix [prifɪks] s (kieliopissa) etuliite

prefix [prɪ'fɪks] v (kieliopissa) varustaa etuliitteellä, lisätä etuliite

pregnancy [pregnənsi] s raskaus, raskausaika

pregnant [pregnənt] adj **1** joka on raskaana, odottava **2** tärkeä, merkittävä

pregnant in adj joka on täynnä jotakin *his mind was pregnant in crazy schemes* hänen päässään vilisi lennokkaita suunnitelmia

pregnant with adj joka on täynnä jotakin *the atmosphere at the meeting was pregnant with tension* kokouksen ilmapiiri oli jännityksen sähköistämä

prehensile tail [ˌpriˈhensəl] s tarttumahäntä

prehistoric [ˌprihɪs'tɔrɪk] adj esihistoriallinen

prehistorical adj esihistoriallinen

prehistorically adv esihistoriallisesti

prehistory [pri'hɪstəri] s esihistoria

prejudge [pri'dʒʌdʒ] v ratkaista/tuomita (jo) etukäteen

1 prejudice [predʒədɪs] s **1** ennakkoluulo, kielteinen ennakkokäsitys *racial prejudice* rotuennakkoluulot **2** suvaitsemattomuus, ennakkoluulot **3** vahinko *to the prejudice of someone/something* jonkin vahingoksi

2 prejudice v kallistaa joku johonkin käsitykseen, saada joku uskomaan jotakin, saada joku vakuuttuneeksi jostakin

prejudiced adj ennakkoluuloinen

prejudicial [ˌpredʒə'dɪʃəl] adj haitallinen, vahingollinen

preliminary [prə'lɪməˌneri] s valmisteleva koe/tentti, preliminääri; (urh) alkuottelu, alkuerä adj alustava, alku-, valmisteleva

prelude ['preɪˌlud] s alkusoitto (myös kuv)

premarital [pri'merətəl] adj esiaviollinen

premature [ˌprimət'ʃər] adj ennenaikainen, hätiköity, (synnytys) ennenaikainen *premature baby* keskonen

prematurely adv ks premature

premeditate [pri'mediˌteɪt] v harkita, suunnitella (etukäteen)

premeditated adj harkittu, (ennalta) suunniteltu

premeditation [priˌmedɪ'teɪʃən] s aikomus, aie, tarkoitus, harkinta, suunnittelu

premier [pri'mɪər] s pääministeri adj ensimmäinen, tärkein, johtava, pää-

1 premiere [pri'mɪər] s ensi-ilta

2 premiere v saada ensi-iltansa, tulla teatteriin/teattereihin

premise [premɔs] s **1** (logiikassa) premissi **2** edellytys, peruste **3** (mon) alue *students may not leave the premises* oppilaat eivät saa poistua koulun alueelta

premiss [premǝs] s (logiikassa) premissi
premium [primiǝm] s **1** bonus, lisäpalkkio **2** vakuutusmaksu **3** (tal) preemio **4** *to buy at a premium* ostaa kalliilla hinnalla, maksaa ylihintaa *to be at a premium* jostakin on pulaa/kovasti kysyntää adj **1** ensiluokkainen, erinomainen **2** (hinta) korkea, yli-
premolar [prɪˈmoʊlǝr] s välihammas adj välihammas-, väli-
premonition [ˌpremǝˈnɪʃǝn] s paha (ennakko)aavistus
prenatal [priˈneɪtǝl] adj synnytystä edeltävä; neuvola-
preoccupation [priˌakjǝˈpeɪʃǝn] s **1** johonkin uppoutuminen/syventyminen **2** tärkein harrastus/kiinnostuksen kohde
preoccupied [priˈakjǝˌpaɪd] adj (ajatuksiinsa tms) uppoutunut
preoccupy [priˈakjǝˌpaɪ] v viedä/vaatia osakseen jonkun kaikki mielenkiinto/huomio
preowned [priˈoʊnd] adj käytetty *we have a wide selection of preowned Jaguars* meillä on laaja valikoima käytettyjä Jaguareja
preparation [ˌprepǝˈreɪʃǝn] s **1** valmistelu, valmistautuminen **2** valmiste, lääke
preparatory [ˈprepǝrǝˌtɔri] adj valmisteleva, alustava, alku-
preparatory school s **1** (US) yksityinen tai kirkollinen collegeen valmistava toisen asteen koulu **2** (UK) yksityinen (public schooliin valmistava) ensimmäisen asteen koulu
preparatory to adj ennen jotakin *preparatory to throwing the ball, you move your arm back* ennen pallon heittämistä käsi siirtyy taaksepäin
prepare [prǝˈpeǝr] v laittaa valmiiksi, valmistaa, valmistautua, varustaa, varustautua
prepared adj **1** valmistautunut, valmis, varustautunut (johonkin) **2** (ruoka) valmis-
preparedness s valmius (johonkin), varustautuminen, halukkuus
prepay [pripeɪ] v maksaa etukäteen

preposition [ˌprepǝˈzɪʃǝn] s (kieliopissa) prepositio
prepositional adj (kieliopissa) prepositionaali-
prepositional phrase s (kieliopissa) preposition ja sen pääsanan muodostama lauseenjäsen
prepositional verb s (kieliopissa) preposition kanssa käytettävä verbi
preposterous [prɪˈpastǝrǝs] adj kohtuuton, suhdaton, paksu, järjetön *their demands are preposterous* heidän vaatimuksensa ovat poskettomia
preposterously adv ks preposterous
prep school ks preparatory school
prequel [prikwǝl] s elokuva/tv-sarjan jonkin osan edelle sijoittuva jakso
1 Pre-Raphaelite [priˈræfiǝlaɪt] s prerafaeliitti
2 Pre-Raphaelite adj prerafaeliittien, prerafaeliiteille ominainen
prerogative [prǝˈragǝtɪv] s etuoikeus, oikeus *did Mr. Nixon exercise the presidential prerogative to get rid of him?* käyttikö Mr. Nixon presidentin valtuuksia päästäkseen hänestä eroon?
Presb. *Presbyterian* presbyteeri, presbyteerinen
Presbyterian [ˌprezbǝˈtɪriǝn] s presbyteriaani, presbyteerisen kirkon jäsen adj presbyteerinen
prescribe [prɪˈskraɪb] v **1** määrätä **2** (lääkäristä) määrätä (lääkettä/hoitoa potilaalle)
prescription [prǝˈskrɪpʃǝn] s **1** määräys **2** lääkemääräys, resepti *to fill out a prescription* (farmaseutista) valmistaa lääke, täyttää lääkemääräys
prescription glasses s (mon) silmälasit
prescriptive [prǝˈskrɪptɪv] adj määräävä, määräilevä, kieltävä, (sanakirja, kielioppi) normatiivinen
prescriptive grammar s normatiivinen kielioppi
preseason [priˈsizǝn] adj varsinaista (peli)kautta edeltävä
presence [prezǝns] s **1** läsnäolo *in his presence* hänen läsnäollessaan, hänen seurassaan **2** olemus *she is a very*

powerful presence hänen olemuksensa on hyvin vaikuttava, hän on hyvin vaikuttava ilmestys **3** (näkymätön yliluonnollinen) olento *a presence from outer space* avaruusolento **4** (sotilaallinen, taloudellinen) voima, asema, vaikutus

presence of mind s mielenmaltti *although the whole house was burning, she had the presence of mind to turn off the gas range* hän säilytti malttinsa ja sammutti kaasuhellan vaikka koko talo oli jo liekeissä

present [prezənt] s **1** nykyhetki *at present, for the present* toistaiseksi, tällä haavaa, tässä vaiheessa tällä hetkellä, nyt **2** (kieliopissa) preesens **3** (mon, lak) tämä asiapaperi, nämä asiapaperit *know all men by these presents* täten ilmoitan/ilmoitamme **4** lahja adj **1** läsnäoleva *present company excepted* huomautukseni ei toki koske läsnäolijoita **2** tämänhetkinen, nykyinen *at the present moment* nyt, tällä hetkellä **3** jota on jossakin *dissatisfaction present in the crew is bound to surface at some point* miehistössä kytevä tyytymättömyys puhkeaa varmasti vielä esiin **4** (kieliopissa) preesens-

present [prɪ'zent] v **1** antaa jollekulle lahjaksi jotakin (with) **2** ojentaa, antaa, esittää *she presented numerous arguments in favor of the plan* hän esitti monta perustetta suunnitelman puolesta **3** tarjoutua *an interesting opportunity has presented itself* on tarjoutunut kiintoisa tilaisuus/mahdollisuus **4** esitellä jotakin, joku jollekulle

presentable [prɪ'zentəbəl] adj edustava, siisti, siivo, säädyllinen, pukeutunut

presentably adv edustavasti, siististi, siivosti, säädyllisesti

presentation [ˌprizən'teɪʃən] s **1** (lahjan) ojentaminen, (palkintojen) jako **2** lahja **3** esitys, näytäntö **4** esittäminen, esittely, esitys **5** esiintyminen **6** (lääk) tarjonta, sikiön asento synnytyksessä

present continuous s (kieliopissa) kestomuodon preesens (esim he is reading)

presentiment [prɪ'sentəmənt] s ennakkoaavistus, aavistus, tuntu

presently adv **1** pian, kohta, (aivan) heti **2** tällä hetkellä, nykyisin, nyt

present participle s (kieliopissa) partisiipin preeseens (esim hanging)

present perfect s (kieliopissa) perfekti (esim he has done)

present progressive s (kieliopissa) kestomuodon preesens (esim he is reading)

present value s (tal) nykyarvo

preservation [ˌprezər'veɪʃən] s **1** säilytys, suojelu, varjelu, säästäminen, kunnossapito **2** säilöntä, hilloaminen

preservative [prə'zərvətɪv] s säilöntäaine adj säilöntä-

preserve [prə'zərv] **1** hillo **2** luonnonsäästiö; rauhoitusalue v **1** säilyttää, suojella, varjella, säästää, pitää kunnossa **2** säilöä, hillota

pre-shrunk [ˈpriˌʃrʌŋk] adj (vaate) (pesemällä) kutistettu

preside [prə'zaɪd] v toimia puheenjohtajana, johtaa (esim kokousta)

presidency [prezɪdensi] s **1** presidentin virka; virassaolo, virkakausi **2** (yliopiston) rehtorin virka **3** (seuran yms) puheenjohtajuus

president [prezɪdənt] s **1** (politiikassa) presidentti **2** (yrityksessä) johtokunnan puheenjohtaja **3** (collegessa) rehtori

presidential adj presidentti-, presidentin-

presidential pimary [ˌprezɪ'denʃəl] s presidentin valitsijamiesten vaalit

presidio [prə'sidioʊ] s (mon presidios) (linnoitettu) varuskunta

presidium [prə'sidiəm] s (mon presidiums, presidia) (entisessä Neuvostoliitossa) puhemiehistö

1 press [pres] s **1** paine, painaminen, puristus **2** puristin(kone) **3** painokone **4** sanomalehtipaino, kirjapaino, painotalo **5** (sanoma)lehdistö *the press has arrived* lehdistö on/toimittajat ovat paikalla **6** joukkotiedotusvälineet **7** toimittajat **8** lehtikirjoittelu: *the event got good/bad press* tapahtumasta kirjoitettiin (lehdissä) myönteiseen/kielteiseen

press

sävyyn **9** (housujen ym) prässi, taite, laskos
2 press v **1** painaa, puristaa; rutistaa; tunkea, ahtaa *press this button to stop the tape* nauha pysähtyy tätä painiketta painamalla **2** painostaa, ahdistaa, kovistella, patistaa **3** silittää, prässätä **4** (painonnostossa) punnertaa
press agent s lehdistösihteeri
press charges v nostaa kanne/syyte
press conference s lehdistötilaisuus, lehdistökonferenssi
press corps ['pres‚cɔr] s (verbi yksikössä) (tiettyä aihepiiriä seuraavat) toimittajat, lehdistö *the White House press corps* Valkoisen talon (tapahtumia seuraavat) toimittajat
pressing adj pakottava, kiireinen, (tarve myös) kova
press release s lehdistötiedote
press to the wall fr panna joku koville/seinää vasten
pressure [preʃər] s **1** paine **2** (kuv) paine, paineet, painostus
pressure cabin s (lentokoneen) paineistettu ohjaamo/matkustamo
pressure group s painostusryhmä, eturyhmä
pressure point s **1** (ihon painoärsytyksille herkkä kohta) painopiste, painepiste **2** puristuskohta (jota painamalla verenvuoto voidaan tyrehdyttää) **3** (kuv) heikko kohta, akilleen kantapää
pressurize ['preʃə‚raɪz] v paineistaa
pressurized cabin s (lentokoneen) paineistettu ohjaamo/matkustamo
press your luck fr koetella onneaan, uhmata kohtaloaan, ottaa riski
prestige [pres'tiʒ] s arvovalta, vaikutusvalta, maine, prestiisi
prestigious [pres'tɪdʒəs] adj arvovaltainen, vaikutusvaltainen, maineikas, kuuluisa, tunnettu, hieno
presumable adj luultava, todennäköinen
presumably [prɪ'zuməbli] adv luultavasti, oletettavasti, todennäköisesti
presume [prɪ'zum] v **1** olettaa, otaksua **2** uskaltautua tekemään jotakin, rohjeta, kehdata *I wouldn't presume to call him Joe* en mitenkään julkeaisi sinutella häntä/sanoa häntä Joeksi
presumption [prɪ'zʌmpʃən] s **1** oletus, olettamus, otaksuminen **2** julkeus, röyhkeys, häpyttömyys
presumption of innocence v syytetyn olettaminen syyttömäksi (kunnes toisin todistetaan)
presuppose [‚prisə'pouz] v olettaa, otaksua; edellyttää, vaatia
presupposition [‚prisʌpə'zɪʃən] s oletus; edellytys
pretend [prɪ'tend] v teeskennellä jotakin, tekeytyä joksikin, (myös lapsista) leikkiä jotakin
pretended adj teennäinen, teeskennelty, olematon, kuviteltu, keksitty
pretend to v **1** väittää/teeskennellä olevansa/omaavansa jotakin **2** vaatia itselleen jotakin
pretense [prɪ'tens] s **1** teeskentely, teennäisyys **2** veruke **3** *under false pretenses* vilpillisesti
pretension [prɪ'tenʃən] s **1** teeskentely, teennäisyys, tärkeily **2** jonkin tavoittelu, vaatimus **3** (us mon) väite *her pretensions to greater wisdom were not taken seriously by anyone* kukaan ei ottanut todesta hänen väitettään että hän oli muita viisaampi
pretentious [prɪ'tenʃəs] adj tärkeilevä, mahtaileva, pröystäilevä, mahtipontinen, teeskentelevä, teennäinen
pretentiously adv ks pretentious
pretentiousness s tärkeily, mahtailu, pröystäily, mahtipontisuus, teeskentely, teennäisyys
pretext [pritekst] s veruke, tekosyy *under the pretext of* jollakin verukkeella, johonkin vedoten
prettily adv sievästi, nätisti, kauniisti, kiltisti
prettiness s sievä/nätti ulkonäkö, hyvät tavat
pretty [prɪti] adj **1** sievä, nätti, kaunis, kiltti *she's as pretty as a picture* hän on kuvankaunis **2** (summa) sievoinen *it cost me a pretty penny* sain pulittaa siitä pitkän pennin *that's a pretty state of affairs* se onkin melkoinen sotku adv

aika, melko *the movie was pretty good* elokuva oli aika hyvä *it was pretty much the same as before* kaikki/siellä oli kutakuinkin samanlaista kuin viimeksi *to be sitting pretty* jonkun kelpaa olla, jollakulla on hyvät oltavat, jollakulla on pullat hyvin uunissa

pretzel [pretsəl] s (suolainen) rinkeli, rinkilä

prevail [prɪˈveɪəl] v **1** vallita, hallita, olla vallitsevassa/hallitsevassa asemassa **2** kukistaa, voittaa, päästä

prevailing adj vallitseva, pääasiallinen, ensisijainen *the prevailing view on that matter is that..* yleinen käsitys siitä asiasta on että...

prevail on ks prevail upon

prevail over v kukistaa, voittaa, päästä niskan päälle

prevail upon v pyytää joltakulta jotakin, suostutella

prevalence [prevələns] s yleisyys, vallitsevuus, suosio

prevalent [prevələnt] adj yleinen, vallitseva, suosittu

prevaricate [prɪˈverəˌkeɪt] v esittää verukkeita, johtaa harhaan, vetkutella, valehdella

prevent [prɪˈvent] v estää, ehkäistä, välttää, torjua *the government took steps to prevent a crisis* hallitus ryhtyi toimiin kriisin estämiseksi

preventable [prɪˈventəbəl] adj joka voidaan estää/välttää/torjua

prevention [prɪˈvenʃən] s estäminen, ehkäisy, torjunta, välttäminen, varotoimenpide *an ounce of prevention is worth a pound of cure* parempi virsta väärää kuin vaaksa vaaraa *fire prevention* palontorjunta

preventive [prɪˈventɪv] s **1** ehkäisevä lääke **2** varotoimi adj ehkäisevä *preventive measures* varotoimet

1 preview [ˈpriːˌvjuː] s **1** (elokuvan ym) ennakkonäytös **2** (elokuvateatterin tulevaa ohjelmistoa esittelevä) mainosfilmi **3** (kuv) esimaku

2 preview v näyttää/katsoa etukäteen, järjestää ennakkonäytös

previous [priːviəs] adj **1** edellinen, edeltävä, aikaisempi, aiempi **2** (ark) ennenaikainen, hätiköity

previously adv aiemmin, aikaisemmin, ennen

previous to prep ennen jotakin

prevue [ˈpriːˌvjuː] ks preview

prewar [ˌpriːˈwɔːr] adj sotaa edeltävä, ennen sotaa tapahtunut

pre-washed [ˈpriːˌwɑʃt] adj (vaate) esipesty

prey [preɪ] s **1** saaliseläin, saalis **2** (petoksen, taudin ym) uhri, kohde

prey on v **1** (eläin) saalistaa jotakin, syödä jotakin **2** (ihminen) ryöstää, ryövätä, rosvota, saalistaa **3** käyttää hyväkseen **4** (kuv) piinata, vaivata, ahdistaa

1 price [praɪs] s **1** hinta (myös kuv) *at any price* mihin hintaan hyvänsä *he got her to marry him, but at a price* hän sai naisen suostumaan avioliittoon mutta joutui maksamaan siitä kalliisti *to be beyond/without price* olla suunnattoman/sanoinkuvaamattoman arvokas/kallis **2** palkkio *there's a price on the terrorist's head* terroristin kiinnisaajalle on luvattu palkkio

2 price v hinnoitella, määrätä jonkin hinta *these VCRs are attractively priced* nämä kuvanauhurit ovat (hinnaltaan) edullisia

price control s hintavalvonta

price cutting s hinnan alentaminen, alennus

price fixing s hintasäännöstely

price increase s hinnannousu

price index s hintaindeksi

priceless adj korvaamattoman arvokas, korvaamaton

price tag s **1** hintalappu **2** hinta (myös kuv) *those victories came at a high price tag* noista voitoista saatiin maksaa kova hinta

pricey [praɪsi] adj hinnakas, kallis

1 prick [prɪk] s **1** reikä, puhkaisu **2** pisto (myös kuv), nipistys **3** (sl) kulli, kyrpä **4** (sl) paskiainen **5** *to kick against the pricks* kapinoida turhaan, lyödä päätään seinään

prick

2 prick v **1** puhkaista **2** pistää (myös kuv), nipistää **3** höristää (korviaan) **4** kannustaa (myös kuv)
1 prickle [ˈprɪkəl] s **1** piikki **2** pisto
2 prickle v pistää, pistellä
prickly [ˈprɪkli] adj **1** piikikäs **2** pistelevä **3** (kuv) visainen (ongelma)
prick up your ears fr höristää korviaan (myös kuv)
pride [praɪd] s (myönteinen tai kielteinen) ylpeys *the Porsche is his pride* Porsche on hänen suuri ylpeytensä/ylpeilyn aiheensa
pride and joy s ylpeys, ylpeilyn aihe
pride on v ylpeillä jollakin, olla ylpeä jostakin, ylpistellä
priest [priːst] s (katolinen) pappi
priesthood [ˈpriːsthʊd] s **1** papin virka, pappeus **2** papit, pappiskunta, papisto
prim [prɪm] adj sievistelevä, jäykkä, virallinen
primarily [praɪˈmerəli] adv etupäässä, pääasiassa, lähinnä
primary [ˈpraɪˌmeri] s **1** (US) esivaalit **2** pääväri adj tärkein, olennaisin, keskeisin, pää-
primary caretaker s ensisijainen hoitaja
primary color s pääväri
primary election s (US) esivaalit
primary health care s perusterveydenhuolto
primary market s (tal) ensisijaismarkkinat
primary school s **1** (4–6 alinta koululuokkaa, Suomessa lähinnä) peruskoulu, peruskoulun ala-aste **2** (3–4 alinta koululuokkaa) alakoulu
primate [ˈpraɪˌmeɪt] s **1** (usk) priimas **2** kädellinen
1 prime [praɪm] s kukoistus *he is past his prime* hän on jo nähnyt parhaat päivänsä *he died in the prime of youth* hän kuoli nuoruutensa kukoistuksessa *in the prime of life* elämänsä terässä, parhaina päivinään
2 prime v **1** valmistaa, valmistautua **2** ladata (ase)
3 prime adj **1** tärkein, pää- **2** ensiluokkainen, paras

prime minister s pääministeri
prime mover s alullepanija, käynnistäjä, primus motor
primer [ˈpraɪmər] s **1** nalli **2** pohjamaali
primer [ˈprɪmər] s **1** aapinen **2** alkeisteos
prime rate s alhaisin liikepankin myöntämä korko, päiväluottokorko
prime time television s suosituin katseluaika
primeval [praɪˈmiːvəl] adj muinainen, ammoinen, ikivanha
primitive [ˈprɪmətɪv] adj alkeellinen, alkukantainen, kehittymätön, karkea, vanhanaikainen, primitiivinen
primitively adv ks primitive
primly adv sievistelevästi, jäykästi, virallisesti
primrose [ˈprɪmˌroʊz] s esikko *evening primrose* helokki adj vaalean keltainen
prince [prɪns] s prinssi
Prince Edward Island Prinssi Edwardin saari
princely adj ruhtinaallinen (myös kuv)
princess [ˈprɪnsəs] s prinsessa
principal [ˈprɪnsəpəl] s **1** rehtori **2** (tal) pääoma; velka(pääoma) adj tärkein, pääasiallinen, pää-
principality [ˌprɪnsəˈpæləti] s ruhtinaskunta
principally [ˈprɪnsəpli] adv pääasiassa, pääasiallisesti, etupäässä, lähinnä
principle [ˈprɪnsəpəl] s periaate *on principle* periaatteen vuoksi/tähden, periaatteesta *in principle* periaatteessa, alustavasti, teoriassa
principled adj (ihminen) periaatteen *high-principled* jolla on korkeat periaatteet/ihanteet *low-principled* periaatteeton, jolla ei (juuri) ole periaatteita
1 print [prɪnt] s **1** (painettu) teksti *read the small print before you sign* lue pieni präntti (ark) ennen kuin allekirjoitat **2** *to be in print* (kirjasta) olla saatavana *to be out of print* olla painos loppunut **3** (valokuvauksessa) paperikuva, vedos *contact print* pinnakkaisvedos **4** (elokuvan positiivinen) esityskopio **5** jälki, painallus *fingerprints* sormenjäljet
2 print v **1** painaa (esim kirja) **2** julkaista **3** painautua, painua (myös kuv) *that in-*

cident is indelibly printed in my memory tapahtuma on painunut pysyvästi mieleeni **4** tekstata **5** (valok) tehdä paperikuviksi, ottaa vedos, vedostaa

printable adj **1** painokelpoinen **2** julkaisukelpoinen

printed matter s painotuote

printer s **1** kirjanpainaja **2** (tietokoneen) tulostin, kirjoitin

printer's error s ladontavirhe

printhead ['prɪntˌhed] s (tietokonetulostimen) tulostuspää, kirjoituspää

printing s **1** (kirjan yms) painaminen, painotyö **2** painos **3** tekstaus

printing ink s painomuste

printing paper s valokuvauspaperi, valokuvapaperi

printing press s painokone

print journalism s (sanoma- ja aikakaus)lehtityö

printout ['prɪntˌaʊt] s (tietokonekirjoittimen) (paperi)tuloste, printti

printwheel ['prɪntˌwiəl] s (kiekkokirjoittimen) kiekko, kirjoituspää

prior [praɪər] adj aikaisempi *without prior knowledge* asiasta etukäteen mitään tietämättä

priority [praɪˈɒrəti] s **1** etusija *to give priority to* antaa jollekin etusija **2** tärkeä asia *it was my first priority to get out of the burning house* ensimmäiseksi halusin päästä ulos palavasta talosta *you've got your priorities all wrong* sinulla on arvot aivan väärässä järjestyksessä

prior to prep ennen jotakin

prism [prɪzəm] s prisma, särmiö

prismatic [prɪzˈmætɪk] adj prismaattinen, särmiö-

prism finder s (valokuvauskoneen) prismaetsin

prison [prɪzən] s vankila *the judge sent him to prison for five years* tuomari langetti hänelle viiden vuoden vankeusrangaistuksen

prisoner s vanki (myös kuv)

pristine [prɪstin] adj koskematon, neitseellinen, virheetön, moitteeton

privacy [praɪvəsi] s oma rauha, yksityisasiat *in the privacy of your home* omassa kodissa, kodin rauhassa, perhepiirissä

private [praɪvət] s **1** (sot) alokas; sotamies; korpraali **2** (mon) sukupuolielimet **3** *could I talk to you in private?* voisimmeko jutella kahden kesken? adj **1** yksityinen, henkilökohtainen, oma, luottamuksellinen *do you have a private office?* onko sinulla oma työhuone? *private citizen* yksityishenkilö *private correspondence* henkilökohtainen posti **2** eristäytyvä, syrjään vetäytyvä, sulkeutunut; syrjäinen

private detective s yksityisetsivä

private enterprise s yksityisyrittäjyys

private eye [ˌpraɪvətˈaɪ] s yksityisetsivä

private investigator s yksityisetsivä

privately adv yksityisesti, henkilökohtaisesti, kahden kesken tms

private parts s (mon) sukupuolielimet

private placement s (tal) suunnattu anti

private practice s yksityisvastaanotto

private school s yksityiskoulu

private secretary s oma sihteeri, yksityissihteeri

privation [praɪˈveɪʃən] s puute, pula, köyhyys *the privations of college life* opiskelijaelämän vaikeudet/vastoinkäymiset

privatize ['praɪvəˌtaɪz] v siirtää yksityisomistukseen, yksityistää

1 privilege [prɪvlɪdʒ] s erioikeus, erivapaus, etuoikeus

2 privilege v myöntää jollekulle erioikeus/erivapaus/etuoikeus *to privilege someone from something* vapauttaa joku jostakin

privileged adj etuoikeutettu

1 prize [praɪz] s palkkio, palkinto

2 prize v pitää suuressa arvossa, arvostaa suuresti/paljon

3 prize adj **1** palkittu, palkinnon voittanut **2** palkinto-

prized adj arvostettu; haluttu *much prized* suuresti arvostettu; kovasti haluttu

prizefight ['praɪzˌfaɪt] s ammattinyrkkeilyottelu

prizefighter s ammattinyrkkeilijä

prizewinner ['praɪzˌwɪnər] s palkinnonsaaja, palkittu henkilö/tuote yms, voittaja

pro [proʊ] s **1** (ark) ammattilainen *the pros* urheilun ammattilaisliiga(t) **2** (jaa-äänen antaja) kannattaja *the pros have it* jaa-äänet voittavat adj ammattilais- adv (äänestyksessä ym) jotakin kannattava
probability [ˌprabə'bɪləti] s todennäköisyys *in all probability* kaiken todennäköisyyden mukaan *yes, it is a probability* aivan, se on mahdollista/todennäköistä
probable [prabəbəl] adj todennäköinen
probably [prabəbli] adv todennäköisesti
probation [proʊ'beɪʃən] s **1** (lak) ehdonalainen vapaus **2** (uudessa työssä) koeaika
1 probe [proʊb] s **1** luotain **2** (esim rötöksen) tutkimus, selvitys
2 probe v **1** luodata, tutkia luotaimella **2** tutkia, selvittää, tutkistella, luodata (kuv)
probing [proʊbɪŋ] s tutkimus, luotaus (myös kuv) adj tutkiva, tunnusteleva, utelias
problem [prabləm] s **1** ongelma, pulma, vaikeus, hankaluus *I think you have an attitude problem* minun mielestäni sinulla on väärä asenne **2** (koulu)tehtävä
problematic [ˌprablə'mætɪk] adj ongelmallinen, pulmallinen
problematical adj ongelmallinen, pulmallinen
pro bono [ˌproʊ'boʊnoʊ] adv (juristin) ilmaiseksi hoitama (juttu)
procedure [prə'sidʒər] s menettely, menettelytapa
proceed [prə'sid] v **1** edetä, kulkea, liikkua **2** jatkaa *do proceed* ole hyvä ja jatka *he is not proceeding at all* hän(en työnsä) ei etene lainkaan **3** menetellä, toimia
proceedings [prə'sidɪŋz] s mon **1** tapahtumat **2** pöytäkirja; toimintakertomus **3** (lak) oikeudenkäynti **4** (lak) kanne *to take/institute proceedings against someone* nostaa kanne jotakuta vastaan
proceeds [proʊsidz] s (kerätyt) varat, tulot

1 process [prases] s **1** tapahtuma, tapahtumasarja, menetelmä, prosessi **2** (lak) oikeudenkäynti, prosessi
2 process v **1** käsitellä, hoitaa, valmistaa *your application will be processed in three weeks* hakemuksenne käsitellään kolmessa viikossa **2** jalostaa (maataloustuote) **3** nostaa kanne jotakuta vastaan **4** (valok) kehittää (filmi)
processed cheese s (valmiiksi viipaloitu) sulatejuusto
procession [prə'seʃən] s kulkue
proclaim [prə'kleɪm] v **1** julistaa, julistautua **2** mainostaa, toitottaa
proclamation [ˌpraklə'meɪʃən] s julistus
proclivity [prə'klɪvəti] s alttius, taipumus, heikkous
procrastinate [prə'kræstəˌneɪt] v viivytellä, jahkailla, empiä, vitkastella, lykätä myöhemmäksi
procrastinator s jahkailija, vitkastelija
procreate ['proʊkriˌeɪt] v **1** lisääntyä, siittää, synnyttää **2** tuottaa, luoda, synnyttää (kuv)
procreation [ˌproʊkri'eɪʃən] s lisääntyminen
procreative ['proʊkriˌeɪtɪv] adj lisääntymis- *the procreative act* yhdyntä, parittelu
procure [prə'kjʊər] v **1** hankkia, saada **2** hankkia prostituoitu; välittää prostituoituja, toimia parittajana
1 prod [prad] s **1** tönäisy, tökkäisy, kannustus **2** (kuv) kannustus, yllyke
2 prod v **1** tönäistä, tökkäistä; kannustaa **2** (kuv) kannustaa, yllyttää, innostaa
prodigal [pradɪgəl] adj tuhlaavainen, tuhlaileva
prodigal son s (Raamatusta) tuhlaajapoika
prodigious [prə'dɪdʒəs] adj **1** valtava, suunnaton **2** hämmästyttävä, ihmeellinen, loistava, erinomainen
prodigiously adv ks prodigious
prodigy [pradɪdʒi] s **1** ihmelapsi **2** ihme
produce [pradus] s maataloustuotteet, (erityisesti) hedelmät ja vihannekset
produce [prə'dus] v **1** tuottaa, valmistaa, tehdä *the factory produces passenger*

cars tehtaassa valmistetaan henkilöautoja *who produced the movie?* kuka oli filmin tuottaja? **2** esittää *he produced his driver's licence when the police officer asked for it* hän näytti ajokorttiaan kun poliisi pyysi
producer s tuottaja, valmistaja
product [pradʌkt] s **1** tuote *we won't be shipping product until the first of the month* emme toimita tavaraa ennen kuun ensimmäistä päivää **2** hengentuote *that was a product of his imagination* se oli hänen mielikuvituksensa tuotetta *you're a product of the sixties* sinä olet 60-luvun lapsi **3** (mat) tulo
production [prəˈdʌkʃən] s **1** tuotanto, valmistus **2** (ark, kuv) iso numero: *to make a big production out of something* nostaa kova häly jostakin
productive [prəˈdʌktɪv] adj tuottava, tuottoisa, kannattava, (ihminen) tuottelias *this meeting was not very productive* tämä kokous ei ollut järin antoisa
productivity [ˌpradəkˈtɪvəti] s tuottavuus, tuottoisuus, kannattavuus, (ihmisen) tuotteliaisuus
Prof. *professor* professori
profane [prəˈfeɪn] adj **1** maallinen, pakanallinen, epäpyhä **2** (Jumalaa) pilkkaava, herjaava, epäkunnioittava *profane language* kiroilu
profanity [prəˈfænəti] s **1** kunnioituksen puute, pilkkaavuus, pilkka **2** kiroilu; kirosana
profess [prəˈfes] v **1** (uskosta) tunnustaa, tunnustautua **2** väittää; myöntää *she professed to a certain reluctance to go there* hän myönsi olevansa hieman haluton menemään sinne *he professes ignorance* hän väittää ettei hän tiedä asiasta mitään, (myös:) hän teeskentelee viatonta
profession [prəˈfeʃən] s **1** ammatti *he is in the legal profession* hän on lakimies **2** julistus *his profession of love for her* hänen rakkaudenjulistuksensa naista kohtaan **3** uskontunnustus **4** luostarilupaus
professional [prəˈfeʃənəl] s ammattilainen adj ammattimainen, ammatillinen, ammatti-, asiantunteva, pätevä, osaava *professional pride* ammatti-ihmisen ylpeys *you did a professional job* teit pätevää/asiantuntevaa työtä
professional ethics s ammattietiikka
professionalism [prəˈfeʃənəˌlɪzəm] s ammatimaisuus
professionally adv ammatillisesti, ammattimaisesti, asiantuntevasti, pätevästi, osaavasti
professor [prəˈfesər] s professori *associate professor* apulaisprofessori *assistant professor* lehtori, apulaisprofessori
professorial [ˌprafəˈsɔriəl] adj **1** professorin **2** professorimainen
professorship [prəˈfesərˌʃɪp] s professuuri
proffer [prafər] v tarjota (juotavaa yms); esittää (anteeksipyyntö, kiitos)
proficiency [prəˈfɪʃənsi] s pätevyys, osaaminen, taito *his proficiency in Portuguese is limited* hänen portugalin taitonsa on heikohko
proficient [prəˈfɪʃənt] adj pätevä, osaava, taitava
proficiently adv pätevästi, osaavasti, taitavasti
1 profile [ˈproʊˌfaɪəl] s profiili, sivukuva, ääriviivat, poikkileikkaus, kuvaus, hahmotelma *to keep a low profile* pitää matalaa profiilia, pysytellä piilossa/taka-alalla
2 profile v kuvata (sivulta), kuvailla, luonnehtia
1 profit [prafət] s **1** (tal) voitto **2** hyöty, etu
2 profit v hyödyttää, olla jollekulle/jollekin hyödyksi
profitability [ˌprafətəˈbɪləti] s **1** kannattavuus, tuottoisuus, tuotto **2** hyödyllisyys, edullisuus, otollisuus
profitable [prafətəbəl] adj **1** kannattava, tuottoisa **2** hyödyllinen, edullinen, otollinen, suotuisa
profitably adv ks profitable
profit from v **1** jollekulle on hyötyä jostakin **2** käyttää hyväkseen jotakin
profound [prəˈfaʊnd] adj syvä, syvällinen, syvämietteinen, (suru) voimakas
profoundly adv syvästi, erittäin, täysin

profundity [prəˈfʌndəti] s **1** syvällisyys, syvämietteisyys **2** syvällinen huomautus/toteamus **3** syvänne
profuse [prəˈfjuːs] adj runsas, ylenpalttinen, ylitsevuotava, tuhlaileva
profusely adv ks profuse
profusion [prəˈfjuːʒən] s **1** runsaus, ylenpalttisuus, yltäkylläisyys **2** tuhlaavaisuus, tuhlaus
prognosis [ˌpragˈnəʊsɪs] s (mon prognoses) ennuste
prognosticate [pragˈnɒstɪˌkeɪt] v ennustaa; enteillä
1 program [ˈprəʊˌgræm] s (US) ohjelma (eri merkityksissä), (radiossa, televisiossa myös) lähetys
2 program v (US) ohjelmoida
programmable [ˌprəʊˈgræməbəl] adj ohjelmoitava *programmable remote* ohjelmoitava/oppiva kauko-ohjain
programme s (UK) ks program
programmer s (tietokone)ohjelmoija
programming s **1** ohjelmointi **2** (radion, television) ohjelmat; lähetysajat; ohjelmien ja lähetysaikojen valinta
programming language s (tietokoneiden) ohjelmointikieli
program music s ohjelmamusiikki
progress [ˈprɑːgrəs] s **1** edistys *don't stand in the way of progress* älä ole edistyksen esteenä **2** eteneminen, kulku **3** edistyminen, eteneminen *we are not making progress* työmme ei edisty **4** *to be in progress* olla käynnissä/meneillään
progress [prəˈgres] v edetä, mennä/kulkea eteenpäin, edistyä, kehittyä *the work is progressing slowly* työ etenee/edistyy hitaasti *she is progressing* hänen työnsä on paranemaan päin; hän on paranemaan päin
progression [prəˈgreʃən] s **1** eteneminen, kulku **2** edistyminen, eteneminen, kehittyminen **3** (asteittainen) siirtyminen, kehittyminen, sarja (myös mat)
progressive [prəˈgresɪv] s edistyksellinen ihminen adj **1** kasvava, lisääntyvä, yltyvä, voimistuva, laajeneva **2** edistyksellinen

progressively adv yhä enemmän, kasvavassa määrin *the situation is getting progressively worse* tilanne pahenee koko ajan
prohibit [prəˈhɪbət] v kieltää
prohibition [ˌprəʊəˈbɪʃən] s **1** kielto **2** *Prohibition* kieltolaki (Yhdysvalloissa 1920-1933)
prohibitionist [ˌprəʊəˈbɪʃənɪst] s kieltolain kannattaja
prohibitive [prəˈhɪbətɪv] adj **1** kieltävä, kielto- **2** (hinta yms) pilviä hipova, kohtuuton
project [ˈprɑdʒekt] s hanke, suunnitelma, yritys, projekti
project [prəˈdʒekt] v **1** suunnitella, aikoa **2** ulottua/ulottaa jonkin ylle/päälle **3** heijastaa (kuva), projisoida **4** projisoida, piirtää/suorittaa projektio **5** laukaista, ampua
projectile [prəˈdʒekˌtaɪəl] s ammus, luoti
projection [prəˈdʒekʃən] s **1** ulkonema, kieleke **2** (kuvan) heijastus, projisointi **3** (geom, psyk) projektio
projection television s projektoritelevisio, televisioprojektori
projector s projektori
projects s (mon) *to live in the projects* asua julkisin varoin rakennetussa vuokrakasarmissa (suurkaupungin slummissa)
proletarian [ˌprəʊləˈteriən] s proletaari adj proletaarinen, köyhälistön, työväenluokan
proletariat [ˌprəʊləˈteriət] s köyhälistö, työväenluokka, proletariaatti
proliferate [prəˈlɪfəˌreɪt] v lisääntyä, yleistyä, levitä nopeasti; rehottaa (myös kuv)
proliferation [prəˌlɪfəˈreɪʃən] s nopea lisääntyminen, yleistyminen, leviäminen, yleisyys
prolific [prəˈlɪfɪk] adj **1** hedelmällinen **2** tuottelias
prolog [ˈprəʊlag] ks prologue
1 prologue [ˈprəʊlag] s **1** prologi, esinäytös **2** (kuv) alkusoitto
2 prologue v aloittaa/alkaa jollakin

prolong [prəˈlaŋ] v pitkittää, jatkaa, pidentää
prolongation [ˌproʊlaŋˈgeɪʃən] s pidennys, jatkaminen, jatkoaika, jatke
prom [pram] s päättäjäistanssit (esim lukiossa)
PROM *programmable read-only memory* ohjelmoitava lukumuisti
1 promenade [ˌpraməˈneɪd] s 1 (huvi)kävely 2 kävelytie, kävelykatu
2 promenade v 1 käydä kävelyllä, viedä kävelylle 2 esitellä, marssittaa kaikkien/jonkun editse
prominence [pramənəns] s 1 ulkonevuus 2 ulkonema 3 silmiinpistävyys 4 (auringon) protuberanssi
prominent [pramənənt] adj 1 ulkoneva, eteen työntyvä, esiin pistävä *she has a very prominent nose* hänellä on hyvin ulkoneva nenä 2 näkyvä, huomiota herättävä, silmiinpistävä 3 johtava, tärkeä, merkittävä, vaikutusvaltainen 4 tunnettu, kuuluisa
prominently adv ks prominent
promiscuity [ˌpraməsˈkjʊəti] s siveettömyys, säädyttömyys, riettaus
promiscuous [prəˈmɪskjʊəs] adj siveetön, säädytön, epäsiveellinen, rietas
promiscuously adv siveettömästi, säädyttömästi, epäsiveellisesti, riettaasti
promiscuousness s siveettömyys, säädyttömyys, riettaus
1 promise [praməs] s lupaus (myös kuv:) toivo *can you keep your promise?* pystytkö pitämään lupauksesi/sanasi? *she shows promise as a pianist* hän vaikuttaa lupaavalta pianistilta
2 promise v luvata
promise the moon to fr luvata jollekulle maat ja taivaat
promising adj lupaava
promisingly adv lupaavasti *the concert began promisingly* konsertti alkoi lupaavasti
promissory note [ˈpraməˌsɔriˌnoʊt] s vekseli
promontory [ˈpramənˌtɔri] s niemeke
promote [prəˈmoʊt] v 1 edistää, edesauttaa, auttaa 2 ylentää 3 siirtää seuraavalle luokalle 4 mainostaa (tuotetta)

promoter s (konsertin, kilpailun) sponsori, tukija; järjestäjä
promotion [prəˈmoʊʃən] s 1 (virka- tai muu) ylennys 2 mainoskampanja; mainos
1 prompt [prampt] s 1 (teatterissa) kuiskaus 2 kannustus, yllyke, kehotus; muistutus 3 (tietok) kehote, heräte
2 prompt v 1 kannustaa, kehottaa, yllyttää, patistaa 2 saada aikaan 3 (tunteita, muistoja) herättää 4 (teatterissa) kuiskata (vuorosanoja)
3 prompt adj nopea *I will be looking forward to your prompt reply* (kirjeessä) jään odottamaan pikaista vastaustanne
prompter s (teatterissa) kuiskaaja
promptly adv nopeasti
promptness s nopeus, pikaisuus
pronation [proʊˈneɪʃən] s (raajan) sisäänkierto
prone [proʊn] adj joka on päinmakuulla
prone to adj jolla on taipumusta johonkin, joka on altis jollekin
1 prong [praŋ] s (haarukan, hangon ym) piikki; koukku
2 prong v pistää; puhkaista
pronghorn [praŋhɔrn] s hanka-antilooppi
pronoun [ˈproʊˌnaʊn] s pronomini
pronounce [ˌproˈnaʊns] v 1 ääntää *the 'e' in 'house' is not pronounced* kirjain 'e' sanassa 'house' ei äänny 2 julistaa, ilmoittaa *I pronounce you man and wife* julistan teidät vihityiksi
pronounced adj selvä, ilmeinen, näkyvä, voimakas
pronto [prantoʊ] adv (ark) nopeasti, äkkiä, kiireesti
pronunciation [prəˌnʌnsiˈeɪʃən] s ääntämys, ääntäminen; ääntämisohje
proof [pruf] s 1 todiste 2 *to put something to proof* panna jokin koetteille *the proof is in the pudding* luulo ei ole tiedon väärti 3 alkoholipitoisuus *100 proof* alkoholipitoisuus (yleensä) 50 % 4 (kirjapainossa) (korjaus-, oikaisu)vedos 5 (valok) vedos
-proof adj (yhdyssanan jälkiosana) -kestävä *bearproof* karhunkestävä *bulletproof* luodinkestävä *waterproof* veden-

proof-of-purchase

pitävä, vesitiivis *100 proof whisky* 50-prosenttista viskiä
proof-of-purchase s ostotodistus (jolla tuotteen voi vaihtaa, palauttaa tms)
proofread ['pruːfˌriːd] v oikaisulukea, tehdä korjausluku, korjata vedokset tms
proofreader s oikaisulukija, korjauslukija
1 prop [prɒp] s **1** tuki (myös kuv) **2** potkuri **3** (teatterissa) lavasteet
2 prop v **1** tukea, pitää pystyssä **2** laskea nojaamaan jotakin vasten *she propped her bike against the wall* hän pani pyöränsä seinää vasten
propaganda [ˌprɒpəˈɡændə] s propaganda
propagandist s propagandan tekijä/levittäjä, propagandisti adj propaganda-
propagandize [ˌprɒpəˈɡænˌdaɪz] v levittää (propagandaa jonnekin)
propagate ['prɒpəˌɡeɪt] v **1** lisääntyä, jatkaa sukua **2** (ääni, ajatus) levitä, levittää
propagation [ˌprɒpəˈɡeɪʃən] s **1** lisääntyminen, suvunjatkaminen **2** leviäminen, levitys
propane [ˈproʊpeɪn] s propaani
propel [prəˈpel] v **1** liikuttaa, kuljettaa **2** (kuv) kannustaa, innostaa
propellant [prəˈpelənt] s **1** polttoaine **2** (sumuttimessa) ponnekaasu
propeller [prəˈpelər] s potkuri
propensity [prəˈpensəti] s taipumus, alttius
proper [ˈprɒpər] adj **1** oikea, sopiva, asiallinen, asianmukainen *you are not wearing proper clothes* et ole pukeutunut tilanteen vaatimalla tavalla **2** varsinainen, todellinen *linguistics proper* varsinainen kielitiede **3** siivo, asiallinen, kunnollinen; sievistelevä **4** ominainen jollekin (to)
properly adv **1** oikeastaan, todellisuudessa, varsinaisesti **2** sopivasti, asiallisesti, siististi **3** oikeutetusti
proper noun s erisnimi
property [ˈprɒpərti] s **1** omaisuus **2** omistus, omistaminen **3** maapalsta, tontti **4** kiinteistö **5** ominaisuus **6** (teatterissa, elokuvastudiossa) lavaste **7** (elokuva-alalla) käsikirjoitus, näyttelijä tms (kaupalliselta kannalta)
property tax s omaisuusvero; kiinteistövero
propfan [ˈprɒpˌfæn] s puhallinpotkuri
prophecy [ˈprɒfəsi] s ennustus, profetia
prophesy [ˈprɒfəˌsaɪ] v ennustaa, profetoida
prophet [ˈprɒfət] s profeetta (myös kuv) ennustaja, uranuurtaja, lipunkantaja, puhemies; opettaja, johtaja
prophylactic [ˌproʊfəˈlæktɪk] s **1** (lääk) ehkäisevä/torjuva lääke/toimenpide **2** kondomi
prophylaxis [ˌproʊfəˈlæksɪs] s (lääk) ehkäisy, torjunta
propinquity [prəˈpɪŋkwɪti] s läheisyys (tilassa, ajassa ja kuv)
propitiate [prəˈpɪʃiˌeɪt] v lepyttää, tyynnyttää
propjet [ˈprɒpˌdʒet] s potkuriturbiinikone
proponent [prəˈpoʊnənt] s **1** ehdottaja, esittäjä **2** (ehdotuksen) kannattaja
1 proportion [prəˈpɔːrʃən] s **1** suhde *to be in/out of proportion* olla oikeassa/väärässä suhteessa; olla kohtuullinen/kohtuuton *in proportion to* suhteessa johonkin, jonkin mukaisesti **2** osuus, osa *a good proportion of the students study physics* suuri osa oppilaista lukee fysiikkaa **3** (mon) mitat, mittasuhteet
2 proportion v suhteuttaa, mitoittaa *she has a well-proportioned body* hänellä on sopusuhtainen/hyvännäköinen vartalo
proportional adj suhteellinen *proportional to* suhteessa johonkin (to)
proportionally adv suhteellisesti
proportionate [prəˈpɔːrʃənət] adj suhteellinen
proportionately adv suhteellisesti
proposal [prəˈpoʊzəl] s **1** ehdotus, esitys, tarjous **2** kosinta
propose [prəˈpoʊz] v **1** ehdottaa, esittää, suositella **2** kosia
1 proposition [ˌprɒpəˈzɪʃən] s **1** ehdotus, esitys, tarjous **2** asia, kysymys **3** (logiikassa) propositio **4** siveetön ehdotus
2 proposition v **1** ehdottaa, esittää **2** tehdä siveetön ehdotus

proprietary [prəˈpraɪəˌteri] adj **1** omistava, omistus-, omistushaluinen **2** patentoitu, oma *the computer uses two proprietary chips* tietokoneessa käytetään kahta valmistajan itsemää kehittämää sirua

proprietor [prəˈpraɪətər] s omistaja

propriety [prəˈpraɪəti] s **1** säntillisyys, moitteettomuus, hyvät tavat, hyvien tapojen noudattaminen **2** oikeudenmukaisuus

propulsion [prəˈpəlʃən] s liikevoima *the submarine moves under its own propulsion* sukellusvene liikkuu/kulkee omalla voimallaan

pro rata [ˌproʊˈreɪtə] adv suhteellisesti

prosaic [proˈzeɪɪk] adj **1** arkinen, tavallinen, proosallinen; mielikuvitukseton, tylsä, mitäänsanomaton **2** proosa-

prosaically adv arkisesti, tavallisesti; mielikuvituksettomasti, mitäänsanomattomasti

prosaist [proʊˈzeɪɪst] s prosaisti, proosakirjailija

proscribe [proʊˈskraɪb] v **1** karkottaa, julistaa lainsuojattomaksi **2** kieltää; tuomita

proscription [proʊˈskrɪpʃən] s kieltäminen, kielto, tuomitseminen

prose [proʊz] s proosa

prosecute [ˈprasəˌkjut] v (lak) asettaa syytteeseen, syyttää (oikeudessa), toimia syyttäjänä (oikeudessa)

prosecuting attorney s (lak) yleinen syyttäjä

prosecution [ˌprasəˈkjuʃən] s **1** (lak) syyte, syyttäminen **2** (lak) syyttäjäpuoli

prosecutor [ˈprasəˌkjutər] s (lak) yleinen syyttäjä

proselytize [ˈprasələˌtaɪz] v (yrittää) käännyttää

1 prospect [praspekt] s **1** (us mon) mahdollisuudet, (tulevaisuuden) näkymät **2** mahdollinen asiakas, ehdokas **3** näkymä, näköala

2 prospect v etsiä/kaivaa/huuhtoa kultaa tms

prospective [prəˈspektɪv] adj **1** tuleva **2** mahdollinen, odotettavissa oleva *prospective buyer* mahdollinen/kiinnostunut ostaja

protectively

prospector [praspektər] s kullan- tms kaivaja, kullanhuuhtoja

prospectus [prəˈspektəs] s (mon prospectuses) **1** esite **2** luotto(tieto)esite

prosper [praspər] v menestyä, voida hyvin, kukoistaa, vaurastua

prosperity [prasˈperəti] s vauraus, hyvinvointi, rikkaus

prosperous [praspərəs] adj vauras, hyvinvoiva, kukoistava, menestyvä

prostate gland [prasteɪt] s eturauhanen

prosthesis [prasˈθisɪs] s (mon prostheses) proteesi

prosthetic [prəsˈθetɪk] adj proteettinen, proteesi-, teko-

1 prostitute [ˈprastɪˌtut] s prostituoitu

2 prostitute v **1** prostituoida, saattaa/ruveta prostituoiduksi, myydä, myydä itseään **2** (kuv) myydä *he prostituted his talent by writing dime novels* hän pani lahjansa hukkaan kirjoittamalla roskaromaaneita

prostitution [ˌprastɪˈtuʃən] s prostituutio, itsensä myyminen, myyminen (myös kuv)

prostrate [prastreɪt] v **1** käydä päinmakuulle **2** heittäytyä/kumartua nöyrästi maahan **3** musertaa, uuvuttaa, väsyttää loppuun adj **1** joka on päinmakuulla **2** nöyrästi kumartunut, jonkun jalkojen ääreen kumartunut **3** (kuv) murtunut, lyöty

Prot. *Protestant* protestantti, protestanttinen

protagonist [prəˈtægənɪst] s (romaanin yms) päähenkilö

protect [prəˈtekt] v suojella, suojautua, varjella, turvata

protection [prəˈtekʃən] s suoja, suojelu, suojelus, varjelu, turva

protectionism s (tal) protektionismi

protectionist s, adj (tal) protektionisti(nen)

protective adj suojeleva, suojaava, suojelus-, suoja- *her parents are overly protective of her* hänen vanhempansa huolehtivat hänestä liikaa

protectively adv suojelevasti *the tent was protectively disguised* teltta oli naamioitu (jottei se näkynyt)

protector s suojelija, puolustaja
protectorate [prə'tektərət] s suojelualue, protektoraatti
protégé ['prəutəˌʒeɪ] s suojatti
protégée ['prəutəˌʒeɪ] s (naispuolinen) suojatti
protein [prəutin] s valkuainen, valkuaisaine, proteiini
protest [prəutest] s vastalause, protesti
protest [prə'test] v **1** vastustaa, esittää vastalause, panna vastaan, protestoida **2** väittää, vakuuttaa *she keeps protesting her innocence* hän vakuuttaa yhä olevansa syytön
Protestant [pratəstənt] s protestantti adj protestanttinen
Protestantism ['pratəstənˌtɪzəm] s protestanttisuus, protestantismi
protestation [ˌprəutəs'teɪʃən] s **1** vakuuttelu, vakuutus, väite **2** vastalause, protesti
protester s vastustaja, vastalauseen esittäjä
protists [prəutɪsts] s (mon) alkueliökunta
protocol ['prəutəˌkaəl] s **1** protokolla, diplomaattinen etiketti **2** pöytäkirja **3** (tietok) käytäntö
proton [prəutan] s protoni
prototype ['prəutəˌtaɪp] s **1** malli, prototyyppi **2** täydellinen/tyypillinen esimerkki jostakin, jonkin malliesimerkki
prototypical [ˌprəutə'tɪpɪkəl] adj esimerkillinen, tyypillinen
protozoan [ˌprəutə'zoən] s (mon protozoans, protozoa) alkueläin adj alkueläinten, alkueläin-
protract [prə'trækt] v **1** pitkittää, venyttää **2** kurottaa, ojentaa
protraction [prə'trækʃən] s pitkittyminen, pitkittäminen
protractor s astelevy
protrude [prə'trud] v pistää esiin, työntyä/työntää esiin, pullistua, pullistaa
protrusion [prə'truʒən] s pullistuma, uloke, kieleke
protuberance [prə'tubərəns] s **1** esiin työntyminen, pullistuminen **2** pullistuma, kohouma, uloke
proud [praʊd] adj (myönteisesti tai kielteisesti) ylpeä

proudly adv ylpeästi
prov. *proverb* sananlasku
Prov. *Proverbs* (Vanhan testamentin) Sananlaskut
prove [pruv] v proved, proved/proven: todistaa, osoittaa, osoittautua; osoittaa todeksi
proverb ['praˌvɜrb] s sananlasku
proverbial [prə'vɜrbiəl] adj **1** sananlaskumainen, sananlasku- **2** kuuluisa, maankuulu
provide [prə'vaɪd] v **1** hankkia, antaa käyttöön, varustaa, tarjota, antaa *I'll provide the beer and you bring the chips* minä tuon oluen ja sinä perunalastut *the trees provide at least some shade* puut tarjoavat edes jonkinlaisen varjon **2** pitää huoli jostakusta, huolehtia, elättää **3** sopia, määrätä, vaatia (sopimuksessa tms), sisältyä (sopimukseen tms)
provide against v varautua johonkin
provided that konj edellyttäen että, siinä tapauksessa että, mikäli, jos
provide for v **1** elättää joku, pitää huoli jostakusta **2** varautua johonkin **3** (laki, sopimus) sisältää, määrätä *the new law provides stiff penalties for smoking on flights of less than six hours' duration* uusi laki määrää ankaran rangaistuksen tupakoinnista alle kuuden tunnin pituisilla lennoilla
providence [pravədəns] s (myös *Providence*) kaitselmus
providential [ˌpravə'denʃəl] adj onnellinen, onnekas, otollinen
providentially adv onnellisesti
provider s elättäjä
providing that konj edellyttäen että, siinä tapauksessa että, mikäli, jos
province [pravɪns] s **1** maakunta (Kanadassa) provinssi **2** (mon) maaseutu
provincial [prə'vɪnʃəl] adj **1** maakunta- **2** maaseutu-, maalais-, pikkukaupungin
provincialism [prə'vɪnʃəˌlɪzəm] s **1** maalaismaisuus, nurkkakuntalaisuus, rajoittuneisuus, tietämättömyys **2** (kielessä) murteellisuus **3** maakuntahenkisyys
1 provision [prə'vɪʒən] s **1** varustaminen, varustautuminen, huolto, muonitus,

psychoactive

huolehtiminen, huolenpito **2** varasto, (mon) muona, eväät **3** varaus, ehto, sopimus

2 provision v varustaa, muonittaa, huoltaa

provisional adj väliaikainen, väliaikais- *the provisional wing of the IRA* IRA:n (Irlannin tasavaltalaisarmeijan) väliaikaissiipi

provisionally adv väliaikaisesti, toistaiseksi

proviso [prə'vaɪˌzoʊ] s (mon provisos, provisoes) (sopimuksen tms) varaus, ehto, ehtolauseke

provisory [prə'vaɪzəri] adj **1** ehto-, varaus- **2** väliaikainen

provocation [ˌprɑvə'keɪʃən] s yllytys, kiihotus, provokaatio

provocative [prə'vɑkətɪv] adj yllyttävä, kiihottava, (tahallaan) ärsyttävä, provosoiva

provocatively adv yllyttäen, yllyttävästi, kiihottaen, (tahallaan) ärsyttäen, provosoiden

provoke [prə'voʊk] v yllyttää, usuttaa, kiihottaa, (sääliä) herättää, kannustaa, haastaa (riitaa), ajaa (riitaan), (tahallaan) ärsyttää, provosoida

prow [praʊ] s (laivan, veneen) keula, (lentokoneen) nokka

1 prowl [praʊəl] s etsintä *to be on the prowl* koluta, etsiä jotakuta/jotakin

2 prowl v koluta (löytääkseen jotakin), etsiä

prowl car s poliisiauto

proximity [prɑk'sɪməti] s läheisyys

proxy [prɑksi] s **1** valtakirja **2** edustaja *he was represented in court by proxy* hän osallistui oikeudenkäyntiin valtuutettunsa edustamana

prude [prud] s kainostelija, sievistelijä

prudence [prudəns] s harkinta, varovaisuus

prudent [prudənt] adj harkitseva, varovainen, (teko) viisas, harkittu

prudently adv varovaisesti, viisaasti, harkitusti

prudery [prudəri] s kainostelu, sievistely, ujostelu

prudish [prudɪʃ] adj (turhan) kaino, häveliäs, ujo, sievistelevä

prudishness s kainostelu, häveliäisyys, ujous, sievistely

1 prune [prun] s (kuivattu) luumu

2 prune v **1** karsia (oksia), typistää, leikata **2** (kuv) karsia, kitkeä, typistää

Prussia [prʌʃə] Preussi

Prussian [prʌʃən] s, adj preussilainen

pry [praɪ] v **1** udella, nuuskia, kurkistella, penkoa (toisen asioita) **2** avata (väkisin), vääntää auki, (vaivoin) irottaa, saada irti (myös kuv:) kaivaa esiin (salaisuus tms)

prying adj utelias

Przewalski's horse [pʃə'vaəlskiz, ʃə'vaəlskiz] s przewalskinhevonen

P.S. *postscriptum* jälkikirjoitus

psalm [sam] s psalmi *the Psalms* (Vanhan testamentin) Psalmit, Psalmien kirja

pseudonym ['sudəˌnɪm] s salanimi, kirjailijanimi

pseudonymous [sʊ'dɑnəməs] adj salanimellä/kirjailijanimellä esiintyvä/kirjoittava

pseudonymously adv (esiintyä, kirjoittaa) salanimellä, kirjailijanimellä

psi *pounds per square inch*

PSI *Pollution Standard Index*

PST *Pacific Standard Time*

pstg. *postage* postimaksu

psyche [saɪki] s psyyke, sielu, sielunelämä

psychedelic [ˌsaɪkə'delɪk] adj psykedeelinen, tajuntaa laajentava, huumaava, hypnoottinen

psychiatric [ˌsaɪki'ætrɪk] adj psykiatrinen

psychiatrical adj psykiatrinen

psychiatrically adv psykiatrisesti

psychiatrist [saɪ'kaɪətrɪst] s psykiatri

psychiatry [saɪ'kaɪətri] s psykiatria

psychic [saɪkɪk] s meedio adj **1** psyykkinen, sielullinen, henkinen **2** yliaistillinen

psychical adj ks psychic

psychically adv ks psychic

psycho [saɪkoʊ] s (mon psychos) (sl) psykopaatti

psychoactive [ˌsaɪko'æktɪv] adj psykoaktiivinen

psychoanalysis [ˌsaɪkoəˈnæləsɪs] s psykoanalyysi
psychoanalyst [ˌsaɪkoˈænəlɪst] s psykoanalyytikko
psychoanalytic [ˌsaɪkoˌænəˈlɪtɪk] adj psykoanalyyttinen
psychoanalytical adj psykoanalyyttinen
psychoanalytically adv psykoanalyyttisesti
psychoanalyze [ˌsaɪkoˈænəˌlaɪz] v psykoanalysoida
psychogenic [ˌsaɪkəˈdʒenɪk] adj psykogeeninen
psycholinguistics [ˌsaɪkəlɪŋˈɡwɪstɪks] s (verbi yksikössä) psykolingvistiikka
psychologic adj psykologinen
psychological [ˌsaɪkəˈlɑdʒɪkəl] adj 1 psykologinen 2 psyykkinen, sielullinen, henkinen
psychologically adv psykologisesti
psychologist [saɪˈkɑlədʒɪst] s psykologi
psychology [saɪˈkɑlədʒi] s psykologia
psychomotor [ˌsaɪkəˈmoʊtər] adj psykomotorinen
psychopath [ˈsaɪkəˌpæθ] s psykopaatti, luonnevikainen
psychopathic [ˌsaɪkəˈpæθɪk] adj psykopaattinen, luonnevikainen
psychosexual [ˌsaɪkəˈsekʃʊəl] adj psykoseksuaalinen
psychosis [saɪˈkoʊsɪs] s (mon psychoses) psykoosi
psychosocial [ˌsaɪkəˈsoʊʃəl] adj psykososiaalinen, psyykkis-sosiaalinen
psychosomatic [ˌsaɪkəsəˈmætɪk] adj psykosomaattinen
psychotherapeutic [ˌsaɪkəˌθerəˈpjutɪk] adj psykoterapeuttinen
psychotherapist [ˌsaɪkəˈθerəpɪst] s psykoterapeutti
psychotherapy [ˌsaɪkəˈθerəpi] s psykoterapia
psychotic [saɪˈkɑtɪk] s psykootikko, mielisairas adj psykoottinen, mielisairas
psychotropic [ˌsaɪkəˈtrɑpɪk] s psykotrooppinen/psykoaktiivinen lääke/aine adj psykotrooppinen, psykoaktiivinen

p.t. *past tense* imperfekti
PTA *parent-teacher association*
ptarmigan [ˈtɑrmɪɡən] s (lintu) kiiruna
Pte. *private* alokas
pterodactyl [ˌterəˈdæktəl] s pterodactylus, eräs lentolisko
PTO *Patent and Trademark Office*
PTT *post, telegraph, telephone*
pub [pʌb] s pub, pubi, oluttupa, kapakka
pubertal [ˈpjubərtəl] adj murrosiän, puberteetin
puberty [ˈpjubərti] s murrosikä, puberteetti
pubic [ˈpjubɪk] adj häpy- *pubic hair* häpykarvat
pubis [ˈpjubɪs] s (mon pubes) häpyluu
public [ˈpʌblɪk] s 1 (suuri) yleisö: *the movie-going public* elokuvayleisö, elokuvissa kävijät *the public at large* suuri yleisö 2 *in public* julkisesti, julkisuudessa, julkisella paikalla adj julkinen, julkisuuden, yleinen, yhteinen, kansan- *the national parks are public property* kansallispuistot ovat (kansan) yhteistä omaisuutta *to go/make public* paljastaa, saattaa/tuoda julkisuuteen 3 *to go public* (tal) laskea liikkeelle yleisöanti
public affairs s (mon) julkiset asiat
publication [ˌpʌblɪˈkeɪʃən] s 1 (toiminta) julkaiseminen, julkaisu, kustantaminen, kustannus 2 (tuote) julkaisu, (erityisesti:) aikakauslehti, lehti
public defender s julkinen puolustusasianajaja, oikeusavustaja
public enemy s yhteiskunnan vihollinen
public eye *to be in the public eye* olla julkisuuden valokiilassa
publicist [ˈpʌblɪsɪst] s tiedottaja, lehdistösihteeri
publicity [pʌbˈlɪsəti] s 1 tiedotus(toiminta), suhdetoiminta 2 yleinen huomio, julkisuus, mainostus *the company's new computers got a lot of publicity* yrityksen uudet tietokoneet saivat osakseen paljon julkisuutta
publicize [ˈpʌbləˌsaɪz] v mainostaa, tehdä tunnetuksi, ilmoittaa
public library s lainakirjasto
publicly adv julkisesti, julkisuudessa

public offering (tal) yleisöanti
public opinion s yleinen mielipide
public prosecutor s yleinen syyttäjä
public relations s (mon) suhdetoiminta
public school s 1 (US) kunnallinen koulu 2 (UK) yksityiskoulu
public service s 1 kunnallispalvelu, julkinen palvelu 2 kunnan/valtion palvelus *he's in public service* hän on kunnan/valtion palveluksessa 3 ilmaispalvelu, yleisöpalvelu
public transportation s julkinen liikenne
public utility s kunnallispalvelu, julkinen palvelu (vesi, sähkö, kaasu ym)
publish [pʌblıʃ] v julkaista, kustantaa
publisher s julkaisija, kustantaja
publishing s kustannustoiminta, kustannusala *she wants to go into publishing* hän haluaa töihin kustannusalalle
publishing house s kustannusliike, kustantamo
puck [pʌk] s kiekko, jääkiekko
pucker up [pʌkər] v mutristaa, panna/vetää/mennä mutruun
pudding [pʊdıŋ] s vanukas; (UK) jälkiruoka
puddle [pʌdəl] s lätäkkö
pudu [pudu] s (eläin) pudu
pueblo [pʊˈebloʊ] s (mon pueblos) 1 pueblo (intiaanien monikerroksinen asumus) 2 intiaanikylä 3 (latinalaisessa Amerikassa) kylä 4 *Pueblo* pueblointiaani
puerile [pjəraıəl] adj lapsellinen
Puerto Rico [ˌpwertəˈrikoʊ]
1 puff [pʌf] s 1 pöllähdys, puhahdus, tuprahdus, puuska, puuskaus 2 (tupakoinnissa) haiku 3 (leivos) tuulihattu 4 (läpinäkyvä) kehuskelu, piilomainonta, puffi (sl)
2 puff v 1 pöllähtää, puhahtaa, tuprahtaa 2 (tupakoijasta) vetää/vetäistä/pölläytellä/tuprutella haikuja 3 kehuskella, mainostaa vaivihkaa, puffata (sl)
puffin [pʌfın] s (lintu) lunni
puffy adj turvonnut, pöhöttynyt, pullistunut
pug [pʌg] s 1 (koira) mopsi 2 nykerö, nykerönenä

pugilism [ˈpjudʒəˌlızəm] s nyrkkeily
pugilist [pjudʒəlıst] s nyrkkeilijä
pugilistic [ˌpjudʒəˈlıstık] adj nyrkkeily-
Puglia [puliə] Apulia (italiaksi Puglia)
pugnacious [pʌgˈneıʃəs] adj tappelunhaluinen, riidanhaluinen, uhmaava, hyökkäävä
pug nose s nykerönenä, nykerö
1 puke [pjuk] s (sl) yrjö, oksennus
2 puke v (sl) yrjötä, oksentaa
1 pull [pʊl] s 1 veto, nykäisy, kiskaisu 2 henkäisy, hengenveto; siemaus, ryyppy; (tupakoinnissa) haiku 3 (ark) vaikutusvalta, suhteet *I have no pull with the mayor* minulla ei ole suhteita kaupunginjohtajaan 4 (ark) vetovoima
2 pull v 1 vetää, vetäistä, kiskoa, kiskaista, nykiä, nykäistä, repiä, repäistä 2 tehdä (jotakin vilpillistä) *he pulled a trick on us* hän veti meitä höplästä
pull a boner fr (sl) tyriä, tunaroida, möhliä
pull ahead v ohittaa, päästä/mennä jonkun/jonkin (of) edelle
pull apart v arvostella ankarasti/yksityiskohtaisesti, eritellä, tutkia tarkkaan
pull at v kiskoa, nyhtää *she kept pulling at her hair* hän nyhti hiuksia päästään
pull away v 1 perääntyä, vetäytyä jostakin 2 lähteä (liikkeelle) 3 irtautua, irtaantua, päästä irti/vapaaksi
pull down v 1 vetää alas 2 purkaa (rakennus) 3 (ark) tienata, ansaita
pull-down menu s (tietok) vetovalikko
pullet [pələt] s nuori kana
pulley [puli] s 1 väkipyörä 2 talja, väkipyörästö
pull for v kannattaa, kannustaa
pull in v 1 saapua (esim asemalle) 2 kiristää 3 (poliisi) pidättää
pullman kitchen [pələmən] s baarikeittiö
pull no punches fr ei säästellä vastustajaansa; (kuv) ei säästellä sanoja
pull off v onnistua jossakin, saada tehdyksi *how did you pull that off?* miten (ihmeessä) sinä sen (tempun) teit?
pull on v uhata jotakuta aseella *then the mugger pulled a gun on me* sitten ryöstäjä veti esiin aseen ja uhkasi sillä minua

pull out

pull out v 1 lähteä (liikkeelle) 2 luopua, vetäytyä, sanoutua irti jostakin
pull over v ajaa/pysähtyä tien sivuun
pullover [pəloʊvər] s neulepusero, villapusero
pull rank on fr komennella, määräillä (korkeampaan asemaansa vedoten)
pull someone's leg fr narrata jotakuta, vetää jotakin nenästä/höplästä
pull strings fr käyttää hyväksi suhteitaan
pull the rug out from fr (kuv) lyödä jalat jonkun alta
pull through v selvitä jostakin (esim sairaudesta)
pull up v pysäyttää (auto tms), pysähtyä
pull up stakes fr vaihtaa maisemaa, siirtyä muualle
pull wires fr käyttää hyväksi suhteitaan
pull wool over someone's eyes *they tried to pull the wool over his eyes* he yrittivät hämätä/pettää häntä
pull yourself together v ryhdistäytyä
pull your weight fr tehdä/hoitaa (oma) osuutensa
pulmonary ['pəlmə‚neri] adj keuhko-
1 pulp [pəlp] s 1 (hedelmän) malto 2 (eläimen) liha 3 (hampaan) ydin 4 selluloosa, paperimassa 5 massa 6 roskalehti, roskaromaani
2 pulp v jauhaa, hienontaa, murskata massaksi
pulp canal s (hampaan) juurikanava
pulpit [pəlpət] s 1 saarnastuoli 2 *the pulpit* papisto, kirkonmiehet
pulsar [pəlsər] s pulsari
pulsate [pəlseɪt] v sykkiä (myös kuv), (sydän myös) lyödä, tykyttää
pulsation [pəl'seɪʃən] s sykintä, syke, tykytys, lyönti, pulssi
1 pulse [pəls] s syke, pulssi, tykytys, sykäys
2 pulse v sykkiä (sydän myös) lyödä
pulse dialing s (puhelimessa) impulssivalinta
pulverize ['pəlvə‚raɪz] v 1 hienontaa, jauhaa hienoksi 2 (kuv) hävittää maan tasalle
puma [pjumə] s puuma
1 pump [pʌmp] s pumppu

2 pump v pumpata (myös kuv)
pumpernickel ['pʌmpər‚nɪkəl] s kuorrutettu kahvileipä
pumpkin [pʌmpkɪn] s kurpitsa
pumps (mon) avokkaat
1 pun [pʌn] s sanaleikki (leikki sanojen merkityksillä, ääneasultaan samoilla mutta merkitykseltään erilaisilla sanoilla)
2 pun v leikkiä sanoilla/sanojen merkityksillä
1 punch [pʌntʃ] s 1 isku, tälli *to pull no punches, not pull any punches* ei säästellä vastustajaansa; (kuv) ei säästellä sanoja 2 (kuv) voima, potku *to roll with the punches* väistellä iskuja; (kuv) selvitä vaikeuksista huolimatta, pitää puolensa, pärjätä
2 punch v iskeä, täräyttää, pamauttaa, antaa tälli
punch away v (ark) puurtaa, pakertaa
punch card s reikäkortti
punch in v leimata kellokortti, saapua työpaikalle
punch out v leimata kellokortti, lähteä työstä/kotiin
punch up v hakea (tietokoneen, päätteen) näyttöön
punctilious [pʌŋk'tɪliəs] adj pikkutarkka, (turhan)tarkka, säntillinen, huolellinen, täsmällinen, tunnollinen
punctual [pʌŋkʃʊəl] adj täsmällinen *you are very punctual* sinä et koskaan myöhästy
punctually adv (tarkalleen) ajoissa
punctuate ['pʌŋktʃʊ‚eɪt] v 1 laittaa välimerkit 2 keskeyttää *the concert was punctuated by frequent coughs from the audience* konsertin aikana yleisö yski vähän väliä 3 korostaa, painottaa, tähdentää
punctuation [‚pʌŋktʃʊ'eɪʃən] s välimerkit; välimerkkien käyttö; välimerkkien lisääminen
punctuation mark s välimerkki
1 puncture [pʌŋkʃər] s puhkaisu, puhkaiseminen, puhkeaminen, (erityisesti) rengasrikko
2 puncture v puhkaista, puhjeta; rei'ittää, tehdä reikä/reikiä johonkin

pundit [pʌndɪt] s **1** tietäjä, oppinut, asiantuntija **2** kommentaattori
pungency [pʌndʒənsi] s **1** (hajun, maun) pistävyys **2** (kuv) purevuus, iva, ivallisuus, piikikkyys
pungent [pʌndʒənt] adj **1** (haju, maku) pistävä **2** (kuv) pureva, ivallinen, piikikäs, terävä
pungently adv ks pungent
Punic Wars [pjunɪk] s (mon) puunilaissodat
punish [pʌnɪʃ] v **1** rangaista **2** (kuv) kurittaa, panna koetteille/koville
punishable adj rangaistava
punishing adj ankara, kova, raju
punishment [pʌnɪʃmənt] s **1** rangaistus **2** (kuv) koettelemus *I can take the punishment* kyllä minä siitä selviän
punitive [pjunɪtɪv] adj rangaistus-
punk [pʌŋk] s **1** (sl) retale, sälli, (nuori) konna **2** punk **3** punkrock **4** punkkari adj **1** (ark) surkea, kurja, viheliäinen **2** punk-
punker s punkkari
punk rock s punkrock
punky adj **1** (sl) sällimäinen, huligaani- **2** punk-, punkrock-
1 punt [pʌnt] s **1** tasapohjainen ruuhi **2** (jalkapallossa: ilmasta) potkaista
2 punt v **1** sauvoa (venettä) **2** kulkea/mennä jonnekin ruuhella **3** (kuv) huovata, viivytellä, vetkutella **4** (am. jalkapallossa) potkaista (pallo) ilmasta **5** (sl) lyödä vetoa (raveissa)
punter [pʌntər] s **1** (veneen) sauvoja **2** (am. jalkapallossa) potkaisija **3** (ark) asiakas **4** (ark) vedonlyöjä (hevoskilpailuissa)
punters s (UK) (mon) porukka
puny [pjuni] adj **1** pieni, heikko, vähäinen **2** vähäpätöinen, mitätön
1 pup [pʌp] s (koiran)pentu, penikka
2 pup v penikoida, synnyttää penikoita
pupil [pjupəl] s **1** silmäterä, mustuainen, pupilli **2** (nuori tai yksityis)oppilas
puppet [pʌpət] s sätkynukke (myös kuv)
puppeteer [ˌpʌpəˈtɪər] s nukketeatterin esittäjä
puppet show s nukketeatteri

puppy [pʌpi] s (koiran)pentu
puppy love s nuori rakkaus, (nuorten) ihastuminen
1 purchase [pərtʃəs] s **1** osto, ostaminen, kauppa, hankinta **2** ostos **3** ote
2 purchase v ostaa, hankkia
purchaser s ostaja
purchase tax s (UK) myyntivero
purchasing agent s **1** sisäänostaja **2** välittäjä
purchasing power s ostovoima
pure [pjʊər pjər] adj puhdas (myös kuv:) tahraton, viaton; pelkkä, silkka *pure gold* puhdas kulta *do you have a pure conscience?* onko omatuntosi puhdas? *that's pure nonsense* se on silkkaa pötyä *it was pure chance that I met her* oli puhdas sattuma että tapasin hänet, tapasin hänet aivan sattumalta
purebred [ˈpjʊərˌbred ˈpjərˌbred] s puhdasverinen hevonen adj puhdasverinen
purely adv puhtaasti (myös kuv)
purgative [pərgətɪv] s ulostuslääke adj **1** (lääk) ulostus- **2** puhdistava
purgatory [ˈpərgəˌtɔri] s kiirastuli (myös kuv)
1 purge [pərdʒ] s **1** (poliittinen) puhdistus, puhdistukset **2** ulostuslääke
2 purge v **1** puhdistaa **2** (kuv) puhdistaa, syrjäyttää, erottaa **3** ulostaa, tyhjentää suoli
purification [ˌpjərəfɪˈkeɪʃən] s (myös kuv) puhdistus, puhdistaminen, puhdistautuminen
purify [ˈpjərɪˌfaɪ] v (myös kuv) puhdistaa, puhdistua
purism [pjərɪzəm] s purismi
purist [pjərɪst] s puristi *a purist does not want autofocus in his camera* puristi ei kaipaa kameraansa automaattitarkennusta
puristic [pjəˈrɪstɪk] adj puristinen
Puritan [pjərɪtən] s, adj (usk) puritaani(-) *puritan* (kuv) puritaani(-)
puritanical [ˌpjərɪˈtænɪkəl] adj puritaaninen, ankara; koruton, askeettinen
puritanically adv ks puritanical
Puritanism [ˈpjərɪtəˌnɪzəm] s puritanismi, puritaanisuus

puritanism puritaanisuus, ankaruus; koruttomuus, askeesi, askeettisuus
purity [pjərəti] s puhtaus (myös kuv:) tahrattomuus, viattomuus
purloin [pərlɔɪn] v kähveltää, pihistää, varastaa
purple [pərpəl] s purppura adj purppuranvärinen
purple martin s sinipääsky
purport [pərpɔrt] s **1** sisältö **2** tarkoitus
purport [pər'pɔrt] v väittää olevansa jotakin, olla olevinaan jotakin, vihjata, antaa ymmärtää *the man at the door purports to be from the IRS* ovella seisova mies väittää olevansa verovirastosta
purported [pər'pɔrtəd] adj jonka väitetään olevan olemassa/jotakin, väitetty *the purported murderer* murhaajaksi väitetty henkilö
purportedly adv muka, kuten väitetään
purpose [pərpəs] s **1** tarkoitus, aikomus, aie, päämäärä *it was their purpose to overthrow the government* he aikoivat kaataa hallituksen *to do something on purpose* tehdä jotakin tahallaan/tieten tahtoen **2** tehtävä, tarkoitus *what is the purpose of this button?* mihin tätä nappia tarvitaan? **3** päättäväisyys, määrätietoisuus, tahto *he has no sense of purpose* hänessä ei ole määrätietoisuutta, hän on päämäärätön
purposeful adj määrätietoinen, päättäväinen
purposefully adv määrätietoisesti, päättäväisesti
purposeless adj **1** päämäärätön **2** turha, tyhjänpäiväinen
purposely adv tahallaan, tieten tahtoen
purr [pər] s surina, hurina, kehräävä ääni v kehrätä (myös kuv), surista, hurista
1 purse [pərs] s **1** käsilaukku **2** kukkaro **3** (kuv) rahat, varat **4** (kuv) palkinto(rahat)
2 purse v mutristaa, panna/vetää (huulet, suu) mutruun/mutrulle
purser [pərsər] s purseri
purse strings s (mon kuv) rahakukkaron nyörit: *to hold the purse strings* pidellä rahakukkaron nyörejä käsissään, päättää raha-asioista *to loosen/tighten the purse strings* löysätä/kiristää rahakukkaron nyörejä
pursuant to [pər'suənt] adv jonkin mukaisesti prep jonkin jälkeen
pursue [pər'su] v **1** ajaa takaa, (kuv) vainota **2** jatkaa **3** tavoitella jotakin, pyrkiä johonkin *she pursues high ideals* hänen tavoitteensa ovat korkealla **4** noudattaa *to pursue instructions/a plan* noudattaa ohjeita/suunnitelmaa **5** harjoittaa (ammattia) *to pursue your studies* opiskella
pursuer s takaa-ajaja, seuraaja
pursuit [pər'sut] s **1** takaa-ajo, etsintä (myös kuv) *the pursuit of happiness* onnen tavoittelu **2** ammatti, harrastus, puuha
pus [pʌs] s (lääk) märkä
1 push [puʃ] s **1** työntö; tönäisy *give me a push, will you?* työnnä vähän! **2** ponnistus, yritys **3** (sotilaallinen, mainos)kampanja, (sotilaallinen) hyökkäys **4** *when push comes to shove* kovan paikan tullen, tosi tilanteessa
2 push v **1** työntää, työntyä; tönäistä, tökkäistä; tunkea, tunkeutua **2** painostaa, patistaa, kannustaa **3** tyrkyttää, tuputtaa
push around v kohdella kaltoin; komennella
pushbutton phone ['puʃˌbʌtən] s näppäinpuhelin
pushcart ['puʃˌkart] s työntökärryt
pushchair s (UK) lastenrattaat
push off v (ark) lähteä; jatkaa matkaa
push on v jatkaa (sinnikkäästi), ei antaa periksi
pushover ['puʃˌouvər] s (ark) **1** helppo homma/nakki **2** vätys, vaaraton vastustaja
push to the wall *they pushed him to the wall* he panivat hänet ahtaalle/seinää vasten/lujille
push-up ['puʃˌʌp] s etunojapunnerrus
push up daisies fr olla kuollut ja kuopattu, kasvaa koiranputkea
push your luck fr koetella onneaan, uhmata kohtaloaan
pusillanimity [ˌpjusələˌnɪməti] s arkuus, pelokkuus, pelkuruus

pusillanimous [ˌpjusə'lænıməs] adj arka, pelokas, pelkurimainen

pussy [pʊsi] s **1** (ark) kisu **2** (sl) vittu, pillu **3** (sl) seksi

pussycat ['pʊsiˌkæt] s **1** kissimirri **2** (kuv) lammas, vaaraton tapaus

pustule [pʌstʃʊəl] s (lääk) märkärakkula, pustula

put [pʊt] v put, put **1** panna, laittaa, asettaa *she put the book on the table* hän pani/laski kirjan pöydälle *they put their children in a private school* he panivat lapsensa yksityiskouluun **2** ilmaista, pukea sanoiksi *I don't quite know how to put this but you're fired* en tiedä miten tämän sanoisin mutta minun on annettava sinulle potkut **3** saattaa (johonkin tilanteeseen) *you have put me in a difficult position* olet saattanut minut vaikeaan tilanteeseen *that puts you in my debt* sen vuoksi jäät minulle kiitollisuudenvelkaan **4** kirjoittaa, piirtää, raapustaa *put your name here* pane/kirjoita nimesi tähän **5** kääntää (jollekin kielelle) **6** *to stay put* pysyä aloillaan, ei liikkua **7** arvioida *I put the price at six figures* arvioin hinnan liikkuvan sadoissa tuhansissa **8** esittää (kysymys)

put across v **1** esittää, selittää **2** esiintyä (hyvin), olla edukseen **3** saada hyväksytyksi

put all your eggs in one basket fr panna kaikki yhden kortin varaan

put an end to fr tehdä loppu jostakin, lopettaa, saada loppumaan

put a stop to fr tehdä loppu jostakin, lopettaa, saada loppumaan

putative [pjutətıv] adj luuloteltu, jonakin pidetty

put at someone's disposal fr antaa käyttöön

put away v **1** panna paikalleen **2** säästää, panna talteen **3** hylätä jotakin, luopua jostakin **4** haudata **5** lähettää/panna vankilaan/laitoshoitoon **6** tappaa, ottaa hengiltä

put by v säästää, panna talteen

put down v **1** vähätellä, väheksyä **2** tukahduttaa, kukistaa, vaientaa **3** kirjoittaa muistiin/ylös **4** lopettaa (eläin)

put down as v pitää jotakuta jonakin, luulla jotakuta joksikin

put down for v luvata tehdä jotakin *she put me down for the beer* hän käski minun tuoda (juhliin) olutta

put forth v **1** esittää, ehdottaa **2** julkistaa, tuoda julkisuuteen, julkaista **3** tehdä (parhaansa) **4** lähteä (matkaan)

put forward v **1** esittää, ehdottaa **2** ehdottaa virkaan/tehtävään, asettaa ehdokkaaksi

put in a good word for *Kevin put in a good word for me with the manager* Kevin kehui/suositteli minua johtajalle

put in for v anoa, hakea, jättää sisään anomus/hakemus

put into words fr pukea sanoiksi, ilmaista

put in your two cents worth fr kertoa mielipiteensä

put off v **1** tympäistä, inhottaa, ällöttää *I'm put off by her behavior* hänen käytöksensä ärsyttää minua **2** lähteä (matkaan) **3** lykätä (myöhemmäksi), siirtää **4** käännyttää takaisin, hankkiutua eroon jostakusta **5** työntää (vene) vesille

put on v **1** pukea ylleen **2** teeskennellä, olla olevinaan jotakin **3** narrata, huijata, vetää nenästä/höplästä

put on airs fr tärkeillä, mahtailla, ylvästellä

put on a pedestal fr nostaa jalustalle, palvoa

put on hold fr **1** panna odottamaan (puhelimessa) **2** jättää pöydälle, panna jäihin, lykätä myöhemmäksi

put on the line fr panna jotakin peliin/alttiiksi, riskeerata

put on weight fr lihoa

put option s (tal) myyntioptio

put out v **1** sammuttaa (tulipalo) **2** viedä/päästää (esim koira) ulos **3** olla vaivaksi jollekulle, aiheuttaa jollekulle vaivaa **4** julkaista

put over on v huijata, käyttää jotakuta hyväkseen

putrefaction [ˌpjutrə'fækʃən] s mädäntyminen, mäteneminen, pilaantuminen, eltaantuminen

putrefy ['pjutrəˌfaı] v mädäntyä, pilaan-

putrid

tua, eltaantua
putrid [pjutrɪd] adj mädäntynyt, pilaantunut, eltaantunut
put someone wise fr (sl) kertoa jollekulle jotakin
1 putt [pʌt] s (golf) putti, pallon lyöminen puttausmailalla maata pitkin viheriöllä
2 putt v (golf) putata, lyödä palloa viheriöllä kevyesti puttausmailalla
put teeth into fr terästää jotakin, lisätä jonkin tehokkuutta
1 putter [pʌtər] s **1** (golf) puttaaja **2** (golf) puttausmaila
2 putter v puuhata, häärätä
putter away v panna hukkaan, vetelehtiä, ei tehdä mitään
put the arm on fr painostaa, patistaa jotakuta johonkin, tiukata
put the cart before the horse fr valjastaa kärryt hevosen eteen, aloittaa väärästä päästä
put the finger on fr **1** syyttää jotakuta **2** sanoa tarkkaan *I can't put my finger on it but I think it's the overtime* en ole varma mistä se johtuu mutta luulen että syy on ylitöissä
put the screws on fr painostaa, kiristää
put the skids under someone/something fr koitua jonkun/jonkin kohtaloksi/turmioksi, tehdä loppu jostakin
put the touch on someone fr (ark) yrittää lainata rahaa joltakulta
put through v **1** saattaa päätökseen, tehdä valmiiksi **2** toteuttaa **3** yhdistää (puhelu) **4** joutua käymään läpi jotakin *she has been put through a lot of misery* hän on joutunut kärsimään kovasti
put through its paces fr näyttää/kokeilla mihin joku/jokin pystyy
putting green s (golf) viheriö
put to it fr olla vaikeuksia (jonkin asian kanssa), jossakin on kova työ/vaiva; olla rahapulassa
put to rest fr heittää/jättää mielestään, antaa olla
put to shame fr **1** tuottaa häpeää jollekulle **2** jättää joku varjoonsa, joku/jokin kalpenee jonkun/jonkin rinnalla
put to sleep fr **1** nukuttaa **2** lopettaa (eläin)
put to use *she put the money to good use* hän otti rahasta kaiken irti
put two and two together *the guy can't put two and two together* hän ei hoksaa mistä tässä on kyse
putty [pʌti] s kitti
put under wraps fr (ark) pitää salassa/salata
put up v **1** pystyttää, rakentaa **2** säilöä **3** majoittaa, tarjota yösija **4** maksaa, pulittaa **5** *to put up a fight* ruveta tappelemaan; (kuv) panna vastaan **6** esittää, ehdottaa **7** asettaa ehdokkaaksi
put up a good fight fr taistella urhoollisesti, panna hanttiin
put upon *to feel put upon* tuntea itsensä petetyksi
put up to v yllyttää, usuttaa (tekemään jotakin)
put up with v sietää jotakuta/jotakin
put wise to fr kertoa/paljastaa jollekulle jotakin
put yourself out v nähdä kovasti vaivaa, vaivata itseään
put your shoulder to the wheel fr panna hihat heilumaan, (kääriä hihansa/sylkäistä käsiinsä ja) ruveta töihin
put your teeth on edge fr **1** vihloa hampaita; tuntua inhottavalta **2** ärsyttää, inhottaa, kuvottaa
1 puzzle [pʌzəl] s **1** arvoitus **2** palapeli **3** sanaristikko
2 puzzle v **1** askarruttaa, vaivata, kismittää, kaivella **2** miettiä, pohtia, vaivata päätään jollakin
puzzlement s **1** hämmästys, ällistys **2** arvoitus, mysteeri
puzzler s (täydellinen) arvoitus, mysteeri
PVC *polyvinyl chloride* polyvinyylikloridi, PVC
pvt. *private* yksityinen
PX *post exchange; private exchange*
pycnogonid s merilukki
pygmy [pɪgmi] s **1** *Pygmy* kääpiö, pygmi **2** kääpiö, pienikokoinen ihminen/eläin/esine **3** (kuv) kärpässarjalainen adj kääpiö- (myös kuv)

pygmy antelope [ˌpɪgmiˈæntəloup] s pikkuantilooppi
pygmy hippopotamus [ˌhɪpəˈpatəməs] s kääpiövirtahepo
pygmy hog [hag] s kääpiösika *a quick right whale* s kääpiövalas
pyjamas [pəˈdʒæməz, pəˈdaməz] s (UK mon) yöpuku (US: pajamas)
pylon [paɪlan] s **1** merkkipylväs, merkkipaalu **2** (egyptiläisessä temppelissä) pyloni **3** (sähkönsiirtojohtoja kannattava) pylväs

Pyongyang [ˌpjaŋˈjæŋ] Pjongjang (Pohjois-Korean pääkaupunki)
pyramid [pɪrəmɪd] s (arkkitehtuurissa, geometriassa) pyramidi
pyramidal [pəˈræmədəl] adj pyramidin muotoinen, pyramidi-
pyre [paɪər] s polttorovio
Pyrenean desman s vesimaamyyrä
Pyrenees [ˈpɪrəˌniːz] (mon) Pyreneet
python [paɪθən] s pytonkäärme

Q, q

Q, q [kju] Q, q
Q-A *question and answer*
QA s (quality assurance) laadunvarmistus
Q. and A. *question and answer*
Qatar [kəˈtaər, katar]
Qatari s, adj qatarilainen
Q.E.D. *quod erat demonstrandum* mikä oli todistettava, m.o.t.
Qld. *Queensland*
1 quack [kwæk] s **1** (ankan, sorsan) kaakatus **2** puoskari **3** huijari
2 quack v (ankka, sorsa) kaakattaa
quackery [kwækəri] s puoskarointi
quack grass s juolavehnä
quad [kwad] s (ark) ks quadrangle, quadrant, quadraphonic, quadruplets
quadrangle [ˈkwadˌræŋgəl] s **1** nelikulmio; neliö **2** (vars kampuksen) aukio
quadrant [kwadrənt] s (ympyrän, kuun) neljännes, (geom myös) kvadrantti
quadraphonic [ˌkwadrəˈfanɪk] adj nelikanavainen
quadraphony [kwaˈdrafəni] s nelikanavainen ääni
quadruped [ˈkwadrəˌped] s nelijalkainen (eläin)
1 quadruple [kwaˈdrupəl] s nelinkertainen määrä

2 quadruple v nelinkertaistaa, nelinkertaistua
3 quadruple adj neljä-, neli-; nelinkertainen
quadruplets [kwaˈdrupləts] s (mon) neloset
quagmire [ˈkwægˌmaɪər] s **1** suo **2** pulmatilanne, ahdinko, kiipeli
1 quail [kweɪəl] s **1** (Euroopassa) viiriäinen **2** (Amerikassa) virginianpyy
2 quail v lannistua, pelästyä, vapista pelosta, mennä sisu kaulaan
quaint [kweɪnt] adj **1** maalauksellinen, viehkeä, tunnelmallinen, viehättävän vanhanaikainen, idyllinen **2** (viehättävän) erikoinen, omaperäinen, hauska
quaintly adv ks quaint
quaintness s **1** maalauksellisuus, viehkeys, tunnelmallisuus, idyllisyys **2** (viehättävä) erikoisuus, omaperäisyys
1 quake [kweɪk] s maanjäristys
2 quake v väristä, vapista, täristä
quakeproof [ˈkweɪkˌpruf] adj maanjäristyksen kestävä
Quaker [kweɪkər] s kveekari
qualification [ˌkwalɪfəˈkeɪʃən] s **1** pätevyys **2** vaatimus, edellytys **3** rajoitus, varaus, ehto *he wanted to make some qualifications to his earlier promise* hän

qualified

halusi täsmentää aiemmin antamaansa lupausta
qualified adj **1** pätevä, kykenevä, sopiva **2** varauksellinen, ehdollinen *he answered with a qualified 'yes'* hän näytti keltaista valoa
qualifier s (kieliopissa) **1** määrite **2** astetta ilmaiseva adverbi (esim *very, almost*)
qualify ['kwaləˌfaɪ] v **1** olla pätevä johonkin, täyttää vaatimukset, kelvata; tehdä päteväksi johonkin; hankkia pätevyys johonkin, pätevöityä *being the son of the boss does not qualify you for the job* se että olet pomon poika ei tee sinua päteväksi työhön **2** (urh) selviytyä jatkoon **3** rajoittaa, esittää varauksia/ehtoja, täsmentää **4** lieventää, pehmentää **5** (kieliopissa) määrittää
qualitative ['kwalıˌteɪtɪv] adj laadullinen, laatu-
qualitatively adv laadullisesti
quality [kwaləti] s **1** laatu; laatuluokka **2** ominaisuus, piirre **3** luonne, olemus, ilme (kuv) **4** (äänen) väri, (värin) sävy adj laatu-
quality assurance s (lyh QA) laadunvarmistus
quality control s laadunvalvonta
qualm [kwam] s epäilys, tunnonvaivat *I have no qualms about telling him what I think of him* minua ei yhtään ujostuta sanoa hänelle mitä hänestä ajattelen
quandary [kwandəri] s pulmatilanne, vaikea valinta *we were in a quandary about whether to stay or go* emme osanneet päättää jäädäkö vai lähteä
quanta [kwantə] ks quantum
quantitative ['kwantıˌteɪtɪv] adj määrällinen, määrä-
quantitatively adv määrällisesti
quantity [kwantəti] s **1** määrä *in quantity* suurina määrinä, paljon **2** (mat, fys) suure
quantum [kwantəm] s (mon quanta) **1** (fys) kvantti **2** määrä
quantum jump ks quantum leap
quantum leap s **1** kvanttihyppy **2** (kuv) (suuri) edistysaskel

quantum mechanics s (verbi yksikössä) kvanttimekaniikka
quantum theory s kvanttiteoria
1 quarantine ['kwɔrənˌtin] s karanteeni, (pakko)eristys
2 quarantine v määrätä/panna karanteeniin, eristää
quark [kwaərk] s (fys) kvarkki
1 quarrel [kwɔrəl] s riita, kiista, kina, erimielisyys
2 quarrel v riidellä, kiistellä, kinata
quarrelsome [kwɔrəlsəm] adj riidanhaluinen, riitaisa, toraisa
quarrel with *to have nothing to quarrel about with something* jollakulla ei ole mitään valittamista jonkin suhteen
1 quarry [kwɔri] s **1** saaliseläin **2** (kuv) tavoite, päämäärä, kohde **3** louhos, kaivos **4** (kuv) kultakaivos, ehtymätön lähde
2 quarry v louhia
quart [kwɔrt] s quart (neljännesgallona, US 0,946 l, UK 1,136 l)
1 quarter [kwɔrtər] s **1** neljännes **2** neljännesdollari, 25 centiä **3** neljännestunti, varttitunti *it's a quarter of five* kello on neljännestä vaille viisi **4** neljännesvuosi *our fourth-quarter profits are up* tulomme ovat nousseet viimeisellä vuosineljänneksellä **5** (yliopistossa) lukukausi **6** (urh) pelineljännes **7** (mon) majoitus, majapaikka **8** kaupunginosa, kortteli **9** taho, ilmansuunta, suunta
2 quarter v **1** jakaa neljään osaan **2** majoittaa, majoittua **3** sijoittaa (sotilaita)
quarterback ['kwɔrtərˌbæk] s (amerikkalaisessa jalkapallossa) pelinrakentaja
quarter-life crisis s (mon quarter-life crises) (noin) 25-vuotiaiden (elämän)kriisi
quarterly s neljännesvuosittain/neljästi vuodessa ilmestyvä julkaisu adj neljännesvuosittainen adv neljännesvuosittain, neljästi vuodessa
quartet [kwɔr'tet] s kvartetti
quartz [kwɔrts] s kvartsi
quasar ['kweɪˌzaər] s kvasaari
quash [kwaʃ] v **1** kukistaa, tukahduttaa, tehdä loppu jostakin **2** kumota

quasi- [kwazɪ, kweɪzaɪ] (yhdyssanan alkuosana) näennäinen, näennäis-, muka-
quasi-historical [ˌkwazɪhɪsˈtɔrɪkəl] adj näennäishistoriallinen
quasi-scientific [ˌkwazɪˌsaɪənˈtɪfɪk] adj näennäistieteellinen
1 quaver [kweɪvər] s **1** värinä **2** (UK) kahdeksasosanuotti
2 quaver v **1** väristä, vapista, tutista, hytistä **2** sanoa värisevällä äänellä
quay [ki] s laituri
Que. *Quebec*
queasy [kwizi] adj **1** pahoinvoiva; helposti pahoinvoiva *I feel queasy* minua vähän oksettaa **2** vaivaantunut, ahdistunut **3** turhia kainosteleva
Quebec [kəˈbek, kwəˈbek] **1** kaupunki Kanadassa **2** yksi Kanadan provinsseista
queen [kwin] s **1** kuningatar (myös šakissa, korttipelissä) **2** mehiläiskuningatar **3** homo *drag queen* transvestiitti
Queen Elizabeth Islands (mon) Kuningatar Elisabetin saaret (Kanadassa)
queenly adj kuningattaren, kuningattarelle sopiva; kuninkaallinen
Queen's English s (erityisesti britti-)englannin kirjakieli
queen-size adj **1** (vuodekoko) 152 cm x 203 cm **2** (naisten vaatteista kaunistellen) isojen tyttöjen
Queensland [kwinzlənd] Australian osavaltioita
queer [kwɪər] s (sl) homo, hintti adj **1** outo, kumma, omituinen, eriskummallinen **2** hämärä, epäilyttävä **3** (vointi) huono **4** (sl) homo-, hintti-
quelea s (lintu) miljoonakutoja
quell [kwel] v kukistaa, tukahduttaa, vaientaa
quench [kwentʃ] v sammuttaa (tulipalo, jano), tyydyttää (himo, halu), tukahduttaa, kukistaa (kapina)
1 query [kwɪərɪ] s **1** kysymys **2** tiedustelu, selvitys **3** epäilys, varaus **4** kysymysmerkki (?)
2 query v kysyä, tiedustella, udella
quest [kwest] s etsintä
quest after/for v etsiä

1 question [kwestʃən] s kysymys *a question of time* ajan kysymys *to beg the question* ohittaa kysymys, ei vastata kysymykseen, mennä asioiden edelle *to be beyond question* olla ilman muuta selvää, jostakin ei ole epäilystäkään *to call something into question* asettaa/saattaa/panna jotakin kyseenalaiseksi *to be out of the question* ei tulla kysymykseenkään *the man in question* kyseinen mies
2 question v **1** kysellä, kuulustella **2** epäillä, ihmetellä; asettaa kyseenalaiseksi
questionable adj kyseenalainen, epävarma, epäilyttävä, hämärä
questionably adv ks questionable
questioning s tutkimus, tiedustelu, selvitys adj **1** kysyvä, kyselevä **2** utelias, tiedonjanoinen
question mark s kysymysmerkki (?)
questionnaire [ˌkwestʃəˈneər] s kyselylomake, kyselykaavake
1 queue [kju] s **1** jono **2** palmikko
2 queue v jonottaa
1 quibble [kwɪbəl] s **1** vitkastelu; hämäys; hiusten halkominen **2** kina, erimielisyys
2 quibble v **1** vitkastella; hämätä; halkoa hiuksia **2** kinata
quick [kwɪk] s **1** *the quick and the dead* (vanh) elävät ja kuolleet **2** (kynsien alainen) arka liha **3** (kuv) arka paikka *to cut to the quick* loukata jotakuta verisesti adj **1** nopea, kiireinen, pikainen, lyhyt *take a quick look at this* vilkaisepa tätä *she gave me a quick kiss* hän suuteli minua lyhyesti **2** nopeaälyinen, nokkela, terävä, valpas **3** äkkipikainen adv nopeasti, äkkiä
quickbeam [kwɪkbim] s pihlaja
quick check s (valintamyymälässä) pikakassa
quicken v **1** nopeuttaa, nopeutua, kiihdyttää, kiihtyä **2** vilkastuttaa, vilkastua **3** elvyttää **4** (sikiö) alkaa potkia; (odottava äiti) alkaa tuntea sikiön potkut
quick grass s juolavehnä
quickly adv nopeasti, äkkiä, kiireesti, lyhyesti

quick release

quick release s pikalukitsin *a camera tripod with a quick release* jalusta johon kamera kiinnitetään pikalukitsimella
quicksand ['kwɪkˌsænd] s lentohiekka
quicksilver ['kwɪkˌsɪlvər] s elohopea
quick-witted [ˌkwɪk'wɪtəd] adj nopeaälyinen, nokkela, terävä, valpas
quid [kwɪd] s (UK ark) punta
1 quiet [kwaɪət] s hiljaisuus *could we have some quiet, please?* ettekö te voisi olla hiljaa?
2 quiet v hiljentää, vaientaa, saada vaikenemaan
3 quiet adj hiljainen, rauhallinen, (käytös, väri, pukeutuminen) hillitty *I haven't had a quiet moment since I arrived* en ole saanut hetken rauhaa sen jälkeen kun tulin
quieten v (UK) **1** hiljentää, vaientaa, saada vaikenemaan **2** rauhoittaa, tyynnyttää, (luulo) hälventää
quietly [kwaɪətli] adv hiljaa (vrt quiet) *they got married quietly* he pitivät pienet häät
quill [kwɪl] s **1** (siipi-, pyrstö)sulka **2** (sulan ruodon pää) kynä **3** sulkakynä **4** (siilin, piikkisian) piikki
quilt [kwɪlt] s sängynpeite
quinine [kwaɪnaɪn] s (lääke) kiniini
quintet [kwɪn'tet] s kvintetti
quintette [kwɪn'tet] s kvintetti
quintillion s triljoona
quintuplets [kwɪn'tupləts] s (mon) viitoset
1 quip [kwɪp] s letkaus, letkautus
2 quip v letkauttaa
quit [kwɪt] v **1** lopettaa, lakata, luopua *quit complaning and start to work* lakkaa valittamasta ja rupea töihin **2** lähteä, poistua **3** erota (työstään)
quite [kwaɪt] adv **1** aika, melko *it's quite cold in here* täällä on melko viileää *quite a few people came* sinne tuli aika paljon väkeä *she's quite an artist* hän on melkoinen taiteilija **2** täysin, aivan *he is quite unknown in this country* hän on täysin tuntematon tässä maassa *that's quite another story* se on kokonaan toinen juttu *it's quite allright* ei se mitään

quits [kwɪts] *to call it quits* lopettaa (toistaiseksi)
1 quiver [kwɪvər] s **1** (nuolia varten) viini **2** värinä, vapina, tutina, puistatus
2 quiver v väristä, vapista, tutista, puistattaa
1 quiz [kwɪz] s **1** (koulussa) koe, pistot (ark) **2** tietokilpailu
2 quiz v tentata, pitää koe/piikit, kuulustella
quizmaster ['kwɪzˌmæstər] s tietokilpailun pitäjä/juontaja
quizzical [kwɪzɪkəl] adj **1** kysyvä, kyselevä, utelias **2** huvittava, naurettava, outo, kummallinen
quokka [kwoʊkə] s quokka, lyhythäntäkenguru
quoll [kwoʊl] s täpläpussinäätä
Quonset hut® ['kwansətˌhʌt] s (puolisylinterin muotoinen aaltopelti)parakki
quota [kwoʊtə] s **1** osuus **2** kiintiö
quotable [kwoʊtəbəl] adj jota voi/tekee mieli siteerata/lainata
quotation [kwoʊ'teɪʃən] s **1** sitaatti, lainaus **2** (kurssin tms) noteeraus **3** hintailmoitus, hinta
quotation s (tal) noteeraus
quotation marks s (mon) lainausmerkit
1 quote [kwoʊt] s **1** sitaatti, lainaus **2** hintailmoitus, hinta *the quotes I got from two travel agents don't jibe* kahdesta eri matkatoimistosta saamani hinnat eivät täsmää
2 quote v **1** siteerata, lainata, toistaa (jonkun sanoja) *he says that the gadget was quote unusable unquote when he got it* hänen mukaansa vekotin oli 'käyttökelvoton' kun hän otti sen vastaan **2** ilmoittaa hinta
quote unquote fr niin sanottu, muka
quotient [kwoʊʃənt] s osamäärä *intelligence quotient* älykkyysosamäärä
QWERTY [kwɜrti] adj (tietokoneen näppäimistöstä jossa näppäimet on järjestetty siten kuin kirjoituskoneissa eli niin että kirjaimet q, w, e, r, t ja y ovat ylimmän kirjainrivin vasemmassa päässä) qwerty-

R, r

R, r [aər] R, r
R (tekstiviestissä, sähköpostissa) *are*
R.A. *Royal Academy*
RAAF *Royal Australian Air Force*
rabbi [ræbaɪ] s (mon rabbis) rabbi
rabbit [ræbət] s **1** kaniini, kani (ark) *to pull a rabbit out of the hat* keksiä äkkiä jotakin/jokin ratkaisu **2** jänis
rabbit food s (ark) salaatti yms (laihdutus)ruoka
rabble [ræbəl] s meluisa väkijoukko *the rabble* rahvas
rabble-rouse v yllyttää, kiihota, villitä (kansaa)
rabble-rouser ['ræbəlˌraʊzər] s kansanyllyttäjä, kansankiihottaja, kansanvillitsijä
rabble-rousing s kansan yllytys, kiihotus, villitseminen
rabid [ræbəd] adj **1** vesikauhuinen, raivotautinen **2** raivoisa, hillitön, silmitön **3** kiihkomielinen, kiihko-
rabies [reɪbiːz] s vesikauhu, raivotauti, rabies
RAC *Royal Automobile Club*
raccoon [ræˈkuːn] s pesukarhu, supi
raccoon-dog s supikoira
1 race [reɪs] s **1** (nopeus)kilpailu, kilpaajo(t), kilpajuoksu ym *arms race* kilpavarustelu *the races* ratsastuskilpailu; ravit; (vintti)koirakilpailut **2** (kuv) kilpajuoksu *the race to find a cure for AIDS* kilpajuoksu aidslääkkeen löytämiseksi **3** (ajan nopea) kulku **4** rotu; (joskus:) heimo *the human race* ihmisrotu *the Slavic races* slaavilaiset heimot
2 race v **1** kilpailla, osallistua/ilmoittaa (nopeus)kilpailuun **2** kiitää, viilettää, kiiruhtaa
race against time fr kiirehtiä, pitää kiirettä

racecar ['reɪsˌkar] s kilpa-auto
racehorse ['reɪsˌhɔrs] s kilpahevonen
racer [reɪsər] s **1** kilpailija **2** kilpa-auto; kilpapyörä; kilpavene; kilpasoutuvene; kilpahevonen tms **3** pikaluistin
race riot s rotumellakka
racetrack ['reɪsˌtræk] s kilparata
race-walk v kävellä kilpaa, osallistua kilpakävelyyn
race walking s kilpakävely
rachis [reɪkəs] s (puun lehden, linnunsulan) ruoti
racial [reɪʃəl] adj rodullinen, rotu-
racially adv rodullisesti
racial minority s rotuvähemmistö
racial prejudice s rotuennakkoluulo
racing car s kilpa-auto
racing skate s pikaluistin
racism [reɪsɪzəm] s rotusyrjintä, rotusorto, rotuviha, rasismi
racist [reɪsɪst] s rasisti adj rasistinen
1 rack [ræk] s **1** teline, hylly **2** (tekniikassa) hammastanko **3** (poolbiljardissa) kolmio; pallojen alkuasetelma **4** kidutuspenkki **5** kidutus, piina, ahdistus
2 rack v **1** kiduttaa (kuv), piinata, ahdistaa, rasittaa *to rack your brain* ajatella päänsä puhki/ympäri **2** kiduttaa piinapenkissä
rack and pinion s hammastanko
rack-and-pinion steering [ˌrækənˈpɪnjən] s hammastanko-ohjaus
1 racket [rækət] s **1** (tennis-, pöytätennis- ym) maila **2** eräänlainen lumikenkä, karpponen **3** (peli) racquetball **4** meteli, metakka, mökä **5** gangstereiden toiminta, järjestäytynyt rikollisuus
2 racket v mekastaa, meluta
1 racketeer [ˌrækəˈtɪər] s gangsteri, (kiristystä, salakuljetusta tms harjoittava ryhmään kuuluva rikollinen)

racketeer

2 racketeer v toimia gangsterina (harjoittaa osana ryhmää/ryhmänä kiristystä, salakuljetusta tms)
racketeering s gangsterien toiminta, (järjestäytynyt kiristys, salakuljetus ym) rikollisuus
racquet [rækət] s **1** (peli) racquetball **2** (tennis-, pöytätennis-, squash- ym) maila **3** eräänlainen lumikenkä, karpponen
racquetball ['rækət,baɔl] s (peli) racquetball
racy [reɪsi] adj **1** uskalias, rohkea **2** eloisa, vilkas, pirteä
rad [ræd] adj (nuorten sl) makee (sanasta *radical*)
radar [reɪdar] s tutka
radar astronomy s tutkatähtitiede
radial [reɪdiəl] s vyörengas adj säteittäinen, säteen suuntainen
radial engine s tähtimoottori
radial keratotomy [,kerə'tatəmi] s (silmäleikkaus) radiaalikeratotomia
radial tire s vyörengas
radiance [reɪdiəns] s **1** kirkkaus, loisto **2** (kuv) iloisuus, lämpimyys
radiant [reɪdiənt] adj **1** kirkas, (valo) voimakas **2** (kuv) säteilevä, iloinen, lämmin
radiantly adv **1** kirkkaasti, (loistaa) voimakkaasti **2** (kuv) säteillen, iloisesti, lämpimästi
radiate ['reɪdi,eɪt] v säteillä (myös kuv); hohtaa, hehkua, loistaa
radiate with v säteillä jotakin, olla täynnä jotakin
radiation [,reɪdi'eɪʃən] s säteily
radiation therapy s sädehoito
radiator [reɪdieɪtər] s **1** (lämpö)patteri **2** (auton) jäähdytin
radiator grille s (auton) jäähdyttimen säleikkö
radical [rædɪkəl] s radikaali (myös kem, mat) adj **1** jyrkkä, äkillinen, perusteellinen, syvällinen **2** (poliittisesti) radikaali
radicalism ['rædɪkə,lɪzəm] s radikalismi
radical left s äärivasemmisto
radically [rædɪkli] adv erittäin, voimakkaasti, jyrkästi, äkillisesti, perusteellisesti, läpikotaisin *these two are radically different* nämä kaksi ovat täysin erilaiset
radical right s äärioikeisto
radii ['reɪdi,aɪ] ks radius
1 radio [reɪdioʊ] s (mon radios) radio; radiovastaanotin
2 radio v lähettää radiossa/radiolla, radioida
radioactive [,reɪdioʊ'æktɪv] adj radioaktiivinen
radioactive dating s radioaktiivinen iänmääritys
radioactive decay s radioaktiivinen hajoaminen
radioactively adv radioaktiivisesti
radioactive waste s radioaktiivinen jäte
radioactivity [,reɪdioʊæk'tɪvəti] s radioaktiivisuus
radio astronomy s radiotähtitiede, radioastronomia
radio beacon s radiomajakka
radio compass s radiokompassi
radio frequency s radiotaajuus
radiograph ['reɪdiə,græf] s radiogrammi; röntgenkuva
radiography [,reɪdi'agrəfi] s radiografia; röntgenkuvaus
radioisotope [,reɪdioʊ'aɪsə,toʊp] s radioisotooppi
radio shack s (ark) (laivan) radiohuone
radiosonde ['reɪdio,sand] s radioluotain, radiosondi
1 radiotelephone [,reɪdioʊ'telə,foʊn] s radiopuhelin
2 radiotelephone v soittaa radiopuhelimella
radio telescope s radioteleskooppi
radiotherapy [,reɪdioʊ'θerəpi] s sädehoito
radio wave s radioaalto
radio window s (tähtitieteessä) radioikkuna
radish [rædɪʃ] s retiisi
radium [reɪdiəm] s radium
radius [reɪdiəs] s (mon radiuses, radii) **1** säde, (geom myös) radius **2** värttinäluu
radon [reɪdan] s radon
RAF *Royal Air Force*

1 raffle [ræfəl] s arpajaiset, arvonta
2 raffle v arpoa, olla palkintona arpajaisissa, antaa/panna palkinnoksi arpajaisiin
1 raft [ræft] s lautta
2 raft v kuljettaa/kulkea/laskea jokea lautalla
rafter s **1** (vesikatossa) ruode **2** (huvi)lauttailija
rafting s (kumi)lauttailu *we went rafting in the Grand Canyon* kävimme lauttaretkellä Grand Canyonissa
1 rag [ræg] s **1** rätti, riepu *you can't go to school in those rags* et voi mennä kouluun noissa ryysyissä/lumpuissa *to go from rags to riches* nousta tyhjästäkusta miljonääriksi *to chew the rag* rupatella, jutella (joutavia) **2** (ark) roskalehti
2 rag v haukkua, sättiä, moittia
ragamuffin [ˈrægəˌmʌfən] s ryysyläinen
rag doll s räsynukke
1 rage [reɪdʒ] s raivo, raivonpuuska, kiihko, vimma *hi-top sneakers are all the rage* korkeavartiset lenkkarit ovat viimeistä huutoa/uusin villitys
2 rage v (myrsky, taistelu, ihminen) raivota
ragged [rægəd] adj (ihminen, vaate) ryysyinen, (vaate) repaleinen, (tukka, eläimen turkki) takkuinen, (pinta, terä, haava) rosoinen, (kuv) huono, hutiloitu, osaamaton
ragged edge *to be on the ragged edge* (of something) olla jonkin partaalla, olla veitsen terällä
raggedy [rægədi] adj ryysyinen, repaleinen
raglan sleeve [ræglən] s olkahiha, raglan
ragtag [ˈrægˌtæg] adj **1** ryysyinen, repaleinen **2** monenkirjava, kirjava, kaikenkarvainen
ragtime [ˈrægˌtaɪm] s (mus) ragtime
ragtop [ˈrægˌtap] s (ark) rättikatto, rättikattoinen avoauto
1 raid [reɪd] s **1** hyökkäys **2** ratsia **3** (tal) valtaus
2 raid v **1** hyökätä jonnekin **2** tehdä ratsia jonnekin **3** (tal) vallata (yritys)

raider s **1** hyökkääjä **2** (tal) (yrityksen) valtaaja
rail [reɪl] s **1** (rata)kisko **2** rautatie *to travel by train* matkustaa junalla **3** kaide
rail at/against v haukkua, moittia, sättiä, sadatella
1 railroad [ˈreɪəlˌroʊd] s rautatie
2 railroad v **1** kuljettaa junalla **2** (ark) tuomita (syytetty) heppoisin/tekaistuin perustein **3** (ark) hyväksyttää (lakiehdotus) kiireen vilkkaa (ennen kuin sitä ehditään vastustaa)
railway [ˈreɪəlˌweɪ] s **1** (UK) rautatie **2** (US) kevyt/lyhyt rautatie
1 rain [reɪn] s sade *rains* sadekausi
2 rain v **1** sataa **2** heittää, pudottaa, sirotella *to rain blows on someone* takoa jotakuta nyrkeillään **3** (kuv) vuotaa, vuodattaa *he rained thanks on us* hän kiitti meitä ylitsevuotavasti
rainbow [ˈreɪnˌboʊ] s sateenkaari
rainbow trout s kirjolohi
rain buckets fr sataa kaatamalla, sataa kuin aisaa
rain cats and dogs fr sataa kaatamalla, sataa kuin aisaa
rain check [ˈreɪnˌtʃek] s uusi lippu (tilaisuuteen joka esim sateen vuoksi siirtyy myöhemmäksi); lappu joka oikeuttaa ostamaan loppuunmyydyn alennustuotteen myöhemmin samaan hintaan *to give/take a rain check* (kuv) siirtää toiseen kertaan, yrittää joskus uudestaan
rainfall [ˈreɪnˌfɑːl] s **1** sade **2** sademäärä
rainfly [ˈreɪnflaɪ] s (teltan) sadekatos
rain forest s sademetsä
rain gauge [geɪdʒ] s sademittari
rain on v (sl) valittaa, vuodattaa/purkaa tunteitaan/murheitaan jollekulle
rain or shine adv satoi tai paistoi; kävi niin tai näin (myös kuv)
rain out fr peruuntua/siirtyä myöhemmäksi (sateen vuoksi)
rainspout [ˈreɪnˌspaʊt] s (räystäskourun) syöksyputki
rainy day *to save something for the rainy day* säästää jotakin pahan päivän varalle
1 raise [reɪz] s (hintojen) nousu; (palkan)korotus

raise

2 raise v **1** kohottaa, kohota, korottaa, nostaa, nousta, nousta/nostaa pystyyn, nousta seisomaan *don't raise your voice* älä korota ääntäsi **2** rakentaa, pystyttää **3** (kuv) nostaa (häly, äläkkä), nousta (vastarintaan) *to raise a protest* protestoida, panna vastaan, nousta vastarintaan **4** kasvattaa (lapsia, karjaa, viljaa), viljellä **5** (kuv) kohottaa, nostaa (mielialaa) *the good news raised our spirits* iloinen uutinen piristi meitä **6** koota (armeija), kerätä (rahaa)
raise eyebrows fr (kuv) herättää huomiota, hämmästyttää
raise the roof fr nostaa äläkkä/häly, tehdä iso numero jostakin
raisin [reɪzən] s rusina
raison d'être [ˌreɪzoʊnˈdeɪtrə] s (ranskasta) olemassaolon oikeutus/peruste, henki ja elämä *football is his raison d'être* amerikkalainen jalkapallo on hänelle kaikki kaikessa
1 rake [reɪk] s harava
2 rake v **1** haravoida **2** kohentaa (kekäleitä hiilihangolla) **3** raapaista, naarmuttaa **4** etsiä läpikotaisin, kammata, haravoida
rake in v (ark) kääriä rutkasti rahaa, tienata hyvin *the company is raking in profits* yritys tekee voittoa minkä ehtii
rake up v (kuv) herättää henkiin, kaivaa esiin (jotakin kielteistä)
rakish [reɪkɪʃ] adj **1** rempseä, railakas, rohkea **2** (laiva, vene) virtaviivainen, sulavalinjainen, nopean näköinen
1 rally [ræli] s **1** joukkokokous **2** (sotajoukkojen) järjestäytyminen, kokoaminen **3** (terveyden) paraneminen, toipuminen **4** ralli(kilpailu) **5** (tal) hintojen nousu tasaisen tai laskevan kurssikehityksen jälkeen
2 rally v **1** koota, kokoontua (yhteen), kutsua koolle **2** kutsua/tulla avuksi **3** keskittää/säästää voimansa johonkin, keskittyä, valmistautua **4** järjestää, koota (sotajoukot) **5** toipua, parantua, elpyä **6** osallistua rallikilpailuun
rallye [ræli] s ralli(kilpailu)
ralph [rælf] v (sl) yrjötä

1 ram [ræm] s **1** pässi **2** (hist) muurinmurtaja, muurinsärkijä
2 ram v **1** survaista, iskeä, sohaista, syöstä **2** törmätä, iskeytyä johonkin/jotakin vasten *Gary rammed the opponent* Gary paiskautui vastustajaansa päin **3** (kuv) ajaa/jyrätä (esim lakiehdotus) voimalla läpi
Ram (tähdistö) Oinas
RAM *random access memory* suorasaantimuisti, käyttömuisti, luku-kirjoitusmuisti, RAM
ramada [rəˈmadə] s (uimarannan usein olkikattoinen) rantakoju
1 ramble [ræmbəl] s (ajankuluksi tehty) kävely
2 ramble v **1** maleksia, kävellä, kierrellä (jossakin huviksseen) **2** kiemurrella, mutkitella
ramble on v paasata (pitkään), puhua kuin papupata, puhua/puhjoittaa monisanaisesti/ummet ja lammet, (puhe, kirjoitus) rönsyillä
rambler [ræmblər] s **1** maleksija **2** eräänlainen yksikerroksinen omakotitalo **3** köynnösruusu
rambling adj **1** (puhe, kirjoitus) monisanainen, rönsyilevä **2** (rakennus) laaja, valtava, lonkeroinen **3** (kasvi) köynnös-; rönsyilevä
rambunctious [ræmˈbʌŋkʃəs] adj (lapsi, juhlahumu) riehakas, riehaantunut, vallaton
ram down someone's throat *she tried to ram the idea down my throat* (ark) hän yritti pakottaa minut hyväksymään ehdotuksen
ramification [ˌræməfɪˈkeɪʃən] s **1** haara **2** (kuv) seuraus, vaikutus
ramify [ˈræməˌfaɪ] v haarautua, jakautua osiin, rönsyillä (myös kuv)
ramp [ræmp] s **1** luiska, ramppi **2** (lentokentällä: lentokoneen siirrettävät) matkustajaportaat
1 rampage [ˈræmˌpeɪdʒ] s raivo, raivonpuuska *to go on a rampage* (myrsky, ihminen) raivota, riehua
2 rampage v raivota, riehua
rampant [ræmpənt] adj raivoisa, hillitön, rehottava, (huhu) joka on kaikkien

huulilla, (eläin) joka seisoo takajaloillaan
rampart ['ræm‚part] s **1** (linnoituksen) valli **2** (kuv) suojamuuri
ramrod ['ræm‚rad] s (aseen) latauspuikko *he's stiff as a ramrod* hän on kuin seipään niellyt
ramshackle ['ræm‚ʃækəl] adj ränsistynyt, rapistunut, purkukypsä
ranch [ræntʃ] s karjatila, maatila, ranch *mink ranch* minkkitarha
rancher s karjatilan/maatilan/ranchin omistaja/työntekijä
ranch house s **1** karjatilan/maatilan/ranchin päärakennus **2** eräänlainen yksikerroksinen omakotitalo
rancid [rænsɪd] adj **1** härski, eltaantunut, (haju myös) kuvottava, ällöttävä **2** (kuv) kuvottava, ällöttävä, härski
rancor [ræŋkər] s ilkeys, pahansuopuus, pahuus, katkeruus
rancorous [ræŋkərəs] adj ilkeä, pahansuopa, katkera, katkeroitunut
random [rændəm] s: *at random* umpimähkään, mielivaltaisesti adj satunnainen, sattumanvarainen, umpimähkäinen, mielivaltainen
random access s (kuva- tai cd-levyllä) suora (kappale)haku adj *random-access* (tietok) suorasaanti-
random error s satunnaisvirhe
randomize ['rændə‚maɪz] v satunnaistaa, järjestää/panna satunnaiseen järjestykseen, valita satunnaisesti
random number s satunnaisluku
random sample s satunnaisotos, satunnaisnäyte
R and R [‚arən'ar] (tekstiviestissä, sähköpostissa) *rest and recuperation*
1 range [reɪndʒ] s **1** luokka, (ylä- ja alarajan) väli, (tilastossa) vaihteluväli *there are no other models in this price range* samassa hintaluokassa ei ole muita malleja **2** etäisyys, kantomatka *within shooting range* ampumaetäisyydellä **3** rivi, jono, sarja **4** valikoima *we have a wide range of models to choose from* meillä voitte valita laajasta mallistosta/mallivalikoimasta **5** kenttä, alue **6** ampumarata, (tykistön tms) harjoitusalue, koeammunta-alue **7** vuoristo *Aleutian Range* Aleuttien vuoristo **8** liesi, hella (ark) **9** laidunmaa
2 range v **1** ulottua (jostakin johonkin), vaihdella (jollakin välillä), olla *temperatures here range from ten to twenty-five degrees in the summer* lämpötila vaihtelee täällä kesäisin 10:n ja 25 asteen välillä *the topics discussed range over a wide area* keskustelussa kosketellaan laajaa aluetta **2** järjestää, järjestyä (riviin, jonoon) **3** vaeltaa, samota **4** etsiä, käydä läpi **5** laiduntaa (karjaa jossakin)
rangeland ['reɪndʒ‚lænd] s laidunmaa
ranger s **1** metsänvartija **2** (Texasissa) (osavaltion) poliisi
1 rank [ræŋk] s **1** (sotilas)arvo, (virka-)asema; korkea arvo/asema; sija *to pull rank on someone* komennella, määräillä (korkeampaan asemaansa vedoten) **2** (yhteiskunta- tai muu) luokka **3** rivi, jono, järjestys *to break ranks* poistua rivistä tms; (kuv) olla eri mieltä, ei suostua johonkin **4** (mon) rivimiehet (myös kuv)
2 rank v **1** järjestää/järjestyä (riviin/jonoon) **2** lukea/lukeutua johonkin ryhmään *Toyota ranks among the largest car manufacturers in the world* Toyota kuuluu maailman suurimpiin autotehtaisiin **3** olla korkeampiarvoinen kuin; olla arvoltaan korkein/ylin
3 rank adj **1** rehevä, rehottava **2** pahanhajuinen, löyhkäävä **3** täysi, täydellinen, pelkkä *he is a rank dilettante* hän on pelkkä amatööri **4** kuvottava, inhottava, vastenmielinen
rank and file s rivimiehet (myös kuv)
ranking (keskinäinen) järjestys, sijoittuminen adj **1** korkea-arvoisempi, korkea-arvoinen **2** johtava, arvostettu, maineikas
rankle [ræŋkəl] v kaivella, kismittää, harmittaa, sapettaa, vaivata
ransack ['ræn‚sæk] v **1** penkoa (läpi), kääntää (etsiessään) ylösalaisin **2** ryöstää, ryövätä, rosvota
1 ransom [rænsəm] s **1** lunnaat **2** vapautus, vapauttaminen

ransom

2 ransom v maksaa lunnaat
1 rant [rænt] s kiivailu, kiihkoilu, kiivas puhe
2 rant v kiivailla, puhua kiihkoisasti, vaahdota, raivota
1 rap [ræp] s **1** (kevyt isku) näpäytys, näpäys, koputus **2** (ääni) napsahdus, koputus **3** *not a rap* ei tipan tippaa, ei tippaakaan/vähääkään **4** (sl) syyllisyys; rangaistus *to beat the rap* selvitä rangaistuksetta; päästä pälkähästä, ei joutua nalkkiin/kiinni *to take the rap* ottaa syy niskoilleen **5** (sl) vastaanotto **6** rapmusiikki
2 rap v **1** koputtaa, naputtaa **2** karjua, karjaista **3** puhua/laulaa rapmusiikin säestyksellä **4** (sl) haukkua, pistää/lyödä lyttyyn
rapacious [rə'peɪʃəs] adj ahne
1 rape [reɪp] s **1** raiskaus **2** (kasvi) rehurapsi **3** (run) ryöstö *the rape of the Sabines* sabiinittarien ryöstö
2 rape v raiskata (myös kuv)
Raphael [ˌræfi'əl] (taidemaalari) Rafael, Raffaello
rapid [ræpəd] adj nopea
rapidity [rə'pɪdəti] s nopeus, äkkinäisyys
rapidly adv nopeasti
rapids [ræpədz] s (mon) koski
rapier [reɪpɪər] s (miekka) floretti
rapier wit s terävyys, nokkeluus, veitsenterävä äly
rapt [ræpt] adj lumoutunut, ihastunut, (johonkin) uppoutunut, syventynyt, (kiinnostus) herpaantumaton
rapture [ræptʃər] s ihastus, lumous, innostus
rapturous [ræptʃərəs] adj ihastunut, lumoutunut, innostunut
rare [reər] adj **1** harvinainen, harva, jota on harvassa **2** (ilma) ohut **3** (liharuoka) puoliraaka, vain vähän paistettu
rare-earth element s harvinainen maametalli
rarefied adj hieno, hienostunut, (seura) valikoitu, (maku) harvinainen
rarefy ['reərəˌfaɪ] v ohentaa, ohentua
rarely [reərli] adv (vain) harvoin

rarity [reərəti] s harvinaisuus *good manners are a rarity these days* hyvät tavat ovat nykyisin harvinaisuus/harvinainen asia
rascal [ræskəl] s **1** roisto, konna **2** kelmi, vintiö
rascally adv hävytön, häpeämätön; kuriton, tottelematon
rase [reɪz] v purkaa, hajottaa (rakennus) (yl *raze*)
1 rash [ræʃ] s ihottuma
2 rash adj hätäinen, ajattelematon, hätiköity, ennenaikainen
rashly adv hätäisesti, ajattelemattomasti, hätiköiden, hätiköidysti, ennenaikaisesti
1 rasp [ræsp] s **1** (karkea viila) raspi **2** rahina, rohina *he speaks with a rasp* hänen äänensä rahisee/kähisee
2 rasp v **1** viilata, hioa (raspilla) **2** rahista, rohista, kähistä
raspberry [ræzberi] s vadelma
rasping s rahina, rohina adj rahiseva, rohiseva, kähisevä
raster [ræstər] s rasteri, hila
rasterization s rakeistuminen
1 rat [ræt] s **1** rotta (myös kuv) *to smell a rat* haistaa palaneen käryä **2** (sl) vasikka, ilmiantaja
2 rat v **1** (sl) vasikoida, antaa ilmi **2** (sl) jättää ystävänsä/kolleganas pulaan (vaikealla hetkellä)
ratchet [rætʃət] s **1** (rattaan) säppi **2** säppipyörä, räikkäpyörä **3** (kuv) nousu; lasku v *to ratchet up* nostaa, nousta *to ratchet down* laskea
ratchet wheel s säppipyörä, räikkäpyörä
1 rate [reɪt] s **1** suhde, tahti, nopeus, vauhti, taajuus *the rate of progress is accelerating* edistyksen tahti kiihtyy *at this rate of speed* tällä nopeudella *at any rate* joka tapauksessa; ainakin, sentään **2** hinta, maksu, kurssi, taksa *rate of interest* korko(kanta) *rate of exchange* vaihtokurssi, valuuttakurssi *what are your rates?* paljonko liput, huoneet yms maksavat?
2 rate v **1** luokitella, luokittaa *this movie is rated R* tämä elokuva on sallittu alle

17-vuotiaille vain vanhemman henkilön seurassa **2** arvioida hinta/arvo **3** arvostella, korjata (koepaperi) **4** sijoittua (korkealle), pärjätä *Steinbeck no longer rates high with highbrows* Steinbeck ei enää ole älyköjen suosiossa

ratel [reɪtəl] s rateli, mesimäyrä

rather [ræðər] adv **1** aika, melko, verraten *it's a rather sad story* se on aika ikävä tarina **2** mieluummin *I'd rather be dead than wear that jacket* kuolen ennemmin kuin panen tuon takin päälleni **3** pikemmin(kin), tarkemmin sanoen, vaan *it's not great; rather, it's pretty awful* se ei ole erinomainen vaan suoraan sanoen kamala

rathole [ˈrætˌhoʊl] s (kuv) murju, mörskä *his office is nothing but a small rathole* hänen työhuoneensa on pelkkä ahdas karsina/soppi

rating s **1** luokitus, luokittelu **2** (mon) (television) katsojatilastot, (radion) kuuntelijatilastot **3** (tal) luottokelpoisuusarviointi

ratio [reɪʃoʊ] s (mon ratios) suhde *the ratio of cars to people* autojen määrä suhteessa asukaslukuun

1 ration [ræʃən] s **1** osuus, kiintiö, (ruoka-)annos **2** (mon) muona, eväät

2 ration v säännöstellä

rational [ræʃənəl] adj **1** järjellinen *rational beings* älylliset olennot **2** järkevä, älykäs, viisas; asiallinen, maltillinen *that was a rational decision* se oli viisas ratkaisu/päätös *let's try to be rational for a change* yritetäänpä vaihteeksi unohtaa tunteet/olla asiallisia

rationale [ˌræʃəˈnæl] s perustelu, peruste, selitys *what was your rationale for quitting your job?* miksi (ihmeessä) sinä erosit?

rationalism [ˈræʃənəˌlɪzəm] s rationalismi, järkeisusko

rationalist [ræʃənəlɪst] s rationalisti

rationality [ˌræʃəˈnæləti] s **1** järjellisyys, älyllisyys **2** järkevyys, viisaus; asiallisuus, maltti

rationalization [ˌræʃənələˈzeɪʃən] s **1** (tekojen) selittely, perustelu **2** järkeistäminen

rationalize [ˈræʃənəˌlaɪz] v **1** selitellä, selittää (parhain päin), perustella (tekojaan) **2** järkeistää

ration out v jakaa

rat race s (ark) oravanpyörä (kuv), kiireinen elämänrytmi, työelämän/elintasokilpailun hullunmylly

1 rattle [rætəl] s **1** kolina; helinä **2** (lapsen) helistin **3** (kalkkarokäärmeen) kalistin

2 rattle v **1** ravistaa, ravistella, heilua **2** (äänestä) kolista, kalista; helistä **3** kulkea hyppelehtien/pomppien *we rattled along in his old Buick* koikkelehdimme eteenpäin hänen vanhalla Buickillaan **4** paasata, pölistä, hölöttää, puhua ummet ja lammet, luetella (kuin apteekin hyllyltä) **5** häiritä, ärsyttää

rattler s **1** kalkkarokäärme **2** hölöttäjä

rattlesnake [ˈrætəlˌsneɪk] s kalkkarokäärme

raucous [rakəs] adj **1** (nauru, ääni) rämäkkä **2** (tilaisuus) riehakas, meluisa

raunchy [rantʃi] adj (ark) rivo, härski, likainen, irstas

1 ravage [rævədʒ] s tuho, hävitys *the ravages of war* sodan vahingot/tuhot/hävitys *the ravages of time* ajan hammas

2 ravage v tuhota, hävittää; (kuv) raastaa, repiä

1 rave [reɪv] s **1** (silmitön) ihastus, ylistys **2** reivit **3** tekno(musiikki)

2 rave v **1** houria, raivota **2** vaahdota, paasata, ylistää jotakin (about) maasta taivaaseen **3** (myrsky) raivota, tehdä tuhoaan

3 rave adj ylistävä *the movie opened to rave reviews* elokuva tuli teattereihin ylistävien arvostelujen saattelemana

raven [reɪvən] s korppi

ravenous [rævənəs] adj erittäin nälkäinen, jolla on sudennälkä *they are ravenous for some fun* heidän tekee kovasti mieli pitää hauskaa

ravenously adv nälkäisesti

ravine [rəˈvin] s rotko, kuru, onkalo

raving adj **1** houraileva, raivoava **2** sanoinkuvaamaton, uskomaton adv raivoisan *raving mad* raivohullu, pähkähullu, seinähullu

ravish

ravish [rævɪʃ] v **1** lumota, saada ihastumaan **2** raiskata
ravishing adj lumoava, ihastuttava, kuvankaunis
ravishingly adv lumoavasti, lumoavan, ihastuttavasti, ihastuttavan
raw [ra] s *in the raw* (ark) alasti, ilkosillaan, kelteisillään adj **1** raaka **2** (kuv) armoton, raaka **3** (kuv) kokematon **4** laimentamaton
raw material s raaka-aine; aineisto, materiaali
1 ray [reɪ] s säde
2 ray v säteillä
rayon [reɪan] s (kuitu) raion, viskoosi
raze [reɪz] v purkaa, hajottaa (rakennus)
razor [reɪzər] s partaveitsi; partakone
razorbill [reɪzərbɪl] s (lintu) ruokki
R & B *rhythm and blues*
RBG *red, green and blue*
RC *Red Cross; Roman Catholic*
RCAF *Royal Canadian Air Force*
RCMP *Royal Canadian Mounted Police*
RCN *Royal Canadian Navy*
rd. *road*
RDA *recommended daily/dietary allowance* suositeltu ravintoaineiden päiväsaanti (meilläkin yleisesti käytetty ravintoaineiden saantisuositus)
1 reach [ritʃ] s **1** *to make a reach for* yrittää tarttua johonkin, hapuilla jotakin **2** kantama, ulottuvuus *to be within/out of reach* olla jonkun ulottuvilla/ulottumattomissa (myös kuv)
2 reach v **1** kurkottaa, kurkottua, ojentaa, ojentua, ylettää, ylettyä, ulottua *she could not reach the cookie jar on the upper shelf* hän ei ulottunut piparkakkupurkkiin joka oli ylimmällä hyllyllä **2** saapua, tulla jonnekin **3** saavuttaa *have you reached your goal?* oletko päässyt tavoitteeseesi? *GM stock has reached an all-time high* GM:n osakkeiden arvo on noussut ennätystasolle **4** saada puhelimeen/kiinni *I am sorry but Mr. Olmos can't be reached now* Mr. Olmos ei valitettavasti voi nyt tulla puhelimeen
reachable adj (henkilö) tavoitettavissa, (tavoite) mahdollinen

react [ri'ækt] v reagoida, vastata
reaction [ri'ækʃən] s reaktio, vastaus, vaikutus
reactionary [ri'ækʃə,neri] s, adj taantumuksellinen
reactivate [ri'æktɪ,veɪt] v käynnistää/käynnistyä uudelleen, palauttaa voimaan, reaktivoida
reactor [ri'æktər] s reaktori *nuclear reactor* ydinreaktori
read [rid] v read, read **1** lukea *she read him a story* hän luki hänelle sadun **2** tulkita, lukea, ennustaa *you can read him like a book* häntä voi lukea kuin avointa kirjaa **3** kuulostaa, olla luettavissa/tulkittavissa tietyllä tavalla *the contract reads in two different ways* sopimus voidaan tulkita kahdella tavalla **4** katsoa/tarkistaa mittarin tms lukema; (mittari tms) näyttää jotakin lukemaa *read the electricity meter* lukea sähkömittarin lukema
read [red] adj lukenut, oppinut *well-read* (paljon) lukenut
readable [ridəbəl] adj **1** josta saa selvän **2** lukemisen arvoinen
read between the lines fr (kuv) lukea rivien välistä, huomata
readdress [,riə'dres] v kirjoittaa uusi osoite johonkin
reader [ridər] s **1** lukija **2** (koulussa) lukukirja **3** kokoelmateos **4** kustannustoimittaja **5** (UK) yliopiston lehtori
readership ['ridər,ʃɪp] s lukijat, lukijakunta
read for v (näyttelijä) käydä esiintymiskokeessa
readily [redəli] adv **1** helposti **2** halukkaasti
readiness [redinəs] s **1** valmius *the troops are in a state of readiness* joukot ovat valmiina/valmiustilassa **2** helppous **3** halukkuus
reading s **1** (tapahtuma) lukeminen **2** (kirja tms) lukeminen, luettava **3** lukeneisuus, sivistys **4** tulkinta **5** (mittarin tms) lukema **6** lausuntailta, luentatilaisuus
read into v pistää omiaan johonkin *I think you're reading too much into what*

she said minusta sinä tulkitset hänen sanojaan liian optimistisesti/jyrkästi tms

readjust v säätää, sovittaa (uudelleen)

readjustment [ˌriəˈdʒʌstmənt] s (uusi) säätö, sovitus

read lips v lukea huulilta *read my lips!* (sl) etkö sinä jo tajua?, pitääkö se vääntää rautalangasta?

read out v lukea ääneen

readout [ˈriˌdaʊt] s (mittarin) lukema *a digital readout* digi(taali)näyttö, numeronäyttö

read out of v erottaa (jäsen julkisesti)

read the riot act fr **1** antaa jonkun kuulla kunniansa, sättiä **2** varoittaa jotakuta

read up on v ottaa selvää jostakin (lukemalla), perehtyä johonkin aiheeseen tarkemmin (lukemalla)

ready [redi] adj **1** valmis *your coffee is ready* kahvisi on valmis *we are ready to go* olemme valmiit lähtemään *to make ready* laittaa valmiiksi, valmistaa **2** halukas, valmis *are you ready to help?* haluatko auttaa? **3** nopea, terävä (kuv), kärkäs, hanakka *she has a ready tongue* hän on terävä sanoissaan *don't be so ready to find fault with others* älä moiti toisia niin kärkkäästi **4** joka on heti saatavilla/käytettävissä *I happen to have some ready cash on me* minulla sattui olemaan mukana käteistä rahaa v laittaa valmiiksi, valmistaa

Ready! Set! Go! fr Paikoillenne, valmiit, nyt!

real [riəl] s **1** (filosofiassa) *the Real* todellisuus **2** *are you for real?* oletko tosissasi? *I don't think he is for real* en usko että häneen voi luottaa adj **1** todellinen, aito *it's real gold* se on aitoa kultaa **2** varsinainen, todellinen *he's a real asshole* hän on täysi paska **3** kiinteä: *real property* kiinteä omaisuus adv (ark) todella *you did real fine* selvisit tosi hienosti

real estate [ˈriləˌsteɪt] s kiinteistö(t), kiinteä omaisuus

realism [riəlizəm] s realismi

realist [riəlɪst] s realisti adj realistinen

realistic [ˌriəˈlɪstɪk] adj realistinen, järkevä, asiallinen, kohtuullinen *let's be realistic about this* ollaanpa nyt tässä asiassa realisteja

realistically adv realistisesti, järkevästi, asiallisesti, kohtuullisesti *how much profit can we realistically expect?* paljonko voittoa meidän on kohtuullista odottaa?

reality [riˈæləti] s **1** todellisuus *in reality he is a pretty nice guy* todellisuudessa on ihan mukava ihminen **2** realiteetti, tosiseikka

reality check: *we need a reality check here* meidän on aika katsoa totuutta silmiin, lakata elämästä pää pilvissä

reality show s tosi-tv-ohjelma

reality TV s tosi-tv

realization [ˌriələˈzeɪʃən] s **1** oivallus, ymmärtäminen **2** toteutus, toteuttaminen, toteutuminen **3** rahaksi muuttaminen, realisaatio

realize [ˈriəˌlaɪz] v **1** huomata, ymmärtää, oivaltaa, tajuta **2** toteuttaa *he has realized his ambitions* hän on toteuttanut haaveensa **3** muuttaa käteiseksi, realisoida; tuottaa (rahana)

real-life adj todellinen, oikea

really [rɪli] adv **1** todellisesti, oikeasti *he is not American, he is really Canadian* hän ei ole amerikkalainen vaan todellisuudessa kanadalainen **2** todella, todellakin *it is really nice to be here* on oikein hienoa olla täällä

realm [reəlm] s **1** kuningaskunta **2** (kuv) alue, piiri *it's out of my realm* se ei ole minun heinäni/alaani

real number s reaaliluku

real property s kiinteä omaisuus, kiinteistö(t)

realtor [riəltər] s kiinteistönvälittäjä

realty [riəlti] s kiinteistö(t), kiinteä omaisuus

real wages [ˌriəlˈweɪdʒəz] s (mon) reaalipalkka

real world [ˌriəlˈwərəld] s todellisuus, käytäntö, todellinen elämä, kylmä maailma *welcome to the real world!* tällaista on elämä!

reap [rip] v **1** niittää; korjata sato **2** (kuv) ansaita, kääriä (voittoa) *you reap what you have sown* mitä ihminen kylvää, sitä hän myös niittää

reappear [ˌriəˈpɪər] v ilmestyä uudelleen näkyviin/paikalle, palata, tulla takaisin *the symptoms have reappeared* oireet ovat uusiutuneet

1 rear [rɪər] s **1** takaosa *at the rear of the house* talon takana *to bring up the rear* olla viimeinen, pitää perää, olla hännänhuippuna **2** (linja-auton) takaosa, (henkilöauton) takapenkki **3** takamus

2 rear v **1** kasvattaa (lapsi, karjaa), viljellä (viljaa) **2** rakentaa, pystyttää **3** nostaa, kohottaa *racism is again rearing its ugly head* rotuviha nostaa jälleen päätään

3 rear adj taka-, perä

rear end [ˌrɪərˈend] s **1** peräpää, takapää **2** (ark) takapuoli

rearm [riˈɑrm] v **1** varustaa uudestaan; määrätä uudelleen aseisiin **2** varustaa uusilla aseilla

rearmament [riˈɑrməmənt] s uudelleenvarustelu

rear projection s (televisiossa ym) taustaprojisointi

rearview mirror [ˌrɪərvjuˈmɪrər] s (auton) taustapeili

rear-wheel drive [ˌrɪərwiəlˈdraɪv] s takapyöräveto, takaveto

1 reason [rizən] s **1** syy, peruste *by reason of* jostakin syystä, jonkin vuoksi, jollakin perusteella *with reason* hyvällä syyllä, hyvästä syystä, aiheellisesti **2** järki, äly **3** mielenterveys, järki *to bring someone to reason* saada joku järkiinsä, saada joku muuttamaan mieltään *to stand to reason* olla selvää; käydä järkeen, jossakin on järkeä **4** kohtuus *to be within reason* olla kohtuullista, olla kohtuuden rajoissa

2 reason v **1** järkeillä, päätellä **2** suositella, kehottaa, esittää

reasonable [rizənəbəl] adj **1** järkevä **2** kohtuullinen; kohtuullisen hintainen

reasonably adv **1** järkevästi **2** kohtuullisesti, kohtuullisen, aika, melko *that's what you can reasonably expect* siihen sinun on hyvä varautua

reasoned adj harkittu, perusteltu, loppuun asti ajateltu/mietitty

reasoning s **1** looginen ajattelu, järkeily **2** perustelu

reassurance [ˌriəˈʃərəns] s **1** rohkaisu, lohtu **2** vahvistus, vakuuttelu

reassure [ˌriəˈʃər] v **1** rohkaista, lohduttaa, tyynnyttää, rauhoittaa **2** vakuuttaa, vahvistaa *let me reassure you that we are not going to dump you* vakuutan sinulle että me emme aio hankkiutua sinusta eroon

reassuring adj rohkaiseva, rauhoittava

reassuringly adv rohkaisevasti, rauhoittavasti

rebate [rɪbeɪt] s alennus

rebel [rebəl] s kapinallinen, kapinoitsija

rebel [rɪˈbel] v kapinoida (myös kuv:) vastustaa, panna vastaan

rebellion [rəˈbeljən] s kapina

rebellious [rəˈbeljəs] adj kapinallinen; tottelematon, uppiniskainen

rebirth [riˈbɜrθ] s **1** uudelleensyntyminen **2** henkiin herääminen, uusi nousu *the rebirth of Nazism* natsismin uusi nousu

1 rebound [ribaʊnd] s (koripallossa) levypallo

2 rebound [riˈbaʊnd] v **1** kimmota, ponnahtaa/heittää takaisin **2** (kuv) toipua; kostautua

1 rebuff [rɪˈbʌf] s tyly kielteinen vastaus

2 rebuff v torjua, evätä, kieltää (tylysti)

1 rebuke [rɪˈbjuk] s nuhtelu, nuhteet, moitteet, torut, torumiset

2 rebuke v nuhdella, torua, moittia

1 recall [rɪˈkɔl] s **1** muisti **2** takaisin kutsuminen

2 recall v **1** muistaa, palauttaa mieleen **2** kutsua takaisin *Chrysler has recalled all 1995 LeBarons* Chrysler on kutsunut kaikki vuoden 1995 malliset LeBaronit korjattaviksi

recant [rɪˈkænt] v perua puheensa, pyörtää sanansa, muuttaa kantaansa

recapitulate [ˌrikəˈpɪtʃəˌleɪt] v toistaa, kerrata, tehdä yhteenveto

reclaim

recapitulation [ˌrikəˌpɪtʃə'leɪʃən] s toisto, kertaus, yhteenveto

recede [rə'sid] v perääntyä, loitontua, vähentyä, supistua, laskea *cash payments have receded in importance* käteismaksujen merkitys on vähentynyt

receipt [rə'sit] s **1** (lähetyksen tms) vastaanotto, saapuminen **2** kuitti **3** (mon) tulot **4** resepti

receivables [rə'sivəbəlz] s (mon) (yrityksen) saatavat

receive [rə'siv] v **1** saada **2** ottaa vastaan *to receive a guest/an offer/a radio station* ottaa vastaan vieras/tarjous/saada radioasema kuuluviin *Mrs. Smythe-Hines will now receive* Mrs. Smythe-Hines ottaa teidät (vieraan) nyt vastaan

Received Pronunciation s (britti)englannin yleiskielen ääntämys

Received Standard s (britti)englannin yleiskieli

receiver s **1** vastaanottaja **2** (radio-, televisio) vastaanotin; viritinvahvistin **3** (puhelimen) luuri

recent [risənt] adj äskettäinen, uusi *he's a recent arrival* hän on uusi tulokas

recently adv äskettäin, äsken

receptacle [rɪ'septəkəl] s astia, kotelo, teline

reception [rɪ'sepʃən] s **1** vastaanotto *to be met with a warm reception* saada lämmin vastaanotto **2** (juhla) vastaanotto(tilaisuus); tervetuliaisjuhla **3** (radio-, televisiolähetteen) vastaanotto

reception desk s (yrityksen, hotellin) vastaanotto

receptionist [rɪ'sepʃənɪst] s (yrityksen, hotellin) vastaanottoapulainen

reception room s (lääkärin tms) vastaanotto(huone)

receptive [rɪ'septɪv] adj vastaanottavainen, halukas kuuntelemaan *she was not receptive to my suggestions* hän ei lämmennyt ehdotuksilleni

recess [rises] s **1** tauko, (koulussa) välitunti **2** syvennys, alkovi **3** (mon) uumenet

recess [rɪ'ses] v **1** pitää tauko **2** syventää

recession [rɪ'seʃən] s (tal) taantuma

recharge [ri'tʃaərdʒ] v ladata (uudestaan)

rechargeable adj joka voidaan ladata uudelleen, uudelleen ladattava

recharger s latauslaite

recheck [ri'tʃek] v tarkistaa uudelleen

recipe [resəpi] s resepti, lääkemääräys; ruuan valmistusohje *there is no recipe for happiness* ei ole olemassa onnellisuuden patenttilääkettä

recipient [rɪ'sɪpiənt] s vastaanottaja; palkinnonsaaja

reciprocal [rə'sɪprəkəl] adj vastavuoroinen, molemminpuolinen

reciprocally adv vastavuoroisesti, molemminpuolisesti

reciprocate [rə'sɪprəˌkeɪt] v vastata (ehdotukseen, hymyyn), tehdä vastapalvelus; kostaa, maksaa takaisin (kuv)

reciprocating engine s mäntäkone, mäntämoottori

recital [ri'saɪtəl] s **1** konsertti; (runon) lausunta(esitys) **2** selotus, kuvaus; selonteko, luettelo

recitation [ˌresə'teɪʃən] s (runon) lausunta(esitys)

recite [rɪ'saɪt] v **1** lausua (runo) **2** toistaa (ulkomuistista) **3** selostaa, kuvata, kertoa **4** luetella

reckless [rekləs] adj uhkarohkea, tyhmänrohkea, päätön, hillitön

recklessly adv ks reckless

recklessness s uhkarohkeus, päättömyys, hillittömyys

reckon [rekən] v **1** laskea **2** lukea/laskea johonkin kuuluvaksi *he is reckoned to be one of the best physicists in the country* häntä pidetään yhtenä maan johtavista fyysikoista **3** ajatella, uskoa, luulla *he'll be here by noon, I reckon* eiköhän hän ilmesty paikalle puoleen päivään mennessä

reckoning *day of reckoning* tilinteon hetki

reckon with v **1** ottaa huomioon, ottaa laskuihin mukaan, varautua johonkin **2** (yrittää) ratkaista (ongelmat), (yrittää) selviytyä jostakin

reclaim [ri'kleɪm] v **1** vaatia takaisin itselleen **2** noutaa, hakea (matkatavarat

reclamation

tms) *passengers can reclaim their baggage on the lower level* matkatavarat luovutetaan matkustajille alakerrassa **3** ottaa (maata) käyttöön, ryhtyä viljelemään
reclamation [ˌreklə'meɪʃən] s (maan) käyttöönotto
recline [rɪ'klaɪn] v kallistaa/kallistua taaksepäin *he reclined on the sofa* hän kävi sohvalle pitkäkseen *the front seats of his car recline* hänen autonsa etuistuimissa on kallistuvat selkänojat
recliner s nojatuoli, lepotuoli, laiskanlinna
reclining adj kallistuva, kallistettava
recluse [reklus] s erakko
recognition [ˌrekəg'nɪʃən] s **1** tunnistaminen, tunteminen **2** oivaltaminen, ymmärtäminen **3** tunnustaminen, myöntäminen, hyväksyminen **4** tunnustus, arvostus
recognizable ['rekəgˌnaɪzəbəl] adj jonka voi tunnistaa joksikin *after the accident, his face was hardly recognizable* onnettomuuden jälkeen hänen kasvojaan oli vaikea tunnistaa
recognizably adv (melko) selvästi, silmin nähden
recognize ['rekəgˌnaɪz] v **1** tunnistaa, tuntea *I almost did not recognize you* en ollut tuntea sinua *he recognized her voice* hän tunnisti naisen äänen/äänestä **2** oivaltaa, ymmärtää, käsittää, tajuta **3** tunnustaa, myöntää, hyväksyä (oikeaksi, todeksi) **4** ilmaista tunnustuksensa/arvostuksensa, antaa tunnustus
recognized adj tunnustettu, arvostettu
recoil [rikɔɪəl] s (aseen) rekyyli, potkaisu
recoil [rɪ'kɔɪəl] v **1** säpsähtää, säikähtää, pelästyä **2** (ase) potkaista **3** (kuv) (teko) kostautua
recollect [ˌrekə'lekt] v muistaa
recollection [ˌrekə'lekʃən] s muisto *I have no recollection of that event* en muista sellaista tapahtumaa
recommend [ˌrekə'mend] v suositella
recommendation [ˌrekəmən'deɪʃən] s suositus

recommended daily allowance [ə'laʊəns] ks RDA
recommended dietary allowance [daɪəteri] ks RDA
1 recompense ['rekəmˌpens] s korvaus, hyvitys, palkkio
2 recompense v korvata, hyvittää, palkita
reconcile ['rekənˌsaɪəl] v **1** sovittaa välit/riita, tehdä sovinto *to become reconciled* sopia välinsä **2** sovittaa yhteen **3** *to reconcile yourself to some thing* alistua johonkin, hyväksyä jotakin
reconciliation [ˌrekənsɪlɪ'eɪʃən] s **1** sovinto, rauha, (riidan) sopiminen **2** (mielipiteiden ym) yhteen sovittaminen
reconfirmation [riˌkanfər'meɪʃən] s (esim lentopaikkavarauksen) vahvistus
reconnaissance [rɪ'kanəsəns] s (sot) tiedustelu
reconnaissance satellite s (sot) tiedustelusatelliitti
reconnoiter [ˌrikə'nɔɪtər, ˌrekə'nɔɪtər] v **1** (sot) tiedustella **2** tehdä maanmittauksia
record [rekərd] s **1** asiakirja; pöytäkirja; luettelo *this is strictly off the record* sanon tämän täysin epävirallisesti/kahden kesken *to go on record* ilmoittaa julkisesti **2** rikosrekisteri *he has a record a mile long* hänellä on kontollaan pitkä liuta rikoksia **3** tausta, menneisyys, historia *it is the longest-running Broadway show on record* se on kaikkien aikojen pisimmin esitetty Broadway-show **4** äänilevy; äänitys **5** (urh) ennätys
record [rɪ'kɔrd] v **1** merkitä/kirjoittaa jotakin muistiin; pitää pöytäkirjaa; luetteloida **2** nauhoittaa, äänittää (mittari tms) näyttää (jotakin arvoa), osoittaa *extremely low temperatures were recorded in Alaska yesterday* Alaskassa mitattiin eilen poikkeuksellisen kylmiä lämpötiloja
record album s LP, äänilevy
recorder [rɪ'kɔrdər] s **1** kirjuri **2** nauhuri, nauhoitin *tape recorder* nauhuri **3** nokkahuilu **4** piirturi
recording s nauhoitus, äänitys

recording artist s (levyttävä) muusikko
recording studio s äänitysstudio
record player s levysoitin
recount [rɪˈkaʊnt] v kertoa, kuvata
recoup [rɪˈkup] v **1** saada/hankkia (raha) takaisin *we will recoup our investment in three years* saamme sijoittamamme summan takaisin kolmessa vuodessa **2** korvata, hyvittää
recover [rɪˈkʌvər] v **1** toipua, elpyä, tulla jälleen tajuihinsa *has he recovered consciousness?* onko hän tullut tajuihinsa? *she quickly recovered from the shock* hän toipui järkytyksestä nopeasti **2** saada/hankkia takaisin
re-cover [ˌriˈkʌvər] v peittää/päällystää uudestaan
recovery [rɪˈkʌvəri] s **1** toipuminen, elpyminen, tervehtyminen **2** takaisin saaminen/hankkiminen
recreate [ˌrikriˈeɪt] v herättää (uudelleen) henkiin, elvyttää
recreation [ˌrekriˈeɪʃən] s virkistys, rentoutuminen, vapaa-aika, (vapaa-ajan) harrastus
recreational adj vapaa-ajan
recreational vehicle s matkailuauto
recreation room s oleskeluhuone
rec room [ˈrekˌrum] ks recreation room
1 recruit [rɪˈkrut] s alokas; uusi jäsen/työntekijä/tulokas
2 recruit v värvätä (sotilaita, työntekijöitä palvelukseen)
recruitment s (sotilaiden, jäsenten) värväys, (jäsenten) kalastus (kuv)
rectal [rektəl] adj peräsuolen, peräsuoli-
rectangle [ˈrekˌtæŋgəl] s suorakaide, suorakulmio
rectangular [rekˈtæŋgjələr] adj suorakulmion muotoinen, suorakulmainen
rectify [ˈrektəˌfaɪ] v oikaista, korjata (virhe, vääryys)
rectitude [ˈrektɪˌtud] s oikeudenmukaisuus
rector [rektər] s **1** (usk) pappi **2** (yliopiston, collegen) rehtori
rectory [rektəri] s pappila
rectum [rektəm] s (mon rectums, recta) peräsuoli

redecorate

recuperate [rɪˈkupəˌreɪt] v toipua, parantua, olla toipilaana
recuperation [rɪˌkupəˈreɪʃən] s toipuminen, parantuminen, tervehtyminen
recuperative [rɪˈkupərətɪv] adj parantava, tervehdyttävä, hyvää tekevä, hoito-
recur [rɪˈkər] v uusiutua, tapahtua uudestaan, toistua, palata (uudestaan) mieleen
recurrence s uusiutuminen, toistuminen
recurrent adj toistuva, uusiutuva; usein ilmenevä, yleinen
recurring adj toistuva, uusiutuva; usein ilmenevä, yleinen
recursive adj rekursiivinen
recyclable [rɪˈsaɪkləbəl] adj joka voidaan kierrättää/käyttää uudestaan
recycle [rɪˈsaɪkəl] v kierrättää (jätteitä), käyttää uudestaan
recycling s (jätteiden) kierrätys
red [red] s **1** punainen (väri) *to see red* nähdä punaista **2** (ark) vasemmistolainen, punainen **3** (ark) miinuksen puoli *the company has been in the red for years* yritys on tuottanut tappiota vuosikausia adj punainen (myös poliittisesti) *to paint the town red* ottaa ilo irti elämästä, pitää hauskaa, rellestää
red alert s yleishälytys
red-backed shrike s (lintu) pikkulepinkäinen
red-billed quelea s (lintu) miljoonakutoja
red blood cell s punasolu
red brocket [brakət] s isopiikkohirvi
red carpet *to get the red carpet treatment* saada ruhtinaallinen kohtelu *to roll out the red carpet* ottaa joku avosylin vastaan
red cent *not worth a red cent* ei penninkään arvoinen, ei minkään arvoinen, yhtä tyhjän kanssa
red clover s puna-apila
red deer s saksanhirvi
redden v punastua, muuttua/muuttaa punaiseksi
reddish adj puntertava, punakka
redecorate [rɪˈdekəˌreɪt] v uusia (asunnon ym) sisustus, vaihtaa tapetit

redeem [rɪ'diːm] v **1** lunastaa (myös lupaus) **2** maksaa (velka) **3** korvata (vika, puute) **4** (usk) vapahtaa
Redeemer [rɪ'diːmər] s (Jeesus) Vapahtaja
redemption [rɪ'dempʃən] s **1** lunastaminen, lunastus **2** (velan) maksaminen **3** pelastus *good manners were his redemption* hyvät tavat olivat hänen pelastuksensa **4** (usk) vapahdus, vapautus
red fox s kettu
red grouse s (lintu) riekko
redhead ['red‚hed] s punapää
red herring s (kuv) harhautus(yritys), hämäys
Red Indian s (halv) intiaani
red kangaroo s punajättikenguru
red light s punainen (liikenne)valo (myös kuv:) kielto
red-light district s ilotalokortteli, punalyhtykortteli
redolent [redələnt] adj **1** hyvänhajuinen, hyvältä tuoksuva **2** *redolent of* joka haisee/tuoksuu joltakin **3** *redolent of* joka muistuttaa jotakin
red panda [pændə] s kultapanda
redpoll [redpoəl] s (lintu) urpiainen
1 redress [rɪ'dres] s (vääryyden) oikaisu, korjaus; korvaus, hyvitys
2 redress v **1** oikaista, korjata (vääryys); korvata, hyvittää **2** palauttaa tasapainoon, oikaista
Red River [‚red'rɪvər] **1** Punainenjoki (Kiinassa), Yuan Jiang **2** joki Texasissa
Red Sea [‚red'siː] Punainenmeri
redshank [redʃæŋk] s (lintu) punajalkaviklo
redstart s leppälintu
red tape s (ark kuv) paperisota, byrokratia
reduce [rɪ'djuːs] v **1** vähentää, supistaa, pienentää, laskea, alentaa *to reduce speed* hidasta/hiljentää vauhtia, ajaa hiljempää *to reduce prices* alentaa/laskea hintoja **2** saattaa johonkin tilaan: *the terrible news reduced me to silence* ikävä uutinen sai minut vaikenemaan
reduction [rɪ'dʌkʃən] s **1** väheneminen, vähennys, lasku *a reduction of prices/taxes* hintojen/verojen lasku *ladies and gentlemen, we have just exprienced a reduction in the number of wings* hyvät matkustajat, koneestamme on juuri hävinnyt toinen siipi *he gave me a reduction of ten percent* hän antoi minulle kymmenen prosentin alennuksen **2** supistaminen, tiivistys, alentaminen, aleneminen *his reduction to indigence* hänen täydellinen köyhtymisensä **3** (jäljennöksestä) pienennös
redundancy [rɪ'dʌndənsi] s **1** tarpeettomuus **2** liikasanaisuus, monisanaisuus **3** (UK) irtisanominen *five nurses are facing redundancy* viisi sairaanhoitajaa irtisanotaan
redundancy pay s (UK) eroraha
redundant [rɪ'dʌndənt] adj **1** tarpeeton, ylimääräinen **2** (tyyli) liikasanainen
reduplicate [rɪ'djuːplɪ‚keɪt] v **1** toistaa **2** jäljentää
reduplication [rɪ‚djuːplɪ'keɪʃən] s **1** toisto **2** jäljennös
redwing s punakylkirastas
reed [riːd] s **1** ruoko **2** (ruokolehtisoittimen) ruokolehti, (urkujen) kieli **3** ruokolehtisoitin
reedbuck [riːdbʌk] s ruokoantilooppi
reed bunting s pajusirkku
reed instrument s ruokolehtisoitin
reef [riːf] s (hiekka-, kallio- tai koralli)riutta
reefer s (sl) marihuanasavuke
1 reek [riːk] s **1** löyhkä, lemu **2** höyry, savu
2 reek v **1** löyhkätä, lemuta, haista **2** höyrytä, savuta
1 reel [riːl] s kela *off the reel* lakkaamatta, taukoamatta, keskeytyksettä; heti, välittömästi
2 reel v kelata, (kalastuksessa) kelastaa
reel off v lasketella (juttua)
reel-to-reel adj (nauhuri ym) avokela-, kela-
reenter [riːˈentər] v palata jonnekin/jonkin pariin *after his illness, the senator reentered public life* senaattori palasi sairautensa jälkeen julkisuuteen *the spacecraft reentered atmosphere* avaruusalus palasi Maan ilmakehään

reentry [ˌriˈentri] s jonnekin palaaminen; (avaruusaluksen) saapuminen (takaisin) ilmakehään

Reeve's muntjac [ˌrivzˈmʌntdʒæk] s kiinanmuntjakki

reexamine [ˌriəgˈzæmən] v **1** tutkia uudelleen **2** (laki) kuulustella (todistajaa) uudelleen

refectory [rɪˈfektəri] s (opiskelija- ym) ruokala

refer [rɪˈfər] v **1** viitata johonkin (to) **2** ohjata/siirtää (asian jonkun käsiteltäväksi), opastaa (jokun jonkun luo)

1 referee [ˌrefəˈri] s (urh) tuomari: (jääkiekossa) erotuomari, (vesipallossa) pelituomari, (amerikkalaisessa jalkapallossa, judossa) päätuomari

2 referee v (urh ja kuv) toimia/olla tuomarina

1 reference [refrəns] s **1** viittaus, viite, vihjaus, maininta *in/with reference to something* jotakin koskien **2** (työ)todistus, suositus

2 reference v varustaa (kirja tms) viitteillä/viittauksilla

reference book s hakuteos

referendum [ˌrefəˈrendəm] s (mon referendums, referenda) kansanäänestys

referral [rɪˈfərəl] s **1** viittaus, viite **2** jonkun puheille ohjattu henkilö, esim lähetteen saanut potilas

refill [rifɪl] s toinen kahvikupponen (samaan hintaan)

refill [rɪˈfɪl] v täyttää (uudestaan)

refine [rɪˈfaɪn] v **1** jalostaa, puhdistaa, raffinoida **2** kehittää, kohentaa, parantaa (tapoja, taitoa)

refined adj **1** jalostettu, puhdistettu, raffinoitu **2** (käytös, maku) hienostunut, hieno

refinement s **1** jalostus, puhdistus, raffinointi **2** hienostuneisuus, sivistyneisyys **3** parannus

refinery [rɪˈfaɪnəri] s jalostamo

reflect [rɪˈflekt] v **1** heijastaa, kuvastaa *her picture was reflected in the window* hänen kuvansa peilautui ikkunasta **2** harkita, pohtia, miettiä

reflecting telescope s peilikaukoputki

reflection [rɪˈflekʃən] s **1** heijastus, kuva, peilautuminen, peilikuva **2** harkinta, pohdinta; mietelmä

reflective [rɪˈflektɪv] adj **1** heijastava **2** ajattelu- **3** mietteliäs, hiljainen, vakava

reflector [rɪˈflektər] s **1** heijastin **2** peilikaukoputki

reflex [rifleks] s refleksi, heijaste

reflex camera [rifleks] s peiliheijastuskamera *single-lens reflex camera* yksisilmäinen peiliheijastuskamera

reflexion ks reflection

reflexive adj (kieliopissa) refleksiivi-, refleksiivinen

reflexive pronoun s (kieliopissa) refleksiivipronomini

reflexive verb s (kieliopissa) refleksiiviverbi

reforest [rɪˈfɔrəst] v istuttaa uutta metsää jonnekin, metsittää (uudestaan)

reforestation [ˌrifɔrəsˈteɪʃən] s metsitys, metsän istutus

1 reform [rɪˈfɔrm] s uudistus, parannus

2 reform v uudistaa, parantaa; tehdä parannus, parantaa tapansa

re-form v muodostaa/koota/järjestää uudelleen

reformation [ˌrefərˈmeɪʃən] s **1** uudistaminen, uudistus, parannus **2** *Reformation* uskonpuhdistus

reformatory [rəˈfɔrməˌtɔri] s koulukoti

reformer s **1** uudistaja, uudistusmielinen ihminen **2** *Reformer* uskonpuhdistaja

reformist s **1** uudistaja, uudistusmielinen ihminen **2** reformoidun kirkon jäsen, reformoitu adj uudistusmielinen, uudistuksellinen

reform school s koulukoti

refracting telescope [rɪˈfræktɪŋ] s linssikaukoputki

refraction [rɪˈfrækʃən] s refraktio, valon taittuminen

1 refrain [rɪˈfreɪn] s kertosäe

2 refrain v ei tehdä jotakin (from), hillitä itsensä, pidättäytyä jostakin

refresh [rɪˈfreʃ] v virkistää, piristää, vahvistaa, voimistaa

refreshing adj virkistävä, piristävä

refreshingly adv virkistävästi, virkistävän

refreshment s 1 virvoke 2 virkistys, elvytys, piristys

refrigerate [rɪˈfrɪdʒəˌreɪt] v jäähdyttää, pitää/säilyttää kylmässä

refrigeration [rɪˌfrɪdʒəˈreɪʃən] s jäähdytys, kylmässä säilytys

refrigerator [rɪˈfrɪdʒəˌreɪtər] s jääkaappi

refrigerator car s (rautateillä) kylmäkuljetusvaunu

refrigerator-freezer s jääkaappipakastin, yhdistelmäkaappi

refuel [rɪˈfjʊəl] v tankata, ostaa/ottaa (lisää) polttoainetta

refuelling s tankkaus, polttoainetäydennys

refuge [refjudʒ] s pakopaikka, suoja(paikka), turva(paikka)

refugee [ˈrefjəˌdʒi] s pakolainen

refund [rɪfʌnd] s takaisinmaksu, korvaus, hyvitys *no refunds* (myymälässä: ostettuja) tavaroita ei voi palauttaa

refund [rɪˈfʌnd] v antaa (esim ostoksesta) rahat takaisin, maksaa takaisin, korvata (kulut)

refundable [rɪˈfʌndəbəl] adj (rahasta) joka maksetaan takaisin, joka hyvitetään/korvataan

refurbish [rɪˈfɜrbɪʃ] v sisustaa uudestaan, remontoida, kohentaa jonkin ilmettä

refusal [rɪˈfjuzəl] s kieltäytyminen, hylkääminen, kielteinen vastaus

refuse [refjuz] s jäte, jätteet, roskat

refuse [rɪˈfjuz] v kieltäytyä, ei suostua, ei myöntää, vastata kieltävästi *he was refused entry to the factory* häntä ei päästetty tehtaaseen

refutable [rɪˈfjutəbəl] adj joka voidaan kumota, joka voidaan osoittaa vääräksi

refutation [ˌrefjəˈteɪʃən] s (väitteen) kumoaminen, vääräksi/perättömäksi osoittaminen

refute [rɪˈfjut] v kumota, osoittaa vääräksi/perättömäksi

regain [rɪˈɡeɪn] v saada takaisin *has she regained consciousness?* onko hän tullut/palannut tajuihinsa? *he has regained all the weight he lost when dieting* hän on lihonut laihdutuskuurin jälkeen entiselleen

regal [ˈriɡəl] adj kuninkaallinen (myös kuv) ylellinen, ruhtinaallinen

regalia [rəˈɡeɪliə rəˈɡeɪljə] s (mon) 1 kruununkalleudet; arvonmerkit *in full regalia* (kuv) kaikessa loistossaan, koko komeudessaan 2 kruununoikeudet

regally adv kuninkaallisesti (myös kuv) ylellisesti, ruhtinaallisesti

1 regard [rəˈɡard] s 1 katse 2 *in/with regard to something* jotakin koskien 3 (mon) terveiset *give them my regards* sano heille terveisiä minulta

2 regard v 1 katsoa 2 suhtautua johonkuhun/johonkin tietyllä tapaa, pitää jotakuta/jotakin jonakin *he was regarded as something of a charlatan* häntä pidettiin huijarina 3 *as regards* jotakin koskien, mitä johonkin tulee

regarding prep jotakuta/jotakin koskien *regarding her divorce, the movie star said nothing* filmitähti ei puhunut lainkaan avioerostaan

regardless adv silti, jostakin/kaikesta huolimatta, joka tapauksessa

regardless of adj jostakin piittaamatta/ huolimatta/välittämättä

regatta [rɪˈɡatə] s purjehduskilpailu, soutukilpailu, regatta

regency [ˈridʒənsi] s sijaishallitus

regenerate [rɪˈdʒenəreɪt] v elvyttää, elpyä, uudistaa, uudistua, uudentua, eheyttää, eheytyä

regeneration [rɪˌdʒenəˈreɪʃən] s elvytys, elpyminen, uudistaminen, uudistuminen

regent [ˈridʒənt] s 1 sijaishallitsija, regentti 2 hallitsija

reggae [ˈreɡeɪ] s reggae(musiikki)

regime [rəˈʒim] s 1 hallitusmuoto, valtiomuoto, järjestelmä 2 hallitus, maan johto

regimen [ˈredʒəmən] s (lääk) kuuri, hoito

1 regiment [ˈredʒəmənt] s (sot) rykmentti

2 regiment v 1 kohdella ankarasti, pitää kovassa kurissa 2 jakaa ryhmiin/(sot) rykmentteihin

regimentals [ˌredʒɪˈmentəlz] s (mon) rykmentin univormu

regimentation [ˌredʒɪmənˈteɪʃən] s ankara kuri(npito), sotilaallisen tiukka järjestys, tiukka säännöstely

Regina [rəˈdʒaɪnə] kaupunki Kanadassa

region [ridʒən] s **1** alue, seutu, (kuv) ala **2** (mon) ulottuvuudet

regional adj alueellinen, paikallinen, paikallis-

regionally adv alueellisesti, paikallisesti

1 register [redʒəstər] s **1** rekisteri, luettelo *parish register* kirkonkirjat **2** *cash register* kassakone **3** (soittimen) äänikerta; (ihmisen, soittimen) ääniala **4** (jonkin erikoisalan tai tietyissä tilanteissa käytetty) kieli

2 register v **1** kirjata, merkitä kirjoihin/muistiin, luetteloida, rekisteröidä **2** ilmoittautua; ottaa ilmoittautuminen vastaan **3** kirjata (postilähetys) **4** (mittari tms) näyttää (jotakin lukemaa) **5** kasvonilmeestä: *joy registered on her face* hänen kasvonsa kirkastuivat ilosta

registered mail s kirjattu posti(lähetys)

registered nurse s (valtion järjestämän tutkinnon läpäissyt) sairaanhoitaja

register ton s rekisteritonni

registrar [ˈredʒɪsˌtrar] s kirjaaja, reistraattori

registration [ˌredʒɪsˈtreɪʃən] s **1** kirjaaminen, rekisteröinti, kirjoihin/luetteloon merkitseminen, ilmoittautuminen **2** rekisteriote

registry [redʒɪstri] s **1** kirjaamo **2** kirjaaminen, rekisteröinti

1 regret [rɪˈgret] s **1** katumus, paha mieli, pahoittelu *to have regrets* katua **2** (mon) kohtelias (kutsusta) kieltäytyminen

2 regret v katua, pahoitella, surra, valittaa

regretful adj pahoitteleva, joka on pahoillaan

regretfully adv pahoittelevasti

regrettable adj valitettava, ikävä

regrettably adv valitettavasti, ikävä kyllä, ikävästi

regroup [rɪˈgrup] v ryhmittyä, ryhmittää, järjestää, järjestyä uudelleen

regular [regjələr] s **1** kanta-asiakas **2** ammattisotilas adj **1** säännöllinen, tasasuhtainen *at regular intervals* tasaisin välein **2** tavallinen, normaali **3** vakinainen, vakio-, kanta- **4** (ark) varsinainen, melkoinen *he's a regular idiot* hän on varsinainen idiootti **5** (kokous) sääntömääräinen **6** (kieliopissa: taivutukseltaan) säännöllinen **7** (sot) vakinainen, ammatti-

regularity [ˌregjəˈlerəti] s säännöllisyys (ks regular)

regularize [ˈregjələˌraɪz] v **1** säännöstellä **2** normalisoida, rauhoittaa (tilanne)

regularly adv **1** säännöllisesti, tasaisesti, tasaisin välein **2** yleensä, tavallisesti

regulate [ˈregjəˌleɪt] v säätää, ohjata; puuttua johonkin

regulation [ˌregjəˈleɪʃən] s **1** säätäminen, säätö, säännöstely **2** määräys, ohje adj sääntöjen määräämä

regurgitate [rɪˈgərdʒəˌteɪt] v **1** märehtiä; oksentaa **2** syöksyä, syöstä takaisin, pärskyttää, pärskyä takaisin **3** (kuv) märehtiä, jauhaa, toistaa

regurgitation [rɪˌgərdʒəˈteɪʃən] s märehtiminen; oksentaminen

rehabilitate [ˌriəˈbɪləˌteɪt] v **1** kuntouttaa, kuntoutua **2** palauttaa (esim vankeuden jälkeen) yhteiskunnan jäseneksi **3** elvyttää (liikeyritys); korjata kuntoon **4** antaa jollekulle entinen arvo/entiset oikeudet takaisin

rehabilitation [ˌriəˌbɪləˈteɪʃən] s **1** kuntoutus **2** yhteiskuntaan palautuminen/palauttaminen **3** arvon/oikeuksien palautus

rehash [riˈhæʃ] v käyttää (vanhaa aineistoa) uudestaan

rehearsal [rəˈhərsəl] s **1** (näytelmän, musiikkiesityksen) harjoitus, harjoitukset **2** harjoittelu, harjoitteleminen **3** luetteleminen, hokeminen

rehearse [rɪˈhərs] v **1** harjoitella (näytelmää, musiikkiesitystä) **2** luetella, hokea

1 reign [reɪn] s **1** hallituskausi **2** (kuninkaan) valta

2 reign v hallita; vallita
reimburse [ˌriəm'bərs] v korvata, hyvittää, maksaa takaisin
reimbursement s korvaus, hyvitys
reimpose [ˌriːm'pouz] v määrätä uudestaan voimaan, alistaa uudelleen valtaansa/tahtoonsa
rein [reɪn] s 1 (us mon) ohjakset 2 (kuv) ohjakset, suitset, valta *to give free rein to someone* antaa jollekulle vapaat kädet
reincarnate [ˌriːn'karneɪt] v muuttaa uudelleen lihaksi *to be reincarnated* syntyä uudestaan
reincarnate [ˌriːnˌkarnət] adj jälleensyntynyt, uudestisyntynyt
reincarnation [ˌriːnkar'neɪʃən] s jälleensyntyminen, uudestisyntyminen, reinkarnaatio
reindeer ['reɪnˌdɪər] s (mon reindeer) poro
reinforce [ˌriːn'fɔrs] v 1 vahvistaa lujittaa, tukea, kannattaa; lisätä, kasvattaa 2 (psykologiassa) vahvistaa
reinforcement [ˌriːn'fɔrsmənt] s 1 vahvistaminen, lujittaminen, tuki, kannatus 2 (mon) vahvistukset, lisäjoukot 3 (psykologiassa) vahvistaminen
reinstate [ˌriːn'steɪt] v palauttaa entiseen asemaansa/virkaansa, palauttaa/saattaa uudelleen voimaan
reinstatement s aseman/oikeuksien palautus, uudelleen voimaan saattaminen
reinsurance [ˌriːn'ʃərəns] s jälleenvakuutus
reinsure [ˌriːn'ʃər] v jälleenvakuuttaa
1 reissue [riː'ɪʃu] s uusi painos/laitos
2 reissue v julkaista uudelleen, laskea uudelleen liikkeelle
reiterate [riː'ɪtəˌreɪt] v toistaa
reiteration [riːˌɪtə'reɪʃən] s toisto
reject [ridʒekt] s hylätty (kappale, tuote ym)
reject [rə'dʒekt] v 1 hylätä, ei hyväksyä; ei suostua (tarjoukseen), ei antaa lupaa, vastata kieltävästi 2 (lääk) hylkiä (siirrännäistä)
rejection [rə'dʒekʃən] s hylkääminen, hylkäys, kielteinen vastaus
rejoice [rɪ'dʒɔɪs] v iloita jostakin (in), tehdä iloiseksi

rejoicing s 1 ilakointi, ilonpito 2 ilo
rejuvenate [rɪ'dʒuːvəˌneɪt] v nuorentaa, elvyttää, virkistää, piristää
rejuvenation [rɪˌdʒuːvə'neɪʃən] s nuorentuminen, nuorentaminen, virkistys, piristys
1 relapse [rilæps] s 1 (lääk) taudin uusiutuminen/pahentuminen 2 takaisku, takapakki (ark), vastoinkäyminen
2 relapse v 1 (lääk) (taudista) uusiutua, pahentua 2 kokea takaisku, saada takapakkia (ark), langeta (uudestaan)
relate [rɪ'leɪt] v 1 kertoa 2 yhdistää, yhdistyä, liittää/liittyä toisiinsa 3 ymmärtää *I can't relate to what you're experiencing* en osaa samastua tilanteeseesi
related adj 1 joka on sukua jollekulle 2 joka liittyy johonkin *related languages* sukulaiskielet
relation [rɪ'leɪʃən] s 1 sukulainen 2 (ihmis-, liike- tai muu) suhde; yhteys 3 *in/with relation to something* jotakin koskien, johonkin liittyen
relationship s 1 (ihmis-, liike- tai muu) suhde, yhteys 2 sukulaisuus 3 rakkaussuhde
relative [relətɪv] s sukulainen adj 1 suhteellinen 2 *relative to* jotakin koskeva; johonkin verrattuna 3 *the relative merits of apples and oranges* omenoiden ja appelsiinien edut (toisiinsa verrattuina)
relatively adv verraten, suhteellisen, aika, melko *relatively speaking* suhteellisen, suhteellisesti
relativity [ˌrelə'tɪvəti] s suhteellisuus *Einstein's general/special theory of relativity* Einsteinin yleinen/erityinen suhteellisuusteoria
relax [rɪ'læks] v rentoutua, rentouttaa, ottaa rennosti, lakata pingottamasta *he relaxed his grip on me* hän hellitti otteensa minusta
relaxation [ˌrilæk'seɪʃən] s lepo, rentoutuminen; (otteen ym) hellittäminen
relaxed adj rento, rauhallinen, letkeä
relaxing adj rentouttava
relay [rileɪ] s 1 (työ)vuoro, (vartiossa) vaihto 2 (urh) viestinjuoksu 3 (sähkö) rele

relay [rɪ'leɪ] v relaid, relaid: välittää eteenpäin
relay race s viestinjuoksu
1 release [rɪ'liːs] s **1** vapautus, vapauttaminen **2** laukaisu, irrotus, heitto **3** laukaisin, irrotin **4** julkistus, julkaiseminen *press release* lehdistötiedote
2 release v **1** vapauttaa, päästää/laskea vapaaksi **2** laukaista, irrottaa, heittää, päästää irti **3** julkistaa, ilmoittaa julkisesti
release date s (lehdistötiedotteessa) julkaistavissa (silloin ja silloin)
relegate ['relə,geɪt] v **1** määrätä/komentaa (alempiarvoiseen) tehtävään, alentaa **2** delegoida/siirtää (tehtävä) jollekulle **3** luokitella (johonkin kuuluvaksi)
relent [rɪ'lent] v antaa periksi, (kipu) hellittää
relentless adj armoton, säälimätön, hellittämätön
relentlessly adv armottomasti, säälimättömästi, hellittämättä
relevance [reləvəns] s tärkeys, olennaisuus *his education has no relevance to this matter* hänen koulutuksellaan ei ole mitään tekemistä tämän asian kanssa
relevant [reləvənt] adj asiaan kuuluva, asianomainen, olennainen, tärkeä
reliability [rɪ,laɪə'bɪləti] s luotettavuus
reliable [rɪ'laɪəbəl] adj luotettava
reliably adv luotettavasti
reliance [rɪ'laɪəns] s luottamus
reliant [rɪ'laɪənt] adj **1** riippuvainen jostakin (on) **2** luottavainen
relic [relɪk] s **1** muinaisjäännös; (usk) pyhäinjäännös **2** jäännös, jäänne (menneiltä ajoilta) **3** (ark kuv) kalkkiutunut ihminen; autonromu yms
relief [rɪ'liːf] s **1** (kivun) helpotus **2** apu, avustus **3** vaihtelu **4** (vartiossa) vaihto, (työssä: seuraava) (työ)vuoro **5** (taide) reliefi, kohokuva, korkokuva
relieve [rɪ'liːv] v **1** helpottaa (kipua, oloa), lievittää, vähentää, purkaa (jännitystä) **2** auttaa, avustaa **3** vaihtaa (vartio) **4** vapauttaa joku jostakin (of)
religion [rɪ'lɪdʒən] s uskonto *that was when he got religion* (ark kuv) silloin hän innostui asiasta tosissaan, silloin hän tuli uuteen uskoon
religiosity [rə,lɪdʒɪ'asɪti] s **1** hurskaus, hengellisyys **2** hurskastelu, tekopyhyys, ulkokultaisuus
religious [rə'lɪdʒəs] adj **1** uskonnollinen, uskonnon, uskon-, hengellinen **2** hurskas **3** (kuv) tunnollinen, tunnontarkka
religiously adv hurskaasti **2** (kuv) tunnollisesti
relinquish [rə'lɪŋkwɪʃ] v **1** luopua (esim vallasta, hankkeesta) **2** hellittää (ote), päästää irti
1 relish [relɪʃ] s **1** nautinto, ilo *I have no relish for violent movies* väkivaltaelokuvat eivät ole minun makuuni **2** relissi; pikkelssi
2 relish v nauttia jostakin, pitää, olla iloinen jostakin
relocate [ri'loʊkeɪt] v (erityisesti liikeyrityksestä) muuttaa, siirtyä (toiseen toimipaikkaan)
relocation [,riloʊ'keɪʃən] s (yrityksen) muutto, siirtyminen (toiseen toimipaikkaan)
reluctance [rɪ'lʌktəns] s vastahakoisuus, haluttomuus, innottomuus
reluctant [rɪ'lʌktənt] adj vastahakoinen, haluton, innoton
reluctantly adv vastahakoisesti, haluttomasti, vasten tahtoaan
rely [rɪ'laɪ] v luottaa johonkuhun/johonkin *we rely on you to bring the beer* odotamme että sinä tuot oluen
REM *rapid eye movement*
remain [rɪ'meɪn] v **1** olla jäljellä, jäädä jäljelle **2** jäädä jonnekin, pysyä/pysytellä jossakin
remainder [rɪ'meɪndər] s **1** jäännös, loput jostakin *for the remainder of the month, you'll have to live on bread and water* sinun pitää tulla kuukauden loppuun asti toimeen pelkällä vedellä ja leivällä **2** (mat) jäännös, jakojäännös
remains [rɪ'meɪnz] s (mon) jäännökset, jäänteet *his earthly remains* hänen maalliset jäännöksensä
1 remark [rɪ'mɑːk] s huomautus

remark

2 remark v huomauttaa, mainita, sanoa *to remark on* huomauttaa jostakin, kommentoida jotakin
remarkable adj huomattava, merkittävä, huomion arvoinen, harvinainen
remarkably adv huomattavasti, huomattavan, harvinaisen
remarriage [rɪˈmerɪdʒ] s uusi avioliitto
remarry [rɪˈmeri] v mennä uudestaan/uusiin naimisiin
remedial [rəˈmidiəl] adj apu-, tuki- *remedial teaching* tukiopetus
1 remedy [ˈremədi] s lääke (myös kuv)
2 remedy v (lääk, kuv) parantaa, korjata, oikaista
remember [rəˈmembər rɪˈmembər] v **1** muistaa *I can't remember my name* olen unohtanut oman nimeni *remember to lock up when you go* muista lukita lähtiessäsi ovet **2** sanoa terveisiä joltakulta *remember me to your lovely wife* sano terveisiä vaimollesi
remembrance [rəˈmembrəns rɪˈmembrəns] s **1** muisto **2** muistoesine
remind [rəˈmaɪnd] v muistuttaa *you remind me of your father* sinä muistutat isääsi *remind him to buy some milk* muistuta häntä että hänen pitää ostaa maitoa
reminder s muistutus, kehotus, muistilappu tms
reminisce [ˌreməˈnɪs] v muistella (menneitä)
reminiscence [ˌreməˈnɪsəns] s muistelu, muistelo, muisto
reminiscent of [ˌreməˈnɪsənt] *to be reminiscent of* muistuttaa jotakin, tuoda mieleen jotakin
remiss [rɪˈmɪs] adj huolimaton *to be remiss in your duties* laiminlyödä velvollisuuksiaan
remission [rɪˈmɪʃən] s **1** armahdus, anteeksianto, vapautus (rangaistuksesta) **2** herpaantuminen, lasku, väheneminen, heikkeneminen **3** (taudin väliaikainen tai lopullinen) hellittäminen, lieveneminen
remit [rɪˈmɪt] v **1** lähettää/suorittaa maksu **2** armahtaa, vapauttaa (rangaistuksesta) **3** herpaantua, vähetä, laskea, heiketä
remittance [rɪˈmɪtəns] s **1** maksu **2** maksun suoritus/lähettäminen
remnant [ˈremnənt] s jäännös, jäänne
remodel [rɪˈmadəl] v remontoida, sisustaa uudestaan
remonstrate [ˈremənˌstreɪt] v esittää vastalause, protestoida
remorse [rɪˈmɔrs] s katumus
remorseful adj katuva
remorsefully adv katuvasti
remorsefulness s katumus
remorseless adj katumaton, paatunut, säälimätön
remorselessly adv katumatta, paatuneesti, säälimättä
remorselessness s katumattomuus, paatumus
1 remote [rəˈmoʊt] s kaukosäädin
2 remote adj (ajasta, tilasta, kuv) kaukainen, etäinen, syrjäinen *remote chance* vähäinen mahdollisuus
remote connection s (tietok) etäyhteys
remote control s **1** kauko-ohjaus **2** kaukosäädin, kauko-ohjain
remote login s (tietok) etäkäyttö
remotely adv *remotely located* joka sijaitsee syrjäseudulla *he was not even remotely interested* hän ei ollut alkuunkaan kiinnostunut asiasta
remoteness s syrjäisyys, kaukaisuus
remote work s (tietok) etätyö
remove [rɪˈmuːv] v **1** poistaa, siirtää (pois), irrottaa, riisua (yltään) **2** tehdä loppu jostakin, kitkeä pois, ratkaista (ongelma) **3** erottaa (virasta tms)
removed adj **1** kaukainen, etäinen, syrjäinen *your idea of scholarly research is far removed from mine* sinulla on aivan toisenlainen käsitys akateemisesta tutkimuksesta kuin minulla **2** *first cousin once removed* serkun lapsi *first cousin twice removed* serkun lapsenlapsi
remunerate [rɪˈmjuːnəreɪt rəˈmjuːnəreɪt] v **1** korvata (vaiva, työ), maksaa (palkkio), hyvittää **2** kannattaa, maksaa vaivan

remuneration [rɪˈmjʊnəreɪʃən, rəˈmjʊnəreɪʃən] s korvaus, palkkio, palkka, maksu

remunerative [rɪˈmjʊnərətɪv rəˈmjʊnərətɪv] adj tuottoisa, kannattava

Renaissance [ˈrenəˌsans] s renessanssi

renal [rinəl] adj munuaisten, munuais-

render [rendər] v **1** tehdä jotakin **2** tehdä joksikin *the blow rendered him helpless* isku teki hänestä puolustuskyvyttömän **3** tulkita (runo ym), esittää, kuvata **4** kääntää (toiselle kielelle)

rendering s **1** tulkinta, esitys, kuvaus **2** käännös **3** kuva, piirros *that is an artist's rendering of life on the moon* tämä on taiteilijan näkemys elämästä kuussa

1 rendezvous [ˈrandəˌvu] s kohtaaminen, tapaaminen

2 rendezvous v kohdata, tavata jossakin, kokoontua jonnekin

renegade [ˈrenəˌgeɪd] s luopio

renege on [rəˈnɪg] v syödä sanansa, perua puheensa, ei pitää lupaustaan

renew [rɪˈnu] v **1** uusia *he did not renew his subscription* hän ei uudistanut lehden tilausta **2** täydentää (varastoa)

renewable energy [rɪˈnuəbəl] s uusiutuva energia(muoto)

renewal [rɪˈnuəl] s uusiminen

renounce [rɪˈnaʊns] v luopua jostakin; kääntää selkänsä jollekin; kieltää, hylätä, ei tunnustaa omakseen

renovate [ˈrenəˌveɪt] v uudistaa, korjata, entistää

renovation [ˌrenəˈveɪʃən] s korjaus, entistys

renown [rɪˈnaʊn] s (hyvä) maine

renowned adj maineikas, kuuluisa

1 rent [rent] s **1** vuokra *for rent* (kyltissä, ilmoituksessa) vuokrattavana **2** repeämä, halkeama, lohkeama **3** erimielisyys, kiista, kina, riita

2 rent v **1** vuokrata, antaa vuokralle **2** vuokrata, ottaa vuokralle

rent-a-car s **1** autovuokraamo **2** vuokra-auto

rental [rentəl] s **1** vuokra(maksu) **2** vuokra-auto; vuokra-asunto, vuokratalo

rent control s vuokrasäännöstely

rent out v vuokrata, antaa vuokralle

renunciation [rɪˌnʌnsiˈeɪʃən] s jostakin luopuminen; jonkin kieltäminen/hylkääminen

reopen [rɪˈoʊpən] v **1** avata uudestaan *reopen negotiations* jatkaa neuvotteluja **2** ottaa uudestaan puheeksi/esille

reorganization [riˌɔrgənəˈzeɪʃən] s uudelleenjärjestely

reorganize [riˈɔrgəˌnaɪz] v järjestää uudelleen

Rep. *Republican*

repaint [riˈpeɪnt] v maalata uudestaan

1 repair [rəˈpeər] s (yl mon) korjaus

2 repair v **1** korjata **2** korvata, hyvittää **3** mennä/lähteä jonnekin

repairman s (mon repairmen) korjaaja, huoltaja

repairperson s korjaaja, huoltaja

reparations [ˌrepəˈreɪʃənz] s (mon) sotakorvaukset

repartee [ˌreparˈteɪ ˌrepərˈti] s **1** sanallinen miekkailu, sutkailu **2** terävä/piikikäs/nokkela vastaus, sutkaus

repatriate [riˈpeɪtriˌeɪt] v lähettää/palauttaa kotimaahan

repatriation [riˌpeɪtriˈeɪʃən] s kotimaahan palauttaminen/lähettäminen

repay [riˈpeɪ] v repaid, repaid: maksaa takaisin, korvata, hyvittää; kostaa

repayment s takaisin maksu, palkka (kuv)

repeal [rəˈpiəl] v kumota (laki)

1 repeat [riˈpit] s (tv, radio) uusinta(lähetys)

2 repeat v **1** toistaa *repeat after me* toistakaa perässäni **2** uusia, tehdä uudestaan jotakin **3** *to repeat on someone* saada joku röyhtäisemään, röyhtäyttää

repeated adj toistuva, uusiutuva

repeatedly adv toistuvasti, usein, monta kertaa *I have repeatedly told you not to lie* minä olen jo useamman kerran kieltänyt sinua valehtelemasta

repel [rɪˈpel] v **1** pakottaa (vihollinen) perääntymään; torjua (hyökkäys) **2** tyrmätä, hylätä, torjua (ehdotus) **3** karkottaa, ajaa takaisin/pois, hylkiä *this lotion repels mosquitoes* tämä voide pitää hyttyset loitolla *to repel water* olla vettä

repellent

hylkivä *like poles repel* (magneetin) samat navat hylkivät toisiaan 4 kuvottaa, inhottaa, olla jollekulle vastenmielistä
repellent [rə'pelənt] s hyttysvoihde, hyttyssuihke, hyttysmyrkky adj vastenmielinen, inhottava, kuvottava
repent [rɪ'pent] v katua, surra (tekoaan)
repentance [rɪ'pentəns] s katumus
repentant [rɪ'pentənt] adj katuva
repercussion [ˌripər'kʌʃən] s 1 seuraus, vaikutus 2 kimpoaminen, ponnahdus, kilpistyminen 3 kaiku
repertoire ['repərˌtwaər] s ohjelmisto
repetition [ˌrepə'tɪʃən] s toisto, kertaus
repetitious [ˌrepə'tɪʃəs] adj samaa/itseään toistava, yksitoikkoinen, pitkäveteinen
repetitive [rə'petətɪv] adj samaa/itseään toistava, yksitoikkoinen, pitkäveteinen
replace [ri'pleɪs] v 1 panna/asettaa takaisin 2 korvata, vaihtaa, panna/mennä/astua jonkun tilalle
replaceable adj joka voidaan korvata/vaihtaa *the boss let him know that he was replaceable* pomo antoi hänen ymmärtää ettei hän ole korvaamaton
replacement s 1 sijainen *we have to find a replacement for Kenneth* meidän pitää löytää joku Kennethin tilalle 2 varaosa
replant [ri'plænt] v istuttaa uudelleen, siirtää uuteen paikkaan
1 replay [ri'pleɪ] s 1 (tv, radio) uusinta(lähetys) 2 (tv: urheilulähetyksen avainkohdan) uusinta 3 toisto 4 uusintaottelu
2 replay v uusia, toistaa/soittaa/näyttää (uudestaan)
replenish [ri'plenɪʃ] v täydentää (varastoa) *may I replenish your glass* saanko kaataa sinulle lisää?
replenishment s täydennys; täyttäminen
replete [ri'plit] *to be replete with something* jossakin vilisee jotakin, jokin paikka pursuu/on täynnä jotakin
replica [replɪkə] s jäljennös
1 reply [rɪ'plaɪ] s vastaus
2 reply v vastata

repopulate [ri'papjuˌleɪt] v asuttaa (alue) uudestaan
1 report [rɪ'pɔrt rə'pɔrt] s 1 selonteko, selostus, selvitys, tiedonanto, raportti, reportaasi 2 huhu, juoru 3 pamahdus, paukahdus, paukaus, laukaus (ääni) 4 maine
2 report v 1 ilmoittautua 2 selostaa, selvittää, ilmoittaa, kertoa, raportoida
report card s (koulu)todistus
reportedly adj kuulemma, kertoman mukaan
reported speech s (kieliopissa) epäsuora esitys
reporter s 1 (tv, radio, lehdistö) toimittaja, reportteri, kirjeenvaihtaja 2 (oikeudessa ym) pikakirjoittaja
1 repose [rɪ'poʊz] s 1 lepo; uni 2 rauha
2 repose v levätä
reposeful adj levollinen, rauhallinen, rauhaisa, tyyni
repossess [ˌripə'zes] v ulosmitata, ulosottaa
repossessor s ulosottomies
represent [ˌreprɪ'zent] v edustaa, esittää, kuvastaa
representation [ˌreprəzən'teɪʃən] s 1 kuvaus, piirros, esitys *product representation* tuote-esittely 2 edustus, edustaminen *no taxation without representation* (hist) ei verotusta ilman kansanedustusta
representative [ˌreprə'zentətɪv] s 1 (kaupallinen) edustaja, (oikeudessa) edustaja, asiamies, valtuutettu, kansanedustaja, (US:) edustajainhuoneen jäsen 2 esimerkki jostakin (of) adj 1 edustava, tyypillinen 2 edustajain-, (kansan)edustus-
repress [rɪ'pres] v tukahduttaa (vastarinta, tunteensa); alistaa, sortaa
repression [rɪ'preʃən] s 1 tukahduttaminen, alistaminen, sorto 2 (psykoanalyysissä) tukahduttaminen, repressio
repressive [rɪ'presɪv] adj tukahduttava, alistava, sortava, kehitystä estävä
1 reprieve [rɪ'priv] s 1 (rangaistuksen) lykkäys 2 (kuv) hengähdystauko
2 reprieve v lykätä/siirtää (rangaistusta) myöhemmäksi

resentful

1 **reprimand** ['reprə,mænd] s moite, nuhtelu, ojennus
2 **reprimand** v moittia, nuhdella, ojentaa
reprint [riprɪnt] s 1 uusintapainos 2 eripainos
reprint [rɪ'prɪnt] v 1 julkaista uusintapainos 2 julkaista eripainos
reprisal [rɪ'praɪzəl] s 1 kosto(toimi) 2 repressaaliat (mon)
1 **reproach** [rɪ'proʊtʃ] s moite *his behavior was beyond reproach* hän käyttäytyi moitteettomasti
2 **reproach** v moittia, syyttää
reproachful adj moittiva, syyttävä, tuomitseva
reproachfully adv moittivasti, syyttävästi, tuomitsevasti
reproduce [,riprə'dus] v 1 jäljentää, monistaa, kopioida, toisintaa, toistaa 2 lisääntyä, jatkaa sukua
reproduction [,riprə'dʌkʃən] s 1 lisääntyminen, suvun jatkaminen 2 jäljentäminen, monistaminen, kopiointi; äänentoisto 3 jäljennös, jäljenne, kopio
reproductive [,riprə'dʌktɪv] adj lisääntymis-, suvunjatkamis-, sukupuoli-
repro house [riproʊ] s repro, palvelukeskus
repro shop s repro, palveluksekus
repro studio s repro, palvelukeskus
reptile [reptaɪəl] s matelija
reptilian [rep'tɪliən] adj matelijan, matelija-
republic [rɪ'pʌblɪk] s tasavalta *the Republic of Finland* Suomen tasavalta
republican s 1 tasavaltalainen 2 *Republican* (US) republikaani(sen puoleen jäsen tai kannattaja) adj 1 tasavaltalainen 2 *Republican* republikaaninen
republicanism s 1 tasavalatalaisuus 2 *Republicanism* (US) republikaanisuus
Republican party s (US) republikaaninen puolue
repudiate [rɪ'pjudi,eɪt] v 1 kiistää (väite) 2 ei tunnustaa omakseen, kieltää, hylätä
repugnance s 1 vastenmielisyys, kuvottavuus 2 inho, vastenmielisyys
repugnant [rɪ'pʌgnənt] adj vastenmielinen, kuvottava

repulse [rɪ'pʌls] v 1 torjua (hyökkäys), pakottaa (vihollinen) perääntymään 2 olla jostakusta vastenmielinen, kuvottaa/inhottaa jotakuta
repulsion [rɪ'pʌlʃən] s 1 vastenmielisyys, kuvotus, inho 2 (fys) poistovoima
repulsive [rɪ'pʌlsɪv] adj 1 vastenmielinen, kuvottava, inhottava; luotaan työntävä 2 (fys) hylkivä, poistava
reputable [repjətəbəl] adj hyvämaineinen
reputation [,repjə'teɪʃən] s maine
repute [rɪ'pjut] s maine *she is a woman of ill repute* hän on huonomaineinen nainen *v: to be reputed to be something* olla jonkin maineessa
reputedly adv kuulemma, kertoman mukaan
1 **request** [rɪ'kwest] s pyyntö, toivomus *at my request* minun pyynnöstäni
2 **request** v pyytää, anoa
require [rɪ'kwaɪər] v 1 tarvita 2 vaatia, edellyttää
requirement [rɪ'kwaɪərmənt] s vaatimus, edellytys
requisite [rekwəzət] s välttämättömyys, tarvike, väline adj välttämätön; tarpeellinen
rerun s (televisiossa) uusinta
1 **rescue** [reskju] s pelastus, apu; vapautus
2 **rescue** v pelastaa; vapauttaa *the hostages were rescued by paratroopers* laskuvarjojoukot vapauttivat panttivangit
1 **research** [risərtʃ, rə'sərtʃ] s tutkimus *to conduct/carry out research* tutkia
2 **research** v tutkia, selvittää, perehtyä johonkin
researcher s tutkija
resemblance [rɪ'zenblens] s yhdennäköisyys, samanlaisuus *they bear a close resemblance to one another* he muistuttavat toisiaan kovasti
resemble [rɪ'zembəl] v muistuttaa jotakuta/jotakin
resent [rɪ'zent] v paheksua jotakin, panna jotakin pahakseen, ei hyväksyä/pitää jostakin
resentful adj paheksuva, ärtynyt, harmistunut, kateellinen jostakin

resentfully adv paheksuvasti, paheksuen, ärtyneesti, harmistuneesti
resentment s paheksunta, ärtymys
reservation [ˌrezərˈveɪʃən] s **1** varaus, ehto, rajoitus, epäily *do you have any reservations about selling your car?* etkä olekaan varma haluatko myydä autosi? **2** (paikan ym) varaus *she made reservations for three at the restaurant* hän varasi ravintolasta pöydän kolmelle **3** reservaatio, reservaatti
1 reserve [rəˈzɜrv] s **1** varasto, vara *to keep something in reserve* säästää jotakin, pitää jotakin varalla **2** varaus, ehto, epäily *without reserve* varauksetta, suoraan, avoimesti **3** (mon, sot) reservi **4** rauhoitusalue, säästiö **5** pidättyvyys, viileys, etäisyys
2 reserve v **1** säästää (johonkin tarkoitukseen, voimia), lykätä (mielipiteensä esittämistä), pidättää (oikeus itsellään) **2** varata (paikka)
reserved adj **1** pidättyvä, viileä, etäinen **2** varattu (paikka ym)
reservedly adv pidättyvästi, viileästi, etäisesti
reservoir [ˈrezərˌvwɑːr] s **1** tekojärvi; vesiallas **2** (kuv) (runsas) varasto, (ehtymätön) lähde
reside [rɪˈzaɪd] v **1** asua jossakin **2** sijaita, olla jossakin
residence [ˈrezɪdəns] s **1** (erityisesti hieno) asunto, talo, koti **2** asuinpaikka **3** oleskelu
resident [ˈrezɪdənt] s **1** asukas **2** erikoistumisjaksoa sairaalassa suorittava apulaisäkäri **3** (diplomatiassa) residentti adj joka asuu/toimii jossakin
residential [ˌrezɪˈdenʃəl] adj asuin- *residential area* asuntoalue
residual [rəˈzɪdʒuəl] s, adj jäännös(-)
residue [ˈrezɪˌdjuː] s jäännös
resign [rɪˈzaɪn] v **1** *to resign yourself to something* alistua, nöyrtyä johonkin **2** erota (työstä), luopua *the Secretary of State has resigned his office* ulkoministeri on eronnut (virastaan)
resignation [ˌrezɪɡˈneɪʃən] s **1** alistuminen, nöyrtyminen **2** eroaminen, luopuminen

resilience [rɪˈzɪljəns] s **1** joustavuus, taipuisuus, notkeus **2** sitkeys, sinnikkyys
resilient [rɪˈzɪljənt] adj **1** joustava, taipuisa, notkea **2** sitkeä, sinnikäs, sisukas
resin [ˈrezən, rəzən] s hartsi
resist [rɪˈzɪst] v **1** vastustaa, panna vastaan *the only thing I cannot resist is temptation* ainoa asia jota en pysty vastustamaan on kiusaus **2** kestää, sietää, estää *the material does not resist water* kangas ei siedä vettä
resistance [rɪˈzɪstəns] s **1** vastustus, vastarinta (myös psykoterapiassa) **2** (sot) vastarintaliike **3** (lääk) vastustuskyky **4** (sähkö) (ohminen) vastus (ominaisuus ja osa)
resistant adj **1** kestävä **2** (lääk) vastustuskykyinen, immuuni
resistor s (sähkö) vastus
resolute [ˌrezəˈluːt] adj päättäväinen, määrätietoinen, luja
resolutely adv päättävästi, määrätietoisesti, lujasti
resolution [ˌrezəˈluːʃən] s **1** päätös, ratkaisu **2** päättäväisyys, määrätietoisuus, lujuus **3** (optiikassa ym) erottelukyky, tarkkuus **4** (tietok) erotuskyky, resoluutio
1 resolve [rɪˈzɑlv] s **1** päätös, ratkaisu **2** päättäväisyys, määrätietoisuus, lujuus
2 resolve v **1** päättää, tehdä päätös **2** ratkaista **3** hälventää (epäilys) **4** hajottaa, jakaa, hajota, jakautua (osiin) **5** (optiikassa ym) erottaa, erotella, näyttää, näkyä
resonance [ˈrezənəns] s (äänen) kaikuminen; sointuvuus, täyteläisyys
resonant [ˈrezənənt] adj (ääni) kaikuva; sointuva, täyteläinen
resonate [ˈrezəˌneɪt] v (ääni) kaikua
resort [rɪˈzɔrt] s **1** lomakeskus, lomahotelli **2** pelastus, keino *as a last resort* viime hädässä, viimeisenä
resort to v **1** turvautua johonkin keinoon, ryhtyä johonkin **2** käydä usein jossakin
resound [rɪˈzaʊnd] v kaikua
resounding adj **1** (ääni) kaikuva, kova **2** (kuv) erinomainen, loistava (menestys)

resource [riːsɔrs rəˈsɔrs] s **1** (mon) voimavarat, resurssit **2** (mon) luonnonvarat **3** (us mon) keino, avu *he was left to his own resources* hän jäi oman onnensa nojaan

resourceful adj kekseliäs, oma-aloitteinen, nokkela

resourcefully adv kekseliäästi, nokkelasti

resourcefulness s kekseliäisyys, oma-aloitteisuus, nokkeluus

1 respect [rəsˈpekt] s **1** kunnioitus, arvostus, arvonanto **2** huomaavaisuus, hienotunteisuus, kohteliaisuus *out of respect for the President's death, we have postponed the meeting* lykkäsimme kokousta presidentin kuoleman johdosta/muistoksi **3** *with respect to* jotakin koskien **4** (asian) puoli, suhde *in that respect* siinä suhteessa, siltä osin **5** (mon) terveiset *to pay your respects to someone* käydä tervehtimässä jotakuta; esittää surunvalittelunsa jollekulle

2 respect v **1** kunnioittaa, arvostaa **2** ottaa huomioon, ei loukata/häiritä (esim jonkun rauhaa)

respectability [rəsˌpektəˈbɪləti] s kunniallisuus, kunnollisuus, arvokkuus

respectable [rəsˈpektəbəl] adj **1** kunniakas, kunnianarvoinen, arvossapidetty **2** huomattava, merkittävä, suuri, iso

respectably adv arvokkaasti

respecter *to be no respecter of someone/something* ei katsoa henkilöön/johonkin, ei kumarrella jonkun/jonkin edessä

respectful adj kunnioittava, kohtelias

respectfully adv kunnioittavasti, kunnioittaen, kohteliaasti *respectfully yours* (kirjeen lopussa) kunnioittavasti

respective [rəsˈpektɪv] adj kunkin oma, kulloinenkin *the respective merits of apples and oranges* omenoiden ja appelsiinien edut (toisiinsa verrattuina)

respectively adv *Finland and Sweden have five and eight million inhabitants, respectively* Suomessa on viisi ja Ruotsissa kahdeksan miljoonaa asukasta

respiration [ˌrespəˈreɪʃən] s hengitys

respite [respət] s (hengähdys)tauko, hetken helpotus

resplendent [rɪˈsplendənt] adj loistava, hehkuva; loistokas, komea

respond [rɪˈspɑnd] v **1** vastata (kysymykseen, pyyntöön) **2** reagoida

respondent s (lak) vastaaja

response [rɪˈspɑns] s **1** vastaus *in response to my question, he rattled off a long list of examples* hän vastasi kysymykseeni luettelemalla pitkän litanian esimerkkejä **2** reaktio

responsibility [rɪˌspɑnsəˈbɪləti] s vastuu, velvollisuus, tehtävä *the guests are your responsibility* vieraat ovat sinun vastuullasi, sinun kuuluu huolehtia vieraista *I'll take full responsibility for the job* otan työstä täyden vastuun

responsible [rɪˈspɑnsɪbəl] adj **1** joka on vastuussa jostakin *who is responsible for this mess?* kenen syytä tämä sotku on? *you're responsible to the boss* sinä olet vastuussa pomolle **2** (tehtävästä) jossa on suuri vastuu **3** luotettava, vastuuntuntoinen

responsibly adv vastuuntuntoisesti, luotettavasti

responsive [rɪˈspɑnsɪv] adj myötätuntoinen, ymmärtäväinen, avulias, kiinnostunut

1 rest [rest] s **1** lepo; tauko (myös mus) *to lay to rest* laskea haudan lepoon, haudata; hälventää, rauhoittaa, tyynnyttää **2** tuki, teline **3** loput, loppu, jäännös *the rest of the students* loput/muut oppilaat *all the rest* kaikki muut

2 rest v **1** levätä, lepuuttaa; pitää tauko *let me rest my legs for a while* minä haluan lepuuttaa jalkojani hetken aikaa **2** nojata/panna nojaamaan johonkin **3** jäädä *rest assured that we will start a full-scale investigation into the matter* voit olla varma siitä että ryhdymme tutkimaan asiaa perin pohjin

restate [riːˈsteɪt] v sanoa uudestaan, toistaa; sanoa toisin

restaurant [ˈrestrɑnt] s ravintola

restaurateur [ˌrestərəˈtɜr] s ravintolan omistaja

restful adj rauhallinen, hiljainen, raukea

rest home

rest home s lepokoti
restitution [ˌrestɪˈtuʃən] s palautus, korvaus, vahingonkorvaus
restive [restɪv] adj 1 äksy, itsepäinen 2 levoton, hermostunut
restiveness s 1 kiukuttelu, äksyys, itsepäisyys 2 levottomuus, hermostuneisuus
restless [restləs] adj levoton, rauhaton
rest on v 1 luottaa johonkuhun 2 riippua jostakin, perustua johonkin, olla jonkin varassa
restoration [ˌrestəˈreɪʃən] s 1 (omaisuuden, aseman, luottamuksen) palauttaminen 2 (rakennuksen ym) entistys, restaurointi 3 *Restoration* (hist) Englannin restauraatio (1660-1685)
restore [rəˈstɔr] v 1 palauttaa, antaa takaisin (omaisuutta, asema) *the new medicine restored his health* uusi lääke teki hänet jälleen terveeksi *what he said restored my confidence in him* hänen puheensa saivat minut jälleen luottamaan häneen 2 entistää, korjata, restauroida
restorer s restauroija
restrain [rɪˈstreɪn] v hillitä, pidätellä, rauhoittaa
restraining order s (lak) lähestymiskielto
restraint [rɪˈstreɪnt] s rajoitus *without restraint* hillittömästi
restrict [rɪˈstrɪkt] v rajoittaa, supistaa, hillitä, pidätellä
restricted adj rajoittunut, rajallinen *this is a restricted area* tänne on asiattomilta pääsy kielletty
restriction [rɪˈstrɪkʃən] s rajoitus, määräys, kielto
restrictive [rɪˈstrɪktɪv] adj rajoittava
restroom [ˈrestˌrum] s wc
rest with *the blame rests with you* syy on sinun
1 result [rɪˈzəlt] s seuraus, tulos, lopputulos *the result of the election* vaalitulokset
2 result v johtaa johonkin, jostakin on seurauksena jotakin, joku johtuu jostakin *the crisis resulted in the resignation of the minister* kriisi johti ministerin eroon *the drought resulted from the greenhouse effect* kuivuus johtui kasvihuoneilmiöstä
resultant [rɪˈzəltənt] adj joka johtuu jostakin, joka on jonkin seuraus/tulos *there was a demonstration and in the resultant tumult, many people were injured* mielenosoitusta seuranneessa mylläkässä loukkaantui paljon ihmisiä
résumé [ˈrezəˌmeɪ] s 1 yhteenveto 2 (työpaikkahakemuksessa) elämäkerta, ansioluettelo
resume [rɪˈzum] v 1 jatkaa, aloittaa uudelleen 2 palata: *she resumed her seat* hän palasi paikalleen 3 ottaa uudestaan käyttöön/itselleen
resumption [rɪˈzʌmpʃən] s jatkaminen
resurrect [ˌrezəˈrekt] v 1 herättää kuolleista 2 (kuv) palauttaa voimaan, herättää henkiin, ottaa uudestaan käyttöön
resurrection [ˌrezəˈrekʃən] s 1 ylösnousemus *Resurrection* (Jeesuksen) ylösnousemus 2 (kuv) voimaan palauttaminen, henkiin herättäminen *he fought for the resurrection of old virtues* hän halusi palauttaa kunniaan vanhat hyveet
resuscitate [rɪˈsʌsəˌteɪt] v (lääk, kuv) elvyttää, (kuv) herättää henkiin
resuscitation [rɪˌsʌsəˈteɪʃən] s (lääk) elvytys *mouth-to-mouth resuscitation* puhalluselvytys
1 retail [riteɪəl] s vähittäiskauppa
2 retail v myydä vähittäisportaassa *the computer retails for $1000* tietokoneen vähittäishinta on 1000 dollaria
3 retail adj, adv vähittäiskaupan, vähittäiskaupalla, (hinta) vähittäis-
retailer [riteɪlər] s vähittäiskauppias
retail investor s (tal) loppuasiakas
retail price s vähittäishinta *suggested retail (price)* suositushinta, ohjevähittäishinta
retain [rɪˈteɪn] v 1 pidättää, pitää itsellään, säästää *retain the stub* säilytä lipun kanta *his body has begun to retain water* hänen elimistönsä on alkanut kerätä nestettä 2 muistaa, pitää mielessä 3 *to retain a lawyer* palkata (itselleen) asianajaja
retainer [rɪˈteɪnər] s 1 palvelija 2 ennakkomaksu

retake [riteɪk] s uusi otos/kuva(us)
retake [rɪˈteɪk] v (valo-, video- tai elo)kuvata uudestaan
retaliate [rɪˈtæliˌeɪt] v kostaa
retaliation [rɪˌtæliˈeɪʃən] s kosto; kostoisku, kostohyökkäys
retaliatory [rɪˌtæliəˈtɔri] adj kosto-
1 retard [ritard] s (sl) kehitysvammainen
2 retard v hidastaa, hidastua, viivyttää, myöhästyä
retarded [rɪˈtardəd] *the retarded* kehitysvammaiset adj kehitysvammainen
retch [retʃ] v **1** yökkäillä, yökätä **2** oksentaa
retention [rɪˈtenʃən] s **1** pidättäminen *the retention of water in the body* nesteen keräytyminen elimistöön **2** muistaminen, muisti *the power of retention* muisti(kyky)
rethink [rɪˈθɪŋk] v miettiä/harkita/ajatella uudestaan *we have to rethink our marketing approach* meidän pitää järjestää markkinointi kokonaan uudestaan
reticence [retəsəns] s vähäpuheisuus, hiljaisuus, viileys
reticent [retəsənt] adj vähäpuheinen, hiljainen, vaisu, etäinen, viileä
retina [retɪnə] s (mon retinas, retinae) (silmän) verkkokalvo
retinue [ˈretəˌnu] s seurue, palvelijat
retire [rɪˈtaɪər] v **1** poistua **2** (ylät) mennä vuoteeseen/nukkumaan **3** siirtyä/siirtää eläkkeelle **4** poistua käytöstä/liikenteestä *our company has retired punch card machines* yrityksemme on lakannut käyttämästä reikäkorttikoneita
retired adj **1** joka on eläkkeellä **2** syrjäinen
retiree [rəˌtaɪəˈri] s eläkeläinen
retirement [rəˈtaɪərmənt] s **1** eläkkeelle siirtyminen/siirtäminen **2** käytöstä poistaminen **3** eläkeikä, eläkevuodet **4** eläke
retirement age s eläkeikä
retirement community s eläkeläisten asuinalue
retirement plan s eläketurva
retiring adj **1** joka on siirtymässä eläkkeelle **2** ujo, arka, syrjään vetäytyvä

1 retort [rɪˈtɔrt] s **1** (kemia) tislauspullo, retortti **2** (piikikäs/terävä) vastaus, vastaisku (kuv)
2 retort v vastata (piikikkäästi/terävästi), antaa takaisin samalla mitalla
retouch [rɪˈtʌtʃ] v korjailla, parannella, retusoida
retrace [rɪˈtreɪs] v **1** seurata *he retraced his steps* hän palasi takaisin samaa kautta kuin oli tullut **2** muistella, palauttaa mieleen, käydä (mielessään) uudelleen läpi
retract [rɪˈtrækt] v **1** vetää sisään (kynnet, laskuteline) **2** perua (puheensa, tarjous)
retraction [rɪˈtrækʃən] s **1** (kynsien, laskutelineen) sisään vetäminen **2** (puheiden, tarjouksen) peruminen
retread [ritred] s pinnoitettu (auton) rengas
retread [rɪˈtred] v pinnoittaa (auton rengas) uudelleen
1 retreat [rɪˈtrit] s **1** (sot) perääntyminen **2** pako; syrjään vetäytyminen *to beat a retreat* paeta, lähteä käpälämäkeen **3** pakopaikka *we have a modest retreat in the mountains* meillä on vuoristossa pieni mökki *a religious retreat* luostari
2 retreat v perääntyä; paeta; vetäytyä syrjään
retrench [rɪˈtrentʃ] v leikata, supistaa (menoja, henkilöstöä), säästää
retrenchment s (menojen, henkilöstön) leikkaaminen, supistaminen, säästäminen
retribution [ˌretrɪˈbjuʃən] s kosto
retrieval [rɪˈtrivəl] s hakeminen, haku, noutaminen
retrieve [rɪˈtriv] v **1** hakea, noutaa (myös koirasta) **2** hankkia takaisin **3** korvata; korjata
retriever s noutaja, noutokoira *Golden retriever* kultainennoutaja *Chesapeake retriever* chesapeakenlahdennoutaja
retroactive [ˌretroˈæktɪv] adj takautuva, taannehtiva
retrograde [ˈretrəˌgreɪd] adj taaksepäin suuntautuva, takaperoinen, (järjestys) käänteinen; taantuva

retrospect ['retrə‚spekt] s (menneiden) muistelu *in retrospect* jälkikäteen ajatellen

retrospection [‚retrə'spekʃən] s (menneiden) muistelu; (yleis)katsaus menneeseen

retrospective [‚retrə'spektɪv] s taidenäyttely, elokuvasarja ym jossa esitellään yhden taiteilijan elämäntyötä *there was a Clint Eastwood retrospective in Paris* Pariisissa esitettiin läpileikkaus Clint Eastwoodin elokuvista adj **1** menneitä muisteleva, taaksepäin katsova **2** takautuva, taannehtiva

1 return [rɪ'tɜrn] s **1** paluu *on my return* kotiin tms palattuani/palatessani **2** palautus **3** vastine *I'll give you two oranges in return for three apples* vaihdan kaksi appelsiinia kolmeen omenaan **4** tuotto, voitto **5** veroilmoitus (myös *tax return*)

2 return v **1** palata, tulla/mennä takaisin *has she returned home?* onko hän tullut/mennyt takaisin kotiin? **2** palauttaa; panna takaisin *when will you return my dictionary?* koska palautat sanakirjani? **3** jatkaa (esim jutun kertomista) **4** vastata (sukkelasti) *to return good with evil* vastata hyvään pahalla *she did not return my calls* hän ei soittanut minulle vaikka pyysin **5** (lak) langettaa: *the jury returned a verdict of guilty* valamiehistö teki langettavan päätöksen, valamiehistö totesi syytetyn syylliseksi **6** valita (vaaleissa) *Senator Kennedy was returned to office in the election* senaattori Kennedy valittiin (vaaleissa) uudelleen virkaan

return on capital s (tal) pääoman tuottoaste (lyh *ROC*)

return on investment s (tal) sijoitetun pääoman tuottoaste (lyh *ROI*)

return ticket s (UK) meno-paluulippu

reunion [ri'junjən] s **1** jälleentapaaminen **2** kokoontuminen, tapaaminen *class reunion* luokkakokous

Rev. *Revelation; reverend*

reveal [rɪ'viəl] v paljastaa, kertoa *the journalist refused to reveal his sources* toimittaja kieltäytyi paljastamasta lähteitään

revealing adj **1** valaiseva **2** (vaate) avoin, joka ei jätä paljoa arvailun varaan

revelation [‚revə'leɪʃən] s **1** paljastus **2** (suuri) oivallus **3** *Revelation* (usk) ilmestys *the Book of Revelation* (Raamatussa) Johanneksen ilmestys, Ilmestyskirja

revel in [revəl] v nauttia (täysin siemauksin) jostakin, iloita (kovasti) jostakin

1 revenge [rɪ'vendʒ] s kosto *to take revenge on someone* kostaa jollekulle

2 revenge v kostaa

revenue ['revə‚nu] s **1** tulot *Internal Revenue Service* (US) veroviranomainen *Inland Revenue* (UK) veroviranomainen **2** liikevaihto

revenue stamp s veromerkki

reverberate [rɪ'vɜrbə‚reɪt] v kaikua

reverberation [rɪ‚vɜrbə'reɪʃən] s (fys) jälkikaiunta; (ark) kaiku; (kuv) jälkikaiku, seuraukset

reverberation time s (fys) jälkikaiunta-aika

revere [rə'vɪər] v kunnioittaa, palvoa, pitää suuressa arvossa

reverence [revrəns] s kunnioitus, palvonta

Reverend [revrənd] adj (tittelinä) pappi *the Reverend Aldous Mulholland* pastori Aldous Mulholland

reverent [revrənt] adj kunnioittava

reverential [‚revə'renʃəl] adj kunnioittava

reverentially adv kunnioittavasti, kunnioittaen

reverie [revəri] s valveuni, haaveilu

reversal [rə'vɜrsəl] s **1** kääntäminen, kääntyminen; osien/suunnan vaihtaminen/vaihtuminen **2** takaisku, vastoinkäyminen, tilan huononeminen

reversal film s (diafilmi) kääntöfilmi

1 reverse [rə'vɜrs] s **1** vastakohta **2** takaosa, kääntöpuoli, (kolikon) reverssi **3** takaisku, vastoinkäyminen **4** peruutusvaihde

2 reverse v **1** kääntää, vaihtaa suuntaa *to reverse the charges* soittaa vastapuhelu, laskuttaa vastaanottajaa **2** peruuttaa (auto, tilaus, käsky), kumota (päätös, tuomio) **3** vaihtaa peruutusvaihteelle

3 reverse adj **1** kääntäinen, vastakkainen *a reverse image* käänteiskuva **2** (puoli) kääntö-, taka- **3** (vaihde) peruutus-

reverse engineering s käänteistekniikka

reversible [rə'vərsɪbəl] adj **1** joka voidaan kääntää, jota voidaan käyttää molemmin päin *reverse jacket* kääntötakki **2** joka voidaan pysäyttää/estää *the effects of the drug are not reversible* lääkkeen vaikutukset ovat pysyvät

revert to [rɪ'vərt] v **1** palata entiseen tilaansa/entiselleen, taantua **2** palata aiempaan puheenaiheeseen **3** turvautua johonkin *please do not revert to violence* älä rupea väkivaltaiseksi

1 review [rɪ'vju] s **1** katsaus, yleiskatsaus, selvitys, selonteko **2** aikakauslehti, julkaisu **3** (taide)arvostelu

2 review v **1** käydä uudelleen läpi, tarkistaa **2** arvostella (näytelmä, elokuva, konsertti, kirja tms) *Richard Schickel reviews for* Time *magazine* Richard Schickel on Time-lehden arvostelijoita

reviewer s (taide- ym) arvostelija, kriitikko

revise [rɪ'vaɪz] v korjata, parantaa, tarkistaa, muuttaa

Revised Standard Version s Kuningas Jaakon raamatunkäännöksen tarkistettu versio (1881-1885)

revision [rɪ'vɪʒən] s **1** korjaaminen, tarkistus **2** (kirjan) tarkistettu laitos

revival [rɪ'vaɪvəl] s **1** elvytys, elpyminen **2** (kuv) elpyminen, uudistuminen, uudestaan syntyminen *there has been a revival of interest in medieval literature* on ilmennyt uutta kiinnostusta keskiaikaista kirjallisuutta kohtaan **3** (usk) herätyskokous

revive [rɪ'vaɪv] v **1** elvyttää, elpyä, saada virkoamaan, virota, tointua **2** (kuv) herättää henkiin, ottaa uudelleen käyttöön/puheeksi, aloittaa uudestaan

revoke [rɪ'voʊk] v peruuttaa, kumota *his driver's licence has been revoked* hän menetti ajokorttinsa

1 revolt [rɪ'volt] s kapina

2 revolt v **1** kapinoida, nousta kapinaan jotakin vastaan (against) **2** kuvottaa/ällöttää jotakuta *she revolts at violence/from sugary foods* väkivalta/makeat ruuat saavat hänet voimaan pahoin

revolting adj kuvottava, ällöttävä, vastenmielinen

revolution [ˌrevə'luʃən] s **1** vallankumous (myös kuv) **2** kierros **3** kiertoliike *the revolution of the earth around the sun* Maan kiertoliike Auringon ympäri

revolutionary [ˌrevə'luʃəneri] s vallankumouksellinen, kumouksellinen adj **1** vallankumouksellinen, kumouksellinen (myös kuv) käänteentekevä, mullistava, täysin uusi **2** vallankumouksen (aikainen)

revolutionize [ˌrevə'luʃəˌnaɪz] v mullistaa

revolve [rɪ'vaəlv] v **1** pyöriä, pyörittää, kiertää **2** kohdistua johonkin, koskea jotakin *the problem revolves around money* ongelma koskee rahaa

revolver s revolveri

revolving adj pyörivä

revolving door s pyöröovi

revue [rə'vju] s revyy

revulsion [rɪ'vəlʃən] s kuvotus, inho, vastenmielisyys

1 reward [rɪ'wɔrd] s palkkio, korvaus

2 reward v palkita

rewarding adj **1** (taloudellisesti) tuottoisa, kannattava **2** (kuv) joka tuottaa tyydytystä *his books are not very rewarding* hänen kirjojaan ei juuri kannata lukea

1 rewind [ri'waɪnd] s **1** takaisinkelaus **2** takaisinkelauspainike

2 rewind v rewound, rewound: kelata taaksepäin

rewire [ri'waɪər] v vaihtaa uudet (sähkö)johdot jonnekin

reword [ri'wərd] v ilmaista/sanoa toisin

rewritable adj (R/W) päällekirjoitettava

rewrite [ri'raɪt] v rewrote, rewritten: kirjoittaa uudestaan, korjata

RF *radio frequency*

R.H. *Royal Highness*

rhapsodist [ræpsədɪst] s rapsodi

rhapsodize

rhapsodize ['ræpsəˌdaɪz] v **1** olla haltioissaan jostakin, puhua innostuneesti jostakin **2** lausua/kirjoittaa/säveltää rapsodioita
rhapsody [ræpsədi] s (mus, runo) rapsodia
rhea s (lintu) nandu
rhebok [ribak] s kaurisantilooppi
rhetoric [retərɪk] s **1** retoriikka, puhetaito **2** mahtipontisuus, teennäisyys, korkealentoisuus
rhetorical [rə'tɔrɪkəl] adj **1** retorinen, puhetaidollinen **2** mahtipontinen, teennäinen, korkealentoinen
rhetorical question s retorinen kysymys
rheumatic [rʊ'mætɪk] s reumasairas, reumaatikko adj reumaattinen, reuma-; reumaa sairastava
rheumatism [rumətɪzəm] s reumatismi
rheumatoid arthritis [ˌrumətɔɪdarθ-'raɪtɪs] s nivelreuma
rheumatologist [rumə'talədʒɪst] s reumatologi
rheumatology [rumə'talədʒi] s reumatologia
Rhine [raɪn] Rein
rhino [raɪnoʊ] s (mon rhinos, rhino) sarvikuono
rhinoceros [raɪ'nasərəs] s (mon rhinoceroses, rhinoceros) sarvikuono
Rhode Island [ˌroʊd'aɪlənd]
Rhodes [roʊdz] Rodos
rhubarb [rubarb] s raparperi
1 rhyme [raɪm] s **1** riimi, loppusointu **2** riimisana **3** (runo) riimi
2 rhyme v riimittää
rhyme or reason fr järki *there seems to be neither rhyme nor reason in what you're saying* sinun puheissasi ei tunnu olevan päätä eikä häntää
rhythm [rɪðəm] s rytmi
rhythm-and-blues s rhythm and blues (-musiikki)
rhythmic [rɪðmɪk] adj **1** rytmikäs, tahdikas **2** tasainen, säännöllinen
rhythmical adj **1** rytmi- **2** rytmikäs, tahdikas **3** tasainen, säännöllinen
rhythmically adv rytmikkäästi, tahdikkaasti

RI *Rhode Island*
rib [rɪb] s **1** kylkiluu (myös vaimosta) **2** (ruoka) kylki **3** (lehden) suoni **4** (sateenvarjon ym) ruoto
ribald [raɪbald] adj rivo, ruokoton, säädytön, härski
ribaldry [raɪbaldri] s rivo kieli/käytös, ruokottomuus, härskiys
ribbon [rɪbən] s **1** (koriste- tai muu) nauha *his clothes were torn to ribbons* hänen vaatteensa repesivät riekaleiksi **2** (kirjoituskoneen) värinauha
rib cage s rintakehä
rice [raɪs] s riisi
rich [rɪtʃ] s *the rich* rikkaat (ihmiset) adj **1** rikas **2** kallis; ylellinen **3** runsas, (valikoima) laaja, ylenpalttinen **4** (ruoka) voimakkaasti maustettu; erittäin makea; erittäin rasvainen
Richard [rɪtʃərd] (kuninkaan nimenä) Rikhard
riches s (mon) rikkaus, vauraus
rich in adj jossa on paljon/runsaasti jotakin
richly adv ylellisesti, komeasti, loistokkaasti; runsaasti, hyvin *he got a punishment which he richly deserved* hän sai ansaitsemansa rangaistuksen
richness s rikkaus (ks rich)
Richter scale [rɪktər] s (maanjäristyksen mittauksessa) Richterin asteikko
rickety [rɪkəti] adj ränsistynyt, rapistunut; (ihminen) raihnainen
rickshaw ['rɪkˌʃa] s riksa
1 ricochet ['rɪkəˌʃeɪ] s kimmoke
2 ricochet v kimmota
rid [rɪd] v rid/ridded, rid/ridded **1** puhdistaa, siivota jokin jostakin *they tried to rid their house of ants* he yrittivät päästä eroon taloonsa pesiytyneistä muurahaisista **2** lopettaa, lakata **3** *to get rid of someone/something* päästä/hankkiutua eroon jostakusta/jostakin *to be rid of someone/something* olla vapaa jostakin, olla päässyt eroon jostakusta/jostakin
riddance [rɪdəns] s *good riddance* hyvä kun pääsin hänestä/siitä eroon!, tervemenoa!
ridden ks ride

-**ridden** *yhdyssanan jälkiosana* joka on täynnä jotakin (ikävää) *disease-ridden* sairauksien vaivaama *debt-ridden* pahasti velkaantunut *bedridden* vuoteenoma, joka on vuodepotilaana

1 riddle [rıdəl] s **1** arvoitus **2** seula

2 riddle v **1** arvuutella **2** rei'ittää, puhkoa täyteen reikiä

riddled with *to be riddled with something* olla täynnä jotakin, olla läpeensä jotakin *to be riddled with corruption* olla oikea lahjonnan temmellyskenttä

1 ride [raɪd] s **1** kyyti *can I give you a ride to town?* haluatko kyydin/tulla kyydissäni kaupunkiin? *let's go for a ride* lähdetään ajelemaan (autolla) *his new Cadillac has a velvety ride* hänen uudessa Cadillacissaan on samettisen pehmeä kyyti *to take someone for a ride* (sl) huijata/pettää jotakuta; (ottaa auton kyytiin ja) murhata **2** ratsastusretki, ratsastusmatka

2 ride v rode, ridden **1** ratsastaa (hevosella ym, myös kuv) **2** ajaa/olla (auton tms) kyydissä, kulkea (linja-autolla tms) **3** liitää, kiitää (veden pinnalla) *the surfers are riding the waves* lainelautailijat ratsastavat aaltojen harjoilla **4** kiusata, härnätä **5** *to let something ride* antaa jonkin asian mennä omalla painollaan, ei puuttua johonkin, hyväksyä **6** hallita, vallita, sortaa

ride down v **1** ratsastaa jonkun/jonkin yli, jättää hevosen jalkoihin, talloa jalkoihinsa **2** ottaa kiinni ratsain

ride for a fall fr toimia uhkarohkeasti, jonkun käy vielä huonosti

ride herd on fr komentaa, johtaa, olla komennettavanaan/alaisinaan, pitää kurissa

ride on v **1** riippua jostakin, olla jonkin varassa **2** käyttää hyväkseen jotakin, ratsastaa jollakin *he is clearly riding on his fame as a writer* on selvää että hän ratsastaa kirjailijan maineellaan

ride out v selvitä jostakin (ehjin nahoin), pitää pintansa

rider s **1** ratsastaja **2** polkupyöräilijä, moottoripyöräilijä; (auton, linja-auton ym) matkustaja **3** (asiakirjan, asetuksen) lisäys; lisähuomautus

ride roughshod over fr kohdella kaltoin, käyttää häikäilemättömästi hyväkseen

ride shank's mare fr mennä apostolin kyydillä

ridesharing ['raɪdˌʃerɪŋ] s kimppakyyti, työmatkojen kulkeminen yhdessä samalla autolla

ride shotgun fr **1** (hist) olla posti- tai muissa vankkureissa ampujana **2** ohjailla, junailla, hoitaa jotakin (over)

ridge [rɪdʒ] s **1** harjanne, vuorenselkä, selänne **2** (nenän) selkä **3** (aallon) harja **4** (eläimen) selkä **5** (ilmatieteessä) korkeapaineen selänne

1 ridicule ['rɪdəˌkjuəl] s pilkka, iva *to hold someone/something up to ridicule* pitää jotakuta/jotakin pilkkanaan

2 ridicule v pilkata, ivata, pitää pilkkanaan

ridiculous [rə'dɪkjələs] adj naurettava

ridiculously adv naurettavan

ridiculousness s naurettavuus, älyttömyys, kohtuuttomuus

riding s ratsastus *horseback riding* ratsastus

rife [raɪf] adj yleinen

rife with *to be rife with something* olla täynnä jotakin, jossakin vilisee jotakin

1 rifle [raɪfəl] s **1** kivääri **2** rihla

2 rifle v **1** rihlata **2** ryöstää, rosvota **3** penkoa

rifling s rihlaus, rihlat

rift [rɪft] s **1** lohkeama, halkeama, railo **2** erimielisyys, kiista

1 rig [rɪg] s **1** (laivan) takila, riki **2** (öljyn)porauslaitos, (öljyn)poraustorni **3** (ark) varusteet, välineet **4** (ark) kuteet, hynttyyt

2 rig v **1** laittaa (käyttö)valmiiksi **2** muuttaa luvattomasti, sormeilla, harjoittaa vilppiä

Riga [riɡə] Riika *in Riga* Riiassa

1 right [raɪt] s **1** oikeus *you have the right to a lawyer* teillä on oikeus asian ajajaan *human rights* ihmisoikeudet *who owns the rights to that movie?* kenelle kuuluvat tuon elokuvan (teki-

right

jän)oikeudet? **2** se mikä on oikein *by rights* oikeudenmukaisesti *right and wrong* oikea ja väärä *to be in the right* olla oikeassa **3** oikeudenmukaisuus **4** oikea (puoli) *right and left* oikea ja vasen *to turn to the right* kääntyä oikeaan/oikealle *make a right at the next intersection* käänny seuraavasta risteyksestä oikealle **5** oikea käsi **6** *the Right* oikeisto **7** *to set something to rights* laittaa jokin kuntoon/järjestykseen **8** *in your own right* sellaisenaan, sinänsä
2 right v **1** oikaista, oieta, suoristaa, suoristua **2** oikaista (vääryys), korjata (virhe)
3 right adj **1** oikeudenmukainen, oikea, oikein **2** oikeanpuoleinen, oikea **3** *she is not in her right mind* hänellä on päässä vikaa, hän ei ole oma itsensä **4** (kulma, viiva) suora **5** *to put something right* korjata jokin asia, oikaista vääryys tms
4 right adv **1** suoraan, suoraa päätä **2** heti, välittömästi *right now* juuri nyt **3** juuri, nimen omaan *right here* juuri tässä **4** oikein *you did right* teit oikein **5** oikealla, oikealle *to turn right* kääntyä oikealle **6** hyvin, onnistuneesti *the cake came out right* kakku onnistui

right and left adv sinne tänne, siellä täällä
right angle s suora kulma
right away adv heti, viipymättä, siltä/tältä istumalta
right cornerback [ˌraɪtˈkɔrnərbæk] s (amerikkalaisessa jalkapallossa) oikea kulmapuolustaja
right defensive end s (amerikkalaisessa jalkapallossa) oikea ulompi linjapuolustaja
right defensive tackle [ˌraɪtdəˌfensɪvˈtækəl] s (amerikkalaisessa jalkapallossa) oikea sisempi linjapuolustaja
righteous [ˈraɪtʃəs] adj oikeudenmukainen, hyvä, rehellinen, oikeamielinen
righteously adv oikeudenmukaisesti, oikein, rehellisesti
righteousness s oikeudenmukaisuus, rehellisyys, oikeamielisyys
rightful [ˈraɪtfəl] adj oikea, oikeutettu, laillinen

rightfully adv oikeutetusti, laillisesti *you should take what is rightfully yours* ota mitä sinulle lain mukaan kuuluu
right guard [ˌraɪtˈgard] s (amerikkalaisessa jalkapallossa) oikea sisempi linjamies
right halfback s (amerikkalaisessa jalkapallossa) oikea keskushyökkääjä
right hand s oikea käsi (myös kuv:) korvaamaton apulainen
right-hand drive: *a car with right-hand drive* auto jonka ohjauspyörä on oikealla (vasemmanpuoleista liikennettä varten)
right-handed adj oikeakätinen adv oikealla kädellä
rightly adv (aivan) oikein; oikeutetusti, perustellusti, hyvällä syyllä
right off adv heti, viipymättä, siltä/tältä istumalta
right off the reel fr **1** lakkaamatta, taukoamatta, keskeytyksettä **2** heti, välittömästi
right of way s etuajo-oikeus
right on adv (sl) aivan!, juuri niin!, älä muuta viserrä!
right safety [ˌraɪtˈseɪfti] s (amerikkalaisessa jalkapallossa) oikea takapuolustaja
right tackle s (amerikkalaisessa jalkapallossa) oikea ulompi linjamies
right whale s mustavalas *right whales* sileät valaat (Balenidae) *pygmy right whale* kääpiövalas
right wing s oikeistosiipi
rigid [ˈrɪdʒɪd] adj **1** jäykkä **2** (kuv) joustamaton, ankara, jyrkkä
rigidity [rɪˈdʒɪdəti] s **1** jäykkyys **2** (kuv) joustamattomuus, ankaruus, jyrkkyys
rigidly adv (kuv) joustamattomasti, ankarasti, jyrkästi
rigor [ˈrɪgər] s ankaruus, tiukkuus, tarkkuus
rigorous [ˈrɪgərəs] adj ankara (ilmasto, kuri), tiukka, tarkka, tinkimätön (tutkimusote)
rigorously adv ankarasti, tiukasti, tarkasti, tinkimättä
rigth-hand adj oikeanpuoleinen, oikea
rig up v laittaa (käyttö)valmiiksi

rile [raɪəl] v (ark) ärsyttää, pänniä, risoa, sapettaa *what's riling him?* mikä häntä vaivaa?
rim [rɪm] s **1** (kupin, kanjonin ym) reuna **2** (silmälasien) kehys
rimless adj (silmälaseista) kehyksettömät
rimmed adj (silmälaseista) kehystetyt *horn-rimmed glasses* sarvisankaiset silmälasit
rind [raɪnd] s (hedelmän, juuston) kuori
1 ring [rɪŋ] s **1** soitto, helinä, kilinä **2** puhelu **3** sormus **4** rengas **5** piiri **6** (sirkuksessa ym) areena **7** nyrkkeilykehä **8** (puun) vuosirengas, (vuosi)lusto **9** *to throw your hat in the ring* antaa periksi, luopua leikistä
2 ring v rang, rung **1** soittaa (kelloa, puhelimella), soida **2** soida, helistä, kilistä; kuulostaa, kaikua **3** rengastaa; ympyröidä **4** kokoontua ympyräksi jonnekin **5** kiertää jonkin ympäri
ring a bell fr kuulostaa tutulta
ring down the curtain on fr tehdä loppu jostakin
ringed seal s norppa
ringer [rɪŋər] *to be a dead ringer for someone/something* olla täsmälleen samanlainen kuin joku/jokin *he's a dead ringer for his father* hän on ilmetty isänsä
ring in v leimata kellokorttinsa, saapua työhön
ringleader ['rɪŋˌlidər] s yllyttäjä, kiihottaja
ringlet [rɪŋlət] s hiuskiehkura
ringmaster ['rɪŋˌmæstər] s sirkustirehtööri
ring off v lopettaa puhelu
ringside ['rɪŋˌsaɪd] s nyrkkeilykehän ääri, ringside
ring-tailed lemur [limər] s kissamaki
ringtail possum [ˌrɪŋteəl'pasəm] s pussiorava
ring the bell fr olla omiaan jollekulle, vastata jonkun tarpeita, sopia hyvin jollekulle
ring up the curtain on fr aloittaa, käynnistää
rink [rɪŋk] s luistinrata

1 rinse [rɪns] s **1** huuhtelu **2** hiustenhoitoaine; hiusten sävytysaine
2 rinse v **1** huuhdella **2** käsitellä hiukset hoitoaineella; sävyttää hiukset
Rio Grande [ˌriə'grænd]
1 riot [raɪət] s **1** mellakka, kapina **2** hillittömyys, hillitön meno, rellestys *to run riot* mekastaa, rellestää; kasvaa valtoimenaan **3** loistojuttu *the new Mike Myers movie is a riot* Mike Myersin uusi elokuva on älyttömän hauska
2 riot v **1** mellakoida, kapinoida **2** rellestää
riot act ['raɪətˌækt] *to read someone the riot act* **1** antaa jonkun kuulla kunniansa, sättiä, haukkua jotakuta **2** varoittaa jotakuta
riotous [raɪətəs] adj **1** mellakoiva, kapinoiva **2** hillitön, rellestävä, mekastava **3** älyttömän hauska/hyvä
1 rip [rɪp] s repeämä
2 rip v revetä, repäistä
R.I.P. *rest in peace, requiescat in pace* levätköön rauhassa, rauha hänen muistolleen
ripe [raɪp] adj kypsä (myös kuv) *to be ripe for something* olla valmis/kypsä johonkin
ripen v kypsyä, kypsyttää
ripeness s kypsyys (myös kuv)
1 ripple [rɪpəl] s **1** (veden) väre **2** (veden) liplatus
2 ripple v **1** (vesi ym) värehtiä, väreillä **2** (vesi) liplattaa
1 rise [raɪz] s **1** (auringon ym, kuv) nousu, lisäys, kasvu *there has been a slight rise in the number of murders* murhien määrä on kasvanut hieman *a pay rise* palkankorotus **2** alkuperä, lähde *to give rise to something* aiheuttaa jotakin, panna alulle jotakin
2 rise v rose, risen **1** nousta, kohota, lisääntyä, kasvaa, yletä *the sun has risen* aurinko on noussut **2** yltyä, voimistua **3** nousta vuoteesta, herätä **4** (joki) saada alkunsa jostakin **5** viettää ylöspäin, nousta **6** yletä, edetä (uralla)
rise above v ei piitata jostakin
rise against v kapinoida/nousta jotakuta/jotakin vastaan

risen [rɪzən] ks rise
riser [raɪzər] s *I am an early riser* olen aamuvirkku
rise to the occasion fr nousta tilanteen tasalle
rise up v **1** nousta (vuoteesta), herätä **2** kohota, kohottautua
rising s **1** kapina, kansannousu **2** nousu, kohoaminen, lisääntyminen, kasvu adj nouseva, kohoava, lisääntyvä, kasvava, enenevä
1 risk [rɪsk] s riski, epäonnistumisen uhka *he did not want to run the risk of getting arrested* hän ei halunnut ottaa sitä riskiä että hänet pidätettäisiin *at the risk of sounding pompous, may I say that...* tiedän että tämä kuulostaa mahtipontiselta mutta....
2 risk v vaarantaa, panna vaaralle alttiiksi, riskeerata *he risked life and limb to save the little girl from the fire* hän pani henkensä alttiiksi pelastaakseen tytön tulipalosta
risk capital s riskipääoma
risk factor s riskitekijä
risky adj uhkarohkea, rohkea, uskalias, vaarallinen
risotto [rɪˈsoutou] s risotto
risqué [rɪsˈkeɪ] adj uskalias, rohkea, rivo, härski
rite [raɪt] s riitti
ritual [rɪtʃʊəl] s rituaali *to go through the rituals* (kuva) käydä läpi pakolliset kuviot adj ritualistinen, rituaali-
ritualistic [ˌrɪtʃʊəˈlɪstɪk] adj ritualistinen
ritz [rɪts] *to put on the ritz* (ark) elää leveästi/komeasti, rehennellä (varallisuudellaan)
ritzy [rɪtsi] adj (sl) loisto-, kallis, komea, hieno
1 rival [raɪvəl] s kilpailija
2 rival v kilpailla *the new Corvette rivals any sports car in the world* uusi Corvette on maailman parhaimpien urheiluautojen veroinen
3 rival adj kilpaileva
rivalry [raɪvəlri] s kilpailu
river [rɪvər] s joki *to sell someone down the river* kavaltaa, pettää; hylätä *to send someone up the river* passittaa joku telkien taakse, määrätä/lähettää vankilaan
riverbed [ˈrɪvərˌbed] s joen uoma
River Eridanus [əˈrɪdənəs] (tähdistö) Eridanus
riverside [ˈrɪvərˌsaɪd] s joen ranta adj joka on joen rannalla
1 rivet [rɪvət] s niitti
2 rivet v **1** niitata **2** (kuv) kiehtoa, naulita (katse), vangita (mielenkiinto)
riveting adj (kuv) kiehtova
Riviera [ˌrɪviˈerə] s (Ranskan/Italian) Riviera
rivulet [rɪvjələt] s puro
RN *registered nurse*
RNA *ribonucleic acid* ribonukleiinihappo, RNA
RNC *Republican National Committee*
road [roud] s maantie, tie (myös kuv) *all roads lead to Rome* kaikki tiet vievät Roomaan *to be on the road* olla tien päällä, olla matkalla; olla kiertueella *to get something on the road* käynnistää, aloittaa, panna alulle *to burn up the road* (sl) ajaa nasta laudassa *to take to the road* lähteä matkaan, aloittaa matka *three years down the road* kolmen vuoden päästä *we hit the road at dawn* lähdimme matkaan aamunkoitteessa *one for the road* (viimeinen) ryyppy ennen matkaa
1 roadblock [ˈroudˌblak] s **1** tiesulku **2** (kuv) este
2 roadblock v sulkea tie
roadhouse [ˈroudˌhaus] s tanssibaari, kapakka, yökerho
roadie [roudi] s (sl) roudari
roadkill [ˈroudˌkɪl] s autojen alle jääneiden eläinten raadot
road rage [ˈroudˌreɪdʒ] s ajajan aggressiivisuus muita tienkäyttäjiä kohtaan
roadrunner [ˈroudˌrʌnər] s kalifornianjuoksukäki
Road Runner (sarjakuvahahmo) Maantiekiitäjä, Tööttö
roadside [ˈroudˌsaɪd] s tien vieri adj joka on tien vieressä
roadster [roudstər] s (eräänlainen) avoauto
roadwork [ˈroudˌwərk] s tietyö(t)

roadworthy [ˈroʊdˌwərði] adj (auto ym) ajokelpoinen, ajokuntoinen
roam [roʊm] v kuljeksia, vaeltaa, koluta *where the buffalo roam* (siellä) missä biisonit vaeltavat/elävät
roaming s (tekn) verkkovierailu
1 roar [rɔr] s karjaisu, mylväisy, ärjäisy
2 roar v karjua, myljvä, ärjäistä, ärjyä *the police car roared away* poliisiauto lähti matkaan moottori ulvoen
roaring adj **1** erinomainen, loistava *a roaring success* täydellinen menestys **2** täysi *he is roaring mad* hän on seinähullu **3** rellestävä, mekastava
1 roast [roʊst] s **1** paisti **2** musertava arvostelu
2 roast v **1** paahtaa, paahtua, paistaa, paistua **2** (ark) arvostella ankarasti, lyödä lyttyyn
rob [rab] v **1** ryöstää **2** riistää, viedä, ottaa *she was robbed of her diginity* häntä nöyryytettiin
robber s ryöstäjä
robbery s ryöstö
1 robe [roʊb] s **1** viitta, kaapu **2** aamutakki, kylpytakki **3** (naisten) iltapuku **4** (mon) vaatteet
2 robe v pukea, pukeutua viittaan/kaapuun
robin [rabın] s (Pohjois-Amerikassa) punarintarastas; (Euroopassa) punarinta
robin redbreast ks robin
robot [roʊbat] s robotti
robotic [rəˈbatık] adj robotti-, robotin
robotize [ˈroʊbəˌtaɪz] v muuttaa robottikäyttöiseksi
robotlike adj joka muistuttaa robottia, joka toimii/liikkuu tms kuin robotti
rob Peter to pay Paul fr **1** ottaa uutta velkaa vanhan maksamiseksi **2** aiheuttaa itselleen vahinkoa
robust [roʊˈbʌst] adj **1** roteva, vahva, vankka, luja, kestävä, (liikunta) raskas, (maku, haju) voimakas, (ruokahalu) hyvä **2** (tietok) sitkeä
robustness s **1** rotevuus, vahvuus, lujuus, kestävyys, (liikunnan) raskaus, rasittavuus, (maun, hajun) voimakkuus **2** (tietok) sitkeys

ROC *reserve officer candidate; Republic of China; return on capital* (tal) pääoman tuottoaste
1 rock [rak] s **1** kivi *to be between a rock and a hard place* olla tiukoilla, olla kahden tulen välissä; olla puun ja kuoren välissä **2** kallio **3** (sl) jalokivi, timantti **4** rock(musiikki)
2 rock v **1** keinuttaa, keinua; tuudittaa (lapsi uneen); ravistella, ravista, järisyttää, järistä *to rock the boat* ottaa turhia riskejä, aiheuttaa epävarmuutta **2** rokata, tanssia/soittaa rockia
rockabilly [ˈrakəˌbɪli] s rockabilly(musiikki)
rock-and-roll [ˌrakənˈroəl] s rock and roll (-musiikki)
rock barnacle s (eläin) merirokko
rock bottom s (kuv) pohjanoteeraus *to hit rock bottom* olla aivan pohjalla; joutua puille paljaille
rock-bottom [rakˈbatəm] adj alin mahdollinen *rock-bottom prices* lyömättömät hinnat
rock climber s vuorikiipeilijä
rocker s **1** keinutuoli **2** (kehdon, keinutuolin) jalas *to be off your rocker* olla päästään vialla, olla tärähtänyt, ei olla järjissään **3** rock and roll -kappale **4** rockmuusikko, rocklaulaja, rokkari
rocker panel s (auton) helmapelti
1 rocket [rakət] s **1** raketti **2** (UK) sinappikaali, rucola
2 rocket v **1** ampua/tulittaa raketeilla **2** viilettää/kiitää/kulkea (nopeasti kuin raketti)
rocket engine s rakettimoottori
rocket scientist *he is no rocket scientist* hän ei ole mikään ruudinkeksijä/Einstein
Rockhampton [raˈkæmptən]
Rockies [rakiz] (mon) Kalliovuoret (Rocky Mountains)
rocking chair s keinutuoli
rocking horse s keinuhevonen
rock-'n'-roll s rock and roll (-musiikki) (myös *rock 'n' roll*)
rocks ks on the rocks
rock the boat fr ottaa turhia riskejä, aiheuttaa epävarmuutta

rocky

rocky adj **1** kivinen; kivenkova **2** (kuv) kivenkova; tunteeton; ilmeetön **3** keinuva **4** (kuv) epävarma
Rocky Mountains [ˌrakiˈmaʊntənz] (mon) Kalliovuoret
rococo [rəˈkoʊkoʊ] s rokokoo
rod [rad] s **1** sauva; tanko; vapa **2** ongenvapa **3** (kuv: kuritus) keppi *my dad did not spare the rod* isäni ei keppiä säästänyt **4** ukkosenjohdatin **5** (sl) rauta, pistooli **6** (sl) penis, kulli
rode [roʊd] ks ride
rodent [ˈroʊdənt] s jyrsijä
1 rodeo [ˈroʊdioʊ] s (mon rodeos) **1** rodeo **2** (ark) kilpailu
2 rodeo v osallistua rodeoon, kilpailla rodeoissa
roe [roʊ] s (mon roes, roe) metsäkauris
roe deer s metsäkauris
ROFL (tekstiviestissä, sähköpostissa) *rolling on the floor laughing*
roger [ˈrɑdʒər] interj (ark) selvä, ok
rogue [roʊg] s roisto; konna, kelmi; vintiö adj **1** (eläin) erakko- **2** (kuv) tottelematon, epäluotettava
rogues' gallery s (poliisin) rikolliskuvasto
roguish [ˈroʊgɪʃ] adj **1** konnamainen **2** veitikkamainen, ovela, juonikas
ROI *return on investment* (tal) sijoitetun pääoman tuottoaste
role [roʊl] s rooli, osa, tehtävä, osuus *what is his role in this undertaking?* mikä osuus hänellä on tässä hankkeessa?
1 roll [roʊl] s **1** rulla, tela, rumpu **2** sämpylä **3** (paperi- tai muu) käärö **4** (jäsentai muu) luettelo, lista *to strike someone from the rolls* erottaa jäsen **5** poimu **6** *to be on a roll* olla pelionnea, menestyä (uhka)pelissä; menestyä hyvin, olla kova meno päällä **7** keinunta, huojunta **8** (lentokoneen) kallistus **9** (ukkosen ym) jylinä, jyrinä, pauhu
2 roll v **1** rullata, kääriä (rullalle), kääriytyä, kelata, kelautua **2** vierittää; työntää **3** keinua, keinuttaa, huojua, heilua **4** (lentokonetta) kallistaa **5** jylistä, pauhata **6** (ark) aloittaa **7** (ark) luistaa, sujua
roll around v olla jälleen vuorossa, tulla taas
roll back v laskea/alentaa hintaa
rollback s **1** hintojen lasku **2** joukkojen perääntyminen/vetäytyminen
roll by v **1** (ajasta) kulua **2** kulkea/mennä/lipua ohitse
roll call s nimenhuuto
roller [ˈroʊlər] s **1** rulla, tela, rumpu, kaulin **2** säihkynärhi *European roller* sininärhi
roller bearing s rullalaakeri
Rollerblades [ˈroʊlərˌbleɪdz] s (mon) jonopyöräiset rullaluistimet
roller coaster s vuoristorata
roller skate s rullaluistin
roller-skate v luistella (rullaluistimilla)
roller skater s rullaluistelija
roll film s rullafilmi
roll in v **1** jotakin tulee jonnekin runsaasti; saapua/tulla jonnekin sankoin joukoin; saada paljon jotakin **2** jollakulla on jotakin ylen määrin **3** lisätä **4** mennä vuoteeseen/nukkumaan
rolling adj **1** (maa) kumpuileva; aaltoileva **2** (vesi) aaltoileva, vellova
rolling stock s liikkuva rautatiekalusto, veturit ja vaunut
roll in the hay s (sl: yhdyntä) pano
roll out v **1** tasoittaa, silittää suoraksi, kaulita (taikinaa), valssata **2** (ark) aloittaa, käynnistää **3** nousta vuoteesta, herätä
roll out the red carpet fr järjestää jollekulle juhlallinen vastaanotto; ottaa joku/jokin avosylin vastaan
roll up your sleeves fr panna hihat heilumaan, ryhtyä työhön
roll with the punches fr väistellä iskuja; (kuv) selvitä vaikeuksista huolimatta, pitää puolensa, pärjätä
Rolodex [ˈroʊləˌdeks] s (pyöritettävä) puhelin- ja osoitemuistio
ROM [ram] *read-only memory* lukumuisti
Roman [ˈroʊmən] s **1** (hist ja nyk) roomalainen *when in Rome, do as the Romans do* maassa maan tavalla **2** (kirjapainossa) antiikva adj **1** roomalainen **2** antiikva- **3** roomalaiskatolinen

roman à clef [romanaˈkle] s (mon romans à clef) avainromaani
Roman candle [ˌroʊmənˈkændəl] s (ilotulitusraketti) roomalainen kynttilä
Roman Catholic s roomalaiskatolilainen adj roomalaiskatolinen
Roman Catholic Church s roomalaiskatolinen kirkko
Roman Catholicism s roomalaiskatolisuus
1 romance [roʊˈmæns] s **1** romanssi; rakkauskertomus, rakkausromaani; seikkailuromaani **2** romanssi, rakkaussuhde
2 romance v **1** uneksia, haaveilla **2** kosiskella (myös kuv)
Roman Empire s (hist) Rooman valtakunta
Romanesque [ˌroʊməˈnesk] s (arkkitehtuurissa) romaaninen tyyli adj romaaninen
Romania [roʊˈmeɪniə] Romania
Romanian s romanian kieli s, adj romanilainen
Roman numerals s (mon) roomalaiset numerot
Romans s (Uuden testamentin) Roomalaiskirje
romantic [roʊˈmæntɪk] s **1** *Romantic* romantikko, romantiikan kannattaja **2** romantikko, haaveksija, uneksija adj **1** *Romantic* romantiikan (mukainen), romanttinen **2** romanttinen, romantiikkaan taipuvainen
romantically adv romanttisesti *he is romantically involved with another woman* hänellä on (rakkaus)suhde erään naisen kanssa
Romanticism [roʊˈmæntɪˌsɪzəm] s (taiteessa) romantiikka
romanticize [roʊˈmæntɪˌsaɪz] v romantisoida; kaunistella
Rome [roʊm] Rooma *when in Rome, do as the Romans do* maassa maan tavalla *all roads lead to Rome* kaikki tiet vievät Roomaan
1 romp [ramp] s rieha, mekastus, ilonpito, hauskanpito
2 romp v riehua (iloisesti), mekastaa, pitää hauskaa, karkeloida

1 roof [rʊf ruf] s (mon roofs) **1** katto *to go through the roof* nousta/kasvaa/kallistua valtavasti; pillastua, raivostua, menettää malttinsa *to hit the roof* pillastua, raivostua, menettää malttinsa *to raise the roof* nostaa äläkkä/häly, tehdä iso numero jostakin **2** laki; huippu *the roof of the mouth* kitalaki, suulaki
2 roof v peittää, kattaa, suojata katolla
rooftop [ˈrʊfˌtap] s katto(tasanne)
rook [rʊk] s **1** mustavaris **2** (šakissa) torni
rookie [rʊki] s aloittelija, ensikertalainen
room [rum] s **1** huone *a house with three rooms* kolmihuoneinen talo **2** tila *there is no room here for another chair* tänne ei enää mahdu yhtään tuolia **3** (kuv) vara, tila *there is a lot of room for improvement in your work* työssäsi on paljon parannettavaa/parantamisen varaa
room and board [ˌrumənˈbɔrd] s täysihoito, huone ja ateriat
roomer s vuokralainen
roomful s huoneen täydeltä jotakin *a roomful of students* luokan/salin täydeltä oppilaita/opiskelijoita
room service s (hotellissa) huonepalvelu
roomy adj tilava
1 roost [rust] s **1** (kanalan) orsi **2** kanala *to rule the roost* olla kukkona tunkiolla
2 roost v **1** istua orrella **2** jäädä jonnekin (yöksi) **3** *to come home to roost* kostautua, koitua jonkun omaksi vahingoksi
rooster [rustər] s **1** kukko **2** (ark kuv) kukkoilija
1 root [rʊt rut] s **1** (kasvin, hampaan ym) juuri *to take root* juurtua (myös kuv) **2** (kuv) juuri, ydin *to go to the root of the problem* selvittää asia juurta jaksain/perin juurin **3** (mat) juuri *square root* neliöjuuri **4** (mon, kuv) juuret *his roots are in Africa* hänen sukunsa juuret ovat Afrikassa
2 root v **1** juurtua (myös kuv), juurruttaa (myös kuv) **2** tonkia (kärsällä) **3** penkoa **4** hurrata, kannustaa (kilpailijaa tms)
root and branch fr juurta jaksain, perin juurin, läpikotaisin, täysin
root beer s eräänlainen virvoitusjuoma

root canal

root canal s (hampaan) juurikanava
root cause s varsinainen/todellinen syy
rooted adj (yhdyssanan jälkiosana) *deep-rooted* syvään juurtunut, pinttynyt
rooter s (kilpailijan yms) kannustaja, hurraaja
root hair s (kasvin) juurikarva
rootless adj juureton (myös kuv)
root up v tonkia, kaivaa esiin (esim kärsällä)
root vegetables s (mon) juurekset
1 rope [roup] s **1** köysi *a length of rope* köyden pätkä, köysi *Harry is at the end of his rope* Harry on vetänyt itsensä piippuun; Harry on puilla paljailla *you're not giving me enough rope* sinä rajoitat toimiani liikaa, sinä et anna minun toimia tarpeeksi vapaasti **2** (mon) (nyrkkeilykehän) köydet *to be on the ropes* (kuv) olla hätää kärsimässä *to learn the ropes* oppia (uusi) työ, päästä jyvälle jostakin **3** lasso **4** hirttoköysi **5** hirttotuomio
2 rope v köyttää, sitoa (köydellä)
ropedancer ['roup‚dænsər] s nuorallatanssija
rope in v houkutella ansaan, saada satimeen
rope off v erottaa/sulkea/eristää (alue) köydellä
rorquals [rɔərkwəlz] s uurteisvalaat (Balaenopteridae)
Rorschach test ['rɔr‚ʃak] s (musteläiskätesti) Rorschachin testi
rosary [rouzəri] s rukousnauha
rose [rouz] s **1** ruusu *to come up roses* selvitä pelkällä säikähdyksellä **2** ruusunpunainen (väri); roosa adj ruusunpunainen; roosa
rose aphid s ruusukirva
roseate [rouziət] adj **1** ruusunpunainen, ruusuinen **2** lupaava, ruusuinen **3** (liian) optimistinen, ruusuinen
Rosetta stone [rə'zetə] s **1** Rosetten kivi (jolla hieroglyfien arvoitus ratkesi) **2** johtolanka, vihje; oivallus, läpimurto
Ross seal s rossinhylje
rostrum [rastrəm] s (mon rostrums, rostra) puhujakoroke

rosy adj **1** ruusunpunainen; roosa; punertava, punakka **2** lupaava, ruusuinen, optimistinen
1 rot [rat] s **1** mätä, mätäneminen **2** turmelus, rappio
2 rot v **1** mädäntyä, pilaantua *may you rot in hell!* paha sinut periköön! **2** turmeltua, rappeutua, mennä piloille **interj** voi myrkky!, voi kurja!, voi harmi!
Rotarian [rə'teriən] s rotaryjärjestön jäsen, rotari adj rotari-, rotaryjärjestön
rotary [routəri] adj (kappale) pyörivä, kierto-, (liike) pyörintä-, kierto-
Rotary Club [routəri] s Rotary Club, rotaryjärjestö
rotary engine s wankelmoottori, kiertomäntämoottori
rotate [routeit] v **1** pyöriä, kiertää, kiertyä **2** vuorotella, tehdä jotakin vuorotellen, vaihtaa, vaihtua *to rotate the tires on a car* vaihtaa auton pyörien/renkaiden paikkaa
rotating adj **1** pyörivä, kiertävä, pyörintä-, kierto- **2** vuorotteleva, vuoro-, vaihtuva
rotation [rə'teiʃən] s **1** pyörintä, kiertoliike **2** vuorottelu, vaihtuminen *crop rotation* vuoroviljely *the guards are on rotation* vartijat ovat vuorotellen työssä
ROTC *Reserve Officers' Training Corps*
rote [route] s rutiini, tottumus *to learn something by rote* opetella/oppia ulkoa
ROTFL (tekstiviestissä, sähköpostissa) *rolling on the floor laughing*
rotgut ['rat‚gʌt] s (sl) pontikka
rotor [routər] s roottori
rotten [ratən] adj **1** mätä, pilaantunut **2** turmeltunut, rappeutunut **3** kurja, viheliäinen, surkea
rotund [rə'tʌnd, rou'tʌnd] adj **1** pyöreä **2** pyylevä, pyöreä
rotunda [rə'tʌndə] s pyörörakennus, rotunda
rouge [ruʒ] s huulipuna; poskipuna
1 rough [rʌf] s **1** *to be in the rough* olla (vielä) alkutekijöissään *a diamond in the rough* hiomaton timantti **2** (golf) karheik- ko, raffi
2 rough v karhentaa

3 rough adj **1** (pinta) karkea, karhea, rosoinen, epätasainen, (tukka, turkki) takkuinen **2** (ääni) käheä, karkea, karhea **3** (tavat) hiomaton, karkea, töykeä **4** (suunnitelma) alustava, (arvio) karkea, summittainen **5** (menettely, puheet) väkivaltainen, kovaotteinen, kova

roughage [rʌfədʒ] s (ruuassa) kuitu

roughen v karhentaa

rough it fr elää vaatimattomasti, tulla toimeen vähällä

rough-legged buzzard [bʌzərd] s (lintu) piekana

roughly [rʌfli] adv **1** karkeasti (ks rough) **2** noin, suunnilleen, karkeasti (arvioiden)

roughhouse ['rʌf‚haʊs] v peuhata (rajusti)

rough up v **1** piestä, hakata **2** luonnostella, hahmotella

roulette [ruːˈlet] s ruletti(peli)

1 round [raʊnd] s **1** pallo, ympyrä, rengas, kehä **2** kierros *a round of talks* neuvottelukierros, neuvottelut *the doctor is making her rounds* lääkäri on kierroksellaan/katsomassa potilaita *a rumor is going/making the rounds* liikkeellä on huhu **3** (urh) erä **4** *a round of applause* kättentaputukset, suosionosoitukset, aplodit *he offered us a round of drinks* hän tarjosi meille kierroksen/ryypyt **5** (aseen) laukaus; patruuna **6** *in the round* kokonaisuutena

2 round v **1** pyöristää (myös kuv luvusta), pyöristyä **2** saattaa päätökseen/valmiiksi, päättää **3** kiertää (jokin ympäri)

3 round adj **1** pyöreä **2** summittainen *a round figure* pyöri luku *in round numbers* karkeasti, suunnilleen **3** täyteläinen *she has a round figure* hänellä on täyteläiset muodot

4 round adv **1** kautta, läpi **2** ympäri *to go round the house* kiertää rakennus *to turn round* kääntyä ympäri prep **1** ympäri, kautta, läpi *round the year* koko vuoden, läpi vuoden **2** tienoilla, paikkeilla, maissa

1 roundabout s (UK) liikenneympyrä, kiertoliittymä

2 roundabout ['raʊndə‚baʊt] adj kiemurteleva, mutkitteleva, kierto- *she asked about you in a roundabout way* hän kysyi sinusta vaivihkaa, kautta rantain

round dance s piiritanssi

roundish adj pyöreähkö

round-lot ['raʊnd‚lat] s (tal) pörssierä, standardi kaupankäyntierä (vrt *odd-lot*)

round off v **1** pyöristää (luku) **2** päättää *we rounded the talks off with a party* pidimme neuvottelujen päätteeksi juhlat

round out v **1** täydentää, olla pisteenä i:n päällä **2** pyöristyä, pyöristää

round robin s kilpailu jossa jokainen pelaa vuorollaan jokaista vastaan

round-the-clock [‚raʊndðəˈklak] adj jatkuva, koko ajan tapahtuva adv jatkuvasti, kellon ympäri

round up v koota yhteen (esim karjaa, kannattajia)

roundworms s (mon) sukkulamadot

rouse [raʊz] v herättää, innostaa, kannustaa *to rouse someone to action* saada/patistaa joku tekemään jotakin

rousing adj **1** innostava, tenhoava, mukaansatempaava **2** vilkas, vauhdikas, kiireinen, reipas

roust [raʊst] v hätistää, patistaa (pois jostakin)

1 rout [raʊt] s musertava tappio

2 rout v (kuv) piestä, hakata

1 route [ruːt] s reitti, tie *to go the route* pitää pintansa, tehdä/kestää jotakin loppuun saakka

2 route v ohjata (liikenne ym jotakin reittiä)

router s (tietok) reititin

routine [ruːˈtiːn] s **1** tottumus, harjaantuneisuus, rutiini **2** totunnainen menettely **3** rutiinityöt **4** esitys, numero; (vilpillinen) tyhjä puhe *and then he gave me that old routine about patriotism* ja sitten hän alkoi taas hokea samaa laulua isänmaallisuudesta **5** (tietok) rutiini adj **1** rutiini-, rutiininomainen, tavallinen, tavanomainen **2** pitkästyttävä, pitkäveteinen

routinely adv totunnaisesti, ilman erityistä käskyä tms *the valves are rou-*

routing

tinely checked for leaks venttiilivuotojen tarkistus kuuluu normaalitoimiin
routing s (tietok) reititys
1 row [roʊ] s **1** rivi, jono **2** souturetki, soutumatka **3** *it is a hard/long row to hoe* (kuva) se on kivinen pelto, se on visainen tehtävä, se on vaikeaa
2 row v soutaa
1 row [raʊ] s riita, kiista, kina
2 row v riidellä, kiistellä, kinata
rowan [roʊən] s pihlaja
rowboat ['roʊˌboʊt] s soutuvene
rowdy [raʊdi] s rellestäjä, hulinoitsija adj hulinoiva, meteilöivä, riehakas
row house ['roʊˌhaʊs] s rivitalo
rowing machine s soutulaite
royal [rɔɪəl] s (ark) kuninkaallinen adj **1** kuninkaallinen (myös kuv:) ruhtinaallinen **2** (ark) melkoinen, varsinainen, todellinen *he's a royal pain in the ass* hänestä on hitosti riesaa, hän on sietämätön
royal antelope [ˌrɔɪəl'æntəloʊp] s kuningasantilooppi
royal family s kuningasperhe
royal flush s (pokerissa) kuningasvärisarja
royalist s kuningasmielinen, rojalisti adj kuningasmielinen, rojalistinen
royally adj **1** kuninkaallisesti (myös kuv:) ruhtinaallisesti **2** (ark) pahasti *you screwed up royally* tyrit pahasti
royalty [rɔɪəlti] s **1** kuninkuus **2** kuninkaalliset, kuningasperhe **3** kuningaskunta **4** rojalti, tekijänpalkkio
RP *received pronunciation*
RPN *reverse Polish notation*
RR *railroad* rautatie
R-rated adj (elokuva) sallittu alle 17-vuotiaalle vain vanhemman henkilön seurassa
RS *Royal Society*
RSV *Revised Standard Version*
R.S.V.P. *répondez s'il vous plaît* (kutsukirjeessä) pyydämme vastaamaan
RTC *reserve training corps*
RTM (tekstiviestissä, sähköpostissa) *read the manual*
RU (tekstiviestissä, sähköpostissa) *are you?*

1 rub [rʌb] s **1** hankaus, hionta; hieronta **2** (kuv) piikki, näpäytys, herja **3** (kuv) ongelma, pulma, vaikeus
2 rub v hangata, hankautua, hioa; hieroa
rubber [rʌbər] s **1** kumi **2** (ark) kumi, (ilma)rengas **3** (sl) kumi, kondomi
rubber band s kuminauha
rubberneck ['rʌbərˌnek] v (ark) töllistellä, pysähtyä töllistelemään
rubbernecker s (ark) töllistelijä
rubber stamp s **1** (kumi)leimasin **2** byrokraatti (tms joka hyväksyy anomuksia tms helposti) **3** (anomuksen tms) hyväksyminen
rubber-stamp v **1** leimata **2** hyväksyä automaattisesti
rubbish [rʌbɪʃ] s **1** roska, roina **2** pöty, roskapuhe, hölynpöly
rubble [rʌbəl] s **1** sirpaleet, rauniot **2** murska
rub down v **1** hangata, hioa **2** pyyhkiä kuivaksi, kuivata **3** hieroa
rubdown ['rʌbˌdaʊn] s hieronta
rub elbows with fr olla lähiväleissä jonkun kanssa
Rubicon ['rubɪˌkan] Rubikon
rub in v hieroa/levittää jotakin jonnekin
rub it in fr (ark) muistuttaa jotakuta virheestä/epäonnistumisesta, ratsastaa toisen virheillä
rub off on v tarttua johonkin *your cussing will rub off on your kids* kiroilusi tarttuu vielä lapsiisi, lapsesi ottavat vielä kiroilustasi esimerkkiä
rub out v **1** pyyhkiä/hangata pois **2** (sl) tappaa, nitistää
rub shoulders with fr olla tekemisissä jonkun kanssa, liikkua samoissa piireissä kuin
rub the wrong way fr silittää jotakuta vastakarvaan, käydä jonkun hermoille
ruby [rubi] s **1** rubiini **2** rubiininpunainen (väri) adj rubiininpunainen
rucksack [rʌkˌsæk] s (selkä)reppu
rudd [rʌd] s (kala) sorva
rudder [rʌdər] s (laivan, veneen, lentokoneen) peräsin
ruddy [rʌdi] adj **1** (ihon väri) terve **2** punainen

rude [rud] adj **1** epäkohtelias, töykeä, hävytön; ruokoton, säädytön; sivistymätön **2** karkea, hiomaton, alkeellinen **3** alustava, karkea *this is only a rude sketch* tämä on vain summittainen luonnos

rudely adv ks rude

rudeness s **1** epäkohteliaisuus, töykeys; ruokottomuus, säädyttömyys **2** karkeus, hiomattomuus, alkeellisuus

rudimentary [ˌrudɪˈmentərɪ] adj alkeellinen, alkeis-, perus-

rudiments [rudɪmənts] s (mon) alkeet *the rudiments of psychology* psykologian alkeet/perustiedot

rueful [rufəl] adj **1** säälittävä **2** apea, alakuloinen, surullinen, masentunut

ruff [rʌf] s **1** röyhelökaulus **2** suokukko

ruffian [rʌfiən] s uhottelija, kovis (ark), räyhääjä

1 ruffle [rʌfəl] s **1** rypytys, röyhelö, poimutelma **2** harmi, ärtymys, kiusa

2 ruffle v **1** sekoittaa, sekoittua, sotkea, sotkeutua **2** ärsyttää, harmittaa **3** lehteillä (kirjaa), plarata, sekoittaa (kortteja) **4** laskostaa, rypyttää (kangasta)

rug [rʌg] s **1** (pieni) matto **2** (UK) peite, peitto, huopa

rugby [rʌgbi] s (peli) rugby

rugged [rʌgəd] adj **1** karkea, rosoinen, epätasainen *he has a rugged face* hänellä on karkeat kasvot/piirteet **2** mäkinen, kumpuileva *rugged terrain* mäkinen maasto **3** kestävä, vankka, vahva **4** ankara, tiukka, juro, tuima, kova *he is a rugged character* hän on karu tyyppi *they lead a rugged life* heidän elämänsä on karua/kovaa

rugged computer s (tietok) kenttämikro

ruggedly adv ks rugged

ruggedness s **1** karkeus, epätasaisuus; mäkisyys **2** kestävyys, lujuus, vahvuus **3** ankaruus, jurous, kovuus

1 ruin [ruən] s **1** tuho, turmio *pride will be your ruin* ylpeys koituu vielä kohtaloksesi **2** (mon) rauniot *to fall to ruin* raunioitua, ränsistyä, rappeutua

2 ruin v **1** raunioittaa, raunioitua, hävittää, tuhota, tuhoutua **2** saattaa joku perikatoon/puille paljaille **3** turmella, turmeltua, rappeuttaa, rappeutua, pilata

ruinous [ruənəs] adj tuhoisa

1 rule [ruəl] s **1** sääntö *as a rule* yleensä **2** tapa **3** valta **4** hallituskausi **5** viivoitin *slide rule* laskutikku

2 rule v **1** hallita; vallita *chaos rules in the country* maa on sekasorron vallassa **2** (tuomarista) määrätä, päättää **3** viivoittaa

rule of thumb fr nyrkkisääntö, peukalosääntö

rule out v sulkea pois *his alibi rules him out as a suspect* häntä ei voi alibin vuoksi lukea epäiltyjen joukkoon

ruler s **1** hallitsija, valtias **2** viivoitin

rule the roost fr olla kukkona tunkiolla

ruling s (tuomarin) päätös adj **1** valtaa pitävä, hallitseva, johtava **2** vallitseva, yleisin, tärkein

rum [rʌm] s rommi

Rumania [ruˈmeɪniə] Romania

Rumanian s romanian kieli s, adj romanialainen

1 rumble [rʌmbəl] s jyrinä, jylinä, jyly, pauhu; murina

2 rumble v jyristä, jylistä, pauhata; murista

ruminants [rumɪnənts] s (mon) märehtijät

rummage [rʌmədʒ] v penkoa

rummage sale s myyjäiset; jäännöstavara-ale; kirpputori

1 rumor [rumər] s huhu

2 rumor v huhuta *Elvis is rumored to be alive* huhujen mukaan Elvis on elossa

rump [rʌmp] s **1** (eläimen) takamus **2** (ruoka) takapaisti **3** (ihmisen) takamus **4** loppu, loput, jäännös, tynkä

rump steak s takapaisti

rumpus [rʌmpəs] s **1** metakka, meteli **2** äläkkä, kina, riita

1 run [rʌn] s **1** juoksu *I'll grab a bite on the run* minä haukkaan matkalla jotakin suuhuni *he does a five-mile run every two days* hän käy kahdeksan kilometrin lenkillä joka toinen päivä **2** pako **3** ryntäys, pyrähdys *he made a run for the bus* hän yritti ehtiä linja-autoon **4** matka, ajo; reitti *the boat makes two daily runs*

run

to and from the island laiva kulkee/liikennöi saarelle kahdesti päivässä **5** aikaväli *in the long/short run* pitkällä/lyhyellä aikavälillä *in the normal run of things* tavallisesti, yleensä **6** (tal) ryntäys **7** lupa *you have the run of the house* ole (talossa) kuin kotonasi **8** (eläin)aitaus **9** (sukan ym) purkauma
2 run v ran, run **1** juosta **2** paeta, karata **3** ajaa, kulkea, kuljettaa, viedä *the bus runs every half an hour* linja-auto kulkee puolen tunnin välein **4** käydä, käyttää (moottoria, konetta) **5** virrata; vuotaa, valua **6** vetää, kuljettaa, sukaista *she ran her finger along the road in the map* hän seurasi sormellaan kartalle piirrettyä tietä **7** johtaa, hoitaa *to run a business* johtaa liikeyritystä **8** iskeä, lyödä *he ran a nail into the wall* hän löi naulan seinään **9** (sukka tms) purkautua
run across v tavata joku (sattumalta), törmätä (kuv) johonkuhun, huomata jotakin (sattumalta)
run a fever fr olla kuumetta
run afoul of fr joutua riitoihin jonkun kanssa *to run afoul of the law* rikkoa lakia
run after v **1** ajaa takaa jotakuta/jotakin **2** juosta rakastettunsa perässä
run aground fr ajaa karille *she ran the boat aground* hän ajoi veneen karille
run along v lähteä *run along now* menehän jo!
run an errand fr käydä asialla, käydä hoitamassa jokin asia
run a risk fr varantaa; olla vaarassa
run a risk of fr vaarantaa: *to run the risk of getting killed* panna henkensä alttiiksi
run around v jahdata jotakuta, juosta jonkun perässä
run around with v olla kimpassa jonkun kanssa, olla hyvät kaverit jonkun kanssa, pitää seuraa jonkun kanssa
run a temperature fr olla kuumetta *the child is running a temperature* lapsella on kuumetta
run a tight ship fr pitää kovaa kuria, olla tarkka/tiukka/ankara
run away v karata, paeta

run away with v **1** karata rakastettunsa kanssa **2** varastaa, kähveltää
run circles around fr olla aivan eri luokkaa kuin *Jane is running circles around the rest of the class* Jane painii aivan eri sarjassa kuin luokan muut oppilaat, Janea ei voi verratakaan luokan muihin oppilaisiin
run counter to fr olla jonkin vastainen, rikkoa jotakin
run down v **1** ajaa kumoon, ajaa jonkun päälle **2** ajaa takaa, jahdata **3** pysähtyä, (veto, paristo) loppua **4** haukkua, moittia
run-down adj **1** väsynyt, uupunut **2** raihnainen, heikko **3** ränsistynyt, rähjäinen
run for it v karata, paeta; kiirehtiä, pitää kiirettä
run for your money *to get a run for your money* saada koko rahan edestä, saada mitä on pyytänyt/kaivannut, olla tyytyväinen *to give someone a run for his/her money* olla kova vastustaja; antaa jollekulle koko rahan edestä, tehdä joku tyytyväiseksi
1 rung [rʌŋ] s **1** (tikkaiden, pyörän ym) puola, piena **2** (kuv) porras, askelma
2 rung v ks ring
run in v **1** piipahtaa, käväistä jossakin **2** (sl) pidättää
run in place fr polkea paikallaan, huovata
run in the blood fr olla sukuvika
run in the family fr olla sukuvika
run into v **1** törmätä johonkin **2** tavata joku sattumalta, törmätä (kuv) johonkuhun **3** (summa) tehdä: *his income runs into six figures* hän tienaa satoja tuhansia **4** joutua johonkin, kohdata jotakin *to run into debt* velkaantua *to run into problems* joutua vaikeuksiin
run into a brick wall fr jollakulla tulee seinä vastaan, joku ei suostu johonkin
run into the ground fr (kuv) toistaa jotakin loputtomasti, hokea jatkuvasti samaa
run low fr (alkaa) olla vähissä
runner s **1** juoksija, kilpajuoksija **2** lähetti **3** (reen ym) jalas **4** rulla, pyörä **5** (kasvin) rönsy

runner-up [ˌrʌnərˈʌp] s (kilpailussa) toiseksi tullut/paras, kakkonen

running s **1** juokseminen, juoksu **2** kilpailu *to be in the running* olla mukana kilpailussa; olla ehdokkaana (vaaleissa); sijoittua kärkeen, päästä kärkisijoille *to be out of the running* ei osallistua kilpailuun, ei kilpailla; ei sijoittua kärkeen, ei päästä kärkisijoille **3** johtaminen, hoitaminen adj **1** juokseva, juoksu- **2** (neste) vuotava; juokseva; sula **3** (kasvi) rönsyilevä **4** vallitseva, kuluva, nykyinen **5** (koneesta) joka on käynnissä **6** jatkuva, toistuva, kertautuva, peräkkäinen *we did it four times running* teimme sen neljästi/neljä kertaa peräkkäin

running joke s **1** kertautuva/toistuva vitsi **2** jatkuva pilan/pilkan aihe

running mate s (US vaaleissa) varapresidenttiehdokas

running start s **1** (urh) vauhdinotto **2** (kuv) hyvä alku, hyvä lähtöasema, etumatka *to be off to a running start* päästä hyvään alkuun, saada etumatkaa

running time s elokuvan pituus, kesto

runny adj **1** valuva **2** (nenä) vuotava

run off with v varastaa, viedä mennessään

run-of-the-mill adj tavallinen, keskinkertainen, mitäänsanomaton

run-of-the-mine adj tavallinen, keskinkertainen, mitäänsanomaton

run on v **1** käydä jollakin *this computer runs on a battery* tämä tietokone toimii akulla **2** jatkua, kestää

run out v **1** loppua, päättyä **2** karkottaa, häätää

run out of v joltakulta loppuu jokin *he is running out of money* häneltä alkavat loppua rahat

run out of gas fr **1** joltakulta (jonkun autosta) loppuu bensa **2** (kuv) joltakulta/jostakin loppuu veto/mehut, joku väsähtää, jokin lopahtaa

run out on v jättää pulaan, hylätä (hädän hetkellä)

run over v **1** ajaa jonkun päälle, törmätä johonkin **2** ylittää (raja) **3** toistaa, kerrata, käydä uudestaan läpi **4** vuotaa yli

run ragged fr **1** väsyttää joku, uuvuttaa joku, viedä jonkun kaikki voimat **2** rehottaa, kasvaa villinä

run rings around fr olla aivan eri luokkaa kuin *Jane is running rings around the rest of the class* Jane painii aivan eri sarjassa kuin luokan muut oppilaat, Janea ei voi verratakaan luokan muihin oppilaisiin

run riot fr villiintyä

run scared fr pelätä

run short fr alkaa loppua; alkaa olla vähissä

run the gauntlet fr **1** joutua kujanjuoksuun **2** (kuv) joutua kestämään koettelemus, piina, joutua koville

run the risk of fr vaarantaa: *to run the risk of getting killed* panna henkensä alttiiksi

run the show fr määrätä (missä kaappi seisoo), pitää jöötä (ark)

run through v **1** käyttää, kuluttaa loppuun **2** käydä läpi, kerrata

run to seed fr joutua rappiolle, päästää piloille

run true to form fr olla tavoilleen uskollinen, toimia siten kuin arvata saattaa

run up v kerätä, kasata *he has run up a small fortune* hän on kasannut kokoon pitkän pennin

runway [ˈrʌnˌweɪ] s **1** (lentokentän) kiitorata **2** kiihdytyskaista; pysäköintikaista **3** (eläinten) aitaus **4** joen uoma **5** (muotinäytöksessä, teatterissa) katsomoon ulottuva kapea ramppi

run wild fr villiintyä

run with v (ark) innostua jostakin, suostua johonkin; tehdä innokkaasti

RUOK (tekstiviestissä, sähköpostissa) *are you okay?*

1 rupture [ˈrʌptʃər] s **1** repeämä, puhkeama **2** (kuv) välirikko

2 rupture v puhkaista, puhjeta, repäistä, revetä

rural [ˈrərəl] adj maaseudun, maaseutu-, maalais-

rusa deer [ˈrusə] s timorinhirvi

ruse [ruz] s ansa, juoni

1 rush [rʌʃ] s **1** (väen- tai muu) tungos, ryntäys, tulva, purkaus *the gold rush*

rush

kultakuume *a rush of excitement* innostuksen huuma/purkaus **2** (sot) hyökkäys **3** kiire, hätä **4** (ark) huomio, hemmottelu **5** (mon) elokuvan ensimmäinen kopio (kuvauspäivänä kehitetty filmi) **2 rush** v **1** syöksyä, rynnätä, tunkeilla, tulvia, purkautua **2** kiirehtiä, hätäillä; patistaa, hoputtaa *there's no need to rush, we'll get it done in time* on turha hätäillä, me saamme kyllä työn ajoissa valmiiksi *don't rush me, I don't like it* älä hoputa minua, en pidä siitä **3** hyökätä **4** yrittää olla mieliksi jollekulle, hukuttaa joku huomionosoituksiin, hemmotella
rush hour s (liikenteen) ruuhka(-aika)
Russ. *Russia; Russian*
Russia [rʌʃə] s **1** Venäjä **2** (hist) Neuvostoliitto
Russian s venäjän kieli s, adj **1** venäläinen **2** venäjänkielinen
Russian roulette s venäläinen ruletti
Russky [rʌski] s (sl) ryssä
1 rust [rʌst] s ruoste
2 rust v ruostua, ruostuttaa, saada ruostumaan
1 rustle [rʌsəl] s kahina
2 rustle v **1** kahista, kahisuttaa **2** laittaa, valmistaa
rustler [rʌslər] s **1** karjavaras **2** (ark) voimanpesä, työhirmu

rustle up v hankkia, etsiä, löytää (kovalla vaivalla)
rust through v ruostua puhki
rusty adj ruostunut (myös kuv), ruosteinen *I was rusty on panic* en ollut aikoihin ollut paniikissa
1 rut [rʌt] s **1** (pyörän jälki) ura **2** (kuv) tottumus *we are in a rut* me olemme urautuneet/luutuneet (tapoihimme) *Larry has fallen into a rut* Larryn elämä on urautunut, Larryn elämä on alkanut kulkea jatkuvasti samaa rataa **3** (eläimen) kiima
2 rut v **1** uurtaa, jättää (syvät) jäljet johonkin **2** (eläin) olla kiimassa
ruthless [ruθləs] adj säälimätön, armoton, julma, ankara
ruthlessly adv säälimättömästi, armottomasti, julmasti, ankarasti
ruthlessness s säälimättömyys, armottomuus, julmuus, ankaruus
R/W adj (rewritable) päällekirjoitettava
Rwanda [rəˈwandə] Ruanda
Rwandan s, adj ruandalainen
Rx lyh resepti
rye [raɪ] s **1** ruis **2** ruisleipä *I'll have a Swiss on rye* haluan ruisleivän jolla on emmentaljuustoa **3** ruisviski
rye bread s ruisleipä

S, s

S, s [es] S, s
s (mus) yläsävel adj (mus) harmoninen
Sabbath [sæbəθ] s sapatti; pyhäpäivä
sabbatical [səˈbætɪkəl] s sapattiloma, sapattivuosi
sabbatical year s sapattivuosi
saber [seɪbər] s sapeli
sable [seɪbəl] s soopeli
1 sabotage [ˈsæbəˌtɑʒ] s sabotaasi

2 sabotage v sabotoida *are you trying to sabotage my work?* yritätkö sinä häiritä työtäni?
saboteur [ˌsæbəˈtər] s sabotoija, sabotööri
sac [sæk] s (biol) *air sac* ilmarakko
saccharin [sækərən] s (makeutusaine) sakariini
saccharine [sækərən] adj makea, imelä (myös kuv)

sag

1 sack [sæk] s **1** säkki **2** pussi **3** (sl) potkut *he got the sack last week* hänet potkittiin pois viime viikolla **4** (sl) sänky *to hit the sack* painua pehkuihin **5** *to be left holding the sack* saada kaikki syyt niskoilleen, joutua syntipukiksi **6** ryöstö, rosvous

2 sack v **1** säkittää, panna säkkeihin **2** pussittaa, panna pusseihin **3** (sl) erottaa, antaa potkut **4** ryöstää, rosvota (valloituksen jälkeen)

sack duty s (sl) nokoset

sack out v (sl) **1** painua pehkuihin **2** nukahtaa, sammua

sack time s sängyssä vietettävä aika

sacrament [sækrəmənt] s sakramentti *Holy Sacrament* Pyhä ehtoollinen

sacramental [ˌsækrəˈmentəl] s sakramentaali adj sakramentaalinen; uhri-

sacred [seɪkrəd] adj pyhä

sacredly adv pyhästi

sacredness s pyhyys

1 sacrifice [ˈsækrəˌfaɪs] s uhri

2 sacrifice v uhrata *she sacrificed her career for her children* hän piti lastensa etua omaa ammattiaan tärkeämpänä

sacrificial [ˌsækrəˈfɪʃəl] adj uhri-

sacrilege [sækrəlɪdʒ] s pyhäinhäväistys, riena

sacrilegious [ˌsækrəˈlɪdʒəs] adj rienaava, pyhiä arvoja loukkaava

sacrosanct [ˈsækrəˌsæŋkt] adj erittäin pyhä, loukkaamaton, jota ei saa loukata/arvostella, johon ei saa koskea/puuttua

sacrum [sækrəm] s (mon sacra) ristiluu

sad [sæd] adj surullinen, apea, alakuloinen; ikävä, kurja, huono, surkea

sadden v tehdä surulliseksi, synkistää

1 saddle [sædəl] s satula *Betty is in the saddle here* (kuv) Bettyllä on täällä ohjakset käsissään

2 saddle v satuloida

saddler s satulaseppä

saddle with v (kuv) sälyttää jotakin jonkun vastuulle/niskoille/harteille, panna jotakin jonkun taakaksi/vastuulle *Sean is saddled with too much responsibility* Seanilla on liikaa vastuuta

sadism [sædɪzəm seɪdɪzəm] s sadismi

sadist s sadisti adj sadistinen

sadistic [səˈdɪstɪk] adj sadistinen

sadistically adv sadistisesti

sadly adv surullisesti, apeasti, alakuloisesti; ikävästi, kurjasti, huonosti, surkeasti

sadness s surullisuus, apeus, alakuloisuus

sadomasochism [ˌsædəˈmæsəˌkɪzəm] s sadomasokismi

sadomasochist s sadomasokisti adj sadomasokistinen

sadomasochistic [ˌsædəˌmæsəˈkɪstɪk] adj sadomasokistinen

sad sack [ˈsædˌsæk] s (sl) onneton tapaus, nahjus

SAE *self-addressed envelope; Society of Automotive Engineers*

1 safari [səˈfari] s safari

2 safari v lähteä/mennä safarille, olla safarilla

safe [seɪf] s kassakaappi adj **1** turvallinen, varma, luotettava *your secret is safe with me* minä en paljasta salaisuuttasi *is it safe to go out after dark?* onko turvallista mennä ulos pimeän jälkeen? **2** ehjä, vahingoittumaton

safe and sound fr vahingoittumaton, ehjä, joka ei ole saanut/kärsinyt naarmuakaan

safeguard [ˈseɪfˌgɑərd] s varotoimi; varmistin, turvalaite

safekeeping [ˌseɪfˈkipɪŋ] s säilytys, turva *can I give my Rolex to you for safekeeping?* saanko antaa Rolexini sinun huostaasi?

safely adv ks safe

safety [seɪfti] s **1** turva *to reach safety* päästä turvaan *to play for safety* pelata varman päälle **2** turvallisuus **3** (aseen) varmistin **4** (amerikkalaisessa jalkapallossa) takapuolustaja ks *left safety, right safety*

safety belt s turvavyö

safety match s (varmuus)tulitikku

safety pin s hakaneula

safety valve s (tekn ja kuv) varoventtiili

1 sag [sæg] s **1** painauma, syvennys, notko **2** (kuv) laantuminen, lasku, väheneminen, käänne huonompaan päin

sag

2 sag v **1** painua alas (keskeltä), roikkua (keskeltä), olla notkolla **2** olla vinossa **3** (kuv) lannistua, (into) laantua, herpaantua, laskea, kääntyä laskuun
saga [sagə] s saaga
1 sage [seɪdʒ] s **1** viisas, tietäjä **2** (kasvi) ryytisalvia, (mauste) salvia **3** maruna
2 sage adj viisas
sagebrush ['seɪdʒˌbrʌʃ] s (kasvi) maruna
Sagittarius [ˌsædʒəˈteriəs] *horoskoopissa* Jousimies
Sahara [səˈherə] Sahara
said [sed] ks say
saiga [saɪgə] s saiga(-antilooppi)
1 sail [seɪəl] s **1** purje *to make/set sail* lähteä purjehtimaan/matkaan *to trim your sails* leikata kustannuksia, vähentää kuluja/menoja, säästää **2** (tuulimyllyn) siipi **3** purjehdus(matka) **4** (purje)vene
2 sail v **1** purjehtia, ohjata (laivaa), kyntää (merta) **2** lähteä, matkustaa **3** liitää, kiitää
sailboarder ['seɪəlˌbɔrdər] s purjelautailija
sailboarding s purjelautailu
sailboat s purjevene
sail close to the wind fr (kuv) **1** olla säästäväinen **2** olla uskalias, ottaa riski
sailer [seɪlər] s purjevene
sailing boat s (UK) purjevene
sail in the teeth of the wind fr purjehtia vastatuuleen
sail into v **1** panna hihat heilumaan **2** haukkua, moittia, sättiä jotakuta
sailor [seɪlər] s **1** merimies, matruusi **2** purjehtija **3** (sot) matruusi
sail through v selvitä jostakin liehuvin lipuin, jokin on jollekulle lasten leikkiä
saint [seɪnt] s pyhimys (myös kuv) *he is no saint* hän ei ole mikään pulmunen *Saint* (nimen edellä) Pyhä *Saint John* Pyhä Johannes *Gulf of Saint Lawrence* Saint Lawrencen lahti
sainted adj pyhimykseksi julistettu, pyhä, autuas
sainthood ['seɪntˌhʊd] s pyhimyksen arvo, pyhyys
saintly adj pyhimykselle sopiva, pyhä
sake [saki] s sake, riisiviini

sake [seɪk] s *for the sake of* tähden, *for old times' sake* menneiden (aikojen) muistoksi *for goodness' sake* hyvänen aika, herranen aika
Sakhalin [sakəlin] Sahalin
salable [sæləbəl] adj myyntikelpoinen, joka voidaan myydä, joka on helppo myydä, joka menee hyvin kaupaksi
salad [sæləd] s salaatti
salad days *in my salad days* nuoruudessani, kun olin nuori
salad dressing s salaattikastike
salad fork s salaattihaarukka
salami [səˈlami] s salami(makkara)
salaried [sælərid] adj josta/jolle maksetaan kuukausipalkkaa *salaried employee* toimihenkilö *salaried job* toimistotyö
salary [sæləri] s (kuukausi)palkka
sale [seɪəl] s **1** myynti, myyminen *the sale of cars* autokauppa *for sale* (kilvessä, lehti-ilmoituksessa ym) myytävänä **2** (mon) myynti *our sales are up in this quarter* myyntimme on kasvanut tällä vuosineljänneksellä **3** (mon) myyntiosasto **4** alennusmyynti, ale
salesclerk ['seɪəlzˌklərk] s (kaupassa) myyjä
salesgirl ['seɪəlzˌɡərəl] s (kaupassa) (nuori nais)myyjä
salesman [seɪəlzmən] s (mon salesmen) myyntimies, edustaja; myyjä
salesperson ['seɪəlzˌpərsən] s edustaja; myyjä
sales tax s myyntivero (joka vaihtelee mm osavaltioittain ja lisätään ostokseen yleensä vasta kauppaa tehtäessä)
saleswoman ['seɪəlzˌwʊmən] s (mon saleswomen) edustaja; myyjä
salient [seɪliənt] adj **1** esiin pistävä, näkyvä **2** (kuv) keskeinen, olennainen, tärkeä, näkyvä
saline [seɪlin] adj suolainen, suola-
salinity [səˈlɪnəti] s suolaisuus, suolapitoisuus
saliva [səˈlaɪvə] s sylki, kuola
salivate ['sæləˌveɪt] v **1** kuolata **2** (kuv) himoita *he is salivating at the prospect of being promoted* hän odottaa ylennystä kuola valuen
sallow [sæloʊ] adj kalpea, kalvakka

sallow thorn s tyrni
salmon [sæmən] s (mon salmons, salmon) lohi
salmonberry ['sæmən,beri] s (mon salmonberries) muurain
salon [sə'lɑn] s **1** salonki, oleskeluhuone **2** salonki, kampaamo, kauneushoitola yms **3** (taide)salonki
salon mush [sə'lɑn,mʌʃ] s (sl) mitäänsanomaton taustamusiikki
saloon [sə'lun] s **1** saluuna; kapakka **2** (esim laivan) salonki, sali **3** (UK) henkilöauto, sedan
saloon car s (UK) henkilöauto, sedan
salsa [salsə] s **1** (musiikki, tanssi) salsa **2** (tulinen meksikolaisperäinen kylmä kastike) salsa
1 salt [salt] s **1** suola *you have to take his words with a grain of salt* älä ota hänen puheitaan täydestä *as an employee, he is not worth his salt* hän ei ole palkkansa väärti työntekijä **2** (kuv) maku, suola
2 salt v suolata, maustaa suolalla; levittää suolaa (maanteille)
SALT *Strategic Arms Limitation Talks* strategisten aseiden rajoittamisneuvottelut
salt-and-pepper adj (tukka) harmahtava; jossa on mustaa ja valkoista
salt away v **1** suolata, säilöä suolaa käyttäen **2** (kuv) panna talteen, säästää (myöhemmäksi)
saltcellar ['salt,selər] s suolasirotin
salt flat s suolatasanko
salt flats s (mon) suolatasanko
salt mine s **1** suolakaivos **2** (mon, kuv) raadanta, arkinen aherrus, tervan juonti
salt water s suolainen vesi, suolavesi
saltwater ['salt,watər] adj suolaisen veden, merivesi-
salty adj suolainen
salubrious [sə'lubriəs] adj terveellinen, hyvää tekevä
1 salute [sə'lut] s **1** tervehdys **2** kunnialaukaus
2 salute v **1** tervehtiä; (sot) tehdä kunniaa; ampua kunnialaukaus **2** olla mielissään jostakin, ottaa myönteisesti vastaan, tervehtiä tyydytyksellä yms, ylistää

Salvadorean [,sælvə'dɔriən] s, adj salvadorilainen, El Salvadorin (asukas)
1 salvage [sælvədʒ] s (hädästä, tuholta) pelastaminen
2 salvage v **1** pelastaa **2** ottaa/kerätä talteen, kierrättää *they salvage parts from old cars* he purkavat vanhoista autoista käyttökelpoisia osia
salvation [sæl'veɪʃən] s (usk ym) pelastus, pelastaminen, pelastuminen
Salvation Army s pelastusarmeija
salver [sælvər] s tarjotin
salvo [sælvoʊ] s (mon salvos, salvoes) **1** (tykkien ym) yhteislaukaus; kunnialaukaus **2** hurraahuuto, eläköönhuuto, räiskyvät suosionosoitukset
SAM *surface-to-air missile* maasta ilmaan ammuttava ohjus
sambar [sæmbar] s sambarhirvi
same [seɪm] adj, adv, pron sama *he's the same man we met yesterday* hän on sama mies jonka tapasimme eilen *at the same time* samaan aikaan, yhtä aikaa *we both drive the same car* meillä on kummallakin samanlainen auto *I'll have the same* (ravintolassa tilattaessa) otan saman (kuin sinä/hän) *it's all the same to me* se on minulle yksi ja sama, se on minulle yhdentekevää *you've got to do it all/just the same* sinun on joka tapauksessa/kuitenkin tehtävä se *the same to you* kiitos samoin!, sitä samaa!
sameness s **1** samanlaisuus, yhdenmukaisuus **2** yksitoikkoisuus, yksitotisuus
1 sample [sæmpəl] s näyte
2 sample v ottaa näyte jostakin *urine sample* virtsanäyte *you want to sample my chili?* haluatko maistaa chiliäni?
sampler [sæmplər] s **1** (elektroninen soitin) sampler **2** kokoelma(ääni)levy **3** suklaakonvehtirasia
samurai ['sæmə,raɪ] s (mon samurais) samurai
San Andreas Fault [,sænæn,dreɪəs'falt] San Andreaksen siirros
San Antonio [,sænæn'toʊnioʊ] kaupunki Texasissa
sanatorium [,sænə'tɔriəm] s (mon sanatoriums, sanatoria) parantola

sanctimonious [ˌsæŋktɪˈmoʊniəs] adj tekopyhä, hurskasteleva
sanctimoniously adv tekopyhästi, hurskastelevasti
1 sanction [ˈsæŋkʃən] s **1** lupa, suostumus **2** rangaistus **3** pakote, tehoste, sanktio
2 sanction v **1** hyväksyä, suostua johonkin, antaa lupa, vahvistaa **2** rangaista **3** turvautua pakotteisiin
sanctity [ˈsæŋktɪti] s pyhyys, loukkaamattomuus, koskemattomuus
sanctuary [ˈsæŋkʃʊˌeri] s **1** pyhäkkö **2** pakopaikka, turvapaikka **3** suojelualue, säästiö
1 sand [sænd] s **1** hiekka, santa **2** (mon) hietikko **3** (mon) aika **4** hiekan väri
2 sand v **1** hioa (esim hiekkapaperilla) **2** hiekoittaa, sannoittaa
sandal [ˈsændəl] s sandaali
sandbank [ˈsændˌbæŋk] s hiekkapenger
1 sandblast [ˈsændˌblæst] s hiekkapuhallus
2 sandblast v käsitellä hiekkapuhaltimella
sandblaster s hiekkapuhallin
sand cat s hietakissa
sandgrouse s hietakyyhky
sandhopper s (eläin) katka
San Diego [ˌsændiˈeɪgoʊ] kaupunki Kaliforniassa
sandman [ˈsændmæn] s (mon sandmen) nukkumatti
sandpaper [ˈsændˌpeɪpər] s hiekkapaperi
sandpiper [ˈsændˌpaɪpər] s (lintu) rantasipi
sandpit [ˈsændˌpɪt] s hiekkakuoppa
sand rat s hyppymyyrä
sandstone [ˈsændˌstoʊn] s hiekkakivi
sand viper s sarvikyy
sand wedge [ˈsændˌwedʒ] (golf) suurikulmainen rautamaila jota käytetään hiekkaesteistä lyötäessä, sand wedge
1 sandwich [ˈsænwɪtʃ] s (kerros)voileipä *open sandwich* voileipä
2 sandwich v (kuv) panna jonkin väliin, mahduttaa johonkin väliin *the silicon is sandwiched between two layers of glass* piikerros on kahden lasin välissä

sandy adj **1** hiekkainen **2** hiekan värinen
sane [seɪn] adj **1** (mieleltään) terve, normaali **2** järkevä, viisas
San Francisco [ˌsænfrənˈsɪskoʊ] kaupunki Kaliforniassa
San Francisco Bay [ˌsænfrənˌsɪskoʊˈbeɪ] San Franciscon lahti
sang [sæŋ] ks sing
sangfroid [sanˈfrwa] s (mielen)maltti, rauhallisuus, tyyneys; kylmäverisyys
sanitary [ˈsænəˌteri] adj **1** hygieeninen, puhdas, siisti **2** saniteetti-, terveydenhoito-
sanitary napkin s terveysside
sanitation [ˌsænəˈteɪʃən] s **1** hygienia **2** jätehuolto
sanitation worker s jätteiden kerääjä
sanity [ˈsænəti] s **1** mielenterveys, järki **2** viisaus, järkevyys
San Jose [ˌsænoʊˈzeɪ] kaupunki Kaliforniassa
sank [sæŋk] ks sink
San Marinese [ˌsænˌmerəˈniz] s, adj sanmarinolainen
San Marino [ˌsænməˈrinoʊ] San Marino
Santa (Claus) s joulupukki
1 sap [sæp] s **1** (kasvin) neste, mahla **2** (kuv) elinvoima, mehut (ark) **3** (sot) taisteluhauta **4** (ark) tomppeli
2 sap v **1** valuttaa mahlaa jostakin **2** uuvuttaa, viedä mehut (ark) joltakulta **3** (sot) kaivaa taisteluhauta **4** (kuv) heikentää, kaivaa maata jonkun/jonkin alta
sapling [ˈsæplɪŋ] s (puun) taimi
sapphire [ˈsæfaɪər] s **1** safiiri **2** safiirinsininen (väri)
SAR *Sons of the American Revolution*
S.A.R. *South African Republic*
sarcasm [ˈsɑrkæzəm] s **1** sarkasmi, iva **2** sarkastinen/ivallinen/pureva/piikikäs huomautus
sarcastic [sɑrˈkæstɪk] adj sarkastinen, ivallinen, pureva
sarcastically adv sarkastisesti, ivallisesti, purevasti
sarcophagus [sɑrˈkæfəgəs] s (mon sarcophaguses, sarcophagi) kivinen ruumisarkku, sarkofagi
sardine [sɑrˈdin] s (mon sardines, sardine) sardiini

Sardinia [sar'dinjə] Sardinia
Sargasso Sea [sar͵gæsoʊ'si] Sargassomeri
sari [sari] s (mon saris) sari (eräs intialaisnaisten vaate)
sarong [sə'raŋ] s sarong (malaijilainen lannevaate)
SASE *self-addressed stamped envelope* postimerkillä ja palautusosoitteella varustettu kirjekuori
sash [sæʃ] s **1** (sotilasasun ym) olkavyö **2** (ikkunan) karmi; puite
sash window s pystysuora liukuikkuna
Sask. *Saskatchewan*
Saskatchewan [sæs'kætʃəwən] Kanadan provinsseja
Saskatoon [͵sæskə'tun] kaupunki Kanadassa
sat [sæt] ks sit
Sat. *Saturday* lauantai
SAT *Scholastic Aptitude Test*
Satan [seɪtən] s saatana, paholainen, perkele
satanic [seɪ'tænɪk] adj **1** saatanan, saatanallinen, paholaisen **2** pirullinen
satchel [sætʃəl] s (olka)laukku
sate [seɪt] v tyydyttää (halu)
satellite ['sætə͵laɪt] s **1** (planeetan) kuu **2** tekokuu, satelliitti **3** seuralainen
satellite city s satelliittikaupunki
satellite country s satelliittivaltio
satellite dish s satelliittiantenni, lautasantenni
satellite receiver s satelliittivastaanotin
satellite television s satelliittitelevisio
satellite tuner s satelliittiviritin
satelllite antenna s satelliittiantenni
satin [sætɪn] s (kangas) satiini
satire [sætaɪər] s **1** satiiri, pilkka, iva **2** satiiri(nen kirjoitus), pilkkakirjoitus
satirical [sə'tɪrɪkəl] adj satiirinen, pilkallinen, ivallinen
satirist [sætərɪst] s satiirikko, pilkkaaja, ivaaja
satirize ['sætə͵raɪz] v satirisoida, pilkata, ivata
satisfaction [͵sætɪz'fækʃən] s **1** tyydytys, täyttymys; tyytyväisyys *have I done the job to your satisfaction?* oletko tyytyväinen työhöni? **2** korvaus, hyvitys

satisfactorily adv tyydyttävästi, riittävästi, riittävän hyvin/paljon
satisfactory [͵sætɪz'fæktəri] adj tyydyttävä, riittävä
satisfied ['sætɪz͵faɪd] adj tyytyväinen
satisfy ['sætɪz͵faɪ] v **1** tyydyttää (halu); saada/tehdä tyytyväiseksi **2** saada joku vakuuttuneeksi jostakin, hälventää (epäily) **3** oikaista (vääryys), hyvittää, korvata **4** maksaa (velka), maksaa kokonaan **5** täyttää (ehto)
satisfying adj tyydytystä tuottava, miellyttävä, hyvä
satisfyingly adv miellyttävästi, hyvin
saturate ['sætʃə͵reɪt] v kyllästää (myös kuv)
saturation [͵sætʃə'reɪʃən] s kyllästys; (värien) kylläisyys
saturation point s kyllästymispiste (myös kuv)
Saturday [sætərdi] s lauantai
Saturdays adv lauantaisin
Saturn [sætərn] Saturnus
satyr [sætər] s (Kreikan tarustossa) satyyri
1 sauce [sas] s **1** kastike **2** (ark) hävyttömyys, röyhkeys, otsa (kuv)
2 sauce v **1** maustaa **2** jauhaa, hienontaa
sauceboat ['sas͵boʊt] s kastikeastia
saucepan ['sas͵pæn] s kasari, kattila
saucer [sasər] s (pieni) lautanen *flying saucer* lentävä lautanen
saucy [sasi] adj **1** hävytön, röyhkeä **2** rempseä, rehvakas
Saudi Arabia [͵sadiə'reɪbiə] Saudi-Arabia
Saudi Arabian s, adj saudiarabialainen
1 sauna [sanə, saʊnə] s sauna
2 sauna v saunoa
1 saunter [santər] s löntystely, maleksinta
2 saunter v löntystellä, maleksia
sausage [sasədʒ] s makkara
S. Aust. *South Australia*
sauté [sa'teɪ] v ruskistaa (ruokaa)
1 savage [sævədʒ] s villi(-ihminen)
2 savage v **1** raadella **2** (kuv) antaa murskaava arvostelu jostakin, tyrmätä täysin, lyödä lyttyyn

savage

3 savage adj **1** villi **2** raju, julma, vihainen, kova, armoton
savagely adv rajusti, julmasti, vihaisesti, kovasti, armottomasti
savagery [sævədʒri] s **1** villiys **2** julmuus, armottomuus, säälimättömyys
save [seɪv] v **1** säästää, olla säästäväinen, panna talteen *she's saving to buy a house* hän säästää rahaa taloon *let's save the details for the meeting* jätetään yksityiskohdat kokoukseen **2** pelastaa *you saved my life* sinä pelastit henkeni **3** (tietok) tallentaa (muistivälineelle) prep paitsi, lukuun ottamatta
save for konj (vanh) paitsi, lukuun ottamatta
save something for a rainy day fr säästää jotakin pahan päivän varalle
save that konj paitsi (että)
save your face fr pelastaa/säilyttää kasvonsa
save your skin fr pelastaa nahkansa
savings (mon) säästöt *he has used up all his savings* hän on pannut kaikki säästönsä menemään
savings account s säästötili
savior [seɪvjər] s **1** pelastaja **2** *Savior* Vapahtaja
1 savor [seɪvər] s **1** maku (myös kuv) **2** haju
2 savor v **1** maistaa (myös kuv) **2** haistaa **3** maustaa
savor of v (kuv) haiskahtaa joltakin
savory s (kasvi) kynteli adj **1** herkullinen, hyvän/voimakkaan makuinen **2** hyvän/voimakkaan tuoksuinen **3** (ei makea) suolainen
Savoy [sə'vɔɪ] Savoiji
1 savvy [sævi] s (ark) vainu, taju, älli
2 savvy v (ark) tajuta, hoksata
3 savvy adj (ark) juoni, ovela, jolla on hyvä älli/vainu
saw [sa] s sawed, sawed/sawn **1** saha **2** sanonta, sananparsi v **1** ks see **2** sahata
sawbuck ['sa,bʌk] s **1** sahapukki **2** (sl) kymppi (seteli)
sawdust ['sa,dʌst] s sahanpuru
sawdust trail s (kuv) parannuksen/katumuksen tie
sawed-off [,sa'daf] adj (esim haulikon piipusta) katkaistu, lyhennetty
sawhorse ['sa,hɔrs] s sahapukki
sawmill ['sa,mɪl] s sahalaitos, saha
sawn [san] ks saw
sawtooth ['sa,tuθ] s sahan(terän) hammas
saw-toothed ['sa,tuθt] adj sahalaitainen
saw wood fr (ark kuv) vetää/vedellä hirsiä
sawyer [sɔɪjər] s sahuri, sahaaja
sax [sæks] s (ark) saksofoni
Saxony [sæksəni] Saksi
saxophone ['sæksə,foʊn] s saksofoni
saxophonist ['sæksə,foʊnɪst] s saksofonisti
1 say [seɪ] s sananvalta *you have no say in this* sinulla ei ole tässä asiassa mitään sanomista
2 say v said, said **1** sanoa *what did you say to him?* mitä sanoit/vastasit hänelle? *it's difficult to say whether she will succeed or not* on vaikea sanoa menestyykö hän *the new model is said to be better* uutta mallia pidetään parempana *you can say your prayers now* nyt voit rukoilla *that is to say* siis, eli, toisin sanoen **2** (kello) näyttää, osoittaa
3 say adv esimerkiksi *if you buy, say, ten books* jos ostat vaikkapa kymmenen kirjaa interj kas!, no johan nyt!; hei!, kuulehan!
saying s **1** sanonta, sananlasku, sananparsi **2** *something goes without saying* jokin on sanomattakin selvää
say uncle fr (ark) antautua
SC *South Carolina*
1 scab [skæb] s **1** rupi **2** (eläimen) syyhytauti
2 scab v rupeutua, mennä ruvelle
scaffold [skæfəld] s **1** rakennusteline **2** hirttolava
scaffolding s rakennusteline(et)
1 scald [skaəld] s (nesteen aiheuttama) palovamma
2 scald v (neste) polttaa, (iho) palaa
scalding adj (neste) kiehuva, polttavan kuuma
1 scale [skeɪəl] s **1** (kalan, käärmeen) suomu **2** (mon kuv) suomus *the scales*

fell from his eyes suomut putosivat hänen silmiltään **3** mittakaava **4** asteikko **5** laajuus, suuruus **6** (mon) vaaka *she tips the scales at 110 pounds* hän painaa 50 kiloa *your vote tipped the scales in our favor* sinun äänesi käänsi tilanteen meidän eduksemme *to turn the scales* muuttaa/kääntää tilanne

2 scale v **1** suomustaa (kala) **2** (iho) hilseillä **3** nousta, kiivetä **4** punnita **5** painaa

scale down v pienentää, vähentää, supistaa

scale up v suurentaa, kasvattaa, korottaa

scallop [skæləp] s kampasimpukka

1 scalp [skæəlp] s päänahka; (lääk myös) hiuspohja

2 scalp v nylkeä päänahka joltakulta

scalpel [skælpəl] s (kirurgin) leikkausveitsi

scaly adj **1** suomuinen **2** (iho ym) hilseilevä

scamper [skæmpər] v **1** kipittää **2** peuhata, temmeltää

scampi [skæmpi] s **1** (mon scampi) keisarihummeri **2** (ruoka) ruskistetut katkaravut

1 scan [skæn] s **1** (elektroninen)kuva, kuvaus *a scan from Mars* videokuva Marsista **2** (lääk) kerroskuvaus; ultraäänitutkimus

2 scan v **1** katsella (laidasta laitaan tms), tutkia katseellaan; käydä (katseellaan) nopeasti läpi *at breakfast, he quickly scanned the headlines* aamiaisella hän lukaisi (nopeasti) lehden otsikot **2** kuvata, välittää kuva jostakin **3** (elektroninen kuva) pyyhkäistä **4** (lääk) kuvata, ottaa kerroskuva yms

scandal [skændəl] s skandaali, häväistysjuttu

scandalize ['skændə‚laɪz] v järkyttää, häväistä, pöyristyttää *aunt Nellie was scandalized by your behavior* käytöksesi järkytti Nellie-tätiä

scandalous [skændələs] adj järkyttävä, häpeällinen, pöyristyttävä

scandalously adv järkyttävästi, häpeällisesti, pöyristyttävästi

Scandinavia [‚skændə'neɪviə] Skandinavia

Scandinavian s skandinaavi adj skandinaavinen, skandinavialainen

scanner s **1** kuvanlukija, skanneri **2** (lääk) kuvantamislaite

scant [skænt] adj vähäinen, niukka *the event got only scant attention in the press* tapauksesta kerrottiin lehdissä vain lyhyesti

scantily [skæntəli] adv vähän, niukasti *she was very scantily dressed* hän oli pukeutunut hyvin paljastavasti

scantly adv vähän, niukasti

scanty adj vähäinen, niukka

scapegoat ['skeɪp‚goʊt] s syntipukki

scapula [skæpjələ] s lapaluu

1 scar [skar] s **1** arpi; naarmu **2** (kuv) arpi, haava

2 scar v arpeuttaa, arpeutua, raapia, naarmuttaa, naarmuuntua

scarce [skeərs] adj **1** josta on pulaa/puutetta **2** harvinainen *to make yourself scarce* (ark kuv) häipyä, lähteä livohkaan/nostelemaan, tehdä katoamistemppu

scarcely adv **1** hädin tuskin, juuri ja juuri, nipin napin **2** tuskin; ei *I am scarcely the one to tell you how to live your life* minä en ole oikea ihminen neuvomaan miten sinun pitäisi elää

scarcity [skersəti] s **1** pula, puute **2** harvinaisuus

scare [skeər] v pelästyttää, pelästyä, säikäyttää, säikähtää

scarecrow ['skeər‚kroʊ] s linnunpelätin, variksenpelätin

scared *to run scared* pelätä, olla peloissaan

scaredy cat ['skeərdi‚kæt] s (sl) jänishousu

scare up v (ark) haalia (vaivoin) kokoon, saada hankituksi

scarf [skarf] s (mon scarves) huivi; kaulaliina

scarlet [skarlət] s, adj tulipunainen

scarlet fever s tulirokko

scarlet macaw s (lintu) puna-ara

scarlet woman s (naispuolinen) prostituoitu; aviorikkoja

scary adj **1** pelottava, kammottava **2** säikky, arka
SCAT *School and College Ability Test*
scathing [skeɪðɪŋ] adj (arvostelu) musertava
scathingly adv (haukkua) musertavasti
scatological [ˌskætəˈlɑdʒɪkəl] adj **1** (lääk) skatologinen, ulosteopillinen **2** kiroilu-
scatology [skæˈtɑlədʒi] s **1** (lääk) skatologia, ulosteoppi **2** kiroilu (ulostukseen liittyvillä sanoilla)
scatter [skætər] v varistaa, ripotella, levittää, levitä, levittäytyä, hajaantua, pirstoa (kuv)
scatterbrain [ˈskætərˌbreɪn] s hajamielinen, tärähtänyt, höynähtänyt (ihminen)
scatterbrained adj hajamielinen, tärähtänyt, höynähtänyt
scattered adj hajanainen, hajallaan sijaitseva, laajalle levinnyt, epäyhtenäinen
scavenge [skævəndʒ] v **1** (eläin) kerätä/syödä haaskoja **2** lakaista/siivota katuja **3** etsiä roskapöntöistä syötävää ym **4** etsiä (erityisesti ruokaa)
scavenger [skævəndʒər] s **1** haaskaeläin **2** kadunlakaisija **3** roskisdyykkari (sl)
scenario [səˈnerioʊ] s (mon scenarios) **1** elokuvakäsikirjoitus, skenaario **2** (toiminta)suunnitelma, skenaario
scene [sin] s **1** tapahtumapaikka, paikka, näyttämö *the scene of the crime* rikospaikka **2** (näytelmän, elokuvan) kohtaus **3** näkymä, näköala **4** äläkkä, häly, kohtaus *please don't make a scene* älä viitsi ruveta räyhäämään **5** (kuv) maailma, (sl) skene *the publishing scene* kustannusmaailma *to make the scene* käydä/liikkua jossakin **6** (teatterin) kulissi *behind the scenes* (kuv) kulissien takana
scenery [sinəri] s **1** maisema; näkymä(t) **2** (teatterin ym) kulissit
scenic [sinɪk] s maisemavalokuva adj **1** maisemallinen, maisema-, näköala- *scenic route* maisemallisesti kaunis tie, näköalareitti **2** (luonnon)kaunis

1 scent [sent] s **1** tuoksu, haju **2** hajuvesi **3** (eläimen) vainu, jäljet *to be on the scent* (kuv) olla jonkun/jonkin jäljillä
2 scent v **1** hajustaa **2** haistaa, vainuta, jäljittää
scentless adj hajuton, tuoksuton
scepter [septər] s valtikka
sceptic [skeptɪk] ks skeptic
1 schedule [skedʒʊəl] s **1** ohjelma, suunnitelma, aikataulu **2** (kulkuneuvon) aikataulu *our flight arrived ahead of/on/behind schedule* lentomme tuli perille etuajassa/ajoissa/myöhässä
2 schedule v suunnitella (tiettynä aikana tapahtuvaksi) *she scheduled the meeting for Tuesday* hän sopi kokouksen tiistaiksi
1 scheme [skim] s **1** suunnitelma **2** ohjelma, järjestelmä **3** juoni, salajuoni, salahanke **4** piirros, kuvio
2 scheme v juonitella, vehkeillä, suunnitella
schemer [skimər] s juonittelija, vehkeilijä
schism [skɪzəm] s skisma, erimielisyys, kiista
schizo [skɪtsoʊ] s (mon schizos) (ark) jakomielitautinen
schizophrenia [ˌskɪtsəˈfriniə] s jakomielitauti, skitsofrenia
schizophrenic [ˌskɪtsəˈfrinɪk] s, adj jakomielitautinen
schnitzel [ʃnɪtsəl] s (ruoka) (wienin)leike
scholar [skɑlər] s **1** oppinut, tiedemies **2** opiskelija, oppilas **3** stipendiaatti
scholarly adj **1** tutkija-, tiedemies- **2** akateeminen
scholarship [ˈskɑlərˌʃɪp] s **1** oppineisuus **2** stipendi
1 school [skuəl] s **1** koulu *school's out for summer* kesäloma on alkanut **2** oppilaitos; college; yliopisto **3** tiedekunta **4** koulukunta **5** kalaparvi, valasparvi
2 school v koulia, opettaa
school age s kouluikä
schoolbag [ˈskuəlˌbæg] s koululaukku
school board s koululautakunta

schoolbook [ˈskuəlˌbʊk] s oppikirja, koulukirja

schoolboy [ˈskuəlˌbɔɪ] s koulupoika, koululainen

school bus s koulubussi

school day s koulupäivä

schoolgirl [ˈskuəlˌgərəl] s koulutyttö, koululainen

schoolhouse [ˈskuəlˌhaʊs] s koulurakennus, koulutalo, koulu

schoolma'am [ˈskuəlˌmæəm] s opettaja(tar)

schoolmarm [ˈskuəlˌmaərm] s opettaja(tar)

schoolmaster [ˈskuəlˌmæstər] s opettaja

schoolmate [ˈskuəlˌmeɪt] s koulutoveri

school of hard knocks s elämän (kova) koulu

schoolteacher s opettaja

schoolteaching [ˈskuəlˌtitʃɪŋ] s opettajan työ, opetustyö

schoolyard [ˈskuəlˌjaərd] s koulun piha

school year s kouluvuosi

schooner [skunər] s 1 (laiva) kuunari 2 *prairie schooner* (katetut) vankkurit

schwa [ʃwa] s *švaa-vokaali* [ə]

science [saɪəns] s 1 (luonnon)tiede 2 taito, osaaminen *the science of making good lasagna* hyvän lasagnen valmistuksen salaisuus

science fiction [ˌsaɪənsˈfɪkʃən] s tieteiskirjallisuus, science fiction

scientific [ˌsaɪənˈtɪfɪk] adj 1 (luonnon)tieteellinen 2 järjestelmällinen

scientifically adv 1 (luonnon)tieteellisesti 2 järjestelmällisesti *let's proceed scientifically* tehkäämme tämä harkitusti

scientist [saɪəntɪst] s luonnontieteilijä, tutkija, tiedemies

sci-fi [saɪfaɪ] s (ark) tieteiskirjallisuus, scifi adj tieteis-, tieteiskirjallisuuden, scifi-

scimitar-horned oryx [ˌsɪmətərˌhɔrndˈɔrəks] s sapelibeisa

scintillate [ˈsɪntəˌleɪt] v säkenöidä (myös kuv)

scissors [sɪzərz] s (verbi yksikössä tai mon) sakset *a pair of scissors* sakset

1 scoff [skaf] s pilkkaava huomautus, piikki

2 scoff v pilkata, haukkua jotakuta/jotakin (at)

1 scold [skold] s moittija, haukkuja, sättijä

2 scold v moittia, nuhdella, sättiä, haukkua

scolding s pilkka, haukkuminen, haukkumiset

1 scoop [skup] s 1 kauha 2 kauhallinen; (jäätelö)pallo 3 (lehdessä) jymyuutinen 4 (ark) uutinen, juju, vitsi: *what's the scoop on Mary? is she getting married?* mitä uutta Marysta kuuluu? onko hän menossa naimisiin?

2 scoop v 1 kauhoa 2 lyödä laudalta (toinen lehti/toiset lehdet julkaisemalla jokin uutinen ensimmäisenä)

scooter [skutər] s 1 potkulauta 2 skootteri

scope [skoʊp] s suuruus, laajuus, mitta, mitat

scope out v (sl) pälyillä, katsella, tutkia, tsekata

1 scorch [skɔrtʃ] s palohaava

2 scorch v 1 kärventää, kärventyä, kärähtää, polttaa, palaa 2 haukkua, lyödä/pistää lyttyyn 3 (ark) kiitää, viilettää

1 score [skɔr] s 1 pelitilanne, pistetilanne, tilanne; pistemäärä 2 maali, piste 3 merkki, jälki, viiva, ura 4 kaksikymmentä, (kananmunista myös) tiu 5 (mon) paljon *scores of people came* paikalle saapui paljon väkeä 6 (ark) uutinen, juju, vitsi: *what's the score on Mary? is she getting married?* mitä uutta Marysta kuuluu? onko hän menossa naimisiin? 7 (mus) nuotit 8 (mus) (elokuvan) musiikki 9 (kuv) velka *I have a score to settle with Earl* minulla on Earlin kanssa kana kynimättä, minulla on Earlin kanssa vanhoja kalavelkoja

2 score v 1 tehdä/saada (lisä)piste, tehdä maali 2 saada tulokseksi, saada n pistettä 3 laskea pisteitä (kilpailussa) 4 tarkistaa/arvostella koe/testitulos 5 (mus) säveltää (elokuvamusiikki) 6 menestyä, onnistua

scoreboard ['skɔrˌbɔrd] s pistetaulu, tulostaulu
scorecard ['skɔrˌkard] s pistekortti, tuloskortti
1 scorn [skɔrn] s **1** pilkka, halveksinta *to laugh something to scorn* pitää jotakin pilkkanaan, halveksua jotakin, nauraa jollekin **2** pilkan/halveksunnan kohde, pilkka
2 scorn v halveksua, kohdella halveksuen, pilkata, pitää pilkkanaan
scornful adj pilkkaava, halveksiva
scornfully adv pilkkaavasti, halveksivasti, halveksuen
Scorpio [skɔrpioʊ] *horoskoopissa* Skorpioni
scorpion [skɔrpiən] s skorpioni
Scorpion (tähdistö) Skorpioni
Scot [skat] s skotlantilainen
Scotch [skatʃ] s **1** skotlantilainen *the Scotch* skotlantilaiset **2** skotlantilainen viski adj skotlantilainen
Scotch tape s (US) teippi
Scotch-tape v (US) teipata, kiinnittää/sulkea teipillä
scot-free [ˌskat'fri] *to escape scot-free* selvitä ehjin nahoin, selvitä naarmuitta, selvitä pelkällä säikähdyksellä
Scotland [skatlənd] Skotlanti
Scots [skats] s skotlannin murre adj skotlantilainen
Scotsman s (mon Scotsmen) skotlantilainen (mies)
Scotswoman s (mon Scotswomen) skotlantilainen (nainen)
Scottish [skatɪʃ] s skotlantilainen *the Scottish* skotlantilaiset adj skotlantilainen
Scottish bluebell s kissankello
scoundrel [skaʊndrəl] s roisto, konna, kelmi; (lapsesta) vintiö
1 scour [skaʊər] s hankaus, kuuraus, jynssäys, puhdistus
2 scour v **1** hangata (puhtaaksi), kuurata, jynssätä, puhdistaa **2** avata (tukkeutuma) **3** (kuv) kitkeä, puhdistaa *the new president wants to scour the government of corruption* uusi presidentti haluaa tehdä lopun valtion virkamiesten lahjonnasta

1 scourge [skərdʒ] s **1** ruoska, piiska **2** vitsaus
2 scourge v **1** ruoskia, piiskata **2** rangaista ankarasti **3** haukkua, sättiä, moittia ankarasti
1 scout [skaʊt] s **1** (sot ym) tiedustelija **2** partiolainen **3** värvääjä *talent scout* kykyjenetsijä
2 scout v käydä tiedustelemassa, tiedustella
scouting s **1** tiedustelu, etsintä **2** partiotoiminta
scout out v etsiä jotakuta/jotakin, yrittää löytää
scout up v etsiä jotakuta/jotakin, yrittää löytää
1 scowl [skaʊəl] s kyräilevä katse, synkkä/tuomitseva/vihainen katse
2 scowl v kyräillä, katsoa tuomitsevasti/vihaisesti/karsaasti, paheksua, katsoa alta kulmien
scrabble [skræbəl] v hapuilla, hamuta, haalia kokoon, kopeloida, raapia (käpälillä)
scram [skræm] v (ark, yleensä käskynä) häipyä, lähteä, alkaa nostella
1 scramble [skræmbəl] s **1** kiipeily, kiipeäminen **2** kilpailu, kilpajuoksu (kuv) **3** ryntäys, rytäkkä
2 scramble v **1** kiivetä **2** yrittää kilpaa saada jotakin, kilpailla jostakin *when the doors were opened, the people scambled for seats* kun ovet avattiin väki ryntäsi kiireesti istumaan/parhaille paikoille **3** rynnätä *she scrambled for the door* hän ryntäsi ovelle, hän yritti rynnätä ovelle **4** sekoittaa, sotkea, panna sekaisin **5** koodata (esim televisiolähete)
scrambled eggs s (mon) **1** paistetut kananmunat (joissa keltuaiset ja valkuaiset on sekoitettu) **2** munakokkeli
1 scrap [skræp] s **1** pala, palanen *I could only find scraps of information about the woman* sain naisesta vain vähän tietoa **2** (mon) (ruuan) tähteet **3** romu, romurauta tms **4** (ark) riita, kina
2 scrap v **1** romuttaa (myös kuv:) korvata jokin, luopua jostakin, lakkauttaa

jokin; heittää pois/menemään **2** riidellä, kinata

scrapbook [ˈskræpˌbʊk] s leikekirja

1 scrape [skreɪp] s **1** kaavinta; hionta, hankaus, hankaaminen **2** naarmu, raapaisu **3** (ääni) narske; raapiva ääni **4** tiukka paikka *to be in a scrape* olla pulassa/pinteessä **5** kiista, kina, riita

2 scrape v **1** kaapia; hioa, hangata **2** raapia, raapustaa, naarmuttaa **3** narskua; pitää raapivaa ääntä **4** olla säästäväinen, elää nuukasti (ark)

scrape along v (ark) tulla jotenkuten toimeen taloudellisesti

scrape by ks scrape along

scraper s kaavin; hioin

scrape together v kerätä/haalia kokoon

scrape up v kerätä/haalia kokoon *we have to scrape up some money for her present* meidän pitää hankkia jostakin tarpeeksi rahaa hänen lahjaansa

scrappy [skræpi] adj monista osista/palasista kyhätty *his knowledge of German literature is scrappy* hänen tiedoissaan saksalaisesta kirjallisuudesta on paljon aukkoja

1 scratch [skrætʃ] s **1** naarmu **2** raapaisu **3** raapiva ääni **4** *to start from scratch* aloittaa alusta *bake a cake from scratch* leipoa kakku kokonaan itse (ilman kakkusekoitetta) *to be up to scratch* kelvata, täyttää vaatimukset **5** (golf) peli ilman tasoitusta, scratch

2 scratch v raapia, naarmuttaa, naarmuuntua *to scratch a match* raapaista tulitikku

scratch out v pyykiä pois/yli

scratch player s (golf) golffari jonka tasoitus on nolla

1 scrawl [skrɔːl] s (käsiala) harakanvarpaat

2 scrawl v raapustaa, kirjoittaa harakanvarpailla

scrawny [skrɑːni] adj kuikelo, hintelä, hontelo

1 scream [skriːm] s huuto, parahdus, ulvahdus

2 scream v **1** huutaa, parahtaa, ulvahtaa, (tuuli) ulvoa **2** ulvoa naurusta **3** (kuv) pistää silmään, olla räikeä, huutaa, (väri myös) kirkua

screaming adj **1** huutava, parkuva **2** (kuv) räikeä, silmiinpistävä, silmäänpistävä, huutava, (väri myös) kirkuva **3** hirvittävän hauska, hullunhauska

screaming-meemies *to have the screaming-meemies* (ark) saada hepulit, olla hysteerinen, joutua paniikkiin

1 screech [skriːtʃ] s kirkaisu; kirskuna, kirskunta; narahdus

2 screech v kirkaista; kirskua, kirahtaa; narahtaa

1 screen [skriːn] s **1** kaihdin, suojus; väliseinä **2** (elokuvan) valkokangas **3** (television) kuvaruutu, (tietokonemonitorin) näyttö (ruutu) **4** siivilä, seula

2 screen v **1** suojata, suojella, peittää **2** siivilöidä, seuloa **3** seuloa, haastatella (esim työnhakijoita), seuloa, tutkia (esim hakemukset) **4** projisoida (elokuva) **5** järjestää (elokuvan) ennakkonäytäntö (kutsuyleisölle)

screen actor s elokuvanäyttelijä

screen actress s elokuvanäyttelijä(tär)

screenplay [ˈskriːnˌpleɪ] s (elokuva)käsikirjoitus

screensaver s kuvaruudunsäästäjä, joutonäyttö

screen test s (elokuva-alalla) koekuvaus

screen-test v (elokuva-alalla) koekuvata; käydä koekuvauksessa

screenwriter [ˈskriːnˌraɪtər] s elokuvakirjailija

1 screw [skruː] s **1** ruuvi *Professor Arid has a screw loose* professori Kuivalla on ruuvi löysällä *to put the screws on someone* painostaa jotakuta, kiristää jotakuta **2** (lentokoneen, laivan) potkuri **3** kierukka(mainen esine) **4** (sl) pano

2 screw v **1** ruuvata, kiertää, kiertyä, kiinnittää/kiinnittyä kiertämällä/ruuvaamalla **2** (kasvot) vääristää, vääristyä **3** pakottaa, uhata, kiristää (joltakulta rahaa) **4** (sl) naida, panna

screw around v (sl) **1** lorvailla, maleksia, vetelehtiä **2** juosta/käydä vieraissa

screwball ['skruˌbaəl] s (sl) tärähtänyt, outo lintu, hullu adj (sl) outo, hullu, pimeä (kuv)
screwdriver ['skruˌdraɪvər] s 1 ruuvitaltta, ruuvimeisseli 2 (ark) votka-appelsiinimehudrinkki
screw off v (sl) 1 lähteä (nostelemaan), häipyä, kalppia tiehensä 2 laiskotella, vetelehtiä, lorvailla
screw-on adj kierrettävä, kiertämällä kiinnittyvä/kiinnitettävä
screw propeller s (lentokoneen, laivan) potkuri
screw thread s ruuvin kierre
screw-top s kiertokansi adj jossa on kiertokansi
screw up v (sl) 1 pilata, munata, tunaroida 2 panna sekaisin, saattaa pois tolaltaan
screwup s (sl) 1 munaus, kömmähdys, tunarointi, epäonnistuminen 2 munari, tunari
screwy adj (sl) 1 tärähtänyt, hullu 2 outo, kumma
1 scribble [skrɪbəl] s (käsiala) raapustus, harakanvarpaat, töherrys
2 scribble v raapustaa, kirjoittaa harakanvarpailla, töhertää; kirjoittaa nopeasti
scribe [skraɪb] s 1 kirjuri 2 (Raamatussa) kirjanoppinut
scrimmage [skrɪmədʒ] s 1 kahakka, rytäkkä, yhteenotto 2 (amerikkkalaisessa jalkapallossa) aloitusryhmitys *line of scrimmage* aloituslinja
1 script [skrɪpt] s 1 käsiala, (käsin) kirjoitus 2 (näytelmän, elokuvan, kuunnelman) käsikirjoitus 3 asiakirja
2 script v 1 kirjoittaa/laatia (elokuvan tms) käsikirjoitus 2 suunnitella, järjestää
scriptlet s (tietok) juonnelma
Scriptures [skrɪptʃərz] s (mon) Raamattu
scriptwriter ['skrɪptˌraɪtər] s elokuvakirjailija, tv-kirjailija, (radiossa) kuunnelmakirjailija
1 scroll [skrɔl] s 1 (kirjoitus)käärö 2 (kierukkamainen) koristekuvio
2 scroll v (tietok) vyöryttää, vierittää (tekstiä ruudulla)

scroll bar s (tietok) vierityspalkki
scrolling s (tietok) vieritys
1 scrounge [skraʊndʒ] s kerjäläinen, kerjääjä
2 scrounge v kerjätä, vipata, pummata
scrounge around for v etsiä, yrittää löytää
scrounger s kerjäläinen, kerjääjä
1 scrub [skrʌb] s 1 pesu 2 peruutus; lykkäys 3 pensaikko 4 sekarotuinen eläin, (koirasta) rakki
2 scrub v 1 pestä, kuurata 2 hangata 3 peruuttaa; lykätä (myöhemmäksi)
scrub up v (sairaalassa) pestä kätensä (ennen leikkausta)
scrubwoman ['skrʌbˌwʊmən] s (mon scrubwomen) siivooja(nainen)
scruff [skrʌf] s niska
scruffy adj likainen, sottainen, siivoton
1 scruple [skrupəl] s esto, epäilys, tunnonvaivat *she had no scruples about informing on her boss* hän ei empinyt antaessaan pomonsa ilmi
2 scruple v empiä, häikäillä, siekailla, arastella, olla tunnonvaivoja
scrupleless [skrupələs] adj häikäilemätön, siekailematon, arastelematon
scrupulous [skrupjələs] adj tunnollinen, tarkka, pikkutarkka
scrupulously adv tunnollisesti, tarkasti, pikkutarkasti
scrutinize ['skrutɪˌnaɪz] v tutkia tarkkaan/läpikotaisin
scrutiny [skrutɪni] s tarkistus, tarkka tutkimus, syyni (ark)
scuba-dive ['skubəˌdaɪv] v sukeltaa
scuba diver ['skubəˌdaɪvər] s laitesukeltaja, sukeltaja
scuba diving s laitesukellus, sukellus
scuff [skʌf] v laahustaa, kävellä laahustaen
1 scuffle [skʌfəl] s kahakka, yhteenotto
2 scuffle v kahinoida, ottaa yhteen
sculpt [skʌlpt] v veistää, muovata, muotoilla *she has a finely sculpted face* hänellä on hienot kasvonpiirteet
sculptor [skʌlptər] s kuvanveistäjä
Sculptor (tähdistö) Kuvanveistäjä
sculptress [skʌlptrəs] s (naispuolinen) kuvanveistäjä

1 sculpture [skʌlptʃər] s **1** kuvanveisto(taide) **2** veistokset **3** kuvanveistos, veisto
2 sculpture v veistää, muovata, muotoilla
1 scum [skʌm] s **1** vaahto, kuohu **2** roska, roina **3** (kuv) pohjasakka *you're scum* sinä olet pohjasakkaa, senkin saasta!
2 scum v **1** vaahdota, kuohua **2** kuoria vaahto/kuohu jostakin
scumbag ['skʌmˌbæg] s (sl) mäntti, paskiainen
scurry [skəri] v **1** kipittää, vipeltää **2** kiirehtiä, mennä kiireesti, hoputtaa
scurvy [skərvi] s keripukki
scuzz-food ['skazˌfud] s (sl) roskaruoka
1 scythe [saið] s viikate
2 scythe v niittää
SD *South Dakota* Etelä-Dakota
S. Dak. *South Dakota* Etelä-Dakota
sea [si] s **1** meri, valtameri *at sea* merellä *to put to sea* lähteä merimatkalle *to go to sea* lähteä merimatkalle; lähteä merille *to be at sea about something* olla täysin ymmällään jostakin **2** merenkäynti **3** aalto; iso aalto **4** (kuv) tulva, suuri määrä/joukko **5** merimiehen työ *to follow the sea* lähteä merille
sea anchor s ankkuri
sea anemone ['siəˌneməni] s merivuokko
seabed ['siˌbed] s merenpohja
seabird ['siˌbərd] s merilintu
seaboard ['siˌbɔrd] s rannikko
seaborne ['siˌbɔrn] adj laivalla/meritse kuljetettu
sea buckthorn [bʌkθorn] s tyrni
sea captain s merikapteeni
sea change s jyrkkä/yhtäkkinen/äkillinen muutos; selvä parannus
sea cow s merilehmä *Steller's sea cow* stellerinmerilehmä
sea cucumber s (eläin) merimakkara
sea fan s sarveiskoralli
seafaring ['siˌferiŋ] adj merenkulkija-, merenkulku-, purjehtija-
seafood ['siˌfud] s meren antimet (ruokana)
Sea Goat (tähdistö) Kauris

seagoing ['siˌgoʊiŋ] adj **1** merikelpoinen **2** merenkulkija-, merenkulku-, purjehtija-
sea gull s merilokki
sea horse s merihevonen
1 seal [siəl] s **1** (mon seals, seal) hylje **2** sinetti *seal of approval* hyväksyntä *she set her seal to my plan* hän hyväksyi suunnitelmani
2 seal v **1** sinetöidä (myös kuv) *my lips are sealed* huuleni ovat sinetöidyt, en pukahda asiasta kenellekään *we sealed the deal yesterday* sinetöimme kaupan/sopimuksen eilen *to seal someone's fate* sinetöidä jonkun kohtalo **2** sulkea, liimata kiinni (kirjekuori)
sea level s merenpinta *we are 3,000 feet above sea level* olemme (noin) kilometrin korkeudella merenpinnasta
sea lily s (mon sea lilies) merililja
seal off v eristää, sulkea (alue)
1 seam [sim] s **1** sauma **2** ryppy, kurttu
2 seam v **1** saumata, neuloa, ommella **2** rypistää, rypistyä
seaman [simən] s (mon seamen) **1** merenkulkija **2** merimies
seamanship ['simənˌʃɪp] s merenkulkutaito, purjehdustaito
seamless adj saumaton (myös)
seamount ['siˌmaʊnt] s merenalainen vuori, merenpohjan vuori
seamster [simstər] s ompelija, räätäli
seamstress [simstrəs] s ompelija(tar), räätäli
seamy [simi] adj rähjäinen, kurja, ikävä
séance [seɪans] s spiritistinen istunto
sea otter s merisaukko
seaplane ['siˌpleɪn] s (lentokone) vesitaso
seaport ['siˌpɔrt] s **1** (meri)satama **2** satamakaupunki
1 search [sərtʃ] s etsintä, haku
2 search v etsiä
searchbot s (tietok) hakurobotti
search engine s (tietok) hakukone
searching adj tutkiva, utelias, tarkka, perusteellinen
searchlight ['sərtʃˌlaɪt] s valonheitin
search me fr en minä tiedä!, mistä minä tiedän!

search party s etsintäryhmä, etsintäpartio
search warrant s etsintälupa, kotietsintälupa
sea robber s merirosvo
seascape ['siːskeɪp] s **1** (maalaus) merimaisema **2** merinäköala, merimaisema
Sea Serpent (tähdistö) Vesikäärme
seashell ['siːʃel] s simpukan kuori
seashore ['siːʃɔr] s merenranta
seasick ['siːsɪk] adj merisairas
seasickness s merisairaus, meritauti
seaside ['siːsaɪd] s merenranta; rannikko adj merenranta-, rannikko-
sea slug s merietana
1 season [siːzən] s **1** vuodenaika **2** aika, kausi, sesonki *the rainy season* sadekausi *tourist season* turistikausi, (turisti)sesonki *for a season* väliaikaisesti, jonkin aikaa *in good season* hyvissä ajoin *strawberries are not yet in season* vielä ei ole mansikka-aika *in season and out of season* alinomaa, aina, jatkuvasti
2 season v **1** maustaa (myös kuv), höystää (myös kuv) **2** kuivata (puutavaraa) **3** (kuv) kasvattaa, kypsyttää
seasonable [siːzənəbəl] adj **1** vuodenaikaan nähden tavallinen/normaali **2** otollinen, oivallinen
seasonably adv vuodenaikaan nähden tavallisesti/normaalisti
seasonal [siːzənəl] s kausityöntekijä, väliaikaistyöntekijä, lomittaja adj kausittainen, kausi-
seasoning s mauste, höyste
season's greetings fr (lähinnä) jouluterveiset
season ticket s kausilippu
sea spider s merilukki
sea sponge s sienieläin
sea squirt s (eläin) merituppi
1 seat [sit] s **1** istuin, tuoli **2** (tuolin tms) istuin(levy, -pinta) **3** istumapaikka *a car with four seats* nelipaikkainen auto **4** housujen takamus *to know something by the seat of your pants* tietää/osata jotakin kokemuksesta/takapuolituntumalta (ark)
2 seat v **1** ohjata istumaan, istuttaa **2** olla tilaa n henkilölle *the station wagon seats eight* farmariautoon mahtuu kahdeksan henkeä **3** nimittää/asettaa johonkin virkaan/tehtävään
seat belt s turvavyö
seating s istumajärjestys, istumapaikat
SEATO *Southeast Asia Treaty Organization* Kaakkois-Aasian sopimusjärjestö
seat-of-the-pants adj kokemukseen perustuva, takapuolituntumalta (ark) tapahtuva
seat of the pants s housujen takamus *to know something by the seat of your pants* tietää/osata jotakin kokemuksesta/takapuolituntumalta (ark)
Seattle [sɪˈætəl] kaupunki Washingtonin osavaltiossa
sea urchin s merisiili
seaward [siwərd] adj **1** joka avautuu/osoittaa merelle päin **2** (tuuli) joka tulee mereltä päin, meri- adv merelle päin
seawards adv merelle päin
sea water s merivesi
seaweed ['siːwid] s **1** merikasvi **2** merilevä
seaworthy ['siːwərði] adj merikelpoinen
sebaceous gland [sɪˈbeɪʃəs] s talirauhanen
sebum [sibəm] s (lääk) tali
sec [sek] s (ark) sekunti *I'll be with you in a sec* tulen aivan heti
SEC *Securities and Exchange Commission*
secede [səˈsid] v erota (liitosta)
secession [səˈseʃən] s **1** ero(aminen) (liitosta) **2** *Secession* 11 etelävaltion ero Yhdysvaltain unionista 1860–1861 (johti sisällissotaan)
secessionist s sessessionisti adj sesessionistinen, eroa suunnitteleva/lietsova, eronnut
seclude [səˈklud] v eristää, eristäytyä
secluded adj (paikka) syrjäinen, (ihminen, elämä) syrjään vetäytynyt, eristäytynyt
seclusion [səˈkluʒən] s **1** eristäminen **2** eristyksissä eläminen, eristyneisyys, oma rauha
1 second [sekənd] s **1** toinen *to come in second* tulla toiseksi **2** (autossa ym) toinen vaihde, kakkosvaihde, kakkonen

3 sekundatavara **4** (kaksintaistelun avustaja) sekundantti **5** sekunti **6** kulmasekunti **7** hetki, silmänräpäys *I won't be a second* tulen heti takaisin
2 second v **1** kannattaa, tukea (ehdotusta) **2** toimia/olla sekundanttina
3 second adj toinen *second floor* (US) toinen kerros, (UK) kolmas kerros *every second day* joka toinen päivä, kahden päivän välein
4 second adv toiseksi, toisena
secondary [ˈsekənˌderi] adj **1** toissijainen, toisarvoinen **2** (opetus, koulutus) toisen asteen
secondary accent s (sanan) sivupaino
secondary market s (tal) jälkimarkkinat, toissijaismarkkinat
secondary school s toisen asteen koulu (yläaste/lukio, ammattioppilaitos)
secondary storage s (tietok) massamuisti (levyke, kovalevy ym)
secondary stress s (sanan) sivupaino
second childhood s vanhuudenhöperyys, vanhuus
second-class adj **1** (matkustaja, istumapaikka, posti) toisen luokan **2** huono, toisen luokan adv (matkustaa, postittaa) toisessa luokassa
second-class citizen s toisen luokan kansalainen
second class mail s toisen luokan posti
Second Coming s (Jeesuksen) toinen tuleminen
second cousin s pikkuserkku
second fiddle *to play second fiddle to someone* soittaa toista viulua, olla toisarvoisessa asemassa johonkuhun nähden
second-generation adj toisen (suku)polven
second-guess v **1** (yrittää) olla jälkiviisas **2** arvailla, arvuutella
second hand s sekuntiviisari
secondhand [ˌsekəndˈhænd] adj **1** käytetty *secondhand bookstore* antikvariaatti, vanhojen kirjojen kauppa **2** (tieto) toisen käden adv **1** käytettynä *I bought the Buick secondhand* ostin Buickin käytettynä **2** (kuulla jotakin) kiertoteitse

secondhand smoke s (lähinnä) passiivinen tupakointi
secondly adv toiseksi
second nature s toinen luonto *to be second nature to someone* olla jollekulle toinen luonto, olla jollakulla veressä
second of arc s kaarisekunti
second-rate [ˌsekəndˈreɪt] adj toisen luokan, huono, kehno
second wind s **1** hengityksen tasaantuminen *after a mile, the runner got his second wind* mailin jälkeen juoksija sai hengityksensä tasaantumaan **2** (kuv) uusi puhti
secrecy [sikrəsi] s salassapito, salamyhkäisyys, salaisuus *to be sworn to secrecy* vannottaa joku vaikenemaan jostakin asiasta
secret [sikrət] s salaisuus *in secret* salaa adj salainen, sala-
secret agent s salainen agentti
secretarial [ˌsekrəˈteriəl] adj sihteerin *secretarial duties* sihteerin työt
secretariat [ˌsekrəˈteriət] s sihteeristö
secretary [ˈsekrəˌteri] s **1** sihteeri **2** ministeri *secretary of agriculture* (US) maatalousministeri **3** lipasto
secretary bird s (lintu) sihteeri
secretary-general [ˌsekrəteriˈdʒenrəl] s (mon secretaries-general) pääsihteeri *the secretary-general of the United Nations* Yhdistyneiden Kansakuntien pääsihteeri
secretary of state s (mon secretaries of state) (US) ulkoministeri
secret ballot s salainen äänestys
secrete [səˈkrit] v **1** erittää **2** piilottaa, kätkeä
secretion [səˈkriʃən] s erite
secretive [sikrətɪv] adj salamyhkäinen
secretively adv salamyhkäisesti
secretly [sikretli] adv salaa
secret police s salainen poliisi, suojelupoliisi
secret service s salainen palvelu; tiedustelu, vakoilu
secret society s salaseura
sect [sekt] s lahko
sectarian [sekˈteriən] s lahkolainen; nurkkakuntalainen adj lahko-, tunnus-

tuksellinen; lahkolaismielinen; nurkkakuntainen

sectarianism [sek'teriə,nızəm] s lahkolaisuus

1 section [sekʃən] s **1** osa, pala, kappale, lohko; alue **2** (lehden) osa **3** (lain) kohta **4** osasto, jaos **5** (lääk) leikkaus, sektio **6** läpileikkaus, poikkileikkaus

2 section v **1** jakaa, paloitella, lohkoa, leikata osiin **2** (lääk) tehdä aukaisu/puhkaisu

sectional [sekʃənəl] adj **1** alueellinen, paikallinen; lahkolaismielinen; nurkkakuntainen **2** läpileikkaus-, poikkileikkaus

sectionalism ['sekʃənə,lızəm] s paikallishenkisyys, paikallisten etujen ajaminen, sektionalismi

sector [sektər] s **1** (geom) sektori **2** ala, alue, sektori *the public/private sector* julkinen/yksityinen sektori

secular [sekjələr] adj maallinen

secularism ['sekjələ,rızəm] s sekularismi, maailmallisuus

secularity [,sekjə'lerəti] s **1** maallisuus **2** sekularismi, maailmallisuus

secularize ['sekjələ,raız] v sekularisoida, maallistaa

secure [sə'kjʊər sə'kjər] v **1** saada, hankkia **2** varmistaa, turvata, suojata, suojella **3** kiinnittää **4** (laina) taata **5** vangita, saada kiinni adj turvallinen, varma, luotettava, (olo) huoleton, (ote) luja *your money is secure* rahasi ovat (hyvässä) turvassa

securely adv turvallisesti, varmasti, luotettavasti, (kiinnitetty) lujasti, kunnolla

Securities and Exchange Commission s (US) arvopaperikauppaa valvova viranomainen

security [sə'kjərəti] s **1** turva, turvallisuus; turvatoimet **2** (yl mon) arvopaperit **3** takuu, varmuus

security blanket s (ark) **1** turvariepu **2** (kuv) tuki ja turva

security check s turvatarkastus

Security Council s (YK:n) turvallisuusneuvosto

security guard s vartija

security police s suojelupoliisi, salainen poliisi

security risk s (henkilöstä) turvallisuusriski, vaaratekijä

sedan [sə'dæn] s umpiauto, sedan

sedate [sə'deıt] v rauhoittaa, tyynnyttää (potilas) adj rauhallinen, tyyni

sedately adv rauhallisesti, tyynesti

sedation [sə'deıʃən] s (lääk) rauhoittaminen (erityisesti lääkkeillä)

sedative [sedətıv] s rauhoittava lääke, rauhoite adj rauhoittava

sedentary ['sedən,teri] adj istuma- *sedentary work* istumatyö *she leads a sedentary life* hän liikkuu hyvin vähän

sedge warbler [,sedʒ'wɔrblər] s ruokokerttunen

sediment [sedəmənt] s **1** (maa)kerrostuma **2** pohjasakka, saostuma

sedimentary [,sedə'mentəri] adj kerrostunut

sedimentation [,sedəmən'teıʃən] s kerrostuminen, laskeutuminen

sedition [sə'dıʃən] s (kapinaan) yllytys, (kansan) kiihotus

seditious [sə'dıʃəs] adj kapinallinen, kumouksellinen

seduce [sə'dus] v vietellä, houkutella

seduction [sə'dʌkʃən] s viettely, viettelys, houkutus, kiusaus

seductive [sə'dʌktıv] adj viettelevä, houkutteleva

1 see [si] s hiippakunta *Holy See* Vatikaani

2 see v saw, seen **1** nähdä *it's too dark, I can't see* täällä on liian pimeää, en näe mitään *I saw it on tv* näin sen televisiossa **2** katsoa *let's see what he thinks* katsotaanpa/otetaanpa selvää mitä mieltä hän on *see that he does his job properly* katso/pidä huoli siitä että hän tekee työnsä kunnolla **3** ymmärtää, oivaltaa *I see* vai niin, ymmärrän **4** kuvitella *I can't see that happening* en usko että niin käy **5** lukea (lehdestä) **6** tavata *you'd better see a doctor about that rash* sinun pitää käydä lääkärissä ihottumasi takia *Pat and Bob have been seeing each other for a year* Pat ja Bob ovat seurustelleet vuoden ajan **7** saattaa,

segmented worms

opastaa, ohjata *I'll see you to the door* minä saatan sinut ovelle **8** (kortti pelissä) katsoa

see about v **1** ottaa selvää jostakin, tutkia, perehtyä johonkin **2** huolehtia jostakin, hoitaa

see after v huolehtia jostakusta/jostakin

see a man about a dog fr (ark) käydä vessassa (tai muulla asialla)

1 seed [sid] s (mon seeds, seed) siemen (myös kuv) *the seeds of strife* riidan siemen *to go/run to seed* (kasvi) tehdä siementä, puhjeta tähkään; (kuv) rappeutua, joutua rappiolle

2 seed v **1** kylvää **2** istuttaa (kaloja) **3** poistaa siemenet (hedelmästä)

seedless adj (hedelmä) kivetön

seedling s taimi

seed money s (liikeyrityksen, hankkeen) käynnistysrahat, alkurahat, alkupääoma

seed vegetables s (mon) palkovihannekset

seedy adj **1** ränsistynyt, rähjäinen; siivoton **2** (olo) heikko, raihnainen

see eye to eye on fr olla yhtä/samaa mieltä jostakin

see fit fr katsoa aiheelliseksi/tarpeelliseksi

seeing eye dog [ˌsiiŋˈaɪˌdag] s (sokeain) opaskoira

seeing is believing fr ihminen ei usko ennen kuin näkee, kun näkee niin uskoo

seeing that konj koska

seek [sik] v sought, sought **1** etsiä, tavoitella *to seek someone's advice* kysyä joltakulta neuvoa *to seek revenge* janota kostoa **2** yrittää, pyrkiä tekemään jotakin **3** *to be much sought after* olla kysytty/haluttu

seeker [sikər] s etsijä

seem [sim] v näyttää joltakin, vaikuttaa joltakin *that seems easy* näyttää/vaikuttaa helpolta *she seems to be serious* hän taitaa olla tosissaan, hän näyttää olevan tosissaan

seeming adj näennäinen, luuloteltu, kuviteltu

seemingly adv näennäisesti, näennäisen

seemly adj asiallinen, aiheellinen, sovelias

seen [sin] ks see

see off v saattaa (matkaan)

see out v jatkaa loppuun asti

seep [sip] v tihkua, vuotaa

seepage [sipədʒ] s vuoto

see red fr nähdä punaista

1 seesaw [ˈsiˌsa] s hyppylauta

2 seesaw v **1** leikkiä hyppylaudalla **2** heilua edestakaisin, keikkua, keinua **3** (kuv) ailahdella (kahden vaiheilla), empiä, vetkutella

see stars fr nähdä tähtiä

seethe [sið] v kuohua (myös kuv), kiehua (kuv)

see the color of someone's money *let's see the color of your money* näytähän että sinulla todellakin on rahaa

see the light fr tajuta, oivaltaa, jokin valkenee jollekulle

see the light at the end of the tunnel fr loppu alkaa häämöttää, jokin alkaa vihdoin helpottaa

see the light of day fr nähdä päivänvalo, syntyä, saada alkunsa

see things fr kuvitella (omiaan)

see through v **1** arvata mihin joku pyrkii **2** pitää pintansa, kestää loppuun asti

see-through [ˈsiˌθru] adj läpinäkyvä

see-thru [ˈsiˌθru] adj läpinäkyvä

see to v huolehtia, pitää huoli jostakin

see to it fr huolehtia jostakin, pitää huoli jostakin, hoitaa jokin asia *see to it that your sister gets her share* katso että siskosi saa oman osuutensa

see which way the cat jumps fr katsoa miten käy

see your way clear to fr pystyä tekemään jotakin, pitää sopivana, katsoa aiheelliseksi, haluta, voida

segment [segmənt] s osa, lohko, kappale, (geom) segmentti

segment [segˈment] v jakaa, paloitella, osittaa

segmentation [ˌsegmənˈteɪʃən] s **1** jakautuminen, pirstoutuminen **2** (biol) segmentaatio, jaokkeistuminen

segmented worms s (mon) nivelmadot

segregate ['segrə,geɪt] v erottaa (erityisesti rodun perusteella), jakaa erilleen, eristää
segregated adj (rotuerottelusta:) mustien/valkoisten *the schools in this area are still segregated* tällä alueella mustat ja valkoiset käyvät vieläkin eri kouluja
segregation [,segrə'geɪʃən] s erottelu, eristäminen *racial segregation* rotuerottelu *religious segregation* uskonnollinen syrjintä
segregationist [,segrə'geɪʃənɪst] s (rotu)erottelun kannattaja
seismic [saɪzmɪk] adj maanjäristys-, seisminen
seismograph ['saɪzmə,græf] s maanjäristysmittari, seismografi
seismologist [saɪz'malədʒɪst] s seismologi
seismology [saɪz'malədʒi] s seismologia, maanjäristysoppi
sei whale [seɪ] s seitivalas
seize [siz] v **1** tarttua johonkin, ottaa kiinni jostakin *seize the day* tartu päivään/tilaisuuteen! *to seize an opportunity* tarttua tilaisuuteen, ottaa tilaisuudesta vaarin **2** kaapata, siepata *to seize hostages* ottaa panttivankeja **3** käsittää, oivaltaa **4** vallata, joutua jonkin valtaan *remorse seized him* katumus valtasi hänet **5** takavarikoida
seize on v tarttua johonkin (myös kuv)
seizure [siʒər] s **1** sieppaus, kaappaus **2** takavarikointi **3** (taudin) kohtaus
seldom [seldəm] adv (vain) harvoin *she seldom goes to the movies* hän käy (vain) harvoin elokuvissa
select [sə'lekt] v valita, valikoida adj valikoitu *we spent the evening in select company* vietimme illan harvojen ja valittujen seurassa
selectable adj joka voidaan valita
select committee s valiokunta *the senate select committee is looking into it* asiaa tutkii senaatin valiokunta
selection [sə'lekʃən] s **1** (tapahtuma) valikointi, valinta **2** (tulos) valinta; valikoima
selective [səlektɪv] adj **1** valinta- **2** valikoiva, tarkka, vaativa **3** (viritin) selektiivinen

selectively adv valkoiden, valikoivasti, tarkasti
selective service s (US) asevelvollisuus
selectivity [,sɪlek'tɪvəti] s **1** vaativuus, tarkkuus, valikoivuus **2** (virittimen) selektiivisyys
selectman [sə'lektmən] s (mon selectmen) (useimmissa Uuden-Englannin osavaltioissa) raatimies
self [self] s (mon selves) (oma) itse, minä *she was not her usual self last night* hän ei ollut eilen illalla oma itsensä *knowledge of self* itsetuntemus, itsensä tunteminen
self- etuliitteenä itse- (ks hakusanoja)
self-abasement [,selfə'beɪsmənt] s itsensä alentaminen
self-absorbed [,selfəb'zɔrbd] adj itsekäs, itseensä uppoutunut
self-absorption [,selfəb'zɔrpʃən] s itsekkyys, itseensä uppoutuminen
self-abuse [,selfə'bjus] s **1** itsesyytökset **2** itsetyydytys
self-acting [,self'æktɪŋ] adj itsetoimiva, automaattinen
self-actualization [,self,æktʃuəlɪ,zeɪʃən] s itsensä toteuttaminen
self-actualize [self'æktʃuə,laɪz] v toteuttaa itseään
self-addressed [,selfə'drest] adj (kirjekuoresta) johon osoite on kirjoitettu valmiiksi
self-annihilation [,selfə,naɪə'leɪʃən] s **1** itsetuho, itsemurha **2** itsen sammuttaminen
self-appointed [,selfə'pɔɪntəd] adj tärkeilevä, mahtaileva, hurskasteleva *he is the self-appointed guardian of moral virtue* hän on ruvennut toisten moraalin vartijaksi
self-catering s (UK) (huoneisto) jossa on keittiö
self-centered [,self'sentərd] adj itsekeskeinen, itsekäs
self-centeredness s itsekeskeisyys, itsekkyys
self-complacency s omahyväisyys, itseriittoisuus

self-reliance

self-complacent [ˌselfkəmˈpleɪsənt] adj omahyväinen, itseriittoinen

self-conceit [ˌselfkənˈsit] s omahyväisyys

self-conceited adj omahyväinen

self-conceitedly adv omahyväisesti

self-concept [ˌselfˈkansept] s minäkäsitys

self-confessed [ˌselfkənˈfest] adj joka on tunnustanut olevansa jotakin *she is a self-confessed romantic* hän tunnustaa itsekin olevansa romantikko

self-confidence s itsevarmuus

self-confident [ˌselfˈkanfədənt] adj itsevarma

self-conscious [ˌselfˈkanʃəs] adj estoinen, nolo, vaivautunut

self-consciousness s estoisuus, vaivautuneisuus

self-contained [ˌselfkənˈteɪnd] adj **1** itsenäinen, riippumaton **2** eristäytyvä, hiljainen, pidättyväinen **3** itseriittoinen, omahyväinen, itsevarma

self-control [ˌselfkənˈtroəl] s itsehillintä

self-controlled adj joka hillitsee itsensä (hyvin), rauhallinen, tyyni, maltillinen

self-critical [ˌselfˈkrɪtəkəl] adj itsekriittinen

self-defense [ˌselfdɪˈfens] s itsepuolustus

self-delusion [ˌselfdəˈluʒən] s itsepetos

self-deprecating [ˌselfˈdeprəˌkeɪtɪŋ] adj joka vähättelee itseään

self-deprecation [ˌselfdeprəˈkeɪʃən] s itsensä vähättely, heikko itsetunto

self-deprecatory [ˌselfˈdeprəkəˌtɔri] adj joka vähättelee itseään, jolla on heikko itsetunto, joka ilmentää heikkoa itsetuntoa

self-discipline [ˌselfˈdɪsəplən] s itsekuri

self-disciplined adj jolla on hyvä itsekuri

self-effacement [ˌselfɪˈfeɪsmənt] s vaatimattomuus

self-effacing adj vaatimaton

self-effacingly adv vaatimattomasti

self-employed [ˌselfəmˈplɔɪd] *to be self-employed* olla itsenäinen yrittäjä, olla yksityisyrittäjä

self-esteem [ˌselfəsˈtim] s itsetunto

self-evident [ˌselfˈevədənt] adj itsestään selvä, selvä

self-fulfilling [ˌselffəlˈfɪlɪŋ] adj **1** mielihyvää tuottava **2** itsensä toteuttava *self-fulfilling prophecy* itsensä toteuttava ennustus

self-fulfillment s itsensä toteuttaminen, omien toiveiden toteuttaminen, mielihyvä

self-image [ˌselfˈɪmɪdʒ] s minäkuva

self-important [ˌselfɪmˈpɔrtənt] adj tärkeilevä, mahtaileva

self-indulgence s itsensä hemmottelu, nautiskelu, hillittömyys, omahyväisyys

self-indulgent [ˌselfɪnˈdʌldʒənt] adj joka hemmottelee itseään, nautiskeleva, hillitön, omahyväinen

self-inflicted [ˌselfɪnˈflɪktəd] adj (haava) jonka joku on itse aiheuttanut, joka on jonkun omaa syytä

self-interest [ˌselfˈɪntrəst] s **1** oma etu **2** oman edun tavoittelu, itsekkyys

selfish [ˈselfɪʃ] adj itsekäs

selfishly adv itsekkäästi

selfishness s itsekkyys

selfless [ˈselfləs] adj epäitsekäs

selflessly adv epäitsekkäästi

selflessness s epäitsekkyys

self-love [ˌselfˈlʌv] s itserakkaus

self-made [ˌselfˈmeɪd] adj omatekoinen *he's a self-made man* hän on noussut asemaansa omin avuin

self-opinion s omahyväisyys

self-opinionated [ˌselfəˈpɪnjəˌneɪtəd] adj **1** omahyväinen, joka luulee itsestään liikoja **2** itsepäinen, omapäinen

self-pity [ˌselfˈpɪti] s itsesääli *he's wallowing in self-pity* hän rypee itsesäälissä

self-pitying adj itseään säälivä

self-pityingly adv täynnä itsesääliä

self-possessed [ˌselfpəˈzest] adj joka hillitsee itsensä (hyvin), rauhallinen, tyyni, maltillinen

self-possession [ˌselfpəˈzeʃən] s itsehillintä

self-protection [ˌselfprəˈtekʃən] s itsesuojelu

self-reliance s itsenäisyys

self-reliant

self-reliant [ˌselfrɪ'laɪənt] adj itsenäinen, pystyvä
self-respect [ˌselfrɪ'spekt] s itsekunnioitus
self-respectful adj itseään kunnioittava
self-respecting adj itseään kunnioittava
self-righteous [ˌself'raɪtʃəs] adj omahyväinen; hurskasteleva
self-righteously adv omahyväisesti; hurskastelevasti
self-righteousness s omahyväisyys; hurskastelu
self-rising flour s leivinjauhetta sisältävät jauhot
self-sacrifice [ˌself'sækrɪˌfaɪs] s uhrautuminen, auttaminen
self-sacrificial [ˌselfsækrɪ'fɪʃəl] adj uhrautuva, avulias
self-sacrificing adj uhrautuva, avulias
selfsame ['selfˌseɪm] adj sama
self-satisfaction [ˌselfsætɪz'fækʃən] s omahyväisyys, itseriittoisuus
self-satisfied [ˌself'sætɪzˌfaɪd] adj omahyväinen, itseriittoinen
self-satisfying adj joka tuottaa mielihyvää itselle; omahyväinen, itseriittoinen
self-seeker ['selfˌsikər] s itsekäs ihminen, oman edun tavoittelija
self-seeking [ˌself'sikɪŋ] s itsekkyys, oman edun tavoittelu adj itsekäs
self-service [ˌself'sərvəs] s, adj itsepalvelu(-)
self-serving [ˌself'sərvɪŋ] adj itsekäs, omaa etua tavoitteleva, omahyväinen
self-sufficiency s **1** itseriittoisuus, omahyväisyys **2** omavaraisuus
self-sufficient [ˌselfsə'fɪʃənt] adj **1** itseriittoinen, omahyväinen **2** omavarainen
self-will [ˌself'wɪəl] s omapäisyys, itsepäisyys, jääräpäisyys
self-willed [ˌself'wɪəld] adj omapäinen, itsepäinen, jääräpäinen
self-worth [ˌself'wərθ] s itsetunto
self-worthiness [ˌself'wərðɪnəs] s itsetunto
1 sell [seəl] s **1** myynti, kauppa **2** myyntitapa *hard sell* aggressiivinen myyntitapa *soft sell* pehmeä myyntitapa
2 sell v sold, sold **1** myydä *Mr. Rogers sells shoes* **2** mennä kaupaksi *the shoes sell well* kengät käyvät hyvin kaupaksi **3** (kuv) mennä kaupaksi, saada joku vakuuttuneeksi jostakin *higher taxes are hard to sell to the public* on vaikea saada suurta yleisö hyväksymään veronkorotuksia
sell a bill of goods fr puijata, huijata, vetää nenästä
sell at v maksaa *the sweatshirts sell at nine dollars* collegepaidat maksavat yhdeksän dollaria
seller [selər] s **1** myyjä **2** *poor seller* tavara joka menee huonosti kaupaksi
sell for v maksaa *the apples sell for 79 cents a pound* omenat maksavat 79 senttiä naulalta (1,74 dollaria kilo)
sell off v myydä (halvalla)
sell on v **1** saada joku ostamaan jotakin **2** (kuv) saada joku hyväksymään jotakin, saada joku vakuuttuneeksi jostakin
sell out v **1** myydä loppuun **2** pettää, kavaltaa
sell short fr (tal) myydä lyhyeksi, myydä arvopaperi omistamatta sitä (sillä tarkoituksella että ostaa sen myöhemmin takaisin alemmalla hinnalla)
selves [selvz] ks self
semantic [sə'mæntɪk] adj **1** (kielellistä) merkitystä koskeva, semanttinen **2** merkitysopillinen, semanttinen
semanticist [sə'mæntəsɪst] s semantikko
semantics s (verbi yksikössä) **1** merkitysoppi, semantiikka **2** (kielellinen) merkitys *a dispute over the semantics of a contract* sopimuksen sanamuotoa/tulkintaa koskeva kiista
semaphore ['seməˌfɔr] s (rautateillä) siipiopastin, opastin
semblance [sembləns] s ulkonäkö *try to do it with some semblance of seriousness* yritä nyt edes näyttää siltä että olet tosissasi, yritä tehdä se kutakuinkin tosissasi
semen [simən] s siemenneste, sperma
semester [sə'mestər] s (yliopistossa yms) lukukausi
semi [semaɪ] s (ark) puoliperävaunu
semi- [semɪ, semii] *sanan alkuosana* puoli- (ks hakusanoja)

semiannual [ˌsemiˈænjʊəl] adj puolivuosittainen, kaksi kertaa vuodessa ilmestyvä/tapahtuva

semiautomatic [ˌsemiˌatəˈmætɪk] s puoliautomaattinen ase adj puoliautomaattinen

semicircle [ˈsemɪˌsɚrkəl] s puoliympyrä

semicircular [ˌsemɪˈsɚrkjələr] adj puoliympyrän muotoinen

semicolon [ˈsemɪˌkoʊlən] s puolipiste (;)

semiconductor [ˈsemikənˌdʌktər] s puolijohde

semidarkness [ˌsemiˈdarknəs] s puolipimeä

semidetached house [ˌsemidɪˈtætʃt] s paritalo

semifinal [ˌsemiˈfaɪnəl, ˌsemaɪˈfaɪnəl] s (urh) semifinaali, välierä

semiliterate [ˌsemiˈlɪtərət, ˌsemaɪˈlɪtərət] s, adj osittain luku(- ja kirjoitus)taitoinen (ihminen)

semimonthly [ˌsemiˈmʌnθli] adj kaksi kertaa kuukaudessa ilmestyvä/tapahtuva

seminal [semɪnəl] adj (kuv) omaperäinen, uraauurtava

semiotic [ˌsemiˈatɪk] adj semioottinen

semiotician [ˌsemiəˈtɪʃən] s semiootikko

semiotics s (verbi yksikössä) semiotiikka

semipro [ˌsemiˈproʊ] s (ark) puoliammattilainen

semiprofessional [ˌsemiprəˈfeʃənəl] s puoliammattilainen adj puoliammattimainen

semiround [ˌsemiˈraʊnd] adj puolipyöreä

semisoft [ˌsemiˈsɑft] adj puolipehmeä

semitrailer [ˈsemiˌtreɪlər] s puoliperävaunu

semivowel [ˈsemiˌvaʊəl] s puolivokaali (esim. [w])

semiweekly [ˌsemiˈwikli] adj kahdesti viikossa ilmestyvä/tapahtuva

semiyearly [ˌsemiˈjɪərli] adj kahdesti vuodessa ilmestyvä/tapahtuva

senate [senət] s senaatti *Senate* (Yhdysvaltain) senaatti

senator [senətər] s senaattori

senatorial [ˌsenəˈtɔriəl] adj **1** senaattorin **2** senaattoreista koostuva

send [send] v sent, sent **1** lähettää **2** ampua; iskeä *to send a blow* lyödä, iskeä *the blow sent him flying* hän lensi iskun voimasta ilmaan

sender s **1** lähettäjä **2** lähetin

send for v kutsua paikalle, lähettää joku hakemaan jotakin *let's send Davie for pizzas* käsketään Davien hakea pitsoja

send forth v **1** jostakin lähtee jotakin *the machine sends forth a billow of smoke* kone tupruttaa ilmoille savua **2** lähettää **3** (kukintoja ym) tuottaa

send in v lähettää (esim anomus, hakemus)

send off v lähettää, passittaa joku jonnekin

send-off s läksiäiset

send out v **1** lähettää, jakaa, postittaa **2** lähettää joku hakemaan jotakin

send packing fr antaa jollekulle lähtöpassit, käskeä jonkun kalppia tiehensä

send round v levittää (esim huhua)

send someone to the showers fr (baseballissa) määrätä/lähettää pelaaja pois kentältä

send up v **1** (ark) tuomita/passittaa vankilaan **2** tehdä pilkkaa jostakusta/jostakin, parodioida **3** lähettää lentoon/avaruuteen, päästää ilmaan

send-up s parodia

Senegal [senəɡəl]

Senegalese [ˌsenəɡəˈliz] s, adj senegalilainen

senile [sinaɪəl] adj vanhuudenheikko, seniiliili, vanhuudenhöperö (ark), kalkkiutunut (ark)

senility [səˈnɪləti] s vanhuudenheikkous, vanhuus, seniiliys, vanhuudenhöperyys (ark), kalkkeutuminen (ark)

senior [sinjər] s **1** (kahdesta) vanhempi henkilö **2** (kahdesta) korkea-arvoisempi henkilö **3** (US) lukion, yliopiston ym ylimmän luokan/viimeisen vuoden oppilas/opiskelija **4** eläkeläinen adj **1** vanhempi (lyhennetään nimen yhteydessä *Sr.*) *Mr. Duvall Sr.* Mr. Duvall Sr./vanhempi *he is a senior partner in a law firm* hän on asianajotoimiston vanhempi

senior citizen

osakas *I am three years your senior* olen kolme vuotta sinua vanhempi **2** korkea-arvoisin, ylin, johtava **3** (US) (lukiossa, yliopistossa ym) viimeisen vuoden, ylimmän luokan **4** eläkeläis-, eläkeläisten
senior citizen s eläkeläinen
senior high school s lukio
seniority [sɪnˈjɔrəti] s **1** korkeampi ikä/asema, vanhemmus **2** pitempi palvelusaika, suurempi määrä virkavuosia
sensation [sənˈseɪʃən] s **1** tuntemus, tunne, aistimus **2** sensaatio
sensational [sənˈseɪʃənəl] adj kohua herättävä
sensationalism [sənˈseɪʃənəˌlɪzəm] s kohun tavoittelu, keltainen journalismi
1 sense [sens] s **1** aisti *sixth sense* kuudes aisti **2** järki *common sense* terve järki *to come to your senses* tulla järkiinsä, järkiintyä *to make sense* käydä järkeen, jossakin on järkeä *to take leave of your senses* tulla hulluksi, menettää järkensä **3** taju, tuntu, vainu *sense of space* tilan tuntu *sense of justice* oikeuskäsitys *she has no sense of what is appropriate* hänellä ei ole käsitystä siitä mikä on kohtuullista/soveliasta **4** merkitys *what is the sense of this word?* mitä tämä sana tarkoittaa? *in a sense* tavallaan, eräässä mielessä
2 sense v aistia, tuntea *I sense from your words that you do not want to go* huomaan puheistasi että et halua lähteä
senseless adj **1** tajuton, tiedoton **2** järjetön, älytön, mieletön; turha
senselessly adv ks senseless
senselessness s **1** tajuttomuus **2** järjettömyys, mielettömyys, älyttömyys; turhuus
sense of duty fr velvollisuudentunto
sense of hearing s kuulo(aisti)
sense of sight s näkö (aisti)
sense of smell s hajuaisti
sense of touch s kosketusaisti
sense organ s aistin, aistinelin
sense perception s aistihavainto
sensibility [ˌsensəˈbɪləti] s **1** herkkyys, herkkätuntoisuus **2** *to hurt someone's sensibilities* loukata jonkun tunteita

sensible [ˈsensəbəl] adj **1** järkevä, viisas **2** huomattava, merkittävä **3** aisteilla havaittava **4** aistiva, joka pystyy aistimaan **5** joka on tajuissaan
sensible of adj tietoinen jostakin *she was not sensible of her misjudgment* hän ei huomannut arvioineensa tilanteen väärin
sensibly adv järkevästi, viisaasti
sensitive [ˈsensətɪv] adj **1** (ihminen) herkkä, herkkätuntoinen, arka *Wanda is very sensitive about her looks* Wanda on hyvin tarkka siitä mitä hänen ulkonäöstään ajatellaan/sanotaan **2** (laite ym) herkkä *a sensitive instrument* herkkä/tarkka mittalaite *photographic paper is sensitive to light* valokuvapaperi on valonherkkää **3** arkaluonteinen, arka *abortion is a sensitive topic* abortti on arka puheenaihe
sensitivity [ˌsensəˈtɪvəti] s **1** (ihmisen) herkkyys, herkkätuntoisuus, arkuus **2** (laitteen) herkkyys, tarkkuus *sensitivity to light* valonherkkyys **3** (asian) arkaluonteisuus, arkuus
sensitize [ˈsensəˌtaɪz] v herkistää
sensor [sensər] s **1** anturi **2** aistin, aistinelin
sensory [sensəri] adj aistimellinen, aistimuksellinen, aisti-
sensual [senʃʊəl] adj **1** aistillinen, aisti-iloinen, eroottinen, lihallinen, himokas **2** aistimellinen, aistimuksellinen, aisti-
sensualism [ˈsenʃʊəˌlɪzəm] s aistillisuus, eroottisuus, lihallisuus, himokkuus, (filosofiassa) sensualismi
sensualist [senʃʊəlɪst] s nautiskelija, (filosofiassa) sensualisti
sensuality [ˌsenʃʊˈæləti] s aistillisuus, eroottisuus, erotiikka, lihallisuus, himokkuus
sensually adv ks sensual
sensuous [senʃʊəs] adj **1** aistillinen, aisti-iloinen **2** aistimellinen
sensuously adv **1** aistillisesti **2** aistimellisesti
sensuousness s **1** aistillisuus **2** aistimellisuus
sent [sent] ks send

serial music

1 sentence [sentəns] s **1** (oikeudessa) tuomio **2** (kielessä) lause
2 sentence v tuomita *he was sentenced to death* hänet tuomittiin kuolemaan, hän sai kuolemanrangaistuksen
sententious [sen'tenʃəs] adj **1** hurskasteleva; saarnaava, moralisoiva **2** joka käyttää/jossa on paljon ajatelmia/mietelmiä/mietelauseita
sentient [senʃənt] adj aistiva, aistimellinen, tuntemiskykyinen
sentiment [sentəmənt] s **1** asenne, mielipide, suhtautuminen, suhde **2** tunne, tuntemus **3** tunteilu, mielenliikutus **4** ajatus(sisältö)
sentimental [,sentə'mentəl] adj tunteileva, herkkätunteinen, liikatunteellinen, haaveellinen, sentimentaalinen
sentimentalism [,sentə'mentə,lızəm] s tunteilu, herkkätunteisuus, haaveellisuus
sentimentalist [,sentə'mentəlıst] s tunteilija, haaveilija, sentimentalisti
sentimentalize [,sentə'mentə,laız] v **1** tunteilla **2** ihannoida, romantisoida
sentry [sentri] s vartija, vartiomies
sentry box s vartijan koju
Seoul [soʊl] Soul
Sep. *September* syyskuu
separate [seprət] adj erillinen; irrallinen, yksittäinen, oma, eri
separate ['sepə,reıt] v **1** erottaa (toisistaan) **2** erottaa (palveluksesta), erota jostakin (from) **3** tehdä asumusero **4** jakaa, lajitella, erottaa
separately adv erikseen
separate the sheep from the goats fr (kuv) erottaa hyvät pahoista/vuohet lampaista
separation [,sepə'reıʃən] s **1** (toisistaan) erottaminen; jakaminen, lajittelu **2** asumusero **3** aukko, lohkeama, halkeama
separation anxiety s (psyk) eroahdistus, separaatioahdistus
Sept. *September* syyskuu
September [sep'tembər] s syyskuu
septic [septık] adj tartunnallinen, verenmyrkytystä synnyttävä, septinen
septic tank s sakokaivo

septuagenarian [,septʊədʒə'neriən] s, adj 70—79-vuotias
sepulcher [sepəlkər] s hauta
sequel [sikwəl] s **1** (jatkokertomuksen, tv-sarjan ym) osa, jatko-osa **2** (kuv) jälkinäytös, seuraus
1 sequence [sikwəns] s **1** järjestys *in sequence* järjestyksessä **2** sarja, jakso *a sequence of events* tapahtumaketju, tapahtumasarja
2 sequence v järjestää (peräkkäin), panna järjestykseen
sequencer s sekvensseri
sequential [sı'kwenʃəl] adj **1** peräkkäinen, järjestyksessä tapahtuva **2** seuraava
sequentially adv peräkkäin, järjestyksessä
sequester [sı'kwestər] v **1** eristää **2** takavarikoida
sequin [sikwın] s **1** (vaatteen koriste) paljetti **2** (vanha kultakolikko) sekiini
sequoia [sə'kwoıə] s **1** jättiläispunapuu **2** mammuttipetäjä
Sequoia [sə'kwoıə] kansallispuisto Kaliforniassa
1 serenade [,serə'neıd] s serenadi, öinen laulutervehdys
2 serenade v pitää jollekulle serenadi
serene [sə'rin] adj **1** rauhallinen, rauhaisa, tyyni **2** kirkas, selkeä
serenely adv rauhallisesti, tyynesti
serenity [sə'renəti] s rauhallisuus, rauha, tyyneys
serf [sərf] s (mon serfs) **1** maaorja **2** orja
serfdom [sərfdəm] s **1** maaorjuus **2** orjuus
sergeant [sardʒənt] s **1** (sot) kersantti **2** (US) (poliisi) ylikonstaapeli
serial [sıriəl] s jatkokertomus, jatkosarja, tv-sarja yms adj jatko-, sarja-, peräkkäinen, sarjallinen
serial access s (tietok) sarjasaanti
serialize ['sırıə,laız] v **1** julkaista jatkosarjana **2** lähettää/esittää televisiosarjana, tehdä jostakin televisiosarja
serial killer s sarjamurhaaja
serially adv jatkosarjana, sarjana, peräkkäin
serial music s sarjallinen musiikki

serial number s sarjanumero, valmistusnumero
serial transmission s (tietok) sarjasiirto
series [sıriz] s (mon series) **1** sarja *a series of events* tapahtumasarja **2** jatkosarja, tv-sarja
serious [sırıəs] adj **1** vakava *are you serious about getting married?* aiotko tosissasi mennä naimisiin? *she is a very serious person* hän on hyvin totinen (ihminen) *the situation is serious* tilanne on vakava *the patient is in serious condition* potilaan tila on vakava **2** vaativa, vaikea *serious literature* laatukirjallisuus
seriously adv vakavasti *he is seriously considering their offer* hän harkitsee vakavissaan heidän tarjoustaan *she was seriously injured* hän loukkaantui vakavasti *seriously, he is quite lazy* vakavasti puhuen/totta puhuakseni hän on aika laiska
seriousness s vakavuus *in all seriousness* vakavissaan, tosissaan *the seriousness of the situation* tilanteen vakavuus *the seriousness of a decision* päätöksen/ratkaisun kauaskantoisuus
sermon [sɜrmən] s saarna (myös kuv)
sermonette [,sɜrmə'net] s lyhyt saarna
sermonize ['sɜrmə,naız] v saarnata
Sermon on the Mount s (Jeesuksen) vuorisaarna
serology [sıralədʒi] s serologia, seerumioppi
serpent [sɜrpənt] s käärme
Serpent (tähdistö) Käärme
Serpent Bearer (tähdistö) Käärmeenkantaja
serpentine [sɜrpəntin] v (joki, tie) kiemurrella, mutkitella adj kiemurteleva, mutkitteleva
serum [sırəm] s (mon serums, sera) seerumi, verihera
serval [sɜrvəl] s (eläin) servaali
servant [sɜrvənt] s palvelija *public servant* (valtion) virkamies
serve [sɜrv] v **1** palvella, olla palvelijana **2** tarjoilla **3** auttaa, avustaa **4** toimia jonakin, palvella jossakin tehtävässä *he is serving as chairman* hän toimii puheenjohtajana **5** kelvata, käydä **6** *to serve someone right* joku saa ansionsa mukaan **7** ojentaa, antaa *to serve a summons* antaa/toimittaa haaste **8** toimittaa: *the new power plant serves our city with electricity* kaupunkimme saa sähkönsä uudesta voimalasta
server s **1** tarjoilija **2** tarjoiluastia **3** (tietok) palvelin, serveri
1 service [sɜrvəs] s **1** palvelus *he did me a big service* hän auttoi minua kovasti *I will be at your service* olen käytettävissäsi/palveluksessasi *Mr. Archer is in government service* Mr. Archer on valtion palveluksessa *military service* sotilaspalvelus *may I be of service?* voinko auttaa (teitä)? **2** palvelu *the service at the hotel was good* hotellissa oli hyvä palvelu *answering service* puhelinpäivystys **3** sotilaspalvelus *he is in the service* hän on armeijan palveluksessa, hän on armeijassa **4** huolto *repair service* huolto(palvelu) **5** jumalanpalvelus *divine service* jumalanpalvelus **6** käyttö, kunto *the machine is in/out of service* kone on kunnossa/epäkunnossa
2 service v huoltaa, korjata
serviceable [sɜrvəsəbəl] adj **1** avulias; hyödyllinen **2** kestävä **3** helppohoitoinen, joka on helppo korjata
service bureau s repro, palvelukeskus
service center s huoltamo, korjaamo
service charge s palveluraha; käsittelymaksu, toimituskulut
service court s (peleissä) syöttöalue
serviceman [sɜrvəsmən] s (mon servicemen) **1** sotilas **2** korjaaja, huoltomies
service provider s palveluntuottaja
service station s huoltoasema
servile [sɜrvaıəl] adj nöyristelevä; orjallinen
servilely adv nöyristelevästi; orjallisesti
sesame [sesəmi] s **1** (kasvi) seesami **2** *open sesame* seesam aukene!
sesame seed s seesaminsiemen
session [seʃən] s **1** istunto **2** istuntokausi **3** tapaaminen *study session* opis-

kelutuokio *recording session* nauhoitus, äänitys **4** (yliopistossa yms) lukukausi
session hijacking s (tietok) istunnon kaappaus
1 set [set] s **1** sarja, yhdistelmä, pari, setti *a full set of golf clubs* täysi golfmailasarja **2** joukko, piiri *the literary set* kirjallisuuspiirit **3** asento, ryhti **4** (vaatteen) leikkaus, istuvuus **5** (teatterin, elokuvan) lavasteet **6** (tenniksessä) erä **7** (radio-, televisio)vastaanotin **8** kampaus
2 set v set, set **1** panna, laittaa, asettaa, laskea *she set the cup on the table* hän pani kupin pöydälle *to set something upright* nostaa/panna jokin pystyyn *to set a trap* virittää ansa **2** (aurinko) laskea **3** määrittää, säätää, asettaa *to set your watch* korjata kellonsa aika *to set a limit to something* määrätä jollekin raja, rajoittaa jotakin **4** sijoittaa *the movie is set in Los Angeles* elokuva tapahtuu Los Angelesissa **5** kattaa (pöytä) **6** aloittaa, käynnistää *to set someone thinking* saada joku miettimään/mietteliääksi **7** (mus) sovittaa
3 set adj **1** (ennalta) määrätty, kiinteä, vakio- *at a set time* määräaikaan *set books* pakolliset (opiskelijoiden luettavaksi määrätyt) kirjat **2** määrätietoinen, päättäväinen, omapäinen *Mrs. Moriarty is set in her ways* Mrs. Moriarty on urautunut/tapoihinsa kangistunut **3** valmis *all set* valmista on! interj (ark) valmiina! *Ready! Set! Go!* Paikoillenne, valmiit, nyt!
set about v aloittaa, käynnistää, ryhtyä johonkin
set against v **1** verrata jotakin johonkin **2** kääntää joku jotakin vastaan, saada joku vastustamaan jotakin *the news set her against the proposal* uutinen sai hänet vastustamaan ehdotusta
set ahead v siirtää myöhemmäksi
set apart v **1** säästää, varata, panna talteen **2** erottaa joku/jokin jostakin *the display sets the new computer apart from the competition* uusi tietokone erottuu kilpailijoistaan näyttimensä/näyttönsä vuoksi

set aside v **1** säästää, varata, panna talteen **2** jättää/heittää mielestään, (yrittää) unohtaa **3** hylätä, kumota, peruuttaa
set back v **1** estää, haitata, hidastaa **2** siirtää (kelloa) taaksepäin; säätää pienemmälle/vähemmälle **3** maksaa *that watch set him back several hundred dollars* hän pulitti kellosta satoja dollareita
setback ['set͵bæk] s takaisku
set by v säästää, varata, panna talteen
set down v **1** laskea kädestään/alas **2** kirjoittaa muistiin/ylös **3** pitää jotakuta jonakin **4** laskea/lukea jotakin jonkin syyksi **5** nöyryyttää **6** ohjata (lentokone) alas
set forth v **1** selittää, esittää, tehdä selkoa jostakin **2** lähteä matkaan, aloittaa matka
set forward v siirtää (kelloa) myöhemmäksi/eteenpäin
SETI *Search for Extraterrestrial Intelligence*
set in v alkaa
set-in sleeve s istutettu hiha
set off v **1** sytyttää, laukaista, räjäyttää **2** alkaa, aloittaa, käynnistää **3** lähteä matkalle, aloittaa matka **4** saada erottumaan selvemmin, korostaa
set on v yllyttää joku johonkin; usuttaa joku jonkun kimppuun
set out v **1** aloittaa matka, lähteä matkaan **2** ryhtyä, ruveta, aloittaa, esittää **3** suunnitella, laatia
setout ['set͵aʊt] s **1** (matka)valmistelut **2** alku, aloitus **3** juhla
set sail fr lähteä purjehtimaan/matkaan
set something to rights fr laittaa jokin kuntoon/järjestykseen
set store by fr arvostaa jotakin, pitää jotakin suuressa arvossa, uskoa johonkin *she doesn't set much store by formalities* hän ei juuri usko muodollisuuksiin, hän ei pidä muodollisuuksia tärkeinä
settee [se'ti] s sohva
setter s **1** (kirjapainossa) latoja **2** (koira) setteri
set theory s (mat) joukko-oppi
set the world on fire *the band set the world on fire* yhtyeestä tuli erittäin/valtavan kuuluisa

setting

setting s 1 puitteet, ympäristö, paikka; tapahtumapaikka 2 (ruokapöydässä) kattamus 3 (teatterin, elokuvan) lavasteet 4 laskeminen, paneminen *the setting of the sun* auringonlasku

setting up (golf) asettuminen lyöntiasentoon, mailan lyöntipinnan ja vartalon suuntaaminen

settle [setəl] v 1 sopia, järjestää, hoitaa kuntoon/valmiiksi *to settle a quarrel* sopia riita/välinsä 2 asettua asumaan jonnekin, asuttaa jokin alue 3 rauhoittaa, rauhoittua, asettua 4 maksaa (lasku) 5 (neste) seljetä, kirkastua; (sakka) laskeutua (pohjalle), sakkautua, saostua; painua, tiivistyä 6 laskeutua *the bird settled on the roof* lintu laskeutui katolle

settle a score fr maksaa (vanhat) kalavelkansa *I have a score to settle with Ralph* minulla on Ralphin kanssa kana kynimättä, minulla on Ralphin kanssa vanhoja kalavelkoja

settle down v 1 rauhoittua, tyyntyä 2 asettua aloilleen, lopettaa poikamieselämä, mennä naimisiin 3 keskittyä

settle for v tyytyä johonkin

settle into v totuttautua/tottua johonkin

settlement s 1 sopiminen, sovittaminen, sopimus 2 työehtosopimus 3 siirtokunta 4 (laskun) maksaminen

settlement date s (tal) arvopäivä

settler s uudisasukas

set to v 1 panna hihat heilumaan, ruveta työhön 2 puolustautua, panna hanttiin (ark)

set up v 1 oikaista, suoristaa, nostaa pystyyn 2 rakentaa, pystyttää 3 perustaa 4 auttaa alkuun liikealalla 5 (ark) tarjota (ryypyt, kierros) 6 (sementti ym) kovettua 7 houkutella ansaan, huijata, pettää

setup s (tietok) alkuasennus

set upon v usuttaa joku jonkun kimppuun

set your face against fr vastustaa, ei hyväksyä, olla jotakin vastaan

set your seal to fr hyväksyä, antaa siunauksensa jollekin

set your teeth fr purra hammasta, ryhdistäytyä

set your teeth on edge fr 1 vihloa hampaita; tuntua inhottavalta 2 ärsyttää, inhottaa, kuvottaa

seven [sevən] s, adj seitsemän

sevenfold ['sevən,foəld] adj seitsenkertainen adv seitsemän kertaa, seitsenkertaisesti

seven-league boots s (kuv) seitsemän peninkulman saappaat

seventeen [,sevən'tin] s, adj seitsemäntoista

seventeenth [,sevən'tinθ] s, adj seitsemästoista

seventh [sevənθ] s, adj seitsemäs

seventieth [sevəntiəθ] s, adj seitsemäskymmenes

seventy [sevənti] s, adj seitsemänkymmentä *in the seventies* 70-luvulla *they live in the seventies* he asuvat 70.–79. kadun kohdalla

sever [sevər] v katkaista, leikata poikki *he has severed all ties to his family* hän on katkaissut välinsä omaisiinsa

several [sevrəl] adj 1 usea *there are several people ahead of you in the line* jonossa on sinun edelläsi useita ihmisiä *in these several states* näissä osavaltioissa 2 kunkin oma *they went their several ways* he lähtivät kukin taholleen

severally adv yksitellen, erikseen

severance [sevrəns] s katkaiseminen, katkaisu

severance pay s eroraha

severe [sə'viər] adj ankara, raju, kova, vakava, uhkaava

severity [sə'verəti] s ankaruus, karuus, kovuus, puute *the severity of a problem* ongelman vakavuus

severly adv ankarasti, kovasti (ks severe)

sew [sou] v sewed, sewed/sewn: ommella

sewage [suədʒ] s lokavesi, jätevesi

1 sewer [suər] s 1 viemäri 2 ompelija

2 sewer v viemäröidä

sewing machine [souiŋ] s ompelukone

sew up v 1 ommella umpeen/kiinni 2 sulkea, tukkia 3 solmia, sinetöidä (esim kauppa) 4 hankkia, haalia kokoon 5 omia, vallata, monopolisoida

sex [seks] s **1** sukupuoli **2** sukupuolinen vetovoima, seksuaalisuus **3** yhdyntä, seksi *to have sex* rakastella **4** sukupuolielimet

sex act s yhdyntä

sexagenarian [ˌseksədʒə'neriən] s, adj 60—69-vuotias

sex appeal s **1** seksuaalinen vetovoima, seksikkyys **2** (kuv) vetovoima, veto

sex change s sukupuolen vaihdos

sexed-up adj (ark) **1** (sukupuolisesti) kiihottunut, kiimainen (ark) **2** (kuv) piristetty, terästetty, maustettu, höystetty

sexism [seksızəm] s sukupuoleen perustuva syrjintä, sovinismi

sexist [seksıst] s sovinisti adj sukupuolinen perusteella syrjivä, sovinistinen

sexless adj **1** sukupuoleton **2** seksuaalisesti haluton **3** joka ei ole (lainkaan) seksikäs

sexploitation [ˌseksploı'teıʃən] s (ark) seksin kaupallinen hyväksikäyttö (elokuvissa, televisiossa, kirjoissa ym)

sextant [sekstənt] s sekstantti

sextet [ˌseks'tet] s sekstetti

sexual [sekʃʊəl] adj seksuaalinen, sukupuolinen, sukupuoli-

sexual abuse s seksuaalinen pahoinpitely

sexual harassment s seksuaalinen ahdistelu (esim työpaikalla)

sexual intercourse s sukupuoliyhdyntä

sexuality [ˌsekʃʊ'æləti] s seksuaalisuus, sukupuolisuus; sukupuolielämä

sexually adv seksuaalisesti, sukupuolisesti

sexually transmitted disease s sukupuolitauti

sexual reproduction s suvullinen lisääntyminen

sex up v (ark) **1** kiihottaa sukupuolisesti **2** (kuv) piristää, maustaa, höystää

sexy [seksi] adj seksikäs (myös kuv:) houkutteleva, puoleensavetävä, hieno *a sexy new computer* seksikäs uusi tietokone

Seychelles [seı'ʃelz seı'ʃel] (mon) Seychellit

Seychellois [ˌseıʃel'wa] s, adj seychelliläinen

S.F. *San Francisco*

Sgt. *sergeant*

shabbily adv ks shabby

shabby [ʃæbi] adj **1** ränsistynyt, rähjäinen, repaleinen, nuhruinen, siivoton **2** kehno, huono

shack [ʃæk] s mökki, hökkeli, tönö

1 shackle [ʃækəl] s (yl mon) kahleet (myös kuv)

2 shackle v panna kahleisiin, kahlehtia (myös kuv)

shack up v **1** asua/ruveta asumaan avoliitossa **2** lymytä/asua hökkelissä/tönössä

1 shade [ʃeıd] s **1** (myös mon) varjo (myös kuv) *to cast/put someone in the shade* (kuv) jättää joku varjoonsa **2** varjostin, kaihdin *lamp shade* lampunvarjostin *window shade* sälekaihdin; rullaverho **3** (mon; sl) aurinkolasit

2 shade v varjostaa (myös taiteessa), suojata auringolta, jättää varjoon

1 shadow [ʃædoʊ] s **1** varjo (myös kuv) **2** hämärä **3** haamu, aave

2 shadow v **1** varjostaa (myös kuv), suojata auringolta, jättää varjoon **2** seurata, varjostaa

shadowbox ['ʃædoʊˌbaks] v harjoittaa varjonyrkkeilyä

shadow cabinet s (Ison-Britannian parlamentissa) varjohallitus

shadow of a doubt *without a shadow of a doubt* ilman epäilyksen häivääkään

shadowy adj varjoisa, hämärä (myös kuv:) hämäräperäinen

shady [ʃeıdi] adj varjoisa, hämärä (myös kuv:) hämäräperäinen *Morgan is on the shady side of fifty* Morgan on viidenkymmenen huonommalla puolella (yli viidenkymmenen)

1 shaft [ʃæft] s **1** varsi, aisa **2** (kuv) piikki, pisto, ilkeys **3** (valon)säde **4** (hissi-, kaivos)kuilu **5** *give someone the shaft* petkuttaa, kohdella kaltoin

2 shaft v petkuttaa, kohdella kaltoin

shaggy [ʃægi] adj **1** (tukka, turkki) takkuinen **2** (eläin) pitkäkarvainen, (matto)

pitkänukkainen **3** rähjäinen, repaleinen, siivoton
Shah [ʃa] s šaahi (myös *shah*)
1 shake [ʃeɪk] s **1** värinä, vapina, ravistus *to give something a shake* ravistaa **2** pirtelö *strawberry milk shake* mansikkapirtelö **3** (mon) väristys, täristys(kohtaus) **4** hetki *two shakes* hetki, hetkinen *two shakes of a lamb's tail* hetki, hetkinen **5** *to be no great shakes* jossakin ei ole kehumista **6** (ark) tilaisuus, mahdollisuus *to give someone a fair shake* kohdella jotakuta reilusti
2 shake v shook, shaken **1** väristä, värisyttää, vapista, ravistaa **2** kätellä *to shake hands* kätellä **3** heristää, heiluttaa **4** (kuv) järkyttää, ravistaa, ravistella
shake a leg fr (ark) **1** kiirehtiä **2** tanssia
shake down v **1** koetella, koeajaa, koekäyttää, testata **2** (ark) kiristää (rahaa) **3** ravistaa (jotta sisältö pakkautuu tiiviimmin) **4** (sl) tehdä jollekulle ruumiintarkastus, tarkistaa onko jollakulla ase/salakuuntelulaite
shakedown ['ʃeɪkˌdaʊn] s **1** kiristys **2** (perusteellinen) etsintä **3** testaus, koelento, koeajo, koekäyttö tms
shake hands s kätellä *let's shake hands on this* lyödään kättä päälle
shake off v karistaa kannoiltaan
shakeout ['ʃeɪkˌaʊt] s (liikealan) tervehdyttävä karsiutuminen (jossa heikot kilpailijat kaatuvat)
shake the dust from your feet fr pudistaa jonkun paikan pölyt jaloistaan, lähteä jostakin
shake up v **1** ravistaa **2** (kuv) järkyttää
shake your head fr **1** pudistaa päätään; ei hyväksyä, suostua tms **2** nyökätä; hyväksyä, suostua tms
shakily adv vapisten, tutisten; huterasti (myös kuv:) epävarmasti
shaky adj vapiseva, tutiseva; hutera (myös kuv:) epävarma
shale [ʃeɪl] s liuske
shale oil s liuskeöljy
shall [ʃæl] apuv (preesens:) shall, (imperfekti:) should, (perfekti) should have, (preesensin kieltomuoto:) shall not, shan't, (imperfektin kieltomuoto:) should not, shouldn't, (perfektin kieltomuoto:) should not have, shouldn't have **1** (aikomuksesta) *I shall do it* minä teen sen, minä aion tehdä sen *I should have done it* minun olisi pitänyt tehdä se **2** (ilmaisee käskyä, pakkoa, lupausta:) *you shall obey* sinun pitää totella *I shall pay you back* lupaan maksaa sinulle **3** (kysymyslauseessa:) *shall I go?* lähdenkö minä?, pitääkö/kuuluuko minun lähteä?
shallot [ʃælət] s salottisipuli
shallow [ʃæloʊ] s (mon) matalikko adj **1** matala **2** (kuv) pinnallinen
shalt [ʃælt] (vanh) shall (yks 2. pers) *thou shalt not steal* älä varasta
1 sham [ʃæm] s **1** teeskentely **2** teeskentelijä, huijari
2 sham v teeskennellä, tekeytyä joksikin
3 sham adj teeskennelty, ei aito
shaman [ʃeɪmən] s šamaani
1 shamble [ʃæmbəl] s laahustava kävely
2 shamble v laahustaa
shambles s **1** teurastamo **2** kaaos, sekasorto; sotku *my apartment is a shambles* asuntoni on kamalassa siivossa
1 shame [ʃeɪm] s häpeä *for shame!* mikä häpeä!, sietäisit hävetä! *to put someone/something to shame* tuottaa häpeää jollekulle; jättää joku varjoonsa, joku/jokin kalpenee jonkun/jonkin rinnalla
2 shame v **1** hävettää **2** häpäistä **3** taivutella/suostutella (häpeän tunteeseen, oikeudentuntoon vedoten) joku tekemään jotakin
shamefaced ['ʃeɪmˌfeɪst] adj **1** ujo, arka **2** nolo, jota hävettää
shameful adj häpeällinen, nöyryyttävä, nolo
shamefully adv häpeällisesti, nöyryyttävästi, nolosti
shamefulness s häpeällisyys
shameless adj häpeämätön, julkea
shamelessly adv häpeämättömästi, julkeasti
shamelessness s häpeämättömyys, julkeus
1 shampoo [ʃæm'pu] s sampoo, hiustenpesuaine

2 shampoo v pestä (hiukset)
shamrock ['ʃæm‚rak] s apila
shamus [ʃeɪməs] s (sl) (mon shamuses) **1** etsivä **2** poliisi(mies)
Shanghai [‚ʃæŋ'haɪ] Shanghai
Shangri-la [‚ʃæŋgri'la] s paratiisi
shank [ʃæŋk] s **1** (polven ja nilkan väli) sääri **2** (reisi ja sääri) jalka, alaraaja **3** (ruuanlaitossa) reisi **4** (työkalun ym) varsi
shank of the evening fr illan kohokohta
shank's mare s apostolin kyyti *to ride shank's mare* mennä apostolin kyydillä
shan't [ʃænt] *shall not*
shanty [ʃænti] s mökki, maja, röttelö
shantytown ['ʃænti‚taʊn] s slummi, hökkelikylä
1 shape [ʃeɪp] s **1** muoto (myös kuv), hahmo *the plan is beginning to take shape* suunnitelma alkaa muotoutua/hahmottua **2** kunto *I am in no shape to exercise* olen niin huonossa kunnossa että en jaksa harrastaa liikuntaa
2 shape v **1** muovata, muotoilla (myös kuv) **2** kehittyä *things are shaping nicely* asiat etenevät mukavasti
shapeless adj muodoton, epämääräisen muotoinen
shapely adj (nainen) jolla on hyvät muodot, hyvännäköinen, kurvikas
shape up v **1** muotoutua, hahmottua, kehittyä **2** ryhdistäytyä, kunnostautua, parantaa tapansa **3** parantaa (ruumiillista) kuntoaan
shape up or ship out! fr jos työ ei rupea maistumaan/luistamaan niin tuossa on ovi!
1 share [ʃeər] s **1** osa, osuus *everybody should do their share* kaikkien pitää hoitaa osuutensa **2** osake
2 share v **1** jakaa (osiin, joidenkin kesken) *they share the credit for the success of the company* yrityksen menestys on heidän kummankin ansiota **2** kertoa, paljastaa, jakaa *a married couple should share their feelings* aviopuolisoiden tulisi paljastaa tunteensa toisilleen
shareholder ['ʃer‚hoʊldər] s (yhtiön) osakas

share in v osallistua johonkin, päästä osalliseksi jostakin, olla osallinen jostakin
shareware s (tietok) osuusohjelma
shark [ʃark] s hai
sharp [ʃarp] adj **1** terävä **2** jyrkkä, äkillinen, äkkinäinen, (ero myös) selvä *a sharp turn for the worse* äkillinen huononeminen **3** (kasvot) kulmikas **4** (maku) pistävä, voimakas **5** (kipu) pureva **6** valpas, terävä (kuv), nokkela, tarkka (myös näkö) *he has a sharp mind* hän on terävä(päinen) **7** (huomautus ym) piikikäs, pisteliäs, pureva, terävä adv **1** terävästi jne (ks adj) **2** (kellonajasta) tasan
sharp-edged [‚ʃarp'edʒd] adj **1** terävä, teräväreunainen **2** (kuv) terävä, pureva, piikikäs
sharpen [ʃarpən] v (myös kuv) teroittaa, teräväittää, teräväityä
sharp-nosed adj **1** suipponenäinen **2** teräväkärkinen, suippokärkinen, (lentokone) suipponokkainen **3** jolla on tarkka hajuaisti
sharpshooter ['ʃarp‚ʃutər] s tarkka-ampuja
sharp-sighted adj tarkkanäköinen, terävänäköinen (myös kuv)
sharp-tongued adj teräväkielinen, piikikäs, kärkevä
sharp-witted adj terävä-älyinen, nokkela, valpas
shatter [ʃætər] v **1** särkeä/särkyä sirpaleiksi, lyödä/iskeä säpäleiksi **2** (kuv) musertaa, tehdä tyhjäksi
1 shave [ʃeɪv] s parranajo
2 shave v shaved, shaved/shaven **1** ajaa partansa, leikata jonkun parta; leikata karvat *she's shaving her legs* hän ajaa säärikarvojaan **2** höylätä
shaver s parranajokone
shavings s (mon) lastut
shawl [ʃaəl] s saali, hartiahuivi
s/he (yhdistetty pronominimuoto jota käytetään (ainoastaan kirjoitetussa tekstissä) kun tarkoitetaan jompaakumpaa sukupuolta) hän
she [ʃi] pron (feminiinimuoto) hän
sheaf [ʃif] s (mon sheaves) **1** lyhde **2** nippu, kimppu, pino, kasa

shear

1 shear [ʃɪər] s (mon) (isot) sakset, (lampaiden) keritsimet *a pair of shears* sakset *garden shears* pensassakset
2 shear v sheared, shorn/sheared: leikata, (lampaita) keritä
1 sheath [ʃiθ] s (mon sheaths) tuppi, (miekan) huotra; suojus
2 sheath v panna tuppeen/huotraan
sheathe [ʃið] v **1** panna tuppeen/huotraan **2** päällystää, peittää
sheaves [ʃivz] ks sheaf
1 shed [ʃed] s vaja, mökki
2 shed v shed, shed **1** varistaa (lehtensä), luoda (nahkansa), olla karvanlähtö **2** vuodattaa (verta, kyyneleitä) **3** päästä eroon jostakin **4** luoda (valoa), pitää (ääntä), tuoksua
she'd [ʃid] *she had; she would*
shed blood fr vuodattaa verta
shed light on v valaista jotakin asiaa
shed tears fr vuodattaa kyyneleitä
sheep [ʃip] s (mon sheep) lammas *to separate the sheep from the goats* (kuv) erottaa hyvät pahoista/vuohet lampaista
sheepdog [ˈʃip‚dag] s lammaskoira
sheepherder [ˈʃip‚hərdər] s lammaspaimen
sheepish [ʃipɪʃ] adj **1** nolostunut **2** nöyristelevä
sheepishly adv ks sheepish
sheepman [ʃipmən] s (mon sheepmen) **1** lammasfarmari **2** lammaspaimen
sheepskin [ˈʃip‚skɪn] s, adj lampaannahka(-)
sheer [ʃɪər] adj **1** puhdas, pelkkä, täysi *that's a sheer lie* se on silkkaa valhetta **2** jyrkkä **3** (erittäin) ohut *sheer pantihose* ohuet sukkahousut adv suoraan, suoraa päätä, päistikkaa
sheet [ʃit] s **1** lakana **2** kerros **3** (paperi)liuska, arkki **4** sanomalehti **5** alue *a sheet of water* vesi(alue) **6** laakafilmi
sheet feeder s (tietokoneen tulostimen) arkinsyöttölaite
sheet film s laakafilmi
sheet metal s pelti *this year, the LeSabre has new sheet metal* tänä vuonna LeSabren kori on uusittu
sheet music s (irto)nuotit
Sheffield [ʃefiəld]
she/he (yhdistetty pronominimuoto jota käytetään ainoastaan kirjoitetussa tekstissä kun tarkoitetaan jompaakumpaa sukupuolta) hän
sheik [ʃik] s šeikki
sheikdom [ʃikdəm] s šeikkikunta
sheikh s šeikki
shelf [ʃelf] s (mon shelves) **1** hylly *off the shelf* suoraan myymälästä *to put something on the shelf* (kuv) panna jokin asia pöydälle, jättää jokin asia lepäämään, lykätä myöhemmäksi **2** hyllyllinen, hyllyn täysi/täydeltä jotakin **3** *continental shelf* mannerjalusta
shelfful s (mon shelffuls) hyllyllinen, hyllyn täysi *by the shelfful* hyllykaupalla, kasapäin
shelf life s (kauppatavaran) säilyvyysaika
1 shell [ʃel] s **1** (kananmunan, simpukan ym) kuori, (herneen) palko *to come out of your shell* (kuv) tulla ulos kuorestaan **2** patruuna **3** (tykin) kranaatti **4** (talon) seinät ja katto **5** suojus, vaippa **6** kilpasoutuvene **7** simpukka **8** (mon) simpukkamakaroni
2 shell v kuoria
she'll [ʃiəl ʃɪl] *she will; she shall*
shell out v (ark) pulittaa, maksaa
1 shelter [ʃeltər] s **1** turva, suoja, turvapaikka *to take shelter in* mennä jonnekin suojaan *under the shelter of* jonkin suojassa/turvassa/turvin **2** asunto **3** hätäasunto, yömaja
2 shelter v suojata, suojautua, varjella
sheltered adj **1** suojattu, suojaisa *as a child, he led a sheltered life* hän eli lapsena suojattua elämää **2** (suojatulleilla) suojattu
shelve [ʃelv] v **1** panna hyllylle **2** lykätä myöhemmäksi, jättää pöydälle **3** poistaa käytöstä
shelves ks shelf
Shenandoah [ʃenənˈdoʊə] kansallispuisto Virginiassa
shenanigans [ʃəˈnænɪgənz] s (mon ark) **1** kujeilu **2** juonittelu, vehkeily
1 shepherd [ʃepərd] s lammaspaimen *the Lord is my Shepherd* Herra on minun paimeneni

2 shepherd v paimentaa (myös kuv)
shepherdess [ʃepərdəs] s (naispuolinen) lammaspaimen
shepherd's pie s (brittiläinen ruoka) lihaperunasoselaatikko
sheriff [ʃerəf] v šeriffi
sherry [ʃeri] s (viini) sherry, šerri
Shet. *Shetland*
shied [ʃaɪd] ks shy
Shield (tähdistö) Kilpi
1 shield [ʃiəld] s **1** (taistelijan ym) kilpi (myös kuv:) suojelija, suoja, turva **2** (poliisin ym) virkamerkki
2 shield v suojata, suojella
shier [ʃaɪər] *komparatiivi sanasta* shy
shiest [ʃaɪəst] *superlatiivi sanasta* shy
1 shift [ʃɪft] s **1** muutos, vaihto, siirtymä **2** työvuoro **3** (auton) vaihdetanko; vaihteisto
2 shift v **1** vaihtaa, vaihtua, muuttaa, muuttua, siirtää, siirtyä *they tried to shift the blame on her* he yrittivät sysätä syyn hänen niskoilleen **2** (autossa) vaihtaa (vaihdetta) **3** (kirjoituskoneessa, tietokoneessa) painaa vaihtonäppäintä **4** tulla toimeen, pärjätä (ark)
shift into high gear fr (sl) päästä vauhtiin
shift key s (kirjoituskoneen, tietokoneen) vaihtonäppäin
shiftless adj laiska, veltto, vetelä, saamaton
shiftlessly adv laiskasti, veltosti, vetelästi, saamattomasti
shift lever s (auton) vaihdetanko
shifty adj **1** kekseliäs, nokkela, ovela **2** hämäräperäinen, hämärä; epäluotettava
Shi'ite [ʃiaɪt] s ši'iitti, šiialainen
shilling [ʃɪlɪŋ] s šillinki
1 shimmer [ʃɪmər] s hohto, kimallus, tuike, kajaste, kajastus
2 shimmer v hohtaa, kimaltaa, (tähti) tuikkia, kajastaa
shimmery adj hohtava, kimaltava, tuikkiva, kajastava
shin [ʃɪn] s (jalan etuosa polvesta nilkkaan) sääri
shinbone [ˈʃɪnˌboʊn] s sääriluu

1 shine [ʃaɪn] s **1** kiilto, hohto, loisto **2** (kenkien) kiillotus *to give your shoes a shine* kiillottaa kenkänsä **3** auringonpaiste *come rain or shine* satoi tai paistoi (myös kuv) **4** *to take a shine to* (ark) ihastua/mieltyä johonkuhun/johonkin **5** (sl) musta (ihminen)
2 shine v shone, shone **1** kiiltää, hohtaa, loistaa **2** (aurinko) paistaa **3** näyttää/ohjata valoa johonkin *don't shine the torch in my face* älä osoita taskulampulla suoraan minun naamaani **4** (kuv) loistaa, olla edukseen
shingle [ʃɪŋɡəl] s **1** (katto-, ulkoseinä)laatta **2** (naisten) poikatukka **3** (ark) (lääkärin, asianajajan) kyltti *to hang out your shingle* avata vastaanotto, perustaa oma yritys **4** (mon, lääk) vyöruusu **5** (rannalla) pienet kivet **6** ranta (jolla on pieniä kiviä)
shining [ʃaɪnɪŋ] adj kiiltävä, hohtava, loistava (myös kuv)
Shintoism [ʃɪntoˈɪsm] s šintolaisuus
Shintoist [ˈʃɪntoˌɪst] s šintolainen adj šintolaisuuden, šintolaisuutta koskeva
shiny adj **1** kiiltävä, hohtava, loistava **2** kirkas, valoisa
1 ship [ʃɪp] s **1** laiva, alus *jump ship* karata laivasta; (kuv) lakata tukemasta/kannattamasta jotakuta/jotakin *to run a tight ship* pitää yllä kovaa kuria, olla tarkka/nuuka *when your ship comes home* kun jotakuta onnistaa, kun onni potkaisee jotakuta **2** (laivan) miehistö (ja matkustajat)
2 ship v **1** laivata, kuljettaa laivalla **2** lähettää *we shipped your order two weeks ago* lähetimme/postitimme tilauksenne kaksi viikkoa sitten
shipboard [ˈʃɪpˌbɔrd] *on shipboard* laivassa
shipbuilder [ˈʃɪpˌbɪldər] s **1** laivanrakentaja **2** telakka
shipload [ˈʃɪpˌloʊd] s laivanlasti *by the shipload* laivakaupalla, kasapäin
shipment [ʃɪpmənt] s **1** lähettäminen **2** lähetys
ship out v **1** lähteä, lähettää (pois, toiseen maahan/tehtävään) **2** (ark) erota (työstään) *shape up or ship out!* jos työ

shipper

ei rupea maistumaan/luistamaan niin tuossa on ovi!

shipper s **1** laivaaja; kuljetusliike, huolintaliike **2** lähettäjä

shipping s **1** laivaus, laivakuljetus; kuljetus; lähettäminen **2** laivat; tonnisto

shipshape [ˈʃɪpˌʃeɪp] adj, adv tiptop, kunnossa

Ship's Keel (tähdistö) Köli

Ship's Sails (tähdistö) Purje

Ship's Stern (tähdistö) Peräkeula

1 shipwreck [ˈʃɪpˌrek] s haaksirikko (myös kuv:) täydellinen epäonnistuminen

2 shipwreck v haaksirikkoutua

shire [ʃaɪər] s (UK) kreivikunta

shirk [ʃərk] v välttää (esim vastuuta), karttaa, pinnata (ark)

shirker s pinnari (ark)

shirt [ʃərt] s paita *try to keep your shirt on* (ark) yritä hillitä itsesi, älä pillastu *to lose your shirt* (ark) joutua puille paljaille, tehdä vararikko

shirt sleeve s paidan hiha *in your shirt sleeves* paitahihasillaan

shirttail kin s (sl) kaukaiset sukulaiset

shirty [ʃərti] adj (sl) äkäinen, vihainen

shit [ʃɪt] s paska *don't give me that shit* älä puhu roskaa, älä jauha paskaa *she doesn't give a shit about what you think* hänelle on yksi ja sama mitä mieltä sinä olet *you're full of shit* puhut paskaa, valehtelet *to be up shit creek* (without a paddle) olla nesteessä/kusessa v shit, shit: paskantaa, käydä paskalla interj voi hitto! *no shit* ihan totta, en minä valehtele; ihanko totta?, älä valehtele!

1 shiver [ʃɪvər] s puistatus, vapina, hytinä

2 shiver v vapista, hytistä, puistattaa

1 shoal [ʃoəl] s **1** kalaparvi **2** joukko, rykelmä **3** matalikko **4** hiekkasärkkä

2 shoal v **1** parveilla, kerääntyä sankoin joukoin jonnekin **2** madaltaa, madaltua

1 shock [ʃak] s **1** isku, törmäys *electric shock* sähköisku **2** järkytys **3** (lääk) sokki (myös kuv)

2 shock v **1** iskeä, iskeytyä **2** järkyttää, järkyttyä **3** antaa jollekulle sähköisku

shock absorber s iskunvaimennin

shocking adj järkyttävä, pöyristyttävä, kamala *shocking news* järkyttävä uutinen *shocking manners* hirvittävän huonot tavat

shockingly adv järkyttävän/hirvittävän huonosti

shock-resistant adj iskunkestävä

shod [ʃad] ks shoe

shoddy [ʃadi] adj huonosti tehty, hutiloitu *shoddy workmanship* hutilointi, huono laatu

1 shoe [ʃu] s **1** kenkä *to be in someone's shoes* olla jonkun asemassa/housuissa *to drop the other shoe* astua toinenkin/viimeinen askel, saattaa jokin asia päätökseen *to fill someone's shoes* astua jonkun tilalle *to know where the shoe pinches* tietää mistä kenkä puristaa *the shoe is on the other foot* nyt on toinen ääni kellossa **2** hevosenkenkä **3** jarrukenkä

2 shoe v shod, shod: kengittää

1 shoehorn [ˈʃuˌhɔrn] s kenkälusikka

2 shoehorn v ahtaa, tunkea, sulloa, sovittaa johonkin väliin

shoe-in s (sl) varma voittaja, varma valinta

shoelace [ˈʃuˌleɪs] s kengännauha

shoeless adj jolla ei ole kenkiä (jalassa), (hevonen) kengittämätön

shoemaker [ˈʃuˌmeɪkər] s suutari

shoestring [ˈʃuˌstrɪŋ] s **1** kengännauha **2** pieni rahasumma

shoestring budget *to be on a shoestring budget* olla (taloudellisesti) tiukoilla, joutua tulemaan toimeen vähällä

shogun [ˈʃoʊˌgʌn] s šogun

shone [ʃoʊn] ks shine

shoo [ʃu] v karkottaa, ajaa karkuun interj eläimen karkottamiseen käytetty huuto

shook [ʃʊk] ks shake

1 shoot [ʃut] s **1** ampumakilpailu **2** (kasvin) verso **3** (ark) (elokuvan) kuvaustyöt

2 shoot v shot, shot **1** ampua *President Kennedy has been shot* Presidentti Kennedy(ä) on ammuttu *he was shot at* häntä (päin) ammuttiin **2** laukaista (raketti, räjähde), räjäyttää **3** (ark) alkaa puhua, laukoa (kysymyksiä) *OK, shoot anna tulla* **4** syöstä, syöksyä, roiskuttaa, roiskua, tupruttaa, tuprua *flames were shooting from inside the building* rakennuksesta leiskui liekkejä **5** rynnätä, sännätä *the boy shot through the door* poika ryntäsi ovesta **6** luoda (nopeasti katse), väläyttää (hymy), oikaista (käsi äkkiä) **7** (valo-, elo)kuvata **8** työntyä, ulottua jonnekin **9** metsästää

shoot at v pyrkiä johonkin, ajaa takaa jotakin

shoot down v **1** ampua alas **2** (ark) haukkua pystyyn, lyödä lyttyyn

shoot-'em-up [ˈʃutəmˌʌp] s (ark) (televisiossa) paukkurautasarja, poliisisarja, lännensarja (jossa ammuskellaan paljon)

shooter s **1** ampuja **2** ase **3** (ark) valokuvaaja

shoot for v pyrkiä johonkin, ajaa takaa jotakin

shoot from the hip fr **1** ampua lonkalta **2** (kuv) olla äkkipikainen

shooting angle s kuvauskulma (vrt *viewing angle,* kuvakulma)

shooting gallery s (sisätiloissa) ampumarata

shooting iron s (ark) paukkurauta

shooting star s tähdenlento, meteori

shoot off your mouth fr **1** lörpötellä, paljastaa salaisuuksia **2** rehennellä, puhua liikoja

shootout [ˈʃutˌaʊt] s ampumavälikohtaus, aseellinen yhteenotto

shoot the works fr (sl) törsätä, panna kaikki rahansa menemään

shoot up v **1** ponnahtaa ylös/pystyyn, nousta yhtäkkiä **2** ammuskella (häirikkönä) **3** haavoittaa **4** (sl) ottaa huumepiikki

shoot your bolt fr yrittää kaikkensa, panna parastaan

shoot your wad fr **1** (ark) panna rahansa menemään, tuhlata kaikki rahansa johonkin (on) **2** (ark) panna kaikki voimansa johonkin, väsyttää itsensä **3** (sl) (miehestä) saada orgasmi, joltakulta tulee

1 shop [ʃap] s **1** myymälä, kauppa *to shut up shop* panna lappu luukulle (työpäivän päätteeksi tai lopullisesti) **2** työpaja, verstas, korjaamo **3** tehdas **4** (koulussa) veisto, auton korjaus yms käytännön opetus **5** työasiat *let's not talk shop at dinner* ei puhuta päivällisellä työasioista

2 shop v käydä ostoksilla *let's go shopping* lähdetään ostoksille

shopaholic [ˌʃapəˈhalɪk] s (ark) ostoksilla (ylenmäärin) viihtyvä henkilö, ostoshysteerikko, -narkomaani

shop around v (ark) vertailla hintoja

shop around for v (ark) etsiä

shop for v etsiä jotakin (ostaakseen), yrittää löytää *Glenda is shopping for a house with a pool* Glenda etsii taloa jossa on uima-allas

shopful s (mon shopfuls) kaupan täysi/täydeltä jotakin (of)

shopkeeper [ˈʃapˌkipər] s (pikku)kauppias

shoplift [ˈʃapˌlɪft] v varastaa myymälästä

shoplifter s myymälävaras

shoplifting s myymälävarkaus

shoppe [ʃap] s (kauppojen nimissä) kauppa, putiikki

shopper s ostoksilla kävijä; asiakas

shopping bag s ostoskassi

shopping cart s ostoskärryt

shopping center s ostoskeskus

shopping list s ostoslista

shopping mall s (katettu) ostoskeskus (jossa on myös ravintoloita, elokuvateattereita ym)

shop steward s luottamusmies

shoptalk [ˈʃapˌtak] s **1** jonkin ammattialan erikoiskieli **2** työasioista puhuminen

shopwindow [ˈʃapˌwɪndoʊ] s näyteikkuna

shopworn [ˈʃapˌwɔrn] adj nuhruinen, (kaupassa) nuhraantunut, kulunut

shore [ʃɔr] s **1** ranta **2** (myös mon) (puheena oleva) maa *on these shores* tässä maassa **3** (kuiva) maa *on shore* kuivalla maalla

shorebirds s (mon) rantalinnut

shore dinner

shore dinner s (meri)kala- tai äyriäisateria
shorefront [ˈʃɔrˌfrʌnt] s, adj ranta(-)
shoreless adj rajaton, ääretön, suunnaton
shoreline [ˈʃɔrˌlaɪn] s rantaviiva
1 short [ʃɔrt] s **1** oikosulku **2** lyhytelokuva
2 short v saattaa/joutua oikosulkuun
3 short adj **1** lyhyt **2** tyly, tympeä **3** vajaa **4** *to make short work of* tehdä selvää jälkeä jostakin, (syödä:) pistellä (nopeasti) poskeensa
4 short adv **1** äkkiä, yhtäkkiä, äkillisesti *to cut short* loppua/katketa/katkaista kesken/lyhyeen **2** tylysti, tympeästi **3** vajaa: *to come/fall short* jäädä vajaaksi, ei riittää; ei kelvata *to run short* olla vähissä **4** *to sell short* (tal) myydä lyhyeksi, myydä arvopaperi omistamatta sitä (sillä tarkoituksella että ostaa sen myöhemmin takaisin alemmalla hinnalla)
shortage [ˈʃɔrtədʒ] s **1** pula **2** vaje
short and sweet fr mukavan lyhyt *I'll make it short and sweet* lyhyestä virsi kaunis
short-beaked echidna [əˈkɪdnə] s nokkasiili, myös: *common echidna*
short circuit [ˌʃɔrtˈsərkət] s oikosulku
short-circuit v **1** saattaa/joutua oikosulkuun **2** estää, haitata, tehdä tyhjäksi, kaataa (suunnitelma)
shortcoming [ˈʃɔrtˌkʌmɪŋ] s puute, haitta, vika
shortcut [ˈʃɔrtˌkʌt] s oikotie (myös kuv)
short-cut v oikaista, mennä oikotietä, (kuv) koettaa päästä oikotietä tavoitteeseensa tms
shortcut (icon) s (tietok) pikakuvake
shorten [ʃɔrtən] v **1** lyhentää **2** lisätä taikinaan rasvaa
short end of the stick *to get the short end of the stick* (sl) vetää lyhyempi korsi
shortening s (leivonta)rasva
shortfall [ˈʃɔrtˌfɔəl] s vaje
short for fr (joka on) lyhennys jostakin *'Bob' is short for 'Robert'*
short fuse s (sl) lyhyt vieteri *he has a short fuse* hänellä palaa pinna helposti

shorthand [ˈʃɔrtˌhænd] s pikakirjoitus
shorthanded [ˌʃɔrtˈhændəd] adj jolla/jossa ei ole tarpeeksi työntekijöitä
shortie [ʃɔrti] s (ark) pätkä, tumppi
short in adj jolta/josta puuttuu jotakin
short list [ˈʃɔrtˌlɪst] s **1** luettelo niistä hakijoista, jotka ovat läpäisseet (ensimmäisen) karsinnan ja joista valinta/nimitys tehdään **2** karsinnan läpäisseet hakijat **3** (kuv) harvat ja valitut *to be on the short list* (kuv) kuulua harvoihin ja valittuihin
shortlist v valita hakija parhaimmistoon, olla karsimatta hakijaa *to be shortlisted* selvitä jatkoon
short-lived [ˌʃɔrtˈlɪvd] adj hetkellinen, ohimenevä
shortly adv **1** pian, kohta **2** lyhyesti **3** tylysti, tympeästi
short on adj jolta/josta puuttuu jotakin
short order s (ruokalassa ym) pikatilaus
short-order cook s pikatilauksia valmistava kokki
short-range adj **1** lyhyen (kanto)matkan **2** lyhyen aikavälin, lähitulevaisuuden
shorts [ʃɔrts] s (mon) sortsit
short shrift *to give someone short shrift* ei piitata jostakusta/jostakin, vähät välittää jostakusta/jostakin, kohdella jotakuta tylysti
short-sighted adj **1** likinäköinen **2** (kuv) lyhytnäköinen
short story s novelli
short subject s lyhytelokuva
short-tempered adj äkkipikainen, helposti kiivastuva
short-term adj lyhyen aikavälin, lyhytaikainen
short-term memory s lyhytkestoinen muisti, välitön muisti
short wave s **1** lyhyt aalto **2** lyhytaaltoradio
shortwave [ˈʃɔrtˌweɪv] adj lyhytaalto-
shortwave radio s lyhytaaltoradio, lyhytaaltovastaanotin
shorty s (ark) pätkä, tumppi
shot [ʃɑt] s **1** laukaus *not by a long shot* (kuv) ei lähimainkaan, ei sinne päin-

kään, ei alkuunkaan *to call your shots* ilmoittaa aikeensa **2** hauli **3** ammus *like a shot* kuin raketti, äkkiä **4** ampuja **5** (sl) isku, lyönti **6** yritys; vuoro *to have/take a shot at* yrittää, kokeilla (onneaan) *a shot in the dark* (ark, kuv) umpimähkäinen arvaus/yritys **7** huomautus, tokaisu **8** piikki, rokotus
shotgun ['ʃatˌgʌn] s haulikko *to ride shotgun* (hist) olla posti- tai muissa vankkureissa ampujana (ryöstöjen ym varalta); istua etupenkillä (kuljettajan vieressä) (kuv) ohjailla, valvoa, hoitaa, junailla
shotgun wedding s **1** pakkoavioliitto **2** kompromissi, sovitteluratkaisu
shot in the arm fr (ark, kuv) piristysruiske, vitamiinipilleri
shot in the dark fr (ark, kuv) umpimähkäinen arvaus/yritys
should [ʃʊd] ks shall
1 shoulder [ʃoldər] s **1** olkapää, olka; hartia; (mon) hartiat *to cry on someone's shoulder* purkaa sydäntään jollekulle *to put your shoulder to the wheel* panna hihat heilumaan, ruveta töihin *to rub shoulders with* olla tekemisissä jonkun kanssa, liikkua samoissa piireissä kuin *straight from the shoulder* suoraan, sumeilematta, siekailematta **2** (tien) piennar *soft shoulder* (liikennemerkissä) varo pehmeää piennarta
2 shoulder v **1** sysätä (olallaan), työntää (olallaan); tunkeutua **2** ottaa harteilleen/ vastuulleen *he is shouldering all the responsibility* kaikki vastuu on hänen harteillaan
shoulder bag s olkalaukku
shoulder blade s lapaluu
shoulder loop s olkain, olkapoletti
shoulder strap s **1** olkahihna **2** olkain, olkapoletti
shoulder to shoulder fr rinta rinnan
shouldn't [ʃʊdənt] *should not*
1 shout [ʃaʊt] s huuto, huudahdus
2 shout v huutaa
shouting match s (ilmi)riita, kina
1 shove [ʃʌv] s työntö, tönäisy, sysäisy *when push comes to shove* kovan paikan tullen

2 shove v **1** työntää, tönäistä, sysäistä **2** (sl) pitää hyvänään
shove it fr (sl) pidä hyvänäsi
shove it up your ass fr (sl) pidä hyvänäsi; suksi kuuseen
1 shovel [ʃʌvəl] s lapio
2 shovel v lapioida
shoveller s lapasorsa
shove off v **1** työntää vene vesille **2** (ark) lähteä (nostelemaan), liueta
1 show [ʃoʊ] s **1** teatteriesitys, elokuvanäytäntö, televisio-ohjelma, radio-ohjelma, show *to run the show* määrätä (missä kaappi seisoo), pitää jöötä (ark) *to steal the show* jättää toiset varjoonsa **2** näyttely, messut **3** teeskentely *to make a show of something* teeskennellä, tehdä jostakin iso numero **4** osoitus/merkki jostakin (of) **5** ilmestys, näkymä
2 show v showed, shown/showed **1** näyttää, näkyä *he's been practicing and it shows* hän on harjoitellut ja se näkyy *she wanted to show me around the house* hän halusi esitellä minulle taloaan **2** osoittaa, osoittautua *she showed him to be wrong* hän osoitti miehen olevan väärässä **3** esittää (näytelmä, elokuva ym) **4** opastaa, ohjata *let me show you to the door/to your seats* minä saatan teidät ovelle/ohjaan teidät paikoillenne **5** (ark) ilmestyä paikalle
show business s viihdeala
1 showcase ['ʃoʊˌkeɪs] s **1** näytekaappi, mainoskaappi, lasikko **2** (kuv) näyteikkuna; ponnahduslauta *Hong Kong used to be a showcase of the west* Hongkong oli ennen lännen näyteikkuna *the fair is a showcase for new computers* messuilla esitellään uusia tietokoneita
2 showcase v **1** esitellä **2** päästää oikeuksiinsa
showdown ['ʃoʊˌdaʊn] s (kuv) (ratkaiseva) välienselvittely, (viimeinen) yhteenotto
1 shower [ʃaʊər] s **1** sadekuuro **2** suihku(ssa käynti) **3** suihku(laitteet) **4** suuri määrä jotakin **5** *bridal shower* (morsiamelle ennen häitä järjestettävä) morsiusjuhla, polttarit *baby shower* (tulevalle äidille ennen lapsen syntymää

shower

järjestettävä) äitiysjuhla **6** (mon) suihkut, suihkuhuone *to send someone to the showers* (baseballissa) määrätä/lähettää pelaaja pois kentältä
2 shower v **1** käydä suihkussa **2** (kuv) hukuttaa joku johonkin *to shower someone with thanks* hukuttaa joku kiitoksiin
shower curtain s suihku verho
shower stall s suihkukaappi
showery adj sateinen
showily adv komeilevasti, mahtaillen, tärkeilevästi; loisteliaasti, ylellisesti
shown [ʃoʊn] ks show
show off v mahtailla, rehennellä, leuhkia, leveillä
showroom ['ʃoʊˌrum] s esittelytilat; autokauppa
showstopper ['ʃoʊˌstapər] s (kuv) katseenvangitsija
show up v **1** saapua paikalle, tulla jonnekin **2** paljastaa, tuoda esiin, korostaa **3** jättää joku/jokin varjoonsa, saada joku kalpenemaan rinnallaan
showy [ʃoʊi] adj komeileva, mahtaileva, tärkeilevä; loistelias, ylellinen
show your teeth fr vihastua, suuttua, ärtyä
shrank [ʃræŋk] ks shrink
shrapnel [ʃræpnəl] s (sot) srapnelli
1 shred [ʃred] s **1** riekale **2** (kuv) tippa *there is not a shred of truth in his allegations* hänen esittämänsä syytökset ovat täysin perättömiä
2 shred v repiä, repeytyä (riekaleiksi)
shredded wheat s eräs aamiaismurovalmiste; vehnämuroke
shrew [ʃru] s **1** toraisa akka/nainen, Ksantippa **2** päästäinen
shrewd [ʃrud] adj ovela, viekas, juonikas
1 shriek [ʃrik] s **1** kirkaisu, parkaisu, parahdus **2** naurun kiherrys/kikatus/rämäkkä
2 shriek v **1** kirkaista, parkaista, parahtaa **2** nauraa kihertää/kikattaa
shrift [ʃrɪft] *to give someone short shrift* ei piitata jostakusta/jostakin, vähät välittää jostakusta/jostakin, kohdella jotakuta tylysti

shrill [ʃrɪl] adj **1** (ääni) kimeä, räikeä **2** (valo) räikeä, kirkas
shrimp [ʃrɪmp] s (mon shirmps, shrimp) katkarapu
shrine [ʃraɪn] s **1** hauta(rakennus) **2** pyhäkkö
1 shrink [ʃrɪŋk] s (ark) kallonkutistaja, psykiatri, psykoterapeutti, psykoanalyytikko
2 shrink v shrank/shrunk, shrunk **1** kutistua, kutistaa *these jeans do not shrink* nämä farkut eivät kutistu pesussa **2** perääntyä, pelästyä, säpsähtää
shrinkage [ʃrɪŋkədʒ] s (kankaan) kutistuminen
shrink back v säpsähtää/pelästyä jotakin
1 shrink-wrap ['ʃrɪŋkˌræp] s kutistekalvo
2 shrink-wrap v pakata/kääriä kutistekalvoon
shrivel [ʃrɪvəl] v kutistua, kuivua, käpristyä, kuihtua, lakastua, menehtyä
1 shroud [ʃraʊd] s **1** käärinliina **2** (kuv) huntu, utu, verho
2 shroud v **1** kääriä/kiertoa (käärin)liinaan **2** peittää, salata *the whole matter is shrouded in secrecy* koko asia on hämärän peitossa
Shroud of Turin s (Kristuksen käärinliina) Torinon käärinliina
shrub [ʃrʌb] s pensas
shrubbery [ʃrʌbəri] s pensaikko
shrubby adj **1** jossa kasvaa pensaita, pensas- **2** pensasmainen
1 shrug [ʃrʌg] s olankohautus
2 shrug v kohauttaa olkapäitään
shrug off v **1** sivuuttaa olankohautuksella, ei piitata jostakin **2** vapautua jostakin, päästä eroon jostakin
shrunk [ʃrʌŋk] ks shrink
shrunken ks shrunk
1 shudder [ʃʌdər] s puistatus
2 shudder v puistattaa *I shudder to think what may follow* minua puistattaa/kauhistuttaa ajatella mitä seuraavaksi tapahtuu
1 shuffle [ʃʌfəl] s **1** laahustava käynti **2** (eräs hidas) tanssi, shuffle **3** (pelikorttien) sekoitus **4** temppu

sickly

2 shuffle v **1** laahustaa, kävellä laahustaen **2** tanssia shufflea **3** sekoittaa (pelikortit) **4** siirrellä (esineitä) eri paikkoihin/edestakaisin **5** keplotella itsensä johonkin asemaan/eroon jostakin, luikerrella eroon jostakin
shuffleboard [ˈʃʌfəlˌbɔrd] s (peli) shuffleboard
shuffle off v **1** hankkiutua eroon jostakin **2** laahustaa jonnekin
shun [ʃʌn] v karttaa, välttää jotakuta/jotakin
shut [ʃʌt] v shut, shut **1** sulkea, panna kiinni **2** lukita, teljetä (ovi, joku jonnekin) **3** erottaa, sulkea pois jostakin adj kiinni, suljettu
shut-down [ˈʃʌtˌdaʊn] s (tehtaan tms) (väliaikainen) sulkeminen
shutdown s (tietok) alasajo
shut down [ʃʌtˈdaʊn] v lopettaa toiminta (väliaikaisesti/lopullisesti), lakkauttaa, sulkea
shut down on v (ark) tehdä loppu jostakin
shuteye [ˈʃʌtˌaɪ] s (ark) uni
shut in v **1** lukita/sulkea joku jonnekin **2** *to be shut in* joutua vuoteeseen/vuoteen omaksi
shut of adj vapaa jostakin
shut off v **1** sulkea (esim hana) **2** eristää
shut-off [ˈʃʌtˌaf] s **1** sulkuventtiili tms **2** (sähkönjakelun tms) katkaisu
shut out v **1** ei päästää jonnekin **2** peittää näkyvistä
shutter [ʃʌtər] s **1** ikkunaluukku **2** (kameran) suljin
shutter priority s (kameran valotusautomatiikassa) suljinajan esivalinta
shutter speed s (kameran) suljinaika
1 shuttle [ʃʌtəl] s **1** sukkula **2** (heiluri/sukkulaliikenteen) lentokone, linja-auto **3** avaruussukkula
2 shuttle v matkustaa/kulkea/panna kulkemaan edestakaisin jotakin väliä, juoksuttaa edestakaisin
shuttle diplomacy s sukkuladiplomatia
shut up v **1** sulkea; lukita **2** sulkea/tukkia suunsa/jonkun suu, olla hiljaa, vaientaa **3** panna vankilaan, lukita jonnekin
shy [ʃaɪ] v arastaa, säpsähtää, säikähtää adj shier/shyer, shiest/shyest **1** arka, ujo, kaino; säikky, vauhko **2** vajaa *he is only one year shy of sixty* hän täyttää vuoden päästä kuusikymmentä *her paintings are nothing shy of excellent* hänen maalauksensa ovat (kerrassaan) erinomaisia **3** *to fight shy of* arastella jotakin
shyly adv arasti, ujosti, kainosti
shyness s arkuus, ujous, kainous
shyster [ʃaɪstər] s (ark) vilpillinen asianajaja
SI *International System of Units* Kansainvälinen mittayksikköjärjestelmä
S.I. *Sandwich Islands; Staten Island*
siamang s (eläin) siamanki
Siamese cat [saɪˌmizˈkæt] s siamilainen (kissa)
Siamese twins [saɪˌmizˈtwɪnz] s siamilaiset kaksoset
Siberia [saɪˈbɪriə] Siperia
Siberian jay s (lintu) kuukkeli
sibling s sisarus, veli, sisko
Sicily [sɪsəli] Sisilia
sick [sɪk] adj **1** sairas *to call in sick* ilmoittautua sairaaksi, ei mennä työhön (sairauden vuoksi) **2** pahoinvoiva *he is sick* häntä oksettaa **3** kyllästynyt johonkin (of), kurkkuaan myöten täynnä jotakin **4** (kuv) sairas, pahoinvoiva *the violence in the movie made him sick* elokuvan väkivaltaisuus sai hänet voimaan pahoin
sick and tired fr **1** *to be sick and tired of* olla kyllästynyt johonkin perin pohjin, olla kurkkuaan myöten täynnä jotakin **2** lopen uupunut, loppuunväsynyt
sick at your stomach fr pahoinvoiva
sick bay s (laivan) sairashuone, sairaala
sick call s (sot) lääkärin vastaanotto(aika)
sick day s sairaspäivä (jolta maksetaan palkkaa)
sicken v kuvottaa, ällöttää
sickening adj kuvottava, ällöttävä
sickle [sɪkəl] s sirppi
sickle and hammer s sirppi ja vasara
sickly [sɪkli] adj sairasteleva, heikko, huonovointinen; huonon näköinen

sickness

sickness s **1** sairaus **2** pahoinvointi *morning sickness* (odottavalla äidillä) aamupahoinvointi
sick to your stomach fr pahoinvoiva
side [saɪd] s **1** puoli, vieri *on the right side of the building* rakennuksen oikealla puolen *the far side* takapuoli, taempi puoli **2** (tien) reuna, vieri **3** (ihmisen) kylki *side by side* kylki kyljessä, rinnakkain (myös kuv) **4** (tunnelin) seinä, seinämä, (veneen) kylki, (oven) pieli **5** (kuv) puoli *there are two sides to this issue* tässä kysymyksessä on kaksi puolta **6** (urh) puoli **7** (kuv) kanta *to take sides* ottaa kantaa, mennä jonkun puolelle **8** *the weather is on the cold side* sää on kylmänpuoleinen/kylmähkö **9** suku *on my father's side* isäni puolella/suvussa
side against v asettua jotakuta vastaan, vastustaa jotakuta
side by side fr kylki kyljessä, rinnakkain (myös kuv)
sidecar ['saɪd‚kɑːr] s sivuvaunu
sided [saɪdəd] *yhdyssanan jälkiosana* -kylkinen, -puolinen
side effect s sivuvaikutus; lieveilmiö
sideline ['saɪd‚laɪn] s **1** (amerikkalaisessa jalkapallossa ym) sivuraja **2** sivutoimi **3** ylimääräinen kauppatavara(laji) **4** (mon) pelikentän reuna *he had to watch from the sidelines as his brother was made chairman* (kuv) hän joutui seuraamaan sivusta kun hänen veljestään tehtiin (firman) johtaja
sidelong ['saɪd‚lɒŋ] adj (katse) sivuun suunnattu; vaivihkainen, salavihkainen
side of the tracks *she was raised on the wrong side of the tracks* hän kasvoi kadun varjoisalla puolella
sidestep ['saɪd‚step] v **1** väistää, astua sivuun/syrjään **2** (kuv) välttää, kiertää, väistää *you're sidestepping the issue* sinä puhut asian vierestä, sinä et puhu itse asiasta
1 sidetrack ['saɪd‚træk] s sivuraide
2 sidetrack v **1** siirtää/ajaa sivuraiteelle **2** (kuv) poiketa/johtaa pois asiasta *we became sidetracked by his jokes* hänen vitsinsä eksyttivät meidät asiasta

sidewalk ['saɪd‚wak] s jalkakäytävä
sidewalk artist s katutaiteilija
sidewall ['saɪd‚waəl] s (ilmarenkaan) sivu
sideward [saɪdwərd] adj sivusuuntainen adv sivulle
sideways ['saɪd‚weɪz] adj, adv sivuttain(en)
sidewinder s sarvikalkkarokäärme
side with v asettua jonkun puolelle, puolustaa jotakuta
siding [saɪdɪŋ] s sivuraide
1 siege [siːdʒ] s piiritys *to lay siege to* piirittää, saartaa
2 siege v piirittää, saartaa
Sierra Leone [siˌerəliˈoʊn]
Sierra Leonean s, adj sierraleonelainen
1 sieve [sɪv] s siivilä, seula, lävikkö, sihti
2 sieve v siivilöidä, seuloa
sift [sɪft] v **1** siivilöidä, seuloa **2** ripotella **3** (kuv) tutkia tarkkaan, eritellä, seuloa
sifter s siivilä, seula, lävikkö, sihti
SIG *special interest group*
1 sigh [saɪ] s huokaus *he let out a big sigh* hän huokaisi syvään
2 sigh v huokaista
1 sight [saɪt] s **1** näkö (aisti) *he lost his sight in the war* hän sokeutui sodassa **2** näkymä, näköala, näky **3** näkemä, näkeminen, näköpiiri *at first sight* ensi näkemältä, päälle päin *to be in sight* olla näkyvissä *to catch sight of* saada näkyviin, nähdä, huomata; iskeä silmänsä johonkin *to know someone by sight* tuntea joku ulkonäöltä *to lose sight of* kadottaa näkyvistä; (kuv) unohtaa *on/upon first sight* ensi näkemältä *out of sight* poissa näkyvistä; (ark) suunnaton, mieletön, kohtuuton, valtava **4** tähtäin **5** nähtävyys *to see the sights* katsoa nähtävyydet **6** *not by a long sight* ei lähimainkaan, ei sinne päinkään **7** (ark) (järkyttävä) ilmestys/näky
2 sight v nähdä, havaita
sight for sore eyes fr tervetullut näky/ilmestys
sightsee ['saɪt‚siː] v tutustua nähtävyyksiin, katsoa nähtävyydet, käydä kiertoajelulla tms

sightseeing s nähtävyyksiin tutustuminen, nähtävyyksien katselu, kiertoajelu tms

sight unseen *to buy something sight unseen* ostaa sika säkissä

sigmoid colon [ˌsɪɡmɔɪdˈkoʊlən] s (lääk) sigma, vemmelsuoli

1 sign [saɪn] s **1** merkki (myös kuv) *that's a good sign* se on hyvä merkki/enne *traffic sign* liikennemerkki *there was not a sign of bitterness in her voice* hänen äänessään ei ollut katkeruuden häivääkään **2** kilpi, kyltti

2 sign v **1** allekirjoittaa **2** näyttää merkkiä, viitata jollekulle

1 signal [sɪɡnəl] s **1** merkki (myös kuv) **2** (puhelimessa) merkkiääni *busy signal* varattu-ääni *engaged signal* varattu-ääni **3** *traffic signal* liikennevalot **4** (radio, televisio)lähete

2 signal v antaa merkki, (esim.) viitata kädellään

3 signal adj **1** merkki- **2** huomattava, merkittävä, poikkeuksellinen

signal corps [ˈsɪɡnəlˌkɔr] s (sot) viestijoukot

signally adv näkyvästi

signatory [ˈsɪɡnəˌtɔri] s allekirjoittaja

signature [sɪɡnətʃər] s **1** allekirjoitus; allekirjoittaminen **2** (radio) (ohjelman) tunnusmelodia

sign away v siirtää jollekulle, luovuttaa jollekulle (allekirjoittamalla asiakirja)

signer [saɪnər] s allekirjoittaja

1 signet [sɪɡnət] s sinetti

2 signet v sinetöidä

significance [sɪɡˈnɪfɪkəns] s merkitys, merkittävyys, tärkeys *do you fully appreciate the significance of your decision?* ymmärrätkö täysin päätöksesi merkityksen/seuraukset? *to attach significance to* pitää jotakin tärkeänä

significant [sɪɡˈnɪfɪkənt] adj merkittävä, tärkeä, huomattava

significantly adv merkittävästi, huomattavasti *significantly, the new rules do not say anything about it* kannattaa huomata että uusissa säännöissä ei sanota asiasta mitään

significant other s avio- tai avopuoliso

signify [ˈsɪɡnəˌfaɪ] v **1** merkitä, tarkoittaa **2** ilmaista, antaa ymmärtää

sign in v ilmoittautua/kirjoittautua (saapuneeksi) jonnekin

sign language s viittomakieli

sign off v **1** lopettaa radio/televisiolähetys, lopettaa lähetykset (yöksi) **2** (ark) vaieta, lakata puhumasta **3** sanoutua irti jostakin **4** (tietok) kirjautua ulos

signoff s (tietok) uloskirjaus

sign of the cross s ristinmerkki

sign on v **1** palkata, ottaa/mennä palvelukseen, pestautua joksikin *he signed on as a seaman* hän pestautui merimieheksi **2** aloittaa radio/televisiolähetys, aloittaa lähetykset (päivältä) **3** avata tietokoneyhteys, kirjautua sisään

sign out v ilmoittautua/kirjoittautua lähteneeksi jostakin

sign over v siirtää jollekulle, luovuttaa jollekulle (allekirjoittamalla asiakirja)

signpost [ˈsaɪnˌpoʊst] s opastaulu

signs of the zodiac s (mon) eläinradan merkit

sign up v pestautua palvelukseen, ilmoittautua (esim kurssille)

sika deer [sikə] s japaninhirvi

1 silence [saɪləns] s hiljaisuus

2 silence v **1** vaientaa **2** hälventää (epäilyt), rauhoittaa

silencer s (aseen) vaimennin; (UK) auton äänenvaimennin

silent [saɪlənt] adj **1** hiljainen, äänetön, vaisu, vähäpuheinen **2** (fonetiikassa) mykkä, jota ei äännetä **3** (elokuva) mykkä-

silently adv hiljaa, äänettömästi; kaikessa hiljaisuudessa

silent majority s hiljainen enemmistö

silent partner s äänetön osakas

silent treatment s (kuv) mykkäkoulu *to give someone the silent treatment* leikkiä (jonkun seurassa) mykkäkoulua

Silesia [səˈleɪsiə] Sleesia

1 silhouette [ˌsɪləˈwet] s siluetti, varjokuva

2 silhouette v näkyä/näyttää siluettina

silicon [sɪləkən] s pii

silicon chip s piinsiru

silicone [sɪləkoʊn] s silikoni

Silicon Valley s Piilaakso (Kaliforniassa)
silk [sıəlk] s silkki
silken [sılkən] adj 1 silkkinen, silkki- 2 (kuv) silkkinen, silkinpehmeä, sileä
silkmoth s silkkiperhonen
silkworm ['sılk,wərm] s silkkitoukka
silky adj 1 silkkinen, silkki- 2 (kuv) silkkinen, silkinpehmeä, sileä
silly [sıli] adj typerä, tyhmä, älytön, hassu, hupsu
silo [saıloʊ] s (mon silos) 1 viljasiilo 2 ohjussiilo
silt [sılt] s liete
1 silver [sılvər] s 1 hopea 2 hopeat, hopeaesineet 3 hopeamitali, hopea
2 silver v 1 hopeoida, päällystää hopealla/hopean värillä 2 muuttua hopean väriseksi, harmaantua
3 silver adj 1 hopeinen 2 hopean värinen 3 (kuv) (kieli) liukas, lipevä 4 (25-vuotishääpäivästä) hopea- 5 (ääni) heleä
silvered adj hopeoitu
silverfish s sokeritoukka
silver foil s hopeapaperi
silver gray s hopeanharmaa
silver haloid [hæloıd] s hopeahalogenidi
silvering s 1 hopeointi 2 hopeapinnoite
silver jubilee s 25-vuotisjuhla
silver lining s (kuv) toivon pilke, hopeareunus *every cloud has a silver lining* niin kauan kuin on aikaa on myös toivoa
silver medal s hopeamitali
silver plate s 1 pöytähopeat 2 hopeapinnoite
silver-plate v hopeoida
silver screen s valkokangas (myös kuv)
silverware ['sılvər,weər] s (pöytä)hopeat, hopeaesineet, hopeiset aterimet
silver wedding s (25-vuotishäät) hopeahäät
silvery adj 1 hopeanvärinen, hopeanharmaa 2 hopeoitu 3 (ääni) heleä
SIM card s (matkapuhelimen) sim-kortti
similar [sıməlƏr] adj samankaltainen, samanlainen *the two books are similar* kirjat muistuttavat toisiaan *in a similar vein* samoin, samaan tapaan
similarity [,sımə'lerəti] s samankaltaisuus, samanlaisuus, yhdenmukaisuus *that's where the similarity ends* siihen yhtäläisyydet loppuvatkin
similarly adv samoin, samaan tapaan, samalla lailla
simile [sıməli] s vertaus
similitude ['sımələ,tud] s samankaltaisuus, samanlaisuus
simmer [sımər] v kiehua hiljaa
simmer down v (sl kuv) hiljetä, rauhoittua
simple [sımpəl] adj yksinkertainen, helppo; koruton, tavallinen; pelkkä *it's simple, you just push this button* se on helppoa, sinun tarvitsee vain painaa tätä nappia *a simple style* yksinkertainen/koruton tyyli *simple folk* tavallinen kansa, tavalliset ihmiset *a simple 'yes' is enough* riittää kun sanot kyllä *a simple lie* silkka valhe
simple animals s (mon) alkueläimet
simple choridates s (mon) vaippaeläimet
simple majority [mə'dʒɔrıtı] s yksinkertainen enemmistö, suhteellinen enemmistö
Simple Simon [,sımpəl'saımən] Simo Simppeli, Pölhö Pekka Pölhölästä
simpleton [sımpəltən] s typerys, tyhmyri
simplicity [sım'plısəti] s yksinkertaisuus, helppous; koruttomuus, tavallisuus *getting a loan is simplicity itself* lainan saanti on helppoa kuin mikä
simplification [,sımpləfı'keıʃən] s yksinkertaistus; helpotus
simplify ['sımplə,faı] v yksinkertaistaa; helpottaa
simplistic [sım'plıstık] adj alkeellinen, liiaksi yksinkertaistettu
simply [sımpli] adv 1 yksinkertaisesti, helposti; koruttomasti, tavallisesti 2 kerrassaan, kerta kaikkiaan *I simply can't do it* en kerta kaikkiaan voi tehdä sitä
Simpson Desert [,sımpsən'desərt] Simpsonin aavikko (Australiassa)
simulate ['sımjə,leıt] v 1 teeskennellä jotakin, tekeytyä joksikin 2 jäljitellä, simuloida

simulation [ˌsɪmjəˈleɪʃən] s **1** teeskentely **2** jäljittely, simulaatio
simultaneous [ˌsaɪməlˈteɪniəs] adj samanaikainen
simultaneous interpretation simultaanitulkkaus
simultaneously adv samanaikaisesti, yhtä aikaa
1 sin [sɪn] s synti (myös kuv)
2 sin v tehdä syntiä
Sinai [saɪnaɪ] Siinai
since [sɪns] adv sen jälkeen, sittemmin; jostakin lähtien; sitten *she quit her job last month and I have not seen her since* hän erosi (työstään) viime kuussa enkä ole nähnyt häntä sen koommin *long since* kauan sitten *she has been mad at me ever since* hän on ollut siitä lähtien vihainen minulle prep jostakin lähtien *since 1980, there have been several big air traffic accidents* vuodesta 1980 lähtien on sattunut useita suuria lento-onnettomuuksia konj **1** koska *since you don't want to go there, someone else will have to do it* jonkun muun on hoidettava se koska sinä et halua mennä sinne **2** jostakin lähtien, jostakin saakka *since she bought the house* siitä lähtien kun hän osti talon
sincere [sɪnˈsɪər] adj vilpitön, rehti, aito
sincerely adv vilpittömästi, rehdisti, aidosti *sincerely yours/yours sincerely* (liikekirjeen lopussa) ystävällisin terveisin, (yksityiskirjeen lopussa) lämpimin/parhain terveisin
sincerity [sɪnˈserəti] s vilpittömyys, rehtiys, aitous
sinew [sɪnju] s jänne
sinewy [sɪnjʊi] adj **1** jäntevä, jänteikäs, (liha myös) sitkeä **2** (kuv) voimakas, luja, jäntevä, ponteva, tarmokas
sinful adj syntinen
sinfully adv syntisesti *the chocolate mousse was sinfully good* suklaavaahto oli hävyttömän hyvää
sing [sɪŋ] v sang, sung: laulaa
sing. *singular* yksikkö
sing a different tune *since the accident, she's been singing a different tune* onnettomuuden jälkeen hänelle tuli toinen ääni kelloon
Singapore [ˈsɪŋəˌpɔr]
Singaporean [ˌsɪŋəˌpɔriən] s, adj singaporelainen
singe [sɪndʒ] v kärventää, korventaa, polttaa
singer [sɪŋər] s laulaja
singing s laulaminen, laulu
1 single [sɪŋəl] s **1** naimaton (ihminen), sinkku **2** yhden hengen (hotelli)huone **3** (mon) (tenniksessä) kaksinpeli **4** single(äänilevy), sinkku
2 single adj **1** (yksi) ainoa *there is one single fault with what you're saying* puheissasi on vain yksi vika *every single day* joka ainoa päivä **2** yhden hengen *a single room* yhden hengen (hotelli)huone **3** naimaton
single-family home s omakotitalo
single file *to walk (in) single file* kävellä peräkkäin
single-handed adj yksin tapahtuva, yksin-, joka tapahtuu omin avuin
single-handedly adv yksin, omin avuin, omin päin
single-minded adj määrätietoinen, päättäväinen
single-mindedly adv määrätietoisesti, päättäväisesti
single-mindedness s määrätietoisuus, päättäväisyys
single occupancy s (hotellissa, motellissa) (yöpyminen) yhden hengen huone(essa)
single out v valita (yksi), ottaa esille (yksi) *why did you single out Harry for rebuke?* miksi sinä otit Harryn syntipukiksi?
single parent s yksinhuoltaja
single-parent family s yksinhuoltajaperhe
single-parent household s yksinhuoltajaperhe
singles bar s sinkkubaari
single-space v kirjoittaa koneella/tulostaa ykkösrivivälillä (rivien välissä ei tyhjää)
single ticket s (UK) menolippu
singly [ˈsɪŋɡli] adv **1** yksin, yksitellen, erikseen **2** yksin, yksinään, omin avuin

sing out v (ark) huutaa
sing someone's praise fr ylistää jotakuta (maasta taivaaseen)
singular [ˈsɪŋgjələr] s (kieliopissa) yksikkö adj 1 (kieliopissa) yksiköllinen, yksikkö- 2 erikoinen, omalaatuinen, outo, kumma 3 ainutlaatuinen, poikkeuksellinen, erinomainen
singularity [ˌsɪŋgjəˈlerəti] s erikoisuus, omituisuus, kummallisuus
singularly adv ainutlaatuisen, harvinaisen
sinister [ˈsɪnɪstər] adj synkkä, kammottava, pelottava, pahaenteinen *sinister purpose* paha aie
1 sink [sɪŋk] s 1 (keittiön, kylpyhuoneen) pesuallas 2 viemäri(n suu)
2 sink v sank, sunk 1 upota, upottaa, vajota *the ship sank* laiva upposi 2 (rinne) viettää, laskea 3 (kuv) vajota, uppoutua *to sink into your thoughts* uppoutua ajatuksiinsa *to sink into despair* joutua epätoivon valtaan, menettää toivonsa 4 (kuv) laskea, vähentää, vähentyä, alentaa, alentua *the patient's blood pressure sank* potilaan verenpaine laski
sinker s (sl) donitsi; munkki; leivos
sink in v joku tajuaa jotakin
sinking s uppoaminen, upottaminen, upotus adj: *I have a sinking feeling that something terrible is going to happen* minä tunnen mahanpohjassani että pian tapahtuu jotakin hirvittävää
sink your teeth into fr *he sank his teeth into the juicy steak* hän iski hampaansa mehevään pihviin 2 (kuv) tarttua hanakkasti tilaisuuteen, paneutua tarmokkaasti johonkin
sinless adj synnitön, tahraton
sinner [ˈsɪnər] s synnintekijä, syntinen
Sino- [ˈsaɪnoʊ] *yhdyssanan etuosana* kiinalainen, Kiinan-
sinologist [saɪˈnɑlədʒɪst] s sinologi, Kiinan kielen ja kulttuurin tutkija
sinology [saɪˈnɑlədʒi] s sinologia, Kiinan kielen ja kulttuurin tutkimus
sinus [ˈsaɪnəs] s (mon sinuses) ontelo, (erityisesti) sivuontelo, (ark epätarkasti) nenäontelo

sinusitis [ˌsaɪnəˈsaɪtəs] s (lääk) sivuontelon tulehdus
1 sip [sɪp] s pieni siemaus/hörppäys *you can take a sip from my drink* voit maistaa minun ryyppyäni
2 sip v juoda pikkuisen kerrallaan, maistella
1 siphon [ˈsaɪfən] s 1 lappo, imujuoksutin 2 (tarjoilupullo) sifoni
2 siphon v 1 juoksuttaa lapolla 2 (kuv) siirtää (salaa)
siphon bottle s sifoni
siphon off v (kuv) siirtää salaa
sir [sər] s 1 (vastaa usein suomen teitittelyä miestä puhuteltaessa) sir 2 (UK, aatelistitteli) Sir
1 sire [saɪər] s 1 (uroseläimestä) isä 2 (kuningasta puhuteltaessa) Teidän Majesteettinne
2 sire v siittää
siren [ˈsaɪrən] s 1 sireeni 2 (tarunomainen) seireeni (myös kuv:) viettelijätär
sirloin [ˈsərˌlɔɪn] s filee, seläke
sister [ˈsɪstər] s 1 sisko, sisar (myös usk ja kuv) *half sister* sisarpuoli 2 sisaralus yms 3 (ark puhuttelusanana) tyttö
sisterhood [ˈsɪstərˌhʊd] s 1 sisaruus 2 (uskonnollinen) sisarkunta
sister-in-law [ˈsɪstərɪnˌlɑ] s (mon sisters-in-law) käly, puolison sisar, veljen vaimo, puolison veljen vaimo
sisterly adj sisarellinen
Sistine Chapel [ˈsɪstin ˈtʃæpəl] Sixtuksen kappeli
sit [sɪt] v sat, sat 1 istua; istuutua, käydä istumaan; istuttaa, panna istumaan 2 kokoontua 3 olla jossakin, sijaita jossakin 4 (kana) hautoa 5 *to let something sit* antaa jonkin asian olla/odottaa, jättää jokin asia lepäämään 6 (vaate) sopia, istua 7 vahtia lapsia, olla lapsenvahtina 8 olla tilaa *the table sits five* pöydässä on tilaa viidelle, pöytään mahtuu viisi ihmistä 9 toimia jonakin/jossakin tehtävässä
sitar [ˈsɪtar] s (soitin) sitar
sitcom [ˈsɪtˌkɑm] s (television) tilannekomedia
SITD (tekstiviestissä, sähköpostissa) *still in the dark*

SK

sit down v istuutua; istuttaa, panna istumaan
sit-down s **1** (ark) levähdystauko, lepohetki, huilaus **2** istumalakko **3** valtaus (mielenosoitus jossa istutaan kielletyille paikoille tms)
sit-down strike s istumalakko
1 site [saɪt] s paikka, sijainti *building site* rakennustyömaa
2 site v **1** sijoittaa **2** suunnata, tähdätä
sit in v **1** osallistua (vieraana) johonkin **2** osallistua valtaukseen/istumalakkoon
sit-in s **1** valtaus (mielenosoitus jossa istutaan kielletyille paikoille tms) **2** istumalakko
sit in on v osallistua (vieraana) johonkin, olla kuunteluoppilaana, kuunnella
sit on v **1** keskustella jostakin, pohtia jotakin **2** (ark) salata, pitää salassa **3** (ark) vaientaa, hiljentää, tukkia jonkun suu
sit on the fence fr lykätä ratkaisua, olla kahden vaiheilla
sit out v **1** odottaa kunnes jokin loppuu, kestää loppuun saakka **2** jättää väliin, ei osallistua
sit pretty fr (ark) jollakulla on pullat hyvin uunissa, jonkun kelpaa olla
sit tight fr odottaa (mitään tekemättä)
sitting s istunto *to do something in one sitting* tehdä jotakin yhdellä kertaa/yhteen menoon
sitting duck s (kuv) helppo saalis
sitting pretty fr jonkun kelpaa olla, jollakulla on hyvät oltavat, jollakulla on pullat hyvin uunissa
sitting room s olohuone
situate [ˈsɪtʃʊˌeɪt] v sijoittaa
situated adj **1** joka sijaitsee jossakin (in) **2** jolla on tietty taloudellinen asema *well situated* vauras, varakas
situation [ˌsɪtʃʊˈeɪʃən] s tilanne; tila
situation comedy s tilannekomedia
sit up v **1** nousta (makuulta) istualleen **2** valvoa (illalla) **3** istua suorassa/selkä suorana **4** (ark) hämmästyä, ällistyä *the news made people sit up and take notice* uutinen sai ihmiset havahtumaan
sit-up s vatsalihasliike
sit upon v keskustella jostakin, pohtia jotakin
six [sɪks] s, adj kuusi
sixes and sevens fr *to be at sixes and sevens* **1** olla mullin mallin, olla sikin sokin **2** olla riidoissa, ei tulla toimeen keskenään
sixfold [ˈsɪksˌfoʊld] adj kuusinkertainen *there has been a sixfold increase in burglaries* murrot ovat kuusinkertaistuneet adv kuusinkertaisesti
sixfooter [ˌsɪksˈfʊtər] s (noin) kuuden jalan (183 cm) mittainen ihminen
six-pack [ˈsɪksˌpæk] s kuuden olut/virvoitusjuomatölkin tms pakkaus
six-shooter [ˈsɪksˌʃutər] s kuudestilaukeava
sixteen [sɪksˈtin] s, adj kuusitoista
sixteenth [sɪksˈtinθ] s, adj kuudestoista
sixth [sɪksθ] s, adj kuudes
sixth sense s kuudes aisti, vainu
sixtieth [ˈsɪkstiəθ] s, adj kuudeskymmenes
sixty [ˈsɪksti] s, adj kuusikymmentä *back in the sixties* 60-luvulla *she lives in the sixties* hän asuu 60.–69. kadulla
sixty-four-dollar question s ratkaiseva kysymys
six-wheeler s kuusipyöräinen, rekka, kuormuri
sizable [ˈsaɪzəbəl] adj huomattava, mittava, suuri
size [saɪz] s koko *the widgets come in different sizes* vempaimia on (useita) eri kokoja *these two are of a size* nämä ovat samankokoiset *to try something on for size* sovittaa/kokeilla (vaatetta); harkita, miettiä, pohtia
sizeable adj ks sizable
sized *yhdyssanan jälkiosana* -kokoinen *medium-sized* keskikokoinen
size up v (ark) **1** mittailla (esim katseellaan), punnita (kuv), arvioida **2** täyttää vaatimukset, kelvata
size-up s (hinta- tai muu) arvio
sizzle [ˈsɪzəl] v **1** tiristä, käristä **2** (ark) olla paahtavan kuumaa **3** (ark) käydä kuumana, olla kimpaantunut jostakin (over)
SK *Saskatchewan*

ska

ska [ska] s (mus) ska
1 skate [skeɪt] s **1** luistin **2** rullaluistin **3** luistimen terä
2 skate v **1** luistella **2** rullaluistella **3** luistaa, liukua **4** (sl) luistaa työstä, pinnata
1 skateboard ['skeɪtˌbɔrd] s rullalauta
2 skateboard v rullalautailla
skateboarder s rullalautailija, skeittailija
skateboarding s rullalautailu, skeittailu
skate on thin ice fr liikkua oudoilla vesillä, olla heikolla pohjalla
skate park s rullalautailualue, skeittipuisto
skater s **1** luistelija **2** rullaluistelija
skating s **1** luistelu **2** rullaluistelu
skating rink s luistinrata
sked [sked] (sl) *on sked* aikataulussa
skeet [skit] s skeet-ammunta, skeet
skeleton [skelətən] s **1** luuranko **2** (kuv) runko, pääpiirteet adj vähimmäis- *skeleton crew* (loma-aikana, pyhisin, öisin palveluksessa oleva) minimihenkilökunta
skeleton at the feast fr ilonpilaaja
skeleton crew s minimimiehitys
skeleton in the closet fr (kuv) luuranko kaapissa, häpeällinen salaisuus
skeleton key s tiirikka
skeptic [skeptɪk] s epäilijä, skeptikko adj epäilevä, epäluuloinen, epävarma, skeptinen
skeptical adj epäilevä, epäluuloinen, epävarma, skeptinen
skeptically adv ks skeptical
skepticism [skeptɪsɪzəm] s epäily, epäilevyys
1 sketch [sketʃ] s **1** luonnos, hahmotelma; (alustava) suunnitelma; lyhyt selostus/selonteko **2** sketsi
2 sketch v luonnostella, hahmotella; suunnitella (alustavasti); selostaa lyhyesti/pääpiirteissään
sketchbook ['sketʃˌbʊk] s luonnosvihko
sketchily adv alustavasti, summittaisesti, ylimalkaisesti
sketchy adj alustava, joka on (vasta/vielä) luonnosteluasteella, summittainen, ylimalkainen

1 skewer [skjuər] s varras
2 skewer v varrastaa
1 ski [ski] s **1** suksi **2** vesisuksi
2 ski v hiihtää
1 skid [skɪd] s **1** kisko; jalas **2** liukurata **3** (esim auton) luisto **4** (mon, ark) rappio, deekis (ark) *to be on the skids* olla menossa rappiolle, olla alamäessä *to hit the skids* joutua rappiolle/hunningolle/deekikselle *to put the skids under something* koitua jonkin kohtaloksi/turmioksi, tehdä loppu jostakin
2 skid v **1** liu'uttaa **2** luistaa, luisua, luistattaa
skid mark s (auton) renkaan jäljet (tiessä), jarrutusjäljet
skid row s pummien, puliukkojen ja narkomaanien asuttama kaupunginosa/katu
skier [skiər] s laskettelija, hiihtäjä
skies [skaɪz] ks sky
skiing [skiiŋ] s laskettelu, hiihto *track skiing* latuhiihto *cross-country skiing* maastohiihto *water skiing* vesihiihto
skill [skɪl] s taito *to do something with skill* tehdä jotakin taitavasti
skilled adj **1** taitava, taidokas **2** ammattitaitoinen *skilled worker* ammattitaitoinen työntekijä *highly skilled workforce* korkeasti koulutettua työvoimaa
skillet [skɪlət] s paistinpannu
skillful adj taitava, taidokas
skillfully adv taitavasti, taidokkaasti
skillion [skɪljən] s (sl) ääretön määrä
skim [skɪm] v **1** kuoria (maitoa ym) **2** liukua jonkin pinnalla, hipoa jotakin **3** peittää ohuelti **4** lukaista, lukea nopeasti, selailla, vilkaista **5** (kuv) kuoria kerma päältä, poimia parhaat palat
skimmed milk s rasvaton maito
skim milk s rasvaton maito
skimpily adv **1** niukasti, niukalti, hyvin vähän **2** nuukasti, kitsaasti
skimpy [skɪmpi] adj **1** niukka, vähäinen, mitätön **2** nuuka, kitsas
1 skin [skɪn] s **1** iho, nahka (myös kuv) *to get under your skin* (sl) käydä jonkun hermoille; vaikuttaa voimakkaasti johonkuhun, joku saa väreitä jostakin *to have a thick skin* (kuv) olla paksunah-

kainen *to have a thin skin* (kuv) olla herkkä arvostelulle/loukkaantumaan *in/with a whole skin* ehjin nahoin *to save your skin* pelastaa nahkansa *that's no skin off my back* (sl) minä en piittaa siitä, se ei minua lotkauta *under the skin* pohjimmaltaan, pinnan alla **2** (hedelmän, makkaran ym) kuori **3** (mon sl) rummut

2 skin v **1** nylkeä **2** kuoria **3** (iho) repeytyä auki *she skinned her elbow when she fell* hän sai kaatuessaan ihohaavoja kyynärpäähänsä

3 skin adj (sl) (elokuva tms) porno-

skin alive fr (ark, kuv) **1** haukkua pystyyn, lyödä lyttyyn **2** nylkeä elävältä, antaa selkään, piestä

skin and bones *to be nothing but skin and bones* olla pelkkää luuta ja nahkaa

skin care s ihonhoito

skin-deep adj pinnallinen, joka ei ulotu pintaa syvemmälle, katoavainen

skin-dive v sukeltaa (perusvälineillä)

skin diver s (perusväline)sukeltaja

skin diving s perusvälinesukellus

skin graft s (lääk) **1** ihosiirrännäinen **2** ihonsiirto

skink [skɪŋk] s (lisko) skinkki

skinless adj (makkara) kuoreton

skinny adj erittäin laiha *a skinny man* miehen ruipelo

skinny-dip [ˈskɪniˌdɪp] v (ark) uida/pulikoida vedessä alasti

skin of your teeth fr *by the skin of your teeth* täpärästi, nipin napin, jokin on hiuskarvan varassa

skintight [ˌskɪnˈtaɪt] adj (vaate) tiukka, piukka, kireä, muotoja mukaileva

1 skip [skɪp] s hyppy, hypähdys

2 skip v **1** hypätä, hyppiä, hypähdellä, hypätä yli **2** pujahtaa, sujahtaa, livahtaa **3** jättää väliin, hypätä yli *I skipped the romantic scenes* jätin romanttiset kohdat lukematta *let's skip the small talk* mennään suoraan asiaan *to skip a beat* (sydämestä) hypähtää **4** (oppilas) jättää luokka/luokkia väliin, siirtyä/siirtää ylemmälle luokalle **5** (ark) lähteä livohkaan, häipyä

ski pole s hiihtosauva, suksisauva

skip out on fr jättää joku

skipper s **1** kippari, kapteeni **2** (joukkueen) johtaja, kapteeni

ski rack s (esim auton) suksiteline

1 skirmish [ˈskərmɪʃ] s selkkaus, yhteenotto, riita

2 skirmish v ottaa yhteen, riidellä

1 skirt [skərt] s **1** hame **2** (mon) ääri, ääret, laita, laitamat

2 skirt v **1** kiertää jonkin ympäri (around), (kuv) kierrellä, vältellä **2** ympäröidä, olla jonkin ympärillä

skittish [ˈskɪtɪʃ] adj säikky, levoton, arka, ujo, oikukas, epävarma

skittishly adv ks skittish

skua [skuə] s (lintu) kihu *Arctic skua* merikihu *great skua* isokihu

skulduggery [skəlˈdʌɡəri skʌlˈdʌɡəri] s juonittelu, vehkeily

skull [skəl, skʌl] s (pää)kallo

skullcap [ˈskəlˌkæp, ˈskʌlˌkæp] s patalakki, kalotti

skunk [skʌŋk] s **1** haisunäätä, skunkki **2** (ark) mätämuna

skurf [skərf] v (sl) rullalautailla, skeitata

sky [skaɪ] s (mon skies) taivas

skybridge [ˈskaɪˌbrɪdʒ] s kävelysilta (rakennuksen sisällä tai rakennuksesta toiseen)

skycab [ˈskaɪˌkæb] s (sl) (lentokentällä) kantaja

skyjack [ˈskaɪˌdʒæk] v kaapata (lentokone)

skyjacker s (lento)konekaappaaja, kaappari

skyjacking s (lento)konekaappaus

Skylab [ˈskaɪˌlæb] s (Nasan avaruuslaboratorio) Skylab

skylark [ˈskaɪˌlark] s kiuru, leivonen

skylight [ˈskaɪˌlaɪt] s kattoikkuna

skylight filter [ˈskaɪlaɪtˌfɪltər] s (kameraobjektiivin) skylight-suodatin, päivänvalosuodatin

Skylights [ˈskaɪˌlaɪts] (Peter Panissa) Ankkuri-Aapo

skyline [ˈskaɪˌlaɪn] s (suurkaupungin) siluetti

1 skyrocket [ˈskaɪˌrakət] s ilotulitusraketti

2 skyrocket v (kuv) nousta/nostaa (esim hinnat) pilviin
sky rug ['skaɪˌrʌg] s (sl) hiuslisäke
skyscraper ['skaɪˌskreɪpər] s pilvenpiirtäjä
skyscraping adj pilviä hipova, erittän korkea
sky's the limit fr kaikki on mahdollista
skywrite ['skaɪˌraɪt] v savulentää (ks *skywriting*)
skywriting s savulento (jossa mainosteksti kirjoitetaan taivaalle laskemalla lentokoneesta savua)
S & L *savings and loan association* säästöpankki
slab [slæb] s laatta, paksu levy/pala/viipale/siivu
slack [slæk] s 1 (esim köyden) löysyys: *to take up the slack* kiristää; (kuv) korvata 2 lasku, hidastuminen 3 hiljainen kausi adj 1 löysä, veltto 2 (kuv) huolimaton, löysä, veltto, hidas, hiljainen
slacken v (myös kuv) löysätä, löystyä, höllentää, laiskistua, hiljentyä, hidastua
slacker [slækər] s (sl) luuseri, laiskuri
slack off v löysätä, höllentää
slacks s (mon) housut
slack up v 1 laiskistua, (kaupankäynti ym) hiljentyä, hidastua 2 löysätä, höllätä, höllentää (myös kuv)
slag [slæg] s kuona
slain [sleɪn] ks slay
1 slalom [slaləm] s pujottelu
2 slalom v 1 (lasketella) pujotella 2 kiemurrella, mutkitella, pujotella
slam [slæm] v paiskata, läimäyttää *he slammed the door in my face* hän paiskasi oven kiinni päin naamaani (ark)
slammer s (sl) vankila, häkki
1 slander [slændər] s panettelu, parjaus, häväistys
2 slander v panetella, parjata, häväistä
slanderous [slændərəs] adj panetteleva, parjaava, häväistys-
slang [slæŋ] s slangi
slangy adj 1 slangi- 2 jossa on paljon slangia
1 slant [slænt] s 1 kaltevuus 2 (kuv) taipumus; vääristymä; (esim lehtijutun) näkökulma *there's a curious slant to her views* hänen näkemyksensä ovat oudon yksipuolisia 3 näkemys, kanta, mielipide 4 (ark) vilkaisu
2 slant v 1 kallistaa, kallistua 2 (kuv) vääristää, esittää tietystä näkökulmasta 3 kohdistaa/suunnata jollekulle (toward)
slant-eyed ['slæntˌaɪd] adj vinosilmäinen
slantwise ['slæntˌwaɪz] adj, adv vino(sti)
1 slap [slæp] s läpsäys, lätkäytys, läimäys
2 slap v läpsäyttää, läimäyttää
slapdash ['slæpˌdæʃ] adj kiireinen, hätäinen, hätiköity adv kiireesti, hätäisesti, hätiköiden
slap down v vaimentaa, hiljentää
slap high-fives fr tervehtiä lyömällä oikeat kämmenet pään yläpuolella vastakkain
slap in the face s (ark) loukkaus; moite
slap on *to slap a fine on someone* antaa jollekulle sakot, sakottaa
slap on the wrist (ark) *to get a slap on the wrist* saada lievä rangaistus, selvitä pelkällä säikähdyksellä
slapstick ['slæpˌstɪk] s slapstick-komedia
1 slash [slæʃ] s 1 viilto, haava 2 sivallus 3 vinoviiva (/)
2 slash v 1 viiltää, silpoa 2 ruoskia, piiskata, sivaltaa 3 (kuv) leikata, alentaa (hintoja), lyhentää
slat [slæt] s 1 säle, lista 2 (lentokoneen siivessä) solas
1 slate [sleɪt] s 1 liuske(kivi) 2 (liuskekivinen) kattolaatta 3 kivitaulu *to have a clean slate* jollakulla on puhtaat paperit 4 ehdokasluettelo
2 slate v 1 laatoittaa, kattaa laatoilla 2 haukkua, moittia
slate for v 1 ehdottaa johonkin tehtävään, asettaa/nimetä ehdokkaaksi 2 *the meeting is slated for Tuesday* kokous on sovittu tiistaksi, kokous on määrä pitää tiistaina
1 slaughter [slatər] s teurastus (myös kuv:) verilöyly
2 slaughter v teurastaa (myös kuv)

slaughterhouse ['slatər,haʊs] s teurastamo

Slav [slav] s slaavi adj slaavilainen

1 slave [sleɪv] s orja (myös kuv) *to be a slave to something* olla jonkin orja, olla riippuvainen jostakin

2 slave v raataa (kuin orja)

slave away at v (sl) uurastaa

slave labor s **1** orjatyövoima **2** orjatyö (myös kuv)

slaver s **1** orjakauppias **2** orjien omistaja

Slave River Orjajoki (Kanadassa)

slavery [sleɪvri] s (orjana oleminen, orjien pito) orjuus (myös kuv)

slave state s **1** orjavaltio **2** *Slave States* (US hist) osavaltiot joissa harjoitettiin orjuutta sisällissodan päättymiseen saakka (1865)

slave trade s orjakauppa

slavish [sleɪvɪʃ] adj orjallinen

slavishly adv orjallisesti

slavishness s orjallisuus

slay [sleɪ] v slew, slain: (väkivaltaisesti) surmata, tappaa, murhata *the slain president* murhattu presidentti

slayer s surmaaja, murhaaja

sleaze [sliz] s **1** (sl) liero (tyyppi) **2** siivoton, ruokoton tyyppi **3** (kuv) törky

sleazebag ['sliz,bæg] s (sl) liero

sleazoid ['slizɔɪd] adj (sl) liero, törkeä, törky-

sleazy [slizi] adj **1** kiero, häikäilemätön, likainen **2** (moraalisesti) törkeä, törky- *sleazy movies*

sled [sled] s **1** kelkka **2** reki

sledge [sledʒ] s **1** reki **2** kelkka

1 sledgehammer ['sledʒ,hæmər] s moukari

2 sledgehammer v moukaroida

3 sledgehammer adj kovakourainen, häikäilemätön; hiomaton, alkeellinen

sleek [slik] adj **1** sileä, siloinen **2** virtaviivainen, sulavalinjainen, vauhdikkaan näköinen **3** (ulkonäöstä) huoliteltu, sliipattu (halv), (käytös) sulava, (halv) lipevä

sleeky adj sileä, siloinen

1 sleep [slip] s uni

2 sleep v slept, slept: nukkua

sleepaholic [,slipə'halık] s (ark) paljon nukkuva henkilö, unikeko

sleep around v (sukupuolisuhteista) harrastaa vapaita seksisuhteita

sleeper s **1** nukkuja **2** (mon) (lapsen) uniasu **3** (ark) (elokuva ym) yllätysmenestys **4** kauppatavara joka menee huonosti kaupaksi **5** vuodesohva **6** makuuvaunu

sleepily adv unisesti; uneliaasti

sleep-in s kotiapulainen tms joka asuu työnantajansa talossa

sleep in v (kotiapulainen) asua työnantajan talossa

sleeping bag s makuupussi

sleeping car s makuuvaunu

sleeping pill s unilääke

sleeping sickness s unitauti

sleepless adj uneton

sleep like a log fr nukkua kuin tukki

sleep like a top fr nukkua kuin tukki

sleep on v lykätä (päätöstä) *let's sleep on it* mietitään asiaa vielä

sleep-out ['slip,aʊt] s kotiapulainen tms joka ei asu työnantajansa talossa

sleep out v (kotiapulainen) ei asua työnantajan talossa

sleep over v käydä yökylässä

sleepover ['slip,oʊvər] s **1** yökylässä käynti **2** yövieras

sleep together v maata yhdessä, olla sukupuolisuhteessa

sleepwalk ['slip,wak] v kävellä unissaan

sleepwalker s unissakävelijä

sleepwalking s unissakävely

sleep with v maata jonkun kanssa, rakastella jonkun kanssa

sleepy adj uninen; unelias, saamaton, hiljainen

1 sleet [slit] s räntä (sade)

2 sleet v sataa räntää

sleeve [sliv] s **1** hiha *to have something up your sleeve* olla jotakin hihassa/mielessä *to laugh up your sleeve* nauraa partaansa **2** (äänilevyn) kansi, suojus **3** holkki, hylsy

sleeveless adj hihaton

sleigh [sleɪ] s **1** reki **2** kelkka

sleight of hand [,slaɪtəv'hænd] s sorminäppäryys, temppu, metku

slender [slendər] adj **1** kapea, hoikka, ohut, ohkainen **2** niukka, vähäinen
slept [slept] ks sleep
1 sleuth [sluːθ] s **1** etsivä **2** vainukoira, verikoira
2 sleuth v leikkiä etsivää, nuuskia
1 slice [slaɪs] s **1** viipale; pala, palanen, palsta **2** osa, osuus **3** (golf) slaissi, pallon kaartaminen ilmassa vasemmalta oikealle (oikeakätisellä pelaajalla)
2 slice v viipaloida, paloitella
sliced bread s (valmiiksi) viipaloitu leipä *that's the greatest invention since sliced bread* se on mullistava keksintö
1 slick [slɪk] s **1** laikku, läiskä *oil slick* (merellä) öljyvahinko **2** (loistelias aikakauslehti) kiiltokuvalehti **3** sileä (kilpa-auton, polkupyörän) rengas
2 slick v siloittaa, liukastaa
3 slick adj **1** liukas, lipevä, sileä, siloinen **2** (kuv) sulava, liukas, lipevä, ovela, nokkela, nerokas, pinnallinen
slick up v (ark) pyntätä, laittaa/laittautua komeaksi
1 slide [slaɪd] s **1** liukuminen, luisuminen, liirto **2** liukumäki **3** maanvyöry **4** dia(kuva) **5** liukuva osa, kelkka; liukualusta, kisko(t)
2 slide v slid, slid/slidden **1** liukua, liu'uttaa, luisua, luistaa, luiskahtaa, liirtää **2** sujauttaa, sujahtaa, pujauttaa, pujahtaa, pistää/työntää vaivihkaa **3** laskea, alentua, vähentyä **4** ajautua (vähitellen) johonkin tilaan *Mr. Zbornak is beginning to slide* (kuv) Mr. Zbornak on joutunut kaltevalle pinnalle **5** *to let something slide* ei piitata/välittää jostakin, antaa jonkin asian olla
slide fastener s vetoketju
slide rule s laskutikku
slide trombone s vetopasuuna
sliding scale s liukuva (palkka- tai muu) asteikko
1 slight [slaɪt] s vähättely, väheksyntä, loukkaus, piikki
2 slight v **1** vähätellä, väheksyä, pilkata, loukata, piikitellä **2** lyödä laimin
3 slight adj vähäinen, hienoinen, pieni, etäinen *there's a slight chance of rain later today* on mahdollista että tänään sataa *not in the slightest* ei suinkaan, ei millään muotoa
4 slight adj hento, heiveröinen
slightly [slaɪtli] adv hieman, vähän, pikkuisen
Slightly (Peter Panissa) Hoikka
slim [slɪm] s Afrikassa immuunikadosta eli aidsista käytetty nimitys adj
1 hoikka, ohut, laiha **2** vähäinen, pieni, heikko *a slim chance* huonot mahdollisuudet
slim down v **1** laihtua **2** leikata menoja, säästää
1 slime [slaɪm] s **1** rapa, kura **2** lima **3** (sl) liero
2 slime v kurata, sotkea
slimebag ['slaɪmˌbæg] s (sl) mäntti, liero
slimeball ['slaɪmˌbɔːl] ks slimebag
slimness s hoikkuus, laihuus
slimy [slaɪmi] adj **1** rapainen, kurainen, niljakas **2** limainen **3** (kuv) niljakas
1 sling [slɪŋ] s **1** (ase) linko **2** ritsa **3** (esim kättä kannattava) side **4** (lapsen kantamiseen käytettävä) kannatinliina **5** olkahihna, kantohihna
2 sling v slung, slung **1** heittää, singota **2** roikkua/ripustaa hihnasta
slingshot ['slɪŋˌʃɒt] s ritsa
slink [slɪŋk] v slunk, slunk: hiipiä
1 slip [slɪp] s **1** liukastuminen, (esim jalan, otteen) lipsahdus **2** (kuv) lipsahdus, lapsus, virhe, kömmähdys **3** (kuv) lasku, väheneminen, huononeminen, heikkeneminen **4** alushame **5** tyynyliina **6** *to give someone the slip* livahtaa/karata jonkun käsistä
2 slip v **1** liukastua, luistaa, liukua, liu'uttaa, lipsua, lipsahtaa, irrota, päästä irti **2** sujahtaa, sujauttaa, pistää/työntää vaivihkaa **3** unohtaa, unohtua *it slipped my mind* unohdin sen **4** *let slip* paljastaa vahingossa, möläyttää; päästä sivu suun **5** tehdä virhe, jollekulle sattuu lipsahdus/erehdys/lapsus **6** (taso) laskea, heiketä, huonontua *the quality of our product is slipping* tuotteemme laatu huononee jatkuvasti
slip a cog fr tehdä virhe, tunaroida, munata

slip away v **1** lähteä/häipyä vähin äänin **2** unohtua

slip between the cracks fr jäädä huomaamatta, päästä vahingossa läpi jostakin

slipcase [ˈslɪpˌkeɪs] s kirjakotelo, kirjakasetti

slipcover [ˈslɪpˌkʌvər] s (kirjan) suojapaperi

slip of the tongue s lipsahdus

slip-on [ˈslɪpˌɑn] s (paita) pujo-, napiton, (kengät) nauhattomat

slip one over on fr huijata, puijata, vetää nenästä

slipover [ˈslɪpˌoʊvər] s pujoliivi

slip over on *to slip something over on someone* huijata, pettää, vetää nenästä

slipped disk s nikamavälilevyn esiinluiskahdus

slipper [slɪpər] s **1** tohveli **2** avokas

slippery [slɪpəri] adj liukas (myös kuv)

slipshod [ˈslɪpˌʃɑd] adj huolimaton, kehno, surkea, nuhruinen

slip-up [ˈslɪpˌʌp] s virhe, lipsahdus, erehdys, tunarointi, munaus

slip up v tehdä virhe, töpeksiä

1 slit [slɪt] s rako, (matala) aukko

2 slit v slit, slit: viiltää/leikata auki

slither [slɪðər] v luisua, (käärme) luikerrella, madella

1 sliver [slɪvər] s **1** sirpale, säpäle, pirstale **2** kaistale

2 sliver v pirstoa, pilkkoa

Sloane Ranger [ˌsloʊnˈreɪndʒər] s (UK) Lontoon yläluokkaan kuuluva sovinnainen nuori tai nuorehko henkilö

Sloanie [sloʊni] s ks Sloane Ranger

slogan [sloʊɡən] s iskulause, iskusana

slo-mo [ˈsloʊˌmoʊ] s (ark) hidastus(kuva) (slow-motion)

slop [slɑp] **1** läiskynyt vesi **2** (ruoka) litku, mönjä **3** karjan ruoka **4** likavesi, laski v valua/mennä yli, läiskyä, läiskyttää, pärskyttää, roiskuttaa

1 slope [sloʊp] s **1** rinne **2** kallistus, nousu, viettävä maa

2 slope v **1** viettää, nousta, kallistua, olla kalteva **2** kallistaa, tehdä kaltevaksi/vinoksi

sloppily adv huolimattomasti, sottaisesti, siivottomasti

sloppiness s huolimattomuus, sottaisuus, siivottomuus

sloppy [slɑpi] adj huolimaton, sottainen, siivoton

Sloppy Joe [ˌslɑpiˈdʒoʊz] s **1** eräänlainen jauhelihasämpylä **2** (mies, poika) sottapytty

slosh [slɑʃ] v läikyttää, roiskia

slot [slɑt] s **1** rako, aukko, kolo **2** kolikkoaukko, rahanielu **3** (ohjelman vakinainen lähetys)aika **4** (avoin) työpaikka

sloth [slɑθ] s **1** laiskuus, saamattomuus, velttous **2** (eläin) laiskiainen

sloth bear s huulikarhu

slothful adj laiska, saamaton, veltto

slot machine s raha-automaatti

1 slouch [slaʊtʃ] s kyyry/kyyristynyt/kumara (seisoma- tai istuma-)asento

2 slouch v kävellä/istua kyyryssä, kyyhöttää kumarassa, kävellä laahustaen, laahustaa

Slovakia [sloʊˈvækiə]

Slovenia [sloʊˈviniə]

slovenly [slʌvənli] adj epäsiisti, siivoton, sottainen, huolimaton

slow [sloʊ] v hidastaa, viivästyttää adj **1** hidas, verkkainen **2** hidasälyinen, hidasjärkinen **3** (tuli, lämpö) hiljainen **4** (kello) joka on jäljessä, joka jätättää **5** (kaupunki, kaupankäynti ym) hiljainen **6** (valok) (filmi) hidas, (objektiivi myös) jonka valovoima on heikko adv hitaasti

slowdown [ˈsloʊˌdaʊn] s **1** viivästys **2** hidastuslakko **3** (urh) viivytyspeli

slow down v hidastaa, hidastua, hiljentää (vauhtia), viivästyttää

slow food s (ark) hidas ruoka (pikaruoan vastakohtana)

slowly adv hitaasti; vähitellen

slow motion s hidastus(kuva)

slow-moving [ˌsloʊˈmoʊvɪŋ] adj hidas, verkkainen, raukea

slowness s **1** hitaus, verkkaisuus **2** hidasjärkisyys **3** hiljaisuus, (kaupankäynnin myös) vähäisyys

slow on the draw fr (sl) hidasjärkinen

slow on the uptake ks slow on the draw

slowpoke ['sloʊˌpoʊk] s (ark) vätys, nahjus

slowup ['sloʊˌʌp] s viivästys

slow up v hidastaa, hidastua, hiljentää (vauhtia), viivästyttää

slow-witted [ˌsloʊ'wɪtəd] adj hidasjärkinen, hidasälyinen

SLR *single-lens reflex* yksisilmäinen peiliheijastuskamera, (usein) järjestelmäkamera

sludge [slʌdʒ] s lieju, muta

1 slug [slʌg] s **1** (kuoreton) etana (myös kuv) **2** luoti **3** isku, lyönti

2 slug v iskeä, lyödä

sluggard [slʌgərd] s laiskuri, vetelys, vätys

sluggardly adj laiska, vetelä, saamaton, veltto

sluggish [slʌgɪʃ] adj laiska, vetelä, veltto, hidas

sluggishly adv laiskasti, vetelästi, veltosti, hitaasti

slug it out fr **1** tapella (ratkaisuun asti) **2** (kuv) pitää pintansa

sluice [slus] s **1** (kanavan) sulku **2** kouru, uittokouru, oja, kanava

sluice gate s (kanavan) sulkuportti

slum [slʌm] s slummi

1 slumber [slʌmbər] s uni

2 slumber v **1** torkkua, nukkua **2** (kuv) uinua

slumberland ['slʌmbərˌlænd] s (kuv) unten maat

slummy adj slummi-, slummiutunut

1 slump [slʌmp] s **1** kyyry/kyyristynyt asento **2** (hintojen) romahdus, (taloudellinen) taantuma, (mielialan) lasku

2 slump v **1** lysähtää **2** istua/olla kyyryssä, kyyhöttää **3** (hinnat) romahtaa, (mieliala) laskea

slung [slʌŋ] ks sling

slunk [slʌŋk] ks slink

1 slur [slər] s **1** loukkaus, herjaus, herja **2** (kuv) (maineen) tahra, häpeäpilkku **3** (puhe) soperrus, takeltelu, sammallus

2 slur v **1** loukata, herjata **2** puhua takellellen, sopertaa, sammaltaa, kangertaa

slur over v ei tuoda riittävästi esiin, ohittaa, sivuuttaa

slush [slʌʃ] s **1** märkä lumi, loska, sohjo **2** lieju, muta **3** imelä tunteellisuus, sentimentaalisuus

slush box s (auton) automaattivaihdelaatikko

slush fund s lahjusrahat, lahjusrahasto

slushy adj **1** (lumi) loskainen, sohjoinen **2** (ark) imelän tunteellinen, sentimentaalinen

slut [slʌt] s **1** (nainen) sottapytty **2** lutka, huora

sly [slaɪ] s *on the sly* salaa adj **1** ovela, viekas, kavala **2** kujeileva, leikkisä

S & M *sadomasochism* sadomasokismi

1 smack [smæk] s **1** isku, tälli **2** (huulten) moiskautus **3** suukko, moiskautus **4** haju, maku **5** tuntu **6** (sl) heroiini

2 smack v **1** lyödä, pamauttaa **2** moiskauttaa (huulia) **3** suudella moiskauttaa, antaa suukko **4** tuoksua, maistua joltakin **5** (kuv) vaikuttaa/tuntua joltakin *this smacks of flattery* tämä haiskahtaa imartelulta

3 smack adv suoraan: *he hit me smack in the belly* hän löi minua suoraan päin mahaa

smack-dab [ˌsmæk'dæb] adv (ark) suoraan

smack in the middle fr suoraan keskellä/keskelle

small [smɔːl] adj **1** pieni *when he was small* pienenä, kun hän oli pieni/nuori *to feel small* tuntea itsensä mitättömäksi, hävetä **2** ohut, kapea, hoikka **3** mitätön, vähäpätöinen **4** pikku- *he is a small businessman* hän on pienyrittäjä **5** (ääni) hiljainen

small fortune s (ark) sievoinen summa *it cost me a small fortune* se maksoi minulle omaisuuden

small-fry ['smɔːlˌfraɪ] adj (ark) vähäpätöinen

small hours s (mon) pikkutunnit

smallness s pienuus

small of the back s ristiselkä

small potatoes s (mon; ark) pikkuasia

smallpox ['smɔːlˌpɑks] s isorokko

small talk [ˈsmalˌtak] s rupattelu
small-time adj (ark) mitätön
small tortoiseshell s nokkosperhonen
1 smart [smart] s **1** kipu, pisto, poltto **2** kärsimys, suru **3** (mon sl) järki, äly
2 smart v **1** sattua, satuttaa, tehdä kipeää, pistää, polttaa **2** kärsiä, olla surullinen
3 smart adj **1** hieno, tyylikäs, huoliteltu *the smart crowd/set* hienot ihmiset/piirit **2** terävä, nokkela, ovela, viekas **3** viisasteleva, näsäviisas *don't you get smart with me* älä rupea viisastelemaan **4** nopea, nokkela
smart aleck [ˈsmartˌælək] s viisastelija, näsäviisas ihminen
smart apple s (ark) älykäs, terävä ihminen
smart card s (tekn) älykortti, toimikortti
smart cookie ks smart apple
smarten up v **1** kohentaa (esim ulkonäköään), siistiytyä **2** parantaa tapansa, herätä huomaamaan virheensä
smart house s älytalo
smartly adv ks smart
smartmouth [ˈsmartˌmaʊθ] s (ark) viisastelija, nenäkäs ihminen
smartness s **1** hienous, tyylikkyys, huoliteltu ulkonäkö/pukeutuminen ym **2** nokkeluus, oveluus, viekkaus **3** viisastelu, näsäviisaus **4** nopeus, nokkeluus
smart phone s toimipuhelin
smart weapon s täsmäase
smarty ks smartmouth
smarty-pants [ˈsmartiˌpænts] ks smartmouth
1 smash [smæʃ] s **1** läimähdys, räsähdys, pamahdus **2** törmäys, yhteentörmäys, kolari **3** isku, lyönti **4** vararikko, konkurssi **5** (ark) suurmenestys
2 smash v **1** iskeä/lyödä/hajota säpäleiksi, särkeä, särkyä, pirstoa, pirstoutua **2** musertaa, piestä (vastustaja), kukistaa, tukahduttaa (kapina) **3** lyödä, pamauttaa **4** törmätä, ajaa päin jotakin *the car smashed into the wall* auto törmäsi seinään *he smashed the car into the wall* hän törmäsi autollaan seinään

3 smash adj menestyksekäs
smashed adj (sl) päissään, kännissä
smash hit s suurmenestys
smashing adj **1** loistava, erinomainen **2** murskaava, musertava
smash-up s (ketju)kolari
smatter [smætər] v puhua (jotakin kieltä) ontuen
smattering [smætəriŋ] s pinnalliset tiedot jostakin (of)
1 smear [smɪər] s tahra (myös kuv), läiskä *that is a smear on his reputation* se tahraa hänen mainettaan
2 smear v **1** levittää **2** tahria, tahrata, tahraantua, sotkea, sotkeentua, töhriä **3** (kuv) tahrata (maine)
smear campaign s yritys/yritykset tahrata jonkun (poliitikon tms) maine, mustamaalaus(kampanja)
1 smell [smel] s haju
2 smell v smelled, smelled/smelt **1** haista, haista pahalta, tuoksua **2** haistaa **3** vaikuttaa joltakin (of) **4** (ark) olla huono/surkea
smell about v nuuskia, kysellä, etsiä, tutkia
smell a rat fr haistaa palaneen käryä
smell around v nuuskia, kysellä, etsiä, tutkia
smell fishy fr (ark) vaikuttaa epäilyttävältä
smell like a rose fr (ark) olla viaton, puhdas kuin pulmunen
smell out v nuuskia jotakin selville
smell up v levittää pahaa hajua jonnekin, täyttää pahalla hajulla
smelly adj pahanhajuinen, haiseva
smelt [smelt] v **1** ks smell **2** sulattaa (metallia)
smelter [smeltər] s **1** (metallin) sulattaja **2** sulatusuuni **3** sulatto
smeltery s sulatto
1 smile [smaɪəl] s hymy
2 smile v hymyillä *he smiled his way into that job* hän sai työpaikan hymyilemällä auliisti esimiehilleen
smile at v **1** hymyillä jollekulle/jollekin **2** vähätellä jotakin, ei ottaa tosissaan
1 smirk [smɜrk] s ylimielinen/omahyväinen hymy/virnistys

2 smirk v hymyillä/virnistää ylimielisesti/omahyväisesti
smith [smɪθ] s seppä
smithereens [ˌsmɪðəˈrinz] s (mon) sirpaleet, säpäleet *to break something into smithereens* iskeä jokin säpäleiksi
smithy [ˈsmɪθi] s (sepän) paja
smock [smak] s työtakki, työpaita
smog [smag] s savusumu
1 smoke [smoʊk] s **1** savu **2** (kuv) pelkkä puhe, olematon asia, savu *to go up in smoke* haihtua savuna ilmaan **3** tupakointi: *let's have a smoke* vedetään sauhut
2 smoke v **1** savuta **2** tupakoida, polttaa (tupakkaa tms) *do you smoke?* poltatko? **3** savustaa (kalaa, lihaa)
smoke and mirrors s (sl) huijaus
smoke bomb s savupommi
smoke detector s savuhälytin, palohälytin
smokehouse [ˈsmoʊkˌhaʊs] s (kalan, lihan) savustamo
smokeless adj savuton
smokeout [ˈsmoʊkˌaʊt] s (tupakkalakkopäivä) savuton päivä
smoke out v savustaa joku ulos jostakin (myös kuv:) paljastaa, tuoda ilmi
smoker s **1** tupakoija **2** (junassa) tupakkavaunu, tupakkaosasto
smoke screen s **1** savuverho **2** (kuv) hämäys
smokey [ˈsmoʊki] s (mon smokeys) (sl) **1** liikkuva (poliisi) **2** liikkuvan poliisin auto
Smokey Bear [ˌsmoʊkiˈbeər] s (sl) liikkuva (poliisi)
smoking car s (junassa) tupakkavaunu
smoking gun s (ark) kiistaton todiste syyllisyydestä
smoking room s tupakkahuone, tupakointihuone
smoky adj savuava, savuinen
smolder [ˈsmoʊldər] v (tuli) kyteä (myös kuv)
1 smooch [smutʃ] s (ark) kuhertelu
2 smooch v **1** varastaa **2** kuherrella
smooching s (ark) kuhertelu
smooth [smuð] v tasoittaa, silittää adj **1** tasainen, sileä, siloinen, (vesi) tyyni *her Olds has a smooth ride* hänen Oldsmobilessaan on tasainen kyyti **2** rauhallinen, tyyni **3** (käytös) sulava, kohtelias
smooth-haired adj (koira) lyhytkarvainen
smoothie [ˈsmuði] s **1** (ark) mielistelijä, imartelija, sulavakäytöksinen henkilö **2** hedelmäpirtelö
smoothly adv ks smooth
smoothness s **1** tasaisuus, sileys, siloisuus, (veden) tyyneys **2** rauhallisuus, tyyneys **3** (käytöksen) sulavuus, kohteliaisuus
smooth operator ks smoothie
smooth over v vähätellä, lieventää, helpottaa
smother [ˈsmʌðər] v **1** tukehduttaa (kuoliaaksi), tukehtua (kuoliaaksi) **2** tukahduttaa, sammuttaa tukahduttamalla, tukahtua, sammua **3** (kuv) tukahduttaa (tunteet) **4** peittää jollakin (in) **5** hauduttaa (ruokaa)
1 smudge [smʌdʒ] s **1** tahra, läiskä **2** katku, tukahduttava savu **3** katkuava nuotio (jolla karkotetaan hyttysiä)
2 smudge v tahria, tahriintua, töhriä, liata, likaantua
smug [smʌg] adj ylimielinen, omahyväinen
smuggle [ˈsmʌgəl] v **1** salakuljettaa **2** viedä salaa
smuggler [ˈsmʌglər] s salakuljettaja
smuggling s salakuljetus
smugly adv ylimielisesti, omahyväisesti
smugness s ylimielisyys, omahyväisyys
1 smut [smʌt] s **1** (noki- tai muu) tahra **2** likainen kieli, rivous, säädyttömyys, ruokottomuus, ruokottomuudet
2 smut v noeta, tahria, töhriä
smuttiness s **1** tahraisuus, töhryisyys, likaisuus **2** (kielen) likaisuus, rivous, säädyttömyys
smutty adj **1** tahrainen, töhryinen, likainen **2** (kieli) likainen, rivo, säädytön, ruokoton
S/N *signal to noise* (ratio) signaalikohina(suhde)

snip

1 snack [snæk] s välipala *to go snacks* panna/jakaa (tulot, voitto) tasan

2 snack v syödä välipalaa, käydä välipalalla, haukata jotakin, panna/käydä panemassa suuhunsa jotakin

snafu [snæˈfu] s fiasko (lyhenne sanoista Situation Normal, All Fucked/Fouled Up) *it was a real snafu* se meni läskiksi

snail [sneɪəl] s (kuorellinen) etana (myös kuv:) vätys, hidas ihminen

snail kite s kotilohaukka

snail mail [ˈsneɪəlˌmeɪəl] s (ark) tavallinen posti, etanaposti

snail's pace *at a snail's pace* etanan vauhtia, hitaasti

1 snake [sneɪk] s **1** käärme **2** (kuv) kavala ihminen, käärme, kieroilija, liero

2 snake v (tie, joki ym) kiemurrella, luikerrella, mutkitella

snakebite [ˈsneɪkˌbaɪt] s käärmeen purema

snake in the grass s (kuv) käärme, kavala ihminen, kieroilija, liero

snake oil s **1** ihmelääke **2** (kuv, sl) huiputus, huijaus, tyhjät lupaukset

1 snap [snæp] s napsahdus

2 snap v **1** napsahtaa, napsauttaa, näpäyttää, (piiskalla) sivaltaa **2** katkaista, katketa **3** puraista, näykkäistä, haukata **4** (valokuvata) räpsiä, näpsiä (kuvia) **5** tiuskaista, laukoa (käskyjä) *to snap someone's head off* suuttua jollekulle, antaa jonkun kuulla kunniansa

snap at v **1** näykkäistä, puraista **2** tiuskaista, äksyillä jollekulle

snap out of v päästä (eroon) jostakin, päästä jonkin yli (kuv)

snapper s (kala) napsija

snapshot [ˈsnæpˌʃat] s äkkiä otettu valokuva

snap to v **1** (sotilaista) ottaa asento **2** (kuv) ryhdistäytyä, parantaa tapansa

snap up v (kuv) tarttua johonkin, viedä/ostaa heti/käsistä

snap your fingers at fr vähät välittää jostakin

1 snare [sneər] s ansa

2 snare v **1** pyydystää, saada ansaan **2** (kuv) houkutella (ansaan)

snare drum s pikkurumpu

snarky [snarki] adj (sl) äksy, kärttyisä

1 snarl [snarəl] s **1** murina; murahdus **2** vyyhti (myös kuv) *traffic snarl* liikenneruuhka

2 snarl v **1** (koira) muristа (ja näyttää hampaitaan) **2** (ihminen) muristа (tyytymättömänä, vihaisena), murahtaa **3** sotkea vyyhdiksi, sekoittaa, tukkia (liikenne)

1 snatch [snætʃ] s **1** *to make a snatch at something* (yrittää) tarttua johonkin **2** pätkä, jakso, pala, palanen **3** (sl) sieppaus, kidnappaus **4** (sl) vittu

2 snatch v **1** napata, tarttua **2** (sl) siepata, kidnapata

sneak [snik] v **1** hiipiä **2** sujauttaa, pujauttaa (vaivihkaa)

sneakers s (mon) lenkkarit

sneaking adj **1** vaivihkainen, salamyhkäinen **2** vilpillinen, epäluotettava **3** salainen *sneaking suspicion* häilyvä epäilys, kalvava tunne

sneak preview s (elokuvan) ennakkonäytäntö

sneaky adj **1** vaivihkainen, salavihkainen **2** epäluotettava

1 sneer [snɪər] s **1** ivallinen/pilkallinen virnistys/hymy **2** ivallinen/pilkallinen pisteliäs/kärkevä huomautus, piikki

2 sneer v **1** hymyillä/katsoa ivallisesti/pilkallisesti **2** ivata, pilkata, puhua ivallisesti/pilkaten jostakusta/jostakin (at)

1 sneeze [sniz] s aivastus

2 sneeze v aivastaa

sneeze at v *$100 is nothing to sneeze at* (ark) sata dollaria ei ole mikään pikkuraha

snide [snaɪd] adj (ark) ilkeä, ivallinen

1 sniff [snɪf] s **1** *to have a sniff at something* nuuskaista, haistaa jotakin **2** tuoksu, haju

2 sniff v **1** nuuskia, vetää ilmaa nenäänsä, nuuskaista, haistella, haistaa (liimaa) impata **2** (kuv) haistaa, vainuta

1 snigger [snɪgər] s (merkitsevä, osoitteleva) hihitys

2 snigger v hihittää (merkitsevästi, osoittelevasti)

1 snip [snɪp] s **1** leikkausliike **2** pala, palanen

2 snip v leikata, leikellä, saksia
snipe [snaɪp] v **1** ampua (kätköstä) **2** haukkua (jatkuvasti, ilkeästi), nalkuttaa, nälviä
sniper [snaɪpər] s sala-ampuja
snippet [snɪpət] s palanen, muru, siru
snit [snɪt] s (sl) raivokohtaus, raivari *to throw a snit* pillastua
snivel [snɪvəl] v **1** vetistellä, itkeä pillittää **2** ruikuttaa, marista **3** vetää (räkää) nenäänsä
snob [snab] s keikari, hienostelija
snobbish adj keikaroiva, hienosteleva; ylimielinen
snobby adj keikaroiva, hienosteleva; hienoston, hienosto-
snooker [snʊkər] s (eräs biljardilaji) snooker
snoop [snup] v nuuskia (toisten asioita), udella, pistää nenänsä (toisten asioihin)
snoopily adv (ark) (tungettelevan) uteliaasti
snoopy adj (ark) (tungettelevan) utelias, joka nuuskii/urkkii toisten asioita, joka pistää nenänsä toisten asioihin
1 snoot [snut] s **1** (ark) keikari, hienostelija **2** (sl nenä) nokka
2 snoot v kohdella ylimielisesti/alentavasti
snooty [snuti] adj (ark) keikaroiva, hienosteleva, ylimielinen
1 snooze [snuz] s torkut, nokoset
2 snooze v torkkua, ottaa nokoset
1 snore [snɔr] s kuorsaus
2 snore v kuorsata
1 snorkel [snɔrkəl] s (sukellusveneen tai sukeltajan) snorkkeli
2 snorkel v sukeltaa (snorkkelin avulla)
1 snort [snɔrt] s **1** (hevosen) pärskähdys **2** tuhahdus
2 snort v **1** (hevonen) pärskiä **2** tuhahtaa halveksivasti, sanoa tuhahtaen **3** (sl) nuuskata (kokaiinia), vetää (kokaiinia) sieraimiinsa
snot [snat] s **1** (alat) räkä **2** (ark) paskiainen
snotnosed [ˈsnatˌnoʊzd] adj **1** (ark) räkänokkainen **2** (ark) hävytön, röyhkeä, julkea, paskamainen
snotrag [ˈsnatˌræg] s (alat) nenäliina, räkärätti
snotty adj **1** (alat) räkäinen **2** (ark) keikaroiva; hävytön, röyhkeä, paskamainen
snout [snaʊt] s **1** kärsä (kuv myös nenästä), kuono **2** suutin, nokka
1 snow [snoʊ] s **1** lumi *(as) pure as the driven snow* puhdas (viaton) kuin pulmunen **2** lumisade **3** (sl) kokaiini; heroiini
2 snow v **1** sataa lunta **2** (sl) huijata, vetää nenästä **3** (sl) tehdä suuri vaikutus johonkuhun, viedä jalat alta
1 snowball [ˈsnoʊˌbaəl] s lumipallo
2 snowball v **1** heittää lumipalloja johonkuhun päin **2** kasvaa/kasvattaa suureksi, paisua/paisuttaa
snowball's chance in hell *to have a snowball's chance in hell* ei olla minkäänlaisia mahdollisuuksia
snowbank [ˈsnoʊˌbæŋk] s lumipenger
snow blindness s lumisokeus
snowcapped [ˈsnoʊˌkæpt] adj (vuori) lumihuippuinen
snowdrift [ˈsnoʊˌdrɪft] s **1** lumipenger **2** lumipyry
snowfall [ˈsnoʊˌfaəl] s **1** lumisade **2** lumisateen määrä
snowflake [ˈsnoʊˌfleɪk] s lumihiutale
snow flurry s lumipyry
snow goose s (mon snow geese) lumihanhi
snowjob [ˈsnoʊˌdʒab] s (imarteluun perustuva) hämäysyritys, sumutus (ark)
snow leopard s lumileopardi
snowmaking [ˈsnoʊˌmeɪkɪŋ] s (teko)lumenteko
snowman [ˈsnoʊˌmæn] s (mon snowmen) lumiukko
1 snowmobile [ˈsnoʊmoʊˌbiəl] s moottorikelkka
2 snowmobile v ajaa/kulkea/mennä moottorikelkalla
1 snowplow [ˈsnoʊˌplaʊ] s lumiaura
2 snowplow v aurata lunta
snow sheep s lumilammas
snowshoe [ˈsnoʊˌʃu] s lumikenkä, karpponen
snowshoe hare s lumikenkäjänis

snowslide [ˈsnoʊˌslaɪd] s lumivyöry
snowstorm [ˈsnoʊˌstɔrm] s lumimyrsky
snow tire s talvirengas
snow train s (juna joka kuljettaa väkeä hiihtokeskuksiin) hiihtolomajuna
snow under v **1** *to be snowed under* peittyä lumen alle, hautautua lumeen **2** (kuv) hukuttaa joku johonkin **3** (kuv) voittaa murskaavasti, päihittää, löylyttää
snow-white [ˌsnoʊˈwaɪt] adj lumivalkoinen, vitivalkoinen
snowy [snoʊi] adj **1** luminen *recently, the weather has been snowy* viime aikoina on satanut paljon lunta **2** lumivalkoinen
snowy owl s tunturipöllö
1 snub [snʌb] s **1** tyly/ynseä huomautus **2** tyrmäävä vastaus **3** loukkaus, näpäytys, piikikäs/kärkevä huomautus
2 snub v **1** ei olla huomaavinaankaan jotakuta, ei piitata jostakusta, kohdella tylysti/ynseästi **2** tyrmätä (ehdotus) **3** kiristää (köyttä) yhtäkkiä
3 snub adj tylppä, (kuv) tyly, (nenä) nykerö
snubby adj **1** (nenä) nykerö, (sormi) tylppä **3** (kuv) tyly, ynseä
snub-nosed [ˈsnʌbˌnoʊzd] adj **1** nykerönenäinen **2** tylppäkärkinen
1 snuff [snʌf] s **1** nuuskaiseminen, haistaminen **2** nuuska **3** *to be up to snuff* (ark) kelvata, täyttää vaatimukset **4** (kynttilän sydämen palanut osa) karsi
2 snuff v **1** nuuhkia, nuuhkaista, haistaa **2** nuuskata **3** leikata kynttilän karsi (sydämen palanut osa)
snuffer s nuuskaaja
1 snuffle [snʌfəl] s **1** nuuhkiminen **2** honotus **3** (mon) (nuhan ym aiheuttama) nenän tukos
2 snuffle v **1** nuuhkia, nuuskia **2** honottaa, puhua nenäänsä
snuff out v **1** sammuttaa **2** kukistaa, tukahduttaa **3** (ark) tappaa, nitistää, ottaa päiviltä
snug [snʌg] adj **1** mukava, kotoisa, kodikas **2** (vaate) istuva; (hieman) tiukka/piukka **3** pieni, ahdas **4** (taloudellisesti) hyvinvoiva **5** (kuv) tiivis (ryhmä)

1 snuggle [snʌgəl] s haliminen (ark)
2 snuggle v painautua (pehmeästi/hellästi) jotakuta/jotakin vasten, vetää (pehmeästi/hellästi) itseään vasten, halia (ark)
snugly adv ks snug
so [soʊ] adv **1** niin, näin *she's so pretty* hän on niin sievä *so much talk, so many promises* (niin) paljon puhetta, (niin) paljon lupauksia *do it so* tee (se) näin *you can get away with that just/only so many times* tuollaisesta selviät rangaistuksetta/kiinni jäämättä vain muutaman kerran, tuota et voi jatkaa loputtomiin/pitkään **2** kovasti, erittäin *I'm so sorry* pyydän kovasti anteeksi, olen kovasti pahoillani **3** (painokkaasti) *he did so!* tekipäs! **4** (viittaa aiemmin sanottuun) *I hope so* toivon niin, toivottavasti *she went home and so will I* hän lähti kotiin ja niin lähden minäkin *didn't I tell you so* enkö minä sanonut! konj siksi, jotta, joten *read it yourself so there is no misunderstanding* lue se itsekin jottei synny väärinkäsityksiä
So. Afr. *South Africa*
soak [soʊk] v **1** kastella/kastua läpimäräksi, liottaa **2** (ark) juoda itsensä känniin
soak in v (kuv: ymmärtää) mennä perille
soak up v **1** imeä (itseensä) *to be soaked up* imeytyä **2** (kuv) imeä itseensä (tietoa) **3** (sl) ryypätä
so-and-so [ˈsoʊənˌsoʊ] s (mon so-and-sos) **1** (nimeltä mainitsematon henkilö) se ja se **2** (paskiainen) sontiainen
1 soap [soʊp] s saippua
2 soap v saippuoida
soap bubble s saippuakupla (myös kuv)
soaper s (sl) saippuaooppera
soap opera s saippuaooppera
soapy adj **1** saippuainen **2** pehmeä **3** (ark) joka muistuttaa saippuaoopperaa, melodramaattinen
soar [sɔr] v kohota, nousta (korkealle) *her hopes soared* hänen toivonsa heräsi; hän alkoi toivoa suuria
soaring s purjelento

so as to [soəztʊ] fr jotta *he took a short-cut so as to be on time* hän ajoi oikotietä ehtiäkseen ajoissa perille
1 sob [sab] s nyyhkäisy, niiskutus
2 sob v nyyhkiä, niiskuttaa
sober [soʊbər] adj **1** selvä, raitis **2** hiljainen, rauhallinen, tyyni **3** vakava, juhlallinen **4** (vaatteet, pukeutuminen) hillitty **5** kaunistelematon, pelkkä, paljas **6** järkevä, harkittu, asiallinen
soberly adv ks sober
sober up v **1** selvitä (humalasta) **2** ryhdistäytyä, tulla järkiinsä
sob stuff s (sl) nyyhkyjutut
so-called ['soʊˌkald] adj niinsanottu
soccer [sakər] s jalkapallo
sociability [ˌsoʊʃə'bɪləti] s seurallisuus
sociable [soʊʃəbəl] adj seurallinen, ystävällinen, miellyttävä, (tilaisuus myös) mukava
social [soʊʃəl] adj **1** sosiaalinen, sosiaali-, yhteisö-, yhteiskunta-, yhteiskunnallinen **2** seurallinen, seura- *he is a very social fellow* hän on hyvin seurallinen, hän on hyvä seuraihminen *social and business life* seuraelämä ja työelämä *man is a social animal* ihminen on seuraeläin
social class s yhteiskuntaluokka
social democracy s sosiaalidemokratia
social democrat s sosiaalidemokaatti
social democratic party s sosiaalidemokraattinen puolue
socialism ['soʊʃəˌlɪzəm] s sosialismi
socialist [soʊʃəlɪst] s sosialisti adj sosialistinen, sosialisti-
socialistic [ˌsoʊʃə'lɪstɪc] adj sosialistinen
socialist realism s (taiteessa) sosialistinen realismi
socialite ['soʊʃəˌlaɪt] s seurapiirinainen, (mies) seurapiirileijona
socially adv ks social
social science s yhteiskuntatiede
social scientist s yhteiskuntatieteen tutkija, yhteiskuntatieteilijä
social security [ˌsoʊʃəlsə'kjərəti] s sosiaaliturva
social service s sosiaalipalvelu
social studies s (mon) yhteiskuntaoppi
social welfare s sosiaalipalvelu
social work s sosiaalityö
social worker s sosiaalityöntekijä
societal [sə'saɪətəl] adj yhteiskunnallinen
society [sə'saɪəti] s **1** yhteiskunta **2** seura, järjestö, yhdistys **3** (yhdessäolo) seura **4** seurapiirit adj seurapiiri-
sociobiology [ˌsoʊsiəbaɪ'alədʒi] s sosiobiologia
sociodrama ['soʊsiəˌdramə] s sosiodraama
socioeconomic [ˌsoʊsioʊˌikə'namɪk ˌsoʊʃioʊˌekə'namɪk] adj yhteiskunnallistaloudellinen, sosioekonominen
sociolinguistics [ˌsoʊsioʊlɪŋ'gwɪstɪks ˌsoʊʃiəlɪŋ'gwɪstɪks] s (verbi yksikössä) sosiolingvistiikka
sociological [ˌsoʊsiə'ladʒɪkəl ˌsoʊʃə-'ladʒɪkəl] adj sosiologinen
sociologically adv sosiologisesti
sociologist [ˌsoʊsɪ'alədʒɪst] s sosiologi
sociology [ˌsoʊsɪ'alədʒi] s sosiologia
sociopath ['soʊsiəˌpæθ] s sosiopaatti
sociopathic [ˌsoʊsiə'pæθɪk] adj sosiopaattinen
sociopathy [ˌsoʊsɪ'apəθi] s sosiopatia
sociopolitical [ˌsoʊsiəpə'lɪtɪkəl] adj yhteiskuntapoliittinen
sociotherapy [ˌsoʊsiə'θerəpi] s ryhmäterapia, sosioterapia
1 sock [sak] s (mon socks, joskus myös sox) sukka *to knock the socks off someone* (ark) saada sukat pyörimään jonkun jalassa, tehdä voimakas vaikutus johonkuhun
2 sock v (sl) iskeä, lyödä, täräyttää
sock away v panna sukan varteen, säästää
socket [sakət] s (tekn) istukka; (sähkö)pistorasia
sock in v sulkea (sään vuoksi)
sod [sad] s ruohoturve
soda [soʊdə] s **1** sooda **2** kivennäisvesi **3** pirtelö **4** virvoitusjuoma
soda fountain s jäätelöbaari
soda pop ['soʊdəˌpap] s limsa
soda water s **1** kivennäisvesi **2** virvoitusjuoma

sodium [soʊdiəm] s natrium

sodomite [ˈsadəˌmaɪt] s (ks sodomy) sodomiitti

sodomize [ˈsadəˌmaɪz] v (ks sodomy) harjoittaa sodomiaa jonkun kanssa; sekaantua eläimeen

sodomy [sadəmi] s **1** anaaliyhdyntä, sodomia **2** eläimiin sekaantuminen, sodomia

sofa [soʊfə] s sohva

sofa bed s vuodesohva

soft [saft] adj **1** pehmeä **2** (ääni) hiljainen **3** (valo) himmeä, (väri) pehmeä **4** hellä, lempeä; (tuomitsevasti:) peräänantavainen, pehmeä, heikko **5** (ark) helppo (työ) **6** *to be soft on someone* olla pihkassa/ihastunut/heikkona johonkuhun

softball [ˈsaftˌbaəl] s **1** (eräs baseballin versio) softball(peli) **2** softball-pallo

softballer s softballin (ks softball) pelaaja/ystävä

1 soft copy s (tietok) (monitorin) ruudulle tulostettu teksti/grafiikka

soft-core [ˌsaftˈkɔr] adj pehmeä (porno)

softcover [ˈsaftˌkʌvər] s taskukirja, pehmeäkantinen kirja adj pehmeäkantinen, tasku-

soft drink s alkoholiton juoma, virvoitusjuoma

soften [safən] v pehmentää, pehmentyä

softener [safənər] s pehmennin *fabric softener* (pyykinpesussa) huuhteluaine

soft energy s pehmeä energia, pehmeät energiamuodot, uusiutuva energia

soft focus s (valok) pehmeäpiirtokuva, soft focus -kuva

soft-headed adj hassahtanut, tärähtänyt, joka on pehmeä päästään

soft-hearted adj lempeä

softie [safti] s (ark) hyväuskoinen ihminen, pehmis

softish adj pehmeähkö

softkey [ˈsaftˌki] s (tietok) ohjelmoitava näppäin, toimintonäppäin

soft lens s pehmeä piilolasi

softly [safli] adv ks soft

soft pedal s **1** (pianossa) puoliäänipedaali **2** (ark kuv) jarru, vaimennin

soft-pedal v **1** käyttää (pianon) puoliäänipedaalia **2** (ark kuv) jarruttaa, vaimentaa, hillitä

soft porn s pehmeä porno

soft rock s soft rock

soft science s pehmeä tiede

soft shoulder s pehmeä tien piennar

softspoken [ˌsaftˈspoʊkən] adj (kuv) hillitty, rauhallinen

soft spot s (kuv) heikkous, akilleenkantapää

soft-top s **1** (avoauton) kangaskatto, rättikatto (ark) **2** kangaskattoinen auto, avoauto adj kangaskattoinen, avo-

software [ˈsaftˌweər] s **1** (tietokoneen) ohjelmat **2** (esim video-)ohjelmat, ohjelmisto

software radio s (tietok) pehmoradio, webradio

soggy [sagi] adj **1** läpimärkä, märkä **2** (kuv) raskas, raskassoutuinen, tylsä

1 soil [sɔɪəl] s **1** maaperä, maa *fertile soil* hedelmällinen maaperä **2** alue, maaperä *on American soil* Amerikassa, Amerikan maaperällä **3** (kuv) maaperä, kasvualusta

2 soil v **1** tahria, sotkea, liata **2** (kuv) tahria, tahrata (esim maineensa)

sojourn [ˈsoʊˌdʒɜrn] s oleskelu

sojourn [soʊˈdʒɜrn] v oleskella jossakin

1 solace [saləs] s lohdutus, lohtu

2 solace v lohduttaa

solar [soʊlər] adj auringon, aurinko-

solar cell s aurinkokenno

solar eclipse s auringonpimennys

solar energy s aurinkoenergia

solar house s aurinkotalo

solarium [səˈleriəm] s (mon solariums, solaria) solarium

solarization [ˌsoʊlərəˈzeɪʃən] s (valok) solarisaatio

solarize [ˈsoʊləˌraɪz] v **1** (valok) solarisoida **2** muuttaa (osittain) aurinkoenergialla toimivaksi

solar plexus s (lääk) sisuspunos

sold [sɔld] ks sell

1 solder [sadər] s juotosmetalli

2 solder v juottaa

soldering iron s juotin, juottokolvi

1 soldier [sɔldʒər] s sotilas

soldier

2 soldier v palvella sotilaana
soldier on v **1** pinnata/laiskotella työssään **2** pitää pintansa, purra hammasta, jatkaa sinnikkäästi (loppuun asti)
sole [soəl] s **1** jalanpohja **2** kengänpohja **3** (esineen) pohja, antura **4** (mon soles, sole) meriantura adj ainoa
solecism ['souləˌsɪzəm] s solesismi, kielivirhe
solely adv yksin, yksistään, yksinomaan
solemn [saləm] adj **1** vakava, totinen **2** juhlava, juhlallinen **3** (vakuutus) juhlallinen
solemnity [sə'lemnəti] s **1** juhlavuus, juhlallisuus **2** (us mon) juhlallisuus, juhlallisuudet
solemnize ['saləmˌnaɪz] v vihkiä (avioliittoon), toimittaa vihkimys/juhlamenot
solemnly adv **1** vakavasti, totisesti **2** juhlavasti, juhlallisesti **3** (vannoa) juhlallisesti, pyhästi
solenoid ['souləˌnoɪd] s (tekn) lieriökäämi, solenoidi
solicit [sə'lɪsɪt] v **1** anoa, hakea, yrittää saada (kannattajia); käydä vaalikampanjaa **2** kaupustella *no soliciting* kaupustelu kielletty **3** (prostituoitu) etsiä asiakkaita
solicitation [səˌlɪsə'teɪʃən] s **1** (kannattajien) kerääminen; vaalikampanja **2** anomus, hakemus **3** (prostituoidun harjoittama) asiakkaiden etsintä
solicitor [sə'lɪsɪtər] s **1** anoja, hakija **2** (kannattajien) kerääjä, vaalikampanjatyöntekijä **3** (UK) (valmisteleva) asianajaja (joka ei esiinny tuomioistuimessa, vrt *barrister*)
solicitor general s (mon solicitors general) (US) **1** (eräissä osavaltioissa) korkein oikeusviranomainen **2** (liittovaltion tasolla) oikeusministerin (Attorney General) jälkeen korkein oikeusviranomainen
solid [saləd] s **1** kiinteä aine; kiinteä ravinto **2** kiinteä kappale adj **1** (ei nestemäinen, ei kaasumainen) kiinteä, jähmeä, (ei ontto) kiinteä, umpinainen **2** (myös kuv) luja, vankka, vakaa, varma, luotettava **3** yhtenäinen, yhtäjaksoinen, täysi, kokonainen, aito

solidarity [ˌsalɪ'derəti] s yhteisvastuu, solidaarisuus
solidity [sə'lɪdəti] s **1** kiinteys, jähmeys, umpinaisuus **2** lujuus, vankkuus, varmuus, luotettavuus *the solidity of the evidence* todisteiden/todisteaineiston luotettavuus
solidly adv ks solid
solid-state [ˌsalɪd'steɪt] adj transistoroitu, elektroninen
solid with *to be in solid with* olla hyvissä väleissä jonkun kanssa
soliloquy [sə'lɪləˌkwi] s (mon soliloquies) yksinpuhelu
solitaire ['salɪˌteər] s pasianssi
solitary ['salɪˌteri] s *to be on solitary* olla eristyssellissä, ks *solitary confinement* adj yksinäinen
solitary confinement s eristyselli
solitude ['salɪˌtud] s yksinolo, yksinäisyys
1 solo [soulou] s (mon solos, soli) (mus, baletti) soolo, yksinesitys, yksinlauluesitys, yksintanssiesitys, (laajemmin:) yksinlento
2 solo v **1** (mus) esittää soolo **2** tehdä yksin
3 solo adj (mus ja laajemmin) soolo-, yksin-
4 solo adv yksin
soloist [souloəst] s solisti
Solomon Islands [saləmən] (mon) Salomonsaaret
so long [sə'laŋ] fr (ark) näkemiin, hyvästi
solstice [solstɪs] s päivänseisaus *summer solstice* kesäpäivänseisaus *winter solstice* talvipäivänseisaus
solubility [ˌsaljə'bɪləti] s liukenevuus
soluble [saljəbəl] adj **1** (esim veteen) liukeneva **2** joka on ratkaistavissa, joka voidaan ratkaista
solution [səluʃən] s **1** ratkaisu **2** liukeneminen **3** liuos
solvable [salvəbəl] adj joka voidaan ratkaista
solve [saəlv] v ratkaista
solvency [salvənsi] s maksukyky
solvent [salvənt] s liuotin, liuote adj **1** maksukykyinen **2** liuottava

Somalia [soˈmaliə]
Somalian s, adj somalilainen
somber [sambər] adj synkkä (myös kuv)
sombrero [səmˈbreroʊ] s (mon sombreros) sombrero
some [sʌm] adj, pron **1** (monikollisen substantiivin kanssa tai sellaiseen viitaten) suomennetaan partitiivilla tai esim sanoilla muutama, muutamia, jokunen, jotkut, toiset *he brought some books* hän toi kirjoja, hän toi muutaman kirjan *some children came to visit* meille tuli kylään lapsia/muutama lapsi *some do, some don't* jotkut (esim) suostuvat, jotkut eivät *some of them are crazy* toiset heistä ovat hulluja *I'm going to buy some apples, would you like some?* menen ostamaan omenia, haluaisitko sinäkin muutaman? **2** (yksiköllisen substantiivin kanssa tai sellaiseen viitaten) suomennetaan esim partitiivilla *he has some money* hänellä on rahaa *some of the food was pretty good* ruuasta oli osa ihan hyvää *how about some coffee?* maistuisiko kahvi? *yes, I would like some* kyllä, minulle maistuisi **3** joku, jokin, eräs *some day* jonain päivänä *some idiot has taken all the matches* joku hullu on vienyt mennessään kaikki tulitikut *some of them are very beautiful* eräät niistä ovat oikein kauniita, osa niistä on oikein kauniita **4** melkoinen *that was some lie you just told her* sinä valehtelit hänelle melkoisen paksusti adv **5** noin, suunnilleen *some ten years ago* kymmenisen vuotta sitten **6** (ark) hieman, vähän *she was taken aback some* hän säpsähti pikkuisen
somebody [ˈsʌmˌbʌdi] s tärkeä ihminen *everybody who is somebody was there* paikalla oli koko kerma pron joku *somebody's got to help me* jonkun on pakko auttaa minua *somebody else* joku muu, joku toinen
someday [ˈsʌmˌdeɪ] adv joskus, jonain päivänä
somehow [ˈsʌmˌhaʊ] adv jotenkin *although drunk, he managed to get home somehow* hän selvisi joten kuten kotiinsa vaikka olikin juovuksissa
somehow or other fr jotenkin, tavalla tai toisella, jollain keinolla
someone [ˈsʌmˌwʌn] pron joku *someone please call an ambulance* voisiko joku soittaa sairasauton? *someone else* joku toinen, joku muu *someone from your office called* työpaikaltasi soitti joku
SUM1 (tekstiviestissä, sähköpostissa) *someone*
1 somersault [ˈsʌmərˌsɔːlt] s **1** kuperkeikka **2** (kuv) täyskäännös
2 somersault v tehdä kuperkeikka
something [ˈsʌmˌθɪŋ] s (ark) *that car is really something!* siinäpä vasta auto! adv **1** jonkinlainen, jossain määrin *she is something of a celebrity here* hän on tällä päin jonkinlainen julkkis/kuuluisuus **2** (ark) erittäin *the guy looked at me something crazy* kaveri mulkoili minua hullun lailla pron **1** jokin, jotakin *something new* jotain uutta *something else* jotakin muuta *you're really something else!* sinä se olet melkoinen tapaus! **2** vähän päälle: *the ticket cost me twenty something dollars* lippu maksoi reilut kaksikymmentä dollaria
sometime [ˈsʌmˌtaɪm] adj entinen *she's a sometime colleague of my wife's* hän on vaimoni entinen työtoveri adv joskus *sometime after two p.m.* joskus kello 14:n jälkeen *sometime this week* joskus tällä viikolla *sometime soon* pian, piakkoin
sometimes adv joskus, toisinaan
someway [ˈsʌmˌweɪ] adv jotekin, tavalla tai toisella
somewhat [ˈsʌmˌwʌt] adv hieman, hiukan, jonkin verran *it's somewhat too expensive* se on hieman liian kallis
somewhere [ˈsʌmˌweər] adv **1** jossakin, jossain, jonnekin *she wished she were somewhere else* hän toivoi että hän olisi ollut jossakin muualla *from somewhere* jostakin **2** paikkeilla, tienoilla: *the temperature was somewhere around 80* lämpötila oli 30 (celsius)asteen paikkeilla *there were somewhere between*

two hundred and four hundred people there paikalla oli 200–400 ihmistä
somewheres adv (ei yleiskieltä) jossakin, jonnekin
somnambulate [səmˈnæmbjəˌleɪt] v kävellä unissaan
somnambulism [səmˈnæmbjəˌlɪzəm] s unissakävely
somnambulist [səmˈnæmbjəˌlɪst] s unissakävelijä
so much as [souˈmʌtʃəz] fr edes *she did not so much as look at me* hän ei vilkaissutkaan/edes vilkaissut minuun päin
so much for that fr se siitä
son [sʌn] s **1** poika **2** (puhutteluna) poikaseni **3** *the Son* Kristus, Ihmisen Poika
sonar [ˈsounaər] s (eräänlainen kaikuluotain) sonar
sonata [səˈnatə] s sonaatti
song [saŋ] s **1** laulu **2** *to buy/get something for a song* ostaa/saada jokin erittäin halvalla/pikkurahalla
song and dance *to go into your song and dance about something* ruveta kovasti selittelemään jotakin, esittää kaikenlaisia verukkeita
songfest [ˈsaŋfest] s laulujuhla
songster [saŋstər] s **1** laulaja **2** säveltäjä **3** runoilija
songstress [ˈsaŋstrəs] s laulaja(tar)
song thrush [θrʌʃ] s laulurastas
songwriter [ˈsaŋˌraɪtər] s (laulujen) säveltäjä ja/tai sanoittaja
sonic [sanɪk] adj ääni-
sonic barrier s äänivalli
sonic boom s ääntä nopeamman lentokoneen ym aiheuttama paineaalto
son-in-law [ˈsʌnɪnˌla] s (mon sons-in-law) vävy, tyttären mies
sonnet [sanət] s (14-säkeinen runo) sonetti
son of a bitch [ˌsʌnəvəˈbɪtʃ] s (mon sons of bitches) (sl) **1** paskiainen **2** paska homma/juttu/reissu interj (sl) hitto!, helvetti!, perkele!
son of a gun s (mon sons of guns) (sl) **1** kelmi, konna, ryökäle **2** aika veitikka, kelpo kaveri **3** mäntti homma/juttu interj pahus!, hitto!, vietävä!
Son of Man s (Kristus) Ihmisen Poika

Sonora Desert [səˌnɔrə ˈdezərt] Sonoran aavikko (Arizonassa ja Kaliforniassa)
soon [sun] adv **1** pian, kohta *as soon as possible* mahdollisimman pian *as soon as he had packed his bags* heti kun hän oli saanut laukkunsa pakatuiksi *soon after her divorce* pian avioeronsa jäkeen *it's too soon to tell what will happen* on liian aikaista sanoa miten käy **2** (toiveesta, halusta:) *I would as soon stay with you if you don't mind* jään mieluummin sinun luoksesi jos se sopii
sooner adv (komparatiivi sanasta *soon*) **1** aikaisemmin, ennemmin *no sooner had he bought the car than it broke down* auto hajosi heti kun hän oli ostanut sen *no sooner said than done* sanottu ja tehty **2** mieluummin
sooner or later fr ennemmin tai myöhemmin
soonest adv (superlatiivi sanasta *soon*) mahdollisimman pian *I want you to come over soonest* haluan että tulet tänne pikimmiten
1 soot [sʊt] s noki
2 soot v noeta
soothe [suð] v lievittää, helpottaa (kipua, oloa), rauhoittaa
soothing adj rauhoittava, (oloa) helpottava, lievittävä
soothingly adv rauhoittavasti, rauhoittavan, lievittävästi
soothsayer [ˈsuθˌseɪər] s ennustaja, povaaja
soothsaying s ennustaminen, povaus
sooty [sʊti] adj nokinen
sophism [safɪzəm] s **1** viisastelu **2** virhepäätelmä
sophist [safɪst] s **1** (hist) sofisti **2** viisastelija **3** filosofi
sophisticate [səˈfɪstɪkət] s hieno ihminen; hienostelija
sophisticated [səˈfɪstəˌkeɪtəd] adj **1** hienostunut, sivistynyt, tyylikäs, aistikas, kultivoitunut, elegantti *she has sophisticated tastes* hänellä on hieno maku **2** mutkikas, monimutkainen, kehittynyt, edistynyt *a sophisticated computer* pitkälle kehitetty tietokone

sophistication [sə‚fɪstə'keɪʃən] s **1** hienostuneisuus, sivistyneisyys, tyylikkyys, aistikkuus, kultivoituneisuus, eleganssi **2** mutkikkuus, monimutkaisuus, kehittyneisyys, edistyneisyys

sophomore ['safə‚mor] s toisen vuoden opiskelija (lukiossa, collegessa)

soporific [‚soʊpə'rɪfɪk] s unilääke adj **1** unettava, nukuttava **2** (kuv) pitkäveteinen, ikävystyttävä, väsyttävä, nukuttava

soppy [sapi] adj märkä, vetinen

soprano [sə'prænoʊ] s (mon sopranos) sopraano (ääni tai laulaja)

sorbitol ['sɔrbɪ‚taəl] s sorbitoli

sorcerer [sɔrsərər] s noita, taikuri

sorceress [sɔrsərəs] s (naispuolinen) noita, taikuri

sorcery [sɔrsəri] s noituus, taikuus

sordid [sɔrdɪd] adj **1** alhainen **2** kurja, surkea, viheliäinen

sordidly adv **1** alhaisesti **2** kurjasti, surkeasti

sordidness s **1** alhaisuus **2** kurjuus, surkeus

sore [sɔr] s **1** haava, arka kohta (ruumiissa) **2** (kuv) arka paikka, kipeä paikka adj **1** arka, kipeä **2** (kuv) arka, kipeä **3** (ark) kiukkuinen, ärtynyt, joka on pahalla päällä

sorely adv **1** arasti, kipeästi **2** (kuv) kovasti *he sorely misses her* hän kaipaa naista kipeästi

soreness s **1** kipu, arkuus **2** (kuv) kiukku

SorG (tekstiviestissä, sähköpostissa) *straight or gay?*

sorgum [sɔrgəm] s (kasvi) durra

sorority [sə'rɔrəti] s naisopiskelijoiden yhdistys

sorrily adv **1** surullisesti **2** surkeasti, kehnosti

1 sorrow [saroʊ] s suru

2 sorrow v surra

sorrowful adj surullinen

sorrowfully adv surullisesti

sorry [sari] adj **1** *to be sorry for something* olla pahoillaan jostakin, katua jotakin, surra jotakin **2** surkea, kehno, heikko *that's a sorry state of affairs* asiat ovat huonolla mallilla **3** anteeksi *(I am) sorry, I did not mean to hurt you* (pyydän) anteeksi, tarkoitukseni ei ollut loukata sinua

1 sort [sɔrt] s **1** laji, sortti (ark) *there were all sorts of people there* siellä oli kaikenlaista väkeä *what sort of book are you talking about?* minkä tyyppistä kirjaa tarkoitat? **2** eräänlainen, jonkinlainen, keskinkertainen *she's a sort of photographer* hän on jonkinlainen valokuvaaja *he's an artist of a sort* hän on jonkinlainen taiteilija **3** *to be out of sorts* olla maassa/masentunut; olla huonossa kunnossa, ei voida hyvin, sairastella; olla pahalla päällä/tuulella

2 sort v lajitella, jakaa ryhmiin

sorter s lajittelija

sort of adv aika, melko, jotenkin *it's sort of sad that she had to move* on (tavallaan) kurjaa että hän joutui muuttamaan

sort out v **1** lajitella, jakaa ryhmiin **2** ratketa, päättyä *let's see how this mess sorts out* katsotaan mihin tämä sotku johtaa **3** järjestää, panna järjestykseen/kuntoon

SOS (kansainvälinen hätämerkki) SOS

so-so ['soʊ‚soʊ] adj (ark) kohtalainen

so that konj jotta

so to speak [‚soʊtə'spik] fr niin sanoakseni/sanoaksemme

soufflé [su'fleɪ] s (ruoka) kohokas

sought [sat] ks seek

sought after *to be much sought after* olla kysytty/haluttu

soul [soəl] s **1** sielu *the immortal soul* kuolematon sielu **2** (kuv) olemus, sielu, sisin, ydin *with all her soul* koko sielullaan **3** ihminen, sielu *there was not a soul in sight* näkyvissä ei ollut ristin sielua **4** (kuolleen) haamu, sielu **5** ruumiillistuma *she is the soul of goodness* hän on itse hyvyys **6** (mus) soul

soul brother s (ark) musta mies

soulful adj sielukas

soulfully adv sielukkaasti

soulless adj **1** sieluton **2** (kuv) sieluton, hengetön, tunteeton, (työ) yksitoikkoinen

soul music s soulmusiikki

soul-searching

soul-searching s itsetutkistelu
soul sister s (ark) musta nainen
1 sound [saʊnd] s **1** ääni *the speed of sound* äänennopeus *I could hear the sound of his voice* kuulin hänen äänensä *funny sounds came from the other room* toisesta huoneesta kuului outoja ääniä **2** (kielen) äänne **3** vaikutelma *by the sound of it he had a good time* kuulostaa siltä että hänellä oli hauskaa **4** salmi, (vesistön) kapeikko **5** merenlahti *Puget Sound* Pugetinlahti
2 sound v **1** kuulua, soida *a bang sounded in the distance* kaukaa kuului pamahdus **2** kuulostaa joltakin *it sounds odd that she should be mad* kuulostaa uskomattomalta että hän on vihainen **3** (lääk) koputtaa, tutkia koputtamalla **4** luodata, mitata **5** (kuv) tutkia, luodata
3 sound adj **1** terve, ehjä, vahingoittumaton *to arrive safe and sound* tulla perille ehjänä/ehjin nahoin **2** (taloudellisesti) vakaa, varma, turvallinen **3** viisas, pätevä *sound advice* viisas neuvo **4** (uni) sikeä **5** perinpohjainen, perusteellinen
4 sound adv perusteellisesti, läpikotaisin *the child is sound asleep* lapsi nukkuu sikeästi
sound barrier s äänivalli *to break the sound barrier* rikkoa äänivalli
1 sound bite ['saʊnd,baɪt] s naseva vastaus haastattelijan kysymykseen tai muu ytimekäs repliikki joka soveltuu televisiossa moneen kertaan toistettavaksi *Senator Brown has a knack for sound bites* senaattori Brown osaa ilmaista itsensä televisiossa ytimekkäästi
2 sound bite v **1** pakottaa poliitikko vastaamaan lyhyesti **2** (kuvanauhan koostajasta) leikata haastateltavan vastaus lyhyeksi
sound effect s (esim elokuvassa) äänitehoste
sound film s **1** äänifilmi **2** äänielokuva
sounding s luotaus
sounding balloon s säähavaintopallo
sounding board s **1** (akustisen soittimen) kaikupohja **2** (kuv) kaikupohja
soundless adj äänetön, hiljainen
soundlessly adv äänettömästi, hiljaa
soundlessness s äänettömyys, hiljaisuus
sound out v kuulostella *sound him out* yritä saada selville mitä hän ajattelee asiasta
soundproof ['saʊnd,pruːf] adj äänieristetty
sound recording s äänitys
sound recordist s äänittäjä
soundtrack ['saʊnd,træk] s **1** filmin ääniraita **2** elokuvan musiikki
soundwave ['saʊnd,weɪv] s ääniaalto
soup [suːp] s keitto, liemi, soppa *to be in the soup* (ark) olla nesteessä/pulassa *from soup to nuts* alusta loppuun
soup kitchen ['suːp,kɪtʃən] s (ilmainen) ruuanjakelu (köyhille), kenttäkeittiö
soup plate s liemilautanen
soup spoon s liemilusikka
soup-to-nuts adj **1** (ateria) monen ruokalajin **2** (ark) täydellinen
soup up v (sl) **1** virittää (moottoria) **2** (kuv) elävöittää, vilkastuttaa, piristää, tuoda eloa johonkin, panna vauhtia johonkin
soupy adj **1** sakea **2** (ark, kuv) imelä
sour [saʊər] v **1** hapata, hapantua, hapattaa **2** (kuv) pilata, huonontaa **3** (kuv) katkeroitua, katkeroittaa adj **1** hapan **2** pilaantunut, hapan *to turn sour* hapantua, pilaantua **3** (kuv) hapan, myrtynyt, katkera; vastenmielinen, ikävä
source [sɔːrs] s **1** (joen) lähde, alkulähde **2** (kuv) lähde, alkulähde, alkuperä *the source of a problem* ongelman syy
source language s (käännöksen) alkukieli, lähtökieli, lähdekieli
source material s lähdeaineisto
sour cream s hapankerma
sourdough ['saʊər,doʊ] s hapatus, hapantaikina
sour grapes fr *it was sour grapes* (kuv) happamia, sanoi kettu pihlajanmarjoista
sourly adv (kuv) happamesti, katkerasti
south [saʊθ] s **1** etelä **2** *the South* (Yhdysvaltain) etelä (valtiot) *Deep South* (Yhdysvaltain) syvä etelä adj eteläinen, etelä- adv etelässä, etelään
South Africa Etelä-Afrikka

soybean oil

South African s, adj eteläafrikkalainen
South America Etelä-Amerikka
Southampton [ˌsaʊθˈhæmptən]
South Australia Etelä-Australia
southbound [ˈsaʊθˌbaʊnd] adv joka on matkalla etelään, etelän suuntainen
South Carolina [ˌsaʊθˌkerəˈlaɪnə] Etelä-Carolina
South China Sea Etelä-Kiinan meri, Nan Hai
South Dakota [ˌsaʊθdəˈkoʊtə] Etelä-Dakota
southeast [ˌsaʊθˈist] s **1** kaakko **2** *the Southeast* (Yhdysvaltain) kaakkoisosa, kaakkoiset osavaltiot adj kaakkoinen, kaakkois- adv kaakossa, kaakkoon
southeaster s kaakkoistuuli, kaakkoinen
southeasterly adj kaakkoinen, kaakkois- adv kaakosta, kaakkoon
Southeasterner s Yhdysvaltain kaakkoisosan asukas
southerly [sʌðərli] s etelätuuli adj eteläinen, etelä- adv etelään
southern [sʌðərn] s **1** etelämaalainen **2** (Yhdysvalloissa) etelävaltiolainen adj **1** eteläinen, etelä-, etelän **2** *Southern* Yhdysvaltain eteläosan, etelävaltioiden
Southern Cross (tähdistö) Etelän risti
Southern Crown (tähdistö) Etelän kruunu
southern hemisphere s eteläinen pallonpuolisko
southernmost [ˈsʌðərnˌmoʊst] adj eteläisin
Southern opossum [əˈpasəm] s isokorvapossumi
southern pudu s (eläin) pudu
southern reedbuck [ˈridˌbʌk] s isoruokoantilooppi
Southern Triangle (tähdistö) Etelän kolmio
South Korea Etelä-Korea, Korean tasavalta
South Korean s, adj eteläkorealainen
southmost [ˈsaʊθˌmoʊst] adj eteläisin
South Pacific [ˌsaʊθpəˈsɪfɪk] Etelä-Tyynimeri
southpaw [ˈsaʊθˌpa] s (ark) vasuri, vasenkätinen

South Pole s etelänapa
South Sea Islands [ˌsaʊθsiˈaɪlənz] (mon) Etelämeren saaret
South Seas [ˌsaʊθˈsiz] (mon) Etelämeri
southward [ˈsaʊθˌwərd] adj eteläinen, etelään avautuva/suuntautuva adv etelään
southwards adv etelään
southwest [ˌsaʊθˈwest] s **1** lounas **2** *the Southwest* (Yhdysvaltain) lounaisosa, lounaiset osavaltiot adj lounainen, lounais- adv lounaassa, lounaaseen
southwester s lounaistuuli, lounainen
southwesterly adj lounainen, lounais- adv lounaasta, lounaaseen
Southwesterner s Yhdysvaltain lounaisosan asukas
southwestward adj lounainen, lounaaseen avautuva/suuntautuva adv lounaaseen
southwestwards adv lounaaseen
souvenir [ˌsuvəˈnɪər] s matkamuisto
sou'wester [ˌsaʊˈwestər] s **1** (päähine) syydvesti **2** (merimiesten) sadetakki
sovereign [savrən] s hallitsija, suvereeni adj **1** täysivaltainen, itsenäinen **2** kuninkaallinen **3** ylin, korkein, korkea-arvoisin **4** ylivoimainen, paras, suvereeni
sovereignty [savrənti] s **1** täysivaltaisuus, itsenäisyys, suvereenius **2** kuninkaallisuus **3** ylin/korkein valta **4** itsehallintoalue
soviet [soʊviət] s **1** neuvosto **2** *Soviet* (us mon) neuvostoliittolainen adj **1** neuvosto- **2** *Soviet* nevostoliittolainen, Neuvostoliiton
Soviet Union [ˌsoʊviətˈjunjən] (hist) Neuvostoliitto
sow [saʊ] s **1** emakko **2** (esim karhun) naaras
sow [soʊ] v sowed, sown/sowed: kylvää (myös kuv) *you reap what you sow* mitä ihminen kylvää sitä hän myös niittää
so what fr entä sitten?, mitä sitten?, mitä siitä?
sox ks sock
soy [sɔɪ] s soija, soijapapu
soybean [ˈsɔɪˌbin] s soijapapu, soija
soybean oil s soijaöljy

soy flour s soijajauho
soy sauce s soijakastike
S & P *Standard and Poor's*
Sp. *Spain; Spanish*
1 space [speɪs] s **1** avaruus **2** tila, paikka, väli *lack of space* tilan puute, ahtaus *there's still space left here for more people* tänne mahtuu lisää väkeä, täällä on vielä vapaita paikkoja *there was no more space on the nine o'clock train* yhdeksän junassa ei enää ollut paikkoja/tilaa *parking space* pysäköintipaikka *leave enought space between the lines* kirjoita rivit tarpeeksi harvaan, jätä tarpeeksi tyhjää rivien väliin **3** kohta *fill out/in all the blank spaces* täytä kaikki tyhjät kohdat **4** aika *in the space of four days* neljässä päivässä
2 space v jättää tyhjää/väliä johonkin, erottaa toisistaan
space-age adj avaruusajan
space bar s (kirjoituskoneessa, tietokoneessa) välilyöntinäppäin
space cadet s (sl) tärähtänyt, kaheli, joku joka elää omissa maailmoissaan
space capsule s avaruuskapseli
space carrier s kantoraketti
spacecraft ['speɪsˌkræft] s (mon spacecraft) avaruusalus
spaced [speɪst] adj konekirjoituksessa yms rivivälistä: *single-spaced* ykkösrivivälillä kirjoitettu/tulostettu (rivien välissä ei tyhjää) *double-spaced* kakkosrivivälillä kirjoitettu/tulostettu (rivien välissä yksi tyhjä rivi)
spaced-out adj (sl) **1** joka on (huume)pilvessä **2** (kuv) jolla ei ole jalat maassa, jolla on pää pilvissä
spaceflight ['speɪsˌflaɪt] s avaruuslento
Spacelab ['speɪsˌlæb] s (eurooppalainen avaruuslaboratorio) Spacelab
spaceless adj ääretön, suunnaton, rajaton
spaceman ['speɪsˌmæn] s (mon spacemen) **1** astronautti **2** avaruusolento
space medicine s avaruuslääketiede
space out v erottaa toisistaan, levittää, jättää enemmän väliä johonkin
space platform s avaruusasema
space probe s avaruusluotain

space-saving adj tilaa säästävä, pieni(kokoinen)
spaceship ['speɪsˌʃɪp] s avaruusalus
space station s avaruusasema
spacesuit ['speɪsˌsut] s avaruuspuku
space-time s (suhteellisuusteoriassa) aika-avaruus
space-time continuum ks space-time
space travel s avaruuslennot
space walk s avaruuskävely
spacewoman ['speɪsˌwʊmən] s (mon spacewomen) (naispuolinen) astronautti
spacing s (konekirjoituksessa yms) riviväli
spacious [speɪʃəs] adj **1** tilava **2** laaja; lakea
spade [speɪd] s **1** lapio *to call a spade a spade* puhua suoraan; suoraan sanoen **2** (pelikorteissa) pata *spades is trump* pata on valttia **3** (sl) musta (ihminen) **4** *in spades* (ark) erittäin, täysi; suoraan, siekailematta
spaghetti [spəˈgeti] s spagetti
spaghetti western s (italialainen lännenelokuva) spagettiwestern, italowestern
Spain [speɪn] s Espanja
1 spam [spæm] s (tietok) sähköpostimainos, roskameili, roskaposti
2 spam v (tietok) lähettää roskapostia
spamdexing s (tietok) roskaindeksointi
spam filter s (tietok) roskapostisuodatin
1 span [spæn] s **1** vaaksa **2** väli, etäisyys, (sillan) kaari, (lentokoneen siiven) kärkiväli **3** aika, jakso **4** valjakko
2 span v **1** mitata vaaksalla **2** ulottaa/ulottua jostakin johonkin *the history of our company spans three generations* yhtiömme juontaa juurensa kolmen sukupolven takaa *the Bay Bridge spans San Francisco Bay* Bay Bridgen silta ylittää San Franciscon lahden
1 spangle [spæŋgəl] s (kiiltävä puvun koriste) paljetti
2 spangle v **1** koristella paljeteilla **2** kimallella, säkenöidä
Spaniard [spænjərd] s espanjalainen
spaniel [spænjəl] s spanieli
Spanish s espanjan kieli s, adj espanjalainen, espanjankielinen

Spanish-walk v marssittaa (joku väkisin ulos/jonnekin)
1 spank [spæŋk] s läimäys, läimäytys
2 spank v läimäyttää *dad will spank you if you don't do your homework* saat isältä selkään jos et lue läksyjä
spanking s selkäsauna *to get a spanking* saada piiskaa, (kuv) saada sapiskaa adj **1** vikkelä, ripeä **2** (ark) upea, komea
spanner s (UK) lenkkiavain *adjustable spanner* jakoavain
1 spar [spar] s salko, masto, puomi
2 spar v **1** (nyrkkeilijä) harjoitella **2** nyrkkeillä **3** riidellä, kinata
1 spare [speər] s ylimääräinen osa, varaosa, (autossa) vararengas
2 spare v **1** säästää joku joltakin *to spare the enemy* säästää vihollinen rangaistuksilta *spare me your boring jokes* älä viitsi kertoa minulle tylsiä vitsejäsi **2** liietä *can you spare a dime?* liikeneekö sinulta kymmenen centiä? **3** *to have something to spare* olla ylimääräistä, jäädä yli
3 spare adj **1** vara-, ylimääräinen *spare part* varaosa *spare time* vapaa-aika **2** säästeliäs, säästäväinen; niukka, vähäinen
spare part varaosa
spareribs ['sper,rıbz] s (mon, ruuanlaitossa) kylki
spare time vapaa-aika
1 spark s kipinä
2 spark v kipinöidä, iskeä kipinöitä
1 sparkle [sparkəl] s kipinä
2 sparkle v **1** kipinöidä, iskeä kipinöitä **2** (kuv) kipinöidä, säkenöidä
sparkling water s kivennäisvesi
sparkly adj (kuv) kipinöivä, säkenöivä, vilkas, eloisa
spark plug s sytytystulppa
sparrow [speroʊ] s **1** sirkku **2** varpunen
sparrow hawk s varpushaukka
sparse [spars] adj vähäinen, niukka, harva
sparsely adv niukasti, harvaan, harvakseen
sparseness s vähäisyys, niukkuus
spasm [spæzəm] s kouristus

spasmodic [spæz'madık] adj **1** kouristuksellinen, spastinen **2** ajoittainen, satunnainen **3** ailahteleva, oikukas
spasmodically adv ks spasmodic
spastic [spæstık] s spastikko, aivovaurolapsi adj spastinen, kouristuksellinen
spat [spæt] ks spit
spate [speıt] s (kuv) tulva, ryöppy
spatial [speıʃəl] adj tilaa koskeva, tila-; avaruudellinen
spatially adv ks spatial
1 spatter [spætər] s **1** ripotus; sade **2** roiske, pärske
2 spatter v **1** ripotella; sade **2** roiskia, roiskua, pärskiä, pärskyä
spatterdock ['spætər,dak] s ulpukka
spatula [spætʊlə] s lasta
1 spawn [span] s **1** mäti, kutu **2** (kuv) jälkeläinen; jälkeläiset
2 spawn v **1** kutea **2** (kuv) synnyttää, herättää, jostakin seuraa jotakin
spay [speı] v steriloida (naaraseläin)
spaying [speıɪŋ] s (eläimen) sterilointi
spaz [spæz] s (sl) köntys
speak [spik] v spoke, spoken **1** puhua **2** keskustella, jutella, jutustaa, puhua **3** pitää puhe, esitelmöidä, puhua **4** *so to speak* niin sanoakseni/sanoaksemme, tavallaan
speak by the book fr puhua suulla suuremmalla
speaker s **1** puhuja, luennoija, esitelmöijä **2** (edustajainhuoneen yms) puhemies **3** kaiutin
speakerphone ['spikər,foʊn] s kaiutinpuhelin
speak for v **1** tukea, kannattaa jotakuta **2** puhua jonkun puolesta *speak for yourself* puhu vain omasta puolestasi **3** varata *she is already spoken for* hän ei enää ole vapaana, häntä on jo kosittu
speaking in tongues s kielillä puhuminen
speaking terms *to be on speaking terms with* tuntea joku (pinnallisesti); olla jonkun kanssa hyvissä väleissä *not be on speaking terms with* ei olla jonkun kanssa puheväleissä, olla riidoissa jonkun kanssa

speak of *there is no water to speak of in the wash* joen uomassa ei ole nimeksikään vettä
speak of the devil fr siinä paha missä mainitaan
speak out v ottaa kantaa, sanoa mitä ajattelee, puhua suoraan
speak up v 1 korottaa ääntään 2 ottaa kantaa, puhua suoraan
speak up for v puolustaa jotakuta
speak well for fr (kuv) olla merkki jostakin myönteisestä, puhua jonkun puolesta
speak your mind fr puhua suunsa puhtaaksi, sanoa mitä ajattelee
1 spear [spɪər] s 1 keihäs 2 (ruohon) korsi, (jyvän) itu
2 spear v 1 puhkaista, läpäistä 2 itää
1 spearhead ['spɪər‚hed] s 1 keihään kärki 2 (kuv) johtaja, tienraivaaja, uranuurtaja, esitaistelija
2 spearhead v johtaa, panna alulle, ottaa ensimmäisenä käyttöön, toimia jonkin puolesta esitaistelijana
spearmint ['spɪər‚mɪnt] s viherminttu
special [speʃəl] s 1 erikoistarjous 2 (televisiossa) erikoisohjelma adj erityinen, erikoinen, erityis-, erikois-, poikkeuksellinen, poikkeus- *a special situation* poikkeustilanne *what's so special about it?* mitä ihmeellistä siinä on? *she's very special to me* hän on minulle hyvin tärkeä
special delivery s pikaposti
special drawing rights s (tal) (Kansainvälisen valuuttarahaston) erityiset nosto-oikeudet
special education s erityiskasvatus
special effects s (mon) (elokuvan) (erikois)tehosteet
specialist [speʃəlɪst] s asiantuntija, spesialisti, (lääk) erikoislääkäri
specialization [‚speʃələ'zeɪʃən] s 1 erikoistuminen 2 erikoisala
specialize ['speʃə‚laɪz] v erikoistua johonkin (in)
specially adv erityisen, erikoisen, erityisesti, varta vasten *we had it specially made for you* teetimme sen varta vasten sinulle

specialty [speʃəlti] s 1 erikoisuus, erityispiirre 2 erikoisala 3 harvinaisuus, erikoisuus, uusi kauppatavara
specie [spiʃi] s 1 metalliraha 2 *in specie* metallirahana; samalla tavalla, samalla mitalla
species [spiʃiz] s (mon species) laji *On the Origin of Species* (Darwinin teos) Lajien synty
specific [spə'sɪfɪk] adj tietty, erityinen, nimenomainen
specifically [spə'sɪfɪkli] adv erityisesti *he specifically told you not to eat any apples* hän kielsi sinua nimenomaan syömästä omenoita
specification [‚spesəfə'keɪʃən] s 1 täsmennys, erittely 2 (mon) (tarkka) kuvaus/suunnitelma, tekniset tms tiedot 3 erityisvaatimus, ehto
specify ['spesə‚faɪ] v 1 eritellä, täsmentää, ilmoittaa, mainita erikseen *unless specified* ellei erikseen mainita 2 vaatia, edellyttää
specimen [spesəmən] s 1 esimerkki, mallikappale, näyte 2 (lääk) näyte
specious [spiʃəs] adj joka vaikuttaa päällisin puolin hyvältä/uskottavalta/vakuuttavalta
speck [spek] s 1 tahra, täplä 2 hitunen, hiukkanen
1 speckle [spekəl] s täplä, pilkku, näppy
2 speckle v täplittää, pilkuttaa; varistaa, ripotella
specs [speks] s (ark mon) 1 silmälasit 2 tekniset tiedot
spectacle [spektəkəl] s 1 esitys, näytös 2 komea esitys/juhla, spektaakkeli 3 (mon) silmälasit 4 *to make a spectacle of yourself* nolata itsensä
spectacled adj silmälasipäinen
spectacled bear s silmälasikarhu
spectacular [spek'tækjələr] adj loistokas, komea, pramea, huomiota herättävä, kohua herättävä
spectacularly adv loistokkaasti, komeasti, prameasti, huomiota herättävästi, kohua herättävästi *he failed spectacularly* hän epäonnistui komeasti/täydellisesti

Speedy Gonzales

spectator [spekteɪtər] s katsoja
spectator sport s penkkiurheilu(laji)
specter [spektər] s **1** aave, haamu, kummitus **2** (kuv) uhka, pelko *the specter of failure hovered above him* epäonnistumisen uhka synkisti hänen elämäänsä
spectra [spektrə] ks spectrum
spectroscope [ˈspektrəˌskoʊp] s spektroskooppi
spectroscopic [ˌspektrəˈskapɪk] adj spektroskooppinen
spectroscopy [spekˈtraskəpi] s spektroskopia
spectrum [spektrəm] s (mon spectra, spectrums) kirjo, spektri
specula [spekjələ] ks speculum
speculate [ˈspekəˌleɪt] v **1** pohtia, pohdiskella, miettiä, tutkistella, järkeillä **2** arvailla, olettaa, päätellä **3** keinotella
speculation [ˌspekjəˈleɪʃən] s **1** pohdinta, mietiskely, tutkistelu, järkeily **2** arvailu, oletus, päätelmä *answering that question calls for speculation* kysymykseen voi vastata vain arvailemalla **3** keinottelu
speculative [spekjələtɪv] adj **1** pohdiskeleva, mietiskelevä, mietteliäs **2** arvailuun, oletuksiin, päätelmiin perustuva, teoreettinen **3** keinotteleva, keinottelu-
speculatively adv ks speculative
speculator [ˈspekəˌleɪtər] s keinottelija
speculum [spekjələm] s (mon specula, speculums) **1** (lääk) tähystin, spekulum **2** peili
sped [sped] ks speed
speech [spitʃ] s **1** puhe, puhuminen *the faculty of speech* puhetaito **2** puhuttu kieli **3** (juhla- tai muu) puhe *that was quite a speech* (ironisesti) sinähän melkoisen puheen pidit **4** (kieliopissa) esitys *direct speech* suora esitys *indirect speech* epäsuora esitys
speech interface s (tekn) puheliittymä
speechless adj sanaton *she was speechless* hän ei tiennyt mitä sanoa
speech processing s (tekn) puheenkäsittely
speechreading [ˈspitʃˌridɪŋ] s huulilta lukeminen

speech recognition s (tekn) puheentunnistus
speech sound s (kielen) äänne
speech synthesis s (tietok) puhesynteesi
speechwriter [ˈspitʃˌraɪtər] s (poliitikon ym) puheiden kirjoittaja
1 speed [spid] s **1** nopeus *at the speed of sound* äänen nopeudella **2** vauhti *at full/top speed* täyttä vauhtia (myös kuv) *to be up to speed* olla täydessä vauhdissa (myös kuv) **3** (filmin) herkkyys, nopeus **4** (kameran) (suljin)aika **5** (sl) amfetamiini yms, spiidi (sl)
2 speed v sped/speeded, sped/speeded **1** kiitää, viilettää **2** rikkoa nopeusrajoitusta **3** nopeuttaa, kiirehtiä, vauhdittaa jotakin *she sped my application through the department in record time* hänen ansiostaan laitos käsitteli hakemukseni ennätysajassa
speedboat s pikavene
speed bump s (kadun) asfalttikynnys (jonka tarkoitus on varmistaa että nopeusrajoitusta noudatetaan)
speed demon s (ark) **1** työmyyrä **2** hurjastelija
speed freak s (sl) amfetamiinin tms käyttäjä, spiidin (sl) käyttäjä
speeding s ylinopeus, nopeusrajoituksen rikkominen *he was fined for speeding* hän sai ylinopeussakon
speed limit s nopeusrajoitus
speedometer [spəˈdamətər] s nopeusmittari
speed-reading s pikaluku
speedster [spidstər] s **1** hurjastelija **2** eräs avoautotyyppi, speedster
speed trap s (liikennepoliisin tutka)rysä
speed-up s nopeuttaminen, nopeutuminen
speed up v nopeuttaa, kiihdyttää, vauhdittaa
speedway [ˈspidˌweɪ] s (moottori)kilparata
speedy adj nopea
Speedy Gonzales [ˌspidigənˈzaləs] (sarjakuvahahmo) Speedy Gonzales (Meksikon nopein hiiri)

1 spell [spel] s **1** kausi, (ajan)jakso *the dry spell lasted for three weeks* kuivuus jatkui kolme viikkoa *sit with me for a spell* paina hetkeksi puuta **2** hetki, lyhyt aika *for a spell* hetkeksi, vähäksi aikaa **3** lumous *you put a spell on me* sinä lumosit minut

2 spell v spelled/spelt, spelled/spelt **1** tavata *please spell your full name* olkaa hyvä ja tavatkaa täydellinen nimenne **2** kirjoittaa *how do you spell your name?* miten nimesi kirjoitetaan? **3** merkitä, enteillä *the clouds spell no good for our hike* pilvet eivät enteile hyvää vaelluksemme kannalta **4** tuurata (ark), päästää joku lepäämään

spellbind ['spel,baɪnd] v spellbound, spellbound: lumota, saada lumoihinsa

spellbinder s lumooja, lumoava puhuja

spellbound ['spel,baʊnd] adj lumoutunut, (kuin) lumottu

spelldown ['spel,daʊn] s eräänlainen oikeinkirjoituskilpailu

spell down v voittaa (joku/toiset) oikeinkirjoituskilpailussa

speller s oikeinkirjoituksen oppikirja, kirjoitusaapinen

spelling s oikeinkirjoitus

spelling bee s oikeinkirjoituskilpailu

spelling mistake s kirjoitusvirhe

spelling pronunciation s kirjoitusasun mukainen ääntämys (joka poikkeaa vanhemmasta ääntämyksestä) (esim *forehead* äännetään perinteisesti [fɔrəd] mutta kirjoitusasun mukaan ['fɔr,hed])

spelling reform s oikeinkirjoituksen uudistus

spell out v **1** selittää juurta jaksain, vääntää rautalangasta (ark kuv) **2** kirjoittaa (numero) kirjaimin, kirjoittaa (lyhenne) kokonaan, ei lyhentää

spend [spend] v spent, spent **1** käyttää, kuluttaa *he has spent all his money* hän on käyttänyt kaikki rahansa *she spent two weeks writing her paper* hän käytti aineen kirjoittamiseen kaksi viikkoa **2** viettää (aikaa) *she spends the winters in Florida* hän viettää talvet Floridassa

spender s tuhlari *he's a big spender* hän panee rahaa menemään minkä ehtii

spending money s (ark) käyttöraha

spendthrift ['spend,θrɪft] s tuhlari, törsääjä (ark) adj tuhlaavainen

spent [spent] v **1** ks *spend* **2** loppu, loppuun kulunut **3** loppuun väsynyt, uupunut

sperm [spɜrm] s **1** siemenneste, sperma **2** (mon sperms, sperm) siittiö

spermatozoon [,spɜrmətə'zoʊn] s (mon spermatozoa) siittiö

sperm whale s kaskelotti, pottivalas

spew [spju] v **1** oksentaa **2** syöstä

sphere [sfɪər] s **1** pallo **2** (kuv) piiri, alue *rare coins are outside her sphere of interest* harvinaiset metallirahat eivät kuulu hänen harrastuksiinsa

spherical [sferɪkəl sfɪrɪkəl] adj pallon muotoinen, pallomainen

sphincter [sfɪŋktər] s (peräsuolen) sulkijalihas

sphinx [sfɪŋks] s (mon sphinxes, sphinges) sfinksi

1 spice [spaɪs] s **1** mauste **2** (kuv) pippuri, maku, mauste *he would add a little spice to his stories* hänellä oli tapana lisätä juttuihinsa omiaan

2 spice v **1** maustaa **2** (kuv) piristää, maustaa, höystää, lisätä omiaan johonkin

spick-and-span [,spɪkən'spæn] adj putipuhdas

spicy adj **1** (voimakkaasti) maustettu **2** (kuv) piikikäs, pureva, kärkevä **3** uskalias, rohkea **4** (ark) vilkas, eloisa, pirteä

spider [spaɪdər] s hämähäkki

spider web s hämähäkinverkko

spidery adj joka muistuttaa hämähäkinverkkoa

spied [spaɪd] ks *spy*

spiel [spiəl] s (ark) mainospuhe

spike [spaɪk] s **1** (rautatiessä) koiranaula **2** piikki **3** (äkillinen) kasvu, nousu, lisäys, (sähkö)piikki **4** (mon, terävärkärkiset kengät) spittarit (ark)

spike someone's guns fr (kuv) viedä tuuli jonkun purjeista, tehdä tyhjäksi jonkun suunnitelma

spike up v kasvaa, nousta, lisääntyä (äkkiä)
spiky adj terävä, teräväkärkinen, suippo
1 spill [spɪl] s **1** läiskynyt neste **2** vuoto
2 spill v spilled/spilt, spilled/spilt **1** (nesteestä, irtonaisista esineistä) läiskyä, läiskyttää, loiskua, loiskuttaa, valua/valuttaa yli, pudota/pudottaa/levitä/levittää sinne tänne; vuotaa *I spilled some milk on my pants* läikytin maitoa housuilleni **2** vuodattaa (verta) **3** (hevonen) heittää selästään **4** (ark) kertoa, paljastaa (salaisuus) *to spill the beans* (ark) möläyttää, paljastaa salaisuus (ja pilata yllätys)
spillage [spɪlədʒ] s **1** (nesteen) läiskyminen; vuoto **2** läiskynyt neste; vuoto
spill your cookies fr (sl) yrjötä
spilt ks spill
1 spin [spɪn] s **1** pyörähdys, kierros **2** (auto)ajelu *can I take you for a spin?* lähdetkö kanssani ajelulle? **3** (esim hintojen) jyrkkä lasku
2 spin v spun, spun **1** kehrätä **2** pyöriä, pyörittää **3** (ark) soittaa (äänilevyjä) **4** keksiä omasta päästään; punoa
spinach [spɪnətʃ] s pinaatti
spinal [spaɪnəl] adj selkärangan, selkäranka-, selkäytimen, selkäydin-
spinal block s spinaalipuudutus
spinal canal s selkäydinkanava
spinal column s selkäranka
spinal cord s selkäydin
spinal ganglion [gæŋglɪən] s (mon spinal ganglia, spinal ganglions) spinaaliganglio
spinal nerve s selkäydinhermo
spindle [spɪndəl] s **1** värttinä, kehrävarsi **2** (rukissa) kehrä, värttinä, (kehruukoneessa) kehräin, värttinä **3** (analogisen levysoittimen/levylautasen) tappi
spin-dry [spɪnˈdraɪ] v kuivata (pyykki) linkoamalla, lingota kuivaksi
spine [spaɪn] s **1** selkäranka (myös kuv:) perusta, pohja; kestokyky, vahvuus **2** (kirjan) selkä **3** (eläimen) piikki
spineless adj selkärangaton (myös kuv:) heikko
spinelessly adv (kuv) selkärangattomasti, heikosti, arasti

spinner s kehrääjä
spinning s **1** kehruu **2** kelastus, virveli-onginta
spinning wheel s rukki
spin off v keksiä jotakin jonkin olemassaolevan perusteella
spin-out s auton luistelu (ark)
spin out v **1** pitkittää, venyttää **2** (auto) alkaa luistella (ark)
spinster [spɪnstər] s vanhapiika
spiny adj **1** (eläin, kasvi) visainen **2** (ongelma) visainen
spin your wheels fr (ark) tuhlata voimiaan/aikaansa
1 spiral [spaɪrəl] s kierukka, spiraali
2 spiral v **1** kiertää/kiertyä/nousta kierukan tavoin **2** (kuv) nousta, kallistua
spiral galaxy [spaɪrəl] s spiraaligalaksi
spire [spaɪər] s **1** terävähuippuinen torni, tornikatto **2** terävä (vuoren ym) huippu **3** laki, huippu (myös kuv) **4** kierukka, spiraali
spirit [spɪrət] s **1** henki *the Holy Spirit* Pyhä Henki *to be present in spirit* olla hengessä/ajatuksissa mukana **2** aave, henki **3** rohkeus, tarmo, into, henki *that's the spirit!* noin sitä pitää! **4** olemus, henki *the spirit of the law* lain henki *the spirit of the times* ajan henki **5** (mon) mieliala *to be in low/high spirits* olla mieli maassa/korkealla *to be out of spirits* olla mieli maassa **6** (mon) viina
spirit away v kuljettaa/viedä salaa pois/jonnekin
spirited adj kiihkeä, rohkea, vilkas, ponnekas
spiritedly adv kiihkeästi, rohkeasti, ponnekkaasti
spiritism [ˈspɪrəˌtɪzəm] s spiritismi
spiritist [spɪrətɪst] s spiritisti
spiritistic [ˌspɪrəˈtɪstɪk] adj spiritistinen
spiritless adj innoton, vaisu, laimea, ponneton
spiritlessly adv innottomasti, vaisusti, laimeasti, ponnettomasti
spirit level s vesivaaka
spirit off v kuljettaa/viedä salaa pois/jonnekin

spiritual [spɪrətʃʊəl] s hengellinen laulu adj hengellinen
spiritually adv hengellisesti
1 spit [spɪt] s sylki
2 spit v spat, spat: sylkeä (myös kuv) *he spat the words out of his mouth* hän sylki sanat suustaan
spit and image [ˌspɪtən'ɪmədʒ] *he is the spit and image of his father* hän on ilmetty isänsä
1 spite [spaɪt] s ilkeys *she did it out of spite* hän teki sen ilkeyttään/kiusallaan
2 spite v kiusata jotakuta, olla ilkeä jollekulle *to cut off your nose to spite your face* aiheuttaa kiusaa vain itselleen
spiteful adj pahansisuinen, pahansuopa, ilkeä
spitefully adv ilkeästi
spit it out! fr (ark) kakista ulos vain!
spit 'n' image [ˌspɪtən'ɪmədʒ] *he is the spit 'n' image of his father* hän on ilmetty isänsä
spitting image [ˌspɪtən'ɪmədʒ] *he is the spitting image of his father* hän on ilmetty isänsä
spittle [spɪtəl] s sylky
spit up v oksentaa
1 splash [splæʃ] s läiskähdys, loiskahdus, roiskahdus
2 splash v loiskahtaa, loiskauttaa, roiskua, roiskauttaa
splatter [splætər] v roiskua
spleen [splin] s **1** perna **2** (kuv) sappi, kiukku
spleenful adj sapekas, kiukkuinen, äkäinen, pahansisuinen
spleeny adj sapekas, kiukkuinen
splendent [splendənt] adj **1** kirkas, loistava, hohtava **2** loistokas, loistelias, komea
splendid [splendəd] adj **1** loistokas, loistelias, komea **2** loistava, erinomainen
splendidly adv **1** loistokkaasti, komeasti **2** loistavasti, erinomaisesti *you did splendidly in the exam* selvisit tentistä loistavasti
splendor [splendər] s loisto, loistokkuus, komeus *Sharon Stone in all her splendor* Sharon Stone kaikessa kauneudessaan
1 splice [splaɪs] s **1** yhdistäminen, yhteen liittäminen **2** (filmin, ääninauhan) leikkaaminen
2 splice v **1** kiinnittää yhteen, yhdistää **2** leikata (ja liimata elokuvaa, ääninauhaa) **3** (ark) vihkiä (avioliittoon)
1 splint [splɪnt] s (lääk) lasta
2 splint v (lääk) lastoittaa
1 splinter s siru, sirpale, pirstale
2 splinter v **1** pirstoa, pirstoutua **2** (ryhmä) hajota, hajottaa (sirpaleryhmiksi)
splinter group s sirpaleryhmä
1 split [splɪt] s **1** halkeama, repeämä, lohkeama **2** välirikko, (puolueen tms) jakaantuminen **3** (mon) (baletissa) spagaatti **4** (jääteloannos) banana split **5** (tal) osakkeen pilkkominen nimellisarvoltaan pienempiin yksiköihin
2 split v split, split **1** halkaista, haljeta **2** lohkaista, lohjeta **3** repäistä (rikki), revetä **4** jakaa (keskenään, ryhmiin), jakautua/hajota (ryhmiin) **5** erota (työstä, puolisosta)
split end [ˌsplɪt'end] s (amerikkalaisessa jalkapallossa) laitahyökkääjä
split hairs fr halkoa hiuksia
split infinitive s (englannin kielessä) infinitiivin ja *to*-partikkelin erottaminen ainakin yhdellä sanalla, esim *to carefully examine* tutkia tarkkaan
split second s **1** sekunnin murto-osa **2** (kuv) silmänräpäys
split-second adj silmänräpäyksessä tapahtuva *she made a split-second decision* hän ratkaisi asian silmänräpäyksessä
split the difference fr puolittaa (hinta)ero, panna riita puoliksi (ark)
split the scene fr (ark) häipyä
split up v **1** erota (puolisosta, seurasta) *let's split up and meet here at six* lähdetään kumpikin/kukin omille teillemme ja tavataan täällä kuudelta **2** jakaa, jakautua *we split up the money* panimme rahat tasan
split-up s (rymän) jakautuminen; (asumus-, avio)ero

sportsman

1 splutter [splʌtər] s **1** tohotus, soperrus **2** pärske

2 splutter v **1** sopertaa, puhua tohottaa, sanoa tohottaen **2** pärskyä, pärskyttää

1 spoil [spɔɪəl] s **1** (yl mon) (ryöstö)saalis *to the victor belong the spoils* saalis kuuluu voittajalle **2** ryöstö, ryöväys

2 spoil v spoiled/spoilt, spoiled/spoilt **1** pilata, tärvellä **2** pilaantua **3** pilata (lapsi) hemmottelulla **4** ryöstää, ryövätä **5** *to be spoiling for something* (ark) odottaa malttamattomana jotakin

spoiled rotten adj (ark) lellitty

spoiler s **1** pilaaja **2** ryöstäjä, ryöväri **3** (lentokoneen, auton) spoileri

spoilsport [ˈspɔɪəlˌspɔrt] s ilonpilaaja

1 spoke [spoʊk] s (pyörän) puola, pinna

2 spoke v ks speak

spoken v ks speak adj (kieli) puhuttu, puhe-

spokesman [ˈspoʊksmən] s (mon spokesmen) tiedottaja, edustaja

spokesperson [ˈspoʊksˌpərsən] s tiedottaja, edustaja

spokeswoman [ˈspoʊksˌwʊmən] s (mon spokeswomen) tiedottaja, edustaja

1 sponge [spʌndʒ] s (pesu- tms) sieni *to throw in the sponge* (ark) antaa periksi, luovuttaa

2 sponge v pestä (sienellä)

sponge out v pyyhkiä pois

sponge up v imeä (itseensä) (myös kuv)

spongy adj **1** (pesu)sienimäinen **2** pehmeä

1 sponsor [spansər] s **1** takaaja **2** mainostaja, tukija, rahoittaja, sponsori

2 sponsor v tukea, rahoittaa, sponsoroida, mainostaa jossakin (tv-ohjelmassa, urheilukilpailussa yms)

spontaneity [ˌspantəˈneɪəti] s tahattomuus, omaehtoisuus, spontaanius

spontaneous [spanˈteɪniəs] adj tahaton, omaehtoinen, spontaani

spontaneously adv tahattomasti, omaehtoisesti, spontaanisti

1 spook [spuk] s (ark) aave, kummitus, haamu

2 spook v **1** kummitella **2** (ark) pelästyä, pelästyttää

1 spool [spuəl] s kela

2 spool v kelata

spoon [spun] s lusikka *she was born with a silver spoon in her hand* hänellä on rikkaat vanhemmat, hän on rikkaasta kodista

spoon-fed adj hemmoteltu, lellitty

spoon-feed [ˌspunˈfid] v **1** syöttää (lusikalla) **2** hemmotella, lelliä, pitää kuin kukkaa kämmenellä

spoonful s (mon spoonfuls) lusikallinen

sporadic [spəˈrædɪk] adj satunnainen, hajanainen *he made sporadic visits to his grandmother* hän kävi isoäitinsä luona silloin tällöin

sporadically adv satunnaisesti, hajanaisesti

spore [spɔr] s itiö

1 sport [spɔrt] s **1** (myös mon) urheilu *are you interested in sports?* kiinnostaako urheilu sinua? **2** urheilulaji **3** huvi, hauskanpito **4** pila, pilkka **5** pilkan kohde **6** (ark) kaveri, heppu

2 sport v **1** hauskutella, pitää hauskaa, huvitella **2** leikkiä, leikitellä (esim jonkun tunteilla) **3** pilkata jotakin (at) **4** (ark) käyttää, pitää päällään, olla jollakulla *the new model sports a six-speed transmission* uudessa mallissa on kuusinopeuksinen vaihteisto

3 sport adj urheilu-

sportfishing [ˈspɔrtˌfɪʃɪŋ] s urheilukalastus

sporting adj urheilullinen, urheilua harrastava; urheilu- *sporting goods* (kaupassa) urheiluvälineet

sporting chance *to give someone a sporting chance* antaa jollekulle mahdollisuus voittaa/onnistua

sportive [ˈspɔrtɪv] adj **1** leikkisä, vilkas, iloinen **2** urheilu-

sports adj urheilu-

sports car s urheiluauto

sportscast [ˈspɔrtsˌkæst] s (television, radion) urheilulähetys

sportscaster s urheilutoimittaja

sportscasting s urheilukilpailun televisiointi/radiointi

sportsman [spɔrtsmən] s (mon sportsmen) **1** urheilija **2** reilu mies/ihminen

sportsmanship

sportsmanship [ˈspɔrtsmənˌʃɪp] s **1** urheilijan taidot **2** reiluus, rehtiys
sports medicine s urheilulääketiede
sportster [spɔrtstər] s (ark) urheiluauto)
sportswear [ˈspɔrtsˌweər] s urheiluvaatteet, urheiluasusteet
sportswoman [ˈspɔrtsˌwʊmən] s (mon sportswomen) (nais)urheilija
sportswriter [ˈspɔrtsˌraɪtər] s (lehden) urheilutoimittaja
sporty adj (ark) **1** urheilullinen **2** komea, upea, tyylikäs
1 spot [spat] s **1** täplä, läiskä, pilkku **2** (kuv) tahra **3** paikka, kohta *on this very spot* juuri tässä, tällä samalla paikalla *X marks the spot* (ark) juuri tässä, tässä kohden *to be in a (bad) spot* olla pinteessä, olla tukalassa tilanteessa *to be on the spot* olla pinteessä/kiusallisessa tilanteessa *to do something on the spot* tehdä jotakin heti/viipymättä **4** (yl mon) nähtävyydet; ravintolat *we usually hit the spots after work* me lähdemme yleensä työn jälkeen kiertämään kapakoita *to hit the high spots* katsoa (vain) tärkeimmät nähtävyydet, poimia parhaat palat **5** (sl) (tietyn suuruinen) seteli: *here's a five spot, go see a movie* tuossa on vitonen, mene elo kuviin **6** *to hit the spot* (ark) olla hyvään tarpeeseen **7** (tal) avista(kurssi)
2 spot v **1** tahrata, tahria **2** puhdistaa tahrat (vaatteesta ennen pesua) **3** täplittää *the hills were spotted with private homes* kukkuloilla oli siellä täällä omakotitaloja
spot check s pistokoe
spot-check v tarkistaa pistokokein, tehdä pistokoe
spotless adj **1** (täydellisen) siisti, puhdas **2** (kuv) tahraton, moitteeton, virheetön
spotlessly adv ks spotless
1 spotlight [ˈspatˌlaɪt] s **1** valonheitin, kohdevalaisin, spotti **2** (kuv) valokiila *to be in the spotlight* olla (julkisuuden) valokiilassa
2 spotlight v **1** valaista (valonheittimellä) **2** (kuv) tuoda (erityisesti) esiin, korostaa

spot price s (tal) paikallishinta
spot rate s (tal) avista(kurssi)
spotted adj täplikäs, laikukas
spotted dick [ˌspatədˈdɪk] s (brittiläinen) lämmin jälkiruoka jossa on rusinoita
spotted flycatcher s (lintu) harmaasieppo
spotty adj täplikäs, laikukas
spouse [spaʊs] s puoliso
1 spout [spaʊt] s **1** (esim kannun) nokka, suu, suutin **2** (sadevettä katolta alas johtava) syöksyputki
2 spout v **1** syöstä, ruiskuttaa, pärskyttää **2** (ark) paasata jostakin
spouted adj (astia) nokallinen, jossa on nokka
1 sprain [spreɪn] s nyrjähdys
2 sprain v nyrjäyttää *she sprained her ankle* hän nyrjäytti nilkkansa
sprang [spræŋ] ks spring
sprat [spræt] s (kala) kilohaili
1 sprawl [sprɔl] s **1** retkottava asento **2** levittäytyminen, leviäminen, rönsyily (kuv) *the urban sprawl* kaupunkien laajeneminen
2 sprawl v **1** retkottaa *he sprawled in the easy chair* hän retkotti nojatuolilla **2** rehottaa, levittäytyä (sinne tänne), rönsyillä (kuv)
1 spray [spreɪ] s suihku, suihke
2 spray v suihkua, suihkuttaa
spray can s suihkepullo
1 spread [spred] s **1** leviäminen, levittäminen *the spread of knowledge* tiedon levitys **2** väli, etäisyys **3** (tal) (esim osto- ja myyntikurssin tai kahden eri arvopaperin hinnan välinen) ero **4** alue: *a spread of forest* metsä **5** (vuoteen) peite **6** (ark) koreaksi pantu pöytä **7** (voileipä- ym) levite **8** (lehdessä) aukeama **9** (lehdessä) pitkä juttu; iso mainos
2 spread v spread, spread **1** levitä, levittää *the rumor is spreading* huhu leviää *to spread a rumor* levittää huhua *she spread mayonnaise on a bun* hän levitti sämpylälle majoneesia **2** *to spread yourself thin* olla liian monta rautaa tulessa

spread-eagle [ˈspredˌigəl] v levittää jalat ja kädet haralleen adj **1** jolla on jalat ja kädet harallaan **2** mahtipontinen; yltiöisänmaallinen

spreader s lasta; voiveitsi

spreadsheet [ˈspredʃit] s (tietok) taulukkolaskentaohjelma

sprightliness s reippaus, virkeys, vilkkaus, pirteys

sprightly [spraɪtli] adj reipas, virkeä, eloisa, vilkas *he's a sprightly old man* hän on pirteä vanhus

1 spring [sprɪŋ] s **1** lähde **2** kevät **3** hyppy; ponnahdus **4** jousto, joustavuus **5** vuoto

2 spring v sprang/sprung, sprung **1** hypätä **2** laukaista, lauerta, (lukko) avata, avautua **3** roiskua, syöksyä **4** saada alkunsa, syntyä, olla peräisin jostakin (from) **5** *to spring to mind* tulla/muistua mieleen **6** *to spring a leak* puhjeta, alkaa vuotaa, johonkin tulee reikä **7** (sl) vapauttaa (vankilasta)

springboard [ˈsprɪŋˌbɔrd] s ponnahduslauta (myös kuv)

springbuck [ˈsprɪŋˌbʌk] s hyppyantilooppi

spring-clean [ˌsprɪŋˈklin] v tehdä kevätsiivous

spring-cleaning s kevätsiivous

spring for v (ark) maksaa, tarjota

spring forth v roiskua, syöksyä

spring hare s hyppyjänis

springtime [ˈsprɪŋˌtaɪm] s kevät

spring up v saada alkunsa, syntyä *many computer companies sprung up in Silicon Valley in the seventies* Piilaaksoon perustettiin 70-luvulla paljon tietokonealan yrityksiä

springy adj joustava, kimmoisa

1 sprinkle [ˈsprɪŋkəl] s **1** tihkusade **2** sirote

2 sprinkle v ripotella, ripottaa, sirotella

sprinkler [ˈsprɪŋklər] s **1** (kattoon kiinnitetty palosammutin) sprinkleri **2** (puutarhan tms) sadetin

1 sprint [sprɪnt] s kiri; (pika)juoksu

2 sprint v kiriä; juosta, rynnätä

sprinter s pikamatkan juoksija, sprintteri

sprocket [sprakət] s (ketjupyörän) hammas

sprocket wheel s ketjupyörä

1 sprout [spraʊt] s **1** (kasvin) verso, vesa, itu **2** (mon) idut (ruokana) **3** *Brussels sprout* ruusukaali

2 sprout v **1** (kasvi) versoa, itää, orastaa **2** (kuv) versoa, orastaa, saada alkunsa, syntyä *new office buildings are sprouting downtown* keskustaan nousee uusia toimistorakennuksia

spruce [sprus] s kuusi

spruce grouse s kanadanpyy

spruce siskin s vihervarpunen

spruce up v kohentaa, parantaa, siistiä, siistiytyä

sprung [sprʌŋ] ks spring

spun [spʌn] ks spin

spunk [spʌŋk] s (ark) tarmo, sisu

spunky adj (ark) rohkea, sisukas

1 spur [spər] s **1** kannus **2** (kuv) kannustin, yllyke, kiihoke **3** sivuraide

2 spur v kannustaa (myös kuv:) yllyttää, innostaa, rohkaista

spurious [spəriəs] adj väärennetty, väärä, valheellinen, teeskennelty, epäaito

spurn [spərn] v **1** hylätä (tarjous) halveksuen **2** halveksia, ylenkatsoa

spur of the moment *on the spur of the moment* hetken mielijohteesta, valmistelematta, yhtäkkiä

spur-of-the-moment adj hetken mielijohteesta tapahtunut/tehty, valmistelematon, yhtäkkinen

1 spurt [spərt] s **1** suihku, syöksy **2** ryntäys, kiri, spurtti (ark)

2 spurt v **1** syöksyä, syöstä, suihkua, suihkuttaa, ruiskua, ruiskuttaa **2** ryntää, kiriä

sputnik [ˈspʌtˌnɪk] s sputnik

1 sputter [spʌtər] s **1** sihinä, rätinä **2** pärske **3** tohotus, vouhotus

2 sputter v **1** sihistä, rätistä **2** pärskiä, sylkeä (kuv) **3** tohottaa, vouhottaa

1 spy [spaɪ] s vakooja; urkkija

2 spy v **1** vakoilla; urkkia, nuuskia **2** nähdä, huomata, havaita

spyglass [ˈspaɪˌglæs] s (pieni) kaukoputki

spy on v vakoilla jotakuta, urkkia jonkun puuhia
spy out v saada selville, huomata
spy plane s vakoilulentokone
spyware s urkintatekniikka
sq. *square*
1 squabble [skwabəl] s kina, tora, riita
2 squabble v kinata, riidellä
squad [skwad] s **1** (sot) ryhmä **2** (poliisi)partio
squad car s poliisiauto
squadron ['skwadrən] s **1** (laivastossa) eskaaderi **2** (ilmavoimissa) laivue **3** (ilmavoimissa) lentomuodostelma **4** (ratsuväessä) eskadroona
squalid [skwaləd] adj **1** siivoton, likainen, rähjäinen, ränsistynyt **2** kurja, surkea
squalidly adv ks squalid
1 squall [skwal] s **1** (tuulen)puuska **2** (kuv) myrsky, melske **3** huuto, parkuna
2 squall v parkua, huutaa
squalor [skwalər] s likaisuus, siivottomuus, rähjäisyys, kurjuus
squander [skwandər] v tuhlata (rahaa, aikaa), panna hukkaan
1 square [skweər] s **1** neliö **2** ruutu **3** aukio **4** (mat) neliö, toinen potenssi **5** (sl) nynny, tosikko **6** *on the squares* suora, suorassa kulmassa; (ark kuv) rehellinen, vilpitön *out of square* vino; erilainen kuin (*with*)
2 square v **1** tehdä kulmikkaaksi; pyöristää **2** (mat) korottaa toiseen potenssiin **3** suoristaa (hartiat), suoristautua, ryhdistäytyä **4** maksaa (velka), tasoittaa (tilit, peli)
3 square adj **1** neliömäinen, neliön muotoinen; nelikulmainen, suorakulmainen; kulmikas **2** (mitta) neliö- *square meter* neliömetri **3** kanttiinsa (ark) *the room is 15 feet square* huone on noin 5 x 5 metrin kokoinen **4** suorakulmainen, suora **5** rehellinen, suora, siekailematon, vilpitön **6** (sl) tosikkomainen, nynny
square accounts with fr **1** maksaa laskunsa, selvittää tilinsä **2** (kuv) selvittää välinsä jonkun kanssa, tehdä tilinsä selviksi jonkun kanssa
square away v hoitaa, selvittää, huolehtia jostakin
square deal s (ark) rehti sopimus
squarely adv (kuv) suoraan, avoimesti, siekailematta
square meal s (ark) tuhti ateria
square off v **1** tehdä kulmikkaaksi; pyöristää **2** valmistautua (tappeluun, taisteluun) (myös kuv)
square one s (ark) lähtöruutu *we were back to square one* jouduimme aloittamaan uudelleen alusta
square peg in a round hole *to be a square peg in a round hole* olla väärällä paikalla, ei sopia johonkin (tehtävään tms)
square the circle fr yrittää mahdottomia, yrittää neliöidä ympyrä
square up v maksaa lasku
square with v **1** sovittaa jokin johonkin/jonkin mukaiseksi **2** olla jonkin mukainen, olla yhtäpitävä jonkin kanssa
squash [skwaʃ] **1** kurpitsa **2** (seinätennis) squash v **1** litistää, litistyä, musertaa, musertua, survoa **2** vaimentaa, kukistaa, tukahduttaa **3** ahtaa, ahtautua, tunkea, tunkeutua, sulloa, sulloutua
1 squat [skwat] s kyykky
2 squat v **1** kyykkiä **2** asettua (laittomasti tai laillisesti) asumaan jonnekin
3 squat adj **1** joka on kyykyssä, (asento) kyykky- **2** tanakka, lyhyenläntä, pönäkkä **3** (talo, auto) matala ja leveä
squatter [skwatər] s (laiton tai laillinen) asuttaja
squaw [skwa] s intiaaninainen, skuoo
1 squawk [skwak] s kiljaisu, kirkaisu, rääkäisy
2 squawk v kiljaista, kirkaista, rääkäistä
1 squeak [skwik] s **1** kiljaisu, kirkaisu; narina, narahdus, narske **2** (ark) tilaisuus, mahdollisuus
2 squeak v **1** kiljaista, kirkaista; narista, narahtaa, narskua **2** (sl) vasikoida, antaa ilmi
squeak by v **1** hiipiä jonkun ohitse **2** selvitä jostakin jotekin kuten/nipin napin/rimaa hipoen

squeaky adj kitisevä, nariseva, narskuva
squeaky-clean adj (ark) **1** putipuhdas **2** (kuv) tahraton, moitteeton, puhdas kuin pulmunen
1 squeal [skwiəl] s **1** kiljahdus, parahdus **2** (sl) vasikointi, ilmianto
2 squeal v **1** kiljaista, kiljahtaa, parahtaa **2** (sl) vasikoida, antaa ilmi
squeamish [skwimɪʃ] adj **1** pikkutarkka, nirso **2** herkkä (voimaan pahoin) **3** herkkä (loukkaantumaan/järkyttymään), herkkähermoinen, herkkätuntoinen
squeamishly adv ks squeamish
squeamishness s **1** pikkutarkkuus, nirsoilu **2** herkkyys, taipumus pahoinvointiin **3** herkkyys, herkkähermoisuus, herkkätuntoisuus
squeegee [skwidʒi] s kumireunainen lasta jolla ikkuna pyyhitään pesun jälkeen kuivaksi
1 squeeze [skwiz] s **1** puristus, rutistus **2** kädenpuristus, kättely **3** halaus, rutistus **4** (kuv) ahdinko, pula, tiukka paikka **5** (sl) heila, tyttöystävä
2 squeeze v **1** puristaa, rutistaa **2** ahtaa, ahtautua, sulloa, sulloutua, tunkea, tunkeutua **3** halata, rutistaa **4** (kuv) panna ahtaalle
1 squelch [skweəltʃ] s **1** (esim mudan) molskahdus **2** (radion) kohinasalpa
2 squelch v **1** musertaa, litistää **2** kahlata, rämpiä, tarpoa **3** vaimentaa, hiljentää **4** (mudan äänestä) molskahtaa
squid [skwɪd] s (mon squid, squids) (kymmenlonkeroinen mustekala) kalmari
1 squint [skwɪnt] s **1** (silmien) siristys **2** (silmien) karsastus, kierosilmäisyys
2 squint v **1** siristää (silmiään) **2** (silmät) karsastaa
squint-eyed ['skwɪntˌaɪd] adj **1** kierosilmäinen, karsassilmäinen **2** (kuv) karsas, nurja
squirm [skwərm] v **1** vääntelehtiä **2** (kuv) olla (hyvin) vaivaantunut/kiusaantunut
squirrel [skwərəl] s orava
squirrel away v hamstrata
squirrel out v (ark) keplotella itsensä eroon jostakin
1 squirt [skwərt] s ruiskaus, ruiskautus
2 squirt v ruiskaista, ruiskauttaa, ruiskuta
Sri Lanka [ˌʃriˈlaŋkə]
Sri Lankan s, adj srilankalainen
SSB *single sideband*
SSE *south-southeast*
SSN *social security number* sosiaaliturvatunnus
SSR *Soviet Socialist Republic* sosialistinen neuvostotasavalta, SNT
SSW *south-southwest*
st. *street* katu
St. *Saint*
1 stab [stæb] s **1** pisto; työntö, sohaisu **2** yritys
2 stab v **1** puhkaista, pistää **2** puukottaa **3** työntää, sohaista
stabile [steɪbəl] s talli (myös kuv:) ryhmä, joukko, joukkue adj vankka, luja, vakaa, varma, pysyvä *the patient is in stable condition* potilaan tila on vakaa
stability [stəˈbɪləti] s **1** vakavuus, vankkuus, lujuus **2** (henkinen) tasapaino
stabilization [ˌsteɪbələˈzeɪʃən] s tukeminen, lujittaminen, vakautus
stabilize ['steɪbəˌlaɪz] v **1** tukea, lujittaa, lujittua **2** vakauttaa, vakautua
1 stab in the back s (kuv) katala temppu
2 stab in the back v (kuv) pettää, kohdella katalasti/kavalasti
stableford ['steɪbəlfərd] s (golf) pistebogi, stableford, pistelaskujärjestelmä jossa lasketaan monellako lyönnillä alle tai yli par-luvun pelaaja reiän selvittää
stablizer s vakain *horizontal stabilizer* (lentokoneen) korkeusvakain
staccato [stəˈkatoʊ] s (mus) staccatoesitys adj (mus) staccato, katkoen
1 stack [stæk] s **1** pino **2** (mon) (kirjatai muut) hyllyt **3** (mon) (kirjaston) kirjavarasto **4** savupiippu; savupiippuryhmä **5** (tietok) pino **6** *to blow your stack* (sl) polttaa päreensä, pillastua
2 stack v pinota, kasata
stack the deck fr huijata, pettää (esim korttipelissä)

stack up

stack up v 1 *to stack up well against something* (ark) kestää vertailu johonkin 2 (ark) pitää kutinsa, kuulostaa uskottavalta, olla uskottava
stack Zs fr (sl) nukkua, ottaa nokoset
stadium [steɪdiəm] s (mon stadiums, stadia) 1 stadion 2 (kehitys)vaihe
1 staff [stæf] s (mon staffs) 1 henkilökunta, henkilöstö, työntekijät *teaching staff* opettajat 2 (sot) esikunta
2 staff [stæf] s (mon staves) 1 sauva, (kävely- tai muu) keppi, tanko 2 valtikka 3 lipputanko 4 nuottiviivasto
3 staff v palkata, nimittää, ottaa työhön
4 staff adj 1 (sot) esikunta- 2 vakinainen
staffer s työntekijä
1 stag [stæg] s 1 uroshirvi 2 uros 3 (juhlissa) mies ilman naisseuralaista 4 (ark) miesten kemut
2 stag v (ark) (miehestä) mennä juhliin ilman naisseuralaista
3 stag adj vain miehille tarkoitettu, miesten
4 stag adv ilman naisseuralaista
stag beetle s (kovakuoriainen) kampasarvinen *European stag beetle* tamminkainen, tammihärkä
stage [steɪdʒ] s 1 vaihe, porras *by easy stages* vähitellen, rauhallisesti, kaikessa rauhassa, kiireettömästi 2 puhujakoroke, puhujalava, esiintymislava 3 (teatterin) näyttämö *to be on stage* (näyttelijästä yms) esiintyä parhaillaan *to go on the stage* ruveta näyttelijäksi, siirtyä teatterialalle *to hold the stage* jatkaa (näytelmän yms) esittämistä, pitää ohjelmistossa; olla huomion keskipisteenä 4 *the stage* teatteri 5 (elok) studio 6 (hevosten vetämät) postivaunut 7 (raketin) vaihe
stagecoach s (hevosten vetämät) postivaunut
stage fright s ramppikuume
1 stagger [stægər] s 1 huojunta, horjunta, hoippuva kävely 2 porrastus, porrasteinen järjestys
2 stagger v 1 hoippua, horjua, huojua, kävellä hoippuen 2 empiä, horjua 3 hämmästyttää, ällistyttää, järkyttää 4 porrastaa

staggering adj hämmästyttävä, ällistyttävä, järkyttävä
stagnant [stægnənt] adj pysähtynyt, seisahtunut, hidastunut
stagnation [stæg'neɪʃən] s 1 pysähtyminen, seisahtuminen, hidastuminen 2 (tal) pysähdystila, stagnaatio
stag party s 1 miesten kemut 2 (sulhasen) polttarit
staid [steɪd] adj vakava, totinen, tosikkomainen, tasainen, tyyni
staidly adv vakavasti, totisesti, tasaisesti, tyynesti
1 stain [steɪn] s 1 tahra (myös kuv) 2 väri(aine)
2 stain v 1 tahria, tahrata (myös kuv) 2 värjätä
stainless adj 1 ruostumaton *stainless steel* ruostumaton teräs 2 moitteeton, tahraton
stair [ster] s 1 porras, askelma 2 (mon) portaat
staircase ['ster,keɪs] s portaikko, portaat
stairhead ['ster,hed] s portaiden ylätasanne
1 stairstep ['ster,step] s 1 porras, askelma 2 (mon) portaat, portaikko
2 stairstep v olla portaittain jossakin
stairway ['ster,weɪ] s portaikko, portaat
stairwell ['ster,wel] s porraskuilu
1 stake [steɪk] s 1 keppi, tappi, seiväs, merkkipaalu *to pull up stakes* (ark kuv) pakata laukkunsa, lähteä, muuttaa 2 polttorovio 3 (vedonlyönnin) panos; osuus *to be at stake* olla vaakalaudalla/pelissä *what's your stake in this?* paljonko sinä olet pannut peliin?; (kuv) mikä osuus sinulla on tässä? 4 (mon) palkinto, potti (ark)
2 stake v 1 rajata, merkitä (paaluilla) 2 sitoa (eläin) 3 panna peliin/likoon, panna alttiiksi, riskeerata
stake off v 1 rajata, merkitä (paaluilla) 2 varata/vaatia itselleen
stakeout ['steɪk,aʊt] s 1 (poliisin toimeenpanema) väijytys, varjostus, (salainen) valvonta 2 väijytyspaikka, piilo
stake out v 1 (poliisi) väijyä, pitää (salaa) silmällä, varjostaa 2 varata/vaatia itselleen 3 rajata, merkitä (paaluilla)

stalactite [stə'læk‚taɪt] s stalaktiitti, (luolan kattoon kiinnittynyt) tippukivipuikko
stalagmite [stə'læg‚maɪt] s stalagmiitti, (luolan pohjasta kohoava) tippukivipylväs
stale [steɪəl] adj **1** (ruoka) vanha, kuivunut, (juoma) väljähtynyt, (ilma) ummehtunut **2** (kuv) väljähtynyt, kulunut, väsynyt, kyllästynyt
1 stalemate ['steɪəl‚meɪt] s **1** (šakissa) patti **2** (kuv) umpikuja
2 stalemate v (kuv) saattaa/joutua/ajautua umpikujaan
Stalinism ['stalə‚nɪzəm] s stalinismi
Stalinist [stalənɪst] s stalinisti adj stalinistinen, stalinisti-
1 stalk [stak] s **1** (kasvin) korsi, varsi, (lehden) ruoti **2** varsi, tuki **3** väijytys
2 stalk v **1** väijyä, vaania (myös kuv) **2** hiipiä **3** (kävelystä) marssia (esim tiehensä)
stalk vegetables s (mon) varsivihannekset
1 stall [staəl] s **1** pilttuu **2** talli **3** koju, kioski, pieni myymälä *shower stall* suihkukaappi **4** (lentokoneen) sakkaus **5** (moottorin) sammuminen
2 stall v **1** panna pilttuuseen/talliin **2** (lentokoneesta) sakata, saada (vahingossa lentokone) sakkaamaan **3** (moottorista) sammua, sammuttaa (vahingossa moottori) **4** hidastaa, hidastua, jarruttaa, seisauttaa, seisahtua, keskeyttää, keskeytyä **5** viivytellä, vitkastella, pelata aikaa **6** juuttua, saada juuttumaan
stallion [stæljən] s ori
stalls s (mon) (UK) (teatterin) permanto
stamina [stæmɪnə] s voima, kestokyky, sietokyky
1 stammer [stæmər] s änkytys
2 stammer v änkyttää
1 stamp [stæmp] s **1** postimerkki **2** leima **3** (kuv) jälki *to leave your stamp somewhere* jättää jälkensä johonkin **4** ruokakuponki (ks food stamp)
2 stamp v **1** tallata; polkea maata; polkea sammuksiin; polkea (kiukuspäissään) jalkaansa **2** marssia (kiukuspäissään tiehensä) **3** kukistaa, tukahduttaa **4** leimata **5** varustaa postimerkillä, liimata postimerkki (kirjeeseen tms) **6** paljastaa, osoittaa joku joksikin

stamp collector s postimerkkeilijä
1 stampede [stæm'piːd] s **1** (vauhkoontuneen karjan, pillastuneiden hevosten) pako **2** hillitön rytäkkä, myllerrys, sekasorto **3** rodeo- ja markkinatilaisuus
2 stampede v **1** (karja, hevoset) paeta vauhkoontuneena **2** rynnätä, tulvia, syöksyä päätä pahkaa jonnekin
stance [stæns] s **1** asento **2** (kuv) suhtautuminen, asenne **3** (golf) stanssi, jalkojen asento pelaajan tähdätessä palloon *open stance* avoin stanssi, asento jossa oikeakätinen pelaaja tähtää kohteesta vasemmalle *closed stance* suljettu stanssi, asento jossa oikeakätinen pelaaja tähtää kohteesta oikealle *straight stance* suora stanssi, asento jossa pelaajan jalkaterät ovat poikittain pallon suunniteltuun lentorataan nähden
1 stand [stænd] s **1** pysähdys, seisahdus **2** kanta, asenne **3** vastarinta; taistelu **4** paikka **5** puhujakoroke, (oikeudessa) todistajan aitio *to take the stand* todistaa oikeudessa **6** (mon) katsomo **7** teline, jalusta, alusta **8** (pieni) pöytä **9** (myynti)koju, lehtikioski
2 stand v stood, stood **1** seisoa **2** nousta seisomaan **3** asettaa, panna (johonkin) *he stood the vase on the table* hän pani maljakon pöydälle **4** pysähtyä **5** kestää, sietää, kärsiä *his business dealings do not stand closer scrutiny* hänen liiketoimensa eivät kestä lähempää tarkastelua *I can't stand him* en voi sietää häntä **6** olla tietyn pituinen *she stands five feet four* hän on 160 cm:n mittainen **7** olla jotakin mieltä: *where do you stand on this issue?* mikä on kantasi tässä kysymyksessä? **8** olla voimassa *the ruling stands* päätös on edelleen voimassa **9** mahdollisuudesta: *she stands to lose/gain a lot by keeping quiet* hänelle on suurta vahinkoa/paljon hyötyä siitä jos hän pysyy hiljaa
stand a chance fr olla mahdollisuus/mahdollisuuksia *Senator Kennedy does not stand a chance in the election* se-

stand-alone

naattori Kennedyllä ei ole vaaleissa (minkäänlaisia) mahdollisuuksia
stand-alone s (tietok) itsenäinen laite adj itsenäinen
standalone adj (tietok) erillinen
standard [stændərd] s **1** mittapuu, mitta, normi **2** taso **3** (tuotteen) tavallinen malli, vakiomalli **4** lippu **5** ikivihreä (laulu, kappale) **6** (tal) kanta: *the gold standard* kultakanta adj **1** normi- **2** vakiintunut, yleisesti hyväksytty **3** yleinen, tavallinen, vakio-, (kieli) yleis-
standard-bearer s lipunkantaja (myös kuv:) edelläkävijä, esitaistelija, tienraivaaja
standardize ['stændər‚daɪz] v vakioida, normittaa, standardoida
standard of living s elintaso
standard operating procedure s normaalimenettely
stand behind v tukea jotakuta, luottaa johonkuhun/johonkin
standby ['stænd‚baɪ] s (mon standbys) **1** uskollinen kannattaja **2** varapelaaja, varakone yms hätävara **3** standby-matkustaja **4** *to be on standby* olla valmiina
stand by v **1** tukea, auttaa jotakuta **2** pitää kiinni (mielipiteestään), ei antaa periksi **3** olla valmiina (myös nousemaan lentokoneeseen standby-matkustajana), pysytellä puhelimessa
stand by your guns fr pitää pintansa, pysyä lujana, ei antaa periksi, ei peräänty
stand down v **1** luopua (kilpailusta), luovuttaa **2** erota, erottaa, poistaa käytöstä
standee [stæn'di] s seisova matkustaja/katsoja
stand for v **1** tarkoittaa *what does 'IRS' stand for?* mistä IRS on lyhenne? **2** kannattaa, puoltaa **3** (ark) sietää, kestää
stand-in s sijaisnäyttelijä, sijainen
stand in awe of fr kunnioittaa, pelätä jotakuta
stand in for v toimia jonkun sijaisena, tuurata (ark) jotakuta
standing s **1** asema **2** korkea/ylhäinen asema **3** kestosta: *of long standing* pitkäaikainen **4** seisominen adj **1** seisova, pysty-, jalka- **2** (hyppy) vauhditon **3** pysähtynyt, seisahtunut **4** jatkuva, pysyvä
standing committee s pysyvä toimikunta/valiokunta
stand in good stead *the extra money will stand you in good stead on your trip* ylimääräisestä rahasta on sinulle matkallasi paljon apua
stand in with v **1** olla salaliitossa jonkun kanssa, vehkeillä/juonitella yhdessä jonkun kanssa **2** olla lähiväleissä/hyvissä väleissä jonkun kanssa
stand off v **1** pysytellä loitolla **2** lykätä, siirtää myöhemmäksi
standoff ['stæn‚dɑf] s (urh) tasapeli
standoffish [‚stæn'dɑfɪʃ] adj etäinen, viileä, koppava
standoffishly adv etäisesti, viileästi, koppavasti
stand on v **1** vaatia **2** perustua johonkin, olla jonkin varassa
stand on ceremony fr pitää kiinni hyvistä/hienoista tavoista
stand out v **1** työntyä esiin, sojottaa, törröttää, ulota **2** pistää silmään, erottua hyvin, työntyä näkyviin **3** pitää pintansa, ei antaa periksi
standout ['stænd‚aʊt] s joku joka on (aivan) omaa luokkaansa, virtuoosi
stand over v **1** valvoa, pitää silmällä **2** lykätä, siirtää myöhemmäksi
stand pat fr pysyä kannassaan, ei taipua, ei muuttaa mieltään, pitää kiinni jostakin
standstill ['stænd‚stɪl] s pysähdys, seisahdus
stand still for fr (kielteisenä) ei sietää jotakin, ei suvaita jotakin
stand to v **1** pysyä kannassaan, ei perua jotakin, pitää kiinni jostakin **2** jatkaa (sinnikkäästi) **3** olla valmiina
stand to a treat *to stand someone to a treat* tarjota jollekulle jotakin (syötävää/juotavaa)
stand to reason fr olla selvää, kuulostaa järkevältä, käydä järkeen, jossakin on järkeä
stand up v **1** nousta seisomaan **2** kestää, pitää pintansa **3** (sl) antaa rukkaset, jättää saapumatta tapaamiseen

stand up for v **1** puolustaa **2** olla avustajana jonkun häissä
stand your ground fr pitää pintansa, ei antaa periksi
stank [stæŋk] ks stink
stanza [stænzə] s (mon stanzas) (runon) säkeistö
1 staple [steɪpəl] s **1** sinkilä **2** päätuote, tärkein myyntitavara **3** peruselintarvike **4** (kuv) vakiotavara, pääasiallinen sisältö
2 staple v nitoa
3 staple adj pääasiallinen, tärkein, pää-, perus-
stapler [steɪplər] s (laite) nitoja
1 star [star] s tähti (myös kuv) *to make someone see stars* (kuv) saada joku näkemään tähtiä, iskeä joku tajuttomaksi *to thank your lucky stars* (saada) kiittää onneaan
2 star v tähdittää, esiintyä (tähtenä) elokuvassa, näytelmässä yms
starboard [starbərd] s tyyrpuuri, (laivan, lentokoneen) oikea puoli
1 starch [startʃ] s **1** tärkkelys **2** (mon) tärkkelysruuat; ruuat joissa on runsaasti hiilihydraatteja **3** (kovetusaineena) tärkki **4** (kuv) jäykkyys, virallisuus
2 starch v tärkätä
starchy adj **1** tärkkelys- **2** tärkkelyspitoinen **3** tärkätty **4** (kuv) jäykkä, virallinen
stardom [stardəm] s (filmi- tms) tähden asema, tähteys
stardust ['star‚dʌst] s (kuv) (romanttinen) lumous, hohto
1 stare [steər] s tuijotus, töllötys
2 stare v **1** tuijottaa, töllöttää, katsoa (herkeämättä) **2** pistää silmään **3** *to stare you in the face* olla (kuv) vääjäämättä edessä, olla (uhkaavan) lähellä
stare down v mulkoilla jotakuta vihamielisesti, yrittää katseellaan saada joku tekemään/tuntemaan jotakin
starfish s meritähti
stark [stark] adj räikeä, silmiinpistävä, paljas, alaston, karu adv täysin, aivan
starkly adv ks stark
starling [starlɪŋ] s kottarainen

starry adj **1** (taivas) jolla on paljon tähtiä, tähtikirkas **2** (kuv) säkenöivä
START *Strategic Arms Reduction Talks*
1 start [start] s **1** alku, lähtö (tapahtuma tai paikka) **2** säpsähdys **3** etumatka
2 start v **1** lähteä, aloittaa, alkaa **2** käynnistää (moottori) **3** säpsähtää, vavahtaa **4** auttaa alkuun
starter s **1** aloittelija **2** (kilpailun) osanottaja **3** (kilpailussa) lähettäjä **4** (moottorin) käynnistin **5** *for starters* (ark) aluksi, alkajaisiksi; ensinnäkin, ensinnäkään
startle [startəl] v **1** säikäyttää, pelästyttää *I was startled to learn that* hämmästyin kun sain kuulla että **2** säpsähtää
startling [startlɪŋ] adj hämmästyttävä, yllättävä
start-up ['start‚ʌp] s **1** käynnistäminen, aloittaminen **2** uusi/nuori yritys
starvation ['star‚veɪʃən] *to die of/from starvation* kuolla nälkään
starve [starv] v **1** kuolla nälkään **2** nähdä nälkää, näännyttää nälkään **3** kaivata kovasti jotakin (for)
Star Wars ['star‚wɔrz] s (Yhdysvaltain avaruusaseiden tutkimusohjelma) tähtien sota (virallisesti Strategic Defense Initiative)
1 state [steɪt] s **1** tila **2** asema **3** tyylikkyys, arvokkuus **4** valtio **5** osavaltio **6** *the States* (ark) Yhdysvallat **7** *State* Yhdysvaltain ulkoministeriö **8** *to lie in state* (ruumiista) olla nähtävänä
2 state v esittää, sanoa, todeta
3 state adj **1** valtion **2** osavaltion **3** juhla-
State Department s (Yhdysvaltain) ulkoministeriö
statehood ['steɪt‚hʊd] s osavaltion asema
stateliness s komeus, mahtavuus, loisto, juhlallisuus
stately adj komea, ylväs, vaikuttava, mahtava, juhlallinen
statement [steɪtmənt] s **1** kannanotto, toteamus, lausunto, julkilausuma, väite **2** vaikutelma: *driving a Rolls definitely makes a statement* Rollsilla ajaminen puhuu selvää kieltä **3** (pankissa) tiliote

state of war s sotatila
state police s osavaltion poliisi
state prison s osavaltion vankila
state religion s valtionuskonto
stateroom ['steɪtˌrum] s (laivassa) yhden hengen hytti, (junassa) yhden hengen (makuuvaunu)osasto
stateside ['steɪtˌsaɪd] adj Manner-Yhdysvaltain adv Manner-Yhdysvalloissa
statesman [steɪtsmən] s (mon statesmen) valtiomies
statesmanship ['steɪtsmənˌʃɪp] s valtiotaito
state trooper s osavaltion liikkuva poliisi
statewide ['steɪtˌwaɪd] adj koko osavaltion laajuinen/käsittävä adv koko/kaikkialla osavaltiossa
static [stætɪk] s **1** hankaussähkö, kitkasähkö **2** (radion) ilmastohäiriöt **3** (ark kuv) vaikeus, hankaluus *don't give me any static about it* älä hangoittele vastaan, älä urputa (sl) adj **1** liikkumaton, muuttumaton, pysyvä; paikallaan polkeva **2** (sähkö, fys) staattinen
statics [stætɪks] s (verbi yksikössä) statiikka
1 station [steɪʃən] s **1** sijainti, paikka, asema **2** asema *fire station* paloasema *gas station* huoltoasema *radio station* radioasema
2 station v sijoittaa joku jonnekin (asemapaikkaan)
stationary ['steɪʃəˌneri] adj liikkumaton, paikallaan pysyvä; vakaa, sama
stationary bicycle s kuntopyörä
station break s **1** (radio- tai televisioasemen) tunnus; katko tunnuksen lähettämiseksi **2** mainoskatko
station-to-station *station-to-station call* käsivälitteinen puhelu (josta laskutetaan jos halutusta numerosta vastataan) (vrt *person-to-person*)
station wagon s farmariauto
statistic [stəˈtɪstɪk] s tilastotieto
statistical adj tilastollinen
statistically adv tilastollisesti
statistician [ˌstætɪsˈtɪʃən] s tilastotieteilijä
statistics s **1** (verbi yksikössä) tilastotiede **2** (verbi mon) tilasto
statue [stætʃu] s patsas, veistos
Statue of Liberty s Vapauden patsas
statuette [ˌstætʃuˈet] s pienoisveistos
stature [stætʃər] s **1** pituus, korkeus **2** asema
status [stætəs] s **1** asema *social status* yhteiskunnallinen asema **2** tila
status quo [ˌstætəsˈkwoʊ] s vallitseva tila, nykytila, status quo
status symbol s statussymboli
statute [stætʃut] s säännös, säädös, laki
statute mile s maili (1609 m)
statutory ['stætʃəˌtɔri] adj laillinen, lain mukainen
statutory rape s (lak) rakastelu alaikäisen kanssa
staunch [stantʃ] adj uskollinen, luja, vannoutunut
1 stave [steɪv] s **1** (tynnyrin) kimpi **2** (tikkaiden) puola **3** (mus) nuottiviivasto **4** (runon, laulun) säkeistö **5** sauva, keppi, tanko
2 stave v staved/stove, staved/stove: puhkaista, puhjeta
stave off v torjua, ehkäistä, estää
1 stay [steɪ] s **1** pysähdys, seisahdus **2** oleskelu *during her stay in Bolivia* hänen Boliviassa ollessaan **3** (tuomion) lykkäys **4** tuki, vahvike, kovike **5** (purjelaivassa) harus
2 stay v **1** jäädä *to stay in bed* jäädä vuoteeseen, pysyä vuoteessa *the weather stayed warm* sää jatkui lämpimänä, sää pysyi lämpimänä **2** asua, oleskella, viettää (aikaa) *we stayed at a cheap motel* yövyimme halvassa motellissa **3** pysähtyä, pysäyttää, lakata, lopettaa **4** tukea (myös kuv), vahvistaa (myös kuv) **5** (mer) harustaa, tukea haruksilla
stay-at-home ['steɪətˌhoʊm] s kotikissa (kuv) adj kotiinsa kiintynyt, omiin olohinsa kiintynyt, koti-
stay on top fr pysyä kärjessä, säilyttää johtoasema
stay put fr pysyä aloillaan, ei liikkua
std. *standard*
steadfast ['stedˌfæst] adj järkkymätön, luja, vakaa

stenography

steadfastly adv järkkymättömästi, lujasti, vakaasti
steadily adv ks steady
1 steady [stedi] s (ark) vakinainen mies/naisystävä, tyttö/poikaystävä
2 steady v tukea, lujittaa, lujittua, rauhoittaa, rauhoittua, vakauttaa, vakautua
3 steady adj **1** vankka, vakaa, luja **2** tasainen, säännöllinen, vakaa, luotettava **3** *to go steady* (ark) seurustella vakinaisesti
steady-handed adj (kuv) rauhallinen, vakaa, luotettava, tasainen
steak [steɪk] s pihvi, (kalasta) filee
steakhouse [ˈsteɪkˌhaʊs] s pihviravintola
1 steal [stiəl] s (ark) erittäin halpa (kauppa)tavara: *at fifty dollars, this easy chair is a steal* 50 dollaria on pilkkahinta tästä nojatuolista
2 steal v stole, stolen **1** varastaa, viedä joltakulta jotakin **2** hiipiä, viedä salaa
stealing s **1** varastaminen, varkaus **2** (mon) varastetut tavarat
steal someone's thunder fr viedä tuuli jonkun purjeista, varastaa jonkun idea
steal the show fr jättää toiset varjoonsa
1 steam [stim] s höyry *to blow off steam* päästä ilmoille liikoja höyryjä, purkaa kiukkuaan
2 steam v **1** höyrytä, höyryttää **2** (ark) suuttua; raivota
steam bath s höyrykylpy
steamboat [ˈstimˌboʊt] s höyrylaiva
steam engine s höyrykone
1 steamer s höyrylaiva
2 steamer v matkustaa höyrylaivalla
steam hammer s höyryvasara
steam locomotive s höyryveturi
1 steamroller [ˈstimˌroʊlər] s höyryjyrä
2 steamroller v **1** jyrätä (höyryjyrällä) **2** (kuv) jyrätä alleen *the president steamrolled the bill through Congress* presidentti hyväksytti lakiehdotuksen kongressilla puoliväkisin
steamship [ˈstimˌʃɪp] s höyrylaiva
steam turbine s höyryturbiini
steamy adj **1** höyryinen, kostea, höyrystynyt **2** (ark) eroottinen

steel [stiəl] s teräs *v: to steel yourself to/against something* valmistautua johonkin, terästäytyä kohtaamaan jokin
steel gray s teräksenharmaa
steelworks [ˈstiəlˌwɜrks] s (verbi yksikössä tai mon) terästehdas
steely adj **1** teräksinen, teräs- **2** teräksenharmaa **3** teräksenkova (myös kuv)
steelyard [ˈstiəlˌjɑərd] s siirtopainovaaka
steep [stip] adj **1** jyrkkä **2** (ark) kallis v liottaa, liota; hauduttaa, hautua
steeped in *to be steeped in something* olla yltä päältä jonkin peitossa, olla uppoutunut johonkin, olla täynnä jotakin, olla jonkin verhoama
steeple [stipəl] s (esim kirkon) torni
1 steeplechase [ˈstipəlˌtʃeɪs] s estelaukka(kilpailu); estejuoksu(kilpailu) (maastossa)
2 steeplechase v harrastaa estelaukkaa/estejuoksua, osallistua estelaukkakilpailuun/estejuoksukilpailuun
steeply adv jyrkästi
1 steer [stɪər] s nuori härkä
2 steer v ohjata (myös kuv) *she steered the car to the right* hän ohjasi auton oikealle
steer clear of fr pysytellä kaukana jostakin, välttää
steering wheel s ohjauspyörä
1 stem [stem] s **1** (kasvin) varsi, (puun) runko, (lehden) ruoti, (erilaisten esineiden) varsi, kaula, ruoti **2** sanan vartalo **3** (sukupuun) päähaara **4** (hiihdossa) aura, auraus
2 stem v **1** irrottaa ruodit **2** olla peräisin jostakin (from) **3** padota; tukkia **4** pysäyttää, lopettaa, tyrehdyttää **5** (hiihdossa) aurata
stench [stentʃ] s löyhkä, lemu, paha haju
1 stencil [stensəl] s luotta, kaavain, malline, sabloni
2 stencil v piirtää/kirjoittaa luotalla
stenographer [stəˈnɑɡrəfər] s pikakirjoittaja
stenographic [ˌstenəˈɡræfɪk] adj pikakirjoitus-
stenography [stəˈnɑɡrəfi] s pikakirjoitus

step 1372

1 step [step] s **1** askel *watch your step!* katso mihin astut, ole varovainen **2** jalanjälki **3** tahti, marssi *to break step* lakata marssimasta tahdissa *to be in step* marssia tahdissa; (kuv) olla (esim ajan) tasalla *to be out of step* ei marssia tahdissa; ei olla (esim ajan) tasalla *to keep step* pysyä (samassa) tahdissa (myös kuv) **4** vaihe, askel (kuv) *the government is taking steps to increase exports* hallitus on ryhtynyt toimiin viennin lisäämiseksi *we're two steps away from disaster* me olemme katastrofin partaalla **5** (mus) sävelaskel **6** porras, askelma
2 step v **1** astua **2** porrastaa
step by step fr askel askeleelta, vaihe vaiheelta, vaiheittain, vähitellen
stepdaughter ['step͵dɑtər] s tytärpuoli
step down v **1** laskea, vähentää, alentaa **2** erota (työstä), luopua (vallasta)
stepfather ['stepfɑðər] s isäpuoli
step in v **1** astua remmiin, tulla jonkun tilalle **2** puuttua johonkin, sekaantua johonkin
step into the breach fr astua remmiin, tulla jonkun tilalle
stepmother ['step͵mʌðər] s äitipuoli
step on it fr (ark) panna kaasu pohjaan, painaa nasta lautaan; pistää vipinää kinttuihin, pitää kiirettä
step on someone's toes fr (kuv) astua jonkun varpaille, loukata jotakuta
step out v **1** pistäytyä ulkona/ulkopuolella **2** kävellä nopeammin, lisätä vauhtia **3** mennä yhdessä ulos
step out of line fr mennä liian pitkälle, käyttäytyä sopimattomasti
steppe [step] s aro
stepson ['step͵sʌn] s poikapuoli
step up v **1** lisätä, kasvattaa **2** nopeuttaa **3** ylentää (korkeampaan asemaan) **4** edistyä, parantua, kehittyä
stereo [steriou] s (mon stereos) **1** stereoäänentoisto **2** stereot, stereolaitteet adj stereo-, stereofoninen
stereophonic [͵steriə'fɑnɪk] adj stereofoninen, stereo-
stereophony [͵steri'afəni] s stereofonia

1 stereotype ['steriə͵taɪp] s **1** (kirjapainossa) stereotypia **2** kaavoittunut/kaavamainen/kangistunut käsitys
2 stereotype v **1** (kirjapainossa) stereotypioida **2** esittää/kuvata kaavamaisesti **3** *to become stereotyped* kangistua kaavoihinsa, vakiintua
stereotypy ['steriə͵taɪpi] s **1** (kirjapainossa) stereotypia **2** (psyk) stereotypia
sterile [sterəl] adj **1** hedelmätön, lisääntymiskyvytön, steriili **2** bakteeriton, (täysin) puhdas, steriili **3** (kuv) hedelmätön
sterilely adv ks sterile
sterility [stə'rɪləti] s **1** hedelmättömyys, lisääntymiskyvyttömyys, steriiliys, steriliteetti **2** bakteerittomuus, (täydellinen) puhtaus, steriiliys **3** (kuv) hedelmättömyys
sterilization [͵sterələ'zeɪʃən] s sterilointi (ks sterile)
sterilize ['sterə͵laɪz] v **1** steriloida (ks sterile) **2** (ark) eristää, suojata, varjella joltakin (against)
sterling [stərlɪŋ] s **1** Englannin raha, Englannin punta **2** sterlinghopea adj **1** punta- **2** (hopea) sterling- **3** hopeinen, hopea- **4** erinomainen, loistava, luja, vankka
stern [stərn] s **1** laivan perä **2** perä, takaosa, takapää adj ankara, kova, vakava
sternly adv ankarasti, kovasti, vakavasti
sternum [stərnəm] s (mon sternums, sterna) rintalasta
sternwheeler ['stərn͵wilər] s siipiratas-laiva jonka siipiratas on perässä
steroid [steroɪd] s steroidi
stethoscope ['steθə͵skoup] s stetoskooppi, (lääkärin) kuuntelulaite
1 stew [stu] s (ruoka) muhennos
2 stew v **1** keittää/kiehua hiljaisella tulella **2** (ark) tuskailla, murehtia
steward [stuwərd] s **1** taloudenhoitaja **2** tarjoilija; tarjoilun johtaja **3** (lentokoneessa, laivassa) stuertti
stewardess [stuwədəs] s lentoemäntä, (laivassa) tarjoilija
stew in your own juice fr saada kärsiä omista teoistaan/virheistään, saada omaa lääkettään

St. George (pyhimys) Yrjänä

1 stick [stɪk] s **1** keppi, sauva, tikku, (suklaa)patukka, (katkennut) oksa, (rumpu)palikka, (jääkiekko- ym) maila **2** (kuv) kannustin, houkutin, porkkana **3** (mon ark) syrjäseutu, korpi *to live in the sticks* elää Jumalan selän takana **4** *to get the dirty/short end of the stick* (sl) vetää lyhyempi korsi

2 stick v stuck, stuck **1** pistää, työntää, sohaista **2** panna, laittaa, pistää **3** tarttua, juuttua, tarrautua *the cork has stuck* korkki on jäänyt kiinni (pulloon), korkki ei lähde irti **4** (kuv) pitää kiinni jostakin, pitää sanansa/lupauksensa **5** (kuv) jatkaa sinnikkäästi (loppuun asti) **6** (kuv) ei päästä eteenpäin, polkea paikallaan *I'm stuck with my work* työni ei edisty **7** tukea kepeillä

stick around v (ark) odottaa, pysytellä lähettyvillä

stick by v (kuv) pitää kiinni jostakin, ei hylätä jotakuta

sticker s tarra

sticker price s ohjehinta

sticking plaster s kiinnelaastari

stick-in-the-mud [ˈstɪkɪnðəˌmʌd] s vanhanaikainen ihminen, antiikkinen ihminen, homekorva

stick in your craw fr olla piikki jonkun lihassa, ärsyttää, käydä jonkun hermoille

stick in your throat *the words stuck in his throat* (kuv) sanat takertuivat hänen kurkkuunsa

stick it fr (sl) pidä hyvänäsi!

stick it out fr kestää, jaksaa, pitää pintansa

stick it to fr (sl) kohdella jotakuta kaltoin, käyttää jotakuta hyväkseen

stick it up your ass fr (sl) pidä hyvänäsi, työnnä se perseeseesi, haista paska

stickler [ˈstɪklər] *to be a stickler for something* olla tarkka jostakin

stick out v pistää/työntyä/työntää esiin/ulos; pistää silmään, erottua selvästi

stick out like a sore thumb fr pistää silmään

stick shift s (auton) käsivalintainen vaihteisto (erotuksena automaattivaihteistosta), keppivaihteisto

stick to v (kuv) pitää kiinni jostakin, ei hylätä jotakuta

stick together v pitää yhtä, pysyä yhdessä, puhaltaa samaan hiileen

stick to your guns fr pitää pintansa, pysyä lujana, ei antaa periksi, ei perääntyä

stick to your ribs fr (ruuasta) olla täyttävää, viedä nälkä

stick-up s (ark) ryöstö

stick up v (ark) ryöstää

stick up for v puolustaa, tukea jotakuta

stick with v **1** puolustaa, tukea jotakuta **2** ei vaihtaa, käyttää edelleen **3** panna jotakin jonkun vastuulle, antaa jokin jonkin tehtäväksi

sticky [ˈstɪki] adj **1** tahmea **2** (kuv) vaikea, hankala

sticky fingers s (ark) pitkäkyntisyys

stick your neck out fr puolustaa jotakuta, uskaltautua tekemään jotakin, ottaa riski

stick your nose into fr pistää/työntää nenänsä johonkin (toisten asioihin)

stiff [stɪf] s (sl) ruumis, kalmo adj **1** jäykkä, kankea (myös kuv) **2** voimakas, vahva, väkevä, raju **3** kallis **4** tiukka, ankara, kova adv **1** ks adj **2** *to be bored stiff* ikävystyä kuoliaaksi

stiffen v jäykistää, jäykistyä, kangistaa, kangistua

stiffly adv jäykästi, kankeasti (myös kuv)

stiff-necked adj **1** jäykkäniskainen **2** (kuv) jääräpäinen, omapäinen, härkäpäinen

stifle [ˈstaɪfəl] v tukahduttaa, kukistaa, vaimentaa, hillitä *she stifled a yawn* hän tukahdutti haukotuksensa *I could not stifle my curiosity* en pystynyt hillitsemään uteliaisuuttani

stigma [ˈstɪgmə] s (mon stigmata, stigmas) **1** stigma, häpeämerkki **2** (kasvin) luotti

stigmatize [ˈstɪgməˌtaɪz] v leimata joku joksikin (kielteiseksi), stigmatisoida *to become stigmatized as a criminal* leimautua rikolliseksi

stile [staɪəl] s portaat (joita pitkin päästään aidan yli)

stiletto [stə'letoʊ] s (mon stilettos, stilettoes) stiletti

1 still [stɪl] s **1** hiljaisuus *in the still of the night* yön hiljaisuudessa **2** (elokuvafilmistä valmistettu) yksittäiskuva, valokuva **3** tislauslaite

2 still v **1** vaientaa, vaieta, vaimentaa, saada vaikenemaan, rauhoittaa, rauhoittua *try to still the baby* yritä saada lapsi rauhoittumaan **2** tyydyttää (halu), tyydyttyä, tyynnyttää, tyyntyä **3** tislata

3 still adj **1** liikkumaton, tyyni **2** hiljainen, äänetön

4 still adv **1** yhä, vielä *she's still not ready* hän ei ole vieläkään valmis *still more* (yhä/vielä) lisää/enemmän **2** silti, kuitenkin **3** liikkumatta, paikallaan **4** hiljaa konj silti, kuitenkin *he's weird but she still loves him* hän on outo mutta nainen rakastaa häntä silti

still and all fr silti, kuitenkin, kaikesta huolimatta

stillbirth ['stɪl,bərθ] s **1** kuolleen lapsen/eläimen syntyminen/synnytys **2** kuolleena syntynyt lapsi/eläin

stillborn ['stɪl,bɔrn] adj kuolleena syntynyt

still life s (taiteessa) asetelma

stillness s **1** liikkumattomuus, tyyneys **2** hiljaisuus

stillroom ['stɪl,rum] s (keittiöön avautuva) säilytyskomero, säilytyshuone

still water s suvanto

stilt [stɪlt] s (mon) puujalat

stilted adj (kuv) jäykkä, kankea

stimulant [stɪmjələnt] s **1** (aine) piriste **2** kannustin, yllyke

stimulate ['stɪmjə,leɪt] v piristää, kiihottaa, virkistää, elvyttää, kannustaa, innostaa

stimulating adj piristävä, kiihottava, virkistävä, elvyttävä, kannustava, innostava

stimulation [,stɪmjə'leɪʃən] s piristys, kiihotus, virkistys, elvytys, kannustus

stimulative [stɪmjələtɪv] s piriste adj piristävä, kiihottava, virkistävä, elvyttävä

stimulus [stɪmjələs] s **1** (fysiologiassa, lääk) ärsyke **2** yllyke, kannustin, kiihoke

1 sting [stɪŋ] s **1** pisto **2** kirvely **3** (hyönteisen) piikki, (kasvin) poltinkarva kärkevä/piikikäs/pisteliäs/ivallinen huomautus, piikki, katkera kalkki **4** (sl) huijaus, petos

2 sting v stung, stung **1** pistää **2** kirvellä **3** (kuv) (kärkevä huomautus) pistää, sattua, (muisto) kirvellä mieltä, harmittaa, kaivella **4** (sl) huijata, pettää

stinger [stɪŋər] s **1** (hyönteisen) piikki, (kasvin) poltinkarva **2** (ark) piikki, piikikäs/kärkevä/ivallinen huomautus

stingily adv kitsaasti, itarasti, nuukasti, niukasti

stinginess s **1** kitsaus, nuukuus **2** niukkuus, vähäisyys, pienuus

stingy [stɪndʒi] adj **1** kitsas, itara, nuuka **2** niukka, laiha

1 stink [stɪŋk] s löyhkä, lemu

2 stink v stank/stunk, stunk **1** löyhkätä, lemuta, haista **2** (ark) olla surkea/kehno

stinkaroo s (sl) surkea esitys

stink bomb s hajupommi

stinker s (ark) **1** surkea esitys **2** vaikea/visainen tehtävä **3** paskiainen

stinkeroo [,stɪŋkə'ru] s (sl) surkea esitys

stinking adj **1** löyhkäävä, lemuava, haiseva, pahanhajuinen **2** surkea, kurja

stink out v savustaa ulos (löyhkällä, pahalla hajulla)

stink up v **1** saada löyhkäämään/haisemaan **2** olla surkea/kehno

1 stint [stɪnt] s **1** komennus *he did a two-year stint in Saudi Arabia* hän oli kahden vuoden komennuksella Saudi-Arabiassa **2** urakka, määrä **3** rajoitus, kitsastelu

2 stint v **1** säästää, nuukailla, elää nuukasti, kitsastella **2** supistaa, vähentää

stipulate ['stɪpjə,leɪt] v vaatia; sopia; määrätä

stipulation [,stɪpjə'leɪʃən] s vaatimus, ehto, sopimus

1 stir [stər] s **1** hämminki *the news caused quite a stir in the firm* uutinen herätti yrityksessä melkoista kohua **2** (sl) vankila, häkki

2 stir v **1** hämmentää, sekoittaa **2** liikuttaa, liikkua, liikauttaa *he did not stir a muscle to help me* hän ei liikauttanut

eväänsäkään auttaakseen minua **3** herättää (tunteita): *to stir pity* herättää sääliä **4** *to stir someone into action* kannustaa/saada joku toimimaan
stir-crazy adj (ark) mökkihöperö
stirring adj **1** innostava **2** kiireinen, vauhdikas, vilkas
stirrup [ˈstərəp] s jalustin
stir up v **1** hämmentää, sekoittaa **2** herättää (tunteita, vastustusta), vauhdittaa (mielikuvitusta) **3** yllyttää, usuttaa johonkin *to stir up trouble* lietsoa riitaa
1 stitch [stɪtʃ] s **1** pisto, tikki **2** (lääk) ommel, tikki **3** pisto (kyljessä) **4** *to be in stitches* nauraa katketakseen/tikahtuakseen
2 stitch v **1** ommella **2** koristella
St. John [ˌseɪntˈdʒan sɪndʒən]
St. Kitts and Nevis [seɪntˌkɪtsənˈnevəs] Saint Kitts ja Nevis
St. Lawrence River [ˌseɪntˈlɔrəns] (joki Kanadassa) St. Lawrence
St. Lawrence Seaway St. Lawrencen vesitie (Kanadan Ontariossa)
St. Louis [ˌseɪntˈluəs] kaupunki Missourissa
St. Lucia [ˌseɪntlʊˈsiə] Saint Lucia (Karibianmeressä)
stoat [stoʊt] s kärppä
1 stock [stak] s **1** varasto (myös kuv) *we do not have that model in stock* sitä mallia ei ole varastossa **2** (tal) osakkeet; osaketodistus **3** (puun) runko, tukki; kanto **4** kädensija **5** kanta, laji, syntyperä, suku, heimo, alkuperä **6** karja **7** lihaliemi **8** (mon) jalkapuu **9** (rautateillä) liikkuva kalusto, myös *rolling stock*
2 stock v **1** varastoida, panna varastoon, pitää varastossa; täydentää varastoa **2** panna jalkapuuhun
1 stockade [staˈkeɪd] s **1** paaluaita **2** sotilasvankila
2 stockade v suojata paaluaidalla
stockbroker [ˈstakˌbroʊkər] s pörssimeklari
stock certificate s osaketodistus
stock exchange s arvopaperipörssi
stockholder [ˈstakˌhoəldər] s osakas
Stockholm [ˈstakˌhoəlm] Tukholma

stocking s sukka
stocking cap s pipo
stocking feet *in your stocking feet* sukkasillaan
stocking stuffer s halpa/pieni joululahja
stock in trade s (kuv) perustaito; perusedellytys
stock market s osakemarkkinat
1 stockpile [ˈstakˌpaɪəl] s varasto
2 stockpile v varastoida, kerätä, kasata, hamstrata
stockstill [ˌstakˈstɪl] adj hievahtamaton adv hievahtamatta
stocky adj tanakka
stockyard [ˈstakˌjaərd] s (teurastamon) karjapiha, karjatarha
stodgy [stadʒi] adj **1** raskas, raskassoutuinen **2** tanakka
stoic [stoʊɪk] s, adj **1** stoalainen (ks *stoical*) **2** *Stoic* stoalainen, stoalaisuuden kannattaja
stoical [stoʊɪkəl] adj **1** tyyni, järkkymätön, rauhallinen, stoalainen **2** *Stoical* stoalainen
stoically adv tyynesti, järkkymättömästi, rauhallisesti
stoicism [ˈstoʊəˌsɪzəm] s **1** tyyneys, järkkymättömyys, rauhallisuus, stoalaisuus **2** *Stoicism* (filosofia) stoalaisuus
stoke [stoʊk] v kohentaa (tulta)
Stoke on Trent [ˌstoʊkanˈtrent]
STOL *short take-off and landing*
1 stole [stoəl] s (hartiavaippa) stoola
2 stole v ks steal
stolen ks steal
1 stomach [stʌmək] s **1** vatsa, maha **2** mahalaukku **3** (kuv) halu, into
2 stomach v kestää, sietää *Tyne couldn't stomach his company* Tyne ei voinut sietää hänen seuraansa
stomachache [ˈstʌməkˌeɪk] s vatsakipu, mahakipu
1 stone [stoʊn] s **1** kivi (aine, kappale) *to cast the first stone* (kuv) heittää ensimmäinen kivi *to leave no stone unturned* etsiä kaikkialta, tehdä kaikkensa/parhaansa **2** jalokivi **3** (hedelmän siemen) kivi **4** hautakivi **5** pelinappula

2 stone v **1** kivittää, heitellä jotakuta kivillä **2** kivittää kuoliaaksi **3** kivetä, peittää kivillä **4** poistaa kivet (hedelmästä)
3 stone adj kivinen, kivi-
4 stone adv täysin
Stone Age s kivikausi
stone-blind [ˌstoʊnˈblaɪnd] adj umpisokea
stone bramble s lillukka
stoned adj (sl) **1** humalassa, kännissä **2** pilvessä, huumeessa
stone-dead [ˌstoʊnˈded] adj kuollut kuin kivi
stone-deaf [ˌstoʊnˈdef] adj umpikuuro
stonefish s velhokala
stonefly s (mon stoneflies) koskikorento
stone fruit [ˈstoʊnˌfrut] s (hedelmä) luumarja
Stonehenge [ˈstoʊnˌhendʒ] s esihistoriallinen kivipatsaiden ryhmä Englannissa
stone pigeon s houkutuslintu (myös kuv)
stone's throw *the place is only a stone's throw from here* paikka on vain kivenheiton päässä täältä
stone wall *to run into a stone wall* jollakulla tulee seinä vastaan, joku ei suostu johonkin
stonewall [ˈstoʊnˌwɔːl] v vältellä, jarruttaa (kuv), estää, viivytellä
stonewalling s välttely, viivyttely, jarruttelu, hidastelu
stoneware [ˈstoʊnˌweər] s kivitavara
stonewash [ˈstoʊnˌwɒʃ] v kivipestä (vaatteita)
stonily adv (kuv) ilmeettömästi; kovasti, kylmästi, sydämettömästi
stony adj **1** kivinen (myös hedelmästä) **2** kova (kuin kivi) **3** ilmeetön; kova, kylmä, sydämetön
stony-faced adj ilmeetön, kivikasvoinen
stood [stʊd] ks stand
stool [stuːl] s **1** jakkara *to fall between two stools* jäädä (empimisen vuoksi) tyhjin käsin **2** houkutuslintu **3** uloste
1 stoop [stup] s kumara/kyyry asento

2 stoop v **1** kumartua, kyyristyä **2** olla/käydä kumarassa/kyyryssä **3** alentua tekemään jotakin *I won't stoop to apologizing to her* en alennu pyytämään häneltä anteeksi
1 stop [stap] s **1** pysähdys, pysähtyminen; loppu *wait till the bus has come to a full stop* odottakaa kunnes linja-auto on pysähtynyt **2** pysäkki **3** (UK) piste *full stop* piste **4** (valok) aukko *f-stop* aukko **5** (fonetiikassa) klusiili, umpiäänne **6** (tekn) pysäytin, liukueste **7** (uruissa) äänikerta, rekisteri *to pull out all the stops* (kuv) tehdä kaikkensa, panna parastaan **8** tulppa, korkki, tappi
2 stop v **1** pysähtyä, pysäyttää **2** lopettaa, lakata, keskeyttää, keskeytyä **3** estää **4** tukkia, tukkeutua **5** sulkea (korkilla, tulpalla)
stop at v yöpyä jossakin
stop at nothing fr ei kaihtaa keinoja, tehdä kaikkensa
stop by v käväistä, piipahtaa jossakin
stop down v (valok) pienentää (objektiivin) aukkoa, himmentää (objektiivia)
stop in v **1** käväistä, piipahtaa jossakin **2** yöpyä jossakin
stop in your tracks *he stopped in his tracks* (ark) hän pysähtyi yhtäkkiä; hän säpsähti/säikähti
stoplight [ˈstapˌlaɪt] s **1** (auton ym) jarruvalo **2** liikennevalot
stop off v pysähtyä (matkalla jossakin)
stopover [ˈstapˌoʊvər] s **1** (matkalla) pysähdys **2** (matkalipun haltijan) oikeus pysähtyä matkan varrella
stop over v pysähtyä (matkalla), yöpyä (matkalla)
stoppage [stapədʒ] s **1** tukos **2** (työn) seisaus
stop sign s (liikennemerkki) pakollinen pysähtyminen
stopwatch [ˈstapˌwatʃ] s sekuntikello, sekundaattori
storage [stɔrədʒ] s **1** varastointi **2** varasto **3** (tietok) muisti
1 store [stɔr] s **1** kauppa, myymälä **2** ruokakauppa **3** varasto, varat *there's more trouble in store for you* sinulla on edessäsi lisää ongelmia **4** *she doesn't*

lay/set much store by formalities hän ei juuri usko muodollisuuksiin, hän ei pidä muodollisuuksia tärkeinä
2 store v **1** varastoida, panna varastoon; säästää, panna talteen; tallentaa **2** säilyä
storefront ['stɔr,frʌnt] s **1** kaupan/myymälän katupuoli (jolla näyteikkunat ovat) **2** kauppa, myymälä
storehouse ['stɔr,haʊs] s **1** varasto(rakennus) **2** (kuv) aarreaitta
storekeeper ['stɔr,kipər] s kauppias
storeroom ['stɔr,rum] s varasto
storewide [,stɔr'waɪd] adj koko myymälän (laajuinen) *we have a storewide sale this week* tällä viikolla kaikilla osastoillamme on alennusmyynti
storey s (UK) (rakennuksen) kerros
storied *yhdyssanan jälkiosana* -kerroksinen *five-storied* viisikerroksinen
stork [stɔrk] s **1** kattohaikara **2** (kuv) haikara *they are expecting the stork next month* heille syntyy lapsi ensi kuussa
1 storm [stɔrm] s **1** myrsky (myös kuv) *a storm of protest* vastalauseiden myrsky/tulva **2** (sot) rynnäkkö
2 storm v **1** hyökätä jonnekin rynnäköllä, vallata rynnäköllä **2** (kuv) pommittaa jotakuta jollakin
stormily adv myrskyisästi (myös kuv)
storm in a teacup fr (kuv) myrsky vesilasissa
storm warning s **1** myrskyvaroitus **2** (kuv) vaaran merkki, huono enne, uhkaava ilmestys
stormy adj myrskyisä (myös kuv)
story s **1** kertomus, tarina, juttu, (lehti)kirjoitus, novelli *that's a different story altogether* se on kokonaan toinen juttu **2** juoni **3** valhe, sepite **4** (rakennuksen) kerros
storyline ['stɔri,laɪn] s (kertomuksen) juoni
storyteller s kertoja
storytelling s kerronta
stout [staʊt] adj **1** pyylevä, paksu, lihava **2** urhea, rohkea, peloton, sinnikäs, sitkeä **3** vahva, väkevä
stout-hearted adj urhea, rohkea, peloton, sinnikäs
stoutly adv ks stout

straighten up

1 stove [stoʊv] s **1** liesi, (kannettava) keitin **2** uuni
2 stove v ks stave
stovepipe ['stoʊv,paɪp] s (lieden) savupiippu
stow [stoʊ] v **1** lastata, kuormata **2** varastoida, panna jonnekin **3** pakata, ahtaa, sulloa, tunkea (täyteen)
stowaway ['stoʊə,weɪ] s salamatkustaja, jänis
stow away [,stoʊə'weɪ] v matkustaa salaa/jäniksenä
St. Peter's (Vatikaanivaltion) Pietarinkirkko
straddle [strædəl] v käydä/istua hajareisin
straggler [stræglər] s viimeinen, myöhästyjä, peränpitäjä
straight [streɪt] s **1** suora **2** (ark) hetero; sovinnainen ihminen; joku joka ei käytä huumeita adj **1** suora **2** (kuv) rehellinen, rehti, avoin, suora, luotettava **3** yhtenäinen, jatkuva, keskeytyksetön *we worked for three straight hours* teimme työtä kolme tuntia yhteen menoon **4** joka on järjestyksessä, kunnossa *to set something straight* oikaista jokin asia **5** (ark) hetero-; sovinnainen, perinnäinen, tavallinen; rehellinen; kuivilla, joka ei käytä huumeita *to go straight* parantaa tapansa, ruveta rehelliseksi *to play it straight* pelata reilua peliä **6** (ryyppy) laimentamaton, raaka adv **1** suorassa, suoraan (myös kuv) *let's go straight to the point* mennään suoraan asiaan *sit up straight* istu suorassa/selkä suorana **2** rehellisesti, kunniallisesti (ks adj)
straight angle s 90 asteen kulma, suorakulma, oikokulma
straight arrow s (ark) puhdas pulmunen
straightaway ['streɪtə,weɪ] s suora
straightaway [,streɪtə'weɪ] adv heti, välittömästi, suoraa päätä
straighten out v **1** saada joku ryhdistäytymään, opettaa joku paremmille/hyville tavoille **2** (kuv) oikaista, selvittää, setviä
straighten up v **1** suoristaa, oikaista **2** (kuv) selvittää, setviä, oikaista

straight face *he managed to keep a straight face* hän onnistui pitämään naamansa peruslukemilla, hän sai naurunsa/itsensä hillityksi
straightforward [ˌstreɪtˈfɔrwərd] adj **1** suora, sumeilematon, siekailematon **2** rehellinen **3** yksinkertainen, koruton, helppo
straightforwardly adv ks straightforward
straight from the shoulder fr suoraan, siekailematta, sumeilematta, rehellisesti
straightjacket s pakkopaita (myös kuv)
straight-laced adj ankaran siveellinen, sievistelevä
straight off adv heti, suoraa päätä, oikopäätä
straight stance s (golf) suora stanssi, asento jossa pelaajan jalkaterät ovat poikittain pallon suunniteltuun lentorataan nähden
straight up adv (ryypystä) ilman jäitä
1 strain [streɪn] s **1** kuormitus, rasitus, jännitys, paine **2** ponnistus, ponnistelu **3** riesa, vaiva, raskas työ **4** (lihaksen, jänteen) rasittuminen, liikarasitus; (lihaksen, jänteen) venähdys **5** piirre, ominaisuus **6** rotu, laji, lajike
2 strain v **1** kuormittaa, rasittaa, jännittää, painaa **2** ponnistaa, ponnistella, pinnistää, yrittää kovasti **3** rasittaa liiaksi (lihasta, jännettä), (lihas, jänne myös) venähtää **4** koetella (kärsivällisyyttä, hermoja), venyttää (sanan merkitystä, kielikuvaa)
strain a point fr tehdä poikkeus, katsoa läpi sormien
strained adj väkinäinen, teennäinen, epäaito; kaukaa haettu
strait [streɪt] s **1** (us mon) salmi **2** (us mon, kuv) tukala tilanne *to be in dire straits* olla pinteessä
straitjacket [ˈstreɪtˌdʒækət] s pakkopaita (myös kuv)
strait-laced [ˌstreɪtˈleɪst] adj ankaran siveellinen, sievistelevä
Straits of Florida [ˌstreɪtsəvˈflɔrɪdə] (verbi yksikössä) Floridansalmi

1 strand [strænd] s **1** ranta **2** säie **3** (hius)kiehkura, suortuva
2 strand v **1** (laiva, vene) jäädä rantaan, juuttua matalikolle, ajaa karille *whales stranded on a beach* rantahiekalle ajautuneet valaat **2** jäädä/joutua pulaan **3** punoa
strange [streɪndʒ] adj **1** outo, kumma, erikoinen, eriskummallinen **2** vieras, tuntematon
strangely adv oudosti, kummasti, kummallisesti, erikoisesti, eriskummallisesti
strangeness s **1** outous, kummallisuus **2** tuntemattomuus, vieraus
stranger [streɪndʒər] s vieras/tuntematon ihminen *I am no stranger to this city* minä tunnen tämän kaupungin hyvin *don't be a stranger* pidähän yhteyttä, muista tulla käymään, älä leiki vierasta
strange to *to be strange to something* ei tuntea jotakin, ei hallita jotakin, jokin on jollekulle uutta
strangle [ˈstræŋɡəl] v **1** kuristaa kuoliaaksi **2** (kuv) tukahduttaa, tyrehdyttää, sammuttaa, tehdä loppu jostakin
stranglehold [ˈstræŋɡəlˌhɔld] s (kuv) tukahduttava vaikutus
strangler s kuristaja
strangulate [ˈstræŋɡjʊˌleɪt] v **1** (lääk) kuristua, kuroutua **2** kuristaa
strangulation [ˌstræŋɡjʊˈleɪʃən] s **1** (lääk) kuristuma, kuroutuma **2** kuoliaaksi kuristaminen
1 strap [stræp] s hihna, lenkki *shoulder strap* olkahihna
2 strap v sitoa kiinni johonkin
strapped adj *the project is strapped for funds* hanke potee rahapulaa
strapping adj **1** roteva **2** iso, valtava
strata [strætə] ks stratum
strategic [strəˈtidʒɪk] adj strateginen
strategical adj strateginen
Strategic Defense Initiative s (ns tähtien sota) amerikkalainen avaruusaseiden tutkimusohjelma
strategist [ˈstrætədʒɪst] s strategi, (sodan)johtaja, suunnittelija
strategy [ˈstrætədʒi] s **1** strategia, sotataito **2** keino, menetelmä, suunnitelma, strategia

stratetigically adv strategisesti
stratosphere ['strætəsˌfɪər] s **1** stratosfääri **2** (kuv) pilvet: *prices have risen into the stratosphere* hinnat hipovat pilviä
stratospheric [ˌstrætəs'fɪrɪk] adj **1** stratosfäärin **2** (kuv) suunnattoman/kohtuuttoman korkea/suuri/kallis, pilviä hipova
stratum [strætəm] s (mon strata, stratums) kerros, kerrostuma
stratus [strætəs] s (mon strati) sumupilvi
straw [stra] s **1** olki, oljenkorsi *to catch/clutch/grasp at straws* (yrittää) tarttua (vaikka) oljenkorteen *that was the last straw* se oli viimeinen pisara **2** imupilli **3** *to draw straws* (arpoa) vetää (pitkää) tikkua
strawberry ['straˌberi] s (puutarha)mansikka
strawberry blond s **1** (tukan väri) jossa on vaaleaa ja punaista **2** mies/poika jolla on tukassa vaaleaa ja punaista
strawberry blonde s **1** (tukan väri) jossa on vaaleaa ja punaista **2** nainen/tyttö jolla on tukassa vaaleaa ja punaista
straw hat s olkihattu
straw man s **1** (oljesta tehty) linnunpelätin, olkiukko **2** pikkutekijä **3** veruke, hämäys, viikunanlehti (kuv)
1 stray [streɪ] s kulkukissa, kulkukoira yms
2 stray v **1** eksyä, harhailla **2** (kuv) eksyä, poiketa (aiheesta), poiketa (linjasta)
1 streak [strik] s **1** viiru, juova **2** suikale **3** piirre *you have a mean streak* sinussa on myös pahoja piirteitä **4** (ark) jakso, kausi *lately, I've had a streak of bad luck* viime aikoina huono onni on vainonnut minua
2 streak v viiruttaa, juovittaa, piirtää/värittää juovia johonkin
1 stream [strim] s **1** virta, joki, puro *Gulf Stream* Golfvirta **2** vuoto, virta **3** (valon) säde, (tuulen) hönkäys, puhallus, virtaus (myös kuv:) suuntaus
2 stream v **1** virrata; vuotaa **2** paistaa
streambed ['strimˌbed] s joenuoma
1 streamline ['strimˌlaɪn] s virtaviivainen/aerodynaaminen muoto

2 streamline v **1** muotoilla virtaviivaiseksi **2** (kuv) tehostaa, järkeistää
streamlined adj **1** virtaviivainen, aerodynaaminen **2** (kuv) järkeistetty, tehostettu
stream of consciousness s (psykologiassa, kirjallisuudessa ym) tajunnanvirta
street [strit] s katu *to be out in/on the street* olla työtön; olla koditon
streetcar ['stritˌkɑər] s **1** raitiovaunu **2** johdin(linja-)auto
street cred ['stritˌkred] s (ark) katu-uskottavuus, status, maine (street credibility)
street-smart ['stritˌsmɑrt] adj (kovia) kokenut (ja siksi taitava pitämään puolensa)
street smarts s (mon) (etenkin slummissa saatu) elämänkokemus (ja siihen perustuva taito pitää puolensa)
streetwise ['stritˌwaɪz] adj (kovia) kokenut (ja siksi taitava pitämään puolensa)
strength [streŋθ] s **1** voima, vahvuus *on the strength of something* jonkin nojalla /perusteella **2** lukumäärä, vahvuus *the U.S. is scaling back its troops in the country from their current strength of 5,000* Yhdysvallat vähentää parhaillaan maahan sijoittamiensa joukkojen vahvuutta nykyisestä 5 000:sta **3** lujuus, kestävyys, vahvuus **4** väkevyys, vahvuus *industrial strength* teollisuuskäyttöön tarkoitettu vahvuus
strengthen v vahvistaa, voimistaa, lujittaa
strengthless adj voimaton
strenuous [strenjʊəs] adj **1** rasittava, uuvuttava, raskas *strenuous exercise* raskas liikunta **2** tarmokas, innokas, kärkevä
strenuously adv **1** rasittavasti, uuvuttavasti, raskaasti *to exercise strenuously* liikkua/harjoitella reippaasti **2** tarmokkaasti, innokkaasti, kärkevästi
1 stress [stres] s **1** (henkinen, ruumiillinen) rasitus, (henkinen:) stressi **2** (sanan, lauseen) paino *the stress is on the second syllable* paino on toisella tavulla **3** (kuv) paino, korostus *to lay stress ko-*

stress rostaa, painottaa, pitää tärkeänä **4** kuormitus, rasitus
2 stress v **1** (ääntäessä ja kuv) korostaa, painottaa **2** rasittaa, kuormittaa
stressful adj rasittava, raskas
stress mark s (ääntämisohjeissa) painon merkki
1 stretch [stretʃ] s **1** venytys, venyminen **2** joustavuus, kimmoisuus **3** alueesta, matkasta, ajasta: *a stretch of wood* metsä *for a long stretch* pitkän matkaa *for a stretch of two weeks* kaksi viikkoa, kahden viikon ajan
2 stretch v **1** venyttää, venyttäytyä, venytellä, kurottaa, kurottautua, suoristaa, suoristautua, ojentaa, ojentua **2** jatkua, ulottua jonnekin *the meadow stretches all the way to the brook* niitty jatkuu purolle saakka **3** venyttää (esim sanan merkitystä, kielikuvaa), liioitella **4** yrittää saada riittämään, ottaa kaikki irti jostakin **5** jatkaa (juotavaa lisäämällä siihen vettä)
stretch a point fr tehdä poikkeus, katsoa läpi sormien
stretcher s paarit
stretch mark s raskausarpi
stricken [strɪkən] v ks strike adj järkyttynyt, joka on poissa tolaltaan *griefstricken* surun murtama
strict [strɪkt] adj ankara, tiukka, vaativa, ehdoton, tarkka, täsmällinen
strictly adv ankarasti, tiukasti, ehdottomasti, tarkasti
strictness s ankaruus, ehdottomuus, tarkkuus, täsmällisyys
stridden ks stride
1 stride [straɪd] s harppaus *to hit your stride* (kuv) päästä vauhtiin *to take something in stride* kestää jokin hyvin, ei ottaa jotakin liian raskaasti, ei antaa jonkin nousta päähänsä
2 stride v strode, stridden: harppoa, kävellä/marssia/nousta pitkin askelin
strife [straɪf] s **1** riita, kiista **2** selkkaus
1 strike [straɪk] s **1** isku, lyönti **2** lakko *to be on strike* lakkoilla, olla lakossa *to go on strike* aloittaa lakko, mennä lakkoon **3** *to have two strikes against you* olla heikot lähtökohdat, olla heikossa asemassa, olla huonot kortit
2 strike v struck, struck **1** iskeä, lyödä **2** lakoilla **3** raapaista (tulitikku) **4** iskeytyä, törmätä, osua johonkin **5** hyökätä **6** juolahtaa mieleen; osua silmään; sattua korvaan **7** vaikuttaa, tuntua *he strikes me as slightly mad* minusta hän vaikuttaa hieman tärähtäneeltä **8** huomata, löytää *to strike oil* löytää öljyä/öljylähde **9** tehdä: *to strike a deal* tehdä kauppa *to strike a compromise* tehdä sovitteluratkaisu
strikebreaker s lakonrikkoja, rikkuri
strike camp fr **1** purkaa leiri **2** jatkaa matkaa
strike force s **1** (sot) taistelujoukot **2** (poliisin) iskuryhmä
strike from the rolls fr erottaa (jäsen)
strike hands fr lyödä kättä päälle
strike home fr **1** (isku) osua, sattua **2** (kuv) osua arkaan paikkaan, tepsiä
strike in v sanoa kesken kaiken, sanoa väliin, keskeyttää
strike it rich fr rikastua, pistää rahoiksi
strike off v **1** pyyhkiä (nimi) pois/yli, poistaa (listalta) **2** tehdä jotakin nopeasti **3** lähteä, häipyä
strike oil fr **1** löytää öljyä **2** käydä hyvä onni, onni potkaisee jotakuta
strike out v **1** epäonnistua **2** pyyhkiä (nimi) yli/pois, poistaa (listalta)
strike price s (tal) lunastushinta
striker s lakkolainen, lakkoilija
strike up v **1** aloittaa, alkaa *to strike up a conversation* ruveta keskustelemaan **2** alkaa soittaa/laulaa
striking adj **1** hämmästyttävä, ihmeellinen, silmiinpistävä **2** kaunis **3** lakkoileva **4** (sot) hyökkäys-, isku-
1 string [strɪŋ] s **1** naru, (paksu) lanka **2** (esim päähineen) nauha **3** kaulaketju **4** (jousen) jänne **5** (kuv) nauha, jono, sarja **6** (soittimen) kieli **7** (mon) jousisoittimet, jouset **8** (mon) ehdot *there are no strings attached to his offer* hänen tarjoukseensa ei liity ehtoja **9** *to pull strings* käyttää hyväkseen suhteitaan/vaikutusvaltaansa

2 string v strung, strung **1** panna/järjestää/yhdistää peräkkäin/jonoon, **2** virittää (jousisoitin), panna (soittimeen) kielet, kiinnittää (jouseen) jänne **3** pujottaa (esim helmiä) lankaan

1 strip [strɪp] s **1** suikale, kaistale **2** sarjakuva **3** kiitorata; (pieni/väliaikainen) lentokenttä **4** kauppojen tms reunustamasta pääkadusta *the Las Vegas Strip*

2 strip v **1** riisua, riisuutua, (esityksessä myös) stripata, (vuode) avata, kuoria, poistaa, irrottaa, kaapia **2** tyhjentää **3** purkaa **4** pilata (ruuvin) kierteet/jengat (ark), (hammaspyörän) hampaat **5** riistää, varastaa, viedä: *he was stripped of all his privileges* kaikki hänen etuoikeutensa kumottiin **6** repiä suikaleiksi, leikata kaistaleiksi **7** esittää (tv-ohjelman osat) peräkkäisinä päivinä

1 stripe [straɪp] s **1** viiva, viiru, juova, raita **2** (mon) (sotilasasun) (arvonmerkki)nauhat; (ark kuv) kannukset *to earn your stripes* ansaita kannuksensa **3** suikale, kaistale **4** (kuv) laji, tyyppi, luokka *they are of a different stripe* he ovat eri maata

2 stripe v viivoittaa, juovittaa, raidoittaa

striped [straɪpt, straɪpəd] adj juovikas, raidallinen, viirullinen

striped possum [ˌstraɪpt'pasəm] s kolmijuovapussisormieläin

strip mall s pienehkö kauppakeskus, jonka liikkeillä on kadulla omat sisäänkäynnit ja yhteinen pysäköintialue

strip mining s avolouhinta

stripped-down adj riisuttu, pelkistetty

stripper s strip-teasetanssija, strippari

1 striptease [ˌstrɪp'tiːz] s strip-tease

2 striptease v pitää strip-tease-esitys, stripata (ark)

stripteaser [ˌstrɪp'tiːzər] s stripteasetanssija, strippari (ark)

stripy [straɪpi] adj juovikas, raidallinen, viirullinen

strive [straɪv] v strove, striven: ponnistella, yrittää kovasti, tavoitella jotakin (for), pyrkiä johonkin, taistella jotakin vastaan (against)

stroboscope [ˈstroʊbəˌskoʊp] s stroboskooppi

strode [stroʊd] ks stride

1 stroke [stroʊk] s **1** isku, lyönti (myös urh) *stroke of lightning* salamanisku **2** (kynän) liike, (siveltimen) veto *with a stroke of the pen* helposti, hetkessä **3** yri-tys (for); (onnen)potku *a stroke of madness* hullu piirre, hulluus **4** (kellon) lyönti *on the stroke of ten* tasan kymmeneltä **5** (lääk) (aivo)halvaus **6** sively, hyväily **7** (männän) isku; iskunpituus *two-stroke engine* kaksitahtimoottori **8** uimalaji; (uinnissa, soudussa) veto

2 stroke v **1** vetää/pyyhkiä yli (esim kynällä) **2** sivellä, silittää, hyväillä **3** (ark) imarrella, hieroa (kuv)

1 stroll [stroʊl] s (leppoisa) kävely

2 stroll v kävellä (leppoisasti)

stroller s lastenvaunut, lastenrattaat

strong [strɒŋ] adj **1** (myös kuv) vahva, voimakas, luja **2** (yhdennäköisyys) suuri, (mielipide, toimenpide) voimakas, jyrkkä, (todiste) vakuuttava, (silmät, näkö) hyvä, (juoma, ruoka) vahva, väkevä, (mikrokooppi) tehokas, (verbi) vahva, (tavu) painollinen **3** joukon vahvuudesta: *we were twenty strong* meitä oli kaksikymmentä adv vahvasti, voimakkaasti, lujasti *to come on strong* (sl) olla päällekäypä, hyökkäävä, aggressiivinen

strong-arm [ˈstrɒŋˌɑːrm] v pakottaa (väkivallalla), uhata adj pakko- *they used strong-arm tactics to get the mayor re-elected* he käyttivät voimakeinoja saadakseen kaupunginjohtajan valituksi uudelleen

strongbox [ˈstrɒŋˌbɒks] s kassalaatikko

stronghold [ˈstrɒŋˌhoʊld] s **1** linnoitus, linnake **2** (kuv) pesäke

strongly adv voimakkaasti, vahvasti, lujasti *I strongly recommend that you go* suosittelen ehdottomasti että menet sinne

strong-minded [ˌstrɒŋˈmaɪndəd] adj voimakastahtoinen, määrätietoinen, omapäinen

strongroom [ˈstrɒŋˌruːm] s kassaholvi

strong suit s (kuv) vahva puoli

strong-willed [ˌstrɒŋˈwɪld] adj voimakastahtoinen, määrätietoinen, omapäinen

strove [strouv] ks strive
struck [strʌk] ks strike
structural [strʌktʃərəl] adj rakenteellinen, rakenne-
structurally adv rakenteellisesti, rakenteen kannalta
structural unemployment s rakennetyöttömyys
1 structure [strʌktʃər] s **1** rakenne, koostumus, järjestys **2** rakennus
2 structure v rakentaa, koostaa, järjestää, jäsentää
structured adj jäsentynyt, järjestelmällinen, selvärakenteinen
structured language s (tietok) rakenteinen (ohjelmointi)kieli
1 struggle [strʌgəl] s (myös kuv) kamppailu, taistelu *it was a struggle to find this book* tämä kirja oli kiven alla *struggle for independence* itsenäisyystaistelu
2 struggle v **1** (myös kuv) kamppailla, taistella *she struggled to find a better place to work* hän yritti kovasti löytää paremman työpaikan **2** tarpoa, kahlata, rämpiä **3** työntää, sulloa, ahtaa, nostaa (vaivoin)
struggle for existence s olemassaolon taistelu, taistelu olemassaolosta
struggling adj joka on vaikeuksissa *a struggling new business* alkuvaikeuksiensa parissa kamppaileva uusi yritys
1 strum [strʌm] s (soittimen) rämpytys
2 strum v rämpyttää (soitinta)
strung [strʌŋ] ks string
1 strut [strʌt] s **1** tuki, pönkkä **2** pöyhkeilevä kävely
2 strut v **1** tukea, pönkittää **2** kävellä pöyhkeänä
strut your stuff fr komeilla, pöyhkeillä, panna parastaan
1 stub [stʌb] s **1** tynkä, pätkä, (tupakan) tumppi **2** (lipun, sekin) kanta **3** (puun) kanto
2 stub v iskeä, lyödä (vahingossa), satuttaa
stubble [stʌbəl] s sänki; parransänki
stubborn [stʌbərn] adj jääräpäinen, omapäinen, itsepäinen, härkäpäinen; sinnikäs, sitkeä, sisukas; vikuroiva, oikukas

stubbornly adv jääräpäisesti, omapäisesti, itsepäisesti, härkäpäisesti; sinnikkäästi, sitkeästi, sisukkaasti; vikuroiden, oikukkaasti
stubbornness s jääräpäisyys, omapäisyys; sinnikkyys, sitkeys, sisukkuus; vikurointi, oikuttelu
stubby adj lyhyt (ja paksu), tylppä, lyhyenläntä
stub out v sammuttaa, tumpata (savuke)
stuck [stʌk] ks stick
1 stud [stʌd] s **1** kaulusnappi **2** koristenaula **3** (talvirenkaan) nasta **4** siitosori **5** hevostalli **6** (jonkun omistamat kilpatai metsästyshevoset) talli **7** (sl) pukki
2 stud v **1** koristella nauloilla **2** nastoittaa (talvirengas) **3** ripotella, sirotella *to be studded with something* olla täynnä jotakin
studded tire [ˌstʌdəd'taɪər] s nastarengas
student [studənt] s **1** (koulussa) oppilas **2** (collegessa, yliopistossa) opiskelija **3** *she's a student of human behavior* hän tutkii/tarkkailee ihmisten käyttäytymistä
student teacher s opetusharjoittelija, auskultantti
stud fee s (koiran) astutusmaksu
studied [stʌdid] adj **1** (perusteellisesti) harkittu, mietitty **2** teennäinen, epäaito, keinotekoinen
studio [studiou] s **1** (taiteilijan) ateljee **2** (elokuva-, radio-, televisio-, äänilevy-ym) studio **3** (asunto) yksiö
studio apartment s yksiö
studio audience s studioyleisö *the Cosby Show was taped before a studio audience* Bill Cosby Show nauhoitettiin studiossa yleisön läsnäollessa
studious [studiəs] adj **1** ahkera, uuttera, tunnollinen **2** huolellinen, harkittu, tahallinen **3** opinhaluinen
studiously adv **1** ahkerasti, uutterasti, tunnollisesti **2** huolellisesti, harkiten, harkitusti, tahallaan
1 study [stʌdi] s **1** opiskelu, opinnot **2** tutkielma, tutkimus **3** (kuv) tutkielma *she is a study in tranquillity* hän on itse rauhallisuus **4** oppija: *he's a quick study*

hän on nopea oppimaan, hän oppii nopeasti **5** työhuone, kirjastohuone
2 study v **1** opiskella, (kirjaa) lukea **2** tutkia, tarkastella jotakin, perehtyä johonkin
study hall s **1** (koulussa) läksyjenlukusali **2** läksyjenlukutunti
1 stuff [stʌf] s **1** aine, aines, raaka-aine, materiaali; tavara, roina, roska *you really have a lot of stuff* onpa sinulla tavaraa *that's kid stuff* se sopii lapsille *don't give me that stuff about being tired* älä taas rupea sössöttämään että olet väsynyt *we've been reading books and stuff* olemme lukeneet kirjoja sun muuta; olemme lukeneet kirjoja ja tehneet yhtä ja toista muuta **2** (ark) asia, esitys *to know your stuff* osata asiansa *do your stuff now* esitä numerosi nyt **3** (sl) huume
2 stuff v **1** ahtaa, sulloa, tunkea **2** täyttää **3** (vaaleissa) lisätä sekaan laittomia äänestyslippuja **4** (syömisestä) mässäillä, mässätä
stuffed shirt s (kuv) tärkeilijä, omahyväinen ihminen
stuffily adv **1** pitkäveteisesti, tylsästi, raskassoutuisesti **2** tärkeilevästi, omahyväisesti **3** (ankaran) kunnollisesti, varovaisesti, vanhoillisesti
stuffing s täyte *to beat the stuffing out of someone* antaa jollekulle selkään
stuffy adj **1** (ilma, haju) ummehtunut, (nenä) tukkoinen **2** pitkäveteinen, tylsä, raskassoutuinen **3** tärkeilevä, omahyväinen **4** (ankaran) kunnollinen, varovainen, vanhoillinen
1 stumble [stʌmbəl] s **1** kompastuminen, kompastus **2** (kuv) kömmähdys, kompastus
2 stumble v **1** kompastua **2** kompuroida **3** (kuv) kompastua, kömmähtää **4** (kuv) törmätä johonkin, löytää/huomata sattumalta
stumbling block s (kuv) kompastuskivi
1 stump [stʌmp] s **1** (puun tyvi) kanto **2** tynkä, tumppi, pätkä **3** jalkaproteesi, puujalka (ark) **4** (mon ark) jalat, kintut **5** lyhyenläntä ihminen, tumppi, pätkä

6 *to go on the stump* ruveta pitämään poliittista puhetta, ruveta puhumaan politiikkaa, lähteä vaalikierrokselle **7** *to be up a stump* (ark) olla ymmällään/tyrmistynyt jostakin
2 stump v **1** typistää, leikata lyhyeksi, pätkiä **2** ontua, kävellä ontuen **3** tyrmistyttää, järkyttää, hämmästyttää
stump speech s poliittinen puhe (erityisesti vaalikampanjan aikana)
stumpy adj lyhyenläntä, lyhyt (ja paksu) *a stumpy pen* kynänpätkä
stun [stʌn] v **1** iskeä/tehdä tajuttomaksi; mykistää, vaimentaa **2** tyrmistyttää, järkyttää, mykistää, hämmästyttää
stung [stʌŋ] ks sting
stun gun s tainnutuspistooli
stunk [stʌŋk] ks stink
stunning adj **1** tyrmistävä, mykistävä, järkyttävä, hämmästyttävä, ihmeellinen **2** ihastuttava, erittäin kaunis/hieno
1 stunt [stʌnt] s **1** este **2** temppu
2 stunt v **1** estää, ehkäistä, tyrehdyttää, jarruttaa, hidastaa **2** tehdä temppu(ja)
stunted adj (kasvu, kehitys) tyrehtynyt
stunt man s (mon stunt men) (elokuvissa) stuntman, (vaarallisten osien) sijaisnäyttelijä
stunt woman s (mon stunt women) (elokuvissa vaarallisten osien naispuolinen) sijaisnäyttelijä
stupendous [stʊˈpendəs] adj **1** ällistyttävä, hämmästyttävä **2** suunnaton, valtava
stupendously adv **1** ällistyttävästi, ällistyttävän **2** suunnattomasti, suunnattoman
stupid [stupəd] s (ark) typerys, hölmö, idiootti adj tyhmä, typerä, hölmö
stupidity [stʊˈpɪdəti] s **1** (ominaisuus) tyhmyys, typeryys **2** (teko) tyhmyys, hölmöily
stupor [stupər] s turtumus, horros *to be in a drunken stupor* olla juopumuksesta tokkurassa/turruksissa
sturdy [stərdi] adj **1** luja, vankka, kestävä **2** rohkea, urhea
sturgeon [stərdʒən] s (mon sturgeons, sturgeon) sampi
1 stutter [stʌtər] s änkytys

2 stutter v änkyttää
stw. *station wagon*
sty [staɪ] s **1** (siko)lätti (myös kuv) **2** (lääk) (silmäluomessa) näärännäppy
1 style [staɪəl] s **1** (taiteessa ym) tyyli **2** tyylikkyys, (hieno) tyyli, muoti *the guy has absolutely no style* kaverilla ei ole minkäänlaista tyyliä *to be in style* olla muodissa *to go out of style* jäädä pois muodista **3** laji, tyyppi **4** titteli; yrityksen tms nimi **5** (kasvin emiön) vartalo
2 style v **1** puhutella joksikin (as) **2** suunnitella, muotoilla
stylish adj tyylikäs, aistikas, hieno
stylishly adv tyylikkäästi, aistikkaasti, hienosti
stylishness s tyylikkyys, aistikkuus
stylist s **1** tyyliniekka **2** suunnittelija, muotoilija
stylistic [staɪˈlɪstɪk] adj tyylillinen, tyyli-
stylistically adv tyylillisesti
stylistics s (verbi yksikössä) tyylioppi, stilistiikka
stylize [ˈstaɪəˌlaɪz] v tyylitellä
stylus [ˈstaɪləs] s (mon styli, styluses) **1** (hist) stilus, kirjoituspuikko **2** (taiteilijan) kynä **3** (levysoittimen) neula
suave [swav] adj sulavakäytöksinen, (käytös) sulava, luonteva
suavely adv sulavasti, luontevasti
suavity [swavəti] s **1** sulavuus, luontevuus, sulava käytös **2** (mon) huomaavaisuuden osoitukset
1 sub [sʌb] s (ark) **1** sukellusvene **2** sijainen **3** alainen **4** pitkä kerrosvoileipä
2 sub v toimia jonkun sijaisena, tuurata jotakuta
subatomic [ˌsʌbəˈtɒmɪk] adj atomia pienempi, subatomaarinen
subbasement [ˈsʌbˌbeɪsmənt] s alempi/alin kellarikerros
1 subclass [ˈsʌbˌklæs] s alaluokka, alaryhmä
2 subclass v luokitella alaryhmään kuuluvaksi
subclassify [ˌsʌbˈklæsɪˌfaɪ] v jakaa alaryhmiin/alaluokkiin
subconscious [sʌbˈkɒnʃəs] s alitajunta, piilotajunta adj alitajuinen, piilotajuinen, tiedostamaton

subconsciously adv alitajuisesti, tiedostamattomasti
subconscious mind s alitajunta, piilotajunta
subconsciousness s alitajunta, piilotajunta
subcontinent [ˌsʌbˈkɒntɪnənt] s mannneralue *the Indian subcontinent* Intian niemimaa
subcultural [ˌsʌbˈkəltʃərəl] adj osakulttuurin, osakulttuuri-
subculture [ˈsʌbˌkəltʃər] s osakulttuuri
subcutaneous [ˌsʌbkjuˈteɪniəs] adj ihonalainen
subcutaneous tissue s ihonalaiskudos
subdivide [ˈsʌbdəˌvaɪd] v **1** jakaa/jakautua pienempiin osiin **2** jakaa/jakautua osiin
subdivision [ˈsʌbdəˌvɪʒən] s **1** (osiin) jakaminen, jakautuminen **2** osa **3** (isommasta maa-alueesta kaavoitettu) asuma-alue
subdue [səbˈdu] v **1** kukistaa, nujertaa, alistaa valtaansa **2** vaimentaa, tukahduttaa, hiljentää, himmentää
subdued adj **1** (ihminen) hiljainen, vaisu, hillitty **2** himmeä, vaimea, hiljainen, hillitty
subj. *subject; subjectively; subjunctive*
subject [sʌbdʒəkt] s **1** kansalainen; (kuningaskunnassa) alamainen **2** (kieliopissa) subjekti **3** aihe, teema *what subject are you writing your essay on?* mistä aiheesta kirjoitat aineesi? **4** oppiaine, oppiala, ammattiala, erityisala *she studies five subjects* hän opiskelee viittä ainetta **5** syy, aihe (for) **6** kohde *he has been the subject of many nasty remarks* hänestä on esitetty paljon ilkeitä huomautuksia **7** koehenkilö
subjection [səbˈdʒekʃən] s **1** alisteinen asema, riippuvuus **2** alistaminen, kohdistaminen: *the subjection of foreigners to bureaucratic harassment* ulkomaalaisten kiusaaminen byrokratialla
subjective [səbˈdʒektɪv] adj **1** omakohtainen, subjektiivinen **2** puolueellinen **3** (kieliopissa) subjektiivi-

subjectively adv **1** omakohtaisesti, subjektiivisesti **2** puolueellisesti

subjectivity [ˌsʌbdʒekˈtɪvəti] s **1** omakohtaisuus, subjektiivisuus **2** puolueellisuus

subject matter s (keskustelun, kirjan, tutkimuksen) aihe, aineisto

subject to [səbˈdʒekt] v **1** alistaa (jonkun valtaan/valtaansa) **2** altistaa jollekin, kohdistaa johonkin jotakin, tehdä jollekin jotakin *he was subjected to intense questioning* häntä kuulusteltiin tiiviisti *by refusing to fight back, you're simply subjecting yourself to more criticism* sinä saat niskaasi entistä enemmän kielteistä arvostelua koska et suostu puolustautumaan adj: *to be subject to something* **1** olla jonkin kohteena, olla alttiina/altis/herkkä jollekin *if you break a window, you are subject to a fine* jos rikot ikkunan sinua voidaan sakottaa *the prices are subject to change* oikeus hintojen muutokseen pidätetään, hinnat voivat muuttua *she is subject to sudden changes of mood* hänen mielialansa ailahtelee helposti **2** olla jonkin alamainen/alaisuudessa **3** riippua jostakin *you will get the money subject to the director's approval* saat rahat mikäli johtaja suostuu siihen

subjunctive [səbˈdʒʌŋktɪv] s (kieliopissa) konjunktiivi adj konjunktiivinen, konjunktiivi

sublime [səˈblaɪm] adj **1** ylevä, jalo **2** ylväs, uljas, komea

sublimely adv **1** ylevästi, jalosti **2** ylväästi, uljaasti, komeasti *he is sublimely ignorant of what has happened* hän on autuaan tietämätön siitä mitä on sattunut

subliminal [sʌˈblɪmənəl] adj (psyk) subliminaalinen, (ark) huomaamaton, piilo-

sublimity [səˈblɪməti] s **1** ylevyys, jalous **2** ylväys, uljaus, komeus

submachine gun [ˌsʌbməˈʃin] s konepistooli

submarine [ˈsʌbməˌrin] s **1** sukellusvene **2** pitkä kerrosvoileipä adj **1** merenalainen **2** sukellusvene-

submariner s sukellusveneen miehistön jäsen

submerge [səbˈmərdʒ] v **1** upottaa (veteen), upota, sukeltaa **2** kadota näkyvistä

submerged adj vedenalainen, uponnut, tulvan/veden alle jäänyt

submersible [səbˈmərsɪbəl] s sukellusvene adj veden alla käytettävä, upotettava

submersion [səbˈmərʒən] s sukeltaminen, sukellus, (veteen) upottaminen, tulvan alle jääminen

submission [sʌbˈmɪʃən] s **1** alistuminen, nöyrtyminen, tottelevaisuus **2** (asiapapereiden, anomuksen yms) luovuttaminen, luovutus, sisäänjättö

submissive [səbˈmɪsɪv] adj alistuva, nöyrä, kuuliainen, tottelevainen

submissively adv nöyrästi, tottelevaisesti, kuuliaisesti, kiltisti

submissiveness s alistuvaisuus, nöyryys, kuuliaisuus, tottelevaisuus, kilttiys

submit [səbˈmɪt] v **1** alistua, nöyrtyä, totella, suostua johonkin *she submitted herself to ridicule* hän suostui pilkattavaksi **2** jättää sisään (asiapapereita, hakemus yms) **3** esittää (suunnitelma, näkemys) **4** ehdottaa, mainita, sanoa *I submit that he should not be punished* minun mielestäni häntä ei pidä rangaista

subordinate [səˈbɔrdəˌneɪt] v alistaa

subordinate [səˈbɔrdənət] s alainen adj alempiarvoinen, alempi, vähemmän tärkeä, vähäisempi

subordinate clause s (kieliopissa) sivulause

subordinating conjunction s (kieliopissa) alistuskonjunktio

subphylum [ˈsʌbˌfaɪləm] s (mon subphyla; eläin-/kasvitieteessä) alajakso

1 subpoena [səˈpinə] s (lak) haaste

2 subpoena v (lak) antaa/toimittaa jollekulle haaste

subscribe [səbˈskraɪb] v **1** lahjoittaa, luvata lahjoittaa **2** allekirjoittaa

subscriber s **1** (lehden) tilaaja, (konserteista) sarjalipun haltija, (kaapelitelevision/matkapuhelinyhteyden) asiakas/tilaaja **2** (rahaston) lahjoittaja

subscribe to v **1** tilata (lehti) **2** kannattaa (ajatusta), hyväksyä, uskoa johonkin
subscription [səb'skrıpʃən] s **1** lahjoitus **2** (lehden) tilaus, (konsertteihin) sarjalippu, matkapuhelinliittymä **3** allekirjoitus
subscription rate s (lehden) tilaushinta, tilausmaksu
subscription television s maksullinen kaapeli- tai satelliittitelevisio
subsequent [sʌbsəkwənt] adj seuraava, myöhempi
subsequently adv seuraavaksi, jonkin jälkeen, myöhemmin, vastaisuudessa, vastedes
subservient [səb'sərviənt] adj nöyristelevä, liian kuuliainen
subside [səb'saıd] v **1** (tulva, joen pinta) laskea, (maa, rakennus) vajota **2** vaieta, lakata, tyyntyä, asettua
subsidence [sʌbsədəns] s (maan, rakennuksen) vajoaminen
subsidiary [səb'sıdıəri] s tytäryhtiö adj apu-, lisä-, täydentävä, ylimääräinen
subsidize ['sʌbsəˌdaız] v tukea (maksuilla), subventoida
subsidy [sʌbsədi] s tukimaksu, tuki, subventio
substance [sʌbstəns] s **1** aine, materiaali *controlled substance* huume **2** aihe, sisältö, ydin *the substance of our discussion* keskustelumme sisältö/aihe *his speech lacked substance* hänen puheessaan ei ollut ydintä/sisältöä *in substance* olennaisesti, olennaisilta osin, pääpiirteissään **3** varakkuus *he's a man of substance* hän on varakas (mies)
substance abuse s aineväärinkäyttö
substandard [ˌsʌb'stændərd] adj **1** ala-arvoinen, riittämätön **2** (yleiskielen sääntöjen mukaan) virheellinen
substantial [səb'stænʃəl] adj **1** olennainen, huomattava, merkittävä, tärkeä **2** tukeva, vankka, tanakka, lihaksikas **3** vaikutusvaltainen
substantially adv **1** olennaisesti, huomattavasti, merkittävästi **2** tukevasti, vankasti, tanakasti
substantiate [səb'stænʃiˌeɪt] v todistaa, tukea, vahvistaa, lujittaa

substantiation [səbˌstænʃi'eɪʃən] s todisteet, todistelu, tuki, vahvistus
substantival [ˌsʌbstən'taɪvəl] adj (kieliopissa) substantiivinen, substantiivi-
substantive [sʌbstəntɪv] s (kieliopissa) substantiivi
1 substitute ['sʌbstıˌtut] s **1** sijainen, varapelaaja, edustaja **2** korvike, vastike, varalaite yms
2 substitute v **1** vaihtaa joku johonkin, korvata jokin jollakin **2** olla/toimia jonkun sijaisena, tuurata (ark)
substitution [ˌsʌbstı'tuʃən] s korvaaminen, vaihto
subteen [sʌb'tin] s varhaisnuori
subtenant ['sʌbˌtenənt] s alivuokralainen
subterranean [ˌsʌbtə'reɪnɪən] adj maanalainen
subtitle ['sʌbˌtaɪtəl] s **1** (kirjan) alaotsikko **2** (elokuvan, tv-ohjelman) teksti(tys)
subtle [sʌtəl] adj **1** hieno, hienoinen, vähäinen, hienovarainen *there's a subtle difference* niiden välillä on hyvin pieni ero *a subtle smile* hymyn kare **2** tarkka, tarkkanäköinen, terävä, herkkä
subtlety [sʌtəlti] s **1** (eron) vähäisyys, pienuus **2** hienovaraisuus, hienotunteisuus **3** tarkkanäköisyys, tarkkuus, terävyys, herkkyys
subtly adv **1** hieman, vähän *they are only subtly different* niiden välillä on hieno ero **2** tarkasti, terävästi, herkästi
subtract [səb'trækt] v vähentää
subtraction [səb'trækʃən] s vähennyslasku, vähentäminen
suburb [sʌbərb] s esikaupunki, lähiö
suburban [sə'bərbən] s **1** esikaupunkilainen **2** farmariauto adj esikaupunki-
suburbanite [sə'bərbəˌnaɪt] s esikaupunkilainen
suburbanize [sə'bərbəˌnaɪz] v muuttaa esikaupunkimaiseksi/lähiömäiseksi
suburbia [sə'bərbiə] s **1** esikaupungit, lähiöt **2** esikaupunkilaiset **3** esikaupunkielämä, lähiöelämä
subvention [səb'venʃən] s tukimaksu, subventio

subversion [səb'vɜrʒən] s **1** kumouksellisuus; kumouksellinen toiminta **2** turmelus

subversive [səb'vɜrsɪv] s, adj kumouksellinen

subvert [sʌbˌvɜrt] v **1** yrittää kaataa (hallitus tms) **2** turmella, horjuttaa

subway ['sʌbˌweɪ] s **1** maanalainen, metro **2** (UK) alikulkukäytävä, alikulkutunneli

subwoofer [sʌb'wufər] s lisäbassokaiutin, subwoofer

succeed [sək'sid] v **1** onnistua **2** menestyä **3** seurata, olla jonkun seuraaja: *Jimmy Carter succeeded Gerald Ford to the office of President* Jimmy Carterista tuli Gerald Fordin jälkeen presidentti

succeeding adj seuraava *in succeeding years* seuraavina/tulevina vuosina

success [sək'ses] s menestys *to meet with success* menestyä

successful adj menestyvä, menestykseksäs *to be successful* menestyä

successfully adv menestyksekkäästi *he successfully competed for the job* hän kilpaili työpaikasta onnistuneesti, hän sai työpaikan

succession [sək'seʃən] s **1** järjestys, sarja, ketju *a steady succession of salesmen called on us* luonamme kävi myyntimiehiä jatkuvana virtana **2** (virkaan) siirtyminen, (valtaan) nousu

successive [sək'sesɪv] adj peräkkäinen *for five successive weeks* viisi viikkoa peräkkäin/yhtäjaksoisesti

successively adv peräkkäin

successor [sək'sesər] s seuraaja *successor to the throne* kruununperijä

succinct [sək'sɪŋkt] adj ytimekäs, tiivis, lyhyt

succinctly adv ytimekkäästi, tiiviisti, lyhyesti *let me put this as succinctly as I can* sanon tämän niin lyhyesti kuin osaan

succulent [sʌkjələnt] s sukkulentti kasvi, mehukasvi, mehikasvi adj (myös kuv) mehukas, mehevä

succumb to [sə'kʌm] v langeta, sortua johonkin, antaa periksi jollekin

such [sʌtʃ] adj, adv sellainen *such a man* sellainen mies *such men* sellaiset miehet *men such as yourself* sinun kaltaisesi miehet *such luck!* kylläpä onnisti! *no such luck* älä luulekaan!, ei sinne päinkään! *such was his interest that he asked her out* hän oli niin kiinnostunut naisesta että pyysi tätä ulos pron **1** sellainen *such is life* sellaista on elämä **2** ja muut vastaavat: *books, magazines and such* kirjat, lehdet ja muut vastaavat **3** *as such* sinänsä *as such, he is no better than anybody else* hän ei sinänsä ole muita parempi

such and such fr se ja se, niin ja niin *she heard from such and such that he was in town* joku kertoi hänelle että mies oli paikkakunnalla

such as [sʌtʃəz ˌsʌtʃ'æz] fr kuten, esimerkiksi *in big cities such as Tokyo* Tokion kaltaisissa suurkaupungeissa

suck [sʌk] v **1** imeä **2** (alat) *it sucks* se risoo, ottaa pannuun; se on surkea, syvältä

sucker s (ark) **1** helposti narrattava ihminen **2** hullu *she's a sucker for pink convertibles* hän on hulluna vaaleanpunaisiin avoautoihin

suck face fr (sl) pussata, suukotella (ranskalaisittain)

suck in v (sl) naruttaa, huijata, pettää

suckle [sʌkəl] v imettää; imeä (rintaa)

suckling [sʌklɪŋ] s imeväinen

suckling pig s juottoporsas

suck off v (sl) ottaa suuhun, harjoittaa suuseksiä

suck up to v (sl) hännystellä, mielistellä, makeilla

sucrose [sukroʊs] s (tavallinen) sokeri

suction [sʌkʃən] s imu

suction cup s imukuppi

sudden [sʌdən] s *all of a sudden* yhtäkkiä adj äkillinen, yhtäkkinen, yllättävä, odottamaton

suddenly adv yhtäkkiä, yllättäen

suddenness s äkillisyys, yllättävyys

suds [sʌdz] s (mon) **1** saippuavesi **2** vaahto, kuoha, kuohu **3** (sl) olut

sudsy adj vaahtoava, kuohuava

sue [su] v haastaa oikeuteen, tehdä/nostaa kanne *sue for damages* vaatia vahingonkorvausta
suede [sweɪd] s mokkanahka
Suez Canal [suˌezkəˈnæəl] Suezin kanava
suffer [ˈsʌfər] v **1** kärsiä **2** sietää **3** kokea: *to suffer change* käydä läpi (vaikea) muutos
suffering s kärsimys
suffice [səˈfaɪs] v riittää, olla tarpeeksi *suffice it to say that* riittää kun todetaan että, todettakoon/sanottakoon vain että
sufficiency [səˈfɪʃənsi] s **1** riittävyys **2** toimeentulo
sufficient [səˈfɪʃənt] adj riittävä
sufficiently adv riittävästi, riittävän, tarpeeksi, kylliksi
1 suffix [ˈsʌfɪks] s loppuliite, suffiksi
2 suffix v liittää/lisätä loppuun
suffocate [ˈsʌfəˌkeɪt] v (myös kuv) tukehtua, tukahduttaa
suffocating adj tukahduttava (myös kuv)
suffocation [ˌsʌfəˈkeɪʃən] s tukehtuminen (myös kuv)
suffrage [ˈsʌfrədʒ] s **1** äänioikeus **2** ääni
suffragette [ˈsʌfrəˌdʒet] s suffragetti, naisten äänioikeuden esitaistelija
1 sugar [ˈʃʊgər] s **1** sokeri **2** kulta, kultu, kultaseni
2 sugar v **1** sokeroida **2** (kuv) tehdä makeammaksi/houkuttelevammaksi, parantaa
sugar beet s sokerijuurikas
sugar bowl s sokerikko
sugarcane s sokeriruoko
sugarcoat [ˈʃʊgərˌkoʊt] v **1** päällystää sokerilla **2** (kuv) tehdä makoisaksi/houkuttelevaksi, pehmentää (ikävää asiaa)
sugar-free [ˌʃʊgərˈfri] adj sokeriton
sugarloaf s (mon sugarloaves) sokeritoppa
Sugarloaf Mountain [ˈʃʊgərˌloʊf] Sokeritoppa (Rio de Janeirossa Brasiliassa)
sugary adj sokerinen, sokeripitoinen, makea, imelä (myös kuv)
suggest [səˈdʒest] v **1** ehdottaa, suosittaa, esittää *may I suggest that you stop blaming others?* saanko ehdottaa että lakkaat syyttämästä toisia? **2** vihjata *are you suggesting that I should do it?* et kai sinä vihjaile että minun pitäisi tehdä se? **3** viitata johonkin, tuoda mieleen, muistuttaa jotakin *the evidence suggests that crime is increasing* todisteet viittaavat siihen että rikollisuus lisääntyy **4** suggeroida
suggestion [səˈdʒestʃən] s **1** ehdotus, suositus, esitys **2** vihjaus, vihjailu **3** vivahdus, häivähdys **4** vaikutelma, mielikuva **5** suggestio
suggestive [səˈdʒestɪv] adj **1** *suggestive of something* joka ilmentää jotakin, joka kuvastaa jotakin **2** ylimalkainen, summittainen **3** vihjaileva, paljon puhuva, kaksimielinen **4** suggestiivinen
suggestively adv vihjailevasti, paljon puhuvasti
suicidal [ˌsuəˈsaɪdəl] adj **1** itsemurhaa ajatteleva, itsemurha- **2** (kuv) uhkarohkea, tyhmänrohkea, hengenvaarallinen, harkitsematon, ajattelematon
suicide [ˈsuəˌsaɪd] s **1** itsemurha *to commit suicide* tehdä itsemurha, tappaa itsensä **2** itsemurhan tekijä **3** (kuv) itsemurha *it is political suicide for a candidate to be completely honest* vaaliehdokas tekee poliittisen itsemurhan jos hän on täysin rehellinen
1 suit [sut] s **1** puku **2** oikeudenkäynti *to bring a suit against someone* nostaa kanne jotakuta vastaan (korttipelissä) maa *to follow suit* (kuv) noudattaa/seurata esimerkkiä **3** sarja, ryhmä, kalusto **4** hotellihuoneisto, sviitti **5** liikemies, -nainen
2 suit v **1** sopia jollekulle *that dress suits her well* tuo leninki pukee häntä/sopii hänelle hyvin **2** sovittaa, mukauttaa
suitability [ˌsutəˈbɪləti] s sopivuus, soveliaisuus, asiallisuus, soveltuvuus
suitable adj sopiva
suitably adv sopivasti, sopivan
suitcase [ˈsutˌkeɪs] s matkalaukku *to live out of a suitcase* olla jatkuvasti tien päällä; asua jossakin väliaikaisesti
suite [swit] s **1** (yhteen kuuluva) sarja, ryhmä **2** (huonekalusarja) kalusto **3** hotellihuoneisto, sviitti **4** (mus) sarja

suited adj sopiva johonkin (to)
suitor [suːtər] s kosija
sulfur [sʌlfər] s rikki
1 sulk [sʌlk] s murjotus, mökötys
2 sulk v murjottaa, jöröttää, mököttää
sulkily adv murjottaen, pahantuulisesti, jurosti
sulky adj murjottava, pahantuulinen, juro
sullen [sʌlən] adj murjottava, pahantuulinen, juro, totinen, synkkä
sullenly adv murjottaen, pahantuulisesti, jurosti, totisesti, synkästi
sullenness s murjotus, pahantuulisuus, jurous, totisuus, synkkyys
sultan [sʌltən] s sulttaani
sultanate [sʌltənət] s sulttaanikunta, sultanaatti
sultry [sʌltri] adj **1** helteinen, tukala, hiostava **2** intohimoinen, kuumaverinen
sum [sʌm] s **1** summa, yhteislaskun tulos **2** (raha)summa, kokonaismäärä **3** kokonaisuus; ydin *the sum of your convictions* sinun kaikki uskomuksesi
sumac [suːmæk] s sumakki
Sumatran rhinoceros [sʊˌmatrənraɪˈnasərəs] s sumatransarvikuono
sum into v tehdä yhteensä, nousta johonkin summaan
summa cum laude [ˌsuməkumˈlaudeɪ] fr (todistuksessa arvosanana) korkeimmalla kiitoksella
summarily [səˈmerəli] adj oikopäätä, suoraa päätä, siekailematta, sumeilematta, varoituksetta
summarize [ˈsʌməˌraɪz] v tehdä/esittää jostakin yhteenveto/tiivistelmä
summary [sʌməri] s yhteenveto, tiivistelmä adj **1** tiivis, ytimekäs, lyhyt **2** siekailematon, kursailematon, suora
1 summer [sʌmər] s kesä
2 summer v viettää kesä jossakin
summer camp s kesäleiri, kesäsiirtola
summerhouse s kesämökki
summer school s (koulun, yliopiston vapaaehtoinen) kesälukukausi, (yliopistossa myös) kesäyliopisto, (koulussa, pakollinen) ehtolaiskurssi(t)
summer solstice [solstəs] s kesäpäivänseisaus

summer squash s kesäkurpitsa
summer theater s kesäteatteri
summertime [ˈsʌmərˌtaɪm] s kesä
summery adj kesäinen, kesä-
summit [sʌmət] s **1** huippu, laki, latva, pää, kärki **2** (kuv) huippu, huipentuma **3** huipputapaaminen, huippukokous
summit conference s huippukokous
summit meeting s huipputapaaminen, huippukokous
summon [sʌmən] v **1** kutsua (paikalle), määrätä, käskeä (tehdä jotakin) **2** (lak) antaa/toimittaa jollekulle haaste
1 summons [sʌmənz] s (mon summonses) **1** käsky, määräys, kutsu **2** (lak) haaste
2 summons v (lak) antaa/toimittaa jollekulle haaste
summon up v (kuv) kerätä kokoon *she summoned up all her courage* hän keräsi kaiken rohkeutensa
sum total s **1** yhteismäärä, (kokonais)summa **2** kokonaisuus; ydin, olennainen osa
sum up v **1** laskea yhteen **2** tehdä/esittää tiivistelmä/yhteenveto jostakin **3** mittailla katseellaan, muodostaa käsitys/kuva jostakusta
1 sun [sʌn] s aurinko *you look like you're not getting enough sun* olet sen näköinen ettet saa tarpeeksi aurinkoa *it is his place in the sun* se on hänen paikkansa auringossa *she is the richest woman under the sun* hän on maailman rikkain nainen *against the sun* (merenkulussa) vastapäivään *with the sun* (merenkulussa) myötäpäivään
2 sun v pitää/olla/kuivattaa tms auringossa
Sun. *Sunday*
sunbaked [ˈsʌnˌbeɪkt] adj auringossa kuivattu
sunbath [ˈsʌnˌbæθ] s aurinkokylpy, auringonotto
sunbathe [ˈsʌnˌbeɪð] v ottaa aurinkoa, kylpeä auringossa
sunbeam [ˈsʌnˌbiːm] s auringon säde
sun bear s malaijikarhu, biruangi
Sunbelt [ˈsʌnˌbelt] s Yhdysvaltain eteläiset ja lounaiset osavaltiot

sunblock

sunblock ['sʌnˌblak] s voimakkaasti/ täydellisesti suojaava aurinkovoide
1 sunburn ['sʌnˌbərn] s auringossa palanut iho(n kohta)
2 sunburn v joku palaa auringossa *lying on the beach sunburned him badly* hän poltti itsensä pahasti maatessaan aurinkoisella rannalla
sundae [sʌndi] s (eräs jäätelöannos) sundae
sun dance ['sʌnˌdæns] s (Pohjois-Amerikan intiaanien) aurinkotanssi
Sunday [sʌndi, 'sʌnˌdeɪ] s sunnuntai *not in a month of Sundays* ei miesmuistiin, ei pitkään aikaan adj sunnuntai-, pyhä-
Sunday clothes s (mon) pyhävaatteet
Sunday driver s osaamaton/epävarma autoilija
Sunday school s pyhäkoulu
Sunday supplement s (sanomalehden) sunnuntailiite
sun deck s aurinkoterassi, (laivassa) aurinkokansi
Sunderland [sʌndərlənd]
sundial ['sʌnˌdaɪəl] s aurinkokello
sundown ['sʌnˌdaʊn] s auringonlasku
sun-dried ['sʌnˌdraɪd] adj auringossa kuivattu
sundries [sʌndriz] s (mon) pikkurihkama, (kaupassa) sekalainen pikkutavara
sundry [sʌndri] *all and sundry* kaikki, joka iikka (ark)
sunflower ['sʌnˌflaʊər] s auringonkukka
sung [sʌŋ] ks sing
sunglass adj aurinkolasien, aurinkolasi-
sunglasses ['sʌnˌglæsəs] s (mon) aurinkolasit
suni [suni] s suni
sunk [sʌŋk] ks sink
sunken ks sink
sunlight ['sʌnˌlaɪt] s auringonvalo
sunlit ['sʌnˌlɪt] adj auringon valaisema, aurinkoinen
Sunni [suni] s sunniitti, sunnalainen
Sunnite [sunaɪt] s sunniitti, sunnalainen
sunny [sʌni] adj aurinkoinen (myös kuv:) iloinen, huoleton
sunnyside up adj (ravintolassa kananmunasta) vain toiselta puolelta ja keltuaista särkemättä paistettu
sun protection factor s aurinkosuojakerroin (lyh SPF)
sunray ['sʌnˌreɪ] s auringonsäde
sunrise ['sʌnˌraɪz] s **1** auringonnousu **2** aamunkoitto, sarastus **3** (kuv) alku, sarastus adj (teollisuudenalasta, tekniikasta) uusi, nouseva
sunroof ['sʌnˌruf rʊf] s (auton) kattoluukku
sunscreen ['sʌnˌskrin] s **1** aurinkovoide **2** aurinkokaihdin
sunset ['sʌnˌset] s **1** auringonlasku **2** (kuv) loppu, ilta adj (teollisuudenalasta, tekniikasta) vanha, perinteinen, väistyvä
sunshine ['sʌnˌʃaɪn] s **1** auringonpaiste **2** (kuv) ilo
sunshine recorder s aurinkoautografi
sunspot ['sʌnˌspat] s auringonpilkku
sunstroke ['sʌnˌstroʊk] s auringonpistos
1 suntan ['sʌnˌtæn] s **1** rusketus **2** vaaleanruskea väri
2 suntan v ruskettaa, ruskettua
suntanned adj ruskettunut, ruskea
sun visor s (autossa) häikäisysuojus
super [supər] s (ark) **1** talonmies, kiinteistönhoitaja **2** valintamyymälä, supermarket **3** varapelaaja, varamies **4** valvoja adj (ark) loistava, erinomainen
superb [sə'pərb] adj loistava, erinomainen
superbly adv loistavasti, erinomaisesti, erittäin, äärimmäisen
supercilious [ˌsupər'sɪliəs] adj koppava, tärkeilevä
superciliously adv koppavasti, tärkeilevästi
superciliousness s koppavuus, tärkeily
supercomputer [ˌsupərkəm'pjutər] s supertietokone
superconductive [ˌsupərkən'dʌktɪv] adj suprajohtava
superconductivity [ˌsupərˌkandʌk'tɪvəti] s suprajohtavuus

superconductor [ˈsupərkənˌdʌktər] s suprajohdin

super-duper [ˌsupərˈdupər] adj (ark) loistava, uskomaton, fantastinen

superego [ˈsupərˌigoʊ] s yliminä, superego

superficial [ˌsupərˈfɪʃəl] adj pinnallinen, pintapuolinen, (haava) pinta-, ulkoinen, ulkopuolinen, (mitta) ulko-

superficiality [ˌsupərˌfɪʃiˈæləti] s pinnallisuus

superficially adv pinnallisesti, pintapuolisesti, ulkoisesti, päällisin puolin

superfluity [ˌsupərˈfluəti] s **1** tarpeettomuus **2** liika (määrä)

superfluous [səˈpərfluəs] adj ylimääräinen, tarpeeton, liiallinen

superhuman [ˌsupərˈhjumən] adj yli-inhimillinen

superimpose [ˌsupərɪmˈpoʊz] v asettaa päällekkäin

superimposition [ˌsupərˌɪmpəˈzɪʃən] s **1** päällekkäin asettaminen **2** (elokuva, tv) päällekkäiskuva

superintend [ˌsupərɪnˈtend] v valvoa, tarkkailla

superintendent [ˌsupərɪnˈtendənt] s **1** työnjohtaja, valvoja **2** kiinteistönhoitaja, talonmies **3** poliisimestari

superior [səˈpɪriər] s **1** esimies **2** *he is my superior* hän on parempi kuin minä adj **1** (virassa ym.) korkea-arvoisempi, ylempi, vanhempi **2** keskimääräistä/tavallista parempi, suurempi, erinomainen, ensiluokkainen *a man of superior intelligence* erittäin älykäs mies **3** ylempi, korkeampi *Lake Superior* Yläjärvi **4** ylimielinen **5** *to be superior to temptation* voittaa kiusaus, ei langeta kiusaukseen

superiority [səˌpɪriˈɔrəti] s **1** ylemmyys, paremmuus, korkeampi asema (ks *superior*) **2** lukumääräinen ylivoima, miesylivoima

superiority complex s ylemmyyskompleksi, liiallinen itsetunto

superlative [səˈpərlətɪv] s **1** joku tai jokin paras, loistava, huippu **2** (kieliopissa) superlatiivi, yliaste adj **1** verraton, loistava, erinomainen, joka on omaa luokkaansa **2** (kieliopissa) superlatiivinen, superlatiivi-

superlatively adv verrattomasti, verrattoman, loistavasti, erinomaisesti, erittäin

superman [ˈsupərˌmæn] s (mon supermen) yli-ihminen *Superman* Superman, Teräsmies

supermarket [ˈsupərˌmarkət] s valintamyymälä, supermarket

supernatural [ˌsupərˈnætʃərəl] adj yliluonnollinen

supernova [ˌsupərˈnoʊvə] s supernova

supersede [ˌsupərˈsid] v korvata, syrjäyttää, tulla/astua jonkin tilalle

supersonic [ˌsupərˈsɑnɪk] adj ääntä nopeampi, supersooninen

supersonic transport s ääntä nopeampi matkustajalentokone

superstar [ˈsupərˌstar] s supertähti

superstition [ˌsupərˈstɪʃən] s taikausko

superstitious [ˌsupərˈstɪʃəs] adj taikauskoinen

superstitiously adv taikauskoisesti

superstitiousness s taikauskoisuus

supervise [ˈsupərˌvaɪz] v valvoa, seurata, tarkkailla

supervision [ˌsupərˈvɪʒən] s valvonta, seuranta, tarkkailu

supervisor [ˈsupərˌvaɪzər] s työnjohtaja, valvoja, tarkkailija

supervisory [ˌsupərˈvaɪzəri] adj valvova, valvonta-, tarkkaileva, tarkkailu-

supine [səˈpaɪn] *to be in a supine position* olla selinmakuulla

supper [ˈsʌpər] s illallinen *the Last Supper* viimeinen ehtoollinen

supplement [ˈsʌpləmənt] s **1** lisäys, täydennys **2** (sanomalehden) liite *Sunday supplement* sunnuntailiite

supplement [ˈsʌpləˌment] v täydentää *you should eat vegetables to supplement your diet* sinun pitää täydentää ruokavaliotasi vihanneksilla

1 supply [səˈplaɪ] s **1** (tavaran ym) toimitus, (sähkön yms) saanti **2** (tal) tarjonta **3** (us mon) varasto *while supplies last* niin kauan kuin tavaraa riittää **4** (mon) tarvikkeet *office supplies* kont-

supply

toritarvikkeet, toimistotarvikkeet **5** sijainen
2 supply v **1** toimittaa (tavaraa ym), jakaa (sähköä yms) *the nuclear power plant supplies the city with electricity* kaupunki saa sähkönsä ydinvoimalasta **2** tyydyttää (tarve), kattaa (kysyntä) **3** toimia sijaisena
supply and demand s kysyntä ja tarjonta
supply-side economics s (verbi yksikössä) tarjonnan taloustiede
support [sə'pɔrt] s **1** tuki, kannatus **2** tuki, kannatin **3** tukija, auttaja, kannattaja v **4** (myös kuv) tukea, kannattaa **5** sietää, kestää **6** elättää **7** vahvistaa (oikeaksi), tukea
supportable adj siedettävä, hyväksyttävä
supporter s **1** kannattaja, tukija **2** elättäjä
supportive adj tukeva, tuki- *his wife is very supportive of his dealings* hänen vaimonsa tukee kovasti hänen puuhiaan
suppose [sə'pouz] v **1** olettaa, luulla *suppose he has already left* entä jos hän on jo lähtenyt **2** (passiivissa) *you're not supposed to touch the exhibits* näyttelyesineisiin ei saa koskea
supposed [sə'pouzd sə'pouzəd] adj oletettu, luuloteltu
supposedly [sə'pouzədli] adv ilmeisesti *Oswald was supposedly a Russian undercover agent* Oswaldia väitettiin Neuvostoliiton salaiseksi agentiksi
supposing konj jos, jospa
supposition [ˌsʌpə'zɪʃən] s oletus
suppress [sə'pres] v vaimentaa, hiljentää, kukistaa, tukahduttaa (myös psyk), tehdä loppu jostakin *she suppressed a yawn* hän tukahdutti haukotuksensa
suppression [sə'preʃən] s vaimentaminen, kukistaminen, tukahduttaminen (myös psyk)
supremacy [sə'preməsi] s johtoasema
supreme [sə'prim] adj **1** korkea-arvoisin, korkein, ylin **2** suurin, tärkein, huippu-
supreme commander s (sot) ylipäällikkö

Supreme Court s (Yhdysvaltain) korkein oikeus
supremely adv erittäin, äärimmäisen
supreme sacrifice *to make the supreme sacrifice* uhrata/antaa henkensä
1 surcharge ['sɜr,tʃɑrdʒ] s lisämaksu
2 surcharge v ottaa lisämaksu jostakin
sure [ʃər] adj varma *a sure method* varma menetelmä *be sure to put enough clothes on* muista panna tarpeeksi (vaatteita) päälle *for sure* varmasti *to make sure* pitää huoli jostakin, huolehtia, varmistaa *she is, to be sure, no genius* hän ei todellakaan ole mikään nero adv (ark) varmasti
sure enough fr (ark) kuten arvata saattaa
surefire ['ʃər,faɪər] adj (vuoren)varma, pettämätön
surely adv **1** varmasti, lujasti, luotettavasti *slowly but surely* hitaasti mutta varmasti **2** epäilemättä, varmasti **3** varmaankin, luultavasti, kai *surely you can't be serious* et kai ole tosissasi? **4** tottakai, mielellään *surely we'll all help you* tottakai me autamme sinua
surety [ʃərəti] s **1** takaus(maksu) **2** takaaja **3** varmuus
1 surf [sɜrf] s tyrsky(aallokko)
2 surf v **1** lainelautailla, ratsastaa tyrskyillä **2** surffata *to surf the net* surffata internetissä
1 surface [sɜrfəs] s **1** pinta (myös kuv) päällys *we have only scratched the surface of the problem* emme ole vielä päässeet lähellekään ongelman ydintä **2** pinta-ala
2 surface v nousta/nostaa pintaan, ilmestyä/saada näkyviin
3 surface adj **1** ulkoinen, pinta- **2** (kuv) pinnallinen **3** (posti) maa-, pinta-
surface road s (ympäristönsä tasolla oleva, ei-kohotettu) katu, tie (vastakohta: (koho)moottoritie)
surface structure s (kielitieteessä) pintarakenne
surface tension s (fysiikassa) pintajännitys
surface-to-air [ˌsɜrfəstu'eər] adj (ohjus) maasta ilmaan ammuttava

survival of the fittest

surface-to-surface adj (ohjus) maasta maahan ammuttava
1 surfboard ['sərf,bɔrd] s lainelauta
2 surfboard v lainelautailla, ratsastaa tyrskyillä
1 surfeit [sərfət] s liika, liiallinen määrä
2 surfeit v ahtaa täyteen jotakin
surfer s lainelautailija, surffaaja
surfing s lainelautailu, surffaus
surf (the web) v (tietok) surffata, samoilla (verkossa)
1 surge [sərdʒ] s syöksy, syöksyminen, vellominen; aallokko
2 surge v velloa; tyrskytä; syöksyä *blood surged on his face* puna(stus) levisi hänen kasvoilleen
surgeon [sərdʒən] s kirurgi
Surgeon General s (Yhdysvaltain) korkein lääkintäviranomainen
surgery [sərdʒəri] s **1** kirurgia **2** leikkaus **3** leikkaussali, (UK) (lääkärin) vastaanotto
surgical [sərdʒɪkəl] adj kirurginen
surgically adv kirurgisesti *the tumor was surgically removed* kasvain poistettiin leikkauksessa
surliness s **1** pahantuulisuus, happamuus, äreys **2** (sään ym) synkkyys
surly [sərli] adj **1** pahantuulinen, hapan, äreä, kärttyisä **2** (sää ym) synkkä
surmise [sər'maɪz] v päätellä, arvata, otaksua
surmount [sər'maʊnt] v **1** nousta/kiivetä jonnekin, nostaa/laittaa jonkin päälle **2** selvitä jostakin, voittaa (este tms)
surname ['sər,neɪm] s **1** sukunimi **2** lisänimi, liikanimi
surpass [sər'pæs] v ylittää, olla suurempi/parempi yms kuin, jättää joku/jokin jälkeensä
surplus [sərpləs] s ylijäämä, ylimäärä, liikatuotanto adj ylimääräinen, ylijäämä-, liika-
1 surprise [sə'praɪz] s **1** yllätys *to take someone by surprise* yllättää joku **2** (sot) yllätyshyökkäys
2 surprise v **1** yllättää *I was surprised to learn that you had a new job* yllätyin/hämmästyin kuullessani että sinulla on uusi työpaikka **2** (sot) tehdä yllätyshyökkäys johonkin, yllättää **3** houkutella (paljastamaan tahattomasti jotakin)
surprising adj yllättävä, hämmästyttävä
surprisingly adv yllättävästi, yllättäen, yllättävän, hämmästyttävän
surreal [sər'riəl] adj epätodellinen
surrealism [sər'riəlɪzəm] s (taiteessa) surrealismi
surrealist [sər'riəlɪst] s surrealisti adj surrealistinen
surrealistic [,sərriə'lɪstɪk] adj surrealistinen
1 surrender [sə'rendər] s **1** antautuminen **2** (antaminen) luovutus, luovuttaminen
2 surrender v **1** antautua **2** (antaa) luovuttaa jotakin jollekulle **3** luopua jostakin
surreptitious [,sərəp'tɪʃəs] adj vaivihkainen, salavihkainen, salainen
surreptitiously adv vaivihkaa, salavihkaa, salaa, kaikessa hiljaisuudessa
1 surround [sə'raʊnd] s **1** reunus **2** ympäristö; sisustus
2 surround v **1** ympäröidä *our farm is surrounded by hills* maatilamme ympärillä on kukkuloita, maatilamme on kukkuloiden keskellä **2** piirittää (myös kuv)
surrounding s (mon) ympäristö adj ympäröivä; lähi-
surveillance [sər'veɪləns] s valvonta *he is under police surveillance* poliisi seuraa hänen toimiaan
survey [sər'veɪ] v **1** silmäillä, tarkastella, katsella **2** tutkia **3** kartoittaa, tehdä maanmittausta **4** tehdä kartoitustutkimus
survey [sərveɪ] s **1** katsaus, yleiskatsaus **2** tutkimus **3** kartoitustutkimus **4** maanmittaus **5** kartta **6** maanmittaustoimisto
surveying s maanmittaus
surveyor [sər'veɪər] s maanmittausinsinööri
survival [sər'vaɪvəl] s **1** eloonjäänti **2** (menneisyyden) jäänne adj eloonjäänti-, hengissä pysymisen
survival of the fittest s sopivimman eloonjäänti; (vapaammin) luonnonvalinta, taistelu olemassaolosta

survive [sər'vaɪv] v **1** jäädä eloon, selvitä/pysyä hengissä **2** säilyä; säilyä käytössä, olla edelleen käytössä **3** elää kauemmin kuin *he was survived by a wife and three children* häntä jäivät suremaan vaimo ja kolme lasta
survivor [sər'vaɪvər] s **1** eloonjäänyt, pelastunut **2** sinnikäs/lannistumaton ihminen *don't worry about him, he's a survivor* älä hänestä murehdi, kyllä hän puolensa pitää
susceptibility [sə‚septə'bɪləti] s alttius, herkkyys, arkuus, taipumus
susceptible [sə'septɪbəl] adj **1** jolle voidaan tehdä jotakin, jolle voi sattua jotakin *that computer is susceptible to crashes* tuo tietokone romahtaa toisinaan **2** herkkä, arka, altis jollekin *a susceptible teenager* vaikutuksille altis nuori
sushi [suʃi] s sushi, japanilaisittain kylmän riisin kanssa raakana tarjoiltava kala
sushi bar s sushiravintola
suspect [sʌspekt] s (syylliseksi) epäilty adj epäilyttävä
suspect [səs'pekt] v **1** epäillä, uskoa (esim syylliseksi) *the enemy suspected nothing* vihollinen ei osannut epäillä mitään **2** ei luottaa, suhtautua epäluuloisesti johonkin
suspend [səs'pend] v **1** roikkua, ripustaa **2** lopettaa, loppua, lakata, keskeyttää, keskeytyä **3** erottaa, määrätä pelikieltoon, perua lupa **4** lykätä, viivyttää, siirtää myöhemmäksi **5** (kuv) pitää jännityksessä
suspenders [səs'pendərz] s (mon) (US) olkaimet, housunkannattimet, henkselit (ark)
suspense [səs'pens] s **1** jännitys *don't keep us in suspense, tell what happened* älä pidä meitä jännityksessä vaan kerro miten kävi **2** epävarmuus, ratkaisematon tila: *to hang in suspense* roikkua ilmassa, olla auki
suspension [səs'penʃən] s **1** keskeytys, katko, tauko, (oikeuden väliaikainen) kumoaminen, (työstä) erottaminen **2** (auton ym) jousitus

suspension bridge s riippusilta
suspension of disbelief s (romaanissa, elokuvassa) tarinaan eläytyminen
suspicion [səs'pɪʃən] s epäilys, epäluulo *to arouse suspicion* herättää epäilystä, epäilyttää
suspicious [səs'pɪʃəs] adj **1** epäluuloinen **2** epäilyttävä
suspiciously adv **1** epäluuloisesti **2** epäilyttävästi
Suss. *Sussex*
sustain [səs'teɪn] v **1** tukea, kannattaa, kestää **2** kärsiä *the car sustained heavy damage* auto vaurioitui pahoin **3** (kuv) tukea, auttaa **4** ruokkia, elättää **5** hyväksyä, vahvistaa (oikeaksi)
sustenance [sʌstənəns] s **1** ravinto **2** elatus, toimeentulo
SUV *Sports Utility Vehicle* (city)maasturi
SW *southwest*
1 swab [swab] s **1** (laivassa) moppi **2** pumpulituppo; pumpulipuikko
2 swab v **1** kuurata (mopilla) **2** kuivata, pyyhkiä
SWAG (tekstiviestissä, sähköpostissa) *scientific wild-ass guess*
swagger [swægər] **1** pöyhkeä kävely(tyyli) **2** pöyhkeily, ylpeily, ylimielisyys v **1** kävellä pöyhkeänä **2** pöyhkeillä, ylpeillä
swaggering adj pöyhkeä, ylpeä, ylimielinen
Swahili [swə'hili] s **1** (henkilö) suahili, suaheli **2** (kieli) suahili, suaheli
1 swallow [swaloʊ] s **1** nielaus, nielaisu, kulaus **2** (lintu) haarapääsky
2 swallow v **1** nielaista, niellä (myös kuv:) *she swallow it hole* (kuv) hän otti sen täydestä **2** kadota, hukkua sekaan, nielaista mukaansa **3** perua (puheensa)
swam [swæm] ks swim
1 swamp [swamp] s suo, räme
2 swamp v peittää vedellä, (vesi) peittää alleen, peittyä veteen, jäädä veden alle
swamp deer s suohirvi
swamp gas s suokaasu
swampland ['swamp‚lænd] s räme(alue), suo
swampy adj soinen, suo-, räme-

swan [swan] s joutsen
swan song ['swan,saŋ] s (kuv) joutsenlaulu
1 swap [swap] s vaihto(kauppa)
2 swap v vaihtaa jokin johonkin (for)
swap meet s (uuden ja vanhan tavaran) kirpputori
1 swarm [swɔrm] s (mehiläis- tai muu) parvi, suuri joukko
2 swarm v (mehiläisistä ym) parveilla *the place was swarming with people* paikka oli tupaten täynnä (väkeä)
swastika [swastıkə] s hakaristi
1 swat [swat] s läimäytys
2 swat v läimäyttää; tappaa (läimäyttämällä) (esim kärpänen)
sway [sweı] v **1** huojua, huojuttaa *skyscrapers sway in the wind* pilvenpiirtäjät huojuvat tuulessa **2** kallistua, kallistaa **3** (kuv) kallistua/saada kallistumaan (johonkin näkemykseen); (mielipiteet) ailahdella, huojua *the disclosure swayed public opinion against him* paljastus sai suuren yleisön kääntymään häntä vastaan
1 swayback [sweıbæk] s notkoselkä
2 swayback adj notkoselkäinen
SWDYT (tekstiviestissä, sähköpostissa) *so what do you think?*
swear [sweər] v swore, sworn **1** vannoa; tehdä vala **2** kiroilla
swear by v **1** vannoa jonkin nimeen **2** (ark) uskoa lujasti johonkuhun, luottaa johonkuhun **3** olla varma jostakin, vannoa
swear in v ottaa joltakulta virkavala, vannottaa
swearing-in s virkavalan vannomistilaisuus, virkaanastujaiset
swear off v vannoutua irti jostakin, luvata luopua jostakin
swearword ['swer,wərd] s kirosana
1 sweat [swet] s **1** hiki **2** kova/hikinen työ **3** (ark) vaiva, riesa *no sweat* (se on) helppo nakki/homma, (se onnistuu) ilman muuta **4** (mon) verryttelyvaatteet tms **5** saunominen intiaanien saunassa *hey, we're having a sweat Friday, wanna come?* lähdetkö perjantaina kimppaan saunomaan?

2 sweat v **1** hikoilla **2** ahertaa, ansaita kovalla työllä/otsansa hiellä **3** (sl) kiristää; hiostaa
sweat blood fr **1** hikoilla verta, rehkiä, ahertaa **2** pelätä, jännittää
sweater [swetər] s villapaita, villatakki, neulepaita
sweat gland s hikirauhanen
sweat it fr **1** pelätä, jännittää, odottaa (ahdistuneena, jännittyneenä) **2** kestää, sietää
sweat lodge ['swet,ladʒ] s intiaanien sauna
sweat out v **1** odottaa (ahdistuneena, jännittyneenä) **2** kestää, sietää **3** laatia/ tehdä (suurella vaivalla), saada tehdyksi *we finally sweated out an agreement* me pääsimme vihdoin viimein sopimukseen
sweatpants ['swet,pænts] s (mon) verryttelyhousut
sweatshirt ['swet,ʃərt] s collegepaita
sweatshop ['swet,ʃap] s nälkäpalkkoja maksava firma
swede [swid] s lanttu
Swede [swid] s ruotsalainen
Sweden [swidən] Ruotsi
Swedish [swidıʃ] s ruotsin kieli adj ruotsalainen
1 sweep [swip] s **1** lakaiseminen, siivoaminen **2** (tuulen) puhallus, (aaltojen) liike **3** heilautus, heilahdus, (laaja) liike **4** alue: *a sweep of forest* metsä **5** mutka, käänne
2 sweep v swept, swept **1** lakaista **2** temmata, puhaltaa, huitaista, hujahtaa, pyyhkiä, pyyhkäistä **3** avata (polku, tie) **4** katsoa (päästä päähän, reunasta reunaan), (katse) siirtyä (päästä päähän tms) **5** voittaa (vaalit, kilpailusarja) ylivoimaisesti **6** lähteä (nopeasti) **7** tutkia onko jossakin salakuuntelulaitteita
sweeping adj laaja, mittava, kattava, perusteellinen, (voitto) ylivoimainen
sweepstakes ['swip,steıks] s (mon) arpajaiset (myös kuv:) riskialtis yritys/ hanke
sweet [swit] s (mon) makeiset, sokerileivonnaiset adj **1** makea **2** suolaton **3** (haju, maku, ääni, ihminen ym) miel-

sweetbread

lyttävä, hyvä, suloinen, kiltti **4** tunteileva; imelä
sweetbread ['swit̩bred] s **1** haima (ruokana) **2** kateenkorva (ruokana)
sweeten v **1** makeuttaa **2** pehmentää, hiljentää **3** (ark) (yrittää) tehdä houkuttelevaksi/maukkaaksi, lisätä johonkin porkkanaksi jotakin
sweetener s **1** makeutusaine **2** (kuv) houkutin, porkkana
sweetheart ['swit̩hart] s kulta, rakas
sweetie [switi] s (ark) kulta, kultu, rakas
sweetish adj makeahko
sweet roll s rusinapulla
sweet spot ['swit̩spat] s (golf, tennis) mailan lyöntipinnan osa johon osuessaan pallo lentää parhaiten
sweet talk s suostutteleva imartelu
sweet tooth *to have a sweet tooth* olla perso makealle, olla kova makean perään
1 swell [swel] s **1** paisuminen, turvotus **2** aalto, aallot **3** kasvu, lisäys, nousu, voimistuminen
2 swell v swelled, swelled/swollen **1** paisua, paisuttaa, turvota, turvottaa, pullistua, pullistaa **2** lisätä, voimistaa, vahvistaa, paisuttaa **3** (meri) velloa, aaltoilla **4** (kyynelet) valahtaa, nousta silmään
3 swell adj (ark) hieno, upea, komea
swelled head *he has a swelled head* hän on täynnä itseään, hänellä on noussut jokin päähän
swellhead ['swel̩hed] s tärkeilijä, mahtailija
1 swelter [sweltər] s läkähdyttävä kuumuus/helle
2 swelter v läkähtyä (kuumaan), tukahtua, läkähdyttää, tukahduttaa
sweltering adj läkähdyttävä, tukahduttava; läkähdyttävän/tukahduttavan kuuma/helteinen
swept [swept] ks sweep
1 swerve [swərv] s käännös, kierto, kaarros
2 swerve v kääntyä, kääntää, väistyä, kiertyä, kiertää, kaartua, kaartaa *suddenly the car swerved to the right* auto kaarsi/kääntyi yhtäkkiä oikealle

1 swift [swift] s *Eurasian swift* tervapääsky *Alpine swift* alppikiitäjä
2 swift adj nopea, vikkelä; äkillinen, äkkinäinen
SWIFT (Society of Worldwide Interbank Financial Telecommunication) *SWIFT-code* SWIFT-tunnus (pankkisiirroissa)
swiftly adv nopeasti, vikkelästi; äkkiä
swiftness s nopeus, vikkelyys; äkkinäisyys
1 swig [swig] s (ark) ryyppy
2 swig v (ark) ryypätä
1 swill [swil] s **1** sianruoka **2** ryyppy
2 swill v ryystää; ryypätä
1 swim [swim] s uinti *to go for a swim* mennä uimaan, käydä uimassa *to be in the swim* olla menossa mukana
2 swim v swam, swum **1** uida **2** kellua (vedessä) **3** leijua (ilmassa) **4** olla yltä päältä jossakin, olla jonkin peitossa **5** huimata, pyörryttää
swim fin s uimaräpylä
swimmer s uimari, uija
swimming s uinti adj uinti-, uima-
swimming pool s uima-allas
swimming trunks s (mon) uimahousut
swimsuit ['swim̩sut] s uimapuku
swimwear ['swim̩weər] s uimapuvut
swine [swain] s (mon swine) sika (myös kuv)
swine flu s sikainfluenssa
1 swing [swiŋ] s **1** heilahdus, heilautus **2** keinunta **3** isku, lyönti *to take a swing at* lyödä, yrittää lyödä (nyrkillä) **4** (selvä) tahti, rytmi, svengi **5** vapaus (työssä ym) **6** vauhti, meno *to be in full swing* olla täydessä vauhdissa **7** (hinnan) nousu; lasku *an upward/downward swing* nousu/lasku **8** swing (musiikki) **9** (golf) mailalla lyönti siihen liittyvine vartalon liikkeineen, svingi
2 swing v swung, swung **1** heilua, heiluttaa, heilauttaa, (nyrkkiä) heristää **2** keinua, roikkua **3** kääntyä, kääntää, kaartua, kaartaa, ohjata **4** lyödä, iskeä **5** (ark) saada, onnistua saamaan, hankkia *to swing a deal* sinetöidä/tehdä kauppa **6** (mieliala) muuttua, muuttaa, vaihtua, vaihtaa *the news swung the public opinion against him* uutinen sai

suuren yleisön kääntymään häntä vastaan **7** (sl) olla kova meno päällä, olla vauhdikasta, jollakulla menee lujaa **8** (ark) kuolla hirsipuussa **9** soittaa swingiä **10** (golf) lyödä svingi

swing round the circle fr käydä vaalikiertueella

1 swipe [swaɪp] s **1** (mailan) isku, lyönti **2** (ark) tälli **3** (ark) piikki, pisteliäs/kärkevä huomautus

2 swipe v **1** iskeä, lyödä (mailalla) **2** (ark) puhaltaa, kähveltää, kääntää

1 swirl [swərəl] s pyörähdys, kiepsahdus, pyörre

2 swirl v **1** pyörähtää, kiepsahtaa, kierähtää, pyöriä **2** pyöryttää, huimata

1 swish [swɪʃ] s **1** huiskaisu, huitaisu **2** suhina, (silkin) kahina

2 swish v **1** huiskia, huitoa, viuhtoa **2** suhista, (silkki) kahista

Swiss [swɪs] s, adj sveitsiläinen

Swiss cheese [ˌswɪsˈtʃiz] s emmental(juusto), tahkojuusto

1 switch [swɪtʃ] s **1** vitsa, piiska **2** kytkin, katkaisin *to be asleep at the switch* (ark) ei olla valppaana, päästää tilaisuus sivu suun **3** (rautateillä) vaihde **4** muutos, siirtymä, vaihto

2 switch v **1** piiskata, antaa vitsaa **2** kytkeä, katkaista **3** vaihtaa, vaihtua, siirtyä, siirtyä, muuttaa, muuttua **4** (rautateillä) vaihtaa (toiselle raiteelle)

1 switchback [ˈswɪtʃˌbæk] s jyrkkä mutka serpentiinitiellä, polun polvi/mutka

2 switchback v (tie, polku) kiemurrella, mutkitella (rinteessä)

switchblade [ˈswɪtʃˌbleɪd] s stiletti

switchboard [ˈswɪtʃˌbɔrd] s (käsivälitteinen) puhelinvaihde

Switzerland [swɪtsərlənd] Sveitsi

1 swivel [swɪvəl] s kiertonivel

2 swivel v kiertää, kiertyä, kääntää, kääntyä

swollen [swolən] ks swell

1 swoop [swup] s syöksy, laskeutuminen, hyökkäys *in one fell swoop* yhdellä iskulla, siltä istumalta

2 swoop v syöksyä, laskeutua (äkkiä), hyökätä

swop [swap] ks swap

sword [sɔrd] s miekka *they are always at sword's points* he ovat aina napit vastakkain, he ovat aina riidoissa *to cross swords* ottaa yhteen (myös kuv) *to put to the sword* surmata

swordfish [ˈsɔrdˌfɪʃ] s (mon swordfishes, swordfish) miekkakala

Swordfish [ˈsɔrdˌfɪʃ] (tähdistö) Kultakala

swore [swɔr] ks swear

sworn ks swear

sworn [swɔrn] adj **1** valantehnyt **2** vannoutunut

swum [swʌm] ks swim

swung [swʌŋ] ks swing

sycamore [ˈsɪkəˌmɔr] s **1** (Pohjois-Amerikassa) plataani **2** (Euroopassa) vuorivaahtera

Sydney [sɪdni] Sydney

syllable [sɪləbəl] s tavu

syllabus [sɪləbəs] s (mon syllabuses, syllabi) **1** opintosuunnitelma **2** yleiskatsaus, yhteenveto, tiivistelmä

Sylvester [silˈvestər] (sarjakuvahahmo) Sylvesteri, Syltti

1 symbol [sɪmbəl] s merkki, tunnus, vertauskuva, symboli *money is a symbol of power* raha on yksi vallan merkki

2 symbol v merkitä, olla merkki jostakin, symboloida

symbolic [sɪmˈbalɪk] adj vertauskuvallinen, symbolinen *his remuneration was mainly symbolic* hänen palkkionsa oli lähinnä nimellinen

symbolically adv vertauskuvallisesti, symbolisesti

symbolism [ˈsɪmbəˌlɪzəm] s **1** tunnuskuvien/vertauskuvien käyttö, symboliikka **2** *Symbolism* (taiteessa) symbolismi

symbolize [ˈsɪmbəˌlaɪz] v merkitä, kuvata, esittää, edustaa jotakin, olla vertauskuvana jostakin, symboloida

symmetrical [səˈmetrɪkəl] adj tasasuhtainen, symmetrinen

symmetrically adv tasasuhtaisesti, symmetrisesti

symmetry [sɪmətri] s tasasuhtaisuus, sopusuhtaisuus, symmetria

sympathetic [ˌsɪmpə'θetɪk] adj **1** myötätuntoinen, myötämielinen, johonkin mieltynyt, ymmärtäväinen, sääliä, sympaattinen *he is sympathetic to our cause* hän suhtautuu asiaamme myötämielisesti, hän kannattaa asiaamme **2** myötätuntoa herättävä, miellyttävä, sympaattinen **3** (hermosto) sympaattinen

sympathetically adv myötätuntoisesti, myötämielisesti, ymmärtävästi, säälivästi, sympaattisesti

sympathize ['sɪmpəˌθaɪz] v tuntea myötätuntoa/sympatiaa, ymmärtää, sääliä *I sympathize with what you're trying to do* ymmärrän/hyväksyn tavoitteesi

sympathy [sɪmpəθi] s myötätunto, myötämielisyys, ymmärtäväisyys, sääli, sympatia

sympathy strike s myötätuntolakko

symphonic [sɪm'fɑnɪk] adj sinfoninen, sinfonia-

symphony [sɪmfəni] s **1** sinfonia (myös kuv) **2** sinfoniaorkesteri **3** sinfoniakonsertti

symphony orchestra s sinfoniaorkesteri

symptom [sɪmptəm] s **1** (taudin) oire **2** oire, enne, merkki, osoitus jostakin *it is a symptom of his hubris that he would not talk to us* hänen ylimielisyydestään kertoo sekin ettei hän suostunut puhumaan meille

symptomatic [ˌsɪmptə'mætɪk] adj oireellinen, enteellinen, jotakin (of) ilmentävä, kuvaava

symptomatically adv oireellisesti, oireellisen, enteellisesti, enteellisen, kuvaavasti

symptomless adj oireeton

synagogue ['sɪnəˌgag] s synagoga

synapse [sɪnæps] s (hermosolujen liittymä) synapsi

synaptic [sɪ'næptɪk] adj synaptinen

sync [sɪŋk] *to be in out of sync* **1** olla/ei olla tahdissa *the picture and sound are in sync* **2** (kuv) olla samalla aallonpituudella kuin v tahdistaa, synkronoida (sanasta *synchronize*)

synchronization [ˌsɪŋkrənə'zeɪʃən] s tahdistus, synkronointi

synchronize ['sɪŋkrəˌnaɪz] v tahdistaa, synkronoida

synchronizing signal ['sɪŋkrəˌnaɪzɪŋ] s (video) tahdistussignaali

syndicate [sɪndɪkət] s **1** (tal) yhteenliittymä, myyntikartelli, syndikaatti **2** (lehtialalla) sanomalehtiketju **3** (lehtialalla) kuvatoimisto, sarjakuvatoimisto yms. **4** gangsterijärjestö, rikollisjärjestö

syndicate ['sɪndəˌkeɪt] v **1** liittyä yhteen, perustaa kartelli/syndikaatti **2** julkaista (samanaikaisesti useassa lehdessä) **3** (televisioalalla) myydä (vanha tai uusi ohjelma) itsenäisille (valtakunnallisiin verkkoihin kuulumattomille) asemille

syndicated credit s (tal) syndikoitu luotto

syndication [ˌsɪndə'keɪʃən] s (vanhan tai uuden televisio-ohjelman) myynti itsenäisille asemille

syndrome [sɪndroʊm] s oireyhtymä, syndrooma

synergic [sɪ'nɜrdʒɪk] adj yhteisvaikutteinen, yhteistoiminnallinen, yhteistyö-

synergy [sɪnɜrdʒi] s yhteisvaikutus, yhteistoiminta, synergia

synonym [sɪnənɪm] s synonyymi, samamerkityksinen sana

synonymous [sə'nɑnəməs] adj samamerkityksinen, synonyyminen *the name 'Rockefeller' is synonymous with wealth* nimi Rockefeller merkitsee/uhkuu vaurautta

synonymy [sə'nɑnəmi] s samamerkityksisyys, synonymia

synopsis [sə'nɑpsɪs] s (mon synopses) (käsikirjoituksen ym) tiivistelmä, yhteenveto, yleiskatsaus

syntactic [sɪn'tæktɪk] adj lauseopillinen, syntaktinen

syntax [sɪntæks] s **1** lauseoppi, syntaksi **2** (tietok) syntaksi, muotosäännöt

synthesis [sɪnθəsəs] s (mon syntheses) **1** yhdistäminen, synteesi **2** yhdistelmä, synteesi **3** (kem) synteesi

synthesize ['sɪnθəˌsaɪz] v syntetisoida, (esim) valmistaa synteettisesti

synthesizer s (laite) syntetisaattori

synthetic [sɪn'θetɪk] s keinotekoinen aine ym, tekoaine, synteettinen aine adj synteettinen, synteesiin perustuva, keinotekoinen, teko-
synthetically adv synteettisesti, synteesiin perustuen, keinotekoisesti
syphilis [ˈsɪfləs] s (lääk) kuppa, syfilis
syphilitic [ˌsɪfəˈlɪtɪk] adj kuppainen, kuppatautinen, kuppaa sairastava, kuppa-
Syracuse [ˈsɪrəˌkjuz] 1 (Sisiliassa) Syrakusa (italiaksi Siracusa) 2 kaupunki New Yorkin osavaltiossa
Syria [ˈsɪrɪə] Syyria
Syrian [ˈsɪrɪən] s, adj syyrialainen
syringe [səˈrɪndʒ] s (lääk) ruisku
syrup [ˈsərəp] s 1 siirappi 2 (sokeroitu) mehu

syrupy adj 1 sakea, paksu 2 (kuv) imelä, makea
system [ˈsɪstəm] s 1 järjestelmä; menetelmä 2 elimistö *the respiratory system* hengityselimet *the nervous system* hermosto *the digestive system* ruuansulatuselimistö
systematic [ˌsɪstəˈmætɪk] adj järjestelmällinen, perusteellinen, systemaattinen
systematically adv järjestelmällisesti, perusteellisesti, systemaattisesti
systematize [ˈsɪstəməˌtaɪz] s tehdä järjestelmälliseksi, järjestelmällistää, systemoida, systematisoida
system hacking s (tietok) systeemimurto
systole [ˈsɪstəlɪ] s (sydänlihaksen supistusvaihe) systole

T, t

T, t [ti] T, t
T [ti] *to fit someone to a T* sopia jollekulle kuin nakutettu
T+ (tekstiviestissä, sähköpostissa) *think positive*
ta [ta] interj (UK sl) kiitti, kiitos
1 tab [tæb] s 1 lappu, lipuke, tarra, merkki, kyltti 2 (vaatteen) ripustin 3 (ark) (ravintola)lasku *to put something on the tab* panna jotakin piikkiin, lisätä laskuun 4 (kirjoituskoneessa, tietokoneessa) sarkain 5 *to keep tabs on* pitää jotakin silmällä, seurata, tarkkailla
2 tab v 1 nimittää, kutsua 2 käyttää (kirjoituskoneen, tietokoneen) sarkainta
Tabasco® [təˈbæskoʊ] (voimakas espanjanpippurimauste) Tabasco
1 table [ˈteɪbəl] s 1 pöytä *to be under the table* olla juovuksissa/päissään *to give something under the table* antaa jotakin pimeästi/salaa; lahjoa *to wait tables/on table* olla tarjoilijana 2 tasanne, tasanko 3 luettelo 4 laatta, taulu, levy 5 *to turn the tables* kääntää tilanne päinvastaiseksi
2 table v 1 panna pöydälle 2 (kuv US) panna pöydälle, siirtää myöhemmäksi/myöhempään istuntoon 3 (kuv UK) antaa, tehdä (esitys)
tablecloth [ˈteɪbəlˌklɑθ] s (mon tablecloths) pöytäliina
tableland [ˈteɪbəlˌlænd] s yläntasanko, (tasainen) ylänkö
Table Mountain [ˌteɪbəlˈmaʊntən] Pöytävuori (Kapkaupungissa)
table of contents s sisällysluettelo
tablespoon [ˈteɪbəlˌspun] s ruokalusikka
tablespoonful s (mon tablespoonfuls) ruokalusikallinen (14,8 ml)
tablet [ˈtæblət] s 1 lehtiö 2 laatta, taulu 3 (lääke)tabletti
table tennis s pöytätennis
tableware [ˈteɪbəlˌweər] s ruoka-astiat ja ruokailuvälineet

tabloid

1 tabloid [tæblɔɪd] s (pienikokoinen sanomalehti) tabloidi
2 tabloid adj tabloidi(kokoinen)
tabloid newspaper s tabloidi-lehti, tabloidi
tabloid press s sensaatiolehdet, roskalehdet
tabloid TV s television sensaatio-ohjelmat
1 taboo [tæ'bu] s tabu, kielto
2 taboo v kieltää, julistaa tabuksi
3 taboo adj tabu-, kielletty
tabulate ['tæbjəˌleɪt] v taulukoida
tabulation [ˌtæbjə'leɪʃən] s taulukointi
tabulator ['tæbjəˌleɪtər] s **1** taulukointilaite, tabulaattori **2** sarkain, tabulaattori
tachometer [tæ'kamətər] s **1** nopeusmittari **2** kierroslukumittari
tacit [tæsət] adj **1** sanaton, epäsuorasti ilmaistu **2** hiljainen, äänetön
tacitly adv **1** sanattomasti, epäsuorasti **2** hiljaa, äänettömästi
taciturn [tæsətərn] adj hiljainen, vaitelias, vähäpuheinen
taciturnity [ˌtæsə'tənəti] s hiljaisuus, vaiteliaisuus, vähäpuheisuus
1 tack [tæk] s **1** pieni naula, nasta **2** (purjehduksessa) halssi *starboard/port tack* oikea/vasen halssi **3** (kuv) kurssi, näkökulma, lähestymistapa *to be on the wrong tack* olla väärässä, olla väärillä jäljillä
2 tack v **1** naulata **2** kiinnittää **3** yhdistää, liittää yhteen **4** lisätä jotakin johonkin (on/onto)
1 tackle [tækəl] s **1** varusteet, välineet **2** talja, väkipyörästö **3** (purjelaivan) takila **4** (urh) taklaus
2 tackle v **1** (kuv) tarttua, käydä käsiksi (esim ongelmaan) **2** valjastaa (hevonen) **3** (urh) taklata
tacky [tæki] adj mauton, tyyliltään ala-arvoinen
tact [tækt] s tahdikkuus, hienotunteisuus
tactful adj tahdikas, hienotunteinen, huomaavainen
tactfully adv tahdikkaasti, hienotunteisesti, huomaavaisesti
tactic [tæktɪk] s **1** (myös mon, sot) taistelutaito, taktiikka **2** (myös mon, yleiskielessä) suunnitelma, menettely, taktiikka, strategia
tactical [tæktɪkəl] adj **1** taktinen **2** taitava, nokkela, laskelmoitu
tactically adv **1** taktisesti **2** taitavasti, nokkelasti, laskelmoiden
tactician [tæk'tɪʃən] s taktikko, (kuv) taitava juonittelija
tactless adj tahditon, epähieno, loukkaava, moukkamainen
tactlessly adv tahdittomasti, epähienosti, loukkaavasti, moukkamaisesti
tad [tæd] *a tad* (ark) hiukan, hieman *it's a tad too big* se on himpun verran liian iso
tadpole [tædˌpoʊl] s nuijapää
taffy [tæfi] s toffee
TAFN (tekstiviestissä, sähköpostissa) *that's all for now*
1 tag [tæg] s **1** lappu, lippu, nimilappu, hintalappu **2** (vaatteessa) ripustin **3** (auton) rekisterikilpi **4** loppu(pää), häntä (pää) **5** liikanimi, lisänimi **6** (kieliopissa) liitekysymys **7** hippaleikki, hippa
2 tag v **1** varustaa hintalapulla, nimilapulla tms **2** lisätä, liittää, sanoa/todeta lopuksi **3** sakottaa (for), syyttää (with) **4** hinnoitella, panna hinnaksi **5** (ark) varjostaa, seurata **6** (hippaleikissä) ottaa hipaksi
tag end s häntäpää, loppupää, loppu
tag question s (kieliopissa) liitekysymys (esim *she has left, hasn't she?* eikö hän olekin jo lähtenyt?)
1 tail [teɪl] s **1** häntä; pyrstö (myös lentokoneen) *he had his tail between his legs* hänellä oli häntä koipien välissä **2** (kolikon) klaava(puoli) **3** (mon) frakki; frakin liepeet **4** (sl) takapuoli, pyrstö **5** (ark) varjostaja, seuraaja **6** (ark) jäljet: *to be on someone's tail* olla jonkun jäljillä **7** (sl) pano, naiminen *chase tail* yrittää iskeä tyttöä
2 tail v **1** seurata, kulkea jonkun perässä, (ark) varjostaa **2** kiinnittää/liittää yhteen/peräkkäin **3** kulkea peräkkäin **4** hävitä/kadota näkyvistä/jonnekin (off)
tailback s **1** (amerikkalaisessa jalkapallossa) keskushyökkääjä **2** (UK) liikenneruuhka

take down

tail end s häntäpää, loppupää, loppu, hännänhuippu
1 tailgate ['teɪəlˌgeɪt] s (farmariauton yms) peräluukku
2 tailgate v **1** ajaa kiinni edellisen auton puskurissa **2** (tietok) peesata
tailgating s (myös tietok) peesaus
taillight ['teɪəlˌlaɪt] s (auton) perävalo
1 tailor [teɪlər] s vaatturi, räätäli
2 tailor v **1** räätälöidä **2** sovittaa, mukauttaa johonkin, tehdä jonkin mukaiseksi
tailor-made [ˌteɪlərˈmeɪd] adj **1** vaatturin/räätälin tekemä **2** tilaustyönä tehty, tilaus- *the job offer is tailor-made for you* työpaikkatarjous tulee sinulle kuin tilauksesta
tail pipe s (auton) pakoputken pää, pakoputki
1 taint [teɪnt] s (kuv) (häpeä)tahra
2 taint v **1** (kuv) tahrata, tahria **2** pilata, pilaantua
Taiwan [taɪˈwan]
Taiwanese [ˌtaɪwəˈniːz] s, adj taiwanilainen
Tajikistan [təˈdʒɪkɪˌstan] Tadžikistan
1 take [teɪk] s **1** (kala-, metsästys)saalis **2** (ark) voitto **3** (elok) otos, (mus) nauhoitus **4** (ark) säpsähdys, hämmästys **5** *to be on the take* ottaa lahjuksia
2 take v took, taken **1** ottaa *she took the book from the shelf* hän otti kirjan hyllyltä *to take a pill* ottaa pilleri **2** viedä *he took her to the movies* hän vei tytön elokuviin **3** tarttua, ottaa kiinni jostakin *the child took his hand* lapsi tarttui hänen käteensä **4** (kaupunki, laiva ym) vallata, (eläin, vanki ym) vangita, ottaa kiinni **5** ottaa vastaan, hyväksyä, suostua, kokea *don't take it too hard* älä ota sitä liian raskaasti *the mayor is taking bribes* kaupunginjohtaja ottaa vastaan lahjuksia **6** (lehti) tilata, (aitio ym) varata **7** kestää, sietää *I can't take it anymore* en kestä enää **8** (funktioverbinä) *to take a meal* aterioida *to take a bath* kylpeä *to take a walk* lähteä; lähteä kävelylle *to take an exam* käydä tentissä *to take notes* tehdä muistiinpanoja, kirjoittaa muistiin **9** olettaa, ymmärtää *I take it that you want me to leave* sinä ilmeisesti haluat minun lähtevän
take a back seat to fr väistyä, tehdä tilaa jollekulle/jollekin
take a bath fr (sl) saada takkiinsa, kärsiä tappiota
take a bow fr kumartaa (yleisölle)
take a chance fr ottaa riski, riskeerata
take a fancy to fr mieltyä johonkuhun/johonkin
take after v **1** muistuttaa jotakin *she takes after her mother* hän on tullut äitiinsä **2** seurata, ajaa takaa, varjostaa
take a gander fr (sl) vilkaista, katsoa
take a hike fr häivy!
take a hint fr ottaa vihjeestä vaari, ymmärtää yskä
take aim fr **1** tähdätä (ase johonkin päin) **2** tarttua, paneutua (ongelmaan)
take a liking to fr mieltyä johonkuhun/johonkin
take a notion fr (ark) saada päähänsä (tehdä jotakin)
take a powder fr häippäistä, häipyä, livistää, lähteä nostelemaan
take a risk fr ottaa riski, vaarantaa, riskeerata
take a shine to fr mieltyä johonkuhun/johonkin
take a shot at fr **1** ampua jotakuta/jotakin (päin) **2** yrittää, kokeilla
take a stand fr ottaa kantaa
take a walk fr (ark) häivy!, ala nostella!, jätä minut rauhaan!
take back v **1** ottaa takaisin **2** viedä (tavara) takaisin (kauppaan) **3** perua (puheensa) **4** palauttaa mieleen *this song will take us all the way back to 1964* tämä laulu palauttaa mieleemme (kaukaisen) vuoden 1964
take care! interj koita pärjäillä!, tapaamisiin!
take care of fr **1** huolehtia jostakin, pitää huoli **2** (sl) hoidella, hakata
take charge fr käydä ohjaksiin/suitsiin (kuv)
take down v **1** laskea (alemmaksi), alentaa, vähentää, supistaa, hiljentää **2** purkaa **3** kirjoittaa muistiin/ylös **4** an-

take effect

taa jonkun kuulla kunniansa, sättiä, moittia
take effect fr **1** astua/tulla voimaan **2** vaikuttaa, tehota, tepsiä
take exception to fr vastustaa, moittia
take five fr pitää (viiden minuutin) tauko
take for v pitää jonakin, luulla joksikin *what do you take me for?* miksi sinä minua oikein luulet?
take for a ride fr (sl) **1** (viedä autolla jonnekin ja) murhata **2** huijata, puijata, pettää, käyttää hyväkseen
take for granted fr pitää itsestään selvänä, suhtautua välinpitämättömästi *don't take her for granted* älä kohtele häntä kuin ilmaa
take heart fr rohkaista mielensä
take heed fr varoa, pitää varansa
take ill fr sairastua
take in v **1** päästää sisään **2** pienentää, (vaatetta) kaventaa **3** ymmärtää, käsittää, tajuta **4** katsella, tarkkailla, tarkastella **5** huijata, puijata, pettää **6** ansaita (liiketoiminnalla), tienata (ark), kääriä (ark) **7** majoittaa **8** sisältää, käsittää, kattaa
take in stride fr suhtautua johonkin tyynesti, alistua johonkin
take into account fr ottaa huomioon
take issue with fr olla eri mieltä jonkun kanssa, riidellä
take it fr **1** uskoa **2** (ark) kestää, sietää, jaksaa *she couldn't take it anymore* hän ei enää kestänyt/jaksanut, hänen mittansa oli täysi
take it easy fr ottaa rennosti/rauhallisesti
take it into your head fr saada päähänsä (tehdä jotakin)
take it or leave it fr ota tai jätä
take it out in fr ottaa maksuksi jotakin
take it out of fr **1** uuvuttaa, väsyttää (loppuun) **2** vähentää, ottaa (pois jostakin)
take it out on fr (ark) purkaa kiukkunsa johonkuhun, syyttää jotakuta (aiheetta)
take its toll fr vahingoittaa, vaurioittaa, aiheuttaa vahinkoa, vaatia uhreja
take leave of your senses fr menettää järkensä, tulla hulluksi

take no prisoners fr (kuv) olla armoton, säälimätön
take note of fr huomata, panna merkille
take oath fr vannoa vala
takeoff ['teɪk,af] s **1** (lentokoneen) lähtö, ilmaan nousu **2** (kilpailun) lähtö, aloitus **3** parodia, pilailu
take off v **1** nousta lentoon/ilmaan **2** riisua (vaate, jalkine, päähine) **3** viedä, ottaa mukaansa **4** (ark) lähteä, häipyä **5** erottaa, poistaa (tehtävästä) **6** surmata **7** jäljentää, kopioida **8** (ark) matkia, mukailla ivaillen, parodioida **9** (ark) lisääntyä, nousta, kasvaa, päästä vauhtiin
take off after fr seurata, ajaa takaa, varjostaa
take office fr astua virkaan
take off the edge fr pehmentää, lieventää (vaikutusta)
take off your hat to fr (kuv) nostaa hattua jollekin
take on v **1** ottaa palvelukseen, palkata **2** ryhtyä johonkin, ottaa hoitaakseen **3** alkaa vaikuttaa/näyttää joltakin *language skills have taken on new meaning* kielitaidon merkitys on kasvanut **4** tarttua haasteeseen, ruveta tappelemaan **5** (ark) innostua (liikaa)
take on faith fr uskoa näkemättä
takeout ['teɪk,aʊt] s **1** ruoka joka otetaan pikaravintolasta mukaan **2** (ark) pikaravintola josta ruoka otetaan mukaan *they went to a Chinese takeout* he menivät kiinalaiseen katukeittiöön/pikaravintolaan
take out v **1** ottaa esiin **2** ottaa (esim laina, vakuutus) *she took out a subscription to Time magazine* hän tilasi Time-lehden **3** ottaa mukaansa (esim ruokaa pikaravintolasta) *she took several novels out of the library* hän lainasi kirjastosta useita romaaneita **4** (seurustelusta) viedä ulos **5** lähteä, mennä
take out after v seurata, ajaa takaa, varjostaa
takeover ['teɪk,oʊvər] s **1** valtaus **2** (tal) (yritys)valtaus
take over v **1** (kuv) käydä ohjaksiin, käydä/ruveta suitsiin **2** (tal) vallata (yritys)

take pains fr yrittää kovasti, tehdä parhaansa/kaikkensa
take part fr osallistua johonkin (in)
take place fr tapahtua *the concert will take place at seven/in the stadium* konsertti on/pidetään seitsemältä/stadionilla
take root fr **1** juurtua **2** (kuv) iskostua, juurtua
take sick fr sairastua
take sides fr ottaa kantaa, puolustaa jotakuta, mennä jonkun puolelle
take someone at his/her word fr ottaa jonkun puheet täydestä/todesta
take someone's word for it fr uskoa jotakuta
take someone under your wing fr ottaa joku siipiensä suojaan
take steps fr ryhtyä toimiin, toimia *the government is taking steps to increase exports* hallitus on ryhtynyt toimiin viennin lisäämiseksi
take stock fr arvioida, mittailla (kuv), punnita (kuv)
take ten fr (ark) pitää (kymmenen minuutin) tauko
take the bull by the horns fr tarttua härkää sarvista
take the cake fr (sl) **1** olla paras, voittaa **2** olla paksua
take the edge off fr pehmentää, lieventää (vaikutusta)
take the fifth fr **1** (lak) käyttää vaitiolo-oikeutta (kieltäytyä vastaamasta kysymykseen Yhdysvaltain perustuslain viidennen lisäyksen nojalla; sen mukaan oikeudessa ei tarvitse paljastaa asioita jotka saattavat osoittaa vastaajan itsensä syylliseksi) **2** (ark) ei kertoa, ei paljastaa, ei vastata kysymykseen
take the liberty of fr rohjeta tehdä jotakin
take the rap fr (sl) ottaa/saada syy niskoilleen
take the stand fr todistaa oikeudessa
take the wind out of your sails fr yllättää, saada joku järkyttymään; viedä tuuli jonkun purjeista
take the words out of your mouth fr viedä joltakulta sanat suusta

take to v **1** mieltyä johonkin **2** ruveta (tekemään jotakin), alkaa (tehdä jotakin), ottaa tavaksi, totuttautua johonkin **3** mennä *to take to bed* mennä maate
take to task fr nuhdella, sättiä, moittia
take to the cleaners fr (sl) hoidella joku, antaa jollekulle selkään
take to the road fr lähteä matkaan, aloittaa matka
take turns fr vuorotella, tehdä jotakin vuorotellen
take up v **1** kiristää *take up the slack in the rope* kiristä köysi **2** ruveta tekemään /harrastamaan *you should take up skiing* sinun pitäisi ruveta hiihtämään **3** poimia, nostaa, kerätä kokoon **4** viedä (tilaa, aikaa) **5** ottaa puheeksi/esille **6** ottaa vastaan (tehtävä, haaste) **7** imeä (itseensä) **8** jatkaa (keskeytyksen jälkeen) **9** vastata jollekulle
take up a collection fr kerätä rahaa, pistää pystyyn keräys
take up arms fr nousta aseisiin
take upon yourself v ottaa vastuulleen/tehtäväkseen
take up with v **1** pitää seuraa jonkun kanssa **2** ottaa puheeksi jonkun kanssa
take water fr (alus) vuotaa
take wing fr **1** nousta lentoon/ilmaan **2** lähteä/häipyä kiireesti
take your time fr ei hätäillä/kiirehtiä, ei pitää kiirettä, tehdä jokin rauhassa
take your way fr lähteä, mennä, kulkea
takin [takən] s härkägemssi (Budorcas taxicolor)
Taklamakan Desert [ˌtakləməˈkan] Taklimakanin aavikko (Kiinassa)
talcum powder [tælkəm] s talkki
tale [teɪəl] s **1** tarina, kertomus *fairy tale* satu **2** valhe
talent [tælənt] s **1** lahjakkuus, lahja **2** lahjakas ihminen, lahjakkuus
talented adj lahjakas, etevä, kyvykäs
talent scout s kykyjenetsijä
talisman [tæləzmən] s **1** (taikaesine) talismaani **2** (koru) maskotti, amuletti
1 talk [tak] s **1** puhe *talk is cheap* puhuminen ei vielä todista mitään, ainahan puhua voi (mutta tekeminen on eri asia) **2** keskustelu *the talk turned to politics*

talk

keskustelu siirtyi politiikkaan **3** neuvottelu **4** puhe, esitelmä

2 talk v **1** puhua jostakin (about), jonkun kanssa (with, to), jollekulle (to), jollakin kielellä (esim *Finnish*, suomea, suomeksi), jutella, keskustella **2** pitää puhe/esitelmä, puhua jostakin (on) **3** neuvotella **4** suostutella, taivutella *you talked me into this mess!* sinähän minut tähän sotkuun houkuttelit!

talk around v suostutella, taivutella, saada muuttamaan mielensä

talk at v puhua kiukkuisesti jollekulle, läksyttää, sättiä jotakuta, räyhätä jollekulle

talkative [takətɪv] adj puhelias

talk away v kuluttaa (aikaa) juttelemalla/rupattelemalla

talk back v vastata röyhkeästi/hävyttömästi, viisastella

talk big fr (ark) puhua suuria, mahtailla

talk down v **1** vähätellä, lyödä lyttyyn, pistää matalaksi **2** vaimentaa, saada vaikenemaan (puheillaan, perusteluillaan)

talk down to v puhua jollekulle/kohdella jotakuta ylimielisesti/alentavasti/nöyryyttävästi

talking head s (televisiossa) puhuva pää, lähikuva puhuvasta henkilöstä

talk of v puhua/keskustella jostakin (alustavasti), suunnitella, kaavailla

talk out v **1** puhua (asia) selväksi, puhua suunsa puhtaaksi **2** puhua itsensä väsyksiin/näännyksiin **3** suostutella/taivutella joku luopumaan jostakin (aikeesta)

talk over v **1** keskustella jostakin **2** suostutella, taivutella, saada muuttamaan mielensä

talk shop fr (ark) puhua/jutella työasioista

talk show s (radiossa, televisiossa) (julkkisten) haastatteluohjelma

talk someone's head off fr pitkästyttää jotakuta puheillaan

talk through your hat fr puhua läpiä päähänsä, puhua sellaisesta mistä ei tiedä

talk to death fr puhua jostakin kyllästymiseen saakka, jauhaa liiaksi samaa asiaa

talk turkey fr (ark) puhua suoraan, ei siekailla

talk up v **1** avata suunsa, puhua **2** mainostaa jotakin

talky adj **1** jossa on liikaa/paljon puhetta **2** puhelias

tall [taəl] adj **1** pitkä *how tall are you?* kuinka pitkä olet? *he is six feet tall* hän on 183 cm (pitkä) **2** korkea *how tall is that building?* kuinka korkea tuo rakennus on? **3** (kuv) paksu *tall talk* paksut puheet, valhe, satu

Tallin [tə'lɪn] Tallinna

tall meadow buttercup s niittyleinikki

tall order *that's a tall order* se on paljon pyydetty

tallow [tæloʊ] s tali

1 tally [tæli] s **1** (hist) pykäläpuu (velkojen merkintää varten) **2** lasku, määrä, luku

2 tally v **1** laskea, merkitä muistiin **2** olla yhtäpitävä jonkin kanssa (with), käydä yksiin **3** sovittaa toisiinsa/yhteen

talon [tælən] s (petolinnun) kynsi

tambourine [ˌtæmbə'rin] s tamburiini

tame [teɪm] v kesyttää, kesyyntyä adj **1** kesy **2** tylsä, laimea, vaisu, kesy

tamely adv **1** kesysti **2** laimeasti, vaisusti

tamer s (eläinten)kesyttäjä

tamper with [tæmpər] v **1** peukaloida, sorkkia, koskea, puuttua johonkin (luvattomasti, osaamattomasti), tehdä jotakin luvatonta **2** väärentää, muuttaa (asiakirjaa)

tampon [tæmpan] s **1** (lääk) tamponi, vanutukko yms **2** terveysside, tamponi

tamponade [ˌtæmpə'neɪd] v (lääk) tamponoida, asettaa tamponi (verenvuodon tyrehdyttämiseksi ym)

1 tan [tæn] s **1** kellertävän ruskea väri, vaaleanruskea väri **2** rusketus

2 tan v **1** ruskettaa, ruskettua **2** (nahkaa) parkita

3 tan adj **1** kellertävän ruskea, vaaleanruskea **2** ruskettunut

tandem [tændəm] s **1** kaksiakselinen kuorma-auto, traktori ym **2** tandempolkupyörä **3** täysperävaunullinen rekka **4** (hevosista) peräkkäiskaksivaljakko, tandem adj (kahdesta) peräkkäinen adv

(kahdesta) peräkkäin *to do something in tandem* tehdä jotakin peräkkäin; tehdä jotakin yhteistyössä/yhteistoimin
tandem bicycle s tandempolkupyörä
tandem trailer s täysperävaunullinen rekka
tang [tæŋ] s pistävä maku/haju
Tanganyika [ˌtæŋɡənˈjikə] Tanganjika
tangent [ˈtændʒənt] s tangentti, sivuaja *to go off/on a tangent* poiketa asiasta
tangential [tænˈdʒenʃən] adj tangentiaalinen, sivuava, (huomautus) sivu-, asiasta poikkeava
tangentially adv tangentiaalisesti, jotakin sivuten; ohimennen
tangerine [ˌtændʒəˈrin] s **1** mandariini **2** voimakas oranssi väri adj voimakkaan oranssinvärinen
tangible [ˈtændʒəbəl] adj todellinen, kouraantuntuva, selvä, konkreettinen
tangibly adv selvästi, kouraantuntuvasti
1 tangle [ˈtæŋɡəl] s **1** vyyhti (myös kuv:) sotku, sekasotku **2** (ark) riita, kina
2 tangle v **1** (myös kuv) sotkea, sotkeutua **2** (ark) riidellä, kinata jonkun kanssa (with)
1 tango [ˈtæŋɡoʊ] s tango
2 tango v tanssia tangoa *it takes two to tango* siihen/tähän tarvitaan kaksi, vika ei ole yksin sinun/hänen tms
tangy [ˈtæŋi] adj (maku, haju) pistävä
1 tank [tæŋk] s **1** säilö, tankki, kattila **2** panssarivaunu **3** (sl) häkki, putka, vankila **4** (vaate) toppi
2 tank v varastoida/panna säiliöön/tankkiin
tankard [ˈtæŋkərd] s kolpakko
tank car s (rautateillä) säiliövaunu
tanker s säiliölaiva, säiliö(lento)kone, säiliöauto
tank top s (hihaton) toppi
tank trailer s säiliöperävaunu
tank up v tankata (auto tms), täyttää
tan someone's hide fr (ark) antaa jollekulle selkään, piestä
tantalize [ˈtæntəˌlaɪz] v kiihottaa, yllyttää
tantalizing adj **1** kiihottava, houkutteleva **2** kyltymätön
tantamount to [ˈtæntəˌmaʊnt] adj merkitä jotakin, olla sama kuin

tantrum [ˈtæntrəm] s raivonpuuska, raivokohtaus *to throw a tantrum* saada raivonpuuska, raivota
Tanzania [ˌtænˈzeɪniə, ˌtænzəˈniə] Tansania
Tanzanian s, adj tansanialainen
1 tap [tæp] s **1** (kevyt lyönti) napautus, naputus, näpäytys **2** (ääni) napsahdus, näpsähdys **3** hana; (tynnyrin) tappi **4** *on tap* (oluesta) tynnyristä/hanasta (tarjoiltava); (ark kuv) joka on (käyttö)valmiina, valittavana **5** (ark) salakuuntelu
2 tap v **1** napauttaa, naputtaa, näpäyttää **2** napsahtaa, näpsähtää, kolahtaa (hiljaa) **3** naputella, kirjoittaa (kirjoituskoneella, tietokoneella, tietokoneeseen) **4** stepata, tanssia steppiä **5** laskea (esim olutta tynnyristä) **6** avata/sulkea (tynnyrin) tappi **7** käyttää, ruveta käyttämään **8** salakuunnella
tap dance s steppi
tap-dance v stepata, tanssia steppiä
tap-dancer s steppaaja
1 tape [teɪp] s **1** nauha **2** teippi **3** mittanauha **4** maalinauha **5** magneettinauha, nauha, (myös ääni/video)kasetti
2 tape v **1** teipata **2** mitata (mittanauhalla) **3** nauhoittaa, tallentaa, äänittää
tape deck s nauhuri, nauhoitin, kasetti/avokeladekki
tape measure s mittanauha
tape player s (yl) kasettisoitin
taper [ˈteɪpər] v suipeta, suipentua, suipentaa
tape-record v äänittää, nauhoittaa, tallentaa
tape recorder s nauhuri, nauhoitin
tape recording s **1** äänite, tallenne, nauhoite **2** äänitys, tallennus, nauhoitus
taper off v **1** suipeta, suipentua **2** lakata vähitellen
tapestry [ˈtæpəstri] s kuviollinen seinävaate, gobeliini
tapeworm [ˈteɪpˌwɜrm] s heisimato
tap into v (ark) ottaa yhteys johonkin (myös tietokoneella), käyttää hyväkseen jotakuta/jotakin
tapioca [ˌtæpɪˈoʊkə] s (kasvi) tapioka
tapir [ˈteɪpər] s tapiiri

1 tar [tar] s terva *to knock the tar out of someone* (ark) antaa jollekulle kunnon selkäsauna
2 tar v tervata
tar and feather fr **1** kierittää tervassa ja höyhenissä **2** piestä, antaa selkään, rangaista kunnolla
tarantula [tə'rænt∫ʊlə] s **1** (Yhdysvaltain lounaisosassa) lintuhämähäkki **2** (Etelä-Euroopassa) taranteli
tarbaby ['tar͵beɪbi] s visainen pulma, (lähes) ylitsepääsemätön este
1 target [targət] s **1** maali(taulu) *to be on target* olla tähdätty oikein; olla oikea/tarkka, osua oikeaan **2** kohde, maali, päämäärä, tavoite
2 target v tähdätä
3 target adj tavoite-, kohde-
target date s tavoitepäivämäärä, määräpäivä
target group s (markkinoinnin ym) kohderyhmä
target in/on v (kuv) tähdätä, pyrkiä johonkin
target language s (käännöksen) kohdekieli, tulokieli
tariff [terəf] s **1** maksuluettelo **2** maksu, hinta **3** tulli
tarmac [tarmæk] s asfaltti
tarmacadam ['tarmə͵kædəm] s asfaltti
tarnish [tarnɪ∫] v **1** (kiilto) himmentyä, himmetä **2** (kuv) tahrata, mustata (esim mainetta)
tarpaulin [tarpəlɪn] s **1** (esim öljykankainen) suojapeite **2** öljykankainen päähine
tarred with the same brush fr olla samasta savesta, ei olla sen parempi (kuin)
tart [tart] s **1** (makea) piiras, piirakka **2** (sl) huora, lutka adj **1** (maku) kirpeä, hapan **2** (kuv) kärkevä, piikikäs
tartan [tartən] s tartaani, skotlantilainen ruudullinen villakangas
tartar [tartər] s hammaskivi
tart up v (sl) pyntätä
Tas. *Tasmania*
1 task [tæsk] s **1** tehtävä, työ, urakka **2** *to take someone to task* vaatia joku tilille, nuhdella, sättiä
2 task v uuvuttaa, rasittaa, käydä voimille
task force s **1** (sot) erikoisyksikkö **2** työryhmä
Tasmania [tæz'meɪniə]
Tasmanian devil [tæz'meɪniən] s pussipiru
tassel [tæsəl] s tupsu
1 taste [teɪst] s **1** maku **2** palanen, tilkkanen **3** halu, ilo *he has no taste for jazz* jazz ei ole hänen makuunsa/mieleensä **4** taju *she has a taste for class* hän ymmärtää mikä on tyylikästä **5** (kuv) maku *your behavior was in bad taste* käytöksesi oli mautonta *it left a bad taste in my mouth* minulle jäi siitä paha maku suuhun, minulle jäi siitä ikävä muisto *to your taste* jonkun maun mukainen
2 taste v **1** maistaa, maistua **2** (kielteisessä lauseessa) koskea (ruokaan), syödä **3** (kuv) saada tuntea/kokea, maistaa **4** (kuv) haiskahtaa joltakin (of)
taste blood fr päästä veren makuun
taste bud s makusilmu
tasteful adj tyylikäs, aistikas, hyvää makua osoittava
tastefully adv tyylikkäästi, aistikkaasti *his office was tastefully appointed* hänen työhuoneensa oli sisustettu hyvällä maulla
tasteless adj mauton (myös kuv), (käytös) epähieno, tökerö
tastelessly adv mauttomasti
taster s maistaja
tastily adv **1** maukkaasti **2** (ark kuv) tyylikkäästi, aistikkaasti
tasty adj **1** maukas, hyvänmakuinen *something tasty to eat* jotakin maukasta syötävää **2** (ark kuv) tyylikäs, aistikas **3** (UK ark) (naisesta) hemaiseva, herkullinen
tat [tæt] s (UK ark) **1** rääsyt, ryysyt **2** roju, roina
tater [teɪtə] s (ark) pottu, potaatti
1 tatter [tætər] s **1** riekale **2** (mon) rääsyt, ryysyt
2 tatter v revetä/repeytyä/repiä/kulua riekaleiksi
tattered adj riekaleinen, rääsyinen, ryysyinen

tattle [tætəl] v kieliä, kannella, paljastaa (salaisuus)
tattler s juoruaja, kantelija
1 tattoo [tæ'tu] s tatuointi
2 tattoo v tatuoida
taught [tat] ks teach
1 taunt [tant] s pilkka, iva, kiusa
2 taunt v pilkata, ivata, kiusata
Taurus [tɔrəs] *horoskoopissa* Härkä
taut [tat] adj kireä (myös kuv)
tautly adv kireästi, kireäksi
tautness s kireys (myös kuv)
tautological [ˌtatə'ladʒɪkəl] adj tautologinen (esim samaa sanaa tarpeettomasti toistava)
tautology [ta'taladʒi] s (sanan tarpeeton) toisto, tautologia
tavern [tævərn] s kapakka, baari
tawny [tani] adj kellertävänruskea
tawny owl s lehtopöllö
1 tax [tæks] s 1 vero 2 taakka, kuorma, vaiva, riesa
2 tax v 1 verottaa 2 (kuv) verottaa, kuormittaa, rasittaa 3 (ark) veloittaa, verottaa 4 moittia, torua, syyttää
taxable adj veronalainen
taxation [tæk'seɪʃən] s verotus
tax-deductible [ˌtæksdɪ'dʌktɪbəl] adj verovähennettävä
tax deduction s verovähennys
tax evasion s veropetos, veronkierto (ark)
tax-exempt [ˌtæksɪg'zemt] adj veroton, verovapaa
tax-free [ˌtæks'fri] s (ark) veroton kauppa (lentokentällä, lentokoneessa, laivassa) adj veroton
tax haven s (maa) veroparatiisi
1 taxi [tæksɪ] s (mon taxis, taxies) taksi, vuokra-auto
2 taxi v taxies, taxied, taxiing/taxying 1 ajaa/mennä/matkustaa taksilla 2 (lentokone) rullata
taxicab [ˈtæksɪˌkæb] s taksi, vuokra-auto
taxidermy [ˈtæksɪˌdərmi] s taksidermia
tax increase s veronkorotus
taxing adj uuvuttava, raskas, voimille käyvä
taxiway [ˈtæksɪˌweɪ] s (lentokentällä) rullaustie

taxpaid [ˈtæksˌpeɪd] adj verovaroilla maksettu
taxpayer [ˈtæksˌpeɪər] s veronmaksaja
tax return s veroilmoitus
Tay. *Tayside*
TB *tuberculosis* tuberkuloosi
TBA *to be announced* ilmoitetaan myöhemmin
TBS *Turner Broadcasting System*
tbsp. *tablespoonful* ruokalusikallinen
tea [ti] s 1 tee *it's not my cup of tea* se ei ole minun heiniäni 2 (UK) (iltapäivän tai illan) teehetki, (väli)ateria
teabag [ˈtiˌbæg] s teepussi
1 teach [titʃ] s (ark) ope, opettaja
2 teach v taught, taught: opettaa
teach a lesson fr antaa opetus/läksytys *that should teach her a lesson* eiköhän hän nyt ota opikseen/onkeensa
teacher [titʃər] s opettaja
teachers college s opettajankoulutuslaitos
teacher's pet s opettajan lemmikki
teaching s 1 opetus(työ), opettaminen 2 (us mon) opetus
teaching aid s opetuksen lisämateriaali
teach someone the ropes *you should teach her the ropes around here* sinun pitää selittää/opettaa hänelle talon tavat
teacup [ˈtiˌkʌp] s teekuppi *a tempest in a teacup* myrsky vesilasissa
teakettle [ˈtiˌketəl] s teekannu
teal [tiəl] s (lintu) tavi
1 team [tim] s 1 työryhmä, tiimi, (urheilussa) joukkue 2 valjakko
2 team v yhdistää, yhdistyä, lyöttäytyä yhteen
teamster [timstər] s (valjakon) ajuri, (kuorma-auton) kuljettaja
team up with v lyöttäytyä yhteen jonkun kanssa
teamware s (tietok) työryhmäohjelmisto
teamwork [ˈtimˌwərk] s ryhmätyö, yhteistyö
tea party s teekutsut
teapot [ˈtiˌpat] s teekannu *a tempest in a teapot* myrsky vesilasissa
tear [tɪər] s kyynel *to be in tears* itkeä, olla silmät kyynelissä

tear

1 tear [teər] s repeämä *wear and tear* (käytöstä johtuva) kuluminen
2 tear v tore, torn **1** repiä, revetä, repäistä, repeytyä *to tear something in two/half* repäistä kahtia **2** kiskoa, kiskaista, vetäistä, nykäistä **3** (kuv) repiä, (sydäntä) raastaa **4** viilettää, kiitää, rynnätä, (tuuli) raivota, riehua
tear at v **1** kiskoa, tempoa, nyhtää, riuhtoa **2** (kuv) raastaa, repiä
tear down v **1** purkaa (rakennus) **2** lyödä lyttyyn, puhua pahaa jostakusta
teardrop ['tıər‚drap] s kyynel
tear gas ['tıər‚gæs] s kyynelkaasu
tear into [teər] v (ark) **1** käydä käsiksi johonkin **2** (kuv) hyökätä jonkun kimppuun, haukkua, sättiä
tearjerker ['tıər‚jərkər] s (ark) nyyhkyleffa
tear off [teər] v (sl) kyhätä kasaan, hutaista, tehdä äkkiä
tear-off menu s (tietok) irtovalikko
tearoom ['ti‚rum] s teehuone
tear strip ['teər‚strıp] s (pakkauksen) repäisynauha
tear up [tıər] v **1** peruuttaa, kumota **2** repiä silpuksi/palasiksi **3** repiä auki/irti, avata (esim kadun päällyste)
tear your hair [teər] fr (kuv) repiä hiuksiaan
1 tease [tiz] s kiusoittelija, härnääjä
2 tease v kiusata, härnätä, viekoitella
teaser s kiusoittelija, härnääjä
tea service s teekalusto, teeastiasto
teat [tıt, tit] s nänni
tech [tek] s (ark) **1** teknikko **2** tekniikka, teknologia
technical [teknıkəl] adj **1** tekninen **2** ammatillinen, ammatti- **3** mutkikas, vaikeatajuinen
technical analysis s (tal) tekninen analyysi
technical director s tekninen johtaja
technicality [‚teknı'kæləti] s **1** mutkikkuus, monimutkaisuus, teknisyys **2** yksityiskohta *the accused got off on a technicality* syytetty sai vapauttavan tuomion muotovirheen perusteella
technically [teknıkli] adv **1** teknisesti **2** ammatillisesti tarkkaan ottaen

technical manager s tekninen johtaja
technical school s teknillinen koulu
technician [tek'nıʃən] s teknikko
Technicolor® ['teknı‚kʌlər] eräs elokuvien värijärjestelmä adj (ark) räikeä, värikylläinen, loistokas, mahtipontinen
technique [tek'nik] s **1** (esim taiteilijan, urheilijan) tekniikka, taito **2** menetelmä, keino
technological [‚teknə'ladʒıkəl] adj teknologinen; tekninen
technologically adv teknologisesti; teknisesti
technologist [tek'nalədʒıst] s teknologi; teknikko
technology [tek'nalədʒi] s teknologia; tekniikka *university of technology* teknillinen korkeakoulu
tedious [tidıəs] adj tylsä, pitkäveteinen, yksitoikkoinen
tediously adv tylsästi, yksitoikkoisesti, yksitoikkoisen
tedium [tidıəm] s pitkäveteisyys, yksitoikkoisuus
tee [ti] s (golfissa) **1** tii, pieni puusta tai muovista valmistettu kappale joka työnnetään ruohoon tms. ja jonka päältä pallo lyödään aloituspaikalla eli tiiauspaikalla **2** tiiauspaikka josta tietyn reiän pelaaminen aloitetaan
teeing ground s (golf) tiiauspaikka, aloituspaikka josta kunkin reiän pelaaminen alkaa
teeming adj **1** täpötäysi, jossa vilisee väkeä **2** hedelmällinen, tuottelias
teem with v jossakin kuhisee/vilisee jotakin *the shopping mall is teeming with people* ostoskeskus on tupaten täynnä väkeä
teenage ['tin‚eıdʒ] adj teini-iän, teini-ikäisten
teenager ['tin‚eıdʒər] s teini, teini-ikäinen
teen queen s (ark) nuorison ihailema nuori naistähti, teinitähti
teens [tinz] s **1** teini-ikä **2** numerot 13—19
teensy [tinsi] adj pienenpieni, pikkuruinen
teeny [tini] adj pienenpieni, pikkuruinen

tee off [ˌtiːˈaf] v (golf) tiiata, lyödä reiän aloituslyönti tiiauspaikalta
teepee [tipi] s tiipii, intiaaniteltta
tee shirt [ˈtiːʃərt] s T-paita
Teesside [tizsaɪd]
teeter [titər] v hoippua, huojua, huojuttaa
teeth [tiθ] ks tooth
teethe [tið] v (lapsesta) saada hampaita
teetotal [ˈtiːˌtoʊtəl] adj **1** raitis, raivoraitis **2** (ark) ehdoton, täydellinen
teetotaler [ˈtiːˌtoʊtələr] s raitis, raivoraitis (ihminen)
TEFL *teaching English as a foreign language*
telecommunications [ˌteləkəˌmjuːnɪˈkeɪʃənz] s (verbi yksikössä) tietoliikenne
telecommunications engineer s tietoliikenneinsinööri
telecommuting [teləkəˈmjuːtɪŋ] s etätyö
teleconference s telekokous
1 telefax [ˈteləˌfæks] s **1** telefaksilaite, kaukokopiointilaite, faksi **2** telefaksilähetys, faksi
2 telefax v lähettää telefaksina, faksata
telegram [ˈteləˌgræm] s sähke
1 telegraph [ˈteləˌgræf] s **1** lennätin **2** sähke
2 telegraph v **1** sähköttää **2** (kuv) sähköttää, ilmehtiä, paljastaa (ilmeellään/eleellään) tahattomasti
telegraphic [ˌteləˈgræfɪk] adj **1** lennätin- **2** lyhyt, lyhytsanainen, (liian) ytimekäs *telegraphic style* sähkösanomatyyli
telemark [ˈteləˌmark] s (hiihdossa) telemark(käännös)
telepathic [ˌteləˈpæθɪk] adj telepaattinen
telepathy [təˈlepəθi] s telepatia, ajatuksensiirto
1 telephone [ˈteləˌfoʊn] s puhelin
2 telephone v soittaa (puhelimella)
telephone answering device s puhelinvastaaja
telephone answering machine s puhelinvastaaja
telephone book s puhelinluettelo
telephone booth s puhelinkioski

telephone box s puhelinkioski
telephone exchange s puhelinkeskus
telephone number s puhelinnumero
telephone pole s puhelinpylväs
telephoto [ˈteləˌfoʊtoʊ] adj (objektiivi) tele-, kauko-
telephoto lens s (kameran) tele-objektiivi, kauko-objektiivi
teleplay [ˈteləˌpleɪ] s televisionäytelmän (esim sarjafilmin jakson) käsikirjoitus
1 telescope [ˈteləˌskoʊp] s kaukoputki, teleskooppi *refracting telescope* linssikaukoputki *reflecting telescope* peilikaukoputki
2 telescope v lyhentää, lyhentyä, työntää/työntyä kokoon, (kuv) tiivistää
3 telescope adj kokoontaittuva, sisäkkäin menevä
Telescope (tähdistö) Kaukoputki
telescopic [ˌteləˈskapɪk] adj **1** kaukoputki-, teleskooppi- **2** kokoontaittuva, sisäkkäin menevä
teletext [ˈteləˌtekst] s tekstitelevisio
telethon [ˈteləˌθan] s tempaus, (monituntinen) televisiolähetys jossa kerätään puhelimitse rahaa hyväntekeväisyyteen
1 teletype [ˈteləˌtaɪp] s kaukokirjoitin, teleks
2 teletype v lähettää/ilmoittaa kaukokirjoittimella/teleksillä
teletypewriter [ˈteləˌtaɪpˌraɪtər] s kaukokirjoitin, teleks
televangelist [ˌteləˈvændʒəlɪst] s tv-saarnaaja, televisioevankelista
televise [ˈteləˌvaɪz] v televisioida
television [ˈteləˌvɪʒən] s (järjestelmä tai vastaanotin) televisio
television set s televisiovastaanotin
television station s televisioasema
telework s etätyö
1 telex [teleks] s kaukokirjoitin, teleks
2 telex v lähettää/ilmoittaa kaukokirjoittimella/teleksillä
tell [tel] v told, told **1** kertoa *tell me how its was* kerro millaista siellä/se oli **2** (myös funktioverbinä) puhua, sanoa *to tell a lie* valehdella *to tell the truth* puhua totta, ei valehdella **3** erottaa (toisistaan), tietää, (osata) sanoa *she can't tell a Buick from an Olds* hän ei erota

tell apart

Buickia Oldsmobilesta **4** paljastaa, kertoa **5** käskeä *she told me to leave* hän käski minun lähteä
tell apart v (osata) erottaa toisistaan
tell a thing or two fr haukkua, antaa jonkun kuulla kunniansa
teller s **1** kertoja, tarinoija **2** pankkivirkailija
telling adj **1** voimakas, tehokas **2** paljastava
tell it like it is fr kertoa (mahdollisesti karvas) totuus, ei siekailla, puhua asiat selviksi
tell it to the marines fr (ark) älä valehtele!, puhu pukille!
tell off v (ark) sättiä kovasti, haukkua, antaa jonkun kuulla kunniansa
tell on v kannella, juoruta, kieliä jostakusta
telltale ['tel‚teɪəl] s juorukello adj **1** paljastava **2** varoitus-, varoittava
tell tales out of school fr kieliä, paljastaa salaisuuksia
tell time fr **1** (ihmisestä) tuntea kello **2** (kellosta) näyttää aikaa
telly [teli] s (UK ark) telkkari, televisio
tell you what fr kuulehan *tell you what, let's go and see her right now* mennään kuule tapaamaan häntä nyt heti
temp s pätkätyöntekijä
temp. *temperature* lämpötila, lämpö
1 temper [tempər] s **1** mieliala: *to be out of temper* olla pahalla päällä **2** kiukku, pahantuulisuus **3** (metallin) kovuus(aste)
2 temper v **1** lieventää, pehmentää, hiljentää, hillitä **2** karkaista (terästä)
tempera [tempərə] s (väri, maalaus) tempera
temperament [tempərəmənt] s **1** luonteenlaatu, temperamentti **2** (luonteen) tulisuus, kiihkeys, oikullisuus
temperamental [‚tempərə'mentəl] adj **1** oikukas, oikullinen, tulinen, kiihkeä **2** luonteenlaadun, luonteenlaatua koskeva
temperamentally adv **1** oikukkaasti, tulisesti, kiihkeästi **2** luonteenlaadun osalta

temperance [tempərəns] s **1** kohtuus, kohtuullisuus (myös alkoholin käytössä), maltillisuus, itsehillintä **2** (ehdoton) raittius
temperate [tempərət] adj **1** maltillinen, hillitty, kohtuullinen **2** (ilmasto) lauhkea
temperature [temprətʃər] s lämpötila, lämpö *the child is running/having a temperature* lapsella on kuumetta
tempered adj **1** (yhdyssanan jälkiosana) *good-/ill-tempered* hyväntuulinen/pahansisuinen **2** (teräs) karkaistu
tempest [tempəst] s myrsky (myös kuv)
tempest in a teacup fr myrsky vesilasissa
tempestuous [təm'pestʃʊəs] adj myrskyisä, myrskyinen (myös kuv) kuohuva, kiihkeä, levoton, raju
temple [tempəl] s **1** ohimo **2** pyhäkkö, temppeli
tempo [tempoʊ] s (mon tempos, tempi) **1** (mus) tempo **2** (kuv) rytmi, tahti, nopeus, vauhti
temporal [tempərəl] adj **1** ajallinen, aikaa koskeva **2** maallinen **3** väliaikainen, ohimenevä, hetkellinen
temporarily [‚tempə'rerəli] adv väliaikaisesti, ohimenevästi, hetkellisesti
temporary ['tempə‚reri] s väliaikainen työntekijä, sijainen, lomittaja adj väliaikainen, hetkellinen, ohimenevä
tempt [temt] v houkutella, viekotella, suostutella, johtaa kiusaukseen
temptation [‚tem'teɪʃən] s kiusaus, houkutus, viekotus, viettelys *I can resist anything but temptation* pystyn vastustamaan kaikkea paitsi kiusauksia *he yielded to the temptation of money* hän lankesi rahan kiusaukseen *do not lead me into temptation* älä johdata/saata minua kiusaukseen
tempter [temtər] s **1** kiusaaja **2** *the Tempter* (usk) kiusaaja, perkele
tempting adj houkutteleva, viettelevä *it is tempting to say that...* tekee mieli sanoa että...
temptingly adv houkuttelevasti, viettelevästi

temptress [temtrəs] s (naispuolinen) kiusaaja, viettelijä(tär), viekoittelija
ten [ten] s, adj kymmenen *to take ten* (ark) pitää (kymmenen minuutin) tauko
tenable [tenəbəl] adj jota voidaan puolustaa *his position is no longer tenable* hän ei voi enää puolustaa näkemystään
tenacious [tə'neɪʃəs] adj **1** (ote) luja, vankka, tiukka, kireä **2** (kuv) sitkeä, sinnikäs; härkäpäinen, omapäinen **3** tarttuva, takertuva, (muisti kuv) hyvä
tenaciously adv ks tenacious
tenacity [tə'næsəti] s **1** (otteen) lujuus, tiukkuus **2** (kuv) sitkeys, sinnikkyys; härkäpäisyys, omapäisyys
tenancy [tenənsi] s **1** vuokrasuhde **2** vuokra-aika
tenant [tenənt] s vuokralainen
tench [tentʃ] s (kala) suutari
Ten Commandments s (Vanhan testamentin) kymmenen käskyä
tend [tend] v **1** olla taipumusta johonkin, pyrkiä tapahtumaan *people tend to become lazy when they are on vacation* ihmisillä on taipumusta laiskistua lomalla ollessaan **2** huolehtia jostakusta/jostakin, pitää huoli, hoitaa *to tend sheep* paimentaa lampaita
tendency [tendənsi] s **1** suunta; kallistus **2** (kuv) pyrkimys, taipumus, suunta
1 tender [tendər] s **1** huolehtija, hoitaja, kaitsija **2** (rautateillä) tenderi **3** apulaiva **4** *legal tender* laillinen maksuväline
2 tender v antaa, esittää, tarjota
3 tender adj **1** pehmeä, hellä, herkkä **2** heikko, heiveröinen **3** nuori *he left home at the tender age of eight* hän lähti kotoa jo kahdeksan vanhana **4** kipuherkkä, herkkä, arka
tendon [tendən] s jänne
tenement [tenəmənt] s (slummialueella) vuokra(kerros)talo
tenement house ks tenement
Tenerife [ˌtenə'rif] Teneriffa
tenfold ['tenˌfoəld] adj kymmenkertainen
Tengmalm's owl [teŋmalmz] s helmipöllö
Tenn. *Tennessee*

Tennessee [ˌtenə'si] Yhdysvaltain osavaltioita
tennis [tenəs] s tennis
tennis ball s tennispallo
tennis court s tenniskenttä
tennis elbow s (lääk) tenniskyynärpää
tennis racket s tennismaila
tennis shoe s tenniskenkä
tenor [tenər] s **1** (keskeinen, pää)ajatus, juoni, punainen lanka **2** (mus) tenori (ääni, laulaja) adj (mus) tenori-
tense [tens] v (myös kuv) jännittää, jännittyä, kiristää, kiristyä, pingottaa, pingottua adj (myös kuv) kireä, jännittynyt, pingottunut, pingotettu, tiukka
tensely adv ks tense
tension [tenʃən] s **1** (myös kuv) jännitys, jännittäminen *muscle tension* lihasjännitys *the tension of the political situation* poliittisen tilanteen jännittyneisyys/kireys **2** (sähkö)jännite
1 tent [tent] s teltta
2 tent v telttailla, leiriytyä, asua/nukkua teltassa
tentacle [tentəkəl] s (eläimen) lonkero
tentative [tentətɪv] adj **1** alustava, väliaikainen **2** epäröivä, varovainen
tentatively adv **1** alustavasti, väliaikaisesti **2** epäröivästi, epäröiden, varovaisesti
tenterhooks ['tentərˌhʊks] *to be on tenterhooks* olla kuin tulisilla hiilillä
tenth [tenθ] s, adj kymmenes
tenuous [tenjʊəs] adj **1** (lanka) ohut **2** (kuv) epävarma, heikko, heiveröinen
tenuously adv (kuv) epävarmasti, heikosti, heiveröisesti
tenuousness s **1** ohuus **2** (kuv) epävarmuus, heikkous, heiveröisyys
1 tenure [tenjər] s **1** (lähinnä) vakinainen virka *do you have tenure?* onko sinulla vakinainen virka **2** virkakausi, kausi, jakso *during his tenure* hänen virassa ollessaan
2 tenure v antaa jollekulle vakinainen virka, vakinaistaa virka
tepee [tipi] s tiipii, intiaaniteltta
tepid [tepəd] adj **1** haalea, kädenlämpöinen **2** (kuv) laimea, vaisu

tepidity [tə'pɪdəti] s **1** (lämmöstä) haaleus **2** (kuv) laimeus *the tepidity of their response* heidän vaisu/innoton reaktionsa

1 term [tɜrm] s **1** jakso, kausi, kesto *in the long/short term* pitkällä/lyhyellä aikavälillä **2** lukukausi **3** termi, (ammatti)sana *in terms of money, she got little* hän ei saanut juuri lainkaan rahaa **4** (mon) ehdot *let's do it on my terms* tehdään se minun ehdoillani *to bring to terms* pakottaa suostumaan/alistumaan *to come to terms* päästä sopimukseen; (kuv) alistua, nöyrtyä (esim kohtaloonsa) **5** (mon) välit *she is on good terms with almost everybody* hän on hyvissä väleissä lähes kaikkien kanssa

2 term v nimetä, nimittää, kutsua joksikin

terminal [tɜrmənəl] adj **1** viimeinen, loppu-, (asema) pääte- **2** (sairaus) terminaalinen, kuolemaan johtava, parantumaton **3** (kuv) toivoton **4** määräaikainen, määräajoin tapahtuva, termiini-

terminally adv ks terminal

terminate ['tɜrmə,neɪt] v **1** päättää, päättyä, lopettaa, loppua **2** (sopimus) sanoa irti **3** (työntekijä) erottaa

termination [,tɜrmə'neɪʃən] s **1** päättäminen, päättyminen, lopetus **2** (sopimuksen) irtisanominen

terminology [,tɜrmɪ'nalədʒi] s termistö, termit

terminus [tɜrmənəs] s (mon terminuses, termini) **1** loppu, pää **2** päämäärä, tavoite **3** pääteasema

termite [tɜrmaɪt] s termiitti

term paper s (koulussa, yliopistossa ym) seminaarityö, (pieni) tutkielma, (pitkä) aine

tern [tɜrn] s tiira

terr. *territory*

1 terrace [terəs] s **1** terassi, penger **2** kattotasanne, parveke, terassi **3** (UK) rivitalo(katu) **4** katu (jonka varrella on porrasteisia rivitaloja/talorivejä)

2 terrace v pengertää, porrastaa

terraced house s (UK) rivitalo

terra firma [,terə'fɜrmə] *latinasta* terra firma, kiinteä maa; kuiva maa, manner *we're back on terra firma again* (kuv) olemme jälleen tutuilla vesillä

terrain [tə'reɪn] s maasto *this is familiar terrain to him* (kuv) tämä on hänelle tuttua asiaa

terra incognita [,terə,ɪnkag'nitə] *latinasta* terra incognita, tuntematon maa/alue/ala, vieras asia

terrapin [terəpɪn] s timanttikilpikonna

terrestrial [tə'restʃriəl] adj **1** maapalloa koskeva, maapallon **2** (kuivaa) maata koskeva, maa-

terrible [terəbəl] adj hirvittävä, kamala

terribly adv hirvittävästi, hirvittävän, kamalasti, kamalan *she was terribly embarrassed* häntä nolotti valtavasti

terrier [terɪər] s terrieri

terrific [tə'rɪfɪk] adj **1** valtava, suunnaton **2** mahtava, loistava **3** hirvittävä, kammottava

terrifically adv ks terrific

terrify ['terə,faɪ] v hirvittää, kammottaa, pelästyttää, pelottaa

territorial [,terə'tɔriəl] **1** adj alueellinen **2** (eläin) reviiri-

territory ['terə,tɔri] s **1** alue **2** territorio **3** (eläimen) reviiri

terror [terər] s **1** kauhu **2** hirmuvalta, terrori **3** terrorismi

terrorism [terərɪzəm] s terrorismi

terrorist [terərɪst] s terroristi adj terroristi-

terrorize ['terə,raɪz] v **1** kauhistuttaa **2** terrorisoida

terror-stricken ['terər,strɪkən] adj kauhistunut; pakokauhun valtaama

terse [tɜrs] adj **1** lyhyt, ytimekäs **2** tyly, ynseä

tersely adv **1** lyhyesti, ytimekkäästi **2** tylysti, ynseästi

terseness s **1** lyhyys, ytimekkyys **2** tylyys, ynseys

TESL *teaching English as a second language*

TESOL *teaching English to speakers of other languages*

1 test [test] s **1** (kelpoisuus)koe, tutkimus, testi *to put something to test* kokeilla, testata **2** tentti, koe

2 test v testata, kokeilla, tutkia

testament [testəmənt] s testamentti
testator [testeɪtər təˈsteɪtər] s testamenttaaja, testamentin tekijä
testatrix [təˈsteɪtrɪks] s (naispuolinen) testamenttaaja, testamentin tekijä
test blank s (täyttämätön) koelomake, koepaperi
test case s ennakkotapaus
testee [tesˈti] s kokelas
tester s kuulustelija, tentaattori
testes [testiz] ks testis
test flight s koelento
test-fly v koelentää, lentää kokeeksi
testicle [testɪkəl] s kives
testify [ˈtestəˌfaɪ] v todistaa (esim oikeudessa) *to testify under oath* todistaa valaehtoisesti
testimonial [ˌtestəˈmoʊniəl] s **1** suositus **2** (tunnustuksen osoitus) lahja
testimony [ˈtestəˌmoʊni] s (todistajan)lausunto
testis [testəs] s (mon testes) kives
testosterone [tesˈtæstəˌroʊn] s testosteroni, kiveshormoni
test pattern s (television) testikuva
test pilot s koelentäjä
test tube s koeputki
test-tube baby s koeputkilapsi
tetanus [tetənəs] s (lääk) jäykkäkouristus *tetanus shot* jäykkäkouristusrokotus, tetanusrokotus
tête-à-tête [ˌteɪtəˈteɪt] s (mon tête-à-têtes) kahdenkeskinen keskustelu *we had a little tête-à-tête after the meeting* me juttelimme kokouksen jälkeen kahden kesken adj kahdenkeskinen
1 tether [teðər] s lieka, köysi *he is at the end on his tether* häneltä on voimat/kärsivällisyys lopussa
2 tether v sitoa/panna liekaan
Texan [teksan] s texasilainen/teksasilainen, Texasin asukas adj texasilainen
Texas [teksəs] Teksas
Tex-Mex [ˌteksˈmeks] adj teksasilaismeksikolainen, eteläisen Teksasin meksikolaisia vaikutteita sisältävä
text [tekst] s **1** teksti, kirjoitus **2** oppikirja
textbook [ˈtekstˌbʊk] s oppikirja adj tyypillinen *textbook example* kouluesimerkki, tyypillinen esimerkki

textile [tekstaɪəl] s, adj tekstiili(-)
texting s (matkapuhelimella) tekstailu
text message s tekstiviesti
text messaging s (matkapuhelimella) tekstailu
textual [tekstʃʊəl] adj teksti-
texture [tekstʃər] s **1** pintarakenne, pinta *the handle has a smooth texture* kädensija on sileä(n tuntuinen) **2** (kuv) muoto, hahmo, olemus
TG *transformational grammar* transformaatiokielioppi
Th. *Thursday* torstai
Thai [taɪ] s, adj thaimaalainen
Thailand [taɪlənd] Thaimaa
thalamus [θæləməs] s (mon thalami) näkökukkula, väliaivojen yläosa
thalidomide [θəˈlɪdəˌmaɪd] s talidomidi
than [ðæn] konj kuin *A is better than B* A on parempi kuin B *he said nothing other than that you should go* hän ei sanonut muuta kuin että sinun pitäisi lähteä *rather than help me he left* hän ei jäänyt auttamaan minua vaan lähti
thank [θæŋk] v kiittää *you have only yourself to thank* saat kiittää vain itseäsi
thankful adj kiitollinen
thankfully adv kiitollisesti
thank God interj Luojan kiitos, onneksi
thankless adj **1** (ihminen) kiittämätön, epäkiitollinen **2** (tehtävä) epäkiitollinen
thanklessly adv kiittämättömästi, epäkiitollisesti
thanks s (mon) kiitos, kiitokset interj kiitos
thanksgiving [ˌθæŋksˈgɪvɪŋ] s **1** kiittäminen; kiitollisuus; kiitos **2** *Thanksgiving* kiitospäivä
Thanksgiving Day s kiitospäivä
thanks to *thanks to you, I have nothing to regret* sinun ansiostasi minun ei tarvitse katua mitään
thank-you s, adj kiitos(-)
thank you interj kiitos
thank your lucky stars fr saada kiittää onneaan
THANQ (tekstiviestissä, sähköpostissa) *thank you*
that [ðæt] adj, pron (mon those) **1** tuo, se *who is that?* kuka tuo on? *what is*

that? mikä tuo on? *that dog* tuo koira *I can't do it just like that* ei se noin vain onnistu adv noin, niin *is it really that bad?* ovatko asiat todella niin huonosti/hullusti **2** joka, jota, josta, mikä, mitä, mistä *the book that you read* kirja jonka luit, lukemasi kirja **3** *at that* silti, kuitenkin, joka tapauksessa; lisäksi, sitä paitsi **4** *with that, the meeting ended* kokous päättyi siihen konj **1** että *Bob said that he was there* Bob sanoi että hän oli siellä *that he was there is not certain* ei ole varmaa että hän oli siellä **2** *so that* jotta **3** *in order that* jotta

thataway ['ðætə‚weɪ] adj (vanhentunut) **1** tuonne/sinne päin *they went thataway* he menivät tuonne päin **2** tuolla/sillä tavalla

1 thatch [θætʃ] s **1** olkikatto **2** hiuskuontalo

2 thatch v peittää/kattaa oljilla

thatcher s **1** olkikattojen tekijä **2** harava

that is fr toisin sanoen, siis, eli

that is to say fr toisin sanoen, siis, eli

that's [ðæts] *that is; that has*

that way fr (ark) pihkassa, ihastunut johonkuhun

1 thaw [θɑ] s **1** sulatus, sulaminen **2** lämpeneminen (myös kuv); suojasää

2 thaw v **1** sulaa, sulattaa **2** lämmetä (myös kuv) *it is thawing* on suojasää

the konsonantin edellä [ðə] vokaalin edellä ja painollisena [ðiː] määräinen artikkeli **1** tietystä, tunnetusta (vrt *a/an*) *yesterday, I met a man; the man had a beard* tapasin eilen miehen; miehellä oli parta *the sun* aurinko **2** adjektiivien kanssa ihmisryhmästä: *the blind* sokeat *the poor* köyhät *the naked and the dead* alastomat ja kuolleet **3** superlatiivin kanssa: *the best and the brightest student* paras ja älykkäin oppilas **4** ryhmästä, lajista kokonaisuutena: *the dog is man's best friend* koira on ihmisen paras ystävä **5** tarpeeksi, riittävästi: *Harry did not have the nerve to say what he had in mind* Harrylla ei ollut otsaa (Harry ei rohjennut) sanoa mitä hän ajatteli **6** distributiivisesti määrästä, suhteesta: *the apples are a dollar to the pound* omenat maksavat dollarin naulalta (puolelta kilolta) **7** soittimesta ym *to play the piano* soittaa pianoa *to listen to the radio* kuunnella radiota **8** (painollisena) se oikea *that's the way to do it* noin se tehdä pitää adv sitä, mitä *the more the better* mitä enemmän sitä parempi

theater [θiətər] s **1** teatteri(rakennus) **2** *the theater* teatteri(ala), näyttämötaide **3** (kuv) näyttämö

theatergoer ['θiətər‚gouər] s teatterissa kävijä, (mon) teatteriyleisö

theater of war s sotanäyttämö

theatrical [θiˈætrɪkəl] adj **1** teatterin, teatteri- **2** teennäinen, teatraalinen

theatrical film s teatterielokuva (erotuksena televisioelokuvasta)

theatrics [θiˈætrɪks] s (kuv, verbi mon) teennäisyys, teatraalisuus

Thebes [θiːbz] Theba

thee [ðiː] pron (vanhentunut) sinut, sinua, sinulle

theft [θeft] s varkaus

The Hague [ðəˈheɪg] Haag

their [ðeər] adj heidän, niiden *their money* heidän rahansa *who forgot to turn in their paper?* (sukupuolisesti etumerkittömänä sanan *his* tai *her* asemesta) kuka unohti palauttaa paperinsa?

theirs [ðeərz] pron heidän *this is our car and that is theirs* tämä on meidän autommme ja tuo on heidän (autonsa) *theirs is a miserable job* heidän työnsä on kurjaa

theism [θiːzəm] s teismi

theist [θiːɪst] s teisti adj teistinen

them [ðem] pron **1** he, heitä, heille, ne, niitä, niille *two dogs ran across the street; did you see them?* kaksi koiraa juoksi tien yli; näitkö sinä ne? **2** (ark, painokkaasti sanan *they* asemesta) he, ne *it was them that did it* he sen tekivät adj (ei kirjakielessä) ne, niitä *them boys keep stealing my apples* ne pojat varastelevat jatkuvasti minulta omenia

theme [θiːm] s **1** aihe, teema **2** johtoajatus, aihe, motiivi

theme park s (huvipuistosta) teemapuisto

theme song s (radio- tai televisiosarjan) tunnussävelmä
themselves [ðəm'selvz] pron **1** refleksiivisesti (myös sukupuolisesti etumerkittömänä sanan *himself* tai *herself* asemesta): *they bought themselves new hats* he ostivat (itselleen) uudet hatut *every man and woman in this country should take a closer look at themselves* jokaisen tämän maan miehen ja naisen pitäisi tutkistella itseään **2** painokkaasti: he/ne itse *they were themselves at fault* se oli heidän oma vikansa
them's fighting words fr älä haasta riitaa, tuollaisista puheista tulee riita
then [ðen] adj silloinen, entinen *the then prime minister* senaikainen pääministeri adv **1** silloin *it was then that she realized what was wrong* (juuri) silloin hän tajusi mikä oli vialla *that was then and this is now* se on mennyttä ja nyt elämme nykypäivää *every now and then* silloin tällöin *until then* siihen asti, siihen saakka **2** sitten, seuraavaksi *and then we went to the movies* sitten menimme elokuviin **3** siis, sitten *it is, then, a matter of taste* kyse on siis makuasiasta, se on siis makuasia *but then* (mutta) toisaalta
then and there fr siltä istumalta, heti, oikopäätä
theodolite [θɪ'adə,laɪt] s teodoliitti
theologian [,θiə'loʊdʒən] s teologi, jumaluusoppinut
theological [,θiə'lɑdʒɪkəl] adj teologinen, jumaluusopillinen
theologically adv teologisesti, jumaluusopillisesti
theology [θi'alədʒi] s teologia, jumaluusoppi
theoretical [,θiə'retɪkəl] adj teoreettinen
theoretically adv teoreettisesti, teoriassa
theoretician [,θiərə'tɪʃən] s teoreetikko
theorist [θɪrɪst] s teoreetikko
theorize ['θɪə,raɪz] v rakennella teorioita, teoretisoida, teorioida
theory [θɪri] s **1** teoria **2** arvaus, oletus, luulo *it's just a theory* minä vain arvailen

therapeutic [,θerə'pjutɪk] adj terapeuttinen, hoitava, hoito-
therapeutical adj terapeuttinen, hoitava, hoito-
therapeutically adv terapeuttisesti, hoitavasti
therapist [θerəpəst] s terapeutti *physical therapist* lääkintävoimistelija, fysioterapeutti
therapy [θerəpi] s terapia, hoito
there [ðeər] adv **1** siellä, sinne, tuolla, tuonne *take these books from here to there* kanna nämä kirjat tästä tuonne/sinne *from there* sieltä *here and there* siellä täällä **2** muodollisena subjektina, jätetään suomentamatta: *there are three bottles in the bag* pussissa on kolme pulloa *there were no clouds in the sky* taivaalla ei ollut pilviä *there were four women there* siellä oli neljä naista interj esim kannustuksen, lohdutuksen tai mielihyvän ilmauksena: *there, there* älähän nyt!
thereabout [,ðerə'baʊt] adv niihin aikoihin, niillä main, suunnilleen
thereabouts [,ðerə'baʊts] adv niihin aikoihin, niillä main, suunnilleen
thereafter [,ðe'ræftər] adv sen jälkeen, myöhemmin
there and then fr siltä istumalta, heti, oikopäätä
thereby ['ðer,baɪ] adv **1** siten *he thereby spoiled everything* hän pilasi teollaan kaiken **2** *and thereby hangs a tale* ja siihen liittyy oma tarinansa
therefore ['ðer,fɔr] adv siksi, sen vuoksi
therefrom [,ðer'frʌm] adv siitä, sieltä
therein [,ðe'rɪn] adv siinä, siihen *therein lies the problem* (juuri) siinä piilee ongelma(n ydin)
thereof [,ðer'ʌv] adv siitä
there's [ðeərz] *there is; there has*
thereupon ['ðerə,pɑn] adv **1** heti sen jälkeen **2** sen johdosta/vuoksi
thermal [θərməl] adj lämpö-
thermal paper s (lämpökirjoittimen) lämpöpaperi
thermal pollution s lämpösaaste
thermal printer s lämpökirjoitin

thermal transfer printer s lämpö(siirto)kirjoitin
thermal underwear s lämpöalusasu, lämpöalusvaatteet
thermodynamic [ˌθɜːmoʊdaɪˈnæmɪk] adj termodynaaminen
thermodynamics [ˌθɜːmoʊdaɪˈnæmɪks] s (verbi yksikössä) termodynamiikka
thermometer [θɜːˈmɒmətər] s lämpömittari
thermonuclear [ˌθɜːmoʊˈnjuːklɪər] adj fuusio-, lämpöydin-, termonukleaarinen
thermonuclear bomb s vetypommi
thermonuclear reaction s fuusioreaktio, lämpöydinreaktio
thermoplastic [ˌθɜːmoʊˈplæstɪk] adj termoplastinen, lämpimänä muovautuva
thermos [ˈθɜːmɒs] s termospullo
thermos bottle s termospullo
thermosphere [ˈθɜːmoʊˌsfɪər] s termosfääri
thermostat [ˈθɜːmɒsˌtæt] s termostaatti, lämmönsäädin
thermostatic [ˌθɜːmɒˈstætɪk] adj termostaattinen, termostaatti-
thermostatically adv termostaattisesti, termostaatilla
thesaurus [θɪˈsɔːrəs] s 1 synonyymisanakirja 2 tietosanakirja; sanakirja; hakuteos
these [ðiːz] ks this
the shoe is on the other foot fr nyt on toinen ääni kellossa
thesis [ˈθiːsɪs] s (mon theses) 1 väite, väittämä, teesi 2 opinnäytetyö *Master's thesis* pro gradu
Thess. *Thessalonians* (Uuden testamentin) tessalonikalaiskirjeet
they [ðeɪ] pron 1 he, ne *they went shopping* he menivät ostoksille 2 (myös sukupuolisesti etumerkittömänä sanan *he* tai *she* tilalla) hän *everybody needs a car, whether they work or not* jokainen tarvitsee auton riippumatta siitä käykö hän työssä 3 ihmiset yleensä (suomennettavissa passiivilla) *they say that the king is crazy* sanotaan/väitetään/huhutaan että kuningas on hullu
they'd [ðeɪd] *they had; they would*
they'll [ðeɪəl] *they will*
they're [ðeər] *they are*
they've [ðeɪv] *they have*
thick [θɪk] s ydin: *in the thick of the forest* metsän siimeksessä *in the thick of the fight* taistelun temmellyksessä *through thick and thin* myötä- ja vastoinkäymisissä, niin hyvinä kuin huonoina aikoina adj 1 paksu 2 sakea, sankka 3 (ääni) käheä, (korostus) voimakas 4 hidasjärkinen, hidasälyinen, tyhmä 5 (ark) läheinen *they are very thick* he ovat lähiväleissä 6 (kuv) paksu, liioiteltu *to lay it on thick* (ark) imarrella, makeilla, mielistellä
thicken v paksuntua, paksuntaa, sakeuttaa, saota, tihentää, tihentyä
thicket [ˈθɪkət] s tiheikkö
thickhead [ˈθɪkˌhed] s typerys, puupää, idiootti
thickheaded [ˌθɪkˈhedəd] adj tyhmä, hidasjärkinen
thickish adj paksuhko; sakeahko, sankahko, tiheänlainen, tiheähkö
thickly adv ks thick
thickness s 1 paksuus *the film is only of the thickness of a hair* kalvo/kelmu on vain hiuksen paksuinen 2 sakeus, tiheys
thickset [ˈθɪkˌset] adj 1 tiheä, tiivis, taaja 2 pyylevä; tanakka
thick-skinned [ˌθɪkˈskɪnd] adj paksunahkainen (myös kuv)
thick-witted [ˌθɪkˈwɪtəd] adj tyhmä, hidasjärkinen
thief [θiːf] s (mon thieves) varas
thieve [θiːv] v varastaa, kähveltää
thigh [θaɪ] s reisi
thimble [ˈθɪmbəl] s sormustin
thin [θɪn] thinner, thinnest adj 1 ohut 2 laiha 3 harva, vähäinen, niukka 4 laimea, vaisu, heikko adv ohueksi, ohuelti
thin down v ohentaa, ohentua, harventaa, harventua
thine [ðaɪn] pron (vanhentunut) sinun
thin film s ohutkalvo
thing [θɪŋ] s (voi viitata lähes mihin tahansa esineeseen; myös olioista ja asioista) 1 esine, kapine, tavara, väline *what's that thing on the table?* mikä tuossa pöydällä on? *to see/hear things* nähdä näkyjä/kuulla omiaan 2 olio *your*

cat is a curious thing sinun kissasi on erikoinen otus **3** asia, juttu *it's a funny thing* hassu/kumma juttu *things are pretty good* asiat ovat aika hyvällä mallilla **4** (ark) hullutus *to have a thing about something* olla hulluna johonkin **5** *to do/find your (own) thing* (ark) olla/oppia olemaan oma itsensä **6** *to make a good thing of* (ark) käyttää hyväkseen, ottaa jostakin kaikki irti **7** *the thing* muoti(asia); oikea asia *the thing to do is to go to the beach* nyt (jos koska) kuuluu mennä uimarannalle

thingamajig [ˈθiŋəməˌdʒɪg] s (ark; esine jonka nimeä puhuja ei tiedä) vempain, vekotin, härveli *give me that thingamajig that's on the table* anna minulle se vekotin siitä pöydältä

thinhorn sheep s ohutsarvilammas

think [θiŋk] v thought, thought **1** ajatella, miettiä, harkita, pohtia **2** luulla, olettaa, uskoa *he thought he could do it alone* hän luuli selviävänsä yksin **3** pitää jonakin, luulla joksikin *they thought her mad* he pitivät häntä hulluna

thinkable adj mahdollinen, joka on ajateltavissa/kuviteltavissa

think better of fr muuttaa mielensä, tulla toisiin aatoksiin

thinker s ajattelija

think fit fr pitää sopivana/asiallisena, katsoa sopivaksi

thinking s ajattelu, pohdinta, mietintä *to do some thinking* miettiä, ajatella adj **1** järjellinen, jolla on järki **2** järkevä, viisas

thinking cap s mietintämyssy *to put on your thinking cap* panna mietintämyssy päähän, ruveta miettimään/pohtimaan

think little of fr ei pitää minään

think nothing of fr **1** ei kaihtaa jotain (keinoa), ei olla millänsäkään jostakin, ei pitää jotakin minään **2** ei arvostaa jotakuta, ei pitää jotakuta minään

think of v **1** keksiä, muistaa *she could not think of anything appropriate to say* hän ei keksinyt sopivaa sanottavaa **2** olla jotakin mieltä jostakusta/jostakin *what do you think of my new hat?* mitä tuumit/pidät uudesta hatustani? **3** ajatella, miettiä

think out v **1** ratkaista, pohtia loppuun saakka **2** keksiä, kehittää, laatia (suunnitelma)

think the world of fr *Warren thinks the world of her* Warren ihailee häntä kovasti/pitää hänestä kovasti

think through v ratkaista, pohtia loppuun saakka

think twice fr miettiä kahdesti (ennen kuin *before*)

think up v keksiä

thinner s ohennusaine, ohenne

thinnish adj ohuehko, ohuenlainen

thin off v ohentaa, ohentua, harventaa, harventua

thin out v ohentaa, ohentua, harventaa, harventua

third [θərd] s, adj kolmas

third-class adj (esim posti) kolmannen luokan (myös kuv:) huono, surkea

third degree *to give someone the third degree* pistää joku koville, kuulustella jotakuta armottomasti

third party s ulkopuolinen

Third Reich [θərdˈraɪk] s (natsi-Saksa) kolmas valtakunta

Third World s kolmas maailma

1 thirst [θərst] s jano (myös kuv)

2 thirst v **1** jotakuta janottaa, olla jano **2** (kuv) janota, haluta, kaivata *he was thirsting for adventure* (myös) hän odotti malttamattomana seikkailuita

thirstily adv **1** janoisesti **2** (kuv) halukkaasti, innokkaasti

thirsty adj **1** janoinen *he was thirsty for news from home* hän janosi uutisia kotipuolesta **2** (maa) kuiva, janoinen

thirteen [θərˈtin] s, adj kolmetoista

thirteenth [θərˈtinθ] s, adj kolmastoista

thirtieth [θərtiəθ] s, adj kolmaskymmenes

thirty [θərti] s, adj kolmekymmentä *he is in his thirties* hän on kolmissakymmenissä (30-39-vuotias) *they live in the thirties* he asuvat 30. ja 39. kadun välillä *back in the thirties* muinoin 30-luvulla

thirtysomething [ˈθərtiˌsʌmθiŋ] adj (iältään) kolkyt ja risat

this [ðɪs] adj, pron (mon these) **1** tämä *this orange* tämä appelsiini *take this* ota tämä **2** eräs, muuan *well, there was this guy standing at the door* joku tyyppi seisoi ovella **3** *with this, she left* sen sanottuaan/jälkeen hän lähti
thistle [θɪsəl] s **1** ohdake **2** karhiainen
Thomson's gazelle [ˌtamsənzgəˈzeəl] s thomsoningaselli
thong [θaŋ] s **1** nahkaremmi **2** ruoska, piiska
thorn [θɔrn] s (myös kuv) oka, piikki
thorn in your flesh/side fr piikki jonkun lihassa
thorny adj **1** okainen, piikikäs **2** (kuv) okainen, visainen, hankala, vaikea
thorny devil s (lisko) piikkipiru
thorough [θərou] adj **1** perusteellinen, perinpohjainen, läpikotainen, huolellinen, tarkka **2** täydellinen, suunnaton
thoroughbred [ˈθərouˌbred] s, adj täysiverinen (hevonen)
thoroughfare [ˈθərouˌfeər] s **1** läpikulkutie, kauttakulkutie *no thoroughfare* läpikulku kielletty **2** valtatie, (tärkeä) maantie **3** kulkuväylä
thoroughgoing [ˌθərouˈgouɪŋ] adj **1** perusteellinen, perinpohjainen, läpikotainen, huolellinen, tarkka **2** täydellinen *he is a thoroughgoing crook* hän on konna kiireestä kantapäähän
thoroughly adv **1** perusteellisesti, perinpohjaisesti, läpikotaisin, huolellisesti, tarkasti **2** täydellisesti, suunnattomasti, läpeensä *we enjoyed ourselves thoroughly* meillä oli suunnattoman hauskaa *he is a thoroughly despicable person* hän on läpeensä iljettävä mies
thoroughness s perusteellisuus, huolellisuus, laajuus, kattavuus
those [ðouz] ks that
thou [ðau] pron (vanhentunut) sinä
thou [θau] s (sl) tuhat dollaria
though [ðou] konj **1** (sama kuin *although*) vaikka *he did not make the team though he tried hard* hän ei päässyt joukkueeseen vaikka yritti kovasti **2** *as though* ikään kuin *I feel as though I have never been on vacation* minusta tuntuu siltä kuin en olisi koskaan käynyt lomalla

1 thought [θat] s **1** ajattelu **2** ajatus *now there's a thought* siinäpä vasta/hyvä idea! **3** hiukkanen *it's a thought too warm for me* sää on hieman liian lämmin minun makuuni
2 thought v ks think
thoughtful adj **1** huomaavainen, avulias **2** syvällinen **3** mietteliäs **4** *to be thoughtful of something* varoa jotakin, pitää huoli jostakin
thoughtfully adv **1** huomaavaisesti **2** syvällisesti **3** mietteliäästi
thoughtfulness s **1** huomaavaisuus, avuliaisuus **2** syvällisyys **3** mietteliäisyys
thoughtless adj **1** ajattelematon, harkitsematon **2** pinnallinen **3** *to be thoughtless of something* laiminlyödä jotakin, ei pitää huolta jostakin
thoughtlessly adv **1** ajattelemattomasti, harkitsemattomasti **2** huomaamattaan, vahingossa, epähuomiossa
thoughtlessness s **1** ajattelemattomuus **2** pinnallisuus
thousand [θauzənd] s, adj tuhat
Thousand Island dressing s Thousand Island -salaatinkastike
thousandth [θauzənθ] s, adj tuhannes
Thrace [θreɪs] Traakia
1 thrash [θræʃ] s **1** pieksentä, selkäsauna **2** (thresh) puiminen
2 thrash v **1** piestä, piiskata, peitota **2** (voittaa) hakata, peitota **3** piehtaroida, rimpuilla **4** (thresh) puida
thrashing s pieksentä, selkäsauna
thrash out v puhua selväksi; piestä suutaan jostakin
thrash over v puhua selväksi; piestä suutaan jostakin
1 thread [θred] s **1** lanka **2** (kuv) punainen lanka, juoni
2 thread v **1** pujottaa (lanka) neulaan/(helmiä) lankaan **2** sujuttaa, sujuttautua, ujuttaa, ujuttautua, pujotella, kiemurrella, mutkitella
threadbare [ˈθredˌbeər] adj **1** nukkavieru, nuhruinen, nuhraantunut; ryysyinen **2** kehno, surkea, onneton

threat [θret] s uhka, vaara
threaten v **1** uhata, uhkailla **2** uhata, olla vähällä tapahtua
threatened species s (mon threatened species) uhanalainen (eläin/kasvi)laji
threatening adj uhkaava, vaarallinen, pahaenteinen
threateningly adv uhkaavasti, uhkaavan *the truck tilted threateningly* auto kallistui uhkaavasti/vaarallisesti
three [θri] s, adj kolme
three-decker [ˌθriˈdekər] s kolmikerroksinen voileipä
three-dimensional [ˌθridəˈmenʃənəl] adj kolmiulotteinen
threefold [ˈθriˌfoʊld] adj kolminkertainen adv kolminkertaisesti
three-ring circus s (kuv) myllerrys, sekasorto
three's a crowd fr kolmas pyörä on liikaa
three sheets in the wind fr (sl) kännissä, päissään, humalassa
threesome [θrisəm] s kolmikko
three-toed sloth s kolmivarvaslaiskiainen
three-wheeler [ˌθriˈwilər] s kolmipyörä
thresh [θreʃ] v **1** puida (viljaa) **2** piestä, hakata, peitota
thresher s puija
threshing machine s puimuri
threshold [θreʃoʊld] s kynnys (myös kuv) *we're on the threshold of a new age* olemme uuden aikakauden kynnyksellä/ovella
thresh out v puhua selväksi; piestä suutaan jostakin
thresh over v puhua selväksi; piestä suutaan jostakin
threw [θru] ks throw
thrice [θraɪs] adv (vanhentunut) kolmesti
thrift [θrɪft] s **1** säästäväisyys **2** säästöpankki
thriftily adv **1** säästäväisesti **2** kukoistavasti
thriftless adj tuhlaileva, tuhlaavainen
thriftshop [ˈθrɪftˌʃap] s vanhan tavaran kauppa
thrifty adj **1** säästäväinen **2** menestyvä, kukoistava

1 thrill [θrɪl] s **1** innostus, kiihtymys, jännitys **2** värinä
2 thrill v **1** innostaa, saada kiihtymään/syttymään/jännittämään *she was thrilled to bits to see him* hän oli haltioissaan/suunniltaan innostuksesta nähdessään hänet **2** väristä
thriller s trilleri, jännäri
thrilling adj **1** innostava, jännittävä, sytyttävä **2** värisevä
thrip [θrɪp] s (eläin) ripsiäinen
thrive [θraɪv] v thrived/throve, thrived/throve: kukoistaa, menestyä, (lapsi) kasvaa nopeasti
throat [θroʊt] s **1** (anatomiassa) kurkku *to cut your own throat* (kuv) satuttaa (vain) itseään, tehdä itselleen vahinkoa *to jump down someone's throat* (ark) ruveta haukkumaan jotakuta *the problem is a lump in his throat* ongelma kuroo hänen kurkkuaan, ongelma vaivaa häntä *she tried to ram the idea down my throat* (ark) hän yritti pakottaa minut hyväksymään ehdotuksen *the words stuck in his throat* sanat takertuivat hänen kurkkuunsa **2** (esineen) kurkku, kaula, nielu
throat microphone s kaulamikrofoni
1 throb [θrab] s tykytys, syke; värinä
2 throb v tykyttää, sykkiä (tavallista nopeammin); väristä
throes [θroʊz] s (mon) huiske, tuoksina, hyörinä *to be in the throes of a disease* olla sairauden kourissa *in the throes of a battle* taistelun tuoksinassa/tuokseessa
throne [θroʊn] s valtaistuin (myös kuv) *to come to the throne* nousta valtaistuimelle/valtaan
1 throng [θraŋ] s tungos, väkijoukko
2 throng v tungeksia, ahtautua jonnekin
1 throttle [θratəl] s **1** (tekn) kuristusläppä, kuristin *at full throttle* (kuv) nasta laudassa, täyttä häkää/vauhtia, kaasu pohjassa **2** kuristusvipu, (autossa) kaasupoljin
2 throttle v **1** kuristaa, tukahduttaa (myös kuv) **2** (tekn) kuristaa, (ark autossa ym) vähentää kaasua
throttle back v (autossa ym) vähentää kaasua

throttle lever s (tekn) kuristusvipu, (autossa) kaasupoljin
throttle valve s (tekn) kuristusläppä, kuristin
through [θru] adj **1** valmis *I'm not through with the book yet* en ole vielä lukenut kirjaa (kokonaan) **2** *to be through with someone/something* olla saanut tarpekseen jostakusta/jostakin, olla pannut välinsä poikki johonkuhun/johonkin **3** (lento ym) suora, (tie) läpikulku- *a through bus to Phoenix* suoraan Phoenixiin menevä bussi **4** *she is through as a dancer* hän on mennyttä tanssijana, hän on entinen (ark) tanssija adv **1** läpi, lävitse, kautta **2** saakka *the bus goes through to Des Moines* linja-auto menee Des Moinesiin saakka prep **1** läpi, lävitse, kautta *I can see through the curtains* näen verhojen läpi **2** (ajasta) läpi, kautta, (koko) ajan *through the years, she became less tense* hän alkoi vuosien mittaan rentoutua *he'll be in town through Thursday* hän on kaupungissa torstai-iltaan **3** keinosta, välineestä: *the accident happened through no fault of mine* onnettomuus ei ollut minun syytäni
through and through adv läpeensä, läpikotaisin, alusta loppuun, kiireestä kantapäähän
throughout [ˌθru'aʊt] adv, prep **1** kaikkialla, kaikkialta, kaikkialle, läpeensä, läpikotaisin **2** koko ajan, alusta loppuun
through thick and thin fr myötä- ja vastoinkäymisissä, niin hyvinä kuin huonoina aikoina
1 throw [θroʊ] s **1** heitto *the tavern is only a stone's throw from here* kapakka on vain kivenheiton päässä täältä **2** (ark) yritys **3** *the books are a dollar a throw* (ark) kirjat maksavat dollarin kappale
2 throw v threw, thrown **1** heittää **2** funktioverbinä: *to throw a shadow* jättää varjo *to throw light* valaista (myös kuv) *to throw a glance* vilkaista *to throw a party* pitää kemut, järjestää juhlat **3** (ark) yllättää, hämmästyttää, järkyttää, hämätä

throw at 1 *to throw yourself at someone('s head)* yrittää saada joku kiinnostumaan itsestään (romanttisesti) **2** *to throw yourself at someone's feet* polvistua jonkun jalkojen eteen, nöyristellä, mielistellä; ihastella, olla haltioissaan
throw away v **1** heittää pois/menemään **2** tuhlata, panna menemään **3** päästää sivu suun, jättää käyttämättä
throwaway [ˈθroʊəˌweɪ] s, adj kertakäyttöinen (tavara)
throw back v **1** viivyttää, hidastaa **2** olla peräisin/periytyä jostakin/joltakulta
throwback [ˈθroʊˌbæk] s takaisku, vastoinkäyminen
throw caution to the winds fr unohtaa varovaisuutensa, heittäytyä (uhka)rohkeaksi
throw cold water on fr lyödä lyttyyn, vähätellä, hillitä (innostusta)
throw down the gauntlet fr **1** haastaa (taisteluun) **2** uhmata
throw down the glove fr **1** haastaa (taisteluun) **2** uhmata
throw for a loss fr (ark) yllättää, järkyttää, saattaa pois tolaltaan
throw in v (ark) **1** antaa kaupantekiäisiksi, antaa ilmaiseksi **2** ottaa puheeksi, mainita kesken keskustelun, heittää väliin
throw in someone's teeth fr syyttää jotakuta jostakin, panna jokin jonkun syyksi
throw in the sponge fr (ark) antaa periksi, luovuttaa
throw in the towel fr (ark) antautua, antaa periksi, myöntää tappio
throw into *to throw yourself into* ryhtyä innoissaan/antaumuksella johonkin
throw in your lot with fr koettaa onneaan jonkun kanssa
thrown [θroʊn] ks throw
throw off v **1** riisua (yltään/päältään) **2** karistaa kannoiltaan, eksyttää, harhauttaa (myös kuv:) hämätä, sekoittaa **3** *to throw off a smell* haista **4** (vitsi) kertoa, letkauttaa, (tekstiä) suoltaa, kyhätä
throw off the scent fr karistaa kannoiltaan, harhauttaa, eksyttää

throw on *to throw yourself on someone* turvautua johonkuhun, ruveta jonkun vaivaksi/riesaksi

throw open v avata/aueta yhtäkkiä

throw out v **1** heittää menemään/pois/ulos, ajaa ulos, erottaa **2** ottaa esille/puheeksi, ehdottaa **3** unohtaa, jättää mielestä

throw out of gear fr **1** kytkeä/pistää (auto) vapaalle **2** (kuv) sotkea (suunnitelma), järkyttää, panna sekaisin

throw out the baby with the bathwater fr (kuv) heittää lapsi pois pesuveden mukana, hylätä (tyhmästi) pienen puutteen vuoksi

throw over v hylätä, jättää (puoliso ym), vaihtaa joku johonkin (esim miesystävä/naisystävä toiseen)

throw someone for a loop fr saada joku ällistymään/haukkomaan henkeään

throw the bull fr jutella (niitä näitä), rupatella

throw to the wolves fr (kuv) heittää suden kitaan, jättää pulaan

throw up v **1** luopua, luovuttaa, antaa periksi **2** kyhätä kiireesti kokoon, tehdä äkkiä **3** oksentaa **4** arvostella, moittia, haukkua

throw up your hands fr antaa periksi, luovuttaa

throw up your hands in horror fr järkyttyä, kauhistua

throw your hat in the ring fr antaa periksi, luopua leikistä

thru [θru] ks through

thrush s (mon thrushes) rastas

thrush nightingale s satakieli

1 thrust [θrʌst] s **1** survaisu, sohaisu, sysäys, isku, työntö **2** (suihku/rakettimoottorin) työntövoima **3** ydin, pääajatus, keskeinen sisältö

2 thrust v thrust, thrust: survaista, sohaista, sysätä, työntää, iskeä, tunkea, tunkeutua

Thu. *Thursday* torstai

1 thud [θʌd] s tömähdys, jysähdys

2 thud v tömähtää, jysähtää

thug [θʌg] s roisto, ryöväri, konna, kelmi, heittiö

1 thumb [θʌm] s peukalo *my brother is all thumbs* veljelläni on peukalo keskellä kämmentä, veljeni on toivottoman kömpelö *he is under his wife's thumb* hän antaa vaimonsa määräillä/komennella itseään *rule of thumb* nyrkkisääntö

2 thumb v **1** selata (kirjaa) **2** matkustaa peukalokyydillä, yrittää saada (peukalo)kyyti

thumb a ride fr matkustaa peukalokyydillä

thumbs down *to turn thumbs down on* ei pitää/hyväksyä

thumbs up *to turn thumbs up on* pitää jostakin, kannattaa jotakin *thumbs up!* hienoa!, loistavaa! *two thumbs up* elokuva-arvostelijoiden Siskel ja Ebert suositus

thumb your nose at fr näyttää pitkää nenää jollekin/jollekulle

1 thump [θʌmp] s **1** isku, lyönti **2** tömähdys, jysähdys

2 thump v **1** iskeä, lyödä, pamauttaa, paiskata **2** tömähtää, jysähtää

1 thunder [θʌndər] s **1** ukkonen **2** (kuv) myrsky **3** *to steal someone's thunder* viedä tuuli jonkun purjeista, pilata jonkun esitys (esim paljastamalla etukäteen jotakin)

2 thunder v **1** ukkostaa, olla ukkonen **2** jylistä, pauhata, myrskytä, ärjyä, myl- viä

thunderbird [ˈθʌndərˌbərd] s (Pohjois-Amerikan intiaanien tarunomainen) ukkoslintu

Thunderbird [ˈθʌndərˌbərd] amerikkalainen automalli

thunderbolt [ˈθʌndərˌbolt] s **1** salama (ja ukkonen) **2** (kuv) salama, (täydellinen) yllätys, järkytys

thunderbug s (eläin) ripsiäinen

thunderclap [ˈθʌndərˌklæp] s ukkosen jylinä/jyry/jyrähdys

thunderous [θʌndərəs] adj ukkos-, myrskyisä (myös kuv)

thunderstorm [ˈθʌndərˌstɔrm] s ukkosmyrsky

thunderstruck [ˈθʌndərˌstrʌk] adj tyrmistynyt, ällistynyt, järkyttynyt, poissa tolaltaan

Thur. *Thursday* torstai
Thursday [θərzdi, 'θərz₁deı] s torstai
Thursdays s torstaisin
thus [ðʌs] adv **1** siten, niin **2** siksi **3** esimerkiksi, kuten
thus far adv toistaiseksi, tähän saakka/mennessä
thwart [θwɔrt] v ehkäistä, estää, tukahduttaa, pysäyttää, tehdä tyhjäksi *the strike thwarted the introduction of the new models* lakko esti uusien mallien esittelyn
1 THX® lyh elokuva- ja kotiteattereiden monikanavaäänijärjestelmien tietyntasoinen laatumerkki (sanoista *Tomlinson Holman eXperiments*)
2 THX (tekstiviestissä, sähköpostissa) *thanks*
thy [ðaı] pron (vanhentunut) sinun
thyme [taım] s timjami, tarha-ajuruoho
thyroid ['θaı₁rɔıd] s kilpirauhanen adj kilpirauhasen, kilpirauhas-
thyroid gland s kilpirauhanen
tiara [tı'erə tı'arə] s **1** (naisten koristeellinen otsavanne) tiaara **2** tiaara, paavin kruunu
Tibet [tə'bet] Tiibet
Tibetan s, adj tiibetiläinen
Tibetan gazelle [tə₁betəngə'zeəl] s tiibetingaselli
tibia [tıbıə] s sääriluu
TIC (tekstiviestissä, sähköpostissa) *tongue in cheek*
1 tick [tık] s **1** (esim kellon) tikitys **2** (UK ark) hetki, hetkinen, silmänräpäys **3** merkki, rasti, ruksi (ark), (elektronisen laitteen) piipahdus **4** punkki
2 tick v **1** (esim kellosta) tikittää **2** *what makes her tick?* millainen ihminen hän oikein/pohjimmaltaan on?
tick by v (ajasta) kulua
ticker [tıkər] s **1** (yleisimmin) valotaulu josta käyvät juoksevasti ilmi arvopapereiden viimeiset kaupankäyntihinnat **2** (mekaaninen) pörssikurssien tulostin **3** (sl) (ranne)kello
ticker tape ['tıkər₁teıp] s (mekaanisen pörssikurssien tulostimen) kapea paperinauha; (paraatissa) serpentiininauha

ticker-tape parade s konfettiparaati (jossa juhlittavan ylle heitetään serpentiininauhaa ja konfettia)
1 ticket [tıkət] s **1** (matka/pääsy)lippu **2** (pysäköintirike)sakko **3** (hinta- tai muu) lappu **4** (vaaleissa yhden puolueen) ehdokkaat **5** (ark) oikea asia *that's the ticket!* niin sitä pitää!
2 ticket v sakottaa, antaa/kiinnittää sakko(lappu)
ticket agency s lippupalvelu, lipputoimisto (jossa myydään pääsy- tai matkalippuja)
1 tickle [tıkəl] s kutitus, kutkutus
2 tickle v **1** kutittaa, kutkuttaa, kutista, joku kutiaa **2** (kuv) mairitella, imarrella, kutkuttaa (myös uteliaisuutta) *to tickle someone's vanity* kutkuttaa jonkun turhamaisuutta **3** naurattaa, saada nauramaan/kikattamaan, ilahduttaa
tickled pink fr (ark) kovasti mielissään jostakin
ticklish [tıklıʃ] adj **1** herkkä kutiamaan **2** (tilanne) täpärä, tiukka, vaikea, (kysymys myös) kiperä, kiikkerä **3** herkkä, arka (esim loukkaantumaan) **4** kiikkerä, epävakaa, täpärä
tick off v **1** merkitä (esim rastilla luettelosta), ruksata (ark) **2** (sl) suututtaa, ärsyttää, käydä hermoille
tidal [taıdəl] adj vuorovesi-
tidal wave s hyökyaalto (myös kuv:) vyöry, myrsky
tide [taıd] s **1** vuorovesi **2** nousuvesi, vuoksi **3** vuorottelu, vaihtelu **4** (tapahtumien) kulku, kehitys, kehityssuunta, (mielipiteiden) enemmistö *the tide of public opinion* vallitseva näkemys *to turn the tide* muuttaa tilanne (päinvastaiseksi)
tide over v auttaa selviämään jostakin *I hope this money will tide you over till pay day* toivottavasti pärjäät tällä rahalla palkkapäivään saakka
tidily [taıdəli] adv **1** siististi **2** huolellisesti
tidiness s **1** siisteys **2** huolellisuus
tidy [taıdi] adj **1** siisti **2** huolellinen *she has a tidy mind* hän ajattelee hyvin jär-

timber mill

jestelmällisesti **3** kohtalainen, melkoinen, (summa) sievoinen

1 tie [taɪ] s **1** köysi, naru, side **2** solmio **3** rusetti **4** (kuv) side, yhdysside **5** (kilpailussa) tasapeli **6** ratapölkky **7** (mus) sidekaari

2 tie v **1** sitoa, solmia **2** velvoittaa, sitoa (tekemään jotakin) **3** (kuv) yhdistää, sitoa **4** (mus) sitoa **5** (kilpailussa) tulla tasapeli

tie down v rajoittaa jotakuta, sitoa

tie in v liittyä johonkin, olla yhteydessä johonkin

tie-in s **1** (esim elokuvaan liittyen myytävä) rinnakkaistuote **2** kytkykauppa **3** yhteys

tie off v sulkea sitomalla, kuristaa kiinni

tie one on fr (sl) juoda itsensä känniin/humalaan

1 tier [tɪər] s kerros, porras, taso

2 tier v porrastaa

3 tier adj (yhdyssanan jälkiosana) -kerroksinen, -portainen, -tasoinen *three-tier management* kolmiportainen yritysjohto

tie the knot fr (ark) mennä naimisiin

tie-up s **1** tukos, keskeytys, katkos; liikenneruuhka **2** yhteys, side

tie up v **1** sitoa, kiinnittää **2** haitata, hidastaa; estää, pysäyttää, keskeyttää **3** sitoa (varoja johonkin) **4** *to be tied up* olla kiire, ei olla aikaa (jollekulle, johonkin)

tiger [taɪgər] s tiikeri

tiger beetle s hietakiitäjäinen

tiger cowrie [kaʊri] s kaurikotilo

tight [taɪt] adj **1** kireä, tiukka, piukka **2** (kuv) (tilanne) kiperä, hankala, vaikea, (voitto) täpärä, (kuri) luja, ankara, (aikataulu) tiukka **3** tiivis (myös kuv:) ytimekäs **4** (ark) joka on lähiväleissä jonkun kanssa **5** (ark) tinkimätön, hellittämätön, peräänantamaton **6** kitsas, saita, nuuka adv **1** kireästi, tiukasti; tiiviisti **2** *to sit tight* ei liikauttaa eväänsäkään; ei antaa periksi, pysyä tiukkana

tighten v kiristää, tiukentaa

tight end [ˌtaɪt'end] s (amerikkalaisessa jalkapallossa) sisempi laitahyökkääjä

tighten the purse strings fr kiristää rahakukkaron nyörejä, kiristää vyötä

tight-fisted [ˌtaɪt'fɪstəd] adj kitsas, saita, nuuka (ark)

tightfitting [ˌtaɪt'fɪtɪŋ] adj (vaate) kireä, tiukka, piukka

tight-lipped [ˌtaɪt'lɪpt] adj vähäpuheinen, harvasanainen

tightly adv ks tight

tightness s **1** kireys, tiukkuus **2** (kuv) (tilanteen) kiperyys, hankaluus, vaikeus, (voiton) täpäryys, (kurin) ankaruus, (aikataulun) tiukkuus **3** tiiviys (myös kuv:) ytimekkyys **4** kitsaus, saituus, nuukuus

1 tightrope [ˈtaɪtˌroʊp] s (nuorallatanssijan) nuora, köysi, vaijeri

2 tightrope v **1** kävellä nuoraa pitkin, tasapainoilla **2** (kuv) kulkea/edetä varovasti, tasapainoilla

tights s (mon) trikoot; sukkahousut

tigress [taɪgrəs] s naarastiikeri

'til [tɪl təl] prep, konj asti, saakka, kunnes ks until

tilde [tɪldə] s aaltoviiva (~)

1 tile [taɪəl] s (seinä-, lattia-, katto)laatta, (katto)tiili

2 tile v laatoittaa, päällystää laatoilla

1 till [tɪl] s kassalaatikko, kassalipas, kassa

2 till v viljellä (maata); kyntää prep, konj asti, saakka, kunnes, ks until

tiller [tɪlər] s **1** (maan)viljelijä **2** (veneessä) peräsinvarsi, peräsintanko

1 tilt [tɪlt] s **1** kallistus, vinous **2** turnajaiset **3** isku, sohaisu **4** *at full tilt* täyttä vauhtia, täydessä vauhdissa **5** (elo- ja videokuvauksessa) tilttaus

2 tilt v **1** kallistaa, kallistua **2** iskeä, sohaista (esim peitsellä) **4** (elo- ja videokuvauksessa) tiltata, kallistaa kameraa ylös tai alas

tilt at windmills fr (kuv) taistella tuulimyllyjä vastaan

timber [tɪmbər] s **1** puutavara, sahatavara, puu **2** metsä **3** parru, lauta, palkki **4** (kuv) aines *of presidential timber* jossa on ainesta presidentiksi

timberjack [ˈtɪmbərˌdʒæk] s metsuri

timberline [ˈtɪmbərˌlaɪn] s (vuoristossa) puuraja

timber mill s saha(laitos)

timbre [tæmbər] s (äänen) sointi, sointisävy, sointiväri

1 time [taɪm] s **1** aika *time will tell if he is right* aika näyttää onko hän oikeassa *he has no time for his kids* hänellä ei ole aikaa olla lastensa kanssa *to do something in time* tehdä jotakin ajoissa *daylight-savings time* kesäaika *to gain time* voittaa/säästää aikaa *we finished the job ahead of time* saimme työn valmiiksi etuajassa/ennenaikaisesti/ennen määräaikaa *in good time* hyvissä ajoin, ennen määräaikaa; ajoissa, oikeaan aikaan *for the time being* toistaiseksi *from time to time* aika ajoin, toisinaan, silloin tällöin *to do something in no time* tehdä jotakin hetkessä/tuossa tuokiossa/alta aikayksikön (ark) *to keep time* ottaa aikaa *to kill time* tappaa aikaa *to do something on your own time* tehdä jotakin omalla ajallaan *to be on time* olla ajoissa *to buy on time* ostaa osamaksulla **2** (us mon) aikakausi, aika *in olden times* ennen vanhaan *to be behind the times* olla ajastaan jäljessä **3** kellonaika *what time is it?* paljonko kello on? **4** kerta *two times three is six* kaksi kertaa kolme on kuusi *how many times do I have to tell you?* kuinka monta kertaa sinua pitää käskeä?/sinulle pitää toistaa? *at one time* kerran; samanaikaisesti, yhtä aikaa *many a time* monesti, monta kertaa *at times* toisinaan, ajoittain, aika ajoin **5** (mus) tahti *to be out of time with* olla eri tahdissa kuin *in time* tahdissa **6** muita sanontoja *we had a good/bad time* meillä oli hauskaa/kurjaa *to race against time* kiirehtiä, pitää kiirettä *at the same time* kuitenkin, silti, siitä huolimatta; samaan aikaan *to make time* (yrittää) kuroa aikaeroa umpeen, kiirehtiä *to mark time* odottaa, viivytellä, keskeyttää toistaiseksi *to take your time* ei hätäillä/kiirehtiä, ei pitää kiirettä, tehdä rauhassa

2 time v **1** ottaa aikaa, mitata aika **2** ajoittaa, valita ajankohdaksi/hetkeksi

time after time fr yhä uudestaan, kerta kerran jälkeen, aina vain, vaikka kuinka monta kertaa

time and again ks time and time again

time and a half s (puolitoistakertainen) ylityöpalkka

time and time again fr yhä uudestaan, vaikka kuinka monta kertaa

time bomb s aikapommi (myös kuv)

timecard ['taɪmˌkard] s kellokortti

time-consuming ['taɪmkənˌsumɪŋ] adj aikaa vievä

time exposure s (valok) aikavalotus

time frame s pituus, kesto, aika

time immemorial [ˌtaɪmɪməˈmɔriəl] *since time immemorial* ikimuistoisista ajoista saakka, iät (ja) ajat

time-lag ['taɪmˌlæg] s viivästys, viipymä

timeless adj **1** ikuinen **2** ajaton, pysyvä

timely adj ajankohtainen, otollinen adv oikeaan/otolliseen aikaan

time machine s aikakone

time of day s **1** kellonaika **2** *she wouldn't give me even the time of day* hän ei ollut huomaavinaankaan minua, hän ei välittänyt minusta lainkaan **3** *to pass the time of day* jutella, rupatella

time of life fr ikä *at my time of life* minun iässäni

time of your life fr *we had the time of our lives* meillä oli valtavan hauskaa, meillä ei ole koskaan ollut niin hauskaa

time-out s **1** pysähdys, seisahdus, keskeytys, tauko **2** (urh) tauko, aikalisä **3** (tietok) aikakatkaisu

time out of mind fr *since time out of mind* ikimuistoisista ajoista saakka, iät (ja) ajat

timer s **1** ajanottaja **2** ajastin

timesaving ['taɪmˌseɪvɪŋ] adj aikaa säästävä

time-sharing ['taɪmˌʃerɪŋ] s **1** (tietok) osituskäyttö **2** lomaosake

times sign s (mat) kertomerkki

timetable ['taɪmˌteɪbəl] s aikataulu

time-tested ['taɪmˌtestəd] adj koeteltu, hyväksi havaittu

time value s (tal) aika-arvo

time zone ['taɪmˌzoʊn] s aikavyöhyke

timid [tɪməd] adj arka, ujo

timidity [təˈmɪdəti] s arkuus, ujous

timidly adv arasti, ujosti

timing s ajoitus, tahdistus

tiresome

timothy s timotei
1 tin [tɪn] s **1** tina **2** pelti **3** (uuni)vuoka **4** (UK) säilyketölkki
2 tin v **1** tinata **2** (UK) säilöä tölkkeihin
tincture [tɪŋktʃər] s tinktuura
tin ear s joku jolla ei ole sävelkorvaa
tinfoil [ˈtɪnˌfoɪəl] s alumiinifolio
1 tinge [tɪndʒ] s **1** vähäinen väri, sävy **2** (kuv) vivahdus, tuulahdus, häivähdys, häive
2 tinge v **1** värjätä hieman, sävyttää **2** antaa hieman (sivu)makua johonkin, maistua hieman
1 tingle [tɪŋgəl] s nipistely
2 tingle v nipistellä, jotakuta nipistelee *my ears were tingling* korviani nipisteli
tingling adj jota/joka nipistelee, nipistelevä
tininess [taɪnɪnəs] s pienuus, vähäisyys, mitättömyys
1 tinker [tɪŋkər] s **1** kattilanpaikkaaja **2** (osaamaton) nikkaroija **3** (korjaajasta) tuhattaituri, joka paikan höylä
2 tinker v **1** paikata kattiloita, olla kattilanpaikkaajana **2** häärätä jonkin kimpussa, nikkaroida (osaamattomasti), yrittää saada jotakin tehdyksi
Tinker Bell [ˈtɪŋkərˌbeəl] (Peter Panissa) Helinä-Keiju
tinkerer ks tinker
tinker's damn s **1** *not worth a tinker's damn* ei minkään/penninkään arvoinen **2** *to not care/give a tinker's damn* viis veisata, ei välittää tuon taivaallista/tippaakaan
1 tinkle [tɪŋkəl] s kilinä
2 tinkle v **1** kilistä, kilisyttää **2** (lasten kieltä) pissata
tinnitus [tɪnətəs] s korvien humina, tinnitus (lääk)
1 tint [tɪnt] s **1** väri; värisävy, sävy **2** hiusväri(aine)
2 tint v värjätä, värittää, sävyttää
tiny [taɪni] adv erittäin pieni, pienenpieni, vähäinen, mitätön
1 tip [tɪp] s **1** kärki, pää *the tip of a pen/finger* kynän kärki/sormenpää **2** (vuoren) huippu **3** juomaraha **4** (mahdollisesti salainen) vihje, neuvo **5** koputus, näpäytys, (kevyt) lyönti

2 tip v **1** kallistaa, kallistua **2** kaataa, kaatua **3** nostaa (hattua) **4** antaa juomarahaa **5** kopauttaa, näpäyttää, lyödä (kevyesti)
tip-off s (ark) (salainen) vihje, varoitus
tip off v **1** vihjaista, neuvoa, paljastaa (salaa) **2** varoittaa (esim rikollista)
tip of the tongue *the name is on the tip of my tongue* nimi on minulla aivan kielen päällä
1 tipple [tɪpəl] s alkoholi; viina, väkevä
2 tipple v (säännöllisesti) naukkailla, naukata
tipsy [tɪpsi] adj joka on hiprakassa; (juopumuksesta) huojuva, epävakaa
tip the scales fr muuttaa tilanne *your vote tipped the scales in our favor* sinun äänesi käänsi tilanteen meidän eduksemme
tip the scales at fr painaa *she tips the scales at 110 pounds* hän painaa 50 kiloa
1 tiptoe [ˈtɪpˌtoʊ] s: *on tiptoe* varpaisillaan, varpaillaan (myös kuv) varuillaan, jännittyneenä
2 tiptoe v hiipiä/sipsuttaa varpaisillaan/ varpaillaan
tiptop [ˌtɪpˈtɑp] s huippu (ark myös kuv) adj huippu- (ark myös kuv:) tiptop-
tip your hand fr paljastaa korttinsa/aikeensa/tunteensa
tirade [taɪˈreɪd] s saarna (kuv)
1 tire [taɪər] s (esim auton) rengas
2 tire v **1** varustaa renkailla **2** väsyttää, väsyä, uuvuttaa, uupua *he tires easily* hän väsyy helposti
tire chain s lumiketju(t)
tired adj **1** väsynyt **2** *tired of* kyllästynyt johonkin, väsynyt johonkin **3** pitkäveteinen, kyllästyttävä, tylsä, innoton *tired joke* tylsä/vanha vitsi **4** (ark) kyllästynyt, ärtynyt
tireless adj väsymätön, uupumaton; kyltymätön
tirelessly adv väsymättä, väsymättömästi, uupumatta; kyltymättä
tiresome [taɪərsəm] adj **1** väsyttävä, uuvuttava; tylsä, pitkäveteinen **2** kyllästyttävä, tympeä, vastenmielinen, ärsyttävä

tissue [tɪʃu] s **1** (lääk ym) kudos **2** silkkipaperi **3** paperinenäliina; paperipyyhe; wc-paperi **4** (kuv) kudos
tissue culture s kudosviljelmä
tissue paper s silkkipaperi
tissue typing s kudostyypitys
tit [tɪt] s **1** tiainen **2** nänni **3** (sl) tissi
Titan [taɪtən] Titan, eräs Saturnuksen kuu
tit for tat fr (antaa takaisin) samalla mitalla, silmä silmästä
1 tithe [taɪð] s kymmenys
2 tithe v maksaa kymmenykset
1 title [taɪtəl] s **1** (kirjan, näytelmän, elokuvan ym) nimi **2** (luvun ym) otsikko **3** (kirjan) nimilehti, nimiölehti, tittelilehti **4** (mon) (elokuvan) alku/lopputekstit; käännöstekstit, tekstitys **5** arvonimi, titteli **6** (laki) omistusoikeus **7** (laki) omistusoikeuskirja, omistuskirja
2 title v nimittää, panna/antaa nimeksi, panna otsikoksi
title deed s (lak) omistusoikeuskirja, omistuskirja
title page s (kirjan) nimilehti, nimiölehti, tittelilehti
title role s (näytelmän, oopperan, elokuvan nimihenkilön osa) nimiosa
titlist [taɪtləst] s hallitseva mestari
titmouse ['tɪtˌmaʊs] s tiainen
tits and ass [ˌtɪtsənˈæs] fr (sl) (naisten) paljas pinta
1 Tivo® [tivoʊ] s eräänlainen tv-ohjelmien kovalevytallennin
2 Tivo v tallentaa (tv:stä) Tivolla
TKO *technical knockout* tekninen tyrmäys
TM *trademark* tavaramerkki *transcendental meditation* transsendentaalinen mietiskely
TMB (tekstiviestissä, sähköpostissa) *text me back*
TMTT (tekstiviestissä, sähköpostissa) *too much to type*
TN *Tennessee*
TNT [ˌtienˈti] s (räjähdysaine) TNT, trinitrotolueeni
to [tu] prep **1** jonnekin: *come to me* tule luokseni *he went to the door* hän meni ovelle *she moved to Sweden* hän muutti Ruotsiin **2** jollekulle, jollekin: *give the pen to her* anna kynä hänelle *she was very good to me* hän kohteli minua oikein hyvin, hän oli minulle oikein ystävällinen **3** saakka *to this very day* tähän päivään saakka/asti *fifty to a hundred dollars* 50–100 dollaria **4** genetiivisesti: *the antenna to the radio* radion antenni **5** vertailussa: *you're comparing robots to humans* nyt vertaat robotteja ihmisiin *the game ended five to three* ottelu päättyi 5–3 *he prefers walking to jogging* hän kävelee mieluummin kuin hölkkää **6** kohden: *25 miles to the gallon* 25 mailia gallonalla (10 l/100 km) partikkeli **8** verbin infinitiivin yhteydessä tai asemesta *she wants to go* hän haluaa lähteä *she has to go but does not want to* hänen täytyy lähteä mutta hän ei halua (lähteä) **9** tarkoituksesta, päämäärästä *he came to help* hän tuli auttamaan
TOA *time of arrival* tuloaika
toad [toʊd] s **1** konna **2** (kuv) rupikonna, iljettävä ihminen/tyyppi
toad in the hole s (brittiruoka) taikinoidut makkarat
toadstool ['toʊdˌstuəl] s **1** sieni **2** myrkkysieni
1 toady [toʊdi] s imartelija, hännystelijä, makeilija
2 toady v imarrella, hännystellä, makeilla, mielistellä jotakuta
to-and-fro [ˌtuənˈfroʊ] adj edestakainen adv edestakaisin
1 toast [toʊst] s **1** paahtoleipä **2** malja *let me propose a toast to our dear friend Dr. Goldfarb* saanen ehdottaa maljaa hyvän ystävämme tri Goldfarbin kunniaksi **3** maljapuhe **4** merkkihenkilö, juhlittava henkilö
2 toast v **1** paahtaa (leipää) **2** juoda/esittää/kohottaa malja (jonkun kunniaksi/terveydeksi/menestykseksi)
toaster [toʊstər] s **1** leivänpaahdin **2** maljan ehdottaja; maljapuheen pitäjä; maljan juoja
toast of the town fr *he's the toast of the town* hän on koko kaupungin ylpeys, koko kaupunki juhlii häntä

toleration

to a turn fr täydellisesti, juuri niin kuin pitää
tobacco [tə'bækoʊ] s (mon tobaccos, tobaccoes) tupakka (kasvi, lehdet)
tobacconist [tə'bækənɪst] s tupakkakaupan pitäjä, tupakkakauppias
1 toboggan [tə'bagən] s eräänlainen (ohjas-)kelkka
2 toboggan v kelkkailla, laskea kelkalla
tobogganer s kelkkailija
tobogganist s kelkkailija
toco toucan [ˌtoʊkoʊ'tukæn] s (lintu) kuningastukaani
today [tə'deɪ] s tämä päivä (myös kuv:) nykyaika adv **1** tänään **2** nykyisin adj (ark) tämän päivän, tämänhetkinen
2DAY (tekstiviestissä, sähköpostissa) *today*
toddle [tadəl] v (lapsi) taapertaa
toddler s leikki-ikäinen (lapsi)
to-do [tə'du] s (ark) häly, melu, (iso/hirveä) numero
toe [toʊ] s varvas *to be on your toes* olla varpaillaan/varpaisillaan/varovainen *to step/tread on someone's toes* (kuv) astua jonkun varpaille
TOEFL *Test of English as a Foreign Language*
toehold ['toʊˌhoʊld] s jalansija (myös kuv)
toe the line fr **1** totella, alistua, mukautua, noudattaa sääntöjä **2** hoitaa osuutensa
toffee [tafi] s toffee
toffy s toffee
tofu ['toʊfu, ˌtoʊ'fu] s (soijajuusto) tofu
together [tə'geðər] adv **1** yhdessä, yhteen, koossa, kokoon *let's go there together* mennäään sinne yhdessä *she put together a good dinner* hän kyhäsi kokoon hyvän illallisen *to keep/hold together* pysyä/pitää koossa **2** yhtä aikaa, samaan aikaan, yhdessä *say 'hurrah' all together now* huutakaa kaikki yhtä aikaa 'hurraa' **3** yhteensä *two and two together makes four* kaksi plus kaksi on neljä **4** yhtäjaksoisesti, peräkkäin, yhteen menoon *for weeks together* viikkokausia
togetherness s yhdessäolo; yhteenkuuluvuus

1 toil [toɪəl] s uurastus, aherrus, raadanta
2 toil v uurastaa, ahertaa, raataa
toilet [toɪlət] s **1** wc-istuin *to go down the toilet* (kuv) mennä mönkään/hukkaan **2** (huone) wc **3** kylpyhuone **4** peseytyminen, (kauneudenhoito) ja pukeutuminen **5** puku
toilet bowl s wc-kulho, wc-istuin
toilet paper s wc-paperi
toiletry [toɪlətri] s peseytymis/kauneudenhoitotarvikkeet
toilet tissue s wc-paperi
toilet training s (lasten) siisteyskasvatus
tokamak ['toʊkəˌmæk] s (kokeellisia fuusioreaktoreita) tokamak
1 token [toʊkən] s **1** merkki, tunnus, vertauskuva **2** osoitus, merkki jostakin **3** muisto, lahja *they gave him a plaque as a token of their appreciation* he antoivat hänelle muistolaatan osoitukseksi kiitollisuudestaan **4** rahake, poletti **5** *by the same token* lisäksi, sitä paitsi
2 token v merkitä, symboloida, olla merkki/osoitus jostakin
3 token adj näennäinen, nimellinen *they have a token black/woman on the board* johtokunnassa on muodon vuoksi mukana yksi musta/nainen, johtokunnassa on kuten tapa vaatii myös yksi musta/nainen
Tokyo ['toʊkiˌoʊ] Tokio
told [toəld] ks tell
Toledo [tə'lidoʊ] kaupunki Ohiossa
tolerable [talərəbəl] adj siedettävä
tolerably adv siedettävästi, siedettävän
tolerance [talərəns] s **1** suvaitsevaisuus, ennakkoluulottomuus, avarakatseisuus **2** sietokyky, sieto **3** (tekn) poikkeama, (ark) pelivara
tolerant [talərənt] adj **1** suvaitsevainen, ennakkoluuloton, avarakatseinen **2** sietokykyinen
tolerantly adv suvaitsevaisesti, ennakkoluulottomasti
tolerate ['taləˌreɪt] v sietää, suvaita; kestää
toleration [ˌtalə'reɪʃən] s suvaitsevaisuus, ennakkoluulottomuus, avarakatseisuus

toll

1 toll [tol] s **1** tiemaksu; siltamaksu **2** (onnettomuuden ym) uhrien määrä; (kuv) hinta *even after the fire, the toll is still rising* uhreja löytyy lisää vielä tulipalon jälkeen *hard work took its toll and he became seriously ill* kova työ vaati hintansa ja hän sairastui vakavasti **3** kaukopuhelumaksu **4** (kellon) soitto, lyönti (myös äänestä)
2 toll v **1** kerätä (tie/silta)maksu **2** soittaa (kelloa), (kello) soida *for whom does the bell toll?* kenen (kuolin)hetki on tullut?, kenelle kellot soivat? **3** (kellosta) lyödä *the bell tolls three* kello lyö kolme **4** houkutella
tollbooth ['tol͵buθ] s tie/siltamaksun kerääjän koppi
toll bridge s maksullinen silta
toll call s kaukopuhelu
toll-free [͵tol'fri] adj (puhelu, silta) ilmainen, maksuton
tollgate ['tol͵geɪt] s tie/siltamaksun keräyspaikka
tollkeeper ['tol͵kipər] s tie/siltamaksun kerääjä
toll road s maksullinen tie
tomahawk ['tamə͵hɑk] s (intiaanien sotakirves) tomahawk
tomato [tə'meɪtoʊ] s (mon tomatoes) tomaatti
1 tomb [tum] s hauta
2 tomb v haudata
tomboy ['tam͵bɔɪ] s poikatyttö
tombstone ['tum͵stoʊn] s **1** hautakivi **2** (tal) hautakivi, lehti-ilmoitus josta käyvät ilmi luottojärjestelyssä mukana olleet osapuolet (kansainvälinen menettelytapa)
tomcat ['tam͵kæt] s kollikissa
Tom, Dick, and Harry *every Tom, Dick, and Harry* joka iikka, kaikki, kuka tahansa
2MOR (tekstiviestissä, sähköpostissa) *tomorrow*
tomorrow [tə'maroʊ] s huominen, huomispäivä (myös kuv:) tulevaisuus adv **1** huomenna **2** tulevaisuudessa
ton [tʌn] s **1** tonni (US 907 kg, UK 1016 kg) *metric ton* tonni (1000 kg) **2** (mon, ark) valtavasti, kasapäin

tone [toʊn] s **1** ääni **2** sointi, äänensävy, äänenväri, äänenpaino **3** (mus) sävel **4** värisävy, sävy, vivahde **5** (lihasten ym kudosten) jänteys, paine, tonus **6** (kuv) tunnelma, sävy, ilmapiiri, henki
2 tone v **1** soida, kuulua **2** sävyttää, värjätä, värjäytyä
tone arm s (levysoittimen) äänivarsi
tone color s äänenväri
tone control s (vahvistimen ym) äänenvärin säädin
tone-deaf adj jolla ei ole sävelkorvaa
tone dialing s (puhelimessa) äänitaajuusvalinta
tone down v pehmentää (väriä, sanojaan)
tone in with v sopia johonkin, sopia yhteen jonkin kanssa
toner [toʊnər] s väriaine, värijauhe
tone up v voimistaa (väriä, lihaksia)
tone with v sopia johonkin, sopia yhteen jonkin kanssa
tongs [taŋz] s (mon) pihdit *a pair of tongs* pihdit
tongue [tʌŋ] s **1** (anatomiassa, ruuanlaitossa) kieli **2** (puhuttu) kieli *mother/native tongue* äidinkieli **3** *speaking in tongues* kielilläpuhuminen **4** puhe *to find your tongue* saada puhelahjansa takaisin *to give tongue to something* ilmaista, sanoa jostakin jotakin *to hold your tongue* hillitä itsensä, pitää suunsa kiinni *to lose your tongue* menettää puhelahjansa *the name is on the tip of my tongue* nimi on minulla aivan kielen päällä (en muista sitä) *slip of the tongue* lipsahdus
tongue in cheek [͵tʌŋɪn'tʃik] *she said it with her tongue in the cheek* hän sanoi sen leikillään/kiusallaan/ivallisesti
tongue twister ['tʌŋ͵twɪstər] s sana/lauseke joka on vaikea lausua
tonic [tɑnɪk] s **1** vahvistava lääke/aine **2** piristävä asia **3** (mus) perussävel
tonic water s eräs kivennäisvesi
tonight [tə'naɪt] s tämä ilta/yö adv tänä iltana, ensi yönä
2NITE (tekstiviestissä, sähköpostissa) *tonight*

tonnage [tʌnədʒ] s **1** (aluksen vetoisuus) tonnisto **2** (laivaston tonnimäärä) tonnisto
tonne [tʌn] s tonni (1000 kg)
tonsillectomy [ˌtansəˈlektəmi] s nielurisan poisto(leikkaus)
tonsillitis [ˌtansəˈlaɪtəs] s nielurisan tulehdus
tonsils [tansəlz] s (mon) nielurisat
too [tu] adv **1** myös, lisäksi, -kin *I, too, want to go; I want to go too* minäkin haluan lähteä **2** liikaa, liian *too many* liian monta *too few* liian vähän, ei tarpeeksi *it's too bad* se on ikävä juttu/harmin paikka **3** kielteisessä yhteydessä: *I wasn't too happy with your work* en ollut erityisen/kovin tyytyväinen työhösi *it happened none too soon* se ei tapahtunut yhtään liian aikaisin, oli korkea aika että niin kävi *Larry was none too happy about it* Larry ei ollut siitä erityisen mielissään **4** *she was only too happy to go* hän lähti erittäin mielellään, hän malttoi tuskin odottaa että pääsi lähtemään
took [tʊk] ks take
tool [tuəl] s **1** työkalu, väline **2** (kuv) keino, tie (johonkin, *for*), välikappale
tool bar s (tietok) välinepalkki
toolbox s (tietok) välineruutu
tool up v valmistautua johonkin (hankkimalla koneita)
Toomai of the Elephants [tumaɪ] (Kiplingin kertomuksessa) Norsu-Toomai
toon [tun] s piirretty (sanasta *cartoon*)
tooth [tuθ] s (mon teeth) **1** (ihmisen, eläimen) hammas *he was armed to the teeth* hän oli aseissa hampaita myöten *by the skin of your teeth* nipin napin, juuri ja juuri, (jokin on) hiuskarvan varassa *Gilbert cut his teeth on sales* Gilbert aloitti uransa myyntipuolella *in the teeth of something* (olla) jonkin kourissa/hampaissa *to put teeth into* terästää jotakin, lisätä jonkin tehokkuutta **2** (osa) hammas, sakara, väkä
toothache [ˈtuθˌeɪk] s hammassärky
tooth and nail *to fight something tooth and nail* vastustaa jotakin kynsin hampain

toothbrush [ˈtuθˌbrʌʃ] s hammasharja
tooth decay [ˈtuθdəˌkeɪ] s hammasmätä, karies
tooth fairy [ˈtuθˌferi] s hammaskeiju
toothless adj **1** hampaaton **2** tehoton, voimaton
toothpaste [ˈtuθˌpeɪst] s hammastahna
Tootles [tutəlz] (Peter Panissa) Totteli
tootsie [tʊtsi] s (sl) **1** kultu, kulta **2** huora
Toowoomba [təˈwumbə] kaupunki Itä-Australian Queenslandissa
1 top [tap] s **1** huippu, kärki, pääty, yläosa, yläpää, (puun) latva, (aallon) harja, (avoauton) katto **2** pinta, yläpuoli **3** alku *let's take it from the top* aloitetaan alusta **4** (kuv) huippu, kruunu, joku tai jokin paras *to stay on top* pysyä kärjessä, säilyttää johtoasema **5** *the tops* (ark) paras, huippu **6** pää *to blow your top* menettää malttinsa, raivostua; menettää järkensä, seota **7** hyrrä **8** *to sleep like a top* nukkua kuin tukki
2 top v **1** sulkea, peittää, päällystää, panna päälle **2** olla ylimpänä/korkeimpana/ensimmäisenä jossakin **3** tulla jonkin huipulle; nousta kärkeen; nousta korkeimpaan arvoonsa **4** nousta jonkun yli
3 top adj **1** ylin, korkein, pääty-, huippu-, kärki- **2** (kuv) paras, suurin, korkein, huippu-
top banana s (sl) pomo, johtaja
top billing *to get top billing* saada nimensä ensimmäiseksi (esim näytelmän mainoksiin)
topcoat [ˈtapˌkoʊt] s **1** päällystakki **2** pintamaali(kerros)
top dog s johtaja, ykkönen, pomo; voittaja, paras
top-down adj (tietok) osittava
top drawer s (kuv) huippu
top-drawer [tapˈdrɔr] adj paras (mahdollinen)
topic [tapɪk] s (keskustelun) aihe
topical adj ajankohtainen, päivänpolttava
topicality [ˌtapɪˈkæləti] s **1** ajankohtaisuus **2** ajankohtaisuutinen; paikallisuutinen

topless adj yläosaton, (baari) alaston-
top-level ['tap,levəl] adj huipputason, korkean tason, huippu-
topline ['tap,laın] adj ensi luokan, ensiluokkainen, huippu-
top loader s (pesukone, kuvanauhuri ym) päältä ladattava/avattava
topmost ['tap,moʊst] adj ylin, korkein
topnotch [,tap'natʃ] adj ensiluokkainen, huippu-
top off v huipentua johonkin, päättyä/päättää johonkin
topographer [tə'pagrəfər] s topografi
topographic [,tapə'græfɪk] adj topografinen
topography [tə'pagrəfi] s **1** (kuvaus) topografia **2** pinnanmuodostus, topografia **3** (yleisemmin) rakenne
top out v nousta huippuunsa/suurimpaan arvoonsa
topping s (ruuanlaitossa) kastike, päällys, kuorrutus
topple [tapəl] v **1** kaataa, kaatua (myös kuv, esim hallitus) **2** kallistua (uhkaavasti), olla vähällä kaatua, horjua
1 torch [tɔrtʃ] s **1** soihtu (myös kuv:) *the torch of knowledge/freedom* tiedon/vapauden soihtu **2** (UK) taskulamppu **3** *to carry the/a torch for someone* (sl) rakastaa jotakuta (saamatta vastarakkautta)
2 torch v **1** sytyttää, syttyä **2** palaa
torchbearer ['tɔrtʃ,berər] s soihdunkantaja (myös kuv) esitaistelija
torchlight ['tɔrtʃ,laıt] s soihdun/soihtujen valo
torch song s sydänsuruista kertova laulu, nyyhkylaulu
tore [tɔr] ks tear
torment [tɔrmənt] s piina, kärsimys, kidutus
torment [tɔrment tɔr'ment] v piinata, kiduttaa, vaivata, kiusata
tormentor [tɔrmentər] s piinaaja, kiduttaja, kiusaaja
torn [tɔrn] ks tear
tornado [tɔr'neıdoʊ] s (mon tornadoes, tornados) pyörremyrsky, tornado
Toronto [tə'rantoʊ] kaupunki Kanadassa
1 torpedo [tɔr'pidoʊ] s torpedo

2 torpedo v **1** ampua/vaurioittaa/upottaa torpedolla **2** (kuv) tehdä tyhjäksi, estää, kaataa (esim suunnitelma)
torque [tɔrk] s vääntömomentti
torrent [tɔrənt] s **1** vuolas joki/virta **2** kaatosade **3** (kuv) vuodatus, (sana)tulva
torrential [tə'renʃəl] adj **1** (joki) vuolas **2** (sade) kaato- **3** (kuv) kiihkeä, kiivas, tulinen
torso [tɔrsoʊ] s **1** vartalo **2** (vartaloveistos) torso **3** (kuv) keskeneräinen yritys, torso
tort [tɔrt] (lak) (korvaukseen oikeuttava) rikkomus
tortilla [tɔrtijə] s (yl maissijauhosta valmistettu hyvin litteä meksikolainen leipä johon pavut ym kääritään) tortilla
tortoise [tɔrtəs] s (maa)kilpikonna
tortoiseshell ['tɔrtəs,ʃel] s kilpikonnan kuori adj **1** (keltaisen ja ruskean) kirjava **2** (silmälasin kehyksistä) sarvi-
tortoiseshell butterfly s (mon butterflies) nokkosperhonen
tortuous [tɔrtʃʊəs] adj **1** mutkitteleva, mutkikas, kiemurteleva, kiemurainen **2** (kuv) mutkikas, työläs, vaivalloinen **3** kiero, katala
tortuously adv ks tortuous
1 torture [tɔrtʃər] s kidutus (myös kuv)
2 torture v kiduttaa (myös kuv)
torturer s kiduttaja
Tory [tɔri] s (Isossa-Britanniassa, Kanadassa) konservatiivi(sen puolueen jäsen)
1 toss [tas] s **1** heitto, heittelehtiminen, keinunta **2** kruunun ja klaavan heitto
2 toss v **1** heittää, heittelehtiä, keinuttaa, keinua, kääntyillä *to toss a coin* heittää kruunaa ja klaavaa **2** (salaatti) valmistaa, sekoittaa
toss and turn v vääntelehtiä, kääntyillä, heittelehtiä
toss off v **1** tehdä nopeasti/käden käänteessä **2** juoda/syödä äkkiä/nopeasti
toss-up s **1** kruunun ja klaavan heitto **2** yhtä suuri mahdollisuus *it's a toss-up whether the strike ends today or not* lakko voi yhtä hyvin loppua tänään tai jatkua

toss up v (ark) oksentaa
toss your cookies fr (sl) yrjötä
toss your hat in the ring fr antaa periksi, luopua leikistä
tostada [tǝsˈtadǝ] s meksikolaisia ruokia
tot [tat] s **1** pikkulapsi **2** (UK) ryyppy, kulaus **3** hyppysellinen, pikkuriikkinen
1 total [toʊtǝl] s **1** yhteismäärä, (kokonais)summa *the total comes to $35* lasku tekee 35 dollaria **2** kokonaisuus
2 total v **1** laskea yhteen, tehdä yhteensä, nousta johonkin määrään **2** (sl) romuttaa/kolaroida täysin *she totaled the car* hän ajoi auton mäsäksi
3 total adj **1** kokonais-, yhteis-, yleis- **2** täydellinen
total eclipse s täydellinen (auringon-/kuun)pimennys
totalitarian [tǝˌtælǝˈterɪǝn] adj totalitaarinen
totalitarianism [tǝˌtælǝˈterɪǝnɪzǝm] s totalitarismi
totality [tǝˈtælǝti] s kokonaisuus
totalize [ˈtoʊtǝˌlaɪz] v laskea yhteen; yhdistää
totally adv täysin, aivan *you're totally wrong* olet aivan väärässä
total recall s täydellinen muisti
1 tote [toʊt] s **1** kantaminen **2** kantamus **3** ostoskassi, laukku
2 tote v **1** kantaa (käsissä, selässä, asetta) **2** laskea yhteen
tote bag s ostoskassi, laukku
totem [toʊtǝm] s toteemi
totem pole s toteemipaalu *he's the low man on the totem pole* hän on (firmassa) pelkkä rivimies
to the manner born fr syntymästään saakka (johonkin tottunut)
toto [toʊtoʊ] *in toto* kokonaisuutena, kaikkiaan, kokonaan
1 totter [tatǝr] s hoippuva kävely/askel; huojunta
2 totter v hoippua, huojua
tot up v laskea yhteen
Toucan [tukæn] (tähdistö) Tukaani
toucan s (lintu) tukaani
1 touch [tʌtʃ] s **1** kosketus (myös kuv) *it feels soft to the touch* se tuntuu (kosketettaessa) pehmeältä *this place needs a woman's touch* tämä paikka kaipaa naisen kosketusta **2** kosketusaisti **3** tuntu **4** osuminen, kosketus **5** taito, vaisto, vainu **6** (kuv) väre, kare, hiukkanen *a touch of a smile* hymyn kare **7** yhteys, kosketus *she hasn't kept in touch with her relatives* hän ei ole pitänyt yhteyttä sukulaisiinsa **8** silaus *finishing touches* loppusilaus, viimeinen silaus **9** *to put the touch on someone* (ark) yrittää lainata rahaa joltakulta
2 touch v **1** koskea, koskettaa **2** osua **3** naputtaa, koputtaa **4** olla yhteinen raja, koskettaa toisiaan **5** yltää, ylettyä (jollekin tasolle), olla samaa luokkaa **6** (kuv) liikuttaa (mieltä), koskea, koskettaa *to touch a nerve* osua/sattua arkaan paikkaan *the news touches all parents* uutinen koskettaa kaikkia vanhempia **7** (saada) käyttää, tehdä, päästä käsiksi *he hasn't touched alcohol since that day* hän ei ole siitä päivästä lähtien juonut tipan tippaa **8** (laiva) pysähtyä jossakin (satamassa)
touch and go s täpärä/tiukka/kiperä tilanne
touch-and-go adj **1** uskalias, vaarallinen **2** kiireinen, hätäinen
touchdown [ˈtʌtʃˌdaʊn] s **1** (amerikkalaisessa jalkapallossa) maali **2** laskeutuvan lentokoneen pyörien kosketus kenttään, laskeutuminen
touché [tuˈʃeɪ] interj **1** (miekkailussa) osuma! **2** (sanaharkassa) hyvin sanottu!, oikein!, nyt annoit/maksoit takaisin!
touchily adv ärtyneesti, kiukkuisesti, herkästi
touching adj liikuttava, koskettava, säälittävä prep koskien, -sta/-stä
touch pad s (tietok) levyhiiri
touch screen [ˈtʌtʃˌskrin] s (tietok) kosketusnäyttö, kosketusherkkä näyttö/monitori
touchstone [ˈtʌtʃˌstoʊn] s koetinkivi (myös kuv:) mittapuu, mitta
touch-tone [ˈtʌtʃˌtoʊn] adj (puhelin) äänitaajuusvalinnalla toimiva, näppäin-
touch-type [ˈtʌtʃˌtaɪp] v kirjoittaa koneella kymmensormijärjestelmällä/sokkona

touch typing

touch typing s (konekirjoituksen) kymmensormijärjestelmä, sokkokirjoittaminen
touch wood fr koputtaa puuta
touchy adj **1** (ihminen) herkkä, helposti ärtyvä/suuttuva, ärtynyt, kiukkuinen **2** (asia) arkaluonteinen, tulenarka, vaikea, herkkä, arka
tough [tʌf] s kovanaama, kovis (ark) adj **1** sitkeä, kestävä, luja, vahva **2** (kuv) sitkeä, sinnikäs, kova, (ongelma, vastustaja) vaikea, hankala, (rikollinen) paatunut, (seutu) väkivaltainen, (matka, kamppailu) raskas, rasittava, (onni) kova, huono *he's tougher than leather* hänessä on sisua, hän ei anna helposti periksi **3** *to hang tough* (sl) pysyä kovana/lujana, ei antaa periksi, ei taipua
toughen v kovettaa, kovettua, lujittaa, lujittua, vahvistaa, vahvistua
toughie [tʌfi] s (ark) kovis, kovanaama
tough it out fr (ark) pitää pintansa, purra hammasta, kestää
tough-minded [ˌtʌfˈmaɪndəd] adj **1** kova, siekailematon **2** omapäinen, itsepintainen
toughness s (ks myös tough) **1** sitkeys, kestävyys, lujuus, vahvuus **2** (kuv) sitkeys, sinnikkyys, kovuus, hankaluus, rasittavuus
toupee [tuˈpeɪ] s hiuslisäke
1 tour [tuər] s **1** kiertomatka, matka, kiertoajelu, kiertokäynti, tutustumiskäynti **2** (esiintyjän ym) kiertue *the band is on tour in Japan* yhtye on kiertueella Japanissa **3** (työ)komennus
2 tour v **1** olla kiertomatkalla, matkustaa, kiertää, tutustua (kiertokäynnillä), vierailla jossakin **2** olla (konsertti- tms) kiertueella **3** opastaa, olla (matka- tms) oppaana
tour de force [ˌtuərdəˈfɔrs] *ranskasta* (mon tours de force) voimannäyte, loistosuoritus
tourism [tərɪzəm] s matkailu, turismi
tourist [tərɪst] s **1** matkailija, turisti **2** turistiluokka
tourist car s (junassa) lepovaunu; makuuvaunu

tourist class s (laivassa, lentokoneessa) turistiluokka
touristry [tərəstri] s **1** matkailijat **2** matkailu
tourist season s matkailukausi
tourist traffic s matkailuliikenne
tourist trap s turistirysä
tournament [tərnəmənt] s **1** ottelu, kilpailu, turnaus **2** (hist) turnajaiset
tourniquet [tərnəkət] s kiristysside
1 tout [taʊt] s tyrkyttäjä, tuputtaja (ark), äänitorvi (kuv)
2 tout v **1** tyrkyttää, tuputtaa (ark) **2** ylistää, kehua, toitottaa *the company is touting the virtues of its product* yritys toitottaa tuotteensa etuja
touter s (ark) tyrkyttäjä, tuputtaja (ark), äänitorvi (kuv)
1 tow [toʊ] s **1** hinaaminen, hinaus *Mr. Frazer had his wife in tow* Mr. Frazerilla oli vaimo mukanaan *the guru had a group of disciples in tow* gurulla oli suojeluksessaan joukko oppilaita/opetuslapsia; gurulla oli mukanaan joukko ihailevia oppilaita/opetuslapsia *under tow* hinauksessa, hinattavana **2** hinaaja **3** hiihtohissi
2 tow v hinata, vetää (perässään)
toward [təˈwɔrd twɔrd] prep **1** kohti, päin, suuntaan, suunnassa *she threw the rock toward the lake* hän heitti kiven järvelle päin *the house is toward the lake* talo on järven suunnassa **2** (kuv) kohtaan *he was very friendly toward us* hän oli hyvin ystävällinen meitä kohtaan/meille **3** (ajasta) paikkeilla, maissa *toward the end of the century* vuosisadan lopulla **4** tarkoituksesta: *to save toward something* säästää (rahaa) johonkin
towards ks toward
1 towel [taʊəl] s pyyheliina, pyyhe *to throw in the towel* (ark) luovuttaa, antaa periksi
2 towel v pyyhkiä, kuivata (pyyheliinalla)
towelette [ˌtaʊəˈlet] s kosteuspyyhe
1 tower [taʊər] s **1** torni **2** lennonjohtotorni

track

2 tower v kohota korkeuksiin, nousta jonkin yläpuolelle, olla korkeampi/pitempi kuin

towering adj **1** erittäin korkea/pitkä **2** (kuv) johtava, suuri **3** suunnaton, silmitön, kohtuuton, liiallinen

tower of strength s tuki ja turva

tower wagon s tikasvaunu(t)

town [taʊn] s **1** (pikku)kaupunki **2** (US) kaupunkikunta **3** (lähin) (iso) kaupunki *he's staying in town* hän jäi (yöksi) kaupunkiin/keskustaan **4** *to go to town* (ark) menestyä; kiirehtiä, pitää kiirettä; liioitella, mennä liiallisuuksiin **5** *to paint the town red* (ark) ottaa ilo irti elämästä, pitää hauskaa, juhlia rajusti

town car s **1** (nykyisin) iso (ja ylellinen) henkilöauto **2** (ennen) henkilöauto jossa on suljettu matkustamo ja avoin etuistuin

town hall s kaupungintalo, kunnallistalo

townie [taʊni] s (ark) pikkukaupunkilainen, paikallinen (kaupungin) asukas

town planning s kaupunkisuunnittelu

townsfolk ['taʊnz‚foʊk] s (mon) (pikku)kaupunkilaiset

township ['taʊnʃɪp] s (US) kaupunkikunta

townsman ['taʊnzmən] s (mon townsmen) (miehestä) paljasjalkainen (pikku)kaupunkilainen, paikallinen (pikkukaupungin) asukas

townspeople ['taʊnz‚piːpəl] s (mon) **1** paikalliset (pikkukaupungin) asukkaat **2** (erotuksena maalaisista) kaupunkilaiset

Townsville [taʊnzvɪl] kaupunki Australian Queenslandissa

townswoman ['taʊnz‚wʊmən] s (mon townswomen) (naisesta) paljasjalkainen (pikku)kaupunkilainen, paikallinen (pikkukaupungin) asukas

town talk s **1** (pikkukaupungin) juorut, huhut **2** juorun aihe

toxic [tɒksɪk] adj myrkyllinen, myrkky-

toxication [‚tɒksɪ'keɪʃən] s myrkytys

toxicity [tɒk'sɪsəti] s myrkyllisyys

toxicology [‚tɒksɪ'kɒlədʒi] s myrkkyoppi, toksikologia

toxin [tɒksən] s (elimistössä muodostunut) myrkky, toksiini

1 toy [tɔɪ] s leikkikalu, lelu (myös kuv)

2 toy v leikkiä, leikitellä *he's been toying with the idea of setting up a business of his own* hän on miettinyt oman yrityksen perustamista

toymaker ['tɔɪ‚meɪkər] s leikkikalujen tekijä/valmistaja, leikkikalutehdas

toyshop ['tɔɪʃɒp] s lelukauppa, leikkikalukauppa

1 trace [treɪs] s **1** jälki, merkki *there was not a trace of anger left in him* hänessä ei enää näkynyt suuttumuksen merkkiäkään **2** häviävän pieni määrä, hitunen **3** (mon) (eläimen) jäljet **4** polku

2 trace v **1** seurata, jäljittää, etsiä, selvittää **2** olla peräisin (esim jostakin ajalta) *democracy traces back to ancient Greece* demokratia sai alkunsa antiikin Kreikassa **3** (piirturi) piirtää (käyrä jostakin)

traceable adj joka voidaan jäljittää/ saada selville

traceable to adj joka johtuu jostakin

trace element s hivenaine

traces *to kick over your traces* (kuv) vapautua kahleista, lähteä omille teilleen, itsenäistyä

trachea [treɪkiə] s (mon tracheae, tracheas) henkitorvi

1 track [træk] s **1** rata, rautatie *she was raised on the wrong side of the tracks* hän varttui/vietti lapsuutensa laitakaupungilla/köyhässä kaupunginosassa/ huonoissa oloissa **2** (pyörän jättämä) ura **3** jälki; reitti *to be on the track of someone/something* olla jonkun/jonkin jäljillä *he stopped in his tracks* (ark) hän pysähtyi yhtäkkiä; hän säpsähti *to make tracks* (ark) livahtaa, lähteä kiireesti **4** asia *I think you're off the track now* minusta sinä olet nyt eksynyt asiasta *to keep track of something* seurata jotakin, pysytellä ajan tasalla *to lose track* ei seurata jotakin, unohtaa, menettää kosketus johonkin **5** (äänilevyn, nauhan) ura **6** (äänilevyn, nauhan) kappale **7** (urh) juoksurata; (moottoriurheilussa ym) kilparata **8** (urh) rataurheilu, juoksu **9** (rautatien, auton) raideväli

2 track v **1** seurata, kulkea, jäljittää **2** kantaa (kuraa/lunta) sisään **3** tarkkailla, seurata **4** olla raidevälinä

track and field s yleisurheilu, rata- ja kenttäurheilu

track-and-field adj yleis(urheilu)-

track down v etsiä, löytää, ottaa kiinni

tracking system s (koulussa) tasokurssit

track meet s yleisurheilukilpailu(t)

track record s menneisyys, tausta, tähänastiset saavutukset/edesottamukset

track shoe s (urh) piikkari (ark), piikkikenkä

tract [trækt] s **1** alue, seutu; (maa)palsta, tontti **2** *digestive tract* ruuansulatuskanava **3** (uskonnollinen, poliittinen) kirjanen, traktaatti

traction [trækʃən] s **1** pito *the traction of the tire on the road* renkaan pito tiellä **2** veto (myös lääk)

tractor [træktər] s **1** traktori **2** (rekan) vetoauto

tractor-trailer s (täys/puoliperävaunullinen) rekka-auto

1 trade [treɪd] s **1** kauppa **2** ammatti, ala *to ply your trade* tehdä työtään, harjoittaa ammattiaan *tourist trade* matkailuala **3** ammatti-ihmiset, alan ammattilaiset **4** markkinat

2 trade v **1** käydä kauppaa jollakin (in), ostaa ja myydä **2** vaihtaa johonkin (for) *trade places* vaihtaa paikkaa

3 trade adj (myös mon) ammatti-

trade down v vaihtaa halvempaan/huonompaan

trade in v vaihtaa, antaa vaihdossa *she traded in her Porsche for a Corvette* hän vaihtoi Porschensa Corvetteen

trade-in s vaihtotavara, (esim) vaihtoauto adj vaihtokauppa-, vaihto-

trademark s **1** tavaramerkki **2** (kuv) leima, jälki *it has his trademark on it* siinä näkyy hänen kättensä jälki

trade name s kauppanimi

trade-off s vaihtokauppa; vastapalvelus

trade on v käyttää hyväkseen, hyötyä jostakin

trade paper s ammattilehti, jonkin alan lehti

trade paperback s pehmeäkantinen kirja, iso taskukirja

trader s kauppias, liikemies

trades s (mon) pasaati(tuuli)

trade school s ammattikoulu

trade secret s ammattisalaisuus

trade union s ammattiyhdistys

trade unionism s ammattiyhdistystoiminta

trade unionist s **1** ammattiyhdistyksen jäsen **2** ammattiyhdistysten kannattaja

trade up v vaihtaa arvokkaampaan/parempaan

trade upon v käyttää hyväkseen, hyötyä jostakin

trade wind s pasaati(tuuli)

trading hours s (mon) (arvopaperimarkkinoiden) kaupankäyntiajat

trading post s kauppa-asema

tradition [trəˈdɪʃən] s **1** perimätieto **2** perinne, traditio

traditional adj perinteinen, perinteellinen, peritty, vanha

traditionally adv perinteisesti; tavallisesti, yleensä

1 traffic [træfɪk] s **1** liikenne **2** kauppa, kaupankäynti *drug traffic* huumekauppa **3** viestintä, yhteydenpito, ajatustenvaihto

2 traffic v (trafficked, trafficked, trafficking) käydä kauppaa jollakin (laittomalla)

traffic circle s liikenneympyrä

traffic cop s (ark) liikennepoliisi

traffic jam s liikenneruuhka

trafficker s (laiton) kauppias

trafficking ks traffic

traffic light s liikennevalo(t)

tragedy [trædʒədi] s **1** murhenäytelmä, tragedia **2** (kuv) onnettomuus, järkyttävä tapahtuma

tragic [trædʒɪk] adj **1** traaginen, tragedia-, murhenäytelmä-, **2** järkyttävä, traaginen

tragical ks tragic

tragically adv järkyttävästi, traagisesti

tragic flaw s (tragedian päähenkilön) traaginen erhe, hamartia

tragicomedy [ˌtrædʒəˈkɑmədi] s tragikomedia

tragicomic [ˌtrædʒəˈkamɪk] adj tragikoominen

1 trail [treɪəl] s **1** jälki (myös kuv) *the car left a cloud of dust in its trail* auto jätti jälkeensä pölypilven *the police are on his trail* poliisi on hänen kannoillaan **2** polku, tie

2 trail v **1** vetää (perässään) **2** seurata (perässä) **3** laahata, viistää (maata) **4** virrata; tupruta **5** (kuv) venyttää, pitkittää

trail along v **1** seurata (perässä) **2** vetää (perässään), laahata (perässään)

trail away v vaieta, hiljentyä, lakata vähitellen

trailblazer [ˈtreɪlˌbleɪzər] s (kuv) uranuurtaja, tienraivaaja

trailer s **1** perävaunu **2** asuntovaunu **3** peräkärry **4** (elokuvan) mainosfilmi

trailer park s (leirintäalueen) asuntovaunualue

trailhead [ˈtreɪlˌhed] s polun alku

trail off v vaieta, hiljentyä, lakata vähitellen

1 train [treɪn] s **1** juna **2** kulkue, jono **3** joukko, seurue

2 train v **1** kasvattaa **2** opettaa, kouluttaa, valmentaa, valmentautua, harjoittaa, harjoitella

trainee [treɪˈni] s oppilas, koulutettava, valmennettava, kurssilainen

trainer s opettaja, kouluttaja, valmentaja

training s **1** opetus, koulutus, valmennus **2** kunto; taito *to be in/out of training* olla hyvässä/huonossa kunnossa/olla harjoituksen puutteessa

training school s ammattikoulu

training wheels s (mon) (lasten polkupyörän) apupyörät

trait [treɪt] s piirre, puoli, ominaisuus

traitor [ˈtreɪtər] s **1** petturi, kavaltaja **2** maanpetturi

traitorous [ˈtreɪtərəs] adv **1** petollinen, kavala, kiero **2** maanpetoksellinen

trajectory [trəˈdʒektəri] s (lento)rata

tram [træm] s (UK) raitiovaunu

1 tramp [træmp] s **1** raskas askel **2** tömähdys **3** kävely, patikkaretki **4** kulkuri **5** lutka

2 tramp v **1** tarpoa, talsia **2** survoa, tarpoa, astua päälle **3** kävellä, patikoida **4** elää/olla kulkurina, kierrellä (paikasta toiseen)

trampoline [ˈtræmpəˌlin] s trampoliini

tramp on v tallata päälle, astua päälle

tramway [ˈtræmˌweɪ] s **1** (UK) raitiotie **2** (US) köysirata *aerial tramway* köysirata

1 trance [træns] s **1** transsi **2** haltioituminen, hurmos, hurmio

2 trance v **1** saattaa transsiin **2** lumota, saada haltioihinsa

tranquil [ˈtræŋkwəl] adj rauhallinen, hiljainen

tranquility [ˌtræŋˈkwɪləti] s rauha, rauhallisuus, hiljaisuus

tranquilize [ˈtræŋkwəˌlaɪz] v rauhoittaa

tranquilizer s rauhoituslääke, rauhoite

tranquilly adv rauhallisesti, hiljaisesti

transact [ˌtrænˈzækt] v tehdä, suorittaa, käydä (kauppaa, neuvotteluita), neuvotella

transaction [ˌtrænˈzækʃən] s **1** suoritus, hoito, teko *business transactions* liiketoimet, kaupankäynti **2** vuorovaikutus, kanssakäynti

transatlantic [ˌtrænzətˈlæntɪk] adj Atlantin takainen; Atlantin ylittävä *transatlantic phone call* puhelu Atlantin taakse

transcend [ˌtrænˈsend] v ylittää, rikkoa (rajat), jättää jälkeensä/varjoonsa

transcendence [ˌtrænˈsendəns] s yliaistillisuus, ylimaaillmallisuus, transsendenssi

transcendental [ˌtrænsənˈdentəl] adj yliaistillinen, transsendentaalinen

transcendental meditation s transsendenttinen mietiskely

transcontinental [ˌtrænzˌkantəˈnentəl] adj mantereen takainen; mantereen ylittävä; mannertenvälinen

transcribe [ˌtrænˈskraɪb] v **1** kirjoittaa koneella/puhtaaksi (saneltu, nauhoitettu puhe tms) **2** jäljentää **3** kirjoittaa tarkekirjoituksella/ääntämisohjeet, transkriboida **4** siirtää toiseen kirjoitusjärjestelmään, transkriboida

transcript

transcript ['træn‚skrıpt] s 1 koneella/ puhtaaksi kirjoitettu asiakirja 2 jäljennös 3 (koulu)todistus
transcription [‚træn'skrıpʃən] s 1 koneella/puhtaaksikirjoitus 2 ääntämisohjeiden kirjoittaminen, transkriptio 3 toiseen kirjoitusjärjestelmään siirtäminen, transkriptio
transept [trænsept] s (kirkon) poikkilaiva
transfer [trænsfər] s 1 siirto 2 siirtolippu 3 siirtokuva
transfer [træns'fər] v siirtää, siirtyä
transform [træns'fɔrm] v muuntaa, muuntua, muuttaa, muuttua
transformation [‚trænsfər'meıʃən] s muuntaminen, muunnos, muunto, muutos
transformer s (sähkö)muuntaja
transfuse [‚træns'fjuz] v siirtää, välittää, iskostaa (mieleen)
transfusion [‚træns'fjuʒən] s siirto, (mieleen) iskostus *blood transfusion* verensiirto
transgress [‚træns'gres] v rikkoa (lakia, sääntöä), ylittää (kuvaannollinen raja), tehdä syntiä
transgression [‚træns'greʃən] s rikkomus; synti
transistor [‚træn'zıstər] s transistori
transistorize [‚træn'zıstə‚raız] v transistoroida
transit [trænsət] s 1 läpikulku, kauttakulku 2 kuljetus 3 liikenne *mass transit* joukkoliikenne 4 muutos; siirtymävaihe
1 transition [træn'zıʃən] s muutos, vaihdos, siirtyminen, siirtymävaihe
2 transition v siirtyä
transitive [trænsətıv] adj (kieliopissa) transitiivinen, joka saa objektin
transitive verb s (kieliopissa) transitiivinen verbi
translate ['træns‚leıt] v 1 kääntää *to translate into Finnish* suomentaa 2 muuttaa: *to translate thought into action* siirtyä sanoista tekoihin, toteuttaa ajatukset käytännössä
translation [‚træns'leıʃən] s 1 käännös *the Finnish translation of her book* hänen kirjansa suomennos 2 muuttaminen: *the translation of plans into reality* suunnitelmien toteuttaminen käytännössä
translator ['træns‚leıtər] s kääntäjä, (suomeen myös) suomentaja
transliterate [‚træns'lıtə‚reıt] v siirtää toiseen kirjoitusjärjestelmään, translitteroida
translucency s kuulaus, läpinäkyvyys
translucent [‚træns'lusənt] adj läpikuultava, läpinäkyvä, kuulas
transmission [‚træns'mıʃən] s 1 lähettäminen, lähetys, siirto 2 ilmoitus, ilmoittaminen 3 (taudin) leviäminen, (ominaisuuksien) periytyminen 4 (auton) vaihteisto
transmit [træns'mıt] v 1 lähettää, siirtää 2 ilmoittaa 3 levittää (tautia), (ominaisuus) periytyä
transmitter s (radio)lähetin
transparency s 1 läpinäkyvyys (myös kuv:) vilpillisyys 2 dia(kuva)
transparent [‚træns'perənt] adj 1 läpinäkyvä (myös kuv:) epäaito, vilpillinen 2 ohut, läpikuultava 3 avoin, vilpitön
transparently adv läpinäkyvästi (myös kuv:) vilpillisesti
transplant ['træns‚plænt] s siirretty kasvi; (lääk) siirrännäinen; muuttaja *he is a recent transplant* hän on uusi tulokas, hän on vasta muuttanut tänne
transplant [‚træns'plænt] v siirtää (kasvi, elin); muuttaa (asuinpaikkaa)
transport ['træns‚pɔrt] s 1 kuljetus 2 kuljetusalus, kuljetus(lento)kone, matkustaja(lento)kone 3 joukkoliikenneväline 4 hurmio, hurmos, innostus 5 karkotettu henkilö 6 (nauhurin) nauhankuljetuskoneisto
transport [‚træns'pɔrt] v 1 kuljettaa 2 saada hurmioon/innostumaan suunnattomasti *the news transported her into bursts of joy* uutinen innosti hänet ilon purkauksiin 3 karkottaa
transportation s kuljetus *transportation by air/sea* lento/laivarahtaus
transpose [‚trænz'pouz] v 1 vaihtaa paikkaa 2 siirtää, kuljettaa 3 (mus) vaihtaa toiseen sävellajiin, transponoida

transposition [ˌtrænzpəˈzɪʃən] s **1** paikan vaihtaminen/vaihtuminen **2** (mus) sävellajin vaihto, transponointi

transverse [ˌtrænzˈvərs] adj poikittainen, poikittais-, (huilu) poikki-

transverse colon [koʊlən] s (anat) poikittainen paksusuoli

transversely adv poikittain, poikittaisesti

transvestism [ˌtrænzˈvestɪzəm] s transvestisismi, transvestismi

transvestite [ˌtrænzˈvestaɪt] s transvestiitti

1 trap [træp] s **1** (myös kuv) ansa, loukku, pyydys **2** (viemärissä) vesilukko

2 trap v **1** pyydystää; virittää ansoja; saada kiinni/ansaan **2** (kuv) saada satimeen/ansaan, huijata

trapdoor [ˌtræpˈdɔr] s (katossa, lattiassa) luukku, ovi, (lattiassa) laskuovi

trapdoor spider s ovensulkijahämähäkki

trapeze [træˈpiːz] s (rekki) trapetsi

trapezius [trəˈpiːziəs] s (mon trapeziuses) epäkäslihas

trapper [træpər] s turkismetsästäjä

trappings [træpɪŋz] s (mon) **1** koristeet, somisteet **2** puvut, asut **3** (kuv) ulkokuori, ulkoiset tunnukset *he has all the trappings of success from a BMW to a condo* hänellä on kaikki menestyjän statussymbolit BMW:stä omistusasuntoon

1 trash [træʃ] s roska (myös kuv)

2 trash v **1** (sl) särkeä, hävittää **2** lyödä lyttyyn, antaa murskaava arvostelu jostakin

trash can s roskapönttö

trasher s (ark) vandaali

trauma [tramə] s **1** (lääk) vamma, vaurio, trauma **2** (psykologiassa) psyykkinen vamma, vaurio, trauma

traumatic [trəˈmætɪk] adj traumaattinen

1 travel [trævəl] s **1** matkustus, matkustaminen, matkailu **2** (mon) matka, matkat *Gulliver's travels* Gulliverin retket **3** liikenne

2 travel v matkustaa

travel agency s matkatoimisto

travel agent s **1** matkatoimistovirkailija **2** matkatoimisto

traveler s **1** matkustaja, matkailija **2** myyntimies, kauppamatkustaja

traveler's check s matkasekki

traveling bag s (pieni) matkalaukku

traveling salesman s (mon traveling salesmen) myyntimies, kauppamatkustaja

travelog [ˈtrævəˌlag] s matkasta kertova diaesitys/filmi, (luento) matkakertomus

1 traverse [trəˈvərs] s **1** ylitys, kulkeminen jonkin yli/poikki *the traverse of the desert* aavikon ylitys

2 traverse v kulkea jonkin poikki/yli/kautta, ylittää, halkaista, halkoa *the railroad traverses the city* rautatie kulkee kaupungin halki *we traversed the river yesterday* ylitimme joen eilen

3 traverse adj poikittainen

travesty [trævəsti] s **1** ivamukaelma, travestia **2** (kuv) ivrikuva, täydellinen vastakohta *a travesty of justice* oikeuden irvikuva

1 trawl [traəl] s laahusnuotta, trooli

2 trawl v kalastaa laahusnuotalla, troolata

trawler s (alus) troolari

tray [treɪ] s tarjotin

treacherous [tretʃərəs] adj **1** petollinen, kavala, kiero **2** epäluotettava, petollinen, harhauttava, vaarallinen

treacherously adv **1** petollisesti, petollisen, kavalasti **2** epäluotettavasti, petollisesti, petollisen, vaarallisesti, vaarallisen

treachery [tretʃəri] s petos

treacle [trikəl] s **1** imelyys, tunteilu, sentimentaalisuus **2** (UK) siirappi

treacly adj (kuv) imelä, siirappinen

1 tread [tred] s **1** askel **2** askelma **3** (renkaan) kulutuspinta

2 tread v trod, trodden **1** astua, kävellä **2** astua, tallata (jonkin päälle)

1 treadle [tredəl] s (ompelukoneen, rukin ym) poljin

2 treadle v polkea

treadmill [ˈtredˌmɪl] s **1** polkumylly **2** (kuv) oravanpyörä

tread on

tread on v astua, tallata jonkin päälle
tread on someone's toes fr astua jonkun varpaille, loukata jotakuta
tread the boards fr näytellä, olla/toimia näyttelijänä
tread water fr (sl kuv) polkea paikallaan, huilata, kerätä voimia *for the past month, she has been treading water* viimeisen kuukauden ajan hän on polkenut/huovannut paikallaan
treason [trizɔn] s **1** maanpetos **2** petos; petollisuus, kavaluus
treasonable adj **1** maanpetoksellinen **2** petollinen, kavala
treasonous [trizɔnəs] adj **1** maanpetoksellinen **2** petollinen, kavala
1 treasure [treʒər] s aarre (myös kuv)
2 treasure v pitää suuressa arvossa, (muistoa) vaalia
treasurer [treʒərər] s (seuran) varainhoitaja, (kaupungin) kamreeri, rahoitusjohtaja (yrityksen) talouspäällikkö, (maan) valtiovarainministeri
treasure-trove ['treʒər,trouv] s (myös kuv) aarreaitta, aarrearkku
treasury [treʒəri] s **1** *Treasury* valtiovarainministeriö **2** (seuran) kassa **3** (kuv) aarreaitta
Treasury securities s (mon) valtion takaamia, valtiovarainministeriön liikkeelle laskemia arvopapereita
1 treat [trit] s **1** *it is my treat* minä tarjoan (ruuat, juomat) **2** *the new movie is a treat* uusi elokuva on loistava
2 treat v **1** kohdella *you have to treat her right* sinun on kohdeltava häntä oikein **2** suhtautua, pitää jonakin (as) **3** (potilasta) hoitaa **4** käsitellä (myös kuv) **5** tarjota (ateria, juomat)
treatise [tritəs] s tutkielma
treatment s **1** kohtelu, suhtautuminen, käsittely **2** (lääk) hoito
treaty [triti] s sopimus *a nuclear arms treaty* ydinase(iden rajoittamis)sopimus
1 treble [trebəl] s **1** (mus) sopraano **2** (mus) diskantti
2 treble v kolminkertaistaa
3 treble adj **1** kolminkertainen **2** (mus) sopraano **3** (mus) diskantti

tree [tri] s puu *family tree* sukupuu *Christmas tree* joulukuusi *to be up a tree* olla pulassa/pinteessä
treecreeper s (lintu) puukiipijä
tree line s (vuorenrinteen) puuraja
treelined ['tri,laɪnd] adj puiden reunustama
tree of knowledge of good and evil s hyvän ja pahan tiedon puu
tree shrew s (eläin) tupaija
1 trek [trek] s vaellus, (vaivalloinen) patikkamatka
2 trek v trekked, trekked, trekking: talsia, vaeltaa
1 tremble [trembəl] s vapina, värinä, tutina
2 tremble v vapista, väristä, tutista, hytistä
tremendous [trə'mendəs] adj **1** valtava, suunnaton **2** valtavan hyvä, loistava
tremendously adv valtavasti, valtavan, suunnattomasti, suunnattoman
tremor [tremər] s **1** puistatus, väristys **2** järistys
1 trench [trentʃ] s **1** (sot) taisteluhauta **2** kaivanto, (syvä) oja
2 trench v kaivaa taisteluhauta/taisteluhautoja, kaivautua asemiin
trench coat s (takki) trenssi
trench on v **1** loukata (esim jonkun oikeuksia) **2** haiskahtaa, näyttää, kuulostaa joltakin
1 trend [trend] s **1** suuntaus, suunta, taipumus, kehityssuunta **2** muoti
2 trend v suuntautua, kohdistua, kehittyä johonkin suuntaan
trendily adv muodikkaasti, viimeisen muodin mukaisesti
trendsetter ['trend,setər] s suunnannäyttäjä, edelläkävijä
trendsetting adj suuntaa näyttävä, uraauurtava
trendy adj muodikas, viimeisen muodin mukainen
1 trespass ['tres,pæs] s **1** (toisen oikeuksien, rauhan) loukkaus **2** luvaton tunkeutuminen jonnekin **3** synti, rikkomus
2 trespass v **1** loukata (jonkun oikeuksia, rauhaa) **2** tunkeutua luvatta jonne-

kin **3** tehdä syntiä, rikkoa jotakuta vastaan

trespasser s tunkeilija *trespassers will be prosecuted* luvaton oleskelu kielletty rangaistuksen uhalla

tress [tres] s **1** (mon) kiharat, hiukset **2** (hius)suortuva

trestle [tresəl] s **1** (kannatinteline) pukki **2** pukkisilta

trial [traɪəl] s **1** oikeudenkäynti **2** koetus, kokeilu, koe **3** yritys **4** koettelemus, vaikeus **5** *to be on trial* olla syytettynä oikeudessa; olla koeajalla, olla kokeiltavana

trial and error s yritys ja erehdys

trial balloon s koepallo (kuv), mielialan tunnustelu(yritys)

trial court s alioikeus

trial lawyer s asianajaja, lakimies

trial run s koekäyttö, koeajo, koe-esitys

trial separation s asumusero

triangle [ˈtraɪˌæŋgəl] s kolmio *the Bermuda triangle* Bermudan kolmio

Triangle (tähdistö) Kolmio

triangular [ˌtraɪˈæŋgjələr] adj kolmiomainen, kolmion muotoinen

triangulation [traɪˌæŋgjəˈleɪʃən] s kolmiomittaus

tribal [traɪbəl] adj heimo-

tribe [traɪb] s heimo

tribesman [traɪbzmən] s (mon tribesmen) heimon jäsen

tribespeople [ˈtraɪbzˌpipəl] s (mon) heimon jäsenet

tribunal [trəˈbjunəl traɪˈbjunəl] s tuomioistuin

tributary [ˈtrɪbjəˌteri] s sivujoki

tribute [trɪbjut] s **1** kunnianosoitus, kiitollisuudenosoitus **2** vero, pakkovero

1 trick [trɪk] s **1** temppu, huijaus, petos **2** taito, niksi *that should do the trick* sen pitäisi tepsiä **3** kepponen **4** näköharha **5** (sl) huoran asiakas

2 trick v huijata, puijata, pettää, narrata

trickery [trɪkəri] s huijaus, juonittelu, temppuilu

trick into v huijata/puijata/narrata joku tekemään jotakin

1 trickle [trɪkəl] s **1** tihkuminen **2** (kuv) *a trickle of people came to congratulate him* silloin tällöin joku kävi onnittelemassa häntä

2 trickle v **1** tihkua **2** (kuv) tulla/saada vähitellen

trickle-down theory [ˈtrɪkəlˌdaʊn] s teoria suuryrityksille myönnettävien verohelpotusten ja muiden helpotusten myönteisistä kerrannaisvaikutuksista muuhun elinkeinoelämään

trick of v huijata/puijata joltakulta jotakin

trick or treat [ˌtrɪkərˈtʃrit] s (pyhäinmiestenpäivän perinne jonka mukaan lapset kulkevat ovelta ovelle sanoen) kepponen/kuje vai makupala

trickster [trɪkstər] s **1** huijari, petturi **2** kujeilija

tricky adj **1** ovela, viekas, kavala **2** taitava, nokkela **3** hankala, vaikea

tricycle [traɪsəkəl] s kolmipyörä

tried [traɪd] ks try

1 trifle [traɪfəl] s **1** pikkuseikka, pikkuasia, sivuseikka, mitätön asia/esine **2** pikkusumma **3** *it's a trifle too long* se on hieman liian pitkä **4** eräänlainen kerrosjälkiruoka

2 trifle v **1** leikitellä (esim jonkun tunteilla) **2** hypistellä, näpelöidä

trifling adj mitätön, vähäpätöinen, (keskustelu) pinnallinen

1 trigger [trɪgər] s **1** liipaisin *to be quick on the trigger* (ark) olla nopea/äkkipikainen **2** laukaisin **3** (kuv) laukaiseva/käynnistävä tekijä, viimeinen pisara

2 trigger v **1** laukaista **2** käynnistää, aloittaa

trigger finger s **1** liipaisinsormi **2** etusormi

triglyceride [traɪˈglɪsəraɪd] s triglyseridi (kolme rasvahappoa sisältävä glyseridi)

trigonometric [ˌtrɪgənəˈmetʃrɪk] adj trigonometrinen

trigonometric function s trigonometrinen funktio

trigonometric series s (mon trigonometric series) trigonometrinen sarja

trigonometry [ˌtrɪgəˈnamətʃri] s trigonometria

trike [traɪk] s (ark) kolmipyörä

1 trill [trɪl] s **1** liverrys **2** (mus) liverre, trilli
2 trill v livertää
trilogy [ˈtrɪlədʒi] s trilogia
trim [trɪm] v **1** siistiä, viimeistellä (leikkaamalla), (puuta) karsia **2** (kuv) leikata, supistaa **3** koristella, koristaa, somistaa **4** (purjeita) sovittaa, trimmata, saattaa (laivan (paino)lasti) tasapainoon **5** (ark) moittia, haukkua, sättiä adj **1** siisti **2** hyväkuntoinen, joka on hyvässä kunnossa **3** hoikka, solakka
trim your sails fr leikata kustannuksia, vähentää kuluja/menoja, säästää, kiristää vyötä
Trinidad and Tobago [ˌtrɪnədædəntəˈbeɪɡoʊ] Trinidad ja Tobago
Trinitron® [ˈtrɪnəˌtran] Sonyn valmistama kuvaputkityyppi
Trinity [ˈtrɪnəti] s **1** (Pyhä) kolminaisuus **2** *trinity* kolmikko, kolmen ryhmä
trinket [ˈtrɪŋkət] s rihkama(esine)
trio [ˈtrioʊ] s **1** (mus) trio **2** kolmikko, kolmen ryhmä
1 trip [trɪp] s **1** matka *round trip* meno-paluumatka **2** kompastuminen **3** kömmähdys **4** (sl) hurmio, (esim huume)trippi
2 trip v **1** kompastua **2** tehdä kömmähdys **3** sipsuttaa
tripartite [traɪˈpɑrˌtaɪt] adj kolmiosainen, kolmen osapuolen
1 triple [ˈtrɪpəl] s kolminkertainen määrä
2 triple v kolminkertaistaa, kolminkertaistus
3 triple adj kolmiosainen, kolmenlainen, kolminkertainen
triplets [ˈtrɪpləts] s (mon) kolmoset
triplicate [ˈtrɪplɪkət] s yksi kolmesta jäljennöksestä/kappaleesta *to type something in triplicate* kirjoittaa jotakin kolmena kappaleena adj kolmiosainen, kolmena kappaleena tehty, kolminkertainen
triplicate [ˈtrɪpləˌkeɪt] v kolminkertaistaa, tehdä kolmena kappaleena
tripod [ˈtraɪˌpɑd] s kolmijalka, jalusta
trip the light fantastic fr mennä/lähteä tanssimaan

trip up v kampata, saada kompastumaan (myös kuv)
trite [traɪt] adj kulunut, lattea, väljähtänyt
tritely adv kuluneesti, latteasti
triteness s kuluneisuus, latteus
1 triumph [ˈtraɪəmf] s **1** voitto, saavutus, riemuvoitto **2** riemusaatto, voittojuhla
2 triumph v **1** voittaa, menestyä **2** riemuita, juhlia
triumphal [traɪˈʌmfəl] adj **1** voitto-, riemu- **2** riemuisa, riemukas
triumphal arch s riemukaari
triumphant [traɪˈʌmfənt] adj **1** voittoisa, menestykseksäs **2** riemuisa, riemukas
triumphantly adv **1** voittoisasti, menestyksekkäästi **2** riemuisasti, riemukkaasti
trivial [ˈtrɪviəl] adj **1** mitätön, merkityksetön, vähäpätöinen **2** tavallinen, arkinen, lattea, kulunut
triviality [ˌtrɪviˈæləti] s **1** mitättömyys, vähäpätöisyys **2** arkisuus, latteus, kuluneisuus
trivialize [ˈtrɪviəˌlaɪz] v tehdä mitättömäksi, esittää mitättömäksi, latistaa
trivially adv ks trivial
trod [trad] ks tread
trodden ks tread
troglodyte [ˈtrɑɡləˌdaɪt] s **1** luola-asukas **2** (halv) luolaihminen
1 Trojan s troijalainen
2 Trojan adj troijalainen
Trojan horse s Troijan hevonen
troll [trol] s peikko
trolley s (UK) **2** ostoskärryt **3** matkalaukkukärryt **4** tarjoiluvaunu **5** (pyörälliset) paarit **6** (US) raitiovaunu
trolley bus [ˈtrɑliˌbʌs] s johdinauto, trolleybussi
trolley car s (US) raitiovaunu
trombone [ˌtrɑmˈboʊn] s pasuuna *slide trombone* vetopasuuna
trombonist s pasuunansoittaja, pasunisti
1 troop [trup] s **1** joukko, ryhmä **2** (ratsuväessä) eskadroona **3** (mon sot) joukot
2 troop v **1** kokoontua, kerääntyä yhteen **2** ahtautua, tunkeutua jonnekin **3** kävellä, marssia (jonossa)

trooper s **1** ratsuväen sotilas **2** ratsupoliisi **3** osavaltion poliisi (myös *state trooper*) **4** *like a trooper* kuin sotilas, tarmokkaasti, innokkaasti

trophy [troʊfi] s **1** sotasaalis; voitonmerkki **2** palkinto, palkintomalja, pokaali

tropic [trapɪk] s **1** kääntöpiiri *the Tropic of Cancer* Kravun kääntöpiiri *the Tropic of Capricorn* Kauriin kääntöpiiri **2** (mon) tropiikki adj trooppinen

tropical adj trooppinen, tropiikin

troposphere ['trapəsˌfɪər] s troposfääri

1 trot [trat] s **1** (hevosen) ravi **2** (ihmisen) hölkkä **3** (ark) *the trots* ripuli

2 trot v **1** (hevonen) ravata, juosta ravia, (hevosella) ratsastaa ravia **2** (kuv) ravata, kävellä nopeasti, juosta, hölkätä

trot out v **1** tuoda esiin, tuoda nähtäväksi **2** lasketella, kertoa

1 trouble [trʌbəl] s vaikeus, hankaluus, vaiva (myös sairaus), häiriö, kiusa, harmi, murhe *we're in trouble* olemme pulassa *he's again looking for trouble* hän tekee elämänsä tahallaan vaikeaksi, hän kaivaa taas verta nenästään (sl) *Arnold got the girl in trouble* Arnold pamautti tytön paksuksi (sl) *what's the trouble with you?* mikä sinua vaivaa?

2 trouble v vaivata, hankaloittaa, häiritä, kiusata, harmittaa *don't trouble him, he's working* älä häiritse häntä, hänellä on työt kesken

troubled waters s (mon) sekasorto, myllerrys, vaikeudet

troublemaker ['trʌbəlˌmeɪkər] s rettelöitsijä, riitapukari, hankala tapaus (ark)

trouble over v murehtia jostakin, olla huolissaan jostakin

troubleshooter ['trʌbəlˌʃutər] s **1** (riita-asiassa) välittäjä **2** vianetsijä, korjaaja

troublesome [trʌbəlsəm] adj vaikea, hankala, ongelmallinen, pulmallinen

trouble spot s ongelmapesäke

trough [traf] s **1** kaukalo, purtilo **2** kouru, ränni **3** syvennys, ura, vako **4** aallonpohja (myös kuv)

trounce [traʊns] v **1** piestä, hakata (myös kuv:) voittaa **2** rangaista

troupe [trup] s (teatteri- ym) seurue

trouser adj housujen, housun-

trousers [traʊzərz] s (mon) housut

trout [traʊt] s (mon trouts, trout) taimen; kirjolohi; nieriä, rautu

1 trowel [traʊəl] s **1** muurauslasta **2** (puutarhassa) istutuskauha

2 trowel v tasoittaa, levittää (muurauslastalla)

Troy [trɔɪ] Troija

truancy s luvaton poissaolo, pinnaus (ark), lintsaus (ark)

truant [truənt] s (koulussa, työssä) luvaton poissaolija, pinnari (ark), lintsari (ark) adj joka on luvattomasti poissa koulusta/työstä

truant officer s (koulussa) luvattomien poissaolojen tutkija, valvoja

truce [trus] s **1** aselepo **2** (kuv) hengähdystauko, tauko, helpotus

1 truck [trʌk] s **1** kuorma-auto; rekka-auto **2** työntökärryt **3** (UK rautateillä) avoin tavaravaunu **4** vihannekset (kauppatavarana) **4** palkan maksaminen luontoisetuina, trukkijärjestelmä

2 truck v **1** kuljettaa (kuorma-autolla), ajaa kuorma-autoa **2** kärrätä, työntää (käsi)kärryillä

truckdriver ['trʌkˌdraɪvər] s kuorma-auton kuljettaja, rekka-auton kuljettaja, rekkakuski

trucker s **1** kuorma-auton kuljettaja, rekka-auton kuljettaja, rekkakuski **2** huolitsija **3** vihannesviljelijä, vihannespuutarhuri

truck farm s vihannesviljelys, vihannespuutarha

truckload [trʌkloʊd] s autokuorma, autokuormallinen

truck stop s rekka-autojen huoltoasema (jonka yhteydessä on usein ravintola ja motelli)

truck system s palkan maksaminen luontoisetuina, trukkijärjestelmä

truck tractor s (rekan) vetoauto

1 trudge [trʌdʒ] s vaivalloinen kävely

2 trudge v tarpoa, rämpiä

true [tru] adj **1** tosi *is it true?* onko se totta? **2** aito, vilpitön, todellinen, tosi *a true friend* tosi ystävä *a true gentleman* todellinen herrasmies **3** tarkka, oikea;

true believer

suora *the watch is not true* kello on väärässä **4** uskollinen, luotettava adv **1** tarkasti, oikein **2** *his dream has come true* hänen haaveensa on toteutunut
true believer s **1** *he's a true believer in discipline* hän uskoo vahvasti kuriin **2** kiihkoilija
true-blue adj uskollinen, luotettava, järkkymätön
true-false test s (koulussa) oikein-väärin-koe
true level s vaakataso
truffle [trʌfəl] s tryffeli, multasieni
truly adv **1** todella, vilpittömästi **2** uskollisesti **3** *yours truly* (kirjeessä) kunnioittaen, (liikekirjeessä myös) ystävällisin terveisin
1 trump [trʌmp] s **1** (korttipelissä) valtti **2** (ark) hieno ihminen
2 trump v **1** (korttipelissä) ottaa valtilla, voittaa kierros **2** ylittää, voittaa, jättää jälkeensä/varjoonsa
1 trumpet [trʌmpət] s **1** trumpetti **2** törähdys
2 trumpet v **1** puhaltaa (trumpettia) **2** töräyttää, törähtää **3** ylistää, toitottaa, mainostaa
trumpeter s **1** trumpetisti, trumpetinsoittaja **2** (merkki)torvensoittaja **3** ylistäjä, toitottaja, mainostaja
trump up v keksiä, sepittää
truncate [trʌŋkeɪt] v typistää, lyhentää, leikata, katkaista
truncated adv typistetty, tylppä, lyhennetty, katkaistu
truncheon [trʌntʃən] s (poliisin) pamppu, patukka
trunk [trʌŋk] s **1** (puun)runko **2** (matkatai muu) arkku **3** (auton) tavaratila **4** vartalo (ilman raajoja ja päätä) **5** norsun kärsä **6** (mon) sortsit *swimming trunks* uimahousut **7** (puhelinliikenteessä) kaukojohto
trunk call s (UK) kaukopuhelu
trunk line s **1** päätie **2** (puhelinliikenteessä) kaukojohto
1 truss [trʌs] s tukirakenne, (tuki)ristikko
2 truss v **1** sitoa, niputtaa **2** tukea
1 trust [trʌst] s **1** luottamus *he placed his trust in her* hän luotti naiseen **2** toivo,

usko **3** tuki, turva **4** huosta *the millionaire left all his money in the trust of lawyers* miljonääri jätti kaikki rahansa lakimiesten valvontaan/huostaan **5** huostaan uskottu omaisuus; säätiö; rahasto **6** (tal) trusti
2 trust v **1** luottaa *trust me, I'm not lying* luota minuun, minä en valehtele **2** uskoa, toivoa, olettaa *I trust you're satisfied with your pay?* sinä olet ilmeisesti tyytyväinen palkkaasi?
trustee [trʌsˈti] s **1** (säätiön) hallituksen jäsen **2** luottamusmies, uskottu mies
trust fund s huostaan uskottu omaisuus; säätiö; rahasto
trustily adv luotettavasti, varmasti, uskollisesti
trust in v luottaa johonkin, uskoa johonkin
trusting adj luottavainen; hyväuskoinen
trustless adj epäluuloinen
trust to v laskea jonkin varaan, luottaa johonkin
trustworthy [ˈtrʌstˌwɜrði] adj luotettava
trusty adj luotettava, varma, uskollinen
truth [truθ] s totuus *in truth* todellisuudessa, oikeastaan, totta puhuen
truthful adj rehellinen, luotettava, paikkansa pitävä, totuudenmukainen, todenmukainen, (muotokuva) näköinen, realistinen
truthfully adv rehellisesti, luotettavasti, totuudenmukaisesti, todenmukaisesti, realistisesti
truthfulness s rehellisyys, luotettavuus, todenmukaisuus, (muotokuvan) näköisyys, realistisuus
1 try [traɪ] s yritys *why don't you give it a try?* kokeile nyt sitä! *to give it the old college try* (ark) yrittää tosissaan, panna parastaan
2 try v tried, tried **1** yrittää *try to be nice to her* yritä olla hänelle ystävällinen **2** kokeilla *you should try jogging, it helps you relax* sinun pitäisi käydä kokeeksi lenkillä, se rentouttaa **3** maistaa *have you tried Mexican cooking yet?* joko olet maistanut meksikolaista ruokaa? **4** koetella, panna koetteille **5** (lak)

tumult

syyttää jotakuta oikeudessa, tuomita/ratkaista (juttu)
trying adj vaikea, raskas, koetteleva
try on v sovittaa, kokeilla päälleen
try on for size fr **1** sovittaa/kokeilla (vaatetta) **2** (kuv) harkita, miettiä, pohtia
tryout ['traɪˌaʊt] s **1** kokeilu, koe, valintatilaisuus **2** (näytelmän) ennakkonäytäntö
try out v kokeilla, (autoa) koeajaa
try out for v pyrkiä johonkin (esim urheilujoukkueeseen)
tsetse fly ['titsiˌflaɪ] s tsetsekärpänen
T-shirt ['tiːˌʃərt] s T-paita
tspn. *teaspoonful* teelusikallinen
T square ['tiːˌskweər] s (T:n muotoinen) kulmaviivain
tsunami [tsʊˈnɑːmi] s tsunami, maanjäristyksen tai tulivuorenpurkauksen aiheuttama hyökyaalto
TTL *through-the-lens; transistor-transistor logic*
TTTT (tekstiviestissä, sähköpostissa) *to tell the truth*
TTYL (tekstiviestissä, sähköpostissa) *talk to you later*
Tu. *Tuesday* tiistai
tub [tʌb] s **1** kylpyamme **2** sammio, amme, allas, soikko, saavi
tuba [tuːbə] s tuuba
tube [tub] s **1** putki, letku *to go down the tube* (ark) mennä läskiksi, mennä pöntöstä alas **2** purso, tuubi **3** *inner tube* (auton ym) sisärengas **4** elektroniputki **5** (ark) telkkari, televisio, (halventavasti) pötyputki **6** (UK) maanalainen, metro
tubeless tire s sisärenkaaton (ilma)rengas
tuber [tubər] s (kasvi) juurimukula
tuberculosis [təˌbərkjəˈloʊsɪs] s tuberkuloosi
tuber vegetables s (mon) juurimukulat
tube sock s putkisukka
tubular [tubjələr] adj putkimainen, putki-
TUC *Trades Union Congress*
1 tuck [tʌk] s laskos

2 tuck v **1** työntää, pistää, panna **2** taivuttaa, taittaa; laskostaa
tuck in v **1** taivuttaa, työntää (esim roikkuva paidanlieve housun) sisään **2** peittää (esim lapsi) vuoteeseen **3** (UK ark) (syödä, juoda) ahmia, ahnehtia, mässäillä
tuck into v pistää poskeensa, käydä käsiksi (ruokaan)
Tue. *Tuesday* tiistai
Tuesday [tuzdi, 'tuzˌdeɪ] s tiistai
Tuesdays adv tiistaisin
tuft [tʌft] s tupsu, kimppu
tufted deer [tftəd] s tupsuhirvi
1 tug [tʌg] s **1** kiskaisu, veto, nykäisy **2** (kuv) köydenveto, kilpailu, mittely **3** hinaaja(-alus)
2 tug v kiskoa, hinata, vetää, nykiä
tugboat ['tʌgˌboʊt] s hinaaja(-alus)
tug of war ['tʌgəˌwɔr] s köydenveto (myös kuv)
tuition [tuˈɪʃən] s **1** lukukausimaksu **2** opetus
tulip [tulɪp] s tulppaani
Tulsa [təlsə] kaupunki Oklahomassa
1 tumble [tʌmbəl] s kaatuminen, putoaminen
2 tumble v **1** kaatua, kaataa, pudota, pudottaa, lentää (ark) *he tumbled down the stairs* hän kaatui/lensi portaissa **2** vyöryä, poukkoilla **3** (kuv) (vallanpitäjä) kaatua, kaataa, syöstä (vallasta), (hinnat) laskea, pudota **4** mennä/tulla hätäisesti/kiireisesti, pursuta (ovesta)
tumble-down ['tʌmbəlˌdaʊn] adj ränsistynyt
tumble-dry [tʌmbəlˈdraɪ] v kuivata (pyykkiä) (rumpu)kuivauskoneessa, (hoito-ohjeissa) rumpukuivaus
tumbler s **1** (paksupohjainen) lasi, vesilasi, viskilasi **2** (lukon) salpa **3** voimistelutaituri, akrobaatti
tumble to v (ark) törmätä johonkin, huomata/saada selville sattumalta
tummy [tʌmi] s (ark) masu, maha
tumor [tumər] s **1** turpoama **2** kasvain, syöpä
tumult [tuməlt] s **1** metakka, meteli, äläkkä, kahakka, (tappelun) nujakka **2** (kuv) myllerrys, kuohu

tumultuous [tʊ'məltʃʊəs] adj meluisa, mellakoiva, rähinöivä, (myönteisesti:) railakas
tuna [tunə] s **1** tonnikala **2** opuntia(kaktus) (myös sen syötäväksi kelpaava hedelmä)
tundra [tʌndrə tundrə] s tundra
1 tune [tun] s **1** sävelmä, melodia *to call the tune* määrätä, olla määräävässä asemassa *to change your tune* tulla toisiin aatoksiin, muuttaa mielensä *since the accident, she's been singing a different tune* onnettomuuden jälkeen hänellä tuli toinen ääni kelloon **2** vire, viritys *the piano is in tune/out of tune* piano on (oikeassa) vireessä/epävireessä **3** *the government is wasting money to the tune of billions a day* valtio tuhlaa päivittäin miljardeja dollareita
2 tune v virittää (soitin, radio/televisio)
tuneful adj melodinen
tune in v virittää (radio/televisiovastaanotin)
tune out v (kuv) lakata kuuntelemasta (jonkun puhetta)
tuner s **1** virittäjä **2** viritin
tune up v **1** virittää (soittimet) **2** ruveta laulamaan **3** huoltaa (auton moottori)
tunic [tunɪk] s tunika
tuning fork s äänirauta
Tunisia [tʊ'nɪʒə] Tunisia
Tunisian s, adj tunisialainen
1 tunnel [tʌnəl] s tunneli
2 tunnel v **1** rakentaa/kaivaa tunneli jonnekin/jonkin ali **2** kaivautua, porautua jonkin alitse/lävitse
tunnel effect s (fysiikassa) tunneli-ilmiö
tunnel of love s (huvipuiston yms) lemmentunneli
tunnel vision s **1** (lääk) näkökentän supistuminen **2** (kuv) ahdasmielisyys, ennakkoluuloisuus, suvaitsemattomuus
turaco s (lintu) turako *great blue turaco* keisariturako
turban [tərbən] s turbaani
turbine [tərbən] s turbiini
turbo [tərboʊ] s **1** turbiini **2** (ark) turboahdin, turbo **3** (ark) auto jonka moottorissa on turboahdin, turbo

turbocharger ['tərboˌtʃardʒər] s turboahdin
turboprop ['tərboˌprap] s **1** potkuriturbiinimoottori **2** potkuriturbiini(lento)kone
turbo-propeller engine [ˌtərboʊprə'pelər] s potkuriturbiinimoottori
turbulence [tərbjələns] s **1** (kuv) myrskyisyys, kiihkeys, levottomuus **2** pyörteisyys, turbulenssi
turbulent [tərbjələnt] adj (kuv) myrskyisä, myrskyinen, kuohuva, kiihkeä, levoton, raju
turbulently adj (kuv) myrskyisästi, kiihkeästi, levottomasti, rajusti
tureen [tʊ'rin] s liemimalja
turf [tərf] s **1** nurmiturve **2** (poltto)turve **3** (sl) kotikontu, tuttu alue *French movies are her turf* ranskalaiset elokuvat ovat hänen heiniään
Turk [tərk] s tukkilainen
Turkey [tərki] Turkki
turkey [tərki] s **1** kalkkuna **2** (sl) mäntti, nuija, hölmö **3** *to go cold turkey* lopettaa esim huumeen käyttö kerralla, panna kerrasta poikki; ryhtyä kylmiltään johonkin **4** *to talk turkey* (ark) puhua suoraan, ei siekailla
Turkish s turkin kieli adj turkkilainen, turkinkielinen
Turkish bath [ˌtərkɪʃ'bæθ] s turkkilainen sauna/kylpy
Turkmenistan [ˌtərk'menəstan] Turkmenistan
Turks and Caicos Islands [ˌtərksənˈkaɪkoʊs, ˌkeɪkoʊs] (mon) Turks- ja Caicossaaret
turmoil [tərmɔɪəl] s myllerrys, mullistus, sekasorto, sekaannus *the whole country was in turmoil* koko maa oli mullistuksen kourissa
1 turn [tərn] s **1** pyörähdys, kierto, käännös **2** (tien ym) mutka, kaarre **3** vuoro *it's your turn* nyt on sinun vuorosi *to do something by turns* vuorotella, tehdä jotakin vuorotellen *in turn* vuorollaan, vuorostaan, ajallaan *to take turns* vuorotella, tehdä jotakin vuorotellen **4** käänne *things took a turn for the worse* asiat kääntyivät huonompaan päin *at every*

turn joka käänteessä/vaiheessa, jatkuvasti **5** *he didn't do a hand's turn* hän ei liikauttanut eväänsäkään, hän ei pannut tikkua ristiin

2 turn v **1** kääntää, kääntyä, kiertää, kiertyä, pyörittää, pyöriä *turn clockwise* kierrä myötäpäivään *to turn right/left* kääntyä vasempaan/oikeaan *to turn a page* kääntää sivua **2** torjua (isku, hyökkäys) **3** muuttaa, muuttua joksikin *he has turned into a monster* hänestä on tullut hirviö *to turn pale* valahtaa kalpeaksi **4** kuvottaa *it turns my stomach to hear talk like that* tuollaiset puheet ällöttävät minua **5** tulla johonkin ikään *she turned eighty last month* hän täytti viime kuussa 80 **6** kääntää *to turn a book into French* kääntää kirja ranskaksi, ranskantaa kirja **7** sorvata

turn a blind eye to fr ei olla huomaavinaankaan jotakin, katsoa jotakin läpi sormien

turn about v kääntyä, kääntää adv vuorotellen

turn a cold shoulder to fr kohdella kylmästi/tylysti

turn a deaf ear to fr ei ottaa jotakin kuuleviin korviinsa

turn and turn about fr vuorotellen

turnaround ['tərnə,raʊnd] s (täydellinen) käänne, mielipiteen/menettelyn muutos

turnaround time s (tietok) läpimenoaika

turn back v **1** kääntyä/käännyttää takaisin **2** taittaa (kaksin kerroin)

turncoat ['tərn,koʊt] s (esim puolue)loikkari

turn color fr vaihtaa väriä, muuttua toisen väriseksi

turndown ['tərn,daʊn] s hylkäävä/kielteinen vastaus

turn down v **1** hylätä, ei hyväksyä **2** taittaa (kaksin kerroin) **3** vähentää, hiljentää, vaimentaa

turner s sorvaaja, sorvari

turn in v **1** jättää (sisään esim hakemus), luovuttaa, antaa **2** antaa ilmi, kavaltaa **3** poiketa (tieltä) **4** (ark) painua pehkuihin, mennä nukkumaan

turning s **1** (tien)risteys **2** (tien) mutka **3** sorvaus, sorvaaminen

turning point s käänne(kohta)

turn into v **1** muuttua/muuttaa joksikin **2** kääntyä jonnekin

turn in your grave fr kääntyä haudassaan

turnip [tərnɪp] s nauris

turnkey ['tərn,ki] s vanginvartija adj joka myydään avaimet käteen -periaatteella

turn loose fr vapauttaa, päästää vapaaksi

turnoff ['tərn,af] s **1** (moottoritien) haarautuma **2** sivutie **3** (sl) tympeä juttu/asia/esine

turn off v **1** sammuttaa (laite, valo, tuli), katkaista (virta), sulkea (hana) **2** kääntyä, poiketa (tieltä)

turn of the century s vuosisadan vaihde

turn-of-the-century adj vuosisadan vaihteen

turnon ['tərn,an] s (sl) makea/rautainen/kiihottava ihminen/juttu/asia/esine

turn on v **1** käynnistää (laite), kytkeä päälle (laite, virta), sytyttää (valo), avata (hana) **2** (kuv sl) saada innostumaan/syttymään (myös sukupuolisesti) **3** heittäytyä joksikin, ruveta esittämään jotakin **4** riippua jostakin *the whole thing turns on whether he is lying or not* koko asia riippuu siitä, puhuuko hän totta

turn out v **1** katkaista, sammuttaa (valo) **2** tehdä, valmistaa **3** päättyä jotenkin, käydä jotenkin, osoittautua joksikin *although he was never good at school, he turned out okay* hän on pärjännyt (ark) ihan hyvin vaikka ei menestynytkään koulussa *it turned out to be a false alarm* kävi ilmi että kyseessä oli väärä hälytys **4** saapua, ilmestyä jonnekin

turn over v **1** kääntää, kääntyä **2** luovuttaa, antaa jollekulle *he turned over the stolen merchandise to the cops* hän luovutti varastetut tavarat poliisille **3** miettiä, pohtia **4** (moottori) käynnistyä

turnover ['tərn,oʊvər] s **1** mullistus, murros **2** asiakasvirta **3** työntekijöiden

turn over a new leaf

vaihtuvuus **4** liikevaihto **5** (urh) pallon/pelivuoron menetys
turn over a new leaf fr (kuv) aloittaa alusta, tehdä uusi alku, aloittaa uusi elämä(nvaihe)
turn over in your grave fr kääntyä haudassaan
turnpike ['tərnˌpaɪk] s (usein maksullinen) moottoritie
turn signal s (auton ym) suuntavilkku
turnstile ['tərnˌstaɪəl] s kääntöportti
turntable ['tərnˌteɪbəl] s **1** levysoitin (ilman äänivartta) **2** (rautateillä) kääntöpöytä
turn tail fr (ark) karata, livistää, ottaa jalat alleen
turn the clock back fr palata menneisyyteen
turn the other cheek fr kääntää toinen(kin) poskensa
turn the scales fr muuttaa tilanne *your vote turned the scales in our favor* sinun äänesi käänsi tilanteen meidän eduksemme
turn the tables fr kääntää tilanne päälaelleen/edukseen, vaihtaa osia
turn the tide fr muuttaa tilanne, jonkun onni kääntyy
turn the trick fr (ark) tepsiä *that should turn the trick* sen pitäisi tepsiä
turn thumbs down on fr ei hyväksyä, ei suostua
turn to v **1** muuttaa/muuttua joksikin **2** kääntyä jonkun puoleen, pyytää joltakulta apua **3** panna hihat heilumaan, ruveta töihin
turn traitor fr ruveta petturiksi
turn turtle fr kääntyä ylösalaisin/katolleen
turn up v **1** löytää, löytyä, saada selville **2** lisätä, voimistaa **3** sattua, tapahtua **4** saapua, ilmestyä paikalle
turn upon v suuttua yhtäkkiä jollekulle, kääntyä yhtäkkiä jotakuta vastaan
turn up your nose at fr nyrpistää nenäänsä jollekulle/jollekin
turn up your toes fr (sl) heittää veivinsä, potkaista tyhjää, kuolla
turn your hand to fr paneutua johonkin, ruveta tekemään jotakin

turpentine ['tərpənˌtaɪn] s tärpätti
turquoise ['tərˌkwɔɪz] s, adj turkoosi, sinivihreä (väri)
turret [tərət] s **1** (pieni) torni **2** tykkitorni
turtle [tərtəl] s **1** kilpikonna **2** (ei ammattikielessä) vesikilpikonna (vrt tortoise) **3** *to turn turtle* kaatua ylösalaisin/katolleen
turtleneck ['tərtəlˌnek] s **1** poolokaulus **2** poolopaita
Tuscany [tʌskəni] Toscana
tusk [tʌsk] s (norsun, mursun) syöksyhammas
1 tussle [tʌsəl] s käsikähmä, kahakka, yhteenotto
2 tussle v tapella, kahinoida
tussock [tʌsək] s (ruoho)mätäs
tut [tʌt] interj (ilmaisee esim vastenmielisyyttä tai tyytymättömyyttä) hyh!, voi!
1 tutor [tutər] s **1** opettaja; yksityisopettaja **2** (US) assistentti **3** opintoluotsi **4** holhooja
2 tutor v **1** opettaa, antaa opetusta **2** holhota, olla jonkun holhooja **3** valmentaa (salaa), selittää mitä jonkun pitää/kannattaa sanoa myöhemmin
tutorial [tʊ'tɔriəl] s **1** seminaari; yksityistunti **2** (tietok) (ohjelmaan tutustuttava) opasohjelma **3** (tietok) (ohjelmaan tutustuttava) opas(kirja)
tutti-frutti [ˌtuti'fruti] s sekahedelmähillo; sekahedelmäkaramelli; sekahedelmäjäätelö
tut-tut [tʌtˌtʌt] ks tut
tutu [tutu] s tutu, ballerinan (lyhyt) hame
tux [tʌks] s (ark) smokki
tuxedo [tʌk'sidoʊ] s (mon tuxedos) smokki
TV [ti'vi] s televisio
TVA *Tennessee Valley Authority*
tv console [ti'viˌkansəʊl] s (lattialla seisova) kaappitelevisio
tv dinner [ˌtivi'dɪnər] (mikrossa lämmitettävä) pakasteateria, valmisateria
TVP *textured vegetable protein*
1 twang [twæŋ] s **1** (teko ja ääni) näppäys **2** honotus *he speaks with a Texas twang* hän honottaa texasilaisittain

2 twang v **1** näpätä, näppäillä (soittimen kieliä) *he was twanging his guitar* hän näppi kitaraansa **2** honottaa
'twas [twz] *it was*
1 tweak [twik] s nipistys, kiskaisu, vääntö
2 tweak v **1** nipistää, kiskaista, vääntää **2** (tekn) hienovirittää
tweed [twid] s **1** (kangas) tweed **2** (mon) tweedvaatteet
Tweety [twiti] (sarjakuvahahmo) Tipi
tweezers [twizərz] s (mon) pinsetit, atulat *a pair of tweezers* pinsetit, atulat
twelfth [twelfθ] s, adj kahdestoista
Twelfth Day s loppiainen
Twelfth Night s loppiaisaatto
twelve [twelv] s, adj kaksitoista
twentieth s, adj kahdeskymmenes
twenty [twenti, tweni] s **1** kaksikymmentä **2** *twenties* (mon) *they live in the twenties* he asuvat 10.–19. kadun välillä *tomorrow, temperatures will be in the mid-to-high twenties* huomenna lämpötila on 24–29 asteen paikkeilla *in the roaring twenties* iloisella 20-luvulla **3** (sl) kaksikymppinen, kahdenkymmenen dollarin seteli adj kaksikymmentä
twentysomething ['tweni‚sʌmθiŋ] adj kakskyt ja risat
'twere [twər] *it were*
twice [twaɪs] adv kahdesti, kaksi kertaa *you should think twice before you quit your job* sinun sietää miettiä kahdesti/toisenkin kerran ennen kuin eroat työstäsi
twiddle [twɪdəl] v käännellä, väännellä
twiddle your thumbs fr pyörittää peukaloitaan, olla toimettomana
twig [twɪg] s (pieni) oksa, ritva
twilight ['twaɪ‚laɪt] s **1** iltahämärä **2** (harvinaisempi) aamuhämärä **3** ilta (myös kuv)
twilight zone s (kuv) rajamaa
twill [twɪl] s (kangas) toimikas
twin [twɪn] s **1** kaksonen, kaksoissisar, kaksoisveli **2** (yksi) iso vuode **3** kahden hengen (hotelli/motelli)huone adj kaksos-, kaksois-
twin bed s kaksi erillistä vuodetta (esim hotellihuoneessa)

Twin Cities s St. Paulin ja Minneapolisin kaupungit Minnesotan osavaltiossa
twinflower s vanamo
1 twinge [twɪndʒ] s **1** vihlaisu, pisto, äkillinen vihlova kipu **2** (omantunnon ym) pisto
2 twinge v vihlaista, vihloa, pistää
twinjet ['twɪn‚dʒet] s kaksimoottorinen suihkukone
1 twinkle [twɪŋkəl] s **1** pilkahdus, pilke, tuike **2** hetki, silmänräpäys
2 twinkle v pilkahtaa, tuikahtaa, säkenöidä
Twins (tähdistö) Kaksoset
twin-size adj (vuodekoko) 99 cm x 191 cm
1 twirl [twərəl] s pyörähdys; pyörre
2 twirl v **1** pyörittää, pyöriä **2** (savu) tupruta
1 twist [twɪst] s **1** mutka, kierre **2** kierto, pyörähdys, käännös **3** (tilanteen ym) käänne, muutos **4** piirre, taipumus
2 twist v **1** punoa *to twist a rope* punoa köyttä **2** kiertää, kiertyä, vääntää, vääntyä **3** kiemurrella, vääntelehtiä, mutkitella **4** (myös kuv) vääristää, vääristyä, vääntää, vääntyä, kieroutua *don't twist my words* älä vääntele sanojani
twist someone's arm fr yrittää pakottaa joku johonkin, vaatimalla vaatia
1 twit [twɪt] s **1** kiusoittelu **2** (ark) mäntti, nuija
2 twit v härnätä, kiusata, kiusoitella
1 twitch [twɪtʃ] s **1** värve, säpsähdys, vavahdus **2** nykäisy, kiskaisu **3** pisto (myös kuv)
2 twitch v **1** nyppiä, nykiä, nykäistä, kiskaista **2** säpsähtää, vavahtaa **3** nipistää, nipistellä
1 twitter [twɪtər] s **1** viserrys **2** hermostuneisuus
2 twitter v **1** (lintu) visertää **2** livertää (joutavia) **3** hihittää, kikattaa
two [tu] s kaksi *the guy can't put two and two together* hän ei tajua mistä tässä on kyse *she cut the loaf in two* hän leikkasi leivän kahtia adj kaksi
2 (tekstiviestissä, sähköpostissa) *to*
two-bit [‚tu'bɪt] adj (sl) mitätön, vähäpätöinen, kurja, viheliäinen

two cents worth

two cents worth fr mielipide *can I put in my two cents worth?* saanko sanoa mielipiteeni/mitä minä ajattelen?
two-cycle ['tu͵saɪkəl] adj kaksitahtinen
two-dimensional [͵tudɪ'menʃənəl] adj kaksiulotteinen
two-edged [͵tu'edʒd] adj kaksiteräinen *a two-edged sword* kaksiteräinen miekka (myös kuv:) kaksipiippuinen juttu
two-handed [͵tu'hændəd] adj **1** kaksikätinen **2** molempikätinen, vasen- ja oikeakätinen **3** (esim miekka) kahden käden
twolegged [͵tu'legəd] adj kaksijalkainen
two-party system ['tu͵parti] s kaksipuoluejärjestelmä
two-piece ['tu͵pis] adj kaksiosainen
two-seater [͵tu'sitər] s kaksipaikkainen auto tms
twosome [tusəm] s pari, parivaljakko
two-time ['tu͵taɪm] v (sl) seurustella yhtä aikaa kahden henkilön kanssa (näiden toisistaan tietämättä)
two-time loser s (sl) **1** joku joka on tuomittu vankilaan kahdesti **2** joku joka on epäonnistunut jossakin kahdesti
two-tone ['tu͵toʊn] adj kaksivärinen
two-way ['tu͵weɪ] adj kaksisuuntainen, kahdensuuntainen, edestakainen
two ways about it *there's no two ways about it* asia on (harvinaisen) selvä, sehän on selvä, siitä ei ole epäilystäkään
two-wheeler ['tu͵wilər] s kaksipyöräinen
TX *Texas*
TYCLO *turn your caps lock off*
tycoon [taɪ'kun] s pohatta *real-estate tycoon* kiinteistömiljonääri
1 type [taɪp] s **1** laji, tyyppi *different types of shoes* erilaisia/erityyppisiä kenkiä *some type of engine* jonkinlainen moottori **2** (ark) tyyppi, heppu **3** (kirjapainossa) kirjake; kirjasinlaji *English examples in this book are printed in italic type* tämän kirjan englanninkieliset esimerkit on ladottu kursiivilla, kursivoitu
2 type v kirjoittaa (kirjoitus/tieto)koneella

Type A [͵taɪp'eɪ] s (pingottunut persoonallisuustyyppi) A-tyyppi
Type B [͵taɪp͵bi] s (rento persoonallisuustyyppi) B-tyyppi
typecast ['taɪp͵kæst] v **1** panna (näyttelijä) rooliin johon hän sopii ulkonäkönsä puolesta **2** panna (näyttelijä) jatkuvasti samaan (esim rikollisen) rooliin *James Woods has been typecast as the psychotic villain* on vakiintunut esittämään elokuvissa mielisairasta roistoa
typeface ['taɪp͵feɪs] s kirjasinlaji
typeset ['taɪp͵set] v (kirjapainossa) latoa
typesetter s (kirjapainossa) **1** latoja **2** ladontakone
typesetting s (kirjapainossa) ladonta
typewrite ['taɪp͵raɪt] v kirjoittaa koneella
typewriter ['taɪp͵raɪtər] s kirjoituskone
typewriting s konekirjoitus
typhoid [taɪfɔɪd] s lavantauti
typhoid fever s lavantauti
typhoon [taɪ'fun] s taifuuni, pyörremyrsky
typical [tɪpəkəl] adj tyypillinen, jollekin ominainen *that's typical of him* se on aivan hänen tapaistaan
typically [tɪpəkli] adv tyypillisesti *prices of personal computers typically start at less than $1,000* henkilökohtaisten tietokoneiden hinnat alkavat (yleensä) alle tuhannesta dollarista
typify ['tɪpə͵faɪ] v ilmentää (hyvin) jotakin, olla (hyvä/tyypillinen) esimerkki jostakin
typist [taɪpɪst] s konekirjoittaja
typo [taɪpoʊ] s (ark) kirjoitusvirhe; painovirhe
typographer [taɪ'pagrəfər] s kirjaltaja, typografi
typographic ks typographical
typographical [͵taɪpə'græfɪkəl] adj **1** kirjapaino-, typografinen **2** painoasua koskeva, typografinen
typographical error s painovirhe, (konekirjoituksessa) kirjoitusvirhe
typographically adv typografisesti (ks typographical)
typography [taɪ'pagrəfi] s **1** kirjapainotaito, typografia **2** painoasu, typografia

typology [taɪˈpalədʒi] s **1** typologia, tyyppioppi **2** luokittelu, typologia
tyrannical [təˈrænɪkəl] adj tyrannimainen; sortava, mielivaltainen
tyrannically adv tyrannimaisesti; sortaen, mielivaltaisesti
tyranny [ˈtɪrəni] s tyrannia, yksinvaltius; hirmuvalta, sortovalta
tyrant [ˈtaɪrənt] s tyranni, yksinvaltias; hirmuvaltias, sortaja
tyre [taɪər] ks tire
tyro [ˈtaɪroʊ] s (mon tyros) aloittelija, ensikertalainen
Tyrol [təˈroʊl] Tiroli
tzar [zaər tsaər] s tsaari
tzarina [zaˈrinə tsaˈrinə] s tsaritsa
tzarism [ˈzarɪzəm ˈtsarɪzəm] s tsaarivalta, tsarismi
tzarist [ˈzarɪst ˈtsarɪst] s tsaarivallan kannattaja, tsaristi

U, u

U, u [ju] U, u
U (tekstiviestissä, sähköpostissa) *you*
UAE *United Arab Emirates*
UAR *United Arab Republic*
UAW *United Automobile, Aerospace and Agricultural Implements Workers of America*
ubiquitous [juˈbɪkwɪtəs] adj kaikkialla läsnäoleva, jota on kaikkialla/joka paikassa
ubiquitous computing s jokapaikan tietotekniikka
ubiquity [jʊˈbɪkwɪti] s **1** kaikkialla olo **2** levinneisyys, yleisyys
udder [ˈʌdər] s utare
Uganda [jʊˈgændə]
Ugandan s, adj ugandalainen
ugliness s **1** rumuus **2** pahuus, uhkaavuus, vääryys, rumuus
ugly [ˈʌgli] adj **1** ruma *an ugly painting* ruma taulu **2** paha, synkkä, uhkaava, väärä, ruma *after a few beers, he got into an ugly mood* muutaman oluen juotuaan hän heittäytyi inhottavaksi
ugly customer s hankala tyyppi, vaikea tapaus
ugly duckling s ruma ankanpoikanen
UHF *ultrahigh frequency*
uh-huh [ˌʌˈhɑ] interj kyllä
uh-uh [ˈʌˌʌ] interj ei

UK *United Kingdom (of Great Britain and Northern Ireland)* Iso-Britannia, Ison-Britannian ja Pohjois-Irlannin yhdistynyt kuningaskunta
Ukraine [juˈkreɪn] Ukraina
ukulele [jukəˈleɪli] s ukulele
ulcer [ˈəlsər] s (lääk) **1** haavauma, haavautuma **2** mahahaava
ulcerate [ˈəlsəˌreɪt] v (lääk) haavautua
ulna [ˈəlnə] s (mon ulnae, ulnas) kyynärluu
ulterior [əlˈtɪriər] adj **1** salainen **2** ylimääräinen, lisä- **3** ulkopuolinen
ulterior motives s (mon) taka-ajatukset
ultimate [ˈəltɪmət] adj **1** viimeinen, lopullinen **2** äärimmäinen, korkein, suurin, paras **3** perustava, perus- **4** kaukaisin, etäisin
ultimately adv ks ultimate
ultimatum [ˌəltɪˈmeɪtəm] s (mon ultimatums, ultimata) uhkavaatimus
ultraconservative [ˌəltrəkənˈsərvətɪv] adj äärivanhoillinen
ultrafast [ˌəltrəˈfæst] adj äärimmäisen/erittäin nopea
ultraleftist [ˌəltrəˈleftɪst] s, adj äärivasemmistolainen
ultraliberal [ˌəltrəˈlɪbrəl] adj äärimmäisen/erittäin vapaamielinen
ultralight [ˈəltrəˌlaɪt] s ultrakevyt lentokone adj ultrakevyt

ultranationalist [,əltrə'næʃənəlıst] s, adj kiihkoisänmaallinen
ultrarightist [,əltrə'raıtıst] s, adj äärioikeistolainen
ultrasonic [,əltrə'sanık] adj ultrasooninen *ultrasonic sound* ultraääni
ultrasonography [,əltrəsə'nagrəfi] s (lääk) ultraäänikuvaus
ultrasound ['əltrə,saʊnd] s **1** ultraääni **2** (lääk) ultraäänihoito **3** (lääk) ultraäänikuvaus
ultraviolet [,əltrə'vaıələt] adj ultravioletti
Ulysses [ju'lısiz] (taruhenkilö) Odysseus
umbilical cord [ʌm'bılıkəl,kɔrd] s napanuora
umbrella [ʌm'brelə] s sateenvarjo; päivänvarjo, auringonvarjo adj **1** varjo- **2** kattava, yleis-, yhteis-, katto- *umbrella organization* kattojärjestö
umbrellabird s (lintu) röyhelökotinga
1 umpire [ʌmpaıər] s **1** (tennis, sulkapallo) tuomari, (koripallo, pöytätennis) aputuomari **2** (riidan) sovittelija
2 umpire v **1** olla tuomarina/aputuomarina **2** sovitella, olla sovittelijana
umpteen [ʌmp'tin] adj (ark) lukematon *I've told you umpteen times not to do it* minä olen kieltänyt sinua vaikka kuinka monta kertaa
umpteenth [ʌmp'tinθ] adj (ark) vaikka kuinka mones, ties kuinka mones *for the umpteenth time, Bill, what is two plus two?* minä kysyn sinulta taas uudestaan, Bill, paljonko on kaksi plus kaksi?
UN *United Nations* Yhdistyneet Kansakunnat, YK
unable [ʌ'neıbəl] adj *he was unable to come to the party* hän ei päässyt/pystynyt tulemaan juhliin, hän ei voinut tulla juhliin
unacceptable [ʌnək'septəbəl] adj ei hyväksyttävä, riittämätön, epätyydyttävä, epämieluisa *it's not unacceptable* se kelpaa, se on ihan hyvä
unaccountable [,ʌnə'kaʊntəbəl] adj selittämätön, käsittämätön
unaccountably adv käsittämättömästi *unacccountably, the money is missing* rahat ovat kadonneet jostain käsittämättömästä syystä
unaccounted for *three people are still unaccounted for* kolme ihmistä on edelleen kateissa
unaccustomed [,ʌnə'kʌstəmd] adj **1** *unaccustomed to* joka ei ole tottunut johonkin **2** poikkeuksellinen, harvinainen, epätavallinen
unadulterated [,ʌnə'dəltə,reıtəd] adj **1** laimentamaton, puhdas **2** (kuv) silkka, puhdas *that's unadulterated hogwash* tuo on silkkaa roskaa
unanimity [,junə'nımətı] s yksimielisyys
unanimous [jʊ'nænıməs] adj yksimielinen
unanimously [jə'nænıməsli] adv yksimielisesti
unanswerable [ʌn'ænsərəbəl] adj **1** johon ei voi vastata **2** kiistaton, eittämätön
unarm [ʌn'arm] v riisua aseista
unarmed adj aseeton; aseistamaton
unassuming [,ʌnə'sumıŋ] adj vaatimaton, (väheksyen:) mitäänsanomaton, vähäpätöinen
unattended [,ʌnə'tendəd] adj joka on yksin, jota ei valvota, (vamma) hoitamaton, (tilaisuus) jonne ei saavu yleisöä, (tehtävä) laiminlyöty, jota ei hoideta *he left his car unattended and it was stolen* hän jätti autonsa yksin/hän ei pitänyt autoaan silmällä ja se varastettiin
unattractive [,ʌnə'tʃræktıv] adj **1** ei kaunis **2** ei kiinnostava/houkutteleva
unauthenticated [,ʌnə'θentı,keıtəd] adj varmistamaton, vahvistamaton
unavoidable [,ʌnə'vɔıdəbəl] adj väistämätön, vääjäämätön
unavoidably adv väistämättä, väistämättömästi, vääjäämättä
unaware [,ʌnə'weər] adj *she was unaware of the news* hän ei tiennyt uutisesta, hän ei ollut kuullut uutista
unawares adv **1** tietämättään **2** yllättäen, odottamatta, varoituksetta
unbalanced [ʌn'bælənst] adj (myös kuv) tasapainoton, epävakaa
unbearable [ʌn'berəbəl] adj sietämätön
unbearably adv sietämättömästi, sietämättömän

unbeaten [ʌnˈbitən] adj **1** (ennätys) rikkomaton, joka on edelleen voimassa **2** (tie, myös kuv) koluamaton, tuntematon, uusi

unbecoming [ˌʌnbɪˈkʌmiŋ] adj sopimaton, joka ei sovi jollekulle/johonkin

unbeknownst to [ˌʌnbɪˈnoʊnst] adj jonkun tietämättä

unbelievable [ˌʌnbəˈlivəbəl] adj uskomaton

unbelievably adv uskomattomasti, uskomattoman

unbelieving [ˌʌnbəˈliviŋ] adj epäuskoinen, epäluuloinen

unbiased [ʌnˈbaɪəst] adj puolueeton, ennakkoluuloton, reilu

unborn [ʌnˈbɔrn] adj syntymätön *unborn generations* tulevat sukupolvet

unbroken [ʌnˈbroʊkən] adj **1** ehjä, kokonainen, jakamaton, särkemätön **2** yhtäjaksoinen, keskeytyksetön **3** (hevonen) kesyttämätön

uncalled-for [ʌnˈkɑldˌfɔr] adj aiheeton, tarpeeton, sopimaton, tahditon

uncanny [ʌnˈkæni] adj **1** käsittämätön, ällistyttävä *uncanny accuracy* hämmästyttävä tarkkuus **2** kaamea, kammottava, pelottava

uncertain [ʌnˈsɜrtən] adj epävarma *in no uncertain terms* suorin sanoin, siekailematta **2** epämääräinen, hämärä

uncertainty [ʌnˈsɜrtənti] s **1** epävarmuus **2** epämääräisyys, hämäryys

UNCF *United Negro College Fund*

uncharitable [ʌnˈtʃɛrɪtəbəl] adj kovasydäminen, epäystävällinen, tympeä, säälimätön, armoton

uncharitably adv kovasydämisesti, epäystävällisesti, säälimättömästi, armottomasti

uncharted [ʌnˈtʃɑrtəd] adj kartoittamaton, tutkimaton, tuntematon

unchecked [ʌnˈtʃekt] adj **1** tarkistamaton **2** hillitön, kohtuuton

unchristian [ʌnˈkrɪstʃən] adj **1** ei-kristitty, ei-kristillinen **2** epäkristillinen

uncircumcised [ʌnˈsɜrkəmˌsaɪzd] adj ympärileikkaamaton

uncivil [ʌnˈsɪvəl] adj epäkohtelias

uncivilized [ʌnˈsɪvəlaɪzd] adj sivistymätön, raaka, karkea

unclassified [ʌnˈklæsɪˌfaɪd] adj **1** luokittelematon, lajittelematon **2** ei salainen, julkinen

uncle [ˈʌŋkəl] s setä, eno *to cry/say uncle* (ark) antautua

unclean [ʌnˈklin] adj likainen (myös kuv)

Uncle Sam [ˌʌŋkəlˈsæm] s Setä Samuli, Yhdysvallat

uncomfortable [ʌnˈkʌmfərtəbəl] adj epämukava, kiusallinen, kiusaantunut, vaivaantunut

uncomfortably adv epämukavasti, epämukavan, kiusallisesti, vaivautuneesti

uncommon [ʌnˈkɑmən] adj harvinainen, epätavallinen, poikkeuksellinen

uncommonly adv harvinaisen, epätavallisen, poikkeuksellisen

uncommunicative [ˌʌnkəˈmjunɪkətɪv] adj vähäpuheinen, hiljainen, sulkeutunut

uncompetitive [ˌʌnkəmˈpetətɪv] adj ei kilpailukykyinen

uncompromising [ʌnˈkɑmprəˌmaɪzɪŋ] adj tinkimätön, periksiantamaton, ehdoton, jyrkkä

uncompromisingly adv tinkimättömästi, tinkimättömän, ehdottomasti, ehdottoman, jyrkästi

unconcerned [ˌʌnkənˈsɜrnd] adj **1** välinpitämätön, ei huolestunut, tyyni, rauhallinen **2** joka ei ole mukana jossakin, ei osallinen

unconcernedly adv välinpitämättömästi, tyynesti, rauhallisesti

unconditional [ˌʌnkənˈdɪʃənəl] adj ehdoton, varaukseton

unconditionally adv ehdottomasti, varauksettomasti, varauksetta

unconscionable [ʌnˈkɑnʃənəbəl] adj anteeksiantamaton

unconscious [ʌnˈkɑnʃəs] s alitajunta, piilotajunta adj **1** tajuton, tiedoton **2** tietämätön jostakin (of), tiedoton **3** alitajuinen, tiedostamaton **4** tahaton, vaistomainen

unconsciously adv **1** alitajuisesti, tiedostamatta **2** tahattomasti, vaistomaisesti

unconsciousness s 1 tajuttomuus **2** tiedottomuus, tietämättömyys jostakin (of) **3** tahattomuus

uncouple [ʌnˈkʌpəl] adj irrottaa (toisistaan)

uncouth [ʌnˈkuːθ] adj (kuv) hiomaton, karkea

uncover [ʌnˈkʌvər] v avata, paljastaa (myös kuv:) löytää *to uncover your head* paljastaa päänsä *to uncover ruins* kaivaa esiin raunioita

undaunted [ʌnˈdɑːntəd] adj **1** lannistumaton **2** peloton, rohkea

undecided [ˌʌndəˈsaɪdəd] adj **1** *I'm still undecided about what to do* en ole vielä päättänyt mitä tehdä **2** ratkaisematon

undeniable [ˌʌndəˈnaɪəbəl] adj kiistaton, eittämätön

undeniably adv kiistattomasti, kiistattoman

undenominational [ˌʌndəˌnaməˈneɪʃənəl] adj tunnustukseton

under [ˈʌndər] adv alla, alle, alitse *to go under* (laiva) upota; (yritys) tehdä vararikko, mennä konkurssiin prep **1** alla, alle, alitse *the baby crawled under the sofa* lapsi ryömi sohvan alle *her ball was under the sofa* hänen pallonsa oli sohvan alla **2** (kuv) alle *under a hundred dollars* alle sata dollaria **3** (kuv) alainen, alaisuudessa, vallassa: *he works under Senator Guterriez* hän on senaattori Guterriezin palveluksessa/alaisia *under King Herod* kuningas Herodeksen alaisuudessa/aikana *he is under the influence of drugs* hän on huumeessa *under the circumstances* näissä oloissa, tässä tilanteessa *I was under the impression that...* olin siinä käsityksessä että... **4** mukaan *under the new law* uuden lain mukaan **5** *to keep something under wraps* pitää jotakin salassa

underage [ˌʌndərˈeɪdʒ] adj alaikäinen

underarm [ˈʌndərˌɑːm] s kainalo adj **1** kainalo- **2** alakautta tapahtuva (pallon heitto)

underclass [ˈʌndərˌklæs] s (yhteiskunnan) alaluokka, vähäosaiset

underclothes [ˈʌndərˌkloʊðz] s (mon) alusvaatteet

undercover [ˌʌndərˈkʌvər] adj salainen

undercurrent [ˈʌndərˌkərənt] s pohjavirta (myös kuv)

undercut [ˌʌndərˈkʌt] v undercut, undercut: myydä halvemmalla kuin, tehdä halvempi tarjous kuin

underdeveloped [ˌʌndərdɪˈveləpt] adj alikehittynyt, (luonnonvarat) hyödyntämättömät

underdog [ˈʌndərˌdɑːg] s **1** (kilpailussa) varma häviäjä **2** (yhteiskunnassa) kovaosainen, vähäosainen, väliinputoaja

underdone [ˌʌndərˈdʌn] adj **1** (ruoka) ei kypsä **2** (UK) (liha) raaka (pyynnöstä vain osittain paistettu)

underestimate [ˌʌndərˈestɪmət] s liian alhainen arvio

underestimate [ˌʌndərˈestɪˌmeɪt] v aliarvioida

underestimation [ˌʌndərˌestɪˈmeɪʃən] s aliarviointi

underexpose [ˌʌndərəksˈpoʊz] v (valo- ja videokuvauksessa) alivalottaa

underexposure [ˌʌndərəksˈpoʊʒər] s (valo- ja videokuvauksessa) alivalotus

under false pretenses fr vilpillisesti

underfed [ˌʌndərˈfed] adj aliravittu

underfoot [ˌʌndərˈfʊt] adv maassa, jaloissa

undergo [ˌʌndərˈgoʊ] v underwent, undergone: kokea *to undergo change* muuttua *to undergo suffering* kärsiä, joutua kärsimään *to undergo surgery* käydä leikkauksessa

undergraduate [ˌʌndərˈgrædʒʊət] s opiskelija joka ei ole vielä suorittanut alinta (korkeakoulu)tutkintoa adj (opinnoista) alimpaan (korkeakoulu)tutkintoon valmistava

underground [ˈʌndərˌgraʊnd] s **1** maanalainen järjestö/liike, vastarintaliike **2** (UK) maanalainen, metro adj maanalainen (myös kuv) adv maan alla (myös kuv)

undergrowth [ˈʌndərˌgroʊθ] s aluskasvillisuus

underhand [ˈʌndərˌhænd] adj **1** salainen **2** (pallon heitto) alakautta tapahtuva adv **1** salaa **2** (heittää pallo) alakautta

understatement

underhanded [ˌʌndərˈhændəd] adj
1 (työvoimasta) vajaa *the company is underhanded* yritys potee työvoimapulaa 2 ks underhand

underline [ˈʌndərˌlaɪn] v alleviivata (myös kuv:) tähdentää, korostaa, painottaa

underlying [ˈʌndərˌlaɪɪŋ] adj 1 alla oleva, alapuolinen, pohjimmainen 2 (kuv) todellinen, varsinainen, pohjimmainen

underlying security s (tal) kohde-etuus

undermanned [ˌʌndərˈmænd] adj (työvoimasta) vajaa

undermine [ˈʌndərˌmaɪn] v (kuv) heikentää, murentaa, kaivaa maata jonkin/jonkun alta

underneath [ˌʌndərˈniːθ] adv, prep alla, alle, alapuolella, alapuolelle *underneath that rough exterior of his is a warm heart* hänen karkean ulkokuorensa alla sykkii lämmin sydän

undernourished [ˌʌndərˈnərɪʃt] adj aliravittu

undernutrition [ˌʌndərnʊˈtrɪʃən] s aliravitsemus

underpaid [ˌʌndərˈpeɪd] adj alipalkattu, huonopalkkainen

underpants [ˈʌndərˌpænts] s (mon) alushousut

underpass [ˈʌndərˌpæs] s (ylitetty liikenneväylä) alikäytävä

underpay [ˌʌndərˈpeɪ] v underpaid, underpaid: maksaa huonoa/tavallista huonompaa palkkaa

underplay [ˌʌndərˈpleɪ] v vähätellä, (ongelmaa) kaunistella

underprice [ˌʌndərˈpraɪs] v myydä/tarjota alihintaan/alempaan hintaan kuin

underpriced adj alihintainen

underprivileged [ˌʌndərˈprɪvlɪdʒd] adj vähäosainen *the underprivileged* vähäosaiset

underrate [ˌʌndərˈreɪt] v aliarvioida

1 **underscore** [ˈʌndərˌskɔr] s 1 alleviivaus 2 elokuvamusiikki, näytelmän taustamusiikki

2 **underscore** v alleviivata (myös kuv:) tähdentää, korostaa, painottaa

undersea [ˌʌndərˈsi] adj merenalainen

underseas [ˌʌndərˈsiz] adv meressä, sukelluksissa

undersell [ˌʌndərˈsel] v undersold, undersold 1 myydä halvemmalla kuin *we will not be undersold* meitä halvemmalla ei myy kukaan 2 ei toitottaa, ei mainostaa kovasti

undershirt [ˈʌndərˌʃərt] s aluspaita

undershorts [ˈʌndərˌʃɔrts] s (mon) lyhyet alushousut

undersign [ˈʌndərˌsaɪn] v allekirjoittaa

undersigned *the undersigned* allekirjoittanut, allekirjoittaneet

undersize [ˌʌndərˈsaɪz] adj alimittainen, liian pieni

undersized adj alimittainen, liian pieni

underskirt [ˈʌndərˌskərt] s alushame

understaffed [ˌʌndərˈstæft] adj *we're a little understaffed right now* meillä on juuri nyt pulaa henkilökunnasta

understand [ˌʌndərˈstænd] v understood, understood 1 ymmärtää, käsittää 2 luulla, olettaa, olla jossakin käsityksessä *I understand that you spent a year in Bolivia* sinä olet tietääkseni ollut vuoden Boliviassa

understandable adj ymmärrettävä, selvä

understandably adv ymmärrettävästi, tietenkin

understanding s 1 ymmärrys, käsityskyky *she has no understanding of the complexities of the problem* hänellä ei ole minkäänlaista käsitystä ongelman mutkikkuudesta 2 käsitys, oletus *it was my understanding that we would split the profits* minä ymmärsin/käsitin/olin siinä käsityksessä että panisimme voiton puoliksi 3 sopimus *the negotiators reached an understanding* osapuolet pääsivät sopimukseen adj ymmärtäväinen, myötätuntoinen

understandingly adv ymmärrettävästi, myötätuntoisesti

understate [ˌʌndərˈsteɪt] v vähätellä, (ongelmaa) kaunistella

understatement [ˈʌndərˌsteɪtmənt] s vähättely, (tyyliopissa) vähätelmä

understood [ˌʌndərˈstʊd] v ks understand adj 1 sovittu, vakiintunut, yleisesti hyväksytty *to make yourself understood* tehdä tahtonsa/kantansa selväksi 2 epäsuorasti ilmaistu, mukaan ajateltu, implisiittinen
1 understudy [ˈʌndərˌstʌdi] s sijaisnäyttelijä
2 understudy v 1 toimia jonkun sijaisnäyttelijänä 2 (sijaisnäyttelijästä) opetella roolinsa
undertake [ˌʌndərˈteɪk] v undertook, undertaken 1 ryhtyä johonkin, tehdä, suorittaa, hoitaa 2 luvata
undertaker [ˈʌndərˌteɪkər] s hautausurakoitsija
undertaking s 1 yritys, hanke 2 lupaus
under the affluence of incohol fr (ark) (sanoista *under the influence of alcohol*) humalassa, pienessä sievässä
under the skin fr pohjimmaltaan, pinnan alla
under the thumb of *he is under the thumb of his wife* hän antaa vaimonsa määräillä/komennella itseään
under the wire fr viime hetkessä, juuri ja juuri, nipin napin
undertook [ˌʌndərˈtʊk] ks undertake
under tow fr 1 hinauksessa, hinattavana 2 mukana, vanavedessä 3 suojeluksessa, siipiensä suojassa
undervalue [ˌʌndərˈvælju] v aliarvioida
underwater [ˌʌndərˈwatər] adj vedenalainen adv veden alla, vedessä, sukelluksissa
under way *to be under way* 1 olla liikkeessä, olla matkalla 2 olla tekeillä/käynnissä
underwear [ˈʌndərˌweər] s alusvaatteet
underwent [ˌʌndərˈwent] ks undergo
underwhelm [ˌʌndərˈwelm] v (ark) ei tehdä vaikutusta johonkuhun, tuottaa pettymys jollekulle
underworld [ˈʌndərwərəld] s 1 alamaailma, rikolliset 2 tuonela, manala
underwrite [ˈʌndərˌraɪt] v underwrote, underwritten 1 allekirjoittaa (myös kuv:) hyväksyä, olla samaa mieltä jostakin 2 rahoittaa, tukea 3 vakuuttaa

underwriter [ˈʌndərˌraɪtər] s 1 vakuuttaja, vakuutusyhtiö 2 rahoittaja, tukija
underwritten [ˌʌndərˈrɪtən] ks underwrite
underwrote [ˌʌndərˈroʊt] ks underwrite
under your thumb *he is under his wife's thumb* hän antaa vaimonsa määräillä/komennella itseään
undesirable [ˌʌndɪˈzaɪərəbəl] s ei-toivottu henkilö adj ei-toivottu, ei tervetullut, ikävä
undeveloped [ˌʌndəˈveləpt] adj kehittymätön
undid [ʌnˈdɪd] ks undo
undies [ˈʌndiz] s (mon) (naisten, lasten) alusvaatteet
undisguised [ˌʌndɪsˈkaɪzd] adj 1 naamioimaton 2 (kuv) salaamaton, peittelemätön, paljas, suora
undisposed [ˌʌndɪsˈpoʊzd] adj 1 jota ei ole kerätty/korjattu pois 2 haluton, ei valmis johonkin
undisputed [ˌʌndɪsˈpjutəd] adj kiistaton
undistinguished [ˌʌndɪsˈtɪŋgwɪʃt] adj keskinkertainen
undivided [ˌʌndɪˈvaɪdəd] adj jakamaton, täysi *you have my undivided attention* olen pelkkänä korvana
undo [ʌnˈdu] v undid, undone 1 tehdä tekemättömäksi, korvata, hyvittää *what is done cannot be undone* tehtyä ei saa tekemättömäksi 2 irrottaa, avata *to undo a knot* avata solmu 3 tehdä tyhjäksi, kaataa (kuv), koitua jonkun turmioksi
undoing s 1 korvaaminen, korvaus, hyvitys 2 tuho, turmio, rappio *greed was his undoing* ahneus koitui hänen turmiokseen
undone [ʌnˈdʌn] ks undo
undoubted [ʌnˈdaʊtəd] adj kiistaton
undoubtedly [ʌnˈdaʊtədli] adv epäilemättä, kiistattomasti
1 undress [ʌnˈdres] s: *to be in a state of undress* olla puolipukeissaan; olla alasti
2 undress v 1 riisua, riisuuntua *she was mentally undressing him* hän kuvitteli mielessään miltä mies näyttäisi alastomana 2 avata (haavan side)
undue [ʌnˈdu] adj liiallinen, liika, sopimaton *undue haste* liika kiire(htiminen)

unduly adv liian, liiaksi, turhan, suotta *you were unduly harsh to him* olit hänelle turhan ankara

undying [ʌnˈdaɪɪŋ] adj kuolematon, ikuinen, loputon

unearth [ʌnˈərθ] v **1** kaivaa esiin/maasta **2** (kuv) löytää, kaivaa esiin, saada selville

unearthly adj **1** yliluonnollinen; aavemainen, kammottava, hirvittävä **2** ylimaallinen, uskomaton, suunnaton

uneasily [ʌnˈizəli] adv huolestuneesti, hermostuneesti, levottomasti

uneasiness [ʌnˈizɪnəs] s huolestuneisuus, hermostuneisuus, levottomuus

uneasy [ʌnˈizɪ] adj huolestunut, hermostunut, levoton *uneasy conscience* huono omatunto

unemployed [ˌʌnəmˈploɪd] s: *the unemployed* työttömät adj **1** työtön **2** käyttämätön

unemployment s työttömyys

unemployment benefit s työttömyyskorvaus

unequal [ʌnˈikwəl] adj **1** erilainen, ei sama, eriarvoinen, erisuuri **2** epätasainen, epäyhtenäinen

unequaled [ʌnˈikwəld] adj verraton, ylittämätön, voittamaton, joka on (aivan) omaa luokkaansa

unequally adv (kohdella) eriarvoisesti

unequal to *he was unequal to the task* hänellä ei ollut edellytyksiä selvitä tehtävästä, hän ei ollut tehtävänsä tasalla

unequivocal [ˌʌnɪˈkwɪvəkəl] adj yksiselitteinen, selvä, suora, ehdoton, varma

unequivocally adv yksiselitteisesti, selvästi, suoraan, ehdottomasti, varmasti

unerring [ʌnˈerɪŋ] adj erehtymätön, tarkka, varma

unerringly adv erehtymättömästi, tarkasti, varmasti

UNESCO *United Nations Educational, Scientific, and Cultural Organization* Yhdistyneiden Kansakuntien kasvatus-, tiede- ja kulttuurijärjestö, Unesco

uneven [ʌnˈivən] adj **1** epätasainen, karkea, (tie) kuoppainen, (seutu) kumpuileva **2** (kuv) epätasainen, epäyhtenäinen, kirjava, **3** (numero) pariton

unevenly adv epätasaisesti (ks uneven)

unfair [ʌnˈfeər] adj epäreilu, epäoikeudenmukainen

unfairly adv epäreilusti, epäoikeudenmukaisesti

unfaithful [ʌnˈfeɪθfəl] adj **1** uskoton **2** epäluotettava **3** epätarkka (käännös)

unfamiliar [ˌʌnfəˈmɪljər] adj vieras, ei tuttu *she was unfamiliar with the word 'panache'* hän ei tuntenut sanaa 'panache', sana 'panache' oli hänelle vieras

unfavorable [ʌnˈfeɪvərəbəl] adj epäsuotuisa, pahaenteinen, valitettava, ikävä, kielteinen *his latest book got unfavorable reviews* hänen uusin kirjansa sai huonot arvostelut

unfavorably adv epäsuotuisasti, pahaenteisesti, ikävästi, kielteisesti

unfit [ʌnˈfɪt] adj **1** sopimaton *unfit remarks* sopimattomat/asiattomat huomautukset *to be unfit for something* ei sopia johonkin (tehtävään) **2** joka on huonossa (ruumiillisessa) kunnossa

unfold [ʌnˈfoʊld] v **1** avata, avautua, levittää, levitä **2** (kuv) paljastaa, paljastua, selittää **3** tapahtua, sattua, (tapahtumat) kehittyä

unforgettable [ˌʌnfərˈgetəbəl] adj unohtumaton, ikimuistoinen

unforgettably adv unohtumattomasti

unforgiving [ˌʌnfərˈgɪvɪŋ] adj anteeksiantamaton, ankara, vaativa

unfortunate [ʌnˈfɔrtʃənət] adj **1** huono-onninen, onneton **2** valitettava, ikävä, huono

unfortunately adv valitettavasti, ikävästi, ikävä kyllä

unfriendly [ʌnˈfrendli] adj **1** epäystävällinen; vastahakoinen, vihamielinen **2** epäsuotuisa

unfurl [ʌnˈfərəl] v levitä, levittää, avautua, avata

unfurnished [ʌnˈfərnɪʃt] adj (asunto) kalustamaton

ungainly [ʌnˈgeɪnli] adj **1** kömpelö **2** epäsiisti, ei kaunis

unglued

unglued [ʌn'glud] *to come unglued* (sl) menettää malttinsa, raivostua; luhistua
ungodly [ʌn'gadli] adj **1** jumalaton, Jumalaa pelkäämätön **2** syntinen **3** valtava, hirveä, jumalaton (ark) *an ungodly smell* kamala löyhkä
ungrateful [ʌn'greɪtfəl] adj **1** (joka ei kiitä) epäkiitollinen, kiittämätön **2** (tehtävä) epäkiitollinen, hankala, vastenmielinen, ikävä
ungratefully adv kiittämättömästi
unguarded [ʌn'gardəd] adj **1** vartioimaton **2** varomaton
unhappily adv ks unhappy
unhappy [ʌn'hæpi] adj **1** onneton, surullinen **2** epäonnistunut, huono, onneton **3** tyytymätön
unhealthily adv ks unhealthy
unhealthy [ʌn'helθi] adj **1** huonovointinen, heikko, ei terve **2** epäterveellinen **3** sairaalloinen, epäterve
unheard [ʌn'hərd] adj kuulumaton, jota ei kuule/kuulla/kuunnella
unheard-of adj ennenkuulumaton, tavaton, satumainen
UNICEF *United Nations Children's Fund* Yhdistyneiden kansakuntien lastenrahasto
Unicorn ['junə,kɔrn] (tähdistö) Yksisarvinen
unicorn ['junə,kɔrn] s yksisarvinen
unicycle ['junə,saɪkəl] s yksipyöräinen
unidentified [,ʌnaɪ'dentə,faɪd] adj tuntematon, tunnistamaton
unidentified flying object s tunnistamaton lentävä esine, ufo
1 uniform ['junə,fɔrm] s virkapuku, univormu
2 uniform v **1** yhtenäistää **2** pukea virkapukuihin/univormuihin
3 uniform adj yhtenäinen, yhdenmukainen; jatkuva, tasainen, muuttumaton, läpikotainen
uniformed adj virkapukuinen
uniformity [,junə'fɔrməti] s yhtenäisyys, yhdenmukaisuus; jatkuvuus, tasaisuus
uniformly adv yhtenäisesti, yhdenmukaisesti; jatkuvasti, tasaisesti, kauttaaltaan, läpeensä

unify ['junə,faɪ] v yhdistää, yhdistyä; yhtenäistää
unilateral [,junə'lætərəl] adj yksipuolinen, toispuolinen
unilaterally adv yksipuolisesti, toispuolisesti
unilingual [,junə'lɪŋgwəl] adj yksikielinen
unillusioned [,ʌnɪ'luʒənd] adj realistinen *to be unillusioned about something* ei odottaa liikoja/paljoa joltakin
unimportance [,ʌnɪm'pɔrtəns] s merkityksettömyys, mitättömyys, vähäpätöisyys
unimportant [,ʌnɪm'pɔrtənt] adj ei tärkeä, merkityksetön, mitätön, vähäpätöinen
uninhibited [,ʌnɪn'hɪbətəd] adj estoton
uninhibitedly adv estottomasti
union ['junjən] s **1** yhdistäminen, yhdistyminen **2** yhteys **3** liitto, yhdistys *the union of marriage* avioliitto *the Union* Yhdysvallat, (sisällissodan pohjoisvaltiot) unioni **4** ammattiyhdistys *trade union* ammattiyhdistys
unionist ['junjənɪst] s **1** ammattiyhdistyksen kannattaja/jäsen **2** *Unionist* (Yhdysvaltain sisällissodassa) pohjoisvaltiolainen, unionisti
unionize ['junjə,naɪz] v järjestää/järjestäytyä (ammatillisesti)
Union Jack ['junjən,dʒæk] s Ison-Britannian lippu
Union of Soviet Socialist Republics (hist) Sosialististen neuvostotasavaltojen liitto, SNTL
union shop s yritys jonka työntekijät ovat järjestäytyneet (ammatillisesti ja jonne otetaan vain järjestäytyneitä/järjestäytymään suostuvia työntekijöitä)
unique [jʊ'nik] adj ainoa (laatuaan), ainutlaatuinen
uniquely adv ainoastaan, ainutlaatuisesti, ainutlaatuisen
uniqueness s ainutlaatuisuus
uniramians [junɪ'reɪmɪənz] s (mon) tuhatjalkaiset
unisex ['junə,seks] adj miesten ja naisten (yhteinen) *unisex clothes* unisex-vaatteet *unisex hairdresser* parturi-kampaaja

unison [junəsən] *to be in unison with* olla täsmälleen sama kuin, käydä täydellisesti yksiin jonkun kanssa

unit [junət] s **1** yksikkö, osa, kappale, elementti *unit of measurement* mittayksikkö *power unit* aggregaatti, koneikko *they sold 300,000 units* he myivät 300 000 kappaletta **2** (mat) ykkönen

unit cost s **1** kappalehinta **2** kokonaishinta

unite [jə'naɪt] v yhdistää, yhdistyä

United Arab Emirates [ə'merəts] Yhdistyneet arabiemiirikunnat, Arabiemiirikuntien liitto

United Kingdom Iso-Britannia

United Kingdom of Great Britain and Northern Ireland Ison-Britannian ja Pohjois-Irlannin yhdistynyt kuningaskunta

United Nations Yhdistyneet Kansakunnat

United States of America Amerikan Yhdysvallat

unity [junəti] s yhtenäisyys, ykseys, yhdenmukaisuus

univ. *university* yliopisto

universal [junə'vərsəl] adj yleinen, yleis-, kokonais-; yleispätevä; yleismaailmallinen

universally adv yleisesti; yleispätevästi; yleismaailmallisesti, kaikkialla

universal resource locator s (lyh URL) resurssipaikannin

universe ['junə,vərs] s **1** maailmankaikkeus, maailma **2** piiri, alue, maailma *in the universe of science* tieteen maailmassa

university [junə'vərsəti] s yliopisto

unjust [ʌn'dʒʌst] adj epäreilu, epäoikeudenmukainen

unkempt [ʌn'kemt] adj **1** (tukka) kampaamaton **2** epäsiisti, siivoton, hoitamaton

unkind [ʌn'kaɪnd] adj epäystävällinen; julma, ankara, kova

unkindly adv epäystävällisesti; julmasti, ankarasti, kovasti

unknown [ʌn'noʊn] s tuntematon (asia) adj tuntematon

Unknown Soldier s tuntematon sotilas

unmask

unlawful [ʌn'lafəl] adj **1** laiton, luvaton, kielletty **2** (lapsi) avioton

unlawfully adv **1** laittomasti, luvattomasti **2** (syntyä) aviottomana

unlearn [ʌn'lərn] v poisoppia, unohtaa (oppimansa); luopua (pahasta tavasta)

unleash [ʌn'liʃ] v **1** päästää irti/vapaaksi **2** (kuv) päästää valloilleen, purkaa

unleavened [ʌn'levənd] adj happamaton

unless [ən'les] konj ellei, jos ei *don't disturb him unless you're in trouble* älä häiritse häntä ellet ole pulassa *unless you come up with a better excuse, you shouldn't go to see your boss* sinun ei kannata mennä pomon puheille ellet keksi parempaa veruketta

unlike [ʌn'laɪk] adj erilainen, (napa) vastakkainen prep erilainen kuin *unlike you, she tries hard* hän eroaa sinusta siinä että hän yrittää kovasti *it's very unlike him to lose his cool like that* ei ole hänen tapaistaan polttaa päreitään tuolla tavoin

unlikely adv epätodennäköinen

unlimited [ʌn'lɪmətəd] adj **1** rajoittamaton, varaukseton **2** rajaton, ääretön, suunnaton

unload [ʌn'loʊd] v **1** purkaa (kuorma) **2** luopua jostakin, (ark) purkaa sydäntään

unlock [ʌn'lak] v **1** avata (lukko) **2** (kuv) paljastaa, avata (salat)

unlucky [ʌn'lʌki] adj **1** huono-onninen, onneton **2** ikävä, valitettava, onneton

unmanliness s epämiehekkyys, naismaisuus

unmanly [ʌn'mænli] adj epämiehekäs, naismainen

unmanned [ʌn'mænd] adj miehittämätön

unmannerly [ʌn'mænərli] adj epäkohtelias, moukkamainen, hiomaton, töykeä

unmarked [ʌn'markt] adj merkitsemätön, tahraton, (poliisiauto) tunnukseton, siviili-

unmarketable [ʌn'markətəbəl] adj joka ei mene kaupaksi, myyntikelvoton

unmask [ʌn'mæsk] v (kuv) paljastaa

unmentionable [ʌn'menʃənəbəl] adj kielletty, jota ei sovi mainita, josta ei sovi puhua
unmentionables s (mon) **1** alusvaatteet, nimettömät **2** (vanh) housut
unmistakable [ˌʌnmɪ'steɪkəbəl] adj varma, selvä, ehdoton, josta ei voi erehtyä
unmistakably adv selvästi, ehdottomasti, varmasti
unmitigated [ʌn'mɪtəˌgeɪtəd] adj täydellinen, ehdoton, sietämätön *the whole thing was an unmitigated disaster* koko homma oli täydellinen fiasko
unmusical [ʌn'mjuzɪkəl] adj epämusikaalinen, epämelodinen
unnatural [ʌn'nætʃərəl] adj **1** luonnoton, luonnonvastainen, epäluonnollinen **2** teennäinen, epäaito **3** epäinhimillinen **4** poikkeuksellinen, harvinainen
unnaturally adv **1** luonnottomasti, luonnottoman, epäluonnollisesti **2** teennäisesti, teennäisen, epäaidosti **3** epäinhimillisesti **4** poikkeuksellisesti, poikkeuksellisen, harvinaisen
unnecessarily [ʌnˌnesə'serəli] adv tarpeettomasti, turhaan, suotta
unnecessary [ʌn'nesəˌseri] adj tarpeeton, turha
unnerve [ʌn'nɜrv] v lannistaa, lamauttaa, herpaannuttaa
unnoticed [ʌn'noʊtəst] adj huomaamaton *to go/pass unnoticed* jäädä huomaamatta, mennä ohi/tapahtua huomaamatta
unobtrusive [ˌʌnəb'trusɪv] adj huomaamaton
unoccupied [ʌn'akjəˌpaɪd] adj **1** (istuin, asunto) tyhjä, vapaa **2** toimeton, vapaa
unofficial [ˌʌnə'fɪʃəl] adj epävirallinen
unofficially adv epävirallisesti
unorganized [ʌn'ɔrgəˌnaɪzd] adj **1** sekava, sekainen, sotkuinen **2** (ammatillisesti) järjestäytymätön
unpack [ʌn'pæk] v **1** purkaa (laukku), ottaa esiin (laatikosta) **2** (kuv) purkaa mieltään/sydäntään
unpalatable [ˌʌnpə'lætəbəl] adj **1** (maku) epämiellyttävä, huono **2** (kuv) vastenmielinen, epämiellyttävä

unparalleled [ʌn'perəleəld] adj ennennäkemätön, verraton, ainutlaatuinen, ilmiömäinen
unpleasant [ʌn'plezənt] adj epämiellyttävä, ikävä, vastenmielinen, epäkohtelias
unpleasantly adv epämiellyttävästi, ikävästi, vastenmielisesti, epäkohteliaasti
unpleaseantness s **1** epämiellyttävyys, ikävyys, vastenmielisyys **2** vastoinkäyminen; epäkohteliaisuus
unplug [ʌn'plʌg] v irrottaa (pistoke seinästä yms)
unpolished rice [ʌn'palɪʃt] s kiillottamaton riisi
unpopular [ʌn'papjələr] adj ei suosittu, ei pidetty *the senator is unpopular with the blacks* senaattori ei ole mustien suosiossa
unprecedented [ʌn'presədentəd] adj ennennäkemätön, ennenkuulumaton, ainutlaatuinen, ainutkertainen
unprecedentedly adv ensimmäistä kertaa, ennenkuulumattomasti, ainutlaatuisesti, ainutlaatuisen
unpredictability [ˌʌnprɪˌdɪktə'bɪləti] s arvaamattomuus, yllätyksellisyys
unpredictable [ˌʌnprɪ'dɪktəbəl] adj arvaamaton, yllätyksellinen
unpredictably adv arvaamattomasti, yllätyksellisesti, yllättäen
unprofessional [ˌʌnprə'feʃənəl] adj amatöörimäinen, aloittelijamainen, epäammattimainen, ammatti-ihmiselle sopimaton
unprofitable [ʌn'prafətəbəl] adj **1** kannattamaton **2** (kuv) hedelmätön, hyödytön
unprofitably adv **1** kannattamattomasti **2** (kuv) hedelmättömästi, hyödyttömästi
unputdownable [ˌʌnpʊt'daʊnəbəl] adj (ark) (kirjasta) jota ei malta jättää kesken, joka on luettava yhdeltä istumalta
unqualified [ʌn'kwalɪˌfaɪd] adj **1** sopimaton, epäpätevä, ei pätevä johonkin (for) **2** varaukseton, ehdoton, täydellinen, täysi
unquestionable [ʌn'kwestʃənəbəl] adj ehdoton, kiistaton, eittämätön

unquestionably adv ehdottomasti, kiistattomasti, eittämättä
unquote [ʌnˈkwoʊt] *he asked, quote, where is the money, unquote* (suorasta lainauksesta) hän kysyi 'missä rahat ovat'
unravel [ʌnˈrævəl] v **1** selvittää, (vyyhti), purkaa **2** (kuv) selvittää, ratkaista (ongelma)
unreal [ʌnˈrɪəl] adj epätodellinen, keksitty, kuvitteellinen
unrealistic [ˌʌnrɪəˈlɪstɪk] adj epärealistinen, epätodellinen, kohtuuton, liiallinen
unrealistically adv epärealistisesti, epätodellisesti, kohtuuttomasti, liiallisesti
unreality [ˌʌnriˈæləti] s epätodellisuus
unrealized [ʌnˈrɪəˌlaɪzd] adj toteuttamaton, hyödyntämätön, käyttämätön
unreasonable [ʌnˈriːzənəbəl] adj järjetön, mieletön, (hinta, vaatimus) kohtuuton, liiallinen
unreasonably adv järjettömästi, mielettömästi; kohtuuttomasti, kohtuuttoman, liian *one might not unreasonably ask what this is going to accomplish* on kohtuullista kysyä mitä hyötyä tästä on
unrelenting [ˌʌnrɪˈlentɪŋ] adj armoton, hellittämätön, itsepintainen
unreliable [ˌʌnrɪˈlaɪəbəl] adj epäluotettava
unrest [ʌnˈrest] s levottomuus
unroll [ʌnˈroʊl] v **1** (rullasta yms) avata, avautua **2** esitellä, paljastaa *Detroit just unrolled next year's models* Detroitin autotehtaat esittelivät juuri ensi vuoden mallit
unruly [ʌnˈruːli] adj kuriton, tottelematon, omapäinen, levoton
unsatisfactory [ˌʌnsætɪsˈfæktəri] adj epätyydyttävä, huono, riittämätön
unsaturated [ˌʌnsætʃəreɪtəd] adj (rasva) tyydyttämätön
unsavory [ʌnˈseɪvəri] adj **1** (ruoka, juoma) ei hyvä, mauton, huono **2** vastenmielinen, epämiellyttävä *he's an unsavory character* hän on tympeä tyyppi
unscathed [ʌnˈskeɪðd] adj vahingoittumaton, ehjä *to escape unscathed* selvitä naarmuitta

unscientific [ˌʌnsaɪənˈtɪfɪk] adj epätieteellinen
unscramble [ʌnˈskræmbəl] v purkaa (koodi), selvätä, selvittää
unscrew [ʌnˈskruː] v kiertää/ruuvata auki, irrottaa
unscrupulous [ʌnˈskruːpjələs] adj häikäilemätön, sumeilematon
unscrupulously adv häikäilemättömästi, häikäilemättömän, sumeilematta
unseasonal [ʌnˈsiːzənəl] adj (vuodenaikaan nähden) poikkeuksellinen, harvinainen
unseasonally adv (vuodenaikaan nähden) poikkeuksellisesti *we've had an unseasonally warm March* maaliskuu oli harvinaisen lämmin
unseasoned [ʌnˈsiːzənd] adj **1** (ruoka) maustamaton **2** (puu) kuivaamaton **3** (ihminen: ilmastoon tms) tottumaton
unseat [ʌnˈsiːt] v **1** (hevonen) heittää satulasta **2** syöstä vallasta, syrjäyttää, kaataa
unseemly [ʌnˈsiːmli] adj sopimaton adv sopimattomasti
unseen [ʌnˈsiːn] adj **1** näkymätön **2** näkemätön *to buy something sight unseen* ostaa sika säkissä
unselfish [ʌnˈselfɪʃ] adj epäitsekäs
unselfishly adv epäitsekkäästi
unselfishness s epäitsekkyys
unsettle [ʌnˈsetəl] v **1** sekoittaa **2** (kuv) järkyttää, järisyttää, hermostuttaa, pelästyttää
unsettling adj (kuv) järkyttävä, järisyttävä, hermostuttava, pelottava
unsightly [ʌnˈsaɪtli] adj ruma, kammottava(n näköinen), vastenmielinen, kuvottava
unskilled [ʌnˈskɪld] adj **1** (työntekijä) ammattitaidoton, kouluttamaton, (työ) jossa ei vaadita koulutusta **2** taitamaton, osaamaton
unskillful adj taitamaton, osaamaton, kömpelö
unsound [ʌnˈsaʊnd] adj **1** (terveys) huono, (ihminen) sairas **2** (puu) laho, (perusta) heikko **3** (kuv) epävarma, epäterve, heikko, huono, (perustelu) ontuva

unsparing [ʌn'speriŋ] adj **1** tuhlaileva, suurpiirteinen **2** säälitön, armoton, kova
unsparingly adv **1** tuhlailevasti, suurpiirteisesti **2** säälittömästi, armottomasti, kovasti
unspeakable [ʌn'spikəbəl] adj sanaton, sanoinkuvaamaton
unspeakably adv sanattomasti, sanoin kuvaamattomasti, sanoinkuvaamattoman
unstoppable [ʌn'stapəbəl] adj **1** peruuttamaton, lopullinen **2** lyömätön, voittamaton
unstuck [ʌn'stʌk] *to become/come unstuck* **1** irrota **2** (kuv) kaatua, mennä myttyyn
unsuccessful [ˌʌnsək'sesfəl] adj menestyksetön, epäonnistunut
unsuccessfully adv menestyksettömästi, menestyksettä, epäonnistuneesti
unsuitable [ʌn'sutəbəl] adj sopimaton, soveltumaton, asiaton
unsuitably adv sopimattomasti, sopimattoman
unswerving [ʌn'swərviŋ] adj järkkymätön
untangle [ʌn'tæŋgəl] v **1** selvittää (vyyhti), purkaa **2** (kuv) selvittää, korjata
untaught [ʌn'tat] ks unteach
unteach [ʌn'titʃ] v untaught, untaught: saada joku unohtamaan jotakin, saada joku luopumaan jostakin (huonosta tavasta)
untenable [ʌn'tenəbəl] adj (väite) perusteeton, kyseenalainen
unthankful [ʌn'θæŋkfəl] adj **1** (joka ei kiitä) kiittämätön, epäkiitollinen **2** (tehtävä) epäkiitollinen, hankala, vastenmielinen, ikävä
unthinkable [ʌn'θiŋkəbəl] adj mahdoton, käsittämätön
unthinking adj ajattelematon, harkitsematon
unthinkingly adv ajattelemattomasti, harkitsematta
untidy [ʌn'taɪdi] adj epäsiisti, siivoton
untie [ʌn'taɪ] v avata (solmu), irrottaa
until [ən'tɪl] prep saakka, asti *until two p.m.* kello 14:ään saakka *not until three p.m.* vasta kello 15 konj kunnes *until further notice* kunnes toisin ilmoitetaan *not until today did I realize what was wrong* tajusin vasta tänään mikä oli vikana
unto [ʌntu ʌntə] prep (vanh) **1** ks to **2** asti, saakka *unto this day* tähän päivään asti
untold [ʌn'toəld] adj suunnaton, lukematon *untold millions were wasted* rahaa meni hukkaan miljoonakaupalla
untrue [ʌn'tru] adj epätosi, väärä, virheellinen
untrustworthy [ʌn'trʌstˌwərði] adj epäluotettava
untruth [ʌn'truθ] s valhe, loru, satu (kuv)
unused [ʌn'juzd] adj käyttämätön
unused to *to be unused to something* ei olla tottunut johonkin
unusual [ʌn'juʒʊəl] adj epätavallinen, poikkeuksellinen, harvinainen
unusually adv epätavallisesti, epätavallisen, poikkeuksellisesti, poikkeuksellisen, harvinaisen
unveil [ʌn'veɪəl] v paljastaa, paljastua
unveiling s **1** paljastus(tilaisuus) **2** ensiesitys, (ensimmäinen) esittelytilaisuus, julkistus
unvoiced [ʌn'vɔɪst] adj **1** sanomatta jätetty **2** (äänne) soinniton
unwarily adv varomattomasti
unwary [ʌn'weri] adj varomaton
unwieldy [ʌn'wɪəldi] adj raskas, iso, jota on hankala/vaikea liikuttaa/siirtää
unwilling [ʌnwɪlɪŋ] adj haluton, vastahakoinen *he is unwilling to do it* hän ei halua tehdä sitä
unwind [ʌn'waɪnd] v unwound, unwound **1** purkaa, purkautua (kelalta), kelata, kelautua (auki) **2** (kuv) rentoutua, rentouttaa
unwise [ʌn'waɪz] adj epäviisas, harkitsematon, varomaton
unwisely adv epäviisaasti, harkitsemattomasti, varomattomasti
unwitting [ʌn'wɪtɪŋ] adj tahaton
unwittingly adv tahattomasti, vahingossa
unwrap [ʌn'ræp] v avata (paketti), purkaa, ottaa esiin

unwritten [ʌnˈwrɪtən] adj kirjoittamaton, suullinen
unzip [ʌnˈzɪp] v avata vetoketju
1 up [ʌp] s **1** nousu, kasvu, lisäys, korotus **2** menestys **3** *to be on the up and up* (ark) olla rehellinen
2 up v nostaa, korottaa, lisätä
3 up adv **1** ylhäällä, ylhäälle, ylös *lift the box up on the top shelf* nosta laatikko ylimmälle hyllylle *the sun is up* aurinko on noussut *prices have gone up* hinnat ovat nousseet *when do you usually get up?* moneltako sinä yleensä nouset (vuoteesta)? **2** kohti, luo *step up to the window, please* astukaa luukulle! **3** loppuun, kaikki, valmiiksi: *I used up all my money* käytin kaikki rahani **4** (kilpailussa ym) edellä, edessä *our team is three points up on yours* joukkueemme johtaa teitä kolmella pisteellä **5** (kone, laite) toiminnassa, käynnissä **6** suunnasta, usein jätetään suomentamatta *up in New England* Uudessa-Englannissa **7** tekeillä, meneillä: *what's up?* mitä on tekeillä?; miten hurisee? *what's up with this guy?* mikä tuota kaveria vaivaa?
prep ylös, pitkin *we climbed up the mountain* kiipesimme vuorta/vuoren rinnettä ylös *he lives up the street* hän asuu tämän saman kadun varrella
up against fr **1** *he put his bike up against the wall* hän pani pyöränsä seinää vasten **2** *to be up against something* olla vastassaan joku/jokin
up against it *to be up against it* olla pulassa/pinteessä
up against the wall fr **1** ammuttavana, teloitettavana **2** *we are up against the wall* olemme pahassa pinteessä/pulassa, kohtalomme on veitsen terällä
up and about fr jalkeilla (sairauden jälkeen)
up and around fr jalkeilla (sairauden jälkeen)
up-and-coming [ˌʌpənˈkʌmɪŋ] adj eteenpäin pyrkivä, lupaava
up and down fr **1** ylösalaisin, (katsoa) kiireestä kantapäähän **2** edestakaisin, pitkin ja poikin
up-and-down [ˌʌpənˈdaʊn] adj **1** ylösalainen, edestakainen **2** kumpuileva **3** vaihteleva, ailahteleva
up a tree *to be up a tree* olla pulassa/pinteessä
upbeat [ˈʌpˌbiːt] adj toiveikas, optimistinen, iloinen, elämänmyönteinen
upbringing [ˈʌpˌbrɪŋɪŋ] s kasvatus
UPC *Universal Product Code*
1 update [ˈʌpˌdeɪt] s **1** päivitys **2** päivite *here's a news update* tässä ovat tuoreimmat uutiset
2 update v päivittää
up for *to be up for sale* olla myytävänä
1 upgrade [ˈʌpˌɡreɪd] s **1** (ylä)mäki, nousu **2** kasvu, lisäys **3** uusi, parannettu tai laajennettu versio/malli, päivitys *memory upgrade for a computer* tietokoneen muistin laajennus *upgrades are only $99* tuotevaihdon/päivityksen hinta on vain 99 dollaria
2 upgrade v **1** ylentää, antaa ylennys (korkeampaan asemaan/hintaluokkaan ym) **2** parantaa, kohentaa, laajentaa *she upgraded her computer by adding memory* hän lisäsi tietokoneeseensa muistia
upheaval [ʌpˈhiːvəl] s mullistus, mylleryis, sekasorto
upheld [əˈpeld] ks uphold
uphill [ˌʌpˈhɪl] adj **1** nouseva, ylämäkeen johtava **2** (kuv) raskas *it was an uphill battle* se oli kovan työn takana adv ylämäkeen
uphold [əˈpoʊld] v upheld, upheld: tukea, kannattaa, säilyttää, (järjestystä, lain noudattamista) valvoa, (perinnettä) vaalia, (lak päätös) vahvistaa
upholster [əˈpoʊlstər] v päällystää, verhoilla (istuimia), laittaa (huoneeseen) matot/verhot
upholsterer s verhooja
upholstery [əˈpoʊlstəri] s **1** verhoomo **2** verhoilukangas/nahka
UPI *United Press International*
upkeep [ˈʌpˌkiːp] s ylläpito, kunnossapito, huolto
upland [ˈʌplənd] s ylänkö
uplift [ˈʌpˌlɪft] s **1** (olojen, aseman) parantaminen, parannus **2** mielenylennys
uplift [ʌpˈlɪft] v **1** kohottaa, nostaa **2** parantaa (oloja, asemaa) **3** ylentää mieltä

uplifting

uplifting [ʌp'lɪftɪŋ] adj mieltä ylentävä, rohkaiseva
upload v (tietok) kopioida palvelimeen
upmarket [ˈʌpˌmarkət] adj (tavara) kallis, korkealuokkainen
upmost [ˈʌpˌmoʊst] adj ylin
upon [əˈpan] ks on
upon sight fr ensi näkemältä
upper [ʌpər] s **1** (kengän) päällysnahka **2** (makuuosaston, kerrossängyn) ylävuode **3** (sl) piristysaine, piriste adj **1** ylempi, ylä-, korkeampi, korkea **2** (kuv) ylempi, korkea-arvoisempi
upper class [ˌʌpərˈklæs] s yläluokka
upper crust s **1** (leivonnaisen) kuori **2** (ark) yhteiskunnan kerma, yläluokka
upper digestive tract [daɪˈdʒestɪv] s (lääk) yläsuolistokanava
Upper Michigan Ylä-Michigan
uppermost [ˈʌpərˌmoʊst] adj **1** ylin, korkein, päällimmäinen **2** (kuv) ensimmäinen, tärkein
Upper Peninsula Ylä-Michigan
1 upright [ˈʌpˌraɪt] s piano
2 upright v nostaa pystyyn, suoristaa, oikaista
3 upright adj **1** pysty **2** rehti, rehellinen, vilpitön
4 upright adv pystyssä, pystyyn
upright piano s piano
uprising [ˈʌpˌraɪzɪŋ] s kapina
upriver [ʌpˈrɪvər] adj, adv (joka on) joen yläjuoksun varrella/suunnassa
uproar [ˈʌpˌrɔr] s myllerrys, sekasorto, mellakka, meteli
uproot [ʌpˈrut] v **1** kitkeä (juurineen maasta) **2** siirtää (väkisin) asuinsijoiltaan, katkaista jonkun juuret **3** (kuv) kitkeä, tehdä loppu jostakin
1 UPS s *United Parcel Service* eräs kuriiripalvelu
2 UPS v lähettää UPS:llä
ups and downs fr myötä- ja vastoinkäymiset
upscale [ʌpˈskeɪəl] v parantaa, kohentaa (tasoa) adj rikas, varakas, hieno, ylellinen, yläluokan *our restaurant caters to an upscale clientele* ravintolamme palvelee vaurasta asiakaskuntaa

upset [ʌpset] s **1** (kuv) järkytys, isku **2** (maha)vaiva
upset [ʌpˈset] v upset, upset **1** kaataa, kumota **2** järkyttää, saattaa pois tolaltaan **3** sotkea, panna sekaisin, saattaa epäjärjestykseen *the computer crash upset the bank's payments* tietokoneen romahdus sekoitti pankin maksuliikenteen adj **1** kaatunut **2** sekainen, sotkuinen, siivoton **3** järkyttynyt
upsetting adj järkyttävä
up shit creek without a paddle [ˌʃɪtˈkrik] *to be up shit creek without a paddle* olla nesteessä/kusessa
upshot [ˈʌpˌʃat] s **1** seuraus, lopputulos, tulos **2** ydin, keskeisin sisältö
upside [ˈʌpˌsaɪd] s yläpuoli, yläpää
upside-down [ˌʌpsaɪdˈdaʊn] adv **1** ylösalaisin, nurin, kumossa, kumoon **2** sekaisin, ylösalaisin
upstairs [ʌpˈsteərz] s (verbi yksikössä) **1** yläkerta **2** (kuv) johtoporras adj yläkerran adv **1** yläkerrassa, yläkertaan **2** (ark) päästään, nupistaan, yläkerrasta **3** johtoportaassa, ylemmällä/korkeammalla tasolla
upstanding [ʌpˈstændɪŋ] adj (kuv) rehti, rehellinen, kunnon, kunnollinen
upstate [ˈʌpˌsteɪt] s osavaltion pohjoisosa, muu osavaltio (johtavasta kaupungista katsoen)
upstate [ʌpˈsteɪt] adv osavaltion pohjoisosassa, muualla osavaltiossa (johtavasta kaupungista katsoen)
upstream [ʌpˈstrim] adv joen yläjuoksun suunnassa
up the wall *to be up the wall* (sl) kiivetä seinille, repiä pelihousunsa
up to fr **1** *it's up to you to decide what to do* sinä saat itse päättää/sinun täytyy itse päättää mitä teet **2** saakka, asti, mennessä: *the theater seats up to eighty people* teatterissa on tilaa enintään 80:lle *up to now, things have been quiet* tähän saakka on ollut hiljaista **3** veroinen, tasalla: *are you really up to the job?* selviätkö sinä todellakin siitä työstä? **4** *what are you up to now?* mitä sinulla nyt on mielessä?, mitä sinä nyt vehkeilet?

up-to-date [ˌʌptəˈdeɪt] adj joka on ajan tasalla, nykyaikainen, uusi, tuore
up to snuff *to be up to snuff* (ark) kelvata, täyttää vaatimukset
up to speed *to be up to speed* olla täydessä vauhdissa (myös kuv)
up-to-the-minute [ˌʌptəðəˈmɪnət] adj viime hetken, tuore
uptown [ʌpˈtaʊn] s kaupungin pohjoisosa adj **1** joka on kaupungin pohjoisosassa, joka kulkee kaupungin pohjoisosaan **2** hieno, tyylikäs, aistikas, ylellinen adv kaupungin pohjoisosaan
upward [ʌpwərd] adj ylöspäin liikkuva/suuntautuva adv ylöspäin, ylös (myös kuv)
upwards [ʌpwərdz] adv ylös(päin)
upwards of adv yli, enemmän kuin *upwards of fifty guests came* vieraita tuli yli viisikymmentä
up your ass *shove it up your ass* (sl) haista paska!; pidä hyvänäsi!
up yours interj (sl) haista paska!
uranium [jəˈreɪniəm] s uraani
Uranus [jəˈreɪnəs] Uranus
URAQT (tekstiviestissä, sähköpostissa) *you are a cutie*
urban [ərbən] adj **1** (suur)kaupungin, (suur)kaupunki- **2** kaupungistunut, urbaani
urbane [ərˈbeɪn] adj hienostunut, urbaani, tyylikäs
urban guerrilla s kaupunkisissi
urban renewal s (slummiutuneiden suur)kaupunkien uudistus
1 urge [ərdʒ] s pakko, tarve, kiire *he felt a sudden urge to yell* yhtäkkiä hän tunsi tarvetta ruveta huutamaan
2 urge v kannustaa, kehottaa, yllyttää *I urge you to consider their offer* kehotan sinua miettimään heidän tarjoustaan
urgency [ərdʒənsi] s **1** pakottavuus, kiireellisyys **2** pakko, kiire, hätä
urgent [ərdʒənt] adj **1** pakottava, kiireinen **2** itsepintainen
urgent care center s yksityinen päivystyspoliklinikka
urgently adv **1** kiireesti **2** itsepintaisesti
urinal [jərənəl] s **1** urinaali, virtsaamisallas **2** wc

urinalysis [ˌjərəˈnæləsɪs] s (mon urinalyses) virtsatutkimus
urinary bladder [ˈjərəˌneri] s virtsarakko
urinary tract infection s virtsatietulehdus
urinate [ˈjərəˌneɪt] v virtsata
urine [jərən] s virtsa
URL s *universal resource locator* resurssipaikannin
urn [ərn] s uurna; tuhkauurna
urologist [jəˈralədʒɪst] s urologi
urology [jəˈralədʒi] s urologia, virtsaelintautioppi
Uruguay [ˈjərəˌgweɪ]
Uruguayan s, adj uruguaylainen
us [ʌs] pron me, meille *us and them* me ja he *she gave us a cake* hän antoi meille kakun
U.S. *United States* Yhdysvallat, USA
USA *United States Army; United States of America*
U.S.A. *United States of America* Amerikan Yhdysvallat, USA
usable [juzəbəl] adj käyttökelpoinen
USAF *United States Air Force* Yhdysvaltain ilmavoimat
usage [jusədʒ] s **1** tapa, tottumus, (kielen) käyttö *English usage* englannin kielen käytäntö **2** käyttö, kohtelu
USB *Universal Serial Bus*
USC *University of Southern California; University of South Carolina*
USCG *United States Coast Guard* Yhdysvaltain rannikkovartioisto
USDA *United States Department of Agriculture* Yhdysvaltain maatalousministeriö
use [jus] s **1** käyttö *she put the money to good use* hän otti rahasta kaiken irti *to make use of something* käyttää jotakin (hyväkseen) *I have no use for idle talk* minulla ei ole aikaa pulinoihin; minä en siedä pulinoita **2** hyöty *the widget is of no use to us* vempaimesta ei ole meille mitään hyötyä *it's no use telling him about it, he's not going to help us* siitä ei kannata kertoa hänelle, hän ei kuitenkaan auta meitä

use [juz] v **1** käyttää *use your brain* käytä järkeäsi *she feels that you are using her* hänestä tuntuu että sinä käytät häntä hyväksesi **2** *I could use a drink* minulle maistuisi lasillinen
used [juzd] v: *we used to swim in the river every day* meillä oli tapana uida joessa päivittäin adj käytetty
used to adj tottunut johonkin *I'm used to insults* olen tottunut herjoihin
useful [jusfəl] adj hyödyllinen, käyttökelpoinen, arvokas *try to make yourself useful* yritä olla avuksi
usefully adv hyödyllisesti
usefulness s hyödyllisyys, hyöty, arvo
useless adj hyödytön, käyttökelvoton, tarpeeton *it's useless to try* ei kannata yrittää
uselessly adv turhaan, tarpeettomasti
uselessness s hyödyttömyys, tarpeettomuus, turhuus
user [juzər] s käyttäjä (esim tietokoneen, huumeen) *that guy is a shameless user* tuo kaveri käyttää toisia häpeämättömästi hyväkseen
user-friendly [ˌjuzər'frendli] adj käyttäjäystävällinen, helppokäyttöinen
use up v käyttää loppuun/kaikki, imeä tyhjiin (kuv)
USGA *United States Golf Association*
USGS *United States Geological Survey*
1 usher [ʌʃər] s paikannäyttäjä
2 usher v ohjata paikalleen
usherette [ˌʌʃə'ret] s (naispuolinen) paikannäyttäjä
usher in v (kuv) saattaa alkuun, käynnistää *microcomputers ushered in a new era in telecommuting* mikrotietokoneet aloittivat etätyöskentelyssä uuden aikakauden
USIA *United States Information Agency*
U.S.S.R [jueses'ar] *Union of Soviet Socialist Republics*, Sosialististen neuvostotasavaltojen liitto, SNTL, NL
usual [juʒuəl] adj tavallinen, totunnainen, yleinen, tyypillinen *as usual, he was late* hän oli tavalliseen tapaansa/tapansa mukaan myöhässä
usually [juʒəli] adv tavallisesti, yleensä
usurp [ju'sərp] v anastaa

usurper s (esim vallan)anastaja
U.S. Virgin Islands [vərdʒən] (mon) Yhdysvaltain Neitsytsaaret
Utah [ˈjuˌta]
ute *sport ute* (ark) maasturi (sports utility vehicle, SUV)
utensil [ju'tensəl] s (keittiö- tai muu)väline, (ruokailuväline) aterin
uterus [jutərəs] s kohtu
utility [ju'tɪləti] s **1** käyttö, hyöty, hyödyllisyys, etu *a home robot is of limited utility* kotirobotista on sangen vähän hyötyä **2** julkinen palvelu (sähkö, puhelin, joukkoliikenne) **3** julkista palvelua harjoittava (sähkö-, puhelin-, liikenne- ym) yhtiö **4** (tietok) varusohjelma, apuohjelma
utility program s (tietok) varusohjelma, apuohjelma
utilization [ˌjutələ'zeɪʃən] s käyttö, hyväksikäyttö
utilize [ˈjutəˌlaɪz] v käyttää, käyttää hyväkseen
utmost [ˈʌtˌmoʊst] s *to do your utmost* tehdä kaikkensa/parhaansa *to the utmost* mahdollisimman paljon/hyvin tms adj **1** ulommaisin, kauimmaisin, etäisin, kaukaisin **2** (kuv) äärimmäinen, erittäin/mahdollisimman suuri *nuclear waste should be handled with utmost care* ydinjätteitä on käsiteltävä mahdollisimman varovasti
utopia [ju'toupiə] s utopia, haave
utopian [ju'toupiən] s utopisti, haaveilija adj utopistinen, haaveellinen, haaveileva
utopistic [ˌjutou'pɪstɪk] adj utopistinen, haaveellinen, haaveileva
utter [ʌtər] v **1** sanoa, lausua *he did not utter a word* hän ei sanonut halaistua sanaa **2** päästää (ääni) adj täydellinen, äärimmäinen, suunnaton, ehdoton
utterance [ʌtərəns] s **1** puhetapa, ääni **2** (kielellinen) ilmaus
utterly adv äärimmäisen, suunnattoman, ehdottoman, täysin
1 U-turn [ju'tərn] s **1** U-käännös **2** (kuv) täyskäännös
2 U-turn v **1** tehdä U-käännös **2** (kuv) tehdä täyskäännös, kääntää kelkkansa
Uzbekistan [uz'bekɪstan]

V, v

V, v [viː] V, v
V (tekstiviestissä, sähköpostissa) *very*
vacancy [ˈveɪkənsi] s vapaa istumapaikka, hotelli/motellihuone, vuokra-asunto, työpaikka
vacant [ˈveɪkənt] adj **1** (istumapaikka, hotelli/motellihuone, vuokra-asunto, työpaikka) vapaa **2** tyhjä, (aika) vapaa, joutilas, toimeton, (ihminen, katse) tylsä, poissaoleva
vacantly adv (katsoa) tylsästi, poissaolevan näköisenä
vacate [ˈveɪkeɪt] v (asunnosta) muuttaa pois, jättää (työpaikka) *you have thirty seconds to vacate the premises* teillä on 30 sekuntia aikaa poistua tästä paikasta
vacation [veɪˈkeɪʃən] s loma *they're on vacation in Hawaii* he ovat lomalla/lomailevat Havaijilla
vacationer s lomailija, matkailija
vaccinate [ˈvæksəˌneɪt] v rokottaa
vaccination [ˌvæksəˈneɪʃən] s rokotus
vaccine [ˈvæksiːn] s rokote
1 vacuum [ˈvækjuːm] s (mon vacuua, vacuums) **1** tyhjiö **2** (kuv) ontto tunne, tyhjä paikka, tyhjiö **3** pölynimuri
2 vacuum v imuroida
vacuum bottle s termospullo
vacuum cleaner s pölynimuri
vagabond [ˈvægəˌbɒnd] s irtolainen, kulkuri, maankiertäjä adj kiertävä, kulkuri-
vagina [vəˈdʒaɪnə] s emätin, vagina
vagrant [ˈveɪɡrənt] s irtolainen, kulkuri adj kiertävä, kulkuri-
vague [veɪɡ] adj epämääräinen, hämärä, epäselvä, samea, sumea
vaguely adv epämääräisesti, hämärästi, epäselvästi, sameasti, sumeasti *I vaguely remember his face* muistan hänen kasvonsa hämärästi
vagueness s epämääräisyys, hämäryys, epäselvyys
vaguest *I haven't the vaguest* minulla ei ole harmainta aavistusta
vain [veɪn] adj **1** turhamainen **2** turha *you did it all in vain* teit kaiken turhaan, kaikki meni hukkaan *to take God's name in vain* lausua turhaan Herran nimeä
vainly adv **1** turhamaisesti **2** turhaan
vale [veɪl] s laakso
valentine [ˈvælənˌtaɪn] s **1** ystävänpäiväkortti **2** ystävänpäiväkortin saaja, salainen ihastus
Valentine's Day s ystävänpäivä
valet [ˈvæleɪ] s **1** (kamari)palvelija, (hotellissa, laivassa) palvelija **2** (ravintolan yms edessä) autojen pysäköijä
valet parking s (ravintolan yms edessä) autojen pysäköintipalvelu
valid [ˈvæləd] adj (lippu, passi) joka on voimassa, (sopimus) sitova, (peruste) pätevä, paikkansa pitävä, (oletus) perusteltu
validate [ˈvæləˌdeɪt] v todistaa oikeaksi, vahvistaa (oikeaksi), tarkistaa oikeellisuus/luotettavuus/paikkansapitävyys
validity [vəˈlɪdəti] s (lipun, passin) voimassaolo, (väitteen) paikkansapitävyys, luotettavuus, (sopimuksen) sitovuus, (oletuksen) pätevyys
validly adv ks valid
valley [ˈvæli] s laakso
Valley girl s San Fernandon laakson (Los Angelesin pohjoispuolella) teinityttö
valor [ˈvælər] s urheus, rohkeus
valuable [ˈvæljəbəl ˈvæljuəbəl] s arvoesine adj arvokas, kallisarvoinen, hyödyllinen *valuable jewelry/advice* arvokkaat korut/arvokas neuvo

valuation [ˌvæljuˈeɪʃən] s **1** arviointi, arvon määritys **2** arvo **3** arvostus
1 value [vælju] s **1** arvo **2** hyöty, arvo **3** (mon) arvot *where are your values? etkö sinä nyt unohda mikä on elämässä tärkeintä?*
2 value v **1** arvioida (hinta, arvo) **2** arvostaa *he values your help highly* hän pitää apuasi suuressa arvossa
valued adj arvostettu, arvossa pidetty *as a valued customer, you're entitled to special service* teillä on oikeus erikoispalveluun koska olette arvostettu asiakas
value date s (tal) arvopäivä
value judgment s arvoarvostelma
valueless adj arvoton, hyödytön, mitätön
valve [væəlv] s (tekn) venttiili, (elektroniikassa) putki, (anatomiassa) läppä
vampire [væmpaɪər] s **1** (verta imevä taruolento) vampyyri **2** (naisesta) vamppi, vampyyri
vampire bat s (lepakko) isoverenimijä
van [væn] s **1** (umpinainen) kuorma-auto **2** van, pakettiauto, pienoisbussi *minivan* pieni van, minivan
Vancouver [væŋˈkouvər] kaupunki Kanadassa
vandal [vændəl] s **1** vandaali **2** *Vandal* (hist) vandaali
vandalism [ˈvændəˌlizəm] s (tahallinen) särkeminen, hävitys, hävitysvimma, vandalismi
vandalize [ˈvændəˌlaɪz] v (tahallaan) särkeä, hävittää, vandalisoida
vane [veɪn] s **1** tuuliviiri (myös kuv:) periaatteeton ihminen **2** (tuulimyllyn, turbiinin juoksupyörän) siipi
vanilla [vəˈnɪlə] s vanilja
vanish [vænɪʃ] v kadota, häipyä, (kipu) lakata
vanishing point s **1** (perspektiivissä) katoamispiste, pakopiste **2** (kuv) nollapiste
vanity [vænəti] s **1** turhamaisuus **2** turhuus **3** meikkilaukku **4** peililipasto, kampauslipasto
vanity case s meikkilaukku

vanity plate [ˈvænətiˌpleɪt] s auton haltijan itse valitsema rekisterikilpi
vanquish [væŋkwɪʃ] v kukistaa, voittaa
vantage [væntɪdʒ] s etulyönti(asema)
vapor [veɪpər] s höyry
vaporize [ˈveɪpəˌraɪz] v höyrystää, höyrystyä
variable [veriəbəl] s muuttuja, muuttuva suure, variaabeli adj **1** muuttuva, vaihteleva **2** epävakaa, ailahteleva
variably *he was variably sad and happy* hän oli vuoroin onneton ja onnellinen
variance [veriəns] s **1** vaihtelevuus, erilaisuus **2** (tilastotieteessä) varianssi **3** *what you did is at variance with your orders* sinä et noudattanut ohjeitasi, sinä teit toisin kuin sinua käskettiin *we are at variance with each other* olemme (asiasta) eri mieltä
variant [veriənt] s muunnelma, muunnos, vaihtoehto, toisinto adj vaihteleva, erilainen *variant spelling* vaihtoehtoinen kirjoitustapa
variation [ˌveriˈeɪʃən] s **1** vaihtelu, muuntelu **2** muunnelma, muunnos, vaihtoehto, toisinto; poikkeama
varices [verəsiz] ks varix
varicose veins [ˌverəkousˈveɪnz] s (mon) suonikohjut
variety [vəˈraɪəti] s **1** vaihtelu **2** ero **3** valikoima, paljous, moninaisuus *a large variety of men's shoes* suuri valikoima miesten kenkiä *in a variety of places* monin paikoin *for a variety of reasons* monesta syystä **4** laji **5** varietee
variety is the spice of life fr vaihtelu virkistää
variety show s varietee
variola [vəˈriələ] s isorokko
various [veriəs] adj **1** erilainen, eri, usea, moni *we visited various museums* kävimme useissa/monissa museoissa **2** monipuolinen **3** kirjava, monenkirjava
variously adv **1** eri tavoin, eri lailla **2** eri yhteyksissä *it has variously been called both bad and good* sitä on eri tahoilla sanottu sekä hyväksi että huonoksi
varix [verəks] s (mon varices) suonikohju

1 varnish [varnıʃ] s **1** lakka **2** (kuv) pintakiilto
2 varnish v **1** lakata **2** (kuv) kaunistella
vary [veri] v **1** vaihdella *temperatures here vary between 60 and 80 degrees* lämpötila vaihtelee täällä 60 ja 80 fahrenheitasteen välillä **2** erota, olla erilainen, poiketa jostakin (from:) *your approach varies drastically from hers* sinun menettelysi eroaa jyrkästi hänen menettelystään **3** muuttaa, vaihtaa, vaihdella
vase [veıs] s maljakko, (taidehistoriassa ja ark) vaasi
vast [væst] adj valtava, suunnaton, laaja
vastly adv valtavasti, valtavan, suunnattomasti, suunnattoman, laajasti *your painting is vastly superior to mine* sinun maalauksesi on paljon parempi kuin minun
vastness s laajuus, valtavuus, valtava/suunnaton koko, suuruus
vat [væt] s tynnyri; sammio, amme
Vatican [vætıkən] Vatikaani
Vatican City Vatikaanivaltio
vaudeville ['vad‚vıl] s vaudeville, varietee
1 vault [vaəlt] s **1** (kaari) holvi **2** (huone) holvi, pankkiholvi ym **3** kassakaappi **4** hyppy *pole vault* seiväshyppääjä
2 vault v **1** holvata, rakentaa holvi **2** kaartua (kuten holvi) **3** hypätä
vaulted adj holvattu
vaulter s hyppääjä
vaulting horse s (voimistelussa) hevonen
vaunt [vant] v leuhkia jollakin, rehennellä, kehua, ylistää
VCR *videocassette recorder* kuvanauhuri
VDT *visual display terminal* näyttöpääte
veal [viəl] s vasikanliha, vasikka
vector [vektər] s **1** (mat, tietok) vektori **2** (biologiassa) tartunnanlevittäjä, viruksensiirtäjä, vektori
1 veer [vıər] s käännös, suunnanvaihdos, poikkeama
2 veer v kääntyä, kääntää, poiketa (suunnasta, asiasta)
vegan [vigən] s vegaani

vegetable [vedʒtəbəl] s **1** vihannes *bulb vegetables* (syötävät) sipulit *fruit vegetables* hedelmävihannekset *leaf vegetables* lehtivihannekset *root vegetables* juurekset *seed vegetables* palkovihannekset *stalk vegetables* varsivihannekset *tuber vegetables* juurimukulat **2** kasvi **3** (ark) aivokuollut
vegetable kingdom s kasvikunta
vegetable oil s kasviöljy
vegetarian [‚vedʒə'teriən] s (ihminen) kasvissyöjä, vegetaari, (eläin) kasvinsyöjä adj kasvissyöjän, vegetaari-; kasvinsyöjän
vegetarianism [‚vedʒə'teriənızəm] s vegetarismi
vegetate ['vedʒə‚teıt] v **1** kasvaa **2** (kuv) velttoilla, elää toimettomana/aivokuolleena, käydä aika pitkäksi
vegetation [‚vedʒə'teıʃən] s **1** kasvillisuus **2** toimettomuus, tylsyys, tylsä/toimeton/aivokuollut elämä
vegetative ['vedʒə‚teıtıv] adj **1** vegetatiivinen, (lisääntyminen) kasvullinen, (hermosto myös) autonominen **2** toimeton
vehement [viəmənt] adj kiivas, kiihkeä, tulinen, raju, voimakas
vehemently adv kiivaasti, kiihkeästi, tulisesti, rajusti, voimakkaasti
vehicle [viəkəl] s **1** ajoneuvo, kulkuneuvo, (avaruudessa) alus **2** välikappale, väline, ilmaisuväline, keino *the seminar is the perfect vehicle for making the findings public* seminaari on oivallinen tilaisuus julkistaa tutkimustulokset
vehicular [və'hıkjələr] adj ajoneuvo-, liikenne-
1 veil [veıəl] s **1** huntu **2** (kuv) verho, harso, huntu **3** nunnan elämä, luostarielämä *to take the veil* ruveta nunnaksi
2 veil v **1** hunnuttaa kasvonsa, peittää kasvonsa hunnulla, käyttää huntua **2** (kuv) verhota, peittää, kätkeä, salata
1 vein [veın] s **1** (lääk) laskimo **2** verisuoni, suoni **3** (lehden) suoni **4** (malmi)suoni **5** uurre, viiru **6** piirre, taipumus; tyyli; tunnelma, mieliala *in a humorous vein* humoristisesti

2 vein v **1** uurtaa; juovittaa **2** luikerrella, kiemurrella, kulkea ristiin rastiin
Velcro [ˈvelkroʊ] tarranauha
velocity [vəˈlasəti] s nopeus
velour [vəˈlʊər] s (kangas) veluuri
velvet [ˈvelvət] s sametti
velvety adj samettinen (myös kuv), sametinpehmeä (myös kuv) *his new Cadillac has a velvety ride* hänen uudessa Cadillacissaan on samettisen pehmeä kyyti
1 veneer [vəˈnɪər] s **1** viilu **2** (kuv) pintakiilto, pintasilaus
2 veneer v viiluttaa, päällystää viilulla
venerable [ˈvenərəbəl] adj kunnianarvoinen, arvossapidetty
venerate [ˈvenəˌreɪt] v kunnioittaa, arvostaa
veneration [ˌvenəˈreɪʃən] s kunnioitus, arvostus
venereal disease [vəˈnɪriəl] s sukupuolitauti
Venetian [vəˈniʃən] s, adj venetsialainen
venetian blind s sälekaihdin
Venezuela [ˌvenəˈzweɪlə]
Venezuelan s, adj venezuelalainen
vengeance [ˈvendʒəns] s **1** kosto **2** *with a vengeance* raivoisasti, rajusti, intohimoisesti
vengeful [ˈvendʒfəl] adj kostonhaluinen
Venice [ˈvenɪs] **1** (Italian) Venetsia **2** eräs Los Angelesin piirikunnan kaupunki **3** kaupunki Floridassa
venison [ˈvenəsən] s hirvenliha
venom [ˈvenəm] s (käärmeen, hämähäkin) myrkky (myös kuv) *the venom of jealousy* kateuden/mustasukkaisuuden myrkky
venomous [ˈvenəməs] adj **1** myrkyllinen, (käärme, hämähäkki) myrkky- **2** (kuv) pureva, ilkeä, kärkevä, pisteliäs
1 vent [vent] s **1** (tuuletus-, tyhjennys-, purkaus- ym) aukko **2** (tuuletus-, tyhjennys-, purkaus- ym) putki **3** *to give vent to your feelings* (kuv) purkaa tunteitaan
2 vent v ilmaista, purkaa (tunteitaan), päästää ilmoille (paineita)

ventilate [ˈventəˌleɪt] v **1** tuulettaa **2** tarkastella, tutkia, pohtia **3** ilmaista, purkaa (tunteitaan)
ventilation [ˌventəˈleɪʃən] s tuuletus
ventilator [ˈventəˌleɪtər] s tuuletin
ventricle [ˈventrɪkəl] s (anat) kammio
ventriloquism [venˈtrɪləkwɪzəm] s vatsastapuhuminen
ventriloquist [venˈtrɪləˌkwɪst] s vatsastapuhuja
1 venture [ˈventʃər] s **1** (uskalias) yritys, hanke **2** liikeyritys **3** *at a venture* umpimähkään, satunnaisesti
2 venture v **1** uskaltaa, uskaltautua, rohjeta *he ventured into the wilderness alone* hän uskaltautui yksin erämaahan **2** panna alttiiksi, riskeerata *nothing ventured, nothing gained* yrittänyttä ei laiteta
venture capital s riskipääoma
venturesome adj uskalias, rohkea
Venus [ˈvinəs] Venus
veranda [vəˈrændə] s kuistikko, vilpola, veranta
verandah [vəˈrændə] ks veranda
verb [vɜrb] s verbi, teonsana
verbal [ˈvɜrbəl] adj **1** sanallinen, kielellinen **2** suullinen **3** sananmukainen, kirjaimellinen **4** verbi-
verbalize [ˈvɜrbəˌlaɪz] v ilmaista, pukea sanoiksi
verbally adv **1** sanallisesti, kielellisesti **2** suullisesti **3** verbinä, verbin tavoin
verbatim [vɜrˈbeɪtəm] adj sananmukainen, kirjaimellinen adv sananmukaisesti, kirjaimellisesti, sanasta sanaan
verbiage [ˈvɜrbiədʒ] s liikasanaisuus, monisanaisuus, jaarittelu
verbose [vɜrˈboʊs] adj liikasanainen, monisanainen, jaaritteleva
verbosity [vɜrˈbasəti] s liikasanaisuus, monisanaisuus, jaarittelu
verboten [vɜrˈboʊtən ferˈboʊtən] *saksasta* kielletty
verdant [ˈvɜrdənt] adj vihreä, vehreä
verdict [ˈvɜrdɪkt] s (oikeuden) päätös, tuomio
verge [vɜrdʒ] s **1** reuna **2** (kuv) *to be on the verge of tears* olla kyynelten/itkun partaalla

verge on v (kuv) muistuttaa jotakin, lähestyä jotakin *your ideas verge on the insane* ajatuksesi haiskahtavat hulluilta
verification [ˌverəfɪˈkeɪʃən] s todennus, varmistus, varmennus, tarkistus
verify [ˈverəˌfaɪ] v todentaa, varmistaa, varmentaa, tarkistaa
verily [verəli] adv (raam) totisesti, todella, toden totta
verisimilitude [ˌverəˈsɪməlɪˌtud] s todennäköisyys
veritable [verətəbəl] adj aito, todellinen, varsinainen
vermin [vərmən] s (mon vermin) syöpäläinen, syöpäläiset
Vermont [vərˈmɑnt]
vermouth [vərˈmuθ] s vermutti
vernacular [vərˈnækjələr] s 1 murre, kansankieli 2 jargon, (jonkin alan) erityiskieli adj murteellinen, kansankielinen
vernal equinox [ˌvərnəlˈikwəˌnɑks] s kevätpäiväntasaus
versatile [vərsətəl] adj monipuolinen
versatility [ˌvərsəˈtɪləti] s monipuolisuus
verse [vərs] s 1 säe 2 runo 3 runous 4 (Raamatun) jae adj runomuotoinen
versed *she is well versed in Scandinavian history* hän on hyvin perillä Skandinavian historiasta, hän tuntee Skandinavian historian hyvin
version [vərʒən] s 1 versio, toisinto, (laitteesta) malli 2 käännös
versus [vərsəs] prep 1 vastaan *in the case People versus Alger Hiss* Alger Hissin vastaisessa oikeudenkäynnissä 2 verrattuna
vertebra [vərtəbrə] s (mon vertebrae, vertebras) selkänikama
vertebral adj (selkä)nikama-
vertebral column s selkäranka
vertebrate [vərtəbrət] s selkärankainen
vertical [vərtɪkəl] s, adj pystysuora (viiva/linja)
vertically adv pystysuoraan, pystysuorassa
vertically challenged adj (leik; henkilöstä) lyhyt

veto

vertical scrolling s (tietok) pystyvieritys
vertigo [vərtɪgoʊ] s (mon vertigos, vertigines) huimaus
verve [vərv] s into, innostus, ponsi, tarmo, voima
very [veri] adv 1 erittäin, hyvin *very good/well* erittäin/oikein hyvä/hyvin 2 täsmälleen, juuri, aivan: *the very next day* heti seuraavana päivänä adj 1 täsmälleen, juuri, aivan: *on that very day* juuri sinä päivänä/sinä samana päivänä 2 pelkkä: *the very idea scares me* pelkkä ajatuskin pelottaa minua 3 äärimmäinen: *to the very end* loppuun asti/saakka
very well! [ˌveriˈwel] fr hyvä on!
vessel [vesəl] s 1 alus, laiva 2 astia, säiliö *weaker vessel* (raam) heikompi astia 3 (lääk) suoni *blood vessel* verisuoni
vest [vest] s 1 liivi(t) *bulletproof vest* luotiliivit *he played it close to the vest* (ark) hän oli varovainen, hän ei ottanut turhia riskejä 2 (UK) aluspaita
vestal virgin [ˌvestəlˈvərdʒən] s (hist) Vestan neitsyt
vested interest s 1 *he has a vested interest in the survival of the company* on hänen etunsa mukaista että yritys pysyy pystyssä 2 (mon) maan mahtavat
vestige [vestədʒ] s jälki, jäänne *the last vestiges of civilization* sivistyksen viime rippeet
vestigial [vesˈtɪdʒəl] adj 1 surkastunut 2 vähäinen, viimeinen (jäljellä oleva)
Vesuvius [vəˈsuviəs] Vesuvius
1 vet [vet] s (ark) eläinlääkäri
2 vet v (ark) tutkia, tarkistaa, etsiä
vetch [vetʃ] s hiirenvirna
veteran [vetərən] s veteraani; (sota)veteraani adv veteraani- *veteran police officer* vanha ja kokenut poliisikonstaapeli
veterinarian [ˌvetərəˈneriən] s eläinlääkäri
veterinary [ˈvetərəˌneri] s eläinlääkäri adj eläinlääketieteellinen
1 veto [vitoʊ] s (mon vetoes) (kielto) veto

2 veto v kieltää/hylätä/estää veto-oikeudella *President Bush vetoed the bill* presidentti Bush kaatoi lakiesityksen vetollaan

vex [veks] v ärsyttää, harmittaa, piinata

vexation [vek'seɪʃən] s **1** ärsytys **2** ärtymys **3** harmi, kiusa, piina

vexatious [vek'seɪʃəs] adj ärsyttävä, harmillinen, harmittava

via [vɪə vaɪə] prep kautta *we'll fly to Seattle via Detroit* lennämme Seattleen Detroitin kautta

viability [ˌvaɪə'bɪləti] s **1** elinkelpoisuus **2** (kuv) elinkelpoisuus, käyttökelpoisuus, käytännöllisyys, toteutettavuus, mahdollisuus

viable [vaɪəbəl] adj **1** elinkelpoinen **2** (kuv) elinkelpoinen, käyttökelpoinen, mahdollinen

viaduct ['vaɪəˌdʌkt] s silta

vial [vaɪəl] s (pieni lääke-, hajuvesi- tms) pullo

vibes [vaɪbz] s (mon ark) **1** (hyvät/huonot) väreet, vaikutelma, tuntu *I get bad vibes from her* (ark) hän vaikuttaa minusta vaaralliselta, hänestä lähtee pahoja väreitä **2** (mus) vibrafoni

vibraharp ['vaɪbrəˌhɑrp] s (mus) vibrafoni

vibraphone ['vaɪbrəˌfoun] s (mus) vibrafoni

vibrate [vaɪbreɪt] v **1** värähdellä; väristä, värisyttää **2** (kuv) sykkiä, sykähdyttää

vibration [vaɪ'breɪʃən] s **1** väre, värähdys, värähtely, värinä **2** (kuv, us mon) (hyvät/huonot) väreet, vaikutelma, tuntu

vibrator [vaɪbreɪtər] s värähtelijä, tärytin; hieromasauva

vicar [vɪkər] s pappi

vicarage [vɪkərədʒ] s pappila

vicarious [vaɪ'keriəs] adj epäsuora, välillinen, sijais- *he got vicarious satisfaction from the success of his son* hän sai sijaistyydytystä poikansa menestyksestä

vicariously adv epäsuorasti, välillisesti

Vicar of Christ s paavi, Kristuksen sijainen

vice [vaɪs] s pahe

vice-chairman [ˌvaɪs'tʃermən] s varapuheenjohtaja

Vice President [ˌvaɪs'prezɪdənt] s varapresidentti

viceroy ['vaɪsˌrɔɪ] s varakuningas

vice squad s siveellisyysrikoksia, uhkapeliä ym tutkiva poliisiosasto

vice versa [ˌvaɪs'vərsə] adv päinvastoin, kääntäen

vicinity [və'sɪnəti] s **1** lähistö, lähiseutu **2** läheisyys

vicious [vɪʃəs] adj **1** paha, ilkeä, paatunut **2** raju, raaka

vicious circle s noidankehä, kierre

viciously adv **1** pahasti, ilkeästi, paatuneesti **2** rajusti, raa'sti

viciousness s **1** pahuus, ilkeys, paatuneisuus **2** rajuus, raakuus

vicissitudes [və'sɪsəˌtudz] s (mon) oikut *the vicissitudes of life* myötä- ja vastoinkäymiset, kohtalon oikut

victim [vɪktəm] s uhri *he was the victim of circumstance* hän joutui olosuhteiden uhriksi

victimize ['vɪktəˌmaɪz] v **1** kohdella väärin/nurjasti **2** huijata, pettää

victor [vɪktər] s voittaja

Victoria [vɪktɔriə] **1** (Ison-Britannian kuningatar) Viktoria **2** eräs Australian osavaltio **3** kaupunki Brittiläisessä Columbiassa Kanadassa *Victoria Falls* Victorian putoukset

Victoria Island Victoriansaari (Kanadassa)

Victorian [vɪk'tɔriən] adj **1** viktoriaaninen, kuningatar Viktorian (1837–1901) aikainen, sen ajan tyylinen **2** sievistelevä, sovinnainen

victorious [vɪkˌtɔriəs] adj voittoisa, voitokas

victoriously adv voittoisasti, voitokkaasti

victory [vɪktəri] s voitto

vicuna [və'kunə, və'kunjə] s (eläin) vikunja

video [vɪdioʊ] s video

video arcade s videopelisali

videocassette [ˌvɪdioʊkə'set] s videokasetti

videocassette recorder s videokasettinauhuri, kuvanauhuri

vindicate

videoconference [ˌvɪdiooʊˈkanfərəns] s videoneuvottelu, teleneuvottelu, videokokous
videodisk [ˈvɪdiooʊˌdɪsk] s kuvalevy, videolevy
videodisk player s kuvalevysoitin
video display terminal s (tietok) näyttöpääte
video game [vɪdiooʊˌgeɪm] s videopeli
video head s (videonauhurin) kuvapää
video on demand s tilausvideo
videophone [ˈvɪdiəˌfoʊn] s videopuhelin, kuvapuhelin (jossa on liikkuva kuva)
videorecorder [ˌvɪdiərɪˈkɔrdər] s kuvanauhuri, videonauhuri
video recording s videotallenne, videonauhoitus
video switcher s videovalitsin
1 videotape [ˈvɪdiəˌteɪp] s kuvanauha, videonauha
2 videotape v nauhoittaa (kuvanauhurilla)
videotape recorder s kuvanauhuri
videotex [ˈvɪdiəˌteks] s teletietopalvelu
vie for v kilpailla jostakin *they were vying for her attention* he kilpailivat hänen huomiostaan
Vienna [viˈenə] Wien
Vietnam [ˌviətˈnam]
Vietnamese [ˌviətnəˈmiːz] s vietnamin kieli s, adj vietnamilainen, vietnaminkielinen
1 view [vju] s **1** näkymä, näköala *the view from the bridge* sillalta avautuva näkymä *there were several clouds in view* näkyvillä oli useita pilviä *to be on view* olla nähtävänä/näyttelillä/esillä **2** kuva, valokuva **3** näkökulma, (näkö)kanta *in view of the fact that you've just come here...* koska olet vasta tullut tänne..., ottaen huomioon sen että olet vasta tullut tänne **4** (tulevaisuuden)näkymä, mahdollisuus; aikomus, aie **5** näkemys, kanta, mielipide *in my view* minun mielestäni **6** *with a view to* jotakin silmällä pitäen, jonkin toivossa
2 view v **1** katsoa, katsella **2** tarkastella, pohtia **3** suhtautua, pitää jonakin
viewdata [ˈvjuˌdeɪtə] s teletietopalvelu

viewer s **1** (esim television) katsoja **2** (dia- tai muu) katselulaite **3** (kameran ym) etsin
viewfinder [ˈvjuːˌfaɪndər] s (kameran) etsin
viewing angle s kuvakulma (vrt *shooting angle*, kuvauskulma)
viewpoint [ˈvjuːˌpɔɪnt] s näkökulma, näkökanta, kanta
vigil [vɪdʒəl] s **1** valvonta *to keep vigil at someone's bedside* valvoa yöllä jonkun vuoteen vierellä **2** valppaus **3** yöjumalanpalvelus
vigilance [vɪdʒələns] s valppaus, varovaisuus
vigilant [vɪdʒələnt] adj valpas, varovainen
vigilante [ˌvɪdʒəˈlænti] s omankädenoikeuden harjoittaja
vigilante committee s omankädenoikeuden harjoittajien ryhmä, (hist) (etelävaltioissa) mustien pelottelua harjoittanut valkoisten ryhmä
vigilantly adv valppaasti, varuillaan
vigor [vɪgər] s voima, tarmo, ponsi, kiihko, into, intohimo
vigorous [vɪgərəs] adj voimakas, ponnekas, tarmokas, kiihkeä *do this vigorous exercise five times* tee tämä raskas harjoite viidesti
vigorously adv voimakkaasti, ponnekkaasti, tarmokkaasti, kiihkeästi
Viking [vaɪkɪŋ] s viikinki
vile [vaɪəl] adj paha, ilkeä, (teko) ruma, hirvittävä, iljettävä, (sää) kurja, surkea, (puhe) likainen, rivo
vilely adv ks vile
vilify [ˈvɪləˌfaɪ] v panetella, herjata, puhua pahaa jostakusta/jostakin
villa [vɪlə] s (hieno) talo, huvila
village [vɪlədʒ] s kylä
villager s kyläläinen, kylän asukas
village weaver s (lintu) kylakutoja
villain [vɪlən] s roisto, konna
villainous [vɪlənəs] adj paha
villainy [vɪləni] s **1** pahuus **2** paha teko
vindicate [ˈvɪndəˌkeɪt] v **1** puhdistaa (maine), palauttaa (arvo) **2** todistaa, vahvistaa, osoittaa oikeaksi

vindication

vindication [ˌvɪndə'keɪʃən] s 1 maineen puhdistus, arvonpalautus 2 oikeutus, puolustus, peruste
vindictive [vɪn'dɪktɪv] adj kostonhaluinen
vindictively adv kostonhaluisesti
vindictiveness s kostonhalu
vine [vaɪn] s 1 viiniköynnös 2 köynnös(kasvi)
vinegar [vɪnəgər] s etikka
vinegar-fly s (mon vinegar-flies) banaanikärpänen
vineyard [vɪnjərd] s viinitarha
vintage [vɪntədʒ] s 1 (viinin) vuosikerta 2 viininkorjuu 3 vuosimalli adj 1 (viini) vuosikerta- 2 vanha (ja hieno) *vintage cars* keräilyautot 3 (lajissaan) paras *that was vintage Cosby* se oli aitoa Cosbyn huumoria
vintage car s keräilyauto, klassinen auto
vintage wine s vuosikertaviini
vintage year s erinomainen (viini- tai muu) vuosi
vintner [vɪntnər] s viinikauppias
vinyl [vaɪnəl] s, adj vinyyli(-)
viola [vaɪ'oʊlə] s 1 alttoviulu, viola 2 orvokki
violate ['vaɪəˌleɪt] v rikkoa (lakia, sopimusta), loukata (rajaa, jonkun oikeutta), häiritä (jonkun rauhaa)
violation [ˌvaɪə'leɪʃən] s 1 rikkomus, loukkaus *you're in violation of section 33 of the penal code* olette rikkonut rikoslain 33. pykälää *traffic violation* liikennerikkomus 2 häpäisy
violence [vaɪələns] s 1 väkivalta *by violence* voimakeinoin, väkivaltaisesti 2 (kuv) vääryys *I think you're doing violence to his prose* minusta sinä vääristät hänen proosaansa
violent [vaɪələnt] adj 1 väkivaltainen 2 raju
violet [vaɪələt] s 1 orvokki 2 violetti, sinipunainen
violin [ˌvaɪə'lɪn] s viulu
violinist [ˌvaɪə'lɪnɪst] s violisti, viulunsoittaja, viulutaiteilija
viper [vaɪpər] s 1 kyy(käärme) 2 käärme (myös kuv)
viperfish ['vaɪpərˌfɪʃ] s sapelihammaskala
virago [və'ragoʊ] s (mon viragoes, viragos) 1 (hist ja halv) noita (myös kuv), ksantippa, paha akka 2 (hist ja feminismissä) vahva, henkevä nainen
viral [vaɪrəl] adj virus-
virgin [vərdʒən] s neitsyt adj neitseellinen (myös kuv:) koskematon, puhdas
Virginia [vər'dʒɪnjə]
Virginia Beach kaupunki Virginiassa
Virginia deer s valkohäntäpeura
Virginia opossum [vərˌdʒɪniə ə'pasəm] s virginianopossumi
Virgin Islands (mon) Neitsytsaaret
virginity [vər'dʒɪnəti] s 1 neitsyys 2 (kuv) neitseellisyys, neitsyys, koskemattomuus, puhtaus
Virgin Mary s Neitsyt Maria
Virgo [vərgoʊ] *horoskoopissa* Neitsyt
virile [vɪrəl] adj 1 miehekäs, miehinen, miesmäinen 2 voimakas, ponnekas 3 mieskuntoinen, kykenevä, viriili, potentti
virility [və'rɪləti] s 1 miehekkyys, miehisyys 2 voimakkuus, ponnekkuus 3 kykenevyys, mieskuntoisuus, potenssi, viriliteetti
virologist [və'ralədʒɪst] s virologi
virology [və'ralədʒi] s virologia, virusoppi, virusten tutkimus
virtual [vərtʃuəl] adj oletettu, näennäinen, virtuaalinen *it is a virtual impossibility* se on käytännöllisesti katsoen mahdotonta
virtual environment s lumeympäristö
virtually adv käytännöllisesti katsoen, lähes, kutakuinkin
virtual memory s (tietok) näennäismuisti, virtuaalimuisti
virtual reality s näennäistodellisuus, virtuaalitodellisuus, lumetodellisuus
virtue [vərtʃu] s 1 hyve *to make a virtue out of necessity* kääntää tilanne edukseen, yrittää nähdä asiat parhain päin 2 neitsyys
virtuoso [ˌvərtʃu'oʊsoʊ] s (mon virtuosos, virtuosi) taituri, virtuoosi adj taiturimainen, taitava
virtuous [vərtʃuəs] adj hyveellinen

virulent [ˈvɪrjələnt] adj **1** myrkyllinen, tappava **2** (lääk) virulentti **3** katkera, ilkeä, julma
virus [ˈvaɪrəs] s virus
virus hoax s (tietok) virusvalhe
visa [ˈviːsə] s viisumi
visage [ˈvɪsədʒ] s kasvot
vis-à-vis [ˌviːzəˈviː] s vastapäätä oleva/istuva ihminen prep johonkin liittyvä, jotakin koskeva, koskien
viscacha s (eläin) viskatsa
viscera [ˈvɪsərə] s (mon) sisäelimet, sisälmykset
visceral [ˈvɪsərəl] adj sisälmys-, sisä-
viscosity [vɪsˈkɒsəti] s sakeus, sitkeys, sitkaisuus, (fys) viskositeetti
viscount [ˈvaɪˌkaʊnt] s varakreivi
viscountess [ˌvaɪˈkaʊntəs] s varakreivitär
viscous [ˈvɪskəs] adj sakea, sitkeä, sitkas
vise [vaɪs] s ruuvipuristin, ruuvipenkki
visibility [ˌvɪzəˈbɪləti] s näkyvyys
visible [ˈvɪzəbəl] adj **1** näkyvä **2** selvä, ilmiselvä, ilmeinen
visibly adv **1** näkyvästi **2** selvästi, ilmiselvästi, ilmeisen *he was visibly shocked by the news* uutinen selvästikin järkytti häntä
vision [ˈvɪʒən] s **1** näkö (aisti/kyky) **2** kaukonäköisyys, laajakatseisuus **3** näky, ilmestys **4** kuvitelma, haave
visionary [ˈvɪʒəˌneri] s näkijä adj **1** epäkäytännöllinen, haihatteleva **2** kuvitteellinen, kuviteltu **3** näynomainen
1 visit [ˈvɪzət] s käynti, vierailu *they came for a visit* he tulivat käymään/kylään
2 visit v **1** käydä, vierailla, kyläillä jossakin, käydä katsomassa jotakuta/jotakin **2** (vanh) vaivata, kiusata, rangaista (*something on/upon somebody, something*)
visitor [ˈvɪzətər] s vieras, vierailija, kyläilijä
visor [ˈvaɪzər] s **1** silmikko, visiiri **2** (lakin) lippa **3** (autossa) häikäisysuojus
vista [ˈvɪstə] s näkymä, näköala
visual [ˈvɪʒuəl] adj näkyvä, näkö-, kuva-, visuaalinen
visual arts s (mon) kuvataide

visual cortex s (aivojen) näkökeskus
visual display terminal s (tietok) näyttöpääte
visualize [ˈvɪʒuəˌlaɪz] v **1** kuvitella mielessään **2** tehdä nähtäväksi, visualisoida
visually adv näkyvästi, kuvallisesti, visuaalisesti
visually impaired *the visually impaired* (mon) näkövammaiset
visual range s näkyvyys
vital [ˈvaɪtəl] adj **1** elinvoimainen, vireä **2** elintärkeä, ratkaiseva
vitalize [ˈvaɪtəˌlaɪz] v **1** elvyttää, tehdä eläväksi **2** elävöittää, elvyttää, vilkastuttaa, innostaa
vitally adv **1** elinvoimaisesti, vireästi **2** erittäin, ratkaisevan
vitamin [ˈvaɪtəmən] s vitamiini *vitamin C* C-vitamiini
vivacious [vəˈveɪʃəs, vaɪˈveɪʃəs] adj eloisa, vilkas, pirteä, reipas
vivaciously adv eloisasti, vilkkaasti, pirteästi, reippaasti
vivaciousness s eloisuus, vilkkaus, pirteys, reippaus
vivacity [vəˈvæsəti] s eloisuus, vilkkaus, pirteys, reippaus
vivid [ˈvɪvəd] adj **1** (väri, valo) kirkas, voimakas **2** eloisa, värikäs, (ihminen, mielikuvitus) vilkas, (muisto) tuore
vividly adv **1** (väristä, valosta) kirkkaasti, voimakkaasti **2** eloisasti, vilkkaasti, (muistaa) hyvin
vividness s **1** (värin, valon) kirkkaus, voimakkuus **2** eloisuus, (ihmisen, mielikuvituksen) vilkkaus, (muiston) tuoreus
vivisection [ˈvɪvəˌsekʃən] s (eläinten leikkely tutkimustarkoituksiin) vivisektio
vivisectionist [ˈvɪvəˌsekʃənɪst] s (eläimiä tutkimustarkoituksiin leikkelevä henkilö) vivisektori
vixen [ˈvɪksən] s **1** naaraskettu **2** (kuv naisesta) (paha) akka
vocabulary [vəˈkæbjəˌleri, voʊˈkæbjəˌleri] s **1** (puhujan, kielen) sanavarasto, (koko) sanasto **2** (oppikirjan yms) sanasto **3** (taiteilijan ym) ilmaisumuotojen valikoima

vocal [ˈvoʊkəl] adj 1 ääni-, suullinen 2 (mus) laulu- 3 äänekäs, kovaääninen *the group has been very vocal in its demands* ryhmä on ajanut vaatimuksiaan hyvin voimakkaasti
vocal cords s (mon) äänihuulet
vocalize [ˈvoʊkəˌlaɪz] v 1 sanoa, ääntää, lausua, tuoda esiin, ilmaista 2 laulaa
vocally adv 1 suullisesti 2 äänekkäästi, kovaäänisesti
vocation [voʊˈkeɪʃən] s 1 ammatti 2 kutsumus
vocational adj 1 ammatillinen, ammatti- 2 ammatinvalinta-
vocational education s ammattikoulutus
vocational guidance s ammatinvalinnan ohjaus
vocational school s ammattikoulu
vociferous [voʊˈsɪfərəs] adj 1 äänekäs, meluisa, kovaääninen 2 voimakas, ponnekas, kovaääninen
vociferously adv 1 äänekkäästi, meluisasti, kovaäänisesti 2 voimakkaasti, ponnekkaasti, kovaäänisesti
vodka [ˈvadkə] s votka
vogue [voʊg] s muoti *to be in vogue* olla muodissa *to go out of vogue* joutua/ jäädä pois muodista
voice [vɔɪs] s ääni
voiced adj (äänne) soinnillinen
voiceful adj äänekäs, kovaääninen
voiceless adj (äänne) soinniton
voicemail s puheposti
voice recognition s (tietok) puheentunnistus
1 void [vɔɪd] s 1 tyhjyys 2 (kuv) tyhjyys, tyhjä aukko, tyhjyyden tunne
2 void v 1 tyhjentää 2 mitätöntää, mitätöidä
3 void adj 1 tyhjä 2 *his life is void of meaning* hänen elämässään ei ole sisältöä 3 mitätön, pätemätön, kelpaamaton *null and void* mitätön
volatile [ˈvalətəl] adj 1 haihtuva 2 (kuv) ailahteleva, epävakainen, oikukas, arvaamaton
volatility [ˌvaləˈtɪləti] s 1 haihtuvuus 2 (kuv) ailahtelu, ailahtelevuus, epävakaisuus, oikullisuus, arvaamattomuus 3 (tal) volatiliteetti, vaihtelevuus
volcanic [valˈkænɪk] adj vulkaaninen, tulivuori-, tuliperäinen
volcano [valˈkeɪnoʊ] s (mon volcanos, volcanoes) tulivuori
vole [voʊl] s peltomyyrä
1 volley [ˈvali] s 1 yhteislaukaus 2 (kuv) myrsky, syöksy 3 (tenniksessä) lentolyönti
2 volley v ampua yhteislaukaus, laukaista yhtä aikaa
volleyball [ˈvaliˌbɔːl] s 1 lentopallo(peli) 2 (pallo) lentopallo
volt [voʊlt] s (sähköjännitteen mittayksikkö) voltti
voltage [ˈvoʊltədʒ] s jännite
volubility [ˌvaljəˈbɪləti] s (ihmisen) puheliaisuus, (halventaen:) suulaus, (puheen) vuolaus
voluble [ˈvaljəbəl] adj (ihminen) puhelias, (halventaen:) suulas, kielevä, (puhe) vuolas
volubly adv puheliaasti, (halventaen:) suulaasti, vuolaasti
volume [ˈvaljum] s 1 nidos, teos, kirja *that speaks volumes for his attitude towards foreigners* se kertoo paljon hänen suhtautumisestaan ulkomaalaisiin *her eyes speak volumes* hänellä on paljonpuhuvat silmät, hänen silmänsä kertoivat/paljastivat kaiken 2 (kirjasarjan) osa 3 vuosikerta 4 tilavuus 5 määrä, laajuus 6 suuri määrä 7 äänenvoimakkuus
volume discount s määräalennus
voluminous [vəˈluːmɪnəs] adj suuri, laaja, runsas, paljon
voluntarily [ˌvalənˈterəli] adv vapaaehtoisesti, omasta tahdostaan
voluntary [ˈvalənˌteri] adj vapaaehtoinen, vapaaehtois-, vapaa-
1 volunteer [ˌvalənˈtɪər] s, adj vapaaehtoinen *volunteer fire department* vapaapalokunta
2 volunteer v 1 ilmoittautua vapaaehtoiseksi, osallistua vapaaehtoisesti 2 kertoa/paljastaa/esittää vapaaehtoisesti *he volunteered that he had been alone at the time of the murder* hän kertoi olleensa murhahetkellä yksin

voluptuous [vəˈlʌpʃʊəs] adj (elämä) ylellinen, (nautinto) aistillinen, aisti-, (nainen) uhkea
voluptuously adv ks voluptuous
1 vomit [vamət] s oksennus
2 vomit v **1** oksentaa, antaa ylen **2** sylkeä/syöstä esiin, tupruta
1 vote [voʊt] s **1** äänestys, vaalit **2** ääni **3** äänimäärä **4** äänestyksen tulos, vaalitulos **5** äänioikeus
2 vote v äänestää
vote down v äänestää kumoon/vastaan, kaataa äänestyksessä
vote on v ratkaista äänestyksellä, äänestää jostakin
voter s äänestäjä, valitsija
voting machine s äänestyskone
voucher s **1** takaaja **2** voucher
vouch for [vaʊtʃ] v varmistaa, taata, mennä takuuseen jostakusta/jostakin *I can vouch for his integrity* voin mennä takuuseen siitä että hän on rehellinen
vouchsafe [ˌvaʊtʃˈseɪf] v suoda, suvaita, sallia
1 vow [vaʊ] s lupaus, vala *to take vows* tehdä luostarilupaus
2 vow v luvata, vannoa
vowel [vaʊəl] s vokaali

1 voyage [vɔɪədʒ] s matka
2 voyage v matkustaa
voyager s matkustaja, matkalainen, matkailija
voyeur [vɔɪˈjər] s voyeuristi, (sukupuolista mielihyvää tavoitteleva) tirkistelijä
voyeurism [vɔɪˈjərɪzəm, ˈvɔɪjəˌrɪzəm] s voyeurismi, (sukupuolista mielihyvää tuottava) tirkistely
vulgar [vəlgər] adj **1** mauton, sivistymätön, karkea, rivo **2** tavallinen, kansanomainen, kansan-, rahvaanomainen
vulgarity [vəlˈgerəti] s **1** mauttomuus, sivistymättömyys, karkeus, rivous **2** tavallisuus, kansanomaisuus, rahvaanomaisuus
vulgarly adv ks vulgar
vulnerability [ˌvəlnərəˈbɪləti] s haavoittuvuus, suojattomuus, herkkyys, alttius jollekin
vulnerable [vəlnərəbəl] adj haavoittuvainen, suojaamaton, turvaton, herkkä, altis jollekin
vulture [vəltʃər] s **1** korppikotka **2** kondori **3** (kuv) haaska
vulva [vəlvə] s (mon vulvae, vulvas) häpy, vulva
Vyborg [vibɔrg] Viipuri

W, w

W, w [ˈdʌbəlju] W, w
wacko [wækoʊ] s (sl) hullu, tärähtänyt
wacky [wæki] adj (sl) hullu, tärähtänyt
1 wad [wad] s tukko, tukku, tuppo, pallo *to shoot your wad* (ark) törsätä rahansa, panna rahansa menemään; väsyttää/uuvuttaa itsensä; (sl) (miehestä) saada siemensyöksy
2 wad v **1** rutistaa, puristaa/tehdä tukoksi/tukuksi/tupoksi/palloksi **2** täyttää, sulloa täyteen
1 waddle [wadəl] s taaperrus
2 waddle v taapertaa

wade [weɪd] v **1** kahlata **2** polskutella, leikkiä vedessä
wade into v **1** panna hihat heilumaan **2** käydä jonkun kimppuun **3** haukkua, sättiä jotakuta
wader [weɪdər] s rantalintu
wade through v kahlata jonkin läpi (myös kuv lukemisesta)
wafer [weɪfər] s **1** vohveli(keksi) **2** ehtoollisleipä, öylätti
wafer-thin adj erittäin ohut
1 waffle [wafəl] s **1** vohveli **2** (ark) sumutus, hämäys, vetkuttelu

waffle

2 waffle v (ark) sumuttaa, yrittää hämätä, vetkutella
1 waft [waft] s tuulahdus, lemahdus, heikko ääni
2 waft v tuulahtaa, lemahtaa, leijua, kuulua (heikosti)
WAG (tekstiviestissä, sähköpostissa) *wild-ass guess*
1 wag [wæg] s **1** (hännän ym) heilutus, heilahdus, heilautus, (sormen) heristys, (pään) nyökkäys, kumarrus, pudistus **2** lörpöttelijä, juoruilija
2 wag v **1** (häntää) heiluttaa, (sormea) heristää, (päätä) nyökätä, kumartaa, pudistaa **2** lörpötellä, juoruta
1 wage [weɪdʒ] s **1** (us mon) (tunti/päivä/viikko)palkka **2** (mon, kuv) palkka *the wages of sin* synnin palkka
2 wage v käydä, harjoittaa *to wage war* sotia
wage freeze s palkkojen jäädytys
wage increase s palkankorotus
1 wager [ˈweɪdʒər] s veto
2 wager v lyödä vetoa, panna pantiksi
wage slave s palkkaorja
1 waggle [ˈwægəl] s heiluminen, heilahdus, heilutus, (pään) pudistus, (sormen) heristys
2 waggle v heilua, heiluttaa, (päätä) pudistaa, (sormea) heristää
wagon [ˈwægən] s **1** vaunu(t), vankkuri(t) *to circle the wagons* (villissä lännessä) järjestää vaunut suojaksi ympyrään; (sl) käydä puolustusasemiin *to fix someone's wagon* kostaa, maksaa takaisin; antaa selkään, näyttää taivaan merkit jollekulle **2** poliisiauto, mustamaija **3** station wagon farmariauto **4** kuorma-auto **5** pakettiauto **6** *to be on the wagon* (sl) olla kuivana, ei juoda (alkoholia) *he's off the wagon again* (sl) hän on taas ratkennut ryyppäämään
wagonload [ˈwægənˌloʊd] s vaunukuorma(llinen), vaunulasti(llinen)
wagon train s (hist) vaunujono, vankkurijono
wagtail s västäräkki
1 wail [weɪəl] s voihkaisu, vaikerointi, (lapsen) itku, parahdus, (tuulen) ulvonta
2 wail v vaikeroida, voihkia, (lapsi) itkeä, parkua, (tuuli) ulvoa
waist [weɪst] s vyötärö
waistband [ˈweɪstˌbænd] s uumanauha
waistcloth [ˈweɪstˌklɑθ] s (mon waistcloths) lannevaate
waistcoat [ˈweɪstˌkoʊt, ˈweskɪt] s (UK) liivi(t)
waistline [ˈweɪstˌlaɪn] s vyötärönmitta, vyötärö(n ympärys)
1 wait [weɪt] s odotus, viivytys, viivästys *we had a three-hour wait in Atlanta* jouduimme odottamaan Atlantassa (jatkoyhteyttä) kolme tuntia *to lie in wait* väijyä, vaania
2 wait v odottaa *wait for me* odota minua
waiter [ˈweɪtər] s tarjoilija
waiting s odotus
waiting list s odotuslista, jono
waiting room s odotushuone
1 wait-list s odotuslista
2 wait-list v panna odotuslistalle/jonoon
wait on v **1** palvella (asiakasta, palvelijana), tarjoilla jollekulle (ravintolassa) **2** vierailla jonkun luona
wait on table fr olla tarjoilijana
waitress [ˈweɪtrəs] s (nais)tarjoilija
waitron [ˈweɪtrən] s tarjoilija
wait table(s) fr olla tarjoilijana
wait up v **1** valvoa (ja odottaa jotakuta) *don't wait up for me, I'll be home late* älä suotta valvo minun takiani, minä tulen vasta myöhään kotiin **2** (ark) (pysähtyä ja) odottaa
wait upon v odottaa jotakin
1 wake [weɪk] s **1** valvojaiset **2** vanavesi (myös kuv) *he followed in the wake of his father* hän seurasi isäänsä/isänsä perässä/kannoilla/vanavedessä
2 wake v woke/waked, woken/waked **1** herätä, herättää (myös kuv:) huomata, saada huomaamaan *the book woke Herbert to the dangers of food additives* kirja sai Herbertin oivaltamaan elintarvikelisäaineiden vaarat **2** olla valveilla/hereillä **3** valvoa, odottaa
wakeful **1** uneton **2** valpas
wakeless adj (uni) sikeä
waken v herätä, herättää (myös kuv)
wake-up s herätys, herääminen

wake up v herätä, herättää (myös kuv) huomata, saada huomaamaan
wake-up call s (hotellissa ym) herätyssoitto
Wales [weɪəlz]
1 walk [wak] s kävely; kävelymatka *take a walk* (ark) häivy!, ala nostella!, jätä minut rauhaan
2 walk v **1** kävellä, kävelyttää **2** (sl) ruveta lakkoon **3** (sl) (syytetystä) päästä vapaaksi, ei joutua vankilaan
walk all over v (kuv) kohdella jotakuta tylysti/kaltoin
walk a tightrope fr (kuv) olla tiukoilla/ ahtaalla, olla täpärässä tilanteessa
walker s kävelijä
walkie-talkie [ˌwakiˈtaki] s radiopuhelin
walking papers s (ark mon) eropaperit, lähtöpassit, potkut
walking stick s kävelykeppi
Walkman® [wakmən] Walkman, korvalappustereot
walk off v **1** kävellä pois(päin), lähteä **2** (yrittää) päästä kävelemällä irti jostakin *to walk off a headache/hangover* lähteä kävelylle päästäkseen eroon päänsärystä/krapulasta
walk off with v **1** viedä mennessään/ mukanaan, varastaa, pistää taskuunsa (kuv) *the burglars walked off with ten million* murtovarkaat saivat kymmenen miljoonan dollarin saaliin **2** saada: *he walked off with the impression that...* hän sai sen vaikutelman/kuvan että...
walk of life *in all walks of life* kaikilla aloilla/elämänaloilla
walk on air fr (ark) olla ikionnellinen, olla onnensa kukkuloilla
walk on eggs fr (ark) olla varpaisillaan, pitää varansa
walk out v **1** ruveta/ryhtyä lakkoon, tehdä lakko **2** marssia ulos (vastalauseen merkiksi)
walkout [ˈwakˌaʊt] s lakko
walk out on v hylätä, jättää
walk over v kohdella jotakuta tylysti/ kaltoin
walk Spanish v **1** antaa/saada potkut **2** marssia (jonkun pakottamana ulos/ pois/jonnekin)

walk the floor fr kävellä (hermostuneena) edestakaisin
walk through v **1** tutustuttaa joku johonkin, opastaa/neuvoa kädestä pitäen **2** tehdä jotakin/esittää pintapuolisesti, ei ottaa tosissaan
walk up v (metsästäjästä) säikäyttää (riista) karkuun (kävelemällä/lähestymällä äänekkäästi)
walk-up s hissitön (monikerroksinen) rakennus
1 wall [wɔl] s seinä, muuri, (vuoren) seinämä, valli, penger *the Wall* Berliinin muuri *the Great Wall* Kiinan muuri *to climb walls* (sl) kiivetä seinille, raivostua, pillastua *they drove/pushed him to the wall* he panivat hänet ahtaalle/seinää vasten/lujille *off the wall* (sl) kohtuuton, pöyristyttävä; outo, kumma, omituinen *we are up against the wall* olemme pahassa pinteessä/pulassa, kohtalomme on veitsen terällä
2 wall v aidata, suojata muurilla/vallilla
wallaby [waləbi] s (kenguruita) vallabi
wallaroo [waləru] s wallaroo, vuorikenguru
wallcreeper s (lintu) kalliokiipijä
walled adj muurien ympäröimä, muurilla/vallilla suojattu
wallet [walət] s lompakko
wallop [waləp] v **1** piestä, hakata (myös kuv:) voittaa **2** iskeä, lyödä
walloping s (ark) selkäsauna (myös kuv:) musertava tappio adj (ark) valtava, suunnaton, silmitön
wallow [waloʊ] v rypeä (myös kuv) *she was wallowing in self-pity* hän rypi/ piehtaroi itsesäälissä
1 wallpaper [ˈwalˌpeɪpər] s **1** tapetti **2** (tietok) taustakuva
2 wallpaper v tapetoida
wall-pepper s keltamaksaruoho
walls have ears fr seinillä on korvat
wall-to-wall carpeting [ˌwaltəwalˈkarpətɪŋ] s kokolattiamatto
walnut [ˈwalˌnʌt] s saksanpähkinä
walrus [wɔlrəs] s (mon walruses, walrus) mursu
walrus mustache s mursunviikset
1 waltz [waəlts] s (tanssi) valssi

waltz

2 waltz v **1** tanssia valssia **2** (ark) mennä/ kulkea nopeasti, marssia (kuv), sujua leikiten
WAN2 (tekstiviestissä, sähköpostissa) *want to*
wand [wand] s **1** sauva *magic wand* taikasauva **2** (tietok) lukukynä
wander [wandər] v **1** vaeltaa, kiertää, kierrellä, harhailla **2** kiemurrella, mutkitella, luikerrella **3** poiketa, eksyä (suunnasta) **4** (kuv) (ajatukset) harhailla, sekoilla (ark), (puhe) poiketa/eksyä asiasta
wanderings s (mon) **1** harhailu, harharetket **2** (kuv) (ajatusten) harhailu, sekoilu (ark)
1 wane [weɪn] s lasku, väheneminen *to be on the wane* vähentyä, laskea, taantua, olla vähenemään päin
2 wane v **1** vähentyä, vähetä (esim kuu), supistua, pienentyä, heiketä, hämärtyä, huveta; päättyä, loppua **2** (kiinnostus) herpaantua, (asema) heiketä, taantua
wangle [wæŋgəl] v **1** keplotella (itselleen), hankkia keplottelemalla **2** väärentää, sormeilla, kaunistella
waning moon s vähenevä kuu
Wankel engine [wæŋkəl] s wankelmoottori, kiertomäntämoottori
wannabe [wanəbi] s fani joka haluaa samastua ihailemaansa julkkikseen *Madonna wannabes* (sanoista *want to be*)
1 want [want] s **1** halu *needs and wants* tarpeet ja halut **2** puute
2 want v **1** haluta, tahtoa **2** kaivata, olla jonkin puutteessa, jostakin puuttuu jotakin *this novel wants seriousness* tästä romaanista uupuu vakavuus *your room wants cleaning* huoneesi on siivouksen tarpeessa **3** elää/olla puutteessa, kärsiä puutetta
want ad s (lehdessä) työpaikkailmoitus
want in v haluta tulla mukaan, haluta osallistua
wanting adj puutteellinen, uupuva: *I found his explanation wanting* minusta hänen selityksensä jätti toivomisen varaa/ei ollut riittävä
want list s esim keräilijän/museon etsimien tavaroiden luettelo, toivomuslista
want out v haluta luopua jostakin, haluta pois jostakin
wapiti [wapəti] s saksanhirvi, punahirvi
1 war [wɔr] s sota (myös kuv) *to be at war* olla sodassa, sotia
2 war v (myös kuv) sotia, olla sodassa (jotakuta/jotakin vastaan, *with*), taistella (myös kuv)
1 warble [wɔrbəl] s liverrys; liverre
2 warble v livertää; laulaa liverre
warbler s (lintu) kerttuli *yellow warbler* keltakerttuli
war bride s sotamorsian
war correspondent s sotakirjeenvaihtaja
war crime s sotarikos
ward [wɔrd] s **1** (sairaalan, vankilan) osasto **2** holhokki, holhotti, suojatti; hoidokki, hoidokas **3** holhous
war dance s sotatanssi
warden [wɔrdən] s valvoja, vartija, hoitaja, johtaja (esim vankilanjohtaja)
War Department s (hist) sotaministeriö
warder s **1** ovenvartija, portinvartija, talonmies **2** vartiomies, vartiosotilas **3** (UK) vanginvartija
war dialing s (tietok) modeemihyökkäys
ward off v torjua, estää
wardrobe [wɔrdroʊb] s **1** vaatteet, puvut, puvusto **2** (huonekalu) vaatekaappi **3** vaatekomero
ware [weər] s **1** (us mon) kauppatavara **2** (us mon) palvelut, taidot **3** esineet *silverware* hopeaesineet, hopeatavara, hopeat
1 warehouse ['werˌhaʊs] s varasto
2 warehouse v varastoida, panna varastoon
warfare ['wɔrˌfeər] s sodankäynti, sota
war footing s (olla) sotajalalla
war-horse s **1** sotahevonen, sotaratsu **2** (kuv) veteraani, konkari
warily adv varovasti, valppaasti, epäluuloisesti
wariness s varovaisuus, valppaus, epäluuloisuus
warlord ['wɔrˌlɔrd] s sotapäällikkö
warm [wɔrm] v lämmittää, lämmetä adj **1** lämmin **2** (kuv) lämmin, ystävällinen, (ystävä) läheinen **3** (kuv) tulistunut,

suuttunut, vihainen, (tilanne) kärjistynyt, kuuma
warm-blooded adj **1** tasalämpöinen **2** (kuv) lämminverinen
warm-down s (liikuntahetken) loppulämmittely
warm down v tehdä (liikuntahetken) loppulämmittely
warmonger [ˈwɔrˌmʌŋgər] s sodanlietsoja
warmongering s sodanlietsonta, sotaan yllytys
warmth [wɔrmθ] s **1** lämpimyys; lämpö **2** (kuv) lämpimyys, lämpö, ystävällisyys, myötämielisyys
warm the bench fr (urh) olla varapelaajana (joka harvoin osallistuu peliin)
warmup [ˈwɔrˌmʌp] s (liikunnan) (alku)lämmittely
warm up v **1** lämmittää, lämmetä (myös kuv) *she warmed up to the subject* hän lämpeni asialle, hän innostui asiasta **2** lämmitellä (ennen liikuntaa)
warn [wɔrn] v **1** varoittaa **2** kehottaa **3** ilmoittaa (etukäteen)
warning s varoitus
war of nerves s hermosota
war on drugs fr huumeiden vastainen taistelu
1 warp [wɔrp] s **1** vääntymä, vääristymä (myös kuv) **2** loimi
2 warp v vääntää, vääntyä, vääristää (myös kuv), vääristyä (myös kuv)
war paint s sotamaali (myös kuv:) meikki, ehostus
war path *to be on the war path* olla sotapolulla/sotajalalla
warping frame s luomapuut
warp thread s loimi
1 warrant [wɔrənt] s **1** lupa, valtuus, valtuutus *search warrant* etsintälupa *we have a warrant for your arrest* meillä on teistä pidätysmääräys **2** tae, takuu **3** (tal) optiotodistus
2 warrant v **1** antaa/myöntää lupa johonkin **2** oikeuttaa, tehdä oikeutetuksi/perustelluksi *the current situation does not warrant more drastic measures* nykytilanne ei anna aihetta jyrkempiin toimiin **3** taata, myöntää takuu

Washington

1 warranty [wɔrənti] s **1** lupa, valtuutus, valtuus **2** tae, takuu *manufacturer's two-year warranty* valmistajan myöntämä kahden vuoden takuu *that does not fall under the warranty* se ei kuulu takuun piiriin, takuu ei kata sitä
2 warranty v taata, myöntää takuu
warren [wɔrən] s **1** kaniinitarha **2** vuokrakasarmi(alue)
warrior [wɔrjər] s soturi (myös kuv)
Warsaw [wɔrsa] Varsova
wart [wɔrt] s känsä, syylä
warthog [ˈwɔrtˌhag] s pahkasika
warts and all fr (ark) kaikkine puutteineen, kaunistelematta
wary [weri] adj varovainen, valpas, epäluuloinen
was [wʌz] ks be
Wasatch Range [ˌwasætʃˈreɪndʒ] Wasatchvuoristo (Utahissa ja Idahossa)
1 wash [waʃ] s **1** pesu *to come out in the wash* (kuv) päättyä onnellisesti, käydä hyvin; paljastua, tulla ilmi **2** pyykki **3** aallokko, hyrsky **4** kuivunut joenuoma
2 wash v **1** pestä, peseytyä **2** pestä pyykki **3** ajautua **4** peittää, levittäytyä
washable [waʃəbəl] s pesunkestävä vaate adj pesunkestävä
washateria [ˌwaʃəˈtɪriə] s itsepalvelupesula
washboard [ˈwaʃˌbɔrd] s **1** pesulauta **2** jalkalista adj aaltoileva, epätasainen *his washboard stomach* hänen komeat vatsalihaksensa
wash down v **1** pestä perusteellisesti **2** huuhdella kurkustaan alas
washed-out adj **1** (esim pesussa) haalistunut **2** (ark) uupunut, rätti
washer s **1** pesijä **2** pesukone **3** aluslevy, prikka (ark)
washer-dryer [waʃərˈdraɪər] s (yhdistetty) pesu- ja kuivauskone
washing machine s pesukone
Washington [waʃiŋtən]
Washington, D.C. [ˌwaʃiŋtənˌdiˈsi] Yhdysvaltain pääkaupunki (D.C., District of Columbia, Columbian liittopiirikunta)

Washington State

Washington State Washingtonin osavaltio
wash out v **1** (lika) irrota pesussa, pestä puhtaaksi **2** hämärtyä, muuttua epäselväksi **3** (ark) peruuttaa (tilaisuus), erottaa (koulusta)
wash up v **1** peseytyä **2** pestä astiat, tiskata (ark) **3** ajautua (rantaan) **4** (ark passiivissa) olla mennyttä *we're washed up as writers* olemme entisiä kirjailijoita
wash your hands of fr pestä kätensä jostakin
wasn't [wzənt] *was not*
wasp [wasp] s ampiainen
WASP [wasp] s **1** valkoihoinen anglosaksinen protestantti **2** valkoisen ylemmän keskiluokan jäsen
waspish adj **1** ampiaismainen **2** äkäinen, kiukkuinen **3** *Waspish* valkoisen ylemmän keskiluokan
waspy adj **1** ampiaismainen **2** äkäinen, kiukkuinen **3** *Waspy* valkoisen ylemmän keskiluokan
wastage [weɪstədʒ] s **1** tuhlaus, hukka **2** jäte, saaste
1 waste [weɪst] s **1** tuhlaus, hukka *waste of time* ajanhukka, ajan haaskaus *to go to waste* mennä hukkaan **2** jäte, saaste **3** autio alue; hävitys *to lay waste* hävittää, tuhota, autioittaa
2 waste v **1** tuhlata, hukata, haaskata **2** päästää sivu suun, jättää käyttämättä (tilaisuus) **3** kuihduttaa, kuihtua; hävittää, tuhota **4** (sl) nitistää, tappaa
wastebasket ['weɪstˌbæskət] s roskakori, paperikori
wasteful adj tuhlaileva, tuhlaavainen; tarpeeton
wastefully adv tuhlailevasti, tuhlaavaisesti; tarpeettomasti
wastefulness s tuhlaavaisuus, tuhlailu
wasteland ['weɪstˌlænd] s **1** autiomaa, erämaa, joutomaa **2** tuhoalue
wastepaper ['weɪstˌpeɪpər] s jätepaperi
1 watch [watʃ] s **1** vartiointi, vartiovuoro; valvonta, valvominen *to keep a close watch on* pitää tarkasti silmällä jotakuta/jotakin *to be on the watch* olla varuillaan/valppaana **2** varoitus *storm watch* myrskyvaroitus **3** rannekello
2 watch v **1** katsoa, katsella *to watch television* katsoa televisiota **2** tarkata, seurata, odottaa, kärkkyä **3** varoa, olla varovainen **4** vahtia, vartioida, pitää silmällä **5** (refl) olla varuillaan, pitää varansa; hillitä itsensä
watchband ['watʃˌbænd] s (kellon) ranneke
watchdog ['watʃˌdag] s **1** vahtikoira, vartijakoira **2** (kuv) vartija
watcher s **1** katsoja, sivustakatsoja; vartija, valvoja **2** (poliittinen ym) tarkkailija
watch out v varoa
watch over v valvoa, vartioida, pitää silmällä
watch your figure fr varoa liikakiloja
watch your step fr varoa, olla varovainen, astua varovasti
1 water [watər] s **1** vesi *to travel by water* matkustaa vesitse/laivalla *some of us have trouble keeping their heads above water* toisilla meistä on vaikeuksia saada rahat riittämään *your argument doesn't hold water* perustelusi ontuu *our company is in deep water* yrityksemme on vaikeuksissa *to be in hot water* olla pulassa/nesteessä *to be dead in the water* olla poissa kuvioista, olla unohdettu *to make water* (alus) vuotaa; virtsata *to take water* (alus) vuotaa *for the past month, she has been treading water* viimeisen kuukauden ajan hän on polkenut/huovannut paikallaan **2** (mon) vedet, vesistö *territorial waters* aluevedet **3** (mon) kylpylä(n vesi)
2 water v kastella *have you watered the lawn/plants?* joko olet kastellut nurmikon/kasvit? *the sight of the apple pie made my mouth water* omenapiirakka sai veden herahtamaan kielelleni
Water Bearer (tähdistö) Vesimies
water bird s vesilintu
waterbuck ['watərˌbʌk] s vesiantilooppi
water buffalo [bʌfəloʊ] s vesipuhveli
water chevrotain [ʃevrəteɪn] s kääpiövesikauris
water closet s wc
watercolor ['watərˌkʌlər] s **1** vesiväri **2** (taidelaji) vesivärimaalaus **3** vesivärityö, vesivärimaalaus, akvarelli

water-cooled adj nestejäähdytteinen, vesijäähdytteinen
water deer s vesikauris
water down v **1** jatkaa, laimentaa jotakin, lisätä vettä johonkin **2** (kuv) vesittää, laimentaa, heikentää
watered-down adj **1** (juoma) jatkettu, laimennettu **2** (kuv) vesitetty, laimennettu
waterfall ['wɑtərˌfɑəl] s vesiputous
water flag s kurjenmiekka
water flea s vesikirppu
water fountain s juomalaite
waterfowl ['wɑtərˌfɑʊəl] s (waterfowl, waterfowls) vesilintu
waterfront ['wɑtərˌfrʌnt] s **1** ranta(tontti/tontit) **2** satama(-alue)
water glass s vesilasi, juomalasi
watering hole s (ark) kapakka
water level s **1** vedenkorkeus **2** vesivaaka
water line s (aluksen) vesiviiva, vesilinja
waterlogged ['wɑtərˌlɑgd] adj joka on täynnä vettä, joka on veden peitossa
Waterloo ['wɑtərˌlu] *in that man, she met her Waterloo* se mies koitui hänen kohtalokseen
watermelon ['wɑtərˌmɛlən] s vesimeloni
water mill s vesimylly
Water Monster (tähdistö) Vesikäärme
water opossum [əˈpɑsəm] s pussisaukko, japok
waterproof ['wɑtərˌpruf] v tiivistää, tehdä vedenpitäväksi adj vedenpitävä, tiivis
water rail s luhtakana
water-resistant [ˌwɑtərrɪˈzɪstənt] adj vettä hylkivä
water ski s vesisuksi
water-ski v hiihtää vesisuksella/vesisuksilla
water-skier s vesihiihtäjä
water-skiing s vesihiihto
water-soluble [ˌwɑtərˈsɑljəbəl] adj vesiliukoinen
watersport ['wɑtərˌspɔrt] s vesiurheilu
waterspout ['wɑtərˌspɑʊt] s (räystäskourun) syöksyputki
water table s pohjaveden pinta
watertight ['wɑtərˌtɑɪt] adj **1** vedenpitävä, tiivis **2** (kuv) aukoton, ehdoton, vedenpitävä
water tower s vesitorni
water vapor s vesihöyry
water vole s vesimyyrä
waterway ['wɑtərˌweɪ] s vesitie, vesireitti
waterworks ['wɑtərˌwɜrks] *to turn on the waterworks* (sl) ruveta vetistelemään
watery adj vetinen, märkä
watt [wɑt] s watti
1 wave [weɪv] s **1** aalto (myös kuv) *to make waves* (ark kuv) kiikuttaa venettä, herättää huomiota **2** (käden) heilautus, heilutus, viittaus
2 wave v **1** heilua, heiluttaa, (lippu) liehua, (oksa) huojua **2** viitata, viittoa (kädellä) **3** kiemurrella, luikerrella **4** (hiukset) aallottaa, aaltoilla
wave band s (radio, televisio) aaltoalue
wavelength ['weɪvˌlɛŋθ] s aallonpituus (myös kuv) *you and I are not on the same wavelength* emme ole samalla aallonpituudella
1 waver [ˈweɪvər] s **1** vilkuttaja, (lipun) heiluttaja
2 waver v **1** heilua, huojua **2** väristä, vapista **3** empiä, epäröidä **4** heiketä, huonontua, rapistua
wavy adj aaltoileva, aalto-, kumpuileva; mutkitteleva, kiemurteleva
1 wax [wæks] s vaha, (esim) mehiläisvaha *whole ball of wax* (sl) koko juttu; kimpsut ja kampsut, kaikki
2 wax v **1** vahata **2** kasvaa (myös kuusta), lisääntyä, voimistua **3** tulla joksikin *he waxed enthusiastic about the deal* hän innostui kaupasta
waxen [ˈwæksən] adj **1** vaha- **2** kalvakka, kalpea **3** vaikutuksille altis, herkkä
waxing moon s kasvava kuu
wax museum s vahamuseo
wax paper s voipaperi
waxwing s tilhi
way [weɪ] s **1** tie *freeway* moottoritie *the shortest way* lyhin/suorin tie *we drove to*

wayfarer

Tucson by way of Phoenix ajoimme Tucsoniin Phoenixin kautta **2** suunta *did she go this way or that?* menikö hän tänne vai tuonne? **3** tapa, keino, menetelmä **4** puoli, suhde *in many ways* monella tapaa, monelta osin *in more ways than one* monella tapaa, monessa suhteessa *in a way* tavallaan, jossain/eräässä mielessä *no way* (ark) ei ikinä!, ei missään nimessä! adv *it's way too expensive* se on aivan liian kallis *let's go way back* muistellaanpa menneitä *Barnes, you're way out of line* nyt menitte liian pitkälle, Barnes

wayfarer ['weɪˌferər] s vaeltaja
wayfaring s vaellus
waylaid ks waylay
waylay ['weɪˌleɪ] v waylaid, waylaid: hyökätä kimppuun
way out s (kuv) ulospääsy, ratkaisu adj (ark) fantastinen, ihmeellinen
wayside ['weɪˌsaɪd] s tienvieri *to fall by the wayside* jättää kesken, keskeyttää
waystation ['weɪˌsteɪʃən] s väliasema
WBS (tekstiviestissä, sähköpostissa) *write back soon*
we [wi] pron me
weak [wik] adj heikko (myös kuv), (tee) laiha
weaken adj heikentää, heikentyä
weaker sex s heikompi astia/sukupuoli
weakling s (kuv) selkärangaton ihminen, pelkuri, jänishousu
weakly adj heikko, huonokuntoinen adj heikosti (myös kuv), (puhua) hiljaa
weakness s heikkous
weak sister s (ark) pelkuri, jänishousu
wealth [welθ] s **1** vauraus, rikkaus *a woman of wealth* vauras nainen **2** paljous, runsaus *a wealth of source material* runsaasti lähdeaineistoa
wealthily adv vauraasti, rikkaasti, ylellisesti
wealthy adj vauras, rikas; ylellinen
wean [win] v vieroittaa
weapon [wepən] s ase (myös kuv)
weaponry [wepənri] s aseistus
weapon(s) of mass destruction s (WMD) joukkotuhoaseet

1 wear [weər] s **1** käyttö **2** kulutus, kuluminen **3** vaatteet *casual wear* vapaa-ajan vaatteet
2 wear v wore, worn **1** (vaatteista) pitää/olla päällä *what will you be wearing tonight?* mitä panet päällesi illalla? **2** (ilmeestä ym) *to wear a look of contempt* näyttää halveksivalta **3** kulua, kuluttaa, kalvaa, jäytää **4** kestää *to wear well* olla kestävä, kestää kulutusta **5** (aika) kulua (hitaasti)
wearable computer s asustemikro
wear and tear s (käytöstä johtuva) kuluminen
wear down v **1** kuluttaa/käyttää (vaate ym) loppuun **2** väsyttää, uuvuttaa
wearily adv väsyneesti, uupuneesti, kyllästyneesti
weariness s väsymys, uupumus, kyllästyminen
wear off v lakata (vähitellen)
wear out v **1** kuluttaa/käyttää loppuun **2** väsyttää, uuvuttaa
wear thin v **1** alkaa loppua, käydä vähiin **2** alkaa kyllästyttää, menettää viehätyksensä
weary [wɪri] v väsyttää, uuvuttaa adj väsynyt, uupunut; väsyttävä, raskas
weary of v saada kyllästymään johonkin adj: *to be weary of something* olla kyllästynyt johonkin, olla saanut tarpeekseen jostakin
weasel [wizəl] s **1** näätäeläin **2** (kuv) kettu
weasel out of v keplotella itsensä eroon/vapaaksi jostakin
1 weather [weðər] s sää, ilma *to be under the weather* voida huonosti, ei olla oikein kunnossa; olla krapulassa; olla hiprakassa
2 weather v **1** kuivata/varastoida (puuta) ulkona **2** kuluttaa, kulua, kalvaa, jäytää, haalistaa, haalistua, rapauttaa, rapautua **3** kestää jokin, selvitä jostakin
weathercast ['weðərˌkæst] s säätiedotus
weather eye *to keep your weather eye open* pitää varansa, olla varuillaan
weatherman ['weðərˌmæn] s (mon weathermen) (television, radion) säätiedottaja, ilmatieteilijä

weather map s sääkartta
weather report s säätiedotus
1 weave [wiv] s sidos *plain weave* palttina *twill weave* toimikas *satin weave* ponsi, satiini
2 weave v wove/woved, woven **1** kutoa **2** punoa, solmia, sitoa **3** (kuv) kertoa; keksiä **4** pujotella, luikerrella, kiemurrella
weave in v ottaa jotakin mukaan johonkin
weaver [wivər] s kutoja
weaver ant s kutojamuurahainen
1 web [web] s **1** verkko, (erit) hämähäkinverkko **2** (kuv) verkko, vyyhti **3** (vesilinnun jalan) räpylä
2 web v **1** muodostaa/tehdä verkko; peittää verkkoon **2** pyydystää, ottaa kiinni
web address s web-osoite
web browser s web-selain
webcam s verkkokamera
webfoot ['web‚fʊt] s räpyläjalka
weblog s omaloki
webmail s web-posti
Webmaster s verkkosivuston suunnittelija tai ylläpitäjä, web-vastaava
webpage s web-sivu
web server s web-palvelin
website s web-sivusto
wed [wed] v wedded/wed, wedded/wed **1** naida joku, mennä naimisiin (jonkun kanssa) **2** vihkiä (avioliittoon) **3** yhdistää, yhdistyä **4** vihkiytyä, omistautua (jollekin asialle)
we'd [wid] *we would*
Weddell seal s weddellinhylje
wedding [wediŋ] s **1** häät **2** (kuv) yhdistelmä
wedding anniversary s (häiden vuosipäivä) hääpäivä
wedding band s vihkisormus
wedding cake s hääkakku
1 wedge [wedʒ] s **1** kiila **2** (kolmion muotoinen) viipale, pala **3** (golf) rautamaila *(pitching wedge* tai *sand wedge)* jolla lyödään lyhyitä ja korkeita lyöntejä esim hiekkaesteestä
2 wedge v **1** kiilata, halkoa kiiloilla **2** kiilata, tukea/kiinnittää kiiloilla **3** ahtaa, ahtautua, tunkea, tunkeutua, sulloa, mahtua, kiilata
wedlock ['wed‚lak] s avioliitto *born out of wedlock* aviottomana syntynyt
Wednesday [wenzdi, 'wenz‚deɪ] s keskiviikko
Wednesdays s keskiviikkoisin
wee [wi] adj **1** pienen pieni, pikkuruinen **2** varhainen *in the wee hours of the morning* pikkutunneilla
1 weed [wid] s **1** rikkaruoho **2** (ark) savuke, tupakka **3** (sl) ruoho, marihuana; ruohosätkä, marihuanasavuke
2 weed v kitkeä (myös kuv:) poistaa, lopettaa
weedy [widi] adj rikkaruohoinen
week [wik] s viikko
weekday ['wik‚deɪ] s arkipäivä
weekdays adv arkisin
1 weekend ['wik‚end] s viikonloppu
2 weekend v viettää viikonloppu jossakin
weekends adv viikonloppuisin
week in, week out fr viikosta toiseen
weekly s viikkolehti adj viikoittainen adv viikoittain
weekly allowance s viikkoraha
weeknight ['wik‚naɪt] s arki-ilta
weep [wip] v wept, wept **1** itkeä **2** tihkua, vuotaa
wee people s (satujen) pikkuväki
weigh [weɪ] v **1** painaa, punnita *he weighed the rock in his hand* hän punnitsi kiveä kädessään **2** (kuv) painaa, vaivata **3** (kuv) painaa (paljon/vähän), merkitä (paljon/vähän)
weigh anchor fr nostaa ankkuri
weigh down v **1** painaa, taivuttaa alas **2** masentaa, painaa
weigh in v punnita, painaa *she weighs in at 120 pounds* hän painaa vain noin 55 kiloa
weigh on v (kuv) painaa jotakuta
weight [weɪt] s paino (myös kuv) *by weight* painon mukaan *your input carries weight with us* me panemme sinun näkemyksellesi painoa *try to pull your weight* yritä tehdä oma osasi/hoitaa osuutesi, yritä kantaa kortesi kekoon *Mr. Sanchez has been throwing his*

weight down

weight around again Mr. Sanchez on taas jyrännyt muut alleen/ajanut tahtonsa läpi väkipakolla
weight down v painaa (mieltä)
weightless adj painoton
weightlessness s painottomuus
weightlifter s painonnostaja
weightlifting ['weɪt,lɪftɪŋ] s painonnosto
weight-watcher ['weɪt,watʃər] s painonvartija, laihduttaja
weighty adj 1 raskas, painava 2 (kuv) raskas, vaikea 3 (kuv) tärkeä
weigh your words fr punnita sanojaan
weird [wɪərd] adj 1 salaperäinen, arvoituksellinen 2 outo, kumma
weirdo ['wɪər,doʊ] s (mon weirdos) (ark) 1 pimeä tyyppi 2 hullu, mielipuoli
1 welcome [welkəm] s tervehdys, tervetulon toivotus *to wear out your welcome* ei enää olla tervetullut jonnekin, alkaa käydä isäntäväen tms hermoille
2 welcome v toivottaa tervetulleeksi (myös kuv), ottaa (mielihyvin) vastaan
3 welcome adj tervetullut *you're welcome to my beer* ota vapaasti olutta(ni) *thanks!* ' *you're welcome!* kiitos! ' ole hyvä!/ei kestä **interj** tervetuloa!
1 weld [weld] s hitsi
2 weld v 1 hitsata 2 yhdistää, sulaa/sulautua yhteen
welder s hitsaaja
welfare ['wel,feər] s 1 hyvinvointi 2 hyväntekeväisyys(työ) 3 sosiaaliavustukset *to be on welfare* elää sosiaaliavustusten varassa
welfare state s hyvinvointivaltio
1 well [wel] s 1 lähde (myös kuv) *oil well* öljylähde 2 säiliö 3 kuilu 4 hyvä *we wish you well* toivotamme sinulle menestystä/onnea
2 well v pursuta, (kyyneleet) nousta (silmiin)
3 well adj (better, best) 1 terve 2 hyvä 3 *to leave well enough alone* antaa jonkin/jonkun olla, jättää joku rauhaan
4 well adv (better, best) 1 hyvin, kunnolla *you did well* selvisit hyvin/hienosti 2 selvästi, paljon *well over three million* paljon yli kolme miljoonaa 3 *as well* lisäksi, myös, sekä *it is good as well as*

expensive se on sekä hyvä että kallis
interj no *well, I don't know* en minä tiedä *well, well!* kas! kas!
we'll [wɪl wiəl] *we will*
well-adjusted adj hyvin sopeutunut
well-appointed [,welə'pɔɪntəd] adj (huone) hienosti/hyvin sisustettu/kalustettu/varustettu
well-balanced [,wel'bælənst] adj tasapainoinen, sopusuhtainen, (ruokavalio) monipuolinen
well-being [wel'biiŋ] s hyvinvointi
well-beloved [,welbɪ'lʌvəd] adj pidetty, suosittu, rakastettu
wellborn [,wel'bɔrn] s jalosukuiset adj jalosukuinen
well-bred [,wel'bred] adj hyvin kasvatettu, hyvätapainen
well-connected [,welkə'nektəd] adj jolla on hyvät suhteet (päättäjiin)
well-established [,welɔs'tæblɪʃt] adj vakiintunut
well-heeled adj (ark) varakas
wellies (UK ark) kumisaappaat, kumpparit
Wellington [weliŋtən] ks Wellington boot
Wellington boot s kumisaapas
well-intentioned [,welɪn'tenʃənd] adj hyvää tarkoittava
well-knit [,wel'nɪt] adj tiivis
well-known [,wel'noʊn] adj tunnettu, kuuluisa
well-mannered [,wel'mænərd] adj hyvätapainen, kohtelias
well-meaning [,wel'miniŋ] adj hyvää tarkoittava
well-nigh ['wel,naɪ] adj lähes, kutakuinkin *it is well-nigh impossible* se on lähes mahdotonta
well-off [,wel'af] adj varakas, vauras, rikas
well-preserved [,welprə'zərvd] adj hyvin säilynyt
well-read [,wel'red] adj (paljon) lukenut
well-spoken [,wel'spoʊkən] adj 1 kohtelias 2 osuva, onnistunut, (hyvin) valikoitu
well-thought-of [,wel'θatʌv] adj arvostettu, pidetty, maineikas, hyvämaineinen

well-timed [ˌwelˈtaɪmd] adj hyvin ajoitettu
well-to-do [ˌweltəˈdu] adj varakas, vauras, rikas
well-wisher [ˈwelˌwɪʃər] s onnittelija, onnen toivottaja
well-worn [ˌwelˈwɔrn] adj kulunut
wels [welz] s (kala) monni, säkiä
Welsh [welʃ] s **1** kymrin kieli **2** *the Welsh* Walesin asukkaat, walesilaiset adj walesilainen
Welshman s (mon Welshmen) Walesin asukas, walesilainen
Welsh rarebit [ˌwelʃˈreərbɪt] s (walesilainen ruoka) lämpimät juustopaahtoleivät (lähinnä)
went [went] ks go
wept [wept] ks weep
were [wər] ks be
we're [wɪər] *we are*
weren't [wərnt] *were not*
werewolf [ˈwɪərˌwəlf] s (mon werewolves) ihmissusi
west [west] s **1** länsi **2** *West* (Yhdysvaltain) länsi(osa) **3** *West* länsi(maat) adj länsi-, läntinen adv lännessä, länteen, (tuuli myös) lännestä *to go west* (ark kuv) kuolla
West African manatee [mænəti] s afrikanmanaatti
West Bank [ˌwestˈbæŋk] (Lähi-idässä) (Jordanjoen) Länsiranta
West-Berlin Länsi-Berliini
westbound [ˈwestbaʊnd] adj lännen suuntainen, länsi-
West Coast s (Yhdysvaltain) länsirannikko
westerly s läntinen, länsituuli adj läntinen, länsi-
western [westərn] s lännenelokuva, lännenfilmi adj **1** läntinen, länsi-, länteen suuntautuva **2** *Western* (Yhdysvaltain) länsiosan, lännen
Western Australia Länsi-Australia
western capercaillie s metso
Westerner s (Yhdysvaltain) länsiosan asukas
Western hedgehog s siili
Western Hemisphere s läntinen pallonpuolisko
westernize [ˈwestərˌnaɪz] v länsimaistaa
westernmost [ˈwestərˌmoʊst] adj läntisin
West German s, adj länsisaksalainen
West Germany Saksan liittotasavalta, Länsi-Saksa; Saksan länsiosa (Western Germany)
West Indies [westˈɪndiz] (mon) Länsi-Intia (Antillit ja Bahamasaaret)
westmost [ˈwestˌmoʊst] adj läntisin
West Virginia [ˌwestvərˈdʒɪnjə] Länsi-Virginia
westward [westwərd] adj läntinen, länsi-, länteen suuntautuva adv länteen
westwards adv länteen
wet [wet] adj **1** märkä **2** (kaupunki, osavaltio) märkä (jossa alkoholin myynti on sallittu) **3** (ark) juopunut, humalassa; ryyppy- v kastella, kastua, kostuttaa, kostua
wetback [ˈwetˌbæk] s (sl halv) laittomasti Yhdysvaltoihin saapunut meksikolainen siirtotyöläinen
wet bar s baari(kaappi jossa on vesihana)
wet behind the ears *she's still wet behind the ears* hänen korvantaustansa ovat vielä märät, hän on (nuori ja) kokematon
wet blanket s (kuv) ilonpilaaja
wet nurse s imettäjä
wet suit s märkäpuku
wet your whistle fr (ark) kostuttaa kurkkuaan, ottaa ryyppy
we've [wiv] *we have*
1 whack [wæk] s **1** läimäytys, pamautus, tälli (ark) **2** (ark) yritys **3** *to be out of whack* (ark) olla vinossa; olla epäkunnossa, rikki
2 whack v läimäyttää, pamauttaa, lyödä, antaa tälli (ark)
whacking adj (ark) valtava, hirmuinen
whack off v **1** katkaista, leikata/panna poikki **2** (sl) runkata, vetää käteen
whack out v (sl) **1** suoltaa (tekstiä), tehdä nopeasti **2** tappaa
whack up v (sl) jakaa
1 whale [weɪl] s (mon whales, whale) valas
2 whale v pyydystää/pyytää valaita
Whale (tähdistö) Valas

whale of a time *we had a whale of a time* meillä oli valtavan hauskaa
whaler s **1** valaanpyytäjä **2** valaanpyyntialus
whale the tar out of someone fr (ark) antaa jollekulle perusteellinen selkäsauna
whaling s valaanpyynti
wharf [wɔrf] s (mon wharves, wharfs) (satama)laituri
wharves [wɔrvz] ks wharf
what [wʌt] adj **1** mikä?, mitä? *what use is it?* mitä hyötyä siitä on? **2** huudahduksissa: *what a day!* mikä päivä!, olipa/onpa melkoinen päivä! **3** mikä/mitä tahansa *take what you need* ota mitä tarvitset pron **1** mikä?, mitä? *what do you want?* mitä haluat? *what does it cost?* mitä/paljonko se maksaa *so what?* mitä/entä sitten? **2** mikä, mitä *that is not what I mean* en tarkoita sitä
whatchamacallit [ˈwʌtʃəməˌkalɪt] s (ark, käytetään kun puhuja ei tiedä esineen tai asian nimeä) mikä se nyt olikaan *give me the whatchamacallit on the table* anna minulle se (vempain) siitä pöydältä
what'd [wʌtəd] *what did*
whatever [ˌwʌtˈevər] adj, pron **1** mikä/mitä tahansa *pay whatever he asks for* maksa mitä tahansa/niin paljon kuin hän pyytää *she can do whatever she wants* hän saa tehdä ihan mitä haluaa **2** (korostaen) mikä, mitä *whatever does she want?* mitä ihmettä hän haluaa? *there's no reason whatever for leaving now* ei ole mitään syytä lähteä nyt
whatever floats your boat fr makunsa kullakin
what for fr **1** miksi *what did he do that for?* miksi hän sen/niin teki? **2** rangaistus *she got what for from her parents* hänen vanhempansa antoivat hänen kuulla kunniansa
what goes around comes around fr minkä taakseen jättää sen edestään löytää
what have you *books, magazines and what have you* kirjoja, lehtiä sun/ynnä/ja muuta (vastaavaa)

what if fr entä, mitä jos
what it takes *do you have what it takes to run the company?* onko sinusta yrityksen johtajaksi?
what'll [wʌtəl] *what will*
what makes someone tick *do you know what makes her tick?* tiedätkö sinä millainen ihminen hän oikein/pohjimmaltaan on?
whatnot [ˈwʌtˌnat] *books, magazines and whatnot* kirjoja, lehtiä ja muuta vastaavaa
what's [wʌts] *what is, what has, what does*
whatsoever ks whatever
what's what *he knows what's what* (ark) hän tietää mistä on kyse, hän hallitsee asian
what've [wʌtəv] *what have*
wheat [wit] s vehnä
wheaten [witən] adj vehnä-
wheat germ s vehnänalkio
1 wheel [wiəl] s **1** pyörä *potter's wheel* dreija *she's hell on wheels* hän on todellinen voimanpesä, hän panee tuulemaan **2** ohjauspyörä *steering wheel* ohjauspyörä **3** ruori *to be at the wheel* olla ruorissa; (kuv) olla ohjaksissa **4** (mon kuv) pyörät *the wheels of bureaucracy* byrokratian rattaat **5** (mon sl) auto *do you have wheels?* onko sinulla autoa?
2 wheel v **1** pyöriä, pyörittää **2** työntää **3** kääntää
wheel and deal fr (ark) juonitella, junailla asioita (taitavasti), ajaa omaa etuaan
wheelbarrow [ˈwiəlˌberoʊ] s työntökärryt, kottikärryt
wheelbase [ˈwiəlˌbeɪs] s akseliväli
wheelchair [ˈwiəlˌtʃeər] s pyörätuoli
wheeling and dealing s (ark) juonittelu, (asioiden taitava) junailu, oman edun ajaminen
wheel of fortune s onnenpyörä
1 wheeze [wiz] s hinku
2 wheeze v hinkua, hengittää/sanoa hinkuen
whelk [welk] s kuningaskotilo
when [wen] adv koska?, milloin? *when will you come back?* koska/milloin pa-

laat? **konj 1** kun *when I come back* kun palaan *when in doubt, tell the truth* jos et tiedä mitä sanoa, puhu totta **2** vaikka *he's complaining when in truth he should be grateful* hän valittaa vaikka hänen itse asiassa pitäisi olla kiitollinen

whence [wens] adv, konj mistä

when'd [wend] *when did*

whenever [ˌwenˈevər] konj **1** milloin/koska tahansa *whenever it suits you* milloin vain sinulle sopii **2** (korostetusti) milloin, koska *whenever did you see her?* milloin ihmeessä sinä hänet tapasit?

when'll [wenəl] *when will*

when push comes to shove fr kovan paikan tullen, tosi tilanteessa

when're [wenər] *when are*

when's [wenz] *when is, when has, when does*

when've [wenəv] *when have*

when your ship comes home fr kun jotakuta onnistaa, kun onni potkaisee jotakuta

where [weər] adv missä?, minne?, mihin? *where are you?* missä olet? *where did you go?* minne menit konj missä, minne, siellä missä *the book is where you left it* kirja on siellä minne sen jätit

whereabouts [ˈweərəˌbaʊts] s olinpaikka *his whereabouts are unknown* ei tiedetä missä hän on/oleskelee adv, konj missä päin, missä

whereas [ˈwerˌæz] konj kun taas, sen sijaan, sitä vastoin

whereby [ˈwerˌbaɪ] adv josta *the terms whereby we will abide* säännöt joista pidämme kiinni, säännöt joita noudatamme, noudattamamme säännöt

where'd [weərd] *where did; where would*

wherefore [ˈwerˌfɔr] *the whys and wherefores* syyt

wherein [ˌwerˈɪn] adv, konj missä *wherein shall the truth be found?* mistä löytyy totuus?

where it's at fr (sl) mehevimmät apajat, tärkein/paras paikka, asian ydin

where'll [werəl] *where will*

where're [werər] *where are*

where's [werz] *where is; where has; where does*

where the shoe pinches *to know where the shoe pinches* tietää mistä kenkä puristaa

where've [werəv] *where have*

wherever [ˌwerˈevər] adv (korostaen) missä, mihin (ihmeestä) *wherever did you get a crazy notion like that?* mistä ihmeestä sinä sen päähäsi sait? konj missä, mihin tahansa *put the box wherever you want* laske laatikko minne haluat

wherewithal [ˈwerwɪðˌɑəl] s keinot, mahdollisuudet *to have the wherewithal to do something* olla keinot/varaa tehdä jotakin

whet [wet] v **1** teroittaa (hiomalla) **2** lisätä, voimistaa; innostaa *the sight of those books whet his appetite for learning* kirjojen näkeminen lisäsi hänen oppimishalujaan

whether [weðər] konj josko, joko, -ko/-kö *tell me whether you want it or not* kerro haluatko sen

whether or no fr joka tapauksessa, kävi niin tai näin, kaikesta huolimatta

whetstone [ˈwetˌstoʊn] s hiomakivi, kovasin

which [wɪtʃ] adj, pron **1** mikä?, mitä, minkä? *which (one) is yours?* mikä (näistä) on sinun? *which are mine?* mitkä ovat minun (omiani)? **2** joka, jota, jonka, mikä, mitä, minkä *the apple which you threw away* omena jonka heitit menemään **3** (viittaa lausekkeeseen) mikä *they left yesterday, which is kind of sad because...* he lähtivät eilen, mikä on tavallaan ikävää koska...

whichever [ˌwɪtʃˈevər] adj, pron mikä tahansa *you can have whichever you like* saat minkä tahansa haluat *whichever model you choose, you'll be happy* olet tyytyväinen valitset sitten minkä mallin tahansa

1 whiff [wɪf] s **1** tuulahdus, lehahdus, tuoksahdus **2** haiku (savukkeesta ym) **3** (kuv) häivähdys, aavistus

whiff

2 whiff v **1** tuulahtaa, lehahtaa, tuoksahtaa **2** tupakoida; vetää haiku/haiut, tupruttaa (sauhuja suustaan)
while [waɪəl] s ajanjakso, aika *stay a while longer* jää vielä hetkeksi *all the while* kaiken aikaa, koko ajan *it's not worth your while to read that book* tuota kirjaa ei kannata lukea, tuon kirjan lukemisessa menee aika hukkaan **konj 1** sillä aikaa kun, samalla kun *while I was asleep, the burglars emptied the safe* varkaat tyhjensivät kassakaapin sillä aikaa kun olin nukkumassa *while you're at it, why don't you vacuum the whole house?* mikset saman tien imuroi koko taloa? **2** vaikka *while he likes her, he does not want to marry her* hän pitää naisesta mutta ei halua mennä naimisiin
while away v kuluttaa aikaa (rennosti), laiskotella, lekotella
whilst [waɪəlst] konj ks while
whim [wɪm] s päähänpisto, oikku, (hetken) mielijohde *we decided to visit them on a whim* päätimme yhtäkkiä/noin vain piipahtaa heillä
1 whimper [wɪmpər] s **1** ulina, uikutus **2** ruikutus, marina
2 whimper v **1** ulista, uikuttaa **2** ruikuttaa, marista
whimsical [wɪmzɪkəl] adj oikukas, ailahteleva, (käsitys) lennokas
whinchat s (lintu) pensastasku
1 whine [waɪn] s **1** ulina, uikutus **2** ruikutus, valitus, marina
2 whine v **1** ulista, uikuttaa **2** ruikuttaa, valittaa, marista
1 whip [wɪp] s **1** ruoska, piiska **2** (ruoskan, piiskan) sivallus **3** vispilä **4** (ruoka) vaahto **5** (puolue)piiskuri
2 whip v **1** ruoskia, piiskata **2** (kuv) ruoskia, haukkua, soimata, kurittaa **3** viilettää, rynnätä **4** kiskaista, vetäistä, vetää **5** lepattaa **6** vatkata, vispata
whiplash ['wɪpˌlæʃ] s piiskansivallus (myös lääk)
whiplash injury s (lääk) piiskansivallusvamma
whip off v (ark) hutaista, väsätä nopeasti (tekstiä)

whipped cream s kermavaahto
whipping boy s syntipukki
whipping cream s kuohukerma
whip up v (ark) kyhätä kokoon, tehdä/ laittaa nopeasti
1 whir [wər] s hurina, surina
2 whir v **1** kiitää, kiidättää **2** hurista, surista
1 whirl [wərəl] s **1** pyörähdys; pyörre **2** pyrähdys **3** (kuv) hyrsky, myrsky, sekamelska
2 whirl v **1** pyöriä, pyörittää; kääntyä, kääntää **2** kiitää, kiidättää, viilettää
whirlpool ['wərəlˌpʊəl] s **1** pyörre **2** poreallas
whirlpool bath s poreallas
whirlwind ['wərəlˌwɪnd] s **1** pyörretuuli **2** (kuv) pyörremyrsky, sekamelska, sekasorto *to reap the whirlwind* (saada) niittää mitä on kylvänyt
whirr [wər] ks whir
1 whisk [wɪsk] s **1** pyyhkäisy, huitaisu, sipaisu **2** vaateharja **3** pölyhuisku **4** vispilä
2 whisk v **1** pyyhkäistä, huitaista, sipaista **2** lakaista, harjata, pyyhkiä **3** sujauttaa, pujauttaa **4** kiidättää *he whisked us off to the airport* hän vei meidät nopeasti lentokentälle **5** vatkata, vispata
whisker s **1** parta **2** poskiparta **3** viiksi- (karva) *by a whisker* täpärästi, nipin napin
whiskey [wɪski] s viski
1 whisper [wɪspər] s **1** kuiskaus **2** huhu, juoru, kuiskuttelu **3** (puun lehtien) kuiske, kuiskaus, kahina, (tuulen) kuiske, suhina, (veden) solina
2 whisper v **1** kuiskata **2** kuiskutella, kuiskia, kuiskata **3** (puun lehdet) kuiskata, kahista, (tuuli) kuiskata, suhista, (vesi) solista
1 whistle [wɪsəl] s **1** vihellys **2** pilli
to blow the whistle paljastaa (rötös)
to blow the whistle on lopettaa, keskeyttää; paljastaa (rötös) (ks myös whistle blower) *to wet your whistle* (ark) kostuttaa kurkkuaan, ottaa ryyppy
2 whistle v **1** viheltää **2** soittaa/puhaltaa pilliä

whistle blower s (hätä)kellonsoittaja, rötöksen paljastaja
whistle for v odottaa/pyytää turhaan
whistle stop s **1** pikkukaupunki, syrjäkylä (rautatien varrella) **2** (poliitikon lyhyt) vaalipuhe **3** (poliitikon, teatteriseurueen) käynti/piipahdus/näytäntö pikkukaupungissa
whistle-stop v käydä vaalikiertueella
white [waɪt] s **1** valkoinen (väri) **2** valkoihoinen, valkoinen adj valkoinen
white blood cell s valkosolu, valkoinen verisolu
white butterfly s (mon butterflies) naurisperhonen
white clover s valkoapila
white-collar [ˌwaɪtˈkalər] s valkokaulustyöntekijä adj valkokaulus-
white-collar crime s valkokaulusrikollisuus
white corpuscle [ˈkɔrˌpʌsəl] s valkosolu
white elephant s **1** (tarpeeton) rahareikä **2** (tarpeeton) esine
white gold s valkokulta
white goods s (mon) **1** liinavaatteet **2** kodinkoneet
White House s Valkoinen talo
white-knuckle adj (ark) pelottava, hirvittävä
white lie s hätävalhe, pikkuvalhe
white man s (mon white men) valkoihoinen (ihminen)
whiten v valkaista, valkaistua, haalistaa, haalistua
whiteness s **1** valkeus, valkoisuus **2** kalpeus
white out v peittää (kirjoitusvirhe) korjauslakalla
White rhinoceros [raɪˈnasərəs] s leveähuulisarvikuono
white spoonbill s kapustahaikara
white stork s kattohaikara
white-tailed deer s valkohäntäpeura
white-tailed gnu s valkohäntägnu
white-tailed sea eagle s merikotka
1 whitewash [ˈwaɪtˌwaʃ] s **1** kalkkimaali **2** (kuv) peittely, kaunistelu; pintasilaus, pintakiilto

2 whitewash v **1** maalata valkoiseksi (kalkkimaalilla) **2** (kuv) peitellä, kaunistella
white water lily s (mon white water lilies) lumme
white whale s maitovalas, beluga
whiting s valkoturska
whittle [wɪtəl] v vuolla; veistää
whittle away v supistaa, vähentää, leikata
whittle down v supistaa, vähentää, leikata
whity [waɪti] s (sl) kalpeanaama, valkolainen
whiz kid [ˈwɪzˌkɪd] s (ark) ihmelapsi, nero
1 whizz [wɪz] s **1** suhina **2** (ark) nero, peto (tekemään jotakin)
2 whizz v **1** suhista **2** kiitää, sujahtaa, suhahtaa, suhista
who [hu] pron **1** kuka, kenet, kenelle *who is it?* kuka siellä? *who did you give it to?* kenelle annoit sen? **2** joka, jota, jolle *the man who was here* mies joka kävi täällä *the people who you thought were Finns* ihmiset joita luulit suomalaisiksi
who'd [hud] *who would*
whodunit [ˌhuˈdʌnɪt] s (ark) salapoliisikertomus, rikosromaani
whoever [ˌhuˈevər] pron **1** kuka tahansa **2** kuka ihme/kumma?
whole [hoʊl] s kokonaisuus *the whole is more than the sum of its parts* kokonaisuus on enemmän kuin osien summa *as a whole* kokonaisuutena *on the whole* kokonaisuutena, kaiken kaikkiaan, yleisesti ottaen adj **1** kokonainen, koko, kaikki, täysi *for a whole hour* kokonaisen tunnin *it is a whole lot better than the old model* se on koko lailla/paljon parempi kuin vanha malli **2** ehjä, vahingoittumaton *it is still whole* se on vielä yhtenä kappaleena
whole enchilada [ˌentʃəˈladə] fr koko roska, kaikki
wholehearted [ˌhoʊlˈhartəd] adj vilpitön, aito
wholeheartedly adv vilpittömästi, aidosti, täydestä/koko sydämestä

wholeheartedness s vilpittömyys, aitous
whole hog *to go whole hog* (ark) ei nuukailla/säästellä, tehdä jotakin täysin palkein
wholeness s eheys, täyteys, kokonaisuus, täydellisyys
wholesale ['hoʊlˌseɪəl] s tukkukauppa adj **1** tukkukaupan, tukkuportaan, tukku- **2** suurimittainen, laaja adv **1** tukkukaupasta, tukkuhintaan **2** joukoittain, suurin joukoin, paljon, kosolti
wholesome ['hoʊlsəm] adj **1** (myös kuv) tervehdyttävä, terveellinen, tervehenkinen, hyvää tekevä **2** terveen näköinen
who'll [hʊəl] *who will*
wholly [hoʊli] adv kokonaan, täysin, läpeensä
whom [hum] pron (objektimuoto sanasta *who*) ketä, kenelle *whom are you talking about?* kenestä puhut?
whomever [ˌhuˈmevər] pron (objektimuoto sanasta *whoever*) ketä/kenelle (tahansa) *whomever you give it to, don't give it to me* kenelle sen annatkin, älä anna sitä minulle
1 whoop [wup hup] s (innostuksen) huudahdus, huuto *not worth a whoop* (ark) arvoton, mitätön, yhtä tyhjän kanssa
2 whoop v **1** huutaa (innoissaan) **2** (pöllö ym) huhuta, huhuilla **3** hinkua
whooper swan [wupər] s laulujoutsen
whooping cough [wupɪŋ hupɪŋ] s hinkuyskä
whopper [wapər] s (ark) **1** jokin valtava, hirmu **2** emävale
who're [hʊər] *who are*
1 whore [hɔr] s huora
2 whore v huorata
whorehouse ['hɔrˌhaʊs] s porttola
whorish [hɔrɪʃ] adj huorahtava
whortleberry ['wɔrtəlˌberi] s (mon *whortleberries*) mustikka
who's [huz] *who is*
whose [huz] pron (genetiivimuoto sanasta *who*) **1** kenen *whose hat is this?* kenen hattu tämä on? **2** jonka *the man whose hat is on the chair* mies jonka hattu on tuolilla

who's who s **1** (hakuteos) kuka kukin on **2** silmäätekevät *the who's who of computers* tietokonealan huiput
why [waɪ] adv, konj miksi *why did you do it?* miksi teit sen? *he does not know why he did it* hän ei tiedä miksi hän sen teki
why's [waɪz] *why is*
whys and wherefores fr syyt
wick [wɪk] s (kynttilä, öljylampun) sydän
wicked [wɪkəd] adj **1** paha, ilkeä **2** kurja, huono **3** (sl) loistava
wickedly adv **1** pahasti, ilkeästi **2** kurjasti, huonosti
wickedness s pahuus, ilkeys
wicker [wɪkər] s korityö
wicker chair s korituoli
wide [waɪd] adj **1** leveä **2** laaja, suuri **3** *to be wide of the mark* mennä pahasti ohi/pieleen adv kokonaan, täysin *the door is wide open* ovi on selkosen selällään *far and wide* laajalla alueella, siellä täällä
wide-angle ['waɪdˌæŋɡəl] adj (valok) laajakulma-
widebody ['waɪdˌbadi] s laajarunkoinen lentokone
widely adv laajasti, laajalla alueella *widely different* hyvin erilainen
widely known laajalti tunnettu
widen [waɪdən] v leventää, leventyä, laajentaa, laajentua, suurentaa, suurentua
wide place in the road fr (ark) pikkukaupunki
wide-ranging [ˌwaɪdˈreɪndʒɪŋ] adj laajamittainen, laaja
wide-screen ['waɪdˌskrin] adj laajakangas-
widespread ['waɪdˌspred] adj yleinen, laajalle levinnyt
widget [wɪdʒət] s vempain, vekotin
1 widow [wɪdoʊ] s leski(nainen)
2 widow v jäädä leskeksi
widower [wɪdoʊər] s leski(mies)
widowhood ['wɪdoʊˌhʊd] s leskeys, leskenä olo
widow's peak s leskenlovi
width [wɪdθ] s leveys

willingness

wield [wiəld] v käyttää (valtaa, työkalua) (taitavasti) *to wield an ax* heiluttaa kirvestä

wieldy adj kätevä, helppokäyttöinen

wiener [winər] s nakki

Wiener schnitzel ['winər,ʃnitsəl] *saksasta* wieninleike

wife [waɪf] s (mon wives) vaimo *to take to wife* ottaa puolisokseen, naida

wifehood ['waɪd,hʊd] s vaimona olo

wifely adj vaimon, vaimolle sopiva

wife swapping s parinvaihto

wig [wɪg] s peruukki *to flip your wig* (sl) menettää malttinsa, pillastua, repiä pelihousunsa

wigeon [wɪʤən] s (lintu) haapana

1 wiggle [wɪgəl] s väristys; heilunta

2 wiggle v **1** väristä, hytistä; heilua, heiluttaa **2** pujotella, luikerrella, kiemurrella

wigwam ['wɪg,wam] s (intiaanimaja) vigvami, wigwam

wild [waɪəld] adj **1** villi **2** (myrsky) raju, hurja, (ihminen) raivostunut, (suunnitelma) uskalias, (elämä) hillitön adv villisti *to run wild* (kasvi) rehottaa; (kuv) levitä vapaasti, olla kuriton, rehottaa

wild boar [boər] s villisika

wildcard search s (tietok) jokerihaku

wild chervil [tʃərvəl] s koiranputki

wild chive s ruoholaukka, ruohosipuli

wildebeest [wɪldəbist] s (eläin) juovagnu

wilderness [wɪldərnəs] s erämaa

wild-goose chase [,waɪəld'gus,tʃeɪs] *to go on a wild-goose chase* kurkottaa kuuseen

wilding [waiəldiŋ] s jengien huliganismi ja vandalismi

wildlife ['waɪəld,laɪf] s villieläimet

wildly adv villisti (ks myös wild)

wildness [waɪəldnəs] s villiys, rajuus, hurjuus, raivo, uskaliaisuus, hillittömyys

wild oat s villikaura *to sow your wild oats* hurjastella, viettää rajua elämää, ottaa ilo irti elämästä (erityisesti nuorena)

wild pansy s (mon pansies) keto-orvokki

wild pigs s (mon) villisiat (Suidae)

wild primrose s kevätesikko

wilds [waɪəldz] s (mon) erämaa

wild strawberry s (mon strawberries) ahomansikka

wild turkey s kalkkuna

Wild West s villi länsi

1 wile [waɪəl] s ansa, temppu, metku

2 wile v houkutella

wile away v laiskotella, vetelehtiä, olla toimettomana

Wile E. Coyote [,waɪəlikaɪ'oʊti] *sarjakuvahahmo* Kelju K. Kojootti

wilily adv viekkaasti, ovelasti, juonikkaasti

1 will [wɪl] s **1** tahto *at will* vapaasti, mielin määrin **2** testamentti

2 will v **1** pakottaa itsensä/joku johonkin (tahdonvoimalla), tahtoa **2** testamentata apuv **1** would, (kielteiset muodot) won't (will not), wouldn't (would not) **2** tulevaisuudesta: *I will read it* minä luen sen **3** kysymyksissä: *will/would you close the window?* sulkisitko ikkunan? **4** tahdosta: *he will not do it* hän ei suostu tekemään sitä *will you shut up?* etkö voi olla hiljaa! **5** olla tapana: *on Sundays, we would go to the beach* sunnuntaisin meillä oli tapana mennä uimarannalle **6** oletuksesta: *they will have read it by now* he ovat varmaankin lukeneet sen jo **7** kyvystä: *the door won't open* ovi ei aukea, en saa ovea auki

willful [wɪlfəl] adj **1** tahallinen, harkittu, tietoinen **2** omapäinen, jääräpäinen, joustamaton

willfully adv **1** tahallaan, harkitusti, tietoisesti **2** omapäisesti, jääräpäisesti, joustamattomasti

William [wɪljəm] (kuninkaan nimenä) Vilhelm

William the Conqueror Vilhelm Valloittaja

willies [wɪliz] *to get the willies* (ark) hermostua, pelästyä, saada sätkyt

willing adj **1** halukas, hanakka, valmis johonkin (to) **2** avulias, aulis

willingly adv halukkaasti, hanakasti, avuliaasti, auliisti

willingness s halukkuus, hanakkuus; avuliaisuus

will-o'-the-wisp

will-o'-the-wisp [wɪləvðə'wɪsp] s virvatuli (myös kuv:) houkutin, houkutus, saavuttamaton asia
willow [wɪloʊ] s paju
willow bellflower s kurjenkello
willow grouse s (lintu) riekko
willow warbler s pajulintu
willowy adj taipuisa, norja, (sorja ja) notkea
will power s tahdonvoima
wilt [wɪlt] v **1** kuihtua, kuihduttaa **2** väsyä, väsyttää, uupua, uuvuttaa
wily [waɪli] adj viekas, ovela, juonikas
1 win [wɪn] s voitto
2 win v won, won **1** voittaa **2** saada, vallata, valloittaa
1 wince [wɪns] s säpsähdys, hätkähdys
2 wince v säpsähtää, hätkähtää
1 winch [wɪntʃ] s **1** (käsi)kampi **2** vintturi, vinssi (ark)
2 winch v nostaa/vetää vintturilla
Winchester rifle ['wɪnˌtʃestər] s Winchester-kivääri
1 wind [wɪnd] s **1** tuuli *solar wind* aurinkotuuli *big changes are in the wind* (kuv) luvassa on suuria muutoksia *how the wind blows* (kuv) mistä tuuli puhaltaa *to sail in the teeth of the wind* purjehtia vastatuuleen *to sail close to the wind* (kuv) olla säästäväinen; olla uskalias, ottaa riski *to take the wind out of someone's sails* yllättää, saada joku järkyttymään, viedä tuuli jonkun purjeista **2** puhallinsoitin, puhallin **3** (mon) (orkesterissa) puhaltimet **4** hengitys *to get your second wind* saada (esim juostessa) hengityksensä tasaantumaan **5** vihi, huhu **6** tuulahdus, suuntaus **7** ilmavaivat, ilma *to break wind* pieraista (ark)
2 wind v **1** saada hengästymään **2** antaa hengityksen tasaantua
wind [waɪnd] v wound, wound **1** kiertää, kiertyä **2** kääntää, kääntyä **3** kiemurrella, mutkitella, pujotella, luikerrella **4** (kello) vetää
Wind Cave ['wɪnˌkeɪv] kansallispuisto Etelä-Dakotassa
wind down v laantua, asettua, rauhoittua
windfall ['wɪndˌfɔəl] s **1** tuulen maahan pudottamat hedelmät **2** (kuv) onnenpotku
winding [waɪndɪŋ] adj mutkitteleva, kiemurteleva
1 windlass [wɪndləs] s vintturi
2 windlass v nostaa/vetää vintturilla
windmill ['wɪndˌmɪl] s tuulimylly
window [wɪndoʊ] s ikkuna (myös tietok)
window dressing s **1** näyteikkunoiden somistus **2** (kuv) kaunistelu, hämäys, pintakiilto, pintasilaus, silmänlume
windowing s (tietok) ikkunointi, ikkunoiden käyttö
window pane s ikkunalasi
window seat s (lentokoneessa ym) ikkunapaikka
window shade s **1** (ikkunan)kaihdin **2** sälekaihdin **3** rullaverho
window-shop ['wɪndoʊˌʃap] v **1** katsella näyteikkunoita **2** (kuv) tutustua johonkin (ennen kaupantekoa)
windpipe ['wɪndˌpaɪp] s henkitorvi
wind power s tuulivoima
windscreen ['wɪndˌskrin] s (UK) tuulilasi
windshield ['wɪndˌʃiəld] s (auton) tuulilasi
windshield wiper s tuulilasinpyyhin
Windsor [wɪnzər]
windsurf ['wɪndˌsɔrf] v purjelautailla
windsurfer s purjelautailija
windsurfing s purjelautailu
wind tunnel s tuulitunneli
wind up v **1** päättää, saattaa päätökseen, tehdä valmiiksi **2** päätyä johonkin asemaan **3** vetää (kello) **4** kelata, kääriä kelalle/rullalle
wind vane s tuuliviiri
windward [wɪndwərd] *to get to windward of* saada jokin asia hallintaansa
windy [wɪndi] adj **1** tuulinen *it's windy at the top* huipulla tuulee **2** mahtipontinen, suurisanainen, suurellinen
windy [waɪndi] adj kiemurteleva, mutkitteleva
wine [waɪn] s viini
wine and dine fr syöttää ja juottaa (esim asiakkaita kauppojen edistämiseksi)
winebag ['waɪnˌbæg] s viinileili

wine cellar s viinikellari
wineglass [ˈwaɪnˌglæs] s viinilasi
wineskin [ˈwaɪnˌskɪn] s viinileili
wine steward s viinitarjoilija
wing [wɪŋ] s **1** siipi *to be on the wing* olla lennossa/ilmassa; olla liikkeellä *to take someone under your wing* ottaa joku siipiensä suojaan *to take wind* nousta lentoon/ilmaan; lähteä/häipyä kiireesti **2** (puolueen) siipi **3** (teatterissa) kulissien vasen/oikea puoli
wingspan [ˈwɪŋˌspæn] s (lentokoneen, linnun) siipiväli
1 wink [wɪŋk] s **1** silmänräpäys (myös kuv) **2** silmänisku **3** (valon) tuike
2 wink v **1** räpäyttää silmää **2** iskeä silmää **3** (valo) tuikkia
winkle [ˈwɪŋkəl] s kotilo
winner s voittaja
winner take all s (peli ym jossa) voittaja saa koko potin
winning s **1** voitto **2** (yl mon) voitto(saalis) adj **1** voittaja-, voittoisa **2** hurmaava, ihastuttava
winningly adv (hymyillä) hurmaavasti, ihastuttavasti
Winnipeg [ˈwɪnəˌpeg] kaupunki Kanadassa
win out v voittaa, vetää pitempi korsi
1 winter [ˈwɪntər] s talvi
2 winter v viettää talvi jossakin, talvehtia
winter garden s talvipuutarha
winter solstice [ˈsɒlstəs] s talvipäivänseisaus
wintery [ˈwɪntəri] adj talvinen, talvi-
wintry [ˈwɪntri] adj talvinen, talvi-
1 wipe [waɪp] s pyyhkäisy
2 wipe v **1** pyyhkiä **2** (kuv) heittää mielestään, (yrittää) unohtaa, pyyhkiä pois
wipe out v **1** hävittää, tuhota, pyyhkiä pois **2** (ark) nitistää, tappaa **3** (sl) löylyttää, piestä, voittaa musertavasti
wiper s **1** pyyhe, rätti **2** tuulilasinpyyhin
wipe up v pyyhkiä pois, siivota
1 wire [waɪər] s **1** (metalli)lanka, (sähkö)johto, vaijeri, kaapeli *to pull wires* (kuv) käyttää hyväksi suhteitaan **2** (ark) sähke **3** (raveissa) maaliviiva *down to the wire* viime hetkeen saakka, viimeiseen saakka *under the wire* viime hetkessä, juuri ja juuri, nipin napin
2 wire v **1** yhdistää johdoilla **2** sähköttää, lähettää sähkeellä **3** varustaa salakuuntelulaitteella/piilomikrofonilla
wired [waɪərd] adj **1** sähköjohdoilla varustettu, johdotettu **2** kaapelitelevisioliitännällä varustettu **3** (ark kuv) hermostunut ja happea täynnä, jolla menee lujaa (etenkin huumeiden vaikutuksesta)
1 wiretap [ˈwaɪərˌtæp] s salakuuntelu
2 wiretap v kuunnella salaa (puhelinta)
wiry [waɪəri] adj (metalli)lanka-, (vartalo) jäntevä, (tukka) tankea, karkea
Wisconsin [wɪsˈkɒnsən]
wisdom [ˈwɪzdəm] s **1** viisaus **2** viisas ajatus, viisaus
wisdom tooth s viisaudenhammas
wise [waɪz] adj viisas *to be/get wise to something* (sl) tajuta, päästä jyvälle/selville jostakin, saada tietää *to get wise* (sl) ottaa selvää jostakin; ruveta nenäkkääksi *to put/get someone wise* (sl) kertoa jollekulle jotakin
wise-ass [ˈwaɪzˌæs] s (sl) viisastelija adj viisasteleva, nenäkäs
1 wise-crack [ˈwaɪzˌkræk] s (ark) huuli, letkautus, herja, vitsi
2 wise-crack v (ark) heittää huuli/herja, letkauttaa, vitsailla
wise guy [ˈwaɪzˌgaɪ] s (ark) **1** viisastelija **2** mafioso
wisely adv viisaasti
wise up v (sl) tajuta, päästä jyvälle jostakin, selittää jollekulle jotakin
1 wish [wɪʃ] s toivomus, toive, halu *she got her wish* hänen toiveensa toteutui
2 wish v **1** toivoa, haluta **2** toivottaa *we wish you well* toivomme/toivotamme sinulle kaikkea hyvää
wishbone [ˈwɪʃˌboʊn] s (linnun) hankaluu
wish fulfillment s toiveiden täyttymys/toteutuminen, tarpeiden tyydytys
wishful thinking s toiveajattelu
wish list s toivomuslista
wish-wash [ˈwɪʃˌwɒʃ] s **1** (juoma) litku **2** hölynpöly
wishy-washy [ˈwɪʃiˌwɒʃi] adj **1** vetinen **2** empivä, epäröivä, jahkaileva

wisp [wɪsp] s **1** tukko, kouraus **2** tupru **3** sorja/hento/heiveröinen ihminen **4** vivahde, häivähdys
wispy adj heiveröinen, hento, sorja, ohut, heikko
wit [wɪt] s **1** (myös mon) järki, äly, hokso, nokkeluus *to be at your wit's end* olla ymmällään *to keep your wits about one* pysyä valppaana/terävänä *to live by your wits* pitää puolensa, olla nokkela **2** vitsikkyys, huumorintaju, hauskuus **3** teräväpäinen ihminen
witch [wɪtʃ] s noita
witchcraft ['wɪtʃˌkræft] s noituus
witch doctor s poppamies
witchery [wɪtʃəri] s **1** noituus **2** lumous
witch hunt s noitavaino (myös kuv)
witch-hunt v vainota (esim noitana)
witching adj lumoava, kiehtova
with [wɪð] prep **1** kanssa, luona, mukana *she wants to go with you* hän haluaa tulla kanssasi/lähteä mukaasi *I'm staying with the Hendersons* olen kylässä Hendersoneilla *hamburger with fries* hampurilainen ja ranskalaiset **2** ominaisuudesta: *a car with two doors* kaksiovinen auto **3** välineestä: *he wrote it with a pencil* hän kirjoitti sen lyijykynällä **4** suhteesta: *she's good with computers* hän hallitsee tietokoneet hyvin **5** tavasta: *handle with care* käsiteltävä varoen **6** vertailusta: *to compare A with B* verrata A:ta B:hen **7** syystä: *to die with fever* kuolla kuumeeseen **8** puolella: *he voted with me* hän äänesti samoin kuin minä
with a view to fr jotakin silmällä pitäen, jonkin toivossa
with a whole skin fr ehjin nahoin
with child *to be with child* olla raskaana
withdraw [wɪðˈdra] v withdrew, withdrawn **1** vetää, vetäytyä, perääntyä, poistua **2** nostaa (rahaa) tililtä **3** perua (puheensa), perääntyä (sopimuksesta) **4** vieroittaa (huumeesta), lakata käyttämästä (huumetta)
withdrawal [wɪðˈdraəl] s **1** perääntyminen, luopuminen **2** vieroitus
withdrawal syndrome s vieroitusoireet
withdrawn v ks withdraw adj sulkeutunut, syrjään vetäytynyt, eristäytyvä
withdrew ks withdraw
wither [wɪðər] v **1** kuihduttaa, kuihtua **2** (kuv) musertaa, hävittää
withers [wɪðərz] s (mon) (eläimen) säkä
withhold [ˌwɪθˈhoəld] v withheld, withheld: pidättää (esim palkasta veroa), pidättäytyä, ei suostua antamaan, salata *you're withholding evidence* sinä salaat todisteaineistoa
within [wɪˈðɪn] adv sisällä, sisälle *from within* sisältä prep sisällä, -ssa/-ssä, päässä, (ajasta myös) kuluessa *within the boundaries of the park* puiston rajojen sisällä/sisäpuolella *within three hours* kolmen tunnin sisällä, kolmessa tunnissa *the car came to within two feet of the edge of the cliff* auto kävi/pysähtyi puolen metrin päähän jyrkänteen reunalta
within reason *to be within reason* olla kohtuullista, olla kohtuuden rajoissa
with it *to be with it* (sl) olla ajan tasalla /hermolla, seurata muotia
without [wɪˈðaʊt] adv ulkona, ulos, ulkopuolella, ulkopuolelle prep **1** ilman *a man without a home* koditon mies *without doubt* epäilemättä **2** ulkopuolella *within and without the building* rakennuksen sisä- ja ulkopuolella
without number fr lukematon
without price fr suunnattoman/sanoinkuvaamattoman/korvaamattoman arvokas/kallis
with reason fr hyvällä syyllä, hyvästä syystä, aiheellisesti
with reference to fr jotakin koskien
with regard to fr jotakuta/jotakin koskien
with relation to something fr jotakin koskien, johonkin liittyen
with respect to fr jotakin koskien *she had nothing to say with respect to her illness* hänellä ei ollut sairaudestaan mitään kerrottavaa
withstand [wɪθˈstænd] v withstood, withstood: kestää, pitää puolensa jotakuta/jotakin vastaan
withstood [wɪθˈstʊd] ks withstand

with that *with that she left* sen sanottuaan hän lähti
with tongue in cheek *she said it with her tongue in the cheek* hän sanoi sen leikillään/kiusallaan/ivallisesti
with your tail between your legs fr häntä koipien välissä
1 witness [wɪtnəs] s **1** todistaja (oikeudessa, asiakirjan), silminnäkijä **2** todistus *to bear witness to* todistaa/kertoa jostakin, osoittaa jotakin **3** *Jehovah's Witness* Jehovan todistaja
2 witness v **1** nähdä, olla näkemässä, kokea **2** ajatella *witness the fact that...* (ajatelkaamme) esimerkiksi (sitä että...) **3** todistaa (oikeudessa, oikeaksi), olla läsnä todistajana **4** osoittaa, kertoa, todistaa *as witnessed by rising inflation* kuten kiihtyvä inflaatio osoittaa
witness stand s todistajanaitio
witticism [wɪtəsɪzəm] s sukkeluus, sutkaus, vitsi, pila
wittily adv nokkelasti, terävästi; hauskasti, vitsikkäästi
witty [wɪti] adj nokkela, terävä; hauska, vitsikäs
wives [waɪvz] ks wife
wizard [wɪzərd] s **1** noita **2** taikuri **3** (kuv) nero
wizardry [wɪzərdrɪ] s noituus, taikuus, taikatemput (myös kuv) *modern electronic wizardry* nykyelektroniikan ihmeet
wizened [wɪzənd] adj kuihtunut, kuivunut
WKND (tekstiviestissä, sähköpostissa) *weekend*
WMD [ˌdʌbjəˌemˈdi] *Weapon(s) of Mass Destruction* joukkotuhoase(et)
WNS (tekstiviestissä, sähköpostissa) *once*
W/O (tekstiviestissä, sähköpostissa) *without*
1 wobble [wabəl] s heilunta, tutina, vapina
2 wobble v heilua, tutista, vapista
wobbly adj epävakaa, hutera
woe [woʊ] s suru, murhe
woebegone [ˈwoʊbɪgan] adj surullinen, surun/murheen murtama

woeful [woʊfəl] adj **1** surullinen, murheellinen, surumielinen **2** surkea, kehno
woefully adv **1** surullisesti, murheellisesti **2** surkeasti, kehnosti *your paper is woefully inadequate* aineesi on täysin riittämätön, aineesi ei alkuunkaan täytä vaatimuksia
wok [wak] s wokkipannu, vokkipannu
woke [woʊk] ks woke
woken [woʊkən] ks wake
wok set s wokkiastiasto, vokkiastiasto
wolf [wəlf] s (mon wolves) susi *to cry wolf* antaa väärä hälytys *he's just trying to keep the wolf from the door* hän yrittää vain ansaita jotakin hengenpitimiksi, hän ei halua joutua puille paljaille
wolf down v ahmia, ahnehtia, pistää kiireesti poskeensa
wolf in sheep's clothing fr susi lammasten vaatteissa
Wollongong [ˈwɒlənˌgaŋ]
Wolverhampton [ˈwʊlvərˌhæmptən]
wolverine [wəlvərin] s ahma
woman [wʊmən] s (mon women [wɪmən]) nainen *to be your own woman* olla itsenäinen (nainen)
woman-chaser [ˈwʊmənˌtʃeɪsər] s naistenmetsästäjä
woman-hater [ˈwʊmənˌheɪtər] s naistenvihaaja
womanhood [ˈwʊmənˌhʊd] s **1** naisena oleminen **2** (kaikki) naiset
woman in the street s kadunnainen, tavallinen nainen, keskivertonainen
womanish [wʊmənɪʃ] adj **1** naisellinen **2** naismainen
womanizer [ˈwʊməˌnaɪzər] s naistenmies, naistenmetsästäjä
womankind [ˌwʊmənˈkaɪnd] s naiset
womanlike [ˈwʊmənˌlaɪk] adj naisellinen
womanly adj naisellinen
woman of few words *Frances is a woman of few words* Frances on harvasanainen, Frances ei ole puhelias
woman of letters s oppinut nainen, lukenut nainen, kirjailija, kirjallisuuden ystävä
woman of many words *Alice is a woman of many words* Alice on puhelias

woman of the streets s katunainen, huora
woman of the world s maailmannainen
womb [wumb] s kohtu
wombat [wambæt] s vompatti
womb-to-tomb [ˌwumtəˈtum] adj kohdusta hautaan jatkuva
women's lib ks women's liberation
women's liberation [ˌwɪmənzˌlɪbəˈreɪʃən] s naisliike, naisasialiike, feminismi
women's movement s naisliike
women's rights s (mon) naisten oikeudet/tasa-arvo
won [wʌn] ks win
1 wonder [wʌndər] s 1 ihme *small wonder he did not make it* ei ihme ettei hän ehtinyt (ajoissa) *the new medicine is working wonders* uusi lääke saa ihmeitä aikaan 2 ihmetys, hämmästys
2 wonder v ihmetellä, hämmästellä, miettiä *I wonder if she likes me* mahtaakohan hän pitää minusta?, pitääköhän hän minusta?
wonder drug s ihmelääke
wonderful adj ihmeellinen, ihana, ihastuttava
wonderfully adv ihmeellisesti, ihmeellisen, ihanasti, ihanan, ihastuttavasti, ihastuttavan
won't [wount] *will not*
wont [want] s tapa, tottumus adj: *to be wont to do something* olla tapana tehdä jotakin
woo [wu] v kosia (myös kuv), kosiskella (myös kuv)
wood [wud] s 1 puu; puutavara; polttopuut *to knock on wood* koputtaa puuta 2 (mon) metsä *we're finally out of the woods* olemme viimein selvillä vesillä/kuivilla 3 (golfissa) puumaila 4 (sl) erektio
wood anemone [əˈnemənɪ] s valkovuokko
wood ant s kekomuurahainen
woodcarver s puunleikkaaja
woodcarving [ˈwudˌkarvɪŋ] s puunleikkaus

woodchopper [ˈwudˌtʃapər] s puunhakkaaja
woodchuck [ˈwudˌtʃʌk] s metsämurmeli
woodcraft [ˈwudˌkræft] s 1 eränkäyntitaito 2 metsänhoito 3 puunleikkaus
woodcrafter s puunveistäjä
woodcut [ˈwudˌkʌt] s puupiirros
woodcutter s 1 puunhakkaaja 2 puunpiirtäjä, puupiirtäjä
wooded [wudəd] adj metsäinen, puuta kasvava
wooden [wudən] adj 1 puinen 2 kankea, kömpelö 3 tylsä, kuiva
wood engraving s 1 puunpiirräntä 2 puupiirros
wooden indian s (ark) pokerinaama, puujumala (kuv)
woodhouse [ˈwudˌhaus] s puuvarasto; halkovaja
woodland [ˈwudˌlənd] s metsä
wood lemming s metsäsopuli
woodlouse s (mon woodlice) (äyriäinen) siira
wood mouse s (mon wood mice) metsähiiri, pikkumetsähiiri
woodpecker [ˈwudˌpekər] s tikka
wood pigeon s sepelkyyhky
woodshed [ˈwudˌʃed] s halkovaja
woodsman [wudzmən] s (mon woodsmen) metsäläinen
wood sorrel s käenkaali
woodwind [ˈwudˌwɪnd] s (soitin) puupuhallin
woodwork [ˈwudˌwərk] *to come out of the woodwork* (ark) ilmestyä tyhjästä, tulla esiin/näkyviin
woody [wudi] s (sl) farmariauto jossa on puu(jäljitelmä)kyljet adj 1 metsäinen 2 puinen
woofer [wufər] s bassokaiutin
wool [wəl] s villa *she's a dyed-in-the-wool Democrat* hän on pesunkestävä demokraatti, hän on demokraatti henkeen ja vereen *all wool and a yard wide* aito, oikea, tosi, rehti *they tried to pull the wool over his eyes* he yrittivät hämätä/pettää häntä
woolen [wələn] adj villainen, villa-
woollen ks woolen

wooly adj **1** villainen, villa- **2** epäselvä, hämärä

1 word [wərd] s **1** sana *to weigh your words* punnita sanojaan *you took the words out of my mouth* veit sanat suustani *in a/one word* sanalla/suoraan sanoen *in other words* toisin sanoen *he told me to resign, though not in so many words* hän käski minun erota joskaan hän ei ilmaissut sitä noin suorasti *Frances is a woman of few words* Frances on harvasanainen, Frances ei ole puhelias *Alice is a woman of many words* Alice on puhelias *Kevin put in a word for me with the manager* Kevin kehui minua johtajalle *at a word* heti, viipymättä, välittömästi *I have no words for how sorry I am* sanat eivät riitä kuvaamaan miten pahoillani olen, olen vilpittömästi pahoillani, pyydän kovasti anteeksi **2** lupaus, sana(t) *she gave me her word* hän lupasi *he ate his words* hän söi sanansa *I keep my word* minä pidän sanani/lupaukseni *she's a woman of her word* häneen voi luottaa, hänen sanansa pitää *Carolyn is as good as her word* Carolyniin voi luottaa, Carolynin sana pitää **3** *can I have a word with you?* voinko puhua kanssasi hetken?, minulla olisi sinulle asiaa **4** tieto, uutinen *to receive word of* saada tieto, kuulla jostakin **5** (mon) (laulun) sanat

2 word v pukea sanoiksi, ilmaista, muotoilla (kieliasu)

word blindness s sanasokeus

word for word adv **1** sanasta sanaan, kirjaimellisesti **2** sana sanalta/kerrallaan

word-for-word adj sananmukainen, kirjaimellinen

wordily adv monisanaisesti, liikasanaisesti

wordiness s monisanaisuus, liikasanaisuus

wording s sanamuoto

wordless adj sanaton, hiljainen, äänetön

wordlessly adv sanattomasti, hiljaa, äänettömästi, ääneti

Word of God s Jumalan sana

word of honor s kunniasana

word of mouth s toisten kertoma, kuulopuhe, huhupuhe

word order s sanajärjestys

wordplay ['wərd‚pleɪ] s **1** sukkeluus, sanoilla miekkailu **2** sanaleikki

word processing ['wərd‚prasesɪŋ] s tekstinkäsittely

word processor s tekstinkäsittelyohjelma

wordsmith ['wərd‚smɪʃ] s sanaseppä, sanaseppo

word-wrap s (tietok) sanakierrätys

wordy adj monisanainen, liikasanainen

wore [wɔr] ks wear

1 work [wərk] s **1** työ, tehtävä, työpaikka *to be at work* olla työpaikalla/työssä; olla toiminnassa *to be out of work* olla työtön *to make short work of* tehdä nopeasti, hutaista; pistää äkkiä poskeensa; ei piitata jostakusta/jostakin **2** teos *the complete works of William Shakespeare* William Shakespearen kootut teokset **3** (mon) tehdas *to be in the works* olla tekeillä/valmisteilla **4** (mon) koneisto *to gum up the works* (sl) sotkea/tehdä tyhjäksi suunnitelma, pilata asia **5** (mon ark) kaikki, koko homma *I'll have a double cheeseburger with the works* otan tuplajuustohampurilaisen kaikilla lisukkeilla *to shoot the works* (sl) panna kaikki rahansa menemään

2 work v **1** työskennellä, tehdä työtä, käydä työssä **2** toimia **3** käyttää (konetta), pitää (maatilaa, kaivosta) **4** toimia (työssään) tietyllä alueella *she's working the suburbs* hän toimii esikaupunkialueilla **5** saada aikaan *to work loose* irrottaa/irrota

workable [wərkəbəl] adj mahdollinen, käyttökelpoinen

workaday ['wərkə‚deɪ] adj **1** työpäivä-, arkinen, arkipäivä-, arki- **2** arkinen, tavallinen

workaholic [‚wərkə'halɪk] s työnarkomaani

workday ['wərk‚deɪ] s työpäivä

worked-up adj kiihtynyt, tohkeissaan

worker s työntekijä; työläinen

work ethic s työeetos, työmoraali

workhorse ['wərk‚hɔrs] s **1** työhevonen **2** (kuv) työjuhta
working s **1** työnteko, työ **2** työstäminen, käsittely **3** toiminta; ajatuksenjuoksu adj **1** työssä käyvä, työtä tekevä **2** riittävä, kohtalainen *he has a working knowledge of computers* hänellä on perustiedot tietokoneista
working class s työväenluokka
working-class [‚wərkiŋ'klæs] adj työväenluokan
working dog s käyttökoira
workingman ['wərkiŋ‚mæn] s (mon workingmen) työläinen, työmies
working order s toimintakunto
working papers s työlupa
workingwoman ['wərkiŋ‚wʊmən] s (mon workingwomen) työläinen, työläisnainen
work into v lisätä jotakin johonkin, sekoittaa, ahtaa, työntää, sovittaa (väliin, kiireiseen aikatauluun)
workload ['wərk‚loʊd] s työmäärä *I have a heavy workload this week* minulla on tällä viikolla kiirettä/paljon tekemistä
workman [wərkmən] s (won workmen) työmies, työntekijä
workmanship ['wərkmən‚ʃɪp] s **1** työ **2** työn laatu
work of art s (mon works of art) taideteos
work off v purkaa (tarmonsa), kuluttaa (kalorit), maksaa (velka ahertamalla)
work on v **1** suostutella, taivutella jotakuta **2** *we're working on it* asia on vireillä/tekeillä/työn alla
work order s työmääräys
workout ['wərk‚aʊt] s **1** (urheilu)harjoitukset; harjoite **2** kuntoilu
work out v **1** onnistua, käydä hyvin päin **2** ratkaista, saada aikaan **3** kuntoilla, liikkua, voimistella **4** maksaa (velka työllään) **5** laskea (summa)
work out to v (summasta) tehdä yhteensä
work over v **1** lukea/käydä/kahlata läpi **2** (ark) rökittää, höyhentää
workplace ['wərk‚pleɪs] s (fyysinen) työpaikka

worksheet ['wərk‚ʃit] s työluettelo, työlista
workshop ['wərk‚ʃap] s työpaja, verstas
work station s työasema
work through v **1** lukea/käydä/kahlata läpi **2** tihkua, vuotaa (läpi) **3** (psykoterapiassa) läpityöskennellä
work up v **1** lisätä, kasvattaa **2** laittaa, valmistaa **3** innostaa, kuohuttaa, hermostuttaa
work up to v nousta/edetä johonkin asemaan, tulla joksikin
workweek ['wərk‚wik] s työviikko
workwoman ['wərk‚wʊmən] s (mon workwomen) (nais)työntekijä, (nais)työläinen
world [wərəld] s maailma (myös kuv) *the world of science* tieteen maailma *to bring into the world* synnyttää; avustaa synnytyksessä *to come into the world* syntyä *never in the world* ei ikinä/kuuna päivänä *where in the world is Tupelo?* missä ihmeessä/maailmankolkassa Tupelo on? *for all the world* täsmälleen, tismalleen *not for all the world* ei mistään hinnasta *she felt/was on top of the world* hän oli haltioissaan/hän menestyi loistavasti *Warren thinks the world of her* Warren ihailee häntä kovasti/pitää hänestä kovasti *the band set the world on fire* yhtyeestä tuli erittäin/valtavan kuuluisa
world-class ['wərəld‚klæs] adj **1** joka on kansainvälistä huippua, huipputason **2** (ark) varsinainen, todellinen
world-famous [‚wərəld'feɪməs] adj maailmankuulu
worldliness s **1** maallisuus **2** elämänkokemus
worldly [wərəldli] adj **1** maallinen **2** kokenut, maailmaa nähnyt
worldly-minded [‚wərəldli'maɪndəd] adj maallinen
world power s maailmanvalta
world premiere s (maailman)ensi-ilta
world's fair [‚wərəldz'feər] s maailmannäyttely
world-shaking ['wərəld‚ʃeɪkiŋ] adj koko maailmaa järisyttävä

world's oldest profession s maailman vanhin ammatti, prostituutio
worldview [ˌwərəld'vju] s maailmankuva
World War I [ˌwərəldˌwaər'wʌn] s ensimmäinen maailmansota
World War II [ˌwərəldˌwaər'tu] s toinen maailmansota
world-weary ['wərəldˌwɪri] adj elämään väsynyt
worldwide [ˌwərəld'waɪd] adj maailmanlaajuinen
world without end fr ikuisesti, ikuisiksi ajoiksi
1 worm [wərm] s **1** mato **2** toukka
2 worm v **1** ryömiä, madella **2** sujauttaa, työntää vaivihkaa
worm-eaten ['wərmˌitən] adj madonsyömä
worming s (koiran) madotus
worm into v juonitella/keplotella itsensä johonkin asemaan
worn [wɔrn] v ks wear adj kulunut
worn-out [ˌwɔr'naʊt] adj **1** loppuunkulunut **2** loppuunväsynyt
1 worry [wəri] s huoli, murhe, piina
2 worry v **1** murehtia, olla huolissaan, vaivata, kiusata, piinata **2** laahustaa, kulkea vaivalloisesti **3** raadella, pureskella, jäytää, nakertaa
worrywart ['wəriˌwɔrt] s (ikuinen) murehtija, pessimisti
worse [wərs] adj ks bad, ill *it's none the worse for wear* se ei ole käytöstä kulunut
worsen [wərsən] v huonontua, huonontaa, pahentua, pahentaa *the patient's condition has worsened* potilaan tila on huonontunut
1 worship [wərʃəp] s **1** palvonta *the worship of money* rahan palvonta **2** jumalanpalvelus **3** palvontamenot
2 worship v palvoa *to worship God* palvoa Jumalaa
worshipper s **1** kirkossakävijä **2** palvoja
worst [wərst] v piestä, hakata, antaa selkään adj ks myös bad, ill *at (the) worst* pahimmassa tapauksessa *Pauline got the worst of his anger* Pauline sai kärsiä eniten hänen kiukustaan *he got the worst of it* hän veti lyhyemmän korren *if worst comes to worst* jos oikein huonosti käy, pahimmassa tapauksessa
worst-case scenario [ˌwərst'keɪssəˌnerioʊ] s (oletettu) pahin mahdollinen lopputulos/seuraus
worth [wərθ] s arvo *to get your money's worth* saada rahalleen vastinetta, saada koko rahan edestä adj arvoinen, kannattava *the painting is worth five million* maalaus on viiden miljoonan dollarin arvoinen *the book is worth reading* kirja kannattaa lukea, kirja on lukemisen arvoinen *what's it worth to you to help us out?* millä rahalla/ilveellä sinä suostut auttamaan meitä? *for what it's worth, I don't believe her* jos minulta kysyt(te) niin en usko häntä *she tried for all she was worth* (ark) hän yritti parhaansa, hän teki kaikkensa
worthless adj arvoton, mitätön, turha
worthlessly adv turhaan
worthlessness s arvottomuus, mitättömyys, turhuus
worthwhile [ˌwərθ'waɪəl] adj kannattava *it's a worthwhile exhibition* se on katsomisen arvoinen näyttely
worthy [wərði] adj kiitettävä, kunniakas, arvokas *my worthy opponent* arvoisa vastustajani *he's working for a worthy cause* hän ajaa arvokasta asiaa
worthy of adj jonkin arvoinen *your thesis is worthy of the highest praise* väitöskirjaasi on syytä ylistää
worth your salt *the new man is not worth his salt* uudesta miehestä ei ole mihinkään, uusi mies ei ole palkkansa väärti
worth your while *it is worth your while to read it* se on lukemisen arvoinen, se kannattaa lukea
would [wʊd] ks will
wouldn't [wʊdənt] *would not*
1 wound [wund] s haava (myös kuv:) isku, kolaus, loukkaus *to lick your wounds* nuolla haavojaan
2 wound v **1** haavoittaa, haavoittua, tehdä/saada haava **2** loukata, loukkaantua, satuttaa, sattua, haavoittaa, haavoit-

wounded

tua *her snide remark wounded his pride* naisen ilkeä huomautus loukkasi hänen ylpeyttään
wounded [wundəd] s: *the wounded* haavoittuneet adj **1** haavoittunut **2** (kuv) loukkaantunut, loukattu
wove [wouv] ks weave
woven [wouvən] ks weave
1 wrangle [ræŋgəl] s riita, kina
2 wrangle v **1** riidellä, kinata **2** koota (karjaa) **3** hankkia, keplotella itselleen jotakin
wrangler s karjapaimen
1 wrap [ræp] s kääre(paperi), päällys, suojus; peitto, peite; hartiavaippa *to keep/put under wraps* (ark) pitää salassa/salata
2 wrap v kääriä, kääriytyä; peittää, verhota, verhoutua
wraparound ['ræpə,raʊnd] adj **1** käärittävä, (hame) kietaisu-, (tuulilasi) päistään taivutettu, panoraama- **2** yleis-, kaiken kattava-, paketti
wraparound skirt s kietaisuhame
wrapped up in *to be wrapped up in* olla uppoutunut johonkin
wrapper s kääre(paperi), päällys
wrapping paper s (paksu) käärepaperi
wrappings s (mon) kääre(paperi), päällys
wrap up v **1** kääriä johonkin **2** tehdä valmiiksi
wrass [ræs] s (mon wrasses) huulikala
wrath [ræθ] s viha, raivo, suuttumus
wrathful adj vihainen, raivostunut
wreak havoc with [ˌrikˈhævək] fr tehdä suurta tuhoa/hallaa jollekin
wreath [riθ] s (mon wreaths) **1** seppele **2** (savun, pilven) kiehkura
wreathe [rið] v **1** seppelöidä **2** punoa, sitoa **3** kiemuroida, kiemurrella
1 wreck [rek] s **1** (rakennuksen) rauniot, (laivan, lentokoneen) hylky, (auton) romu **2** haaksirikko **3** tuho, loppu, turmio **4** (ihmis)raunio *he's a nervous wreck* hän on hermoraunio
2 wreck v **1** haaksirikkoutua, ajaa karille **2** kolaroida, ajaa kolari, romuttaa, (rakennus) purkaa **3** tuhota, koitua jonkun turmioksi/tuhoksi, tehdä loppu jostakusta
wreckage [rekədʒ] s rauniot, (laivan, lentokoneen) hylky
wren [ren] s peukaloinen
1 wrench [rentʃ] s **1** vääntö, riuhtaisu, kiskaisu **2** nyrjähdys **3** ruuviavain
2 wrench v **1** vääntää, riuhtaista, kiskaista **2** nyrjäyttää **3** (kuv) vaivata, kiusata, piinata
wrestle [resəl] v painia (myös kuv) *he is wrestling with his conscience* hän painii omantuntonsa kanssa
wrestler [reslər] s painija
wrestling s paini(urheilu)
wretch [retʃ] s **1** ihmisrukka, ihmisparka, ihmisraukka **2** retku, rontti, retale
wretched [retʃəd] adj onneton, surkea, kurja, viheliäinen, inhottava, halpamainen
wretchedly adv ks wretched
wretchedness s surkeus, kurjuus, viheliäisyys, inhottavuus
1 wriggle [rɪgəl] s kiemurtelu, luikertelu
2 wriggle v kiemurrella, vääntelehtiä, luikerrella
wriggle out v kiemurrella/keplotella itsensä vapaaksi jostakin
wring [rɪŋ] v wrung, wrung: vääntää, vääntnellä, vääntyä, kiertää, kiertyä
wringer s mankeli
wring out v **1** kiertää/puristaa kuivaksi **2** (kuv) puristaa esiin *I'll wring out the truth from him* minä patistan hänet kertomaan totuuden
1 wrinkle [rɪŋkəl] s ryppy
2 wrinkle v rypistää, rypistyä
wrinkly adj ryppyinen
wrist [rɪst] s ranne
wristband ['rɪstˌbænd] s **1** (paidan) ranneke, kalvosin **2** (kellon) ranneke
wrist watch s rannekello
writ [rɪt] s **1** virallinen määräys/kielto **2** kirjoitus *Holy Writ* Raamattu
write [raɪt] v wrote, written **1** kirjoittaa **2** säveltää **3** (tal) asettaa *to write an option* asettaa optio
write down v **1** kirjoittaa/panna muistiin **2** kirjoittaa yksinkertaistaen, kansantajuistaa
write in v **1** pyytää kirjeitse jotakin (for) **2** lisätä (kirjoittamalla)

WYSIWYG

write-off s **1** (ark) toivoton tapaus **2** (taloudellisesta tappiosta laskettava) verovähennys

write off v **1** kirjata menetetyksi, päättää unohtaa, jättää mielestään, sivuuttaa olankohautuksella **2** (tal) kuolettaa, poistaa

write out v **1** panna paperille, kirjoittaa **2** kirjoittaa (luku) kirjaimin, kirjoittaa (lyhennys) kokonaan **3** kirjoittaa itsensä uuvuksiin, (kirjailijasta) väsyä, loppua mehut

writer [raɪtər] s kirjailija; journalisti, toimittaja; kirjoittaja

write-up s lehtikirjoitus; arvostelu

write up v **1** panna paperille, kirjoittaa **2** kirjoittaa (lehdessä) jostakusta/jostakin

writhe [raɪð] v **1** vääntelehtiä, kiemurrella, rimpuilla *the patient writhed in pain* potilas vääntelehti tuskissaan **2** (kuv) jotakuta nolottaa, olla kiusaantunut

writing s **1** kirjoitus, kirjoittaminen *to commit to writing* pistää paperille, kirjoittaa muistiin **2** käsiala

writing desk s kirjoituspöytä

writ of summons [ˌrɪtəvˈsʌmənz] s haaste

written ks write

1 wrong [raŋ] s **1** vääryys **2** *to be in the wrong* olla väärässä

2 wrong v tehdä vääryyttä, loukata

3 wrong adj **1** väärä *the answer is wrong* vastaus on väärä *you have the wrong number* soititte väärään numeroon **2** *there is something wrong with her* hänessä on jotakin vikaa/outoa, häntä vaivaa jokin

4 wrong adv väärin *to go wrong* mennä vikaan; turmeltua, joutua huonoille teille

wrongdoer [ˈraŋˌduər] s väärintekijä, rikollinen, syntinen

wrongdoing s vääryys, rikos, paha teko

wrongful adj **1** epäoikeudenmukainen **2** laiton

wrongful death suit s kuolemantuottamuksesta nostettu kanne

wrongfully adv **1** perusteettomasti, syyttä **2** laittomasti

wrong side of the tracks *she was raised on the wrong side of the tracks* hän varttui/vietti lapsuutensa laitakaupungilla/köyhässä kaupunginosassa

wrote [roʊt] ks write

wrought [rat] vanhentunut partisiippi verbistä *work*

wrought iron s takorauta

wrought-iron adj takorautainen, takorauta-

wry [raɪ] adj (ilme) hapan, (suu) vääristynyt, (huomautus) ivallinen, piikikäs, kärkevä

wryly adv happamesti, piikikkäästi, purevasti

WTG (tekstiviestissä, sähköpostissa) *way to go*

WUD (tekstiviestissä, sähköpostissa) *what are you doing?*

WYGOWM (tekstiviestissä, sähköpostissa) *will you go out with me?*

Wyoming [waɪˈoʊmɪŋ]

WYSIWYG [ˈwɪziˌwɪg] s (tietok) näytön ja tulosteen samuus, näköisnäyttö (lyhennys sanoista *what you see is what you get*)

X, x

X, x [eks] X, x
X! (tekstiviestissä, sähköpostissa) *typical man*
xenophobe [ˈzinəˌfoʊb] s vieraita pelkäävä ihminen, muukalaisvihaaja
xenophobia [ˌzinəˈfoʊbiə] s vieraiden pelko, muukalaisviha
xenophobic [ˌzinəˈfoʊbɪk] adj vieraita pelkäävä, muukalaisia vihaava
xerography [zɪˈragrəfi] s kserografia
1 xerox [zɪraks] s **1** valokopio **2** *Xerox®* (eräs) valokopiokone
2 xerox v (valo)kopioida, jäljentää, monistaa
XLNT (tekstiviestissä, sähköpostissa) *excellent*
X marks the spot fr (ark) juuri tässä, tässä kohden
Xmas [eksməs krɪsməs] s joulu
X-rated [eksˈreɪtəd] adj (elokuva) kielletty alle 17-vuotiailta
1 x-ray [eksreɪ] s (myös X-ray) **1** (us mon) röntgensäteet **2** röntgenkuva
2 x-ray v röntgenkuvata, ottaa röntgenkuva/kuvia jostakusta
x-ray therapy s röntgenhoito
xylitol [ˈzaɪləˌtaəl] s ksylitoli, koivusokeri
xylophone [ˈzaɪləˌfoʊn] s ksylofoni

Y, y

Y, y [waɪ] Y, y
Y (tekstiviestissä, sähköpostissa) *why*
Y! (tekstiviestissä, sähköpostissa) *typical woman*
yacht [jat] s huvialus
yacht club s purjehdusseura
yachting s purjehdus
yachtsman s (mon yachtsmen) purjehtija
yachtswoman s (mon yachtswomen) (nais)purjehtija
yack interj (sl) yäk!
yacky adj (sl) kuvottava, ällöttävä
yak [jæk] s jakki
yakuza [jakuˈza] s (mon yakuza) **1** Japanin järjestäytynyt rikollisuus, Japanin mafia **2** Japanin mafian jäsen
y'all [yaəl] *you all* (mon) te
Yangtze [jæŋsi, jaŋtse] Jangtse, Chang Jian
1 yank [jæŋk] s **1** kiskaisu, vetäisy **2** *Yank* jenkki, amerikkalainen; Uuden-Englannin asukas; pohjoisvaltiolainen
2 yank v kiskaista, vetäistä
Yankee [jæŋki] s **1** jenkki, amerikkalainen **2** Uuden-Englannin asukas **3** (Yhdysvaltain sisällissodassa) pohjoisvaltiolainen adj jenkki-, amerikkalainen (ks substantiivia)
1 yap [jæp] s haukahdus
2 yap v (koira) haukahtaa
yard [jaərd] s **1** piha **2** jaardi (0,91 m) *the whole nine yards* (ark) kaikki; kokonaan, täysin *all wool and a yard wide*

aito, vilpitön
yardbird [ˈjɑərdˌbərd] s (sl) **1** vanki
2 (sot) alokas
yard line [ˈjɑərdˌlaɪn] s (amerikkalaisessa jalkapallossa) jaardilinja
yard sale s (esim. omakotitalon asukkaiden järjestämät) pihamyyjäiset
yardstick [ˈjɑərdˌstɪk] s (kuv) mittapuu
yarmulke [ˌjɑrməlkə] s (juutalaismiesten) kalotti, patalakki
yarn [jɑərn] s **1** lanka **2** tarina *to spin a yarn* sepittää/kertoa tarina
yarrow [jeroʊ] s siankärsämö
1 yaw [jɑ] s (lentokoneen) kääntö
2 yaw v (lentokonetta) kääntää (vasempaan tai oikeaan)
1 yawn [jɑn] s **1** haukotus **2** aukko, kita (kuv) **3** (ark) pitkäveteinen asia
2 yawn v haukotella
yawner s **1** haukottelija **2** (ark) pitkäveteinen asia
Y/C input [waiˈsi] s (video) S-liitäntä jossa väri- ja mustavalkosignaali kulkevat erikseen
year [jɪər] s vuosi *he's a man of years* hänellä on jo ikää *from the year one* alusta alkaen/pitäen, (jo) vaikka kuinka kauan
yearbook [ˈjɪərˌbʊk] s **1** vuosikirja **2** (lukiossa, collegessa) luokkakirja
year-end [ˌjɪrˈend] s loppuvuosi adj loppuvuoden, vuoden lopun
year in and year out fr vuodesta toiseen
yearlong [ˈjɪrˌlɑŋ] adj vuoden mittainen, vuoden ajan jatkunut
yearly s vuosikirja, vuosijulkaisu adj vuosittainen adv vuosittain
yearn [jərn] v kaivata
yearning s kaipuu, kaipaus *a yearning for cigarettes* tupakanhimo
year-round adj ympärivuotinen
1 yeast [jist] s hiiva
2 yeast v käydä
1 yell [jel] s huuto
2 yell v huutaa
yellow [jeloʊ] s **1** keltainen **2** (munan) keltuainen adj keltainen
yellow-backed duiker [daɪkər] s metsätöyhtöantilooppi

yellow bedstraw s keltamatara
yellowberry s (mon yellowberries) muurain
yellow bunting s keltasirkku
yellow flag s kurjenmiekka
yellowhammer s keltasirkku
yellowish adj kellertävä
yellow journalism s sensaatiojournalismi
yellow pages s (mon) (puhelinluettelon) keltaiset sivut
yellow peril s keltainen vaara
yellow rain s keltainen sade
Yellow Sea Keltainenmeri
Yellowstone [ˈjeləˌstoʊn] kansallispuisto Wyomingissa
yellow wagtail s keltavästäräkki
yellow warbler s (lintu) keltakerttuli
yellow water lily s (mon yellow water lilies) ulpukka
1 yelp [jelp] s **1** haukahdus **2** parahdus, älähdys
2 yelp v **1** haukahtaa **2** parahtaa, älähtää
Yemen [jemən] Jemen
Yemen Arab Republic (hist) Jemenin arabitasavalta, Pohjois-Jemen
Yemeni s, adj jemeniläinen
1 yen [jen] s **1** (Japanin raha) jen **2** (ark) halu, into *to have a yen for* tehdä mieli
2 yen v haluta, tehdä mieli
1 yes [jes] s myönteinen vastaus
2 yes v hyväksyä, suostua, myöntää
3 yes adv **1** kyllä **2** kylläpäs **3** niinkö?
yesman [ˈjesˌmæn] s mielistelijä, avulias aatu, joku joka ei osaa sanoa ei
yesterday [ˈjestərˌdeɪ] s eilispäivä, eilinen adv **1** eilen **2** ennen
yesterday's news *that's yesterday's news* se on vanha vitsi, se on jo kuultu
yet [jet] adv **1** vielä *I haven't yet made up my mind* en ole vielä päättänyt *has she called yet?* onko hän jo soittanut? *I have yet to meet my equal* en ole vielä tavannut vertaistani *yet another optimist* taas yksi optimisti (lisää) *as yet, nothing has been decided on* mitään ei vielä ole lyöty lukkoon konj kuitenkin, silti *he'd like to ask her out, yet he does not have the courage* hänen tekisi mieli pyytää tyttöä ulos mutta hän ei tohdi

yield

1 yield [jiəld] s **1** tuotto, tuotanto **2** (liikennemerkki) etuajo-oikeutettu tie
2 yield v **1** tuottaa *to yield interest* kasvaa korkoa **2** luopua, luovuttaa, antautua, antaa periksi jollekin; väistää, väistyä
yield curve s (tal) tuottokäyrä
yin and yang [ˌjɪnən'jæŋ] s jin ja jang
yo [joʊ] interj hei!, oho!, kas!
yoga [joʊgə] s jooga
yoghurt ks yogurt
yogi [joʊgi] s joogi, joogan harjoittaja
Yogi *sarjakuvahahmo* Jogi-karhu
yogurt [joʊgərt] s jogurtti
1 yoke [joʊk] s ies (myös kuv) sorto, orjuus, pakko, taakka, kuorma
2 yoke v iestää, valjastaa ikeeseen
Yokohama [ˌjoʊkə'hamə] Jokohama
yolk [joʊk] s (munan) keltuainen
yonder [jandər] adj, adv tuolla, tuonne
Yorkshire pudding [ˌjɔrkʃər'pʊdiŋ] s (brittiruoka) lihan kanssa tarjoiltava pannukakku
Yosemite [jə'seməti] kansallispuisto Kaliforniassa
Yosemite Sam [jəˌseməti'sæm] *sarjakuvahahmo* Viiksi-Vallu
Yosemite Valley [yəˌsemti'væli] Yosemitenlaakso
you [ju] pron (omistusmuodot *your*, ilman pääsanaa *yours*) **1** sinä, sinut, sinua, te, teitä, teidät, (mon) te, teitä, teidät *you can go, Peter* sinä voit lähteä, Peter *you can go, boys* te pojat voitte lähteä *I am talking to you, sir!* minä puhun teille! *you guys* (miehistä ja naisista) te **2** passiivin vastineena: *you never can tell* ei sitä koskaan tiedä
you-all [jʊəl jɑəl] pron (mon) te *how are you-all doing?* mitä teille kuuluu?
you'd [joʊd] lyh *you would*
you'll [joʊəl] lyh *you will*
young [jʌŋ] s **1** *the young* nuoret **2** poikanen, pentu adj **1** nuori **2** nuorekas
youngish adj nuorehko
young lady s (mon young ladies) nuori nainen
young man s (mon young men) nuorimies
young one s lapsi

youngster [jʌŋstər] s **1** lapsi **2** nuorukainen **3** nuori eläin
young thing s **1** nuorukainen, nuori ihminen **2** nuori eläin
your [jɔr jər] pron (omistusmuoto sanasta *you*) **1** sinun, teidän, (mon) teidän *what is your name?* mikä sinun nimesi on? *what is your name, sir?* mikä teidän nimenne on? *what are your names?* mitkä teidän nimenne ovat? *your place or mine?* mennäänkö teille vai meille? **2** passiivin vastineena: *I think bonds are your best bet* minusta obligaatiot ovat sijoituksista paras **3** (ark, ei aina suomenneta) yleinen, tavallinen *your average American does not know where Finland is* keskivertoamerikkalainen ei tiedä missä Suomi on
yours [jɔrz jərz] pron (omistusmuoto sanasta *you*) sinun, teidän, (mon) teidän *is this pen yours?* onko tämä kynä sinun? *yours is a wonderful home* teidän kotinne on ihastuttava
yourself [jər'self] pron (mon yourselves) **1** (refleksiivimuoto sanasta *you*) *you did yourself a disservice* teit itsellesi karhunpalveluksen **2** (painokas muoto sanasta *you*) sinä/te itse *you said it yourself!* itsehän sinä niin sanoit! **3** sinä, te *a fine lady such as yourself* teidän kaltaisenne hieno nainen *yourself being such a learned man* te kun olette oppinut mies **4** oma itsesi *you'll be yourself again soon as you get some rest* sinä olet taas oma itsesi kunhan saat ensin levätä
yourselves [jər'selvz] ks yourself
yours truly s (ark) minä, allekirjoittanut fr (kirjeen lopussa) ystävällisin terveisin
youth [juθ] s **1** nuoruus **2** nuoret **3** nuorukainen
youthful adj nuorekas, nuori
youthfully s nuorekkaasti
youthfulness s nuorekkuus
youth hostel [ˈjuθˌhastəl] s retkeilymaja
you've [juv] lyh *you have*
1 yo-yo [joʊjoʊ] s jojo
2 yo-yo v (ark) liikkua ylös alas, nousta ja laskea, vaihdella jatkuvasti

3 yo-yo adj (ark) ylös alas liikkuva, jatkuvasti vaihteleva, epävakaa
YR (tekstiviestissä, sähköpostissa) *your*
Yucatan [jʌkəˌtæn jukaˈtan] Jukatan, Jukatanin niemimaa (Meksikossa) *Yucatan Peninsula*
Yucatan Channel Jukataninsalmi
yucca [jʌkə] s (kasvi) jukka
yuck [jʌk] interj (sl) yäk!
yucky adj (sl) kuvottava, älöttävä
Yugoslavia [ˌjugəˈslaviə] Jugoslavia
Yugoslavian s, adj jugoslavialainen

Yukon Territory [ˈjuˌkan] Kanadan Yukonin territorio
yule [jʊəl] s joulu
yuletide [ˈjʊəlˌtaɪd] s joulunaika adj joulunajan
yummy [jʌmi] s (ark) herkku, herkkupala (myös kuv), nami adj (ark) **1** herkullinen, herkku-, nami- **2** (kuv) herkullinen, houkutteleva
yup [jʌp] adv (ark) joo, jep, kyllä
yuppie [jʌpi] s juppi

Z, z

Z, z [zi] Z, z
Zaire [zaˈɪər]
Zairean s, adj zairelainen
Zambezi [zæmˈbizi] Sambesi
Zambia [zæmbiə] Sambia
Zambian s, adj sambialainen
zany [zeɪni] s (hist) narri; (nyk) pelle adj hullu(nhauska), naurettava, irvokas
zeal [ziəl] s kiihko, into
zealot [zelət] s kiihkoilija, kiivailija, intoilija
zealous [zeləs] adj kiihkoisa, innokas, kiihkoileva
zealously adv kiihkoisasti, innokkaasti, kiihkoilevasti
zebra [zibrə] s (mon zebras, zebra) seepra
zebra crossing s (UK) suojatie
zebra duiker [daɪkər] s juovasukeltaja-antilooppi
zeitgeist [ˈzaɪtˌgaɪst] s ajan henki
zenith [zinɪθ] s **1** (taivaan lakipiste) zeniitti **2** (kuv) huippu, lakipiste
zephyr [sefər] s **1** tuulenhenkäys, leuto tuuli **2** (ylät) länsituuli
zeppelin [zepələn] s zeppeliini, ilmalaiva
1 zero [zɪroʊ] s **1** nolla **2** nollapiste **3** ei mikään/mitään

2 zero v nollata
3 zero adj nolla-, olematon
zero-coupon bond s (tal) nolla-kuponkiobligaatio
zero hour s (sotilaallisen hyökkäyksen ym) aloitushetki
zero in v tähdätä (aseella)
zero in on v **1** tähdätä (aseella) **2** keskittyä johonkin, paneutua johonkin **3** lähestyä, saavuttaa jotakuta/jotakin
zero population growth s väestön nollakasvu
zest [zest] s **1** into, innostus **2** mauste (myös kuv:) piristys
zestful adj innokas, railakas
zestfully adv innokkaasti, railakkaasti
Zhou Enlai [ˌʒoʊenˈlaɪ] Zhou Enlai, Tšou En-lai
1 zigzag [ˈzɪɡˌzæɡ] s polveilu, mutkittelu, kiemurtelu
2 zigzag v polveilla, mutkitella, kiemurrella
3 zigzag adj polveileva, (pisto) polveke-, mutkitteleva, kiemurteleva
zilch [zɪltʃ] s (sl) **1** nolla **2** ei mitään
zillion [zɪljən] s (ark) ääretön määrä adj äärettömän monta
Zimbabwe [zɪmˈbabweɪ]
Zimbabwean s, adj zimbabwelainen

zinc [ziŋk**] s** sinkki
1 zing [ziŋ] **s 1** into, tarmo, ponnekkuus, syke (ark) **2** (ääni) suhahdus
2 zing v (liikkeestä) suhahtaa, suhauttaa, sujahtaa
Zion [zaɪən] kansallispuisto Utahissa
Zionism ['zaɪəˌnɪzəm] **s** sionismi
1 zip [zɪp] **s 1** vetoketju **2** suhahdus **3** (ark) into, tarmo **4** (sl) nolla; ei mitään **5** (ark) postinumero
2 zip v 1 sulkea vetoketju/vetoketjulla **2** suhahtaa, sujahtaa
zipcode ['zɪpˌkoʊd] **s** postinumero
zip-code v merkitä postinumero johonkin
zipper [zɪpər] **s** vetoketju
zither [zɪθər] **s** (soitin) sitra
zodiac ['zoʊdiˌæk] **s** eläinrata *signs of the zodiac* eläinradan merkit
zombie [zambi] **s 1** (vainajan liikkuva ruumis) zombie **2** (ark) unissakävelijä (kuv); idiootti
1 zone [zoʊn] **s** vyöhyke
2 zone v jakaa vyöhykkeisiin/alueisiin; (asema)kaavoittaa (kaupunki)
zoning laws s (mon) asemakaava(lait)
zonk out [zaŋk] **v** (sl) **1** sammua **2** ruveta nukkumaan

zoo [zu] **s** (mon zoos) **1** eläintarha **2** (ark) hullunmylly *this place is a zoo* tämä on ihan hullu paikka
zookeeper ['zuˌkipər] **s** (eläintarhan) eläintenhoitaja
zoological [ˌzoʊə'lɑdʒɪkəl] **adj** eläintieteellinen
zoologist [zo'ɑlədʒɪst] **s** eläintieteilijä
zoology [zo'ɑlədʒi] **s** eläintiede
1 zoom [zum] **s 1** suhahdus, vilahdus **2** zoomaus **3** liukuobjektiivi, zoomobjektiivi
2 zoom v 1 suhahtaa, sujahtaa, vilahtaa **2** zoomata **3** (ark) nousta pilviin
zoom in v 1 zoomata **2** tutkia tarkemmin/lähemmin
zoom lens s liukuobjektiivi, zoomobjektiivi
z's [ziz] *to catch some z's* (sl) ottaa nokoset, vetää sikeitä
zucchini [zu'kini] **s** courgette-kurpitsa
Zurich [zɜrɪk] Zürich
zydeco ['zaɪdəˌkoʊ] **s** zydeco(musiikki)
zygomatic bone [ˌzaɪɡə'mætɪk] **s** poskiluu
zygote ['zaɪˌɡoʊt] **s** (hedelmöittynyt munasolu) tsygootti